기독교
교육학사전

편집위원장
마이클 J. 앤서니

추천
전요섭 · 양병모

책임감수
신현광

대표역자
최창국

번역위원
김상구 · 문병하 · 박민희 · 박성창 · 박영호
송희숙 · 심은혜 · 이승진 · 정은심 · 조혜정

기독교문서선교회

기독교문서선교회(Christian Literature Crusade: 약칭 CLC)는
1941년 영국 콜체스터에서 켄 아담스에 의해 시작되었으며
국제 본부는 영국의 쉐필드에 있습니다.
현재 약 650여 명의 선교사들이 59개 나라에서 180개의 본부를 두고,
이동도서차량 40대를 이용하여 문서 보급에 힘쓰고 있으며
이메일 주문을 통해 130여 국으로 책을 공급하고 있습니다.
CLC는 청교도적 복음주의 신학과 신앙을 선포하는
국제적, 초교파적, 비영리 문서선교기관으로서, 하나님의 뜻에 합당한 책을 만들고
이 책을 통해 단 한 영혼이라도 구원되길 소망하며
이를 위해 주님이 오시는 그날까지 최선을 다할 것입니다.

EVANGELICAL DICTIONARY *of* CHRISTIAN EDUCATION

Edited by
Michael J. Anthony

Associate Editors: Warren S. Benson,
Daryl Eldridge, and Julie Gorman

Translated by
Korea Society of Evangelical Practical Theology

Copyright © 2001 by Baker Book House Company
Originally published in English under the title as
Evangelical Dictionary of Christian Education
by Baker Academic,
a division of Baker Book House Company, Grand Rapids, Michigan, 49516, U. S. A

All rights reserved

Korean Edition
Copyright © 2010 by Christian Literature Crusade
Seoul, Korea

추천사

전 요 섭 박사
성결대학교 교수, 전(前) 한국복음주의 실천신학회장

본서는 미국 Baker Book House에서 복음주의 입장을 견지하여 출간한 기독교 교육에 관련된 가장 방대한 책이라고 평가할 만하다. 이런 귀하고 놀라운 사전이 한국복음주의 실천신학회 교수님들의 번역으로 국내에 소개된 것만으로도 기쁜 일이 아닐 수 없다.

본서의 제목이 『기독교교육학사전』(Evangelical Dictionary of Christian Education) 이므로 당연히 기독교교육과 관련된 교사들은 필수적으로 소지해야 할 책이다. 본서는 기독교교육학 관련 용어들만 총망라한 것이 아니라, 기독교(목회)상담학, 목회학, 실천신학 등을 전공하는 학생들도 반드시 숙지해야 할 용어가 잘 설명되어 있어 참고도서로 활용하기에 매우 유용하다. 특히 850개가 넘는 주제들은 성경적·신학적 개념을 통합하여 교육학, 심리학 뿐만 아니라 인류학, 사회학, 철학적 개념을 아우르고 있으며 기독교교육의 역사, 기독교교육 철학, 그리고 기독교교육의 근간인 신학에 관한 분야에 이르기까지 다루고 있다. 또한 교육적 방법론, 교육이론과 실천의 실천적인 측면까지 총망라하였다. 기독교 유관분야를 광범위하게 다룬 본서는 전문성은 물론, 상식을 넓히는 차원에서도 소중한 통찰력을 제공한다. 기독교교육 관련전공 학생도 인접학문을 이해하기 위해서 중요한 자료를 제공 받기에 안성맞춤이다.

사전은 용어를 정의하고 규명하는 작업이기에 어떠한 입장이 반드시 존재한다. 특히 신학과 관련된 사전은 어떤 신학성향 및 입장에서 기술했는가가 중요한 관건인데, 본서는 복음주의 신학적 입장에서 기술되었다는 것이 특징이며, 장점이라고 할 수 있다. 국내에 이와 같이 방대한 『기독교교육학사전』이 소개 된 것은 이 학문의 발전을 위해서 매우 고무적인 일이라 하겠다.

국내에 기독교교육학 관련 사전류가 많지 않은 현실에서 금번 한국복음주의실천신학회 소속 교수님들이 적극적으로 참여하여 본서를 번역하여 출판하게 됨을 진심으로 감사드린다.

2010년 1월 5일

❈ 추천사 ❈

양 병 모 박사
침례신학대학교 교수

    교회 역사를 돌아보면 말씀이 육화(incarnated)되어 개 교회에서 살아 움직였을 때, 기독교가 부흥하였고 교회가 건강하게 성장하였으며 복음이 활발하게 전파되어왔음을 볼 수 있다. 초대교회시대부터 교회는 떡을 떼며 예수님의 삶과 가르침을 기록한 말씀을 나누었던 교제와 교육의 공동체였다. 특히 예수 그리스도의 가르침을 직접 받은 사도시대 이후, 교회는 이단과 이방종교의 다양한 도전에 맞서 기독교 신앙 공동체를 지키기 위해 예전을 포함한 교회의 중요한 교리와 전통을 가르치는 일에 매우 신중을 기했고, 또한 중요시 여겼다. 이러한 전통은 중세의 캄캄했던 시기를 지나 종교개혁을 거치면서 다시금 기독교교육의 중요성이 대두되기 시작하면서 교회의 중요한 기능으로 자리 잡기 시작했다.

    이렇게 역사적으로 매우 중요한 기능을 담당해왔던 기독교 교육은 오늘날 뉴 에이지(New Age)로 특징 지워지는 포스트모던 사회에서 그 중요성이 더욱 더 부각되고 있다. 현상적인 동시에 초월적인 다종교적 영성에 관심을 가지는 뉴 에이지 세대를 향하여 교회는 일시적인 감성과 직관에 호소하는 감각적인 교회 프로그램을 개발하고, 유행시키기 시작했다. 절대적 진리의 존재를 부인하고, 상대적 진리의 존재를 강조하는 포스트모던시대에서 복음과 십자가의 절대성과 능력을 자랑스러운 신앙 전통으로 여기는 복음주의적 교회 교육의 중요성은 복음을 변호하고 전파하는 데 있어서 아무리 강조해도 지나치지 않는다.

    이번에 발간되는 『기독교교육학사전』을 기쁜 마음으로 추천한다. 특히 한국복음주의 실천신학회를 통해 의욕적으로 복음주의적인 학술연구에 종사하는 많은 학자들이 번역과 감수 등에 기여한 점은 한 층 더 이 책의 진정성을 보여주기에 충분하다.

2010년 1월 5일

❈ 감수자의 말 ❈

신 현 광 박사
전(前) 안양대학교 신학대학장

　이번에 기독교문서선교회에서 『기독교교육학사전』을 발간하게 된 것은 무척이나 감사한 일이 아닐 수 없다. 기독교교육과 관련된 사전의 부족을 느껴오던 차에 참으로 좋은 사전을 이렇게 발간하게 되어 하나님께 영광을 돌리며, 한국 기독교와 기독교교육에 종사하는 모든 사람에게 큰 기쁨이 될 것이라 믿는다. 그러기에 본서를 읽고 감수하면서 독자들에게 유익한 사전이 될 수 있도록 여러 면에서 최선의 노력을 다하였다.
　이 책은 기독교교육과 관련된 인물, 사건, 이론들을 비롯하여 연관된 철학, 심리학, 사회학의 내용에 이르기까지 고대는 물론 현대를 망라하여 복음주의 입장에서 정밀하게 서술하고 있다. 그뿐 아니라 이 책은 기존의 단편적인 사전과는 다르게 기독교교육을 연구하는 자에게 올바른 오리엔테이션을 제공할 수 있을 정도로 항목마다 폭 넓고 심도있게 기술된 권위 있는 책이다.
　이 책의 원서는 우리가 잘 알고 있는 양질의 책을 출판하는 Baker Book House 사에서 출간하였다. 또한 이 책의 원서 책임 편집자를 비롯한 편집위원들은 한결같이 잘 알려진 복음주의 기독교교육 학자이며, 기독교교육 행정가이다. 또한 본서의 번역자들도 신학 및 기독교교육을 전공하여 기독교교육에 이해가 깊은 분들이다.
　이러한 여러 가지 이유로, 이 책이 신학과 기독교교육을 연구하고 가르치는 교수님들과 신학과 기독교교육을 전공하는 신학도들에게, 또한 일선에서 교회교육을 담당하거나 기독교교사로서 일반학교에서 가르치는 교사들에게 기독교교육의 이론과 실제에 대한 지침서로서 활용될 수 있기를 바란다. 아울러 항상 유익한 책의 출판을 통해 하나님 나라의 확장을 구현하는 일에 노력하는 기독교문서선교회(CLC)직원 여러분의 노고에 감사의 마음을 전한다.

2010년 1월 5일

❈ 대표역자 서문 ❈

최 창 국 박사
백석대학교 교수

　금번 한국복음주의 실천신학회 주관으로 이 귀한 책, 『기독교교육학사전』을 번역하여 한국교회 앞에 내놓을 수 있어 더없이 기쁜 일이 아닐 수 없다. 한국의 여러 대학에 기독교교육학과가 있고 그에 대한 관심을 가지고 연구하는 분들이 많음에도 불구하고 기독교교육과 관련하여 종합적으로 안내하는 지침서가 없어 아쉬움이 많았는데, 이번에 기독교문서선교회의 노력으로 이 귀한 옥동자와 같은 책을 출판할 수 있어 기독교교육의 일선에서 사역하는 한 사람으로서 대단히 의미 있게 생각한다.

　본서 『기독교교육학사전』은 기독교교육에 참고가 될 만한 방대한 양의 정보를 제공한다. 기독교교육의 역사, 철학, 방법, 과정, 학자, 단체, 중요한 용어와 주제에 대해 신학적, 교육학적, 철학적, 심리학적, 인류학적, 사회학적 관점의 지식을 총망라하여 종합적이고 통합적 정보를 제공할 뿐만 아니라 최근의 여러 교육학적 정보들까지 제공하고 있다. 이 사전은 현재 신학교에서 기독교교육학을 연구하는 학생, 가르치는 교수, 기독교교육현장에서 일하고 있는 학교 교사, 교회학교 교사, 목회자들 그리고 이 분야에 관심을 가지고 있는 일반인에 이르기까지, 전문가와 비전문가의 구분 없이 많은 사람들에게 기독교교육의 정수를 제공하리라 확신한다.

　본서의 번역에 착수한 지 무려 5년이라는 긴 기간 동안 번역위원들이 영어로 되어 있는 전공 용어들을 한국 상황과 한국 문화와 언어구조에 맞추기 위해 최대한 노력하였다. 한국복음주의 실천신학회 소속으로 함께 동역하며 함께 번역하는 산고의 고통을 함께 경험해 주신 동료 교수님들과 책임감수를 맡아 주신 신현광 교수님께 감사를 표한다.

2010년 1월 5일

편집자 서문

기독교 교육은 결코 근래에 생겨난 분야가 아니다. 기독교교육의 근원은 성경을 통하여 나타난다. 기독교교육의 목적은 사람들을 예수 그리스도와의 구원의 관계로 인도하는 것이고(칭의), 그들이 새로운 신앙 안에서 성장함을 보는 것이며(성화), 궁극적으로는 영적으로 성숙한 그들을 하나님의 보좌 앞으로 서게 하는 것이다(영화). 신학적인 관점에서 볼 때, 기독교 교육은 영원하신 하나님에 대한 개인적인 지식과 하나님과의 열정적인 관계에서 비롯된다. 기독교인들은 하나님의 주(主)되심과 하나님께서 그리스도 안에서 그들을 위해 이루신 역사에 근거해 예배를 드린다. 성령께서는 성도들에게 잃어버린 자들과 타락한 세상에 그의 말씀을 증거할 능력을 부어주사 그들이 자신들의 죄에서 돌이켜 회개하여 참되시고 살아계신 하나님과 교제할 수 있게 하신다.

교회 역사를 통한 도전은 어떻게 그리스도를 세상에 적절한 방식으로 드러내는가 하는 점이다. 지금 세계는 점점 더 현대화 되어가지만 성경적으로는 점점 문맹화 되어가고 있다. 한때 민주사회에 긴요하다고 여겨졌던 규범들과 가치들이 다원론적 세계관으로부터 인정되지 않고 있다. 윤리의 상대성은 사회 구조를 약화시켰고, 결과적으로 교회는 사람들을 그들의 창조주로부터 배척시킨 사건들로 인해 종종 당혹케 되었다. 성경의 의하면 오직 두 가지, 하나님의 말씀과 사람만이 영원히 존재한다(사 40:8). 기독교 교육학자의 과제는 이 두 가지를 한 맥락에서 이해하는 것이다. 그러나 현재의 사회적 환경을 고려하면 이는 보기보다 훨씬 어려운 과제이다.

초대 교회로 거슬러 올라가면 종교 지도자들은 하나님과의 개인적 관계와 목회가 상호의존적인 것임을 인식하였다. 그들은 하나님의 일을 하기 전에 우선 하나님의 사람이 되어야 했다. 공동체는 하나님과의 관계와 다른 이들과의 관계에서 말미암는 교제와 사역으로 인해 성장하였다. 성령의 내재하심은 성령의 은사로 표출되었다. 성도들은 그들의 은사를 그리스도의 몸된 교회의 유익을 위해 사용하도록 요구받았다. 이것이 올바르게 되었을 때 공동체는 양적으로 또한 영적으로 더욱 성장하고 성숙하여 왔다. 바로 이 과정이야말로 고금을 막론하고 기독교 교육의 정수(精髓)이다.

교회가 성장해 가는 동안 영적으로 중요한 일들이 쇠퇴하고 결점들이 생겨났다. 교회사를 진지하게 공부하는 사람이라면 하나님은 때때로 세상의 눈으로는 잘 준비되지 않아 보이는 사람들로 하여금 그의 사역을 감당하게 하심으로 지혜 있는 자들을 당황케 하신다는 것을 인정할 것이다. 하나님은 종종 평신도를 사용하셔서, 소명을 받아 전문적인 직무를 수행하는 많은 일들로 말미암아 그리스도와의 개인적인 교제에 미근했던 목회자들에게 도전을 주셨다. 헤아릴 수 없을 만큼 많은 상황 가운데에서 교회의 패러다임은 하나님께서 새롭고도 신비스러운 방법으로 역사하실 때마다 다시 세워졌다. 이는 로버트 레익스(Robert Raikes)가 1780년 북미에 그의 새로운 신학적 접근을 제시한 사건에서 분명하게 나타났다. 영국의 평신도였던 그는 인도하시고 준비시키시는 하나님을 의존하는 일이 중요하다는 것을 깨닫고 있었다.

기독교 교육이 한때는 주일학교와 동일한 뜻을 가지기도 하였지만 서서히 복합적이고 다차원적인 분야로 진전되었다. 모든 복음적인 기독교 교육자들이 진리로 삼는 무오한 하나님의 말씀이 토대가 되기에 기독교교육은 그 근원을 성경적, 신학적 연구에 두고 있다. 하지만 하나님이 창조하신 인간이 어떤 존재인지 이해하는 데 도움을 주는 사회과학의 중요한 기여를 인식하기에 기독교 교육자들은 말씀의 진리에 교육학, 심리학, 인류학, 사회학, 그리고 철학 등을 통해 얻어진 연구결과들을 통합하고자 한다. 예를 들어 교육학은 사람이 어떻게 배우고, 어떻게 발달하며, 그들이 주어진 어떤 상황에서 왜 그러한 행동을 취하는지 이해하는 데 도움을 준다. 이 지식으로 기독교 교육자들은 사람들이 말씀의 영원한 진리들을 발견하고 배우는 것을 지도함으로 그들 개개인의 영성개발에 도움을 줄 수 있다. 사회과학 분야들의 영역과 한계를 분별하는 일은 쉬운 일이 아니다. 21세기 기독교 교육의 핵심 주제는 통합이다. 이 사전에 수록된 용어들은 오늘날 기독교 교육자들이 당면한 두드러진 문제들을 기술하고 있다. 교육학 분야의 핵심을 알고자 하는 열의가 있는 모든 사람에게 58만개가 넘는 단어는 분명 무엇인가를 말해 줄 것이다.

편집자 서문

Baker Book House 출판사에서 내가 이 책의 편집에 관심을 가지고 있음을 알고 처음 연락을 해 주었을 때 나는 영광스러웠던 한편 부담감을 느꼈다. 이 과제를 수행함에 있어서 나보다 훨씬 역량 있고 통찰력 있는 사람들이 이 분야에 많이 있음에도 불구하고 내가 이 막중한 임무를 감당할 수 있을 것이라 고려된 사실이 영광스러웠다. 또한 다른 이들과의 토의를 통하여 이 계획이 무엇을 포함하는지 충분히 이해하였을 때에는 압도되었다. 나는 즉시 이 분야에 정통한 가까운 친구 세 명에게 연락을 취했다. 그들 모두 신학적 연구의 자질 및 관련분야에 대한 넓은 이해력을 갖추었기 때문이었다.

이 사전편찬 작업에는 워렌 벤슨, 대릴 엘드릿지, 그리고 줄리 고먼이 협동 편집자로 수고해 주었다. 그들의 고된 작업이 없었다면 아마도 이 책이 나오지 못했을 것이라고 말하는 것이 결코 과장된 표현은 아니다. 우리들은 힘든 노동을 통해 약 1500여 개의 필수 표제어를 식별하였으며, 이를 작업하기에 더 용이하도록 850개로 줄인 후, 각각의 용어에 맞게 길이를 배정하였다. 그런 다음 협동 편집자들이 분량을 할당하고 용어들을 편집한 후 재검토를 위해 다시 나에게 보내주었다. 나는 그들을 깊이 존경하며 그들 개개인을 친구로 알게 된 것을 특권이라 생각한다.

또한 나는 이 사전편찬 작업에 대한 생각을 넓혀주고 그토록 많은 시간 동안 지도해준 짐 위버에게 감사의 뜻을 전하고 싶다. 마리아 덴보어 역시 최종 점검의 원고 편집자로서 이 계획의 전략적인 부분을 담당하였다. 바이올라 대학 부학장실의 비서 주디 맥기의 헌신적이고 성실한 봉사는 나에게 더할 나위 없이 소중하였다.

특별히 나의 아내 미첼과 나의 자녀 챈들과 브랜든의 성원에 고마운 마음을 표현하고 싶다. 그들은 오랜 기간 글쓰기와 교정으로 밤늦게 사무실에서 돌아오는 나를 기다려 주었으며, 이 작업의 완성을 굉장히 기뻐하였다. 하지만 그 누구에게보다도 남가주 해변에서 서핑을 즐기던 아이를 이끄셔서 밝고 영광스러운 오늘을 허락하신 하나님께 감사를 드린다. 주님의 은혜는 진실로 놀랍다!

바이올라대학교 기독교교육학 교수
마이클 J. 앤서니

❀ 목차 ❀

추천사 • 전요섭 박사(성결대학교 교수) _ 5

추천사 • 양병모 박사(침례신학대학교 교수) _ 6

감수자의 말 • 신현광 박사(안양대학교 교수) _ 7

대표역자 서문 • 최창국 박사(백석대학교 교수) _ 8

편집자 서문 • 마이클 J. 앤서니 _ 9

편집자 목록 _ 13

저자 목록 _ 14

역자 목록 _ 19

본문 _ 21

부록(제목 찾기) _ 1027

편집자 목록

Michael J. Anthony (Ph.D., Southwestern Baptist Theological Seminary; Ph.D., Claremont) is Professor of Christian Education at Talbot School of Theology at Biola University. He has written and edited several books, including *Introducing Christian Education: Foundations for the Twenty-first Century*.

Warren S. Benson (Ph.D., Loyola University) is Senior Professor of Christian Education and Leadership at Southern Baptist Theological Seminary. He served for many years as Professor of Christian Education, Vice President of Professional Doctoral Programs, and Director of the Doctor of Ministry Program at Trinity Evangelical Divinity School. He is the coauthor of *Christian Education: Its History and Philosophy* and coeditor of *Youth Education in the Church*.

Daryl Eldridge (Ph.D., Southwestern Baptist Theological Seminary) is Dean and Professor of Foundations of Education in the School of Educational Ministries at Southwestern Baptist Theological Seminary. He is the author of several articles as well as *The Teaching Ministry of the Church: Integrating Biblical Truth and Contemporary Application*.

Julie Gorman (D.Min., Fuller Theological Seminary) is Director of the Christian Formation and Discipleship Program and Associate Professor of Christian Formation and Discipleship at Fuller Theological Seminary. Among her many publications is *Community That Is Christian: A Handbook on Small Groups*.

저자 목록

Allen, Holly. Ph.D. Candidate, Talbot School of Theology, Biola University.

Allison, Richard E. D.Min., Professor of Christian Education (Emeritus), Ashland Theological Seminary.

Andrews, Leslie A. Ph.D., Professor of Christian Education, Asbury Theological Seminary.

Andrews, Steven J. Ph.D., Associate Professor of Old Testament and Hebrew, Southeastern Baptist Theological Seminary.

Anthony, Michael J. Ph.D., Ph.D., Professor of Christian Education, Talbot School of Theology, Biola University.

Anthony, Michelle D. M.A., Children's Pastor, Coast Hills Community Church.

Ashley, Don K. M.A.C.E., Student, Southwestern Baptist Theological Seminary.

Atkinson, Harley. Ph.D., Associate Professor of Christian Education, Toccoa Falls College.

Aukerman, John H. Ed.D., Associate Professor of Christian Education, Anderson University.

Babler, John E. Ph.D., Assistant Professor of Social Work, Southeastern Baptist Theological Seminary.

Ball, Dan K. Ph.D. Candidate, Director of Prior Learning Assessments, Assemblies of God Theological Seminary.

Banks, Robert. Ph.D., Homer L. Goddard Professor of the Ministry, Fuller Theological Seminary; Executive Director, DePree Leadership Center.

Barcalow, Douglas. Ed.D., Professor of Christian Education and Chair of Christian Ministries Department, Taylor University.

Bates, Charlotte K. Ph.D., Assistant to the President/Research and Planning, and Professor of Educational Leadership, Prairie Bible Institute/Prairie Graduate School.

Beck, David. Ph.D., Assistant Professor of New Testament, Southeastern Baptist Theological Seminary.

Becker, Elaine. Ph.D., Education Secretary, USA Central Territory, The Salvation Army.

Beckwith, Ivy. Ph.D., Manager of Curriculum and Christian Education Services, Gospel Light Publications.

Bekker, Gary J. Ph.D., Academic Dean and Professor of Church Education and Missiology, Calvin Theological Seminary.

Benson, Bruce E. Ph.D., Assistant Professor of Philosophy, Wheaton College.

Benson, Scott W. D.Min., Pastor of Small Groups, Mariners Church, Irvine, CA.

Benson, Warren S. Ph.D., Senior Professor of Christian Education and Leadership, Southern Baptist Theological Seminary.

Bergen, Martha S. Ph.D., Chair of Christian Studies Division, Hannibal-LeGrande College.

Black, Wesley. Ph.D., Associate Professor of Youth and Student Ministries, Southwestern Baptist Theological Seminary.

Blackwood, Vernon L. Ed.D., Field Coordinator of Social Research, College of Urban Planning, University of Illinois at Chicago.

Blevins, Dean. Ph.D., Associate Professor of Christian Education, Trevecca Nazarene University.

Blewett, Patrick A. Ph.D., D.Min., Academic Vice President, Grace University.

Bloomer, Thomas A. Ph.D. Candidate, Associate Provost, University of the Nations, Switzerland.

Borchert, Doris. D.Min., Professor of Christian Education and Director of Supervised Ministry, Northern Baptist Theological Seminary.

Botton, Kenneth V. Ph.D. Candidate, Director of Admissions, Trinity Evangelical Divinity School.

Bower, Ray E. Ph.D., Professor of Psychology, Olivet Nazarene Seminary.

Bowling, Jerry. Ph.D., Assistant Professor of Christian Education, Harding University.

Bramer, Paul. Ph.D., Assistant Professor of Christian Education, North Park Theological Seminary.

Breckenridge, Lillian J. Ph.D., Associate Professor of Christian Education, Oral Roberts University, Graduate School of Theology.

Bredfeldt, Gary. Ed.D., Chair of Department of Educational Ministries, Moody Bible Institute.

Brisben, David. Ph.D., Associate Professor of Christian Education and Family Studies, John Brown University.

Buchanan, Edward A. Ed.D., Professor of Christian Education, Southeastern Baptist Theological Seminary.

Budd, Clair Allen. Ph.D., Associate Professor of Christian Ministries, Asbury College.

Burgess, Harold W. Ph.D., Professor of Pastoral Ministries and Christian Education, Asbury Theological Seminary.

Bushor, Mark. Ph.D. Candidate, Teaching Fellow, Southwestern Baptist Theological Seminary.

Bustrum, Philip. Ph.D., Associate Professor of Christian Education, Cornerstone University.

Caldwell, William G. Ph.D., Professor of Christian Education, Southwestern Baptist Theological Seminary.

Cannister, Mark W. Ed.D., Associate Professor of Christian Education and Chair of the Division of Humanities, Gordon College.

Carlson, Gregory C. Ph.D., Chair of Christian Education and Dean of Graduate Studies, Grace University.

Chapman, Patricia A. Ed.D., Professor, Theology and World Ministries Division (Retired), Simpson College.

Chechowich, Faye. Ph.D., Assistant Professor of Christian Education and Associate Dean of the Division of Letters, Taylor University.

Choun, Robert J. D.Min., Ph.D., Professor of Christian Education, Dallas Theological Seminary.

Christopher, Steven. Ph.D., Assistant Professor of Christian Education, Concordia University West.

Clement, Dan E. Ph.D., Associate Professor of Psychology and Counseling, Southwestern Baptist Theological Seminary.

Clouse, Bonnidell. Ph.D., Professor of Educational and School Psychology, Indiana State University.

Clymer, Gordon R. M.S., Director of Special Projects, Good News Productions International.

Coley, Kenneth S. Ed.D., Assistant Professor of Christian Education, Southeastern Baptist Theological Seminary.

Coulter, Gordon L. Ph.D. Candidate, Assistant Professor of Christian Education, Azusa Pacific University.

Cunningham, Shelly. Ph.D., Associate Professor of Christian Education, Talbot School of Theology, Biola University.

Currie, David A. Ph.D., Associate Pastor, Northview Community Church, Abbotsford, British Columbia.

Curry, Allen. Ed.D., Vice President for Academic Affairs and Professor of Christian Education, Reformed Theological Seminary.

Dale, Janet L. Ph.D., Assistant Professor of Christian Education and Discipleship, Alliance Theological Seminary.

Daniel, Eleanor A. Ph.D., Dean and Professor of Christian Education, Emmanuel School of Religion.

Davies, James A. Ed.D., Professor of Practical Theology, Simpson College and Graduate School.

Deaton, Barbara Jean. M.A., Professor of Christian Education, Kentucky Mountain Bible College.

DeMott, Nancy L. Ph.D., Adjunct Professor of Christian Education, Northeastern Baptist Theological Seminary.

Desko, Jay. Ph.D., Chair of the Department of Organizational Leadership, Philadelphia College of Bible Graduate School.

Dettoni, John M. Ph.D., President, Chrysalis Ministries.

DeVargas, Robert. Ph.D., Assistant Professor of Christian Education, Southeastern Baptist Theological Seminary.

De Vries, Robert C. D.Min, Ph.D., Professor of Church Education and Director of M.A. Programs, Calvin Theological Seminary.

Dirks, Dennis. Ph.D., Dean and Professor of Christian Education, Talbot School of Theology, Biola University.

Dodrill, Mark A. Ph.D., National Director, Spain, Youth For Christ.

Donahue, Bill. Ph.D., Director of Small Group Ministry, Willow Creek Community Church.

Downs, Perry G. Ph.D., Director of Ph.D. in Educational Studies Program and Professor of Educational Ministries, Trinity Evangelical Divinity School.

Drovdahl, Robert. Ph.D., Professor of Christian Education, Seattle Pacific University.

Dunn, Richard R. Ph.D., Pastor of Pastoral Ministries and Theological Educator in Residence, Fellowship Church, Knoxville, Tennessee.

Eldridge, Daryl. Ph.D., Dean of the School of Educational Ministries and Professor of Foundations of Education, Southwestern Baptist Theological Seminary.

Estep, James Riley. Ph.D., Vice President of Academic Affairs, Great Lakes Christian College.

Falkner, William F. Ed.D., Professor of Religious Education, Canadian Southern Baptist Seminary.

Falls, Douglas. Ed.D., Assistant Professor of Christian Education, Reformed Theological Seminary.

Fawcett, Cheryl L. Ph.D., Associate Professor of Christian Education, Christian Heritage College.

Feinberg, Jeffrey E. Ph.D., Leader of Etz Chaim Congregation, Buffalo Grove, IL.

Fenwick, Tara J. Ph.D., Adjunct Professor of Christian Education, University of Alberta.

Ferris, Robert W. Ph.D., Associate Dean for Doctoral Studies and Professor of Christian Education, Columbia International Seminary.

Freeman, Ronald W. Ed.D., Assistant Professor of Christian Education, Azusa Pacific University.

Friedeman, Matt. Ph.D., Professor of Christian Education and Discipleship, Wesley Biblical Seminary.

Gangel, Kenneth O. Ph.D., Executive Director of Graduate Studies, Toccoa Falls College.

Garland, Ken. Ph.D., Associate Professor of Christian Education, Talbot School of Theology, Biola University.

Geivett, R. Douglas. Ph.D., Associate Professor of Christian Thought, Talbot School of Theology, Biola University.

Gerali, Steven. D.Phil., Chair of the Department of Youth Ministry and Adolescent Studies, Judson College.

Gibbs, Eugene S. Ed.D., Professor of Christian Education, Ashland Theological Seminary.

Glassford, Darwin K. Ph.D., Chair of Christian Education Department, Montreat College.

Gomes, Alan W. Ph.D., Associate Professor of Historical Theology, Talbot School of Theology, Biola University.

Gonlag, Mari. Ed.D., Associate Professor of Religion and Coordinator of Graduate Studies in Religion, Southern Wesleyan University.

Gorman, Julie. D.Min., Director of the Christian Formation and Discipleship Program and Associate Professor of Christian Formation and Discipleship, Fuller Theological Seminary.

Gough, David. M.A., Chair of the Department of Educational Ministries, Washington Bible College.

Gray, C. Samuel. President Emeritus, Christian Service Brigade.

Gray, Rick. Ph.D., Associate Professor of Christian Education, Asbury Theological Seminary.

Griffiths, Ron. M.R.E., Associate Professor of Christian Education, Crown College.

Habermas, Ronald T. Ph.D., McGee Professor of Biblical Studies, John Brown University.

Hammett, John S. Ph.D., Assistant Professor of Theology, Southeastern Baptist Theological Seminary.

Hammonds, Kenneth. Ed.D., Director of Christian Education, West Angeles Church of God in Christ.

Hayes, Edward L. Ph.D., President Emeritus, Denver Seminary.

Headrick, James A. Ed.D., Assistant Professor of Psychology and Counseling, Southwestern Baptist Theological Seminary.

Hedin, Norma S. Ph.D., Associate Professor of Christian Education, Southwestern Baptist Theological Seminary.

Heinemann, Mark H. Ph.D. Candidate, Lecturer in Practical Theology, Freie Theologische Akademie, Giessen, Germany.

Hertig, Young Lee. Ph.D., Adjunct Assistant Professor, Fuller Theological Seminary.

Hobbs, Julia Henkle. Ph.D., Professor Emeritus, George Fox College.

Houglum, Susan L. M.Ed., Director of Christian Education Degree Program, Lutheran Bible Institute of Seattle.

Howard, J. Grant. Th.D., Director of Faculty Development, Phoenix Seminary.

Hutchison, Thomas. Ph.D., Assistant Professor of Christian Education, Cedarville College.

Issler, Klaus. Ph.D., Professor of Christian Education and Theology, Talbot School of Theology, Biola University.

Jessen, Daniel C. Ed.D., Pastor to Missionaries, United World Mission.

Johnson, Lin. M.S., Director, WordPro Communications.

Johnson, Ronnie J. Ph.D., Associate Professor of Christian Education, BMATS.

Johnson-Miller, Beverly. Ph.D. Candidate, Claremont School of Theology.

Jones, Ian F. Ph.D., Associate Professor of Psychology and Counseling, Southwestern Baptist Theological Seminary.

Jones, Karen E. Ph.D., Assistant Professor of Educational Ministries, Huntington College.

Kageler, Leonard. Ph.D., Professor of Christian Education and Christian Education Department Chair, Nyack College.

Kaiser, Walter C., Jr. Ph.D., President and Colman M. Mockler Distinguished Professor of Old Testament, Gordon-Conwell Theological Seminary.

Kane, Michael J. Ph.D., Dean of Educational Services, Moody Bible Institute.

Kennedy, William B. Ph.D., Professor Emeritus of Religious Education, Union Theological Seminary.

Keppeler, Thomas. Ph.D., Country Director, Romania, BEE International.

Kidd, Timothy W. Ph.D., Director of Leadership Challenge Program, Mary Baldwin College.

Kilner, John F. Ph.D., Professor of Bioethics and Contemporary Culture and Director of Bannockburn Institute, Trinity Evangelical Divinity School.

Kim, Heeja. Ph.D., Professor of Christian Education, Chongshin University, Seoul, Korea.

King, Keith R. M.A., Director of Family Ministries, Grace Church, Cyprus, CA.

Kjesbo, Denise Muir. Ed.D., Associate Professor of Christian Education, North American Baptist Theological Seminary.

Klaus, Byron D. D.Min., Chair of the Department of Church Ministries, Southern California College.

Knight, George R. Ed.D., Professor of Church History, Andrews University.

Kuhl, Roland G. Ph.D. Candidate, Associate Dean of Extension and Affiliated Education, Trinity Evangelical Divinity School.

Lamb, Robert L. Ph.D., Professor of Church Administration, School of Divinity, Gardner-Webb University.

Lambert, Dan. Ed.D., Assistant Professor of Christian Education, Cincinnati Bible College and Seminary.

Lamport, Mark A. Ph.D., Professor of Educational Ministries, Grand Rapids Baptist Seminary.

Lawson, J. Gregory. J.D., Ed.D., Assistant Professor of Christian Education, Southeastern Baptist Theological Seminary.

Lawson, Kevin E. Ed.D., Director of the Ph.D. Program in Educational Studies and Associate Professor of Christian Education, Talbot School of Theology, Biola University.

Lawson, Michael S. Ph.D., Chair and Professor of Christian Education, Dallas Theological Seminary.

Lay, Robert. Ed.D., Associate Professor of Christian Education, Taylor University.

Leahy, Elizabeth A. M.A., Associate University Librarian, Azusa Pacific University.

Lee, Young Woon. Ph.D., Assistant Professor of Christian Education, Torch Trinity Graduate School of Theology.

LeFever, Marlene. M.A., Director of Church Ministries, Cook Communications Ministries.

Leyda, Richard. Ph.D., Chair and Associate Professor of Christian Education, Talbot School of Theology, Biola University.

Linge, Samuel M. Ph.D. Candidate, Trinity Evangelical Divinity School.

Llovio, Kay M. Ed.D., Professor of Christian Education, San Jose Christian College.

Lockerbie, D. Bruce. M.A., CEO Paideia, Inc., Stony Brook, NY.

Loewen, Eleanor M. Ed.D., Associate Professor of Christian Education, William and Catherine Booth College.

Lynn, Roy F. Ph.D., Christian Education Associate, Church of the Nazarene.

MacGregor, Jerry Chip. Ph.D., Senior Editor, Harvest House Publishers.

MacLeod, Merilyn J. Ph.D., Vice President of WorkPlace Influence, Colorado Springs, CO.

MacQuitty, Marcia. Ph.D., Assistant Professor of Childhood Education, Southwestern Baptist Theological Seminary.

Martin, J. E. Harvey. Ph.D., Professor of Christian Education, Northwestern College.

McCracken, Bruce R. Ph.D., Associate Professor or Christian Education, Lancaster Bible College.

McKinney, Larry J. Ed.D., President, Providence College and Theological Seminary, Otterburne, Manitoba, Canada.

McLeod, Philip D. Ph.D., Vice President of Academic Affairs, Valley Forge Christian College.

Mohler, James W. Ph.D., Chair and Assistant Professor of Bible and Christian Ministries, Trinity International University.

Moore, James R. Ph.D., Associate Academic Dean, Trinity Evangelical Divinity School.

Mort, Dale L. Ph.D., Director of Degree Completion Program and Professor of Christian Education, Lancaster Bible College.

Mulholland, D. A. C. Ph.D., Lecturer in Christian Education, New Zealand Assembly Bible School.

Nettles, Tom J. Ph.D., Professor of Historical Theology, Southern Baptist Theological Seminary.

Newton, Gary C. Ph.D., Associate Professor of Christian Education and Associate Dean, Huntington College Graduate School.

Newton, Robert D. Ph.D., Associate Professor of Missions, Concordia Theological Seminary, Fort Wayne, IN.

Nichols, Charles H. Ph.D., Chairman of the Department of Christian Ministries, Providence Theological Seminary.

Norvell, Walter H. Ph.D. Candidate, Southwestern Baptist Theological Seminary.

Parrett, Gary A. Ed.D., Director of Graduate Educational Ministries and Assistant Professor of Christian Education, Gordon-Conwell Theological Seminary.

Patterson, George W. Ed.D., Professor of Christian Education, Southern Christian University.

Patty, Steven. Ph.D., Associate Professor of Youth and Educational Ministry, Multnomah Bible College.

Pazmiño, Robert W. Ed.D., Valeria Stone Professor of Christian Education, Andover Newton Theological School.

Peace, Richard. Ph.D., Robert Boyd Munger Professor of Evangelism and Spiritual Formation, Fuller Theological Seminary.

Penley, David R. M.Div., Instructor of Social Work and Ministry Based Evangelism, Southwestern Baptist Theological Seminary.

Peterson, Gilbert A. Ed.D., President, Lancaster Bible College.

Pettegrew, Hal. Ph.D., Associate Professor of Christian Education and Leadership, Southern Baptist Theological Seminary.

Posterski, Beth. D.Ed., Faculty Coordinator of Early Childhood Studies Program, Ontario Bible College.

Powell, Terry. Ph.D., Associate Professor of Church Ministries, Columbia International University.

Powers, Bruce P. Ph.D., Associate Dean and Professor of Christian Education, Campbell University Divinity School.

Price, Terry. Ed.D., Chairman of Church Ministries Department, Maranatha Baptist Bible College.

Pullman, Ellery G. Ph.D., Professor of Christian Education, Briercrest Family of Schools.

Radcliffe, Robert J. Ph.D., Professor of Educational Ministry, Western Seminary.

Rahn, Dave. Ph.D., Professor of Educational Ministries and Associate Dean for Graduate Studies, Huntington College; Codirector of the Link Institute.

Ratcliff, Donald E. Ph.D., Associate Professor of Psychology and Sociology, Toccoa Falls College.

Redman, Pamela. M.A., Elementary Music Teacher, Saddleback Valley USD.

Reinhart, Larry D. Ph.D., Director of M.A. in Christian Ministries and Professor of Christian Education, Malone College.

Richardson, Brian C. Ph.D., Basil Manly Jr. Professor of Christian Education, Southern Baptist Theological Seminary.

Robbins, Duffy. M.Div., Chair of the Department of Youth Ministry, Eastern College.

Robertson, Sara Anne. Ed.D., Vice President Emeritus, Pioneer Clubs.

Robinson, Edwin. Ph.D., Dean of the Faculty and Professor of Christian Education, Nazarene Theological Seminary.

Root, Jerry. Ph.D., Assistant Professor of Educational Ministries, Wheaton College.

Roth, David L. Ed.D., Headmaster, Wheaton Academy.

Rynd, Ronald H. M.A., Area Director, Christian Service Brigade.

Sabo, Michael F. Ph.D., Adjunct Faculty, Trinity Evangelical Divinity School.

Saffold, Guy S. Ed.D., Vice President and Professor of Administration, Trinity Western University.

Sandvig, Steven K. Ph.D. Candidate, Trinity Evangelical Divinity School.

Schmidt, Stephen A. Ed.D., Professor of Pastoral Studies, Institute of Pastoral Studies, Loyola University.

Sedwick, Jay. Th.M., Assistant Professor of Christian Education, Dallas Theological Seminary.

Seiver, David J. Ph.D., Director of the D.Min./Miss. Program, Trinity Evangelical Divinity School.

Sell, Charles M. Th.D., Professor of Educational Ministries, Trinity Evangelical Divinity School.

Senter, Mark H., III. Ph.D., Associate Professor of Educational Ministries, Trinity Evangelical Divinity School.

Sheridan, Dennis A. Ed.D., Ph.D., Associate Professor and Chair, Department of College Student Affairs and Leadership Studies, Azusa Pacific University.

Shirley, Chris. M.A.C.E., Graduate Student, Southwestern Baptist Theological Seminary.

Siew, Yau-Man. Ph.D., Lecturer in Christian Education and Leadership, Singapore Bible College.

Simpson, Mark E. Ph.D., Associate Dean and Gaines S. Robbins Associate Professor of Christian Religion and Leadership, Southern Baptist Theological Seminary.

Smallbones, Jackie L. Th.D., Assistant Professor of Christian Education and Religion, Northwestern College.

Starr, Eileen. Ph.D., Professor of Christian Education, Alaska Bible College.

Steele, Les. Ph.D., Professor of Religion, Seattle Pacific University.

Stevens, Daniel C. Ph.D., Director of Program Development and Associate Professor of Christian Education, Talbot School of Theology, Biola University.

Stonehouse, Catherine. Ph.D., Professor of Christian Education, Asbury Theological Seminary.

Stubblefield, Jerry M. Ph.D., J. M. Frost Sunday School Board Chair of Christian Education, Golden Gate Baptist Theological Seminary.

Sundene, Jana. M.A., Assistant Professor of Youth Ministry, Trinity Evangelical Divinity School.

Sweeney, Douglas A. Ph.D., Assistant Professor of Church History and History of Christian Thought, Trinity Evangelical Divinity School.

TenElshof, Judy. Ph.D., Assistant Professor of Christian Education, Talbot School of Theology, Biola University.

Thayer, Jerome. Ph.D., Professor of Research and Statistical Methodology, Andrews University.

Thigpen, Jonathan N. Ph.D., President, Evangelical Training Association.

Thornton, Joyce L. Ph.D., Professor of Christian Education, Winebrenner Theological Seminary.

Tiénou, Tite. Ph.D., Professor of Theology of Mission and Evangelism, Trinity Evangelical Divinity School.

Tolbert, LaVerne A. Ph.D., Assistant Professor of Christian Education, Talbot School of Theology, Biola University.

Venugopal, Junias V. Ph.D., Missionary to the Philippines, Help for Christians Inc.

Waller, Anne. M.Ed., Assistant Editor and Publisher of *FAS Times*, FAS Family Resource Institute.

Waller, Gary. Ph.D., Associate Dean and Professor of Administration, Southwestern Baptist Theological Seminary; Professor of Religious Education and Special Ministries, Northwest Nazarene College.

Walter, Jim. Ed.D., Ph.D., Professor of Adult Education, Southwestern Baptist Theological Seminary.

Ward, Ted W. Ed.D., Professor Emeritus of Education and Mission, Trinity Evangelical Divinity School.

Welch, Donald W. Ph.D., Coordinator and Professor of Christian Education, Mid-America Nazarene University.

White, Roger. Ed.D., Associate Professor of Christian Education, Azusa Pacific University.

White, Steven. Ph.D. Candidate, Trinity Evangelical Divinity School.

Whiting, Dianne. M.A., Senior Physical Therapist, Casa Colina Hospital for Rehabilitative Medicine.

Whittet, Robert J. M.Div., Assistant Professor of Youth Ministry, Gordon College.

Wilkerson, Barbara. Ed.D., Associate Professor of Christian Education (retired), Alliance Theological Seminary.

Wilkins, Michael J. Ph.D., Dean of Faculty and Professor of New Testament Language and Literature, Talbot School of Theology, Biola University.

Williams, Bud. Ed.D., Associate Professor of Kinesiology, Wheaton College.

Williams, Dennis E. Ph.D., Dean of the School of Christian Education and Leadership and Professor of Christian Education, Southern Baptist Theological Seminary.

Williford, G. Craig. Ph.D., Pastor of Ministries and Staff, Woodmen Valley Chapel, Colorado Springs, CO.

Willis, Wesley R. Ed.D., President, Northwestern College and Radio.

Wilson, Norman G. Ph.D., Director of Program for Accelerating College Education (PACE), Houghton College.

Wine, David. Ph.D., Assistant Professor of Christian Education, Olivet Nazarene University.

Winn, Laverne. M.A.C.E., Leadership Training Consultant.

Wong, Joseph Y. Th.D., Vice President of Educational Development, Multnomah Bible College and Biblical Seminary.

Wyman, Barbara. Ph.D., Professor of Psychology, Canadian Southern Baptist Seminary.

Yarbrough, Robert W. Ph.D., Associate Professor of New Testament Studies, Trinity Evangelical Divinity School.

Yeatts, John R. Ph.D., Professor of Psychology of Religion, Messiah College.

You, Esther. M.A., Student, Talbot School of Theology.

Young, Mark. Ph.D., Associate Professor of World Missions and Intercultural Studies, Dallas Theological Seminary.

Yount, Rick. Ph.D., Ph.D., Professor of Christian Education, Southwestern Baptist Theological Seminary.

Zonnebelt-Smeenge, Susan J. Ed.D., Clinical Psychologist, Pine Crest Mental Health Services.

Zuck, Roy B. Th.D., Senior Professor Emeritus of Bible Exposition, Dallas Theological Seminary; Editor, *Bibliotheca Sacra*.

❃ 역자 목록 ❃

- 김상구(Ph. D., 백석대학교 교수)
- 문병하(D. Min., 그리스도신학대학교 교수)
- 박민희(D. Min., 토론토 주안교회 교육목사)
- 박성창(Ph. D., 캘리포니아 산호세 EM 목사)
- 박영호(D.R.E., 한국성서대학교 교수)
- 송희숙(Ph. D., Georgia Christian University 교수)
- 심은혜(Ph. D., 안양대학교 겸임교수)
- 이승진(Ph. D., 실천신학대학원대학교 교수)
- 정은심(Ph. D., 동덕여자대학교 강사)
- 조혜정(Ph. D., 총신대학교 교수)
- 최창국(Ph. D., 백석대학교 교수)

Evangelical Dictionary *of*
Christian Education

EVANGELICAL DICTIONARY of CHRISTIAN EDUCATION

가르침의 은사(Teaching, Gift of). 가르침이라는 은사는 영적인 은사들을 기록하고 있는 몇몇 중요한 신약의 구절들 속에 언급되어 있다(롬 12:7; 고전 12:39; 엡 4:11). 가르침의 은사는 초대교회에서 분명한 우위성을 지니고 있었다. 따라서 오늘날 교회에서는 가르치는 사역의 중요성을 강조한다. 가르침의 은사는 하나님의 진리를 설명하고 적용하는 주해를 하기 위해 영적으로 부여받은 능력으로 묘사될 수 있다. 이런 은사는 우리로 하여금 성경의 진리들을 좀더 쉽게, 그리고 개인적으로 적용할 수 있게끔 성경 안의 조화와 세부적 내용들을 알려줄 수 있도록 돕는다. 또한 이런 가르침의 은사는 교회를 세우는 임무와 자기 자신들의 은사들을 분별하고 사용함으로써 신자들의 지역적인 몸을 구성하는 지역 신앙공동체를 성숙시키는 임무와 관련되어 있다(엡 4:11-13).

신자들의 공동체에 있는 모든 구성원들은 궁극적으로 성령에 의해 교육받는다. 그리고 신자들은 권면과 가르침을 통해 서로의 덕을 이룰 책임이 있다. 그러나 가르침의 은사는 한 사람을 준비시켜 신자들의 성숙을 위해 책임감 있는 방법으로 기능하도록 하는 특별한 영적인 재능이다. 가르침의 은사는 이런 은사가 적절하게 표현될 때 그리스도 안에서 신자들이 성숙하게 될 것을 암시하고 있다. 성령께서는 진리를 수용하도록 그리스도인들을 가르치실 것이다. 이 은사는 교사들이 그 진리를 이해하기 쉬운 형태로 이야기할 수 있게 해준다.

일반적으로 가르침의 은사의 초점은 교사들보다는 학습자들에게 보다 더 영향을 미친다. 바울은 하나님의 말씀을 가르치는 목적이 믿는 이들의 성숙에 영향을 미치는 것이라고 지적한다(골 1:28). 바울은 가르침을 통한 성숙의 과정을 그리스도의 형상을 닮는 것과 그리스도의 장성한 분량에 이르는 것과 같은 표현으로 묘사하고 있다(엡 4:13). 가르침의 은사는 여러 가지 상황에서 표현될 수 있지만 교회 내에서의 이 은사의 핵심적 기능은 가르침의 은사가 믿을 만하고 효과적인 것이 되기 위해서 명백한 사랑의 표현들을 요구하고 있다. 이런 은사들의 기능은 종종 영적 지도자의 인격적 자질들과 연결되어 보인다(딤전 3:1-13). 신약 기자들의 강조는 언제나 가르침의 은사의 기능에 대한 것이다. 이런 은사가 한 사람을 위해 공식적인 직임을 만들어내는 데 초점을 맞추고 있다는 생각은 신약 어디에서도 강조되고 있지 않다. 성경은 특정한 그룹의 신자들이 더욱 성숙할 수 있도록 전략적으로 계획을 이끄는 은사를 받은 사람들의 역할을 강조한다.

교회에서의 가르침은 계속되고 있고 또한 여러 다양한 상황 속에서 반드시 계속되어야 한다. 하지만 가르침의 사역에 참여하고 있는 모든 사람들이 가르침의 은사를 가지고 있는 것인가? 본래적 성향과 지역교회를 세우고 그 교회의 지속적 성장을 유지하는 데 열쇠가 되는 영적인 은사(가르침의 은사를 포함하여) 사이에 어떤 연관이 있다는 데는 의문의 여지가 없다. 가르침의 사역이 "은사받은" 사역인지는, 그 사역의 원천인 성령께 순종하며 의지하고 있다는 것을 확증해 보이는 기도에서 발견하게 된다. 기도는 가르침의 사역의 근거로서 성령께 순종하며 의지하고 있다는 것을 나타내는 것이다. 말씀에 대한 연구에는 하나님의 말씀을 심도 있게 연구하고자 하는 지속적인 갈망으로부터 발전하여 협의된 노력이 반드시 있어야만 한다. 가르치는 사역의 지속적 발전을 위한 동기 부여는 능력에 의해 입증되고 가르침의 사역에 대한 복 주심이 동반된다. 다른 모든 영적인 은사들과 마찬가지로 가르치는 은사에 대한 지속적인 훈련과 사용은 하나님의 주권적인 은사 주심에 대해 인간이 순종한다는 합리적인 반응인 것이다. 더욱이, 학습의 기본적 원리들과 발육 단계에 따른 실재적인 것들의 협력이 반드시 있어야만 성령께서 부여하신 가르침의 은사의 영향력을 최고로 발휘할 수 있게 된다. 하나님의 말씀을 가르치는 영적인 은사를 가진다는 것이 오직 성인에 대한 가르침으로 제한될 필요는 없다. 성령은 에베소서 4장 11-13절에 묘사된 기능들을 간직하면서 모든 연령층의 사역을 하도록 충분히 교사들에게 은사를 주실 수 있다. 가르침의 은사는 어떤 한 연령층에 제한되지 않으며 오히려 그것은 가르침을 받는 청중보다는 가르침의 과정을 언급하는 것으로 보는 것이 제일 좋다.

가르침의 은사와 사역의 중요성에 대한 신약에 있는 가장 선명한 개인적 표본들 중의 하나는 바울과 디모데의 관계이다. 이 시기의 교회에 있는 거짓 교사들은 하나의 재앙이었다. 그러나 바울은 진리가 다음 세대로 전달되는 것을 보기 원했다. 비록 성령에 의해 은사가 주어진 교사들과 맞부딪히지 않았을지라도 이런 거짓 교사들에 의한 부정적인 영향이 디모데전서 4장 1절에 묘사되어 있다. 바울은 또 다른 사람들을 가르칠 신실한 믿는 이들을 견고하게 가르치는 것이 문제 해결의 열쇠라고 믿는다(딤후3:2). 바울은 디모데로 하여금 하나님이 주권적으로 그에게 부여하신 가르침의 은사를 더 강하게 하여 이런 거짓 교사들의 부정적인 가르침을 대적하도록 도전하고 있다. 디모데후서 1장 13-14절에서 바울은 심지어 복음에 대한 거룩한 신뢰를 성령으로부터 부여받은 교회의 가르침의 은사를 통해 믿는 이들을 세움으로써 입증되어야만 하는

방어적 자세와 연결하고 있다. 바울은 또한 가르침의 은사가 그것이 발휘되거나 사용될 때는 아주 강력해질 수 있고 강력해져야만 한다고 제안하고 있다. "강력해진다"의 현대적 표현은 다른 이들을 가르치고, 다른 효과적인 교사들을 지켜보고, 더 나은 원칙들에 의거해 정규적으로 훈련하고, 다른 교사들로 하여금 당신의 가르침에 대한 유용한 평가를 하도록 만드는 것을 포함할 것이다.

BYRON D. KLAUS

참고문헌 | M. Anthony, ed.(1992), *Foundations of Ministry: An Introduction to Christian Education for a New Generation*; R. Clark, L. Johnson, and A. Sloat, eds.(1991), *Christian Education: Foundation for the Future*; K. Gangel and H. Hendricks. eds.(1988), *The Christian Educator`s Handbook on Teaching*; S. Horton, *What the Bible Says About the Holy Spirit*.

참조 | 성령(HOLY SPIRIT); 영적 은사(SPIRITUAL GIFTS); 예수 그리스도의 교육(TEACHINGS OF JESUS CHRIST) 가정교육(HOME EDUCATION). 가정교육(FAMILY LIFE EDUCATION)을 보라.

가정교육(Family Life Education). 가정교육은 두 가지 연관된 과정으로 이루어져 있다. 이것은 사람들에게 성공적인 가정생활을 위해 필요 지식과 기술을 가르치는 것과 부모들이 그들의 자녀들의 믿음을 양육할 수 있도록 훈련하는 것이다. 이 두 가지가 서로 복잡하게 얽혀 있다. 이는 부모들의 가정생활의 기술이 그들의 자녀들에게 가르쳐야 하는 기독교의 원리들의 본을 보일 수 있게 하기 때문이다.

20세기 교회들은 가정교육을 일관되게 강조해 오지 않았다. 처음 몇 십 년 동안 교회들은 기독교교육에서 가정의 역할을 무시했다. 대부분 교회와 관련된 교육, 즉 방학 중의 성경학교와 수련회, 여가 활동, 주말 소그룹 활동, 그리고 주일학교 등에 의존했다. 1920년대 말의 경제 대공황을 경험한 뒤에 자녀 양육은 교회에서 가정으로 이동했다. 이것은 교회들이 기독교교육 담당자와 프로그램을 계속 유지할

여유가 없었으며 또한 가정생활의 질적 쇠퇴에 관심을 두었기 때문이다. 1937년 리지나 비만(Regina Wieman)이 경고하기를 "가정이 길고 위험한 위기를 겪고 있다. 아무도 그것이 언제 시작했는지 깨닫지 못했다. 아무도 그것이 얼마나 오래 지속될지 말할 수 없다. 아무도 그것의 결과가 어떠할지 알지 못한다"(Wieman, 1937, 18).

1931년에 교회 지도자들은 1934년과 1935년은 기독교 가정에 초점을 두게 될 것이라고 발표했다. 1937년에는 세 개의 주요 책이 출간되었는데 각각 강력한 가정교육 프로그램에 관심을 두었다(Carrier, 1937, Wieman, 1937, Sherrill, 1937).

교회의 가정교육에 대한 관심의 큰 흐름은 1948년 미국 장로교 연합의 『믿음과 삶 교육과정』(The Faith and Life Curriculum)이 나왔을 때 더욱 강해졌다. 가정과 교회라는 장에 공통된 교육과정을 채우려 했던 첫 번째 진지한 시도가 환영을 받아 다른 교단 출판사들도 같은 방식을 따랐다. 그러나 대부분의 부모들이 협력하기를 거절했기 때문에 그 전략은 좌절되었다. 그 이후로 깨어 있는 교회들은 아이들의 신앙 양육의 중심을 교회에 두고 있다.

1980년대 후반 폭 넓은 조사가 복음주의 국가 연합의 교단들에 있었다. 교회들은 가정을 돕는 데에 거의 아무것도 하지 않는 것으로 나타났다. 가정을 돕고 있는 많은 수의 선교 단체들이 많은 교회들에게 필요한 자원을 공급하도록 결정하는 데 영향을 주고 있는 것으로 나타났다.

그러나 이러한 가족과 교회를 분리한(hands off) 접근은 변하고 있는 것 같아 보인다. 1989년에 출간된 찰스 셀(Charles Sell)의 책 『가정사역』(Family Ministry)은 교회 지도자들과 신학생들, 그 외의 다른 독자들에게 교회가 어떻게 가정의 삶을 풍요하게 할 수 있는지에 대한 포괄적인 견해를 제공했다. 그 이후로 제2판이 같은 주제에 관한 몇 가지 다른 책들과 함께 나왔다. 소설 『가정에 기초를 둔 청소년 사역』(Family-Based Youth Ministry)에서 마크 데브리스(Mark DeVries)는 청년 지도자들에게 그들의 사역에 가정사역을 추가하도록 수정할 것을 도전했다. 또한 수많은 아동사역자들과 청년 사역자들이 가정사역에 대한 임무를 지정하고 있다. 최초로 1988년에는 가정 성직자 전문 기구가 만들어졌다.

이러한 노력들은 가정의 위기에 대한 인식에 의해 시작된 것으로 보인다. 사회 전문가들은 "핵가족들은 그룹적인 도움이 필요하다"(Yorborg, 1973, 204)고 경고한다. 가정학교는 하나님께서 창조하셨다는 신앙 아래 대부분의 교회 지도자들이 그것의 지속적인 존속과 건강에 관심을 기울이고 있다.

그러나 가정교육을 하려는 요청은 단순히 가정에 대한 걱정에 있지는 않다. 주창자들은 그것이 또한 교회를 위한 것이라고 믿는다. 가정은 교회가 하도록 부름을 받은 것의 일부를 담당하고 있기 때문에 가정사역은 교회사역이다.

가정교육은 부모들이 자녀들을 그리스도께로 인도하도록 훈련한다는 면에서 복음 전도이다. 부모들이 자녀들의 신앙을 양육하도록 교육받을 때 그들이 교회의 사역들을 하게 되므로 그것은 제자사역이다. 실제로, 아동 사역자들과 청년 사역자들은 교회 중심의 기독교교육의 노력들이 가정에서의 기독교 훈련의 부족으로 실패하고 있다고 주장하기 시작했다.

가정사역의 또 다른 이유는 그것이 교회의 도덕과 영적인 사역에 결정적이기 때문이다. 올바른 남편과 아내의 관계는 대부분의 기독교인의 관심사인 이혼과 간음을 금하고 있다. 십계명 중 세 계명이 가정생활에 대한 규범이다. 현대의 중요한 도덕 문제들, 예를 들면, 아동학대와 방치, 동성애 결혼, 혼전 혼외 성관계, 그리고 낙태의 문제들이 모두 가정 문제들이다. 이 외에도 대부분의 논리가 교회 생활과 가정생활은 조직적으로 함께 연결되어 있다는 것이다. "가정이 가는 데로 교회가 간다"(Rose, 1972, 188-89, Friedman, 1985, 36).

가정교육에 관한 몇 가지 패러다임이 나왔다. 그들 중 최초의 것이 프로그램 모델이다. 종종 가정사역자의 지명을 받은 간사의 지도 아래 가정교육을 위한 행사가 계획된다. 두 번째 모델은 연령별 사역이 교회 가정으로 확대된 것이다. 세 번째 접근은 교회가 상당수 세대 간의 참여를 포함하여 가정

단위의 행사와 예배를 중심으로 전체 행사를 조직하는 것이다. 어떤 모델이든지 많은 수의 전략이 활용된다. 설교와 교회학교 수업에서 가정에 관련된 주제를 언급하는 것 이외에도 교회들은 부모와 자녀간의 관계를 포함하여 결혼과 가정을 위한 교육과정과 세미나를 개설한다. 여기에 더해서 가족 구성원들의 기술을 향상시키고 관계의 질을 높이기 위해서 경우에 따라 모든 세대들을 함께 모으는 시도들도 있다. 때로 세미나에는 부모들과 십대 등의 단지 두 세대만을 포함할 수 있고, 다른 경우에는 모든 세대들을 참가시킬 수도 있다.

이상적인 신학에 기초한 가정생활을 위한 교육과정은 가정의 기능적이고 표현적인 면을 다룬다. 기능적인 면은 가정의 외적인 기능에 관련된 문제들로 재정, 시간 사용, 징계, 자녀교육, 가정예배 인도, 그리고 가족 구성원들의 다양한 역할과 의무 수행 등이다. 표현적인 기능은 소위 상호간의 문제들로 감정 나누기, 들어주기, 지지하기, 친밀함, 사랑, 그리고 적절한 개인 간의 관계 등이다.

훈련과정에서 경험적인 전략들이 종종 활용되는데 강점과 약점을 분석하는 시험, 역할극, 학습하는 기술들을 실습해 볼 수 있게 해주는 운동에 참여하는 것 등이다.

교회와 가정양육을 통합하는 문서화된 교육과정을 만들려는 노력들이 다방면에 걸쳐 이루어지지는 않았다. 1970년에 이 분야의 선구자 래리 리처즈(Larry Richards)에 의해서 제작된 자료들 외에는 주일학교 교육과정 출판계에서는 이러한 방향으로 움직이는 데 거의 아무 일도 하지 않았다.

가정교육을 위한 지침들은 다음을 포함한다. 공동체의 삶으로 통합되어야 하며 단지 새로운 프로그램들을 덧붙이는 데에 그치지 않고 가정의 여러 문제들이 교회에 존재하는 기관과 사역 안에서 다루어져야 한다.

더 나아가서 가정교육은 모든 연령을 참여시켜야 한다. 아이들과 청년들은 가정생활에 관련된 기술과 지식을 배워야 한다. 또한 소위 과도기의 가정들을 빠뜨리지 않아야 한다. 별거나 이혼, 미망인이나 그들의 자녀들을 교육하고 지원해야 한다.

가정교육을 강조할 때 교회들은 미혼 장년들을 간과하지 않도록 주의해야 한다. 그들의 부모나 친지들과 관련된 가정 문제를 해결하도록 그들을 돕기 위한 노력이 반드시 이루어져야 하며 그들을 교회 "가정"의 삶으로 포함시키도록 하기 위한 전략들이 이행되어야 한다.

하나의 "가족"으로서 교회 회중은 가정교육을 위해 가장 효과적인 환경이다. 교회 자체가 건강한 개인 상호간의 관계에 기초해서 운영되어야 하고 가족 구성원들에게 갈등을 해결하는 법, 친밀해지는 법, 의사소통하는 법, 서로 돌보는 법 등을 실제로 보여주어야 한다. 덧붙여서 교회는 미혼 장년들을 포함해서 사람들이 가족과 같은 친밀함과 상호 관계를 경험할 수 있는 소그룹을 제공해야 한다. 역기능 가정에서 성장한 교회의 많은 사람들이 무엇보다도 그러한 공동체의 일원이 될 필요가 있다. 교회가 가정의 건강을 위해 사역하는 데에 가장 적합한 이유가 바로 이러한 이유 때문이다.

CHARLES M. SELL

참고문헌 | B. Carrier(1937), *Church Education for family life*; M. DeVries(1994), *Family-Based Youth Ministry*; E. H. Friedman(1985), *Generation to Generation*; K. O. Gangel and J. C. Wilhoit, eds.(1996), *The Christian Educator's Handbook on Family Life Education*; D. W. Hebbard(1995), *The Complete Book of Family Ministry*; R. Rose(1972), *Christian Bible Teacher*; L. Sherill(1937), *The Family and Church*; C. M. Sell(1995), *Family Ministry*; R. W. Wieman(1937), *The Modern Family and the church*; B. Yorborg(1973), *Changing Families*.

가정교회(House Church). 지난 30여 년간 가정교회들은 회중 가운데서와 회중 곁에서 생동적인 소그룹 형태로 나타났다. 가정교회는 기도, 공부, 순종을 위해 만나는 소그룹과 몇 가지 유사점을 가지고 있다. 그들은 또한 좀더 새로운 형태의 모임에서 때때로 주님의 만찬을 함께 축하하는 작은 단위 그룹과도 유사점이 있다. 그러나 그들은 몇 가지 기본적인 면에서 그러한 그룹과 다른 경향이 있다.
• 그들은 자신들을 단순히 교회의 일부분으로서가 아닌 회중 속에 존재하는 "더 큰 교회 안의 작은 교회"라고 스스로를 간주한다. 또는 독립적인 가정교회들의 무리(cluster)에서 부분으로 존재한다면, 다른 작은 교회들과 함께 만나는 작은 교회로 간주한다.
• 그들은 성인 뿐만 아니라 아이들과 청소년도 포함한다. 그리고 자신들이 하기를 원하는 것 안에서 가능한 한 많이 그들을 포함하려 한다. 가정교회는 대개 매주 몇 시간 동안 만나 찬송하고, 기도하며, 공부하고, 식사하고, 오락을 즐기고, 계획을 짠다.
• 그들은 자신들의 식사를 주님의 만찬으로 본다. 이 안에서 그들은 그리스도의 죽음과 부활을 기억할 뿐 아니라 주의 재림을 기다린다. 식사 동안 성령의 임재를 의식하며 서로의 삶과 활동에 대해 대화하고 함께 한다.
• 지도력(leadership)은 모든 그룹에 부여되므로 모든 기본적인 결정은 일치에 의해 이루어지며, 그 시간에 도움이 되는 사람은 누구나 모임을 이끄는 것으로 간주된다. 그러나 그룹 내에서 몇몇 사람은 항상 그 공동체를 유지하고 건설할 능력뿐 아니라 더 많은 성숙과 경험을 지닌 사람으로 드러날 것이다.
• 가정교회 안에서 일어나는 일과 그 그룹 밖의 가족, 직장, 이웃, 도시 그리고 세계에 대한 그 구성원들의 책임감을 조화시켜야 하는 중요한 일이 있다. 그룹은 그들의 부름과 약속을 식별하기 위해 각각의 구성원을 지원한다. 그리고 그들을 지지하며 그들과 함께 기도한다.
• 그룹은 하나님의 나라의 가치를 반영하는 생활방식을 개발하기 위해 구성원 모두를 격려한다. 다른 일들 가운데 이 일은 시간, 돈, 운동, 부모, 생활패턴의 주제에 영향을 끼친다.

가정교회는 비형식적이며, 전체적인 혹은 종합적인 기독교교육이 발생하는 내용을 제공한다. 예를 들면, 성인 뿐 아니라 아동은 놀이와 공동 활동을 통해 다른 아동과 관계를 맺는 방법을 배운다. 10대들에게는 기독교인 역할모델의 범주가 주어진다. 또한 그들은 성인들이 그들의 의심과 확신, 희망과 실망, 그리고 그들의 일상이 믿음과 얼마나 연관되는지를 토론하는 것을 들을 기회를 갖는다. 결혼한 부부들은 다른 결혼한 부부들이 의사소통하며 그들의 아이를 양육하고 성령의 보호를 약속하며 약속을 지키는 방식을 관찰한다. 젊은 기독교인들은 지도력이 어떻게 연습되고 훈육되는지를 그들 자신의 성장에 따라 그룹에서 그들에게 주어지는 증가되는 책임을 맡음으로써 경험하게 된다.

언급하였듯이, 가정교회는 그룹의 삶에 영향을 미칠 중요한 결정을 하는 데 구성원 모두가 돕기 때문에 구성원 모두가 하나님의 뜻을 분별하고 책임지는 일에 동참하는 일을 배운다. 그리고 이러한 방식으로 성령에 의해 그들에게 주어진 재능을 개발한다. 때때로 모든 멤버는 다른 개인적 주제나 외부적 상황, 타인을 돌보고 상담하는 것 뿐만 아니라 예술에 대한 애정에 이르기까지 실제적인 방식으로 타인을 도와준다.

이 모든 장점이 실천될 경우 가정교회가 세계적으로 성장하는 것이 놀랍지 않다. 이러한 방식의 모임은 초대교회 생활의 중심에 있었으며, 교회갱신이나 세상에 강력한 영향을 주고자 하는 진정한 열망이 있을 때 새롭게 떠오르려는 경향이 있다.

ROBERT BANKS

참고문헌 | R. Banks(1994), *Paul's Idea of Community*; R. and J. Banks(1997), *The Church Comes Home: Bringing Community and Mission through Home Churches*; L. Barrett(1986), *Building the House Church*; M. A. Cowan and B. J. Lee(1997), *Conversation. Risk and Conversion : The Inner and Public Live of Small Christian Communities*; C. Smith(1992), *Going to the Root: Nine Strategies for Church Renewal*.

가정단체(Home Fellowships). 셀교회(Cell Church); 가정교육(Family Life Education)을 보라.

가정도덕(Family Morality). 루이스(C. S. Lewis)는 『순전한 기독교』(*Mere Christianity*,

1952)에서 도덕을 세 가지로 고려해서 정의했다. 첫째는 개인들 사이의 공정함과 조화이며, 둘째는 개인의 내면의 것들의 조화이며, 셋째는 인간이 창조된 목적 혹은 전(a whole) 생의 목적이다. 첫째는 사람들 사이의 관계와 관련된 것이고, 둘째는 자기 자신의 인식과 이해와 관련된 것이다. 셋째는 창조주와의 관계에서의 목적과 관련된 것이다. 한 개인이 자신의 전 삶에 걸쳐 이 세 가지 요소들에 어떻게 반응하는가에 따라 그의 인격이 결정된다. 이들 요소는 분리될 수 없다. 각각은 서로에게 영향을 준다. 다른 사람들과의 관계에서 공정하고 정직한 것은 하나님과의 관계와 자아의 근본에 깊이 관련되어 있다.

"친사회적 행동"(prosocial behavior)을 주장하는 심리학 분야, 특별히 레스트(James R. Rest)에 따르면 인간 심리에 깊게 기초를 두고 도덕성이 형성됨을 보여주는 네 가지 인간의 획득형질을 제안한다. 첫 번째 획득형질은 감정이입이다. 이것은 인간 본성에 선천적으로 내재되지 않았다면 매우 초기에 획득되며 부모나 주요 양육자들에 의해서 영향을 받으며 형성된다. 두 번째 획득형질은 중요한 인간의 가치들이다. 이것은 타인과 서로 돌봐주고 채워주는 관계이다. 또한 초기의 양육자들에 의해 형성되어야 한다는 것이다. 다른 사람과의 좋은 관계는 사회 제도의 가장 중요 산물이다. 세 번째 획득형질은 기본적으로 그들의 인격에 대한 자아 인식이 계발되는 것이다. 그것이 도덕적이고자 하는 최소한의 동기가 된다면 자기 자신이 예의바르고 공정하고 도덕적이라고 생각하고 싶어 한다는 것이다. 아이들은 처음 두 획득형질에 의해 계발되는 소속감이 필요할 뿐만 아니라 스스로 가치 있다는 의식이 필요하다. 이것은 다음 네 번째의 획득으로 이어진다. 네 번째 획득형질은 자신의 사회적 경험에 대한 반성함을 통해 더 풍부하고 더욱 통찰력 있는 사회에 대한 그림을 갖게 되는 것이다. 일부는 그들 자신의 보다 복잡한 추론과 포괄적인 계획에 기초하여 사회에 대한 이상적인 비전을 갖기도 한다.

이들 네 가지 획득형질들은 도덕발달에 뿌리를 두고 있는 인간 개개인의 발달이 자연적인 경향이라는 것을 보여준다. 이러한 경향들은 도덕성의 발달을 지지할 수도 있고 부모들에 의해 다른 방향으로 인도되거나 왜곡되거나 다른 경향들에 의해서 대체될 수도 있다. 예를 들면, 레스트가 이야기하기를 "감정이입은 편견이 될 수 있고, 친밀한 관계는 배타적이 될 수 있고, 자의식의 발달은 그 자체로 비도덕적인 가치를 만들어내며, 사회 인식에 있어서 기교는 도덕적 목적뿐 아니라 개인의 욕심을 위해서도 사용될 수 있다"고 하였다(2-3). 가정은 도덕발달의 열쇠이기 때문이다.

이러한 네 가지 근본적인 획득들이 레스트(Rest) 모델의 네 가지 심리학적 과정을 위한 기초 작업을 하는 것이다. 그 모델은 도덕적 행위가 발생하는 순서로 즉, 도덕 인식, 판단, 동기, 그리고 성취 기술이다. 도덕적 행위들은 어떤 하나의 과정의 결과가 아니라 네 가지 요소들의 상호작용이다. 그 요소들 중 어떤 하나는 한 개인의 강점으로 나타날 수도 있고, 또 다른 요소가 그 사람의 약점으로 나타날 수도 있다. 어떤 사람들은 정교한 판단을 할 수 있지만 행동은 전혀 하지 않을 수 있다. 또는 어떤 사람은 행동은 할 수 있지만 그의 판단은 너무 단순할지도 모른다. 이것이 아이들이 도덕적 행동의 영향을 받으며 자라나는 부모와 공동체가 그렇게 중요한 이유이다.

레스트의 네 가지 요소 모델은 특별히 인식, 감정, 행동 요소들의 통합이라는 이유 때문에 가정에서 고려해볼 만한 가치가 있다. 그것은 가정에서 아이들이 각각의 결정을 보고 그 결정이 어떻게 이루어졌는지를 평가하도록 돕고 양육할 때 머리나 가슴 한 쪽으로 쏠리지 않도록 도와준다. 이것은 이 모델을 실제적이고 덜 논쟁적이게 한다.

JUDY TENELSHOF

참고문헌 | C. S. Lewis(1952), *Mere Christianity*; J. R. Rest(1986), *Moral Development*.

가정성경공부(Home Bible Studies). 성인기독교교육(Adult Christian Education)을 보라.

가정성경공부/모임(Home Bible Studies

/Groups). 성인 기독교교육(Adult Christian Education)을 보라.

가정예배(Home Church). 가정교회(House Church)를 보라

가정예배(Worship, Family). "함께 기도하는 가족은 흩어지지 않는다"라는 격언은 많은 가정들이 집에서 하나님께 초점을 맞추는 시간을 갖는 것을 볼 때 사실로 드러난다. 이러한 가정의 부모들은 가정에서 많은 예배의 활동에 참여한다. 식사 시간이나 잠들기 전에 아이들과 함께 기도하는 것은 일상적인 일이다. 어떤 이들은 하루 또는 일주일에 어떤 시간을 정해서 하나님의 말씀을 읽고 기도하는 시간을 갖는다. 그러나 대부분의 부모들은 가족들이 함께 모여 의미 있는 예배를 드리는 데 어려움을 겪고 있다.

신명기 6장은 종종 가정에서 부모들이 종교적 가르침과 가족 예배 및 묵상의 시간을 제공해야 할 책임에 대해 소개하는 기본적 구절로 인용된다(7). "네 자녀에게 부지런히 (하나님의 명령들을) 가르치며 집에 앉았을 때에든지 길에 행할 때에든지 누웠을 때에든지 일어날 때에든지 이 말씀을 강론할 것이며." 따라서 가정에서의 예배의 경험은 공식적인 동시에 비공식적이고, 계획된 것인 동시에 계획되지 않은 것이다.

어린이들은 가정 예배를 통해 하나님을 인정하면서 자라게 될 것이다. 어린이는 자기를 둘러싼 세상을 경험하면서 자연스럽게 예배하는 법을 배우게 된다. 어린이는 부모에 의해 하나님이 하시는 일들-꽃의 부드러운 아름다움으로부터 밤하늘의 천둥의 무서운 노호에 이르기까지-에 대해 경외하는 법을 배우게 된다.

예배는 어린이의 믿음의 성장에 있어 가장 중요한 요소이다. "우리가 이를 그 자손에게 숨기지 아니하고 여호와의 영예와 그 능력과 기이한 사적을 후대에 전하리로다… 저희로 그 소망을 하나님께 두며 하나님의 행사를 잊지 아니하고 오직 그 계명을 지켜서"(시 78:4, 7). 그러나 모든 일이 그렇듯이 위험과 함정들이 도사리고 있다. 만일 가정 예배가 따분하다거나 어린이들의 필요에 부응하지 않는다면 그들은 이 시간을 지겹게 생각할 수 있으며, 심지어는 스스로의 영적 성장을 더 이상 추구하지 않을 수도 있다.

많은 부모들이 그들의 가정에서 영적인 지도자가 되라는 성경의 충고를 진지하게 받아들이고 일주일 중 하루를 "가족의 밤"으로 지키고 있다. 북미 전역을 통해 점점 더해가는 이러한 추세는 성경의 가치를 한 세대로부터 다른 세대에 전달하는 데 중요한 영향을 미치고 있다.

가족의 밤은 가족 구성원들 중 가장 어린아이들의 관심을 중심으로 꾸며질 필요가 있다. 저녁 식탁에서 하루 동안 일어났던 일들을 서로 나눈 후 가족들 전체가 참여할 수 있는 활동을 함께 한다. 이러한 활동들의 예로는 가족 콜라주 만들기, 보드 게임, 지난 가족 휴가 때 찍은 사진들을 정리해 사진첩 만들기, 이웃에 있는 가난한 사람들을 위해 쿠키를 굽기 등이 있다. 이러한 일들을 하는 데 중요한 것은 활동 자체가 아니고 바로 과정이다. 중요한 것은 바로 가족이 함께 공동체로서의 의식과 헌신을 키워나간다는 점이다. 이러한 활동이 끝나면 성경의 한 구절을 읽고 모두를 이해시키기 위해 질문을 받는다. 그리고 난 후 가족 모두가 원형을 만들어 앉아서 서로 손을 잡고 서로를 위해 기도한다.

그리스도의 사랑을 표현하고 경건생활의 실천을 병행하는 부모는 가정을 튼튼하게 하고 하나님을 신뢰하는 후손들을 배출한다는 것을 보여주는 많은 자료가 있다. 기독교 서점을 방문한다면 가정 예배를 모든 이들이 함께 즐길 수 있는 시간으로 만들어 줄 많은 최신의 자료를 찾아볼 수 있을 것이다.

RONALD H. RYND

참고문헌 | *Daylights*, Great Commission Association, 3611 Eisenhower, Ames, IA 50014; *Family Walk*, Walk Thru the Bible, Box 627, Mt. Morris, IL 61054, 1-800-763-5433; *Our Daily Bread*, RBC

Ministries, 3000 Kraft Ave. SE, Grand Rapids, MI 49555.

가족캠프(Family Camp)/수련회(Retreat).

가족의 영성과 관계를 향상시켜 주며 야외에서 치러지는 세대간의 행사이다. 이것은 최고의 생활 공동체인 가족이 갖는 원동력과 캠프 경험의 독특함을 결합한 것이다.

비록 일부 캠프들은 모든 가족 구성원들이 그들의 동료들과 함께 하는 활동에도 시간을 보낼 수 있는 기회를 제공하지만 진정한 가족캠프는 가족 전체를 관계시켜 삶을 경험하고, 나누는 것들을 통합시킨 것이다. 그것은 또한 위의 모든 것들을 동료나 다른 가족이나 다른 세대들과 함께 할 수 있는 기회를 제공할 수도 있다. 어른들을 위한 자녀양육의 문제나 십대들의 갈등 등의 문제를 그와 연관된 그룹에게 특별히 강조해 줄 수 있다. 여러 가족들을 결합시켜 줌으로써 가족 간의 통찰이나 정보, 그리고 지지 등을 경험할 수 있게 한다. 모든 세대들에게 공개하여 다양한 시각과 풍부한 기여를 제공한다.

캠프 생활(더 느린 속도, 단순화된 생활, 자연 배경)의 장치들과 가족의 원동력(실제적인 삶, 이미 형성된 관계, 모든 가족 구성원들이 상호 작용하는 알려진 문제들)들이 결합되어 있기 때문에 가족캠프는 배움에 있어 캠프와 가족이라는 두 가지 형태의 힘을 결합할 수 있게 한다. 모든 가족 구성원들은 똑같은 진리에 노출된다. 각각은 그 진리를 즉시 자신의 관계적 상황에 적용할 기회를 갖는다. 이러한 상호 작용은 관계를 더 깊은 수준으로 형성하고 배우는 과정 중에서 살아가는 기술을 연마할 수 있는 가능성을 제공한다. 가족으로서 함께 즐거워할 수 있는 기회와 더불어 함께 하는 경험에서 배운 진리에 기초하여 계속 가정환경에서도 배운 바를 이행할 가능성은 결코 과소평가 되어서는 안 된다.

집중되고 분산된 개념들의 무수히 다양한 조합에도 가족캠프에는 근본적으로 두 가지 기본적인 철학이 있다. 집중화된 계획은 가족 단위들이 프로그램 담당자에 의해 계획된 큰 모임 활동들에 참여할 수 있도록 함께 모아준다. 그들은 함께 식사하고 캠프 프로그램에 짜인 활동에 함께 참여하고 전체 집회에서 강사에게 함께 배우고 같은 일정에 따른다. 분산화된 모델은 보다 덜 정형화되어 가족 단위들이 스스로 활동들을 결정하고 가족들이 스스로 자신들의 필요에 맞게 계획된 소그룹 활동들을 통해 배우고 식사 등의 단지 몇 번의 공통된 일정을 갖는다.

가족캠프는 많은 독특한 이점이 있지만 수많은 도전을 제공한다. 가장 큰 도전 중의 하나는 모두가 만족할 수 있도록 각각에게 특별한 무엇인가를 제공하면서도 모든 세대에게 동시에 호감을 주는 것이다. 또 다른 요소는 비용이다. 수많은 가족 구성원들을 위해 지불해야 하는 비용이 크기 때문에 대부분의 교회들은 이런 종류의 캠프를 위해서 그들의 예산에 캠프 참여자를 위한 보조금을 편성해 놓는다. 만약 성인들이 동료들을 데려 오는 것을 자유롭게 하려면 어린아이들을 특별히 보살펴야 한다. 몇몇 교회들은 이러한 기회가 제공되는 가정과 연결되어 있는 미혼자들과 대학생들과 조부모들에게까지 가족을 확대시킴으로써 이러한 필요를 해결한다. 활동들은 참가자들의 나이 수준에 따른 제한과 캠프에서 추구하는 가족 가치에 의해서 조절된다.

이 모든 도전들 때문에 많은 사람들이 가족캠프가 이제까지 가장 기억에 남고 가치 있는 그룹 활동이었다는 것을 알 수 있었다. 그것은 가족에 대한 인식과 기술을 강화하고 교회가 가정에서의 부모의 역할에 대한 모범을 세울 수 있는 기회를 줄 수 있다.

JULIE GORMAN

참고문헌 | C. M. Sell(1981), *Family Ministry*

가치관/가치관 중심의 교육(Values/Values-Based Education).

역사적으로 교육의 주요한 기능 중의 하나가 어떤 한 그룹이나 문화에 의해 소중하게 간직되는 가치관에 대해 가르치는 것이다. 잠언의 한 구절, "마땅히 행할 길을 아이에게 가르치라. 그리하면 늙어도 그것을 떠나지 아니하리라"(22:6)에서 볼 수 있듯이 성경은 이러한 교육을 특별히 잠언 전체에 걸쳐 강조하고 있다. 비록 많은 사람들이 가치관을 개발하는 것이 교육의 중요한 목표라는 것을 인정하고 있으나, 어떻게 그러한 교육을 실시할 것인가에 대해서는 많은 이견들을 가지고 있다.

가치관 중심의 교육에 대한 전통적인 접근 방법은 이미 확립된 도덕적 원리들이나 법칙들을 전수해 주고 학생들이 이를 받아들이도록 격려하는 것이었다. 이러한 교육은 도덕적 원리들을 직접적으로 가르치거나, 이러한 원리들을 내용으로 하는 이야기들을 들려주거나 읽게 하는 방법, 또는 이러한 원리들대로 살아간 영웅들이나 교사 자신의 모델을 보여주는 것이다. 이러한 종류의 교수법을 이용하여 고대 사회들은 교육을 통해 도덕적 또는 윤리적인 사람들을 개발하는 데 힘썼다. 1800년대 초기 미국의 공립 초등학교 운동 또한 이러한 접근 방식을 이용하여 미국의 어린이들에게 성경 읽기와 도덕적인 이야기들을 들려줌으로써 개신교인의 그리스도인의 가치관을 심어주려고 노력하였다(Tyack & Hansot, 1982).

20세기 초반에 일어난 "인성교육" 운동 또한 이러한 전통적인 방법에 의존하였는데, 청결과 협력과 같은 좋은 습관들의 개발을 장려하는 가르침과 함께 이러한 것들을 잘 실천하도록 북돋우는 방법을 결합시켰다. 수세기에 걸친 어린이와 청소년을 위한 기독교교육 또한 이러한 모델을 보여준다. 이것은 특정한 덕목들과 가치들을 성경의 이야기와 과거와 현재의 모범적인 예들을 통해 강조해 주며, 또한 보상을 통해 더 잘하도록 북돋우는 것이다. 이러한 "전통적인" 모델은 최근에 배우는 이에게 거의 영향을 끼치지 못하는 "덕목들의 다발" 접근 방식이라는 호칭으로 비판받고 있으며 그 인기를 잃었다. 이러한 방식은 배우는 이가 가치관을 스스로 선택하고 발전시키도록 돕는 대신 이미 문화적으로 개발되어 있는 가치들을 주입식으로 가르친다는 비판도 받고 있다.

변화된 철학적 기반과 시각을 반영하며 새로운 접근 방식들이 지난 한 세기에 걸쳐 발전되어 왔다. 전통적인 교육철학들은 실용주의, 실존주의, 그리고 포스트모더니즘의 인식에 의해 무너졌다. 또한 인간의 본성에 관한 세속의 인문주의적 가정들이 받아들여지기 시작하면서 가치관을 전수시키는 교육의 역할이 재고 되었다. 오늘날 많은 교육학자들의 견해에 따르면 교육의 역할은 배우는 이로 하여금 그들 나름대로의 가치관을 개발하고 확고히 하는 것이지, 문화적으로 이미 받아들여지고 있는 법칙을 주입하는 것이 아니다. 다문화적 교육의 문제가 점점 민감해지고 있는 오늘날 타문화에 대한 관용과 개인의 결정을 중요시하는 보다 상대적인 입장이 주장되고 있다.

이러한 새로운 철학적 인식의 한 예가 아이들로 하여금 스스로 그들의 가치관을 고르고 창조하도록 하는 민주적 접근 방식을 강조했던 1960-1970년대에 걸쳐 일어난 가치명료화 운동(Values clarification movement)이다(Raths, Harmin, & Simon, 1978). 이 모델에 따르면, 교사의 역할은 학생들에게 여러 가지 상황들을 제시해 줌으로써 그들이 선호하는 바와 가치관을 생각해 볼 수 있도록 해주고, 그것들을 동료 학생들과 함께 토의하며, 자신들이 받아들이고 따르기 원하는 가치관을 뚜렷이 하는 것이다. 이러한 가치관은 그 결과에 대한 깊은 사려 끝에 여러 가지 선택의 대안 가운데 자유롭게 선택되어야 한다. 학생은 자신들의 가치관을 소중히 여기고 또한 그것을 다른 사람들과 나누며 그것에 따라 살아가고 그것을 삶의 양식으로 만들어간다(Raths et al., 1978, 28). 이 접근 방식에 의하면, 가치관을 결정하는 데 어떠한 가치관도 절대적으로 객관적인 기준이 될 수 없다. 학생은 개인적으로 여러 선택의 대상들을 물색하고 그들이 따라 살기 원하는 가치관을 선택해야 한다. 이 접근 방식에 대한 비판으로 지적되어 온 것은 그것이 반영하는 도덕적, 그리고 개인적 상대주의와 그 과정 속에서 교사의 제한된 역할, 그리고 이 방식이 적용되었을 때 사회에 미칠 수 있는 잠재적인 부정적 결과이다. 이 접근 방식에서는 만일 학생이 가치관을 선택하는 과정을 거치고 그들의 선택에 따라 충실하게 살아가기만 한다면 모든 선택이 타당하다. 따라서 그들의 가치관 개발을 위해 길잡이를 해줄 수 있는 객관적이고 보편적인 윤리적 원리가 없게 된다.

또 하나의 주요한 현대적 접근방식은 피아제(Piaget)의 인지발달이론과 콜버그(Kohlberg)의 도덕발달이론에 근거한 것으로서 학생들이 도덕적 딜레마를 찾고 무엇이 옳고 왜 그러한지에 대한 선택을 할 수 있는 사례 연구를 이용하는 방식이다. 가치명료화(values clarification)의 경우와 마찬가지로 이 접근방식은 학생들로 하여금 그들의 가치관과 그 뒤에 있는 논리를 비판적으로 생각하게 함으로써 가치관을 전달만 해주는 주입식의 접근방식을 피한다. 하지만 가치명료화의 방식과 달리, 콜버그의 모델은 가치관들 사이에 보편적이고 윤리적 정의의 원리를 최상으로 한 위계질서가 있음을 전제로 하고, 학생들이 더 높은 차원의 도덕적 가치와 행위를 추구하도록 도움을 줄 것을 강조한다. 발달과정은 윤리적 딜레마에 관한 그룹 토의를 통해 이루어지는데, 학생들로 하여금 그들 논리의 타당성을 관찰하게 하며 딜레마를 더욱 적절하게 설명할 수 있는 더 높은 논리의 차원에 이르도록 도전한다. 그렇게 함으로써, 교사는 학생들의 반응을 탐구하고 해결되어야 할 문제들을 그들에게 던져주어 적극적으로 그들을 지도하게 된다. 그러나 이 접근방식에 대한 비판으로 지적된 것은 과연 정의의 보편적 원리라는 것이 존재하는가 하는 것이며, 토의의 과정이 도덕적 행동을 발달시키는 데 기여하는가 하는 문제이다.

최근 들어 구체적인 신념과 가치들을 가르치며 학생들로 하여금 구체적인 인성과 도덕적 덕목들을 개발하도록 도와주는 전통적인 접근방식들이 다시 일어나게 되었다. 새로운 접근방식들은 격언과 이야기, 모델을 통한 가르침을 이용한다. 하지만 많은 방식들이 학생들로 하여금 배운 가치관을 자신의 것으로 만들도록 하기 위해 대화와 반성, 적극적인 학습, 비판적 사고 등을 이용할 것을 주장한다 (Thiessen, 1993; Bennett, 1993).

KEVIN E. LAWSON

참고문헌 | W. J. Bennett, ed(1993), *The Book of Virtues: A Treasury of Great Moral Stories*; K M Gow, *Yes, Virginia, There Is Right and Wrong*; L. Raths, M. Harmin, and S. Simon(1978), *Values and Teaching: Working With Values in the Classroom*; E. J. Thiessen(1993), *Teaching for Commitment: Liberal Education, Indoctrination, and Christian Nurture*; D. Tyack and E. Hansot(1982), *Managers of Virtue: Public School Leadership in America, 1820-1980*.

참조 | 비판적 사고(CRITICAL THINKING); 인문주의/고전적 인문주의(HUMANISM, CLASSICAL); 인문주의적 기독교(HUMANISM, CHRISTIAN); 콜버그, 로렌스(KOHLBERG, LAWRENCE); 도덕적 딜레마(MORAL DILEMMA); 도덕교육(MORAL EDUCATION); 피아제, 장(PIAGET, JEAN); 성찰(REFLECTION); 가치교육(VALUES EDUCATION)

가치교육(Values Education). 가치관은 사회 전체의 행동에 영향을 끼치는 널리 공유되는 태도이다. 문화적인 변수가 많지만 공유되는 전형적인 예로 인간생명의 보호, 아동 보호, 사유 재산의 보장 등을 들 수 있다. 부모와 교사들의 가장 우선이 되는 목표는 자신들이 가지고 있는 가치체계를 후손들에게 물려주는 것이다. 그러나 사회의 변화는 결과적으로 가치관의 변화를 초래한다. 불변의 핵심적인 도덕적 절대 가치가 없다면 가치체계는 각각 새로운 세대에 의해서 새롭게 평가될 것이다. 가치관에 관한 논의에서 많은 부분을 차지하는 것은 젊은이들이 전통적인 덕목들에 대한 존중이 없다는 연장자들의 불평 섞인 한탄이다. 어떤 경우에는 객관적인 재평가가 오류를 드러내기도 한다. 노예제도 폐지주의자들이 노예제도를 부도덕한 것으로 드러내기 전에는 어떤 이들은 이를 관대하고 호의적인 것으로 여겼다.

실용주의 사회에서의 가치관은 더 이상 생산적이지도 못하며 계속되지도 않는다. 쾌락주의자들(hedonists)은 쾌락을 제공하는 모든 것을 가치 있게 생각한다. 어떤 이들은 개인의 자유를 조성하는 관습과 태도를 더 중요시 여기기도 한다. 그렇다면 어떻게 어떠한 행위나 태도가 보존할 가치가 있는지를 분별할 것인가? 우리의 아이들에게 우리가 가지고 있는 가치관을 물려줄 가장 좋은 방법은 무엇인가? 이러한 질문들이 바로 부모들과 교사들이 직면한 것이다. 1960년대에는 치료학자들과 교육자들이 모두 가치명료화의 과정과 개개인이 스스로 자신에게 맞는 가치체계를 형성하는 것을 돕도록 고안된 교육방법으로 이러한 질문에 응했다.

1. 가치교육의 과정. 가치교육의 첫 번째 단계는 자기 자신의 가치관을 스스로 알고 명확하게 하는 것이다. "나는 무엇을 중요하게 여기는가?" 일단 가치체계가 결정되면 한 개인은 그것들이 근거하고 있는 원리들을 탐구하게 된다. "왜 이러한 것들이 나에게 중요한가?" 무엇이 중요하고 왜 그러한가에 대한 명료한 해답을 얻게 되면 개인은 곧 그 가치체계를 행동으로 옮기게 된다. "이제 무엇을 할 것인가?"

처음에는 머릿속의 지식에 불과했던 개념이 태도를 낳고 결국에는 행동으로 옮기도록 만든다. 효과적인 가치교육은 인식과 정서, 그리고 행위 수준에서 학습이 이루어져야 한다. 이러한 과정의 예를 들면, 공동체를 섬기는 것을 가치체계의 한 부분으로 가지고 있는 사람이 집이 없는 사람들의 어려움에 대한 이야기를 듣고 지역 보호 시설에 기부를 하기로 결심하는 것이다.

가치교육의 가장 영향력 있는 가르침의 방법은 일반적인 개념을 일상의 상황에 적용시키는 것이다. 생각을 유도하는 질문들과 주의 깊은 관찰을 통해, 교사들은 학생의 대화를 일반적인 경험의 세계로 유도하고 그들로부터 다음과 같은 결과를 기대할 수 있다. (1) 그들의 행위에 대해 더 인식하게 된다. (2) 자신들의 태도를 관찰한다. (3) 자신들의 행위를 수정한다. 역할극과 같은 드라마를 사용하는 방법은 배우는 이들로 하여금 자신들의 부정적인 행위가 타인에게 어떠한 영향을 끼칠 수 있는지를 공감하게 해준다. 이야기를 통한 교육 방법은 추상적인 용어들을 예를 들어 설명해 줌으로써 학생으로 하여금 낯선 개념들을 잘 적용할 수 있도록 이해시켜 준다. 대화를 잘 유도해 가는 숙련된 지도자는 학생들로 하여금 자신들의 태도를 살펴보고 그들의 신념에 따라 행동할 수 있는 길을 발견하도록 도와준다.

어린 학생들을 대상으로 한 연구 조사에 의하면, 가치교육에서 성인들의 본을 통한 교육의 중요성이 확인되었다. 만일 배우는 이가 좋은 본을 보고 자발적으로 따르기만 한다면 자선기금과 같은 바람직한 행동은 배우는 이에게 쉽게 내면화되고 생활양식의 한 부분이 된다. 하지만 이러한 행동을 단순히 설명만 하고 그렇게 하도록 강요한다면 배우는 이가 그렇게 할 가능성은 희박하다. 본보기를 통한 교육은 강의에 의한 교육보다 훨씬 효과적이다. 본보기를 통한 교육과 강의를 결합한 교육 방법을 택한다 하더라도 배우는 이가 보는 것과 듣는 것이 정반대라면 강의는 그 효력을 잃고 만다.

가치교육에서 중요한 것은 일관성이다. 가족과 교사, 보살피는 사람, 그리고 동료들이 보여주는 가치관이 비슷하다면, 학습자는 이것을 더 쉽게 받아들일 것이다. 만일 여러 가치관들이 혼동이 된다면 가치관은 상황에 따라 달라질 수 있다는 상대적 인상을 심어주게 된다.

가치관을 배우는 데 중요한 것은 올바른 훈련이다. 규칙들을 반드시 명확하게 제시해야 한다. 적절한 선택에는 칭찬이 따라야 한다. 징계의 목적이 교육보다는 지적에 가까울 때 잘못을 저지른 사람은 그 행위를 들켰을 때에만 나쁘다는 인상을 가지게 된다. "올바른 행위"를 도덕의 원칙과 연관짓기 보다는 무엇이든 들키지 않은 행위로 받아들이기 쉽다. 분별과 자제를 가르치는 훈련이라야 내면화된 도덕적 행위의 개념을 형성하게 된다. 가치교육의 최종적 목적은 보편적인 가치체계에 따라 행동하지만 어떠한 결정을 내리는 데 "옳고 그름"의 도덕적 절대성을 존중하는 사람을 키워내는 것이다.

성경은 올바른 본보기를 통해 학습자에게 가치관을 가르칠 가장 중요한 시기가 어린 나이임을 주장하고 있으며, 이러한 주장은 연구 조사의 결과에 의해서도 뒷받침된다. 도덕적 가르침은 학습자가 그릇된 행동을 의도적인 것과 비의도적인 것 사이에 스스로 구별할 줄 아는 지적 수준에 다다랐을 때 더 깊이 있게 전달될 수 있다. 칭찬을 받기 위한 행위는 점점 더 규칙을 존중함으로 변화한다. 더 높은 차원의 사고는 학습자가 자신이 받을 상과 벌로 인한 이유가 아닌 공동체를 위해 무엇이 최선인가를 근거로 결정을 내리도록 이끈다.

가치명료화(Values Clarification). 개인의 가치관의 윤곽을 뚜렷하게 하는 방법이다. 가치명료화 이론은 한 개인이 개인적이거나 사회적인 가치관을 정의하고, 명백히 하며, 내면화 한다면 개인의 행동 또한 내면화된 가치관을 반영할 것이라는 전제를 가지고 있다. 가치명료화는 개인에 의해 내면화된 구체적 가치관보다는 가치를 평가하는 과정에 더 관심을 가지는 경향이 있다. 라스(Raths), 하민(Harmin), 사이먼(Simon)에 의하면(1978) 가치관은 세 가지 과정을 거쳐 일곱 가지의 기준 아래 형성되며 명백해진다. 첫 번째 과정은 선택에 관한 것이다. 세 가지 기준이 선택을 지배한다. (1) 선택은 강요 없이 자유롭게 이루어져야 한다. (2) 선택은 많은 대안들 가운데 정해져야 한다. (3) 개인은 반드시 각 대안의 결과를 깊이 있게 생각해 보아야 한다. 두 번째 과정은 선택을 높이 평가하며 소중히 여기는 것이다. 이 단계에는 두 가지 기준이 필요하다. (1) 개인은 선택된 것에 대해 만족해야 한다. (2) 개인은 자신의 선택을 공개적으로 단언한다. 가치명료화의 마지막 과정은 '행동'이다. 두 가지 기준이 이 과정에서 필수적이다. (1) 개인은 자신의 선택을 구체적인 행동이나 행위로 적용시키기 위해 노력해야 한다. (2) 개인은 자신이 정한 선택과 동일한 삶의 유형이나 형태를 삶에 베어들게 해야 한다.

기독교교육자들에게 가치명료화 모델의 문제점은 개인의 선택에 관련된 첫 번째 기준에서 찾을 수 있다. 강요는 올바르지 않은 방법이지만 성경에 의하면 기독교교육자들은 개개인이 성경적 가치관을 내면화할 수 있도록 가르치고, 모범을 보이며, 정확하게 일을 처리하며, 지도해야만 한다(신 6:5-9; 잠 22:6; 딤후 2:15; 약 3:1). 가치명료화를 주장하는 이론가들은 이것을 무비판적이고 간섭하지 않는 지극히 수동적인 것으로 보지만 기독교교육자들은 이러한 과정을 더 의도적이고 직접적인 것으로 본다.

사춘기를 지나면서 개인은 가치관을 내면화하기 시작한다. 그 이전 시기의 어린이는 구체적인 현실적 사고의 영향에 의해 가치관을 받아들인다. 어린 아이가 공식적인 현실적 사고의 단계에 들어가게 되면 그 개인은 그러한 가치들을 내면화하기 위해 가치관에 질문을 던지며 도전하기 시작한다. 내면화 또는 가치관을 뚜렷이 하는 이 과정에서 개인은 그러한 가치들을 그들 부모의 것이라기보다는 자신들의 것으로 만든다. 많은 부모들과 기독교교육자들이 이 과정을 위협적이라고 생각하며 이것을 일종의 반항으로 간주한다. 사춘기에 있는 청소년들로 하여금 자신들의 가치들을 명확히 할 수 있도록 도울 수 있는 전략만 있다면 이러한 위협을 최소화할 수 있다. 전략들은 반드시 다음과 같은 내용을 포함해야 한다. '직접적인 질문들'과 배우는 사람이 씨름해 나가야 할 '가치와 관련된 구체적인 주제들', 말로써 설명된 가치들에 상응하는 '역할 모델'이 될 수 있는 행위들, 가치관과 구체적으로 연관된 행동에 따른 결과와 보상에 대해 배우는 이에게 '교육하고 알려주기', '배우기에 적합한 순간'에 민감하게 대처하며 이 기회를 선용하기, 그리고 적절한 행위에 대한 '보상하기', 적절하지 못한 행위에 대한 '징계', 사춘기 청소년으로 하여금 그들의 행위로 인한 자연스런 결과를 '감당'하도록 하기 등이다.

STEVEN GERALI

참고문헌 | J. Fraenkel(1977), *How to Teach about Values: An Analytical Approach*; L. Raths, M. Harmin, and S. Simon(1978), *Values and Teaching*.

가치론(Axiology). 고전철학 연구의 4가지 줄기 중 하나로서, "무엇이 가치 있는 것인가?"라는 질문의 해답을 찾는 것이다. 가치란 한 개인이 어떤 것을 다른 것들과 비교하여 더 중요하게 여기는 모든 것이다. 사람은 중요한 것을 결정하고 싶은 욕구를 가지고 태어난 평가하는 존재이다.

가치론적 질문에 대답하기 위해 인간은 세 가지 부속 질문을 스스로 던진다. 첫째, 가치는 주관적인가 아니면 객관적인가? 만약 가치가 주관적인 것이라면 개인의 취향에 따라 선별될 것이다. 한 개인의 주관적 신념 때문에 어떤 사람이나, 장소나, 물건 또는 아이디어가 중요하다. 만약 가치가 객관적인 것이라면 가치란 사물의 본질의 일부분일 것이다. 개인적 선호와는 상관없이 사람과 장소와 사물과 아이디어에 적합한, 검증할 수 있는 사실에 근거를 둔다.

둘째, 가치는 변하는가 아니면 영속적인가? 만약 가치가 변하는 것이라면 그것은 어떤 외적인 기준에 상관없이 존재한다. 한 개인에게 중요한 것들은 그의 기호에 따라 유지되기도, 수정되기도 또는 제거되기도 한다. 만약 가치가 영속적이라면 그것은 고정적이고 보편적이며 시간을 초월한다. 개인에게 중요한 것은 시간과 장소를 초월하여 모든 사람에게 적용된다.

셋째, 가치는 중요한 순서대로 나열되는가? 만약 중요도에 따라 가치를 나열한다면 우선순위를 정하여 체계적으로 배열할 수 있을 것이다. 우선순위에 따라 배열한 가치체계는 인식된 중요성의 순서에 근거를 둔다.

이 세 질문에 대한 대답이 개인의 가치체계를 결정한다. 대부분의 복음적인 그리스도인들은 가치를 객관적이고 영속적이라고 믿는다. 그들은 가치를 결정할 때 성경의 원리를 따른다. 성경적 원리들은 그리스도인들이 개인의 기호에 따른 평가를 지양시키는 보편적 기준이다. 그리스도인들의 목표는 하나님께서 중요시하는 것들에 자신들이 중요하다고 믿는 것들을 조정하는 것이다.

JOYCE L. THORNTON

참고문헌 | I. V. Cully and K. B. Cully, eds.(1990), *Harper's Encyclopedia of Religious Education*; G. R. Knight(1989), *Issues and Alternatives in Educational Philosophy*.

참조 | 인식론(EPISTEMOLOGY); 기독교교육철학(PHILOSOPHY OF CHRISTIAN EDUCATION); 종교철학(PHILOSOPHY OF RELIGION)

가톨릭교육협회(National Catholic Educational Association).

1940년에 설립된 가톨릭교육협회(NCEA)는 가톨릭초등학교 및 중등학교, 단과 및 종합대학과 신학교 학생들을 가르치는 대략 이십만 명의 로마 가톨릭 교사들을 대표하는 단체이다. 가톨릭교육협회의 역할은 교회의 교육사역을 발전시키고 지도력을 제공하며 교회 구성원에게 봉사하는 것이다. 가톨릭학교의 약 50%가 도시와 도심, 그리고 시골 지역에서 저소득층 가정의 자녀들을 교육하고 있기에 전국가톨릭교육협회는 저소득층 자녀들에게 특별한 관심을 가지고 있다.

가톨릭교육협회는 아래에서 보는 바와 같이 많은 특별한 것들을 제공한다.

1. 연간 집회와 전시회. 이것은 가톨릭교육협회가 제공하는 핵심적 사안이다. 이것을 통해서 구성원들은 영적이고 전문적인 지도를 받는다. 이 집회와 전시회에는 협회의 수많은 분야에서 운영되는 수백여 개의 연구원에서 선발된 14,000에서 20,000여명의 대표자들이 참석한다.

2. 여름 프로그램. 여름 프로그램은 연간집회와 더불어 개최되고 구성원들의 기술과 과학기술 지식을 유지하도록 돕는다. 그 한 예가 4일간 집중 프로그램이다. 이 프로그램은 지도자를 배양하고 지역과 국가적 교육 사안에 연계 시키는 것을 활성화하는 프로그램이다.

3. 출판. 협회는 광범위한 연구와 각 구성원의 분류에 연관된 보고서와 다양한 소책자를 출판한다. 협회는 전문 잡지인 "모멘텀"(Momentum)을 출판한다.

4. 특별 행사. 가톨릭교육협회는 가톨릭학교 주간과 가톨릭학교를 위한 감사주일을 개최할 뿐 아니라 전국적 마케팅캠페인을 계획한다.

5. 부서. 협회는 7개의 부서로 나뉘어 있으며 각 부서에서는 한 사람의 행정관리자와 전문간사들이 있다.

6. 초등학교. 가톨릭교육협회는 학생들과 학교실무 담당자, 교사, 유아원교사, 발달관리사, 부모와 사제들을 위해서 서비스를 제공한다. 아울러 가톨릭교육협회는 가치관과 세계화 교육 안에서 혁신적인 실현을 위해서 교사에게 보조금을 지급한다.

7. 중등학교. 가톨릭교육협회는 연구를 하고 가톨릭중학교 학생들을 위해서 학교담당자, 교사, 실무자를 돕는다. 목자양육 프로그램(Shepherding the shepherds)은 1박 2일 수련회를 통해서 깊은 기도와 묵상, 일지 기록, 교우들과의 나눔을 고무시켜 지도자의 영적 성장을 도모하는 프로그램이다.

8. 신앙교육. 가톨릭교육협회는 연구지를 출판하고 두 가지 전국적인 평가도구를 제공한다. ACRE (Assessment of Catholic Religious Education)

는 초등학교와 중등학교, 그리고 교구 프로그램에서 학생들의 신앙적 지식, 신념, 태도, 실천 등을 측정한다. IFG(International for Growth)는 성인을 위한 자기평가 도구로서 성인참여자가 갖는 하나님에 대한 이미지, 신앙심, 태도, 영성 등을 평가한다. IFG는 또한 국제협의회를 함께하는 NPCD(the annual National Association for Parish Coordinator and Director of Religious Education)의회를 운영한다.

9. 가톨릭교육의 대표 실무자(CACE). CACE는 세 조직으로 구성되어 있다. 가톨릭교육총괄기구, 가톨릭학교, 그리고 신앙교육이고 세부적으로는 지휘부, 인사과, 교육 과정(SPQ)이다. CACE는 연간 회의와 지도력 강습회를 제공한다.

10. 가톨릭교육위원협회(NABCE). NABCE는 평의회, 위원회, 그리고 자문회 구성원들에게 훈련과 지침을 제공한다. 후원자들과 경영자들이 조사한 것을 통하여 더욱 효과적이고 성공적인 의회를 구성한다. 그리고 NABCE는 구성원들을 위해서 현장교육 계획, 협력 체계구축, 사안 채택하는 일을 위해서 간행물과 강습회를 제공한다.

11. 가톨릭 단과대학 및 종합대학교 협회(ACCU) ACCU는 간행물과 연간동계회의를 통해서 가톨릭 단과대학 및 종합대학교를 돕는다.

12. 신학교 전국가톨릭교육협회의 목적은 정보망, 간행물, 집회를 통해 신학교의 효율성을 높이는 것이다.

가톨릭교육협회 주소 : 1077 30th Street NW, Suite 100, Washington DC 20007-3852
홈페이지 : http://www.ncea.org

SARA ANNE ROBERTSON

참조 | 로마 가톨릭교육(ROMAN CATHOLIC EDUCATION)

각인(Imprinting). 포유류에 대한 연구에서 어린 동물이 첫 번째 접촉한 대상과 애착관계를 형성하는 반응 학습적 본능을 말한다. 어린 동물은 이 대상에 초점을 맞추고 또한 그것은 이들 행동의 패턴이 된다. 새에 대한 연구는 이러한 연관성이 보통 엄마와 관계에서 생기지만 또한 사람이나 시계같은 대상에게도 일어날 수 있음을 보여준다.

심리학 이론에 따르면 이 용어는 모델화와 관찰학습으로 언급되기도 한다. 이와 같이 영화, 텔레비전, 책 등에 의해서도 배울 수도 있다. 부모, 선생님, 종교 지도자 등의 사람들을 통해 가치를 배울 수도 있지만 '각인'의 옹호자 중 한 사람인 앨버트 밴두라(Albert Bandura)는 아이가 성인의 공격적 행동을 모방하는 방식의 관찰을 하였으며, 그것은 폭력 행동에 대한 영화나 텔레비전 혹은 읽는 것이나 듣는 것의 영향에 대해 논의를 불러일으켰다. 이러한 유형의 학습이 발생되는 또 다른 영역은 성적인 행위에 대한 것이다.

각인은 행동에 대한 결과를 경험하거나 행동의 부추김 없이 한 사람이 배우도록 허락된 장점을 가지고 있다. 예를 들면, 만일 한 아이가 어떤 아이의 화상을 입는 것을 관찰하게 된다면 그 아이는 뜨거운 난로를 피할 것이다. 다른 아이가 교회에서 좋은 행동에 대한 보상을 받는 것을 보거나 혹은 공부함으로써 좋은 성적을 얻는 것은 유사한 행동을 자극하기에 충분하다.

성경적 각인은 교사의 생활이 학생들에게 반복되는 양식 안에 있다고 보았다. 그러므로 그리스도께서 다음과 같이 말씀하셨다. "제자가 그 선생보다 높지 못하나 무릇 온전케 된 자는 그 선생과 같으리라"(눅 6:40). 바울은 믿는 자들이 다른 믿는 자들의 신실한 품성을 모방하도록 그들에게 도전을 주거나 칭찬하였다(고전 4:16; 11:1; 히 6:12; 빌 3:17; 살전 1:6; 2:14). 친밀한 관계 안에서의 모델링은 여전히 교사에게 가장 의미있는 도구 중의 하나이다.

THOMAS HUTCHISON

참고문헌 | A. Bandura(1973), *Aggression: A Social Learning Analysis* idem(1985), *The Social Foundation of Thought & Action: A Social Cognitive Theory.*

참조 | 밴두라, 앨버트(BANDURA, ALBERT); 관찰학습

(OBSERVATIONAL LEARNING); 사회인지이론(SOCIAL COGNITIVE THEORY)

간섭이론(Interference Theory).

성경을 가르치는 데 있어서 그 목표는 삶을 변화시킬 만한 정보를 지각적, 감각적 기억 단계에서 장기 기억 단계로 넘어가게 하는 것이다. 감각적인 단기기억 단계와는 달리, 장기기억은 정보가 저장될 수 있는 시간의 길이와 정보의 양이 거의 제한이 없이 나타난다. 그러나 예전 정보를 회복하며, 새로운 정보를 보유하며, 학습하는 것의 어려움을 종종 경험한다. 이러한 어려움을 위해 공통적으로 제안된 이론 중의 하나가 간섭이론이다.

간섭이론에 따르면 다른 것을 기억하거나, 학습을 대체하거나, 뒤죽박죽 섞거나, 관심을 다른 곳으로 돌리거나 할 때 정보를 잊어버릴 수 있다. 간섭에는 주도적 억제와 반동적 억제의 두 가지 유형이 있다. 주도적 억제에서는 먼저 학습된 것이 새로운 것들을 상기하는 것을 간섭한다. 예를 들면 성경의 개관과정에서 첫 몇 권의 책을 마친 이후, 그 다음의 책들에 대한 학습은 좀더 어려울 수 있다. 대조적으로 반동적 억제는, 새롭게 배운 것이 먼저 배운 것을 상기하는 것을 간섭하는 것을 말한다. 앞에서 언급한 같은 예를 다시 사용하면 성경 개관과정에서 이번 주에 새 책을 학습하는 동안, 먼저 배운 책의 세부사항을 기억하는 것이 어려워진다.

학습과정에서 망각의 원인으로서 간섭은 서로 관련된 것들이 연결되거나 근접한 시기에 가르쳐지고 비교되거나 상반되는 식으로 그 정보를 정리할 때 일어난다. 성경을 개괄적으로 교육하는 과정에서 사복음서를 함께 가르치라. 그러면 유사성과 대조를 정의할 수 있을 것이다. 구별점을 강조하고 새 개념을 과다하게 배우도록 독려하면 그것은 먼저 배운 것을 간섭할 것이다. 정규적이고 적극적인 재학습은 먼저 배운 것이든 나중에 배운 것이든 망각을 막아줄 수 있도록 도울 것이다.

SHELLY CUNNINGHAM

참고문헌 | K. Issler and R. Habermas(1994), How We Learn: A Christian Teacher's Guide to Educational Psychology, W. R. Yount(1996), Created to Learn.

간음(Adultery).

결혼한 사람이 그 배우자가 아닌 다른 대상과 의도적으로 갖는 정사이다. 이는 심각한 범죄로서 레위기 20장 10절에서는 그 대가로 사형을 언도한다. 간음의 개념과 관련하여 간통과 마음의 간통이 있다. 즉, 결혼관계에 있지 않은 사람과 다른 사람 사이의 의도적인 성적 관계, 그리고 예수님이 산상수훈에서 지적하신 바 마음에 음욕을 품는 것이다.

기독교교육자들은 이 문화적 역학을 잘 이해해야만 하는 데, 인간의 부패성과 매체가 주는 성적 메시지, 사회적으로 번지는 성적 관습의 타락, 도덕성의 상실 등이 서양 세계에서 혼외정사가 폭발하듯 증가하게 만드는 요인이 되어 왔다. 성적 순결 문제 뿐만 아니라, 지난 몇 십 년 동안 전 세계적으로 번진 간음의 결과로 성적 질병의 증가, 초혼 여성의 통계를 내지 않는 일, 이혼 증가, 미혼모 양산과 같은 문화적 안정성의 위협도 세상 혹은 교회 모두에게 위태로운 문제로 대두된다.

교회는 엄청난 도전을 받고 있다. 간음은 교회교육을 통해 막아야만 하는 죄악이다. 사춘기 이전부터 성인에 이르기까지 성적 순결 문제는 성경이 지시하는 의무요 명령으로서 제자도 프로그램에 반드시 포함시켜야 한다. 적절한 혹은 부적절한 신체접촉, 사고의 통제, 그리고 하나님과 맺는 관계의 긍정적인 차이점 등을 가르쳐야 하며, 특히 깨끗케 하시는 성령의 역사 등을 강조해야 한다.

그러나 간음이 만연한 사회는 소위 "Trigger Event"(컴퓨터 용어, 어떤 일이 일어나게 하려고 노력하는 것을 넘어 서서 자동적으로 사건이 일어나는 일정의 출발점과 같은 의미로 통용됨-역주)를 제공하거나, "위기국면"으로 인정되는 상황이 발생하는 비극적 결과를 초래한다. 그러나 이러한 심각한 시기를 적절하게 잘 다루어 훨씬 성숙하게 되는 가능성을 인식시켜야 한다. 이 트리거 또는 위기를 어떻게 다루는지 여부가 교회 안에서든지 밖에서든지 한 개인의 미래를 좌우한다. 기독교교육은 위기를 다루는 법과 개인의 삶에 역사하시는 성령에 대해 잘 가르쳐서 하나님의 구속이 성취되도록 해야 한다. 성경공부와 상담, 친구관계, 희망과 치유를 주는 공동체 등을 통해 간음이 예방될 수 있고 마음의 상처들이 적절하게 처리될 수 있다.

MATT FRIEDEMAN

감각기관(Sensory Registers). 정보 처리과정에서 감각기관들(때때로 SR로 축약됨)은 메타인지 과정에서 초기 단계의 역할을 한다. 감각기관들은 (눈, 귀, 피부, 미각, 후각) 사람들이 환경(세상)을 경험하고 감각하게 해주는 감각기관들 내지는 수용기관을 뜻한다. 각 사람은 수십 개 심지어 수백 개의 자극을 동시에 받게 된다. 어느 누구도 한꺼번에 모든 자극에 주의를 기울일 수 없다. 그러므로 자극을 경험할 때 감각기관들이 완충제 역할을 하여 들어오는 정보를 정리할 수 있도록 도와준다. 그러한 자극들 중 일부분만이 관심을 받게 되지만 그것도 단 몇 초간 동안이다. 주의(선택적인 초점)를 기울이지 않으면 정보는 손실된다. 만일 그 개인이 한 자극에 주의를 기울이면 감각기관들은 그 정보를 단기(작업)기억으로 이동시키고 그곳에서 그 정보는 다시 평가된다. 하지만 그 자극에 더 이상의 주의를 기울이지 않을 경우 그 정보는 손실된다. 추가적인 선택적 초점에 의해 단기 기억으로 갔던 자극은 장기(저장) 기억으로 이동하게 된다. 뎀보(Dembo)는 감각기관들을 단기 감각저장(STSS)으로 일컫는다.

WALTER H. NORVELL

참고문헌 | R. F. Biehler and J. Snowman(1993), *Psychology Applied to Teaching*; M. H. Dembo(1994), *Applying Educational Psychology*; W. R. Yount(1996), *Created to Learn*.

감각형식(Modality). 감각기능의 어떤 주요한 수단이다. 학습의 감각형식들은 시각, 청각 및 촉각/동작 같은 것을 통해 학습이 일어나는 다양한 감각적 통로들이다.

감각형식들 이면의 전제는 개개인이 학습하는 방식이 다양하다는 것이다. 유전적인 영향과 환경적인 영향을 결합해서 한 개인은 "감각형식의 강점들", 즉 학습에서의 선호들(preferences)을 발전시킨다. 이렇게 하여 사람들은 보통 시각적, 청각적 혹은 촉각적/근(筋)감각적 학습자들로 분류된다.

감각형식 교육 즉 감각형식에 기초한 교육은 같은 내용에 대해서 다양한 전략들, 활동들 및 설명방법들을 사용하는 것을 포함한다. 이런 접근법은 개개인이 더 선호하는 학습유형을 가지고 있으며, 가장 효과적인 교육방법은 제시된 감각유형과 학습자의 선호하는 유형을 조화시킨다고 주장한다.

이런 관점은 논쟁이 되고 있는데, 어떤 이들은 서로 다른 감각유형들이 특정한 내용에 대해서는 가장 효과적이라고 주장한다. 다른 이들은 각 수업에 복합적인 감각유형들을 포함시키는 것이 모든 학습자들을 위해 가장 효과적이라고 제안한다.

THOMAS HUTCHISON

참고문헌 | R. and K. Dunn(1992), *Teaching Elementary Students Through Their Individual Learning Styles*; M. D. LeFever(1995), *Learning Styles: Reaching Everyone God Gave You to Teach*; B. McCarthy(1987), *The 4MAT System: Teaching to Learning Styles with Right/Left Mode Techniques*.

감정이입(Empathy). 자신을 다른 사람의 입장에 놓고 그 사람의 감정과 생각과 행동을 경험하는 것이다. 감정이입에 가장 중요한 요소는 타인과 동일시할 수 있는 능력이며 감정이입의 주체는 상황과 긴밀한 연관성을 갖기 위해 상상력을 동원한다. 감정이입은 동정과 다르다. 감정이입은 자신을 타인의 위치에 놓고 그 사람과 지적인 일체감을 이루는 것이다. 동정은 자신을 다른 사람이라고 생각하고 그 사람의 입장을 도울 수 없으므로 그 사람에 대해 안타까운 감정을 갖는 것이다. 그리스도는 잃어버린 영혼들을 감정이입하신다. 그분은 아버지이신 하나님과 죄인들 사이를 화목케 하기 위해 이 세상에 오셨다(롬 8:1-14). 예수께서는 지상에서의 생애 동안 무조건적인 감정이입의 삶의 방식을 보여주셨다. 그분은 성육신을 통해 이 세상에 섬기기 위해 오신 후 사람들과 완벽한 동일시를 이루었다(요 1:14). 세상 모든 사람들의 필요와 아픔과 온전한 동일시를 이루신 그리스도는 세상의 죄를 지고 십자가에 달려 죽으셨다(행 5:30; 고전 15:5; 갈 1:4).

순종적이며 타인을 신뢰하고 자신을 수용할 줄 알며 자족할 줄 아는 사람들은 다른 사람들을 향해 감정이입을 더 잘하는 경향이 있다. 순종적인 태도는 다른 사람들과의 관계성에서 기인한다. 감정이입은 공동체로서의 경험에 기여한다. 감정이입의 성향은 사람들에 대해 직관적으로 생각하며 그들의 감정과 태도를 이해할 수 있는 능력을 포함한다(마 25:34하 -36). 사람의 말뿐 아니라 그의 행위 언어를 통해 감정을 파악할 수 있다. 감정이입을 잘하는 사람들은 다른 사람의 말을 경청하며 관찰을 잘하는 사람들이다. 그러므로 그들은 돌봄과 객관성을 갖고 반응한다. 감정이입의 주체는 상대방의 필요를 채우려고 할 때 그 사람과 동일한 연약함에 직면한다. 그 상황을 개선하기 위하여 그는 어떤 행동을 취하며 종종 불편함을 감수하기도 한다. 그는 다른 사람들을 섬기며 그들을 돌보지만 그것에 대한 어떠한 대가도 요구하지 않는다(고후 3:4-6). 감정이입의 주체는 타인의 주도권과 자유를 억압하기보다는 도움을 준다. 그는 다른 사람들을 격려하며 고무시킨다(살전 5:11상).

LAVERNE WINN

참고문헌 | R. J. Corsini, ed.(1984), *Encyclopedia of Psychology*, pp. 479-80; E. Farley(1996), *Divine Empathy*; G. G. Roper(1992), *Who Cares? Cultivating the Fine Art of Loving One Another*; G. L. Sapp (1993), *Compassionate Ministry*; R. L. Underwood(1985), *Empathy and Confrontation in Pastoral Care*; N. G. Wilson(1995), *Christian Education Journal*, pp. 53-69.

강림절(Advent). 크리스마스 이야기의 드라마들이 발표되기 시작하는 그 때를 말한다. "강림"(advent)이라는 말은 라틴어 'adventus'에서 온 말로 "도래" 또는 "옴"의 뜻이다. 15세기 스페인과 골(Gaul: 고대 켈트 지방. 지금의 프랑스, 벨기에, 북이탈리아 지방-역주)에서 성탄절 축제를 열기 시작한 이후 유래되었다. 강림절은 기대감을 가지고 예수의 오심을 생각하고 준비하는 기간이다. 원래는 11월 중순부터, 현신일(Epiphany: 구교에서 지키는 "예수 공현 축일" 크리스마스 이후 12일째날, 보통 1월 6일-역주)에 세례 받을 사람들의 준비 기간으로 지켰다.

강림절은 교회력의 시작으로 여겨졌고, 4-6주의 기간 동안 지킨다. 이 절기를 지키는 이유 중의 하나는 이교도들의 추하고 감각적인 축제를 약화시키기 위함이었다. 그리스정교회에서는 강림절을 40일 동안 지키지만 그 밖의 교회들은 대체로 4주 정도 지킨다. 중세기 때에는 크리스마스 전 4주 동안 강림절 예배로 드렸다.

강림절은 특별한 색깔과 불빛을 사용한다. 전통적으로는 상록수로 장식한 화관에 강림절 4주를 상징하는 네 개의 촛불을 나란히 밝힌다. 화관 중앙에 그리스도를 상징하는 촛불을 밝히고 그것을 남은 11일의 축제 기간 동안 끄지 않는다. 보라색 혹은 파란색이 의례적으로 사용되어 왔다.

강림절은 그리스도의 초림 뿐만 아니라 재림도 상징한다. 날짜와 시간은 모르지만 그리스도께서는 예고없이 다시 오실 것이다.

DORIS BORCHERT

강습회(Workshop). 그룹으로 배우는 특별한 가르침의 형태이다. 아래의 독특한 네 가지 결합이 강습회를 다른 형태의 가르침과 구별한다.

1. 문제/해결 지향적. 강습회는 구체적이고 실제적이며 다룰 수 있는 문제들과 이들에 대한 해결책에 집중한다. "어린이들에게 복음을 전하기"는 "초대교회사"보다 더 전형적인 강습회의 제목이 될 수 있다. 강습회는 참여자들을 모아서 한 번 발생할 수 있는 문제를 해결하거나 재발할 수 있는 문제들을

해결하기 위한 기술을 익힌다. 강습회를 통한 배움의 결과로 "나는 '어떻게' 하는지를 배웠다"라고 종종 표현할 수 있다.

2. **행동 지향적.** 강습회(workshop)는 말 그대로 참여자들이 일(working)을 해야만 하는 것이다. 만일 일하는 사람이 강사뿐이라면, 강습회라는 이름은 합당하지 않다. 경험을 통한 배움의 활동들이 바로 가장 중요한 도구이다. 사례 연구, 모의실험, 실연(實演), 기술 연마와 연습, 그리고 역할 연기 등이 강습회의 형태에서 쓰이는 전형적인 전략들이다.

3. **기술 중심적.** 지식과 정보가 강습회의 중요한 요소이지만 이들은 강습회에서 기술에 종속된 위치를 차지한다. 강습회의 목적은 기술 쪽으로 기울어져 있다. 참여자들은 문제를 해결하거나 문제를 해결하기 위한 기술을 배운다. 배우는 기술은 구두적일 수도 있고(이야기하기), 신체적일 수도 있으며(매듭짓기), 인식적일 수도 있으나(비유를 구별하기), 항상 참여자들이 얻는 기술에 따라 다르게 표현될 수 있다.

문제 지향, 행동 지향, 그리고 기술 중심이 바로 강습회의 주요한 세 가지 특징들이다. 전형적인 하위의 특징들에는 소수의 참여자, 단기간의 구조, 집중적 참여 등이 있다.

강습회는 교육 사역을 위한 자원봉사자들을 훈련시키는 데 특별히 중요하다. 효과적인 교육사역은 다양한 기술들을 요구한다. 가르치는 기술, 대인관계의 기술, 성경연구 기술, 공과를 계획하는 기술 등. 강습회는 "성도를 온전케 하며 봉사의 일을 하게" 하는 이상적인 형태를 제공한다(엡 4:12).

ROBERT DROVDAHL

참고문헌 | P. A. Sharp(1993), *Sharing Your Good Ideas*; T. J. Sork(1984), *Designing and Implementing Effective Workshops*.

강의(Lecture). 강의는 사실들 혹은 개념들을 구두로 표현한다는 의미의 라틴어 'legere'(to read)를 어원으로 한다. 강의는 교사로 하여금 정해진 또는 한정된 시간 안에 중요한 정보의 양을 전달할 수 있도록 해준다.

1. **강의를 사용해야 할 때.** 교사 중심적 방법은 학습자들이 자신들에게 즉시로 이용 가능하지 않은 배경이 되는 정보를 필요로 할 때나 학급 구성원들이 성경 외의 통찰력들 또는 해석적 틀을 필요로 하는 "다루기 어려운 본문"(problem text)을 접하게 될 때, 또는 화자를 위한 고도의 동기부여가 있을 때 가장 효과적이다. 강의는 토론 방법론들과 함께 사용될 때 학습을 촉진시킨다.

2. **강의의 구성요소.** 강의의 3요소는 '내용', '형식', '전달'이다. '내용'은 강의자가 말하는 것으로 이루어져 있고, 개인이 지니고 있는 자신의 분야에 대한 전문적 지식과 개인의 메시지의 탁월함이 유효적이라는 것을 드러내는 데 필수적이다. 강의의 '형식'은 강의자가 발표(presentation)를 조직하거나 구성하는 방법과 관계가 있다. 강의자의 말은 감동을 주는 일화나 사고를 자극하는 인용문으로 시작하는가? 강의자의 주요 요점들은 분명하게 식별할 수 있는가? 그 주요 요점들은 일관성을 나타내는가? 다른 특징들로는 논리적 순서에 의한 요점 제시, 단순화한 용어, 전달되는 진리들을 예를 들어 설명하는 것, 그리고 하나의 주제를 중심으로 하여 자료들을 조직하는 것 등을 포함한다.

'전달'은 강의자들에 의해 제시되는 언어적, 그리고 비언어적 특징들과 관련된다. 음조와 음량을 다양하게 하는 것, 강의의 속도를 바꾸는 것, 그리고 의미를 강화하고 무게를 더해 주는 신체 언어(얼굴 표정과 몸짓)가 있다. 높이 평가받는 대학 강사들과 낮게 평가받는 강사들을 구분하는 일차적인 요소는 강의시간 동안의 열정, 또는 표현력이다(Weimer, 1993).

3. **강의 중 주의력 높이기.** 학생들의 주의력은 주요한 개념들이 가시화될 때 증대되는 것과 마찬가지로 강의자들이 둘 또는 그 이상의 감각들에 호소할 때 증대한다. 학생들이 자신들의 삶과 교육 내용 사이의 관련성을 이해하는 것은 또한 동기를 부여하는 결정적인 요인이다. 연구에 따르면, 학생들의 주의력은 강의 시작에서부터 10분까지는 증가하지만, 그 이후에는 감소한다. 강의 후에 시험을 치렀

을 때 학생들은 첫 번째 10분간에 다루어진 내용 가운데 70퍼센트를 기억하고 있었지만, 마지막 10분간에 다루어진 내용에 대해서는 단지 20퍼센트만을 기억했다(Hartley & Davies, 1978).

TERRY POWELL

참고문헌 | P. E. Abrami, L. Leventhal, and R. P. Perry(1982), *Review of Educational Research* 52:446-64; J. Hartley and L. K. Davies(1978), *Programmed Learning and Educational Technology*, 15:207-24; M. Weimer(1993), *Improving Your Classroom Teaching*.

강화계획(Reinforcement Scheduling). 학습은 "경험의 결과로 일어나는 관찰할 수 있는 행동에서의 지속적인 변화"이다(Eggen & Kauchak, 1994, 255). 학습이 일어나는 한 방식은 "조작적 조건형성"(operant conditioning)이다. 스키너(B. F. Skinner)의 연구는 대부분 이 조작적 조건형성 학습과 연관된다. 스키너는 행동은 다음의 두 환경적 영향들 사이에 있는 것이라고 가정했다. 영향에 선행되는 것(전례)과 영향에 뒤따르는 것(결과들)이다.

조작적 조건형성에서 개인은 자신의 행동을 통제한다. 행동의 결과는 다음 행동에 영향을 미친다. 행동의 변화는 개인이 어떠한 결과에 이르는 행동을 반복할 때 암시된다. 행동의 강화는 행동이 변화될 수 있는 열쇠가 된다. 강화의 두 종류에는 긍정적 강화와 처벌이 있다. 긍정적 강화는 항상 행동의 증가와 연관되고 그 효과가 명백하다. 처벌은 행동의 저하 혹은 억제를 포함한다. 행동에 따르는 결과들이 어떤 이들에게는 강화의 역할을 하는 반면 어떤 이들에게는 처벌의 역할을 하기도 한다.

행동에 대한 강화의 효과는 강화계획에 의해 결정될 것이다. 얼마나 자주 강화를 받는가? 강화와 강화 사이의 시간적 간격은 얼마나 되는가? 강화에 대한 예상은 어떤 것인가?

교사들은 암시와 자극을 통해 행동의 전례를 통제함으로써 행동의 결과를 통제할 수 있다. 암시는 자극에 선행하여 바람직한 행동을 준비시킨다. 암시는 학생들 기억 속의 성취들을 강화할 수 있다. 자극은 새로운 행동을 배울 때 필요하며 이것은 최대한 빨리 사라져서 학생들이 자극에 의존하게 되지 않도록 해야 한다. 암시와 자극의 한 예는 그룹 연구과제를 수행할 때 학생들에게 사용하는 지침이 될 수 있다. 학생들에게 자극이 더 이상 필요 없게 되었을 때, 교사는 학생들이 그룹 연구과제를 위한 적절한 반응을 학습했다고 생각할 수 있다.

1. 강화계획. 강화계획은 연속적인 것(바람직한 각 행동은 강화된다)과 주기적인 것(바람직한 반응들은 주기적으로 강화된다)이 있다.

1) 연속적 강화(Continuous Reinforcement). 새로운 과제에 들어갈 경우, 과제에 대해 새롭게 상기시키지 않아도 학생들이 과제를 수행할 때까지는 지속적 강화가 필요하다. 일례로 학년 초 교사는 교실에서의 행동 지침을 매일 반복할 필요가 있는데, 이때 지침은 매번 칭찬 후에 전달되어야 한다. 너무 오래 끌면 효과가 없어진다. 목표는 요점까지의 강화 간격을 넓혀서 교사가 가끔씩만 지침을 언급하게 되는 것이다.

연속적 강화는 반응의 빠른 학습을 촉진한다. 그러나 그 반응들은 강화가 없어지면 급속히 없어질 수도 있다. 바람직한 행동에 대한 상은 이 범주에 속한다(예를 들면, 개근상으로서의 스티커들). 스티커들이 주어지지 않으면, 학생은 더 이상 출석에 성실하지 않을 수도 있다.

2) 간헐적 강화(Intermittent Reinforcement). 주기적 강화계획의 두 가지 기본 형태는 간격적 강화계획(강화 사이의 시간간격을 기초함)과 비율적 강화계획(강화 사이에 학생들이 보이는 반응 횟수를 기초함)이다.

(1) 간격적 계획들(Interval schedules)은 고정적이거나 가변적일 수 있다. 고정적 간격의 예로는 주간 퀴즈가 될 수 있고 가변적 간격의 예는 예고 없는 퀴즈가 될 수 있다. 고정적 간격에서는 강화의 시기가 가까워지면 반응비율이 증가하는 반면, 강화 후 반응비율은 급격히 떨어진다. 금요일 퀴즈를 위해 공부한 것이 다음 주에는 아마 기억나지 않을 것이다. 만약 퀴즈가 가변적 간격으로 나왔다면 학

생들은 강화물(퀴즈)과 관계된 행동에 있어서 더 높은 지속성을 보일 것이다. 가변적 간격을 통해 학습된 행동들이 없어지는 일은 드물다.

(2) 비율적 계획들(Ratio schedules) 역시 고정적이거나 가변적일 수 있다. 고정된 비율의 강화물은 정해진 횟수의 행동들이 일어난 후 주어진다. 학생들의 성과는 비율의 높낮이와 관련된 중단기간에 달려 있다. 반응이 정해진 횟수만큼 일어났지만 강화물이 없다면 행동의 지속성은 거의 없어지고 반응율은 급격히 떨어진다. 일례로 교사가 학생들에게 "너희들이 열 가지 질문에 답을 다하면 스포츠 코너로 가도 된다"라고 말한다면, 학생은 보상을 기대하게 된다. 강화물(상)을 받지 못한 것은 주어진 과제를 마쳐야 한다는 학생들의 의욕을 빼앗을 수도 있다.

가변적 비율강화(Variable-ratio reinforcement)는 긍정적인 반응들의 안정된 지속율을 가져오는 경향이 있는데 이는 강화물의 불예측성 때문이다. 반응은 높고 단지 강화물이 더 이상 없을 때 서서히 떨어진다. 만약 학생들이 퀴즈에서 높은 점수를 얻고 싶다면 언제 퀴즈가 있을지 알지 못하므로 정기적인 학습 시간표를 유지할 것이다.

2. 강화물의 종류. 강화물에는 두 종류가 있다.

1) 일차적(Primary). 음식, 온도, 수면, 성(性)과 같은 타고난 생물학적 요구들을 만족시킨다. 일차적 강화물은 자연적인, 본능적인, 혹은 타고나는 것들이다. 이러한 것들은 무의식적으로 기본적인 삶의 필요들에 반응한다. 충분한 수면을 취했을 경우 학생들은 훨씬 빠르게 과제를 마친다. 학교 조식은 일차적 강화물의 또 다른 예로 기능을 한다. 일차적 강화물은 행동의 비율과 질에 빠른 영향을 미치므로 새로운 행동을 가르칠 때 효과적일 수 있다.

2) 이차적(Secondary). 이차적 강화물(본능적)은 초기에는 별 의미가 없으나 일차적 강화물 혹은 이미 만들어진 일차적 강화물과 연결될 때 중요해진다. 칭찬, 점수, 프로젝트의 완성 등과 같은 것은 학습을 통해 강화의 가치를 가지게 된다.

윈저(Winzer, 1995)는 세 종류의 이차적 강화물을 기술하고 있다. 토큰 강화물(token reinforcers. 자유시간을 다섯 개의 토큰과 바꾸기), 활동 강화물(activity reinforcers. 컴퓨터를 더 사용하기 위해서 공부를 열심히 하기), 사회적 강화물(social reinforcers. 학생이 잘했을 때에 언어 및 비언어적 긍정적 메시지를 주기) 등이다.

흔한 강화물 중의 하나는 "프리맥 원리"(Premack Principle)이다. 높은 빈도수를 발생시키는 활동은 낮은 빈도수(덜 선호하는) 활동을 완료하기 위해 강화물로 사용할 수 있다. "작문숙제를 마쳐라 그 후에야 넌 미술실로 갈 수 있단다"는 프리맥 원리의 한 실례가 될 수 있다.

교사가 습득해야 할 중요한 기술 중의 하나는 효과적으로 강화를 줄여 나가는 것이다. 예배참석의 바람직한 태도는 학생들이 예배의 중요성을 알게 되어 더 이상 강화물이 필요 없게 되는 것이다.

일반적으로, 바람직한 행동을 유지하기 위해서 강화는 연속적 계획에서 주기적 계획 즉 강화가 빈번하게 주어지다가 점점 약해지거나 감소되는 것으로 옮겨가야 한다. 감소과정을 위한 지침으로 특별한 원칙은 없다. 학생들의 행동이 강화의 효과를 가늠하는 유일한 척도이므로 학생들의 행동을 유심히 관찰하는 것이 아주 중요하다.

강화계획에서 강화물 사용의 또 다른 방법은 학생들의 행동을 '형성'(shaping) 하는 것이다. 작문 기술을 예로 들어보면, 교사는 학생들의 현재 작문 능력을 출발점으로 삼고, 대학 수준까지 이를 수 있는 형성의 여러 단계들로 나갈 수 있다. 그리고 이러한 기술들이 습득되었을 때 그 기술들이 잘 습득되었음을 알리는 피드백의 강화물을 주는 것이다.

3. 강화계획의 효과. 강화계획의 행동에 미치는 방식의 이해는 교사들이 학생들과 수업할 때 더 정통한 결정들을 내리도록 돕는다. 강화는 나타나는 행동에 의해 결정된다. 그러므로 고정적이고 가변적 비율의 계획들은 간헐적 계획들보다 더 빠르고 지속적인 반응비율을 낳는다. 따라서 만약 대학의 목표가 모든 학생들을 예배에 참석시키는 것이라면, 가변적 계획들이 그 방법이 될 수 있는 것이다.

강화물의 효력은 학습자의 상황에 의해 결정된다. 즉 강화물로 사용되는 높은 점수는 모든 학생들이 그 과목에서 높은 점수를 받는 경우라면 효력을 잃을 것이다. 강화물의 근원 역시 강화물의 효력에 영향을 미친다. 예로 존경받는 교수의 칭찬과 격려는 덜 존경받는 사람들의 것보다 더 큰 효과가 있다.

궁극적 목적은 학생들이 자신들의 사회적, 학문적, 그리고 행동적 성과가 있도록 스스로 자극을 줄 수 있는 마음 자세를 발달시키는 것이다.

ELEANOR M. LOEWEN

참고문헌 | P. Eggen and D. Kauchak(1994), *Educational Psychology: Classroom Connections*; M. Winzer(1995), *Educational Psychology in the Canadian Classroom*; A. E. Woolfolk(1998), *Educational Psychology*.

참조 | 동기부여/외적요인(EXTRINSIC MOTIVATION); 내적보상(INTRINSIC REWARDS MOTIVATION)

개벌린, 프랭크 엘리(Gaebelein, Frank Ely, 1899-1983).

교육 및 성경학자. 게벌린은 뉴욕대학(1920)과 하버드대학(1921)을 졸업하였다. 영국 개혁주의 성공회에서 성직자로 임명받고 휘튼대학과 휘그톤대학에서 명예박사학위를 수여받았으며, 스토니 브룩스 학교의 창립교장을 시작으로 기독교교육분야에서 깊은 영향력을 발휘하였다(1922-63). 스토니브룩스(Stony Brooks)에서 개벌린은 제2의 기독교인 교육을 위한 모델을 제시했으며, 사립학교 종교협의회와 교장협회에서 활발한 활동을 하였다.

다작의 작가로서 개벌린은 1963년에 "크리스챠니티 투데이"(*Christianity Today*) 잡지의 공동 편집자가 되었으며 1966년까지 역임하였다. 일상의 모든 면에서 기독교인의 사명을 통합하는 열정은 그의 다양한 16권의 문학작품과 수많은 잡지, 여행기사 등에서 표현되었다. 또한 그는 세계 곳곳의 단과대학, 종합대학, 신학대학에서의 설교와 연설로 인생의 대부분을 보냈다. 그는 또한 『주석가의 성경비평』(*The Expositor's Bible Commentary*) 전체 편집자로 지냈다. 개벌린이 약간의 신학서적과 성경주석을 편저하는 동안 두 권의 책 『민주주의 사회에서의 기독교교육』(*Christian Education in a Democracy*, 1951)과 『하나님의 진리방식』(*The Pattern of God's Truth*, 1954)으로 기독교교육자 사이에서 유명해졌다. 이 두 권의 책에서 그는 다원사회에서 기독교교육의 중요성과 기독교인의 믿음통합에 관한 관심과 학문적 우수성을 확립하였다.

학습과 믿음의 통합은 교육적 우수성에 대한 개벌린의 욕구와 교육이 기독교인의 믿음과 상호 연관성을 지닌다는 다음과 같은 주장을 이끌었다. "모든 마음으로부터 교육에 대한 생각은 기독교인이건 아니건 상관없이 통합의 문제에 놓여 있다. 교육은 살아 있는 것이다. 이는 더 이상 철학적 사고를 지닌 개인에만 상관하지 않는다. 교육적 관점에 헌신을 다짐하는 것은 학교와 대학의 모든 영역, 즉 교육과정, 학생활동과 관리, 그 밖의 모든 면을 통합하는 것이다. 이러한 관점은 또 다른 것이다"(Gaebelein, 1954, v). 개벌린이 철저한 교리와 성경적 진리에 기초한 세계관을 논할지라도, 그는 기독교교육의 대부분이 일상의 일부분만을 이러한 기대 속에서 발견한다고 확신하였다. 그의 성직자로서의 일생과 경력의 대부분은 신학과 성경 정통의 고상한 원칙을 지지하고 수행하는 일로 기독교교육의 모든 국면을 활용하였다.

교육의 원대함, 개인적 관심 그리고 창조적 기술은 그의 심오한 개인 믿음의 다양한 표현 방식이다. 개벌린은 숙련된 강사로 북아메리카에 걸쳐 분포된 기독교 캠퍼스에서 훌륭한 강의를 하였다. 또한 게벌린은 21세기 미국 복음주의의 선두자이며, 정계의 원로로서 명성을 얻었다.

WILLIAM F. FALKNER

참고문헌 | F. E. Gaebelein(1946), *The Christian Use of the Bible*; idem(1954), *The Pattern of God's Truth*.

개인주의와 그룹(Individualism and Groups).

개인주의는 개인의 권리를 추구하는 자기 중심적인 것이며, 다른 사람의 복지나 더 큰 공동체의 선을 자율성으로 대체한 것이다. 로버트 벨라(Robert Bellah)와 그의 동조자들은 개인주의를 "각 개인들은 일차적 실재를 갖는다는 믿음이며, 반면에 사회는 일차적 실재로부터 파생된 것이고, 만들어진 구조로서 이차적인 것"으로 서술한다(1985, 334). 간단히 말해 개인과 자신의 관심사는 다른 사람의 우선 사항이며, 관계는 자신의 관심사가 최대화되어 형성되는 것이다(Gorman, 1993, 61). 성경적 관점에서 개인주의는 삼위일체의 신적 위격들에 의해 예시된 상호의존성(요 5:19; 8:28; 16:7, 13), 또는 서신서에서 서로를 격려하여 권면할 것을 나타내는 '서로 서로'라는 용기를 북돋는 문구(갈 5:13; 살전 5:11; 엡 5:21)와 첨예한 대립을 이룬다.

사회과학자들은 성경의 상호의존과 이타성이 현대사회에서 사라졌다고 주장한다. 벨라와 그의 동료들은 개인주의는 새로운 왕국에 개인의 권리와 자치를 추구하는 미국 문화의 중심에 놓여 있다고 주장한다(1985, 142-43). 크리스토퍼 라쉬(Cristopher Lasch)는 완전히 자신에게 자기애적으로 사로잡혀 행복을 추구하며 모든 것에 대한 극단의 싸움을 하는 "경쟁적 개인주의의 문화"를 정의하였다(1979, 21). 알랜 블룸(Allan Bloom)은 미국 학생들에 대한 포괄적 분석을 통해 주로 자기를 일차적으로 관심 쏟는 존재로 묘사한다.

소그룹 운동의 관찰자들은 급진적 개인주의가 소그룹에 열중한다는 사실에 관심을 기울인다(Gorman, 1993, 60, Wuthnow, 1994, 27). 윌리엄 다이어니스(William Dyrness)는 "일반적으로 미국인들은 그들이 기여할 수 있는 것에 따라서가 아닌 그 그룹에서 쉽게 나갈 수 있는 것에 따라 그룹의 참여를 결정한다"라고 주장하였다(1989, 98-99). 개인주의는 소그룹 상호작용이나 소그룹에 결정적인 효과를 가진다. 개인주의가 각각의 개인이 그룹생활보다 자신의 흥미와 보호에 좀더 전념할 때, 소그룹은 부정적 충격을 받는다. 따라서 이것은 피상적이며, 불만족스러우며, 일시적 경향을 지닌 관계를 유도한다(Gorman, 1993, 76).

같은 시기에 타인과의 만남이 필요한 경우, 개인적 성장에 관심을 기울이는 데만 관심을 갖는 회원들 사이에서 소그룹은 어떻게 긴장을 해결할 수 있을까? 그룹에 참여가 개인성장에 기여한다는 것에 도움이 될만한 한 가지 방법은 그룹 참여를 통해 자신이 누구인지를 아는 것이 제공될 수 있다는 것이다. 그러한 타인 중심적 상호활동은 소그룹 내에서 발견된 상호활동과 지지 때문에 개인에게 자신의 정체성을 확고히 하고, 자신의 삶을 반성할 줄 아는 자세를 제공한다(Wuthnow, 1994, 210).

HARLEY ATKINSON

참고문헌 | R. M. Bellah, W. M. Sullivan, A. Swindler, and S. M. Tipton(1985), *Habits of the Heart*; A. Bloom(1987), *Closing of the American Mind*; W. Dyrness(1989), *How Does America Hear the Gospel?*; J. Gorman(1993), *Community That Is Christian*; C. Lasch(1979), *The Culture of Narcissism*; R. Wuthnow(1994), *Sharing the Journey*.

참조 | 그룹역학(GROUP DYNAMICS); 그룹단계(GROUP STAGES); 소그룹(SMALL GROUP)

개인차(Individual Differences). 이 개념은 두 명의 개인이 똑같지 않음을 암시한다. 각각은 동기, 지식, 태도, 흥미, 자질 그리고 다른 많은 다양한 면에서 특이하다. 교육심리학자들은 사람들이 여러 면에서 특징이 다르게 나타난다는 사실을 분석하였는데, 지성, 개성, 성취, 그리고 태도와 같은 요인을 검사할 때 측정될 수 있다.

이것은 심리 검사의 초기형태에서 그 관심의 초점이 바뀌어진 것이다. 19세기 초기에 실험 심리학자들의 주요 목적은 인간의 행동을 일반적으로 묘사하는 것을 발전시키는 데 있었다. 그들의 관심은 개인의 차이점을 측정하는 것이 아니라 오히려 공통점을 확인하는 것이었다. 이 때는 반응의 차이점이 무시되거나 일반화의 적용가능성을 제한하는 하나의 불운한 형태로 간주되거나 하였다. 1888년 미국 심리학자 제임스 멕킨 카텔(James Mckeen Cattell)에 의한 개개인의 차이점에 관한 논문은 이러한 개인차에 대한 연구의 방향을 전환하게 하는 계기가 되었다. 이렇게 시작하여, 검사 과정이 표준화되었으며, 평가 영역도 기억력, 상상력, 집중력, 이해력 혹은 암시감응성(暗示感應性)과 같은 다양한 영역을 포함하게 되었다.

최근에는 개인차를 찾아내고 이해하는 데 노력을 요하는 광범위한 조사와 인식이 확대되고 있다. 교육학적으로 볼 때, 학급 전체를 대상으로 하는 교육, 매해 상급학년으로 올라가는 제도, 나이에 따른 학급배정, 일반화된 과제물 주기 등 학교 전체를 하나의 교육체계로 보려는 것과는 달리, 각 학생의 특별함에 관심을 두는 교육은 변화된 교육, 아동중심의 성취과정 그리고 선택적 수업과 같은 대안적 전략을 기초로 한다(고전 12장; 엡 4: 1-16).

발달심리학자들은 인간이 육체적, 인지적, 감성적, 정의적, 도덕적 그리고 영적인 부분까지도 이미 전제된 방식에 의해 순서적으로 발달된다고 제안해왔다. 이러한 면에서 삶의 성장에도 일반적인 경향성이 있다고 할지라도 개인별 수준에 따라 광범위한 다양성이 발견된다는 것을 말한다. 그러므로 학습전략을 결정하고 평가할 때 개인의 특성을 고려하는 것은 중요하다.

지성의 이러한 차이는 유전과 환경적 요인의 결합으로 형성된 것이다. 매우 복잡 다양한 것으로 인식된 것일지라도 지성은 경험으로부터 배우고, 새로운 상황에 적응하고, 추상적인 개념을 이해하고 지식을 적용하는 것과 같이 어떠한 일을 수행하는 수용력으로서 묘사된다. 스탠포드(Stanford)와 비네(Binnet)의 지능검사와 웩슬러(Wechsler)의 지능검사는 통계적 분류에 기초한 지적능력을 측정하는 데 사용되었던 검사들이다. 그라드너(Grardner, 1993)는 지능의 차이가 지성의 수용력의 소유보다는 오히려 표현력 때문이라고 말하면서 복합지능 이론을 제안하였다.

인성(personality)은 분위기, 태도, 의견을 포함하여 타인과 환경의 상호작용 속에서 개인의 독특한 행동으로 묘사된다. 검사내용은 내향적 혹은 외향적인지, 임무중심인지 관계중심인지와 같은 어떠한 개인적 특징의 구분을 위해 고안되었다. 이러한 평가는 동기와 스트레스에 대한 반응, 직장이나 혹은 사회적 상황에서 가장 편안한 행동 양식이 어떤것인지를 포함한 다양한 상황에서 요인들을 설명하고 있다.

학습 유형은 개인이 자신이 배운 방식에 따라 다양하다는 논제를 반영한다. 유전과 환경적 영향력의 결합을 통해 사람은 응용력 혹은 학습 선호도를 개발하게 된다. 말이나 그림을 보는 것으로 배우는 사람들은 시각적 학습자라 불린다. 듣는 것으로 배우는 사람은 청각적 학습자라 언급된다. 촉각/운동의 감각적 학습자는 손으로 만지거나 행동함으로 학습할 때 최상으로 학습하게 된다. 두뇌와 학습유형에 대한 연구는 학생들이 세 가지 유형 중의 하나로 대표되거나 하나로 통합된 양식으로 사고한다는 사실을 밝혔다.

신약성경은 영적 은사라는 표현을 통해 현대의 교육적인 논의를 넓혀준다. 이것은 그리스도의 몸에 속한 다른 사람의 영적 유익을 도모하는 사역을 위해서 모든 믿는 자에게 부어주시는 성령의 선물이다.

인간 신체의 기능에 대한 바울의 설명에 따르면, 개개인은 하나님께 독특한 은사를 받았고, 개인적 또는 상호 관계적 영적 성숙을 위해 그 받은 은사를 다른 사람과 연합하는 데 사용해야 한다.

THOMAS HUTCHISON

참고문헌 | A. Anastasi(1988), *Psychological Testing*; A. K. Ellis and J. T. Fouts(1996), *Handbook of Educational Term and Applications*; H. Gardner(1993), *Frames of Mind: The Theory of Multiple Intelligences*; H. Gardner, M. L. Kornabery, and W. K. Wake(1995), *Intelligence: Multiple Perspectives*; K. Issler and R. Habermas(1994), *How We Learn: A Christian Teacher's Guide to Educational Psychology*; G. A. Kimble(1998), *Human Learning and Cognition : Theories of Learning: Major Themes and Issues: Contemporary Trends in Learning Theory*; M. D. LeFever(1996), *Learning Styles: Reaching*

개조주의

Everyone God Gave you to Teach.

개조주의(Reconstructionism). 문화적 또는 사회적 개조주의는 진보주의와 존 듀이(John Dewey)의 실험주의의 계승자임을 주장한다. 그것은 분명하게 교육의 주된 목적은 문화 위기들에 대응하기 위하여 사회를 "개조"하는 것임을 밝힌다. 그러므로 학교는 이용가능한 과학적인 정보로부터 우리가 배운 것들의 관점에서 문명의 기본적인 가치들을 재해석해야 한다.

1920년대 존 듀이는 『철학의 개조주의』(*Reconstructionism in Philosophy*)라는 책을 썼는데 이 책에서 그는 이 운동에 맞는 이름을 제시했다. 1930년대에 한 사상학파가 생겼는데 이 학교의 몇몇 주창자들은 진보 사상가(Frontier Thinkers)로 불렸다. 그들은 새로운 사회 질서에 충성하면서 부를 더욱 균등하게 분배할 협동사회를 건설하기 원했다. 조지 카운츠(George S. Counts)는 자신의 책 『학교는 새로운 사회질서를 세울 수 있는가?』 (*Dare the School Build a New Social Order?*, 1932)에서 미국의 학교 체제에 도전했다. 그는 사회를 분석하고 사회개혁을 위한 계획을 세우고자 하는 교육사상에 동참하기 원하는 많은 진보주의 교육주자들의 관심을 끌었다. 그들은 공립교육을 사회적 질병들과 불의들을 제거하고, 그들이 영구히 영향을 미칠 수 있는 더 나은 날을 위해 사회를 재건할 수 있는 전략으로 보았다.

1950년에 데오도르 브라멜드(Theodore Brameld)는 『교육 형태』(*Patterns of Education*) 라는 책을 썼다. 1956년에 그가 쓴 『교육의 개조주의 철학을 향하여』(*Toward a Reconstructed Philosophy of Education*)는 이 학교의 가장 강력한 노력이라고 할 수 있는 분명한 효과를 이끌어냈다. 개조주의자들은 교육가들, 교사들, 학생들, 그리고 학교가 다음과 같이 대처해야 한다고 말한다.

1. 사회의 현 상황을 비판적으로 조사함으로써 주요한 사회문제들을 밝혀야 한다.
2. 사회문제들과 주장들, 그리고 논쟁거리들을 분석하되 그것들을 인간의 성장과 발달을 가져오는 해결책을 찾는 방식으로 분석해야 한다.
3. 건설적인 사회변화와 개혁을 가져오는 데 헌신해야 한다.
4. 학생들에게 성인이 되었을 때의 시민활동으로 이어질 수 있는 태도를 심어야 한다.
5. 사회, 교육, 정치, 그리고 경제개혁 프로그램들을 진작하는 데 동참해야 한다(Gutek, 1983, 65).

그들이 새로운 사회 질서를 가져올 수 있는 가능성을 가지고 있다고 본 것은 교육이었다. 1930년에 경제공황이 들이닥치자 그러한 프로그램을 시작하는 것은 어려웠지만 당시는 삶의 모든 영역에서 커다란 필요의 시기였다. 본질주의자들은 학교를 문화의 훌륭한 측면들을 유지할 수 있는 도구로 보았다. 1960년대와 1970년대에 "사회적 불만족의 조류들이 굉장한 힘으로 미국 공립학교들, 행정가, 그리고 교사들에게 밀려왔다. 이러한 불만족은 단순히 교육체계에 대한 것만이 아니었고 미국 생활의 질에 대한 더욱 큰 불만족의 일부분이었다. 특별히 카운츠가 약 60년 전에 논한 가난과 문화적 궁핍, 그리고 인종차별의 곤란한 문제들은 여전히 해결되지 않고 있다"(Gutek, 1974, 166).

사회과학에 속하는 인류학, 경제학, 사회학, 정치학 그리고 심리학과 같은 학문들은 개조주의자들이 논쟁거리, 충돌, 그리고 불일치의 주요한 문제 영역들을 확인하는 데 사용하는 유익한 교육과정의 기초를 형성한다. 개조주의에 따른 이상적 사회는 합법적으로 "자기 자신들의 운명의 유일한 결정권자인 대다수의 사람들이 통제하는 사회이다" (Knight, 1998, 122)

WARREN S. BENSON

참고문헌 | G. R. Knight(1998), *Philosophy and Education: An Introduction in Christian Perspective*; G. L. Gluk(1983), *Education and Schooling in*

America; G. L. Gutek(1974), *Philosophical Alternatives in Education*.

갱(Gangs). 이 용어는 보통 공통의 이름을 가지며 공통의 규칙, 표식, 색깔, 상징을 공유하며, 정기적으로 만나는 무리를(사춘기 청소년) 일컫는 데 사용된다. 개인적으로나 공통적으로 대부분의 멤버들은 불법적인 활동에 가담하고 있다. 이러한 불법적 활동에 가담한 자들은 갱 그룹에 단순히 참가함으로써 정체성과 소속감을 찾으려는 사춘기 청소년과 구분된다. 갱은 미국에서 빠른 속도로 성장하는 그룹으로 여겨지고 있다.

갱은 수백 년 동안 존재해 왔다. 그러나 1920년대의 갱은 LA나 뉴욕에서 활동을 시작했다. 이러한 초기 갱들은 상대방 갱들과 세력권 다툼을 위해 사슬(chains), 총기, 방망이 등을 소지한 아이들 수준으로 보였다. 그러나 1980년대 초기에 급속하게 미국 사회에 마약을 공급한 것이 갱 그룹의 습성과 활동에 영향을 미쳤다. 갱 그룹은 내부 조직원을 보호하고 대피시키는 지원책과 상대적으로 자신들에게 방대한 양의 돈을 공급하는 수단으로 마약을 사용하였다. 갱이 연루된 직접적인 결과로 미국 사회에서 마약으로 벌어들이는 매년의 이익은 약 1,500억 달러에 달하는 것으로 추정된다.

최근 대부분의 갱들은 상호경제적인 관계를 지양하고, 소수 인종으로 범위를 좁혔다. 그러나 오늘날 갱은 모든 인종적, 재정적, 사회적 장애를 뛰어넘고 있다. 전통적인 흑인과 라틴 아메리카 출신의 갱들은 백인멤버를 개방적으로 받아들이고 있다. 게다가 요즘은 점점 더 많은 갱들이 교외지역과 소그룹 체제로 변모하고 있다. 미합중국 사법부는 소도시의 38.7%, 대도시는 거의 84%이며, 중소도시는 50% 정도가 갱 그룹의 일원으로 밝혀진다고 발표하였다. 또한 어린이 갱 그룹의 존재도 추가 발표하였다. 미국 내부에 존재하는 갱은 8개의 그룹으로 확인되었다.

Crips	Bloods
Folks	People
Hispanic	Asian
Southeast Asian	Mexican

게다가 신나치그룹들(NeoNazigroups)과 백인지상주의와 같은 다방면에 걸친 그룹을 위한 일반적인 분류도 존재한다. 갱 그룹에 참여하는 많은 젊은이들의 정확한 수치는 나와 있지 않다. 그러나 LA지역에는 7만에서 10만정도의 총 멤버를 자랑하는 650개 정도의 갱들이 현존하고 있다. 이러한 수치는 2개의 가장 큰 그룹으로 구분되는 크립스파(Crips)와 블러즈파(Bloods)로서 젊은 남녀 혼성그룹이다.

미국 사회에서 갱의 존재는 법적 강화로 갱의 활동을 줄이는 데 책임을 지는 특별한 부서들을 유지해야 하는 성가신 문제점으로 나타난다. 그들은 또한 기독교에 대한 큰 도전을 보이고 있는데 그들의 "헌장"은 갱들을 자극할 만한 관심사들(정체성, 지역사회, 재산, 우월감, 가치, 목적, 또는 명분 등)의 대부분을 내포하고 있으며, 그들의 삶의 스타일도 이러한 이슈들의 실제성을 실현하려고 몸부림치고 있다.

RICK GRAY

참고문헌 | B. Larson and W. Amstutz(1995), *Youth Violence and Gangs*.

건설적 학습활동(Constructive Activities). 학습 과정에서 사람들이 긍정적이고 형성적인 학습활동에 참여하는 것을 말한다. 교사들이 이런 활동들을 구체적 목표를 가지고 계획할 수도 있고, 또는 계획되지 않은 상호반응을 통해서도 새로운 것을 이해할 수 있다. 교사들은 학생들을 자연이나 사회생활과 같은 현실로부터 비롯되는 건설적인 학습활동에 참여시켜 학생의 학습을 증진시킨다. 어떤 배경에서든, 건설적 활동에는 학습자의 능동적 참여와 긍정적인 결과들, 새로운 이해와 형성 수립 등이 포함된다. 종종 건설적 학습활동을 통해 개념과 지식과 감정과 행위의 통합이라는 결과를 이룬다.

피아제(Jean Piaget)는 인지발달에 관한 폭넓은 연구를 통해 직접적 경험이 발달을 위한 네 가지 필수적 요소(나머지 셋은 유전과 성숙도, 사회적 상호반응, 그리고 평형의 과정이다) 중의 하나라고 밝혔다. 학생들의 이해력의 질적 성장을 바라는 교사들은 학습내용을 직접 경험할 수 있는 기회를 만들어 준다. 종교교육자 리(James Michael Lee)는 사람들은 자신이 아는 것을 삶에 자동적으로 적용하지는 않는다고 설명한다. 그는 교사들이 어떤 개념이나 진리대로 사는 것이 어떤 것인지에 대해 학생들에게 질문하여, 그들이 그 개념을 경험해 볼 수 있는 학습활동을 고안하는 일 등을 통해 진리를 운용하여 가르치라고 권한다. 그런 건설적 활동들을 통해 배우는 어린이나 청소년, 성인들은 단순히 교사를 통해 개념을 듣는 사람들보다 좀더 잘 실천할 수 있을 것이다.

사람들은 다양한 학습 스타일을 가지고 있다. 어떤 사람들은 개념을 구체적인 경험과 활동적인 실험을 통해 가장 잘 배운다. 또 어떤 이들은 관찰과 성찰을 통해 학습한다. 다수의 형식적 교육상황에서는 성찰적 학습자 중심의 교육을 실행하지만, 활동적인 경험적 학습자들을 위한 프로그램은 매우 부족한 편이다. 일부는 운동감각으로 배울 때(kinesthetic), 즉 몸을 움직이고, 손으로 무언가를 할 때 가장 잘 배운다. 건설적 학습활동들이 운동감각 학습자들과 활동적 실험을 선호하는 학습자들의 학습을 증진시켜 준다.

학습용 게임들을 통해 어린이들에게 성경 지식을 재미있고 활동적으로 배울 기회를 준다. 역할극과 드라마도 다른 사람들의 감정을 이해시키고 자신과 다른 사람들의 견해에 대한 이해의 폭을 넓혀 준다. 그리기나 만들기, 쓰기 등과 같은 창의적인 활동들도 건설적 활동에 포함된다. 그런 창의적 활동을 하는 과정에 학습자들은 종종 자신이 무엇을 생각하고 느끼는지 발견하게 된다. 이런 모든 활동들을 통해 교사들은 학생들의 학습 진행을 파악할 수 있고, 그리하여 학생들의 이해의 폭을 깊게 할 수 있으며 그들의 영적 형성의 성숙을 돕게 된다.

CATHERINE STONEHOUSE

결합적 신앙(Conjunctive Faith). 파울러, 제임스 3세(FOWLER, JAMES W., III)를 보라.

경건의 시간(Quiet Time). 그리스도인의 삶은 주권적인 삼위일체의 하나님 및 그분의 백성들과 맺는 개인적 관계 속에서 가장 잘 이해된다. 이러한 살아 있는 관계의 한 요소가 바로 "경건의 시간"이라고 불리는 것이다. 신자의 삶에서 이 중요한 요소를 표현하는 다른 용어들로는 개인적 예배시간, 개인 기도시간, 매일의 묵상, 고독 등이 있다.

경건의 시간은 하나님과의 정직하고 열린 대화를 위해 따로 정해놓은 시간으로 가장 잘 이해된다. 성경읽기와 묵상, 그리고 기도 등은 모두 하나님과 신자 사이의 이러한 친밀한 대화 시간의 일면들이다. 경건의 시간의 또 다른 중요한 일면은 침묵이다(시 46:10). 침묵은 신자가 하나님의 말씀을 묵상할 때 어떻게 그분의 음성에 귀 기울일 수 있는지를 배우게 해준다(Foster, 1978, 86).

그리스도인 삶의 한 요소로서의 경건의 시간은 교회사 전체를 통하여 신자들의 삶의 특징을 이루어 왔다. 수세기에 걸쳐 신자들은 경건의 시간이 그들의 삶 속에서 하나님의 지속적인 임재와 역사하심에 보다 민감해지도록 하며, 세상 가운데에서 자신들의 삶의 방식을 점검하도록 만들며, 하나님의 말씀에 귀 기울이고 그것을 적용할 수 있도록 하는 방법임을 증언해 왔다.

그러나 그리스도인의 삶에서 이러한 훈련의 중요성과 필요성에 대한 보다 주요한 증언은 바로 예수 그리스도에게서 찾아볼 수 있다. 신자의 삶의 모델이신 예수께서는 끊임없이 하나님과의 개인적인 시간을 가지셨다. 그분은 슬플 때(마 14:13), 중요한 결정을 내리시기 전에(눅 22:42), 치열한 사역 가운데(눅 6:12), 그리고 일상적으로(막 14:23) 홀로 하나님과 있기 위해 다른 이들을 피하셨다. 하나님과의 완벽한 교통 속에서 사셨던 예수 그리스도도 하나님과 대화를 나누고 그분의 음성을 듣기 위하여 침묵과 고독의 경건 시간을 필요로 하셨다. 신자들은 그분의 모범을 따라야 할 것이다(고전 11:1).

이러한 그리스도인 생활의 중요한 요소인 경건의 시간에 자리한 위험성은 신자들이 그 형식과 실행에서 율법적이 될 수 있다는 것이다. 성경은 경건의 시간에 어떤 특정한 형식을 제공하지 않는다. 그러나 이러한 특정 형식의 부재가 지난 세기 동안에 축적되어 온 그리스도인들의 지혜에서 신자들이 배울 수 없음을 의미하는 것은 아니다. 경건의 시간을 보다 더 풍요롭게 하는 몇몇 기본적인 요소들이 수세기에 걸쳐 전해져 왔는데 이에는 다음의 단계들이 포함된다. 첫째, 신자는 자신의 생각을 하나님께 집중하는 것으로 시작해야 한다. 자신이 좋아하는 구절이나 시편, 찬송을 읊는 것도 이러한 첫 단계에 자주 도움이 된다. 둘째, 성경 본문을 묵상하는 시간이 있어야 한다. 이 단계에서 중요한 것은 양이 아니라 질이다. 많은 경우 신자가 하나님의 말씀을 묵상할 때에 하나님께서 특정한 문제에 대해 말씀하심을 경험하게 된다. 마지막으로, 하나님과 대화하며 교통하는 시간을 가져야 한다. 이러한 대화의 시간은 감정, 염려, 죄, 소망 등을 표현하는 데 숨김없이 정직해야 하는 것과 하나님의 은혜와 그분의 위대하심을 인정하는 데 겸손해야 하는 것으로 특징지어야 한다.

DAVID BRISBEN

참고문헌 | R. Foster(1978), *Celebration of Discipline*; G. T. Smith(1994), *Essential Spirituality: Renewing Your Christian Faith Through Classic Spiritual Disciplines*.

경영(Management). "평가, 계획, 조직화, 임용, 지도, 동료들에게 열심을 촉구하기, 그리고 공식적인 목표 달성을 위해 다른 모든 재원들을 채택하는 과정"(Benson, 1990, 392)이다. 경영은 정책과 실행 사이에서 가교 역할을 한다. 마태복음 20장 20-28절에 나타난 섬김의 리더십에 관한 예수님의 가르침에 기초를 둔 성경적 관점에서 볼 때, 경영은 또한 "사람들이 직업 성취를 위해 일할 때 그들의 필요를 채워주는 것이다"(Rush, 1983, 13). 올란 헨드릭스(Olan Hendrix)는 경영을 "우리의 걱정거리를 돌보는 은사를 가진 사람들의 청지기 정신"이라고 정의한다(Hendrix, 1987, 3).

"경영"은 자주 "리더십"이라는 단어와 상호교환적으로 사용된다. 그러나 벤슨(Benson)이 보는 바에 따르면, 리더십은 더 넓은 의미의 단어이며 경영은 그것의 일부분이다. 경영 또는 행정(administration)은 일에 초점을 두는 반면 리더십은 사람에 집중한다.

1. **성경적 예들.** 성경에 나타난 많은 경영의 모델들 가운데 하나님, 요셉, 모세, 그리고 예수님을 들 수 있을 것이다. 하나님은 세상을 만드시고 인간들에게 세상을 다스릴 수 있는 권세를 부여하셨다(창 1:28; 시 8:3-8). 요셉은 보디발의 아내와 동침하는 것을 거부한 것 때문에 감옥에 갇힌 후, 감옥에서 간수장을 대신하여 죄수들을 돌보았다(창 39장). 그 후에 그는 바로의 총리대신이 되어 기근 시에 백성들에게 곡식을 공급하는 이집트의 창고를 관리하게 되었다(창 41장). 모세는 장인의 권고를 따라 재덕이 겸비한 자들과 함께 자신의 책임을 나누었다(출 18:13-26). 예수께서는 12제자들을 세우시고 훈련시키셔서 예수께서 세상을 떠나실 때 그들이 복음화와 제자 삼는 사역을 감당할 수 있게 하셨다.

2. **경영의 다섯 가지 기능.** 경영의 기능을 이해하기 위해서 체계 접근법을 취하는 것은 학습자들이 경영과정과 관련된 세부사항 평가를 좀더 잘 이해할 수 있도록 도와줄 것이다. 경영자들은 많은 업무들과 관련되어 있다. 다섯 가지 주요한 업무들은 일에서 항상 있기 마련이거나 또한 전부인 "갈등"을 다루는 원칙들과 함께 대략 다음과 같다. 경영은 다음 다섯 가지가 함께 혼합되어 있는 것이다. 그러나 이것들이 반드시 질서정연하게 일어나는 것은 아니다.

1) **계획.** 계획은 목표설정의 과정이다. 이것은 과거와 현재를 평가하고 목표달성을 위한 단계들을 설정하는 것이다. 자료분석은 과거에 무엇을 했으며 앞으로 그것이 미래 계획에 어떤 영향을 줄 수 있는가를 반영하는 것이다. 과거를 이해하고 조직화의 업무가 무엇인지 파악한다면 계획은 조직화의 업무를 달성할 수 있도록 발전될 것이다.

2) **조직화.** 조직화는 그룹을 지정하고 특정한 목

표를 달성할 수 있도록 업무를 부여하는 것이다. 예를 들어, 교회의 교육사역은 사역에 대한 책임자를 지정하는 것으로 조직화된다(예, 어린이 사역, 청소년 사역, 장년 사역 등). 보고구조는 개발되고 실행에 옮겨져 다양한 영역들이 함께 발전할 수 있도록 해준다. 그러므로 경영자들은 반드시 각 업무에 대한 직무내용 설명서를 작성하여야 한다.

3) 임용. 이 과정에서 경영자는 업무에 맞는 적임자를 고용하게 된다. 경영자는 상세한 직업 설명으로 사원채용광고를 하고, 1차 면접자들을 선별하고, 지원자들을 면담하고, 그 업무에 가장 적합한 사람을 채용한다. 그 다음에는 장기간에 걸친 신입사원 예비교육과 훈련과정을 시작하게 된다.

4) 지시. 지시는 사원들이 행동할 수 있도록 격려하고 동기부여를 하는 작업이다. 최고의 리더십은 독재가 아닌 모범을 통해 이루어진다. 이것은 사람들이 행동하도록 촉구하고, 다양한 업무에 맞는 사람들을 선별하고, 그 일에 적합할 수 있도록 준비시키는 성령님과 함께 일하는 것이다. 뿐만 아니라 이것은 문제를 정의하고 해결하며 결정을 내리고 사람들과 분명하게 의사소통하는 것과 관련된다. 이 기능의 부가적인 작업은 책임 분배를 하며 그 주어진 일들을 성취할 수 있도록 적절한 권한을 부여하는 것을 포함한다.

5) 통제. 계속해서 사람들이 자신의 일에 대해 책임을 지는 것은 효과적인 사역의 결정적인 요소이다. 경영자는 책임 분배를 한 후 목표나 목적 달성이 이루어지는 것에 대해 감독한다. 평가는 항상 공식적인 평가 기준을 따른다(예: 계획과 목적). 경영자는 고용인들과 함께 일하면서 목표를 분명히 하고 그 목표를 수행평가의 기초로 삼는다. 만약 이미 세운 계획에 차질이 생긴다면 정책을 수정하거나 폐기해야 한다.

갈등 해결과 관련된 조언: 어떤 경영자라 할지라도 갈등을 피할 수는 없다. 그러나 갈등이 일어날 때 그것을 해결할 수 있는 성경적인 단계가 있다.

1. 그 상황 속에서 관련된 사람들이 당신과 함께 일하면서 그 갈등을 해결할 수 있는 지혜와 인도를 위해 기도하라.

2. 사실에 직면하라. 다양한 주장이나 험담을 따라 행동하지 말라(신 19:15).

3. 가능한 문제를 빨리 해결하라(엡 4:26-27). 지체하는 것은 갈등을 해결하기보다 오히려 악화시킨다.

4. 다른 사람이 당신에게 다가올 때까지 기다리지 말라. 그 갈등을 해결할 수 있는 주도권을 당신이 가지라(마 18:15).

5. 갈등이 있는 그 사람(들)에게 사적으로 찾아가라(마 18:15 ; 잠 25:9-10).

6. 사람이 아닌 문제에 초점을 맞추라. 변명하지 말고 갈등을 언급하라.

7. 기꺼이 용서하라. 만약 필요하다면 한 번 그 이상으로 그렇게 하라(눅 17:3).

8. 만약 이 다섯 단계가 아무런 효과가 없다면 다른 사람을 대동하고 다시 그 사람에게 가라(마 18:16).

9. 만약 필요하다면 그 관계를 끊어버리라(마 18:17).

LIN JOHNSON

참고문헌 | W. Benson(1990). *Harper's Encyclopedia of Religious Education*; R. Bower(1964), *Administering Christian Education*; K. Gangel(1989), *Feeding and Leading*; C. George and R. Logan(1987), *Leading and Managing Your Church*; O. Hendrix(1987), *Management for the Christian Leader*; B. Powers, ed. (1997), *Church Administration Handbook*; M. Rush(1983), *Management: A Biblical Approach*.

참조 | 행정(ADMINISTRATION); 직무설명서(JOB DESCRIPTION); 계획과 계획세우기(PLAN, PLANNING); 전제자료(PREMISING DATA)

경영에 관한 성경적 기초(Management, Biblical Basis of).

산업화된 세계에서 경영에 관한 연구는 상대적으로 새롭지만 실은 인류역사의 시작과 함께 나타났다. 그러나 유감스럽게도 많은 교인들은 경영을 세속적이고 인본주의적이며 비성경적인 것으로 간주한다. 성경은 경영 특성을 잘 이해할 수 있도록 도와주는 많은 예들로 가득 차 있다. 그러나 종종 부족했던 것은 성경이 이 주제에 대해 무엇이라고 말하는지 이해하는 것에 관한 것이다. 이에 대해 러시(Rush)는 "하나님의 일을 지도하고 경영하는 사람들은 경영에 대해 성경적 철학을 발전시킬 필요가 있다. 기독교 지도자들 사이에서는 하나님의 사람들이 하나님의 일을 경영하는 데 좀더 효과적일 필요가 있다는 인식이 늘어나고 있다"고 잘 말해 주고 있다(1983, 17). 아마도 경영을 가장 잘 설명하는 단어는 청지기 정신일 것이다. 본질적으로 경영자는 다른 사람이나 그룹에 속한 자산들을 돌보는 청지기이다.

성경은 "하나님이 혼란이나 무질서의 하나님이 아니라 평화와 질서의 하나님이다"(고전 14:33)라고 말한다. 오히려 하나님은 '우리들이 교회의 일을 감독하는 방식처럼 우리의 삶도 역시 잘 경영되기를 원하신다'는 사실에 비하면 이것은 놀랄 만한 일이 못 된다. 다음에서 경영의 요소로서 계획, 조직화, 임용, 지도, 그리고 평가 등의 과정과 활동을 언급할 것이다. 이것들은 경영과정으로서 전체적으로 언급될 것이다. 이러한 요소들은 많은 세속적인 저자(Koontz & O' Donell, 1974)들에 의해 지지받지만 이미 성경 말씀을 통해 명확하게 나타난 것을 볼 수 있다.

1. **계획.** 계획과 관련된 활동들은 목적과 목표를 정하는 것을 포함한다. 이 요소들은 신구약 성경 모두에서 찾아볼 수 있다. 성경에서 '계획'의 예들은 노아의 방주 준비, 이스라엘 백성들이 광야 생활에서 만나를 모은 것, 다윗이 성전 건축을 위해 자재를 준비한 것, 느헤미야의 예루살렘 성벽 건설 계획, 하나님이 이 세상의 기초를 놓기도 전에 예수 그리스도를 예정된 때에 이 땅에 보내시고자 계획하신 일, 그리고 바울의 교회 개척사역 등이다. 각각의 예들은 하나님의 자원을 경영하는 데서 계획이 성경적이고 중요한 차원인 것을 이해하도록 도와준다.

2. **조직화.** 조직화와 관련된 활동은 작업설명의 확립, 서로 연결된 인간조직의 개발, 그리고 한 관리자가 얼마나 많은 사람들을 감독할 수 있는지 결정하는 것 등을 포함한다. 이러한 활동의 예들은 하나님이 선지자를 세우고, 이스라엘의 왕에게 기름을 부으시고, 바울이 교회 지도자들에게 직분자들의 자격 요건과 책임을 지시한 방식 등에서 나타난다(목사, 장로, 집사 등. 딤전 3:1-13; 딛 1:6-11). 이 같은 조직화의 과정은 하나님의 사역에서 적합한 청지기 정신을 가질 수 있도록 해준다.

3. **임용.** 경영에서 임용은 적절한 선별, 채용, 그리고 지도자들의 훈련 등을 필요로 한다. 이것은 구약에서 하나님이 자신을 대신하여 특별히 선별한 사람들 가운데 잘 나타난다. 장막과 성전 예배에서 볼 때, 오직 레위 자손의 아론 계열만이 제사장으로서 섬길 수 있었다. 예수께서는 열두제자들을 선별하여 세우셨다. 그들은 3년 반 동안 친밀함 가운데 교사되신 예수님으로부터 교육을 받는 행운을 누렸다. 바울은 선교여행 동역자들과 권한을 부여받은 지도자들을 세우는 데 신중을 기하였다.

4. **지시.** 이 특성은 능률적인 경영에 필수적인 상호관계 기술에 관해 말하는 것이다. 갈등을 인식하고 해결하는 능력은 경영 능력의 중심부이다. 구약은 깨어진 가정이나 사회적 관계로 가득하다. 제자훈련에 나타나는 예수님의 감독방식은 사역의 방향을 제시하는 데 중요한 요소이다. 바울과 베드로는 종종 초대교회에 나타나는 분쟁을 해결하였다. 지도자 통솔 유형에 관한 연구는 경영의 지시 활동에서 결정적이며 이것은 구약과 신약 모두에서 무수히 언급된다. 하나님은 지도자들이 '자신의 짐'을 양떼들에게 지우는 것이 아니라 종의 마음으로 이끌어 주기를 원하셨다. 섬기는 지도자는 효과적인 지도의 절정이다.

5. **통제.** 통제를 다르게 표현하는 방식은 '평가'이다. 이것은 하나님의 뜻 안에서 당신 자신을 잘 이끌고 있는가를 결정하는 능력이다. 이것은 발전을 측정하고 제 궤도에 오르거나 원래의 계획을 잘 따르기 위해 적절한 수단을 취하는 방식이다. 통제하는 사람들과 신중한 주의에 의해 통제된 활동은 통제받는 사람들의 방식에 적용되어야 한다.

경영의 성경적 기초에 관심 있는 사람은 **잠언** 말씀을 통하여 경영에 관한 상당히 포괄적인 성경 목록을 발전시킬 수 있다. 다음 목록은 성경에 나타난

경영과 관련된 주제들을 잘 보여줄 것이다:

정직하게 살아감: 2:7; 6:16-19; 10:9; 11:1, 20; 14:2, 16; 15:22; 16:6, 12; 19:1, 23; 20:6-7; 22:1; 28:6

상담자의 조언과 가치: 2:1; 10:17; 11:14; 12:15; 13:10, 18, 20; 15:22; 19:20; 20:18; 24:5, 6; 27:17

지혜와 근면: 2:15, 12; 8:12-16; 10:45; 12:14, 23, 24; 14:23; 15:1; 16:10, 12, 21; 17:2; 19:11; 21:5, 22; 28:20

계획, 목표 설정, 비전, 우선순위: 1:17; 11:14; 16:14; 21:5, 30; 4:25-27; 12:5; 19:21; 24:7

상호관계/갈등해결: 10:5; 15:22; 20:5, 18; 29:18; 10:11-13; 12:20; 15:1, 18, 21; 16:7, 21, 28; 17:9, 14; 18:1; 20:3, 22; 27:17-18

지도자의 자질 중에서 자기통제: 5:23; 10:19, 11:13, 17, 24-26; 12:12, 16, 13:3; 15:18, 23, 28; 16:32; 17:27; 18:7, 13, 21; 20:1; 25:8, 11, 20, 28

다른 사람에게 지혜롭게 투자하기: 9:7-9; 27:17; 11:25; 26:10

겸손: 3:7; 8:13; 11:2; 12:9; 15:25, 33; 16:5, 18; 18:12; 25:6, 7, 27; 27:2, 21; 29:23

다른 사람을 믿음: 3:27; 12:25

공의와 자비, 그리고 공정성: 3:3; 11:17; 14:21; 20:28; 21:3; 24:23-25; 28:21; 29:14

멘토가 되기/멘토를 따르기: 1:28; 2:1; 3:1, 11; 4:1; 9:9; 13:1; 31:28

전문지식과 행정기술: 1:7; 10:14, 21; 19:2; 27:23; 28:2

우정: 17:9, 17; 18:24; 27:6, 9, 10, 17

말조심 하기: 2:11, 12; 10:14, 19; 11:32; 12:18, 27-28; 13:3; 14:5; 15:1, 23, 28; 16:13, 21; 17:9, 27-28; 18:4, 7, 13, 21; 19:1; 25:8, 11, 15

하나님을 따름으로써 사랑을 입음: 2:14; 4:1

하나님의 말씀을 순종하여 평화를 누림: 3:21-24; 6:20-23; 7:13; 8:32-36

책임 5:21

재정원칙: 6:15; 10:2; 11:4, 15, 25; 13:11, 22; 15:27; 17:8, 18; 21:6; 23:4

게으르지 않음: 6:10-11; 13:4, 18; 24:30-34

자신에 대한 동기부여: 6:6-8

나쁜 결과의 이유: 10:2, 4, 26; 14:23; 15:27; 16:8; 28:16

진실을 말함: 11:13; 12:24, 27; 14:25; 15:4; 16:24; 19:9, 22; 20:19, 28

정직함: 16:11

먼저 사실을 수집함: 13:10

물질적 보상을 추구하지 않음: 15:27; 18:13, 17; 21:17; 23:45

MICHAEL J. ANTHONY

참고문헌 | M. Bechtle(1992), *Foundations of Ministry: An Introduction to Christian Education for a New Generation*; P. Hersey and K. Blanchard(1997), *Management of Organizational Behavior*; H. Koontz and C. O'Donnell(1974), *Essentials of Management*; M. Rush(1983), *Management: A Biblical Approach*; idem(1989), *Managing to Be the Best*; J. O. Sanders(1980), *Spiritual Leadership*.

참조 | 책임성(ACCOUNTABILITY); 자유방임적 지도력(LAISSEZ-FAIRE LEADERSHIP); 지도력(LEADERSHIP); 지도력 네트워크(LEADERSHIP NETWORK); 경영(MANAGEMENT)

경험과 신학(Experience and Theology).

인생의 의미와 종교적 경험, 그리고 교리적 신학과의 관계성에 대한 일반적인 종교 및 구체적인 기독교의 타당성에 관한 문제는 독일의 개신교 신학자이며 현대신학의 아버지요 자유주의 개신교도로 알려진 슐라이어마허(Friedrich Schleiermacher, 1786-1834)의 주요 관심사였다. 그의 주요 관심이 자유주의를 초월하여 신학적 토론에 깊이 침투했기 때문에 그의 저술은 19세기 이후 기독교 신학에 큰 영향을 주었다. 수많은 신학적 구성개념과 함께 슐라이어마허의 사고도 그 자신의 체험이라는 토양에서 자라났다. 개혁파(Reformed) 목회자의 가정에서 태어난 슐라이어마허는 경건주의 정신 아래 성장했고, 모라비안 기숙학교를 다니는 동안 확실하게 기억되는 날짜에 개종의 경험을 했다. 이때 그가 부모에게 쓴 편지에서 그는 자신의 신앙에 대한 부적절함, 구세주의 은혜로운 사랑, 신앙과 경건의 보다 깊은 영적 체험에 대한 열망 등을 표현했다. 독특한 마음의 종교를 추구하던 모라비안 공동체는 감수성 강한 소년에게 평생 동안 지워지지 않는 깊은 인상을 새겨놓았다. 졸업 후, 슐라이어마허는 사역을 준비하기 위해 모라비안 신학원에 입학했다. 신학교 생활 동안 그의 지적 질문들이 그리스도를 통한 구원의 유효성에 대한 회의에 빠지게 했고 하나님에 대한 신앙을 버리게 되었다. 그는 그의 교수들이 유럽의 신생 지성들의 실재를 의도적으로 도외시했다는 사실을 알게 되었다. 결과적으로 그는 모라비안의 전통과 가정으로부터 이탈했다. 그의 아버지에게 보낸 편지에서 그는 "나는 스스로를 인자라고 밝힌 자가 진정하고 영원하신 하나님이라는 사실을 믿을 수가 없습니다. 나는 그의 죽음이 대속이라는 것도 믿을 수가 없습니다"라고 썼다(Gerrish, 1984, 25).

슐라이어마허는 신학교를 중퇴하고 할레대학(University of Halle)에서 철학을 공부하기 시작했고 거기에서 칸트와 플라톤을 연구했다. 그는 지적 추구에 자신을 몰아넣었고 안수받는 과정에 대해서는 냉담했다. 졸업 후 그는 개인교사와 목사로서 임용되었다. 설교를 준비하면서 그는 실재성의 의미를 알고자 추구했다. 또한 자신이 가르치는 기독교 가정 안에 분명하게 증거되는 생생한 신앙의 단순성을 알게 되면서 그는 기독교 신앙에 대한 이해를 재구성하기 시작했고, 결과적으로 하나님에 대한 자신의 경험도 재고하기 시작했다. 그는 모라비안 전통의 신앙과 도덕의 단순성으로 돌아가지는 않았지만 하나님의 필요에 대한 자신의 살아 있는 의식과 구원에 대한 경건한 확신을 되찾았다. 모라비안 형제회를 방문했을 때, 그는 어린 시절에 지적 갈등과 회의를 통해 스스로를 보게 된 강력한 종교적 경험에 대해 감사했다. 그는 "나는 다시 더 높은 모라비안 교도가 되었다"고 선언했다(Gerrish, 1984, 27). 이 신앙의 갱신 이후 그는 죽을 때까지 교사로서, 설교자로서, 정치적 행동가로서 성실하게 섬겼다.

슐라이어마허의 신학적 유산은 그가 쓴 두 권의 역작에 잘 설명해놓았다. 『종교에 관하여: 종교를 경시하는 지식인들에게 주는 글』(On Religion: Speeches to Its Cultured Despisers, 1821), 그리고 『기독교 신앙』(The Christian Faith, 1830). 첫 번째 책 "Speeches"에서는 점점 정교화되고 세련되기 시작한 과학과 예술과는 아무 연관이 없는 것처럼 종교를 막연히 거부하던 당시 베를린 지성사회의 낭만주의자들(Romanticists)을 향해 썼다. 슐라이어마허는 그들이 거부한 것은 살아 있는 신앙이 아니라 정지된 교리주의라고 밝혔다. 그는 종교의 비합리적 영향력이 모든 경험적 삶의 바탕에 깔려 있어 자아 의식적 감각과 과학과 예술과 철학의 무한함을 맛보려는 토대가 되었다고 논쟁했다. 개인적 종교와 종교적 공동체에 대한 지식이 없는 삶은 열매 맺지 못하며 창조와 창조주로부터 격리되었다고 선언했다(Niebuhr, 1965, 19). 비록 그의 주장이 전적으로 기독교적이지는 않지만 "Speeches"를 통해 그리스도 구속의 현재성을 통해 하나님을 경험적으로 인식한다는 개념을 기초세운 후 두 번째 책인 『기독교 신앙』(The Christian Faith)에서 더욱더 발전시켰다. 그는 이와 같은 인식(awareness, 그의 표현대로는 직관〈intuition〉)이 무한하신 하나님을 절대적으로 의존하는 자의식의 유한성(self-conscious finitude)이라고 이해했다. 그리스도 안에서, 그리고 그가 보여준 하나님에 대한 내면적 인식 안에서 그리스도인들은 자기 의존적인 부족함을 극복하고 그리스도처럼 하나님과의 살아 있는 연합을 경험하는 방법과 수단을 찾는다.

기독교교육을 위한 슐라이어마허의 주요 유산으로서는 경험과 신학의 통합에 대한 그의 관심에서 찾을 수 있다. 그의 경험 신학의 구체적인 전제들을 몇 가지 인용할 수도 있지만 가장 중요한 공헌은 통합적인 과제를 그가 다루던 과정에서 찾아볼 수 있다.

1. 슐라이어마허는 신학의 비이성적, 경험적 특성의 생명력을 신중하게 생각했다. 계몽주의 시대 이후, 전통적이고 강요된 권위의 가치가 하락하였기 때문에 그는 기독교 신학을 타당성 있는 용어로

재구성하기 시작했다. 그의 신학적 핵심은, 종교적 체험을 하나님에 대한 절대적 의존에 대한 느낌과 살아 계신 그리스도가 조정하시고 교회가 모범을 보이는 하나님과의 실존적 관계성을 통한 구속이라는 감각으로 정의하는 것이다. 그는 인간의 체험을 직접 인식하지 않는 교리적 신학에 호소하고자 하는 모든 유혹을 견디냈다. 그러므로 그는 자신이 경건과 구분된 교리라고 간주하던 삼위일체론에 앞서 창조론을 선행시켰다. 더구나 교회의 산 경험으로서 구속의 본질을 그리스도의 역설적인 신성/인성보다 중요시했다. 슐라이어마허에게 신학적 진리의 추구는 결코 추상성이 아니라 그리스도인들의 일상적인 생각과 표현들로 형성되는 실재였다. 신학의 최종점은 기독교 공동체 안에 생생하게 살아 있어야 한다. 경험할 수 없는 신학은 무력하고, 신학적 바탕이 없는 경험이란 궁극적 실재와는 상관없는 경험이다.

2. 슐라이어마허는 유럽 계몽운동 이후의 문화적 상황에서 도피하기보다는 오히려 참여하는 편이었다. 그는 당대의 철학 및 과학적 발달의 도전을 심각하게 받아들였다. 주어진 신학적 틀 안에서 수용할 만한 것들을 받아들였다. 그러므로 그는 과학의 실험적 자료들도, 인간 경험에 대한 이해도 부인할 수 없었다. 그러나 그는 세상에 임재하시는 하나님께 대한 그의 헌신과 모순이 되는 것들에 도전했다(즉 실존주의 철학에서 유래되는 개인주의와 과학을 단순 이성으로 환원하는 것 등). 슐라이어마허는 신앙과 문화 모두에 지적인 의무감을 가졌다. 그는 신학적 진리와 과학적 진리를 통합하려 노력했지만, 갈등이 생기면 신학적 최고권을 지켰다.

3. 슐라이어마허는 신학이 공유적이며 고백적, 즉 교회가 일상적으로 경험하는 것이라고 이해했다. 그는 신학이 예배 공동체적 생활로부터 생겨났고, 그것을 대변하는 것이라고 했다. 모든 형태의 신학적 과제는(예, 성경, 역사, 철학) 개인 혹은 공적 예배와 도덕성과 봉사 등과 같은 기독교 공동체의 실제적 요구들을 위해 존재한다. 최상의 신학은 가장 기본적인 수준에서 이해할 수 있도록 가르치고 설교할 수 있는 것이다. 이상적인 교구지도자는 상주하는 신학자인 목사이다. 그는 신학적 실재를 실제적인 삶 속에서 구현하는 자이다. 슐라이어마허는 그의 대부분의 인생을 이와 같은 교구의 목사로서 헌신하며 살았다.

그의 많은 사역이 인정을 받았지만 비판도 있었다. 그리스도의 실존적인 구속 사역에 대한 그의 이론이 속죄의 효능으로 바탕을 이루는 고전적인 기독론을 폐기해 버렸다. 따라서 예수님의 죽음과 부활의 중요성이 그의 신학 체계 안에 재편성되었다. 더구나 만인 안에 하나님을 자각하는 의식이 있다는 그의 실존적 성령론으로 그의 신학이 보편구원론(universalism)이라는 평을 받는다. 그의 성경해석은 성경의 객관적 용어를 넘어 인간 저자의 경험까지 포함시킨다는 논쟁으로 성경 본문의 객관성에 대해 의문이 제기된다. 더구나 슐라이어마허의 종교적 경험의 중심성으로 인해 객관적 진리보다는 주관성과 의미를 으뜸으로 여긴다는 비판을 받는다. 많은 학자들은 그의 종교적 경험의 강조가 20세기 초반 자유주의 개신교의 인간중심신학으로 전개되었다고 지적한다. 신정통주의 신학자들과 기독교교육자들이 강력하게 반대하는 것이 바로 이 인간중심주의이다. 그러나 이와 같은 비판에도 불구하고 슐라이어마허를 경시할 수 없다. 그의 독특한 신학적 전제들이 복음주의자들에게 많은 논쟁거리를 제공해 주는 반면, 그가 보여준 경험과 신학간의 진지한 대화의 본보기는 매우 중요하다.

경험은 기독교교육의 핵심적인 관심거리이다. 현대적 학문으로서 종교교육은 19세기 중반, 부쉬넬(Horace Bushnell)이 어린이의 개종이 기독교 가정 안에서 유아기 때부터 양육되는 경험이라고 한 연구로부터 탄생했다. 기독교교육은 이 연구로부터 시작하여 하나님과 자신과 다른 사람들과 자연과의 인간경험 전 영역으로 확장되고 지속되었다. 따라서 신학을 포함하여 이 경험적 견해의 영향을 받지 않은 분야가 거의 없다. 복음주의 신학은 하나님을 안다는 것이 신학적 공식에 따른 인지적 승인 이상이라는 점에서 이 경험적 신앙을 오랫동안 견지해 왔다. 신앙은 그리스도 안에서 성령에 의해 하나님과 살아 있는 개인적 관계를 직접 경험할 때만 온전하다. 수많은 종교교육 이론들이 직접적인 종교적 경험과 그 경험을 신학적으로 성찰함으로 영적인 양육이 가능하다는 생각을 지지한다. 대부분의 기독교 교단들과 출판사들이 경험적으로 상관된 교육과정을 개발하고 성경 진리와 산 경험을 통합하는 자료들을 출판해낸다. 기독교교육에 인간 경험의 중심성을 부인할 수는 없다.

그러나 슐라이어마허는 개인의 경험만으로는 기독교교육의 중심을 정의할 수 없다는 사실을 알아냈다. 개인의 경험은, 그 좁은 렌즈를 통해 궁극적 진리와 의미를 해석하는 주관적 상대주의의 오류를 피하기 위해 반드시 교회의 공동의 체험과 기독교 신학과 대화해야 한다. 기독교 신학이 반드시 종교적 경험의 뜻을 해석하는 토대가 되어야 한다.

EDWIN ROBINSON

참고문헌 | H. Bushnell(1984), *Christian Nurture*; C. W. Christian(1979), *Friedrich Schleiermacher*; B. A. Gerrish(1984), *A Prince of the Church: Schleiermacher and the Beginnings of Modern Theology*; R. C. Miller(1952), *The Clue to Christian Education*; R. R. Niebuhr(1964), *Schleiermacher on Christ and Religion: A New Introduction*; idem(1967), *Handbook of Christian Theologians*; M. Redeker(1973), *Schleiermacher: Life and Thought*; L. O. Richards (1975), *A Theology of Christian Education*; F. Schleiermacher(1958), *On Religion: Speeches to Its Cultured Despisers*; idem(1976), *The Christian Faith*.

경험주의 신학과 기독교교육(Empirical Theology and Christian Education).

경험주의 신학은 미국의 정세와 뒤얽혀 있다. 경험주의 신학의 활기와 형태는 제임스(William James), 비만(Henry Nelson Wieman), 화이트헤드(Alfred North Whitehead)와 같은 사상가들의 감화력 있는 글에 깊은 영향을 받았다. "경험주의"라는 단어가 제시하듯이 경험주의 신학의 방법론은 관찰과 실험, 이성과 경험에 기초한다. "경험"은 관계성과 통전적인 감각, 그리고 멜랜드(Meland)가 "감성적인 자각"(appreciative consciousness)이라는 용어로 표현한 개념을 내포하고 있는 단순한 감각적 경험보다 광범위한 것으로 인식된다. 화이트헤드의 정의에 의하면, 경험은 사회를 주도하는 문화와 긴밀하게 연결되어 있는 정서적인 측면을 통합하는 것이다. 밀러(Miller, 1995)는 이와 같은 견해에서 현대의 가정에 의해 중요한 영향을 받을 수 있는 역사적이며 형이상학적인 견해 안에서 신학적인 가설이 나온다고 주장한다. 이것은 결과적으로 자연주의적 유신론을 낳게 된다.

신학을 정립하기 위한 단서는 과학적인 방법으로 탐구, 평가, 그리고 해석된다. 종교와 과학은 동일한 장으로 효과적으로 도입되어 같은 단서의 평가 기준 아래에 놓이게 된다. 까다로워 보이는 이와 같은 과학적 평가의 과정은 멜랜드(Meland)의 표현대로 "감성적인 자각"의 개입으로 유해진다. 이 개념은 종교적인 판단이 이루어지는 인식의 특징에 특정 민감성을 덧붙이고 그 영역을 넓힌다. 그것은 본질상 경험에 입각하지만 차이점을 지니고 있다. 계시가 경험주의 신학에 중요한 역할을 하는 것이 사실이지만 초자연적인 영역에 근거를 두고 있다고 받아들여지지는 않는다. 그러므로 계시의 역할은 경험주의 자료의 근원(계시적 사건)으로서 감식력이 있는 사람이라면 그것을 이해하고 해석할 수 있는 것이다. 계시된 진실은 존재하지 않지만 경험주의에 근거한 진리의 계시(해석이 필요한 자료)는 존재한다.

경험주의 신학에서 가치와 사실의 분리란 있을 수 없다. 가치는 마음으로 느끼고 터득할 수 있는 감성적인 경험과 연결되어 있다. 가치는 사건 속에서 발견할 수 있는 창조력에서부터 나온다. 그 가치는 하나님에 대한 개념을 지지한다. 간략히 말해서, 경험주의 신학은 자연주의적 관점이라는 테두리 안에 있는 사실주의 신학으로 이해해야 한다.

이와 같은 시각에서 볼 때 경험주의 신학이 예수님의 생애를 이끌어간 힘을 창조적인 사건(특별히 화목의 개념과 관련하여)으로 해석하는 이유를 이해할만 하다. 초대 그리스도인들의 예배 경험과 역사적 사건의 후계자들에 근거하여 예수 그리스도의 이름으로 모인 사람들이 있는 곳에는 어디나 교회가 있었다.

기독교교육과 관련하여 경험주의 신학은 학습자를 독특한 유전과 문화적 유산을 지니고 진화의 과정을 통해 형성된 사람으로 인식한다. 그들은 그들의 유전적 상속과 축적된 문화적 정보의 상호교류와 적용을 통해 새로운 문화를 역동적으로 형성해 간다. 기독교교육의 핵심적인 전제는 학습자가 성장할 수 있는 능력을 지니고 있다는 것이다. 밀러는 이와 같은 전제가 하나님을 우주의 중심에 놓고 학습자들로 하여금 창조자와 올바른 관계성을 맺도록 하는 종교교육의 전통적인 목적을 지지하는 것이라고 본다.

경험주의 신학의 관점에서 볼 때 기독교교육은 현실 세계를 직면하여 개개인의 행동을 지지하고 강화하며 계몽할 때에야 비로소 효과적일 수 있다.

HAROLD W. BURGESS

참고문헌 | R. C. Miller(1995), *Theologies of Religious Education*, pp. 148-71.

경험학습(Experiential Learning). "경험"이라고 정의된 학습은 학습자가 지식이나 기술을 습득하기 위한 사건이나 활동에 능동적으로 참여하는 데서 유래되었다. 경험학습은 다음의 주요 원리들과 연합되어 있다. (1) 개방된 공간과 여러 그룹의 사람들로 구성된 환경을 중요하게 여긴다. (2) 학습자들 스스로 학습내용의 의미를 경험하도록 돕는 것을 강조한다. (3) 목표는 학습자가 새로운 원리들을 실생활에 적용하도록 돕는 것이다. (4) 진행과정은 상호반응과 개인의 감정들의 인식과 다른 학습자들과의 연대 의식 개발 등을 강조한다. 경험학습의 핵심은 게임과 모의실험, 역할극을 통해 전달된다.

게임은 그룹들(팀) 간에 릴레이 경주나 줄다리기, 모델 짓기(조립식 장난감이나 레고 등) 등을 통해 경쟁을 유도한다. 때로는 게임 보드나 동전, 금전 게임 등 상품화된 물건들을 사용하기도 한다. 학습용 게임은 광범위한 주제들을 위해 개발되었다. 예를 들어, "아델 칼슨의 추수: 신나는 은퇴 게임"(Ardelle Carson's Harvest: A Fun Game About Retirement)은 은퇴하기 전후에 내려야만 하는 결정들을 중심으로 만든 카드 게임이다.

모의실험은 동일한 상황에 대해 서로 다른 방식으로 경험해 봄으로써 학습을 유도하는 교육적 도구이다. 상황들을 모의적으로 실연해 봄으로써 인도자는 학습자들이 대안적인 결정들을 "내리도록 연기하고"(play) 그 결과들을 지켜본다. 학습자들이 실생활에서 실제 경험할 만한 것들을 모의 연기를 통해 경험해 보도록 하는 것이 모의실험의 목표다. 실제의 어떤 면은 강조되고 또 다른 면은 생략되기도 한다. 예를 들면, 한 팀에서 한 남자와 한 여자가 가정예산 시뮬레이션에서 남편과 아내의 역할을 하는 동안 다른 회원들은 그들의 대화를 관찰하고 평가한다.

역할극은 준비나 연습 없이 극화하여 학습자가 다른 사람의 정체성으로 가정하고 그 사람의 입장이 되어 결정을 내리는 것이다. 상기한 예를 통해 보면, 남자가 "아내"의 역할을 하고 여자가 "남편"의 역할을 한다.

경험학습과 상반된 것은 칠판을 마주보도록 정렬된 의자들, 전문인 교사 곧 말하는 사람과 펜과 공책을 가진 학습자 곧 듣는 사람, 잘 체계화되고 조직된 학습내용, 강의 중심의 방법, 질문과 대답, 해결해야 할 문제 등으로 구성된 전통적인 학습 환경에서 발견된다.

1. 경험학습의 역사. 경험학습은 듀이의 실용주의 교육 원리들과 20세기 실존주의에서 유래되어 1970년대 인문주의 교육에서 절정을 이루었다. 듀이는 아동 중심의 학습과 활동을 통한 교육을 강조했다. 그는 교육방법을 해결해야 할 문제들을 제시하는 프로젝트 중심으로 체계화했다.

듀이는 정서(개인 경험)보다는 인지적(사고하기, 문제 해결하기) 참여를 강조하면서 교육자가 학생의 관심과 능력, 참여와 게임, 드라마와 자기표현 등에 주의를 기울여야 한다고 했다(Smith, 1979, 186-89).

실존 철학은 개인마다 스스로 선택한 고유한 실

재를 가지고 있다고 한다. 실재란 객관적인 상태가 아니라 개인화되는 과정이라고 한다. 실존주의자들은 개인이 선택하는 존재로서 인생에서 스스로의 선택을 회피할 수 없고, 자유로운 존재로서 그 자신의 선택에 책임을 져야 한다고 믿는다. 실존주의는 칼 로저스(Carl Rogers)나 아브라함 매슬로우(Abraham Maslow) 등과 같은 인문주의 교육자들이 교육적 사상으로 발전시켰다. 로저스는 자발적 학습을 강조했고, 매슬로우는 그 과정의 핵심 요소로서 자발성과 개인의 선택을 강조했다(Reed & Bergemann, 1995, 233-34). 이와 같은 실존운동이 만들어놓은 현대적 교육관의 틀을 쉽게 볼 수 있는데, 곧 학생의 참여, 문제 해결, 모델 만들기, 단체정신 고양, 학생의 능력과 관심, 자기표현 등이다.

2. 경험학습의 방법. 직접적이고 의도적인 경험들은 학습자들의 감각과 정신과 신체를 포함한다. 아이디어를 만들어내고 계획을 수립하고 자료들을 한데 모으고, 이 모든 부분들을 결합하는 책임 등도 포함된다. 관계적이고 정면으로 마주보며, 경험들을 서로 나누는 집중적인 참여가 경험학습의 핵심요소이다. 인도자들은 객관적인 내용과 개인의 활동, 그리고 그룹의 관찰들이 개인적 견해들과 새로 발견한 것들을 통해 순환되는 개방적인 장소와 시간을 창의적으로 사용할 수 있는 교육환경을 조성해 주어야 한다.

3. 경험학습의 결점. 경험학습은 전통적인 학습보다 더 많은 시간이 요구된다. 질서와 체계를 선호하는 학습자들은 경험학습이 혼란스럽다고 생각한다. 태도와 행동이 서서히 변화되기 때문에 학습평가가 어렵다. 학습활동에 최대한의 자유를 주기 위한 넓고 개방된 공간이 필요하다. 경험학습은 "소란한 학습"(learning noise)으로서 다른 그룹의 사람들을 방해할 수도 있다. 그룹간의 경쟁이 주제를 분명히 이해하는 것보다 더 중요시되기도 한다. 그 결과 1980년대와 1990년대에 인문주의 교육이 쇠퇴했다.

요약하면, 1970년대의 개방 교실의 "그룹활동" 현상과 개인의 선택이 교수법을 보다 체계적인 접근방식으로 유도하는 결과를 가져왔다. 개인감정의 지나친 강조로 내용 이해의 중요성을 축소시켜

자신감은 있지만 기술이 부족한 학습자들을 양산했다. 여전히 경험학습의 긍정적 전통, 즉 학생의 필요와 능력에 바탕을 둔 학습, 협동학습, 자기강화 등이 현재 교육 실천에 남아 있다. 경험학습의 근본적이고 불변하는 원리는 배워야 할 사람이 학생임을 주지시킨다.

RICK YOUNT

참고문헌 | D. G. Benson(1971), *The Fine Art of Creating Simulation Learning Games for Religious Education*; M. Gredler(1994), *Designing and Evaluating Games and Simulation: A Process Approach*; J. and L. Hendrix(1975), *Experiential Education*; A. Reed and V. Bergemann(1995), *In the Classroom: An Introduction to Education*; S. Smith(1979), *Ideas of the Great Educators*; K. Yardley-Matwiejczuk(1997), *Role Play: Theory and Practice*.

참조 | 듀이, 존(DEWEY, JOHN); 인문주의/고전적 인문주의(HUMANISM, CLASSICAL); 인문주의/기독교 인문주의(HUMANISM, CHRISTIAN); 로저스, 칼(ROGERS, CARL).

계몽운동(Enlightenment).

18세기는 이성의 시대로 알려졌다. 또한 지성 발달에 끼친 인문주의적 영향 때문에 계몽운동의 기간으로도 알려졌다. 인류역사 중 이 기간 동안에 이성과 과학, 그리고 자연주의 연구가 크게 강조되었다. 계몽운동은 인간생활의 거의 모든 면에 영향을 미쳤고 미국과 프랑스 혁명에 지대한 공헌을 했다(Reed & Prevost,1993). 수많은 교육자들이 과학과 철학과 신학과 교육학 연구에 심혈을 기울였다. 계몽운동 기간의 뛰어난 교육자들로 코메니우스(John Amos Comenius), 프뢰벨(Friedrich Wihelm Froebel), 헤르바르트(Johann Friedrich Herbart), 흄(David Hume), 로크(John Locke), 페스탈로치(Heinrich Pestalozzi), 그리고 루소 (Jean-Jacque Rousseau) 등이 있다.

이 역사적 기간이 되기 전까지는 지식을 습득하는 자원은(인식론) 세 가지로 알려져 있었다. 그것은

감각과 이성, 그리고 신앙이었다. 계몽운동 기간에 감각과 이성이 존중된 반면, 신앙은 불충분한 자원으로 간주되었다. 이와 같은 경향의 영향으로 교회와 정부가 분리되었고 공교육의 교육과정에서 종교적, 도덕적 영향력을 삭제하게 되었다(Eavey, 1994). 한때 성경신학과 기독교교육에 강력한 유대가 있던 인문주의적 사고가 이제 그 관계성을 상실하고 점점 세속화되었다. 그 결과 인간을 숭배하고, 세상을 하나님으로부터 멀어지게 만들었다.

계몽운동은 신앙 대신 감각과 이성을 통한 지식을 높이 강조하여 과학적 방법을 통한 자연세계의 탐험으로 환경을 재발견하게 되었다. 그때까지 발견된 인류의 본성이 재검증받아야 했다. 결과적으로 교육자들은 인간본성에 관한 새 이론을 법학과 정치학, 사회학, 교육학, 종교, 그리고 인간관계에 정립하게 되었다. 신실한 학자들은 신학적 계시와 기독교를 조롱하는 주의들을 거부했다. 우주를 보는 자연주의적 관점 이외의 어떤 것도 단순하고 순진한 생각으로 여겼다(Eavey, 1964).

비교 연구들이 이 계몽운동 시기에 가장 널리 성행했다. 볼테르(Voltaire)는 서유럽이 유교와 교류함으로 더 많은 것을 얻을 수 있다고 생각했다(Mayer, 1966). 이와 같은 아이디어를 공유하는 것이 종종 보편적 진리와 가치의 상실을 가져왔다. 그와 같은 교육철학으로 다윈(Charles Darwin)과 헉슬리(T. H. Huxley), 듀이(John Dewy) 등의 무도덕, 불가지론적 철학을 낳게 했다. 진화론적 사고의 토대에서 신학보다 과학이 우주의 근원과 존립을 설명해 준다고 믿게 되었다. 인류는 이제 진정한 삶의 의미와 목적-방종으로 "계몽되었다."

세속적 인문주의에 철학적, 교육적 뿌리를 내린 사람들에게 계몽운동은 엄청난 교육적 해방을 가져다주었다. 더 이상 편협하고 보수적인 교회 중심의 교육제도의 제한된 안경으로 우주를 보지 않았고, 이성과 자연주의의 안경을 통해 사회과학 분야를 자유롭게 탐사하게 되었다. 계몽운동 시기의 교육적 영향력은 멀리까지 미쳤으며 그 정도가 심각했다. 당대 일부 위대한 교육자들은 지식과 의미에 대한 이론들을 개발하여 20세기 학교 제도의 기초를 확립하기도 했다.

계몽운동과 기독교교육. 기독교교육적 입장에서 계몽운동의 철학과 교육은 모든 초자연적인 기초들로부터 분리되었다. 한때 대중교육의 주요 수단이던 교회는 추방되어 지적 사고의 적으로 간주되었다. 계몽운동이 기독교에 전혀 긍정적인 영향을 주지 않았다는 뜻은 아니다. 실로 하나님은 영적 상실로 보이는 것들을 사용하여 기독교교육에 큰 성공을 만드셨다. 18세기 유럽을 종횡하던 신학적 도덕적 공허감이 대서양 주변의 식민지 미국 전역에 새로운 영적, 정치적 개혁을 가져왔다. 미국은 계몽운동의 세속적 인문주의로 편만해진 무도덕과 반성경적 가치들을 거부하는 사람들의 도피처가 되었다. 이 새로운 안전한 대륙에서 탐험가들은 그들의 기독교 세계관에 기초한 보편적인 법을 바탕으로 하는 사회를 발달시킬 자유가 있었다.

MICHAEL J. ANTHONY

참고문헌 | C. B. Eavey(1964), History of Christian Education; E. F. Frost(1966), *Historical and Philosophical Foundations of Western Education*; K. O. Gangel and W. S. Benson(1983), *Christian Education: Its History and Philosophy*; F. Mayer(1966), *A History of Educational Thought*; J. E. Reed and R. Prevost(1993), *A History of Christian Education*; A. E. Sanner and A. F. Harper(1978), *Exploring Christian Education*.

참조 | 기독교적 인문주의(CHRISTIAN HUMANISM); 코메니우스, 요한 아모스(COMENIUS, JOHANN AMOS); 헤르바르트, 요한 프리드리히(HERBART, JOHANN FRIEDRICH); 인문주의/고전적 인문주의(HUMANISM, CLASSICAL); 흄, 데이비드(HUME, DAVID); 로크, 존(LOCKE, JOHN); 페스탈로치, 요한 하인리히(PESTALOZZI, JOHANN HEINRICH); 루소, 장·자크(ROUSSEAU, JEAN-JACQUES)

계시(Revelation). 인간의 하나님에 대한 지식이나 하나님과의 만남은 하나님의 인류에 대한 자기 계시로서 하나님의 주도권에 의존되어 있다는 신학적 주장이다. 계시는 어떤 특정한 사건이 우리로 하여금 다른 사건들의 의미를 알 수 있도록 할 때마다 일어난다. 이러한 계시적인 사건들이 발생하는 곳과 계시가 일어나는 방법, 그리고 계시를 정확하게 받아들일 수 있는 우리의 능력은 그리스도인들이 오랫동안 논쟁해 온 질문들이다.

신학적 사고의 오랜 전통은 하나님의 계시적 행위를 일반계시와 특별계시로 구분했다. 일반계시(General revelation)는 영적인 수준과 상관없이 모든 인간들에게 허락되는 지식이며 하나님과의 만남이다. 일반계시에 대한 성경의 근거는 시편 19장 1절("하늘이 하나님의 영광을 선포하고…")과 로마서 1장 20절("창세로부터 그의 보이지 아니하는 것들 곧 그의 영원하신 능력과 신성이 그 만드신 만물에 분명히 보여 알게 되나니")이다.

특별계시(Special revelation)는 종종 두 가지 다른 개념으로 사용된다. 첫째, 특별계시는 가끔 드러난 것의 제한된 범주만을 언급한다. 하나님은 자신을 모든 사람들이 아닌 한 사람 혹은 한 민족에게만 드러내신다. 둘째, 특별계시는 일반적이지 않은 행위로 드러나는 것을 표현한다. 기적들, 선포되는 말씀들, 그리고 가장 현저한 것은 예수 그리스도를 통한 계시이다. 히브리서의 서두는 이러한 특별한 계시적 행위들을 지적하고 있다. "옛적에 선지자들로 여러 부분과 여러 모양으로 우리 조상들에게 말씀하신 하나님이 이 모든 날 마지막에 아들로 우리에게 말씀하셨으니…."

계시를 구분하는 것이 유용한 점이 있는 반면, 일반계시와 특별계시를 구분하는 선을 너무 명확하게 긋는 것은 곤란하다. 왜냐하면 전통적으로 만들어진 두 계시 사이의 차이들 중에는 지지하기 어려운 것들도 있기 때문이다. 예를 들어 어떤 이들은 일반계시는 중간에서 전해지는 것이고 모호하지만, 특별계시는 직접적이고 분명하다고 주장한다. 그러나 어떤 하나님의 계시도 궁극적으로 전달되는 것이다. 이는 물질적 세계와 우리들의 신체적 감각들 그리고 언어를 통해서 전달된다. 바울을 고린도전서 13장 12절에서 "이제는 내가 부분적으로 아나 그때에는… 내가 온전히 알리라"라고 이것에 대해서 말하고 있다.

계시에 대한 개인의 신학적 관점은 기독교교육의 이론과 교육에 의해서 만들어진다. 하나님의 계시가 창조(일반계시)와 그리스도(특별계시)에서 발견된다면, 인간은 두 영역에서 진리를 찾으려 노력해야 할 것이다. 인간은 자연과학과 사회과학을 통해 창조에 대해서 연구한다. 인간은 신학적 연구를 통해서 그리스도에 관해 배운다. 사회과학적 연구는 인간발달, 학습과정, 관계역학, 교육이론, 그리고 사회적 행동에 관한 통찰을 낳았다. 신학적 연구는 영적 성숙, 인간의 본성, 그리고 믿음 공동체에 관한 통찰을 낳았다. 어떤 이론가들은 기독교교육을 연구의 흐름을 통해서 검토한다. 예로, 로크 보우만(Locke Bowman)은 사회과학적 사실들을 끌어들여서 기독교육을 이끄는 반면 월터 브루그만(Walter Brueggemann)은 신학적 통찰로부터 교육을 실행한다. 기독교교육에서 효과적인 이론을 형성하는 것은 양쪽 연구의 흐름을 모두 취해서 얻어진 진리를 적절히 조화시키는 것이다.

계시에 대한 개인의 이해는 세 가지 중요한 기독교교육 방법을 만든다. 첫째, 교육자들은 학습자들이 하나님의 자기계시의 역사적 지점들에 주목하게 하고, 대부분의 이러한 지점들은 더욱 분명하게 드러나게 된다. 기독교교육은 어디에서나 발견되는 하나님의 계시를 지속적으로 연구하도록 장려하지만, 명확한 하나님의 자기계시의 자료들을 더 강조하는 경향이 있다.

둘째, 계시의 역할이 조명하고, 지도하고, 다른 사건들의 의미에 영향을 미치는 것이라면, 기독교교육은 하나님의 자기계시와 학습자들의 삶을 연결시키는 일을 반드시 해야 한다. 기독교교육자들은 학습자들이 하나님의 이야기 안에서 자신의 삶의 이야기를 발견하도록 도울 수 있다.

셋째, 만약 계시가 진정한 자기공개(self-disclosure)라면, 기독교교육은 학습자들이 하나님과의 개인적 만남을 가질 수 있도록 이끌어야 한다. 이러한 만남에서 학습자들은 살아 있고 운동력 있는 하나님의 말씀을 만나게 된다(히 4:12).

엠마오로 가는 두 제자에 대한 누가의 설명은 계시에 대한 삼중반응의 전형을 제공한다(눅 24:13-35). 제자들의 실망과 혼동을 묘사한 후 – "근일 거기서 된 일을 알지 못하느뇨…"(18절) – 예수님은 그들에게 "모세와 및 모든 선지자의 글로 시작"(27절a)하며 역사적 교훈을 주신다. 그 다음 그는 "모든 성경에 쓴 바 자기에 관한 것을 자세히 설명"하심으로 하나님의 자기계시의 이야기를 그들의 경험과 연결하신다. 그러나 후에 우리는 떡을 떼실 때 "저희 눈이 밝아져 그인 줄 알아보았다"(31절)라는 것을 알게 되고, 그들의 내면적 반응을 관찰하게 된다. "우리에게 성경을 풀어주실 때에 우리 속에서 마음이 뜨겁지 아니하더냐?"(32절)

기독교육자들은 계시의 삼중 영역 모두를 하나님에 대한 온전한 반응의 필수요소로 여기고 장려해야 한다. 계시가 하나님의 과거 활동만 강조하는 것이 되면 기독교교육을 역사공부에 제한시키는 것이 된다. 계시를 우리의 삶에 대한 조명과 지도로만 강조하는 것은 기독교교육을 도덕공부로 제한시키게 된다. 계시를 개인적 만남만으로 강조하는 것은 기독교교육을 믿음의 공동체에 의해 점검되지 않은 한 사람의 경험으로만 개인화 시켜버린다.

ROBERT DROVDAHL

참고문헌 | W. J. Abraham(1982), *Divine Revelation and the Limits of Historical Criticism*; C. F. H. Henry(1958), *Revelation and the Bible*; T. C. Oden(1987), *The Living God*.

계약(Contract). 사회사업 용어로서 종사자가 돕는 개인이나 가족, 그룹과 문서 또는 구두로 동의하는 진행과정을 묘사하는 말이다. (사회사업) 종사자와 도움을 요구하는 개인이 그 필요가 무엇인지 함께 결정한다. 다음에 그들은 계약을 계획하는데, 이 때 그 필요를 만족시키는 바람직한 결과를 성취하기 위한 목표를 세운다. 또한 그 목표 달성을 위한 단계와 그 목표가 성취되어야 할 날짜도 포함시킨다. 끝으로, 종사자와 도움이 필요한 사람의 역할도 포함시킨다. 계약을 통해 종사자와 도움이 필요한 사람에게 분명한 안내를 해주고 그 과정을 평가하기 위한 수단도 된다. 계약은 돕는 과정이 진행되는 동안 새로운 목표가 세워지면 수정할 수도 있다.

DAVID R. PENLEY

계약학습(Contract Learning). 이는 노울스(Malcolm Knowles)가 현존하는 전통적인 학습모델을 대체하여 권장하는 학습 접근방식 중의 하나이다. 청소년 후기의 학생들 이후 성인에 이르기까지 학습조장자(facilitator)와 동의하는 서면계약서에 날인한다. 브룩필드(Stephen Brookfield)는 학습계약이 수많은 연구 분야에서 자발학습(self-directed learning)의 주요한 방법으로 부상했다고 설명한다(Brookfield, 1986, 81, 82).

분명히 계약학습은 성인교육의 원리들을 따르고, 학습자의 결정능력을 향상시킨다는 점이다. 효과적인 학습계약은 학습자의 경험과 절실한 필요에 근거하여 수립된다. 노울스는 계약을 효과적으로 사용하기 위한 "전 상태"(pre-conditions)들을 명시했다.

1. 절실한 필요.
2. 계약을 위한 물리적, 심리적 환경 조성.
3. 학습자의 학습계약의 목적에 대한 확인.
4. 학습계획과 진행에 대한 학습자의 책임.
5. 모든 학습 진행과정에 학습자의 능동적 참여.
6. 학습자의 생활경험과 학습과정 사이의 연결.
7. 학습목적을 향한 진행과정에 성공의 정도 감지 (Knowles, 1986, 7, 8).

학습계약에서 학생이 세운 목적과 목표를 통해, 그리고 학생이 진보함에 따라 다양한 과목을 선택하는 일이 매우 중요하다. 위켓(Wickett)은 이와 같은 학습모델이 "학습자를 계획수립과정에 참여시킴으로써 학습을 위한 분명하고 정확한 교육과정의 요구를 만족시킨다"고 말했다(Wickett, 1991, 110).

KENNETH O. GANGEL

참고문헌 | S. Brookfield(1986), *Understanding and Facilitating Adult Learning*; K. O. Gangel and H. G. Hendricks(1988), *The Christian Educator's Handbook on Teaching*; M. S. Knowles(1986), *Using*

Learning Contracts: Practical Approaches to Individualizing and Structuring Learning; J. M. Peter et al.(1991), *Adult Education*; R. E. Y. Wickett(1991), *Models of Adult Religious Education Practice*.

계층화(Stratification). 심리학의 제3의 물결, 발달이론, 그리고 피아제(Piaget), 콜버그(Kohlberg), 파울러(Fowler) 등과 같은 이론가들과 관련된 개념이다. 인간 행동을 이해하는 데 필요한 이러한 구조는 성장의 다양한 계층 내지는 단계들을 기술한다. 계층화는 주의 깊고, 의도적으로 인간들의 환경에 상호 작용하는 인간 가치를 강조한다.

행동과 사고의 차별적인 유형들은 각 계층의 다양한 영역에서 경험적으로 관찰된다. 육체적, 인지적, 감성적, 사회적, 윤리적 의사 결정과 영적 발달은 연속적인 계층들을 통하여 진보하는 것으로 관찰되었다. 인간들은 다르기보다는 유사하기 때문에 각 계층은 개인이 다음 단계로 나아가기 전에 완전히 탐구하고 경험해야 되는 일시적인 목적지로서의 수준이다.

환경은 인간의 유전자적인 구조에 고유한 발달을 촉진시키거나 아니면 느리게 할 수 있다. 각 계층은 변하지 않는 연속적인 유형으로 경험된다. 이러한 변이들 가운데서 타이밍이 다를 수는 있지만 단계들은 문화와 성, 그리고 시대에 걸쳐 존재한다.

CHERYL L. FAWCETT

참고문헌 | P. G. Downs(1994), *Teaching for Spiritual Growth: An Introduction to Christian Education*; J. E. Loder(1976), *Foundations for Christian Education in an Era of Change*, p.31.

참조 | 정의적 영역(AFFECTIVE DOMAIN); 파울러, 제임스 3세(FOWLER, JAMES W., III); 콜버그, 로렌스(KOHLBERG, LAWRENCE); 도덕발달(MORAL DEVELOPMENT); 피아제, 장(PIAGET, JEAN)

계획과 계획세우기(Plan, Planning). 계획 세우기는 과거와 현재를 평가하고 목표들을 이룰 수 있는 단계들을 고안함으로써 미래의 목표들을 실행하는 과정이다. 이것은 결과를 위한 방안이지 그 자체가 결과는 아니다. 계획은 한 그룹이나 그룹이 어떤 일의 현 상태에서 그들의 임무를 완수하기 위한 어떤 방식으로 옮겨가는 것을 돕는다.

1. 계획 세우기의 성경적 기초. 성경은 계획 세우기에 대해서 많은 언급을 하고 있다. 예를 들면, 느헤미야는 예루살렘 성벽을 재건하는 것을 계획했다. 느헤미야서는 그가 백성들의 반대에도 불구하고 계획을 실행한 방법을 기록하고 있다. 잠언서의 많은 부분은 계획과 계획 과정이란 주제를 다루고 있다. 잠언 15장 22절은 그 예가 될 것이다. "의논이 없으면 경영이 파하고 모사가 많으면 경영이 성립하느니라." 하나님께서도 백성들을 죄에서 구원하시기 위한 특정한 방법과 특정한 시간을 계획하셨다. "때가 차매 하나님이 그 아들을 보내사 여자에게서 나게 하시고 율법 아래 나게 하신 것은 율법 아래 있는 자들을 속량하시고 우리로 아들의 명분을 얻게 하려 하심이라"(갈 4:4-5).

2. 계획 세우기의 중요성. 많은 사역자들이 계획 세우기를 하나님의 일을 할 때 피해야 하는 세속적 과정이라고 보는 것은 안타까운 일이다. 그들은 계획 세우기가 우리에게 알려주시는 자유로우신 성령으로부터 떠나는 일이라고 잘못 믿고 있다. 그러나 이러한 사고방식은 성경에서 우리에게 주고 있는 수많은 명령들과 예들에 대한 지나친 무관심을 보여주는 것이다. 성령은 계획 세우기의 과정 역시 지도하시는 분이다. 계획 세우기는 방향과 목적을 제시하고, 목표들과 이를 성취하기 위한 단계들을 세우는 방법이며, 우리가 하나님께서 맡기신 여러 자원들(사람, 재정, 일들)의 선한 청지기가 되도록 도우며, 위기 국면을 피할 수 있도록 돕는다.

3. 계획 세우기의 기본 단계들. 보워(Bower)는 계획 세우기의 전반적 형식을 약술한다. 단계들은 다음과 같다. (1) 문제 정의. (2) 가능한 해결안들 제시. (3) 해결안들을 승인하거나 거부하기 위한 과거와 현재에 관계된 자료 수집(예를 들어 관계된 그룹 조사, 사람들 인터뷰, 기록들 연구 등). (4) 미래 예측. 지금부터 십 오년 후의 상황은 어떻게 될 것인가? 어디에 있기를 원하는가? 혹은 무엇을 성취하

기 원하는가? (5) 전단계들의 결과를 기초로 한 결정. (6) 단계들을 평가할 때 구체적으로 측정할 수 있는 목표들을 기술함으로 계획들 작성. (7) 계획들 수용. 위원회, 국, 그룹, 혹은 회중은 반드시 투표를 하거나 계획들에 동의함으로써 계획들에 대한 주인의식을 가져야 한다. (8) 계획들을 실행할 수 있는 필요한 재정과 인력자원 보장.

LIN JOHNSON

참고문헌 | R. K. Bower(1964), *Administering Christian Education*; K. Gangel(1986), *Feeding and Leading*.

고대의 초석(Ancient Foundations).

수메르인, 이집트인, 인도인 그리고 중국인들을 포함한 초기의 문화적 영향력. "사람들은 사고와 역사를 형성하는 데에 영향을 준다"와 "해가 거듭되면서 아이디어를 명확히 하는 것과 점차적인 발전을 이루는 가정(assumption)은 필수적이다"(Gangel and Benson, 1983, 13)라는 개념은 현재 통용되는 기초적인 교육철학과 사고의 연구에 기여해 왔다.

1. 수메르인. 최초로 알려진 교육과 학습의 중심지는 기원전 3000년경의 수메르 사람들의 학교인 "에듀바"(Edubba, 문자적으로 '서판학교' 라는 뜻)였다. 고고학적으로 현재까지 발견된 가장 오래된 학교 교재는 기원전 2500년에 사용된 것이다(Kramer, 1961, 253).

수메르 인들은 티그리스 강과 유프라테스 강 사이의 골짜기에 세워진 도시들에 살았는데, 이 도시들은 독자적인 신과 신전, 건물, 통치자를 가지고 있었다. 수메르 인들은 쓰기법의 발명과, 창조와 홍수 설화를 기록한 가장 오래된 글자인 설형문자의 기록, 그리고 유명한 함무라비 법전의 기본이 된 법령들로 잘 알려져 있다.

배움의 중심지였던 "에듀바"는 그들의 신전에 부속되어 있었는데 학생들은 설형문자 쓰기 "기술"을 배웠고(Woolley, 1928, 108) 서기관이 되는 훈련을 받았다.

쓰기를 배운 뒤, 학생들은 수학과 문법을 배웠다. 암기와 반복, 문제 풀기 등이 교육 방법으로 사용되었다. 교사들은 '아버지'와 같이 여겨졌고, 교사들은 학생들을 '아들'처럼 대했다(Morton, 1975, 206).

일부 졸업생들은 신전에서 고대 자료들을 다시 베껴 쓰거나 신전 소유의 사업과 법문서들을 다루었다. 다른 이들은 정부와 사업의 행정을 담당하거나 또는 역사가, 의사, 건축자와 같은 전문인이 되기도 했다. 이들은 지속적으로 모교와(신전과 에듀바) 연락을 주고받았던 것 같다.

수메르 인들은 매우 질서정연한 사람들이어서 거래에 필요한 사업체의 변경이나 계약서 등을 치밀하게 기록하여 증거로 남겼다. 또한 사업이나 의료상의 사기와 부주의함을 엄격하게 다루었다(Champdour, 1958, 46).

"수메르의 천재들은 그들이 사라진 이후에도 거의 1500년 동안 그들의 문명을 지속시켰다"(Wooley, 1928, 189).

2. 이집트인. 이집트인 문명은(메소포타미아인 문명에 이어) 수메르인의 영향을 받아 미술과 건축, 그리고 "또한 쓰기법의 효과적인 요인"으로 발전시켰다(Wilson, 1961, 302). 이집트는 팔레스타인의 상업과 문화에 그 영향을 주었다. 수메르처럼 이집트에도 세 가지 유형의 원전이 있었다. 설화 및 신화, 지혜서(경구의 훈육서), 전기가 그것이다. 이집트 역시 장인의 기술과 재료, 고고학 등에 관한 문서들을 남겼다(Wilson, 1961, 305).

이집트 서기관들의 교육은 역시 "생명의 집"(House of Life)이라고 불리던 신전에 부속된 학교에서 담당했다(Morton, 1975, 206). 이집트적인 사고방식을 배우는 것과 동시에 학생들은 세계 지리와 역사를 배웠다. 후에 정부가 관료적인 형태를 갖게 됨에 따라 신전에서 일하던 서기관들은 신에 관한 연구와 의학 연구에 치중하게 되었고, 정부에서 일하던 사람들은 언어, 지리, 과학, 공무 등과 같은 "세속적인"(Wilson, 1961, 310) 교육을 받게 되었다.

이집트 학교들은 세 가지 점에서 히브리인의 교

육과 유사하다. 첫째, 종교적 중심지에서 교육이 성행한 것, 둘째, 서기관이라고 불리던 사람들의 계급이 있었다는 것, 셋째, 교사를 "아버지"로 간주하던 것 등이다(Morton, 1975).

3. 중국인. 동양철학은 체계적인 사고로서 서양보다 먼저 발달했고, 그리스철학에 매우 중요한 영향을 주었다. 플라톤의 사상 중에는 인도의 것과 매우 흡사한 부분이 있다. 서양사상이 경험적 접근방식을 선호하는 반면, 동양사상은 개인의 신비적이고 직관적이고 감각적인 경험과 외부 세계의 현상들의 조화를 추구해 왔다.

동양의 교육목적은 인간성과 자연의 조화를 이루려는 것으로 정신적인 과제로 간주된다. 그러므로 학생들은 명상과 단식, 기도와 자선 등을 통해 바른 태도를 교육받는다. 교사와 학생 간의 관계를 매우 중요시하여, 학과 내용을 익히는 것보다 절대적인 순종에 보다 높은 가치를 두었다.

공자(B. C. 551-479)와 노자(B. C. 5세기)는 가장 잘 알려진 중국의 사상가들이다. 공자는 도덕교육이 지식, 기술교육보다 훨씬 중요하다고 했다. 도덕성이란 실천적이어서 부모와 조상과 사회에 대한 의무를 다하도록 가르쳤다. 도덕적 인물인 순자는 성실하고 근면하며 분수를 지켰으며 바른 태도, 바른 행동, 바른 지식, 바른 도덕적 용기, 그리고 바른 인내라는 다섯 가지 덕목들을 지속적으로 실천에 옮겼다. 공자는 한 개인의 태생보다 그 개인이 갖고 있는 성품과 행동이 훨씬 더 그 사람을 특징지을 수 있다고 믿었다.

공자가 외적 의무의 성취를 강조한 반면, 노자는 내적 삶을 강조했다(도교 사상). 유명한 도교의 금언인 "무위"(아무 일도 하지 않는 상태)란 개인적인 욕구들이 자연의 흐름 속에 발산되지 않으면서도 특정한 상황 속에도 늘 자연스러운 상태를 유지하는 것을 추구한다. 도교 신자들은 자연이 논리보다 훨씬 위대하며 자연적인 순행 과정만 허락된다면 완벽과 조화의 결과를 가져온다고 믿는다. 그들은 경쟁을 금기하고 절대성을 믿지 않는다.

중국교육은 적합한 행동의 규칙(유교적)과 적절한 태도 함양(도교적)을 강조한다. 학생들은 가족과 조상과 사회가 세운 우선순위에 적합한 태도와 행동을 정렬함으로 균형감각을 발달시키도록 훈련받는다.

4. 인도인. 인도의 철학은 힌두교를 떠나 생각할 수 없고, 교리보다는 삶의 양식이라고 할 수 있다. 상반된 개념인 이상주의와 물질주의, 다원주의와 일원주의, 금욕주의와 쾌락주의를 모두 포용하며, 개인적 욕구의 통제와 조절을 강조한다. 힌두교의 철학서로는 베다(Vedas), 우파니샤드(Upanishads), 서사시들(Epics-Ramayana and Mahaghara)이 있다.

베다는 불이나 비와 같은 자연 현상을 신성하게 하며, 분노를 달래고 기원제를 드리라고 가르친다. 인간은 신적 본성을 지녔는데, 환생을 거듭하는 과정에 순화되면서 신성을 인식하게 된다고 한다.

우파니샤드는 최고의 신-창조자 브라마(Brahma)를 믿는 단일신 사상에 가깝다. 하지만 그와 함께 삼인조로서 보존자 비시누(Vishnu)와 파괴자 쉬바(Shiva)도 함께 믿는다. 인간의 영혼(아트만, atman)이 순화되어 브라마와 연합되면 자유를 얻고 니르바나(nirvana)를 성취한다. 힌두교에 헌신한 남자는 인생의 세 단계를 거치게 된다. 첫째, 그는 학생으로서 교사(guru)에게 정신과 신체의 훈련을 받는다. 구루는 무상으로 가르치며 정해진 학습과정이나 방법은 없지만, 각각의 학생들은 자신의 성장에 필요한 특별한 경험을 통해 적절한 훈련을 받는다. 다음 단계(25세 정도)는 남편과 아버지로 헌신하며, 마지막 단계(50세 경)에 가정사를 아들에게 맡기고 출가하여 은둔자 또는 현자가 된다. 여성 또한 세 단계가 있다. 처음에는 아버지나 남자 형제에게 복종하고, 그 다음에는 남편에게, 그 다음에는 아들에게 종속된다. 여성은 남편을 신처럼 모시고, 그 남편을 떠나서는 제사를 드리지도, 서약을 할 수도 없다. 항상 명랑하고 현명하게 가정사를 처리해야 한다.

마하바라(Mahabharat) 서사시에는 요가나 범신론, 그 외 다른 힌두철학을 가르치는 바가바다지타(Bhagavada-Gita)가 실려 있다. 요가가 유일한 교육 방법은 아니지만 주된 교육 방법이다. 가장 중요한 일은 학생을 바른 길로 인도할 좋은 구루를 찾는 것이다.

JUNIAS V. VENUGOPAL

참고문헌 | A. Champdour(1958), *Babylon*; K. O. Gangel and W. S. Benson(1983), *Christian Education: Its History and Philosophy*; K. A. Kitchen(1975), *The Zondervan Pictorial Encyclopedia of the Bible*; S. N. Kramer(1961), *The Bible and the Ancient Near East*; A. W. Morton(1975), *The Zondervan Pictorial Encyclopedia of the Bible*; H. A. Ozmon and S. M. Craver(1995), *Philosophical Foundations of Education*; J. Sinha(1952), *A History of Indian Philosophy*; J. A. Wilson(1961), *The Bible and the Ancient Near East*; C. L. Woolley(1928), *The Sumerians*.

고독(Solitude). 외부세계에서 하나님을 만나는 영적인 공간으로 물러나는 행위이다. 고독은 외부세계의 요구를 "받아줄 수 있는" 상태를 의도적으로 떠나서 하나님에 대한 전적인 자복과 교제로 들어가는 정신과 마음의 상태로 나아가는 것이다. 그것은 개인적인 시간이나 침묵의 시간에 대한 인간의 욕구와 동일하지 않다. 그것은 하나님의 음성을 듣고자 하는 마음으로 침묵하고 적극적으로 듣는 것을 포함한다. 고독은 외로움과 다르다. 외로움은 내적인 공백감이며 고독은 내적 충만함이다(Foster, 1978, 84).

역사적으로 하나님과 교통하는 수단으로 고독을 찾은 수많은 남녀들의 예가 있다. 예수께서는 하나님과 교통하기 위해서 정기적으로, 그리고 의도적으로 침묵으로 나아갔다. 그 결과 예수님은 자신만의 독특한 사역에서 외부로 표현된 내부의 "마음의 고독"을 가지고 사셨다. 동일한 방법으로 기독교교육자들은 기독교인의 인격 형성의 귀한 개인적 측면의 본을 보이고 언급해야만 한다.

고독은 가르쳐야 할 영적 훈련이다. 그것은 "개인의 많은 활동들, 염려들, 계획들, 프로젝트들, 의견들과 확신들을 떠나 상처받기 쉬운 벌거벗은 상태로, 열려 있고 수용적인 태도로 우리를 사랑하는 하나님의 임재 안으로 들어가는 것을 요구한다(Nouwen, 1979, 27-28). 이러한 상처받음으로 인해 많은 영적 삶과 관련된 작품들을 쓰는 저술가들은 체면과 거짓 없이 자기의 참된 자아와 직면하는 고독 속에서의 "영혼의 어두운 밤"을 경험하는 것에 대해 언급하고 있다(St. John of the Cross, 1964, 34). 그리하여 고독은 변화의 용광로가 된다. 고독은 옛 자아가 죽고 새로운 자아가 태어나는 회심의 장소이다(Nouwen, 1981, 14-15). 이런 고독의 장소에서 "우리는 우리에게 이미 주어진 성령을 경험하게 된다. 그리하여 우리의 고독 속에서 우리가 경험하는 고통들과 갈등들은 소망으로 가는 길이 되어준다. 그 이유는 우리의 소망이 우리의 고통들이 끝이 나고 난 후에 생겨나는 어떤 것에 기초하는 것이 아니라 이러한 고통들 가운데서 하나님의 치유하시는 영의 참된 임재에 기초하기 때문이다"(Nouwen, 1979, 43). "고독의 시간을 가지세요. 그리하면 당신 속에서 하나님을 만날 거예요"(Teresa of Avila).

고독은 모순적으로 공동체를 포함한다. 디트리히 본회퍼(Dietrich Bonhoeffer)는 이러한 통합을 가장 잘 기술하고 있다. "혼자 있을 수 없는 사람들은 공동체를 조심하라. 공동체에 있지 않는 사람은 혼자 있는 것을 조심하라. 고독이 없이 교제를 원하는 사람은 말과 감정의 허무로 빠져들어 가게 되며 교제 없이 고독을 찾는 사람은 허영과 자기도취, 그리고 실망의 심연에서 멸망한다"(1952, 77, 78). 만일 누군가가 내적 고독을 소유하고 있다면 그는 혼자 있는 것이나 다른 이들과 함께 있는 것을 두려워하지 않을 것이다. 소음과 혼란 속에서도 안정된 내적 침묵이 있다. 그것은 개인을 세상과 세상의 아우성에 자연스럽게 반응하도록 하면서, 내적 자아는 하나님의 임재하심에 기초를 두고 있는 독립된 공간으로 들어가도록 하는 정신과 마음의 상태이다. "만일 우리가 다른 사람들과 의미있게 함께하기를 원한다면 고독으로부터 새롭게 재현되는 침묵을 구해야 한다"(Foster, 1978, 85).

고독의 열매는 민감성의 증가와 다른 사람들에 대한 동정심이다. "고독 속에서 우리는 부서질 뿐만 아니라 인류와 하나 됨을 깊이 인식하게 되며 필요가 있는 사람에게로 나아갈 준비가 된 동정적인 사람들이 된다"(Nouwen, 1981, 20, 25).

DIANNE WHITING

참고문헌 | J. Beumer(1997), *Henri Nouwen: A Restless Seeking for God*; D. Bonhoeffer(1952), *Life Together*; R. Foster(1978), *Celebration of Discipline*; H. Nouwen(1979), *Clowning in Rome: Reflections on Solitude, Celibacy, Prayer, and Contemplation*; idem(1981), *The Way of the Heart*; St, John of the Cross(1964), *The Collected Works of St. John of the Cross*.

참조 | 외로움(LONELINESS); 독신자들(SINGLE ADULTS)

고백(Confession). 히브리 단어 "야다"(yada)와 헬라어 "호몰로게오"(homologeo)와 이들의 파생어 및 연관된 개념들은 성경에서 고백이라는 뜻으로 사용된다. 이 단어는 영어로 "찬미(praise), 약속(promise), 선언(declare), 그리고 고백"이라는 뜻으로 번역된다. 고백이라는 말은 동의(agree)라는 중심 개념으로 광범위하게 사용된다.

세속적인 뜻에서 고백이라는 용어는 주로 법적인 용례로 사용한다. 개인이 법정이나 판사 앞에서 판결과 함께 유죄를 시인한다. 이 용어는 또한 계약이나 조약을 맺는 상황에서 그것을 지키겠다는 약속을 하는 용례가 있다. 법적으로 공중 앞에서 이것이 사용된 예는 헤롯왕이 그의 의붓딸과의 약속이나(마 14:7), 하나님과 아브라함 사이의 약속 등이다(행 7:17).

법적 용례의 이면에는 개인적이든(시 21:5; 요일 1:9) 그룹적이든(레 16:21) 개인적 또는 공적 죄의 고백이 있다. 이때 죄의 자백과 회개가 종종 결합된다(단 9:3-19).

구약성경에서 백 군데 이상 이 단어가 찬미나 감사의 뜻으로 사용되었다. 신약에도 찬미의 고백들이 나온다(마 11:25; 롬 15:9). 찬미의 대상은 하나님의 성품이나 과거의 행적, 하나님이 어떤 분이심과 그분이 하신 일을 선언하는 행위이다.

고백은 죄를 인정함과 동시에 찬미와 감사의 개념과 밀접하게 결합하고 있다. 여호수아 7장 19-21절에서 아간은 하나님께 영광 돌리고 하나님을 찬양하며 그분이 하신 일을 말하라는 명령을 받는다. 그리하여 아간은 하나님 앞에 범죄하였음을 인정했고 그의 죄를 상세히 고백했다. 아간이 하나님과 일치하지 않음을 시인하면서, 즉 그가 하나님과의 언약을 어겼다고 인정함으로써 하나님께서 찬양받으셨고 영광을 받으셨다.

고백의 또 다른 뜻은 진리를 선포하는 것이다. 요한복음 1장 20절에 세례요한은 자신이 그리스도가 아니라고 공중 앞에서 선언했다. 참된 신자들은 예수께서 그리스도이심을 부인하지 않고(요일 2:2) 몸을 입고 오신 하나님의 아들이심을 인정한다(요일 4:2, 15). 이와 같은 진리나 신조의 선포가 찬미의 개념과 연관 있다. 그것은 형식적이고 공적인 고백 행위로서, 궁극적으로 그것은 하나님이 어떤 분이심과 그분이 하신 일에 대한 찬미로 행해진다.

MICHAEL J. KANE

참고문헌 | D. Furst, *The New International Dictionary of New Testament Theology*; W. H. Mare, *Evangelical Dictionary of Theology*, p. 262.

고전적 조건형성(Classical Conditioning). 때로 반응적 또는 파블로프 조건이라고도 불리는 "고전적 조건형성"은 러시아 심리학자 파블로프(Ivan P. Pavlov)가 최초로 정밀 조사한 학습 과정이다. 파블로프는 그의 연구결과를 1927년 출판된 책 『조건반사』(*Conditioned Reflexes*)에 발표했다.

기본적 패러다임 안에서, 중립자극(Neutral Stimulus, NS)은 초기에 유도되어 나오지 않는 반사적 반응을 유도시킬 힘을 획득한다. 그러나 반사 반응을 유도해 내는 능력을(무조건반응〈Unconditioned Response, UR〉이라고 불리는) 내재한 무조건자극(Unconditioned Stimulus, US)과 연합한 후에는 중립자극이 조건자극(Conditioned Stimulus, CS)이 되어 동일한 반사반응을 유도해 낼 수 있게 된다(이 반응은 조건반응〈Conditioned

Response, CR〉이라고 부른다).

예를 들면, 파블로프의 실험 중에, 개에게 음식을 갖다 주면 침이라는 반응이 유도된다. 개에게 음식을 갖다 준 반응으로 침을 흘리는 것은 학습시킬 또는 조건형성을 할 필요가 없는 것이므로, 음식은 무조건자극(US)이고 침은 무조건반응(UR)이다. 파블로프는, 만약 음식을 중립자극(NS, 종소리와 같은)과 잘 결합시키면 침을 흘리게 할 수 있는 힘을 획득한다고 했다. 그리하여 개에게 음식(무조건자극)을 갖다주기 직전에 종소리를 내는 것을 여러 번 반복하면 종소리가 서서히 조건자극이 되어, 음식 없이 종소리만 들어도 침이라는 조건반응을 일으킨다. 물론 음식 없이 종소리만 계속 들려주면 결국 조건반응은 사라진다.

고상한 질서에 조절을 적용한다면 행동에 미치는 고전적 조절의 영향은 막대하다. 파블로프는 일단 중립자극이 기본패턴을 통해 조건자극이 되면, 이 조건자극은 무조건자극이 새로운 중립자극을 고전적으로 조절하는 것과 같은 기능을 하게 된다고 하였다. 예를 들면, 위에 언급한 개에게 종소리의 조건자극을 주어 침을 흘리게 하면(조건반응), 종소리를 또한 전구를 켜서 반응하게 하는 조절로 사용할 수 있다는 것이다. 동물과 마찬가지로 인간도 고전적인 조절이 가능하고 실제로 어떤 유형의 반사적 반응도 조절이 가능하므로(예: 무의식적인 근육 반응, 성적 분비물, 감정적 반응 등) 이 학습과정은 인간 행동발달에 매우 중요하다. 예를 들어 어린이가 아픈 주사를 놓는(무조건자극) 의사를 무서워하는 것(조건자극), 또는 한 배우자가 재정적 압박이나 다른 압박감(무조건자극)을 자신의 배우자 앞에서 계속해서 경험하게 되면(조건자극) 그 배우자에게 부정적인 감정을 가지게 되는 것 등이다. 마지막으로, 사람이 "어머니"라는 단어를 들을 때(조건자극) 느끼는 긍정적인 감정반응은 아마도 그와 같은 수준의 사람과 사랑하는 관계에 있을 때 경험한다. 이와 같은 지식은 파괴적인 습관을 고칠 뿐 아니라 바람직한 행동을 강화하는 데 사용된다.

RAY E. BOWER

참고문헌 | P. Chance(1999), *Learning and Behavior*; J. P. Houston(1991), *Fundamentals of Learning and Memory*; J. E. Ormrod(1999), *Human Learning*; I. P. Pavlov(1927), *Conditioned Reflexes*.

참조 | 연합/결합이론(ASSOCIATION/CONNECTIONIST THEORIES); 행동주의이론(BEHAVIORISM, THEORIES OF); 인지 장 이론(COGNITIVE FIELD THEORY); 학습이론(LEARNING THEORIES); 자극-반응결합(S-R BONDS)

곡해(Perversion). 왜곡(Distortion)을 보라.

공동생활형제단(Brethren of the Common Life). 그로테(Geert Groote, 1340-1384)가 설립한 이 공동체는 종교개혁 이전에 일어난 운동으로 널리 영향을 미쳤다. 네덜란드에서 시작되었지만 북유럽으로 급격히 확산되었으며, 기독교교육에 미친 영향과 공헌은 실로 엄청나다.

명석한 젊은이 그로테는 좋은 교육과 야망을 가지고 명성과 행운을 추구했다. 그러나 생명을 위협하는 흑사병이 도는 동안 그로테는 삶을 변화시키는 하나님과의 심오한 만남을 경험하게 되었고, 자신의 삶의 목표가 허망하다는 사실을 깨닫게 되었다. 그는 성경연구에 몰두하였고 복음전파에 일생을 바쳤다. 그는 길거리와 산언덕에서 설교하였고, 얼마 되지 않아 사역을 돕는 제자들을 많이 얻었다. 후에 이 제자들이 "공동생활형제단"(Brethren of the Common Life) 혹은 "데보시오 모데르나"(Devotio Moderna)라고 불리게 된 것이다. 이 겸손한 그리스도인들은 성직자도, 유명한 수도사들도 아니었지만 그리스도 안에 연합된 사람들이었다.

그로테의 제자 중 어떤 이들은 학교 선생들이었고, 그 중에 셀레(Johannes Cele)라는 사람이 있었는데, 그로테는 그를 데리고 도보여행을 떠났다. 여행 중 그로테는 하나님께서 그에게 주신 학교개혁이라는 비전을 셀레에게 이야기했는데, 이 비전은 고상한 목표와 개혁적인 교수법을 포함했다. 시일은 네덜란드의 즈볼레(Zwolle)에 있던 그의 학교에서 이 비전을 실천에 옮겼다. 다른 형제단 교사들 역시 동일한 일을 했다.

그러는 동안, 전도자요 설교가로서 그로테의 성공은 지역의 성직자들을 깜짝 놀라게 했다. 그러나 그로테는 교황으로부터 설교 금지령을 받았다. 이 초기의 개혁가들은 교황을 지상에 있는 하나님의 대언가로 믿었기 때문에, 강풍과도 같은 영향을 받았다. 이 일이 있은 지 얼마 되지 않아 그들의 지도자 그로테가 사망했다.

그로테의 제자들은 슬픔과 절망 속에 함께 모여 의논했다. 이 운동을 포기할 것인가? 대답은 "아니다"였다. 형제단은 하나님께서 그들에게 사명을 주셨다고 결정했다. 당대의 종교핍박과 제한으로, 그들은 그들의 가장 주요한 복음전파의 수단(the Devotio Moderna)이 지역 학교에서 가르치는 일이라는 결론을 내렸다. 그들의 학생들은 이미 대학에 진학하여 이름을 내기 시작했다. 마을 의원들은 원거리로부터 대표자들을 보내 형제단 교사들에게 네덜란드에서처럼 자신들의 학교를 개혁시켜 달라고 부탁했다. 그리하여 그들의 사역이 북유럽 전 지역에 퍼지기 시작했다.

당대의 형제단은 모국어로 가르치기에 힘썼다. 그들은 계속해서 3학(trivium: 문법, 논리학, 수사학-역주)과 4과(quadrivium: 산술, 음악, 기하, 천문학-역주)를 가르쳤지만 한때는 가장 앞선 고대 헬라어, 히브리어, 라틴어를 사용하는 교육과정을 만들기도 했다. 그로테는 하나님께 받은 비전의 일부로서 교육 계획에 이 과목들을 포함시켰다. 이 다양한 혁신들 중, 학년을 만들고 진도에 따라 소그룹으로 나누어 가르치기 시작했다. 학년별 교과지도를 포함한 다른 개혁들도 공동생활형제단에서 배운 다른 교사들이 실천에 옮겼다. 주목할 만한 사례로는 학년별 시스템의 기원으로 알려진 스텀(Johannes Sturm; 독일의 교육학자-편집주)이 있다. 그러나 스텀이 스트라스버그(Strasburg)에서 이 시스템을 시작했을 때 (현존하는 문서에 의하면), 그는 리게(Liege)에 있던 그가 유년기를 보냈던 형제단에 공헌을 돌렸다. 재미있는 것은 콜레(John Colet)가 영어문법학교 개혁 계획을 준비하는 동안 콜레는 공동생활형제단 제자 중 한 사람인 에라스무스를 통해 형제단의 혁신에 대해 알게 되었다. 학교 안에서의 경건 생활을 도모하려는 아이디어는 새롭고 효과적인 조직 및 훈련 계획과 함께 전 유럽과 영국으로 확산되었고 이후 초기 청교도들에 의해 미국에 전해졌다.

마침내 형제단 학교들을 통해 마틴 루터, 마틴 부처(Martin Bucer)와 같은 위대한 종교개혁가들을 길러냈다. 반면에 교황 아드리안 6세(Pope Adrian VI), 스트랑동(Jean Strandonck), 몽바에르(Jean Mombaer)와 같은, 교회 내부에서 종교개혁 반대 운동에 가담하던 사람들도 길러내었다. 공동생활형제단를 거쳐간 학생과 선생들로 칼빈, 츠빙글리와 같은 유명한 종교개혁가들, 디벤터의 헤기우스(Alexander Hegius at Deventer)와 즈볼레의 리스트리우스(Listrius at Zwolle)와 같은 위대한 교사들, 조용히 교재들을 저작한 머멜리우스(Johannes Murmellius), 도서관을 설립한 저볼트(Gerard Zerbolt) 등이 있다.

종교개혁의 세찬 바람을 맞던 1600년까지 조직으로서의 공동생활형제단는 본질적인 자취를 감추었다. 겸손에 대한 그들의 열망은 그들의 사역의 중요성 속에 거의 자취를 감추었다. 그러나 그리스도 사역과 기독교교육에 끼친 그들의 영향은 측량할 수 없다.

JULIA HENKLE HOBBS

참고문헌 | J. S. Henkel-Hobbs, "An Historical Study of the Educational Contributions of the Brethren of the Common Life," unpublished Ph.D. dissertation, University of Pittsburgh; A. Hyma(1950), *The Brethren of the Common Life*; K. A. Strand, ed.(1968), *Essays on the Northern Renaissance*.

참조 | 칼빈, 존(CALVIN, JOHN); 에라스무스, 데시데리우스(ERASMUS, DESIDERIUS); 루터, 마틴 (LUTHER, MARTIN); 중세교육(MEDIEVAL EDUCATION); 종교개혁(REFORMATION, THE); 르네상스교육(RENAISSANCE EDUCATION); 츠빙글리, 울리히(ZWINGLI, ULRICH)

공동체/기독교공동체(Community, Christian).

공동체란 용어는 일반적으로 쓰이지만 특별히 그리스도인에게는 고유한 의미를 가진다. 관련된 개념들로 호혜성, 동등성, 내적 연계성, 공통성, 상호의존성, 관련성 등을 포함한다. 우리는 공동체 – 시민들이 함께 모여 상호이익을 즐기고, 공동의 자원을 나누며, 상관된 문제들을 해결하는 – 안에서 사는 것에 대해 이야기한다. 베네딕트공동체에 대해 저술하면서 치티스터(Joan Chittister)가 선언하기를,

> 단순히 함께 사는 것만으로는 공동체를 만들지 못한다. 군대나 감옥, 대학기숙사, 병원에도 사람들이 모여 살지만 그들이 동일한 가치체계와 동일한 사랑의 중심성으로 살지 않는다면 공동체라고 할 수 없다. 기독교 공동체의 진실은 우리가 동일한 영원성에 함께 헌신한다는 사실이다. 우리가 무엇을 위해 살고 어떻게 사는가 하는 가치체계가 공동체의 중심적인 질문이다(Chittister, 1991, 44).

공동체에 대해 정의를 내리는 것보다 묘사하는 것이 더 쉽다. 공동체는 하나님의 창조물이고 하나님의 본성 깊은 곳에 그 정의와 온전한 본질이 있기 때문에 우리 인간이 그것을 이해하기란 쉽지 않다. 성경은 이러한 존재형식을 "하나됨"(oneness)이라고 부른다. 하나님의 형상대로 창조된 우리 각자는 하나님께서 우리 안에 계신 하나님의 존재로부터 오는 이 하나됨을 열망한다. 빌레지키안(Bilezikian)은 이것을 "한때 우리 것이었던 친밀함에 대한 애도"라고 묘사한다(Bilezikian, 1997, 15).

예수께서 이 하나됨을 당신의 몸 안에 경험할 수 있도록 기도하셨다. "내가 그 안에, 너희는 내 안에"(요 17:22-23). 그런 공동체는 하나님 안에 계시는 여러 인성을 체험함에 따라 동등함과 상관성으로 특징지을 수 있다. 이것이 여전히 구분된 상태로 하나 됨을 이루어 서로 친밀하게 연결되어 있다. 이 하나님의 상호의존성은 예수께서 아버지의 뜻을 이루신 일과 아버지께 들은 것만을 말씀하신 것과(요 8:26, 28; 14:24) 아들이 아버지에게 영광을 드리기 위해 아버지가 아들에게 영광을 보이신 일(요 17:1), 예수님의 것을 가지고 그것을 이해시킴으로써 성령이 예수님을 영화스럽게 하신 일(요 16:14) 등에 잘 반영되어 있다. 각각은 아버지로부터 나왔거나, 그를 높였고, 각각의 사역을 통해 세 위격(位格)의 하나됨을 강화했다.

그러므로 인간이 소그룹 공동체와 학급 공동체, 그리스도의 몸 안에서 경험하는 공동체를 통해 모방하는 것은 하나님 안에 완전히 묘사되는 하나됨의 단순한 반영이다. 그럼에도 불구하고 지상에서 우리가 하나 됨을 바라는 마음이 우리 안에 내재한 신성을 드러낸다. 현 상황에서 불완전하기는 하지만, 진정한 공동체는 우리의 배움과 영향, 안전, 치유, 성장 그리고 존중의 발달과 결과를 향상시킨다.

진정한 공동체의 특징은(인간적 상황에서) 하나님과의 교제에 의존하고 그분의 권위에 복종하며, 그리고 그분 안에서 서로에게 반응한다는 점이다. 이것은 상기한 대로 공통적인 "사랑의 중심성"과 "가치체계" 안에 산다.

그와 같은 "공동체" 개발은 그리스도인에게 선택이 아니라, "강제적이고 취소할 수 없는" 하나님의 명령이다(Bilezikian, 1997, 25). 그것은 우리가 하나님이 어떤 분이신지를 공동으로 반영하는 부분이다. 그러나 우리가 공동체를 창조해 내는 일은 불가능하다. 하나님께서 공동체를 만드셨다. 신자들(교사, 교인, 그룹원들)로서 우리는, 하나님께서 계획하신 대로 우리 안에 공동체를 만드신 비옥한 환경 안에서 공동체 훈련을 연습해야 할 소명을 받았다. 성경은 "공동체를 만들라"고 명하지 않는다. 왜냐하면 그것은 하나님의 몫이기 때문이다. 성령이 하나님의 자녀들 안에 이 하나 됨의 이미지를 만드신다. 우리가 받는 권면은

> 서로 의도적인 사랑의 반응을 실천하고,
> 우리 자신을 서로 앞에 순종함으로 내어 놓고,
> 우리 자신을 서로에게 희생적으로 내어 주고,

서로 세워주고 칭찬하며 모든 일에 서로 존중하며, 하나님을 경외함으로 한다.

이런 훈련들은 우리 안에 하나님의 열정으로 불타오르는 공동체를 위한 길을 포장하는 것과 같다.

그러므로 아래 나열한 목록들은 인간이 함께 형성하는 공동체를 방해하는 장애물로, 우리의 의지를 하나님 안에 두는 훈련과는 상반된다. 사회학자나 심리학자, 교육자들이 열거하는 방해물은 다음과 같다.

공격성, 자기방어, 불신을 초래하는 두려움.
제한적인 견해.
자기중심성으로부터 오는 강직함.
통제하고 조종하려는 의지.
분노와 편견, 평가 절하하는 말들.

유사공동체(pseudocommunity)라고 알려진 그룹의 상태가 특히 그룹 형성 초기에 종종 실체를 대신하게 된다. 어떤 경우는 계속 이런 상태를 유지하기도 한다. 이런 상태는 서로 다름과 불일치의 증거를 감추는 형식성과 정중함이라는 외관을 통해 친밀함과 공통적인 반응이라는 인상을 준다. 엄격하게 규칙을 지키고, 안전한 주제를 설정하며, 예의를 지키고, 동의하는 척하는 것, 피상적 대화, 질문 없이 항상 지도자의 요구에 응하는 것 등은 상관이 있다는 인상을 주기는 하지만 자유와 차이점의 혼합으로부터 오는 현실성은 찾아볼 수 없다.

공동체를 세우는 일은 시간이 걸리고 헌신을 요구하며 종종 큰 희생과 위기를 몰고 오기도 한다. 그것은 개인의 판단을 넘어서서 하나됨을 추구하는 보다 높은 가치에 대한 위탁을 실현하는 일에 있어 나타나는 부조화로 인해 생겨난다. 공동체 안에서 개인은 전체를 증진시키는 구성원으로 가치가 평가된다. 공동체 안에서 우리는 상호의존과 수용과 자유와 강한 소속감과 혼자보다는 협력을 통해 느끼는 보다 나은 성취감 – 이 모든 것들이 개인의 소속되고 싶은 욕구와 돌봄을 받고자하는 필요 등을 위해 중요한 역할을 한다 – 을 즐길 수 있다.

공동체가 주는 유익은 생명을 주는 것과 같다. "공동체 안에서 우리는 하나님과 다른 사람들과 그리고 우리 자신과 연결된다. 공동체 안에서 우리는 우리의 진정한 자아를 발견한다"(Chittister, 1991, 48).

JULIE GORMAN

참고문헌 | G. Bilezikian(1997), *Community 101*; J. Chittister(1991), *Wisdom Distilled from the Daily*; J. Gorman(1993), *Community That Is Christian*.

공립교육(Public Education). 만, 호레이스(Mann, Horace)를 보라.

공유관리(Shared Governance). 민주적 접근 방식(Democratic Approach to Groups)을 보라.

과잉일반화(Overgeneralization). 과잉일반화란 우리가 '사실들을 넘어 일반화할 때' 일어난다(Barzun & Graff, 1970, 139-41). "잘못된 일반화는 때때로 부주의한 언어의 결과이다… (해석자)는 '전부', '모든', '전혀'를 말하면서 지나치게 작은 사실을 온 우주적 전제로 확대한다"(139-41). 영국의 여행자에 관한 오래된 일화가 있다. 그 여행자는 여관에서 3명의 빨간 머리 소녀를 보았다. 그는 자신의 일기장에 "이 시골의 모든 여자는 빨간 머리이다"라고 썼다.

일반적으로 안식일(sabbath)을 흔히 주님의 날, 일요일이라 간주하며 사용한다. 이는 안식일이 문자적으로 '쉼'을 말하고, 애굽에서 구원함을 받은 이스라엘의 기억과 관계가 있기 때문이다(신 5:15). 기독교인의 쉼은 아직(yet) 이루어진 것이 아니다(히 4장). 과잉일반화는 때때로 부실한 해석의 결과이기도 하다(Good, 1946). 종종 야고보서 3장 1절은 오역된다. 이 구절에서 "너희는 많이 선생이 되지 말라"는 말씀은 "너희는 많이 계속하여 선생된 모습으로 있지 말라"로 해석되어야 할 것이다

(Dana and Mantey, 1948, 301). 위의 말씀의 과잉일반화는 다음 말씀에서 보여주는 보편적인 것과 대조를 이룬다. "모든 기독교인들이 자라가야 함을 기대하는 것"(히 5:12-14; 벧후 3:18) 뿐만 아니라 "때가 오래므로 너희가 마땅히 선생이 되어야 한다"(히 5:12).

GEORGE W. PATTERSON

참고문헌 | J. Barzun and H. F. Graff(1970), *The Modern Researcher*; H. E. Dana ad J. R. Mantey(1948), *A Manual Grammar of the Greek New Testament*; C. V. Good(1966), *Essentials of Educational Research*.

과정(Course).

'과정' 이란 교수(instruction)의 한 단위를 지칭한다. 교사가 과정을 구성할 때 주제에 대한 '목표설정' 과 한 시간 동안 다룰 내용 선정, 논리적으로 학습 자료를 조직하는 것(과정 개요), 교수방법 및 자료 선택, 그리고 평가기준 및 평가과정 선정 등을 포함한다.

뉴블과 캐논(Newble and Cannon)은 새로운 과정과 기존 과정의 내용의 타당성을 측정하기 위한 적절한 표준을 만들어 주었다(1989). '철학적 기준' (philosophical criteria)은 궁극적 가치들을 포함한다. '전문적 기준' (professional criteria)은 학생들이 전문직에 종사하기 이전에 필요한 법적 전문적 요구사항들을 분명히 해준다. '심리적 기준' (psychological criteria)은 추론과 문제해결법, 비판적 사고, 창의성 등과 같은 고도의 지적기술을 개발시키는 내용을 추구한다. 현존하는 자료들로 무언가를 가르치는 가능성이 '실제적 기준' (practical criteria)과 관련이 있다. 필요한 도서관 자료와 교실에서의 준비물들이 유용한가? '학생 기준' (student criteria)은 학생의 특성과 학습자의 지적 성숙도에 적합한 과정의 내용과 관련되어 있다.

과정을 마친 결과로 학생들은 이전보다 더 많은 지식을 습득해야 하고, 전에 모르던 것을 이해해야 하고, 새 기술을 익히고, 그 주제에 대해 전과 다른 것을 느끼고, 또는 어떤 것에 대해 이전과는 달리 감사하는 마음을 가진다(Mager, 1968).

한 과정을 계획하거나 실행할 때, 교사들은 "기독교교육"을 구성하는 것이 무엇인지 규정해야 한다. 교육을 "기독교교육"이 되게 하는 것은 단순히 신앙이나 교리적 설명, 행동강령 또는 성경적 적용만이 아니다. 오히려 교수학습 '진행과정' (process)이 내용만큼 성경적일 때 "기독교적"이라고 할 수 있다.

TERRY POWELL

참고문헌 | R. Mager(1968), *Developing Attitude Toward Learning*; D. Newble and R. Cannon(1989), *A Handbook for Teachers in Universities and Colleges: A Guide to Improving Teaching Methods*.

과정관찰자(Process Observer).

그룹내 상호관계된 구성요소들에 초점을 맞추어 그룹내 역동성에서 일정한 임무를 수행하도록 정해진 사람이다. 고도로 훈련된 경우를 제외한다면, 대부분의 관찰자는 그룹 활동에 포함되지 않고 그룹에서 떨어져 앉아서 그룹을 관찰한다.

이들의 임무는 누가 누구에게 말했는지, 어떤 종류의 상호작용이 일어났는지, 그룹원들이 선택한 역할은 어떤 것인지, 지도자의 활동들, 결정이 만들어지는 방식, 분위기의 인식, 응집하려는 시도들, 신체 언어, 표현되는 감정들의 표기를 포함한다. 과정 관찰자들은 참여자들의 반응들에 본질적으로 더 깊은 의미들을 질문하기 위해 혹은 그룹원들이 알아채지 못하는 요소들에 집중하기 위해 그룹원들이 활동을 "동결"하도록 요청할 수 있다. 과정 관찰은 무엇이든 "궁금"하게 여기는 것, 즉 가설적 질문을 함으로써 과정에서 중요한 요소들에 대해 더 깊은 통찰력을 지니도록 참여자들을 자극하는 것이다. 성공적인 경우 관찰자는 그룹이 명료화되고 특정 그룹 속의 개인과 그룹적 단위의 기능의 방식에 대한 인식향상을 돕는 기능자가 될 수 있다.

JULIE GORMAN

참조 | 그룹 역학(GROUP DYNAMICS); 소그룹(SMALL GROUPS)

과정신학(Process Theology). 창조세계와 하나님의 관계는 늘 어렵고 잘못 이해되기 쉬운 주제이다. 고전적 정통주의는 '신적 내재'(divine immanence)와 '신적 초월'(transcendence)이 긴장 속에 있는 교리, 즉 하나님은 우주와 직접적으로 연관되어 존재(내재)하시는 한편, 동시에 따로 구별되어 창조물과 분리되어 계시다(초월)고 믿는다. 초월에 대한 지나친 강조는 피조물과 관계없이 멀리 떨어져 계시며 창조 세계에서 일어나는 사건들에 전혀 영향 받지 않으시는 하나님을 만들어낸다. 만약 사랑이 존재한다면, 그분의 사랑은 정적이고 관련이 없는 종류의 사랑이다. 내재에 대한 지나친 강조는 모든 것 안에 계시며 범신론에서처럼 창조 세계 자체와 혼동될 수 있는 하나님을 만들어낸다. 초월에 대한 지나친 강조는 창조 세계 안에서 일어날 수 있는 초자연적 간섭(기적)의 가능성을 배제하고, 내재에 대한 지나친 강조는 발생되는 모든 것의 기원을 초자연적인 것으로 이해하여 자연 질서의 가능성을 배제해 버린다. 균형 있는 관점은 자연 질서와 기적의 가능성을 모두 인정하는 것이다.

1600년 소시니안주의(Socinianism 견해의 시조인 소시니우스의 이름을 따름)라 불리는 견해는 하나님은 우리 외부에 대한 우리의 결정들을 미리 정하지 않고, "우리의 자유로운 결정이 새로운 내용을 만들어 내어 하나님을 변화시킨다"고 주장했다. 하나님은 인간이 무엇을 할 것인지 다 아는 것이 아니다. 그러므로 인간이 하는 모든 것을 통제할 수도 없는, 즉 하나님은 어떤 면에서 인간의 활동에 의존적이고, 세상이 변할 때마다 하나님은 그것과 함께 변한다고 설명한다. 그 결과 이 견해는 인간 역사 속에 일어나는 결정들과 사건들에 의존적인 하나님을 만들어 냈다. 따라서 창조 세계가 과정 중에 있는 것과 같이 하나님 역시 과정 중에 있다. 소시니안주의는 정통 신학자들에 의해 이단으로 여겨졌으며 철학에서의 변화가 이 견해를 흥미 있게 만들기 전까지 별다른 관심을 끌지 못했다.

성경은 하나님은 불변하다고 단언한다. 말라기 3장 6절은 "나 여호와는 변역지 아니하나니"라고 기록하고 있으며, 야고보서 1장 17절은 "그는 변함도 없으시고 회전하는 그림자도 없으시니라"고 말하고 있다. 그러나 이 교리에 대한 어떤 해석들은 불변의 교리에 대한 잘못된 이해로 정적이고, 움직이지 않으며 생명력 없는 하나님을 만들어 냈다. 이러한 이해는 하나님의 성경적 이미지보다 부동성, 무의미함 등의 헬라 관념들에 뿌리를 두고 있다. 그러나 성경은 하나님이 변하지 않는 분이라는 것을 단언하며, 하나님의 성품, 속성, 신뢰성들을 설명하고 있다. 성경은 하나님은 신뢰할 수 있으며 창조 세계에 적극적으로 연관을 맺는 동시에 불변하고 영속적이라고 가르치고 있다.

"과정신학의 근본적 주장은 실재(reality)는 진행되고 있다는 것이다"(Erickson, 1986, 279). 철학자 알프레드 노스 화이트헤드(Alfred North Whitehead)는 자신의 유기적 철학(organic philosophy)을 통해 실재는 이미 된 상태(being)라기보다 되어 가는 것(becoming)으로, 정적인 것이 아닌 동적인 것이라고 설명하면서 진행되고 있는 현실에 대한 개념의 문을 열었다. 화이트헤드가 실재를 우발적 사건(event)으로 본 반면, 뉴턴의 물리학은 실재를 실체(substance)로 보았다. 그는 실재는 양성자, 중성자, 양자물리학의 쿼크의 미세한 수준과 인간 존재, 기관들, 사회, 그리고 나라와 같은 대규모 수준 모두에서 지속적인 과정이라고 믿었다. 사물들은 지속적으로 변하고 변화는 급격하기 때문에, 화이트헤드는 실재의 본질은 가변적 특성을 가졌다고 믿었다(Griffin, 1989, 7-8). 화이트헤드의 철학은 포스트모더니즘으로 알려지게 된 것과 특별히 신학적 이해에 대한 적용들의 토대 일부가 되었다.

화이트헤드는 실재가 유기적인 것이므로 상호 연결되어 있다고 보았다. 실제적 사건들과 현실적 본질들은 분리되고 구별된 것이기보다, 실재의 모든 것은 반드시 선행하는 모든 것과 뒤따라오는 모든 것들의 관계 속에서 이해되어야 한다고 믿었다. 이상적으로 상호의존성은 독립성보다 우선하며, 이러한 이해는 실재의 근본적 특질로서 존재론적 단계까지 올라간다. 이는 사물의 본질에 상관성을 지닌 불가피한 사실로 간주된다(Cobb & Griffin, 1976, 14).

하나님은 상호의존법칙에서 벗어나 있는 것으로 이해되지 않는다. 그분 역시 자신의 창조 세계와 상호 의존된 것으로 이해되어야 한다. 하나님의 주요한 특징이 사랑인 반면, 과정신학자들은 정통신학이 제시하는 것처럼 그분의 사랑은 냉담하지 않다고 주장한다. 더하여, 그들에 따르면 하나님의 사랑은 열정적이며, 진실하게 동정적이며, 자신이 사랑하는 사람들에게 반응한다. 자신이 사랑하는 사람들이 과정 중에 있으므로, 하나님 역시 반드시 과정 중에 있으며 자신이 사랑하는 존재들의 새로운 필요와 변화에 따라 변한다. 우리가 나타나고 지속적으로 변하는 것처럼, 하나님 역시 나타나고 변한다.

과정신학은 하나님은 자신이 창조한 모든 것 '안'에 있어야 한다고 주장한다. 이것은 범신론(pantheism; 하나님은 모든 것이다)이기보다 하나님은 모든 것 안에 계신다는 만유내재신론(panentheism)이다. 실재는 과정 중에 있다는 관점으로 인해, 하나님 역시 과정 중에 있다는 것이 필수적으로 따르게 된다.

과정신학은 주권, 전능성, 전지성의 하나님의 속성들을 거부했다. 만약 하나님이 온전히 전능하고 선하다면, 홀로코스트나 자연 재앙과 같은 끔찍한 악의 시간들에 개입하는 데 실패할 수 있을까? 더 정확히 말하면, 하나님은 "온유한 기다림을 갖고 진리, 아름다움, 선함 등을 통해 비전을 지닌 채 세상을 이끄시는 시인"으로 보인다(Sherburne, 1981, 183).

과정신학자들은 하나님을 반대되는 두 개의 극을 가진 혹은 양극에 동시에 거하는 양극적 존재로 이해한다. 한 극은 정신적 혹은 근원적(primordial) 측면으로 다른 어떤 것에도 영향을 받지 않으므로 모든 실재의 근원이 되는 추상적 본질이다. 하나님 본질의 이러한 측면에서, 그는 다른 어떤 존재에도 영향 받지 않는 현실적 존재(Actual Entity)로 이해된다. 하나님의 또 다른 두 번째 측면은 세상에서 일어나는 모든 것들에 대해 내부적으로 영향 받는 물리적 혹은 결과(consequence)의 극이다. 하나님은 우리와 함께 느끼고, 웃고, 울고 즐거워하고, 슬퍼하며, 심지어 우리가 상처를 받을 때나 혹은 다른 사람에게 상처를 줄 때 우리와 함께 상처를 받는다. 과정신학은 가끔 세상을 하나님의 몸으로, 하나님을 세상의 영혼이라고 표현하며 하나님과 우주는 상호 연관되어 있다고 말한다(McFague, 1987, 69).

하나님의 결과적 본질은 자신을 세상의 과정들에 반응하고 수용적이게 만들 뿐 아니라 자신을 이러한 과정들에 대해 제한적으로 만들어 버린다. 그의 전지성은 알려질 수 있는 모든 것들을 알 수 있지만 그 이상은 아니다. 왜냐하면 그는 다음에 일어날 일을 알지는 못하기 때문이다. 하나님은 세상의 과정들에 대해 지속적으로 반응한다. 하나님의 관점에서 전적으로 예견되지 않은 일들이 지속적으로 일어났을 뿐 아니라 일어나고 있으며, 이러한 일들은 오직 일어난 후에 하나님께 알려진다. 따라서 하나님은 모든 일들이 발생하기 전에 알고 있다고 주장하는 전지성의 신학들과 하나님의 뜻에 따라 모든 일이 이루어진다는 주권성의 신학들은 창조세계와 밀접하게 연관되어 창조 세계와 함께 진행되고 있는 하나님에 대한 견해에 의해 거부된다. 이로써 인류는 미래를 결정하는 데 하나님과 함께 하는 것으로 이해된다. 하나님은 자신 속에 창조 세계가 취할 수 있는 모든 선택들과 형태들의 가능성들을 가지고 있지만 선택을 하고 일어나게 될 일들을 실질적으로 결정하게 되는 것은 인류이다. 하나님은 과거의 모든 것을 정확하게 알고 있지만 미래는 알지 못한다. 왜냐하면 미래는 실제적으로 오기 전 까지는 알려지지 않기 때문이다. 하나님은 일어나는 모든 것들을 통제하는 "강제적 힘"이 아닌 다정한 동료로 이해된다.

과정신학은 심지어 성경에서 나타나는 왕, 재판관, 군대 통치자 등과 같은 하나님의 이미지를 거부한다. 오히려 과정신학은 하나님이 양육자, 상담자, 참여자, 그리고 친구 등과 같은 분으로 나타난다고 주장한다. 어떤 사람들은 능력 많으신 하나님의 이미지가 특별히 남자들의 압제와 파괴적인 행동의 명분이 되는 것을 염려한다. 왜냐하면 권력을 행사하는 것이 다소 "신성한" 행동으로 이해될 수 있기 때문이다. 과정신학에 따른 하나님의 더 상냥하고 참여적인 이미지는 사람들이 다른 사람과의 관계를 좀더 생각하도록 한다. 하나님이 "부드러운 친구의 애정 어린 권고"로써 이 세상과 관계하시는 것처럼 우리도 다른 사람들과 그러한 방식으로 관계해야 하는 것이다(Miller, 1982, 35).

과정신학은 정통신학과 달리 죄의 문제에 대해 씨름하지 않는다. 과정신학은 악을 다른 사람들과의 상호관계에서 하나님의 사랑과 구속적 활동을 실현하지 않은 인류 선택에 따른 자연스런 결과라고 본다. 하나님은 역사를 통제하는 존재로 이해되지 않기 때문에 인류 역사의 많은 잔인한 일들에 대해 책임이 없다. 과정신학자들은 하나님이 아닌, 인류가 역사 속 사건들에 대한 책임이 있다고 믿는다. 그러나 하나님은 우리가 다른 사람들을 대할 때 더 나은 선택들과 더 적절한 반응을 할 수 있도록 우리를 격려하며 지금까지 함께 계신다. 하나님은 우리가 결정한 선택들에 대해 슬퍼하는 경우일지라도 결코 우리를 향한 구속적인 사랑을 거두지 않는다.

세상에 대한 하나님과 그분의 관계는 제한적이기 때문에, 이것은 악과 구속에 대한 정의 역시 바뀌게 만들었다. 과정신학은 악을 도덕 규준을 파괴한 어떤 특정한 행동이 아니라, 손상된 관계의 문제라고 생각한다. 악은 다른 것과의 관계 속에서 악으로 보일 때 악으로 결정된다. 상황들, 사건들, 그리고 관계들은 항상 변하기 때문에 변하지 않는 도덕적 규준은 없다.

화이트헤드는 "종교는 우리가 우리의 고독에 대해 다루는 것이다"라고 말했다(Whitehead, 1926, 16). 과정신학에서 구속은 관계를 재건하는, 즉 사랑의 관계를 회복하는 사람들의 활동이다. 하나님은 어떤 사람도 잃지 않고 자신의 애정 어린 관심을 끝까지 보이기를 원한다.

오늘날 과정신학에 기초를 두고 종교교육 접근법을 세워나가는 저자들이 늘어나고 있다. 랜돌프 크럼프 밀러(Randolph Crump Miller)는 최초로 과정신학 관점과 깊은 관련이 있는 기독교교육 접근법을 제시했다(Miller, 1980). 밀러와 과정신학을 받아들인 다른 기독교교육자들에게 모든 교육은 세상에서 구속 목적을 이루는 가치의 전달을 목표로 한 종교적인 것이다. 사람들이 다른 사람들을 사랑하고, 친절히 대하고, 존중하며, 환경을 소중히 여기고, 자신들의 최선을 다하는 가르침은 하나님의 세상에서의 활동과 연결된 것이다. 사회에서 일어나는 선하고 긍정적인 모든 것은 이러한 사건들을 통하여 하나님이 자신의 뜻을 인류에게 말씀하기 때문에 하나님의 역사이며 계시적인 것이다. 따라서 기독교교육의 과업은 사람들이 세상에서 일어나는 모든 일들을 통해 하나님의 음성을 들으며, 삶의 전영역을 하나님의 창조적이고 애정 담긴 구속적 역사와의 관계 속에서 바라볼 수 있도록 돕는 것이다. 세상을 사랑의 새로운 현실세계로 만들어 가도록 돕는 이러한 과업은 또한 사람들이 하나님의 공동창조자와 공동구속자로의 역할을 할 수 있도록 돕는다.

PERRY G. DOWNS

참고문헌 | W. A. Beardslee and J. Holland(1989), *Varieties of Postmodern Theology*; J. B. Cobb Jr. and D. R. Griffin(1976), *Process Theology: An Introductory Exposition*; M. Eliade, ed.(1987), *The Encyclopedia of Religion*; M. Erickson(1986), *Christian Theology*; S. McFague(1987), *Models of God*; R. C. Miller(1982), *Religious Education and Theology*; idem(1980), *The Theory of Christian Education Practice*; D. W. Sherburne(1981), *A Key to Whitehead's Process and Reality*; A. N. Whitehead(1960), *Religion in the Making*.

관계전도(Relational Evangelism). 우정전도(Friendship Evangelism)를 보라.

관찰실(Fishbowl). 그룹 활동 훈련경험에서 이용되는 방법이다. 선택된 작은 그룹이 큰 그룹 안에 둥그렇게 앉고 그들을 둘러싸고 있는 사람들이 관찰하고 있는 동안 토론에 참여한다. 이것은 그룹의 과정에 대한 "생생한 공개수업"(Live Demonstration)을 가능하게 한다. 그것은 관찰자들과 참여자들이 함께 관찰한 내부 그룹에서 경험한 행동들의 의미에 대한 토의로 이어질 수 있다. 그룹의 지도자나 혹은 어떤 참여자는 참여하고 있는 조원들에게 끼어드는 것과 같이 과정 중에 질문하기 위해 "정지"(Freeze)를 외칠 수 있다. 관찰실은 외부의 관찰자가 대화 안으로 끼어들기를 원할 때 내부 그룹의 조원과 산발적으로 교체할 수 있게 허락함으로써 자극제로 사용될 수 있다. 관찰실은 또한 어떠한 주제나 과정에 특별한 전문적인 지식을 가진 사람들이 전체 그룹을 더 깊은 통찰력의 수준과 기술의 발달로 이끌 수 있도록 허용한다.

JULIE GORMAN

관찰학습(Observational Learning).

앨버트 밴두라(Albert Bandura)에 의하면 학습은 결과를 강조하기보다 타인의 행동을 관찰하고 생각할 때 더욱 강하게 영향을 받는다고 한다(Eggen & Kauchak, 1994). 고전적 행동주의 학습이론은 주로 결과에 중점을 두는 것인 반면 밴듀라는 이들 이론이 불완전하다고 확신하고 있다. 그는 오히려 사회지지 이론을 강조하는데, 이는 내재적이고 외향적인 힘이 학습에 영향을 미친다는 관점이다. 환경적 사건, 개인적 요소, 그리고 행동 등 이 모두가 상호 영향을 주고받는다. 밴듀라는 이를 '상호 결정주의' 라 일컫는다.

관찰학습은 두 형태로 발생한다. 즉 모델과 대리적 조건화이다. 전자는 학습자가 모델의 행동을 흉내내고 심지어 관찰자가 모델을 볼 때 모델이 강화를 제공받지 않거나 처벌이 주어질 경우에도 일어난다. 아동은 교회에서 자신이 관심 있는 성인을 역할 모델로서 관찰하면서 적절한 행동을 배워 나갈 수 있다. 모델 유형으로는 직접 모델(성인의 행동 따라 하기), 상징적 모델(성경, 책, TV, 영화의 등장 인물 흉내 내기), 종합적 모델(교사나 형, 누나를 관찰한 교실에서의 행동), 추상적 모델(놀이터에서 다른 사람을 관찰하면서 터득한 놀이터 규칙을 참조하기) 등이 있다.

대리적 조건화는 타인을 관찰하며 이어 자신의 직접 경험으로 적용할 때 일어난다. 만약 제니퍼가 선생님이 메리의 좋은 행동을 칭찬하는 것을 들었을 때 제니퍼의 좋은 행동 또한 대리적으로 강화된다.

관찰학습의 요인으로 주의 집중하기, 행동을 나타내기, 그 행동을 재생하도록 동기부여를 받기가 있다. 학습자는 교회에서나 스포츠, 사회적 관계, 그리고 주류 문화에서 인기가 많고 매력적이고 존경을 받으며 능력 있는 사람을 주목하게 될 것이다. 기억은 행동이 머릿속에서 재현되거나 실제 행동으로 나타났을 때 일어난다. 한때 특정 행동이 재현되고 연습하였던 행동은 피드백과 지도가 있다면 더 자연스럽게 형성될 것이다. 그러나 행동이 어떤 동기나 보상이 있을 때 까지는 일어나지 않을 수도 있다.

ELEANOR M. LOEWEN

참고문헌 | P. Eggen and D. Kauchak(1994). *Educational Psychology: Classroom Connections*; A. E. Woolfolk(1998), *Educational Psychology*.

교단(Denomination).

기독교교리협회(Confraternity of Christian Doctrine)를 보라.

교도소 사역(Prison Ministry).

매년 오백만 명의 보호관찰 대상들과 함께 백오십만의 성인들이 투옥되거나 가석방된다. 이들 중 97퍼센트의 사람들이 사회로 돌아가게 된다. 하지만 이 중 78-93퍼센트의 사람들은 6개월 안에 다시 감옥으로 되돌아간다. 각 수용자들에 대해 사회가 직접 지불해야 되는 비용은 매년 이만 불에서 육만 불 정도이다. 그러나 18세 이하의 일백만 명 정도가 수용자들의 자녀이므로 간접비용은 훨씬 높다.

교도소 사역이 새로운 것은 아니지만 오늘날 이것은 광범위한 사역으로 성장했다. 재소자들 자체에 초점을 맞춘 전통적 범주에서 벗어나 과거 범죄자들, 배우자들, 자녀들, 피해자들, 교도소 직원들, 넓게는 교회와 대중정책 수립자들에 이르기까지 전략적 사역들이 있다. 자원봉사자들은 그들이 조직과 다시 사회로 들어갔을 때 직접적으로 복음화와 제자화 사역을 한다. 어떤 이들은 가족들과 관련하여 실체적이고 영적인 필요들을 채워준다.

죄수들의 자녀들에게 크리스마스 선물을 주기, 편지쓰기, 가족 방문을 위한 차량 제공 등은 이러한 사역의 예가 된다. 전문 상담가들이 종종 활용되기도 한다. 목회자들이 지도 목사들과 함께 감옥 안의 교회들을 시작할 수 있는 기회들도 있다. 개인들은 성경적 가르침에 기초한 정의체계를 개혁하는 운동에 협력한다.

죄수들의 변화를 위한 종교의 성공적 역할들을 설명하는 일화들이 늘 있어 왔는데, 오늘날에는 기록된 증거들이 있다. 신앙을 토대로 한 프로그램에 대한 연구들은 투옥된 동안 죄수들의 위반이 감소되었음을 보여주었다. 어떤 한 연구는 일 년에 열 번 정도 성경공부에 참석한 죄수들이 감옥으로 다시 돌아오는 비율은 14퍼센트로서 성경공부에 참석하지 않은 사람들이 되돌아오는 경우인 41퍼센트보다 낮다고 발표했다. 목적한 핵심가치들을 사용한 프로그램들은 차이를 만들어낼 수 있다.

MICHAEL J. KANE

참고문헌 | B. R. Johnson, D. B. Larson, and T. C. Pitts, Justice Quarterly 14(1997); Sourcebook of Criminal Justice Statistics 1995.

참조 | 성인 기독교교육(ADULT CHRISTIAN EDUCATION); 성인 기독교교육모델(ADULT, MODELS OF CHRISTIAN EDUCATION); 비행 청소년(JUVENILE DELINQUENCY)

교리문답서(Catechism). 개신교와 로마 가톨릭, 정교회는 교육의 일부로 각자 교리문답을 가지고 있다. 헬라원어 카테케(katechê)에서 나온 말로 '듣게 하다'(to make hear) 또는 '가르치다'(to instruct)라는 뜻의 '카테키즘'(catechism)은 처음 15세기 동안의 교회 역사를 통해 세 가지의 실재를 발달시켰다. 종교교육의 실제 내용, 교육의 진행과정 그리고 소책자 형태로서의 문답서 자체이다. 이 말은 종교개혁이 시작된 이후, '가르치다'라는 의미로 주로 쓰였다는 것이다.

어떤 성경의 권위자들은 이 교리문답이라는 개념을 신약성경으로 추적해 올라가 데살로니가전서 4장 1절-5장 11절이나 골로새서 3장 5-15절을 암시적으로나마 최초의 교리문답식의 교육과정으로 간주하기도 한다. 『디다케』(Didache: 헬라어로 "사도들의 가르침"이라는 뜻으로 초대교인들의 교육 지침서였다-역주)나 저스틴 마터(Justin Martyr)의 교리나 도덕을 다루는 저술들에서 정경에 나오지 않는 교훈들이 표면화되어 있다. 2세기 말경 이레니우스(Irenaeus)의 『사도적 설교의 증거』(Proof of the Apostolic Preaching)의 한 부분에도 새 신자를 위한 훈련을 안내해 놓았다. 특히 이레니우스는 창조부터 심판까지의 역사를, 예수 그리스도의 사역을 통해 나타난 하나님의 섭리를 주로 다루었다. 더구나 교부 이레니우스는 구약의 선지서를 복음서의 보충교재로 간주했다.

2세기 말에 알렉산드리아에 교리문답학교를 설립함으로써 교육적으로 형식을 갖추게 되었다. "세속적인 과학"과 함께 그리스도인의 신앙을 가르쳤다. 클레멘트(Clement, c. 190-202)와 오리겐(Origen, c. 202-231)이 이 학교의 가장 탁월한 교사들이었다.

3세기 초에 온전한 형태의 교리문답서가 완성되었다. 특히 히폴리투스(Hippolitus)의 『사도의 전승』(Apostolic Tradition)에는 신자가 세례를 받기 전 3년 동안 엄격한 훈련을 받도록 되어 있는데(초대교회에 교리문답을 펴낸 주요 이유로 추측된다), 히폴리투스는 3년이라는 기간보다는 '경건한 행위'를 강조하는 것이라고 주장한다. 4세기부터 6세기까지, 유아 세례가 서서히 성인 세례를 무색하게 함에 따라 교리문답의 역사적 목적과 형태가 바뀌었다.

새로운 형태의 교리문답의 출현으로, 광범위하고 상반되기까지 하는 의견의 차이가 교회의 교육철학을 휩쓸었다. 한편은 터툴리안(Tertullian, c. 165-215)이 그의 유명한 수사학적 질문으로 성결한 지식과 세속적 지식을 대조하여 '예루살렘' 파와 '아테네' 파로 갈라지기에 이르렀다. 반면에 그 이후의 교회 지도자들은 광범위한 토대의 일반교육을 강조하여 그리스도인들에게 큰 이익을 준 가장 포괄적인 교육을 주창했다. 그런 지도자로는 바질(Basil the Great, c. 329-379), 그레고리(Gregory of Nazianzus, c. 330-389), 그리고 현재 유행하는 "모든 진리는 하나님의 진리이다"(All truth is God's truth)라는 모토로 널리 신뢰를 받고 있는 어거스틴(Augustin of Hippo, c. 359-430)과 같은 사람들이 있다.

이때부터 평준화된 교육과정이 나오기 시작하여 종교개혁 당시 교리문답을 가르치는 핵심자료로 사용되었다. 구체적으로는 최초의 교회교육을 분석한 결과, 주기도문과 사도신경의 형태를 지속적으로 보여주고 있다. 비록 어거스틴과 같은 석학이 천 년 전에 이미 십계명을 추가해야 한다고 주장했지만, 13세기가 되어서야 여기에 십계명이 첨가되었다.

종교개혁 시절에는, 가톨릭교회 안에서도 여러 파의 비평가들에 의해 교리문답이 다시 편성되었다. 루터가 사용하던 초기 훈련자료들이 부모들로 하여금 차세대에게 진리를 가르칠 책임을 지게 했다. 그러나 곧 그는 가정 중심이던 초점을 정부가 운영하는 교리문답학교로 초점을 옮겼다. 대요리문답(1529년 4월)과 소요리문답(한 달 이후에 나온)으로 유명한 루터는 교회에 요리문답교육을 위한 도전을 소홀히 하지 않았다. 왜냐하면 이 두 요리문답서가 우선적으로 목회지도력에 초점을 맞춘 것이기 때문이다. 루터가 준비한 내용 외에도, 그가 전통학습의 기본적 조직요소를 취하고 가장 정확한 순서로서 정해놓은 세 단계의 체계는 주목할 만하다. 첫째, 루터는 그리스도 신앙의 "코드"(Code)를(하나님의 율법 이해에 바탕을 둔) 소개했는데, 이는 사람들의 죄성과 구속자의 필요성을 논파했다. 둘째, 루터는 "신경"(Creed)을 만들어 그리스도 신앙의 중심 메시지를 발표했다. 셋째, 전 가톨릭 사제였던 루터는 교육의 "의식"(Cult) 부분을 만들어 기도와 성례를 통해 그리스도의 구속을 승인하는 일로 전용했다.

재세례파(anabaptist) 전통은 교회의 역사적인 전세례(prebaptism) 형식을 다시 강조했다. 모든 개인이 세례받기 전에 알고 있어야 하는 1527년에 출판된 후브마이어(Balthasar Hubmaier)의 『기독교교리문답』(A Christian Catechism)은 루터의 3단계 체계를 파기하고 완전히 다른 두 부분으로 구성하였는데, 그 하나는 세례의 행위를 통해 믿음으로 드리는 신자의 하나님을 향한 수직적 책임과 다른 하나는 성만찬을 통해 묘사된 신자의 수평적 의무로서의 이웃 사랑이다.

1537년, 존 칼빈의 『기독교 강요』는 개혁 운동을 진보시켰다. 1542년, 그의 『제네바교회의 요리문답』(Catechism of the Church at Geneva, 영어판)은 질문-대답 형식으로 목사와 어린이 사이의 대화 형식으로 고안되었다. 1563년 두 명의 개혁 신학자가 위임을 받아 129개의 질문-대답으로 구성된 『하이델베르크 요리문답』(Heidelberg Catechism)을 썼다. 이것은 세 부분으로 나뉘어, 부패한 인간 본성("인간의 비참함"〈Human Misery〉), 이 곤경에 대응하는 그리스도인의 해결책("인간의 구속"〈Human Redemption〉), 그리고 신의 구속에 감사함으로 반응한 것으로 되어 있다.

최초의 영국 성공회(anglican)의 교리문답은 1549년 『공동기도서』(The Book of Common Prayer)를 통해 표면화되었다. 이 책을 준비하는 일에 크랜머(Thomas Cranmer)가 중요한 역할을 했다고 전해진다. 10년 후에 새 개정판이 출판되었는데, 여기에 독특한 어린이 "입교식"(Confirmation)을 다루었다. 이 교육과정은 영국 국교회(Church of England)의 공식적인 교리문답으로 채택되어 문자해독 수준과 함께 가정과 교회에 대한 기대치를 높이는 결과를 낳았다.

광범위한 가톨릭개혁운동은 1514년 에라스무스(Desiderius Erasmus)가 교육개혁을 위한 열렬한 부름으로 시작되었다. 8년 뒤 그는 교회 전통으로서의 세례 후보자 청소년교육 재정립 계획서를 제출했다. 예수회 사제 캐니시우스(Peter Canisius)는 1554년과 1558년 사이 세 개의 유명한 교리문답을 고안했다. 당시 유행하던 질문-대답 형식을 따라 캐니시우스는 다섯 가지 특징을 통합시키는 자료를 고안하여 어거스틴의 교육 질서를 재확인했다. 그 다섯 특징은 다음과 같다. 그리스도인의 신앙(사도신경 암송), 희망(주기도문과 마리아 찬미), 사랑(십계명과 다른 율법들), 성례, 의로움(다양한 악행과 선행)을 통해 표현된다. 그 후 트렌트 종교회의(Council of Trent)에서 위임받아 1566년 장문의 교리문답을 펴내었다. 나온 즉시 배포된 이 교리문답은 지역사제들의 주요한 교리지침서로 사용되기 시작됐다. "로마 교리문답"(Roman Catechism)이라고 알려진 이 문서는 교황 피우스 5세 이후로 줄곧 공식적인 권위 아래 사용되어왔다.

9세기 이후부터 동방 정교회는 서양 교회와 오랜 논쟁을 해오다가 1054년 결국 두 교회 사이의 대분열(Great Schism)을 맞았다. 논쟁의 대상이 되었던 이슈들은 교황의 권위와 공동신경(Creed)의 해석, 아이콘 사용에 대한 개념 등이었다. 정교회는 처음 일곱 번의 종교회의, 니케아(Nicea, 325)부터 니케아 II(Nicea II, 787)까지 나왔던 교육 계획들을 기독교 전통의 권위로 받아들였다. 구체적으로는 이러한 종교 회의들이 정교회의 핵심 교리인 삼위일체론, 그리스도의 두 가지 본성과 의지, 신인(God-man)을 공경하는 아이콘 제조와 숭상 등을 제공했다. 정교회로서는 이러한 역사적 연계성이, 그리스도와 사도들을 통해 설립된 초대교회와 현대 신자들 사이에 깨뜨릴 수 없는 종교교육의 연속성을 지켜준다고 믿는다.

역사적으로는 수도원제도(monasticism)가 정교회의 교육적 기여의 많은 부분을 차지한다. 특히 수도원제도가 세 가지 유형을 포괄하는데, 고립되어 살면서 규칙 아래 공동생활을 하던 수도사들, 그리고 영적 지도자(러시아 정교회의 교리강사〈starets〉라고 알려진)의 지도아래 공동체를 형성하여 덜 구속적으로 살던 수도사들이다. 이러한 전통을 바탕으로 현대의 정교회 교육은 교회 안에서 가장 중심에 서서 포괄적인 교육과정을 제공하고, (삶의 경험에 대한 인식을 넘어서는) 대인관계를 통해 헌신된 신앙 안에 변화되는 인간적 성숙을 추구한다.

RONALD T. HABERMAS

참고문헌 | E. Ferguson(1990), *Encyclopedia of Early Christianity*; D. R. Janz(1996), *The Oxford Encyclopedia of the Reformation*; D. B. Lockerbie(1991), *New 20th-Century Encyclopedia of Religious Knowledge*; C. J. Tarasar(1995), *Theologies of Religious Education*.

교수계획(Teaching Plan). 교육과정(Curriculum); 수업계획(Lesson Plan)을 보라.

교수방법(Teaching Methods). 성경연구방법(Bible Study Methods)을 보라.

교수도구(Teaching Tool). 컴퓨터강화학습(Computer-Enhanced Learning, CEL)을 보라.

교수도구들(Teaching Tools). 성경연구방법(Bible Study Methods); 시각에 의한 방법(Visual Methods)을 보라.

교수-학습과정(Teaching-Learning Process). 교사와 학생들 간의 의도적이고 역동적인 만남으로써 복잡하고 다양한 측면의 상호작용들로 이루어진다. 일차적으로는 온전함과 성숙을 향한 진보를 촉진시키기 위한 것이며 종종 그룹상황에서 발생한다. 비록 하나님의 본성과 속성들은 불변할지라도 인간은 초자연적인 변화, 인간의 발달, 그리고 인간의 학습을 통하여 변화하도록 만들어진 미성숙한 피조물로서 이 세상에 들어왔다. 인간은 이 마지막 측면(학습)에 가장 많은 참여와 영향력을 가진다. 풍성한 약속을 충분히 누리기 위한 본질적 요소는 하나님의 은혜와 배우고자 하는 우리의 노력이다. "은혜란… 노력의 반대어가 아니라 획득의 반대어이다"(Willard, 1997, 12). 그래서 우리는 반드시 지혜로 워지는 것, 사랑하는 것, 용서하는 것, 의롭게 되는 것, 부지런해지는 것, 유능해지는 것을 배워야만 한다. 학습은 인간이 번영하기 위해 필요한 것이다.

학습이 어떤 의도적인 가르침이 없이도(예를 들면, 때때로 어린아이가 모국어를 획득하듯이 어떤 의식이 없이)정규적으로 발생할지라도, 이 글은 교수와 관련된 학습, 특히 기독교교육에서의 교수-학습에 중점을 두고 있다.

1. 교수와 학습의 관계. 교수와 학습의 관계는 복잡하게 얽혀있다. 어떻게 이 관계를 바라보는가 하

는 것이 교사의 교안작성 뿐만 아니라 교육적인 연구 프로그램에 대한 여러 가지 다른 함축들을 가지게 된다. 왜냐하면 그 견해가 가르침과 학습의 과정에 있는 학습자의 역할을 제안하기 때문이다. 가르침과 학습의 관계가 운동선수들을 코치하는 것이나 선반 위에 있는 도구들을 돌리는 것 - 그래서 특별한 방법은 언제나 특별한 결과를 산출하는 - 에 비교될 수 있겠는가? 그러한 일상의 모델은 오로지 물리적인 존재들을 조사하는 자연과학에 적절하다. 그러나 사람은 물질적 대상 그 이상이다. 가르침과 학습의 과정에서 제일 중요한 것은 공동의 목표를 지닌 자발적인 사람들 사이의 관계, 즉 자유의지의 일정한 표현을 함의하는 합의의 관계 - 일상의 행위자들 사이에 있는 관계 - 이다.

사람들이 관련된 어떤 관계에서도 그렇듯 한 사람에 의한 구체적 행위(가르침)가 자동적으로 다른 사람에 의한 예정된 반응(학습)을 보장하지는 않는다. 궁극적으로는 각 학생이 자신의 학습에 대한 책임이 있다(Gowin, 1981). 이것은 왜 학습이 가르침이 없이도 발생할 수 있으며(학생들은 자기 스스로 배운다), 왜 가르침이 학습이 없이도 발생할 수 있는가를 설명해 준다(막 8:14-21).

교사들은 학생들 속에서 학습을 촉진시키려 하고 종종 교사들은 효과적으로 그 일을 한다. 듀이는 (1933) 소매상거래로부터 하나의 유비를 제시했다. "가르침과 학습 사이에는 물건을 팔고 사는 것 사이에 있는 것과 정확히 동일한 현상이 있다"(36). 교사들은 학생들에게 학습을 위한 기회들을 제공하기 위한 계획들과 활동들에 참여한다. 학생들은 교사의 돌봄 속에서 어떤 의미로는 좀더 나은 사람들이 되고자 하는 관점에서 배우고자 하는 그들의 노력을 확대시킨다. 비록 어떤 학습은 자발적인 학생들이 없이도 발생하지만 인간의 학습은 인간의 존엄성과 자유가 존중되어질 때 가장 발전하게 된다.

그러나 어떤 직접적인 일상의 관계가 없다 해도 교사들은 어떻게 학습을 가장 잘 촉진시킬 수 있는가에 대한 생각이 없는 것이 아니다. 연구와 반성적인 경험(reflective experience)으로부터 모아진 지식은 교사로 하여금 만일 자발적이고 유능한 학생들만 있다면 학생의 학습을 촉진시킬 수도 있는 교수계획을 세울 수 있게 만들어 준다(Shuell, 1996, Table 22-6). 교사들은 좋은 의도들을 가지고 가르침을 충실하게 완수해야 하며 학생들에게 상당한 만큼의 긍정적인 결과들을 내야 할 책임이 있다. 만일 수많은 학생들이 "사지" 않는다면 우리는 과연 그것이 계속 "팔릴" 것인가에 대해 의구심을 갖게 된다.

2. 기독교적 교수-학습과정이라는 것이 존재하는가? 무엇이 독창적인 기독교적 교수-학습을 구별되게 하는가? 많은 경우에 리(J. M. Lee, 1996/1982)가 주장하듯 종교적 환경 내에서의 종교적 내용에 대한 교수-학습은 어느 다른 분야에서의 교수-학습과 비슷하다. 그것을 제대로 하기 위해서 우리는 신자나 불신자 모두에게 비슷한 그런 정상적인 과정들에 대한 연구와 실행에 반드시 주목해야 한다. 특별히 기독교적인 가르침-학습을 위한 가능성을 제공하는 것은 우선적으로 초자연적인 존재에의 역동적인 참여이다. 교사들과 학습자들이 하나님의 성령과 진실하게 동행할 때 하나님으로부터 변화를 일으키는 능력이 주어지며 이는 정상적인 인간의 용량을 훨씬 뛰어넘게 한다(갈 3:3; 엡 3:16; 고전 12:29). 만일 학습자들이 성경의 단어들을 학습자들의 마음과 생각 속에 살아 있고 활동적으로 만들어 주는 성령님께 귀를 기울이지 않는다면 하나님의 말씀을 공부하는 그 자체도 어떤 독특한 효과들을 - 불신자들도 성경의 상당 부분을 이해할 수 있다 - 보장하지는 않는다(고전 2:10-16; 히 4:12). 학습의 참여자들이 단순히 성령의 내주하심뿐만 아니라 성령에 의해서 충만해지고, 역동적인 초자연적 관계를 유지하고 있을 때, 기독교적이라 할 수 있는 교수-학습 경험이 열릴 수 있다. 더욱이 그런 교수-학습 과정이 하나님의 권위 아래에서(Pazmino, 1994), 그 과정을 감독하시는 하나님의 위임으로(롬 8:28; 고전 10:13), 그리고 궁극적으로는 그 성취되는 과정을 보기 위해 수행된다(빌 1:6; 엡 4: 11-16).

3. 기독교적 교수-학습과정의 목적들. 그 본래적인 가치를 넘어서 교수-학습의 만남은 도구적인 가치를 가지고 있다. 각각의 만남은 학생 학습의 촉진

이라는 하나의 목적을 지닌다. 궁극적으로 기독교 교육의 임무는 개인적으로, 그리고 그룹적으로 그들의 온 존재를 다해 하나님을 찾고, 사랑하고, 그분에게 만족하고, 다른 이들을 자신들처럼 사랑하기 위한 신자들의 노력들을 유지하는 것을 그 중심으로 삼는다(마 11:28-30; 22:37-38; 28:19-20; 요 17:3). 성숙은 반드시 충만한 삶으로 이끈다. 컴퓨터, 자동차, 의자, 또는 쇼핑센터 등은 그것들이 적절히 기능을 발휘할 때 그 본래의 설계목적을 이룬다. 우리 역시 하나님과 이웃과 관계를 제대로 맺을 때, 우리가 깊이 우리의 믿음을 생각하고 느낄 때, 우리가 경건한 방식으로 삶의 기회들에 참여할 때, 우리는 우리를 향하신 하나님의 목적을 이룬다. 우리 주님이 선언하셨듯이, "내가 온 것은 그들로 생명을 얻게 하고 그리고 더 풍성히 얻게 하려 함이라"(요 10:10). 우리가 성숙 안에서 자라면 자랄수록 우리는 풍성한 삶을 경험할 수 있다.

4. 기독교적 교수-학습과정의 요소. 어떤 교수-학습의 경우라도 적어도 일곱 개의 공통점들을 포함하고 있다. 교사, 학습자, 주제, 환경 또는 상황, 목적, 활동, 그리고 결과 등(Dillon, 1988). 이런 구조는 무엇이 일어나고 있는가를 분석하고 진단하는 데 이용된다. 예를 들면, 마가복음 13장 1-4절에 나오는 간략한 일화를 생각해 보라. 교사는 예수님이고 그의 제자들은 학생들이다. 얼마 전에 예수님께서는 성전 헌금궤 맞은편에 앉으셔서(상황들) 군중들이 헌금하는 것을 주목하셨다. 예수님은 과부의 희생적인 헌물(활동)에 대해 논평을 하신다. 그러나 어떤 반응도 제자들을 위해 기록되어 있지 않다(결과). 그리고 제자들의 무리가 성전 지역을 떠날 때(상황들), 한 제자가(학습자) 성전 건물들 그 자체들을 찬양하며(주제) 예수님께 한 말씀을 드린다. 이에 대한 응답으로 예수님(교사)은 이런 건물들이 모두 파괴될 것이라고(주제, 활동) 도전적으로 선언하신다. 어떤 즉각적인 논평도 제자들로부터 나오고 있지 않다(결과들). 그러나 후에 그들이 성전 맞은편 감람산에 올라앉았을 때 네 명의 제자들이 그런 파괴가 언제 일어날 것인가를(결과) 궁금해하며 예수님께 사적으로 질문하기 시작했다. 예수님은 마가복음 13장 뒷부분에 기록된 대로 그들의 질문(활동)에 대답하신다. 우리는 예수님의 수업계획을 알 수 없기 때문에 그런 도전적인 선언을 이끌어낸 그분의 목적이 무엇이었는지를 오직 추론해 볼 수 있을 뿐이다(2절). 그러나 결과는 미래의 구체적인 것들에 대해 가르치고자 하는 예수님의 바람을 암시하고 있다(주제).

이런 교수-학습의 조우에 대해 깊이 있게 분석함으로써 각각의 인용구들에 대한 더욱 심화된 질문들이 제기될 수 있다. 예를 들어, 열두 제자들이 모두 예수님과 함께 있었다고 가정하지만 오직 베드로, 야고보, 요한, 그리고 안드레만이 예수님과 이 사적인 가르침의 수업을 추구하고 있다는 것을 주목해야 한다. 이런 초기의 관찰은 일곱 개의 요소들이 과거의 교수-학습 경험들을 평가하기 위해서, 또는 미래의 가르칠 기회들을 계획하기 위해서 어떤 종류의 도구들이 될 수 있는지를 예시하고 있다(Habermas & Issler, 1992, chaps. 9-10).

5. 교수-학습의 실행 증진시키기. 앞서 언급한 대로, 학습자들은 그들 자신들의 학습에 대한 책임을 가지고 있다. 우리가 배우도록 창조되었기 때문에 평생 학습에 대한 헌신과 실행을 차용하는 것은 적절한 것이다. 학습자들로서, 우리는 반드시 학습을 활성화시키는 조건들과 경로 등에 대해 인지하고 있어야 한다. 이런 조건이나 경로 등은 연합(효과적이고 고전적인 조건 형성), 실례(관찰할 수 있는 학습), 문제해결과 의미있는 표현을 증진시키는 의식적인 경로 등을 포함한다(Issler & Habermas, 1994). 학습자들은 또한 학습에 대한 특별한 선호도를 발전시키고 많이 알려져 있는 다양한 학습 방식 이론들로부터 통찰력을 얻는다.

교사들은 학습과 학생의 동기를 증진시키는 교수 방법들을 사용함으로써 학습의 탐구단계에 있는 학생들을 지원해 줄 수 있다. 방법들은 교수목적들, 학습자의 필요, 관심, 동기, 발달단계, 그리고 상황들에 따라 달라질 수 있다. 누가복음 6장 40절에 있는 예수님의 도전은-학생이 교사처럼 되는-우리로 하여금 교수학습의 효과적인 방법들에 대한 배타적인 강조를 넘어서 교사의 인격과 성격에도 초점을 맞추도록 하신다. 하나님과 이웃을 사랑하는 것이 교수목적들의 핵심이기 때문에 교사들은 반드시 애정이 깃든 교수방법을 구현해야 한다. 교사들은 또한 반드시 훌륭한 교사의 습관들과 미덕들을 획득하는 "효력이 있는" 가르침을 추구해야만 한다. 기독교교육에 대한 높은 소명감과 책임감은 교육의 탁월성을 요구한다(약 3:1).

KLAUS ISSLER

참고문헌 | J. Dewey(1993), *How We Think*; J. T. Dillon(1988), *Questioning and Teaching: A Manual of Pratice*; D. B. Gowin(1981), *Educating*; R. Habermas and K. Issler(1992), *Teaching for Reconcilation: Foundations and Practice of Chrostian Educational Ministry*; H. Hendricks(1987), *Teaching to Change Lives*; K. Issler(1996), *With an Eye on the Future: Development and Mission in the 21st Century. Essays in Honor of Ted Ward*; K. Issler and R. Habermas(1994), *How We Learn: A Christian Teacher`s Guide to Educational Psychology*; J. M. Lee(1973), *The Flow of Religious Instruction: A Social Science Approach*; idem(1996/1982), *Theological Perspectives on Christian Formation: A Reader on Theology and Christian Education*; R. R. Osmer(1990), *A Teachable Spirit: Recovering the Teaching Office in the Church*; R. W. Pazmiño(1994), *By What Authority Do We Teach? Sources for Empowering Christian Educators*; T. J. Shuell(1996). *Handbook of Educational Psychology*; D. Willard(1997), *Love Your God with All Your Mind*; W. R. Yount(1996), *Created to Learn: A Christian Teacher`s Introduction to Educational Psychology*.

교수-학습내용 윤곽제시도구(Advanced Organizer).
학생들이 배울 광범위한 지식의 개념적 윤곽을 구체적으로 보여주는 교수-학습 도구 또는 "발판재료"를 말한다. 어떤 도안이나 그림, 도표, 글자 수수께끼의 형태나, 또는 학습 내용이나 아이디어의 구조를 보여주는 표 등을 이용한다. 한 단위의 주요 개념이나 주제, 요소 등을 구성할 때 이러한 도구들이 학습 자료 그 자체보다 높은 단계의 추상성과 구체성을 보여주므로, 교수-학습내용 윤곽제시도구는 학습 자료를 미리 보거나 서론을 개괄하는 것과는 다르다. 데이비드 오슈벨(David Ausubel: 미국의 교육학자. 피아제의 인지발달 이론에 영향을 받아, 인지체계에 기초를 둔 교수 지침들을 개발했다-역주)이 강의나 독서 등을 통해 전달받은 내용을 학생들에게 보다 쉽게 이해하도록 하기 위해 교수-학습내용 윤곽제시도구를 처음으로 개발했다. 이후로 정보처리과정(information processing)의 분야에서 가장 활발히 연구가 되어 왔다.

영어의 글자 수수께끼(acrostics-영어 단어의 머리글자만을 떼어 모아 말을 만드는 유희시-역주)를 예로 들면, LEARNER(Learner, Expectation, Application, Retention, Need Equipping, and Revival)나 TEACHER(Teacher, Education, Activity, Communication, Heart, Encouragement, Readiness)와 같은 말들이 교사가 알아야 할 원리들을 보여준다.

이 교수-학습내용 윤곽제시도구를 사용하는 것의 가치는 매우 높다. 논리적 사고를 고양시킬 때 뜻 깊고 지적인 언어 학습을 제공할 뿐 아니라 학생의 인지 구조를 강화시키기도 한다. 또한 자료들을 정리하고 그것을 광범위한 교육과정에 연관시킬 때, 닻이 있는 지성의 지도를 그릴 수 있게 해준다. 교수-학습내용 윤곽제시도구를 사용하는 목적은 학습 자료를 보다 쉽게 설명하고 종합하며 서로 연관시키기 위함이다.

GEORGE W. PATTERSON

참고문헌 | D. P. Ausubel(1963), *The Psychology of Meaningful Verbal Learning*; idem(1968), *Educational Psychology: A Cognitive View*; B. Joyce and M. Weil(1972), *Models of Teaching*.

참조 | 오슈벨, 데이비드(AUSUBEL, DAVID P.); 인지장이론

(COGNITIVE FIELD THEORY)

교실배치(Classroom Setting). 학습환경의 여러 도구들을 배열하는 것이다. 잘 짜여지고 준비된 학습계획이라도, 그들이 소유한 공간에 영향을 받는다는 실제적인 사실에 주의하지 않는다면 쉽게 틀어진다. 기독교교육자들은 영적 성숙을 방해하는 학습환경은 축소하고 영적 성숙을 고양하는 것은 극대화시켜야 한다.

탁월한 교실관리를 위해 가장 중요한 기본 과제들은 다음과 같다.

1. **적절한 공간:** 유아기 어린이들에게는 35평방 피트의 공간이 필요하고, 초등학생들에게는 30평방 피트, 청소년은 25평방 피트, 그리고 성인은 15평방 피트의 공간이 필요하다.

2. **공기순환 및 온도:** 덥고 숨 막히는 공간처럼 어린이들을 변덕스럽게 만들고, 청소년들을 불안정하게 하고, 성인들을 졸게 만드는 것이 없다. 이런 상황에서 분비되는 아드레날린이 교사를 환기시키기는 하지만 덥고 통풍이 좋지 않은 방은 특히 어른들을 졸리게 만든다.

3. **조명과 적절한 장식:** 어린이, 청소년, 성인 모두 백화점이나 음식점 등 공공장소의 밝은 조명에 익숙하다. 1970년대에 유행하던 색깔을 칠한 어둠침침한 방에서는 실제 수업의 내용이 좋아도 "구식이고", "쓸모없다"는 메시지를 준다. 현명한 기독교교육자들은 가구와 벽면 장식도 연령에 맞춘다. 특히 청소년들은 유치한 가구와 장식으로 꾸며진 방에서 불쾌감을 느낀다. 이와 비슷하게, 성인들은 청소년의 시각에 맞추어 '시각적 축제'(visual feasts)로 장식된 방에서는 산만해져 버린다.

현명한 기독교교육자들은 이러한 기본적 사항 외에도 다음과 같은 사항에 주의를 기울인다.

1. **사역의 철학과 교실 배치의 일치:** 만약 사역의 철학이 관계성을 향상시키는 것이라면 금속의자를 정렬로 배열하는 것으로는 그 목적을 이룰 수 없다. 원형으로 의자를 배열하든지 원탁 주위에 의자를 배열하면 사람들이 대화하기가 좀더 쉬워진다. 이와 같이 카펫과 쿠션을 댄 의자들, 헤이즐넛 향의 커피가 있는 거실과 같은 분위기에서 어른들은 쉽게 대화가 이어진다.

2. **접근하기 쉬운 기술사용:** 융판이 좋은 교육기재일 수도 있지만, 어린이와 청소년과 성인들은 이제 고도의 기술과 매체를 이용하는 세계에 살고 있다. 비디오와 컴퓨터를 이용한 오버헤드 등 여러 기술적 진보가 결코 복음의 메시지를 대신할 수는 없지만 그것들이 학습을 증진시킬 수는 있다.

3. **주어진 공간을 창의적으로 다양하게 이용:** 방 배치에 변화를 주는 것이 첫 눈에는 불안정해 보일 수도 있지만, 동시에 새로운 교수법을 위한 환경을 마련해 준다.

LEONARD KAGELER

참고문헌 | W. Haystead(1995), *The 21st Century Sunday School*.

교양과목(Liberal Arts). 품성(character)과 정신(mind) 두 가지 모두를 배양하는 것이 전통적인 교양과목(liberal arts)의 중심점이었다. 그것의 목적은 사람들로 하여금 더 온전한 인간이 되도록 돕는 것이다. 그것이 고대 희랍철학에 뿌리 내리고 있다 할지라도, 교육에 대한 교양과목 접근은 오늘날 기독교교육에 깊은 영향을 미쳐 왔다. 기독교 인문교양 대학들은 기독교 공동체 안에서 가장 성공적인 학습기관들 중의 일부가 되어왔다.

교양과목교육의 최초의 뿌리는 덕과 윤리와 진리의 문제들을 다루는 플라톤과 아리스토텔레스의 저작들 안에서 찾을 수 있다. 문법과 논리학, 그리고 수사학은 이 초기의 그리스 철학자들이 적절하게 교육을 받은 사람들을 위해 기본 과목들로서 확립해 놓은 것들이었다. 로마제국의 힘과 영향력조차도 우수한 그리스의 교육적 이상들을 억누르지 못했다. 중세 초기에 3학(문법, 논리학, 수사학)과 4과(산술, 기하, 천문학, 음악)로 이루어진 고전주의적 교양과목 교육과정이 확립되었다.

북아프리카 히포(Hippo)의 감독이었던 어거스

교양과목

틴(Augustine, 354-430)은 플라톤의 철학사상과 교육사상의 영향을 받아 중세의 교육사상 형성과 발전에 지대한 영향력을 발휘하였다. 고전인 『기독교 가르침에 대하여』(On Christian teaching)에서 어거스틴은 현대 기독교 교양과목을 개설한 대학들에서 수없이 되풀이되어 온 주제인 "모든 진리는 하나님의 진리이다"(all truth is God's truth)라는 개념을 도입했다. 교양과목에서 또 다른 공헌자는 5세기 초의 아프리카 이교 교육자인 카펠라(Martianus Capella)였다. 자신의 논문인 "철학과 머큐리의 결혼"(The Marriage of Philosophy and Mercury)에서 카펠라는 머큐리(로마의 신으로서 신들의 심부름을 하는 사자신이며, 상업, 도둑, 웅변, 과학의 신이다-역주)가 그의 신부에게 결혼 선물로 준 일곱 개의 교양과목들을 소개했다. 교양과목에 관한 이 논문은 중세 동안 가장 폭넓게 사용된 학습교재들 가운데 하나였다. 어거스틴의 교육 개념들을 발판으로 삼아 보에티우스(Boethius, ca. 480-524)는 중세 초기 동안 교양과목인 고전학에 초점을 맞췄다.

4세기와 5세기에 로마 제국이 쇠퇴하기 시작했을 때 공교육도 쇠퇴하기 시작했다. 교회가 점차로 문화를 지배해 감에 따라 수도원 생활은 교육의 주요 수단이 되었다. 교회는 세상과 세속사회로부터 자신을 분리시키려고 하면서 종교를 수도원교육의 주요 초점으로 삼았다. 처음에는 수도원들이 사역을 위해 소년들을 훈련시킬 목적으로 설립되었지만 9세기에 와서는 일반학습을 위해 소년들을 정식으로 받아들였다. 6세기와 11세기 사이에 수도원들은 라틴어와 교양 7과목에 교육의 초점을 맞춤으로써 그것들을 고전교육 전통으로 영속화시켰다.

4세기와 5세기에 교회가 하나의 제도로 성장하면서 감독들이 지도자적인 역할을 한 성당학교들(cathedral schools)이 설립되었다. 마침내 감독들은 교사들을 채용했는데, 그들 중의 많은 사람들이 공교육에서 모집되었다. 학생들은 성경과 신학을 비롯하여 고전 교양과목들을 배웠다. 결국, 천년이 끝나갈 무렵에 성당학교들은 새로운 배움의 중심부로서 수도원보다 더 주목을 끌었다.

파리(Paris)의 성당학교와 볼로냐(Bologna)의 성당학교와 같은 성당학교들이 교사들을 감독하기 위해 학장들을 고용함에 따라 성당학교는 차츰 대학교로 발전해 갔다. 이 학교들은 결국 교수들과 학생들로 구성된 협회들(guilds) 혹은 '대학들'(universitas)을 형성했다. 고전 교양과목들을 기초로 하여 이 기관들은 전문화할 수 있는 더 큰 자유를 얻게 되었다. 대부분의 대학교들이 모든 학문들의 '여왕'으로 불린 신학에 초점을 맞춘 반면, 법학이나 의학을 전문적으로 다루는 학교들도 있었다. 르네상스와 계몽주의 기간 동안, 대학교에서의 학문의 초점은 신학에서 인문학(humanism)으로, 다시 과학으로 바뀌었다. 이 세기들 동안 내내 교양과목이 여전히 대학교교육에 중심점으로 남아 있었지만, 학문의 초점이 신학에서 자연 과학으로 이동하는 뚜렷한 움직임이 있었다.

보스턴에 하버드대학(Harvard College, 1636)을 설립한 것은 청교도들이 목회자들과 기독교교사들을 훈련시킬 수 있는 기독교 교양과목 기관을 재건하려는 하나의 시도였다. 하버드는 중세기를 특징지웠던 고전 교양과목에로 되돌아가면서 이전 5백년에 걸쳐 진행된 사회의 세속화에 빼앗겼던 분야를 차지하려고 했다. 교육과정은 음악을 제외한 라틴어, 그리스어, 히브리어, 신학 등의 모든 교양과목들을 포함했다. 곧이어 윌리엄대학(William), 메리대학(Mary), 그리고 예일대학(Yale)을 포함하여, 종교를 바탕으로 한 다른 인문교양 대학들이 미국에 설립되었다. 비록 그 대학들이 분명한 기독교적 특성을 가지고 시작되었다 할지라도, 오래지 않아 그들 각 대학들은 문화에 순응하면서 성경적 정통성에 대한 그들의 공약을 잃어버리게 되었다. 17세기와 18세기에 미국에서 시작된 모든 인문교양 대학들이 다 그런 것은 아니라 할지라도, 그들 대부분은 서서히 그들의 복음주의적 특성들을 상실해 갔다. 계몽주의 철학들인 합리주의(rationalism), 이신론(deism), 자연주의(naturalism), 경험론(empiricism), 인문주의(humanism) 등이 대학교들에 스며들어 진리의 성경적 토대의 밑부분을 잘라내기 시작했다. 고전 교양과목의 과목들은 곧이어 마음과 성품을 형성하는 것에 초점을 맞추기보다는 직업을 위해 학생들을 준비시키는 것에 더 초점이 맞추어진 실용적인 과목들에 의해 대치되었다.

블룸(Allan Bloom, 1987)은 오늘날 미국의 대학교 상태를 성찰하면서 다음과 같이 말한다. "오늘날 대학교는 젊은이들에게 뚜렷한 양상(visage)을 제공하지 않는다… 학생은 자신이 배우려고 하는 것에 의해 큰 신비들이 자신에게 계시될지도 모른다는 어떠한 암시도, 자신 안에서 새롭고 더 고상한 행위의 동기가 자신이 배우려고 하는 것에 의해 발견될지도 모른다는 어떠한 암시도, 하나의 색다르면서도 보다 더 인간적인 삶의 방식이 자신이 배우려고 하는 것에 의해 조화롭게 구성될 수 있다는 어떠한 암시도 받지 못한다"(337).

반드시 교양과목 교육에 관한 "기독교적" 관점을 언급하는 것은 아니라 할지라도, 『미국 정신의 종결』(The Closing of the American Mind)에서 블룸은 미국이 자신이 지닌 과거의 교양과목 유산으로부터 상대주의(relativism)와 실용주의(pragmatism)에로 전향한 과정을 추적하여 밝힌다.

홈스(Arthur Holmes, 1987)는 뚜렷하게 기독교적인 관점의 『기독교 대학에 관한 생각』(The Idea of a Christian College)에서 대학을 향해 "마음을 형성하고, 이해를 넓히며, 개인의 지적 능력들을 연마하고, 비전을 확대하고, 상상력을 기르고, 전체적인 감각(a sense of the whole)을 심어줄" 교양과목 교육의 고전적 특성에로 돌아가라고 촉구한다. 기독교 교양과목 교육의 과제는 주입식으로 가르치는 것이기보다 오히려 "재능을 발휘하도록 자극하는 것이며 본래 지니고 있는 우리들의 탐구심을 자극하는 것이다"(30). 진정한 교양과목 교육은 단순히 우리들의 문화적 경향들과 개념들을 반사하는 것이 아니라, 학생들로 하여금 그들 자신들과 성경적 진리의 기준에 반하는 그들의 문화를 비판적으로 검토하도록 자극하는 것이다.

이 교양과목 교육접근이 되살아나고 있음을 나타내 주는 몇 가지 증거가 있다. 지난 150년 이내에 북미 전역에 걸쳐 세워진 뚜렷하게 복음주의적인 기독교 인문교양 학교들이 점점 더 증가하고 있다. 그와 같은 기관들이 그들의 뚜렷한 "기독교세계관"과 "교양과목" 원리 두 가지 모두를 지키도록 계속적으로 촉구되어야 할 것이다.

GARY C. NEWTON

참고문헌 | W. Benson and K. Gangel(1983), *Christian Education: Its History and Philosophy*; A. Bloom(1987), *The Closing of the American Mind*; A. Holmes(1987), *The Idea of a Christian College*; P. Johnson(1995), *Reason in the Balance*; R. Orrill(1995), *The Condition of American Liberal Education*; J. Reed and R. Prevost(1993), *A History of Christian Education*; E. Trueblood(1959), *The Idea of a College*.

참조 | 기독교 인문주의(CHRISTIAN HUMANISM); 중세교육(MEDIEVAL EDUCATION); 종교개혁(REFORMATION, THE); 르네상스교육(RENAISSANCE EDUCATION)

교육과정(Curriculum). '교육과정'이라는 용어는 라틴어 쿠레레(currere)에서 온 말로 '경주하다'라는 뜻이다. 학생들은 이 용어를 프로그램이나 학위 계획을 지칭하는 데 사용한다. 교육과정은 한 기관의 모든 코스와 경험들을 나타내기도 한다. 본질적으로 성적증명서는 학생들이 달려온 교육적 경주를 보여주는 데 그것이 교육과정이다.

교회의 회원들이 '교육과정'이라는 용어를 사용하면 그것은 보통 교재와 자원, 교수 안내서 등을 의미한다. 사실 그것은 교육과정 계획이다. 교육과정 계획이란 "과목과 구체적인 학습 경험을 조장하기 위해 고안된 활동들을 질서 있게 배열한 것"이다(Colson & Rigdon, 1981, p. 150). 교육과정이라는 용어는 교육과정 자료 그 이상을 의미한다. 교육과정은 "교회의 지도력 아래 교회의 사명을 위해 사용되는 교육과정 계획의 부산물인 학습경험의 총체"이다(Colson & Rigdon, 1981, 149). 교육과정에는 과목의 주제와 방법, 내용이 포함된다.

이 교육과정의 폭넓은 정의로 출판사들이 교육과정을 제공하는 것이 아님을 알게 된다. 교육과정이란 교수/학습 상황에서 벌어지는 일이다(Colson & Rigdon, 1981, 40). 출판사는 다만 교육과정 계획과 자료를 제공해 준다. 교사에게 교육과정(학습의 총체) 발생의 책임이 있는데, 이것은 매우 중요한 구분이다. 교육과정 계획과 자료는 교사를 위한 자재로서, 교사가 학습을 계획하고 준비하는 데 도움을 준다. 교육과정 계획은 정적이지만 반면에 교육과정은 역동적이며 자발적이다. 교사는 학생들이 어떤 질문을 할지, 학생들 간에 어떤 상호접촉이 있을지 예상할 수가 없다. 학생 각자가 어떤 경험들을 학습환경에 가지고 올지 예기할 수도 없다. 교실에서의 역동성이 학생들의 학습에 모험적 경험을 하도록 해준다. 이런 이유로 가르치는 일은 과학이 아니라 예술이다. 교육과정 계획이 학습을 인도할 수 있으나, 교육과정은 교사의 책임이다.

DARYL ELDRIDGE

참고문헌 | H. P. Colson and R. M. Rigdon(1981), *Understanding Your Church's Curriculum*; L. Ford(1991), *A Curriculum Design Manual for Theological Education*.

교육과정/숨은 교육과정(Curriculum, Hidden).

교육 전 과정을 통하여 보이지 않고 암시적이며 비형식적인 메시지를 전달하는 잠재적 교육과정을 가리킨다. 두 가지 실례로서, "그 남자"(he)나 "그 여자"(she)라는 말 대신 배타적으로 "그 남자"만을 사용하는 것과 수많은 북미 주 저술가들의 저변에 깔린 개인주의로서 그런 시각의 타당성과 그것을 미묘하게 가르치는 일이 있다. 숨은 교육과정은 학점을 주는 공부와 형식적인 문서적 교육과정과는 구분된다. 잭슨(Philip Jackson)이 처음으로 이 용어를 사용해, 학교들이 어떻게 전통적 관심을 벗어난 태도와 행동들을 보이지 않게 전수하고 강화시키고 있는지 드러냈다(1968). 듀이(John Dewey)는 다음과 같이 말했다(1938).

가장 큰 교육적 오류는 아마도 개인이 한 시간에 공부하는 그것만을 배운다는 생각이다. 좋고 싫음과 강경한 태도를 견뎌내는 과정에 생기는 부차적인 학습이 종종 더 중요할 수도 있다(18).

최근에 멕커천(Gail McCutcheon)은 이 비의도적인 교육과정이 "학교에서 매일 평범하게 진행되는 일과를 통해 전달된다"고 설명한다(1988, 191). 문서 교육과정은 분명하지만, 교육자들에게도 종종 변장한 세력으로서 이 교육과정이 숨어 있다.

숨은 교육과정에는 몇 가지 자원이 있다. 하나는 책으로서 저자나 번역자, 출판사의 편견이 내용선정에 반영될 수 있고, 일정한 민족그룹이나 여자 학생들, 근로자들의 견해가 무시될 수도 있다.

숨은 교육과정의 두 번째 자원은 교사들이 스스로의 견해와 기대만으로 학습의 강조와 경과와 전략과 본보기적 태도 등을 선택하는 일에서 온다. 그런 교사들은 학생의 자존감이나 능력을 고무하지 않을 수도 있다. 교사들은 가치와 태도들을 미묘한 방식으로 전달한다.

세 번째 자원은 지역 환경의 구조와 분위기이다. 예로, 한 교회나 교단의 감정 상태(예: 비판적 대 긍정적), 단체의 규범, 의식과 관례(예: 예배의식 대 비형식), 직업윤리(예: 평범 대 탁월성), 그리고 사회화과정이다. 학생들은 숨은 교육과정으로부터 활동패턴과 시간활용, 물체의 질서, 환경을 통해 전달되는 태도와 관심, 습관들을 배운다. 파울로 프레이레(Paulo Freiré, 1973)와 같은 비평적 이론가는 소수파와 혜택 받지 못하는 사람들을 해방시키기 위한 기회와 자원 공급에 반대하는 중간계층이 그들의 가치를 속이기 위해 소극성을 주입시키고 사회적 통제와 압제를 사용한다고 지적한다. 교육은 문화를 보조할 뿐 아니라 사람들을 해방시키고 향상시킬 수 있다.

교육과정에는 항상 숨은 효과가 있다. 숨은 교육과정은 학습의 가치와 규범에 강력한 영향력을 준다.

JANET L. DALE

참고문헌 | J. Dewey(1938), *Experience and Education*; P. Freiré(1973), *Education for Critical Consciousness*; P. Jackson(1968), *Life in Classrooms*; G. McCutcheon(1988), *The Curriculum: Problems, Politics, and Possibilities*, pp. 191-203.

교육/군주국과 선지자들의 교육(Education in the Monarchy and the Prophets).

이스라엘이 초대 왕으로 사울을 세워 왕국을 설립하면서 이스라엘 국가는 수세기 동안 영적으로 쇠퇴하는 고통을 겪기 시작했다. 사사들이 잇달아 일어나 이스라엘을 죄로부터 구출해 내고 방어했다. 수많은 제사장들과 부모들은 교사로서 부적절했다. 엘리 제사장이 그 대표적인 예인데, 그는 제사장으로서, 그리고 부모로서의 역할에 모두 실패했다. 그리하여 군주국 안에 하나님께서 두 종류의 교사들을 키우셨다. 현자들과 선지자들.

예레미야 18장 18절에는 제사장과 선지자와 현인들의 지도력을 잘 묘사하고 있다. 제사장들은 율법을 가르쳤고(신 17:10-11; 33:10), 선지자들은 말씀을 전달했으며(즉 하나님의 메시지 전달), 현인들(sages)은 상담을 했다. 군주국가 시절의 현자들은 (이집트의 마술사들이나 바벨론의 점성가, 마법사와는 다르다) 장로들로서 그들의 경험으로부터 얻은 통찰력으로 존경받았으며 교사들로 간주되었다.

에스겔도 이 세 그룹의 교사들에 대해 언급했다. 바벨론이 예루살렘 유대인들을 습격했을 때 에스겔은 "선지자에게 묵시를 구하나 헛될 것이며 제사장에게는 율법이 없어질 것이요 장로에게는 모략이 없어질 것이며"라고 말했다(겔 7:26). 분명히 장로들(elders)이란 현자(sages)와 동일어로 사용되었다.

군주국의 제사장들은 모세 시대에는 회막(tabernacle)에서, 그 이후에는 성전에서 섬겼다. 그러나 국가가 북왕국 이스라엘과 남왕국 유다로 분할된 이후에 제사장들이 가르치는 책임에 실패했다("이스라엘에는… 가르치는 제사장도 없고… 오래였으나"〈대하 15:3〉). 그러나 B. C. 870년 여호사밧 왕 통치 3년에 그는 다섯 명의 방백들과 아홉 명의 레위인, 그리고 두 명의 제사장을 사람들에게 보내어 하나님의 율법을 "유다 모든 성읍에서"(대하 17:7-9) 가르치도록 했다. 유다왕 요아스는 (B. C. 835-796) 제사장 여호야다의 교훈을 받았다(왕하 12:2). B. C. 8세기 유다의 왕들인 요담과 아하스, 히스기야의 통치 시절에도 제사장들이 가르치기는 했지만 그들은 몹시 타락하여 "뇌물을 위해"(미 3:11) 가르쳤다. 제사장들은 교훈을 주도록 되어 있었다(말 2:7). 요시야 왕의 통치 시절에는 (B. C. 640-609) 레위인들도 가르쳤다(대하 35:3).

가르치는 제사장의 핵심 인물은 포로생활 이후에 하나님의 "율례와 규례를 이스라엘에게" 가르쳤던(스 7:10, 25) 에스라가 있다. 에스라 8장 15-16절에는 가르치는 레위인들에 대해 언급했다. 느헤미야가 예루살렘 성벽을 재건한 이후에 에스라와 다른 레위인들이 율법을 읽고 설명해 주었다(느 8:8). 에스겔은 천년왕국 시절에 제사장들이 다시 가르칠 것이라고 예언했다(겔 44:23).

하나님께서 이스라엘 왕국 시절에 몇 명의 선지자들을 일으키셨다. 국가가 영적으로 타락했기 때문에 선지자들은 개인의 죄와 사회적 오류들을 경책했고, 하나님께 불복종한 심각한 결과들을 사람들에게 상기시켰으며, 국가와 개인이 의로워질 필요가 있음을 선언했고, 사람들에게 회개하고 하나님께 돌아오라고 강요했으며, 하나님의 거룩한 성품을 찬양했고, 미래를 향한 하나님의 계획을 예언했다. 이 국가적 교육자들은 두려움 없이 메시지를 종종 적대적인 사람들에게 가르치고 설교했다. 최초의 선지자(또한 최후의 사사인) 사무엘은 "선하고 의로운 도로 너희를 가르치겠다"고 말했다(삼상 12:23).

"선지자의 자녀들"이라고 불리는 선지자 그룹이 사무엘(삼상 19:20)과 엘리사(왕하 2:3, 5; 4:38; 6:1)와 연결되어 있었다. 아마도 이런 그룹들은 가르치는 일을 포함하여 여러 사역을 사무엘이나 엘리사와 협력했을 것이다.

선지자들의 교수법으로는 구두 교훈과 문서적인 메시지, 잠언(렘 31:29; 겔 12:22-23; 16:44; 18:2-3), 비유(겔 17:1-24; 24:1-14), 상징적 행동(왕상 11:29-39; 사 20:1-6; 렘 19:10-13; 51:63-64; 겔 4:1-5:17; 12:1-28; 24:15-27), 그리고 우

화(allegory, 사 5:1-7; 겔 16:1-17:24; 23:1-49) 등이다.

왕들 역시 가르치는 일에 개입했다. 다윗은 사울 왕과 요나단이 전사했을 때 애가를 지어 사람들에게 가르쳤고(삼하 1:17-18) 죄인들도 가르쳤다(시 51:13). 전도서에는 솔로몬 왕을 일컬어 "설교자가 지혜로움으로 여전히 백성에게 지식을 가르쳤고"라고 썼다(전 12:9). 음악교육에 관심을 가졌던 다윗은 스스로 수금과 다른 악기들을 연주했고(삼상 16:17-20, 23), 여러 개의 시편을 썼으며(150개 시편 중 73편이 다윗의 저작임) 음악인들을 임명하여 회막과(대상 6:31-32) 성전에서(15:16-22; 16:4-6, 42; 25:1-8; 대하 5:11-14) 섬기도록 했고 악기를 만들기도 했다(대상 23:5- 대하 7:6).

선지자 시절에 일부 부모들이 자녀들에게 경건한 삶을 살도록 가르쳤지만(예: 사무엘의 어머니 한나, 다윗의 아버지 이새, 두 아들의 아버지 이사야, 다니엘, 사드렉, 메삭, 아벳느고의 부모들) 대부분은 부모로서 실패했다. 불행히도 어떤 아버지들은 자녀들에게 우상을 섬기라고 가르쳤다(렘 9:14; 12:16). 그러나 히스기야 왕이 "주의 신실을 아비가 그 자녀에게 알게 하리이다"라고 언급한 것처럼 훌륭한 아버지는 자녀들을 가르친다.

하나님은 인간적 수단을 통해 당신의 자녀들을 가르치신다(왕상 8:36; 사 1:10; 28:26; 30:9, 20; 48:17; 렘 32:33). 이것은 특별히 천년왕국 시대에 이루어 질 것이다(사 2:3; 54:13; 미 4:2).

ROY B. ZUCK

참고문헌 | K. O. Gangel and W. S. Benson(1983), *Christian Education: Its History and Philosophy*; J. A. Motyer(1980), *The Illustrated Bible Dictionary*, 3:1276-84; H. W. Perkin(1988), *Baker Encyclopedia of the Bible*, 1:657-62.

교육/모세오경의 교육(Education in the Pentateuch).

모세오경 시대의 종교교육-학습자의 영적 발달을 위한 직접적인 가르침-에는 세 가지 길이 있었다. 그것은 하나님과 국가의 지도자, 그리고 부모이다. 인간 역사의 초기에 사람은 하나님께서 계시하심에 따라 자연과 당신의 계획과 그분의 직접적인 말씀을 통해 하나님을 알았다. 하나님의 말씀을 직접 들었던 인물들로는 아담, 하와, 에녹, 노아, 아브라함, 야곱, 욥(그가 족장시대에 살았다는 전제하에), 그리고 모세이다.

엘리후는 세 번이나 욥에게 하나님이 선생이라고 언급했다(욥 33:16; 35:11; 36:22). 하나님께서는 이스라엘의 지도자 모세에게 바로 왕을 대면하여 무엇을 말하고 행해야 하는지 가르치셨다(출 4:12, 15). 하나님은 또한 이스라엘의 광야생활을 교육의 수단으로 사용하셨다(느 9:20).

모세와 아론과 제사장들은 국가적인 교육자들로서 이스라엘 백성에게 율법을 가르쳤다(히브리어 "율법"〈Law〉이란 가르침 또는 교훈이라는 뜻이다). 모세의 장인 이드로는 모세에게 재덕이 겸전하고 하나님을 두려워하는 자들에게 집무들을 위임하고 모세는 하나님의 법도와 율례를 가르치라고 조언했다(출 18:19-22). 이후에 모세는 광야생활을 회상하면서 그가 실로 "하나님 여호와의 명하신 대로 규례와 법도를 너희에게 가르쳤다"고 보고했다(신 4:5; 참고 1절). 이 40여 년간의 교육적 경험으로 이스라엘 국가가 가나안 땅에서 여호와께 순종하도록 준비시켰다(4:14; 참고 5:31; 6:1).

하나님의 명령을 알리는 것만이 목적이 아니라, 이스라엘이 하나님을 경외할 수 있도록(신 4:10; 5:29) 하기 위해 가르쳤다. 즉 그분이 누구인지 인식하고 경외와 순종으로 그분께 대응하도록 하는 것이었다. 그분이 이스라엘의 진정한 왕이시다. 하나님의 말씀을 지킴으로서 하나님 경외하기를 배우도록 했다(17:19).

7년마다 한 번, 장막절(Feast of Tabernacle)을 기념하기 위해 매년 백성이 모일 때 모세오경 전부를 백성들에게 읽어주어 사람들이 "듣고 배우고 하나님 여호와를 경외하며 이 율법의 모든 말씀을 지켜 행하게" 했다(신 31:12). 이스라엘 민족들은 음악도 배웠다. 음악 선생 모세가, 하나님께서 이스라엘을 애굽에서 그리고 그들의 죄로부터 기적적으로 건져내심을 찬양하는 "모세의 노래"(출 31:19, 21-22; 32:1-43)를 지어 가르쳤다. 뛰어난 성전 건축가였던 브살렐과 오홀리압도 하나님께서 주신 은사를 통해 사람들을 가르쳤다(35:34).

제사장들은 백성들에게 하나님과 동행하는 법을 가르치는 책임을 가진 다른 하나의 국가적 지도력을 가진 그룹이었다. 그들은 백성을 가르쳐 율법의 세부사항을 어떻게 지키는지 설명해 주었다(신 17:10-11; 24:8; 33:10; 참고 24:8). 오직 아론의 자손만이 제사장직분을 가질 수 있었고, 야곱의 직계손 레위지파들이 제사장의 일을 보조했다. 레위인들 역시 교사의 직무를 감당했다(B. C. 516년, 성전이 재건되었을 때에 레위인들이 백성들에게 율법을 읽어주고 설명해 주고 가르쳤다 〈느 8:7-9〉).

모세오경 시대에 부모들도 하나님의 가르침을 전달했다. 교육은 주로 가정에서 이루어졌고, 가정이 학교이고 부모들이 교사였다. 그들은 "자녀를 가르쳤다"(신 4:10; 11:19). 이 "home schooling"의 초대 모델은 창세기 18장 19절에 연결된다. 하나님께서 아브라함에게 "자식과 권속에게 명하여 여호와의 도를 지켜 의와 공도를 행하게 하라"고 말씀하셨다. 아브라함은 자손에게 구체적인 지도와 명령을 줌으로서 그의 가정의 영적 지도자요 교사의 역할을 했다. 모세도 이스라엘에게 "너희 자녀에게 명하여… 이 율법의 모든 말씀을 지켜 행하게 하라"고 동일하게 명령했다(신 32:46).

부모의 교육방법들로는 본보기를 보여주는 것(신 6:5-8; 31:12), 구두적 전달("말해 주기", 신 6:6-7; 11:18-19), 다양한 "교육적 상황"에서의 비형식적 토론(앉거나 걸을 때나, 자리에 누웠거나, 일어날 때, 6:7; 11:19), 질문에 답하기("이 절기〈유월절〉를 지키는 의미가 무엇이죠?", 출 12:26 혹은 〈초태생을 속량하는 것〉이 무슨 말이에요?" 13:14, 또는 "이 규례가… 무엇이에요?", 신 6:20-21), 시각 교재(예: "네 집 문설주와 바깥문에 기록할 지니라", 신 6:9; 11:20), 관찰(제사장들이 레위인들이 회막에서 섬기는 것, 사람들이 회막에 희생물을 가지고 오는 일, 구름기둥이 길을 인도하는 것, 율법을 거역한 죄인들이 벌 받는 것 등을 관찰), 율법 암송, 그리고 안식일 지키는 일과 종교축제들, 그리고 하나님 앞에 보이는 여행에 참여하는 것(신 16:16) 등이다. 가족의 일원으로서 일곱 개의 연례 절기에 참여하는 일은 어린이에게는 잊을 수 없는 인상을 주게 되고, 그들 자신과 역사, 그리고 하나님의 은혜에 대한 중요한 진리를 가르치는 기회가 되었다.

모세가 부모들에게 하나님의 말씀을 자녀들에게 "부지런히" "가르치라"고 했을 때(신 6:7), 그는 "기구를 갈다"(to sharpen a tool)는 뜻의 "마음에 새기다"(impress)는 단어를 사용했다. 그 말은 매섭게 마음에 심어주면서 가르치는 것을 의미한다. 부모의 교육적 목표는 아들과 손자들,(출 10:2; 신 4:9) 그리고 어린이들에게(출 12:26; 신 4:10) 하나님이 어떤 분이시며 그분이 무슨 일을 하셨는지 봄으로써 하나님을 경외하도록(신 31:12-13) 하는 일이었다.

ROY B. ZUCK

참고문헌 | W. Barclay(1959), *Educational Ideals in the Ancient World*; C. B. Eavey(1964), *History of Christian Education*; K. O. Gangel and W. S. Benson(1983), *Christian Education: Its History and Philosophy*; A. Lemaire(1992), *Anchor Bible Dictionary*, 2:305-12; R. B. Zuck, *Bibliotheca Sacra* 121(1964): 228-35.

교육목사(Minister of Christian Education).

지역교회에서 회중의 교육사역을 감독하도록 고용된 전문적인 교회 지도자이다. 개신교 교회에서 직업으로서의 교육목사 지위는 20세기 초인 1903년 종교교육협회(the Religious Education Association)의 형성과 함께 시작되었고 주일학교장에게 급여를 지불하는 추세와 함께 높아졌는데 그 직함이 종교교육 지도자로 바뀌었다. 이 직업은 지역교회들의 교육적 노력에 대한 더 집중된 관심과 질적 발전을 이루려는 열망에서부터 생겨났다. 우선, '종교교육' 이라는 용어는 종교적 목적을 가진 교육과 일반적인 교육을 구별하는 수단으로서 사용되었고 모든 종류의 신앙을 가진 사람들에 대한 포괄적인 용어로 사용되었다. 그러나 수식어인 '종교적'은 자유주의와 연결되게 되었고 대부분의 개신교 교회에서는 '기독교교육'이라는 말로 바뀌게 되었다.

복음주의적인 기독교교육자들은 종교교육협회(REA)가 진보적인 교육과 자유주의로부터 너무 심각하게 영향을 받았다고 느꼈기 때문에 종교교육협회를 떠났다. 복음적인 기독교교육자들의 전문적인 조직인 전국기독교교육사협회(the National Association of Directors of Christian Education, NADCE)는 복음주의적인 기독교교육의 발전을 위해 전국주일학교연합회(the National Sunday School Association)로부터 발전했다(Koyzis, 1995).

전통적으로, 교육목사의 역할은 행정가, 교사, 동원자, 자원자들 훈련자, 프로그램 계획자 및 촉진자, 평가자, 신앙의 해석자, 교육상담자 및 학습전문가 등을 자주 포함하였으나 거기에 제한되지는 않는다.

기독교교육 전문가의 출현 이후로 교회의 교육사역을 지도할 사람이 준비되는 데 요구되는 적절한 훈련에 대한 논의가 진행되어 왔다. 1915년 종교교육협회의 연구에 따르면 종교교육 지도자를 위한 적합한 학문적 준비에는 종교교육에서의 학사학위가 포함되어야 한다고 결론 내렸다. 실제로, 기독교교육은 폭넓은 다른 전문적 표준과 교육적 요청을 가지는 직업이다. 비록 많은 기독교교육자들이 석사 학위를 가졌더라도 이런 학위에는 기독교교육 석사, 세속교육의 석사, 기독교교육 전공이 없는 목회학 석사, 기독교교육을 중점적으로 연구한 목회학 석사 및 기독교교육을 중점적으로 연구한 신학 석사 등이 포함되어야 한다.

특정한 교육자격의 미달만이 이 직책의 발전을 힘들게 하는 유일한 요소는 아니다. 다른 요소들에는 이 직책의 지위와 성(gender)의 문제가 포함된다. 계속적인 연구의 결과 교육목사들은 그들의 직책이 적절한 지위로서 인정되고 있다고 느끼지 않는다.

성과 관련된 불평등은 많은 개신교 교파에서 기독교교육직에 영향을 미치고 있는 것으로 보인다. 특별히 복음주의적 교파에서 대부분의 전임지위는 남성들에게 주어지며 여성들은 대부분 비상근직으로 일한다. 복음주의적 교회에서 여성들은 또한 기독교교육 지도자의 명칭이 주어지는 반면, 남성들은 교육목사로 불린다.

교육목사 혹은 지도자는 지역 교회에서 기독교교육 전문가에게 주어지는 몇몇 명칭들 중 하나이다. 최근의 연구에 의하면 그 명칭이 많아졌는데 부목사(associate pastor), 어린이사역자, 프로그램지도자, 가정사역자, 제자훈련지도자 등이다. 30가지 이상의 명칭이 조사되었다. 점점 전임 기독교교육 전문가들에게 전통적인 기독교교육자 역할 이상의 역할이 지역 교회에서 요구된다. 이렇게 확장된 역할에는 설교, 심방, 상담 및 예배인도 등이 포함될 수 있다. 1989년에는 다양한 역할과 교육사역에서 사용되는 직업 명칭의 증가를 반영하기 위해 전국기독교교육사협회(NADCE)의 이름이 기독교교육전문가협회(PACE〈Professional Association of Christian Educator〉)로 변경되었다.

교회의 성장과 선교에서의 교육의 결정적인 역할은 이 직업이 계속되도록 요구한다. 실천가들, 이론가들, 교단지도자들 및 이 직업의 지위를 높이고 교육적 요청을 표준화하며 성차별을 제거하기 위한 신학적 연구소들 간의 갱신된 협력으로 인해 이 직업의 미래는 크게 강화될 것이다.

NANCY L. DEMOTT

참고문헌 | D. G. Emler(1989), *Revisioning the DRE*; A. A. Koyzis, *Christian Education Journal 15*, no. 2(1995): 69-87; K. E. Larson, *Christian Education Journal 16*, no. 2(1995): 9-27; K. E. Larson, *Christian Education Journal 16*, no. 2(1995): 46-64; K. E. Larson, *Christian Education Journal 16*, no. 3(1996): 95-109; J. M. Stubblefield(1993), *The Effective Minister of Education: A Comprehensive Handbook*.

교육/복음서와 사도행전의 교육(Education in the Gospels and Acts). "표면적으로는 예수님의 가르침에는 미리 설정된 방법도 교수 계획도 없는 듯하다. 그럼에도 불구하고 그분은 항상 적절하게 가르칠 방안을 찾으셨다"(Nakesteen, 1965). 앞의 인용은 복음서와 사도행전의 교육의 본질을 상기시킨다. 이 다섯 권의 책들을 연구해 보면 현대의 교육과 비교할 만한 교육적 모델을 찾아보기가 쉽지 않다. 그러나 예수님과 제자들의 가르침을 분석해보면 분명한 교육적 방법들을 발견할 수 있다. 분석하기 전에 두 개의 헬라어 단어를 이해해야 한다. 그것은 디다스코(didasko)와 마쎄테스(mathetes)이다.

제자(mathetes)나 제자가 되다 또는 제자 만들다(matheteuo)라는 말은 교사와 가까운 관계를 나누는 학생이라는 뜻을 나타낸다. 복음서와 사도행전에 250번 사용된 이 말은 사람의 애착을 강조한다. 이것은 랍비식의 교육에서 학생이 교사를 찾는 것과는 달리 예수께서는 부르심으로부터 비롯된다(막 1:17). 이 부름은 헌신, 특히 예수님을 향한 복종과 참여를 요구한다(막 1:18). 또한 예수님의 제자도에서만 고유한 것으로서 선별의 과정이 있다. 제자들이 따를 준비만 되어 있다면 모든 사람에게 기회는 주어진다(눅 9:56, 61). 그 이유는 제자들이 듣고 보고, 행함으로써 배운다는 엄중한 요구 때문이다. 그러므로 신약성경에서 사용하는 이 단어는 교사와 제자간의 공동협력을 요구한다(행 6:1; 11:19).

디다스코란 가르치다, 교훈을 주다라는 뜻이다. 이 말은 신약의 교수학습에 가장 흔히 사용되며, 정해진 내용을 숙지하는 일과 그것을 적용하는 일을 강조한다. 이 단어 용례의 거의 2/3가 복음서들과 사도행전에서 발견된다. 디다스코는 예수님과 제자들의 가르침의 주요단어이다.

그러나 그것이 강조하는 바는 주로 지적 과정을 강조하는 통상적인 헬라어 사용과는 다르다. 예수께서는 정보만을 나누어 주시는 것이 아니라 헌신을 하도록 깨우쳐 주신다(막 1:21). 사도행전의 제자들도 동일한 점을 강조했다(행 20:20). 이것은 분명히 이론화보다는 행함을 강조하는 유대 전통에서 온 것이다. 렝스토르프(K. H. Rengstorf)는 "복음서들의 진기한 특징은 헬라 저자들의 공통점으로 어디에서나 발견되는 지적 강조를 찾을 수 없다는 점이다… 이 점에서 예수님과 그분의 모든 주장이 구약성경의 개념을 진정으로 완성하심을 보여준다고 할 수 있다"(Kittel, 1985).

이 두 단어의 추진력이 마태복음 28장 18-20절에 나온다. 예수께서 제자들을 부르신 후, 사람들을 가르쳐서(didasko), 제자를 만들라고(matheteuo) 명하셨다. 그들의 책임은 제자를 만들 때, 내용과 실천에서 예수님의 가르침을 모방하는 것이었다. 가르치라는 말 앞뒤에 나오는 설명은("내가 네게 분부한 모든 것을… 지키게 하라") 예수님의 가르침의 실천적인 면을 드러낸다. 사도행전을 연구해 보면 이것이 정확하게 이루어졌다는 사실을 알게 된다.

예수께서는 가르치실 때 분명한 목적을 염두에 두셨다. 그분은 아버지의 영광과 아버지의 일을 위해 그가 떠나신 후에(요 17장; 행 1:1-4) 그 일을 할 만한 제자들을 키우셨다. 이 목적을 이루기 위해 그분은 준비된 수준에 따라 현재의 상태에서 시작하여 높은 수준으로 인도하시며 가르치셨다(요 3-5장). 예수께서는 사람들의 현 상태에서 출발하여 그들의 지식을 이끌어내시고, 호기심을 자극하시며(요 3-4장), 내면적으로 갈등하도록 허용하시며(막 5:21; 요 9장), 그리고 학습에 참여시키셨다(요 6장). 예수님은 다양한 방법들을 사용하셨다. 그분의 가장 알려진 교수방법은 농경사회에서 통상적으로 사용되던 비유(자연이나 일상생활에서 가져온 은유 또는 직유)였다. 그러나 예수님은 또한 내용이 긴 강화들과(마 5-7장) 격언(간결하고 힘 있는) 등도 사용하셨다. 예수님은 장소에 관계없이 어디에서고 가르치셨다. 가장 중요한 것은 그분이 모범을 보여주시면서 가르치신 것이다(눅 11장; 요 13장).

이와 같은 과제를 성취하시기 위해 예수님은 복음서와 사도행전의 교육과정의 본질적 대상이신 성령께 온전히 의뢰하셨다(눅 4:14-15). 예수님은 그 제자들에게 성령께서 그들의 교사가 되시고, 그들이 가르칠 때 도우실 것이라고 말씀하셨다(요

14:26; 16:13-15). 제자들이 권위를 가지고 가르칠 수 있었던 힘은 바로 성령을 의뢰한 데서 왔다(마 7:28-29; 행 4:31). 그러므로 예수께서 활용하시던 교육철학은 다음과 같다.

1. **성령께 온전한 의존**: 예수님만이 온전히 성령충만한 유일한 분이셨다.
2. **진행순서의 균형**: 연합하기, 가르치기, 보여주기, 작동하기, 그리고 시험하기 등은 그분의 방법이었다.
3. **모든 상황에서 교사가 모범이 되는 것**: 그분은 가르치시던 내용을 삶으로 실천하셨다.
4. **배움과 행함의 통합**: 그분은 인지적 발달에만 만족하시지 않으셨다.
5. **개인차의 용인**: 그분은 학생의 능력과 발달 수준에 맞는 방법을 사용하셨다.
6. **방법의 다양성**: 그분은 목적과 내용과 학생의 태도에 맞추어 방법을 선택하셨다.
7. **다양한 장소**: 그분은 실내에서만 가르치지 않으셨다.

사도행전의 교육목적은 "예수의 행하시며 가르치시기를 시작하심부터"(행 1:1), 역사적이며 부활하신 예수님을 알리기 위해(행 2:14-36), 교회생활의 역동성을 계발하기 위해(행 2:41-47), 그리고 교리의 순수성과 실제성을 발달시키기 위한(행 15장) 사역을 계속 진행하는 것이었다. 이와 같은 것들이 사도들의 가르침의 요소들이었고(행 2:42) 교회의 교육과정이었다. 사도행전 5장 42절이 사도행전의 교육목적을 잘 설명해 준다. "저희가 날마다 성전에 있든지 집에 있든지 예수는 그리스도라 가르치기와(디다스코) 전도하기를(유앙겔리조〈euangelizo〉) 쉬지 아니하니라." 세 단어(케루소: 선포하다, 유앙겔리조: 전도하다, 디다스코: 가르치다)를 주로 사용하여 교육목표를 성취하기 위한 학습(instruction)활동들과 관련하여 사용했다. 세 단어들 모두 불신자와 관련하여 사용되었지만(행 4:2; 8:4-5), "가르치다"의 뜻인 디다스코는 신자들과 직접 관련하여 사용되었다. 오늘날의 설교는 사도행전의 규준과는 다르다. 제자도의 아이디어는 여전히 공통적이지만(행 14:21), 오늘날 유행하는 일대일 관계보다는 보다 공동체적이었다. 지도자들이 보여주는 모범은 삶과 죽음으로 증언되듯 아직도 압도적이다(행 20:18-19). 교육의 장소는 제한이 없었지만(행 20:20), 가정이 주요한 교육실천의 장이 되었다. 사도행전의 오이코스(oikos, 가족)는 문자적이고 비유적인 개념으로 쓰였다.

성령께서 주요 교사이셨지만(행 1:1), 가르침은 사도들과(지도자들: 행 4장) 평신도(행 18:24-28)들이 감당했다. 사도행전의 교회는 복음서의 예수님과 같이 헬라-로마식의 교육모델을 수용하기보다는 유대식의 교육 패턴을 따른 것 같다. 실생활과 공동체 생활, 교회의 머리로서 예수님 등을 강조했다. 이비(C. B. Eavey)는 이 점을 잘 요약했다(1964). "사도적 교사들이 가르친 진리는 유대교 안에서 배운 진리들과 동일한 것은 아니었지만, 교수 방법은 본질적으로 동일한 것으로 여겨진다. 사람들이 개종하면 교육과 교제와 예배의 목적으로 그룹이 형성된다. 모든 것이 그리스도 중심이었고 교사들이 가르쳤던 것은 그분으로부터 온 것이었다"(82).

그러므로 사도행전의 교육적 패턴은 다음과 같다.

1. **성령께 의존**: 모든 사람이 성령충만해야 한다.
2. **내용의 핵심으로서 그리스도**: 그분과 교회에 대한 모든 것을 가르친다.
3. **주요 교육과정으로서 디다케**: 사도들의 가르침에도 지속되었다.
4. **참여를 요구하는 과정**: 학습은 행함을 요구한다.
5. **다양한 방법**: 교수/학습을 의미하는 단어도 다양하게 사용되었다.
6. **다양한 장소**: 어디에서나 가르쳤다.
7. **가정이 교육의 중심이 됨**: 부모들이 중요한 교사였다.

CHARLES H. NICHOLS

참고문헌 | G. Kittel, ed.(1985), *Theological Dictionary of the New Testament*; C. B. Eavey(1964),

History of Christian Education; M. Nakesteen(1965), *The History and Philosophy of Education.*

교육부장(Superintendent). 수장(首長), 지도자, 행정 담당자, 전체 교회학교 프로그램 감독자. 너무나 자주 교육부장의 역할이 교회학교의 세부 사항을 담당하는 사람으로 협소하게 정의되었다.

교육부장들은 전체를 책임지고, 교회학교가 올바른 방향으로 가도록 하고, 교사들과 다른 스태프들에게 리더십 개발을 제공하며, 적당한 기구를 제공하며, 일반적으로 전체 교회학교의 교육과정을 감독하고, 교사들과 학습자들이 교육 프로그램에서 학습을 평가하는 것을 도와주는 관리자로서 뿐만 아니라 지도자로서 역할을 감당한다.

교육부장들은 목사들, 교회, 교사들, 그리고 학습자들의 마음에 교회학교의 가치를 올릴 필요가 있으며, 교회의 공식 위원회와 교사들, 그리고 실제 학생들과 잠재적인 학습자들에게 주일학교를 홍보해야 한다.

교육부장들은 "전통에서 벗어나는 것을 두려워하지 않고", 창의적이며, 격려자여야 한다. 또한 교육부장들은 교사들이 해야 하는 것들과 지녀야 하는 인격을 본인들이 직접 보여주는 비전의 사람들이 되어야 한다. 교육부장들은 교사들을 지속적으로 모집하고 효과적인 교사들이 될 수 있도록 지속적으로 교사 개발을 제공하면서 융통성과 일관성을 가져야 한다. 또한 교육부장들은 교회들이 교사들과 봉사자들에게 감사를 표할 수 있도록 도와주어야 한다.

교육부장의 또 다른 중요한 책임은 교사들과 봉사자들이 효과적인 교사들과 사역자들이 될 수 있도록 도와주는 것이다. 이것이 뜻하는 것은 가르침의 부르심을 받은 사람들(단지 "자원봉사자"들만이 아닌)과 교사/스태프 양성을 결정하는 데 시간을 보내고, 교사들과 스태프들이 계속해서 더 효과적인 교사들이 될 수 있는 방법을 배우도록 격려하는 것을 뜻한다.

교육부장들은 자신들의 연령과 상관없이 모든 학습자들과 교사들, 그리고 봉사자들에게 관심을 가지고 있음을 보여주어야 한다. 교육부장들은 보살피는 자들일 뿐만 아니라 효과적인 교수에 도움이 되는 것에 대한 이해를 키워 나가야하는 지도자들이다. 그들은 스스로 기독교인의 성품과 지도자와 교사로서의 탁월함, 그리고 교회학교 모든 연령그룹들에 대한 통찰력을 보여주어야 한다.

JOHN M. DETTONI

참조 | 성직자(CLERGY); 평신도(LAITY); 사역(MINISTRY); 주일학교(SUNDAY SCHOOL); 자원봉사자(VOLUNTEER)

교육/서신서의 교육(Education in the Epistles). 신약성경의 서신들에는 교육적인 지시들과 함의들로 가득하다. 페이지마다 자연적 사고의 우선순위들을 재배열해 놓았다. 이 서신들에서는 복음으로 인간의 재교육을 시작한다. 기독교교육이란 새로운 아이디어와 사실을 단순히 수용하는 일 그 이상이다. 지식은 신앙과 사랑과 복종과 연합되어야 한다.

바울, 베드로, 요한, 유다, 야고보, 그리고 히브리서의 저자들은 광범위한 교육적 사상들을 토론한다. 아래에 열거한 현대교육의 범주들이 서신서 저자들의 생각들을 구분해서 연구하는 데 도움이 된다.

1. 교육 목적
2. 내용과 교육과정
3. 학생 발달
4. 교사의 책임
5. 지식
6. 사고 진행과정
7. 방법
8. 시험과 평가

1. 기독교교육의 목적. 기독교교육은 이 시대 교회 사명의 중심이다. 그것 없이는 내용 없는 예배이고 한계 없는 교제이며 위임 없는 봉사와 같다. 기독교교육의 목적이 내용의 주입에만 있다면 그리스도인

들은 자신들의 답이 맞는지 확인하는 일에 많은 시간을 보내야만 할 것이다. 신약성경에서는 교수내용에 포함되어 있는 가르침이 사랑이라는 더 높은 목표를 제공한다. 교육이 방향을 지시하는 한편, 성령께서는 하나님과 가족과 그리스도 안의 형제자매들과 대적까지도 사랑할 수 있는 능력을 주신다. 신약성경의 사랑은 인내와 친절함의 구체적인 행동으로 측량된다(딤전 1:5; 갈 5:22; 고전 13:1-8).

기독교교육의 최종 결과는 성숙한 삶이다. 성숙한 그리스도인은 하나님께서 사도들을 통해 보여주신 명령과 원리 안에서 삶으로 사랑과 건전한 판단의 증거를 보인다. 각 그리스도인은 시간이 지나면서 더욱 성숙해진다. 성숙이란 건전한 신학과 도덕적 판단, 그리고 건강한 관계들과 희생적인 봉사들로 나타난다. 신약의 저자들은 계속해서 그리스도인들에게 성장의 길에 있으라고 권장한다.

2. 기독교교육의 내용과 교육과정. 기독교교육은 진리에 바탕을 둔 제도에 의존한다. 포스트모던의 생각과는 달리 신약의 서신서들은 진리와 오류 사이에 분명한 구분을 한다. 베드로는 일부 교사들이 고의적으로 "파괴적인 이단"을 가르칠 것이라고 예고했다. 전체 서신의 저자들은 독자들로 하여금 오류에 항거하고 고쳐가라고 강조한다(벧후 2:1).

철학적 진리와는 달리 신약의 진리는 그 자체가 항상 변화된 삶의 증거이다. 신약적 용어로서 진리는 반드시 말과 태도와 행동에 옳은 답의 기준과 일치해야 한다. 고대로부터 현대까지 그와 같이 높은 기준에 도달한 진리가 없다(갈 2:14; 약 3:14).

무심한 관찰자가 신약 서신서에 쓰인 모든 것의 의미를 알 수는 없다. 서신서 저자들조차도 각자의 서신을 읽고 이해하기가 본질적으로 복잡하다는 사실을 인정한다. 때로는 그 내용을 이해하기 위해서 노력과 깊은 사색과 구약의 배경을 공부해야하는 경우도 있다(벧후 3:16).

신약성경 저자들이 숙고하는 교육과정은 기본적인 것부터 복잡한 것, 즉 우유 마시는 어린아이로부터 단단한 음식을 먹는 성숙한 그리스도인에게로 옮겨간다. 초보시기의 가르침은 어떤 경우이건 앞날의 진보를 위한 기초이다. 신자들은 기본적인 토대를 바탕으로 하여 그 성장을 확장시켜 간다(히 5:12).

3. 기독교교육의 학생발달. 기독교교육의 대상은 모든 사람이다. 이 광대한 표적은 특별히 뛰어나고 동기가 좋은 학생들만을 가르치고 싶어하는 대부분의 교육자들을 좌절감에 빠지게 한다. 그러나 신약성경이 예상하는 교육의 대상들은 타고난 능력과 동기의 여부와 생활환경 등 매우 범위가 넓다. 어떤 학생들은 성인으로만 구성되지만 전통적으로는 부자와 가난한 자, 남자와 여자, 종과 자유인 등 그 범위가 없다. 신약적 범주들은 개인이 성숙을 향해 가는 노력과 성령의 증거로 측정한다. 각 범주는 교육과정과 방법의 적응과 수용이 필요하다. 예를 들면, 기독교교사들은 성령께서 개인의 마음에 비추어주지 않는다면 영적 사실들을 받아들일 본연의 능력이 없다는 것을 알아야만 한다. 반면 성숙한 그리스도인들은 보다 본질적인 학습을 원한다. 사도행전 2장에 나오는 유대인의 배경을 가진 초대 개종자들은 11장에 나오는 헬라파 신자들과는 다른 교육적 출발을 보인다(고전 2:14; 골 1:28; 고전 4:17).

기독교교육이 성인부터 시작했지만 신약 저자들의 관심은 재빨리 어린이들에게로 기울었다. 바울은 어린이들이 어른들과는 다른 방식으로 생각하고 추론한다는 사실을 알았다. 그럼에도 불구하고 그는 유아들에게도 성경을 가르치라고 명한다. 다른 신약의 저자들도 부모 양편에게 교육의 책임이 있다고 강조한다. 할머니들도 자녀의 교육적 전략에 역할을 다할 것을 권장 받았다. 이와 같은 명령들로부터 부모들이 기독교 신앙에 대한 실질적 학습을 받는다는 전제를 알 수 있다. 교사들이 받는 모든 경고와 명령들은 자녀들에게 진리를 가르칠 때 말로만이 아니라 행동과 태도를 통해 하라는 부모들을 향한 명령임을 알아야한다(엡 6:4-2; 딤후 1:5; 고전 13:11; 딤후 3:14-15).

4. 교사의 책임. 기독교공동체의 지도자들은 가르쳐야할 책임이 있다. 다른 요인들과 함께 가르치는 일은 지도자의 의무이다. 기독교교육 상황에서 교사의 태도와 행동이 그들이 가르치는 진리에 정당성을 준다. 가르치는 일의 중대성 때문에 성령께

서 가르치는 은사를 네 개의 핵심적인 은사 중의 하나로 다루신다. 많은 이들이 가르침의 소명을 받지만 일부 사람들만이 그들의 사역의 범위를 확장시키는 특별한 은사를 받는다. 신약성경 저자들은 남녀 모두 가르칠 수 있다고 말한다. 즉 남녀 모두 그리스도 신앙 안에서 온전한 교육을 받는다는 사실을 전제한다. 그 당시에 교사들은 가장 존경받는 대상들이었다. 그러므로 엄중한 심판에 대한 경고들이 사람들의 관심을 집중시켰음에 틀림없다(딤전 3:2; 딤후 2:2; 딛 2:3; 엡 4:11-12; 약 3:1).

5. 지식. 지식 획득이 공교육의 중심이기는 하지만 진정한 기독교지식은 겸손한 종의 복종에서 발견된다. 바울은 고린도후서에서 학습자가 배운 지식이 순종을 통과하지 않으면 합격할 수 없다고 언급했다. 환언하면, 개인이 알고 있는 것을 실천하지 않으면, 기독교적 감각으로 그는 아는 것이 아니다. 단면적으로는 기독교적 지식을 획득하는 일이 수동적으로 보이는데, 그것은 성령께서 제자들 안에서 일하셔야 하기 때문이다. 다른 한편 학습자의 마음이 하나님을 향해 유순하지 않고 굳어있다면, 무지는 그들의 책임이다(고후 2:9; 엡 1:18; 4:18).

기독교적 견해의 지식은 다만 결과를 가져오는 수단을 공급해 줄 뿐이다. 지식이 신앙과 사랑과 순종과 더불어 섞이지 않는다면 경솔함의 함정에 빠지게 된다. 지식 하나만으로는 불건전한 우월감의 태도를 낳게 한다. 진정한 기독교 진리는 그리스도를 따르는 사람들의 태도를 변화시켜야한다(고전 8:1).

6. 사고 진행과정. 신약성경의 서신들만큼 정신적 갱생을 강조한 부분이 없다. 정신을 새롭게 한 신자는 그리스도의 내적 임재하심을 외부적으로 드러낼 수 있다. 구원과는 달리 새로워지는 일은 일상적으로 지속되는 과정이다. 또한 성령께서 이것을 도우신다.

신약성경은 새로워진 정신으로 사는 것은 그렇지 않은 사람의 삶과 비교하였을 때 질적 변화가 있다고 말한다. 이상적으로 신자는 원하지 않는 생각을 하지 않는다. 대신, 각 사람의 생각은 신약성경의 가르침을 반영하고 올바른 태도와 행동의 열매를 맺는다. 삶의 혼돈 가운데서도 신자들은 다른 방향으로 생각한다. 비극적인 일이 생겼을 때 신자는 그 일을 하나님의 주권이라는 담요에 싸서 미래를 보장받는다. 현실적으로는 그리스도를 따르는 사람들이 세상으로부터 한 걸음 물러난 듯 보이고, 차분하고 기쁜 태도로, 보이지 않는 힘의 근원을 보여주는 관찰자와 같다. 세상은 아직도 죄 중에 있을 때 자신은 부도덕이나 다른 종류의 불경건함으로부터 구분되었다는 새로운 지식으로 자신을 새로운 시각으로 보게 된다. 진리에 대한 묵상이 정신을 새롭게 하는 일의 열쇠와 같다(롬 12:2; 고후 4:16; 엡 4:23; 롬 8:6; 롬 8:7; 고후 10:5; 빌 4:8; 골 3:5; 딤후 2:7).

7. 방법. 신약 서신서들은 다양한 교육적 방법들을 보여준다. 구체적으로 읽기와 가르치기, 생각, 성찰, 고통, 참음, 연습, 듣기, 권면하기, 설교, 상기시키기, 훈련, 교훈하기, 꾸짖음, 교정해 주기 등이다. 이와 같은 방법들은 형식적, 비형식적 문맥에서 행해지고 새로운 지식을 확신하는 것 이상을 가정한다. 신약 서신들에는 수동적, 능동적 방법 모두를 사용하지만 결과는 항상 동일하다. 저자들은 참 지식에 입각한 태도와 행동의 변화를 기대한다.

때로 교육방법이 치료적으로 쓰이기도 한다. 일부 그리스도인들은 기본으로 돌아가야만 한다. 그들은 마음을 바꾸어 회개해야 한다. 때로는 잊어버린 진리의 단순한 암시가 신자들을 새롭게 만들고 그들의 우선순위에 대한 주의를 재조정할 수 있게 해준다.

8. 시험과 평가. 신약성경의 가르침의 결과는 매우 인상적이다. 신자는 고통을 긍정적인 방법으로 극복하거나 고통은 그리스도인들이 추구하는 그리스도의 인격을 닮아가게 한다는 사실로 기뻐하기도 한다. 그리스도를 따르는 자들은 앞만 보고 목표를 향해 전진해야 한다. 미래에 대한 걱정은 불필요하다. 그러므로 신자들은 현재에 초점을 두고 매일 성령의 열매를 맺는다. 더구나, 신자들이 올바른 선택들을 계속할 때 좋은 판단력도 생긴다. 신자들이 서로에게 복종할 때 그들의 결정들은 공동체 안에서 평가되고 확증된다.

교육 프로그램들이 제대로 평가받지 않으면 탁월한 결과를 낼 수가 없다. 신자의 삶을 점검하는 일은 내면적, 외부적 자원으로부터 온다. 신자의 많은 평가들은 그 자신의 기준을 바탕으로 한다. 그들 스스로가 그릇된 흉내가 아닌 진정한 신앙 안에 있는지 평가해 본다. 신약성경은 이 같은 일에 자기기만의 가능성에 대해 경고한다. 반면에 다른 사람들은 성령의 열매를 보아야 한다. 보다 중요한 일은 가까운 사람들이 성령의 열매를 보는 것이다. 그러한 시험을 통과하면 그 사람은 모든 일에 복종하는지 알아보아야 한다… 종합시험이라고 할까? 외부적으로 신앙공동체는 적절한 도덕적 행동을 가르치지 않는 어떤 것도 허용해서는 안 된다. 끝으로, 부활하신 영광의 그리스도 자신이 일곱 개의 서신을 통해 교회들과 지도자들과 개인들에게 거짓된 가르침을 경고하시고 거룩한 삶을 살라고 도전하신다. 그러므로 우리는 오류를 내쫓는 진리를 가지고 우리가 시작한 곳에서 마친다… (딤후 2:25; 계 2:5, 16; 3:19; 14:6; 21:5; 벧전 3:3; 롬 15:15; 고전 4:17; 딤후 2:14; 딛 3:1; 벧후 1:12; 롬 8:18; 히 12:11; 약 1:2; 골 3:5; 히 5:12).

MICHAEL S. LAWSON

교육 분석철학(Analytic Philosophy of Education). 분석철학은 최근에 사용되는 철학적 연구 방법이다. 이 철학적 접근방식이 이전의 전통적인 방법과 다르다는 견해가 상당히 널리 알려져 왔다. 혹자는 분석철학을 철학이 아니라 철학적 연구의 방법으로만 간주하기도 한다. 따라서 분석철학이 교육에 미치는 영향 또한 개선되어 왔다.

이 철학적 방법의 핵심은 아이디어를 주고받는데 사용되는 언어와 방법을 명확히 하는데 있다. 일부 학자들은 분석철학이 무어(G. E. Moore: 20세기 영국의 철학자. 절대적 이상주의를 반박했고, 철학의 목표는 진리 자체가 아니라 진리의 중요성을 분석하는 것이라 함-역주)나 러셀(Bertrand Russell: 20세기 영국의 철학자, 논리학자, 사회 비평가. 수학적 논리와 분석철학 발달에 공헌함-역주)의 저술들로 대변되는 현실주의(realism)에서 왔다고 주장하고, 다른 이들은 논리 실증론과 꽁뜨(Auguste Comte: 19세기 프랑스 실증주의 철학자-역주)의 저술에서 비롯되었다고 말한다. 후기 저술가들로 에이어(A. J. Ayer), 비트겐슈타인(Ludwig Wittgenstein), 라일(Gilbert Ryle) 등이 있다.

분석철학은 '수학의 원리'(*Principia Mathematica*)에 기고하던 러셀과 화이트헤드(Alfred North Whitehead)의 저술에서 그 근본을 찾을 수 있다. 이 '기술론'(theory of description)은 수학적 정확성처럼 정확한 의미의 명시를 추구한다. 비트겐슈타인은 그의 저서 『논리-철학 논고』(*Tractates Logico-Philosophicus*)에서 철학은 명제를 만들어내는 것이 아니라 단순히 명제의 분명한 뜻을 밝히는 일이라고 썼다. 에이어는 철학의 귀납적 접근방식의 유형인 의미실증표준(verifiability criterion of meaning)을 사용했다. 이 이론은 어떤 가설이 진리인지 아닌지 실험적으로 실증하기까지는 일반화를 잠정적으로 연기하는 것이다. 영국의 철학자 라일은 『지성의 개념』(*The Concept of the Mind*)이라는 책을 썼는데, 그는 우리가 "사실을 아는 것"(knowing that)과 "방법을 아는 것"(knowing how)을 혼돈하고 있다고 말했다.

분석적 운동이 형이상학이나 가치론과 같은 철학적 논제에 별 관심을 두지는 않지만, 인식론과 논리성을 강조하는 방식이 철학적 가정(assumption)을 도외시할 수는 없다. 분석철학의 가정이 세워지면 이 방식의 난해성이 현저해진다. 예를 들면, 명제를 거부하는 일은 어떤 명제들은 거짓이고 어떤 명제들은 참이라는 가정으로 시작된다. 진리의 표준이 일단 세워지면, 참과 거짓을 결정할 기준이 더 이상 존재하지 않게 된다. 명확한 명제들은 옳고 명확하지 않은 명제들은 그르다는 주장은 비논리적이다. 분석철학자들이 이루어 놓은 듯한 일이란 진리의 한 가지 가정을 대신하여 다른 하나를 대용하는 것이다. 이 방법은 언어를 명확하게 하기보다는 오히려 혼란을 가져왔다.

이 난제를 인식하는 일은 기독교교육자들에게 매우 중요하다. 가장 심각하게 주의해야 할 분야는 성경해석이다. 의미를 명확히 한다는 전제 아래 단어들을 재정의한다든지 또는 사람들의 의사소통 능력을 축소시킬 수가 있다. 어떻게 기초가 약한 성경해석학과 주석의 토대 위에 건전한 신학이 설 수 있겠는가? 또한 어떻게 흔들리고 불안정한 신학 위에 견고한 사역을 할 수 있겠는가?

분석철학적인 가정들에 세밀한 주의를 기울인다면, 기독교교육의 가치를 높이기 위해 그 방법을 사용할 수 있을 것이다. 일례로 우리가 지녀야 할 가치들을 명확히 하는 일에 사용할 수 있다. 분석철학이 무가치를 주장하는 반면, 기독교교육자들은 차세대에 전수할 가치들을 전개할 수 있다. 분석철학이 기독교교육자들을 위해 가질 수 있는 또 다른 하나의 용도는 우리로 하여금 교육결과의 명확한 서술을 가능케 하도록 돕는 데 있다. 애매하고 불명료한 용어로 쓰인 교육성과들은 별로 쓸모가 없다. 정확성이란 목표를 강조하고, 결과를 평가하는 적당한 도구로서 매우 중요하다.

ROBERT J. RADCLIFFE

참고문헌 | V. C. Morris and Y. Pai(1976), *Philosophy and the American School*; H. A. Ozman and S. M. Craver(1986), *Philosophical Foundations of Education*; M. L. Peterson(1986), *The Philosophy of Education: Issues and Options*; I. Scheffler(1960), *The Language of Education*; H. H. Titus, M. S. Smith, and R. T. Nolan(1986), *Living Issues in Philosophy*.

교육/시편과 잠언의 교육(Education in the Psalms and Proverbs).

이스라엘의 찬송가로 알려진 시편도 역시 교육적으로 매우 강력한 수단이다. 시편은 교육적으로 탁월한 가치를 지니는 요소들을 가지고 있다. 첫째, 교리적 내용이다. 현대 기독교인들이 다른 아무것도 없이 오직 시편만을 가지고도 하나님과 자신에 대해 많은 것을 배울 수 있다. 시편에는 하나님의 이름들(아돈, 아도나이, 엘, 엘로힘, 엘로아, 엘론, 샤다이, 야, 야웨)과 그분의 성품(영원성, 거룩, 위엄, 주권, 전능, 전지, 편재하심, 사랑, 궁휼, 은혜, 신실하심, 오래 참으심, 공평, 정의, 분노하심 등) 그리고 그분의 행동들(창조자, 통치자, 보호자, 자연의 지배자, 역사의 주인, 왕, 메시아, 선생으로서)로 가득하다. 또한 시편에는 인간의 죄와 한계성, 예배와 문제와 감정들(공포, 의심, 걱정, 실망, 패배감, 죄책감, 수치, 고독, 슬픔, 경외, 신뢰, 기쁨, 승리, 평화, 확신, 안도, 강인함)에 대해서도 기록되어 있다. 그러므로 시편을 읽고, 노래하고 묵상함에 따라 하나님에 대해 배우고 그분이 필요하다는 사실을 표현하게 된다. 아타나시우스(Athanasius, A. D. 293-373)는 시편들이 "만인의 거울과 같다"고 썼으며 칼빈이 시편을 "영혼의 모든 부분에 대한 분석"으로 간주했던 것이 과언은 아니다.

둘째, 시편은 하나님께서 가르치신다는 사실을 자주 상기시키기 때문에 교육적 가치가 있다. 하나님께서 신자들에게 당신에 대해 가르치시는 역사를 보여주는 구절들을 다음과 같다. "온유한 자에게 그 도를 가르치시리로다"(시 25:9), "내가 너의 갈 길을 가르쳐 보이고"(시 32:8), "나를 어려서부터 교훈하셨으므로"(시 71:17), "곧 지식으로 사람을 교훈하시는 자가"(시 94:10), 그분은 "주의 법"을 가르치시며(시 94:12), "주께서 나를 가르치셨으므로"(시 119:102), "주께서 율례를 내게 가르치시므로"(시 119:171)등이다.

시편 저자들은 하나님께 그분의 길과(25:4) 진리와(25:5) 방법과(27:11; 86:11) 놀라운 일들과(45:4) 그들의 연수를 계산하는 법과(90:12) 율례와(119:12, 26, 33, 64, 68, 124, 135) 지식과 명철(119:66), 규례들과(119:108) 다닐 길들과(143:8) 그리고 주의 뜻을 행하는 방법들을(143:10)을 가르쳐 달라고 부탁한다.

셋째, 시편들은 배움을 격려할 수 있는 방법들을 보여주는 교육적 장점이 있다. 아크로스틱(acrostic: 각 행의 머리글자를 모아 말을 만드는 유희시, 시 9-10편; 25편; 34편; 37편; 111편; 112편; 119편; 145편)과 두운, 단어 놀이, 동의어, 반의어 사용, 숫자를 사용한 표현, 환기시키는 말, 비유적인 표현, 반복 그리고 빈번한 음악적 표현들은 문학적 아름다움을 더해 주고, 독자들은 그 구절들을 쉽게 암기할 수 있다.

넷째, 유사한 시편들이 많은 부분을 차지하는 것도 교육적 가치가 있다. 청원들과 찬양, 권면들, 불평이나 애도, 질문, 성찰, 고소, 고백, 이야기, 서약

등—이 모든 표현들을 통해 신자들에게 하나님과 대화하는 법을 가르친다.

다섯째, 시편에는 교육적 목표가 있다. 신자들은 하나님의 명령들을 알아야 하고(119:7, 71, 73), 하나님을 경외하며(72:5; 86:11), 부모들은 자녀들을 가르쳐 하나님을 경외하고 복종하도록 해야 한다(34:11; 78:5-7).

잠언에는 부모가 하나님의 방법대로 자녀들에게 도덕적 행위를 가르치는 현저한 역할을 잘 묘사하고 있다. 잠언에는 아버지가 아들에게 가르치는 장면이 우세하지만(잠 1:8, 10, 15; 2:1; 3:1, 11, 21; 4:1, 10, 20; 5:1, 7, 20; 6:1, 3, 20; 7:1, 24; 8:32; 19:27; 23:15, 19, 26; 24:13, 21; 27:11) 아버지(잠 1:8; 4:1-4; 6:20; 23:22)와 더불어 어머니(잠 1:8; 6:20; 31:1)도 가정에서 자녀들을 가르쳤다.

잠언에 나오는 교육 수단들은 훈계와 숫자를 사용한 말들, '더 나으리라'(better-than)는 표현들, 행복에 관한 표현, 아크로스틱(31:10-13), 간결한 관찰, 반복 그리고 대구법 등이 사용되었다.

자녀교육의 목적은 그들을 지혜롭게 만드는 것이었으며(1:2-6; 8:33; 9:9; 13:14; 15:33; 19:20) 그 핵심은 하나님을 경외하도록 하는 것이었다. 하나님을 경외할 때 어린이들과 청소년들이 통찰력을 얻고(2:5), 죄악에서 돌이키며(8:13; 16:6), 장수하고(10:27; 14:27; 22:4), 부유하게 살 수 있다(19:23). 성경적 지혜(호크마⟨hokmah⟩)는 IQ가 높다는 뜻이 아니라 경건한 삶을 사는 기술과 경험을 의미한다.

이 지혜를 얻기 위해 어린이와 청소년들은 부모의 교훈을 듣고(1:8; 3:1; 4:1, 10, 20; 5:1, 7; 7:24; 22:17; 23:19, 22, 26) 지혜를 꾸준히 추구해야 한다(2:1-5; 4:5-9; 23:23). 이 일을 위해 부모의 훈계와(3:12; 12:1; 13:1; 15:5; 19:20, 27; 23:12; 29:15, 17) 꾸지람을(12:1; 13:1; 15:10, 32) 들어야 한다. 훈계라는 뜻을 가진 히브리어는 신체적 훈련이나(13:1) 말을("교훈"이라고 번역되는, 1:2-3; 4:1) 통한 도덕적 교정이나 교육을 의미한다.

잠언 22장 6절은 부모의 책임을 요약한다. "마땅히 행할 길을 아이에게 가르치라." 구약성경의 네 곳의 다른 부분에서 하나크(hanak, "훈련시키다")라는 단어를 사용한다. 곧 집(신 20:5), 솔로몬의 성전(왕상 8:63; 대하 7:5), 그리고 느부갓네살 왕의 금 우상(단 3:2)을 봉헌하는 것과 관련해 언급된다. 위의 구절에 쓰인 동사들이 "좁아지는"(narrowing)의 뜻을 내포하거나 집이나 성전, 우상의 사용에 구체적으로 사용되지만, 잠언 22장 6절은 어린이가 경건한 행동을 하도록 제한하다, 좁게 하다, 초점을 두다, "울타리를 치다"(hedge in)라는 뜻으로 사용되었다. "마땅히 행할 길"이란 어린이의 인성이나 발달 수준에 맞는 훈련을 하라는 뜻은 아니다. 그것은 어리석고 악한 길과 대조적인 지혜롭고 경건한 길을 의미한다.

어린이와 젊은이들은 또한 관찰하기와 주목하기를 통해 배우도록 지도되었다. 예를 들면, 어리석은 자들의 삶의 결과들(10:1, 4, 9, 10, 17; 24:30-34)과 현명한 행동의 결과들(10:1, 4, 9)을 보라고 했다. 이 요점은 추론들과 동기들을 포함하는 수많은 훈계에 첨가하여 부모들과 교육자들이 주의를 기울여야 한다.

잠언은 뜻있고 성취하는 삶을(16:22) 위해 더할 나위 없이 좋은 교육적 지침서이다 — 가정과 직장과 사회의 관계성을 위한 교육용 지침서이다.

ROY B. ZUCK

참고문헌 | T. A. Hildebrandt(1995), *Cracking Old Testament Codes*, pp. 233-54; T. Longman, III(1988), *How to Read the Psalms*; R. B. Zuck(1991), *A Biblical Theology of the Old Testament*; idem(1996), *Precious in His Sight: Childhood and Children in the Bible*.

교육자로서의 교사(Teacher as Educator). 교사/교육자의 역할은 아담이 자신의 아들들에게 기초적인 농업을 가르쳤던 것에서 볼 수 있듯이 인간사회가 시작된 때로 거슬러 올라간다. 그 이후로 가족들과 사회들이 중요한 기술들과 정보들을 세대를 걸쳐 전수하게 되었다.

역사적으로 가족과 부족은 가치들, 태도들, 그리고 생존의 기술들을 가르치는 장이 되었다. 청소년들은 역할모델들을 통해 그것들을 자신의 것으로 만들었다(아래 참조). 또한 부모 및 다른 공인된 권위적인 인물들은 자녀들이 문화적 기능을 발휘하는 데 필요한 정보를 반드시 습득하게 했다. 예를 들면, 미국 식민지 시절 뉴잉글랜드 마을에서는 부모들이 교사를 고용해서 그들의 자녀들이 성경을 읽을 수 있도록 가르치게 했다. 더욱이 수세기 동안, 도제식 학습은 기술과 작업 습관을 가르치는 데 효과적으로 사용되어 왔다. 간략히 말해, 교사/교육자는 다른 사람이 배우는 것을 도와주는 사람인 것이다.

오늘날 교사/교육자의 역할은 기독교교육 내외에서 다양한 형태를 띠고 있다.

1. 정보전달자로서의 교사. 교사/교육자의 전통적인 개념은 교실, 책, 실험실, 그리고 교육과정의 교수 보조자료물들(시각자료들, 컴퓨터, 비디오테이프 등)을 사용해서 어떤 주제에 대해 아는 것이 거의 없다고 추정되는 학생들에게 정보를 전달하는 사람이라는 것을 의미하고 있다. 교사에 대한 이런 개념은 보통 강의를 학습방법으로 삼고 있는 학교나 대학과 같은 기관에서 적용된다. 파울로 프레이레(Paulo Freiré, 1972)는 이러한 교육 접근을 "저축식 방법"이라고 불렀다. 학생들은 사실들을 분배받기 위해 은행원(교사)의 창구 앞에 줄을 선다. 여기서는 정보와 관점들을 학생들에게 분배하는 중요한 역할을 행사하는 교사에게 초점이 맞추어진다. 교사의 목적은 진리를 선언하는 것 혹은 좀더 일반적으로는 자료를 다루는 것이다. 학생들의 역할은 사실들을 흡수하고 시험을 통해 그 사실들을 종종 말이 아닌 글로 써서 기억하거나 심지어 완전하게 만들어 낼 수 있도록 하는 것이다. 어떤 주일학교나 교회에서 운영하는 학교의 선생님들은 자신들을 이런 범주에 속하는 교사로 볼 수도 있다.

어떤 상황이나 특정 주제들은 이런 정보노출의 학습법에 적절하다. 종종 이런 학습법은 효과적인 교수법으로 여겨지기도 한다.

2. 안내자로서의 교사. '교사/교육자'라는 용어는 조금 드물게 학습자들의 안내자를 묘사하는 데 사용된다. 전통적인 학교 상황이든 비형식적인 프로그램 속에서든지, 교사/교육자는 학습자가 학습과정을 전부 마치도록 학습자를 도와주는 것을 추구한다.

교실 안과 밖에서 "행함으로써 배우기"는 강의 중심의 학습법의 중요한 요소이다. 다양한 교수와 학습의 전략들이 학습자의 다양한 학습방식을 활용하기 위해 채택된다. 현장학습, 실제 생활의 모의실험 경험, 드라마, 캠핑, 다른 레크리에이션 활동들, 클래스 밖에서 행해지는 멘토링, 도제학습법, 그리고 기타 방법 등이 학습자 중심의 교사들에 의해 사용된다. 이 학습자 중심의 교사들은 다양한 학습방법을 통해 학습자들로 하여금 충성심, 협동심, 그리고 갈등해결 같은 태도들이나, 가치들 그리고 기술들을 잘 습득하도록 도와준다.

기독교교육 내에서는 효과적인 주일학교 교사들, 레크리에이션/클럽 리더들, 청소년 후원자들, 캠프상담가들이 그들의 교습에서 학생 중심의 학습법을 택하는 경향이 있다. 학생들은 교사가 안내자가 되는 학습에 참여할 때, 지식을 활용할 수 있는 그들의 기억력과 능력이 증대된다.

3. 모델로서의 교사. 많은 인간의 학습은 모방으로부터 나온다. 그러므로 하나의 본(또는 모델)을 제시하는 사람은 비형식적으로 그리고 아마도 비의도적으로 교사/교육자로서 섬기고 있는 것이다. 이것은 마치 부모들이 자신들의 자녀들을 사회화시키는 과정에서 나타나는 모델링과도 같은 것이다. 밴두라(Bandura)나 다른 사회학습 이론가들에 따르면 모델이 되는 교사는 그가 임무를 수행하고 삶을 경험하는 방식 그 자체에 의해 가치들, 태도들, 그리고 기술들에 관한 정보를 학습자들에게 제공하게 된다. 학습자들은 부모나 혹은 모델이 되는 사람의 태도와 행위를 주목한 후 무의식적으로 따라하게 된다.

부모들이 그들의 자녀들에게 남기게 되는 강력하고도 영속적인 영향은 모델링의 교육학적인 매력을 입증하고 있다. 따라서 그리스도인 부모로 하여금 자녀들 앞에서 지속적으로 성경적 삶의 방식을 살 수 있도록 도와주는 것이 중요하다. 같은 맥락에서 그리스도인 캠프, 오락 그리고 클럽위원회 등이 미치는 영향력이 너무나 크기 때문에 그런 것들을 선정하고 준비하는 것은 매우 중요한 것이다.

4. 정보전달자로서, 안내자로서, 모델로서의 교사. 이와 같은 교사/교육자는 다음과 같은 점들을 인식한다.

1) 정보를 전달하는 것 그 자체로는 학생들로 하여금 정보를 단순히 암기하는 이상으로 나아가거나 자료들을 통합하도록 하는 데 실패할 수 있는 위험을 가지고 있다.

2) 안내만으로는 충분한 지식의 넓이와 깊이를 결여하는 기능인만을 산출할 수 있다.

3) 모델링만으로는 종종 적절하지 않다. 왜냐하면 빈약하게 정의된 암시적 가르침들은 지적인 적용을 위한 학습자들에게 가능한 학습방법이 아니기 때문이다.

그래서 효과적인 교사/교육자는 무엇이 학습되어져야 하는가에 대한 심도 깊은 전문적 지식을 만들어 내는 통전적인 교육의 경험으로써 학습자들을 이끌기 위해 위의 세 가지 모든 학습방법들을 종합해 보려고 시도한다.

5. 그리스도인 교사/교육자. 예수께서는 그의 제자들에게 다른 사람들을 가르쳐 그들로 하여금 "내가 너희에게 명령한 모든 것을 지키게 (혹은 행하도록) 하라"(마 28:18-20)고 하셨다. 따라서 변화된 삶을 이끌어내지 못하는 기독교육은 목적을 이루지 못한 것이다. 하나님의 진리는 단순히 지적인 명상이나 감탄만을 위해 의도된 것이 결코 아니다. 그것은 또한 인류로 하여금 하나님을 사랑하고, 그의 명령에 순종하겠다고 결단하도록 지도하는 것이기도 하다. 기독교교육은 반드시 학습자들에게 진리를 자신들의 삶 속에 통합시키도록 동기유발을 시켜야 한다.

이런 종류의 교육을 계획하는 것은 학습자들의 필요를 이해하는 것으로부터 시작해서 어떻게 그들의 변화된 생활방식으로 이끌 것인지를 결정하게 된다. 기독교 교육과정은 행동의 변화를 목적으로 구성되며 모든 적절한 교육/학습 전략들은 학습자들의 이해와 능력을 격려해 주고 그들의 삶에 적용하도록 하기 위해 사용된다.

DANIEL C JESSEN

참고문헌 | A. Bandura(1971), *Social Learning Theory*; P. Downs(1994), *Teaching for Spiritual Growth*; P. Freiré(1972), *Pedagogy of the Oppressed*; T. H. Groome(1980), *Christian Religious Education*; L. LeBar(1992), *Principles and of Christian Education*; L. O. Richards(1975), *A Theology of Christian Education*.

교육자로서의 랍비(Rabbi as Educator).

문자적으로 "나의 위대한 사람"으로 번역되는 랍비는 삶의 한 방식으로서의 토라(Torah)에 대한 큰 지식과 지혜를 소유하고 있는 선생에게 부여된 명칭이었다. '토라'는 "쏘다" 내지는 "목표로 하다"라는 뜻의 히브리 어원을 가지고 있는 말로서 이스라엘 백성의 삶을 위한 하나님의 목표나 지침으로서의 모세오경을 가리켰다. 후에 팔레스타인에서 로마 점령하의 학교들이 랍비들을 법률전문가들로서 결정을 내릴 수 있도록 안수하는 것을 시작으로 토라는 더욱 더 일반적으로 "법"이라는 말로 번역되었다.

토라에 의하면 모든 유대 남자들은 공부할 의무를 가졌으며, 부모들은 그 전통을 자녀들에게 물려줄 책임을 지녔다. "네 자녀에게 부지런히 가르치며"(신 6:7)라고 모세는 하나님을 대언하여 기록했다. 본문의 히브리어를 조금 더 문자적으로 해석하면 하나님의 말씀을 "너는 그들의 마음에 찔러 넣을 것이며"가 될 것이다. 그러므로 글이나 사상 그 이상으로 가르침은 하나님의 말씀이 내재화되는 것을 뜻한다. 모든 어린이는 하나님의 입에서 직접 나오는 말씀들을 개인적으로 받게 되는 시내산에 오르는 것을 경험해야 한다. 언약에 대한 순종은 사회에서의 법 이상을 의미했다. 그것은 하나님과 그의 백성간의 혼인에 비유되었다.

1. 고대: B. C. 800년-A. D. 20년. 처음에 부모들은 자신들의 책임을 심각하게 받아들였다. 사사

시대 동안 교육의 기회는 폭이 넓었다(삿 8:14). 가정들은 제사장 부족이었던 레위 족속으로부터 추가적인 도움을 받았다(대하 7:7). 그것은 제1성전 시대까지 이어졌다. 70년간의 바벨론 포로 생활 이후 에스라는 토라를 회당에서 정기적으로 읽을 것을 강조하며 토라 전수의 의무를 새롭게 했다. 한 탈무드 내용에 의하면 이 강독은 매주 월요일, 목요일 그리고 토요일 오후로 잡혀져 있었다고 한다. 이 전통은 제2성전 시대가 끝나기 전에 완전히 뿌리를 내렸다(A. D. 70년).

랍비라는 용어는 로마 점령하의 팔레스타인에서 처음으로 등장했으며, 토라에 대한 지식을 가진 현자들을 기리는 마음에서 그들에게 부여되었다. 문화교육이 시들해지자 랍비들이 학생들을 가르치고 그들에게 멘토링을 제공하는 것이 어려워졌다. 마침내 B. C. 1세기에 산헤드린(유대 최고 사법기관) 공회의 회장인 시므온 벤 세타크(Simeon Ben Shetach)는 사회적, 경제적인 지위와 상관없이 모든 남자아이들이 공공교육을 의무적으로 받아야 한다고 규정하였다. 이러한 공식적인 결정은 토라 전수의 의무를 부모로부터 랍비가 감독하는 지역사회의 학교들과 교육기관들로 옮겨가도록 했다.

2. 랍비 시대: A. D. 20년-A. D. 1040년. 제2성전이 붕괴되고 난 후 얼마 되지 않아 여호수아 벤 가말라(Joshua Ben Gamala)는 모든 지방들과 도시들은 여섯 살 내지는 일곱 살 이상의 아이들을 가르칠 선생들을 지정하도록 지시하였다(Bav. Batra. 21a). 탈무드에는 유아교육에 랍비들이 얼마나 헌신되어 있었는지를 보여주는 기록들이 있다. 랍비 치야(Rabbi Chiyya)는 "나는 선생들이 한 명도 없는 마을로 올라가서 각각의 아이들에게 토라의 다른 책들을 가르친다. 또한 여섯 명의 아이들 각각에게 미쉬나의 여섯 가지 규칙들을 외워서 가르친다. 그런 다음 나는 그들에게 '내가 집으로 돌아와서 이곳으로 오는 사이에 서로에게 토라와 미쉬나를 가르쳐 보도록 하라'고 말한다. 이러한 방식으로 나는 토라가 유대인들에게서 잊혀지지 않게 한다"고 말했다(Bav. Metz. 85b).

A. D. 200년에 편집된 미쉬나(구두법)가 붕괴된 성전을 대체했다. 이 기간 동안 유다 하나시(Judah haNasi: 지도자 유다)에 의해 미쉬나가 수집되고 편집되어 기록되었다. 그의 공로로 탈무드는 유다 하나시를 이름으로 언급하지 않고 라베누 하카도쉬(Rabbenu haKadosh), 즉 우리의 가장 거룩하고 위대한 분/선생이라는 호칭으로 언급한다. 랍비들은 열심을 다해 토라와 미쉬나를 분석하였다. 타나임(Tannaim: "이야기하는 사람들")은 토라와 미쉬나를 설명해 주었으며(A. D. 10년에서 A. D. 200년까지), 아모라임(Amoraim: "말하는 사람들")은 강연하였으며(A. D. 200년에서 A. D. 500년까지), 예쉬바 지도자들(게오님〈Geonim〉내지는 "위대한 사람들")은 전 세계에 흩어져 있는 유대인들에게 논문 내지는 레스폰사(Responsa)를 써 보내었으며(A. D. 500년에서 A. D. 700년까지), 사보라임(Savoraim: "논하는 사람들")들은 모든 자료들을 탈무드로 편집하는 것을 끝냈다(A. D. 700년에서 770년까지). 바벨론의 위대한 학교들이 유대주의를 이끌었으며 최후의 게오님이었던 하이 가온(Hai Gaon)이 1038년에 사망할 때까지 탈무드의 가르침을 몇 세기 더 전수하였다.

3. 학자들과 근대: A. D. 1040년부터 현재까지. 탈무드는 이스라엘의 여러 학자들에 의해 8세기가 넘는 시기에 걸쳐 발전된 학습과 논의로 이루어진 250만 단어의 교육과정이 되었다. 이러한 학문적인 업적은 지금은 사라진 팔레스타인과 바벨론 학교들의 열매였다. 미쉬나 및 탈무드와 함께 토라를 전수하는 과업은 학자들의 책임이었다. 라쉬(Rashi: Rabbi Shlomo ben Isaac, 1040-1105)는 프랑스의 트로에스(Troyes)에 탈무드학교를 설립하였다. 토라의 문자적인 의미에 대한 간결하고도 합리적인 설명은 주석의 표준이 되었다. 그의 바벨론 탈무드주석은 탈무드의 난해한 논의들을 범인들도 이해할 수 있도록 만들어 주었다. 그런 다음 람밤(Rambam: Rabbi Moses Maimonides, 1135-1204)이 탈무드를 14개 부분으로 구성된 논리부호로 체계화하였다. 요셉 카로(Joseph Caro:

1488-1575)는 탈무드를 법적 체계로 체계화 하는 것을 자신의 중요한 작품인 『슐칸 아룩』(Shulkhan Aruch, 1570)으로 완성시켰다. 그리하여 랍비들은 탈무드의 지식으로써 지역사회를 다스리는 학술 법률전문가들로 발전하였다.

오늘날 랍비들은 여전히 바르 미츠바(토라의 유산을 다음 세대에게 전달하는 과업)를 책임지고 있다. 이제는 바트 미츠바(여자아이들에게 성경공부를 가르치는 것)도 있다. 오늘날의 의무는 더욱 확대되어 유대인 공동체를 현대사회에 나타내는 책임이 포함된다. 랍비들은 설교학, 역사, 성경, 신학, 철학, 윤리학, 전례, 히브리문학에 대한 폭넓은 지식과 일반 세속문화에 대한 지식도 요구한다. 랍비들은 여전히 교육자로 남아 있지만 급변하는 세상에 자신들의 방법들과 자료들을 적응시켜야만 할 것이다.

JEFFREY E. FEINBERG

참고문헌 | G. Bader(1988), *The Encyclopedia of Talmudic Sages*; A. Cohen(1975), *Everyman's Talmud*; R. H. Goldwurm, ed.(1991), *Art Scroll Series: The Schottenstein Edition*; B. Herring, ed.(1991), *The Rabbinate as Calling and Vocation: Models of Rabbinic Leadership*; G. Wigoder, ed.(1991), *Dictionary of Jewish Biography*.

참조 | 바르/벧 미츠바(BAR/BAT MITZVAH); 축제를 통한 유대인의 교육(HEBREW EDUCATION THROUGH FEASTS AND FESTIVALS); 유대교육(JEWISH EDUCATION)

교육자로서의 성직자(Clergy as Educators).

예수 그리스도께서 이 세상을 떠나시기 전에 그분을 따르는 자들(제자들)에게 한 가지 명령을 하셨다. "가서 모든 족속으로 제자를 삼아… 내가 너희에게 분부한 모든 것을 가르쳐 지키게 하라"(마 28:19-20). 제자들에게 가르치라고 하신 이 명령이 교회교육사역의 토대이다.

사도 바울도 에베소서 4장 11-13절에 지도자로서 사역자의 책임에 대해 광범위하게 요약해 놓았다. 하나님께서 성직자로 부르심은 하나님의 자녀들이 "섬김의 일"을 하도록 준비시키는 일의 위임을 위해서다. 즉 교육사역의 목적은 그리스도의 몸을 세우는 것과 그리스도 안에서 온전한 성숙을 이루는 것이다. 이 교육사역은 매우 중요하여, 바울은 이것을 지도자가 될 전제조건이라고 했다(딤전 3:2).

그러므로 성직자는 교회의 교육사역에 매우 중요한 책임을 갖는다. 이 책임은 최소한 다섯 가지 특수한 분야로 구분된다.

가르치는 책임을 다하기 위해 사역자는 먼저 말씀을 열심히 연구해야 한다. 디모데후서 2장 15절에는 "진리의 말씀"을 옳게 분변하기 위한 공부를 요구한다. 말씀을 중히 여기는 목사는 그것을 열심히 공부하고, 교훈과 실천을 통해 가르친다.

가장 분명한 것은 사역자는 말씀을 선포해야 하는 것이다. 그리스도를 선포하고(골 1:28), 건전한 교리를 가르치며(딛 2:1), 명령하고, 권고하고, 징계하고, 가르치는 모든 일이 신실한 목사/교사의 책임이다. 말씀 안에 구원이 있고(엡 1:13), 진리에 대한 지식이 성도들을 경건함으로 인도한다(딛 1:1).

교육자로서 성직자는 또한 제자로 불린다. 진리를 가르칠 뿐 아니라 제자들과 함께 거하고 삶의 변화를 보여주며 지도해 주고 양육해 준다. 대교사이신 예수 그리스도의 교수법을 모범으로 삼는 것이(요 13:1-17을 보라) 효과적이다. 바울은 고린도 교인들에게 자신이 예수님을 본받는 것처럼 자기를 본받으라고 권한다(고전 11:1). 제자를 만드는 과정은 가르치는 것 이상을 요구한다. 바울은 성령의 역사를, 하나님의 자녀들이 "그와 같은 형상으로 변화되기" 위해(고후 3:18) 하나님 안에 거하는 과정으로 묘사한다.

교육자로서 성직자의 다른 하나의 책임은 성도들이 하나님을 섬길 수 있도록 준비시키는 일이다. 성령의 은사를 분별하도록 돕고 하나님의 진리를 잘 전달할 수 있도록 이들을 가르치는 것이 목사/교사의 매우 중요한 책임이다(엡 4:11-13).

마지막으로, 성직자들은 교육사역의 동기를 부여하고 응원해야 한다. 이 일은 성직자 혼자서는 너무 버겁다. 말씀을 가르치는 일과 교육사역은 반드시 "책임감 있는" 교사들에게 위임해야 한다(딤후 2:2).

성직자는 교사들이 성도들을 섬기도록 준비시켜 주고, 자신들의 지도력을 나누고 동기를 부여하여 평신도들이 지상명령을 잘 지키도록 감독해야 한다.

MARI GONLAG

참고문헌 | D. M. Geiger(1991), *Christian Education: Foundations for the Future*, pp. 411-25; R. Yount(1995), *The Teaching Ministry of the Church: Integrating Biblical Truth with Contemporary Application*, pp. 121-39.

교육철학(Philosophy of Education).

교육에 종사하는 모든 사람들은 교육이 무엇이며 교육이 어떻게 이뤄져야 하는가에 대한 나름대로의 생각을 가지고 있다. 교육의 목표와 목적, 그리고 방법에 대한 사람들의 기대에는 상당한 차이가 존재한다. 교육의 본질에 대한 이러한 신념들은 개인적 인식 정도에 따라 상이하게 존재한다. 또한 그러한 생각들이 의식적으로 고려되고 있는지의 여부와 관계없이 모든 사람들은 교육에 대한 어느 정도의 기초적 가정들을 기반으로 행동한다. 이러한 교육적 신념과 그것의 실천은 개인의 교육철학을 형성한다.

개인적 교육철학의 광대한 범위를 살펴보면 어느 정도의 공통된 관심사와 주제가 있음을 깨닫게 된다. 교육철학자들은 공식적으로 이러한 주제들을 연구하며 교육을 바라보는 데 선호되는 접근법들을 제시한다. 이러한 학문적 분야를 교육철학이라 부른다. 교육철학 전문가들의 전통적 과제는 교육에 대한 주요 견해들을 분석하고 넓은 범주의 그룹들로 편성하는 것이다. 이러한 사고범주들이나 주요 철학학파들 역시 교육철학으로 불린다. 이러한 예로 이상주의, 현실주의, 실용주의, 재건주의, 행동주의, 그리고 실존주의 등을 들 수 있다.

공식적인 학문적 연구나 개인적 견해를 일컫든지, 혹은 특정한 학파를 지칭하든지에 관계없이 모든 교육철학들은 삶에 대한 보편적 철학으로부터 생겨난다. 한 개인이 삶에 대해 가지는 신념은 그 사람의 교육적 견해에 대해 알려준다. 개인의 정체성에 대한 의문들, 삶 속의 문제들, 그리고 인간적 상황에 대한 구제책 등은 모든 사람들의 인생관의 기저에 깔려 있다. 한 개인이 현실, 세계, 인류, 죽음, 지식, 윤리학, 그리고 역사에 대한 관심을 어떤 식으로 나타내는가 하는 것이 그 사람의 근본적인 관점 내지는 세계관을 규정한다. 이러한 견해로부터 사람들은 교육철학을 형성하고 실천에 옮긴다.

공식적인 철학적 연구의 주요 분야들은 세계의 본질(형이상학), 지식(인식론), 가치(가치론), 그리고 아름다움(미학) 등을 다룬다. 이러한 분야들에 대한 이해들은 특정 철학들의 토대를 제공한다. 세계와 삶에 대한 일반적인 철학은 특정한 교육철학을 만들어낸다. 그러한 특정 교육철학은 교육정책의 발전을 이끌어내며 교육적 실제를 형성한다.

교육적 실제의 광범위한 영역은 학습, 학교교육, 훈련, 그리고 사상화 등과 같은 개념들과 중복된다. 교육철학들은 대신 교육의 목표, 학습자의 본질, 주제, 학습과정, 그리고 교사와 관련된 문제 등에 대해 논의한다. 대부분의 교육적 관심사들은 이러한 핵심적 주제들로 거슬러 올라간다고 하겠다.

교육의 목표와 관련하여 교육적 활동의 목적이나 목표 등과 연계된 질문들이 제기된다. 어떠한 목표를 향해 우리는 교육을 행하는가? 무엇을 성취하고자 하는가? 어떠한 결과들을 이룩해 내고자 하는가? 교육은 사회와 어떠한 관련을 맺고 있으며 학교는 어떠한 역할을 수행하는가? 철학들은 이러한 질문들에 대한 신뢰할 만한 대답을 얻어내기 위해 상이한 근거들을 살피는데, 대답들은 대개 가정과 지역사회, 교회, 정부, 학교 등에 맡겨진 역할들을 중심으로 생겨나는 경향이 있다. 교육적 목표에 대한 결정들은 교육적 실제의 입안, 개발, 그리고 방향 등에 지대한 영향을 끼친다.

학습자의 본질에 대한 고려들은 이 첫 번째 주제와 관련된다. 인간적이라는 것은 무엇을 뜻하며 학생들은 어떤 식으로 이해되어야 하는가? 어떤 철학은 학생들을 훈련을 요하는 보다 고급형태의 동물로 이해하는 반면, 다른 철학들은 어린이들을 정부의 산물로서 통제대상으로서 인식한다. 또 다른 철학들은 학생들을 프로그램화되는 기계의 일종이나, 가꾸어야 할 식물로, 채워져야 할 빈 그릇 등으로 이해한다. 학습자의 본질에 대한 이해들은 매우 중요한데 이는 학생들이 학습환경 속에서 어떻게 다루어져야 하는지를 가리키기 때문이다.

주제영역에서는 교육과목의 내용에 관심이 돌려진다. 학생들에게 무엇을 가르쳐야 하는가? 누가 그에 대한 결정을 내리며 어떻게 확정되는가? 세상에 존재하는 모든 지식들 가운데 가장 알 만한 가치가 있는 지식은 무엇인가? 어떤 이들은 특정 정보의 수집이 한 세대에서 다른 세대로 전수될 필요가 있다는 결론을 내린다. 다른 이들은 학생들 스스로가 자신들의 학과과목을 결정해야 한다고 주장한다. 또 다른 이들은 어떤 특정한 학습내용보다는 학습 과정을 더 강조한다. 이 방면의 연구들은 특정한 교과관련 주제들의 상관성을 규정한다.

학습과정과 관련해서 교육심리학과 함께 사람들이 어떻게 학습하는가에 관심이 집중된다. 지적 능력과 인간발달 단계 그리고 어떠한 교육적 활동들이 특정한 결과를 만들어 내는지를 규정하는 시도가 행해진다. 학습의 정서적, 사회적 역동성은 물론 이성과 행동의 중요성에 관심이 집중된다. 어떤 이들에 따르면 학습은 기본적으로 인지적이기 때문에 이성적인 접근이 선호되어야 한다고 믿는다. 다른 이들은 보상과 처벌체계를 지닌 행동의 조건화를 강조하고자 한다. 또 어떤 이들은 아이의 정서적 세계를 키워주고, 지역사회에서 학습이 협동적으로 이뤄져야 하는 중요성을 지적한다. 사람들은 모두 서로 다른 학습양식을 고수하므로 많은 교수방법들이 이 분야에 대한 이해에서 생겨난다.

교육철학은 교사와 관련하여 교수자의 역할을 고려한다. 누가 교사의 책임을 맡거나 부여받아야 하는가? 교사는 일차적으로 지식의 전수자나, 사회화의 관리인으로, 탐구적인 길잡이로, 또는 행동의 추진가로 인식되어야 하는가? 기독교 전통 속에서 교육철학은 세상의 창조와 인류의 범죄, 구속의 과정과 관련된 성경적 주제들로부터 이끌어 내어진다. 성경은 하나님의 성품을 알 수 있게 하며 인류와 세상을 향한 그분의 궁극적인 의도를 깨닫게 하는 계시로 이해된다. 교육의 목표는 창조물들을 향한 하나님의 계시된 계획들이 성취되며, 그를 통해 하나님을 기쁘시게 하도록 돕는 것이다. 인간은 하나님과 관계를 맺는 존재로서, 그리고 세상을 책임진 청지기로서 독특하게 창조되었다. 학습자들이 타락되고 파괴된 세상에서의 삶의 결과들로 인해 고통받기 때문에 교육은 성령의 회복시키는 사역과 그 임무를 같이할 수밖에 없다. 그리스도에 의해 구속된 이들은 그들의 책임들을 성실히 다하기 위해 준비될 필요가 있다. 또한 그리스도로부터 멀리 있는 이들 역시 언젠가는 주님을 알 수 있게 되며 하나님을 경외하는 삶을 살 수 있게 될 것이라는 희망을 가지고 사랑으로써 그들을 섬겨야 한다.

개인이 어떠한 교육철학을 지녔든지 교육실제가 언제나 이론을 반영하는 것은 아니다. 교육기관이 명시된 신념들과 교육자가 항상 일관성을 이루는 것은 아니며 교육적 주제에 대한 모든 종류의 고려들이 필요하다. 학교가 그들의 설립취지문이나 관련 서류 등에 명시하는 공식 교육철학을 보유하고 있는 반면, 교직에 대한 다양한 사적 견해를 지닌 개별 교육자들이 또한 이러한 학교를 구성하고 있다. 지난 수세기 동안 미국의 공립학교들은 일반적으로 실용주의와 포스트모더니즘과 관련된 철학적 사고들을 반영해 왔다.

ROGER WHITE

참고문헌 | L. Berkhof and C. Van Til(1990), *Foundations of Christian Education: Addresses to Christian Teachers*; G. H. Clark(1946, 1988), *A Christian Philosophy of Education*; N. DeJong(1969), *Education in the Truth*; K. O. Gangel and W. S. Benson(1983), *Christian Education: Its History and Philosophy*; G. R. Knight(1998), *Philosophy and Education: An Introduction in Christian Perspective*; C. S. Lewis(1947), *The Abolition of Man: How Education Develops Man's Sense of Morality*; H. A. Ozmon and S. M. Craver(1998), *Philosophical Foundations of Education*; R. W. Pazmino(1997), *Foundational Issues in Christian Education: An Introduction in Evangelical Perspective*; M. L. Peterson(1986), *Philosophy of Education: Issues and Options*; N. P. Wolterstorff(1980),

Education for Responsible Social Action.

> 참조 | 실존주의(EXISTENTIALISM); 이상주의(IDEALISM); 사실주의(REALISM); 개조주의(RECONSTRUCTIONISM)

교육철학의 성경적 기초(Biblical Foundations for a Philosophy of Teaching).

하나님께서는 인간이 당신에 대해 알기를 원하시므로 인간이 이해하기 쉬운 방식으로 당신을 계시하신다. 그러므로 모든 사람들이 진리 안에서 그분을 알고 사랑하고 예배하고 섬길 수 있다. 하나님의 진리를 알게 된 사람들은 하나님에 대한 지식과 사랑과 예배와 섬김에 참여하는 특권을 부여받았는데, 이 특권이란 바로 교육이다. 교육은 하나님의 진리를 진정으로 이해하고 그분의 자기계시에 일치하는 변화를 추구하는 가르침의 사역에 참여하는 것이다.

1. 구약적 기초. 구약의 토라, 즉 율법서에서 하나님의 자기계시의 핵심을 볼 수 있다. 의미론적으로 "토라"(히, torah)는 동사 "야라"(yarah)와 관련된 말로 히브리 문법상 "히필"(hiphil)로서 "가르치다"라는 뜻이다. 하나님의 율법은 사람들이 하나님의 자녀로서 어떻게 살아야 하는가를 보여줌으로써 하나님의 속성에 대해 가르친다. 토라는 인생의 모든 것을 포괄하는 도덕적, 사회적, 종교적 안내서이며 어떻게 예배하고, 공동체로서 어떻게 살아야 하는지를 가르친다. 신명기 4장 5-6절에서는 토라의 가르침을 따르는 것이 하나님의 공동체 외부에 있는 자들에게 독특한 지혜와 명철을 보여주는 것이라고 했다. 그러므로 세상이 하나님의 위대하심과 그분의 방법을 알게 된다.

토라는 영원하신 분으로부터 왔기 때문에 영원한 진리를 보여주고 전 시대의 모든 사람들에게 진리이다. 그러므로 하나님의 진리를 가르치는 일은 모든 세대를 통해 하나님의 공동체에게 주어진 필수과제이다. 이스라엘에서는 가르치는 것이 제사장들의 임무였고(레 10:8-11), 나중에는 선지자와 다른 지도자들이 그 역할을 맡았다. 그리하여 가르치는 일은 제도화된 삶의 일면으로 이스라엘의 주요 역사적 사건들과 연계되기도 했다. 이스라엘이 약속의 땅을 점령하려던 시기(신 1:5)와 바벨론 포로생활 이후 이스라엘 땅으로 돌아왔을 당시(느 8:1) 등이 그 실례들이다. 제사장과 선지자들의 가르침이 받아들여지지 않으면 이스라엘의 멸망이 예고되었다(사 9:14-17; 겔 13장). 하나님의 진리를 가르치는 이들을 포함하여 지도자들까지 죄를 범하였을 때 이스라엘의 멸망이 왔다(미 3:11-12).

가르치는 일은 하나님의 자녀들에게 삶의 원리를 지도해 줄 뿐만 아니라 하나님의 뜻을 가르치는 일이 부모의 책임이라는 것 또한 지적한다. 가정은 기본적인 사회단위로서, 가정을 통해 하나님의 말씀이 새로운 세대에게 전달된다. 부모들은 자녀들을 가르쳐 토라에 순종하고, 하나님의 자기계시가 그 사회에 영속되도록 할 의무가 있다. 하나님의 명령이 삶의 모든 영역에 두루 스며들어 매일 매순간 그 가르침을 따르도록 했다(신 6:1-9). 부모가 지혜를 가르치고 자녀들은 그들의 부모로부터 명철을 배워 부모를 기쁘게 한다(잠 23:22-25).

사람은 때때로 실패하지만 하나님께서는 자녀들이 따라야 할 길을 가르치심에 실패하시지 않는다. 다윗은 시편 25편 4절에 "여호와여 주의 도를 내게 보이시고 주의 길을 내게 가르치소서"라고 탄원하였고, 이후 그는 "여호와는 선하시고 정직하시니 그러므로 그 도로 죄인을 교훈하시리로다 온유한 자를 공의로 지도하심이여 온유한 자에게 그 도를 가르치시리로다"(8-9절)라고 확신했다. 겸손이 배움의 전제이고, 교만은 배움의 필요를 보지 못하게 한다(잠 11:2). 하나님께서는 그분께 배우기를 원하는 자들을 가르치시겠다고 약속하신다(시 32:8).

동사 "야라"로부터 "던지다"(cast) 또는 "쏘다"(shoot)라는 말의 어근이 파생되었는데 직접적인 가르침, 즉 한 길을 지적해 주거나 인도해 주는 일을 강조하는 듯하다. 이는 창세기 46장 28절에 야곱이 유다를 보내어 애굽으로 가는 길을 "인도하게"한 사건에서 명확하게 볼 수 있다. 하나님께서는 모세에게 무엇을 말해야 할지(출 4:12), 무엇을 해야 할지(15절) 가르쳐 주겠다고 약속하신다. 시편 27편 11절에 다윗이 하나님께 바른 길로 인도해 달라고 간청하였고, 시편 119편에도 "주의 율례의 도를 내게 가르치소서"(33절)라고 동일한 청원을 반복했다.

구약에 교수학습개념을 광범위하게 전달하는 다른 히브리어 단어들도 있다. "라마드"(lamad)는 특수한 기술 습득을 강조하는데, 군사기술이나(삼하 22:35; 대상 5:18), 음악을 배우는 기술(대상 25:7) 등에 쓰였다. 또한 농사를 위해 동물을 길들이는 일에도 쓰였는데, 이 단어에서 "말마드"(malmad) 즉 "소몰이 막대기"(oxgoad) 또는 "멍에"(yoke)라는 말이 파생했다. 호세아 10장 11절에 에브라임이 "길들인 암소"와 같이 주께서 멍에를 씌워 인도하신다고 묘사되었다. 신명기 5장 1절, 31장 13절, 이사야 26장 9절, 예레미야 31장 34절에도 이 단어의 유용을 본다. 하나님의 율법을 연구하는 사람을 "탈미드"(talmid)라고 부르는데, 여기에서 유대인의 탈무드가 유래되었다.

"자하르"(zahar)라는 단어도 출애굽기 18장 20절에서 가르침을 의미한다. 그러나 이 동사는 "경고하다"라는 뜻으로 주로 번역된다. 가르치는 일은 불순종과 어리석음에 대한 결과를 경고하는 일도 포함한다(시 19:11; 겔 3:20). 하나님께서는 진리를 떠나 파괴의 길에 들어선 자들을 경고하지 않으면, 그 멸망의 책임을 지도록 했다(겔 13:7-9).

구약에서 가르치는 일의 중요성의 핵심은 신명기 1장 5절에 "모세가 요단 저편 모압 땅에서 이 율법 설명하기를 시작하였더라"라는 말씀에서 찾아볼 수 있다. 이 구절의 "율법"이란 말은 십계명이나 또는 출애굽기, 레위기, 신명기에 나오는 율법들보다 더 많은 것을 함축하고 있다. 신명기에는 모세가 율법을 해석하여, 하나님의 자녀들이 약속의 땅에 들어갈 준비를 하면서 어떻게 그들의 사고와 충성과 행동을 바꾸어야 할지 보여주었다. 덧붙여 신명기 그 자체는 하나님의 명령 뿐만 아니라 훨씬 많은 것을 담고 있다. 이스라엘 백성에게 역사를 통해 일하시는 하나님의 전능하심을 기억하라고 명하고, 약속을 지키시는 하나님께 충성하는 삶을 살라고 조언한다.

요약하면, 구약에 나오는 가르침의 개념은 각 세대가 하나님의 언약에 대한 신실함을 새롭게 다짐하는 것과 밀접하게 연결되어 있다. 가르치고, 지도하고, 훈련하고, 설명하고, 권면하고, 경고하는 일들을 통해 하나님과 그분의 뜻을 알아서, 그의 백성들이 모든 나라 중 특별한 축복을 받으며, 그 축복이 전 세대를 통해 영속되도록 했다. 가르치는 일이 제사장들에게 속한 제도로 인식되기는 했지만, 일상생활 속에서 사회적, 도덕적, 레위기적 율법을 순종하는 본보기들을 통해 신세대를 가르치도록 되어 있었다.

2. 신약적 기초. 신약성경에는 가르침을 이해하기 위한 기초로서 하나님의 자기계시가 지속되었다. 하나님의 율법이 구약성경의 기본적 진리의 토대인 반면 신약성경은 하나님의 아들, 주 예수 그리스도가 하나님의 자기계시의 초점이다. 성자가 구약에 주어진 하나님의 계시를 이어가고 있다(히 1:1-3). 실로 성자가 인류에게 하나님을 설명해 줌으로써(요 1:18), 신약성경의 가르침은 주 예수 곧 그분의 삶과 가르침과 사명과 교회와 미래에 핵심을 두고 있다.

예수께서 자신이 성경에서 가장 주도적으로 가르치는 본보기를 보이셨다. 그의 가르침의 토대는 구약에 이미 계시된 하나님의 진리이지만, 당시 보수적인 유대인들의 사고방식에 도전하는 방식으로 가르치셨다. 예수님은 율법의 의미를 행동에서 태도로(마 5:17-48), 율법주의에서 은혜로(마 9:9-13) 초점을 옮기셨다. 예수님은 문화적으로 용인되는 제도화된 교육의 형태를 피하셨다. 예수님은 제자들과의 의미 깊은 관계를 통해(막 3:14; 요 15:9-15), 자기희생을 통한 하나님의 뜻에 복종함으로(눅 9:21-26), 그리고 하나님의 진리를 가르치는 특권을 부패시키고 오용한 자들을 질타하심으로써(마 23장) 가르치셨다. 예수님은 율법을 해석하셨고, 왕국을 일반적인 경험으로부터 생동하는 문장으로 묘사하셨고, 병든 자들을 치유하셨고, 구원을 가장 필요로 하는 자들을 환영하셨다. 그는 또한 제자들의 발을 씻기심으로 겸손한 섬김의 본을 보이셨다. 이 땅에서의 마지막 순간에는 제자들을 보내시어 그들이 배운 모든 것을 가르치라고 명하셨다(마 28:18-20).

신약 전체를 통해 볼 때, 가르치는 일은 영원하신 하나님의 아들로 선택받은 자들의 기본적인 책임과 역할로써 인식되었다. 초대교회는 사도들의 가르침(행 2:42), 즉 구약 전체를 통해 계시된 메시야가 예수 그리스도라는 설명과 믿음으로 그 계시에 화답하라는 권면에 전념했다. 교회가 점점 확장됨에 따라 바울과 사도들이 전해준 그리스도에 대한 신앙을 설명하는 일과 잘못된 가르침에 대항하여 신앙을 지키라는 권면에 중점을 두었다(살후 2:15; 딤후 2:2). 그런 가르침은 하나님을 아는 지식이 부족한 자들을 영적 성숙의 길로 인도해 준다(골 1:28; 딛 2:11-13). 헬라어 "디다스코"(didasko)와 "파이듀오"(paideuo)가 상기한 문맥에서 가르침을 묘사하기 위해 기본적으로 사용되었다. 성자에 대한 정확한 가르침은 교회의 설립과 성장에 너무도 중요하여, 지역교회의 지도자들은 초자연적으로 주어진 능력 혹은 직임으로(롬 12:6-7; 고전 12:28) 교사의 자질(didaktikos, 딤전 3:2; 딤후 2:24)이 있어야만 했다.

교회사역의 중심은 가르치는 일이었다. 복음의 진실과 능력에 대한 이해를 돕는 설명을 통해 하나님과 그의 아들을 알게 될 뿐만 아니라(고전 1:18), 가르치는 은사를 받은 이들이 하나님의 진리를 계속 가르침으로써 영적 성장을 지속시킨다(엡 4:11-16).

MARK YOUNG

참고문헌 | B. V. Hill(1985), *The Greening of Christian Education*; R. W. Pazmino(1988), *Foundational Issues in Christian Education: An Introduction in Evangelical Perspective*; K. Wegenast and D. Furst(1978), *The New International Dictionary of New Testament Theology*, 3:759-81; G. H. Wilson(1997), *The New International Dictionary of Old Testament Theology and Exegesis*, 4:559-64.

교육학(Pedagogy). 교수법과 교수기술 및 실제 혹은 교직, 특히 학습과 교수원리 및 방법들에 대한 조직적 체계이다.

바울이 율법을 "몽학선생"(갈 3:23)이라 하였을 때, 그는 헬라세계에 보편적이던 파이다고고스(paidagogos) 즉 상류층 자녀들의 활동을 감독하고 그들의 도덕적, 지적 교육을 담당하였던 노예 겸 선생의 이미지를 이끌어내고 있었다. "교사"(pedagogue)란 용어는 일반적으로 모든 교사에게 적용되었으며, "교육학"(pedagogy)은 교육체계를 일컫게 되었다.

성인대상 교육학자들은 아동을 가르치는 교육학(pedagogy)과 성인대상의 성인교육(andragogy)을 명확히 구분한다. 성인교육은 교사와의 관계에서 아이들의 일방적인 의존상태와 상반되는 장년 교육대상의 필수적인 상호평등관계를 인식하며 개인 스스로가 주도하며 참여하는 방법론들을 강조한다. 그러나 이러한 방법론들은 아동들에게도 사용될 수 있다. 교육학은 교수법과 기능을 일반적으로 통칭하는 용어라 할 수 있다.

어거스틴에서 루터에 이르는 교부들은 대개 교리문답과 성경암송으로 예시되는 교리의 구두적인 지식을 강조하는 "이론에서 실제로의" 전달적인 교육학들을 사용하였다. 17세기에는 모라비안 교육가인 존 아모스 코메니우스(John Amos Comenius)에 의해 기독신앙의 학습에서 경험적 지식을 강조하는 귀납적 교육학이 발전하였다. 그러나 아동교육 전반에 걸쳐 개신교와 가톨릭 모두, 인지적인 "앎"이 행동을 이끌어낸다는 가정에 기반을 둔 전통적인 교육적 접근법들이 우세하였다.

이상적으로 교육학은 교육철학에서 생겨나며 직업적인 준비와 훈련들을 인도한다. 20세기 후반의 많은 교육철학들은 학습자의 필요와 행동들과 협력하여 내용들을 발전시키는 '경험적인' 혹은 '민주적인' 교육학들을 지지하였다. '문화적 상관성을 지닌' 교육학들은 문화적 관련물들을 이용함으로써 학생들이 지식, 기술, 태도를 발생시킬 수 있게끔 하는 것을 목표로 한다. 신 마르크스 이론가들에게서 생겨난 '비판적' 또는 '급진적' 교육학들은 전통적 학교문화가 하류계급들의 희생 하에서 지배계급의 특권과 지위를 용인해 주고 있다는 의문을 제기한다.

기독교육자들은 자원봉사자 교사들에게 교육학을 가르치기 위해 자주 일반교육을 차용하였다. 19세기 초 주일학교의 절정기에 존 빈센트(John Vincent)와 여타 종교교육자들은 그러한 목적으로 셔토쿼 장년교육운동(Chautauqua adult education movement)을 창시했다. 1950년 클라렌스 벤슨(Clarence Benson)은 만일 그리스도인 교사들이 교육학에서 공인된 원리들에 기꺼이 세심한 주의를 기울인다면 그들이 분명히 성공적인 교육적 경험들을 가지게 될 것이라고 교사들을 확신시켰다. 많은 기독교교육자들은 그러한 원리들의 상세한 부분들에 대해서 동의하지 않을 수 있으나, 제자훈련 및 현재의 교수이론과 학습이론들에 대한 요구에 대응하여 조직화된 교육학을 정립하려는 노력을 계속한다.

BARBARA WILKERSON

참고문헌 | C. H. Benson(1950), *The Christian Teacher*; T. H. Groome(1991), *Sharing Faith*.

교회(Church). 개인이 자신의 삶을 그리스도께 드릴 때, 그가 영적인 하나님의 가족으로 들어오면서 새로운 관계가 탄생한다. 이 결속은 신부가 신랑과 연합하는 관계와 같다고 예수께서 묘사하셨다. 서로가 관계로 결속되기 이전에는 알 수 없었던 사랑과 친밀함에 대해 이해하게 된다. 그리스도의 교회는 조직이기보다는, 살아 승천하신 그리스도와 그분께 마음을 드린 사람들 사이의 살아 있는 관계라고 묘사하는 편이 낫다. 교회는 조직(organization)이기보다는 오히려 유기체(organism)라는 말을 듣는다.

이 특별한 관계는 그리스도 안에 발견되는 중생과 가깝게 연결되어, 결과적으로 그 사람은 교회의 일부가 된다. 우리 사회에서 종종 교회는 교인들이 예배를 위해 함께 모이는 시설물과 혼동이 된다. 그러나 한 사람이 그리스도인이 되면 다른 신자들과 그리스도 안에 형제자매의 관계로 접목된다. 개인적으로 그들은 교회에 속하며 그들은 우주적인 교회를 함께 형성한다. "교회"(church)라는 말은 "부르심을 입은 자들"(those called out)이라는 뜻이다.

출애굽기에서 하나님은 바로 왕 공주의 양자 모세를 부르시고 애굽으로 돌아가 그의 자녀 이스라엘 백성들을 노예의 속박으로부터 구해내라고 명하셨다. 복음서에서 하나님은 아들 예수 그리스도를 보내시어 당신의 백성을 죄의 굴레에서 구해내셨다. 그 대가는 예수께서 십자가에 죽으심으로 이미 치르셨다. 이 사랑으로부터 교회가 탄생되었다. 성령의 능력을 힘입은 교회는 예수 그리스도의 가르치심과 사역을 매일 실천하는 하나님의 백성이다(행 2:42-47).

다양한 형태의 예배에 참석해 보면 교회의 보편성을 가장 잘 이해할 수 있다. 방문객들을 환영하는 소속과 환영의 결속으로 신자들과 그리스도와의 관계가 갖는 공통성을 경험적으로 알게 된다. 이 사실은 외국을 방문할 때 그곳에서의 삶과 예배에서 신자들 사이의 굳건한 교제가 언어의 차이를 극복하여 다리를 놓을 수 있다는 사실을 볼 때 분명하게 이해할 수 있다. 국가 간의 경계를 뛰어넘고 지구의 모퉁이에서 온 신자들을 포함시키는 교회는 보편적이고 우주적이다.

그러므로 교회는 모임 안에 다른 사람들과의 생활 속에 그리스도의 임재를 구하는 그리스도와 관계 있는 사람들이다. 교회를 이루는 사람들이 함께 모이는 모임이고 또는 바울이 고린도전서 12장에 묘사하는 그리스도의 몸이다. 이 비유를 통해 바울은, 그 몸에 속한 개인으로서 우리는 우리의 은사와 능력으로 그 몸을 전체로 잘 세워야 한다고 지적한다. 그는 "귀가 이르되 '나는 눈이 아니니 몸에 붙지 아니하였다' 할지라도 이로 인하여 몸에 붙지 아니한 것이 아니요"(고전 12:16)라고 썼다. 이와 같이 교회의 각 지체는 그가 그리스도의 몸에 헌신하므로 아무도 더 또는 덜 중요하다고 할 수 없다. 몸의 머리는 예수 그리스도이시다.

하나님께서 당신의 아들을 주신 결과로 시작된 교회는 오늘날도 성령의 능력과 역사로 활동한다. 교회는 예수 그리스도가 재림하실 때 완성된다.

ROBERT J. WHITTET

참고문헌 | L. and B. Hybels(1986), *Rediscovering Church*; S. A. Macchia(1999), *Becoming a Healthy Church*; R. C. Sproul(1992), *Essential Truths of the Christian Faith*; R. Warren(1995), *The Purpose Driven Church*.

교회도서관(Church Library). 지역교회 교인들을 위한 도서관시설 운영은 기독교교육계에서 최근에 발달하였다. 다수의 교회도서관이 교인들의 다락방에 묻혀 있던 책들을 모아 놓은 것 같지만, 개인이나 단체를 위한 사역으로 잠재력이 있다.

1. 교회도서관 운동의 역사. 종교개혁가들이 지속적으로 그리스도인을 위한 도서관과 공교육 제도 설립을 위해 노력하였지만, 19세기가 되어서야 교인을 위한 도서관이 유행하게 되었다. 미국의 교회도서관은 주일학교와 공립도서관이 형성될 때 함께 발달했다. "도서관은 진정한(bona fide) 주일학교의 참된 표(mark)이다"(Lynn and Wright, 1980, 57). 교회도서관 운영의 두 가지 기원은 (1) 영국(1786)과 미국(1789)의 주일학교 운동과 (2) 1780년 설립된 "감리교 도서 재단"(Methodist Book Concern)이다.

원래 교회도서관은 교육과정들을 저장해 놓은 것 정도에 지나지 않았다. 그러나 "뉴욕 유니온 소사이어티"(the New York Union Society)는 "최초로 주일학교 회람도서관을 시도했다"(Rice, 1917, 59). 1830년까지 현 "미국선교사협회"(American Missionary Fellowship)의 전신인 "미국주일학교연합회"(American Sunday School Union)에서 교회도서관 설립 및 확장을 위해 600만여 권의 인쇄물을 회람시켰다. 이 일의 대성공으로 1859년까지 미국 도서관의 3/5가 주일학교에 의해 설립되었다(Lynn and Wright, 1980, 57). 사실, 20세기가 되면서 선교지에 도서관을 세우는 것이 선교사역의 표준이 되었다. 마찬가지로, 교단에서도 교회도서관 설립에 관심을 기울이기 시작했다. 예를 들면, 남침례 교단은 1927년 최초로 교단에서 도서관사역을 운영했다.

스코필드(George Scofield)는 교회도서관 설립을 촉진시키기 위한 계획을 마련했다. 그것은 "10달러 도서관"(Ten Dollar Library)으로 불리는데, 교인들이 72페이지에서 250페이지 분량의 책 100권 선집을 10달러에 사도록 허용하는 것이었다. 시작한 지 10년 만에 1,000만 권이 넘는 책이 판매되었다(Lynn and Wright, 1980, 57). 이와 같은 프로그램들이 교회도서관 운동을 형성, 확대시켰다.

현재의 교회도서관 운영은 이상적이지 못한 편이다. 기독교교육에서 도서관이 한때 견고한 위치를 차지했으나 20세기 후반에 점차 쇠퇴하기 시작했다. 그 원인은 다음과 같이 요약된다. (1) 주일학교의 쇠퇴, (2) 기독교교육 형태의 변화로 도서관이 빨리 조화되지 못함, (3) 교회와 문화 안팎으로 일반적인 교육의 쇠퇴, (4) 도서관의 독립적 특성과 기독교교육자들의 도서관에 대한 과소평가.

2. 교회도서관과 현대기독교교육. 도서관의 교육적 면은 다른 교육 프로그램 사역과 함께 강조되어야 한다. 두 가지 방법으로 교회도서관이 활용될 수 있다. (1) 교육프로그램 자료와 보충교재 등을 제공한다. (2) 교사들을 포함한 다른 지도자훈련을 보조한다.

교회교육프로그램이 교회도서관을 잘 활용할 수 있다. 숙제나 책읽기, 시청각 보조교재 등으로 학습자들에게 유익을 준다. 교인들을 가르치는 프로그램에 보다 혁신적이고 실재적인 교수법을 사용하기 위해, 논쟁과 토론 사례연구, 좌담회 등 교회도서관을 통한 자료 활용이 요구된다.

미(Keith Mee)는 교회도서관을 보다 잘 활용하기 위해 여섯 항목을 추천했다(1976). (1) 도서관을 일요일 뿐 아니라 교인들의 프로그램이 있는 날마다 개방하는 "최대 유용성"(Superavailability) (2) 양보다는 질을 강조하는 "선별된 자료"(Selected resources) (3) "편리한 제도"(Serviceable systems), 즉 도서관은 단순히 "듀이 도서분류법"(Dewey Decimal System: M. Dewey가 고안해 낸 미국 도서관 분류법으로 전 도서를 열 가지 주요 부문으로 나눔-역주)보다는 이용자들에게 정보를 쉽게 찾을 수 있는 제도를 유지한다. (4) 도서관이 이용자들을 위해 시간과 공간을 마련해 주고, 도서클럽들을 지원하는 "공부시설"(Study facilities) (5) 식견 있는 도서관 직원들을 훈련시켜 도서관 이용법뿐 아니라 일반교육프로그램의 적절한 자료와 책들을 제공해 주는 "직원보조"(Staff assistance) (6) 모든 프로그램 시작 시간 전에 열고 종료 후에도 연장하고, 주중에도 정규적으로 개방하는 "장시간 열기"(Be open longer) 등이다.

교회론

JAMES RILEY ESTEP

참고문헌 | J. Anderson(1994), *Church Media Library Administration*; C. Businaro(1994), *Church Media Library: Church and Synagogue Library Association, Standards for Church and Synagogue Libraries*; D. Conniff, *The Church Media Library Ministry*; M. J. Dotts(1988), *You Can Have a Church Library*; R. W. Lynn and E. Wright(1980), *The Big Little School*; K. Mee(1976), *The Learning Team*; E. W. Rice(1917), *The Sunday-School Movement(1780-1917) and the American Sunday-School Union*(1817-1917).

교회론(Doctrine of the Church). '교회'라는 말은 다양한 방면으로 사용되어 왔다. 어떤 의미로 사용되는지를 결정하기 위해서는 문맥과 의도를 반드시 이해해야 한다. 그 의미의 범위는 매우 넓다. '교회'는 건물, 교인들을 위한 프로그램 활동들, 구체적인 예배의식, 실제 지역교인들, 또는 보편적으로 전 세계의 진정한 신자들을 가리키기도 한다.

1. 정의. 현대영어의 교회라는 단어는 헬라어 형용사 키리아코스(kyriakos)에서 온 말로 최초에는 "주님의 집"(the house of the Lord)이라는 의미로 사용되었고 구조 그 자체에 초점을 두었다. 신약성경에서 교회라는 단어의 사용은 헬라어 에클레시아(ekklesia)에서 파생된 말로서 어떤 종류이든 목적이 있는 공적 모임이나 집회를 의미했지만, 시간이 흐르면서 기독교 신앙을 가진 사람들의 모임이라는 뜻이 되었다. 관련된 히브리 단어들로는 "집회"(assembly)라고 단순히 번역되는 에다(edah), "함께 모으다"(to push together)라는 뜻의 시나고그(synagogue)로서 선택된 이스라엘 백성의 거룩한 모임이라는 뜻이 되었고, "하나님 백성들의 모임"(the assembly of God's people)으로 단순히 번역되는 카할(qahal) 등이 있다.

2. 용례. 신약성경의 교회(ekklesia)라는 단어는 하나님 백성들의 공동체를 가리킨다(109번 사용됨). 두 군데의 복음서를 포함하여(마 16:18; 18:17) 사도행전에 23번, 바울서신에 46번, 요한계시록에 20번, 히브리서와 야고보서 등 신약성경 여러 곳에서 이 단어를 사용한다. 대부분의 경우 교회란 지역 신자들의 모임을 뜻하고 몇 군데는 보편적인 교회를 가리킨다(행 8:3; 9:31; 고전 12:8; 15:9; 고후 1:1; 엡 1:22-23; 골 1:18).

3. 비유들. 성경에 사용되는 교회의 풍부한 의미를 온전히 이해하기 위해서는 다양한 비유들을 이해해야 한다. 교회는 하나님의 백성(히 4:9; 11:25; 벧전 2:10), 하나님의 나라(마 6:33; 12:28), 그리스도의 신부(엡 5:22-23; 계 21:9), 그리스도의 몸(엡 1:22-23; 고전 12:27), 하나님의 건물(고전 3:9), 하나님의 포도원(마 12:31), 하나님의 집(엡 2:19), 하나님의 양 무리(벧전 5:2; 요 10:16), 하늘과 땅에 있는 가족(엡 3:15), 땅의 소금(마 5:13), 세상의 빛(마 5:14), 그리스도의 편지(고후 3:2-3), 포도나무의 가지(요 15:5), 선택받은 처녀(요이 1:1), 그리스도의 대사(고후 5:20), 하나님의 자녀(요일 3:1-2), 그리스도께 속한 자들(고전 6:15), 선택받은 백성, 왕 같은 제사장, 거룩한 나라, 하나님께 속한 백성(벧전 2:9)으로 묘사된다.

4. 목적. 하나님께서 계획하시고, 예수 그리스도께서 결의하시고, 성경 저자들이 묘사하는 교회는 하나님께서 세상에서 당신의 뜻을 이루시는 중심 기관이 되어 왔다. 예수께서는 "내가 이 반석 위에 내 교회를 세우리니 음부의 권세가 이기지 못하리라"고 말씀하셨다(마 16:18).

교회의 목적은 하나님의 나라를 세워, 사람들의 마음과 생활에 그분의 통치가 있게 하는 것이다. 이와 같은 목적은 다섯 가지 방법으로 성취된다.

1) 전도: 예수 그리스도의 복음을 전 세계에 전함.
2) 설교와 가르침: 인류를 위한 하나님의 말씀을 분명하게 공적으로 선포함.
3) 훈련과 제자화: 새신자들이 그들의 신앙에 뿌리박도록 도와줌.
4) 공동체 개발: 형제 자매들과 교제와 책임을 함께 나눔.
5) 영적 은사 활용: 그리스도의 몸 안에서 각자의 섬김을 개발하도록 격려함.

교회는 세례와 성찬 등의 성례를 통해 더욱 깊이 검증된다(마 3:13-17; 26:26-29).

DAVID A. CURRIE

참고문헌 | R. Banks and R. P. Stevens, eds.(1997), *The Complete Book of Everyday Christianity*; C. Brown, ed.(1975), *The New International Dictionary of New Testament Theology*; W. A. Elwell, ed.(1984), *Evangelical Dictionary of Theology*; W. A. Elwell, ed.(1996), *Evangelical Dictionary of Biblical Theology*; E. F. Harrison, ed.(1960), *Baker's Dictionary of Theology*; X. Leon-Dufour(1980), *Dictionary of the New Testament*.

교회법(Constitution, Church). 미국 내의 대부분의 주에서는 교회를 비영리기관으로 정의한다. 교회를 법인화하기 위해서는 주 정부의 적절한 형식에 따라 법과 부칙에 관한 문서를 만들어야 한다. 효과적으로 만들어진 법은 몇 가지 중요한 요소를 제공해 준다. 각 요소는 문서의 가치를 높여준다.

교회법에는 교회의 법적 이름을 명명하고, 구체적인 하부기관들을 명시하고, 교회운영에 관한 진행과정을 요약해 놓아야 한다. 대부분의 교회들이 마지막 섹션에 교인이 되기 위한 조건과 교회사업에 관한 사항, 사역자의 자격, 사역자를 선출하는 과정, 목사(들)초청, 위원회조직, 법과 부칙 수정에 관한 사항 등을 명시한다.

교회법이 교회의 효과적인 기능에 도움이 되는가 아니면 방해가 되는가 하는 것은 법에 사용하는 용어들과 큰 관계가 있다. 지나치게 세세히 모든 과정을 밝혀 놓은 교회법이 때로 교회의 지도력에 방해되는 정책을 만드는 경우가 있다. 반면에 세부사항을 언급하지 않는 교회법은 해석상 갈등과 불화의 원인이 되기도 한다. 따라서 양극단을 피하기 위한 방법은, 교회법에 정책을 수립하는 방법을 언급하면서도 법 자체가 사역정책을 세우지는 않는다는 사실을 명확히 하는 것이다.

기독교교육과 관련, 훌륭한 교회법은 교회의 교육사역 및 행정을 담당할 사람들을 지명하는 것과 동시에, 그 개인들이 교회의 조직적 체계 속에 처한 위치 등을 밝혀 두어야 한다. 교회의 교육사역을 담당하는 각 사람이 교회행정의 흐름을 파악하여 자신의 사역과의 관계성을 이해하는 것이 바람직한 일이다.

KEN GARLAND

참고문헌 | J. Anthony, *Foundations of Ministry*; R. K. Bower, *Administering Christian Education*.

참조 | 행정(ADMINISTRATION); 이사회(BOARD OF DIRECTORS); 교회(CHURCH); 비영리조직(MANAGEMENT; NONPROFIT ORGANIZATIONS); 이사(TRUSTEE)

교회사역네트워크(Church Ministry Convention Network, CMCN). 1970년대에 "전국주일학교연합회"(National Sunday School Association, NSSA)가 붕괴된 이후 미국 전역에 거의 200개의 주일학교 및 기독교사역총회들이 국가적 기구나 지도자 없이 유지되었다. 이 총회 지도자들은 비형식적으로 아이디어 교환이나 문제해결, 계획수립 등을 위해 접촉을 해 왔다. 수년 동안 총회들이 모여 현존하는 총회들을 보조하는 아이디어와 자료들을 위한 정보센터로서 기능을 발휘하는 모임을 가졌다. 최초의 "교회사역네트워크"모임은 1993년 2월 10일 콜로라도 주의 덴버 시에서 "덴버 기독교사역협의회"(Denver Christian Ministry Convention)와 함께 모였다. 12개의 협회들이 대표자들과 일부 출판사직원들을 보냈다. 이 때 여섯 가지 주요 기능과 함께 사역목표서가 채택되었다.

"CMCN의 사역목표는 네트워크를 통해 교회사역총회 성장을 도모한다." 이 목표서는 "전국주일학교연합회"의 주일학교 재활이라는 목표와는 사뭇 다르다. 물론 총회가 성장하면 주일학교도 강성해지므로, CMCN이 분명히 천명하지는 않았지만 "전국주일학교연합회"와 유사한 목표를 가진다고 할 수 있다. CMCN과 NSSA의 한 가지 다른 점은 NSSA가 전국복음주의자협회(the National Association of Evangelicals)에 속한 반면, CMCN은 교단을 초월한 독립기관이라는 점이다.

CMCN 조직모임에서 그 여섯 가지 기능이 요약되었다. 첫째 기능은 국가적인 총회시간표를 만드는 것이었다. 초기에 주로 복음주의출판사 등이 이 일을 진행하려 했지만 대부분의 정보가 너무 오래되거나 정확성이 부족했다. 이 정보들을 보관해 온 국가기구가 하나도 없었고, 총회지도자들은 다른 기관들이 무엇을 하는지 모르는 채 총회날짜를 정하곤 했다. 같은 주에 5-6개의 총회들이 회합계획을 세우는 일이 보통이었다. 그렇게 되면 모든 출판사들이 모두 함께 총회참석하는 것이 불가능해졌다. 현재 CMCN은 매년 총회력을 발간한다.

둘째 기능은 모든 총회들의 형태를 표준화하는 것이었다. 강사와 기독교교리자, 음악가, 음향시스템, 그리고 문서통신이 필요한 곳에 모든 기술을 실제로 보조해 주는 일 등을 담당했다. 개별 총회에서는 어떤 형식도 유용이 가능했다.

셋째 기능은 연구 집회나 기조연설을 위해 국가적으로 이름난 강사들을 소개하는 것이었다. 특히 주요 강사들과 연분이 없는 작은 총회들에 도움이 되었다. 강사들의 이름과 주소, 강연 주제들, 경비 등의 정보를 제공해 주었고, 강사들이 출판사와 연계되어 있는지 여부도 알려 주었다. "전국 총회 일정"이 자료제공자와 기독교교리자들에게 매우 중요한 반면, 이 강사 소개서는 여느 총회기획자들에게도 필수적인 문서였다. 매년 새로운 정보가 입력되었고 이것이 중요한 정보를 알려 주는 유일한 통로였다. 넷째 기능은 정보교환이었다. 과거에는 비형식적이었지만 CMCN은 총회들이 통계와 인원과 행사들과 프로그램들을 보고하는 장이 되었다. 이를 통해 주어진 연도 안의 총회들의 상태를 알 수 있었다. 또한 다른 총회들과의 연락망을 통해 국가적으로 총회의 질을 향상시키기 위한 정보와 아이디어들을 제공했다. 이것이 한 지역 총회와의 합동으로 여는 총 연례회의를 통해 이루어졌다. 전국적으로 보다 많은 총회들의 참여를 격려하기 위해 이 연례회의는 다음과 같은 정보와 기회를 교환했다. 다른 총회들의 성공담, 다른 총회에 참가할 기회, 창의적 아이디어 교환, 문제해결 위한 공개토론회, 총회 및 자료제공자 이슈를 위한 연구 토론회, 시장조사와 계획기획의 전문가청문회, 공동협력계발을 위한 총회대표자 연락망 등이다. 자료제공자와 기독교교리자들 목록도 총회기획자들을 위해 제공되었다. 계간소식지도 CMCN 회원들에게 우송했는데, 이에는 보고서와 최신정보, 관심분야의 소론들, 총회대표들과 자료제공자들, 신임회원 목록, 총회소식 등이 포함되었다.

다섯째 기능은 새로운 총회를 구성하는 것이었다. CMCN의 이사진이 총회 신설에 기여했고 갈등을 겪는 총회들을 도왔다. 그러나 자원봉사자로 이루어진 이사회가 충분한 보조를 하기에는 역부족이었다.

조직회의에서 요약된 마지막 기능은, 상호간에 보조와 사랑과 기도로 지원하는 것이었다. 일부 총회 대표들은 소수의 자원봉사자들과 동역하며 자신의 시간도 헌신했다. 전임 대표를 가진 총회는 거의 없었고, 재정문제를 늘 안고 있었다. 이들은 하나님의 사람들로부터 사랑과 격려와 기도가 필요했다. 마지막으로 언급되기는 했지만, 이 기능은 의심의 여지없이 가장 중요한 것이다.

현재 CMCN의 강점은 그것이 훌륭한 지도력 아래 있다는 사실이다. 의장으로 섬기는 모리스(Marian Morris)가 주요한 연락책이며, 그녀와 함께 일하는 대표이사들은 CMCN의 도전과 비전과 기능들을 수용한다. CMCN의 전화번호는 1-800-304-0649이다. CMCN이 주로 우려하는 것은, 장래의 견고한 토대를 유지시키기 위한 재정지원의 결여이다. 회원들의 회비와 복음주의 출판사 개개인의 기부가 주요 수입원이다.

만약 재정문제가 해결되고 지도자의 헌신이 유지, 확장된다면 이 기구는 전국적인 사역협회에 주요한 영향을 주게 될 것이다.

DENNIS E. WILLIAMS

교회성장(Church Growth). 1900년대 후반의 교회성장운동은 수만 명의 미국인들의 예배유형을 바꾸어 놓았다. 1970년대 초 예수운동(Jesus Movement; Jesus People Movement)이라고 불리는 이 운동은 전통적으로 교회 외부에 있던 많은 사람들로 하여금 신앙을 갖게 하였다. 특히 은사주의 교회들(charismatic churches)의 전도를 중심으로 한 새로운 예배유형으로 엄청난 수의 교인들이 증가했다. 1930년대 이후로 대부분 동일하게 남아 있던 대부분의 전통적인 교회들의 둔한 성장유형을 깨뜨리고 교회성장운동이 북미주 전역의 주된 흐름이 되었다.

1. 교회성장운동의 보증. 서양교회에서 교회성장운동의 증거를 찾는 일이 어려워지 않은 반면에, 그 운동이 가져온 정확한 변화를 구체적으로 언급하는 일은 쉽지 않다. 교회성장에 관한 학문적 연구들은 이 운동을 보증하는 열 개의 원리들을 보여준다.

1) 구체적 목표설정. 교회들은 관리와 목표설정, 목표달성을 위한 전략계획 등 조직적인 방식을 취한다.
2) 역동적인 예배형식 고안. 오락을 즐기는 교회에서 자라난 세대는 흥을 돋구는 감정적 표현이 있는 예배를 선호한다.
3) 중요한 관계그룹 형성. 교회들은 사람들의 가장 큰 욕구가 다른 사람들과 가까운 관계를 맺고자 하는 것임을 알고 연령별 소그룹을 조성해 준다.
4) 결의에 참여. 교회성장운동에 참여하는 대부분의 교인들은 유선형의 조직구조와 평신도훈련을 통한 사역 참여, 모든 교인들을 결정내리는 과정에 동참시키려고 노력한다.
5) 양질의 프로그램과 활동 고안하기. 주일 예배만을 위한 교회가 아니라 교회는 교인들의 삶을 향상시키는 여러 활동센터가 되었다.
6) 지도자 계발. 교회성장운동의 공통 목표 중 하나는 단순한 전도가 아니라 제자도 – 신자들을 그리스도 안에 성숙시켜 교회 지도력을 개발시키는 – 에 있다.
7) 기도의 중요성 강조. 모든 주요한 부흥은 기도로 시작되었고, 1970년대와 80년대 교회 성장도 예외가 아니었다.
8) 자극적인 분위기 조성. 사람들은 흥분하면 반응하므로 교회성장운동의 저자나 강사들, 특히 안(Win Arn), 맥가브란(Donald McGavran), 매킨토쉬(Gary Macintosh) 등은 교회가 새롭고 자극적인 느낌들을 개발해야 한다고 강조했다.
9) 가시화하라. 성장운동을 하는 교회들은 중요한 시간을 마케팅에 대해 토론하여, 교회를 전통적 경계로부터 새로운 사회영역으로 확장시키려고 했다.
10) 질을 높여라. 어린이교육 또는 조경, 재정체제, 주차장시설에 관한 것이든지 교회성장에 관한 책들은 모두 질의 중요성을 논한다.

2. 새로운 교회관. 교회성장운동에 참여하는 교인들은 대부분 베이비 부머들–2차 세계대전이 종전된 이후에 태어난 세대–이다. 부머들은 교회 구조에 대해 완전히 다른 시각으로 접근한다. 그 결과는 교회생활의 거의 모든 면에 변화를 가져온 새 "부대"(wineskin)와 같다. 많은 교회들이 11시 예배의 효용성에 의문을 표하면서 예배시간에 변화가 있었다. 많은 경우에 예배일조차 변화되어, 주일 아침이 어려운 사람들을 위한 대안으로 주중 야간예배가 성행하기 시작했다. 예배순서 또한 크게 바뀌어, 많은 교회들이 딱딱하고 형식적인 예배를 개인적 신앙표현이 많은 온화한 분위기로 변화시켰다. 현대음악이 고전적인 찬송가를 대신했고 다수의 찬양의 내용들이 하나님께 대한 송영보다는 하나님을 향한 구가로 바뀌었다. 회중이 찬양에 많은 비중을 둠에 따라 기도와 성령의 역사로 다시 찾은 신앙을 재강조하기 시작했다.

아마 베이비 부머들이 TV와 함께 성장했기 때문에 교회에 기대하는 것이 달랐을지도 모른다. 교회성장운동에 참여하던 사람들은 흥을 돋우고 생동감 있는 예배의식을 고안해 내려 했고, 교회사역의 모든 면에, 어린이예배든지 주보든지 양질을 요구했다. 교회를 선택하는 기준조차 바뀌었다. 구식 교단들과는 달리 넥타이도 매지 않는 새로운 교회 분위기가 성행하면서, 신자들은 집이나 자동차를 사기 위해 다니는 것처럼 교회를 보러 다녔다. 이전에는 주로 교단이나 교리를 보고 교회를 선택했지만 교회성장운동 이후에는 대부분 주일아침예배 스타일이나 다양한 교회프로그램의 질을 보고 교회를 선택한다. "교인이 되는 것"보다는 신자들의 지체로서 "교제에 합류하다" 또는 "관계를 맺다"라는 점을 강조한다.

목사에 대한 견해 또한 크게 변화했다. 2차 대전 이전에 태어난 세대들은 일반적으로 목사를 필요한 사람들에게 도움을 주는 군목이나 원목으로 보았다. 이와 반대로 신세대는 목사는 신도들과 사역 팀의 지도자들을 잘 훈련시키는 사람으로 보았는데, 이 변화된 기대감이 교인들 사이에 불협화음을 일으키기도 했다. 사람들이 새로운 활력으로 복음을 전함에 따라 전도에 대한 새로운 관심도 일어났다.

3. 교회성장모델. 교회성장운동의 유형에 단일한 모델이 있을 수 없다. 개척교회도 대형교회도 이 운동을 이끄는 지도자들이 세워 놓은 원리들을 사용하여 성공하는 사례가 많다. 그 중 일곱 가지 공통된 모델들은 다음과 같다.

첫째, '구도자 교회'(the seeker church)로서 예배의 중심을 편안하고 즐겁게 만들고, 예배 이외에 영적 성장을 위한 다양한 프로그램을 제공하여 믿지 않는 사람들을 전도하려 애쓴다. 둘째 모델은 '치유자 교회'(the healing church)로서 상담과 회복 등 어려움을 겪는 사람들의 특수한 필요를 채워 준다. 셋째 모델은 '설교자 교회'(the preaching church)로서 탁월한 담임목사의 설교기술을 중심으로 교회조직이 조성된다. 넷째 모델은 '예배자 교회'(the worshiping church)로 음악이나 드라마, 대체 예술 등을 사용해 사람들로 독특한 예배를 체험하게 한다. 다섯째 모델은 '셀교회'(the cell church)로 개인은 한 셀에 속해서 사역과 성숙을 추구하는데, 보통 나이보다는 지역에 의해 셀이 나뉜다. 여섯째 모델인 '지체-생활 교회'(the body-life church)는 신자의 몸인 교회에의 헌신을 강조하여 서로에게 개방하고 사역하도록 격려한다. 마지막으로 '프로그램 중심 교회'(the program-centered church)로서 예배나 관계성보다는 전 연령 대상의 완벽한 프로그램으로 사람들의 관심을 끄는 모델이다.

교회성장운동의 영향은 다양하다. 전도에의 열정을 다시 일으켰고, 많은 교회에 성령의 역사에 대한 관심을 새롭게 했다. 신세대들은 교단을 크게 강조하지 않는 교회들을 세워 많은 특수사역과 사역자들의 증가를 가져왔고, 대형교회 발달의 주요 원동력이 되었다. 미주 지역에 1,500명이 넘는 대부분의 대형교회는 교회성장운동의 산물이다. 그러나 과거 25년간 평균적인 교회 출석자 수는 크게 증가하지 않았다. 일부 비평가들은 교회성장운동의 지속적 산물이란 새로운 스타일의 음악을 예배에 사용함으로 단순히 작은 교회 교인들을 큰 교회로 이동시켰을 뿐이라고 지적한다.

JERRY CHIP MACGREGOR

참고문헌 | W. Easum(1990), *Church Growth Handbook*; K. Hadaway(1991), *Church Growth Principles: Separating Fact from Fiction*; D. McGavran and G. Hunter III(1990), *Church Growth: Strategies That Work*.

교회임원(Church Officer). 집사(Deacon)를 보라.

교회자료(Church Resource). 교회도서관(Church Library)을 보라.

교회협의회(National Council of Churches, NCC). 교회협의회(NCC)는 1950년대에 29개의 교단과 12개의 세계교회 지부의 힘으로 세워졌다. 이 교단과 지부는 다른 관점을 지니고 있으며 19세기로 거슬러 올라가 뿌리를 찾을 수 있는 것도 있다. 이 조직들이 연합함으로써 의견을 나누고, 함께 프로그램과 계획을 수행하며, 일체감과 사명을 표명하고, 각각 분리되기보다는 연합하므로써 효과적인 일들을 완성해 간다.

교회협의회는 매우 다양한 개신교 교단, 정교회, 성공회로 구성되어 있으며 세계교회협의회(WCC)와는 대조적으로 복음주의 교단과 로마가톨릭 성도는 거의 없다.

1981년에 다시 작성된 교회협의회 구성에 관한 서문은 협의회보다는 기독교공동체를 더욱 반영한다. 그 서문에는 "미국 교회협의회는 성경에 계시된 복음과 하나님 말씀, 구세주, 주로 성육신한 예수 그리스도로 고백하는 교회공동체이다. 이 공동체는 더욱 충분히 교회의 연합이 명시되도록 서로 언약을 맺는다. 성령을 의지하면서 협의회는 이런 교제들을 공동의 사명을 추구하고 하나님의 영광을 위해 모든 창조물을 섬긴다"라고 쓰여 있다.

1997년 317명의 간사와 6,100만 달러의 예산을 가진 교회협의회는 오천백만 명의 구성원을 나타내는 33개의 공동체로 구성되어졌다. 최근에 그 조직은 일반 사무국(the General Secretariat), 교회국제봉사부(Church World Services)와 선교부(Witness), 그리고 국내사역부(National Ministries)을 포함하여 명시하였다. 교회국제봉사부와 선교부와 국내사역부는 종교단체 출신의 대표로 구성되어 빈곤층을 돕는다. 예를 들어, 재난구제, 난민 원조, 기술 보급, 재건과 같은 국제적 원조를 제공하는 것과 같은 활동, 세계적인 교육, 인권 문제와 국제적 경제 및 정치적 논쟁 촉진, NRSV(the New Revised Standard Version) 성경과 RSV(the Revised Standard Version) 성경 사용 촉진, 가정생활에 대한 강조와 지원, 평화와 정의실현, 종파를 초월한 활동, 신학적 강연 개최, 그리고 선교를 위한 교육, 읽고 쓸 수 있는 능력, 고등교육과 같은 영역에 자원을 제공하는 것이다. 이밖에 활동으로는 인종, 경제, 환경의 정의실현, 청지기적 사명, 여성과 아동의 종교적 자유, 기독교의 복음을 지역사회의 매체와 연계, 교회협의회의 역할을 매체의 다양한 형태로 설명하고 과학기술과 통계 자료 정보를 제공, 집필과 출판으로 지도자 훈련하며 글을 읽고 쓰게 하는 것, 종교교육 자료를 보급, 기독교방송프로그램과 문헌개발 등이 있다.

교회협의회를 위한 기금은 다양하고 복잡하나 재정의 핵심적인 출처는 공공 모금과 교회와 협력 지부의 기부금이다. 평의회가 만드는 제작비용은 매출액을 통해 거의 충당된다. 특히 NRSV 성경과 통일공과시리즈(Uniform Lesson Series)의 매출액은 규모가 있고 관련된 프로그램들을 지지하는 데 유익을 준다. '교회국제봉사부'와 '선교부'는 개인과 교회로부터 들어온 후원금, 난민 정착프로그램과 같은 종류의 정부 보조금 그리고 교회협의회 총 예산의 약 70%를 기금으로 확보하고 있다. 교회협의회 그 자체가 미국에서 세계적인 기독인 연합운동의 탁월한 표현이다.

DORIS BORCHERT

교회확장(Church Expansion). 교회성장(Church Growth)을 보라.

구도자 예배(Seeker Services). 불신자들이 관심을 가지도록 특별히 계획된 예배이다. 1980년대와 1990년에 대중화된 구도자를 위한 교회들은 불신자들을 지역교회 회중으로 끌어들이고 그들에게 예수 그리스도의 구원의 지식을 소개하고 전도하는 방법들을 고안했다.

개신교 종교개혁 당시 마틴 루터는 이교도들을 그리스도에게 소개하기 위해서 많은 일상적인 교회 구조들을 거부했고, 심지어 그들이 술을 마시면서 듣는 노래에다 기독교가사를 붙였다. 오늘날 구도자 교회들은 교회들이 점차적으로 세속화되어 가는 대중들이 관심이 갖는 새로운 방법들을 모색했던 1970년대와 1980년대 초기에 교회성장운동 가운데서 발전되었다. 일리노이 주의 윌로우 크릭 커뮤니티 교회가 주도한 구도자들을 위한 예배는 미국에서 급속히 성장했고 특별히 은사주의 교단에서 급속한 성장을 보았다.

구도자 예배에는 두 가지 형태가 있다. 구도자 중심의 예배(Seeker Centered service)는 현대식 예배에 큰 강조점을 두지만 구도자에 민감한 예배(Seeker Sensitive service)는 현대식 예배와 전통적인 예배 표현의 형태를 융합시킨 것이다. 전자의 예배를 드리는 것이 훨씬 더 어려운데, 그 이유는 이 예배는 목회철학에 있어 급진적인 변화를 요구하기 때문이다. 후자의 접근법은 오늘날 북미 전역에 있는 기존 교회에서 매우 흔하게 볼 수 있다.

거의 모든 구도자 예배는 일반적인 교회구조들에 친숙하지 않은 사람들에게 호감이 가는 온화하고 상냥한 분위기를 제공하는 데 힘쓴다. 새로운 예배자들이 더 잘 동화될 수 있도록 사용하는 소그룹

구성주의

들은 구도자 교회들에서 거의 보편적이다. 지도자들은 많은 주류 교회들이 잘하지 못하는 현대의 편리함에 대한 문제들(유아 돌보기, 스케줄 등)을 잘 고려해서 이러한 예배들을 시작한다. 대부분의 구도자 예배들은 하나님에 대해서 노래하기보다 하나님께 노래하는 데 더 초점을 맞추며, 경쾌한 현대예배합창곡들에 의존하면서 키보드, 기타, 그리고 드럼을 사용하고 찬송가와 오르간은 삼간다. 장황한 설교에 의존하기보다는 메시지 전달을 위해 연극과 멀티미디어를 일상적으로 사용한다. 심층 연구보다는 하나님과 관련된 것들에 대한 개요를 제공하며 설교시간은 종종 짧다. 예배의 목적은 하나님의 성품을 소개하고 주님을 아직 만나지 못한 사람들에게 치유와 수용을 제공하는 것이다.

JERRY CHIP MACGREGOR

참고문헌 | L. and B. Hybels(1995), *Rediscovering Church: The Story and Vision of Willow Creek Community Church*; C. Smith, ed., Worship and Music Ministry.

참조 | 베이비붐세대(BABY BOOM GENERATION); 빌더세대(BUILDER GENERATION); 교회성장(CHURCH GROWTH); 세대적 영향(GENERATIONAL IMPACT); 밀레니엄세대(MILLENIAL GENERATION); 예배(WORSHIP).

구성주의(Constructivism). 인간이 어떻게 시간과 공간과 인과관계의 개념을 이해하는지를 설명해 주는 학습 접근방식이다. 구성주의는 지식이란 상태보다는 과정이라 가정하고, 학습자(knower)와 지식(known) 사이의 관계성을 규명해 준다. 구성주의 학습이론에서는 학습자가 학습 진행과정에 능동적이다. 인지발달 단계 이론으로 유명한 장 피아제(Jean Piaget)나, 인지체계를 통한 정보의 흐름을 연구하는 정보-진행(information-processing) 연구가와 같은 구성주의자들은 사람이 환경을 통해 활동함으로 "배운다"고 믿는다. 학습자들 자신이 능동적으로 지식을 형성한다.

학습자의 세상에 대한 지식은 그들의 인지체계가 발달됨에 따라 변화한다. 학습자가 변하면 지식도 변하는데, 즉 그들이 환경을 통해 정보를 능동적으로 선별하고 해석하여 그것을 기억에 연결시킨다. 이와 같은 바탕 위에 미래의 학습의 토대가 될 추론들을 고안해 낸다. 기억력과 집중, 학습과 언어를 연구하는 사람들은 모두 학습자가 정보를 수용하여 진행시키는 방법들에 대해 매우 민감하다. 구성주의는 또한 콜버그의 도덕발달 이론이나 파울러의 신앙발달 이론에도 영향을 주었다.

구성주의자들이 막대한 영향력을 행사한 영역은 학습환경에서 학습전략(learning strategies)의 형성이다. 학습자가 수동적이 아니라 능동적이므로 학습자들이 아는 것과 모르는 것 사이를 연결하도록 돕고, 암기를 향상시키며, 학습의 단순한 반복으로부터 새로운 상황에 적용하도록 돕는 학습으로 진행되도록 학습전략을 만들어야 한다. 그러므로 구성주의 교육자들에게는 "능동학습"(active learning) 전략의 개념이 매우 중요하다. 교사들은 지식을 분배하는 사람이라기보다는 학습을 촉진하고 조장하는 사람이다. 학습자는 단순히 정보를 수용하는 것이 아니라 행동하는 사람이다. 학습진행 과정을 지도하기 위해 학습센터와 다른 능동적 교수법이 사용된다.

ELEANOR A. DANIEL

구세군(Salvation Army). 구세군으로 알려진 종교운동은 1865년 "창설자"라고 불리는 윌리엄 부스(William Booth)와 "구세군의 어머니"로 불리는 그의 아내 캐서린(Catherine)에 의해 시작되었다. 19세기 중엽 잉글랜드의 런던에서 조직화된 종교의 영향력 밖에 있는 무리들을 불쌍히 여기는 마음에 이끌려 윌리엄 부스는 어떻게 하면 복음으로 이 대중을 전도할 수 있는지를 연구하기 시작했다. 그때 젊은 감리교 전도자였던 윌리엄 부스는 런던의 동단에 있는 가난한 사람들의 필요로 인해 마음에 커다란 부담을 가지게 되었다. 거리모임은 그 당시 기독교선교라고 불린 이 단체의 초기 시절의 필수적인 요소가 되었다. 남녀들은 절망의 심연에서 "모든 사람"에게 선포되는 복음의 메시지를 통해 희망을 발견하였다. 복음의 기쁜 소식은 이전에 희망이 없던 삶에 희망을 가져다주었다.

윌리엄 부스는 1829년 4월 10일 노팅햄에서 태어났고 1912년 8월 20일 죽기까지 구세군의 지도자로 봉사했다. 윌리엄은 『암흑의 영국에서 벗어나』(In Darkest England and the Way Out)라는 책을 썼으며 이 책은 이 기관의 향후 모든 사회사역의 청사진이 되었다. 캐서린 부스는 1829년 1월 17일 애쉬본에서 태어났다. 캐서린은 1890년 죽기 직전까지 『여성사역과 적극적인 기독교』(Female Ministry and Aggressive Christianity) 등과 같은 작품들을 저술하였다.

윌리엄과 캐서린 부스의 초기 사역에서 재활의 노동요법철학은 새로운 개심자들이 노동과 의미를 부여받을 때 실현되었다. 군대식 명령체계는 초기 구세군의 급속한 성장에 도움을 주었다. 사람들은 지도자의 요구에 반응했다. 기독교인의 삶의 양식에 관한 성경의 가르침에 기초하여 1878년에 개명된 구세군은 일원인 군인들이 되기 원하는 사람들을 위한 분명한 행동규범을 제시하였다. 새로운 추종자들에게는 신뢰와 확신이 있었으며 그 기대치는 종종 채워졌다.

초기에 탄생한 군대식 구조는 오늘날까지 이어진다. 국제본부 런던에 있는 장군이 전 세계로 퍼져 있는 사역의 리더십을 제공한다. 지역 부서들은 장군이 택한 지도자들이 감독하고, 그들은 장군에게 자신들의 지역에서 진행되는 사역에 관해 보고한다. 전임 사관들은 목회자에게 주어지는 모든 권리와 특권과 함께 안수받은 목회자로서 섬긴다. 군사들은 다양한 교회들의 교인이며, 지지자들은 구세군을 자신들의 모교회로 보지만 군인으로는 등록하지 않은 사람들이다. 군사가 되기 위해서는 술을 금하고, 모든 해로운 약물들과 담배를 금한다는 약속을 해야 한다. 군인들은 이 교회의 일원으로서 자신의 등록의 일환으로 전쟁조항에 서명한다. 대중에게 이 기관의 일원이라는 사실을 나타내주는 제복은 군인들과 사관들만 입을 수 있다.

구세군은 우주적인 복음주의 교회의 중요한 일부분으로서 현재 103개국에서 사역하고 있는 국제적인 운동이다. 구세군의 메시지는 성경에 기초한다. 그 사역은 하나님을 향한 사랑에서 나오며 그 사명은 예수 그리스도의 복음을 전하고 차별없이 예수님의 이름으로 사람들의 필요를 채워주는 것이다. 구세군의 11가지 요점교리는 하나님의 구속하시는 은혜를 강조하는 기독교신앙의 주류를 따른다. 구세군의 메시지와 사명은 바뀌지 않았지만 사역 방법들은 창립 이후 생겨난 다양한 필요들을 채우기 위해서 변화되었다. 간단하게 말하면 그 방법들은 굶주린 자들을 먹이고, 벌거벗은 자들에게 옷을 입혀주며, 집이 없는 자들에게 쉼터를 제공해주고, 목마른 자들에게 한 잔의 물을 주며, 그리스도의 본을 따라 감옥에 있는 자들을 방문하는 것이다. 사람들에게 영향을 미치는 재난의 성격과 복잡성은 바뀔 수 있지만 보살핌에 대한 인도주의적인 필요는 지속된다. 구세군은 위기에 처한 사람들과 함께 거하려고 하며 그들에게 기독교적인 소망의 확신을 제공한다.

그러므로 구세군은 희망이 없는 곳에 희망을 가져다주기 위해 재활원을 운영한다. 필요한 자들에게 쉼터와 음식을 제공하며 모든 자연재해가 있는 곳으로 가서 도움을 제공한다. 의복과 음식을 보급할 뿐만 아니라 희생자들을 돕기 위한 상담자들을 제공한다. 전 세계적으로 구세군이 제공하는 사역의 다양성은 주어진 지역의 인간적 필요에 의해 결정된다. 윌리엄 부스는 도움이 필요한 사람들을 보았을 때 자신을 따르는 사람들에게 "행동을 취하시오"라고 간곡히 말했다.

구세군의 표어는 분명하게 명시되어 있다. "마음은 하나님께, 손은 사람에게."

ELAINE BECKER

참고문헌 | K. Thompson(1996), *The Salvation Army Year Book*.

구원(Salvation). 과거(롬 5:1; 8:1), 현재(고전 1:18; 빌 2:12-13) 그리고 미래(롬 13:11; 8:30)의 죄로부터의 구원이다. 구원은 하나님의 아들 예수 그리스도를 통하여 하나님과의 관계를 회복시킨다. 모든 사람이 죄를 범하였고(롬 3:23) 모든 죄는 하나님의 뜻과 목적에 반대된다. 죄는 사람을 거룩하신 하나님으로부터 분리시킨다. 사람들에게는 구원을 이루어낼 수 있는 능력이 없다. 하나님은 의로우시기 때문에 죄를 용납하실 수 없다. 그 결과 하나님은 죄를 심판하셨고 사망의 형벌을 내리셨다. 그러나 예수께서는 자신의 출생, 삶, 사역, 고난, 십자가상의 죽음 그리고 부활을 통하여 구원을 성취하셨다.

사람들은 죄의 형벌(칭의), 죄의 능력(성화) 그리고 궁극적으로 죄의 존재(영화)로부터 구원받을 수 있다. 구원받는 것은 속박에서 구원을 받고, 자유를 누리게 되며, 죽음에서 구원되어 새로운 삶을 부여받게 되는 것이다. 하나님께서 구속의 행위로 요구하시는 것은 삶이며, 그 삶은 풍성하고 영원한 성령 안에서의 삶이다(요 5-6장; 롬 8:1-10; 요일 5장, Oden, 1992, 80).

구원에 대한 견해들은 몇 가지의 영역에 따라 다양하다. (1) 시간-기독교인의 삶을 시작할 때 단회적으로 일어나며 그리스도인의 삶을 통해 지속되는 과정이거나 미래의 사건이다. (2) 필요의 성격과 위치-사람들과 하나님간의 수직적인 관계 내지는 사람들과 전체로서의 사회간의 수평적인 관계. (3) 구원의 매개체-구원을 어떻게 받는가? 전례를 통해서 아니면 도덕적인 행동 아니면 믿음을 통해서인가? (4) 구원에서 이동의 방향-개인들의 구원이 먼저이고 그들을 통해 사회를 변화시키거나 사회의 구조들을 바꿈으로써 개인들을 변화시키는 것이다. (5) 구원의 범위-누가 그리고 얼마나 많은 사람들이 구원을 받을 것인가? (6) 구원의 대상-단지 개인들 아니면 전 우주. 그러나 주로 구원과 관련된 연구는 진행과정의 단계들, 이러한 단계들과 관련된 문제들, 그리고 각 단계를 가능케 하는 은혜를 명확하게 하는 것이다(Oden, 1992, 81).

신학체계에서 구원의 서정(ordo salutis)은 실제적인 부르심, 회심, 중생, 그리스도와의 연합, 칭의, 양자 삼으심, 성화, 견인, 그리고 영화이다(칼빈주의자들이 인정한 구원의 서정이다-편집주). 또 다른 체계는 선행(先行)하는 은혜, 죄를 깨닫게 하시는 은혜, 칭의하시는 은혜 그리고 성화의 은혜이다(웨슬레안들이 인정한 구원의 서정-편집주). 이해의 차이들은 대부분 하나님의 우선적 선택과 인간 선택의 역할에 달려 있다. 양쪽 모두 원죄의 결과 스스로 구원할 수 있는 능력이 전혀 없음을 주장한다. 양쪽 모두 구원의 기초로 예수님의 삶, 죽음, 그리고 부활의 필요성을 주장한다. 그러나 전자의 경우 하나님께서 구원하기로 선택한 사람들만 구원 받을 것이라고 가정하는 반면 후자의 경우는 하나님의 은혜로우신 관계로의 초대에 반응하는 사람들은 모두 구원을 받을 것이라고 주장한다.

1. **인간의 상태.** 성경은 에덴동산에서의 아담과 하와의 불순종의 결과를 반전시키려는 하나님의 사역에 관한 이야기를 기록하고 있다. 하나님께서는 자신의 최고의 피조물과 자연스럽게 선택된 관계를 맺으시기를 원하셨기 때문에 최초의 남녀에게 선택할 수 있는 능력을 부여하셨다. 지상의 축복이라는 환경 속에서 아담과 하와는 모든 피조물을 관리하는 책임을 지게 되었다. 하나님께서 오직 한 가지 선악을 알게 하는 나무의 열매를 먹지 못하도록 명하셨다(창 2:16-17).

아담과 하와는 하나님과 같아질 것이라는 것, 즉 선악을 알게 된다는 도발적인 생각에 유혹되었다(창 3:4). 그들은 교만하게 금지된 열매를 먹었고 하나님을 거역할 결심을 하였다. 단 한 번 불순종의 행위로 전인류는 죄책감의 굴레에 빠지게 되었고 하나님의 심판의 대상이 되었다. 이 순간부터 인간의 본성은 반항의 경향을 띠게 되었는데 그 이유는 모든 사람이 죄를 범해 하나님의 영광에 이르지 못했기 때문이다(롬 3:23). 우리 모두는 부정한 사람과 같이 되었고 우리 모든 의로운 행위들은 더러운 걸레와 같이 되었다(사 64:6). 아담과 하와는 교만하게도 자신들이 하나님 명령 이상의 것을 선택할 수 있을 정도로 현명하다고 가정하고 하나님께 불순종했다. 그 결과 죄는 한 명의 예외도 없이 모든 사람에게 영향을 미쳤다. 아담과 하와가 죄로 인해 에덴동산에서 쫓겨난 것과 마찬가지로 그들의 모든 후손들 또한 죄의 궁극적인 형벌을 직면해야 되는데 그 이유는 죄의 삯이 사망이기 때문이다(롬 6:23).

모든 사람이 죄책감을 가지게 되었을 뿐만 아니라 하나님 없이 선을 행할 수 있는 가능성도 잃어버리게 되었다. 모든 사람들은 제 길로 갔고 함께 타락하여 선을 행하는 사람이 없되 단 한 명도 없게 되었다(시 53:3; 롬 3:10-12). 칼빈주의자들에게 전적 타락은 인간 죄의 급진적이고 철저한 성격을 가리킨다. 그 결과 개인들은 어떠한 은혜의 제안에 대해서도 반응할 수 없다(Erickson, 1985, 905, 915). 존 웨슬리 또한 자연스러운 상태에 있는 인간들에게는 어떠한 선도 결여되어 있으며, 전적으로 타락했으며, 전적으로 부패했다고 믿었다(Collins, 1989, 22). 자신들의 죄의 상태에서 모든 사람들은 하나님으로부터 단절되어 영원한 고통의 심연에 떨어지게 되었다.

2. 하나님의 주도권. 만일 사람들이 스스로를 구원할 수 있는 능력이 없다면 반드시 하나님께서 자발적으로 자신의 피조물들과의 관계를 회복시켜야 한다. 그리하여 하나님께서는 인간의 몸이 되어 삶을 새롭게 시작할 수 있는 초대의 말씀인 예수님을 보내셨다. 예수님의 삶은 하나님께서 자신의 백성을 위해 하시는 모든 것을 보여준다. 예수께서는 삶을 경험하셨다. 예수께서는 사람들의 죄성을 지적하셨다. 그분은 우리가 묻기도 전에 은혜 가운데 우리에게 먼저 나아오셨다. 하나님의 보내심을 받은 하나님의 아들 예수께서는 동정녀에게서 태어나 죄 없이 인간들 가운데서 사셨다. 자신의 죄 없는 삶으로 인하여 그분은 죄에 대한 하나님의 심판의 무게를 질 수 있으셨다. 즉 십자가의 죽음을 감당할 수 있으셨다. 십자가상에서의 예수님의 죽음은 우리의 죄를 위한 그리스도의 선하심의 대속제물이 되신 것이다(롬 3:21-15; 고후 5:21).

그러나 누가 구원을 받을 수 있는가? 칼빈주의자들은 하나님의 구원의 사역을 다음과 같이 설명한다. 전적 타락(Total depravity), 무조건적 선택(Unconditional predestination), 제한 속죄(Limited atonement), 불가항력적 은혜(Irresistible grace), 성도의 견인(Perseverance of the saints)-TULIP(acronym. 즉, 머리글자를 합치면 TULIP이 됨-편집주). 하나님께서는 특정 개인들이 구원받을 수 있도록 작정하셨다. 사실 하나님께서는 몇몇을 구원하시기로 작정하실 뿐만 아니라 몇몇은 심판받도록 작정하신다. 그러나 우리에게는 불평할 수 있는 이유가 없다. 우리는 은혜로 구원받았기 때문에 이것은 불공평한 것이 아니다(Augustine). 태초 전에 하나님께서 구원받을 자들을 택하셨다. 하나님께서는 자신의 아들을 통해서 선택된 자들에게 불가항력적으로 주어지는 구원의 도를 제정하셨다. 그러나 그것은 전인류를 대상으로 한 것이 아니다. 선택받아 구원받은 사람들은 영원토록 하나님의 붙들림을 받음으로써 끝까지 인내할 수 있다. 이러한 입장은 거룩하시고 죄를 싫어하시는 하나님을 높이고, 자유의지를 가지고 있는 인간을 낮춘다.

칼빈주의의 관점에서 볼 때 하나님께서는 하나님께서 선택하신 사람들만을 구원하신다. 우리는 일반선택과 특별선택을 구분할 수 있다. 후자는 하나님의 특별한 은총을 받을 수 있는 특정 개인들의 선택을 가리킨다(엡 1:4-5; 요 15:16). 하나님께서는 일부 사람들을 주권적으로 선택하셨고, 또한 그들은 선택을 받았기 때문에 믿을 수 있는 신앙을 가지게 될 것이다. 어거스틴이 말한 것처럼, "그러면 사람들이 선택받는 소명을 이해하자. 믿었기 때문에 선택되는 사람들이 아니라 선택되었기 때문에 믿을 수 있는 사람들이다."

반면에 웨슬리안-알미니안주의자들은 하나님께서는 은혜로우셔서 모든 사람들에게 은혜를 주셨고 그 은혜가 하나님의 초대에 반응할 수 있게 한다고 믿는다. 인간의 선택이 구원에서 결정적인 요소가 된다. 그러나 양쪽 다 구원이 사람들에게서 말미암지 않고 은혜를 인하여 믿음으로 말미암아 구원을 얻었다는 사실에는 동의한다(엡 2:8-9).

웨슬리안들은 하나님께서 죄가 당신의 자녀들에게 미치는 영향으로 인해 죄를 싫어하신다고 믿는다. 선행(先行)적인 은혜는 모든 사람에게 주어졌으며 사람들이 알기 전에 그것은 인간들 속에서 활동 중이다. 이 은혜는 사람들이 하나님을 택할 수 있게 해주며 인간에게 있는 모든 선한 것의 원천이 된다. 이 은혜는 인간이 참여할 필요 없이 후하게 아낌없이 주어진다. 죄를 깨닫게 하시는 은혜는 사람들에게 자신들의 방황과 하나님에 대한 필요를 설득시키는 은혜이다. 이 은혜는 죄인들이 하나님께로 돌아오도록 권한다. 그것은 특정 개인에게 말씀하시는 하나님의 음성이다. 웨슬리는 칭의 이전에 이루어지는 선행(善行)이 있지만 그것이 구원의 기초가 되는 것은 아니라고 가르쳤다(Collins, 1989, 41). 그 행위들에는 그 어떠한 공적도 없으며 개인들이 천국가는 길을 만들 수 없다. 믿음이 의롭게 됨의 유일한 조건이며(Collins, 1989, 42) 신자를 의롭게 하는 데 필요할 뿐 아니라 충분한 요소이다.

3. 인간의 반응. 예수께서 사람들 가운데서 생활하시고 행하셨던 것처럼 그분의 초대는 이중적이었다. 회개하고 나를 따르라. '회개' 라는 단어는 마음의 변화라고 하는 헬라어 멘타노이아(mentanoia)에서 유래한다. 예수께서는 이전의 모습을 버리시고 대신 나를 믿으라고 말씀하신다. 예수께서는 사람들에게 개인적으로, 그리고 단체적으로 철저히 회개하도록 하셨다.

구세주 그리스도와의 이런 전환점의 순간에 하나님께서는 개인을 의롭게 하신다. 종종 "마치 내가 한 번도 죄를 짓지 않은 것처럼"과 같은 표현에서 묘사되는 것처럼 칭의는 하나님께서 십자가상에서의 그리스도의 죽으심을 기초로 회개한 죄인들을 의롭다고 선언하시는 것이다. 하나님께서 의롭게 된 개인을 보실 때 그를 죄로 물든 의복을 입고 있는 죄인으로 보지 않으시고 그분의 아들 예수님의 의의 옷을 입고 있는 구원받은 자녀로 보신다.

그것은 마치 죄인의 모든 책임들이 구세주의 자산과 통합되고 모든 채무를 청산한 것과 같다. 하나님께서는 의로움을 거저 주신다. 선물로서 주어지는 의는 인간의 공적으로 얻을 수 없다(롬 6:23; 엡 2:8-9). 의롭게 하는 믿음의 목적은 그리스도이다. 즉 그것은 마음의 성향이며 그리스도의 죽음의 공로와 그리스도의 부활의 능력을 인정하는 것이다. 그것은 복음 전체에 대한 동의이다.

새로 하나님의 자녀가 된 자는 법적인 의미에서 의롭게 될 뿐만 아니라 하나님과 신자 간에 평화가 생겨난다. 예수께서 십자가 위에서 자신의 죽음으로 인간의 죄에 대한 형벌을 대신 지불하셨다. 하나님께서 예수님의 죽음을 죄인이 부담하고 있는 부채 대신으로 받아들였다. 그 결과 하나님과 인간 사이에 존재했던 반목은 십자가 위에서 그리스도가 대신 죽음으로써 제거되었다. 그리스도와 기독교 신자들은 거룩하신 하나님과 연합하여 하나가 되었다(대속). 죄인은 거듭나며 회심했고, 그리스도의 영 안에서 새로운 삶을 시작했다(중생).

4. 성령 안에서의 삶. 성화는 개인들이 하나님의 뜻에 순종하고, 하나님을 닮기 위해 거룩하고 구분된 삶을 살아가는 것으로서 중생의 연속을 가리킨다. 칭의와 마찬가지로 성화는 성령을 통해 신자 안에서 행하시는 하나님의 일이다. 그것은 죄로부터의 분리, 하나님에게로의 헌신, 도덕적으로 선하고 영적으로 가치 있는 삶을 사는 것을 포함한다. 하나님께서는 신자들이 전적으로 성화되기를 원하신다. "평강의 하나님이 친히 너희로 온전히 거룩하게 하시고 또 너희 온 영과 혼과 몸이 우리 주 예수 그리스도 강림하실 때에 흠 없게 보전되기를 원하노라"(살전 5:23).

칭의는 즉각적으로 일어나지만 성화는 평생에 걸쳐 생겨난다. 칭의는 받는 자도 있고 받지 못하는 자도 있다. 반면 성화는 의롭게 된 자가 단계적으로 성화의 깊이를 체험할 수 있다. 하나님께서는 객관적으로 죄인을 의롭다고 선언하신다. 성화에 있어 성령께서는 사람의 성품과 상태를 변화시키시는 주관적인 작업을 하신다(Erickson, 1985, 969).

사랑은 성화의 동기요 목표이다. 즉 사랑으로 온전케 되는 것은 더 이상 죄짓기를 원하지 않는 삶을 사는 것이며, 그것은 성화 속에서 하나님과 관계를 유지할 때 이루어진다. 어떤 사람들에게 사랑 안에서의 이러한 성장은 계시된 하나님의 뜻을 지속적이면서도 일상적으로 순종한 결과이다. 또 다른 사람들에게 그것은 거룩하신 하나님의 요구를 채우며 살 수 없다는 자신의 무능력을 철저히 경험하는 것으로 시작하여, 그 다음에 변화시키시는 하나님의 사랑을 체험하고, 전인격이 하나님께 자복하게 됨을 뜻하는 것이다. 성령께서 그 시점에서 완전한 통치권을 가지시게 된다. 회심의 순간에 임재하시는 성령께서는 신앙여정의 특정 시점에 임하셔서 신자가 거룩한 삶을 살 수 있도록 채우시고, 내주하시고, 능력을 주신다. 성령 안에서의 삶은 기본적인 것이지만 순종 이상의 삶이다. 성령께서는 인간의 의지에 역사하셔서 거룩하고 의로운 삶을 살 수 있게 해 주신다.

LESLIE A. ANDREWS

참고문헌 | K. J. Collins(1989), *Wesley on Salvation: A Study in the Standard Sermons*; M. J. Erickson(1985), *Christian Theology*; T. C. Oden(1992), *Systematic Theology*.

구조(Structure). 한 주제의 기본적인 개념들 내지는 아이디어들을 이해하는 것은 그 주제의 구조를 이해하는 것이다. 제롬 브루너(Jerome S. Bruner, 1960)는 "한 주제의 구조를 이해하는 것은 많은 다른 것들이 그것과 의미 있게 관련될 수 있는 방식으로 그것을 이해하는 것이다. 간단히 말해, 구조를 학습한다는 것은 사물들이 어떻게 관계를 맺는지를 이해하는 것이다"라고 말했다. 브루너에게 교수의 목표는 학습자들이 정보 안에 있거나 아니면 정보들간의 구조와 관계들을 이해할 수 있도록 도와주는 것이다. 구조는 새로운 학습을 가능하게 할 뿐만 아니라 의미 있게 하는데, 그 이유는 학습자들은 새로운 지식이 이전의 지식과 어떻게 부합되는지를 알고 있기 때문이다. 구조는 학습자가 배우는 것을 기억나게 해줄 수 있고 이해력을 증가시킨다. 따라서 학습자는 자신이 배운 것을 삶에 적용할 가능성이 높아진다. 한편 비판적 사고와 문제해결 기술들은 모두 구조를 요구한다(Biehler & Snowman, 1993). 얀트(Yount, 1996)는 만일 적합한 표현방식(동작적 표현방식, 영상적 표현방식, 상징적 표현방식)을 사용하고, 중요한 내용을 소량(경제성)으로 제시하고, 새로운 자료를 단순하지만 강력(힘)하게 제시한다면, 학습자들은 정보를 구성할 수 있을 것이라고 주장한다.

WALTER H. NORVELL

참고문헌 | J. S. Bruner(1960), *The Process of Education*; R. F. Biehler and J. Snowman(1993), *Psychology Applied to Teaching*; W. R. Yount(1996), *Created to Learn*.

구체적(Concrete). 추상적 사고(Abstract Thinking)를 보라.

구체적 사고와 추상적 사고(Concrete Thinking Versus Abstract Thinking). 구체적, 추상적 사고의 개념은 발달론자들에게 매우 중요하다. 그들은 어린이들이 사고할 때에는 직관적 논리를 (정신적 그림을 내면화하고 조각들을 서로 연결시키지 않는 것) 사용한다는 이론을 유지한다. 유년기 중반기의(7-8세) 정신적 사고과정을 "구체적 조작"이라고 부른다. 이 연령의 어린이들은 실제 사건이나 사물, 지시 등에 대해 논리적으로 사고한다. 또한 추상적 사고력(즉 언어로만 나타낸 개념을 처리하는 것)은 "형식적 조작"이라고 한다. 전형적으로는 11세 이상이 되어 청소년기로 넘어갈 때 이것이 가능해진다.

수많은 발달연구가들은 개인의 인지발달 단계에 따라 성숙도를 측정할 수 있다고 제안한다. 피아제(Piaget)가 이 분야에 기초연구를 했다(1972). 그의 네 단계가 구조적 논리성, 즉 연속적이며 상이한 사고 및 추론의 방법을 대변해 준다. 피아제는 모든 사람들이 개인차는 있지만 동일한 순서로 이 단계들을 지나게 된다고 확신했다.

1. 구체적 사고의 특성. 구체적 사고(또는 "구체적 조작기")는 피아제 도식의 세 번째 단계에 해당된다. 그는 몇 개의 새로운 사고능력이 어린이로 하여금 다른 수준의 인지조작을 가능하게 만든다고 했다. 이런 능력들로는 (1) "역으로 전환하는 능력"(Reversibility). 이것은 사고의 전진 및 후진도 할 수 있는 능력이다. 액체-보존 과제에서 어린이는 이제 길이가 짧고 넓적한 비커에 부은 물이 원래 용기에 다시 부은 것과 동일한 양이라는 것을 인식하게 된다. 이것이 학령전의 아동들과 초등학생들을 구분하는 가장 뚜렷한 차이점이다. (2) "분류 포함시키기"(Class Inclusion). 사물들을 여러 특성들로 분류하고, 모양과 크기 또는 모양과 색깔 등과 같이 한 부류와 하위분류 사이의 관계성을 알아차린다.

(3) "탈중심성"(Decentration). 상급반 어린이들이 거리나 방향, 시간, 그리고 할머니 댁에 가는 세부 지도 그리기와 같은 연쇄행동에 대해 사고하는 것을 하급반 어린이들보다 쉽게 한다. (4) "관계논리" (Relational Logic). 구체적 조작기의 어린이들은 이제 사물을 정신적으로 배열하는 일이 가능하다. 이들은 "진정작용"(sedation), 즉 사물은 높이나 무게 등의 양적인 분류와 "이행성"(transitivity), 즉 요소들을 순서대로 기술하는 것을 할 수 있는 지적 능력이 생긴다.

2. 추상적 사고의 특성. 11세에서 12세 정도가 되면 어린이들은 추상적인 인지조작을 시작한다. 이것은 피아제의 최종 단계로서 "형식적 조작"(Formal Operation)이라고 한다. 추상적 사고는 몇 가지에서 구체적 사고와 대조된다. (1) "명제적 사고" (Propositional Thinking). 개인은 어떤 아이디어나 명제에 대해 정신적 행동을 수행할 수 있다. 이 것은 구체적 사고를 하는 어린이들이 실제 사건이나 객관적 실제를 사용하는 것과 대조된다. (2) "실험적 추론"(Experimental Reason). 학생들은 가설을 만들고 가능한 결과들을 추론할 수 있게 된다. (3) "결합의 개념화"(Conceptualizing Combinations). 추상적 사고를 하는 사람의 문제해결 방법은 점점 더 체계화되고 추상화된다. 가설적인 연역적 추론을 사용하여 문제에 대한 가능한 해결책을 만들고, 그 최종 결정을 위해 체계적으로 평가한다. (4) "역사적 시대 이해"(Understanding Historical Time). 학생들은 역사적(또는 미래적) 시대, 곧 먼 과거의(또는 미래의) 상이한 문화들에 대한 이해력이 발달하게 된다. (5) "이상적 자기중심주의"(Idealistic Egocentricism). 추상적 사고는 청소년들이 겪는 고통스러운 일면들과 관계가 있다. 이들은 사고와 삶에서 자기중심적이 되어서, "상상의 청중"(imaginary audience)현상과 "개인적 우화" (personal fable) 현상이라는 두 가지 독특한 형태의 자기중심성을 취한다(Elkind, 1976, 1981a).

그러나 많은 청소년들이 추상적 사고의 잠재성을 가지더라도, 추상적인 사고를 거의 하지 않고 일생을 보내는 사람들도 있다(Stonehouse, 1998).

피아제는 그의 연구 결과에 일관성이 없는 부분을 인정했다. 예를 들면, 한 형태(대량)의 보존성이 다른 형태(면적이나 부피)의 보존성보다 훨씬 빨리 이해된다. 그런 비연속성을 피아제는 "수평적 디콜라쥐"(horizontal decalage: 인간발달 과정에서 개인이 가장 발달된 능력에 의존하여 덜 발달된 부분을 조정하려는 경향-역주)라고 불렀다. 그는 이것을 어린이가 동일한 정신작용을 요구하는 모든 문제를 다 해결할 수 없는 것으로 이해했다. 그러므로 구체적 사고와 추상적 사고 사이의 구분은 종종 희미하고 부분적인 경향이 있다.

3. 기독교교육적 관점. 영국의 골드맨(Ronald Goldman)과 미국의 피이틀링(John Peatling)의 학문적 업적으로 종교교육자들은 1960년대와 70년대 피아제의 인지발달 단계에 대한 관심을 집중시켰다. 다수의 교육자들이 발견한 통찰을 교육과정과 교수법에 적용시키려고 노력했다. 부분적으로는 "연령에 맞는" 학습활동들과 자료에 대한 관심을 증진시켰다. 다른 기독교교육자들은 종교적으로 사고하는 것만으로는 충분하지 않다는 입장을 유지했다. 이들은 콜버그(Kohlberg)의 도덕발달 이론을 적용한 전인적 발달과 그 교육적 적용을 강조했다.

4. 최근의 비평과 가치. 최근에 피아제의 엄격한 단계-수준 구조가 비판을 받기 시작했다. 방법론상, 다수의 연구가들이 피아제는 학령전 아동들의 능력을 과소평가했다고 생각하는데, 그 이유는 그가 제시한 문제들이 아동들이 실제로 아는 것을 표현하기에는 지나치게 복잡하기 때문이라고 한다. 그 후의 연구들은 일관되게, 비슷한 연령의 아동들이 그들이 설명할 수는 없지만 많은 개념들을 제대로 이해한다고 지적한다(불록, 1985; 젤맨과 크레머, 1991). 구조적으로는 콜버그과 아르몬(Armon)이 "단단한 구조적"(hard structural) 모델과 같은 합리적 사고도 성인의 지혜와 경험을 나타내기에는 적합하지 않음을 증명한다고 논한다. 이런 어려움에도 불구하고 최근에는 구체적 사고와 추상적 사고의 차이점이 일반적인 인지패턴에 가치 있는 통찰을 제공해 주고, 전체적인 기독교교육 실제에

제한적이기는 하나 중요한 도움을 제공한다.

JAMES A. DAVIES

참고문헌 | D. Alkanet(1984), *All Grown Up and No Place to Go*; K. Issler and R. Habermas(1994), *How We Learn*; J. Piaget and B. Inhaler(1969), *The Psychology of the Child*; D. E. Ratcliff, ed.(1992), *Handbook of Children's Religious Education*; C. Smokehouse(1998), *Joining Children on the Spiritual Journey*; R. Strom and H. Bernard(1982), *Educational Psychology*.

구체적 조작기 사고(Concrete Operational Thinking).

어린이들을 직접적이고 조직적으로 관찰한 결과, 스위스 심리학자 피아제(Jean Piaget, 1896-1980)는 혁신적 이론인 네 단계의 지적 발달론을 가정했다. 구체적 조작 사고란 세 번째 단계인 "구체적 조작기"(Concrete Operational Stage)의 7세부터 11세까지의 연령에 해당된다.

"조작"(operation)이라는 용어는 사람이 문자적으로 수행하기보다는 생각을 통해 실행하는 행동을 일컫는다. 조작적 사고는(첫 번째 단계인 감각운동기처럼) 신체적이기보다는 이성적이고, (두 번째 단계인 전조작기처럼) 마술이나 환상적이기보다는 논리적이다. 조작적 사고는 자기중심성과(내가 보는 것이 사물의 중심이이라고 보는 것) 중심성(한 가지 상황의 여러 면을 한 번에 보지 못하는 것), 보존성(외형이나 위치가 달라도 내용물이 변하지 않는 것)의 부족을 극복한다. "구체적"(concrete)이라는 용어는 논리적 사고가 적용되는 사물이나 사건의 실존을 가리킨다. 그러므로 이 단계의 어린이들은 무게를 달거나 측량하거나 계산하여(구체적) 해결이 가능한 구체적 문제들에 대해 논리적으로 체계적으로(조작적으로) 생각할 수 있다. 비록 환상과 (전조작기, 2-7세 사이) 사실(구체적 조작기, 7-11세 사이) 사이를 구분할 수 있다고는 하나, 이들은 사실과 가상(형식적 조작기, 11세 이상) 사이를 구분하지는 못한다. 일단 사실이 확립되고 나면, 새롭고 갈등이 있는 정보가 그들의 생각을 쉽게 바꾸지 못하기 때문이다.

엘킨드(Elkind)는 그의 연구를 통해, 스톤헨지(Stonehenge)가 고대의 요새였음을(암반의 크기, 둥근 위치, 내부와 외부의 "참호들" 등) 보여주는 많은 사실들을 열거했다. 그러고 나서 그는 그것이 종교적 성전이었음을 보여주는 몇 가지 사실만을 (개방된 지역, 하지에 나란히 줄을 서는 제단 돌 등) 발표했다. 비록 두 번째 결론이 필연적으로 더욱 논리적이지만 생각을 바꾼 어린이는 거의 없었다. 엘킨드는, 다수의 구체적인 사실들이 몇 가지 사실에 기초한 보다 나은 논리적 설명보다 더 큰 비중을 차지한다는 것을 발견했다. 그는 복잡한 과학적 논리적 사고가 초등학생들에게는 아직 가능하지 않다는 결론을 내렸다(Spinthall, 1994, 11).

초등학생들의 학습의 질을 향상시키기 위해서는 시각자료와 개념을 설명해 주는 구체적인 사물들을 사용하고, 간결하고 체계적으로 내용을 가르치고, 어린이들이 사물들을 조종할 수 있도록 허용하며, 복잡한 아이디어를 설명하기 위해 친근한 실례들을 사용하고, 분석적·논리적 사고를 요하는 문제들을 주는 것이 효과적이다(Woolfolk, 1993, 36).

1980년대에 행해진 연구로써 피아제의 논쟁에서 밝힌 연령구분은 규범이 아니라 단순한 설명이므로, 그것을 어린이 개인이나 학급에 고정적으로 적용해서는 안 된다는 점을 강조했다(Eggen & Kauchak, 1992, 55).

RICK TOUNT

참고문헌 | G. D. Borish and M. L. Tombari(1995), *Educational Psychology: A Contemporary Approach*; P. D. Eggen and D. Kauchak(1992), *Educational Psychology: Classroom Connections*; N. A. Sprinthall, R. C. Sprinthall, and S. N. Oja(1994), *Educational Psychology: A Developmental Approach*; A. E. Woolfolk(1993), *Educational Psychology*; W. R. Yount(1996), *Created to Learn: A Christian Teacher's Introduction to Educational Psychology*.

국제기독교캠핑(Christian Camping International, CCI). 대부분의 역사가들은, 19세기 초반의 2차 대각성운동(the Second Great Awakening; 18세기 말부터 미국의 뉴잉글랜드 도시를 중심으로 일어났던 부흥운동-편집주)) 당시의 캠프 모임에서 유래된 캠핑이라는 개념이 북미주에서 일어난 혁신으로서, 동세기 중반 이후에 캠핑기구가 조직되었다고 본다. 초창기의 많은 지도자들은 헌신적인 그리스도인들로서 그들 자신의 캠프사역을 시작했을 뿐 아니라 다른 이들의 사역도 함께 도왔다.

"미국캠핑협회"(American Camping Association, ACA)는 1910년 뉴욕에서 열렸던 캠프관리자 모임에서 선도주자들의 캠핑을 장려하는 전문적인 요구들을 천명하고, ACA 내부에 종교적으로 관련 있는 캠프 애호가 모임을 조직하려는 시도로부터 출발했다. 하지만 종교적인 색채를 지닌 캠프들이 기독교교리적인 근원에서 점점 더 멀어져 감에 따라 복음주의자 그룹들이 그들의 특수한 요구들을 지지해 줄 동조자 없이 협회를 떠나기 시작했다.

1950년, 동부와 서부에서 복음주의 캠프 그룹 지도자들이 동시에 모임을 갖고 서로 격려와 교제를 나누며 아이디어를 교환했고, 중서부와 캐나다에서도 곧이어 모임을 가졌다. 캘리포니아 주의 "헐몬산 컨퍼런스 센터"(Mount Hermon Conference Center)에서 가진 1950년 모임에서 13개의 캠프 관리자들이 "서부 컨퍼런스 및 캠프협회"(Western Conference and Camp Association, WCCA)를 서둘러 조직하기로 했다. 이 기구는 같은 해 뉴잉글랜드(New England)에 설립된 "성경컨퍼런스 및 캠프 협회"(Association of Bible Conference and Camp)와 다른 여러 지역의 유사한 캠프협회들과 거의 10년 동안 공존했다.

1960년 중서부의 "복음주의캠핑협회"(the Evangelical Camping Association)와 캐나다의 "기독교캠프친목회"(Fellowship of Christian Camps)가 WCCA에 합병되었다. 그때 WCCA 의 정기 간행물인 "캠프생활"(Camp Life)이 5,000부 수 출판되었고, 회원들을 위해 보험프로그램도 만들었다. 연간 수련회와 캠핑에 대한 혁신적인 아이디어를 실은 연감의 출판 및 전임이사 티닝(Graham Tinning)의 취임으로 WCCA는 회원들에게 큰 도움이 되고 있다.

전역으로부터 회원을 모집하기 위해 WCCA는 1961년 그 명칭을 "기독교캠프 및 컨퍼런스협회"(Christian Camp and Conference Association)로 개칭하기로 협의했고, 이듬해 "성경수련 및 캠프협회"가 CCA와 협력하기 위해 해산, CCA에 가입했다.

1963년, CCA는 12개가 넘는 국가들이 그 회원국으로 가입되어 있기 때문에 "국제"(international)라는 말을 첨가, "국제기독교캠프 및 컨퍼런스협회"(CCCA International)라는 비영리 재단으로 등록했다. 이후 1968년에 CCCA International을 약칭하여 "국제기독교캠핑"이라고 불렀다.

일본에서는 1964년 전기독교 캠핑수련회를 열면서 "일본기독교캠핑협회"(Japan Christian Camping Association)를 시작했다. 1966년, 신설된 국제 CCCA의 중앙아메리카 지역(Central American Region)에 사무원들이 공채되었다. 1973년에는 각 지부들이 중앙아메리카-콜롬비아, 캐나다, 미국, 일본 지부로 개칭되었다. 1974년에는 빅토리아의 빌 벨리 렌치(Bill Valley Ranch)의 모임에서 오스트레일리아 지부가 형성되었고, 1976년 초에 뉴질랜드 지부도 로토루아의 키위 렌치(Kiwi Ranch in Rotorua) 모임에서 조직되었다.

1976년 국제 이사회에서 각 지부들이 국제조정위원회를 통해 자치적으로 운영할 수 있다고 결정하면서 CCI 발달의 전환기가 되었다. 그러나 1985년 대만에서 CCI 제일아시아태평양회의(First Asia Pacific Conference)에서 지부장들이 모였을 때에야 비로소 동맹 형식의 진정한 자치협회모델이 제안되었다. 그해 가을 국제이사회가 이 제안을 가결하였고, 1986년 캐나다의 밴쿠버에서 지부장들이 모여 채택했다.

그러는 동안, 남부 아프리카, 일본, 대만이 1972년에, 그리고 한국이 1982년 공식 지부로 인정되었고, 1985년에는 브라질에 공식 지부가 생겼다. 1988년에는 영국과 필리핀이 그리고 1997년에는 러시아와 루마니아가 각각 공식 회원국이 되었다.

현재 CCI는 "국제복음주의협회"(World Evangelical Fellowship)의 준회원제와 유사한 국가 및 지역 회원연합으로 조직되어 있다. 그 목적은 기독교캠핑협회들을 보조하여 효과적인 그리스도 중심의 캠프와 컨퍼런스 및 수양회 등의 사역을 돕고, 복음주의적인 캠프협회들이 신설되게 하며, 적절한 방법으로 복음주의적 기독교캠프의 가치들을 증진시키는 것 등이다. CCI의 각 회원은 공통적인 신앙 및 사명을 위해 헌신하며, CCI 운영지침을 따른다.

회원과 준회원, 국가적, 지역적 회원이 되고자 하는 협회들이 일 년에 두 번씩 회합을 갖고 공동 관심사를 나누며, 훈련과 교제와 또 목표 실행을 위한 전략수립 등의 일을 한다. 선출된 이사회에서 두 번의 회의운영을 위해 CCI 사역들을 조정한다. CCI는 국가와 지역협회의 정기간행물인 "네트워크"(Network)를 출판하고, 각 연합회가 다른 연합회들과 공동 협력할 수 있는 협력 프로그램들을 진행한다.

현재, 일본과 한국, 필리핀, 미국, 영국, 오스트레일리아, 뉴질랜드, 남아프리카 지역, 브라질, 남아메리카 지역, 루마니아, 러시아, 네덜란드(준회원) 등 35개국이 회원으로 가입되어 있다. 최소한 30개의 다른 나라들과 근접 국가들이 수많은 CCI 준회원으로서 캠프장을 운영하고 있다.

BUD WILLIAMS

참고문헌 | E. Eells(1986), *Eleanor Eell's History of Organized Camping: The First 100 Years*; B. Williams(1997), *Organizational History of Christian Camping International*.

국제기독교학교연합회(Association of Christian Schools International).

기독교학교연합회(ACSI)의 사명은 전 세계 기독교교육자들과 학교들이 학생들의 삶을 잘 준비시키도록 하는 데 있다. ACSI는 개신교 전통에서 나온 복음적인 신앙문을 채택한다. 미국에 8지부, 캐나다에 2지부가 있고, 그 외에 100개가 넘는 지역에 3,770개의 학교와 총 796,867명의 학생이 ACSI 산하에 등록되어 있다.

문서화된 ACSI의 중심 가치는 기독교학교들의 필요를 채워주고, 회원들의 영적 학문적 탁월성을 지도해 주며, 간섭 없이 돕고 의무감 없는 기회를 제공해 주는 데 있다.

1978년 세 곳의 연합회-국립기독교학교교육 연합회(the National Christian Schools Education Association, NCSEA), 오하이오 기독교학교연합회(the Ohio Association of Christian Schools Association, OACS), 서부 기독교학교연합회(the Western Association of Christian Schools, WACS) - 가 합병, ACSI가 설립된 이후로 다른 몇 지역의 연합들도 가입했다. 이 외의 기구들은 동남부 기독교학교연합회(the Southeastern Association of Christian Schools), 기독교학교 교사회(the Association of Teachers of Christian Schools), 대평원 기독교학교연합회(the Great Plains Association of Christian Schools), 그리고 텍사스 기독교학교연합회(the Texas Association of Christian Schools) 등이다.

ACSI의 철학은 부모로 하여금 성경이 요구하는 자녀 교육을 기독교학교를 통해 수행하도록 돕는 것이다. 이 기구는 회원학교들을 보조하여 학생들의 잠재된 은사를, 마음과 정신과 신체의 전체적 발달을 통해 계발시키는 것이다. ACSI의 지도자들은 성경을 토대로 한 교육과정과 경건하고 잘 훈련받은 헌신된 교사들의 가르침으로 신앙과 교육의 통합을 추구한다.

ACSI의 비전을 간략히 살펴보면, 전 세계 기독교학교에 다니는 학생들이 지혜와 지식과 성경적 세계관을 습득하여 성품과 지도력, 봉사, 청지기적 삶, 예배로 드러나는 삶의 스타일을 갖게 하는 것이다. 특별히 젊은 남녀가 마음과 몸과 정신을 다해 하나님을 사랑하며(마 22:37), 지혜와 키가 자라며(눅 2:52), 빛과 소금으로서 세상과 구별되며(마 5:13-14), 자신들 안에 거하시는 그리스도의 본질과 사랑을 반영하여 자신들과 자신들의 소유를 드리는(롬 12:1) 사람으로 성숙하는 비전을 심어 준다.

ACSI는 미국 내외의 14개 지부를 통해 각종 봉

사와 프로그램을 각 회원학교에 제공해 준다. 현재 ACSI 지부가 있는 곳은 펜실베이니아 주의 랭커스터(Lancaster, Pennsylvania), 조지아 주의 스넬빌(Snellville, Georgia), 오하이오 주의 북 캔톤(North Canton, Ohio), 텍사스 주의 달라스(Dallas, Texas), 애리조나 주의 메사(Mesa, Arizona), 워싱턴 주의 밴쿠버(Vancouver, Washington), 캘리포니아 주의 새크라멘토(Sacramento, California)와 라해버라(LaHabara), 캐나다 온타리오 주의 미네싱(Minesing, Ontario), 앨버타 주의 스리힐즈(Three Hills, Alberta), 워싱턴(Washington, D. C.), 헝가리의 부다페스트(Budapest, Hungary), 과테말라의 과테말라(Guatemala City, Guatemala), 우크라이나의 키예프(Kiev, Ukraine) 등이다. 각 지부에는 8개의 부서가 있다. 학무부(Academic Affairs), 국제사역부(International Ministries), 법률부(Legal), 입법부(Legislative Affairs), 학령 전 사무부(Preschool Services), 학교 사무부(School Services), 학생활동부(Student Activities), 사업 및 재정부(Business and Finance), 운영부(Operations)가 그것이다.

각 지부와 그 기관들을 통해 ACSI는 회원들에게 다양한 봉사를 제공하는데, 그 중 하나는 "기독교 학교 논평"(Christian School Comment)이라는 잡지를 발간, 배부하는 것이다. 매년 일반 세션과 전문세미나와 전시물을 포함하는 지역협의회가 열리고, 행정사무와 이사진으로 구성된 정규협의회도 열린다. ACSI는 제한적이지만 계속 증가하는 교육과정을 가지고 있다. 회원 학교들은 ACSI를 통해 법적 자문과 보험프로그램 가입 등의 이익을 얻는다. 구직과 구인 정보 또한 가능하다. 학무부 부장은 교사 및 사무자격증과 학교 공인프로그램 등을 감독한다.

ACSI 설립자요 은퇴 회장인 키넬(Paul Kienel) 박사의 비전은 전 세계 기독교교육자와 학교들에게 양질의 기독교교육을 제공하는 것이었다. 현 ACSI 회장인 스미더맨(Ken Smitherman) 박사는 학생들에게 학습동기를 부여하고 집중적이며, 동일한 생각을 가진 또래로 둘러싸여 있고, 부모의 관심과 도움을 제공하며, 잘 훈련받고 헌신적이고 경건한, 본보기가 되어줄 교사들을 가진 학교에서 그 비전을 실행하려고 한다. 대부분의 회원 학교들은 잘 세워진 교훈을 가지고 건전한 성경적 원리로 모든 일을 진행하고 있다.

1994년 ACSI는 캘리포니아의 라해버라에 있던 본부를 콜로라도 주의 콜로라도 스프링스(Colorado Springs, Colorado)로 옮겼다. 설립된 지 20년 만에 회원 학교와 대학의 학생수가 77% 증가했고, 회원 학교 수는 72% 증가했다.

DAVID L. ROTH

국제십대선교회(Youth for Christ International).

65개의 국가에 기관을 갖고 있는 세계적인 단체로서 공통된 목표는 젊은이들을 전도하고 제자로 삼는 일에 교회와 협력하는 것이다. 전 세계적으로 2500백 명의 전임 스태프들과 약 22,000명의 자원봉사자들로 움직이고 있는 이 기관은 매년 총 120,000명의 결신을 기록하고 있다.

지역 및 전국 기관의 자치원리가 이 기관을 이끌고 있고 그것은 국제 모임에서도 나타난다. 국제십대선교회 총회는 회원 국가들간의 상호지원과 협력을 위한 포럼을 제공한다. 국제 사무실은 싱가포르에 위치해 있다. 십대선교회운동은 미국에서 1940년대 중반에 생겨났다. 당시 여러 곳의 지도자들은 일반적인 교회의 채널을 통해서 전도가 되지 않고 있는 십대들을 전도하는 데 공통된 관심을 가지고 있었다. 혁신적인 방법들을 사용하는 십대사역 전도자들은 종종 "그리스도를 위한 십대"라는 공통된 이름을 내걸고 12개가 넘는 도시에서 대형 집회를 가지기 시작했다.

새로운 대회 개최에 대한 늘어나는 요구에 부합하기 위해 1945년에 십대선교회가 공식적으로 법인화되었고 초대 회장으로는 시카고 목사인 토레이 존슨(Torrey Johnson)이 선임되었고, 초대 전임사역자는 전도자인 빌리 그래함이었다. 1940년대 후반과 1950년대 초반에 십대선교회전도 팀은 폭넓게 여행하였고 새로운 대회들이 전 세계의 다른 도시들에서 생겨났다.

초기 지도자들 일부가 복음을 전 세계의 다른 지역으로 들고 갔을 때 그들은 특정 관심사에 대한 새로운 비전을 갖게 되었다. 그 결과 새로운 기관들이 탄생했는데 그 가운데 월드 비전(World Vision International), 트랜스 월드 라디오(Trans World Radio), 오버시즈 크루세이즈(Overseas Crusades), 극동 복음전도단(Far Eastern Gospel Crusades, 현재는 Send, Inc.), 대유럽선교회(Greater Europe Mission) 및 빌리 그래함 전도 협회(Billy Graham Evangelistic Association)가 포함된다.

십대선교회의 방법론들은 수년간에 걸쳐서 다양해졌다. 청소년집회에 대한 처음의 생각은 오래된 부흥회 형식을 문화적으로 적합한 음악과 설교방식 뿐만 아니라 라디오의 새로운 기술, 그리고 지역교회 그룹들의 참여를 이용하여 새롭게 생겨나는 십대문화에 맞추었다. 그 후 재능대회 및 퀴즈 프로그램들이 추가되었는데 수많은 십대들이 참여하였다. 대회에서 공연한 몇몇 팀들의 국제 여행은 청소년들이 단기 선교에 대대적으로 참여하는 계기가 되어 십대 선교의 선구가 되었다.

미국의 격동기였던 1960년대에는 많은 도시에서 대회의 수를 줄이고 캠퍼스 라이프라고 불리는 학교동아리 프로그램으로 전환하였다. 이 프로그램은 주제별로, 그리고 토론을 기초로 하는 방식으로 복음을 소개하고, 개인사역을 매우 강조한다. 주로 전도프로그램으로 여겨졌지만 많은 교회들이 캠퍼스라이프사역의 방법론들을 십대 기독교교육이라는 목적을 위해 받아들였다. 이런 많은 아이디어들은 이전에 YFC 임원으로 일했던 사람들이 1968년에 창립한 유스 스페셜티즈(Youth Specialities) 출판사를 통해서 보급되었다. 교회 십대 그룹들이 캠퍼스라이프의 모델을 교회에 적용시킬 때 초기의 전도열정을 잃어버리는 경향을 보였지만, 그들은 종종 전임사역자, 기존의 기독교인 십대 그룹, 그리고 YFC가 조금 더 쉽게 접근하지 못하는 자원자들의 모임을 위한 재정적인 지원을 갖추고 있었다. 이러한 변화하는 상황에 대해 YFC의 반응은 지역교회들과의 동역관계를 강조하는 것이었다. 아마도 이러한 경향의 가장 가시적인 예는 워싱턴 디씨와 로스 엔젤레스에 3년에 한 번씩 열리는 대형 십대 전도집회일 것이다. 1997년에 3만 명이 참석한 이 대형집회의 목적은 기독교인 십대들을 훈련, 고무, 동원시켜서 자신들의 동년배들에게 자신들의 믿음을 나누도록 하는 것이다. 이 행사 성공의 부분적인 이유는 수십개의 다른 십대 기관들과의 전략적인 협력 및 지역교회 십대 그룹들을 섬기는 데 초점을 두었기 때문이다. 국제적으로 볼 때 그 사용하는 방법들의 다양함은 거의 무한대이다. 주요사역모델들로는 클럽, 대회, 캠프, 사회사업, 음악, 스포츠, 텔레비전, 라디오, 문서, 그리고 리더십 훈련이 있다.

1994년 국제 총회는 네 개의 새로운 사역목표 그룹들을 밝혔다. 사춘기 이전의 아이들, 가난한 지역사회의 십대들, 이주 및 이민 십대들, 소수 민족 십대들. 기존의 프로그램에 더해 십대선교회는 전 세계적으로 60개 이상의 새로운 나라들에서 사역을 개척하고 있으며 계속적으로 여러 상황에서 청소년 사역의 혁신적인 요소가 되고 있다.

MARK A. DODRILL

참고문헌 | J. Hefley(1970), *God Goes to High School*; T. M. Johnson and R. Cook(1944), *Reaching Youth for Christ*; M. Senter III(1992), *The Coming Revolution in Youth Ministry*; idem(1990), *The Youth for Christ Movement as an Educational Agency and Its Impact upon Protestant Churches*.

국제어와나클럽(Awana Clubs International).

어와나(awana)란 디모데후서 2장 15절 말씀에 근거한, 인정받은 일꾼은 부끄러움이 없다(Approved Workmen Are Not Ashamed)는 말의 머리글자를 모아서 만든 말이다. 국제어와나클럽은 1920년대 시카고 가스펠 태버내클(Chicago Gospel Tabernacle) 교회의 목사이던 래더(Paul Rader)가 어린이사역에 대한 비전으로 시작했다. 그는 어린 소년들을 위해 레이덤(Lance Latham)으로 하여금 주일 오후 프로그램을 진행하도록 했다. 1933년 레이덤은 시카고 북서부에 있던 노쓰 사이드 가스펠 센터(North Side Gospel Center)의 목사직을 맡게 되었다. 그의 첫 임무 중의 하나가 소년 소녀를 위한 클럽을 조직하는 일이었고, 그의 비전을 래더 목사 사역의 열매인 로레임(Art Rorheim)이 도왔다. 로레임은 프로그램을 만드는 데 많은 자원봉사자들의 도움을 받아 세 개의 연령별 그룹을 조직했다. 소년들은 팰(Pals), 파이어니어(Pioneers), 파일럿(Pilots) 그리고 소녀들은 첨(Chums), 주니어 가드(Junior Guards), 시니어 가드(Senior Guards)로 나누었다. 처음부터 게임과 경기에 중점을 두었는데 오늘까지 어와나 프로그램의 추진력이 되어 왔다. 또한 오늘의 어와나 장학캠프(Awana Scholarship Camp)의 모체가 된 캠핑프로그램을 시작했다.

다른 교회들도 이 프로그램에 관해 듣고는 그들도 클럽을 만들 수 있도록 도와 달라는 편지를 쓰기 시작했다. 그리하여 1950년 어와나 청소년연합회(Awana Youth Association)가 설립되었고 오늘까지 이어지는 프로그램 조직의 원리를 만들어, 성경공부 핸드북 사용과 유니폼 입기, 어와나 게임 서클 개발 등을 포함시켰다. 그리하여 1955년에는 어와나 올림픽을 처음으로 개최하였는데, 오늘날까지 진행되고 있다.

최신판 연령별 핸드북에 첨가하여 어와나는 또한 지도자들을 위한 잡지인 "어와나 시그널"(Awana Signal)과 어와나 게임지도방법을 알려주는 "기본 훈련 지침서"(Basic Training Manual)도 출판하고 있다.

조직이 커감에 따라 더 많은 직원이 필요하게 되었다. 그래서 1966년 어와나는 어와나 선교사 프로그램을 시작하여 부부들을 초청, 지원하여 지역교회들에 어와나 프로그램을 시작하여 진행할 수 있도록 돕기 시작했다. 요즘에도 사역자들이 올림픽을 주관하고 지도자훈련프로그램을 진행하며, 성경퀴즈프로그램을 협력하며, 어와나 장학캠프를 진행시킨다.

1986년 어와나는 국제봉사사역(International Outreach Ministries) 프로그램으로 인정받아 공식적인 국제어와나클럽으로 되었다. 현재 본부는 일리노이 주의 스트림우드(Streamwood, Illinois)에 있고, 로레임의 후임으로 겐(David Genn)이 전무이사로 있다.

1. 프로그램.

1) 연령별 그룹. 모두 여섯 클럽과 두 개의 청소년 그룹이 있다.

> 큐비(Cubbies): 3-4세 소년, 소녀
> 스파크(Sparks): 유치원, 1, 2학년 소년, 소녀
> 팰(Pals): 3-4학년 소년
> 첨(Chums): 3-4학년 소녀
> 파이어니어(Pioneers): 5-6학년 소년
> 가드(Guards): 5-6학년 소녀
> 크로스 트레이너(Cross Trainers): 도시 프로그램
> 프랜드(Friends): 정신 지체아 아동들
> 주니어 버시티(Jr. Varsity): 중학생들
> 버시티(Varsity): 고등학생들

2) 프로그램의 철학. 어와나는 성경암송과 경쟁을 강조하는 것으로 알려져 있다. 성경은 킹 제임스(King James Bible)나 뉴 킹 제임스(New King James Bible: 영어 성경은 번역판이 다양한데 그 중 King James 번역판들은 고전적 영어를 사용한다-역주)를 사용한다. 어와나는 프로그램에 참여하는 동안 수백 개의 성구를 암송하게 되며, 그 지도자의 적용에 의존한다.

경쟁을 중요시하는 것은 "경쟁(competition)은 어린이 신체와 정신 발달의 필수적인 영양제와 같다. 모든 사람이 이기기를 소망한다"(Awana Overview, 7)는 확신에서 비롯되었다. 어와나는 제복의 중요성도 강조하여, 제복을 입지 않은 어린이에게는 상을 주지 않는다.

3) 목표. (1) 가능한 많은 지역의 어린이들을 어와나클럽 프로그램에 참석케 하여 복음의 말씀과 하나님 은혜 아래 그리스도를 자신의 구세주로 영접할 기회를 준다.

(2) 어린이들을 지도자로, 봉사자로, 증인으로 훈련하여 복음전파의 책임을 받아들이도록 한다.

(3) 모임 형태. 어와나는 두 시간 동안의 프로그

램을 권장하는데, 깃발 의식으로 시작하여 40분 동안 게임을 한다. 그 다음 40분 동안은 핸드북을 이용하여 지도자들은 반 아이들이 성경과 핸드북의 내용을 암송하게 하여 상을 준다. 그런 다음 모두 함께 모여 전체 모임을 갖고 모임을 끝낸다. 이 전체 모임에서 찬양과 간증, 실물학습, 광고, 포상과 성경을 공부한다.

2. 교회와의 제휴. 어와나의 교리적 진술(Awana doctrinal statement)에 동의하는 교회는 누구나 프로그램을 사용할 수 있고 어와나클럽을 이끌어 갈 수 있다. 그러나 어와나는 아래와 같은 경우에는 프로그램을 제공하지 않는다.

1) 교회협의회(National Council of Churches-미국)와 세계교회협의회(World Council of Churches)에 가입한 교단에 속한 교회들

2) 은사주의 운동에 참여하는 지역교회들(신자들도 은사주의 운동(Chrismatic Movement)에 참여하는 것을 인정하는 입장이지만).

오직 지역교회들과 선교, 또는 선교단체들만이 어와나프로그램 사용권을 가질 수 있다.

SARA ANNE ROBERTSON

국제청장년면려회(Christian Endeavor International).

"국제청장년면려회"(Christian Endeavor International)의 뿌리는 19세기로 추적해 올라간다. 1881년 2월 2일 미국 메인주의 포트랜드(Portland, Maine)에 있는 윌리스톤 회중교회(Williston Congregational Church)의 클락(Rev. Francis Clark) 목사가 국제청장년면려회(Christian Endeavor)에 대한 아이디어를 제안했다. 그는 기독교신앙을 고백하는 젊은이들에게 매일 성경읽기와 기도, 섬김을 통해 그리스도인다운 생활스타일을 개발하도록 격려했다.

교단 잡지에 그 프로그램을 위해 클락 자신이 쓴 논설은 다른 출판사에 의해서 재발행되고 또다른 정보에 대한 많은 요구를 불러 일으켰다. 그리하여 "국제청장년면려회"가 시작되었다.

회원들을 한데 묶어주는 총회들이 이 사역의 중요한 구심점이 되었다. 1887년 총회에서 클락 목사는 연합협회 회장으로 선출되었고, 이때 그의 제안에 따라 "그리스도와 교회를 위하여"(For Christ and the Church)가 이 사역의 모토가 되었다.

일 년에 두 번 열리는 총회는 여전히 전 세계적 영향 아래 현재 "국제청장년면려회"이라고 알려진 이 사역의 중요한 부분이다.

1. 프로그램과 원리들. 개교회의 프로그램들에 융통성은 있지만 기본 원리들은 클락 목사가 1900년 제안한 그대로 유지되고 있다. 그 원리들은 (1) 그리스도에 대한 고백, (2) 그리스도를 위한 봉사, (3) 그리스도인들과의 교제, (4) 교회에 대한 충성 등이다.

"국제청장년면려회" 프로그램은 지역교회에서 나름의 규칙대로 운영된다. 그룹들은 어른들의 지원 아래 자체 내의 임원들과 회장을 선출한다. 임원들의 의무사항에 대한 규준이 있고, 위원회는 클락 목사가 제정해 놓은 제도 내에서 운영된다.

다섯 위원회는 다음과 같다.

> 기도위원회(Devotional): 주로 주일 저녁에 모이는 협회의 정규적인 기도회와 토론회를 준비한다.
>
> 감독위원회(Lookout): 신임 및 기존 회원들을 감독, 경계한다. 출석 점검과 결석자들을 관리한다.
>
> 선교위원회(Missionary): 정규적인 선교사 및 선교에 관심 있는 회원들을 위한 모임을 조정하고 국내외 선교사들을 돕는다.
>
> 레크레이션위원회(Recreation): 협회의 사회적 기능으로서 교제와 흥미와 친목을 도모한다.
>
> 교회활동위원회(Church Activity): 목사 및 지도자들과 협력하여 교회사역을 돕는 프로젝트들을 찾아 섬긴다.

국제청장년면려회는 보조프로그램 뿐만 아니라 분류된 자료들을 제공한다. 프로그램을 사용하기 원하는 모든 교회에 열려 있다. 국제청장년면려회(Christian Endeaver Intermational), 1221 East Broad Street, P.O.Box 2106, Columbus, OH 43216-2106, (64) 258-3947.

권위적 접근

SARA ANNE ROBERTSON

권위적 접근(Authoritative Approach). 단체의 상호작용을 조절하는 힘이 적법한 권위자와 다른 사람들의 의견수렴이라는 두 가지 방식에 토대를 두는 접근방식이다. 권위적 접근은 타인의 의견을 수용하지 않는 권위주의와 다른 이들의 능동적인 참여에 의존하는 민주적 접근방식이라는 연속선상의 중간쯤에 있다.

뮤센(Mussen), 콩거(Conger), 케이건(Kagan)은 그들의 공저에서 권위주의적 교사와는 달리 권위가 있는 교사는 학생의 개인적 주도권이나 자존감, 사회적 책임 등을 강조하고, 또한 묵인하는 교사와 달리 그들은 안내와 궁극적 방향을 제공해 주며 기준과 목표를 설정해 준다고 썼다(1974).

아이젠만(Eisenman)은 권위 있는 부모의 효과적인 스타일에 대해 논했다(1985). 권위 있는 부모들은 고도의 격려와 통제를 할 수 있다고 말한다. 권위주의적이고 무심하고 묵인하는 스타일들과 비교했을 때, 권위 있는 스타일이 어린이의 자기 가치와 권위와의 순응 그리고 강한 종교적 신앙 발달에 가장 적합하다.

KENNETH S. COLEY

참고문헌 | P. H. Mussen, J. J. Conger, and J. Kagan(1974), *Child Development and Personality*; T. Eisenman(1985), *Big People, Little People*.

권위주의적 접근(Authoritarian Approach). 단체의 조직이나 지도력에, 지도자가 모든 규칙과 진행을 결정하고 다른 회원들의 의견을 받아들이지 않는 접근방식이다(Engel & Snellgrove, 1989).

레빈(Kurt Lewin: 프러시아 태생의 미국 사회심리학자. 인간 동기와 그룹 다이내믹 연구로 알려짐-역주)과 그의 동료들이 연구를 통해 단체행동에 미치는 여러 종류의 지도력의 영향을 조사했다(1958). 레빈은 11세 소년들을 방과 후 프로그램에 참석시켰다. 그 그룹 지도자는 권위적인 방식으로 실제적인 모든 활동들과 그 진행을 결정했다. 그 지도자는 소년들에게 각각 책임을 물었고 칭찬도 비난도 없이 거리를 두고 방관했다.

이 그룹은 지도자가 함께 있는 동안에는 그와 유사한 지도력을 배출해 냈다. 그러나 지도자가 그 자리를 떠나면 그런 지도력 스타일은, 다른 스타일과 비교하여 감소했다. 권위적인 지도력 아래서 소년들은 서로 친근하지도 팀워크가 좋지도 않았다. 다른 스타일의 지도자와 시간을 보낸 뒤 다시 권위적인 지도자 아래 돌아온 소년들은 훨씬 더 침체되었고 다루기가 힘들었다. 콩거(Conger)는 권위적인 가정에서 자라난 아동들이 자신들의 요구를 협상하는 기술이 부족하고 책임감이 부족하다는 것을 알아냈다(1973). 이 어린이들은 권위를 싫어하고 특별한 이유 없이 반항하는 경향이 있다.

KENNETH S. COLEY

참고문헌 | J. J. Conger(1973), *Adolescence and Youth: Psychological Development in a Changing World*; T. L. Engel and L. Snellgrove(1989), *Psychology: Its Principles and Applications*; R. Lippitt and R. K. White(1958), *Reading in Social Psychology*, pp. 446511.

귀납적 성경연구(Inductive Bible Study). 성경연구의 방법론적 접근. 그 성경본문의 단어와 구에 주의 깊은 관심을 갖고 관찰하고, 그렇게 고찰하여 깨닫게 된 특별한 것에 기초하여 논리적이며 일반화된 결론을 도출하는 것이다.

1900년대 초기에 뉴욕의 성경 세미나 창시자인 윌버트 화이트(Wilbert W. White)는 학생들이 스스로 성경연구를 할 수 있도록 이 방법을 개발하였다. 이 기본적 세 가지 과정은 사람들이 성경진리를 이해하고, 그것이 자신들의 삶에 적용하기에 적합한지를 알 수 있게 하는 성경연구 방법이 되었다.

귀납적 과정은 관찰, 해석, 적용의 세 가지 주요 단계로 구성된다. 관찰에서 우선적인 사항은 본문의 단어들에 주의를 기울여서 실제로 말씀하고 있는 것을 먼저 살피는 것이다. 이것은 본문에 사용된 단어(누가, 무엇을, 언제, 어디서)와 동사의 시제,

용어 사이의 연관성(대조, 비교, 반복) 그리고 원인과 효과를 가리키는 문구들, 마무리 방법과 시점 등을 알아차리는 것이다. 마가복음 1장 14절의 첫 구절은 ("요한이 잡힌 후" 다음에 "예수께서 갈릴리에 오셔서 하나님의 복음을 전파하여, '때가 찼고' 다음에 '하나님의 나라가 가까이 왔으니 회개하고 복음을 믿으라' 라고 말씀하셨다.") 시점의 면에서 흥미 있는 점을 보여준다. 만일 그 구절에 원인과 효과를 내포하고 있다면("요한의 투옥때문에"), 본문의 의미는 다를 수 있다. "때가 찼다"라는 그리스도의 특별한 말씀은 요한의 투옥을 포함하고 있다. 이와 같이 예수께서 갈릴리로 오셔서 복음을 전파하셨다는 것이 요한이 감옥에 투옥되었다는 것에 뒤따라 기록됨으로 이 두 사건이 서로 대유적으로 쓰이고 있음을 알게 한다.

해석은 그 본문으로부터, 그 본문 안에서 의미를 위해 찾는 것이다. 해석의 첫 번째 책임은 그것이 쓰여졌을 때의 상황에 그때의 청자에게 무엇을 의미했는지를 이해하는 것이다. 이는 사용된 단어를 정의하고, 왜라는 질문을 하며, 본래의 상황에서 화자나 청자에게 그것이 어떤 특별한 암시를 주고 있는지를 생각해보는 것이다. 예를 들면, 마가복음 4장 38절에서 제자들과 함께 배를 타고 있는 상황에서 그리스도가 심한 폭풍우 속에서 잠잘 때 제자들이 그를 깨워 "선생님이여, 우리가 물에 빠져 죽게 된 것을 돌아보지 아니하시나이까?"라고 말하였다. 이 말의 의미는 연관성과 질문에 의해 강화되었다. 물에 빠진다고 말하는 이들은 이 호수를 잘 아는 어부였음이 본문의 내용에 포함되어져 있다. "돌아보지 아니하시나이까?"는 예수께서 다른 사람을 심히 잘 돌보는 본성을 가지고 계심을 경험해 본 사람에게서 나온 말이다. 그들은 무엇을 요구했는가? 잠잔다는 것은 신경 쓰지 않는다는 것을 의미하는가? 제자들은 예수께 무엇을 원하였는가? 그들은 예수님으로부터 무엇을 기대했는가? 예수님도 물에 빠지셨는가? 그러한 질문들은 본문 속에 숨겨진 의미를 살펴보게 한다.

해석을 하는 경우 학습자는 해석에 영향을 미치는 정보를 알기 위해 본문의 내용을 두루 살펴야 한다. 종종 본문의 다른 구절이 한 특정한 구절의 해석을 어떻게 해야 하는가를 알게 하거나 그 설명을 요하는 곳에 중요한 특징적 요소(parameter)를 제공한다. 결정적인 정보가 직접적으로 주어지지 않는 상황에서는 학생은 논리적으로는 어떤 의미인가를 살펴야 한다. 가설화된 해석을 투사할 때는 "… 일지도 모른다"나 "… 이것은 …를 의미하기도 한다"와 같은 문구를 사용하여 대답이 일시적임을 강조하는 것이 중요하다. 잘못된 적용을 피하기 위해선 이러한 "가능한" 해석을 여러 개 해보는 것이 또한 바람직하다.

해석과정의 절반은 삶 속에서 개인적으로 진실을 해석해 내는 것이다. 먼저 이 본문이 쓰였을 당시의 청자에게 의미하는 것이 무엇인가를 정확하게 이해한 후에, 귀납법적 방법은 학습자로 하여금 현세기에 사는 사람들에게 어떤 의미가 있는지를 해석하게 하는 것이다. 진실을 "개인화시키는 것"은 종종 질문을 함으로써 가능하게 된다. "그 등장인물이나 저자가 묘사하고 있는 것을 어떤 방법으로 나는 경험하고 있는가?" "이 진실이 어떤 차이를 가져올 수 있을 만한 어떤 상황에 나는 대면하는가?" "오늘날 이 본문에 나는 어떤 방식으로 반응할 것인가?" 개인화는 현재의 내 삶에 가능한 의미들 찾는 것인데 그것은 본문에 나타난 진실을 적절한 삶의 상황으로 가져가는 것이다. 본문의 주의 깊은 해석은 적절한 반응을 위해 필수요건이다. 이러한 잠재적 반응들은 "~(할)일 수 있다" "~이어야 한다" 등의 인지적 반응들이다. 변화가 일어나기 위해서는 의지를 동참시켜야 한다.

그러므로 해석과정의 마지막 단계는 발견한 진실에 상응하는 특별한 반응을 하는 실제적 수행이다. 학습자가 "지금 알고 있는 것의 결과로 나는 ~할 것 이다"라는 반응을 불러 일으키게 될 때 귀납적 연구는 형성적이 된다. 좋은 귀납적 성경연구는 항상 하나님과의 관계에서 학습자의 삶이 변화되도록 이끈다. 사람이 하나님의 말씀과 상호작용할 때 관련된 특정한 문제들에 성령께서 말씀하신다. 형성적 지도자는 그 과정을 육성하고, 인간의 삶과 하나님 말씀의 진리 그리고 하나님의 능력 가운데서 변화적 만남으로 역사하시는 하나님을 기다린다.

JULIE GORMAN

참고문헌 | G. D. Fee and D. Stuart(1982), *How to Read the Bible for All It's Worth*; R. A. Traina(1980), *Methodical Bible Study*; O. Wald(1975), *The Joy of Discovery in Bible Study*; J. Wilhoit and L. Ryken(1988), *Effective Bible Teaching*.

참조 | 성경연구방법(BIBLE STUDY METHODS); 성경해석학 및 주석과 교육(HERMENEUTICS AND EXEGESIS IN TEACHING)

귀납적 학습(Inductive Learning).

개별적인 것에서 일반적인 것으로 발전해가는 논리를 포함하는 교육과정. 귀납적 학습은 이미 수집되고 분석된 자료로부터 결론을 도출하는 과학적 방법과 밀접하게 연관되어있다. 교육용어로는 귀납적 학습은 대부분 경험적이거나 실험적인 학습을 말한다. 자료를 수집하고 분석하는 것은 이론을 발전시키기 위해 사용되어진다. 학습자들은 사실로부터 결론을 추론하도록 격려된다. 발견학습과 능동주의는 귀납적 학습과 관련된 유명한 교육이론들이다. 귀납적 과정을 사용하는 교사는 학습이 축적물이라고 믿는다. 교사는 학생들이 무엇을 아는지와 이해하는가에서 출발하여 점점 더 복잡한 지식과 이해의 수준에 이르는 것이 중요함을 믿는다.

기독교교육에서 귀납적 학습의 사용은 귀납적 방법론을 이용한 성경의 연구에서 발견될 수 있다. 성경연구의 이 접근방법으로 성경연구를 할 때 학습자는 저자가 처음의 청자들에게 전하려고 했던 것을 찾으려는 노력으로 성경의 본문을 살펴봄으로써 시작한다. 이러한 주석 작업은 역사적 배경과 문학적 배경 연구와 내용의 주의 깊은 방법적 연구를 필요로 한다. 본문의 기본 구조관계를 탐구하고 본문이 어떻게 설계되었는지를 밝힌다. 학습자는 그 본문에서 현재의 삶에 적용할 수 있는 잠재적으로 적절한 이해를 발전시키게 된다. 해석의 이러한 과정은 종종 해석학이라고 여긴다. 이 과정을 따르는 학습자는 특정 사실들을 모으고(자료수집), 그 사실들을 원래의 의도 하에 분석하고(분석), 현대적 삶에 알맞은 적용 점들이나 진실을 발전시키거나 밝혀낸다. 이것들이 귀납적 학습의 기본요소들이다.

귀납적 학습을 비평하는 사람들은 그 동안 여러 분야에서 성공적으로 사용되어왔던 논리적(연역적) 추론의 혜택을 지적한다. 그들은 통찰 혹은 이해력은 연역적(귀납적이 아닌) 과정의 산물이며, 귀납적 과정이 자료를 찾음에 있어서 전형적으로 선(先)지식(추론)을 이용한다고 논증한다. 귀납적 학습은 또한 의미 있는 배경의 이점을 배제한 상태로 지식을 추구한다는 점에서 비판을 받고 있다.

귀납적 학습의 옹호자들은 사실과 정보는 그대로 두면 스스로 말할 수 있으며, 진실에 대한 선입관(전형적으로 연역적 과정에서 사용된)은 편견이 있을 수 있고 신뢰할 수 없는 것일 수도 있다고 주장한다. 학습자들이 사실로부터 추론 하도록 허용되어야 하며 그리고 나서 그 추론을 새 상황에서 점검해 볼 수 있도록 해야 한다. 더 나아가 그들은 귀납적 학습이 새 지식이 발견될 수 있는 유일한 방식이라고 논한다.

귀납적 학습은 자주 일반적 진실로부터 특정한 사실을 이끄는 연역적 학습과 대조를 이룬다. 대부분의 기독교 교육자들은 귀납과 연역은 서로 보완되는 것이라고 여기며 학습은 귀납과 연역적 과정 둘 다를 잘 이용함으로써 이해되는 복잡한 현상이라고 의견을 같이한다.

DENNIS A. SHERIDAN

참조 | 연역적 학습(DEDUCTIVE LEARNING)

규범화(Norming).

규범은 그룹에 적절하고 적절하지 않은 행동에 관계하는 지침을 제공하는 비공식 기본규칙들이다. 이것은 암묵적으로 그룹의 특성을 나타낸다. 규범은 절대화하여 명시하는 일이 거의 없다. 오히려 규범은 행동을 수용할 수 있는가, 없는가의 경계범위를 드러낸다.

규범은 보편적인 규칙으로서, 그룹 밖에 있는 권

위자에 의해 결정되지 않고 구성원들 서로에 의해 정하여진다. 이 행동들은 종종 보편적·문화적 신념을 반영한다. 연구 논문들은 규범들이 두 개의 범주로 집중될 수 있다. '작위'(행동을 발하는 것)에 의한 부합과 '부작위'(행동을 잊는 것)에 의한 부합(Kumar & Sharma, 1981; 21 Bradley, 1978; Otani & Dixon, 1976).

새로운 그룹의 개발적인 단계 동안 규범들은 구성원들이 종종 무엇이 일어나고 있는지 깨달을 수 없을 만큼 매우 빠르게 발전된다. 별다른 비판이 없는 한, 실행된 행동들은 규범이 된다. 그룹은 누군가가 규범을 질문하거나, 어기거나, 비판할 때까지 규범을 의식적으로 인식하고 있지 않다.

개인이 어떻게 행동하기를 원하는가와 규범이 개인에게 마땅히 어떻게 행동하기를 원하는가 사이에 갈등이 있을 때 또래의 압력은 개인에게 변화를 유도하여 단체에 적응하도록 하는 역할을 한다.

이것은 불쾌함부터 추방까지의 범위가 있다. 반대로, 구성원들이 기대에 따라 행동할 때 긍정적 강화가 주어질 수 있다. 규범이 모든 그룹 구성원들에게 중요할 때 새로운 사람들은 암묵적인 규범을 인식하기 위해 추가적인 노력을 해야 한다. 왜냐하면 그 규범을 어겼다는 것은 처벌, 영향력 상실, 그룹으로부터 추방을 의미할지 모르기 때문이다.

그룹 규범에 대해서 직접적인 정면 공격은 거의 성공하기 어렵다. 변화를 바라는 사람은 종종 사회의 상식에서 벗어난 사람으로서 보인다. 그럼에도 불구하고, 확립된 그룹의 규범들은 성공적으로 변화될 수 있다. 제안된 지침들은 다음과 같다. 첫째, 구성원은 충성스러운 사람으로 보여야 하고 그룹의 안녕에 헌신하여야 된다. 둘째, 불쾌한 행동에 대한 세심한 관찰은 결과와 함께 기록해 놓아야 한다. 셋째, 건설적인 설명은 적절한 시간에 관여해야 한다. 넷째, 토론에 선임자로서 총괄적인 질문을 사용해라. "그밖에 나의 고민을 공유하는 사람이 있습니까?"(Brilhart & Galanes, 1992). 규범들은 그룹의 과정과 결과들에 굉장한 파장을 주는데, 그룹의 행로에 긍정적, 부정적으로 모두 작용한다.

JAMES A. DAVIES

참고문헌 | J. Brilhart and G. Galanes(1992), *Effective Group Discussion*; J. Davis(1969), *Group Performance*; R. Guzzo and E. Salas(1995), *Team Effectiveness and Decision Making in Organizations*.

균일성(Uniformity). 동질성(Homogeneity)을 보라.

균형(Balance). 균형(Equilibrium)을 보라.

균형(Equilibrium). 보통 피아제의 적응(adaptation), 동화(assimilation), 조정(accommodation) 이론들과 관련된 균형 이론은 한 기관에 생리적으로, 인지적으로, 안정과 균형을 가져오는 과정을(피아제가 "균형"〈equilibration〉이라고 부르는) 가리킨다. 사람이 자라고 성숙함에 따라 얻는 새로운 지식과 경험들이 일종의 위기를 가져온다. 이 위기는 현재의 지식이 새로운 자극으로 방해를 받기 때문에 생긴다. 그 사람은 그 새 지식을 현재의 지식에 흡수시키든지(동화) 아니면 새 지식을 받아들이기 위해 현 지식을 어느 정도 변화시킨다(조정). 이 같은 과정에서 새 지식과 기존의 지식 사이에 균형을 가져온다. 이러한 균형을 종종 "아하!"(ah-ah)를 경험하는 순간으로 부른다.

균형을 통해 사람이 새로운 생각과 아이디어와 경험과 지식으로 압도당하지 않도록 도와준다. 이 균형의 과정은 개인의 내면에, 또는 개인과 환경 사이에서 발생한다. 균형이 이루어지지 않으면 일종의 인지 장애가 일어난다.

피아제는 이 균형을 모든 생존하는 존재에 필수적이고 참된 것으로 보았다. 그는 균형을 구체적인 필요와 환경, 그리고 그의 지식의 총체 사이의 역동적이고 본질적인 과정이라고 생각했다. 또한 피아제는 이 개념을 유전과 환경과 사회 교육의 발달적 요소들과 함께 결합했다. 세 가지 발달적 양상들이 중복되는 경우는 극히 드물지만 이들이 서로 반응하는 가운데 균형을 이루어 개개인에게 고유한 개성과 성질을 부여해 준다.

균형 과정의 적합한 예로서 어린이가 개에 대해

배우는 방법을 생각해 보자. 아주 어릴 때 이 아기는 털이 많고 잘 짖어대는 작은 동물이 개라고 배운다. 더 구체적인 특성을 분별할 능력이 없기 때문에 이 아기는 고양이나 말이나 또 햄스터조차도 "개"라고 부른다. 만약 부모가 "그건 개가 아니라 고양이지"라고 말해 주면, 즉시로 이 아기의 머리에 위기가 온다. 만약 이 아기가 정상적인 발달 단계에 있다면, 이 새로운 정보를 이해하기 위해 네 발 달린 짐승을 모두 개라고 계속 부르거나 개와 고양이의 다른 점이 무엇인지 알아내려고 노력할 것이다. 만약 이 아이가 개는 멍멍 짖고, 고양이는 야옹한다는 것을 알게 되면, 이 새로운 지식에 근거하여 적당한 표를 붙여서 각각의 동물을 구분하게 된다. 이 어린이는 그가 이미 아는 것에 새로운 정보를 동화시키고 또한 개에 대한 그의 지식을 고양이라는 새로운 지식에 조정함으로써 개와 고양이 사이의 차이점을 성공적으로 적응시킨다. 이와 같은 과정을 평형(equilibration)이라 하고, 평형의 결과를 균형(equilibrium)이라고 한다.

DAN LAMBERT

참고문헌 | J. C. Bringuire(B. Miller Gulati, trans)(1980), *Conversations with Jean Piaget*; P. G. Downs(1994), *Teaching for Spiritual Growth: An Introduction to Christian Education*; H. E. Gruber and J. J. Voneche, eds.(1977), *The Essential Piaget*; J. W. Vander Zanden(1997), *Human Development*.

참조 | 동화(ASSIMILATION); 불균형(DISEQUILIBRIUM)

그룸, 토마스(Groome, Thomas H, 1945-).

미국 가톨릭교육자. 1968년 아일랜드 태생. 그의 공식적인 교육은 성 패트릭대학(M.Div., 1968), 포담대학(M.A., 1973), 콜롬비아대학교 사범대학, 유니온신학교에서 이루어졌다(D. R. Ed., 1976). 1975-76학년도에 그는 워싱턴 디씨에 위치한 가톨릭대에서 신학과 종교교육학을 가르쳤다. 다음 해에는 보스턴대학 신학부에서 신학과 종교교육학 교수로 일했다.

그룸은 1966년 가을부터 교육자로서의 활동을 시작하였다. 3년차 신학생이었던 그는 한 가톨릭 고등학교 3학년 학생들의 종교학 선생으로 지명을 받았다. 미리 준비된 강의로 학생들을 가르치려 했던 시도가 크게 실패한 후, 그룸은 학생들이 질문을 할 수 있는 기회가 주어졌을 때 더욱 자신들의 확신에 대해 흥미를 보이는 것을 발견하였다. 이 경험으로 그는 기독교 종교교육을 어떠한 방식으로 수행해야 할지 고찰하게 되었다.

그의 계속되는 반영과 연습의 결과는 그의 저서 『기독교 종교교육: 우리의 이야기와 비전』(*Christian Religious Education: Our Story and Vision*, 1980)에서 그 기초를 형성했다. 그 책에서 그룸은 참가자 전원을 위해서 교육과정이 조금 더 인격화되고 자유로워진다는 기독교교육의 연구를 제공한다. 그는 이 접근방법을 공유된 기독교 프락시스(praxis)라고 했다. 그는 프락시스를 "반영적 행동, 다시 말하면, 이론적 반영이 알려준 실천 혹은 반대로 실천이 알려준 이론적 반영"이라고 정의한다. 그의 선택은 또한 그가 "프레이레는 오늘날 교육에 프락시스 접근을 한 가장 주요한 대표자이다"라고 보았듯이 파울로 프레이레(Paulo Freiré)의 영향을 받았다.

그룸의 접근법의 요소들(그는 고의적으로 그것을 이론이라고 부르기를 꺼린다)은 그의 책의 9장과 10장에 설명되고 있다. 그는 공유된 프락시스는 여섯 개의 구성요소들(현재의 행동, 비평적 반영, 대화, "이야기", "비전" 그리고 현재의 대화적 해석학)과 다섯 개의 활동들을 수반한다고 제안한다. 그의 구성요소들은 학생들을 신앙공동체의 이야기와 비전에 참여하도록 안내와 과정을 제공한다. 그룸은 그의 이해와 통찰 그리고 기독교 교육이 내용에 충실하면서 학생들에게 초점이 맞추어져야 한다고 상기시킨 공적을 인정받았다.

DOUGLAS BARCALOW

참고문헌 | T . H. Groome(1980), *Christian Religious Education, Sharing Our Story and Vision*; idem(1991), *Sharing Faith, A Comprehensive*

Approach to Religious Education and Pastoral Ministry-the Way of Shared Praxis.

참조 | 기독교교육(CHRISTIAN EDUCATION); 프레이레, 파울로(PREIRÉ, PAULO); 모델링(MODELING)

계약(그룹 내)(Contracting in Groups).

계약이란 그룹의 목표 수립과 밀접한 관계가 있는 개념이다. 목표란 개인으로서 그리고 그룹으로서 추구하는 결과이다. 공통의 근거와 의견일치를 찾는 역동적인 과정을 통해 그룹은 설립한 목표에 동의한다. 이 목표는 그룹의 진행과정을 측정하는 표준이 된다. 관계성 중심의 그룹은 종종 '계약'(contract)이라는 말을 '서약'(covenant) 이라는 말로 대체한다.

교회생활에서 흔히 보는 자원봉사 그룹들이 계약을 정하는 과정에는 전형적인 몇 가지 요소들이 포함된다. 그룹이 추구하는 목표, 협력하는 일의 체계적 진행과정, 서로 인정해 주는 역할들 그리고 일하는 시간과 공간과 비용에 관한 것 등이다. 출석과 비밀성 보장, 정직성, 서로에 대한 민감함, 책임감, 기도 등과 같은 이슈들 역시 언급된다. 이와 같은 언약적 요소들을 너무 서둘러 정하게 되면 앞으로 회의를 진행할 때 어려움을 야기할 수도 있다.

그룹 안에 효과적인 한계를 정해 놓으면 "용기효과"(container effect: 셀이나 그룹의 크기가 그룹의 활동과 성장에 영향을 미친다는 이론-역주)를 내어, 한계가 느슨한 경우보다는 훨씬 강력한 힘을 경험할 수 있다. 불복종의 대가도, 특히 어떤 그룹의 목표가 "교제"(fellowship)를 도모하는 것이라면, 심각하게 숙고해야 한다.

계약을 정하는 과정에 참여하는 것이, 때로 기구의 관례 등에 의해 제약이 있더라도, 매우 중요하다. 가장 구체적인 형태로서, 그룹의 회원들이 서로의 장점과 단점들, 할 줄 아는 일과 모르는 일들을 잘 알 때와 그룹의 과제와 목표가 회원들과 잘 맞을 때 가장 효과적으로 일할 수 있다. 계약(그룹 내)이 그룹이 형성되는 초기에 주로 만들어지기 때문에, 이 기간 동안 회원들은 어느 정도 개방하고 신뢰하며 서로 친밀하게 지낼 수 있는 지에 대한 기초석을 놓는다. 현명한 지도자들은 그룹이 서로 양육하고 스스로 돌보는 활동에 우선순위를 두면서 그들의 사명을 완수하기 위한 방법들을 개발하도록 돕는다.

회원가입과 정서적 유대감, 그룹활동 참여도, 단체행동요령(한계들) 등에 관한 이슈들이 계약과 연관하여 토의된다. 이 때 장래의 회원들이 그들의 필요와 요구에 그룹이 얼마나 잘 맞는지 평가해 볼 수 있다. 만약 개인이 그룹의 규준을 좋아하지 않으면 갈등과 불참의 결과를 가져온다. 종종 그룹들은 일주에서 3주간 계약요소들을 토의하고 나서 회원들이 동의하는 목표에 헌신할 다짐을 함께 계약에 서명하는 것으로 마친다. 계약수립을 위한 협상에 회원들의 전적인 참여를 도모하기 위해 지도자들은 그들에게 결정권이 있음을 상기시키고 그룹 안에 협력자로서의 기회를 제공해 준다.

각 회원이 목표설정 과정에 참여할 기회를 주고, 모든 회원들이 동일한 정보를 가지며, 그 목표를 수행하기 위한 적절한 시간을 주게 되면, 그룹 내의 개인적 성취도 향상된다.

6개월 미만 동안 지속될 그룹에서 계약이 한 번 이루어지면 재계약을 하지 않아도 될 수 있다. 연장된 기간 동안 지속되는 그룹에서는 6개월마다 주기적으로 계약을 검토하여, 만약 필요하다면 협의 하에 수정하는 것이 권장된다.

JAMES A. DAVIES

참고문헌 | A. Hare, H. Blumberg, M. Davies, and M. Kent(1995), *Small Group Research: A Handbook*; J. Mallison(1980), *Building Small Groups in the Christian Community*; K. Smith and D. Berg(1987), *Paradoxes of Group Life*.

그룹단계(Group Stages).

많은 연구자들은 그룹들이 예상한 국면을 지나서도 시간이 흐름에 따라 발전하고 변한다는 사실을 발견해왔다. 이러한 유형의 행동은 종종 명확한 경계 구분 없이도 단계적으로 발생한다. 포함된 인간유형과 그룹에 의존하며, 행동과 상호작용의 다른 종류는 그 국면을 확인하는 데 사용될 수 있다.

현행의 조사는 많은 그룹을 위한 전형적 개발 패턴은 5가지의 면을 보여준다고 주장한다. 첫 번째로 그룹의 목적이 정의되며 구성원의 공약은 비밀에 부쳐진다. 두 번째는, 필요 자원과 기술은 제공되어야 한다. 세 번째로, 적절한 역할들이 개발되고 성취되며 구성원간의 만족스러운 수준의 사기가 형성된다. 네 번째로, 그룹은 지도자와 대등한 임무를 수행하는 일을 한다. 다섯 번째로, 마지막 단계는 그룹이 해산할 때 구성원간의 유대감을 새롭게 정의한다(Berman-Ross, 1992: Brower, 1989: Galinsky and Scholper, 1989). 이 5개의 국면은 턱맨과 젠슨(Tuckman, Jenson, 1977)에 의해 유행하였다. 본질적으로 그룹은 그룹으로서의 결속을 시작하는 세움의 단계에서 목표, 활동 그리고 관계에 대한 있을 수 있는 갈등의 시기로 움직이게 된다. 다음에 자신을 지도하는 목표지향적 행동의 조금 더 성숙한 단계로 나아가게 된다. 그룹의 활동에 대한 평가와 구성원간의 결속을 경험하는 것은 목적에 대한 기초를 놓게 한다.

몇몇 현인들은 마지막 단계를 제거하고 4단계 접근법을 선호한다. 만약 사람들이 그룹의 생각에 헌신하지 않으면 첫 번째 단계가 끝날 때는 그룹으로부터 이탈하게 될 것이며 자원들이 불충분하다고 판단한다면 2 단계가 끝날 때 그렇게 될 것이라고 규명하고 있다. 이와 유사하게 만약 구성원들이 지도력이나 역할 분배에 대해 만족스럽지 못하다면 3단계가 끝날 때 그룹으로부터 이탈할 것이라는 증거가 있다.

그룹단계가 순차적이며 결과적인 진행과정처럼 제시되는 반면, 다시 초기 단계로 돌아가거나 특정 단계를 건너 뛰는 순환적인 과정임을 명심해야 한다. 많은 연구들이 그룹 발전의 정의된 면들을 보고하지는 못한다. 그들은 그룹이 좀더 결합력있고 임무를 다루기에 수월해지도록 계속되는 성장이 개인 상호간의 행동 유형과 관계됨을 발견하였다(Davies & Hazewinkel, 1986: Doreian, 1986: Boyd, 1984).

다른 연구자들은 그룹의 모든 유형에 동등하게 적용되는 그룹결과의 관계 사이에 의미 있는 차이 점에 집중하는 것이 조금 더 본질적이라고 제기한다(Cissna, 1984: Hirokawa, 1983).

기독교육자를 위한 이러한 발견의 함축은 그룹이 다른 시간대에 다른 것을 필요로 한다는 것이다. 좋은 지도자는 그룹이 필요로 하는 것을 인식, 협력, 조절 등을 통하여 얻고자 할 때 그들이 원하는 것을 얻을 수 있다고 확신할 것이다.

JAMES A. DAVIES

참고문헌 | A. P. Hare, H. H. Blumberg, M. F. Davies, and M. V. Kent(1995), *Small Group Reseach, A. Handbook*; P. B. Paulus(1989), *Psychology of Group Influence*.

그룹결속력(Cohesion in Groups).

그룹의 건전함을 측정하는 척도 중 가장 중요한 것이 조금 애매한 특성을 가진 결속력이다. 결속이란 "회원들이 회원으로 남아 있고자 하는 바람"으로 정의된다(Zander, 1979, 433). 이 분야의 연구들은 최선의 그룹이 되기 위한 세 가지 변수를 지적한다. (1) 공통의 목표를 가짐. (2) 각 회원들이 자신의 역할을 충분히 이해함. (3) 그룹의 결속력을 이끄는 보이지 않는 끈끈함을 체험함. 이런 사항들이 현존하면 그룹 회원들은 최고의 만족도를 보인다(Griffin, 1982). 이런 요인들은 독립적으로 존재하지는 않는다.

결속력이라는 사회과학은 연합이라는 중요한 성경적 가치와 사촌이라고 할 수 있다. 복음주의적인 전략에 이익을 주는 가시적인 사랑의 연합이 있다. 세상은 신자들이 예수 그리스도께 속해 있음을 보게 되고, 또한 그분과 친밀한 관계에 있음을 알게 된다.

그룹결속력에 이바지하는 요인들은 무엇인가? 두 가지가 계속 지목된다. (1) 그룹의 회원들이 특정한 과제를 위해 부름을 받았다고 생각하게 되면 성공적인 완수를 위해 서로 단결한다. (2) 회원들의 역할이 사회적 지지를 받는다고 인식될 때 그러한 매력이 회원들을 서로 결속하도록 이끈다. 사역에서 결속력이라는 바람직한 자질로 그룹을 긍정적으로 준비시켜, 서로 의존적인 과제를 주면 성공의 확률이 높아진다. 이런 체험이 공동의 유산이 되고 유사한 가치들이 더 높은 결속력을 고양시키게 된다.

DAVE RAHN

참고문헌 | J. A. Gorman(1993), *Community That Is Christian*; E. Griffin(1982), *Getting Together: A Guide to Good Groups*; D. Rydberg(1985), *Building Community in Youth Groups*; A. Zander(1979), *Annual Review of Psychology 30*.

그룹역학(Group Dynamics).

그룹본질과 자신 발전법칙, 내·외부의 의사소통 패턴, 개인과 다른 그룹, 좀더 큰 권위와의 상호 연관성에 대한 연구이다. 그룹동학은 그룹의 진행과정과 발생에 관계된 광범위한 연구이다. 사회과학의 지류로서의 그룹동학은 사회변화 기술과 그룹 상호작용의 관찰 및 기록 과정, 그룹 성패에 영향을 미치는 요인들에 대해 개선된 이해에 초점을 맞춘다.

이 분야의 기초 기반 작업은 20세기에 들어서면서 쿨리(Charles H. Cooley)가 시작하였다. 그룹역학의 증가하는 수많은 실험적 연구들은 20세기 중반에 아이오와대, 미시간대, M.I.T. 대학에서 두각을 드러냈다. 이 연구를 위한 기부금이 많은 이익 단체들에 의해 지원되었으며 시대의 분위기가 반영되었다. 다시 말해, 사업은 좀더 능률적으로 과학적 경영을 활용하길 원하며, 군대는 좀더 빨리 사람들을 훈련시키길 바라고, 교육자는 시민들의 사회적 행동을 개선시키는 데 고양되어진다는 것을 의미한다.

커트 레빈(Kurt Lewin)의 필드 연구(아이오와 대학에서, 그리고 나중에는 M.I.T.에서 연구)는 그로 하여금 1940년대 후반에 메인주 베델에 그룹발전훈련실험실(National Training Laboratory for Group Development)을 설립하도록 하였다. 여기서 리더는 자신의 사업이나 학교에서 통찰력을 사용할 목적으로 조사에서 얻을 수 있는 기술을 습득했다. 많은 교단들이 이 훈련소를 모방하였다. 결국 교회 공동체 생활에 포함된 긍정적 또는 부정적 강요에 민감해지는 성직자들을 원조하는 것이 목적이다. 전국교회 협의회(NCC)는 1956년에 최초의 그룹 발전 연구소를 세웠다.

1960-1970년대에는 집단역학의 원동력 대부분이 집단감수성훈련그룹으로 옮겨갔다. 같은 시기에 도시내의 필요와 빈곤층에 관심을 가졌던 많은 교회들의 교육구조가 붕괴되기 시작했다.

그룹 상호작용을 조사하는 최초의 현대 연구가 중 한 명이 베일스(Bales: 1950)이다. 그는 그룹이 다루어야 하는 두 개의 지침을 제시했다. 첫째로, 그룹은 개발하고 사용되어야 할 상호개인적 관계성에 관심을 가져야 한다. 이 사회정서적 관심(socioemotional concerns)은 안정성과 조화를 제공하고 그룹에서의 기능이 부드럽게 이루어질 때, 구성원들에게 강력한 영향력을 발휘하게 된다. 서로 간에 돌봄과 관심을 표현하고 새신자를 환영하며 유머로 긴장을 해소하는 것들은 이 항목에서 종종 발견되는 요소들이다. 목회적 돌봄과 기독교 공동체 개념은 이같은 관계의 중요성에 대한 견고한 신학적 초석을 형성한다. 어떠한 교회의 조직에서도 이러한 것에 가장 우선권을 주어야 한다.

두 번째로 임무에 대한 관심(task concerns)은 그룹의 목표와 목적에 대한 애정을 말한다. 목표의 달성, 각 구성원의 개인적 목표의 명료화, 그룹 공동의 위험, 우선권의 설정이 이 주제 하에 언급된다. 양극단의 유행에서 그룹은 유지와 임무 사이에서 흔들릴 것이다. 현명한 지도자는 그룹의 우선 임무수행과 멤버 간 유대감 양성, 모두에 관심을 기울인다.

후에, 연구가들은 성공적인 그룹의 세 번째 기능을 발견했다. 그룹 외부의 개인과 체계 속에 그룹과 멤버 간 유대감을 발전시키는 데, 한도 기능이 관심을 보인다. 이것은 멤버 간 행동의 관계된 활동, 지지적인 관계 발전, 사회 상황의 개선을 포함한다. 그룹 실제의 결정적 원칙은 유지, 임무 그리고 한계 기간을 수행하는 능력이다.

그룹역학의 재조명된 기술면은 인간의 공간행동(Proxemics, 근접공간학)분석이다. 영역은 오랜 기간의 포괄적인 사항이 우선적인 면이며, 사회적, 직업적인 사항이 차선적인 면이고 짧은 기간 공개되는 영역은 공적인 면이다. 대립은 대개 교회 강의실이나 공개홀 등의 부차적인 면에서 두드러진다. 미국에서는 개인 상호간 거리가 친밀적(0-1.5피트), 개인적(1.5-4피트), 사교적(4-12피트), 공적(12피트 이상)이다. 그룹 참가자들은 상호작용의 유형별 친밀감의 수준을 연습해야 한다.

좌석 배치는 용무의 유형과 친근함의 정도에 따라 다양하다. 일반 대화에서는 얼굴을 맞대고 앉는 배열을 선호하며 협력을 위해서는 옆자리에 앉는 배열을 선호한다. 대각선 방향으로 앉는 배열은 경쟁적 환경을 조성한다. 눈을 맞추는 배열이 가장 쉽게 유지된다. 또한 좀더 눈에 띄는 위치에 있는 사람은 리더로서 인식된다.

종교교육자들은 그룹역학에서의 지식을 습득하는 데 의존적일 수 있다. 능동적이며, 협동적 단위인 그룹은 목표 달성과 상호만족적 유대감을 육성하면서 멤버 간에 강한 영향력을 발산할 수 있다. 역으로, 그룹의 힘을 무시하는 것은 미성숙한 인격의 노출과 의견의 억압 같은 부정적 효과를 야기한다. 그룹 유지 및 양육, 임무, 한계 기능을 이해하는 것은 또 다른 비평적 원칙이다. 그룹의 분위기, 구조, 그리고 과정은 그룹의 목표 달성에 의미 있는 영향력을 준다. 이러한 원칙은 위원회나 위원회 사업, 또한 가족체계로 일할 때에 적용될 수 있다. 그룹역학의 인식은 그룹의 진행과정이 용이해질 수 있는 방식으로 멤버들이 서로에게 좀 민감해지도록 도움을 준다.

JAMES. A. DAVIES

참고문헌 | H. J. Bertcher(1994), *Group Participation*; D. Cartwright and A. Zander, eds(1968), *Group Dynamics, Research and Theory*; E. Griffin(1982), *Getting Together*; A. P. Hare, H. H. Blumberg, M. F. Davies and M. V. Kent(1995), *Small Group Research: A Handbook*.

참조 | 레빈, 커트(LEWIN, KURT); 소그룹(SMALL GROUP)

그룹화와 등급화(Grouping and Grading).

그룹화와 등급화에 관련된 주제는 기독교 교육 프로그램의 철학부문에서 의미 있는 역할을 수행한다. 그룹화는 다양한 연령의 그룹들이 분류되고 조직되는 방법에 관련된 것인 반면, 등급화는 다양한 그룹에서 교육과정의 고안과 관련된다. 조직과 교육과정의 다양한 선택에 관련된 결정은 그룹화와 등급화의 주제에 기초한다.

전통적인 주일학교는 부, 학년, 반(학급)으로 구분된다. 부는 대개 영유아부(출생-5), 아동부(1-6학년), 청소년부(7-12학년) 그리고 성인부로, 광범위하다. 아동부와 청소년부의 구분의 방식은 지방 국립학교 체계가 중등교육을 가지고 있는지에 의존하고 있다. 중등과정이 있다면, 아동부의 분류는 1-5학년으로, 청소년부의 분류는 6-12학년이 된다.

부는 주일학교가 성장하듯이 학년으로 구분된다. 학년은 대개 2개 이상의 학급으로 구성되어 있다. 각 학급에 추천되는 교사와 학생의 비율은 유아부에는 5명, 아동부에는 6-8명, 청소년부에는 8-10명, 성인부는 25-40명으로 제한된다. 참가자가 증가함에 따라 새로운 학급과 부문이 형성된다. 영유아부는 이상적으로 15명 이상을 넘지 않는다. 아동부 학생이 증가함에 따라 기는 아이와 걷는 아이 2, 3, 4, 5로 부문이 나뉜다. 아동부에서, 학급은 보통 기초반(1-2학년), 중간반(3-4학년), 주니어반(5-6학년)으로 분류된다. 청소년부에서는 각 그룹의 5-6명의 정규 참석자가 맞춰지면, 즉시 저학년과 고학년으로 구분된다. 학년부서는 대개 30-40명을 초과하지 않는다.

더욱이 그룹화의 전통적 접근을 위해 몇몇 교회들은 아동과 청소년 모두를 위한 대 집회를 열어왔다. 이러한 형식은 대그룹 모임에서 보통 50-300명의 대그룹을 포함한다. 그러면 소그룹들로 나뉘어 훈련된 지도자들이 맡아 더욱 친밀한 영향을 주고 받을 수 있도록 한다.

성인은 자신이 원하는 다양성을 위해 그들 자신을 전통적 나이 그룹이나 선택 그룹으로 조직되기를 선택할 수 있다. 성인그룹화를 위한 좀 더 창의적인 몇몇 방법은 영적 성장과 위탁의 다양한 단계에 있는 신자들을 위해 제공된 반들로서 발달적인 기초에 근거를 둔 그룹들을 포함시키는 것이다.

그룹화와 밀접히 관련된 것이 등급화이다. 등급

화는 교육과정이 기독교교육 프로그램과 상호 관련되는 방식을 언급한다. 획일화된 등급화로 같은 성경내용이 주일학교에서 모든 학급별로 연구된다. 획일화된 등급화는 다양한 학급에서 동일한 주제를 다룬다. 150-400명의 학생들이 주일학교에서 특정한 나이의 그룹에 맞춰진 각기 다른 주제를 다루는 각 학년별 등급화를 사용한다. 좀더 큰 프로그램은 주일학교에서의 각 등급이 다른 주제와 내용에 맞춘 면밀히 등급된 교육과정을 사용한다.

교회 프로그램 중에 발생하는 급변화 속에서 우리는 미래에 그룹화와 등급화를 위한 창조적 견해까지도 살펴보길 기대할 수 있다.

GARY C. NEWTON

그리스도인 양육(Christian Nurture). 그리스도인 사이에 함께 나누는 교제로써 사랑과 영적 양식, 영적 지도를 통해 교회의 덕을 세우는 특성이 있다. 양육 자체는 사람 사이의 생동적인 관계와 상호반응을 요구한다. 그리스도인 양육은 목양의 표현으로서, 예수 그리스도를 따라가는 모든 이들의 책임인 마태복음 28장 18절-20절의 제자를 만들라는 대명령을 수행하는 것이다. 제자를 만드는 일은 종종 가정에서 비롯된다(신 6:4-9, 20-25; 잠 22:6; 엡 6:4).

성경에서 이 말을 사용한 예는 헬라어 "파이데이아"(paideia)의 개념과 관련 있는데, 동사형이 신생아 기르기, 젖먹이기, 양육하기 등의 뜻이 있다. 명사로서 양육이란 사람을 훈련, 훈육, 지도, 수양하여 하나님의 목적을 이루고 또한 하나님과의 관계를 원하는 인간의 깊은 욕구를 충족시키는 종교생활을 시사한다. 그리스도인 양육은 사람이 출생부터(시 139:13-16) 시작되어 살아 있는 동안, 그리고 죽음 이후까지 연장되는 하나님의 섭리와 돌봄을 나타낸다. 하나님의 형상대로 창조된 창조물로서 사람은 가치와 존엄성을 가지고, 모든 인생의 단계와 연령에 돌봄과 양육을 받아야 한다(요 21:15-17).

누가복음 2장 52절에 예수님의 성장에 관한 묘사로 그리스도인 양육의 패턴을 알 수 있다. "예수는 그 지혜와 그 키가 자라가며 하나님과 사람에게 더 사랑스러워 가시더라." 예수께서는 유대 가정에서 하나님을 경외하고 하나님의 뜻을 존중하던 부모 아래 성장하셨다. 그는 회당이 있고 학교와 유사한 곳에서 구약성경을 배울 수 있는 나사렛 마을에서 자라셨다. 그가 속한 지역사회와 또래들과 형제자매와의 관계가 사람으로서 예수님의 성장에 영향을 주었다. 예수님의 형식적, 무형식적, 비형식적 교육경험들은 예수님께서 지혜와 키가 자라가도록 그분의 삶과 믿음에 영향을 주었다. 하나님과 다른 사람들에게 사랑스럽게 자라가기 위해서는 영적, 사회적인 면의 성장이 필수였다. 양육의 패턴을 살펴보면 가족들과 교사들, 또래들, 이웃들, 종교 지도자들, 방문객들과 무엇보다도 아바 아버지 하나님과의 관계를 향상시킬 필요를 보게 된다(막 14:36; 롬 8:15; 갈 4:4-7).

사람을 양육하는 일에의 헌신은 사람에 대한 기독교적 이해, 즉 개인의 존엄성과 가치 및 개인이 하나님과 인류 앞에 지니는 가치 등을 확증시키는 신학적 인류학으로부터 온다. 사람은 신체와 정신, 영 또는 혼을 가지는데, 이것이 양육과 돌봄을 받아야 하는 본질이다. 그러므로 사람을 양육하는 일을 위해 다양한 신체적, 지적, 정서적, 심리적, 윤리적, 영적 면들을 고려해야 한다. 창조된 인간은 또한 역사적, 문화적이며 정치적이고 사회적 존재다. 그러므로 사람을 양육할 때는 광범위한 협동생활 네트워크의 관계성을 고려해야 한다. 그리스도인 양육은, 공동생활인으로서 또한 창조물로서의 협력과 책임을 수반한다. 죄의 실재와 죄 문제로 갈등하는 사람들의 양육은, 성령의 역사를 동반하는 용서와 화해, 치유, 변화를 위한 사역도 포함되어야 한다. 사람은 직관과 성격, 인성, 상상력, 그 외의 여러 분석 가능한 가치들을 가진다. 그러므로 그리스도인 양육은 개성과 독특성을 수반해야 한다.

20세기 그리스도인들은 양육의 전략으로 심리학 분야를 도입해 왔다. 다양한 이론가들이 양육에 강조해야 할 부분들을 제안하면서 인간발달의 독특성을 언급하기 시작했다. 이런 독특성들이란 인지와 감정, 사회심리, 도덕성, 사회상황성, 문화, 신앙발달론 등을 포함한다. 이런 자원들의 활용에 있어 어려운 점은 기독교적 인생관과 이런 견해들이 통합될 가능성을 분별하는 일이다. 예를 들면, 만약 인지발달을 우선하게 되면 인간은 무엇보다 지적 육성이 필요하게 되고 신앙에 대한 이해는 도전을 받는다. 이와 유사하게 만약 정서발달을 우선하게 되면 영적 성숙보다는 감정적 후원과 돌봄을 강조하게 된다.

현대 기독교교육분야에서 그리스도인 양육의 역사적 중요성은 1847년 초판이 출간되고 1861년 최종판이 나온 호레이스 부쉬넬(Horace Bushnell)의 저서 『그리스도인 양육』(Christian Nurture)에 있다. 부쉬넬의 제안 "어린이는 그리스도인으로 성장하여야 하고 그렇지 않으면 자신의 존재를 결코 알 수 없다"는 말은 유명하다(Bushnell, 1979, 10). 부쉬넬은 에베소서 6장 4절에 부모들이 자녀를 "주의 교양과 징계로" 양육하라고 명하는 영적 명령을 강조한다. 그는 부흥운동주의자들의 어린이는 나중에 극적인 개종을 하지 않는 한 그리스도인이 될 수 없다고 주장하던 극단적인 칼빈주의 신학에 대항했다. 그는 개종이란 출생부터, 또는 출생 전부터 부모들이 자신의 영적 준비를 통해 자녀가 그리스도인으로서의 가치와 덕을 형성해 가는 과정으로 보았다. 부쉬넬이 교회에 주는 도전은 부모를 도와 그들이 신앙적 양육에의 부름 앞에 순종하며 양육하도록 충고했다. 부쉬넬이 이슈로 삼았던 것은 개종의 본질에 대한 신학적 이해와 신앙 발달에 성령과 동역하는 인간의 노력에 관한 것들이었다. 다른 이슈는 그러면 신앙공동체에서 누가 양육자를 양육할 것인가의 문제였다. 현대적 적용에는 어린이와 청소년 양육을 강조하지 않는 사회적 상황에서 어떻게 그리스도인들을 양육할 것인가 하는 질문을 첨가한다.

그리스도인들은 스스로에게 그리스도인 양육에 그리스도인의 의미가 무엇인지 질문해 볼 필요가 있다. 이런 기본적 수준의 양육은 예수 그리스도를 개인의 주요 구세주라는 신앙고백과 제자로서 평생을 살려는 헌신으로 인도해 주는 일이다. 이런 헌신에는 교회와의 생동적인 관계와 성경에 기록된 예수님의 가르침과 일치하는 삶을 살고자하는 의지 등이 포함된다. 가족이나 교회, 주일 학교, 캠프와 자원봉사 프로그램 등과 같은 교회 외부 기관들, 기독교 학교들과 기독교 여론 매체 등 다양한 교육 제도들이 양육의 수단이 될 수 있다. 이러한 구조 아래 양육에의 노력으로 그리스도인 생활양식의 모범을 보이는 것이 개인이 복음 앞에 진실과 신실함으로 살고자 결단을 내리는 것만큼 중요하다.

양육은 그리스도인의 신앙에 대한 성장은유(Growth Metaphor)를 가정한다. 즉 그것은 인간을 전 인생을 통해 신앙형성의 육아실에 있는 존재로 본다. 영적 성장과 성숙에의 관심으로, 그리스도인들이 하나님께서 그들 안에 역사하심으로 성화되는 과정에 자신의 책임을 궁극적으로 알게 되면, 훈련과 자유함의 필요성을 인식하게 된다(빌 2:12-13). 그리스도인 양육에 헌신하는 사람들은 하나님 안에서 영양의 자원을 발견한다. 그리스도인의 생활과 영적 성장을 유지하기 위해 우리는 매일 예수 그리스도 안에 있어야 하고(요 15:4) 성령충만해야 한다(엡 5:18).

양육과 관련된 의문은, 이미 받은 영양을 소화시킬 자세가 되어 있는지의 여부다. 히브리서 5장 11절-6장 3절에 양육은 양육 받는 사람의 성숙도에 달려 있다는 것을 이해해야 할 필요성을 지적한다. 성경 다른 구절에도 사람을 양육하기 위한 노력을 고려하고 평가하는 다양한 수준의 성숙에 대해 묘사한다(고전 2:6-3:4; 9:19-23; 딛 2:1-15; 벧전 5:1-7). 그리스도인 양육자들은 그들이 섬기는 사람들의 영적, 사회적, 문화적, 경제적, 정치적 특성들을 분별하고 적응시키라는 부름을 받았다. 양육하는 일은 사람들을 이해하고 준비하여 그들을 적절한 수준에 관련시키려는 노력이 요구된다.

ROBERT W. PAZMIÑO

참고문헌 | J. L. Adams(1976), *On Being Human Religiously*; H. Bushnell(1979), *Christian Nurture*; M. E. Drushal(1991), *On Tablets of Human Hearts: Christian Education with Children*; A. J. Heschel(1959), *Between God and Man: An Interpretation of Judaism*; C. E. Nelson(1971), *Where Faith Begins*; idem(1989), *How Faith Matures*; L. O.

Richards(1975), *A Theology of Christian Education*; L. L. Steele(1990), *On the Way: A Practical Theology of Christian Formation*; J. H. Westerhoff III(1980), *Bringing Up Children in the Christian Faith*; J. C. Wilhoit and J. M. Dettoni, eds.(1995), *Nurture That Is Christian: Developmental Perspectives on Christian Education*.

그리스도인 형성(Christian Formation). 동기 부여, 양육, 하나님으로부터 주어진 내면화된 가치, 우선순위, 전망 및 응답 등의 과정과 결과. 그것은 "어떻게 그리스도인이 형성되는가"라는 질문과 같다.

구성요소로는 하나님의 말씀을 가르치고 설교하는 것, 그 이해를 자극하고 지도하는 것 그리고 진리를 삶에 통합시키는 것 등이다. 형성에는 동기유발 – 바람직한 성장, 즉 하나님의 뜻대로 되기를 원하는 성장을 위한 적극적 자세 – 이 필요하다. 또한 형성에는 정보 – 하나님이 누구이심을 아는 것과 내가 누구인지, 어떻게 성숙하는지를 아는 것 – 가 포함되며, 의지 – 일단 배운 진실에 대한 헌신에의 의도 – 도 포함된다. 개인이 성령의 인도 아래 위의 세 가지 요소의 통합으로 변화되어 그리스도를 더욱 닮아 간다.

성경에는 예수님과 다른 저자들에 의해, 하나님을 아는 사람들은 세상과는 다른 삶을 살고 그 진리를 내면화해야 한다고 가르친다. 즉 존재와 행동 모두가 변화되어야 한다. "그리스도 안에" 있는 사람들에게 이 변화는 이미 일어난 실재이지만, 성경은 벗고 입는 과정에 대해 그리고 미리 고안된 형상을 성취해 가는 과정에 대해 언급한다. 성령이 이 변화에 주요한 역할을 한다. "우리가 다 수건을 벗은 얼굴로 거울을 보는 것같이 주의 영광을 보매 저와 같은 형상으로 화하여 영광으로 영광에 이르니 곧 주의 영으로 말미암음이라"(고후 3:18).

또한 하나님을 만난 사람은 이 불가사의한 형성과정에 책임이 있다. "너희는 이 세대를 본받지 말고 오직 마음을 새롭게 함으로 변화를 받아 하나님의 선하시고 기뻐하시고 온전하신 뜻이 무엇인지 분별하도록 하라"(롬 12:2). 기독교교육자들이 그리스도 안에 새사람이 되게 하는 형성에 일익을 담당하게 된다는 사실 또한 매우 중요하다. "나의 자녀들아 너희 속에 그리스도의 형상이 이루기까지 다시 너희를 위하여 해산하는 수고를 하노니"(갈 4:19). 사도 바울도 갈라디아 교인들의 형성과정에 하나님의 성령을 돕는 동역자 역할을 했다.

기독교교육자로서 우리는 한 개인이 단순한 정보나 요구 그 이상의 삶을 변화시키는 영역으로 이동해 가는 과정을 돕는다.

연구결과들로부터 우리는 그런 변화는 자연스럽게 일어난다는 것을 알게 된다. 하나님은 우리의 경험을 통해 그분의 계획을 이루어 가신다. 종종 이 형성과정의 "수업"들에는 분열적인 위기들, 우리가 통제할 수 없는 순간들이 있다. 그로부터 새로운 전망과 우선권, 사람들이 창출된다. 또는 인생이 피할 수 없이 진행됨에 따라(연로해짐) 형성되는 경험을 갖기도 한다. 형성의 도구는 삶의 은혜로서 그것은 설명이 불가능한 선이다. 성령은 종종 이와 같은 도구들을 통해 그리스도인으로 우리를 형성해 가신다.

형성을 계획할 수 있는가? 기독교교육자들이 상황을 설정하여 성령과 함께 학습상황을 만들고 당신의 아들을 닮아가게 하는 하나님의 계획을 이루시는 성령의 역사의 장을 만들 수 있는가? 대답은 "예"이다. 훈련을 통해 하나님께서 우리 안에 일하시도록 하는 것과 같이, 그리스도인 형성도 하나님께 초점을 두고, 그 과정에 하나님께서 삶을 변화시키는 어떤 일에도 협력할 수 있다. 하나님의 사역에 동참하는 종으로서 하나님께서 원하시는 어떤 일도 순종하며, 사람들이 하나님 안에 형성되어 가는 것을 도우며, 하나님의 부름에 피할 수 없이 응답하도록 인도한다. 교사는 선두주자가 되어 길을 예비해 주고, 영적으로 사람들의 삶과 경험 속에 계신 하나님을 알리며, 진리를 설명해 주며, 어떤 배움의 상황에도 관계하시는 하나님의 주요 역할에 대해 인식하도록 돕는 사람이다.

그리스도인 형성과정은 아래의 요인들이 특징이다.

1. 성장과 성숙이라는 목표를 향해 의식적으로

전진한다. 정보들은 "이것이 어떻게 학습자를 그리스도 안에 성장하도록 하는가"라는 질문에 의해 평가된다. 학습자의 상황은 "이 상황에서 하나님의 진리를 경험하기 위해 필요한 것은 무엇인가"라는 질문으로 평가된다. 방법은 "이 사람을 성숙시키기 위한 최선의 길은 무엇인가"라는 질문으로 선정된다. 경험이란 "이 경험이 경건함을 향해 성숙하는 데 기여하는가? 어떻게 이 학습경험이 성숙의 단계로 가는 최선의 길이 될 수 있나"라는 질문들을 통한 성숙의 부분이다. "그리스도가 그들 안에 계심"이란 가르치고 양육하고 지식 전달이 검증되는 여과기와 같다.

2. 전인적인 과정이다. 사람은 전인으로 통합되고 형성 자체가 전체적인 반응을 요구하므로 그리스도인 형성도 모든 부분을 통합하는 전인적인 과정이다. 지성만을 자극하는 일은 결코 충분하지 않고, 마음과 의지도 반드시 도전되어야 한다. 개념적 반응만으로도 결코 충분치 않고, 시험과 프로젝트와 평가들이 인생의 반응으로서 반드시 통합되어야 한다.

3. 형성은 항상 하나님과 그분의 말씀을 향해 개방되어야 한다. 말씀은 지식으로 습득되는 것만이 아니라 삶의 실제로 보아야 하며, "이것을 믿으면 어떻게 살아야 하는가"라는 질문에 답해야 한다. 하나님을 아는 것은 개인적이고 관계적이며 우선순위에 관한 일이다. 그분이 형성에 관한 모든 자원이며 종결이다. 모든 것이 그분에 의해 평가되고 추진된다. 그분을 제외한 학습자원이란 존재하지 않는다.

4. 형성이란 발달단계로서 먼저 배운 개념 위에 건설되고 목표 – 그리스도 안의 성숙 – 를 향해 움직인다. 인간발달의 형성단계는 영성 형성과정에 영향을 주고 기독교교육에 사용되는 요인들이다. 그러나 창조주는 그런 서술적 단계보다 위대하시고 또 그런 것에 제한도 받지 않으신다.

5. 형성학습은 학습자가 진리를 개인적으로 받아들이도록 지도한다. 교사의 역할은 이런 요인에 의해 조정되므로, 학습이 이루어지고 개인적 발달이 성취되면 언제든지 그 책임을 포기할 수도 있다. 즉 학습자가 진리를 깨닫고 삶에 적용하기 시작하면 교사의 역할이 축소될 수 있다는 뜻이다. 이것은 학습자의 학습참여를 극대화하기 위한 방법을 선정하는 일에도 영향을 준다. 형성은 학습자에게 배움의 능력을 부여한다.

6. 그리스도인 형성과정은 항상 삶과 연결된다. 즉 그것은 하나님이 당신을 알도록 계시하시고 그분 안에 성장하도록 계획하신 삶의 지각과 경험의 시작이며 끝이다. 이 점이 진리와 삶은 형성학습 경험에서 항상 동반한다는 사실을 입증한다.

7. 기독교공동체는 형성과정에 큰 역할을 한다. 학습자가 성장의 필요를 발견하는 곳이 공동체이고, 공동체 안에서 학습자가 통찰력과 후원과 그리스도의 사람으로서 자신의 독특성을 그룹에게 표현할 기회를 얻는다.

8. 하나님의 성령이 사람을 성숙에 이르게 하고 그 안에 그리스도를 이루는 기본적인 능력이 된다. 그리스도인 형성은 성령의 인도를 받는 일이다. 교사는 항상 하나님의 계획을 이루는 우두머리 교사의 최고권을 인정하는 "조교" 역할을 한다.

JULIE GORMAN

참고문헌 | P. Downs(1994), *Teaching for Spiritual Growth*; L. LeBar(1998), *Education That Is Christian*; R. Mulholland(1985), *Shaped by the Word*; P. Palmer(1993), *To Know as We Are Known*; L. O. Richards(1975), *A Theology of Christian Education*.

그리스 교육(Greek Education).

그리스 교육체계는 B. C. 4-5세기에 두각을 드러내기 시작하였다. 그러나 그것의 원조는 B. C. 6-7세기 이전까지 거슬러 올라간다. 이처럼 한 문명이 젊은이(주로 자유인 남성들)를 위한 철저한 읽고 쓰기의 체제를 개발한 것은 역사적으로 두 번째였다. 교양교육이 거의 보편적인 히브리(유대인) 교육체계는 B. C. 1000년 시기에 주관되었다(Marrow, 1956, 9). 그리스 교육체계의 부흥 속에서 절대적 요소 중의 하나는 호머(Homer)의 두 가지 고전작품인 『오디세이』(The Odyssey)와 『일리아드』(The Iliad)이었다. 플라톤(Plato)이 말하길 호머(Homer)는 그리스의 언어교육자의 풍부한 감성을 지녔다. 이 2개의 문학작품은 이상적인 시민의 마음가짐에 대한 개념을 세웠다. 이상적 시민은 각 주나 도시에 의존하는 군사나 예술가이었을지라도 파이데이아(Paideia)는 문화와 시민성의 학습을 위한 그리스의 교육개념이 되었다. 그리스 교육은 하나의 목적을 지녔는데, 이상적 시민을 육성하는 것이 우선적인 주요책임으로 여겼다.

B. C. 5세기까지 필수적인 그룹적 특성은 모든 남성에게 의도된 아테네 교육체계로 나타났다. 그리고 이것은 학교의 창립과 발전을 이끌었다(Marrow, 1956, 9). 7세까지 소년들은 대개 가정에서 노예였던 교사에 의해 교육을 받았다. 7세의 소년은 공립학교에 다니게 된다. 그리고 15-18세까지 예술, 문화, 체육의 세 가지 고전영역을 계속해서 공부하게 된다. 그러나 교육은 인생을 위한 실제적 준비로 간주되지 않았다. 18세에는 종종 정부나 기관을 위한 봉사가 요구된다.

B. C. 5세기 초에 소피스트로 알려진 방랑하는 교사들은 수사학과 다른 기술로 젊은이들을 교육시켰다. 이러한 소피스트들은 보편적으로 젊은이의 열정을 느꼈다(Walden, 1909, 15). 그러나 소크라테스(Socrates)는 이것에 반대하였다. 그는 교육의 이상이 단순한 실용주의로 인해 손상되고 있음을 지적하였다. 소크라테스는 소크라테스의 방법으로 알려진 대화적 학습법을 포함하여 교육적 방법론의 발명가였다. 그의 제자 플라톤(Plato, 427-347 B. C.)은 아테네에 고등교육 학교를 세웠다. 그리고 철학적 이상주의의 아버지가 되었다. 플라톤과 같은 시대배경에서 이소크라테스(Isocrates)는 좀 더 실제적 경향이 있는 아덴에 있는 또 다른 고등학문의 학교를 세웠는데 이는 그가 교육자이고 철학자가 아니었기 때문이다. 플라톤의 제자인 아리스토텔레스(Aristotle, B. C. 384-322)는 아테네에서 좀더 높은 수준의 교육을 계속했다. 그리고 철학적 현실주의의 아버지가 되었다. 그리스의 교육은 공립교육기관을 이용하였다. 그러나 또한 자질 있는 교사에 의한 교육은 학생들을 위한 알찬 교육을 위해 절대적 요소로 여겨졌다. 황금시기 동안, 많은 현대적 교육주제들은 지리학, 역사학, 물리학 교육 등을 포함하였다. 그리스 역사에서 이 시기는 모든 역사 중 가장 위대한 인간문화의 기간이었다.

아테네에서의 이 교육체계의 흐름은 스파르타에서도 발전하였다. 아고게(agoge, 양육의 의미)로 알려진 스파르타 교육의 체계는 스파르타인의 생각의 심장에 놓여있다(Mckennel, 1995). 7세의 소년은 18세까지 고된 군대 교육환경에 살도록 보내진다. 훈련은 군사를 생산하려는 의도였다. 소녀들은 또한 아내와 어머니로 미래 스파르타전사를 양육하기 위한 목적으로 훈련을 받는다. 30세가 되면 스파르타의 남성들은 결혼을 하여 아이를 낳을 수 있었는데, 이 아이들 역시 7세가 되면 보내어져 고된 육체적, 군사적 훈련을 받게 된다. 이 스파르타 소년은 용기, 미덕, 복종의 모델이 됐다(McKennell, 1995).

아리스토텔레스의 제자 알렉산더(Alexander)는 왕국을 건설했다. 이 시기에 스토아학파와 에피쿠로스학파로 불리는 두 철학이 그리스 전체를 독점하였다. 로마는 그리스를 B. C. 2세기에 정복하여 교사로 사용될 그리스 노예를 받아들여 로마교육에 충격을 주었다. 얼마 지나지 않아 기독교가 널리 퍼졌다. 결국 헬레니즘의 영향을 받은 로마교육과 좀더 기독교적인 교육의 개념 사이에서 충돌하였다. A. D. 3-4세기에 대부분의 기독교인들은 그리스와 로마 학교에서 교육을 받지 않았다. 그러나 콘스탄틴(Constantine) 황제가 로마 제국을 기독교화한 후 그리스 교육이상은 빛을 잃었다. 6세기에 서적은 불태워지고 아테네의 유명대학은 문을 닫았다. 12세기까지 그리스 교육은 동면기에 놓였다.

12세기에 스콜라주의라고 부르는 운동이 스페인 코르도바(Cordova, Spain)에 있는 도서관과 같은 대형 무슬림 도서관들에서 보존되어 왔던 그리스 문학의 재발견에 의해 처음으로 그리스 교육 이상을 회복하기 시작했다. 유럽에서 일어난 르네상스와 종교개혁으로 그리스어와 히브리어 교수 체제는 활기차게 재개되었다. 현대 서양교육은 이러한 그리스와 히브리어 학습체계가 섞여 있다. 청교도주의와 성경교육이 영향력을 잃어가는 반면 그리스식 모델은 20세기의 후반을 지배하였다.

극단주의자

DAVID J. SEIVER

참고문헌 | F. A. Beck(1964), *Greek Education 450-350 BC*; K. J. Freeman(1992), *School of Hellas, An Essay of the Practice and Theory of Ancient Greek Education*; W. Jaeger(1943), *Paideia, The Ideals of Greek Culture*; H. I. Marrow(1956), *A History of Education in Antiquto*; N. McKennell(1995), *The Gymnasium of Virtue, Education and Culture in Ancient Sparta*; J. W. H. Walden(1909), *The Universities of Ancient Greece*.

참조 | 아카데미(ACADEMY); 아리스토텔레스(ARISTOTLE); 플라톤(PLATO), 스콜라철학(SCHOLASTICISM)

극단주의자(Extremist). 이교(Cult)를 보라

극화(Dramatization). 단순히 듣는 진리를 넘어서서 경험하는 진리로 더 큰 영향력을 끼칠 수 있다는 것을 교육자들에 상기시킨 사람은 바로 데일(Edgar Dale)이다. 오래된 중국 속담에 "듣는 것은 잊어버리고, 보는 것은 기억하지만, 경험한 것은 이해한다"고 했듯이 교실에서 드라마를 사용하면 기독교의 진리를 생생하고 기념할 만하며, 실제처럼 가르치는 데 효과적이다. 무대에서 구속의 장면을 극화한 것처럼 교실에서도 드라마를 사용하면 교육자가 학생의 눈높이에서 가르치는 일에 도움이 된다.

기독교교육에서 드라마 사용은 다양한 형태를 취한다. 그러나 본질적으로 그 핵심은 우리의 신체를 사용하여 보다 효과적으로 배운다는 것이다. 드라마를 통해 교실에서 성경이야기를 보다 생생하게 배울 수 있고, 또는 특정한 성경의 진리를 개인적으로 보다 잘 이해하기 위해 씨름하는 것으로 볼 수도 있다. 또한 드라마는 학생들이 느끼고 생각하는 것들을 자유롭게 표현하지 못할 때, 그들이 상상하는 인물의 입을 통해 자신의 느낌과 생각과 아이디어들을 분명히 언급할 수 있는 기회를 준다. 드라마를 통해 단순히 함께 즐거운 시간을 가지게 함으로써 학습환경을 향상시켜 공동체를 형성하는 좋은 기회를 만들어주기도 한다.

대체로 드라마를 단순히 "촌극"(skit)이나 "역할극"(role play) 정도로 생각하는데, 그 다양한 형태와 용례를 우리의 상상 속에서 한계를 정해버릴 필요는 없다. 다음에 교실에서 실제로 사용할 수 있는 여러 드라마 형태의 예들을 열거해 놓았다.

1. **성경 역할극.** 성경 본문에 나오는 이야기의 말을 그대로 사용하여 연기한다.

2. **상상 역할극.** 성경에 나오는 이야기를 바탕으로 하여 있을 법한 상상의 대화들을 연기한다. 예를 들면, 어떤 부부가 집을 향해 걸어가면서 그날 오후 "예수께서 어린 소년이 가지고 있던 보리떡과 생선으로 그 많은 배고픈 무리들을 먹이신" 기적적인 사건에 대해 이야기한다.

3. **자발적 멜로드라마.** 해설자가 성경을 바탕으로 한 재미있는 이야기나 동화를 읽어준다. 해설자가 읽는 동안 학생들은 그 부분을 즉석에서 연기한다. 대사가 있는 부분은 대사를 하고 행동만 하는 부분은 연기만 한다.

4. **무언극.** 장면을 대화 없이 행동으로만 보여주는 드라마적인 기술로서 성경의 이야기나 아이디어, 적용을 생생하게 만들어주는 유익이 있다. 예를 들면, 한 그룹의 학생들이 예수님과 삭개오의 만남을 읽어주고(눅 19장), 그 대화중에 한 가지만 들려준다. 나머지는 대사 없이 연기해서 보여준다. 또는 소그룹의 학생들이 "네 이웃을 사랑하라"고 예수께서 말씀하신 뜻을 브레인스토밍하게 한 후 연기하게 한다.

5. **두 팀이 대화 이어가기.** 학급을 두 팀으로 나누어 두 인물 간에 계속되는 대화를 연기하게 하는데, 교사의 지시에 따라 각 팀에서 새로운 회원이 그 역할을 진행시킨다. 예를 들면, 두 남편들이 아버지로서, 남편으로서, 인간으로서의 책임에 균형을 잡는 어려움에 대해 역할극을 한다. 실제로 세 사람이 두 인물을 연기하는데, 먼저 두 사람이 대화를 시작하여 대화를 진행하다가 교사의 지시에 따라 다른 두 사람이 같은 인물들의 대화를 이어간다. 이 방법은 두 인물간의 대화에 보다 많은 사람들을 참여시켜 참신한 아이디어를 재미있는 방법으로

이어가는 기술이다.

DUFFY ROBBINS

참고문헌 | C. Bolte and P. McCusker(1987), *Youth Ministry: Drama and Comedy*; P. Burbridge and M. Watts(1979), *Time to Act*; M. LeFever(1996), *Creative Teaching Methods*.

극화하다(Dramatize). 놀이와 아동교육(Play, Role in Childhood Education)을 보라.

근본주의(Fundamentalism). 운동으로서 근본주의는 역사적인 정통기독교의 수호로서 20세기 초 개신교 안에서 시작했다. 역사가들은 이러한 현상의 독특한 힘을 근대 사상의 침식에 대한 조직적인 저항을 중심으로 이해하는 것이 도움이 된다고 밝혔다. 근본주의 지도자들은 성경과 기독교교리와 기독교경험이 근대 문화의 과학적이고 철학적이고 문학적인 가정의 조명으로 재정의될 필요가 없으며, 오히려 오직 그것의 거만함에 정당하게 도전함으로써 재확인해야 한다고 주장한다. 근본주의는 정통개신교를 증언하는 데에 중심이 되는 교리적인 믿음들의 핵심을 이해함을 통해 종교적, 사회적, 도덕적, 그리고 정치적인 의제들을 계속 발달시키면서 20세기에 걸쳐서 미국 기독교에서 계속적으로 중요한 역할을 했다.

개념으로서 근본주의는 1910년부터 1915년까지 『근본주의자들』(*The Fundamentals*)이라는 제목으로 12권의 작은 책이 출판되면서 생겨났다. 이 책은 나중에 1917년에 로스앤젤레스 성경대학(나중에 바이올라대학이 됨)에서 작은 네 권의 판본으로 출판되었다. 시카고 무디기념교회의 목사였고, 후에 로스엔젤레스 성경대학의 학장인 토레이(R. A. Torrey, 1856-1928)와 시카고교회의 토레이 후임으로 있다가 런던의 스펄전교회의 목사가 된 딕슨(A. C. Dixon)이 그 책을 편집했다.

근본주의와 근본주의자라는 용어들은 명백히 확인되어진 축소된 수의 문제들에 초점을 둔 자기의식의 운동으로서 1920년 7월1일에 "근본을 위해 충성된 싸움을 싸우는"의 기치를 내걸고 "파수꾼"(*Watchman-Examiner*) 잡지에 소개되었다.

근본주의 전개의 시대 구분은 다양한 형태를 갖지만 해석하는 사람들 간의 차이는 적다. 19세기 후반, 공식적인 조직화의 어떠한 시도에 앞서 정통 기독교인들이 경계와 놀람을 가지고 새로운 세계관의 도전을 보았다. 초기 단계에서 과학 특히 지질학과 진화론과 성경과의 관계에 대한 댑니(R. L. Dabney)와 제임스 우드로우(James Woodrow)의 논쟁은 두드러진다. 찰스 하지(Charles Hodge, d. 1878)와 조지 라이트(George F. Wright, d. 1921)는 다른 접근을 취했지만 둘 다 진화론적 이론에 내재되어 있는 철학적 자연주의에 도전했다. 남침례신학교에서의 Toy 논쟁(1879)과 장로교 안에서의 Briggs 논쟁(1881-1893)은 성경비평과 진화론적 철학이 역사적 정통의 성경의 권위와 무오류의 사상들을 어떻게 개조하였는가 하는 문제를 강조하였다.

다음으로 20세기의 처음 20년에 보수적인 개신교들이 단일화된 태도를 갖고자 특별한 문제들을 규정하기 시작했다. 『근본주의자들』(*The Fundamentals*)에서 증거하는 것처럼 초기 운동에 기여한 사람들은 미국, 영국, 그리고 캐나다의 중요 교단지도자들을 포함하여 매우 다양한 교단의 배경을 가진 사람들이었다. 토론의 주제들은 광범위했다. 성경무오성에 대한 고등 비평(higher criticism), 세부적인 신학적 문제들(신론, 기독론, 죄론, 구원론), 설교, 전도, 선교, 로마가톨릭교회의 위협, "현대 사상", 사이비종교, 그리고 기독교적인 경험에 대해 폭 넓게 다룬 다양한 기사들이 그 폭을 결정했다. 기사들은 진지한 작품과 심지어 일부 저자들의 다양한 접근을 기술했다. 관심이 한 곳에 집중되었지만 폭이 좁지는 않았다. 목적은 변증적이고 교리적이었지만 참여는 공개되었고 순수했다.

세계기독교근본주의협회는 교단과 대학과 신학교를 프로그램으로 정화하도록 고무하는 기구로 1919년 필라델피아모임부터 발전해 왔다. 그 중 윌리엄 벨 라일리(William Bell Riley), 존 로취 스트라톤(John Roach Straton), 할드멘(I. M. Haldeman), 프랭크 노리스(J. Frank Norris), 그리고

근본주의

다른 중요 인물들이 있다.

1920년대 중반부터 1930년대 중반까지 교단 내에 증가하는 자유주의와 진화론과의 몇 번의 대립은 모더니즘의 사상을 따르는 사람들의 현저한 증가를 뿌리뽑는 데 실패했다. 논쟁의 흐름의 전형적인 예는 1922년 5월 21일에 뉴욕시 제일장로교회에서 헤리 에머슨 포스딕(Harry Emerson Fosdick)이 했던 "근본주의자가 승리할 것인가?"(Shall the Fundamentalists Win?)라는 제목의 설교였다. 사도행전 5장에서 가말리엘이 유대인들에게 했던 충고를 사용하면서 그는 근본주의자들에게 자유주의자들을 묶인힐 것을 권고했다. 그는 근본주의자들의 계획을 "나라의 교회들이 보아 왔던 참기 어려운 가장 최악의 광경 중 하나"라고 특징지면서 그의 성도들에게 무오류성, 동정녀 탄생, 대속적 구속, 그리스도의 문자적인 재림에 대한 신앙이 왜 정적이고, 무지하고, 비합리적이고, 미숙한지를 이어서 말했다. 클래런스 머카트니(Clarence Macartney, 1879-1957)는 "불신자가 승리할 것인가?"(Shall Unbelief Win?)라는 제목으로 발표된 설교로 응답했다. 그는 자유주의에 대해 관대한 것은 결국 새로운 종류의 기독교를 만들어 내게 될 것이라고 확신했다. 장로교 중에서 정통기독교에 가장 철저한 지도자는 프린스톤신학교의 교수인 그레셤 메이첸(J. Gresham Machen, 1888-1937)이다. 『기독교와 자유주의』(Christianity and Liberalism, 1923)에서 자유주의에 대한 그의 비평은 정통기독교와 자유주의는 두 개의 다른 종교임을 증명해 보이려는 것이었다.

증가하는 진화론과의 충돌의 절정은 1925년 테네시의 데이튼(Dayton)에서의 스코프(Scopes) 재판에서였다. 유력한 장로교 평신도이자 서민의 정치적 옹호자인 윌리엄 제닝스 브라이언(William Jennings Bryan)이 보수 기독교에 적대적인 엘리트 언론의 희생자가 되었다. 스코프 재판과 윌리엄 제닝스 브라이언을 어리석은 반계몽주의자라고 평가한 이후 쇠퇴하기 시작한 근본주의자들의 이미지는 대중들이 어떻게 근본주의자들을 대하는지 전형적으로 보여주었다. 브라이언의 진화론에 대한 반대는 과학적이고 신학적인 관심뿐 아니라 사회적, 윤리적, 시민적인 관심에 연루되었다. 그는 클래런스 대로우(Clarence Darrow)와 멘큰(H. L. Mencken)과 같은 사람들을 엘리트 자연주의 결정론자로 인식했다. 그들은 단지 기독교세계관의 남은 요소들에 의해 적자생존의 원리를 사회적으로 적용하는 것을 자제했다. 브라이언은 진화론적 사상이 사회의 기독교적인 버팀목과 아울러 민주주의의 이상을 유지하는 데 필요한 열정을 파괴할 것이라고 믿었다. 브라이언을 흠잡는 것은 기독교사상을 단순히 개인적인 미신의 수준으로 축소하려는 시도를 동반했다.

근본주의자들 스스로 그들이 패배했고 부적절하다고 여겨질 수 있다고 믿었는지 아닌지에 대해서는 논쟁의 여지가 있다. 그러나 그들은 오직 현대적 사고에 물들지 않도록 구성된 교단들과 조직들로써 반응했다. 기록들은 일부 역사가들이 지적하는 것과 같이 이것이 후퇴를 나타낸다는 사실이 아니라 오히려 그들의 세계관과 아주 적합한 방법으로 문화와 결합하는 것에 대한 준비를 증명한다. 1932년에 침례교 정기총연합회가 성경 침례교연합회의 방법으로 북침례교총회로부터 탈퇴했다. 미국 장로교회가 드디어 정통장로교회로 1936년에 그레셤 메이첸(Gresham Machen)의 지도력 아래 만들어졌다. 이는 메이첸의 신임이 PCUSA의 총회에 의해 정지되어 있을 때였다. 전천년설에 대한 불일치가 그 그룹 내에서의 분리를 가져왔고, 올리버 버스웰(J. Oliver Buswell)과 칼 메킨타이어(Carl McIntire)의 지도력 아래서 1937년 성경장로교회가 만들어졌다. 북침례교회는 1947년 근본주의 연합에 참가한 교회들이 보수침례교협회를 만들었을 때 두 번째 대이동을 보았다. 외국 선교지원에 대한 불일치가 크게는 OPC와 CBA의 분리를 만들었다. 새로운 교단의 형성에 더해서 수천 개의 독립교회들과 선교단체들이 그러한 논쟁의 힘을 바탕으로 일어났다.

분리는 공격성을 증가시키고 역할을 재해석하게 한다. 전도와 선교와 통제된 교육에 대한 더 큰 강조는 근본주의 그룹의 꾸준한 성장을 가져왔다. 무디성경대학(Moody Bible Institute)과 느약대학

(Nyack College)에 의해 이미 확실하게 세워진 성경대학과 성경학교운동은 급속히 성장했다. 이러한 학교들은 무서운 선교의 힘과 엄청난 수의 훈련된 기독교 일꾼을 공급할 뿐 아니라 능동적이고 효과적으로 고안된 미국교육의 대안을 제공했다. 이에 더해서 1926년은 미국독립전쟁 이래로 교회출석과 정착에 있어 가장 빠른 성장이 시작된 해로 기록되었다. 이러한 증가는 전적으로 근본주의 교리와 윤리에 동참한 그룹들 때문이었다. 모더니즘에 관대한 주요교회들은 계속적인 쇠퇴를 겪었다.

1940년대 중반까지 많은 영향력 있는 사상가들이 근본주의자들 내부에서 그 운동이 사회적으로나 학문적으로 편협하다고 인식한 것에 대해 수정안을 찾기 시작했다. 이러한 불안감으로부터 카넬(E. J. Carnell)과 헤럴드 오켄가(Harold Ockenga)와 칼 헨리(Carl F. H. Henry)의 초기 지도력 하에서 신 복음주의 운동이 나타났다. 감리교 복음주의자이자 교육가인 밥 존스(Bob Jones Sr., 1883-1968)와 같은 다른 근본주의자들은 사회의 도덕적 해이함과 교회 안의 자유주의에 대항해서 계속해서 구별에 대한 강한 확신을 갖고 때로는 더욱더 엄격한 삶을 살았다.

근본주의 전 역사에 걸쳐 몇 가지 요인들은 그것의 대중적 이미지를 만화분야에서 사용하는 것을 용이하게 했다. 근본주의는 성경의 권위에 순종하는 것은 현실과 동떨어진 의미 없는 것으로 여기는 포스트 다윈설을 지지하는 자연주의 학자들의 반권위주의에 반대하여 성경권위에 철저히 순종하였다. 근본주의의 단호한 전도방식은 깊은 체험과 성경에 기초한 확신을 가진 것으로 보이며 진심으로 지지하는 열성적인 대중을 낳게 했다. 개인의 혼합주의 사상과 내적 불화, 증가하는 편협한 도덕적 집중, 그리고 대중에 대한 호소는 근본주의를 비판하는 사람들에게 풍자만화를 위한 커다란 장을 제공했다. 프랭크 노리스(J. Frank Noris), 빌리 선데이(Billy Sunday) 그리고 존 라이스(John R. Rice) 등과 같은 사람들은 역동적인 지도력을 제공했고, 큰 무리의 보수기독교인들의 공감을 불러 일으켰으며 또한 연재만화 색채로 쉽게 드러나는 예리한 인물평을 제시했다.

많은 해석들이 근본주의의 성장에서의 종교적인 요소를 축소하거나 아니면 무시했다. 스튜어트 콜(Stewart G. Cole, 1931)은 그 갈등을 시골 쥐와 서울 쥐의 갈등으로 본 반면에 노만 퍼니스(Norman Furniss, 1954)는 근본주의를 반지성적인 반작용으로 보았다. 리처드 호프스테터(Richard Hofstadter)는 반지성적인 주제에 계속해서 근본주의를 과대 망상적인 것이 아니면 사회적 지위를 잃을 것에 대해 염려하고 있는 것으로 묘사했다. 어니스트 샌딘(Ernest Sandeen, 1970)은 현상에 대한 신학적 해석은 옳게 수용했지만 관련된 신학적 주제의 특징과 역사에 관한 그의 제안은 이견을 낳을 수 있다. 조오지 마스덴(George M. Mafsden, 1980)은 해석의 영역을 크게 확대해서 근본주의의 신학적, 학문적 계통의 이야기를 활용했다. 그러나 그는 결국 근본주의를 이슬람 근본주의에 기여한 고립주의와 반동적 정신과 다르지 않은 특정한 미국 개신교 상황에서 나타난 특유의 형태로 축소한다.

반대자들이 너무도 쉽게 근본주의의 스타일을 등한시하더라도 근본주의자들의 자의식 가운데 신학적 본질이 상대적으로 확고하고 두드러지게 남아있다는 사실을 감추어서는 안된다. 메이첸(Machen)으로부터 라이스(Rice)와 제리 팔웰(Jerry Falwell)에 이르기까지 근본주의 사상의 계통은 놀랍게도 원초적 의제를 잘 신봉해왔다. 기적적이고 계시적인 이 세상에 대한 가시적인 하나님의 간섭, 성경무오설, 삼위일체 하나님, 그리스도의 신성, 그리스도의 동정녀 탄생과 그의 인성, 그의 완전한 순종과 대속적 구속, 성령의 개인적 사역의 필요성, 이신칭의, 그리스도의 재림의 확실성 그리고 천국과 지옥의 실재성 등을 영원히 지지하고 전해 왔다.

이러한 논쟁들이 장로교와 북침례교 사이에서는 교단의 분리를 낳았지만 신학적인 변화들이 남부에서는 보다 더 서서히 이루어졌다. 1969년까지 PCUS와 관련된 대학원의 신학적 전환, 전 남장로교, 그리고 미교회협의회 및 세계교회협의회, UPCUSA, COCU 등의 동맹이 분열된 교회 안의 그룹을 이끌었다. 1973년에 조지아 어거스타에서 그들은 한 단

근접성

체를 만들었는데 1974년 두 번째 총회에서 미국 장로교회라는 이름을 갖게 되었다. 이들 교회들이 좀 더 그들 자신을 근본주의자보다는 신 복음주의로 이해하고자 하지만 교회론적, 신학적 역동성과 성경과 신앙고백에 대한 마케네스크(Machenesque) 위원회 등은 이전 40년 간의 주된 활동이었다.

비록 남침례교 프랭크 노리스(J. Frank Norris)가 그들의 평가에 대해서 논쟁을 시작했고 수많은 성직자와 교회가 그를 따르도록 영향을 주었지만 남침례교 대중의 다수는 초기 근본주의 운동의 교리적 개념들을 모두 공유했다. 초기 갈등의 시기에 교리적 탈선과 고조된 교단중심주의의 부재가 그들을 그 운동의 주류에서 지켰다. 그러나 전체 논쟁은 남침례교회와 엘리어트(Elliott) 논쟁(1959-63)으로 시작한 대학에서 다시 원래대로 돌아갔다. 1979년에 시작한 주요 충돌은 총회 규모의 협회와 대학으로 리더십을 옮겼다. 그러나 정통주의의 분리 대신에 기구의 분리를 향한 운동은 모더니즘의 의제를 더 많이 받아들임으로 이루어져야 했다.

감리교나 성결교 그리고 이민 교단과 같은 다른 교단들은 근본주의의 믿음과 관심을 공유했지만 그들의 평가에 결여된 근대주의적 사고는 그들을 특별한 논쟁의 역동성에서 제외시켰다.

TOM J. NETTLES

참고문헌 | V. L. Brereton(1990), *Training God's Army: The American Bible School, 1880-1940*; S. G. Cole(1931), *The History of Fundamentalism*; R. Finke and R. Starke(1992), *The Churching of America 1776-1990*; N. Furniss(1954), *The Fundamentalist Controversy, 1918-1931*; J. B. Longfield(1991), *The Presbyterian Controversy*; J. G. Machen(1923), *Christianity and Liberalism*; G. Marsden(1980), *Fundamentalism and American Culture*; E. R. Sandeen(1970), *The Roots of Fundamentalism: British and American Millenarianism 1880-1930*.

참조 | 성경대학운동(BIBLE COLLEGE MOVEMENT); 전도(EVANGELISM); 기독교의 고등교육(HIGHER EDUCATION, CHRISTIAN);

복음주의협의회(NATIONAL ASSOCIATION OF EVANGELICALS)

근접성(Proximity). 인접(Contiguity)을 보라.

근접의 법칙(Law of Proximity). 이 법칙은 지각 그룹들의 특별한 관계들을 나타낸다. 관찰 장들(fields) 사이의 거리가 가까울수록 "전체"가 더 안정적이 되는 것은 서로에게 가까이 있는 것들이 함께 무리지어 있는 것처럼 보이기 때문이다. 코프카(1935)는 근접의 법칙에 대한 정의를 내리는 것이 쉽지 않다는 것을 인정했다. 하지만 그는 "장(field)이 많은 균등한 부분들을 포함할 때 그것들 중에 더 많이 근접해 있는 것들이 체계를 이루어 더 강한 구성단위가 될 것이라는 것을 우리는 입증했다"(164-65)고 말한다. 이와 같이 서로에게 가장 가까이 있는 요소들은 형태상의 통일체(configurational whole)를 이루기 위해 하나의 형태로 조화를 이루는 경향이 있다. 지성(mind)은 그것이 함께 속함을 감지하는 경계선들을 세우고, 그 경계선들에 따라 자료들을 해석한다. 이 법칙은 한계점들을 가지고 있다. 특정한 거리들이 너무 커지면 결합은 아마도 일어나지 않을 것이다. 그러므로 요소간 거리가 짧을수록 그 관계는 더 안정적이 된다. 또한 개체들은 특정한 거리들을 다르게 보는 것 같다. 어떤 것에게 전체로 보이는 것이 다른 것에게는 그렇게 보이지 않을지도 모른다. 이 법칙은 또한 사건들의 타이밍을 인정한다. 더 최근에 일어났던 사건들이 오래 전에 일어났던 사건들보다 더 쉽게 기억 속에 간직될 것이다. 그러므로 교육자는 학생들로 하여금 정보를 수용하고 그것을 기억 속에 간직하는 것을 돕고자 한다면 타이밍과 거리에 관심을 가져야 한다.

CHARLES NICHOLS

참고문헌 | K. Koffka(1935), *Principles of Gestalt Psychology*.

글없는 책(Wordless Book). 글을 전혀 읽지 못하거나 제한적으로 읽기가 가능한 어린아이들을 가르치기 위해 특별히 고안된 유용한 도구이다. 글

없는 책은 어떠한 개념이나 이야기를 가르치기 위한 의도로 만들어진 것으로서 전체가 그림이나 디자인으로만 구성되어 있다. 책 자체에는 어떠한 글자도 인쇄되어 있지 않다. 부모들이나 교사들은 아이들을 위해 쉽게 이러한 책들을 구성할 수 있다.

어린아이들은 글을 읽을 수가 없으므로 이러한 책은 그들에게 이야기나 개념들을 가르치는 데 도움이 되는 자료들이다. 그림이나 디자인의 형태로 어린이들 또는 "독자"가 원하는 대로 이야기를 전개시킬 수 있다. 어린이들은 그들이 책을 "읽어나가면서" 이야기를 구성할 수 있으므로 이러한 책 "읽기"를 즐긴다. 이러한 책은 독자 - 어린이든 성인이든 - 가 이야기를 전개해 나가면서 창조성을 발휘하게 한다.

이러한 책을 위한 지침은 어린이들을 위한 다른 책들과 비슷하다. 미술 작품이나 그림들이 크고 선명해서 그 책이 말하고자 하는 이야기나 개념들을 정확히 그려낼 수 있어야만 한다. 또한 이야기들은 어린이들의 종교적 성숙에 기여할 수 있는 종교적 가치나 특성을 전달할 수 있어야 한다. 유치원생들의 경우는 종종 반복되는 요소가 있는 책들을 즐긴다. 이러한 책은 또한 이야기들을 강하게 전달해 준다.

몇 가지 다른 기준들 또한 중요하다. 그림들은 세련되고 예술적으로 그려져야 한다. 삽화들은 또한 남자와 여자의 수를 같게 그려야 한다. 전문직은 성(性)이 아닌 기능에 의해 그려져야 한다. 책들은 또한 경이로움과 신비감을 불러일으켜야 한다.

ELEANOR A. DANIEL

참조 | 어린이전도협회(CHILD EVANGELISM FELLOWSHIP); 어린이 기독교교육(CHILDHOOD CHRISTIAN EDUCATION); 어린이 교회(CHILDREN'S CHURCH); 전도(EVANGELISM)

금욕(Abstinence). 성관계를 억제하려는 결단이다. 성경은 성관계에 대해, 남편과 아내가 생식의 목적과 서로의 연합을 통해 온전함을 성취하기 위한 것으로 가르친다. 그러나 이 계약관계 밖에서의 성관계는 부도덕한 일이라고 가르친다. 금욕하려는 결단은 미혼자들 간의 간음(fornication)으로부터, 또는 기혼자들(둘 중의 한 사람이라도) 간의 불륜(adultery)의 유혹으로부터 멀어지게 한다.

사회적 경향은 역사상 많은 변화를 거쳐 왔지만 교회는 지속적으로 우리가 반드시 지켜야 할 덕목으로 금욕을 가르쳐왔다. 비기독교인들 사이에서도 부도덕한 것이라고 여겨졌던 행태들이 서서히 널리 받아들여지기 시작했고 이제는 심지어 세속 문화 안에 조장되기까지 하는 실정이다. 사회와 교회 간의 상충하는 가르침으로 인한 악영향으로 청소년세대가 성병 및 십대 임신의 문제들이 위기 수위에 이르는 결과를 초래했다. 특히 60년대, 70년대, 80년대에 혼외 성관계를 멀리하라는 성경의 가르침을 받고 자란 십대들은 그 또래들로부터 따돌림을 받아야 했다.

1993년 미국에서는 금욕 캠페인, "순결서약운동"(True Love Waits)을 통해 금욕과 성적 순결의 결단을 내리고, 서약한 청소년을 격려하고, 그들의 친구들도 참여시키도록 권해 왔다. 얼마 되지 않아서 80개가 넘는 크리스천 단체들이 이 운동에 국제적인 관심을 갖고 합류했다. 이 운동이 시작된 이래로 수만 명의 청소년들이 서약서에 서명하여 결혼할 때까지 성적 순결을 지키겠다고 결단했다. 이 고상한 운동은 비기독교인들 조차 청소년 성문제에 대한 해결책을 찾고 있는 시대를 선도해 왔을 뿐만 아니라 언론과 교육, 정치 지도자들의 관심을 끌기까지 했다. 90년대에 들어 지난 20년 사이 처음으로 십대 출산율이 떨어졌고, 언론인들과 학자들은 이러한 반전된 경향을 금욕서약과 연관지어 해석했다. 1990년대 이전에는 학교의 성교육 프로그램에서 금욕을 선택의 조건으로 가르쳤으나, 그리스도인들과 여러 단체들의 노력으로 학교 내 금욕과 성적 순결만을 가르치는 프로그램이 처음으로 개설되어 지원을 받고 있다.

KAREN E. JONES

참조 | 순결서약운동(TRUE LOVE WAITS)

기능장애(Dysfunctional). 사회학의 기본 이론

중의 하나는 사회의 각 지체가 그 존재하는 목표달성의 중요성을 강조하는 "기능주의"(functionalism)이다. 그러므로 학교가 학생을 잘 교육시키고 그들이 사회에서 살아갈 준비를 잘 시킬 때 기능적이다. 이와 같이 교회들과 가정들도 각각의 목표를 달성하면 기능을 잘 발휘하고 있다고 본다. 기능주의는 복음주의 기독교의 중심교리 중 일부와 매우 흡사하다(Ratcliff, 1988).

기능장애라는 것은 어떤 기관이나 사회의 일부가 그 의도했던 원래 목적을 직접적으로 저해하는 방식으로 행동하는 것이다. 예를 들면, 어떤 탁월한 교사가 행정 보직에 승진이 되어 자질이 부족한 교사가 그 자리를 보완하게 되면 그 학교의 교육적 목표를 달성하는 데 차질이 생긴다. 이와 유사하게 교회가 신자들에게 말씀을 가르치고 교제를 나누기 위해 존재하는 데 대부분의 시간을 기금을 모금한다든지 위원회 운영에 보내게 되면 교회가 그 의도한 목표를 달성하지 못하는 결과를 낳게 된다. 기능장애성 행동이란 그 그룹이 세운 목표에 다른 것을 첨가하는 일이 아니라(성경공부에 기금모금을 첨가하는 것과 같은) 원래의 목표를 이루지 못하는 것이다(성경공부 대신에 기금모금을 하는 것).

기능장애는 특히 기관이 많이 발전한 상태에서 잘 일어난다. 모벅(Morberg)이 종교기관 발달의 다섯 단계를 도표화했는데(1984) 기능장애는 발달의 최종단계에 주로 일어난다. 유사하게 랫클리프(Ratcliff)도 가정성경공부 그룹을 대상으로 연구한 결과 주로 나중에 기능장애의 현상이 보인다고 발견했다(1994). 모벅이 교회기관의 장기적 발달을 강조하는 반면 랫클리프는 그 그룹이 시작된 처음 몇 달 동안의 단계와 장애를 연구했다.

가족 역시 기능장애에 빠질 수 있다. 셀(Charles Sell, 1995)과 해리스(John Harris, 1995)는 가족기능장애를 중화시키기 위한 가정사역을 제공하는 기독교교육자의 잠재적 역할에 대해 묘사한다. 해리스는 건강한 가족생활을 손상시키는 기능장애의 공통적인 특성으로 극단적인 엄격함, 문제에 대해 침묵하는 것, 가족 이외의 관계로부터 소외되는 것 등을 지적한다. 그는 기능장애가 "세대적 죄", 즉 불건전한 영향을 부모로부터 자녀에게, 손자들에게 그리고 이후의 자손들에게까지 전수하게 된다고(출 20:4-6) 말한다. 가정사역의 최대 효과는 기능장애가 있는 가정을 건강한 인간관계로 바꾸어주어 활기 찬 신앙을 실천하도록 격려하는 일이다.

DONALD E. RATCLIFF

참고문헌 | J. R. Harris(1995), *Handbook of Family Religious Education*; D. O. Moberg(1984), *The Church as a Social Institution, 2nd ed.*; D. Ratcliff, Creation, Social Science, and Humanities Quarterly 10, no. 4(1988); idem(1994), *Christian Views of Sociology*, pp. 143-48; C. M. Sell(1995), *Family Ministry*, 2nd ed.

기도(Prayer). 기도는 모든 종교의 보편적 의식이다. 그러나 기독교의 기도는 삼위일체 하나님이신 그리스도 안에서의 기도로 차별된다. 이것은 하나님에 대한 지식의 성장을 요구하는 신학적인 것이며, 개인의 삶에 영향을 미치는 실천적인 것이다. 기도는 기도의 본질에 관한 묵상과 실제적으로 기도를 실천하는 양면을 모두 요구한다.

1. 기도의 본질 이해. 일반적 관점에서 기도는 다양한 형식으로 만들어진 하나님의 말씀에 대한 인간의 반응으로 서술될 수 있으며 넓은 의미와 좁은 의미가 있다.

넓은 의미에서 "기도는 하나님을 향한 그리고 하나님과의 관계에서의 그리스도인의 근본적 자세를 말한다"(Chan, 1998, 127). 기도의 본질은 하나님께서 무엇인가를 베푸시거나 역사하시도록 요청하거나, 간구하는 것이기보다 개인과 하나님, 자신, 그리고 다른 사람들과의 관계이다. 기도는 알렉산드리아의 클레멘트가 주장했듯이, "하나님과의 동행을 지속하는 것"이다(Houston, 1996, 9). 이것의 목적은 사랑의 순종에 의해 성장하는 가운데 하나님을 더 알기 위한 것이다. 따라서 기도는 하나님의 성품을 공유하고 그리스도의 형상으로 변화되는 것이다. 기도는 하나님과의 친밀한 관계에서 삶의 한 방식이며 변화를 가지고 온다. 이러한 관점에서,

우리는 "쉬지 않고 기도"(살전 5:17)할 수 있는데 이것은 기도가 하나님과 대화하기 위해 하루에 어떤 시간을 취하는 것 이상의 것이기 때문이다. 기도는 계속되고 있는 하나님과의 관계이며 하나님에 대한 지식의 성장이 요구된다. 따라서 기도는 아주 신학적인 것인 동시에 개인적인 것이다.

좁은 의미에서 "기도는 하나님과의 교제에서 영혼의 특정한 활동들을 말한다"(Chan, 1998, 128). 즉 그리스도인들이 기도할 때 그들이 말하고 행하는 것을 일컫는다. 기도의 행위는 찬양을 포함한 경배, 고백, 감사 그리고 간청이나 탄원이다. 이러한 행위들은 항상 하나님께서 말씀하시는 것, 혹은 하나님께서 행하시는 것을 보는 것에 대한 반응들이다. 이것은 분명 시편기자의 기도의 본질이기에, 피터슨(Peterson, 1989)은 시편에 관한 그의 책 제목을 "하나님께의 응답"이라고 붙였다. 시편기자들은 먼저 하나님께서 그들의 일상 경험들 속에서 말씀하시고 행하시는 것을 인지한 후 정직하고 겸손한 말로 응답했다. 이런 넓은 관점과 좁은 관점에서의 기도에 대한 이해는 기도의 실천과 분명한 연관이 있다.

2. 기도의 실천 행위. 기도는 하나님과 특별한 행위의 상호관계이므로, 이것의 실행은 묵상과 행함을 동시에 포함한다. 아빌라의 테레사는 다음과 같이 주장했다. "기도는 반드시 묵상이 동반되어야 한다"(1988, 6). 바울 역시 동일한 점을 지적하고 있다. "그러면 어떻게 할꼬 내가 영으로 기도하고 또 마음으로 기도하며"(고전 14:15).

기도에 관한 묵상은 기도 자체에 관한 생각들에서 시작되는 것이 아니라 하나님의 성품, 기도하는 자신, 기도의 내용에 대한 명상으로 시작된다. 진정한 그리스도인의 기도는 신학, 즉 개인이 하나님에 관해 생각하고 믿는 것으로 시작된다. 하나님에 대한 예배는 기도생활의 필수요소로서 하나님에 관한 우리의 신학적 이해에서만 깊어질 수 있을 것이다. 이것은 기도가 하나님의 계시된 말씀과 연결되어야만 하고, 말씀을 통해서 "하나님, 당신은 누구십니까?"에 대한 질문들과 고찰을 해야 된다는 것을 의미한다. 진정한 그리스도인의 기도는 하나님을 알고 겸손히 그분에게 복종하겠다는 소망으로 시작한다.

그러나 기도에 관한 묵상이 기도의 실행과 대체될 수는 없다. 경험된 기도는 개인이 기도를 통해서 기도를 배우는 것을 유지시킬 수 있다. 이러한 이유로 사람들이 성경과 기독교전통 속에 내려온 기도문을 사용하는 것은 유용하다. 시편은 하나님의 사람들의 기도책으로 인식된다. 피터슨은 시편기자를 "광범위하고 정직한 기도로 우리를 훈련시키기 위한 하나님의 선물"이라고 묘사한다. 시편기자가 체계적이고 정기적으로 기도한 것은 하나님의 백성에게 기도하는 방법과 하나님에 대해서 가르친다. 수 세기 동안, 그리스도인들은 기도와 하나님 앞에서의 묵상에 관해 배운 것으로 돌아가 성경으로 기도해 왔다. 수많은 기독교전통들은 사람들을 기도하도록 가르친 다양한 형태의 기도를 기록해 왔다. 성경 또는 기독교전통에서 인용된 글로 적혀진 기도문을 사용해 기도하는 것은 즉흥적인 기도방식을 강화시키고 전도서의 경고(5:1-2), 즉 "너는 하나님의 전에 들어갈 때… 마땅히 말을 적게 할 것이라"는 말씀에 기도자들이 주의를 기울이게 하여 하나님을 향한 쓸데없는 말들로부터 보호할 것이다.

기도는 보편적인 인간의 행위로 자연스럽게 생겨난 것이지만, 이것은 여전히 배워야 할 필요가 있는 것이다. 제자들은 이것을 인식했기에 "주님, 우리에게 기도를 가르쳐 주십시오"라고 요청했다. 이 도전을 취하여 다른 이들에게 기도를 가르치는 것이 기독교육자들의 임무이다.

JACKIE L. SMALLBONES

참고문헌 | S. Chan(1998), *Spiritual Theology*; J. Houston(1996), *The Transforming Power of Prayer*; K. Leech(1980), *True Prayer*; E. H. Peterson(1989), *Answering God*; St. Teresa of Avila, edited by H. Backhouse(1988), *Interior Castle*.

기도문(Devotional Literature). 일지기록(Journal Writing)을 보라.

기도에 관한 가르침(Prayer, Teaching of). 기도는 그리스도인 생활의 필수적 요소로 모범에 의

기도에 관한 가르침

해 가르쳐지고 실행에 의해 배우는 것이다(눅 11:1). 기도에 관한 수많은 성경구절들(66권의 성경에 62번 언급되어 있다)은 신자들에게 그 중요성을 증명하고 있다(Constable, 1995, 5). 그러나 그 중요성과 광범위한 사용에도 불구하고 기도를 특정하게 정의하는 성경구절은 하나도 없다. 그럼에도 불구하고 두 가지 분명하게 구별되는 기도에 대한 가르침들 - 서로 연관되기도 하는 - 이 성경의 많은 곳에 언급되어 있다.

기도에 대한 공통적 가르침의 첫 번째는 기도는 성도들이 하나님과 대화하는 활동(마 6:6-13)이라는 것이다. 이 대화는 양쪽에서 말하고 듣는 상호적인 것이어야 한다. 이러한 특성은 신자와 하나님 사이의 건강한 관계의 발전을 위해 필수적인 것이다. 기도가 일방적인 대화로 제한된 경우, 관계의 성장은 정지된다. 더 나아가, 성경은 이러한 상호적인 대화는 겸손과 의존성 속에서 하나님께 나가는 신자의 자발성과 조화된다고 가르치고 있다. 이러한 태도는 신자의 기도하고자 하는 간절한 소망이 관계를 먼저 시작하신 하나님께 대한 응답이라는 것을 기억할 때 가장 잘 생겨날 수 있다(요일 4:10). 하나님에 대한 바른 개념 역시 의존적이고 겸손한 태도를 강화시킨다. 예수께서는 제자들에게 그들이 기도할 때 하나님을 가장 친밀하고 개인적인 태도 즉 "아바" 혹은 현대적 표현으로는 "아빠"(Daddy)로 생각하도록 가르치셨다. 1세기 유대인 신자들에게, 하나님을 그렇게 개인적이고 친밀한 태도로 생각하는 것은 새로운 것일 뿐 아니라 그들과 하나님 관계의 성장을 위해 필수적인 것이었다.

하나님과의 상호적인 대화의 또 다른 특징은 신자들이 하나님의 은혜, 자비 그리고 그분의 위엄에 대한 감사를 인식함과 동시에 자신들의 필요들, 감정들 그리고 소망들에 대한 완전한 정직성이다. 다윗은 자신의 사랑, 분노, 감사, 외로움, 두려움, 회개의 감정들을 함께 표현하면서 이러한 특징들의 좋은 예를 보여주고 있다(시 62:1-2; 74:1). 하나님과의 대화에서의 부정직은 이 특성과 반대되는 것이며 그분과의 건강한 관계를 쌓아나가는 데 방해가 된다(마 6:7-8).

성경에 표현된 두 번째 가르침은 기도가 하나님을 향한 삶을 지향하는 태도 혹은 방식(살전 5:17; 골 4:2)이라는 것이다. 이러한 기도는 하나님의 지속적인 임재를 인식하며 사는 방법을 배우는 것을 필요로 한다. 기도의 이 두 번째 가르침은 삶의 방식으로의 기도가 상호적 대화에 의존된 것이라는 개념에서 첫 번째 가르침과 연관된다. 기도에 대한 두 번째 가르침의 중요한 특징은 이것이 신자의 마음속의 독백과 대체되는 것이다. 신자는 삶에서 자신과의 독백에서 하루의 모든 활동들을 통해 자신의 마음속에서 하나님과 지속적으로 대화하는 방법을 배운다(Nouwen & Foster, 1997, 118).

기도에 대한 위의 가르침들은 기도는 그 자체가 목적이 아니라는 것을 생각하게 한다. 기도는 하나님과의 신자의 관계를 풍성하게 하고 강화하는 수단이 된다. 기도는 신자들과 하나님과의 사귐을 깊게 만든다. 기도를 통해, 하나님은 신자들이 하나님의 생각을 하고 하나님께서 원하시는 것을 소망하도록 변화시키신다. 이러한 성장이 일어날 때, 신자들은 자신이 하나님의 뜻에 따라 구하고 있다는 것을 인식하며 전심으로 간구할 수 있게 된다(마 7:7).

마지막으로, 기도에 관한 중요한 가르침은 기도를 방해하는 것들에 대한 것이다. 신자 편에서의 부정직은 이미 언급되었다. 또 다른 기도의 방해물은 잘못된 동기이다(약 4:3). 자신들을 하나님과 일치시키도록 하기보다 하나님의 뜻을 자신들의 의지에 일치시키려는 노력은 그릇된 동기이다. 잘못된 동기와 밀접하게 연관된 것은 불신이다(약 1:6; 막 5:25-34). 불신은 신자가 하나님의 뜻을 찾지 않거나 하나님께서 기도에 응답하실 수 있다는 것에 대한 확신의 부족을 나타내는 것이므로 자멸적인 것이다. 기도의 마지막 방해물은 긍휼의 부족이다(고전 13:1). 기도하는 자들과 공감하는 데 실패하는 것은 하늘에 계신 아버지와의 친밀한 관계에서 나온 간구가 아니기 때문이다(Foster, 1978, 35).

DAVID BRISBEN

참고문헌 | H. T. Blackaby and C. V. King(1994), *Experiencing God*; D. A. Carson(1984), *Teach Us to*

Pray: Prayer in the Bible and the World; T. L. Constable(1995), Talking to God: What the Bible Teaches about Prayer; R. Foster(1978), Celebration of Discipline; R. Foster and H. Nouwen(1994), Leadership 18, no. 1(1997): 112-18.

기독교(Christianity). 우리가 통상 사용하는 "그리스도인"(Christian)이라는 단어가 신약성경에 실제로 사용된 경우가 세 번 밖에 되지 않는다는 사실이 놀랍다. 사도행전 11장 26절에서 누가 제자들이 안디옥에서 처음으로 그리스도인이라고 불렸다고 기록하고, 사도행전 26장 28절과 베드로전서 4장 16절에 이 단어가 나온다. 성경에는 "기독교"(Christianity)라는 단어가 나오지 않지만 이그나티우스(Ignatius)의 『마그네시아인들에게 보낸 편지』(Ad Magnes 10)에서 처음으로 사용되었다. 러셀(Emmet Russell)은 이 단어에 대해 "이 용어는 그리스도인들이 예수 그리스도가 그들의 삶에 가져온 신앙과 생명과 구원에 대한 모든 것을 지적하는 말이다. 그 특성은 예수님의 '나는 길이요 진리요 생명이니 나로 말미암지 않고는 아버지께로 올 자가 없느니라'(요 14:6)라는 말씀에 요약된다. 구약과 신약 모두 기독교에 대한 모든 것을 계시한 권위 있는 책이다"라고 언급한다(Tenney, 1963, 162).

비록 이 용어가 A. D. 40년경 안디옥에 살던 그리스도인들에게 처음으로 적용되었지만, 기독교의 기원은 성육신에 깊이 뿌리박혀 있다. 예수님 탄생 시에 로마 제국의 역사는 겨우 두 세대가 흘렀을 뿐이었다(ca. B. C. 4). 이 새 신앙은 구약성경의 유대주의에서 유래된 도덕 및 윤리성을 강조하는 강력한 유일신앙을 물려주었다. 그러나 그 독특성은 세속 역사가들도 언급한다.

"비록 유대주의에 뿌리를 두고는 있지만, 그리스도가 오래 기다려 온 메시야요 인류의 구주로서 그분의 희생적 구속으로 신자들이 영원한 구원에 이른다는 믿음과 산상수훈에서 볼 수 있는 도덕적 가르침의 특성으로 기독교의 독창성을 알 수 있다"(Ferguson, 1969, 84).

사도행전에서 초대 교인들이 스스로를 유대주의의 일부로 여겼고 로마정부로부터 그런 점에서 인정받았던 충분한 증거를 찾아볼 수 있다. 먼저 기독교는 노예를 포함한 불우한 사람들 사이에 가장 빨리 흡수되었다(골 3장). 로마제국의 박해가 심해지면서 그리스도인들은 몰래 만나야 했다. 퍼거슨과 브룬(Bruun, 1969)은 기독교신학의 토대에 대한 경이로운 이해를 보여준다. "개인적 구세주-그의 제자들이 실제로 만나고 그의 말씀을 기록했던-를 향한 믿음은 이교도의 신화나 신비한 의식들보다 훨씬 위대한 구원의 실재와 속죄와 영혼의 영원성(고대세계의 정신을 사로잡았던 온갖 질문들)에 대한 분명한 확증이었다"(85).

안디옥에서 비롯된 "그리스도인"이라는 용어는 그 당시 사람들에게 유행되었고 네로 황제(ca. A. D. 64)가 다스리는 동안 익숙해졌다. 하드맨(Hardman, 1974)은 "교회가 이 단어를 사용함에 따라 더 깊은 의미를 찾을 수 있었다. 헬라어 "크리스토스"(christos, 기름부음 받은)는 더 낯익은 말 "크레스토스"(chrestos, 은혜로운, 선한)로 연결된다. 이러한 용어들은 교회를 세우신 분, 주님, '기름부음 받은 자'(the Anointed One)의 존엄함을 드러낸다. 베드로는(벧전 2:3) '너희는 이제 주님의 선하심을 맛보았다'라고 쓸 때, '그리스도'(Christ)라는 말(단어)을 극화한 듯하다"고 설명한다(220).

마티(Martin Marty, 1959)는 종종 기독교를 역사적 종교라고 묘사한다. 그럼에도 불구하고 어떤 사람들은 예수님의 죽음과 부활, 초대교회 설립과 같은 역사적 사건들에 근거하는 기독교의 진리에 의문을 가진다. 기독교신앙의 본질 전부가 다 역사를 통해 검증되어야 할 필요는 없지만, 세속사(Weltgeschichte)와 구속사(Heilsgeschichte) 사이에 선명한 분계선을 언제라도 그을 수 있다. 마르스덴(Marsden)은 역사적 조망의 중요성을 강조한다(1975). 그는 "성경에 기록된 역사적 문서를 통해 역사 속에 살아 계신 하나님의 손길을 분명히 볼 수 있고, 하나님 안에 그리스도의 죽음과 부활을 중심으로 우리 자신과 세상을 보아야 한다. 우리 신앙의

기독교교리협회

토대인 역사성 안에 기독교적 세계관으로 볼 때 과거는 매우 중요하다. 성경의 계시를 인간을 돌보시는 하나님의 역사를 기록한 권위적인 문서로 보는 사람들은 현재의 유력한 표준(현대 서구 사상의 주류)이나 추상적 절대성(주도적인 헬라사상)을 절대시할 수는 없다. 문명을(현대와 헬라문명) 일으킨 철학적 동기 중 하나는 과거를 상대적으로 적게 또는 거의 의미를 부여하지 않는다는 것이다. 반면에 그리스도인은 과거에 하나님의 역사하심과 뜻을 통해 나타내신 계시가 오늘날에도 우리의 창의적인 응답을 위해 계속적인 규범으로 주어지고 있음을 의식하면서 하나님과 인간 사이의 더 깊은 교제에 참여해야 하는 자임을 스스로 깨달아야 한다"고 언급했다(33).

A. D. 500년이 되기까지 세계 인구의 22%가 예수 그리스도를 믿었는데, A. D. 1500년에는 19%로 감소했다. 이 세기의 4/5에 해당되는 기간 동안 기독교인의 수는 5억 5800만 명에서 14억 3300만 명으로 증가했다―이 통계학적 자료는 베를린 장벽이 무너지기 전, 냉전 말기에 나온 것이다. 『세계 기독교 백과사전』(The World Christian Encyclopedia)에는 "기독교는 세계 미발달 지역에서 먼저 싹이 터서 1900년 8300만 명이 1980년에 6억 4300만 명으로 증가했다. 사실 20세기 동안 기독교가 역사상 가장 널리 보급된 우주적인 종교가 되었다. 오늘날 지구의 모든 나라에 그리스도인들과 교회가 있다. 그러므로 현대교회는 역사상 처음으로 문자적인 세계교회이고, 그 경계는 "오이쿠메네"(oikumene), 즉 전 세계에 동일하게 존재한다"고 설명해 놓았다 (Barrett, 1982, 3).

역사적, 사회적, 문자적 적용보다도, 기독교는 예수 그리스도와의 관계성을 강조한다. 저스틴 마터는 "우리의 선생님은 우리를 가르치기 위해 세상에 나시고, 시저(Tiberius Caesar)시대에 유대를 다스리던 본디오 빌라도 아래 십자가에 못박히신 예수 그리스도이시다. 그가 진정 하나님의 아들이심과 하나님이심을 아는 우리는 그분을 예배한다"고 천명했다(Lockerbie, 1994, 66).

KENNETH O. GANGEL

참고문헌 | D. B. Barrett, ed.(1982), *The World Christian Encyclopedia*; J. D. Douglas, ed.(1974), *The New International Dictionary of the Christian Church*; W. K. Ferguson and G. Bruun(1969), *A Survey of European Civilization*; D. B. Lockerbie(1994), *A Passion for Learning*; G. Marsden and F. Roberts(1975), *A Christian View of History*; M. E. Marty(1959), *A Short History of Christianity*; M. C. Tenney, ed.(1963), *Zondervan Pictorial Bible Dictionary*.

참조 | 초대교회교육(EARLY CHURCH EDUCATION)

기독교교리협회(Confraternity of Christian Doctrine). 종종 CCD로 불리는 기독교교리협회(Confraternity of Christian Doctrine)는 로마가톨릭교회가 교구민들에게 기독교교육을 시키기 위해 조직한 기관이다. CCD는 1936년 밀라노에서 이태리 사제 카스텔리노(Castellino da Castelli)가 어린이들에게 기독교교리를 가르치기 위해 종교교육센터를 설립함으로써 최초로 시작되었다.

초대교회 세례입문자교육처럼 이 협회도 세례를 위한 서약을 이루기 위한 목적으로 어린이와 성인들에게 기본적인 기독교교리의 본질을 가르치기 위해 만들었다. 카스텔리노는 평신도를 훈련하여 교사로 가르치도록 했다. 한 때 이 협회는, 네덜란드 예수회의 캐니시우스(Peter Canisius)가 쓴 교리문답서문의 도움으로, 한 교구에서 여러 교구로 성장했다. 그러나 지역의 주교들은 밀라노의 대주교 성 보로메오(St. Charles Borromeo)가 이 협회의 노력을 위임하기 전까지는 협회의 지원을 꺼렸다. 그 이후 기독교교리협회의 활동은 이태리의 전 교구로 쉽게 확산되었다.

1905년 교황 피우스 10세(Pope Pius X)가 이태리에서 보듯 기독교교리에 대한 무지를 극복하기 위해, 전 세계의 교구들에 CCD를 설립하라고 명했다. 성직자들은 소명을 받아 헌신된 평신도들을 훈련시켜 지역의 교구민을 교육하도록 했다. 평신도 기관으로서 CCD의 목적은 남녀에게 신앙지식과 자비를 베푸는 영적 사역을 증진하기 위한 종교교육을 제공하는 것이었다. 의무는 아니어도 거의 모든 교회가 진행하는 개신교회의 교회학교와는 달리, CCD는 가톨릭교회의 의무교육기관이다. 교회학교처럼 이 협회도 지도력의 바탕 위에 세워진다. 교황 피우스 11세는 최초의 사도들이 세상을 구속하는 사역과 동일시하여 새로운 평신도 사도직으로서 CCD의 가치를 강조했다.

종교성 형성은 요람에서 무덤까지의 과정으로 보지만, 이 협회는 가장 중요한 형성기인 청소년기의 종교적 훈련을 강조해 왔다. CCD는 자녀를 신앙으로 키워야 할 부모의 책임을 가져가 버린 것이 아니라, 부모의 가르침을 지원하고 보충하기 위해 복음훈련에 병존하는 수단을 제공하려 노력한다. 또한 CCD는 청소년들에게 교회생활의 경험들과 미사와 성찬식과 같은 성례에 참여시켜 교회생활의 경험을 갖도록 인도해 준다. CCD는 청소년 종교 발달과 관련, 일곱 개의 광범위한 분야를 언급한다.

1. 학문적 종교훈련. 형식적인 학문훈련을 제공하는 것이 CCD의 주요한 기능이다. 형식적 학교교육처럼 지식 습득과 전수를 강조하는 CCD는 청소년들에게 필수적인 신앙적 개념들과 종교적 실천을 훈련시키기 위해 형식적인 주간 프로그램을 활용한다. 이 형식교육은 경박한 감정주의와 알려지지 않은 신앙적 실천으로서의 미신을 방지하기 위한 목적으로 진행된다. 협회의 클래스들은 전형적으로 주중 방과 후에 열린다.

2. 예배의식 경험. 성례, 특히 미사에 참여하는 것이 종교교육의 필수요소다. 이 경험을 하지 않고는 지적으로 방심할 수밖에 없다.

3. 사도적 증언과 체험. 종교교육에 동반하여 행동하는 신앙(faith-in-action)의 나눔을 강조한다. CCD에서 이 나눔은 젊은이들의 신앙체험을 고양시키기 위해 성인들과 함께 한다.

4. 지도. 협회의 종교교육의 목표는 기독교적 가치관에 동화시키는 것이다. 각 학생을 지도하여 그의 삶을 과거와(성경) 현재(예배의식) 그리고 그 의미(교리)에 올바른 적용을 하도록 돕는다. 그러므로 훈련과 실천 사이를 연관시키라고 학생을 홀로 남겨 두는 것이 아니라, 연결을 잘 하도록 지도해 주고 적절한 반응으로 돕는다.

5. 영적 갱신. 주중의 학문훈련에 첨가하여, 성찬식을 절정으로 하는 특별한 영성수양회를 열어 준다. 개신교회의 영성수양회와 유사하게 CCD의 영적 혁신도 교구를 떠나서 찬양과 대화와 레크리에이션 등을 통해 집중적인 묵상과 성찰의 기회를 제공해 준다.

6. 부모의 협조. CCD의 성공은 교회가 가정과 동일한 역할을 하는 데 달려 있다. 가정방문을 통해 부모를 만나고 학생의 필요와 진행과정을 보고해 주고 CCD가 필요한 교육자료 등에 협조를 구한다. 부모의 협조 없이는 CCD의 형식 교육의 효과는 반감될 것이다.

7. 학생회. 공립학교 학생회처럼 CCD도 학생들이 스스로의 종교적 훈련 개발에 공헌할 수 있는 학생회를 활용한다. 이 학생회는 성인들처럼 온전한 지도력을 가지고 교구활동을 위한 계획 수립에 참여하도록 격려한다.

개신교회의 주일학교가 급격히 변화하는 사회에서 신자들의 필요와 연관된 교육을 시키려고 애쓰는 것처럼, CCD 역시 로마가톨릭교회의 교육사역기관으로서 효과를 지속시키기 위해 노력한다. 교회학교라는 용어와 마찬가지로 CCD라는 용어도 평신도를 통한 종교교육의 발전을 저해하는 요소로 간주되기도 한다. 리(James Michael Lee)는 "기독교교리협회"라는 이름이 미국 가톨릭교도들의 정신에 어린이와 청소년의 인지훈련을 상기시켰다고 지적했는데, 그 이유는 CCD가 성인을 위한 종교교육에 실패했고, 또한 배움이란 정신훈련보다 훨씬 광범위하다는 사실에 실패했기 때문이라고 했다. 그는 좀더 통전적이고 쉽게 이해되는 용어인 "종교교육프로그램"으로 CCD의 명칭을 대체하는 것이 이 중요한 평신도사역의 개혁을 위한 첫 걸음이라고 했다. 수많은 교구들이 CCD라는 명칭을 바꾸었지만, 여전히 CCD 정신의 유산 위에 교육사역의 토대를 두고 있다. 이 협회가 각 교구의 의무이기는 하지만 가톨릭교회는 CCD 교육과정을 출판해 낼 출판사를 아직 설립하지 못했다. 그 결과, 교구들은 스스로 교육과정 자료들을 찾아야만 한다. 때로 개인 출판에서 자료들을 구하기도 하는데, 그 결과 질적인 면에서 평신도 교사들과 학생 모두에게 어려움을 주기도 한다.

MARK E. SIMPSON

참고문헌 | E. C. Burkhardt(1968), *Guidelines for High School CCD Teachers*; J. B. Collins(1961), *Religious Education through CCD*, pp. 3-27; J. M. Lee(1986), *Renewing the Sunday School and the CCD*, pp. 211-44; A. D. Thompson(1986), *Renewing the Sunday School and the CCD*, pp. 65-87.

기독교교육(Christian Education). 기독교교육을 정의하는 일은, 그것이 서로 다른 많은 견해와 의견과 질문들을 동반하기 때문에 쉬운 일이 아니다. 실제로 기독교교육이 실행되어 온 이후로 실질적인 정의의 변화를 거듭해 왔다. 그러므로 현대적 의미와 목적이 세기 전의 그것과 매우 다르기 때문에 기독교교육에 대한 정의를 내림에 있어 역사성을 감안해야만 한다.

종교교육과 기독교교육은 다른 것인가? 기독교교육은 그리스도인만을 위한 것인가? 기독교교육이 "세속" 교육과 다른 점은 무엇인가? 기독교교육을 기독교적으로 만드는 요인은 무엇인가? 그 목적과 가치는 어떻게 정해지는가? 기독교교육의 배경은 어떤 것인가? 구체적으로 기독교교육이란 무엇인가? 이러한 질문들은 기독교교육의 정의를 구축해 가는 과정에 반드시 짚고 넘어 가야할 이슈들이다.

1. 종교교육인가 아니면 기독교교육인가? 오랫동안 "종교" 교육이란 용어가 통용되어 왔는데 그 이유는 그것이 보다 광범위하고 많은 견해들을 포괄하기 때문이다. 이 용어는 개신교나 복음주의에만 제한되지 않고, 가톨릭과 유대교 그리고 다른 종교까지도 포함시킨다. 이 분류는 "종교교육협회"(Religious Education Association)를 통해 일괄할 수 있는데, 다양한 신학적 입장을 지닌 사람들이 회원으로 등록되어 있다. 그러나 복음주의적 교육자들은 이러한 모든 신앙을 포함시키는 일에 동의하지 않고, 모든 종교가 아니라 하나님 말씀 안에 있는 그룹들만 포함시키는 명백한 규정을 만들기 원했다. 이것이 신학적 성경적 차이가 되었다. 신학대학원들은 수년 동안 종교교육학 석사 학위(Master of Arts in Religious Education, MRE)를 주었지만, 많은 복음주의 신학대학원들이 그 학위를 기독교교육학 석사(Master of Arts in Christian Education, MACE)로 바꾸었다. 일부 복음주의 교회들이 종교교육을 교육사역을 묘사하는 용어로 간주하지만, 그것은 성경을 토대로 하는 교육이지 모든 종류의 종교단체를 수용하는 그런 것이 아니라는 것을 이해해야 한다.

한때, 종교교육과 기독교교육을 포괄적인 문제로 묶어 생각하지 않고 구별했다. 기독교교육은 기독교주간학교나 선교지에 있는 학교 등 학교에 관한 모든 것으로서 정의되었고, 종교교육은 교회학교나 지도력 개발, 가정교육 등 교회사역과 관련된 모든 것을 지칭했다. 일부에서는 여전히 이 구분을 사용하고 있지만 보편적으로는 더 이상 수용되지 않는다.

2. 기독교교육의 범위. 누구를 위해 기독교교육이 고안되었는가? 문자적으로는 그리스도인들을 위한 교육이고, 실제적으로는 그 이상의 범위를 포괄한다. 기독교교육은 개종 전과 개종할 때, 개종한 이후의 학습경험들을 포함한다. 사람들은 하나님의 말씀의 신실한 가르침을 통해, 그리고 죄를 깨닫게 하시는 성령의 능력으로 그리스도를 믿게 된다. 개종한 이후에 성도는 제자훈련을 받고 성숙한 신앙인이 되어 간다. 이것이 기독교교육의 실천이다. 단번의 학습경험이 아니라 하나님과 그분의 말씀을 배워 가는 전 생애를 통한 헌신이다. 진리를 실생활에 적용하여, 학습자의 섬김과 사역을 통해 다른 사람들에게 전달하는 것이다. 기독교교육을 통해 사람들을 믿음에 이르게 하고, 믿음 안에 성숙해 가며, 교회 사역을 통해 다른 사람들을 섬기도록 인도한다.

세속교육과 기독교교육 사이의 상이점에 대해 많은 토의를 해 왔다. 혹자는, 둘 다 동일한 학습 이론과 방법과 양식이 적용되기 때문에 차이가 없는 것으로 언급한다. 학습내용이 동일한 것은 사실이다. 둘 다 학습이라고 불리는 변화를 기대한다. 또한 기독교교육이, 단순히 성경에 대해 가르치는 것이나 기독교적 조망으로 가르칠 수 있는 세속적 과목들 이상이라는 것도 사실이다. 그러나 다른 점은 기독교교육에는 성령의 역할이 있는 것이다. 성령의 조명으로 신자들은 하나님 말씀이 진리임을 알게 되는데, 세속교육에는 이런 것을 찾아볼 수 없다. 세속교육과 기독교교육 모두 유사한 방법을 사용하지만 그렇다고 그 둘이 같다고는 말할 수 없다. 기독교교육은 성령의 역사로 인해 실로 독특하다.

교사와 학생이 학습 환경 안에서 성령의 역사를 의지하면 기독교교육이 기독교적이다. 학습의 목적과 목표들이 주님과 그의 나라를 경외하면 기독교적이다. 교육과정이 하나님 말씀과 성경신학에서 개발되면 기독교적이다. 하나님께서 통치하시고, 교사와 학생들은 모든 일에 하나님의 뜻과 목적을 성취하기 위해 신실하게 노력해야 한다는 견해가 이해될 때 기독교적이다.

3. 기독교교육의 목적. 기독교교육의 목적은 사람들을 예수 그리스도 안에서 구원의 신앙으로 인도하고, 제자가 되는 훈련을 시키고, 세상에서 기독교적 섬김을 위해 준비시키는 것이다. 신자 안에 성경적 세계관을 구축하여, 그들이 기독교적 관점에서 결정하는 것을 돕는 것이다. 또한 신자들이 삶의 모든 영역에서 "그리스도인답게" 생각하여 복음의 메시지로 세상에 영향을 주도록 하는 일이다. 본질적으로, 기독교교육의 목적은 기독교적 세계관 개발이라고 할 수 있다.

기독교교육의 목적과 목표들, 가치들은 성경에 토대를 둔 신학적 기초에서 출발한다. 이것은 보다 포용적인 "종교교육"적 방식과는 매우 다르다. 예배와 전도, 제자도, 교제 그리고 봉사 등은 모두 성경에서 유래했고, 기독교교육의 어떤 가치론이나 목적론 또한 성경과 관련되어 있다. 기독교교육의 목표들은 이러한 교회의 주요한 기능으로부터 개발되었고, 효과적인 기독교교육은 이런 중요한 기능의 성취 여부에 따라 측정될 수 있다.

4. 기독교교육의 배경. 기독교교육은 기본적으로 교회에서 이루어진다. 실제로 교회의 교육사역은 세계에서 가장 큰 교육적 시도라고 할 수 있다. 어린아이부터 어른에 이르기까지 교회를 통한 기독교교육 사역의 범위는 실로 엄청나다. 또한 기독교 학교나 성경공부, 캠프, 파라처치(Para Church)기관 등을 포함하여 교회 외부에서의 기독교교육도 실행 중이다. 기독교교육이 단일한 종류의 기관이나 사역에 제한된 것이 아니라 교회 외부에서도 다양한 통로로 진행되고 있다는 사실에 주목해야 한다.

이제 이전에 나온 기독교교육의 정의들을 살펴보자. 먼저 그랜도르프(Werner G. Graendorf)는 그가 편집한 책 『성경적 기독교교육 개론』(Introduction to Biblical Christian Education, 1981)에서 기독교교육이란 성경을 기초로 하고 성령의 능력을 힘입은(그리스도 중심의) 교수 학습 과정으로, 개인을 현대적 교수법으로 삶의 모든 영역에 그리스도를 통한 하나님의 목적과 계획을 알고 경험하여 전인적 성숙에 이르게 하고, 또 이들을 준비시켜 교육의 대가이신 그리스도를 본받아 성숙한 제자를 만들라는 명령에 초점을 두고 효과적인 사역을 할 수 있도록 돕는 일이라고 정의했다(16). 이 정의는 그리스도 자신과 제자를 만들라는 그분의 명령을 강조함과 동시에 성령의 역할과 교수/학습 기능, 하나님의 목적과 계획, 섬김을 위한 준비 등의 개념을 포함한다. 가정되어 있기는 하나, 이 과정에서 교회의 역할이 구체적으로 언급되지는 않았고 우리 신앙의 전통에 대한 참조도 없었다.

파즈미뇨(Robert W. Pazmiño)는 그의 저서 『기독교교육의 근본적 이슈』(Foundational Issues in Christian Education, 1997)에서 기독교교육이란, 기독교 신앙과 일치되는 지식과 가치와 태도와 기술과 감수성과 행동들을 공유하기 위한, 계획적이고 조직적이며 일관된 하나님과 인간의 노력이라고 정의한다. 기독교교육은 개인이나 단체 혹은 구조를 성령의 능력으로 변화시키고 새롭게 하며 개혁시켜, 다른 여러 결과들과 더불어 성경과 예수 그리스도의 인격에 계시된 하나님의 뜻을 확증시킨다. 또한 학습자와 하나님 사이의 협력 관계와 학습의 인지, 정서, 기술적 영역에 대한 분명한 규정과 변화와 혁신, 성령의 역할, 그리스도의 모범 등을 포함한다. 교회나 전도에 대한 규정이 시사되기는 했지만 구체적인 언급은 포함되지 않는다(87).

브라운(Beth E. Brown)은 다음과 같이 정의한다. 기독교교육이란 성령의 인도와 능력 아래 진리와 그 실천의 상호 작용으로서 학습자의 삶에 그리스도의 형상을 따르는 변화를 가져오게 하는 것이다. 역시 성령의 역사 아래 진리와 실생활의 적용을 포함한다. 변화가 목표이고 이 변화란 그리스도의 형상과의 일치를 뜻한다. 교회와 우리 신앙의 유산, 전도 등은 암시되지만 구체적으로 언급하지는 않았다.

이와 같은 정의들이 성경적 기초, 건전한 신학, 성령의 능력, 교수/학습/성숙/준비의 요소들, 변화, 교회, 전도와 봉사 등 복음주의자들이 중요시하는 기본적인 요소들을 포함한다. 그러므로 기독교교육이란 단순히 그리스도인들을 가르치는 것 이상의, 앞에서 언급한 모든 것을 포함한다.

DENNIS E. WILLIAMS

참고문헌 | W. G. Graendorf(1981), *Introduction to Biblical Christian Education*; R. W. Pazmiño(1997), *Foundational Issues in Christian Education*.

기독교교육과 가치체계(Christian Education and Values Systems).

그리스도인들은 기록된 하나님의 말씀 덕분에 가치교육의 교육과정을 만들든든한 기초를 가지는 특권을 누린다. 십계명과 황금률에는 변화되는 추세에 맞서 가치관의 닻을 내리고 확고하게 하기 위해 필요한 도덕의 절대성이 있다. 그리스도인의 가치관교육은 세속의 가치관교육과 그 방법론은 같지만, 완전히 다른 중심을 가지고 있다. 1960년대에 치료학자들에 의해 발전된 가치관명료화체계는 한 개인의 가치체계가 외부적인 영향으로부터 오기보다는 축적된 자신의 경험으로부터 나온다고 가정하였다. 결과적으로 도덕적 선택보다는 종종 개인적으로 선호하는 목록이 가치관으로 여겨졌다. 하지만 그리스도인의 접근 방법은 자신이 좋아하는 것의 우선순위를 정하기보다는 하나님의 뜻을 구하고 그분의 권위를 인정하며, 그의 명령에 순종하는 것으로부터 시작된다. 태도와 행위를 쾌락, 자유, 또는 유용성의 저울로 재기보다는 성경으로 검증하여야 한다.

가치관명료화 이론에 따르면 가치가 자유롭게 선택되고 그것이 행동으로 옮겨지는 것이 중요하다고 여겨져야만 개인의 진정한 가치체계의 한 부분이 된다. 그러나 그리스도인에게 도덕적 행위의 동기는 하나님의 사랑에 대한 응답이며 하나님께 영광을 돌리기 위함이다.

ROBERT J. CHOUN

참고문헌 | D. G. Benner(1985), *Baker Encyclopedia of Psychology*; R. E. Clark, J. Brubaker, and R. B. Zuck, eds.(1975), *Childhood Education in the Church*; B. Clouse(1993), *Teaching for Moral Growth*; I. V. Cully(1979), *Christian Child Development*; I. V. Cully and K. B. Cully, eds.(1990), *Harper's Encyclopedia of Religious Education*; K. M. Gow(1985), *Yes Virginia, There Is a Right and Wrong*; M. S. and R. C. Smart(1977), *Children: Development and Relationships*; M. M. Wilcox(1979), *Developmental Journey*.

기독교교육과 민족적 시사성(Ethnic Implications for Christian Education).

기독교교육은 서양에서 널리 발달되어 선교사들을 통해 제3세계로 확장되었다. 서양의 선교적 노력에 기독교교육이 핵심 요소가 되어 왔고 불신자들을 개종시키는 데 성공적인 수단이 되어 왔다. 특히 제3세계에서 교육받을 기회가 없었던 여성들에게 선교 학교들에서 공부할 수 있는 새로운 기회가 주어졌다.

교육은 문화유산과 가치를 차세대에 전달하는 강력한 수단이며 서양의 기독교교육도 예외가 아니다. 사실, 그것은 비서양 사람들을 문화에 적응하게 하는 훌륭한 수단이 되었다. 니버(Niebuhr)의 문화적인 그리스도, 문화에 대항하는 그리스도, 그리고 문화 위의 그리스도 모델들은 비서구 그룹들에 기독교교육이 미친 영향력을 평가하기가 어려울 정도이다.

보편적인 사실이기는 하지만 복음은 그것이 심어진 문화적 토양 때문에 특수성을 가진다. 그러나 그 심층에는 문화적 규범을 많은 부분 유지하고 있다. 기독교교육의 민족적 암시를 연구하는 기본적인 질문들은 다음과 같다. 기독교교육의 저변에 있는 신학적 패러다임은 무엇인가? 기독교교육의 목표는 무엇인가? 어떤 결과들을 추구하는가? 기독교교육이 민족성에 대해 어떤 고려를 하는가? 기독교교육은 비문화적인 상황에서 이루어질 수가 없다. 기독교교육은 그 교육과정과 전달에 독특한 관점의 영향으로부터 벗어날 수가 없다. 기독교교육은 신학과 문화에 깊이 의존한다. 그러므로 교육의 내용을 전달하는 사람과 그것을 전수받는 사람이 매우 중요한 교육의 요소이다. 전달자의 문화가 교육의 내용을 미리 결정하고 학습자의 문화는 교육의 내용을 해석한다.

예를 들어, 1968년 한국에서 미국으로 이민 온 어떤 한국인이 결혼하여 처음으로 미국식 추수감사절(Thanksgiving Day)을 기념하게 되었다. 가까운 친구들이 이 신혼집에서 함께 지내려고 큰 칠면조 고기를 사왔다. 그 신부는 칠면조를 한국 불고기식으로 잘게 조각을 내어 오븐에 넣고 구웠고, 이 칠면조 고기 조각들은 오븐에서 꺼내어보니 쿠키처럼 딱딱해졌다. 그것은 칠면조 고기도 불고기도 아닌 먹을 수 없는 요리였다. 그러나 나중에 이 아내는 칠면조 요리법을 배워 그 맛을 즐기게 되었다.

우리는 미국식 문화를 배워야만 그 문화적 수단들을 적절하게 사용할 수 있다. 이와 같이 기독교교육도 비어 있는 공간에서는 실행할 수가 없다. 그러므로 기독교교육은 복음을 문화와 지식과 행동에 통합하는 법을 터득해야 한다.

이런 이유로 지난 20년간 서양에서는 실천신학을 크게 강조해 왔다. 실천신학의 필요성은 이분법—존재로부터 관념을 분리시키는—의 실패로부터 왔다. 전통적인 동양사고는 존재와 관념의 연합된 상태에서 학습의 본질이 생긴다. 유란(Fung Yu Lan)은 이것을 "내적 지혜와 외적 위엄"(sageliness within and kingliness without)이라고 표현했다(Yu-Lan, 1948, 8).

현인들에게 아이디어와 행동이 하나이다. 서양에서 실천신학의 연구는 이와 유사한 개념으로 볼 수 있다.

> 현실주의와 이상주의처럼 현세성(this-worldliness)과 초현세성(other-worldliness)은 서로 상반된다. 중국 철학의 과제는 이와 같은 반론들을 종합하는 일이다. 그것은 이 둘이 제거되어야 한다는 뜻이 아니다. 이들은 여전히 거기에 있지만 서로 종합된 총체로 존재한다… 중국 철학에 의하면, 이론과 행위에 이와 같은 종합을 이룬 사람이 바로 현인이다(Yu-Lan, 1948, 8)

유사하게, 서양교육자 팔머(Parker Palmer)가 교육에 이론과 실천을 합병하여 신학교육에 대해 "가르친다는 것은 진리를 순종하고 실천하는 장을 만들어주는 것이다"(Palmer, 1993, xii)라고 하여 우리를 감동시킨다. 팔머가 정신과 마음의 연합을 강조하는 교육은 중국철학에서 음과 양의 균형을 통해 전인성과 건강을 이해하는 것과 유사하다. 신학교육의 목적은 "우리가 원래 창조된 이미지대로 재형성하는"(Palmer, 1993, 17) 전인적 영성형성이 되어야만 한다.

팔머는 교육에 영혼을 다시 포함시켜 우리를 진정한 신학교육을 향해 나아가게 한다. 변화를 추구하는 교육을 강조하여 그는 마음과 정신을 교육과정에 함께 동반시켰다.

요약하면, 모든 서로 다른 민족과 인종에게 진정한 기독교교육의 실천을 위해서는 기독교의 메시지를 각 문화에 상황화하는 일은 매우 중요하며 그와 동시에 문화적 범위를 초월하는 복음의 진수를 희석시키지 않는 일도 매우 중요하다. 교육자들은 결과보다는 과정에 중점을 두는 명백한 정체성과 통합성으로 교육에 임해야 한다.

YOUNG LEE HERTIG

참고문헌 | P. J. Palmer(1993), *To Know as We Are*

Known: Education as a Spiritual Journey; F. Yu-Lan(1948), *A Short History of Chinese Philosophy: A Systematic Account of Chinese Thought from Its Origins to the Present Day*.

기독교교육사(Director of Christian Education, DCE).
교회의 전문직 직원. 정확한 직책은 교단과 교인에 따라 다르다. 예를 들면, 교육목사(Minister of Christian Education), 종교교육사(Director of Religious Education), 부목사(Associate Pastor) 등으로 부른다. 보통 이와 같은 직책의 사역자들은 기독교교육사(DCE)라고 불리는 직임과 유사한 위치에 있다.

여러 다른 교단과 교인에 따라, 기독교교육사는 다음의 사항들의 복합이라고 할 수 있다: 전임 또는 시간제로 고용됨, 평신도이거나 안수 받은 목사, 전문인이거나 일반인(specialist or generalist), 교회 안에서 양육되었거나, 다른 지역의 교회에서 부름, 어느 정도의 교육을 받음, 청장년이거나 노년.

기독교교육사는 교회에서 전임으로 또는 시간제로 고용된다. 일반적으로 대형교회에서는 충분한 재정으로 전임의 전문직 사례비와 여러 혜택을 제공해 주지만 소형 교회들에서는 그렇게 할 수 없다. 주로 작은 교회에서는 기독교교육사를 시간제로 고용한다.

기독교교육사는 평신도일 수도 있고 안수 받은 목사일 수도 있다. 어떤 교단에서는 기독교교육사의 정의가 목사로서의 특권이나 책임(예: 설교, 성찬식 진행, 세례주기, 결혼식과 장례식 진행 등)이 없는 평신도를 의미하기도 한다. 또 다른 교단에서 기독교교육사는 모든 목회와 함께 교육사역도 전문으로 하는 안수 받은 목사이다.

기독교교육사는 전문직이거나 일반직이다. 일반인은 교회의 전체 교육 프로그램을 감독하고 책임을 진다. 전문인은 교육사역의 한 영역, 보통 한 연령그룹의 사역만을 감당한다. 예를 들면, 한 기독교교육사는 어린이 사역이나 청소년 사역, 성인 사역, 또는 가정 사역에 전문적이다. 이 경우 기독교교육사는 어린이교육사, 또는 청소년 관리자 등 보통 그 분야의 전문적 직위를 갖는다.

기독교교육사는 교회 안에서 자랐거나, 또는 다른 지역에서 그 교회로 청빙 받아 올 수도 있다. 많은 기독교교육사들이 지역교회의 교육사역의 결과로 세워진다. 즉 그들은 그 교회의 교인으로서 오랫동안 지냈다(일부는 그 교회에서 태어나고 자랐다). 그들은 교육 분야에서 적극적으로 일 해왔고, 교인들을 그들의 사역은사를 관찰해 왔으며, 그 교인들이 임명하여 교육의 한 분야에서 사역하도록 고용된다. 다른 경우, 수많은 기독교교육사들은 하나님으로부터 사역에의 부름을 받고 그것을 위해 준비해왔다. 그들은 한 교회를 수년 동안 섬기고 다른 교회로 이동해 가기도 한다.

기독교교육사를 위한 표준적인 교육프로그램이 있지는 않다. 일부 교단들(교회들)은 최소한의 교육을 요구하고 또 어떤 교단들은 요구하지 않기도 한다. 그 결과 어떤 기독교교육사는 형식적 교육을 받지 않고 섬기고, 다른 기독교교육사는 학사, 석사, 또는 박사 학위를 마친 사람들도 있다. 어떤 구체적인 교육을 통해 전문직이 이르렀든지 상관없이 기독교교육사는 일정 분야에 지식과 기술이 필요하다는 사실에 동의한다. 기독교교육사가 교육과 학습이론들과 인간발달과 교수방법, 행정 등을 이해한다는 사실은 중요하다. 성경지식과 기독교신학은 필수적이다. 기독교교육사는 사람들과 함께 일하는 기술은 물론 상충되는 이해관계 속에서 잘 대처하는 기술이 요구된다.

기독교교육사의 책임은 교육프로그램 개발과 프로그램 운영, 자료와 방법에 대한 지식과 평신도들을 교육사역에 개입시키고 훈련시키는 일 등이 포함된다.

기독교교육사는 교육 프로그램을 개발한다. 이 일을 효과적으로 수행하기 위해서는 체계적으로 작업해야 한다. 프로그램 개발에는 기독교교육철학과 필요에 대한 연구, 지역 상황에 대한 지식, 목적 수립, 목표 문서화, 교육과정 선별, 지도력 개발 그리고 평가 등이 포함된다. 평가는 다음 과정의 프로그램 개발을 위한 필요를 알아보기 위해 중요하고, 프로그램 평가는 목표에 근거하여 어떤 목표들이 성취되었는지 지적하는 일이다.

기독교교육의 성경적 기초

기독교교육사는 프로그램을 운영한다. 한 교회에서 필요한 모든 교육사역을 다 감당할 수 있는 사람은 하나도 없다. 그러므로 기독교교육사는 프로그램을 개발하여 각 분야의 사역을 감당할 평신도들을 참여시킨다. 이를 위해 프로그램들은 효율적인 운영이 필요하다. 운영자가 사역하는 것이 아니라 교인들이 사역할 수 있도록 능력을 키워주는 일을 한다.

기독교교육사는 자료와 방법들을 알고 있다. 효율적인 기독교교육사는 기독교와 비종교적인 출판사로부터 최근의 자료들을 제공받는다. 또한 새로운 교수학습 방법들도 시대의 흐름에 따라 맞추어 간다. 새로 나온 모든 자료가 다 좋으므로 교회에서 사용해야 한다는 뜻은 아니다. 실제로 새로 나온 것 중 많은 것들이 다 훌륭하지는 않다. 어떤 것은 철학이 견고하지 않고, 성경적이지 않으며, 일시적 유행을 따르는 것들도 있다. 효율적인 기독교교육사는 새로 나온 모든 자료들과 방법들을 평가하여 사역에 사용할 만한 것들을 추려내야 한다.

기독교교육사는 평신도를 모집하여 훈련시킨다. 효과적인 성경의 가르침과 기독교교육의 실천에서 평신도의 사역 참여를 요구하므로 기독교교육사는 혼자 모든 것을 하려고 시도해서는 안 된다. 기독교교육사는 사역의 은사를 가진 평신도들을 찾아내어 교회 안에서 하나님을 섬기라는 사명을 준다. 하나님께서 은사주신 사람이 일단 사역에 부름을 받으면 그들은 지식과 기술을 배워야한다. 그러므로 기독교교육사는 필요한 지도자 훈련도 준비해야한다.

JOHN H. AUKERMAN

참조 | 행정(ADMINISTRATION); 성직자(CLERGY); 목회자(MINISTER); 교육목사(MINISTER OF CHRISTIAN EDUCATION); 스태프와 임용(STAFF, STAFFING)

기독교교육의 성경적 기초(Biblical Foundations of Christian Education).

성경은 신학적 기초의 초석이며 기독교교육사적 토대의 서론이다. 기독교교육자들이 기독교교육의 특성을 인식하고 규정하는 기본적인 렌즈가 바로 성경이다.

성경을 이렇듯 강조하는 이유는 성경을 통한 계시와 영감 때문이다. 성경이 하나님의 특별계시이고 기독교교육자들은 성경에 일치하는 교육적 모델을 형성할 책임이 있다. 바울은 성경이 "우리의 교훈을 위하여 기록된 것이니"라고 했다(롬 15:4; 고전 10:5-11; 딤후 3:14-17, Knight, 1996).

성경은 교육적 암시와 당위를 강조한다. 신앙을 장려하고 지키라는 것이 공통적인 주제이나, 그 과제를 수행하는 방법은 구약과 신약이 서로 다르다. 이러한 전제하에 성경에 나오는 특정한 방법이나 모델이 본질상 문화적 특수성을 가질 수 있다. 기독교교육의 성경적 원리는 반드시 지켜야 하지만, 현대문화에 적절한 방법을 사용하는 일 역시 필요하다.

1. 구약. 구약의 주된 가르침은 어떤 기술이나

⊙ 주요 본문

본문	내용	교육적 관점
신 6:1-9	가정이 교육과 공동체 생활을 통해 자녀 교육의 책임을 진다.	기독교교육의 내용과 문맥의 중요성. 순간을 잘 포착해야 한다.
신 30:11-20	가르침을 받은 대로 이스라엘은 하나님에 대한 믿음과 거부 사이에 선택해야 한다.	교육은 학생들로 하여금 하나님에 대한 믿음의 결정을 내리도록 인도해 주어야 한다.
신 31:9-13	제사장들은 어린이들을 포함한 회중에게 (히브리인과 외국인) 율법을 읽어주어 율법을 알고 순종하게 한다.	기독교교육은 신앙공동체 내부와 외부의 모든 사람들에게 적용되어야 한다. 이 두 그룹 모두 하나님을 알고 그 분께 순종하는 삶을 살도록 지도해야 한다.
시 78편	이스라엘을 위한 하나님의 개입을 자세히 전수하는 일을 포함하여 세대 간의 과제로 간주되어야 한다.	기독교교육은 전통을 설명하면서 가정에서 어린이들에게 가르쳐야 한다고 지적한다.
느 8:1-9	느헤미야는 에스라를 시켜 회중에게 모세 율법을 읽어주었고, 이 두 사람은 레위인들과 함께 학생들이 말씀의 뜻을 이해할 수 있도록 율법 주해와 의미를 가르쳤다.	기독교교육은 성경의 내용을 가르쳐야 하고, 보조자료를 제공해 주어야 한다.

기독교교육의 성경적 기초

본문	내용	교육적 관점
스 7:10-11	교사들은 4가지 역할을 가정한다: 1. 헌신자(devotee) 2. 학생(student) 3. 제자(disciple) 4. 교사(instructor)	교사의 영성은 본질적으로 전인적이어야 한다. 단순히 지적 영역뿐 아니라 정서적, 의지적 영역도 성숙해야 한다.
지혜문학 (잠언)	세 종류의 가르침: 1. 지혜(1:20; 8:1-36; 9:1) 2. 교수(2:17) 3. 교정(13:24; 17:10; 22:15; 29:25-27)	기독교교육은 "지혜"의 전통을 이어가야만 하는데, 이것은 단순히 지식의 축적이 아니라, 성경말씀을 삶에 적절히 적용하는 능력을 키우는 것이다.
선지서	파즈미뇨(Pazmiño)는 선지자들이 이스라엘 나라를 향해 개인적으로, 사회적으로 하나님께 신실함을 상기시켰다고 설명한다(1997).	기독교교육은 개인적 필요 뿐 아니라 신앙공동체와 사회적 필요에 중점을 둔다. 하나님의 주권은 정의실현을 포함한 삶의 모든 영역에 적용된다.

능력을 전해 주는 것이라기보다는 가르침 받는 이들이 신실한 삶을 살도록 돕는 일이었다(신 11:19). 이스라엘 전 역사에 이 원리가 지속되는 반면, 바벨론 유수 이후의 교육은 이스라엘과 유대의 신앙을 회복시키는 것이었다(대하 17:7-9; 34:29-31). 구약 시대 교육은 사회화와 극소수의 형식적 교육을 제외하고는 회당과 같은 비형식적 수단으로 이루어졌다.

1) **구약성경의 교사들.** 이스라엘 최초의 교사는 하나님이셨다(욥 36:22; 출 35:34). 구약 전체에서 하나님은 신앙공동체의 교사로서, 말씀과 행위로 당신의 계시적 역사를 나타내셨다. 이것이 국가의 하나님 중심성을 설명해 준다(출 20:1-7; 삿 2:10-15). 하나님의 가장 중요한 계시적 역사는 토라를 주셔서 구약의 모든 선지자와 교사들이 사용하게 하신 것이었다.

교육적 책임은 주로 가정에 있었다(출 12:26-27; 20:4-12; 신 4:9-10; 6:6-7; 11:19-21; 시 78:2-6; 잠 6:20). 다른 가정의 구성원뿐 아니라 부모가(잠 1:8) 가족 내의 문제들에 대한 결정권을 가졌다.

선지자들은 구약시대의 가장 분명하고 언권이 있는 교사들이었다(미 6:8; 슥 7:12). 모세는 장차 나타날 선지자들의 전형이었다(출 18:20; 24:12; 신 4:14; 6:1; 31:19). 선지자들은 실제로 그들의 교육에 모세의 율법을 사용하였다(사 8:16; 42:21, 24; 렘 9:13; 16:11; 슥 7:12). "선지자 학교"(school of the prophets, 왕하 2:3-5; 4:38; 6:1; 삼상 10:10; 19:20)가 현대의 형식적 교육기관으로 오해되어서는 안된다. 영어는 "school"이라고 번역되지만 원어는 "선지자의 아들들"(sons⟨ben⟩ of the prophets)이라는 뜻으로 훈육적이고 무형식적인 교육을 시행하였음을 보여주고 있다.

제사장들은 형식 교육을 받았을 뿐 아니라 지역사회에 교육을 제공했다(학 2:11; 말 2:7). 그들도 선지자들처럼 토라를 사용했다. 신명기 31장 9-14절에 제사장들이 "성 안에 우거하는 타국인을" 포함하여 이스라엘 온 회중에게 히브리 국가의 강령으로서 모세 율법을 읽어 주었다.

또 다른 구약의 교사그룹은 현인들(13:14)이었다. 페르시아의 박사들(magi)과는 달리 이 현인들은 토라에 정통하여 삶에 적용할 줄 아는 사람들이었다.

이와 유사한 그룹으로 구약의 마지막 부분에 등장하여 신약에서 자주 언급되는 서기관과 랍비, 율법사(느 8장; 렘 8:8) 등이 있다. 서기관과 교사로 묘사되는 에스라는 이 범주 안에 속한다(스 7:10).

교사로서의 지역사회의 역할은 구약에서 종종 도외시되었다. 신정국으로서 이스라엘 자체가 바로 영적, 종교적 문화를 반영했다. 공동체로서의 생활 자체가 교육이었다. 사람들이 이스라엘 문화에 접하게 되면 자연스럽게 하나님의 본성과 인류를 향한 그분의 뜻을 배우게 된다. 예를 들어, 축제들과 기념들과 예배와 모든 공적 모임에 교육적 암시를 포함하고 있다(수 8:30-35; 대하 17:7-11).

2) **구약에 사용되는 교육적 용어.** 히브리어 Trh가 구약에 200번 이상 나오는데, "법"(law)이라고 주로 번역되지만 문자적으로는 교사로서의 하나님의 역할을 강조하는 "안내" 또는 "지도"라는 뜻이다. Hnk("훈련하다")는 어원적으로 "헌신하다" 또는 "바치다"(시 22:6)라는 뜻이다. Lmth는 "가르치다", "교육하다"라는 뜻으로(호 10:11) 70인역에는 ddsk로 번역되었

기독교교육의 성경적 기초

다. Musr은 주로 지혜문학서에 많이 사용되는데(특히 잠언에) "교육", "훈련"으로 번역된다(잠 2:17).

2. 신약. 구약과 신약 사이의 문화적 발달은 교육을 포함하여 신약성경 안에 나타난다. 가장 분명한 예는 회당의 형성일 것이다. 최초의 회당은 에스겔 시대로 추정되지만(렘 29:7), 유대교 회당의 전체적 묘사는 중간기(intertestamental period)에 비로소 나타난다(요세푸스, Ant 2.25.632, 4.8.15). 회당은 벧 하세퍼(Beth hasseper, 책의 집〈House of the Book〉) 또는 벧 하미드라쉬(Beth hamidrash, 공부의 집〈House of Study〉)로 불리었고, 유대인의 전형적인 교육장소로 자리 매김하였다.

1) **신약의 교사들.** 하나님이 신앙공동체를 가르치는 분으로 묘사된다(딛 2:11-12). 그분의 교육은 기본적으로 은혜와 계시의 역사를 통해 이루신다. 구약에서와 마찬가지로 하나님은 말씀과 행위를 통해 당신의 자녀를 가르치신다.

⦿ **주요 본문**

본문	내용	교육적 관점
마 28:18-20	예수께서 제자들에게 가르치는 일을 포함하여 제자 만드는 수고를 계속하라고 명하심.	기독교교육은 그리스도의 제자 만드는 과제, 즉 개종시키는 일과 지속적인 교육을 강조해야 한다.
눅 24:13-35	예수님의 교수법: 1. 토론(14절) 2. 질문(17절) 3. 교정(25-27절) 4. 본보기 보여주기 (30-31절) 5. 반응하기(33-35절)	파즈미뇨는 예수님의 가르침은 세 부분이 있다고 지적한다. 질문, 경청, 권면(1997, 38). 교사들은 반드시 학생들을 학습에 참여시켜 단순한 모방이 아니라 생각하고 성찰하도록 도와야 한다. 교육의 과정 모델이다.
사도행전	비형식적 교육과(5:42) 그리스도인 공동체를 통한 사회화를 강조함(2:42).	기독교교육은 회중의 삶에 본질적인 요소이다. 가르침과 공동체를 통한 교육이 개인과 교회를 향한 하나님의 계획의 일부이다.

본문	내용	교육적 관심
고전 2:6-16	성경의 진리를 신자의 삶에 적용할 때 역사하시는 성령의 역할을 강조함.	가르침에는 성령의 역사와 성경과 삶의 성찰을 강조해야 한다. 기독교교육은 성령과 인간의 영의 프락시스를 격려해야 한다.
엡 4:7-16	목사-교사는 교회에 주신 그리스도의 선물이다. 그들의 목표는 개인으로서, 공동체로서의 성숙과 완전함이다.	기독교교육은 개인적 계발 뿐 아니라 회중으로서 성숙에 필요한 기술과 은사 계발도 포함해야 한다.
목회서신	헤이스는 디모데전후로부터 교육의 여섯 측면을 지적한다(1991, 37-38): 1. 하나님의 말씀을 다룸 2. 신앙의 견고함 3. 가족 간의 조화로움 4. 지도자로서의 요건 5. 영적 형성 6. 영구적 신앙 교회의 교육기구는 디도서 2:1-15을 보라.	기독교교육에는 다양한 면이 있어, 단일의 이유나 단일한 형태, 또는 특정 그룹에만 해당하는 것이 아니다. 기독교교육은 다면적이고 개인으로부터 기독교 공동체의 모든 필요에 응할 수 있어야 한다. 교육은 반드시 연령이나 특정한 목표를 가진 그룹의 필요에 맞게 조직되어야 한다.
히 5:11-6:3	기독교교육의 결과는 영성 형성이다. 저자는 신생아에서 어른이 되는 은유를 통해 설명한다.	기독교교육은 서로 다른 영적수준에 맞는 영적교육을 제공해 주어야 한다.

예수님은 다른 여러 이름과 함께 "선생"으로 불리셨다. 마가복음 10장 1절에 언급했듯이 가르치는 일은 예수님의 습관이셨다. 그러므로 복음서 저자들은 예수님을 가르치는 일과 관련된 다양한 이름으로 지칭했다. 디다스칼로스(didaskalos, '선생' 35번), 랍비(rabbi, '선생' 13번), 랍오니(rabboni, '존경받는 선생' 2번), 마스터(master, 7번), 그리고 지도자(leader, 교육적 상황에서 한번 사용됨) 등이다(Zuck, 1995, 25).

마태복음 2장 28-29절의 "멍에"와 관련하여, 이 은유적인 표현은 교사와 학생의 관계를 묘사하는데 사용된다. 이와 유사하게 "나를 따르라"(막 1:17)

는 구절이 헬라 철학자들과 히브리 현인들이 자신의 학생들을 부르는 말로 종종 사용되었다(Price, 1932, 59). 예수께서 학교를 세우지는 않았지만, 제자도는 그분의 가르치는 내용이며 방법이었다. "제자"라는 용어는 공관복음에 142번 사용되었고, 예수님의 교육방법을 적절하게 표현하는 말이다(마 28:20; 막 6:30; 눅 12:12).

예수님의 제자들도 가르침이란 교수, 설교, 쓰기를 통한 과제라고 인식했다. 사도행전에는 사도들이 그리스도의 제자들을 만듦으로써(행 14:21) 예수께서 하시던 사역을 완성했다고 기록되어 있다(행 1:1). 교리적으로도 사도들의 가르침을 통한 교회의 역할의 중요성을 가정한다(행 2:42; 5:28; 13:2; 17:19).

교회가 확장됨에 따라 새신자들을 위해 지도자들을 선출했다. 교사보다는 장로들이 훨씬 더 많았지만, 장로의 자격으로 유일하게 내세운 것은 "가르칠" 수 있는 능력이었다(딤전 3:2). 가르치는 능력이 지도력의 핵심이었고, 장로의 자격요건이었다. 에베소서 4장 11절의 목사-교사가 바로 이 자격의 실례이다.

교회는 공동체를 통해, 공동체에 참여함으로써 신앙이 형성되는 것을 강조했다(행 2:42-47). 이와 마찬가지로 교사의 기능과 위치 또한 하나님께서 주신 은사로 간주했다(롬 12:3-8; 고전 12:27-31; 엡 4:7-13; 5:15-20; 벧전 4:10-11).

2) 신약에 사용되는 교육적 용어. 헤이스(Hayes,1991)는 신약에 나오는 단어 중 교육을 암시하는 10개의 단어를 선별했다.

디다스코(didasko, '가르치다'; 행 2:42; 딤후 3:16)
디다스칼로스(didaskalos, '가르침'; 딤전 2:7; 고후 12:28; 엡 4:11)
파이듀오(paideuo, '지도나 훈련을 제공하다'; 엡 6:4; 딤후 3:16)
카테케오(katecheo, '정보를 받다'; 눅 1:4; 행 18:25; 21:21; 롬 2:18; 고전 14:19; 갈 6:6)
누쎄테오(noutheteo, '권면하다'; 고전 4:14; 10:11; 엡 6:4; 골 3:16)
마쎄튜오(matheteuo, 주로 복음서에서 '제자로 삼다'의 뜻으로 사용됨)
오이코도메오(oikodomeo, '세우다'; 고전 3:9; 8:1; 살전 5:11; 벧전 2:5)
파라티쎄미(paratithemi, '헌신하다'; 딤전 1:18; 딤후 2:2)
엑티쎄미(ektithemi, '설명하다'; 행 11:4; 18:26; 28:23)
호데게오(hodegeo, '안내하다'; 요 16:13; 마 15:14; 23:16, 24; 계 1:17)

3. 구약과 신약의 공통점. 아래와 같은 교육의 요소들이 공통적으로 나온다.

1) 교사이신 하나님. 하나님께서는 말씀과 행하신 일을 통하여 당신의 자녀들과 대화하심으로써 자녀들을 교육하시고 만들어 가신다. 이런 이유로 성경의 교육은 하나님 중심적이다.

2) 가르침의 명령. 가족과 신앙공동체는 가르치는 사명을 부여받았다(신 6:6-9; 마 28:16-20). 기독교교육은 선택이 아니라 하나님의 명령이다

3) 신앙공동체. 신자들은 신앙공동체에 속하고 참여함으로써 사회화된다. 교회를 통해 사람들, 특히 어린이들이 신앙 전통과 그 가르침을 알게 된다.

4) 다양한 교사들. 신구약 모두 단일한 그룹이나 한 개인만이 교사인 예는 없었다. 하나님 자녀들의 다양함 때문에 다양한 문맥과 강조점들과 유형들이 가르치는 일에 포함되었다.

5) 교육형태의 다양성. 성경에 한 가지 형태의 교육이 지배적인 예는 없다. 교육은 다양한 형태로 제시될 수 있다. (학교 등) 형식적, 비형식적, 사회적 등이 있다. 그 중 비형식적, 사회적 교육형태가 가장 빈번하다.

6) 교수법의 다양성. 성경의 교육은 다양한 형식으로 이루어진다. 예수님의 교수 스타일은 많은 랍비들이 따르듯이 다양한 방법으로 나타났다. 각 방법은 물론 예수님 자신이 인식하시는 개인의 상황에 맞추어 사용하셨다.

7) 교육내용으로서의 계시. 본질적으로 성경이 기독교교육 교육과정을 지배한다. 구약시대 교사들이 토라를 사용했으며, 신약시대 교사들은 구약을 사용했고, 신약의 사도들은 계시적 내용들을 강조

했다(살전 2:13).

8) 교육결과로서의 신앙. 성경교육의 궁극적 목표는 개인과 신앙공동체의 영적 형성을 돕는 것이다. 기도생활과 지식과 관계성과 복종을 통해 표현되는 전인적 신앙이 기독교교육의 기본 목표이다.

9) 회심을 위한 교육. 개인을 믿음에 이르게 하는 일도 교육을 통해 이루어진다. 신약에 분명한 증거가 있지만(마 28:18-20), 구약에도 유대인들과 함께 지내던 "이방인"들이 규칙적인 회중모임에 참석했다(신 31:12; 왕상 8:41-43). 영성개발은 회심에서 시작된다.

JANES RILEY ESTEP

참고문헌 | K. O. Gangel(1991), *Christian Education*; E. L. Hayes(1991), *Christian Education: Foundations for the Future*, pp.31-42; G. W. Knight, *Journal of the Evangelical Theological Society 39*, no. 1(1996): 3-13; R. W. Pazmino(1997), *Foundational Issues in Christian Education*; J. M. Price, ed.(1932), *Introduction to Religious Education*; R. B. Zuck(1995), *Teaching as Jesus Taught*; idem(1997), *Teaching as Paul Taught*.

기독교교육자(Christian Educator). 교육자로서의 성직자(Clergy as Educators)를 보라.

기독교교육전문가협회(Professional Association of Christian Educators. PACE).

기독교교육전문가협회는 원래 전국기독교교육사협회(National Association of Directors of Christian Education. NADCE)로 알려져 있었다. 아이오와 주 데스 모인(Des Moines, Iowa)의 침례교 교회교육담당자였던 고든 G. 탈봇(Gordon G. Talbot) 박사는 1961년 전국주일학교연합회(National Sunday School Association)의 실행 담당자였던 클레이트 라이슬리(Clate Risley) 박사에게 전국주일학교연합회가 지역교회의 기독교교육 전문가들을 위한 분회를 만들어 줄 것을 요청했다. 전국주일학교연합회는 일리노이 주의 휘튼에 본부를 둔 전국복음주의협회(National Association of Evangelicals)의 지부였다.

활동적이고 유능한 지도자였던 고든 탈봇은 이 조직의 출발에 큰 자극을 주었다. 실제로 그는 창시자 겸 첫 번째 회장이 되었다. 리더로서 조직적이고 단호한 인물이었던 그는 초기에 필요한 지도력을 발휘하기에 아주 적합했다.

유능한 남녀 동료들이 조직을 위해 이미 준비되어 있었기에 이 조직은 놀랄 정도로 빠르고 강력하게 성장했다. 레이 사이어스테드(Ray Syrstad) 역시 단체의 초기 발전에 중추적 인물이었다. 다른 중요한 인물들로는 다음과 같다. 로드니 토우즈(Rodney Toews), 리처드 벙어(Richard Bunger), 줄리 골먼(Julie Gorman), 쉐우드 스트로델(Sherwood Strodel), 루이스 로톤(Lewis Lawton), 위노나 왈워스(Winona Walworth), 제임스 폴스트롬(James Forstrom), 엘린 슬롯(Allyn Sloat), 로이드 밀러(Lloyd Miller), 아놀드 번센(Arnold Berntsen), 로날드 위드맨(Ronald Widman), 샬롯 랜섬(Charlotte Ransom), 데일 게이츠(Dale Gates), 엘머 테일러(Elmer Taylor), 포레스트 윌리엄스(Forrest Williams), 벤자민 멕그루(Benjamin Mcgrew), 워렌 벤슨(Warren Benson) 등.

고든콘웰신학교의 찰스 샤우펠러(Drs. Charles Schauffele)나 탈봇신학교의 빌 바이넘(Bill Bynam), 달라스신학교의 하워드 핸드릭스(Howard Hendricks) 등과 같은 교수들은 갓 태어난 이 조직을 위해 그들의 시간과 지원을 쏟았다. 성서발행협회(Scripture Press Foundation)의 로이 척(Roy Zuck) 박사 역시 주요한 인물이었다.

윌리엄 칼슨(William Carson)의 회장임기는 전국기독교교육사협회 초기에 인상적인 영향을 끼쳤다. 달라스신학교의 기독교교육과 교수였던 마이클 로손(Michael Lawson)의 임기는 조직에 새로운 자극과 힘을 불어넣었다. 그와 실행부는 기독교교육전문가협회(Professional Association of Christian Educators. PACE)라는 이름에 이의를 제기하고, 더 넓은 개념을 찾았다. 교회에서 기독교교육 영역은 빠르게 변하고 있었으며, 기독교교육 지도부의 역할 역시 교회 내에서 야기되는 당시의 전문화에 묻혀 가고 있었다.

로손 박사는 기독교교육전문가협회에서 중요한 지도력을 가지게 되었다. 로버트 허링톤(Robert Herrington), 카렌 반 갈더(Karen Van Galder), 대니 마이즈(Danny Mize), 로이 레이스윅(Roy Reiswig), 벅 올리판트(Buck Oliphant), 마일즈 스킵 루이스(Miles Skip Lewis), 스텐리 올손(Stanley Olson), 린 가넷(Lynn Gannett), 밥 쉬로더(Bob Schroeder), 린 맥로린(Lin McLaughlin), 짐 베어드(Jim Baird) 등과 같은 사람들이 그를 지지해 왔다.

최근 기독교교육전문가협회는 대화방을 개설하고, 데이터베이스를 구축하고, www.pacienc.org 등과 같은 주요 교육사이트들과 링크 하는 등 인터넷 상에서 소통 노력에 초점을 두고 있다. 또한 기독교교육전문가협회는 전문화된 주제를 겨냥한 지역모임을 증진하고 있다.

WARREN S. BENSON

기독교교육철학(Philosophy Of Christian Education).

기독교교육철학은 주어진 문화적 상황 속에 있는 사람들이 보다 더 예수 그리스도를 닮아가도록 효과적으로 돕는 독특한 기독교적 전제들을 기반으로 통일적인 교육적 전략들을 고안해 내는 것에 관련된 문제들과 씨름한다. 현재의 기독교교육이 종래의 전통적 방식을 선호하거나 아니면 효과가 있는 모든 방법을 동원하는 식의 경향을 보이는데, 이 두 가지 방식 모두 항상 현명한 것은 아니다. 철학 분야는 기독교교육의 실제에 지혜를 더해 줄 수 있다. "철학"이라는 단어는 "지혜를 사랑함"을 의미한다. 바울은 자신의 생의 목표를 요약하면서 지혜로 가르치는 일에 대한 헌신을 다음에서 확언한다. "우리가 그를 전파하여 각 사람을 권하고 모든 지혜로 각 사람을 가르침은 각 사람을 그리스도 안에서 완전한 자로 세우려 함이니"(골 1:28). 지혜로 가르치기 위해서는 그리스도인 교육자들이 자신들의 방법들을 사려 깊은 철학적 전제들에 기초하여야 한다.

오늘날의 세속 철학자들은 절대적 철학적 전제들에 대한 생각들을 폐기하여 버렸지만 이것들이야말로 기독교교육철학의 근간들이라 할 수 있다. 형이상학, 인식론, 가치론들과 관련된 절대 전제들은 그리스도인 교육자들의 신념의 핵심을 이룬다.

형이상학은 "무엇이 실재이고 실재적 본질인가?"의 질문들과 연관되어 있다. 형이상학의 철학적 지류는 우주론(우주의 본질), 신론(신의 본질), 인간론(인간의 본질), 존재론(존재의 본질) 등과 같은 네 분야와 관련된 사변적인 질문(의문)들을 다룬다. 이들 각각의 분야들은 개인이 지닌 기독교교육철학과 직접적으로 관련되어 있다.

그리스도인 교육자들에게 중요한 우주론적 문제는 어떻게 우주가 시작되었는가, 우주생성에 어떠한 계획이 존재하는가, 그렇다면 우주의 운명은 무엇인가 등을 포함한다. 우주의 목적성에 대한 성경의 분명한 언급은 그리스도인 교육자들이 어떻게 그들의 사역과 교수경험을 계획하여야 하는지에 대해 직접적으로 함축하고 있다.

그리스도인 교육자들에게 매우 중요한 형이상학적 측면은 바로 신학이다. 신론은 신의 본질에 관한 문제들을 다룬다. 기독교는 하나님과 그의 아들 예수 그리스도, 성령의 초자연적 역사를 중심으로 하므로 이 분야에 대한 연구는 그리스도인 교육자에게 아주 중요하다고 할 수 있다. 이 점에 대한 강조는 바울이 자신의 사역의 목표는 바로 다른 이들이 그리스도를 알 수 있도록 돕는 것이라고 말한 골로새서 2장 2-3절에서 분명히 드러난다. 예수 그리스도에 대한 깊고도 개인적인 지식은 하나님에 대한 깨달음과 그의 창조물들에 대한 부요한 지식에 이를 수 있는 유일한 길이다.

형이상학의 세 번째 분야는 인간을 집중적으로 연구하는 인간론이다. 그리스도인 교육자들에게 인간론과 관련하여 제기되는 질문들은 인간의 다양한 측면들을 어떻게 이해해야 하는가이다. 예를 들면, 어떻게 인간의 다양한 면면들을 나눌 수 있는가, 인간에게 세 가지 혹은 네 가지의 다양한 면들이 존재하는가 그리고 인간은 기본적으로 정신이나 의지에 의해 조종되는가 하는 등의 질문들이 있을 수 있다. 인간에 대한 기독교적 이해의 주요한 특징은 선악과 관련된 인간 본성과 연관되어 있다.

다양한 교파들이 상이한 강조점들을 내세우지만 그리스도인 교육자들은 성경 전반에 걸쳐 발견되는 두 가지의 근본적인 교리들을 무시할 수 없다. 즉 인류가 비록 하나님의 형상을 따라 완벽한 존재로 창조되었지만 남자와 여자가 죄를 지었으므로 그 형상이 변질되고 파괴적인 결과를 가져왔다는 것이다. 그리스도인 교육자가 이 핵심적 사안을 어떻게 정의할 것인가 하는 점은 결국 학생을 어떻게 이해할 것인가와 학습상황 속에서 학생에게 얼마만큼의 자유를 줄 것인가를 규정할 것이다.

형이상학의 네 번째 분야는 존재론이다. 존재론은 "존재" 자체의 본질과 관련되어 있다. 그리스도인 교육자가 당면한 존재론적 문제들은 다음과 같은 질문들을 포함한다. 교회 안에 보다 더 우월한 수준의 영적 봉사가 존재하는가? 목회자는 평신도보다 더 영적인가? 영적 세계는 물질적 세계와 완전히 분리되어 있는가? 물질적 필요와 요구들은 참된 것인가? 이러한 문제들과의 씨름은 동방종교의 논리들이 서구문화로 유입되고 있는 작금의 시점에 비춰볼 때 더욱 더 그리스도인 교육자들에게 중요하다고 하겠다.

인식론은 교육분야에 직접적인 관계가 있는 또 다른 철학의 지류이다. 인식론은 "진리의 본질"과 "우리가 어떻게 알 수 있는가?" 등과 같은 질문들을 주요하게 다룬다. 이 분야의 철학과 관련된 다른 문제들은 다음의 질문들을 포함 한다. 진리는 상대적인가 아니면 절대적인가? 지식이란 객관적인 것인가 혹은 교사와 학생의 관점에 근거한 다소 주관적인 것인가? 지식이란 정의 그 자체에 의해 진리인가 혹은 주체에 의해 경험된 이후에야 진리라 할 수 있는가? 이 질문들과 다른 인식론상의 많은 질문들에 대한 대답은 그리스도인 교육자들의 교육내용과 방법론을 조종하게 된다. 아더 홈스(Arthur Holmes, 1977)는 그리스도인 교육자들에게 "우주적인 진리(형이상학적 객관성)와 자유로운 참여(인식론적 주관성)를 융합한" 방식의 진리를 명료화하도록 도전했다. 이처럼 하나님에 대한 객관적 지식과 개인적 경험에서 생겨나는 지식 사이의 조화는 성경 전체에 걸쳐 분명하게 드러나고 있다. 바울은 에베소서 3장 17-18절에서 하나님의 사랑에 대한 객관적 이해와 주관적 이해 모두를 언급하고 있다.

철학의 세 번째 지류인 가치론은 교육에서 "무엇이 가치인가?"의 질문에 대한 답을 제공한다. 무엇이 옳은가와 같은 윤리학의 문제들과 아름다움이란 무엇인가와 같은 미학적 문제들 모두는 이 범주 안에서 다루어진다. 가치론은 교육철학 내에서 많은 기독교교육자들의 목표들을 제공한다.

윌리엄 프랑케나(William Frankena, 1965, 4-10)는 철학적 이론들을 기독교교육철학에 통합시키는 데 가장 효과적인 모델들 중의 하나를 제공한다. 그의 모델은 5개의 상자로 이루어져 있는데 각각은 개인의 교육철학의 일면을 대표하고 있다. 개개의 상자는 구조적으로 다른 상자와 연결되어 있는 관계로 전체 철학의 통일성을 일정하게 보장해 준다. 이것은 그리스도인 교육자들이 비기독교인들의 세계관으로부터 어떤 가정들이나 방법론들을 무비판적으로 빌려오는 것을 막아준다.

프랑케나 모델의 상자 A는 인류의 궁극적 목표에 대한 명제를 담고 있다. 이 상자에 있는 선택사항들은 대개 하나님을 영화롭게 하고, 섬기며, 사랑하고, 경외하며, 순종하고 경배하는 인간의 의무들을 포함한다. 상자 A의 명제문은 다른 네 개의 상자들에게 주제상의 일치를 제공한다.

상자 B는 인간본성과 삶, 세계에 대한 철학적, 경험적 가정들을 모두 포함한다. 이 상자들에 포함되어 있는 것들은 개인의 교육철학을 떠받치는 근본적인 신념들이다. 성경과 신성, 교회, 가정, 인간 발달 원리들, 성령의 역할 그리고 여타 중요한 신학적, 경험적 근본 신념들과 관련된 교육자의 확신들이 종종 이 속에 담겨 있다.

궁극적 목표를 담은 상자 A와 가정을 담은 상자 B 그리고 새 범주인 상자 C(탁월성)들 사이에는 직접적인 연계성이 있다. '탁월성'이란 '궁극적 목표'와 '가정'들에 언급된 기본적 생각들에 근거하여 개인의 교육철학이 만들어내는 특성들을 일컫는다. 집합적으로 탁월성은 이상적인 인간상을 그려낸다. 그리스도인 교육자들은 종종 예수님의 "산상수훈" 가르침이나 "성령의 열매"에 대한 바울의 가르침을 그들의 탁월함을 묘사하는 데 사용한다.

상자 D는 위에 명시된 탁월성을 만들어내는 방법에 대한 경험적, 과학적 이론에 근거한 설명들을 포함한다. 이 상자 속에 설명된 학습 이론들은 주로 사회과학 연구에서 파생된 것이다. 그러나 이러한 이론들은 기독교적 상황 속에 적용하기 전에 사용된 이론의 가정들을 비판적으로 평가하는 신중함이 필요하다.

상자 E는 교육적 실제의 모든 측면과 관련되어 구체적인 교육전략과 목표, 그리고 목적들을 담고 있다. 교육과정, 방법론, 조직체계와 관련하여 이 상자 안에 묘사된 세부적인 것들은 처음의 네 상자들에게서 얻은 자료들에 기초하고 있으므로 통일적인 교육철학을 보장해 준다.

"프랑케나 모델"은 그리스도인 교육자들이 기독교교육철학의 명제들을 명료화하는 데 이론과 실제를 통합하도록 도와준다. 이 모델은 교육사역의 가장 큰 위험 중의 하나인 철학적으로, 신학적으로, 교육적으로 깊이 고려되지 않은 방법들을 활용하려는 위험으로부터 보호해 준다.

GARY C. NEWTON

참고문헌 | W. Frankena(1965), *The Philosophy of Education*; T. H. Groome(1980), *Christian Religious Education*; A. F. Holmes(1977), *All Truth Is God's Truth*; G. Knight(1998), *Philosophy and Education*; R. Pazmino(1997), *Foundational Issues in Christian Education: An Introduction in Evangelical Perspective*; M. L. Peterson(1986), *Philosophy of Education: Issues and Options*; J. Wilhoit(1986), *Christian Education and the Search for Meaning*.

참조 | 인식론(EPISTEMOLOGY); 실존주의와 교육(EXISTENTIALISM AND EDUCATION); 프랑케나, 윌리엄 클라우스(FRANKENA, WILLIAM KLAUS)

기독교봉사단(Christian Service Brigade, CSB).
어느 활기차고 비전을 가진 미국 휘튼대학(Wheaton College) 2학년 학생이 그가 가르치는 주일학교의 소란스러운 6학년 남자어린이들을 위해 게임, 성경공부, 만들기, 이야기 듣기 등의 프로그램으로 구성된 주간클럽을 시작했다. 그리하여 1937년 일리노이 주의 글렌 엘린(Glen Ellyn)에서 커글린(Joseph Coughlin)이 "기독교봉사대"(Christian Service Squad)를 조직하였고 이것이 교회 간 운동으로서 1940년 "기독교봉사단"으로 공식적으로 출범했다. 여자 어린이들을 위한 병행적인 프로그램으로 "선구자 소녀단"(Pioneer Girls)이라고 불리는 프로그램도 커글린 사역의 파트너로서 휘튼대학 여학생들에 의해 운영되었다. 1987년까지 CSB는 50년 동안 미국과 캐나다 전역과 전 세계교회에서 "그리스도의 소녀들을 훈련하는" 사역으로 알려졌다.

커글린이 소년들의 관심을 끌자마자 그는 어른들을 모아 전도와 제자도의 비전을 나누었다. 사업가 테일러(Herbert Taylor)는 1940년대 초 그의 "기독교 종사자 기금"(Christian Workers Foundation)을 통해 재정적 후원을 했다. 그는 이사회 구성을 도와 에드맨(V. Raymond Edman), 가이저(P. Kenneth Geiser), 반 켐펜(Robert C. Van Kempen) 등이 이사가 되었다. 최초의 총회 서기였던 워커(A. Walker)는 곧이어 한센(Kenneth N. Hansen)을 후계자로 지목했다(1943-47). 그랜도르프(Werner C. Graendorf)는 1955년까지 지도자로 봉직했고 그후 부버(Joseph B. Buber)가 총회 대표로 선출되었는데 이때부터 1970년 중반까지 기구가 확장된 주요한 시기였다. 2차 세계대전 이후 군인들이 돌아오면서 결과적으로 가정이 성장하고 교외에 위치한 교회 숫자가 증가하면서 이 기구의 확장이 활발해지기 시작했다.

CSB 프로그램의 교육과정은 1939년에 소년들을 대상으로 하는 8페이지의 지침서로 시작했다. 이것은 1998년 11판 인쇄를 하기까지, 4세부터 18세까지 5개의 연령 그룹으로 발달을 거듭했다. 최초의 성인 지도자 지침서는 1942년 초판되어 1987년 5판이 나왔다(1998년에 7판이 인쇄됨). 지도자들을 위한 보조 교재가 1945년까지 매년 발행되었다. 이 봉사단의 모토 "그리스도를 위한 지혜와 슬기"(Bright and Keen for Christ)는 방패무늬와 함께 초기 프로그램에 유행했고 6년 후에도 여전히 사용되었다.

그레이(C. Samuel Gray)가 1970년 이사장이 되었고 1991년까지 회장으로 봉직했다. 그레이는 1940년대 중반 커글린의 십대 "개척자"(Frontiersmen) 회원이었고, 1954년 CSB 간사로 합류했으며 1950년대 후반에 소년들의 지침서 발간을 준비했다. 그는 우선순위를 결정하는 과정에서 나뉘어버린 조직과 함께 심각한 재정난과 간사 한 명만을 이어받았다.

성장이 둔화되기 시작하면서 봉사단은 안팎으로 심각한 도전들에 직면하게 되었다. 1960년대에 끓어오르던 십대문화의 변화와 베트남전쟁으로 전통적인 프로그램들에 대한 불만이 끊이지 않았다. 복음주의 교회들에 전문적인 청소년 사역자들이 증가되면서 십대들의 동성 프로그램에 대한 관심을 축소시키는 교육활동들이 강조되었다. 청소년 인구 자체도 1970년대에 베이비부머 세대가 성인이 되면서 감소하기 시작했고, 청소년 중심의 기관들 사이에 경쟁이 심해졌다.

이런 장애에도 불구하고 CSB는 다시 활력을 되찾았다. 비교적 어린 나이의 소년들을 위해 부자(父子) 프로그램을 개발한 것이 1980년대 기독교 아버지운동의 토대가 되었다. 또한 이 봉사단의 심도 있는 제자도 정신에 입각한 여러 다른 프로그램들도 개발되었다. 1940년대 중반 커글린의 아이디어에 입각한 지역 여름 캠프 프로그램은 50년이 지난 후에도 여전히 활발하다.

그레이가 은퇴하고 1991년에는 키일러(Kenneth F. Keeler)가 회장이 되었다. 1996년에는 홀(David E. Hall)이 계승했고, 그가 재임하던 동안 CSB는 지역교회들을 위해, 1980년대 "선구자 소년단"이 "선구자 클럽"(Pioneer Clubs)의 남녀혼합 프로그램으로 재조직되면서 생긴 틈을 메워 주는 소녀들만을 위한 프로그램을 시행하였다.

CSB는 1940년대 초에 형성된 미국 CSB의 형태와 유사하다. 1972년대 캐나다 CSB는 미국 기구의 자격심사 동의 아래 자치적이 되어야 한다고 인식하게 되었다. 1997년 캐나다 기구는 재조직되었고 계속해서 미국과 밀접한 관계에 있다.

수천 명의 소년들이 기독교캠프나 교회 지하실 방에서 그리스도에 대한 신앙고백을 하고 있다는 것으로 "기독교봉사단"의 영향을 짐작할 수 있다. 그 너머에는 또한 오늘날 교회 안에 수천 명의 남성 그리스도인들이 더 좋은 아버지요 남편으로서 봉사하고 있는데, 그것은 그들이 소년 시절에 받았던 영향 때문이다.

봉사단 자체는 훌륭한 복음주의 소년 중심의 활동으로 알려져 있고, 그 영성의 깊이와 지도력 성장, 신체적 도전에 뛰어난 균형을 보여준다. 이 기구는 항상 점진적인 아이디어들과 고유한 특성을 지닌다. 그것은 서로 다름에도 불구하고 그리스도의 왕국을 위해 협력하는 다양한 하나님의 사람들이라는 간증으로 기억되어야 할 것이다.

C. SAMUEL GRAY

참고문헌 | P. H. Heidebrecht(1987), *The Brigade Trail: Fifty Years of Building Men to Serve Christ*. P. H. Heidebrecht, ed.(1987), *Building Men: Serving Christ among Boys*.

기독교상담(Christian Counseling).

상담이란 하나님 및 다른 사람들과 의사소통을 잘 하도록 돕는 일과 관련된 무수한 이슈들을 다룬다. 구약과 신약 성경도 좋은 상담에 대해 묘사하고 있다.

상담의 기본 토대는 개인이 하나님과 사람과의 건강한 관계를 손상시킬 수도 있는 어떤 일이나 이슈를 다룰 때, 그것을 돕는 일에 둔다. 상담이라는 과학적 분야는 겨우 100여 년의 역사를 가지지만 상담은 초대교회와 교인들 삶의 일부였다. 성경은 상담 방법에 관한 책은 아니지만, 그러나 우리의 삶과 관계들을 다루는 방법들에 대한 하나님의 진리를 계시한다. 그러므로 기독교교육자에게 기독교상담은 선택이 아니라 의무이다. 물론 신학과 심리학의 통합에 관해서는 의견의 차이가 있다. 그러나 이 소론의 목적상, 그러한 통합이 상호간에 이익이 있다는 가능성을 전제한다.

하나님, 동료 인간들과 건강한 관계를 가질 수 있는 능력은 성장하는 제자들에게 절대 필요한 일이다. 기독교교육자로서 우리는 사람들이 먼저 하나님과(신 6:4-9의 쉐마〈Shema〉 구절에 그리고 신약 마태복음 22장 37절-39절에 예수께서 가르치시듯) 그리고 다른 사람들과의 건강한 관계를 격려하라는 소명을 받았다. 임상 상담을 통해, 실망에 빠진 사람들은 하나님과 다른 사람들과의 격리감을 갖는다는 것을 알게 된다. 그런 사람은 하나님과의 관계 회복 없이 다른 사람들과의 관계 회복을 위해 애를 쓰기도 한다. 종종 한 개인의 인간관계의 괴리감을 설명할 때, 그는 무엇보다 먼저 가장 중요한 하나님과의 관계를 바로잡아야 할 때이다. 그러므로 기독교상담자의 첫 번째 의무는 그 사람의 하나님과의 바른 관계를 회복하도록 돕는 일이다.

기독교상담은 목양이나 목회상담, 목회심리치료, 부부나 독신자 등을 돌보는 목회 등을 포함한다. 분명한 사실은 기독교교육자들이 사람들을 치료하는 일의 고유한 사역 분야에 있다는 것이다. 그들은 아무도 관여할 수 없는 일들, 즉 스트레스를 경험하는 가족이나 부부 또는 개인의 딜레마에 함께 있어 주어야 하는 기회들을 종종 갖게 된다. 기독교교육자들이 각 사람의 영적, 심리적 건강문제에 공공연하게 관여하기 때문에 교육자들은 이 영적 그리고 심리적 분야의 전문가가 되어야 한다.

조언을 주고 개인이 중심을 잡는 발자국을 떼도록 인도해 주는 일이 중요하지만, 전형적인 기독교상담은 충고를 하는 것보다는 잘 들어주고 관심을 기울이는 기술에 더 가깝다. 예수께서도 종종 하나님으로부터 격리된 사람들에게 질문을 던지셨다. 예수님의 임재와 그분의 질문에 사려 깊게 대응하는 사람들은 치료의 과정으로 들어가게 되는데, 이것이 상담의 핵심이다.

예수께서는 상담의 대가이셨다. 그분은 자신을 아셨다. 성경을 통해 어떻게 예수께서 상담이나 충고를 하시기 전에 문제를 가진 자가 자기의 내면을 들여다보도록 의도적으로 인도하셨는지 알 수 있다. 일단 그 사람이 예수님의 임재 앞에 드러난 문제들을 해결하려 노력하면 예수께서는 삶을 변화시키는 통찰력으로 말씀하여 주신다. 기독교상담의 유일하고 참된 모델은 예수님이시므로, 사람이 하나님과의 건강한 관계 안에 자신을 발견하면 할수록 효과적인 기독교상담을 통해서 치료와 온전케 되는 경험을 더 많이 하게 된다.

다른 개인이나 부부나 가정에 진정한 관심의 초점을 두기 전에 상담자는 내담자가 드러내는 이슈들을 향한 그 자신의 반응성을 반드시 이해해야만 한다. 예를 들면, 내담자의 이슈로부터 어떻게 상담자가 자신의 과거의 상황과 이슈들을 기억하며 재경험하게 되는가? 상담자는 상담을 원하는 사람에게 온전히 집중하며 주의 깊게 들을 수 있는가? 또는 상담자가 내담자의 이슈에 꼼꼼하게 집중하기보다는 그 자신의 이슈에 반응하고 있지는 않은가? 등의 질문을 해 보아야 한다.

기독교교육자가 하나님께서 돌보라고 맡기시는 사람들을 적절하게 돕기 위해서는 필요한 시기에 다른 전문가에게 보내는 기술(referral)을 터득하는 것이 필수적이다. 언제 보내야 하는가를 아는 일이 가장 중요한 기술이다. 기독교교육자는 치료전문가의 훈련을 받지 않았을 수도 있기 때문에 심각한 정신병을 앓는 사람을 진단해서는 안 된다. 이 분야의 꼼꼼한 배려 없이는 최고의 상담자라 할지라도 그릇된 방법으로 돌보는 일이 허다하다. 자기의 능력을 벗어나는 분야의 전문가에게 도움이 필요한 사람을 보내는 일도 사람을 사랑하는 은사이다.

기독교상담은 원목이나 목사, 평신도 등을 포함하여 여러 사람들이 여러 모습으로 실행하고 있다. 복잡한 현대를 사는 가정이나 개인이 하나님과 다른 사람들에게 수용되고 싶은 요구 때문에 기독교상담이 우리 사회에 매우 필요하다. 상담에 관한 수많은 정의가 있지만 분명한 것 하나는 성경이 좋은 상담을 하도록 격려하고 있으며, 상담의 은사를 받은 사람들이 있다는 것이다.

기독교상담은 개인이 하나님과 다른 사람들과 "옳은"(rightly) 관계를 맺을 수 있는 환경을 조성해 준다. 성공적인 상담을 위한 몇 가지 자질로 수용적이고 무비판적이며 주의 깊게 경청하는 것 등이 필요하다. 하나님의 인도와 함께 개인의 삶의 온전함을 위해 필요한 몇 가지 열쇠가 있다. 하나님 말씀을 조심스럽게 적용하는 것은 기독교상담의 필수적인 요소이다. 깊은 성경지식과 보수적인 해석과 은혜로운 태도 등이 요구된다. 성령께서 상담자를 인도하여 적절한 성경구절을 보게 하시고 그 구절을 내담자의 상황에 적절히 적용할 수 있도록 도우신다. 자질 있는 기독교상담자는 영적인 반창고를 붙이듯 성경구절을 단순히 인용하는 것 이상의 일을 한다. 기독교상담은 깊은 연구와 듣는 기술, 위대한 상담자(Great Counselor: 성령)와의 협력 등을 요구한다.

DONALD W. WELCH

참고문헌 | G. R. Collins(1988), *Christian Counseling*; H. Clinebell(1983), *Basic Types of Pastoral Counseling*; E. H. Friedman(1985), *Generation to Generation*; M. Worden(1994), *Family Therapy Basics*.

참조 | 성경적 상담(BIBLICALLY BASED COUNSELING); 상담(COUNSELING); 상담/권면적 상담(NOUTHETIC COUNSELING)

기독교의 고등교육(Higher Education, Christian).

미국 대학들은 세계를 통틀어 발견되는 고등교육의 체계 가운데서도 독특하다. 미국대학들은 그들의 기원에 많은 기여를 한 영국과 독일의 선조들의 많은 특징들을 유지하는 한편, 그럼에도 불구하고 독특한 교육기관들로 발전하였다. 작은 교단 신학교로부터 더 큰 복잡한 공립종합대학교에 이르기까지 미국 고등교육의 전망은 실질적으로 생각할 수 있는 모든 크기, 유형, 철학적 동향의 교육기관들로 가득 찼다.

실제적으로 식민지 시대부터 남북전쟁에 이르기까지 미국 내의 모든 대학은 종교적 흥미로 구조화되고 지지되며 관리되었다. 19세기 중엽 이후로 더 많은 기관들이 다양하게 분류된 교회와 종교교단에 의해 발견되었다. 종교 단체와 대학 사이의 관계가 수년에 걸쳐 최소화되거나 나뉘어졌을지라도 최근 미국에서 종교적으로 통합된 대학은 700개 이상 된다.

종교적으로 통합된 대학들은 미국의 고등교육의 모든 종파 내에 존재한다. 실질적으로 교회와 관련된 대학들과 종합대학들은 인문교양대학으로 시작되었다. 오늘날 60%이상이 법적으로 종합교육기관으로 분류 될 수 있다. 인문교양대학과 종합대학은 인문학과 과학으로 알려진 전통적 학문으로 학사학위를 받는 졸업생의 퍼센트로 구별될 수 있다. 종합대학에서는 많은 졸업생들이 경영학, 공학 또는 대학원 프로그램에서 유행하는 것과 같은 전문적인 분야에서 학위를 받는다.

교회 관련 교육기관 중 가장 큰 부분을 차지하는 것은 가톨릭 계열(33%), 웨슬리안/성결교 계열(16%), 침례교 계열(11%), 장로교 계열(10%)이다. 이러한 기관들은 미국에 전체 대학생의 약 10%인 140만 명의 대학생들이 등록하였다(Sandin, 1991).

고등교육의 교파별 분류는 교회 관련 기관의 종교적 특성을 이해하는 데 유익하다. 산딘(Sandin, 1990)의 모델은 종교적으로 병합된 기관의 4가지 범주로 확인된다. 전체적으로 종교적(pervasively religious)이거나, 종교적 기반(religiously supportive)이 있거나, 명목상 교회(nominally church-related)와 관련되거나, 역사적으로 종교와 유대를 가진 독립기관(independent) 등이다.

이러한 분류를 미국 내 720개의 교회 관련 기관들에 적용하며, 산딘은 기관들 중 약 16%(117개)는 전체적으로 종교적이고, 38%(273개)는 종교적 기반이 있고, 41%(293개)는 명목상으로만 교회와 관련이 있고, 5%(37개)는 역사적으로 종교성이 있는 것으로 보았다. 전체적으로 종교적이거나 종교적 기반이 있는 부류에 속하는 대부분의 교육기관의 종파를 분류해 보면, 독립기관(100%)이며, 감리교-성결교(100%), 루터교(80%), 침례교(76%), 경건파(67%), 가톨릭(54%)이다. 명목상 교회와 관련 있는 교육기간과 역사적으로 종교성이 있는 부류에 속하는 대부분의 교육기관들의 종파를 살펴보면 회중교회(73%), 감리교(72%), 장로교(71%), 그리스도 제자교(61%)가 이 범주에 포함된다.

DENNIS A. SHERIDAN

참고문헌 | R. T. Sandin(1990), *HEPS Profiles of Independent Higher Education*, vol. 1, no. 1; idem (1991), *Autonomy and Faith: Religious Preference in Emplyment Decision in Religiously Affiliated Higher Education.*

기독교 세계관(Christian Worldview).

기독교 세계관이란 실재의 본질과 목적에 대한 근본적인 신념이라고 할 수 있는데, 그 신념은 같은 문화를 가진 사람들이 공유하며 인간경험의 해석을 구성하거나 결정하는 일에 사용된다. 때로 독일어 "벨트안쇼웅"(Weltanschauung)이 영어와 동일한 의미로 사용되기도 한다.

기독교 세계관은 아래의 내용을 포함한다.

> 하나님은 존재하시며 그분은 물질세계를 지으신 창조자(Creator)이시며 보전자(Sustainer)이시고,
>
> 하나님은 성경에 당신 자신과 객관적 진리를 계시하셨으며,
>
> 하나님은 생명의 기원이시고, 당신과 같은 성품의 남자와 여자를 만드셨으며,
>
> 하나님의 목적은 역사를 통해, 심지어 악의 존재로 인한 고통을 통해서도 성취되었고, 성취되어 가며,
>
> 하나님은 모든 사람을 심판하실 것이고, 그 결과, 그분의 은혜로 말미암아 그를 믿는 신앙을 통해 어떤 사람들은 영생을 유업으로 받을 것이다.

오늘날 널리 통용되는 비기독교적 세계관인 불가지론(Agnosticism)은 현대인은 신의 존재 여부를 알 수 없다고 주장한다. 인간적 관점에서는 진리란 상대적이고, 우주와 생명의 기원은 비인간적이며, 역사와 그 안의 고통에는 목적도 없고, 미래는 불확실하다고 한다. 영원하고 개인적이며 도덕적인 하나님보다는, 일시적이고 물질적이며 세속적 존재를 언급한다.

세계관이라는 개념이 종종 철학의 형이상학과 구분이 안 되는 것처럼 보이기도 하는데, 형이상학이란 실재의 본질(존재론)과 우주질서의 기원(우주론), 존재의 목적이나 궁극적 원인(목적론)을 다룬다. 세계관이란 진리의 체계에 대한 인식론적 헌신으로부터 나온다. 그리하여 가치론 – 의무에 대한 도덕적 판단 – 에서 흘러나오는 기준으로 세계관이 구성된다.

인성(personality)이라는 개념으로 세계관을 생각할 때, 실제로 다른 한 가지를 인위적으로 격리시키고자 하는 유혹을 받는다. 지성과 감성, 의지가 연합된 인간 성품의 양상들인 것처럼, 인식론과 형이상학, 가치론이란 개인의 세계관의 양상들로서, 의식적 또는 무의식적 신념들이 감정상태를 이끌고 행동을 규정하는 밀착된 맥락이다.

결과적으로, "전인" 발달을 촉진하기 위해 교육자들은 지시와 동기부여와 훈련을 통해 인지적, 정서적, 행동적 목표들을 활용해야 한다. 학생이 알고 느끼고 행하는 것들이, 개인의 가치를 알고 도덕적 행동을 하는 하나님의 진리를 수용하는 전체적 과정으로 통합되어야 한다.

통일된 세계관은 학습자를 준비시켜 진리를 분별하고, 하나님의 창조와 생명의 존재에 중요성을 부여하며, 옳은 일을 하게 한다. 하나님의 계시와 진리에 토대를 둔 세계관은 경건한 삶을 살게 하고, 하나님과 사람들과 모든 인류와의 강력한 개인적 관계를 촉진시킨다.

기독교 세계관의 중요한 요소들은 구약과 신약에서 찾을 수 있다. 모세는 이스라엘 백성들에게 율법을 듣지만 말고 행하라고 명령했다(신 6:1-3). 율법을 지키는 이유는 역사를 주관하시고(12절, 20-23절) 순종하는 자에게 복을 주시는(6-9절, 24-25절) 개인적인 하나님께 그 율법의 근원이 있기 때문이다.

예수님도 이 말씀을 반복하여 마음과 목숨과 뜻을 다하여 하나님을 사랑하는 것이 가장 큰 계명이라고 하셨다(마 22:37-38). 예수께서는 관계적인 사랑과 통합된 이 형이상학적 관점이 모든 율법과 선지서가 추구하는 두 개의 명령이라고 지적하셨다(39-40절).

이와 유사하게, 기독교 신앙의 역사적 기초를 다진 후에(고전 15:1-8) 바울은, 하나님 중심의 세계관에 일치하는 자신의 존재와 사는 목적에 관해 해석했다(10-11절). 마지막으로, 어린아이에서 어른으로 성숙하라고 권장하면서, 바울은 믿음ㆍ소망ㆍ사랑-인지, 정서, 의지로 구성된 완전한 기독교 세계관-이라는 신학적 덕목에 유일한 초점을 두었다.

DANIEL C. STEVENS

참고문헌 | R. H. Nash(1992), *Worldviews in Conflict*; J. W. Sire(1997), *The Universe Next Door: A Basic Worldview Catalog*.

기독교 인문주의(Christian Humanism).

인문주의는 복음주의 그리스도인들 사이에서 경멸적인 어감으로 – 특히 세속적 인문주의를 향해 – 사용되는 용어이다. 성경적 견해에서 세속적 인문주의(人文主義)의 기원은 에덴동산으로 거슬러 올라가 창조주에 대항하는 창조물의 반역에서 비롯된다. 교육사적 견지에서 5세기 그리스에 한 철학 유파가 일어나 신의 존재를 부인했다. 그들의 모토는 프로타고라스(Prothagoras)의 "인간은 만사(萬事)의 척도(尺度)이다"라는 직설적 단언으로 표현된다.

그러므로 일반적으로 이해되는 현대의 세속적 인문주의는 인간중심이며, 창조된 인류가 의존해야 할 어떤 형태의 초자연적이고 초월적인 신성에 대한 경멸을 담은 말이다. 세속적 인문주의는 그 대신 시공간에 제한된 물질세계에서 즉결을 요하는 문제들과 인간이 옳고 선한 것의 최종 결정권을 가진다는 사상을 제공한다.

인문주의, 특히 세속적 인문주의에 관한 이같은 전제들로 인해 일부 복음주의자들은 이 사전에서 "기독교 인문주의"라는 항목이 있다는 사실이 놀랄 수도 있다. 그것은 분명 모순이다! "기독교 인문주의"는 결코 자가당착에 빠진 용어가 아니라 적어도 르네상스 시대부터 그 이후의 종교개혁시대로 추정되는 역사적으로 중요한 사조이다. 사실, 역사에 통달한 학생들은 다소(Tarsus) 사람 바울과 그 후계자 디모데 시대부터 교육받은 교부들과 그들의 후계자들이 세기를 통해 기독교 인문주의의 최대 표본이라는 사실을 인식한다.

그러면 기독교 인문주의의 특성은 무엇인가? 현대의 기독교 인문주의가 표방하는 것은 무엇인가? 많은 신자들이 현대의 제자훈련이나 교회학교 프로그램의 기원이 기독교 인문주의 초기 교의에서 비롯되었다는 사실에 놀란다. 본질상, 기독교 인문주의는 하나님이 형상대로 귀한 가치를 두고 창조하신 개인(인간)에 대한 존중이다.

예수님이 진리이심을 수용하는 그리스도인들은 오류로부터 진리를 발견하는 것이 신앙의 본질적인 결과임을 믿는다. 그러기 위해 합리적인 정신이 요구된다. 초대교회에서는 교육받은 사람들이 "스투디아 후마니타티스"(studia humanitatis) 혹은 인문학이라고 알려진 그리스-로마의 교육과정을 배웠는데, 그 과정에서는 과학과 수학에는 별 강조를 두지 않고 언어, 문학, 순수 예술, 역사, 철학, 신학 등을 주로 배웠다. 당시에 이런 연구과정이 "교양과목"(liberal arts)이라고 알려졌는데, 그 이유는 그것이 무식이라는 족쇄로부터 인간의 정신을 자유롭게 만들어주기 때문이다.

교부들은 "하나님 아래 모든 진리의 통일"을 인식했다(Gaebelein, 1954). 2세기 중반, 저스틴 마터(Justin Martyr)가 로마의 원로원에게 "어디에서 누가 무엇을 말하든지, 그것은 우리 그리스도인들에게 속한 것이다"고 말했고 두 세기 반이 지나 히포의 어거스틴(Augustine of Hippo)이 "모든 진실한 그리스도인들이 어떤 진리를 발견하든지 그것이 주님의 진리라는 사실을 알아야 한다"고 했다.

암흑기와 중세기 동안 기독교 학자들은 영적, 지적 자유에 대한 희망을 고수하면서 사고하고, 추론하며, 난제를 던지고, 논쟁하며, 이의제기하기를 계속하였다. 그러나 가톨릭교회가 유럽을 휩

쓴 압도적인 정치권력인 체하면서 지적 자유의 일면이 억제되었고, 형식교육을 받을 기회가 제한되었다. 더구나 중세기 유럽의 궁핍한 생활이 심해지면서 "영원한 생명"만이 유일한 희망인 듯이 보였다. 이 세상에서의 삶은 거의 아무것도 칭찬할 만하지 않았다.

1300년대 초반 예술가들이 새로운 스타일과 형태로 자신을 표현하고자하는 자유를 부르짖기 시작했다. 화가들은 자기 고향에서 흔히 볼 수 있는 시골의 풍물들을 사용하여 종교적 장면을 그렸고, 시인들은 삶의 보통 뉘앙스에서 주제를 찾아냈으며, 음악가들은 인간적 영감으로 곡을 만들어 노래했다. 만약 인간의 상상력만으로 신앙으로 구축된 삶의 의미를 비추게 되었다면 일상생활을 억누르는 교회의 역할이 와해되었을 것이다.

고전적 언어와 문학의 재발견으로 시작된 르네상스는 구텐베르크의 이동 활자체 발명과 성경에 대한 새로운 조명으로 루터나 칼빈 등과 같은 신학자들이 이끄는 종교개혁을 가져오게 했다. 그들은 성육신이란 하나님께서 인간 경험에 참여하시고 인간경험을 인정하시는 특별한 임재라는 급진적인 개념을 포함하는 르네상스의 아이디어를 교회개혁에 적용했다. 만약 나사렛 예수(하나님의 그리스도)께서 보통 사람처럼 사시고 사랑하시고 고통 받으셨다면, 인간 삶의 특별한 본성을 확증하기 위해 하나님께서 보여주실 더 나은 증거가 필요하겠는가?

이 원리가 인문주의라고 알려지고, 가톨릭 학자였던 에라스무스를 포함한 모든 종교개혁가들에 의해 확증되었다. 이러한 경건한 사람들과 역사가들의 공헌을 인정하는 과정에 그들을 기독교 인문주의자라고 칭하게 되었는데, 성경적 인문주의자라고 부르기를 선호하는 사람들도 있다. 그들의 공헌 중 위대한 것은 대중을 교육시켜 말과 글을 깨우치게 한 일이다.

현대의 성경적 인문주의자들은 성경의 권위와 역사적 신조들에 유사한 공헌을 했으나, 그들 역시 논리적인 신앙과 자연과 인간본성에 있어 모든 지식들에 대한 깊은 감사와 모든 인간문화의 고유함과 독특성을 증진시키고자 하는 열정과 하나님은 절대 편파적인 분이 아니라는 이해를 표명했다. 시인 홉킨스(Gerard Manley Hopkins)는 "모든 곳에 운행하시는 그리스도/사랑스러운 몸과 사랑스러운 눈으로 향하시는/인간의 얼굴을 가지신 아버지께"라고 노래했다.

D. BRUCE LOCKERBIE

참고문헌 | M. J. Anthony, *Christian Education Journal*, 12, no. 1(1991): 79-88; J. Baillie(1945), *What Is Christian Civilization?*; F. W. Gaebelein(1954), *The Pattern of God's Truth*; H. E. Harbison(1956), *The Christian Scholar in the Age of the Reformation*; W. A. Hoffecker(1986), *Building a Christian World View*; D. B. Lockerbie(1989), *Thinking and Acting Like a Christian*; idem(1994), *A Passion for Learning: A History of Christian Thought on Education*; R. Schwoebel, ed.(1971), *Renaissance Men and Ideas*; J. M. Shaw et al.(1982), *Readings in Christian Humanism*.

기독학생회(InterVarsity Christian Fellowship).

기독학생회는 영국의 대학생운동 특히 켐브리지대학의 학생위원회로부터 발생하였다. 1600년대 초부터 학생주도의 기독교 모임들이 영국에 알려지기 시작했다(Johnson, 1979, 26). 1800년대 후기의 대학 확장과 함께 성경, 복음전도, 선교에 헌신한 학생운동은 지역적으로, 전 세계적으로 상당한 충격을 주며 성장하였다. 기독학생회는 영국 전역에 있는 대학생들에 의해 개척되었다. 1900년대 초까지 많은 학생들이 기독학생운동으로 알려진 SCM(Student Christian Movement) 하에 있었지만, SCM이 신학적으로 포괄적이 되어가자 교리적 문제와 성경의 진리를 중시하고 학생들에게 증인이 되고자 하여 SCM으로 부터 탈퇴하기 시작했다. 1919년 12월 여러 대학의 복음주의 학생들을 불러 모으기 위해 제1차 기독학생 대회가 개최되었다. 이것은 매년 열리는 행사가 되었으며, 1925년까지는 기독교의 본질을 명백히 드러내기 위해 교리적 기초를 분명히 하였다(Hill, 10).

기독학생회

1928년 4월에 복음주의 학생그룹은 공식적으로 복음주의 연합회의 대학협력기관을 형성하였다. 기독학생회 초기부터 그리스도의 주권과 거룩한 인성, 성령의 사역, 세계 복음전도 등에 대한 강조와 함께 케즈윅 운동(Keswick Movement)의 사역에 영향을 받았다. 1933년 대학 환경에서 학생들의 신앙을 확고하게 세우기 위해 협력하는 신학대학 학생협회가 결성되면서 IVF는 더욱 발전하게 되었다. 동시에 학생들에게 선교 도전을 제공하는 선교협회와 이미 사역을 하고 있는 선배 회원들에게 용기를 북돋아 주기 위한 기도 협회가 발족되었다.

IVF의 공식 설립회담에서 모임이 국제적으로 확장되었는데, 이는 지도적인 선교사이며 영국대학의 졸업생인 노만 그럽(Norman Grubb)이 캐나다에서 돌아와 1928년 IVF 연례 회담에서 대학 기독교 단체들의 활동이 미비한 캐나다와 미국에서 사역할 영국의 기독학생들을 구함으로 시작되었다. 그것은 미국과 캐나다에 있는 대학 기독교 단체들이 매우 약했기 때문이었다. 수단 내부 선교(SIM)의 창시자이자 감독관인 캐나다인 지도자 로울랜드 빙햄(Rowland Bingham)도 같은 회담에 참석했다. 그 역시 IVF가 캐나다를 고려하도록 독려했다. 하워드 기네스(Howard Guinness)가 캐나다에 가도록 선택되었고 그는 1928년 11월에 떠났다. 그는 대학에서 복음전도를 위한 분명한 관점으로 1년 이상 동안 그 지역을 여행하였다. 또한 더 나은 IVF의 목회를 위해 1929년에 오스트레일리아를 떠나기 전까지 고등학생을 위한 캠프를 하였다. 1930년에 팔머(Noel Palmer)는 그의 목사직을 사임하였고, 그와 그의 부인인 조시(Josie)는 대학의 캐나다인 팀 지도자가 될 수 있었다(Donald, 1991, 121).

1930년 기네스가 오스트레일리아와 뉴질랜드에서 돌아왔을 때, 그와 팔머(Palmer)는 캐나다의 고등학교에 기독교학교협회(ISCF)를 바로 발족할 것에 동의하였다. 후에 제 일차 개척자 소녀캠프가 1933년 여름에 개최되었다. 이때까지는 캐나다 기독교학교협회는 두 가지 즉 학교 내의 학생 그룹과 개척 캠프를 해나가는 기본적 전략을 계속했지만 그 선교활동은 다양한 소명을 위한 협회들로 잘 확장되었다.

1934년에 우즈(Stacey Woods)는 캐나다 IVF의 회장이 되었다. 1936년에 그는 캐나다의 스탭에 참여하기 위해 미국인 트라우만(Charles Troutman)을 초대하였다. 1938년에 캐나다 대학협회는 미국에서의 활동이 승인되었다. 우즈와 투라우만은 다양한 미국 대학에서 기독교 학생들과 만나면서도 분열된 그룹에 관심을 기울여 급격하게 증가하고 있는 국제 운동과 연결시키고자 하였다. 결국 1941년에 첫 번째 공식회의가 소집되었다.

같은 해에 미국대학은 하나님께서 원하시는 바의 학생들을 되도록 돕기 위해 잡지 "히스"(*HIS*)를 출간하였다(Hunt and Hunt, 1991, 94). 이 잡지는 1987년에 "유"(*U*)잡지로 개명되었으며, 이 사역은 1988년에 IVCF를 위해 마무리되었다.

이러한 개혁의 급속한 성장으로 훈련은 중요한 구성요소가 되었다. 국제적 지도자개발캠프는 훈련센터에서 학생들을 훈련시키기 위해 만들었다. 첫 번째, 학생훈련캠프는 토론토 북쪽의 캐나다계와 미국 IVF를 위해 1945년에 숲 안에 있는 대학으로 알려진 곳에서 열렸다. 이 훈련캠프는 IVCF가 성장하는 것처럼 미국의 다양한 전략적 지역으로 확대되었다.

학생들을 세계 선교화를 향해 동기화시키는 것은 기독학생회의 일 중 가장 중요한 것이었으며, 1945년 또 하나의 학생운동인 외국선교학생협회(SFMF)와 합병하였다. 최초 어바나 선교대회(Urbana Missions Conference)선교협회는 576명의 학생이 중심이 되었으며, 1946년 12월 27일-1947년 1월 2일까지 캐나다 온타리오에 있는 토론토대학에서 출발하였다. 주연설자는 인도의 박트(Bakht Singh), 프라이어리 성경대학 학장인 맥스웰(L. E. Maxwell), 콜롬비아 성경대학 학장인 맥퀼킨(Robert Mcquilkin), 보스턴 목사인 오켄가(Harold Ockenga), 무슬림의 전도개척자인 젬머(Samuel Zwemer) 등을 포함한다.

미국 운동의 급속한 성장으로 두 번째 학생 선교대회는 "모든 대학에서부터 모든 나라에까지"라는 (Hunt and Hunt, 1991, 129) 주제로 1947년 12월

27일-1948년 1월 1일의 일리노이에 위치한 대학에서 열렸다. 현재 이러한 선교 중심 대회는 1996년에 19,000명 이상의 참석자와 함께 3년 주기로 개최되었다.

초기로부터 올바른 복음 증거, 귀납적 성경연구, 전 세계적 선교 그리고 학생세계에 적합한 문학은 분명히 필요하였다. 복음전도뿐 아니라 변증론과 신학과 관련된 성경연구 서적 및 보조도구가 전략이 되었다. 결국 영국에서 기독학생회출판사(IVP)가 탄생하게 되었다. 처음에는 북미기독학생회가 영국에 세워진 IVP의 많은 출판물들을 사용하였다. 그러나 1947-48에는 미국에 세워진 IVP가 IVF의 미국 내 공식 출판사가 되었다(Hunt and Hunt, 1991, 115). 두 나라에 있는 출판사 지부들은 당시 같은 제목의 책을 함께 출판하였으며, 많은 책을 다양한 언어로 번역 출판하였다. 1963년에는 영국의 IVP는 단순히 서양 서적을 번역하는 데 그치지 않고 아프리카의 서적 출판을 격려하려는 목적으로 아프리카기독출판사를 세우는 데 협조하였다.

대학들이 미국과 캐나다에서 확장됨에 따라 기독교간호협회도 IVCF의 일부분이 되었다. 지도자와 문화 교류적 선교사를 위한 교육적 기회 뿐 아니라 기독교교사협회와 같은 전문그룹이 개발되었다.

IVF는 초기에 영국 IVF와 후의 캐나다계 IVCF는 다른 나라에서 학생들에게 다가가려고 노력했다. 이것은 최초 지도자인 우즈와 함께하는 국제복음학생협회(IFES)로서 1947년에 형식화된 세계적 협회의 기초가 되었다. 오늘날 IFES는 그 구성원이 130개국 이상의 자국 학생그룹을 대표한다.

기독학생회는 세계의 대학들과 학생들에게 기독교 복음과 제자도를 계속해서 제공하고 있다. 계속되는 학생들의 입학과 졸업으로 학생들의 주도성과 지도력을 격려하는 것은 지속적으로 도전적인 일이다. 전세계를 거쳐 지역교회와 연계하여 고등학교와 대학교에서 학생과 교수진의 기독증인공동체를 세움으로 각 나라의 학생들과 졸업생들로 복음전도, 제자도, 관리지원, 진리 그리고 선교를 수행하게 하는 것이 기독학생회의 사명으로 남아있다.

CHARLOTTE K. BATES

참고문헌 | M. V. Donald(1991), *A Spreading Tree: A History of Inter-Varsity Christian Fellowship of Canada, 1928-1989, Sixty Years*; R. Hill, *For the Faith of the Gospel, 1928-78: The IVF/UCCF Story, Honouring God's Faithfulness in the Student World*; K. Hunt and G. Hunt(1991), *For Christ and the University: The Story of InterVarsity Christian Fellowship of the U.S.A./1940-1990*; D. Johnson(1979), *Contending for the Faith: A History of the Evangelical Movement in the Universities and Colleges*.

기술인류학(Descriptive Anthropology).
문화기술지(Ethnography)를 보라.

기억(Memory).
기억은 모든 생활에서 근본적인 것이다. 암호화하기, 저장하기, 기술과 행동 및 정보들을 되살리기 등은 우리 두뇌의 놀라운 특성이다. 컴퓨터와 비교한다면, 어떤 인간의 두뇌라도 속도와 활동의 수에 있어 컴퓨터를 능가할 수 있다. 인간의 기억은 오래가지만 또 잘 사라지기도 한다. 기억은 기분(감성의 한 측면), 기억이 형성되는 상황이나 환경 그리고 회상하게 만드는 환경 등에 의해 영향을 받는다. 기억을 잃어버리는 것은 기억상실이라 부른다.

기억은 크게 세 가지 범주로 묶여진다. 현재적(active), 단기적(short-term), 장기적(long-term) 기억. 현재적 기억은 매일 매일의 활동들을 회상하게 한다. 단기적 기억은 최근의 사건들을 회상하도록 해 준다. 수업이 끝나기까지 한 성경구절을 기억하다가 직후에 잊어버리는 것은 단기적 기억이 장기적 기억으로 되는 것이 얼마나 필요한지를 잘 보여준다. 기억된 성경구절들은 아마 장기적 기억의 일부분이 되지는 않았을 것이다. 이것은 과거의 한 결론이 아니다.

무언가를 장기적 기억에 위치시키도록 돕는 것들에는 개인적인 욕구, 개인의 나이 그리고 반복의 횟수 등이 있다. 기억의 신호들은 개인이 그것들을 만들어 내거나 암호화가 특정적인 경우 가장 효과적이다. 사건들이 점점 오래되거나 그것을 반복하는 것이 줄어들 때 그것에 대한 우리의 기억도 소멸된다. 정신적인 과정에서 어떤 형태의 변화를 가진 어떤 사람들은 종종 장기적 기억들이 몇 년 간의 상실 후에 다시 나타나는 것을 경험하기도 한다. 단기적 기억은 이런 유형의 사람들에게는 전혀 활발하지 않을지도 모른다.

회상과 인식 사이에는 구분이 있어야 하는데, 후자가 더 쉬운 것이다. 명시적인(의식적인) 기억과 암시적인(무의식적인) 기억은 구별되는데 이는 과정적인 지식과 단정적인 지식이 구별되는 것과 유사하다.

기독교교육에서 기억의 역할은 종종 성경구절들, 성경 각 권의 순서, 사람들의 이름, 성경의 사건 등과 같은 어떤 것들에 제한되어 왔다. '판에 박힌 방식'(rote)이라는 용어는 자주 본문에 대한 이해 없이 딱딱하고 독창성 없이 충실한 것을 가리키기 위해서 기억(memory)이라는 용어와 함께 사용되어 왔다. 기억은 이해 없이 되지 않는 것이다. 만약 그렇다면 기억 자체로는 매우 빈약한 교육의 방법이 될 것이다.

기억함에서 사람들이 중요한 것을 기억하도록 돕기 위한 다양한 방식들이 고안되어 왔다. 교사들은 학생들이 중요한 사실들을 기억하도록 돕기 위해서 그런 도구들을 사용해 왔다. 훈련이나 그 밖의 반복적인 교육활동들은 학생들이 기억하는 정보를 이해하도록 도울 수 있는 활동들과 연계되어야만 한다.

ROBERT J. RADCLIFFE

참고문헌 | D. A. Norman, ed.(1970), *Models of Human Memory*.

참조 | 기억 장치들(MNEMONIC DEVICES)

기억신호(Memory Cues). 덩어리 만들기(Chunking)를 보라.

기억장치들(Mnemonic Devices). 기법들이 기억의 기술을 향상시켜왔다. 다양한 형태의 기억을 돕는 장치들이 있는데, 그 중 일부는 말과 그림 혹은 사람들이 정보를 떠올리게 돕는 다른 감각들을 사용한다. 어떤 기억장치들은 정보를 의미 있는 조각들로 조직화하는 데 의존하고 있다.

기억장치들의 첫 번째 범주는 '덩어리 만들기'(clustering)이다. 이것은 항목들을 그룹으로 만들어 더 의미 있는 유형으로 기억되도록 하는 것을 의미한다. 다른 유형은 '상호작용적 이미지'(interactive images)이다. 이 장치로 기억될 항목은 원래부터 연관된 단어를 떠올리게 하는 그림과 연결되어 있다. 유사한 장치는 '고정어 체계'(pegword system)인데, 어떤 새로운 단어는 이전에 기억된 목록의 단어와 연결되어진다. 위치들(loci)의 방법은 기억할 항목들과 연관된(집 같은) 표시물로 어떤 지역의 시각화를 이용하는 것이다.

기억장치의 다른 예는 '두문자어'(頭文字語, acronym)이다. 여기서 첫 글자들이 모여 다른 어떤 단어나 개념을 나타내는 단어나 표현들로 만들어진다. 두문자어와 유사한 것으로 아크로스틱(acrostic; 각 행의 머릿자나 끝글자를 이으면 말이 되는 시형태)이 있는데, 여기서는 새로운 단어들을 기억하도록 돕기 위해서 한 단어 대신에 한 문장이 만들어진다. 예를 들어, 높은 음자리표에서 선들의 이름을 기억하도록 하기 위해서 음악하는 학생들은 유희시 문장인 "Every good boy does fine"을 암기한다. 다른 유형의 기억장치는 '주요단어 체계'(keyword system)인데, 이는 어떤 외국어 단어의 소리와 의미를 유사한 단어의 소리와 의미로 연관 짓는 상호작용적 이미지이다.

기독교교육에서 기억장치들이 어떻게 사용될 수 있는가에 있어서는 많은 사례들이 있다. 예를 들면, 성경의 각 권들은 자주 음악에 맞추어져 왔다. 기억 신호의 이런 유형에서는 선율이 성경 각 권의 이름들에 기억장치를 제공한다.

상호작용적 이미지는 사람들이 성경구절들을 기억하도록 도움을 주어왔다. 이런 유형의 기억장치에서의 착상은 고안된 그림이 성경구절의 장면들을 머릿속에 떠오르게 해 준다는 것이다. 성경구절들의 본문이 보통 한 단어 이상이거나 때로는 한 개념 이상이기 때문에, 그림들이 매우 상세해지고 어떤 경우에는 엉뚱하기도 하다. 만약 사람들이 기억하기 위해 성경구절들에 대한 자신의 그림을 창작한다면, 기억될 그 구절이나 내용은 가장 잘 기억될 수 있을 것이다.

이런 기억장치들의 기독교교육에서의 잠재적 적용 가능성은 크다. 사실, 여기에 언급한 몇 사례들도 기억해두면 기억하고 사용하기에 유익한 성경 사실들의 풍부한 자원으로 적용될 수 있다.

ROBERT J. RADCLIFFE

참조 | 정보처리과정(INFORMATION PROCEEDING); 기억(MEMORY)

기억화(Memorization).

신명기에서 하나님은 히브리인들에게 그의 명령들을 그들의 마음에 간직하라고 지시하신다(신 6:6). 비록 기억이 일반적으로 지적인 기능으로써 생각되지만, 연구에 따르면 의미 있는 기억들은 감성적인 관련을 가진다는 성경의 주장이 확증되고 있다. 어떤 사실이나 개념이 참으로 "우리 마음에" 존재한다면 우리는 그것을 기억할 것이다. 개인적인 관련성이 있는 교훈은 대수학 공식들이나 외국의 수도이름들이 다 잊혀진 오랜 후에도 다시 기억날 것이다. 하나 이상의 신체적 감각이 활발하게 관련된 경우에는 기억이 역시 점점 확대될 것이다.

반복, 다감각적 입력 및 개인적 관련성 같은 요소들은 어떤 기억이 최후로 저장되는 깊이에 영향을 미친다. 최초의 저장단계는 감각적 단계이다. 두뇌는 입력된 것을 엄격하게 조사하고 평가하여 어떤 기억들을 저장하기로 선택한다. 유용한 입력은 단기기억 저장으로 간다. 만약 단기기억이 충분한 강화를 받으면 그것은 장기기억 저장으로 옮겨간다. 장기적인 것들은 보통 개인적인 관련성을 가진다. 장기기억들은 겉으로는 "잊혀진" 것처럼 보일 수 있으나 그 기억을 만든 상황과 유사한 경우에 자극되면 복구될 수 있다. 쿠키를 굽는 냄새는 오랫동안 잊고 있었던 크리스마스를 되살아나게 하여 예민한 초점을 가지고 기억하게 할 수 있다.

우리가 기억에 대해 배운 것은 교육에서도 의미를 가진다. 기독교교육의 목적 중 하나는 학습자가 하나님의 말씀을 알고 적용하는 것이다. 교훈을 매일의 경험과 연결시킴으로써 교사는 성경의 기억과 이해를 단기 저장의 한계로부터 장기적 수준으로 밀어 넣을 수 있다. 성경 기억과 이해를 촉진하기 위해서 암송구절들은 교훈과 함께 연결되어야 한다. 구절들은 내용, 길이 및 단어에 있어 나이에 적합한 것이어야 한다. 기억하는 능력이 어린이 시절에 가장 예민하기 때문에 이런 나이가 성경을 배우는 결정적인 때이다. 교육자는 구절을 기억하는 긴급함이 이해도를 희생해야 하는 것이 아님을 주의해야만 한다. 이해도는 학습자에게 자신의 용어를 사용해서 한 구절을 재진술하게 요청함으로써 쉽게 확인할 수 있다. 어떤 교육자들은 상징적인 이미지, 음악, 또는 게임 같은 기억을 돕는 도구들을 활용하기도 한다.

성경 기억의 가치는 의심의 여지가 없다. 성경을 가장 잘 가르칠 수 있는 방법은 반드시 연구들과 성경 그 자체의 맥락에서 재고되어야 한다. 성경의 진리를 실제 삶에 적용하도록 가르치는 것은 더 공부할 내용과 관련되지 않은 구절을 판에 박힌 듯 기억하는 것보다 더욱 잘 기억하도록 장려하여 준다.

어떤 형태의 활동적인 공부는 기억하는 능력을 강화시킨다. 성경 기억을 위한 효과적인 방법은 드라마이다. 성경을 꾸며진 매일의 경험과 연관시킴으로써 교사들은 실제 삶에 발생할 만한 유사한 일들이 성경교훈의 기억을 자극하게 될 개연성을 증가시킨다. 기억의 다른 강력한 도우미는 이야기인데, 그것은 한 조각의 정보를 그것을 쉽게 상기할 만한 일련의 사실들 혹은 사건들 속으로 배치하고 있다.

수면 동안의 두뇌 활동을 관찰함으로써 연구자들은 두뇌가 휴식시간을 기억을 편집하고 분류하는 데 사용한다는 사실을 발견해내었다. 교사들은 두뇌에 "휴지기"를 제공하는 다양한 활동과 함께 교육일정을 준비함으로써 이 발견에 대응할 수 있다.

ROBERT J. CHOUN

참고문헌 | D. G. Benner, ed.(1985), *Baker Encyclopedia of Psychology*; R. J. Choun and M. S. Lawson(1993), *The Complete Handbook of Children's Ministry*; R. E. Clark, J. Brubaker, and R. B. Zuck(1975, 1986), *Childhood Education in the Church*; I. Cully and K. B. Cully, eds.(1990), *Harper's Encyclopedia of Religious Education*; R. Slywester(1995), *A Celebration of Neurons: An Educator's Guide to the Human Brain*; E. Towns(1993), *Towns' Sunday School Encyclopedia*.

기적(Miracles). 표적과 기사(Signs and Wonders)를 보라.

기호해석/기호화하기(Decoding/Encoding). 기억(Memory)을 보라.

길리건, 캐롤(Gilligan, Carol 1936-). 하버드 교육대학의 교수. 여성의 발전을 위해 연구를 한 개척자로서 주목할 만한 교육자이다. 1982년에 출간된 그녀의 저서, 『다른 목소리로』(*In a Different Voice: Psychological Theory and Women's Development*)는 도덕발달 이론과 여성의 생각하는 방식을 이해하는 데 크게 기여하였다. 이 책은 인간발달을 이해하는 데 있어 추상적인 원칙에 기반을 둔 도덕성이론을 앞서는 날카로운 도전을 담고 있다. 여권운동가인 길리건(Gilligan)은 인종, 문화, 계급뿐 아니라 성(性)에 의해 생기는 많은 도덕적 소리의 존재를 주장하였다. 그녀는 타인과의 관계를 형성하는 것을 도덕적 소리로 정의하였으며, 여성을 윤리적 보호대상으로 구분하였다. 도덕성에 대한 이러한 급진적 관점은 방대한 토론으로 발전하였다.

길리건은 1970년대에 콜버그(Kohlberg)의 지지에 힘입어 도덕적 원인을 연구했다. 그녀는 콜버그의 방식과 결론에 의문을 제기하였으며, 여성의 발전에 초점을 맞춰 스스로 조사를 실시하였다. 콜버그는 남성 참가자로 구성된 연구에 기초한 6단계의 규칙에 기초한 도덕발달모형을 개발하였으며, 모형은 지금도 여전히 사용되고 있다.

길리건은 이러한 단계들이 정당성 중심의 사고에 기반을 두며 내용으로 간주될 수 있는 범주를 벗어났다고 주장하였다. 예를 들면, 콜버그는 해결해야 할 도덕성의 딜레마로 사람들을 표현했으며, 사람들이 그에게 답한 다양한 반응으로 그의 모형을 창조하였다. 다음은 딜레마 중 하나이다. 한 남자의 아내가 희귀한 의학적 상태로 죽어가고 있으며 약국에서 그녀가 필요한 약은 이용할 수 있다. 그러나 남자는 약을 살 여유가 없을 때 과연 아내를 살리기 위해 약을 훔쳐야 하는가?

길리건은 콜버그의 도덕성 검사에서 남성보다 여성이 더 낮은 기록을 보이는 것은 그들이 관계를 유지하는 데 좀더 관심이 있기 때문이고, 좀더 넓은 관점에서 옳고 그름의 판단에 도달하기보다는 딜레마 안에 포함된다는 것을 발견했다. 여성은 내용에 대한 질문을 한다. 사람들 각자에게 가장 중요한 것은 무엇인가? 그 상황에서 그 밖의 누가 영향을 받겠는가? 어떤 문화적, 종교적 가치가 위험 속에 있는가? 무엇이 약리학자의 환경인가? 어떤 관계의 결과가 행동과 다툼은 결과로 보이는가? 길리건은 "만일… 하다면?"라고 묻는다. 그 같은 질문은 딜레마에 대한 보편적 판단을 결정하는 가능성에 도전한다. 만일 남편과 아내의 역할이 바뀐다면? 만일 한 명의 약리학자가 두 명보다 더 가난하다면? 만일 약을 얻어야 할 사람이 죽어가는 사람을 잘 알지 못한다면?

길리건은 여성과 남성이 도덕적 딜레마를 푸는 방식 사이에 큰 차이가 있음을 알았다. 여성은 보호, 관계, 평화를 이야기하며, 남성은 정당, 평등, 권리를 이야기한다. 길리건은 이러한 두 개의 다른 목소리는 우위도 없이 다른 사람을 이해하고 듣는 노력을 요구함도 없이 매우 다른 두 개의 관점을 나타낸다고 주장한다. 도덕적 결정에 대해 생각하는 여성의 방식은 타인에 대해 관심과 보호를 표현하

꿈

는 기회 등의 특이한 상황을 받아들이고 반응하는 데 보편적이며 추상적인 원칙을 드러내는 경향이 있다. 그리고 옳고 그름의 답변이 없는 문제들에 대해서는 안정된 상호관계를 유지하는 방식에서 이끌어 가는 것이 유일한 해결책이다.

길리건은 여성이 도덕성을 결정하는 기원은 필요의 반응이나 이상적 애정을 가지고, 정당성보다 보호에 더 관심을 보인다고 결론지었다. 길리건은 소녀가 계속되는 정체성을 통해 도덕성의 관심을 어떻게 개발하는지를 보여주었다. 소년은 그들의 어머니로부터 분리되어야만 하기 때문에 초기의 분리는 그들 스스로와 성인 사이에 힘의 차이를 인식케 하였다. 이것은 남성의 원칙적 사고방식을 공정함에 대한 선입견 탓으로 돌린다.

길리건의 비평가들은 돌봄의 윤리는 도덕이론으로 알맞지 않다고 한다. 돌봄은 다층적이며 복잡한 경험이며, 길리건의 연구는 그것의 사변적 성질을 간과하고 있는 것이라는 것이다. 어떤 사람들은 정의와 돌봄은 아주 다른 것이 아니라 도덕성의 서로 보완적인 차원인 것이라고 쓰고 있다. 다른 이론가들은 정의와 돌봄은 길리건이 제기했듯이 성별에 꼭 기초한 것은 아니라고 제안했다. 차후의 연구는 남성과 여성 모두 정의와 돌봄 둘 다에 근거하여 사고한다고 제안했다: 어떤 사람들은 돌봄에 대한 관념은 보편적 그룹으로서의 여성 중에서 보다는 특정한 문화에서 혹은 특정한 역사적 시대에 살던 사람들의 도덕적 생각을 더 설명하는 것이라고 변론한다. 아직도 다른 비평가들은 길리건의 연구는 여성의 다양한 경험들과 도덕적 목소리들을 감추고 있다고 여긴다.

길리건의 최근의 연구는 청소년기 소녀들의 자아발달을 탐구하고 있다. 그녀는 "목소리 중심" 듣기를 이용한 연구에서 소녀들은 발달 위기를 경험하며 자아의식을 잃는다고 결론 짓는다. (테일러와 설리반과 함께 1997 출간한) 그녀의 최근 저서 『목소리와 침묵사이에서: 여성과 소녀, 인생행로와 관계들』(*Between Voice and Silence: Women and Girls, Race and Relationships*)는 학교를 그만둘 위험에 처해 있거나 나쁜 관계에 들어가거나 이른 어머니역을 하게 될 처지에 처한 8-9학년 소녀들 중에서 발생하는 자기침묵을 검증하고 있다. 길리건의 비평가들에 의해 생긴 열띤 논쟁은 계속되고 있다. 한편, 교육자들은 "다른 목소리"를 들어야 한다고 강조하는 그녀의 견해를 널리 사용하고 있다. 그녀의 여성의 돌봄의 모델은 학생들 간에 더 큰 공감과 돌봄의 반응을 키우도록 많은 노력을 불러일으키고 있다. 길리건의 연구조사는 돌봄이 도덕적 사고의 하나의 통합적 국면으로 이해 하는 일에 계속 기여하고 있다.

TARA J. FENWICK

참고문헌 | F. E. Gaebelein(1946), idem(1954), *The Pattern of God's Truth*.

참조 | 성역할(GENDER ROLES); 콜버그, 로렌스(KOHLBURG, LAWRENCE); 도덕적 딜레마(MORAL DILEMMA); 도덕교육(MORAL EDUCATION); 도덕적 추론(MORAL REASONING, THEORY OF)

꿈(Dream). 비전(Vision)을 보라.

EVANGELICAL
DICTIONARY
of CHRISTIAN
EDUCATION

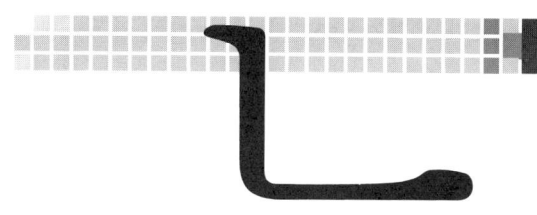

나선형(Spiraling). 브루너(J. S. Brunner)는 다른 연령층의 아동들이 새로운 자료들을 학습하는 데 수준의 차이가 있다고 생각했다. 그리하여 그는 교사들이 한 주제에 관련된 정보를 학습자의 연령에 맞는 방식으로 제시해야 한다고 했다. 어린 아동은 세계를 행동에 옮길 수 있고, 만질 수 있고, 맛볼 수 있고, 조작할 수 있는 방식으로 지각하는 '동작적 표현 방식'(enactive mode)으로 학습한다. 약간 더 나이가 많은 아동들은 그림과 다른 표현들을 통해 개념들을 학습할 수 있는데 브루너는 이것을 '영상적 표현 방식'(iconic mode)으로 불렀다. 훨씬 더 나이가 많은 아동은 단어나 공식과 같은 상징으로 표현되는 개념들을 학습할 수 있는데 브루너는 이것을 '상징적 표현 방식'(symbolic mode)이라고 불렀다. 나이에 적합한 방식으로 가르치기만 한다면 아동은 거의 모든 주제를 다 배울 수 있다는 것을 깨달은 브루너는 교육과정이 학습자가 점차적으로 복잡한 정보를 더욱더 깊이 이해하게 될 때에 한 주제를 반복해서 다루면서 나선형으로 이루어져야 한다고 말했다. 브루너는 "교육과정이 개발될 때, 학생들이 개념들과 함께 가는 완전하면서도 형식적인 장치를 이해할 때까지는 기본적인 개념들을 반드시 반복해서 다루어야 하며 그 위에 다른 것들을 쌓아 나가야 한다"고 주장했다. 수학은 이와 같은 나선형으로 가르쳐진다. 종교교육에서도 취학 전의 아동들은 단순한 성경적 사고인 "하나님은 너를 사랑해"를 배우게 된다. 더 나이가 많은 아동들은 아동들에 대한 예수님의 축복을 예술적으로 표현한 작품을 보고 그것에 대해 이야기할 수 있

다. 청소년은 희생과 십자가에 못박히심 그리고 대속과 같은 용어들의 의미를 설명하는 법을 배운다. 각 아동은 하나님의 사랑을 나선형 교육과정 접근법으로써 학습하는 것이다.

WALTER H. NORVELL

참고문헌 | J. S. Bruner(1960), *The Process of Education*; R. F. Biehler and J. Snowman(1993), *Psychology Applied to Teaching*.

낙태(Abortion). 낙태는 미국만의 문제가 아니다. 전 세계적으로 낙태는 산아제한을 위한 선택의 조건이 되어, 인구 폭발을 견제할 수 있는 합리적인 해결책으로 여겨지고 있다. 모든 그리스도인들은 생명의 존엄성과 신성함에 대한 성경의 가르침을 알아야 할 필요가 있다.

성경은 태내에 있는 귀중한 생명의 중요성에 대해 강조하여 가르친다. 예레미야와 바울은 어머니의 복중에서 하나님이 부르셨다고 기록했다(렘 1:4-5; 갈 1:15). 하나님께서는 우리 개인을 복중에서 조성하신다(욥 10:8-12; 시 139:13-16). 하나님은 태아를 온전한 사람으로 여기신다(욥 3:11; 눅 1:39-44).

성경은 인간생명에 대해 특별하고 신성하다고

일관되게 가르친다. 이 가르침의 근간이 되는 네 개의 초석은 다음과 같다. (1) 인류는 다른 식물이나 동물 또는 천사들과 다르다(고전 15:39-40). (2) 사람은 하나님의 형상대로 창조되었고(창 1:26), 영생하는 영적 존재이다(마 10:28-29). (3) 각 개인의 생명의 존엄성은 그리스도께서 그분을 믿는 모든 사람을 위해 돌아가셨다는 사실로 입증된다(롬 6:6-21). (4) 그러므로 신자는 구세주요 왕이신 그분께 영광을 돌려 드리는 삶을 살아야 한다(고전 6:19-20).

성경이 인간생명의 존엄성과 신성함을 강조하기 때문에 복음주의 그리스도인들은 낙태는 살인과 같다고 믿는다. 낙태를 행하는 것은 의지적으로 인간의 생명을 죽이는 행위이다. 일부 그리스도인들은 태아가 산모의 생명에 위험을 주는 경우에는 낙태를 허용할 수 있다고 주장하는 반면, 다른 이들은 어떤 경우에도 허용할 수 없다고 반박한다.

교회교육을 담당하는 사역자들은 교인들이 낙태 문제에 대해 그리스도인답게 사고하고 행동하도록 가르쳐야 한다. 교인들에게 하나님께서 모든 인류를 사랑하신다는 사실을 강조하고, 이러한 진리를 적극적으로 지지하는 이들을 격려하며(시민운동에 참여하기, 태아상담이나 법적상담을 해주는 것, 양부모 되어 주기, 미혼모 돕기, 낙태 후 정신적 충격으로 고민하는 이들에게 상담해 주기, 정치지도자들에게 영향력 주기 등), 개인기도와 중보기도모임 등을 통해 가르치고 도와야 한다. 이러한 일들은 최소한 가정과 회중, 그리고 교단 등의 세 분야를 통해서 주도적으로 실천해야 한다(Gangel & Wilhoit, 1996).

국가적 단체나 다른 사역 분야에서도 협력하여, 임신긴급대책센터(Crisis pregnancy center)나 상담실 운영, 양자 결연, 자선단체 및 양부모 연결, 교육용 자료 공급, 또는 낙태와 유아 살해, 안락사 등으로부터 보호해 줄 법적 정치적 기구를 구성해 줄 수 있다. 미국 내의 단체들은 다음과 같다. 미국생명연합(American United for Life), 베다니 크리스천서비스(Bethany Christian Services), 케어네트(Care Net), 임신긴급대책센터(Crisis Pregnancy Center Ministry: 미국 기독교단체, 'Focus On the Family'의 한 기관임), 그리고 생명의 권리(National Right to Life) 등이다. 이 외에도 혼외정사를 반대하는 구체적인 이유들을 제시하고 교육하는 단체들에는 프로젝트 리얼리티(Project Reality), 틴 에이드(Teen Aid), 와이 웨이트(Why Wait?), 워스 더 웨이트(Worth the Wait) 등이 있다. 낙태는 감정을 다루는 논제라고 할 수 있다. 초대교회에서도 지속적으로 낙태를 반대하는 입장을 지켰지만 "동정심과 용서 없는 비난과 정죄"에 빠져 버렸다(Gorman, 1982, 90, 94). 오늘날에도 많은 이들이 동일한 과오를 범하고 있다. 낙태는 유쾌한 논제는 아니지만 성경 말씀대로 잘 교육받은 성도들이 믿음의 분량대로 판단해야 할 문제이다.

JAMES A. DAVIES

참고문헌 | K. Gangel and J. Wilhoit(1996), *The Christian Educator's Handbook on Family Life Education*; M. Gorman(1982), *Abortion and the Early Church*.

남녀차이(Gender Differences). 의사소통 스타일(Communication, Styles of)을 보라.

남성사역(Men's Ministry). 남성들은 교회 활동에서 뿐 아니라 세상에서도 사역하기 위해 그들의 영적 은사를 끌어낼 지도력을 가지는 것이 합당하다. 성경은 남성사역을 지지하고 있다. "철이 철을 날카롭게 하는 것같이 사람이 그 친구의 얼굴을 빛나게 하느니라"(잠 27:17). "남편들아 아내를 사랑하며 괴롭게 하지 말라"(골 3:19).

남성사역을 포함하여 평신도사역은 인상 깊은 전통을 가지고 있다. 1226년에 아시시의 프란시스(Francis of Assisi)는 프란시스 수도회를 조직했는데 원래는 평신도들의 그룹이었다. 14세기에 롤라즈(Lollards)는 영국에서 일어나 평신도들이 설교하고 가르칠 권리가 있다고 주장하면서 신자의 제사장직을 강조하였다. 이런 추세는 역시 종교개혁에서도 강한 뿌리를 내리고 있었다. 아마 16세기의 가장 강력한 운동은 재세례파들(Anabaptists) 혹은 메노나이트들(Mennonites)이었다. 그들은 평신도에 대한 강한 확신 때문에 공적인 성직자를 거부했다. 2세기 동안 그들은 설교자 훈련을 위한 제도를 갖지 않았다. 20세기에 평신도 사역을 위한 운동력의 많은 부분은 존 모트(John Mott)의 지도력에서 자라났는데, 그는 "우리 세대에 세계 복음화를"이라는 표어를 대중화하였다. 마샬 허드슨(Marshall Hudson)은 바라카(Baraca) 주일학교 운동을 시작했는데 이것은 원래 남성들로 이루어져 있었고, 1890년 뉴욕의 시라쿠스에서 시작되었다. 더 가까이는 엘튼 트루블러드(Elton Trueblood)가 평신도 사역에 집중했는데 특히 그의 책『당신의 다른 소명』(Your Other Vocation, 1952)에서였다.

대부분 운동의 역사가들은 평신도의 선교 운동을 20세기 남성사역의 선구자로 지적한다. 1906년 시작되었던 유명한 윌리엄스 대학의 "건초더미 기도회"는 100주년을 맞아 남성의 종교에 대한 자의식에의 새로운 관심을 외국 선교에 대한 열정으로 연결시켰다.

명백히 1990년대의 남성 운동은 약속을 지키는 사람들(Promise Keepers)의 주목할 만한 출현으로 가속화되었다. 약속을 지키는 사람들은 자신을 "남성들을 그들 세계에서 경건한 영향력이 되고자 활기찬 관계들을 맺도록 하는 데 헌신된 그리스도 중심의 사역"이라고 묘사한다. 남성들은 예수 그리스도, 다른 남성들, 아내들과 자녀들, 타인종들 그리고 타교단 사람들과 관련된 일곱 가지 약속들을 따르겠다고 서약한다. 수십만의 남성들이 1997년 10월 4일 도전적인 메시지를 듣고 연장된 회개의 기도들에 참여하기 위해 워싱턴 상가에 모여들었다. 교단들과 선교단체들이 이 운동을 모방하기 시작하였다. 몇 개의 여성단체들이 자신들의 "약속을 지키는 남편들"을 지지하기 시작하였다. 많은 교단들이 남성사역들에 대한 그들의 관심을 새롭게 하였다.

남성사역은 주중의 어느 저녁에 식사와 연설을 하는 남성들의 봉사클럽들의 결과로 일어났다. 수많은 교회들이 재난구조와 교회설립 및 교회와 지역 공동체에서의 특별한 지원그룹들을 위한 모임들을 설립해 왔다. 어떤 남성들은 소년들을 위한 사역에 헌신하여 평신도가 이끄는 부흥운동에 참여해 왔다. 그리스도인 남성들이 앞장선 평신도갱신운동이 1970년대에 시작되었다. 어떤 교회들은 소그룹 성경공부, 기도모임, 남성수련회, 주로 남성을 위한 월례 혹은 주례 오찬회를 시도해 왔다. 많은 남성들이 남성 기도조찬회와 교회 스포츠모임에 참여한다. 또 다른 유명한 전략은 남성들이 영적 가장자리에 서 있도록 돕는 책임그룹들이다.

몇몇 선교단체들은 역사적으로 남성들에 초점을 두어왔는데 세계적인 성경보급단체인 기드온협회(the Gideons)와 2차 세계대전 중 서태평양 함대의 군인들을 위한 사역으로 시작한 네비게이토선교회(the Navigators)가 있다.

남성사역이 21세기로 진행됨에 따라 몇몇 적합한 질문들이 주목을 받을 가치가 있다. 첫째, 그리스도인 남성들은 어떤 모델에 필적하는가? 용사, 아버지로서 돌보는 사람, 섬기는 지도자, 목사를 돕는 자 혹은 세상의 평신도 그리스도인? 둘째, 그리스도인 남성들은 어떻게 교회에서 의미 있는 사역을 찾을 수 있는가? 셋째, 주로 교역자들에 의해 점점 지배되고 있는 오늘날 교회에서 소위 아마추어 그리스도인들의 역할은 무엇인가? 넷째, 남성들은 남성들만의 활동에서 뿐 아니라 주일학교에서 소규모 아이들을 가르치는 일에서도 의미 있는 기독교적 봉사를 찾아낼 수 있을 것인가? 다섯째, 한 교회의 남성사역이 그 기세를 유지하기 위해서는 경기장의 행사로 북돋아진 믿음에 의존할 것인가? 여섯째, 남성사역은 제자도를 위한 접근법인가, 선교 및 교육에 강조를 둔 지원모임인가, 활동가 모임인가 혹은 선교단체인가? 마지막으로, 남성사역은 다른 역사적인 남성/평신도 운동과 관련성을 지닐 수 있는가?

낭만주의

JIM WALTER

참고문헌 | J. Carter(1996), *Living Faith*; H. Kraemer(1958), *A Theology of the Laity*; S. C. Neill and H. R. Weber, eds.(1963), *The Layman in Christian History*; E. Trueblood(1952), *Your Other Vocation*.

낭만주의(Romanticism). 18세기 후반 기원된 문학, 예술, 그리고 철학 운동. 낭만주의는 진보주의(progressivism), 인문주의, 그리고 재건주의의 교육적 이론들의 세계관의 토대로 보이기도 한다. 낭만주의는 인간존재의 선천적 선함, 이성 위의 감정과 상상력의 가치, 사회 기관들이 부패되지 않았을 때 선한 것을 산출하려는 인간의 "자연적" 경향을 강조한다. 낭만주의는 고전적 이성주의 혹은 직관 위의 이성을 강조하는 것에 대한 반발로 특징지을 수 있다. 오늘날, 낭만주의는 "형식과 인습으로부터 자유, 감정과 상상력의 진리에의 추구, 내향성과 주관성" 등의 광범위한 의미도 가지고 있다(Cranston, 1983, 138).

1. 역사(History). 장-자크 루소(Jean-Jacques Rousseau)는 첫 번째 낭만주의 철학자로 불릴 수 있다. 그의 저작 『신엘르와즈』(*La nouvelle Heloise*)는 낭만주의라고 명명된 운동을 일으킨 기원적 낭만주의 소설로 여겨진다. 루소는 낭만주의와는 정반대로 여겨지는 고전주의에 반대했을 것이다. 고전주의자들은 자신들의 모델을 고대 그리스와 로마에서 취해 왔고 지식은 절대적이라고 주장했다. 루소는 "자기"(the self)가 기준이라고 제의했으며 "고귀한 야성"(noble savage)의 발달을 약화시키는 모든 영향들을 강력히 반대했다. 요약하면, 낭만주의는 고전주의가 추구한 이성, 억제, 정확한 형식들의 사용, 문명화등과 대조를 이루어 해방, 자유, 감정, 그리고 상상력을 중심 사상으로 취한다.

다른 초기 낭만주의 철학자로는 다음과 같은 사람들이 있다. 루소와 동시대 사람이었던 디데로(Diderot), 독일인들인 요한 고트프리드 헤르더(Johann Gottfried Herder), 요안 고트리브 피히테(Johann Gottlieb Fichte), 아우구스트 빌헬름(August Wilhelm), 그리고 프레드리히 쉴레겔(Friedrich Schlegel), "시대의 여왕"으로 잘 알려진 프랑스인 게르마인 데 스탤(French Germaine de Stael), 소설가 벤자민 콘스탄트(Benjamin Constant)와 비꽁뜨 드 샤또브리앙(Vicomte de Chateaubriand), 시인 빅토 위고(Victor Hugo), 이탈리아인들인 우고 포스코로(Ugo Foscolo), 루도비코 디 브레메(Ludovico di Breme), 그리고 알레산드로 만조니(Alessandro Manzoni), 영문학자들 즉 사무엘 콜러리지(Samuel Taylor Coleridge), 윌리엄 워즈워드(William Wordsworth), 퍼치 비쉬 쉘리(Perch Bysshe Shelly), 존 키츠(John Keats), 그리고 로드 조지 고든 바이런(Lord George Gordon Byron) 등. 가까운 관계나 최소한 서로의 저작을 통해 이들은 발전하였고, 다양한 철학적 운동들을 발달시켰다. 20세기에는 두드러진 인문주의자들과 다양한 비평가들이 러시아, 오스트레일리아, 아메리카 등과 같은 여러 지역에 퍼지게 되었다.

2. 교의(Tenets). '형이상학' (Metaphysics). 낭만주의자들에게 진리(Truth)는 내면적인 것이다. 따라서 낭만주의의 이념은 실존주의(existentialism)와 유사하다고 말할 수 있다. 그러나 낭만주의는 진리가 무엇인가에 대해 더 단순한(개체적이기보다는 결합되어 있는) 견해를 가지고 있다. 낭만주의에서 현실(reality)은 환경적 요소들이 전도성이 있으면 모두 취해질 수 있는 결속된 상태이다. 자연스런 여정을 통해 세상에서 선을 찾는 것은 낭만주의자가 진리를 묘사하는 방식으로 보일 수 있다. 또한 진리는 개인의 호기심을 높이는 발견과 변화의 요소들을 가지고 있다. 이성보다는 경험이 진리를 아는 것의 기초이다.

'목표' (Goals). 낭만주의의 목표는 인간을 가장 고귀한 상태로 만드는 영혼과 본성의 자유를 취하는 것이다. 다시 말하면, 낭만주의 교육의 목표는 아동기 때 의미를 찾는 것이다. 바로 아동기 때에 본성적 호기심과 발견이 있기 때문이다. 따라서 아동들은 자신들의 문제를 풀고 자신들의 욕구들을 충족할 수 있는 능력이 갖추어져야 한다. "낭만주의적 문제에 대한 해결은 불가능한 것을 시도하는 것이나 자아를 안정시키려는 노력에 있는 것이 아니라 비극, 희극, 선과 악을 지속적으로 초월하는 가운데의 계속적인 자기 변화에 있다"(Peckham, 1965, 351). 교육 최고의 목적은 사회의 부정적 영향에서 자유롭게 해주어 아동들이 자연스럽게 발견하고 성장할 수 있는 기회를 제공하는 것이다.

1)교사의 역할(Role of the Teacher). 낭만주의 교육자에 따르면, 교사는 정보를 나누어 사람이 아니라 정보를 얻을 수 있도록 촉진하는 사람이다. "교사의 역할은 권위자나 교실의 지시자라기 보다 조언자, 안내자, 여행 동반자이다"(Knight, 1989, 95). 교사들은 더 많은 경험과 지식을 가지고 있다. 따라서 그들은 조언자가 되어 자신들의 학생들을 지도할 수 있다.

2)학생의 본성(Nature of the Student). 학생들의 본성은 수동적이기보다 능동적이고, 악한 것과는 반대로 선한 것으로 여겨진다. 따라서 인간은 방해받지 않는 가운데서 최고로 잘 교육될 수 있다는 개념이 생겨났다. 페스탈로치(Pestalozzi)는 "악이 인간본성보다는 뒤틀려진 사회 환경에서 기원한다"는 낭만주의 이념을 따랐다(Gangel, 1983, 198). 루소의 "고귀한 야성"은 낭만주의 인간의 이미지 혹은 본성을 가장 잘 따온 표현이다. 따라서 환경은 교육을 방해하는 것이 된다. "본성의 첫 번째 충동들이 항상 옳다는 명백한 규칙을 내리자. 사람의 마음속에 원죄는 없다. 모든 악이 들어오는 방법과 이유는 추적될 수 있다"(Rousseau, 1953, 63).

3)교육의 과정(Process of Education). 개인이 교육되기 위해서는 자연스런 놀이와 발견의 과정이 반드시 일어나야 한다. 이 때문에 어떤 이들은 낭만주의를 듀이의 진보주의(Dewey's progressivism)의 전조였다고 본다. "듀이는 아이들이 활동을 즐기고 상상력을 가지고 참여하게 될 때 학습을 가장 잘 격려할 수 있다는 이념 위에 자신의 교육철학을 세웠다"(Wheeler, 1993, 208). 따라서 교육에의 전적인 노력은 과학이라기보다 예술로 볼 수 있다. 교육은 예술로서 특정한 내용이나 과목보다는 문제 해결에 초점을 맞추어야 한다. 루소는 자연적으로 발생하는 다섯 단계를 요약했다. 유아기, 아동기, 초기 청소년기, 후기 청소년기, 그리고 전반 성인기 등이다. "아동기의 발달 단계들은 교육적 내용들과 방법으로 결정되어야 한다"(Reed, 1993, 242).

4)평가(Evaluation). 어떤 이는 낭만주의 교육의 결과를 자연주의 개념과 비교하여 평가한다. 학습에 대한 자연적 호기심과 욕구가 있는가? 학생이 발달단계에서 방해받는 것이 있는가? 이러한 질문들은 낭만주의 평가의 성격에 초점을 두고 있다.

3. 현재(Present Day). 현재의 교육 전망은 분명히 낭만주의 개념들의 영향을 받아온 것이다. 듀이의 교육적 진보주의, 오늘날의 학교폐지운동, 재건주의, 비성경적 인문주의자들은 모두 낭만주의에 그 뿌리를 두고 있다. 따라서 우리는 위에 언급된 저자들을 잘 연구하고, 그들의 사고와 관련된 우리의 문화를 잘 관찰하여 이를 보호하고 지도해야 할 것이다.

GREGORY C. CARLSON

참고문헌 | M. Cranston(1983), *The Romantic Movement*; K. O. Gangel and W. S. Benson(1983), *Christian Education: Its History and Philosophy*; G. Knight(1989), *Philosophy and Education: An Introduction in Christian Perspective*; M. Peckham, ed.(1965), *Romanticism: The Culture of the Nineteenth Century*; J. E. Reed and R. Prevost(1993), *A History of Christian Education*; J.J. Rousseau(1953), *Emile: French Thought in the Eighteenth Century*; K.

Wheeler(1993), *Romanticism, Pragmatism and Deconstruction*.

참조 | 듀이, 존(DEWEY, JOHN); 인문주의/고전적 인문주의(HUMANISM, CLASSICAL); 페스탈로치, 요한 하인리히(PESTALOZZI, JOHANN HEINRICH); 루소, 장·자크(ROUSSEAU, JEAN-JACQUES)

내러티브신학(Narrative Theology). 스토리텔링(Storytelling)을 보라.

내적 보상(Intrinsic Rewards). 학생이 좋은 성적, 상, 칭찬 등과 같은 외적인 어떠한 것을 받는 외적 보상과 대조를 이루며, 내적 보상은 학생의 내부만족을 언급한다. 새로운 어떠한 것의 발견 혹은 이해된 개념으로 인한 흥분, 혹은 개인적 목표의 달성에 수행되는 만족감은 내적 보상의 모든 예가 된다. 외적 보상이 항상 모든 학습 상황에서 존재하지 않기 때문에 내적 보상은 학습하는 데 좀더 효과적이며 좀더 오래 지속적인 동기를 제공한다.

내적 보상은 대개 인지학습 이론과 브루너(Bruner)의 발견학습 혹은 인문주의 철학자인 아브라함 매슬로우(Maslow)와 로저스(Rogers)에 의해 언급되었다. 브루너에 따르면 모든 학생들은 그들 자신의 호기심, 도달하려는 노력, 타인과 상호적으로 작업하려는 욕구로부터 기원하는 배움의 내부의지를 가지고 있다(Yount, 1996). 이러한 욕구의 성취는 스스로에 대한 보답이다. 매슬로우의 욕구의 체계에서 내적 보상의 성취는 개인을 자아실현으로 동기화한다. 그것은 인간으로서 자신의 잠재적인 최상의 이익을 취하며 개인으로서 그들이 가능한 한 최상이 되기 위해 노력하는 데 원인이 되는 안녕의 감각과 성취감이다.

성경은 하나님의 말씀 자체가 그 안에서 내적 보상이 되는 방법을 보여주는 예가 많다. 시편 119편은 어떻게 하나님의 말씀이 그것을 읽고 공부하는 이들에게 기쁨이 되는지를 말한다(vv. 16, 35, 47, 70, 77, 92, 143, 174). 신약에서 바울은 하나님의 말씀이 내면의 사람에게 주는 기쁨에 대해 말한다(롬 7:22). 많은 경우 하나님은 현재의 내적 보상과 미래의 외적 보상을 연결시키신다. 골로새서 3장22-25절에서 바울은 눈에 보이는 사람들을 기쁘게 하는 것이 아니라 보이지 않는 하나님을 기쁘시게 하는 종들은 장차 미래의 하나님의 나라에서 유업으로 보이는 상급을 받게 될 것이라고 약속한다.

DALE. L. MORT

참고문헌 | W. R. Yount(1996), *Created to Learn*.

참조 | 인문주의/고전적 인문주의(HUMANISM, CLASSICAL); 매슬로우, 아브라함 해롤드(MASLOW, ABRAHAM HAROLD)

네비게이토선교회(Navigators). 국제적인 초교파 기독교 조직이며 그들의 표어는 "그리스도를 알고 그를 알리자"이다.

네비게이토 설립자인 트로트만(Dawson Trotman)은 그리스도인 삶에 대한 "스펜서(Les Spencer)의 원리들"이라는 제목으로 선원을 가르치기 시작했다. 배에서 함께 지내는 스펜서의 동료 선원 중 한 명이 스펜서에게 그의 변화된 삶에 대해서 질문하였다. 스펜서는 그 선원을 트로트만에게 데리고 가서 말했다. "당신이 나에게 가르쳤던 것을 그에게도 가르쳐 주세요." 트로트만은 대답하기를 "스펜서, 당신이 그를 가르치세요." 이것이 네비게이토의 시작이었다.

스펜서는 트로트만이 자신에게 가르쳤던 것들을 그의 친구에게 가르치기 시작했다. 곧바로 USS웨스트 버지니아호의 125명의 선원이 그리스도 안에서 성장하게 되었다. 2차 세계대전이 끝날 때, 1,000척의 배와 군사 기지에 있는 사람들이 기독교인이 되었고 또 다른 이들을 제자로 훈련하였다. 1948년, 중국은 첫 번째 네비게이토 해외

선교사 파송지가 되었다. 현재, 80개국 이상에서 2천여 명이 넘는 네비게이토 선교사들이 사역하고 있다. 수천 명의 사람들은 그리스도와의 더욱 더 깊은 친밀감 가운데 들어가도록 훈련되었고 다른 사람들이 동일한 훈련을 받을 수 있도록 도와주었다.

네비게이토 간사들은 1:1 훈련과 소그룹 상호작용 활동에 전문가였다. 개별적인 훈련은 다음과 같은 그리스도인의 유형을 만들어 낸다. 즉 잃어버린 자에게 복음을 전하는 것을 배운 자이다. 이러한 주의 일꾼은 초신자를 신앙 안에 세워나가며 삶의 직업, 지역, 환경에 상관없이 초신자들이 하나님 나라를 위해 성장하도록 돕는 사람이다.

네비게이토에서 훈련된 그리스도인들의 일반적인 특성은 성경공부에 탁월한 능력과, 강한 헌신적 삶, 성구 암송, 복음을 전하는 능력, 그리고 다른 사람을 제자 삼는 비전을 가진 지역 교회에서 봉사하는 것이다.

다음은 전 세계에 걸쳐 네비게이토가 연관된 다양한 사역의 형태를 간략하게 나타낸 것이다.

1. 아프리카계 미국인(African-American) 교회. 오래된 집의 재건축하기와 범죄조직의 구성원들과 함께 운동을 즐기는 것을 통하여 개인들과 의미 있는 접촉점을 추구한다.

2. 사업과 전문가(Business and Professional). B&P 간사는 자신들의 영향력이 미치는 영역 안에서 다른 사람을 그리스도에게로 인도하고자 한다. 이들은 훈련된 전문가로서 세계시장에 영향을 끼친다.

3. 교회제자회(Church Discipleship). 이 사역은 "2:7 시리즈"와 같은 다양한 방법을 통하여 지역 교회를 돕는다. 이 실제적인 제자화 프로그램은 교회가 평신도들을 깨우고 제자로 훈련하도록 고무한다.

4. 대학(Collegiate). 간사들은 그리스도를 위하여 세상에 강한 충격을 줄 일꾼들을 양육한다. 이 봉사 분야의 사역자들은 대학 학생들, 교수진, 그리고 직원들에게 초점을 맞춘다.

5. 사역공동체(Community). 이 다목적 실체는 우정(friendship), 시장, 대도시 지구(MetroNet), 전원적이고 작은 마을, 3가지 "E"(복음전도⟨evangelism⟩, 설립하기⟨establishing⟩, 가르치기⟨equipping⟩), 그리고 청년지구(Youth Net)라고 명명되는 그룹을 중심에 두는 사역을 하면서 폭넓은 범위로 사람들을 접촉하려고 한다.

6. 스페인어권(Hispanic). 스페인어가 모국어인 사람, 2개국어을 사용하는 사람, 두 문화를 병용하는 개인 가운데 일어나고 있는 이 사역은 미국 전역에 걸쳐서 스페인어권 노동자들 사이에 증가되고 있는 것에 강조점을 두고 있다.

7. 국제적인 사역그룹(International Ministries Group). 이 사역은 국제적인 학생들과 학자들, 해외 이주자들, 그리고 거주지가 없이 미국에서 다른 나라로 여행하는 선교사들을 돕는다.

8. 군대(Military). 교회는 본국과 해외지역의 미국 군대 가운데 생겨난 사역이다. 그 목적은 개인을 그리스도와 함께 동행하도록 훈련시키는 것과 그가 전생애를 통하여 그리스도를 섬기도록 하는 것이다.

9. 네비게이토 여성의 사역(Navigator Women's Ministries). 이 국제적인 사역은 여성들의 나이와 삶의 배경과 관계없이 여성들을 교화하고 가르치기 위해 존재한다. 이 사역은 하나님 나라의 확장을 위하여 여성들의 은사를 활용, 여성들을 격려함으로써 육성된다. 연 4회의 회보와 멘토링 관계는 이 개별화된 사역의 중요한 요소이다.

10. 연구와 기술혁신(Research and Innovation). 이 사역의 주요 기능은 기술혁신을 자극하고 새로운 네비게이토 사역을 시도, 발전시키며 나아가 연구와 발전에 활기를 띠게 하는 것을 포함한다.

11. 네비게이토출판사(NavPress). 네비게이토 출판사는 책, 비디오, 테이프, 그리고 그리스도와 친밀감을 키워나가는 성경공부 교재들을 출판한다. 또한 다른 사람들과 사역을 하기 위해 문화적으로 적합한 자료를 출간한다.

12. **글렌 에이리**(Glen Eyrie). 에이리는 네비게이토들의 총회 센터이며 삶의 실제적인 문제를 논의하기 위한 회의를 개최한다. 이 시설들은 그리스도와 함께 다른 사람들에게 깊이 있는 양육을 하기 위한 환경을 갖추고 있다.

13. **리더십개발연구소**(Leadership Development Institute). 글린 에이리에 위치한 LDI는 자신들이 하나님께 부여받은 뜻과 영향력 있는 분야 속에서 자신들을 하나님의 종으로 평생 갖추어 가도록 훈련하기 위해 고안된 것이다.

14. **독수리호수캠프**(Eagle Lake Camp). 독수리호수는 글린 에이리의 북쪽에 위치한 700 에이커의 숲이 우거진 모험의 땅이다. 이 사역은 젊은이들과 성인들에게 모든 성경적 가르침 가운데 구상된 낚시, 카누 젓기, 산악자전거, 말 타기 그리고 야생도보 여행과 같은 경험들을 제공한다.

15. **국가봉사센터**(National Services Center). 국가봉사센터는 콜로라도 주, 콜로라도 스프링스에 위치하고 있으며, 네비게이토 간사들을 위해 회계, 행정, 의사소통, 개발 그리고 지도력 등을 제공한다.

MICHAEL F SABO

참고문헌 | R. D. Foster(1983), *The Navigators*; B. L. Skinner(1974), *Daws*.

노년(Elderly). 성경은 노인들을 돌보고 배려하는 일에 대해 많이 언급한다. 성경 저자들은 연로한 사람들이었다. 나이가 지혜나 선함과 동일한 가치를 지니지는 않을지라도 그와 같은 자질과 결합될 가능성이 많다. 시편 71편은 연로한 자들을 위한 하나님의 섭리를 간증한다. 바울은 영적 성숙을 나이에 제한시키지는 않았으나, 나이가 성숙과 나란히 한다는 생각을 표현했다. 그는 목회서신들에서 노인을 존경하는 주제에 대해 언급했다. 그 자신도 빌레몬서를 쓸 당시 연로했다. 성경은 노년에 관한 몇 가지 관점들을 보증하는 듯하다. 일반적으로, 젊음보다는 연로함을 선호한다. 성경적 원리는 연령주의(agism), 즉 하나님이 부여하신 나이를 기초로 한 권리를 부정하는 것에 반대한다.

그러나 연장자들에 대한 모든 성경구절이 다 노인을 가리키는 것은 아니다. 유대적 상황에서 연장자들은 그들의 의견이 다른 사람들의 의견보다 존중받는데, 그 이유는 나이 때문이기도 하고 또는 그들의 집안이 공직에 있기 때문이기도 하다. 고대문명에서 연장자들을 존경하는 것은 전형적이었지만 근대화와 도시화 아래 이 전통은 사라져갔다. 연장자가 교회의 지도자가 되어야 한다는 사례(교회의 장로)를 의심쩍게 여기는 분위기이다. 고대 세계에서 지도력은 당연히 연장자들이 가졌다.

현재 종교와 노화에 대해 집필하는 많은 사람들이 강조하는 것은, 에큐메니칼 뿐 아니라 인문주의나 뉴에이지 영성 같은 포괄적인 비기독교적 입장에서도 종종 언급되는 영성(spirituality)이다. 복음주의 신자들이 이와 같은 신학적 도전에 반응을 아직 보이지는 않지만, 이것을 노인들을 위한 교회활동이라고 묘사한다. 독특한 기독교적 영성은 개종과 더불어 시작되며 그리스도를 닮아 자라간다.

21세기의 인구통계학적 현실은 교회가 노인 대상의 탁월한 사역을 계획해야 한다는 당위성을 강조한다. 예를 들면, 65세 이상 노인들의 약 4%만이 양로원과 같은 기관에 있다. 대부분의 노인들은 자신의 집에서 또는 친척들과 함께 산다. 미국은 노인 인구비율이 증가함에 따라, 플로리다 주처럼 되어가고 있다. 최초의 베이비부머세대들, 1945년 이후로 태어난 사람들이 2010년이 되면 65세가 된다. 교회는 이와 같은 세대 변화를 도외시할 수 없다. 전통적인 어린이와 청소년 상대의 전도에 계속 집중하면서도 교회의 지도자들은 반드시 노인 인구 팽창을 영적 수확기로 보아야 한다. 연로해 감에 따라 노인들이 보다 종교적이 된다는 생각은 사실이 아니다. 노인들은 젊었을 때 실천하던 교회 참여의 패턴을 그대로 지키는 경향이 있다.

전형적으로, 교회의 노인사역은 다섯 가지로 요

약된다. 예배, 목회적 돌봄, 사회 활동, 노인들에 의한 사역 그리고 기독교교육이다. 예배와 목회적 돌봄은 전통적으로 사역자들이 담당해 왔지만 교회는 이들의 영적, 개인적 필요들을 충족시켜 주기 위해 보다 다양하고 창의적인 방향으로 전환해 가고 있다. 점점 많은 교회들이 노인 사역 전담의 사역자들을 전임 또는 시간제로 고용한다. 때때로 이와 같은 사역자들은 음악 및 노인사역 등과 같이 사역분야를 통합하기도 한다.

노인 대상의 사역을 효과적으로 하기 위해서는 연로함에 대한 고정관념보다는 현실성에 바탕을 두어야 한다. 불행히도, 목회자들을 포함한 신자들이 노인들에 대해 잘못된 이해와 태도로 사역을 시작하는 경향이 있다. 노인사역은 반드시 실질적 진리와 함께 성경에 바탕을 두어야 한다. 사실 교회가 전도와 영적 성숙을 방해하는 사회 통념을 강조하는 사역을 수행하기가 쉽다.

사역자들이 믿기 쉬운 영적/연령적 함정이란 어떤 것들일까? 첫째, 사역자들은 노인들이 "삶에 붙박았기" 때문에 그들의 종교생활을 바꾸기가 쉽지 않을 것이라고 믿을 수 있다. 이와 같은 통념은 변화와 성장이 젊은 세대에만 적합하다는 생각을 반영한다. 따라서 성장을 위한 사역이 유지를 위한 사역으로 대체된다. 이 같은 견해에 따르면, 사역은 기계적 작동을 따라가듯 열정이 부족한 형식적인 사역이 되고 만다. 만약 사역자가 노인들과의 대화를 불편하게 느낀다면, 대화는 영적 관심에 대한 진정한 토론이 되기보다는 "종교적 대화"(god-talk)가 되고 만다.

교회에서 노화에 대해 "장점"과 "단점"으로 구분하는 태도와 노인들은 극단적인 삶을 산다는 가정을 하게 되면 연령주의가 생긴다. 극단적인 생활이란 적극적인 교회 참여와 특별한 주의가 불필요한 삶이거나 또는 가정이나 기관에 소외되어 특별한 사역이 필요하다는 것이다. 대부분의 노인들은 이 양극단의 사이에 있으므로 교회는 창의적인 사역 모델을 제공할 필요가 있다.

또한 노인들 상대의 사역은 특별한 훈련이 필요 없다는 오해가 통상적이다. 한 목사는 "그저 그들을 사랑하기만 하면 된다"고 말한다. 사랑은 노인들에게 긍정적인 힘이지만 그들의 필요에 대한 무지와 오해는 실망과 비효율적인 사역이라는 결과를 낳게 한다.

이 분야의 학자들과 사역자들은 미국 노화협회(American Society of Aging) 산하의 특별 관심 그룹인 '노화와 영성 포럼'(Forum on Aging and Spirituality)과 정기 간행물 "종교와 노화"(*Journal of Religion and Aging*)에 공통된 관심을 보인다.

JIM WALTER

<u>참고문헌</u> | A. Becker(1986), *Ministry With Older Persons*; W. M. Clemons, ed.(1981), *Ministry With the Aging*; W. L. Hendricks(1986), *A Theology of Aging*; J. J. Seeber, ed.(1980), *Spiritual Maturity in the Later Years*; F. Stagg(1981), *The Bible Speaks on Aging*.

노령/은퇴(Aged/Retired). 노년(Elderly)를 보라.

노울스, 말콤(Knowles, Malcolm S, 1914-).
미국의 성인교육가. 플로리다에서 태어나 하버드대학에서 학사학위를 받고 시카고대학에서 석사학위와 박사학위를 받았다. 1940년 보스턴 YMCA 성인교육 감독이 되었고, 그곳에서 비공식교육과 성인의 자발적 학습에 대한 많은 이론을 세웠다. 1951년에는 국립성인교육협회(the National Adult Education Associan, NAEA)의 설립 임원이 되었다. 1960년에는 보스턴대학에 성인교육 분야에 새로운 학위프로그램을 만들 것을 요청하였다. 프로그램은 잘 운영되었으며 많은 학생들이 몰렸으나 선임 행정청과 성인교육에 대한 갈등을 빚어 1974년에는 노스캐롤라이나 주립대로 가게 되었다. 1979년 정년퇴임까지 전 세계적으로 성인교육에 대한 소개와 교수 활동, 집필 등을 계속하였다.

노울스, 말콤

노울스(Knowles)는 1960년대 말 유고슬라비아의 성인교육가인 사비체비치(Dusan Savicevic)에 의해 유럽에서 사용되는 성인교육을 처음 접하게 되었다. 노울스는 성인교육학을 "성인들이 학습하는 것을 돕는 기술 및 과학"이라 정의하였다. 이는 신속하게 북미의 성인교육자와 지도자들에게서 유명한 이론으로 자리 잡았다. 노울스는 1970년 그의 기념비적인 책 『현대 성인교육의 실제-성인교육학 대 교육학』(The Modern Practice of Adult Education: Andragogy vs. Pedagogy)을 통해 자발적 학습과 성인교육에 관한 그의 이론의 영향력을 넓혔다.

노울스는 성인학습자를 다섯 가지 주요 특성으로 구분지었다. (1) 인간은 성장할수록 그 자아상이 의존적 인격의 자아상으로부터 자기관리적 인격의 자아상으로 변화한다. (2) 성인은 늘어나는 경험을 계속 축적하며, 학습활동에서 이런 경험을 사용해야 할 필요가 있다. (3) 성인이 배우고자 하는 의지는 그의 사회 역할에서 발전적 책무와 깊이 연관되어 있다. 성인은 교육적 내용들과 일상생활에서 부딪히는 사건들의 연관성을 인식할 필요성이 있다. (4) 사람은 성장할수록 지식의 미래적 활용에서 즉각적 활용으로 시간의 관점에서 변화가 생긴다. 그러므로 성인은 학습에서 주제 중심적이기보다는 문제 중심적이다. (5) 성인은 교육자의 칭찬이나 성적, 혹은 처벌 등과 같은 외부적 요인들에 의해서가 아니라 점증되는 자존심 등 내면적 요소에 의해 배우려는 의지를 갖게 된다(이 다섯 번째 원리가 노울스(Knowles)의 성인교육학의 후판에 첨가되었다).

노울스는 성인교육학에서 그의 다섯 가지 원칙에 기초하여 성인들을 교육하는 전체적인 지도기술 체제를 계속해서 다듬어 나갔다. 『성인교육학의 실제: 현대 성인학습 이론의 적용』(Andragogy in Action: Applying Modern Principles of Adult Learning, 1984)에서 그는 성인교육자들이 지도의 향상을 위해 다음 여섯 가지 제안을 따라야 한다고 했다. (1) 따뜻하고, 온화하며, 기분 좋은, 물리적이고 정서적인 교실의 "분위기". (2) 상호 목적의 계획과 지도활동에 학습자를 참여시킬 것. (3) 그들 자신의 배움의 필요성을 진단하는 과정에 역시 학습자를 참여시킬 것. (4) 학습자원과 학습과정을 돕기 위한 표준화된 척도를 확인할 수 있는 개별화된 "학습 계약서" 등을 통해 학습 계획을 짜는 데 학습자를 참여시킬 것. (5) "선생"이 아니라 "촉진자" 내지 안내자가 되어 그들이 학습계획을 실천하는 데 도움을 줄 것. (6) 자신의 학습과정과 자원, 활동과 교육자에 대한 평가뿐 아니라 자신의 학습발전 정도를 평가하는 데도 학습자를 참여시킬 것.

성인교육 이론을 통해 노울스가 주장한 참여적, 학습자 중심의, 자발적인 교육 접근법은 1970년 이후로 많은 반대자를 낳았다. 어떤 이들은 성인교육학이 학습에 관한 것인지 교수(가르침)의 영역인지 불분명하다고 비판했다. 또 어떤 이들은 노울스의 원리들이 타당성을 얻기 위해 필요한 논쟁이나 경험적 연구 등의 과정을 거치지 않았기 때문에 그 적절성에 의문을 제기한다. 어떤 이들은 노울스가 문제 중심적이고 즉각적인 연관성과 적용을 위한 배움에 관심을 가지고 있다고 가정한 성인의 특질묘사에 대한 예외를 들며 비판한다. 비평가들은 이를 편협한 환원주의적 사고방식이라 말한다. 다른 이들은 노울스가 성인학습자의 특질의 핵심요소로서 반복 강조한 자기관리에 의문을 제기한다. 몇몇 성인교육학자들이 생각할 때 자기관리라는 것은 실제 성인들의 행동과 비교하면 이상적인 결과물이다. 몇몇 이론가들은 모두 혹은 다수의 성인들이 배움의 과정에서 스스로 방향을 설정한다는 가정이 정확한 것인지 의문을 제기한다. 결국 많은 저자들이 노울스의 "동일한 치수가 모두에게 맞는" 성인학습자에 대한 접근법의 예외를 취하여 성인들은 각기 매우 독특하고 다양하다고 주장하게 되었다. 성인학습자들은 그들 개인의 맥락과 별도로 묘사될 수 없는데 이는 어떤 사람도 다른 환경과 다른 생활유형 그리고 다른 나이와 성숙단계에서 동일한 방식으로 배우지 않기 때문이다. 나아가 많은 비판자들은 노울스의 이론이 개인주의와 자긍심을 강조하는 서구 편향적인 것이라 주장한다.

노울스는 이런 비판에 기해 수년에 걸쳐 자신의 이론을 수정하였다. 그는 1980년 그의 『현대 성인교육』 재판에서 성인교육학이 교육학(아이들의 학습을 돕는 기술 및 과학)과 "정반대"에 있다는 그의 초기 주장을 수정하고, 대신 교육학과 성인교육학은 연속선상에 있다는 주장을 이론화하였다. 그 후에 노울스는 많은 경우 다섯 가지 원리 중에서 네 가지 어린이들에게도 적용가능하다고 인정하였다. 그 이후 노울스는 성인교육학을 성인학습에서 "이론"으로서보다 "가정(假定)의 모형"으로 기술하고, 더 나아가 학습자간의 다른 맥락적 환경에 종속하는 "상황적" 모델로 여기게 되었다. 최근 노울스는 '자기방향 설정학습' 개념을 넓혀 새로운 종류의 교육 기관으로서 평생학습의 장(場)인 공동체학습센터 개념을 고안하였다. 하지만 노울스가 계속 주장하는 것은 성인학습의 주요 원천으로서 삶의 경험이 차지하는 중요성이다. 그는 또한 1970년 이후로 성인들에겐 특정한 상황 가운데 성인교육학적 접근이 필요하다고 강조하였다. 이런 관점에서 그는 성인교육방법이 방법론 지향적인 제도적 기안접근에서 벗어나 인간적이고 전체적이며 감성적인 접근 방법을 지향하도록 하였다. 대다수의 성인교육자들은 노울스에 대한 비판자들이라 하더라도 학습자의 관심과 필요에 주의를 기울이게 하고, 그럼으로써 근본적으로 성인교육학의 장에 변화를 가져온 그의 업적을 인정한다.

노울스(Knowles)는 최초로 인적자원 개발 영예의 전당에 오른 사람이다. 지금도 여전히 성인교육 분야에서 상담과 집필 활동을 계속하고 있다. 그의 다른 저서에는 『자기 주도적 학습』(Self-Directed Learning, 1975)과 『성인 학습자』(The Adult Learner: A Neglected Species, 1984) 등이 있다.

TARA J. FENWICK

참조 | 성인발달(ADULT DEVELOPMENT); 성인 기독교교육(ADULT CHRISTIAN EDUCATION); 성인인생주기(ADULT LIFE CYCLE); 성인교육학(ANDRAGOGY); 계약(CONTRACT); 계약학습(CONTRACT LEARNING); 평생학습(LIFELONG LEARNING); 교육학(PEDAGOGY)

노이가르텐(Neugarten, Bernice L, 1916-).

미국 노인학 학자이다. 유태인 리투아니아인의 이민인 아버지의 딸로서 태어난 그녀는 버지니아의 놀포크(Norfolk)에서 성장하였고, 그곳에서 그녀는 뛰어난 학생이었다. 그녀는 몇몇의 성적평가에서 월반을 해서 교육감의 관심을 받았고 그는 그녀가 시카고대학에서 공부하도록 용기를 주었다. 노이가르텐이 대학에 입학했을 때 나이는 겨우 17세이었다. 20세에 학사학위를 받았고 21세에 석사학위를 마쳤다. 대학에서 공부하는 동안 그녀는 사업가 프릿츠 노이가르텐(Fritz Neugarten)을 만났다. 이 둘은 1940년 결혼하였고 남편은 그녀의 학문적 경력을 지원하였다.

노이가르텐은 교육수명과 노화의 분야에 기여하였다. 그녀는 성인들에 대해 삶의 후반기를 연구하는 최초 연구자 중의 하나였다. 그녀는 경제학, 심리학, 사회학, 인류학 그리고 교육을 포함하여 몇몇 학문 분야로부터 통찰력을 구성하였다. 그녀는 노인들을 위한 공공정책 발전에 영향을 미치고 있다.

아동발달위원회를 통하여 그녀는 박사학위를 위한 연구지원을 받았다. 일리노이주 모리스의 사회연구에서 연구과제에 참여하는 동안, 그녀는 우정유형과 사회적 계급에 대한 그녀의 박사학위의 연구를 마쳤다. 한편, 그녀의 위원회는 인간발달에까지 확대되었으며, 27세에 그녀는 미국에서 수여된 인간발달의 분야에서 최초의 박사학위를 받았다.

그녀는 은퇴하던 해인 1980년까지 시카고대학교에서 가르쳤다. 그녀는 노스웨스턴에서 인간발달과 사회 정책에의 학술적인 프로그램을 시작하도록 권유받았다. 8년 후 그녀는 노화, 건강 그리고 사회에 대한 센터에서 로스차일드의 탁월한 학자로서 시카고에 돌아왔다.

노이가르텐은 8권의 책과 150개의 소논문과 연구 논문들 그리고 많은 강의안들을 썼거나 편집했다. 그녀는 이 분야에서 150명의 박사학위 과정에 있는 학생들을 지도했으며 노화에 대하여 백악관 회의소의 의장으로서 도움을 주었다. 그녀는 폐경기 증상과 중년 위기의 보편성과 같은 노화에 대한 일반적인 다수 개념에 도전하였다. 그녀는 연대적 연령이 아닌 필요에 의해 공공정책이 이루어져야 한다는 사실을 고수하고 있다. 또한 그녀는 사람들이 많은 다른 방법으로 나이를 먹기 때문에 "발달"이 성인 나이에 틀린 명칭이 될지도 모른다고 주장했다.

EDWARD A. BUCHANAN

참고문헌 | B. L. Neugarten, ed.(1968), *Middle Age and Aging*

참조 | 성인발달(ADULT DEVELOPMENT); 성인교육학(ANDRAGOGY)

노인학(Gerontology).
노화, 연령층 차별(Aging, Ageism)을 보라

노화, 연령층 차별(Aging, Ageism).
인구 통계학적으로 65세 이상의 인구가 급증하고 있다. 노령에 영적 차원이 현저해진다는 사실로 인해 기독교교육자들은 이와 관련된 분야에 관심을 기울이고 있다.

1. 인구통계학 자료. 유엔(United Nations)의 연구결과들은 아프리카, 라틴 아메리카, 아시아 일부의 노령인구가 급증하고 있다고 밝힌다. 미국 인구 조사국은 2000년이 되면 65세 이상의 미국인의 수가 세계 인구의 13%에 해당하는 약 35,000,000명이 된다고 발표했다(1992). 2030년까지 65세 이상이 22%, 65,500,000명이 될 것이라고 한다. 85세 이상의 연령층은 다른 어떤 연령층보다 급격하게 증가하고 있다. 1960년부터 1990년 사이에 미국 총 인구 증가율이 39%인 반면, 85세 이상의 연령층은 232%로 증가했다.

2. 노령화와 관계된 사회적 상황. 일반적인 생각과는 달리, 대부분의 노인들은 그들의 인생과 적절하게 도움을 주고받는 경험에 대해 흡족해한다. 그러나 그들이 직면하는 어려움도 있다. 다수의 노인들이 자연스럽게 은퇴하는 반면, 24%의 퇴직자들이 극빈자로 살아가고 있다. (미국의) 흑인계와 라틴 아메리카계, 또 여성들이 극빈자가 될 가능성이 높다. 10명 중 7명 정도의 노인들이 집을 소유하고 있다. 그 외에는 아파트 등에 세 들어 살고 있고, 20명 중 한 명은 요양원 신세를 져야 하는 상황이다. 건강 문제가 노인들에게 가장 중요한 요인이다. 70% 이상의 노인들이 자신의 건강이 양호하거나 매우 좋다고 보고하고는 있지만, 약 반수는 규칙적인 치료를 요하는 만성적인 질병에 걸려 있거나, 정상적인 활동의 제한을 받는 상태이다.

3. 종교적/영적 영역. 노인들의 영적 분야의 중요성을 입증하는 자료는 매우 많다. 나이가 들면서 종교성이나 신앙이 증가한다. 모버그(Moberg)가 프린스턴 종교 연구서(Princeton Research for Religion)에 보고한 바에 따르면, 지난 50년 동안 65세 이상의 사람들이 다른 어떤 연령층보다 교회나 종교적 모임의 출석률이 높고, 개인적인 종교활동이 도움이 된다고 한다(1990). 건강이 노인의 의욕을 측정하는 주요인이지만, 코에니히(Koenig)는 건강상의 변화를 제거하면, 종교적 태도와 행동들이 긍정적 의욕을 예견하는 최상의 요인이라는 사실도 발견했다(1994).

4. 노화에 대한 성경적 조망. 동양문화의 배경을 가진 성경의 저자들은 노령화에 대해 서양의 전통

과 상반되는 견해를 피력했다. 레위기 19장 32절에는 노인을 공경하라고 직설적으로 명령한다. -"너는 센머리 앞에서 일어나고 노인의 얼굴을 공경하며 네 하나님을 공경하라." 장수는 하나님의 축복의 증거였고(욥 42:17; 시 61:6; 91:16), 하나님을 경외할 때(잠 9:11; 10:27), 명령을 지킬 때(잠 3:2), 부모를 공경할 때(출 20:12; 엡 6:1-3) 받는 보상이었다. 노령은 지혜의 상징이었고 노인들은 지도자가 되었다(룻 4:2; 삼상 16:4; 잠 31:23). 바울 사도는 노년의 남녀가 어린 신자들을 가르쳐야 한다고 생각했다.

5. 연령차별. 나이에 따라 개인이나 단체를 불평등하게 다루는 것이다. 젊은 사람도 나이 차별의 희생자가 되는 경우가 있지만 연령차별 문제는 주로 고령자들이 경험한다. 고용이나 위임은 퇴정책 등에 연령차별이 많이 생기지만 주택 문제나 건강검진 및 치료를 잘 받지 못하는 등의 문제로 확대되기도 한다. 연령차별은 젊음을 추구하는 서양의 가치에서 유래한다. 모든 면에서 노인들은 젊은 사람들보다 부정적으로 취급된다. 교회에서도 노인들의 필요를 무시한 채 젊은 교인과 그들 가족 중심으로 프로그램을 계획한다. 나이로 능력을 판단하게 될 때 노인들은 연령차별을 경험하게 된다.

6. 교육사역정책. 교회에서 노인들을 대상으로 사역정책을 세울 때는 다양한 영역에 초점을 두어야 한다. 지역사회에서 충분한 지원을 못하는 경우에 교회에서 노인들의 필요에 따라 음식, 의료, 주택, 법적 지원 등을 제공해 줄 수 있어야 한다. 노인들의 영적 필요 또한 클래스나 소그룹, 또는 개인적인 대화를 통해 채워주어야 한다. 사별했을 때, 그들을 도와 재기하도록 하는 것 또한 매우 중요하다. 성경공부를 통해 노인들이 영적 문제를 논의할 기회를 제공해야 한다. 교회가 노인들의 삶을 풍요롭게 하는 봉사의 장이 될 수 있다. 교육정책은 전 교인의 필요를 충족할 수 있도록 세워져야 한다. 세대를 이어주는 잘 구성된 프로그램들을 통해 연령차별을 줄이고 노인과 젊은이들 모두에게 유익한 사역을 해야 한다.

FAYE CHECHOWICH

참고문헌 | M. Kimble, S. McFadden, J. Ellor, and J. Seeber(1995), *Aging, Spirituality, and Religion*; H. G. Koenig(1994), *Aging and God: Spiritual Pathways to Mental Health in Midlife and Later Years*; H. Koenig, J. Kvale, and C. Ferrel(1988), *The Gerontologist* 28(1988): 18-28; D. Moberg(1990), *Gerontology: Perspectives and Issues*; J. J. Seeber(1990), *Spiritual Maturity in the Later Years*; L. Vogel(1984), *The Religious Education of Older Adults*.

참조 | 성인 기독교교육(ADULT CHRISTIAN EDUCATION); 노년(ELDERLY); 후기 성인사역(LATE ADULTHOOD MINISTRY)

논의(Argument). 토론(Discussion)을 보라.

논쟁(Controversy). 토론(Debate)을 보라.

놀이와 아동교육(Play, Role in Childhood Education). 놀이는 아동들에게 생산성을 주는 활동이다. 과거 이십년 동안, 아동 놀이에서 일어나는 발달의 역동을 이해하기 위한 시도를 주제로 한 지속적인 과학적 연구가 있어왔다. 그 결과로 생겨난 학문적 기초들은 방대하고, 복잡하며, 때로는 보고되는 연구결과들이 서로 대조를 이루는 경우도 있다.

아동들의 놀이 과정은 아직까지도 자세한 연구대상으로 남아 있지만, 그 결과들은 확고하게 입증되어 있다. 놀이는 사회화 이전 태도들의 발달을 돕고 도덕적 특성 형성의 도구가 될 수 있다고 알려져 있다.

대부분의 아동들에게 놀이는 일과 반대되는 것이다. 따라서 놀이는 활동적이고, 즐겁고, 자발적 선택에 의한 것이며, 일시적인 것이며, 의미 있는 것이고, 때로는 상징적인 것이다. 일례로 나이든 아

놀이와 아동교육

동들이 어떤 놀이에서 "이 막대기는 말이라고 생각하자"라고 할 때이다.

놀이는 유아들과 어린 아동들이 학습하는 가장 중요한 방법이다. 피아제에 따르면, 아동들은 예측가능하고 점차로 복잡하게 바뀌는 놀이 형태를 거치게 된다. 감각 운동기로 시작하여, 유아들은 후각, 미각, 촉각, 청각 그리고 시각 등을 통해 배운다. 그들은 '연습 놀이'(practice play, 2-7세)에서 '상징적 놀이'(symbolic play)로, 마지막엔 '규칙이 있는 놀이'(games with rules, 7-11세)로 이동한다.

교육의 과정(process)에서 놀이의 주된 역할은 일찍이 프뢰벨(Froebel, 1887)때부터 인식되었다. 이후 더 많은 연구로 결론들은 더 강화되었다. 아동들은 단순히 다른 아이들 옆에서 노는 것이 아니라 함께 노는 것을 배우므로 놀이에서 인지적으로 배울 뿐 아니라 사회적으로 의미 있는 성장을 경험한다. 제임스 존슨(James Johnson, 1990)은 놀이가 아동들의 학습을 강화하는 데 도움이 될 뿐 아니라 새로운 지식들과 기발한 통찰력을 획득할 수 있는 기회를 제공하는 것으로 설명한다. 문제 해결 기술들(Problem-solving skills)은 놀이를 통해 개발될 수 있다.

피아제는 아동들의 놀이를 강력한 동화작용으로 규정한다(Swedlow, 1986). 형성되어 있는 구조들이 부적절한 것으로 드러날 경우, 아동은 동화 즉 현실에 맞춰 구조가 변화되어지는 과정을 겪게 된다. 놀이에서 학습된 기술들은 모든 장래 학습의 토대를 제공한다. 아동들은 사물을 분류하고, 모양들을 만들고 문제를 해결하고, 눈과 손의 공동작용을 발달시키고, 사회적 기술들과 대화 기술들을 정교하게 만드는 것을 배운다. 가장 중요한 것은 그들이 배움을 통해 자신들을 알게 되는 것이다.

또한 놀이는 아동 발달의 창문 역할을 한다. 주의 깊은 성인들은 아동들이 자유롭게 놀고 있는 동안 그들의 선택들, 활동들 그리고 대화양식들을 관찰함으로써 아동의 삶과 문제들에 관해 많은 것을 알 수 있다. 정서적으로나 정신적으로 건강한 아동들은 위기 순간에도 자발적이고 자연스럽게 트럭과 같은 무생물을 향해 분노, 슬픔, 공격성을 표현할 것이다(Mcfadden, 1986, 76). 학대나 상처를 받은 아동은 놀이를 피하거나, 종종 분노가 공격적으로 갑작스럽게 폭발될 때까지 분노를 감추거나, 성인에 대한 불신을 나타내거나, 사람이나 좋아하는 대상들을 나타내는 인형들을 향해 공격성과 폭력성을 보일 것이다.

지혜로운 기독교교육자들은 이러한 풍성한 놀이 학습 자료들로부터 많은 자료들과 아이들의 가정이나 유치원 생활에서 익숙한 경험들이 담긴 학습 환경을 고안할 것이다.

유치원 교실은 블록들, 탐구를 위한 책들, 퍼즐 등과 같은 다양한 물체들을 갖춘 학습센터이자 가정생활센터이며 공작 활동을 갖춘 곳이다. 가정생활센터로서 교실은 집에서 볼 수 있는 기구들, 인형과 인형 침대들, 옷장, 작은 아동용 테이블과 책상들을 갖추고 있다(Choun & Lawson, 1993).

아이들의 놀이 방식은 사회 발달 단계들과 함께 발전하며 그 단계는 다음과 같다. (1) 처음에는 혼자서(2세), (2) 함께가 아닌 다른 사람들 옆에서(3세), (3) 생각은 교환하되 여전히 자신의 일을 하는 식의 함께(3-4세), 그리고 (4) 마지막 단계에서 협동으로(4-5세) 논다.

놀이를 활용할 때 기독교 교사들의 역할은 중요하다. 목표 혹은 결과에 기초를 둔 활동을 고안할 때, 교사는 놀이 과정에 활동적으로 참여한다. 교사가 지도하는 대화들은 학생들이 진리를 발견하고 반응할 수 있도록 이끈다. 활동들과 연결된 지시들은 학습과 성경적 진리를 실제적 삶의 환경들에 적용하는 것을 최대화시킨다.

CHERYL L. FAWCETT

참고문헌 | R. Choun and M. Lawson(1993), *The Complete Handbook for Children's Ministry*; J. Johnson(1990), *Children's Play and Learning*, pp.

213-34; J. B. McCandless(1990), *Harper's Encyclopedia of Religious Education*, p. 489; E. J. McFadden(1986), *Play: Working Partner of Growth*; R. Swedlow(1986), *Play: Working Partner of Growth*, pp. 29-34.

능동학습(Active Learning). 학습자의 학습 구조 통제와 능동적 참여에 초점을 두는 교수 및 학습 방법이다. 전통적인 수동학습(passive learning) 방법 중 가장 건조하고 비효과적인 방법과 상대적인 의미로 사용된다.

능동이란 말은 '생동감 있는', '역동적인', '활동적인', '기능적인', '실행적인'이라는 단어들과 같은 말로 정의내릴 수 있다. 능동학습자들은 학습 활동들을 수행하게 된다. 하버마스(Habermas)와 이슬러(Issler)는 학습이란 "성령의 주도 아래 계획적으로 혹은 비계획적으로 경험되는 변화로서 나이에 걸맞은 지식과 태도, 가치관, 감정, 기술, 습관 등을 습득, 통합해 가는 과정을 통해 그리스도를 점점 닮아 가는 것"이라고 묘사한다(*Teaching for Reconciliation*, 1992, 108). 능동학습이란 기독교교육의 목표를 이루는 데 사용되는 방법 중의 하나이다.

이와 관련된 교수/학습 이론과 방법들로 자발적 학습(self directed learning), 경험학습(experiential learning), 발생학습(generative learning), 참여학습(participative learning), 모험적 학습(adventure based learning), 협동학습(cooperative learning), 현장훈련(on the job training), 실지훈련학습(hands on learning) 등이 있다.

1. 가설. 능동학습은 다음의 세 가지 가설 하에 이루어진다

1) 가르침은 '능동적'이다. 실버맨(Silberman, 1995)은 "훈련이 능동적으로 이루어질 때 참가자들이 최선을 다하게 된다. 그들은 머리를 써서 개념들을 연구하고 문제를 풀어가며 배운 것을 적용한다"고 말한다. 능동학습 이론은 행함을 통해 최선의 학습이 이루어진다고 가정한다. 외적 활동을 통해 내면의 변화를 알 수 있다는 것이다. "바람이 임의로 불매 네가 그 소리를 들어도 어디서 오며 어디로 가는지 알지 못하나니 성령으로 난 사람은 다 이러하니라"(요 3:8). 가르치는 일의 어려운 점은 교수-학습과정에서 때때로 학습자가 배운 것을 삶에 효과적으로 적용하도록 하는 일에 실패한다는 것을 감지하는 일이다. 다시 말해, "아무것도 아닌 일에 야단법석을 떠는 일"과 같은 일이다. 능동학습 이론은 모든 학습자가 능동적이라는 점에 그 토대를 둔다.

2) 학습은 여러 면에서 개인적 '차이'가 있다. 연령은 분명 가장 중요한 요인이다. 성인교육학(andragogy-성인교육의 기술과 과학)은 교육학(pedagogy)과는 다르다. 연령 차이는 유치원생들이나 청소년그룹 또는 중년그룹 등과 같은 또래집단 안에서도 발견된다. 경험의 차이나 경험들을 뜻있는 개념으로 전환하는 능력 또한 개인차가 있다. 성격적 특성이나 성공 사례, 학습을 향한 현재의 태도 역시 학습에 영향을 미친다. 교사들은 학습자들과 교사들 사이의 차이점을 인식해야만 한다. 노울스(Malcom S. Knowles: 미국의 성인교육가이다. 비형식적 교육론과 성인 자발 학습 이론을 수립했다-역주)는 학습자간의 차이점을 다음과 같이 다섯 가지로 요약한다. "학습자 개념의 자발성, 학습 자원으로서의 학습자의 경험, 삶의 책무와 문제들로부터 발달되는 학습의 준비성, 학습에 대한 과제와 호기심을 위한 학습 오리엔테이션, 학습자의 동기와 내적 자극" 등이다(1975, 60-61).

3) 가르침은 '진행 과정'(process)이다. 학습 진행 과정에는 목표, 방법 그리고 내용의 세 가지 양상이 있다(Heimlich & Norland, 1994, 158). 이러한 요인들은 능동학습을 나타내 준다. 목표란 성인학습의 동기를 설명해 주는 것으로 "성인학습의 구

체적 동기에 관한 논의는 형식적 학습 활동에 제한되고, 이에 대한 열쇠는 '참여'에 있다"(Long, 1990, 26). 어린이, 청소년, 성인교육의 방법들은 대부분 활동 중심으로 전개되는 추세다. 호울(Houle)이 분류한 것과 유사하게 패트리시아 크로스(K. Patricia Cross, 1984)는 학습자의 세 가지 유형을 다음과 같이 요약해 놓았다. 첫 번째 유형은 "구체적 목표 달성을 위해 배우는" 목표지향학습자(goal oriented learner), 두 번째 유형은 활동하기 위해 참여하는 활동지향학습자(activity oriented learner), 그리고 세 번째 유형은 배움 자체를 추구하는 학습지향학습자(learning oriented learner)이다(82-83). 다시 말하면, 무언가를 얻으려는 목적만 가진 학습자들도 있지만 대부분의 학습자들은 능동적인 결과에 관심을 둔다. 마지막으로 학습내용은 오직 실천(doing)을 통해서만 잘 배울 수 있다.

  2. **활동.** 능동학습은 "학생들에게 듣기, 말하기, 쓰기, 읽기를 배울 기회와 학습주제의 내용과 아이디어, 논쟁점들을 성찰할 기회를 제공"해 준다(Myers & Jones, 1993, 6). 이를 위해 강의 중심이나 교사 중심의 교수법을 극복할 수 있는 방법들을 강구해야 한다. 능동학습법들로는 토론, 사례 연구, 포럼, 패널, 시뮬레이션, 협동 프로젝트, 비형식적 소그룹 활동, 창의적 게임 등이 있다.

  3. **오늘날의 활용.** 능동학습에 대해 비평가들은 학습자들에게 너무 많은 통제력을 주고 억지로 그들의 인지적 스타일을 부정하게 하며, 교사들로 하여금 많은 시간을 학습 준비에 쓰게 하기 때문에 그 결과 진정한 배움으로부터 멀어지게 한다고 비판한다. 그럼에도 불구하고 태도와 기술, 그리고 일생 동안 이어지는 행동양식은 능동적인 학습법을 통해 더 잘 학습되므로 능동학습은 노력해 볼 가치가 있다.

GREGORY C. CARLSON

참고문헌 | K. P. Cross(1984), *Adults as Learners*; R. Habermas and K. Issler(1992), *Teaching for Reconciliation*; J. E. Heimlich and E. Norland(1994), *Developing Teaching Styles in Adult Education*; M. S. Knowles(1975), *Self-Directed Learning: A Guide for Learners and Teachers*; H. B. Long(1990), "Understanding Adult Learners" in *Adult Learning Methods*; C. Meyers and T. B. Jones(1993), *Promoting Active Learning: Strategies for the College Classroom*; M. Silberman(1995), *101 Ways to Make Training Active*.

참조 | 성인교육(ANDRAGOGY); 인지장이론(COGNITIVE FIELD THEORY); 경험학습(EXPERIENTIAL LEARNING); 교수·학습과정(TEACHING-LEARNING PROCESS)

능력부여(Empowerment). 협력학습(Collaborative Learning)을 보라.

능력부여하기(Empowering). 누가복음 9장 1절에서 예수께서는 그의 제자들에게 귀신을 내쫓고 질병을 치료할 수 있는 능력과 권세를 주심으로 그들에게 능력을 부여하셨다. 사도행전 2장 2절에서 제자들은 이후에도 성령에 의해 능력을 받았다. 포드(Ford, 1991)는 능력을 부여하시는 예수님의 영향력이 제자들의 발을 씻기시는 것을 통해 종의 모습으로 드러났다고 밝힌다.

  능력을 부여하는 일은 신자 안에 성령이 임하는 일로서 성령 받은 신자의 역할은 다른 사람들에게 그것을 전하는 것이다(엡 4:12-13). 모든 구원받은 신자는 구원의 순간에 성령이 내주하심으로 권위와 능력을 받는다. 새신자는 영적 초보자로서 성품 형성뿐 아니라 지적 입력도 필요하다. 능력을 부여받음으로써 신자가 그가 가진 권위로 지식에 입각한 결정을 내리는 수단과 기술을 가진다. 기독교교육자들은 제자화하고, 교제하고, 영적 은사들을 발견하여 개발시키며, 성경을 연구하는 방법을 가르치고, 사람들이 그들의 소명을 찾고 훈련과 실천을 통해 잠재력을 개발하도록 돕고, 지도력 기술을 개발하는 일 등을 하는 동안 분별력을 가지고 다른 사람들을 지도해 주어야 할 책임이 있다. 바울은 디모데에게 그가 배운 것을 남을 가르칠 만한 사람들에게 신실하게 전하라고 권면한다(딤후 2:2).

자신을 따르는 사람들에게 힘과 권위와 영향을 주는 지도자들이 능력을 부여하는 지도자라는 말을 듣는다. 어떤 사람이 결정을 내릴 권위가 있다면, 그 사람은 상급자에게 능력을 부여받은 것이다. 지도자들은 사람들에게 행동할 능력을 줌으로써 능력부여를 실천한다. 교사가 학생에게 특수한 분야나 기술을 훈련시킨다면, 그 학생은 이 새로운 지식과 기술로 능력을 부여받은 것이다.

블랑샤르(Blanchard, 1996)는 사람에게 능력을 부여하는 세 가지 열쇠에 대해 설명한다. 첫째, 지도자는 모든 이들에게 정보를 알리는 것으로 시작하여 그 하급자들은 조직을 이해하고 신뢰감이 형성된다. 둘째, 지도자는 그룹의 목표와 개인의 역할을 명백히 해줌으로써 경계를 만들어 주어 자율성을 형성한다. 이때, 사람들은 그들이 필요한 훈련을 받고 그 결과에 책임을 진다. 셋째, 전통적인 계층을 자발적인 팀으로 대체시켜 줄 필요가 있다. 지도자는 격려와 후원을 해주면서 서서히 팀에게 통제력을 전달해 준다.

로빈슨(Robinson, 1997)은 능력부여와 밀접한 관계가 있는 두 개의 성경적 용어, '구비하기'(equipping)와 '교화하기'(edifying)에 대해 논의한다.

구비하기는 신약성경에서 낚시를 준비하는 그물을 수선하는 데서 채비를 차리고, 준비한다는 뜻으로 사용된다.

교화하기는 목수가 집을 짓는 것과 사역자가 그리스도의 몸을 이루는 것을 묘사하는 데 사용된다.

은사가 있는 지도자들은 그 추종자들을 준비시키고 교화하여 능력을 부여하는 사람들로 이해된다(엡 4:11-13).

능력부여에는 세 단계가 있다. (1) 권위는 있지만 (성령의 내주) 준비(기술이나 수단)가 없다. (2) 준비는 있지만 권위가 없다. (3) 권위와 준비를 모두 가지고 있다. 교육자들은 그리스도인들이 능력을 받아서 무엇을 "왜" 해야 하는지 가르쳐야 한다. 성령께서 교육자에게, 영적 아기들을 양육하여 하나님 나라의 확장을 위해 그들도 전도하고 가르칠 수 있도록 능력을 주신다. 주크(Zuck)는 능력부여와 관련하여 "우리는 행동을 요구해야 한다. 우리 학생들이 배운 것을 실천하고 진리를 매주 그들의 삶에 적용하도록 격려해야 한다"고 말한다(1998, 151). 교육자들은 학생들을 신뢰하여 사역에 동참하도록 해야 한다. 예수께서 "하늘과 땅의 모든 권세를 내게 주셨으니"라고 말씀하신다. 제자들은 가서 "모든 족속으로 제자를 삼아 아버지와 아들과 성령의 이름으로 세례를 주고 내가 너희에게 분부한 모든 것을 가르쳐 지키게" 해야 한다(마 28:18-20). 예수께서는 그들이 능력을 받을 것이며(행 1:8) 자신보다 더 위대한 일을 할 수 있다고 말씀하셨다(요 16:7).

KENNETH S. COLEY AND LAVERNE WINN

참고문헌 | K. Blanchard, J. P. Carlos, and A. Randolph(1996), *Empowerment Takes More Than a Minute*; L. Ford(1991), *Transforming Leadership*; W. C. Graendorf(1981), *Introduction to Biblical Christian Education*; R. W. Pazmino(1994), *By What Authority Do We Teach?*; D. W. Robinson(1997), *Total Church Life*; D. E. Schroeder(1993), *Christian Education Journal*, pp. 2839; D. P. Smith(1996), *Empowering Ministry*; F. R. Tillapaugh(1982), *Unleashing the Church*; J. Westerhoff(1994), *Spiritual Life: The Foundation for Preaching and Teaching*; R. B. Zuck(1998), *Teaching as Paul Taught*.

능력중심교육(Competency-Based Education).

능력중심교육 분야는 다양하기는 하지만 공통적인 특성을 가진다. 첫째, 능력중심교육은 구성능력과 행동, 지식 등의 구체적인 능력함양을 강조한다. 둘째, 학습목표를 설정하여 학생 개인의 학습수행에 따라 목표의 성취도를 관찰할 수 있다. 셋째, 최소한의 목표달성도 성공으로 인정된다. 넷째, 학습활동들을 통해 각 학생들의 단계에 따른 능력 함양을 돕는다. 학생 각자는 학습목표의 달성과 책임의 수준을 인식한다. 끝으로, 전문적인 자격증을 수여하기 전에 능력이 함양되었음을 확증한다.

능력중심교육 프로그램에는 다양한 형태가 있다. 이 프로그램들은 기본단위(module), 즉 하나의 능력에 초점을 둔 학습 단위로 형성되기도 한다. 이 학습단위에는 학습목표와 예비시험, 그리고 예비시험에서 부족한 결과를 보이는 능력을 길러주는 학습활동과 학습의 성취도를 측정하는 평가로 구성된다. 이 기본단위를 속도와 능력에 따라 개인적으로 또는 소그룹으로 진행시킨다. 학습자료센터를 통해 서적이나 시청각자료 등을 제공하여 학생들의 학습을 돕는다.

개인적 장점이나 관심을 극대화하기 위해, 교사진은 학생들의 능력개발을 보조하는 팀을 구성하여 학과간의 지도를 한다. 실제분야의 경험을 주기 위해 학생들은 교사들과 함께 실전의 전문가들 아래 연수교육의 기회를 준다. 전인으로서의 필요를 채워주기 위해 상담 심리학자들도 항상 대기 중이다. 스스로 보조를 맞추는 학생들(self paced students)과 교사진과 연수교육을 시키는 전문인들 사이에 원활한 의사교환을 위해 다양한 종류의 채널을 준비해 둔다.

능력중심교육 과정에서 교사의 역할은 분명하다. 교사들은 학생들에게 학습이 이루어질 때까지 외적 환경을 배열해 줄 책임이 있다. 학생들이 특정한 분야의 능력을 함양했다는 증명이 있기까지는 그 능력을 성취했다고 선언하지 않는다. 학생의 수행하는 학습이 기준에 도달할 때 학습이 이루어졌다고 인정된다. 그러므로 능력중심학습의 중점은 학습자에게 두며, 교수는 학습에 의존한다.

평가는 능력중심교육의 전 과정을 통해 이루어지고, 책임성에 기초를 두기 때문에 학습경험의 절정이라 할 수 있다. 평가는 학습수행을 크게 강조한다. 전문인이 가진 능력의 종류는 그 전문가가 가진 지식만큼 중요하다. 한 학생을 다른 학생과 비교하여 어떤 능력이 있는지 측정하기보다는, 설정된 학습행동목표에 비교하여, 표준화된 시험을 통해 성취도를 측정한다. 이런 시험들은 실제 교육과정과 교육내용에 일치하여 교사의 책임이 정당하게 평가되어야 하고, 학생평가 자체도 공정해야 한다. 학생의 능력평가는 교사와 교육행정가, 연수교육 전문가들이 함께 수행해야 한다.

역사적으로 1960년대 능력중심교육의 주요 추진력은 네 가지 요인에서 출발했다고 할 수 있다. (1) 잉여 교사들, (2) 사회와 학생 본인들 안에서 대학교육에 대한 기대감 변화, (3) 전문적인 훈련의 책임성 강조, (4) 교수학습에 관한 연구개발의 노력 등이다. 능력중심교육은 처음부터 교사교육의 중요성을 강조했다.

능력중심교육을 뒷받침하는 세 가지 가정은 다음과 같다. (1) 중요한 지식은 측정 가능하고 객관적이다. (2) 미리 성취도를 설정하는 일은 지성적이다. (3) 평가는 필수적이다. 이러한 가정들이 과학적 경영 이론, 즉 효과를 위한 입출력의 조절과 주어진 시간과 노력에 대한 확신에 입각하여, 정확하게 측정이 가능하다고 한다. 교육이란 분명하고 구체적인 과제를, 표준화된 평가방법들을 통해 체계화시킨다. 능력중심교육은 실용성을 강조하고, 고정된 기준과 평가에 중점을 두어 프로그램이 진행되는 과정과 결과를 통해 학생의 학습수행을 측정한다.

JANET L. DALE

참고문헌 | L. H. Bradley(1987), *Complete Guide*

to *Competency-based Education: Practical Techniques for Planning, Developing, Implementing, and Evaluation Your Program*; G. E. Hall and H. L. Jones, *Competency-based Education: A Process for the Improvement of Education*; H. Sullivan and N. Higgins(1983), *Teaching for Competence*; M. E. Wirsing, *Educational Forum* 47, no. 1(1982): 9-23.

참조 | 계약(CONTRACT); 계약 학습(CONTRACT LEARNING)

Evangelical Dictionary *of*
Christian Education

EVANGELICAL
DICTIONARY
of CHRISTIAN
EDUCATION

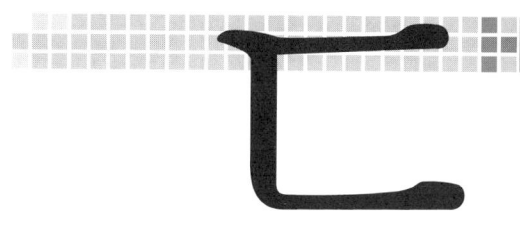

다문화주의(Multiculturalism). 다문화주의는 그 자체로 목적이 아니고 다문화적 세상에서 하나님 나라에 좀더 효과적으로 기여하고자 하는 목적을 갖고 있다. 우리는 많은 문화가 공유된 사회에 산다. 기독교교육 지도자들은 보다 효과적으로 모든 사람들과 관계하기 위해서 다문화적 감성발달에 대한 과제에 직면한다. 게다가 교회지도자들은 일반적으로 모든 문화들에 효과적으로 복음의 메시지를 전달하기 위한 그리스도인들의 책임을 공유한다. 결국 다문화주의에 대한 그리스도인들의 반응은 우리로 하여금 우리 사회에 각 사람의 인간적 가치를 확인하게끔 한다.

공공지역 내의 다문화교육은 1950년대에 발전하는 연구분야로 나타났지만 정의 또는 목표에 관하여 일치를 보지 못했다. 목적은 다양한 접근을 포함하고 있는데 타문화들에 대한 이해와 예민함을 갖는 것, 좀더 동등하게 권력을 공유하는 사회의 발전, 또는 서양 문화의 급진적 비평의 이해와 같이 여러 가지 접근을 포함한다(Bullard, 1992). 더 개괄적인 개념으로 보자면, 다문화주의의 중요한 목표는 다양성과 서로의 존중을 촉진하기 위하여 교육환경을 모두 변화시키는 것이다. 비록 이러한 진술이 기독교교육에 확실히 적용될지라도, 보다 더 전문화된 기독교 통찰력은 '그리스도인으로서의 삶과 사고에 대한 개별적 적용이 교회에서 영적 정체성을 추구하는 모든 사회그룹으로 향하는 것'으로 진술될 것이다.

가장 폭넓은 의식으로서 다문화주의는 교회의 구조조직, 목회적 교육전략 그리고 구성원들의 개인적 가치에 영향을 주는 과정으로 보아야 한다. 교회지도자들이 사회의 문화적인 변화에 관하여 견문을 넓히고자 한다면 문화의 영향을 받았던 기독교 전통의 영역에 대해서도 확인해야 할 것이다. 사실상 민족 중심적인 조직적인 접근과 개인적인 태도는 제지되어야만 한다.

기독교교육 전문가들은 교회공동체 안에서 서로 같음을 내세울 만한 다수 인종간의 긍정적 관계형성 개발을 격려해야 할 것이다. 가르침 속에서 이 (異)문화 간의 기술(cross-cultural skills)은 다양한 학습방식을 제공하기 위해서 필요하다. 교회의 정체성이 사회적으로 포함될 때, 모든 구성원들은 자신들의 민족의/사회의 문화를 교회문화와 통합할 수 있을 것이다. 구성원 모두 정체성 형성의 일부로서 자기 고유의 민족성에 감사하도록 격려되어야 한다.

교회는 협력, 개방, 타인에 대한 관심 그리고 포용으로 표현될 수 있는 관계를 촉진해야만 한다. 이러한 특성들의 주요한 모델로서 부모들은 다양성을 이해하는 자녀들을 기르기 위해 교회프로그램의 지원이 필요할지도 모른다. 함께 살고 함께 일하고 다양한 인종적 배경을 가진 사람들과 부모들과 교사들이 일상적으로 관계 맺는 모습을 통해 "이해된" 메시지를 발견할 수 있다. 영적 발달과 기독교 예배의 목표는 소수 그룹의 구성원들에게 힘을 더하여 주고 부조리를 고쳐나가는 의무를 다할 때 실현시킬 수 있다.

교회교육 프로그램은 구성원들이 더 큰 사회의 구성원으로서 그들 자신을 바라보게 하고 더 큰 사회의 다양한 그룹들의 구성원들과 동일시하며 공감하며 관계맺도록 하는 것을 가능케 할 수 있다. 인종에 대한 부정적인 태도는 종종 지식의 부족이거나 또는 특정한 인종그룹과 접촉의 부족에서 기인한다. 구성원들은 지역교회 안에 다양성에 감사하고 기뻐하도록 고무되어야 한다. 고정 관념, 편견 그리고 차별이 주는 위험에 대해 주목할 필요가 있다.

다문화적 교육과정을 계획할 때 여러 가지 지침들에 유의해야 한다. 그룹상호관계와 반성은 경험과 편견이 열린 분위기에서 이루어지도록 포함되어야 한다. 사용되는 교육과정 자료는 미국의 다양성이 올바르게 반영되어야 한다. 교실과 교구들의 물리적 측면은 책들과 취미 센터, 벽에 걸린 자료 등 이 모두에서 다양한 문화를 나타내야 한다. 가르침과 소그룹들은 그룹사이의 차이만큼이나 유사점들에 초점을 맞출 수 있어야 한다.

교회가 특별히 인종그룹을 위해 기독교교육 프로그램을 만들고자 할 때, 그 그룹의 필요와 관심을 초기에 보여준다. 소수인종그룹일 때 교육, 주택 또는 고용의 분야에 특정한 필요가 있을 것이다. 이것뿐 아니라 많은 사람들은 불공평한 재판 실행들과 인종차별주의와 같은 고통의 경험을 가지고 있을 것이다. 살아 있는 경험으로서 교육이 중심이 되어야 한다. 그리스도의 원리에서 보면 서로 다른 문화와 동시에 같은 문화 속에서 우리 삶은 즐거움과 고통 모두 관련이 있다. 멘토링은 장려되어야 한다. 아동들과 청소년들이 우선적으로 적용될지라도 그 개념은 전 세대에 걸쳐 중요하다.

사회기관으로서, 교회는 열려 있거나 혹은 닫혀 있는 구조로서 작용한다. 닫혀 있을 때는 새로운 사상과 나와 다른 타인을 쉽게 받아들일 수 없다. 닫혀있는 사회그룹의 경계 안으로는 외부의 영향력이 쉽게 침투할 수 없다. 그러나 열린 구조의 교회는 개인과 관점의 다양성을 포용한다. 새로운 사상과 기능의 다른 방법들은 위협적인 것으로 감지되지 않고 대신 전체 공동체를 풍성하게 하는 것으로 인식된다. 개방 상태가 교회와 교회의 교육사역의 특성을 나타낼 때, 모든 문화로부터 온 사람들은 환영받을 수 있다.

LILLIAN J. BRECKENRIDGE

참고문헌 | D. Augsburger(1986), *Pastoral Counseling across Cultures*; J. Breckenridge(1995), *What Color Is Your God? Multicultural Education in the Church*; S. Bullard, Educational Leadership 49(1991-92): 3, 5; J. L. Gonzalez(1992), *Out of Every Tribe ind Nation: Christian Theology at the Ethnic Roundtable*; S. G. Lingenfelter and M. K. Mayers(1986), *Ministering Cross-Culturally*; M. Ortiz(1996), *One New People: Models for Developing a Multiethnic Church*.

참조 | 문화(CULTURE); 문화전계(ENCULTURATION)

다식증(Bulimia). 섭식 장애(Eating Disorders)를 보라.

다중지능(Multiple Intelligences). 지능의 전통적인 관점은 "그 사람은 얼마나 영리합니까?"라고 물어보고 한 가지 능력의 평가에 의해 대답하는 것을 시도한다. 다중지능 개념의 제안자들은 복합적인 지능의 본질을 고려하면서 "그 사람은 얼마나 다양한 면에서 영리합니까?"라고 묻는다.

영국 심리학자이자 통계학자인 갤톤 경(Sir Francis Galton, 1883)과 미국 심리학자인 카텔(James McKeen Cattell, 1890)은 지각기능의 예민함과 반응속도에 의한 지능의 개념에 바탕을 두는 최초의 지능 검사를 개발했다. 1900년대 초까지 프랑스 심리학자 비네(Alfred Binet)와 그의 동료 교수 사이먼(Theodore Simon)은 지능을 측정하는 최초의 효과적인 방법을 발견했다. 지능이 추론, 바른 판단력, 기억력 그리고 추상을 포함하는 정교한 정신능력을 포함한다고 확신하면서 비네는 복합적인 언어와 비언어의 추론적 과제를 포괄하는 "일반적인 지능" 검사를 고안했다.

비네의 테스트는 1916년에 스탠포드대학교의 터만(Lewis Terman)에 의해 수정되어 스탠포드-비네 지능검사(Stanford-Binet Intelligence Scale)의 미국 번역판이 되었다. 현재 스탠포드-비네는 4개 영역을 다루고 있다 — 언어 추론, 양적 추론, 추상적/시각적 추론 그리고 단기기억(Santrock, 1992).

지능이 한 가지 점수에 의해서 나타내질 수 있는 총괄적인 실재인지, 또는 그것이 많은 다른 능력들의 수집인지에 대한 딜레마를 해결하기 위하여, 요인분석 통계법이 다양한 인지능력의 상관관계를 알아보는 데 사용되었다. 스피어맨(Charles Spearman, 1927)은 요인 분석법을 사용했고 정도가 크건 작건 간에 서로 관련된 모든 문항을 발견했다. 그는 그 항목들이 공통으로 기초가 되는 일반적인 요인, 즉 소위 그가 "g"라고 부르는 것을 제안했다. 테스트 항목이 완벽하게 상호관계에 있지 않기 때문에 스피어맨은 이러한 독특한 임무를 띠며 각각의 측정된 특정한 요소를 "s"라고 부를 것을 제안했다. 그의 지능 2가지 요소 이론의 발전은 그 자신이 연구하면서 의문이 생겼다. 그것은 문항의 어떤 부분 집합은 다른 항목들보다 서로서로 더 관련되는 것을 지적했다. 이 발견은 그의 이론에 적절한 보편정도에 따라 그룹 요소들이 설정되도록 수정하여 덧붙였다. 그는 4가지 그룹 요소, 즉 언어적, 시각적, 수치적 능력, 그리고 자연스러운 사회적 요소로 구분했다.

스피어맨과 동시대 미국사람인 써스톤(Lewis Thurstone)은 단일한 개념으로 지능을 보는 원래의 개념과 달리하였다. 써스톤은 지능이 7가지 주된 정신능력(primary mental abilities)으로 구성된다고 보았다. 그 내용은 언어적 의미, 지각 속도, 추론, 수, 기계적 암기, 언어유창성 그리고 공간 또는 시각적 요소이다. 써스톤은 후에 근본정신능력이 서로 다른 능력과 적당하게 관련되어 있음을 발견했고 7가지 중요한 요소들보다 더 적은 수로 2차 그룹 요소들 뿐만 아니라 "g"의 존재를 인식했다. 써스톤의 연구는 지능 검사가 매우 다양한 정신적 과제의 혼합개념이라는 것과 하나의 합산된 점수는 사람들의 능력유형에 대한 중요한 정보를 숨길 수 있다는 사실을 강조했다.

분석요인의 활용은 길리포드(J. P. Guiliford, 1967, 1985)의 "지능구조" 모델을 가져왔다. 이는 분리 가능한 150개의 능력요소를 구성하였다. 길리포드 모델은 "사회지능"의 가능성에 반응하는 '행동하는' 내용 분류를 포함하였고 창조적 사고의 검사를 추가했다. 이 개념으로부터 발산적이거나 수렴적인 사고가 출현했다. 수렴적 산출이 한 가지 최선책에 이르고자 한다면 대조적으로 발산적 산출은 특별한 필요를 채우기 위해 다양한 경우의 대안들을 고려하는 유능함을 포함한다.

1963년에 카텔(R. B. Cattell)은 유동적 지능(주요한 생물학적 그리고/또는 신경적 작용)과 결정적 지능(교육과 생활경험에 의해 형성)을 설명했다. 혼(Horn, 1980)은 유동적 지능(정보를 감지하고 처리하는 능력)이 중년기에 쇠퇴하는 동안, 결정적 지능(누적된 학습 경험에 기초를 두는)은 평생에 걸쳐서 증가한다고 주장했다.

정교한 모델이 가드너(Howard Gardner, 1983, 1993)에 의해 소개되었다. 이 모델은 언어, 논리와 수학, 공간, 음악, 운동, 자기이해, 타인이해 등의 7가지 지능이 있다. 가드너의 이론은 교수와 평가에 영향을 주었고(Lazear, 1991, 1994; Armstrong, 1994) 많은 사람들이 '다중지능'에 대해 빈번하게 언급하고 있다.

만일 정신능력이라고 밝히는 심리측정 접근법이 사고과정의 역동성에 대해 이해가 없다면 그 접근법의 가치는 제한적일 수밖에 없다. 정보처리 접근법은 여러 가지 근본적이고 기초적인 정보 처리구성요소들-감각적 이해력, 주의력, 기억전략, 상징적인 비교와 변화, 초인지 과정 등-과 관련된 것으로서 정신검사의 수행능력을 본다. 연구자들은 이러한 과정의 구성요소의 개인차는 지능검사 항목에서 여러 가지의 수행 가운데 달렸다고 믿는다.

정보처리 접근의 영향력은 스턴버그(Robert Sternberg, 1990, 1997)의 삼중론에서 나타난다. 그는 3가지 요소로서 지능을 설명했다. 스턴버그는 일반적으로 지능검사에서 측정된 것에 가장 가까운 '성분적 지능'(componential intelligence)으로 분석적 사고와 추상적 추론을 설명했다. 통찰력이 있고 창조적인 사고는 "세상 물정에 밝은" '경험적 지능'(experiential intelligence)으로 분류되고, 실용적인 전문지식은 '맥락적 지능'(contextual intelligence)으로 불린다. 현명한 지식인은 그들의 장점을 어떻게 이용할 것인가를 알고 약점을 어떻게 보완할 것인가를 안다. 그들은 "삼중적" 능력 사이의 균형을 이룬다. 이 관점에서 기초가 되는 근본적인 생각은 지능의 인습적인 개념과 지능의 검사는 지적 재능의 중요한 것을 놓치고 덜 중요한 종류의 지적 재능을 과장한다는 점이다.

감성지능(Goleman, 1995)과 도덕지능(Coles, 1997)처럼 다른 영역에서 계속되는 연구와 관심은 다중 지능의 이해가 아직도 불완전하다는 것을 입증한다.

BARBARA WYMAN

참고문헌 | T. Armstrong(1994), *Multiple Intelligences in the Classroom*; A. Binet and T. Simon (1916), *The Development of Intelligence in Children*; J. M. Cattell, Mind 15(1890): 373-81; R. B. Cattell, Journal of Educational Psychology 54(1963): 1-22; R. Coles(1997), *The Moral Intelligence of Children*; F. Galton(1882), *Inquiries into Human Faculty and Its Development*; H. Gardner(1983), *Frames of Mind: The Theory of Multiple Intelligences*; idem(1993), *Multiple Intelligences: The Theory in Practice*; D. Goleman(1995), *Emotional Intelligence: Why It Can Matter More Than IQ*; J. P. Guiliford(1967), *The Structure of Intellect*; idem(1985), *Handbook of Intelligence*, pp. 225-66; J. L. Horn and G. Donaldson(1980), *Constancy and Change in Human Development*; D. Lazear(1994), *Multiple Intelligence Approaches to Assessment: Solving the Assessment Conundrum*; idem(1991), *Seven Ways of Teaching: The Artistry of Teaching with Multiple Intelligences*; J. W. Santrock(1992), *Life Span Development*; C. Spearman(1927), *The Abilities of Man: Their Nature and Measurement*; R. J. Sternberg(1985), *Beyond IQ: A Triarchic Theory of Human Intelligence*; idem(1997), *Successful intelligence*; L. L. Thurstone(1938), *Primary Mental Abilities*.

다지형 프로그램(Branching Programming).

1961년 크라우더(N. A. Crowder)가 최초로 제안한 프로그램 학습 과정 형식이다. 각 학습자가 미리 계획된 순서에 따라 단계별로 학습하는 직선형 프로그램과는 달리, 다지형 프로그램은 학습자가 학습 자료를 통해 스스로에게 맞는 프로그램을 구성하도록 되어 있다. 일단 교육자가 의도하는 학습 목표를 정하고 나면, 교수 자료들을 '단위들'(units) 또는 '학습체제'(frames)로 나누어 학습자들에게 하나씩 제시해 준다. 각 체제에 사지선다형의 질문이 부여되고, 학습자의 대답에 따라 다음에 어떤 체제가 주어질 것인지를 정한다. 예를 들면 학습자가 오답을 하게 되면 프로그램에 일련의 가지를 쳐서 학습자의 이해를 돕는 보충학습을 시켜준다. 만약 학습자가 정답을 말하면 강화해 주는 프로그램의 가지를 통해 보상해 주고 즐거운 경험을 제공해 준다. 이런 방법을 크라우더는 또한 "내재적 프로그램"(intrinsic programming)이라고도 불렀는데, 개별 학습자들의 선택을 허용함으로 전반적인 학습과 학습 자료의 진보에 영향을 주었다.

초기의 다지형 프로그램 교육과정은 종종 "비정형화된 교재"(scrambled textbooks)로서 기능을 했다. 한 페이지에 학습 한 체제와 사지선다형 문제 하나가 있고, 그 페이지 맨 아래쪽에는 학습자의 대답에 따라 다음 몇 페이지로 가라는 지시사항이 적혀 있다. 다른 페이지들도 같은 형식으로 학습 체제와 질문, 몇 페이지로 가라는 지시사항으로 구성되어 있다.

자동화된 티칭 머신들도 다지형 프로그램 방식을 활용했다. 이 전기-기계 기구들은 청취용 테이프와 인쇄물, 슬라이드, 영상 등을 사용하여 학습체제들을 학습자에게 보여주었다. 1970년 초기까지 이러한 전기-기계 기구들은 점차 논리적인 가지치기가 내장된 초소형 컴퓨터들로 대체되었다. 1980년대 초기까지 컴퓨터이용수업(computer assisted instruction, CAI)이 다지형 프로그램 학습법에 거의 독점적으로 활용되었다.

ROBERT DEVARGAS

참조 | 컴퓨터원용교육(COMPUTER-ASSISTED INSTRUCTION, CAI); 컴퓨터 강화학습(COMPUTER-ENHANCED LEARNING, CEL); 입력(INPUT)

단과대학(College). 대학(University)을 보라.

단기선교(Short-Term Missions). 짧게는 1주에서 길게는 2년까지 지속되는 해외 내지는 국내에서 이루어지는 타문화 기독교 사역이다.

현대 선교역사에서 단기선교는 최근의 일이지만 하나의 폭발적인 현상이다. 현대 선교운동의 초기 200년 동안 선교봉사는 평생 동안 헌신하는 사역이었다. 이것은 부분적으로 관련된 여행, 비용 그리고 건강의 위험 등으로 인한 것이었다. 20세기 초반부에 주류 교단들은 해외선교사역을 위해서 단기사역자들로 주로 교사들을 사용하기 시작했다. 그러나 선교위원회가 적극적으로 직업선교사들의 사역을 보충하기 위해 단기자원봉사자들을 모집하기 시작한 것은 20세기 중반이 되어서였다. 오늘날 전 세계에 있는 선교사들의 반은 단기사역선교사들이었다.

단기선교사역을 후원하는 기관들은 300개가 넘는다. 가장 큰 기관은 예수전도단(YWAM)으로서 매년 2만 명이 넘는 단기사역자들을 모집한다. 단기사역자들은 대부분이 대학생 나이지만 중학생에서부터 은퇴한 사람에게 이르기까지 다양하다. 그들은 집짓기, 노방전도, 단위수업 그리고 심장수술에 이르기까지 다양한 선교활동을 한다.

단기선교 프로젝트의 목적은 전도와 봉사이다. 이러한 경험의 결과는 단기팀 구성원들간의 영적 관계들을 돈독하게 하고 선교사들 및 현지인들과의 관계를 형성하는 것이다. 단기선교의 가치에 대하여 선교기관들, 선교사들 그리고 교회 사이에 논쟁이 있지만 두 가지 사실은 확실하다. 단기선교 경험을 가지고 있는 사람들은 교회의 중요한 일원들이며 종종 장기선교후보생들이 된다. 그들에게 단기선교 경험의 가치는 그 경험에 따라오는 선교 및 선교 경험과 일치하는 삶에 대한 비전이다. 간단히 말해 그들은 교회에서 올바른 정보를 가지고 있는 보내는 선교사가 된다. 통계의 차이는 있지만 많은 단기선교사들이 장기선교사들이 된다. "시험을 해보는 것"이 공통된 목적이며 특별히 단기선교사역을 감당하는 대학생 나이의 학생들에게는 더욱 그렇다. 그들은 종종 선교 활동을 타문화에 대한 두려움들을 극복하고 장기적인 헌신의 부담이 없이 선교현장을 시험삼아 가보는 기회로 활용한다.

앤서니(Anthony)의 책 『국내외 단기 선교 사역 지침서』(*The Short-Term Missions Boom: A Guide to International and Domestic Involvement*)는 성공적인 단기선교의 몇 가지 열쇠들을 논한다. 그 열쇠들은 파송받는 교회와 그룹을 섬길 수 있는 후원단체를 선정하는 것, 사역과 봉사 프로젝트 간의 균형을 유지하는 것, 단기 팀을 조직하는 선정과정에 주의를 기울이는 것 그리고 선교활동을 교육하고 준비시키기 위해 지도자들과 자원봉사자들을 여행 전에 훈련시키는 것 등을 포함한다.

선교학자 케인(J. H. Kane, 1978)은 단기선교 경험의 몇 가지 단점들을 제시한다. 단기선교사들은 경험, 문화에 대한 이해, 현지인들의 언어로 의사소통할 수 있는 능력이 부족하다. 여행의 많은 경비, 고참 선교사들과 생길 수 있는 관계의 문제들, 현지 국가의 선교 프로그램의 지속성의 부재 등은 있을 수 있는 또 다른 문제들이다. 그 위에다 장기선교사들이 단기사역자들을 안내하기 위해 감당해야 할 부담과 책임들을 추가해야 할 것이다.

PHILIP BUSTRUM

참고문헌 | M. Anthony, ed.(1994), *The Short-Term Missions Boom: A Guide to International and Domestic Involvement*; T. Gibson, S. Hawthorne, R. Krekel, and K. Moy(1992), *Stepping Out: A Guide to Short Term Missions*; J. H. Kane(1978), *A Concise History of the Christian World Mission: A Panoramic View of Missions from Pentecost to the Present*.

단서(Cues). 교회교사가 성경을 가르치는 중요한 목표 중의 하나는 학습자의 삶이 그리스도의 형상을 따르는 것을 보고자 하는 것이다. 교사들은 성경을 잘 가르치라는 위임을 받았고, 또한 학습자의 행동에 그리스도를 닮아 변화하도록 격려하고 촉진하는 교수법에 관심을 가진다. 단서를 사용하는 것도 한 가지 기술로서 행동주의 교육심리학에서 행동변화에 긍정적인 영향을 주는 보조기재로 사용한다.

행동주의는 행동이 결과들에 의해 형성되고 결정되는 방법에 중점을 둔다. 행동주의에 의하면 보상이 따르는 행동들은 "강화되고"(reinforced) 반복되는 경향이 있다고 한다. 벌이나 비난이 따르는 행동들은 소멸된다. 교사들이 환경을 조절하여 보상이나 억제된 결과로 이끌어 갈 기회를 가지기 때문에 이러한 것을 긍정적인 방식으로 사용하는 법을 연구해야 한다. 단서의 사용이 그런 방법 중의 하나이다.

행동주의 학습순서에서 학습자들은 행동을 표출하거나 환경에 "반응한다"(response). 만약 이 반응이 강화자극을 받게 되면 그 행동은 반복되기 쉽다. 학습자가 강화받을 수 있는 행동반응을 하도록 돕기 위해 교사들은 바람직한 행동 바로 전에 선행하는 자극이나 단서를 줄 수 있다. 이러한 단서들이 학습자가 올바르고 적절한 반응을 하도록 돕는다.

단서를 주는 것은 교사가 학습자를 바람직한 행동 목표로 인도하는 의도적인 방법이다. 이것으로 학습자가 만족할 만한 결과들을 경험하기 위해 무엇이 필요한지 알려준다. 단서는 서면으로 또는 구두 형식으로 교사가 학생들을 도와 질문에 바로 답하고 연습을 마칠 수 있도록 필요한 지식을 마련해준다. 또한 몸짓언어나 지적하기, 보여주기, 본보기 등 비언어적인 단서의 형태도 있다. 언어적이든 비언어적이든, 단서를 사용하는 목적은 학습자를 올바른 방향으로 인도하기 위함이다.

SHELLY CUNNINGHAM

참고문헌 | K. Issler and R. Habermas(1994), *How We Learn: A Christian Teacher's Guide to Educational Psychology*; W. R. Yount(1996), *Created to Learn*.

단일화(Unification). 그룹결속력(Cohesion in Groups)을 보라.

담임목사(Senior Pastor). '담임목사'라는 명칭은 연장자(older)에 대한 지칭과 목자(shepherd)를 가리키는 라틴어의 연합이다. 이 용어는 발전하여 한 명 내지는 더 많은 젊은 동료들과 연계해서 사역한 경험이 많은 목사를 가리키게 되었다. 담임목사는 전통적으로 나이가 더 많을 뿐만 아니라 회중에 대한 수년간의 봉사로 인해 더 많은 권위를 가진다. 젊은 목사들은 언젠가 자기 자신들의 교회를 담임하기 위해 경험을 쌓는 훈련생으로 여겨졌다.

오늘날 담임목사라는 이 용어는 여러 명의 교역자를 둔 상황을 가리킨다. 그러나 이는 나이, 권위 내지는 수년간의 봉사를 보장하지 않는다. 경영전문가인 마빈 쥬디(Marvin Judy, 1969)는 그 역할을 "행정 목사"로(92) 기술했다. 해롤드 웨스팅(Harold Westing, 1985)은 이 위치를 "동등한 사람들 가운데서 우선된 자"로 불렀다(25).

어떤 담임목사들은 자신들의 역할을 단순한 조력자들의 도움을 받는 전통적인 전제적 지도자로 본다. 반면 팀 리더의 방식은 동료교역자들을 동역자로 여긴다. 팀 리더의 일은 커뮤니케이터, 동원가, 가능케 하는 자, 세우는 자, 위임자 그리고 행정가로서 창의성과 협동의 분위기를 만드는 것이다.

관리와 교회 개척의 전문가인 라일 쉘러(Lyle Schaller, 1980)는 담임목사의 역할을 "부족의 추장, 제일의 제관 그리고 회중의 최고 행정관"으로 보고 있다(106). 부족의 추장으로서 목사는 교인들과 관계를 맺고 길잡이를 제공한다. 제관으로서의 목사는 예식들을 집례하고 목양을 제공한다. 제일 최고 행정관으로서의 목사는 교회와 교역자들을 조직하고 행정을 담당한다.

담임목사의 부담의 일부분을 덜기 위해 교회들은 교회의 사무기능들을 담당할 사무행정가를 고용하여 다른 교역자들이 사역에 전념할 수 있도록 해준다. 이는 작은 교회들을 그들 스스로의 행정능력을 능가할 정도의 큰 교회들로 성장시킬 유능한 설교자들의 문제를 해결할 수 있는 하나의 방법이다.

교회가 성장하고 조직표가 더욱 더 복잡해지면 담임목사는 임무들을 위임해야 하는 문제를 직면하게 된다. 전제적 지도자들은 교회행정의 모든 세부사항을 관리하는 반응을 보일 것이다. 팀 리더들은 자신과 다른 재능이 있는 동료들을 찾고, 권위를 위임하고, 동료들에게 그들의 사역을 잘할 수 있는 자유를 주는 것으로 대처할 것이다. 교인들이 특정 이웃이나 필요 아니면 연령그룹으로 나누어지는 소그룹으로 분화되기 시작하면 담임목사가 교회의 연합을 유지할 필요가 있을 것이다.

불행히도 시기와 경쟁은 여러 명의 교역자가 있는 상황을 분열시킬 수 있다. 담임목사들은 자신들이 약한 분야에서 탁월성을 발휘하는 동료들에 대해 일을 꾸밀 수도 있다. 심지어 자신들의 은사들을 반영하는 교역자들 옆에서 어떻게 하는지 보려고 할 수도 있다. 고린도 교인들에게 보내는 바울의 서신은 이 문제를 잘 다루고 있다. 바울은 "몸 가운데서 분쟁이 없고 오직 여러 지체가 서로 같이하여 돌아보게 하셨으니"(고전 12:25)라고 말했다.

작은 교회의 담임목사가 떠나면 교회의 리더십은 일반적으로 평신도들 거의 모두에게 나누어져 있기 때문에 목사의 사임이 커다란 문제를 야기하지 않는다. 이러한 상황에서 작은 교회의 안정성을 가져다주는 또 다른 요인은 적어도 남아 있는 한 명의 교역자가 전문가가 아니라 다방면의 일을 할 수 있는 사람이라면 담임목사 업무의 많은 부분들을 감당할 수 있을 것이다. 대형교회에서는 대다수의 교역자들이 담임목사의 역할을 놓고 훈련받는 다방면에 능한 사람들이 아니라 특정 사역에 헌신된 전문가들일 것이다. 이러한 상황에서 주요 행정담당자가 떠나게 되면 그것은 치명적일 수 있다.

교육사역과 관련하여 담임목사가 일반적으로 관여할 시간이 없다. 전문가라기보다는 다방면에 유능한 사람으로서 담임목사는 이 분야에서 제한된 훈련 내지는 경험을 가지고 있을 가능성이 많다. 많은 경우에 먼저 오는 교역자가 지도력이 부재한 곳에 들어와 교육부 전담이 될 것이다.

담임목사의 참여는 성인 교회학교를 가르치거나 수요성경공부 그룹에 제한될 수 있다. 전통적인 주일 아침 계획은 담임목사를 교육사역의 절정기 시간에 다른 책임들을 감당하도록 한다. 그 결과 담임목사는 성인 수준의 교육 프로그램을 제외한 다른 사역은 잘 모르게 된다. 이러한 상황은 교육전문가에게도 문제가 될 수 있다. 대부분의 성인들이 예배 내지는 성인반을 참석하고 있을 때 주일 오전 프로그램들을 열심히 감독하는 전문가는 대부분의 교인들에게 있는지 없는지 인식이 잘 안 될 수 있다. 만일 교육 프로그램이 초등학생과 청소년들을 위한 예배를 제공하면 그들 중 많은 아이들은 담임목사를 알지 못할 것이다.

그들이 만나는 시간이 거의 없기 때문에 담임목사와 교육전문가는 특별한 노력을 기울여 함께 일하도록 하고 교회의 사역들이 일치된 사명과 교리의 입장을 가지도록 해야 한다. 담임목사는 교육사역의 프로그램들과 필요들을 홍보하는 지속적인 노력을 기울여야 한다. 눈에 잘 띄는 입장과 지위로 인해 담임목사는 사역자들을 모집하고, 자원봉사자들에게 감사하고, 자금을 모을 수 있는 좋은 위치에 놓이게 된다. 강단에서 교육프로그램의 중요성을 인정함으로써 담임목사는 교인들의 기도, 재정 후원 그리고 참여를 현저히 늘릴 수 있다.

ROBERT J. CHOU

참고문헌 | K. O. Gangel(1990), *Feeding and Leading*; K. O. Gangel and J. C. Wilhoit(1995), *The Christian Educator's Handbook of Spiritual Formation*; M. T. Judy(1969), *The Multiple Staff Ministry*; L. Schaller(1980), *The Multiple Staff and the Larger Church*; H. J. Westing(1985), *Multiple Church Staff Handbook*.

참조 | 부목사(ASSOCIATE PASTOR); 장로(ELDER); 목회자(MINISTER); 조직표(ORGANIZATIONAL CHART)

대각성(Great Awakenings). 미국에서 1차 대각성은 주로 1720-1750년 사이에 18세기 초에 일어났다. 조나단 에드워즈(Jonathan Edwards), 조지 횟필드(George Whitefield), 윌리엄 테넌트(William Tennant)와 같은 사람들은 몇몇 공적인 지도자의 활동보다 훨씬 더 각성을 일으킨 요인이었다. 이 운동은 넓은 지역에 영향을 미치고, 미국 사회 전체를 향한 것이었기 때문에, 각성운동 앞에 "대"(great)란 술어가 붙을 수 있다. 미국 사회의 다양한 부류의 사람들은 이 운동에 충격을 받았다. 이 각성운동은 하나님께서 미국을 향해 특별한 뜻을 가지고 계신다는 공통된 믿음을 심어주면서 사람들을 결속시키고, 서로 다른 동부의 주들(미국 동부 13개 주이며 미국 독립운동시 합하여 합중국을 이룸- 편집주)에게 국가 의식을 형성하는 데 큰 역할을 담당했다는 것을 의심할 여지가 없다.

대각성은 모든 종파를 넘어 그 종파마다 새로운 교회들을 더하였다. 교회의 이러한 성장은 목사 후보생의 수를 증가하였고, 그에 따른 교육적인 기회를 제공하는 운동에까지 놀라운 결과를 가져다 주었다. 이 시기에 'Low College'(초기 미국의 장로교적 신학교-편집주) 대표인 윌리엄 테넌트(William Tennant)의 교육적 발의가 시작됨과 동시에 요즘 많은 동부대학의 선구자들이 이 기간 동안 출생하였다. 또한 초등학교들이 노예의 아이들과 인디언, 흑인을 위해 설립되었다.

대각성 운동 전까지 몇몇을 제외하고 미국인의 종교적인 삶은 칼빈과 제네바의 가정(assumptions)들을 반영하고 있었다. 대각성 운동에서 일어난 것들은 신학의 체계를 대체할 만큼 정도는 아니었지만, 새로운 분위기를 형성하였다. 그것은 종교생활의 외적으로 관찰할 수 있는 체계화에 초점을 둔 기독교의 생활관을 그와는 달리 개인의 종교적 체험으로 대치하는 혁명이었다. 미국 종교생활에서 이런 우선권의 전환은 논쟁을 동반했다. 대각성운동은 회심이라고 불리는 갱신운동일 뿐만 아니라 기독교인의 생활 자체의 성격에 관해 유지해 온 종교적 가정에 도전하는 갱신운동이었다.

미국교회의 성장과 미국 혁명(American Revolution)을 반영한 정치적인 독립은 뚜렷이 미국의 청교도들에게 영향을 주었다. 1,800개에 달하는 교회들이 혁명 이후의 평화는 국가적, 개인적 정신훈련의 방관을 일으킨다는 사실을 자각하였다. 종교적 부흥의 필요는 이제 부흥운동가의 설교와 종교적 체험의 역사적 선례를 남겼다.

19세기 전반에 두루 일어난 제2차 대각성운동에서 종교지도자들은 청중들이 회심하도록 영향을 미치는 데 초점을 맞추는 방법으로 부흥을 일으킬 수 있었다는 점이 특징이었다. 종교적 부흥은 예일대의 학장인 티모티 드와이트(Timothy Dwight, 조나단 에드워즈의 손자-편집주)와 같은 지도자에 의해 계속 되었다. 이와 같은 부흥운동가의 선구자적 기상은 제임스 맥그래디(James McGready)와 같은 목사들에 의해 인도된 캠프 집회의 전례가 되었다. 찰스 피니(Charles Finney)는 이전 세기에 일어난 제1차 종교 대각성 운동에서 태동된 이 부흥운동의 전통을 전형화한다. 그는 더 이상 부흥을 끝으로 보지 않고 영원히 종교적 삶을 갱신하는 것의 한 부분으로 여긴다.

2차 대각성운동을 개인적 삶의 차원으로 기독교육분야 안에서 좋은 예로 보여 준 사람은 호레이스 부쉬넬(Horace Bushnell)이었다. 부쉬넬은 신앙교육운동의 아버지로 알려져 있다. 그가 코네티컷에서 목사로 있을 때 약화되어 제자리로 돌아가려는 그의 공동체를 향해 부흥주의자 전략을 사용하였다. 몇 년 후 그는 기독교 목사들을 가장 낙심하게 하는 기대가 바로 '활기찬 기독교는 무엇보다도 부흥에 의존한다' 는 생각임을 고백했다. 부쉬넬(Bushnell)은 그 시대의 부흥열기에 기독교 양육이라는 그의 생각으로 응답한다. 그는 가정에서 자녀들이 다른 모습이 아닌 오직 그리스도인으로서 자라게 된다는 점을 바탕으로 양육의 가장 중요한 장소로서의 가정에 그의 초점을 맞추었다. 부쉬넬은 그의 시대보다 훨씬 앞서서 종교적 체험이 자녀에게 심리적으로 긍정적인 영향을 준다고 주창하였다. 부쉬넬은 바른 교육과 책임 있는 기독교 가정들을 기독교적 삶을 영속시키는 가장 중요한 기회로 보았다.

제2차 종교 대각성 운동의 긍정적 자본주의 성향은 19세기에 걸쳐 미국의 기독교에 전형화되었다. 자유와 보수를 막론하고 새로운 구조와 프로그램은 급성장하였다. 주일학교 운동은 미국의 개척자들에게 매우 공격적 복음 전파의 도구였고 그 시대 미국 교회에게 안정적인 무기였다. 하기교육집회(Chautauqua)운동은 영국에서 대중화된 확장 교육 원리를 이용하여 평신도 교사들을 교육시키는 프로그램의 일환으로써 일어났다. 하기교육집회 운동은 미국의 일반 대중에게 배움의 기회를 제공하는 다양한 성인교육 프로그램의 선구자이다.

YMCA의 적극적 전도와 견고한 성경공부 방도는 무디(D. L. Moody)와 같은 기독교 지도자들을 위한 교육의 장이었다. 이에 무디는 성경학교운동을 이끌며 평신도를 위한 기초신학교육을 개설하여 수많은 사람이 하나님을 신실하게 섬길 수 있도록 하였다.

제2차 대각성 운동으로부터 나온 기독교의 의욕적인 전도방법은 여성들에게 가정 외에서도 목회와 기독교 교육에 참여할 수 있는 길을 찾게 함으로 초기 여성운동을 촉진시켰다.

18세기와 19세기의 연속된 대각성 운동은 명백하게 미국의 정치 질서와 개신교의 교회 주의에 반영되었다. 더 좋게든 나쁘게든 이 시기에 일어난 종교 패러다임의 변환은 연달아 일어나는 미국 교회와 교육 활동(세속적 그리고 기독교적)에 계속적이고 중요한 영향을 미쳤다.

BYRON D. KLAUS

참고문헌 | E. Cairns(1986). *An Endless Line of Splendor*; K. Gangel and W. Benson, eds.(1983), *Christian Education: Its History and Philosophy*; W. Hudson, Religion in America(1965); W. Noll(1992), *A History of Christianity in the United States and Canada*; J. Reed and R. Provost, eds.(1993), *A History of Christian Education*.

참조 | 부쉬넬, 호레이스(BUSHELL, HORACE); 식민지교육(COLONIAL EDUCATION); 주일학교(SUNDAY SCHOOL); 주일학교운동(SUNDAY SCHOOL MOVEMENT); 에드워즈, 조나단(EDWARDS, JONATHAN)

대륙의 교육철학(Continental Philosophy of Education).

유럽대륙의 교육철학의 주요한 맥락은, 교육을 인문주의적으로 개혁하고자 했던 일련의 교육이론가들의 공헌으로부터 찾아볼 수 있다. 이 이론가들의 반대편에 있는 자들은 당대를 주름잡던 교육자들로서 추론과 무조건적 암기, 퇴보한 형태의 인문주의-그리스 로마 고전문학의 문법과 언어학을 주로 강조하던-에 중점을 둔 교육과정을 강조했다.

당시 유행하던 교육철학과 실천에 도전을 던진 최초의 이론가는 코메니우스(John Comenius, 1592-1670)이었다. 모라비아교파의 감독이었던 코메니우스는 평생교육을 통해 우주적 평화를 추구했다. 그의 철학의 일면은 인간 지식의 총체를 백과사전식으로-그는 이것을 "범지주의"(pansophism)라고 불렀다-조직하자고 강조했다. 이것을 통해 개인이 아는 것부터 모르는 것까지 전체 지식을 논리적 순서대로 체계적으로 학습한다. 세계 평화의 비밀은 모든 사람에게 모든 것을 가르치는 것이었다.

이 야심에 찬 과제를 완수하기 위해서 코메니우스는 세 가지가 필수적이라고 했다. 좋은 방법, 좋은 교재 그리고 좋은 교사들이다. 그의 방법은 당대에 유행하던 연역법을 버리고 베이컨 식의 귀납법을 따랐다. 코메니우스는 어린이들을 "가능한 한 책을 공부하는 것이 아니라 하늘과 땅… 등을 공부해서 지혜롭게 성장하도록… 그들은 스스로 연구하고 공부할 수 있도록 가르쳐야 한다"고 주장했다. 언어를 통해 가르치기 이전에 감각을 통해 먼저 교육시켜야 한다고 했다.

그러한 방법들이 코메니우스의 이상적인 교재 안에 포함되어 있다. 그의 『세계 도해』(*Orbis Pictus*)는 "그림 속의 세계"라는 뜻으로 역사상 최초의 어린이용 예화를 그린 교재이었다. 이 책은 사물을 가리키는 라틴어 어휘에 그림을 첨가했다. 코메니우스는 그의 교육철학을 『대교수학』(*Great*

Didactic)에 요약해 놓았다. 여러 가지 면에서 그는 현대교육의 선구자였다.

코메니우스와 같은 선상의 또 다른 교육이론가는 역사상 가장 영향력 있던 교육자 중의 한 사람인 루소(Jean Jacques Rousseau, 1712-1778)였다. 루소는 교육에 있어 코페르니쿠스로 생각될 수 있다. 전통적으로 교육이 성인의 관심과 사회생활 중심이었던 반면, 루소는 어린이의 필요와 활동이 교육 과정의 중심이 되어야 한다고 주장했다.

루소는 수세기 동안 유럽대륙의 유행이었던 형식교육에 반대하였고, 어린이의 본능과 자극과 감정 표현에 무제한의 기회를 주는 자연교육을 주창했다.

루소는 건전한 교육의 토대는 지적교육이 아니라 경험이라고 했다. 그러므로 그의 교육적 접근은 교사의 개입이나 과제에 대해 부정적이었다. 자연스러운 호기심이 내적 동기를 유발한다고 보았다. 루소는 연령마다 나름의 학습과제가 있어서 어린이가 발달함에 따라 그런 필요들을 채워주어야 한다고 했다. 루소의 교육철학은 그의 책, 『에밀』(*Emile*)에 가장 잘 나타나있다.

루소의 제자는 매우 많지만, 기존의 교육이념에 대항하여 큰 공헌을 했던 페스탈로치(Pestalozzi, 1746-1827)가 가장 탁월하다. 페스탈로치는 루소의 원리를 자신의 자녀들에게 적용해 보려 시도했지만, 그것이 비실용적임을 알아내었다. 그리하여 그는 어린이의 본성과 교육적 진행과정을 연구하기 시작했다. 그는 교육이 어린이 본연의 힘과 능력을 자연스럽고 자유롭게 발전시키도록 노력하고 또 교육은 정신뿐 아니라 마음과 손도 포함해야 한다는 루소의 이론에 동의하지만, 그의 교육실천은, 현대 교육 심리학의 선구자라는 말을 듣게 만든, 어린이 본성의 연구에 토대를 두었다.

대륙적 전통의 다른 개혁가들처럼 페스탈로치도 보편적인 암기 위주의 교육을 무시하였고, 학생들의 감각에 호소했다. 그런 점에서 그는 코메니우스보다 한 걸음 더 나아가, 구체적 실례를 가지고 가르치는 방식을 활용하기 시작했다. 또한 루소의 소극적 교육으로부터 교사의 역할을 적극적인 견해로 보아, 궁극적으로 교사교육을 실천하기 시작했고 또한 교육이라는 학문을 과학으로 발전시켰다. 그는 또한 과목의 성적평가를 학생 발달의 법칙과 조화를 이루게 했다. 그리하여 페스탈로치는 현대 초등교육의 기초를 놓는 데 공헌을 했다.

페스탈로치의 제자는 둘이 있는데, 그들 역시 기존의 연역적 책 위주의 교육에 맞서 대륙의 교육철학 수립에 공헌했다. 한 사람은 헤르바르트(Johann Friedrich Herbart, 1776-1841)로서, 지식 습득이 일어나는 그의 "형식적 단계"(formal steps)에 대한 설명을 통해 교수-학습 과정을 합리화시키는 데 많은 공헌을 했다. 루소 및 페스탈로치와 함께 헤르바르트도 교육은 어린이의 본성적, 자발적 관심에 기초를 두어야 한다고 했다.

다른 한 사람은 프뢰벨(Friedrich Froebel, 1782-1852)이다. 프뢰벨은 자기 활동성, 창의성, 사회참여, 동적 표현 등의 교육적 개념을 부각시켰다. 현대식 유치원은 그가 이룬 공헌 중의 하나이다.

이 다섯 사람의 교육이론가들이 책과 과목중심의 연역적, 전통적 교육을 물리치고 현대교육과 교육심리학의 새로운 길을 준비시켰다.

GEORGE R. KNIGHT

참고문헌 | J. A. Comenius(1967), *John Amos Comenius on Education*; G. L. Gutek(1968), *Pestalozzi and Education*; A. E. Meyer(1975), *Grandmasters of Educational Thought*; J-J. Rousseau(1979), *Emile, or On Education*.

대리인(Agent). 중개인(Broker)을 보라.

대상학습(Object Lesson). 잡히지 않는 개념에 대한 통찰력과 이해를 높이기 위해 어떤 구체적 대상을 활용하는 교수방법을 말한다. 흔히 이러한 대상의 특징을 살펴보면 교사가 설명하거나 전달하고자 하는 진리와 흡사한 성격을 담고 있다. 그 이유로 대상학습은 자주 아동을 중심으로 활용되고 있는데 대상을 통해 상징적인 "유사성"을 보여줌으로써 아동의 이해를 돕고자 하는 배려 때문이다. 많은 다양한 수단(그림, 질문, 이야기들)을 통해 동일한 진리의 의미를 파악하게 함으로써 아동에게 원래 의도한 의미를 이해하도록 돕는다. 대상학습은 간혹 그 중요성을 놓치기도 하는데, 이는 아동의 이해를 연결하는 세심한 구성을 만들지 못한 결과이다. 아동은 구체적 물체(상징)를 개념적 사고로 연결하여 설명하기보다는(예, 돈〈상징〉으로 안전〈개념〉을 표현함) 실제적인 사물로 구체적인 이해를 더 잘 깨닫는다(예; 상자는 상상의 차가 될 수 있다). 이때 이중적 의미가 있는 단어와 동의어는 아동의 제한된 사고를 혼란스럽게 할 뿐이다(예; 하나님의 아들〈son〉 예수님을 표현할 때 태양〈sun〉을 사용하거나 "구멍투성이의"〈holey〉와 "거룩한"〈holy〉이 혼란을 일으키는 것). 같은 진리에 대한 조심스러운 질문과 다양한 강조점은 정신적 이해를 분명히 하기 위해서 필요하다. 마술 또는 깜짝쇼를 시연하는 대상학습에서 간간이 아동은 가르치고자 하는 내재된 진리에 관심을 두기보다는 "어떻게 그렇게 했어요?"에 더 끌린다. 그렇기 때문에 아동의 개념화 시키는 능력이 제한된 것을 생각할 때 오히려 성인에게 대상학습이 더 적합하다고 할 수가 있겠다. 예수께서는 대상을 활용하실 때(들의 백합, 양, 씨앗) 항상 성인을 대상으로 가르치셨다.

JULIE GORMAN

대학(University). 여러 단과대학들과 교수진, 학위 그리고 다양한 형태의 학생들로 구성된 오늘날의 대학제도의 역사는 파리, 볼로냐, 옥스퍼드 등의 초기 유럽 대학들의 설립과 함께 시작되었다. 800년 이상의 역사에도 불구하고, 현대 대학들은 여전히 중세의 대학들과 유사한 점이 많이 있다.

사실 중세의 대학은 많은 부분에서 현대인의 눈에 이상하게 보인다. 오늘날의 대학생들은 단체로 대학촌을 떠나 새로운 지역에 있는 같은 대학에서 새롭게 출발함으로 더 이상 불만이 있는 지역에서 등록하지 않는다. 또한 교수들이 자신에게 지정된 시간을 지키지 않았다고 해서 정해진 벌금을 내는 법도 없다.

한편, 현대적 개념의 대학을 정의해 주는 기본적 개념들은 중세에서 그 기원을 찾을 수 있다. 오늘날과 마찬가지로 당시에도 '석사'나 '박사'와 같은 용어들이 높은 수준의 지적이고 학문적인 성취를 나타내기 위해 사용되었다. 더욱이 대학들의 지위가 교황이나 국가에 의해서 인정되었기 때문에 이러한 학위들이 점점 더 보편적으로 인식되었고 인정받게 되었다. 예외가 있기는 하지만, 한 대학에서의 '박사'는 다른 대학에서도 같은 권리를 인정받았다. 다른 몇 가지 요소들과 함께 바로 이러한 표준화가 대학을 12-13세기의 유럽의 독특한 창안물이 되게 하였다.

1. 중세 대학의 기원. 중세 대학의 선구자로 가장 많이 언급되는 것은 성당에 소속된 학교이다. 본래 3학(trivium) 곧 문법, 수사학, 논리학에서 기본보다 약간 진보된 교육을 실시했던 이들 학교는 점점 더 그들의 교육 과정을 강화시켜 나갔다. 상위 학문인 4과(quadrivium)에는 산술, 음악, 기하학 그리고 천문학이 해당된다. 비록 그 지역의 주교의 관할 하에 속해 있었지만, 때로는 학교의 학장에게 직접적인 감독의 권한이 위임되기도 했다.

이러한 시점에서 여러 가지 요소들이 하나로 모아지게 되었다. 진보된 교육과정을 가진 성당의 학교들은 더 많은 학생들을 모집하게 되었다. 학장들은 점점 그들의 교구 내에서 교사를 임명할 수 있는 권한을 얻게 되었다. 결국 주교는 교사의 자격증(ubique docendi)을 발행하는 권한을 대부분의 유명한 성당 학교들의 학장들에게 위임하게 되었는데, 이 자격증을 소유한 사람들은 기독교국의 어디서나 가르칠 수 있는 권한을 갖고 있었다.

더 나은 교육을 받기를 원하는 학생들은 때로 먼 거리를 여행하면서까지 더 유명한 교사를 찾아다니기 시작했다. 국제적으로 형성된 많은 그룹의 학생들이 위대한 아벨라르(Abelard)의 주변에 모여들기 시작하였다. 어떤 이들은 그의 강의를 파리 대학의 시초로 보기도 한다.

성당학교의 존재가 중요하기는 하지만 그것만으로는 대학의 기원을 완벽하게 설명하기 힘들다. 왜냐하면 많은 대학들이 성당학교와는 관계없이 발전해 왔기 때문이다. 다른 중요한 요소들 중의 하나는 기독교와 이슬람의 문화를 정면으로 대응시키고 유럽을 길고 긴 지적 수면으로부터 깨웠던 십자군 운동이다. 이와 함께 유럽은 경제적, 정치적으로 발전하게 되었다. 또한 개개인에 대한 존중과 사상의 발전을 도모하게 되었다. 비록 교황권이 이노센트 3세(Innocent Ⅲ)가 지배했던 12세기 말에 그 절정에 달하였으나, 이탈리아의 자치 도시와 점점 커져가는 프랑스와 영국의 통일 왕국들로 인해 점점 더 정치적 영향력을 상실하게 되었다. 무역상들의 조합들도 점점 정치적인 세력을 얻게 됨에 따라 학습자들에게도 있을 법하지 않은 심리작용을 일으켜서 결국 학생조합이 형성되었다. 학생들에게까지 믿기 어려운 심리작용을 일으켜 결국 그들이 함께 모여 학생조합을 형성하게 되었다. 사실상 이러한 조합들은 어떤 한 지역 내의 모든 학생들의 모임을 언급하는 "우니베르시타스"(universitas)의 개념을 형성하는 첫 번째 요인이 되었다.

초기 대학들의 설립을 촉진하는 여러 가지 조건들이 점점 빠른 속도로 퍼져나가게 되었다. 교육, 종교 그리고 정치 지도자들이 앞을 다투어 위대한 스승과 배움에의 열정이 가득한 제자들의 호감을 얻기 위해 경쟁하였다. 배움의 전당들은 중세 사회적 지위의 상징이 되었다. 특히 교육의 이점이 점점 현실화되면서 이런 현상은 더해 갔다. 법규를 해석할 수 있는 훈련된 법률가들의 실질적 가치가 로마에서 인정받게 되었다. 남부 유럽의 학교들도 곧 법률과 의학 분야를 전문화하기 시작했다. 북유럽에서는 철학과 신학의 미묘하고 난해한 해석에 열중하였다.

비록 배움에 대한 순수한 애착이 새로운 대학들을 설립하는 중요한 동기가 되었으나, 그 밖의 많은 동기들은 고상하기보다는 실용적인 이유에서 비롯되었다. 결국, 그 이유가 교황의 특권, 지역도시의 자부심, 혹은 열정적 학생들이나 열의에 찬 교수들이든 간에, 12세기의 사회, 정치, 경제 그리고 종교적 상황들을 모아 놓은 중요한 총집결체가 포문을 열게 된 것이다. 유럽은 화려하게 빛나는 성운의 탄생을 목격하게 되었으며, 이제 막 태어난 대학들의 학문적 광채에 둘러싸이게 된 것이다.

2. 중세 대학의 공통된 주제. 비슷한 조건 속에서 시작되었다는 점 외에 어떤 면에서 이 새로운 대학들의 공통점을 찾을 수 있을 것인가? 정확하게 부서들이 분립되어 있고, 판이하게 서로 다른 교육에의 접근방식을 가진 오늘날의 고등교육 기관들과 달리 중세의 대학들은 보편적으로 받아들여지는 철학적 결집력과 세계관을 가지고 있었다. 이러한 세계관은 사실상 당시 만연했던 기독교 신학의 반영에 불과하다. 그러나 오늘날 기독교교육자들은 약 1215년경(Ruegg, 1992, 32-33) 파리대학의 규정에서 나온 다음의 일곱 가지 평가적인 명제들로부터 추천하고 따를 만한 모델을 찾을 수 있다.

1) 하나님은 합리적이고 인간 이성으로 이해 가능한 질서 있는 우주를 창조하셨다. 이 명제는 하나님의 작품의 이성적 질서를 이해하기 위한 과학적이고 학문적인 연구를 정당화했다.

2) 인간은 비록 완전하게 창조되었으나 죄에 빠졌다. 이 명제는 인간의 지식에 한계가 있음을 의미하는 동시에 학문적 비판의 필요성을 암시하였고 대학들이 연합해야만 하는 커다란 이유를 제시한다. 타락 교리는 또한 많은 초기 교육자들로 하여금 인간성의 도덕적 가치와 하나님을 향한 경외가 학자와 과학자가 지녀야 할 이상적인 이미지라는 인식을 심어주었다.

3) 인간은 비록 타락했을지라도, 여전히 이마고 데이(imago dei), 곧 하나님의 형상을 지니고 있으며, 따라서 존중되어야 한다. 이 명제는 연구와 가르침에서 학문적 자유를 위한 기초가 되었다.

4) 하나님의 본질은 절대적이며, 따라서 과학적 진리의 필요성 또한 절대적이다. 기독교교육자들은 이 진술로부터 "모든 진리는 하나님의 진리다"라는 고대의 표어를 듣는다. 중세학자들은 연구와 가르침의 기본적 기준을 여기에 두었다. 예를 들어 누군가 무엇을 주장했다면 그것은 반드시 타당한 증거의 법칙에 입각해야 하며, 또한 학문적 논쟁의 성격은 공적이며 공개적이어야 한다.

5) 학문적이고 과학적인 지식은 하나님의 선물이며 공공의 이익을 위해 사용되어야 한다. 이러한 지침에 근거하여 대학은 전통적으로 재정상의 이

익을 위한 연구보다는 담쟁이 넝쿨로 덮인 담 너머의 직업에 보다 더 관심이 높았다.

6) 개혁의 원리는 개인의 학문적 성취를 기존의 지식에 대한 계속적인 개혁과 개정의 한 부분으로 간주했다. 오늘날 과학적 탐구는 이미 지나간 것들의 바탕 위에 서 있다. 따라서 모든 배움의 과정은 '형성'이 아니라, '재형성'해 가는 것이다.

7) 마지막으로, 하나님이 모든 인간을 기본적으로 동등한 존재로 창조하셨다는 명제는 중세학자들 사이의 평등주의의 개념으로까지 발전하였다. 진리는 어떤 한 특정한 사회적 계층에 속해 있거나, 비슷한 사고의 유형을 가진 사람들에게 속해 있는 것이 아니다. 그 출처에 관계없이 설득력 있는 새로운 증거들이 제시될 때마다 진실한 중세의 학자들은 자신들의 견해를 바꿀 자세를 취하고 있었다. 학자들간의 이러한 결속이 학문의 부흥에 기여하였다.

3. 후대의 발전. 놀랄 만한 자립과 배움을 위한 확고한 토대로 인해, 중세 대학들은 처음 700-800년간 번창하게 되었다. 대학 도시의 목록에는 옥스퍼드, 케임브리지, 런던, 파리, 볼로냐, 툴루즈, 나폴리, 프라하 그리고 비엔나 등이 포함된다. 대학 생활의 모든 면들은 세부적인 규정들에 의해 다스려졌으며, 이러한 규정들에는 대학에서의 의복, 학위와 자격증의 발급을 위한 기준들, 교수와 학생들로부터 기대되어지는 행위들 등이 포함되었다.

비록 대학들이 초기에는 가장 발전된 국제적인 학문과 배움의 전당으로 여겨졌지만 점점 더 국가를 중심으로 변모하게 되었다. 16세기와 17세기경에는 대학의 수준이 사회의 변화를 따라갈 수 없을 정도로 붕괴되었으며, 대학이 아닌 다른 조직들이 점점 과학적 연구에 관여하게 되었다.

19세기 초에는 자치적이고, 국가로부터 지원을 받는 새로운 대학들이 독일과 프랑스에 등장하게 되었으며, 학문적 연구의 중심으로서의 대학 개념을 부흥시키게 되었다. 중세의 대학들과 달리 이들의 학문은 신학이 아닌 철학과 밀접한 관계를 갖게 되었다. 고등교육은 또한 지식층을 위한 것이었다. 독일과 영국의 학교들은 오늘날 미국 대학들의 발전에 매우 강한 영향력을 끼쳤다.

한편 귀족 중심의 유럽과는 달리, 미국은 대중의 교육을 주장하며 평등주의의 부흥을 일으켰다. 미국의 대학교육은 비록 다양한 프로그램들과 연구 과정들을 가지고 있었지만 한편으로는 다양한 철학들의 경쟁과 교육 방식에 의해 방해받기도 하였다. 이제 다시 현대의 기독교 대학들은 신학이 대학의 교육을 단일화하고 통합해 주는 방식임을 인식하기 시작했다. 이를 위해 대학들은 대학의 정당화를 위해 성경에 의존하며 또한 중세 대학들을 중요한 원형으로 삼게 되었다.

KENNETH V. BOTTON

참고문헌 | L. J. Daly(1961), *The Medieval University*; C. B. Eauey(1964), *History of Christian Education*; K. O. Gangel and W. S. Benson(1983), *Christian Education: Its History and Philosophy*; C. H. Haskins(1957), *The Rise of the Universities*; A. S. Knowles(1977), *The International Encyclopedia of Higher Education*; W. Ruegg(1992), *A History of the University in Europe*; N. Schachner,(1962), *The Medieval Universities*; R. Ulich(1968), *A History of Religious Education*.

참조 | 기독교의 고등교육(HIGHER EDUCATION, CHRISTIAN); 중세 교육(MEDIEVAL EDUCATION)

대학생선교회(Campus Crusade for Christ).

1951년 빌 브라이트와 보네트 브라이트(Bill & Vonette Bright)에 의해 설립된 단체로서, 대학생선교회의 유일한 원래의 목표는 지구상의 모든 학생들에게 복음을 전하는 일이다. 이 복음 중심적 비전이 대학생선교회로 하여금 LA에 있는 캘리포니아대학으로부터 전 세계 160여 개국에서의 다양한 사역으로 발전하도록 하였다.

대학생선교회와 같은 뜻으로 핵심 메시지를 전하는 방편이 있다. 메시지는 예수 그리스도의 복음이고 방편은 "사영리"(Four Spiritual Laws)이다. 대학생선교회의 비전과 일치하는 이 네 개의 원리들은 복음의 본질을 효과적으로 유용하게 전하여, 개인전도를 통해 많은 사람들을 구원에 이르게 하도록 고안되었다. 1954년에 브라이트의 4영리 소책자 초판이 나왔다. 20세기 후반이 되기까지 대학생선교회는 전 세계에 주요 언어로 번역된 이 소책자 150억 권을 배포했다. 4개의 원리는 다음과 같다.

1. 하나님은 당신을 사랑하시며 당신을 위한 놀라운 계획을 가지고 계십니다.
2. 사람은 죄에 빠져 하나님으로부터 떠나 있습니다. 그러므로 하나님의 사랑과 계획을 알 수 없고, 또 그것을 체험할 수 없습니다.
3. 예수 그리스도만이 사람의 죄를 해결할 수 있는 하나님의 유일한 길입니다. 당신은 그를 통하여 당신에 대한 하나님의 사랑과 계획을 알게 되며, 또 그것을 체험하게 됩니다.
4. 우리 각 사람은 예수 그리스도를 나의 구주, 나의 하나님으로 영접해야 합니다. 그러면 우리는 우리 각 사람에 대한 하나님의 사랑과 계획을 알게 되며, 또 그것을 체험하게 됩니다.

대학생선교회는 기본적으로 대학캠퍼스에서 주로 활동하지만 다양한 사역 전략들을 포함하는 복음적인 노력을 해왔다. 그들이 세계적인 복음주의 사역으로 확장됨에 따라 브라이트의 비전은 학생 인구를 넘어서 문자 그대로 전 세계를 포함하게 되었다. 현재의 목표는 모든 인류에게 복음을 듣고 긍정적으로 반응할 기회를 주는 것이다.

브라이트의 포괄적인 비전과 실행이 전 세계 선교로 확장되었다. 대학생선교회가 전 세계에 배포한 영화 "예수"는 세계선교 역사상 전례 없는 전도의 성공을 가져왔다. "새 생명 2000"(New Life 2000) 운동도 이들의 멀리 미치는 사역의 범위를 보여준다. 20세기 후반 대학생선교회는 2000년까지 60억의 사람들에게 복음을 전하자는 브라이트의 비전을 받아들였다. 이러한 노력으로 5000개의 훈련원과 백만 개의 교회와 오백만의 새 생명 성경 공부 그룹을 만들자는 목표를 세웠다. 다른 어떤 복음주의 단체도 "새생명 2000" 운동을 통한 대학생선교회 사역의 막대한 영향력을 따라할 수 없었다.

대학생선교회가 선두로 만든 다양한 사역 중에는 국제적으로 대학교 사역을 조정하기 위한 "전세계학생네트워크"(Worldwide Student Network)와 소수 민족을 대상으로 하는 "문화자원"(Intercultural Resources) 그리고 플로리다 주의 올랜도(Orlando)에 "세계 제자도 및 전도센터"(World Center for Discipleship and Evangelism)를 탄생시켰다. 사역전략이 계속 확장되는 동안에도, 불신자에게 복음을 전하기 위해 "가장 전략적이고 효과적인 수단을 이용한다"는 대학생선교회의 설립 비전이 각 기관 발달에도 핵심으로 여전히 남아 있다.

RICHARD R. DUNN

참고문헌 | W. M. Zoba, *Christianity today*, July 14, 1997, 14-27.

대화(Conversation). 함께 정보나 아이디어, 의견을 교환하고, 듣기와 말하기를 통해 양방간의 의사교환을 요구하는 이야기이다. 대화는 인간 상호 반응의 자연스러운 부분이지만, 교수학습을 증진하기 위해 의도적으로 사용될 수도 있다. 어린이들 대상의 토론은 대화형식으로 진행할 수 있다.

대화법을 효과적으로 사용하기 위해서 교사와 부모들은 듣는 기술과 의사교환 기술을 개발해야 한다. 사람들이 함께 이야기를 나눌 때 종종 상대방을 이해하는 데 필요한 듣기를 소홀히 하기도 한다. 진정한 의미로 듣는다는 것은, 상대방이 들을 만한 가치 있는 무엇을 가지고 있다는 믿음과 상대방의 이야기를 잘 이해하는 것의 중요성을 반영하는 의도적인 행위이다. 잘 듣는 사람은, 그가 들은 것과 말하는 이의 동기를 온전히 이해하지 못할 수도 있다는 사실을 가정한다. 그러므로 자신이 내리는 해석을 점검하고 더 깊이 이해하기 위해 엄밀히 조사한다.

듣는 일은 말하는 사람을 귀히 여긴다는 의사를

전달하고, 신뢰하는 관계성을 수립해 준다. 교사들이 학생들의 이야기를 들어줄 때, 교사는 학생이 무엇을 이해하고 무엇을 잘못 이해하는지 발견할 수 있다. 학생들이 수업 직전 모여들 때, 그들의 대화를 잘 듣는 교사들은 학생들이 중하게 여기는 것들과 그들의 활동사항에 대해 알 수 있다. 그와 같은 정보들을 통해 학습자들이 중요시하는 이슈들에 중점을 둔, 보다 효과적인 학습으로 이끌어갈 수 있다.

길리건(Carol Gilligan, 1990)은 도덕발달에 대한 연구를 통해 듣는 일이 여성에게는 도덕적 이슈라는 사실을 발견했다. 다른 사람의 말을 들어주지 않는 것은 부당한 일이고 관심이 없음을 나타낸다. 여성들은 사람들이 시간을 내어 대화하고 신실하게 서로를 이해하려 노력하며 최선의 해결책을 찾고자 애쓴다면, 대부분의 문제들이 해결될 수 있다는 믿음을 가진다고 한다.

대화의 다른 일면은 생각이나 아이디어를 표현하고 전달하는 것이다. 분명하게 의사를 전달하기 위해서는 듣는 이의 정신발달과 경험에 적절한 어휘들을 사용해야 한다. 또한 단어들이 한 사람의 정신에서 나오는 아이디어를 다른 사람의 정신에 결코 이식시킬 수 없다는 사실을 기억해야 한다. 단어들을 들을 때, 사람은 그 단어들의 의미를 자신의 언어로 이해한다. 그러므로 효과적으로 의사를 교환하기 위해서는 상대방이 내가 말한 것을 어떻게 이해하는지 알아보고, 필요하면 명백하게 설명해 주어야 한다.

피아제(Jean Piaget)는 대화 중에 일어나는 사회적 상호작용이 발달을 촉진한다고 했다. 함께 이야기하면서 우리는 주제에 대한 우리 자신의 생각을 명백하게 한다. 또한 다른 사람의 견해를 이해하면서 우리 자신의 신념에 대해 질문을 던지게 되는데, 이 일이 피아제가 불균형이라고 부르는 내적 갈등을 일으킨다. 불균형을 경험할 때, 대화를 통해 교사와 부모, 친구들은 그의 내적 갈등을 감지할 수 있다. 종종 대화는 우리가 후원하고, 부가적인 질문을 던지고, 새로운 것을 이해하고 발달하도록 해주는 자료와 아이디어들을 알려주는 수단이 되기도 한다.

CATHERINE STONEHOUSE

참고문헌 | C. Gilligan, N. P. Lyons, and T. J. Hanmer, eds.(1990), *Making Connections: The Relational Worlds of Adolescent Girls at Emma Willard School*.

대화식 교수법(Dialogue Approach to Teaching).

교사와 학생간의 아이디어를 교환하는 교수법으로서 교육적으로 매우 중요한 교수방식이다. 이 교수법을 사용하는 교육자들에게 이것은 수단 그 이상이다. 즉 대화를 교육적 패러다임으로서 교육목적을 향한 진정한 인간적 추구라고 간주한다.

아마 가장 잘 알려진 대화법의 실천자는 유명한 그리스의 선생 소크라테스일 것이다. 그는 학생들에게 한 가지 주제에 대해 입장을 밝히라고 하고-가치있는 판단을 시키기 위해- 학생의 입장에 도전을 던져 그것의 가능한 잘못된 철학적 토대를 지적해 주고자 시도했다. 예수께서도 질문법을 사용하셨고, 그의 제자들을 가르치실 때에 무려 150개의 질문을 던지셨다. 이 사실을 비평하는 사람들은 성경이 예수님과 그분을 따르던 자들 사이에 세련된 수준의 인지적 대화가 불충분하게 오갔다고 주장한다. 중요한 것은 복음서의 저자들이 다른 사람들의 주석보다는 예수님의 삶과 가르침에 중점을 두었다는 사실이다. 그럼에도 불구하고 랍비(rabbi) 예수께서는 중요한 학습기회를 만들기 위해 질문과 학생들의 대답을 사용하는 랍비식의 교육적 모델을 널리 사용하셨다.

비인도적 교육목표 추구에 대한 관념은 파울로 프레이레(Paulo Freire: 브라질의 교육자-역주)가 그의 책 『억압받는 자들을 위한 교육』(*The Pedagogy of the Oppressed*)에서 강력하게 언급했다. 이 저작에서 교육은 "이야기 질병"(narration sickness)으로 고통받는 것으로 묘사되어 있다. 학생을 "채워주는"(fill)것이 직업인 교사는 독백의 방법, 즉 교사가 주체이고 학생은 대상이며, 수업은 생기가 없으며, 정신을 차리지 못하게 하고, 내용은 현실과 괴리되었으며, 언어는 그들의 구체성을 공허하게 만든다는 비난을 받았다.

대화법을 활용하는 교육자들은 아이디어의 교환에 절정을 두는 질문의 패러다임에 참여자들이 단순히 교사의 지식적 반응을 사용하여 자신들의 무지를 교정하는 것과는 상반된 자신의 "충만함"(fullness)을 이끌어 내도록 지도하는 과정으로 보았다. 학습이란 교사가 가르친 내용의 단순히 수동적인 수용이 아니라 적극적이고 지속적인 질문의 과정이다.

대화법은 개별적인 교육양식(또는 홀로 사용하기에)에 유용하며 강의나 사례 연구, 역할극 등의 다양한 교육방법들과 결합해도 효과적이다. 어린이를 대상으로 대화법을 사용하면 실용적이지만 현대의 성인교육 학습법에도 절대적으로 필요한 학습법이라는 사실이 역사적으로 증명되었다.

MATT FRIEDEMAN

참고문헌 │ P. Freiré (1970), *The Pedagogy of the Oppressed*; M. Knowles(1973), *The Adult Learner: A Neglected Species*.

덕목(Virtue).

덕목의 개념은 한 사람의 인격의 가치와 깊이 연관되어 있다. 만일 어떠한 사람이 선행과 친절함, 도덕적 순결, 용기, 또는 그와 비슷한 것들로 잘 알려졌다면 그는 "덕이 있는" 사람이라고 불린다.

기독교 저자들이 덕목에 대해 논의할 때는 종종 암브로시우스, 어거스틴, 아퀴나스 등과 같은 교부들에 의해 처음으로 고안된 분류를 의미한다. 어거스틴은 덕목을 "인간이 정의롭게 살아가는 선한 기질로 누구도 악용할 수 없고, 하나님이 우리 없이 우리 안에서 행하시는 것"이라고 정의하였다(Cessario, 1991, 53). 덕목에는 네 가지의 "기본적 덕목들"과 세 가지의 "신학적 덕목들"이 있다. 기본적 덕목들에는 신중함, 인내, 용기 그리고 정의가 이에 해당된다. 신학적 덕목들은 믿음과 소망 그리고 사랑이다(고전 13:13). 크리프트(Kreeft, 1986)는 일곱 가지의 치명적인 죄악(악덕)과 예수님에 의해 선포된 팔복을 비교하고 대조하였다. 예를 들어 교만의 죄악과 청빈의 덕목, 탐욕과 자비, 시기와 애통함, 저주와 온유함, 태만함과 의에 굶주림, 정욕과 마음의 청결함 그리고 식탐과 박애 등이 대조를 이룬다(92).

덕목은 바로 그리스도인을 세상으로부터 구분해주는 인격적 특성들이다. 비록 그리스도인이 아닌 사람들도 무언가를 다른 사람들에게 나누어 줄 수 있지만 그 동기가 거짓된 것일 수도 있다(예, 자기 스스로를 위한 것이나 자부심에 근거한 행위). 하지만 그리스도인은 무언가를 댓가로 받기 위함이 아닌, 그저 가난한 자들의 필요를 채워주도록 부르심을 받았기 때문에 자기를 내세우지 않으면서 희생적인 삶을 살아야 한다(막 10:45; 약 1:27). 그리스도인들은 덕스러운 삶을 살아야 하는데, 이는 곧 그리스도 자신이 우리를 위해 보여주신 모범이기 때문이다. 바울은 우리에게 우리가 우리의 삶의 통제권을 그리스도에게 드린 순간부터 우리는 "새로운 피조물"(고전 15:17)이며, 따라서 훈련을 통한 삶의 덕목들에 근거하여 새로운 삶의 양식을 보여주어야 한다고 말한다.

MICHAEL J. ANTHONY

참고문헌 │ O. P. Cessario(1991), *The Moral Virtues and Theological Ethics*; P. Kreeft(1986), *Back to Virtue*; E. A. Livingstone, ed.(1997), *The Dictionary of the Christian Church*, p. 287; M. G. Watkins and L. I. Watkins, eds.(1992), *The Complete Christian Dictionary for Home and School*, p. 769

덩어리 만들기(Chunking).

정보진행이론(information process theory)은 학습이란 학습자와 환경 자극 간의 상호작용이라고 인식한다. 성경을 배울 때 학습자는 배운 지식을 다섯 감각기관 중 적어도 하나에 기록하고, 그 감각적으로 입력한 미소한 의식과 감각적 암기를 단기적 기억으로 이동시킨 뒤에 장기적으로 저장시킨다. "덩어리 만들기"란 정보진행주기의 단기적 상태에서 운영되는 기억력 개발 과정이다.

단기 혹은 작동 기억력은 정보교환소나 정보관리자처럼 우리의 감각적 인식을 더 영구적인 저장소로 이동시키는 역할을 한다. 그것은 개인이 현재 인식하는, 약 20초 동안 지속되는 정보와 약 7개의 독립적인 항목의 정보들로 구성된다. 성경공부의 목적이 배운 지식을 장기기억 세포의 영구적인 저장소로 이동시키는 것이지만, 자료들을 단기기억창고에서 먼저 조직하고 반복을 통해 보유해야만 한다. 제한된 단기기억 저장능력은 자료들을 의미를 주는 더 작고 쉬운 단위의 "덩어리 만들기"로 증진시킬 수 있다.

"덩어리 만들기"란 서로 관련된 지식 항목을 함께 묶는 과정이다. 성경을 개별적인 66권의 책으로 암기하기보다는 유사한 종류대로 묶어 책명을 배운다. 율법서, 대선지서, 소선지서, 복음서 등이다. 비록 단기 기억력이 7개의 분리된 항목만을 담을 수밖에 없지만, 유사한 개념들을 함께 묶어버리면 각 덩어리가 한 항목이 되므로 많은 양의 정보저장 능력이 확장된다.

덩어리 만드는 원리로 교사들은 자료들을 상관된 것끼리 정리하여 교수준비를 할 수 있다. 교사들은 성경본문과 제목에 흐르는 유사성과 주제들을 찾아야 한다. 특히 어려운 자료들을, 다룰 만하면서도 관련된 덩어리로 만들어 학습자들이 인식하고 반복하고 기호화하여 그것을 장기기억으로 전환할 수 있도록 하는 일이 중요하다.

SHELLY CUNNINGHAM

참고문헌 | K. Issler and R. Habermas(1994), *How We Learn: A Christian Teacher's Guide to Educational Psychology*; W. R. Yount(1996), *Created to Learn*.

도덕(Morality). 덕목(Virtue)을 보라.

도덕교육(Moral Education). 개인을 돕는다는 과정은 하나의 사고와 행동의 단계를 취하는 것이다. 이 단계는 인류와 사회를 위해 보다 큰 선(善)에 기여하고자 하는 공동합의의 규준을 기반으로 한다. 아메리칸 헤리티지 사전(*The American Heritage Dictionary*, 1992)은 도덕을 정의하면서 도덕은 "인간의 행위와 인격의 선과 악의 판단에 관계된" 그 어떤 것과 같다고 본다. 도덕은 무엇이 옳은가와 무엇이 공의로운 행동의 기준을 따르게 하는가에 양심적 감각이 포함된다. 이같이 도덕성 즉 '궁극적인 선(하나님)을 반영하는 행동'은 사회관계의 상황을 가장 명백하게 드러낸다. 월터스토프 (Wolterstorff, 1980)는 도덕적 책임을 인식하는 상황이란, "우리가 인류를 어떻게 대하는가에 대한 우리의 책임을 말한다"고 주장한다(33).

1. 성경적 관점. 도덕교육에 대한 성경적이고 신학적인 접근법은 반드시 하나님의 선하심에서 출발되어야 한다. 선하고 바른 행위는 모든 선의 출처가 되는 그분의 가장 본질적인 것을 반영하는 경건한 것들이다(창 1장; 시 100:5; 막 10:18; 요 10:11). 하나님은 궁극적인 선이시기 때문에 선한 모든 것은 하나님 안에서 그 근본을 찾는다. 시편 119편에 따르면 하나님은 그의 규례(예를 들어, 명령, 율법, 교훈 등)를 통하여 우리에게 알려진 그의 방침을 알리셨다. 그 후에 이러한 법들은 월터스트로프 (Wolterstroff, 1980)가 도덕법으로 확인하였던 도덕교육의 자료와 내용이 되었다.

예수께서 가장 첫째 되는 계명(도덕법)은 인류가 하나님과 올바른 관계 안으로 들어가게 되는 것임을 말씀하셨다. "네 마음을 다하고 목숨을 다하고 뜻을 다하고 힘을 다하여 주 너의 하나님을 사랑하라 하신 것이요"(막 12:30). 둘째 계명은(막 12:31) 사회상황 안에서 그 첫째 계명을 완성하는 것이라 설명하고 있다. "네 이웃을 네 몸과 같이 사랑하라."

루이스(C. S. Lewis, 1952)는 사회적 상호작용의 범위에서만 단독으로 발달하는 도덕 정의의 한계를 언급했다. 왜냐하면 우리가 하나님의 형상으로 하나님의 목적에 따라 살도록 창조되었으므로, 루이스는 도덕적 행동은 타인과의 상호작용으로 제한할 것이 아니라 인간 자신과 삶의 의미와 목적을 주시는 하나님과의 관계의 통합이 포함되는 것임을 제안했다.

그러나 도덕의 광의가 정의되었음에도 불구하고 흔히 도덕의 정의는 명백한 도덕성을 증명할 외현적(外顯的) 행위로 좁혀지는 듯하다. 그러므로 전통적으로 세속적으로나 기독교적으로나 교육적 노력이 강조하는 것은 행위이다. 도덕적 교육 내용이 하나님의 법으로 시작한 반면 그 과정은 인간발달에 대한 이해가 영향을 주었다. 클로우즈(Clouse, 1993)는 도덕교육의 이론에 대해 유용한 통찰력을 주고 있다. 그의 통찰력은 인간 개성에 접근하는 4가지 심리학적 내용으로 구별된다.

2. 도덕발달이론의 개관. 프로이트의 심리학에 뿌리를 두고 있는 정신분석학적 접근에서는 도덕적 성장을 아동이 초기에 부모들을 통하여 중재된 사회의 요구와 기대치와의 상호작용을 하면서 나타난 결과물로 본다. 인간본성은 본래 타락하였기 때문에, 도덕적 성장은 본성과 자기본위의 욕망을 정복하면서 사회의 기대에 따르는 노력의 결과이다. 이 접근에 의하면 도덕교육은 자기훈련을 강조하는 것이다(Clouse, 1993).

행동주의에 뿌리를 두고 있는 학습주의 접근에서 보는 도덕적 성장은 보상과 처벌을 사용한 선행의 엄격한 훈련이거나 실례를 모방함으로 나타나는 결과물이다. 이 접근에 의하면 도덕적 행동은 환경적 조건화의 결과이다. 만약 어떤 사람이 사회에 유익을 주는 양식으로 행동한다면 그 사람은 도덕적으로 선하다. 이 학습주의에서 주목하는 것은 대부분 일탈적 행위이며 인격교육이다(Clouse, 1993).

인도주의적 접근은 도덕적 성장을 개인의 내면에서 발로하는 것, 또한 인간본성의 풍성한 잠재력을 깨닫는 것으로 향하는 과정으로 이해한다. 만약 인격이 획을 그어 나누어질 수 없는 것이라면 도덕발달은 인간발달의 통합적 발달의 일부가 된다. 이 도덕발달은 "관대하고 이타적이며 협동적인" 성숙된 인격을 지향하여 나아가는 것이다(Clouse, 1993, 316). 도덕성은 관계성 안에서 가장 잘 표현된다. 그리고 교육적 전략, 즉 가치관의 명료화, 교류적 분석, 타인과의 관계 긴장 기술(relationship intense techniques) 등은 사람들로 하여금 자신의 충만한 도덕적 역량을 발달하도록 돕는 것이다.

아마도 오늘날 가장 두드러진 접근방식은 장 피아제(Jean Piaget)와 로렌스 콜버그(Lawrence Kohlberg)의 인지 이론이다. 도덕발달에 대한 인지적 접근은 도덕성장을 점진적으로 더 복잡한 단계로 움직이는 도덕적 사고의 과정으로 보았다. 이 과정에서, 개인은 전적인 자기중심으로부터 점차로 사회에 반응하고 책임져야 할 존재로서 나아간다(클라우트, 1993). 도덕교육에 대한 도전은 도덕적 딜레마를 풀기 위해서 좀더 고도의 도덕적 추론을 성취하도록 학습자들을 북돋는 것이다.

기초적인 도덕교육의 주제는 그러한 교육이 추구하는 목적을 명확하게 하는 것이다. 다양한 접근은 목적을 명백하게 하고자 하는 시도를 나타낸다. 각각의 접근은 도덕교육의 내용을 드러내는 핵심적 도덕가치를 보여준다. 1980년대에 미국품성교육연구소(American Institute for Character Education)는 모든 문화에서 공유될 수 있는 당위적 가치들을 목록화하였다(Goble & Brooks, 1983). 이러한 가치로는 용기, 개인적 신념, 관대, 친절, 봉사, 정직, 명예, 정의, 나와 다른 타인에 대한 관용, 시간과 재능의 책무, 선택의 자유, 발언의 자유, 선한 시민, 개인의 권리 그리고 평등한 기회의 권리 등과 같은 특성을 포함한다.

도덕교육에 대한 전통적인 접근은 두 가지 활동으로 특징지어진다. 인성교육 활동은 행동감독(모니터링)을 통하여서 아동들에게 도덕적 가치들을 가르친다는 개념 위에 세워진다. 이때 적절한 도덕적 행동에 대한 상과 부적절한 행동에 대한 벌을 포함한다. 최근 교육역사를 통해서 볼 때 대표적으로 꼽을 수 있는 인성교육은 다음과 같이 구체적인 방식으로 보여줄 수 있다. 이 방식으로는 학교 운동장에서의 선행, 교실 안에 정직한 올바른 행위, 선생님에 대한 존경, 이밖에 특별히 아동기의 사회화 과정 안에 계발되어야 할 삶의 미덕을 구체화하는 방법이다. 인성교육 활동이 중요시하는 것은 성인들이 적절한 행동의 기준들을 알고 있다는 사실과 그것들을 아이들에게 가르칠 수 있다는 내용이다. 이 접근의 명백한 결점은 올바르거나 도덕적인 행동을 안다는 것과 도덕적 행동으로 옮긴다는 것과의 차이이다. 이 문제에 대한 해답으로서 사회적응 접근이 대두되었다(Clouse, 1993).

가족, 동료, 권위자 그리고 타인과 좋은 관계를 가지는 능력은 사람의 건강하고 성숙한 자아상에 달려 있다. 그래서 도덕교육이 가장 먼저 추구해야 할 것은 사람들이 자신을 사랑하고 존경하도록 돕는 것이다. 정서적으로 건강한 사람으로서 평이한 도덕 성장을 한 사람이라면 사회적응, 즉 '사회정황에 도덕적으로 영향을 끼치는 능력' 은 자연스러운 결과일 것이다. 여기서 도덕교육은 도덕행동을 지시하기보다 자아존중감을 발달하도록 하는 것이다.

워드(Ward, 1989)는 도덕성에 대한 가르침이 가정(家庭)에서 시작된다고 확신하면서 아동의 도덕발달을 촉진하기 위한 많은 과제를 제안했다. 이 과제는 도덕적 갈등에 관하여 질문을 촉진하기, 고민하고 있는 도덕적 갈등을 언어로 표현하도록 격려하기, "왜?" 라는 질문하기, 도덕적 갈등이 걸려 있는 경험을 공유하고 토론하기, 도덕적 논쟁에 대한 정직한 토론에 반응하며 듣기, 도덕적 신념 구조를 뒤엎는 상황을 이해하며 탐색하기 그리고 끝으로 도덕적 갈등을 경험하는 사람을—목회 현장에서—지지하기 등이다(117-18).

MARI GONLAG

참고문헌 | *The American Heritage Dictionary of the English Language*(1992); *ASCD Panel on Moral Education, Educational Leadership* 45, no. 8(1988): 4-8; B. Clouse(1993), *Teaching for Moral Growth: A Guide ror the Christian Community? Teachers, Parents, and Pastors*; F. G. Goble and B. D. Brooks(1983), *The Case for Character Education*; C. S. Lewis(1952), *Mere Christianity*; T. W. Ward(1989), *Values Begin at Home*; N. P. Wolterstorff(1980), *Educating for Responsible Action*.

도덕발달(Moral Development).
도덕성은 유대-기독교(Judeo-Christian)신앙에 핵심적 가치이다. 도덕교육과 도덕발달을 보면 개개인이 다른 행로를 걸어가며 다른 행동을 취한다는 사실을 발견하게 된다. 혹자는 무엇이 옳고 그른지에 관한 도덕적 내용을 가르치는 것에 전력을 쏟는다. 아울러 프로이트와 그의 딸 안나(Sigmund and Anna Freud) 그리고 에릭슨(Eric Erikson)처럼 정서와 가치가 도덕행동에 미치는 영향을 실험하는 반면 피아제(Jean Piaget)와 콜버그(Lawrence Kohlberg) 같은 학자들은 도덕적 사고의 과정을 주목한다. 이렇게 다양한 관점이 시사하는 것은 단순히 복잡한 시각을 말하는 것인가 혹은 통합적 이해가 필요한 전체의 파편들인가? 다음으로 도덕적 사고, 도덕적 영향, 도덕적 행동에 대해 논의하고자 한다.

1. 도덕적 사고(Moral Reasoning). 피아제의 연구를 기초로 하여 1955년 콜버그는 10세에서 60세 미국 어린이 98명을 대상으로 도덕적 사고에 대한 연구를 시작하였다. 30년 동안 그는 3년 주기로 대상들을 인터뷰하면서 도덕적 사고에 관한 주제를 파헤쳐 갔다. 종적연구로서의 이 연구를 통해 나타난 결과에 대해 콜버그는 공식화하고 정제하여 도덕발달이론을 만들었다. 동료들은 다문화간 연구를 하면서 피아제의 이론을 비판하기도 하고 다듬기도 했다(1991, 15).

1) **기본 전제(Basic Assumptions).** 기본 전제가 되는 배경을 거슬러 올라가서 인지발달 이론을 검토하는 것은 중요하다.

(1) 인간발달의 다양한 측면은 서로 상관관계를 가진다. 심리발달은 인지발달을 위한 기본적 전제이며 도덕적 이성은 이미 발달된 인지적 기술을 활용한다. 피아제와 콜버그는 인간이 확고한 사고를 하려면 두뇌가 먼저 특정한 수준의 발달에 도달해 있어야 한다고 본다. 다른 발달요소들 또한 인지적 도덕발달을 가져온다.

(2) 인지발달주의자들은 사고의 내용과 구조를 분명히 구별한다. 도덕적 사고의 내용은 사람들이 믿는 옳고 그름에 관한 것이다. 반면 도덕적 사고의 구조는 옳고 그름을 판단하는 근거를 바라보는 것이다. 이 도덕적 사고의 구조는 콜버그가 언급한 바와 같이 발달한다.

(3) 도덕발달 각각의 단계는 삶의 일정 기간 동안 일어나는 보편적인 것이므로 고려할 만한 가치가 있다. 각 단계의 사고는 도덕적 기초에 관하여 마치

표 1

콜버그의 도덕적 사고의 단계

자기중심적 ·· 조망적

	1단계	2단계	3단계
권위의 근원	자신관심	외적 원리-모델과 규칙	내적 원리
정의(定義)	선(right)은 성인이 명령하는 것 또는 보상을 가져오는 것 악(wrong)은 나에게 고통을 주는 처벌을 받게 하는 것	선은 선한 사람들이 하는 것 또는 법이 명하는 것 악은 선한 사람들이 하지 않는 것 또는 법이 금하는 것	선은 도덕적 원리를 따라 사는 것과 정의로운 것 악은 도덕적 원리를 파기하고 정의롭지 못한 것
의도성	의도성은 안중에 없음	의도성을 참작 책임감에 따라 자비가 조율됨	의도성을 파악하나 정의를 신중하게 고려함
정의(正義)	성인이 명하는 것, 후에 공평한 처우	사회가 규정짓는 것	만인을 위한 공정한 배려
인간의 가치	물질적 개념 "나를 위해 무엇인가 해주는 사람은 가치 있는 사람"	정서적 관계를 맺고 사회에 공헌하는 사람	인간 그 자체로서 가치가 있음 인간의 삶은 고귀
선한 행동에 대한 동기	처벌에 대한 두려움과 보상에 대한 바람	의미 있는 사람을 기쁘게 하고 사회를 향한 자신의 의무이행	자신에게 진실하려고 하며 자신이 헌신한 도덕적 원리 실천
타인을 조망하는 능력	자신이 경험한 상황 안에서 타자의 관점 이해	친구, 가족, 궁극적으로 사회의 조망을 이해	약자를 포함한 광범위한 인간계층의 조망을 이해

건물의 벽돌과 같은 역할을 제공하고 있으며 단계를 뛰어넘을 수 없다.

2) **구조(The pattern).** 콜버그는 도덕적 사고를 다음의 3단계로 말하고 있다.

단계1 - 전인습적(preconventional)
단계2 - 인습적(conventional)
단계3 - 후인습적(postconventional)

각 단계의 특징은 각 도덕적 사고의 양식을 사용하여 사람들이 어떻게 자신이 속한 사회의 도덕적 인습과 기준에 맞추어 사는지를 시사한다. 전인습적 도덕적 사고를 갖는 사람들은 사회적 기준을 지각하지 못하며 무엇이 옳고 그른지 신경 쓰지 않는다. 인습적 도덕적 사고는 사회의 기준, 자신이 소속된 하위문화를 높이 평가하며 이러한 기준을 도덕적 지침으로 바라본다. 후인습적 도덕적 사고는 인간이 인습적 사고를 뛰어넘게 한다. 새로운 개별적 도덕적 규칙에 자신을 단념하기보다는 도덕적 원칙을 사회의 법과 적용점을 분별하기 위해 사용한다는 의미이다. 예수께서는 바리새인들이 하나님의 법의 핵심이 되는 정신을 놓치고 그들의 도덕적 관심에 갇혀버린 것에 비판을 가하셨다. 예수께서는 그들을 "외식하는 자들아"라고 비판하셨다. "너희가 박하와 회향과 근채의 십일조를 드리되 율법의 더 중한 바 의와 인과 신은 버렸도다"(마 23:23).

콜버그의 세 가지 단계의 각각은 두개의 단계를 취한다. 이 논문에 주어진 지면상 〈표1〉에 도덕적 사고의 각 단계의 특성을 아래와 같이 요약하였다.

주목할 점은 콜버그는 대부분의 아동은 단계1에 머물러 있고 나이든 아동과 청소년은 단계2에 그리고 다수의 성인들은 단계2의 도덕적 추론을 계속

사용한다고 믿는다. 또한 도덕성 발달은 전생애에 걸쳐 발달하며 단순히 아동과 청소년에게 한정된 것이 아니다.

도덕발달의 경로는 자기중심주의에서 시작되며 조망을 갖는 것으로 향한다. 이 능력은 타인의 관점으로 사물을 바라보는 능력이다. 도덕발달의 진전은 우리 자신이 다양한 타인의 상황과 입장에 취할 수 있는 것이다. 콜버그의 이론은 이러한 통찰력을 반영한다. 도덕적 사고의 단계2는 친구와 가족, 더 나아가 사회적 시각의 조망능력을 필요로 한다. 단계3은 우리와 다른 사회의 입장과 자기 목소리를 낼 수 없는 소수와 힘없는 자들을 위해 기꺼이 대변할 수 있다. 발달의 가능성은 계속된다. 우리 주변에 있는 타인의 기쁨, 슬픔, 도전들을 알 때 우리에게는 더욱 깊게 공감할 수 있는 이웃들이 항상 있다.

콜버그는 '정의'가 중심개념으로써 도덕적 사고 구조에 영향을 미친다고 보았다. 먼저 아동을 보면 정의는 성인이 명령하는 그 어떤 것이라 생각하며 이후에 발달이 진행될 때 절대적 평등에 대해 이해하게 된다. 단계2에 있는 사람들은 정의를 사회적 개념으로 수용하고 사법부의 법을 존중한다. 그러나 단계3의 경우 사람들은 정의가 약자를 비롯하여 만민에게 평등한 것으로 생각하게 된다. 만민을 동등하게 고려하는 정의의 원리는 개인과 사회의 결정과 행위에 도덕적 판단기준이 된다.

길리건(Carol Gilligan)은 콜버그의 동료교수로서 면접을 통해 여성과 남성의 반응에 있어서 차이점을 보이는 것에 주목했다. 이 연구로 길리건은 여성의 도덕발달에 대해 관심을 갖게 되었다(1982). 길리건은 남성과 마찬가지로 여성도 전입습적, 인습적, 후인습적 도덕적 사고를 통하여 움직인다는 것을 알았다. 그러나 다수의 여성이 갖는 도덕적 사고의 중심개념이 정의보다는 돌봄과 책임이었다. 여성은 주어진 환경에서 타인을 돌보기 위한 책임을 바탕으로 도덕적 결정을 한다. 여성들은 공정성의 원리를 적용하기 위해 객관적으로 행동하기보다는 상처를 적게 받고 가능한 많은 돌봄을 제공하는 방향으로 문제의 해결을 원한다. 행위에서 보다 많은 '만족할 만한 돌봄'을 찾게 된다면 여성들은 결정하기를 주저하지 않게 될 것이다.

"무엇이 가장 큰 계명입니까?"라고 물었을 때, 예수께서는 "네 마음을 다하고 목숨을 다하고 뜻을 다하여 주 너의 하나님을 사랑하라"고 대답하셨다. 이것이 가장 크고 궁극적인 계명이다. 두 번째는 "네 이웃을 네 몸과 같이 사랑하라"(마 22:36-39). 예수께서는 여성과 남성 모두의 도덕적 관점으로 말씀하셨다. 예수께서는 우리에게 특별하게 우선하는 규범으로서 원칙들을 주신 것이 아니라 하나님을 위하고, 자기를 위하고, 타인을 위하여 사랑의 원리를 주신 것이다. 이것은 돌봄과 정의의 조화로운 원칙이다.

3) **발달에 영향을 주는 요인들.** 피아제는 발달에 4가지 요소가 필요하나 결핍된 경우를 밝혔다. 유전과 성숙, 직접적 경험, 사회적 상호작용 그리고 평형의 과정 등이다. 하나의 단일한 요소는 발달에 충족조건이 되지 못한다. 반드시 4가지 모두 작용해야 한다. 이들 요인들은 서로 서로의 도덕발달을 강화하기 위해서 부모, 교사 그리고 친구가 할 수 있는 것을 알려준다.

유전과 성숙은 내적 요소로서 우리가 통제할 수는 없다. 그러나 유전과 정해진 때에 가능한 성숙도를 알 때에 이를 수용하고 기뻐하며 인내심 있게 행동하는 것은 중요하다. 우리는 삶의 상황과 관점이 다른 타인을 접하면서 새로운 경험과 상호작용을 갖는다. 이러한 경험으로 우리는 우리가 갖고 있는 삶에 대한 이해와 접근이 올바른가에 대해서 의구심을 갖는다. 의구심은 마땅히 풀어내야 할 내적 불편 혹은 불균형을 가져온다. 깨달은 것이 옳다고 생각될 때 내적 의구심을 통해 우리는 자신의 관점을 들여다보고 한계를 발견하며 필요한 변화를 만든다. 이 과정을 피아제는 "균형화", "발달의 동력"이라 호칭했다. 부모와 교사는 내적 갈등으로 고민하고 도덕발달에 새로운 근거를 얻게 되는 이들에게 지원해 줄 수 있다. 만약 우리가 질문을 환영하고 존중하는 마음으로 대한다면 우리 자녀와 친구들은 자신의 가장 어렵고 힘든 일을 나누려할 것이다. 새롭고 보다 적절한 이해를 발견하는 과정에서 꼭 맞는 해답을 원해서가 아니라 지지와 방향을 얻기 위해서이다.

2. 도덕적 영향(Moral Affect). 안나 프로이트(Anna Freud)와 에릭슨(Eric Erikson)에게 가르침을 받았고 수십 년 동안 아동들을 연구해온 콜스(Robert Coles)는 도덕적 가치와 영향에 대한 정신 분석의 전망과 어떻게 그것들이 도덕성의 발달에 영향을 주는지를 명료하게 밝혀냈다. 콜스는 『아동의 도덕 지능』(The Moral Intelligence of Children)에서 바른(good) 아동양육에 관해 밝히고 있다. 바른 아동들은 선을 진지하게 받아들이며, 황금률대로 살기를 원한다. 다시 말해서, 타인을 존중하고 타인을 위하는 삶을 원한다. 아동은 선행하기 위해서 갈등과 복잡한 도덕적 긴장감과 씨름해야 함을 알고 있다(1997, 17-20). 콜스는 품행이 좋지 않은 아이들의 특징을 두 가지로 요약할 때 냉랭한 마음과 자기 몰두를 들었다. 에릭슨의 심리사회적 발달의 이해와 그의 넓은 범주에 걸친 아동들과의 면담을 토대로 하여 콜스는 아동기와 청년기의 도덕성 형성이나 발달에 영향을 끼치는 경험들에 주목하였다. 아동의 다양한 발달시기 동안에 여러 경험들은 매우 중대한 영향을 미친다. 또한 콜스는 성인들의 역할에 대해서 분명히 명시하였다. 성인들은 도덕적 교사로서 진지하게 감당해야 하며 성인들 스스로 배움에 대한 열린 마음과 아동이 주는 도전에 개방되어야 한다. 이러므로 성인도 가지고 있는 도덕적 통찰력을 계속 향상시킬 수 있다고 보았다.

1) 영유아기. 도덕성 형성은 매우 어린 시기에 나타난다. 어쩌면 이미 태내에서부터 시작된다고 볼 수도 있다. 부모들이 아기의 탄생을 준비하는 방식은 가치관으로 아기를 감싸는 것이다. 장래의 부모들은 그들의 초기 생활양식을 조정함으로써 그들의 도덕 교사로서의 역할을 준비한다.

에릭슨에 의하면, 삶의 첫 번째 위기는 신뢰 대 불신감이다. 신뢰가 안정적으로 잘 정착된다면 건강한 발달의 초석을 마련한 것이다. 아이들 자신의 필요에 대한 고려없이 아기들의 모든 욕구를 즉각적으로 채워주는 호의적인 부모는 아이들에게 다른 중요한 교훈을 가르치는 데 실패한다. 아동은 타인을 배려하기 위해서 맞닿게 되는 자연스러운 당혹감에 대해 조절하는 법을 배워야만 한다. 아동은 모든 사람들이 살아가는 세상에서 자신들이 중심이 아니라는 사실을 받아들일 필요가 있다. 아기는 부모들이 자신에게 반응할 때 항상 즉각적인 것이 아니라 조만간에 이루어지는 것을 배우기 시작한다. 또한 아기는 잠들기 전 짧은 시간 동안 칭얼대며 우는 것이 허용된다는 것과 잠시 혼자서 놀아야 한다는 것도 배우기 시작한다.

2세 영아는 "싫다"(no)를 말함으로써 자신들의 의지를 표현하고 이미 다른 중요한 도덕 과업, 즉 "예"(yes)와 "싫다"(no)의 의미를 이미 알기 시작한다. 부모들이 영아에게 항상 압박감을 준다면 "싫다"는 무의미하다. 그러므로 "싫다"(no)는 "예"(yes)에 의해 균형을 이루는 것이 틀림없다. 영유아들이 하지 말아야 하는 것을 배우는 동안 부모들은 아이들이 행동해도 되는 가장 좋은 것 – 즐거운 "예"(yes)의 경험들 – 을 발견할 수 있도록 도울 수 있다. 콜스는 생후 초기에 "안 돼"(no)를 말하지 않는다면 무관심과 부주의로 영아에게 교육하는 것이며, 도덕적으로 혼란스럽게 하는 것이다. 도덕적 혼란을 피하기 위해 부모는 이상과 가치관을 확립하고 있어 이러한 가치들을 자녀 앞에서 실천해야 할 필요가 있다(1997, 84, 93).

아기와 걸음마기의 영아는 사랑받는 과정 속에서 사랑하는 것을 배운다. 아동은 어떻게 하면 부모를 기쁘게 하는지 배우며 또 부모님이 기뻐하시는 모습을 즐거워한다. 부모들은 가족의 가치와 아동의 능력에 기반을 둔 한계를 정하고 영유아들은 이러한 한계 안에서 가장 적절한 역할로 삶으로써 상호 존중을 경험한다. 영유아들은 유치원이 시작되기 전에 그리고 괄목할 만한 선(goodness)이 나타나기 전에 상당한 자기몰두(자아중심)를 버리게 된다(1997, 94-96).

2) 초등학교 연령의 아동기. 초등학교 시기는 아동들이 사물에 대해 탐구하고 주변 세계에 대한 감각을 만들어 가는 호기심이 많은 기간이다. 그들의 호기심에는 어떻게, 왜 행동해야 하는가를 결정하기 위한 옳고 그름의 문제가 달려 있다. 안나 프로

이트(Anna Freud)는 이 시기에 아동들의 양심이 세워지느냐 마느냐가 달려 있다고 믿었다(Coles, 1997, 98). 양심은 우리가 다른 사람이 말하는 것을 들으면서, 지금 무엇을 해야 하고 하지 말아야 할 것인가를 밝히며 도덕적 선택결정을 도와주는 내적인 목소리이다.

7세에서 10세의 아동들은 도덕적이고 윤리적인 질문을 일으키기 시작하기 때문에 주변의 성인들과 도덕적 토론에 참여할 기회를 갖는다. 도덕적 논쟁을 명확하게 하기 위해서, 도덕적 갈등에 관한 우리 자신의 경험을 나누기 위해서, 제안을 주기 위해서 그리고 무엇보다 도덕적 관찰에 가능한 행동의 실례를 주기 위해서 우리는 이야기를 사용할 수 있다. 그러한 방법을 통하여 계획적이든 계획적이지 않든 우리는 아동들을 도덕적으로 발전할 수 있도록 도울 수 있다.

콜스는 도덕적 교육에 너무 열심인 부모들은 위험하다고 지적한다. 지나친 도덕교육을 받을 때 아동들은 매우 보수적이며 판단적이고 독선적이게 된다. 건강한 도덕교육은 자신의 가치 기준을 알고 그대로 사는 부모와 교사들의 삶에서 묻어나는 것이다. 때때로 복잡한 매일의 상황에서 이 가치대로 살았는지 그렇지 않았는지를 정기적으로 그 가치를 숙고하는 성인들로부터 배운다. 그리고 진정한 도덕교육은 자녀들로부터 기꺼이 도덕적 통찰력을 수용하기에 개방적인 성인들로부터 온다.

콜스는 반성하고, 서로의 말을 귀담아 듣고, 마음으로부터 온 생각하는 시간을 가질 때 교실에서 그룹토론은 보다 깊은 도덕적 통찰력을 갖게 될 수 있다는 것을 발견했다. 그러나 오히려 이러한 토론은 교사편에서 형식적이고 아동의 사고를 주입하는 노력이 주어지지 않을 때 이야기, 역사의 단편, 아동의 삶에 대한 반성(reflection)이 잘 일어난다. 아동은 자신의 상상을 가지고 그들을 그 이야기 속으로 들어가게 하고 그 사건 안에 살며 이것을 이야기하기 시작할 때 가장 큰 효과를 가져올 수 있다 (1997, 121).

3) 청년기. 청년기는 부모에게서 분리되려 하며 자아정체성을 세우려고 노력하는 시기로서 몇몇은 가정 내의 도덕적 가치관을 거부한다. 그러나 이 시기에는 밖으로 튕겨나가려는 경향과 아울러 청소년은 붙잡을 만한 그 무언가를 필요로 한다. 비록 10대들이 규칙이나 구속이 없는 것을 원하는 것처럼 보일지도 모르나 그렇지 않다. 대부분 충동적으로 행동하지만 그에 대한 통제를 실패하면 강한 양심이 있어 내적 불안과 고독을 일으킨다. 청년들을 포함한 모든 사람들은 자신들에게 조직과 힘을 제공하는 가치와 기준을 필요로 한다. 콜스는 청년들이 성인들의 조언을 원치 않아 보일 때에라도 부모, 교사, 그 밖의 다른 성인들이 청년들의 도덕적 가치관 성장에 기여한다고 확신한다. 그는 성인들이 청년들의 도덕 성장에 공헌하는 몇 가지 수단을 밝혔다.

청년들을 돌보는 성인들은 청년들의 관점, 이의, 은어에 귀를 기울여야 하지만 토론 중에 성인들은 또한 자신들이 갖는 가치를 명료하게 나타내야 할 것이다. 십대들은 우리가 확신하는 것이 옳고 그른지 그들에게 어떤 행동을 왜 기대하는지를 알아야 할 필요가 있다. 청소년들이 잘못된 것을 선택하기 시작할 때 보고도 못 본 체하는 성인이 아니라 충분한 관심을 갖고 잘못된 행동이 주는 해악을 직면하게 만드는 권위자가 필요하다.

십대와 함께하는 성인으로서 우리는 사춘기 경험들을 되돌아보고 우리 자신이 가졌던 고민들을 기꺼이 나누려는 자세가 필요하다. 우리가 십대의 고민을 마음으로부터 공감하고 십대 역시 우리가 또한 그 시기에 있었음을 깨달을 때 이러한 공감대는 중요한 연결고리를 만들 것이다. 많은 사춘기 청소년들은 도덕적 친구로서 자신들과 관계를 맺고 있는 성인을 갈망한다. 이러한 성인과 함께 의미 있는 삶을 고려할 때 일어나는 논쟁거리와 의문점들을 이야기하고 싶어 한다. 십대들이 도덕적인 조언자로서 받아들인 성인은 언행이 일치된 자이다. 모든 경우는 아니지만 때때로 부모들은 그들의 도덕적 친구가 될 수 있다. 가정은 자녀의 도덕적 발달을 지원하는 따뜻한 친구로서 자녀가 지혜를 발견할 수 있는 공간이며 믿음의 공동체의 한 부분이 되는 축복을 받았다.

우리의 가장 강력한 도덕교육의 도구는 우리 자

녀들이 우리의 삶을 보는 것이다. 모세는 이스라엘에게 하나님의 명령을 그들의 자녀들에게 가르치기 전에 부모들에게 하나님을 전인격체로 사랑하고 마음판에 하나님의 계명을 새기라고 지도하였다(신 6:5-6). 하나님을 향한 사랑이 우리 인격체에 녹아들고 하나님의 율법은 대단한 노력을 통해 복종해야 하는 외적 규례가 아니라 마음판에 새겨진 것이라는 것을 보여줄 때 우리의 자녀들은 생생한 가치체계를 깨달을 수 있다.

3. 도덕적 행동. 콜버그의 도덕적 행동연구에 의하면 두 가지 요소가 상호작용하는 데 이 요소를 통해 아동들이 도덕적으로 행동할 것인가를 예측할 수 있다고 밝혀냈다. 이 두 요소는 도덕적 추론과 자아성장력(自我成長力, ego strength)이다(1972, 459, 476). 콜버그가 정의하는 자아성장력 또는 추진력이란 상황을 평가하고 행동에 따르는 결과를 예측하는 지적 능력, 즉각적인 만족보다는 먼 안목으로 더 훌륭한 선을 선택하는 경향 그리고 한 과제에 집중할 수 있는 능력을 말한다. 이 자아의 힘은 사람이 옳다고 믿는 것을 추진하는 힘을 준다.

도덕적 추론은 우리가 상황을 어떻게 해석하는가에 영향을 미친다. 어떠한 인식을 택할 때 우리가 현장에서 역동적인 인식을 갖게 하는가와 어떠한 일이 옳은 일인지를 결정하게 만드는가에 영향을 미친다. 또한 우리의 도덕적 추론 수준은 우리가 책임져야 할 일인지 아닌지 평가하는 것에도 영향을 준다. 그러나 사람들은 무엇이 옳은 일이지 결정할 수 있고 정의로운 행위를 택해야 하는 것을 알더라도 실천하지 않을 수 있다. 사람들은 도덕적이 된다는 것에 따르는 대가를 택하지 않을 수도 있다.

콜버그는 그의 인지 도덕발달이론이 "왜 도덕적인가?"에 대한 질문에 답하지 못하며 종교나 신앙이 도덕적인 사람이 되게 하는 이유를 준다는 것을 인정했다(1981, 321-22). 콜스는 그가 연구하면서 함께한 몇몇 아동들의 도덕적 능력에 놀랐다. 그는 아동의 이야기를 들었을 때 그 능력에 큰 뒷받침이 되는 종교적 신앙이 있음을 확신하게 되었다. 도덕발달과 영적 발달은 같지 않지만 서로 연관되어 있다.

CATHERINE STONEHOUSE

참고문헌 | M. Belenky, B. Clinchy, N. Goldberger, and J. Tarule, eds.(1986), *Women's Ways of Knowing: The Development of Self, Voice, and Mind*; R. Coles(1997), *The Moral Intelligence of Children*; idem(1986), *The Moral Life of Children*; C. Gilligan(1982), *In a Different Voice: Psychological Theory and Women's Development*; L. Kohlberg (1972), *Curriculum and the Cultural Revolution*; idem(1981), *The Philosophy of Moral Development: Essays on Moral Development*; idem(1991), *The Kohlberg Legacy for the Helping Professions*; L. Kuhmerker with U. Gielen and R. Hayes, eds.(1991), *The Kohlberg Legacy for the Helping Professions*; J. Piaget(1965), *The Moral Judgment of the Child*; C. K. Sigelman and D. R. Shaffer(1995), *Life-span Human Development*; C. Stonehouse(1998), *With Children on the Spiritual Journey*; J. Wilhoit and J. Dettoni, eds.(1995), *Nurture That Is Christian: Developmental Perspectives on Christian Education*.

참조 | 길리건, 캐롤(GILLIGAN, CAROL); 콜버그, 로렌스(KOHLBERG, LAWRENCE); 성숙(MATURATION); 피아제, 장(PIAGET, JEAN)

도덕성(Common Morality). 타율적 도덕(Heteronomous Morality)을 보라.

도덕적 딜레마(Moral Dilemma). 일반적으로 언어, 도덕적 딜레마는 거의 모든 도덕적 문제의 전반에 걸쳐 나타난다. 좀더 세분화된 철학적인 범위에서 보자면 도덕적 딜레마는 도덕적 의무나 필요 사이에서 풀리지 않는 갈등이 나타나는 때이다. 다시 말해서, 행위자가 도덕적으로 두 대안 중에서 하나만을 선택할 수밖에 없는 상황이 벌어질 때 그 사람은 도덕적 딜레마에 빠졌다고 말한다. 만약 대립되는 두 도덕적 요구 중 하나의 요구가 다른 하나를 압도한다면 도덕적 딜레마는 일어나지 않는다.

대부분의 도덕적 이론가들은 딜레마와 같은 상황은 없다고 생각한다. 임마누엘 칸트(Immanuel Kant)도 이 그룹에 포함된다. 실용주의자들은 모든 도덕적 딜레마는 피할 수 있다고 본다. 그 근거는 비록 실용적 면에서 볼 때 최고의 선택은 아니더라도 대안들은 서로 연결이 되어 있고 그렇기 때문에 반드시 어느 한 쪽만을 선택해야만 된다는 의무는 있을 수 없다.

다른 학자들도 도덕적 딜레마를 피할 수 있다고 본다. 그 근거는 도덕적 원칙을 세움으로써 결코 갈등상황이 벌어지지 않게 하거나 아니면 우선순위를 세워서 상위의 도덕적 필요가 하위의 도덕적 필요 위에 압도하게끔 만드는 것이다.

1950년에 로렌스 콜버그(Lawrence Kohlberg)는 도덕발달에 관한 종단적 연구에서 '도덕적 딜레마'를 도덕적 사고의 단계를 결정짓는 방법으로 사용했다. 콜버그는 정신적 발달로서의 도덕적 사고 개념을 중요시하였다. 그는 다양한 연령층의 아동들에게 두 개의 갈등이 내포되어 있는 도덕적 가치 중 택일해야 하는 상황을 취하게 하였다. 하나의 가치를 택하게 되면서 나타난 아동의 반응은 선택의 일면에 숨어 있는 이유 즉, 아동의 도덕적 단계를 드러내었다. 이 같은 딜레마는 분석, 해석, 적합한 자료의 선택, 평가 그리고 선택 문제 등을 포괄한다.

콜버그의 이론에 예외가 되는 도덕적 딜레마도 많다. 그리고 콜버그의 도덕적 추론들은 20세기 후반의 서구사회 발전과 남성중심적 사고가 더 중시되었다고 논쟁하면서 이러한 배경에서 도덕적 추론의 단계가 보편적인 것이라 주장한다. "그러나 모든 유신론적 종교들은 신에 의해 계시된 윤리와 신학이 반영된 도덕성을 숙고할 것을 요구하고 있다"(Bridger, 1995, 608).

CHERYI L. FAWCETT

참고문헌 | D. Atkinson, D. F. Field, A. Holmes, and O. O'Donovan, eds.(1995), *New Dictionary of Christian Ethics and Pastoral Theology*, pp. 122-27; F. W. Bridger(1995), *New Dictionary of Christian Ethics and Pastoral Theology*, p. 607; B. Clouse (1991), *New Twentieth-Century Encyclopedia of Religious Knowledge*; W. Sinnot-Armstrong(1992), *Encyclopedia of Ethics*.

도덕적 딜레마와 기독교교육(Moral Dilemmas, Use in Ministry).

다수의 교사들은 종전에 배웠던 내용들이 아동의 실생활 환경에 얼마나 적용되는가 알고자 할 때 도덕적 딜레마를 사용한다. 또한 교수들이 도덕적 딜레마를 통해 학생들의 동기, 가치관과 도덕적 사고 등을 결정하고자 보편적으로 많이 애용한 방법이다. 도덕적 딜레마는 사고를 북돋는 질문, 사례연구, 또는 경험적 학습 활동의 형식으로 교실에서 나타기도 한다. 그러나 다수의 교사들은 이 도덕적 딜레마가 전개되기 위해서 주의 깊은 사고를 요구하기 때문에 피하려 한다. 게다가 만약 부적절하게 사용되었을 때 오히려 도덕적 딜레마가 학생들의 사고 과정과 사회적 관습을 위협할 수 있고 상당한 정도의 개인적 불균형의 초래를 가져오기 때문이다.

콜버그는 도덕적 딜레마를 사람의 도덕적 성격과 판단력을 평가하는 수단으로 광범위하게 사용하였다. 도덕적 딜레마는 단지 "당신이 다음과 같은 상황이라면 어떻게 하시겠습니까?"를 다루는 것 뿐만 아니라 "당신은 왜 그러한 행동을 하시겠습니까?"라는 문제를 다룬다. 이 방법으로 콜버그는 추론하는 사고 능력에 대해 보다 심층적인 연구를 할 수 있었다.

만약 예수께서 그의 제자들을 훈련시킨 방법을 고려하는 사람이 있다면 예수께서는 그의 가르침에 있어 이 도덕적 딜레마를 사용하셨다는 결론을 내리게 될 것이다. 예수께서는 그의 제자들이 특별한 신학적 진리에 관해 우선적인 지식을 가지는 것만으로 만족하지 않으신다. 오히려 바리새인들과 그 당시의 종교 지도자들이 그러한 지식을 충분히 가지고 있었다. 예수께서 원하셨던 것은 제자들의 행위의 동기이다. 이러한 예수님의 훈련의 전형적인 예로는 마태복음 12:10-14에 나타난다.

MICHAEL J. ANTHONY

도덕적 추론(Moral Reasoning, Theory of).

도덕적 추론은 사람이 도덕 문제에 직면했을 때 일어나는 사고와 판단 과정을 말한다. 도덕적 추론은 도덕연구의 세 개의 주요한 주제 중 하나이고, 나머지 두 가지는 도덕적 행동과 도덕적 감정이다. 도덕적 추론은 사람의 생각하는 것이나 말하는 것의 옳고 그름을 판단의 기반으로 삼는다. 도덕적 추론은 사람이 어떤 행동을 하는가를 관찰하는 행위국면(behavioral dimension)과 사람이 어떻게 느끼는가를 추구하는 정서국면(affective dimension)과 대조를 이룬다. 연구논문들은 이러한 세 가지 분야가 서로 밀접한 관계가 있음을 시사하고 있다. 사고 없이 행동하는 것과 감성의 결과를 인식도 못하고 느끼는 것은 무책임하게 행동하는 것이며 형성된 판단력을 활용하지 못한 채 단지 감성을 경험하는 것에 지나지 않는다.

도덕적 추론은 아동들이 지적 이해력이 성숙할 때 발달한다. 스위스 철학자 장 피아제(Jean Piaget)는 『아동의 도덕적 판단』(The Moral Judgment of the Child, 1932)에서 어린 아동들과 좀 더 자란 아동들에게 도덕적 딜레마가 결부된 이야기를 들려주고 그들의 반응을 비교하였다. 어린 아동일수록 범죄자가 의도적으로 해를 끼치려 했는지 고려하지 않은 채 행위의 객관적인 결과에 따라서 행동을 판단한다. 또한 어린 아동은 사람들 사이의 관계가 어떤 영향을 받게 되는가에 대한 관점보다는 행위가 규칙에 위배되는가의 관점으로써 옳고 그름을 이해한다. 이 시기의 아동은 심지어 사소한 위반에도 엄격한 처벌을 주장할 것이다. 그리고 그들은 주저하지 않고 우연이 아닌 개인의 잘못으로 불행한 일이 생긴다고 여긴다. 그러나 아동이 성숙해지면서 같은 양의 손해를 일으킬지라도 고의적인 것과는 별도로 다루어야 한다는 것을 이해하게 된다. 아동은 같은 행위가 도움이 될 수 있고 해가 될 수도 있다는 것을 깨닫기 시작한다. 처벌은 범죄에 적합한 것이다. 그리고 만약 처벌이 범죄자의 교정이나 피해자를 위한 손해 배상으로 이르게 한다면 이것은 단지 범죄자에게 고통을 주는 것을 위한 처벌보다는 더 낫다. 게다가 불행한 일은 나쁜 행위를 한 사람 뿐만 아니라 선한 사람에게도 일어날 수 있다. 모든 역경이 하나님을 분노하게 한 사람들을 향한 하나님의 행동으로 말미암은 것은 아니다.

피아제의 연구를 기초로 한 미국 심리학자인 콜버그(Lawrence Kohlberg, 1984)는 도덕적 추론의 발달에 있어 가장 권위있는 학자로 많은 사람들에게 인정받고 있다. 피아제와 같이 콜버그는 사람은 다음 단계 혹은 높은 단계로 가기 전에 전단계 혹은 낮은 단계의 발달을 지나간다고 주장했다. 그러나 그의 연구는 피아제의 연구가 4-12세 사이의 아동들을 대상으로 했던 것과는 대조적으로 청소년기와 성인 초기에 초점을 두었다. 더 높은 인식 단계에 있는 젊은이들을 관찰함으로써 콜버그는 피아제의 연구에서 본래의 두 가지 수준의 구조에서 초기 아동기에서 성인기에 이르기까지의 연속 6단계로 확대하였다. 불변하는 연속 안에 발생하는 각 단계는 이전 단계와는 질적으로 다른 것이며, 지적 사고의 더 포괄적인 구조를 드러낸다.

콜버그에 의해 사용된 핵심 용어는 '인습적인'(conventional) 것으로서, 그것은 옳고 그름이 사회가 그 사회의 구성원들에게 기대하는 것이나 관습에 기초를 두고 결정되는 것을 의미한다. 인습적 단계는 위계적인 도덕적 사고에서 가운데 위치하고 두 가지 중간단계(3, 4단계)를 포함한다.

인습적 사고의 3단계는 선행을 통해 타인을 기쁘게 하거나 도와주는 것과 동일하다. 중요한 타자 즉 가족, 친구들 그리고 이웃과 같은 사람들의 태도가 무엇이 옳은가를 결정한다. 인습적 사고의 4단계는 법에 따르고, 의무를 다하고, 주어진 사회적 지위를 유지하는 것으로 사람이 선한 사람이 되기 위해 해야만 하는 것이다. 비록 같은 사람일지라도 상황에 따라 3단계에 속할 수도, 4단계에 속할 수도 있음을 감안할 때 대부분의 성인 미국인은 3단계와 4단계에 해당된다.

인습단계보다 이전에 있는 전인습(preconventional)의 단계(1, 2단계)에서는 옳고 그름이 사회가 말하는 것이 옳고 그름이 아니라 그 자체의 결과에 의하여 판단된다. 전인습단계의 1단계에 있는 사람인 경우, 추론은 처벌을 피하기 위해서 규칙을 따를 것이다. 예를 들면, 아동이 부모에게 순종하거나 성인인 경우 체포되는 것을 피하기 위해 규정 속도로 운전하는 것과 같은 것이다. 전인습단계의 2단계에서 사람은 여전히 개인적 필요에 연관되지만 시장에서 나타나는 인간관계를 보여준다. 다시 말해서, "만약 당신이 나의 등을 긁어 준다면 나도 당신의 등을 긁어주겠습니다" 하는 식이다.

후인습(postconventional)의 단계(5, 6단계)로 나아간 사람들의 특징은 자신의 옳고 그름에 대한 사고를 확대한다. 이때 자아를 북돋는 요구(인습적)나 사회적 기대(인습적)에 따르려는 욕구 뿐만 아니라 모든 사람의 권리와 인간다움을 고려하는 데까지 확장시킨다. 후인습단계의 5단계에 속한 사람들은 한 그룹의 안일을 바꾸어 놓을 규칙이나 법의 변화를 추구할 수도 있다. 그리고 6단계에 도달한 사람들은 도덕이 정의의 추상적 원리를 토대로 하고 모든 개개인을 존중한다고 말한다.

기독교교육에서 도덕적 추론의 적용점을 찾아보자면, 다양한 연령수준에 피아제 학파의 방법을 활용하는 많은 자원(Foster and Moran, 1985), 교회의 갈등을 다른 단계에서 교회구성원들의 사고하는 한 기능을 설명하는 콜버그 패러다임(Clouse, 1986), 기독교 인문대학에서의 콜버그의 적용(McNeel, 1991) 그리고 아동들을 어떻게 하면 영적, 도덕적으로 더 높은 단계로 나아가게 할 것인가를 고려할 때 주일학교 안에서 성경이야기가 어떻게 제시될 수 있는지에 대한 실례(Clouse, 1993)를 포함하는 다수의 자료에서 발견할 수 있다.

BONNIDELL CLOUSE

참고문헌 | B. Clouse, *Journal of Psychology and Christianity* 5, no. 3(1986): 14-19; idem(1993), *Teaching for Moral Growth: A Guide for the Christian Community? Teachers, Parents, and Pastors*; J. D. Foster and G. T. Moran, *Journal of Psychology and Theology* 13(1985): 97-103; L. Kohlberg(1984), *Essays on Moral Development: The Psychology of Moral Development*; S. P. McNeel, *Journal of Psychology and Christianity* 10(1991): 311-22; J. Piaget(1932), *The Moral Judgment of the Child*.

참조 | 콜버그, 로렌스(KOHLBERG, LAWRENCE); 도덕발달(MORAL DEVELOPMENT); 피아제, 장(PIAGET, JEAN)

도빈스(Dobbins, Gaines Stanley, 1886-1978).

종교교육의 선구자로서 미국의 남침례교단 총회에 위대한 공헌을 남겼다. 미시시피 주에서 태어난 도빈스는 부모와 조부모가 농부였다. 교회의 주일학교 안에서 성장했음에도 불구하고 도빈스는 스스로를 불가지론자라고 했으며 매우 반항적인 청소년 시절을 보냈다. 고등학교를 졸업한 후 신문기자로 일하다가, 1905년에 일 년을 월반할 수 있을 정도의 실력을 인정받아 침례교 학교인 미시시피대학(Mississippi College)에 입학했다. 이듬해에 그는 그리스도인이 되었다. 졸업 후에는 남미시시피대학(South Mississippi College)에서 1년 동안 영어를 가르쳤다. 하나님의 뜻을 찾으면서 도빈스는 켄터키 주의 루이빌 시(Louisville, Kentucky)에 있는 남침례신학교(Southern Baptist Theological Seminary)에 입학하여 1913년에 신학석사와 신학박사 학위를 받았다.

신학교 시절 도빈스는 지역 교회의 목사로 섬겼다. 1916년 가을에 그는 남침례교단 총회의 주일학교 교육국의 편집자로 부름을 받아 일하기 시작하였고 여러 다른 출판물들도 내었다. 1920년에 도빈스는 남침례신학교의 교수가 되어 36년 동안 가르쳤다. 그가 첫 학기에 가르친 과목은 주일학교 교육법(기독교교육학)과 교회의 효율(교회 행정학)이었고, 편집 일도 계속했다. 그는 새 학과도 설립했는데, 현재는 기독교교육학과라고 부른다. 이 분야의 교재들이 부적절했기 때문에 도빈스는 자기의 교재들을 저술하기 시작했다. 도빈스는 자신의 지식 영역을 확대하고 교수법을 향상시키기 위해 다섯 학교에서 계속 연구하여, 콜롬비아대학에서 석사를 마치고, 시카고대학에서는 박사과정을 수료했다(그는 남침례교도들의 교육방법을 비평하는 논문을 다시 쓰기를 거부했다. 후에 그의 모교에서 그에게 두 개의 명예 박사학위를 수여했다). 이와 같은 교육적 배경으로 그는 학생들에게 교회에서 설교 뿐만 아니라 행정하는 법도 가르칠 수 있었다.

학교 강의에서 은퇴한 후에 그는 신학교의 이사로서 그리고 임시 총장으로 봉직했다. 그 후 도빈스는 1953년부터 1956년까지 종교교육학부의 학장을 역임했다. 은퇴한 후에 그는 골든게이트 침례신학교(Golden Gate Baptist Theological Seminary)에서 교회 행정학 교수로서 10년 동안 가르쳤다. 또한 그는 죽기 전까지 여러 곳을 찾아가서 교수로 가르치며, 설교하고 저술하는 일을 계속했다.

도빈스의 수많은 저작들은 주로 기독교교육 분야이지만 전도와 교회론, 영성에 관한 책들도 저술했다. 『교회목회』(*Ministering Church*)는 성경대학이나 신학교의 교회행정학의 기본 교재로 사용된다. 그의 고전적인 책 『지도력 학습』(*Learning to Lead*)에서 도빈스는 "헌신적이고 능력 있고 양심적인 지도자"에 대해 언급했다(7). 그는 잠재적인 지도자들에게 동기를 부여하고, 협력하며, 개발시키고, 지도하는 견해로 방법보다는 원리들을 강조했다. 그의 많은 책들은 주일학교 교사들을 훈련시켰으며 도빈스의 영향력을 신학교 수준을 넘어서는 것으로 확장시켰다.

LIN JOHNSON

도서관/자료 센터(Library/Resource Center). 교회의 기독교교육 프로그램을 보완하고 보충하는 인쇄물과 매체들을 소장해 놓는 곳이다. 도서관/자료 센터는 개인적인 학습 기획들에 관여하는 사람들에게 그들이 대출을 받아 집에서 편안히 사용할 수 있는 도서들, 비디오들, 컴퓨터 프로그램들 그리고 다른 자료들을 제공함으로써 그 자체로 교육센터가 된다. 그것은 교사들이 수업을 준비하고 그들의 성경연구반과 연구그룹들을 가르칠 때 그들에게 유용한 주석서들과 교수자료들 그리고 다른 자료들을 제공함으로써 기독교교육 프로그램을 보충한다. 또한 어떤 도서관들은 교사들과 청년 지도자들에게 유용한 교육과정 자료들과 시각자료들을 소장하기도 한다.

이것이 실행 가능한 사역이 되기 위해서 도서관/자료 센터에는 그것의 운영을 책임지는 책임자 또는 일단의 지도자들이 있어야 한다. 도서관/자료 센터의 책임자들이 해야 할 첫 번째 과제는 임무 진술(statement of mission)을 작성하는 것이다. 임무 진술은 도서관이 봉사의 대상으로 삼는 사람들에 관한 일반적인 진술과 포함되어야 할 자료들의 종류 그리고 그 센터가 달성해야 할 목적을 포함해야 한다. 이 임무 진술은 책임자들이 자료수집의 방침을 세울 수 있게 하고, 어떤 자료들이 어떻게 그 센터에 기증될 수 있는지에 대한 지침을 정할 수 있게 하며 공간과 장비에 대한 계획을 세울 수 있게 한다. 또한 어떠한 봉사를 제공해야 하는지를 결정할 수 있게 하고 그 센터의 사용을 장려할 수 있게 할 뿐만 아니라 운영 시간을 정할 수 있게 한다.

이제 도서관은 인쇄물들에 한정되지 않고, 다양한 매체들 – 책 뿐만 아니라 비디오, 컴퓨터, 시각자료, 테이프 그리고 콤팩트디스크 – 을 포함해야 한다.

비록 도서관이 성인교육과 교사들이 그들의 사역을 수행하는 것을 돕기 위한 귀중한 원천이지만, 책임자들은 어린이들을 포함시키기 위해서 자료들과 시설들을 확충하는 것의 중요성을 고려해야 한다. 만일 도서관 시설들이 어린이들에게 적합하게 설계되려면 컴퓨터 게임들과 어린이용 도서들과 비디오들 그리고 어린이용 성경연구 자료들이 첨가되어야 한다.

책임자들이 내려야 하는 가장 중요한 결정들 가운데 하나는 소장할 품목들을 어떻게 조성할(develop) 것인가 하는 것이다. 도서관은 기독교교육 예산을 편성할 때 하나의 예산항목으로 포함되어야 한다. 그러나 대부분의 많은 교회들은 필요로 하는 모든 것을 구입할 수 있을 만큼 충분한 재정능력을 갖추고 있지 못한 실정이다.

자료들을 취득하는 특별한 방법들을 확인해 둘 필요가 있다. 몇몇 기독교 서점들은 구매자의 교회가 도서관 자료들을 개발하는 것을 도울 목적으로 구매에 따른 할인혜택을 제공하는 프로그램을 가지고 있다. 만일 그렇다면, 도서관 책임자들은 이것을 교인들에게 전해야 하며, 어떤 서점들이 이런 편의를 제공하는지와 그것을 활용하는 방법에 대한 정보를 그들에게 제공해 주어야 한다. 대부분의 많은 교회들은 교인들에게 교회 도서관에 기념이 될 만한 품목을 기증하도록 장려한다. 또한 어떤 사람들은 자신들이 갖고 있는 중고서적들을 도서관에 기꺼이 기증하려고 할 것이다. 그러나 도서관에 어떤 자료들을 첨가해야 하는지를 분명하게 전할 일련의 지침들을 반드시 가지고 있어야 하며, 책임자들이 도서관을 위해 수용되지 않는 자료들을 처분할 권리를 가지고 있다는 것을 반드시 말해야 한다. 더 적절한 자료들을 구입하는 데 필요한 돈을 얼마간 남겨둔다면 종종 그런 자료들을 중고서점에서 구입할 수도 있다.

ELEANOR A. DANIEL

도시 기독교교육(Urban Christian Education).

현대 도시들의 기독교교육 쟁점은 어떻게 변화에 대처하는가에 있다. 도시 환경은 마치 거대하고 복잡한 거미줄처럼 풍성한 삶을 추구하는 다양한 사람들이 여러 가지 방면에서 저마다 긴밀하게 연결되어 있다. 이 사람들은 여러 색깔과 사회계층, 문화, 삶의 형태, 신념 체계, 연령층으로 구성된다. 그들은 저마다 크고 작은, 전통적이거나 개혁적인, 또는 부유하거나 가난한 교회나 다른 기독교 기관 등에 소속되어 있다. 도시에서의 기독교교육 현실은 신뢰할 수 없는 인간의 경험에 뿌리를 두며 그로부터 생성된다. 따라서 도시에서의 기독교교육은 다양한 형태를 지니며, 계속적으로 변화에 유연하게 대처하며, 시간과 공간을 초월하여 개입하시는 하나님의 새로운 역사에 민감해야 한다. 도시 기독교교육은 인간의 마음과 삶, 이웃과 기관들 그리고 문화를 변화시키는 가장 근본적인 목적으로 하나가 되어 있다. 이러한 종합적인 목적으로부터 도시 기독교인의 교육을 위한 많은 중요한 원리들이 등장한다.

1. 도시 기독교교육은 상황 의존적(context dependent)이다.

현대의 도시들은 복잡 다양하게 얽힌 수백, 수천의 고유한 영역들로 구성되어 있다. 도시 안에서는 인간사회의 정치적, 경제적, 사회적, 문화적, 종교적 차원들이 서로 충돌을 일으킨다. 극단적 부와 빈곤, 개혁과 보수, 오래된 것과 새로운 것, 성(聖)과 속(俗), 힘 있는 자들과 힘 없는 자들이 공존한다. 각 사회는 작고 친밀한 그룹으로부터 크고 비인간적인 기관들과 체계들에 이르기까지 다양하게 존재한다. 도시의 자연 환경은 주거와 직장, 공공사업, 행정, 제조업 등을 위해 모여든 다양한 계층의 이웃들과 건물들로 인해 점점 인구 밀도가 높아지는 경향을 보인다. 또한 도시들은 인접한 도시근교의 지역들 그리고 농촌지역과도 서로 밀접한 영향을 미치며 상호의존적 관계를 유지하고 있다. 도심지는 새로운 변화와 개혁 그리고 다양한 사회의 중심이 되며, 이러한 빠른 변화로 인해 다양한 부류의 사람들이 활동적이고 생동감 있게 살아갈 수 있는 공간이 된다. 도시 내에서의 많은 형태의 불공평과 주변화현상 그리고 차별 등은 도시 주민들을 다양한 계층으로 나누며 그로 인해 폭력과 범죄를 부추긴다.

변화에 참여하기 원하는 어떠한 교회나 선교단체들은 반드시 먼저 그들이 처해 있는 상황과 자신들을 동일시해야 한다. 모든 인간 삶의 영역에서 자연스럽고 반드시 있어야만 하는 것이 배움과 그로 인한 성장이다. 교육은 곧 그리스도인들을 특정한 사회적 환경에 처해 있는 특정한 사람들로부터 성장하도록 하는 것이다. 교육은 사람들을 세상으로부터 분리하기보다는 그들이 연관되어 있는 자원들과 여러 요인들을 연결시킨다. 교육이 지향하는 바는 필요에 초점을 맞추기보다는 수용력을 늘이는 것이다. 교육자는 사람들 사이에 함께 살아가면서 그들과 하나가 되어 어울리고, 변화의 과정 속에서 그들과 함께 변화의 주체가 되는 것이 바람직하다.

2. 기독교교육은 통전적(holistic)이다.

그것은 인간의 삶의 모든 영역에서 벌어질 수 있는 경험들을 포함한다. 일, 놀이, 집, 건강, 차량, 관계 등. 통전적이란 말은 서로 분리되고 멀리 떨어진 실체들간의 관계를 발전시키는 것을 말한다. 기독교교육은 인간과 하나님의 관계, 하나님의 가족 안에서의 구성원들간의 관계 그리고 하나님의 가족과 그들이 살고 있는 환경 사이의 관계를 더욱 긴밀히 해주기 위해 노력한다. 기독교교육은 사람들로 하여금 새롭고도 삶을 변화시키는 방법으로써 하나님을 보고 경험할 수 있도록 도와준다. 그것은 신앙공동체 가운데 있는 다양한 사람들을 상호간의 섬김과 사랑, 창조성과 자유함의 정신으로 하나로 묶어준다. 또한 기독교교육은 이웃과 동료들 그리고 사회에 존재하는 기관과 조직들의 전영역에 두루 연관되어 있다.

3. 도시의 환경 속에서 기독교교육은 참여하는 사람들을 중심으로 할 수밖에 없다. 하나님은 모든 사람의 마음과 삶 가운데 역사하고 계시며, 그들이 가지고 있는 재능과 자원들, 필요들 그리고 비전이 가르침과 배움의 과정의 많은 부분을 차지한다. 가르침과 배움의 과정은 진리와 가치들을 포괄적으로 한꺼번에 부여하기보다는 모든 면에서 참여적이다. 따라서 교육을 위한 행사들과 구조들은 반드시 그 구성원들 모두가 참여하여 기여할 수 있도록 만들어져야 한다. 이는 곧 다른 시대 또는 장소나 전통이 아닌 현재를 살아가는 사람들의 실제적 상황을 바탕으로 해야 하는 것을 의미한다. 이렇게 함으로써 기독교교육은 무력하게 만드는 것이 아니라 힘을 얻게 해준다.

4. 도시 환경에 가장 잘 맞는 기독교교육의 모델은 행동반성(action-reflection) 또는 프락시스(praxis) 모델이다. 삶 가운데 일어나는 행동들, 매일 매일의 삶의 실체들, 화려하고 생동감 있지만 한편으로는 깨어지고 정의롭지 못한 도시의 세계가 바로 기독교교육이 다루어야 할 주제들이다. 배움은 곧 경험으로부터 시작된다. 하나님의 사람들이 함께 모일 때 그들은 개인적인 성찰과 다른 이들과의 대화를 통해 이러한 삶의 경험들의 의미를 재구성한다. 그들이 함께 모여서 그들 세계 가운데 하나님이 어떻게 실존하셨는가를 나누는 동안 스스로 변화를 경험할 뿐 아니라, 또한 그들이 살고 있는 도시의 상황을 변화시키는 주체가 된다. 인종과 계층, 민족, 성, 나이, 교육 등에 의해서 나뉜 다양한 사람들의 모임이 비판적인 대화와 그들의 행동을 함께 반성하는 가운데 하나님 형상의 고유한 요소들을 보존하게 되며 서로를 통해 배우게 되는 것이다.

VERNON L. BLACKWOOD

참고문헌 | P. Freire(1993), *Pedagogy of the City*; H. Huxhold, ed.(1968), *Christian Education and the Urban Parish*; D. Rpgers, ed.(1989), *Urban Church Education*.

도시 가정(Urban Family). 도시의 가정은 인간의 모든 경험에 연관되어 있는 복잡한 사회 환경 속에 있다. 도시에서 한 가정이 영위한다는 것은 인간의 가장 좋은 면과 가장 악한 면을 모두 생생하게 듣고 보고 맛보게 됨을 의미한다. 가정은 도시 안에서 계속적으로 발전해 나가며 파멸되지 않지만 변화되어 가고 있다. 도시에 사는 대부분의 사람들에게 가정은 그들이 소속되어 있고, 자라나며, 공급받을 수 있는 최우선의 장소이다. 도시생활의 스트레스와 긴장감 그리고 풍부한 물질들 가운데 가정은 기쁨과 슬픔, 세상을 헤쳐 나가기 위한 갈등이 모두 소중하게 돌보아지는 삶의 오아시스와 같은 곳이다. 도시의 가정은 혼자서 아이들을 키우는 편부나 편모로 구성된 가정으로부터 두 명의 나이 많은 형제나 자매가 함께 사는가 하면, 다세대 이민 가족 또는 동거하는 남녀에 이르기까지 다양한 형태를 취한다. 도시 가정의 구조와 가치 그리고 삶의 형태는 광범위한 스펙트럼과 같으며, 하나님과 그분에게 속한 사람들의 사랑이 모든 이들에게 베풀어진다. 가족의 형태는 다양하지만 특별히 도시 가운데 있는 가정의 경우 그들의 결집과 가정이 제공하는 후원과 도움이 매우 중요하다. 도시의 가정은 생존과 소속, 삶의 나눔, 일, 레크리에이션, 사회화와 배움, 창조성, 정서적 후원, 더 넓은 세상과의 중계 역할 등이 함께 어우러지는 장치이다.

가정교육의 철학은 이러한 도심지의 상황과 맥락 속에서 출발해야만 한다. 도시에서 가정의 삶을 양육한다는 것은 상처받고 깨어진 사람들, 하지만 동시에 살아 있고 성숙해가는 실제적인 사람들의 경험과 갈등 속으로 들어가는 것을 의미한다. 도시에서 강력한 가정을 세우기 위한 필수적인 요소는 어떠한 상황 속에 있는 사람들이라 할지라도 받아들일 수 있는 마음의 자세와 그들을 향한 동정심이다. 무조건적인 사랑은 가정을 용서와 은혜, 강한 사랑과 책임, 자유의 공간으로 만들며, 매일의 삶의 필요들을 공급하고, 불의나 폭력, 실업, 사랑하는 사람의 죽음 등 어려움을 함께 극복해 나감으로써 개개인이 자신을 탐구하고 발견하며 변화시킬 것이다. 이러한 사랑은 사람들이 현재 처해 있는 그 위치로부터 시작되며, 통전적이고 친밀하며 정의를 추구한다.

　기독교교육은 바로 가정에서 시작되며 가정을 중심으로 한다. 어른과 어린이를 막론하고 가정이야말로 그들의 삶이 시작되고, 삶이 일정한 순서에 따라 진행되어가며, 삶을 마감하는 곳이기 때문이다. 하지만 가정이 혼자서 설 수만은 없다. 교회와 다른 기관들이 가정을 후원하고 윤택하게 하는 역할을 하는 것이다. 이들은 가정 안에서 개개인의 변화를 추구하며, 가정에 필요한 자원을 공급하고, 보다 큰 그룹인 도시와의 사이에서 중개역할을 해준다. 가정에서 그리스도인답게 교육을 시킨다는 말은 가족 구성원들이 삶의 모든 면에서 하나님의 임재를 느낄 수 있도록 해줌으로써 하나님의 영이 그들을 가르치고 올바르게 변화시켜 새롭게 하는 것을 의미한다. 구약 이스라엘 가정의 모델에 따르면 하루, 한 주, 일 년 그리고 인생 전반에 걸쳐 하나님의 임재 가운데 살아가도록 언약의 규율을 만들었다. 경배와 대화, 일, 놀이, 축제, 의식들, 언어, 음식, 여행 등등 모든 것들이 하나님의 영의 인도함에 따라 구체화되었으며 강조되었다. 도시 가정을 위한 통전적인 모델을 위해서는 여러 가지 요소들이 필요하다. 하나님의 임재 연습, 자원을 공급하기, 부모교육, 상담, 수련회 및 캠프, 불의와의 싸움, 건강과 영양교육, 성인과 어린이를 위한 기초적인 교육, 제2 외국어로서의 영어교육, 컴퓨터교육, 책, 잡지, 비디오, CD와 게임 등을 갖춘 도서관, 갈등을 해결하는 방법과 화해하는 훈련, 성경 연구, 젊은이들과 지도자들에 대한 조언 등 통전적인 가정의 교육을 위해서는 사람과 상황이 요구하는 바에 따라 그 범위가 확대된다.

VERNON L. BLACKWOOD

　참고문헌 | J. and J. Balswick(1989), *The Family: A Christian Perspective on the Contemporary Home*; R. Clapp(1993), *Families at the Crossroads*; C. Stack(1974), *All Our Kin*.

독단적 접근법(Dogmatic Approach). 권위주적 접근(Authoritarian Approach)을 보라.

독립(Independence). 자율성(Autonomy)을 보라.

독신자들(Single Adults). 20세기 후반기 동안에 가장 다양하면서 동시에 성장하는 그룹은 독신자들이다. 어떤 자료는 15세 이상의 미국 인구 중 대략 50%가 현재 독신이라고 추정한다. 1990년대에 가장 큰 전도의 밭은 독신성인사역이었다. 혼자 사는 독신자들은 미국의 모든 가구에서 가장 급속히 성장하고 있으며, 1995년에 네 가구 중 한 가구가 혼자 사는 것으로 나타났다. 미국 인구조사국에 의하면 독신가구들이 모든 가구들보다 더 빨리 계속적으로 성장할 것이라고 한다. 2010년에 대한 예측은 가족이 없는 가구들—혼자 살거나 아니면 친척이 아닌 사람들과 사는 사람들—과 편부모 가정들이 가장 빠르게 성장하는 가구들이 될 것이라는 것이다.

　만일 한 번도 결혼하지 않은 인구가 계속해서 성장한다면 미국은 결혼한 사람들보다 결혼하지 않은 사람들이 더 많은 국가가 될 것이다. 1975년에 21,400,000명에 비교할 때 1995년에는 43,900,000명이 한 번도 결혼하지 않았다. 1995년 미국 인구조사국의 통계에 따르면 독신자들은 74,935,000명이 있었고, 그 중에 독신 남성은 34,277,000명, 독신 여성은 40,658,000명이 있었다.

　독신자들에 대한 미국 여론에 현저한 변화가 생겨났다. 20세기 초반에는 독신자들이 노처녀와 노총각들이었다. 1960년에 이혼이 일반화되자 독신의 몇몇 긍정적인 요인들이 눈에 띄기 시작했다. 1960년대 말에는 성적으로 자유분방한 독신자들이 많은 성인들에게 인기를 얻게 되었다. 20세기 말 무렵에는 독신자들이 미국 문화에서 지배적인 힘이 되었다.

　1. 독신자들에 대한 일반적인 사실들. 모든 독신자들은 공통된 몇 가지의 기본적 필요들을 가지고 있다. 그들은 관계들을 필요로 하고 대부분 그 필요를 채우려고 한다. 활발한 사회생활이 대부분 독신자

들의 특징이다. 사회적 관계를 맺지 않는 사람들은 일반적으로 사회와 삶에 적응을 잘못하거나 불만이 있는 사람들이다. 모든 독신자들은 주님을 알고 그분과 함께 동행하는 영적인 필요도 가지고 있다. 또한 건강한 성인들은 자신들의 지성을 개발하고 정신적인 도전을 고마워한다. 하나님께서는 우리를 정서적인 존재로 만드셨기에 독신자들은 채워줘야 할 아픔, 외로움 그리고 욕구 등을 가지고 있다.

현재의 문화 속에서 독신자들은 의미 있고 개인적인 관계들을 발전시키기 위해 클럽, 술집 그리고 식당을 자주 찾는다. 연령과 상황들이 그들 개인적 관심의 대부분을 결정한다. 젊은 독신자들은 종종 헌신이 부족하고, 대학을 가거나 직업을 구함으로써 결혼을 미루고 독립을 매력적인 것으로 보고 있다.

종종 독신부모들은 그들에게 아무런 희망이 없다고 느끼고 많은 사람들은 한 번도 배우자를 가져보지 못했다는 사실 내지는 이혼과 사망을 통해 배우자를 상실한 경험으로 인해 외로움과 쓰라림을 가지고 있다. 독신부모들은 미국에서 현저히 증가하는 인구층이다.

증가추세에 있는 많은 독신자들이 현재 미국의 문화에서 동거하고 있지만 이것 또한 좌절감과 스트레스를 증가시켰다. 결혼에 있어서 강한 헌신 없이 관계를 유지하는 것은 어려움으로 남게 된다. 동거한 사람들의 이혼율은 동거하지 않은 사람들보다 훨씬 더 높다.

미국의 독신자들은 몇 가지 기본적인 특징들을 갖고 있다. 21세기에 진입하는 시점에서 독신자의 주된 직업이 전문직일 경우 평균 수입은 2만불 내지는 그 미만이다. 적어도 모든 독신자들 중의 50%는 하루에 9시간 내지는 더 많은 시간을 일한다. 그들 대부분은 빌린 집에서 살고 있다. 독신의 이유에 대한 대답은 학교교육 내지는 군복무(17%)에서 개인적인 선택(38%) 그리고 상황(45%)에까지 다양하다.

독신생활의 장점들은 이동, 자유, 개인 관심사에 대한 충분한 시간, 활발한 사회생활, 그리고 개인 사생활 보호 등을 들 수 있다. 단점들로는 외로움, 제한된 성생활, 자기중심적인 경향 그리고 재정적인 불안을 들 수 있다. 두려움으로는 가족과 친구들에게 버림받는 것, 자신의 삶을 망치는 것, 출세하지 못하는 것 그리고 자신의 건강을 잃는 것 등이다.

2. 독신에 대한 신학적 입장. 독신자들에 대한 하나님의 관점을 이해하는 것은 교회 내에서 독신자들을 대상으로 하는 사역의 기초를 제공해 준다. 일반적으로 독신자들의 유형은 다섯 가지이다. 마태복음 19장에 의하면 어떤 이들은 다른 사람에 의해 고자(독신)가 된 자가 있고, 어떤 이들은 하나님에 의해서 그리고 또 어떤 이들은 자신들의 개인적인 선택으로 되는 경우도 있다. 어떤 사람들은 독신을 선택한다. 독신을 선택한 이유로는 학교교육, 재정, 아무도 구혼하지 않기 때문에 아니면 구혼을 거절 받았기 때문 등이다. 세 번째 범주는 이혼(20세기 미국에서 이혼율은 700% 증가했다)에 의해 독신이 된 사람들이다. 네 번째 범주는 결혼한 부부간의 이별의 결과이다. 마지막 범주는 배우자의 사망이다. 과부들은 평균 18년간을 과부로 보내고 10명중 8명은 과부가 된다. 삶의 가장 커다란 스트레스 중의 하나는 누군가가 사망이나 이혼에 의해 독신이 되는 경우이다.

예레미야는 하나님으로 인해 자신의 사역기간 중 독신으로 남았다(16장). 구약성경의 유명한 다른 독신자들은 엘리야, 엘리사 그리고 다니엘이다. 신약성경에서 독신자로 보이는 사람들은 마리아, 마르다, 도르가 그리고 바울이다. 로이스와 유니게는 적어도 디모데의 삶의 일부분 동안 편부모의 역할을 했을 수 있다. 신약성경은 독신이 하나님에게서 온 은사이며(마 19장; 고전 7장) 독신으로서 방해를 받지 않고 하나님을 섬기는 것과 같은 몇 가지의 영적인 유익들이 분명히 있음을 가르치고 있다.

독신은 하나님의 계획에서 받아들일 수 있는 소수의 기회이다(창 2:18). 결혼이 규칙이며 독신은 예외이다. 마태복음 19장 3절, 12절 그리고 고린도전서 7장에서는 독신을 긍정적으로 제시한다. 이 세상에서 스트레스가 덜하다. 다루어야 할 복잡한 상황들이 덜하다. 영적인 문제에 관해 보낼 수 있는 시간들이 더 많다. 하나님과의 관계에서 방해를 덜 받는다. 결혼이냐 독신이냐를 논할 때 독신은 하나님의 은사로 고려되어야 한다(고전 7:6-9).

3. 성인그룹.

1) 18세에서 24세까지.

(1) 관심사들. 자신의 출생 가족과 헤어지는 것의 도전, 성인으로서 자기 자신의 정체성과 역할을 세우는 것 그리고 새로운 집을 마련하는 것 등이 주된 관심사이다. 대부분의 사람들은 자신들의 부모들에 대해서 점차적으로 덜 의존하게 된다. 이 단계 동안에 그들은 "나는 누구인가?", "나는 나의 인생으로 무엇을 할 것인가?", "나는 어디에 어울리는가?" 등과 같은 질문들에 관한 해답을 구한다.

(2) 특징. 집을 떠나고 독립해서 사는 것은 청년들이 일반적으로 기대하는 것이다. 많은 사람들에게 성인관계를 형성하는 것은 대학의 전공이나 직업 선택만큼 큰 영향을 미친다.

(3) 적응. 많은 청년들은 한 가정에서 살다가 자기 자신들의 생활환경을 이루기 위해 그 가정을 떠나는 데 어려움을 겪는다. 청년들은 특별히 20세기 초에 살았던 사람들과 비교해서 독립하는 것을 느리게 배운다. 오늘날 청년들은 다양한 선택의 기회와 윤리적 상대성으로 인해 자신만의 신념체계와 가치관을 확립시키는 데 어려움을 겪고 있다.

2) 25세에서 39세까지.

(1) 관심사. 삶의 이 단계에 있는 대부분의 독신자들은 자신들의 안정된 직업과 함께 독신신분을 받아들였다. 그러나 어떤 사람들은 결혼의 친밀성을 갈망하고 있고, 또 어떤 사람들은 이혼과 편부모 역할에 적응하고 있다. 어떤 사람들은 돈과 안전을 가지고 있지만 의미 있는 관계들, 멘토를 찾는 것, 혹은 삶의 더 깊은 의미에 대한 해답을 찾는 것과 관련해 씨름한다.

(2) 특징. 오늘날의 성인은 대략 다섯 번의 직업 변화를 기대할 수 있으며 이것은 적어도 이 기간 동안 한 번 정도 일어날 것이다. 대부분의 독신들은 빌린 집에서 살고 있지만 이 단계의 많은 사람들은 집을 구매할 것이다. 또한 많은 사람들은 자신들의 첫 결혼에 적응하는 반면 다른 사람들은 이혼의 결과로 독신의 반열에 참여할 것이다.

(3) 적응. 진실됨, 꿈을 좇는 것 그리고 미래를 설계하는 것이 잘 적응된 삶의 필수가 된다. 응답해야 할 질문들은 "삶은 무엇에 관한 것인가?"와 "나는 인생에서 무엇을 얻기를 바라는가?" 등과 같은 것이다.

3) 40세에서 55세까지.

(1) 관심사. 중년과 그것에 따르는 위기에 대한 적응이 많은 사람들에게 보편적으로 있는 일이다. 비록 많은 사람들이 안정을 찾고 독신에 익숙하지만 여전히 외로움과 씨름한다. 육신적인 인내가 감소함에 따라 피곤함이 삶 속으로 들어온다. 건강에 대한 염려, 신체변화에 대한 적응 그리고 노년의 부모들을 돌보아야 하는 부담 등이 있다. 여성들에게는 자녀를 가질 수 있는 시기가 지나가게 되며, 결혼과 자녀들을 소망했던 사람들에게 이것은 깊은 우울증의 시기가 될 수 있다.

(2) 특징. 자신들의 꿈과 목표들을 달성할 수 있는 시간이 짧아져 가는 것을 인식하는 이 단계의 사람들은 이전에 결정한 야심들을 재검토한다. 어떤 사람들에게 이 시기는 이혼과 재혼의 시기이다. 많은 사람들은 부모들이 연로해지고 사망하는 어려움의 시간들을 지난다. 어떤 사람들에게 한 가지 보상의 측면은 멘토가 되고 자기 자신의 개인적인 삶 이상의 열매를 보는 특권이다.

(3) 적응. 어떤 사람들은 배우자의 사망 내지는 중년의 이혼으로 인해 독신 반열에 참여한다. 편부모들은 "빈 둥지"를 직면한다.

중년 독신남성들은 가장 요구가 많은 사람들 속에 포함된다. 그들은 특정한 삶의 양식을 가지고 있어서 확고한 독신들로 알려져 있다. 중년 독신남성들은 때때로 자살에 이를 정도로 고심한다. 그들은 덜 전통적이며 순응을 잘하려고 하지 않고 독립, 반항벽 그리고 이기주의에 대한 강한 욕구의 영향을 받기 때문에 어떤 사람들은 깊은 우울증 내지는 범죄의 삶에 빠져든다.

중년 독신여성들은 많은 기혼여성들보다 더 행복해 하는 경향이 있다. 그들은 신뢰할 수 있는 일군들이며, 목표들이 바뀔 수는 있지만 종종 동기부여를 받으며, 자제하며, 자신들의 개인의 자유를 누리고 있다. 중년 독신여성들은 사회의 가장 건강한 부류들에 속한다. 그들은 정신적, 육체적 질병을 덜 경험한다.

4) 56세 이상.

(1) 관심사. 많은 사람들에게 이 시기는 배우자의 상실로 인한 외로움의 시기인데 그것은 배우자의 사망으로 자신들이 별안간 독신이 되었기 때문이다. 그들은 자신들의 건강에 대해 염려하며, 자신들이 어떤 종류의 은퇴를 할지와 관련해 재정을 재평가하는 경향을 보인다. 어떤 사람들에게는 아직 성취해야 할 목표들이 있는 반면에 다른 사람들은 깊이 있는 관계를 가지기 위해 시간을 보낸다.

(2) 특징. 많은 사람들은 과부생활을 경험하면서 처음으로 독신에 직면한다. 독신이었던 다른 사람들은 재혼의 도전에 직면한다. 새로운 기회들이 종종 많이 있지만 친구들과 사랑하는 이들이 죽게 된다.

(3) 적응. 삶에 대한 숙고의 시기에 접어들면서 소극적이며 관조적이 된다. 황금기의 청지기로서 노령화 과정에 계속적으로 적응해야 하며 한정된 수입으로 살아야 한다.

4. 독신자에 대한 교회의 반응. 많은 교회들은 단순히 독신자들이 회중 속에 묻히게 내버려둔다. 종종 교회지도자들은 모든 성인들을 한 반으로 하는 것이 충분하다고 생각한다. 불행히도 다른 교회들은 독신자들을 완전히 무시한다. 오늘날 교회들은 독신자들을 위한 사역들을 개발하는 것을 강조하는 쪽으로 이동할 필요를 느끼기 시작하고 있다.

많은 교회들은 오늘날 급성장하고 있는 이 인구들을 전도하는 최고의 방법들을 찾는 데 고심하고 있다. 대부분의 독신자들은 전통적인 장년반이나 주일학교 반으로 가기에는 너무 어리거나 아니면 너무 늙었다고 생각한다. 많은 독신자들은 결혼과 가정을 강조하는 설교와 프로그램으로 인해 외로움을 느끼고 무시를 당하고 있다고 생각한다.

독신사역을 확고하게 잘하는 교회들은 몇 가지 방법들을 효과적으로 사용해 왔다. 가장 효과적인 방법 중의 하나인 소그룹 사역, 수련회와 독신자들을 위한 특별한 행사, 서적이나 세미나 혹은 상담과 같은 재원들 그리고 독신자들을 위한 의미 있는 사역의 기회 등이다.

독신자들에 대한 효과적인 교회사역으로는 식당이나 개인의 집과 같은 비전통적인 장소에서 만날 수 있는 가르침의 사역, 주중 가정성경공부, 독신자들이 관심을 갖는 특별한 주제들을 다루는 세미나 그리고 독신자들만을 위한 수양회 등을 들 수 있다. 상담사역은 개인상담과 세미나와 함께하는 그룹지도를 제공한다. 전도와 봉사의 기회들로는 도심지역에서의 사역, 가정입양, 해외단기선교여행을 계획하고 실시하는 것, 요양소와 병원 등을 방문하는 것 등이 있다. 전도는 그룹활동과 여가활동, 가정성경공부 그리고 심방을 포함하는 또 다른 사역 분야이다. 무엇을 제공하든지 간에 독신자들에게 공동체 개념은 주인의식과 참여를 위해 중요한 것이다.

TERRY PRICE

참고문헌 | G. Barna(1987), *Single Adults in America*; R. Barnes(1992), *Single Parenting*; D. Fagerstrom(1991), *Baker Handbook of Single Adult Ministry*; T. Hershey(1986), *Young Adult Ministry*; J. Jones, ed.(1991), *Growing Your Single Adult Ministry*; C. Koons and M. Anthony(1991), *Single Adult Passages*; K. Welch(1987), *Successful Single Ministry*.

독재적(Dictatorial). 권위주의적 접근(Authoritarian Approach)을 보라.

독창성(Originality). 창의성의 성경적 기초(Creativity, Biblical Foundations of)를 보라.

동거(Cohabitation). 두 사람이 결혼하지 않고 함께 사는 것이다. 광범위한 의미로는 동성의 사람들이 기숙사의 같은 방이나 아파트, 또는 그 유사한 주택구조에서 함께 살면 "동거인"이라고 한다. 그러나 대부분의 경우 동거라는 말이 사용되면 그것은 남자와 여자가 결혼하지 않은 채 같은 집에서 사는 것을 지칭한다.

많은 사람들이 혼전에 동거하는 것이 유행하는 대안이 되었지만, 통계학적으로 성공률은 50%밖에

안 된다. 스위트(Sweet)와 범패스(Bumpass)의 인구조사에 의하면(1988) 결혼한 부부의 50%가 최소한 한 배우자가 결혼 전에 다른 사람과의 동거 경험이 있다고 한다. 무엇보다 놀라운 것은 오직 60%의 혼전 동거자들만이 혼인 의식을 통해 결혼하려는 의도를 가지고 있다는 것이다.

1. 동거: 결혼 전에 함께 사는 것이다. 도덕적 절대성과 그에 기초한 가치들이 유지되지 않고, 일관된 행동 기준 부족으로 사회의 윤리도덕성이 희미해지면 어떤 결정을 내리는 일이 어렵고 더욱 복잡해진다. 이와 같은 상황에서 다수의 미국인들이 전통적인 결혼관계를 거부하고 보다 융통성 있는 생활 패턴을 선택해 왔다.

미국 역사상 식민지 시대에는 동거하는 사람들이 매우 드물었다. 그런 생활 스타일은 사회적으로 경멸되었고, 소외되었다. 그러나 현대에는 그런 대안적인 생활 스타일이 공공연하게 받아들여지고 있다.

1970년과 1980년 사이에 미국에서 동거하는 커플의 수가 3배로 증가하여 160만에 이르렀다. 1987년 미국 인구 조사국의 발표에 따르면 약 230만의 미혼 커플이 함께 살고 있다고 했다(Koon, 1991). 의심의 여지없이, 2000년 이후 인구조사를 다시 하기까지 정확한 숫자는 알 수 없으나, 1990년대에도 그 수는 계속 늘어났다.

그러나 브라더스(Brothers)에 따르면 수많은 미혼 성인들, 특히 여성들이 동거의 중요한 결점들을 발견하고 있다고 한다(1988). 그들은 그런 대안적인 삶의 스타일이 실패하는 이유들을 다음과 같이 보고했다.

1) **이혼 가능성이 높다.** 최근에 전국경제조사국(National Bureau of Economic Research)의 연구에 의하면, 혼전에 동거한 부부들이 그렇지 않은 부부들보다 이혼율이 80%나 더 높다고 한다.

2) **결혼만족도가 낮다.** 전국가족관계협의회(National Council of Family Relations)에서 1983년에 신혼부부 309쌍을 상대로 조사한 연구 결과, 혼전 동거부부의 결혼만족도가 더 낮다고 보고되었다. 또한 아내가 결혼 후에 배우자와의 대화의 질에 대해 불만도가 높다고 했다.

3) **남자는 성생활이 동거의 주요 이유다.** 1973년 노스이스턴대학(Northeastern University) 학생들이 연구한 결과에 의하면, 여자들이 동거하는 첫째 이유는 결혼하기 위함인 반면, 남자의 첫째 이유는 "성-언제, 어디에서 원하는가?"였다.

이러한 동거의 이유는, 1988년 가젯 텔레그래프(*Gazette Telegraph*)에 실린 기사에서 발견되듯, 시간이 지나도 별로 바뀌지 않았다. 그 연구에 따르면, 남자들은 잠재적인 성 상대에게 좋은 인상을 주기 위해 과거의 성 경험이나 약물복용 등에 대해 거짓말을 한다고 한다. 또한 35%의 남자들만이 성 관계를 갖기 위해 상대방 여자에게 거짓말을 했다고 인정했지만, 연구가들은 그 비율이 더 높을 것이라고 추측한다. 가장 공통적인 거짓말은, 실제보다 더 상대방 여성을 생각해 준다는 것이고, 또 실제보다 성 경험의 숫자를 줄이는 것이다.

4) **동거가 결혼으로 이어지는 경우는 사실상 흔하지 않다.** 동거관계에 대한 진실은 그것이 지속되지 않는다는 사실이다. 긴장과 혼란의 와중에 한 상대가 더 이상 동거할 이유를 찾지 못하면 나가 버리고 만다. 1985년 콜롬비아대학에서 진행한 연구에 따르면, 조사대상 중 26%의 여성과 19%가 못되는 남성만이 동거하던 사람과 결혼한다고 했다.

5) **전염병에 감염될 위험이 매우 높다.** "결혼과 가정 저널"(*Journal of Marriage and Family*)에서 인용한 1973년의 연구에 따르면, 동거남성이 기혼남성보다 여러 여자와 관계하는 비율이 높다고 보고했다. 만약 그런 현상이 지속된다면 동거남성들이 잠정적으로 상대방에게 에이즈나 포진 등 다른 성병들을 전해 줄 확률이 높아진다는 것을 믿지 않을 수 없다.

6) **성에 대한 적개심이 많아진다.** 1986년 "새로운 여성들"(*New Women*)에서 조사한 연구결과 40%라는 엄청난 동거여성들이 원하지 않거나 즐겁지 않은 성관계를 참아오고 있다고 발표했다. 이와 비교해 35%의 이혼이나 별거 중인 여성들이 동일한 것을 언급한다. 캘리포니아의 사회학자 볼스윅(Dr. Jack Balswick) 박사에 따르면 "중요한 문제는 동

거관계에는 헌신이 없다는 것이다. 오직 즉각적인 만족과 클라이막스만이 존재한다. 그러므로 남자는 '내가 원하는 것을 얻지 못한다면 이 관계를 청산해 버린다'고 생각한다. 이런 일시적인 관계에 돌입하는 사람들이 오산하는 것은 온전한 헌신 없이도 의미 있는 관계를 맺을 수 있으리라고 생각하는 것이다."

7) 동거여성은 안정감이 부족하다. 동거하는 미혼여성들이 다른 여성들보다 그들의 사랑이 앞으로 갈 방향에 대해 훨씬 불안해한다.

8) 관계가 깨어질 때 고통이 많다. 그들의 "원하면 언제든지 자유롭게 떠난다"는 오해는 사실과는 거리가 멀다. 동거하는 기간 동안 형성된 정서적 결속이 매우 강하고 상대방이 떠남으로 갖게 되는 고통은 매우 크고 사실적이다.

2. 누구에게 혼전 동거의 가능성이 가장 많은가?
언론이 묘사하는, 미혼으로 동거하는 성인의 전형적인 이미지는 대학생들과 도시의 전문직업을 가진 젊은이들이다. 그러나 최근에 위스콘신대학에서 행한 연구는 이런 전형적인 이미지가 정확하지 않다는 것을 보여준다. 그들은 경제적 문제가 혼전 동거의 중요한 요인이라는 사실을 알아냈다. 또한 이 연구로 "두 사람이 함께 살면 혼자 사는 것만큼 비용을 줄일 수 있다"는 오래된 격언이 사실인지 알아보았다. 이 연구로 아래와 같은 사실이 발견되었다.

1) 고등학교를 마치지 못한 사람들이 대학에 진학한 사람들보다 30% 높은 동거 비율을 보인다. 낮은 수입과 적은 교육을 받은 사람들이 혼전 동거 확률이 높다.

2) 경제적으로 부유한 사람들은 결혼을 하든지 독신생활을 한다. 돈은 "사치스러운" 독신생활이나 결혼에 여유를 준다.

3) 50~70%에 해당하는 젊은 사람들이 결혼하지 않은 상황은 동거의 증가로 볼 수 있다.

4) 20세 미만의 젊은이들의 결혼 비율이 1970년 27%에서 1985년 14%로 하락했다. 그러나 어떤 형태로의 결합(결혼이나 동거)을 한 비율은 20%에서 23%로 증가했다.

5) 1970년에서 1985년까지 결혼한 모든 부부 중 40%가 처음으로 함께 살기 시작했다(Koons, 1991, 140).

MICHAEL J. ANTHONY

참고문헌 | J. Brother(1988), *New Woman*, pp. 54-57; Koons and M. J. Anthony(1991), *Single Adult Passages: Uncharted Territories*; J. A. Sweet and L. Bumpass(1988), *American Families and Households*.

동기부여/외적요인(Extrinsic Motivation).
동기부여에는 내적 그리고 외적 두 가지 종류가 있다. 외적 동기부여는 외부적으로 사람의 동기를 유발하는 반면, 내적 동기부여는 내면으로부터 유발한다.

성경적인 동기부여는 사람의 마음에서 비롯된다. 바울이 "그리스도의 사랑이 우리를 강권하시는도다"라고 쓴 이유가 그 때문이다. 유사하게 "강요하다" 또는 "강권하여 설득하다"라고 표현하기도 한다. 외적 동기부여의 경우, 강권하는 힘, 강요하는 힘, 또는 강권하여 설득하는 힘이 사람의 "마음"에서 오는 것이 아니라 외부에서 온다. 기독교교육적 상황에서는 "팀"으로서 노력한다거나 "함께 잘 지낸다"라는 뜻으로 설명된다. 내적 동기가 얼마간 있겠지만, 주요한 힘은 공동의 작업이나 목표라는 외부적인 요인으로부터 생긴다. 결정적인 요인은 "또래집단압력"(peer pressure)일 것이다.

기독교교육에 외적 동기부여가 주로 적용되는 두 가지 상황은 다음과 같다. (a) 감사 (b) 표창 혹은 보상. 우리는 우리 자신과 다른 사람들을 어떤 특정한 과제에 헌신하게 하는 섬김의 제도를 만들어 놓았다. 그것에 참여한 사람들에게 우리의 목표나 과제를 성취하기 위해 협력해야 한다고 외적 동기를 부여한다. 본질적으로 우리는 예배에 관련된 사역자들의 자질을 향상시키기를 힘쓴다. 또한 성공적으로 성취한 사람들을 공적으로 발표하고 포상도 한다. 이와 같은 외적 동기부여가 성공하는 이유는 사람의 본성이 어느 정도의 감사와 칭찬을 바라기 때문이다.

외적 동기부여는 인류의 기본 욕구, 즉 신체적 또는 안정의 필요(매슬로우의 "욕구의 위계"〈hierarchy of needs〉의 최하 단계)를 충족시켜 주지는 못하지만, 소속감이나 자존감(내적, 정서적 욕구)을 갖도록 도울 수는 있다.

기독교교육에서 외적 동기를 사용할 경우에는 주의를 기울여야 한다. 하나님 사랑과 사람 사랑이 (마 22:35-40) 내적으로 동기부여가 되어야 하며, 이것은 어떤 종류의 외적 동기로도 의무화할 수 없다. 그러므로 외적 동기는 하나님의 영광을 위하여 사용되어야 하며, 그렇지 않으면 무가치한 노력이 되고 만다. 우리는 "이방인"처럼 되어서 우리가 섬겨야 할 사람들을 "지배"하려고 해서는 안 된다(마 20:25).

ROY F. LYNN

동방정교교육(Orthodox Christian Education).

전통적인 동방정교의 교육은 예배, 학교, 지역사회의 전영역에서 통합을 시도한다. 동방정교 신학 자체의 특징은 전통적으로 교육자들이 기독교 신앙에 접근함에 있어 신앙의 전인적이고 전우주적인 측면을 강조하는 것이다. 가르침과 학습은 성도의 공동체 안에서 일어나며 이 때문에 교육은 "평생과정이며 누구나 학생과 교사이며 어느 곳이든 학교가 될 수 있다"고 본다(Boojamra, 1989,13).

동방정교 믿음은 역사적으로 볼 때 그리스도와 그의 제자로 거슬러 올라간다. 교회는 초기 몇 세기 동안에 서방(로마)교회와 동방교회(그리스)로 나누어져 성장했다. 이러한 분열의 절정은 로마와 콘스탄티노플의 분열로 A. D. 1054년으로 기록된다. 이 시기는 교황 레오 9세가 마이클 세룰라리우스(Michael Cerularius)와 그의 추종자들을 추방하였는데 이는 콘스탄티노플에 있는 교회들이 라틴어로 말하는 것을 금하기 위함이었다. 헬라교회는 이 시점부터 라틴(로마 가톨릭)교회로부터 분리되어 독자적으로 발달하게 되었다. 그리스 정교회는 상대편인 서방교회보다 보다 우주적이고 그리스도의 성육신을 강조하고 있다.

전형적 동방 정교회로 들어가자면 하나님의 웅장한 세계 안으로 들어가는 것 같은 느낌을 종종 받게 된다. 이 세계는 하나님의 창조물인 우주를 아치형 천정이 있는 돔으로써 느낀다. 하나님이 창조한 모든 것은 거룩하다. 성육신으로 상징되는 그리스도의 사역은 이 세계를 우주 안에서 온전한 위치로 구원하기 위함이다.

그러므로 동방정교 전통에 있어서 교육은 공동체 사회를 비중 있게 여기며 우리가 살고 있는 세계에 대한 인식과 우주에 있는 모든 것이 하나님께 속해 있다는 깨달음을 강조한다. 예를 들면 로마의 전통 아래 있는 인간은 '특정한 물'이 '거룩'하다고 여긴다. 왜냐하면 그 어떤 물은 목회자에 의해 성스럽게 구별되었기 때문이다. 이러한 두드러진 특성이 있기 때문에 이 '거룩한 물'은 다른 물과 다르다. 그러나 동방의 전통은 거룩하게 생각하는 물이라면 어느 물이든지 거룩하며 이는 성도에게 모든 물이 거룩하다는 사실을 상기시킨다.

그러므로 교육이란 하나님에 관해 또는 하나님의 것에 대해 많이 언급하는 것이라기보다 오히려 거룩한 구원자인 하나님을 경험하는 것이다. 콘스탄스 테라사(Constance Tarasar, 1995)는 동방정교 이론을 예배, 가르침, 실천을 아우르면서 사회화를 종교교육의 주된 방법으로 설명하였다. 예배는 아동을 사회화시켜 믿음으로 나아가게 하는 핵심적인 요소이다. 존 웨스터호프 3세는 사회화를 강조하면서 동방전통에 대해 예배에서 성상, 상징, 이미지를 과하게 사용한 것과 이미지, 직관 그리고 감성을 강조한 경향을 평가한다. 그림, 음악, 관례, 연극은 교육과정에서 중요한 역할을 담당하고 있다.

가르침 혹은 더욱 형식적인 교육은 개념발달, 교재 내용의 분석, 신학의 발달에 대한 강조가 포함될 수 있을 것이다. 그러나 테라사(Tarasar, 1995)에 의하면 이런 교육 활동의 핵심은 공동체의 삶을 함께 반영해야 한다. "여기서 우리는 말씀과 행함의 관계를 논의할 수 있고 우리의 행위에 대한 대안적 실험을 할 수 있으며 우리의 지식과 경험을 기초로 한 목표를 설정할 수 있다. 형식적 교수는 우리의 교회생활에 필요한 일부분이다. 그러나 가르침이 다른 요소인 예배와 실천을 대신하게 하거나 대용물이 되게 하여서는 안 될 것이다"(112). 그러므로 가르침은 사람을 어떤 형식으로 주입하거나 신조나 교리를 기계적으로 암기하기보다는 경험을 신중하게 사고하도록 하는 것이다.

실천의 영역은 사람들이 믿음으로 매일의 삶을 살도록 하는 배움을 의미한다. 테라사(1995)는 "만약 예배가 '그 무엇'이고 가르침이 기독교인으로서의 삶의 '그 이유'라면 기독교인의 실천(praxis)은 '그 방법'이다. 다시 말해서 실천은 기독교 윤리를 실천하면서 매일 삶을 살아가는 공동체가 믿음과 신념을 인식하고 순응해 나가며 적용하는 것이다"(112). 이 실천의 목적은 하나님과 사람의 완전한 교제(theosis)로 성화의 과정이며 영원한 구원으로 점진적으로 나아가는 것이다. 신학적으로 성화의 교리나 거룩한 행함이 중요시 다루어지는 반면 회심은 작게 다루어지는 경향이 있다.

동방정교는 지리학적으로 많은 영역에 위치한다. 적어도 중동 아시아, 그리스, 동유럽과 구소련이 여기에 속한다. 최근 이 동방전통의 다수 교회가 부흥과 갱신을 통해 전교회를 포괄하는 방향으로 나아가고 있다. 서유럽과 중동지역의 많은 청년 운동은 정통교회들에게도 영향을 미쳤다.

구소련의 붕괴와 종교자유의 표현의 제재가 감소된 이후 이 지역의 동방교회는 엄청난 위기를 맞고 있다. 교회 출석은 대중화되었으나 교육 자원은 전무하다. 이 사실은 단순히 이들에게 자신들에 맞는 자료를 만들어 갈 것을 촉구하는 것뿐 아니라 서구 개신교의 영향에 취약한 상황이 되었음을 의미한다. 이 현상을 고려하고 있는 세계교회협의회는 러시아 정교회를 지지하여서 이를 위해 다양한 자문을 두고 이들의 토착화된 자원 개발을 돕고 있다. 정통주의 전통의 다른 교회들과 같이 러시아 정교회는 모든 연령층을 위한 예배, 가르침, 실천을 통합할 수 있는 자원을 찾고 노력하고 있다.

ROBERT C. DE VRIES

참고문헌 | J. Boojamra(1989), *Foundations for Orthodox Christian Education*; C. J. Tarasar(1995), *Theologies of Religious Education*; M. Van Elderen, *One World* 195(1994): 12-15.

동성애(Homosexuality). Sesame Street(미국의 어린이를 위한 유명한 인형드라마-편집주)라는 드라마에서 Bert(그 드라마 안에서 유명한 캐릭터-편집주)와 Ernie(또 다른 캐릭터-편집주)은 동성 결혼식을 올린다. 결혼식을 거행하는 동안 한 남자는 "나의 남자친구와 나는 전통적 가치를 가지고 있다"라는 현수막을 올린다. 이러한 상황에서 잘 반응하기 위해 교회는 동성애를 둘러싼 시선이 이동하고 있음을 이해해야 한다. 널리 퍼져가는 AIDS와 동성애자들로 인해 사람들의 동성선호에 대한 자각이 증가하는 추세이다. 대안적 생활패턴으로서 동성애의 수용은 젊은이들 사이에서 점점 공통분모가 되고 있다. 나라에 대항하는 도전들이 동성결혼, 배우자의 이익(보험, 방문권), 관리와 양자 등으로 나타나고 있으며 높아지는 목소리들은 양극화 추세이다. 동성을 선호하는 것이 하나님의 뜻이라고 주장하는 사람들에 반대하여 전통적인 관점을 선호하는 보수적인 기독교인들은 자신들의 의사를 밀어붙이는 데에 보다 대결적이고 공격적이고 정치적이 되어가고 있다. 동성애는 널리 퍼져 있지는 않다. 방법적으로 흠이 있는 킨제이 보고서(인디애나대학교 동물학교수가 미국인 5,000여명을 대상으로 조사하여 1948에 인간에 있어서 남성의 성행위 상·하권을 발표한 현대인의 성실태 보고서- 편집주)에서는 조사한 사람들 중에 약 10% 정도가 동성애적 성향이 있다라는 보고 이후로 자주 이 수치가 인용되었다. 그러나 시카고대학의 조사에 의한 경계표 연구 『미국에서의 성: 한정적 연구』(*Sex in America: A Definitive Study*, 1994)는 단지 여성의 1.4%와 남성의 2.8%가 스스로를 동성애를 선호하는 것으로 밝혔다. 많은 퍼센트가 자신의 인생에서 동성애를 경험했다고 보고되었지만, 자기 자신을 게이라고 말하는 퍼센트는 고작 몇 퍼센트에 불과했다.

동성애를 선호하는 사람들을 돌보고 교육할 때 고려해야 할 몇 가지 원칙들이다. (1) 성경의 권위 강조. 일반적으로 동성애에 관한 성경의 자세에 기초한 성에 대한 성경적 관점을 가르쳐라(레 20:13; 롬 1:22-27; 고전 7:2-7). (2) 사랑과 수용, 격려의 메시지를 보내라. 동성애는 많은 죄 중 하나이다. 『상담과 동성애』(Counseling and Homosexuality, 1998)에서 윌슨은 우리에게 동성애에 대한 수용은 본질적으로 부모에 대한 아이의 애정 욕구임을 상기시켜 준다. 종종 큰 고통과 상처가 있다. 동성애자와 그의 가족 모두는 목사의 관심과 보호를 필요로 한다. 같은 성의 사람으로 비동성애자인 친구를 소개하는 것도 매우 중요하다. (3) 교회교육은 2가지로 나뉜다. 첫째, 사회적 오명은 정확하게 기술되어야 한다. 이것은 편견, 충격, 동성애 공포증을 포함한다. 둘째, 기독교인은 동성애 생활패턴에 존재하는 고통에 대해 교육할 필요가 있다. 빈번한 외로움, 고통, 질투, 분노 그리고 증오는 보통 아이들의 행위가 하나님의 뜻과 충돌하는 유년기의 변화와 내적인 인식에 의해 악화된다. (4) 현실적인 소망을 주어라. 동성애자들은 종종 소망이 없다. 그들의 투쟁, 순수한 사랑, 지지 그리고 기도에 관한 공개토론을 통해 변화가 일어날 수 있다. 몇몇 교회 성직자들은 그들 중 40%가 일어날 수 있는 변화를 찾고 있다고 보고 있다. 타고난 그들의 투쟁, 사랑, 지지, 기도에 대한 개방된 토론을 통해 변화가 일어날 수 있다. 교회 성직자들은 변화를 추구하는 이들의 40%가 동성애자가 되는 것을 목격하며, 또 다른 40%는 독신을 주장하는 것을 목격한다. 동성애자들을 위해 봉사하고 있는 교회들을 위한 현행 자원들로는 베르그너(Bergner)의 "순리로 사랑하기"(Setting Love in Oder), 슈미트(Schmidt)의 "똑바르고 좁은 가요?"(Straight and Narrow?) 그리고 라일리(Riley)와 사젠트(Sargent)의 "원치 않았던 수확"(Unwanted Harvest) 등이 있다. 구원과 회복의 프로그램들로는 "하나씩"(One by One) 그리고 "회중 변화시키기"(Transforming Congregations)가 있는데 둘 다 미국 장로교회의 프로그램이다. "세계적 출애굽"(Exodus International)은 세계적으로 남자 동성애자 목회자들에 대한 정보를 제공해 주는 좋은 단체이다.

기독교인의 진정한 안내는 우리가 헌법에 의한 것이 아니라 선택과 성령의 힘에 의한 존재라는 것이다. 그 임무를 띤 교회는 가장 도움을 필요로 하는 사람들을 찾아내어 그들에게 하나님의 사역 안에서 용기를 주게 될 것이다.

JAMES A. DAVIES

참고문헌 | M. Berger(1995), *Setting Love in Order*; B. Sargental and M. Riley(1995), *Unwanted Harvest*; T. E. Schmidt(1995), *Straight and Narrow*; *One by One*, Presbyterian Church(USA); *Transforming Congregations*, Presbyterian, Presbyterian Church(USA); *Exodus International*.

동성애자(Sodomite). 동성애(Homosexuality)를 보라.

동의(Agreement). 계약(Contract)을 보라.

동정심(Compassion). 감정이입(Empathy)을 보라.

동질성(Homogeneity). 인구그룹 내의 사회적, 윤리적, 경제적 상황의 유사성이다. 교회성장 전문가들은 사람들이 유사한 사회적, 문화적 상황을 지닌 교회에 더 잘 전도된다고 언급하면서 이 개념을 사용하곤 한다(Hunter, 1990). 교육 안에서 이 용어는 모든 학생들의 학습이 학습형태의 성향, 윤리적 해석, 사회적 영향을 포함하는 지배적인 교육 문화와 자연스럽게 조화를 이룬다는 내재적인 교사의 기대를 묘사한다(Bowers & Flinders, 1990).

기독교육자들은 주어진 회중의 특징을 묘사하기 위해 이 용어를 사용하나 한편으로는 그룹내에 여전히 있을 수 있는 학습형태와 가치의 잠재적 다양성을 인식하면서 사용한다. 인구내의 동질성의 수준은 그룹의 안정성을 제공할 수 있다. 정확한 동질성의 평가는 또한 교사들에게 학생의 문화, 학습의 준비성, 그룹의 사회화를 형성하는 힘을 평가하는 데 도움을 줄 것이다.

DEAN BLEVINS

참고문헌 | C. A. Bowers and D. J. Flinders(1990), *Responsive Teaching: An Ecological Approach to Class-room Patterns of Language, Culture and Thought*; K. R. Hunter, *Global Church Growth*(January-March1990).

참조 | 교회성장(CHURCH GROWTH); 기독교교육과 민족적 시사성(ETHNIC IMPLICATIONS FOR CHRISTIAN EDUCATION); 자민족중심주의(ETHNOCENTRICITY); 이종(HETEROGENEITY); 준비성의 법칙(LAW OF READINESS)

동참(Participation). 능동학습(Active Learning)을 보라.

동화(Assimilation).
교회에서 동화는 새로운 개념이 아니다. 초대의 가정교회와(롬 16:5; 고전 16:19; 골 4:15; 몬 2장) 룻다와 사론의 마을 교회(행 9:35), 고린도의 복합도시 그룹(행 18:7-8), 로마의 이민 그룹과 개인(롬 16장), 빌립보와 같은 로마 식민도시에서 나누어진 여러 인종지역(행 16장) 등—기독교 신자들의 단체는 서로 연합되고 공동체 안에서의 소속감을 느낄 수 있어야 한다. 이 '코이노니아'(koinonia), 성도의 교제는 교회의 매우 중요한 기능이다.

동화란 개인이 성도의 지체로서 신뢰받고, 존경받고, 수용되는 과정이다. 동화의 과정에 개인이 그 교제에 참여하여 마태복음 28장에 나오는 하나님의 사명을 받들어 탁월하게 수행함으로 느낄 수 있는 소속감이다.

기독교교육자들은 동화와 관련한 무수한 이슈들을 다루어야 하지만, 세 가지 본질적인 것이 있다. 첫째, 개인의 제자화가 필수적이다. 한 그리스도인이 예수 그리스도의 제자로 성장하지 못한다면, 그는 다만 성도의 몸으로 동화된 듯이 보일 뿐이다. 둘째, 동화된 사람은 전도의 사명에 참여해야만 한다. 모든 그리스도인들이 전도자의 은사를 받지는 않았지만 각자는 자기의 신앙을 나누어야 할 의무가 있다. 셋째, 동화된 그리스도인은 지역교회에서 각자의 영적 은사를 사용해야 한다. 한 개인이 재능과 은사를 교환함으로 그 지역 교회에 속했다는 표징을 보여주면 동화되고 있다는 증거다.

그리스도인에게 동화는 매우 중요한 개념이다. 성도의 지체로서 신실한 소속감이 없다면, 하나님 나라의 사역에 참여하기보다는 방관자라는 느낌을 가질 것이다. 방관하는 그리스도인은 하나님 나라의 사역에 참여하라는 성경의 의무에 상반되는 것이다.

DONALD W. WELCH

참고문헌 | L. E. Schaller(1978), *Assimilating New Members*; W. B. Moore(1983), *New Testament Follow-Up*; W. A. Henrichsen(1977), *Disciples Are Made-Not Born*; D. W. Welch(1989), *The Preacher's Magazine*, 27-29, 60-62.

듀이, 존(Dewey, John, 1859-1952).
철학자이며 교육자. 미국 교육계에 "진보주의 교육운동의 아버지"로 불리는 존 듀이만큼 큰 공헌을 한 사람은 없을 것이다. 실용주의 철학의 기초를 놓은 듀이는 경험된 세계에서의 일들에 주된 관심을 두었다. 자연주의자로서 듀이는 하나님을 포함하여 모든 초자연적 영향을 거부했지만 경험을 통한 교육, 학생 중심의 교육방법 그리고 교육과정에 대한 그의 사상들은 현대 종교교육에 지대한 영향을 주었다.

그는 미국 버몬트 주의 벌링톤 시(Burlington, Vermont)에서 태어났다. 그의 신앙심 깊은 어머니는 듀이를 교회와 주일학교 교육을 받으며 자라도록 했다. 창의적 정신을 지나치게 제한시키는 존재라는 절대자에 대한 견해를 가진 듀이는 후에 자신의 어린 시절의 기독교적 뿌리를 포기했다. 버몬트 대학을 졸업한 후 고등학교에서 단시간 교편을 잡았다. 존스홉킨스대학(Johns Hopkins University)에서 박사학위를 취득하는 동안 듀이는 유명한 실용주의학자 피어스(Charles Peirce) 아래에서 공부했다. 1884년 졸업하였으며 그 후 10년 동안 주로 미시건대학(University of Michigan)에서 철학과 심리학을 가르쳤다. 사회심리학자인 미드(G. H. Mead)와 함께 공부하면서 듀이는 심리학을 자신의 주요 저술분야로서 초점을 두었다. 이어 듀이는 시카고대학에서 철학, 심리학, 교육학과의 학장을 역임했다. 이때 그와 그의 아내가 후에 비공식적으로는 "듀이학교"(Dewey School)라고 알려진 대학실험학교(University Laboratory School)를 설립했다. 이 유명한 기관에서는 어린이의 학습 과정에 감각과 문제해결법을 사용했다. 이와 같은 노력으로부터 『아동과 교육과정』(The Child and Curriculum, 1963), 『학교와 사회』(The School and Society, 1963) 등의 중요한 교육적 저술들이 이루어졌다. 듀이는 1904년에 콜롬비아대학(Columbia University)으로 전임하여 가르치기와 저술, 학문적 공적 활동들을 계속했다. 1930년에 은퇴한 이후에도 사망할 때까지 쉬지 않고 강의와 저술활동을 했다. 그는 총 46여권의 책과 700여 개의 소론들을 발표했다.

가장 잘 알려진 책의 제목인 『경험과 자연』(Experience and Nature, 1925)에서 듀이의 두 가지 가장 중요한 사상적 개념을 찾아볼 수 있다. 그의 철학의 중심사상은 경험이다. 듀이는 인간경험의 본질적이고 삭감할 수 없는 가치를 절실한 긴박함으로 보았다. 그와 같은 경험들은 성찰적 인지과정 뿐만 아니라 비인지적인 감정과 행동도 포함한다. 듀이는 이상주의자들처럼 모든 경험을 지식의 형태로 보기보다 지식을 경험의 일부분으로 보았다. 또한 생각한다는 것을 한 경험으로부터 다른 더 포괄적이고 통합적인 경험으로 인도해 가는 과정으로 보았다. 이에 따라 듀이는 개인의 경험을 그들 자신의 통합성의 한 단위로 보았다. 삶은 수많은 경험들과 그것들이 반복되고 서로 스며드는 상황들로 구성된다. 이와 같은 일관적인 경험 개념으로 듀이는 자연과 자연적 지식이 우리가 이해해야 할 모든 것, 즉 궁극적 실제를 포괄한다고 믿었다. 그는 또한 지적인 인간의 행동이 모든 학문분야의 유일한 자료라고 했다. 인문주의자요, 무신론자로서 듀이는 사람은 오직 자신 안에서만 해답을 찾는다고 논쟁했다. 그는 영원한 진리나 윤리적 절대성, 지속되는 인간의 영혼의 존재를 포함한 많은 보수적인 종교적 측면 등 어떤 종류의 초월적 개념도 거부했다. 그는 인간경험과 자연세계의 영역을 초월하는 무엇이 있으나 실험적으로 검사할 수 없으므로 알 수 없다고 생각했다. 이것을 토대로 일부는 듀이를 자연적 경험론의 한 형태로 분류했다.

실용주의자로서 듀이는 아이디어의 활용을 강조했다. 그는 개념들을 단순히 문제해결에 유용한 도구로 보았기 때문에 자신의 철학을 "도구주의"(instrumentalism)라고 불렀다. 초기 실용주의자들인 피어스와 제임스(William James)의 전통을 지키던 듀이는 모든 연구들이 질서정연한 실험적인 방식으로 진행되어야 한다고 생각했다. 피어스와 마찬가지로 듀이도 전통적인 신앙이나 외적인 권위, 또는 이성만이 신념을 두는 최종적 자원이라는 호소를 거부하고, 그와 같은 것들을 경험보다 열등한 것으로 취급했다. 듀이는 경험적인 연구와 그 안에서 지속되는 자기 교정의 방법을 지켰다. 그의 책 『우리는 어떻게 생각하는가?』(How We Think, 1910)에서 그는 경험적 방법을 다섯 단계로 설명했고, 이것을 어떤 분야의 지식 습득에도 보편적으로 적용이 가능하다고 믿었다. 첫째 단계는 질문자들이 해결을 요구하는 "절실한 어려움"(felt difficulty) 또는 혼동을 경험한다. 둘째, 그 문제의 본질을 설명하고 구성하는 지적인 반응을 보인다. 셋째, 시험이 가능한 가설을 설정하는데, 만약 사실로 증명될 경우 가설이 문제를 해결할 것이다. 넷째, 그 가설은 성찰적 사고와 추론, 수치로 만드는 듀이의 이른 바 "사고실험"(thought experiment)을 통해 시험된다. 끝으로, 원래의 연구를 진행시킨 문제가 해결되었는지 평가하기 위해 "실생활"(real world) 속에 공공연한 행동으로 시험해 본다.

듀이에게 윤리와 가치의 이슈는 상반되는 의견들 중에서 선택하고 결정적인 행동을 취하는 인간 지성의 계획적인 사용에 의해 결정되었다. 그 과정은 사회의 규준과 가치의 문맥 안에서 진행되어 인간 상태를 향상시키기 위한 구체적인 개혁이라는 결과를 가져와야 한다.

듀이는 교육과정에 근본이 되는 적절하고 포괄

적인 교육철학 수립을 강하게 주장했다. 그의 주요한 두 권의 책, 『민주주의와 교육』(Democracy and Education, 1916) - 미국 교육계에 가장 중요한 책이라고 일부는 칭송한다 - 과 『경험과 교육』(Experience and Education, 1958) - 점진주의 교육에 대한 그의 견해를 썼다 - 을 통해 자신의 교육철학을 피력했다. 그는 교육이란, 정적인 지식체계를 습득하는 것보다는 생각하기를 배우는 과정으로서, 삶의 준비라기보다는 실제의 삶이라고 정의했다. 예를 들면, 민주주의를 배우기 위해서는 학생들이 교육적 상황에서 직접 결정을 내리는 과정에 참여해 보는 것보다 더 나은 방법은 없다고 주장했다. 듀이의 교육은 개인적인 추구라기보다는 사회에 유익을 주기 위한 사회적 과정이었다. 교육 기관들은 사회적 진보와 개혁을 위한 중요 매체이다. 교육적 관심은 사회적 연구와 활동들이며 경험적이고 문제해결식이 정당한 방법들이다. 학생들의 관심과 경험에서 생기는 문제들이 학생들의 자극제가 되어 그들의 사고와 행동이 자라고 성숙하게 한다. 과거의 지식은 현재의 행동을 알려줄 때에만 중요하다. 듀이는 초기에 재건적 통합을 통한 사회의 진보를 강조하는 헤겔의 이상주의에 관심을 많이 두었다. 그러나 헤겔과는 반대로 듀이는 큰 스케일의 사회 변화를 믿지 않았고, 교육을 통해 개인 또는 단체의 노력으로 그들이 처한 상황에서 계획적으로 진보된다고 믿었다. 그는 또한 다윈의 진화론의 영향을 많이 받았다. 교육은 교사가 학생들을 격려하여 지속적으로 변화하는 환경에 적극적으로 적응해 가도록 돕는 과정이라는 점에서 진화론적이다.

듀이의 균형적 교육학은 두 개의 극단을 피하기 위한 것이다. 교육과정의 주제에만 몰두하고 사실에 관한 자료를 수동적으로 주입하는 사람들은 학생의 경험도, 발견학습을 하도록 인도하는 능동적인 실험과정도 피하게 된다. 다른 한 쪽의 극단은 교육의 주된 목표를 어린이의 독립적인 자기표현에 두는 사람들이다. 나중에 듀이는 점진적 교육 운동에 참여하는 사람들 - 많은 사람들이 이전의 제자들이었다 - 이 지성의 질서 있는 사용과 학생을 지도하는 교사의 적극적 역할을 거부했다고 비판했다. 듀이는 주제 자체나 어린이의 관심도 다른 것들을 희생하면서 강조해서는 안 된다고 주장했다.

듀이의 신념과 철학을 분석해 보면 많은 약점들을 발견할 수 있다. 듀이의 기본적 전제 중 하나는 만사가 변화 또는 유동적이라는 것이다 - 절대적이거나 영원하거나 안정적인 것은 하나도 없다. 듀이는 분명하게 자가당착이라는 비난이 있다. 즉 적어도 한 개의 절대적이고 궁극적인 원리 곧 지속적인 변화라는 원리를 만들어내었다 - 더구나 논리의 원리도 변할 수 있다는 논쟁에서 그는 논리를 과학 또는 과학적 방법에 의존하는 것으로 만들었다. 그러나 과학은 본질적으로 논리에 의존하고 논리 없이는 존재할 수 없다. 만약 논리의 근본 원리들이 지속적이지 않고 변화한다면 합리적 사고나 논쟁이 설립될 수 없다. 시간을 초월한 논리적 절대성에 반대하는 듀이의 도구주의는 근본적으로 비합리적인 듯하다. 또 다른 한편, 듀이가 어떤 목적과 가치를 과학적 방식 자체 안에 고유한 것으로 정당화하려는 시도를 했다고 비평한다. 그러나 과학이란 본질적으로 도구적이고 어떤 목적을 성취하기 위한 수단이다. 듀이는 방법과 내용 그리고 수단과 목적을 자신의 체계 안에 불가분리하게 만들었다. 그는 영원하고 보편적인 가치에 대항하여 논박했지만 그가 추구하는 가치들은 그의 방법으로부터 생길 수가 없기 때문에 그 자신의 편견으로부터 온 듯하다. 과학은 가치들과 도덕 그리고 그 외부적 표현인 선과 악을 위해 사용된다. 이와 같은 이유로 종교교육자들은 절대 진리와 종교적 신앙과는 거리가 먼 듀이의 사회 윤리와 가치의 인문주의적 토대의 부적절함을 심하게 비난해 왔다.

듀이와 진보주의 교육운동의 영향은 현대 기독교 교육의 실천에 분명하게 보인다. 학생의 관심과 경험을 중요시하는 교수법과 교회 및 사회문제들과 관련 문제해결법 유용 등이 듀이의 영향이다. 지식의 실천적 적용과 학생들의 학습활동, 사역의 결과 측정 등을 강조하는 일도 듀이의 영향이다. 교육과정 계획도 그의 실제적 교수법을 반영한다. 사실상 현재 출판되는 모든 종교의 교육과정이 다양한 활동과 목표들을 지원하는 단원으로 구성된 학습내용을 보여준다. 그러나 일부에서는 이와 같은 대규모의 아이디어와 종교교육의 연합이 위험한 불균형을 만들어낸다고 비판한다. 예를 들면 듀이의 교육방법을 따라 진행과정과 학생의 경험에 중점을 두는 방식이 신앙 내용, 특히 성경 내용의 심층연구와 영적 성숙을 도외시할 수도 있다고 지적한다.

현대의 그리스도인들이 종교교육과 신앙을 반대하고 자연주의적이고 인문주의적인 듀이의 철학적 전제들을 수용하지 않지만, 인간 성장에 경험의 역할이라는 그의 개념과 학습과 문제해결 방법에 관한 그의 통찰이 기독교교육에 대한 더욱 포괄적인 이해와 실천에 기여하고 있다.

RICHARD LEYDA

참고문헌 | G. H. Clark(1960), *Dewey*; K. O. Gangel and W. S. Benson(1983), *Christian Education: Its History and Philosophy*.

드라마교수법(Drama as a Teaching Method).

구약성경에는 선지자들, 특히 엘리야와 에스겔 등의 사역을 통한 극적인 가르침이 매우 많다. 교수방법으로서 드라마는 역할극과는 달리 오랜 시간의 연습과 의상, 무대 장식 등 많은 준비가 필요하다. 결과적으로 드라마를 사용하는 교사들이 많지는 않다. 그러나 효과적으로 사용하면 강력한 교수법이 될 수 있다. 드라마를 통해 예배를 향상시킬 수 있고 중요한 이슈들에 대한 사고를 자극할 수 있다. 때로는 그룹 토론을 위한 좋은 서론으로 활용되기도 한다. 그런 상황에서는 의상이나 무대 장식은 하지 않아도 된다.

전체를 다 무대에 올리기도 하지만 즉흥적으로 한 장면이나 단막극을 할 수도 있다. 교사들이 극을 선택하는 일에 신중을 기하고 모든 준비과정에 인내심을 보이면, 드라마는 학습경험으로 가장 효과적인 것이 될 수 있다. 이때 감독자의 역할 또한 중요하다.

노울스는 학습 목적의 드라마에 "청중"(audience)의 참여를 제안했다. 그는 "청중 중에서 대표들을 뽑아 무대에 올린 다음 반응이나 감시하는 역할을 주고… 그 선택된 사람들이 청중의 주요한 특성을 대표하는(나이, 직업, 관심 분야, 성별, 지리적으로) 배심원과 같은 역할을 하고 그를 통해 청중들이 심리적으로 무대 위에서의 반응에 참여할 수 있다"고 했다(1970, 153).

KENNETH O. GANGEL

참고문헌 | J. L. Elias(1982), *The Foundation and Practice of Religious Education*; K. O. Gangel(1974), *24 Ways to Improve Your Teaching*; M. S. Knowles(1970), *Modern Practice of Adult Education*; J. M. Peters et al.(1991), *Adult Education*; R. E. Y. Wickett(1991), *Models of Adult Religious Education Practice*.

디다케(Didache).

"가르침"(teaching)이라는 뜻을 가진 헬라어 디다케는 "사도들의 가르침"(The Teaching of the Apostles)이라는 제목의 초대 그리스도인들의 교육 자료였다. 디다케의 사본은 1873년 브레니오스(P. Bryennios)가 발견했다. 학자들간에 그 원본의 시기에 관해 토의되어 왔는데, 일부는 서기 70년경이라 하고 다른 사람들은 그보다 1, 2백년 이후라고 주장한다. 그것은 복합적인 문서로 오랫동안 수많은 기독교공동체에서 사용해 왔다. 원본이 만들어진 장소 또한 토의되어 왔는데, 두 곳으로 의견이 모아졌다. 이집트에서 널리 사용되었지만 내용적으로는 시리아에 가깝다.

디다케는 초대교회에서 세례입문자를 교육시키는 교본으로 사용된 듯하다. 생명의 길과 사망의 길을 비교하는 것으로 시작하여 처음 여섯 단원은 초기 유대의 자료를 토대로 하여 예레미야 21장 8절과 예수님의 가르침, 특히 산상수훈을 포함한다. 7-10단원에는 예배안내서를 담아놓았다. 삼위일체의 축복과 차갑게 흐르는 물을 선호하는 것 등을 포함하는 세례에 관한 내용도 있다. 마태복음과 유사한 주기도문이 송영과 함께 있고, 하루에 세 번 기도할 것과 세례 받은 사람만이 성찬의 잔을 들 수 있다고 적혀져 있다.

11-15단원은 순회 교사와 선지자들에 관한 내용

이다. 순회 교사들은 3일 동안만 머무를 수 있다. 감독과 집사 임명도 이 단원에 기록되어 있다. 마지막 단원은 종말론을 중점적으로 다루었다. 알 수 없는 시간에 주의 재림이 있을 것이라고 기대되며 그리스도인들은 준비하여 바라라고 가르쳤다.

이 학습의 순서는 두 길의 대조로 시작하여 세례, 성찬식(Eucharist), 예배, 지도자의 권위 그리고 주의 재림으로 마친다. 이 순서가 신약성경의 여러 책들이 배열된 순서와 유사하다는 점은 흥미롭다.

LARRY D. REINHART

참조 | 새신자과정(CATECHUMENATE); 예전(LITURGY)

디아코니아(Diakonia). 헬라단어로서 영어로는 섬김(service) 또는 사역(ministry)으로 번역된다. 세속적 헬라어 디아코네오(diakoneo)는 일반적으로 식탁 시중을 들거나 집안 살림을 돌아보는 일들을 가리키고, 신약성경에서는 이 단어가 여러 부분에서 사용된다. 그러나 그리스도인들 사이에서 이 용어는 집사 또는 여집사들의 섬김이나 일반적인 그리스도인들의 봉사를 가리킨다. 첫번째 섬김의 용례로는 사도행전 6장 1-17절에 일곱 봉사자를 선택하는 일과 바울이 디모데에게 집사의 임명과 의무에 대한 가르침에서(딤전 3:8-13) 찾아볼 수 있다. 일반적인 섬김에 관하여는 기독교교육자들에게 그리스도인의 생활양식의 중요한 요소들을 신자들에게 가르치고 본을 보이는 일의 중요성을 상기시켜 준다.

그리스도인들은 하나님과 이웃을 사랑하라는 소명을 받았고(막 12:29-31) 섬김은 이 소명의 중요한 부분이다. 예수께서 당신의 제자들에게 겸손과 섬김을 보여주시면서 그들에게 당신의 본을 따르라고 명하셨다(예: 막 10:42-45; 요 13:1-17). 구약성경은 하나님의 언약의 백성들에게 이웃을 사랑하고(레 19:18) 가난한 자들을 돌아보라고 명한다. 히브리 성경을 헬라어로 번역한 70인역(Septuagint)에는 동사 디아코네오를 사용하지 않은 것이 흥미롭다. 예수님의 "내가 너희를 사랑한 것같이 너희도 서로 사랑하라"는 명령을 "새 계명"으로 주신 것은(요 13:33-34) 아마도 종으로서 사랑하라는 의미인 것 같다. 그리스도인들은 예수께서 그 제자들에게 하셨듯이 서로의 삶에서 종의 역할을 하라는 부름을 받았다. 사도 베드로는 예수께서 제자들의 발을 씻기실 만큼 자신을 낮추시고 사랑하신 것을 이해하지 못했지만(요 13:6-8) 후에 그분의 말씀을 듣고 자신이 가르치는 자들을 동일하게 섬겼다(벧전 5:1-6). 이와 같이 바울도 예수님의 예를 그리스도인들의 봉사의 삶이 궁극적인 모델로 사용했다(빌 2:1-11).

디아코니아의 삶의 방식은 그리스도인들의 모든 관계, 즉 같은 신자들이나 불신자들과의 관계에 나타나야 한다(갈 6:10). 교회 안에서 섬김은 다양한 형태를 가지는데 사역과 형제, 자매들의 필요를 위한 경제적 자원을 제공하는 일부터 그리스도의 몸을 이루기 위해 개인의 은사를 발견하고 사용하는 일까지, 겸손히 다른 사람들을 자신보다 높여주는 일부터 각 교인들과 새로 나온 사람들을 친절하게 환영하는 일까지, 사랑으로 진실을 말해 주는 일부터 우는 자와 함께 울고 기뻐하는 자와 함께 기뻐하는 일까지이다. 신앙공동체 밖에서는 우리의 섬김이 정의를 행하고 자비를 사랑하는 것으로 표현되어야 한다(미 6:8). 우리는 마태복음 25장 31-46절에서 예수께서 강조하신 사역을 해야 하며 그러는 동안 우리는 예수께서 지상에 계시던 동안 사셨던 삶의 양식을 본받게 된다. 우리는 모든 사람들을 이웃으로 대하는 선한 사마리아인의 본을 받아야한다.

그러므로 디아코니아는 기독교교육의 중심 내용(content)이며 교회의 교육사역에 개입하는 사람들의 특성(character)이 되어야 한다. 냉소와 무례, 이기심이 늘어가는 시대에 디아코니아는 우리가 가르치는 것의 본질적 구성임을 재확인해야 한다. 신자들은 주님의 '길'(the Way)에 동행하는 일을 강조하는 성경의 가르침으로 훈련받아야 한다.

다른 사람들을 종으로 훈련하는 사람들에게 가장 중요한 것은 우리가 본을 보여서 가르친다는 사실이다. 이것이 정확하게 예수께서 가르치시고 인도하시던(요 13:14-15, 34) 방법이었다. 또한 그것이 바울이 사용하던 지도력이었고(고전 11:1; 빌 4:9) 베드로가 교회 장로들에게 준비하라고 명하던 (벧전 5:3) 자질이었다. 실로 가르치는 사역 그 자체는 우리가 가르치는 신자이든지, 응답하는 불신자이든지 종의 태도로 행해야 한다(딤후 2:22-26; 벧전 3:15-16).

GARY A. PARRETT

참고문헌 | H. J. M. Nouwen, *In the Name of Jesus*; P. J. Palmer(1993), *To Know as We Are Known*; J. O. Sanders(1994), *Spiritual Leadership*

참조 | 집사(DEACON); 여집사(DEACONESS); 장로(ELDER)

또래사역(Peer Ministry).

또래사역은 비슷한 삶의 단계에 있는 기독 장년, 청소년, 아동들이 서로에게 동료로서 더욱 효과적으로 사역할 수 있다는 가정에 기반을 둔다.

또래사역은 개신교 개혁가들에게서 특히 강조된 신약의 만인 제사장 교리에 그 뿌리를 두고 있다. 특히 지난 20세기의 마지막 삼 분기 동안 만인 제사장론은 평신도사역의 갱신을 향한 교계의 움직임에 의해 활기를 띠게 되었다. 목회자들은 대대적인 패러다임의 변화를 겪게 되었는데, 특히 목회자들 스스로 모든 사역을 다 하기보다는 신자들로 하여금 사역을 감당할 수 있도록 준비시키는 일을 더욱 강조하게끔 되었다. 이러한 교회내의 갱신의 움직임 가운데 특히 그리스도의 몸 안에서 신자들이 서로 세워주어 결국 그리스도 바깥에 있는 이들에게까지 복음을 전하게 하는 근간으로서 신약의 "서로 서로"라는 구절들이 주목을 받게 되었다. 오순절 운동은 그리스도의 몸 안에 있는 모든 신자들에게 주어진 성령의 은사들에 대한 강조를 통해 또래사역의 개념을 더욱 강화시켜 주었다. 더욱이 래리 크랩(Larry Crabb)과 같은 몇몇 기독교 지도자들은 "평범한 그리스도인들"의 역할을 축소시킬 정도로 정신건강 분야의 직업적 전문가들에게만 과도하게 의존하는 복음주의교회들에게 의문을 던져왔다. 특히 그들은 개교회 회중 가운데 상처를 가진 이들이 "그들의 고통스런 여정을 다른 이들과 팔짱을 끼고 함께 걸어가게끔" 후원하는 또래 구성원들과 장로들의 네트워크를 통해 보살펴져야 한다는 점을 내세우며 또래사역을 주장한다(Crabb, 1977, xvii).

장년 기독교인들 사이에서 또래사역의 여러 가시적인 표현들은 이러한 신학적 뿌리를 두고 성장하여 왔다. 스데반선교회(Stephen Ministries)와 같은 단체들은 "평범한 일반 신자들"이 "평신도 목회자"가 되어 환자심방과 같이 전통적으로 목사들에게 국한된 목회사역들을 넘겨받는 일을 제안하였다. 신자들이 "평신도 상담자들"이 되도록 훈련시키는 것 또한 또래사역의 다른 예라고 할 수 있다.

청소년 사역에서는 또래사역 개념이 도입된 지 백년이 넘었는데 이는 크리스첸 엔데버(Christian Endeavor)의 선구적 활동에 기인하였다. 크리스첸 엔데버의 청소년들은 그들의 모임에서 찬양과 기도 그리고 예배의 지도자로 섬기도록 배정되었다. 1960년경에는 청소년들을 프로그램의 기획과 실행 모두에 참여시키는 "기획자그룹" 모델이 주간 청소년 교제 모임에 제안되었다. 약 10여년 후에 래리 리처즈(Larry Richards, 1972)는 청소년들이 프로그램 전반의 책임을 지게 하는 것으로부터의 전환을 촉구하였다. 대신 그는 청소년들이 그들의 또래들을 대상으로 일대일 사역을 적극적으로 담당하여야 한다고 주장했다.

오늘날에는 다른 청소년들에게 사역할 수 있는 성숙한 십대들의 개발에 대한 강조가 청소년 사역에서 증대하고 있다. 몇몇 경우, 이는 십대들이 학교에서 친구들에게 복음을 전하도록 돕는 것을 추구하는 또래 전도에 치중한다. 또 다른 경우 청소년들이 또래의 도우미 역할을 감당하며, 들어주고 격려해 주는 이로서 그들의 친구들과 함께하도록 훈련시키기도 한다.

아동들의 단계에서는 몇 교회들, 특히 오순절 계통에서 아이들이 자신들의 영적 은사들을 발견하고 또래들 사이에서 사용할 수 있도록 장려하고 있다. 따라서 또래사역은 주로 기도와 신유 그리고 전도에의 노력 등으로 표현된다.

DANIEL C. JESSEN

참고문헌 | L. Crabb(1997), *Connecting*; D. Detwiler-Zapp and W. C. Dixon(1982), *Lay Caregiving*; L. O. Richards(1972), *Youth Ministry*; M. J. Steinbron(1987), *Can the Pastor Do It Alone?*; B. Varenhorst and L. Sparks(1988), *Training Teenagers for Peer Ministry*.

또래집단압력(Peer Pressure). 같은 나이에 속한 이들이 지각과 태도 그리고 행동의 형성에서 서로에게 행사하는 영향. 이러한 사회 심리학적 현상이 모든 나이에 적용되어질 수 있는 반면, 특별히 청소년기와 청년기에 두드러지게 나타난다.

사회적 인정과 자아형성에 대한 청소년들의 염려는 발달단계에서 또래집단의 압력을 중요한 요소로 만든다. 사회적 상황과 다른 이들의 자아 지각에 대한 청소년들의 증가된 지식은 외형적 행동 사고에의 사회적 인지를 동반하며, 좀더 선호되는 또래집단에 "속하려는" 청소년들의 욕구를 부각시킨다. 아동기와 성인기 사이의 전환기에 청소년들은 종종 사회적으로 용인될 만한 기준을 정의하는데, 또래들에게 의존한다.

보다 실질적 단계에서 십대들은 어린 아동들에 비해 더 많은 시간을 또래들과 보낸다. 초반기의 청소년들은 장년들에게서 멀어지고 더욱 많은 시간을 선택된 또래들과 보내기 시작한다. 중반기의 청소년들은 부모나 다른 어른들과 보내는 시간의 약 두 배 가량의 시간을 또래들과 보낸다. 청소년 또래집단들은 어른들의 감독과 영향력을 점차적으로 적게 받게 된다. 그들은 종종 어른들이 가까이에서 지켜보지 못하는 바깥 장소나 집을 찾아다닌다. 이같이 부모나 어른들로부터의 자연적 분리 과정은 또래 그룹 압력의 가능성과 정도를 더욱 증대시킨다.

몇몇 사회학자들은 또래집단의 압력이 청소년의 태도와 가치 그리고 행동에 대한 주된 참고 대상으로서의 가정의 영향력을 대신하게 되었다고 주장한다. 보다 최근의 연구들은 청소년들이 부모와 또래 사이에서 분명한 선택을 하기보다는 양 편 모두와 중요한 관계를 맺으면서 행동한다는 보다 신중한 이해를 표력한다. 또 어떤 이들은 부모가 주요한 영적 가치, 도덕적 책임 그리고 장래직업 계획에서 여전히 주된 영향력을 행사하는 반면 또래집단은 가정 바깥에서의 대인관계와 청소년 문화의 유행과 관련된 지각들에 영향을 미친다고 주장한다.

많은 청소년들은 또래집단의 압력 혹은 그룹의 준거에 기반을 두어 화술과 머리, 옷 모양, 음악적 선호, 교우관계 등을 선택한다. 이러한 순응은 종종 부정적이고 유해한 것으로 이해된다. 십대들은 물질남용, 미성숙한 성적행동, 학업소홀 그리고 권위에의 반항 등과 같은 반사회적이거나 비행행위에 가담하도록 영향을 받을 수도 있다. 이러한 부정적 영향은 개인적 확신 부족, 부적절한 표현기술, 부족한 부모와의 관계형성, 자기주장의 결여 그리고 미성숙한 현실 전망 등의 결과일 수 있다. 점점 더 많은 연구가들이 부모와의 불충분한 관계가 청소년들의 부정적인 또래관계에 직접적으로 연관되어 있음을 주장하고 있다. 부모와 자녀 사이의 불충분한 의사소통, 아이들의 요구를 무조건 들어주기만 하는 가정환경 내지는 지나치게 권위주의적인 통제 그리고 부모나 형제자매들로부터의 소외 등은 반사회적이고 비정상적인 또래 영향력의 가능성을 조장한다. 반대로, 적절한 의사소통 기술을 장려하며, 자신과 타인에 대한 인식을 가르치고, 적합한 사회적 관계를 예시해 주며 효과적으로 갈등을 해소해 주는 부모들은 또래집단의 영향력을 적절한 선에서 유지할 수 있는 청소년 자녀들을 두고 있을 가능성이 높다.

그룹의 기준에 일치하려는 욕구는 긍정적일 수도 있다. 많은 청소년들은 학교 내의 클럽활동에 참여하거나 교회에 가는 것, 성경공부를 하거나 온정적인 봉사활동에 동참하는 등의 긍정적 행동들에서 또래 친구들의 영향을 받아왔다. 이러한 순기능적 접근은 교회나 학교 그리고 청소년 단체들이 그룹행동과 긍정적 교우관계를 통하여 청소년들에게 중요한 영향력을 행사할 수 있도록 한다. 또래 그룹에 의해 부정적인 영향을 받은 청소년이 지역 공동체나 그리스도인 모임에 참여하게 될 때, 환대와 인정 그리고 안정감 등은 건전한 자아 개념과 적절한 사회적 지위의 발달을 위한 기회를 제공한다. 기도,

성적 순결 그리고 기독교인으로서의 신중한 의사결정(예를 들어, WWJD⟨What would Jesus do?⟩ 운동은 신자의 일상 모든 영역에서 구체적인 결정을 내릴 순간에 "예수님이 라면 어떻게 하실까?"라는 질문을 던지게 함으로써 그리스도인으로서의 책임과 삶의 자세를 강조하는 기독 운동–역주) 등을 장려하는 최근의 대중운동들은 또래 그룹 압력의 긍정적 잠재력을 깊이 신뢰해 왔다.

또래집단압력이 청소년기의 주요 주제라는 데는 의심의 여지가 거의 없다. 또래집단압력의 결과는 친구, 의상, 화술, 놀이 그리고 가치의 선택들에서 찾아볼 수 있다. 부모, 교사, 청소년 사역자들, 또는 중요한 위치의 어른들이 자기절제를 예시해 주고, 사회적 영향력의 긍정적, 부정적 현실들에 대해 터놓고 이야기할 수 있는 기회를 제공해 주며, 십대들의 자기 행동에 대한 개인적 통제와 다른 이들의 긍정적 영향을 장려하는 등의 방법을 통해 십대들이 또래집단의 압력에 대처하는 것을 도울 수 있다.

EDWIN ROBINSON

참고문헌 | J. S. Coleman(1961), *The Adolescent Society*; G. K. Olson(1984), *Counseling Teenagers*; L. Parrott(1993), *Helping the Struggling Adolescent*; J. Santrock(1998), *Adolescence: An Introduction*.

Evangelical Dictionary *of*
Christian Education

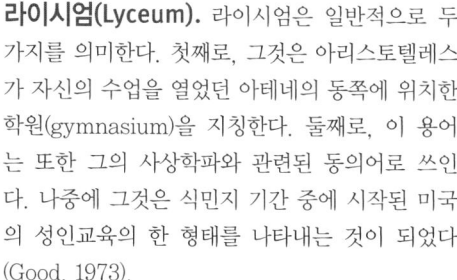

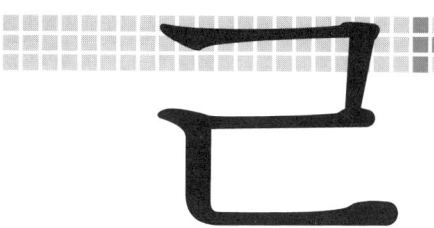

라이시엄(Lyceum). 라이시엄은 일반적으로 두 가지를 의미한다. 첫째로, 그것은 아리스토텔레스가 자신의 수업을 열었던 아테네의 동쪽에 위치한 학원(gymnasium)을 지칭한다. 둘째로, 이 용어는 또한 그의 사상학파와 관련된 동의어로 쓰인다. 나중에 그것은 식민지 기간 중에 시작된 미국의 성인교육의 한 형태를 나타내는 것이 되었다 (Good, 1973).

B. C. 600년경에, 아테네에는 20만이 훨씬 넘는 인구가 살고 있었다(6만 5천 명의 노예와 4만 5천 명의 기술자들 그리고 10만의 시민들). 아테네는 펠로폰네소스 전쟁(the Peloponnesian War) 이후까지 귀족정치에 의해 지배를 받았는데, 펠로폰네소스 전쟁 때 보다 더 민주적인 정치 질서 형태로의 한 가지 경향이 나타났다. 아리스토텔레스(B. C. 384-322)는 중류계급이 어느 정도 자신들의 운명을 통제해야 한다고 확신했으며, 이런 사회변화를 지지했다. 남자의 가장 큰 봉사는 자신의 국가를 위해서 하는 봉사라고 아리스토텔레스는 확신했다. 그는 또한 아테네 사회의 미래의 안정과 번영을 보장하기 위해서 건전한 교육이 필요하다고 확신했다.

8세에서 13세 사이의 대부분의 소년들은 읽기와 쓰기 그리고 산수 등과 같은 기초 과목을 배우기 위해 공립학교에 다녔다. 교육의 두 번째 단계는 14세와 18세 사이의 소년들에게 해당되었다. 여기 학원(gymnasium)에서 그들은 역사, 희곡, 시, 문법, 과학 그리고 화술(public speech)을 배웠고, 필수과목으로 엄격한 신체 훈련을 받았다. 더 깊은 공부를 위해 대학수준에서 군사훈련을 받을 수 있었다. 고등교육은 높은 비용과 교사들의 부족 때문에 한정되었다.

아리스토텔레스는 사회의 질은 그 사회의 시민들이 이용할 수 있는 교육의 질에 달려 있다고 믿었기 때문에 이 목적을 위해 라이시엄을 발전시켰다. 그의 교육과정은 모든 학생들이 필수적으로 선택해야 할 과목으로 과학과 철학을 포함했으며, 그 분량은 버거울 정도로 많았다(Johnson et al., 1970).

아리스토텔레스의 라이시엄 학교 전통에 근거하여, 식민지 초기 미국에서 라이시엄 운동(the Lyceum Movement)으로 알려진 하나의 운동이 시작되었다. 라이시엄은 강의와 희곡의 공연 그리고 토론을 제공하는 기관이었다. 공교육 분야에서 라이시엄의 사용을 언급하는 기록들은 1786년까지 거슬러 올라간다(Bode, 1956). 숙련된 전문가들은 여러 학교에 다니면서 강의했다. 이 학교들은 그 당시 미국의 초기 성인교육 운동에 중요했다.

MICHAEL J. ANTHONY

참고문헌 | C. Bode(1956), *The American Lyceum*; C. B Eavy(1964), *History of Christian Education*; E. F. Frost(1966), *Historical and Philosophical Foundations of Western Education*; K. O. Gangel and W. S. Benson(1983), *Christian Education: Its History and Philosophy*; C. V. Good(1973), *Dictio-*

nary of Education; J. A. Johnson, H. W. Collins, V. L. Dupuis, and J. H. Johansen(1970), *Introduction to the Foundations of American Education*; M. Mayer(1966), *A History of Educational Thought*; J. E. Reed and R. Prevost(1993), *A History of Christian Education*; A. E. Sanner and A. F. Harper(1978), *Exploring Christian Education*.

라인과 스태프 도표(Line and Staff Chart). 조직표(Organizational Chart)를 보라.

라인-스태프 관계(Line-Staff Relationships). 조직들은 성장하고 발전해 가면서 어느 시점이 되면 자신들이 각 구성원들 사이에서 존재하는 활동 관계들을 규정할 필요가 있다는 것을 깨닫게 된다. 그것을 위한 하나의 일반적인 방법은 그 관계들을 나타내주는 도표를 작성하는 것이다.

이 도표는 대개 그 조직의 회원들의 직함들 또는 지위들로 이루어진다. 때때로 각 지위를 점하고 있는 사람들의 이름들이 첨가되기도 하며, 일반적으로 그것들은 더 작은 활자로 기재된다. 대체로 직함은 작은 칸 안에 들어가며, 각 칸은 다양한 지위들 사이에 존재하는 관계들의 유형들을 나타내기 위해 여러 선에 의해 하나 또는 그 이상의 다른 상자들과 연결된다.

대부분의 라인-스태프 관계도표들은 권위와 책임 그리고 보고체계를 나타낸다. 예를 들면, 조직의 대표(president)는 그 도표의 맨 위쪽에 위치할 것이며, 그것은 궁극적인 권위가 그 직에 있다는 것을 나타낼 것이다. 한 사람 또는 그 이상의 부대표들이 있을 것이다. 각각의 부대표들은 그 조직의 대표의 아래에 위치하며 그 대표와 직선으로 연결될 것이다. 부대표들은 대표로부터 그들의 권위를 부여받고 대표와 책임 관계 안에 있으며, 대표에게 보고를 한다는 것을 나타낸다. 각각의 부대표 아래에는 몇 명의 위원회 장들이 있다. 부대표와 각 위원회 장들을 이어주는 선들 또한 권위와 책임 그리고 보고체계를 나타낸다. 직선들 외에 대부분의 라인-스태프 도표들은 많은 수평선들을 포함한다. 수평선들은 그 조직의 여러 임원들과 프로그램 단위들 사이에 존재하는 관계들을 나타낸다. 예를 들면, 부대표들을 서로에게 연결해 주는 수평선들이 있을 것이다. 그것들은 그들이 함께 만나 일하며 서로를 지원하기 위해 정보를 함께 나눈다는 것을 나타낸다.

많은 조직들은 전통적인 수직적(위계적) 라인-스태프 관계들(the traditional vertical〈hierarchical〉 line-staff relationship)에서 권위와 책임이 그룹에 있는 단체조직 패러다임(collegial paradigm)을 더 지지하는 방향으로 나아가고 있다. 그와 같은 도표는 곡선들이 있어서 겉보기에는 더 순환적이다. 권위는 그 도표의 중앙에 있는 소그룹에게 있다. 그 조직의 다른 회원들은 중앙에 있는 사람들과 서로에게 직접적으로 연결되며, 그들은 상호성과 권한의 평등을 나타낸다. 이 유형의 도표는 전통적인 도표처럼 보이기보다는 오히려 거미줄(web)처럼 보인다.

JOHN H. AUKERMAN

참조 | 행정(ADMINISTRATION); 지도력(LEADERSHIP); 경영(MANAGEMENT); 통제폭(SPAN OF CONTROL)

레빈, 커트(Lewin, Kurt, 1890-1947). 미국의 사회심리학자. 프러시아(Prussia)의 모길노(Mogilno)에서 태어난 그는 1914년에 베를린대학교(the University of Berlin)에서 철학박사(Ph. D.) 학위를 받았고, 그 후에 거기에서 심리학과 철학을 가르쳤다. 1932년에 그는 미국에 체류했고 일시적으로 스탠포드대학교(Stanford University)에서 방문교수로 가르쳤다. 1년 후 그는 미국으로 이주하여 코넬대학교(Cornell University)의 아동심리학 교수(1933-1935)가 되었고 그 후에 아이오와 대학교(the University of Iowa)에서 아동심리학 교수가 되었다. 1945년에, 그는 매사추세츠 공과대학교(MIT)로 옮겼고, 거기에서 그는 그룹 역학연구소(Research Center for Group Dynamics)를 설립했다. 그는 2년 동안 그 연구소의 소장으로 봉직했다. 1947년에 레빈은 학술 회원들과 사업가 회원들에게 그룹 역학의 방법들을 가르치는 것을 돕기 위해 국립훈련연구소(National Training Laboratory)

를 설립하는 것을 도왔다. 그의 초기 동료들 중에는 형태심리학(Gestalt psychology)의 창시자인 맥스 베르트하이머(Max Wertheimer)와 또 다른 형태 심리학자인 볼프강 쾰러(Wolfgang Kohler)가 있었다.

30년이 넘는 연구기간 동안, 레빈의 이론적 관심들은 수없이 바뀌었지만 그는 본래 인간의 동기화와 그룹 역학 분야에 대한 연구로 유명하다. 레빈은 처음에 형태심리학에서 제시된 원리들로부터 그의 동기부여 이론을 이끌어냈다. 사람에게는 그 안에서 활약하는 심리적 장 혹은 공간(psychological field or space)이 있다는 견해는 "생활공간"(life space) 또는 "장 이론"(field theory)으로 알려진 이 이론의 중심 사상이다. 이 '생활공간' 또는 '힘의 장'(force field)은 사람(목적, 열망, 가치, 태도, 견해를 포함하여) 뿐만 아니라 어떤 일정한 시간에 한 개인의 행동에 영향을 주거나 행동을 결정하는 심리적 환경(사람, 사건, 견해 등)으로 구성된다. 레빈은 한 개인이 인간의 생활공간과 자아와 심리적 환경 사이의 상호작용에 대해 가지고 있는 지식이나 이해가 크면 클수록, 그 사람은 자신의 행동을 예견하거나 설명하는 데 훨씬 더 효과적이 될 것이라고 믿었다.

1930년대 중반, 레빈은 그룹들의 행동을 포함시키기 위해 자신의 이론을 확대했으며, 그는 현대 그룹 역학의 창시자로 여겨지고 있다. 한 개인이 개인의 생활공간에서 작용하는 것과 마찬가지로, 그룹도 '사회적 장'(social field), 또는 공간 안에서 존재한다. 그룹은 구성원들의 역동적인 상호의존성과 각 개인의 생활공간들의 교차에 의해 특징지워진다. 레빈은 자신의 연구조사의 결과로서 일련의 토론방식들과 그룹결정방식들 중의 어떤 유형의 것들은 개념들을 변형시키고 사회행동 형태들을 바꾸는 것이 강의하는 것보다 더 뛰어나다는 것을 발견했다.

레빈은 남을 고무시키는 교사였고 그의 동료들 가운데 많은 사람들은 그를 현대 심리학에서 가장 훌륭한 인물들 중의 한 사람이라고 생각한다. 그룹 감수성 훈련(sensitivity training), 그룹 과정들 (group processes), 학습 이론, 인성 이론, 관리 이론과 같은 다양한 사회심리학 분야에서의 그의 영향력은 그의 사후에도 오래 지속되고 있다. 그의 많은 저작들 가운데『역동적 인성이론』(A Dynamic Theory of Personality, 1935)과『위상심리학의 원리』(Principles of Topological Psychology, 1936)가 이에 포함된다.

HARLEY ATKINSON

참고문헌 | C. Hall and G. Lindzey(1957), Theories of Personality; K. Lewin(1935), A Dynamic Theory of Personality; idem(1936), Principles of Topological Psychology; A. Marrow(1969), The Practical Theorist: The Life and Work of Kurt Kewin.

참조 | 장 이론(FIELD THEORY); 인생 지도(LIFE MAP)

레빈슨, 다니엘 제이콥(Levinson, Daniel Jacob, 1920-1994). 사회 심리학자로서, 뉴욕시에서 태어난 그는 성인 남성에게 발달 단계가 존재한다고 설명하는 연구로 가장 잘 알려져 있다. 그는 1940년에 로스앤젤리스 소재 캘리포니아대학교(UCLA)에서 문학사 학위를 받았고, 캘리포니아대학교(UC-Berkeley)에서 1942년에 문학 석사 학위를 받았으며, 1947년에 철학박사(Ph. D.) 학위를 받았다. 1947년에 그는 오하이오 주의 클리블랜드(Cleveland)에 소재한 웨스턴리저브대학교(Western Reserve University)에서 심리학 조교수로서 그의 교수직을 시작했다. 1950년에 그는 하버드대학교로 옮겨 사회관계(social relations) 학부의 조교수로서 활동했고, 5년 후에는 사회과학과 정신의학부에서 연구원(research associate)이 되었다. 1960년에 그는 심리학과 정신의학부 조교수가 되었다. 1966년에 그는 예일대학교로 옮겼고 거기에서 그는 심리학과 교수로서 가르쳤으며 1990년 은퇴할 때까지 연구조사를 수행했다. 그는 연구를 계속했으며 코네티컷(Connecticut)의 뉴 헤이븐(New Haven)에서 생을 마치기 불과 몇 주 전에 마지막 책의 초안을 마무리지었다.

레빈슨은 심리학과 사회과학 분야와 관련된 다수의 책들과 학술 논문들의 저자로서 그의 영향력 있는 저서인 『한 남성의 삶의 계절들』(Seasons of a Man's Life, 1978)로 폭넓게 알려졌다. '집중 전기적 접견법'(intensive biographical interviewing) 이라 부르는 새로운 연구조사 방법에 근거하여, 레빈슨과 그의 동료들은 세 가지 관점 – 사회 문화적 세계(예를 들면, 사회 계층, 종교, 가족, 직업), 한 남성의 자아의 측면들(예를 들면, 재능, 도덕적 가치, 성격 특성, 소원), 세상에의 그의 참여도–에서 그들의 생활 구조에 주목하면서 35세에서 45세 사이의 40 명의 남성들을 접견했다. 이 연구조사는 어린이들이 단계들에 따라 발달하는 것과 같이 남성들도 그들의 생활구조에서 한정할 수 있는 단계들을 통과한다고 발표했다.

이 기간들은 다음과 같다. 과도기적 초기 성인기(17-22세): 사춘기를 끝내고 성인의 삶을 위한 예비적인 선택들을 하는 시기, 성인 세계에 입문하는 시기(22-28세): 독립적이 되며 안정된 생활구조를 창출하는 시기, 과도기의 서른 살(28-33세): 그 생활구조를 한층 정교하게 하는 시기, 정착기(33-40세): 사회 속에서 적절한 지위를 얻고 자기에게 중요한 영역에서 목적들(goals)을 달성하기 위해 일하는 시기, 과도기적 중년기(40-45세): 자신의 목적들과 관련하여 삶을 평가하고 자신이 자신과 다른 사람들을 위해서 정말로 무엇을 원하는지를 결정하는 시기, 중기 성인기에 들어가는 시기(45-50세): 새로운 생활구조를 창출하고 이전의 단계에서 나타나는 것에 근거하여 선택을 하는 시기, 과도기적 쉰 살(50-55세): 과도기의 서른 살과 비슷한 시기, 중기 성인기의 절정기(55-60세): 정착기와 비슷한 시기, 과도기적 후기 성인기(60-65세) : 최종 단계를 준비하는 시기 그리고 후기 성인기(65세와 그 이상) 등이다.

『남성의 삶의 계절들』을 출판한 후 곧바로 레빈슨은 여성에 대한 비슷한 연구를 시작했다. 그의 연구는 비록 여성들이 남녀차이(gender differences)로 인해 각 단계에서 다르게 작용한다 할지라도 그들도 동일한 연령과 관련된 단계들을 통과한다는 것을 보여주었다.

LIN JOHNSON

참고문헌 | D. Levinson with C. Darrow, et al.(1978), *The Seasons of a Man's Life*; D. Levinson with J. Levinson(1996), *The Seasons of a Woman's Life*.

참조 | 길리건, 캐롤(GILLIGAN, CAROL)

레이크스, 로버트(Raikes, Robert). 주일학교의 창시자이다. 영국의 글로스터(Gloucester)에서 신문 출판업자의 장남으로 태어난 그는 공식적인 교육은 거의 받지를 못했다. 그의 부친이 죽자 그는 26세의 나이에 "글로스터 저널"(Gloucester Journal)의 소유권을 상속받았다. 즉시 그는 제조공장과 채광장 그리고 노동착취공장에서 하루 12시간씩 일주일에 6일간을 일하는 가난한 아이들에 대한 관심을 표명했다. 부모와 사회의 통제의 부족이 제멋대로의 행동을 가져오고 그 결과 많은 아이들이 감옥신세를 지게 되는 것을 발견한 레이크스는 악덕은 치료하기보다는 예방하는 것이 더 나을 수 있을 것이라고 믿었다. 그는 교구목사이면서 지역 가톨릭 학교의 교장인 토마스 스톡(Thomas Stock) 목사에게 이러한 거리의 아이들을 위한 훈련 장소를 설립하는 실험적인 생각을 제안했다. 레이크스는 자신의 비용을 들여서 이 프로젝트를 재정적으로 후원하는 데 동의했다.

1780년에 최초의 학교가 아이들이 일하지 않는 요일인 일요일에 수터 앨리에 위치한 메레디스(Meredith)여사의 가정에서 열렸다. 얼마 되지 않아 백 명이 넘는 여섯 살에서 열네 살 사이의 소년들이 출석하기 시작했다. 유일한 입학 조건은 깨끗한 얼굴과 빗질된 머리였지만 규율은 엄격하게 지키도록 했다. 처음에는 성경이 유일한 교재로 사용되었는데 그것은 레이크스가 쓴 네 권의 교재들이 교육과정의 일부분이 될 때까지 유지되었다. 수업은 오전과 이른 오후에만 진행되었고 그 후에 아이들은 교리문답 교육을 위해 교회로 보내졌다. 3년 만에 글로스터에 여덟 개의 학교가 개설되었다. 십대 범죄의 감소는 학교들의 설립과 관계가 있었다. 많은 젊은이들을 고용한 지역 공장주들은 학교에 출석하는 아이들의 변화된 인격에 놀라움을 표시했다.

1783년 11월 3일 레이크스는 이 운동을 전국적으로 알리면서 자신의 신문에 학교의 성공에 대한 설명을 실었다. 5년 후 존 웨슬리는 주일학교를 "영국에 발을 내린 자선의 가장 숭고한 실례들 중의 하나"라고 부르면서 주일학교를 지지했다. 1830년경 주일학교의 설립 반세기 후 주일학교를 통해 125만 명의 영국 아이들이 전도된 것으로 집계되었다. 레이크스는 1811년에 자신이 성취한 모든 일에 대해 모든 영광은 하나님께로 돌려야한다고 하면서 죽었다("하나님의 섭리는 나로 하여금 기꺼이 도구가 되도록 하셨으며… 하나님의 이름에 영광이… ").

DAVID GOUGH

참고문헌 | A. Gregory, *Robert Raikes: A History of the Origin of Sunday Schools.*

참조 | 식민지교육(COLONIAL EDUCATION); 주일학교(SUNDAY SCHOOL); 주일학교운동(SUNDAY SCHOOL MOVEMENT)

레크리에이션(Recreational). 캠핑 시설(Camping Facilities)을 보라.

레크리에이션과 기독교교육(Recreation in Christian Education).

레크리에이션은 누군가가 자유 시간에 하고자 하는 것이다. 적절한 레크리에이션은 인간의 몸, 마음 그리고 영혼을 새롭게 해준다. 이 개념 속에 들어 있는 것은 일과 삶의 책임을 끝낸 후에 가지는 시간의 사용이라는 것이다. 레크리에이션이란 그 정의상 자발적이며 즐거운 것이다.

하나님은 세상을 창조하시면서 6일간 일하셨고 일곱 번째 날을 안식일로 선포하셨다. 하나님의 피조물들인 우리는 6일 동안 일하고 제7일에는 안식, 회복, 묵상 그리고 창조주 하나님을 예배하는 데 시간을 내야 한다.

일반적으로 유아들과 청소년들이 레크리에이션에 참여한다고 믿어지지만, 현대에는 하나님의 모든 피조물이 레크리에이션에 참여해야 하는 것이 분명해졌다. 각각의 삶의 단계에는 자체의 과업과 도전들이 있으며 또한 그것에 맞는 보상이 있다.

레크리에이션이 가져다주는 보상은 여러 가지가 있지만 그 중에서 몇 가지 예를 들면, 교제의 기회, 업무에서 오는 긴장과 스트레스의 완화, 기술의 향상, 창의적인 표현의 기회 그리고 운동 등이 있다. 성경은 레크리에이션 활동을 요구하지 않지만 그러한 노력들을 지지해 주는 성경 원리들을 몇 가지 찾아볼 수 있다. 누가복음 2장 52절에 의하면 완전한 인간발달은 육체 또는 신체적, 영적, 사회적 그리고 정신적 측면들을 포함한다. 바울 사도는 올림픽에 사용된 권투, 달리기, 그 외의 시합과 같은 운동과 관련된 여러 가지를 언급하고 있다. 디모데에게 보내는 편지에서 바울은 육체의 활동과 연습의 유익에 대해서 언급하고 있다(딤전 4:8). 그러나 그것만으로 그치지 않고 영적으로 추구해야 할 것을 함께 언급함으로써 올바른 관점을 제시하고 있다. 휴식을 위하여 사역에서 잠시 물러나신 예수님도 조화로운 사역과 휴식의 본을 보여주셨다(막 6:31).

모든 문화는 레크리에이션 활동을 개발해 왔다. 일과 레크리에이션간의 균형이 올바르게 유지되지 않았을 때 사회는 그 만큼 고통을 겪었다(Ryken, 1995). 20세기 말에는 자유 시간, 부, 인구성장의 증가를 가져왔고 게다가 여성들을 위한 레크리에이션 활동들이 생겨났는데, 이 모든 것은 활동의 증가를 뜻하는 것이다.

보스턴의 자선가인 조셉 리(Joseph Lee)는 미국에서 현대적 의미의 놀이터를 시작했다. 1880년대 말 그는 자신이 살고 있는 마을의 빈민층 이웃 아이들을 위하여 놀이터를 만드는 데 자신의 자본을 투자했다. 그는 아이들에게 싸우지 않고 장비물을 파손하지 않으면서 함께 놀 수 있는 방법들을 가르쳐야 함을 발견했다. 그의 놀이터에는 정원, 공연장, 걸어서 지나가거나 스케이트를 탈 수 있는 연못, 미끄럼타기 언덕, 구연동화실 등이 있었다. 1940년대

중반부터 1970년대까지 상대적인 번창과 낙관주의가 지배했으며 교외 레크리에이션 공원들이 번창했다. "가난과의 전쟁"에 주된 초점을 맞춤으로써 경제적으로 가난한 개인들에게 레크리에이션의 기회들이 제공되었다. 1960년대와 1970년대는 소수 민족, 여성, 노년층 그리고 장애자들을 위한 레크리에이션시설의 증가를 가져왔다. 하지만 1970년대의 불경기로 인해 정부는 정부살림을 더욱 더 간소하게 꾸려야 했고, 그 결과 레크리에이션시설물들에 대한 지출을 삭감해야만 했다. 1980년대 경 성인들은 더욱 더 많은 일을 하게 되었고 레크리에이션을 위한 시간이 점차적으로 줄어들었다(Kraus, 1997).

양질의 레크리에이션은 다양성을 특징으로 한다. 레크리에이션은 실내 및 실외 활동, 적극적인 것과 조용한 활동, 창의력을 발휘할 수 있는 통로들 뿐만 아니라 보다 더 체계화된 활동 등을 포함한다. 참여하는 개인들의 수 또한 다양성과 최고의 즐거움에 기여한다. 어떤 레크리에이션은 혼자서 할 때 가장 즐길 수 있으며, 또 어떤 레크리에이션은 세 명 내지는 여섯 명 정도의 소그룹으로 하는 것이 가장 즐거울 수 있다. 또한 어떤 레크리에이션은 일곱 명에서 스무 명 정도의 중간 그룹으로 할 때 가장 재미가 있을 수 있으며, 또 어떤 레크리에이션들은 스무 명보다는 많지만 백 명보다는 적은 그룹으로 할 때 최고의 즐거움을 맛볼 수 있다. 다수 그룹활동은 참가자의 수가 백 명이 넘는 활동을 가리킨다.

레크리에이션 활동은 매우 다양하지만 그 중에 몇몇 예를 들면, 예술, 공작, 연극, 음악, 개인, 복수 및 팀 경기, 야외생활 기술, 자연 활동, 보드 및 테이블 게임, 축전, 축제, 맞추기 게임, 취미, 파티, 소풍, 섞기 게임, 어색한 분위기 깨기 등이 있다(Farrell & Lundagren, 1978, 142-206).

레크리에이션 그 자체가 영적 성장과 발전을 가져오지 않지만 적절하게 계획, 지도, 실행했을 때 영적인 결과들이 생겨날 수 있다. 기독교인들을 위한 활동 선택에 관한 결정들은 고린도전서 10장 31절의 명령과 마찬가지로 모든 것을 하되 그 모든 것은 하나님께 영광을 돌리는 것이어야 한다.

CHERYL L. FAWCETT

참고문헌 | G. D. Butler(1965), *Pioneers in Public Recreation*; P. Farrell and H. M. Lundagren(1978), *The Process of Recreation Programming: Theory and Practice*; R. G. Kraus(1997), *Recreation and Leisure in Modern Society*; R. E. Troup and J. O. Brubaker(1986), *Childhood Education in the Church*, pp. 307-30; L. Ryken(1995), *Redeeming the Time*.

로더, 제임스 에드윈(Loder, James Edwin, 1931-2001).

미국의 프린스턴 신학대학원의 기독교교육철학 교수이다. 장로교 목사이며 하버드대학교에서 철학박사 학위를 받은 그는 보스턴에 소재하고 있는 매사추세츠 정신건강클리닉(Massachusetts Mental Health Clinic)에서 임상 훈련을 받았고, 메닝거 재단(Menninger Foundation)에서 신학과 정신의학 이론 사이의 관계를 연구하였다. 그는 제네바에 소재하고 있는 피아제 교육학 연구소(Piaget's Institut des Sciences de l'Education in Geneva)에서 박사 후 과정(post-doctoral work)을 밟았다.

로더의 글은 신학과 철학 그리고 심리학에서의 그의 관심들을 서로 엮어 놓았다. 그는 신학과 심리학이 서로 독립된 행로로 진행해 가는 것에 주목하면서 열정적으로 두 학문 분야를 형식적으로 통합하려고 하였다.

로더는 다음과 같은 몇 권의 책들과 몇몇 장들(chapters)을 썼다. 『종교와 공립학교』(*Religion and the Public Schools*, 1965), 『종교 병리학과 기독교 신앙』(*Religious Pathology and the Christian Faith*, 1966), 『현대신학의 맥락』(*Context of Comtemporary Theology*, 1974)에 포함되어 있는 "권력의 방식: 생활 방식 현상에 대한 기독교적 전망"(Fashioning of Power: A Christian Perspective on the Life style Phenomenon), 『종교교육의 미학적 차원』(*Aesthetic Dimensions of*

Religious Education)에 포함되어 있는 "인간발달 그 이상의 창조성"(Creativity in and beyond Human Development), 『질그릇 속의 보물』(*The Treasure of Earthen Vessels*, 1994)에 포함되어 있는 "양날의 검으로부터 입은 상처: 성육신과 영의 관계"(Incisions from a Two edged Sword: The Incarnation and the Soul/Spirit Relationship). 로더의 가장 잘 알려지고 폭넓게 논평된 작품은 『변형의 순간』(*The Transforming Moment: Understanding Convictional Experiences*, 1981, 재판에서는 생략되었음)과 물리학 교수인 나이트하르트(Jim Neidhardt)와 공동으로 저술한 『기사의 움직임』(*Knight's Move: The Relational Logic of the Spirit in Theology and Science*, 1992), 『신학적 관점에서 본 인간발달』(*The Logic of the Spirit*, 2006, CLC 刊) 등이다.

『변형의 순간』(*The Transforming Moment*)은 고장난 차로 인해 오도가도 못하게 된 한 운전자를 도우려다 자기 자신의 목숨을 거의 잃을 뻔했던 1970년의 개인적인 사고와 함께 시작된다. 또 한 대의 자동차가 그와 충돌했고 그는 전복된 차 아래에 눌려 꼼짝도 못하게 되었다. 그 사건은 그의 생을 변화시켰다. 그는 인문과학과 신학을 함께 엮어 인간의 영(spirit)과 성령의 관계를 설명한다. 로더는 변형 사건의 다섯 단계를 관찰한다. (1) 개인적 갈등, (2) 통합적 해결을 위한 내적 탐구, (3) 둘 혹은 그 이상의 양립할 수 없는 준거 틀을 상상적으로 연결 짓기, (4) 개인의 해방(personal release)과 개방, (5) 과거와 미래를 하나의 새로운 의미 있는 통일체로 맺어주는 경험의 통합 등이다. 로더는 확신의 인식론에 초점을 맞추고 있으며 발달 단계 이론들과 유사한 변화하는 단계들의 과정을 강조한다. 세계, 자아, 공허(void) 그리고 거룩(the Holy)의 4차원의 정황들은 혁신적 사건들이 일어나는 환경을 제공해 준다. 로더에게 '공허'는 자아와 세계로부터 의미를 이끌어 내는 바로 그 현실(that reality)이며 그것은 부재, 상실, 수치(부끄러움), 죄, 증오, 외로움 그리고 악한 것(demonic) 등에서 나타난다. 비평가들은 로더의 접근이 "지나치게 개인주의적이며 전통적인 공동체들의 양육적 힘을 인식하지 못한다"고 주장한다(Dykstra, 1982).

『기사의 움직임』에서 사용된 인식론의 토대는 기하학적 지시대상(뫼비우스의 띠⟨the Möbius band⟩)으로부터 얻어진 것이며, 키에르케고르의 관점을 통해 제시되었다. 두 저자들은 인식자(the knower)의 역할을 포함하여 모든 실재(reality) – 물질적 그리고 영적–의 관계적 속성을 예증한다. 이 관계적 인식론은 객관주의와 상대주의에 대한 포스트모던주의의 거부에 대한 하나의 대안으로 제안된 것이다.

CHERYL L. FAWCETT

참고문헌 | G. J. Dorrien, *Sojourners* 12(1983): 36-38; C, Dykstra, *Princeton Seminary Bulletin* 3, no. 3(1982); 339-41; J. W. Fowler, *Religious Education* 77, no. 2(1982): 133-48; R. A. Hunt, *Pastoral Psychology* 30(1982): 194-96; M. Palmer, *Paraclete* 28(1994): 30-32.

참조 | 비판적 성찰(CRITICAL REFLECTION); 신학과 교육철학의 통합(INTEGRATION OF THEOLOGY AND EDUCATIONAL PHILOSOPHY); 학습력이 있는 순간들(TEACHABLE MOMENTS)

로마 가톨릭교육(Roman Catholic Education). 미국의 가톨릭교육은 가톨릭 성도들을 위한 여러 가지 중요한 일들을 시도했다. 다른 소수 그룹들처럼 로마 가톨릭이 거부당했다고 여겼기에 학교 체계는 믿음의 영속을 보증하기 위한 한 방안이 될 수 있었다. 가톨릭 신앙은 최소한 교회 권위에의 엄격한 순종을 요구했다. 학교는 이러한 전통을 유지하는 수단이었다.

로마 가톨릭 학교체제는 교구 및 교회가 지원하는, 세계에서 가장 광범위한 기본적인 체제를 보여 준다. 19세기 초 사제들은 새로운 세계에 학교를 열라는 명령을 받았다. 팬실베니아(Pennsylvania)와 메릴랜드(Maryland)의 독일 정착민들을 제외한 대부분의 주에서 이것은 불법이었다. 많은 개신교 지

로마 가톨릭교육

역교회에게, 주일학교는 집에서 주어지는 것 이상의 종교교육을 제공하는 곳이다. 그러나 독일 루터교인들은 따로 교구 학교를 요구하였다.

노틀담대학(Notre Dame University) 역사 교수 제이 돌란(Jay P. Dolan, 1992)은 다음과 같이 말했다. "학교는 교회 전도 프로그램의 핵심적 부분이 되었다. 비정규 종교교육에서 정규 종교교육으로, 또한 가족에서 학교로의 변화는 가톨릭 학교 체계의 발전에 있어서 결정적으로 중요했다"(276).

돌란은 "공립학교의 종교에 대한 열성은 약화된 반면 가톨릭의 교구학교에 대한 열성은 더 강해졌다. 교육에서 교회와 정부를 분리하는 벽은 19세기 후반에 서서히 높아졌다. 그 결과 가톨릭과 정부 지원의 교육구조의 절충에 대한 시도는 실패로 돌아갔다"고 주장했다(276).

로마 가톨릭의 평신도와 성직자들은 다원적으로 발전해 가는 개신교의 이상론에 기초를 둔 학교들을 거부하는 것 같았다. 호레이스 만과 헨리 버나드(Horace Mann and Henry Barnard)에 의해 시작되고 주장된 것은 가톨릭을 공립학교에서 멀어지게 했다.

요약하면, 19세기 가톨릭이 분리된 학교 조직을 만들도록 이끈 네 가지 요소는 다음과 같다.

1. 가톨릭 평신도들이 종교교육의 필요에 최우선의 가치를 둔 것
2. 다원적 경향을 지닌 일반 학교구조 관념의 발전
3. 가톨릭 신앙을 자신들의 자녀들에게 영속시키려는 결단
4. 학교직원의 역할이 가능한 로마 가톨릭 내의 풍성한 인력자원(수녀들)

이러한 이유로 사제들에게는 새로운 세계에서 학교를 열라는 지시가 내려졌다. 독일인들은 자신들의 언어와 문화를 유지하기 원하는 등의 다른 이유들이 더 있었기에 이를 권장했다. 물론 아일랜드인들은 언어라는 요소를 핵심적 이유로 보지 않았다. 그들의 주제는 교리문제였다.

1830년대 로마가톨릭은 한 가족으로서 자녀들에게 적절한 종교교육을 시킬 수 있다는 의견을 가지고 있었다. 1840년쯤 교회 지도자들은 양쪽의 가치를 동시에 인정하면서 종파에 관계없는 공립학교를 받아들일 수 있었다. '이단적인'(heretical)과 '비신앙적인'(infidel)이라는 용어는 가톨릭이 개신교 공립학교에 대해 강조해서 사용한 것이다. 공정한 기독교 신앙의 사립학교에 대한 견해는 가톨릭교인들에게 가능한 것으로 보이지 않았다. 드디어 정부 지원의 공립교육이 시행되기에 이르렀다(Dolan, 1992, 276).

이러한 입장으로 로마가톨릭이 개신교에 대해 더 많은 적개심을 가지게 되었다. 1850년대와 1860년대에는 "가톨릭 주교들이 자신들의 자녀를 가톨릭 학교에 보내지 않는 부모들에 대한 성사를 거부하기 시작했다." 교구학교 체계에 대한 전적인 위임은 그 세기에 일어나지 않았다. 사람들의 지지는 "아주 선택적"이었다(Dolan, 1992, 269).

20세기와 함께 가톨릭학교들의 초등학교와 중등학교의 질이 높아졌다. 워싱턴의 가톨릭대학(Catholic University in Washington, D. C.), 크레이톤대학(Creighton University), 드폴대학(DePaul University) 등과 같은 사범대학은 자격증과 교육체계의 기준들을 들여왔다. 교회의 주교들이 주로 학교의 지도 감독자가 되었다. 이러한 가톨릭 지도자들은 시간이 지날수록 더욱 영향력을 가지게 되었다.

1945년 후 연방의 지원은 받지만 통제를 수반하지 않는 교육을 선호하는 가톨릭 지도자들이 늘어났다. 정부는 전쟁 기간을 타개하기 위해 많은 가톨릭 대학의 허용 하에 육군과 해군을 훈련하는 계약을 맺었다. 더 많은 가톨릭 교육자들이 정부의 기금을 받아들이는 것이 교육의 자율성을 축소시키지 않는다는 것을 인식하게 되었다(Dolan, 1992, 283). 이러한 전쟁 기간 후 가톨릭 지도자들은 적극적으로 정부의 재정적 지원을 모색했다.

주요한 가톨릭 사상가요 교육전략가인 레히(Leahy)는 다음과 같이 말했다. "가톨릭의 고등교육은 40년의 노력과 수백만 달러의 비용 지출에도

불구하고 미국의 지성 문화 속에 더 이상 구별되지 않는다… 단지 두세 개의 가톨릭 고등교육 기관들만이 미국의 고등교육보다 진보되어 있고 학문적 명성에서 의미 있는 진보를 이루었다"(Dolan, 1992, 135, 146).

이러한 학교들의 재정문제는 여전하다. 십일조와 기부에 대한 성경적 교육이 광범위한 기초 위에서 전혀 이루어지지 않은 것으로 보인다. 그러나 아주 부유한 사람들이 대학원과 신학교를 지지해 오고 있다. 20세기의 다른 주요한 문제들은 사제 서약자들과 학교에서 가르치는 여성 종교교육자들이 급격히 감소하고 있다는 것이다. 21세기에는 이 영향력 있는 체제가 붕괴될 수도 있다. 혹은 공립학교가 더 많은 어린이들이 더 나은 교육을 받을 수 있도록 미국인들이 재정적으로 가톨릭 학교들을 지원하도록 강요될 수 있을 정도로 약화될 수도 있을 것이다. 어쨌거나 로마 가톨릭교육 체제는 영향력 있는 교육운동이 되어왔고 또한 지속될 것이다.

WARREN S. BENSON

참고문헌 | M. C. Boys(1989), *Educating in Faith: Maps and Visions*; J. P. Dolan(1992), *The American Catholic Experience: A History From Colonial Times to the Present*; J. M. O' Keefe(1997), *Catholic Education at the Turn of the Century*.

로마의 교육(Roman Education). 전통에 따르면, 로마는 기원전 753년, 그 지역을 둘러싸고 있는 일곱 개의 언덕 중의 하나 위에 세워졌다. 이탈리아 민족의 초기 역사의 많은 부분들은 여전히 분명치 않지만, B. C. 4세기 수수하고 농사를 짓던 로마인들은 품성발달을 교육의 첫 번째 목표로 두었던 것으로 알려져 있다. 이 단순하고 근면한 민족은 자식의 의무, 정직, 통합성, 존엄성의 성격 특징들을 우상화했다. B. C. 2세기 동안 신, 정부 그리고 가족을 섬길 수 있는 시민의 자질을 함양할 수 있는 교육이 발달하였다. 이러한 기관들을 섬기는 것이 가장 뛰어난 선을 성취하는 것으로 믿어졌다. 로마교육의 두드러진 특징은 이러한 교육에서 나왔다.

첫째, 이것은 전통에 기초를 둔 교육이었고, 둘째 이것은 가족에 의해서 주어진 교육이었다. 로마인들은 전통에 기초를 둔 가족 중심의 교육을 덕과 인성을 갖추는 길로 보존했다.

1. 교육 단계(Educational Stages). 로마 교육의 역사는 B. C. 753년 건국 때부터 유스티니아누스(Justinian)에 의해 그리스 학교들이 문을 닫은 서기 529년까지, 네 단계의 발전과정으로 나뉜다(Reed & Prevost, 1993; Mulhem, 1959; Smith, 1955). 이러한 교육적 전개는 토착 로마 시기(the Native Roman Period, B. C. 700-B. C. 250), 전환 시기(the Transition Period, B. C. 250-B. C. 55), 헬라화 된 로마 시기(the Hellenized Roman Period, B. C. 55-A. D. 200), 그리고 쇠퇴기(the Period of Decline, A. D. 200-529)로 나뉜다. 토착 로마 시기는 B. C. 90년 소아시아에서 이 지역으로 이주해 온 후 B. C. 5 세기 초에 사라졌던 수수께끼 같은 에트루리아인(Etruscans)이 이탈리아 민족들에게 그들의 알파벳을 소개하면서 시작되었다. 그 후 이 알파벳은 라틴어의 필요를 충족시키기 위해 지속적으로 변경되었다. 토착 로마 시기는 그리스인들의 교육 방식들과 이념들이 로마에 소개되면서 끝났다. 로마인들은 창의력과 혁신적 상상력이 부족했기 때문에 고대 세계의 교육적 실천들과 실행들에는 거의 기여하지 못했다. 그러나 그들은 다른 민족들의 이론적 개념들을 응용하여 도로, 다리, 집 그리고 신전을 건설하는 데는 아주 뛰어났다. 변경과 수정에서 로마인들의 비범한 재능은 독창력과 창의력의 어떤 재능보다도 더 큰 것이었다.

교육의 전환기는 그리스 문화가 로마인들의 삶에 소개되면서 시작되었다. 두 요소가 이 변화를 재촉했다. 첫 번째 요소는, 로마인들이 연속적으로 전쟁에서 승리했고 최종적으로 이들은 지중해 지역을 장악한 것이다. 승리로 인해 수천의 그리스 포로들이 로마로 들어오면서 도시가 변하게 되었다. 그리스의 이데아에 따라 교육된 많은 노예들은 부자들의 가족들을 가르치는 교사의 자리를 차지했다. 노예들 중 가장 탁월했던 리비우스 안드로니쿠스(Livius Andronicus)는 B. C. 250년 호머의 『오딧

『세이』(Odyssey)를 라틴어로 번역했다. 로마가 지방 도시에서 국제적인 도시로 변화될 때 일어난 이 사건이 바로 두 번째 요소이다. 여러 세기 동안 초등학교 교재로 사용된 이 번역은 로마인들에게 잘 받아들여졌고, 이로 인해서 다른 그리스 문학들이 부가적으로 번역되었다.

헬라화 된 로마 시기는 그리스 교육을 주창한 키케로(Cicero)가 『웅변가의 교육』(De Oratore, On the Education of an Orator)을 저술한 B. C. 55년에 시작되었다. 이 저술은 그리스 문화, 풍습, 교육적 이상들이 로마에 넓게 받아들여지도록 한 시기의 시작을 나타낸다. 이 시기는 대략 서기 200년 즈음, 즉 제국의 칙령으로 연설의 자유가 말살되고 정부가 교육을 독점한 쇠퇴기까지 지속되었다. 로마의 고등교육은 황제 유스티니아누스가 아테네의 법과 철학 학교들 및 로마 안의 법률학교를 제외한 모든 고등교육 기관을 폐쇄한 서기 529년에 끝이 난다.

2. 교육 모델(Educational Models). 로마인들이 채택한 가장 초기의 교육 모델은 에트루리아인들의 것이었다. 로마인들에게 알파벳과 많은 단어들을 제공했을 뿐 아니라, 이들 초기 거주자들은 건축, 공학, 채광, 농경, 상업에서 뛰어났다. 교육의 실리적 모델은 실용적이고 단순한 삶을 가치 있게 여긴 수수한 로마인들에게 적합했다.

에트루리아 왕조는 B. C. 509년 귀족 로마 집안에 의해 주도된 반역의 결과로 로마에서 추방당했다. 이 투쟁의 결과는 민주주의의 성장을 가져왔고 B. C. 450년(로마의 가장 오래된 법전인) 12동판법(Laws of the Twelve Tables) 발표가 있게 했다. 이 기록은 시민의 책임과 로마 시민에게 허용되는 종교적 믿음의 개요를 표현하고 있으며, 오백 년의 기간 동안 로마인에 의해 제작된 유일하고 중요한 문서이다. 그 후 이백 년 동안 이 법전은 실제적으로 로마인의 삶의 지적 기초를 위한 유일한 교재였다. 이 시기 로마에는 공식적인 교육 기관이 없었으므로 부모들은 이 문서의 내용을 자녀들에게 교육했고, 자녀들은 창가나 노래로 선택된 문구들을 암기했다.

영토 확장과 상업적 성장을 통해 로마인들이 시실리(Sicily)와 남부 이탈리아의 그리스 식민지들과 접촉이 있었던 B. C. 250년경, 로마 교육의 성격에 큰 변화가 왔다. 로마인 여행자들과 관리들은 그리스 언어와 풍습을 배우는 것이 큰 유익이 있다는 것을 알게 되었다. 그리스 노예들이 로마인의 집에서 종과 선생으로 일하게 되었을 때, 그들은 당시 로마에 비해 적어도 2세기는 앞서 있었던 자신들의 문화와 철학을 소개했다. 교육적 이념들과 방식들은 그리스의 영향이 로마 공화국에 만연되면서 점점 더 전 세계적인 것이 되었다.

3. 교육 기관(Educational Institutions). 토착 로마 기간(B. C. 700-B. C.250) 동안 교육의 제일의 영향력은 가정에 있었다. 이 기간 교육의 목표는 젊은이들에게 공동체의 이념, 즉 신, 법, 가정에 대한 경외심을 형성시키는 것이었다. 가정에서의 지적인 교육은 기초적 읽기와 쓰기 그리고 초보단계의 산수 이상을 넘지 않았다.

로마 교육의 가장 근본적인 원리들 중의 하나는 행함을 통한 배움이었다. 7살 때, 소년들은 도제로서 아버지의 직업을 익히기 시작했다. 그들은 아버지와 함께 도시에 동행하기 시작하면서 정부에 대해서 알게 되었다. 또한 가정, 현장, 신전에서 행해지는 많은 종교적 의식들에 참여하면서 종교에 익숙해지게 되었다. 16세에 소년들은 토가(toga virilis: 고대 로마의 헐렁한 겉옷-역주), 혹은 남성 시민으로서 옷을 입고 삼 년 동안의 격렬한 군사 복무를 위해 군대에 갔다. 군복무로 그들의 교육은 끝이 났다. 로마의 이상적인 가정교육은 실천적이고 기능적인 수준으로 제한하며 비실천적이거나 감각적 단계는 전혀 허용하지 않았다.

전환기와 헬라화 된 시기 동안(B. C. 250-A. D. 200) 교육은 그리스 문화가 로마인의 사고에 영향을 미치게 될수록 점점 더 공식적이고 구조적이 되었다. 이때는 라틴 학자들이 그리스의 교양학문을 수정하고 집대성하고 조직화한 교육적 운동이 있던 시기였다. 지성인들 사이에서 폭 넓게 교육된 로마인들은 문법, 수사학, 논리학, 수학, 기하학, 천문학, 음악, 건축학, 의학 등에 정통해야 된다고 일반적으로 이해되었다.

로마공화국의 헬라화는 세 단계의 학교를 만들

어냈다. 초등학교 혹은 루두스(Ludus – "놀이" 혹은 "운동"의 의미)는 7세에서 12세까지의 아동을 위한 기관이었다. 이 학교는 주로 읽기, 쓰기, 산수를 가르치기 위해서 계획되었다. 아이들에게는 쓰기를 위해 첨필(stylus)과 간책(wax tablet: 고대 로마 등의 초등을 바른 얇은 나무판의 묶음–역주)이, 셈을 위해서는 주판이 주어졌다. 이러한 학교들에는 문학교사들이 직원으로 있었고, 종종 도시의 거리나 시장이나 포치(본 건물에서 달아 낸 지붕 딸린 현관–역주)에서도 모였다. 문학교사들은 대부분 대학이나 학적 자격이 없는 개인이 대부분이었다. 수업은 해 뜨기 전에 시작해서 가끔 어두워질 때까지 계속되었다. 주요 교육방법은 암기, 연습, 엄격한 징계였다.

중등교육 혹은 "그라마티쿠스"(Grammaticus)는 12세에서 16세까지의 청소년들을 위한 기관이었다. 과목들은 라틴어와 그리스 문법, 문학, 역사, 철학, 과학, 신화 그리고 종교였다. 이 학교에서 로마인들이 드러낸 교육이념들과 방법들은 그리스인들이 주창했던 것과 비슷했다. 그러나 초등학교에서와 달리, 문법수업 교사들은 교양학문분야에 숙련되고 정통해야 했다.

수사학 수업에서 뚜렷이 나타나는 로마의 고등교육은 주로 16세에서 18세의 나이에 있는 로마의 상류층 자녀들을 위한 것이었다. 학교는 대중 연설자를 훈련시키기 위해 아테네에 있는 수사학 학교를 모델로 삼았다. 웅변술은 신진의 정치인을 위한 유용한 능력으로 인식되었다. 실제 웅변과 연설의 기술들은 성공한 공인의 삶의 전제조건이었다. 결국, 연설가 혹은 웅변가의 훈련은 고등교육의 최고의 목표와 내용이 되었다. 학생들은 대중연설, 정치학, 행정사무를 훈련받았다. 그들은 논리학, 토론, 윤리학, 웅변, 문법 그리고 문학을 공부했다. 성공적 웅변에서는 전반적 지식이 필수적인 것으로 여겨졌다.

DAN K. BALL

참고문헌 | C. Atkinson and E. T. Maleska(1965), *The Story of Education*; R. F. Butts(1973), *The Education of the West: A Formative Chapter in the History of Civilization*; F. Eby and C. F. Arrowood(1940), *The History and Philosophy of Education Ancient and Medieval*; K. O. Gangel and W. S. Benson(1983), *Christian Education: Its History and Philosophy*; J. Mulhern(1959), *A History of Education: A Social Interpretation*; J. E. Reed and R. Prevost(1993), *A History of Christian Education*; W. Smith(1955), *Ancient Education*.

로쉬 하샤나(Rosh Hashanah).

유대교 신년, 티스리월(the month of Tishri)의 첫째 날과 둘째 날에 행해지는 가을 축제이다.

유대교에서 신년은 속죄의 날인 욤 키푸르(Yom Kippur)의 절정을 이루는 회개의 시기인 "경외의 날들"(Days of Awe)에 시작된다. 전통적으로, 이 축제는 천지창조를 축하하였다. 그 의식은 양각나팔(shofar)을 백 번 불고 참여자들이 자기점검과 회개의 엄숙한 기간을 가지도록 요청했다.

랍비 문헌에 따르면, 로쉬 하샤나는 심판의 날(Yom Ha-Din)과 기억의 날(Yom Ha-Zikkaron)로 불렸다. 그 날 모든 사람들은 대심판좌 앞을 통과했다. 개인은 지난해 자신의 행동을 하나하나 말하고 새해에 대한 자비를 구했다. 이 날에는 또한 한해 동안 왕으로서 하나님께서 백성들에게 행하셨지만 잊혔던 일들을 "기억"했다.

성경에서, 로쉬 하샤나라는 용어는 에스겔 40장 1절의 날짜 형식에 유일하게 나타난다. 이곳에서는 축제가 아닌 해의 시작을 말하고 있다. 고대 이스라엘에서는 의식적 순서의 시작인 니산월(3–4월)과 농업적 주기의 시작인 티스리(9–10월)의 두 가지 달력을 사용했기 때문에, 학자들은 이 절에서 언급된 정확한 날짜를 추정하는 데 이견이 있다.

출애굽기 12장 2절은 이스라엘의 출애굽을 기념하는 유월절 달(니산)을 이스라엘 민족의 첫 번째 달로 규정하고 있다. 그러나 어떤 증거들은 기간과 장소에 따라 가을의 신년을 기념한 것을 제시하고 있다. 후기 유대주의는 가을 티스리 때를 신년으로 지켰다.

로쉬 하샤나로 특정하게 불리지 않았음에도 불

구하고, 이 가을 축제는 성경에 "거룩한 집회"(holy convocaton), "나팔을 불며 기념하는 날" 그리고 "나팔을 부는 날"(레 23:23-25; 민 29:1-6; 참조: 시 81:3-4)로 묘사된다. 에스라가 백성들 앞에서 율법책을 읽었을 때 이와 동일한 축제가 지켜졌던 것 같다(느 8:1-8).

STEPHEN J. ANDREWS

참고문헌 | D. I. Block(1986), *The International Standard Bible Encyclopedia*, 3:529 32; L. Jacobs(1971), *Encyclopaedia Judaica*, 14:305-10; J. C. Vanderkam(1992), *The Anchor Bible Dictionary* 1:814-20.

참조 | 축제를 통한 유대인의 교육(HEBREW EDUCATION THROUGH FEASTS AND FESTIVALS); 유대교육(JEWISH EDUCATION); 교육자로서의 랍비(RABBI AS EDUCATOR)

로저스, 칼(Rogers, Carl, 1902-1987).

미국 심리학자이다. 일리노이주의 오크 파크(Oak Park, Ill)에서 태어난 그는 대가족이었지만 대화가 없는 가정에서 자라났다. 그의 부모는 근본주의자들이었으며, 그의 어머니는 다른 신앙을 가진 자들과의 분리를 주장했다. 아마 어머니의 완고함에 대한 반작용으로 로저스는 사람들은 근본적으로 악한 존재가 아니라 선한 존재라고 주장하게 되었을 것이다. 로저스는 처음 농업에 관심을 가지고 위스콘신 대학에서 공부했다. 그 다음 그의 관심은 신학으로 바뀌었고, 신학교에 갈 준비를 결정했으며 삶을 사역에 헌신했다. YMCA 학생 대표로서 중국을 6개월 여행하는 동안, 로저스는 초기의 신앙적 교육에서 멀어지고 자유주의적 견해를 취하게 되었다. 졸업과 유니온 신학대학에서의 짧은 기간 후, 로저스는 신학에 대한 흥미를 잃었고 심리학 대학원 과정을 위해 콜롬비아대학의 교육대학에 등록했다.

로저스는 콜롬비아대학에서 존 듀이(John Dewey)의 사상을 접하게 되었다. 듀이의 영향 아래에서 로저스는 프로이트의 사상을 다시 생각해 볼 수 있는 자유를 느꼈다. 그는 프로이트의 치료적 접근을 내담자 중심의 치료법으로 고쳤다. 콜롬비아를 졸업한 후, 로저스는 아동학대를 예방하기 위한 뉴욕 단체인 로체스터(Rochester)를 위해서 일했다. 그 단체에서의 일의 결과로 로저스는 첫 번째 책 『문제 아동의 임상 치료』(*Clinical Treatment of Problem Child*)를 펴냈다. 또한 로저스는 오하이오 주립대학으로 옮겨서 심리학을 가르쳤다. 그곳에서 그는 『상담과 요법』(*Counseling and Therapy*)을 썼다.

그는 오하이오에서 다시 시카고대학(University of Chicago)으로 옮겼다. 그곳에서 그는 심리치료에 대한 연구를 했고, 『내담자 중심 요법』(*Client-Centered Therapy*)을 저술했다. 위스콘신대학에 돌아와서 단기간 동안, 로저스는 심리학과 정신의학을 가르쳤다. 1964년 그는 캘리포니아 주 라졸라(LaJolla)에 있는 서구행동과학센터의 거주 특별연구원으로 임명되었다. 후에 로저스는 성장과 학습에 대한 그의 연구를 계속 했으며, 인간연구센터(the Center for Studies of the Person)에서 근무했다. 로저스는 점차적으로 개인상담에서 그룹 치료로 옮겨갔으며 그의 연구는 교육과 가족의 삶을 포함하는 데까지 확장되었다. 또한 그는 『인간됨에 관하여』(*On Being a Person*), 『학습에의 자유』(*Freedom to Learn*), 『칼 로저스와 인카운터 그룹』(*Carl Rogers on Encounter Groups*), 『칼 로저스와 인간의 능력』(*Carl Rogers on Personal Power*) 그리고 『존재 방식』(*A Way of Being*)의 저자이다.

치료사로서 로저스는 내담자 중심 치료(client-centered therapy)를 주장했다. 그는 인간들이 환경이나 무의식적 동기보다 자기 자신의 선택들에 더 많이 지배받는다고 믿었다. 로저스는 각 사람이 자기 자신의 개척자라고 믿었다. 내담자 중심 치료에서 치료사들은 내담자가 자신의 문제들이나 경험들을 이해하도록 이끈다. 치료사들은 명백한 지침들을 주기보다 질문을 던짐으로써 도와준다. 내담자가 자신의 회복의 속도와 방향을 정한다. 이러한 접근법은 『내담자 중심 요법』(*Client-Centered Therapy*)과 『온전한 인간됨에 대하여』(*Becoming a Person*)에 설명되어 있다.

동일한 접근법을 교육에도 적용을 하면서, 로저스는 학생을 탐험가라고 설명한다. 한편 교사는 안내자와 격려자의 역할을 감당한다. 로저스의 인간주의적 관점에서 교육의 전체적 목표는 자기실현(self actualization) – 자발적 존재가 되는 행위 – 이다. 개인은 반드시 자신의 충만한 잠재력을 발견해야 한다. 로저스의 관점은 『학습에의 자유』(*Freedom to Learn*)와 그 뒤 1980년대에 나온 『학습에의 자유 실천편』에 제시되어 있다.

『학습에의 자유』에서 로저스는 학습에 대한 인간의 잠재력을 주장한다. 그러나 학습은 학생이 자신의 상황 및 필요와 수업과의 관련성을 인지할 때만 일어난다. 학습을 위한 최고의 환경은 위협적이지 않은 분위기와 자기 독립적 학생이 활발하게 학습과정에 참여할 수 있을 때이다. 로저스는 전인, 즉 지성과 감성들이 연관되어 학습이 최대화되도록 장려했다. 수동적 학습자들은 창조적 사고자로 성장하기 어렵다.

로저스의 이상적 교실에서, 교사는 학습자들이 실제적 문제들을 풀 수 있도록 광범위하고 다양한 자료와 과정을 제공한다. 또한 그는 교사들이 하지 않아야 하는 것을 강조한다. 교사는 읽기숙제, 강의, 평가, 점수매기기 등을 제한해야 한다. 로저스에게 이러한 것들은 의미 있는 학습을 약화시키는 요소이다. 교사는 권위자라기보다 촉진자이다. 과제라는 전통적 방법이 없는 이러한 교실의 유익은 측정하기 어려울 수 있다. 실제로 로저스는 측정법을 받아들이지 않는다. 창의성, 생산성, 자기 독립성, 문제해결능력, 자기동기화의 능력들은 학습자 중심 교육의 목표들이다. 로저스에 따르면, 전통적 방식에서의 교육은 지나치게 과대평가되어 있다. 제시된다는 이유만으로 학습된다고 생각하는 것은 잘못된 가정이다. 로저스는 교사와 학생간의 따뜻한 관계를 통한 학습의 촉진을 주장했다. 그는 학생과 가르치는 교사들 간의 활발한 의사소통의 긍정적 영향을 장려했다. 각 교사들은 학생들에게 실제적인 존재가 되어야 한다. 각 교사들은 학생들을 수용하고 가치 있게 여기고 그들의 잠재적인 학습능력을 믿어야 한다.

로저스의 교실에서, 가장 중요한 학습은 어떻게 배우느냐에 대한 가르침이다. 빠르게 변하는 세계로 인해, 과학에서의 새로운 발견들의 속도는 지식이 학습된 바로 다음 순간 바로 그러한 지식들을 구식으로 만들어 버린다. 매일의 사건들이 새로운 관점으로 역사 속에 놓이게 된다. 로저스에게는 참된 교육을 받은 사람이 지식을 추구하고 획득하는 능력을 바탕으로 변화에 적응하고 도전들에 대응하게 된다.

많은 부분 로저스의 교육연구가 대학과 대학원 수준의 교실의 상황에서 이루어졌지만, 그의 연구 결과들은 다양한 연령대와 교육기관들에 유용하다. 전국적으로 학습자 중심의 발견 중심 학습은 교실에서 일반적 실제가 되었다.

ROBERT J. CHOUN

참고문헌 | D. Barlow(1985), *Educational Psychology*; D. G. Benner, ed.(1985), *Baker Encyclopedia of Psychology*; V. Cully and K. Brubaker, eds.(1990), *Harper's Encyclopedia of Religious Education*; R. I. Evans(1975), *Carl Rogers: The Man and His Ideas*; C. R. Rogers(1989), *A Carl Rogers Reader.*

참조 | 듀이, 존(DEWEY, JOHN); 프로이트, 지그문트(FREUD, SIGMUND); 욕구의 위계(HIERARCHY OF NEEDS); 인문주의/고전적 인문주의(HUMANISM, CLASSICAL); 상담/권면적 상담(NOUTHETIC COUNSELING); 종교 철학(PSYCHOLOGY OF RELIGION)

로크, 존(Locke, John, 1632-1704).

영국의 철학자. 영국 소머세트(Somerset)의 렝톤(Wrengton)에서 태어난 그는 청교도였던 자신의 가족으로부터 절제(temperance)와 단순성을 배웠다. 그는 웨스트민스터에서 고전어, 히브리어 그리고 아랍어를 공부했다. 그는 후에 학교의 편파적인 강조와 엄한 규율(discipline) 때문에 학교를 비판했다. 스무 살에 그는 옥스퍼드에 입학했다. 그는 학사학위를 받은 후에도 계속해서 그곳에 머물렀는데, 이는 석사학위를 받고 교수단에 합류하기 위해서였다. 로크는 라틴어와 그리스어를 강의했고, 후에 도덕

로크, 존

철학 학감(censor of moral philosophy)으로 임명되었다.

아버지의 죽음으로 자신에게 유산이 주어졌을 때 그는 자신의 교육과 자신의 친구들의 범위를 넓힐 수 있는 자유를 갖게 되었다. 그는 의학을 공부했지만 수년 동안 활발하게 일하거나 가르치지는 않았다. 평소 정치학에 관심이 있던 로크는 1665년에 독일로 파견되는 외교 사절단에 참여하게 되었다. 대학교로 돌아오자마자, 로크는 철학을 공부하기 시작했다. 데카르트(Descartes)에 대한 연구는 결국 그로 하여금 그가 가르침을 받아 왔던 스콜라 철학의 견해들에 이의를 제기하게 했다. 샤프테스베리(Shaftesbury)의 백작이었던 애쉴리(Ashley) 경이 로크를 런던으로 초청하여 자신의 개인 주치의가 되게 했을 때 철학과 정치학이 어우러지게 되었다.

그 백작은 식민지인 캐롤라이나에 관련된 업무를 관리하고 있었고, 그래서 로크는 식민지의 문서(constitution)를 작성할 때 그의 조언자가 되었다. 로크가 자신의 약해져 가는 건강을 보강하기 위해 프랑스를 여행하는 동안, 영국은 정치적 혼란을 겪었다. 로크는, 왕권에 반대했기 때문에 반역죄로 몰려 재판을 받고 있던 그의 친구(애쉴리 경)를 만나러 돌아왔다. 그러나 그 백작과 관계를 맺고 있던 로크도 엄중한 감시를 받게 되어 재판에 회부되었지만, 결백을 인정받고 풀려났다. 그 후 그 백작은 배를 타고 네덜란드로 갈 기회를 잡았고 로크도 곧 뒤따라 갔다. 영국의 제임스 2세(James II)는 로크를 본국으로 소환하려 했으나 로크는 가까스로 네덜란드에 머물렀고 착실히 저술을 계속했다. 한 번 더 로크의 관심이 정치학으로 쏠리게 되었고, 그는 오렌지의 윌리엄(William of Orange)을 영국의 왕위에 즉위시키려는 계획에 가담하게 되었다. 윌리엄이 왕이 되었을 때, 윌리엄의 왕비 메리(Mary)를 영국으로 호위했던 사람이 바로 로크였다.

로크는 영국에서 친구들과 함께 살면서 계속해서 저술 활동을 하였고 행정관으로 정부를 위해 일했다. 이런 생산적인 기간 동안, 로크는 자신의 『인간 오성론』(Essay Concerning Human Understanding)과 『시민 통치에 관한 두 편의 논고』(Two Treatises of Government)를 출판했다. 그 뒤를 이어 『교육 단상』(Some Thoughts Concerning Education)과 『기독교의 합리성』(Reasonableness of Christianity) 등이 출판되었다. 로크는 1704년에 죽었는데, 그때 그는 바울 서신들에 관한 주석서들을 집필하고 있었다.

교육에 대한 로크의 주요 공헌은 그가 『교육 단상』(Some Thoughts Concerning Education)에서 밝힌 견해들인데, 거기에서 그는 아동들에 대한 동정적인 이해를 보여주었다. 자기 자신이 교육을 받으면서 판에 박힌 학습 방식을 얼마나 혐오했는지를 상기하면서, 로크는 각 아동의 필요들과 소질에 맞게 짜인 교육과정을 제안했다. 자신의 의학적 배경과 아마도 그 자신의 허약했던 건강이 로크로 하여금 많은 신선한 공기, 운동 그리고 아동들을 위한 건강한 식이요법을 권하도록 이끌어 주었을 것이다. 로크는 좋은 건강과 좋은 성품이 지적 학습보다 더 존중되어야 한다고 주장했다.

그는 학습에 대한 동기들로써 수많은 규율과 가혹한 벌보다 좋은 본보기와 삶의 적용(life-applications)을 더 장려했다. 그는 부모들에게 그들의 권위를 유지하도록 촉구했지만 가혹한 징계를 사용하는 것에 대해서는 반대했다. 칭찬을 하게 되면 더 많은 것을 얻게 될 것이다. 처음에는 차가운 관계였지만 여러 해를 보내면서 훈훈해진 자신의 아버지와의 관계를 떠올리면서 로크는 부모들에게 그들의 자녀들과 따뜻하면서도 정감 있는 관계를 발전시키라고 권했다. 자신들의 자녀들을 알게 되고 본을 통해 그들을 가르치려면 부모들은 그들과 시간을 함께 보내야 한다. 호기심을 자극하라. 놀이를 통해서 가르치라. 학습을 즐겁게 하라. 로크에 따르면, 조기의 교육의 일차적인 목표는 단지 덕을 함양하는 데 있다.

로크는 역사, 법률, 윤리, 음악, 과학 그리고 수공 무역(manual trade) 등을 포함하는 다양한 교육과정을 제시했다. 그는 여행이 지니는 교육적 유익과 아동기에 제1외국어를 배우는 것의 중요성을 믿었다. 로크는 웨스트민스터에서 공부할 때 우위를 점했던 고전어와 문법들을 강조한 것과는 대조적이게 회화에 역점을 두는 현대적 언어 훈련을 장려했다. 비록 오늘날에는 그것들이 공통적으로 실천되고 있지만, 로크의 개념들은 그 당시의 교육방법들에 직접적으로 반하는 것이었다.

로크는 자신이 쓴 종교 서적들에서 믿음(belief)은 개인과 하나님 사이의 사적인 용무(private business)라고 말했다. 로크는 종교적 박해가 극심했던 당시에 관용(tolerance)을 호소했다. 초점이 한 곳에 집중된 믿음(a focused belief)은 결국 위선으로 끝날 수밖에 없다. 국가는 믿음을 강요할 권리도 힘도 가지고 있지 않다고 로크는 주장했다. 만일 가장 강한 권력이 그 자체의 종교를 약자에게 강요할 수 있다면, 그것이 그 믿음을 참되게 할 수 있을까? 정치적 권력이 이동하는 것을 보면, 진리가 권력의 위치(position)와 동일시 될 수 없다는 것을 증명하는 것이라고 로크는 주장했다. 그리스도인으로서 로크는 성경의 신적 영감을 믿었다. 그는 신약교회의 단순성에로의 회귀를 갈망했다. 그는 기독교의 주장들이 이성(reason)과 모순되지 않는다는 것과, 계시는 이성이 불충분한 영역들에서 신뢰를 받을 수 있다고 단언했다.

ROVERT J. CHOUN

참고문헌 | R. I. Aaron(1971), *John Locke, 3rd ed.*; J. F. Bennett(1971), *Locke, Berkeley, Hume: Central Themes*; M. W. Cranston(1957), *John Locke, a Biography*; C. B. Eavey(1964), *History of Christian Education*; P. Edwards, ed.(1967), *The Encyclopedia of Philosophy*, vol. 4; K. O. Gangel and W. S. Benson(1983), *Christian Education: Its History and Philosophy*; J. W. Gough(1961), *John Locke's Political Philosophy, Eighty Studies*; J. Locke(ed. J. W. Yolton)(1961), *An Essay Concerning Human Understanding*; idem(ed. J. W. Gough)(1946), *The Second Treatise of Civil Government and a Letter Concerning Toleration*; idem(trans. P. Abrams)(1967), *Two Tracts on Government*; J. W. Yolton(1956), *John Locke and the Way of Ideas*.

참조 | 식민지교육(COLONIAL EDUCATION); 청교도교육(PURITAN EDUCATION)

루소, 장-자크(Rousseau, Jean-Jacques, 1712-1778).

철학자 겸 사회 비평가이다. 프랑스 혈통으로 스위스 제네바에서 태어난 루소는 정서 불안적 발작을 빈번하게 겪었다. 그를 출산하던 중 일어난 어머니의 사망과 열 살 때 아버지로부터 버림당한 것이 촉진적 요소가 되었음은 의심할 바 없다. 그는 확고한 칼빈주의자였던 고모의 손에서 자랐고 열여섯 살 때 집을 떠났다. 그는 여러 해 동안 이곳저곳을 방황했다. 마침내 보호자인 샹베리의 마담 드 와랜(Madame de Warens at Chambery)을 만나게 되었다. 그녀의 영향 아래에서 그는 가톨릭으로 개종했고 잠시 동안 리용에서 가정교사로 일했다.

그의 음악에 대한 관심은 1742년 그를 파리에 정착시켰다. 그곳에서 루소는 루이 15세 앞에서 공연한 "마을 수호신"(Le Devin du Village, 1752)이라는 제목의 오페라를 작곡했다. 그는 예술에 대한 관심에도 불구하고 자신의 첫 번째 저술인 『예술과 학문에 대한 담론』(*Discourse on the Arts and Sciences*, 1750)에서 그것들이 인류의 필요를 표현하는 것을 빠뜨린 자기중심적 표현들이라고 매도했다.

1754년 그는 개신교로 다시 개종했다. 계몽운동과 프랑스 혁명의 가장 영향력 있던 사회적, 철학적 목소리 중의 하나로서 루소는 사회가 인간의 본능을 부패시켰다고 믿었기에 종종 "자연주의의 아버지"로 불린다. 그는 인간이 자연과 조화를 이루고 이기심, 욕구, 소유욕, 시기심에서 벗어나서 살아야 한다고 주장했다. 그는 느낌과 감정의 인간 내면적 삶을 강조하는 면에서 디데로트(Diderot)와는 뚜렷이 달랐다.

진보를 위한 행보로의 학문과 예술에 대한 그의 저항은 그를 다른 계몽주의자들의 목소리들과는 분명하게 구분지어 주고 그를 낭만주의자들의 자리에 두었다. 코메니우스(Comenius)와 다른 교육 이론가들을 따르면, 루소는 학습이 분명히 인간 성장과 발달의 구분되는 단계들 위에서 이루어져야 된다고 믿었다. 유아기(출생-5세), 아동기(5-12세), 소년기(12-15세), 청소년기(15-18세), 마지막 단계(18-20세). 그러나 그는 다른 철학자들이 필수적 조건으로 삼은 "이성에의 믿음"에서는 확연히 벗어나 있었고 대신 진리의 출처로서 "내면적 삶"을 강조했다. 그는 지식은 자연적 학습 과정을 방해하거나 저지할 수 있는 책이나 정식수업을 통해서라기보다, 인간 본능(자연주의, naturalism)을 통해서 습득되어야 한다고 강조했다.

소설로 쓰인 그의 가장 유명한 저작인 『에밀』(*Emile*)은 그의 교육철학을 잘 설명하고 있다. 그 책에서 그는 유아 타락의 교리를 공격했다. 또한 사회 기관들, 즉 교회나 학교를 자연적 관심과 경향의 발달을 억압하고 구속하는 것으로 여기며 비난했다. 루소에게 인간은 제대로 성장할 수 있도록 해준다면, 근본적으로 선하며, 그 천성적 선함은 사회의 많은 부패된 영향들로부터 방패가 될 수 있다는 것이다. "인간은 자유롭게 태어났다"고 쓰면서, 그는 "그러나 모든 곳에서 인간은 묶여 있다!"라고 덧붙였다. 그 해 1762년, 그는 자신의 정치적 철학과 부패된 사회에 대한 두 요소의 처방을 표현한 『사회계약』(*The Social Contract*)을 출판했다. 첫째, 정치와 도덕성은 절대 분리되어서는 안 된다. 정부가 도덕적 방식에서 행하는 것을 실패할 때, 정부의 기능은 멎고 개인 위에 고유한 권위를 행사할 수 없게 된다. 둘째, 개인의 자유는 반드시 유지되어야 하는데, 왜냐하면 이를 지키기 위해서 정부가 형성되어 왔기 때문이다.

더 나아가 루소는 부, 소유물, 특권에 기초를 둔 사회 계층의 구분은 사회적, 교육적 불평등과 부패를 형성하여 사람들 사이에 인위적 경계들을 만든다고 주장했다. 그는 개인의 사유 재산권을 반대했다. 그의 정치활동은 악명을 얻었고, 루소의 기질적인 감정적 폭발은 더 빈번해졌다. 그는 스코틀랜드 철학자 데이비드 흄(David Hume)의 초청으로 1766년 잉글랜드로 이주했다. 그곳에서조차 그는 다른 계몽주의 주창자들과 논의를 할 수 없었다. 그 결과 흄과의 불화를 낳게 되어 그는 다시 프랑스로 돌아오게 되었다. 그는 점점 사람을 피하게 되었고, 마침내 말년에는 점차적으로 고립되었다. 편집증의 껍질 속에서, 그는 마지막 십년을 깊은 내성적 침울한 자전적 작품인 『고백론』(*Confessions*)을 쓰면서 보냈다. 그 책의 서론에서 그는 이렇게 쓰고 있다. "나는 선례도 없고 모방자도 없을 작품을 시작했다. 나는 이 세상 나의 동료들 앞에서 자연의 모든 진리 속의 인간을 제시한다. 그리고 그 인간은 바로 나 자신이 될 것이다." 그는 파리에서 죽었다. 루소의 교육철학에 대한 영향은 임마누엘 칸트(Immanuel Kant)와 같은 사상가에게 영향을 주었다. 그리고 또한 그의 영향은 존 듀이와 다른 이들에 의해 주창된 20세기 교육의 "내용-중립"(content-neutral) 형식과 "자연주의 발달"(natural development) 형식에까지 확장되었다.

DAVID GOUGH

참고문헌 | H. Bloom, ed.(1988), *Jean-Jacques Rousseau(Modern Critical Views)*; L. G. Crocker(1968-73), *Jean-Jacques Rousseau: A New Interpretive Analysis of His Life and Works*, 2 vols.

참조 | 듀이, 존(DEWEY, JOHN); 계몽주의(ENLIGHTENMENT); 인문주의/고전적 인문주의(HUMANISM, CLASSICAL); 흄, 데이비드(HUME, DAVID); 칸트, 임마누엘(KANT, IMMANUEL); 교양과목(LIBERAL ARTS); 페스탈로치, 요한 하인리히(PESTALOZZI, JOHANN HEINRICH); 낭만주의(ROMANTICISM)

루이스, C. S.(Lewis, Clive Staples, 1898-1963).

루이스는 북아일랜드의 벨파스트(Belfast)에서 태어났다. 그는 초년시절에 많은 낙담을 경험했다. 그가 아홉 살 때 그의 어머니가 죽었으며 그의 아버지는 냉담했고 서먹했다. 그는 영국 공립학교들에서 겪은 경험으로 인해 압박을 받았다. 오로지 그는 형 워니(Warnie)와의 평생 동안의 친밀한 관계, 몇몇 친한 친구들 그리고 문학에 대한 사랑을 통해 위안을 얻을 뿐이었다. 옥스퍼드대학교 입학시험을 준비할 때 그는 커크패트릭(W. T. Kirkpatrick)의 개인 교수 하에서 몇 년간 목가적인 시간을 보냈다. 그는 1차 세계대전 기간에 옥스퍼드대학교에 들어갔고, 장교훈련단(the Officers Training Corps)에 참여했으며, 그의 열아홉 번째 생일에 프랑스의 전선에 도착했다. 전쟁에서 그는 목표지점에 도달하지 못한 자국군의 일제 사격총탄에 의해 부상을 당했고, 또한 그의 친구들 가운데 몇 명이 죽게 되었다.

전쟁 후 옥스퍼드로 돌아왔을 때, 루이스는 고전문학, 영문학, 철학의 세 분야에서 모두 최고의 성적을 받는 주목할 만한 위업을 달성했다. 그는 옥스퍼드에서 일 년 동안 철학을 가르친 후에 1925년 옥스퍼드의 맥달렌(Magdalen)대학에서 영어와 영문학 특별 연구원으로 자리를 옮겼다. 그는 1936년에 출간된 『사랑의 비유』(The Allegory of Love)라는 저서를 통해 학문적 명성을 얻었다. 루이스는 인기 있는 강사이자 존경받는 학자였다. 그는 1955년에 영국 학회(the British Academy)의 회원으로 선정되었다. 그는 옥스퍼드에서 교수직을 맡은 적이 없었지만, 1954년에 캠브리지대학교에서 중세문학과 르네상스문학 교수로 선정되었다. 그 교수직은 대학 측이 그를 위해 만들어준 자리였다. 옥스퍼드와 캠브리지에서 보낸 여러 해 동안, 줄곧 그는 잉클링스(Inklings)라 불린 비공식 문학회의 중심인물로서 있었다. 거기에는 톨킨(J. R. R. Tolkien), 찰스 윌리엄스(Charlers Williams), 네빌 코길(Neville Coghill), 데이비드 세실 경(Lord David Cecil) 그리고 루이스의 다른 친구들도 포함되어 있었다.

루이스는 성인이 되면서 기독교로 개종했다. 그는 무신론자로, 후에는 불가지론자로, 유물론자로, 헤겔주의적 이상주의자로, 그 다음에는 유신론자로 여러 해를 보냈다. 결국 1931년 9월 28일에 그는 그리스도인이 되었다. 기독교 개종은 몇 가지 사건들에 의해 영향을 받았다. 첫째로 그는 자신 안에 무언가를 깊이 열망하는 마음이 있다는 것을 잘 알고 있었다. 이 열망의 대상은 그를 회피했고, 그것은 그가 나중에 "열망의 변증법"(The Dialectic of Desire)으로 묘사하곤 한 기나긴 순례의 여정에로 그를 몰아갔다. 루이스는 자신이 자신의 열망의 대상이라고 믿었던 그 무엇인가(something)에 그 열망을 매어놓았다. 그의 내면에서 기대의 마음이 일었고, 또 그 다음에는 낙담했다. 그는 자신을 만족시켜줄 것이라고 믿었던 그 대상(the thing)에게서 자신을 풀어놓곤 했고, 그러다가 그 탐구를 다시 시작하곤 했다. 둘째로 비록 그가 기독교에 대해 회의적이긴 했지만, 그는 자신이 기독교 저술가들에게 매료되어 있었음을 알고 있었다. 그는 조지 맥도날드(George MacDonald)의 저작들에 상상적으로 사로잡혀 있었고, 체스터튼(G. K. Chesterton)의 합리적 논증(reasonableness)에 감명을 받았다. 그는 실제로 그리스도인들이 모두 잘못되었는지 궁금해하고 있는 자신을 발견했다. 늦은 밤 휴고 다이슨(Hugo Dyson)과 톨킨(J. R. R. Tolkien)과 나누었던 대화를 통해 그는 회심을 결심했다. 그 대화가 그의 회심을 확정짓는 결정적인 요인이었다.

루이스는 자신의 학문활동 기간 내내 정규적으로 학술적인 저작들을 출판하면서도 또한 대중적인 기독교 변증학 서적들을 저술했다. 『고통의 문제』(The Problem of Pain)에서의 그의 조리 있는 논증으로 인해 그는 2차 세계 대전 동안 영국 BBC 라디오 방송에서 방송 강연을 맡아달라는 초청을 받았다. 이 강연들은 후에 『순전한 기독교』(Mere Christianity)란 제목으로 출간되었다. 그는 전쟁 기간 동안 RAF(Royal Air Force) 비행사들에게 설교하기 시작했고, 교회들과 대학교의 여러 교회에서 더 빈번하게 강연했다. 그는 또한 그리스도인들과 회의주의자들 사이의 대화의 문을 터주었던 옥스퍼드 소크라테스 철학 클럽(the Oxford Socratic Club)이 시작하는 것을 도왔다. 여기에서도 루이스의 복음주의적 관심은 분명했다. 저자로서의 그의 대중적 인기는 『스크루테이프의 편지』(The Screwtape Letters)의 출판 이후에 크게 더해졌다. 게다가 그는 1947년 9월 8일자 타임지(Time)의 표지 인물로 선정되었다. 그는 공상과학 소설과 어린이들의 이야기들 그리고 소설들을 썼으며 그것들은 모두 영적인 의미로 가득 차 있었다. 그의 소설이 설교와 같지는 않았지만, 루이스는 "사람들이 신학을 알지 못해도 신학이 어느 정도는 그들의 마음속으로 스며들 수 있다"고 확신했다(『C. S. 루이스의 편지들』〈Letters of C. S. Lewis,

1947년 7월 9일〉). 그의 사후에 그의 편지들로 이루어진 다섯 권의 책이 출판되었는데, 그것들은 대부분 사람들에 대한 그의 목회적 관심을 보여준다.

평생 동안 지적 직업에 종사한 루이스의 전체의 삶은 교육에 바쳐진 삶이었다. 비록 그가 대학교에서 영어와 영문학을 가르치는 것에 관한 학술논문들을 쓰긴 했지만, 교육에 관련된 책은 단 한 권의 책, 『인간 폐지』(The Abolition of Man or Reflections on Education with Special Reference to the Teaching of English in the Upper Forms of Schools)만을 저술했다. 그 책은 1943년 덜햄대학교(the University of Durham)에서 행해진 루이스의 리델 기념 강연(Riddell Memorial Lectures)에서 비롯된 것이다. 루이스는 객관적 가치(그가 "도"〈the Tao〉라고 부르는 것)를 믿는 믿음에 대해 변호한다. 따라서 개념들과 감정들(sentiments)은 그것들이 "도"와 부합할 때 참되거나 올바른 것으로 여겨질 수 있다. 한 가지 개념의 정당성(justice) 여부는 사물 자체에 그 상응하는 표현 가운데서 분명하게 드러난다. "객관적 가치의 교리들"(Doctrines of Objective Value)을 거부하는 것은 가치를 독단적으로 혁신하는 상태에 이르게 되며, 결국 주관주의에 편승하여 한 사회를 파괴시키는 결과를 낳게 되고 "인간 폐지"의 위험에 이르게 된다.

루이스는 그의 생의 대부분을 독신으로 지냈다. 그는 1956년에 헬렌 조이 데이비드맨(Helen Joy Davidman)과 결혼했다. 그들이 결혼할 때 조이는 암으로 죽어가고 있었다. 그녀는 일시적으로 회복되었지만, 그들이 삼 년 반 동안 함께 했던 시간은 1960년 6월 13일 조이의 죽음과 함께 끝이 났다. 루이스는 자신의 슬픔을 자신의 저서인 『헤아려본 슬픔』(A Grief Observed)에 담아 역사 속에 남겼다. 그가 출판을 위해 준비했던 마지막 책은 『말콤에게 보내는 편지들: 기도에 관한 약술』(Letters to Malcolm: Chiefly on Prayer)이었다. 그것은 함축성이 풍부하게 담겨져 있는 개인적 헌신과 예배에 관한 책이다.

JERRY ROOT

참고문헌 | R. L. Green and W. Hooper(1974), C. S. Lewis: A Biography; C. S. Lewis(1947), The Abolition of Man; idem(1936), The Allegory of Love; idem(1964), A Grief Observed; idem(1964), Letters to Malcolm; idem(1966), Letters of C. S. Lewis; idem(1952), Mere Christianity; idem(1943), The Pilgrim's Regress; idem(1943), The Problem of Pain; idem(1942), The Screwtape Letters; idem(1955), Surprised by Joy.

루터, 마틴(Luther, Martin, 1483-1546).

독일의 개신교 개혁자이다. 독일 투린기아 지역(Thuringia) 아이슬레벤 시(Eisleben)의 작은 광산촌에서 태어난 그는 바로 그 다음날 성 베드로와 바울 교회(the Church of St. Peter and Paul)에서 세례를 받았고 그가 세례를 받은 날에 해당되는 성인을 기념하여 마틴(Martin)이라는 이름을 받았다. 그의 부모들은 그가 태어난 지 6개월쯤 되었을 때 만스펠트(Mansfeld) 근교로 이사했고, 루터는 그런 환경에서 아동기를 보냈다. 만스펠트 학교에서 어린 시절을 보내면서 기독교의 중심 진리들을 배웠고 모국어에 대한 기초를 확고하게 다졌으며 기본적인 음악 교육을 제공받았다. 14살이 되었을 때 그는 일 년간의 학교 수업을 위해 마그데부르크(Magdeburg)로 보내졌는데, 그것은 아이제나크(Eisenach)의 성 조지 학교(the School of St. George) 등록과 더불어 따라오는 것이었다. 그리고 그는 대학 입학을 위해 준비하는 연구 과정을 마칠 때까지 거기에서 머물렀다.

1. 교육의 영향. 1501년 열여덟 살이 되었을 때, 루터는 그 명성 있는 에르푸르트대학교(the University of Erfurt)에 "만스펠트 출신 마르티누스 루드허"(Martinus Ludher ex Mansfeld)로서 입학했다. 1519년 무렵만 해도 그는 우리가 알고 있는 루터라는 이름으로 통하지 않았다. 그의 성(姓)의 형태들이 초기 서한들과 서명을 한 다른 문서들 속에서 다양하게 나타난다(Bruce, 1928). 루터가 살았던 당시 중세 대학교의 구조는 학생들에게 정해진 총 학점을 이수하라고 요구하지 않았고, 다만

몇몇 일정한 구두시험들을 통과할 것을 요구했다. 에르푸르트(Erfurt)대학교에 입학한 지 채 2년이 되지 않은 1502년 9월에 루터는 학사학위를 받았다. 그 이후 석사학위를 위해 그곳에서 몇 년을 더 보냈으며, 1505년 1월 학위를 받는 데 요구되는 최소한의 시간만을 보내고서 그것을 받았다(Kolb, 1991). 부친의 소원에 따라 그가 그 다음으로 해야 할 일은 법을 공부하는 것이었다. 그러나 이 진로로 극적으로 바뀌게 되었고, 결과적으로 교회와 서구 문화의 방향도 극적으로 바뀌게 되었다.

1505년 7월 어느 날, 루터는 세찬 폭우를 만나게 되었다. 있을 수 있는 죽음을 두려워하면서, 그는 그 당시에 가장 명성이 있는 성인들 중의 한 사람의 도움을 구하면서 이렇게 외쳤다. "제발, 저를 좀 살려주세요. 성자 앤이여(Saint Anne)! (그러면) 내가 수도사가 되겠나이다"(Kolb, 1991). 비록 폭풍우는 금방 지나갔지만, 루터 안에 있는 영적 폭풍우는 수년 동안 지속되었다. 그는 법 공부를 그만두고 에르푸르트(Erfurt)의 어거스틴 수도원에 입회함으로써 자신의 약속을 지켰다. 이것은 그에게 책들을 제공해 주고 심지어 그를 위해 결혼을 미리 정하려고 멀리까지 갔던 그의 아버지에게 큰 실망을 안겨주는 일이었다.

2. 사제 그리고 교수. 어거스틴 수도회의 수도사로서 루터는 노동과 개인적 헌신을 통해 자신의 구원의 확신을 얻으려고 노력하면서 경건한 삶을 살았다. 그는 자기의 수도원의 유익을 위해 이 집 저 집 구걸을 하며 다니면서까지 비천한 노동의 기술을 고집했다. 수도원에 입회하자마자 루터는 처음으로 자기 소유의 성경을 한 권 받았다. 1507년 5월 2일에 루터는 사제로서 임명되었고 자신의 첫 번째 미사를 올렸다. 그는 사제로서 수도원에서 은둔자로 머물지 않았다. 1508년에 그는 일찍이 받았던 철학교육 덕택으로 세워진 지 얼마 되지 않은 비텐베르크대학교(the University of Wittenberg)에서 철학을 가르치는 강사로 임명을 받을 수 있었다. 2년 후에 그는 어거스틴수도회의 개혁안을 설명하러 로마 여행을 하도록 선정되었다. 그는 1512년 2월경 로마에서 돌아왔고, 비텐베르크의 어거스틴 수도원의 부원장이 되었다. 그는 신학 연구에 몰두했고, 1512년 10월에 성경학 박사학위(the degree Doctor of the Bible)를 받았다. 1515년에 그는 그 수도회의 지역 교황 대리(district vicar)가 되었고, 자신의 지역 안에 있는 모든 수도원들을 총괄적으로 감독하게 되었다.

1517년 10월 31일 면죄부에 관한 95개 조항의 반박문을 공포함으로써 루터는 유럽 기독교 왕국의 중심 무대에 서게 되었다. 후에 종교개혁(the Reformation)으로 알려지게 된 대대적인 종교적이며 사회적인 변화를 일으켰다. 루터는 논쟁과 계속적인 연구를 통해 자신의 신학적 이해를 종합해 갔다. 그는 그리스도인들이 선행으로 구원받는 것이 아니라 하나님의 은총으로 구원받는다고 믿게 되었다. 하나님의 은총은 물질로 살 수 있는 것이 아니라 신앙으로 받는 것이다.

3. 교육에 미친 영향. 아마도 교육과 관련하여 루터의 가장 영향력 있는 활동은 성경을 독일어로 옮긴 것이다. 그로 인해 일반인들도 하나님의 말씀에 직접적으로 다가갈 수 있게 되었고, 그들 스스로 말씀을 통해 하나님의 풍부한 사랑과 자비에 관해 알 수 있게 되었다. 독일어로 된 성경교재와 새로운 인쇄기의 발명은 독일에서 교육개혁을 용이하게 하는 것을 도왔다. 루터는 국가로 하여금 모든 어린이들을 위해 학교를 발전시키도록 촉구할 목적으로 다음과 같은 작품들을 저술했다. 『기독교 학교를 설립하고 유지해야 하는 모든 독일 시의원들에게』(*To the Councilmen of All Cities of Germany That They Should Establish and Maintain Christian Schools*, 1524)와 『아동의 학교교육』(*On Keeping Children in School*, 1530). 그는 라틴어, 그리스어, 음악, 역사, 수학, 체육 그리고 삶의 실천적 책임을 위한 교수를 포함하는 교육과정을 제안했다.

루터는 또한 다른 형태의 교육 – 가정 학교(home schooling) – 을 설계했다. 루터의 가정생활은 성직자에게 요구되는 독신생활의 의무를 없애는 것을 도왔고, 개신교 성직자들이 결혼과 가정에 대한 책임과 의무를 맡는 것을 가능하게 했다.

르네상스교육

카타리나 폰 보라(Catharina von Bora)를 자신의 아내로 맞아들였던 루터는 독신생활 교리에 대한 가장 실제적인 항거였던 가정생활을 통해 가족을 기독교 신앙을 가르칠 기본적인 기회들 중의 하나로 경험하게 되었다. 1529년에 쓴 그의 『소요리문답』(Small Catechism)은 가장이 자신의 가족에게 기독교교리의 주요 부분들을 가르칠 때 사용하도록 고안된 것이다.

STEVEN CHRISTOPHER

참고문헌 | R. H. Bainton(1950), *Here I Stand: A Life of Martin Luther*; G. M.Bruce(1928), *Luther as an Educator*; F. Eby(1931), *Early Protestant Educators*; R. A. Kolb(1991), *Luther: Pastor of Gods' People*.

참조 | 성경번역(BIBLE TRANSLATIONS); 기독교적 인문주의(CHRISTIAN HUMANISM); 교육자로서의 성직자(CLERGY AS EDUCATORS); 중세교육(MEDIEVAL EDUCATION); 멜란히톤, 필립(MELANCHTON, PHILIP); 종교개혁(REFORMATION, THE)

르네상스교육(Renaissance Education).

르네상스는 중세의 사상, 가치, 전통에 눌려 있던 그리스로마 세계의 문학을 다시 각성시켰다. 일반적으로 일컬어지기는 14세기에서 16세기까지의 역사적 기간 동안, 르네상스는 교회의 전통과 성직자 중심의 문화를 깨뜨리고 나와서 인문주의와 인간 중심 철학과 실천에 바탕을 둔 새로운 세계관을 향해 나간 것이었다. 중세 철학과 종교의 중심이었던 이탈리아는 르네상스의 중심이기도 했다. 그러나 르네상스는 로마 가톨릭교회의 교육과 성례보다는 예술과 학문의 재탄생에 영향을 끼쳤다. 비록 파리와 런던도 르네상스에 있어 의미있는 기여를 하였지만, 로마(Rome), 플로렌스(Florence), 오를레앙(Orleans), 나폴리(Naples), 살레르노(Salerno) 등의 도시 중심지들은 르네상스의 정신이 꽃핀 도시들이었으며, 그 점은 특히 대학들에서 두드러진다. 여러 방면에서 르네상스는 정신(교육)과 육체(예술)와 영혼(신학)의 문화적 갱신이었다. 르네상스 문화에서 주목할 만한 사람들로는 토마스 아퀴나스(Thomas Aquinas, 철학), 로저 베이컨(Roger Bacon, 과학), 단테(Dante, 문학), 지오토(Giotto, 예술) 등이 포함된다.

인문주의가 부흥됨에 따라, 하나님은 개인주의와 부의 시대 속에서 점점 밀려나고 잊혀졌다. 중세의 봉건제도는 점차 자본주의로 대치되었다. 귀족 출신이 아닌 사람들도 교회의 비호에서 벗어나 처음으로 권력과 권위의 위치에 오를 수 있게 되었다. 하나님을 영화롭게 하는 인간의 첫 번째 목적은 인간을 영화롭게 하고 세상에서 자신의 노력의 열매를 즐기는 것으로 대치되었고 교회의 권위는 도전받게 되었다. 따라서 예술, 과학, 운동경기를 즐기는 "르네상스 인간"이 일어났다.

교회에서는 히브리어와 헬라어로 쓰인 고대문학과 성경이 발견되었고, 이러한 언어들에 대한 연구는 전통 라틴어와 라틴어 성경(Latin Vulgate)의 자리를 빼앗았다. 교회 문학에서의 르네상스는 후일 마틴 루터(Martin Luther)로 시작된 종교개혁을 이끌게 되었다. 루터의 세 가지 종교개혁 원리 – 로마 가톨릭교회의 권위 위에 있는 성경의 권위, 오직 그리스도만 의지한 믿음에 의한 칭의 그리고 모든 성도의 제사장직(만인제사장설) – 은 그의 원어 성경연구 결과의 일부였다. 하나님의 진리를 유일하게 해석하고 전달했던 사제들의 중요성은 성경이 독어로 번역되고 루터가 만인제사장설에 대한 성경의 위임을 자세히 설명하면서 점점 약화되었다. 루터는 대중들의 기초적 읽기 능력에 대한 교육을 지지했기에 아이들은 스스로 성경을 읽을 수 있도록 배웠고, 그 결과 예수 그리스도가 주님이고 구원자임을 알 수 있게 되었다. 도시와 마을에서는 교육을 지원하도록 장려하였고, 이러한 과정 속에서 기독교교육이 성직자에게처럼 모든 신자들에게 가능하게 되었다.

인문주의가 교사들에게 영향을 끼치게 되면서 교육 역시 부흥을 경험하게 되었다. 그 결과 교육에 대한 새로운 개념들이 들어오고 교육과정의 폭이 넓어졌다. 한 예로 에라스무스는 교사들의 체계적인 교육이 아이들을 더 잘 교육시킬 수 있게 한다고 주장했다. 에라스무스는 인간을 근본적으로 선한 존재인 것으로 보았는데 이것은 종교개혁의 인간의 전적 타락에 대한 가르침과는 대조적인 것이었다. 그에게 선한 삶은 선한 삶을 조성하는 교육에 의해 도달 가능한 것이었다. 그의 강한 인도주의적 성향의 가르침에도 불구하고, 에라스무스가 학생들에게 전달한 교육의 질은 떨어지지 않았다. 고전들의 핵심적 교육과정, 교부들의 저술들 그리고 성경은 명료하고 날카로운 사상으로 연구되었다.

MARK E. SIMPSON

참고문헌 | K. O. Gangel and W. S. Benson(1983), *Christian Education: Its History and Philosophy*; M. J. Taylor, ed.(1960), *Religious Education: A Comprehensive Survey*.

참조 | 듀이, 존(DEWEY, JOHN); 인문주의/고전적 인문주의(HUMANISM, CLASSICAL); 인문주의/기독교 인문주의(HUMANISM, CHRISTIAN); 만인제사장(PRIESTHOOD OF BELIEVERS); 종교개혁(REFORMATION, THE)

르바, 로이스 E.(LeBar, Lois E., 1907-)

1945년부터 1975까지 휘튼대학(Wheaton College)에서 기독교교육학 담당 교수이자 기독교교육학과장을 역임했다. 말씀 중심의, 학습자에 초점을 맞춘 그리고 성령충만한(Spirit-filled) 기독교교육 사역에 대한 비전은 그녀의 동시대보다 훨씬 앞서는 것이었으며, 오늘날에도 여전히 매우 실제적인 가치가 있다.

르바는 뉴욕 주에 소재한 제네서 표준훈련학교(Geneseo Normal and Training School, 지금의 SUNY Geneseo)에서 교사 자격증을 받았고 루즈벨트대학교(Roosevelt University)에서 문학사 학위를 받았고, 휘튼대학에서 기독교교육학 석사 학위를 받았으며, 뉴욕대학교(New York University)에서 철학박사 학위를 받았다.

휘튼대학에서 당대의 많은 학생들에게 영감을 불어넣는 것에 더하여, 기독교교육에 대한 그녀의 지속적인 공헌은 1958년에 출판된 대표작인 『기독교교육학』(*Education That Is Christian*)이다. 이 책은 휘튼 대학의 기독교교육학과장직을 계승한 르바의 과거의 제자였던 제임스 E. 플루데만(James E. Plueddemann)이 서론과 주해를 달아 1989년에 재판 되었다.

르바는 포괄적인 기독교교육철학을 설계했다. 그녀는 성경의 사실을 아는 지식과 같은 "외적 요소들"과 관련된 교육사역과 학습자가 느끼는 필요와 같은 "내적 요소들"과 관계가 있는 교육사역 사이의 균형을 찾는 기독교교육 실천과 프로그램을 요구했다. 그녀는 사실들을 학습하는 "기본 원리에로 되돌아가기" 접근("back to basics" to approach of facts learning)과 창조적, 학생-중심 접근 사이의 균형을 강조했다.

르바는 교사로서의 예수님에게 초점을 맞추었다. 그녀는 예수님의 주요한 교육 방식은 강의법이 아니라 사람 중심적(person-centered)이며 필요충족적, 상호작용적 유형이었다는 사실을 강조했다. 예수께서 대화에로의 부름, 신앙에로의 부름 그리고 학습자에 의해 시작되는 발견에로의 부름과 같은 비유들을 사용하는 방법에 대한 그녀의 통찰력은 대단하다. 그녀는 또한 성경의 나머지 부분에서 가르침의 학습자 중심적인 발견 유형(leaner-centered discovery style of teaching)의 예들을 찾아낸다.

르바는 또한 학습자에게 초점을 맞추었다. 르바는 (학습이) 영속적인 효과가 있으려면, 학습자가 학습을 내면화하고 학습한 것에 따라 행동하고 학습에 참여해야 한다는 학습자의 발달상(picture)을 성경에서 발견했다. 교사의 일차적 역할은 촉진자이자 안내자가 되는 것이다. 학습은 능동적이며 학습자의 필요에 기인한다.

르바는 교육과정을 일단의 내용으로 보는 것이 아니라 "… 학생들을 그리스도 안에서 성숙에로 한 단계 더 가까이 가도록 인도하는 활동들"로 간주했다. 성경은 교육과정의 내용일 필요가 있지만 성경은 살아 있는 하나님의 말씀이지, 암기해야 할 무의미한 문자들이 아니며 틀에 박혀 반복되어야 하는 사실들도 아니다. 성경은 하나님의 말씀이 학습자의 심장 속에서 불을 지필 수 있도록 육체를 입은

리더십과 상황

하나님의 말씀(the Word of God incarnate)에 비추어 기록된 하나님의 말씀(the Word of God)으로 가르쳐지고 학습되며 발견되어야 한다. 르바는 이 과정에 있어서 성령의 사역을 강하게 강조했다. 전기 작가로서 플루데만은 다음과 같이 결론을 내린다. "파울러(James Fowler)가 신앙발달을 연구하기 오래 전에 르바는 눈 먼 자에 대한 예수님의 치유 사건을 다루면서 신앙의 단계들을 논했다. 토마스 그룸(Thomas Groome)의 교육에서의 '공유적 실천'(shared praxis) 개념을 대중화하기 전에, 교육자는 삶에서 진리에로 나아가야 한다고 르바는 주장했다… 피아제(Piaget)의 연구가 기독교교육에서 대중화되기 전에, 르바는 내적, 능동적, 계속적 학습의 급진적 의미(radical implication)를 지적하고 있었다… 그녀는 파울로 프레이레(Paulo Freiré)의 문제제기 방법론의 많은 부분을 예지하고 있었다. 르바는 자신이 설교한 것을 실천했고, 지난 35년의 기간은 그녀의 방법이 현저한 장점을 가지고 있었다는 것을 보여 왔다"(LeBar & Plueddemann, 1989, 12-13).

PERRY E. DOWNS

리더십과 상황(Situational Leadership).

리더십에 관한 진지한 연구는 부분적으로 "이상적인 사람"을 찾고자 하는 소원의 동기를 가지고 1800년대에 시작되었다. 이 초기 연구는 입증된 지도자들에게서 나타나는 특징들을 밝히는 데 초점을 맞추었다. 탁월한 지도자들은 몇 가지 성품상의 특징들(아니면 개성적인 특징들)을 가지고 태어난다고 가정하고 있었기 때문에 한 기관이 적합한 특징들을 가진 사람들을 찾아서 그들을 리더십 위치로 진급시키면 시간과 돈을 절약할 수 있다고 생각하는 것이 합리적인 것으로 보였다. 그러나 확인된 특징들이 너무나도 많기에 이러한 리더십 계발방법은 버려질 수밖에 없었다.

더욱이 최근 몇 년 동안에 리더십에 대한 보다 더 폭넓고 융통성 있는 접근법이 토론의 중심이 되었다. 이 접근법은 리더십이 협의적으로 정의되어서는 안 된다는 사실을 인정한다. 즉 지도자는 어떤 위치와 유리한 상황에서는 효과적인 지도자일 수 있지만 다른 환경에서는 효과적이지 못할 수 있다는 것이다. 그러므로 그런 상황과 환경은 무엇이 한 지도자를 정말로 재능있는 지도자로 만드는지를 이해하는 데 도움을 줄 수 있다. 지금은 일반적으로 융통성이 지도자의 성공의 열쇠라는 사실에 많은 사람들이 동의하고 있다.

이끌 수 있는 지도자의 능력에 깊은 영향을 줄 수 있는 많은 외부 조건들이 있다. 마찬가지로 리더로서의 활동에 영향을 줄 수 있는 내부 조직적인 요인들도 있다.

리더십 방식을 적용하는 데 반드시 있어야 할 역동적인 관계에 대한 한 예를 들어보자. 새로운 전무이사가 한 비영리기관을 관리하라는 책임을 부여받고 고용되었다. 그 기관은 엄청난 스트레스 하에 있었는데 그것은 이전의 전무이사가 재원의 흐름을 통제하지 못하므로 이사회의 신뢰를 잃어버렸기 때문이었다. 새로운 이사가 영입되었을 때 그는 아마도 재정적인 책임체제를 만듦으로써 현금 유통을 확실히 통제할 필요가 있다. 이것은 수표 청구절차, 주간 현금 지출보고, 월간 재무보고 모임 등을 만듦으로써 성취할 수 있다. 이것은 조직 내에 있는 사람들에게는 상당히 독재적으로 보일 수 있다. 그러나 몇 가지의 변화들을 실행하라는 이사회의 명령이 있었기에 이러한 방식의 리더십을 발휘하는 것이 효과적이다.

시간이 지남에 따라 전무이사는 이사회와 고용인들의 신뢰를 쌓게 된다. 이런 신뢰의 수준이 올라가게 됨에 따라 엄격했던 통제를 약간은 느슨하게 할 수 있다. 주간 책임 보고들은 월간 내지는 계간 보고가 될 수 있다. 전무이사는 자신의 고용인들이 제안한 건의사항들을 실행할 수 있다. 이렇게 민주주의 방식으로 행함으로써 신뢰를 계속해서 쌓아간다. 몇 년이 지나게 되면 이러한 민주주의 방식의 리더십은 방임주의 방식으로 여겨질 수 있는 형태로 발전해 갈 수 있다. 그것은 모든 사람들이 새로운 절차들에 동의를 했고 또한 이루어진 변화를 적극적으로 지지함으로 인해 그 전무이사는 더 이상 엄격한 보고체제를 요구하지 않기 때문이다.

이런 방식으로 해나감으로써 그 전무이사는 상황에 따라 자신의 리더십 방식을 수정했다. 이것은 리더십 과정을 단순히 묘사한 것이다. 하지만 어떠한 방식의 리더십이 맞느냐 틀리느냐가 중요한 것이 아니라 주어진 일련의 외적/내적 조건(조건들은 시간이 지남에 따라 변함)들 속에서 무엇이 가장 적합한지 인식하는 것이라는 것을 설명하는 데 도움이 된다.

MICHAEL J. ANTHONY

참고문헌 | M. J. Anthony(1993), *The Effective Church Board: A Handbook for Mentoring and Training Servant Leaders*; *Stogdill's Handbook of Leadership*(1981).

리, 제임스 마이클(Lee, James Michael, 1931-).

미국의 종교교육 이론가이다. 뉴욕 시에서 출생한 그는 가톨릭 학교에 다녔다. 세인트존스대학교(Saint John's University)에서 문학사 학위를 받았고, 콜롬비아대학(Columbia University)에서 문학석사 학위와 교육학박사(Ed. D.) 학위를 받았다. 그는 짧은 기간 동안 뉴욕 시의 몇몇 고등학교에서 가르쳤으며 이어서 세튼 홀(Seton Hall), 헌터대학(Hunter College), 세인트조셉대학(Saint Joseph College), 노틀담대학교(the University of Notre Dame)의 교수직을 이어갔다.

노틀담대학교가 종교교육 프로그램을 폐쇄함에 따라, 리는 버밍험의 앨라배마대학교의 교육학부에 합류했다. 그는 대학교에서 종교교육 분야와 관련된 전문적인 학술서적을 출판하는 일에 전념하고 있는 비영리 기관인 종교교육 출판사(Religious Education Press)를 설립하고 그곳의 사장 겸 편집장으로 있다.

많은 학술 서적들을 편집하거나 저술하는 동안 리는 그의 종교교육에 대한 사회과학 모델을 설명하는 3부작으로 된 책들로 유명해졌다. 『종교교육의 형태』(*The Shape of Religious Education*, 1971), 『종교교육의 동향』(*The Flow of Religious Education*, 1973), 『종교교육의 내용』(*The Content of Religious Education*, 1985).

리의 사회과학 모델은 종교적 학습이 다른 학습유형과 다르지 않다는 가정 위에 근거한다. 종교 교수는 일반교육에 적용되는 바로 그 이론, 개념, 법칙, 절차를 사용한다. 종교교육이 가장 잘 이해되고 교육 전략들이 개발되는 것은 바로 사회과학들을 통해서이다.

리는 종교교육의 목적을 문제 삼으면서 그가 종교적 확신에 기초하여 활동하는 입장(integralist position)이라 부르는 것을 제시한다. 이 입장은 종교교육의 근본적인 목적을 "한 사람이 자신의 개인적인 경험 속에서 그리스도인다운 이해, 행위, 사랑을 동등하게 융합시키는 것"(Lee, 1973, 11)으로 간주한다. 그는 한 걸음 더 나아가 이러한 통합적 입장은 학습자가 기독교적 삶의 5차원 형태(five dimension pattern of Christian living) – 종교적 믿음, 종교적 실천, 종교적 감정, 종교적 지식, 종교적 작용(religious effects) – 를 효과적으로 현실화하는 것을 가능하게 할 것이라고 믿는다.

리는 종교적 내용과 신학적 내용 사이를 구별하는 데 특별히 주의한다. 그는 신학이 하나님의 사역(work)과 본질을 탐구하는 이론적 학문이라고 주장한다. 이와 대조적으로, 종교는 생활양식(lifestyle), 즉 삶에 근거한 경험(lived experience)을 구성한다. 신학은 추상적이고 종교는 구체적이다. 결과적으로, 신학적 교육은 학습자에게 신학화할 수 있게 하는 일에 관여하는 반면에, 종교교육은 학습자의 삶 속에서 종교적 행동을 촉진시킨다.

출판업자로서, 교육자로서, 저자로서 그리고 종교교육 이론에 대한 사회과학 접근의 창시자로서, 리는 종교교육에 심오한 영향을 끼쳐왔다. 그가 종교교육을 다루는 방법은 실제로 보편적이며 로마가톨릭교인들, 주류 개신교인들 그리고 복음주의자들에게 호소하려고 노력한다.

HARLEY ATKINSON

참고문헌 | H. W. Burgess, *Models of Religious Education*; J. M. Lee(1971), *The Shape of Religious Education*; idem(1973), *The Flow of Religious Edu-*

cation; idem(1985), *The Content of Religious Education.*

> **참조** | 기독교교육(CHRISTIAN EDUCATION); 세계교회주의 교육(ECUMENICAL EDUCATION)

리처즈, 로렌스(Richards, Lawrence O, 1931-).

기독교교육자, 교사, 강사 그리고 저자. 그는 미시간대학에서 학사(B.A. from the University of Michigan), 달라스 신학대학원에서 신학석사(Th.M. from Dallas Theological Seminary), 가렛 성경신학교(Garret Biblical Seminary)와의 공동프로그램을 통해 에반스톤의 노스웨스턴대학에서 철학박사(Ph.D. from Northwestern University in Evanston, Ill) 학위를 받았다. 안수받은 사역자로서, 리처즈는 일리노이 휘튼 대학의 대학원에서 칠년 동안 신학 조교수로 가르쳤다. 또한 그는 바이올라대학, 프린스턴대학, 리젠트칼리지, 위니페그신학교 그리고 베다니 나사렛신학교 등에서 가르쳤다.

그는 교회학교 교육과정을 발전시켰고, 성경 전권의 주석을 포함해서 120여 권 이상의 책을 출판했다. 그의 책 중 여러 권이 교재 형식으로 되어 있고, 여러 대학들과 신학교에서 사용되고 있다. 특별히 주목할 것들 중에는 『기독교교육 신학』(*A Theology of Christian Education*, 1988), 『어린이 사역 신학』(*A Theology of Children's Ministry*, 1983) 그리고 『교회 리더십 신학』(*A Theology of Church Leadership*, 1980) 등이 있다. 이 모든 책들은 교육자가 효과적으로 사역하는 방법은 반드시 사역과 자신의 사역대상이 되는 사람들에 대한 신학적 이해에서 나와야 한다는 확신을 전달하고 있다. 기독교교육을 신학적 훈육으로 간주할 경우, 사역에 대한 신학적 구조에 대한 필요-신학과 사역대상 그룹에 대한 믿음들과 가정들의 방향-는 그 토대가 되는 것이다.

기독교교육에 대한 리처즈의 신학은 성경의 역할, 교사의 역할, 관계의 역할의 중요한 사항들을 설명한다. 그의 관심은 그리스도의 몸 안에서 성도들의 통전적 삶에 관심을 기울일 필요성의 인식보다, 교육적 사고를 교실과 교실 안에서 채택되는 방법 안에 제한시키려는 경향에 있었다. 그의 중요한 관심 중의 하나는 교육학적 이해의 자료로 여긴 교회론 연구였다. 그의 관점에서, 모든 교육 사역들은 한 몸 안에서 각 사역들의 기능을 하고 있다는 맥락 안에서 그리고 교실은 단지 기독교교육을 위한 비전의 역할을 한다는 인식 안에서 고려되어야 한다. 그리스도 안에서 개인의 성장과 몸 안에서의 과정들에 대한 관심을 배제한 채 개인적 삶만을 고려한 기독교교육은 부적절한 것이다(*A Theology of Christian Education*, 16).

리처즈의 다른 중요한 개념은 기독교교육이 결과물이라기보다 과정이라는 것이다. 이 과정은 단순히 개인의 지식이나 믿음이 아니라 전 인격에 영향을 미치는 개인의 삶의 양식의 문제들을 다룬다. 만약 교육자들이 전 인격을 다루려 한다면, 교육은 단순히 수업시간에만 제한되기보다 교실 밖에서도 일어나야 한다. 이러한 근본 믿음은 학생의 통전적 인격의 변화와 발전을 낳을 수 있는 비형식적이고 무형식적인 교육을 주장하도록 했다. 그는 기독교 믿음과 삶에서 개인양육을 위해 오로지 교과목 중심의 접근법에 의존적인 기독교교육의 형식적 학습법에 반대한다. 실제, 그는 교회가 형식적 학습방식에 너무 집중함으로써 굉장히 제한되어 있다고 생각했다. 그는 형식적 교육 기술들은 실질적으로 사람의 믿음을 형성하는 데 별 소용이 없다고 믿는다. 왜냐하면 이러한 방법들은 삶과 소통될 수 있는 것들이 아니기 때문이다. "형식적 교육은 삶에서 나온 개념들과 상징들을 다루는 데 효과적일 수 있다. 그러나 전 인격의 변화와 발전이 필요할 때는 비형식적 교육이 우위성을 가진다"(*A Theology of Christian Education*, 13). 이것은 그리스도인의 "삶이 가르쳐지기보다 깨달아졌을 때"사회화/문화화(socialization/enculturation approach)로 이름 붙여져 왔다.

리처즈는 상황적 요소들에 대한 관심 부족과 갱신의 교단적 차이에 대한 둔감함으로 인해 비평을 받아왔다. 그는 또한 성경적 진리로 살아갈 수 있는 모범적인 사람들과 제자들은 곧바로 지교회에 쓸모있는 사람이라고 하는 그의 가정에 대해 비평을 받아왔다(Pazmino, 147). 그러나 리처즈는 지역 교회의 기독교교육 갱신을 위해서 비형식적 교육 활용에 대한 특별한 통찰과 기독교 공동체의 사회화 과정들을 활용한 대안적 모본을 제시하지 않았다.

1985년 리처즈는 『성경단어 주해사전』(Expository Dictionary of Bible Words)을 편집했다. 이러한 작업을 실행한 그의 의도는 성경의 중요성을 주목하는 개인적 확신 때문이었다. 서문은 개인의 관점, 관계, 선택, 행동을 "재형성"하는 하나님의 말씀을 인정하는 그의 관심을 이야기하고 있다. 리처즈의 다른 저작들로는 『죽음과 돌봄의 공동체』(Death and the Caring Community, 1980), 『하나님과의 교제』(Living in Touch with God, 1988), 『창조적 성경 교수법』(Creative Bible Teaching, 1970), 『복음주의 고등교육의 재형성』(Reshaping Evangelical Higher Education, 1972), 『재혼: 하나님께서 치유하시는 선물』(Remarriage: A Healing Gift from God, 1981) 등이 있다. 그의 저작들은 12개 이상의 언어들로 번역되어 있다.

오늘날 기독교교육에서 리처즈의 영향은 상당하다. 기독교교육자들에게 이론적이며 실천적인 견해들을 제공하는 그의 교재들은, 기독교교육 수업들에서 여전히 활용되고 있다.

NORMA S. HEDIN

참고문헌 | R. W. Pazmino(1997), *Foundational Issues in Christian Education*, 2nd ed.

참조 | 문화전계(ENCULTURATION); 수업 계획(LESSON PLAN); 신학교육(THEOLOGY OF EDUCATION) ~

리틀, 사라 파멜라(Little, Sara Pamela, 1919-).

미국의 기독교교육학 교수이다. 북 캐롤라이나 주의 샬롯(Charlotte)에서 태어난 그녀는 1939년에 샬롯에 소재한 퀸즈대학(Queens College)에서 문학사 학위를 받았고, 1944년에 버지니아 주의 리치몬드(Richmond)에 소재한 장로교 기독교교육 학교(the Presbyterian School of Christian Education)에서 종교교육학 석사(M. R. E.) 학위를 받았으며, 1958년에 예일 신학대학원(Yale Divinity School)에서 철학박사(Ph. D.) 학위를 받았다. 그 외에도, 그녀는 하버드대학교에서 박사후 과정으로 연구했다(1965). 리틀은 1944년부터 1958년까지 장로교 기독교교육 학교에서 기독교교육학 교수를 역임했다. 그와 동시에 그녀는 북 캐롤라이나 대회(synod)의 기독교교육 지역 책임자의 조수로 일했다. 자리를 옮긴 후에 그녀는 1951년부터 1976년까지 버지니아 주의 리치몬드에 소재한 리치몬드 유니온신학교(Union Theological Seminary in Richmond)에서 가르쳤다. 이에 더하여, 그녀는 이따금씩 뉴욕 유니온신학교(Union Theological Seminary in New York)와 프린스톤신학교(Princeton Theological Seminary)에서 가르쳤다. 많은 존경을 받는 교육학자인 그녀는 전 세계에 다니면서 강연을 했고 세미나들을 인도했다. 1973년 이후로 그녀는 리치몬드 은혜계약 장로교회(Grace Covenant Presbyterian Church of Richmond)의 장로로 시무해 왔다. 그녀는 종교교육협회에서 활동하면서 종교교육학 학술지인 『종교교육』(Religious Education)의 편집 위원으로 일해 왔다.

그녀의 초기 저서들로는 『기독교 공동체의 공동학습』(Learning Together in Christian Fellowship, 1956)과 『현대 기독교교육에서 성경의 역할』(The Role of the Bible in Contemporary Christian Education, 1961)이 있다. 초기부터 계속해서 리틀의 관심사는 신학과 교육과의 관계였다. 그녀는 기독교교육이 신학과 떨어져 개별적으로 기능하지 않아야 한다고 믿었다. 성경에서 발견되는 하나님의 계시는 기독교교육의 교육과정의 성격을 결정하는 "결정 원리"(determinative principle)라는 것이다. 지식의 많은 분야들이 이해에 기여했지만, 리틀은 개인의 자유와 그/그녀의 자유를 존중하는 고백적 특색을 지닌 대화적 접근에 전념한다. 이 과정의 목적은 학습자로 하여금 신앙공동체에 참여하는 참여자가 될 수 있게 하는 것이다. 그 공동체의 발전에 도움이 되는 것은 그 어떤 것이라도 학습 경험을 강화한다.

그녀의 다른 저서들로는 『기독교 공동체의 언어』(The Language of Christian Community, 1965), 『청년, 세계, 그리고 교회』(Youth, World and Church, 1968), 『신앙과 교수』(To Set One's Heart: Belief and Teaching, 1986) 등이 있다. 그 외에도, 그녀는 학술지인 "종교교육"(Religious Education)에 여러 논문들을 기고했을 뿐만 아니라 테일러(Marvin Taylor)가 편집한 『기독교교육을 위한 근거』(Foundation for Christian Education)와 시모어(Jack Seymour)가 편집한 『기독교교육에 대한 현대적 접근』(Contemporary Approaches to Christian Education)과 같은 많은 출판물들에 그녀의 여러 글들이 실려 있다.

RICHARD E. ALLISON

린데만, 에두아드 C.(Lindeman, Eduard C., 1885-1953).
미국의 성인교육 철학자이다. 그는 미시간 주 세인트클레어(St. Clair)에서 태어났으며, 덴마크에서 이주해온 그의 부모들은 그가 어렸을 때 죽었다. 그는 농업과 조선, 그리고 건설과 관련된 다양한 일들을 하면서 떠돌아 다녔기 때문에 어떤 체계적인 교육도 받지 못했다. 린데만이 문맹이었음에도 불구하고, 그는 후에 미시간 주립대학교(Michigan State University)가 된 미시간 농과대학(Michigan Agricultural College)으로부터 입학허가를 받았다. 주위의 도움을 받으며, 그는 유능한 학습자가 되었고, 곧이어 수필과 시, 그리고 신문의 사설을 썼다. 그는 1911년에 졸업을 하고, 1912년에 원예학과 주임교수(chairman)의 딸과 결혼했다.

린데만은 성인교육 철학의 중요한 지도자가 되었다. 그는 성인교육이 택해야 하는 사회적이고 민주적인 방향에 관한 글을 썼다. 성인교육의 목적은 교육학(pedagogy)의 목적과 같지 않을 뿐만 아니라 교육학과 같은 방법론도 사용할 수 없다고 주장하면서 성인교육학(andragogy)의 개념을 발전시켰다. 그는 소그룹과 비형식적 교육 접근들을 사용할 것을 강조했다.

졸업 후에 린데만은 여러 가지 일을 했다. 그의 일들 가운데 한 가지는 농업 신문인 "이삭 줍는 사람"(The Gleaner)을 편집하는 일과 관련되었다. 동시에 그는 이스트 랜싱(East Lansing)의 플리머스회중교회(Plymouth Congregational Church)의 보조사역자로, 4-H 클럽의 공개강좌 강사로, YMCA의 지도자로 일했다. 1920년 그는 북캐롤라이나여자대학(the North Carolina College for Women)에서 자신의 첫 번째 교수직을 얻었다. 1924년에 그는 뉴욕 사회복지학교(the New York School of Social Work) - 이 학교는 후에 콜롬비아 대학교 사회복지학교(Columbia University School of Social Work)라 불리게 된다 - 에서 가르치기 시작해서 1950년에 은퇴했다.

성인교육에 대한 그의 기본적인 개념들은 1926년에 쓰인 그의 저서 『성인교육의 의미』(The Meaning of Adult Education)속에 진술되어 있다. 이 책에서 그는 성인교육에 대한 자신의 목적들을 명확하게 설명한다. 그는 성인학습에 대한 최선의 접근으로써의 성인교육학 개념을 명확하게 밝힌다. 성인교육학 학습을 단지 사실적인 내용을 전달하는 것이라는 입장에서 보지 않고, 오히려 성인이 학습을 일생에 걸쳐 개인적으로 발견해 나가는 성인의 개인적인 발견의 입장에서 본다. 거의 반세기 후에 이 개념은 말콤 노울스(Malcolm Knowles)에 의해 더 발전되었다.

린데만은 성인교육 교육과정에 관심이 있었고, 소그룹에서 주제들을 토론하는 것과 효과적인 민주사회 사이에는 밀접한 관계가 있다고 주장했다. 성인들은 실제적인 주제들에 직면하고, 그러한 주제들과 신념들(beliefs)을 성찰하며 그 결과로서 사회적 행동을 취한다고 주장했다. 그의 개념들은 연구 주기 자료센터(the Study Circles Resources Center)와 전국주제포럼(the National Issues Forum)과 같은 그룹들에게 보급되었다.

방법들에 관한 린데만의 개념들은 미국 전역에 걸친 성인지향의 대학 프로그램들 속에서 그 흔적을 분명하게 볼 수 있다. 성인들의 삶의 경험들을 이용하고 그룹 토의를 통해 주의를 끄는 성인을 위한 학습자 중심의 수업들이 일반화되었다. 교사들은 정보의 전달자라기보다는 그룹의 촉진자들이다.

EDWARD A. BUCHANAN

참고문헌 | E. C. Lindeman(1926), *The Meaning of Adult Education*.

참조 | 성인 기독교교육(ADULT CHRISTIAN EDUCATION); 성인발달(ADULT DEVELOPMENT); 성인교육(ANDRAGOGY); 평생학습(LIFELONG LEARNING); 노울스, 말콤(KNOWLES, MALCOLM S.); 교육학(PEDAGOGY); 학습력이 있는 순간들(TEACHABLE MOMENTS)

Evangelical Dictionary *of*
Christian Education

EVANGELICAL
DICTIONARY
of CHRISTIAN
EDUCATION

마귀(Demons, 악마 또는 귀신). 가장 초기의 종교적 문서들은 악마의 존재를 증명해 왔다. 신정통주의는 악마와 천사의 존재의 실재성을 부정하지만 일반적으로 수용되지는 않는다. 영적 존재들에 관한 얘깃거리들도 많고, 이해하기는 어렵지만 성경의 계시 또한 분명하게 이들의 존재를 명시한다. 구약과 신약에는 천사들에 관해 265번 언급되었고, 예수께서도 천사와 마귀들을 실존하는 것으로 말씀하셨다(마 18:10; 25:41).

마귀의 기원에 관한 이론은 매우 다양하다. 추측에 기초를 두는 한 이론은 그것들이 아담 이전의 영들로 이 세상에 다시 들어왔다고 한다. 창세기 2장의 시간적 틈을 가정하고 사단의 반역이 재창조의 과정을 낳게 했다고 추정한다. 일부 학자는 마귀들이 악하고 죽은 사람들의 영이라고 가정하지만, 이것은 사람도 마귀도 일단 갇히면 다시 세상으로 돌아올 수 없다는 사실과 상반된다(시 9:17; 눅 16:26; 히 9:27). 다른 학자들은 마귀들이 하나님의 아들들의 후손이라고 한다(창 6:1-4). 그러나 아버지들이 마귀라 할지라도 자손이 마귀라는 증거는 없다. 사실 본문에는 그들이 실제 육신을 가지고 있었다는 것을 암시한다.

마귀들은 타락한 천사들일 가능성이 많다. 이것은 사단과 "그의 수종자들"(his angels)이 영원한 벌을 받게 된다는 말씀으로 알 수 있다(마 25:41). 천사들처럼 마귀들도 창조되었다(겔 28:15; 골 1:16). 그들은 사람과 대할 때는 인간의 몸으로 보이지만(창 6:2) 육신이 없는 영적 존재들이다(눅 8:2; 엡 2:2; 히 1:14). 마귀의 수뇌는 사단이고(마 12:22-28) 최소한 두 개의 계급, 통치자와 권위로 조직되어 있다(엡 3:10; 6:12).

성경에는 마귀들은 힘이 아니라 인격으로 표현된다(마 8:29; 눅 8:28, 27-30, 32). 그들은 거룩하게 창조되었지만(유 1:6) 사단과 함께 한 번 반항하고는 타락했다(벧후 2:4). 이 때 일부는 영원히 갇혀버렸고(눅 8:31) 일부는 일시적으로 놓였다(엡 6:11-12). 마귀와 천사들은 능력과(막 5:3) 지성(벧후 2:11)면에서 사람보다 우월하다. 영적 존재들로서 마귀들은 속도나 공간, 신체적 폐쇄 등 물질적인 제한을 받지 않는다(눅 8:30).

마귀와 관련하여 가장 논쟁적인 요소는 인간, 특히 그리스도인들을 향한 엄청난 능력이다. 누가가 분명하게 언급했듯이 사람들이 겪는 모든 질병과 위험들이 마귀로부터 오는 것은 아니지만(눅 7:21; 9:1; 행 5:16), 마귀들은 육체의 질병(마 9:33; 12:22; 17:15-18), 정신 장애(막 5:4) 그리고 심지어 죽음(계 9:14-19)도 가져올 힘이 있다. 그리스도와 사도들이 기적을 행하여 스스로를 조절하지 못하는 사람들로부터 마귀를 내어 쫓았다(막 5:15-18; 행 5:16; 8:7; 16:16-18; 19:12). 단 한 번, 그리스도인이 마귀 들린 것으로 보이는 경우가 있다(행 5:3). 일화적인 증거들도 많다. 그리스도인들이 마귀 들리는 것이 가능한 일인지에 관해서는 분명하지 않으나 사도행전과 에베소서에 동일하게 "들어

273

차다"(to fill)라는 표현이 사용되었다. 그러나 이것은 영원히 지속되지는 못한다. 왜냐하면 어떤 사람들은 사단에게 인도되었지만 결국은 영혼이 구원받았기 때문이다(고전 5:5). 이러한 상태는 성경이나 교회에 매우 드문 일이다. 마귀의 권세를 이기는 길은 그리스도인의 성숙과 동일하게 하나님의 능력과 기도에 대한 믿음이 필요하다(막 9:23-29). 또한 그리스도인들은 사악함 자체뿐 아니라 사악의 가능성조차도 회피해야 하고 사단의 공격에 대비해야 한다(고전 7:5; 고후 2:11; 엡 6:10).

루이스(C. S. Lewis: 영국의 유명한 기독교 사상가-역주)는 그의 책, 『스크루테이프의 편지』(*The Screwtape Letters*)에서 마귀를 다루는 현명한 조언을 준다, "우리 인류는 마귀에 대해 두 개의 동등하고 상반된 오류를 범한다. 하나는 그들의 존재를 믿지 않는 것이고, 다른 하나는 마귀들에 대해 불건전한 흥미를 느끼고 믿는 것이다."

MICHAEL J. KANE

참고문헌 | C. F. Dickason(1975), *Angels, Elect and Evil*; S. H. T. Page(1995), *Powers of Evil*; C. C. Ryrie(1986), *Basic Theology*.

참조 | 영적 전쟁(SPIRITUAL WARFARE)

마리땡, 자크(Maritain, Jacques, 1882-1973).

가톨릭 철학자. 그는 로마가톨릭교회에서 토마스의 영향이 도전받고 있던 때에 20세기의 언어로 토마스 아퀴나스(Thomas Aquinas)의 철학을 해석하려 하였다. 그것은 현대 세계가 당면한 실천적이고 지능적인 딜레마라는 용어로 토마스주의를 재정립하려는 그의 열망 때문이었다.

프랑스 개신교 가정에서 태어난 그는 소르본 대학에서 과학적 유물론을 받아들였다. 거기서 그는 아내인 러시아 태생의 유대인 라이사(Raissa)를 만났다. 결혼 서약을 할 때 그 커플은 만약 일 년 안에 인간존재의 의미를 발견하지 못한다면 자살하기로 약속한다. 그러나 그 후 얼마 안 되어 그들은 유명한 앙리 베르그송(Henri Bergson)의 형이상학 강의를 듣고 그들의 숙명적인 계획을 포기하기로 결심한다. 마리땡은 베르그송이 강조한 과학적 사고에서의 직관의 가치와 실재는 합리적 이해 너머에 있다는 그의 주장에 흥미를 느꼈다. 이렇게 마리땡의 과학과의 짧은 인연은 끝을 맺는다.

그는 1906년 신비주의자 레온 블로이(Leon Bloy)에 의해 천주교로 개종한다. 동반자이자 동료연설자인 라이사와 함께 마리땡은 그의 전 인생을 강의와 저술가로서 살아간다. 50권 이상의 철학서적과 셀 수 없는 논문들에서 그는 영적 발견과 더 위대한 지식으로 안내하는 인간직관의 역할을 상세히 설명하였다. 관습에 얽매이지 않고 때로는 비전문적이었음에도 그는 프랑스(Institut Catholique in Paris, 1913-40)와 캐나다(Institute of Medieval Studies in Toronto, 1940-60)에서 대학교수로서 일하였고 미국에서도 널리 강의하였다.

마리땡에 의하면, 철학은 그가 "존재의 직관"이라 부르는 것에서 시작된다. 그러나 직관은 다른 형태의 지식과 연계되어야 한다. 그의 가장 영향력 있는 저서인 『인식의 단계』(*The Degrees of Knowlegde*)에서 그는 우주에 대한 인류의 지식은 세 자기 범주, 곧 자연("유동적인 존재"), 수학("양") 그리고 형이상학("존재로서의 존재")으로 구분된다고 주장한다. 과학과 철학 그리고 신학을 융합하려 했던 그의 대사업에서 마리땡은 자연 속에 실험과 수학적 분석을 초월한 많은 현상이 존재한다고 논증한다. 그는 아퀴나스가 말한 신적 계시와 인간적 이성 사이의 관계를 현대 용어로 주의 깊게 재진술하여 새로운 지식으로 여겨진 것을 전통적인 철학적 논증으로 편입시킨다. 마리땡의 사상적 영향은 인간 삶의 거의 모든 영역에 미쳤는데 이것은 그의 방대한 저작들에서 증명된다. 『역사철학』(*On the Philosophy of History*, 1957), 『과학과 지혜』(*Science and Wisdom*, 1940), 『인간의 교육』(*The Education of Man*, 1962), 『진정한 휴머니즘』(*True Humanism*, 1936), 『예술과 시에 나타난 창조적 직관』(*Cre-*

ative Intuition in Art and Poetry, 1953) 그리고 『도덕철학』(Moral Philosophy, 1960) 등이다. 토마스처럼 그의 저술은 영적인 것과 지적인 것이 엮어져 현대의 문화적, 정치적 주제들에 충돌하는 신념체계로 되어 있다.

DAVID GOUGH

참고문헌 | J. M. Dunaway(1978), *Jacques Maritain*; J. Maritain(1937), *Degrees of Knowledge*; idem(1962), *The Education of Man*; idem(1964), *Moral Philosophy*.

참조 | 아퀴나스, 토마스(AQUINAS, THOMAS); 신학과 교육철학의 통합(INTEGRATION OF THEOLOGY AND EDUCATIONAL PHILOSOPHY); 형이상학(METAPHYSICS); 신 토마스아퀴나스주의(NEO-THOMISM)

마법(Witchcraft).
이교와 청소년(Cults and Youth); 마귀(Demons, 악마 또는 귀신)을 보라.

마약(Drug).
약물의 사용과 남용은 오늘날 교회에 영향을 미치는 가장 심각한 사회문제이다. 국제적인 마약산업은 세계에서 '가장 큰' 성장을 보인다. 연간 수입이 5,000억 달러에 달한다고 한다(Mills, 1987). 코카인과 헤로인(아편), 주류와 마리화나 등이 수세기 동안 재배되고 사용되어 왔다. 이것들이 그렇게 심각한 문제가 되는 까닭은 우리가 영적 나침반을 상실한 시대에 살고 있기 때문이다. 세상 곳곳에서 오직 하나님만이 진정으로 만족시키실 수 있는 마음의 공허함을 채우기 위해 마약들이 사용되고 있다.

마약에 의존하는 대부분의 사람들이 마약을 시험적으로 사용해 보다가 중독의 주기를 타기 시작했다. 술과 담배와 마리화나가 세 가지의 마약 출입구이다. 그것들을 시험적으로 사용해 본 사람들이 다 중독된 것은 아니지만 대부분의 중독자들이 이 세 가지 중 하나를 습관적으로 하기 시작한다.

중독이란 마약사용을 불건전하게 선택하여 삶의 고통을 다루는 극복기제로 사용하는 것이다. 고통이란 정상적인 반응이고 삶의 필요한 부분이다. 고통을 통해 우리는 변화되고 성장하며 문제로부터 멀어질 수 있다. 고통을 다루는 방법을 배우는 것이 가장 중요하다. 오늘날 많은 사람들이 어떤 종류의 고통도 참을 수 없는 일로 받아들인다. 그러나 현실적으로 "마약중독이라는 죄는 우리가 창조된 목적을 '상실'한 것이다"(Cleave, 1987, 47).

전문가들은 마약중독이 사회뿐 아니라 교회 안에서도 큰 문제라고 지적한다. 그러나 그 문제가 종종 가려지고 부인된다. 마약중독에는 죄책감이라는 오명이 따라붙는다. "우리는 기독교인이므로 우리 가정에는 이런 일이 있을 수가 없다."

마약중독자들을 네 종류로 분류하는 편이 도움이 된다. '실험자'(experimenter)는 "해 보아 안다"는 인정을 받기 위해 4~5번 정도 사용한다. 단기간에 사용하고 빈도수가 낮다. '행락객'(recreationist)은 친구들과 즐거운 경험을 나누기 위해 마약을 취한다. '탐구자'(seeker)는 기분과 정신상태를 바꾸고 싶어하여 마약을 규칙적으로 사용하여 진정제 및 도취적 효과를 갖는다. '마약 중독자'(drug head)는 대량의 마약을 규칙적으로 사용한다. 주로 코카인과 헤로인에 중독되는데, 이런 사람은 인간관계에서 심각한 결손을 보인다. 각 종류의 마약 사용자를 위해 서로 다른 극복 및 상담방법이 사용되어야 한다.

종교기관들은 역사적으로 약물 사용에 반대하는 분명한 메시지를 보냈다. 그들은 다음과 같은 사역들을 제안한다. (1) 청소년 그룹에 약물남용에 관한 정규교육을 실시한다. 가족 영화 '가장무도회'(Masquerade)는 이 목적용으로 좋은 수단이다. (2) 성직자들과 자원봉사자 및 부모들에게 약물남용과 중독에 관해 교육시킨다. (3) 중독성 약물을 시험적으로 사용해 보는 청소년들이 있는지 알아본다. (4) 마약을 사용하게 하는 요인이 될 만한 느낌이나 감정들에 대해 자유롭게 토론한다. (5) 사례연구를 통해 결정내리기 기술과 가치체계를 명확히 한다. (6) 중독자 가정을 후원하여 극복하도록 돕는다. (7) 회복 그룹을 조성해 준다. 캐나다 장로교회의 '11 단계' 프로그램과 다른 사람을 그리스도 아래 변화시키기(TOUCH-Transforming Others Under Christ's Hand) 프로그램 등이 교회 중심의 회복을 위한 자원을 공급해 준다. (8) 입원환자 및 통원환자를 위탁해 주는 제도를 계발시킨다. '주의 집'(His Mansion)과 '십대의 도전'(Teen Challenge) 등과 같은 연중 거주 프로그램들이 있다.

JAMES A. DAVIES

참고문헌 | S. V. Cleave(1987), *Counseling for Substance Abuse and Addiction*, vol. 12, *Resources for Christian Counseling*; J. Mills(1987), *The Underground Empire*; L. Parrott, III(1993), *Helping the Struggling Adolescent*. His Mansion, Box 210, Hillsboro, NH 03244-0040. TOUCH, 1226 S. Presa, San Antonio, TX 78210. Teen Challenge, Box 198, Rehrersburg, PA 19550. La Canada Presbyterian Church, 626 Foothill Blvd., La Canada, CA 91011.

만들기(Crafts). 일반적으로 한 번에서 다섯 번의 수업시간을 통해 손으로 만들어 완성하도록 고안된 활동이다. 만들기는 주의 깊게 선정되어, 가르치는 과정의 보조적인 기능을 한다. 몇 가지 근본적인 질문이 언급되어야 하는데, 그것은 연령에 맞는 주제와 창의력을 발휘할 기회, 어른들의 큰 도움 없이도 어린이 스스로 할 수 있는 능력, 가르치는 시간, 성취감과 자기가치 등이다.

만들기 활동은 상상력 발휘의 기회를 제공해 준다. 어린이의 새로운 관심과 재능을 발견하게 되고 새로운 기술을 가르칠 수 있다. 느낌들을 표현하는 데 혼자서 또는 다른 어린이들과 함께 학습활동에 참여할 수 있다. 만들기를 통해 여가시간을 건설적으로 사용할 수 있고 인내와 훈련에 도움이 된다.

어린이들의 학습을 강화시켜 줄 수 있는 만들기 활동을 스스로 선택할 수 있도록 해 준다. 미취학 아동들은 "하나님께서 친구들을 보내주셨어요"라는 학습을 강화시켜 주기 위해 친구들의 사진으로 콜라주를 만드는 미술활동을 시킬 수 있다. "하나님이 세상을 만드셨어요"라는 학습을 강화시키기 위해 나뭇잎 밑그림에 색칠을 하도록 지도할 수 있다. 종이로 구약시대의 마을을 만들어 볼 수도 있다. 다양한 색깔과 질감의 색종이로 카드를 만들고 리본이나 꽃을 붙여, 몸이 아픈 친구들이나 양로원에 계신 분들에게 보내줄 수도 있다. 만들기를 할 때에는 오감을 다 사용할 수 있는 활동들이 가장 좋다.

여름성경학교나 방과후 학교, 또는 주간캠프 등에서 특정한 학습을 강화시키기 위한 주요 목표가 아니더라도 만들기 활동을 통해 창의성을 계발시킬 수 있다. 인도자들이 만들기를 지도하면서 어린이들에게 성경적 가치들과 연관시켜 설명해 줄 수 있다.

만들기는 또한 성인 대상의 사역에도 사용될 수 있다. 여성들은 공동의 관심사를 가진 다른 여성들과의 교제를 즐긴다. 노인들도 신앙의 친구들과 시간을 보내면서 새로운 것을 배울 수 있는 기회를 즐긴다.

만들기를 할 때에는 도표를 포함하여 어떻게 만드는 방법을 잘 설명해 주어야 하고, 연령에 맞는 수준의 기술을 알려주고, 재료와 장비 목록을 포함하여 소요시간을 알려 주고, 무엇을 배우고 성취하고 이해하게 되는지 지적해 주고 그리고 성경의 가르침이나 섬김과 관련된 아이디어들을 제안해 준다.

BARBARA WYMAN

참고문헌 | S. Roberts, comp.(1993), *VBS Craft Ideas*.

만인제사장(Priesthood of Believers). 성경은 예수 그리스도의 교회와 관련된 모든 주제들의 본질적 기초이다. 성경은 하나님께서 영감을 주신 하나님의 말씀이며 그리스도인의 믿음과 신학과 연관된 근원적 책으로 인류에게 주어진 것이다. 따라서 이것은 모든 성도들의 성직에 관한 개념과 이의 기독교교육에의 적용, 특별히 교회의 평신도 지도자에 관한 성경의 가르침을 연구하기 위해서 절대적으로 필요한 것이다.

1. 만인제사장설의 구약적 근원. 만인제사장설과 관련된 성경적·신학적·자료들을 다룰 때, 구약을 연구하는 것은 타당한 것이다. 관련된 구절들을 조사함으로써 우리는 하나님의 백성들은 성도로서 모두 제사장으로 부르심을 받았다는 결론적 증거들을 제공할 수 있다.

리아(Lea, 1988)는 "구약성경에는 하나님께서 이스라엘 백성을 당신의 영광을 위하여 다른 민족들을 축복하는 특별한 역할로 부르셨다는 증거가 있다"고 설명했다(16). 하나님의 백성으로서 이스라엘의 특별하고 독특한 역할은 하나님께서 아브라함과 맺으신 언약, 즉 아브라함의 씨를 통해서 전 세계로 확장되는 언약에 기초하고 있다(창 12). 하나님의 백성이 되는 것은 특권만이 아니라 그들의 다른 나라들을 향한 책임까지 포함하는 것이다. 이 책임은 단순한 형식적인 제사의 임무만을 요구하는 것이라기보다 순종과 겸손을 포함한 제사의 다른 종류들을 요구한다(시 51:17).

리아(1988)는 하나님의 백성이 되는 이 위치는 그룹적 국가에 적용되도록 계획되어졌다고 주장한다. 출애굽기 19장 5-6절은 "세계가 다 내게 속하였나니 너희가 내 말을 잘 듣고 내 언약을 지키면 너희는 열국 중에서 내 소유가 되겠고 너희가 내게 대하여 제사장 나라가 되며 거룩한 백성이 되리라 너는 이 말을 이스라엘 자손에게 고할지니라"고 기록하고 있다. 하나님은 이스라엘 백성에게 민족적 순종이 그들을 "제사장 나라와 거룩한 백성"이 되도록 이끌 것이라고 약속하셨다. 이스트우드(Eastwood, 1963)는 "제사장 나라"를 "하나님께서 그들을 그분의 목적을 위한 도구로 선택하셨기 때문에 나라이며, 하나님의 목적을 온 세상에 드러내는 그의 뜻의 종들이 되어야 했으므로

제사장이다"라고 설명했다(3). 그는 또한 제사장 나라의 모든 사람들은 하나님께 헌신, 경배, 예배로 나가는 특권을 얻었으므로, 이들은 세상을 향한 그들의 임무를 완성할 수 있는 방법을 배울 것이라고 덧붙였다.

이스라엘의 제사장적 역할을 강조하는 구약의 두 번째 구절은 이사야 61장 1-6절이다. 크래인(Crane, 1994)은 "회복을 위한 가장 중요한 요소의 약속들 중 하나는 주님께서 기름 부으신 자가 가난한 자에게 아름다운 소식을 전하고, 마음이 상한 자를 고치고, 포로된 자에게 자유를, 갇힌 자에게 놓임을 전파하며, 모든 슬픈 자를 위로하며, 황폐한 곳을 다시 쌓는 주님의 은총의 희년에 대한 예고이다"라고 말한다(25). 그리고 이 선포를 받는 자들은 "여호와의 제사장이라 일컬음을 얻을 것이라 사람들이 너희를 우리 하나님의 봉사자라 할 것이며 너희가 열방의 재물을 먹으며 그들의 영광을 얻어 자랑할 것이다"(사 61:6). 리아(1988)와 라이리(Lyrie, 1974)는 이 구절의 내용을 종말론적이라고 설명했다. 구약에 요구된 모든 성도의 제사장직은 하나님께서 오실 메시아로 완성을 이루시기 위해 고안하신 것이라는 사실은 의심할 바가 없다. 이스라엘 백성을 위한 하나님의 목적은 그들이 하나님의 뜻을 전 세계에 선포하도록 만드시는 것이었다.

하나님은 모든 그의 백성들이 세상에서 제사장이 되기를 원하시는 한편, 중요한 초점을 이스라엘 내부의 특정한 레위 제사장들에게 놓으셨다. 제사장직에는 삼단계의 분명한 위계 체제가 있었다. 이스라엘의 장자를 대표하는 레위인들은 성소예배와 준비를 위해 구별되었다. 아론의 아들들은 희생제물을 위한 책임을 지고 있었다. 대제사장은 다른 모든 이들을 위한 특별한 역할에 있었다(Crane, 1994).

그러나 다른 제사장들과 제사, 중재, 가르침을 포함한 제사장적 역할들은 성경의 다른 곳에서도 발견된다. 예로, 가인과 아벨은 제사를 드렸다(창 4:2-6). 노아는 단을 쌓고 하나님께서 기뻐하신 번제를 드렸다(창 8:20). 여러 사건들 속에서 아브라함은 단

을 쌓았다. 아브라함이 네 왕들부터 롯을 구한 후, 그는 살렘의 왕인 멜기세덱의 축복을 받았고, 자신이 가진 것의 십분의 일을 멜기세덱에게 줌으로써 이에 대해 보답했다(창 14:20). 에브라임 족속인 미가는 자신의 아들 중 한 명을 제사장으로 일하도록 임명했다(삿 17:5). 다윗의 아들들은 제사장으로 섬겼다(삼하 8:18). 기드온은 희생을 드렸다(삿 6:26-27). 이러한 예들은 평범한 사람들에 의한 제사장 직분 수행이 사사시대 전까지 지속되었음을 보여준다. 반면, 레위인들은 자격을 가지고 사사기 시대 말까지 성직을 수행했다. 미가는 유다 지파에서 이전에 섬겼던 레위인을 고용했는데, 이것은 순회하는 레위족 제사장직에 대한 암시를 준다(삿 17:12). 구약의 이 시기까지 제사장들은 하나님께서 다른 이들을 위한 중재의 통로로 따로 구별해 놓은 특정한 그룹이었다.

2. 구약에서의 평신도 리더십. 장로단이다. 이스라엘을 포함한 고대 근동에서는 장로단에 의해서 지도되는 사회개념이 넓게 퍼져 있었다. 히브리어에서 장로(자켄, zaqen)라는 단어는 노년의, 혹은 나이든 사람을 묘사하는 단어와 동일하게 쓰인다. 구약전체에서, 장로(elder)라는 용어는 나이와 직책의 두 가지 의미를 담고 있다. 자켄이 사용되는 구약의 대부분의 경우는 사회내의 모든 나이든 사람들이 아니라 백성들에게 인식된 공식적 지도력을 가진 자들의 그룹을 의미한다(Strauch, 1986).

이집트에서 종으로 있을 때부터 이스라엘은 장로위원회에 의해서 통솔되었다. 하나님은 이스라엘 백성의 구원을 선포하기 위해 모세를 그들에게 처음으로 보내심으로써 그들의 지도자적 위치를 인정하셨다. 장로들은 백성들을 대표하는 지도자들로서(출 4:29-31) 모세가 바로를 대면할 때 곁에서 모세의 주요한 보좌 역할을 했으며, 백성들에게 첫 번째 유월절을 준비시킬 때 모세를 도운 것(출 12:21)으로 나타난다.

스트라우치(Strauch, 1986)에 따르면, 장로단은 이스라엘의 가장 오래되고 중요한 근본적 기구들 중의 하나였다. 이스라엘 역사에서 장로들은 일상적 공동체의 삶의 영역에서 중요하고 전반적인 영향을 미친 것으로 나타난다. 장로라는 용어는 구약에서 분명하게 공식적 공동체의 지도자들, 즉 사사, 관원, 왕자 혹은 제사장 같은 자들의 칭호로 사용되었다. 장로들은 어떤 정치적·종교적 기능들을 가진 구별된 지도그룹을 분명하게 대표한다(Strauch, 1986). 장로들은 모략과 지혜의 사람들이었다. 구약의 많은 예증들은 지역공동체와 전 나라 안에서의 장로들의 조언의 역할을 드러내고 있다. 에스겔에 의하면, 묵시는 선지자에게, 율법은 제사장에게, 모략은 장로들에게 속한 것이다(겔 7:26). 예레미야는 장로들이 모략을 주는 지혜로운 자들이라고 언급하고 있다(렘 18:18).

3. 만인제사장설의 신약적 강조. 구약에서 기대되고 약속되었던 제사장직은 대제사장되신 우리 주 예수 그리스도께서 단번에 온전히 완성하셨다. 그를 믿는 모든 자들은 그분의 사역에 동참한다. 모든 성도의 제사장직과 그 사역은 예수님의 백성들을 통해 지속된 사역에 뿌리를 두고 있다. 교회는 계속적인 예수님의 성육신으로서 존재한다. 그분은 참으로 성령의 능력을 통하여 그의 백성에게 임재하신다(Crane, 1994). 그리스도 없이는 교회도 없다. 그리스도 없이는 하나님나라 백성의 정체성도 없다.

바울은 골로새교회에게 보내는 편지에서 제사장직에 대한 신약성경의 구절을 정체성의 주제와 밀접하게 연결하고 있다. 바울은 그리스도를 따르는 사람들의 정체성 이해를 위한 절대적 요소로서 그리스도의 인성과 그분의 하신 일을 강조하고 있다. 편지에서 제사장직에 대하여 특별하게 언급하고 있지 않지만 이것은 구약의 형식에 대한 그리스도의 완성과 성도의 정체성은 예수님의 정체성과 묶여 있다는 사실을 분명하게 선포하고 있다. 바울은 그리스도의 새로운 정체성을 명쾌함과 권위를 가지고 강조하고 있는데, 왜냐하면 현재 성도의 정체성은 전적으로 그리스도를 토대로 세워지기 때문이다. 그리스도 안에서 성도들은 온전함을 이룬다. 따라서 그리스도 안에서 그들이 이루는 것이나 그들이 될 존재는 부족함이나 부적절함이 없다. 골로새서 1장 17-18절은 그리스도를 다음과 같이 선포하고 있다. "그가 만물보다 먼저 계시고 만물이 그 안에 함께 섰느니라 그는 몸인 교회의 머리라 그가 근본이요 죽은 자들 가운데서 먼저 나신 자니 이는 친히 만물의 으뜸이 되려하심이라."

리아(1988)는 모든 성도의 제사장직과 관련해서 신약에서 가장 중요한 구절은 베드로전서 2장 9-10절, 요한계시록 1장 5-6절, 5장 9-10절에 나타난다고 주장한다. 모든 성도의 제사장직은 이 구절들에서 아주 분명하다. 더 나아가 모든 성도들이 하나님 앞에서 놀라운 특권을 가졌다는 것을 성도들이 인식하는 것은 절대적으로 중요하다. 이 구절과 관련하여 레오나르드(Leonard, 1988)는 "이 말씀들은 모든 성도가 제사장이라는 강력한 개념에 기초를 제공한다. 하나님의 선택과 부르심으로, 그리스도께 속한 모든 자들은 제사장직에 속한 자들이다."

요한계시록 1장 6절과 5장 10절의 제사장에 관한 구절 사이에는 다른 차이가 있는 것처럼 보이지 않는다. 두 구절들 모두 하나님을 섬기는 성도와 제사장의 역할을 보여준다(Lea, 1988). 성도들은 종말론적 및 현세적 개념에서 모두 하나의 왕국이다. 종말론적으로 성도들은 예수님과 함께 그분의 메시아적 왕국에서 왕과 같은 역할을 완수할 것이다. 이 구절은 그리스도께서 최종적으로 다스리실 때 그와 함께 다스리게 될 특권을 강조한다. 이것은 또한 제사장으로서 섬겨야 하는 그들의 책임 역시 강조한다(Peck & Hoffman, 1984). 신약에서 모든 성도의 제사장직은 신약 기간 특별히 사도행전, 바울과 베드로의 서신서들의 기간 동안 신자들의 사역들을 반영하고 있다.

초대교회의 탄생 때, 베드로는 새로운 본질을 가진 이상적 사역, 소명 그리고 임무와 관련된 요엘서의 말씀을 상기했다.

하나님이 가라사대

말세에 내가 내 영으로 모든 육체에게 부어 주리니

너희 자녀들은 예언할 것이요

너희의 젊은이들은 환상을 보고

너희의 늙은이들은 꿈을 꾸리라

그때에 내가 내 영으로 내 남종과 여종들에게 부어 주리니

저희가 예언할 것이요(행 2:17-18).

그러나 그 직후 바로 과부들을 위한 공정한 구제에 대한 논쟁이 일어났다. 지혜롭게도 열두제자들은 그들의 과중한 임무를 덜어주기 위한 시급한 조직적 변화의 필요를 인식했다. 하나의 해결책으로 그들은 무리들을 모으고 문제를 설명했다(행 6:1). 그 다음, 그들은 무리들이 성령과 지체가 충만하여 재정과 가난한 사람들의 물질적 필요를 돌보는 일을 맡길 수 있는 일곱 사람을 택하도록 제안했다. 사도들이 기도하는 것과 말씀 전하는 것에 전무할 수 있도록 하기 위해서였다(행 6:4). 이 과정은 하나님의 사람들이 다른 사역의 역할들을 할 수 있도록 이끌었다.

바울의 편지들과 그와 연관된 사람들은 교회의 공식적인 지도단에 속하지 않은 다양한 사람들이 초기 교회에 했던 여러 기여들을 증거하고 있다. 로마서 16장에서, 바울은 로마에서의 여성 사업가 뵈뵈 및 안드로니고와 유니아를 포함한 많은 다른 이들과 로마 감옥에서의 자신의 동료들을 언급하고 있다. 다른 서신서들에서도 다른 많은 이들이 언급되고 있다. 예로, 디도서 3장 13절의 교법사 세나, 도망친 노예 오네시모 그리고 그의 주인인 빌레몬 등이 있다.

4. 신약에서의 평신도 리더십: 장로단. 신약의 말씀들은 첫 번째 예루살렘 교회에 장로들이 있었다고 말하고 있다. 교회에 장로가 있는 것은 히브리 전통을 따른 것이었다. 장로들은 바울과 바나바를 예루살렘 장로들에게 보낸 안디옥에서의 기부와 관련되어 처음으로 언급된다(행 11:30). 그 다음 장로들은 사도적 기초의 설명과 규례의 형성과 관련하여 언급된다(행 15:2, 4, 22; 16:4). 바울과 바나바는 그들의 전도여행들에서 많은 새로운 교회들

을 세웠다. 회중들을 떠날 때, 그들은 장로들을 택하여 금식기도하며 저희를 그 믿은 바 주께 부탁했다(행 14:23). 고별 설교에서 바울은 에베소교회의 장로들에게 자신이 그들에게 소속된 중요한 사실의 의미를 들려주었다(행 20:18-35).

초대교회에서 바울은 교회의 성장을 격려하기 위해서 장로들을 임명했다(행 14:23; 20:17; 딤전 5:17; 딛 1:5; 약 5:14; 벧전 5:1-5). 목사들은 가끔 말씀 전하는 자와 장로를 다스리는 자로 보인다(엡 4:11; 고전 12:28). 회중들 혹은 교회의 장로들을 다스리는 장로들 역시 단순하게 장로들로 불려졌다(행 20: 28; 딤전 3:1). 야고보의 편지에서 그는 특별히 아픈 자들은 "교회의 장로들을 부르라"고 격려하고 있다. 야고보의 장로들에게의 주된 가르침은 기도하라는 것이며, 이 요청은 단순히 장로들 개인에게가 아닌 장로들의 공식적 모임에 주어진 것이다. 야고보는 아픈 사람들 옆에 모인 교회의 공식적 기도를 묘사한다. 신약에서, 장로들의 사역의 형태들은 다양하게 연결되어 있다. 이러한 다양성은 모든 성도들이 다양한 사역에 속한 그리스도 교회의 아름다움과 더 나은 모습으로 지어져가는 교회를 묘사한다(엡 4:11-16).

5. 신약에서의 평신도 리더십: 집사단.

성경학자들은 집사직분이 언제 어떻게 세워지고 만들어졌는지에 대해 서로 의견이 다르다(Küng, 1967). 많은 교회 역사가들과 성경학자들은 집사직분이 사도행전 6장에 나온 것을 발견한다. 그러나 많은 현대 학자들은 사도행전 6장 1-4절을 "집사들 선정"으로 보지 않고 대신 "일곱 사람의 선택"으로 설명한다. 어떤 현대 학자들은 이러한 구분에 대한 두서너 가지 이유를 제시한다. 첫째, "집사"라는 명칭은 사도행전에서 뽑힌 이들 일곱 명에게 주어지지 않았다. 이 구절은 그들이 "집사역할"에 동참하기 위한 것(행 6:4)이라고 말하고 있다. 한스 큉(Hans Küng)은 누가가 "일곱 사람"을 언급할 때 그가 이미 알고 있는 직함의 사용을 의도적으로 피했다고 확신한다. 큉은 이것은 사도행전 6장 1-6절에서 사실일 뿐 아니라, 더 인상적인 것은 사도행전 21장 8절 빌립에 관한 언급에서도 사실이라고 생각한다. 누가가 빌립을 "일곱 사람" 중 한 명으로 그를 부르기보다는 "집사"로 부르는 것이 훨씬 쉬웠을 것이다. 큉은 누가가 분명 고의적 선택으로 이러한 구별을 했다고 생각한다. 둘째, 스데반, 빌립 그리고 다른 일곱 사람들의 직무들은 바울이 그의 서신들에서 묘사한 집사들의 역할 이상으로 보인다. 사도행전의 "일곱 사람"은 가난한 사람들을 돌볼 뿐 아니라 설교하고 세례를 주며 복음을 전하고 기적을 행했다. 이러한 직무들의 확장은 일부 현대 학자들이 사도행전에 언급된 "일곱 사람"을 "집사"들로 보기보다는 후기 "장로들"의 선조들로 생각하게 한다(Küng, 1967). 어떤 경우든 사도행전 1장 1-6절은 일곱 명의 평신도 사역자를 위한 분명한 성경적 기초를 제공한다.

성도들의 제사장직은 교회가 가르쳐야 할 필수적인 교리이다. 선택된 일부의 개인들만이 교회와 관련된 모든 것을 운영하고 결정하는 것은 결코 하나님께서 기대하시는 것이 아니다. 영적 은사들과 관련된 구절들은 모든 남자들과 여자들이 사역에 포함되기를 원하시는 하나님의 의도를 확증한다. 우리는 하나님의 은혜를 받은 자들로서 하나님의 보좌 앞에서 우리 자신과 동료들을 대표하여 서는 신분을 부여받았다. 우리는 제사장으로서 잃어버린 영혼과 세상의 필요에 대한 하나님의 대리인으로 그분을 섬길 수 있다.

ESTHER YOU

참고문헌 | G. J. Brooke, *The Modern Churchman* 32, no. 3(1990): 32-40; J. J. Crane(1994), *The Ministry of All Believers*; C. Eastwood(1960), *The Priesthood of All Believers*; idem(1963), *The Royal Priesthood of All Believers*; J. L. Garett Jr., *Southwestern Journal of Theology* 30, no. 2(1988): 22-33; H. H. Hobbs(1990), *You Are Chosen*; H. Küng(1967), The Church; T. D. Lea, *Southwestern Journal of Theology* 30, no. 2(1988): 15-21; B. J. Leonard, *Review and Expositor* 85, no. 4(1988): 625-34; S. J. Mikolaski, *Southwestern Journal of Theology* 30, no. 2(1988): 6-14; P. N. Page(1993), *All God's People Are Ministers*; R. P. Stevens, Crux 31, no. 2(1995): 5-14; A. Strauch(1986), *Biblical Eldership*; D. L. Young, *Southwestern Journal of Theology* 30, no. 2(1988): 46-54.

참조 | 집사(DEACON); 여집사(DEACONESS); 장로(ELDER); 목회자(MINISTER); 목회자(PASTOR)

만, 호레이스(Mann, Horace, 1796-1859).

미국인 교육가이다. 매사추세츠(Massachusetts) 주의 프랭클린(Franklin)에서 태어났으며, 공교육의 초기 주창자였다. 그는 교육은 자유롭고, 보편적이고, 편파적이지 않아야 하며, 판에 박힌 방식대로 반복하는 데 익숙한 교사의 가르침에 의존하기보다 학습자에게 동기를 부여하는 쪽에 더욱 중점을 두어야 한다고 믿었다.

불우한 환경에서 자라난 그는, 12세 전후에 이르러 그간 교육받아온 엄격한 칼빈주의를 버리고 당시에 인기 있던 유니테리언주의(unitarianism) 쪽으로 옮겨갔다. 그는 소년기에 공교육을 거의 받지 못했으나 프랭클린 공립도서관에서 그가 최대한 읽을 수 있었던 116권의 도서를 읽으며 자신을 교육해 나갈 수 있었다. 그는 스스로의 연구와 지역교회 목사를 포함한 몇몇 가정교사의 도움으로 20세의 나이에 로드아일랜드(Rhode Island) 주 프로비던스(Providence) 지방에 있는 브라운대학(Brown University)에 입학허가를 받을 수 있었으며, 거기에서 두각을 나타내었다. 그는 졸업생 대표로 고별연설을 하였다. 그 연설문은 교육이 인류를 인간존엄과 행복으로 이끌어 줄 수 있는 방법에 대한 19세기 낙관론으로 가득 차 있었다.

그는 법으로 진로를 택하고, 코네티컷(Connecticut) 주에 있는 리츠필드(Litchfield) 법대에서 수학한 후, 매사추세츠(Massachusetts) 주 데드햄(Dedham)에 정착하였다. 그곳에서 그의 비상한 법적 통찰력과 인기에 힘입어 하원의원의 자리를 얻어냈다. 거기에서 그는 미국 최초의 주립 정신병원을 설립하는 운동을 이끌었다. 1835년부터 1837년까지 그는 매사추세츠 주 상원의원으로 있으면서 상원의장직을 맡기도 했다.

1837년, 그는 깊은 자기통찰 끝에 분야를 전환하여 신설된 매사추세츠 교육부 장관이 됨으로써 공교육계에 뛰어 들었다. 매사추세츠 주는 1647년으로 거슬러 올라가는 유서 깊은 공교육제도를 자랑하고 있었으나, 1830년대에 이르러 교육의 질은 현저하게 저하되었고 모든 결정권은 경제적인 것을 지향하기 마련인 지방학교 정책에로 넘어가 있는 상태였다. 주 교육부는 학교에 관한 자료들을 조사하고 간행하기 위해 설립된 기관이었으므로, 도덕상의 권고를 하는 것 이외의 다른 권한이 없었다.

11년 간 그가 직위에 있는 동안 도덕적인 지도력과 설득의 기회로 삼아 대중에게 강력하고 편파적이지 않은 공교육제도의 필수적인 중요성을 교육하였다. 그는 교육부에 제출한 당시 교육상황에 관한 연례보고서에서 오늘날에도 관련 깊은 교육의 근본적인 문제들을 정의하고 담론하였는데, 그것은 그의 교육철학과 이상이 담긴 걸작이었다.

그의 메시지는 여섯 가지 근본적인 명제로 정리된다. (1) 국가는 무지하거나 자유로울 수 없으며, 따라서 보편적인 "공통의" 교육이 필요하다. 이는 부자의 반대개념인 보통사람의 교육을 의미하는 것이 아니라 공통적인 질적 교육이 모두에게 제공된다는 의미이다. (2) 국가는 그러한 교육을 위해 값을 지불하고 유지하며 감독해야 한다. 공화국은 미래 세대와 미래국가의 믿음인 교육에 밀접하게 관련되어야 한다. (3) 교육은 한 계층의 아이들만 교육하는 사립학교에서가 아니라 모든 종교적, 사회적, 인종적 배경을 가진 아이들을 끌어안는 공립학교에서 가장 잘 주어질 수 있다. (4) 교육은 진정으로 윤리적이어야 하지만 특정 교파나 종교의 주장을 선호하는 종파적인 것이어서는 안 된다(그는 이것 때문에 학교에서 자기 종파의 교리를 가르치기 원하는 성직자들로부터 많은 비판을 받았다). (5) 교육은 가혹해선 안 되며 학생에게 배우고자 하는 열망을 주입해야 하는 교육에서도 자유로운 사회를 반영해 내어야 한다. (6) 교육은 잘 훈련되고 전문적인 교사들에 의해 제공되어야 한다.

만은 1848년에 은퇴하여 미국 하원에서 전임의장이었던 존 퀸시 아담스(John Quincy Adams)의 자리를 차지했는데, 거기서 그는 전임자와 같이 열광적으로 노예폐지론의 이상을 펼쳤다. 1853년 그는 오하이오(Ohio) 주, 옐로우 스프링스(Yellow Springs)에 있는 안티오크대학(Antioch College)의 총장이 되었다. 이 신설 대학교는 남녀공학과 비종파주의 및 흑인에의 평등한 기회를 주장하였다. 그는 졸업생을 위한 한 유명한 연설 2개월 후 사망하였는데, 그 연설에서 그는 말하였다. "여러분들은 인류를 위해 어떤 승리를 얻기 전에 죽는 것을 부끄러워하십시오."

PERRY G. DOWNS

맞벌이 부부의 아이들(Latchkey Children).

맞벌이 부부의 아이들(latchkey children)이란 방과 전 그리고/혹은 방과 후 부모가 일하고 있는 동안에 스스로 자신들을 돌봐야 하므로 아침에 학교에 가기 위해 집을 나설 때 자신들의 집 열쇠를 가지고 가는 아이들을 일컫는 말이다.

어림잡아 미국의 2백만 취학연령 어린이들이 방과 후에 스스로 자신들을 돌본다. 비록 여름철 3개월 동안 하루 종일 꼬박 아무런 보호 없이 보내는 어린이들도 있지만, 혼자 있는 평균 시간은 하루에 2시간 미만이다(Cole & Rodman, 1987).

맞벌이 부부의 어린이들과 학교에서 집으로 돌아왔을 때 부모 중 한 사람이라도 그들과 함께 할 수 있는 사람이 있는 어린이들을 비교하는 연구결과들을 보면, 자존감의 정도, 통제의 중심 그리고 사회적응에 대한 교사들의 평가에서는 그 결과들이 거의 비슷했다(Cole & Rodman, 1987). 부정적인 면들로는 보호받지 못하는 어린이들은 무서워하고 있거나 교우관계 대신 텔레비전을 벗 삼아 시청하는 것이었다. 유치장에 구류중인 소년/소녀 범죄자들은 대다수 맞벌이 부부의 아이들이라는 사실이 한 연구에 의해 확인되었다(Long, 1983). 맞벌이 부부의 아이들이 지니고 있는 긍정적인 특징들로는 독립심이 강하고, 자립적이며, 임기응변에 밝다는 것이었다. 맞벌이 부부의 아이들은 또한 성역할(gender-role)에 대한 고정관념을 거의 갖고 있지 않다고 밝혀졌다(Robinson, 1986).

정부 당국은 부모들이 여덟 살 미만의 아이들을 집에 홀로 남겨두지 말 것을 권한다. 설사 여덟 살이 되었어도 그 또래의 어린이가 모두 자기 스스로를 적절하게 돌볼 수 있는 것은 아니다. 부모들은 자신들의 아이들이 자기 돌봄의 책임을 적절하게 수행할 준비가 되어 있는지 그들의 능력을 평가해야 한다.

자기 돌봄을 위한 준비성을 측정할 평가계획은 신체적인 면, 정서적인 면, 인지적인 면 그리고 사회적인 면을 포함해야 한다. 신체적인 면은 어린이가 집 주변을 돌아다닐 때 개인적인 상해를 피할 수 있는 능력, 문을 잠그고 열 수 있는 능력 그리고 명시된 가정의 장비를 안전하게 작동할 수 있는 능력을 포함할 것이다. 정서적인 면은 어린이가 예기치 못한 긴장된 상황들을 다룰 수 있는 능력을 포함한다. 그리고 그것은 규범을 따를 수 있는 능력과 어린이가 외로움이나 두려움을 느끼지 않고 편안히 홀로 있을 수 있는 상태를 포함한다. 인지적인 능력은 문제해결 능력과 전화 메시지를 받을 수 있는 능력 그리고 구두 지시와 서면 지시를 충분히 이해할 수 있는 능력을 포함한다. 사회적인 면은 어린이가 다른 어린이들이나 어른들과 관계를 맺을 수 있어야 하며, 필요시에는 이웃이나 지역공동체에 도움을 청할 수 있어야 한다.

LILLIAN J. BRECKENRIDGE

참고문헌 | C. Cole and H. Rodman(1987), *When School-age Children Care for Themselves: Issues for Family Life Educators and Parents*; T. Long and L. Long(1983), *Latchkey Children*; B. E. Robinson, B. H. Rowland, and M. Coleman, *Family Relations* 35(1986): 473-78.

매가피 독본(McGuffey Readers). 많은 사람들에게 윌리엄 홈스 매가피(William Holmes McGuffey, 1800-1873)는 미국 공립학교 교육역사에서 가장 중요한 인물로 알려져 있다 - 그렇다, 그는 "국가의 교장"(The Schoolmaster of the Nation)이다.

그의 죽음에 대해 전국교육협회(the National Education Association)는 이 결의문을 통과시켰다.

> 버지니아대학의 윤리철학 교수였던 윌리엄 H. 매가피의 죽음으로 이 협회는 그의 삶 자체가 가르침으로 가득했던 하나의 교훈이며 위대한 빛이요 미국 교사들의 실례이며 모델인 존재를 잃었음을 통감합니다.
> 반세기 이상에 걸쳐 교육을 위한 그의 수고들, 보통 학교의 교사로서, 대학교수와 대학학장으로서, 그리고 교과서의 저자로서 공직에서의 수고들, 그의 비교할 수 없는 근면성, 강의실에서의 그의 능력, 학생과 공동체에 대한 그의 영향력, 의무에 대한 그의 높은 헌신, 그의 양심적인 그리스도인의 성품 등 이 모든 것들이 그를 이 시대 우리 교수들 중 가장 고결한 명예의 사람으로 만들었습니다. 그래서 그에게 이 협회와 미국 교사들이 감사함으로 기억하는 인물이라는 칭호를 주었습니다(*Elmira*, New York, August 7, 1873).

18세기의 『뉴잉글랜드 독본』(*The New England Primer*)과 19세기의 『매가피 독본』(*McGuffey Readers*)은 미국 교육 역사상 가장 널리 읽혀지고 최고로 알려져 있다. 헨리 스틸 코머저(Henry Steele Commager)는 이 독본에 대해 이렇게 말하였다. "그것은 미국 교육에서 중요한 역할을 하였으며, 우리가 미국적 특성이라고 부르며 정의하기 힘든 그것이 형태를 갖추도록 도와주었다"(Commager, 1962).

종교교육에서 중요한 역사가인 로버트 우드 린(Rovert Wood Lynn, 1973)은 매가피 독본이 "하나의 교과서 이상이었고, 공화국의 새로운 목사들에게는 휴대용 학교였다"고 만족하였다. 그것은 "독실함과 정의, 민주국가의 이상을 구현하였고, 우리 시대 '충성심의 위기'의 한가운데 살고 있는 사람들에게 여전히 호소하는 '애국적 충성'의 한 형태를 구체적으로 표현하였다"(10, 23).

윌리엄 홈스 매가피는 '매가피 독본'의 여섯 판 중에서 처음 네 판에 대해 자료를 모으고 편집하였다. 그는 1857년판 편집 이후 어떤 편집에 대해서도 관여하지 않았다. "1879년이 되자 초판에서 지배적이었던 신적이고 칼빈주의적이던 세계관은 사라졌고 구원, 의, 그리고 경건 등의 두드러진 가치들이 완전히 실종되었다. 남아 있는 모든 것은 윤리성, 등장하고 있는 중간적인 삶의 형태와 문화적 신념들, 태도들 및 미국의 시민종교를 떠받치고 있는 가치들을 강화하는 교훈들뿐이다"(Westerhoff Ⅲ, 1978, 19).

WARREN S. BENSON

참고문헌 | H. S. Commager(1962), *The Commonwealth of Learning*; R. W. Lynn(1973), *Religious Education*; J. H. Westerhoff III(1978), *McGuffey and His Readers: Piety, Morality and Education in Nineteenth-Century America*.

매슬로우, 아브라함 해롤드(Maslow, Abraham Harold, 1908-1970). 인문주의 심리학자이며 인문주의 심리학협회(the Association for Humanistic Psychology)의 창립자이다. 뉴욕의 브루클린에서 태어나, 행동주의와 심리분석이라는 지배적인 심리학적 이론들을 대체하여 소위 제3의 세력(third force)으로 불리는 인간잠재력운동(human potential movement)의 주도적인 이론가와 옹호자가 되었다.

그는 뉴욕시립대와 코넬대학에서 공부하였고 위스콘신대학에서 박사학위를 받았다. 1948년 브랜데이스대학이 설립될 때 그는 이 학교의 심리학과의 창립책임자로 임명되었는데, 그는 20년 이상 이 직위를 지켰다. 그는 또한 미국심리학협회(the American

Psychological Association) 회장으로 봉사하였다.

매슬로우는 그의 독창적인 작품인 『동기와 성격』 (Motivation and Personality, 1954)으로 악명을 얻었다. 거기서 그는 인간 동기들의 "잠재성의 위계질서"를 탐구하였고, "인간은 욕구하는 동물"이라는 것을 관찰하였다. 한 욕망이 만족되면 곧 다른 욕망이 그 자리를 차지한다. 또한 매슬로우는 연속되는 동기들에 합리성과 순서가 있다는 것도 인식하였다. (사실상 칼 융〈Karl Jung〉이 만들어 낸 용어인) 자아실현의 이론에 따르면 인간의 조건에 공통적인, 본능적 필요의 기본적인 위계질서가 존재한다. 낮은 필요들이 충족되면 개인은 더 높은 단계의 필요들로 진행한다. 이 위계질서의 가장 밑바닥에는 기본적인 생리적 필요가 위치하며, 그 다음은 안전과 안정감, 사랑과 애정, 성취와 자존감 그리고 자아실현의 필요가 이어진다. 마지막으로 가장 정점에는 미학적인 필요, 즉 미(美)를 경험하려는 욕구가 존재한다.

더 높은 단계의 동기에 대한 관심으로 매슬로우는 자아를 실현한 사람들을 연구하게 되었다. 그들은 비범하게 높은 심리적인 건강을 갖고 있었고, 자신을 고정관념의 틀에서 벗어나게 하는 능력을 특징으로 갖고 있었으며, 매일의 삶을 현실적으로 인지할 수 있었고, 그것을 방어적으로 받아들이지 않았다는 점에서 남달랐다. 그러한 개인들은 현실을 충분히 인식하고, 자신과 타인을 받아들이며, 삶의 목적 혹은 사명을 인지하고, 독립적으로 사고하며, 타인을 공감적으로 이해하고, 도덕적이고 윤리적 확신을 지녔으며, 창의성을 가졌다는 점으로 특징 지워진다. 매슬로우가 『존재의 심리학을 향하여』(Toward a Psychology of Being, 1962)에서 기쁨과 통찰 혹은 강렬한 자각에 대한 "절정의 경험들"을 가진 것은 바로 이러한 사람들이라고 기록하였다.

그는 인간의 잠재가능성을 인식하였기에 신뢰, 개방성, 위험감수, 자신과 타인의 수용, 기쁨의 능력 및 공감과 같은 가치들을 강조하는 심리학적 사고의 학파에 대해 상술하였다. 따라서 충분히 실현된 인간에 대한 이해는 그렇지 못한 사람들을 위한 지침을 제공해 줄 것이다. 매슬로우에 따르면, 인간은 기본적으로 선하므로 외부의 도움에 호소하지 않고 자신의 잠재력의 한계에 도달하는 것이 필요할 뿐이다. 그의 사후 곧 출판된 마지막 작품인 『인간 본성의 더 깊은 이해』(The Farther Reaches of Human Nature, 1971)에서 그는 자아실현자들을 두 유형으로 개설하였다. 탁월한 실현자들은 통찰에서 더 신화적이고 관조적인 반면, 비탁월적 실현자들은 실용성을 더 지향한다.

비록 많은 매슬로우의 작품이 교육이론의 다양한 형태로 만들어졌으나 비판받지 않는 것은 아니다. 인간의 내재적 선에 대한 그의 믿음은 사회 속에 퍼져 있는 악에 대한 사람들의 대답을 불충분하도록 만든다. 매슬로우에게 악은 부패한 사회에 의한 기본적인 인간본성 파괴의 결과이다. 그는 인간 타락을 부정하면서 이성과 본능 간에 갈등을 보지 못하였다. "건강하라, 그러면 당신은 당신의 충동을 신뢰해도 될 것이다"라는 금언을 제시하였다. 신적인 계시와 신적 존재에 대한 의존개념을 거부함으로써 매슬로우의 이론들은 자연적인 인문주의와 고전적인 기독교적 인문주의 사이에 존재하는 차이점을 더욱 강력하게 드러내었다.

DAVID GOUGH

참고문헌 | F. G. Goble(1970), *The Third Force: The Psychology of Abraham Maslow*; A. H. Maslow(1970), *Motivation and Personality*, 2nd ed.; idem(1982), *Toward a Psychology of Being*, 2nd ed.; idem(1971), *The Farther Reaches of Human Nature*.

참조 | 욕구의 위계(HIERARCHY OF NEEDS); 인문주의/고전적 인문주의(HUMANISM, CLASSICAL); 융, 칼 구스타프(JUNG, CARL GUSTAV); 사랑과 소속감(LOVE AND BELONGING); 자아실현(SELF-ACTUALIZATION)

매체(Media). 교육적으로 사용될 때, 교육의 목표를 달성하는 것을 강화할 수 있는 의사소통의 도구들. 최근 몇 년 동안, 초등학교 교실의 매체에는 인쇄 교재들, 비디오와 오디오 기재, 컴퓨터, OHP, 영화 및 영화슬라이드 등이 포함된다.

이는 "중간"(middle)을 의미하는 라틴어에서 파생되었다. 매체의 형태들은 메시지를 보내는 자와 받는 자 사이의 연결을 구성한다. 기술력이 확장됨에 따라 미래의 교회는 일반적인 사회처럼 메시지 자체를 희생하고 의사소통의 연결 혹은 중간지대를 지나치게 강조할 유혹을 당하게 될 것이다. 그러나 기독교에서 중심이 되는 것은 매체 자체의 선택이 아니라 성경의 메시지(문자적으로, 복음 즉 "기쁜 소식")이다. 기술적인 발전이 사람들을 흥분시키고 있고 또 더욱 그럴 것이지만 그럴수록 기독교교육자들은 예수 그리스도의 메시지와 기독교 정통신앙을 그것보다 우위에 두게 될 것이다. 매체는 무한적 목표인 사랑과 거룩의 하나님과의 친밀한 교제를 위한 수단으로서의 자리를 견고하게 유지해야만 한다.

장차 텔레비전과 컴퓨터 사이의 괄목할 만한 발전과 복잡해지고 발전된 시청각 교재들의 증가는 교육매체에서 기술적인 발전의 물결을 형성하게 될 것이다. 그러나 다른 형태의 비교적 복잡하지 않은 매체의 제공이 효과적으로 계속 활용될 것이다 – 집에서 만든 시각 및 시청각 교재들, 이야기책, OHP, 인형들, 음악, 상징물 등. 의사소통의 복잡하거나 복잡하지 않은 수단들은 기독교교육에서 항상 공존하면서 중요한 역할을 수행하게 될 것이다.

기독교교육가 앞에 놓인 도전은 오래된 방법들을 교회에서 변함없이 계속 사용하도록 적응시켜 가는 것과 빠른 기술적인 발전을 경험하는 문화에 효과적으로 호소하기 위한 새로운 유행에 대해 계속 알아 가는 것이다.

MATT FRIEDMAN

메타메시지(Metamessage). 이미 형성된 의미 내용에 대한 이해에 영향을 주어 변화를 만들어내는 어떤 요소이다. 의사소통은 두 가지 차원의 메시지를 보내는 것으로 구성된다. 정보전달의 차원과 메타메시지 차원이다. 메타메시지는 정보전달자로 하여금 말해지고 있는 것을 어떻게 해석할 것인가를 알도록 도와주는 정보의 틀을 제공한다. 의사전달에 대한 반응은 주로 정보 자체보다는 이러한 해석으로부터 생겨난다. 어떤 사람을 이해하고자 할 때 말과 함께 전달되는 미묘하고 내재적인 요소가 중요하다. 메타메시지에서는 비언어적 의사소통이 큰 역할을 감당한다. 음성의 높이, 성량, 말의 속도, 몸짓 언어, 표정 등이 해석에 영향을 주는 감정과 태도, 느낌 등을 나타내준다. 의사소통에 영향을 끼치는 요소에는 의사 소통자들 간의 거리, 직접성, 접촉성, 정보가 전해지는 환경, 화자의 신뢰성, 이전의 관계성 그리고 성(여성은 일반적으로 메타메시지를 읽어내는 데 더 민감한 것으로 보인다) 등이 포함된다. 메타메시지는 단순한 말의 이해(혹은 오해)를 첨부해 준다. 의사전달자의 의사를 명확하게 하거나 '재구성' 하기 위해 확인하는 것("이 말이 다른 식으로 해석될 수는 없나요"라고 물음으로써)은 이해에서 열린 통로를 유지하도록 도와준다. 대화는 정보를 전달할 뿐 아니라 관계를 유지시키기 때문에 이해받거나 이해하기를 원하는 사람은 메타메시지를 구성하는 내재적인 단서를 인지하는 법을 계발해야만 한다.

JULIE GORMAN

참고문헌 | J. Gorman(1993), *Community That Is Christian*; D. Tannen(1986), *That's Not What I Meant*; idem(1990), *You Just Don't Understand*.

메타인식(Metacognition). 사고 과정에 대해 생각하는 과정이다. 사고를 범주화 해 온 하나의 방식은 어떤 사람이 새로운 무엇인가를 배울 때 선호하는 다양한 유형이나 방식을 고려한다. 버니스 맥카시(Bernice McCarthy)의 4MAT 체계는 그러한 유형이다. 하버드의 하워드 가드너(Howard Gardner)는 또 다른 인식의 유형을 제시한다. 가드너는 사고와 학습의 일곱 가지 방식을 주장하는데, 그는 이를 다중적인 이해력이라고 부른다. 사고에 대해 생각하는 다른 방식은 타인 혹은 자신으로부터라는 동기의 근원이다. 자기-지시적 학습은 보통 성인들과 관련되며 타인-지시적 사고는 종종 어린이들과 관련된다. 사고에 대해 생각하는 다른 방식은 발달적으로 즉 사고의 구별되는 단계들을 나타내는 다양한 연령의 기간에 따라 보는 것이다.

최초의 그리고 가장 유명한 발달적인 관점의 메타인식 이론들 중 하나는 장 피아제(Jean Piaget, 1896-1980)가 제시한 이론적인 분류법이다. 그는 아이들과 젊은이 사이의 발달의 주요한 두 과정들의 질적 차이들을 서술하였다. 첫째, 그는 정신적 과정들을 일관된 조직으로 체계화하는 경향이 있다고 주장하였다. 조직적인 체계는 사람이 나이가 들어가면서 발달한다. 그의 인식기능의 두 번째 원리는 적응이다. 적응은 두 가지 상호보완적 과정을 통해 일어나는데, 그것은 동화작용과 순응작용이다. 동화작용은 사람이 정신적 구조로 환경을 다루는 것을 포함하는 반면에, 순응작용은 환경에 반응하여 정신적 구조를 변화시키는 것을 포함한다. 비록 그 마지막 단계가 늦은 소년기에 시작되는 것이 가장 바람직하지만, 피아제의 서술에는 유아에서 성인까지를 포함하고 있다.

피아제가 서술하는 인식 발달의 유형은 감각운동기의(Sensorimotor) 단계에서 시작하여 전조작기(Preoperational), 구체적 조작기(Concrete Operational), 끝으로 형식적인 조작기(Formal Operational)의 단계로 진행해 간다. 간단히 보면, 감각운동기의 단계에서는 상상과 환상을 사용한다. 전조작기의 사고에는 보존과 연속 같이 지식의 범주들 사이를 구별하는 것과 연관되어 있다. 세 번째는 구체적 조작기의 단계인데 접촉적인 혹은 감각적인 대상물을 가진 사고에 대한 것이다. 마지막 단계를 피아제는 형식적 조작기로 부른다. 그것은 문제들에 관해 가설을 세우거나 추상적으로 사고하는 사람들과 연관되어 있다.

기독교교육자에게 사고의 과정에 초점을 두는 유익 중의 하나는 창조성이 증대된다는 점이다. 피아제의 이론에 따르면, 형식적 작용의 사고자에게는 "만약 그렇다면 어떻게 될 것인가"(what if) 하는 각본을 고려하는 것이 가능하다. 대부분의 성경교육은 어떤 원리를 전혀 다른 배경 속으로 전환하기를 요구하는 어떤 형태의 적용을 사용한다. 형식적인 조작 하에서는 어떠한 사고라도 그러한 전환을 하기에 더 많은 어려움이 있을 것이다. 이것이 왜 메타인식이 기독교교육자와 성경교육을 위해 중요한 연구영역이 되는가 하는 유일한 이유이다.

ROBERT J. RADCLIFFE

참고문헌 | H. Gardner(1983), *Frames of Mind*; H. Ginzberg and S. Opper(1979), *S. Piaget's Theory of Intellectual Development*.

참조 | 피아제, 장(PIAGET, JEAN); 인지발달(COGNITIVE DEVELOPMENT)

멘토링(Mentoring). 이 용어는 고대 고전적인 희랍작품인 호머(Homer)의 서사시 『오디세이』(the Odyssey)에서 처음으로 나타난다. 이 이야기 속에서 율리시스(Ulysses)는 멘토(Mentor)라는 이름을 가진 지혜자에게 자신이 트로이전쟁에 참여하는 동안 자기 집의 행정과 특히 자기 아들 텔레마쿠스(Telemachus)를 지도해 달라고 부탁한다. 멘토와 텔레마쿠스 사이의 관계는 하나의 영구적인 끈이 되었다. 그 당시 텔레마쿠스에게 지혜로운 권고와 조언을 주기 위해 아테나(Athena) 여신이 멘토에게 내재한다는 점을 주목하는 것은 흥미롭다. 그렇다면 이런 기능에서 멘토와 피보호자 관계의 개념은 성(gender)을 포괄한다. 멘토는 텔레마쿠스의 여행을 지도하여 그의 아버지와 재회하도록 한다. 멘토는 텔레마쿠스가 배를 찾도록 돕고, 그의 첫 여행 기간 동안 동행하며, 그 다음에는 이야기의 마지막 부분에서 텔레마쿠스와 그의 아버지 및 그의 할아버지가 가족의 유산(heritage)에 의해 연결되고 함께 집으로 돌아가도록 돕기 위해 다시 돌아올 때까지 떠나 있게 된다.

이 이야기에서 멘토링은 성숙의 과정 즉 젊은이가 위험한 여행을 통과하도록 도와 성인에 이르게 하는 것과 관계있는 중요한 것으로 보인다. 멘토는 어린아이의 인격과 정체성을 형성하도록 돕고 여행 동안 그(녀)를 보호한다. 사실, 피보호자(protégé)에 대한 라틴어는 문자적으로 "보호하다"(to protect)를 의미한다. 멘토는 지도하고 양육하고 보호하고 자신의 후견 아래 있는 자의 학습을 촉진시킨다.

많은 이들에게 멘토링은 제자도와 밀접하게 연결되어 있다. 비록 많은 면에서 유사하지만 그 사이에는 매우 중요한 차이점들이 존재한다. 제자도는 새로운 신자와 주님 사이에 존재하는 관계의 질에 관련되어 있다. 그것은 한 사람의 인격에서 행동이 나오기 때문에 인격의 발전에 초점을 맞추고 있다. 요컨대 그것은 영적인 차원의 발전이다. 한편, 멘토링은 본질상 더 포괄적이다. 그것은 인격의 훈련을 다룰 뿐 아니라 소명에 관한 준비(즉 도제 살이), 건강한 인간관계의 발전, 생활 기술의 육성, 체계적인 학문적 훈련 및 가치형성에 관한 문제들에도 관심을 기울인다. 멘토링은 어떤 사람을 삶의 다중적인 차원에서 준비시켜주는 것이다.

성경은 구약과 신약성경에서 모두 멘토링 관계를 말하고 있다. 하워드(Howard)와 윌리엄(William) 핸드릭스(Hendricks, 1995)는 그들의 책『철이 철을 날카롭게 하는 것같이』(As Iron Sharpens Iron)에서 이런 관계성에 대한 개관을 탁월하게 제공하고 있다(180-81).

1. 구약성경에서(In the Old Testament). 이드로와 모세(출 18장): 이드로는 그의 사위에게 위임이라는 헤아릴 수 없이 귀중한 교훈을 가르친다. 모세와 여호수아(신 31:16-19): 모세는 여호수아가 이스라엘을 가나안으로 이끌 수 있도록 준비시킨다. 모세와 갈렙(민 13장; 14:6-9; 34:16-19; 수 14:6-15): 모세는 갈렙을 지도자로 기르고, 주님의 약속에 대한 확고한 믿음을 그의 안에 불어넣은 것으로 여겨진다. 사무엘과 사울(삼상 9-15장): 사무엘은 사울의 인격을 왕의 수준에 걸맞은 인격으로 형성시키려고 노력하였다. 사울이 주님을 대적했을 때조차 사무엘은 그가 회개하고 하나님께 돌아오도록 계속하여 권고하였다. 사무엘과 다윗(삼상 16장; 19:18-24): 사무엘은 다윗을 왕으로 기름 붓고 그가 사울의 죽이려는 계획에서 피하도록 돕는다. 요나단과 다윗(삼상 18:11-4): 친구 멘토링의 걸출한 모델인 요나단과 다윗은 사울 통치 말기의 고통스러운 날들 동안 서로에게 충실함을 유지한다.

엘리야와 엘리사(왕상 19:16-21; 왕하 2:1-16): 선지자 엘리야는 그의 계승자 엘리사를 선택하여 엘리사가 엘리야를 섬기는 동안 주님의 길을 그에게 명백하게 훈련시킨다. 여호야다와 요아스(왕하 24:1-25): 제사장 여호야다는 겨우 일곱 살에 유다의 왕이 된 요아스가 경건한 원리를 따라 통치하는 것을 배우도록 도왔다. 불행히도, 요아스는 그의 멘토가 죽은 뒤 주되신 하나님으로부터 등을 돌리게 되었다.

2. 신약성경에서(In the New Testament). 바나바와 바울(행 4:36-37; 9:26-30; 11:22-30): 바나바는 바울이 그의 극적인 다메섹 도상 회심 후에 교회와 연결되도록 길을 열었다. 바나바와 요한 마가(행 15:36-39; 딤후 4:11): 바나바는 요한 마가와 함께 일하기 위해 바울과 결별하는 것을 꺼리지 않았다. 나중에, 바울은 바나바의 안목을 다시 인정하여 요한 마가에 대해 "사역을 위해 내게 유용한 자"라고 묘사하였다. 요한 마가는 마가복음의 저자로 믿어지고 있다.

브리스길라와 아굴라와 아볼로(행 18:13, 24-28): 천막 만드는 자였던 브리스길라와 아굴라는 에베소에서 아볼로의 영적 교사였다. 그 결과, 아볼로는 복음에 대한 초대교회의 가장 능력 있는 설교자 중의 하나가 되었다.

바울과 디모데(행 16:13; 빌 2:19-23; 딤전 및 딤후): 바울은 자신의 선교여행 중에 디모데를 초청하여 자신의 사역에 동참하게 하였다. 디모데는 결국 역동적인 에베소교회의 목사가 되었다. 바울과 디도(고후 7:6, 13-15; 8:17; 딛): 바울은 바나바와 함께 분명히 이 헬라어를 말하는 이방인을 믿음으로 인도하여 여행의 동반자와 동역자로 삼았다. 디도는 목사가 되었고, 전승에 의하면 크레데 섬의 최초의 감독이 되었다.

멘토링은 신앙을 전달하는 일을 중요하게 생각하는 그리스도인이라면 누구든지 언젠가는 참여해야 할 개념이요 과정이다. 그것은 부모로서 어린아이가 삶을 위해 지도와 양육과 준비를 하도록 기르는 데 절대적으로 중요한 요소이다. 우리는 신자로서 교회의 지속적인 성공을 확실하게 지켜주기 위해서 다른 사람을 위한 멘토링의 과정에 헌신해야 한다.

MICHAEL J. ANTHONY

참고문헌 | L. A. Daloz(1987), *Effective Teaching and Mentoring*; T. W. Engstrom(1989), *The Fine Art of Mentoring*; H. Hendricks and W. Hendricks(1995), *As Iron Sharpens Iron*.

멘토링과 가정(Mentoring in the Family).

오늘날 미국에서 가정의 힘은 쇠퇴하고 있다. 미래의 훌륭한 교회는 우리가 가정을 얼마나 잘 양육해 내는가에 달려 있고 우리 자녀들이 이 세대 가운데서 얼마나 잘 멘토링되는가에 달려 있다. 멘토링의 선한 영향력은 당연시되고 있고 모든 사람들이 멘토링이 시행되고 있다고 알고 있다. 그러나 멘토링의 높은 가치와 필요성에 대해서 그리고 멘토링과 자녀양육과의 차이에 대해서 거의 주목하지 않고 있는 실정이다. 기독교교육 분야에서 멘토가 가지는 영향의 가능한 범위와 어떤 사람의 특별한 기술이 관계맺음을 통해 청년에게 나누어질 수 있는 방법에 관해서 교육이 이루어져야 한다. 우리는 사도행전과 바울서신에서 바나바와 바울을 우리가 제자도라 부르는 멘토링 관계의 실례로서 인용할 수 있다. 제자 삼는 사람은 제자 삼는 사람 안에서 문제들을 명확히 인식하도록 하고 그리스도를 따르는 교훈으로 바른 태도들과 행동의 본을 제시함으로 도와야 하지 않겠는가? 제자 삼는 모델은 우리가 가끔 멘토링이라 부르는 관계에 대한 형태를 제공하지 않는가? 기독교교육은 하나의 소명으로서 그리고 이 젊은이 세대를 그들이 다시 다음 세대의 좋은 지도자와 부모가 되도록 하는 정도까지 강화하는 수단으로 멘토링을 더 크게 강조하고 포함시켜야만 한다.

교회와 인격훈련을 위한 목표를 잘 간직한 여러 단체들이 기꺼이 소년들이나 청소년들의 부모세대를 잘 섬기고자 노력하는 한편, 그들은 다음세대에 대해서도 그들의 시각을 고정시키는 것 역시 잘하는 일이 될 것이다. 이것은 기독교 자녀양육의 훈련에 그리고 영적 성장에 끼치는 자녀양육의 영향력에 대한 필수적인 부속물로서의 멘토링 교육에 중요성을 부여함으로써 이루어질 수 있을 것이다. 기독교교육은 영적 성장을 위해 멘토링하는 방법에 대해 자주, 지속적으로 훈련하는 것을 포함하도록 – 이것은 대규모일 필요는 없고 일대일 또는 소그룹에 기초를 두는 것이 좋다 – 준비되어야 한다. 기존의 회중은 멘토링을 통해 일어날 수 있는 것을 보여주는 원형으로서 하나 혹은 두 젊은이를 멘토링하도록 선택할 수 있다. 그러면 회중의 다른 이들은 멘토링이 성인에 도달하는 자기 자신의 자녀들과 직접적인 가족은 아니지만 다른 젊은이들 모두에 대해 사용할 수 있는 하나의 예술이요 기술이라는 것을 보게 될 것이다.

멘토는 가르침이나 훈련, 건전한 경계를 가르침 및 성경적 원리에 기초한 사랑의 분위기를 제공함을 통해서 피보호자와 부모로서 관계를 맺게 된다. 그럼에도 불구하고 멘토의 역할은 문제들을 명확히 하고 평가하도록 돕는, 피보호자의 좋은 선택이나 가치를 격려하고 지지하는, 더 적게 말하고 더 많이 들어주는, 피보호자의 독창적인 생각이나 발견에 의해 진심으로 영향과 감동을 받을 수 있는, 다른 성인으로서의 젊은이를 연결시켜 주는, 더욱 일반화된 사람이 되고자 하는 것이 가장 좋다. 멘토는 부모의 매일 매일의 역할과는 다소 다른 역할을 가지고 있다. 만약 진실한 관계를 맺고 있다면 그 영향력은 가르침이라는 종류가 아닌 자연스런 방식이 뒤따라오게 될 것이다. 하워드와 윌리엄 헨드릭스(1995, 231)에게 멘토링은 프로그램이 아니라 관계이다.

부모와 멘토의 또 다른 차이는 피보호자가 관계를 맺고 모방하려고 하는 많은 가능한 모델 중의 하나로서 멘토를 자발적으로 선택한다는 사실이다. 유사하게, 성인 자녀들이 집을 떠난 다음에 부모로부터 조언을 얻고자 할 때 자신들이 찾았던 이와 당장 비슷한 영적 가치를 가진 것으로 평가하는 부모, 당장 유용한 전문지식과 실제적인 경험을 풍성하게 가진 것으로 보이는 부모, 그들의 역할이 멘토와는 다르지만 당장 비판보다는 더 많은 포용과 타당성을 주는 부모들을 선별적으로 선택하여 멘토링을 구하는 것임을 다시 보게 된다. 운동선수의 코치와 아주 비슷하게 멘토는 자신의 피보호자를 그 자신의 특별한 여정에서 앞으로 나아가도록 격려한다.

부모들은 자녀들이 아직 청소년기에 이르지 않았을 때 그들에게 쉬운 접근법을 통해 처음으로 잠재적인 멘토들을 세워줄 수 있다. 그 결과 부모들의 권위가 유일한 권위가 아니게 될 때 멘토들은 이미 자리 잡게 될 것이다. 교회 지도자들, 스포츠 코치, 과외 지도자, 특별하게 인정받는 교사들 등등과 같은 이들이 바깥 세계로의 다리 역할을 하며(Durfield, 1995), 어릴 때는 거의 배타적으로 가족에 의해 제공받았던 제2의 안전그물망으로서 봉사하게 된다. 지도가 주어지게 되고 기독교적 가치와 영적 원리들이 전수되며, 가능성에 대한 비전이 제안되고, 전적으로 그(녀) 자신의 것인 건강한 정체성을 발전시킬 격려, 창의성 그리고 개인주의가 강화된다. 이 모두는 부모로부터의 건전한 분리가 발생하는 때까지 이루어진다.

소위 외부적 멘토들이라 불리는 이들에 더하여 멘토링의 또 다른 열매있는 근원이 있을 수 있다. 그것은 바로 부모들 자신이다. 젊은이들을 떠나도록 하는 과정에서 부모는 더 이상 허락을 해주는 당사자가 아니다. 도리어 그들은 청소년인 자녀가 그(녀)의 선택의 결과에 대해 점점 더 책임지도록 위임해 주기 시작한다. 젊은이들이 살고 싶은 방식과 다른 이들을 대하는 방법, 배우자를 선택하여 자신의 가정을 만드는 방법 그리고 유용한 직업을 발견하는 방법을 찾기 시작할 때는 열정적인 "코치하기"와 격려가 있게 된다.

소위 유행하는 말로 "빈 둥지"(empty nest; TV 시리즈 제목으로 유행한 말로 자녀가 독립, 출가하여 부모만 사는 집을 일컬음-편집 주) 즉, 미리 예상하거나 자녀의 독립으로 인해 찾아오는 남겨져 버린 상태의 슬픔을 느끼는 시기가 찾아 오면 모든 부모에게는 너무나 힘든 순간일 것이다.

또한 자신의 통제권이 없어져 버리고, 실수가 일어나는 것을 보는 것이 얼마나 힘들까! 때로 부모들은 성인 자녀들의 삶을 간섭한다고 질타를 받거나 혹은 그 자녀들의 삶으로부터 영원히 제외된다는 두려움을 느낄 수 있다. 만일 부모가 멘토로서 이제는 덜 집요하게 그리고 좀 더 객관적으로 그들이 성인 자녀의 삶에 여전히 존재한다고 예상한다면 자녀를 떠나보내는 것이 얼마나 쉬울 것인가. 물론 진정으로 떠나보내야 하며 깨어진 관계들 혹은 오랜 상처나 오해 등을 해결해야 하지만 말이다. 부모는 여전히 부모이지만 이제는 성인 자녀들이 충고를 구하는 대상, 그들을 알고 이해해줄 대상, 혹은 단순히 그들의 좋은 친구로서의 멘토이다. 멘토로서의 부모는 이제 모두에게 기대하지 않았던 기쁨을 선사함으로 그 가족의 결합을 강화시킬 것이다. 이는 자녀를 잃는 것이 아니라 한 성인을 얻는 것이다.

로버트 클린턴(Robert Clinton, 1988)은 멘토를 지도력의 질을 발전시키는 사람으로 묘사했다. 그는 여전히 개발도상에 있는 사람에게서 지도력의 잠재성을 깨닫도록 촉진하는 격려와 섬김의 사람이다(217). 더필드(Durfield, 1995)는 멘토가 부모의 대체물이 아니라는 점을 관찰하고 있다. 그는 멘토링이 가정에서 부모가 없더라도 멘토는 때로 대리 부모로서 섬기기 위해 개입할 수 있는 구별되는 역할에 관심이 있다고 암시한다(23).

페리 다운스(Perry Downs, 1994)는 신학 외에 생산적인 교육사역에는 사람이 어떻게 배우는가와 무엇이 사람의 행동에 동기를 제공하는가에 대한 이해가 포함되어야 한다고 지적한다. 영적 성장을 위한 교육의 과정은 단순히 성경적인 정보를 빈 그릇 속에 쏟아 붓는 것일 수 없다. 거기에는 또한 인간의 성장과 발전에 대한 존중이 있어야 한다(69). 인간 성장의 구별되는 단계들과 각 단계를 가장 잘 나타내는 태도와 행동들을 가치 있게 묘사한 것들은 널리 인정되는 인간발달의 주기에 대한 에릭슨(Erikson, 1982)의 분석에서 발견된다(32-33). 인간이 학습하고 발달하는 방법에 대한 더 많은 자료들은 피아제(Piaget), 콜버그(Kohlberg) 및 파울러(Fowler)의 저작들이다.

삶의 원리와 멘토링 조언을 다루는 적절한 성경 본문은 구약성경의 신명기와 지혜문학이다. 요한 복음은 사랑하는 아버지의 모델을 제공하며 비유를 통해 효과적인 멘토의 어조와 태도에 관한 실마리를 제공해 준다. 마태의 팔복은 그리스도인의 인격을 본으로 보여준다. 성경은 제자도를 묘사하는데 특히 사도행전과 바울서신들에서 기독교적 멘토링과 모델링의 본을 보여준다. 자녀양육과 멘토링을 보여주는 탁월한 예화는 누가복음 15장 11-32절의 탕자의 이야기이다. 이 본문에서 우리는 아들을 떠나게 하고 아버지의 가치에 대한 자발적인 선택을 허용함으로써 아버지가 어떻게 부모에서 멘토로 변화하고 있는지 보게 된다.

만약 각 교회가 부모들을 자녀양육자로, 부모들을 멘토로 그리고 다른 남성과 여성을 멘토로 훈련시킨다면, 그것은 하나님 나라의 진보에 엄청나게 중요한 것이 될 것이다. 누군가 말하기를 교회는 멸종으로부터 단지 한 세대 떨어져 있을 뿐이라고 하였다. 우리가 오늘날 아는 것처럼 사회 자체도 멸종으로부터 역시 한 세대 떨어져 있을 수 있다. 무엇이 그 차이를 만들어낼 것인가? 내가 믿기로 그것은 그 소명을 새롭게 하여 아이들과 젊은이들을 멘토링하고 도와줌으로써 가정과 교회 및 지역공동체의 지도자와 바른 모델이 되도록 성장하게 하는 교회일 것이다.

GORDON L. COULTER

참고문헌 | R. J. Clinton(1990), *The Making of a Leader*; P. G. Downs(1994), *Teaching for Spiritual Growth*; idem(1995), *The Power of Fowler*; R. C. Durfield, *A Model for Mentoring and Surrogate Fathering for African American Males*; T. W. Engstrom(1982), *The Fine Art of Mentoring*; E. H. Erikson(1982), *The Life Cycle Completed*; H. Hendricks(1995), *As Iron Sharpens Iron*.

멜란히톤, 필립(Melanchthon, Philip, 1497-1560).

루터파 종교개혁가 및 신학자이다. 바덴(Baden)의 브레텐(Bretten)에서 태어난 그는 슈바르쩌드(Schwarzerd: "검은 땅"을 의미함)라는 자신의 성(family name)을 그 희랍어 형태인 멜란히톤(Melanchthon)으로 바꾸었다. 그는 마틴 루터(Martin Luther)의 후계자요 종교개혁 동안 루터파 신학을 체계화한 인물로 가장 잘 기억되고 있다. 작은 키에 인상적이지 않은 연설 등 외모에서 멜란히톤은 루터와 정반대였다.

그는 하이델베르크와 튀빙겐에서 고전 언어들과 히브리어 교육을 받았으며, 21세에 비텐베르크에서 헬라어 교수로 임명되었다. 그로부터 1년이 지나지 않아 루터는 교회 현관문에 95개 반박문을 게시하였다. 에라스무스(Erasmus)의 영향을 크게 받아 멜란히톤은 인문주의와 루터의 사상을 양립할 수 있는 것으로 생각했지만, 곧 복음주의적인 이유로 인문주의를 떠났다.

1521년 루터의 영향 하에서 그는 비텐베르크 개혁자들의 신학에 대한 라틴어로 된 짧으나 매우 중요한 작품을 작성하였는데 그 제목은 『공통 신학』(*Loci Communes Rerum Theologicarum* <Common theology>)으로 종교개혁 최초의 신학적 논문이었다. 여기서 멜란히톤은 "사람들을 성경으로 자극하려고" 노력하면서 "신학적 학문의 가장 공통의 주제들"을 논하였다.

멜란히톤은 독일의 학교와 대학체계를 설립한 것으로 여겨지며 "독일의 규범적 교사"(Praeceptor Germaniae〈Germany's Principle Teacher〉)라고 불려왔다. 신성로마제국의 찰스 5세(Charles V)가 백성을 통합하고 투르크족의 침입의 위험으로부터 영토를 보호하고자 1530년 아우크스부르크 의회(the Diet of Augsburg)를 소집했을 때, 그는 루터파 귀족들에게 자신들의 종교적 확신을 설명하도록 요구하였다. 멜란히톤은 루터파 교리의 공통 신앙고백을 기초하기 위해 초빙되었다. 그 결과 아우크스부르크 신앙고백(the Augsburg Confession)이 1530년 6월 25일 찰스 5세에게 제출되었는데, 이것이 루터파 교회의 공식적인 신조가 되었다.

1537년에 멜란히톤은 "교황권 공박 논문"(Treatise on the Power of the Papacy)을 썼는데, 이는 루터의 소논문집(Luther's Schmalkaldic Articles)의 일부가 되었다. 1546년의 루터의 사망 이후에 그는 아우크스부르크 신앙고백을 헬라어로 번역하며 조금 수정하여 그것을 콘스탄티노플의 총대주교에게 제출하였다. 몇몇의 루터파 사람들에 의해 원래의 신앙고백이 부정하게 악용되어 해석됨으로 인해 멜란히톤이 기대하였던 통일보다는 분열이라는 결과에 이르도록 하고 말았다. 기독교 세계 내의 평화에 대한 그의 열망은 타협에 대한 비난으로 끝나버렸고 그를 이전 동맹자들과의 교리적 논쟁에 빠뜨렸다. 인문주의적 훈련은 그를 떠나지 않았으며, 말년에도 그는 로마 가톨릭주의와 개신교주의 사이의 찢어진 부분을 수선하려고 노력하였다. 루터보다 덜 교리적이고 독단적이었기에 그는 루터파 교리를 위태롭게 타협한다는 비난에 부담을 느끼며 생을 마감하였다.

DAVID GOUGH

참고문헌 | C. L. Manschreck(1958), *Melanchthon: The Quiet Reformer*.

참조 | 에라스무스, 데시데리우스(ERASMUS, DESIDERIUS); 인문주의/기독교인문주의(HUMANISM, CHRISTIAN); 루터, 마틴(LUTHER, MARTIN); 종교개혁(REFORMATION, THE)

명상(Contemplation).

하나님에 대한 생각에 몰두하는 것, 조용하고 단순하게 하나님께 기도하는 것이다. 명상하는 사람은 적게 말하고, 경청하며 기대하는 마음으로 하나님 말씀을 듣기 위해 조용히 침묵한다. 일부 기독교 전통에서는 하나님께 주의를 집중하기 위해 몇 마디의 말을 반복하기도 한다. 동방 정교회에서는 "예수의 기도"(Jesus Prayer)를 사용한다. 명상자는 "주 예수 그리스도, 하나님의 아들이시여, 죄인 된 저에게 자비를 베푸소서"(Lord Jesus Christ, Son of God, have mercy on me, a sinner)를 계속하여 이 말이 배경이 되고 하나님께 온전히 집중할 때까지 반복한다.

명상과 묵상(meditation)이라는 두 단어는 종종 동의어로 사용되는데, 기독교 전통 안에서는 이 두 단어 사이에 미묘한 차이가 있다. 묵상(meditation)은 명상보다는 좀더 인지적인 것으로 이해된다. 즉 심각한 성찰을 통해 지식의 증가를 구하는 정신훈련이다. 묵상은 때로 성경이나 다른 교재를 기도하는 자세로 활용한다. 명상은 인지적이기보다는 감정적이라고 이해된다. 즉 정신보다는 마음의 훈련으로 본다. 그러나 정신과 마음을 분리하지 않도록 주의해야 한다. 명상은 하나님께 좀더 마음을 열고 그분을 알고 사랑하기 위한 훈련이며, 영혼이 하나님과 더불어 쉼을 갖는 것이다. 명상은 연구를 위한 교재를 필요로 하지 않고 질서정연한 사고를 요구하지도 않는다.

기독교의 일부 전통은 묵상훈련을 통해 명상에 이를 수 있다고 말한다. 사람이 묵상을 통해 하나님을 좀더 잘 알게 되면, 그는 명상을 통해 하나님 사랑 안에 거하고 하나님의 음성을 듣기 위해 더 많은 시간을 보내고 싶어진다는 것이다. 다른 사람들, 즉 크로스의 성 요한(St. John of the Cross⟨1542-1591⟩: 테레사와 함께 스페인 신비주의 신학의 요람인 "맨발의 수도회"⟨the Descalced Carmelites⟩를 설립했다-역주)이나 아빌라의 테레사(Teresa of Avila⟨1515-1582⟩: 스페인의 신비주의자. 사랑과 묵상을 행동으로 실천한 지도자로 유명하다-역주)와 같은 사람들은 묵상과 명상 사이의 관계를 영적 생활의 단계로 이해했다. 영적 생활의 "높은" 단계에 있는 사람들이 명상에 잠겨 있다고 했다.

묵상과 명상을 훈련하는 일과 관련, 몇 가지 주의사항이 있다. 첫째, 명상과 묵상이 현실과 인생의 고통으로부터 회피하는 수단으로 인식되어서는 안 된다. 이런 훈련을 통해 하나님께서 당신을 온전히 계시하시고, 고통스럽기는 하지만 진정한 우리 자신을 볼 수 있다. 명상과 묵상은 하나님 앞에서 자기를 아는 인정된 길이다. 둘째, 명상훈련이 혼합주의로 인도할 수도 있고, 명백한 기독교적 견해로부터 벗어나게 될 수도 있다. 만약 성경을 묵상한다면, 그것이 그리스도에 대한 명상의 초점을 지켜줄 것이다.

명상이 그리스도인의 성숙을 돕는다. 기독교육은 명상에 대한 풍부한 전통을 가르치고 그리스도인들의 신앙발달을 위해 이런 훈련을 하도록 격려해야 할 필요가 있다.

LES STEELE

모델링(Modeling). 관찰자에게서 새롭고 원하는 행동양식들을 끌어내기 위한, 관찰된 모델의 조직화되거나 비조직화된 노력들이다. 모델링은 의도하는 행동의 결과들을 가능하게 하기 위한 하나의 계획된 교육요소이어야 한다. 학습과정에 관련된 이들이 삶의 정황에서 자발적으로 표현되기 원하는 목표들이 강력한 교육적 도구를 제공할 때, 모델링의 비형식적 측면은 학습과정에서 아주 중요한 역할을 한다.

비록 모델링이 그 당시 팔레스틴의 전형적인 랍비의 방식이었지만, 예수께서는 제자들에게 효과적으로 적용하시는 데 탁월하셨다. 로렌스 리처즈(Lawrence Richards)가 지적한 것처럼 학생은 모범이 되는 사람과 삶의 넓은 영역에서 계속적이고 오랜 접촉을 유지해야만 한다. 모델은 긴 기간 동안 일관성이 있어야 한다. 모델은 학생을 바람직한 결과를 위한 계획적이고 임의적인 실물교육에 참여하도록 해야 한다. 모델은 그(녀)의 언어적 교훈들이 본이 된 행위와 부합하는 것임을 확신해야만 한다. 그리고 학생과의 돌보는 관계는 교육의 환경을 둘러싸고 있어야 한다(Richards, 1975, 84-85).

예수님의 "나를 따르라"는 도전에는 리처즈의 모든 강조점들이 존재하는 것으로 보인다. 이 역동성의 한 예는 제자들의 기도에 대해 더 배우고자 했던 열심이다. "주여, 우리에게 기도를 가르치소서!" 그들은 어느 날 예수께서 기도하는 것을 지켜본 뒤 요청하였다. 모델이 된 행동은 배우고자 하는 열망을 이끌어냈고 결국 교육의 기회가 되었다.

사도 바울은 서신서들의 수신자들을 권면하면서 명백한 모델링 언어를 사용한다. "내가 그리스도를 본받는 것처럼 나를 본받으라"(고전 11:1) 및 "어떻게 우리를 본받아야 할 것을 너희가 스스로 아나니"(살후 3:7).

연구자들인 브라이언(Bryan)과 왈벡(Walbek)은 모델링의 힘을 보여주는 연구를 지도했다. 연구에 참여한 모든 어린이는 성인 모델과 함께 게임을 하였다. 게임의 요점은 돈을 버는 것이었다. 실험의 일부분으로서 가난한 자들을 위한 기부를 요청하는 상자가 게임을 하는 방 안에 놓여졌다. 각 성인 모델은 그 상자에 대해 언급하였다. 어떤 이는 기부와 주는 것의 가치에 대해 좋게 말하였고, 다른 이들은 그들이 번 것은 그들 자신의 것이며 아무도 타인에게 돈을 주라고 요구해서는 안 된다고 주장하였다. 그들의 말한 입장과 무관하게 각 그룹의 성인들은 그들이 얻은 돈의 절반을 기부하였다. 실험의 결과는 매우 극적인 것인데 아이들의 호의적인 행동이 성인들의 말한 것보다는 그들이 행한 것에 의해 더욱 많은 영향을 받았다는 것이다. 예를 들어, 만약 한 성인이 기부에 반대하는 말을 하였으나 어쨌든 기부하였다면, 아이들은 더 주고자 하게 된다. 만약 주는 것에 대해 호의적으로 말했으나 기부하지 않았다면, 아이들은 그 성인의 조언보다는 그의 행동을 본받기 더 쉽다는 것이다.

최근, 스탠포드의 교육과학자인 앨버트 밴두라(Albert Bandura)는 모델링(새로운 반응들을 획득함)과 금지-반금지 효과(각각, 비슷한 행위 때문에 벌 혹은 상을 받은 어떤 모델을 본 결과로서 일탈적인 행위를 그치거나 혹은 시작하는)와 그 결과적인 효과(모델의 행위와 관련된 행동에 연관됨) 사이에 있는 명백한 차이점들에 대해 지적하였다.

MATT FRIEDMAN

참고문헌 | A. Bandura(1969), *Principles of Behavior Modification*; idem(1977), *Social Learning Theory*; L. Richards(1975), *A Theology of Christian Education*.

모라비안교육(Moravian Education).

모라비안 사람들은 보헤미아인 프로테스탄트 순교자 후스(John Hus, 1371-1415) 신봉자들의 영적 후예들이다. 후스는 성경은 반드시 자국어로 사용할 수 있어야 하며 떡과 잔(성만찬)이 회중들에게 행해져야 할 것을 가르쳤다. 후스의 신봉자로서 모라비안 사람들은 믿음과 행위의 문제에 있어서 성경을 우위에 두었고, 거룩한 생활방식과 이웃사랑을 강조했다. 모리비안 사람들은 스페너(Philip Jacob Spener, 1635-1705)와 프랑케(August Hermann Francke, 1663-1727)에 의하여 나타난 경건주의 운동에 영향을 받았다. 스페너는 "경건한 자들의 모임"(collegia pietatis)으로 불리는 가정성경교육운동을 시작했다. 프랑케는 아동들을 위한 초등학교와 중등과정의 학교 그리고 고아원을 조직하였다.

모라비안 사람들은 "형제회"(The Unitas Fratrum)을 1457년에 정식으로 조직하였다. 창시자 그레고리(Gregory)의 지도력 아래, "형제회"는 믿음, 우정 그리고 자유의 3가지 개념을 강조하였다. 그들은 교리나 교회전통 위에 실제적으로 삶으로 보여주는 기독교인을 중요시하였다. 아울러 모라비안 사람들은 아동교육에 대하여 깊은 관심을 가졌다. 감독 중의 한 사람인 코메니우스(John Amos Comenius, 1592-1670년)는 아마도 그 시대에 가장 중요한 교육자였으며, "현대 교육의 아버지"라고 불려진다. 코메니우스의 가르침은 모라비안 사람들로 하여금 교회 뿐만 아니라 학교를 세우는 것에 동기를 부여했다.

극심한 박해의 시기 후, 모라비안 사람들은 색소니(Saxony)에 있는 진젠도르프(Count Nikolaus Ludwig von Zinzendorf, 1700-1760)의 소유지 안에 도피처를 제공받았다. 모라비안 운동은 종식되기 직전이었지만 진젠도르프의 지도력 아래에서 이 운동은 되살아나게 되었다. 진젠도르프는 "루터 이래로 가장 위대한 복음주의자이며 그 시대의 가장 세계적인 사상가"로 불린다. 초창기에 진젠도르프는 그의 삶의 좌우명으로 "나는 한 가지 열정이 있습니다. 그것은 오직 하나님 한 분이십니다"를 삼았다.

진젠도르프는 할레(Halle)에서 6년 동안 가족이 서로 알고 지내는 친구이자 그의 후견인인 프랑케(Francke) 밑에서 공부하였다. 진젠도르프가 프랑케와 함께 아동교육에 대한 열정으로 그의 생애를 불태웠음은 말할 것도 없다.

진젠도르프의 소유지는 빠른 성장으로 인해 수용능력이 바닥이 났다. 이로 인해 헤른후트(Herrnhut, "주님은 지켜보신다") 도시가 가까이에 세워졌다. 이 지역사회에서는 금식과 기도시간을 연장하는 것과 같은 정신적인 훈련들을 쌓았다. 더욱이 진젠도르프는 복음전도, 격려하기 그리고 의무 등을 강조하였다.

헤른후트에서 진젠도르프는 아동교육을 우선순위에 두었다. 프랑케로부터 배운 유형에 따라서 진젠도르프는 아동들을 부모들로부터 분리하여 교육하고 양육하였다. 심지어 이 사회에서는 결혼 반려자의 선택도 통제하려고 애썼다.

진젠도르프의 영향력 아래 모라비안 교육제도에는 세 가지 중요한 구성요소가 있었다 – 성경, 교리문답 그리고 찬송가집 등이다. 특히 성경은 믿음, 교리 그리고 실천에서 유일한 규범이 되도록 애썼다. 모라비안 사람들은 성경이 반드시 사람들의 모국어로 번역되어야 하고 매일매일 읽혀야 된다고 믿었다. 그들은 세부적 교리 진술을 피하는 경향이 있었으나 "예수 그리스도는 주이시다"와 교회의 초기 교리들과 같은 믿음의 고백들에 동의하였다.

모라비안 예배는 예전이었다. 모라비안 예전은 규정된 찬송가와 인도자와 회중을 위한 말씀읽기가 포함되어 있었다. 성탄절과 부활절은 모라비안 예배 중에서 가장 중요한 시기였다. 진젠도르프의 관습들 중의 하나는 헤른후트 타운에서 그의 회중에게 다음날을 위한 "표어"를 주는 것이었다. 이 "표어"는 하나 또는 그 이상의 성경구절들과 찬송가 절들 그리고 간결한 기도문으로 구성되어 있었다. 이 관습은 연간 발행되는 『모라비안 일일교재』(*Moravian Daily Text*)에서 발행하고 현재까지 계속되고 있다. 진젠도르프는 다작의 찬송가 작가였고, 대중과 개인이 불렀던 찬송가는 모라비안 예배에 있어서 매우 핵심적인 부분이었다.

모라비안 사람들은 또한 복음이 온 세계에 이르도록 하는 비전을 가지고 있었다. 1732년 첫 번째 모라비안 선교사들인 도버(John Dober)와 니츠먼(David Nitschman)은 서인도제도로 여행하기 위하여 그들 자신을 노예로 팔았다. 1735년, 스팡겐버그(August Spangenberg)는 미국으로 보내졌다. 그곳에서 그는 조지아, 노스캐롤라이나 그리고 펜실베니아 지역에 교회들을 설립하였다. 1738년까지, 공동체가 유럽의 5개국에 설립되어졌다. 모라비안의 선교 열정은 개신교에서 선교사와 회중의 비율이 1:5000이 되는 것과 비교해서 1:60의 높은 비율로 현재까지도 계속되고 있다. 진젠도르프 자신은, 교회들이 연합하기 위한 시도를 실패한 가운데 1741년에 미국의 식민지들을 방문했다. 웨슬리(John Wesley)는 폭풍 속에서 대서양 횡단 항해를 하는 동안 모라비안 그룹의 평온한 영혼을 관찰하면서 신앙의 전환점을 맞이했다. 며칠 후, 모라비안 사람이 가톨릭의 책에 있는 루터의 주석 서문을 읽는 것을 듣고 나서 웨슬리의 가슴은 "이상하게도 따뜻하게" 되었다. 모라비안 교회의 현재 교인수는 전 세계에 걸쳐서 700,000명이 넘는다.

JONATHAN N. THIGPEN

참고문헌 | K. O. Gangel and W. S. Benson(1983), *Christian Education: Its History and Philosophy*; T. F. Kinloch(1975), *A History of Religious Education*; J. E. Reed and R. Prevost(1993), *A History of Christian Education*; W. Walker(1959), *A History of the Christian Church*.

모의실험(Simulation). 모의실험은 실제와 유사한 가상학습환경을 만들어줌으로써 역동적이고 문제 중심적인 학습에 도움이 될 수 있다. 모의실험의 능력은 실제 학습상황을 재창출할 수 있는 능력에 있다. 이렇게 가상적으로 창출되고 통제되는 환경은 "실세계"에서 효과적인 성취에 필요한 지식과 감정 그리고 기술들을 요구한다. 가상현실 활동들은 가장 복잡한 형태의 모의실험을 대표하지만 실세계 환경을 재창출하고자 하는 모든 학습활동은 모의실험이 될 수 있다. 인공호흡을 가르치기 위해 마네킹을 사용하는 것은 모의실험에 포함된다. 사회체계에서 역할극 상호작용 또한 모의실험에 포함된다. 모의실험의 목표는 실험학습을 허용하는 실세계 상황의 중요한 특징들을 복사하는 것이다. 학습자들은 학습(혹은 학습의 실패)의 모의결과들을 경험한다. 모의실험들은 그 이름이 붙여지기 훨씬 이전부터 사용되어 왔다. 그 용어는 2차 세계 대전에서 사용된 비행훈련기계에 붙여졌다. 오늘날 역할극, 게임 그리고 컴퓨터 모의실험은 다양한 교육환경에서 폭넓게 사용되는 모의실험의 유형들이다.

모의실험을 인도하는 것은 자료 준비와 활동 그리고 교육적인 목표 등을 효과적으로 관리하는 것을 요구한다. 유능한 조력자는 모의실험에 필요한 모든 자료들을 모으고, 필요한 공간 배열을 하고 모의실험이 어떻게 전개될 것인지를 시각화한다. 모의실험 중 유능한 조력자는 지침사항들을 분명하게 전달하고, 모의실험이 자연스럽게 진행되도록 하며 주의 깊게 관찰하고 듣는다. 유능한 조력자는 모의실험의 목적들을 분명하게 확인하고, 참가자들의 동기와 관심사들을 알고, 참가자들의 필요와 모의실험의 목적이 가장 잘 맞게끔 모의실험을 수정함으로써 교육 목적들을 관리한다.

모의실험은 학습의 전이를 목표로 하기 때문에 활동 후의 보고가 그 성공에 중요하다. 활동 후 보고는 세 가지 토론의 초점을 포함한다. 첫째, 참가자들은 "일어난 일"에 대해서 기술한다. 지도자나 할당된 관찰자들이 주의 깊게 관찰함으로써 이 기술작업을 향상시킬 수 있다. 다음으로 활동 후 보고는 내적 수준 즉 참가자들의 감정, 동기, 목적 그리고 활동에 대한 반응으로 경험되는 의미로 이동한다. 마지막으로 활동 후 보고는 실제 환경에 부합되고 전이되는 학습으로 이동한다.

ROBERT DROVDAHL

참고문헌 | W. Heitzmann(1983), *Educational Games and Simulations*; K. Jones(1995), *Simulations: A Handbook for Teachers and Trainers*.

모임(Meeting). 컨퍼런스(Conference)를 보라.

모집(Recruitment). 성경적으로 모집은 "복음을 충성된 사람들에게 부탁하여 저희가 또 다른 사람들을 가르칠 수 있도록 하는 것"이다(딤후 2:2). 효과적인 모집은 교회의 가르치는 사역에서 섬길 수 있는 자격 있는 사람들을 찾아내고, 확보하고 후원하는 지속적인 계획을 요구한다. 대부분의 기독교교육자들은 그것을 가장 힘든 일이라고 부른다. 부정적으로 접근했을 때, 이 과업은 자원봉사자들에게 간청하거나 부담을 안겨주는 일이 될 것이다. 긍정적으로 접근했을 때, 이 과업은 기독교 신앙을 다음 세대에게 물려주는 역할을 할 사람들의 은사들을 발굴해내는 것이다.

1. 지속적인 계획. 모집은 지속적인 계획을 필요로 한다. 사역 자리가 생길 때 모집을 시작할 경우 그것은 너무 늦다. 모집의 일부분은 가르침에 대한 긍정적인 환경을 만들고 가르침에 대한 거부반응을 극복하는 것을 포함한다. 우리는 신앙공동체 내에서 교사와 가르침의 사역에 대한 가시성과 가치를 향상시킬 때 긍정적인 교수환경을 만드는 것이다. 이 목표를 달성하는 어떤 특별 공식은 없다. 지도자들은 반드시 다음과 같은 질문을 해야 한다. "가르침의 중요성을 강조하기 위해 우리가 하고 있는 것들은 무엇인가?" 교사 헌신, 가르침에 대한 설교, 감사예배, 오픈 하우스 및 교실을 소개하는 홍보용 양식 등은 교사들이 가져야 할 자존감을 높여주는 몇 가지 가능한 방법들이다. 지속적인 계획의 두 번째 부분은 현재 가르침의 사역에 몸담고 있는 사람들에게 긍정적이고 만족스러운 경험을 제공하는 것이다. 자원봉사자 교사들은 오늘날 종종 고립감을 경험하며 감사의 표현을 전혀 받지 못하고 있다. 감사를 표현하고 교사들이 자신들의 일을 감당할 수 있도록 도와주는 것은 그들로 하여금 자신들이 지원을 받고 연결되어 있다는 생각을 갖도록 한다.

또한 교육자들은 가르침에 대한 거부감을 살피고 그러한 장애물들을 극복할 수 있는 방법들을 찾아내야 한다. 참여 유형은 사람들의 삶의 유형과 대략 맞아야 한다. 우리는 이러한 변화를 슬퍼하고 더욱 더 헌신해 주기를 바랄 수 있지만 우리 또한 현대 삶의 유형을 수용하는 체계들을 바로잡아야 한다(예를 들어, 팀 교수법 및 훌륭한 보조 네트워크).

2. 발견. 후보 교사들을 발견하는 것은 공동의 책임이어야 한다. 한 축구팀에게 골키퍼가 필요하다고 하면 팀 전체에게 문제가 있는 것이지 코치에게만 있는 것은 아니다. 현 "팀"의 모든 구성원들이 후보 교사들의 이름을 제공할 수 있을 것이고, 또한 준비가 된다면 그 후보 교사들이 자원하도록 초청할 수 있을 것이다. 대부분의 사람들은 교사로 초청 받을 때 적어도 그 교사직에 대한 설명, 요구되는 시간 그리고 그 지위에 대한 기대사항들에 대한 설명이 있어야 한다는 데 동의한다.

3. 확보. 모집은 가르침에 대한 긍정적인 환경을 조성하는 것을 포함할 뿐만 아니라 사람들이 결정을 내리게 하는 것, 즉 섬김의 기회에 대해 '예'와 '아니요'를 말하도록 하는 것까지 포함한다. 의사결정의 시점이 다음과 같은 특징을 나타낼 때 그 사람과 사역은 가장 효과적일 것이다. (1) 그 사람이

하나님의 부르심에 대해 반응하고 있다. (2) 그 결정을 내릴 수 있는 충분한 시간을 준다. (3) 그 과정이 기도로 이루어진다.

4. 후원. 자원봉사자 교사들을 후원함으로써 모집 과정의 한 주기가 끝나고 새로운 주기가 시작이 된다. 즉 첫째, 교사들은 부장들이 인도, 보조, 훈련 그리고 격려를 제공할 때 자신들이 후원을 받고 있다고 생각한다. 가르침과 배움의 상황은 때때로 교사들을 고립시키며 교사들로 하여금 "아무도 내가 하고 있는 것을 몰라"라는 느낌을 가지게 할 수 있다. 피드백과 조언을 통한 부장의 인도는 교사들에게 그들의 사역이 누군가에게 중요하다는 것을 말해 준다. 둘째, 교사들은 자신들의 사역 수행에 도움을 받을 경우 자신들이 후원을 받고 있다고 생각한다. 최신의 보조교사 목록, 잘 갖추어진 자료실, 쉽게 이용할 수 있는 시청각 장비 그리고 특별 활동을 위한 경비 등은 교사들에게 필요할 경우 도움을 받을 수 있다는 것을 말해 준다. 셋째, 교사들은 효과적인 가르침에 필요한 기술들을 훈련받을 때 자신들이 후원을 받고 있다고 생각한다. 넷째, 교사들은 자신들이 격려를 받을 때 자신들이 후원을 받고 있다고 생각한다. 감사 쪽지나 편지, 상 아니면 작은 선물 내지는 기념품과 같은 것은 교사들로 하여금 인내하도록 격려해 주는 방법들이다.

5. 자격을 갖춘 사람들. 신학적, 교육적 그리고 법적인 이유들이 교회가 자격을 갖춘 자원봉사자들을 모집하는 데 더욱더 의도적이어야 한다는 사실을 정당화시켜 준다. 자격요건들은 지원자에 대한 검사기능을 가지고 있으며 모집을 단지 자원봉사자들에 대한 필요를 공식적으로 요구하는 것 이상으로 만들어 준다. 아이들의 안전과 교회의 보호를 위해 어떤 주에서는 자원봉사자들의 범죄 기록을 확인할 것을 명한다. 교회는 교인등록을 자원봉사의 조건으로 요구할 수 있다. 자격을 갖춘 사람들이 섬길 수 있도록 하는 적극적인 모집이 교회가 적합한 교사들을 확보하기 위해 밟아야 할 길이다(딤후 2:24).

ROBERT DROVDAHL

참고문헌 | M. Senter(1983), *The Art Recruiting Volunteers*; D. Williams and K. Gangel(1993), *Volunteers for Today's Church*; F. R. Wilson(1990), *Christian Education Journal* 11(1990): 51-68.

목사/목회자(Minister). '목회자'(minister)라는 용어를 둘러싼 일반적인 주제는 봉사(service)이다. 그것은 사람들을 섬기기 위해 어떤 공적인 직위를 지닌 사람들을 가리키는 말로 공적인 무대에서 사용되어 왔다. 바알숭배와 같은 이방 종교들에도 제사장들이 존재함을 유의해야 한다(왕하 10:19-23). 전문적인 종교적 봉사와 일반적인 종교적 봉사를 명백히 구별하고 있는 구약성경에서 '목회자'는 주로 레위인들과 제사장들의 종교적 책무와 관련되어 있다(출 28:42-43; 민 3:5-10; 신 10:8).

그러나 이 상황은 신약성경에서 극적으로 변화된다. '목회자'라는 용어는 원래, 바인(Vine, 1981)의 주석에 의하면 종, 하인, 목사, 혹은 집사로 가장 많이 번역되는, 디아코노스(diakonos)라는 용어로부터 생겨났다. 구약성경에서 특정의 사람들만이 제사장적 직무를 위해 위임받거나 구별된 것과 달리, 신약성경에서는 그리스도의 몸의 모든 지체들은 거룩한 제사장직의 일부분이며 하나님과 그의 교회 앞에서 목회자들로 여겨졌다(벧전 2:5, 9-10). 그러나 선택되거나 특정된 제사장직이 종교적 봉사를 하는 특정의 개인들만을 허용하는 가톨릭 교회를 통해 오랫동안 유지되었다. 종교개혁은 모든 신자들의 제사장직에 대한 관심을 다시 강조하려 하였으나 옥덴(Ogden, 1990)이 말한 것처럼 그것은 충분히 실현되지 못하였다.

이 점에 기여한 하나의 요소는 성직의 전문화였던 것으로 보인다. 모더니즘에서 생겨난 전문화된 연구영역의 확산과 함께 이러한 직업적인 직위(예를 들면 담임목사, 청년부 목사, 교육목사, 유년부 목사, 미혼자 부목사 등)를 수행하도록 사람들을 준비시키는 학교들이 늘어났다. 비록 지역 교회가 신자들의 계층을 외적으로 신봉하지는 않지만 옥덴이나 다른 이들이 믿는 것처럼 그럼에도 불구하고 이런 현상이 발생해 왔다.

신자들의 성직 및 모든 지체의 사역이라는 개념을 다시 신봉하고 그것에 근거해 행동하려는 새로운 노력이 그리스도인들 사이에 있는 것으로 보인다. 그 증거에는 자원자 동원과 훈련, 영적 은사들의 확인과 활용, 일반 사역자들의 더 중요한 책임들에 대한 새로운 강조가 포함된다. 많은 교회들은 모든 신자들이 하나님의 성직의 지체들로서 그들이 "그리스도 예수 안에서 선한 일을 위하여 지으심을 받은 자로서 하나님이 전에 예비하사 우리로 그 가운데서 행하게 하려" 하신 것을 깨닫도록 돕는 일을 강조하고 있다(엡 2:10).

JAY DESKO

참고문헌 | G. Ogden(1990), *The New Reformation*; W. E. Vine(1981), *An Expository Dictionary of New Testament Words*.

목사(Pastor).
교육자로서의 성직자(Clergy as Educators); 목회자(Minister)를 보라.

목적(Goal).
의도(意圖)의 진술이다. 목적은 학생들의 행동과 교사의 활동을 위해 혹은 원하던 진술이 기관이나 프로그램에서 결과로 나타남에 따라 세워질 수 있다. 목표는 측정 가능한 행동, 진행, 인지적, 정의적, 정신 운동, 또는 반응 영역에서의 학습을 포함한다. 목적은 특별함의 다양한 수준을 지닌 일반적 진술이다. 때때로 그 용어는 'purpose, objective, aim, outcome' 등으로 다른 표현이 유사하게 사용된다.

또한 목적은 용어의 구체성으로 평가될 수 있다. 'purpose'는 '왜'의 대답이며, 'goal'은 '무엇'의 대답이며, 'objective'는 '어떻게, 언제, 어디서'의 대답이다. 확신하건대 이것들은 임의적인 구분이다. 교육자들은 이 세 개의 용어 사용에 동의하지 않을 증거를 제공한다. 구조적 목표 안에서 성직자 계급제도를 이해하는 것은 이 방면에서 필요한 논쟁을 맞추는 데 조력한다. 목적이 조직과 프로그램과 교수의 수준에서 어떻게 정의되고 있는지 명료하게 확인하는 일은 혼동을 피하는 데 도움을 줄 것이다. 또한 목적은 너무 방대하거나 너무 협소할 수 있다. 그러나 교육의도와 과정의 균형은 목적을 기술함에 있어서 가장 바람직하다.

'purpose'는 지시사항 혹은 목적, 사람들이 달성하기 원하는 것 등의 프로그램이나 교수의 원리를 무엇보다 중요하게 언급하는 듯하다. 이러한 종류의 목적은 의도된 지시사항과 길을 가리킨다. 이미 발생한 어떤 것을 측정할 때, 목적은 결말, 결과, 목표와 더욱 가까이 있다.

목적의 원천은 작가의 교육철학에 따라 다양할 수 있다. 그룹의 합의, 삶의 정황에 학생을 준비시키는 일(과학적 방법) 그리고 기독교적 이상과 성경의 명령에 따라 개요된 목적들(철학적 방법)은 목적을 결정하기 위한 세 가지 방법이다. 적당하며, 효과적인 목표를 작성할 때 에지(Edge, 1956)의 가이드라인은 유익하고 효과적인 목표를 작성하고자 할 때 도움을 준다. (1) 목적은 기억하기에 간편해야 한다. (2) 목적은 받아쓰기에 분명해야 한다. (3) 목적은 달성하기에 충분히 구체적이어야 한다.

목적은 많은 이익을 제공한다. 예를 들어, 목적을 세우게 되면 현재 및 미래의식, 열정, 평가의 기초, 철저한 계획 세우기, 생산성에 대한 강조 그리고 갈등의 감소 등의 유익을 실증적으로 확인하게 된다. 목적 세우기의 최상의 국면 중 몇 가지는 그것이 지나간 성취 업적들을 축하할 기회를 제공한다는 점이다. 목적은 현재 활동의 명료성을 제공하며, 미래에 협력을 위한 이유를 제공한다. 따라서 목적을 세우는 것은 시간과 정력을 투자할 가치가 있다.

GREGORY C. CARLSON

참고문헌 | F. B. Edge(1956), *Teaching for Results*; K. O. Gangel(1997), *Team Leadership in Christian Ministry*; J. F. Sellars, *Christian Education Journal* 14, no. 1(1993): 92-93.

| 참조 | 수업계획(LESSON PLAN); 전략입안(STRATEGIC PLANNING); 비전(VISION)

목적을 따르는 경영(Management by Objectives).

조지 오디오르네(George Odiorne)가 주창하고 피터 드러커(Peter Drucker)가 관련하였으며 1950년대에 시작하여 1960년대에 인기를 누린 행정 철학이다. 미글리오레(Migliore)와 군(Gunn, 1995)은 목적을 따르는 경영(MBO)을 조직의 목적, 목표, 전략, 바람직한 결과 그리고 평가 형태 등을 정의하거나 발전시키는 포괄적인 접근으로 규정한다. 목적을 따르는 경영은 9단계 과정을 포함한다. (1) 조직의 존재 목적과 이유를 정의, (2) 조직 환경을 조정, (3) 현실적으로 조직의 약점과 강점을 평가, (4) 예상할 수 없는 미래 사건들을 가정, (5) 중요 영역의 문서상의, 구체적이고, 측정 가능한 목적들을 규정, (6) 유용한 자원들을 활용하기 위한 전략 개발, (7) 목적 달성을 위한 장단기 계획, (8) 바람직한 발전 속도와 목표의 일관성을 충족시키는지 결정하기 위한 조직 평가, (9) 목적, 환경, 강점, 약점 그리고 다음 해 실행을 위한 목표 설정 이전에 가정들을 재평가하는 것 등이다.

목적을 따르는 경영은 일상적이고, 효과적이고, 신뢰할 만하며, 예측 가능한 조직을 가정하는 기계적인 철학이다.(Morgan, 1997, 13). 목적을 따르는 경영을 기독교교육에 적용해 볼 때, 이것의 강점은 특정 사역의 목표를 정의하고, 평가하고, 도달하는 것이다. 비슷한 접근들이 교회 경영(목적을 따르는 사역- MBO), 학교 행정(목적을 따르는 교육-EBO) 그리고 교육과정 고안(타일러〈Tyler〉 방법론) 등에서 발전되었다.

만약 처음에 의사소통이나 피드백이 충분히 주어지지 못하면, 목적을 따르는 경영의 지도력은 완고하고 독재적인 관료주의가 될 위험이 있다. 마치 구성원 각자는 언제든지 교환가능한 기계의 "부품"처럼 여겨질 수 있고, 숨겨진 교육과정은 종종 조직의 목표를 이루기 위해 순응을 지향하는 사회화를 포함할 수 있다. 또한 목적을 따르는 경영의 지도자는 많은 회중의 더 유기적이고 예측할 수 없는 특성을 간과할 수 있다. 또한 의사소통이나 피드백이 시간을 낭비하는 것으로 보여져왔다.

그러나 목적을 따르는 경영은 구조를 보완하는 전략을 제공하고 사역의 지도력에 초점을 맞춘다. 자유방임적 지도력 등과 같은 다른 간접적인 경영 접근법들과 달리 목적을 따르는 경영은 기독교교육행정에 분명한 이점을 제공한다. 목적을 따르는 경영은 다른 조직에 비해 행정이 위험에 처한 경우에 특별히 성공적인 전략이다. 목적을 따르는 효과적인 경영은 모든 수준의 사역이 투입되고 일반 사역에서도 목표를 향해 주인 정신을 가질 수 있도록 해준다. 또한 이것은 안정적인 성도들에게 지속적인 행정적 접근을 제공해 준다.

DEAN BLEVINS

| 참고문헌 | P. Mali(1986), *MBO Updated: A Handbook on Practices and Techniques by Objectives*; R. Migliore and B. Gunn, *Hospital Topics* 73, no. 3(1995): 72-79; G. Morgan(1986), *Images of Organization*; J. R. Turner(1993), *The Handbook of Project-Based Management: Improving Process for Achieving Strategic Objectives*.

| 참조 | 책임(ACCOUNTABILITY); 행정(ADMINISTRATION); 평가(EVALUATION); 방임적 지도력(LAISSEZ-FAIRE LEADERSHIP); 지도력(LEADERSHIP); 경영(MANAGEMENT)

목표(Objective).

목표란 계획을 진행시킬 때 의도하는 결과를 간결하고 명확하며 구체적으로 서술하는 것을 말한다. 이 진술은 어느 한 단체, 조직, 학습자가 나아가고자 하는 방향성에 대해 간략하게 제시하는 것은 물론이고 아울러 그 목표를 달성한 후에는 어떻게 이루었는지에 대해 뒤돌아 볼 수 있게 한다. 목표는 프로그램의 전개를 앞서서 인도한다. 그러나 목표가 의도된 결과의 진술이기는 하지만 이것이 곧 어떻게 성취될 것인가의 방법 그 자체를 의미하지는 않는다.

문헌이나 교육 현장에서 목표(objective)나 목적(goal)의 용어는 빈번히 혼용되어 쓰인다. 양자 모두 계획하고 있는 활동의 중심과 방향을 제공한다. 좀더 자세하게 말한다면 먼저 목적(goal)은 달성하고자 하는 성과에 대해 광범위하고도 일반적인 진술을 말한다. 따라서 이 성과는 측정하기가 어렵다. 반면에 목표(objective)는 보다 구체적이고 측정이 가능하다. 이는 추상적이 아닌 구체적인 용어로 한정된다. 그러므로 목적(goal)과 목표(objective)는 구체적인 정도에 따라서 구분되는 것을 감안할 때 목표(objective)가 보다 더 구체적이다. 어떤 책에서는 이러한 구분을 일반적 목표(general objective)와 세분화된 목표(specific objective)의 용어로 설명하고 있다.

매져(Mager, 1984)는 효과적인 목표의 특성을 다음과 같이 설명하고 있다. 목표의 유용성을 평가하고자 할 때 다양한 학자들에 의해 마련된 "ABCD" 형식이 널리 그리고 꾸준하게 사용되어 오고 있다. 그 내용으로는 다음과 같다. 청중(Audience) - 실행하는 사람, 행동(Behavior) - 문자화된 실행 내용, 조건들(Conditions) - 성과가 관찰될 수 있는 상황, 정도(Degree) - 성과를 판단하기 위한 기준. 위의 네 가지 요소들 모두가 실제적으로 프로그램이나 교육적 목표로 활용되는 것은 아니다. 그러나 정의로 살펴볼 때 목표가 이루고자 하는 결과를 문자화한다는 점에서 목표는 필요하다.

교육 목표는 다음 몇 가지 영역으로 분류되어 왔다. 인지적 영역은 지식, 정보, 교육적 성과를 구상하는 것을 다룬다. 정서 영역은 태도, 감성, 주어진 가치, 감성의 성과를 포괄하고 있다. 그리고 정신운동의 영역은 신체적 활동을 요구하는 작업을 말한다.

학습이론은 가르침을 위해 목표를 서술하는 방식에 많은 영향을 끼쳤다. 행동주의 학습 이론은 특별한 환경적 자극에 나타나는 학습자의 반응을 강조하면서 교수과정이 끝난 후 학습자가 무엇을 할 수 있는가에 근거하여 미리 수행목표를 일일이 쓰고 있다. 반면 구성주의는 학습자가 자신의 경험을 통하여 의미를 구성하게 되는데 이 과정에서의 학습자의 역할을 강조하고 있다. 이 경우의 수행목표는 교육과정이나 교사에 의해 미리 지정하여 작성되지 않는다. 오히려 과정상의 목표가 서술된다. 과정상의 목표는 학습자가 접하게 되는 경험 또는 과정이지 학습자가 최종적으로 무엇을 할 수 있는지에 대한 것이 아니다.

NANCY L. DEMOTT

참고문헌 | R. F. Mager(1984), *Preparing Instructional Objectives.*

목표(Target). 목적(Goal)을 보라.

목회상담(Pastoral Counseling). 성경적 상담(Biblically Based Counseling)을 보라.

목회철학(Philosophy of Ministry). 목회의 "이유"와 "방법론"을 말한다. "이유"의 측면은 목회의 성경적, 신학적, 역사적 그리고 사회과학적 전제들과 관련되어 있다. "방법"의 측면은 목회의 실제와 연관된다. 개인의 목회에 대한 이해와 실제적 적용 사이에 일관성을 유지하는 것은 매우 중요하다. 목회의 광범위한 정의를 염두에 둔 가운데 목회철학의 속성, 특징 그리고 기독교교육과의 상관성 등의 순서로 살펴보도록 하겠다.

목회란 그리스도의 이름으로 타인을 돌보는 것을 말한다. 교회 안에서의 목회는 그리스도의 몸의 지체로서 사람들이 봉사할 수 있도록 훈련시키고 굳건히 세우는 것을 말한다(엡 4:7-16; 롬 12:3-8; 고전 12:12-31). 목회는 언제나 일정한 목적을 지니고 있다. 철학과 지혜에 대한 사랑은 우리가 살고 있는 삶과 세계의 질서를 이해하려는 중차대한 접근이다. "목회철학"이라는 용어는 목회의 본질과 실행을 일관성 있게 이해하는 것을 보여준다. 목회철학을 개발하는 것은 목회자가 처해 있는 문화적 상황과 상관성을 유지하면서 동시에 성경에 충실히 남아 있기 위한 시도 가운데 추구되는 중요한 일이다.
　목회철학은 다섯 가지 속성을 지니고 있다. (1) 반드시 성경의 가르침과 일치해야 한다. 목회 철학은 성경이 말하는 것보다 더 많은 것을 말하거나 혹은 더 적게 말하려고 해서는 안 된다. (2) 신학적으로 일관성을 유지해야 한다. 개인의 특별한 신학 전통이 목회철학에 독특하게 공헌하는 바를 확인하고 인식하는 일은 매우 중요한 일이다. (3) 다른 심오한 깊이를 지닌 분야들과 교류하며 탐구할 수 있어야 한다. 만일 모든 진리가 하나님에게서 나온 진리라면, 하나님의 성품 및 성경의 가르침과 항상 일치하는 그러한 진리는 인정되어야 하며 목회의 이해와 실제에 반영되어야 한다. 성경의 가르침과 일치하는 다른 분야의 의견들을 무시하는 것은 일반 은총을 부인하는 것이며 창조 명령을 충실히 수행하기 위한 개인의 능력을 훼손시키는 것이 된다. (4) 목회철학은 상관성을 지녀야 한다. 목표 대상의 상황에 대해 있는 그대로 다뤄야 한다. 목회철학은 다른 사람과 관계를 맺도록 도울 수 있어야 하며 사람들을 구하려 하거나 그 문화로부터 도피하기보다는 그 문화권 내에서 변화된 삶을 살 수 있도록 만드는 것이어야 한다. (5) 목회철학은 역행적이기 보다는 순행적이어야 한다. 건설적인 참여를 조장해야 하며 방어적 자세보다는 공격적인 자세를 증진시켜야 한다. 목회철학은 목회에서 당면할 수 있는 도전들에 대해 인지하고 그에 대한 지침들을 제공할 수 있어야 한다.
　목회철학은 광범위할 수도 있고 협소한 것일 수도 있다. 또한 목회철학은 교회나 관련 단체들의 목회 혹은 목표 대상에의 목회에 대한 규준으로서 명문화된다. 목회철학은 세 가지의 독특한 특징을 가진다고 할 수 있다.
　목회철학은 개인이 목회에 대해 믿는 바를 '기술하며' 그 사람이 지닌 견해의 근거를 설명한다. 이러한 묘사적인 특징은 개인의 목회에 대한 생각을 말해 주는 여러 이론들과 사실들, 가정들과 관계되어 있다.
　목회철학은 또한 목회의 "이유"와 "방법"에 대한 '규범적인' 명제이다. 다른 말로 하면, 목회철학은 하나의 목회가 가르쳐야 하는 가치들과 그 목적들에 대한 영속적인 진술들로 구성되어 있다. 규범적인 명제는 목회철학의 어떤 요소가 문화를 초월하며 환경이나 상황에 관계없이 항상 진리이고 적용 가능한 것인지를 명시하고자 한다.
　목회철학은 또한 '분석적' 이어야 한다. 즉 사용된 가정들이나 개념들, 명제들, 방법들 그리고 이론들이 통일성을 이루고 다른 것들과 서로 확실히 일치하도록 해야 한다. 이는 또한 개인 목회의 실제가 그 사람의 이론과 일치하며 그의 이론이 목회철학의 실제를 형성하고 있도록 보장하는 것을 포함한다.
　목회철학을 개발하고, 수정하고, 유지하는 일은 어떤 내밀한 작업이 아니다. 때로는 은연중에 추구되기도 하며 또 때로는 겉으로 드러나게 추구되기도 한다. 자신의 목회철학을 명시함으로써 개인은 목회의 실제와 이론적 견해들을 형성하는 가정들, 신념들 그리고 경험들에 대해 알게 된다.
　목회철학을 개발하고 조직하는 다양한 모델들을 이용할 수 있다. 철학가 윌리엄 프랑케나(William Frankena)는 최상의 모델을 하나 개발했다. 이 모델은 "이유"와 "방법", 즉 목회의 이론과 실제가 서로 건설적으로 대화할 것을 권장하는 포괄적인 모델이다. 이 모델의 "이유" 부분은 세 가지의 관계된 요소들 혹은 상자들로 구성되어 있다.
　첫 번째 상자 즉, A 상자는 목회의 궁극적인 목적들과 관련이 있다. 이 상자는 세상이 어떠해야 하는지에 대한 묘사를 담고 있다. 예를 들어 창세기 1-3장에서 상자 A는 "인간은 하나님, 자신, 다른 사람들 그리고 창조된 질서와 올바른 관계를 유지할 것이다"라는 진술을 포함할 수 있을 것이다.
　두 번째 상자 즉, B 상자는 사람들의 삶에 대한 이해와 해석을 알려주는 믿음들로 이루어져 있다. 이러한 신념들은 성경에 뿌리를 두고 있으며 신학적 전통을 통해 알게 된다. 예를 들어, 인간들은 완전히 부패했다는 믿음이 여기서 위치할 것이다. B 상자에 있는 인간을 포함한 세계에 대한 이해와 A 상자에 있는 비전을 기초로 사람들은 형성해야 하는 탁월성을 표현하고자 한다. 탁월성은 학습자에게 가르치고자 하는 자질들, 특질 그리고 신념들이다(C 상자). 사람들은 학습자 안에 그로 하여금 삶을 이해하고 해석하며, 성경적으로 일관성 있는 방식으로 결정들을 내릴 수 있도록 도와주는 일련의 신념들을 형성시키고자 한다.

비록 "이유" 부분과 C 상자를 공유하지만 이 모델의 "방법" 부분 또한 세 상자로 구성되어 있다. 이 부분의 목적은 이론적인 근거와 일치하는 방식으로서 실제적인 목회의 실제를 기술하는 것이다. 네 번째 상자 즉, D 상자는 사용할 방법들의 기술을 포함하고 있다. B 상자와 일치해야 하는 방법들을 성경에서 취하고 그런 다음 다른 학문들에서 분별해내는 진리들로 보충시킨다. 예를 들어, 사람들은 하나님의 말씀을 당연히 알고자 하는가 하는 가정을 할 수 있는가? 그렇지 않다. 우리의 죄성으로 인해 사람들에게 성경을 공부하라는 동기를 부여해야 할 필요가 있다. 동기부여의 본질, 역할 그리고 위치에 대한 이해를 하는 것이 바람직하다. 다섯 번째 상자 즉, E 상자는 C 상자에 기술된 탁월성을 조장하기 위해 실제적으로 어떻게 목회할 것인가에 관련된 진술을 담고 있다. 성경 공부는 변증학적으로 이루어질 것인가 아니면 토론중심으로 이루어질 것인가? 두 방법 중에서 한 가지 방법으로 이루어진다면 그 이유는 무엇인가? 주일학교를 연령 그룹별로 조직할 것인가 아니면 연령에 상관없이 다 혼합해서 조직할 것인가?

목회의 철학은 비전과 계획을 추구하고 교회나 선교단체 프로그램을 평가하는 데 필수적이다. 이 목회의 철학은 항상 존재하며 그 결과 인정되고, 계발되고, 수정될 때에 그것은 분명하고 일관성 있게 목회의 우선순위들과 성경을 분별하는 것을 도와주는 도구로서의 역할을 하게 된다.

DARWIN K. GLASSFORD

참고문헌 | J. I. Packer(1993), *Hot Tub Religion*; W. K. Frankena(1965), *Philosophy of Education*.

참조 | 프랑케나, 윌리엄 클라우스(FRANKENA, WILLIAM KLAUS); 기독교교육철학(PHILOSOPHY OF CHRISTIAN EDUCATION); 교육철학(PHILOSOPHY OF EDUCATION)

몬테소리, 마리아(Montessori, Maria, 1870-1952).

현대교육의 선각자이며 자신의 이름을 따라 진보교육방법인 '몬테소리 교육방법' 창시자이다. 마리아 몬테소리는 안코나(Ancona) 주의 캬라발레(Chiaravalle)라는 한 이탈리아 마을에서 태어났다. 청소년기를 로마에서 보낸 몬테소리는 수학에 두각을 나타냈으며 기계기술자로서의 삶을 고려해 보았으나 훗날에 생물학과 의학에 관심을 갖게 되었다. 로마대학교에 입학하여 1896년에 의학계에서 최초로 학위를 받은 여성으로 시선을 한 몸에 받았다. 내과박사(Doctor of Medicine)와 외과박사(Doctor of Surgery)의 두 가지 학위를 받아 더욱 그러하다.

졸업 후 몬테소리는 로마대학교 안에 정신치료과에서 근무하였다. 정신지체아동과 함께 의료경험을 쌓으면서 정신지체아들의 교육적 문제점을 연구하게 되었고 결과적으로, 이들을 위한 학교를 설립하였다. 1907년 몬테소리는 그녀의 교육방법을 일반 어린이들에게 확장하여 '카사 데이 밤비니'(Casa dei Bambini: 어린이 집)를 로마 빈민가에 세워 3-6세 어린이 60명을 교육하였다. 같은 해에 두 번째 어린이 집을 같은 지역에 개설하였고 이듬해 밀란(Milan)에 설립하였다. 1909년 몬테소리는 기념비적인 『몬테소리 교육방법』(*Montessori Method*, 1912년 영국에서 번역됨)을 출판했으며 이 교육적 접근에 전 세계가 관심을 보이기 시작했다. 많은 몬테소리학교는 1910년과 1920년 사이에 수많은 국가에 설립되었다.

어린이를 위한 활동 외에 몬테소리는 로마대학교의 인류학 교수와 이탈리아 정부의 장학사를 역임하면서 로마에 위치한 마기스테로 페미닐레(Magistero Femminile)에 위생학 전문강좌를 개최하였다. 전쟁과 사회불안의 여파로 그녀는 여러 나라를 오가게 되었다. 이러한 그녀의 수고 덕택에 파시스트 국가가 그녀의 학교를 봉쇄하지는 못하였다. 그녀는 스페인의 바르셀로나(Barcelona)로 옮긴 후 스페인 내전이 일어나서 네덜란드로 가기 전까지 그곳에서 일하였다. 2차 세계대전이 발발하자 정든 땅을 떠나 인도와 실론(스리랑카)으로 갔다. 전쟁 이후 몬테소리는 자신이 가르쳤던 네덜란드에 돌아와 생애를 마감할 때까지 지냈다.

몬테소리 교육방법은 결정적인 3요소로 가장 잘 설명될 수 있는데, 그것은 어린이, 환경, 성인이다. 이 교육방법은 세계에 대한 어린이의 지각이 자연적 성장뿐 아니라 감각을 통해서 발달하는 것을 전제로 한다. 교사는 어린이의 자연스럽고도 자발적인 행동을 관찰하며 어린이 안에 있는 흥미와 양육발달을 일으키는 학습경험을 구성한다. 몬테소리 교육은 출생에서 6세까지의 형성기를 중요하게 생각한다. 이 시기의 어린이들은 이 교구를 통해 5세 전까지 읽고 쓰기를 배운다.

몬테소리 교육의 환경은 교구, 가구, 실내장식 등 이 모두가 심사숙고한 준비와 의도된 교실 전체를 가득 메운 총체(totality)를 의미한다. 아울러 환경은 구조화되고 질서가 있는 동시에 자유스러운 분위기를 연출한다. 예를 들어, 어린이는 특별히 고안된 교구에서 다른 교구로 자유롭게 움직일 수 있으나 다른 어린이의 작업영역을 존중해야 한다는 것을 알고 있다. 또한 어린이는 교구를 선택하고 사용할 자유를 갖고 있으나 어떻게 교구를 정돈하는가에 대한 질서와 구조화하는 감각이 필요하다.

교사나 몬테소리 교육의 감독자는 마치 환경의 관찰자요, 촉매자요, 준비자요, 또한 새로운 교구를 소개하는 안내자와 같다. 자기동기화되고 개별화된 학습이 이 교육의 핵심이기 때문에 교사는 학습자를 준비된 환경에서 정보를 탐구하고 발견할 수 있도록 안내하는 촉매역할을 감당한다. 부모는 교사와 의사소통을 나누고 교실을 방문하며, 집에서 교육철학을 다시 한 번 강조하고 학교 활동의 일부분을 참여함으로써 적극적인 역할을 담당한다.

몬테소리 교육방법을 미국에서는 한정적으로 수용하고 있지만 전 세계의 수많은 학교들이 활용하고 있다. 미국에서는 처음 1975년에 몬테소리학교가 개설되었다. 많은 공립학교들이 이 프로그램을 제공했으나 현재 100여 개의 학교만이 남아 있다. 이 교수법은 미국 사설학교나 가정학교(home-schooling)에서도 활용되었다. 기독교교육에서 몬테소리의 영향력은 소냐 스튜어트(Sonja Stewart)와 제롬 베리만(Jerome Berryman)의 '어린이와 예배'에 나타난다.

몬테소리는 정신치료, 위생학, 인류학 등과 더불어 여성해방을 위한 개혁에도 분투하였다. 그녀는 최초의 선각자였던 동시에 혁신적인 교육자였다. 그녀의 천재성은 수많은 어린이들 안에 깃들어 있는 천부적인 능력을 일으키는 국제적 교육운동에 쓰임을 받았다. 몬테소리는 책과 논문을 쓰기도 했다. 그녀의 최초로 알려진 책 『몬테소리 교수방법』(Montessori Method)과 『교육적 인류학』(Pedagogical Anthropology, 1913), 『교회의 어린이』(The Child in the Church, 1929), 『어린이의 비밀』(The Secret of Childhood, 1939) 그리고 『흡입력 있는 지성』(The Absorbent Mind, 1949) 등이 있다.

HARLEY ATKINSON

참고문헌 | M. H. Loeffler(1992), *Montessori in Contemporary American Culture*; M. J. Montessori(1976), *Education for Human Development*; S. M. Stewart and J. W. Berryman(1989), *Young Children and Worship*.

몸 언어(Body Language).

몸 언어를 통한 의사교환방법에 대한 연구는 동작학(kinesics)이라고 알려져 있다. 몸동작은 비언어적 의사소통의 한 형태로서 표정의 변화와 자세 그리고 전신의 움직임을 포함한다. 소그룹 모임의 참석자들이 종종 몸동작을 통해 다른 사람들에게 의사를 전달한다. 예를 들면, 어떤 개인이 사회자나 메시지에 흥미가 있으면 그 자리에 꼿꼿이 앉아 전달자의 얼굴을 똑바로 쳐다본다. 반면에 별 흥미가 없거나 무관심하거나 지루하면 시선을 아래로 내린다. 비언어적인 몸동작을 관찰하면서 소그룹 토론의 진행을 통제하거나 조절할 수 있다. 화자들은 보통 말을 마치려고 할 때에 편안한 자세로 손짓을 멈추거나 눈에 띄게 자세를 고친다. 의자에 앉아 자세를 고치거나 발을 흔들거나 손가락을 톡톡 퉁기거나 눈을 씰룩거리는 등의 몸짓은 긴장감이나 좌절감, 성급함 등의 인상을 나타낸다. 분노, 기쁨, 혐오, 비애, 경이 등의 의사 또한 표정의 변화로 표현한다.

HARLEY ATKINSON

무디, 드와이트(Moody, Dwight L). 19세기의 뛰어난 기독교 지도자 중 한 사람인 무디는 복음주의, 교회성장, 부흥운동, 기독교교육을 대표한다. 그는 매사추세츠에 소재한 노스필드에서 태어나 가난한 생활을 하였다. 가난한 농가 친척집에서 성장했으며 정규교육을 많이 받지 못했다. 역동적인 기독교 지도자로서 그는 하나님께서 하나님의 뜻에 헌신된 한 개인을 통해 어떻게 세계를 변화시킬 수 있는지 보여준 산 증인이다.

그의 아버지는 알코올 중독자로 그가 4살 때 돌아가셨다. 농가에서 무료한 삶에 회의를 느낀 무디는 17살 때 보스턴의 한 신발가게 종업원이 되었다. 그는 주일학교에 다니면서 1855년 4월 21일 예수님을 영접했다. 회심한 후 오래지 않아 시카고로 이사하였고 신발가게 점원으로서 계속해서 경력을 쌓아갔다. 그의 열정적인 성격 덕분에 점원으로서 젊은 나이에 성공했다. 그러나 그의 가슴속 깊은 열망은 젊은이들로 하여금 자신들의 삶을 하나님께 헌신하며 생명을 구속하신 하나님의 은혜를 경험케 하는 것이었다. 그의 이러한 사역에 대한 그의 헌신이 깊어지자 안전한 직업을 포기하고 무보수로 지역 YMCA의 책임자로 일하였다. 비록 전문적인 교육을 받지 못했어도 천부적인 설교자이며 하나님의 말씀을 받고 이를 평범한 사람들의 필요에 적용하는 그의 능력은 놀라웠다. 그의 설교자로서의 명성은 높아져 갔으며 주일 대예배는 굉장한 관심을 끌기 시작했다.

무디는 복음주의의 전사로서 영국, 아일랜드, 스코틀랜드, 캐나다 그리고 미국 전역의 청중들에게 말씀을 선포하였다. 그는 회심자들의 영적 성장에 주력했으며 지속적으로 신앙의 성장을 원했다. 무디는 1886년 '시카고 복음화 사회'(Chicago Evangelization Society) 설립에 대한 비전을 가졌다. 이러한 비전의 조직적 체계가 바로 무디성경학교와 무디출판사이다.

그 당시에는 대부분의 신학교가 담임목사를 배출하기 위한 준비로서 교육에 주력하였으며 일반 평신도 개개인의 믿음 성장에는 거의 관심을 두지 않았다. 자신이 단순한 점원이지만 알찬 사역을 경험했기 때문에, 무디는 질 높은 성경가르침이 평신도에게 필요하다는 사실을 이해했다. 무디는 평신도훈련을 지원하기 위한 학교를 1889년에 시작했다. 주된 목적은 학생들이 복음으로 무장되는 것이지만 교육과정을 더욱 확대하여 개설하였다. 무디성경학교는 무디가 언급한 '틈새 사람들'을 준비시키는 것에 주력하였다(Bailey, 1959).

무디가 강조한 평신도훈련과 무디성경학교는 북아메리카의 기독교교육에 있어 하나의 흐름이 되었다. 성경학교운동이 태동되었고 미국의 모든 교회생활의 근거를 자극하였다. 무디는 만성 심장병으로 생을 마감했다. 그러나 그의 건강상 어려움은 하나님의 교회 사역에 걸림돌이 되지 못하였다. 오히려 무디는 하나님께서 온전한 헌신을 드린 한 사람으로서 삶으로 어떤 일을 하든지 생생한 증인으로서 그의 임무를 다했다.

MICHAEL J. ANTHONY

참고문헌 | F. C. Bailey(1959), *D. L. Moody: The Grealvsl Evangelist of the Nineteenth Century*; K. O. Gangel and W. S. Benson(1983), *Christian Education; Its History and Philosophy*; J. D. Woodbridge, ed.(1988), *Great Leaders of the Christian Church*.

무신론(Atheism). 헬라어 아티오스(atheos)에서 온 말로서 "하나님 없는" 또는 "하나님에 대한 신앙이 없는"이라는 뜻이다. 일반적으로 신의 존재를 거부하는 말이지만, 다수의 무신론자들은 자신들을 신에 대한 신앙으로부터 자유로운 사람들이라는 말을 선호한다. 무신론자들은 존재에 대한 거부를 꺼리는데, 그 이유는 거부 자체가 존재를 인정하는 것이기 때문이다. 그들에게 유신론은 비이성적인 것이다. 무신론자들은 진리란 오감을 통해 알게 되는 것이고 인간 경험이라는 영역에 제한되어 있다고 믿는다. 오직 이러한 틀 안에서만 신의 가능성의 이성적 가정을 수립할 수 있다고 말한다. 유신론자들이 이 전제를 거부하므로, 무신론자들은 이 전제를 수용할 수밖에 없다. 그들은 "(과거의 또는 현재의) 어느 신이 성경에서 나오는 상대적으로 격정적인 하나님이냐?"고 물을 수 있다. 그들은 서로 상반적인 듯 보이는 성경의 사실들과 악과 고통의 근원에 대한 질문 등을 일반적인 논쟁거리로 삼는다.

무신론자들은 하나님의 존재에 대한 지속적인 관심으로 인해 유신론자들과 불편한 관계에 있다. 관념론적인 회의론자들(하나님의 존재는 알려질 수 없다)과 불가지론자들(무지의 고백)도 신에 대해 무신론자들과 비슷한 믿음을 갖는다. 바나 연구에 의하면(Barna Research Group: 미국 캘리포니아에 있는 기독교 마케팅 연구회사. 문화적 경향과 교회에 관한 정보와 분석을 한다-역주) 미국인의 2%가 무신론을 믿고 10% 미만의 무신론자가 있다고 한다.

MICHAEL J. KANE

참고문헌 | G. Barna(1994), *Virtual America*; M. M. O'Hair and J. G. Murray, *American Atheists*.

참조 | 믿음(BELIEF); 엥겔 척도(ENGEL SCALE); 인식론(EPISTEMOLOGY); 전도(EVANGELISM); 믿음(FAITH)

무신론자(Godless). 무신론(Atheism)을 보라.

무형식적 교육(Nonformal Education). 이 용어는 역사 이래 사용되는 교육적 접근을 설명하기 위하여 처음으로 1970년에 만들어졌다. 1960년대 말에 쿰스(Philip Coombs)에 의한 연구는 무형식적 교육이 사회발전의 성장과 관련되어 있는 것을 발견했다. 워드(Ted Ward)는, 미시간 주립대학교에서 그의 연구와 강의를 통하여, 이 용어를 대중에게 알린 가장 저명한 복음주의 교육자들 중의 하나이다.

무형식적 교육은 우리가 "형식적" 교육을 "비형식적" 교육과 비교하고 대조할 때 더 잘 이해될 수 있다. 형식적 교육이 전통적으로 학교와 같이 구조화된 교육적 경험과 관련이 있는 반면, 비형식적 교육은 일상적인 삶에서 자연스럽게 일어나는 학습과 관련이 있다. 형식적 교육은 전통적인 사회 구조에 세워져서 고도로 구조화되었으며 그것의 의도된 목적이 있다. 비형식적 교육은 그것이 전통적인 사회 구조 위에 세워지는 면에서 볼 때 형식적 교육과 유사하다. 그것의 목적이 계획적이지 않고 문화 안에 비형식적 사회 관계위에 기반을 두고 있다는 점은 형식적 교육과 다르다. 비형식적 교육은 세심한 계획 없이 자연스럽게 발생한다. 무형식적 교육의 특징은 의도적이며 필요에 기반을 두고 있다는 점이다. 그리하여 다른 교육의 형태들로부터 – 문화에 대한 그 형태들의 유대에 제한되지 않고 – 유익한 점들을 채용한다. 무형식적 교육의 이 유일한 특징은 기존 문화 내에 변화의 동인이 될 수 있게 했다. 형식적 교육은 교육을 전통적인 학교교육 접근에 초점을 맞추고 비형식적 교육은 학습에서 사회화의 과정에 초점을 맞추고 있는 반면, 무형식적 교육은 형식적 학교교육 형태의 밖에서 사람들의 요구를 충족시키는 것에 기반을 두는 교육적 전략을 신중하게 연관시킨다. 그것은 매우 기능적이고, 변화 적응적이고, 학습자 주도적인 경향 때문에 무형식적 교육은 융통성있는 교육적 접근이다.

무형식적 교육은 특별히 기독교교육자들의 사역에 적합하다. 이들의 과제는 사람들로 하여금 타인에게 봉사하도록 자신의 은사와 재능을 사용하도록 하는 것이다. 이 과제의 어떤 부분은 교육적 제도들 안에서 달성될 수 있겠지만 학교와 교회 모두가 공감하는 추세는 현장 중심의 훈련이라는 사실이다. 목사, 사역자, 선교사 훈련프로그램이 더욱 무형식적 교육의 범주에 맞게 전 세계적으로 성장하고 있는 추세이다. 이 프로그램들은 기존의 문화 내에서 특정한 필요를 충족하기 위한 교육적 목적을 가지고 고안되었다. 비록 다양한 교수방법들이 사용될지라도, 구조는 문화 내에서 계속적으로 변화하는 요구에 맞춰지기에 충분한 융통성이 있다. 가장 효과적인 방법을 제공하기 위해서 다수의 기독교교육자들은 무형식적 교육을 고려한다. 이 교육에 의해 교회는 끊임없이 변화하는 세상에서 예수 그리스도의 제자를 훈련시키기 위한 전략을 추진할 수 있다.

GARY C. NEWTON

묵상(Meditation). 이는 무엇에 대해 심사숙고하는 것이다. 묵상 중에 사람은 하나님을 만나고 하나님이 그의 백성에게 원하시는 것을 배울 수 있다.

비록 묵상이 보통 동양 종교들과 연결되어 있지만, 이것은 성경에서 주장된 기독교적 실천이다. 포스터(Foster, 1978)는 동양적 형태의 명상은 세계와 자아 및 신으로부터의 분리에 강조를 두지만, 기독교 묵상은 "하나님과 다른 인간과 더 깊은 연합을 갖기 위해 우리 주위의 혼동으로부터의 분리"를 지향하는 연합과 관련되어 있다고 서술한다(15). 비록 기독교 묵상이 마음을 맑게 하고, 모으며 창조의 어떤 측면에 초점을 맞추는 것을 통해 집중력을 계발하는 것 같은 많은 실행들과 연관되었지만, 성경적인 배경 특히 시편에서 묵상의 실행은 하나님(시 63:6), 주의 법(시 1:2; 119:148) 및 하나님의 행하신 일들(시 77:12)에 집중되어 있다. 신약성경에서는 이 용어에 대한 언급이 없지만 묵상의 영적 실행은 빌립보서 4장 8절에서 탁월하고 칭찬할 만한 것들을 "생각하라"는 바울의 권면과 마태복음 28장 20절에서 새로운 제자들에게 "내가 너희에게 분부한 모든 것을 지키도록" 하라는 예수님의 명령 같은 곳에서 암시되어 있다. 왜냐하면 순종의 실천은 묵상의 훈련을 필연적으로 만들기 때문이다.

시편에서 묵상은 하나님의 임재로 들어가는 수단인 하나님의 말씀의 의도적이고 계획된 약속과 주로 연관되어 있다. 시편 기자는 자신의 "즐거움이 주의 율법에 있는" 그리고 그것을 주야로 묵상하는 복 있는 사람에 대해 선언하고 있다(시 1:2). 하나님의 말씀에 대한 묵상의 목적은 여호수아 1장 8절에서 그것을 행하기 위해 하나님의 뜻에 의도적으로 초점을 두는 것으로 묘사되어 있다. 묵상은 수동적이지 않다. 도리어 자신을 성경에 계시된 하나님의 뜻에 열어놓고, 그것을 심사숙고하며, 그것을 자신의 성격과 행동을 판단하는 기초로 삼기로 받아들이면서 능동적으로 하나님께 귀 기울이도록 하며, 또 그리스도인의 삶을 살아가는 것과 관련하여 결정하는 데 나아가도록 요구한다. 묵상은 설교나 가르침을 위한 준비를 위해서보다는 자신의 삶에서 하나님의 뜻을 내면화하고 인격화하기 위해서 그리고 자기 자신의 제자도와 영적 성장을 위해서 성경에 초점을 두는 것이다. 그러한 초점은 종종 자신의 전 존재로 말씀에—본문이 자신에게 현실적이도록 하기 위해서, 단순히 본문의 의미가 아니라 그것의 분위기에— 근거하여 살아가는 것을 필요로 한다. 이것은 의도를 가지고 사려 깊게 성경을 천천히 읽도록 요청하며 그 결과 어떤 본문이 감명을 줄 때 독자는 그것을 깊이 숙고하기 위해 멈추어 서도록 준비되어 있다. 그러한 묵상은 매우 불가결하기 때문에 본회퍼(Bonhoeffer)는 "매일 내가 성경에 있는 하나님의 말씀을 더 깊이 파고들지 않으면 그 날은 내게 잃어버린 날이다"라고 언급하였다(1986, 30). 그러므로 묵상은 "교훈과 책망과 바르게 함과 의로 교육하기에 유익한" 것으로서의 성경의 역할을 진지하게 받아들인다(딤후 3:16). 종종 기도훈련에는 효과적인 묵상이 수반된다. 윌라드(Willard, 1988)는 "우리가 묵상적으로 연구할 때 우리의 기도는 항상 하나님이 우리를 만나주시고 우리에게 구체적으로 말씀해 달라는 것이다. 왜냐하면 궁극적으로 하나님의 말씀은 말씀하시는 하나님이기 때문이다"라고 적고 있다(177).

또한 묵상의 영적 훈련은 그리스도인의 품성형성과 교육적 실천을 위한 함의를 가진다. 그리스도인의 성장에 근본적인 것은 성경을 아는 것이다. 다운스(Downs, 1994)가 지적하는 것처럼, "우리 교회들의 교육 프로그램에서, 필요하다고 느껴지는 모임에 대한 강조가 점점 증가하는 것과 함께, 성경교육을 강조하지 않는 것이 점점 증가하고 있다"(135). 성경을 기독교의 발전을 위해 근본적인 것으로 여기는 기독교교육은 사람들이 성경을 알고, 이해하고, 순종하여 그들의 삶이 하나님의 뜻과 일치되도록 하기 위해서 반드시 성경 묵상의 실천을 강화해야만 한다. 성경은 단순히 학습해야 할 내용으로서 전해져서는 안 되며, 그리스도인의 성장이 거기에 달려 있는, 살아 있고 운동력 있는 것으로(히 4:12) 인식되는 것이 필요하다. 그러므로 묵상의 실천은 사람들을 제자로서 교육하여 하나님의 말씀이 영적인 성장에 불가결한 것이 되도록 하는 데 본질적인 것이다. 오직 사람들은 하나님의 말씀을 알고 실천해야만 영적으로 성장할 수 있다.

ROLAND G. KUHL

참고문헌 | D. Bonhoeffer(1986), *Meditation on the Word*; P. G. Downs(1994), *Teaching for Spiritual Growth*; A. Brooke, *Learning and Teaching Christian Meditation*; R. J. Foster(1978), *Celebration of Discipline*; M. T. Kelsey, *The Other Side of Silence: A Guide to Christian Meditatio*n; D. Willard(1988), *The Spirit of The Disciplines*.

참조 | 비판적 성찰(CRITICAL REFLECTION); 고독(SOLITUDE)

문명화(Civilization). 문화(Culture)를 보라.

문제해결(Problem Solving). 지도자의 가장 중요한 임무 중의 하나는 문제해결 혹은 의사결정이다. 실제 문제해결과 의사결정은 개념 기술과 밀접하게 연관되어 있다. 기회들이 그러하듯이 문제들도 결정을 필요로 한다. 이 둘은 모두 일반적 의사결정과정과 정보수집, 분석적이고 창의적인 사고, 계획 기술들의 적용을 요구한다. 오늘날 많은 조직들은 실제 그들의 고용인들에게 문제해결의 중요한 기술들을 훈련시킨다.

간단한 과정은 다음과 같다.

1 단계. '문제를 확인하라.' 개인 혹은 그룹은 문제를 보는 다양한 방식들을 고려하고 그것을 풀 수 있는 가장 효과적인 것을 하나 선택한다.

2 단계. '문제를 분석하라.' 원인들, 문제들, 질문들을 찾아라. 문제를 이해하기 위해 필요한 정보들을 조사하고 수집하라. 다시 한번 더 다루어지고 있는 문제의 새로운 잠재적 원인들에 대해 개방된 자세로 시작하라. 그런 후 행동의 주요한 원인 혹은 원인들을 자세히 살펴보라.

3 단계. '가능한 해결책들의 목록을 작성하라.' 창조적이 되도록 하라. 문제를 해결할 수 있는 가능성 있는 해결책들을 가능한 많이 생각하라. 그 후 각 선택들을 가능한 한 분명하고 알기 쉽게 생각하라.

4 단계. '하나의 해결책을 선택하고 계획하라.' 가장 최선의 방법은 무엇인가? 가능한 한 많은 방식으로 의견들을 비교하라. 그런 후 선택된 것을 어떻게 실행할지에 대해 초점을 맞추라.

5 단계. '해결책을 실행해보라.' 문제해결 혹은 변화를 위한 계획을 따라가 보라.

6 단계. '해결책을 점검하라.' 이것이 유효하게 얼마나 잘 작용했는가? 지속되는 문제를 확인하고 문제해결과정을 다시 시작하라.

사람들이 얼마나 자주 문제를 분석하고 그것을 재정의하는가? 문제해결과정은 우리가 새로운 프로젝트를 시작하기 전 혹은 이미 진행 중인 모험의 과정을 평가하기 위해 멈추고 생각하도록 한다. 이것은 후에 쓸데없이 낭비되는 많은 노력들을 덜어

줄 수 있다.

ELLERY G. PULLMAN

참조 | 의사결정(DECISION MAKING); 완전품질경영(TOTAL QUALITY MANAGEMENT)

문화(Culture). 언어나 의식, 유물과 같은 상징에 의해 전수되는 신념과 행동들. '문화'(culture)라는 말의 기원은 '예배'(cult)의 개념과 땅을 '경작'(cultivation)하다라는 개념에 있다. 그러므로 문화란 행위와 행동 및 아이디어와 개념이 복합된 말이다. 문화는 변화하고 전달된다. 즉 문화는 계속해서 바뀌고, 형식 또는 비형식적 교육을 통해 한 세대에서 다음 세대로 전수된다. 단언하면, 문화란 한 사람이 현실을 바라보는 방식이다.

니버(Richard Niebuhr)는 그의 고전적 연구 『그리스도와 문화』(Christ and Culture, 1952)에서 교회사를 통하여 기독교가 문화를 대하는 다섯 가지 접근방식을 나열했다. 그것은 문화에 반하는 그리스도(Christ against culture), 문화적인 그리스도(Christ of the culture), 문화 위의 그리스도(Christ above culture), 그리스도와 문화의 역설(Christ and culture in paradox) 그리고 문화를 변혁시키시는 그리스도(Christ the transformer of the culture)이다.

'문화에 반하는 그리스도'의 중심주제는 그리스도께서 인간 문화에 반대하여 계시는 것으로 본다. 그리스도인이 세상과 이에 속한 기구들을 거부하는 이유는 문화가 그리스도적 정신에 상반되는 삶의 양식을 반영하기 때문이다. 이 견해에 따르는 그리스도인의 의무는 세상적 욕망을 버리고 하나님께 충성된 공동체를 개발하기 위해 세상 밖에 있는 성도들과 교제하는 것이다. 니버는 터툴리안과 톨스토이가 이 견해를 지켰다고 인용했다.

니버의 두 번째 모델인 '문화적인 그리스도'는 다른 방향으로 범위를 확장하여 문화와 그리스도에 대한 순종을 동화시킨다. 문화와 그리스도는, 문화 위에 계시는 그리스도처럼 중간에 틈을 두어 구분하지 않고 동일한 것의 부분으로 본다. 문화가 그리스도의 선하심을 반영할 때 문화는 그 최고의 형태에 도달하는 것이다. 세상과 그리스도 사이에 긴장은 존재하지 않는다. 대신에 그리스도인들은 문화에서 그리스도와 그분의 가르침의 본이 되는 것들을 발견하여 더 나은 세상을 만들기 위해 그것들을 사용한다. 이 견해는 영지주의자들과 아벨라르(Abelard, Peter〈1079-1142〉: 프랑스의 철학자이며 신학자-역주) 그리고 자유주의적 개신교의 입장이다.

니버의 세 번째 모델은, '문화 위의 그리스도'이다. 이 모델의 주창자들은 상기한 두 개의 모델 사이에 있다. 이들은 터툴리안처럼 문화를 거부하지도 않고, 자유주의 개신교도들처럼 문화를 수용하지도 않지만, 그 둘을 종합하려는 시도를 한다. 문화에 반하는 그리스도 모델이 강조하는 그리스도의 신성과 문화적인 그리스도에서 강조하는 그리스도의 인성 모두에 가치를 둔다. 문화 위의 그리스도 모델은 그리스도의 주되심과 문화적 가치, 특히 자연법 사이의 화해를 도모한다. 로마 가톨릭교회나 아퀴나스(Thomas Aquinas), 알렉산드리아의 클레멘트(Clement of Alexandria), 버틀러 감독(Bishop Butler) 등 기독교계 대부분이 이 입장을 취한다.

니버의 네 번째 모델은 '그리스도와 문화의 역설' 모델이다. 다른 것들보다 이 모델은 그리스도와 문화 사이의 심각한 긴장을 더 강조한다. 이들은 그리스도와 문화를 양자 모두(both/and)의 이슈로 본다. 이들은 문화가 불경건한 질병에 감염되었고 인간의 죄성을 어쩔 수 없는 것으로 여기면서, 그리스도와 문화의 실재를 인식한다. 그럼에도 불구하고 우리는 세상에 살아야만 하고 피할 수 없이 문화에 개입하고 있다. 질병에도 불구하고 하나님께서 문화를 사용하셔서 그분의 의를 이루신다. 삶의 긴장이 하나님을 향한 우리의 충성으로 그리스도와 문화를 함께 묶고, 하나님 나라와 세상 나라를 긍정한다. 이 입장에 따르면 그리스도-문화 이슈가 영원 속에서만 해결되는데, 그리스도인들은 지상에서 자신의 구원을 위해 지속적으로 노력해야 한다. 바울 사도와 루터, 키에르케고르가 이 모델과 같은 입장에 있다.

마지막 모델은 '문화를 변혁시키시는 그리스도'이다. 이 견해는, 문화는 원래 선하게 창조되었지만 타락으로 인해 부패되고 더럽혀졌다고 한다. 문화는 그리스도에 반대하지만, 그리스도께서 우리를 대속하기 위해 오셨고 그러므로 문화는 구속이나 급진적 변혁에 의한 개종의 가능성이 있다. 우리의 의무는 문화를 변혁시켜 새로운 그리스도 나라로서 하나님께 영광 돌려 드리는 일이다. 어거스틴과 칼빈 그리고 모리스(F. D. Maurice)가 이 입장을 취한다.

니버는 기독교와 문화에 대해 의미 있는 토론의 출발점을 제시해 주었다. 그러나 요더(Yoder)는 니버가 제안한 형태들이 배타적인 체계라거나, 한 가지 견해만을 지킨다는 가정은 잘못되었다고 지적한다(1996). 또한 니버는 그리스도에 대한 그의 정의에 있어 신인(神人)으로서의 그리스도는 문화의 인간적인 면과 더불어 영원적인 면을 표현하신다는 점을 지워버리려는 것처럼 보인다.

그리스도인들의 문화에 대한 다섯 가지 견해들 - 분리와 수용과 종합과 역설 그리고 변혁 - 중 복음주의적 그리스도인들은 첫째, 넷째 그리고 다섯째 견해들을 따라왔다. 선교육자인 크래프트(Kraft, 1981)와 메이어즈(Mayers, 1987)는 그리스도와 문화의 역설 입장을 취하여 문화를 사용해 복음의 메시지를 전달할 수 있음을 보여주려 노력했다. 링겐펠터(Lingenfelter)와 같은 사람들은 문화를 변혁시켜야 한다고 주장한다(1994).

문화는 기독교교육의 중심적인 힘이다. 문화는 복음 전달의 배경이고 그 안에서 복음의 메시지가 형태를 갖는다. 기독교 메시지는 문화로부터 소외될 수 없고 문화적 상대성에 주입되거나 혼합주의에 물들어서도 안 된다. 그런 위험에 대한 역사적 교훈은 잘 알고 있다. 기독교교육의 과제는 성경의 영원한 진리에 문화적으로 적합한 옷을 입혀 우리가 살고 있는 문화에 적용할 수 있도록 하는 일이다.

PHILIP BUSTRUM

참고문헌 | C. H. Kraft(1981), *Christianity in Culture*; S. G. Lingenfelter(1994), *Transforming Culture: A Challenge for Christian Mission*; M. K. Mayers(1987), *Christianity Confronts Culture*; H. R. Niebuhr(1952), *Christ and Culture*; J. H. Yoder(1996), *Authentic Transformation: A New Vision of Christ and Culture*, pp. 31-90.

참조 | 문화접변(ACCULTURATION); 문화전계(ENCULTURATION); 기독교교육과 민족적 시사성(ETHNIC IMPLICATIONS FOR CHRISTIAN EDUCATION); 자민족중심주의(ETHNOCENTRICITY); 선교교육(MISSION EDUCATION)

문화전계(Enculturation, 文化傳繼).

한 문화에서 생존하기 위하여 올바른 문화적 양식을 배우는 과정이다. 문화전계는 어린이들이 그들의 형성기 동안 무의식적으로 사회의 다른 구성원으로부터 문화적 양식과 문화적 능력을 배우는 방법이다. 가족과 학교는 이와 같은 문화적 양식을 가르치는 주된 역할을 한다.

세걸(Segall), 데이슨(Dasen), 베리(Berry), 푸팅가(Poortinga)(1990)에 의하면, 문화전계는 한 그룹이 역사적, 생태학적, 사회 정치적 문맥에서 받은 영향과 한 사람의 관찰 가능한 행동과 추론이 가능한 성격 사이의 연결고리이다. 그것은 사회화 혹은 자발적인 인식과 무의식적인 영향을 포함한다. 문화는 지속적으로 변하기 때문에 문화전계는 유동성이 있으며 절대 정체되어 있지 않다. 발달론자의 관점에서 문화전계에 영향을 미치는 요소들은 자녀양육과 교육을 포함하는 육체적, 사회적 문맥이다.

누가복음에서 누가는 예수님에 관하여 언급할 때 문화전계의 모델을 제공한다. "예수는 그 지혜와 그 키가 자라가며 하나님과 사람에게 더 사랑스러워 가시더라(눅 2:52). 예수님은 가족과 친구와 아마도 회당교육을 통하여 그 시대의 문화적 양식을 배우고 실행하셨다. 다시 말해서, 예수께서는 문화전계를 하셨다.

문화전계를 이해하기 위하여 문화전계를 문화접변(acculturation)과 비교하는 것이 도움이 될 것이다. 문화접변은 두 개 이상의 문화를 포함하는 것으로서 성인기에 일어나는 반면, 문화전계는 자신의 문화를 습득하는 것으로서 유아기에 일어난다. 문화전계와 문화접변 모두 적합한 문화적 행동을 생산하는 과정이다.

복음이 보다 잘 확산될 수 있는 적합한 문화적 행동을 찾는 일이 기독교교육의 과제라고 할 수 있다. 기독교교육자들은 교육과 문화전계 사이의 관계의 중요성을 이해하고, 그 와중에 "어떻게 한 그리스도인이 복음의 메시지를 그가 속한 세상에 적응시킬 수 있을까?"라는 질문에 대답해야 한다. 그 대답은 모든 기독교교육자들이 사역하는 두 개의 문화, 성경과 세상의 문화를 인식하는 데서 발견된다. 세상을 창조하시면서 하나님은 문화적 환경을 만드셨다. 그분은 이 문화적 형식을 사용하여 그분 자신과 계획을 계시하셨다. 하나님께서 아담과 하와에게 예배의 의무와 복종을 가르치실 때, 그분은 문화적 지침, "선악을 알게 하는 나무의 실과는 먹지 말라"를 주셨다(창 2:17). 이스라엘 백성들도 하나님을 위한 지상 처소를 건축할 것을 포함하여 예배와 실천을 위한 특수한 문화적 지침을 받았다. 하나님께서 당신의 아들을 유대인으로 유대문화 속에 보내셨다. 그러므로 성경을 제대로 이해하기 위해서는 성경에 기록된 문화를 알아야 할 필요가 있다. 이와 같은 과정을 통해 기독교교육자들은 신앙의 근본적인 이슈들과 영원한 원리들을 구분해낼 수 있다. 성경의 문화적 껍질을 벗겨내고 영원한 핵심 진리를 찾아낸 후에, 교육자들은 이 성경원리들을 그들 자신의 문화에 적용한다. 그렇다면 교육자들이 이해해야 하는 두 번째 문화는 바로 그 자신의 문화이다.

이에 대한 예화가 신약성경에서 발견된다. 초대교회에서 새롭고 문화적인 예배의 유형이 사용되었다. 구약성경에서 실행되던 특수한 규칙과 실천을 가진 성경말씀의 문화적 적응이 강조되지 않았다. 교회의 신자들은 경건한 삶의 원리들이 실천되는 한 복음을 문화적으로 적응시킬 수 있는 많은 자유를 받았다. 예루살렘공회에서 내린 결론이(행 15장) 확실하게 실천되었다. 사도 베드로가 인도하던 유대 신자들은 이방인 신자들이 유대문화식의 예배와 생활방식에 적응할 것을 요구했다. 공회는 복음을 유대문화적 실천으로 적응할 것을 허가하지 않았다. 이방인들은 유대문화를 따르지 않고도, 그들 자신의 생활방식대로 하나님을 예배할 수 있도록 허락을 받았다. 기독교교육자의 과제는 이 예배의 견고한 문화적 형태의 변환을 용이하게 만드는 것이 아니다. 그들의 과제는 성경적 진리를 성경 속의 문화적 환경에서 구분하여 그 영원한 원리들을 오늘날의 세계에 적합하게 전환시키는 일이다.

기독교교육자의 다른 하나의 과제는 시간을 초월한 성경적 진리에 바탕을 두고 문화적 실천과 세계관을 비평하는 일이다. 이 비평의 결과들은 때로 교회가 믿고 실천하는 것을 다른 모습으로 변화시킬 것을 요구하기도 한다.

복음을 문화적으로 적응시키고 문화를 비평하는 일은 지속적이고 끝없는 기독교교육자들의 작업이다. 하나님 말씀의 초월적 진리는 불변하다. 그러나 문화는 지속적으로 변화하므로 시간을 초월하는 성경 진리를 담은 새롭고 다양한 문화적 형태로 만드는 일도 지속되어야한다.

PHILIP BUSTRUM

참고문헌 | M. H. Segall, P. R. Dasen, J. W. Berry, and Y. H. Poortinga(1990), *Human Behavior in Global Perspective: An Introduction to Cross-Cultural Psychology*; W. S. F. Pickering(1992), *The Contours of Christian Education*, pp. 87-97.

문화접변(Acculturation, 文化接變). 개인의 행동, 사고, 관습, 신앙을 상이한 문화에 직접적으로 접해 봄으로써 그 문화에 적응해 가는 과정 또는 다른 문화에 대해 배우는 과정이다. 문화접변은 다른 문화의 특성을 받아들이고 이를 그 자신의 문화와 결합함으로써 이루어진다. 문화에 대한 이러한 수용과 학습은 여러 수준에서 이루어진다. 예를 들면, 새로운 언어를 배우거나 관용구를 사용하는 일, 식사를 두 세 시간 미루는 등의 식사 습관의 변화, 다른 음식을 먹어 보는 일, 새로운 휴일을 즐기거나 또는 기존의 휴일을 새로운 방식으로 보내는 일, 다른 스타일의 옷을 입어보는 것, 프로그램 진행을 정해진 시각이 아닌 모든 사람이 도착한 후에 시작하는 일 또는 신학적 관점을 바꾸는 일을 말한다. 한 개인이나 단체가 다른 문화의 일부분으로 속해지는 문화동화(assimilation)와는 달리 문화접변은 서로 다른 정체성과 상이함을 여전히 간직한다.

예수님을 메시아라고 믿는 유대인과 비유대인(이방인, Gentile)으로 구성된 메시아 신앙을 가진 회중(Messianic congregation)이 문화접변의 구체적인 모본이라고 할 수 있다. 이 두 그룹의 사람들은 신약성경적 관점을 가진 유대인의 맥락에서 그들의 자녀들을 교육시킨다. 속죄의 날(Yom Kippur)이나 유월절(Passover)과 같은 명절을 지낼 때 이들은 예수님의 죽음을 속죄의 의미로 지킨다. 반면에 비유대인들은 그들의 생활양식을 유대인 달력에 맞추어 지낸다.

LIN JOHNSON

참조 | 문화전계(ECCULTURATION); 문화(CULTURE); 기독교교육과 민족적 시사성(ETHNIC IMPLICATIONS FOR CHRISTIAN EDUCATION); 자민족중심주의(ETHNOCENTRICITY)

미국주일학교연합회(American Sunday School Union).

로버트 레이크스(Robert Raikes)가 "주일학교의 아버지"라고 불리지만, 레이크스 이전에도 그 움직임이 있었다. 잉글랜드의 감리교도였던 한나 볼(Hannah Ball)은 1793년, "말썽꾸러기 꼬마 친구들"에게 성경을 가르치기 위해 주일마다 집으로 데리고 왔다. 존 웨슬리도 1735년 조지아에서 선교사역을 하는 동안 어린이들에게 성경을 가르쳤다고 한다(Lynn & Wright, 1980).

청교도의 설교가 조셉 앨린(Joseph Alleine)도 매주 어린이에게 성경을 가르쳤다. 그는 1660년 잉글랜드의 바쓰(Bath)에서 60-70명의 어린이를 데리고 주일학교를 시작했다. 이비(C. B. Eavey)는 "잉글랜드와 아일랜드, 스코틀랜드, 웨일즈, 미국 등 많은 곳에서 주일학교를 시도했었다고 주장한다. 유명한 레이크스의 방법을 보급시키는 데 가장 큰 공헌을 한 사람은 의문의 여지없이 잉글랜드 주일학교회의 창시자인 윌리엄 폭스(William Fox)이다(Eavey, 1964, 22).

레이크스는 당대 잘 알려진 신문을 출간하던 사람이었다. 그의 아버지는 빈민구제에 깊은 열정을 가졌었다. 그 아버지가 사망했을 때, 불행한 사람들의 궁핍함을 알리던 정기 간행물, 「글로스터 저널」(Gloucester Journal)을 유산으로 남겼다. 이 간행물은 별 반응 없이 몇 년 동안 출간되었다. 1780년 레이크스는 스쿠티 앨리(Scooty Alley)라고 알려진 곳의 메리디스 부인(Mrs. Meredith)의 주방에서 주일학교를 시작했다. 자녀교육에 무력한 부모들을 설득할 가치도 없다고 생각한 그는 주일학교에서 개구쟁이들을 회초리로 무섭게 다루던 엄격한 선생이었다.

레이크스는 글로스터의 가난한 지역에 몇 개의 주일학교를 개척했다. 그는 처음에는 실험적으로 주일학교를 시작했는데, 그 후 웨슬리 형제(John and Charles Wesley), 조지 휘트필드, 윌리엄 폭스, 윌리엄 윌버포스(William Wilberforce) 들의 조언을 받아들였다. 폭스와 윌버포스가 주일학교들을 방문하여 격려하고 레이크스와 의논한 뒤 마침내 1783년 11월 3일자 신문에 어린이들의 활동상황을 싣게 되었다. 그 후 몇 교회에서 관심을 보이기는 했지만, 대부분의 설교자들은 이 작은 움직임에 주의를 기울이거나 필요한 물자와 교사들을 제공해 주지도 않았다.

주일학교 사역에 반대하는 성직자들도 있었다.

캔터베리 대주교조차 영국 국교회 감독들을 불러 이 일을 중단시킬 방법을 의논했다. 그러나 반대와 부정적 견해에도 불구하고 뜻을 같이하는 성직자들과 평신도들은 자신의 자녀들을 위해 주일학교를 지지해 주었다. 1811년 레이크스가 죽었을 당시 주일학교는 완전한 지지를 받았고 총 400,000명의 어린이들이 주일학교에 참석했다. 레이크스와 그에게 많은 것을 배운 진젠도르프(Count Zinzendorf: 18세기 독일 루터파 교회의 경건주의 지도자 중 한 사람으로 모라비안 교회의 개척자-역주)의 뒤를 이어 존 웨슬리가 아동사역을 계속하였고, 마침내 기독교학교를 설립하게 되었다.

미국에 주일학교운동이 확산됨에 따라 헌신되고 의욕에 찬 사람들이 이 위대한 일에 동참했다. 1790년 조직된 주일협회(the First Day Society)에 대해 알려진 바는 별로 없지만 이비는 "주일학교가 활발하게 발달할 수 있었던 원인은 그 지도자들의 열정과 통찰력과 용기와 뛰어난 정치적 수완 때문이었다. 그 중 가장 애쓴 사람들은, 40년 이상 주일학교 운동의 중심 기구로 활약했던 미국주일학교연합회(American Sunday School Union)의 행정가, 사무원, 사역자였다. 처음의 반대와 저항에도 불구하고 헌신된 평신도들의 성공적인 계획과 기획들의 실천으로, 주일학교가 전국적으로 모든 교단에서 가장 효과적인 기독교교육의 장으로 받아들여졌다"고 기록했다(1964, 22).

이 운동의 장점 중 하나는 신학적으로 연합하여 동역하는 강력한 힘이 있었다는 것이다. 19세기는 특히 1875년까지 예수 그리스도의 복음이 명백하게 그리고 순수 복음주의적인 견해에서 선포되던 시기였다. (주일학교 운동은) "결코 완벽하지는 않았지만 미국의 가장 오래된 독립적인 국내 선교사역으로서 탁월한 성취를 인정받을 만하다"(Mattocks, 1980, 4).

ASSU(American Sunday School Union의 약자)는 1817년 필라델피아 주일 및 성인학교 연합으로 시작되었다. 그것이 1824년 주일학교연합이 되었다. 그들은 1831년까지 미시시피 강 유역 기획(Mississippi Valley Enterprise)이라 불리는 사역을 제안하여 2년 안에 400,000명의 학생을 포함한 5,000개의 주일학교를 세웠다. 1859년까지(1825년 설립된) 미국트랙협회(American Track Society)가 산하의 공공도서관에 인쇄물을 제공하는 것으로 ASSU와 연합했다. "미국 내 도서를 대출하는 공공 도서관의 5분의 3은 미국주일학교연합회가 개원했다"(Mattocks, 1980, 4).

주일학교 사역자들은 서부 변경의 통나무집에 살던 어린이들의 문맹과 무지를 깨우치는 데 실질적인 역할을 했다. 창의적이고 혁신적인 ASSU는 미국 개척자들 복음화의 최전선에 있었다. 인도인, 중국인, 아프리카계 미국인 등 소수 민족을 위한 사역의 선구적인 역할을 했다. 복음주의 신학자인 찰스 핫지(Charles Hodge), 필립 샤프(Philip Schaff), 워필드(B. B. Warfield) 그리고 설교가요 교사인 마이어(F. B. Meyer) 등이 ASSU의 사역을 도왔다.

ASSU와 관련 있는 역사적인 인물로 프란시스 스콧 키(Francis Scott Key)라는 사람이 있다. 부회장 및 간사를 역임한 인물들은 다음과 같다. 조지 워싱턴 대통령의 조카이며 미국 대법원 부원장을 지낸 부쉬라드 워싱턴(Bushrod Washington), 조나단 에드워즈의 증손이며 예일대 총장의 아들인 티모시 드와이트(Timothy Dwight), 펜실베이니아 주지사이며 미국 동전에 "우리는 하나님을 믿는다"(In God We Trust)를 새기게 한 미국 주조국 원장을 지낸 제임스 폴락 경(the Honorable James Pollock), 프리드맨 뷰로(Freedman's Bureau)의 총수로 임명되었고, 후에 그의 이름을 딴 대학이 워싱턴에 설립된 올리버 하워드(Oliver Howard) 장군 등이 있다.

1974년 ASSU는 American Missionary Fellowship으로 그 명칭을 바꾸었고, 현재는 펜실베이니아 주 빌라노바(Villanova)에 본부가 있다. 미국 사회의 기사거리가 되지는 않지만, 도시빈민사역과 지방에 문을 닫은 교회 건물을 빌려 그리스도와 그의 교회를 섬기는 125개 선교사 가정들이 끊임없이 일하고 있다.

WARREN S. BENSON

참고문헌 | C. B. Eavey(1964), *History of Christian Education*; E. R. W. Lynn and E. Wright(1980), *The Big Little School*; R. Mattocks(1980), *On the Move: A Pictorial History of American Missionary Fellowship, 1790-1980*; *200 Years of Sunday School*; E. W. Rice(1971), *The Sunday School Movement(1780-1917) and the American Sunday School Union(1817-1917)*; J. C. Wilhoit(1983), "An Examination of the Educational Principles of an Early Nineteenth Sunday School Curriculum: The Union Questions," unpublished doctoral dissertation; W. R. Willis(1980), *200 Years and Still Counting*.

미국흑인의 유산(Afro-American Heritage).
흑인신학과 기독교교육(Black Theology and Christian Education)을 보라.

미어스, 헨리에타 코넬리아(Mears, Henrietta Cornelia, 1890-1963).
헨리에타 미어스(Henrietta Mears)는 많은 사람들에게서 20세기 가장 영향력 있는 그리스도인 여성 지도자요 교육자로 존경을 받고 있다. 현시대 복음주의 운동의 선구자로서 그녀의 개인적인 복음주의와 세계 선교의 비전 및 지도력은 그녀를 따르려는 많은 사람들에게 영감을 불어넣었다. 현대 주일학교와 교육과정은 그녀의 성경적이고 교육적인 건전한 접근법과 방법론에 의해 대변혁을 이루어 왔다.

북다코타(North Dakota)의 파고(Fargo)에서 태어난 그녀는 어머니로부터 기독교신앙을 전수받았다. 이 어머니에게서 그녀는 훈련되고 헌신된 삶과 효과적인 복음전도를 배웠다. 교사로 훈련된 그녀는 1913년에 미네소타대학에서 학사학위를 받았다. 이때부터 1928년까지 그녀는 미네소타 공립고등학교에서 가르치면서 행정적인 일을 하였고 동시에 침례교 성경학교 중에서 자원봉사 지도자로서 일하였다. 캘리포니아 할리우드의 제일장로교회(The First Presbyterian Church of Hollywood)는 그녀에게 기독교교육의 책임자가 되도록 설득하여 이후 35년간 그 일에서 봉사하게 된다. 그녀의 지도 아래 주일학교는 단지 2년 반 만에 450명에서 4,000명 이상으로 성장하여 수만 명의 젊은이들을 말씀 안에서 훈련하게 되었다. 사용하는 교재들에 만족할 수 없어서 그녀는 국내의 교회들이 찾고 있던 모든 단계를 위한 학년별 수업공과를 공들여 저술하였다. 이러한 요구를 위해 1933년 복음의 빛 출판사(Gospel Light Publications)를 사이러스 넬슨(Cyrus Nelson)과 함께 설립하였다. 그녀의 교재들은 수업과 성경적 초점 사이의 강한 연관성을 분명히 하였고, 학생들의 개인적 헌신과 삶의 적용을 강조하였다. 높은 수준을 유지한 이런 작품들은 매우 흥미를 유발하였고 삽화도 포함되었다.

그녀의 학생들이 부른 것처럼 "선생님"은 그녀의 주일학교 교사훈련프로그램과 대학의 단과에서 지도력을 발전시킨 것으로 주목받고 있었다. 그녀가 인식한 목적은 다음 세대를 위한 기독교 세계지도자들을 훈련하는 것이었다. 그녀는 개인적으로 수천 명의 젊은이들을 그리스도에게 인도하였고 사백 명 이상을 세계 곳곳의 소명 받은 사역을 위해 파송하였다. 기독교 진영의 영적이고 교육적인 능력을 확신하였기에 그녀는 1938년 캘리포니아 남부에 포레스트 홈 기독교회의센터(Forest Home Christian Conference Center)를 설립하였다. 1947년과 1949년의 대학보고회의(the College Briefing Conference)의 결과로 영적 부흥이 일어나기도 하였다. 이런 사건들은 당시에 형성 단계에 있던 수많은 선교단체들에게 중대한 영향을 주었다. 복음전도자 빌리 그래함(Billy Graham), '영 라이프'(Young Life)의 설립자 짐 래이번(Jim Rayburn), '대학생선교회'(Campus Crusade for Christ)의 설립자 빌 브라이트(Bill Bright) 및 다른 이들이 자신의 삶과 사역에 대한 그녀의 결정적인 영향을 증언하였다. 미국주일학교연합회(the

National Sunday School Association)의 협력설립자로서 그녀는 그 기관을 새로운 단계로 끌어올린 사람으로서 주일학교운동을 위해 널리 강연하였다. 기독교교육에서의 지도력을 인정받아 그녀는 1949년 밥존스대학(Bob Jones University)에서 명예박사 학위를 받았다. 그녀는 국제적인 선교와 세계복음화의 긴급성을 확신하였기에 1961년 GLINT(Gospel Literature International)를 설립하여 복음의 빛 문서들을 번역하였다. 그녀는 죽을 때까지 활발한 사역을 계속하였다.

그녀의 교육철학의 핵심가치들은 그리스도를 경외하고 성경에 대해 신실함을 유지하는 것이었다. 그녀의 주 목적은 결코 변하지 않았던 반면, 현재적인 필요를 채워주기 위해서 방법론은 변해야 한다고 믿었다. 그녀의 가르침과 교육과정의 저술은 건전한 교육과 인간발달이론과 기독교적 교육과 훈련 실시를 위한, 성경에서 파생된 원리들을 연결시켰다. 그녀의 훈련된 삶, 열심 있는 사역, 비전, 열정적 태도 및 학생들에 대한 사랑은 그녀를 저항할 수 없는 모본과 멘토로 만들었다. 그녀는 지도자의 잠재력을 파악하는 능력과 학생들에게 이를 발전시키도록 도전하는 독특한 능력을 지니고 있었다. 그녀의 최고의 불후의 저작은 1년용 고등학교 수업과정으로서 성경 전체의 개요인 『성경에 관한 모든 것』(What the Bible is All About, 1966)이다. 사역 현장에 기여한 그녀의 가장 큰 업적 중에는 다른 사람들의 삶에 영속적으로 영향을 미친 사실과 사역들의 설립에 대한 협조 및 주일학교 교육과정을 위한 혁신적인 접근법이 있었다.

RICHARD LEYDA

참고문헌 | E. O. Roe, ed.(1990), *Dream Big: The Henrietta Mears Story*.

미전도인(Hidden Peoples). 복음을 잘 알지 못하거나 전혀 모르며 접근도 못한 사람들의 그룹이다. 윈터(Winter, 84)에 따르면 이 용어는 교회에 의해 간과된 복음이 전도되지 않은 사람들을 언급하기 위해 로버트 콜만(Robert Coleman)에 의해 처음으로 사용되었다. 일반적으로 그것은 세 개의 주요한 비기독교적 종교인 이슬람교, 힌두교, 불교에 속한 사람들이 대다수이다.

미전도그룹 전도운동의 근원은 세계선교학교의 교회성장전문가인 도날드 맥가브란(Donald Mcgavran)과 위클리프(Wycliffe) 번역 성경 창시자인 카메론 타운센드(Cameron Townsend)의 작품에 기초한다. 남미에서 타운센드는 그의 경험으로부터 성경을 500개에서 1,000개의 결국에는 5,000개에 이르는 복음이 전파되지 않은 그룹의 언어로 번역하였다. 동시대에 맥가브란은 그의 사역으로부터 교회를 설립하고 복음을 전파하는 수단으로서 사람들의 동질단위들이 있음을 확인하였다. 세계선교를 위한 미국센터의 랄프 윈터(Ralph Winter)는 이러한 개념을 받아들이고 그들에게 전도를 적용하는 데 믿음을 가졌다. 그는 위원회의 임무의 성취 수단으로 문화적, 사회적 지위가 유사하지만 전도되지 못하거나 미전도인들의 그룹에 관심을 기울일 계획을 세웠다. 미전도그룹 전도운동은 선교의 강조를 전통적인 지역적, 국가적 지상명령의 성취에서 부족이나 민족 그룹에 복음을 전하는 방향으로 그 추세를 바꾸었다. 이것은 교회들이 각각의 미전도 그룹에 설립될 때 일어난다.

1970년대에 힘을 모으기 위한 이 운동이 시작됨에 따라 숨겨진 사람들 혹은 미전도 그룹이 수용할 수 있는 정의를 발견하기 위해 노력하였다. 세계복음을 위한 로잔(Lausanne) 위원회와 1980년의 에딘버그 회담(The Edinburgh)은 문제와 맞서 싸웠으며 유사한 정의를 제안하였다. 에딘버그 회담(The Edinburgh)은 숨겨진 사람들에 대해 "아직 그들을 위해서 믿음을 가진 그리스도인들의 토착화된 공동체가 그들 자신의 민족을 복음화 할 수 없는 상황에 있는 자들로, 도시나 지방에 있는 문화적, 언어적 하위 그룹에 속해 있는 사람들"로 정의한다(Starling, 1981). 선교사들 또한 미전도 그룹을 위한 기준을 세우려고 노력했다. 미전도 그룹 내 최소한의 기독교인들은 0-20%까지 퍼져있다. 정의와 기준 문제는 미전도 그룹의 보고된 인원수 내의 폭넓은 다양성을 결과로 이끌었다.

1989년 마닐라의 로잔(Lausanne) Ⅱ 위원회에서 루이스 부시(Luis Bush)는 세계에서 가장 많은 비전도인들이 살고 있는 곳으로 북아프리카와 스페인 서부에서 시작하여 중앙아시아와 남아시아를 가로질러 일본에 이르기까지 북위 10도에서 40도까지 쭉 펼쳐진 지리학적 영역에 '10-40 창'(10-40 Window)이란 이름을 처음으로 붙였다. 그는 그 지역들이 무슬림, 힌두인, 불교인들의 구역들임을 확인하였다. 이것은 은닉되었거나 미전도된 사람들의 운동을 언급하는 유용한 관점이다.

미전도그룹 전도운동의 주요한 이익 중 하나는 기독교인들로 하여금 사회적 및 문화적 그룹 내에 복음적 증언을 가지고 있지 않은 수많은 사람들을 의식하도록 하였다는 점이다. 이 운동의 지지자들은 세계 선교사들과 선교자원들의 90%가 가장 복음화 된 세계인구의 10%의 사람들에게 복음을 전하는 데 투입되곤 했다고 지적했다.

미전도그룹 전도운동 내에 3개의 프로젝트가 교회를 선교로 교육시키는 데 사용되었다. 'A. D. 2000년을 넘어서'(A. D. 2000 and Beyond) 프로젝트는 교회가 선교사역의 절박함을 인식하도록 장려하였고, '자매결연 캠페인'(Adopt-A-People Campaign)은 기도와 미전도 그룹과의 일체감을 강화시켰으며, 마지막으로 '여호수아 프로젝트 2000'(Joshua Project 2000)는 세계의 여러 종족들에 관한 필요한 자료들을 교회에 제공하는 역할을 감당하였다.

에프타(Efta, 1994)는 미전도그룹 전도운동의 3가지 약점에 주목하였다. 첫째, 성경은 세계를 전도하거나 전도하지 못하는 것이 아니라 구하거나 구하지 못하는 것으로 구분하였다. 둘째, 성령의 인도하심을 구하는 대신에 단지 전도되지 못한 사람들에게 우선권을 주는 위험이 있다. 셋째, 오직 그리스도를 믿음으로써만 구원받음을 인정하지 않는 기독교 그룹이 복음에의 초정을 할 수 있는 위험이 있다.

미전도그룹 전도운동의 검증은 모든 복음전도되지 못한 사람들에게 복음을 줌으로써 세계 복음주의의 임무를 완수하는 데 긴급함을 말한다. 이것은 기독교교육자들이 배우려는 모델이 된다.

PHILIP BUSTRUM

참고문헌 | D. Efta, *Evangelical Missions Quarterly* 30(1984): 28-32; R. Winter(1984), *Reaching the Unreached: The Old-New Challenge.*

참조 | 문화(CULTURE); 문화전계(ENCULTURATION); 동질성(HOMOGENEITY); 선교(MISSION); 선교교육(MISSIONS EDUCATION)

민족성과 소그룹(Ethnicity and Small Groups).

민족성이란 "공통의 조상"과 "공통의 과거 역사"를 함께 나누는 사람들이라고 정의된다(Schermerhorn, 1970, 53-67). 그러므로 민족성은 역사성 속에서 이해되어야 한다. 그러나 이민자들의 후손들은 보통 스스로를 역사의 변방인으로 보기 때문에 이들의 전세대들은 공동의 역사가 사라져버리기도 한다(Steinberg, 1981, 44-45). 이 사실 때문에 세대 간에 또 다른 여러 민족 사이에 문화적 줄다리기가 생긴다. 결국 문화적 줄다리기란 권력을 위한 투쟁이 되는 것이다.

성공회 신부인 로우(Eric Law, 1993)는 호프스테드(Hofstede)의 힘의 범위(power distance)라는 개념의 바탕 위에 다민족 소그룹 안에 권력의 역할을 창의적으로 동등화했다. 강한 힘의 범위를 가진 그룹 안의 대부분의 사람들은 권력이 없다고 느끼고, 약한 힘의 범위를 가진 그룹의 대부분의 사람들은 권력을 가진 것처럼 느낀다. 민족그룹의 힘의 거리가 높을수록 그 힘의 거리를 좁혀주기 위해 소그룹을 많이 만들어줄 필요가 있다. 그러나 강한 힘의 범위그룹 안에 계층구조 의식 때문에, 다민족 소그룹 안에 상호작용의 분위기를 만들어줄 때에는 특별한 주의가 요구된다.

십자가와 부활의 신학적 바탕 위에 로우는 다민

족 소그룹의 상호작용을 위해 "상호 초청"(mutual invitation)의 실행을 개발했다. 초청방식을 사용하면서 로우는 소그룹 안에서 힘을 사용하는 효과적인 방법들을 제시해 주었다. 사회자가 먼저 생각을 나누고 나서 다른 사람에게 발언권을 넘겨준다. 두 번째 사람은 이 초청에 응하거나 아니면 다른 사람에게 발언권을 넘긴다. 그리하여 힘이 수용되고 그리고 나서 넘겨준다. 그 그룹은 이와 같은 방식으로 공유된 힘과 기다림과 수용과 포기 등을 경험한다.

로우의 방법은 십자가신학 – 힘을 나누어주기 위해 힘을 포기하는 – 에서 흘러나왔다. 기다리는 것이 익숙하지 않은 다변가들은 힘을 포기함으로써 십자가를 수용해야만 한다. 기다리는 일이나 침묵이 수월한 사람들에게는 부활신학에서 유래된, 발언하는 힘이 주어진다. (발언에) 초청된 사람은 언제든지 자신의 생각을 정리하기 위해 발언권을 통과시킬 선택권이 주어진다.

어떤 이의 만족성이 갖는 힘의 범위의 종류에 의지하여 개인은 십자가의 신학이나 부활의 신학 중 하나를 실행해야 한다. 이 상호 초청의 방식은, 언제나 독점하는 사람들과 침묵하는 사람들이 있기 때문에 어떤 소그룹의 상호작용을 위해서도 매우 중요한 원리이다.

YOUNG LEE HERTIG

참고문헌 | E. H. Law(1993), *The Wolf Shall Dwell with the Lamb: A Spirituality for Leadership in a Multicultural Community*; R. Schermerhorn(1970), *Comparative Ethnic Relations*; S. Steinberg(1981), *The Ethnic Myth: Race, Ethnicity, and Class in America*.

민족지학(Ethnography, 民族誌學). 개인과 사회그룹 그리고 전체 문화를 이해하기 위한 사회과학 연구의 한 방법이다. 이것은 한 특수한 사회그룹을 그 그룹에 속한 사람의 관점에서 관찰하는 것을 강조한다. 이 연구의 궁극적 목적은 주어진 사회환경이나 현상에 대한 포괄적인 그림 또는 이해를 주기 위한 것이다. 주요 방법으로는 관찰과 인터뷰와 문서, 사진, 비디오 등의 수집이 포함된다. 연구 범위는 심층 조사에서부터 단일한 상황이나 사례 연구, 여러 현장조사 등 다양하다. 기간도 간략한 인터뷰에서 몇 년 간의 연구 등 다양하다. 민족지학 연구계획도 융통성이 있고 연구가 진행됨에 따라 발전된다. 자료들은 일반적으로 관찰이나 인터뷰의 현장기록의 형태이다. 이와 같은 자료들을 수집하기 위해 연구자는 어떤 지역의 문화적 틀 안에 동일시된 역할로서(보통 방해받지 않는) 연구된 한 지역으로 들어간다. 자료의 분석은 귀납적이고 수집된 자료와 병행하여 분석한다. 이 일에는 부분을 전체와의 연관 하에 그리고 설명적 분석의 다양한 형식 아래 주제와 패턴과 변칙들을 포함시킨다. 자료분석은 또한 그 지역 안의 주요한 정보제공자와의 대화와 피드백도 포함한다.

기독교교육은 여러 종류의 교육사역의 실천들을 포함한다. 다른 전문 분야와(교육, 사회사업, 건강 등) 마찬가지로 기독교교육도 이론과 과학적 기초에 얼마간 의존한다. 수많은 교육자들이 철학적 또는 사회과학적 원리들을 이해하거나 관여하지 않더라도, 사역의 질과 실제 분야의 중요성은 그 실천을 비판적으로 성찰하는 일에 달려있다. 기독교교육 분야가 시대에 뒤지고 있는 것은 중요한 사회과학적 기초로 발달되지 못했기 때문이다. 그러한 바탕이 없이는 나날의 위급한 사역의 포로가 되어 문화와 사회 신념의 바람에 불려 흘러가게 된다. 사회과학의 도구의 한 부분으로서의 민족지학은 인간들과 사회 그룹과 상황의 남아있는 실재 안에서 기독교교육을 더욱 든든하게 기초를 놓을 수 있는 중요한 통찰력을 제공해 줄 수 있다.

기독교교육의 근저에 있는 민족지학의 몇 가지 목표들을 서술할 필요가 있다. 첫째는 기독교교육에 실제로 진행되어 온 프로그램들의 목적이 무엇인지를 밝히는 일이다. 프로그램 참석자들의 입장에서 정확하고 완전하게 묘사된 목표들이 필요하다. 교회나 가정이나 대학이나 캠프 등지에서 언제, 무엇을, 어떻게, 왜 교육하는가 하는 것을 온전히 이해할 수 있는 전통적이고도 개혁적인 프로그램들을 연구할 필요가 있다. 둘째, 민족지학이 기독교교육의 이론 수립에 도움이 될 수 있다. 실제 자료를 바탕으로 하는 기초 이론들을 통해 개인적 선입견이나 전통주의적 교리주의를 초월하는 교육으로 전환시킬 수 있다. 셋째, 기독교교육의 교수학습 전략을 평가하기 위해 민족지학을 사용할 수 있다. 민족지학적 접근으로 부가적(summative), 형성적(formative) 평가들이 가능하다. 어떤 종류의 학습이나 교육과정의 효과를 증진시키기 위해서는 평가연구가 필수적으로 요구된다.

VERNON L. BLACKWOOD

참고문헌 | R. Bogdan and S. K. Biklen(1982), *Qualitative Research for Education*; J. Goetz and M. LeCompte(1984), *Ethnography and Qualitative Design in Educational Research*; B. Webb-Mitchell, *Religious Education* 87, no. 2(1992), 246-58.

민주적 접근방식(Democratic Approach to Groups).

지도자가 그룹 내부에서 일하고 회원들의 공헌을 수용하는 그룹의 조직과 지도력의 접근방식이다. 수많은 교회들은 각 교인들이 중요한 사안에 투표하는 정책을 만들어 민주적인 방법을 따라간다.

민주적인 가정에서는 어린이들도 결정 내리기에 참여한다. 부모들은 자녀들과 토론하고 협상하여 가정의 규칙과 기대들을 설명하려고 노력한다. 연구들은 민주적 가정에서 자라난 청소년들이 보다 자발적이고 독립적이라고 보고한다(Conger, 1973).

학생훈련에 대한 연구로 유명한 정신과의사 드라이커스(Dreikurs, 1968)는 확고함(firmness)과 돌봄(caring)의 연합이 민주적 교사의 대표적인 특성이라고 말한다. 확고함이란 교사들이 스스로를 존중한다는 사실을 말해 주고, 돌봄이란 다른 사람에 대한 존중을 보여준다. 또한 교실에는 학생들의 의견이 반영된 질서와 제한이 있다. 교사는 학생들에게 주인의식과 소속감을 증진시키는 동시에 질서와 인도를 유지한다.

레빈(Kurt Lewin: 미국의 사회 심리학자-역주) 등은 그들의 고전적인 연구를(1958) 통해 단체 행동에서 보이는 서로 다른 지도력의 영향들을 점검했다. 레빈은 11세의 소년들에게 어떤 방과 후 클럽에 참석해 줄 것을 부탁했다. 민주적 방식을 사용하는 지도자는 그룹에게 적극적인 격려와 도움을 주는 어른들과 함께 그들 자신의 정책을 만들어보라고 격려했다. 각 소년은 그가 선택하는 사람과 자유롭게 협력하도록 허락을 얻었고 그룹의 책임을 나누는 일도 자율적으로 하게끔 했다. 오랜 시간 동안 이와 같은 민주적 형태의 그룹은 다른 형태보다 가장 생산적이고 보다 더 친밀하고 팀 중심으로 단결이 잘 되었다.

KENNETH S. COLEY

참고문헌 | R. Dreikurs(1968), *Psychology in the Classroom*; J. J. Conger(1973), *Adolescence and Youth: A Psychological Development in a Changing World*; R. Lippitt and R. K. White(1958), *Readings in Social Psychology*, pp. 446-511.

믿음(Belief).

몇몇 신약성경 저자들은 피스티스(pistis, 헬라어로 "신앙" 또는 "믿음")라는 말을, 하나님을 향한 인간의 적절한 반응을 묘사하는 포괄적인 용어로 간주한다. 요한은 요한복음에서 독자들이 "예수께서 하나님의 아들 그리스도이심을 믿게 하려 함이요 또 너희로 믿고 그 이름을 힘입어 생명을 얻게 하려 함"(20:31)이라고 밝혔다. 사도행전에는 빌립보 간수들에게 "주 예수를 믿으면"(16:31) 구원을 받는다고 했다. 또한 바울은 로마인들에게 "사람이 마음으로 믿어 의에 이르고 입으로 시인하여 구원에 이르느니라"(롬 10:10)고 설명했다. 그러나 오늘날에는 그런 포괄적인 방식으로 믿음을 듣는 일도 드물고 믿음과 신앙이라는 말을 교환적으로 사용하는 일도 거의 없다. 오늘날에는 신앙(faith)이 보다 포괄적이고, 믿음(belief)은 전형적으로 하나님께 반응하는 신앙의 한 부분-기독교를 진리라고 간주하는 부분-으로 묘사하는 편이다. 요한, 바울, 누가가 살던 시대와 현대 사이의 어느 시점에선 믿음(belief)이라는 말의 사용을 억제하던 일이 있었다. 이 일이 역사적으로 언제였는지 정확한 추정은 어렵지만 초대 믿음의 자질을 알아보고 20세기에 내려진 믿음과 신앙의 구분을 살펴볼 필요가 있다.

최초 믿음의 자질은 성경의 정경에서 찾을 수 있다. 야고보서에는 피스티스만으로는 하나님께 대한 반응으로 불충분하다고 한다. 결국 "귀신들도 믿고 떠느니라"(2:19). 야고보의 신학에서 믿음은 행함을 통해 완성되어야만 한다.

20세기 월프레드 캔트웰 스미스(Wilfred Cantwell Smith: 비교종교로 알려진 종교학자-역주)의 저작에서 믿음과 신앙의 근대적 사고가 조성되고 설명되었다. 스미스는 그의 책『신앙과 믿음』(Faith and Belief, 1979)에서 16세기 초반에서 20세기로 가면서 일어난, 신앙에 대한 이해의 중요한 세 가지 변화를 요약했다. 첫째, 믿음의 대상이 사람에서 명제로 옮겨졌다. 믿는다는 것은 관계적 측면을 상실하고 관념적 아이디어가 되어 버렸다. 둘째, 믿음의 대상이 진리라고 알려진 것으로부터 알 수 없는 것으로 변환되었다. 혹자는 외계인의 존재는 "믿는다"고 하고, 오하이오 주의 수도는 어디인지 "안다"고 한다. 셋째, 믿음의 주체자의 태도는 헌신에서 선서로 바꾸었다. 한때 신앙은 신자의 충성과 사랑을 동반했지만 작금의 신앙은 단순히 어떤 아이디어를 가지고 있는 것일 뿐이다.

현대의 축소된 의미의 믿음 개념을 기독교교육자들은 신앙의 한 부분으로, 필요하지만 불충분한 하나님께 대한 반응으로서 믿음을 현명하게 다룰 수 있을 것이다. 점점 많은 복음주의 학자들이 믿음을 중요한 것으로 취급하지만 그러나 주로 기독교적인 이야기의 내용으로서 기술되고 있는 하나님에 대한 인지적 반응으로 다루고 있다. 기독교육자들은 학생들을 도와 "말씀의 내용을 확실하게 알게 하여", 믿음에 이르도록 해야 한다.

ROBERT DROVDAHL

참고문헌 | W. C. Smith(1979), *Faith and Belief*.

참조 | 무신론(ATHEISM); 엥겔 척도(ENGEL SCALE); 신앙(FAITH); 신앙발달(FAITH DEVELOPMENT)

밀러, 랜돌프 크럼프(Miller, Randolph Crump, 1910-).

미국인 기독교교육 이론가이다. 캘리포니아(California)의 프레스노(Fresno)에서 감리교 목사 가정에 태어나 포모나대학(Pomona College)에서 1931년 학사학위를 받고 예일신학교(Yale Divinity School)에서 1936년 박사학위를 받는다. 다음 해인 1937년 밀러는 감리교 목사로 임명받는다.

밀러가 기독교교육현장에서 교수로 활동한 기간은 세 시기로 구분된다. 그는 1937년 퍼시픽교회신학교(Church Divinity School, Berkeley, Calif.)에서 교수를 시작하여 거기서 15년을 가르쳤다(1937-52). 1952년에서 1982년까지 밀러는 예일신학교에서 기독교양육에 관한 호레이스 부쉬넬(Horace Bushnell) 강좌를 맡았다. 그는 또한 정기적으로 하버드에서도 기독교교육을 가르쳤다. 기독교교육영역에서 저술가와 교수로서 그의 인기는 종교교육협회(the Religious Education Association)를 섬기는 것으로 두드러지게 되었다. 그는 1956년에서 1957년까지 REA의 주요 잡지인 "종교교육"(Religious Education)의 공동편집자로 섬겼고, 1958년에서 1978년까지는 편집자로서 섬겼다. 1982년 예일에서 은퇴한 후 밀러는 1985년까지 REA의 총무의 역할을 담당했다. 은퇴 후에도 그는 교육의 분야에 계속 기여하였는데, 그가 가장 최근 편집한 작품은『종교교육 신학』(*Theologies of Religious Education*, 1995)이다.

20세기의 전반기 동안 기독교교육자들은 교육에서 신학의 역할(특히 성경의 역할)에 대해 논쟁을 벌였다. 밀러의 학문적인 선임자들(George A. Coe, Harrison S. Elliot, Shelton Smith)은 신학이 기독교교육에까지 영향을 미쳐야 하는가에 대해 질문했는데, 밀러는 기독교교육에서의 신학의 위치는 불가결한 것이라고 주장했다. 밀러에게 교육은 우선적으로 하나의 신학적 훈련이었다. 이런 관점에서 그의 가장 유명한 선언은 "신학은 배경(背景)이요, 은혜와 믿음은 전경(前景)이다"(Miller, 1982).

그는 20세기 최고의 기독교교육 이론가 중의 한 사람으로서 명성을 얻었다. 밀러는 또한 탁월한 신학자로서 알려져 있는데 그는 내용과 방법을 만족스럽게 관련시키려고 노력하였다. 기독교교육 분야에서 그의 가장 근본적인 공헌은 그가 "기독교교육의 단서"는 내용과 방법 사이의 간격을 이어주는 적절한 신학을 발견하는 것이라고 주장한 것이다. 결국 기독교교육의 임무는 기독교교육의 목표가 기독교의 진리라는 사실을 인식시키는 적절한 신학을 하는 것이다.

기독교교육에 대한 밀러의 접근법이 관심을 끌게 된 요소는 고전적인 자유주의나 신정통주의 대신에 듀이식의 진보적인 교육과 실존적인 과정신학을 결합시킨 것이었다. 밀러가 자신에게 부과한 도전은 "누군가가 존 듀이(John Dewey)로부터 그리스도인을 만들어내야 한다"는 것이었다. 밀러는 듀이의 과정교육이 기독교 과정신학과 효과적으로 융합되어 과정지향적인 기독교교육의 이론으로 형성될 수 있다고 가설을 세웠다. 그가 복음주의 교육가들에게 그의 이론을 활용하도록 도전한 가장 중요한 것은 밀러의 과정신학에 대한 신뢰였다.

그는 가르치면서 저술을 시작하였는데, 네 개의 주요한 저작으로 유명하다. 『기독교교육의 단서』(The Clue to Christian Education, 1950)는 "신학하기"의 과정에서 성경의 역할에 대한 밀러의 확신을 최초로 충분히 표현한 것이었다. 그는 20세기 주류 개신교 종교교육에서 결여된 요소는, 단순하면서도 절실하게도, 성경이었다고 주장한다. "성경적 드라마"를 체계적으로 제시하고 있는 『성경신학과 기독교교육』(Biblical Theology and Christian Education, 1956)은 다양한 연령대의 학습자들에게 그 주요한 사건들을 말해 준다. 『기독교 양육과 교회』(Christian Nurture and the Church, 1961)는 교회가 어떻게 기독교 양육을 위한 영구적인 제도요 배경이며 또 기독교 형성에 깊은 영향을 끼치는 다른 제도들(가정, 학교 및 공동체)에 관심을 가지면서도 그 과정에서 교회가 어떻게 가장 중심적인 역할을 하는가를 상술하고 있다. 『기독교교육 실행 이론』(The Theory of Christian Education Practice, 1980)은 그의 이전 세 저작들에 대한 실천적인 함의를 다룬다.

밀러는 스스로 인정하듯이 경험론자요 자유주의자이며, 주류 개신교에 깊은 영향을 끼쳤다. 그는 스스로 과정신학에 가까운 태도를 취하였으며 과정적 사고를 종교교육에 적용하려고 노력하였다. 그는 주로 리처드 니버(H. Richard Niebuhr)의 신학과 화이트헤드(Alfred North Whitehead)의 철학사상에 영향을 받았다.

밀러(Randolph Crump Miller)의 출판된 저작들은 매우 많다. 그는 잡지와 저널에 논문을 150개 이상 썼고, 편집 또는 저작한 책은 20권 정도이며, 편집된 책에 15개 이상의 논문을 기고하였다.

JAMES RILEY ESTEP AND HARLEY ATKINSON

참고문헌 | I. V. Cully and K. B. Cully, eds.(1978), *Process and Relationship*; K. O. Gangel and W. S. Benson(1983), *Christian Education; Its History and Philosophy*; S. Little, *Religious Education*(special issue, 1961); S. Little(1961), *The Role of the Bible in Contemporary Christian Education*; R. C. Miller(1950), *The Clue to Christian Education*; idem(1974), *American Spirit in Theology*; idem(1980), *The Theory of Christian Education Practice*; idem(1983), *Modern Masters of Religious Education*; idem(1982), *Religious Education and Theology*.

참조 | 듀이, 존(DEWEY, JOHN)

밀레니엄 세대(Millennial Generation).

밀레니엄 세대 또는 "Y 세대"는 천 년대에 마지막으로 태어난 세대를 가리킨다. 1982년에서 2000년에 태어나 새천년으로 전환할 시점에서 18세 이하인 모든 이들을 가리키는 것이 일반적이다. 밀레니엄 세대는 1989년에서 1993년 사이에 태어난 "반짝 베이비 붐 세대"(Baby Boomlet)를 포함하는데, 이때의 아이들 숫자는 베이비 붐 시대의 최고점과 맞먹는다.

세대 역사가인 스트라우스(Strauss)와 하우(Howe)는 밀레니엄 세대를 "시민 세대" 즉 역사상 일관되게 다시 등장하는 세대적 형태가 될 가능성이 가장 높은 것으로 묘사한다. 이 세대는 점점 더 보호되고 아낌 받는 가정 속에서 자라난다. 그들 주위의 어른들은 자녀들에게 어떻게 영향을 미칠 것인가의 관점에 따라 사회적 문제들을 정의하는 경향이 있다. 밀레니엄 세대를 훈련하는 데는 강한 원칙들과 합리성이 협동성, 평등성, 공동체성 및 강력한 영향력을 미치는 사람이 될 것 등과 함께 더욱 강조된다. 스트라우스와 하우는 주장하기를, 역사의 각 순환에서 시민들(Civics)은 사회의 주요 위기들을 극복하기 위해 함께 일할 때 타인과 세계에 관해 일반적으로 관심을 기울이는 성인들이 된다고 한다. 그들은 성숙하여, 중년기에 사회적 단체들을 세워 노년에는 계속 바쁘게 일하는 유력하고 영웅적인 성취자들이 된다.

웬디 조바(Wendy Zoba)(1997)는 개관 결과를 요약하면서, 밀레니엄 세대를 매우 다르게 설명한다. 밀레니엄 세대는 모든 것이 자신에게 전수되어 왔고, 자신의 참여 없이 변화가 발생했으며, 다른 이들의 견해에 쉽게 흔들리고, 존경받지 못하며, 어떤 것도 안전하지 못하다고 느끼고, 어떤 것 혹은 사람도 믿지 않고, 단지 "고생 없이 살아가는" 까닭에 자신을 태만하고, 허약하며, 무식하다고 여긴다. 이 주제에 대한 많은 전문가들의 견해를 요약하면서 그녀는 초점이 흐려진 채 빠르게 걷는, 현재를 위해서 사는, 지긋지긋해져서 아무것에도 놀라지 않는, 타인의 불성실의 증거들을 끊임없이 찾으려 하는 그리고 성인들을 신뢰하지 않는 세대로 밀레니엄 세대를 유형화한다. 그러나 밀레니엄 세대는 또한 종교에 관심이 있고 동료들의 압력에 긍정적으로 영향 받을 수 있다. 버스터 세대(Buster Generation)에서와 같이 밀레니엄 세대는 강한 관계성을 열망하나, 그들과 달리 이들은 물질주의적이거나 반항적이지 않다. 스트라우스와 하우가 예언한 것과 같이 조바는 이전 세대들이 밀레니엄 세대들에게 시민적 해결과 팀 중심의 목적을 격려하여 밀레니엄 세대가 강한 공동체 의식을 갖고 그들이 유년기에 원했으나 찾아내지 못했던 영웅들이 되게 할 것을 기대한다.

밀레니엄 세대 안에는 상당한 다양성이 존재한다. 모든 세대들과 같이, 개인들은 개인적 선택이나 독특한 환경 때문에 형성된 유행들을 따르거나 따르지 않거나 한다. 심지어 기대했던 경향들이 틀릴 수도 있다. 스트라우스와 하우는 밀레니엄 세대가 시민세대의 패턴을 따르는 대신에 빌더 세대(Builder Generation)가 1930년대와 1940년대 초기에 행하였던 것처럼, "적응적 세대"(Adaptive Generation)의 특징을 개발할 수도 있다는 있을 법하지 않은 가능성을 지적한다. 궁극적으로 사람들 – 모든 세대의 사람들 – 은 예기치 않은 변화가 일어날 것이라는 사실을 선택한다.

DONALD E. RATCLIFF

참고문헌 | W. Strauss and N. Howe(1997), *The Fourth Turning: An American Prophecy*; W. Strauss and N. Howe(1991), *Generations*; W. M. Zoba(1997), *Christianity Today*, February 3, 1997.

Evangelical Dictionary *of*
Christian Education

EVANGELICAL DICTIONARY of CHRISTIAN EDUCATION

바/벧 미즈바(Bar/Bat Mitzvah). 바 미즈바는 유대인 남자의 삶에 가장 중요한 행사이다. 13세기부터 유대인들 사이에 행해진 종교적 의식으로서, 그 개념은 탈무드에서 찾을 수 있다. 이 행사를 통해 한 소년이 신체적으로 남자가 되고 종교적 책임이 주어진다.

'미즈바'(mitzvah)라는 말의 실제적 의미는 "하나님에 의해 주어진 명령"인데 매사에 적절한 행동을 하게 한다는 뜻으로 확대되었다. '바'(bar)라는 말은 "아들"이라는 뜻이고, 바 미즈바 의식을 통해 한 소년이 "계명의 아들"(son of the commandment)이 된다. 그리고 이 소년의 위치가 유대 사회에서 중요한 의미를 가지게 된다. 더 이상 순진한 아이가 아니고 전적으로 종교적 책임을 가진다. 13세가 되면 성경을 읽기 시작하고, 소년이 아닌 남자로서 유대인의 전통을 따르게 된다.

1. 네 가지 특권. 소년이 일단 계명의 아들이 되면 네 가지의 특권이 주어진다. 첫째는 공적 예배를 드리는 데 필요한 10명으로 구성된 그룹인 '민얀'(minyan)에 속하게 된다. 이것은 오직 남자에게만 주어진 특권으로, 예배로의 부름은 중요한 성숙의 표징으로 간주된다. 둘째, 바 미즈바를 하는 소년은 '성구함'(phylacteries)인 성경 구절이 적힌 쪽지들이 들어 있는 두 개의 작은 가죽 상자를 몸에 달 수 있는 특권이 주어진다. 하나는 앞 이마에 부착하고 다른 하나는 왼팔에 부착하는데, 매일 아침 기도를 암송할 때 이 상자들을 달도록 되어 있다. 셋째, 이 소년은 이제 젊은 남자로 취급되고, 토라를 읽을 책임이 주어진다. 네 번째 특권은 '베틴'(betdin) 또는 유대 법정의 일원이 되어 논쟁에 참여할 수 있다는 것이다.

2. 의식. 회당에서 열리는 바 미즈바 의식은 세 부분이 있다. 처음은 '셰페타니'(shepetarni) 즉 "해방"(release)으로, 소년과 아버지가 함께 성전 앞에 나아가 아버지가 그 아들을 세상으로 놓아 보낸다. 미드라시 창세기(Midrash Genesis) 63장 10절에서 인용하여 "나를 이 의무에서 해방하는 자는 복이 있다"고 하여, 이 젊은이가 앞으로 짓는 죄는 아버지가 아닌 본인에게 돌아가게 된다.

두 번째 부분은 '알리야'(aliya) 또는 "부름"(call)으로서 랍비(rabbi)가 이 소년을 앞으로 불러 "토라"(Torah, 모세가 쓴 성경의 처음 다섯 권)와 '하프토라'(Haftorah)의 한 섹션을 읽게 한다. 그리고 나서 소년과 랍비가 함께 다양한 송축문을 낭송하고, 회중을 '데라샤'(derashah), 즉 설교 시간으로 인도한다. 과거에는 이 의식을 통해 소년이 히브리어 독해력과 성경을 제대로 해석할 줄 안다는 것을 공중 앞에 보여주었다. 최근에는 이 의식을 통해 단순히 소년이 부모에게 그리고 자신의 바 미즈바에 참석해 준 청중들에게 감사를 표현한다. 이 의식의 세 번째 부분은 '슈다'(seudah), 즉 "잔치 음식"이다. 원래는 간단한 다과로 기념하였는데, 12세기경에 악단과 춤, 연회용 음식을 갖춘 파티로 변했다. 이 소년에게는 선물이 증정되는데, 전통적으로는 새로 시작되는 성인기를 상징하는 펜을 주었지만, 현대에는 보통 돈을 준다.

3. 벳 미즈바. 최근에 자유주의적 유대인들은 바 미즈바를 확산시켜 소녀들도 포함시키기 시작했다. 소녀들이 소년들보다 빨리 성숙하기 때문에 '벳 미즈바'(혹은 "계명의 딸")는 소녀가 12세가 되면 기념해 준다. 비록 용어들이 바뀌고 어린 숙녀에게 어린 신사와 같은 특권이 부여되지는 않지만, 바 미즈바와 유사하게 해방, 부름, 기념의 형식으로 진행된다. 벳 미즈바는 보수파와 개혁파 유대인 사이에 행해지나, 정통파 유대교가 국교인 이스라엘에서는 거행하지 않는다.

바 미즈바는 유대인들에게 매우 중요한 의식으로, 유대인 가족들은 종종 약속의 땅인 이스라엘에 가서 이 의식을 행하고 돌아오기도 한다. 예루살렘에서는 서쪽 성벽(Western Walls)에서 매주 월요일과 목요일에 그리고 매주 수요일에는 유대인의 자유를 상징하는 유대 사막(Judean desert)의 요새 마사다(Masada)에서 바 미즈바를 행한다. 온 세계에서 모인 유대인들이 이 의식을 행하고 있는 모습을 볼 수 있다. 구약성경에 뚜렷하게 이 의식에 대해 언급한 것은 아니지만 민수기 첫 장에서 20세 이상 된 남자들이 군대에서 복역해야 한다는 것에서 바 미즈바의 기원을 찾는다.

JERRY CHIP MACGREGOR

참고문헌 | S. Swartz(1985), *Bar Mitzvah*; J. Teleshikin(1991), *Jewish Literacy*.

참조 | **책임연령**(AGE OF ACCOUNTABILITY); **확증**(CONFIRMATION); **유대교육**(JEWISH EDUCATION)

바울신학(Pauline Theology). 교육/서신서 속의 교육(Education in the Epistles)을 보라.

바울의 가르침(Teachings of Paul). 이방인의 사도인 바울은 신약성경에서 살펴볼 때 두 번째로 가장 중요한 인간 교사이다. 그의 가르침과 가르치는 사역의 모델은 바울의 인생 경험 속에 있는 위대한 교사, 즉 그가 다마스커스로 가는 길 위에서 만난 주 예수 그리스도 다음으로 중요하다(행 9:1-19). 바울은 기독교신앙을 실천하고자 애쓰는 가운데 생겨나는 다양하고 구체적인 신앙공동체의 필요에 대해 말한 임무중심의 신학자였다. 그의 사역에서 이방인들과 복음을 나누는 데 특별히 헌신함으로써 바울은 마태복음 18장 18-20절과 사도행전 1장 8절에 기록된 대로 부활하신 그리스도의 지상명령을 완수하고 있었다. 바울은 그의 광범위한 저서들과 하나님의 아들 속에 계시된 "그 길"의 초기 추종자들에 의한 그의 신학적 관점들의 영속화를 통해 1세기 세계에 대한 그리스도 복음의 핵심 해석자로서 봉사한다. 바울의 글 속에 구현된 가르침들은 교회와 그보다 더 넓은 사회 속에서 갈등을 수반하는 적대적이고, 종교적으로 다원주의적인 세계 속에서 기독신앙을 이해하고 살아나고자 하는 투쟁에 대한 바울의 목회적인 응답을 이야기하고 있다. 그의 많은 저술 속에서 바울은 주로 도시에 살고 있던 그리스도인들을 언급하고 있다.

바울의 가르침들은 그의 가족의 영향과 더불어 그의 유대인의 신앙과 가말리엘 문하에서 받은 교육적 훈련(행 5:34, 22:3) 위에 세워졌다. 바울은 자신을 베냐민 지파의 이스라엘인이며 의롭고 정의로운 삶을 통해 하나님의 법을 이루려고 추구했던 바리새인이라고 밝히고 있다(빌 3:4-6). 부활하신 그리스도를 만난 이후 그의 급격한 회심은 그의 삶과 이제 막 생겨난 교회와의 그의 초기 관계를 바꾸어 놓았다. 그의 이런 새로운 관계는 이전에 예수 그리스도의 추종자들에 대한 박해 때문에 당연하게도 의심을 받게 되었다(행 8:1; 9:1-2). 그의 변화는 다른 이들도 비슷한 방법으로 예수님에 대해 배우고 구원을 경험하기를 바라는 소망을 만들어 내었다. 사도행전은 온 세상이 마땅히 듣기에 합당한 예수 그리스도에 대한 영광스럽고 기쁜 복음에 대한 바울의 가르침과 설교 그리고 그와 그의 동역자들의 네 번에 걸친 선교여행을 기록하고 있다(롬 1:1-6; 고전 1:1-2; 갈 1:1-5; 엡 3:1-13; 딛 1:1-3). 그의 가르치는 사역은 유대 나라와 흩어져 있던 동포들을 넘어서 확장되었고 예수 그리스도 안에서 가능해진 새로운 인류의 동등한 시민들로서 이방인들을 포함하였다(갈 2:11-21; 3:26-4:7; 엡 2:11-22).

사도 바울의 가르침들은 신약성경 속에서 그가 쓴 편지들과 서신들 속에 나타나 있다. 바울에게 직접적으로 묻는 질문들과 특별히 1세기 상황에 대한 그의 응답과 관련해서 분석될 수 있는 다양한 신학적 주제들이 바울의 전체 문헌 속에 나타나 있다. 그러나 그의 위대한 선생이신 예수님처럼, 바울의 가르침이 비록 상황화 되기는 하였지만, 그것이 포함하고 있는 기독교공동체와 신앙의 출현과 영속성에 대한 보편적인 중요성을 가지고 있다. 바울의 가르침 중에서 한 가지 독특한 것은 하나님, 예수 그리스도 그리고 성령의 계속된 사역이라는 표현으로 된 기독교신앙에 대한 광범위한 탐구였다. 기독교진리에 대한 그의 강조를 보충하는 두 번째 강조점은 개인들과 세상 속에 있는 그리스도의 몸의 단체적 표현인 교회에서 어떻게 그 진리를 변화된 삶 속에서 진술할 것인가 하는 것이었다(고전 12:1-31; 엡 4:1-5:21). 기독교진리와 기독교인의 삶이라는 이 두 개의 독특한 요소는 바울의 가르침들 속에 있는 반복적인 주제들이다. 바울에게 기독교인의 삶은 기쁨 속에서 나오는 믿음, 소망 그리고 사랑의 삶이다. 그리고 이런 기독교적인 가치들에 대한 탐구는 바울의 가르침의 내용 속에 서로 얽혀 있다. 바울이 묘사한 대로 그리스도 안에 있는 삶은 예수께서 제자들을 위해 그 자신이 형성하신 사랑이라는 최고의 윤리를 이루는 것이다. 바울 자신의 삶과 사역은(고후 4:7-5:10; 11:16-12:10) 그리스도인의 삶이 다른 사람들을 위해 가지고 있어야 할 고난과 기쁨의 생생한 예이다.

빌립보 신자들에게 보내는 편지에서 바울은 그의 가르침을 위한 포괄적인 교육과정을 밝히고 있다. "무엇에든지 참되고, 무엇에든지 존경받을 만하고, 무엇에든지 옳으며, 무엇에든지 사랑할 만하며, 무엇에든지 칭찬들을 만하며, 무슨 탁월함이 있는지, 무슨 칭송받을 만한 것이 있는지, 이것들을 생각하라 너희는 내게 배우고 받고 듣고 본 바를 행하라 그리하면 평강의 하나님이 너희와 함께 하시리라"(빌 4:8-9). 철학자들이 수세기 동안 지혜를 얻기 위해 노력했던 모든 것이 바울과 그리스도인들에게는 생각과 실행에서 가르침의 사항이 되었다. 진리와 지혜에 대한 그리스도인들의 추구로부터 그들이 얻을 수 있는 모든 것은 다른 사람들에게 전달되어 그들 역시 또 다른 이들을 가르칠 수 있도록 해야 했다(딤후 2:2). 바울은 이 진리의 근원에 대해 분명히 했다. 왜냐하면 진리는 "지혜와 지식의 모든 보화가 심겨져 있는 그리스도 안에" 있기 때문이었다(골 2:3). 그리스도인 앞에 놓인 임무는 "모든 생각을 사로잡아 그리스도께 순종케 하는 것이다"(고후 10:5).

그리스도인의 삶이 다른 사람을 가르치는 도구가 된다는 것에의 강조점과 관련하여 디모데전서 4장 11-12, 16절에 나타난 디모데에게 보낸 바울의 지시들은 주목할 만한 가치가 있다. "이것들을 명령하고 가르치라. 누구든지 네 연소함을 업신여기지 못하게 하고 오직 말과 행실과 사랑과 믿음과 정절에 대하여 믿는 자에게 본이 되어… 네가 네 자신과 가르침을 삼가 이 일을 계속하라 이것을 행함으로 네 자신과 네게 듣는 자를 구원하리라." 디모데는 그의 가르침이나 교리 뿐만 아니라 본이나 모방에 의해 가르침을 주는 삶 또한 신중하게 고려하도록 격려받고 있다. 바울과 같은 교사들을 모델링하는 것은 가르침을 받는 사람들에 의해서 수용되는 내용이 무엇인가에 대한 용어들을 설정해 준다. 비슷한 강조가 디도서 2장 1-15절에서 발견된다. 거기서 바울은 디도가 다양한 연령그룹층들에게 그들만의 독특한 필요들과 책임들을 가지고, 무엇을 가르쳐야 하는지를 보여주고 있다. 디도는 무엇을 가르치고, 어떻게 가르쳐야 하는지에 대하여 조언을 받았다. 그는 다양한 그룹들을 가르쳐 품성형성하는 일과 사람들이 만나고 살아가는 가치에 분명한 강조점을 가질 수 있도록 하라는 격려를 받았다. 바울은 선한 일들과 행위들이 건전한 교리로부터 그리고 한 사람이 가지는 하나님과 이웃과의 올바른 관계로부터 흘러나온다고 지적하였다. 디도는 바울에 의해 건전한 교리(딛 2:1)와 일치하는 것을 가르치고 모든 권위로써 권면하도록 지도를 받았다(딛 2:15). 그러므로 바울은 사도들의 교육 전통과의 연속성과 한 사람이 가르치는 권위의 기초에 대한 이해를 강조하였다.

바울은 가르침을 성령을 통해서 그리스도에 의해 교회에 주어지는 은사들 중의 하나로 묘사하였다(롬 12:3-8; 고전 12:27-31; 엡 4:7-13). 가르침은 성령이 수여하시고 동기가 부여된 은사일 뿐만 아니라 가르침의 과정 속에서 성령에 의해 계속적으로 교사가 충만해지고 인도받아야 될 것을 요구한다(엡 4:29-32; 5:15-20). 가르침의 영적인 측면들은 바울의 관점에서 본다면 근본적인 것들이다. 바울이 교회 안에 있는 지도력을 대상으로 파악한 자질들 중 하나는 그 지도자가 가르치는 것을 좋아하며 잘 가르쳐야 한다는 것이었다(딤전 3:2; 딤후 2:24). 바울은 그 자신과 데살로니가에 있는 제자들과의 관계를 어머니와 아버지의 돌봄을 모두 포함하는 것으로서 묘사하고 있다(살전 2:7-12). 8절에서 바울은 사역자들과 교사들이 하나님의 복음 뿐만 아니라 그들의 삶도 나누기를 기뻐함을 목도하였다(딤전 4:16을 보라). 가르침의 어머니적인 측면은 돌봄과 양육을 포함했다. 반면에 아버지적인 측면은 다른 이들을 격려하고, 위로하고, 도전해서, 하나님 앞에서 합당하게 살도록 하는 것을 포함했다.

바울의 가르침과 신약교회의 가르침의 내용은 바울이 인용한 신조적인 요약들과 찬송 속에 잘 요약된 형태로 나타난다(고전 15:3-8; 빌 2:5-11; 딤전 3:16; 딤후 2:11-13; 딛 3:4-7). 에베소서와 다른 서신들 속에 투영된 바울의 가르침의 일반적 형태는 가르침, 중보기도, 권면을 통합하고 있는 것이다(Stott, 1979, 146). 좀더 기본적인 형태로는 그 형식이 첫째는 교리적이요 윤리적인 것(롬 1-11; 롬 12-16; 갈 1-4; 갈 5-6; 엡 1-3; 엡 4-6; 골 1-2; 골 3-4)으로 드러나 있다(Stott, 1964, 66). 첫째, 가르침은 믿음의 교리적 내용, 즉 하나님이 행하신 것에 초점을 맞추는 것으로 이루어져 있다. 둘째, 중보기도는 하나님과 성령의 사역에 대한 의식적인 의존 속에서 가르침을 받은 사람들을 위한 기도이다. 중보기도는 하나님과의 교제 속에서 느껴지는 놀라움, 경외 그리고 존경심을 활성화시키는 가르침의 한 영적인 측면이다. 바울의 가르침의 세 번째 요소는 권면이었다. 권면을 통해 바울은 믿는 이들이 어떠해야 하며, 무엇을 해야만 하는가를 그리스도 안에 있는 하나님의 역사들과 계시의 관점에서 구체화시켰다. 바울에게서 이러한 내용을 가르치는 목적들은 연합과 성숙의 영역에서 이루어져야 할 교회의 세움과 궁극적인 영화(엡 4:7-16; 롬 8장; 고전 15장) 그리고 각 믿는 이들의 칭의와 성화를 포함하였다(롬 1-6장; 엡 2:8-10).

바울 가르침의 신학적 주제들은 믿음, 소망, 사랑(고전 13:13), 이 세 가지의 그리스도인 미덕들과 관련해서 요약될 수 있다. 기독신앙은 그리스도 안에, 즉 그분의 인격과 인류의 구원을 위한 준비가 된 그분의 사역 위에 중심을 두고 있다. 기독교의 소망은 주님의 다시 오심을 기다리는 모든 피조물들에 대한 하나님의 계획(골 1:9-23)이 최종적으로 완성되는 데 중심을 두고 있다(살전 4:13-5:11; 살후 2:1-12; 고전 1:7; 15:35-57; 골 3:4; 롬 8:18-25). 기독교적 사랑은 그리스도 안에서 가능하게 된 새로운 인간성을 위한 새로운 창조이자 모델인 교회, 즉 그리스도의 몸 안에서 그 사랑의 표현을 발견한다(갈 6:10; 롬 12:9-21; 고전 12:29-13:13; 골 3:12-14; 엡 5:25-33).

ROBERT W. PAZMIÑO

참고문헌 | W. Barclay(1974), *Educational Ideals in the Ancient World*; D. L. Bartlett(1977), *Paul's Vision of the Teaching Church*; G. D. Fee(1996), *Paul, the Spirit, and the People of God*; J. P. Fitzpatrick(1990), *Paul: Saint of the Inner City*; K. Giles(1989), *Patterns of Ministry Among the First Christians*; L. E. Keck(1988), *Paul and His Setters*; R. N. Longnecker(1971), *The Ministry and Message of Paul*; idem(1975), *A History of Religious Educators*; W. A. Meeks(1983), *The First Urban Christians: The Social World of the Apostle Paul*; C. J. Roetzel(1991), *The Letters of Paul: Conversations in Context*; J. R. W. Stott(1964), *Basic Introduction to the New Testament*; idem(1979), *God's New Society: The Message of Ephesians*; D. Wenham(1995), *Paul: Follower of*

Jesus or Founder of Christianity?

반역(Rebellion). 이교와 청소년(Cults and Youth)을 보라.

반응(Feedback). 의사소통 교류의 마지막 단계로서 청자 혹은 메시지 수용자가 화자 혹은 메시지 공급자에게 응답하는 것이다. 소그룹 토의나 학급에서 반응은 적어도 세 가지 이유로 인해서 의사소통 과정에 매우 중요한 역할을 한다. 첫째, 반응은 의도하지 않은 신호나 모호한 의사소통 신호를 제거해 주는 데 필요하다. 예를 들어, 화자의 말을 듣는 어떤 모임의 한 사람이 그 말을 어떻게 해석해야 하는지 확신할 수 없을 때 "당신이 말하려는 뜻은…" 등의 말을 할 수 있다. 둘째, 반응은 다른 사람들을 고무하고 그들이 존중되었다는 메시지를 전달한다. 청자의 무반응은 화자의 사기를 떨어뜨리고 자신감을 잃게 한다. 그것은 그 그룹 내에서 화자의 중요성을 약화시키고 한 사람의 자존감을 떨어뜨린다. 마지막으로 반응은 의사소통 고리를 완성하도록 도와준다. 의사소통 교류는 수용자가 상호작용을 통해서 전달자의 의도를 확신할 때 완성된다. 수용자가 최초의 메시지에 반응하고 전달자가 그 답으로 그 응답을 알게 될 때 양쪽은 그들이 원하는 대로 의사소통이 이루어졌는지 결정할 수 있다(Galanes & Brilhart, 1995, 46-48).

가장 효과적이기 위해서 반응은 몇 가지 요소들을 갖고 있어야 한다. 첫째, 분명하고 간략해야 한다. 둘째, 개방되고 정직하면서도 민감하게 조절되어야 한다. 셋째, 반응은 전달자에게 건설적이고 의미 있는 것이어야 한다. 때때로 반응이 정직하고 개방되어 있지만 화자에게 부정적인 효과를 주고 상호작용이 끊어져 버리게 하는 경우가 있다(Wolvin and Coakley, 1992, 137-39).

HARLEY ATKINSON

참고문헌 | G. Galanes and J. Brilhart(1995), *Effective Group Discussion*; A. Wolvin and C. G. Coakley(1992), *Listening*.

반응-자극 결합(R-S Bonds). 1930년대와 1940년대에 B. F. 스키너(B. F. Skinner)는 자극과 반응 결합(S-R bonds, stimulus-response bonds: 자극과 반응 결합-역주)의 행동주의적 주류에서 떠났다. 스키너의 개념적 변경은 반사에 관한 개념을 새롭게 하기 위한 것이었다. 예로, 고전적 조건화(classical conditioning)에서 유기체는 수동적으로 반응하지만 그러나 도구적 조건화(instrument conditioning)에서 반응은 결과를 가지고 오는데, 이러한 관점에서 반응은 환경에 영향을 미친다. 이것은 스키너가 조건화(조건형성)를 만들어내는 것을 의미하는 '조작적 조건형성'(operant conditioning)이라는 용어를 제시하게 하였다.

유기체들은 그들의 환경에 대해 작용하거나 영향을 미친다. 이러한 조작들은 강화물, 처벌, 소멸 등과 같은 조작적 조건화 안에서의 행동 변화는 주체의 반응과 자극적 사건 사이의 우발성에 의해 만들어진다. 전형적으로, 어떤 임의의 반응들(R)이 어떠한 동기적으로 의미 있는 사건(SR)에 의해 유지된다. 예를 들면, 활발한 성격의 표현은 종종 결과적으로 대인관계의 기쁨이라는 더 큰 피드백을 가지고 온다. 고전적 조건과 달리, 자극사건은 강화인자로 불린다. 왜냐하면 그것은 주체의 활동에 뒤이어 오는 것이며 최초의 반응을 반복할 가능성을 증가시켜주기 때문이다.

교수에 있어서 조작적 조건형성은 기제적 교육 프로그램의 발전에 활기를 주었다. 학습기계들은 질문을 던지고, 택일할 수 있는 답들을 제시하고, 복습과 추가적 선택들을 허용하고, 바른 답을 했을 때 학생을 향상시킨다. 이 프로그램화 된 티칭머신을 통한 교육과는 별도로, 강화는 행동수정과 우연성 관리의 인기 있는 처리방법으로 사용되고 있다. 이러한 경우들에서 부적절한 행동은 더 바람직한 행동을 지지하는 보상의 설정이나 강화계획에 의해서 없어진다.

STEVEN PATTY

참조 | 연합/결합이론(ASSOCIATION/CONNECTIONIST THEORIES); 행동주의이론(BEHAVIORISM, THEORIES OF); **조작적 조건형성**

반향기억

(OPERANT CONDITIONING); 스키너, 버러스 프레드릭(SKINNER, BURRHUS FREDERIC)

반향기억(Echoic Memory). '반향기억'이라는 말은 인지학습 이론 중의 하나인 정보진행이론(information process theory, IPT)에서 파생되었다. 정보진행 이론은 인간이 뜻을 가진 정보를 저장하는 방식을 설명하기 위해 컴퓨터의 구조를 사용한다. 환경으로부터 감각기관을 먼저 자극하는(귀, 눈) 정보가 입력되면(소리, 광경) 잠시 동안 감각기관 안에 저장이 된다. 이 저장된 기억 또는 등록(registers)된 것들 중 시각적인 것들은 도상기억(iconic memory, 圖像記憶)이라 부르고 청각적인 것들은 반향기억(echoic memory, 反響記憶)이라고 부른다. 감각적으로 등록된 정보는 단기기억으로 옮겨가고 거기에서 그 정보가 장기기억 저장소로 기호화되어 나중에 기억을 재생하거나 기호를 풀 수 있도록 한다.

도상기억에 저장된 시각적인 정보들은 그림과 같은 이미지 때문에 도상(icon)이라고 부른다. 반향기억에 저장되어 있는 청각적 정보들은 소리를 가지고 있기 때문에 반향이라고 부른다. 정보는 중성자 트레이스(trace)라고 부르는 신경계에서 전기화학으로 바뀌어 저장되고 두뇌로 이동한다. 감각기억은 환경으로부터 얻은 정보를 오래 저장하여 계속 진행되도록 한다. 반향기억들도 환경으로부터 얻은 정보를 오래 저장하여 조각들이 함께 모여 음악이나, 말의 음절의 소리를 낼 수 있게 한다. 반면에 도상기억은 일초도 안 되는 동안만 유지된다. 이와 같은 초기 단계에서 패턴인식이 비롯된다. 감각에 등록된 정보가 정제되거나 진행되지도 않았기 때문에 그것은 환경과 내면적 기억 사이의 중간 단계에서 단기 및 장기기억으로 구성된 상태로 볼 수 있다.

RICK YOUNT

참고문헌 | G. D. Borich and M. L. Tombari(1995), *Educational Psychology: A Contemporary Approach*, pp. 194-95; P. D. Eggen and D. Kauchak(1992), *Educational Psychology: Classroom Connections*, pp. 308-10; N. A. Sprinthall, R. C. Sprinthall, and S. N. Oja(1994), *Educational Psychology: A Development Approach*, pp. 286-88; W. R. Yount(1996), *Created to Learn: A Christian Teacher's Introduction to Educational Psychology*, p. 212.

발견교수법(Discovery Teaching). 사람들이 적극적으로 학습과정에 참여하는 것이 최고의 학습법이라는 학습자 중심의 교수법이다. 연구결과들이 정보를 진행하는 과정에 육체의 오감을 더해 주면 이해력과 기억력이 증강된다는 사실을 보여 준다. 자리에 앉아 수동적으로 강의를 듣는 학습자는 대부분의 학습내용을 잘 기억하지도 못하고 실생활에 적용하지도 못하는 경향이 있다. 스스로 발견할 수 있도록 적절한 인도와 전략적 학습자료들을 제공받는 학습자들은 학습한 것을 기억하고 적용할 수 있다.

발견교수법이 교육과정이나 학급통제를 완전히 버리라고 제안하는 것은 아니다. 그러나 본질적으로 발견교수법은 전통적인 강의 중심의 교수법보다는 융통성이 있고 소란스럽다. 문자적으로 발견교수법을 적용하게 되면 학습자는 스스로 관심 있는 주제를 선택하고 필요한 연구기술 등과 같은 학과간의 학습을 한다. 교사는 적절한 질문을 던지고 최상의 자료들을 제공해 주지만 지식의 근원으로서 역할을 하지는 않는다. 이와 같은 방식으로 학생들은 학습방법을 재학습한다. 대부분의 학급에서는 이와 같은 학습을 수정해서 사용한다. 교사가 적합한 교육목표를 설정하고 학습자들을 미리 결정된 방향으로 인도하여 발견활동들을 계획한다.

발견학습은 사실에 대한 서술에서 시작하는 것이 아니라 자극적인 질문으로부터 시작된다. 이것은 예수께서 학습자들을 개입시키기 위해 질문으로 시작하셨던 방법과 유사하다. "이 형상이 뉘 것이냐?"(마 22:20), "너희는 나를 누구라 하느냐?"

(눅 9:20), "이 세 사람 중에 누가 강도 만난 자의 이웃이 되겠느냐?"(눅 10:36). 예수께서는 권위를 가지고 말씀하셨지만 또한 시청각자료들과 토론, 생각을 유도하는 질문 등을 사용하시어 학습자들을 진리로 지도하셨다.

하나님께서 자연을 다스리심에 관한 발견식 학습의 예는 다음과 같다.

1. 학습자는 나무에 관한 책으로 나무와 알맞은 잎사귀 및 그 씨들을 연결하고 "하나님께서 어떻게 장래의 나무를 준비하시는가?"라는 질문에 대답한다.
2. 학습자는 영란수선의 달력그림을 관찰하고 종이를 접어서 잎사귀 모양을 잘라낸다. 친구들의 잎사귀들과 비교한 다음 "하나님께서 영란수선 잎사귀를 다 다르게 만드셨다. 그 사실은 하나님에 대해 무엇을 가르쳐 주는가?"의 질문으로 토론한다.
3. 학습자들은 달력의 그림을 통해 계절의 추이를 관찰하고 일 년 동안 나무와 동물들에게 일어나는 변화들의 실례를 찾는다. 시편 147편 8절을 읽은 후에 "당신이 관찰한 변화를 만드신 하나님의 이유가 무엇일까? 그것들이 아무 방향이 없이 그저 일어났을까?"라는 질문에 대답한다.

소그룹 중심으로 발견하게 한 후에 학습자들을 함께 모아 그들이 발견한 사실들을 나누게 한다. 그들이 발견한 결과 찬양과 예배의 시간을 갖는 것이 자연스러운 감사의 표현이 될 것이다.

ROBERT J. CHOUN

참고문헌 | B. Bolton(1982), *How to Do Bible Learning Activities*, (grades 1-6); I. V. Cully and K. B. cully, eds.(1990), *Harper's Encyclopedia of Religious Education*; K. Klein(1982), *How to Do Bible Learning Activities*, (ages 2-5); E. Stewart and N. McBride(1982), *How to Do Bible Learning Activities*, (grades 7-12); idem(1982), *How to Do Bible Learning Activities(adult)*.

발견학습(Discovery Learning).

브루너(Jerome Bruner)는 학습자들이 지식을 스스로 "알아내거나"(figure out) "식별할"(discern) 때, 지식의 습득과 변화와 평가가 중요하게 고양된다는 사실을 관찰했다(1960). 이와 같이 능동적인 발견학습은 본질적으로 학습자들 스스로 새로운 내용을 동화시키고 이미 알고 있는 지식을 변화시켜 부가적인 통찰이 가능하도록 지식을 재배열할 수 있도록 한다.

발견학습은 기억력 진행과 학습의 전이, 학습 동기 그리고 사회화 등에 중요한 효과가 있다는 것이 관찰되었다. 한 개인이 발견을 통해 학습하게 되면, 습득된 지식을 조직하고 변화하는 능력과 그 지식을 새로운 문제해결의 상황으로 전환하고 이동하는 능력을 얻게 된다. 발견된 개념은 학습자에게 보다 더 의미가 깊으므로 더 오래 기억하고 장래의 사고와 비판적 성찰에 더 쉽게 적용할 수 있다.

발견의 진행으로 스스로 보상하는 경향이 높아지고 학습의 동기를 부여해 주는 외적 보상의 필요를 제거하게 된다. 외부적 보상은 학습을 시작하기 위해 필요한 반면, 보통 학습동기를 계속 유지하는 데에는 불충분하다. 반면에 발견적 학습은 능동적 참여와 학습 진행과정에 학습자의 참여를 증진시키고, 학습에 대한 내적 동기를 유지시키고 강화시킨다.

본질적으로 발견학습은 협력적 진행이고 사회적 상호반응을 크게 강조한다. 교육이 성적과 보상을 통해 학습자간의 경쟁을 고무하는 경향이 있지만 발견학습은 학습자간의 협력을 증진시키고 학습자와 과제 사이에서 경쟁하도록 지도한다. 학습자들은 발견 진행과정의 대화에 참여하므로 긍정적인 사회적 기술을 계발할 기회를 갖게 된다. 강의식 방법에는 이와 같은 기회들이 전형적으로 도외시된다.

설교식의 교훈처럼 발견학습도 한계는 있다. 발견의 과정은 많은 양의 자료를 통달해야 하기에는 불충분한 체계이다. 그 자체가 학습의 과정이기 때문에 학생들이 기본적인 학습의 표준에 도달하려면 오랜 시간이 걸린다. 어떤 경우, 특히 학습내용 자체가 매우 복잡한 것을 교훈적인 가르침의 바탕 위에 세워진 학습 환경에 갑자기 소개하는 경우에는 발견적 방법이 비효과적이다. 상대적으로 색다른 본질의 학습으로 그 과정에 지속적인 피드백이 없이 발견에 의한 것만으로는 교사와 학생 모두가 낭패감에 빠질 수도 있다.

교훈식 학습이 사실-개념 습득에 효과적인 반면, 발견적 학습은 연구 습득과 문제해결 기술에 유용하다. 발견 과정에 비판적 성찰을 강조하면 학습자의 자기 확신이 증진된다. 학습결과로는 학습자의 지식의 동화와 변화로 새로운 상황에 학습을 전이하는 기술을 증진시켜 준다.

MARK E. SIMPSON

참고문헌 | J. S. Bruner, *Harvard Educational Review* 31, no. 1(1960): 21-32; K. T. Henson, *Contemporary Education* 51, no. 2(1980): 101-3; G. Hermann, *Journal of Experimental Education* 38, no. 1(1969): 58-72; R. N. Singer and D. Pease, *Research Quarterly* 47, no. 4(1976): 788-96; B. Thomas and B. Snider, *Journal of Research in Science Teaching* 6, no. 4(1969): 377-86; D. C. Vidler and J. Levine, *College Student Journal* 13, no. 4(1979): 387-90; C. Wisner, *Journal of Educational Research* 64, no. 5(1971): 217-19.

참조 | 인지장이론(COGNITIVE FIELD THEORY); 브루너, 제롬 (BRUNER, JEROME); 전이(TRANSFER)

발달과업(Developmental Tasks).

전 생애에 걸친 발달(life span development)의 정상적인 과정에서 지속적인 발달과 성숙의 길을 터주기 위해서는 몇 가지 기술과 능력(또는 생활의 사건들)들을 반드시 통달해야 한다. 이와 같은 과제들은 주로 사회적 규정이나 의무 또는 책임의 결과로 획득된다. 과제들을 성취하게 되면 발달과 성숙의 점진적인 단계에 큰 획을 긋는 이정표가 된다. 이와 같은 과제들은 신체적, 지적, 사회적, 정서적 기술을 요하기도 한다.

이런 과제들의 정의는 추상적이고 이론적인 것에서부터(Erikson, 1963) 해비거스트(Havighurst, 1953)의 "생-사회-심리학적"(bio-social-psychological)이라고 묘사되는 것까지의 범위를 갖는다. 이들은 진보적이고 연속적인 과제들로서 덜 복잡한 구조들을 성공적으로 완수하여 다가올 보다 복잡한 과제를 위한 기초 작업을 하도록 되어 있다.

해비거스트의 과제는 생물학과 문화적 양상의 복합적인 것으로 규정된다. 그는 성인발달과 관련하여 일반적으로 세 단계의 발달과업을 언급한다. 성인기 초기의 발달과업은 배우자 선택(또는 미혼으로 적응하기)과 새 가정 이루기, 가정 관리 그리고 안정된 직장생활 등이다. 성인기 중기의 과제들은 자녀 양육과 시민으로서 그리고 사회인으로서의 책임완수 그리고 나이든 부모 돌보기 등에 중점을 둔다. 성인기 후기의 과제들로는 육체의 힘과 건강의 쇠퇴에 적응하는 일과 은퇴하기와 배우자의 죽음을 받아들이는 일 등이다.

에릭슨의 사회심리발달이론은 여덟 단계로 인간 자아 발달을 요약하는데, 각 단계에서는 다음 단계로 이동하기 전에 해결해야만 하는 사회심리적 위기를 겪는다. 다소 추상적이기는 하지만 에릭슨의 과제들은 신뢰감, 자율성, 주도성, 근면성, 정체성, 친밀감, 생산성, 통합성 등을 발달의 증거로 본다.

발달과업의 용어들이 주로 사회심리학적 발달과 관련해서 사용되지만 때로는 인지발달(피아제), 도덕발달(콜버그), 또는 다른 인간발달의 측면들에도 사용된다.

MARI GONLAG

참고문헌 | E. Erikson(1963), *Childhood and Society*; R. J. Havighurst(1953), *Human Development and Education*; J. M. Stubblefield(1986), *A Church Ministering to Adults*.

발달교수법(Developmental Teaching).

학습자가 성숙하는 과정에서 동반되는 의사전달로서

주로 인지발달에 초점을 두지만 심리적, 도덕적, 종교적 발달도 포함된다. 학과간의 접근방식을 통한 발달교수법은 변화하는 삶의 단계 안에서 발달의 모든 측면들을 고려한다.

발달주의란 한 사람의 존재 안에서 (사회화가 아니라) 연속적인 단계를 지나면서 점진적으로, 단계별로 진행되는 과정을 가리킨다. 발달단계는 종종 계층적이고 간단한 것에서 복잡한 것으로 진행된다. 발달이론들은 때로 나이와 신체발달과 연합-유아기, 유년기, 청소년기, 성인기, 노년기 등의 광범위한 범주로-되지만 연령이 발달의 진행과 항상 상관이 있지는 않다.

발달교수법은 학습자가 인생의 다른 단계에서 세계를 보는 시각의 변화에 관심을 둔다. 발달 이론가들은 전체 인구의 구체적인 인생주기에 드러나는 일반적 패턴을 묘사하려고 시도한다. 이와 같이, 학습자들을 발달단계에 따라 분류하고 그에 적합한 교육 목적을 세우는 일반적 기술에 발달적 교수법의 기초를 둔다. 발달교수법의 의미있는 한 도는 개인이 가진 특수한 소질이라는 관점에 주력하여 개개인을 고려하는 것이다.

발달이론의 기원은 루소(Jean Jacque Rousseau, 1712-78: 프랑스의 사상가이며 교육자-역주)의 저술로 추적해 올라간다. 루소의 어린이발달 초기이론은 어린이들이 "자연의 법칙대로, 즉 서로 다른 단계에 따라 서로 다른 능력과 양상에 따라" 성장한다는 점에 핵심을 둔다(Crain, 1992, 8). 이 자아지향적인 발달이론이 발달심리학의 기원이다.

루소는 네 단계의 어린이 발달에 대해 설명했다. '유아기'(infancy, 탄생부터 2세까지)에 아동은 주로 감각을 통해 배운다. '유년기'(childhood, 2세부터 12세까지)로 어린이는 식사하기, 걷기, 말하기에 독자성이 발달하기 시작하고 신체동작과 감각에 기초한 직관적 이성이 발달되기 시작한다. '아동기-후기'(late childhood, 12세부터 15세까지)의 아동은 신체적 힘이 증가되고 구체적인 과제들을 통해 인지적 이해력이 발달된다. '청소년기'(adolescence)는 추상적 사고, 사춘기, 사회적 존재들의 강한 영향 등으로 특징지어 진다.

발달이론은 다윈(Charles Darwin, 1809-82)의 행동생물학(ethology, 진화론적 문맥에서 인간과 동물의 행동에 관한 연구)에 자극을 받았다. 1859년에 출판된 다윈의 『종의 기원』(*The Origin of Species*)은 20세기를 주름잡던 패러다임이 된 발달의 과학적 개념을 제공했다. 다윈은 또한 환경의 변화에 적응하는 모든 종의 공통적 기원을 제안했다.

20세기 심리학자들이 더 나아가 광범위한 인간의 경험의 발달을 설명해 놓았다. 게셀(Arnold Gessel, 1880-1961)은 아동발달이 기본적으로 유전자 활동과 관련되어 있다는 사실을 증명하면서 성숙이론을 개발했다. 유전자가 이끄는 발달은 기계론적이므로 "성숙 기제"(maturation mechanism)는 게셀의 이론을 설명하는 말이다. 해비거스트는 전생애의 주기를 통해 확인된 신체적, 사회적, 심리적 발달유형을 설명했다. 에릭슨(1902-94)은 여덟 단계의 사회심리적 발달을 세부적으로 묘사했다. 레빙슨(Daniel Levingson)은 성인 남자를 대상으로 발달의 역할을 연구했고, 길리건(Carole Gilligan)과 스팬서(Anita Spencer)는 성인 여성의 발달을 연구했다. 쉬이(Gail Sheehy)의 잡지적인 책 『변화』(*Passages*)는 성인발달의 개념을 유행시켰다.

피아제(1896-1980)의 인지발달연구는 근대에 가장 납득할 만한 이론이다. 그는 수백 시간을 들여 자신의 자녀들을 관찰했고 수많은 책들을 저술했으며 장래의 발달론자들을 위한 기초 작업을 해놓았다. 피아제의 인지발달단계는 다음과 같이 요약된다. 첫째 단계는(탄생부터 2세까지) '감각운동기'(sensorimotor period)로서 사물을 구성하고 재구성하는 필요한 능력과 관계있다. 둘째 단계는(2-7세) '전조작기'(preoperational stage)로서 상징적 기능과 사물의 재연에 관심을 둔다. 이 기간 동안 언어적 기술과 상징적 놀이기술을 습득하고 그리기와 도안을 통한 표현을 시작한다. 셋째 단계 (7-11세)는 '구체적 조작기'(concrete operational stage)로 어린이는 이미 수행했던 실제 행동을 내면화하기 시작한다. 마지막 단계(12-15세)는 '형식적 조작기'(formal operational stage)로서 청소년들은 그들 자신의 사고에 대해 생각하고 이상을 구성하며 미래에 대해 현실적으로 합리화한다. 피아제의 인지적 사고에 관한 기념비적인 연구는 많은 영역의 발달연구에 영향을 주었다.

콜버그(Lawrence Kohlberg, 1927-1987)는 피아제의 이론에 기초하여 옳은 것과 그른 것을 결정하는 도덕발달단계를 설명했다. 여섯 단계의 도덕성 발달은 전인습적(preconventional), 인습적(conventional), 후인습적(postconventional) 단계로 규정되며, 도덕적 복종을 요구하는 사회의 강력한 외부적 권위로부터 정의가 유행하는 보편적 도덕적 원리들까지 그 범위가 매우 넓다.

엘킨드(David Elkind)는 피아제의 발달단계를 어린이의 종교적 정체성에 적용한 연구를 발표했다. 그는 피아제의 지성과 유사한 종교적 사고의 발달단계가 있다고 결론지었다.

파울러(James W. Fowler)는 피아제와 콜버그와 에릭슨의 연구를 기초로 하여 전생애를 주기로 인지, 정서적 단계와 신앙의 의미와 구성 사이의 관계를 조사한 기술적 연구를 산출해 내었다. 파울러는 신앙이란 궁극적 환경을 구성하고 의미를 부여하는 능력이라고 정의내린다. 그의 관심은 기본적으로 심리적이며, 신앙의 '내용' 보다는 전생애를 통해 신앙이 발달하는 '방법' 에 중점을 둔다. 그러므로 그의 이론은 기본적으로 신학적 구성이 아니라 심리학적 이론이다.

구체적이고 연령별 발달이론에 관한 연구는 방대하다. 스트롬멘(Merton P. Strommen)이 최초로 종교성 발달의 연구를 종합했고(1971), 하이드(Kenneth E. Hyde)는 어린이와 청소년의 종교성 발달의 폭넓은 개요를 출판했다(1990).

발달이론은 교육보다는 심리학에 주로 영향을 주었다. 그러나 교육자들이 발달이론의 기술적인 면을 연구하여 그 자료를 교육과정의 목표와 교육적 과제, 학습환경 설정에 사용해 왔다. 발달단계를 연령에 맞는 일반적인 발달로 보고 한 단계에서 기능을 다하지 못하거나 추론하지 못하는 개인에게, 또는 다른 단계의 발달을 작동하는 개인에게 관심

을 기울이는 데 실패하는 일이 없도록 주의를 기울여야 한다. 또한 기독교교육자들은 발달이론을 일련의 계층적인 학생평가의 수단으로 삼지 않도록 해야 한다. 또한 종종 어떤 범주에 넣기가 곤란한 결과를 만들어 내는 다양한 발달단계의 교육적 경험에 있어 성령의 역할을 고려해야 한다.

JAMES R. MOORE

참고문헌 | B. Clouse(1993), *Teaching for Moral Growth: A Guide for the Christian Community Teachers, Parents, Pastors*; R. Coles(1990), *The Spiritual Life of Children*; W. Crain(1992), *Theories of Development: Concepts and Applications*; K. P. Cross(1981), *Adults as Learners: Increasing Participation and Facilitating Learning*; C. Dykstra and S. Parks, eds.(1986), *Faith Development and Fowler*; D. Elkind(1988), *The Hurried Child: Growing Up Too Fast Too Soon*; J. W. Fowler, K. E. Nipkow, and F. Schweitzer(1991), *Stages of Faith and Religious Development: Implications for Church, Education, and Society*; K. E. Hyde(1990), *Religion in Childhood and Adolescence: A Comprehensive Review of the Research*; D. E. Ratcliff, ed.(1992), *Handbook of Children's Religious Education*; idem(1988), *Handbook of Preschool Religious Education*; M. P. Strommen, ed.(1971), *Research an Religious Development: A Comprehensive Handbook*.

발달단계(Developmental Stage). 청소년기 발달(Adolescent Development)을 보라.

방법론, 교수와 연구(Methodology, <Teaching and Research>). 노만(Norman)과 리처드 스프린틀(Richard Sprinthall)(1990)은 교육방법론의 세 가지 폭넓은 모델들을 제시한다. 다른 저자들(Joyce and Weil, 1996; Wittrock, 1986)은 교육방법의 여러 묶음들을 제안한다.

1. 교육방법론(Teaching Methodology). 어떠한 모델은 학습에 대한 특정한 전제와 일관된 전략

들의 모음이다. 첫 번째는 "지식의 전달자"이다. 이 관점은 한 덩어리의 지식으로부터 교사들은 학생들을 위한 사실과 개념들을 골라낸다고 가정한다. 교사는 이것들을 소화하여 학생들에게 이해할 수 있도록 만든다. 강조점은 사실들과 정보에 주어지는데, 학생들이 스스로 생각할 수 있기 전에 그들은 사실과 정보에 정통해야만 한다. 그들은 새로운 사상을 만들어 내기보다 기존의 지식이 무엇인지 알아야 할 필요가 있다.

새로운 지식은 직선적으로, 단계적인 순서로 구성되어 있다. 교사는 가끔 교육을 시작할 때 그 학과의 중점들 혹은 개념들을 일반화하여 제시한다. 이것은 학생들에게 기대감을 생성하도록 도와주며, 그들이 가장 중요한 내용에 집중하도록 해준다. 그 다음에는 일반화된 개념에 대한 구체적인 사례들이 제시된다. 이것들은 학생들의 개념과 결부되어 있다. 이어서 개념의 재진술이 뒤따라온다. 개념제시와 사실을 담은 사례 전달은 모호성을 줄이고 모든 학생을 똑같은 이해의 지점으로 인도하는 것을 목표로 한다.

강의 구성은 이 모델을 위한 가장 강력한 도구이다. 이것의 이점은 많은 내용이 전달될 수 있고 전체 학급 학생들이 함께 할 수 있다는 것이다. 이것의 불리한 점은 학생들이 모든 학습은 수동성을 요구한다고 생각할 수 있다는 점이다. 이것을 막기 위해서 교사는 학생들이 강의에 계속적으로 참여하도록 해야만 한다. 시각자료나 수사적인 질문들이 도움이 된다. 이는 또 학습에 대한 어떠한 접근법이 모든 사람에게 알맞다고 가정하고 있다.

두 번째 모델은 "귀납적 탐구"이다. 교사들은 한 학문분야의 근본적인 구조를 드러내고자 한다. 그들은 개념들 혹은 탐구의 과정을 가지고 작업한다. 학생들이 이런 구조를 이해하게 되면 그것을 사용하여 해내야 할 과업이 그들에게 주어진다. 이 방법은 새로운 통찰을 발견하도록 이끌어 준다. 이것은 학생들의 동기를 자극하는 지적인 흥분에 이르게도 한다. 교사는 단순히 대답을 제시하기보다는 내용을 분석하고 질문을 한다.

귀납적 탐구에는 여러 가지 형태가 존재한다. 각각의 경우에, 교사는 학생들로 하여금 질문하고 탐구하도록 자극하기 위해 결과가 열려 있는 형태로 내용을 배열한다. 초등학생들에게도 유익했다는 점이 드러나기는 했으나, 이 방법이 어린아이들에게는 어려울 수 있다. 교사들은 무경험자인 학생들이 발견하는 것을 허용하는 동시에 능숙하게 사실을 전달하여 결합해야 한다. 귀납적 방법에서 중요한 요소는 독립적으로 추론하는 학생들의 잠재력을 발전시키는 것이다. 학생들의 경험이 부족할 때에는 질문에서 암시주기 혹은 기구나 가까운 조직체의 사용, 선행 학습도구들 등이 필요할 것이다.

세 번째 모델은 "대인관계적 학습"이다. 이 접근법은 교사와 학생 사이의 참다운 애정, 공감, 진실함과 정직함으로 이루어진 따뜻한 관계에 기초한 학습환경을 조성하는 것에 관심을 갖는다. 이러한 긍정적인 조건들은 경험적인 학습을 가능하게 만든다. 칼 로저스(Carl Rogers)는 이 방법론의 주도적인 제창자였다(1969). 이 조건들은 학생들을 자유롭게 배우도록 만들어 준다. 사실들이나 개념이 아니라 인간적 상호작용에 강조점이 주어진다. 압박의 수위가 높아지면 학습은 감소한다. 교사의 온정이 학습에 긍정적인 분위기를 만들 수 있다. 그러나 따뜻한 분위기가 학습을 진척시키기에 충분하지 않을 수도 있다.

대부분의 교사들은 아마도 교육방식에서 제한되므로, 목표에 도달하기 위해서는 방법론들의 어떠한 통합이 요구된다. 교사와 학생들 사이의 기술과 경험의 차이, 학문분야의 세분화로 인한 요구들의 차이 그리고 이용 가능한 수단들의 차이 등은 그러한 통합을 이끌어내도록 도와줄 것이다.

2. 연구방법론(Research Methodology). 교육 및 기독교교육에 대한 연구는 사회과학의 연구방법들에서 많은 영향을 받아 왔다. 이것들은 크게 세 가지 범주로 분류된다. 양적, 질적 그리고 역사적 방법론. 철학적 논증과 성경적/신학적 탐구 역시 중요하다. 하지만 사회과학의 영향이 과거 몇 십 년 동안 증대해 왔다. 사회과학 연구는 종적, 즉 여러 시대에 걸쳐져 있거나, 혹은 횡적, 즉 특정의 시점에서 하나 혹은 몇 가지 척도들을 사용한다.

때때로 '실증주의적'으로 불리는 '양적' 연구는 물리적이고 사회적인 환경 모두가 독립적이고 비교적 지속적인 실재를 가진 것으로 가정한다. 이러한 연구자들은 대규모의 표본 대상 사람들의 관찰 가능한 행동들에 대한 수많은 자료를 수집하여 수학적인 분석을 한다. 보통 그들은 하나의 이론적 견해에서 시작하여 그 이론에 기초한 가설들을 실험한다.

양적 연구에 대한 접근법 중 하나는 실험적 방법이다. 이 방법은 무작위 주제 선택 및 대조 표준그룹과의 비교를 요구한다. 준(準)실험적 방법들에서는 이것들 중 하나 또는 둘 다 제외된다. 서술적 방법은 단순히 무엇이 있는지 찾아내는 것을 추구한다. 상관관계 방법은 두 개의 다른 것들이 어떻게 연결되어 있는지 알고자 한다. 인과관계-비교방법은 행동유형들이나 또는 개인적 특성들의 가능한 원인과 결과를 어떤 환경에 있는 사람과 없는 사람을 비교하는 방법으로 발견하고자 시도한다. 원인과 결과를 발견하는 유일한 방법은 엄밀한 실험적 연구의 사용을 통해서이다.

'질적' (후기 실증주의적 혹은 해석적) 연구는 환경이 일시적이며 상황적이라고 가정한다. 어떻게 삶이 보이는가는 개인적인 해석에 달려 있다. 이러한 연구자들은 강력한 사례연구를 통해 주로 낱말 자료를 수집한 다음 그것들을 분석적으로 추론한다. 사례들은 주로 한 사람이나 적은 그룹과 연관된다. 분석에 근거하여 이론적인 견해들은 발전될 것이다.

질적 연구의 전통들에는 한 문화의 특징적 양태나 유형을 연구하는 민족지학(ethnography), 개인들에게 보이는 실체에 관심이 있는 현상학(phenomenology) 등이 포함된다. 해방 행동(emancipatory action) 연구는 전문직 종사자들이 작업의 합리성과 공정성을 발전시키기 위해 자기반성의 노력을 하는 것에 초점을 맞춘 영역에서 사용된다. 상징적 상호작용주의(symbolic interactionism)는 구조나 자기정체성에 대한 사회적 상호작용의 영향을 고려한다. 내러티브 분석(narrative analysis)은 조직화된 진술들을 연구한다. 의미론(semiotics)은 기호들과 그 의미들을 주목한다(Gall, Borg, & Gall, 1996,593). 어떤 전문가들은 양적 연구가 확증적인 역할을 하는 데 최고인 반면, 질적 연구는 주제들과 관계성들을 찾아내는 데 가장 유용하다고 생각한다(Biddle and Anderson, 1986).

역사적 연구는 "현재의 주제들을 더 잘 이해하기 위하여 과거 현상들에 대한 질문들에 대답할 자료들을 조직적으로 조사함"으로써 이루어진다(Call, Borg, and Gall, 1996, 644). 역사적 연구자들은 인간적 편견과 자료에 대한 오류가능성을 인정한다. 그러나 그들은 적절한 방법론과 분석법이 사용된다면 어느 시기에 무엇이 "참으로" 발생하였는지 발견해내는 것이 가능하다고 믿는다. 해석은 확실한 자료들을 찾아내는 것만큼 중요하다.

EUGENE S. GIBBS

참고문헌 | B. J. Biddle and D. S. Anderson(1986), *Handbook of Research on Teaching* pp. 320-52; M. D. Gall, W. R. Borg, and J. P. Gall(1996), *Educational Research: An Introduction*; B. Joyce and M. Weil(1996), *Models of Teaching*; C. Rogers(1969), *Freedom to Learn*; N. A. and R. C. Sprinthall(1990), *Educational Psychology: A Developmental Approach*; M. C. Wittrock, ed.(1986), *Handbook of Research on Teaching*.

방임적 지도력(Laissez-Faire Leadership).

본래 경제철학에서 사용된 이 용어는 지금은 지도력과 교실 관리의 특정한 태도나 유형을 나타내기도 한다. Laissez faire(자유방임주의) 또는 Laissez nous faire("우리를 그냥 내버려 두라"에 해당하는 불어)란 말은 정부는 거래와 가격에 대한 모든 규제적인 통제를 없애야 한다는 대중적 지성의 18세기 철학을 나타낸다. 이 경제 정책은 그 당시 매우 제한적인 영국과 유럽의 사업 환경에서 시작되었으며, 20세기 초 규제적 통제에 굴복하기 전까지 초기 미국에 영향력 있는 정책이었다. 교육의 범주에서 자유방임주의는 학교에 바탕을 둔 관리와 같은 일정한 행정적인 정책들의 특성을 묘사하기 위해 사용되었는데, 그런 정책들은 학교의 정책 결정들을 지역의 학교 수준에로 돌리기 위해서 계획되었다(Odden & Wholstetter, 1995).

방임적 지도력은 프로그램의 목적이나 방법에 특정한 방향이 주어지지 않아야 하는 것을 당연한 것으로 여긴다. 기독교교육에서 그와 같은 접근은 종종 몇몇 공유된 목적(purpose)의식이나 합의에 의해 정해진 목표(goals)의식을 필요로 하는 방식이다. 이는 대학 조직의 지도력이나 팀 중심적인 지도력과 혼동되기도 한다. 방임적 지도력의 방법을 사용하는 연령별 지도자들과 교사들은 종종 자신들의 교육적 사역 분야에서 고립되기도 한다. 교육철학과 교수방법들은 대개 교실마다 다르다. 어떤 학급들은 실제로 서로 정반대되는 접근들을 사용하기도 한다. 연령별 목회의 한 영역에서 다른 영역으로 옮겨가는 학생들은 반복적이지만 일관성 없는 방식으로 어떤 주제를 다루는 동안 성경과 기독교 신앙에 관한 교육에서 "격차들"을 경험할지도 모른다.

교실 안에서 자유방임적인 교사들은 교육과정설계나 학생과 자료 사이의 실제적인 상호작용에 관한 지침을 거의 제공하지 않는다. "열린 교실" 그룹 편성에 대한 모의실험을 하는 아동들의 교사들은 주제 선정이나 학생과 자료 사이의 상호작용 정도에 관한 지침을 제공하지 않을 것이다. 주제연구에 열중한 청소년 사역이나, 단지 특정한 주제들 또는 학습자들이 느끼는 필요들에 초점을 맞추는 성인 학급들 역시 교사에 의해 자유방임적 접근을 나타낼 것이다. 그와 같은 학급의 학생들은 대개 성경적 가르침의 전 범위를 다루는 교육, 혹은 그 가르침들을 정확하게 이해시켜 줄 수 있는 충분한 깊이의 교육을 받지 못하게 된다.

그런 까닭에 자유방임주의는 종종 교육 목회에 포괄적인 접근을 제공하지 않는 기관(회중, 연령별 사역, 혹은 주일학교)을 묘사한다. 이와 같은 접근이 잠시 동안은(주로 억압적인 지도력이나 이전의 엄격한 교육과정과 관련하여) 받아들여질 것이다. 그러나 특정한 지침이 없는 교육은 결국 학습자들을 불완전한 기독교 신앙관을 지닌 냉담한 사람들이 되게 할 것이다.

DEAN BLEVINS

참고문헌 | J. Dettoni(1993), *Introduction to Youth Ministry*; P. Hersey and K. H. Blanchard(1964), *Management of Organizational Behaviour: Utilizing Human Resources*, 7th ed.; J. M. Burns(1978), *Leadership*; E. Odden and P.-Wohlstetter, *Educational Leadership* 52(1995): 32 36; W. A. Sabin and N. Warren(1965), *The McGraw-Hill Dictionary of Modern Economics*, pp. 199-200; R. C. Whorley(1976), *A Gathering of Strangers: Understanding the Life of Your Church*.

참조 | 권위주의적 접근(AUTHORITARIAN APPROACH); 교실 배치(CLASSROOM SETTING); 민주적 접근방식(DEMOCRATIC APPROACH TO GROUPS); 지도력(LEADERSHIP); 지도력 개발(LEADERSHIP DEVELOPMENT); 섬기는 지도자(SERVANT LEADER)

방종(Self-Indulgence). 자기중심성(Egocentriscm)을 보라.

밴두라, 앨버트(Bandura, Albert, 1925-). 앨버트 밴두라는 1952년에 아이오와대학(University of Iowa)에서 심리학 박사학위를 받았다. 그는 현재 스탠포드대학(Stanford University)에서 성격 연구에 집중하며 교수로서 재임 중이다. 밴두라는 교육심리학의 행동주의자 그룹에 속한다. 스키너와 왓슨이 주창한 고전적 행동주의의 수많은 이론들을 지지하면서도 밴두라는 속성과 생물학적 요인들의 영향을 포함하여 학습과정의 보다 넓은 이해를 추구한다. 게다가 밴두라는 학습이란 외적, 내적 요인들 사이의 활동적인 상호작용을 포함하는 복잡한 과정이라고 설명한다. 후에 이 주장은 그의 사회적 학습 이론을 발달시킨 동인이 되었다. 그의 기본 전제는 행동이란 성장만이 아닌 경험이라는 기능으로 설명되고 이해될 수 있다는 것이다.

밴두라는 사람들의 삶에 영향을 주는 사건들을 통제하는 방법을 사용하여 인간의 기본적인 심리 기제 연구에 심혈을 기울였다. 일차적인 연구는 개인 또는 그룹의 가치에 대한 신념이 어떻게 내적 동기와 사고방식과 감정 상태와 행동에 영향을 미치는가 하는 것이다. 이차적인 연구는 자발적 기제(self-regulatory mechanism)에 관한 것인데, 이것은 인간의 적응과 변화에 있어 내적 기준(internal standards)과 자기 영향력(self-influence)에 의존한다. 그는 심리학에서 사회인지(sociocognitive) 발달의 확립에 기여했다(LeFrancois, 1994).

사회학습 이론의 탁월한 주창자로서 밴두라는 자신의 견해를 담은 책 『사고와 행동의 사회적 기초』(Social Foundations of Thought and Action)를 발간했다(1986). 그의 이론에 따르면 개인은 다른 사람의 행동을 관찰함으로 배울 수 있다고 한다. 관찰을 일단 시작하게 되면 그 개인은 관찰한 행동을 모방하여 자신의 행동패턴에 도입한다. 그 행동의 결과를 관찰하는 것은 또한 보강의 효과도 있는데, 밴두라는 이 현상을 "대리 보강"(vicarious reinforcement)이라고 부른다.

관찰자(protege, 문하생)가 이성적 판단으로 관찰을 결심하고, 그 멘토의 행동을 모방할 때 사회적 학습이 일어난다. 관찰자의 인지적 사고과정은 순수한 행동양식과는 다르다. 이것은 인지적 합리화와 행동주의적 접근방식을 배합한 학습방식이다. 둘 다 학습자의 삶에 큰 역할을 한다.

지역교회의 기독교교육 현장에서도 이러한 방식을 볼 수 있는데, 어떤 교사가 훈련을 받아야 할 필요가 절실한데도, 그 필요를 느끼지 못해 훈련을 참석하지 않는 경우가 있다. 그 이유는 그가 교수법을 그대로 모방하기 때문이라는 결론에 이르게 된다. 그런 경우 그 교사는 멘토 교사나 자신의 학생들에게 영향을 주는 어떠한 부정적인 결과가 생기는지 관찰하지 못한다. 이 부정적인 학습의 주기적 반복 현상은 누군가, 또는 무엇인가 중간에 끼어들어 개선의 필요를 강조하지 않는 한 지속된다(Yount, 1996).

이러한 이유 때문에 지역교회에서는 육아에 관한 자료들을 구비해 놓아야 한다. 한 어린이가 성경 읽기와 기도와 교회봉사 참여 등의 영적 훈련을 잘하는 부모 아래 양육이 된다면, 그 어린이는 부모를 본받게 되고 경건 생활의 동일한 요소들을 초기의 발달경험에서 잘 융합하게 된다. 밴두라의 사회적 학습이란 사실상 성경에서 비롯된 이론이다. 구약성경은 아버지를 잘 관찰하고 아버지의 삶의 방식을 배우라고 강조한다. 히브리 문화와 관습과 종교적 신앙이 세대를 지나 전수될 수 있었던 것은 이러한 관찰 덕분이라 할 수 있다. 신약성경에도 예수께서 제자들에게 자신을 본받아 신앙을 지키라고 명하셨다.

MICHAEL J. ANTHONY

참고문헌 | D. L. Barlow(1985), *Educational Psychology: The Teaching Learning Process*; G. R. LeFrancois(1994), *Psychology of Teaching*; W. R. Yount(1996), *Created to Learn*.

버스터 세대(Buster Generation).

베이비 버스터라는 이름은 미국의 1960년대 초기에 "깨어진"(bust) 또는 급격히 줄어든 출생률 때문에 붙여졌다. 출생률의 급격한 하락은 피임약이 널리 애용되면서 일어났다. 버스터 세대는 또한 "X세대"(Generation X)라고도 불리는데, 알려지지 않고 또는 헌신이 부족한 세대로 알려져 있다. 이들은 때때로 "13세대"(Thirteen Generation)라고 지적되는데 그 이유는 어떤 작가들의 계산에 의하면 미국의 13번째 세대라고 알려졌기 때문이다. 비록 연구가들과 작가들이 서로 동의하지는 않지만 공통적으로 버스터 세대는 1964년부터 1982까지 태어난 세대를 일컫는다. 그들 이전에는 베이비 부머 세대가 있고, 그들 뒤로는 밀레니엄 세대(millennial generation)가 따른다.

세대 전문가인 스트라우스(Straus)와 하우(Howe)는 역사적 자료를 사용하여 버스터들을 역사에 반복적으로 나타나는 "반발적 세대"(Reactive Generation)라고 묘사한다(1997). 반발적 세대는 그 이전 세대들에 의해 많은 비난을 받고 다른 세대들이 받는 유아기의 보호를 받지 못한다. 그 결과 그들은 위험을 무릅쓸 각오가 되어 있으면서도 데이트와 결혼에 대해서는 조심스러운 소외된 젊은이들로 성장한다. 그들이 중년이 되면 충성보다는 자유를 선호하는 실용주의적 지도자로 성숙한다. 그들이 노년이 되면 존경은 받지만 어렵고 쓸쓸하고 다른 세대들보다는 덜 영향력을 미치는 경향이 있다. 스트라우스와 하우는 이들을 외로운 "방랑자"(nomad)라고 묘사한다.

연구가 조지 바나(George Barna)는 전화 인터뷰들을 통해 버스터들은 종종 관습에 어긋난 부모 밑에 자라났다는 사실을 발견해냈다(1994). 아마도 그 이유는 1970년대의 늘어나는 이혼과 편부모 양육, 혼합가정 등의 영향으로 인한 것 같다. 버스터들은 기관이나 사람들을 잘 신뢰하지 않고, 그리하여 미래나 인류에 대해 실용적이고도 회의적이다. 그들은 계속해서 변화하는 세상에 살면서 쇄신보다는 개조가 더 중요하다고 느낀다.

바나는 버스터들은 이전 세대들보다 정보의 가치를 중요하게 생각하지 않는데, 그들의 유년기 때 겪었던 정보홍수 때문인 듯하다. 포스트모던이 증가하던 시대에 자라난 첫 세대라는 사실이 이성과 과학적 방식에 대한 그들의 회의적 태도를 설명해 준다. 교육은 빌더들이나 부머들이 그 자체의 가치를 중요시하는 것과는 달리, 종결의 수단으로 본다. 이와 같이 일도 그 일이 이끌어 가는 것에 가치를 두며, 작업의 완성으로부터 오는 명성과 이미지는 버스터들에게 큰 의미를 주지 못한다. 고용주에게 장기간 동안 충성하는 일은 매우 드물다. 버스터들은 이전 세대의 공통적인 문제였던 일 중독증에는 거의 걸리지 않는다.

버스터들은 그 중심이 염세적(pessimistic)이다. 그들은 세상이 발전의 기회를 제공하는 일은 거의 드물다고 생각하므로 미래를 향한 발전을 믿지 않는 경향이 있다. 바나는 또한 인터뷰에 응한 버스터들은 소유에 대한 강한 보호, 부족한 것에 대한 불평과 함께 깊은 열등감이 있다는 사실을 발견했다. 부모들과의 비인간적이고 단기적인 관계를 거절하는 버스터들은, 장기적이고도 전통적인 관계에 대해 낮은 기대감을 가지면서도 그런 관계성의 필요를 강조한다.

머헤디와 버나디(Mahedy & Bernardi, 1994)는 버스터들이 가지는 분노와 냉혹함, 침투하는 고독감 등을 설명한다. 그들은 버스터들의 부모들이 그들 자신의 흥미나 일에 바빠 자녀들을 무관심하게 버려두었고, 가정불화의 충격과 매체를 통해 드러나는 고도의 폭력과 성, 성인들에 의한 학대 등의 사례를 통해 버스터들을 전쟁을 겪은 퇴역군인과 비교한다. 그 결과 버스터들은 사람들을 신뢰하지 않는 경향이 있고, 삶은 요점도 의미도 없으며 "도덕적 중용"을 결여하고 있다고 느낀다. 그러나 머헤디와 버나디는 버스터들은 그들이 양육된 방식인 자기도취에 잘 빠지지 않으며, 그들이 느끼는 외로움 때문에 공동체생활을 더 증진시키고, 도덕적 및 종교적 깊이가 더 깊은 긍정적인 면도 보았다.

모든 버스터들이 다 같지는 않다. 어떤 세대들 사이에도 다양성이 있지만 – 많은 사람들이 세대의 유형에 속하지 않는다 – 그렇다고 해서 버스터 세대에 발견되는 분명한 경향들을 모호하게 하지는 않는다.

DONALD E. RATCLIFF

벌과 순종(Punishment and Obedience).

벌은 많은 종류가 있고, 종종 순종을 위해 내려지기도 한다. 만약 불순종할 경우 벌이 따를 것이라는 것을 안다면, 그는 규칙이나 명령에 더욱 잘 순종할 것이다. 구약(신 11:26-28)과 신약(살후 1:8)은 하나님을 불순종한 결과가 벌이라고 동일하게 말하고 있다.

벌에는 외면적 형태와 내면적 형태가 있다. 행동주의 심리학자들은 외면적 형태를 종류 I과 종류 II로 분류한다. 종류 I은 손바닥으로 때리기, 꾸짖기, 혹은 개인의 안녕을 위협하는 것과 같은 혐오스러운 자극을 이용하는 것이며, 종류 II는 아동으로부터 인형을 빼앗거나 십대들의 운전권을 정지시키거나 성인들의 경우에는 고용을 취소하는 것과 같은 어떤 원하는 것들, 혹은 가치가 있는 것들을 제거하는 것이다. 종류 II가 종류 I에 비해 더 효과적이고 부작용이 적다는 것을 연구들이 보여줌에 따라, 학교와 가정은 점차적으로 종류 I의 사용을 줄이고 종류 II의 사용을 늘이고 있다.

벌의 내면적 형태들은 초자아의 정신분석적 개념과 양심에 대한 성경적 가르침에 정확하게 서술되어 있다. 잘못을 저지른 후 따라오는 죄책감은 개인의 내면에서 나오고 고백과 바람직한 변화들을 수반한다. 외면적 처벌의 결과에 따르는 예상치 못한 행동들과 대조적으로 개인의 양심은 안정적이고 신뢰할 수 있는 행동을 만들어내기에, 내면적인 처벌은 외면적 처벌보다 더 바람직하다.

이것은 순종에서도 동일한 사실이다. 마음에서 우러나오고(롬 6:17) 사람들에게 증거되는(롬 16:19) 하나님에 대한 순종은 두려움에 기초한 순종보다 우위에 있다. 사랑은 하나님에 대한 감사로 인한 내면으로부터 반응하려는 소망이며 하나님과의 관계에 대한 느낌이다. 이것이 사랑의 순종이며 순종적 사랑이다.

BONNIDELL CLOUSE

범위(Scope). "무엇을 학습할 것인가?"라는 질문에 답하고자 하는 것으로 교육과정을 구상하는 데 사용되는 용어이다. 내용은 실제적으로 어떤 것이 다루어지는지를 묘사하는 용어이다. 범위는 더 광범위한 용어이다. 콜슨은 범위를 "교육과정에서 다루는 데 적합한 모든 것"이라고 정의한다(Colson & Rigdon, 1981, 46). 성경은 기독교교육에 있어 교육과정의 범위를 위한 기초이지만 그것은 또한 모든 인간의 경험도 포함한다.

학교와 사역의 사명 내지는 목적선언문은 그 교육과정에 무엇이 적합한지를 결정하는 데 도움을 준다. 예를 들어, 교회의 교육사역은 그 사명선언문에서 차 수리는 주일학교에 적합한 주제가 아니라고 결론내릴 수 있다. 공립학교는 복음주의 신학들을 공부하는 것이 목적선언문에 기초하여 적합하지 않다고 결론내릴 수 있다. 교육과정이 무엇을 포함시킬 것인지 포함시키지 않을 것인지를 결정하는 것이 범위의 목적이다.

협동 교육과정 프로젝트는 기독교교육의 범위를 "복음의 견지에서 본 관계들의 모든 영역"으로 규정하고 있다(Colson, 1981, 47). 네 관계들을 우선적으로 밝혔는데, 그것들은 인간들과 하나님의 관계, 인간들간의 관계, 인간과 자연과의 관계 그리고 인간과 역사의 관계이다. 공립학교가 이러한 관계들의 일부를 공부할 수 있지만 공립학교 교육과정과 교회의 교육과정을 구분하는 것은 '복음의 견지에서' 이러한 관계들을 공부한다는 점이다. 공립학교 교육과정은 심리학 내지는 인류학에서 인간 상호간의 관계를 탐구할 수 있을 것이다. 기독교학교 또한 이러한 관계들을 탐구할 수 있다. 그러나 기독교학교에서는 성경적인 신학이 그러한 관계들을 해석하는 여과기가 된다.

범위가 다소 이론적인 개념이기 때문에 교육과정을 입안하는 사람들은 종종 범위를 교육과정의 영역들에 포함시킨다. 신학교의 범위를 구약, 신약, 전도, 설교 내지는 기독교교육과 같은 학문을 중심으로 조직할 수 있다. 대학교는 연구부서들을 심리학, 영어, 수학 내지는 화학과 같이 교육과정을 나눌 수 있다. 교회학교에서 범위는 성경, 기독교교리, 제자훈련, 기독교 역사, 윤리학, 선교교육 등과 같은 교육과정을 중심으로 조직될 수 있다. 또한 범위는 성경에 나와 있는 삶과 그 배경, 계시, 자신의 신분, 소명 내지는 교회와 같은 주제를 중심으로 조직할 수 있다.

연령별 범위는 특정학습 연령그룹에 무엇이 적합한지를 규정해 준다. 예를 들어, 몇 살에 삼위일체의 추상적인 개념을 소개할 것인가? 교육과정 입안자들과 기술자들은 어떤 주제들이 학습하기에 적합한지를 결정하는 데 연령그룹의 인지능력과 발달을 고려한다.

DARYL ELDRIDGE

참고문헌 | H. P. Colson and R. M. Rigdon(1981), *Understanding Your Church's Curriculum*; L. Ford(1991), *A Curriculum Design Manual for Theological Education*; R. Tyler(1949), *Basic Principles Curriculum and Instruction*.

참조 | 학습내용(CONTENT); 신학과 교육철학의 통합

(INTEGRATION OF THEOLOGY AND EDUCATIONAL PHILOSOPHY); 시퀀스(SEQUENCE, 계열화)

법(Law). 교회법(Constitution, Church)을 보라.

법과 질서(Law and Order). 사회에 이익을 주고 그 사회에 속한 시민들의 행동을 규제하기 위해 고안된 규범체계들. 법과 질서는 하나님에 의해 모세에게 계명으로 주어졌고, 예언자들과 제사장들에 의해 해석되었다. 주의 규례(law)는 "확실하며"(시 19:9), 그것의 궁극적인 성취는 예수 그리스도의 인격 안에서 발견된다(마 5:17). 우리는 또한 고린도전서 14장 33절에서 하나님은 어지러움의 하나님이 아니시요 오직 질서와 화평의 하나님이시니라는 말씀을 듣는다.

대부분의 법들은 사람들이 만들며, 따라서 그것들에 대한 태도들은 하나님의 법에 대한 태도들보다 고귀하지 못하다. 법을 바라보는 관점은 사람이 그 시간에 처해 있는 상황과 법이 자신과 다른 사람들에게 어떤 영향을 미치는가에 대한 그 사람의 이해에 따라 바뀐다.

하버드대학교 윤리교육센터 소장이었던 로렌스 콜버그(Lawrence Kohlberg, 1927-1987)는 사람이 법과 질서를 보는 방식들의 발달적 위계를 관찰했다. 가장 낮은 단계인 1단계에 속한 사람들은 붙잡히지 않는다면 법을 어기는 것은 옳다고 믿었다. 단지 행위의 결과로 징계가 따를 때만 법을 어기는 것은 나쁘다고 보았다. 다음 단계에 속한 사람들은 과거나 현재의 호의-예를 들면, "당신은 나에게 잘 해주기 때문에 나는 당신이 말하는 것을 하겠습니다"-에 보답하기 위해 규범을 따른다. 3단계에 속한 사람들은 법과 질서는 유지되어야 한다고 믿는다. 왜냐하면 그것은 가족과 친구들과 같은 중요한 다른 사람들과의 좋은 관계에 기여하기 때문이다.

4단계는 보통 "법과 질서" 단계라고 불리는데, 이는 이 단계에서 추론하는 사람들은 법은 그 자체를 위해서 지켜져야 한다고 말하기 때문이다. 우리 모두는 법에 의해 보호를 받으며 법을 지킬 의무를 지닌다. 콜버그의 이론에서 5단계에 속하는 사람들은 법들이 갈등을 빚을 때 어떤 법들은 다른 것들에 비해 우위를 점하며 때때로 법들은 현재 공정한 대우를 받지 못하고 있는 사람들의 이익을 위해 바뀌어야 한다고 믿는다. 6단계이자 마지막 단계에서, 그 관심사는 모든 사람에게 정의를 가져다 줄 법들과 관련되어 있다. 6단계에 속한 사람들은 국적, 인종, 성, 능력, 연령, 또는 경제적인 상태에 상관없이 모든 사람들이 동등하게 대우받아야 한다고 믿는다.

BONNIDELL CLOUSE

베이비붐 세대(Baby Boom Generation). 베이비 부머(baby boomers)는 1946년부터 1964년 사이, 2차 세계대전 후 1960년대까지 출생률이 급상승했던 시기에 태어난 세대를 일컫는다. 세대 이론가들은, 출생률 급증의 현상이 2차 세계대전 후 미국 군인들의 귀환과 그 후 1950년대의 비교적 안정된 번영 때문에 일어난 증상이라고 말한다. 1960년대부터 출생률이 감소하기 시작했는데, 시대적 혼란과 무휴 때문이라 하기도 하지만, 무엇보다도 피임 약품의 등장 때문이라 할 수 있다.

세대 이론가인 스트라우스(William Strauss)와 하우(Neil Howe)는 베이비 부머들을 방임적인 자녀양육, 순응적인 부모, 러시아의 진보된 기술과 핵전쟁에 자극받아 고도로 경쟁을 부추기는 학교교육의 산물이라고 지적했다(1991). 그 결과로 부모의 가치에 반항하는 세대를 낳게 되었다. 이들은 부모의 물질주의를 거부하는 히피가 되고, 인종주의나 베트남 전의 부정에 항거하며, 이단종파나 전통적 가치를 거부하는 급진적 정치그룹이 되기도 했다. 다수의 베이비 부머들이 성인이 되면서, 자기 생각에 몰두하는 완전주의자들인 "여피"(yuppies: 젊은 도시 전문인들〈young urban professionals〉)가 되어 그 숫자를 엄청나게 능가하는 영향력을 미쳤다. 과거 세대와의 차이를 강조한 결과 일반 대중과 정치에 적의를 품은 "문화전쟁"을 일으키게 되었다.

스트라우스와 하우는 베이비 부머들을 역사상 주

기적으로 반복되어 나오는 4세대 중 하나로 보면서 성경을 인용하고 있다(전 3:15; 출애굽기). 부머들은 "선지자"라고 묘사되면서, 이들은 버릇없이 자란 아이들이자, 자기중심적인 개혁가들로 중년이 되어서는 도덕적 원리들을 강조하고 노년이 되어서는 예언가요 현자로 자칭한다고 묘사되어진다. 역사적 주기대로 이 세대를 이상주의라고 표시한다.

연구가 조지 바나(George Barna, 1994)는, 부머들이 전통과 규칙을 강조하고 가정을 중요시하던 전통적 사회배경 안에 성장했다고 지적한다. 부머들의 이상주의는 사람의 선한 본질을 믿고, 보다 나은 세상을 만드는 것이 가치 있는 노력이라는 사실을 믿는다는 의미이다. 그들은 미래를 낙관적으로 봄으로 위험을 무릅쓰기도 한다. 그러나 변화라는 것은 과거에 잘 되던 일에 대한 확신과 안전성으로 균형을 잡아주어야 한다. 그러므로 부머들은 개인의 기호를 전통교육에 융합시켜야 하는 사실을 인정하면서 교육의 중요성을 확증한다. 부머들은 배움 자체의 가치를 믿는다.

부머들은 그들이 유일하고 특별하고 최고의 대접을 받을 만하다고 느끼는데, 부모들의 칭찬을 많이 받은 영향인 듯하다. 대체로 그들은 방종하며, 자신이 정의하는 성공, 번영을 성취하기 위해 열정적으로 세상을 탐색한다. 그러나 바나는 부머들이 종종 일 중독증에 걸려 개인의 정체성을 그들의 직업 수행과 지위에 연결짓는 경향이 있다고 지적한다. 부머들이 지향하는 관계성이란 영속적일 필요가 없는 재협상과 공리주의적, 즉 (필요할 때 찾는) 네트워크형이다.

물론 모든 베이비 부머가 동일하지는 않다. 하지만 연구가들이 묘사하는 경향들이 보편적이지 않더라도 중요할 수 있다. 다른 모든 세대와 마찬가지로 부머들도 나이가 들어감에 따라 특성이 조금씩 바뀐다는 사실을 염두에 두어야 한다.

DONALD E. RATCLIFF

참고문헌 | G. Barna(1994), *Baby Busters*; G. Collins and T. Clinton(1992), *Baby Boomer Blues*; W. C. Roof(1993), *A Generation of Seekers: The Spiritual Journeys of the Baby Boom Generation*; W. Strauss and N. Howe(1997), *The Fourth Turning: An American Prophecy*; idem(1991), *Generations*.

벤슨, 클레런스 허버트(Benson, Clarence Herbert, 1879-1954).

기독교교육 학계에 매우 큰 영향력을 미친 사람 중의 하나인 벤슨은 처음부터 기독교교육 분야에서 시작한 것은 아니었다. 1879년 목사 가정에서 태어난 벤슨은 아버지의 뒤를 이어 목사가 되었다. 미네소타대학(University of Minnesota), 메칼리스터대학(Macalester College), 프린스턴 신학원에서 공부했고, 1909년부터 1918년 사이에는 뉴욕과 펜실베이니아의 네 곳의 장로교회에서 목회를 했다. 그는 다섯 번째 임지로 선교사가 되어 일본에 갔다. 1922년 벤슨이 미국으로 돌아온 후 시카고의 무디성경학교(Moody Bible Institute) 교수로 청빙되었다. 그는 교수직을 수락하고 싶지 않았고, 하나님께서는 설교의 문을 닫으셨다. 아동연구와 교육학, 주일학교 운영 등의 과목을 가르치기 시작하면서 벤슨은 기독교교육에 관심을 가지기 시작했고, 2년 후 그는 무디성경학교에 신설된 기독교교육학과를 운영하기 시작했다.

벤슨은 가르치는 일 외에, 1931년 5월 복음주의 교사훈련협회(Evangelical Teacher Training Association, ETTA)를 설립했다. 설립 초기에 이 연합회는 벤슨의 책 『아동연구와 주일학교 행정개론』(*Introduction to Child Study and Sunday School Administration*)를 교재로, 축소판을 만들어 성경대학과 신학원의 교수들 강의와 평신도교사 기초훈련에 사용했다. 벤슨은 또한 무디 성경학교에 재임하는 동안 전국주일학교연합회(National Sunday School Association)를 설립하기도 했다.

1933년, 벤슨은 제자들과 함께 주일학교를 위한 연령별 All Bible 시리즈를 집필하기 시작했다. 이 교육과정을 출판하기 위해 벤슨은 이듬해에 스크립쳐 프레스(Scripture Press: 미국의 유명한 기독교 출판사 중 하나―역주)를 공동으로 열었다. 그는 또한 여름성경학교 교재인 수퍼리어 섬머 스쿨(Superior Summer School)을 제자들과 공동 집필했다.

벤슨은 대학교재로, 또 ETTA의 평신도 훈련교재로 다수의 기독교교육학 관계 서적을 집필했다. 그에 따르면 그가 집필한 교육학 교재들의 등록 상표는 "가르치는 사역의 확장"이다(Benson 1950, 7). 이 말은 그대로 이루어졌는데, 예를 들면, 『크리스천 교사』(The Christian Teacher)에서 그는 학생들의 수준으로 다가가기, 가르칠 준비, 학생들 이해하기와 관계 맺기 그리고 학습계획표 짜기 등에 대해 다루었다. 또한 교수방법과 진행을 설명했고 그리스도를 "위대한 교사"(Master Teacher)로 보았다. 그의 『이해하기 쉬운 기독교교육의 역사』(Popular History of Christian Education)는 성경시대부터 1943년 이 책을 집필할 때까지의 교육의 개요를 서술하고 있다. 이 책은 적어도 한 권의 역사교재의 근간이 되었다.

1954년 그가 소천한 뒤에도 벤슨은 기독교교육학계에 지대한 영향력을 주었다. 그가 설립한 기구들과 사람들, 특히 현재 대학과 신학원에서 교재로 사용되는 『기독교적인 교육』(Education That Is Christian)의 저자 로이스 르바(Lois E. LeBar)에게 큰 영향을 주었다. 그가 집필한 ETTA의 교재들은 지금도 다수가 수정되어 개정판이 나오고 있다.

LIN JOHNSON

벨라, 로버트(Bellah, Robert N. 1927-). 미국의 사회학자, 교육가 그리고 작가. 1927년 오클라호마 주의 앨투스(Altus)에서 태어나, 하버드대학을 1950년에 졸업하고, 1955년 동 대학원에서 박사학위를 받았다. 1955년부터 1957년까지는 캐나다 몬트리올에 있는 맥길(McGill)대학에서 이슬람 연구회의 연구조교로 일했고, 그 후부터 1967년까지 하버드대학에서 가르쳤다. 그 이후 벨라는 버클리에 있는 캘리포니아대학(University of California in Berkeley)으로 옮겨 30년 동안 가르쳤고, 그때 포드 사회학 및 비교 연구 교수(Ford Professor of Sociology and Comparative Studies)로 임명되었다. 1997년 은퇴할 때에는 엘리엇 명예 교수(Elliot Professor Emeritus)로 명명되었다. 그의 학문적 업적은 사회학적 그룹과 운동과 기관들의 종교적 성향을 잘 기록한 것으로 알려졌다.

벨라는 『신앙의 피안』(Beyond Belief, 1970), 『깨어진 계약』(The Broken Covenant, 1975), 『새로운 종교의식』(The New Religious Consciousness, 1976) 등 개인주의와 문화 역학에 관한 많은 책을 저술했다. 벨라의 최대 걸작인 『마음의 습관』(Habits of the Heart: Individualism and Commitment in American Life, 1985)에서 그는 (다른 저자들과 함께) 성품을 형성하고 미국 사회질서의 형식으로서의 신앙과 실천에 대해 연구했다. 벨라의 쟁점은 극도의 개인주의와 독립성이 능동적인 시민의 역할을 수행하는 능력으로 사회 저변에 깔려 있다는 것이다. 알렉시 드 토크빌(Alexis de Tocqueville: 프랑스 귀족 출신의 정치가-역주)의 전제에 바탕을 둔 벨라는 민주주의 사회 시민은 과거의 삶이라는 조명 아래서 상식적인 문제들을 대면하게 될 때에만 자치적으로 처리할 수 있다고 주장한다. 그의 저서 『마음의 습관』이 널리 알려진 지 6년 후에, 벨라는 『좋은 사회』(The Good Society, 1991)에서 한 사회의 경제, 정치 기관이 공익이 살아 있는 민주주의로 이끌어 간다고 주장했다. 그러한 목표를 성취하고 지켜가기 위해 저자들은 공개 토론의 재생과 활용을 호소하고 국가와 세계가 지닌 문제점들을 토의하고 있다. 그럼으로써 시민들로 하여금 정말 중요한 것에 관심을 기울이고, 차세대에 남겨주는 유산을 버리기보다 증진시키도록 유도한다.

DAVID GOUGH

참고문헌 | R. N. Bellah et al.(1991), The Good Society; R. N. Bellah et al.(1985), Habits of the Heart: Individualism and Commitment in American Life.

보상(Expiation). 속죄(Atonement)를 보라.

보상(Rewards). 보상은 성경적 개념일 뿐 아니라 중요한 심리적 실재이다. 일반적으로 이것은 "선하거나 그릇된 행동에 대한 보수로 주어지거나 특별히 성취나 임무에 대한 보수로 주어지는 것이다." 성경적 사고에서 보면, 보상의 개념은 의로운 자에게는 복으로 주어지고 악한 자에게는 심판의 경고로 나타난다. 심리학에서 보상은 행동주의 이론가들과 연관된다. 이로써 이것은 바람직한 행동 혹은 긍정적인 강화 수행의 보수로 정의내려질 수 있을 것이다.

1. 성경적 보상(Biblical Rewards). 성경은 그리스도인이 하늘에서 보상될 것이라고 알려주고 있다. 예수께서는 "보라 내가 속히 오리니 내가 줄 상이 내게 있어 각 사람에게 그의 일한 대로 갚아 주리라"(계 22:12). 하나님으로부터의 이 보상은 그리스도인들로 하여금 신실한 삶을 살게 하는 중요한 자극제이다. 보상들은 온전하고(룻 2:12), 확실하며(잠 11:18), 크고(마 5:12), 허락되어 있다(마 6:4, 6, 18). 분명하게 모든 그리스도인들은 그리스도의 심판대 앞에 서서(롬 14:10) 행한 대로 받게 될 것이다(고후 5:10). 리처즈(Richards)는 "도덕세계에는 공정성이 있다. 하나님은 선에 대해서는 보상자이시며 악에 대해서는 심판자이시다. 의를 심는 자는 반드시 좋은 보상을 받게 될 것이다"(1985, 531)라고 주장한다. 이러한 보상들은 가끔 "면류관"으로 묘사된다. "기쁨의 면류관"(살전 2:19), "의의 면류관"(딤후 4:8), "영광의 면류관"(벧전 5:4), "생명의 면류관"(계 2:10; 약 1:12)이 있다.

2. 심리적 보상(Psychological Rewards). 동기에 대한 인지적, 인도주의적, 사회학적 학습 접근들은 행동주의적 이론가들만큼 보상을 활용하지는 않는다. 전형적인 행동주의자들에게 보상은 반응의 조절자로 이야기된다. 긍정적 강화는 동의어에 가깝다. 얀트(Yount, 1996)는 강화를 "행동 뒤에 따라오며 그 행동이 다시 일어날 수 있는 가능성을 높이는 사건이거나 행동이 따라오도록 강요하는 어떤 귀결"로서 정의한다(165). 심리학의 이러한 학설에서 보상은 "행동의 결과로 주어지는 끌리는 대상 혹은 사건"으로 정의될 수 있을 것이다(Woolfolk, 1995, 333).

기독교교육자에게 보상의 사용(행동주의적 학습 이론)이 반드시 그들을 행동주의자의 관점에 묶이게 하는 것으로 볼 필요는 없다(Issler & Habermas, 1994, 209). 우리는 사용하는 이론들의 영역들을 반드시 알고 있어야 하되, 성경의 관점들과의 일관성을 유지해야 한다.

GREGORY C. CARLSON

참고문헌 | K. Issler and R. Habermas(1994), *How We Learn: A Christian Teacher's Guide to Educational Psychology*; D. F. Kellerman, ed.(1977), *The Lexicon Webster Dictionary*, vol. II; L. O. Richards(1985), *Expository Dictionary of Bible Words*; A. E. Woolfolk(1995), *Educational Psychology*; W. R. Yount(1996), *Created to Learn*.

보이스, 메리(Boys, Mary, 1947-). 가톨릭교육의 영향을 받은 보이스는 성년의 삶을 교수준비와 성경연구를 하며 보냈다. 보이스의 가르침과 학문은 공동연구와 화해라는 주제가 반복, 지속되어 왔다. 그녀의 첫 번째 저작인 『종교교육의 성경적 해석』(*Biblical Interpretation in Religious Education*, 1980)은 성경신학과 종교교육을 연결하는 실례들을 확립, 이 둘을 이분법적으로 보지 않고 매우 중요하게 연결된 또는 관계된 학문적 요소로 간주했다. 이 이분법을 제거하려는 노력으로 보이스는 종교교육의 대안적인 정의를 내려, "종교교육이란 종교공동체의 전통을 가까이 접할 수 있도록 만들고 전통과 변화 사이에 내적 연계성을 보여주는 것이다"라고 했다(282). 이런 종교교육의 새로운 정의를 통해, 단순히 여러 방법과 전략들을 통한 종교적 전통을 전수하는 교육으로부터 사회를 변화시키는 힘을 가진 종교교육과 성경신학 이면을 인식하도록 돕는다.

이러한 협력과 화해의 주제는 보이스의 다른 저작들에도 찾아볼 수 있다. 『대화의 목회와 교육』(*Ministry and Education in Conversation*, 1981)에서 그녀는 종교교육의 사역적 측면을 다루었다. 『시민과 제자도를 위한 교육』(*Education for Citizenship and Discipleship*, 1989)에서는 시민권과 제자도가 그녀의 중심주제였다. 신앙에 대해서는 『신앙교육론』(*Educating in Faith: Maps and Visions*, 1989)에서 다루었다. 이십여 개의 학술 논문과 저서들을 통해 종교교육의 관점에서 본 여성

해방론과 가르치기, 감독하기, 근본주의, 신학, 개종, 성경비평, 다른 종교와 대화 등 다양한 주제들을 다루었다.

잘 알려진 성경학자요 종교교육자로서 보이스는 이 두 영역 사이의 중재자요 협력자로서 위치를 좋아했다. 그녀는 이 두 영역 사이에 나타난 최근의 경향에 대해 다음과 같이 묘사한다.

현재 성경학자들과 종교교육자들 사이에는 틈이 벌어져 있다. 여러 면에서 이 틈은 성경연구가 점점 더 복잡해지고 전문화되어야 한다는 요구 때문이라 할 수 있다. 그러나 성경은 이 분야의 학자들에게만 속한 것은 아니다. 성경비평이 교회생활에 좀더 적절하게 스며들도록 해야 할 의무가 있다. 이를 위해 종교교육자들은 성경학자들과 함께 협력해야만 한다. 이러한 협력에는 세 가지 전제를 가진다. 종교교육자들은 성경지식에 대한 체계적인 준비, 해석의 역사 그리고 해석론이다. 또한 종교교육자들은 교육과정의 전문화(교육자료와 가르치는 사역, 사회-정치적 연계와 교육 환경 조정 등)를 통해 성경연구를 교회생활로 통합하는 일에 기여할 수 있다(327).

보이스의 학문적 업적에 힘입어 성경 및 종교교육 연구에 대한 관심이 늘어났고, 그 가운데 수 개의 프로젝트를 만들어내었다. "종교 특수주의와 다원주의를 위한 교육"(Educating for Religious Particularism and Pluralism)이 그 중 하나이다. 이 연구는 열두 명의 유대인 및 가톨릭 학자와 종교교육자들이 자신들의 종교적 전통을 이어가면서 동시에 다른 종교 전통과의 연계를 향상시킬 방법을 모색하는 것에 중점을 둔다. 보이스는 또한 종교교육자들 뿐만 아니라 성경학자들과 타 종파 그룹 사이에서도 잘 알려진 강사이다. 그녀는 여러 신학원과 가톨릭 교단, 유대-기독교학교와 교회의 고문 및 위원으로 봉사하고 있다. 종교교육자들과 의사를 교환하면서 복잡한 신학 구조를 통합적으로 다루는 그녀의 능력으로 신학 및 교육학계에 학문과 교회를 변화시키는 가치 있는 공헌을 해왔다.

WILLIAN F. FALKNER

보존(Preservation). 보존성(Conservation)을 보라.

보존성(Conservation). 어떤 내용물의 형태나 위치, 모양의 변화를 가져와도 그 내용물 자체는 동일하게 유지된다는 것을 이해하는 인지능력이다. 보존성은 길이와 숫자, 우편/좌편, 또는 결합들에 대한 추론과 지각 등을 다룬다. 피아제에 따르면, 어린이들은 여러 단계들을 거쳐 예측할 수 있는 방식으로 인지발달에 이른다고 한다. 그의 보존성 이론은 그가 어린이를 대상으로 양과 부피와 그 관계에 대해 질문과 대답을 통한 실험으로 가장 잘 이해된다. 가장 잘 알려진 실험은 두 개의 똑같은 유리잔에 담긴 동일한 양의 액체에 관한 것이었다.

어린이에게 탁자 위에 올려놓은 두 유리잔의 물을 보게 한다. 그리고는 한 유리잔의 물을 길고 홀쭉한 유리잔에 옮겨 붓는다. 그리고는 "어떤 유리잔의 물이 더 많은가?"라는 질문을 하게 되면 6살 미만의 어린이는 길고 홀쭉한 유리잔의 물이 더 많다고 대답하고, 6살 이상의 어린이는 두 잔에 담긴 물의 양은 같다고 대답한다. 나이 어린아이는 눈에 보이는 것에 의존하고, 나이 많은 어린이는 논리성에 의존한다.

두 번째 실험은, 두 개의 똑같은 양의 진흙을 동그랗게 공처럼 굴려 놓는다. 한 개의 진흙 공을 나누어 여러 개의 작은 공을 만들던지 또는 길게 굴려 소시지 모양을 만들거나 팬케이크처럼 동글납작하게 만들어 놓은 후, 어린이들에게 "어떤 것의 진흙이 더 많은가? 한 개의 진흙 공인가 아니면 여러 개의 작은 진흙 공들/소시지/팬케이크의 진흙이 더 많은가?"라는 질문을 던진다. 추론하는 능력이 아직 발달하지 않은 더 어린아이들은 지각에 의존하여 한 개의 진흙공의 진흙이 더 적다고 대답한다.

피아제는 어린이가 성장함에 따라 다양한 경험을 하면서 보존성과 관련된 인지적 개념을 배운다고 했다. 이와 같은 개념을 어린이들에게 가르쳐야 하고, 많은 지적 능력을 가진 어린이들은 어릴 때부터 배울 수 있다.

보편법칙영역(Nomothetic Dimension).

경영(또는 지도력) 철학에 사용되는 전문용어이다. 이것은 그리스어의 법, 규칙(nomos)과 세워진 것, 자리배치, 혹은 채택된(thetos)의 결합이다. 이때 '보편적 법칙'(Nomothetic)은 조직적 감각 안에서 유지와 성장을 목적으로 조직적 체계가 세운 가치들과 규칙들을 말한다. 경영철학은 조직적 체계와 개인적 필요, 욕구, 가치들 사이의 긴장을 밝히려 한다. 이 긴장은 조직의 지도자들을 포함하는 다수에게 중요한 딜레마이다. 개인들의 필요는 '개성 기술적(記述的)인'(idiographic)이란 용어(그리스어 idios는 영어의 individual)와 관련된다. 이처럼, 경영철학은 적절하게 조직생활에서 보편적 법칙(nomothetic)과 개인필요(idiographic) 사이에 상호작용이 조화를 이룰 수 있도록 지도자들을 돕는다.

KENNETH HAMMONDS

참고문헌 | C. Hodgkinson(1978), *Toward a Philosophy of Administration*; idem(1983), *The Philosophy of Leadership*.

보편적 윤리의 원칙(Universal Ethnical Principle).

보편적 윤리의 원칙은 사회의 규칙이나 관습을 초월하여 모든 상황에서, 모든 사람들에게 항상 적용될 수 있는 지침을 주는 신념이나 확신을 의미한다. 보편적 윤리의 원칙은 도덕적 성취에서 최종 목적에 관한 이해를 제공하며, 미숙한 형식의 사고를 판단하는 종점이다. 규칙에는 예외가 있을 수 있으나, 원칙에는 예외가 있을 수 없다.

보편적 윤리의 원칙들은 특정한 행동양식을 규정하지 않으나, 여러 행동양식들 중에서 선택할 때 필요한 지침을 제공한다. 이러한 원칙들은 인간과 사회에 따라 도덕의 기준이 변화할 수 있다고 믿는 상대주의적 자세와 첨예하게 대조를 이룬다. 이들은 신념들과 표준들을 평가하고, 인간의 상태가 '어떠함'을 진술하기보다는 인간의 행동이 '어떠해야 함'을 제공한다는 점에서 과학적이기보다는 철학적이다.

원칙들은 성경에 계시되어 있는 하나님의 법, 또는 모든 사회에서 공동으로 인식되고 모든 법정에서 이행되는 자연법, 또는 도덕적 질서의 이성적이고 객관적인 성격을 인식하는 이성으로부터 유래될 수도 있다. 이 원칙들은 영원히 하나님의 심중에 있으며, 그분의 형상대로 창조된 인류에게 주어진 것이다. 우리의 양심 가운데 새겨진 이 원칙들은 우리 안에서 진리가 무엇인가를 증언해 준다(롬 2:15). 문학에서도 이러한 예를 찾아볼 수 있는데 소크라테스의 상위의 자연법, 임마누엘 칸트의 절대적 도덕률 그리고 로렌스 콜버그의 정의의 개념 등이다. 이들은 모두 쇠렌 키에르케고르의 실존주의적 윤리, 슐라이어마허의 직관적 종교적 감성 그리고 요셉 플레처의 상황윤리와 상반되는 견해들이다. 따라서 보편적 윤리의 원칙은 서술적이기보다는 규범적이고, 주관적이기보다는 객관적이며, 일시적이기보다는 영원하다.

예수께서는 모든 것을 대체하는 보편적 윤리의 원칙으로 사랑을 말씀하셨다—곧 "주 너의 하나님"을 사랑하고, "네 이웃을 사랑하라"는 말씀이다(마 22:37-40). 이 사랑은 표면적인 사랑이 아니라, 하나님을 향한 존재 전체, 곧 마음과 목숨과 뜻을 다한 사랑이며, 이웃을 향해 나 자신을 사랑함같이 사랑함을 말한다.

BONNIDELL CLOUSE

복구(Restoration).

회복(Recovery), 회복 사역(Recovery Ministry)을 보라.

복음(Gospel).

복음(gospel)이라는 단어는 희소식이라고 언급되는 유앙겔리온(euangelion)의 헬라어에서 유래되었다. 구약성경에서 복음은 하나님의 중재에 의한 희소식을 그의 사람들과 공유하는 것과 관련된다고 한다. 신약성경은 복음이 두 가지 용도를 가지고 있다고 한다. 예수님의 등장과 메시지에 관한 좋은 소식을 공유하는 것과 인자의 모습을 한 예수님의 삶의 기록이 그것이다.

1. 복음 메시지(The Gospel Message). 희망

과 구속의 메시지는 중생하지 못한 사람들의 운명을 고려할 때 정말로 좋은 소식이다. 예수님의 구원에 대한 좋은 소식은 믿는 사람들에게 적용된다. 필요한 것은 초대에 대한 반응이다(롬 1:16). 그 이유는 의미 있는 선물로 적절해야 하기 때문이다. 일단 우리가 초대를 받으면 우리는 평화, 희망, 하나님의 사랑을 수용하게 된다. 이것은 삶에 직면한 많은 오해 가운데 역경을 참는 용기를 제공한다. 그러나 이러한 삶의 이면에는 우리가 예수님의 보호 아래 있다는 것에 희망을 가지고 안심한다. 우리는 믿는 자로서 천국을 기대한다.

예수님의 초점은 기쁨을 일으켰다. 왜냐하면 그것은 많은 예언자 가르침의 정점이었기 때문이다. 예수님께서는 겸비한 자들에게 아름다운 소식을, 포로된 자에게 자유를, 갇힌 자에게 놓임을 전파하시기 위해 하나님으로부터 궁극적인 사자로 오셨다(사 61:1).

2. 복음서 기록(The Gospel Record).

2세기 동안 복음서는 예수님의 삶의 기록이라고 여겨졌다. 우리는 예수님의 삶이 기록된 네 가지 복음서를 가지고 있다. 마태, 마가, 누가, 요한의 복음서는 예수님의 삶의 사건에 대한 목격담을 기술했다.(예, 하나님의 아들 예수 그리스도 복음의 시작이라, 막 1:1). 그 용어는 또한 2세기에 다양한 교회지도자들에 의해 쓰인 몇몇 위경의 기록과 관련되어서도 사용되었다.

MICHAEL J. ANTHONY

참고문헌 | J. K. Champlin(1996), *The Evangelical Dictionary of Biblical Theology*; E. A. Livingstone(1997), *The Dictionary of Christian Church*; W. E. Vine(1966), *An Expository Dictionary of New Testament Words*; M. G. Watkins and L. I. Watkins (1992), *The Complete Christian Dictionary for Home and School*.

복음전도와 사역(Ministry-Based Evangelism).

그리스도인들이 다른 사람들을 섬기는 것이 예수님을 섬기는 것이라는 것을 깨닫고, 하나님이 지시하신 대로 도움이 필요한 사람들을 진심으로 돌보고자 하는 시도(마 25:31-46)를 의미한다. 복음전도와 사역은 사람들의 영적인 필요와 육체적, 정서적 필요 사이의 선택을 강요하기보다는 전인적인 사역을 통해 예수님을 본받고자 한다(마 15:32).

사람들이 일시적, 육체적, 혹은 정서적 필요 중 어떤 것을 가졌든지 복음전도와 사역의 궁극적 목적은 그들의 영원한 필요인 예수 그리스도와의 관계를 채워주는 것이다(롬 6:23). 사역에 기초한 복음전도는 하나님이 필요에 처한 사람들을 돌보시며 또 사람들이 구원에 이르도록 열망하시기 때문에 행해지는 것이며(롬 10:1) 단지 정부의 복지사업의 축소 때문에 행해지는 것이 아니다. 복음전도와 사역은 사람들에게 공적인 지원을 의존하는 데서 하나님을 의존하는 것으로 나아가면서 하나님의 방법을 배우는 기회를 제공한다.

예수께서는 가장 크고 으뜸가는 명령이 "주 너의 하나님을 네 온 마음, 목숨 및 뜻을 다해 사랑하라"는 것임을 가르치셨다(마 22:37-38). 이 명령을 순종하는 것이 모든 사역의 열쇠이다.

복음전도와 사역을 실천하는 사람들은 자신들이 섬기는 사람들과의 관계를 하나님이 그의 백성들과 맺는 관계를 반영하는 것으로 발전시키기 위해 애쓴다. 그리스도인들이 죄를 지으면 거기에는 결과들이 있지만, 그들은 여전히 하나님의 자녀들이다. 하나님은 책망하고 가르쳐서 그의 백성이 배우고 회개하여 그에게 돌아오도록 하신다.

사역에 기초한 전도를 실행하는 자들은 그들이 돕는 사람들 역시 실패한다는 사실을 발견한다. 사역에 기초한 전도에서는 결과들이 제거되거나 혹은 관계가 끝나지 않으며, 오히려 사람들을 가르치고 말씀과 대면할 수 있게 하여 하나님께서 그들이 실패를 통해서도 자라게 하시도록 노력한다.

예수께서는 무리를 보시고 그들을 돕고자 하여 민망히 여기셨다(마 9:36; 14:14; 15:32; 막 6:34; 8:2). 그것 이상으로, 무리 한가운데서 그분은 개인들도 보셨고 불쌍히 여기셨다(마 20:34; 막 1:41; 눅 7:13). 여리고로 가는 길에서 사마리아인을 제사장과 레위인으로부터 구별시킨 것은 동정심과 행동이었다(눅 10:33).

예수께서는 두 번째로 큰 계명을 이웃을 사랑하는 것이라고 하셨고(마 22:39), 그리스도인들은 서로 사랑할 때 자신의 제자들로 알려질 것이라고 말씀하셨다(요 13:34-35). 이것은 오늘날 사회 속에 만연한 감정지향적인 사랑이 아니라 도리어 그리스도인에게 원수들에게조차 선을 행하도록 요구하는 적극적인 사랑이다(눅 6:27, 35).

기도는 사역에 기초한 복음전도의 불가결한 요소이다. 사역에 기초한 전도를 실행하는 자들은 성령의 지도와 지혜를 위해 기도할 뿐 아니라 영혼의 구원을 위해서도 기도한다(롬 10:1). 기도는 필요에 직면한 사람들의 필요를 채우기 위한 자원을 위해서도 드려지는데, 인도주의적인 혹은 정부의 공급보다는 하나님의 공급을 의지한다. 시편 50편 10절은 하나님의 백성들에게 아버지께서 천산의 생축을 소유하고 계심을 상기시킨다. 그는 확실히 "이들 중 가장 작은 자"를 위해서도 공급하실 수 있다(마 25:40).

역사적으로, 필요한 자들을 섬기는 그리스도인들은 주로 육체적인 필요에 초점을 맞추어 왔다. 의복 창고나 음식 저장고가 이런 초점의 실례이다. 이런 접근법은 긴급구호라는 제목 하에 위치한다. 비록 복음이 제시되지만 긴급구호의 장기간의 유효성은 최소화된다. 사역에 기초한 전도는 긴급구호를 넘어 전인격을 섬기는 곳으로 나아간다.

최근에, 사역에 기초한 복음전파는 기독교교육의 분야에서 하나의 의례적인 훈련으로 떠오르기 시작하였다. 사역에 기초한 전도와 제자도는 성경적인 사회사업 분야에서 발생한 두 가지 사역의 길이다. 성경적인 사회사업은 성경적이고, 관계적이며, 또한 통전적이다.

성경적인 사회사업은 성경이 사람들의 매일 일상의 삶의 문제를 해결하는 데 충분하다는 믿음에 근거를 두고 있다. 성경의 충족성을 가르치는 본문에는 이사야 55장 11절, 디모데후서 3장 16-17절, 히브리서 4장 12절 및 베드로후서 1장 3절 등이 포함된다. 성경의 충족성이라는 이 관점에 기초하여, 성경적인 사회사업가들은 그들의 사역의 모든 측면들을 하나님의 말씀에 의존한다. 형식적인 교육의 기회들과 연구는 그리스도인들이 성경적인 사회사업의 기술을 발전시키는 데 유용하다. 성경적인 사회사업가들은 그리스도와의 역동적이고 성숙한 관계를 유지해 나가야 한다. 그리스도와의 이러한 강력한 관계에 기초하여, 그들은 사랑하는 관계성 안에서 다른 사람들을 도울 수 있게 된다. 성경적인 사회사업은 또한 통전적이며, 우리가 전인격적으로 섬겨야 한다는 사실을 인식하고서 이루어져야 한다. 사람들이 필요를 느끼거나 위기에 처했을 때, 성경적인 사회사업가에게는 그들이 육체적으로, 영적으로 그리고 정서적으로 영향을 받았다는 것을 이해하는 것이 결정적으로 중요하다. 성경적인 사회사업은 그리스도의 치유를 그들의 삶의 모든 영역에 적용시킬 수 있도록 도와준다.

복음서에 대한 연구는 하나님의 말씀인 예수께서 전인격에 대해 관심 있었고, 그의 주위 사람들과 강한 관계들을 발전시켰다는 것을 드러내준다. 그리스도인들이 "예수님이라면 어떻게 하실까?"라는 질문에 반응할 때, 성경은 사역에 기초한 복음전파가 위대한 위임을 성취하고, 그리스도를 위해 세상으로 나아가는 효과적인 방법이라는 것을 드러내준다.

JOHN E. BABLER

참고문헌 | D. A. Atkinson and C. L. Roesel(1995), *Meeting Needs, Sharing Christ: Ministry-Evangelism in Today's New Testament Church*; C. G. Ward(1996), *The Billy Graham Christian Worker's Handbook*; D. R. Watkins(1994), *Christian Social Ministry*.

복음주의(Evangelicalism). '복음주의'라는 용어는 실상 "복음" 또는 "좋은 소식"이라는 뜻의 헬라어 유앙겔리온(euangelion)을 번역한 말이다. 특수한 운동으로서의 '복음주의' 역사가 현세대의 사건들을 기록하고 있지만 교리적이고 경험적인 특성들은 먼 과거까지 확장된다. 실제로 현대적 구조를 초기에 규정한 사람들은 그것을 단순히 현대문화 속에서 성경적 기독교의 번영으로 본다. 헨리(Carl F. Henry)는 복음주의의 긍정적인 면을 "첫째는 소리로, 둘째는 서면으로 보여준 사도적 설교"라고 지적했다(1979, 361). 복음주의자들은 그들의 "분명한 성경말씀에의 헌신"으로 규정된다.

기술적인 용어로서 "복음주의적"이라는 말은 16세기 종교개혁 이후로, 로마 가톨릭 신학과 구분된 종교개혁의 독특한 신학을 지칭한다. 모든 교리와 신학적 구성의 논쟁에 최종 결정권인 성경에의 복종, 그리스도의 구속사역의 완성, 하나님께서 법적으로 선언하신 대로 그리스도의 의를 전가해 주는 믿음을 통한 은혜에 의한 칭의, 인간의 죄성을 굴복시키고 변화시키는 주권적이고 은밀하며 중생시키는 성령사역의 필요성 등이 포함된다. 궁극적으로는 루터파 교회들이 로마 가톨릭으로부터 자신들을 구분하기 위해 "복음주의"라고 불렀고, 다른 한편으로는 종교개혁의 "개혁파"(Reformed)들로부터 구분하기 위해 그렇게 불렀다. 그러나 개혁파 그리스도인들은 보다 구체적인 신학적 감각으로 이 용어를 사용한다. 1730년경 암스테르담 종교법원에서 프렐링하이젠(Theodore Frelinghuysen)의 설교에 대한 불평 때문에 그것을 검토한 결과 그의 설교가 순전히 "복음주의적"이라고 발표했다.

1940년 이래로 보수적인 그리스도인들이 의식적으로 '복음주의' 또는 '신복음주의' 라는 별명을 취했다. 이 운동을 결정적으로 정의하는 몇 가지 발전적인 그림자들이 나타났다. 첫째는 1941년, 전국복음주의연합회(National Association of Evangelicals, NAE)를 결성한 것이다. 이 기관은 자유주의연방교회협의회(Federal Council of Churches, FCC)와 분리주의 미국교회협의회(American Council of Christian Churches, ACCC)에 정통적인 대안으로서의 역할을 했다. 끝없는 분리의 미몽에서 깨어나 정통 기독교를 사회 전반에 영속적이고 완전하게 적용하기를 원하던 수많은 젊은 근본주의자들은 문화에 창의적으로 참여하고 정통 기독교를 변호하는 엄격한 토론들을 추구하기 시작했다. 이 모든 것이 복음을 적극적으로 멀리까지 전파하는 일의 기초가 되었다. 옥켄가(Harold John Ockenga, 1905-1985)는 NEA의 초대 회장을 역임했고 근본주의를 복음주의로부터 구분하여 "신생 복음주의는 근본주의의 모든 정통성을 포용하지만, 근본주의에서 찾아볼 수 없는 사회적 양심과 책임도 표명한다"고 확언했다. 그는 "정통 기독교가 사회 안에 자기의 의무를 포기할 수는 없다"고 논쟁했다(Marty, 1977, 201, 202).

몇몇 높이 인정받는 주창자 중에는 이 운동의 결정적 사상가인 헨리(Carl Ferdinand Howard Henry, b. 1913)가 있다. 그의 1946년 출판된 책, 『현대적 지성의 갱신』(Remaking the Modern Mind)에서 그는 지적 사고에 보수적으로 대응하는 새로운 논조를 수립했고, 현대사상에 도전받지 않은 신비주의에 반대하는 세계관을 비평했다. 그 새로운 논조는 귀에 거슬리는 중상모략은 아니지만 현대적 사고에 차분히 개입하기를 주장했다. 헨리는 반대편의 견해를 풍자적으로나 경박하게 반응하지 않았고, 현대철학과 신학적 입장들을 정직하고 존중하는 태도로 분석했다. 이와 같은 태도가 정통성에의 헌신과 자신의 입장의 명백성을 약화시키는 표시가 될 수는 없었다. 그의 목적은 현대사상의 공허함을 노출시켜 개신교 정신의 진정한 상속자라는 권리를 박탈시키는 것이었다.

이 새로운 접근이 세속주의와 자유주의에 학문적인 개입으로 중단되지는 않았지만 근본주의자의 약점이라고 감지된 혹독한 자기비평으로 보완되었다. 1947년에 출판된 『현대 근본주의의 불편한 의식』(Uneasy Conscious of Modern Fundamentalism)에서 헨리는 근본주의에 외과용 메스를 찔러 "시술을 했다." 그는 "계시적 그리고 비계시적 견해들"은 항상 대조적이며 기독교의 구속적 양상들이 모든 복음주의적 사안의 핵심으로 유지되어야 한다는 점을 인식했다. 그러나 성경을 믿는 사람들은 비범한 히브리-기독교적 조망으로써 현대적 세계관에 도전하는 일에 실패하거나 몽매주의에 빠져서는 안 된다. 복음주의자들은 더 나은 사회를 건설하려는 계획에 협력하기 위해, 해결책들이 명백 하게 부적절하거나 불안정하다고 선포하는 한, 자유주의의 사멸

한 사회복음을 포용해서는 안 된다.

학문적이고 지적인 복음주의의 연속성은 1947년 캘리포니아 주의 파사데나(Pasadena, California)에 풀러(Charles Fuller)가 설립한 풀러신학교(Fuller Theological Seminary)에서 담당했다. 옥켄가 초대 총장을 역임했으며 헨리는 최초의 교수 네 명 중의 한 사람이었다. 이 학교는 19세기 후반 50년 동안 프린스턴신학교가 했던 것처럼 20세기 후반 50년 동안 신학적 지도자들을 양성해 내었다. 휘튼대학도(1848년에 일리노이학교로 불렸고, 1860년에 휘튼대학이 되었다) 복음주의 대학의 전형으로 등장하여 린젤(Harold Lindsell), 헨리(Carl F.H. Henry), 카넬(E. J. Carnell), 그래함(Billy Graham), 선교사역에 미련없이 자신을 던진 전형적인 인물인 순교자 엘리엇(Jim Elliott) 등이 이 학교를 졸업했다.

복음주의는 열정과 깊이를 가진 성경적 전도에 헌신한다. 헨리에 따르면 활동으로서의 전도와 교리적 제도로서의 복음주의는 분리할 수 없다. 신약성경은 선교사가 아닌 그리스도인을 묘사하지 않고, 교리 없는 전도나 계시된 진리에 타당하지 않는 전도에 대해 말하지 않는다. 하나님의 섭리 안에 복음주의 운동의 이 특이하고 결정적인 순간이 빌리 그래함의 사적이고 개인적인 갈등 속에 찾아왔다. 빌리 그래함의 1949년 L.A. 전도집회는 집회 전의 이 갈등의 6주간의 결과에 대한 유일한 공적인 증거였다. 그래함은 성경의 하나님과 그의 편협한 선입견의 하나님을 비교했다. 그의 설교에는 다른 세대 설교자들의 특성인 권위가 부족했다. 성경과의 투쟁을 통해 그는 하나님이 말씀을 "보류 없이" 받아들였다. 그래함은 그때 자신의 설교가 그의 죄를 인정하고 죄인들을 구주께로 인도하는 성경적 권위의 표적이 되게 해달라는 기도를 했다고 증언했다. 그래함은 하나님의 권위와 성경의 권위를 구분하지 않았다. 그는 하나님께서 성경에 당신의 뜻을 권위적으로 나타내셨다고 확신했다. 1949년 L. A. 전도집회와 1954년 위대한 런던 전도집회를 통해 그래함은 세계에서 가장 뛰어난 복음주의자라는 인정을 받았다. 그의 영향력으로 1956년 잡지 「크리스챠니티 투데이」(Christianity Today)가 발간되기 시작했고, 1966년 베를린 세계전도대회(Berlin World Congress on Evangelism)가 개최되었다.

지적, 사회적 전도의 노력들은 부수적인 자양물로서 견고하고 통찰력 있는 문서들을 발간해 줄 필요가 있었다. 1956년 10월 15일 "크리스챠니티 투데이" 잡지의 1권 1호가 발간되었다. 편집자는 헨리였고 빌리 그래함의 장인인 벨(L. Nelson Bell)이 발간인이었다. 이 첫 호에 그래함의 "전도의 성경적 권위"(Biblical Authority of Evangelism)가 실렸다. 벨카우어(G. C. Berkouwer), 라이치(Addison, Leitch) 그리고 헨리도 소론을 발표했다. 헨리의 사설, "왜 '크리스챠니티 투데이'인가?"(Why Christianity Today?)를 통해 그 잡지의 목적을 설명했다. 그는 자유주의가 "사람들의 도덕적, 영적 요구를 채워주는 데" 실패했다고 분명히 언급했다. 그는 자유주의를 비판하면서 바르트(Karl Barth)의 업적에 대해 "자유주의의 길고 추운 겨울이 지나 종교적인 봄철"이 되었다고 칭찬했다. 그러나 그는 바르트의 신학과 복음주의 신학의 성경에 관한 견해의 차이를 구분하지 못한다면 "신학적 안경을 낄 필요가 있다"고 했다. 헨리는 "크리스챠니티 투데이"가 지지하는 복음주의는 성경의 권위와 명료성 모두를 확신한다는 점을 분명하게 밝혔다. 20세기 기독교는 너무 자주 "성경의 권위와 신뢰도에 대해 반신반의하는 태도로 전도의 기회들을 자멸적인 불확실성과 대면시키는" 현실에 실망했다. 이 잡지는 하나님의 진노와, 보상적인 구속과, 영원한 징벌, 성경이 가르치고 주장하는 것과 하나님께서 말씀하시는 것 사이의 일치성, "역사적 신조(creeds)의 중요성", "기독교복음의 합리성과 유효성"을 확증하고, 또한 "주권의 하나님과 보편적이고 무제한적이고 불변하는 주권"에 대한 비전을 추구한다. 편집자 헨리의 노력과 함께 "크리스챠니티 투데이"는 신학적 깊이와 통합성과 도전을 전하는 목소리가 되었다. 수많은 현대 신학자들이 이 비전을 함께 나누었다.

"크리스챠니티 투데이"가 초판된 지 20년이 지

난 1976년은 복음주의자의 해로 지정되었다. 두 명의 대통령 후보자, 카터(James Carter)와 포드(Gerald Ford)가 스스로 복음주의자라고 밝혔다. 이와 같은 뚜렷한 성공으로 복음주의 현상을 해석하는 수많은 연구들이 쏟아져 나오고, 이에 상응하여 복음주의의 원리들과 역사적 기원에 대한 혼란도 일어났다. 같은 해에 린젤은 그의 저술, 『성경을 위한 투쟁』(Battle for the Bible)을 통해, 세계적으로 성경의 영감과 권위로부터의 일탈되는 현상에 주의를 환기시키고 경고했다. 데이톤(Donald Dayton)의 『복음주의적 유산의 발견』(Discovering an Evangelical Heritage, 1976)은 복음주의의 기초로서 보다 급진적인 사회참여에 대한 역사적 관념을 심으려고 노력했다. 성경의 무오성과 역사적 신조들과 종교개혁의 공적 원리 및 자료들을 중요시하던 관점들이 주관적 경험을 강조하는 모델들에 의해 도전을 받아왔다. 새로운 복음주의 내부의 분열이 최초로 드러난 것은 1962년 12월 풀러가 안식년을 마치고 풀러신학교의 학장으로 돌아왔을 때, 교수들 사이에 무오성에 관한 이견이 노출된 일이었다. 풀러는 제한적 무오성으로 학교의 견해를 몰고 갔다. 램(Bernard Ramm)은 그의 책 『복음주의의 유산』(The Evangelical Heritage, 1973)에서 일반적인 복음주의의 원리를 요약하면서, 어떤 제도이든 객관적인 진실보다 주관적인 반응을 강조하게 되면 "기독교 신앙의 치명적인 개조"를 가져온다고 경고했다(14). 램 자신도 『근본주의 이후』(After Fundamentalism, 1983)에서 바르트의 신학적 방법을 복음주의에 추천하면서 그의 방식을 전환했다. 그렌즈(Stanley Grenz)는 『다시 쓰는 복음주의 신학』(Revisioning Evangelical Theology, 1993)에서 헨리의 조건적 계시 견해를 기각해야한다고 논쟁했다. 그는 『하나님의 공동체 신학』(Theology for the Community of God, 1994)에서 여론 중심의 방법을 선호했다. 데이톤과 존슨(Robert K. Johnson)은 『미국 복음주의의 다양성』(The Variety of American Evangelicalism, 1991)에서 역사적 고백적 방법을 강조했다. 데이톤은 복음주의의 통합적인 원리를 찾을 수 없다는 이유로 '복음주의'라는 용어의 사용을 금지하라고까지 주장했다. 초기 고백적 복음주의의 대가인 피녹(Clark Pinnock)은 이 운동의 신학적 한계를 넓혀 자유를 주라고 제안했다. 그는 영원한 진노와 미래를 예견하는 지식 모두에 상반되는 하나님의 본성에 관한 신학을 수용하라고 강요했다. 신학은 인류의 "중요한 자유"에 중심을 둔 인류학에 의해 조절되어야한다고 했다. 이와 같은 모든 이완된 견해들 와중에 에릭슨(Millard Erickson)은 『복음주의의 좌파』(Evangelical Left, 1997)를 출판했다. 마지막 장에서 그는 어떤 운동들이 계속 일어날 것이며 아직도 복음주의의 진영에 머물러 있는지 의문을 제기하고 있다.

규정들을 엄격히 하는 몇 가지 시도들이 있었다. 1977년에 국제성경무오성자문위(the International Council on Biblical Inerrancy)에서 "성경의 무오성 교리를 지키는 일이" "성경적 권위의 본질적 요소이며 건강한 교회를 위한 필수다"라는 사실을 바탕으로 일련의 출판과 회의를 열기 시작했다. 성경의 권위성과 해석학, 적용과 교리에 관한 협의회를 통해 연구논문들[예, "성경과 진리"(Scripture and Truth, 1983), "해석학, 권위 그리고 정경"(Hermeneutics, Authority, and Canon, 1986), "성경본문 적용하기"(Applying the Scriptures, 1987), "복음주의적 확신"(Evangelical Affirmation, 1990)]과, "성경의 무오성에 관한 시카고 성명서"(Chicago Statement of Biblical Inerrancy, 1978) 등과 같은 간결한 성명서 등을 발표했다. 많은 그룹들이 위의 문서들을 사용하여 신학적 기대들을 규정해 왔다.

그와 동시에 복음주의 텐트는 그 지경을 확장해 갔다. 복음주의가 교리인지 분위기인지에 관해 논의되기도 했다. 웨버(Thomas Weber)는 복음주의를 고전적, 경건주의적, 근본주의적 그리고 점진적 복음주의로 네 가지를 나열했는데, 그것은 20세기가 끝나는 시점에 교리적 일치의 부족을 낳은 신학적 방황을 반영했다. 그는 복음주의 일부에서는 결코 존재하지 않았던 "복음주의 신학의 합일점을 찾았고" 다른 일부에서는 "어떤 구체적인 범위도 없

복음주의협회(National Association of Evangelicals, NAE).

"미복음주의협회(NAE)는 연합된 행동, 협력 사역 그리고 전략적 계획을 통하여 복음주의 공동체에 봉사하고, 대표적 발언권으로 말하고, 성경의 진리에 굳게 서서 그리스도 몸으로서 하나 됨을 드러낸다. 이러한 목적을 이루기 위해 복음주의 교단, 교회, 조직, 협회 그리고 개인들이 자발적으로 모인 단체이다"(Melvin, 1997, www.nae.net). 현재 43,000명의 성도와 49개의 교단 그리고 270만 명의 구성원들에게 영향을 주고 있는 미복음주의협회는 세계복음주의협회(WEF, World Evangelical Fellowship)에 소속된 117개의 미국내협회 중 하나이다.

복음주의협회의 역사는 20세기 초로 거슬러 올라간다. 영향력과 지도력에서 중요한 입지를 상실한 보수주의는 1920년대와 1930년대에 그들의 소유인 학교, 선교단체, 라디오사역, 캠프, 교단들 그리고 교회단체 등을 설립했다. 이런 독립적 그룹들이 지역적 기반 위에서는 효과적이라고는 하나 주요 계층과 국가정부기구와 매체 그룹에게 정치적 영향력을 행사하기에는 충분치 못하였다. 보수주의를 위한 하나된 목소리의 필요성은 미연방교회협의회(FCC, Federal Council of Churches)가 보수주의 기독교 라디오 사역에게 방송시간을 주지 않는 ABC와 NBC를 설득하려 할 때 더욱 명확해졌다. 이러한 위협과 또 유사한 위협들이 새로운 협력을 위한 단계에 있었다.

뉴잉글랜드협회의 라이트(J. Elwin Wright)와 당시 무디성서대학의 총장인 휴그튼(Will Houghton)의 지도력 하에 보수적 성향의 지도자들 한 그룹이 1941년에 시카고에서 모였다. 그 모임에서 그들은 복음주의연합활동(UAAE, United Action Among Evangelicals)이라는 임시 위원회를 구성하였고 1942년 4월에 세인트루이스에서 차기 회담을 갖기로 계획하였다. 대표자들은 이 회담에서 연합행동을 위한 미복음주의협회(National Association of Evangelicals for United Action)를 설립하였다 – 이하 NAE라 축약함. 옥켄가(Harold J. Ockenga)가 복음주의협회(NAE)의 초

이 복음주의 정신을 거의 독점적으로 말한다"고 특징을 지적했다. 웰스(David Wells)는 "진리를 위한 자리는 없는 것인가? 그렇지 않다면 복음주의 신학에서는 도대체 어떤 일이 일어난 것인가?"(*No Place For Truth or Whatever Happened to Evangelical Theology?*, 1993)에서 이 불안한 현상에 대해 증거자료와 사려깊은 성찰을 제시했다. 그는 교회의 존재와 사명에 고백적 객관주의 신학(confessional objective theology)을 다시 회복하려는 복음주의의 해결방식에 의문을 던졌다.

신학계에서 '복음주의' 라는 말을 그냥 지나쳐버리기에는 너무 오랜 기원을 가지고 있다. 의도적으로 교단을 초월하는 운동에는 영구적인 정의를 내리려는 시도나 소외된 지배원리들에 난해한 문제들이 자연스럽게 뒤따른다. 그러나 어떤 운동이 일반적인 기독교역사를 따라가고, 기독교사회에 그 존재가 인정되면, 명료하게 문서화되고 조리 있게 배열되고 고백적으로 중요한 교리적 윤곽이 뚜렷이 나타난다. 그것은 성경의 권위와 하나님의 존재 및 본성 그리고 구속적 메시지와 체험의 특징들로 분명한 위상을 갖게 될 것이다.

TOM J. NETTLES

참고문헌 | D. A. Carson and J. D. Woodbridge(1983), *Scripture and Truth*; *Christianity Today*, October 15, 1956, pp. 5, 6; D. Dayton(1976), *Discovering an Evangelical Heritage*; D. W. Dayton and R. K. Johnston(1991), *The Variety of American Evangelicalism*; C. F. H. Henry(1979), *The New International Dictionary of the Christian Church*; idem(1947), *The Uneasy Conscience of Modern Fundamentalism*; B. Ramm(1973), *The Evangelical Heritage*; D. Wells(1993), *No Place for Truth or Whatever Happened to Evangelical Theology?*; D. Wells and J. D. Woodbridge(1977), *The Evangelicals*; J. D. Woodbridge, M. A. Noll, and N. O. Hatch(1979), *The Gospel in America: Themes in the Story of America's Evangelicals*.

대 회장으로 임명되었고 라이트는 홍보 담당자가 되었다. 세인트루이스에서 회담이 열리는 동안 복음주의협회는 FCC(Federal Council of Churches)와 ACCC(the American Council of Christian Churches)로부터 스스로 독립하며 설립되었다. 이것은 맥킨타이어(McIntire)의 보수주의 그룹(ACCC)으로부터 독립한 것이고 열정적인 맥킨타이어를 상당히 당황케 하였다. 맥킨타이어 체제와 분위기에 대한 반응으로 새롭게 구성된 복음주의협회는 기독교 공동체 내에서 적극적인 입지를 세우는 것과 복음을 전파하는 것에 초점을 맞추고 또한 ACCC의 간혹 있는 부정적인 영성에 대해서는 관심을 줄여나가고 FCC에 반대하는 것을 주목적으로 규정하길 원하였다.

지난 55년의 역사에 걸쳐서, 복음주의협회는 복음주의 교회를 위해 공개토론과 대변인 그리고 자원으로서의 역할을 다했다. 다양성과 미국 복음주의의 독립정신을 대표하는 교단과 그룹들 사이에 협력을 세워나간 것은 복음주의협회의 중요한 업적이다. 인도주의적 도움, 가정과 어린이들, 교회와 미션스쿨에서의 기독교교육 그리고 세계에서 가장 규모가 큰 EFMA(Evangelical Fellowship of Mission Agencies)와 같은 다양한 복음주의 노력에 중요한 역할을 하기 위하여 미국을 통해서 복음주의협회의 지부와 위원회 그리고 지점들은 복음주의 지도자들을 구성하였다.

몇몇 비평가들은 복음주의협회 내의 젊은 지도자들의 부재와 소위 미국의 대형교회라 불리는 교회들의 참여 부족과 많은 구성원인 교단들이 감소하는 것을 인용하면서 복음주의협회의 미래의 영향에 대하여 문제제기를 하였다. 오늘날 젊은 지도자들의 참여를 권유하기 위한 전략이 효과가 나타나는 동안 복음주의협회의 미래에는 다양한 복음주의자들의 연합을 이루어가도록 지속적인 노력을 다할 것이다. 그리고 지상 대명령으로 채워진 복음주의자들의 공유된 소망 안에 이들을 모으게 될 것이다.

G. CRAIG WILLIFORD

참고문헌 | *An Evangelical Manifesto: A Strategic Plan for the Dawn of the 21st Century*(1996); A. H. Matthews(1992), *Standing Up, Standing Together: The Emergence of the National Association of Evangelicals*; D. Melvin(1997), *About the National Association of Evangelicals*.

복음주의훈련연합(Evangelical Training Association, ETA).

미국 일리노이 주의 휘튼(Wheaton, Illinois)에 본부가 있는 비영리재단으로서 대학원/신학원, 대학교, 성인교육 등 세 분야의 고등교육기관, 200개 학교회원을 가지고 있다. ETA의 사명은 교회와 교육 기관에 필요한 자료와 프로그램을 제공하여 평신도들에게 사역을 준비시키고 기독교육의 모든 면에 탁월성을 증진하는 것이다. ETA는 광범위한 교단을 초월한 조직으로서 90개가 넘는 교단의 교회들에게 자료들을 공급해 준다.

ETA는 1930년에 다섯 개의 고등교육기관, 즉 무디성경학교(Moody Bible Institute), 서북대학(Northwestern College), LA성경학교(Bible Institute of Los Angeles, 현재의 바이올라대학교〈Biola University〉), 콜롬비아성경대학(Columbia Bible College), 토론토성경학교(Toronto Bible Institute, 현재의 틴데일대학교〈Tyndale University〉)들이 연합하여 국제기독교교육성경학교 자문회의(International Bible Institute Council of Christian Education, IBICCE)라는 이름으로 설립되었다.

이 기관의 목적은 두 가지였다. 첫째, 국제 기독교교육 성경학교자문회의는 기독교고등교육학교들을 한 데 모아 성경 교사들을 훈련하는 데 사용되는 교육과정을 표준화시키고자 했다. 둘째, 이 학교들은 자유주의 신학으로 주름잡던 종교교육협회(Religious Education Association, 1903년에 설립됨)와 국제종교교육협의회(International Council of Religious Education, 1922년에 설립됨)의 활동을 우려하던 복음주의자들에게 대안을 제시해 주고자 했다. 이 두 기관들은 성경교사 훈련교재와 주일학교 공과 출판사들이 사용하던 성경의 개요를 제작해 내었다.

1931년 국제종교교육협의회는 복음주의 교사훈련 연합회(Evangelical Teacher Training Association, ETTA)로 개칭되어, 기관의 목적을 보다 정확하게 반영했다. 일리노이 주의 시카고에 있는 무디 성경학교의 기독교교육학 교수이던 벤슨(Clarence H. Benson)이 1930년부터 1954년 소천될 때까지 이 기관을 이끌었다. 벤슨의 가장 큰 공헌은 총 일백만 권이 팔린 그가 저술한 8권의 공과 책이었다.

교사훈련연합회는 1935년 55개 학교회원에서 1955년 164개 학교회원으로 급성장했고, 현재 200여 개의 학교들이 회원으로 등록되어 있다. 1988년에 그 이름을 교사(Teacher)의 T를 생략하여 ETA로 개칭했다. 그 이유는 성경교사뿐 아니라 지역교회의 지도자들에게 보다 광범위한 프로그램과 자료들을 제공한다는 확장된 목표를 강조하기 위함이었다.

복음주의 교사훈련연합회는 성경 및 신학, 사역 기술, 지도력 기술, 봉사 기술 등 4개의 주요 영역에 19개의 핵심과정으로 구성된 포괄적인 성인교육 프로그램을 계발시켰다. 각 과정은 학기마다 10시간으로 구성된 CEU(Continuing Education Unit: 연장교육단위) 패턴을 따른다. 1930년 이래로 ETA는 25개 언어로 번역된 3500백만 권의 교재와 자료들을 배포했다. 게다가 수많은 시청각 교재도 배포했다. ETA는 계간 신문 "프로필"(Profile)을 발간하고 일 년에 두 번 "성인훈련 잡지"(Adult Training Journal)를 발간한다.

지역교회와 성경학교의 학생들은 ETA에서 인정하는 교사들에게 배우고, 교재들을 읽고, 10시간 중 8시간 출석하고, 시험이나 프로젝트를 잘 해내면 학점을 받을 수 있다. 학생들이 각 과정들을 이수하면서 복음주의 교사훈련연합회의 수료증을 받기 위한 학점도 딸 수 있어 학생들의 교육적 성취에 큰 격려가 된다. 복음주의 교사훈련연합회는 네 단계에 수료증을 주는데, 단계마다 4개의 과정을 연속해서 완성해야 한다.

두 가지 방법으로 복음주의 교사훈련연합회에서 인정하는 교사가 될 수 있다. 하나는 복음주의 교사훈련연합회 회원학교에서 기독교교육학이나 교회사역 전공의 졸업자에게 복음주의 교사훈련연합회 학위를 수여한다. 이 학위를 받은 사람은 평생 동안 복음주의 교사훈련연합회 과정들을 가르칠 자격이 주어진다. 1930년 이래로 8만여 개의 학위가 수여되었다. 다른 하나는 가르치는 은사와 자질이 있는 사람이 복음주의 교사훈련 연합회의 교리서에 동의하면 3년 동안 가르칠 자격을 준다.

복음주의 교사훈련 연합회는 복음주의 기독교교육에 최소한 네 가지의 공헌을 했다. 첫째, 보수적인 신학을 가진 기독교고등교육기관들이 규합하는 기회를 제공했다. 둘째, 성경교사들을 기관 수준으로 끌어올려 훈련하고 준비시키는 표준화된 교육과정을 제공해 주었다. 셋째, 수천 개의 교회와 성경학교에서 사용되는 포괄적인 교사/지도자 훈련용 교재들을 계발했고 계속 진행하고 있다. 넷째, 다양한 복음주의 교회와 학교들 간에 교단과 인종과 민족을 교차하는 교제와 협력의 기회를 계속 제공해 준다.

JONATHAN N. THIGPEN

복제(Replication). '복제'(그대로 닮음)의 본질은 "정확한 재생"이다. 어떤 것이 "처음 관찰된 대로 재생될 때" '복제된다'고 할 수 있다.

성경 어디에도 '복제'나 '재생'은 발견되지 않는다. 그러나 분명, 이 개념은 존재한다. 바울은 디모데의 믿음은 그의 어머니와 할머니에게 속해 있던 것이 복제되었다고 단언한다(딤후 1:5). 바울은 디모데에게 자신에게 들은 바를 "충성된 사람들에게 부탁하라 저희가 또 다른 사람들을 가르칠 수 있으리라"(딤후 2:2)고 말하면서 그를 복제하는 사역을 하도록 강조했다. 헬라어 "파라티쎄미"(paratithemi)에서 파생된 "부탁하라"(entrust)는 용어는 "따라 움직이다"라는 뜻이다. 그러나 이것은 단순히 "관계 속에 있다"는 것이 아니라 복제되는 개념으로 사용되었다. 킹제임스역은 이것을 "위탁하다"(commit)로 번역하고 있다.

'그대로 닮음'의 뚜렷한 실례는 예수님이다. 그는 "그분의 독생자"(요한 3:16; 시 2:7; 행 13:33;

히 1:5)이시다. 한편 "낳다"라는 단어는 "영적 혹은 도덕적으로 유사한"이란 뜻을 담고 있다. 예수님의 경우, 그분은 정확히 영적, 도덕적으로 하나님 아버지를 그대로 닮으셨다.

대부분의 개신교 복음주의자들은 예수님의 속성이 우리가 그리스도인이 될 때 우리 속에 일부 복제된다고 믿는다. 다양한 교리들은 이것을 다르게 표현한다. 어떤 이들은 한번 주어진 그리스도의 속성은 우리의 태도나 행동에 상관없이 영원한 특징이 된다고 믿는다. 어떤 이들은 그리스도인들이 하나님의 속성을 반영하는 통로이며, 이러한 반영은 즉각적으로든 혹은 반복적으로든 우리가 그리스도를 닮아갈 때, 우리 안에 복제된 그리스도의 속성을 가지도록 한다고 믿는다. 어떤 이들은 우리가 성화될 때 그리스도의 속성의 복제가 일어난다고 가르친다.

ROY F. LYNN

본능(Instinct). 통찰력(Insight)을 보라.

본질주의(Essentialism). 다섯 가지 교육철학 중의 하나로서, 다른 네 가지 철학은 이상주의(idealism), 실학주의(realism), 토마스주의(Thomism) 그리고 영속주의(perennialism) 등이다. 이 철학들이 공동으로 동의하는 것들은 주제/교육과정, 계층적으로 배열된 지식, 교사의 권위, 지적 기관으로서의 학교 그리고 방법보다 내용의 강조이다.

교육의 실용주의 철학은 실험주의와 진보주의 그리고 재건주의이다. 이러한 철학들이 동의하는 것들은 변화의 강조와 활동적 또는 문제해결식의 교육과정, 학습자 중심의 교수법, 경험과 과학적 방법의 사용 그리고 상대적 "진리" 혹은 가치들이다.

실존주의와 철학적 분석은 철학적 체계나 범주들을 신뢰하지 않는 신생된 교육철학들이다.

사실 본질주의는 본질적으로 플라톤과 아리스토텔레스 그리고 아퀴나스에게로 돌아간다. 그것은 시간을 초월한 가치들을 가진 근본적 또는 기본 주제들을 강조한다. 공립학교에는 가르치라고 요구되는 본질적인 지식의 체계가 있다. 학생들이 읽고, 쓰고, 셈하는 법을 가르치는 것을 초등학생들이 꼭 배워야 하는 본질적인 기술 또는 내용으로 본다

이상주의와 실학주의, 토마스주의에서 만들어낸 동일한 기본적 지식의 체계를 기독교 주간 학교에서 가르쳐야 한다. 그러나 기독교교육에서 각각의 아이디어나 전제를 가진 중요한 성경적 개념들은 성경적 세계관의 조명 아래 조정되고 통합되어야만 한다. 주일학교나 교회학교에서 기독교적 교육철학이 온전하게 표현되어야 한다.

1. 본질주의의 중심 구성. 본질주의는 아래와 같은 구성요소를 가진다.

1) 학습이란 본질적으로 학생들의 훈련과 근면함을 요구한다.
2) 교수/학습 과정에서 교사가 주요한 선도적 역할을 한다.
3) 교수/학습활동의 중점은 학생이 지정된 교육과정을 습득하는 데 있다.
4) 교사는 어린이의 정신적 반응과 훈련을 요구하는 최상의 교수법을 활용해야 한다. 학교는 반드시 교사의 노력을 후원해 주어야 한다.

루드(Wayne Rood)는 본질주의와 종교교육에 대해 토의하면서 몬테소리(Maria Montessori)의 방법을 활용한다. 그는 몬테소리의 어린이교육과 관련하여 다음과 같이 언급한다.

그들 자신의 방법으로 교육적 환경에 자유롭게 반응하는 어린이들은 "사람을 만드는 내적 규칙들"을 보여준다. 그것은 환경을 사랑하고(자연적 질서에 대한 요구 안에 있는), 작업을(놀이가 아닌 일종의 집중적인 과제 성취와 같은) 사랑하며, 자발적으로 집중하고, 침묵을 사랑하고(많은 어린이들은 함께 어울려 작업하지만), 소유적인 태도를 승화하며("갖는" 것이 아니라 "사용하는"), 선택해서 행동하는 힘과(단순한 호기심이 아닌), 순종과 (경쟁보다는 상호 협력), 자기훈련과(자유의 열매), 기쁨(본성의 법에 복종하여 얻는 순수한 만족

감)이다(Rood, 1970, 181).

몬테소리는 이상주의에 머물러 있지만 그녀의 아이디어, 즉 교사는 어린 학생과 준비된 환경이라고 묘사하는 것 사이의 연결고리가 되어야 한다는 것은 매우 중요하다. 신실한 천주교 신자인 몬테소리는 "종종 성경적인 용어를 사용하여 어린이와 그들의 세계와의 관계를 묘사했고, 교사들은 학생들을 예수께서 그들을 보듯 보아야한다고 제안했다"(겡겔, 1983, 311).

초등학교 어린이는 학습에 대한 내적 동기를 얼마간 가지고 있다. 그러나 그들은 목표 설정과 최상의 학습을 위한 환경 조성에 있어 교사들에게 의존적이다.

2. 간략한 역사. 전기한 바와 같이 플라톤과 아리스토텔레스, 아퀴나스는 어떤 내용과 기술과 수단은 만인의 교육에 항존하는 역할을 한다는 견해를 지켰다. 중세기에 수도원에서는 성경과 연구논문들을 복사함으로서 교육의 빛을 지속시켰고 젊은 이들을 가르쳐 성직자로 키웠다. 가톨릭과 성공회의 수도원 학교들은 6세기부터 10세기, 11세기까지 중세 유럽에서 지배적인 교육 기관들이었다.

수도원 학교의 교육철학을 단정한다면 본질주의 이외의 다른 것을 선택하기가 어렵다는 사실을 알게 된다. 이 얼마간 음침한 역사적 기간 동안에는 근본주의가 숭상되었다.

본질주의의 기본을 서술한 고전적인 교육자들 중에는 코메니우스(John Amos Comenius, 1592-1670)가 범지혜적이고 보편적인 교육을 향한 비전에 큰 공헌을 했다. 그는 유럽을 연합시켜 "기독교 공화국"(Christian republic)을 만들자는 제안을 포함했다(Rood, 1970, 311).

유럽의 다른 한사람의 교육적 선도자는 본질주의자 헤르바르트(Johann Friedrich Herbart, 1776-1841)였다. 그는 독일의 문화적 르네상스에 지대한 공헌을 했다. 그는 올바른 생각을 보여주면 학생들의 관심을 사로잡게 되고 올바른 반응을 낳게 된다고 확신했다.

헤르바르트는 미국의 초등학교 및 중등학교에 문학과 역사를 순환적으로 첨가할 것을 제안함으로 미국 교육에 영향을 주었다. 그는 그와 같은 내용이 성품 발달을 도울 것이라고 생각했다.

현대의 세속적 본질주의 교육자들로는 모리슨(Henry Clinton Morrison)과 베스토어(Arthur E. Bestor, Jr.)가 있다. 모리슨은 중등학교의 교과들을 체계화하고 가르치는 데 도움이 되는 단원 계획을 개발했다. 학생들과 어떤 수준의 과목들을 통달해야할지 동의하는 계약을 맺는 것이 현재까지 매우 효과적인 방법으로 사용되고 있다. 주목받는 역사가인 베스토어는 교육계에 지적 훈련이라는 개념의 발달을 강조했다.

복음주의 그리스도인들은 종교와 모든 생활의 중심은 예수 그리스도이심을 주장한다. 성경을 가르치는 일이 기념비적 중요성을 지니는데, 이는 그리스도가 성경의 중심인물이며 모든 우주와 시간과 경험을 연합하는 분이기 때문이다. 그러므로 성경을 가르치되 뛰어난 강조와 방법으로 가르쳐야 한다. 열등한 교육이 설 자리는 없다. 본질적인 지식과 기본적인 태도는 순수한 기쁨과 탁월한 방법으로 가르치는 성경 안에서 나온다.

WARREN S. BENSON

참고문헌 | K. O. Gangel and W. S. Benson(1983), *Christian Education: Its History and Philosophy*; W. R. Rood(1970), *Understanding Christian Education*.

본회퍼, 디트리히(Bonhoeffer, Dietrich, 1906-1945).

독일의 영향력 있는 신학자, 목사, 교사로서 "고백 교회"(Confessing Church: 1933년에 설립된 독일의 개신 교회. 반 나치주의 교회-역주)의 지도자로 섬겼고, 핀켄발데(Finkenwalde)에 신학교를 세웠다. 그의 저작들은 교회공동체 역할의 모델이 되었고 신자들에게 "제자의 대가"로서 본보기가 되었다.

디트리히는 17세 때에 신학을 공부하기로 결심하여 튀빙겐의 대학에 입학했고 이후 베를린에서 공부했다. 그는 하르낙(Adolf von Harnack)과 바르트의 저작들에 영향을 받았다. 1928년 그는 바르셀로나에 있는 독일 교회의 목사로서 일 년간 봉직했고, 그 후 연구를 계속하여 뉴욕 유니온신학원에서 교환학생으로 수학했다. 그의 박사학위 논문, "성도의 교제"(The Communion of the Saints)에서 그는 교회의 신학적 사회적 이해를 연합하려 노력했다. 다음해(1931) 그는 베를린대학에서 조직신학을 가르치면서 동시에 『행동과 존재』(Act and Being)를 저작했다.

1933년 독일 교회가 국가사회주의운동(National Socialist Movement)의 이념에 동조함에 따라 정치의 흐름에도 변화가 있었다. 그때 본회퍼는 진정한 교회의 종말임을 인식하면서, 독일 교회에 다니면서 진정한 그리스도인의 신앙을 유지할 수 있을지를 심각하게 질문했다. 10월, 본회퍼는 독일인 교회에서의 목회를 계획하면서 런던을 향해 떠났다. 하지만 여전히 자신의 조국과 밀접한 접촉을 계속하면서 갈등 속에 있었다.

1934년, 고백 교회의 모태가 된 『바르멘 고백』(Barmen Confession)이 저술되었다. 이 고백서는 국가 사회주의 이념에 대항하는 그리스도인을 묘사하는 여섯 개의 논설로 구성되어 있다. 고백 교회 지도자들은 1935년 본회퍼에게 독일로 귀환하여 핀켄발데에 신설된 설교자 신학원(Preacher's Seminary)의 책임자가 되어 달라는 부탁을 했다. 이 학교는 학문 연구와 기도, 성경묵상, 단체적인 허드렛일들과 저녁 찬양 등을 하였다. 이 학교는 1937년 게슈타포에 의해 처음으로 폐쇄되었지만 1940년까지는 임시변통으로 지속되기는 했다. 이 기간 동안 본회퍼는 『제자도의 대가』(The Cost of Discipleship, 1937)와 『신도의 공동생활』(Life Together, 1939)을 출판했다.

1939년, 본회퍼는 처남의 도움으로 히틀러 정권에 대항하는 지하 운동에 가담하게 되었다. 그는 스위스와 스웨덴을 여러 번 방문하여 동맹국 관리들과 평화 조건들의 가능성을 타진하다가, 1943년 4월 5일 체포되었다. 이 기간 동안 그는 저서 『윤리학』(Ethics)을 저술하기 시작했으나 끝내 완성하지 못했다.

본회퍼는 베를린에 있는 타겔 군 감옥소(Tagel Military Prison)에서 대부분의 수감생활을 하였다. 타겔에 있는 동안 그는 가족들 및 가까운 친지들과 서신을 교환했다. 그의 사후에 친구이자 제자였던 에버하르트 베트게(Eberhard Bethge)가 이 서신들을 모아 『옥중서간』(Letters and Papers from Prison)을 출판했다(1951). 1944년 9월 게슈타포는 본회퍼가 저항 운동에 가담하였고, 히틀러를 제거하려던 시도가 실패했음을 알게 해주는 문서를 발견하였다. 그리하여 본회퍼는 1945년 미국 군대에 의해 해방되기 바로 직전, 플로센베르그(Flossenburg)에 있던 게슈타포 캠프에서 처형되었다.

ELIZABETH A. LEAHY

참고문헌 | E. Bethge(1977), *Dietrich Bonhoeffer*; J. D. Godsey(1965), *Preface to Bonhoeffer: The Man and Two of His Shorter Writings*.

봉사 프로젝트(Service Project). 필요가 확인된 영역을 도움으로써 교회 내지는 지역사회 전체에 기여하는 것을 포함하는 활동이다. 만일 기독교 교육의 목표가 교회에 커다란 영향을 남기고 타락한 인류를 전도하고 사회와 세상에서 책임 있는 기독교 시민이 되는 것이라면 봉사의 기회들은 어린이, 청소년 그리고 어른들을 위한 균형잡힌 프로그램의 중요한 일부분이다(LaBar, 1964). 봉사 프로젝트는 학습의 한 방법 내지는 인지 수준에서 배운 것을 표현하는 한 방편으로 사용될 수 있다. 사회과학연구에 의하면 사람들은 사고함으로 행동하기보다는 행동함으로 사고한다(McNabb & Mabry, 1990). 다르게 말하면 긍정적인 가치들을 행동으로 옮기고 다양한 프로젝트들과 활동들을 통해 그 결과들과 유익들을 볼 수 있는 기회들을 가질 때 사람들은 그러한 가치들을 자신의 것으로 받아들일 가능성이 많다는 것이다. 봉사 프로젝트는 참가자들이 자신들의 믿음을 행동으로 옮김으로써 긍정적이고 그리스도를 닮은 타인 중심의 행동을 하라고 격려하는 하나의 수단이다. 이것은 그리스도인이 누구인지에 대해서 더 깊은 지식과 이해를 가능하게 해줄 뿐만 아니라 기독교 봉사에 대한 긍정적인 자세를 가질 수 있도록 해 준다.

봉사 프로젝트는 참가자들이 봉사에 대한 성경적인 모델들을 탐구하고, 개인 준비의 수단으로 기도를 포함시키며, 봉사하는 데 필요한 특수훈련을 받으면 학습도구로서 최고의 효과를 낼 수 있다. 그러나 봉사 프로젝트는 활동을 위한 활동, 사교 기회 내지는 그 그룹 내에서 지위를 얻기 위한 수단으로 사용되어서는 안 된다. 지도자가 그리스도와 같은 종의 도를 조심스럽게 보여주는 것이 중요하다.

수많은 종류의 가능한 봉사 프로젝트가 있다(Crandall, 1978, LeFever, 1978). 프로젝트들은 교회 봉사, 지역사회 봉사, 다른 지역 내지는 외국에서의 봉사 아니면 특수 환경(비극 내지는 자연재난 피해자들에게 돕는 것)에서의 봉사에 초점을 맞출 수 있다. 한 프로젝트는 이웃공원 청소, 공휴일에 음식을 필요로 하는 가정에 가져가는 것, 노인들을 위해 낙엽을 모으는 것, 교회 페인트칠하기, 선교여행을 위해 자금을 모으는 것 아니면 부엌에서 일하는 것 등과 같이 물리적인 필요를 채우는 데 초점을 맞출 수 있다. 아니면 양로원에 있는 노인들을 격려하는 것, 집에만 머물러야 하는 장애자들에게 친구가 되어주는 것, 맞벌이 부부의 자녀들에게 방과 후 갈 장소를 제공하는 것, 아니면 해외 선교사들에게 격려 편지를 쓰는 것 등과 같은 정서적인 필요에 초점을 맞출 수 있다. 봉사 프로젝트는 회수에 따라 단기(단 한 번의 활동) 내지는 장기(특별한 필요를 채워주는 지속적인 프로그램)가 될 수 있고 시간에 따라서도 단기(주일 오후프로젝트) 내지는 장기(다른 나라에 가는 3주간의 선교여행)가 될 수 있다.

JANA SUNDENE

참고문헌 | R. Crandall(1978), *Youth Education in the Church*, pp. 334-48; L. LaBar(1964), *An Introduction to Evangelical Education*, p. 93; M. LeFever (1978), *Youth Education in the Church*, pp. 406-21; B. McNabb and S. Marby(1990), *Teaching the Bible Creatively*.

부머즈(Boomers). 베이비 붐 세대(Baby Boom Generation)를 보라.

부모교육(Parent Education). 효과적인 부모 훈련(Parent Effectiveness Training)을 보라.

부목사(Assistant Pastor). 부목사(Associate Pastor)를 보라.

부목사(Associate Pastor). 담임 목사의 사역을 돕는 지역 교회 사역 팀의 구성원을 일컫는다. 광범위한 활동이나 사역의 중점과 경우에 따라 다양한 직함이 사용된다(예를 들면, 어린이 사역자, 청소년 사역자, 기독교육 사역자, 전도사, 가정 사역자, 보조 목사, 부목사, 행정 목사 등).

역사적으로 유대교 회당에서는 장로들이 지도자의 역할을 했다(마 21:23). 초대교회 역시 회중의 영적 생활을 돌보는 장로들이 다양한 지도력을 활용했다(행 14:28). 베드로전서 5장 1-4절에 목사로서 섬기는 장로들의 역할과 특징을 묘사하고 있는데, 이 역할은 한 사람만이 담당하지는 않았다. 근래에는 부목사의 역할을 다양한 견해로 본다. 어떤 교회에서는 부목사가 담임 목사의 모든 사역을 보조하는 반면, 다른 교회들은 담임 목사가 되기 위해 받아야 하는 실습훈련으로 생각하기도 한다. 또 어떤 교회들은 부목사의 책무가 보다 전문화되고, 담임 목사와는 다른 면에 은사와 소명을 지니고 담임 목사의 사역을 돕는 역할로 이해한다.

교인이 수가 늘고 사역의 책무가 증가되면, 담임 목사의 사역을 도와 교회의 지도력을 나눌 보조 사역자를 찾는 것이 유익하다.

KEVIN E. LAWSON

참조 | 성직자(CLERGY); 교육자로서의 성직자(CLERGY AS EDUCATORS); 행정목사(EXECUTIVE PASTOR); 목회자(MINISTER); 교육목사(MINISTER OF CHRISTIAN EDUCATION); 담임목사(SENIOR PASTOR); 팀(TEAM)

부쉬넬, 호레이스(Bushnell, Horace, 1802-1876). 미국의 종교교육자이며 저술가. 코네티컷

주 밴텀(Bantum)의 시골에서 태어나 자랐고, 예일 대학에 입학하여 목회를 준비하려 했지만 교사가 되었다. 부쉬넬은 예일에 있는 동안 읽었던 콜리지(Samuel Taylor Coleridge)의 『반성의 길잡이』(Aids to Reflection)에서 인간 본성의 가치와 영성 발달을 위한 개인적 체험을 중요시하는 그의 사상에 많은 영향을 받았다. 부쉬넬은 노위치(Norwich)에서 교사생활을 하다가 코네티컷을 떠나 뉴욕에서 잠시 언론계 일을 하였고, 그 후 다시 예일로 돌아와 법대에서 공부하면서 가정교사를 했다. 1831년 부쉬넬은 예일캠퍼스에서 행해지던 부흥운동에 가담하게 되었다. 그는 십대였을 때 이미 신앙고백을 하였고 회중 교회(Congregational Church)의 교인이 되었었다. 그러나 이 부흥운동을 통해 부쉬넬은 도덕적인 삶을 살겠다는 헌신을 했다.

법대를 중퇴한 부쉬넬은 어린 시절의 희망이었던 설교자의 길을 걸었다. 그는 예일신학교에 입학하여 회중 교회의 중심을 잡았던 테일러(Nathanael Taylor)와 함께 수학했다. 졸업 후 부쉬넬은 26년 목회를 이어갔던 하트포트(Hartford)에 있는 회중 교회에서 목회의 첫 걸음을 내디뎠다. 그는 결혼하여 다섯 명의 자녀를 낳았지만 그 중 두 아이를 일찍 잃었다. 외아들의 죽음과 그의 저서 『기독교적 양육』(Christian Nurture)에 퍼부어지던 매서운 비평을 겪으면서 부쉬넬은 하나님에 대한 분명한 이해라고 설명하는 영적 각성을 경험하게 되었다.

1856년 부쉬넬은 늘 좋지 않았던 건강을 회복하기 위해 교회를 떠나 캘리포니아로 여행을 떠났다. 캘리포니아에 머무는 동안 그는 기차 길에 흥미를 갖게 되면서 서부 개발에 관심을 가지기 시작했다. 그는 또한 버클리대학 설립을 도왔다. 목회에서 은퇴한 후에도 부쉬넬은 저술을 멈추지 않았다. 그는 74세에 죽음을 맞이했다.

부쉬넬은 그의 하트포트에 있는 교회에서 부흥운동을 일으켰지만, 점점 감소하는 개종자 숫자와 진실성이 부족한 듯 보이는 영적 성장에 실망했다. 부쉬넬은 부흥운동과 지나친 감정적인 호소들에 대해 비판적이 되었다. 개종을 경험하고 교인이 되기 위해서는 일정한 나이에 도달해야 한다는 전제를 고집해 어린이들을 소외시키는 결과를 가져왔다. 부쉬넬은 종교교육을 지연시켜 어린이를 나중에 개종시키는 고통을 줄 이유가 없다고 반박했다. 처음부터 잘 교육시키면 어린이도 선을 사랑하도록 키울 수 있다고 했다.

부쉬넬이 주장하던 초기 종교교육이 왜 그토록 이단시되었는지 이해하려면 그 당시의 유아기에 대한 이해를 재고할 필요가 있다. 그 당시에 유행하던 생각은 어린이는 그리스도인이 될 수 없다는 것이었다. 책임질 나이가 되어야 비로소 어린이는 개종을 종용받았다. 그때가 되기까지는 부모는 자녀에게 죄인된 본성을 상기시키는 역할을 했다.

부쉬넬의 최고작 『기독교적 양육』에서 그는 개종이란 하나의 사건(event)이 아니라, 유아기 때부터 가정과 교회에서 양육되는 과정이라고 했다. 교회는 유아세례를 주어서 자녀를 하나님과의 관계 안으로 맞아들였다. 그리스도인으로 살아가는 데 본보기가 되는 모든 중요한 의무는 부모에게, 특히 어머니에게 주어졌다. 어린이는 그 부모를 닮아 자라나기 때문에 어머니와 아버지는 부모의 바람직한 역할에 대해 열심히 배워야 한다. 부모들은 자신의 영적 건강상태를 점검해 봄으로써 태어날 아기를 키울 준비를 해야 한다.

부쉬넬은 어린이를 칭찬해 줌으로써 자신감과 자존감을 조장해 줄 것을 강조했다. 부모들은 자녀를 잘 가르쳐 단정하고 예의바르며, 자신의 신체적 필요에 주의를 기울이도록 해야 한다. 자녀들은 부모의 권위에 순종해야 하지만 어린이에게 너무 심한 야단이나 공공장소에서 야단치는 일은 삼가야 한다고 했다. 부모의 인내와 관용의 필요에 대한 부쉬넬의 주장은 그리스도인들의 완고함이나 경건을 가장하는 것에 대한 그의 비난만큼 맹렬했다. 그는 가족예배를 그리스도인 양육의 핵심적 요소라고 주장하면서 부모들은 가르치는 것들을 실천해야 한다고 강조했다. 『일과 놀이』(Work and Play, 1864)에서 부쉬넬은 놀이란 그리스도인의 자유를 상징하는 것으로 묘사했다. 어린이의 기쁨을 더해 주는 일이 부모의 중요한 의무라고 했다.

『기독교적 양육』은 종교교육에서 중추적 업적이며, 그로 인해 부쉬넬은 "현대 종교교육의 아버지"(father of modern religious education)라는 직함을 얻었다. 스스로를 종교적인 일들에 대한 회의론자라고 묘사하면서 부쉬넬은 즉각적 개종이라는 보수적인 견해에 반대했다. 그 결과 그는 많은 비난을 받았다. 『기독교적 양육』 초판은 그 거센 반발 때문에 출판을 중단했다. 부쉬넬은 재판을 내었고, 삼판을 낼 즈음에는 소란이 거의 잦아들었다.

다른 저작들로는 『그리스도 안의 하나님』(God in Christ, 1849)과 삼위일체론을 변호하는 『신학에 있어서의 그리스도』(Christ in Theology, 1851) 등이 있다. 『자연과 초자연』(Nature and Supernatural)에서 부쉬넬은 인간 타락이 자연에 미친 영향에 대해 썼다. 『승리의 희생』(The Victorious Sacrifice)과 『용서와 법』(Forgiveness and the Law)에 나타난 속죄론에 대한 부쉬넬의 논쟁적 견해로 인해 그는 자유주의라는 비난을 받았다. 종교적 주제 외에도 부쉬넬은 또한 노예제와 여성 참정권과 같은 사회정치적 이슈도 다루었다.

부쉬넬의 신학적 견해가 논의의 여지가 있고, 그의 정치사회적 견해도 당대의 상황을 고려하여 이해해야 할 것이지만 그가 끼친 공헌 또한 부인할 수 없다. 가정의 중요성과 어린이 종교교육의 중요성에 대한 강조는 신선한 바람을 몰고 왔다. 그러나 아동종교교육 형태에 관한 부쉬넬의 많은 아이디어들이 주일학교 및 공교육 운동이 시작되던 1900년대가 되기까지 수용되지 못했다.

ROBERT J. CHOUN

참고문헌 | H. Bushnell(1861), *Christian Nurture*; K. B. Cully(1963), *The Westminster Dictionary of Christian Education*; K. O. Gangel and W. S. Benson(1983), *Christian Education: Its History and Philosophy*; W. A. Johnson(1963), *Nature and the Supernatural in the Theology of Horace Bushnell*; J. E. Reed and R. Prevost(1993), *A History of Christian Education*; H. Smith, *Horace Bushnell*; D. Wyckoff(1959), *The Gospel and Christian Education: A Theory of Christian Education for Our Times*.

참조 | 책임 연령(AGE OF ACCOUNTABILITY); 어린이 기독교교육(CHILDHOOD CHRISTIAN EDUCATION); 그리스도인 양육(CHRISTIAN NURTURE); 가정교육(FAMILY LIFE EDUCATION); 자아개념(SELF-CONCEPT)

부적응(Maladaptation)

어떤 유기체이든지 계속해서 존재하기 위해서는 환경이나 상황 속에 자신을 적응시켜야만 한다. 인간의 적응 수준은 생물학적 차원과 동시에 사회적 차원과 정서적 차원에서 일어나게 된다. 부적응은 이러한 적응과정이 잘못되었을 때 일어나는데, 예를 들면, 이것은 신념이나 외적 행동이 부정적인 유형으로 귀결된다. 물질 남용, 문란한 성생활, 십대 임신, 자살, 학습부진, 퇴학, 범죄 행동 등과 같은 부적응 문제를 가진 아동들에게 특별한 관심을 가지는 것은 필요적절하다. 그렇다면 이러한 행동들은 파괴적인 것인가 아니면 혼란에 의한 것인가 하는 문제가 생겨나게 된다.

학대는 종종 부적응의 전조로 언급되며, 학대로 인해 많이 희생당한 어린이들은 더 큰 부적응의 위험에 처하게 된다. 태아기 알코올 증후군을 가진 어린이들은 약물남용의 희생자이며, 그들은 스트레스 상황에 만성적으로 노출되는 것을 경험하게 된다. 그들은 또한 스트레스 상황에 만성적으로 노출되지 않았거나 정신적 외상, 폭력 그리고 스트레스 등을 경험하지 않은 어린이들보다 부적응이 되기 쉽다.

이러한 부적응의 원인에도 불구하고, 종교교육자들은 학습자의 준비성과 학급경영이라는 관점에서 문제를 본다. 종종 적절한 대처기술의 계발은 그 초점이 예방이냐 해결이냐에 관계없이 부적응 문제를 해결하기 위해 추구된다. 다른 예방 노력들은 태아 교육과 인지적 문제해결 등과 같은 다양한 전략들을 광범위하게 포함한다.

CLAIR ALLEN BUDD

참고문헌 | G. W. Albee and T. P. Gullotta, eds.(1997), *Primary Prevention Works*; R. D. Ketterlinus and M. E. Lamb, eds.(1994), *Adolescent Problem Behaviors: Issues and Research*; A. K. Yancey(1992), *Identity Formation and Social Maladaptation in Foster Adolescents*.

부호화(Encoding). 여러 가지 다양한 형태로 들어오는(언어, 음악, 시각 등과 같은) 자극들을 수용하고 저장과 재복구를 위하여 그 정보를 처리할 수 있는 능력(Gage & Berliner, 1988, 280)을 뜻한다. 학습은 역동적이며 복잡한 과정이다. 그것은 학습자로 하여금 수많은 형태의 외부 자극에 노출되도록 한다. 학습자는 정보를 듣고 관찰하며 그것을 받아들여야 한다. 학습자가 새로운 자료를 배우고자 하는 열정을 가지고 있을 때 최선의 학습이 이루어진다.

외부자극은 학습자에게 긍정적 혹은 부정적인 강화로 작용할 수 있다. 자극은 학습자의 관심을 사로잡아야 하며 그것이 학습자의 뇌에 기록되기 위해 충분히 긴 시간이 필요하다. 학습자는 자극이 대표하는 개념을 이해해야 한다. 그런 후에 학습자는 그 개념을 가지고 언어적인 상징이나 시각적인 상징으로 자신의 뇌에 저장한다.

학습자는 새로운 정보를 나중에 필요할 때를 위해 복구할 수 있도록 어떤 방식으로 조직해야할 필요성을 느껴야 한다. 새로운 정보는 학습자가 이미 지니고 있는 정보를 강화하고 학습자와 친숙해져야 유용하다. 학습자는 이미 학습한 개념과 새로운 정보를 연합하여 의미를 찾아내야 한다. 이것은 단기 기억이나 장기 기억에 넣어진다. 단기 기억을 위한 학습의 예는 편지를 보내기 위한 우편번호이다. 장기 기억의 예는 크리스마스 연극의 대사를 외우는 것이다.

사상의 강화는 학습의 기억을 돕는다. 학습자 자신의 언어로 배운 것을 재구사할 수 있는 능력은 학습한 내용에 대한 학습자의 이해를 잘 드러낸다. 학습자는 그가 배운 새로운 정보를 조직하여 그것을 현실 생활에 적절히 응용할 수 있어야 한다. 그것은 학습자의 태도와 행동에 변화를 가져오는 학습의 목표를 구성하는 것이다.

BARBARA JEAN DEATON

참고문헌 | N. L. Gage and David C. Berliner(1988), *Educational Psychology*; D. L. Barlow(1985), *Educational Psychology and the Teaching-Learning Process*; W. R. Yount(1996), *Created to Learn*.

참조 | 덩어리 만들기(CHUNKING); 정보처리과정(INFORMATION PROCESSING); 기억(MEMORY)

부흥(Revival). 이 용어는 라틴어에 기원을 두고 있으며 문자적으로는 다시 살다(live again) 혹은 소금냄새를 맡게 해서 죽은 사람을 소생시키는 때와 같이 돌아오게 하다(to arouse)의 의미이다. 성경은 그의 백성을 영적으로 소생시키시는 하나님에 대해서 말하고 있다 "우리를 소생케 하소서 우리가 주의 이름을 부르리이다"(시 80:18). "우리를 다시 살리사 주의 백성으로 주를 기뻐하게 아니하시겠나이까?"(시 85:6).

부흥이라는 용어는 18세기 초 미국과 영국의 대각성 기간 동안 하나님께서 하셨던 것을 묘사하기 위해 사용되면서 일반적인 용어가 되었다. 네덜란드의 개혁 사역자 데오도르 프렐링하이젠(Theodore Frelinghuysen)의 설교 아래 뉴져지(New Jersey)에서 영적 각성이 있기까지, 미국 독립 이전의 영국 식민지에서는 영적 무력감이 만연해 있었다. 많은 사람들이 자신들의 죄의 상태와 구원의 필요를 새롭게 인식하는 한편 어떤 이들은 복음에 내포된 하나님의 은혜에 대한 새로운 이해로 인해 새롭게 되었다.

각성은 조나단 에드워즈(Jonathan Edwards), 조지 횟필드(George Whitefield), 존 웨슬리(John Wesley), 사무엘 데이비스(Samuel Davies) 등이 이끈 초교파현상(a cross-denominational phenomenon)으로서 미국의 다른 지역으로 신속하게 퍼졌다. 그들의 경험들은 동일하지 않았지만, 영적 성장은 공통적이었다. 아이작 와츠

(Isaac Watts)는 조나단 에드워즈의 『놀라운 회심 이야기』(*A Narrative of Surprising Conversion*)의 서문에 이렇게 썼다. "하나님은 수많은 군중들의 영혼과의 단기간의 대화에서 그들이 기독교에 대해 형식적이고, 냉랭하고, 관심 없던 태도에서 돌아서서 기독인의 은혜를 생생하게 베풀고 거룩한 종교성을 능력 있게 행하게 하는… 그분의 자유와 주권적 자비가 드러나는 것을 기뻐하셨다"(Edwards, 1991, 2).

대각성을 첫 부흥이라고 여기는 사람들이 있지만, 여러 번의 영적 부흥들이 18세기 훨씬 전에 있었다. 성경에는 사사기에서, 히스기야와 요시야의 통치하에서, 또 신약에서는 오순절 등을 통해 이러한 부흥의 여러 예들이 보이고 있다. 초대 교회사에서도 로마 제국의 "정복"과 클루니악 부흥(the Cluniac revial)과 같은 영적 각성들이 있었다. 그리스도인들은 종교개혁을 단순한 계몽운동의 종교적 표현이라기보다 본질적인 영적 부흥으로 일반적으로 이해하고 있다.

부흥에 대한 오늘날의 이해는 19세기 초에 있었던 제2차 대각성에 의해 형성되었다. 이것은 첫 번째 각성과는 구별되는 여러 가지 특징들을 가지고 있었다. 에드워즈가 부흥에 있어서 하나님의 "놀라운" 역사를 말했던 반면, 2차 각성을 이끌었던 부흥사 찰스 피니는 부흥을 제정된 방법들의 온전한 사용의 결과… 이것은 전적으로 본질적 능력들의 바른 실행 속에 형성된다고 가르쳤다(Charles Finney, 1978, p.4). 그는 의도된 집회들과 열망의 자리 등과 같은 그의 "새로운 수단들"(New Measures)을 마련하였다. 부흥은 노력을 기울인 만큼 결과가 나오는 것으로 설명되었다. 그 이후부터 부흥회들이 계획되었다.

19세기후반과 20세기 초, 무디(Dwight L. Moody)와 빌리 선데이(Billy Sunday)와 같은 유명한 부흥사들은 미국을 순회하면서 많은 영혼들이 그리스도 안에서 결단하도록 촉구하기 시작했다. 빌리 그래함(Billy Graham)은 20세기 후반 그들의 전통을 이어나갔다. 다른 눈에 띄는 부흥으로는 케인 리지 부흥(Cane Ridge Revival), 1858년의 기도 부흥(the Prayer Revival of 1858) 그리고 1906년의 웰시 부흥(Welsh Revival of 1906)이 있다. 모든 진정한 부흥들의 공통된 맥락은 성경을 교회의 안과 밖과 사람들의 삶에 적용하는 것을 강조해왔다. 복음 선포에 대한 반응을 호소하는 것은 늘 논쟁거리가 되었다. 소리를 지르거나 졸도를 하는 특이한 현상이 부흥집회들에서 일어났는데, 이러한 것들은 사람의 지성으로는 받아들이기 어려운 것으로 간주되었다.

부흥으로 인한 영향으로는 새로운 교육적 시도들이 생겨난 것이다. 부흥을 통한 성도들의 교회로의 유입은 더 많은 사역자, 기독교교육자 그리고 선교사들의 훈련을 필요로 하게 되었다. 그 결과, 프린스턴(Princeton), 브라운(Brown), 다트머스(Dartmouth), 무디성경대학(Moody Bible Institute) 등과 같은 많은 대학들과 신학교들은 부흥 혹은 신앙부흥운동의 전통을 따르고 있다. 유사한 결과로 새로운 복음주의적 출판사들과 주일학교위원회들이 새 신자들에게 기독교의 믿음과 제자도를 가르치기 위해서 설립되었다.

부흥의 성공은 얼마나 많은 사람들이 모임에 왔느냐, 부흥사가 얼마나 많은 신자들을 얻을 수 있느냐, 얼마나 많은 결단들을 가져 올 수 있느냐에 달려 있는 것이 아니라, 그들 삶 속의 성령의 역사로 인해 사람들의 삶이 어느 정도 변하느냐에 달려 있다. 부흥은 이 과정을 시작하게 하는 한편 제자도와 열매를 가지고 오는 기독교교육의 긴 과정이다.

DOUGLAS FALLS

참고문헌 | L. W. Dorsett(1991), *Billy Sunday and the Redemption of Urban America*; J. Edwards (1991), *On Revival*; C. G. Finney(1978), *Revivals of Religion*; B. Hull(1998), *Revival That Reforms: Making It Last*; I. H. Murray(1994), *Revival & Revivalism: The Making and Marring of American Evangelicalism, 1750-1858*; H. S. Stout(1991), *The Divine Dramatist*.

참조 | 대각성(GREAT AWAKENINGS); 웨슬리, 존(WESLEY, JOHN)

분류(Classification). 사물이나 아이디어 등을 크고 작은 동아리로 나누고 그것들의 관계를 분별하는 능력. 이 개념은 피아제의 인지발달이론의 토대가 된다. 분류하는 능력은 보통 7-11세 사이의 구체적 조작기 초기에 비롯되고 일반적으로 이 시기의 후반기에 이르면 잘 발달된다. 분류능력으로 어린이가 체계의 위아래로 이동할 수 있고, 복잡한 논리적 문제들을 다룰 수 있게 된다. 가장 간단한 분류로 간단한 체계를 다룬다. (1) 두 개의 요소가 결합된 구성으로 세 번째 요소를 생산한다 (예: 12 사도와 예수님의 다른 추종자들이 제자이다), (2) 두 개의 요소가 결합된 방식이 서로 달라도 동일한 결과를 낳는다(예: 2+2+2는 2+(2+2)와 같다), (3) 어린이가 이중관계성과 반대 순서로 이동하는 것을 이해하는 가역성(reversibility, 可逆性) 등이다 (조니의 형도 역시 형제가 있다〈Johnny's brother also has a brother〉). 이러한 모든 요소들은 특히 수학적 사고에 중요하지만 모든 종류의 논리적 사고에 기본이 된다. 분류의 개념은 계급과의 관계로 확장된다.

ELEANOR A. DANIEL

분리(Separation). 이혼(Divorce)을 보라.

분석 심리학(Analytic Psychology). 융, 칼 구스타프(Jung, Carl Gustav)를 보라.

분위기/교실 분위기(Climate, Classroom). 교실에서 학습을 진흥시키기 위한 일환으로 교사와 학생 사이에 신뢰와 돌봄, 개방적인 분위기를 조성해 주어야 한다. 개방적인 환경조성을 위해 교사와 학생이 서로에 대해 관심과 필요, 흥미가 무엇인지 알고 학습에 함께 참여하며 통찰과 질문을 서로 나누고, 서로에 대해 감사하며, 무시하지 않는 태도로 서로의 오류를 고쳐줄 수 있어야 한다. 사람은 서로의 감정을 솔직히 표현할 기회를 갖고, 삶의 체험을 함께 나누며, 동등한 입장에서 협력하며, 공통적인 학습경험을 갖는 일 등을 통해 성숙한다.

건전한 교실 분위기를 조성하기 위해서는 다양한 활동기회가 보장되어야 한다. 그런 활동들로는 협의 사항을 토의할 때 학생들이 참여하는 것, 주제와 관련하여 공통적인 관심과 필요를 제기하는 것, 인적배경과 생활체험과 관심 등에 대해 아는 것, 비형식적인 휴식 시간을 함께 보내는 것, 개인의 행동과 태도와 동기 등을 서로 이야기하거나 일기, 자서전 등을 통해 성찰하는 것 등이 있다. 어린이들에게도 그런 환경을 만들어주는 일이 필요하다.

학습 분위기 조성을 위해서는 학급 전체가 학습 목적을 함께 세우고, 현재 알고 있는 정보들을 서로 나누며, 주제와 관련된 신념이나 가치 등에 대해 토의하고, 가장 중요한 이슈가 무엇인지 결정하고, 주제에 대한 질문들을 제기하는 일 등이 필요하다.

건전한 학습 분위기 조성의 책임은 먼저 교사에게 달려 있고, 학생들은 교사들이 보이는 모범과 격려를 포용해야 한다.

DORIS BORCHERT

분위기/소그룹 분위기(Climate, Small Group). 분위기란 소그룹의 일반적인 환경적 배경이나 상황을 이른다. 소그룹의 분위기나 환경은 두 가지 면, 즉 물리적인 것과 정서적인 것으로 구성된다.

소그룹 전문가들과 학습 이론가들은 교실 환경이 소그룹 토의가 진행되는 과정의 상호 반응과 학습에 영향을 미친다고 주장한다(Lee, 1973, 71, Tubbs, 1995, 96). 그 영향에는 그룹 세팅의 물리적 환경과 관련된 여러 개의 변수가 존재한다.

그룹의 크기가 만족도와 효과성, 토론 형태 등에 영향을 준다는 것은 이미 잘 알고 있는 사실이다. 그룹이 다섯 명 이상으로 커지면 참석자들은 그룹이 너무 커서 원하는 만큼 효과적으로 토의 과정에 참여할 수 없다는 불만을 종종 토로한다(Tubbs, 1995, 102).

의자 배열 또한 그룹 활동에 주요한 영향을 준다. 소그룹을 선호하는 사람들은 U자 형이나 원형 배열로 서로 시선을 주고받으며 손쉽게 서로에게 대화할 수 있도록 배열한다. 서로를 잘 볼 수 있으면 반응하는 동기부여가 커진다(Gorman, 1993, 132).

마지막으로, 소그룹 회원들이 서로 가까운 물리적 환경에서는 서로에게 강력한 영향력을 발휘할 수 있다. 온도와 조명, 방의 크기, 환경미화와 방음장치 등이 회원들의 상호반응의 성격과 질에 영향을 준다.

소그룹 활동의 효과를 극대화하기 위해서는 자기개방과 나눔, 학습과 토론, 정서적, 물리적 환경이 온화하고 수용적이며 위협적이지 않아야 한다. 건전한 그룹 분위기 조성에는 많은 심리적 요인이 있는데, 가장 중요한 것은 신뢰와 친밀함, 후원 등이다.

그 중 가장 중요한 것이 신뢰(trust), 즉 그룹 회원들이 서로를 의존할 수 있는 일반적인 감각이다. 그룹의 신뢰감은 자신의 감정을 솔직히 표현한 사람들의 연약함을 악용하지 않고 서로를 향해 온화함을 표현할 때 나타난다. 그룹 회원들이 서로 온화함을 표현할 때 고도의 그룹 신뢰감이 형성되는데, 이는 솔직한 자기표현이 수용되고 지지된다는 확신이 있기 때문이다.

친밀함(intimacy) 또는 결속력(cohesiveness)이란 그룹 회원들이 서로에게 가깝게 느끼는 감정이다. 매우 친밀한 그룹들은 강한 소속감을 가지고, 자기 그룹과 다른 회원들에 대해 칭찬하고 그룹의 기준에 맞추려고 한다(Galanes & Brilhart, 1997, 142-43).

끝으로 후원하는 분위기(supportive climate)에서 소그룹 회원들은 서로 존경하고 돌보며, 서로 격려한다. 결과적으로 후원하는 분위기에 익숙한 사람들은 보다 쉽게 자기를 드러내고, 자유롭게 개인적인 생각을 표현하며, 서로에게 매우 가깝게 느낀다(Galanes and Brilhart, 1997, 144).

HARLEY ATKINSON

참고문헌 | G. Galanes and J. Brilhart(1997), *Communication in Groups: Applications and Skills*; J. Gorman(1993), *Community That Is Christian*; J. Lee(1993), *The Flow of Religious Instruction*; S. Tubbs(1995), *A Systems Approach to Small Group Interaction*.

분파(Sect). 이교(Cult)를 보라.

불가지론(Agnostic). 무신론(Atheism)을 보라.

불교(Buddhism). 아시아 신학(Asian Theology)을 보라.

불균형(Disequilibrium). 종종 피아제와 그의 균형(equilibrium) 이론과 함께 연합된 불균형 이론이 버나드(Claude Bernard)의 이론에 보다 많은 공헌을 했다. 불균형의 가장 단순한 형태로도 사람들이 자신과 주변의 세계를 아는 지식을 재건하도록 하는 주제에 대한 이해의 인지적 평형을 방해할 수 있다. 피아제의 평형 이론에서 개인은 새로운 자극을 현재의 지식에 동화시키든지, 아니면 그 자극을 수용하기 위해 변화를 감행한다. 이 두 진행과정이 균형을 잘 이루면 그 결과는 인지적 평형이다. 새로운 지식이나 경험을 소개한 결과를 '불균형'이라고 부른다.

불균형도 교육적 수단으로 도움이 될 수 있다. 기술이 뛰어난 교사는 문제를 제시해 주고, 질문을 던지고, 학생들이 이미 아는 것을 재고할 상황을 만들어준다. 이와 같은 딜레마를 다루므로 동기부여가 된 학생들은 그 분야에 수행의 절정을 이루라는 도전을 받는다. 거의 모든 영역의 인간발달의 성장 과정의 일부는 새롭고 예상치 않은 어려운 상황에 의해 제기된 문제들로 갈등하는 것이다. 기민한 교육자들은 모의실험(simulation)과 실생활의 경험, 적합하지 않은 환경, 제기된 문제 등 다양한 방법들을 사용하여 불균형 상태를 조장하고 나서 학습자들을 다시 건강한 균형의 상태로 돌려놓는다. 그러나 이 방법을 사용하는 데 가장 중요한 핵심 중의 하나는, 그 과정에 있을 감정적, 정신적 위험 때문에 학습자가 그 조장자를 온전히 신뢰해야 한다는 점이다.

예수께서는 종종 주변에 불균형의 상태를 만드셨다. 주께서 세례 요한에게 세례를 주라고 하셨을 때(마 3:1-17), 그분을 함정에 밀어 넣으려는 무리들을 다루실 때(막 14:13-17), 부활 후에 보이셨을 때(눅 24:36-49) 예수님은 논평이나 질문을 통해 듣는 이들로 하여금 하나님에 대해 이미 알고 있는 것에 대해 다시 생각해 보도록 하셨다.

불균형 이론은 인지발달 문제와 교수법 모두에 중요하다. 지식을 형성하고 재형성하는 일은 모든 사람들의 평생과제이다. 이것을 효과적으로 하는 능력은 다양한 교육 및 사역에 유익을 준다.

DAN LAMBERT

참고문헌 | V. B. Gillespie(1988), *The Experience of Faith*; J. W. VanderZanden(1997), *Human Development*; J. C. Wilhoit and J. M. Dettoni, eds.(1995), *Nurture That Is Christian: Developmental Perspectives on Christian Education*.

참조 | 적응(ACCOMMODATION); 동화(ASSIMILATION); 균형(EQUILIBRIUM)

불균형(Imbalance). 불균형(Disequilibrium)을 보라

브루너, 제롬(Bruner, Jerome, 1915-).

제롬 브루너는 1915년 뉴욕에서 태어났다. 1941년 하버드대학에서 심리학으로 박사학위를 받은 그는 미국의 인지심리학계의 초석을 놓았다. 잘 알려진 저서들로 『교육의 과정』(*The Process of Education*, 1962), 『주어진 정보를 넘어서』(*Beyond the Information Given*, 1973) 등이 있다. 브루너는 1960년 하버드 인지연구센터(Harvard Center for Cognitive Studies)를 설립했다. 1963년에는 미국심리학회(American Psychological Association)로부터 과학상(Distinguished Scientific Award)을 수상했고, 1965년에 동 학회 회장으로 선출되었다.

브루너는 그의 인지적 과정에 대한 통찰로 스키너와 행동주의가 주름잡던 미국 심리학의 방향을 전환시켰다. 브루너는 아동들의 학습법을 이해하기 위해 생쥐나 고양이, 비둘기를 관찰하기보다는 교실에서 어린이들을 관찰함으로써 자료들을 수집했다. 브루너 방식으로 가르치는 교사들은 학생들에게 무엇을 알아야할지 말해 주지 않는다. 대신 그들은 학생들을 도와 개념을 계발시키고, 일반화하도록 도우며, 개념의 네트워크를 조성, 그 상관관계를 이해하도록 돕는다. 브루너의 학습모델은 "발견학습"(discovery learning)이라고 불리는데, 문제를 제시하고 학생들 스스로 적절한 해답을 찾도록 도와준다. 이 방법은 개인 또는 그룹으로도 가능하다. 브루너는 발견학습을 통해 더 나은 문제 해결 기술을 발달시키고, 학생들이 실제로 학습의 방법을 배워감에 따라 학습의 능력에 자신감을 갖게 된다는 사실을 발견했다.

1. **구조**. 브루너는 어떤 과목이라도 거의 모든 학생들에게 가르치도록 체계를 세울 수 있다고 했다. 한 과목의 체계를 세우기 위해서는 그 근본적인 아이디어와 그것들 사이에 어떻게 상관관계가 있는지를 이해해야 한다. 이런 근본 아이디어들은 어떤 도식이나, 원리들, 또는 형식으로 축소될 수 있다. 학습구조는 설명 모델들(models of representation)이나 효율적 사용, 단순한 제시력 등을 통해 잡혀진다.

1) **설명 모델들**. 브루너는 모든 연령의 사람들이 나름대로 이해하는 형식을 가지고 있다고 믿었다. "행동적 이해"(enactive understanding)란 무언의 행동과 표현, 실제적 실험으로 이루어진다. 개인은 자전거 타기나 피아노 치기, 뇌수술하기 등을 실제로 해보며 배운다. "도상적 이해"(iconic understanding)는 그림이나 이미지, 도표, 모델 등을 통한다. 예술가와 기술자는 도상적 이해를 강조한다. "상징적 이해"(symbolic understanding)는 언어에 토대를 두고 복잡한 아이디어를 설명하기 위해 단어들을 활용한다. 수학자와 철학자가 상징적 이해를 강조한다. 자료들을 입법적으로, 도상적으로, 또는 상징적인 연속으로 전달해 주면, 학생들이 교과의 구조적 이해를 발전시키는 데 도움이 된다.

2) **효율적 사용**. 너무 급속히 전해지는 넘쳐나는 정보들은 학습자를 혼란시킨다. 교사들은 작은 토막형식으로 학습자료들을 제공해 주고 학생들에게 충분한 시간을 주어야 한다. 또한 사실과 개념을 주기적으로 요약하여 학생들로 하여금 자료들을 정

리할 수 있도록 도와야 한다.

3) 단순한 제시력. 단순하게 설명하는 것은 강력한 힘이 있다. 많은 양의 정보들을 어떤 형식이나 모델, 도표 등으로 간략하게 표현함으로 학생들이 필수적인 요소들의 관계성을 이해하도록 돕는다.

2. **동기.** 브루너는 모든 어린이들이 배움에 대한 내적 의지를 가진다고 믿었다. 외부적이 아닌 내적 동기가 배움에 대한 의지를 유지시킨다. 내적 동기는 학생 자신의 호기심이나 실력을 키우고자 하는 열망, 또는 호혜주의 즉 다른 사람들과 함께 협력하고자 하는 의지로부터 온다. 이러한 동기들은 학생들 자신이 보상이 되므로 자립적이다.

3. **교사.** 피아제와 같이 브루너 역시 초기에는 학생들 스스로 관계성을 발견하는 일을 강조했다. 발견학습은 학생들의 활동과 자발성, 스스로 해결하기 등을 강조한다. 브루너는 이러한 방식으로는 학생들이 소수의 정보만을 습득한다는 사실을 알게 되었다. 그러나 동시에 그들은 과제를 깊이 이해하여 교실 밖에서도 그 배움이 지속된다. 질문에 대한 대답을 해주는 것도 한 가지 학습이지만 실제로는 학생들 스스로 질문하는 법을 가르쳐주고 그 해답을 찾도록 도와주는 것이 훨씬 낫다.

이 학습자 중심의 문제해결법이 순수한 발견학습으로 알려져 왔다. 교사들은 과제를 통달하여 하나의 상관된 개념으로부터 다른 개념으로 쉽게 이할 수 있어야 한다. 교사들은 사고력의 모델로서 학생들의 질문에 답하기 전 그 질문을 파악하고, 보다 선명하게 강조하기 위해 재편성하고, 연관된 사례들을 통해 토론할 수 있도록 하며, 보다 깊은 이해를 돕기 위해 심도 있는 질문을 던지는 역할을 해야 한다. 교사들은 학생들이 기초적인 어휘들을 이해하고 있는지, 높은 단계의 사고를 위한 준비가 되었는지 확인해 봄으로써 학생들의 발견 활동을 준비시켜 주어야 한다. 교사들은 정보를 제공하는 역할보다는 그룹 조장자요 문제를 제기하는 역할을 해야 한다. 학생 중심 학습과정의 안내자로서 교사는 학생들에게 문제의 해답을 알려주어 발견의 과정을 단축시키는 일은 금해야 한다.

4. **발견학습 비판.** 순수한 발견학습법은 시간이 너무 많이 걸린다는 지적을 받는다. 교사들은 더 빨리 배울 수 있는 개념과 원리들을 학생들 스스로 발견하도록 함으로써 귀중한 수업시간을 낭비하는 것처럼 느끼기 시작했다.

순수한 발견학습법은 교사들에게 인간관계의 문제들을 제시해 주었다. 학생들은 토론시간을 주름잡고 거의 대부분의 발견을 독차지하는 또래들 때문에 좌절을 느끼기도 한다. 질투와 분노, 열등감 등의 태도를 보이게 된다. 어떤 교육적 상황에서건 누군가는 반드시 이에 대해 거론해야만 하는데, 순수한 발견학습법에서 이 누군가는 학생이다. 그러나 대부분의 학생들은 그 과제에 관해 "전문가"의 의견을 듣고 싶어 한다.

마지막으로, 순수한 발견학습법은 어떤 상황에서는 부적절하다. 과제가 어렵거나 학생들이 불리한 배경 출신인 경우, 발견학습법은 전통적인 방법보다 효과적이지 않다. 또한 학습시간이 제한되어 있거나 개념과 원리들 사이에 필요한 연계를 발견할 충분한 시간을 주지 않았을 수도 있다.

RICK YOUNT

참조 | 인지발달(COGNITIVE DEVELOPMENT); 발견학습(DISCOVERY LEARNING); 발견교수법(DISCOVERY TEACHING)

브룩필드, 스티븐(Brookfield, Steven, 1948-).

영국의 교육자로서 고등교육, 특히 성인교육 분야에 지대한 공헌을 했다. 영국 고등교육제도의 산물로서 브룩필드는 1980년 레스터대학(University of Leicester)에서 성인교육학으로 박사학위를 받았다. 1970년부터 그는 영국과 캐나다, 오스트레일리아 그리고 미국에서 교직생활을 했다.

현재 그는 미네소타 주의 세인트토마스대학(University of St. Thomas)에서 교수로(Distinguished Professor) 가르치고 있다. 그는 또한 시카고의 내셔널-루이스대학(National-Louis University)의 성인교육학 강사로 재직 중이다. 교수와 연구가로서 그 이전의 경력으로는 뉴욕의 콜롬비아대 사범대학(Columbia University Teachers College), 호주 시드니의 기술대학(University of

Technology), 캐나다 밴쿠버의 브리티시 콜롬비아 대학(University of British Columbia), 영국의 말번 힐즈 성인교육대학(Malvern Hills College of Adult Education) 그리고 다른 두 개의 대학에서도 가르쳤다.

25년여 동안 연구 및 집필활동을 하며 브룩필드는 8권의 책을 썼고, 수많은 책을 공동 집필했으며 소논문들과 시청각자료들을 통한 주제발표 등을 해왔다. 그는 성인을 대상으로 하는 고등교육에서 가르치는 역할의 중요성에 대한 이론을 제시함으로 잘 알려졌고, 세계적인 기관들의 고문이며 유명한 강사로 알려져 있다.

성인교육에 대한 비판적 사고의 이해와 활용이 브룩필드의 저작과 교육에 반복되는 주제이다. 그의 책 『비판적 사고자의 발전』(Developing Critical Thinker, 1987)에서 브룩필드는 비판적 성찰의 개념을 다음과 같이 묘사한다. "비판적 성찰을 계발하는 일은 시대적 정신으로서 성인을 위한 독특한 학습형태와 과정이다. 수많은 성인교육자들이 오랫동안 이것을 추구해 왔다. 성인에게 이런 학습 능력이 있다는 증거는 구체화된 논리, 변증법적 사고, 활발한 지성, 성찰적 판단, 이차적 형성 합리화(post-formal reasoning), 지식의 인지와 같은 일단의 개념들을 통해 어떻게 성인들이 문맥 속에서 비판적으로 사고하는지를 밝혀내는 발달심리에서 찾아볼 수 있다"(179). 그는 계속하여 비판적 성찰의 개념이 세 과정을 중심으로 계발된다고 설명한다. (1) 성인들은 여태까지 상식적 지혜로 여겨 무비판적으로 수용되어 온 가정들에 의문을 제기하고 재편성한다. (2) 성인들은 이전에 수용된 아이디어에 대안적인 관점을 갖는다. (3) 성인들은 그들만의 독특한 학습형태와 과정이 있다는 것을 안다. 또한 브룩필드는 1990년대에 형성되고 21세기에 영향을 미치는 성인학습연구의 세 가지 경향에 대해 설명한다. (1) 성인학습의 타문화적(cross-cultural) 양상 (2) 이론화 과정에 성인의 개입 (3) 최근의 기술적 진보(장거리 교육, 컴퓨터보조학습, 개방교육시스템 등)와 연계된 교육제도 안에서의 성인학습방법 등이다.

WILLIAM F. FALKNER

블룸, 앨런(Bloom, Allan, 1930-1992). 베스트셀러 『미국 정신의 종말』(The Closing of the American Mind: How Higher Education Has Failed Democracy and Impoverished the Souls of Today's Students, 1987)의 저자이다. 블룸은 학계 및 관련 지성인들 사이에 아이디어 전쟁이라고 간주되는 일부터 시작했다. 그는 개혁자들이 서구의 전통적인 지성인들의 고전문학 및 철학적 업적들을 약화시켰다고 비난했다. "블룸이 줄곧 내세우는 주제는, 전례에 없는 수준의 이념으로 학계를 침범하여 미국인의 정신을 - 적어도 미국 학계의 정신을 - 인간 본성의 진리에 대한 정신을 폐쇄했다는 것이다"(National Review, 17).

미국 인디애나 주의 인디애나폴리스의 유대인 가정에서 태어난 블룸은 위대한 역사가들과 철학자들에 관해 들으며 자랐고 시카고와 파리, 하이델베르크의 대학들에서 수학했다.

블룸은 시카고대학의 교수를 역임했고, "시카고 사회사상 위원회"(Committee on Social Thought at Chicago)에서 봉직했으며, 1950년대에는 시카고대학의 교양프로그램들을 가르쳤고, 동 대학의 "존 올린 민주주의 이론 및 실천연구조사센터"(John M. Olin Center for Inquiry into the Theory and Practice of Democracy)의 부관장을 역임했다. 1960년대에는 코넬대학에서 가르쳤고 1970년대에는 토론토대학에서 가르치다가 1979년에 다시 시카고대학으로 돌아가 1992년까지 교수를 역임했다. 그는 또한 예일대학과 텔아비브와 파리의 대학에서도 단기간 동안 가르쳤다. 그의 동료들은 블룸을 명석한 고전주의자요 정치 이론가요 가르치는 일을 매우 즐기던 사람이라고 묘사한다. 『미국 정신의 종말』을 출판하기 전, 블룸의 저서들은 주로 강단에서 가르치던 교수 노트에서 나온 것들이다. 블룸은 그가 가장 좋아하는 루소의 『에밀』(Emile)과 플라톤의 『국가』(Republic)를 번역한 것으로 가장 잘 알려져 있다. 그는 루소와 플라톤 이외에도 셰익스피어와 니체의 영향을 많이 받았다.

1960년대 이후 북미주에서의 삶의 경험이, 『미국 정신의 종말』의 경종을 울리는 촉진제가 되었다. 대학 캠퍼스에서의 발표들과 1982년에 출판한 소론을 필두로 하여, 이후 문화평론과 철학을 담은 책으로 출판하라는 제의를 받았다. 출판된 지 몇 달 되지 않아 백만 권이 넘는 책의 초판이 팔리고 일 년간 뉴욕타임스의 베스트셀러 목록에 올랐을 때 다른 사람들 뿐 아니라 블룸 자신도 매우 놀랐다.

그의 성공은 값없이 이루어진 것이 아니었다. 그는 부모의 권위의 추락과 이혼의 영향과 여성 해방론, 마약과 록 뮤직의 영향, 인종적 이슈들, 신좌익(New Left: 1950년대의 미국에서 일어난 "구좌파" ⟨old left⟩들의 억압적인 반공주의 ⟨매카시즘⟩에 대한 반향으로 일어난 백인 대학생 중심의 비 마르크스주의 ⟨non-marxist⟩ 운동-역주) 운동, 어려운 심리학 용어 등에 대해 대담한 논리를 펼쳤다. 비평가들은 그를 엘리트주의자, 성차별주의자, 인종 차별주의자라고 불렀다. 블룸은 현대 교육의 기초에 대해 신랄한 질문을 던진 최초의 사람 중 하나였다. 그는 미국 학계의 지적 혼란과 도덕적 난국을 매섭게 비평하였다. 그리고 나태한 사상과 이상적 사고에 빠진 대학생들에게 도전을 던졌다. 교수들이 학습분위기 조성보다는 전문적이고 개인적인 발달에 더 중점을 두는 것과 학생들에게 심도 있고 합리적인 사고에 필요한 도움을 주기보다는 직업훈련을 중시하는 분위기를 우려하면서 교육이 심각한 파탄의 위험에 처해 있음을 지적했다.

블룸의 주요 목적은 학계의 정황에 통찰력 있는 관심을 기울이는 것이었다. 이것은 그의 저서에서도 지속적으로 강조하고 있는 점이었다. 인문교육의 상태에 관하여 블룸은 "이 유력한 대학들이—원자를 나눌 수도 있고, 가장 끔찍한 병의 치유책도 발견해내고, 전체 인구를 대상으로 하는 설문조사도 해내고, 유실된 언어의 방대한 사전도 펴내는 반면, 대학생들을 위한 일반교양 교육프로그램은 만들어내지 못하고 있다. 이 일은 우리 시대의 우화이다"라고 표현했다. 이 일은 미래의 교육개혁의 최우선 과제로 남아 있다.

SHELLY CUNNINGHAM

참고문헌 | A. Bloom, *National Review* 44(1992): 16, 17; idem(1987), *The Closing of the American Mind: How Higher Education Has Failed Democracy and Impoverished the Souls of Today's Students*; *The Chronicle of Higher Education* 43(1997): A14-A15; C. Orwin, *American Scholar* 62(1993): 423-30.

참조 | 기독교의 고등교육(HIGHER EDUCATION, CHRISTIAN); 교양과목(LIBERAL ARTS); 플라톤(PLATO); 루소, 장·자크(ROUSSEAU, JEAN-JACQUES)

비또리노 다 펠트레(Vittorino da Feltre, 1378-1446)

본명은 비또레 데이 람볼디니(Vittore dei Ramboldini)이다. 그는 1378년 펠트레에서 태어났으며 1446년 만투아에서 죽었다. 그는 가장 위대한 인문주의 교육가의 한 사람으로 여겨지는 이탈리아 교육가이다.

그는 18세에 출생지로부터 약 50마일 떨어진 파두아(Padua)대학에 입학했다. 25년간 이 대학과 깊은 연관을 맺은 그는 1411년 이 대학에서 박사 학위를 얻었고, 그 후 계속해서 강사로서 근무하였다. 그는 특별히 라틴문법과 수학에 뛰어난 실력을 보였다.

1423년 비또리노는 만투아에 학교를 설립하도록 초청을 받았다. 만투아의 후작이었던 기안프란세스코 곤자가(Gianfrancesco Gonzaga)는 비또리노가 그의 가족의 교육을 전담하기를 원했다. 대학의 삶에 혐오를 느낀 비또리노는 그의 학교가 정치적인 영향력으로부터 분리될 수만 있다면 그의 제안을 받아들이겠다고 허락했다. 비또리노의 학교는 '기쁨의 집'(La Giocosa)이라고 불렸으며 곤자가가 제공한 저택에 설립되었다.

비또리노는 플루타크, 퀸티리안, 플라톤, 키케로 등이 지은 책들을 공부하고 가르쳤으며, 그들로부터 얻은 교육의 개념들을 자신의 학교에 적용하였다. 그는 로마와 그리스의 문학, 수학, 기하학, 음악 등을 포함한 고전 인문주의(Classical Humanism)를 중심으로 교육과정을 만들었다. 그는 또한 육체적 운동이 중요하다고 믿었으며, 시골 지역에서의 도보 여행 및 조직적인 경기를 소개하였다.

미래의 지도자를 양성하는 책임을 지고 있는 사람으로서 비또리노는 공정한 통치를 할 수 있는 지도자를 준비시킬 수만 있다면 평범한 사람들의 운명을 향상시킬 수 있다고 믿었다. 그러나 비또리노는 '기쁨의 집'이 미래의 국가 지도자가 될 사람들 뿐 아니라, 인성과 능력을 기준으로 하여 선정된 많은 가난한 학생들을 포함시켜야 한다고 주장하였다.

뛰어난 인문주의 교육자인 동시에 비또리노는 신실한 그리스도인이었으며 그의 학생들에게 기독교의 신앙을 가르치려고 노력하였다. 종교가 단지 의식적이고 구두에 의한 동의로 정의되었던 시대에, 그는 경고와 모범을 통해서 하나님에 대한 경외와 헌신의 정신을 그리고 다른 사람들을 향한 섬김의 정신을 가르치려고 노력하였다. 비또리노는 학생과 교사 사이의 관계가 강의실에 국한되어서는 안 된다고 믿었다. 그는 그의 학생들과 함께 먹고, 함께 어울렸으며, 어떤 학생에게 특별한 지도가 필요하다면 이를 위해 일찍 일어나곤 했다.

비또리노는 그의 학생들에게 양질의 연구를 요구받는 학자였다. 그는 또한 학생들이 연구와 여가 선용 그리고 그리스도인으로서의 공동체의 삶을 살도록 가장 좋은 장소를 제공하기 위해 노력하는 교사로서 학생들 돌보기에 열심이었다. 그는 그의 당대의 사람들에게 존경받는 사람이었으며 중요한 인문주의 학자로 여겨져 왔고, 기독교교육의 모범이 되었다.

DOUGLAS BARCALOW

참고문헌 | F. Eby and C. F. Arrowood(1940), *The History and Philosophy of Education Ancient and Medieval*; W. H. Woodward(1905), *Vittorino da Feltre and Other Humanist Educators*.

참조 | 인문주의/고전적 인문주의(HUMANISM, CLASSICAL); 인문주의/기독교 인문주의(HUMANISM, CHRISTIAN); 교양과목(LIBERAL ARTS); 르네상스 교육(RENAISSANCE EDUCATION)

비애(Sorrow). 슬픔(Grief), 회복 사역(Recovery Ministry), 홀아비/과부(Widowers/Widows)를 보라.

비언어적 언어(Nonverbal Language). 몸 언어(Body Language)를 보라.

비언어적 의사소통(Nonverbal Communication). 언어적 의사소통으로 청자가 화자가 말하는 것을 이해하는 비율은 겨우 10%에 불과하다. 몇 십 년 동안 연구 논문들은 이 비율이 계속되는 것으로 나타났으며, 나머지 90%의 다양한 형태의 비언어적 의사소통에 주목하였다. 가장 빈번하게 드는 매체는 몸(다리와 손을 포함하여), 얼굴(입과 눈을 포함하여), 들을 수 있는 발성(소리와 억양을 포함하여) 그리고 외부에서 작용하는 존재(공간, 시간 그리고 물리적 물체들을 포함하여)이다.

어떤 의미에서는, 언어적 의사소통은 우리들이 말하는 '무엇'(what)이다. 비언어적 의사소통은 우리가 그것을 말하는 '방법'(how)이다. 이것들은 정보를 알리는 상황에서 엮어지게 되는데 비형식 의사소통과 준비된 연설을 통해 의미가 전달되도록 하기 위함이다.

교육자들은 의도된 의미를 방해하는 몸짓과 움직임을 줄이기 위하여 비언어적 의사소통을 통제하는 것을 배워야 한다. 또한 이들은 이해를 얻기 위해 비언어적 신호를 연습해야 한다. 교육자들은 다른 사람들이 보내는 비언어적 행동들에 민감해야 한다. 모든 오감을 사용하면서, 숙련된 교육자들은 청중들의 즐거움과 고통, 흥미와 권태, 준비와 준비의 부족을 관찰한다.

기술적으로, 비언어적 의사소통은 부호화된 언어(단어들)를 제외한 정보의 모든 것을 포함한다. 실제로 비언어적 의사소통의 방식들은 청자와 화자의 마음의 창이다. 가장 최상의 지배적인 비언어적 의사소통은 솔직함이다.

DANIEL C. STEVENS

비에스 폴(Vieth, Paul H, 1895-1978). 미국의 기독교교육자. 그는 센츄럴 웨슬리언대학교(학사, 1917), 콜롬비아대학교 그리고 예일대학교(신학학사, 1924; 박사, 1928)에서 수학했다. 1917년부터 1920년까지 미주리주일학교연합회의 외근 직원으로 일했다. 그는 1922부터 1925까지 종교교육 분야에서 목사와 감독으로 일했다. 그는 또한 국제종교교육협회에서 직원으로 6년간 근무했다. 1931년 예일대학의 종교학부로 갔다. 예일대학에 있는 동안 종교교육학과의 교수와 현장실습분야의 감독을 겸임했고(1931-63), 기독교교육의 호레이스 부쉬넬(Horace Bushnell) 교수와 일했다(Reed & Prevost, 1993).

비에스는 수년 동안 지역교회의 기독교 전문교육자로 섬겼다. 그는 기독교교육 분야에서 수많은 업적을 남겼지만 무엇보다도 인성 계발, 교회에서의 창조적인 교수법, 기독교교육의 목적을 계발하는 분야에서 두드러진 공로를 세웠다. 비에스는 기독교교육이 단순히 성경지식만을 전달하는 교육이 되어서는 안 된다고 생각했다. 기독교교육은 배우는 사람의 삶 전체에 영향을 끼쳐서 하나님의 뜻을 행하도록 하는 데 있기 때문이다(Reed & Prevost, 1993).

1930년 비에스는 국제기독교교육협회의 교육과정 개발부서의 행정 감독으로 일하면서 그의 경험으로부터 두 권의 책을 출간했다. 그 중의 하나인 『종교교육의 목적과 종교교육 교육과정의 개발』(Objectives in Religious Education and The Development of Curriculum of Religious Education)이라는 책은 교회에서 말하는 "종교교육"이 무엇인지에 대한 종합적이고도 명확한 목적을 제시함으로써 균형 있고 연계성 있는 기독교교육의 교육과정 발달을 다루고 있다. 그가 제시한 목적들은 지난 25년간 협회의 국제 공과 위원회와 그곳에 가입된 교파들을 위한 지침이 되어 왔다. 이 지침들은 또한 기독교교육자들과 교회들이 교육상의 의도를 다시금 생각할 수 있는 기회를 마련해 주었다. 비에스가 제시한 목적들은 기독교교육에 대한 정서적 차원의 관심을 깊이 반영하며, 그리스도인의 인성 계발 뿐 아니라, "성경에 대한 깊은 이해와 사랑" 그리고 "예술 속에 담긴 종교문화에 대한 감상과 이해"를 포함하고 있다. 그는 "종교교육국제저널"(The International Journal of Religious Education)을 편집했으며, 세 번에 걸쳐(1956-1960, 1966-1967, 1970) "종교교육"(Religious Education)의 편집 위원으로 일했다(Reed & Prevost, 1993, 344-45).

비에스의 저술들은 광범위하고 다양하여서 교육과정, 목적, 행정, 조직, 예배, 교육, 일할 사람을 선정하고 훈련시키기, 기록 남기기, 시각교육, 기독교교육에서 가정과 공동체 등의 주제들을 다루었다. 그는 기독교교육을 "나이를 불문하고 그 구성원들과 전통, 경험, 소망, 믿음, 사명 등 근본적으로 그 삶 자체를 나누는 기독교공동체로 이해하였다. 이는 곧 기독교공동체 가운데 속한 모든 사람들이 배우는 자인 동시에 지도자가 됨을 의미한다"(The Church and Christian Education, 193).

"비에스는 평생 동안 교사, 부서장, 교장, 기독교교육의 감독 그리고 지역교회들에서 기독교교육위원회의 위원으로 섬겼다. 그가 저술한 많은 책들은 이론적일 뿐 아니라 실용적이어서 현장에서 일하는 사람들에게 유용하다"(Miller, 1990, 681).

NORMA S. HEDIN

참고문헌 | R. C. Miller(1990), *Harper's Encyclopedia of Religious Education*; R. Prevost and J. Reed(1993), *A History of Christian Education*.

참조 | 정의적 영역(AFFECTIVE DOMAIN); 교육과정(CURRICULUM); 종교교육협회(RELIGIOUS EDUCATION ASSOCIATION); 통일공과 시리즈(UNIFORM LESSON SERIES)

비영리조직(Nonprofit Organizations). 사업의 영역 밖에서 일종의 봉사를 수행하기 위하여 함께 모인 사람들의 그룹에 대한 행정적인 명칭. 비영리조직(NPO)은 영리를 목적으로 하는 사업들과 다르게 개인의 부를 축적하기 위해 지출되는 돈이 없다. 비영리조직은 일반적으로 사명으로부터 출발한다. 이 사명은 같은 마음을 품은 사람들에게 동기를 제공하고 독특한 명칭, 정체성, 목적, 직원들이나 회원들을 가진 조직으로 발전하도록 한다. 이들은 아동, 중장년층, 정신적으로 그리고 신체적으로 장애를 가진 자들, 또는 빈곤층을 위해 일한다. 어떤 이들은 예술적으로, 다른 어떤 이들은 특별한 관심으로, 다른 사람들은 소비자, 납세자 그리고 환경의 보호를 위해 일한다. 미국에는 병원과 대학, 박물관, 교향악단, 교역 의회 그리고 가지각색의 분야에서 일하는 6만개 이상의 비영리 조직이 있다. 가장 큰 규모의 비영리 조직 중에는 걸스카우트, 미국 의학 협회 그리고 다양한 종교 교단들이다.

비영리조직으로서의 교회. 미국의 거의 모든 교회는 비영리조직이다. 이는 위원회, 내규 그리고 예산안을 가진다. 비영리적이기에 교회는 법인세나 재산세로부터 면제를 받는다. 따라서 조직이 영리를 추구하는 사업이 아니므로 매년 금융 보고서를 제출해야만 하고 소수의 개인들에게 이익이 돌아가지 않아야 한다. 비영리조직은 개인적인 기부금으로 자금이 조성되며 기부된 선물은 개인 소득세에서 제외될 것이다. 그렇기 때문에 교회성도의 십일조는 자선금으로 소득공제를 받을 수 있다.

비록 대부분의 교회들이 그것을 깨닫지 못하지만, 미국 정부는 사실상 모든 비영리 조직의 동반자이다. 정부는 비영리조직에 낮은 우편요금 비율을 제공하면서 그들의 우편물에 보조금을 지급한다. 법인세, 수도전기세 그리고 판매세 수거를 보류한다. 그리고 개인의 기부금을 장려하므로 수많은 이들이 소득세를 감소하게끔 장려한다. 반면에 정부는 비영리 상태를 승인하거나 철회하고 해마다 어떤 기준에 충족되는 것을 요구하면서 비영리 조직에 대한 약간의 통제로 견제한다. 최근 기준들은 조직 명칭, 감독위원회, 기능의 내규, 연간 예산 그리고 목적과 회원명부와 프로그램 계획을 실은 법인단체의 정관을 포함한다.

JERRY CHIP MACGREGOR

참고문헌 | T. Connors(1988), *The Nonprofit Handbook*; Corin et al.(1995), *The Nonprofit Board: Strategies for Organizational Success*; D. Gies et al.(1990), *Nonprofit Organizations: Essential Readings*.

비유(Parable). 이 단어의 뜻을 정의하는 것은 다소 난해하다. 그러나 대부분의 성경학자들은 하나의 비유가 한 가지의 주제, 하나의 특정한 종교적 혹은 윤리적 목적을 지닌 이야기이며, 항상 어떠한 사고를 하게 만들거나 실천으로 옮기도록 도전을 주는 독특한 문학형태라는 점에서 동의한다.

비유는 신구약 모두에 등장하지만 성경에서 비유들을 가르치는 데 주로 사용하신 분은 예수님이시다. 어떤 사람들은 복음서에서 예수께서 말씀하신 것 중 정확히 3분의 1이 비유라고 추정한다. 복음서에는 실생활에서 생기는 전형적이거나 발생가능한 사건들을 간략하게 서술한 직유(잃은 양, 잃은 동전), 가상적이거나 일상생활에서 생길 수 있는 사건들에 관한 다소 긴 이야기인 비유(씨 뿌리는 자, 달란트, 탕자) 그리고 일반적인 원리를 예로 드는 예화(선한 사마리아인, 어리석은 부자) 등이 있다.

비유는 알레고리가 아니다. 즉 이야기에 등장하는 모든 인명, 지명, 또는 특징이 상징적이며 해석을 요구하는 것은 아니라는 것이다. 그러나 비유는 은유나 직유를 구체화하면서 동시에 그것들을 실생활에서 분리시키지 않고, 허구적이거나 비사실적인 생각들을 전달하지 않는다.

비유는 전형적으로 세 가지 구성요소로 이루어져 있다. 우선 배경을 꼽을 수 있는데, 일반적으로 어떤 시간과 공간 속에서 허구나 혹은 실생활의 사건을 말한다. 다음으로 중심인물 내지는 일단의 인물들이 있다. 마지막으로 직면해야 할 딜레마, 즉 내려야 할 결정이나 해결해야 할 문제가 있는데, 이것을 통해 청자나 독자는 본인의 삶에 그 이야기를 적용시키는 동기를 부여받게 된다.

기독교교육에서는 흥미를 돋울 수 있는 그럴듯한 이야기를 들려주는 것이 언제나 좋은 교수방법이라는 것이 공공연한 금언이 되어왔다. 오늘날의 몇몇 교육자들은 비유를 하나의 교수기술로 채택했다. 예를 들어, 조셉 베일리(Joseph Bayly)의 『나는 이야기하기를 좋아한다』(*I Love to Tell the Story*)와 『잔잔한 이야기들』(*How Silently, How Silently and Other Stories*)을 보라. 의사소통의 한 형태로서의 이야기 들려주기는 몇몇 대학교에서 기독교육 내지는 종교교육 교육과정의 일부분으로 가르쳐지고 있다.

목표하는 청중의 연령 그룹에 따라서 비유는 여러 가지 다른 복잡성을 띠게 된다. 종종 비유는 어린이들에게 복잡한 주제를 이해하기 쉽도록 하는 데 사용된다. 청년이나 성인에게 비유는 그리스도인으로서 그들의 삶과 주님과의 관계에 대해 한층 더 높은 수준에서 비판적으로 생각해 보는 기회를 제공하는 데 효과적으로 사용된다. 노련한 이야기꾼이 들려주는 비유는 가르치는 사역을 풍성하게 해줄 뿐만 아니라, 가르치는 내용에 학생들이 한 단계 더 높은 수준에서 참여할 수 있도록 하며, 학생들로 하여금 그들이 배우는 내용보다 더 수준 높은 부분을 배우고 간직하도록 해준다.

KEN GARLAND

참고문헌 | D. Bayly(1978), *I Love to Tell the Story*; idem(1973), *How Silently, How Silently and Other Stories*; W. Harrington(1987), *The New Dictionary of Theology*, pp. 739-42; S. J. Kistemaker(1984), *Evangelical Dictionary of Theology*.

참조 | 교육/복음서와 사도행전의 교육(EDUCATION IN THE GOSPELS AND ACTS); 열두 제자의 교육(EDUCATION OF THE TWELVE); 예수 그리스도(JESUS CHRIST); 방법론, 교수와 연구 (METHODOLOGY, <TEACHING AND RESEARCH>); 스토리텔링(STORYTELLING); 예수 그리스도의 교육(TEACHINGS OF JESUS CHRIST).

비전(Vision). "비전은 하나님이 그의 선택된 종들에게 주시는 더 나은 미래의 명확한 마음의 그림… 하나님과 자신 그리고 환경에 대한 정확한 이해를 바탕으로 한다"(Barna, 1992, 28). 그러므로 비전은 지도자나 그룹의 자신들에게 주신 하나님의 목적과 그들의 구체적인 사역의 현장 그리고 유용한 자원들로부터 발전된다. 이것은 어떻게 한 공동체의 목적이 미래에 달성될 것인가에 대한 구체적 마음의 그림이다. 하나님이 한 공동체를 향해 어떠한 계획을 가지고 계신가에 대한 이와같은 분명한 관념은 자신들의 현재 상태와 자원, 사역의 수고, 우선순위의 계발과 미래를 향한 계획, 또한 그 꿈을 성취시키기 위한 자원들의 비용 등을 평가하게 된다. 섬김을 위해 하나님이 주신 비전은 하나님의 성품과 그분의 목적 그리고 어떻게 이 모든 것이 구체적인 섬김을 위한 조직의 목적, 환경 그리고 자원과 연관되는지에 대한 지식에 바탕을 둔다.

사명이나 목적선언문이 한 공동체의 일반적인 사역의 목적들을 서술하는 데 반해, 비전선언문은 사역의 노력에 의한 최종적인 결과에 대해 좀더 구체적이고 명확한 이해를 드러낸다. 많은 교육사역들이 비슷하거나 똑같은 사명이나 목적선언문을 가지고 있을 수 있으나, 비전 선언문은 그들의 사역의 환경에 따라 하나님이 고유하게 주시는 인도하심에 따라 서로 다를 것이다. 사역을 위한 비전이 명확해지고 그것이 구성원들에게 전달된다면, 그것은 곧 공동체 구성원들의 사역을 위한 노력에 동기를 부여할 것이며, 현재 사역의 성취에 대해 건전한 의미에서의 불만을 품게 만들고, 변화에 개방된 조직의 분위기를 창출할 것이다.

KEVIN E. LAWSON

참고문헌 | G. Barna(1992), *The Power of Vision; How You Can Capture and Apply God's Vision for Your Ministry*; A. Malphurs(1992), *Developing a Vision for Ministry in the 21st Century*.

비판적 성찰(Critical Reflection). 인지적 기술을 이용하여 유용한 정보를 분류하고 평가하고 사용하여 어떤 결론에 이르거나 결정을 내리는 과정으로서 철학자와 심리학자, 교육자의 관심분야이다. 철학은 문제제기 능력과 논리적인 사고를 배양하여 정당한 추론과 결과를 도출하는 데에 중점을 둔다. 심리학은 인지구조와 정신활동, 문제해결에 인지를 사용하는 방식들 그리고 판단과 결론내리는 일에 초점을 둔다. 교육적으로는 교재의 내용이나 교사가 가르친 내용의 단순한 암기나 재연을 초월하여 그것을 평가하고 사용하도록 학생들을 격려한다. 비판적 성찰의 과정에 정확하게 어떤 요인들이 개입되는가에 대해 서로 다른 의견이 있지만, 드레슬러와 메이휴(Dressler & Mayhew)는 다섯 개의 기본적 기술을 논의했다. (1) 문제를 규정하는 능력, (2) 문제해결을 위한 필요한 정보를 선정하는 능력, (3) 기술된 전제들과 기술되지 않은 전제들을 인지하는 능력, (4) 관계있고 유망한 가정을 형성하고 선정하는 능력, (5) 타당한 결론을 내리고 그 추론의 타당성을 판단하는 능력 등이다 (1954, 179-80).

기독교교육학의 분야에서 비판적 성찰에 대한 관심은, 성경이 가르치는 것과 그리스도인들이 믿는 것에 대한 지식을 넘어, 그 의미와 시사하는 것과 삶에의 적용을 강조한다. 환언하면, 성찰이 사람들의 사고를 돕고 무엇을 믿고 그 믿음의 조명 아래 무엇을 할 것인지를 결정하게 한다. 이와 같은 관심은 기독교교육학 분야에서 프레이레(Paulo Freiré: 브라질의 교육자. 가난과 압박으로부터 해방시키는 교육을 주장했다-역주)의 "비판적 양심"(critical consciousness) 발달에 대한 요청으로부터(1974) 리처즈(Larry Ricahrds)의 "유도된 자기 적용"(guided self-application) 성경공부방법과(1970), 조이(Donald Joy)의 "귀납적-연역적"(inductive-deductive) 성경공부방법(1969) 그리고 그룹(Thomas Groome, 1980)의 "공유적 연습"(shared praxis)의 접근법까지 저자들의 광범위한 저서에서 분명하게 나타난다. 사람들의 영적 성숙과 신실한 삶을 돕기 위해서는 수동적이고 암기 위주의 성경지식과 교리로는 불충분하다. 무엇을 믿고 무엇을 할 것인지를 결정하는 일에 종교 전문인들(목회자, 교사, 부모)을 지나치게 의존하게 되면 미성숙한 신앙에 이르고, 배운 사실과 원리들의 타당성과 시사성과 적용하는 능력에 한계를 갖게 된다. 그리하여 교사를 의존하게 되고 삶에 영향을 주지 못하는 규범적 신앙이 되고 만다. 최악의 경우는 일종의 주입이 되어 학습자들이 배운 것을 평가할 능력도 없고 또 새로운 상황에 적용하지도 못하게 된다.

학습자가 어느 정도 의존하는 경향은 어린이교육에 있을 수 있으나, 어린이가 성장하면서 비판적으로 성찰하는 기술을 발달시키는 일, 믿는 것을 점검하고 적용하는 일의 중요성이 더 커지게 된다. 웨스터호프III(John Westerhoff III)의 신앙발달 모델에 따르면 청소년은 그들이 성장하며 믿어온 것들을("탐구적 신앙"⟨searching faith⟩) 질문하고 시험해 보는 과정을 거치면서 "귀속적 신앙"(affiliated faith)에서 "고백적 신앙"(owned faith)으로 이동해 간다고 한다(1976). 이러한 긍정적인 성장을 위해서는 청소년과 성인의 비판적 성찰기술을 발달시키고, 그들이 믿는 것과 그 믿음이 삶에 미치는 영향력의 필요성을 깨달아 갈 때 지속적으로 격려와 후원을 아끼지 말아야 한다. 비판적 사고기술은 평가와 문제해결, 학생들의 관심과 질문들에 대한 토론 등의 학습방법을 통해 고양시킬 수 있다. 생생한 신앙의 성숙을 자극하는 비판적 성찰을 증진시키는 학습방법들로는 사례연구나 학습내용과 실천에 대한 질문들을 토론하고, "비평"(devil's advocate)식의 발표를 사용하고, 토의법과 개인적 느낌을 적어보는 것 등이 있다.

KEVIN E. LAWSON

참고문헌 | P. L. Dressel and L. B. Mayhew(1954), *General Education: Explorations in Evaluation*; P. Freire(1974), *Education for Critical Consciousness*; T. H. Groome(1980), *Christian Religious Education: Sharing Our Story and Vision*; D. Joy(1969), *Meaningful Learning in the Church*; L. O. Richards(1970), *Creative Bible Teaching*; J. H. Westerhoff III(1976), *Will Our Children Have Faith?*

비평(Critique). 비판적 성찰(Critical Reflection)을 보라.

비행청소년(Juvenile Delinquency). 1816년 일리노이 주에서 비행청소년을 정의하는 법안을 통과시켰을 때 처음으로 사용된 법적 용어이다. 그 때 이후로 모든 주는 비행청소년법을 통과시켜왔다. 그러나 주들은 비행에 대한 그들의 표준을 달리 정의해 왔다. 합법적 정의는 많은 시간이 걸린 이후에 정착되었다. 예를 들면, 청소년 범죄자(Juvenile offender)와 청년 범죄자(Youthful offender)는 좀더 정치적인 입장이며, 오늘날 수용할 수 있는 용어로 보인다.

아동과 성인 사이의 차이점과 문제점을 조망하여 보면, 여기에는 젊은이들을 위한 분리된 정의체계가 있다. 독립 법정은 범죄 법정으로부터 아동을 분리하였다. 대개 젊은이로서 규정되는 제한 나이는 16-18세 사이이다. 1994년 1년 동안, 젊은이들에 대한 범죄 지시사항으로 법정에서 150만건 이상의 비행 사례가 있었다. 물론 거의 85만 5천 명은 공식적으로 비행청소년으로 처벌되었다(Scalia, 1997). 비행청소년은 젊은이들에 의한 법에 제시된 폭력 혹은 공격성 중 하나이다. 공격성은 단지 젊은이들에게만 적용된다. 그리고 갱 활동 및 반사회적 행동과 같은 행위를 포함한다. 폭력 범죄를 포함한 몇몇의 경우에서 젊은이들은 성인의 경우로 이동할 수 있다. 그러나 이것은 상대적으로 몇 안 되는 경우 안에서만 일어난다(Scalia, 1997).

1. 비행 행동의 원인(Causes of Delinquent Behavior).

이론들은 비행 행동이 대개 세 가지 일반적인 범주, 즉 심리학적 혹은 사회적, 생리학적인 범주 중에 하나로 귀착된다고 설명한다. 생리학적인 범주의 첫 번째 이론은 비행 행동을 유전적 특징에 의한 전수결과로 설명한다. 심리적 이론은 개인적 발달과 분열에 초점을 맞추고 있다. 개인에 대한 사회의 효과와 관련된 사회학적 이론은 비행 행동의 요인을 설명함에 있어서 점차적으로 언급되고 있다. 사회학적 이론가들은 비행 행동을 설명하고 예측하는 기초를 설정하고 있다. 사회학적 이론들은 가정환경, 이웃의 질, 학교에서의 행동과 자신이 비행 행동에 기여하는 근본으로 보고 있다. 불행하게도 비행은 사회에 필수 부분으로 받아들여진다(Cavan & Ferdinand, 1981). 비행행동에 관련된 주요 사회적인 요인들에는 성별의 차이와 사회계층이 포함된다. 비록 1880년대 이후로 소녀들의 수가 증가하고 있지만 소녀보다 더 많은 소년들이 비행 행동을 보여준다. 특히, 미국에서 대부분의 비행은 중하위 계층에서 나타나고 있다. 낮은 자긍심과 비도전적인 학교, 정부권위에 대항하는 반항심은 이 계층의 젊은이들이 비행행동을 하도록 만드는 원인으로 여겨지고 있다. 영화, TV, 음악, 심지어 만화책에서의 폭력은 각종 비행 행동의 요인이 된다.

2. 치료와 예방(Treatment and Prevention).

젊은이들의 교정제도에 중요 강조점은 처벌보다는 예방과 감독관리 그리고 젊은 반항아들의 사회 복귀이다. 사건의 처리는 대개 다음 방법 중에 하나로 구성되어 있다. 사건의 기각, 심리를 위한 성인 법정에의 위탁, 보호관찰처분, 수양보호처분, 혹은 보호시설에 위탁 등으로 구성된다. 가장 최근에 선택 사항 중 하나는 청소년들이 군대식의 훈육과 노동에 종사하는 소위 부트캠프이다(Siegel and Senna, 1997).

비행 행동의 예방은 단연코 갱생보다 오히려 더 바람직하다. 통행금지법, 총기법, 마약과 알코올에 관련된 법들은 비행 행동을 억제하는 데 사용된 합법적 수단이다. 젊은이들을 위한 오락활동의 제공과 가족 결속력의 강화, 위험한 젊은이들을 교화시키는 데 사용된 프로그램들은 어느 정도 성공적으로 시도되어 왔다. 그럼에도 불구하고, 비행청소년들은 중요한 문제로 남아 있다(Siegel & Senna, 1997).

3. 비행청소년과 기독교 교육(Juvenile Delinquency and Christian Education).

교회는 비행청소년 예방에 중요한 역할을 하는 위치에 있다. 비행청소년을 예방하기 위해, 계획된 많은 프로그램은 교회에 의해 제공될 수 있다(Watkins, 1994). 교회는 이미 정규교육 활동을 추가로 하여 청소년들을 위한 사회적 기회와 재창조를 제공한다. 교회 프로그램은 몇몇의 자체 육성 프로그램과 유사하다. 가족의 결속력 강화는 교회가 비행청소년 예방에 적용할 수 있는 가장 중요한 서비스 중의 하나이다. 부모들은 그들의 자녀의 삶에서 기반적인 역할을 담당한다. 이것은 공동체 내에서의 사회적 지위, 수입 혹은 교육적 배경에 상관없이 모든 가족에게 적용된다. 부모가 젊은이의 삶에 큰 영향을 제공하기 때문에 교회는 부모들에게 강의를 하며 지지해 줄 필요가 있다.

RONNIE J. JOHNSON

참고문헌 | R. S. Cavan and T. N. Ferdinand (1981),

Juvenile Delinquency; L. J. Siegel and J. J. Senna(1997), *Juvenile Delinquency: Theory, Practice and Law*; J. Scalia(1997), *Juvenile Delinquents in the Federal Criminal Justice System*; D. R. Watkins(1994), *Christian Social Ministry: An Introduction*.

참조 | 성인발달(ADULT DEVELOPMENT); 역기능(DYSFUNCTIONAL); 청소년기-초기(EARLY ADOLESCENCE)

비형식적 교육(Informal Education).

학생들 간의 경험이나 환경의 작용으로 인해 발달된 기술, 지식, 태도, 가치 등을 습득하는 것에 중점을 두는 학습방법이다. 보다 많은 형식화된 교육이 교실수업, 학습의제, 교사중심의 방법학 그리고 교양연구과정을 통합하는 반면, 비형식 교육은 대체접근법을 제안한다. 비형식 교육은 연구계획의 완성으로 이끄는 교양과정을 덜 강조하면서 덜 조직화되는 경향이 있다. 그것은 일반적으로 좀 더 세계적이며 학습접근방식에 있어 덜 연속적(단계적)이다.

비형식적 교육은 또한 학습결과로써 의도되는 것보다 좀더 실험적이다. 학습은 의도되든지, 자발적인지에 따라 환경 안에서 학생의 경험과 학생의 상호작용을 성장시킨다. 환경영역은 수업을 이끈다기보다는 학습을 이끈다.

비형식적 교육의 내용은 종종 경험 혹은 학생에 의해 이루어지는 활동으로 구성된다. 대개 이것은 교사주도 형태의 학습보다 오히려 학생주도를 이끈다. 학생의 개인적 욕구, 우선성, 생활경험 그리고 목적은 학습으로의 이러한 일상적 접근방향을 보여준다.

모든 비형식 교육이 비구조적(귀납적)이고 연역적 접근성이 없다고 가정하는 것은 잘못일 것이다. 예를 들면, 기술적인 스승은 초심자가 지식이나 기술의 어떠한 형태를 얻을 수 있는지를 경험의 연속물로 계획할 수 있다. 결과를 정확하게 예측할 수 없는 반면, 학생은 미래가 요구하는 가치 있는 통찰력을 얻을 수 있다.

비형식적 교육은 적응된 그룹이나 도제제도에서 가장 인기 있는 형태인 일대일형태에서 있을 수 있다. 그룹형태에서, 학생들은 학습결과의 다양성을 이끄는 일련의 과제들과 경험들을 통해 공부하는 하나의 단체에 속해 있다. 신체의 동화보다는 오히려 개인적 학습과 적용 면에서 좀더 강조된다.

교회와 집회에서, 대부분의 비형식적 교육은 선교나 사역의 프로젝트의 형태 내에서 가장 잘 나타난다. 이러한 활동은 목적을 진술하며 목표를 말할 수 있다. 그러나 학습의 균형 있는 행로는 덜 예측적인 결과를 가지고 종종 일어난다. 사람들은 기독교 의식과 봉사에 관해 가치 있는 교훈을 배우고 봉사했던 일들에 대한 평가를 얻고 일이나 봉사과제에 따라 더욱 사려 깊은 삶의 방식을 개발해 나간다.

교회지도자들은 정신적 성장면에서 학생들을 안내하기 위해 종종 2인 1조를 사용한다. 덜 구조화된 목표를 가진 이러한 접근과 비형식적 모임, 가벼운 모임 장소는 학습가능성의 축적을 높여준다. 그 학생은 가르침의 내용보다 더 많은 것을 배우게 되며, 교사와의 상호작용을 관찰할 기회를 가지며, 만남의 기회를 얻고 토론으로 개인적 경험을 받아들이며 좀더 형식적 접근에서 종종 빠질 수 있는 내용을 개인화하게 된다.

유사한 방식으로 가정성경연구는 가장 인기 있는 비공식교육이다. 그룹은 성경내용으로 상호작용할 수 있으며, 그룹 구성원들과 공유하고 있는 개인적 경험들로부터 통찰력을 얻을 수 있다.

가정성경연구 혹은 제자화 접근은 비형식적 교육 영역에 해당한다. 자식에 대한 부모의 훈련은 신명기 6장 6-7절의 모범을 따르는데, 이 본문은 부모들이 그 자녀들에게 부지런히 하나님의 일들을 가르치라고 권고한다. 더구나 에베소서 6장 4절에서 부모는 하나님의 교양과 훈계 속에서 자식을 키우라고 말씀한다. 이것은 종종 일상에서 본보기(모델링), 편안한 학습, 비형식적 교육을 통해 이루어진다. 아이들은 교회에 참석하여 식사 전에 기도하며, 친구와 이웃을 전도하며, 성경을 읽으며, 기독교의 믿음 속에서 생활함으로써 자신의 부모님을 관찰한다. 부모는 본인들이 하기로 계획을 세우거나 혹은 그렇지 않더라도 비형식적으로 자녀들을 가르치고 있다.

빈둥지

WESLEY BLACK

참조 | 멘토링(MENTORING); 관찰학습(OBSERVATIONAL LEARNING); 학습력이 있는 순간들(TEACHABLE MOMENTS)

빈둥지(Empty Nest). 자녀가 모두 장성하여 부모의 집을 떠난 가족의 형태. 이와 같은 현상이 나타나는 부모의 나이는 대개 45살에서 55살 사이이다. 빈 둥지는 결혼생활에서 특히 민감한 시기이다. 예를 들어, 자녀가 부모의 관심의 초점이었다면 마지막 자녀까지 집을 떠나고 난 후 종종 공허감을 느끼게 된다. 어떤 부모들은 자녀들이 모두 떠난 후에 부부간에 공통점이 거의 없다는 사실을 발견하게 된다. 많은 부모들에게 있어서 그들의 자녀들이 집을 떠난 후 당황해하며 충격에 휩싸이는 이유는 무엇일까? 자녀는 떠날 준비가 되어 있지만 부모는 준비가 되어 있었는가?

빈 둥지를 경험하는 성인들은 또 다른 종류의 스트레스를 경험하고 있을 수 있다. 그들의 자녀를 양육하는 일을 끝마쳤지만 그들의 부모가 부양을 필요로 할 수도 있다. 빈 둥지를 경험하고 있는 사람의 부모가 나이가 들어가면서 도움을 받아야 되는 것이다. 자녀와 부모가 동시에 그들의 돌봄을 필요로 한다면 그들의 중간에 낀 성인들은 양 세대 사이에 샌드위치처럼 눌리게 된다. 그들은 자녀를 돌보는 위치에서 부모를 돌보는 위치로 이동하며 때로는 자녀와 부모 모두를 책임지기도 한다. 자녀들이 이혼을 하거나 다른 어려움에 직면하여 도움을 필요로 할 때 부모는 기대기 쉬운 피난처이다. 집으로 돌아오는 자녀들은 종종 "부메랑" 자녀라고 불려진다. 1996년 ICR 여론조사 그룹의 조사 결과에 의하면 나이든 부모를 돌보는 사람 네 사람 중 세 사람이 여성이며 그들은 시간의 속박과 경제적인 책임감으로 인한 스트레스를 받는다고 한다(AARP Bulletin, 4).

빈 둥지 증후군을 경험하는 사람들은 그들과 인생의 전환기를 성공적으로 넘긴 사람들의 도움을 필요로 한다. 교회는 이와 같은 필요를 특별한 소그룹이나 그들의 연령에 적합한 주일학교 반을 통해 채워줄 수 있다. 교육과정자료나 참고도서 또한 도움을 줄 수 있다.

ROBERT J. RADCLIFF

참고문헌 | *AARP Bulletin* 38, no. 5(1997); J. Conway(1978), *Men in Mid-Life Crisis*; S. Coontz(1997), *The Way We Really Are*; D. J. Levinson(1978), *The Seasons of a Man's Life*; D. J. Levinson and J. D. Levinson(1996), *Seasons of a Woman's Life*; M. E. McGill(1980), *The 40-to 60-Year Old Male*; N. Meyer(1978), *The Mid-Life Crisis*; L. Rubin(1979), *Women of a Certain Age: The Mid-Life Search for Self.*

빌더세대(Builder Generation). (미국에서) 1946년 이전에 태어난 노년기의 성인들. "빌더"(builder)라는 용어의 사용은 주어진 상황을 유지하기보다는 더 나은 개인생활, 더 나은 국가 건설(building)을 강조하는 데서 유래되었다. 세대 이론가들인 스트라우스와 하우는 이 세대를 1925년과 1942년 사이에 태어난 "침묵의 세대"라고 표현한다(1997). 침묵의 세대의 탄생연도에 대해서는 학자 간에 통일성이 거의 없다. 예를 들면, 앤더슨(Leith Anderson)은 1930년부터 1945년 사이를 빌더라고 지적하는 반면(1990), 바나(George Barna)는 1927년부터 1945까지를 이 세대로 간주한다(1994).

역사적 자료를 통해 세대적 경향들을 가려내는 스트라우스와 하우는 빌더들이 결혼을 일찍 하며 모험을 싫어하는 세대라고 묘사한다. 1940년대에 태어난 빌더들이 청소년 시절에는 "예민한" 로큰롤 팬들이었으며 민권운동의 주창자들이었지만, 그들은 또한 성공을 위해 타협하기도 했다. 중년기에 그들은 나이 들고 무감각한 미군 병사(G. I.) 세대와 젊고 정열적인 베이비부머 사이에 끼여 우왕좌왕하게 느꼈다. 노년기로 접어들면서 부유하지만 우유부단하다는 평가를 받는다.

스트라우스와 하우는 빌더세대는 미국뿐 아니라 인류역사를 통해 반복되어 나타나는 네 세대 중 하나라고 설명한다. 이 세대 주기에서 빌더세대는 "예술가" 세대로, 유년기에는 과잉보호되었고 민감한 초기 성인기를 보냈다고 한다. 중년으로서 빌더들은 우유부단해지고 그리고는 이전 세대에게 연민을 느낀다. 이들은 적응력이 강하다.

기독교 연구가인 조지 바나는 빌더들이 다른 세대들보다 건강에 많은 관심을 가지고 있으며 방계가족들의 중요성을 강조하는 경향이 있다고 지적한다. 빌더들은 다른 세대들보다 더 하나님과의 친밀한 관계와 지역교회에 속하는 일을 중요시한다.

앤더슨은 대공황(Great Depression)과 2차 세계대전의 영향으로 빌더세대가 반항적인 경향을 보이는 다음 세대인 베이비부머들과는 달리 경제보다는 법령을 중요시한다고 설명한다. 이들은 조심스럽고 보수적이며 만족감을 기다리는 것을 또한 배웠다. 이들은 주의 깊고 열심히 일하며 자기의존적이다. 조직에 충성하며, 심지어 이 세대의 이름을 딴 상표들도 있다. 이들의 안정된 결혼생활은 종종 의무감에서 온다. 빌더들은 위기의 상황에서 부머들보다는 더 정부와 가정과 지역사회, 또는 교회를 의존하는 편이다.

빌더들의 지도력은 상의하달의 조직과 고도의 규칙들을 선호하는 경향이 있다. 고용주에 대한 의무와 직업의 안정성을 즐거움이나 변화, 다양성보다 우위에 둔다. 그들의 다음 세대인 베이비부머들이 중요시하는 직접대결과 솔직함보다는 예의와 형식을 장려한다.

모든 세대와 마찬가지로 빌더세대라고 다 같은 것은 아니라 동세대 간에도 많은 다양성이 있다는 사실을 기억해야 한다. 그러나 이 분야의 연구는, 빌더의 일반적인 특성이 상투적으로 쓰이지 않는 한, 잠정적으로 교육적이다.

DONALD E. RATCLIFF

참고문헌 | L. Anderson(1990), *Dying for Change*; G. Barna(1994), *Baby Busters*; W. Strauss and N. Howe(1997), *The Fourth Turning: An American Prophecy*; idem(1991), *Generations*.

Evangelical Dictionary *of*
Christian Education

EVANGELICAL DICTIONARY of CHRISTIAN EDUCATION

사도들의 교육(Apostolic Teaching). 열두 제자의 교육(Education of the Twelve)을 보라.

사랑(Love). 성경에서 사랑은 주로 여러 가지 용어들의 사용을 통해 하나의 행위로서 표현된다. 구약에서 어원인 아브(ahb)는 인류를 향한 하나님의 사랑뿐만 아니라 사람들에 대한 사랑, 하나님에 대한 사랑 그리고 사물들과 행위들에 대한 사랑을 나타낸다. 70인역과 신약에서 사랑의 개념은 주로 두 용어 – 필레오(phileo)와 아가파오(agapao) – 로 표현된다. 고대 그리스어에는 부모와 자녀 사이의 사랑, 또는 통치자와 백성 사이의 사랑을 의미하는 스테르고(stergo)와 비록 그 용어들이 신비적인(mystical) 이해를 지니긴 했지만 욕망과 갈망 그리고 성적 사랑을 나타내는 에라오(erao)와 에로스(eros)와 같은 사랑에 대한 다른 표현들도 있었다. 그렇지만 이런 용어들이 성경에는 나오지 않는다. 성경적 맥락에서 필레오와 어원이 같은 명사인 필리아(philia)는 좋아함, 우정, 형제애 또는 다른 사람들에 대한 사랑을 나타낸다. 가장 확실한 기독교의 용어는 아가파오(agapao)와 아가페(agape)이다. 그러나 아가파오는 다른 사람을 위한 희생적이고 의도적인 행위를 나타내는데, 특별히 그것은 인류를 향한 하나님의 사랑과 관계가 있다. 사랑(ahb, agape)의 토대는 하나님의 성품이다.

1. 구약의 어법. 하나님의 사랑은 하나님이 이스라엘을 선택하고(출 15:13), 그들과 계약을 맺는 것(왕상 8:23)을 통해 이루어 가는 구원의 역사 안에서의 구속 활동을 통해 입증된다. 하나님의 사랑은 항구적인 사랑으로(렘 31:3), 인류를 향한 하나님의 활동의 토대로(신 7:7-8), 은혜와 친절로(시 103:11; 117:2), 변치 않고 다함이 없는 것으로(시 32:10; 사 54:10) 그리고 신실한 것으로(시 88:11; 89:33) 묘사된다. 예언자들의 메시지는 심판의 한가운데에서조차 하나님의 선택적 사랑은 하나님 자신과의 계약 관계 안에 있는 자신의 백성에게 은혜와 자비와 용서를 주신다고 선포한다.

2. 신약의 어법. 하나님의 성품의 본질은 "하나님은 사랑이심이라"(요일 4:8, 16)는 선언 속에 표현된다. 이 선언은 하나님의 거룩과 의의 속성을 부인하는 것이 아니라, 오히려 하나님의 존재에 대한 이해를 더해 준다. 하나님의 사랑은 의와 정의의 맥락에서 이해되어야 한다. 하나님의 사랑은 인류의 죄성(sinfulness)을 묵과하지 않는다. 오히려 하나님의 사랑은 전인류에게로 확장되고 있는 하나님의 사랑(딤전 2:4)을 가지고 인간을 위하여 그리스도가 수행한 구원 활동(요 3:16; 롬 5:8; 엡 2:4-7; 요일 4:10)의 이면에 놓여 있는 동기(motivation)이다. 뿐만 아니라, 그리스도로 말미암아 구속함을 받은 인류와 하나님과의 현재적 관계는 사랑을 그 특징으로 한다(롬 8:38-39; 고후 5:14).

하나님의 사랑은 인간 사랑을 위한 토대이다. 인류는 하나님의 사랑에 응답하면서 하나님이 사랑하신 것처럼(요일 4:11) 그리고 그리스도가 사랑한 것처럼(요 13:34) 서로를 사랑해야 한다. 사랑은 모든 계명들의 강령이며(마 22:40), 사람들을 일깨우는 계명들보다 더 큰 계명은 없다고 예수께서는 말씀하셨다(막 12:31). 가장 큰 계명은 "네 마음을 다하고 목숨을 다하고 뜻을 다하고 힘을 다하여 주 너의 하나님을 사랑하라 하신 것"(막 12:30-31)이며, 두 번째 큰 계명은 "둘째는 이것이니 네 이웃을 네 몸과 같이 사랑하라 하신 것이니라 이에서 더 큰 계명이 없느니라"이다(막 12:30-31). 이와 같은 인간사랑은 하나님의 사랑에 의해 가능할 수 있다. 왜냐하면 하나님이 먼저 인류에 대한 그분의 사랑을 보여주셨기 때문이다(요일 4:19). 그리스도 안에서 하나님의 사랑에 의해 변화된 사람은 "사랑의 습관적 태도"(habitual attitude of love)(Morris, 1981, 229)를 보여야 한다.

인간의 아가페 사랑은 긍휼, 자비, 서로가 참아주는 것, 서로를 용서하는 것과 같은 특성들—"사랑을 옷 입으라"는 권고로 요약되는(골 3:14)—을 나타낸다. 그뿐 아니라, 고린도전서 13장에서 바울은 사랑은 어떻게 행해야 하는가를 묘사함으로써 이 사랑의 본질을 표현한다. 그와 같은 사랑은 오래 참고, 온유하며, 감싸주며, 모든 것을 참으며 모든 것을 믿으며 모든 것을 바라며 모든 것을 견디는 것이다. 사랑은 투기하는 자가 되지 아니하며 자랑하지 아니하며 교만하지 아니하며 무례히 행치 아니하며 자기의 유익을 구치 아니하며 성내지 아니하며 악한 것을 생각지 아니하며 진리와 함께 기뻐한다. 기독교의 사랑은 일차적으로 느낌이나 감정이 아니다. 오히려 그것은 다른 사람들의 삶에 의도적으로 관여하는 것이다. 기독교의 사랑은 그 초점이 하나님께(살후 3:5), 서로의 이웃들에게(갈 5:14), 다른 신자들에게(갈 6:10), 자신의 배우자와 가족에게(엡 5:26), 자신의 원수들에게(마 5:43-48) 맞추어진다. 아가페 사랑은 기독교교육을 위한 함의들을 지니고 있다. 사랑은 기독교적 생활방식을 규정한다고 성경은 지적한다(고전 16:14; 엡 5:2; 골 3:14; 벧후 1:7). 그러므로 사랑은 기독교교육의 내용과 과정 그리고 목적에 없어서는 안 되는 요소이다. 첫째로, 사랑은 가르쳐져야 한다. 사랑은 기독교교육의 내용이다. 그리스도는 그의 제자들에게 "내가 너희에게 분부한 모든 것을 지키게 하라"(마 28:22)고 명하셨다. 이 명령에 주의를 기울이려면, 그리스도를 따르는 사람들은 그가 사랑했던 것처럼(요 13:34) 사랑하라는 명령에 순종해야 한다. 바울은 또한 "경계의 목적은 사랑이거늘"(딤전 1:5)이라고 말한다. 사랑에 대한 배움은 자신, 가족, 이웃, 다른 그리스도인들, 낯선 자들 그리고 모든 원수들을 사랑하는 것을 포함한다. 사랑을 가르치는 것은 기독교교육이 수행해야 할 명령이다. 둘째로, 사랑은 기독교교육의 과정을 묘사하는 것이다. 기독교교육의 실천은 학습자를 사랑하는 사랑 안에서 행해져야 한다. 그리스도가 그가 가르쳤던 사람들의 복지에 대해 긍휼과 관심을 가지므로 그들에게 사랑의 본이 된 것처럼, 기독교교육자들은 그들이 대상으로 삼아 학습을 촉진시키고 있는 사람들에게 그 동일한 사랑의 본이 되어야 한다. 사랑은 기독교교육자를 위한 삶의 방식이어야 하며, 그것은 교육의 과정(the educational process)을 인도하는 것이어야 한다. 셋째로, 사랑은 기독교교육의 목적을 이끄는 것이어야 한다. 그리스도 안에서 모든 사람을 완전하게 나타내는 데 있어서의 바울의 태도(골 1:28-29)는 그의 목적을 달성하기 위해, 신자들을 위해 자기를 내어 주는 희생적 사랑을 묘사한다. 교육자들은 신자들을 제자화하고 기독교적으로 교육해야 하는데, 왜냐하면 하나님이 서로를 사랑하고 사랑 안에서 스스로 세우라고 명하셨기 때문이다(엡 4:16). 교육과정 안에서의 사랑은 추상적 개념에 불과한 것이 아니다. 오히려 그것은 효과적인 기독교교육이 성취되는 토대를 제공한다.

RONALD G. KUHL

참고문헌 | W. Gunther, and H. G. Link(1975), *The New International Dictionary of New Testament Theology*, 3:538 51; G. Johnston(1962), *The Interpreter's Dictionary of the Bible*, 3:168-78; L. Morris(1981), *Testaments of Love*; A. Nygren(1932 39), *Agape and Eros*; L. Smedes(1978), *Love within Limits*.

사랑과 소속감(Love and Belonging).

아브라함 매슬로우(Abraham Maslow)의 욕구의 위계(hierarchy of needs) 중의 하나인 '사랑과 소속감'

은 다른 사람들로부터 사랑을 받고 있다고 느끼고 싶은 인간의 욕구와 그룹에 속하고자 하는 인간의 욕구에 대해서 논한다. 매슬로우(1970)는 사람이 기본적인 신체적 욕구(필요)를 충족 받고, 안전과 안정감을 가진 후에는 사랑받고자 하는 욕구와 소속하고자 하는 욕구가 일차적인 인생의 목적이 된다고 주장한다.

사랑을 받고 있다고 느끼려는 욕구와 그룹에 속하여 소속감을 갖고자 하는 욕구는 분명히 하나님이 주신 것이다. 창세기 2장 18절에서 하나님은 아담이 독처하는 것이 좋지 않다고 하셨다. 그래서 그는 하와를 만드셨다. 구약성경 전체를 통해 우리는 가족의 중요성과 거기에서 얻게 될 사랑과 소속의 출처를 깨닫게 된다. 우리는 신약에서 지역 교회가 어떻게 그리스도인들이 참된 기독교적 사랑을 얻을 수 있는 곳이 되며 공유된 가치들과 관심사들을 가진 한 그룹에 속하는 데서 오는 지원을 얻을 수 있는 곳이 되는지를 볼 수 있다.

학생들은 그들의 최대한의 학습 가능성에 이를 수 있기에 앞서 먼저 그들이 지닌 기본적인 욕구들을 충족 받아야 한다. 그밖에 학습과정의 필수적인 부분이 있다면, 그것은 학생들 마음속에 그들이 그리스도 안에 거하는 사람들로서 그들이 받아들여졌고 사랑을 받고 있다는 느낌을 심어주는 것이다. 그 다음에 개개의 학생이 그 또는 그녀가 (거기에) 속해 있다고 느낄 수 있도록 그룹 안에서 하나됨의 분위기를 창출하는 것이다.

DALE L. MORT

참고문헌 | A. H. Maslow(1970), *Motivation and Personality*.

참조 | 매슬로우, 아브라함 해롤드(MASLOW, ABRAHAM HAROLD)

사례관리(Case Management). 사회사업 용어로서 한 종사자가 개인이나 그룹, 가족을 도울 때 사용하는 방법을 묘사하는 말이다. 종사자는 개인의 상황을 파악하고 무엇이 필요한지 결정하며, 그 개인과 협력하여 그 필요를 위한 중재 전략을 세우고, 그 필요들이 채워지는 과정을 지켜본다. 종사자는 그 모든 필요한 봉사들을 직접 제공하지는 않지만, 계속해서 사람들이 필요한 것을 얻도록 다른 기관들과도 협력한다. 그러므로 한 분야에 제공되는 봉사의 종류를 인식하는 일이 필수적이다. 사례관리의 목적은 한 개인의 필요를 채워주고 자급할 수 있도록 도우며, 사회에서 기능을 잘 할 수 있게 하는 것이다. 기독교 사회사업가들은 교회를 포함하여, 사람들의 신체적 정서적 필요와 함께 영적 필요를 채워주는 과정에 있다. 교인들은 상담이나 보조, 물질적 필요 등을 줄 수 있는 훈련이 필요하다.

DAVID R. RENLEY

사례대변인(Case Advocate). 사회사업 용어로서 사회사업 종사자가 개인이나, 가족, 그룹의 필요를 위한 봉사를 확실히 받게 하기 위한 투쟁 과정을 묘사한다. 대변인으로서 종사자는 개인이나 사회적 투쟁을 돕는 보조인들과 함께 일한다. 한 사회사업가는 다른 사람과 팀을 이루어 필요한 일들을 결정하고 그 일을 위한 자원을 찾아다닌다. 때때로 그런 자원을 가진 사람들은 다른 사람을 돕는 일에 별 관심이 없거나 그들의 정책 등이 너무 고정되어 있기도 하다. 한 종사자가 필요한 자료를 찾는 사람을 도울 때, 그의 대변인이 되어 그 개인의 사례를 대변해주고, 보조를 하지 않으려는 결정을 내리려고 할 때 그 결정을 재고해 보도록 도전을 준다. 이것은 하나님께서 기독교 사회사업가들과 교회에 주신 역할로서, 하나님께서 그들을 부르셔서 "너는 벙어리와 고독한 자의 송사를 위하여 입을 열지니라"고 하신다 (잠 31:8).

DAVID R. PENLEY

사례방법(Case Method). 이 용어는 종종 "사례법", "사례사업"(case work), "사례제도"(case system) 또는 "사례역사"(case history) 등으로 설명된다. 사례란 실제적인 또는 가설적인 상황으로 한 이슈나 문제가 제기될 때 학습 경험의 토대를 이룬다. 사례연구는 법이나 사업, 의학, 심리학, 사회학,

종교와 다른 분야의 학문의 방법으로 사용된다.

의학이나 심리학 연구에 사례방법이 사용될 때 학습자는 진단과 예측 그리고 궁극적인 치료법을 제시해야 한다. 교육이나 상담자 훈련에 공통적인 진행과정 중 하나는 학습자로 하여금 한 상담 세션의 사례를 써서, 그것을 동료들이나 교수와 함께 토론해 보는 것이다. 법대에서 사례연구는 가장 널리 쓰인다. 하버드 법대와 같은 유명한 법대들은 사례방식을 매우 효과적으로 사용하고 있다.

사례방법은 구두로 또는 문서로 주거나, 드라마나 여러 다른 미디어를 사용하여 보여주는 것이다. 사례연구는 컴퓨터보조학습에도 사용되기도 한다. 예를 들면 로우맨(Joseph Lowman)은 심리학과 학생들에게 컴퓨터를 통해 상담자들을 인터뷰하도록 허용하여 진단하고, 사례 평가서를 쓰고 교실에서 토론하도록 했다.

사례연구가 효과적으로 사용되는 다른 하나의 영역은 기독교교육이다. 르페베르(Marlene LeFever)는 청소년과 성인 대상의 기독교교육에 사례방법을 사용하면 다음과 같은 중요한 결과가 있다고 보고한다. (1) 사람들은 자신과 유사한 문제를 가진 사람들이 성경을 통해 해결받는 것을 알게 되면 자신의 문제도 성경을 적용해 해결하게 된다. (2) 학생들은 기독교교육이 "실제 생활 훈련"을 포함한다는 것을 알게 된다. (3) 학생들은 다른 사람들의 의견을 듣고 대안적 해결책을 찾을 수 있다. (4) 성경은 그것을 공부하는 학생들에게 실제가 된다. (5) 성경적 문맥에서 학생들의 결정하는 기술이 증강된다.

마지막으로, 사례방법은 분석, 종합, 평가와 같은 고차원의 학습에도 유용하다. 학생들은 보다 적극적으로 학습에 참여하게 된다. 이 방법이 사용됨에 따라 교육은 상아탑으로부터 벗어나 변화하는 세상의 이슈들과 필요에 직면하는 방식으로 바뀌게 된다.

J. GREGORY LAWSON

참고문헌 | M. LeFever(1990), *Creative Teaching Methods*; J. Lowman(1995), *Mastering the Techniques of Teaching*.

사례연구(Case Study). 구체적인 실례를 연구함으로써 이론을 실천적으로 적용해 보는 학습 방법이다. 일반적으로 사례연구가 기독교교육에 사용되는 경우는 두 가지가 있다. 연구 방법과 가르치는 방법이다.

1. 연구 방법으로서의 사례연구. 주로 문헌 연구에 사용되는데 특정한 사건이나 사례, 현상(즉 진행과정, 사건, 사물, 또는 사람에 관한)을 집중적으로 연구하는 목적을 가진다. 사례연구는 관심 대상의 구체적인 예를 집중적으로 관찰하여, 그 사례연구 참여자들의 관점에서 현상을 이해하려는 시도이다. 주로 관찰과 비형식적 인터뷰와 관련된 사물들을 평가하는 과정을 통해 이행된다.

일반적으로 사례연구 방법을 사용하는 목적은 복잡한 현상들을 상세하게 설명하기 위함이다. 기술적 연구(descriptive study)에서 주로 사용되는데 연구가들이 현상에 대한 자료들을 수집하고, 그 자료들의 특성을 설명해 주는 주제를 구성하며, 그 주제를 다른 연구 결과들에 연관시킨다. 해석적 연구(explanatory studies) 과정에는 연구가들이 현상의 다양한 양상을 설명해 주는 자료들의 관계성이나 인과성을 발견하려고 애쓴다.

사례연구법은 다음과 같은 진행 과정을 거치게 된다. (1) 연구에 관련된 문제 제기하기 (2) 명백한 연구 과제나 목표 설정하기 (3) 바람직한 결과의 산출을 위해 현상에 대한 연구가 가능한 환경 제시하기 (4) 그 환경 안에서 일어난 일들을 기록할 방법 도안하기. 시청각 기구를 사용하거나 관찰, 비형식적인 대화, 심도 있는 인터뷰, 노트 정리, 도표 등을 사용해 기록한다. (5) 다양한 방법들을 통해 기록된 자료들의 유효성을 위한 도안 만들기. 다양한 자료 수집 방법상의 협력 체계를 3각 측량(triangulation)이라고 부른다. (6) 그 환경에 접근하여 자료수집에 몰두하기. 통계적 연구 방법과 비교할 때 사례연구가가 주된 자료 수집가가 되어, 연구하는 현상에 개인을 관계시키기도 하면서 그 의미를 파악하게 된다. 이러한 연구 방법의 주관적인 특성 때문에 연구자들은 그들이 보고 듣는 것들에 대한 반응을 체계적으로 조사해 보고, 그 반응들이 자료 분석에 영향을 미치지 않도록 감사(audit)해야 한다. 자료수집은 모든 자원들을 총괄하여 자료의 범주들과 유형들이 확고하게 수립될 때까지 계속될 수 있다. (7) 수집된 자료 분석하기. 이것은 본래 해석의 과정으로서 이론 수립과 주제들과 현상들을 설명해 줄 유형들을 발견하고자 애쓴다. 자료의 내부적 유형을 발견해 내려는 체계의 과정, 현상을 설명하거나 평가하기 위한 개인적 판단과 통찰력의 의존하는 성찰의 과정이 포함된다.

본질적으로 사례연구 방법은 일반화시키는 데 한계가 있지만 탐사를 위한 연구나 복잡한 현상을 깊이 이해하기 위한 연구에 유익한 방법이다. 좋은 사례연구는 훌륭한 학습 방법이 될 수 있다.

2. 교수법으로서의 사례연구. 가르치는 사례연구를 사용하는 경우는 해결이 쉽지 않은 실생활의 딜레마들을 조사해 보고 토론하는 데 유용하다. 사례연구를 통해 학생들의 태도와 지식을 확장시킬 기회를 주고, 이론과 원리들을 실생활에 사려 깊게 적용할 기회를 준다. 사례연구는 다양한 자료를 사용하여 계발시킬 수 있고, 개인의 경험을 토대로 하는 문서 사례나, 영화, 가정용 비디오, 신간 소설, 성경 이야기 등 다양한 형태로 제시될 수 있다. 사례연구 교수법은 기존의 아이디어나 행동양식 등에 도전하면서 다른 관점에서 보고 생각할 기회를 주고, 학생들이 배운 것들을 생활에 적용하는 복잡한 과정을 사고하게 하며, 개념을 실체화시킴으로 학습 동기를 높여 주는 유익이 있다.

교수학습 과정에 사례연구를 효과적으로 사용하기 위한 몇 가지 요소가 있다. 첫째, 좋은 사례연구는 몇 가지 행동들을 존속시키는데, 단 하나의 해결책보다는 취사선택을 통해 서로 다른 해결책의 가능성을 확인시켜준다. 둘째, 실제상황에서 일어날 만한 일들, 실생활의 딜레마들을 보여준다. 셋째, 학습자들이 동감할 만하고 흥미를 끄는 문제들에 중점을 둔다. 넷째, 학습자들의 학습 목표에 맞는 중요한 이슈들을 인식하고 토론할 만한 충분한 실마리를 제공한다. 다섯째, 한 사람의 견해에서 서술된 사례가 유용한데, 그 이유는 학습자가 한 사람의 견해에서 출발, 발전시킬 수 있기 때문이다. 마지막으로 기독교육에 적용되는 사례연구법은 학생들이 하나님의 진리를 불확실하고 문제가 많은 상황에 적용할 수 있도록 돕는다.

교수용의 사례를 쓸 때에는 다음과 같은 네 단계를 따르도록 한다. 첫째, 학습자의 관심을 끄는 분야에서 문제가 되거나 난해하고 애매한 결정을 요구하는 사건이나 상황을 선택한다. 둘째, 그 상황의 배경과 관련된 사람들과 딜레마와 이에 대응하는 가능한 행동들을 설명해 주는 정보들을 수집한다. 셋째, 그 상황과 관련된 사람들의 허락을 받든지 아니면 사례를 가정하여 만든다. 넷째, 사례를 쓸 때는 딜레마의 개요를 요약한 뒤, 배경을 제공해 주고, 사건의 흐름을 설명해 주고 나서 사례에 대한 결론을 내리게 한다.

사례연구법은 다양하게 가르칠 수 있지만, 대부분의 경우 그룹 토의를 시킨다. 교사는 이때 검사하고 기록하고 토론 진행을 돕는 촉매자의 역할을 한다. 학생들에게 학습 목표를 제시한 후, 사례를 소개해 주고 학생들을 그 사례에 연관시켜 주는 것, 학생들이 사례에 관련된 인물들과 이슈들을 알아내고 그 딜레마에 대한 다양한 반응의 암시와 선택의 방법들을 결정해야 한다. 끝으로 학생들은 사례연구를 통해 배운 것들을 통해 어떻게 그 사례가 그들의 앞으로의 사고와 태도와 행동에 영향을 주게 되는지 성찰해 보도록 한다.

사례연구 교수법은 학생들의 동기유발과 학습 과정에 참여시킬 수 있는 탁월한 수단이 될 수 있다. 사례를 통해, 그 일을 직접 경험해 보지 않고서도 연관된 이슈를 탐사할 기회를 준다. 교실에서 이루어지는 학습과 실생활 사이를 연결하는 다리의 역할과 함께 높은 수준의 인지발달 과정과 지식을 사용하는 지혜와 통찰력을 길러준다.

KEVIN E. LAWSON

참고문헌 | M. D. Gall, W. R. Borg, and J. P. Gall(1971), *Educational Research: An Introduction*, 6th ed.; J. E. Layman(1997), *Using Case Studies in Church Education*; R. E. Stake(1995), *The Art of Case Study Research*; S. Wassermann(1994), *Introduction* *to Case Method Teaching: A Guide to the Galaxy.*

참조 | 사례방법(CASE METHOD)

사립종교학교(Private Religious Schools). 종교적 환경에서 일반교육을 할 목적으로 특정 연합회 혹은 독립위원회에 의해 지원되거나 자금을 지원 받는 학교. 종종 교구학교(parochial schools), 지역교회학교(parish schools), 주간학교(day schools), 기독교학교(Christian schools), 독립교회학교(Independent schools)로 불리는 이 학교는 수학, 영어, 역사, 과학, 종교 등과 같은 기본 과목들의 수업을 제공한다.

교단마다 어느 정도 목적과 운영 방식이 다르지만, 실질적으로 모든 교단들은 기독교학교를 운영해 왔다. 가톨릭은 오랫동안 교구학교라고 불리는 사립학교를 운영해 왔다. 이들은 19세기 미국으로 이민 온 수백만의 유럽 가톨릭신자들에게 가톨릭교리를 가르치기 위해 시작되었다. 가톨릭 학교는 최근 등록이 지속적으로 감소하고 있지만 여전히 오늘날까지 강력하게 존재하고 있다. 루터교 역시 가톨릭과 동일한 이유로 교구학교를 운영해 왔다. 네덜란드 개혁주의와 제칠일안식교 학교 역시 비슷한 이유로 시작되었다. 유대인의 주간 학교는 연합회보다는 독립 그룹들에 의해 대부분 운영된다.

복음주의 개신교도들은 초기에 주로 보육원 혹은 유치원으로 한정했지만, 지난 25년 동안 활발하게 많은 기독교학교들을 세웠다. 다양한 요소가 이러한 학교를 설립하는 동기가 되어왔다. 그것은 공립학교에 대한 불만, 교육에 대한 정부의 기준들, 물질주의와 비기독교 문화에 관한 일반적인 염려 등이다. 개별 교회들이 이러한 많은 학교들을 세웠다. 그러나 어떤 교단이나 지역 그리스도인들을 대표하는 위원에 의해 운영되는 것과 관련이 없는 사립학교가 점차적으로 생겨나고 있다.

종교학교는 다양한 방식으로 운영된다. 가톨릭초등학교들은 일반적으로 교구와 밀접한 관련이 있는 반면 중등학교들은 주교나 개인과 관련되어 성직자들에 의해 운영된다. 루터교 학교는 대부분 초등학교이고 한 교구에 의해서 관리되고 재정이 지원된다. 많은 복음주의 학교는 사립학교가 점점 평판이 좋아짐에도 불구하고, 루터교와 동일한 형식을 따른다.

가톨릭학교의 교육과정은 성례와 교회역사의 체계적 연구, 성경 그리고 신학을 포함한다. 개신교 그룹들은 가르치는 방법이 좀 다르다. 많은 보수주의 기독교학교는 분명한 성경적 가르침과 주요 교리들과 통합된 모든 영역의 학문들의 교육과정을 활용한다. 많은 학교는 교육과정에 성경수업들을 포함한다. 공립학교와 동일한 혹은 비슷한 기초적 교육과정을 제공하는 보수주의 학교는 거의 없으며 신학적 자료들을 대신 사용한다. 많은 기독교출판사들이 기독교학교에 교육과정 자료들을 제공한다.

어떤 교단들은 그들의 기독교학교를 교회의 선교적 무기로 여긴다. 이러한 종교적 동화가 모든 학교들의 목표는 아니지만 많은 학교들이 복음화에 관여한다. 기독교학교, 특별히 지난 25년간 세워진 학교들은 선택적 입학정책들 즉 어떤 이들에 따르면 엘리트주의와 가끔은 인종차별을 조장하는 정책으로 비판받아 왔다. 어떤 학교들은 정부 교육 관료들과 적대관계에 있어 왔지만, 지금은 초창기 때 보다는 덜 한 듯이 보인다.

많은 기관이 복음주의 기독교학교들에 대한 지원을 제공하기 위해 존재한다. 기독교학교국제연합회는 가장 큰 단체로서 교사들 대리 증명과, 학교 인가, 교육과정 자료들, 학교를 위한 중요한 지원 서비스, 미국과 전 세계의 전략적 지점에서의 수회의 연간 협의회 등을 제공하고 있다.

홈스쿨의 출현은 대안학교 형태로는 가장 최근에 발전된 것일 것이다. 홈스쿨운동이 결코 기독교 공동체에 제한된 것은 아니지만, 많은 그리스도인들이 자녀들의 많은 혹은 모든 교육적 경험들을 홈스쿨로 하는 경향이 있다. 홈스쿨링연합회와 많은 출판사들은 이 교육방법을 선택한 부모들을 지지하고 있다.

ELEANOR A. DANIEL

참고문헌 | J. C. Carper and T. C. Hunt, eds.(1993), *Religious Schools in America*; A.

Peshkin(1986), *God's Choice*.

참조 | 기독교학교연합회(ASSOCIATION OF CHRISTIAN SCHOOLS INTERNATIONAL. ACSI); 기독교의 고등교육(HIGHER EDUCATION, CHRISTIAN); 홈스쿨운동(HOME SCHOOL MOVEMENT); 사립학교/기독교(PRIVATE CHRISTIAN SCHOOLS); 로마 가톨릭교육(ROMAN CATHOLIC EDUCATION)

사립학교/기독교(Private Christian Schools).

"사립"학교들에 대한 일반적인 개념은 이들이 재정적으로 공공자금의 지원을 받지 않는다는 것이다. 그러나 이것이 정확한 상황은 아니다. 많은 주들은 비주립 학교들의 아동차량, 교재, 시청진단서비스, 공공 의료 서비스, 지도 서비스, 교정 서비스, 표준테스트, 장애아들과 영재들을 위한 서비스, 정부 요구의 정보 유지를 위한 행정과 사무적 경비들에 대해 재정적으로 지원한다. 사립과 공립의 주요한 차이는 통제와 목적에 있다.

어떤 사립기독교학교는 지난 삼십년 동안 등록자의 수가 일정하지 않다. 최근 미국 내의 모든 사립학교는 총 학생수의 11.1 퍼센트(5,033,908)만이 등록했고, 공립학교의 등록인원은 45,162,026이었다(The U. S. Education Market Data Retrieval, 1997). 홈스쿨링은 1994년 대략 854,111명이었다(The U. S. Education Market at a Glance, 1996). 이 숫자들은 비종교적인 사립학교들과 비기독교 사립학교를 포함한 것이다.

사립으로서 가장 많은 수의 학생을 보유한 종교학교는 가톨릭학교이다(60 퍼센트 이상). 주교 존 캐롤(John Carroll)은 1792년 가톨릭 부모들에게 가톨릭학교의 중요성을 가르쳤다. 1840년 가톨릭 지도자들과 성장하는 공립학교 운동 사이에서 교과서, 기금, 성경읽기 등과 같은 논제들에서 다른 견해를 보이게 되었다. 그 결과 주교 존 휴즈(John Hughes)는 뉴욕에서 전적인 가톨릭 체계의 학교를 창시했다. 그와 다른 사람들은 공립학교들이 성격상 본질적으로 개신교적이라고 인식했다. 최근까지도 가톨릭학교에서 가르치는 사람들은 대부분 신부와 주로 외국에서 들어온 가톨릭 성직에 속한 이들이었다. 1964년 가톨릭학교에는 5,574,354명이 등록했다. 등록은 1989년 2,552,119로 감소했다가 1993년 2,618,567 다시 만회되었다(Cooper & Gargan, 1996). 이러한 변화들은 요즈음 가톨릭교회에서의 더 광범위해진 변화들을 반영하는 것으로 보인다.

다음으로 많은 등록은 복음주의적/근본주의적 학교에서 일어나고 있다. 이 학교들은 지난 30년 동안 현상학적 성장을 경험했다. 1964년 7,000개 학교들에의 등록은 113,410명에 불과했다. 1989년 학교는 8,000개 이상의 학교들에 944,975명이 등록하며 성장했다. 1993년 학교들의 숫자는 7,551개로 감소했지만 등록인수는 1,027,461명으로 늘었다(National Center for Statistics, 1994).

이러한 학교는 아주 다양하다. 대부분은 하나의 독립적인 학교이다. 동일한 행정 아래 다양한 단계의 여러 학교를 갖춘 구조도 있다. 그러나 대부분 전형적으로 소규모이고 100-200명의 등록 학생들을 보유하고 있다. 이러한 학교의 70 퍼센트 정도가 지역교회들의 지원을 지속적으로 받고 세워졌다. 많은 경우 복음주의적/근본주의적 부모와 자녀는 공립학교 정책이나 환경에 대한 반대로 자녀들을 기독교학교로 보내거나 학교를 설립한다. 이것은 초기 사립학교에서 강력했던 개신교의 영향력이 더 많은 다원적 국가 인구들에게로 이양될 때 예상할 수 있었던 것이다. 또한 1960년대부터 미국교육기관의 합의는 학교의 본질과 기능을 포함해서 상실되는 것처럼 보이기 시작했다. 많은 그리스도인은 부모와 일치된 세계관을 가진 종교사립학교들을 선택한다. 1960년대 이후 "인종차별 교육기관"으로 특징 지워지는 학교들이 특별히 남부에서 설립되었지만, 이러한 경우는 더 이상 존재하지 않는다(Nordin & Turner, 1980). 복음주의적/근본주의적 학교는 주의 정형적 규정을 반대하고 그리스도와 성경 중심을 강조한다. 대부분 영향력 있는 학교의 특징으로 나타나는 일반적 가치와 선교의 공통적 이념을 제시하는 것으로 보인다. 미국정신과 자본주의의 중요한 의의는 이러한 많은 학교들의 교육과정에서 발견될 수 있다. 이러한 학교의 가장 큰 두 연합회들은 기독교학교인터내셔널(2,000)과 미국기독교학교의 연합(1,100)이다.

세속주의, 과학주의, 관용주의, 사회 공학에서의 공격들, 교과서 논쟁들, 문화적 기준들의 해체, 마약과 알코올 남용의 증가, 권위의 원천에 대한 불확실성의 융성은 복음주의적/근본주의적 학교의 지속적 성장을 촉진할 것으로 보인다. 모든 교육의 가치를 담고 있고 기독교교육은 전인적인 노력이라는 것을 인지하면서, 교회 성도들은 성경적 믿음과 가정과 교회의 가치들을 구현하는 학교들을 계속적으로 지원해 오고 있다.

세 번째로 큰 기독교학교 그룹은 루터교 계열이다. 1700년 대 후반, 뮬렌버그(Henry Melchior Muhlenberg)는 주로 펜실베이니아, 메릴랜드, 버지니아의 독일 이민자 가운데 학교를 설립했다. 1820년까지 미국에는 342개의 루터교 학교가 있었다. 독일어 사용의 감소와 함께 이러한 학교도 쇠퇴해 갔으나 20세기에 다시 일어섰다. 1964년 아메리칸 루터교단, 미저리 대회 루터교단, 위스콘신 복음주의 루터교단의 학교는 1,750개가 되었다. 이 학교들에는 208,209명이 등록했다. 이들은 복음주의 루터교단으로 합병된 후 1989년 299,592명이 등록함으로써 절정을 이루었다. 1994년 그들은 1,523개 학교에 206,728명의 등록생을 가졌다. 루터교 학교는 교회와 밀접한 관계를 가졌고 교직원과 행정은 매우 전문적이다.

미국에서 네 번째로 큰 사립 종교학교는 유대인 학교이다. 그들은 1963년 72,912명의 학생에서 1994년 647개 학교에 171,324명의 학생들로 성장해 왔다. 이들의 87 퍼센트는 정통 유대인학교이다.

영국 국교회(성공회) 교회와 관련된 학교는 다섯 번째로 큰 그룹이다. 1994년 349개 학교에 88,079명의 학생들이 등록했다(Cooper & Gargan, 1996). 이것은 지난 30년간 거의 삼분의 일 성장한 것이다.

규모에서 여섯 번째로 큰 것은 개혁주의/칼빈주의 학교이다. 1994년 270개의 학교에 77,778명의 학생들이 등록했다. 이것은 1989년 87,215명이 등록했던 것에 비해 하락한 것이다(Cooper & Gargan, 1996). 이 학교는 교단 교육과정 연구와 교사 성장 프로그램이 잘 발달되어 있는 경향이 있다. 미국과 유럽의 개혁주의(미국개혁주의교회 혹은 미국기독교복음주의교회와 합병된) 학교는 교육철학을 중요하게 여긴다. 그들의 철학적 연구는 주로 삶의 총체성 속에서 하나님 주권의 칼빈주의 교리를 기초로 한다. 개혁주의 학교들은 초등학교에서 대학교 수준까지 1500년대의 네덜란드의 교육의 뚜렷한 전통을 이어받고 있다. 이들 중 많은 학교들은 부유한 자들뿐 아니라 가난한 자들을 위해서 열렸다. "분리파"(Seceders)라고 불리는 네덜란드 칼빈주의 교회의 한 분파는 종교부흥과 경건주의에 영향을 받았고 기독교교육에 많은 관심을 가지고 있었다. 이들은 네덜란드 당국을 떠나 미국으로의 이민을 이끌었다. 1870년대 아브라함 카이퍼(Abraham Kuyper)의 지도 아래 일어난 개혁주의 교회에서의 부흥은 하나님의 주권을 재차 강조했고 교회의 학교에 대한 관심을 끌어올렸다. 많은 개혁주의 학교가 미시건 그랜드 래피즈에 기반을 둔 기독교학교인터내셔널로 알려진 연합회에 소속되어 있다.

제칠일안식교는 1994년 1,072개의 학교에 67,034명의 학생들이 있다(Cooper & Gargan, 1996). 이 교단은 전 세계에 대학과 의과대학을 포함해서 4,000개 이상의 학교를 소유하고 있다. 미국에서 첫 번째 제칠일안식교 초등학교는 1853년 뉴욕 벅스 브리지에 설립되었다. 중등학교와 칼리지 수준에서는 학교 운영의 공장들이 학생들을 지원한다. 제칠일안식교 학교는 대부분 비경쟁이나 인종 화합과 같은 교회 가치관과 성경 토대의 교육과정을 신중하게 드러내고 있다.

미국에 있는 나머지 사립학교로는 메노나이트(Mennonite)와 아미쉬(Amish) 학교들, 이슬람, 독립 비종교, 특별교육, 대안과 군사학교들, 몬테소리 학교 등이 있다. 이러한 학교들에는 오십만의 학생들이 등록되어 있다(The U.S. Education Market at a Glance, 1996).

우리가 아는 것처럼 미국에서의 사립교육은 이민자와 관련된 역사적 경향이 있다. 이러한 그룹들은 일반적으로 동부와 서부 해안을 따라서 그리고 5대호의 도시들에 정착했다. 그러나 현재 이들은 나라 전역에 잘 분포되어 있다. 1994년 전체 등록생의 28.7 퍼센트가 남부의 학교에 등록되어 있으며, 중서부에는 27.1 퍼센트, 북동부에는 26.3 퍼센트, 서부에는 17.9 퍼센트의 학생이 등록되어 있다. 이것은 북동쪽과 5대호에서 남부와 중서부로 성장이 이동하는 것을 보여준다(Cooper & Gargan, 1996).

사립기독교학교에 관해서 여기에서 주어진 정보는 이러한 기관, 교사, 행정가 그리고 그들의 후원자에 의해 나타나는 큰 활기와 헌신을 암시하는 것일 뿐이다. 부모들이 많은 이유를 갖고 자녀들을 기독교학교로 보내는 한, 종교적 믿음과 가치들에 대한 헌신은 이러한 학교들이 유지하고 있는 열정을 더욱 불타오르게 할 것이다.

EUGENE S. GIBBS

참고문헌 | B. S. Cooper and A. Gargan, *Journal of Research on Christian Education* 5, no. 2(1996); V. D. Nordin and W. L. Turner, *Phi Delta Kappan* 61, no. 6(1980); National Center for Statistics(1994), *Private School Universe Survey*, 1993-1994; Office of Policy Research and Analysis(1997), *The Private School Landscape*; *The U. S. Education Market at a Glance*(1996), available Internet: www.schookdata.com; *U. S. Education Market Data Retrieval*,1997).

참조 | 국제기독교학교연합회(ASSOCIATION OF CHRISTIAN SCHOOLS INTERNATIONAL. ACSI); **홈스쿨운동**(HOME SCHOOL MOVEMENT)

사역(Ministry). 사역만큼 많은 함축적 의미를 나타내는 용어는 별로 없다. 이 단어는 신학교 과목의 명칭("청소년 사역 전략"), 책의 표지 "어린이사역의 최종핸드북" 및 교회 지도자들 간의 상호작용("당시 사역에 대해 말해 주세요")에서 필수 불가결한 것이다. 어떤 그리스도인들은 이 말을 봉사자의 활동과 연결지어 사용하기도 한다. 다른 이들에게 사역은 부름 받은 기독교 일꾼들의 역할을 의미한다.

이 용어의 중요성을 이해하기 위해서는 신약성경의 용법에 대한 조사, 누가 사역에 책임을 지니는가에 대한 토론 및 부름 받은 지도자뿐 아니라 평신도들을 위한 이 개념의 실천적인 의미를 아는 것이 필요하다.

사역에 대한 헬라어는 디아코노스(diakonos)이다. 이 명사는 "종", "하인", 또는 "집사" 등으로 번역된다. 동사형은 "시중들다" 혹은 "봉사하다"를 의미한다. 사용된 구절들을 간단히 살펴보아도 이 단어가 다루는 활동들이 폭넓다는 것과 그 활동과정에 관련된 사람들이 다양하다는 사실을 볼 수 있다.

1. 신약성경의 용법. 예수께서 시몬의 장모를 고치신 후, "여자가 저희에게 '수종드니라'"(막 1:31). 공적 설교를 하시면서 예수께서 말씀하시되 "사람이 나를 '섬기면' 내 아버지께서 저를 귀히 여기시리라"(요 12:26). 인자의 "온 것은 '섬김'을 받으려 함이 아니라 도리어 섬기려 하고"(막 10:45). 예수께서는 가난한 자와 병든 자, 갇힌 자를 돌보는 것을 자신에게 베풀어진 봉사와 동일하게 여기셨다(마 25:42-45). 뵈뵈는 겐그레아 "교회의 '일꾼'"이었다(롬 16:1). 바울은 "하나님께서 그리스도로 말미암아 우리를 자기와 화목하게 하시고 또 우리에게 화목하게 하는 '직책'을 주셨으니"라고 기록할 때, 고린도 신자들을 자신의 사역팀과 한 묶음으로 취급한다(고후 5:19). 같은 서신에서 바울은 예루살렘으로 보내는 교회의 재정적 선물을 "성도를 '섬기는 일'"이라고 부른다(고후 9:1). 하나님은 교회에게 "성도를 온전케 하여 '봉사'의 일을 하게 하려고" 목사와 교사들을 주셨다(엡 4:12). 바울은 '집사' 직분의 자질을 밝히고 있다(딤전 3:8-13). 로마에서의 두 번째 투옥 중에 바울은 오네시보로가 자신을 기쁘게 한 사실을 칭찬하면서 디모데에게 말하기를 "저가 에베소에서 얼마큼 나를 '섬긴 것'을 네가 잘 아느니라"고 하였다(딤후 1:18). 유대 그리스도인들은 하나님이 "그의 이름을 위하여 나타낸 사랑으로 이미 성도를 '섬긴 것'과 이제도 '섬기는 것'"을 기억하실 것이라고 격려받고 있다(히 6:10). 하나님이 교회 성도들을 능하게 하신다는 것을 말하면서 베드로는 "각각 은사를 받은 대로 서로 '봉사하라'"고 쓰고 있다(벧전 4:10).

이런 참조 구절들에서 우리는 기독교교육의 기본적인 가정을 얻어낼 수 있다. '사역은 전문가들의 분야뿐 아니라 모든 그리스도인의 특권이요 책임이다.'

2. 현대 저자들의 결론. 교회론을 깊이 연구한 현

대의 교회 지도자들은 이러한 결론을 되풀이 한다. 레이 스테드만(Ray Stedman, 1972)은 에베소서 4장에 대한 논문에서 교회의 궁극적 사역은 전문적인 성직자나 몇몇 선택된 평신도가 아니라 평범한 보통 그리스도인들인 성도들에 의해 수행되어야 한다고 선언하였다. 그는 사도, 선지자, 복음전도자 및 목사-교사라는 네 개의 직무는 한 가지 기본적 기능, 즉 보통의 그리스도인들이 그들에게 주어진 임무를 행하도록 무장시키는 것을 위해 존재한다고 주장한다. 존 맥아더(John McArthur Jr., 1982)는 스테드만의 확신을 재확인하였다. 그는 많은 기독교인들에게 교회는 전문가들이 수행하는 것을 구경하기 위해 가고 또 교회 프로그램을 수행하도록 전문가들에게 경비를 지불하는 장소라는 사실에 대해 탄식하였다. 맥아더는 이런 체계를 하나님의 계획에 대한 침해, 하나님의 백성들의 성장을 방해하는 것 그리고 세상으로 도달하려는 교회의 복음적인 시도에 대한 걸림돌이라고 불렀다.

노만 하퍼(Norman Harper, 1981)에 의하면 모든 기독교인은 그(녀)가 하나님에게 책임져야 하는 사역을 가지고 있다. 평신도가 교회에서 섬길 기회를 직면하게 될 때 해야 할 질문은 그(녀)가 사역을 가지고 있느냐의 여부가 아니라 그 특정한 형태의 사역이 하나님이 그(녀)에게 맡기신 것인가 아닌가 하는 것이다. 하퍼는 사역과 관련하여 "자원봉사주의"라는 개념이 사역은 선택사항이라는 인식을 조장하기 때문에 이런 개념을 거부한다. 엘튼 트루블러드(Elton Trueblood, 1983)는 교회 구성원들을 "평신도"(layperson)라고 부르지 않았다. 법적 개념으로 평신도(비전문가)는 법률시험을 통과하지 않았기에 실행 자격이 없다. 대조적으로 트루블러드는 예수 그리스도의 교회에서는 누구나 사역을 할 수 있는 여지가 있다고 주장한다. 그는 교회 구성원들을 "평신도" 대신에 "일반 생활 속의 사역자"라고 불렀다(24).

3. 만인제사장직(The Priesthood of All Believers). 모든 그리스도인의 신분을 "사역자"로 강화시키는 성경적인 개념은 만인제사장직이다. 이 교리는 모든 신자들이 인간제사장의 중재 없이 직접 하나님께 접근할 수 있음을 선언한다(히 4:14-16, 10:18-22). 그러나 만인제사장직은 하나님의 백성들에게 제사장적 기능을 가정하고 있다.

베드로는 교회 구성원들에게 그들의 고귀한 신분에서 파생된 사역적 위임을 상기시킨다. "오직 너희는 택하신 족속이요 왕 같은 제사장들이요 거룩한 나라요 그의 소유된 백성이니 이는 너희를 어두운 데서 불러내어 그의 기이한 빛에 들어가게 하신 자의 아름다운 덕을 선전하게 하려 하심이라"(벧전 2:9). 그가 교회를 "거룩한 제사장"으로 부를 때, 그는 독자들에게 "하나님이 기쁘게 받으실 신령한 제사"를 드리도록 촉구하고 있는 것이다(벧전 2:5). 유사하게 바울은 로마에 있는 그리스도인들에게 "너희 몸을 하나님이 기뻐하시는 거룩한 산제사로 드리라 이는 너희의 드릴 영적 예배니라"고 말한다(롬 12:1). "왕 같은 제사장"으로서(히 4:14) 예수는 자신의 생명을 죄를 위한 궁극적인 제사로 드렸다. 핀들리 엣지(Findley Edge, 1971)는 '제사의 제사장으로서' 예수님은 그를 따르는 자들을 위한 암시를 선언한다고 주장하였다. 제사장으로서 그리스도인이 죄 있는 세상을 위해 하나님께 드려야 할 "제사"는 무엇인가? 엣지에 따르면 그는 자기 자신을 사역에 드려야 한다고 한다.

4. 소명 받은 지도자의 역할(Role of Vocational Leaders). 사역자로서 교회 구성원들의 신분은 소명 받은 기독교 지도자들의 역할을 깎아내리기보다 도리어 높여준다. 하나님은 그들에게 특별한 소명과 "성도들을 무장시키기 위한" 딱 맞는 권위를 주신다(엡 4:12). "무장시킴"의 헬라어 단어는 카타티스몬(katartismon)인데 거기서 '장인'(artisan)이라는 영어단어가 파생되었다. 이 단어는 사도 바울의 시대에 그물을 '깁는' 어부 및 부러진 뼈를 '다시 맞추는' 의사에 대해 사용되었다. 이 말을 표현하자면 "유용하도록 준비함"이란 의미이다. 소명을 받은 사역자들은 다양한 활동을 통해 교회 구성원들의 동기를 유발하고 그들의 특정한 사역을 교회프로그램과 지역공동체에서의 영향력 안에서 성취하도록 훈련하여 유력한 성과를 내어야 한다. 비록 하나님이 모든 그리스도인을 어떤 형태의 사역으로 부르셨지만

하나님은 모든 사람들을 지도자로 부르시지는 않다. 신약성경은 일반적인 성도들(교회 구성원들)과 특별한 지도자들을 명백히 구분하고 있다(행 15:22; 살전 5:12-13; 딤전 3:1-13; 히 13:7, 17; 벧전 5:1-5).

5. 사역을 위한 자원들(Resources for Ministry). 사역의 위임과 함께 하나님은 성공을 촉진하는 자원들을 공급하신다. 각 신자들에게 하나님은 적어도 하나의 '영적 은사' 즉 봉사를 위한 능력을 주신다(고전 12:7). 성령은 학생들뿐 아니라 교사들을 도우사 성경을 이해하도록 하신다(고전 2:10-14). 사람들의 마음을 열어 복음에 반응하도록 하시는 분은 바로 성령이시다(요 16:8; 행 16:14). 긍정적인 사역의 결과는 인간적인 노력뿐 아니라 신적인 것에 달려 있기 때문에, 관련된 사람들은 기도를 통해 하나님의 능력을 활용해야 한다(엡 6:19; 살후 3:1). 기록된 하나님의 말씀은 또한 사람들의 삶을 변화시키는 내적 능력을 가지고 있다(딤후 3:15-17; 히 4:12).

6. 실제적인 지침(Practical Implications). 사역에 대한 성경의 풍부한 가르침으로부터 평신도들, 교회 직원 및 미래의 소명 받은 지도자들을 훈련하는 교사들을 위한 실제적인 지침이 제공된다.

사역에 참여하는 모든 신자들에 대한 하나님의 부르심은 교인들에게 삶의 의미와 목적에 대한 인식을 불어넣어 준다. 그들이 모든 활동의 장에서 그리스도를 대신하는 "그리스도를 위한 대사"(고후 5:20)라는 사실을 앎으로써 그렇지 않았으면 일상적인 혹은 명령받은 것으로만 인식했을 것의 중요성을 깨닫게 된다. 그들은 사역의 기회를 무거운 종교적 부담으로가 아니라 영원한 중요성을 가진 특권으로 보게 된다.

교회 지도자들은 하나님의 무장에 대한 명령의 빛 아래서 그들의 일정표와 교회활동 행사표 및 예산을 계획해야 한다. 그들의 어느 정도까지의 관계적 접촉이 교인들의 확장된 사역을 도출해낼 수 있을까? 교회 예산으로 교인들의 훈련과 사역 동원을 위한 기금으로 할당할 것인가? 브루스 윌킨슨(Bruce Wilkinson, 1983)은 전문적인 목회자들의 훈련정신을 강조하기 위해 스포츠의 비유를 도입하였다. 만약 축구 코치들이 그들의 출발선을 뛰쳐나가 운동장으로 뛰어들어 직접 경기를 한다면 매우 우스꽝스러울 것이다. 그는 이것이 많은 교회 지도자들이 하고 있는 것이라고 믿는다. 윌킨슨은 직원들을 관중들이 구경하며 박수치는 동안 패스하고 방어하고 공을 차는 스타급 선수들에 비유한다. 그는 지도자들이, 교인들이 게임에 참여하여 성공할 수 있도록 돕는 코치의 역할을 완성할 것을 역설한다. 윌킨슨에 의하면 교회 지도자들은 다른 사람들이 그들의 일을 하도록 잘 준비해 줄 때 성공하는 것이다.

성경대학들과 신학교들은 교회론에 밝고 구체적 전략에 익숙한 소명 받은 지도자들을 평신도들의 사역 참여를 위해 준비해 주어야 한다. 학생들이 장차 성경적인 사역 철학을 실행하게 되는 것은 그들이 교회에 대해 어떻게 생각하도록 가르침을 받느냐에 달려 있다. 빌 헐(Bill Hull, 1993)은 학생들에게 성경에 기초한 교회철학을 제공하는 데 복음주의적 학교들의 취약점에 대해 관심을 표명하였다. 그는 일반적인 졸업생이 교회좌석에 앉아 있는 성도들을 향한 자신의 사역과 하나님의 목적을 이해할 철학적인 틀을 가지고서 그의 첫 목회사역을 시작하는가를 질문하였다. 헐은 일반적인 졸업생이 비전 즉 사역의 기술을 갖도록 다른 사람들을 훈련하는 것에 대해 거의 모르고 있다고 말하였다(30).

성경에서 하나님은 "사역"이라는 강하고 명확한 표현을 제시하고 있다. 그는 누가 사역을 하도록 기대하시는지, 사역을 위해 그가 어떻게 능력을 제공하실 것인지 그리고 그의 백성들이 사역을 위해 준비되도록 그가 누구를 부르셨는지를 드러내고 계신다.

TERRY POWELL

참고문헌 | F. Edge(1971), *The Greening of the Church*; N. Harper(1981), *Making Disciples: The Challenge of Christian Education at the End of the 20th Century*; B. Hull(1993), *Can We Save the Evangelical Church?*; J. MacArthur Jr.(1982), *Body Dynamics*; T. Powell(1987), *Welcome to Your Ministry*; R. Stedman(1972), *Body Life*; E. Trueblood(1983), *A Time for Holy Dissatisfaction*; B. Wilkinson(1983), *Talk thru Bible Personalities*.

사역과 탈진(Burnout, Ministerial). 미주 지역에서 전문인들의 육체적, 정서적 탈진은 최근의 현상으로, 교회에 파괴적인 영향을 미치기 때문에 주의를 기울일 필요가 있다. 콩고(Congo)는 4명의 사역자 중 3명은 그들의 사역의 책무를 훼방하는 개인적이며 전문적인 스트레스를 경험한다고 보고했다(1981). 탈진은 심한 우울증과 심각한 근심과 고민들, 분노, 공포, 소외 등과 함께 온다. 프로이덴버거(Herbert Freudenberger)는 뉴욕의 이스트 빌리지(East Villege, New York)에 있는 마약중독자 재활원에서 관찰한 뒤 피로감에 대한 정의를 최초로 내렸다. "엄청나게 할 일이 많은 상황에서 장기간 일하게 되면 객관적으로 규정되고 주관적으로 체험하는 신체적, 정서적, 정신적 과로를 경험하게 된다." (Pines & Aronson, 1988, 9)

프러이덴버거는(1980) 전문인들이 걸리기 쉬운 탈진과 관련, 다섯 가지 성격 유형을 인용하면서 그 구제책도 제시하고 있다. 첫째 유형은 '헌신된'(dedicated) 자들로 전심을 바쳐 일하는 사람들이다. 불행히도 이 유형의 사람들은 스스로에게 보조를 맞출 줄 모르고 대부분 쌓인 업무가 그들의 삶을 통제하기 일쑤다. 둘째 유형은 '소모된'(consumed) 또는 비사회적인 사람들로 이들은 일 속에 빠져서 직장 밖의 사회생활과는 담을 쌓은 유형이다. 도움을 줄 수 있는 가족이나 친지들과 연락을 거의 하지 않으므로 상황은 더 나빠진다. 셋째 유형은 '독재자'로서 이들은 어떤 희생을 치르더라도 성공하고자 하는 사람들이다. 이 유형의 사람들은 모든 세부사항들까지 다 알아야 하고, 자신보다 일을 잘하는 사람이 없다고 생각하기 때문에 일을 다른 사람에게 위임할 줄 모른다. 넷째 유형은 '과로하는 관리자'들로서 자신의 조직에서 다양한 역할들을 해내고 어떤 일이든 항상 최선을 다한다. 마지막 유형은 '동정심 있는 청취자' 형으로서 동료나 친지들의 감정적 고통을 자신에게 덮어씌우는 경향이 있다. 이러한 사람들은 다른 사람들의 고통을 실제로 자기의 고통인양 동일화시킨다.

오늘날의 사역자들은 성경 읽기나 성경 연구, 기도와 금식, 묵상 등과 같은 영적 훈련을 열심히 하면 사역의 탈진을 방지할 수 있을 것이라고 잘못 생각하기도 한다. 그러나 연구 결과들은 그런 훈련들과 탈진 예방과는 연관 관계가 없다는 것이다. 신실한 그리스도인들의 믿음이 아무리 강해도, 사역자들은 정도에 따라 탈진에 빠지게 된다.

1. 탈진의 원인. 교육이나 사업, 의료, 종교적 봉사 등과 같은 전문직에 종사하는 사람들이 겪는 탈진의 원인에 대해 많은 연구를 해왔다. 너무 간략한 지면에 사역자들의 탈진의 원인을 다 나열하기에는 무리지만 다음과 같은 간략한 목록이 있다.

1) 신도들이 목사에게 비현실적인 높은 기대감을 갖는다.
2) 사역의 업무들이 전혀 진행되지 않는다.
3) 어떤 교인들의 필요와 요구가 극단적이고 능력 밖인데, 그 사실을 너무 늦게 알게 된다.
4) 목사는 항상 절제된 생활을 한다는 공통적인 오해를 갖고 있다.
5) 전문인들의 신체적 필요(식이요법, 휴식 등)를 채워 줄 시간이 부족하다.
6) 영적 고양 뒤에는 영적 침체가 뒤따른다.
7) 전문직에 종사하는 사람들의 개인적 발달에 가끔 따라오는 실망감을 경험한다.
8) 전문인들은 영적 필요를 충족시키기 위해 주위 사람들에게 의존하기도 한다.
9) 어떤 전문인들은 개인적 또는 공무상의 실패를 인정하지 못한다.
10) 늘어나는 사역에 대한 의무들이 피로감을 가져온다.

2. 해결책들. 탈진의 원인이 다양하듯 해결책 또한 다양하다. 문제들을 완화시키기 위한 다양한 해결 방안들을 설명하기 위해 아래 목록들을 참고로 한다.

1) 주어진 상황과 목표, 전문적인 훈련 그리고 교회 및 사회적 자원을 가지고 성취할 수 있는 현실적인 전망을 계발한다. 교회는 이미 메시아 한 분만을

모시고 있으므로 다른 구세주가 필요치 않다. 간단히 말해서, 최선을 다하지만 자신이 모든 것을 다 해야 한다고 느낄 필요는 없다. 어려운 상담은 언제 다른 전문가에게 인도해야 할지 알아야 한다. 때로는 초대를 거절할 필요도 있다. 왜냐하면 그들이 전혀 당신이 추구하는 것에 큰 도움이 되지 않기 때문이다.

2) 다른 사람들에게 도움을 청한다. 교회는 영적 은사들을 받았고, 하나님은 어느 한 개인에게 그 모든 은사를 다 부여하시지 않았다. 그러므로 다른 교인들을 잘 준비시켜 책임들을 나누고 사역의 짐을 나누어 짊어진다. 배우자나 신실한 친지들도 도움을 청할 수 있는 중요한 사람들이다.

3) 아직은 영적 몸을 받지 않았다는 사실을 인식한다. 적절한 식이요법과 운동, 휴식이 필요하다. 자신이 한계를 가진 사람임을 알아야 한다. 이 필수적인 요소 중 어느 하나가 부족해도 사역의 탈진을 향해 달려가고 있는 것이다. 스스로를 위해 시간표를 만들어, 조깅이나 골프, 수영 등 만족감을 주는 어떤 것이라도 규칙적으로 해야 한다.

4) 교회 조직의 구조적 변화를 고려해 본다. 어쩌면 너무 많은 사람들을 감독하고 있는지도 모른다. 다른 사역자를 고용하든지 구조를 재조직하여 다른 사람들과 행정 관리의 일을 나누어야 한다. 보조 사역자나 비서들을 훈련시켜, 많은 시간을 요하는 기본적인 업무들을 나누어 준다.

5) 스트레스를 가져오는 것들에 정면으로 대항하라. 자신의 삶에 스트레스를 가져오는 일들을 발견해 내고 용기 있게 직면함으로 장기간의 행복을 누릴 수 있다. 문제들이 개인에게 있든지 어떤 대상물에 있든지 해결할 수 있는 방향으로 나아가는 것이 장기간의 해답이 될 수 있다.

사역적인 탈진이 쌓이게 되면 교회에 큰 손해를 가져온다. 탈진에 지친 목사들은 교인들을 심방하려 하지 않게 되고, 결국에는 교회를 떠나 버리기도 한다. 인간적, 물질적 자원들을 낭비하는 일은 엄청난 손해이다. 사역자들 사이에 사역을 포기하는 비율의 높은 정도를 보면, 그들에게 부여지는 의무감이 극단적임을 알 수 있다. 탈진의 원인들과 치유책들을 주의 깊게 연구하여, 목사들이 회중들을 장기간 성공적으로 섬길 수 있도록 도와야 한다.

MICHAEL J. ANTHONY

참고문헌 | D. Congo(1981), "The Role of Interpersonal Relationship Style, Life Change Events, and Personal Data Variables in Ministerial Burnout," Ph. D. dissertation, Rosemead Graduate School of Professional Psychology, Biola University; H. J. Freudenberger(1980), *Burnout: The High Cost of High Achievement*; D. Nuss *Christian Education Journal* 11, no. 2(1991): 63-73; A. Pines and E. Aronson(1988), *Career Burnout: Causes and Cures*.

사원(Temple). 교회(Church)를 보라.

사회(Society). 문화(Culture)를 보라.

사회복음(Social Gospel). 교회의 사명과 관련하여 1800년대 중반과 1900년대 초반에 전개된 긴 장들 속에서 생겨난 용어. 미국 전역의 많은 지역사회에서 생겨난 불의를 본 교회는 억압받고, 가난하고, 집이 없고 궁핍한 사람들에게 사역해야 할 절실한 필요를 느꼈다. 불신자들을 그리스도께 인도하기 원하는 열정과 함께 이러한 태도는 영적 필요와 물리적 필요 중 어느 것이 더 중요한가하는 하나의 딜레마를 가져왔다.

어떤 사람들의 최상의 접근법은 단순히 불신자들을 전도하고 다른 덜 중요한 문제들은 지역사회의 구제기관들에게 맡기자는 것이었다. 다른 사람들은 마태복음 25장 31-46절과 야고보서 1장 27절과 같은 성경구절들을 가리키면서 교회에게 단순히 불신자들에게 말씀을 전하는 것 이상의 윤리 도덕적인 책임도 있다고 믿었다. 그러한 개인들 중의 한 사람은 워싱턴 글래든(Washington Gladden, 1836-1918)이라는 회중교회 목회자였다. 그는 가난한 노동자계층의 권리들을 변호하여 명성을 얻었다. 그는 자본주의 이데올로기와 노동자들의 권익간에 심각한 분쟁이 있던 미국 역사의 한 시점에서 노동자들에게 노동조합을 형성할 것을 권했다. 이로 인해 그는 "사회복음의 아버지"가 되었다.

사회복음 신학은 고무된 교회들이 집이 없는 사람들을 먹이고, 가난한 자들에게 옷을 입히고, 혜택 받지 못한 자들을 교육시키는 프로그램들을 시작하고, 많은 다른 숭고한 대의명분들을 가지도록 했다. 그러나 그들의 대의명분들의 초점이 주된 목적이 되고 복음은 거의 제시되지 않음으로써 교회 프로그램은 사역에 대한 사회복음 접근법에 희생당했다는 말을 듣게 되었다.

두 가지의 관심사간에는 균형이 있어야 한다. 참으로 교회는 불신자들을 전도하라는 부르심을 받았을 뿐만 아니라 타락하고 필요가 있는 세상에서 그리스도의 성육신적 사역을 감당하라는 부름도 받았다. 즉 우리는 통전적으로 자신의 주위에 있는 사람들의 필요를 채우셨던 예수님의 본을 따라야 한다.

MICHAEL J. ANTHONY

참고문헌 | L. F. Cross and E. A. Livingston(1997), *The Oxford Dictionary of the Christian Church*; L. E. Towns(1995), *Evangelism and Church Growth*.

사회심리학(Social Psychology).
정체성 유질(Identity Foreclosure)을 보라.

사회인지이론(Social Cognitive Theory).
밴두라(A. Bandura, 1977)의 사회인지 이론은 사회적인 규범들이 학습될 수 있다고 단정한다. 즉 관찰학습이라고 불리는 인지와 행동 그리고 환경과정을 통하여 적절한 사회적 행위 내지는 부적절한 사회적 행위를 학습하는 것이다.

관찰학습은 모델링을 통해 전달된다(Bandura, 1977). 학습자는 반드시 (1) 모델의 행동을 관찰해야 하고, (2) 관찰된 것을 보유해야 하며, (3) 그 모델의 행동을 재생산할 수 있는 기술을 가지고 있어야 한다. 동시에 반드시 (4) 그 모델의 행동의 결과를 바람직하거나 강화시키는 것으로 간주해야 한다(Wren, 1991, 58). 모델의 행동을 보유하는 것은 가정하여 생각할 수 있는 능력과 함께 기호화의 과정을 통해서 이루어진다(Wren, 1991).

상벌과 같은 결과를 관찰함으로써 행동은 강화되며 이러한 강화는 다시 행동을 강화시키는 정보와 동기를 부여한다. 학습자가 관찰하는 상 내지는 벌은 행동을 억제시키거나 그 억제를 일시적으로 중지시키는 사회적인 신호이다(Bandura, 1977).

모델들은 학습자에게 사회적 신호 내지는 사회적 자극을 제공하기 때문에 행동을 변화시키는 데 영향력을 끼칠 수 있다. 모델의 지위가 높으면 높을수록 그의 신호 기능은 더욱더 향상된다(Bandura, 1977, 1986).

바람직한 활동들을 거듭 거듭 보여주고, 관찰자들에게 그 행동을 따라하라고 지도하며, 실패할 때 그들에게 말을 통해 그리고 육체적으로 자극한다. 그런 다음 그들이 성공하면 상을 주는 모델은 결과적으로는 원하는 행위를 하게 만들 수 있을 것이다(Bandura, 1986, 69). 목회자, 지도자, 부모 그리고 동년배는 모델로 작용하는 예들이다.

모델링은 많은 영역에서 도움이 된다. 예를 들어, 적절히 성역할 정보를 학습하는 가정이나 학교에서의 자녀들에게 모델링은 정보의 주된 전달자이다. 사회인지이론은 직간접적인 경험들의 인지과정을 통해 아동들은 자신들의 성정체성을 알게 되고, 성역할에 대한 상당한 지식을 얻게 되며, 어떤 종류의 행동들이 자기 자신들의 성에 적절한 것으로 여겨지는지에 관한 규칙들을 끌어낸다(Bandura, 1986, 97).

성역할의 모델링만으로는 개인으로 하여금 모범을 보여준 것을 받아들이게 하지는 못한다. 어떤 자질들이나 역할에 대한 평가 그리고 그러한 것들을 받아들이려고 하는 열성은 사회가 그것들에 부여하는 가치에 의해 강한 영향을 받는다(Bandura, 1986, 97). 아동들은 사회의 대표자들로서 여겨질 수 있는 그들의 교사들의 신념들과 자세들에 의해 주로 영향을 받기 때문에 교실에서 전달되는 가치들이 가정에서 세운 표준과 일치하는 것이 중요하다.

청소년들 또한 모델링을 통하여 학습한다. 지역사회 즉, 학교와 교회 그리고 이웃을 통하여 모델링은 청소년이 의사결정과정의 일부분으로 사용하는 가치관을 제공한다. 다시 말하면, 학교 상황이 용인되는 행동을 전달하는 데 중요하다. 또한 대중 매체는 특별한 영향력을 가진다. 십대들은 주로 역할 모델의 영향에 의해 자신들의 목표를 결정한다.

또래의 영향은 동년배의 압력이 청소년들간에 학대 행위 내지는 모험을 감수하는 행동을 감행하게 하는 중요한 요인이라는 접근법에 기초한다. 십대들에게 거절과 대처 기술들을 가르치는 것이 효과적인 예방법이다. 예를 들어, 어떻게 순결을 유지하는지를 가르쳐주는 사회예방 프로그램은 흡연과 같은 다른 위험한 행동들을 줄이기 때문에 십대의 임신을 줄이는 데 크게 성공하고 있다(RotheramBorus, Mahler, & Rosario, 1995). 지배적인 사회적 규범들을 어기는 행위는 사회적인 책망 내지는 다른 벌을 받게 되지만 사회적으로 가치 있는 것으로 여겨지는 규범들을 실천하는 행동은 용인되고 보상을 받는다(Bandura, 1992, 108). 개인적인 변화는 여러 가지 사회적인 영향들 안에서 생겨난다. 그 성격에 따라 사회적인 영향력들은 개인적인 변화에 대한 노력을 돕거나 제지하든지, 그렇지 않으면 방해한다(Bandura, 1992, 108). 책임 있는 행동을 포함한 영역에서 사회인지에 도움이 되는 환경으로는 또래 지원과 효과적인 대처 기술들을 보이는 지도자들 그리고 강화로서의 보상 체제가 포함된다(Rotheram-Borus et al., 1995).

교회 상황에서 긍정적인 또래들의 압력은 기독교 가치를 강조하는 십대 프로그램에 매우 효과적이다. 책임에 초점을 맞추는 제자훈련 혹은 소그룹은 십대가 성경적인 원리들과 반대되는 자신들의 삶의 양식에 대해 생각하게 만든다. 그 결과 자신들에게서 또래들에게 받아들여질 수 없는 것을 찾도록 도와준다. 정직한 나눔과 일기 쓰기 그리고 함께 하는 시간이라는 선물을 줌으로써 자신들의 헌신을 보이는 팀 또는 십대 리더들과 함께 일하는 것은 선한 행위를 강화시키는 방법들의 예들이다.

LAVERN A. TOLBERT

참고문헌 | A. Bandura(1977), *Social Learning Theory*; idem(1986), *Social Foundations of Thought and Action*; M. J. Rotheram-Borus, K. A. Mahler, and M. Rosario, *AIDS Educatiln and Prevention* 7(1995): 320 - 36; T. E. Wren(1991), *Caring about Morality*.

참조 | 관찰학습(OBSERVATIONAL LEARNING)

사회진화론(Social Darwinism).

생물학적인 진화를 사회발달의 원리로 확대시킨 19세기 후반과 20세기 초에 표현된 사회 철학. 부적절한 것은 제거되는 자연 속의 자연 선택과 마찬가지로 사회적 선택이 작용한다고 믿는다. 즉 사회진화론의 기본적인 원리는 오직 가장 강한 자들만 살아남는다는 것이다. 이러한 믿음은 정부의 개입을 제한하고 빈자들과 약자들을 위한 구제를 삼가는 것을 포함하는 자유방임의 자본주의를 위한 논리로 사용된다. 또한 개인주의, 개인의 권리, 이기심 그리고 심한 경쟁이 합법화된다. 사회진화론은 사회주의와 대조를 이룬다.

이름이 나타내는 것과는 달리 찰스 다윈(1809-1882)과 "사회진화론" 사이의 관련은 거의 없다. 1852년 다윈의 『종의 기원』(*The Origin of Species*)이 나오기 7년 전에 영국 사회철학자 허버트 스펜서(Herbert Spencer, 1820-1903)는 사회의 발달과 유기체의 발달을 비교했다. "적자생존"이란 용어를 사용한 사람은 스펜서이며 다윈은 "자연선택"의 훨씬 더 미묘하고 복잡한 개념을 사용했다. 다윈은 실제적으로 사회진화론과 상당히 반대되는 사회적, 윤리적 결론들을 설명했다(Heyer, 1982, 18). 존 듀이는 스펜서의 입장보다는 다윈의 입장을 더 자연스럽게 받아들였다. 듀이에게 사람들은 물리적인 환경뿐만 아니라 사회적인 환경 속에 살고 있다. 그룹생활은 안전을 제공함으로써 생존에 대한 욕구를 진작시키는 경향이 있다는 것이다. 듀이는 경쟁윤리를 사회에 적용시키려는 스펜서의 노력을 거부했다(Gutek, 1974, 111-12). 스펜서는 미국에서 인기가 있었으며 윌리엄 그레이함 섬너(William Graham Sumner, 1849-1910)와 레스터 워드(Lester F. Ward, 1841-1913)와 같은 미국인 사회학자들은 사회진화론의 변형들을 계발시켰다.

섬너는(1963) 생존에 두 가지 영역이 있다고 주장했다. 첫째, 인간들은 우리의 필요들을 공급하기 위해 자연과 경쟁한다("생존에 대한 경쟁"). 그러나 자연은 일반적으로 모두에게 돌아가는 충분한 공급을 못하기 때문에 사람들은 제한된 자원을 위해 서로 간에 "삶의 경쟁"을 해야 한다. 경쟁의 일부분은 그룹 내에서 일어날 뿐만 아니라 불가피하게 그룹들간의 전쟁도 일어난다. 사회진화론은 20세기의 나치주의자들이나 다른 사람들에 의해 자행된 정부가 후원한 대량 살상을 위한 합법적인 이데올로기로 사용되었다(Rubenstein, 1983, 85).

사회진화론은 인간의 상태를 어느 정도는 맞게 설명한다. 그러나 그 처방은 모든 면에서 하나님의 나라와 대조를 이룬다. 산상수훈에서(마 5-7) 예수께서는 자비로운 자들을 칭찬하셨고, 자선가들을 인정하셨고, 논쟁을 좋아하고 탐욕스러운 사람들에게 경고하셨으며, 하나님의 능력은 다양한 수단들을 통하여 모든 사람들의 필요를 공급하는 데 제한받지 않는다는 사실을 가르치셨다. 그러나 사회진화론은 하나님의 섭리와 이웃을 네 몸과 같이 사랑하라는 성경적인 명령을 고려하지 않고 있다.

PAUL BRAMER

참고문헌 | P. Heyer(1982), *Nature, Human Nature, and Society*; G. L. Gutek(1974), *Philosophical Alternatives in Education*; W. G. Sumner(1963), *Social Darwinism: Selected Essays*; R. R. L. Rubenstein(1983), *The Age of Triage*.

삶의 단계/성인기(Stages of Life/Adulthood).

21세기에는 중년기에 있는 사람들이 미국 인구의 주류를 이룰 것이다. 미국 성인들의 학습습관들과 관련된 몇 가지의 사회 변화들은 즉 순차적인 삶의 계획들에서 혼합된 삶의 계획들, 상승하는 교육열, 학점 학습, 비학점제 학습, 변화하는 직업유형들, 레저의 증가, 여성들의 역할 변화 그리고 기회 균등이 있다.

학습그룹으로서 성인들은 아동들 및 청소년들과는 매우 다르다. 그들은 수년간의 경험을 가진 학습자들로서 학습환경에 참여한다. 어떤 경우든지 그들의 학습 자세는 삶의 두 기본적인 단계에 있는 다른 사람들보다 상당히 더 고무되어 있다. 그 이유는 그들은 학습 상황에 훨씬 더 많은 자발성과 자원함을 가지고 오기 때문이다. 성인들은 학습 경험들이 관련성이 있어야 하고 단순히 교육을 위한 교육을 위해 노력을 해서는 안 된다는 사실을 분명히 이해하고 있다. 그러므로 성인교육에 대한 동기부여는 소위 "소유권"과 불가분의 관계를 가진다.

성인교육학(성인들을 가르치는 예술과 학문)에서 현재 사용되고 있는 많은 교육적인 원리들 중에는 두 가지 눈에 띄는 원리가 있다. 첫 번째는 '성인들은 자신들이 주도적으로 학습한다'는 사실이다. 즉 그들은 학습하고자 하는 내적 갈망을 올바르게 분출하는 독립적인 사람들이다. 두 번째 원리는 '성인들은 주어진 주제를 학습하는 것의 중요성을 알기를 원한다'는 것이다. 학습은 목적이 아니라 수단의 역할을 하기 때문에 많은 사람들은 자신들을 아동들처럼 대하는 학습 상황들에 대해 분개한다.

멕켄지(McKenzie, 1982)는 우리에게 성인들에 대한 연구가 사실 얼마나 오래되었는지를 상기시켜 준다.

성인기는 아동기의 "발견" 가운데서 은연중에 "발견"되었다. 철학 사상사에서 많은 유명한 사람들이 포괄적인 용어들로 아동들에 대해서 썼지만 학문적인 전문분야로서의 아동심리학은 1세기도 채 안 되었다. 19세기 말기에 아동기에 주어진 관심과 유사한 체계적인 연구라는 학문적인 측면에서의 성인기에 대한 관심은 19세기 중엽에 아돌프 퀘텔레트(Adolf Quetelet)에 의해 시작되었다(46).

더 포괄적인 범주 내에서 에토니(Ettoni)는 에릭슨(Erikson)의 "인간의 여덟시기"(Eight Ages of Man; *Childhood and Society*〈아동기와 사회〉를 통해 알려진 인간발달의 여덟 단계를 말한다-역주) 부분을 이어간다. 그들 중 절반은 정체성 대 역할 혼동의 전이 연령으로 시작되는 성인 그룹에 적용된다(〈청소년 말기/청년들〉, 생산 대 정체의 연령

〈중년 성인기〉, 자아통합 대 절망〈노년 성인기〉)(Gangel & Wilhoit, 1993, 84-85).

KENNETH O. GANGEL

참고문헌 | K. P. Cross(1981), *Adults as Learners*; K. O. Gangel and J. C. Wilhoit(1993), *The Christian Educator`s Handbook on Adult Education*; M. S. Knowles(1970), *The Modern Practice of Adult Education*; L. Mckenzie(1982), *The Religous Education of Adults*; C. M. Sell(1991), *Transitions through Adult Life*.

삽화적 기억(Episodic Memory).

'삽화적 기억'이라는 용어는 인지학습 이론인 정보진행이론(Information Process Theory, IPT)에서 왔다. 정보진행 이론은 컴퓨터 비유를 사용해서 인간이 의미 있는 기억을 저장하는 것을 설명한다. 감각기관을 통해 받아들이고 신경계에서 전기 화학적 변이를 통해 전수되고 단기 기억력으로 진행된 정보는 세 가지 유형의 장기 기억력으로 기호화된다. 이 세 유형들이 절차적(procedural), 의미론적(semantic) 그리고 삽화적(episodic) 기억이다. 삽화적 기억은 사건들을 개인적 경험의 이미지로서 저장한다. 이러한 이미지들은 그것들이 일어난 시간과 장소를 바탕으로 하여 체계화된다. 삽화적 기억은 우리 내면의 자서전과 같이 우리 삶의 영화 필름이나 비디오테이프처럼 여겨진다. 어제의, 지난 주의, 몇 년 전의 기억을 되살리는 능력은 삽화적 기억을 재생하는 것에 달려 있다. 당신이 1학년 때 교실을 기억하는가? 쉬는 시간을 보내던 운동장을 기억하는가? 어릴 때 살던 집을 기억하는가? 그때 방을 어떻게 장식했었는지 기억하는가? 이와 같은 이미지들은 시간과 공간에 연결되어 있다.

삽화적 기억에 저장된 정보는 종종 재생하기가 어려운데 그 이유는 한 일화가 특별히 중요하지 않는 한 나중에 저장된 기억들이 어릴 때 기억들을 방해하기 때문이다. 케네디 대통령의 암살 소식이 발표되었을 때 나는 고등학교 11학년 기하학 교실에 있었다. 그 사건은 내 기억 속에 지울 수 없이 기호화되었다. 의미론적 기억은 사실들과 개념들과 수학 공식과 같은 사고 진행과정들을 저장하고, 절차적 기억은 구두끈 매기나 스키 타는 법 등과 같은 구체적인 심리동작 기술을 저장한다.

RICK YOUNT

참고문헌 | P. D. Eggen and D. Kauchak(1992), *Educational Psychology: Classroom Connections*; N. A. Sprinthall, R. C. Sprinthall, and S. N. Oja(1994), *Educational Psychology: A Developmental Approach*, 6th ed.; W. R. Yount(1996), *Created to Learn: A Christian Teacher`s Introduction to Educational Psychology*.

상담(Counseling).

대부분의 기독교 역사에서 지칭하는 상담, 또는 목회적 돌봄(pastoral care)이란 교부시대부터 현재까지 목회자 사역의 핵심이 되어왔다. 20세기가 되기까지 목회자들은 이 중심 사역의 과제를 6세기 그레고리 대제의 업적이며, 아퀴나스(Thomas Aquinas)와 휴(Hugh of St. Victor), 루터(Luther), 쯔빙글리(Zwingli), 백스터(Richard Baxter), 에드워즈(Jonathan Edwards), 웨슬리(John Wesley) 등이 보충한 목회적 돌봄(pastoral care)을 통해 이해해 왔다. 이 고전적 견해에는 심신이 병든 사람을 위한 기도와 죄의 고백을 들어주는 것, 사면(absolution: 천주교에서 행하는 사면의식-역주)의 성경적 적용, 훈계와 위로해 주기, 실생활에 성경말씀 적용해 주기 등을 포함한다. 그러나 현대 기독교 이론가들은 이 고전적 목양의 견해로부터 멀어져서, 프로이트 이후에 일어난 새로운 심리치료라는 조명 하에 재해석되기 시작했다.

1950년대에 주요 개신교 목회신학자들이 "목회적 돌봄"(pastoral care)과 "목회 '상담'"(pastoral counseling)을 구분했다. 목회적 돌봄이란 교인들을 양육하고 격려하는 활동범위를 지칭하고, 목회상담은 목회자와 문제를 가진 사람 사이의 관계의 좁은 의미로 규정된다. 전후에 일어난 목회상담 운동으로 새로운 서적과 학술지 출판이 흘러넘치게 되었다. 특별히 힐트너(Seward Hiltner), 클라인벨(Howard Clinebell), 오우츠(Wayne Oates), 와이즈(Carroll

Wise), 존슨(Paul Johnson) 등의 저술들이 유명하다. 이와 같은 선도적인 이론가들은 프롬(Eric Fromm)과 로저스(Carl Rogers) 같은 신프로이트 학파의 내담자 중심 치료법에 큰 영향을 받았다. 그 중심 주제는 자기실현(self-realization)과 수용(acceptance)이다. "수용"해 주는 사람으로 그리고 내담자가 압제적인 사회기구와 대면하여 "자기수용"을 성취하도록 도와주는 사람으로서 목회상담자의 역할을 강조했다. 특히 로저스의 방법은 간단한 상담기술을 제공하여 신학대학원의 교육과정에도 알맞았다.

치료적 언어가 신학적 언어를 대체했다. 심오한 인문주의적 전망으로 인간잠재력 운동이 중심무대에 오르기 시작했다. 목회상담운동의 지도자들이 인문주의 심리학의 결실들을 지켜보면서 그들의 첫 열정을 제한하기 시작했다. 자기실현과 영적 성숙 사이의 틈이 점점 넓어져갔다.

보수적인 복음주의적 개신교도들은 목회상담 운동을 날카롭게 비난하는 경향이었다. 복음주의 지도자들이 선도하여, 그 시대의 치료적 언어를 쉽게 수용하여 성경의 권위를 손상시키는 개신교도들을 혹평했다. 그러나 1970년대, 헌터(James Hunter)가 그의 방대한 연구를 통해, 복음주의자들 자신이 비난하던 개신교 중심세력과 자유주의자들의 발자국을 따르고 있다는 사실을 보여주었다. 그들은 엄청난 열정과 그리고 때로 빈약한 신학적 비평으로 치료적 가치들과 언어를 포용하여 자기실현과 수용, 심리학적 균형을 사용하게 되었다.

초기 목회상담운동으로부터 일반적인 형식을 도입한 상담은 수많은 복음주의 목회자 사역의 많은 부분을 차지한다. 훈련 프로그램들과 파라처치(Para-Church; 복음과 사회복지에 종사하는 기존 교회 외부에 존재하는 기독교 사회단체 혹은 기관-역주) 상담센터들이 급격히 증가했다. 실제로 1980년대에 이르러 기독교상담분야가 교회생활로부터 구분되고 멀어져 독립된 영역을 이루었다. 전문적 표준들과 기관들, 자격증과 비용 등을 통해 기독교상담이 전문분야로 수립되었다. 목회적 돌봄이라는 전통적 부담의 많은 부분이 교회로부터 상담센터로 이동해 갔다.

복음주의 이론가들 모두가 성경의 영감과 권위에 대한 높은 견해를 지지하는 반면, 그들은 "성경적 상담"(biblical counseling)의 본질과 목적에 대한 긴장에 직면했다. 최소한 세 가지 서로 다른 방법들이 나타났다. (1) 아담스(Jay Adams)가 제창한 "권면적 상담"(nouthetic counseling: "상담", "훈계", "권면"을 뜻하는 헬라어 뉴테시아에서 유래된 말로, 미국의 "미국권면적심리학회"〈American Nouthetic Psychology Association〉는 성경만이 유일한 신앙과 실천의 자원이라는 이론 아래 상담에 임하는 기독교상담방식이다-역주)은 직접적이고 권면하는 스타일을 수용하고 심리치료 이론을 거절한다. (2) 콜린스(Gary Collins)가 윤곽을 만든 "제자화 상담"(discipleship counseling)은 심리치료적 접근과 대화에 개방적이다. 그리고 (3) 크랩(Lawrence Crabb)으로 대변되는 통합적 접근법(integrational approach)이 있다.

1980년대와 특히 1990년대에 기독교상담운동이 구 중심세력이나 최근의 복음주의자들 사이에서 신학적 뿌리를 깊이 내릴 필요가 있으며, 기독교 전통의 고전적 자료들이 사용되어야 한다는 점이 인식되었다. 교회생활의 문맥 속에서 평신도 지도자를 훈련하는 일에 보다 큰 중점을 두기 시작했다.

1990년대 중반, 복음주의자들 사이에 영향력 있는 상담 이론가이며 실천가인 크랩은 기독교상담이 그 핵심 청중인 신자들에게로 돌아가야 한다는 논쟁적인 경종을 울렸다. 다수의 기독교상담의 소외된 임상적 배경에 날카로운 질문을 던지면서 크랩은 기독교공동체 내부의 "eldering"(나이든 노년의 사람들의 지혜와 경험을 나누며 돕는 것을 말함-역주)을 부흥시킬 필요가 있다고 제창했다.

21세기가 열리면서 기독교 상담이 고전적인 목회적 돌봄, 즉 기도와 참회, 성경적 교훈을 다시 실천하기 위해 치료적 심리학적 토대를 바로잡으며 "목회적 돌봄"의 뿌리로 돌아가고 있다.

HOLLY ALLEN

참고문헌 | J. Adams(1979), *More Than Redemp-*

tion: A Theology of Christian Counseling; H. Clinebell(1984), *Basic Types of Pastoral Care and Counseling: Resources for the Ministry of Healing and Growth*; G. Collins, ed.(1980), *Helping People Grow: Practical Approaches to Christian Counseling*; L. J. Crabb, Jr.(1997), *Connecting: Healing Ourselves and Our Relationships-A Radical New Vision*; H. E. Fosdick(1960), *The Ministry and Psychotherapy: Pastoral Psychology*; E. B. Holifield (1983), *A History of Pastoral Care in America: From Salvation to Self-Realization*; J. D. Hunter(1983), *American Evangelicalism: Conservative Religion and the Quandary of Modernity*; T. C. Oden(1984), *Care of Souls in the Classic Tradition*; A. Outler(1954), *Psychotherapy and the Christian Message*; P. Vitz(1994), *Psychology as Religion: The Cult of Self-worship*.

상담/권면적 상담(Nouthetic Counseling).

상담은 그리스 어원에 기초를 두는데, 이는 영어 신약성경에 "권면하다"(noutheteo)로 번역된다. 이 영어 단어는 완전하게 그리스 용어를 설명하기에는 부적절하다. "권면하다"(noutheteo)는 성경의 진리에 직면하는 것을 포함한다. 로버트슨(A. T. Robertson)은 어떤 사람의 "지각 안으로 놓는 것"으로 바꾸어 말한다. 권면적 상담은 내담자 내면에 극복되어야 할 장애와 변화로의 욕구를 전제한다.

권면적 상담가들은 성경이 무오할 뿐 아니라 매일의 삶의 인생문제를 대처하기에 충분하다고 믿는다. 이 견해를 지지하는 성경구절은 시편 19편 7-9절과 시편 119편이다. 이 견해는 히브리서 4장 12절, 디모데후서 3장 16-17절 그리고 베드로후서 1장 3절과 같은 핵심구절들에서 명확하게 제시된다.

타인이 성장하고 궁극적으로 하나님께 영광을 돌리게 하는 사랑과 관심은 권면적 상담의 중요한 동력이다. 권면적 상담가들은 성경의 진리로서 죄와 직면하는 것이 절대적이라고 믿는다. 이 지시적인 접근은 사랑 안에 진리를 말하는 성경의 계명을 진지하게 받아들인다.

이러한 균형은 성경본문 사도행전 20장에서 발견된다. 바울이 예루살렘으로 되돌아가고 있을 때 그는 에베소의 장로들을 청하였다. 이들의 감동적인 모임에서 설교하는 바울의 진술은 이러하다. "내가 삼년이나 밤낮 쉬지 않고 눈물로 각 사람을 훈계하던(noutheteo) 것을 기억하라"(20:31). 좀더 앞에서 바울은 "이는 내가 꺼리지 않고 하나님의 뜻(the whole counsel of God)을 다 너희에게 전하였음이라"(27절)고 언급하였다. 바울은 하나님의 진리를 부끄러워하지 않으면서 사랑과 관심으로 행하였다. 위 성경본문의 일례는 37절과 38절에 권면적 대면을 나타내는 강한 사랑을 보여준다. "다 크게 울며 바울의 목을 안고 입을 맞추고 다시 그 얼굴을 보지 못하리라 한 말을 인하여 더욱 근심하고 배에까지 그를 전송하니라." 세상에 있는 동안 예수님은 죄에 대해 직면하는 것을 주저하지 않으셨다. 또한 그는 가장 중요한 계명이 하나님을 사랑하고 네 이웃을 사랑하는 것이라고 가르쳤다(마 22:37-40). 예수님의 예를 따르는 것이 권면적 상담의 임무이다.

JOHN E. BABLER

참고문헌 | J. E. Adams(1972), *Competent to Counsel*; H. R. Brandt and K. Skinner(1995), *The Word for the Wise: Making Scripture the Heart of Your Counseling Ministry*; J. R. MacArthur Jr. and W. A. Mack(1994), *Introduction to Biblical Counseling: A Basic Guide to the Principles and Practice of Counseling*.

상담자(Counselor). 사례 대변인(Case Advocate)을 보라.

상대주의, 종교와 기독교교육(Relativism, Religion and Christian Education).

상대주의는 어떤 절대적 참고대상이나 어떤 것을 그 자체로 알 수 있는 가능성에 대해 부인하는 철학적 관점이다. 상대주의는 한 사람의 지식과 가치관, 즉 바른 것과 틀린 것, 옳은 것과 그른 것, 선한 것과 악한 것을 받아들이는 것은 개인의 인식과 상황에 따른 주관적인 것이라고 주장한다. 인식과 상황은 장소에 따라서, 시간에 따라서, 개인에 따라서 또한 문화에 따라서 달라지므로, 상대주의는 보편적 판단이 없다고 결론짓는다. 상대주의가 다원주의와 연관성이 있지만 그 두 가지를 혼동해서는 안 된다. 다원주의는 사회적 실재이며 정치적 입장으로서 차이들, 특별히 인종적, 문화적, 종교적 차이들을 인식하고 차이점이 존재할 수 있는 권리를 주장한다.

상대주의적 관점(종종 회의주의와 동일시되기도 함)은 철학적으로 긴 역사를 가지고 있다. 이것은 근대 데이비드 흄(David Hume, 1711-1776)의 개념, 즉 우리는 감각을 통해 입력된 정보를 근거로 인식한 것에 의해서만 알 수 있다는 생각이 있기 전까지는 소수의 관점이었다. 후에 임마누엘 칸트(Immanuel Kant, 1724-1804)는 인간정신이 감각적 인식을 위한 본질적 범주들을 가지고 있다고 주장함으로써 상대주의로부터 과학을 보호하려 했지만, 하나님을 포함한 비물질적인 어떤 것을 알 수 있는 능력은 부인했다. 물리학에서 앨버트 아인슈타인(Albert Einstein, 1870-1955)의 상대성 이론은 "모든 것은 상대적이다"라는 대중적 개념을 퍼뜨렸다. 그러나 한편, 실제 그의 이론은 빛 속도의 불변을 포함하고 있다.

오늘날 상대주의적 관점은 세속적 사회에 깊이 스며들어 있다. 조지 바나(George Barna)에 의한 1994년 미국의 한 통계에 따르면, 응답자의 72%는 다음의 표현에 동의했다. "절대적 진리는 없다. 두 사람은 완전히 대조적인 방식으로 진리를 정의할 수 있으며, 이 둘은 모두 맞을 수 있다"(Barna, 1994, 15-56). 알렌 블룸(Allan Bloom)은 "교수가 어떤 절대적인 확신을 가진다는 것은 별개의 문제이다. 대학에 들어간 대부분의 학생들은 진리는 상대적이라고 믿거나 말한다"는 사실을 관찰했다(1987, 25). 그러나 많은 사람들은 상대주의의 근거들, 내적 모순들, 함축들, 혹은 결과들을 거의 인식하지 못한 채 선택적으로 그것을 빈번히 적용하고 있다.

상대주의는 사고의 많은 영역들에서 작용하고 있다. 형이상학적 상대주의는 성경에 묘사된 영원한 하나님을 포함한 어떤 객관적 절대자도 부인한다. 인식론적 상대주의는 유한적이고 조건적이며 개인적인 인간에서 출발하여 절대적 진리를 알 수 있는 능력을 부인한다.

문화적 상대주의는 문화들이 서로 많은 방식으로써 다르다는 분명한 인식을 지닌다. 문화적 상대주의는 문화들이 각각의 가치관과 필요에 의해 형성되었고 이것은 존재하지 않는 절대적인 어떤 다른 문화의 기준들에 의해서 평가될 수 없다고 생각한다. 즉 어떤 그룹이 어떤 행동이 옳다고 믿는다면 그 행동은 그들에게는 옳은 것이지만 그것을 도덕적으로 판단하여 정당화할 수는 없다. 문화적 상대주의는 과거 미국 남부에 존재했던 노예제도나, 고대종교에서 인간을 제물로 바치던 제사나, 나치의 대량학살, 혹은 남아프리카공화국의 인종차별정책 같은 것을 비난할 근거가 없는 것이다.

윤리적 혹은 도덕적 상대주의는 문화적 상대주의와 연관된다. 가치체계에 대한 절대기준의 개념은 거부된다. 즉 십계명 같은 절대적 명령들을 부정한다. 가치체계들은 개인, 상황(상황윤리), 혹은 개인이 활동하는 문화에 따라 상대적인 것이다. 이 입장에 중요하게 포함되어 있는 것은 문화적으로 받아들여져서 행해지는 것을 비도덕적이라고 판단하는 것의 불가능성, 도덕적 진화사상의 환상, 여론에 의한 도덕의 중재 그리고 문화적 범주를 한정하는 것 등이 있다.

종교적 상대주의는 문화적 상대주의의 또 다른 변형이다. 칸트(Kant)는 종교의 초월적 차원은 입증될 수 없고 기껏해야 개인적이고 사적인 경험으로 받아들여질 수 있을 뿐이라고 주장했다. 종교가 판단되거나 비교될 수 있는 외부적인 혹은 절대적인 참조대상이 없으므로, 사람들은 자신들이 원할 경우 그들에게 최고로 보이는 것을 선택할 수 있는 위치에 있게 된다.

기독교신앙의 변증가들은 상대주의가 모더니즘과 포스터모더니즘의 사람들이 기독교신앙과 삶을 받아들이게 하기 위해서 반드시 다루어져야 할 사고체계 중의 하나라는 견해를 가진다. 기독교인들은 정보를 받아들이는 기능성, 정보처리능력, 지식의 대상에의 접근성, 위치, 공간, 시간 등에서의 한정성으로 인해 인간의 지식은 제한적이라는 것을 인식한다. 우리는 많은 것들의 "상대주의적 상대성"을 인식하고, "우리는 오직 부분적으로만 안다"(고전 13:9)는 것을 받아들이지만, 프란시스 쉐퍼(Francis Schaeffer, 1972)가 말한 것처럼 "참된 진리"를 알게 될 것이라고 주장한다. 우리는 진리의 중심이 무한하시며, 영원하시고, 인격적인 하나님으로서 그분은 우주를 창조하셨고 인류에게 도덕법들을 알려주셨으며, 역사 속에서 구속적으로 행하셨으며, 모든 피조물의 심판자가 되심을 믿는다.

기독교교육은 상대주의의 논리에 주의를 기울일 뿐 아니라 이것의 경향까지 설명해야 한다. 대부분의 사람들은 상대주의가 다른 관점을 용납하기 때문에 매력을 느낀다. 상대주의적 사고는 "예수님이 하나님께로 나아가는 유일한 길이다"와 같은 주장이나 사람들의 마음을 바꾸려 설득하는 것을 온당치 못한 것으로 간주한다. 기독교교육자들은 모든 사람들을 존중하며, 그들이 자신의 관점을 말할 수 있도록 하고, 그것을 공감적 태도로 들으면서, 한편으로는 그들에게 성경의 진리를 사랑으로 도전해야 한다. 우리는 상대주의의 빈약함에 굴복됨이 없이 타당성과 개인적 의미를 역설할 수 있고 또한 그렇게 해야만 한다.

PAUL BRAMER

참고문헌 | G. Barna(1994), *Virtual America*; A. Bloom(1987), *The Closing of the American Mind*; F. Schaeffer(1972), *He Is There and He Is Not Silent*.

참조 | 흄, 데이비드(HUME, DAVID); 칸트, 임마누엘(KANT, IMMANUEL); 종교철학(PHILOSOPHY OF RELIGION); 포스트모더니즘 (POSTMODERNISM)

상상력(Imagination). 상상력은 다음과 같은 엉뚱한 생각들에 활기를 불어넣는다. 녹색 계란과 햄! 모자 속에 고양이! 나니아(Narnia)로 가는 옷장! 신비함, 새로움, 창조력에 부착된 이것은 놀라움과 직관의 열린 자세이다. 상상력은 듣지 못한 것, 보지 못한 것 그리고 전에 접촉하지 않았던 것에서 창조적인 요소를 발견한다. 상상력은 들은 적도 없고, 보이지 않으며, 이전과는 관련 없는 것 속에서 창조적인 기운으로 발견케 해준다. 어반 홈스(Urban T. Homes, 1981)는 "상상력의 본성은 어떤 전제조건도 우리의 경험으로 가능하지 않아야 함을 요구한다"고 쓰고 있다(88). 그는 "세상 속에서 상상력을 갖는 그가 되라"는 말의 의미를 되찾기 위해 오늘날 사역을 위한 첫 번째 계획으로서 상상력 배양을 확인하고 있다. 형식적인 "인과관계의 선형논리"를 타파하고 직관력을 키움으로써 말이다(90).

상상력은 환상과는 구별된다. 환상은 현실과 사실의 영역에서 벗어나지만 상상력은 사실을 이용한다. 상상력은 육안을 만족시키는 것 이상의 직관에 작용하여 새로운 의미와 관점을 사실들 속에서 발견한다. 성경에는 단순하게 사실들을 말하는 것 이상의 상징들로 가득하다. 예를 들어, 장막 안에는 상징으로 가득하다. 이것은 단순히 출애굽할 때 도망가는 것을 연상시키는 것 이상이다. 그리스도인들은 "예수의 향기"(고후 2:15)이다. 그 향기는 가장 좋은 삶과 가장 나쁜 죽음을 떠올리는 향기이다.

아이들은 베일에 싸여있는 것을 넘어서 볼 수 있고 믿을 수 있는 개방성이 있어서 자연스럽게 상상력의 세계에서 꽃을 피우는 것처럼 보이지만, 자라가면서 표면상의 실재보다는 암시적 이미지를 볼 수 있는 능력은 희미해 진다. 우리는 상상력의 세계를 "믿음을 만드는 세상"이라고 부른다. X세대가 불경하게 영성을 추구함에 대한 도발적 제안으로, 톰 보드왕(Tom Beaudoin, 1998)은 X세대들과 연관을 가지기 위해 종교 안에서 상상력 재활용의 중요성을 언급하고 있다. 그는 스스로 X세대라고 쓰면서 "대중문화는 매우 이미지에 익숙해있고, 도상적(iconographic)이다. 과거 세대에게 문자가 이야기였던 것만큼이나 이미지는 뮤직비디오에서 사이버공간 그리고 유행까지 현세대의 이야기가 되고 있다. 상징물(icon)은 대중 문화에 널리 통용되고 있다"고 말한다(156). 상징물들은 영화에서나 유행 하는 "스타일"에서나 종교적 상황에서 나타나거나 어떤 방법이든지 간에 그 세대에게 시사하는 바가 있다. 이렇듯이 이러한 상징은 넘치도록 많은 의미를 제공하는데 이는 받는 사람들에게 상상력을 자극한다. "상상력은 하나님의 존재가 이 세상에 어떤 상징으로 표현되는지 무궁한 해석을 할 수 있도록 해준다"(156). 이 개념은 이야기 속의 상징물과 등장인물들을 통해 방대한 의미를 전달하는 수단인 이야기를 가지고 이 세대의 반응을 설명할 수 있게 한다.

성령의 새롭게 하심에 개방적으로 사는 경이감이 기독교교육과 가정에서 창조성과 신앙의 본질적 요소이다. 기독교교육은 사실에 바탕을 두고 구성되나, "하나님이 자기를 사랑하는 사람들을 위해 예비하신 것은 눈으로 보지 못하고 귀로도 듣지 못하고 마음으로도 생각지 못하였다"(고전 2:9) 와 같은 말로 우리를 설레게 하는 무한히 창조적인 하나님을 깊이 생각한다. 기독교교육의 사역은 상상력을 통해 힘을 얻는다.

JULIE GORMAN

참고문헌 | T. Beaudoin(1998), *Virtual Faith: The Irreverent Spiritual Quest of Generation X*; J. W. Berryman(1991), *Godly Play*; U. T. Holmes(1981), *Ministry and Imagination*.

참조 | 버스터 세대(BUSTER GENERATION); 창조성의 성경적 기초(CREATIVITY, BIBLICAL FOUNDATIONS OF)

상징주의(Symbolism). 추상적인 개념들을 표현하기 위한 구체적인 예들의 사용. 상징주의는 필요에 의해 유대 기독교교육 속에서 긴 역사를 가지고 있다. 상징을 통하지 않는다면 보이지 않고, 영적이며 그리고 만질 수 없는 분께서 어떻게 인류와 의사소통할 수 있겠는가?

성경은 하나님의 진리를 나타내거나 대변하는 상징적인 의미를 가진 볼 수 있고, 느낄 수 있으며, 구체적인 사물들의 예로 가득 차 있다. 구약의 장막/성막은 상징적인 수단들을 통해 하나님의 거룩하심과 피 제사에 대한 필요 등을 가르쳤다. 이스라엘의 축제와 절기의 주기는 하나님의 백성의 여호와 하나님에 대한 신뢰를 뜻했다. 선지자들은 하나님의 말씀을 전달하기 위해 구체적인 예들(예로 아모스의 다림줄)을 사용하였다. 예수께서는 깊은 영적 진리를 언급하기 위해 기술적으로 비유들을 사용하셨다. 예수께서는 본인의 가르침을 위해 실물교수가 된 기적들을 행하셨다. 또한 바울이 기독교인의 삶을 경주에 직유적으로 표현한 것과 같은 은유적 장치들은 성경 전체에서 발견되며, 교회사를 볼 때 십자가와 같은 상징들이 믿음을 고무시키기 위해 사용되어진 것을 명백히 확인할 수 있다. 상징주의는 기독교신앙을 가르치는 중요한 일부분이 되어왔으며 여전히 중요한 일부분이다. 그러므로 관건은 상징주의를 기독교교육에서 하나의 도구로 사용할 것이지 아닌지가 문제가 아니라 언제, 어떻게, 사용하느냐에 있다.

성인들과 많은 청소년들에게 상징주의와 추상적인 일반화는 성경적인 진리들을 이해하는 데 유익한 도구들이다. 상징주의는 좌뇌 학습에 적합한 하나님의 진리를 이성적, 합리적, 직선적 그리고 순차적으로 전하는 것을 보충해 주면서 설교 예문, 도형, 인간의 우뇌 기능을 사용할 수 있는 알레고리에 유익하다. 사실 어떤 어른들은 논리적인 설득, 분석적인 개요, 삼단논법 등을 통한 방법보다 구체적인 대조 내지는 비유를 통해서 하나님의 진리를 더 잘 이해할 수 있다.

기독교교육자들이 직면하고 있는 큰 논쟁은 아이들에게 상징주의를 사용하는 것이 적합한 것인지 그렇지 않은지를 둘러싼 문제이다. 한편 성령의 열매(갈 5장) 내지는 그리스도인의 전신갑주(엡 6장)와 같은 추상적인 개념들을 다루는 아동용 교육과정을 쉽게 찾을 수 있다. 또한 흔히들 말하는 실물 교안들 즉 『글없는 책』(*The Wordless Book*)과 "가스펠 매직"(Gospel Magic)은 상징주의에 의존한다.

거의 50년 전에 매리와 로이스 르바(Mary & Lois Lebar)는 아동교육에서 상징주의의 효과를 질문했다. 그들은 성경을 아동들에게 삶에서 구체적이고, 문자적이고, 직접 적용할 수 있는 것들로 가르칠 것을 제안했다. 비슷한 시기의 연구자였던 장 피아제(Jean Piaget)는 아동들은 11세에서 14세가 될 때까지는 추상적이고 이론적인 개념들을 처리할 수 없다고 주장했다.

현대 두뇌연구는 피아제의 발견들을 확증해 준다. 상징주의의 효과적인 이해에 요구되는 높은 수준의 사고능력은 오늘날 인간 두뇌의 전두엽에 위치하고 있는 것으로 알려져 있다. 이러한 전두엽이 후기 아동기에 성숙과정을 시작하기 때문에 더 어린 아동들의 추상적인 사고능력은 매우 제한되어 있다. 따라서 아동들 교육에 지속적으로 상징주의를 사용할 경우, 그 교육은 효과를 보지 못할 뿐만 아니라 가치 없는 교육이 된다.

DANIEL C. JESSEN

참고문헌 | J. M. Healy(1990), *Endangered Minds: Why Our Children Don`t Think*; idem(1994), *Your Child`s Growing Mind: A Parent`s Guide to Learning from Birth to Adolescence*; L. LeBar(1952), *Children in the Bible School*; J. Piaget(1954), *The Construction of Reality in the Child*.

참조 | 예전(LITURGY)

상향운동(Upward Bound).

상향운동은 1965년 고등교육헌장(HEA Title IV)에 의해 설립되었다. 이것은 "기아와의 전쟁"으로 알려진 법령의 한 부분이었다. 연방에 의해서 재정 지원을 받는 이 프로그램은 경제적으로 혜택을 누리지 못하는 학생들이 중등교육 후에 그들의 성공에 필요한 기술과 동기를 발견하도록 돕기 위해 만들어졌다.

상향운동 프로그램의 목표가 되는 대상은 13세에서 19세 사이의 청소년들이다. 이 프로그램의 수혜를 입기 위해서는 빈곤 수준의 150 퍼센트 이하에 속하는 저소득층 가정의 자녀이거나 그 가정에서 첫 번째 대학생이 될 사람이어야 한다. 모든 참여대상의 약 2/3가 두 가지 기준을 모두 만족시켜야 한다. 이 외에도 8년간의 초등교육을 마쳐야 하며, 대학에 진학할 계획이 있어야 한다. 또한 교사와 상담가로부터 추천에 의해 매년 500개가 넘는 프로그램 지역들에서 42,000명의 학생들이 상향운동 프로그램의 혜택을 받고 있다.

대부분의 프로그램들은 고등교육기관으로부터 후원을 받고 있다. 모든 프로그램들은 반드시 수학, 실험 과학, 외국어, 영어 그리고 작문을 가르쳐야 한다. 여기에 더하여, 이 프로그램들은 또한 학습 방법에서의 도움과 학과 상담, 개인지도, 재정 후원, 직업안내 등을 일반적으로 제공한다. 이 프로그램의 다른 요소들로는 다채로운 문화행사에의 참여, 여러 직업현장들을 견학하는 현장학습, 황무지 여행의 기회 등이 있다.

이 프로그램에 참여하는 모든 사람들은 학기 전반에 걸쳐 정기적으로 모여 강의와 상담, 조언 그리고 다양한 지원 등을 받는다. 이러한 활동들은 보통 주말이나 방과 후에 이루어진다. 상향운동 프로그램의 또 하나의 중요한 요소 중의 하나는 여름 활동에 있다. 이 프로그램은 5주에서 8주간에 걸쳐 숙박을 하며 이루어지는 것으로서 학생들은 일반적으로 학과 수업에 참여하고, 지역의 사업장들을 방문하며, 단기간에 집중적으로 여는 현장 실습에 참여한다. 정부의 보고에 따르면, 상향운동 프로그램은 참여자들의 읽기능력을 향상시키고 교육에 대한 기대를 높이는 등의 긍정적인 영향을 끼친다.

DOUGLAS BARCALOW

참조 | 국제기독교캠핑(CHRISTIAN CAMPING INTERNATIONAL); 야외 사역(OUTDOOR MINISTRIES)

상호작용의 학습(Interactive Learning).

교수내용을 교사와 학생이 함께 흥미를 끄는 방식. 그들은 학습의 관계적, 협력적, 대화적인 면을 강조한다. 상호작용 방식은 지적인 교사로부터 학생에게 정보의 흐름을 강조하는 전달방식과는 대조를 이룬다. 그 차이점은 학생이 회화, 작문, 혹은 신체활동을 통해 포함되는 표현에 의한 학습과 학생의 역할이 조용히 앉고, 관찰하고, 듣고, 배우기 위한 것이라는 인상에 의한 학습 사이에 있다(Mustazza. 56).

상호작용 학습방식의 원리는 증가하는 기억력, 다양한 학습유형, 향상된 사제관계, 풍부한 교실 경험을 들 수 있다.

DENISE MUIR KJESBO

참고문헌 | M. LeFever(1996), *Creative Teaching Methods*; C. Meyers and T. B. Jones(1993), *Promoting*

Active Learning; T. Schulz and J. Schulz(1993), *Why Nobody Learns Much of Anything in Church and How to Fix It*.

상황 고/저 의존집단(High/Low Context Groups).

상황 고(high-context)와 상황 저(low-context)는 현재 상황에 대한 민감성의 정도에 대해 개인적, 문화적 면에서 발견되는 차이점을 묘사하는 데 사용되는 용어이다.

교육자들은 개인이 각기 다른 방식으로 세상을 지각하고 배우며 그들이 배운 것을 보여준다는 사실을 받아들인다. 일반적으로 이러한 차이점은 초기 사회화 경험에 의해 영향을 받음으로써 수용된다. 조사는 특히 문화의 사회화 실제가 선수 학습에서 명확한 역할을 담당한다는 문화와 인지유형사이의 관계를 보여준다.

역사적으로 고/저 상황그룹의 정의는 인지유형이 독립적이거나 그렇지 못한 범위에서 조사되는 1950년대 동안 위트킨(Witkin)과 그의 동료에 의해 연구되었다. 의지영역 학습자는 상황 고로 보이며 독립영역 학습자는 상황 저로 간주된다. 상황 고 개인은 특히 실제적으로 일어나는 상황에 민감하다. 반면 상황 저의 개인은 직접 일어나는 상황보다 좀더 넓고 추상적인 주제에 흥미가 있다.

일반적인 특징은 학습자의 두 가지 유형으로 구분된다. 상황 저 학습자는 추상적, 분석적 사고에 좀더 기술적인 경향이 있으나 타인에 대한 감정에는 덜 민감하다. 또한 사회적 기술면에서는 덜 발전적이다. 그들은 종종 본질적으로 더 많이 자극되며 사회적 강화에 의해서는 덜 영향을 받는다. 반대로 상황 고 학습자는 사회적 환경에 많이 영향을 받으며 발달된 사회기술을 가지고 있다. 따라서 그들은 외부적으로 사회환경에 의해 좀더 자극되며 영향을 받는다.

상황 저 학습자는 거의 아무런 가치에도 민감하지 않으나 비평적 사고를 위한 기회에는 가치를 부여한다. 그들은 독립적으로 작용하며 학문적 과정보다는 좀더 사실적인 주제를 선호한다. 좌절은 자신들이 하고 있는 일의 목적을 이해하지 못하면서 사실로 표현된 의견을 듣는 일, 현재의 과업이 완수되기 전에 다른 과업을 맡으라고 요구받는 일 등의 모호성을 포함한다. 그들은 임무나 일이 범주화될 때 혹은 어떠한 종류의 체계가 이용가능할 때 방해를 받으며 일하는 것과 좀더 능률적이라고 느끼는 것이 어렵다는 것을 안다. 그들의 강점은 세부사항을 인지하며 특별함을 기억하고 일관성, 객관성, 정당성을 보여주는 능력이다(Tobias, 1994).

상황 고 학습자는 협력적 학습에 가치를 둔다. 그들은 현실 상황에서 학습되어지는 것을 시험하는 것에 기쁨을 느낀다. 관계는 임무보다 더 중요하다. 그들은 적당한 시기에 많은 것을 생각하며, 구조화된 체계를 통제하기가 어렵다는 것을 발견하며 만일 자신이 대답을 얻기 위해 노력을 보여주어야 함을 강요당한다면 좌절감을 느끼게 될 것이다. 그들의 강점은 큰 그림과 그들의 공정성, 즉시 6-7가지의 일들을 처리하는 능력, 관계에 대한 그들의 높은 가치를 보이는 것이다(Tobias, S. 1994).

학습자 상황은 상황 저 교사와 학습자, 상황 고 교사와 학습자 모두를 강화시킨다. 현실에서 이 두 가지 상황은 강화를 불러일으키며 현실학습 상황에 도전한다. 가장 효과적인 교수학습 상황은 상황 저의 학습자가 상황 고의 특징을 지닌 그들의 선호하는 유형과 균형을 맞추려고 노력하는 것이다. 상황 고의 교사와 학습자가 그들이 선호하는 유형과 상황 저 특징 사이에 균형을 추구하는 것도 같은 이치이다.

LILIAN J. BRECKENRIDGE

참고문헌 | T. Armstrong(1987), *In Their Own Way*; C. Fuller(1994), *Unlocking Your Child's Learning Potential*; H. Gardner(1983), *Frames of Mind: The Theory of Multiple Intelligences*; J. E. Plueddemann(1991), *Christian Education*; C. U. Tobias(1994), *The Way They Learn*; L. V. Williams(1983), *Teaching for the Two-Sided Mind: A Guide to Right Brain/Left Brain Education*.

상황/교육과 사역의 상황(Context in Teach-

ing and Ministry). 언어학적 주요 어원과 함께, '상황'(상황, 배경, 문맥〈context〉)이라는 용어는 인류학과 신학과 인지심리학에 그 기원을 둔다. 문법적으로는 문맥이란 구체적인 단어나 구절과 직접적으로 닿아 있는 내용이다. 라틴어 '콘텍세레'(contexere)는 '함께 짜다', '연합하다', 또는 '구성하다' 라는 뜻으로서 특정한 부분과 전체가 서로 연결되어 있는 것을 가리킨다.

1. 사회문화적 상황. 신체적, 사회적, 문화적 상황은 학습과 행동이 형성되고 해석되는 배경을 제공해 준다. 서로 다른 문화적 상황은 동일한 행동에 상반되는 의미를 부여하기도 하고, 한 문화 안에 학습자의 위치가 상황에 영향을 주기도 한다. 예를 들면, 한 사회 그룹의 주변인은 그 그룹의 주요 인물과는 다른 배경을 가질 수 있다. "사회 문화적 견고성"(sociocultural tightness)이라는 개념은 문화적 배경의 높고 낮음 사이를 구분한다. 고급 문화적 배경의 사람들은 저급 문화 배경의 사람들보다 사회 주변환경에 더 민감한 경향이 있다. 고급, 저급 문화적 배경은 또한 시간이나 사회적 관계성, 합리화 과정과 의사교환에 있어 대조적인 경향이 있다. 고급배경의 문화들은 전형적으로 느슨한 시간표와 다양하고 동시적인 활동으로 기능하고, 직관적 합리화과정이 지배적인 편이다. 저급배경의 문화들은 빈틈없이 짜인 시간표와 직선적인 활동들과 분석적 합리화과정이 지배적이다. 이러한 문화적 상이점들이 교수학습과정에 영향을 미친다. 고급배경의 사람들은 그룹의 조화를 유지하기 위해 개인적이고 권위적인 교수 스타일을 선호한다. 저급배경의 사람들은 언어적 개념적 암시를 중요시하는 경향이 있으므로 독립적이고 자치적인 학습 과제들을 즐긴다.

2. 가르침과 상황. 교수진행과정에 관한 연구들은 가르치는 행위로부터 가르치는 상황으로 관심을 돌렸다. 교사와 학생이 속한 경제상황들과 사회적, 문화적, 정치적 힘의 실재에 반응해야할 개혁의 필요가 있다. 새로운 교수문맥을 제창하는 사람들이 두 가지 사안을 제공한다. 학습자 중심인 학교와, 결정내리기 및 프로그램 개발에 교사의 참여이다.

교회 역시, 교회학교가 설립되어 교사들에 의해 운영되던 시대와 현대교회에서 가르침의 상황이 어떻게 변화되었는지 질문해 볼 필요가 있다. 주인의식이라는 배경에서 더 높은 소명감과 더 많은 인내로 헌신하는가? 교회가 교육과정을 선택할 때에는 다양한 배경들 즉 그 교육과정이 교수학습될 문화, 사회, 경제 그리고 종교적 배경들을 인식하고 선택해야 한다.

3. 학습과 상황. 상황과 학습과 인지에 관한 연구를 통해 상황적 요인들과 지식습득 사이의 연계성을 찾아내었다. 일부 인지심리학자들이 생각하는 것 자체가 신체적, 사회적, 문화적 배경 안에 "자리를 잡는다"는 사실을 알아내었다. 이 이론가들은 특별히 학습자가 새로 배운 것을 한 상황에서 다른 상황으로 전수하는 일의 성공이나 실패에 관심을 둔다. 그들은 동일한 학습을 어떤 상황에서는 다른 상황에서보다 더 잘 수행한다고 지적했다. 비형식적이고 일상적인 상황이 형식적인 상황에서보다 더 나은 반응을 일으킨다(예를 들면, 시장에서는 세일 품목들의 계산을 쉽게 하는 어떤 주부들이 같은 계산을 종이와 연필로 하면 쉽게 하지 못하는 것과 같다). 인지심리학자들은 학습자가 활동을 위한 의미 있는 정신적 상황을 만들고, 뛰어난 교사들은 지속적인 학습을 지원해 주는 상황을 만든다는 것을 이론화했다. 학습은 학습자가 배운 것을 상황화하는 방식과 무관하게 이루어지는 것이 아니다. 교사들은 교실 안팎의 경험들을 실생활의 상황 속에 뿌리내리는 지식이라는 능동적인 관계성으로 발전시켜야한다.

성경/신학적 그리고 선교적 노력을 위한 상황화의 중요성 때문에 기독교교육자들과 사역자들은 상황에 대한 교육적 중요성을 수용할 자세가 되어 있을 것이다. 교회의 교사들에게는 두 가지 지속적인 과제가 있다. 첫째는 성경을 현대적 감각에 맞게 해석하기 위해서는 원문의 배경에서 그 뜻을 이해해야 하고, 둘째는 성경 지식의 새로운 상황을 만들어 학습자들이 일상생활에 적용할 수 있도록 하는 일이다.

BARBARA WILKERSON

참고문헌 | E. T. Hall, *The Educational Forum*

54(1989): 21-34; A. Lieberman, ed.(1992), *The Changing Contexts of Teaching*; P. Light and G. Butterworth, eds.(1993), *Context and Cognition: Ways of Learning and Knowing*; J. E. Plueddemann(1991), *Internationalizing Missionary Training: A Global Perspective*, pp. 217-30.

새신자과정(Catechumenate). 현대 기독교교육의 뿌리는 초대교회의 세례의식에 있다. 교회가 처음으로 세워졌을 때 성인 개종자들이 형식적인 교육을 거의 받지 못한 채 세례를 받았다(행 2:38-41; 8:12-13; 8:35-39; 9:17-19; 10:44-48; 16:14-15). 그러나 세례 받은 신자들이 늘어남에 따라 이들에게 세례를 주기 전에 교육을 시켜 교회에 잘 적응하도록 해야 할 일곱 가지 이유들을 선정했다. 첫째는 비유대인들은 이교도에서 개종을 했기 때문에 히브리 성경을 배울 필요가 있었다. 둘째, 사람들이 교회에 등록하는 이유를 밝혀 둘 필요가 있었다. 셋째, 성경적인 생활방식이란 진행되는 일이지 결과가 아니므로 개종자의 생활방식을 바꿀 시간과 기회를 주어야 했다. 넷째, 기독교로 개종하는 사람들에게 핍박을 대비한 준비와 돌봄을 배려해야 했다. 다섯째, 문자를 해독한 개종자가 거의 없었고 문서자료를 구하기도 어려웠기 때문에 구두로 가르치는 일이 불가피했다. 여섯째, 내용을 암송시키기 위해 구두형식의 질문과 대답을 첨가했는데 그 이유는 반복의 중요성과, 질문자와 수험자와의 관계성을 위해서였다. 일곱째, 기독교공동체는 교리의 순수성을 지키는 일과 그 교리를 새신자들에게 전수하는 일에 관심을 두었다.

이와 같이 세례받기까지의 생활방식을 배우는 과정을 새신자과정(catechumenate)이라고 했는데, 헬라어 카탁세오(kataxeo)에서 온 말로 "아래"(down)라는 뜻의 카타(kata)와 "소리"(sound) 또는 "울려 퍼지다"(reverberate)라는 뜻의 악세오(axeo)를 합성하여 만든 카탁세오는 귀에 들리는 소리로서, 무대 위의 시인이나 배우들의 청중을 향한 대사와, 신앙의 내용을 가르치는 활동 등을 지칭한다. 카탁세오는 신약성경에 누가복음 1장 4절, 사도행전 18장 25절, 21장 21절, 21장 24절, 로마서 2장 18절, 고린도전서 14장 19절, 갈라디아서 6장 6절, 일곱 번 사용되었다. 베이어(Beyer)는 그의 연구에서 이 희귀한 헬라단어는 기술적인 용어로서 세례 받을 준비를 하는 사람들을 교육시키는 일을 위해 사용되었다고 밝혔다(1965, 638-40). 다음의 단어들은 헬라어 kataxeo에서 그 근원을 찾는다. 세례 받을 준비를 하는 사람들을 세례준비자(catechumens)라고 불렀고 [이들은 터툴리안 시대(c. 160-220)에 별개의 반으로서 등장했다]. 교리를 가르치는 사람들을 교리문답교사(the catechist)라고 했으며, 세례 받을 준비를 하는 기간을 교리문답과정(the catechumenate)이라고 했고, 교리를 가르치는 행위나 구두 교습을 교리문답 강의(catchesis)라고 했으며, 배우는 내용을 교리문답(the catechism)이라고 했다. 교리문답과정(the catechumenate)의 역사적 발전은 듀자리어(Michel Dujarier, 1979)의 연구에서 찾아 볼 수 있다.

새신자과정, 또는 세례 준비 기간은 2-3년이 걸렸다. 이비(C. B. Eavey)에 따르면, 새신자들은 기본적으로 세 그룹으로 나뉘었다(1964, 85). "청강반"(hearers)들은 성경강독과 설교를 듣도록 허용되었으며, 기본적인 교리들을 배웠고, 적절한 행동지침들을 배웠다. "기도반"(kneelers)들은 성경을 듣고, 기도하며, 고등교리를 배우고, 적절한 생활방식을 보여주어야 했다. "선별반(고급반)"(chosen)들은 집중적인 교리와 예배의식과 금욕적인 훈련을 통해 세례 전의 견습기간의 최종 단계를 마무리했다.

초대교회가 세워진 후 약 200년간의 세례식은 세 가지 특징이 있다(Bridge and Phypers, 1977, 75-80). 첫째, 『디다케』(*Didache*) 또는 『12 사도들의 가르침』(*Teaching of the Twelve Apostles*, c. 140)은 초대 기독교공동체의 특성을 보여준다. 둘째, 저스틴 마터(Justin Martyr, c. 114-165)의 『변증서』(*First Apology*)는 세례받기 전의 준비가 필수적임을 보여주었다. 셋째, 히폴리투스의 『사도전승』(*Apostolic Tradition*)은 로마 교회에서 실천하던 실례들을 보여준다.

2세기말까지 새신자들은 다음과 같은 과정을 거쳤다. 포기해야할 일들과 신뢰해야 하는 일들에 대한 배움, 악령들을 쫓아내는 일, 안수하여 기름부음의 의식을 한 뒤 세례식을 했다. 최종 단계인 세례는 부활절에 감독 입회하에 이루어졌다. 그러나 점차 감독들이 모든 사람들의 세례식에 입회하는 일이 불가능해졌다. 또한 6세기에는 아담으로부터 물려받은 원죄의 흔적을 없애준다는 이유로 유아세례가 널리 확산되었다. 그리하여 교리문답훈련이 왜곡되어 버렸고, 세례받기 전에 가졌던 체계적인 훈련을 세례 받은 이후에 받게 되었다.

이 문제를 해결하기 위해 더 많은 성직자들을 양성하여 당대 지성인의 수준에 맞추었다. 그리하여 새신자학교로부터 유래된, 교리문답학교라고 알려진 기독교학교가 세워졌다. 교회 안의 새로운 흐름으로서 이방인의 개종보다는 어린이들의 중생과 세례를 강조하는 이 학교는 세례 받은 준비로부터 세례 받은 어린이들을 가르치는 일에 주력했다.

종교개혁은, 특히 1529년 루터의 대교리문답과 소교리문답 등을 통해 성인과 어린이의 종교적 훈련 과정에 큰 부흥을 일으켰다. "교리문답"(catechism)이라는 용어는 종교개혁 때까지 지속되어 상호반응적인 방법을 사용하는 지침서로 사용되었다 (Buchanan, 1978, 199-201). 이 시기에 여러 개의 교리문답서가 나왔다. 첫째, 1529년 루터의 교리문답은 10계명과 사도신경, 주기도문과 성례에 기초를 두었다. 둘째, 1541년 제네바 교회에서 사용되던 칼빈의『신앙고백서』(Confession of Faith)가 있고, 셋째, 1549년 영국 국교회에서 사용하던『공동기도서』(the Book of Common Prayer), 넷째, 개혁 교회들을 위해 1563년 만든『하이델베르그 교리문답』(the Heidelberg Catechism), 다섯째, 1566년에 만들어진『로마 가톨릭 교리문답』(Roman Catholic Catechism), 여섯째, 1640년 모글리아(Peter Moghlia)가 편성한『동방정교회 교리문답』(Eastern Orthodox Catechism), 일곱째, 1647년『웨스트민스터 신앙고백서』(the Westminster Confession of Faith)와『소요리문답』(Shorter Catechism) 그리고 1885년에 만들어진『볼티모어 교리문답』(the Baltimore Catechism)이 있다.

J.E. HARVEY MARTIN

참고문헌 | W. B. Hermann(1965), *Theological Dictionary of the New Testament*, 3:638-40; M. Dujarier(1979), *A History of the Catechumenate: The First Six Centuries*; C. B. Eaver(1964), *History of Christian Education*; D. Bridge and D. Phypers(1977), *The Water That Divides: The Baptism Debate*; C. Buchanan(1978), *New International Dictionary of the Christian Church*, pp. 199-201.

생명윤리(Bioethics). 생명과 건강 문제에 도덕적 성찰을 적용시킨 분야를 말한다. 이 용어는 가끔 환경문제를 포함하기도 한다. 그러나 이 분야의 핵심은 건강문제에 도덕적 논제를 언급하는 일이다. "의료 윤리"(medical ethics)라는 말에서 비롯되었으나, 요즘에는 의료윤리라고 하면 단순히 건강문제나 구체적으로 신체적 문제에 관한 것들만 가리킨다. 이 분야의 표준화된 과제는『생명윤리 백과사전』(Encyclopaedia of Bioethics)에서 참조할 수 있는데, 생명윤리에 관한 거의 모든 이슈에 관한 자료들과 개요를 제공해 준다. 그러나 신학적 관점에서는 생명윤리가 매우 제한적이고 "종교 색인"(Religion Index)과 같은 기독교 색인 단체들이 제공하는 참고 서적 등 다른 자료들을 통해 보충해야만 한다. 기독교적 관점을 보다 세심하게 보여주는 것들로『국제 생명윤리 사전』(International Dictionary of Bioethics, 미국 Paternoster 출판사에서 근간 예정)과 기독교윤리학회연례회의(Annual of the Society of Christian Ethics)에서 이 분야의 개요를 보충, 요약했다(1998).

오늘날 고려해야 할 윤리 문제는 수도 없이 많다. 낙태와 피임, 복제기술, 신생아 취급 그리고 수많은 산모 및 태아에 관한 문제 등 생명이 시작되는 순간부터 많은 이슈들이 생겨난다. 유전적 특질과 고지에 입각한 동의, 대리 승낙, 일반적인 의료상의 결정, 성인이나 아동 대상의 실험 등을 포함하여, 생명의 초기와 관련된 많은 다른 이슈들이 광범위한 사람들에게 영향을 준다. 생명유지장치를 유지하거나 떼어버리는 것, 통증을 완화시키는 것, 자살 보조, 안락사 등 생의 마지막에 관한 이슈들도 있다. 일부 단체들은 공공정책이나 조직적인 문제들에 더 많은 관심을 기울여, 진입로 문제나 재원의 배당, 건강관리기구, 의사와 간호사의 책임, 관리상 문제들, 기관과 금전적 책임 등을 언급한다. 건강관리 자체가 변하듯이 이슈들도 지속적으로 바뀐다(Kilner et al., 1998).

이런 생명윤리에 관한 토의는 종종 그리스도인들 사이에서조차도 격렬하게 오래 진행되기도 한다. 사람들이 서로 다른 의견 차이를 보일 때에, 연관된 사실들을 달리 이해하거나 서로 다른 신념, 서로 다른 개인이나 단체를 향한 충성심, 도덕적 추론의 차이 등 일반적으로 추적이 가능하다. 생명공학에서 도덕적 추론에 가장 영향력 있는 접근법은 "공리주의적 접근법"(utilitarian approach)으로 올바른 행동과 정책이 최상의 결과를 낳는다는 것이다. "원리적 접근법"(principles approach)은 선행하기, 피해주기 않기, 정의 추구하기, 다른 사람들의 자발적 의견 존중하기 등과 같은 몇 개의 지도적인 원리를 좇는 것이다. 포스트모던에 보다 가까운 접근법은 "자율성"(autonomy alone)으로 각 개인이 본인에게 가장 옳은 것을 선택한다. 불행히도 많은 그리스도인들이 성경과 신학적 분석 없이 위의 접근법들을 따르고 있다. 인생은 하나님의 형상대로 창조되었고, 사망의 정복, 성경적 정의와 자유 그리고 무엇보다 사랑이 많은 그리스도인들 사이에 생명윤리의 중요성과 함께 위대한 신념으로 자리잡고 있다.

그러나 여러 가지 유행하는 접근법들의 장점과 단점들을 설명해 주고 건전한 기독교적 대안들을 제공해 주는 명백한 기독교적 분석들이 다시 시작되고 있다(Rae & Cox, 1999). 오늘날 생명윤리는 세계적으로 계발되기 시작하고는 있지만, 본래 지난 50년 동안 서양에서 주로 계발된 분야이다. 특히 1950년대와 60년대에 생명윤리에 대한 신학적인 성찰이 빈번했다. 본래 있던 종교적 분석이 다원화된 사회의 평상적인 언어로 설명하는 철학적 접근법에 그 자리를 대부분 양보하기는 했지만, 보건윤리를 향한 기독교윤리의 목소리가 점점 강해져 가는 듯하다. 20세기 후반, 건강관리 문제에 신학에 토대를 둔 윤리적 성찰이 빈번했고, 고등교육기관들은 중요한 역할을 계속하고 있다. 보건윤리가 신학교들과 철학 및 종교계통의 학교들, 법대, 간호학 그리고 건강에 관련된 전문학교들에서 언급되고 있다. 미국 시카고의 트리니티 국제 대학교(Trinity International University, Deerfield, IL)에서는 복음주의 기독교적인 관점의 프로그램을 진행하고 있지만, 여러 다른 학교에서도 생명윤리로 학위를 이수하는 전문대학원들을 운영하고 있다. 워싱턴(Washington D. C.)에 있는 조지타운대학교(Georgetown University)의 "국립 생명윤리문헌자료센터"(National Reference Center for Bioethics Literature)로부터 광범위한 종교적, 세속적 프로그램에 관한 정보와 교수 요강들을 받아볼 수 있다.

여러 다른 교육적인 기구들과 공동체들도 생명윤리문제에 능동적으로 참여한다. 몇몇 주요 교단들도 일반적인 건강관리나 사망과 사망 전후에 관한 윤리적 문제를 연구하는 회합을 진행한다. "전국낙태반대종교협의회"(National Pro-Life Religious Council)와 같은 교단 산하의 기구들, 전문적인 보건기관들, "기독교법률회"(Christian Law Society), "포커스온더패밀리"(Focus on the Family), "미국생명연합"(American United for Life)과 같은 생명윤리에 관련된 법과 공공정책기관 등의 복음주의적인 기구들도 있다.

지난 50년간 발전시킨 대규모의 많은 보건기구들이 윤리적 문제들과 탐구들을 제도화했다. 주요 교단 산하의 기구들과 종교적 후원이 없는 대규모 기관들도 생명윤리 전문인을 고용하여 윤리교육과 윤리위원회, 윤리자문 등의 도움을 받고, 임상적 문제들이나 조직적인 문제들과 관련, 이사회와 상급 관리들을 인도하도록 해놓았다. 그러한 환경에서 기독교윤리의 목소리가 항상 들리지는 않지만 그럼에도 불구하고 꼭 필요로 한다.

오늘날의 기독교나 다른 종교적 생명윤리를 위한 최고의 시청각, 인쇄, 전자 등 생생한 자료들을 다양한 생명윤리센터들에서 공급한다. 복음주의적인 센터로 시카고 북부에 있는 "생명윤리 및 인간존엄 센터"(the Center for Bioethics and Human Dignity, CBHD)가 있다. 이곳에서는 매해 여름 생명윤리기관들의 훈련프로그램을 제공한다. 교단 산하 기관으로는 캘리포니아 주에 있는 "제칠안식교 기독교생명윤리센터"(the Seventh Day Adventist Center for Christian Bioethics, Loma Linda, California)가 있다. 기독교 단체이나 기독교를 표방하지 않고 출판물을 내는 기관으로 워싱턴의 "케네디윤리원"(Kennedy Institute for Ethics in Washington, D. C.)이 있다. 때때로 기독교적 관점을 언급하는 가장 오래되고 널리 알려진 세속 기관으로는 뉴욕 주 게리슨의 "해스팅스 센터"(Hastings Center in Garrison, NY)가 있다. 기독교적 관점에서 생명윤리문제를 논하는 두 개의 정기 간행물이 있다. 하나는 "기독교 생명윤리"(Christian Bioethics: Non-Ecumenical Studies in Medical Morality)로서 신학적으로 다양한 입장을 다룬다. 다른 하나는 CBHD에서 발행하는 간행물로 "윤리와 의학"(Ethics and Medicine: An International Perspective on Bioethics)이 있는데, 복음주의 입장을 잘 나타낸다. 생명윤리에 관해 비전문적인 개요를 알기 원하는 사람들을 위한 서적들과 CBHD의 소책자 시리즈, 『기초생물학』(BioBasics)이 있다.

JOHN F. KILNER

참고문헌 | J. F. Kilner et al., eds.(1998), *The Changing Face of Health Care*; Center for Bioethics and Human Dignity, 2065 Half Day Road, Bannockburn, IL 60015 USA. Phone: 847-317-8180; E-mail: cbhd@biccc.org; Web site: www.bioethix.org.

생명의 말씀 공동체(Word of Life Fellowship).

'생명의 말씀 공동체'를 탄생하도록 한 목적은 성경에 부합하는 다양한 수단들을 통해 젊은이들을 복음화하고 제자로 키움으로써 예수 그리스도의 교회를 세우고 강건하게 하기 위함이었다. 뉴욕에 위치한 슈룬 호수의 본부는 다양한 사역의 중추적 역할을 하는 곳으로서 이들은 여름캠프, 교회의 후원 하에 이루어지는 성경클럽, 성경학교, 음악/드라마 팀, 단기선교 프로젝트, 성경 교육과정 자료 등 다양한 사역을 제공한다. "생명의 말씀" 라디오 방송은 브룩클린에 있는 500와트 방송국에서 1940년에 시작되었다. 현재 이 프로그램은 백 개 이상의 방송국을 통해 방송된다.

이 다각적인 조직은 1930년대 말에 만들어졌다. 잭 월첸(Jack Wyrtzen)이 뉴욕의 롱 아일랜드에 위치한 자기 집으로 세 명의 친구를 성경공부에 초대하였다. 이 네 명의 젊은이들은 다른 사람들을 그리스도께로 인도하고, 교회와 구조 사업단에서 말씀을 전할 사람들을 공급하며, 복음이 적힌 문서들을 배포하기로 맹세하였다. 얼마 지나지 않아 스물 한 명의 사람들이 참여하게 되었다. 이들이 공화당의 본부 근처로 자리를 옮기게 되자 그 수는 어마어마하게 늘어나게 되었다. 이 모임에 속한 사람들은 거리 집회를 시작하였고, 주일 저녁 전도집회를 위해 교회 건물을 임대하였다. 1942년 이 모임에 속해 있던 헌신된 그리스도인들이 공식적으로 연합하게 되었는데 이것이 바로 생명의 말씀 공동체가 된 것이다. 월첸은 빌립보서 2장 16절을 그들 사역의 기본 말씀으로 인용하였다. "생명의 말씀을 밝혀 나의 달음질도 헛되지 아니하고 수고도 헛되지 아니함으로 그리스도의 날에 나로 자랑할 것이 있게 하려 함이라."

1960년대 이전, 생명의 말씀은 미국의 주요 도시에서 이미 대규모의 대중 집회를 함으로써 잘 알려지게 되었다. 매디슨 스퀘어 가든, 양키 경기장, 보스턴 가든, 필라델피아 컨벤션센터 등이 그 예들이다. 잭 월첸은 미국 전역을 통해 청소년 부흥사로 잘 알려지게 되었다. 그로부터, 생명의 말씀은 조직의 기능에 맞추어 그 형태를 바꾸기 시작했다. 대중 집회 대신에 뮤지컬 드라마와 멀티미디어 공연 등을 통해 북미 전역에 170개의 지역에서 160,000 이상의 사람들에게 다가가게 된 것이다. 한 좋은 예가 바로 "산 소망으로 거듭나다"(Born Again to a Living Hope)인데, 이 작품은 두 젊은이의 실제 있었던 사건을 극화한 것으로서 25명의 배우들에 의해 라이브 드라마, 음악 그리고 비디오로 제작되어 선을 보였다. 예수 그리스도는 십대들을 마약과 성적으로 난잡한 삶에서 구원하셨다. 그들이 에이즈 균에 의해 목숨을 빼앗기기 이전에 말이다.

사람들을 그들의 지역교회에 뿌리박도록 하는 데

생활양식

헌신된 생명의 말씀 클럽들은 미국 전역에 천여 개가 넘는데 이들은 매주 22,000명이 넘는 청소년들에게 영향을 미치고 있다. 이 클럽들에는 올림피아 선수들(6살에서 11살), 중·고등학생들(12살에서 17살) 그리고 청년에 해당하는 대학생 및 직장인 교제가 있다. 이러한 클럽들의 모임을 위한 교육과정은 성경의 교리와 청소년들이 당면하고 있는 문제들에 대한 성경이 주는 통찰력 그리고 개인전도와 제자도를 위한 훈련 등 영적 양분을 균형 있게 배분하려 노력하고 있다. 생명의 말씀은 모든 클럽의 참가자들을 위해서 나이에 따른 "명상의 시간" 일지를 발행한다. 생명의 말씀 지역선교사들은 그리스도인 청소년교육을 위해 750개가 넘는 지역 교회들을 돕고 있다.

1985년 생명의 말씀은 500에이커의 땅을 기증받아 플로리다의 허드슨에 세계성경회의와 리조트센터를 건축하였다. 이 새로운 지역은 수백 명의 어린이들에 캠핑의 기회를 제공할 뿐 아니라, 휴가를 맞은 사람들에게 성경 컨퍼런스를 제공한다. 뉴욕과 플로리다에 위치한 캠프와 컨퍼런스 센터는 매년 여름 만 명 이상의 사람들이 이용한다. '여름훈련단'이라 불리는 프로그램을 통해 16세 이상 사백 여명의 청소년들이 여름 사역을 감당한다. 뉴욕과 플로리다 모두 생명의 말씀 성경학교를 개설하는 데, 고등학교 졸업생들이 연중 제공되는 3일 동안 계속되는 컨퍼런스에 참여하게 된다. 참가자들은 성경개관, 성경연구, 주요 교리들 그리고 현재 사회의 경향 등에 대한 아주 뛰어난 가르침을 받게 된다. 이년 간 계속되는 이 비학위인정 학교에서 각각의 학생들은 또한 캠프 상담, 찬양단, 노방 전도, 또는 교회에서 아이들을 가르치는 일 등 실제 사역에 참여하게 된다.

비록 이 조직의 목적 선언문이 청소년들을 위한 사역을 강조하지만, 두 캠퍼스 지역은 성인들의 독특한 필요를 채우기 위해 전문적인 컨퍼런스를 제공한다. 예를 들면 겨울 동안 슈룬 호수 캠퍼스는 남성, 여성, 미혼자, 노인, 기혼 부부, 경영인, 목회자, 법률가 등을 각각 겨냥한 주말 행사를 진행한다. 성인들이 교육을 받고 교제를 즐기는 동안, 생명의 말씀 어린이들을 위한 겨울캠프를 실시한다.

생명의 말씀의 청소년들을 복음화하고 제자화하기 위한 사명은 육대주에 걸쳐 37개국의 나라에 확산되었다. 1990년경에는 미국인과 그 밖의 국외 선교사를 합하여 삼백 명이 넘는 전임 선교사가 해외에서 섬기게 되었다. 해외에서의 주요 사업은 캠핑을 통한 전도활동이다. 이 조직은 교회 구성원들이 세계 선교에 참여할 수 있도록 돕기 위해 느헤미야 네트워크를 시작하였다. 느헤미야 네트워크는 전 세계에 걸쳐 전략적 필요와 섬김의 기회가 있는 개인들과 교회들을 연결한다. 참여할 수 있는 분야에는 '휴가 중인 선교사 접대, 해외 선교지에서 단기사역 프로젝트, 전문인 봉사, 현장에서 필요한 장비의 준비' 등이 있다. 네트워크에 속한 구성원들로는 목회자, 교사, 농부, 의사, 기술자 등 예수 그리스도를 사랑하고 그분을 위하여 세계에 복음을 전하기를 원하는 사람이라면 모든 평범한 남녀가 동참할 수 있다.

다양한 사역들을 후원하기 위해, 생명의 말씀은 기금과 프로그램을 통한 수익에 의존한다. 이들의 현명한 재정관리는 낮은 총경비로 알 수 있다. 모든 경비의 오직 10퍼센트만이 행정과 지원 사업부에 들어간다. 이 야망에 가득 찬 조직에 대해 더 알기를 원한다면, Word of Life Fellowship, P.O. Box 600, Schroon Lake, NY 12870으로 편지를 쓰면 된다.

TERRY POWELL

생활양식(Lifestyle). 생활양식은 대개(옷, 주택, 소유물, 시간과 돈의 사용, 친구 선택 등)의 외관에 근거하여 정의된다. 그러나 생활양식은 한 사람의 핵심 가치들, 즉 하나님이 인간에게 부여해 주신 의사 결정 능력들의 결과에 근거한다. 하나님이 정해 놓으신 가치들을 가르치는 성경은 그리스도인의 생활양식을 하나님의 감시 하에 둔다. 그러므로 기독교교육자는 성경적 가치들과 매일의 삶을 통합시키는 것에 관심을 두면서 효과적이 되게 하기 위해 성경과 학습자들의 생활양식을 연구해야 한다. 실제로 기독교교육자가 학습자들의 삶과 성경의 영원한 진리들을 연결시키려고 할 때, 교육자/교사의 생활양식 의식(lifestyle awareness)은 교수-학습 과정을 성공적으로 이끄는 데 주요한 요인이 된다.

생활양식은 다음과 같이 교수-학습 과정에 영향을 준다.

1. 요구 평가(Needs Assesment). 교사는 학습자들의 생활양식에 대해 연구함으로써 그들의 감정(hearts)과 삶의 영적 상태를 평가할 수 있게 되고, 성경의 가치들에 어느 정도 헌신하고 있는지를 평가할 수 있게 된다. 게다가, 학습자들의 생활양식에 대한 탐구를 통해 교사는 가르침의 주제(LeBar, 1989, 191)에 접근할 때 이미 확인되어 알고 있는 그들의 필요에 맞게 시작할 수 있게 되며, 그것에 의해 학습자의 동기부여를 높일 수 있게 된다.

2. 목적 설정(Goal-setting). 예수 그리스도는 모든 인생의 주님이 되기를 원하시기 때문에, 성경은 그것이 변화된 삶에로 이끄는 그와 같은 방식으로 가르쳐야 한다(LeBar, 1989, 191). 그러므로 기독교육의 목적들은 대개 학습자의 생활양식에 대해 예기된 영향의 관점에서 가장 효과적으로 진술된다.

3. 적용(Application). 성경의 진리를 매일의 삶에 적용할 수 있도록 학습자에게 제시하려 할 때, 그 학습자의 생활양식을 이해하는 것은 필수적이다. 리처즈(Lawrence Richards)의 4단계 학습계획(Richards, 1970, 110)은 "봄/행함"(look/took)이라 불리는 단계가 최종단계인데, 이 단계에서 교사와 학생들은 성경의 본문들이 그들의 삶에 적용되는 가능한 방법들을 깊이 탐구하며(봄), 생활양식 안에서의 실천이 그것을 따르기를 바란다(행함).

연령 단계의 차이의 관점에서 볼 때, 어린이들의 생활양식은 대개 권위를 지닌 사람들(authority figures)에 의해 결정된다. 그렇지만 어린이들은 옷, 인형, 간이 식품들과 같은 것들을 사기 위해 부모에게 압력을 행사하기도 한다. 이와 같이 어린이들도 어느 정도 자신들의 생활양식을 결정한다. 그러므로 어린이들은 성경적 관점에서 생활양식의 문제들을 검토하도록 도움 받아야 한다. 청년들과 성인들은 자신들의 생활양식을 자신들의 결정에 따라 선택할 수 있는 상당한 개인적 자유를 가지고 있다. 그러므로 기독교육의 중요한 부분은 청년들과 성인들이 성경적 기준들을 고려하여 그들의 가치들과 생활양식을 분명히 하고 평가하도록 돕는 것이다.

DANIEL C. JESSEN

참고문헌 | L. E. LeBar(1989), *Education That is Christian*; L. O. Richards(1970), *Creative Bible Teaching*.

선견(Foresight). 비전(Vision)을 보라.

선교(Mission). 교회의 선교는 분명하게 정의되어야 하며 교회의 지체들은 선교를 이해하고 받아들이도록 지도받아야 한다. 선교에 대해 설명하기 전에 교회의 본질적인 특성에 대한 기본적 이해가 필요하다. 성경의 문구들은 이러한 이해를 발전시키도록 돕는다. 교회는 "하나님의 백성", "새로운 피조물", "그리스도의 신부", "그리스도의 몸", "포도나무의 가지", "교제" 등으로 묘사된다. 이런 용어는 모두 선교에 대한 이해를 형성하는 데 유용하다.

개인들이 그리스도를 구주로 영접할 때 그들은 제자로 부름을 받는다. 그들은 제자로서 성장하고 그 몸이 해야 할 것을 성취하도록 돕기 위해서 교회의 일부분이 된다. 모든 몸의 지체들이 개인적인 신자로서 성장하고 성장하는 교회의 일부분임을 받아들이는 그들의 책임을 이해하는 것은 매우 중요하다.

'선교'(mission)라는 말은 뭔가 이루어야 할 것, 성취할 사업이 있다는 것을 내포한다. 교회에서 이것은 몸의 지체들에 의해 성취되어야 한다는 것으로 이해된다. 몸은 그리스도의 위임을 성취해 내어야 한다. 이것은 교회가 무엇인가, 그 본질이 무엇인가에 뿌리를 둔다.

에베소서 3장 9-10절에서 바울은 "하나님의 각종 지혜"를 서술한다. 한 개인이 그 "비밀"을 알게 될 때 믿음의 반응이 일어나며 그 사람은 하나님의 자녀가 된다. 그리스도를 영접한 사람들은 하나님의 지혜를 다른 사람들에게 알게 하는 데 하나님에게 쓰임 받을 수 있다. 그리스도는 그를 따르는 자들에게 복음을 전파하도록 요구하신다. 이것은 신자들에게 주어진 중요한 특권이지만 이는 또한 중요한 책

선교교육

임감을 동반한다. 모든 신자들이 교회의 사명을 성취하도록 부름 받은 것은 바로 이 특권과 책임감을 향한 것이다. 복음의 선포는 모든 신자들이 이 과제를 실행할 때 이루어진다.

교회의 사명이 아주 간단하다는 인식이 있다. 복음을 나누고 제자를 삼으라. 교회가 이 사명을 성취하기 위해 그 전략을 결정하기 시작할 때 어려운 부분이 발생한다. 개인들이 '그리스도께서' 무엇이 이루어지기를 원하시는가 하는 대신 '그들이' 무엇을 하기 원하는가에 대해 생각하기 시작하는 것이 바로 그 상황이다. 아마도 교회의 교제에서 가장 큰 시험은 지체들이 교회의 사명을 서술하고 성취하려고 노력하는 것과 마주칠 때 오게 된다. 교육은 신자들이 교회의 사명을 성취하면서 그리스도의 마음을 구하고 그들 자신의 계획을 좇지 않고자 이해하고 결정하도록 도와주는 매우 결정적인 역할을 하게 된다.

WILLIAM G. CALDWELL

참조 | 교회(CHURCH); 교제(FELLOWSHIP); 코이노니아(KOINONIA); 선교교육(MISSIONS EDUCATION)

선교교육(Missions Education).

선교교육의 기초는 사도 바울에 의해 세워졌다. 예수님은 지상명령에서 그의 제자들과 초대교회에게 세계선교와 제자화의 사명을 주셨다. 그러나 사도 바울의 시대가 되어서야 교회는 다른 지역과 민족들에게 복음을 전달하는 일을 시작하였다. 바울은 선교를 했을 뿐 아니라 자신이 선교에 대하여 교회를 가르치는 일도 감당하였다. 그는 이 일을 몇 가지 방법으로 실행하였다. 첫째, 그는 그의 선교비전을 안디옥 교회 지체들과 나누었다. 성령의 지도 아래 안디옥 교회는 바울과 바나바를 선교를 위해 파송하였다(행 13:1-3). 둘째, 바울은 그의 선교사역에서 돌아온 다음 그의 선교노력에 대해 교회에게 개인적으로 보고하였다. 그는 이것을 교회에게 복음화의 사명과 기회에 대해 가르치는 기회로 사용하였다(행 14:28-29). 셋째, 바울은 선교사역을 하면서 교회들에게 편지를 기록하였다. 이런 "기도편지" 즉, 서신서의 첫째 목적은 교훈에 있었으나, 그것은 사람들이 그의 선교사역에 친숙해지도록 만들어 주었다. 마지막으로, 바울은 교회가 도움이 필요한 사람들을 돕는 것을 통해 그의 선교노력에 재정적으로 참여하도록 초청하였고(고전 16:3), 적어도 두 번은 빌립보교회로부터 개인적인 재정적 지원을 받았다(빌 4:14). 바울이 뿌린 이런 선교교육의 씨앗들은 현대 선교운동에서 살아나게 되었다.

바울시대와 18세기의 현대 선교운동 사이에는 선교사역이 느리고 주저하는 형태로 진행되었다. 거기에는 아일랜드의 패트릭(Patrick of Ireland) 운동 같은 예외도 존재하였다. 400년대에 그는 수도원들을 설립하여 선교교육과 복음전파의 기지로 삼았다. 이런 수도원들은 선교사들이 파송되고 돌아와 휴식하고 재충전하는 복음전파의 훈련기구로 발전하였다. 그러나 선교교육은 18세기 현대 선교운동의 출현 이전까지 발판을 마련하지 못하였다. 현대 선교운동의 기초는 종교개혁과 18세기의 영적 부흥에서 놓이게 되었다. 종교개혁은 교회를 하나님의 말씀 위에 세웠고, 영적 부흥은 복음을 다른 민족들과 나라들에 전하고자 하는 사람들의 열정을 강화시켰다.

현대선교의 아버지로 알려진 윌리엄 캐리(William Carey, 1761-1834)는 선교교육의 지도자였다. 1792년 그는 영향력 있는 그의 책『이교도의 회심을 위해 수단을 사용할 그리스도인들의 의무에 관한 연구』(*An Enquiry Into the Obligation of Christians to Use Means for the Conversion of the Heathens*)를 저술하였다. 그의 책은 사람들의 선교에 대한 사고를 변화시켰고 많은 사람들이 위대한 사명에 헌신하도록 고무시켰다. 그 다음 1792년 캐리는 다른 침례교 목사들과 함께 침례교선교회(the Baptist Missionary Society)를 시작하였다. 캐리는 선교회가 인도 선교사역을 위해 헌신하도록 했다. 그는 목사직을 사임하고 선교사로 임명받은 몇 달 뒤인 1793년 그의 아내와 가족들과 함께 인도로 출항했다. 비록 그는 결코 고향으로 돌아오지 못했지만, 인도에서 39년간 보낸 그의 편지들은 많은 이들에게 선교사역을 교육하고 움직이도록 하는 데 엄청난 영향을 끼쳤다. 그 영향의 결과로 런던선교회(the London Missionary Society, 1795), 교회선교회(Church Missionary Society, 1799), 침례교해외성서협회(Baptist and Foreign Bible Society, 1804), 미국침례교선교연합(the American Baptist Missionary Union, 1814) 등과 같은 선교회들이 생겨났다.

현대 선교운동의 초기에 그리스도인들의 선교에 대한 교육을 이끌었던 것은 선교회들이었다. 처음에는 이런 선교회들이 외국 현지의 선교사들을 위한 지원을 얻기 위해서만 노력하였다. 그러나 점차 그들은 교육과 섬김의 직접적인 관련성을 인식하게 되어 선교사 교육 프로그램을 그들의 자체조직에 포함시키게 되었다. 예를 들어, 런던선교회는 사람들에게 선교교육의 필요성을 깨닫고 외국 선교사들의 사역에 대해 사람들에게 알리기 위해 대표단을 보내기 시작하였다. 곧, 전도유망하고 노련한 선교사들이 선교사역의 성경적인 이유들에 대해 알리고, 선교지의 필요들을 알게 하며, 그들의 재정적인 도움을 요청하기 위해 교회들에서 설교하고 있었다. 이런 설교의 연계가 사람들에게 선교를 가르치는 데 기여하였고 지원을 위한 돈을 모금하였다. 이 시기에 선교기관들은 선교후원자들을 교육하기 위해 인쇄물을 사용하기 시작했다. 1813년 시작된 "선교 등록부"(Mission Register)는 관심 있는 사람들과 교회들에 발송된 월간지였는데, 선교사들의 활동을 보고하는 내용이었다. 이것은 많은 다른 선교잡지들의 첫 주자였다(Dunstan, 1963).

선교회들이 성장하자 19세기 초 시작된 웨슬리와 감리교 운동을 필두로 교파들이 그들 자신의 선교조직을 형성하게 되었다. 교단들은 선교교육에서 중요한 역할을 하였는데 곧 자체 선교위원회를 만들고 마침내 선교후원자들에게 선교를 교육하기 위한 선교부서를 두었다.

선교회들은 결국 1865년 허드슨 테일러(Hudson Taylor)가 창설한 중국내지선교회(the China Inland Mission)와 같은 믿음선교(faith missions)에 길을 내주게 되었다. 수단내부선교회(Sudan Interior Mission, 1893)와 아프리카내지선교회(Africa Inland Misson, 1895) 같은 다른 비교파적 선교단체들이 잇따라 일어나게 되었다. 이런 단체들을 각기 자원자들을 선발하고 재정을 모으면서 교회들에서 선교교육을 촉진시켰다. 동시에 성서협회들도 해외선교사역을 강조하기 시작하였고 학생들을 선교사역에 준비시키기 위해 교육과정을 발전시켰다. 콜롬비아성경대학(Columbia Bible College), 나약대학(Nyack College), 멀트노마성경대학(Multnomah School of the Bible), 프레어리성경대학(Prairie Bible Institute), 브라이어크레스트성경대학(Briercrest Bible Institute), 랭카스터성경대학(Lancaster Bible Collge) 등과 같은 학교들이 선교교육에서 큰 역할을 하였다.

영국과 미국에서 19세기 중반 이후 대규모 선교집회가 사람들에게 선교를 가르치기 위해 열렸다. 선교후원을 위한 대회들이 영국의 리버풀(Liverpool, 1860), 런던(1880) 그리고 뉴욕(1900)에서 열렸다. 그 대회들은 목사들과 선교사들, 그리고 선교 담당자들 등의 폭넓은 청중들의 관심을 끌었다. 목사들이 교회 안에서 선교교육의 열쇠로 생각되었다. 대회의 주요 초점은 선교에 대해 사람들을 교육하는 방법에 대해 토론하는 것이었다. 이런 대회들의 결과 선교교육을 위한 조직이 교회들 안에 생겨났다. 어린이 선교조직뿐 아니라 여성선교사 모임도 형성되었다. 많은 교회들이 교인들을 위한 선교과정을 발전시킨 것도 이 시기였다. 서적들도 선교교육에서 점점 중요한 역할을 하였다. 선교회들은 정기적인 소식지, 보고서 및 잡지들을 발간하여 사람들에게 선교정보를 제공하고 후원과 나눔을 격려하였다. 런던대회는 유럽과 미국에서 100개의 선교 간행물을 집계하였다.

이즈음, 학생선교 조직들도 형성되었다. 해외선교를 위한 학생자원운동(the Student Volunteer Movement)이 학생들에게 선교를 교육하기 위해 1891년 오하이오 주의 클리블랜드(Cleveland)에서 시작되어 4년마다 선교대회로 열렸다. 그들의 표어는 "세계복음화를 이 세대에"(the evangelism of the world in this generation)였다. 이 운동의 교육분과에서는 선교주제들에 대한 교과서들을 인쇄하였다. 그들의 50년 역사에서 학생자원운동을 통하여 20,500명의 학생들이 외국의 현장으로 파송되는

선교방법

것을 목격하였다.

교회가 20세기로 들어서면서 선교교육은 지역 교회의 여성 선교모임, 교파적으로 독자적인 간행물에 의한 주일학교 과목 및 선교담당 부서 등과 같은 특정한 그룹에게 맡겨졌다. 독자적인 선교모임들은 그들의 후원자들에게 선교를 교육하기 위해 매체를 사용해왔다.

세계적인 규모로는 두 개의 국제적인 복음화대회가 사람들에게 세계선교의 목표와 목적 및 계획에 대해 교육하는 데 도움을 주었다. 첫 대회는 1974년 스위스에서 열린 로잔대회(the Lausanne Conference)였는데 150개 이상의 나라에서 2,500명이 참가하였다. 빌리그래함복음협회(the Billy Graham Evangelistic Association)의 후원으로 열린 이 대회는 세계복음화에 대해서 참가자들에게 동기를 제공하고 교육하였다. 2차 로잔(Lausanne II)으로 불리는 두 번째 대회는 1989년 필리핀의 마닐라(Manila)에서 열렸는데 170개국에서 4,000명의 참가자가 모여들었다. 이 대회는 복음화의 사명과 2000년까지 세계의 미전도 종족들에게 복음 전하는 것에 초점을 두었다.

미국의 국가적 차원에서는 어바나(Urbana)가 대학생들 사이에서 선교교육을 강화해 왔다. 학생자원운동의 모범을 따라 어바나선교대회는 1946년 토론토대학에서 시작되었다. 열린 해마다 이 대회는 많은 사람들을 교육하고 선교로 동기를 일으키는 데 기여해 왔다. 국제기독학생회(IVF〈InterVarsity Christian Fellowship〉)의 후원으로 3년마다 열려온 이 행사는 거의 16,000명의 대학생들의 관심을 끌었다. 전 기간 동안 거의 200,000명의 학생들이 참가해왔다. 어바나의 일리노이대학에서 열리는 어바나는 역동적인 설교자들과 학생들이 그리스도인의 삶의 양식, 선교를 위한 기도, 선교의 노력에 헌신함에 대한 도전을 숙고할 기회를 주는 것이 특징이다. 크리스마스와 신년 첫날 사이 5일간에 열리는 이 대회의 목적은 대학생들에게 세계를 향한 하나님의 마음과 위대한 사명에서 그들의 역할을 교육하는 것이다. 250개가 넘는 선교단체들이 이 대회에서 섬기게 된다. 최근에는 참가자들의 20퍼센트가 넘는 이들이 단기 혹은 장기 선교사역에 헌신해왔고, 절반 이상이 그리스도인 삶의 양식으로서 선교를 지원하는 데 헌신해 왔다.

지역 차원에서 선교교육이 세계 기독교운동에 관한 관점훈련(Perspectives)을 통해 심화되었는데, 이는 세계선교를 위한 미국센터의 랄프 윈터(Ralph Winter)에 의해 발전되었다. 1973년의 어바나대회의 영향으로 윈터는 1974년 학생들이 선교에서 효과적인 선택을 하도록 돕기 위해 이 과정을 발전시켰다. 윈터는 복음이 모든 나라들 특히 존속할 수 있는 교회가 없는 미전도 종족에게로 전해져야 한다는 데 관심을 기울였다. 이 과정에는 선교운동의 성경적, 역사적, 문화적 및 전략적 측면들이 포함되어 있다. 이 45시간짜리 과정을 3만 명 이상의 사람들이 수강하였고, 삶을 변화시키고 교회들이 위대한 사명에 참여할 수 있도록 동기를 일으키는 데 엄청난 효과를 내어왔다.

PHILIP BUSTRUM

참고문헌 | R. A. Tucker(1983), *From Jerusalem to Irian Jaya: A Biographical History of Christian Missions*; R. D. Winter and S. C. Hawthorne, eds.(1992), *Perspectives on the World Christian Movement: A Reader*; W. N. Wysham(1963), *The Westminster Dictionary of Christian Education*.

선교방법(Missions, Methods of).

효과적인 개신교 선교의 역사는 그 뿌리를 16세기로 거슬러 올라간다. 위대한 기대와 헌신으로 선교사 그룹들은 최초로 유럽을 건넌 후에 미국과 아프리카, 인도와 남아메리카로 그들의 길을 개척하였다. 초기 선교사들은 마음속에 하나의 목표를 가지고 미전도 종족들에게로 나아갔다(Kane, 1982, 76). 초기 선교회에는 덴마크-할레선교회(Danish-Halle mission), 모라비안선교회(the Moravian missions), 네덜란드선교회(the Netherlands Missionary Society) 등이 포함된다(Kane, 1982, 80).

인간의 노력으로서는 성공적인 방법도 있고 과녁을 빗나가는 방법도 있게 마련이다. 불행히도 어떤 방법들은 선교사업에 해악을 끼치기도 하였다. 그 결과 지난 몇 세기 동안 복음전파를 위해 효과적이거나 비효과적인 기술들이 사용되어 왔다.

1. 효과적인 선교방법(Effective Missionary Methods). 성공적인 것으로 증명된 가장 뛰어난 방법은 토착민들의 공통언어로 성경을 번역하는 것이다. 역사적으로 선교사들은 현대적인 수단들을 거의 사용하지 않고, 힘들여 각 단어와 구문을 이미 알려져 있는 언어로 번역하는 사역을 하였다. 이런 힘겨운 도전 다음에 그들은 이어서 원주민에게 새로이 기록된 본문을 읽도록 가르쳤다. 이런 번역자들 중에는 영국성서(the British Bible Society), 해외성서(the Foreign Bible Society) 그리고 위클리프성경번역선교회(Wycliffe Bible Translators) 등에 속한 이들도 있었다. 하나님의 능동적이고 살아 있는 말씀을 모국어로 사용 가능하도록 하는 것보다 더 효과적인 것은 없을 것이다.

또한 주목할 만한 것은 라디오 복음전파 사역이다. 이 전도 방법을 사용하여 선교사들은 다른 방법으로는 파고들 수 없는 집안으로 들어갈 수 있었다. 극동방송(FEBC〈Far East Broadcasting Company〉)과 HCJB(에콰도르 쿠이토 시 소재) 방송 사역은 라디오 사역이 오늘날 막혀진 지정학적 경계 너머의 사람들에게 어떤 일을 할 수 있는지 보여주는 좋은 실례들이다. 이것은 하나님의 말씀을 공부할 자유가 거의 막혀있는 위험한 공산주의 국가나 무슬림 나라들에서 특히 중요하다. 성경통신과정과 원거리 학습교육방법은 위와 동일한 이유로 역시 효과적인 도구가 된다.

20세기의 초기 몇 십 년 동안 기독교 선교학교들이 선교의 확장에 공헌하기 시작하였다. 특히 지방의 가난하고 문맹인 사회에서 교육보다 그리스도를 위해 지역사회에 영향을 끼치는 더 좋은 수단은 없다. 선교단체들은 읽기와 쓰기를 가르칠 뿐 아니라 다음 세대의 젊은이들의 마음에 성경의 진리로 영향을 끼치는 것을 목표로 삼고 있었다. "수많은 사람들이 그들 삶의 대부분의 형성기인 긴 기간에 걸쳐 기독교를 접하게 되어 그들 중 많은 이들이 이런저런 형태로 기독교신앙을 받아들이는 것은 놀라운 일이 아니다"라는 말은 주목할 만하다(Kane, 1982, 142).

2. 비효과적인 선교방법(Ineffective Missionary Methods). 성경번역, 라디오 방송의 효과적인 기독교 선교의 성공들과 반대로 다른 선교적 접근법들에는 문제들이 존재한다.

불행히도 초기 많은 선교사들이 외국 현장에서 발견한 문화적 차이들에 대해 무지하거나 혹은 멸시하는 태도를 가졌다. 서구 문명의 방식에 대해 우월적인 태도가 자주 전달되었고 때로는 의도 없이 그렇게 되기도 하였다. 이 "우월감"은 서구 출신의 선교사와 현지인 사이에 장벽이 되기도 하였다. 이런 선교사들이 서구문화라는 배경으로부터 기독교를 분리하는 데 실패했기 때문에 이 태도는 기독교신앙에 대한 단절을 만들어냈다. 서구식 건물, 예배 및 의상이 제정되었으나, 북과 춤 그리고 토착적인 양식은 금기시되었다. "이렇게 하여 그들은 회심자들의 목에 그들이 감당할 수 없는 멍에를 두었다. 제3세계에서 발전된 기독교는 결국 '미제'(Made in USA)라는 도장이 찍혀지게 되었다"(Kane, 1982, 162).

많은 선교사들이 다른 방법으로는 들어갈 수 없었던 곳에서는 식민지화가 나타났다. 선교사들의 시기 선택 때문에 그들은 식민지화의 일부분으로 보였다. 따라서 식민지 체제가 생산적이고 긍정적인 곳(예를 들어, 아프리카 대륙 중 흑인이 지배하는 부분인 Black Africa)에서는 선교사들의 노력도 그러했다. 하지만 식민지화가 악용되고 억압적인 곳(예를 들면, 인도)에서 선교사들은 불행히도 토착민들의 불신 외국인 대상에 포함되었다(Kane, 1982, 129). 많은 토착민들에게는 외국 땅의 식민지화와 복음의 선전을 강요하는 것이 같은 하나로 보였다.

실패한 다른 하나의 방법론은 로마 가톨릭교회와 개신교회가 서로 다르게 전해진 지역에서 조직적으로 함께 일하지 못했기 때문에 발생하였다. 비록 이 두 교회가 잘 알려진 차이점을 가졌으나, 그것은 힌두교와 이슬람이 기독교에 대해 가졌던 실제적인 위협에 비하면 분명 미약한 것이다.

개신교 선교가 1600년대에 시작되었지만, 21세

기 기독교인으로서 오늘날 복음전도방법에 적용할 수 있는 시간을 초월한 원리들이 존재한다. 예를 들면, 어떤 사람의 영적 성숙과 그(녀)의 불신자에 대한 부담감 사이의 상관관계 같은 것이다. 어떤 중요한 선교운동도 처음에는 부흥과 각성에 뒤이어 시작되었다. 만약 어떤 밭에서 더 많이 추수되기 원한다면 교회가 개인적인 영적 활력을 유지하는 것과 우주적인 교회의 지속적인 부흥을 위해 기도하는 일에 헌신하는 것은 필수적이다.

교회는 하나님의 계획의 넓이와 그분이 민족들, 훈련들 및 교회에 이질적인 교파들을 사용할 능력이 있음을 지속적으로 받아들여야만 한다. 절대적인 것이 없는 것으로 여겨질 앞으로 몇 십 년 간, 논쟁의 영역보다는(우리의 가톨릭 형제자매들과) 동의하고 공유할 영역을 찾는 것이 매우 중요할 것이다. 비슷하게, 교회는 사단이 어떻게 영원한 결과가 없는 하찮은 문제들에 관해 교파적 분열로 지상명령을 성취하는 것을 방해해 왔는지 인식해야 한다. 궁극적으로, 우리는 그리스도의 메시지로 역사상 가장 많은 인구의 사람들을 복음화할 중요한 사명에 초점을 맞추도록 해야 한다.

마지막으로, 선교사업은 영적, 정서적, 육체적, 의료적 및 교육적 영역을 포함하는 전인격적 필요를 채워줄 때 가장 효과적일 것이다. 이것을 지속하는 선교적인 노력은 더 높은 수준의 의미있는 토착적 성장과 지속성을 입증해왔다. 효과적인 청지기 정신은 과거 유익한 것으로 인정된 방법론의 사용에 주의 깊은 관심을 기울이며 동시에 불신자에게 접근할 새로운 방법들을 개척함으로써 최전방에 서고자 할 것이다.

MICHELLE D. ANTHONY

참고문헌 | J. H. Kane(1982), *A Concise History of the Christian World Mission*; idem(1971), *A Global View of Christian Missions: From Pentecost to the Present*; K. S. Latourette(1937-94), *A History of the Expansion of Christianity*; R. Winter(1970), *The Twenty-Five Unbelievable Years 1945-1969.*

선라이프(Sonlife Ministries). 현재 일리노이 주 엘번 시에 본부가 있는 선라이프는 교회 지도자들을 예수 그리스도께서 사용한 사역의 성경적인 방법으로 훈련시키는 것을 목적으로 한다. 1979년에 주로 청소년 사역에 초점을 맞추어 시작된 선라이프는 현재 지역 교회의 전체 사역을 목표로 하는 방향으로 나아가고 있다. 그들은 의도적으로 자신들의 사명 선언문 즉 지역 교회의 마음에 지상 대명령의 열정을 회복시킨다는 목표를 따르고자 한다. 즉 선라이프는 예수께서 제자들에게 가르치신 제자도의 원리들을 가지고 성숙한 예수 그리스도의 제자들을 계발시킬 뿐만 아니라 교회 지도자들과 평신도들을 준비시키는 데 헌신하고 있다.

선라이프의 창시자이며 회장인 댄 스페이더(Dann Spader)는 "강한 기독론이 없으면 당신은 왜곡된 교회론을 갖게 된다고 확신한다. 현대교회가 그 창시자의 가르침을 따르지 않는 이때에 우리는 제자훈련에서 성경적인 균형으로 돌아가야 한다"고 말했다.

교회 지도자들을 준비시키고자 하는 스페이더의 개인적인 열정은 무디성경학교의 학부 학생으로 있을 때 시작되었다. 그가 예수께서 어떻게 제자훈련 운동을 시작하셨는지 광범위하게 공부하기 시작한 것은 바로 그 학교시절이었다. 1975년에 무디 성경학교를 졸업한 후 스페이더는 십대 목사로서 지역교회들을 일정 기간 섬겼다. 그러나 그가 선라이프의 사역을 지역교회 지도자들에게 인도하는 기본 원리들과 전략들을 입안한 것은 트리니티복음주의신학교에서 목회학 박사학위 논문을 쓸 때였다.

제자들을 만드는 운동을 시작하려는 스페이더의 초기 노력을 목격한 무디성경학교는 그를 고용하여 의도적으로 다른 사람들을 훈련시키는 사역을 시작하도록 했다. 10년 후 사역이 성장함에 따라 스페이더는 선라이프를 독립기관으로 만들기 위해 무디의 보조를 끊었다. 오늘날 스페이더는 십대와 교회 지도력의 영역에서 다양한 교회 교단들을 상담해 주는 고문으로 일하고 있다. 그는 또한 여러 개의 훈련 비디오를 출판했을 뿐만 아니라 수많은 책들과 훈련 지침서들을 저술했다.

스페이더는 예수님의 삶은 제자를 만드는 세 가지의 균형 잡힌 우선순위의 본을 보여주셨다고 힘주어 말하고 있다.

- 불신자들을 그리스도에게 소개하는 것
- 신자들이 자신들의 구세주에 대한 깊은 지식을 가지고 자신들의 믿음에 확고해지는 것
- 준비된 사역자들이 이 과정을 번식시키도록 돕는 것

그는 이러한 제자훈련의 과정은 하나님의 아들이 제공한 강력한 삶, 즉 "선라이프"를 살 준비가 된 개인들을 배출할 것이라고 확신 있게 말한다. 스페이더는 "이런 단순하면서도 성경적인 목적이 효과의 평가기준이 된다. 만일 교회들이 제자를 만드는 과정에 본질적으로 연결되어 있지 않다면 우리는 반드시 그것을 변화시켜야 한다"라고 덧붙였다.

매년 3만 명이 넘는 교회 지도자들은 어느 정도 선라이프 훈련을 경험한다. 선라이프 사역은 지역교회 리더십을 준비시키도록 고안된 훈련세미나 시리즈를 완전히 갖추고 있다. 그러한 세미나들은 수많은 교회 교단들의 지지와 지원을 받고 있으며, 현재 선라이프의 리더십 세미나는 미국을 포함한 전 세계적으로 200개가 넘는 곳에서 제공되고 있다. 선라이프의 국제 분과들은 현재 캐나다, 동유럽, 중앙아메리카 그리고 호주와 같은 다양한 곳에 위치하고 있다. 또한 선라이프는 자신들의 준비과정을 돕기 위해 다양한 훈련 및 지원도구들을 계발해냈다.

현재 선라이프는 다음과 같은 다양한 훈련세미나들을 제공하고 있다.

'건강한 교회 성장세미나' - 균형 잡힌 지역교회 사역을 만들기 위해 고안되었고, 예수님의 사역에서 발견되는 12가지의 중심 요소들로써 교회 지도자들을 훈련시킨다. 일곱 시간의 세미나와 소그룹 토론 형식을 통해 참석자들은 교회의 크기와 전통, 혹은 예배 방식에 상관없이 어떻게 그리스도의 사역 철학을 자신들의 지역교회에서 실행할 수 있는지를 배우게 된다. 70페이지의 지침서가 포함된다. 또한 선라이프는 '건강한 교회 성장세미나'에서 다른 여러 가지 단계의 고급 훈련을 제공한다.

'건강한 청소년 사역전략 개발세미나' - 학생들의 평생 제자화 과정을 위한 그리스도의 방법론에 대한 개요로서 세미나는 8시간 동안 이루어진다. 이 세미나는 자원봉사자들과 전문적인 청소년 사역자들을 대상으로 한다. 선라이프는 학생 지도자들을 위해 특별히 고안된 세미나들을 포함하여 청소년 사역 원리와 관련된 그들의 훈련을 보충하는 다른 여러 가지의 고급 훈련을 제공하고 있다.

SCOTT W. BENSON

선 시티(Son City)

선 시티는 1972년 일리노이 주 파크 리지 시에 있는 사우스 파크에서 시작된 십대 프로그램에 그 기원을 두고 있다. 그들은 본래 신자들의 개발과 교육에 집중했지만 데이브 홈보(Dave Holmbo)와 빌 하이벨스(Bill Hybels)는 그리스도를 알지 못하는 기독교인 십대들의 친구들을 목표로 하기를 원했다. 그들은 전도에 관한 시리즈를 가르치기 시작했고 후에는 교회를 다니지 않는 아이들을 목표로 하는 주간 행사를 만들었다. 그들은 신자들을 위해 주중에 추가적인 모임을 가졌다.

학생들에게 이러한 새로운 전략을 설명한 후, 그들은 십대 그룹의 지지를 얻었다. 그들은 계획을 마련한 다음 현대 드라마와 음악을 가지고 존 앤커버그(John Ankerberg)로 하여금 하나의 시리즈를 가르치도록 하였다. 하이벨스는 계속해서 가르쳤고 6개월간에 걸쳐 그 그룹은 굉장한 성공을 경험했다.

이 수요일 밤 전도 프로그램은 선 시티로 알려지게 되었고 신자들의 모임은 선 빌리지로 불려졌다. 선 컴퍼니라고 불리는 찬양단이 예술적인 부분을 주로 맡았고 그들은 그 일을 훌륭하게 해내었다. 매주 그리고 시리즈마다 선 시티 예배는 평이하면서도 창의적으로 복음의 능력과 성경의 진리를 노래, 드라마, 소그룹 그리고 상관성 있고 삶을 변화시키는 메시지와 함께 제시했다. 학생들이 그리스도에게로 나아왔고 우정지원 제자훈련과 보살핌을 위해 소그룹에 연결되었다. 핵심 신자들은 최근에 기독교인이 된 새로운 학생 그룹을 돌보는 목자가 되는 도전을 받았다. 학생들 가운데서 지도자들이 나왔고, 게

임과 신나는 프로그램들이 즐거움과 흥미를 돋우기 위해 마련되었으며 젊은이들은 그리스도에 대한 자신들의 믿음을 의도적으로 나눌 것을 도전받았다. 오래지 않아 교회에 출석하는 십대의 수가 어른들의 수의 두 배가 되었다! 그때 그들은 이런 독특한 현대 청소년 사역이 몇 년 뒤인 1975년에 윌로우 크릭 커뮤니티교회 목회철학의 기초를 형성하리라고는 거의 생각지 못했다.

BILL DONAHUE

선지자적 가르침(Prophetic Teachings). 군주와 선지자의 교육(Education in the Monarchies and Prophets)을 보라.

선택(Choices). 의사결정(Decision Making)을 보라.

선형 계획법(Linear Programming). 스키너(B. F. Skinner)의 연구로부터 점차적으로 나온 계획된 교수 방법의 초기 형태이다. 1943년에 스키너는 조작적 조건화(operant conditioning)를 사용하여 비둘기로 하여금 공을 새장 주변으로 돌리게 하는 훈련을 성공적으로 수행했다. 비둘기가 요구되어진 행동과 비슷한 아주 작은 행동들을 확실하게 보일 때 그는 비둘기에게 강화조건을 주었다. 짧은 기간 안에 스키너가 순차적 근사치(successive approximation)라고 칭했던 이 작은 조치들이 비둘기로 하여금 새로운 과업들을 완전하게 수행하도록 조건화시켰다.

선형 계획법은 구조에 있어서 스키너가 비둘기를 가지고 했던 실험과 비슷하다. 일단 교육자가 요구되어진 학습결과를 확인하면, 학습자가 한 번에 하나씩 볼 수 있도록 교수 자료들을 아주 작은 단위들 혹은 "구조들"(frames)로 나눈다. 그러면 각 구조(frame)는 셋 중의 어느 하나를 수반하게 된다. (1) 더 어려운 구조, (2) 정보 구조 또는 강화 구조, (3) 재검토 구조 또는 시험 구조. 이 구조들을 제시하는 동안, 학습자는 간단한 질문에 답하거나 주어진 정보를 바꾸어 말하는 것과 같은 몇몇 행위를 통하여 각 단위에 반응하도록 격려를 받는다. 만일 그 반응이 틀리면 동일한 정보단위가 한 번 더 학습자에게 제시된다. 따라서 학습자는 그 자료에 반응할 다른 기회를 갖게 된다. 이 순차적 근사치들의 고리(loop)는 학습자가 바르게 반응할 때까지 계속된다. 일단 학습자가 성공적으로 하나의 특정 단위에 반응했다면, 그 계획은 학습자로 하여금 새로운 또는 확장된 정보 구조들(frames)과 상호작용 하도록 이끌어준다. 학습자가 요구 되어진(desired) 학습결과를 성공적으로 입증할 때까지 이 과정은 한 단계 한 단계, 한 구조 한 구조 (순차적으로) 계속 진행된다.

'선형의'(linear)이라는 용어는 각 학습자가 요구되어진 학습결과를 향해 진행해 가는 직선적이며 고정된 방식을 나타낸다. 비록 여러 다른 학습자들이 학습결과에 도달하는 속도가 서로 다를지라도, 이 외부로부터의(extrinsic) 계획된 접근은 모든 학생들에게 각각의 모든 구조를 통하여 하나의 특정적이며 미리 결정된 절차에 따라 이동해갈 것을 요구한다.

ROBERT DEVARGAS

참조 | 다지형 프로그램(BRANCHING PROGRAMMING); 컴퓨터원용교육(COMPUTER-ASSISTED INSTRUCTION, CAI); 컴퓨터강화학습(COMPUTER-ENHANCED LEARNING, CEL)

설교(Preaching). 믿음에 영감을 주기 위해서 하나님의 말씀을 선포하는 것을 의미한다. 구약은 율법이 매 칠년 초막절에 이스라엘 백성들에게 낭독되었다고 기록한다(신 31:9-13). 하나님 말씀 선포의 목적은 이스라엘 백성들이 그들 가운데 살던 이방 백성들을 포함해서 "듣고 배우고 하나님을 경외하며 율법의 모든 말씀을 지켜 행하게"(신 31:12) 하기 위한 것이었다. 여호와를 경외하는 이스라엘의 왕들은 율법을 백성들 앞에서 읽도록 명령했다. 여호사밧은 관직자들과 제사장들을 보내어 "저희가 여호와의 율법책을 가지고 유다에서 가르치되 그 모든 성읍으로 순행하며 인민을 가르치도록 했다"(대하 17:9). 구약은 또한 이스라엘 백성들이 재건축된 예루살렘성에 정착하였을 때, 에스라가 그들을 모으고 하나님의 율법을 읽는 것을 듣게 했다고 기록한다. "하나님의 율법책을 낭독하고 그 뜻을 해석하여 백성으로 그 낭독하는 것을 다 깨닫게 하매"(느 8:8).

신약은 "예고하다", "선포하다", "가르치다"를 포함한 설교에 대한 다양한 표현들을 사용하고 있다. 바울은 골로새와 데살로니가교회들에게 보낸 서신에서 신자들이 자신의 메시지들을 읽도록 촉구하며 설교하는 것의 중요성을 주장한다(살전 5:27; 골 4:6). 바울은 디모데에게 편지하면서 디모데가 자신에게 들은 것을 충성된 사람들에게 부탁하여 그들도 다른 사람들을 가르칠 수 있도록 하라고 지시하고 있다(딤후 2:2).

서기 150년 순교자 저스틴은 성경을 기초로 한 설교는 주일예배의 본질적 특징이라고 기록했다. 중요한 설교자들로는 오리겐, 어거스틴, 토마스 아퀴나스 등과 같은 사람들이 있다. 루터, 칼빈, 쯔빙글리를 포함한 개혁자들은 공적인 예배에 설교를 포함시키도록 명했다.

오늘날 설교는 대부분 주일예배의 특징이 되었다. 전형적 설교는 성경 본문을 탐구하고 청중들의 삶에 이것을 적용한다. 교회성장전문가 엘머 타운스(Elmer Towns, 1995)는 설교를 적극적 혹은 소극적 동기부여로 묘사한다. 예언 중심의 설교자는 하나님께서 정하신 것을 따라야 한다고 말하는 율법에 따라 교회를 이끄는 경향이 있을 것이다. 격려를 강조하는 설교자는 하나님께서 보상해 주실 것이라는 동기를 부여할 것이다. 지역교회가 성장하기 위해서는 이 두 가지 설교 중심이 모두 필요한 것이라고 타운스는 설명한다(317).

성인을 위한 설교와 함께 어떤 교회들은 "아이들을 위한 설교"를 다룬다. 대부분 이야기나 가르침 목표를 기초로 해서 아이들의 설교는 성인예배를 참석한 아이들을 위해 고안된다. 최상의 경우, 아이들 설교는 젊은이들뿐 아니라 성인들에게까지 영향을 미친다. 그러나 최악의 경우에 아이들을 위한 설교는 단순한 여흥이 된다.

ROBERT J. CHOUN

참고문헌 | T. Cully and K. B. Cully, eds.(1990), *Harper's Encyclopedia of Religious Education*; E. F. Harrison, ed.(1960), *Baker's Dictionary of Theology*; E. Towns, ed.(1995), *Evangelism and Church Growth*.

설교(Sermon). 설교(Preaching)를 보라.

설명식 교수법(Expository Teaching). 설교와 마찬가지로 가르치는 것도 서로 다른 목적과 경우에 따라 강점들을 보여주는 다양한 구조를 가지고 있다. 설명적 형식은 성경 본문으로부터 직접 도출해낸 목적과 구조와 예화와 적용에 중점을 둔다. 본문 설명은 배워야 할 영적 원리들을 보여주고 성경 자체를 배우는 것에 초점을 둔다. 성경 저자가 살았던 본문의 문화적 상황 안에서 진리를 해석한다. 잘된 설명은 그것을 배우는 학생이 성경적 진리에 일치하는 생활을 추구하게 하고 "나는 어떤가?" 또는 "어떻게 내 삶을 변화할 수 있나?"와 같은 중요한 질문을 스스로에게 던지도록 한다.

가르치는 일은 성경 본문을 관찰하는 일만이 아니라 하나님을 알고 본문과 현실과의 관련성을 아는 일이다. 설명적 교수법은 학습자와 선생의 역량 그 이상을 바라본다. 그것은 대화의 구조와 성경말씀에 대한 설명을 강조한다. 설명적 가르침의 과제는 또한 정확하고 명료하며 구체적인 관련성이 요구된다.

1. 정확성.

1) 구체적인 단어들과 언어가 그리는 그림의 의미: 한 단어가 다양한 의미를 가질 수 있고, 원래의 의미를 변화시킬 수도 있기 때문에 성경을 설명할 때에는 반드시 그 의도를 알아야만 한다. 원어를 공부하고 다른 번역본들과 비교해 보는 일이 필요하다.

2) 문맥적 정확성: 설명을 할 때에는 반드시 한 단어가 어떻게 구절과 단락에 들어맞는지, 또는 구절과 단락이 어떻게 주제와 전체적 계시에 들어맞는지 알아보아야 한다.

3) 문화적 정확성: 단어들이 바뀔 수 있는 것처럼 문화적인 경험과 기대도 서로 다르다. 이 사람들이 이 말씀의 영적 진리를 이해하기 위한 단어나 비유를 일상적 경험으로부터 알 수 있었던 것은 무엇일

까? 정확성에 관한 질문들이 고려하는 것은 독자가 이해하는 의미가 아니라 저자가 이해시키고자 했던 의도가 무엇인가 하는 점이다.

2. 명료성.

1) **본문의 목적**: 본문마다, 이차적인 적용이라 할지라도 주요한 의도를 가진다. 규정된 목적과 문법적 구조와 물리적 환경과 또는 대칭적인 다른 본문들도 저자의 목적을 명확하게 보여줄 수 있다.

2) **언급된 문제**: 교사는 반드시 저자가 언급한 문제와 듣는 사람들이 인식하는 문제들 사이를 구분해 주어야만 한다. 예수께서 해방의 가능성에 대해 언급하셨을 때, 그 말씀을 들던 사람들이 "우리가 아브라함의 자손이라 남의 종이 된 적이 없거늘…"이라고 대응했다(요 8:33).

3) **중심의미**: 성경의 놀라운 점은 그것이 일관되게 하나님의 성품과 인류를 구속하는 사랑을 가르친다는 것이다. 의미를 설명할 때에는 반드시 이 진리와 일관성이 있어야 한다.

3. 연관성.

설명식 교수법이란 단순히 본문을 역사적 정확성과 명료성에 연관시키는 것만이 아니다. 예수님과 사도들은 당대에 개혁적으로 삶을 변화시키는 가르침을 베푸셨다. 영원한 진리는 모든 세대에 동일한 삶을 변화시키는 열매를 맺어야한다.

1) **결정 내리기를 위해**: 학습자들은 각 회기마다 일상생활에 이어질 영원하고 귀중한 진리의 덩어리들을 만나야 한다. 교사들은 학생들이 성경 이야기를 알고 오늘의 삶에 적용할 수 있는 교훈을 남겨주어야 한다.

2) **삶의 지도를 위해**: 성경을 설명적으로 공부하는 것이 일상생활에서 현명한 선택을 할 수 있는 원리들을 가르칠 뿐만 아니라 하나님의 뜻에 합당한 목표를 설정하고 가야할 길을 결정하는 일에도 도움이 된다. 설명적 가르침은 반드시 생활 패턴을 만드는 것과 관련되어야 한다. 성경의 진리는 지속적으로 예수님을 닮아가게 한다. 설명적 가르침이 진정한 성경적 연관성을 가진다면 예수께서 가르치시고 본보기를 보이셨던 가치들과 생활 스타일이 일관되게 관련된다.

만약 예수께서 우리 시대, 우리 교회에 오신다면 의심할 여지없이 그분은 양과 염소와 낚시, 농사, 무화과나무, 포도원 대신에 자동차와 비행기, 텔레비전, 컴퓨터, 인공위성, 우주공간 등을 예화로 사용하실 것이다. 그러나 하나님께서 세상에 오셔서 보여주신 것은 어제나 오늘이나 영원히 동일한 진리이다(히 13:8). 설명식 가르침도 시간을 초월한 진리를 오늘날의 생활에 연관하여 번역하는 일과 같다. 죄인들이 변화되어 성도가 되는 것이 성경의 진리를 가르치는 모든 교사들의 목표이다.

설명 학습은 하나의 주제를 구성하는 한 구절이나 또는 전장을 공부해야 한다. 성경의 저자들이 오직 한 개의 주제만을 가지고 기록한 것이 아니지만, 교사가 요점과 학습의 기초로서 최소한 한 가지 주제에 중점을 두는 것이다.

설명식 가르침은 성경 전체를 일괄하는 설명 학습 시리즈로 진행될 수도 있다. 이 방법은 주요 부분과 책의 주제를 설명해내는 유익을 줄 뿐만 아니라 성경 전체를 다루는 이점이 있다. 아무도 한 구절이나 한 페이지만 읽고 저자의 의도를 이해할 수 없다. 그러므로 하나님의 말씀을 배우는 모든 학생들의 학습 경험에 설명적 가르침을 포함하여 균형을 유지하는 일이 바람직하다. 그것은 절대적으로 가치 있고 현재와 미래의 삶에 대한 약속과 같다.

GORDON R. CLYMER

섬기는 지도자(Servant Leader). 비록 "종"의 위치가 바울의 에베소서(4:11)에 기술된 교회 리더십의 역할에 있지는 않지만 그것은 예수께서 보여주신 리더십 모델이다. 요한복음 13장에서 요한은 예수께서 그의 제자들의 발을 씻기셨다고 기록했다. 동일한 저녁을 기록한 누가의 기록은 말다툼하는 자신의 제자들을 훈계하시는 부분을 포함하고 있다. "너희 중에 큰 자는 젊은 자와 같고 두목은 섬기는 자와 같을지니라"(눅 22:26).

베드로는 자신의 편지에서 섬기는 리더십의 주제에 대해 설명했다. 동료 장로들에게 편지하면서 베드로는 그들에게 "너희 중에 있는 하나님의 양무리를 치되 부득이함으로 하지 말고 오직 하나님의 뜻을 좇아 자원함으로 하며 더러운 이를 위하여 하지 말고 오직 즐거운 뜻으로 하며 맡기운 자들에게 주장하는 자세를 하지 말고 오직 양 무리의 본이 되라"고 권면했다(벧전 5:1-3). 바울은 디모데에게 구체적으로 "경건을 이익의 재료로" 그릇되게 생각하는 것에 대해 경고했다(딤전 6:5).

야고보와 요한이 특별한 지위의 위치를 요구함으로써 제자들간에 불화를 야기했을 때, 예수께서는 자신의 제자들이 큰 자가 되는 일에 대한 파격적인 새로운 견해를 가져야 함을 가르치셨다. 예수께서는 "이방인의 소위 집권자들이 저희를 임으로 주관하고 그 대인들이 저희에게 권세를 부리는 줄을 너희가 알거니와 너희 중에는 그렇지 아니하니 너희 중에 누구든지 크고자 하는 자는 너희를 섬기는 자가 되고 너희 중에 누구든지 으뜸이 되고자 하는 자는 모든 사람의 종이 되어야 하리라"(눅 10:42-43)고 말씀하셨다.

구약성경은 지도자들이 종이 되기를 거부할 때 생길 수 있는 일을 기록하고 있다. 르호보암의 아버지 솔로몬 왕은 무거운 멍에로 이스라엘을 다스렸다. 르호보암이 통치 초기에 나라를 이끄는 것과 관련하여 조언을 받기 위해 노인들의 방문을 받았을 때에 그들은 새로운 통치자가 그의 백성들의 종이 될 것을 조언했다. 르호보암은 노인들의 말을 무시하고 대신에 엄격한 독재주의 정책을 펼칠 것을 주장한 친구들의 말을 들었다. 그 결과 왕의 통치는 내부 분열에 의해 종말을 맞게 되었다.

신약에서 예수님은 존경의 자리는 원하지만 봉사는 싫어하는 바리새인들의 교만에 대해 경고하셨다(마 23:1-12). 예수님 자신의 리더십 방식은 종의 역할의 실체였다. 그 리더십은 우리의 인간 상호관계와 관련하여 예수께서 남기신 교회를 위한 모본으로 남아 있다.

이러한 성경적인 리더십 원리들 - 다른 사람을 생각하는 것, 자원하여 섬김, 고상한 동기 그리고 겸손함 - 은 교회 리더십에서 뿐만 아니라 기업세계에서도 값진 것으로 여겨진다. 많은 세속적인 리더십에 관한 전문가들도 다른 사람들이 성공하게 함으로써 성공하는 경영 방식을 옹호한다. 매니저들은 직원들을 확인해 주고 그들에게 성장과 발전의 기회를 제공해 줄 것을 조언 받는다. 매니저들은 다른 사람들에게 시간을 내어주고, 정보를 공유하고 팀웍의 분위기를 창출하라는 당부를 받는다. 그러면 직원들은 동기부여가 되어 의사결정과정에 참여하고, 자기 자신들의 창의력을 개발하고 더욱 더 자발적으로 일할 것이다. 섬기는 지도자는 리더십 훈련사인 한스 핀젤(Hans Finzel, 1994)이 말한 "위로부터의 독재적인 교만"을 반드시 버려야 한다(22).

핀젤의 "위로부터의" 용어는 직원들이 상부 경영을 섬기고 후원하는 전통적인 피라미드 모델을 가리킨다. 섬기는 지도자 모델은 피라미드 정점을 중심으로 균형을 잡을 때까지 기울게 하여 "상부" 중역들이 직원들을 지원하게 한다.

기독교 기관을 구분하는 요소들 중의 하나는 굉장한 자원봉사주의이다. 경영 전문가들인 엥스트롬(Engstrom)과 데이튼(Dayton, 1976)은 이러한 차이가 지역 교회를 "세상에서 가장 복잡하고 어려운 조직들 중의 하나로 만든다"고 주장한다(16). 자기 자신들의 시간과 재능을 기부하는 일꾼들은 자신들의 지도자들로부터 동일한 수준의 헌신을 기대한다. 격려와 지원 그리고 동기 부여를 공급받지 못하는 자원봉사자들은 소진의 대상이 된다. 이러한 문제를 해결하기 위해 섬기는 지도자는 반드시 팀의 구성원들과 관계를 세워나가야 한다. 관계들은 협력을 조장하고 협력은 참여도를 향상시킨다. 섬기는 지도자들은 그리스도의 일에 대한 헌신이 그리스도의 몸에 대한 헌신임을 이해한다. 섬기는 지도자는 자신의 팀이 공유하는 목표를 향해 나아가도록 지도하지만 그들을 조종하거나 이용하지 않는다.

ROBERT J. CHOUN

참고문헌 | T. Engstrom and E. R. Dayton(1976), *The Art of Management for Christian Leaders*; H. Finzel(1994), *The Top Ten Mistakes Leaders Make*; K. O. Gangel(1974), *Competent to Lead*; D. Hocking(1991), *The Seven Laws of Christian Leadership*; M. Rush(1983), *Management: A Biblical Perspective*.

참조 | 집사(DEACON); 여집사(DEACONESS); 지도력(LEADER-

섭식장애

SHIP); 목회자(MINISTER)

섭식장애(Eating Disorders). 우리는 날씬함의 망상에 사로잡힌 시대에 살고 있다. 잡지들과 텔레비전에서 수척한 모델들이 미소를 보낸다. 그들의 메시지는 분명하다. "행복하고 인기 있고 아름다워지고 싶으세요? 너무 말랐다는 말은 통하지 않아요." 대부분의 사람들은 "마르면 된다"(thin-is-in)라는 생각에 설득 당한다.

그러나 이 메시지는 심각하게 동요되는 두 그룹의 사람들을 매혹시킨다. 어린 십대 이전의 여학생들과 여자 대학생들이다. 그들은 날씬함을 모든 것 위에 우선순위를 둔다. 병적이며, 강박감을 주며 자기 파괴적이다. 신체는 적당한 영양을 공급해 주지 않으면 지속될 수 없다. 이 두 그룹은 신경성 무식욕증 환자들(anorexics: 스스로 굶주리는 사람들)과 이상식욕항진 환자들(bulimics: 폭식하고 나서 토해내는 사람들)이다.

섭식장애는 주의 깊은 돌봄과 기술로 치료해야 하는 질병이다. 그러한 파괴적인 행동의 저변에 있는 태도와 행위들을 관찰하는 사람이 적절하게 다루지 않으면 그 결과는 더 악화되고 죽기까지 한다. 특히 이것은 너무 연약한 신경성 무식욕증 환자들에게 자주 일어난다(Vath, 1986).

'신경성 무식욕증'(anorexia nervosa)이란 "비만을 두려워할 만큼 싫어하여 병적으로 날씬함을 잔인하게 추구하여 생명을 위협하며 스스로 유도하는 굶주림의 증상이다"(페롯〈Parrott〉, 1993, 103). 연구들은 4퍼센트에 해당하는 어린 청소년들이(14-18세) 이 증상으로 고통받고 있다고 밝힌다. 사망률은 22퍼센트에 이른다. 이 증상은 중산층에서 중상위층의 백인 가정에 월등히 많다. 희생자의 90퍼센트 이상이 여성이다. 그들은 심하게 왜곡된 몸매의 이미지로 고통당한다. 의문의 여지없이 수척한데도 그들은 "살쪘다는 느낌"을 주장한다.

'신경성 이상식욕항진'(bulimia nervosa)이란 폭식을 하고 나서 과도한 음식을 토해 내고, 설사약을 복용하고 이뇨제 남용과 단식 및 과도한 운동을 통해 음식을 배설해 내는 반복적 행동의 주기성으로 특징지어진다. 종종 우울증과 실망감, 갈등 등으로 갑작스러운 폭식을 자주 하게 된다. 식욕 부진증과는 달리 이상식욕항진을 가진 청소년들은 자신의 식사 습관이 비정상이라는 사실을 안다. 폭식은 전형적으로 18세 정도에 시작한다. 평균 5년 정도 이 증상이 지속된다. 희생자의 반 이상 2/3 정도가 대학생들이다.

'근육 이상형태'(muscle dismorphia)란 세라토닌(saratonin: 여러 인간 행동과 연관된 신경전달물질-역주)의 불균형으로 인해 몸의 크기에 대해 지나치게 고민하는 것이다. 이 현상은 주로 남자들에게 있는 증상이다. 스스로의 몸이 너무 작다고 생각하여 매일 수 시간에 걸쳐 운동을 해야 한다고 생각한다.

교회의 교육 프로그램은 다음과 같다. (1) 부모와 자원봉사자들을 훈련하여 식욕부진증과 이상식욕항진의 표징들을 알아내고 그 둘 사이를 구분하게 한다. (2) 부모들이 자녀들을 양육할 때 단순히 순종적이고 복종하는 것을 가르치는 것이 아니라 현명하고 자신감을 가진 사람이 되도록 가르친다. 결정내리기와 문제해결하기 등을 자녀에게 가르칠 때 자료들을 사용하여 객관성 있게 가르친다. (3) 견고한 성경적 가르침을 제공해 주고, 어떻게 자신을 사랑하고 여자임을 자랑스럽게 여겨야 할지에 대해 설교한다. 건전한 성에 관한 정체성을 심어주고, 긍정적인 여성상을 가지는 것이 젊은 기독교 청소년 여성으로 발달하는 일에 매우 중요하다. (4) 기도와 수용과 격려를 주고받을 목회적 돌봄의 네트워크를 만든다. 위의 질병들은 본질적으로 장기간이 걸려 치유된다. 몇 달 혹은 몇 년 동안 희생자와 가족을 돌보게 되기도 한다. (5) 능력을 갖춘 훈련받은 전문가들에게 유도해 주는 제도를 만든다. 라파(Rapha: 미국의 그리스도중심의 전문 상담기관. 정서적 갈등이나 약물복용 문제 등을 하나님의 평화와 기쁨으로 회복시키는 목적이 있다-역주)와 미너스 마이어 뉴 라이프 클리닉(Minirth Meier New Life Clinic)은 기독교적인 입원 환자들을 돌보는 프로그램들을 운영한다.

섭식장애는 오늘날의 청소년들 사이에서 압도적인 문제이다. 후원 그룹과 상담 그리고 하나님의 능력으로 환자를 건강하고도 성공적으로 회복시킬 수 있다.

JAMES A. DAVIES

참고문헌 | L. Parrott III(1993), *Helping the Struggling Adolescent*; R. E. Vath(1986), *Counseling Those with Eating Disorders*.

성경공회(Bible Societies).

1800년대 선교 운동이 한창일 때 세계 모든 사람들에게 성경을 배포해 주기 위해 성경공회가 설립되었다. 성경공회는 종교개혁 정신에 그 뿌리를 견고히 두고, 하나님 말씀을 가능한 많은 사람들에게 전하는 기본적 목표를 수호해 왔다. 협회는 수많은 선교 단체들과 동역하여 성경을 번역하고 적당한 크기로 책을 만들어 성경을 쉽게 구입할 수 있는 가격으로 또는 무료로 배포해 왔다.

1. 성경공회 역사. 성경공회의 성장기는 크게 3기로 나뉜다. 1800년대 초기, 1900년대 초기 그리고 2차 세계대전 종식 이후부터 베트남 전 발발까지. 첫 번째 시기는 1804년에 시작한 영국 해외 성경공회(British Foreign Bible Societies, BFBS)와 1816년 설립된 미국 성경공회(American Bible Society, ABS)에서 시작되었다. 교회 외부에 세워진 최초의 기독교기관으로, 이 비영리협회들은 오직 성경을 다른 언어로 번역하여 배포하는 목적만을 고수했다. 런던에 사는 한 선교 중심의 사업가가 설립한 BFBS는 선교에 대한 사람들의 생각을 바꾸어 놓았다. 교회 의자에 앉아 있는 평범한 교인조차 하나님 말씀을 출판, 배포하는 일을 도움으로 위대한 선교 사역에 동참할 수 있었다. 1800년대 중반까지 서유럽 몇 나라들이 영국의 지도를 따라 그들 자신의 나라에 성경공회를 설립했다. 다양한 선교지에서 독립적이지만 유사하게 사역을 개진했다.

BFBS는 첫 100년 동안 신약과 복음서를 포함하여 2억여 권의 성경을 출판했다. 이후 50년간 그 숫자는 배가되었다. 그러나 연간 발행 부수가 세계적으로 증가하는 읽고 쓰는 사람들의 숫자를 따라잡을 수가 없었다. 한편 1800년대 후반의 현대사상의 증진은 성경공회에 대한 그리스도인들의 관심을 떨어뜨렸다.

두 번째 성장기인 1900년대 초반에 커뮤니케이션과 여행의 진보가 세계를 향한 복음의 문을 열어 주었다. 1932년, BFBS와 ABS는 중복을 방지하고 재정 자원을 최대화하기 위해 해외에서의 사역을 함께 하기로 결정했다. 스코틀랜드 전국성경공회(National Bible Society of Scotland)도 합류하여, 성경을 중국과 일본, 싱가포르 사람들에게 나눠 주기 시작했다. 인도네시아 지부의 BFBS와 ABS는 네덜란드 성경공회와 합류, 수만 권의 성경을 출판 및 배포했다. 일본 성경공회가 1938년 설립되었고, 1948년에는 브라질 성경공회가, 1940년에 한국 성경공회가 조직되어, 각각 BFBS와 ABS와 동역하여 각자의 언어로 성경을 번역하고 인쇄하게 되었다. BFBS의 원조 아래 인도 성경공회가 조직되었고, 세일론 성경공회, 파키스탄 성경공회 그리고 방글라데시 성경공회도 조직되었다. 그러나 2차 세계대전 발발과 중국 공산주의 내전으로 성경 배포 사역이 중단되었다.

2차 대전 동안 ABS 사역자들은 백만여 달러 상당의 성경을 독일 국민과 전쟁 포로들에게 유포하기 위해 애썼다. 전후에는 동일한 양의 성경을 일본 국민들을 위한 원조로 배포했다. 전쟁이 끝날 즈음, 성경공회들은 성경 유포와 새로운 성경공회들을 오스트리아(1947), 벨기에(1946), 체코슬로바키아(1947), 프랑스(1946), 독일(1948) 그리고 스위스(1947)에 설립했다. 새로운 국제적 기구를 만들기 위해 24개의 국가 성경공회들이 모여 연합 성경공회(United Bible Society, UBS)를 조직하고, 1948년 영국의 엘핀스워드(Elfinsward)에서 첫 회합을 가졌다. 런던에 본부를 두고 UBS는 자료 수집과 문제 연구 조사, 봉사 제공 그리고 지부와의 연락 등과 같은 전국가의 공동 관심사에 초점을 두고 사역한다.

2. 오늘날의 사역. 지난 50년 간 새로운 협력과 통합이 이루어졌고 사역의 순환과 효과가 증진되었다. ABS는 500여 개의 언어로 쓰인 40억 권의 성경을 배포했고, 점자 성경과 큰 글씨 성경, 카세트 성경을 만들었다. 뉴욕에 본부를 둔 ABS는 6만여 명의 자원 봉사자가 일하고 모든 기금은 선물과 기부금으로

채우고 있다. 베를린 장벽이 무너진 이후 성경공회는 지역 교회들로부터 닫혀 있던 나라들에 복음을 전할 가능성에 대한 높은 관심을 다시 받고 있다.

기드온 협회(The Gideons)는 미국 내 거의 모든 호텔 객실에 성경을 배치해, 가장 눈에 띄는 성경공회가 되었다. 두 사람의 순회 판매인에 의해 1898년에 설립된 기드온은, 이들이 위스콘신 주의 한 호텔 로비에서 만나 서로의 신앙에 대한 대화를 나누다가 여행 중인 전문 직업인들의 필요를 인식하고 적당한 장소에 성경을 배치해 놓을 것을 의논했다. 첫 28년 동안 기드온은 일만 권의 성경을 배치했다. 그들은 지금도 러시아에 매달 5,000여 권의 성경을 보내는 것을 포함해, 세계에 매번 8일에 걸쳐 일만 권의 성경을 계속 배포하고 있다. 기드온은 172개국에서 77개 언어로 성경을 인쇄, 배포하는 세계 최대의 성경 배포 기관이다. 그들은 군대와 감옥과 병원, 양로원, 진료소, 배와 비행기 안, 학교와 대학 캠퍼스, 전 세계 선교지 등에 성경을 배포한다. 테네시 주의 내쉬빌에 본부를 둔 국제기드온협회는 80,000여 명의 자원 봉사자들이 미국과 세계 137,000 지역에서 일하고 있다.

JERRY CHIP MACGREGOR

참고문헌 | F. F. Bruce(1978), *History of the Bible in English*; H. Kee, ed.(1993), *The Bible in the 21st Century*.

성경교리(Biblical Doctrine). 성경신학(Biblical Theology)을 보라.

성경교육(Bible Teaching).
50여 년 전에 토저(A. W. Tozer, 1948)는 이렇게 썼다. "건전한 성경 주해는 살아 계신 하나님의 교회의 의무이다. 성경을 주해하지 않는다면 엄밀한 의미의 신약교회의 자격을 갖춘 교회가 아니다… 성경 그 자체로 끝이 아니라, 사람을 하나님을 가깝게 아는 지식으로 인도하고 그분 안에 들어가게 하고 그분의 임재하심에 기뻐하게 하고 삶의 중심에, 마음 중심에 계신 인자하신 하나님을 알고 경험할 수 있게 한다"(8).

이 위대한 교회의 의무가 20세기 중반에도 이행되지 않았다. 부활하신 후 갈릴리 산상에서 예수께서는 제자들에게 제자 삼는 일의 중요성을 말씀하시며 "내가 너희에게 분부한 모든 것을 가르쳐 지키게 하라"(마 28:20)고 명하셨다. 신약성경의 최초의 교사들은 주님으로부터 이미 "무릇 온전케 된 자는 그 선생과 같으니라"(눅 6:40)는 것을 배워 알았다. 가르치는 일에는 본보기가 되어야 할 엄청난 책임이 주어진다.

어떤 면에서 훌륭한 교사는 뛰어난 예술가와 같다. 둘 다 수많은 시간의 수고와 훈련과 헌신으로 미를 창조한다. 성경교사들은 연구 교재의 처음이자 마지막인 성경을 다루는 방법, 즉 하나님 말씀에 교훈의 닻을 내릴 줄 알아야 한다(딤후 3:14-17).

바울이 디모데에게 보낸 두 번째 편지에서 이 젊은이에게 "마땅히 주의 종은 다투지 아니하고 모든 사람을 대하여 온유하며 가르치기를 잘하며 참으며"(딤후 2:24)라고 말한다. 가르치는 은사라는 개념은 신약 본문의 많은 부분을 차지하지만, 이 본문에서는 능력이라기보다는 태도에 대해 언급하고 있다. 학생들의 머리에 지식을 채워 주는 것으로는 "온유함"을 만들어낼 수 없다. 온유함은 두 가지 양상으로 나온다. 성령이 안에서 만드시고 우리가 외부에서 나타내는 것이다.

신약성경은 구약의 이스라엘 역사로부터 흘러 오는 말씀을 가르치는 일을 강조한다. 시편에 나오는 아삽의 시가 이것을 강조하고 있다.

> 내 백성이여 내 교훈을 들으며 내 입의 말에 귀를 기울일지어다
> 내가 입을 열고 비유를 베풀어서 옛 비밀한 일을 발표하리니
> 이는 우리가 들은 바요 아는 바요 우리 열조가 우리에게 전한 바라(시 78:1-3).

이 시편은 성경의 중심성을 강조한다. 아삽이 하나님의 진리를 이른 세대로부터 전달했다. 물론 오늘날 우리는 더 많은 계시를 가지고 있지만 우리가 무엇을 가르치든지 성경을 모든 교훈의 중심으로 삼

는다. 헌신적인 성경교사들은 극단적인 지적 우상화, 즉 지식 그 자체가 하나님께 가까이 인도하여 거룩한 삶을 살도록 한다는 개념을 회피한다. 성경을 가르치는 주요 목적은 지식을 쌓는 일이 아니라 영적 성장을 도모하는 일이다.

가르치는 일의 인간적인 요소들로는 교사와 학생, 과정과 환경이 필요하고, 성경을 성령의 조명 아래 볼 때 신적 결과들이 나타난다. 로이 쥬크(Roy Zuck, 1963/1984)는 다음과 같이 우리를 깨우친다.

> 우리는 성령의 역사를 게으름에 대한 변명이나 성경공부의 수고를 덜어보려는 것으로 생각해서는 안 된다. 성경 본문의 통찰력 있는 의미는 갑자기 찾아오기도 하지만, 보통은 집중적이고 끈질긴 연구와 오랜 기간의 숙고를 통해 주어지는(성령님과 분리되지 않는) 결과이다.

윌호이트와 라이켄((Wilhoit & Ryken, 1988)은 효과적인 가르침이 "끝나지 않은 교회의 과제"라고 주장한다. 이들은 현재의 실제적 필요뿐 아니라 교리적이고 역사적인 문제를 강조했다.

> 개신교의 전통적인 성경 번역과 만인제사장 직에 대한 믿음으로 성경을 효과적으로 가르치는 일은 교회의 직무가 되었다. 그러므로 훌륭한 가르침은 훈련과 연습을 요구한다. 교사들은 실제로 가르치고, 그것을 성찰해 봄으로써 배우게 된다(39).

성경을 가르치는 교사들의 학생과 성경에 대한 이해가 효과적인 가르침의 본질을 이룬다. 본문을 너무 편협하게 본다든지 근거 없는 교리주의, 진리를 삶에 적용하는 일에 주저하는 일 등 많은 실수들이 지식과 이해의 강을 오염시킨다. 윌호이트와 라이켄(1988)은 성경을 배우는 이들에게 미치는 진리의 영향을 강조한다.

> 성경이 전인으로서의 우리에게 친히 말씀하신다는 믿음이 우리가 성경을 가르치는 방법에 직접적인 영향을 미치며 우리가 성경의 각 본문을 다루는 방식에 영향을 미친다. 예를 들어, 만약 우리가 오직 명제인 진리만을 생각한다면 우리는 본문을 아이디어로 축소해 버리고 그 본문이 우리에게 직접 말씀하시는 다른 길을 도외시하게 된다. 성경이 다양한 방식으로 진리를 가르친다는 사실에 대한 인식은 또한 우리가 본문을 선택하는 일에도 영향을 미친다. 사실, 이것은 성경 전체를 가르칠 가능성에 대해 우리의 마음을 열도록 한다(190).

일단 우리가 교사들을 발굴해 내고 가르칠 내용의 독특성에 대해 만족할 만한 확신을 얻게 되면, 진리를 생활에 적용하는 역동적인 힘을 인식하게 된다. 성경이 어떻게 현실의 질문과 문제들에 대답해 주는지를 보여주는 상응하는 교육적 경험을 통한 발견학습 방법은 모든 연령의 학생들을 본문에 집중시킨다. 리처즈(Richards, 1970)는 "학생들이 교사를 의존하게 하는 것이 아니라 그들을 잘 훈련하여 스스로 말씀을 공부하여 성장하도록 하는 것이 성경교사의 가장 중요한 목표가 되어야 한다"라고 설명했다(122).

20세기 후반에 많은 교회들이 진 게츠(Gene Getz)의 책 『초점을 맞추어야 할 교회』(Sharpening the Focus of the Church, 1974)를 통해 새 힘을 얻게 되었다. 게츠는 신약시대 교회에서 성경공부의 중요성과 다양한 방법의 사용을 강조했다. "좋은 성경공부를 제공해 주지 못하는 교회는 신약성경적 교회의 원리를 실천하지 못하는 교회다." 그는 또한 신약성경에서 디다스코(didasko)라는 동사는 복음서와 사도행전, 서신서에 모두 약 100번이나 사용되었다는 사실을 상기시켰다. 흥미 있는 것은 사도행전에서 그 용례의 반은 비기독교인의 교수학습 과정을 묘사하고, 나머지 반은 기독교인의 교육을 묘사하고 있다"(94).

성경을 가르치는 교사 개인의 영적 준비는 아무리 강조해도 지나치지 않다. 진행과정과 환경, 체계, 미디어 등 수많은 다른 요인들도 매우 중요하기는 하지만 기도와 성경공부의 중요성에 비할 수 없다. 로슨(Lawson)은 간결하게 "하나님 말씀을 잘 가르치는 교사는 무엇보다도 먼저 성경을 잘 배우는 학생이 되어야 한다. 성경의 풍요한 진리를 먼저 알아야 다른 사람들을 효과적으로 도와 영적으로 풍요한 삶을 살게 할 수 있다"(284)고 설명한다.

KENNETH O. GANGEL

참고문헌 | F. B. Edge(1995), *Teaching for Results*; K. O. Gangel and H. G. Hendricks, eds.(1988), *The Christian Educator's Handbook on Teaching*; H. G. Hendricks(1987), *Teaching to Change Lives*; L. E. Lebar(1989/1995), *Education That Is Christian*; L. O. Richards(1970), *Creative Bible Teaching*; A. W. Tozer(1948), *The Pursuit of God*; J. Wilhoit and L. Ryken(1988), *Effective Bible Teaching*; R. B. Zuck(1963/1984), *The Holy Spirit in Your Teaching*.

성경대학운동(Bible College Movement).

성경학원(지금의 성경대학) 운동은 19세기 후반에 시작되어 복음주의적 개신교에 심오한 영향을 주고 있으며 세계 모든 곳에서 그 영향력을 느낀다. 이 운동으로 많은 북미 주 복음주의 선교사가 배출되었고 지역교회 지도자 양성의 중심점이 되어 왔다.

1882년 뉴욕에 선교사훈련원 설립(느약대학〈Nyack College〉)을 바탕으로, 1886년 무디성경 연구원, 1894년 토론토성경학교(틴데일대학〈Tyndale College〉)의 설립, 지난 100년간 북미 주 전 역으로 성경대학운동이 확산되었다. 성서대학인가협회(the Accrediting Association of Bible College, AABS)에 따르면 현재 미국과 캐나다에만 400여 개의 성경학교와 대학이 있다고 한다. 그 중 97개의 학교, 총 37,000여 명의 학생 수가 AABC에 등록되어 있다.

1. 형성기: 1882-1920. 교회와 학원의 틀 안에서 전통적 신앙과 관습이 도전을 받을 즈음에 성경대학 운동이 일어나기 시작했다. 첫째, 이 시기는 북미 개신교도들에게 전례 없는 변화로 성경적인 기독교에 위협과 도전이 되었던 시기였다. 커지는 다원의 영향력과 고등 비평의 잠식을 통한 성경의 권위에 대한 도전 그리고 사회 개혁의 도구가 된 사회복음운동의 팽배 등이 개신 교회의 상황을 변화시켰다.

둘째, 당시는 전례 없는 고등교육의 변화기로, 교육사가인 월터 멧츠거(Walter Metzger, 1955)는 이 시기를 매우 중요시하여 "교육 혁명"이라고 부르기까지 했다.

북미 고등교육 발달의 첫 열쇠인 대학 설립은 농업과 사업의 기술적 필요의 결과였다. 정부는 공공기관이 선호하는 법령들을 통과시켰고, 어떤 때는 기금과 땅까지도 제공했다. 결과적으로 이 공공 기관들이 거대해지고 고등교육을 좌우지할 정도로 성장하게 되었다. 대학들이 설립되면서부터 북미 주 고등교육에 근본주의적 교회들과 관련된 대학의 종교적 영향력의 감소가 동시에 일어났다. 그 결과 복음주의 성향이 아닌 사람들이 행정 및 교직을 담당하는 사례가 늘어났고, 교육과정과 종교 프로그램, 학생 생활의 변화가 있었다. 궁극적으로는 이러한 기독교대학에 다니는 학생들의 유형에 영향을 주어 졸업 후 목회와 관련된 직업을 찾는 숫자가 감소했다.

비록 교회와 기독교대학이 19세기 말의 도덕적 영적 타락에 설자리를 잃고 성경의 권위에 대항하는 맹렬한 공격을 받았지만, 미주 보수적인 개신교회들이 일어나 성경의 정통성을 수호하고 복음주의적 운동을 주창했다. 부흥사라고 알려진 이러한 사람들은 목사이거나 순회하는 설교자들로서, 논박하는 글을 쓰거나 성경협회, 해외선교회 그리고 성경학교 등의 사역에 동참했다. 이러한 많은 지도자들이 초기의 성경대학운동을 시작하며 핵심 인물로 활동했다.

19세기 말, 20세기 초의 부흥운동의 결과는 선교 지역 확장, 특히 신앙선교운동(faith mission movement)으로 표현되었다. 신앙선교운동이 성경학원/대학운동 발달의 진원지가 되었다. 수많은 신생 선교회들이 국외 선교를 위한 적절한 훈련을 제공해 주지 못했기 때문에 초기의 성경학교들이 해외 사역자들의 필요와 그리스도적 섬김에 자원하는 열정적인 사람들의 교두보가 되었다.

1882년(최초의 성경학교 설립)과 1920년 사이에 북미주에서만 총 40개의 성경학교들이 설립되었다. 그 중 여섯 학교는 1882년과 1890년 사이에, 여덟 곳은 1891년과 1900년 사이, 열 곳은 1901년과 1910

년 사이 그리고 1911년부터 1920년까지 열여섯 개의 성경학교가 세워졌다(Reynhout, 1947, 43-44).

2. 근본주의-현대주의 운동: 1920-1930. 1차 세계대전 후 미국과 캐나다의 개신교회들은 신학과 나아갈 목표에 대해 큰 갈등을 겪었다. 의견 차이에 대한 불만은 결국 근본주의 운동을 일으키게 했는데, 이는 교회 내부의 자유주의적 경향에 대한 반동이었다. 다수의 개신교단과 기구들에 대한 통제력을 상실한 근본주의자들은 교단 소속의 대학과 신학원들이 자유주의를 가르쳐 왔다고 주장했다. 그리고 그들은 대학과 신학원들을 신설했는데, 많은 성경학교와 대학들이 이 그룹에 속했다. 성경의 정통성에 대한 견고한 다짐으로 신설된 학교들은 보수 신학을 가르치고 새로운 세대의 교회 지도자들을 양성했다. 성경학교와 대학들은 실제로 다수의 근본주의 지도자들과 그들의 다양한 노력의 터전으로써 기능을 하게 되었다.

3. 성장기: 1930-1960. 일반적인 성경대학운동은, 특히 미국 내에서 1900년부터 1950년 사이에 온건하고 안정된 성장을 했고 이후 30년 간 활발하게 성장했다. 그러나 미국과 캐나다는 서로 성장의 유형이 달랐다. 캐나다 학교들은 1931년에서 1950년 사이에 급격히 성장했다. 1960년까지 캐나다에 설립된 학교의 69%가 이 20년 사이에 모두 설립되었고 8%만이 그 이후에 설립되었다(Witmer, 1962, 39). 대부분의 캐나다 학교들은 특정한 교단들에 의해 서부 지역에 주로 설립되었다. 그러나 이 학교들 중 다수가 문을 닫았거나 다른 학교들에 통합되었다.

이와는 달리 미국에서는 10년 후인 1941년에서 1960년 사이에 급격한 증가를 보였다. 1940년대에 절정을 이뤄 66개의 학교들이 개교했고, 1950년대에 40개의 학교들이 개교했다(Witmer, 1962, 39). 1960년까지 성경대학운동은 미주 지역의 고등교육에 있어 정상의 자리를 차지했다. 약 250개의 학교들이 성경학원이나 성경대학으로 분류된다. 주요한 학사 진전은 학생과 교수와 시설의 자질 향상으로 이루어졌다. 다수의 학교들이 교육과정에 3-4년간의 프로그램을 마치면 학사학위를 수여하도록 구성했다. 공인된 인가 기관인 성경대학인가협회(Accrediting Association of Bible Colleges) 역시 1947년에 설립되어 표준화와 책임성, 탁월한 학문적 성취를 고무해왔다.

4. 변환기: 1960-현재. 1960년 이후 현재까지의 기간은 성경대학운동 내부에서 일어난 중요한 발전을 이루었다. 물론 어떤 것은 1940년대에 이미 시작되었다. 첫째, 성경대학들이 모르는 사이에 그 기준과 추구의 꾸준한 발전을 해왔다. 둘째, 지속적인 교육의 진보로 성경대학의 지도자들은 광범위한 학문사회에 그들의 학교를 소속시키려는 시도를 해왔다. 학사 학위를 수여하고, 일반 교육의 요구 사항들을 지키고, 교수들의 질을 높여 해당 분야의 학위를(대부분 박사 학위) 요구하는 것 등을 통해 그 시도가 성공할 수 있었다. 이러한 변화로 성경대학들이 기독교 인문대학과 신학원으로서 그들의 목적을 재정립하게 되었다. 마지막으로, 다른 대학들처럼 성경대학들도 그들의 전통적인 역할을 재평가하여, 학교의 설립 목적과 프로그램, 모집 요강 등이 현재의 등록 감소와 비용 증가, 재정적 부담 등과 같은 난점 등을 극복해낼 수 있는지 조사하고 필요하다면 수정해야 한다.

성경대학들은 21세기로 들어서면서 문화 변동에 대응하여 다양한 변화를 시도해야 할 것이다. 그러나 또한 성경에 대한 충실한 가르침과 교회와 사회를 섬기기 위해 학생들을 준비시키는 일에는 변함없는 헌신을 해야 한다.

LARRY J. MCKINNEY

참고문헌 | *Accrediting Association of Bible Colleges Directory,* 1997; W. P. Metzger(1955), *Academic Freedom in the Age of the University*; H. Reynhout(1947), *The Bible School on the Mission Field*; S. A. Witmer(1962), *The Bible College Story: Education With Dimension.*

참조 | 기독교의 고등교육(HIGHER EDUCATION, CHRISTIAN)

성경번역(Bible Translations). 새로운 성경번

역을 출판하지 않고 지나가는 해는 거의 없다. 이미 나온 것을 개정하거나, 어린이용, 또는 인터넷용으로도 만들어낸다. 많은 사람들이 번역 과정에 드는 엄청난 기금 사용에 대해 걱정하고, 어떤 이들은 새롭고 신선한 역본들의 출판을 환영한다. 현재 많이 사용하는 역본 중에는(영어 번역본-역주) 뉴 인터내셔널 역본(New International Version, NIV)이 최고 판매를 기록하고 뉴 킹 제임스(New King James Version, NKJV) 역본이 그 뒤를 따른다. 최근에 출판된 뉴 리빙 번역본(New Living Translation, NLT)은 리빙 바이블(The Living Bible, TLB)의 의역본(paraphrase)을 대체한 것이다.

"의역본"이라는 것을 통해 번역에는 세 가지 유형이 있음을 기억하게 된다. 문자적 번역(literal translation: New American Standard Bible, NASB), 역동적 동의성(dynamic equivalence: NIV) 그리고 의역(paraphrase: TLB) 등. 문자적 번역은 히브리어나 헬라어 원문에 가깝게 번역하려 애쓰고, 그 결과 때때로 영어로 옮기는 데 어려움이 있다. 예를 들면, NASB는 다른 원문을 사용하기는 했어도 KJV보다 더 문자적이다. KJV는 가장 광범위한 원문의 사용과 350년의 역사와 예배시 용어들의 사용으로 칭송을 받는다. 그러나 어린이들과 젊은이들 그리고 새신자들은 리빙 바이블과 같은 의역본을 선호하는 것으로 보인다.

그러나 문자적 해석과 의역의 차이는 무엇인가? 카슨(Don Carson, 1979)은 다음과 같이 설명한다. "요점은 다름이 없다. 두 방법의 극단적인 실례를 비교한다면 뚜렷한 상이점을 발견할 수도 있다. 그러나 핵심으로 들어가면 확고한 유형적 차이도, '문자적' 번역과 의역을 구분하는 어떤 명백한 차이점도 발견할 수 없다. '문자적'이라는 말에 따옴표를 붙여야 하는 이유는 대부분의 문자적 번역을 할 때조차도 어떤 단어가 원어에 가장 가까운지, 숙어들을 어떻게 번역할 건지, 또 어떻게 적절한 문장으로 표현할 것인지 등을 결정해야 하기 때문이다. 이 모든 단계에 조심성이 부족해서 또는 기술이 부족해서 오는 위험들이 도사리고 있다"(87-88).

무엇보다 가장 중요한 것은 원문이다. 예를 들면, 킹 제임스 역본을 선호하는 지지자들은 "대다수 원문"(majority text)을 옹호하는데, 즉 가장 많은 수의 고대 사본을 토대로 번역을 했다는 뜻이다. 하지스(Jane Hodges)는 "원문 비평가들 사이에도 잘 알려졌듯이 이 거대한 양의 사본 중 80-90% 정도가 헬라어 원문이고 KJV는 이 원문에 가장 가까운 번역이라는 인정을 받아왔다"고 기술했다(Fuller, 1970, 26). NIV를 지지하는 사람들은 대다수 원문보다는 오래된 원문을 선호한다. 카슨이 언급한 대로 "원문 유형의 연대가 특정한 증인의 연대보다 더 중요하다… 그러므로 사본은 그 숫자를 헤아리기보다는 무게를 달아 보아야 한다"(1979, 29-30). 이 사실로 성경을 연구하는 사람들은 원문의 징표가 긴 것보다는 짧은 것, 쉬운 것보다는 가장 읽기 어려운 것을 고려해야 하고 그리고 "처음에 기록했던 사람들의 의중을 참작해서"(Carson, 1979, 30) 보아야 한다.

어떤 원본이나 번역본이든지 그 저변의 유효성은 영감론 교리의 중요성에 있다. 워필드(B. B. Warfield)는 그리스도인이 영감론을 어떻게 이해해야 하는지에 대해 "성경은 하나님의 뜻 안에서 영감받은 사람들에 의해 기록되었다. 성경의 저자들은 성령의 감동으로 영감을 받아, 인간의 능력을 초월한 신적 권위를 갖게 된다. 그러므로 영감이란 대개 초자연적인 영향력이 하나님의 성령에 의해 구별된 저자들에게 발휘되어 그들의 저작이 신적 신뢰를 받는 것이다"라고 말했다(1948, 131).

영감(inspiration)이라는 말은 "오류가 없는"(infallible)이라는 말과 "잘못이 없는"(inerrant)이라는 말이 결합하여 구약과 신약 원본의 특수성을 묘사한다. 많은 사람들이 스미스의 말에 동의하는데, 그는 "성경은 단순히 하나님의 계시를 기록한 것이 아니다. 그 자체가 바로 계시이다. 하나님에 대한 지식과 창조와 하나님의 관계에 대한 모든 것을 성경에서 찾을 수 있다"(1992, 23)고 했다. 피노크(Pinnock, 1971)는 중세부터 시작된 성경에 대한 수많은 신학적 기만에 대해 "영감 교리에 반대하는 이들이 의도적으로 영감론을 삭제하려 했던 일이 교회 역사상 가장 슬픈 일이다. 신랄하고 경멸적인 반대론과 영감론을 제거하려는 노력이 비판적 검토조차도 할 수 없게 했다. 단순한 성경의 가르침을 삭제하려고 혈안이 되었고 그 결과 검증할 수 없는 종교적 감정이라는 공상의 세계를 만들어냈다. 성경을 보는 현대적 접근방식의 그물과 같은 효과는, 하나님의 진리를 속박으로부터 성경글자로 해방시키려는 것이 아니라, 성경의 전적인 규준으로서의 중요성에 대한 의문을 제기하게 한다"(Smith, 1992, 174)고 했다.

'영감'이라는 말의 사용을 주저하는 복음주의자는 거의 없고 대부분은 '무위성'(infallibility)을 합리적으로 수용하는데, 문제는 '무오성'(inerrancy)에 대해 의문을 갖는 것이다. '무위'란 단순히 "실수나 실패가 불가능한"이라는 뜻으로 '무오'라는 말과 동의어로 볼 수 있다. 그렇다면 이 두 단어를 함께 사용하는 것이 가능한가? 왜 20세기 후반의 일부 성경학자들은 '무오성'이라는 단어의 중요성에 대해 논쟁을 하는가? 이러한 질문을 하는 이유는 성경에 대한 교리가 보편적인 기독교 신학에 매우 중요하기 때문인 듯하다. 복음주의자들 사이에 사용되는 무오성이라는 말이 무위성의 특수한 부분을 강조하는 듯하다. 1978년 10월 미국 시카고에서 열렸던 국제성경무오성협의회(International Council on Biblical Inerrancy) 정상 회의에서 수백 명의 복음주의 지도자들은 다음과 같은 성명서에 서명했다. "문자적으로 온전하게 하나님께서 주신 성경은, 그 모든 가르침에 하나님의 창조 역사와 세계사적 사건들과 하나님 아래 그 자체의 문학적 기원뿐 아니라 개인의 삶을 향한 하나님의 구속적 은혜의 증거로서 오류가 없다"(Boice, 1979, 13).

KENNETH O. GANGEL

참고문헌 | D. Beegle(1960) *God's Word into English*; J. M. Boice(1979), *Does Inerrancy Matter?*; D. A. Carson(1979), *The King James Version Debate*; D. O. Fuller(1970), *Which Bible?*; C. H. Pinnock(1971), *Biblical Revelation-The Foundation of Christian Theology*; D. L. Smith(1992), *Handbook of Contemporary Theology*; B. B. Warfield(1948), *The Inspiration and Authority of the Bible*.

참조 | 성경공회(BIBLE SOCIETIES); 복음주의(EVANGELICALISM)

성경신학(Biblical Theology).

"신학"이라는 용어는 때로 "고유 신학"(theology proper)이라고 지칭되는데, 이는 하나님의 성품에 대한 고찰을 의미하며, 하나님의 역사와 그분이 계시하시는 진리에 대한 성찰을 포함한다. 넓은 의미에서 신학이란 관례상 종교와 교단과 교회가 믿는 바를 조직적으로 표현해 놓은 것이다.

신학은 12세기에 개별적인 학문으로서 등장했다. 17세기가 되기까지 신학은 하나님에 대한 개념 연구와 종교적 전통의 철학적 분석으로 여겨졌다. 이러한 학풍에 반하여, 성경에 나오는 가르침을 질서정연하게 발표하는 성경신학이 등장했다. 성경신학이라는 용어는 적어도 200개의 주요 용례가 있다.

성경신학의 최초의 용례는 1920년대 칼 바르트의 『로마서 주석』과 1930년대 월터 아이히로트(Walther Eichrodt)의 『구약신학』(*Theology of the Old Testament*)의 출판으로 비롯되었다. 이 "성경으로 돌아가기"운동이 많은 자유주의 신학자들의 시선을 현대 신정통주의로 이끌었다. 주요한 성경신학 서적들이 세계 2차대전 전후로 불트만(Rudolf Bultmann), 쿨만(Oscar Cullmann), 폰라드(Gerhard von Rad), 예레미야스(Joachim Jeremias), 부버(Martin Buber), 브라이트(John Bright), 스마트(James Smart) 등에 의해 출판되었다. 이들은 히브리 식(헬라 식이 아닌) 사고를 강조했고, 성경과 그 가르침의 역사적, 연합적 이해의 재발견을 강조했다. 단어 연구와 문맥에 맞는 해석을 강조하는 키텔(Gerhard Kittel)의 『구약신학사전』(*Theological Dictionary of the Old Testament*)은 그 결과의 하나이다.

성경신학의 두 번째 용례는 성경이 가르치는 내용을 체계화했다는 것이다. 그 두 가지 특성은 성경 본문의 체계적인 고찰과 성경 용어의 선호이다. 구약과 신약의 흐름을 하나로 통일시켜 설명한 성경신학이 거의 없었다. 구약성경신학은 이스라엘의 역사를 강조했고, 신약성경신학은 교회의 탄생과 초기 성장에 중점을 두었다. 이 둘은 너무 복잡하여 연합적인 성경신학으로 보기가 쉽지 않다.

성경신학은 이 두 독특한 분야를 연결해 주는 다리와 같다. 성경을 해석할 때 본문의 역사적 문법적 의미를 설명하기 위해 성경해석학의 원리를 사용한다. 주석을 통해 발견한 진리의 유용에 성경신학은 성경 전체에 흐르는 본질적인 교리를 체계화한다. 이러한 해석의 토대로부터, 조직신학은 성경의 진리를 교회나 다른 다양한 종교나 철학 학파의 동시대적 사고와 연결시킨다. 조직신학의 두 가지 특성은 종교적 또는 철학적 범주와 최신의 또는 특수화된 용어들을 선호한다는 점이다.

1. **성경신학과 기독교교육.** 성경신학과 기독교교육의 관계는 권위에 관한 문제이다. 교육이 지식의 체계를 가르치고 끄집어내고(라틴어로 educere), 또는 이해한다는 관점에서 기독교교육이란 성경을 체계적으로 공부하고 성경적 가치들을 경건한 삶에 적용하는 것이라고 이해한다. 위에서 정의한 대로 조직신학이란 기독교교육의 내용을 체계화하는 데 도움이 되는데, 그 이유는 학생들의 이해를 증진시키는 범주라든지 언어에 대한 것이기 때문이다. 그러나 진리를 결정하는 궁극적 권위는 성경이어야만 한다. 상기한 대로, 성경신학은 이러한 기초 작업에 필요하다.

기독교교육을 다루는 일부 학교들은 권위를 가진 역사적 교회의 신경(creed)이나 종파의 신앙고백서 등을 의존한다. 또 어떤 학교들에서는 하나님 말씀만을 유일하게 강조한다. 그러나 극단적인 성향은 피하는 편이 낫다. 성경적 진리와 성경 및 조직신학적 공헌 모두를 중요시하는 경건하고 지혜로운 전문인들에 의해 기독교교육의 방법이 제시될 때 가장 강력한 효과를 거둘 수 있다.

성경신학을 기독교교육에 직접적으로 적용할 수 있는 방법은 이야기식 가르침이다. 정확한 이야기는 정확한 해석에 달려 있다. 다시 말해, 성경에 나오는 이야기들을 효과적으로 들려줌으로 특정한 교회의 신경이나 교리적 전통이 교회생활의 궁극적 진리인 하나님의 말씀의 자리를 대신하는 일을 막을 수 있다.

성경 이야기들은 실제 생활의 체험 속에 하나님의 위대하심을 가르쳐 준다. 어떤 시대나 연령, 문화 유산을 가진 하나님의 자녀들이 역사적 문맥과 그들의 생활 사이의 유사성을 인식할 때, 고전적인 진리가 권위와 삶을 변화시키는 힘을 갖고 현대인의 삶에 적용된다.

DANIEL C. STEVENS

성경암송(Scripture Memory). 성경구절들을 암기하는 것은 복음주의 기독교교육에서 오랫동안 소중한 관례가 되어 왔다. 구약성경은 지식에 대한 강조와 토라에 대한 순종으로 유대인 공동체에서 중요한 위치를 차지했다. 초대 교회에는 성경 암송의 관례가 새로운 회심자들을 훈련하는 일부분이었다는 증거들이 있다. 종교개혁 때에도 루터와 칼빈은 성경 구절 암송을 매우 강조했다.

19세기 미국 주일학교 연합의 부상으로 성경 암송에 새로운 초점이 맞추어졌다. 교육과정의 중심은 성경 내용의 숙달을 강조하는 것이었다. 그러나 20세기 동안에는 교회에서 기독교교육의 일환으로 성인들이 성경구절들을 암송하는 관례가 점차적으로 감소하는 추세를 보였다. 한 가지 예외는 선교 단체들이었다. 이러한 기관들은 주로 청년들에게 기독교 신앙을 소개하고 성경 암송을 신앙생활의 중요한 훈련으로 받아들였다.

성경구절 암송에 대한 동기를 복음주의 기독교교육의 두 가지 특징과 관련지을 수 있다. 첫째, 복음주의자들은 주로 기독교교육의 전수 모델을 받아들였다. 이 모델은 독특한 기독교 메시지의 전수가 학습자에게 필요한 인지, 감정 및 분명한 행동들을 가져올 것이라는 생각을 고수한다. 게다가 복음주의자들은 성경이 하나님의 권위 있는 말씀이며 기독교 신앙과 실천에 없어서는 안 될 원전(sourcebook)이라고 믿는다.

성경 암송은 기독교인들의 영성 개발에 도움이 될 뿐만 아니라 개인의 신앙생활에 귀중한 부분이 될 수 있는 반면 몇 가지의 파괴적인 교육 관행들과 근원적인 가정들에 빠질 수 있다는 위험이 있다. 첫째, 성경 암송을 영적 성숙의 훨씬 더 복잡한 과정에 직접적으로 연결시키는 위험이 있다. 서구 문화들은 지식의 축적과 그 결과 생겨나는 행동의 변화를 종종 동일시해 왔다. 이것은 성경 암송과 기대되는 행동 변화간의 단순한 인과 관계를 받아들이는 것으로 연결될 수 있다. 반면 영적 변화의 실체는 성경 지식의 축적으로 쉽게 통제되지 않는 복잡하고도 초자연적인 과정이다.

두 번째의 위험은 성경 암송 훈련에 필요한 교육에 대한 학습 접근법의 특징들을 받아들이는 것이다. 이것은 경쟁을 주된 동기로 이용하는 것을 포함하는데, 한 아이와 다른 아이간에 서로 경쟁을 붙여서 가장 많은 성경구절을 암송한 사람이 "이기는" 것이 그 목표다. "누가 먼저 실수없이 이번 주 성구들을 암송할 수 있을까요?"라는 주일학교 교사의 질문은 복음과는 주로 반대되는 문화적인 가치와 성경 암송을 연결시킴으로써 경쟁적인 환경을 만들게 된다. 또 다른 위험은 성경 단락의 의미에 대한 깊은 이해보다는 성경구절들을 정확하게 암송하는 것을 더 강조하는 것이다. 정확한 암송을 위한 훈련의 교육적인 과업은 이해와 삶의 적용을 가르치는 것보다 훨씬 더 쉽게 완수될 수 있다. 암송 훈련을 시키는 데서 지식이 그리스도와의 더 의미 있는 관계로 나아가는 하나의 다리로 보지 않고 그 자체가 목적이 될 수 있다. 성경 암송은 특별한 행사 때 다른 사람들을 위해서 연기하는 어떤 것이라는 숨겨진 메시지를 어린이들에게 남기면서 연기와 암기를 연결시키도록 만들 수 있다. 마지막으로 성경 암송을 하는 데서 사실들을 암기하는 학생들의 학습법의 차이에 대한 고려가 전혀 없을 수 있다. 어떤 사람들은 다른 사람들보다 훨씬 쉽게 암기할 수 있는 반면에 또 다른 사람들은 개념들에 대한 이해와 묘사를 더 잘 할 수 있다.

성경 암송은 통전적인 상황에서 가장 잘 실현될 수 있다. 첫째, 암송과 삶 속에 그 의미의 적용이 통전적인 균형을 이루는 것이다. 둘째, 지도자들, 성인들, 부모들 그리고 아이들이 함께 공유하는 성경 암송은 믿음 공동체의 통전적인 경험을 가능하게 할 수 있다. 암기된 성경을 함께 공유하는 것은 하나님과 하나님께서 행하신 일에 대한 기쁨과 감사의 표현으로써 예배나 기도의 시간에 크게 도움이 될 수 있다. 이러한 방식으로 성경 암송은 주일학교의 몇몇 학생들이 아닌 전교회를 위한 믿음생활의 중요한 일부분이 되게 된다. 또한 이러한 방식으로 성경 암송 훈련은 개인의 영성 개발에 기여할 수 있다.

MERILYN J. MACLEOD

참고문헌 | H. W. Burgess(1996), *Models of Religious Education: Theory and Practice in Historical and Contemporary Perspective*; M. L. Roloff(1987), *Education for Christian Living: Strategies for Nurture Based on Biblical and Historical Foundations*; M. J. Taylor, ed.(1960), *Religious Education: A Comprehensive Survey*.

성경연구방법(Bible Study Methods).

성경공부는 그리스도인의 성장에 가장 중요한 부분이다. 그러므로 성경공부는 기독교교육의 핵심이다. 성경을 통해 그리스도인들이 하나님의 뜻을 알고 성령의 인도를 받아 그 뜻을 따라 산다. 설교와 가르침의 기초가 성경공부이지만, 신자가 성장하기 위해서는 개인적인 성경공부를 하는 것이 필수적이다. 스스로 영적 양식을 섭취하지 않으면 새신자는 의존적으로 될 수밖에 없고 누군가 항상 진리를 가르쳐 주어야만 한다.

성경공부는 개인적으로 또는 크고 작은 그룹을 통해서도 할 수 있다. 어떤 공부를 어떻게 하든 성경공부의 가치는 그 접근방식에 달려 있다. 그 중 하나는 "연역적"(deductive) 방법으로, 이전에 내렸던 확신과 결정, 원리들을 확증하기 위해 성경을 깊이 본다. 예를 들면, 연역적 접근방식으로, 개인은 이미 알려진 주제나 교리를 뒷받침해 주는 구절을 찾기 위해 성경을 공부하고, 그 교리와 상반되는 구절들은 무시해 버리거나 상반되지 않은 방향으로 설명한다. 관주와 주제 성경이 중요한 지침서로 쓰인다.

다른 접근방식은 "귀납적"(inductive) 성경공부로서, 구체적인 사실들을 연구하여 어떤 결론이나 교리, 원리를 찾는 방법이다. 귀납적 성경공부 방법은 교리를 잠정적으로 접어두고, 처음 읽는 듯 새로운 눈으로 성경을 본다. 이 방법은 관찰과 질문의 기술을 필요로 한다. 성경과 깨끗한 종이 한 장과 연필 이외의 자료는 사용하지 않는다. 너무 이른 결론은 내리지 않고, 성경이 뒷받침될 때에만 결론을 내린다.

세 번째 방법은 "복고적"(retroductive) 성경공부로서, 이것은 과거에 내린 해석을 사용하여 성경을 현재에 맞게 해석하는 방법이다. 이 방법은 본문을 과거에 연구한 사람들의 주석에 초점을 둔다. 주석들과 성경 사전, 지도, 지침서 등과 같은 보조 교재들을 중점적으로 연구한다. 본문을 깊이 있게 연구하고 전문가들의 의견을 중시하여 그것이 옳다는 결론을 내리기에 이른다.

한 가지 방법이 다른 것들보다 더 낫다고 말하기는 어렵지만 각각을 적절한 경우에 사용해야 한다. 성경의 원문인 헬라어나 히브리어도 번역문과 함께 공부해야 한다.

기독교교육의 과제는 신자들이 성경을 스스로 공부할 수 있도록 훈련을 시키는 일이다. 귀납적 성경공부는 본질적으로 연역적 방법이나 복고적 방법보다 더 스스로 연구하는 측면을 격려하는 것으로 보인다. 성경을 연구하는 사람이 다른 전문가의 의견에 너무 의존하게 되면, 성령께서 자신의 영감된 말씀인 성경을 통해 가르치시고자 하는 것을 지나쳐 버릴 위험이 있다.

성경을 가르치는 이들은, 준비 과정에 한 가지 또는 그 이상의 방법을 사용하게 된다. 만약 교사가 연역적 또는 복고적 방법으로 준비하면 학생들은 교사가 준비한 대로 말씀을 배우게 된다고 가정할 수 있다. 만약 교사가 귀납적으로 준비한다면 학생들이 동일한 방법으로 배울 수도 있고 또 그렇지 않을 수도 있다. 귀납적으로 준비한 교사는 말씀 연구의 전문가가 되기보다 말씀의 전문가가 되기도 한다. 교사들은 대체로 자신이 배운 방식대로 가르친다.

성경을 공부할 때 특정한 목표를 설정하기도 하여, 각 권을 공부하거나, 인물 연구, 절이나 단어 연구, 주제 연구나 또는 전체를 개관하기도 한다. 강의식이나 토론을 위한 질문들, 드라마나 예술을 통한 창의적 표현들, 빈 칸 채우기 질문 등 어떤 방법이든 사용하여 가르칠 수 있다.

어떤 방법을 사용하여 성경을 공부하든지 가장 중요한 것은 그것이 어떻게 삶을 변화시키는가 하는 점이다. 성경공부 후에 우리가 좀 더 그리스도를 닮게 되었는지 아니면 그저 지식만 늘었는지를 질문해 보아야 할 것이다. 위의 세 가지 방법들이 우리의 내면세계에 깊은 영향을 끼쳐 변화를 가져왔는지 질문해 보아야 할 것이다. 예수께서는 그를 따르던 이들에게 매우 통찰력 있는 질문을 던지셨다. "너희는 나를 불러 주여 주여 하면서도 어찌하여 나의 말하는 것을 행치 아니하느냐"(눅 6:46). 야고보는 "자유하게 하는 온전한 율법을 들여다보고 있는 자는 듣고 잊어버리는 자가 아니요 실행하는 자니 이 사람이 그 행하는 일에 복을 받으리라"(약 1:25). "너희는 도를 행하는 자가 되고 듣기만 하여 자신을 속이는 자가 되지 말라"(약 1:22)고 말했다. 어떤 성경공부 방법이 더 나은가 하는 질문의 대답은 어떤 것이 하나님 말씀에 더욱 순종하게 하는가이다.

ROBERT J. RADCLIFFE

참고문헌 | L. W. Girard(1978), *Teaching the Bible From the Inside Out: An Inductive Guide*; I. L. Jensen(1963), *Independent Bible Study*; idem(1969), *Enjoy Your Bible*; K. E. Jones(1962), *Let`s Study the Bible*; R. W. Leigh(1982), *Direct Bible Discovery*; The Navigators(1975), *The Navigator Bible Studies Handbook*; L. O. Richards(1971), *Creative Bible Study*; H. F. Vos(1956), *Effective Bible Study*; O. Wald(1975), *The Joy of Discovery in Bible Study*; R. Warren(1980), *Dynamic Bible Study Methods*; A. Wilcox(1985), *Building Bible Study Skills*.

참조 | 귀납적 성경연구(INDUCTIVE BIBLE STUDY)

성경연장교육(Biblical Education by Extension).

1979년에 시작된 성경연장교육(Biblical Education by Extension, BEE)은 교육선교의 일환으로, 동유럽 국가들과 구소련의 교회 지도자들에게 복음주의적 신학교육을 제공해 주기 위해 고안된 교육전략이며 교육과정이다. 지역 공산당 정부의 제재 때문에 적절한 신학적 훈련을 받은 지도자가 거의 없었다. 더구나 신학교육을 위한 학교설립을 인가해 주지도 않았다. 이 문제를 해결하기 위해 일곱 개의 선교기구가 규합하여, 교회 지도자들을 훈련시킬 비형식적인 분교활동을 통한 협동교육을 시도했다. 1989년과 1991년 사이, 극적인 정치적 변화가 있기 전의 루마니아와 폴란드, 동독, 체코슬로바키아, 불가리아 그리고 소련에 초교파적인 BEE 훈련이 시작되었다.

BEE 교재들은 영어로 출판되었고 7개의 지역 언어로 통역되었다. 이들은 독학 지침서와 교재들, 단기별 세미나 등을 제공해 주었는데 정부의 감시 때문에 몰래 해야만 했다. 성경공부 방법들과 기본 교리 공부, 목회자들의 필수적인 지도기술 등을 강조했다. BEE의 목표는 교회 중심의 훈련장을 세우고, 이 훈련장을 통해 각 지역의 지도자들이 자신의 나라 실정에 맞는 프로그램을 다시 만들어내도록 하는 것이었다. 1980년대까지 수천만의 학생들이 BEE 과정을 이수했다.

이 지역의 공산 정부가 무너진 이후에는 교단의 지도자들이 나름대로 신학교육기관들과 프로그램들을 시작했다. 1990년대에 BEE는 광범위한 교육적 필요에 대응하여 새로운 훈련전략을 채택했다. 교육자문과 자료제공의 역할을 주도했고, BEE 프로그램을 지역적 훈련체제에 맞게 통합시켰고, 교육자료들은 다양한 교육적 상황에 사용되고 있다. BEE는 또한 동남아시아와 같은 다른 제한된 국가들에도 확산되고 있다.

MARK YOUNG

성경연합(Bible Associations). 성서공회(Bible Societies)를 보라.

성경의 무오성(Inerrancy of Scripture). 무오성의 주제는 거의 25년 동안 복음주의자들 사이에서 핵심적인 문제로 나타났다. 연설들과 책들을 통해 혹평되고 도전되고 있음으로 인해, 이러한 논쟁은 21세기의 몇몇 그리스도인들이 성경무오의 교리가 영감이 희석되는 것을 막기 위해서 근본주의자들에 의해 날조된 최근의 발명품이라는 결론을 내리도록 이끌 수도 있다. 따라서 이러한 간략한 관찰에서 좀더 나아가기 전에, 우리는 프린스턴의 저명한 학자 워필드(B. B. Warfield)의 글을 다시 한번 주목해 보는 것이 좋을 것이다.

교회란 그 단어가 의미하는 관점에서 볼 때 성경은 하나님의 말씀이라는 사실에서 기원한다. 비록 성경이 사람에 의해서 기록되었으며 그들에게 인간이라는 표지를 지울 수 없게끔 각인이 되었다고 할지라도, 그럼에도 불구하고 성령의 감화 가운데 하나님의 말씀은 하나님의 마음과 의지의 적절한 표현이다. 성령과 인간이 공동저자라는 개념 속에는 성령의 감동하심이 인간 저자들에 의한 단어들의 선택까지도 간섭하시어(언어영감) 하나님이신 원저자와의 불일치하는 모든 것으로부터 성경을 보존하셨다는 사실이 항상 인식되고 있다. 다른 모든 것보다도 하나님이 원저자라고 믿는 이 사실이야 말로 성경의 무오성을 전제하고 주장하는 데 있어 가장 온전한 진리이다(Warfield, 1948, 173).

20년 전에 해롤드 린드셀(Harold Lindsell)은 그의 저서 『성경을 위한 전투』(The Battle for the Bible)에서 성경의 '복음적 문제', '성경의 교리'에 관한 무오성을 언급하였다. 그는 워필드와 함께 기독교인의 믿음과 지식을 위한 기초로서 성경의 절대적 구심점을 강조하였다. 교육적인 면에서 성경의 입장은 진리에 대한 복음주의적 견해와 그밖에 다른 것 사이의 경계가 되었다. 성경의 교리는 참된 기초로서 그 위에 기독교육철학이 펼쳐지기 때문이다. 린드셀은 무오성이 예수님 시대로부터 정통 기독교인들의 유일한 견해라는 워필드의 관점을 확신하였다. "역사적 전망에서 볼 때 2000년 동안 기독교회는 성경은 완전히 신뢰할만하고, 확실하며, 오류가 없다는 사실에 동의해 왔다고 말할 수 있다"(Lindsell, 1976, 19).

독자는 이 항목이 무오성을 단독으로 다룸을 이

해해야 한다. 이것은 계시, 영감, 권위, 정경론, 조명 또는 해석학을 다루는 것이 아니다. 이 개념이 엄밀하여 우리는 몇 안 되는 짧은 단락에서 이러한 개념의 전략적 중요성을 이해하기가 쉽지 않다.

무오성이란 무엇인가? 몇몇은 무오성과 무위성(Infallibility)이라는 용어 사이의 차이를 주장하곤 했다. 그러나 사실의 관점에서 그것들은 동일하다. 성경의 학자들이 만든 가능한 구별은 하나님의 구원에 관한 성경적 메시지에 무위성의 적용과 본문의 단어들에 초점을 맞춘 무오성의 사용이다. 그러나 그것이 혼란스런 듯하며, 워필드와 린드셀의 저서들은 동의어로서 그 용어들을 사용한다.

사람들은 이러한 두 개의 결정적인 단어에서 다른 의미를 찾는 시도는 무오성(Inerrancy)을 배척하고, 무위성(Infallibility)이라는 용어를 보유하기 위한 몇몇 신학자들의 바람으로부터 나왔다고 결론내릴 수 있을 것이다. 그러나 성경 자체의 증거와 율법과 과거 정통신학 모두 이러한 구분을 허용하지 않는다. 사우시(Saucy)의 말에서 "무오성(Inerrancy)이란 어떠한 실수도 내포하지 않는다는 것을 의미한다. 성경의 모든 진술은 진리와 일치한다"(Saucy, 1978, 78).

핀노크(Pinnock)는 "회의론자들이 잘 알고 있는 것처럼 무오성을 부인하는 결과는 신뢰할 수 있는 성경을 잃어버리는 것이다. 제한된 무오성은 안전한 승강장이 아니라 위험한 경사면이다. 비록 우리가 반복적으로 중요하지 않은 사실들에서의 사소한 실수가 기독교인의 신앙이나 성경의 권위에 본질적으로 큰 영향을 미치지는 않는다고 할지라도 이러한 용인은 진리와 실수의 결합체인 성경을 우리에게 남겨주는 결과를 낳고 만다. 실수가 허락될 때 잃게 되는 것은 거룩한 진리이다. 복음주의자들은 무오성을 고백한다. 그렇게 하는 것이 성경적이기 때문이다(Pinnock, 1971, 80).

우리는 성경이 스스로의 무오성에 대하여 확신하는지를 물어야 한다. 그 단어가 나타나지 않을지라도 개념은 마태복음 5장 17-18절, 요한복음 10장 33-36절, 디모데전서 5장 18절, 디모데후서 3장 16-17절, 베드로후서 1장 19,21절, 베드로후서 3장 16절에서 찾을 수 있다. 다음은 무오성의 성경적 증거에 대한 현대 복음주의 신학자들의 실례이다.

Clark Pinnock: 바울이 거룩한 성경의 절대적 영감을 얻은 것은 틀림없는 역사적 사실이다. 그의 것은 모든 거룩한 서신들 가운데서 말씀하시는 하나님의 가르치심(교리)이다(Pinnock, 1971, 56).

B. B. Warfield: 그러므로 영감은 통상적으로 성령에 의해서 거룩한 저자들에게 영감된 초자연적 영향력이라고 정의된다. 영감의 영향으로 그들의 저작들은 신적인 신뢰성이 주어지게 되었다(Warfield, 1948, 131).

찰스 C. 라이리(Charles C. Ryrie)는: 성경이 권위를 잃을 수 있는 유일한 길은 실수를 담고 있는지의 여부이다. 그러나 그리스도는 성경을 폐할 수 없다고 가르치신다. 이는 그리스도께서 성경이 잘못이 없음을 믿으셨기 때문에 틀림없다(Ryrie, 1986, 94).

필립 휴즈(Philip E. Hughes)는: 실제로 신약은 시종여일 그리스도의 생애, 죽음 그리고 부활의 전부가 성경의 완성 측면에서, 그래서 성경을 하나님의 영감 받은 말씀으로 입증하고 있는 것으로 보인다(Henry, 1962, 16).

사람이 기독교인이 될 수 있는가, 복음주의자까지도 될 수 있는가 그리고 무오성의 교리를 부인할 수 있는가? 확실하게 전자는 후자보다 상대적으로 더 넓은 분야를 나타낸다. 그리스도인들은 예수 그리스도와의 관계성과 예수 그리스도가 자신들을 위하여 십자가에 돌아가신 것을 받아들이는 것에 의해 정의되었다. 복음적이라는 것은 우리가 역사적 정통신학이라고 명기하는 데 사용하는 동시대의 형용사이다. 그러나 성경의 무오성을 부인하는 현대의 복음주의자들도 있기에 우리는 그 가능성에 동의해야만 한다. 그럼에도 불구하고 교리는 중요하며 동정녀 탄생 같은 성경적 진리들에 대한 부인은 정통 기독교의 노선에서 일탈한 것이다. 확실히 우리는 성경의 영감성 뿐만 아니라 무오성(무위성)을 확신하면 오류가 없는 성경 위에 세워진 성경의 정통 교리를 확신할 수 있다.

KENNETH GANGEL

참고문헌 | C. F. H. Henry(1962), *Basic Christian Doctrines*; H. Lindsell(1976), *The Battle for the Bible*; C. H. Pinnock(1971), *Biblical Revelation-The Foundation of Christian Theology*; C. C. Ryrie(1986), *Basic Theology*; R. L. Saucy(1978), *Is the Bible Reliable?*; N. B. Stonehouse and P. Woolley, eds.(1946), *Infallible Word*; B. B. Warfield(1948), *The Inspiration and Authority of the Bible*.

성경일과(日課) 교육과정(Lectionary Curriculum).

한 해 동안 매일 매일 읽도록 체계적으로 정해져 있는 일련의 성경 학과들을 일컫는 말이다. 고대로부터 유대교 축제일을 위해 특정한 성경의 구절들이 정해져 있었다. 초대 교회는 이 실천을 채택했다. 9세기에 와서 이것들은 로마 가톨릭교회에 의해 규격화되었다. 성경일과(lectionary)는 역사적으로 루터교회, 로마 가톨릭교회 그리고 영국 국교회에 의해 사용되어져 왔다. 더 최근에는 지금 전 세계에 걸쳐 폭넓게 사용되는 "공동" 성경일과(common lectionary)에서 절정에 달하고 있는 가운데, 다른 개신교 교회들 사이에서도 관심이 고조되어 왔다. 이 성경일과는 3년 주기를 따르며 매년 다른 공관 복음서를 강조하는데, 3년 동안 내내 그 공관 복음서들 곳곳에 요한복음을 삽입시킨다. 교육과정이란 용어는 교육 목적들과 목표들을 달성하기 위해 사용되는 교수 계획, 자료들, 학과들과 관계가 있다. 몇몇 출판사들은 공동 성경일과를 따르는 교육과정을 개발해왔다.

구약에서의 하나님의 활동에서부터 예수 그리스도의 생애에 이르기까지 모든 부분이 총망라되기 때문에 성경일과는 그 접근에 있어서 통전적이다. 그러므로 성경일과 교육과정은 세상에서의 하나님의 사랑과 일하심의 이야기 전체를 검토하는 기회를 제공한다. 회중 안에서의 교육적 강조점이 같은 형태를 따를 때, 회중을 구성하는 회원들은 성구들을 더 철저하게 이해하게 된다. 교육과 예배가 서로 어우러질 때 예배는 더 의미 있게 된다. 특히 가족들은 종종 이 구조에 의해 이익을 얻게 된다. 모든 가족 구성원들이 교육의 기회와 예배의 기회 두 가지 모두를 통하여 동일한 구절들을 경험할 때 영적 대화들은 가정에서 더 일반적이 된다.

SUSAN L. HOUGLUM

성경적 상담(Biblically Based Counseling).

넓은 의미로 성경적 상담이란 개인적 문제들(감정적, 인지적, 행동적)과 관계 그리고 영적 문제들을 성경의 관점에서 다루도록 인도해 주는 학습 방식이다. 그것은 용어의 정의 문제, 분야의 한계를 정해 주는 이론과 실천과 자원에 관한 문제, 성경에 근거를 둔 기독교 상담자의 자격 요건 등에 관해 논란을 거듭해 왔다. 이 연속선상의 한쪽 끝에서는 만약 상담자가 그리스도인이라면, 그 상담은 성경에 토대를 둔 상담이라고 주장한다. 다시 말하면, 모든 상담자들은 공통적인 기본 기술과 테크닉을 보유하고 있다. 그리스도인 상담자들에게 상담이란 용어는 단순히 당사자의 종교적 성향을 나타낸다. 반면 다른 한 끝의 주장은 성경적 상담이란 뚜렷한 성경적, 신학적 기초 위에 세속적인 심리학적 이론과 실천의 영향을 받지 않은 특유한 방식으로 사람들을 돕는 것이라고 말한다.

1. 성경적 기초. 어려움을 당하는 사람들을 돕는 것은 유대-그리스도인의 전통이다. 구약성경에는 신앙공동체 안에서의 돌봄과 양육을, 동등하고 공정한 취급(출 20-23장), 하나님과 자녀 간의 언약(출 34장), 형법상의 정의와 적절한 손해배상(출 21:12-22:17; 암 5:15; 미 6:8) 그리고 현명한 권고(잠 16:21-24) 등으로 묘사한다. 상담과 돌보는 일에는 특정한 용어들이 사용된다. 히브리어 헤세드(hesed)라는 말은 하나님과 인간 사이의 언약적 관계나 우리와 이웃 간의 관계성의 선함과 인자함을 의미한다. 하나님께서는 전심으로 자신을 따르는 자들에게

당신의 인자하심을 보이시고(대하 6:14), 우리에게 다른 사람을 향해 인자와 동정심을 보이라고 말씀하신다(슥 7:9). 하캄(hakam)이라는 말은 "지혜롭다"는 뜻이다. 진정한 지혜는 하나님을 경외하고 순종하는 데서 비롯된다(잠 9:10; 15:33). 지혜란 건전한 판단과 진실, 정직, 정확한 가르침, 신중함과 분별, 의로움, 정의 등으로 표현된다(잠 8:1-21). 현명한 상담자들의 충고는 우리를 상기시켜 하나님의 뜻을 찾도록 만든다(전 12:11, 13). 에차(etsah)라는 단어는 경건한 계획을 세우는 데 필요한 조언과 충고와 중요성을 뜻한다. 열왕기상 12장 13-14절에 르호보암 왕이 연로한 자문들의 조언과 지도를 따르지 않고, 대신 지혜가 부족한 젊은이들의 충고를 좇아 결국 파괴적인 결과를 가져오게 했다. 명철과 지혜는 하나님께로부터 오고 하나님을 아는 지식이 좋은 상담의 뿌리가 된다(욥 38:2, 36; 시 1:1-2). 에차의 동사형인 야아츠(yaats)라는 말은 함께 상담하기 또는 상담 후에 숙고하기 등의 뜻으로 사용된다(왕상 1:12; 사 45:21). 소다(sodh)라는 말은 가족이나 친구, 동료, 또는 하나님과 그의 백성 사이의 허물 없는 대화나 비밀의 알림을 언급한다(시 55:14; 렘 23:18, 22; 욥 19:19; 29:4). 라파(rapha)는 육체적 치료(시 103:3), 영적 치유(렘 17:14), 또는 영혼의 소생(시 6:2-3)을 의미한다. 현명한 상담에는 치유의 언어가 사용된다(잠 12:18).

신약성경에도 사람을 돌보아주는 사례들이 있다. 헬라어 "아가페"는 우리가 만나는 모든 사람들, 심지어 우리를 해하려는 사람들도(마 5:43-44) 사랑해야 함을 강조한다. 상담에는 하나님의 사랑을 드러내야 한다(마 12:30-31). 사랑은 세워주고 권면하며(고전 8:1), 인내와 친절과 인내와 끈기, 자만하거나 교만하지 않음을 나타내며, 적절한 행동과 신실함을 추구한다(고전 13:4-8). 모든 상담은 하나님의 사랑에서 비롯해야 하며 상담자들은 사랑으로 진리를 말해야 한다(고전 16:14; 엡 4:15). 우리를 향한 하나님의 자기희생적 사랑이 그리스도인의 사랑의 모델이다(요일 4:9-11). 보울레(boule, 동사형은 bouleuo)라는 말은 한 논제를 풀거나 어떤 상황을 합리적으로 평가하기 위해 함께 계획하고 자문하며 숙고한다는 뜻이다(행 5:33-34; 27:39; 눅 14:31). 상담자들은 모든 상황의 저변에 있는 하나님의 뜻을 찾고 하나님의 궁극적이고 완전한 계획과 뜻을 인식해야 한다(엡 1:11; 행 11:34). 누쎄테오(noutheteo)란 훈계하다, 경고하다, 교정하다라는 뜻이다. 지혜로운 가르침은 그리스도 안에서 성숙하도록 경고와 훈계를 동반해야 한다(골 1:28; 3:16). 상담자들은 모든 사람들에게 인내로서 무질서한 사람들을 훈계하고, 상심한 사람들을 위로하고 격려하며, 연약한 자들을 돕고 지지해야 한다(살전 5:14). 파라칼레오(parakaleo)라는 단어는 도움을 요청하다라는 뜻이 있다. 도움을 호소하거나(마 8:5-6), 영적 힘을 주기 위해 격려하기(행 15:32), 희망을 주기 위해 상냥한 말(고후 1:3-7; 7:6; 히 6:8)을 건네는 것이다. 쎄라퓨오(therapeuo)는 치유, 돌봄, 회복, 치료의 뜻이다. 이는 신체적 또는 비신체적 치유를 포함하며, 예수님의 치유 사역에서 가르침(마 4:23; 9:35), 믿음(마 17:14-20)과도 관련이 있다. 믿음으로 사람들은 하나님의 치유하시는 능력을 삶 속에 체험한다. 치유와 회복이 상담 사역의 분야이다.

2. 역사적 고찰. 수세기 동안 교회가 사람들을 돌보고, 회개와 고백과 훈련의 중요성을 강조하는 상담을 해왔다. 바울을 본받아 교회 지도자들은 서신을 통해 위로하고 권면하고 예방했다(예: 폴리캅〈Polycarp, d. 156〉, 니사의 그레고리〈Gregory of Nyssa, 335-395〉, 크리소스톰〈Chrysostom, 347-407〉, 칼빈〈Calvin, 1509-1564〉, 백스터〈Baxter, 1615-1691〉). 터툴리안(Tertullian, c. 145-220)과 웨슬리(Wesley, 1703-1791) 그리고 다른 기독교 변증자들이 공적 고백과 회개를 주장했다. 교인들과 지도자들은 서로 돌아보아 잘못된 것을 바로잡고, 적절하지 못한 행위를 하는 사람들을 훈계했다(예: 키프리안〈Cyprian, 200-258〉, 그레고리 대제〈Gregory the Great, 540-604〉). 또한 교육과 심방과 능동적인 중재와 양육 그리고 실력있는 전문인들에게 이전해 주기 등을 통해 교인들을 돌보았다(예: 알렉산드리아의 클레멘트〈Clement of Alexandria〉, 락탄티투스〈Lactantitus, c. 250-325〉, 루터〈Luther, 1483-1546〉, 칼빈, 백스터, 허

버트〈Herbert, 1593-1633〉, 테일러〈Taylor, 1613-1667〉, 진젠도르프〈Zinzendorf, 1700-1760〉). 정서적 필요 또한 언급되어, 루터는 건강한 신체와 건전한 정신과의 관계를 인식하면서 그 자신의 우울과 유혹에 대해 언급했다. 루터는 병들고 침체된 사람들을 상담하여 그들의 사고에 도전을 주었고, 부정적인 생각을 그리스도에 대한 묵상으로 바꾸도록 도왔다. 그 다음 단계는 이러한 긍정적이고 즐거운 생각으로 행동하는 것이다. 루터의 경우는 찬송이었다. 현대의 상담자들은 이 과정을 "인지의 재구성"(cognitive restructuring)과 "이성적 행동 치료"(rational behavior therapy)라고 한다.

3. 현대적 상담. 지그문트 프로이트(Sigmund Freud, 1856-1939) 이후로 세속적 상담 모델이 이 분야를 독점하다시피 했다. 목회 상담학이 20세기에 발달함에 따라 성경과 교회의 견지에서보다는 프로이트와 아들러(Alfred Adler), 칼 융(Carl Jung), 칼 로저스(Carl Rogers) 등의 영향을 더 많이 받았다. 이러한 성경적 정체성 상실과 미약한 세속 모델에 대한 반동이 1960년대에 세속(예: 모러, O. Hobart Mowrer) 및 기독교 분야들에(예: 드레이크포드, John Drakeford) 나타나기 시작했다. 1970년, 제이 아담스(Jay Adams)가 그의 『목회상담학』(Competent to Counsel)에서 세속 및 기독교 상담 분야에 있는 이론가들을 직설적으로 공격했다. 그는 정신 의학 모델들이 개인의 책임을 거부하고 타락과 인간의 죄성을 부인하는 가운데서, 그리스도인들은 앞을 다투어 이 비성경적인 접근방식을 좇는다고 했다. 기독교 상담은 반드시 성경에만 토대를 두어야 한다. 어떤 심리학 이론과 통합해서도 안 된다. 이때 목회 상담학과 반통합론 입장에 덧붙여 제삼의 운동이 급격히 확장되었다. 다수의 심리학과 정신의학 훈련을 받은 그리스도인들이(예: 돕슨〈James Dobson〉, 콜린즈〈Gary Collins〉, 크랩〈Larry Crabb〉, 미너스〈Frank Minirth〉, 마이어〈Paul Meier〉) 그들의 이론과 실천을 성경과 통합하고자 했다. 아담스와 같은 비평가들의 격려에 힘입어 일부 통합론자들은 특정한 세속 상담 모델에 성경구절을 덧입히던 방식으로부터 보다 정확하고 순수한 성경적, 신학적 기독교 상담의 기초를 세우며 체계의 전환을 시도했다.

현재 수많은 성경적 상담 훈련프로그램이 있고 다양한 상담 전문 단체들이 계속 논의를 진행 중이다. 상담 단체들은 다음과 같다(미국). 미국목회상담협회(American Association of Pastoral Counselors, AAPC), 기독교심리학연구협회(the Christian Association of Psychological Studies, CAPS), 전국권면적상담자협회(National Association of Nouthetic Counselors, NANC), 미국기독교상담자협회(American Association of Christian Counselors, AACC). 그리고 정기 간행 출판물도 있다 (Journal of Pastoral Care, Journal of Psychology and Christianity, Journal of Biblical Counseling, Journal of Psychology and Theology, Christian Counseling Today 등).

IAN F. JONES

참고문헌 | J. E. Adams(1970), *Competent to Counsel*; W. A. Clebsch and C. R. Jaekle(1964), *Pastoral Care in Historical Perspective*; G. Collins(1993), *The Biblical Basis of Christian Counseling for People Helpers*; L. J. Crabb Jr.(1977), *Effective Biblical Counseling*; J. W. Drakeford(1967), *Integrity Therapy*; J. T. McNeill(1951), *A History of the Cure of Souls*; O. H. Mowrer(1961), *The Crisis in Psychiatry and Religion*; D. A. Powlison(1996), "Competent to Counsel? The History of a Conservative Protestant Anti-Psychiatry Movement," Ph.D. dissertation; P. Schaff and H. Wace, eds.(1952), *A Select Library of Nicene and Post-Nicene Fathers of the Christian Church*, vols. 1-14.

참조 | 상담(COUNSELING); 상담/권면적 상담(NOUTHETIC COUNSELING)

성경/진리와 권위로서 성경(Scripture as Truth and Authority).

19세기말부터 20세기에 걸쳐서 개신교가 직면하고 있는 한 가지 중요한 문제는 성경의 본질과 관련된 것이다. 성경의 모든 가르침이 참되며 진실하다는 역사적인 여론에 질문이 제기되었다. 전통적인 견해에 반대하는 사람들은 성경을 다른 고전 문학과 동일하게 다루어야 하는 인간의 책으로 평가했다. 개신교 복음주의 진영은 성경의 절대적인 축자영감설, 즉 성경의 모든 단어는 처음에 주어진 그대로 하나님의 영감으로 된 것으로 오류가 없다고 맹렬히 주장했다.

성경을 둘러싼 논쟁이 로마가톨릭계에서는 커다란 문제가 되지 않았다. 가톨릭교회는 성경이 하나님의 말씀이지만 그것은 해석될 필요가 있다고 가르친다. 성경의 믿을 만한 해석자는 교회이다. 현대 비평이 가톨릭교회에 많은 영향을 미쳤지만 전통적인 견해가 교회 교리에 중요한 역할을 하고 있다.

개신교 내에서는 성경의 본질과 권위에 대한 세 가지 다른 접근법들이 발전되었다. 자유주의는 성경을 기독교인들이 소중히 여기고 존경하고 연구하는 고대 문학의 한 특정 작품으로 인식한다. 자유주의 학자들은 성경과 그 권위 그리고 신뢰성을 고대 문서로 다루고 그것을 비평의 도구로 평가한다.

신정통주의는 성경을 하나님께서 계속해서 말씀하시는 특별한 책으로 인식한다. 그들은 성경의 말씀들이 하나님의 말씀을 증거한다고 믿는다. 성령께서는 개인이 성경을 읽거나 아니면 설교를 통해서 초월적인 의미를 경험할 때 성경의 말씀을 인식할 수 있도록 도와준다.

1978년에 성경의 무오성에 관한 국제 의회가 채택한 무오성에 관련된 시카고 선언문은 성경의 권위와 신뢰성의 복음주의적인 입장을 요약했다. 그 선언문은 다음과 같이 진술되어 있다. "성경은 하나님 자신의 말씀이며, 준비된 사람에 의해 쓰였고, 성령의 감독을 받은 성경은 다루는 모든 문제에 대해 무오한 신적 권위를 지닌다. 그러므로 성경이 확증하는 모든 것을 하나님의 가르침으로 믿어야 하며, 요구하는 모든 것에서 하나님의 명령으로 순종해야 하며, 약속하는 모든 부분에서 하나님의 언약으로 받아들여야 한다"(Geisler, 1979, 494).

복음주의는 성경을 하나님의 말씀으로 받아들인다. 하나님께서 저자들을 통제하셔서 그들은 하나님이 기록하기를 원하시는 말씀들을 기록하였다. 그 말씀들은 하나님에게서 왔기 때문에 오류가 없으며, 참되며, 신앙과 실제에서 권위를 가지게 된다.

복음주의자들은 하나님께서 직접 성경을 구술하였다고 주장하지 않는다. 그들은 성경의 말씀이 인간의 말이라는 사실을 인정한다. 복음주의적인 입장은 성경을 기록한 인간 저자들은 죄가 있으며 오류가 있다는 사실을 인정한다. 그럼에도 불구하고 그들은 성경은 여전히 하나님의 말씀으로 남는다고 믿는다.

복음주의자들의 성경에 대한 견해는 다른 기독교 교리와 마찬가지로 동일한 토대 위에 기초한 것이다. 그들은 성경이 무엇을 가르치는지를 알기 위해 성경을 본다. 어떤 사람들은 성경의 무오성을 증명하기 위해 성경을 사용할 때 순환 논리를 사용한다고 비난한다. 그러나 궁극적인 권위에 대한 모든 논쟁들은 그 자체가 순환적이다. 성경이 만일 기독교 교리를 위한 절대적인 권위라면 그것은 성경의 본질에 대한 논쟁의 최종 중재자임에 틀림없다. 다른 표준을 사용한다는 자체가 성경은 모든 기독교교리에 대한 최종적인 권위가 아니라는 것을 뜻하기 때문이다.

성경의 기원에 대한 성경의 견해는 지속적으로 하나님께서 말씀 뿐만 아니라 그 사상의 원천이라고 가르치고 있다. 이것을 가장 예리하게 보여주는 예를 주님께서 돌판에 십계명을 어떻게 쓰셨는지를 묘사하는 부분에서 찾을 수 있다(출 34:1). 구약은 종종 "여호와께서 이르시되"(사 31:4; 렘 13:1)와 같은 표현들을 사용함으로써 여호와의 말씀임을 주장한다. 게다가 신명기 18장 18-20절에서는 사람들이 예언자의 말에 순종할 것을 요구하는데, 그 이유는 그 말이 하나님의 말씀이기 때문이다.

신약은 구약을 하나님의 말씀으로 본다. 주 예수께서는 구약을 하나님께로부터 온 말씀으로 인용하셨다. 요한복음 10장 31-39절에 기록된 바와 같이 유대인과의 논쟁에서 예수께서는 시편 82편을 인용하셨다. 예수께서는 자신의 논리를 "성경은 폐하지 못하나니"라고 주장하심으로 자신의 논증을 단언하셨다. 여기서 "성경"은 구약을 가리킨다.

사도들 또한 동일하게 생각하였다. 바울은 "모든 성경은 하나님의 감동으로 된 것으로 교훈과 책망과 바르게 함과 의로 교육하기에 유익하니 이는 하나님의 사람으로 온전케 하여 모든 선한 일을 행하기에 온전케 하려 함이니라"(딤후 3:16-17)고 언급하고 있다. '감동으로' 라는 단어는 "하나님께서 숨을 내쉰 것으로"라는 뜻이다. 베드로는 "예언은 언제든지 사람의 뜻으로 낸 것이 아니요 오직 성령의 감동하심을 입은 사람들이 하나님께 받아 말한 것임이니라"고 주장했다(벧후 1:21). 신약은 각 단어를 하나님에게서 온 것으로 취급하고 있다. 예를 들어, 바울은 갈라디아서 3장 16절에서 창세기 13장 15절과 17장 8절을 언급하면서 복수가 아닌 단수라고 지적함으로써 자신의 주장을 뒷받침하고 있다.

신약은 구약과 동일한 권위를 주장한다. 베드로는 바울의 말을 이해하기가 어려운 것으로 언급하고 있지만 그것은 구약과 마찬가지로 성경이라고 주장한다(벧후 3:16). 디모데전서 5장 18절에서 바울은 신명기 25장 4절과 누가복음 10장 7절을 인용하면서 두 단락 모두를 성경으로 부르고 있으며, 이것이 뜻하는 것은 그 말씀들이 하나님께서 동일하게 감동시키신 것이라는 것이다.

이런 모든 논쟁들은 성령께서 기독교인에게 그 모든 것들이 하나님의 말씀이라는 것이며 결과적으로 권위가 있다는 사실을 설득시키는 데 사용하시기 때문에 의미가 있다. 성령께서는 새롭거나 다른 증거를 하지 않으시지만 말씀의 가르침에 근거하여 그 말씀들이 그 주장하는 바와 동일하다는 것을 확신시켜 준다. 성령의 이런 내적 증거에 대한 묘사는 성경에 대해 신정통주의적인 접근법을 취하는 사람들이 제시하는 것과는 차이가 있다.

역사적인 신교의 입장은 성경의 모든 말씀들이 "거짓이 없으신"(딛 1:2) 하나님의 말씀이므로 믿을 수 있다고 주장한다. 성경의 진리는 궁극적인 저자 즉 하나님 자신의 신뢰성에 달려 있다.

성경의 기원과 신뢰성에 대한 모든 논쟁들은 성경 사본들과 관련이 있다. 우리에게는 더 이상 이러한 사본들이 없다. 어떤 사람들은 축자영감설을 믿는 복음주의의 입장은 흥미롭지만 원본이 없이는 무의미하다고 주장한다. 그러나 교회는 주의 깊게 고대 사본들을 보관해 왔고 그 사이에는 놀라울 정도로 조화를 발견할 수 있다. 그 어떤 기독교 신앙의 중심 교리도 사본들의 차이로 인해 의문시될 수 없다. 본문 비평의 연구는 사본들을 평가하고 어떤 것이 원본에 가장 가까운지를 볼 수 있는 수단들을 제공해 준다. 기독교인들에게는 성경의 본문을 신뢰할 수 있는 충분한 이유가 있다.

성경은 다른 시대의 많은 문학 작품들로 구성되어 있다. 성경을 구성하는 일련의 책들인 정경을 결정하는 것은 성경의 교리에 달려 있다. 만일 성경이 하나님께서 자신의 백성들을 위해 보존하기를 원하시는 말씀들로 이루어져 있고, 성령께서 신자로 하여금 이 사실을 인식할 수 있도록 한다면, 성령께서 그들로 하여금 어떤 책들이 신적 기원을 가지고 있는지를 인식하게 해주신다는 것은 결코 놀라운 일이 아니다. 역사적으로 개신교인들은 주 예수께서 이 땅에 사셨을 때 존재했던 구약을 받아들였다. 신약 정경은 초대교회에서 만들어졌다. 성령께서 자신들에게 고유한 권위를 인식시켜 주시기 때문에 기독교인들은 성경의 정경성을 확신할 수 있다.

성경의 독특성에 대하여 제시된 다른 논쟁들은 문체의 기이함, 기독교 교리의 일관된 교훈 그리고 위대한 구원의 이야기를 포함한다. 이러한 것들 중에서 그 어떠한 것도 스스로는 성경의 무오한 권위를 고수할 수 있는 충분한 이유를 제공해 주지는 않는다. 그러나 그것들은 하나님의 기록된 말씀의 유일성을 확증해 주는 증거를 제공해 준다.

하나님께서 성경의 저자이시기에 성경은 무오할 뿐만 아니라 기독교교육자들에게 도움이 된다. 디모데후서 3장 16절은 성경이 하나님에 의해 쓰였다는 사실의 결과들 중의 하나가 기독교인의 삶을 살고자 하는 사람들에게는 유익하다는 것을 분명하게 가르치고 있다.

신학자들은 성경은 분명하고, 필수적이며, 충분한 특징을 갖는다고 말한다. 성경의 명확성은 말씀을 진정으로 이해하고 순종하고자 할 때 그렇게 할 수 있음을 뜻한다. 그렇다고 하여서 그것이 모든 사람들은 성경의 모든 구절을 다 이해한다거나 성경의 혼동되는 부분을 발견하지 않을 것이라는 말이 아니다. 성경의 전체적인 메시지는 부지런히 그리고 겸손히 그것을 이해하고자 할 때 이해할 수 있다.

성경의 필요성은 성경이 없이는 그리스도 사역의 복음을 결코 발견할 수 없다는 사실에 기초한다. 하나님의 자연 계시는 "그의 영원하신 능력과 신성"을 보여주지만(롬 1:20) 오직 성경에서만 죄에 대한 하나님의 치유책과 우리가 믿어야 할 하나님의 성품과 속성 그리고 하나님께서 우리에게 요구하시는 의무 등을 발견할 수 있다. 자신의 말씀이 기록되고 보존되기를 원하셨을 때, 하나님께서는 자신의 방법을 알 수 있도록 허락하셨다. 기록된 문서로서의 성경은 기독교인들에게 필수적이다.

성경의 충족성이 뜻하는 것은 성경이 하나님을 참으로 따르는 자(follower)가 되기 위해 알아야 할 모든 내용을 포함하고 있다는 것이다. 하나님께서 자신의 백성들이 알기 원하시는 것 중에 성경에 기록되지 않은 것은 하나도 없다. 기독교인들은 그 기록된 말씀에 다른 어떤 것들도 첨가해야 할 필요가 없다.

기독교교육자들은 성경의 권위와 신뢰성에 관한 교리가 자신들의 사역에서 중요한 부분임을 발견하게 될 것이다. 성경에 하나님께서 자신의 백성들이 알고 믿기를 원하는 내용을 신실하게 기록하셨기 때문에 그 백성들은 하나님의 사람들을 확신 있게 가르칠 수 있다.

DAVID A. CURRY

참고문헌 | D. G. Bloesch(1994), *Holy Scripture: Revelation, Inspiration and Interpretation*; N. L. Geisler, ed.(1979), *Inerrancy*; W. Grudem(1994), *Systematic Theology: An Introduction to Biblical Doctrine*; J. I. Packer(1958), *Fundamentalism and the Word of God*; J. B. Rogers and D. K. McKim(1979), *The Authority and Interpretation of the Bible: An Historical Approach*; N. B. Stonehouse and P. Wooley, eds.(1953), *The Infallible Word*; B. B. Warfield(1948), *The Inspiration and Authority of the Bible*.

참조 | 성경번역(BIBLE TRANSLATIONS); 신정통주의(NEOORTHODOXY); 성경의 무오성(INERRANCY OF SCRIPTURE)

성경학원(Bible Institutes). 성경대학운동(Bible College Movement)을 보라.

성경해석학 및 주석과 교육(Hermeneutics and Exegesis in Teaching). 성경해석학은 해석의 과학이며 예술이다. 이 단어는 그리스의 "해석의 혹은 해석을 위한"이라는 의미에서 유래했다. 헤르메뉴티코스(hermeneutikos)라는 용어는 해석하기 위한, 설명하기 위한, 번역하기 위한 것을 의미한다. 해석은 하나님의 의지를 이해하는 데 필수적이다. 성경의 지배규칙의 전통적인 의미로부터, 의사소통적, 인식론적, 존재론적인 중요성, 교회의 교육임무의 모든 본질을 포함하여 해석은 널리 퍼졌다.

초기 때부터 교회의 설교와 교육임무는 성경에 표현된 하나님의 모든 말씀뿐 아니라 본질적 복음에 관심을 모았다. 엄밀하게 말해서 성경이 역사상 특별한 시기에 다양한 현장들과 독특한 문화 가운데 있는 사람들에게 주어졌기 때문에 해석의 원리들은 본문의 의미를 발견하는 일을 위해 채용되어 왔다. 성경을 배우려는 학생들은 특정 저자의 원래 의도를 이해하려고 시도하는 가운데 방법론적인 것을 활용할 필요가 있다. 그 방법은 의사소통의 수용뿐 아니라 원래의 표현 안에 들어 있는 단어의 역사적인, 비판적인, 문화적인 환경을 설명하는 것이라고 한다.

19세기 전에 유대교와 기독교성경의 과학적 해석을 의미하는 용어는 거의 포괄적으로 사용되어 왔다. 그 시기 이후로 어떠한 문맥이나 상황의 해석에 사용되어 온 원칙을 설명하는 것이 좀 더 익숙해졌다.

성경의 소유는 성경의 지식을 스스로 확신하는 것이 아니다. 성경해석학의 임무는 학생과 교사가 성경을 문맥적, 역사적, 문법적 그리고 비판적인 방법의 이해를 추구하도록 돕는다. 믿는 자를 위한 믿음은 항상 해석학적 이해를 추구한다.

성경해석학이라는 단어가 사용된 중요한 성경원문 중 하나는 누가복음 24장 27절이다. 엠마오 도상에서 예수께서는 제자들에게 성경을 "해석하셨다." 빌립과 에디오피아 내시의 사건(행 8:26-40)은 학문에서 해석의 필요성을 보여준다. 에디오피아인이 이사야 선지서를 읽은 것을 보고 빌립은 물었다. "당신이 읽은 것이 이해됩니까?" 그의 대답은 그 말의 의미와 적용을 알려달라는 권고와 같았다. "누가 그것을 내게 설명해 주지 않으면 내가 어찌 알리요?"

적절한 해석학적 원리의 전략적 사용은 고대와 현대 사이에 있는 언어학적, 문화적 틈을 연결하는 것이다. 그래서 학습자는 성경을 이해할 수 있다. 신약성경은 구약성경의 해석처럼 이해될 수 있다. 같은 원리는 하나님의 말씀을 설교하거나 가르칠 때 적용된다. 현재 상황을 문맥에 적용하기 전에 주어진 문맥의 본질적 의미를 이해하는 것은 중요하다.

성경 본문을 가지고 가르치는 자와 배우는 자가 서로에게 영향을 미치게 하는 것은 교수법의 특별한 임무이다. 효과적 가르침에서의 대화의 본질은 설교를 통해 성경의 이해를 상호교환하는 좀더 선언적인 방법과는 다르다. 그러나 같은 성경해석은 문맥의 연구에 적용된다. 그 선언적 학습법을 수반하는 대화의 동기는 청자와 학습자가 문맥 안에서 저자가 독자나 청자를 위해 의도한 것에 대해 이해하는 것을 확신케 한다.

역사적으로 교회는 가르침과 선교라는 중요한 두 가지 기능과 진리의 말씀을 서로 소통하는 방법에 의지했다.

최근 도드(C. H. Dodd: Apostolic Preaching and Its Development, 1936)의 견해는 프로테스탄트 믿음의 본질적 메세지를 이해하는 데 있어서 지배적이었다.

그러나 그것은 또한 설교와 가르침의 두 가지 기능을 분리하려는 의도였다. 도드(Dodd)는 교수(teaching)는 근본적으로 도덕적 가르침(didache)이라고 본 반면 사도적 설교는 기독론적 진리(kerygma)를 잘 정리하여 설파하는 것을 포함한다고 보았다. 제임스 스마트(James Smart, 1954), 로버트 월리(Robert Worley, 1958), 로버트 마운스(Robert Mounce, 1960) 그리고 다른 이들은 이 두 가지 기능을 좀더 유사한 것으로 보았다. 통합된 견해는 사도행전 5장 42절과 같은 본문을 근거로 하는데 여기서 '가르치다'라는 단어와 '설교하다'라는 단어는 같은 기독론적 내용이라는 맥락에서 소개한다. 교사나 성직자로부터 들은 것일지라도 객관적으로 성경 메시지는 본질적이다. 만일 믿음이 들리는 것으로부터 온다면(롬 10:17) 하나님의 말씀을 전달하는 사람은 신중함과 담대함으로 하게 된다. 본문의 의미에 관하여 불필요한 주관주의나 추측을 삼가도록 하는 주의가 필요하다. 담대함은 해석을 위한 단어가 교사와 학습자를 이끌어주며 오로지 유일하게 하나님의 말씀을 조명하는 성령께 의지함으로써 수행되어졌을 때 자연적으로 나타난다.

말씀에 대한 성령의 조명은 어떤 경우에 있어서도 학문적 접근을 부정하지 않는다. 그것이 뜻하는 바를 깨닫고 본문연구에 있어서 엄격히 집중했던 곳에서는 어느 곳에서든지 교회가 갱신되었다고 역사는 알려준다.

복음을 전하는 자는 "people of the book"(그 책의 사람들로 번역할 수 있으며 성경의 사람들이란 의미. 이슬람권에서는 동일한 단어를 다른 의미로 사용함-편집주)으로 알려지게 되었다. 이런 값진 전통은 해석학이 성경본문 연구에 신중하게 접근하기를 요구한다.

1. **성경해석사(Hermeneutics in History).** 성경 본문의 해석적 전통은 성경 본문의 역사만큼이나 오래 되었지만, 현대해석학의 원리와 실제는 19세기 후반에 본격적으로 시작되었다. 실제로 탈무드 전통 안에는 32가지 이상 확연하게 구별할 수 있는 해석 양식이 있었지만, 초기 랍비들은 그 어떤 것도 본문의 자명한 의미를 압도할만한 것은 없다고 가르쳤다. 초기 기독교 시대에 있었던 오리겐(Origen, 185-254)은 인간과 관련하여 육체의 사람, 마음의 사람, 영적인 사람 등 성경의 세 가지 관점을 인식했다. 그의 해석학은 본문의 우화적(allegorical; 이 해석방법은 성경본문의 내용이 보다 높은 차원의 의미가 있다고 접근하는 방식-역주)인 의미에 의존했다. 초기 교회의 수장들은 상징(typology)을 사용하였고, 비유적인 방법에 따라 수사학의 기법들을 관련

성경해석학 및 주석과 교육

시켰다. 좀 더 명백하게, 사도후시대에 알렉산드리아와 안디옥의 교리학교들이 왕성해진 이래로, 우화적(allegorical) 접근방법과 역사적(historical) 접근방법간의 긴장이 심화되었다. 두 경우 모두 성경 본문에로 돌아가도록 호소하였다. 이러한 긴장과 상극을 해소할 수 없었던 교회의 회의들은 규범적이고 권위적인 교회의 전통적 가르침을 지향하는 해석학적 실마리를 성경 본문에서 찾는 것으로부터 멀어져 갔다.

라틴어 성경(Vulgate)이 4세기에 제롬(Jerome)에 의해 소개되었을 때 교회는 모든 교리 문제에 중재자로서 번역에 의존하는 경향이 있었다. 기본적으로 교회의 가르침에 영향을 받은 통찰력과 학문을 지닌 어거스틴(Augustinus, 354-430)은 의미를 결정짓는 세 가지 기준을 제시하였다. 즉 (1) 믿음의 규칙은 보다 분명한 성경구절로 가르치고 (2) 교회의 권위와 (3) 구절의 문맥으로 가르쳐야 한다는 것이다. 당시 전통은 성경의 합리적인 연구에 우선했다.

본문 주석(성경으로서 취급되었던 난외주석읽기자료)을 소개하여 전통을 확고히 했던 중세 시기는 첫 접근 방식으로서 우화의 사용을 높이고 문자적(literal)-역사적(historical)방법의 사용비율을 적정 수준으로 유지하게끔 낮추었다. 스콜라철학은 이성과 철학을 높이고 우화를 의존하는 교회를 해방시켰다.

직접적인 성경연구의 중요성, 성경번역 그리고 설교말씀 중심의 역할회복을 새롭게 하자는 종교개혁은 우화적인(allegorical) 방법의 해석을 거부했다. 종교개혁자들은 개인적인 판단의 권리를 강조하나 특이한 해석을 피하는 분명하고 단순하며 문학적인 감각의 본문을 선택했다. 루터(Luther)와 칼빈(Calvin)에 의해 생산된 주석서들은 아직도 믿음의 위대한 선언을 확증함에 있어 성령으로 결속된 신자들이 의존하는 본문에 대해 문법적이고 축어(逐語)적이며 역사적인 접근의 해설서로서 소중히 여겨진다.

후기 종교개혁 기독교인들은 주관주의와 이성주의를 깼다. 경건파 교도들과 다른 사람들은 본문의 분명한 의미보다 경험적인 이해에 의존했다. 나중에 환원주의의 적용과 함께 본문에 대한 고도의 비평주의의 도입은 교회에서 파괴의 자국을 남겼다. 본문에 대해 의문시되는 역사성과 신화적인 중첩과 함께 성경의 직접적인 연구는 약화되었다. 이럼에도 불구하고 해석학의 연구에 대한 새로워진 관심이 이성주의와 실존주의의 혼합에 관한 해석에 근거하여 본문의 비신화화를 위한 노력으로 야기되게 되었다. 이런 접근방식의 지지자들은 복음주의자들이 사용하는 문법적-역사적 접근방식 이상으로 본문의 동시성을 강조한다.

20세기는 탈문화적인 선교의 확장 뿐만 아니라 성경의 수많은 번역과 성경의 해석에 있어서 복음주의의 발전이 이루어졌다. 뒤따른 이런 노력은 문화주의와 상황 이론(즉 해방 이론, 흑인 및 여권주의 해석학, 민족성 그리고 성경의 중성적 이해의 회복을 위한 노력들)에서 새로운 관점을 강조하고 있다.

영적이고 권위 있는 성경의 구절을 의지하는 복음주의자들 때문에 해석학의 주제는 진실로 중요하게 되었다. 명제 진리의 역사, 언어 그리고 문화적인 본질의 이해를 위한 노력 뿐만 아니라 성경의 바로 그 말씀의 이해를 위한 노력은 건전한 해석학을 요청한다.

해체비평이론과 포스트모더니즘은 불트만(Bultmann), 판넨베르크(Pannenberg)에 의하여 시작된 전통을 계승하고 현대 사회가 이해할 만한 성경을 만들 목적으로 우리 세계 안에서 이성적으로 하나님의 말씀과 활동의 모든 것을 제거했다. 현대 비평학은 본문의 계획된 의미나 원래의 의미를 발견하는 것의 가능성을 점점 더 부정한다. 현대비평학은 점점 더 본질이나 성경 구절의 의도된 의미 발견의 중요성을 부정한다. 그러한 상대적인 접근은 복음주의자들에 의해 쓸모없는 것으로 간주된다. 복음주의자들은 장르가 이끄는(genre-driven) 해석 방식을 받아들였고, 개인적이고 개별적 의미로서 성경 본문을 대하는 것을 부정한다.

장르 또는 문학의 유형은 성경구절의 이해(즉 예언적이고 시적이고 복음적인 해설)에 도움이 될 만한 단서를 제공한다. 성경 속에는 문학 재료의 다양한 장르나 유형이 존재한다고 일반적으로 받아들여

성경해석학 및 주석과 교육

져 왔다. 아마도 8가지는 된다. (1) 법 (2) 이야기(narrative) 해설 (3) 복음서(gospel) 이야기 (4) 비유 (5) 예언/계시 (6) 지혜 (7) 시 (8) 서간체 등이 그것이다. 진지한 교사나 학생은 이것들을 이해할 수 있을 것이고 어떤 의미를 찾는 데 있어서 다른 문학적인 해법을 찾을 수 있을 것이다.

해체비평이론 포스트모더니즘의 이론은 본문의 자율성에 도전적이다. 발송인, 메시지 그리고 수취인의 기본적인 모델과 함께 현대의 의사소통 이론은 해석학과 그와 관련된 주석을 조화시킨다. 그러나 실천적인 면에서 보면, 성경본분은 본문 자체를 이해하는 일과 그 본문과 관련된 다른 것들을 이해하는 일들을 중재한다. 성경본문들이 성령의 감화로 쓰여졌을 뿐만 아니라 역사적이고 문학적으로 쓰여졌고, 그 시대의 문화적 배경에 근거하고 있으므로, 건전한 성경 해석의 맥락을 유지하는 한 모든 방법이 하나님의 말씀을 이해하는 데 사용 될 수 있다.

최근의 복음주의 저자들은 해석을 위한 유용한 지침을 고안해 왔다. 오스본(Osborne, 1991)은 귀납법으로부터 연역법으로 이동되는 해석의 열 단계를 구성했다. 클라인(Klein), 블롬버그(Blomberg) 그리고 허버드(Hubbard, 1993)는 문학의 장르나 유형을 지배하는 다양한 규칙들을 매우 강조한다. 유형에 관계없이 어떤 해석이 진실이라면 그것은 (1) 문맥에서의 확실한 의미 (2) 역사-문화적 배경의 사실 (3) 문맥에서의 보통의 의미 (4) 단어 사이의 적절한 문법적인 관계와 틀림없이 일치한다.

2. 주석(Exegesis). 주석은 성경구절의 바른 이해를 밝혀내는 과정이다. 이 단어는 그리스어 "엑세게오마이"(exegeomai; ~로부터 이끌어내다라는 뜻-역주)로부터 폭로 또는 문서, 성명, 사건, 기술을 묘사하는 데 이용되었다. 신약성경에서 발견되듯이 이 단어는 해석학을 교체할 수 있는 용어로 나타난다. 요한복음 1장 18절의 구절에서 그 단어는 어떻게 하나님이 주석이나 하나님의 아들의 "선언"으로 인간에게 자신을 알게 하셨는지를 설명한다. 누가복음 24장 35절에서 두 제자는 엠마오로 가는 길에 무슨 일이 일어났는지를 "해석하여"(exegeted) 말했다.

해석학에 대한 주석의 관계는 방식과 범위의 관계이다. 해석학은 주석이 그 해석학의 우산 아래서 적절히 제시될 수 있을 때 최선의 해석학으로 고려될 수 있다. 해석학은 폭넓은 원리나 통념적인 성경 주석의 해석규칙을 다룬다. 다양한 문화요소로서 적당히 이해되는 하나님이라는 단어는 역사적, 비판적, 언어학적 사용 그리고 문화적 이해에 적절한 의미를 탐구하기 위한 교사와 학습자 모두의 의욕을 증진시킨다. 해석학과 주석 모두 복음주의자들은 현재 알려진 문자적·문법적·역사적 방법에 의존한다. 주석은 의미를 드러내기 위한 좀더 정확한 과학적 방법이다.

주석은 "에이세제시스"(eisegesis; '안으로 읽기'-사람의 생각을 갖고 성경해석하는 것을 의미함-역주)와 대조되는 것으로 해석학적 원리에 중심부를 형성한다.

주석은 성경구절에 대한 세 가지 접근방법 즉 (1) 성경구절의 문법 이해하기 (2) 문장에서 각 단어들의 의미 이해하기 (3) 문단, 장, 성경의 각 권 그리고 성경 전체에서 본문의 문맥을 이해하기를 힘쓴다. 이러한 것들은 서로 상호 의존한다.

주석은 성경번역, 문단 또는 주해를 수반하며 그것의 종합적인 규칙들은 해석학과 성경적 원리에 의해 통제된다. 다시 말하면, 성경구절은 단독으로 의미를 이룰 수 없고 드러난 진리의 전체적인 구조 범위 내에서 이해될 수 있어야 한다.

주석은 절차가 있는데 (1) 본문 자체 조사, 원문 그리고 단어 조사하기 (2) 번역문을 면면히 이해하기 (3) 역사적인 문맥(원저자, 배경 그리고 시대) 발견하기 (4) 문자적인 문맥 분석하기 (5) 장르나 문자 형태 결정하기 (6) 개관적인 도해구조 결정하기 (7) 문법 및 문장론(syntax)에 분류하기 (8) 모든 드러난 진실의 배경 속에 들어 있는 주어진 사실을 체계적으로 연구하기 (9) 성경구절 적용하기 등이다.

간단하게 말하면, 세 가지 기본적인 질문은 어떤 성경 구절에 대답이 될지도 모른다. 본문이 무엇이라고 말하는가? 본문은 어떤 의미인가? 그 본문이 나에게 어떤 영향을 주는가? 그러나 학습자가 성경자료에 전체적으로 부합하지 않는 개인적인 적용을 하지 않도록 주석의 모든 단계를 무시하면 안 된다.

437

피해야 할 본문 오용이 두 가지 있다. 하나님의 말씀을 도덕적으로 해석하는 것과 개인적으로 해석하는 것이 그것이다. 기독교교육은 이 두 가지의 잘못을 범했고, 종종 진리를 전달하고 승인하는 다른 방법과 비교하여 열등한 것으로 생각하게 되었다. 말씀을 도덕적으로 해석하는 것은 진리를 특정한 견해로 생각하는 도덕적 뼈대를 세우는 것을 뜻한다. 본문을 개인화하는 것은 개인주의적 세계와 인생관이 의미와 적용에 영향을 끼치는 것과 유사하다. 도덕적으로 해석하는 것과 개인적으로 해석하는 것은 둘 다 건전한 해석학과 주석 이론을 적용함으로써 피할 수 있다.

첫째, 성경본문을 읽고 이해한다는 것은 현재의 독자들이 원래의 독자가 아니라는 사실을 가정해야 한다. 어떻게 성경본문이 원래의 독자에 의하여 가장 잘 이해되어 왔는가를 결정하는 노력이 있어야 한다. 둘째, 믿는 사람(ekklesia)의 해석 공동체는 읽는 정황(context)에 기여한다. 셋째, 원래의 저자와 청중은 더 이상 그 과정에 참여하지 않기 때문에 해석적인 상호작용은 본문과 학습자 사이에서 일어난다. 성경본문은 성경구성과 표현에 있어 역사적이기 때문에 그 의미를 이해하려면 성급히 적용되기에 앞서 모든 방법은 그러한 조명 안에서 사용되어야 한다.

마지막으로, 성령의 증거는 성경주석의 복음적인 이해 속에서 눈에 띄게 드러난다. 칼빈(Calvin)과 다른 종교개혁자들은 진리 이해를 위한 기초로서 외적 권위를 거부하고 성령의 증거(즉, 요 14:26, 16:13-15)를 권위로 삼았다. 그리스도인은 하나님의 말씀을 가르침에 있어 독자적이지 않다. 궁극적으로 신적 진리를 조명하시는 분은 바로 성령이시다. 반면에 불신자들은 성경구절의 이해가 어렵기 때문에 마음을 밝혀주는 성령의 사역으로부터 동떨어져 있어 결코 진실로 "영적으로 평가"하거나 검증할 수 없다(v. 14). 고린도전서 2장 6-16절의 말씀에서 본질적인 지혜는 하나님께로부터 온다고 하는 것을 이해하는 것이 중요하다.

EDWARD L.HAYES

| 참고문헌 | D. A Carson(1992), *Exegetical Fallacies*; F. L. Cross(1997), *The Oxford Dictionary of the Christian Faith*; G. D. Fee(1983), *New Testament Exegesis*; D. N. Friedman(1992), *The Anchor Bible Dictionary*; W. Kaiser and M. Silva(1994), *An Introduction to Bible Hermeneutics: The Search for Meaning*; W. Klein, C. Blomberg, and R. L. Hubbard(1993), *Introduction to Biblical Interpretation*; A. B. Mickelson(1963), *Interpreting the Bible*; C. F. D. Moule(1982), *Essays in New Testament Introduction*; G. R. Osborne(1991), *The Hermenutical Spiral*; M. Silva(1987), *Has the Church Misread the Bible?*; B. Ramm(1970), *Protestant Biblical Interpretation*; R. C. Worley(1958), *Preaching and Teaching in the Earliest Church*.

성교육(Sex Education). 미국에서의 성교육은 과도한 인구에 대한 정부의 염려로 인해 생겨났다. 인구 성장과 미국 미래에 대한 위원회가 1970년에 빈곤 소수 민족 여성들의 인구 성장 문제를 다루기 위해 설립되었다. 2년간의 연구 결과, 이 연방 위원회는 건강 서비스국의 재정적인 지원으로 학교들이 가족계획, 인구 통제 및 성교육을 시킬 것을 권장했다.

성교육이 성적 활동을 증가시켰는지에 대한 질문이 중요한 관심사였는데 1970년과 1988년 사이에 성적 활동이 활발한 백인 청소년들의 수는 2천 2백만에서 3천 7백만으로 증가한 반면 흑인 청소년들의 비율은 60만에서 80만으로 증가했다. 1986년 루이스 해리스 앤 어소시에이츠(Louis Harris and Associates)회사에 의해 실시된 투표에 의하면 46%의 성적으로 활발한 십대들이 월경, 생식, 에이즈를 포함한 성병, 피임, 임신 조절, 낙태, 자위 그리고 동성애와 같은 기본적인 사항들을 다루는 종합적인 성교육을 받은 것으로 밝혀졌다. 성적으로 활발한 십대들의 19%가 제한된 성교육을 받았으며, 성적으로 활발한 십대들의 34%가 성교육을 전혀 받지 않았다. 연구에 따르면 성교육을 받은 15세에서 18세의 여학생들이 성행위를 주도할 가능성이 많다는 사실과 피임 교육은 십대 초반의 청소년들 중의 최초의 성교와 매우 관련이 있는 것으로 밝혀졌다.

성교육 실시 20년이 지난 후 백만이 넘는 성적으로 활발한 십대 소녀들이 매년 임신하고 있다. 미국은 세계에서 가장 높은 십대 임신율을 가지고 있다. 15세에서 19세 여성 1,000명 중 96명이 임신하였으며, 이 비율은 영국의 두 배, 스웨덴의 세 배 그리고 네덜란드의 일곱 배가 더 되는 비율이다. 질병 통제국에 의하면 미국은 가장 높은 낙태율을 가지고 있다고 한다.

전국학교심리학자협회, 미국의료협회, 전국학교이사협회, 청소년의학회는 모두 종합적인 성교육을 지지한다. 1992년에 열린 종합 학교교육 프로그램의 전국 강습회는 2000년도까지 모든 학교와 모든 학년에 종합적인 성교육을 시킬 것을 명하는 계획을 개발했다. 또한 이 계획은 학교 기반 건강센터라고도 불리는 교내의 진료소들을 모든 학교의 모든 학년별로 세우는 목표를 포함하고 있다. 교내의 건강센터와 진료소들은 학교 부지 위에 위치한 가족계획 진료소들이다. 학교와 연계하는 진료소들은 실제적으로 학교 캠퍼스 상에 위치하지 않고 캠퍼스 근처에 위치한다. 교내의 진료소들과 건강센터 그리고 학교 연계 진료소들은 독립 기관들이며 의료 봉사와 관련하여 교육청의 관리를 받지 않으며 지침을 따를 필요도 없다. 그러나 진료소 간호사들은 성교육 수업과 관련된 일을 하고 있으며 성교육 수업을 가르칠 수 있고, 또한 특별한 내용을 발표할 수도 있다. 학생들은 가족계획 진료소 방문 초대를 받기도 한다. 어떤 학교들은 피자 파티, 학교 춤 아니면 등록하는 학생들을 위한 스포츠 행사 무료입장권 등과 같은 상이나 보상을 제공한다.

부모의 염려를 줄이기 위해 진료소들은 미혼모 출산과 관련된 건강 서비스를 최소화하고 자신들을 다중 서비스 건강센터로 홍보하고 있다. 건강 진단과 감기, 중이염 내지는 운동하다가 생긴 상처들과 같은 작은 병들을 치료한다는 사실을 강조한다. 그러나 최초의 방문에 대한 이유가 무엇이든지 간에 학생들은 심리 검사를 받게 되며 그들의 성적 활동에 대한 질문을 받게 된다. 피임약 사용과 출산 제한의 권고를 받는다.

에이즈에 대한 염려로 인해 많은 교육청들은 서둘러 성교육, 콘돔 사용 그리고 가족계획 진료소 서비스 등을 제공했다. 종합 성교육 과목은 진료소를 소개하기 전에 이루어진다. 이러한 진료소들에 대한 지역사회의 반감을 최소화하기 위해 가족계획 서비스를 광고하거나 홍보하지 않는다. 진료소 직원들은 진료소 개업과 관련된 논쟁이 가라앉는 2년째가 될 때까지는 피임약을 제공하지 말도록 조언을 받는다.

캘리포니아 주에 있는 네 곳의 교내 진료소들을 검토해본 결과 중요한 편의 요소로서 피임약을 학교에 비치하는 것은 학생들이 지속적으로 피임약을 사용하는 것에 대한 아무런 긍정적인 영향을 미치지 않은 것으로 밝혀졌다. 연구에 의하면 콘돔 비치는 콘돔을 자신들의 학교에서 구할 수 있기 때문에 성관계가 기대되고 용납되는 것으로 생각하는 십대 남자들 가운데 성적으로 활발한 태도를 갖게 만들었다. 지역사회에 가족계획 진료소가 있는 곳에서는 15세에서 19세 십대 1,000명당 120명의 임신 증가를 가져왔다. 가족계획 진료소가 있는 고등학교에서는 진료소가 없는 고등학교에서보다 거의 두 배 이상의 여학생들이 처녀에서 처녀가 아닌 신분으로 바뀐다. 연구에 의하면 교내의 진료소들이 있는 학교들에서는 성적으로 활발한 학생들 가운데 높은 비율의 성 상대 교환과 성병 증가를 보였다.

연구에 따르면 부모들은 순결교육을 선호하고 종합 성교육에 반대하는 것으로 나타났다. 순결과 거부 기술들을 가르치는 것은 학생들에게 초기 성교를 미루어야 할 필요가 있다는 사교 기술들을 제공하는 효과적인 예이다. 11,000명의 8학년과 10학년을 대상으로 한 전국 청소년 건강 조사에 의하면 순결은 94%의 십대 여학생들에게 받아들일 만한 것이며, 76%의 남학생들은 혼전 성교에 대해 "아니요"라고 말하는 것이 받아들일 만한 것이라고 답했다. 종합 성교육 반에서 순결을 가르칠 수 도 있을 것이다. 그러나 미국의 성 정보와 교육협의회(Sex Information and Education Council of the United States, SIECUS)는 순결과 일부일처제의 이성결혼이 부적절하다는 것을 강조하는 교육과정을 고려하고 있다.

워싱턴 D. C.에서 시작된 순결교육 프로그램인 베스트 프렌즈(Best Friends)는 원치 않는 십대 임신을 통제하는 방도로써 또래들의 지원을 이용하고 있다. 현저하게 낮은 임신율을 보인 이 프로그램은 굉장히 성공했으며 학교와 교회 그리고 종교 기관들에서 하나의 모델이 될 수 있을 것이다.

순결을 가르치는 것은 모든 기독교교육 프로그램 내지는 사역에서 중요한 부분을 차지해야 한다. 연구에 의하면 일주일에 한 번 내지는 그 이상 출석하는 경건성은 모든 연령에서 최초 성관계의 가능성을 감소시킨다. 아담과 이브로 시작된 성은 하나님의 생각이며 하나님께서 창조하신 모든 것은 좋은 것이라는 성경적 기초가 순결 교육에 대한 긍정적인 접근법의 기초가 된다. 성교육이 "더 안전한 성관계"를 하는 법을 가르치는 반면에 순결 교육은 단지 혼전 성관계를 연기하는 것이 아니라 삶의 모든 차원에서 중요한 건강한 결정들을 내리는 것을 강조한다. 예를 들어 한 연구에 의하면, 12학년들이 대학갈 계획을 가지고 일주일에 밤 외출을 적게 하는 것은 혼전 성관계의 연기를 표하는 것이며 순결 교육에서 중요시하는 부분이다. 십대들의 미래 지향, 교육 목표 그리고 가정에 양부모가 있을 경우 초기 성관계를 줄이는 데 도움이 되는 추가적인 요소이다.

많은 수의 십대들이 대개 순결 서약을 하는 기독교 순결 프로그램들은 긍정적인 또래 압력을 이용한다. 공립학교를 다니는 학생들을 "또래 모델"로 준비시켜서 수업 토론이나 점심 토론 때 자신들의 의사를 분명하게 밝히게 하는 것 또한 기독교교육이 십대들의 필요를 채우는 방법이다. 또래 모델들을 통해 자신들의 친구들과 반 아이들에게 거절 기술들을 가르치는 훈련을 받을 수 있을 것이다. 성공적으로 그러한 훈련을 마치고 순결을 유지하는 학생들은 그들이 다니는 교회로부터 대학 장학금을 받게 할 수 있을 것이다. 또한 교회 클럽, 통과의례나 남성성 훈련 사역, 제자훈련 그룹, 캠프, 성가대 그리고 십대 그룹들은 의도적으로 순결교육을 자신들의 교육과정에 첨가시켜야 한다.

LAVERNE A. TOLBERT

참고문헌 | N. Bearss, J. S. Santelli, and P. Papa, *Journal of Adolescent Health* 17(1985): 178-83; P. L. Beilnsom, E. S. Miola, and M. Farmer, *American Journal of Public Health* 85(1995): 309-11; J. O. G. Billy, K. L. Brewster, and W. R. Grady, *Journal of Marriage and the Family* 56(1994): 387-404; D. Brindis, S. Starbuck Morales, A. L. Wolfe, and V. McCarter, *Family Planning Perspectives* 26(1994): 160-64; Center for Population Options(1993), *Designing and Implementing School-Based and School-Linked Health Centers*: vol. 2, *A Guide to School-Based and School-Linked Health Centers*; D. de Mauro, *SIECUS Report* 18(1989-90): 1-9; J. Drufoos, *Family Planning Perspectives* 17(1985): 70-75; J. Hayden, *Journal of American College Health* 42(1993): 133-36; D. Kirby, C. Waszak, and J. Ziegler, *Family Planning Perspectives* 23(1991): 6-16; B. C. Miller and K. A. Moore, *Journal of Marriage and the Family* 52(1990): 1025-44; J. A. Olsen and S. E. Weed, *Family Perspective* 20(1987): 153-95; E. W. Paul and H. F. Pipel, *Family Planning Perspectives* 11(1979): 297-301; U.S. Department of Health and Human Services(1991), ERIC Document Reproduction Service No. ED-359-189; Sex Information and Education Council of the United States(1992), *Future Directions: HIV/AIDS Education in the Nation's Schools*; L. Tolbert(1998), *Condom Availability Programs, School-Based Clinics, and Sexual Permissiveness among Inner-City African American Students*, unpublished manuscript; C. Warren(1987), *Improving Students' Access to Health Care: School-Based Health Clinics*.

참조 | 금욕(ABSTINENCE); 에이즈(AIDS, ACQUIRED IMMUNODEFICIENCY SYNDROME); 순결서약운동(TRUE LOVE WAITS)

성령(Holy Spirit). 예수님은 우리에게 스승으로서의 성령을 말씀하신다. "보혜사 곧 아버지께서 내 이름으로 보내실 성령 그가 너희에게 모든 것을 가르치시고 내가 너희에게 말한 모든 것을 생각나게 하시리라"(요 14:26). 오순절 이후로 성령이 역사적으로 교회에 주어졌을 때 성령님의 사역은 예수께서 지상사역 동안에 제자를 가르치신 것과 예수께서 가르치신 모든 것을 생각나게 하는 것이었다. 이것은 적어도 부분적으로 제자들이 어디에 가든지 하나님이 함께 하시겠다고 예수께서 말씀하신 제자들의 특권을 의미하는 것이다(요 16:17). 예수께서는 이같이 말씀하셨다. "그러하나 진리의 성령이 오시면 그가 너희를 모든 진리 가운데로 인도하시리니 그가 자의로 말하지 않고 오직 듣는 것을 말하시며, 장래 일을 너희에게 알리시리라"(요 16:13-14).

성령은 기독교교육의 교수-학습 과정에 자극을 주고 촉진하는 역할을 하신다. 성령의 사역은 전반적으로 기독교교육을 일반 교육과 구분시키는 영적 특성을 제공한다. 스승으로서 성령은 시간과 공간에 제한을 받지 않는다. 성령의 역할은 교수-학습 과정의 모든 면에 나타난다. 그분은 교사와 학생 모두를 진리로 인도하시는 분이다. 성령은 모든 학습에 책임을 지고 사람들이 진리를 알고 그것을 적용시킬 수 있게 한다. 성령은 그리스도 안에서 사람을 성숙케 만들기 위해 5가지 요소 즉 교사, 학습자, 교육과정, 참가자, 환경을 통해 우선적으로 사역하신다.

성령의 첫 번째 사역은 교사를 세우는 일이다. 신약성경에 보면, 가르침에 대한 영적 은사는 성령의 은사의 목록에 포함된다(롬 12:3-8; 고전 12:27-31; 엡 4:7-13; 벧전 4:10-11). 에베소서 4장 11절에 의하면, 가르치는 은사는 목사의 은사와 밀접하게 연관되어 있다. 성령은 그리스도의 지체 안에서 믿는 자들이 서로 봉사하도록 준비시키고 갖추고 훈련하는 데 은사 있는 교사와 목사를 사용하신다. 영적으로 은사 있는 교사는 개인의 삶과 사회를 둘 다 변화시키는 방식으로 하나님의 말씀을 가르치면서 성경에 있는 통전적 사역을 한다. "영적으로 은사가 있는 교사는 성령의 지도를 받는 학습자가 다른 영적 은사가 있는 그리스도인들의 공동체 속에서 하나님의 말씀을 이해하고 적용하도록 돕는다"(Plueddemann, 1989, 308). 그러한 교사는 하나님의 말씀에 대한 지식뿐 아니라, 사람들의 삶과 관계 속에서 그 말씀이 적용되도록 그들이 준비되어지는 방식으로 사람들과 의사소통하는 능력도 소유해야만 한다. 성령은 영적으로 민감한 교사를 성령의 목표를 향하여 모든 학습경험을 결합하는 데 사용한다. 플루더만(Plueddemann)은 가르치는 은사는 교수-학습 환경 안에서 다양한 요소들 간의 "강력한 상호작용의 예술"이라고 하였다(308).

교수-학습 과정과 관련된 성령의 사역 중 두 번째 영역은 학습자이다. 교사가 얼마나 은사 있는가와 상관없이, 그리스도를 닮아가도록 배우고 성장하는 것은 성령께서 학습자의 마음 안에서 자유롭게 역사하지 않는 한 이루어지지 않을 것이다. 가르침에 있어서 성령의 역사에 대한 쥬크(Roy Zuck)의 고전적 연구에 따르면, 성령 하나님은 신념, 내재, 조명이라는 세 가지 방법으로 학습자의 마음 안에서 적극적으로 참여하신다. 학습자의 마음이 하나님을 향하여 개방되어 있을 때 성령은 죄의 개념을 상기시키신다(요 16:8). 교사가 참석하지 않을지라도 성령의 내재를 통하여 믿는 자들은 하나님을 배우게 된다(요일 2:27). 이러한 내용은 믿는 자들은 성령의 직접적 가르치심 때문에 인간 교사가 필요 없다는 사실을 넌지시 비춘다고 오해할지라도, 이것은 문맥의 의도가 아니다. 이러한 내용은 성령 안에서 걷는 자일지라도 하나님의 말씀을 더럽히는 거짓 교사를 따르거나 유혹에 빠지지 않도록 주의해야 한다는 사실을 단언하고 있는 것이다. 성령의 목적이 예수 그리스도를 영화롭게 하는 것이고 예수 그리스도께서는 육화(肉化)될 말씀(Word)이시기 때문에 성령의 음성은 하나님의 말씀(Word of God, 예수 그리스도)과 모순될 수 없다(요 1:1; 16:14-15).

성령께 감동되어 믿는 자들은 성령의 조명을 통하여 배운다. 사도 바울은 에베소서 1장 8절에서 이렇게 말한다. 바울은 "그들의 눈이 밝아져" 그리스도의 축복을 체험하는 수준을 알게 되기를 기도한다. 이러한 조명이나 깨닫게 하심은 사람들로 하여금 "이미 계시된 하나님의 진리를 이해하도록 해 주는 성령의 초자연적 역사"이다(Zuck, 1972, 52).

하나님의 계시된 말씀(성경)은 학습과정의 세 번째 요소이다. 더 넓은 의미에서 교육과정은 성경이 가장 비평적인 역할을 수행하는 더 넓은 범주이다. 그것의 목적성 때문에 성경은 성령의 사역을 위한 기초를 제공한다. 디모데전서 3장 16-17절에 따르면, "모든 성경은 하나님의 감동으로 된 것으로 교훈과 책망과 바르게 함과 의로 교육하기에 유익하니 이는 하나님의 사람으로 온전케 하며 모든 선한 일을 행하기에 온전케 하려 함이니라". 영감은 성경의 원전을 통해서 자신의 진리를 나누어 주시는 하나님의 이러한 최초의 역사하심과 관련된다. 하나님의 객관적 계시는 "예언은 언제든지 사람의 뜻으로 낸 것이 아니요, 오직 성령의 감동하심을 입은 사람들이 하나님께 받아 말한 것임이니라"(벧후 1:21)고 말씀한다. 성경은 직접적으로 하나님에 의해 영감 되었기 때문에 성경은 진리의 최종적 표준으로 사용된다. 이로써 믿는 자들은 진리와 오류를 구분한다. 하나님의 말씀을 언급하기 위해 "성령의 검"이라는 용어를 사용하면서(엡 6:7) 바울은 하나님의 목적을 수행하는 데 성령의 공격적인 말씀 사용을 강조한다. 성장은 교사와 학생 모두가 하나님의 말씀에 상호작용하고 순종함으로써 일어난다. 성경은 모든 교육과정 주제를 위한 토대로서의 역할을 담당한다.

성령이 이루어내는 교수-학습과정의 네 번째 요소는 학습상황 안에서 참가자들 사이의 상호작용이다. "그리스도의 몸"이라는 교회의 본질은 함께 배우고 일하는 능력을 통해 성장한다는 사실을 제시한다(엡 4:11-16). 성령의 가르침 중 대부분은 교회와 다른 학습 환경 안에서 상호 개인적 연관성과 관련이 있다. 에베소서 3장 18절인 바울의 기도에서 발견된 흥미 있는 구절인 "모든 성도와 함께"는 이 점을 명확히 하고 있다. 이 구절은 바울의 기도를 이해하는 데 중요하다. 믿는 자들은 "능히 모든 성도와 함께… 지식에 넘치는 그리스도의 사랑을 알아 그 넓이와 길이와 높이와 깊이가 어떠함을 깨달아"(엡 3:18-19) 알 수 있다. 모든 성도 사이의 상호작용에 있어 성령의 능력과 그리스도의 사랑 모두에 대한 에베소 교인들의 이해가 결정적이다.

교수-학습과정에서 성령 사역의 다섯 번째 영역은 환경이다. 기독교교육의 환경적, 상황적 요소는 좌석, 배치, 조명, 온도, 영상 또는 크기, 색깔, 방해 요소, 냄새 등과 같은 것들을 포함한다. 이 요소들 중 몇 개가 성령의 초자연적인 일과 관련된 듯하며 우리는 모든 역사를 통하여 하나님이 성령의 가르침을 위한 환경을 조성하기 위해 그러한 물리적 요소를 사용한다는 것을 명심해야 한다. 가시떨기 나무에서의 모세, 건물 속의 유대인들, 갈릴리 바다에서 예수님과 그의 제자들, 다락방의 초기 제자들, 빌립보 감옥 속에 있는 바울과 실라, 아레오바고(Areopagus) 한가운데 있는 바울과 철학자들은 믿음의 가르침과 관련된 환경의 중요성을 잘 보여준다. 교사와 학생 모두 그의 목적을 수행하기 위해 성령께서 임의로 사역하시도록 학습 환경의 물리적, 심리적인 면을 전략적으로 계획함으로써 성령에 협력한다.

따라서 성령은 교수-학습과정의 이러한 5가지 요소를 통해 작용한다. 그는 그것이 어디서 발견되는지에 상관없이 배움의 믿음에 촉매가 된다. 우리가 결코 교수-학습과정에서 성령의 역할의 다양성을 전반적으로 이해하지 못하더라도, 우리는 하나님의 진리를 배우고 가르치기 위해서 계속하여 그의 지혜와 힘에 의지해야 한다.

GARY C. NEWTON

참고문헌 | C. F. Dickenson(1995), *Christian Education, Foundations for the Future*, pp. 121-35; R. Habermas and K. Issler(1992), *Teaching for Reconciliation*; R. Pazmino(1988), *Foundational Issues in Christian Education: An Introduction in Evangelical Perspective*; J. E. Pleuddemann, *Education That Is Christian*, pp. 105-10; J. Willhoit(1986), *Christian Education and the Search for Meaning*; W. Yount(1996), *Created to learn: A*

Christian Teacher's Introduction to Educational Psychology; R. B. Zuck(1972), *Spiritual Power in Your Teaching*.

참조 | 수업계획(LESSON PLAN); 교육과 사역의 정황(CONTEXT IN TEACHING CHRISTIAN EDUCATION); 교육과정(CURRICULUM)

성례전(Sacrament). 성찬식(Communion)을 보라.

성만찬(Eucharist). 성찬식(Communion)을 보라.

성사들(Sacraments). 예전(Liturgy)을 보라.

성서대학인가협회(Accrediting Association of Bible College). 북미 주에 있는 대학교들은 대체로 기독교적 원리에 기초하여 설립되었으나, 1800년대 말부터 대부분의 학교들이 세속적인 교육개념을 도입하기 시작했다. 심슨(A. A. Simpson)은 선교사들과 전도자들의 성경적이고 열정적인 요구에 걸맞은 훈련을 위하여 1881년 나크 선교대학(Nyack Mission College)을 설립했고, 무디(D. L. Moody)는 1886년에 자신의 이름을 딴 학교를 세웠다. 캐나다에는 1922년에 프레어리 성경연구원(Prairie Bible Institute)이, 1935년에는 브라이어크레스트 성경학교(Briercrest Bible Institute)가 세워졌다.

인문 교양에 대한 교육의 양식과 원리는 거의 한 세기에 걸쳐 평준화되었다. 그러나 성경교육을 위한 새로운 움직임은 독립적인 사람들의 열정으로 이제 겨우 형성되기 시작했다. 성경대학과 연구원의 프로그램은 성경연구와 함께 일반교육의 원리를 동반한 실천적 사역의 기술에 중점을 두었다. 그러나 너무나 다양한 프로그램 때문에 교육의 질과 상식적 기준에 대하여 의심을 받기도 하였다.

2차 세계대전 후 퇴역 군인들이 돌아오면서, 그들의 외국 생활에 대한 경험은 선교와 전도에 대한 비전을 확장시켰다. 이에 따라, 1940년대 후반과 50년대에 성경대학 입학률은 급증했다. 당시에 성경대학이 인가를 받기 위해서는 그 지역 승인조합의 평가와 허락이 있어야 했으므로 이들은 인문교양 교육의 기준을 채택하였다. 성경대학 지도자들은 이것이 합당치 않은 방식임을 알고 있었으나, 지역 승인조합의 인가가 없이는 퇴역 군인들을 교육하기 위한 일반적인 연방 프로그램의 혜택을 받을 수 없는 상황이었다. 그리하여 1947년 10월에 성서학원 및 대학인가협회(the Accrediting Association of Bible Institute and Bible College, AABIBC)가 인디애나 주의 위노나 레이크(Winona Lake, Indiana)에서 로스앤젤레스 성경연구원 교장, 사무엘 서더랜드(Samuel Sutherland) 박사가 이끄는 회의에서 조직되었다. 미국 교육청(The Untied States Office of Education)은 즉시 이 성서대학협회(AABIBC)를 유일한 학부 과정으로서의 신학교 승인기관으로 인정하였으며, 1948년까지 12개의 학교가 인가를 받았고 1960년에 36개, 1970년에 65개의 학교가 인가를 받았다.

1957년에 기관 이름을 성경대학인가협회(the Accrediting Association of Bible College, AABC)로 약칭했고, 1973년에는 미주 성경대학연합(American Association of Bible College, AABC)으로 개칭했다. 그러나 이 이름은 캐나다에 있는 많은 학교들에 의해 이의가 제기되어, 1994년에는 다시 그전 이름으로 되돌아가 성서대학인가협회로 부르면서, 캐나다에 있는 학교들의 멤버십과 인가를 위한 기능성을 재차 강조하기에 이르렀다. 이 연합 기구가 추구하는 것은 소속된 학교들을 위한 "방주"로서 고등교육계에 범람하는 세속적 조류 위에 안전하게 항해하도록 하는 일이다. 미국 연방의 보증은 고등교육인가위원회(Commission on Recognition of Post-secondary Accreditation, CORPA)와 그 후임 기구인 고등교육인가협의회(Council for Higher Education Accreditation, CHEA)를 통해 받게 되었다.

1998년에 성서대학인가협회는 86개의 인가 대학과 11개의 후보 그리고 15개의 대학이 인가 신청 중에 있다고 보고했다. 이 기구의 역할은 광범위하여 미국과 캐나다의 600개가 넘는 성경대학과 연구원과 같은 교육기관에 조언과 협력을 하고 있다. 그 목표는 공인과 협력, 회원학교 간의 의사소통, 전문적 능력과 성취를 격려하는 서비스 등을 이사진과 관리자, 학생들을 통해 제공함으로써 성경대학 교육의 "탁월성을 추구"하는 데 있다.

GUY S. SAFFOLD

참고문헌 | *AABC Directory: 1997-98*; S. A. Witmer(1962), *The Bible College Story: Education with Dimension*.

참조 | 성경대학운동(BIBLE COLLEGE MOVEMENT); 기독교의 고등교육(HIGHER EDUCATION)

성숙(Maturation). 노화, 연령층 차별(Aging, Ageism)을 보라.

성역할(Gender Roles). 여성과 남성으로서의 특별한 특성과 자질의 정체성이다. 미국에서 산업혁명 이후 성역할은 노동의 고정된 구분에 묶여져 왔다. 남자들은 집 밖에서 일했으며, 가족의 경제적 필수품을 제공했다. 반면에 여성은 집안에서 일하며 가사와 육아교육에 전념하였다. 남성이 되는 것은 리더십과 강함 그리고 냉정의 자질을 과시하는 것을 의미했다. 여성은 돌봄과 부드러움, 내조 등으로 특징 지워졌다.

분명하게 정의되는 과거의 성역할은 특이한 기대를 의미했다. 모든 사람들은 남자와 여자가 해야 할 일과 갖추어야 할 것이 무엇인지를 알았다. 그러나 고정된 성역할은 그 기강이 무너지고 있다. 여성을 경제적으로 책임져야 하며, 항상 자신의 통제 하에 있어야 한다는 남성의 역할에 대한 기대는 그들의 가치를 증명해야 하는 남성에게 억압으로 다가오며, 실패의 공포와 불완전한 감정을 이끌 수 있다. 전통적으로 남자는 자신의 감정을 숨김으로써 가정 밖에서의 인간관계와 가정 안에서의 자신을 가족으로부터 감정적으로 떨어드리는 결과를 가져왔다. 여성은 경제적 부양과 사회적 지위를 위한 자신의 삶을 남성에게 의지해 왔다. 이것은 여성 자신의 아버지로부터 시작했으며, 자신의 배우자에게 그들의 의지를 계속해 왔으며, 때때로 자신의 아들에게 의지함을 떠맡겼다. 여성은 개인적인 개발이나 업적에 대해 아무런 생각 없이 타인에게 부양의무를 떠넘겨왔다.

1. **성역할의 사회화**(Gender Role Socialization). 성문제에서 윈스톤 존슨(Winstdn Johnson, 228-29)은 성역할의 사회화에 대한 4가지 기초적인 이론을 제시하였다.

1) 정체성 이론(Identification theory) – 이 이론은 프로이트(Freud)에 의해 개발되었다. 아동은 같은 성의 부모로부터 자신을 확인하며, 자신의 성역할을 학습하게 된다고 주장하였다. 소년과 소녀 모두 그들의 어머니와 함께 확인된 좀더 친밀한 생활을 시작한 이후로 어린 소년이 가지고 있는 어려움을 묘사한다. 어린 소년의 의무는 어머니와 자신을 다르게 인식하는 것과 아버지로부터 자신을 확인하는 것이다.

2) 사회적 학습이론(Social learning theory) – 이 이론은 보상이나 강화의 행동은 반복되며, 무시되거나 벌을 받는 그들의 행동은 소멸되는 경향이 있다고 주장한다. 소년, 소녀들은 같은 행동에서도 보상을 받거나 강화되는 등의 상반된 조치를 받는다. 아이들은 자신이 원하는 것을 인식하고 제공받기 위해 노력한다. 만일 자신들이 수락하기 힘든 방식으로 행동한다면, 그들은 무시당하거나 경멸당하거나 심지어 벌을 받을 수 있기 때문이다.

3) 모델링 이론(Modeling theory) – 이 이론은 아이들이 본인이 존경하는 어른 특히, 같은 성의 부모와 친구들을 모방한다는 주장이다. 아동이 동일한 성역할 모델을 모방함에 따라 그들은 적당한 성역할을 구조화한다.

4) 인지 발달이론(Cognitive development theory) – 이 이론은 인간의 발달을 개개인이 가치있다고 믿는 것과 어떻게 행동해야 하는 것 사이에서 통합(일치)을 이루려는 노력의 과정으로 이해한다. 어린 소년들은 소년으로서 "바르게" 행동하는 법을 배우려고 노력하며, 어린 소녀들도 소녀로서 "바르게" 행동하는 법을 배우려고 노력한다.

성역할 이론은 6가지 면에서 비평적 토론이 필요

하다(Van Leeuwen, 1993, 227-33).

(1) 남성과 여성의 변하지 않는 본질은 개인적인 이탈이나 대다수의 사람들간의 차이를 설명할 수 없다.
(2) 여성과 남성이 동등하게 가치있다는 가정은 발견되지 않는다. 특징과 활동 면에서 좀더 대단한 경제적, 문화적 가치를 형성하는 사회는 그러한 면이 여성에게 돌려지는 것보다 남성에게 기인한다고 말한다.
(3) 성역할 이론은 최초에 어떠한 특징이 여성과 남성으로서 이분되어진 이유와 방식을 설명하지 못한다. 성역할은 다른 문화와 세대에서 사람들에 의해 다르게 파악되었다.
(4) 성별이 자신의 정체성의 핵심을 형성한다는 가정은 단순하다. 인종, 계급, 종교가 개인의 정체성을 형성하는데 역할을 담당한다는 주장은 그 부분을 경시한다.
(5) 성역할 이론은 인간이 반성 없이 타인을 모방하며 듣는 것을 받아들인다는 가정과 학습의 수동적인 모델을 찬성한다.
(6) 여성과 남성의 역할이 동등하게 축소된다는 가정은 비난을 받아왔다. 성역할 이론은 구조적 힘의 불균형과 성별 사이에 존재하는 불평등한 접근을 설명하는 데 실패했다.

2. 성역할의 현대적 접근(Contemporary Approaches to Gender Roles). 남녀 모두에게 내재된 같은 자질에 가치를 부여하는 안정된 움직임이 보인다(강함은 돌봄과 짝을 이룬다). 일부에서는 이것이 대규모의 사회와 성별 사이에서 혼동을 이끌며, 성역할을 흐려놓았다고 제시한다. 다른 한편으로 불안정한 경계를 지닌 성역할의 새로운 접근은 모든 사람들에게 자기표현을 충실하고, 자신의 성별로부터 영향을 받지 않는 사람에게 더 가치를 부여하는 것을 허락한다. 미래를 위한 도전은 성역할 측면에서 과거의 경험과 현재의 실제를 균형 잡는 것이다.

DENISE MUIR KJESBO

참고문헌 | J. S. Hagen(1990), *Gender Matters: Women's Studies for the Christian Community*; G, G. Hull(1987), *Equal to Serve: Women and Men in the Church and Home*; M. S. Van Leeuwen(1993), *After Eden: Facing the Challenge of Gender*.

성인교육(Andragogy). 성인들의 학습을 돕는 기술과 학문으로, 아동교육(pedagogy)과 상반되는 개념이다. 말콤 노울스(1913-)가 현대 성인교육학을 보급한 것으로 알려져 있다. 노울스는 성인교육학을 "단순히 아동교육의 모델과 함께 또 다른 하나의 학습 모델로서, 특수한 상황에 따라 적절하게 활용할 수 있는 두 개의 대체적인 모델을 제공하려는 것"이라고 밝혔다(Knowles, 1980, 43). 용어는 "사람"(소년이 아닌)을 뜻하는 헬라어 '아네르'(aner)에서 비롯되었다. 이 단어는 성인 교수 학습의 전제들을 뜻하는 말로 사용된다.

성인교육을 아동교육의 전제들과 비교해 보는 일은 도움이 될 것이다(Knowles, 1984, 9-12).

이 전제들은 명백히 서로 다른 교육적 접근 방식을 규정한다. 이러한 전제들과 교육적 인식은 정도의 차이도 있고, 아동교육의 형태에 이미 존재하지만 성인교육의 가치는 교육관에 관한 전제들을 분명하게 볼 수 있도록 도와준다.

1. 역사. 성인교육은 그 용어가 등장하기 이전부터 실천되었다. 성인교육(andragogy)이라는 용어는 노울스가 그의 책 『성인학습자』(*The Adult Learner: A Neglected Species*, 1978)에 그의 교육철학을 설명하면서 사용하기 전까지는 거의 쓰지 않던 말이다. 평생 학습(lifelong learning)의 아이디어는 유명한 셔토쿼(Chatauqua: 일종의 하기강습회-역주)와 라이시엄 (Lyceum: 과학 및 상식 등을 가르치는 지방의 교육시설. 홀브룩이 1826년 매사추세츠 주에 처음으로 설립했다-역주)과 같은 운동에서 사용되었지만, 성인교육이라는 용어는 쓰지 않았다.

이 용어는 1833년 독일의 알렉산더 카프(Alexan-

성인 기독교교육

개념	성인교육	아동교육
1. 학습자 개념	자발적	지도적
2. 경험의 역할	매우 큼. 훨씬 섬세하고 통찰력 있음	덜 중요하지만 복잡함
3. 학습 준비도	필요나 욕구 때문에 잘 준비되어 있음	필요를 인식하지 못하므로 준비 부족함
4. 학습 인식	생활 중심, 일 중심, 문제 중심	과목 중심, 관계 중심
5. 학습 동기	내적	외적

der Kapp)라는 문법학교 교사가 최초로 만들어냈다. 카프는 그리스 철학자 플라톤의 교육론을 설명하기 위해 이 말을 사용했다. 이 개념이 유럽에서는 널리 사용되었지만 미국에서는 1924년 에듀어드 린더만(Eduard Linderman)과 마르다 앤더슨(Martha Anderson)의 책, 『경험을 통한 교육』(Education Through Experience)에 처음으로 소개되었다. 실로 린더맨은 "노울스의 사고를 지도한 유일하고 가장 영향력 있는 인물"이었다(Knowles, 1984, 3). 그러나 1968년 노울스가 존 듀이와 린더맨에 이르기까지의 교육철학을 설명하면서 비로소 이 용어를 사용했다. 노울스의 이론 성립에 영향을 미친 다른 인물로는 칼 로저스(Carl Rogers), 아브라함 매슬로우(Abraham Maslow) 그리고 시카고 대학의 시릴 호울(Cyril O. Houle) 등이 있다.

다수의 학교들도 노울스의 성인교육과 유사한 방법들을 채택하였다. 1970년대와 80년대에 이 분야의 중요한 연구가 이루어졌고, 지난 1998년 겨울호에 "계간 성인교육"(Adult Education Quarterly)지가 노울스의 공로를 기리는 연구를 실었다.

2. 현대의 영향. 교수법에 관한 여러 다른 전제들이 쏟아지는 가운데 다양한 철학적 접근이 소개되어 왔고, 그 결과 코트니(Courtnay)와 스티븐슨(Stevenson)의 이른 바 "고지매니아"(gogymania-지나치게 교수법 이론에 집착하는 경향을 이르는 말-역주, 1983, 10-11)라는 말이 등장하게 되었다. 아동교육과 성인교육의 분리를 없애려는 불행한 시도를 재고해 보아야 할 필요가 있다. 성인교육에 관한 연구가 그 전처럼 활발하지는 않지만 중요한 개념들이 계속 실험되고 있다. 성인교육의 특수성이 기독교교육의 이론과 실천에 매우 풍요로운 토대가 되고 있다.

노울스는 성인교육이론을 교수 학습법 실천의 분야에 적용시켜, 사려 깊은 실천과 경험을 중요시하는 현대 성인교육 분야에 기여했다.

GREGORY C. CARLSON

참고문헌 | *Adult Education Quarterly* 48, no. 2(1998); B. Courtenay and R. Stevenson(1983), *Lifelong Learning: The Adult Years*; S. D. Brookfield(1995), *Becoming a Critically Reflective Teacher*; K. O. Gangel and J. C. Wilhoit, eds.(1993), *The Christian Educator's Handbook on Adult Education*; M. Knowles(1978), *The Adult Learner: A Neglected Species*; idem(1980), *The Modern Practice of Adult Education: From Pedagogy to Andragogy*; idem(1984), *Andragogy in Action*.

참조 | 성인 기독교교육(ADULT CHRISTIAN EDUCATION); 성인 발달(ADULT DEVELOPMENT)

성인 기독교교육(Adult Christian Education).

그리스도인들이 영적으로 성숙해 갈 때 이들에게 도움과 도전을 주는 학습 경험들이다. 성인교육에 관여하는 기독교교육자들은 역사적, 성경적 전통과 또 최근의 사회과학 연구에까지 참여해 왔다. 성경적 신학적 기초와 함께 성인발달, 성인 학습, 사회, 성인 학습자에 대한 문화 속의 이해 등은 효과적인 교육 경험을 통해 영적 성숙을 도모하는 기독교교육자들의 능력을 강화시켜 준다.

성인 기독교교육은 교회와 지역사회 등 다양한 환경에서 이루어진다. 성경공부반과 그룹 활동, 설교, 구역 성경공부, 캠프와 수련회, 세미나, 워크숍, 음악 프로그램, 봉사 활동과 선교 프로젝트 등 모든 활동이 성인교육에 공헌한다. 대학, 성경대학, 신학원에서 학위를 수여하기도 하고 연장교육 프로그램을 진행하기도 한다. 또한 비공식적인 관계와 만나고, 영적 양육에 대한 관심을 서로 나눔으로써 성인 교육이 이루어지기도 한다.

1. 기독교 성인교육의 성경적 유래. 어린이교육에 관한 언급을 가끔 발견하기는 하지만 성경은 주로 성인을 위한 종교교육에 중점을 둔다. 구약에는 하나님의 법을 지킴으로써 하나님께 사랑과 충성을 나타내도록 이스라엘의 성인들을 교육하는 선지자와 제사장, 시인들, 왕들의 무수한 예를 볼 수 있다. 특히 에스라는 하나님이 이스라엘의 부흥을 위해 사용하셨던 탁월한 인물이었다(스 7:10).

신약의 복음서들은 회당에서 종교인들을 만나시고, 야외에서 군중들을 가르치시고, 개개인을 만나시며, 제자들을 보다 친밀하게 가르치시던 인물로 예수님을 그리고 있다. 예수께서는 어린이들을 가르치실 때조차 어른들에게 교훈을 주셨다. 예수께서는 당신의 제자들도 당신의 교수법을 따르도록 지도하셨다. 그분의 마지막 명령 또한 교육적 의무를 담고 있다. 제자들은 "제자로 삼아 내가 너희에게 분부한 모든 것을 가르쳐 지키게"하라는 명령을 받았다(마 28:19, 20). 바울도 자신이 세운 교회들을 방문할 때에나 자라나는 신자들에게 신학과 실천에 대해 편지를 쓸 때에도 성인 신자 교육을 향한 그의 헌신을 보여주었다.

2. 성인발달과 성인 기독교교육. 성인교육 계획을 세울 때에는 반드시 세 가지 큰 단계의 성인발달 – 초기, 중기, 후기–을 고려해야 한다. 로버트 하빙거스트(Robert Havinghurst: 미국 교육학자. 성인발달 단계 이론 형성에 공헌함–역주, 1970)는 각 단계의 발달 특징을 서술하기 위해 "발달과업"(developmental tasks)라는 용어를 사용했는데 교육자들이 이 과제들을 잘 이해하고 있으면 성경과 신학적 내용을 삶의 상황에 연관시키는 하빙거스트의 이른바 "학습력이 있는 순간"(teachable moment) 포착이 쉽게 이루어질 것이라고 하였다. 세대간의 교류 기회도 물론 제공해야 하지만 구체적인 인생의 문제나 필요, 흥미와 관심들이 연령별 발달 단계 과제와 연계되어 있을 때 대부분의 기독교교육 경험이 이루어진다.

일반적인 연령별 발달 특징과 함께 세대적인 특성 또한 고려되어야 한다. 예를 들면, 1946년과 1964년 사이 미국에서 태어난 사람들은 "베이비 부머(baby boomer: 2차 세계대전 이후 미국에서 출생률이 급상승한 시대에 태어난 세대–역주)"라고 불리는데 이들은 대체로 낙관적이고, (경제, 사회적으로) 상승적이며, 지리적 이동성, 부의 상승, 자아 실현 추구, 조직에의 충성심 부족 등의 특성을 갖는다(Roof, 1993). 1965년과 1983년 사이에 태어난 세대는 "버스터 혹은 X세대(busters or Generation X)라고 불리는데, 이들은 회의적이고 미래에 대해 비관적이며, 매체에 대한 지각이 뛰어나고, 관계성을 갈망하고, 상대적인 사고와 도덕성에 민감한 특성이 있다(Barna, 1993). 이러한 세대적인 특성에 민감해야 효과적인 교육 사역을 할 수 있다.

이와는 달리 연령이나 세대와 관계없이 특별한 관심과 고려를 보장받아야 하는 사람들도 있다. 새신자들, 새로 이사 온 사람들, 미혼의 성인들, 서로 다른 가정생활 단계에 있는 부부들과 그 가족들, 막 이혼한 사람들, 혼자 아이를 키우는 사람들, 문제 청소년이나 특수아를 자녀로 둔 부모들, 불임 부부들, 직업을 바꾼 사람들, 과부나 홀아비들, 슬픔에 잠겨 있는 사람들, 중독증에 걸린 사람들, 식사 장애를 가진 사람들, 학대받는 사람들 등이 그들이다.

3. 성인 학습과 기독교교육. 말콤 노울스(Malcolm Knowles, 1980)는 성인들의 학습 방식이 독특하다는 전제를 유행시켰다. 그의 성인교육(andragogy)의 원리와 전제들은 성인교육학자들이 널리 참고하고 있다. 최근에 스티븐 브룩필드(Stephen Brookfield, 1986)라는 학자가 성인들이 학습하는 방법들을 여섯 가지로 요약해 놓았다.

첫째, 성인들은 자연스럽게 배운다. 일생 동안 배움이 지속되는데 발달의 단계마다 새로운 기술이나 이해를 필요로 하는 상황을 만나 도전을 받게 되며, 이는 노년기가 되어도 지속된다. 둘째, 성인들은 다양한 학습 스타일을 가지며 학습상황의 문맥과 목표에 따라 다양한 학습 전략을 세운다. 셋째, 성인들은 의미 있는 학습에 최선의 반응을 보이는데 이는 그 학습이 현재의 문제들과 그 해결점에 중점을 두기 때문이다.

넷째, 성인 학습은 학습 환경에 영향을 미치는 과거의 경험에 따라 점진할 수도 감소될 수도 있다. 다섯째, 성인의 자아 개념은 그들의 학습 방법에 영향을 주는데, 스스로의 능력을 인정하는 학습자가 보다 효과적으로 배운다. 이 점은 특별히 새로운 영역을 학습할 때 중요하다. 마지막으로 성인들은 대부분 자발적으로 학습한다. 자발적 학습이라는 개념은 말콤 노울스와 앨런 토우(Allan Tough)에 의해 보편화되었는데, 이는 학습자 자신이 주도적으로 학습을 계획하고 지도하는 능력을 일컫는다.

거의 대부분의 성인 기독교교육이 자원하는(voluntary) 것이므로, 울로드코푸스키(Wlodkowski)의 성인 학습을 위한 동기부여에 관한 저술(1993년)의 중요성을 살펴보면, 그는 성인 학습자의 동기를 유발하고 고양하는 요인들을 요약해 놓았다. 과거의 경험이 자발적인 참여에 영향을 주는 태도를 결정짓는다. 처음부터 거부하는 태도는 과거 유사한 상황의 부정적인 경험의 결과라고 할 수 있다. 학습이 현재의 필요를 채워주고 학습 환경에서 긍정적인 감정을 가질 때 참가하려는 동기가 고양된다. 학습자들이 실력을 키워가고 확신을 가질 때 학습을 계속 추진하려는 동기가 생긴다. 마지막으로 보상이 동기를 고양한다. 성인들도 교실이라는 틀 안에서 학습에 공헌하는 그들 자신의 능력에 대해 불안해한다. 그들이 노력할 때 확실하게 인정해 주면, 더욱 열심히 학습에 참여하게 된다. 더 안정감 있는 성인 학습자에게 있어 내적 성취감은 강화될 것이다.

4. 성인 교수법. 성인발달과 학습 방식에 대한 지식을 가진 성인교육자들은 효과적인 교수 계획을 세울 때 다음의 원리들을 따르게 된다.

1) 교육 경험의 내용을 선정할 때 성인들을 참여시킴으로 '선택하도록 장려' 한다. 다양한 시간대에 다양한 내용과 배경을 선택할 수 있도록 한다. 계속 공부하기를 원하는 자발적인 학습자들을 위해 연장 학습의 기회를 제공한다.

2) 인생의 이슈들과 관심사에 초점을 둔 수업을 열어 '학습 내용을 삶에 연관' 시킨다. 성경공부반을 통해 지도자를 훈련시키고, 성경의 텍스트와 학습자의 삶을 실제적으로 연관시키는 법을 배우게 한다. 학습자들로 하여금 그들의 인생 경험과 연관시킬 수 있는 문제 해결법과 같은 대화식의 교수법을 사용한다. 학습자들에게 그들이 실제로 겪는 인생의 경험들을 다양한 각도에서 볼 수 있는 기회를 주고, 그들이 능력과 이해심이 자라는 경험들을 서로 나누고 표현할 기회를 제공한다.

3) 성인들의 관계성 지향의 필요를 채워 주고, 안심하고 자신을 드러낼 수 있는 자리를 마련해 주는 '공동체 의식을 만들어 준다.' 수업의 시작과 끝 시간은 비공식적으로 만들어 학습자들로 하여금 그들의 인생 경험을 나눌 시간을 준다. 감사와 인정의 말로 격려해 주며 새로운 주제나 학습법을 사용할 때 그들이 느낄 두려움을 해소해 준다. 이러한 공동체 의식은 젊은 청년들에게 특히 중요하다.

4) 성인 학습자들의 동기를 자극하고 참여를 촉진시킬 '창의적인 방법들을 개발한다.' 강의는 새로운 정보를 전달해 주는 적절한 방법이지만 성인들에게는 대화로 이끄는 것이 바람직하다. 사례연구나 딜레마, 매체를 통한 사례들, 질의응답, 토의 등은 성인 학습자들로 하여금 내용에 대한 비판적인 사고를 할 수 있도록 한다. 마지막으로, 안락함이나 적절한 조명, 효과적인 음향 등 환경적인 요인들은 특히 노인층에게 필수적이다.

5. 기독교 성인교육 교육과정. 교회의 성인 기독교 교육과정은 매주일 갖는 성인 성경공부반의 범위를 훨씬 넘어선다. 교육과정이란 성인이 참석하는 교회의 전 분야를 포함한다. 로버트 파즈미뇨(Robert Pazmiño)는 초대 교회에서 행했던 패턴에서 다섯 가지 과제 혹은 그런 활동들을 제안했다(1992). 이 과제들은 교회교육의 교육과정을 위한 전인적인 모델이 되어 왔다.

그 중 예배는 첫 번째 과제이며 공교회의 중점이다. 예배는 두 번째 과제인 조직적인 가르침과 하나님 말씀 선포로 인도하게 된다. 이 가르침은 세 번째 과제인 교제와 공동체의 기회를 형성하는 것으로 연결된다. 하나님 말씀 중심의 이 교제는 성경적 원리를 대화와 소그룹 활동을 통해 삶을 함께 나누는 교육적 성격을 띤다. 네 번째 과제는 봉사로서 이는 성도의 영적 은사로부터 시작된다. 회중 안에서와 또한 넓은 의미의 지역사회에서 이루어지는 봉사를 통해 효과적인 교육과 훈련의 필요를 알게 된다. 마지막으로 변호(advocacy)의 과제는 봉사의 자연스러운 연장으로서 힘과 목소리 없는 사람들을 위해 정의의 빛을 비추는 일이다. 이 다섯 과제 또는 활동에 참여하는 성인들은 그들의 믿음이 자극 받아 자라는 데 도움이 되는 도전을 받을 수 있다.

성인 기독교교육의 교육과정이 회중 생활의 전 영역을 통달하기 때문에 전문적인 성인교육자들은 목사와 음악 사역자들, 청소년 및 어린이 사역자들까지도, 그 가족들과 자원봉사자들을 상대하므로 잘 인도하고 훈련하여 성인들을 보다 효과적으로 가르칠 수 있도록 지도해야 한다.

FAYE CHECHOWICH

참고문헌 | G. Barna(1993), *Generation Next*; S. Brookfield(1986), *Understanding and Facilitating Adult Learning*; J. L. Elias(1993), *The Foundations and Practice of Adult Religious Education*; N. T. Folz(1986), *Handbook of Adult Religious Education*; K. Gansgel and J. Wilhoit(1993), *The Christian Educator's Handbook on Adult Education*; R. Havinghurst(1970), *Developmental Tasks and Education*; M. Knowles(1980), *The Modern Practice of Adult Education*; R. Osmer(1992), *Teaching for Faith: A Guide for Teachers of Adult Classes*; R. Pazmino(1992), *Principles and Practices of Christian Education: An Evangelical Perspective*; W. Roof(1993), *A Generation of Seekers*; J. Stubblefield(1986), *A Church Ministering to Adults*; L. Vogel(1991), *Teaching and Learning in Communities of Faith: Empowering Adults Through Religious Education*; R. Wlodowski(1993), *Enhancing Adult Motivation to Learn*.

참조 | 성인교육(ANDRAGOGY); 베이비 붐 세대(BABY BOOM GENERATION); 버스터 세대(BUSTER GENERATION); 발달과업(DEVELOPMENTAL TASKS).

성인 기독교교육 모델(Adult Models of Christian Education)

성인 기독교교육의 모델을 선정하는 일은 교육의 목적이나 기능 여하에 달려 있다. 새로운 지식을 습득하게 하는 일, 또는 삶의 접근 방식이나 태도를 변화시키는 일에 가장 적합한 모델은, 학습자로 하여금 스스로 진리를 발견하도록 돕는 사람이다.

성인 기독교교육의 모델 선정에 중요한 한 가지 요인은 초등학교나 고등학교, 대학에서 경험했듯이 삶의 준비를 강조하는 것이 아니라, 삶을 사는 것 자체에 중점을 두어야 한다는 것이다. 성인 모델은 성인기의 본질과 다양한 단계의 발달과업들을 인식하고 있어야 한다. 다음과 같은 성인 기독교교육의 모델들이 있다.

1. 전통적 모델. 전통적인 성인 기독교교육 모델은 주로 토론과 종합을 통해 정보를 제공하는 것이었다. 그러므로 교사 혹은 조장자(facilitator)의 역할이 매우 중요한데, 그들은 주로 지식을 전달하는 데 주력한다. 학습을 이끄는 인도자의 책임이 중요하고 학습자는 교수/학습과정에 아무런 책임감 없이 인도자와 마주한다.

이 모델의 전형적인 학습의 흐름은, 먼저 교사가 많은 양의 내용을 가르치고, 그 다음에 소그룹으로 나누어 그룹 인도자로 하여금 토론을 이끌며 소그룹 활동을 통해 교사가 가르친 내용들을 적용하려고 노력한다. 융통성이 많은 이 모델은 크고 작은 그룹에서 쉽게 적용되고, 개개인의 구성원도 쉽게 그룹에 속할 수 있다.

2. 성인교육 모델. 이 모델은 말콤 노울스가 일반 성인교육을 위해 보급시켰다. 그의 모델은 많은 기독교교육자들이 답습, 변형했다. 노울스는 성인교육을 아동교육으로부터 분리시켰다. 이 모델이 성공적인 이유는 성인 학습자의 중요한 특성을 주지하기 때문이다. (1) 학습자의 개념(성숙함에 따라 의존적 성향에서 점차 자발적으로 변화). (2) 학습자 체험의 역할(성장 발달에 따라 풍부한 학습 자원이 될 수 있는 경험의 축적). (3) 학습의 준비(필요를 느낄 때 배울 준비가 잘 됨). (4) 학습의 이해(성인 학습자들은 교육이란 모든 잠재력을 발휘하여 능력을 키워 가는

과정이라고 본다-Knowles, 1980, 47).

노울스가 성인 일반 세속교육을 발달시켰지만, 많은 기독교교육자들이 그의 원리를 중요시 여긴다. 성인 학습자들은 풍부한 삶의 경험들을 학습상황에 포함시킨다. 기독교교육자들은 이 경험들을 사용하여, 성인들을 성인으로서 또한 그리스도인으로서 그들이 속해 있는 발달 수준에 이를 연관시키고자 한다. 어떤 깊은 삶의 필요가 있어 성인이 배우고자 할 때에 그 "학습력이 있는 순간"(teachable moment)을 포착할 수 있도록 한다(Stubblefield, 1986, 239-55).

3. 세대 간 모델. 대부분의 교회의 신앙공동체는 여러 세대들로 구성된다. 기독교교육사역에 전 세대를 포함시켜서 손해를 보는 일은 거의 없다. 효과적으로 이 모델을 사용하기 위해서는 성인과 어린이를 때에 따라 함께 공부하게 하고 그외 시간은 분리해서 공부하게 하는 일이 중요하다. 가족 단위로 해서, 몇 가족을 한 그룹에 엮어서 활동하게 하는 것이 이상적이다. 이 방법은 워크숍이나 수업 활동에 적용할 수 있다. 어떤 교회들은 이 모델을 6개월간 사용하다가 다시 연령별 수업으로 돌아가기도 한다.

4. 협동학습 모델. "협동학습은 성인들로 구성된, 조장의 도움으로 민주적으로 학습하는 그룹이다. 교사도, 학생들이 따라야 할 미리 정해진 프로그램도 존재하지 않는다"(Wickett, 1991, 128 이 모델에 관한 자세한 내용은 128-37을 보라). 이 모델은 사회적 행동과 공동체 형성에 유익하다. 조장은 자료를 제공해 주는 사람이 아니라 다만 그 과정에 함께 참여하기만 한다. 이 협동학습은 독자적으로 움직이기도 하고, 지역 교회를 도와 사역이나 선교에 참여하기도 한다. 이 모델의 학습자들은 그들 스스로를 존중하게 되고, 함께 배우는 사람들에 대한 존경심도 키운다. 교사나 권위자가 없기 때문에 어떤 사람들은 더 쉽게 이 방식을 선호한다. 다섯 명에서 이십 명 정도의 인원이 가장 이상적이다. 훈련받은 인도자가 각 모임에 참석하여 그들 자신이 결정한 계획을 따라가도록 이끌어 준다. 이 모델의 장점은 학습자를 민주적으로 동일하게 다루고 공동체로서 배우고 성숙하도록 장려하는 점이다.

5. 원거리 학습 모델. 원거리 학습은 오늘날 기업과 산업체, 또 고등교육에 통용되고 있다. 개인 컴퓨터가 널리 보급된 이후 이 모델은 기독교 성인교육의 미래를 열어놓았다. 원거리 학습의 요소는 "교사와 학습자의 격리, 계획 수립과 자료를 준비하는 기관, 기술 매체 사용(인쇄, 시청각 자료, 컴퓨터) 등을 통해 교사와 학생을 연결하여 상호 의사를 전달하는 것"이다(Wickett, 1991, 152).

많은 고등교육기관에서 필수 과목과 선택 과목으로 또는 학위 프로그램 전부를 이 새로운 기술을 통해 제공한다. 다수의 성인들이 배울 기회를 찾지만, 여러 가지 이유로 프로그램에 등록하기가 어려웠다. 얼굴을 마주 대하거나, 비언어적 의사전달 기회가 거의 없고 감정을 나누는 것도 한계가 있기는 하지만, 원거리 학습을 통해 성인 학습자들이 그들에게 적합한 시간과 장소에서 배울 수 있도록 해준다.

JERRY M. STUBBLEFIELD

참고문헌 | D. Keegan(1190), *Foundations of Distance Education*; M. S. Knowles(1980), *The Modern Practice of Adult Education*; L. P. Oliver(1987), *Study Circles: Coming Together for Personal Growth and Social Change*; J. M. Stubblefield(1986), *A Church Ministering to Adults*; J. A. White(1988), *Intergenerational Religious Education: Models, Theory, and Prescription for Interage Life and Learning in the Faith Community*; R. E. Y. Wickett(1991), *Models of Adult Religious Education Practice*.

참조 | 세대 간 학습(INTERGENERATIONAL LEARNING); 노울스, 말콤(KNOWLES, MALCOLM S.).

성인반(Adult Class). 한 무리의 성인들이 특정한 목적을 위해 갖는 만남. 성인반의 크기는 다섯 명부터, 열 명, 백 명에 이르기까지 다양하다. 성인들이 성경공부반에 참석하는 주된 이유는 교제를 갖기 위함이다. 그들은 반의 구성원과 같이 있는 것을 좋아한다.

성인반은 교제와 성경공부, 제자도, 선교, 개인적

성숙, 기술 발달, 또는 가족이나 개인 문제를 점검하기 위한 목적 등으로 만난다. 반의 크기는 목적과 목표에 따라 또는 자료에 따라 다양하다.

각 성인반에는 교사 혹은 개인이나 팀으로 구성된 조장자(facilitator)가 있는데, 이들은 그 반을 도와 목표를 달성케 한다. 공부 이외의 다른 목적을 가지게 되면 그에 따른 지도자가 필요하다. 예를 들어, 성인 성경공부반의 과제 혹은 기능들로서는: (1) 성인들을 인도하여 성경공부에 참석시키기, (2) 성경공부 가르치기, (3) 구제하기, (4) 구원받지 않은 성도들에게 말씀 전하기, (5) 다른 이들과 교제하도록 도와주기, (6) 개인적 또는 공중 예배로 인도하기 등이 있다. 이러한 여섯 가지 기능을 수행하기 위해서는 한 사람 이상의 교사가 필요하다. 또한 봉사 활동과 전도를 담당할 인도자도 필요하며, 교제 인도자, 구제 담당자, 예배와 기도 인도자도 필요하다. 규모가 작은 반이라도 몇몇 사람이 나누어 일을 수행해야 한다.

그룹이 포커스를 두는 방향이나 그 구성원들의 성숙도와 자질에 따라 다르기는 하지만 그 그룹 안에서 필요한 지도자와 교사를 찾을 수 있을 것이다. 효과적으로 진행되는 성인반을 통해 개개인이 서로를 친숙하게 되고, 구체적인 필요들이 채워지는 공간을 제공해 줄 수 있다. 성인반 시간을 통해 또는 인도자나 다른 구성원들의 개인적인 사역을 통해 이러한 일들이 가능하다.

성인반을 편성하는 기준 또한 다양하다. 성별이나(남, 여) 결혼 여부(미혼, 부부, 별거, 이혼), 연령, 자녀의 연령, 또는 특별한 교재에 대한 관심도 등에 따라 달라진다.

JERRY M. STUBBLEFIELD

참고문헌 | R. Grant(1996), *Adult Class Leader Administration Kit*; F. C. Jordan(1986), *A Church Ministering to Adults*; B. P. Powers(1996), *Christian Education Handbook*; L. Shotwell(1981), *Basic Adult Sunday School Work*.

성인발달(Adult Development). 1. 정의. 성인

발달이란 성인이 성장하고, 성숙하는 과정에 관한 연구이다. 이 연구는 도덕적, 사회적, 정신적, 신체적, 영적 발달에 중점을 둔다. 각 영역의 발달에 관한 다양한 의견들은 다음과 같다.

성인기가 시작하는 시점에 대해선 전문가들마다 의견이 서로 다르다. 성인기는 어떤 연령에 도달하거나, 성인으로서의 책임과 역할을 가질 때, 또는 성인처럼 행동할 때 시작될 것이다. 시릴 호울(Cyril Houle, 1976)은 학습 단계에 있는 성인을 "신체적으로는 온전히 발달하고, 가정을 이루거나 직업을 갖거나 사회의 구성원으로서 책임질 만한 권리를 가진 전문가"라고 정의를 내린다(229).

'발달'이란 시간의 흐름에 따라 한 사람에게 기대되어지는 성숙함이다. 테난트와 포그슨(Tennant & Pogson, 1995)은 발달이란 다면적이고, 다양한 경로를 통해 개인적으로 사회적으로 지속되는 변화라고 정의한다(193-200). 예수께서도 성장을 경험하셨다(눅 2:52). 누가복음 2장 52절에서는 예수께서 12세였다고 쓰여 있지만, 초년기의 발달이라고 한계를 지을 이유는 없다. 발달은 그러므로 다면체적이다. 전인적 발달은 여섯 영역에서 일어난다. 신체, 인지, 사회성, 정서, 도덕 그리고 신앙/영성. 이는 사람의 전 인성을 포괄한다.

성인발달 분야는 통합적이어서 심리학과 성인교육학, 교수-학습 이론, 신앙 발달론, 도덕발달론 등의 성인발달을 다루는 구체적인 분야의 연구를 포함한다.

2. 역사. 어린이 발달에 관한 연구는 성인발달 연구보다 훨씬 앞서 있다. 피아제나 프로이트의 연구들이 어린이 발달에 대해 체계적으로 정리해 놓은 반면에 성인발달 연구에 대한 저술은 별로 많지 않다. 20세기 중반까지만 해도 성인들은 성숙기부터 죽음에 이르기까지 비교적 안정적이라는 이론을 믿어 왔다. 그러나 최근에 이 견해는 반박되었고, 성인 논제에 관한 관심과 연구들이 점증적으로 늘어나는 추세다.

성인발달 연구는 세 시기로 나뉜다. 1950년 이전의 성인 연구는 대부분 정신적, 동적 능력에 관한 것이었다. 즉 성인들은 지성과 인성이 대체로 안정된 상태라고 믿었다. 그러나 1950년 이후 학습 이론가들이 실제로 성인들이 다른 방식으로 학습한다는 사실을 발견하면서부터, 성인들을 다르게 보기 시작했다. 세 번째 시기에 이론가들은 인간의 수명에 대해 보다 성숙한 견해를 보이기 시작하여, 성인발달 분야를 만들어내는 성격적, 신체적, 정신적 그리고 다른 특성들에 초점을 두고 연구하기 시작했다.

3. 주요 이론들. 성인발달에 관한 다수의 연구와 견해들을 아래에 요약해 본다. 에릭 에릭슨(Eric Erikson)이 비교적 이른 시기에 성인발달 이론을 제안했다. 1963년부터 1982년까지 그의 저서 『아동기와 사회』(Childhood and Society)와 『인생주기의 완성』(Life Cycle Completed) 등은 성인교육의 중점을, 어린이와 마찬가지로 광범위한 성장과 변화로 돌렸다는 점에 의미가 있다. 에릭슨의 성인발달의 여덟 단계론에서 내적 성숙과 사회적 요구를 합성해 놓았다. 처음 다섯 단계를 통해 성장의 완성을 보이지만, 후의 세 단계 발달이 성인발달과 직접적인 관련이 있다. 여섯째 단계인 "친밀함 대 소외"(Intimacy vs. Isolation, 청년기)는 다른 사람들과 친밀한 관계를 맺어 가는 시기이고, (일곱째 단계인) "생성 대 침체"(Generativity vs. Stagnation, 성인기)는 사회관계를 유지해 가는 것과 자기 생각에만 골몰한 것 사이에서 갈등하는 시기이다. (여덟째 단계인) "통합 대 절망"(Integrity vs. Despair, 노년기)은 성취감과 의미를 갖든지, 아니면 늙음에 대한 공포를 갖게 되는 단계이다.

칼 융(Carl Gustav Jung: 스위스의 의사이며 심리학자. 분석 심리학의 창시자—역주)과 마찬가지로 아브라함 매슬로우(Abraham Maslow: 미국 인문주의 심리학자. 인문주의 심리학회〈Association for Humanistic Psychology〉설립자—역주)도 인생에는 양극단이 있다고 생각하였다. 성장이란 "자기실현"(selfactualization)을 향해 가는 것이다. 매슬로우는 연령과는 상관없이 성장 발달을 본다. 그는 자기실현이라는 최고의 단계에 도달하는 사람은 거의 없고 대부분 낮은 수준의 발달 단계에 있다고 믿는다. 생리적 필요(배고픔과 갈증과 같은), 안정적 필요(안전과 보호 등의)들이 먼저 채워져야만 사랑과 소속감, 자존감, 자기실현 등의 복잡한 필요들을 채울 수 있다고 한다.

제인 뢰빙거(Jane Loevinger)는 자아 발달 단계에는 네 개의 원천 또는 방향이 있으며, 신체와 성욕, 지성과 자아 발달 등이 성인발달과 관련이 있다고 설명한다. 뢰빙거의 여덟 단계 발달론 중 여섯 단계가 성인발달에 해당하는데, 각 단계에서 인간관계의 스타일(interpersonal style)과 성품 개발(character development), 의식의 집중(conscious preoccupation), 인지 스타일(cognitive style) 등이 연합하여 개인의 자아를 형성한다고 한다. 성인은 체제에 단순히 순응하는 것(being conformist)으로 시작하여 점차 양심적 순응(conscientious-conformist) 그리고 양심적(conscientious), 개인적(individualistic), 자주적(autonomous), 마지막으로 통합적(integrated)으로 발전해 간다.

말콤 노울스는 성인교육의 중요한 인물로서, 그의 성인교육(andragogy)은 이 분야의 유력한 이론이다. 그의 이론은 성인과 어린이가 서로 다른 학습 체제를 갖는다는 것이다. 성인은 자발적이고 경험적 가치를 중요시하며, (스스로 목표를 세우는 등) 학습 준비가 되어 있으며, 인생 문제에 관심을 갖고, 학습의 내적 동기가 있다고 한다. 이 기초적인 이론이 성인 학습과 발달에 영향을 주어 새로운 연구와 적용, 상이한 관점들, 전통을 벗어난 실용적 활용 등을 가능케 했다.

로버트 하빙거스트는 "발달과업"(developmental task)이라는 개념의 선구자이다. 그는 서로 다른 여섯 단계의 오랜 학습 기간을 통해 인생의 만족과 성취감을 가지게 된다고 설명한다. 성인발달을 세 가지 범주로 나누어, 성인 초기(Early Adulthood), 중년기(Middle Age), 후기 성숙기(Late Maturity)라고 부른다. 대부분의 일반적 성인 생명 주기론은 하빙거스트의 개요를 따른다.

로렌스 콜버그(Lawrence Kohlberg: 미국의 심리학자이며 교육자. 도덕발달의 인지 이론으로 알려짐—역주)는 개인의 전 생애에 걸쳐 도덕적 이성이 발달한다고 논박한다. 그의 이론은 연속적이고, 변형이 없는, 보편적 성장이 불연속적 단계를 통해 진보한다고 정의하는 것이다. 각 단계에는 두 개의 여정이 있다. 1단계는 처벌과 복종(stage 1)으로 시작하여 개인과 그 개인의 상호교환이라는 개념(stage 2)으로 다룬다. 2단계는 인습적인 도덕성으로 사회질서 유지와 순응에 중점을 두는 것과(stage 3), 규칙을 지켜서 그 사회질서를 유지하는 것(stage 4)이다. 3단계는 사회의 규약과 개인의 권리에 집중하고(stage 5), 마지막 지점은 "보편적 도덕 원리"(Universal Ethical Principle)라고 부른다.

성인의 삶에 연속적으로 일어나는 사건을 강조하는 다니엘 레빈슨(Daniel Levinson: 미국의 사회 심리학자. 남자 성인의 발달 단계 연구에 공헌함-역주)의 이론은 보다 넓게 수용되어 왔다. 게일 쉴리를 비롯한 다른 학자들은 이 견해의 사례들을 통해서- 비록 널리 알려지지는 않았지만- 이해하기 쉽게 설명한다. 흥미 있는 관점이지만 사회적이고, 행동적인 관점에 그 기초를 두고 있다. 직업과 가정생활, 자아관의 변화 등이 성인발달의 이해를 돕는다.

로저 굴드(Roger Gould: 미국의 사회학자. 예일대학에서 사회학과 정치학 교수로 재임 중-역주)는 성인의 사회적 발달이라는 면을 강조한다. 발달 과정에서 성인의 본질과 특성을 연구하는 등 매우 가치 있는 공헌을 하였는데, 예를 들면, 인생의 복잡한 상황을 접할 때 성인은 인내심을 키우며, 오래 살면 살수록 더욱 자발적인 책임감과 통찰력을 가진다는 것이다.

캐롤 길리건(Carol Gilligan: 미국의 교육학자. 하버드대학 교수이며, 여성발달 이론에 공헌함-역주)은 대부분의 성인발달 연구가 남성 중심이라고 경고한다. 여성은 자아 발달에 상이한 견해를 가진다고 주장하면서 그 상이점을 고려해야 한다고 말한다. "여성은 자아 개념과 도덕관이 다르므로, 인생의 주기에 상이한 개념을 가지고, 인생 경험에 상이한 우선순위를 두는 것은 놀라운 일이 아니다"라고 한다(Gilligan, 1979, 431).

제임스 파울러(James Fowler: 미국의 목사이며 교육학자. 신앙 발달 단계 이론을 수립했다-역주)는 신앙 발달이라는 새로운 단계를 확립했다. 여섯 단계의 신앙 발달은 유아기에 시작하여 성숙한 성인기에까지 이른다. 1단계와 2단계는 대체로 유년기에 발달하는데, 이 시기에 어린이들은 중요한 타자(significant others)들의 말을 존중하고 수용한다. 3단계에서 다수의 성인들이 지속적으로 안정을 찾게 되는데, 그들은 단지 일관적인 체제와 상응하는 권위구조 안에 군집한 가치로 구성된 이데올로기를 신봉한다. 4단계에서 성인은 비로소 자신의 신앙을 정립하기 시작한다. 그들이 속한 지역사회에 대한 책임감을 가지게 되고, 신앙이 검증된다. 자아와 공동체 사이의 긴장감이 있고, 다른 사람들을 돕는 과정과 자기 자신의 판단을 실증하는 과정을 통해 삶의 의미를 발견하게 된다. 전형적인 중년기에 해당하는 5단계에서는 그 모든 불연속성과 진실성과 함께 보다 심오한 자아를 확인하면서, 자신과 다른 이들의 견해 사이에 균형을 찾게 된다. 이 단계를 "접합적 신앙"(Conjunctive Faith)이라고 부른다. "보편화되는 신앙"(Universalizing Faith)이라고 부르는 6단계에 이르는 성인은 극히 드물지만, 그 단계에 도달하게 되면, 하나님과 사람에 대한 종합적이고 성숙한 관점을 가지게 된다. 내면을 볼 줄 알고, 세상의 의미를 찾게 되며, 다른 사람들에게 지속적인 영향력을 미치게 된다.

4. 성인 인생 주기. 브러닝은 "성인 인생 주기란 청소년기 이후로 중년기, 노년기를 지나 죽음에 이를 때까지의 성년기에 발생하는 필요와 관심, 삶에 대응하는 패턴의 변화를 일컫는 말이다"라고 정의했다(Bruning, 1982, 29). 존 데토니(John Dettoni)는 예수님의 인생을 예로 들어 "성인심리학은 전인적 발달의 관점에서 보아야 한다. 전인 발달은 여섯 가지 주요한 면에서 일어나는데, 그것은 신체, 인지, 사회성, 정서, 도덕성, 신앙/영성이고, 이들은 인격의 전부를 형성한다"고 했다(1993, 77). 어떤 학자들은 성인 인생 주기를 9단계로 나누기도 한다. 하지만 여기서는 기초적인 세 단계로만 보며(청년기, 중년기, 노년기), 그 아래 소단계로 분류가 가능하다.

1) 청년기. 일반적으로 청년기는 세계관을 넓히는 시기이다. 자신의 관심사와 그들이 사는 세계의 염려들 사이에 심각한 불협화음이 일어나는 시기이다. 모든 것들이 반드시 제대로 돌아가야 한다는 이

상주의적 사고가 종종 냉소적으로 방향 전환을 하기도 하지만, 다수의 청년들은 그들의 이상, 어떤 주장들이나 이슈들, 또는 성공을 향해 적극적으로 돌진한다.

청년기 발달 시기에 겪는 또 하나의 갈등은 친밀함 – 독립성에 관한 분야이다. 이른 바 "추운 날 춤추는 포큐파인"(dance of the porcupines on a cold day – 포큐파인은 아프리카산 가시달린 돼지의 일종)과 같다. 친밀함의 욕구는 자연스러운 것이다. 추운 날 두 마리의 포큐파인이 서로 몸을 웅크리고 온기를 나누는 것처럼 "가까워지고 싶다"는 느낌으로 청년들은 동아리를 만든다. 그러나 동시에 상반되는 논쟁 또한 시작되는데, 청년들은 자신의 정체성 확립을 위해 가족으로부터 독립하고자 하는 필요와 욕구를 가진다. 청년기에 형성된 이러한 인생의 구조는 일생에 영향을 미친다.

청년들은 진로를 선택하는 일에 직면한다. 재학 중에 또는 그 이후까지 이 문제는 연장되기도 한다. 그들은 안정된 생활과 모험하고 싶은 욕망 사이에서 갈등하게 되는데, 이때 정체성이 확립되든지 아니면 그 문제에 어려움을 겪게 된다. 삶의 경험들과 관심사들, 개인의 성격 등이 진로 선택과 경력을 쌓는 과정에 영향을 미친다. 멘토링과 진로 지도, 도제로서 일을 배우는 것 등을 다시 강조하는 추세로 보면, 청년기의 진로 선택이라는 문제는 발달상 매우 중요한 과제임을 알 수 있다. 특히 여성들이 이때 많은 갈등을 겪게 되는데, 자신들이 선택한 분야에서 성공을 위해 노력하다가 가정이나 교회, 지역사회의 외적 기대들에 부딪히기도 하고, 또는 내적인 가치와 욕구들 사이에서 갈등하기도 한다. 젊은 여성들에게 가정과 직업 사이에 균형을 찾는 일이 중요하고, 남성들 또한 나이를 초월하여 이 문제로 갈등하기도 한다.

가정을 이루거나 또는 독신으로 사는 일이 청년기의 중요한 과제이다. 결혼과 배우자를 찾는 일은 청년들의 인생 표면에 드러나는 일이다. 어떤 청년들은 독신을 유지하거나 독신을 추구하는 일에 만족하기도 하고, 또 어떤 이들은 결혼하고 싶지만 여러 가지 이유로 할 수 없어 낙심하기도 한다. 소외 문제는 쉽게 발생하지만, 이 문제는 독신들만의 문제는 아니다. 부모가 되는 일 또한 적응이 필요하다. 자녀를 양육하는 일의 기쁨과 도전에 준비 없이 들어서는 청년들이 종종 있어, 이혼이 사회 문제로 대두되고 있다. 새 출발이 쉽지 않을 뿐 아니라 자신감도 부족하다. 그러나 많은 성인들이 이혼에도 불구하고 성장과 일체감을 발견한다.

청년기에는 도덕적 사고가 정체되기 시작한다. 부모나 다른 중요한 타자들의 견해를 수용하지 않고 "자기의 신앙을 갖는 것" 자체가 성숙에 이르게도 하고 때로는 정체되게 하기도 한다. 공감대를 형성하고, 위험을 무릅쓰고 탐험하기, 인생의 문제와 이슈들을 직면해 보는 일, 책임감을 키우는 일 등의 분야에 성숙해감으로써 청년기에 도덕성이 함양된다.

2) **중년기.** 변환(transition)이라는 말이 중년기 발달과업을 묘사하는 가장 적당한 말일 것이다. 중년의 위기란 35-40세부터 60-65세까지 시기에 가장 눈에 띄는 변환이다. 중년의 성인들은 자녀를 양육해 온 세월만큼 또 부모를 돌보아야 하기 때문에, 자신들을 "중간"(between) 세대라고 느낀다. 대체로 이 시기에 체력이나 정신력은 정체되고, 살아온 세월보다는 앞으로 남은 날을 거꾸로 세기 시작한다.

직업적인 만족을 유지하는 일이 매우 중요한 관심사이며, 그와 관련하여 여가 시간을 보내는 일에 관심을 둔다. 젊음과 늙음, 창의성과 파괴성, 여성과 남성, 애정과 소외와 같은 양극단적 성향들이 특히 직장에서 눈에 띄게 나타난다. 대부분의 성인들이 스스로 이 시기에 가장 생산적이어야 한다는 기대를 갖기 때문에, 그 기대와 목표를 중년기에 겪는 상황과 사건에 적응하거나 변화를 수용해야 할 때 좌절감에 빠지기도 한다.

가장 큰 도전은 가족 관계라고 할 수 있다. 배우자와 의미 있는 관계를 유지하고, 자녀들이 집을 떠나 세상으로 나아가게 되면 "빈 둥지"(empty nest)를 경험하는 모든 일이 그들을 기쁘게도 갈등하게도 하는 것이다. 어떤 중년들은 성생활의 변화를, 또 어떤 이들은 배우자와의 사별을 경험하기도 한다. 독신들은 배우자의 도움 없이 긍정적인 정체성 확립과 남을 배려하는 일 등의 도전을 경험한다. 어떤 가정에서는 십대 자녀들을 키우는 폭풍우 속을, 또 어떤 이들은 노령의 부모를 모시는 힘든 결정을 내리기도 한다.

신앙 발달의 측면에서는 중년기가 신앙적으로 풍성한 때라고 많은 연구들이 증명한다. 그러나 다수의 중년들이 뒤로 물러나거나 신앙의 열정을 잃어버리기도 한다. 성인기 초기에는 확실함을 추구하고 차세대를 키우는 일에 주력하다가 중년기에 이르면 전인적 발달을 더욱 염두에 둔다.

3) 노년기. 미국의 노령화는 전례 없는 발달과업을 제시한다. 노인의 수명이라는 논제가 독특한 도전을 주는데, 재정적 문제로 사회보장제가 어려움을 겪을 수도 있다. 노인들에겐 체력부진과 건강 문제에 적응하는 일이 주된 관심사이다. 이들에겐 노화와 퇴직이라는 문제를 대하는 태도만으로는 큰 도움을 주지 못한다. 많은 사람들이 노인들을 유쾌한 사람들로 보지 않는데, 이는 큰 오해이다. 많은 노인들이 퇴직을 받아들이고, 줄어든 수입에 맞춰 살아가고, 또 다른 일을 찾아 종사하며 성공적으로 살아간다. 많은 이들이 인생의 목표를 달성하여 만족감을 누리고, 앞으로 다가올 말년을 준비한다.

사회인으로서, 시민으로서의 의무를 행하는 일이 노인들에게 많은 중요한 역할을 한다. 교회와 가정과 지역사회에서, 할아버지, 할머니로서, 멘토로서, 다른 사람들을 위한 이타적인 봉사를 제공하는 것이 노인들에게 멋진 기회라고 할 수 있다. 가정이나 직장, 이 외의 장소에서 개인적인 가치와 역할을 찾는 일이 도전을 줄 수 있다. 사랑하는 이들과의 사별 또한 피할 수 없는 일이다.

어떤 노인들은 세상과 인연을 끊은 듯 보이기도 한다. 그들이 즐겨하던 일을 그만 두고, 새롭고도 한정된 역할에 적응하며 노년기에 적절한 생계수단과 생활환경을 찾는 일도 중요하다. 죽음을 받아들이는 일과 함께 건강 문제와 체력의 부진도 고려해야 할 일이다.

노년기에 온전하고 의미 있는 삶을 추구하는 마음이 신앙심과 관련이 있다. 자기와 연령이 비슷한 사람들과 어울려 동아리에 속하는 일이 주요한 발달과업이다. 성경적으로 자신의 신앙을 표현하고, 노년을 무시하지 않고 존귀하게 여기는 일이 이들에게 만족을 준다.

5. 기독교육에의 적용. 혹자는 기독교교육 실천에 성인발달을 연구할 필요까지는 없다고 논박하며 신앙과 영적 이슈들만이 기독교교육자의 유일한 관심이라고 한다. 그러나 맥켄지(McKenzie)는 인간발달의 다양한 면들을 따로따로 떼어놓을 수는 없다고 경고하면서 그 모두는 성품이라는 다면적 구조를 형성하는 부분들이라고 말한다(1982, p. 9-23). 성경도 서로 다른 성격들을 언급한다.

성경에는 성인과 어린이들에 관해 여러 곳에서 언급하고 있다. 젊은이들은 노인들을 공경해야 하고(레 19:32), 잠언 20장 29절에는 젊은이의 영광(힘)과 노인의 영광(흰 머리)을 구분하고 있다. 전도서에는 젊은이들에게 여호와를 기억하라고 경고하며(전 12:1), 요한 1서 2장 12-14절에는 세 단계의 성인 신자들의 신앙 발달에 대해 언급하고 있다. 이에 대한 적용들을 간추려 보면 다음과 같다.

1) 나이란 하나님께로부터 받는 청지기직으로 보아야 한다(시 90:12).
2) 노년의 남녀는 공경받아야 한다(딤전 5:1-2).
3) 노인들은 젊은이들에게 신앙과 삶에 대해 가르쳐야 한다(딛 2장).
4) 청소년들을 특별히 주님과 동행하도록 격려해야 한다(전 12:1, 6).
5) 각 연령에 맞는 적절한 사역을 해야 한다(시 78:1; 고전 13:11).

GREGORY C. CARLSON

참고문헌 | C. Bruning(1982), *Faith Development in the Adult Life Cycle*; J. H. Dettoni(1993), *The Christian Educator's Handbook on Adult Education*; E. Erikson(1963), *Becoming Adult, Becoming Christian*; idem(1950), *Childhood and Society*; idem(1982), *The Life Cycle Completed*; J. Fowler(1981), *Stages of Faith: The Psychology of Human Development and the Quest for Meaning*; C. Gilligan(1979), *Harvard Edu-*

cational Review(1979): 431-36; R. Gould(1978), *Transformations: Growth and Change in Adult Life*; R. Havinghurst(1972), *Developmental Tasks and Education*; C. O. Houle(1976), *The Design of Education*; M. Knowles(1973), *The Adult Learner: A Neglected Species*; idem(1970),*The Modern Practice of Adult Education: From Pedagogy to Andragogy*; L. Kohlberg(1974),*Journal of Moral Education* 4(1974): 5-16; D. J. Levinson(1978), *The Seasons of a Man's Life*; J. Loevinger and R. Wessler(1970), *Measuring Ego Development*; A. H. Maslow(1970), *Motivation and Personality*; L. McKenzie(1982), *The Religious Education of Adults*; C. M. Sell(1985, 1991), *Transitions Through Adult Life*; M. Tennant and P. Pogson(1995), *Learning and Change in the Adult Years: A Developmental Perspective*.

참조 | 성인교육(ANDRAGOGY); 발달과업(DEVELOPMENTAL TASKS); 신앙발달(FAITH DEVELOPMENT); 후기 성인 사역(LATE ADULTHOOD MINISTRY); 중년기(MIDDLE ADULTHOOD); 도덕적 추론(MORAL REASONING, THEORY OF)

성인발달의 표지사건(Marker Events in Adult Development).

개인의 성장에서 특정의 두 시기를 연결해 주는 변화와 성장 및 불안정의 시기들. 이 변화의 시기에 관하여는 상당한 분량으로 저술되어 왔다. 이 주제에 관한 주목할 만한 저술가들로는 다니엘 레빈슨(Daniel Levinson)의 『남자가 겪는 인생의 4계절』(*Seasons of a Man's Life*, 1978), 에릭 에릭슨(Erik Erikson)의 『아동기와 사회』(*Childhood and Society*, 1993), 로저 굴드(Roger Gould)의 『변형』(*Transformations*, 1975) 및 게일 쉬히(Gail Sheehy)의 『변천』(*New Passages*, 1995) 등이다.

가장 단순한 형태에서 대부분의 성인 변천기는 두 범주 중 하나에 속한다. '일반적' 혹은 '비일반적' 표지사건. 일반적인 표지사건은 거의 모든 사람이 북미에서 경험하는 그러한 변천기이다. 사회규범과 기대 때문에 사람들은 성인 삶에서 특정한 때에 이런 표지사건을 경험할 것이다. 이와 대조적으로 비일반적인 표지사건은 사회규범이나 기대에 의해 직접적으로 요구되지는 않는다. 그것들은 분명히 개인적이며 예측불가능하고 비보편적이다.

예를 들어, 일반적인 표지사건은 다음과 같은 것을 포함한다.(즉 부모로부터의 독립, 결혼, 직업 선택, 아이 출산, 자녀와 따로 살게 됨, 조부모가 됨 및 은퇴 등.)

비일반적인 표지사건은 별거, 이혼, 자녀입양, 암이나 다른 심각한 질병의 발견, 동성애자로 "선언함", 아이의 죽음, 복권 당첨, 타인의 생명을 구함, 정신적/정서적 무질서의 심화, 전쟁 경험, 강간, 성희롱, 폐경기, 중년 재출발, 죽음을 경험하거나 맞이함 등이다.

대부분의 교과서에서 종교적인 표지사건은 포함되지 않고 있다. 그러나 종교적인 표지들이 성인기에 더 중추적인 변천이 될 수 있다. 종교적인 표지사건은(그 중 대부분이 "비일반적"이다) 자기 자신의 신앙을 발견함, 성인 세례, 삶의 소명의 발견, 영적 은사들의 발견(및 사용), 개인적 부흥/갱신 그리고 고난 중의 의미형성 등이다.

이런 표지사건은 우리를 모두(개인적으로 그리고 공동체적으로) 그리스도 안에서 변화되는 사람으로 만든다.

MARK BUSHOR

성인부(Adult Division).

기독교교육 프로그램의 그룹 분류로 성인은 18세 이상으로 고등학교를 졸업했거나, 결혼한 사람들이다. 성인부는 한 개 또는 그 이상의 반으로 나뉘며, 그들을 대상으로 다양한 사역이 전개된다.

성인부 안에는 다양한 종류의 연령과 조건들이 존재한다. 연령과 결혼 여부, 특수한 조건들(유치부 자녀를 둔 부모 등과 같은), 성별, 단기적 관심사(큰 슬픔을 극복하는 일 등) 등과 같은 요인들이 그룹을 분류할 때 고려되어야 한다.

청년부는 18세부터 29세 혹은 34세 사이의 연령 그룹에 해당된다. 다양한 부류의 사람들로 구성된다. 독립심이 매우 강한 사람들, 학업 중에 있는 사람들, 직업 전선에 뛰어든 사람들, 막 결혼하여 가정을 꾸민 사람들, 또는 독신 등이다.

중년부는 30-35세부터 55-60세까지 해당된다. 이들은 결혼 생활을 하거나, 계속 독신으로만 지냈거나 이혼했거나 배우자와 사별했거나 재혼한 사람들이다. 인구 통계학적으로, 이 시기에 해당하는 성인의 숫자가 가장 많다고 한다.

60세가 넘으면 노년부에 속한다. 의학의 발달로 수한이 연장되었기 때문에 이 연령의 수 또한 증가하고 있다. 이 그룹에 속한 사람들의 차이가 크기 때문에 많은 교회들이 그 구성원을 다시 나이별로 세분하는 추세다.

최근에 강조되는 성인 학습과 완성감, 성숙(건강, 직업적 전환, 세계화 추이에 따른) 등의 이슈들이 역사적으로 성인을 위한 많은 기회를 제공해 준다. 성인 사역과 기독교교육에 창의적인 가능성들이 점점 증가하고 있다.

JERRY M. STUBBLEFIELD

참고문헌 | L. E. Coleman Jr.(1982), *Understanding Today's Adults*; F. C. Jordan(1986), *A Church Ministering to Adults.*

성인 성경공부(Bible Teaching for Adults).

20세기 후반부는 성인을 위한 기독교교육이 다시 활발해진 시기였다. 이러한 추세는 사회 전반에 걸친 성인교육의 유례없는 성장을 반영해 주는 것이었다.

대부분의 기독교교육자들은 18세 이상을 성인으로 간주한다. 인구통계학적으로, 성인들은 다음과 같이 분류된다. 성인 입문기-18세 이상 30세 이하, 청장년-31세 이상 50세 이하, 중년-51세 이상 70세 미만, 노년-71세 이상 80세 이하, 고령-81세 이상. 각 분류 안에도 하위 그룹이 있어 (어떤 그룹은 하나 이상의 연령층을 포함하는) 독신자, 샌드위치 (자녀 양육과 부모 봉양을 함께 하는), 이혼, 혼합가정(blended family: 아이를 데리고 재혼하여 가정을 이룬 경우) 등이 그것이다. 그러므로 성인 대상의 성경공부는 쉽지 않은 과제이다.

노울스는 그의 저서 『성인교육의 현대적 실천』 (*The Modern Practice of Adult Education*, 1970년 초판 발행)에서 성인교육(andragogy)이라는 단어를 만들어 냈는데, 이는 "성인의 학습을 돕는 기술과 과학"이라는 뜻이다. 노울스는 성인교육의 세 가지 가정을 전제했다. 첫째, 성인 학습의 기본은 자발적이다. 둘째, 성인이 성숙해짐에 따라 그는 중요한 교육적 자원이 된다. 셋째, 성인교육은 특정한 시기에 따라 개인의 고유한 필요에 초점을 두어야 한다. 넷째, 성인교육은 내용학습보다는 문제해결에 중점을 두어야 한다.

성경공부에 관한 성인교육의 구성요소는 무엇인가? 첫째, 성인은 억지로 성경공부를 시킬 수가 없다. 성인들은 선택의 기회가 주어지면 긍정적으로 반응하는 편이다. 그러므로 교회는 주일 아침 연령에 따른 단순히 하나의 기회만 제공하는 것에서 나아가 좀 더 다양한 배경을 바탕으로 한 성경 가르침을 제공해야 한다. 간단히 말해 성인들은 성경공부하는 것을 강요받을 수 없다는 뜻이다. 성인 대상의 성경공부를 성공적으로 운영하기 위해서는 그들 스스로 참석하도록 해야 한다.

역사적으로 교회 안에서 교사의 역할은 매우 뚜렷했다. 예수께서도 다른 칭호보다도 선생님으로 많이 불렸을 뿐 아니라, 신약성경에는 성령께서 사람들에게 가르치는 은사를 주신다고 기록하고 있다(롬 12:6-8; 고전 12:28; 엡 4:11-13).

둘째, 구성요소는 학생이다. 상기한 대로 성인 학생들은 압도적으로 자발적이다. 그러므로 교사들은 일반적인 성인의 특성과 필요뿐 아니라 개인의 특성 또한 이해해야 한다.

셋째, 구성요소는 교육과정이다. 교육과정이란 교수-학습의 전 과정을 포함한다. 그것은 다른 이들의 도움을 받아서 교사가 개발한 계획이며, 성경공부의 궁극적 목적과 시간마다의 특정한 목표들을 정하는 일들이다. 성경이 교육과정의 핵심이기는 하지만 방법들 또한 개발하여 성경 본문의 뜻을 잘 설명하고 성인 학습자들이 배운 것을 적용할 수 있도록 해야 한다.

넷째, 구성요소는 배경(context)이다. 배경이란

교사와 학생들에 대한 기초 지식과 모이는 장소, 교사와 학생들의 사회적, 경제적, 문화적, 학문적 특성 등을 포함한다. 배경과 교사가 사용하는 학습 방법에는 굉장히 큰 연관 관계가 있다.

JONATHAN N. THIGPEN

참고문헌 | W. A. Draves(1997), *How to Teach Adults*; K. O. Gangel and H. G. Hendricks(1988), *The Christian Educator's Handbook on Teaching*; W. Haston(1993), *Adult Sunday School Ministry*; M. Knowles(1970), *The Modern Practice of Adult Education*; J. Lowman(1995), *Mastering the Techniques of Teaching*.

참조 | 성인 기독교교육(ADULT CHRISTIAN EDUCATION); 성인교육(ANDRAGOGY); 방법론, 교수와 연구 (METHODOLOGY, TEACHING AND RESEARCH)

성인위원회(Adult Committee).

교회의 성인 대상 사역을 위한 계획과 조정, 평가를 담당하는 위원회이다. 이 위원회는 교회 성인 사역의 다양한 국면을 대변하는 사람들로 구성된다. 기독교교육위원회나 다른 위원회 산하에 속하기도 한다. 성경공부, 제자도, 선교, 가정생활, 남녀 선교회, 오락, 음악, 미혼자들, 혼자 아이 키우는 사람들, 노인들, 이혼한 사람들, 혼합 가정 등을 위한 사역을 한다.

교회의 각 성인 사역팀에서 적어도 한 사람씩의 대표자들이 위원회의 위원이 된다. 위원들은 그들을 대표하는 그룹이나 위원회, 또는 당회에서 추천하여 뽑는다. 중요한 것은 모든 성인 사역팀의 대변인이 위원회에 속해, 그들의 필요와 관심이 교회로부터 인정받고 후원받을 수 있어야 한다는 점이다.

성인위원회는 사역을 위한 분명하고도 납득할 만한 취지 없이는 효과적으로 사역할 수 없다. 위원회는 그 존재 이유와 사명을 반드시 알아야 하고, 목적에 부합하는 셋 내지 다섯 가지의 목표(광범위한 사역 내역)를 세워야 한다.

교회의 성인들을 위한 다양한 활동과 사역의 계획을 수립하고 이를 조정하는 것이 성인위원회의 역할이다. 교회가 한 가지 일이나 한 그룹에만 중점을 두지 않고 전체 성인들에게 조화롭게 사역하도록 하는 것이 가장 중요한 기능이라 할 수 있다. 전도와 봉사 활동, 예배와 교제, 성경공부, 제자도, 선교 교육, 음악, 오락 등의 사역을 제공해 주고, 미혼 그룹이나 노인들, 혼자 자녀를 키우는 사람들이나 이혼한 사람 등의 구체적인 필요 또한 고려해 주어야 한다. 또한 적어도 성인 사역을 위한 연간 계획을 세워야 한다. 성인위원회의 위원이 교회의 제직회나 당회, 교육 위원회에 참석하여 성인 프로그램이 전 교회의 연간 계획에 포함되도록 한다.

성인위원회는 전 성인 대상의 활동들을 계획하고, 조정하며, 평가한다. 지도자들은 교회가 성인 대상으로 중요한 사역을 하고 있는지 평가할 책임을 지닌다. 성인들의 다양한 필요를 채울 포괄적인 프로그램을 찾아내고, 그 필요들이 조화롭게 채워지도록 사역들을 잘 조정하며, 각 활동들의 진행과 결과들을 평가해야 한다.

JERRY M. STUBBLEFIELD

참고문헌 | K. Gangel(1970), *Leadership for Church Education*; D. E. Williams(1991), *Christian Education: Foundations for the Future*.

참조 | 경영(MANAGEMENT); 조직표(ORGANIZATIONAL CHART); 계획과 계획세우기(PLAN, PLANNING)

성인인생주기(Adult Life Cycle).

성인기 초기부터 죽음에 이르기까지의 과정이다. 이 과정은 점진적이고 연속적이며, 세대를 지나면서 비교적 안정된 것으로 본다.

성인 인생 주기라는 개념은 성인발달에 대한 이해가 널리 알려진 결과로 인식되어 왔다. 성인기 초기, 중기, 후기에 이르는 동안 성숙 및 행동 발달의 특징적인 패턴에 따라 인생 주기를 나눈다. 성인기 초기의 특성은 자존감과 자기 수용성이 늘어가는 경향이 있다. 개인의 독립성을 확립하고 발달상의 과제들을 수행함에 따라, 그들은 타인들을 돌보아 줄 책임감도 의식하게 된다. 점진적인 성숙의 과정이 절정에 달하는 시점은 바로 개인이 인생과 그가 성취한 것을 수용하고 평화롭게 생의 마지막을 바라볼 때이다.

성인 인생 주기는, 어떤 발달과업을 이정표라고 보는 여행의 개념으로 인식되기도 한다. 부모로부터 독립하여 살기 시작할 때, 직업적인 안정을 얻을 때, 결혼 후 부모가 되었을 때, 부모와의 사별, 폐경기, 은퇴, 죽음이 다가올 때 등과 같은 일들이 이정표가 된다. 이러한 사건들이 성인발달에 큰 영향을 주며, 이 외에도 다른 요인들이 인생 주기 변화에 공헌한다. 볼츠, 리스, 리스핏(Baltes, Reese, & Lispitt)은 그들의 공저에서(vol 31, 1970, 65-110) 주요한 역사적 사건들(즉 전쟁, 경제 공황, 성의 혁명 등)과 이혼, 질병, 실직 등과 같은 "비규범적인 영향력"들도 예측할 만하지는 않으나 고려의 대상에 포함시킨다.

대표적인 성인 인생 주기 이론가들로, 칼 융(Carl Jung, *The Stages of Life*), 에릭 에릭슨(Erick Erickson, *Identity: Youth and Crisis*), 더 최근에는 다니엘 레빈슨(Daniel Levinson, *The Seasons of a Man's Life*), 게일 쉬이(Gale Sheehy, *Passages*) 등이 있다.

MARI GONLAG

참고문헌 | P. B. Baltes, H. W. Reese, and L. P. Lispitt (1970), *Annual Review of Psychology* 31(1970): 65-110; E. H. Erikson(1963), *Identity: Youth and Crisis*; F. M. Hudson(1991), *The Adult Years*; C. G. Jung(1933), *The Stages of Life*; D. J. Levinson(1978), *The Seasons of a Man's Life*; G. Sheehy(1976), *Passages*; idem(1995), *New Passages*.

참조 | 성인발달(ADULT DEVELOPMENT); 성인교육(ANDRAGOGY); 에릭슨, 에릭 홈버거(ERIKSON, ERIK HOMBURGER); 레빈슨, 다니엘 제이콥(LEVINSON, DANIEL JACOB)

성적 학대(Abuse).

가공할 숫자의 사람들이 육체적인, 성적인, 정서적인 또는 영적인 학대를 당하고 있다. 더 놀라운 것은 이러한 문제가 산재한다는 사실이다. (미국의) 성 및 가정 폭력 방지 센터 (Center For the Prevention of Sexual and Domestic Violence)에 따르면, 18살이 될 때까지 여자 세 명 중 한 사람이, 남자 일곱 명 중 한 사람이 성적 학대를 경험하는데, 그 중에 절반이 가족에게 당한다고 한다. 매해 일백만 명의 어린이들이 육체적 학대를 당하며, 이 백만이 넘는 여자들이 매맞은 상처로 고생한다. 매해 백만이 넘는 노인들이 성년이 된 자녀들에게 못된 취급을 당한다. 네 가정 중 한 가정이 배우자로부터 받는 학대로 고통을 호소한다. 한때는 숨겨진 일이었던 이 질병이 지난 25년 동안 눈에 띄는 문제가 되었다.

1980년대 초에 학대 문제가 미국 장로교 내의 마리 포츈 (Marie Fortune: 미국의 목사이며 교육자. 시애틀 성 가정 폭력 예방 센터 〈Center for the Prevention of Sexual and Domestic Violence in Seattle〉의 설립자이며 분석 담당가로 활동 중 -역자 주) 같은 선구적 목사에 의해 제기되었다. 포츈 목사는 자신의 저서 『신성한 것은 아무것도 없다고?』(Is Nothing Sacred?, 1982) 에서 목회자들의 학대를 다루었는데, 주로 성적 비리들을 공개했다. 최근에는 존슨 (Johnson)과 반 본드렌 (Van Vonderen)이 속임수를 이용한 영적 권위와 영적 조작들을 공개했다 (1991). 양들이 목자의 필요를 채워주기 위해 존재하는 종교적 구조 안에서는 사람들이 괴로움을 당하게 되어있다.

학대라는 소리 없는 전염병은 교활하게도 사람들 사이에 몰래 틈입하는데, 아무도 면역성이 없을 뿐더러, 어떤 형태로든 일단 한번 들어오면 전 회중을 흔들어 놓는다.

안전한 장소로서 예배당(성소)은 오래도록 신성한 역할을 해왔다. 교회는 보이게 또는 보이지 않게 상처를 입은 사람들을 보호해 줄 책임이 있는데, 그 방법으로는 (1) 극도의 예민함으로, 주기적으로 학대 당하는 사람들의 악몽같은 공포를 보라. 그들에게는 공포와 함께 죄책감과 수치심이 있고, 피해 당사자인 스스로에게 책임을 돌리며, 그러한 오판을 스스로 강화시키는 경향이 있다. (2) 피해자들이 사실을 부정하지 않도록 격려하라. 진실이 밝혀지지 않으면 가해자도 피해자도 아무 도움을 받을 수 없다. (3) 상처가 치유되는 과정에 도움을 주라. 피해자에게 가해자의 행위를 변화시킬 책임을 지우지 말아야 한다. 책임이 누구에게 있는지 질문하는 것은 합당한 일이지만, 가해자에게 분노하게 하는 것은 합당치 않다. 폭력은 대체적으로 자존감을 파괴시킨다. 피해자의 장점들을 발견하게 하고 어떻게 그것이 유용한지 생각해 보도록 돕는다. 피해자가 휴식하는 일 외에 무엇하기를 원하는지 알아보고, 그 자신이 합당하다고 판단하는 시기에 자신의 방법대로 계획을 세우도록 돕는다. (4) 학대에 관한 지도자 연수를 하라. 많은 피해자들이 상처와 수치와 공포를 가지고도, 그 고통을 감추고 있다. 통계학적으로 어떤 종류이든지 대그룹 안에는 장기적으로 주기적인 학대를 당하는 사람들이 있다고 한다. (5) 교회가 주도하는 프로그램의 참가자들과 사역자들을 보호할 정책과 절차 등을 입안하라. 사역자들과 자원 봉사자들을 보호할 책임 보험을 든다. (6) 사역 지원을 위한 네트워크와 필요시에 다른 기관에 보낼 조직망을 세우라. 학대 기록을 가진 사람들은 전문 상담인에게 보내야 한다. 교회 공동체는 회복기에 있는 이들에게 일반적인 위로와 격려를 제공해 줄 수 있고, 교회의 역할은 안전하게 상처를 치유 받을 수 있는 곳으로서 문을 활짝 열어 놓아야 한다. 사역자의 역할은 모든 이들에게 대화의 문을 열어놓는 일임을 기억하라. 하나님 이름으로 오도된 일을 했을지라도 그분은 항상 우리를 그분 앞에 오게 하신다. 하나님께서 가해자들을 회개시키실 때에 우리에게 필요한 것은 인내와 사랑이다.

많은 경우 학대받았다는 주장은 사실로 밝혀진다. 그러나 무고 또한 공동체에 미치는 파괴적인 영향력은 동일하다. 분별과 각성이 필요하고, 불평이 있을 때에는 신뢰감을 가지고 비폭력적으로, 적절한 절차를 밟아 진실을 밝히는 선에서 해결하도록 한다.

교회의 회중이 개인의 안전을 위해 어느 정도 영향력을 줄 수 있는지, 또는 증인이 되어줄 수 있는지 여부도 매우 다양하다. 예배 공동체가 아동 폭력이나 난폭한 취급을 받는 사람들이나 고통 당하는 노인들 편에 서있지 않는다면 누가 그들 편에 서있겠는가?

JAMES A. DAVIES

참고문헌 | M. Fortune(1982), *Is Nothing Sacred?*; D. Johnson and J. VanVonderen(1991), *The Subtle Power of Spiritual Abuse*.

성전염성질환(Sexually Transmitted Disease).
에이즈(Acquired Immunodeficiency Syndrome)를 보라.

성정체성(Gender Identity).
성역할(Gender roles)을 보라.

성직자(Clergy).
헬라 원어 "클레로스"(kleros)는 "몫(lot), 부분(portion) 또는 상속자(heir)"의 뜻이다. 이 어원의 역사적 기원은 하나님께서 특별히 레위 지파에게 이스라엘 백성으로부터 할당액을 받도록 분배하신 일에서 찾을 수 있다. 레위 지파는 "이스라엘의 십일조를 레위 자손에게 기업으로 다 주어서 그들의 하는 일 곧 회막에서 하는 일을 갚아"(민 18:21) 주었다. 일부 학자는 이 역사적 견해로부터, 제사장으로서 받는 특별배당 제도를 없애야 한다고 주장하는데 그 이유는 신약 교회에서는 모든 신자들이 제사장으로 간주되기 때문이라고 한다.

A. D. 95년, 로마의 클레멘트가 평신도와 성직자를 구분하고 예배의식에 평신도의 역할을 축소시켜 제사장 직위를 재구성했다. 313년에 이르러 이 구분이 확립되었다. 그 해, 지방의 지도자들에게 보내는 편지에서 콘스탄틴 대제는 "성직자라고 불리는, 이 거룩한 종교에 종사하는 사람들은 공공의 의무에서 완전히 면제한다"고 선언했다(Bettenson, 1963, 17).

성직자들이 하는 일은 주로 예배에 관계되는 일이었지만, 그들은 또한 교육자들로서 초대 교회와 중세 교회의 세례입문자학교와 교리문답학교, 대성당학교 등을 설립, 운영했다. 네 사람의 주요한 성직자 교육자들이 기독교교육의 이론과 실천 발달에 주요한 공헌을 했다.

코메니우스(John Comenius)와 백스터(Richard

Baxter)는 17세기에 유명한 성직자 교육자들이다. 코메니우스는 학습이란 자연스럽고 즐거운 활동이라는 교육이론을 개발했다. 코메니우스는 그의 저서 『대교수학』(The Great Didactic)에 많은 교육이론을 설명했고, 현대 교육의 아버지라는 칭함을 받았다. 백스터는 영국 회중들을 위해 그의 목회 활동 내용을 요약해 놓은 『개혁주의 목사』(The Reformed Pastor)를 1646년 저술했다. 그는 교인들에게 개별학습을 제안 및 실천했고, 가르치는 일을 목회의 중심사역이라고 보았다. 그는 평신도들에게 "당신의 신실한 선생님에게 순종하시오. 그들이 가르치는 것을 배우기를 거절하지 않도록 조심하시오"라고 조언한다(Baxter, 1982, 9).

코메니우스와 백스터 둘 다 가르치는 것을 목회에 속한 일로 보았다. 상반적으로 부쉬넬(Bushnell)과 스마트(Smart)는 성직자와 교육사역을 구분하는 시대에 대한 반응으로 저술활동을 했다. 이 균열의 역사적 배경은 개신 교회에서 기독교교육의 주된 형태로 주일 학교가 부흥한 것이었다.

주일 학교 운동은 처음부터 평신도 운동이었다. 평신도들에 의해 시작되었고, 대상(가난한 문맹 어린이들)과 형태(초교파적인 교사 및 장소 선정) 등에 있어 교단의 통제를 받지 않았다. 부쉬넬과 스마트 모두 기독교교육에 목사의 역할을 복귀시키려는 노력으로 저술 활동을 했다. 부쉬넬은 전도와 부흥의 목표로 진행되어 온 주일 학교의 결과인 그릇된 교육을 바로잡으려고 노력했다. 그의 『기독교적 양육』에서 부쉬넬은 "진정한 그리스도인 또는 신적 양육이란 무엇인가… 목표가 무엇인가 방법은 무엇인가"라고 질문한다(Bushnell, 1979, 9).

스마트는 가르치기를 포기한 목사들에 대해 썼다. 그는 『사역의 부활』(The Rebirth of Ministry)에서 "많은 목사들이 가르치는 것을 사역의 본질로 생각하지 않는다. 예수께서는 선생이셨고, 바울도 선생이었는데, 이 목사들은 선생이 아니다"라고 비탄했다(1960, 60). 스마트는 목사들이 스스로를 선생이라 이해하고 교회교육 프로그램에 참여할 책임을 자각하여 교육사역에 관심을 갖도록 했다.

스마트의 도전은 지금도 동일하다. 만약 어떤 사람들에게 "특별한 몫"을 합법적으로 주어 교회를 섬기도록 하는 성직자 계층을 만든다면, 교육 사역은 그 성직자의 역할에 반드시 포함되어야 한다.

ROBERT DROVDAHL

참고문헌 | H. Bettenson(1963), *Documents of the Christian Church*, 2nd ed.; J. Smart(1960), *The Rebirth of Ministry*.

참조 | 부목사(ASSOCIATE PASTOR); 부쉬넬, 호레이스(BUSHNELL, HORACE); 교육자로서의 성직자(CLERGY AS EDUCATORS); 코메니우스, 요한 아모스(COMENIUS, JOHANN AMOS); 디아코니아(DIAKONIA); 목사/목회자(MINISTER); 교육목사(MINISTER OF CHRISTIAN EDUCATION); 담임목사(SENIOR PASTOR); 주일학교운동(SUNDAY SCHOOL MOVEMENT)

성찬식(Communion).

예수 그리스도의 십자가 희생을 기념하기 위해 떡과 포도주 또는 주스를 함께 나누는 예배 의식이다. 일부 기독교 전통들은 이것을 "주의 만찬"(Lord's Supper)이라고 부르며 제자들과 함께 마지막으로 나누는 예수님의 만찬임을 지적한다. 형식을 좀더 강조하는 사람들은 이 의식을 "성찬식"(Eucharist)이라고 한다. "유카리스트"(Eucharist)란 "감사 송영"이라는 뜻의 헬라어를 영어로 번역한 것이다.

1. 시작. 고린도전서 11장 23-25절에 기록되었듯이 성찬식의 수행은 초대교회에서 유래되었다. 성찬식에서 사용되는 예식사라고 불리는 말씀들은 초대교회의 것을 반영하는 듯하다. 사복음서 모두 예수께서 고난당하시기 전 제자들과 함께 유월절 음식을 나누신 것을 기록한다. 엠마오 도상의 제자들의 대화는 성찬식의 중요성을 강조하는 중요한 실례다. 그리스도께서 떡을 자르실 때 제자들에게 자신을 계시하신다. 이것이 성찬식 기념의 중요성을 보여준다. 저스틴 마터(Justin Martyr)의 "최초의 변증학"이나 "디다케" 등의 초대 기독교 문서들로부터 초대 교회에서 성찬식을 정규적으로 거행했다는 것을 발견한다. 그리스도인들이 예배에 모여 설교를 통해 성경 말씀을 듣고 기도한다. 기도를 마치

면 세례후보자들이 퇴실하고 성찬식이 시작된다.

2. 형식. 성찬식을 거행하는 형식과 빈도는 다양하다. 일부 교회들은 예배의 중심으로 성찬식을 주일마다 거행하고, 어떤 교회들은 한 달에 한 번, 또는 그보다 뜸하게 거행하는 교회들도 있다. 각 교회들은 성찬식을 형식적으로 또는 비형식적으로 거행한다. 로마 가톨릭, 루터교, 성공회 등은 전형적으로 형식을 강조하고 예배에서는 성찬식을 거행할 때 이에 참여하는 사람들이 앞으로 나와 떡과 포도주를 받는다. 의식을 덜 강조하는 교회들은 사역자·나름대로 융통성을 가지고 행하며 참석자들은 그 자리에 앉아 떡과 포도주를 받는다.

3. 의미. 성찬식의 의미는 예수께서 제자들과 함께 나누셨던 유월절 음식과 연관되어 있다. 유대 전통과 기독교 신앙의 뿌리는 기념하는 의식적 음식을 중요시하는 것이다. 유월절은 이스라엘 백성이 애굽의 노예생활로부터 해방된 것을 기념하는 절기다. 구원을 기념한다. 그처럼 성찬식도 그리스도인들이 죄의 속박으로부터 해방된 것을 감사하는 기념 의식이다.

많은 기독교 전통들이 성찬식을 성례(sacrament)로 이해한다. 성례란 은혜 또는 은혜의 도구를 상징하는 것으로 정의된다. 즉 우리는 하나님의 은혜에 참여하는 방식으로 성찬에 참여한다. 그리스도께서 이 의식에 임재하신다고 이해되며, 우리는 이 의식을 통해 그분의 임재를 경험한다. 많은 사람들이 이 의식을 세속적 요소인 떡과 포도주 안에 성스러운 분이 임재하시는 신비한 은혜라고 인식한다.

다른 전통들은 성찬식을 핵심으로 보지 않는다. 이들은 성찬식을 성례가 아닌 의식으로 간주한다. 그들은 가끔 이 의식을 거행하며, 은혜 받는 시간으로서보다는, 기념하는 행위로서 강조하는 경향이 있다. 성찬을 통해 우리는 하나님께서 그리스도를 통해 하신 일을 기억한다.

요약하면, 성찬식이란 기념, 그리스도의 임재와 은혜, 그리스도와 다른 신자와의 교제 그리고 그리스도의 이름으로 섬기기 위해 세상으로 보내는 것 등의 의미가 있다.

4. 교육: 참석과 준비. 초대 교회에서는 세례 받지 않은 후보자들은 도덕적, 신앙적 훈련을 다 받기 전까지는 성찬식에 참가하지 못했다. 현대의 대부분의 전통들은 연령과 준비에 상관없이 세례 받은 교인은 누구나 참석하도록 허용한다. 오늘날의 성찬식에서는 어린이든 성인이든 성찬의 중요성을 이해하기 위한 교육을 거의 받지 못했다는 문제를 안고 있다. 그러므로 교육적 문답이 그리스도인들이 성찬에 참여하는 의미를 이해하기 위한 준비가 되어야 한다. 발달이론에 따라 성찬식 교육은 태도와 의미, 신비의 세 가지로 제공된다.

미취학 아동들은 의식에 참여하는 태도를 배워야 한다. 이것은 어떻게 참석해야 하는가와 어떤 태도가 가장 합당한가 하는 것을 다룬다. 이들에게 신학적 중요성을 가르치는 일은 도움이 되지 못하고, 기념과 교제를 강조해야 한다. 초등학생부터 청소년까지는 성찬의 신학적 의미를 가르쳐야 한다. 속죄론과 그리스도의 희생의 의미를 설명해 주어야 한다. 끝으로 성찬에 임하시는 그리스도의 신비한 임재를 강조해야 한다. 그리스도 안에 계시된 상징의 힘과 하나님의 신비함의 깊이에 핵심을 둔다. 성인으로 개종한 사람들에게는 이 세 가지를 모두 교육시켜 준비하게 한다.

LES STEELE

참고문헌 | Y. Birlioth(1961), *Eucharistic Faith and Practice: Evangelical and Catholic*; K. Stevenson(1989), *The First Rites: Worship in the Early Church*.

성찰(Reflection). 인격형성을 돕는 방법이다. 개인 연구 뿐만 아니라 교실에서도 중요한 것이다. 성찰은 진리와 성경구절의 의미에 대해 깊이 생각하는 것을 격려하고, 내적 성찰과 외적 적용을 통해 진리와 삶을 연결시키는 데 매우 유용하다. 이 방법은 학습자가 느낌, 이전의 경험들 그리고 통합의 중요성들을 생각할 수 있도록 해주며, 의식적으로 외적 진리와 내적 현실을 연합시켜 준다.

이 방법론을 효과적으로 사용하는 데 필요한 중요 요인들은 시간, 집중 그리고 결과를 만들어 내야 한다는 지속적인 부담 없이 진리를 소화할 수 있는 자유이다. 숙고는 성찰에 대한 인식적인 기술이다. 이러한 기술은 급하게 하루하루를 살아가는 사람들에게는 어렵다. 우리의 문화 또한 과정보다는 결과에 더 가치를 두는 경향이 있다. 그러나 이러한 방법을 지혜롭게 잘 사용하면 유익한 자료를 단순히 수집하는 것에 만족하는 대신 독학과 내적 성찰을 활발하게 하는 학습자들 뿐만 아니라 진리와 그것의 개인적인 의미와 반응을 조화시키고자 하는 사람들을 도울 수 있다.

일기, 묵상(meditation) 그리고 질문을 사용함으로써 성찰을 향상시킬 수 있다. 물홀랜드(Mulholland)는 존재의 더 깊은 수준으로부터 반응을 이끌어내기 위해 다음과 같은 질문을 제시한다. "언급된 것에 대한 나의 느낌은 어떠한가? 나는 어떻게 반응하는가? 내 마음속 깊은 곳에서는 어떻게 반응하는가?(1985, 2) 나는 과연 그렇게 생각하는가? 나는 왜 이러한 방식으로 반응하는가? 내 마음속 깊숙한 곳에서는 어떤 일이 일어나고 있는가?" 성찰은 자신을 알게 되는 한 방법으로써 새로운 진리를 내면화하는 데 중요한 요소이다.

하워드 가드너(Howard Gardner)는 『마음의 틀』(Frames of Mind, 1983)에서 성찰이 자연스러운 사람을 묘사하고 있다. 그는 이러한 종류의 지능을 개인 안에서 생기는 것으로 부른다. 본인의 장점이 다른 종류의 지능에 있거나 이러한 명상(contemplative)법에 별 가치를 두지 않는 문화 안에 있는 사람들에게는 이러한 학습방법이 연습과 인내를 요한다. 하나님께서는 내적인 온전함과 활동을 통한 외적 표현을 다 만드셨기 때문에 학습방법의 조화를 개발하는 것은 인성교육에 도움이 될 것이다. 이러한 내적 학습에 초점을 맞추는 것은 외부의 습관적인 활동을 헤치고 나아가 학습자의 장기적인 변화를 주도할 수 있을 것이다.

성찰은 미국 문화와 경험에 낯설 뿐만 아니라 학습을 위해 학습자에게 더 많은 책임을 부여하며 너무나 개인적이고, 직면하기에 너무 어렵고 할 일이 너무 많다는 이유로 거부당할 수 있다. 몇몇 영성의 흐름들에 의하면 심지어 어린이들도 자신들의 존재와 삶의 의미를 깊이 성찰한다고 한다. 성찰을 통한 느낌은 예배에서도 중요한 요소가 될 수 있다. 하지만 일반적으로 성찰은 어린 학습자들에게서 발견되는 인식의 한계를 잘 인지한 후 사용되어야 할 것이다.

가르침에서 성찰을 사용하는 데 필요한 몇 가지 제안은 다음과 같다. (1) 사고를 자극시키기 위해 그림(단어나 그래픽)과 상징들을 사용하라. (2) 학습자가 이해할 수 있도록 다양한 질문들을 사용하라. (3) 성찰 과정에 대한 예를 제공하라. (4) 개념 내지는 본문에 대한 사고를 향상시킬 수 있는 음악을 틀어주라. (5) 성찰 내지는 반응을 공유할 수 있는 방법들—일기쓰기, 그림 그리기, 기도와 예배, 구두상으로 발표하는 것 등—을 제안하라. 교수 방법으로서의 성찰은 학습을 통해 변화를 가져오기를 바라는 모든 교사가 가지고 있어야 할 도구이다.

ROBERT J. RADCLIFFE AND JULIE GORMAN

참고문헌 | H. Gardner(1983), *Frames of Mind: The Theory of Multiple Intelligences*; K. Leetch(1989), *Spirituality and Pastoral Care*; M. R. Mulholland Jr.(1985), *Shaped by the Word*.

세계교회협의회(World Council of Churches).

1948년 현대교회 연합 운동의 중요한 발전의 하나로 창립된 세계교회협의회(WCC)는 147개의 소속 교회들로부터 시작하여 이제는 100여 개의 나라에 걸쳐 330개가 넘는 교회들이 회원으로 가입되어 있다. 반세기에 걸친 대대적인 지구촌의 변화 속에서 다양한 문화들과 신앙의 전통들을 대표하며 세계교회협의회는 회원들간의 교류를 통하여 후원의 기초와 프로그램의 협력 체계를 만들었다.

회원 교회들은 이 협의회가 주 예수 그리스도를 성경에 기록된 것처럼 하나님이시며 또한 구원자이심을 고백하는 교회들의 교제라는 일반적인 신념에 동의한다. 따라서 그들은 이들의 공통된 임무인 삼위 되신 하나님(성부, 성자 그리고 성령)께 영광을 돌리기 위해 노력한다.

이러한 폭넓은 신학적 기초로 인하여 구성원들은

공통된 목소리를 낼 수 있으며 그들이 지향하는 성명들과 활동들은 도덕적 권위를 갖는다. 유럽과 북미에 있는 대부분의 주요 개신 교회들과 주요 동방 정교회들, 아프리카와 아시아, 오스트레일리아, 뉴질랜드 그리고 라틴 아메리카 등지에 산재해 있는 교회들이 이 조직에 속해 있다. 세계교회협의회는 로마 가톨릭교회를 비롯한 그 밖의 다른 교회들과 협력적인 관계에 있다. 1961년 세계교회협의회는 국제 선교사협회와 합병하였고, 1971년에는 세계기독교교육협의회(WCCE)와 합병하였다. 세계교회협의회가 표명하는 목적들은 다음과 같다. (1) 예배와 그리스도 안에서의 공통된 삶 가운데 표현되는 한 믿음과 한 성찬의 교제 가운데 교회들이 가시적인 연합을 이루도록 초청하고 이러한 연합으로 나아가는데 전 세계를 믿음으로 이끈다. (2) 교회들이 그들이 있는 위치에서 그리고 어디서든지 동일한 증거를 하는 것을 용이하게 한다. (3) 교회들이 전 세계를 향한 선교와 복음의 사역을 잘 감당할 수 있도록 후원한다. (4) 인류의 필요를 섬기는 일에서 교회들이 공통된 관심을 갖게 하고, 민족들간의 장벽을 허물며, 정의와 평화 속에서 인류가 한 가족이 되도록 노력한다.

칠년에 한 번씩 모임을 갖는 대표단들, 대표단에 의해 선출된 백여 명으로 구성된 중앙위원회 그리고 작은 단위의 실행 위원회에 의해 운영되는 세계교회협의회는 교회들이 전 세계적인 네트워크를 형성하고 하나가 되도록 힘쓴다. 약 백 명 이상이 되는 전문인 사역자들과 이들을 지원하는 구성원들과 함께 세계교회협의회는 지도자들, 교회 연합 사역자들 그리고 회원 교회들의 협력으로 정보와 프로그램들을 개발한다. 대표 위원회는 회의에서 승인된 우선순위들과 프로그램의 개발을 감독한다.

세계교회협의회의 조직은 새로운 우선순위들이 생기게 되고 재정 상황이 변동됨에 따라 그 구조가 개편되어 왔다. 역사적으로 세계교회협의회는 북대서양의 교회들과 그들이 하는 사역의 형태에 의해 많이 지배되어 왔으나 최근 들어 다른 지역의 교회들의 영향력이 점점 커지고 있다. 전 세계의 바뀌어 가는 상황과 각 지역의 배경들 그리고 특별한 문제들에 민감하게 대처함으로써 세계교회협의회는 종종 회원 교회들과 세계의 힘 있는 단체들로부터 비난을 받기도 한다. 이는 곧 회원 교회들의 영광과 갈등을 함께 반영해 준다.

사역의 초기부터 세계교회협의회는 선교를 위한 교육 프로그램을 가지고 있었으며, 또한 다른 종류의 교육 업무를 가지고 있었다. 1968년 웁살라 회의는 교육국을 창설하였는데, 이는 곧 세계 그리스도인 교육협회가 병합된 하부 기관이다. 세계교회협의회는 교육 프로그램의 개발과 교회학교를 위한 교육 과정의 준비를 통해 선교사들과 교회에 의해 지어진 학교들을 새로운 국립학교로 전환하는 과정에서 문제를 안고 있는 회원 교회들에게 도움을 주었다. 세계교회협의회는 많은 "제3세계" 교회들의 신학교육을 지원하고 그들과 함께 일하였으며, 또한 세계기독학생연합(World Student Christian Federation)과 함께 고등교육을 위해 사역을 하였다. 보씨(Bossey)에 위치한 교회연합기관은 신흥 교회들의 지도자들을 훈련시키고 많은 협의회의 연구 회의를 발전시키는 일을 돕는다.

자세한 정보를 위해서는 세계교회협의회에 연락하라. P.O. Box 2100, 1211 Geneva 2, Switzerland; or the U.S. Office, 475 Riverside Drive, Room 915, New York, NY 10115-0050, 1-888-870-3340.

WILLIAM B. KENNEDY

참고문헌 | *A History of the Ecumenical Movement, 1517-1968* (1993); *Seeing Education Whole.* Office of Education, World Council of Churches, Geneva (1971); Visser't Hooft(1973), *W.A. Memoirs*; H. R. Weber(1996), *A Laboratory for Ecumenical Life: The Story of Bossey 1946-1996.*

세계기독교교육협의회(World Council of Christian Education).
19세기 세계를 향한 서구 기독교 선교사역의 확장은 주일학교(Sunday School)의 모델을 중심으로 한 교육 전략이 한 몫을 담당하였다. 1780년 로버트 레이크스(Robert

Raikes)가 지역의 어린이들이 읽고 쓰기를 배우고, 또한 그들에게 도덕과 그리스도인으로서의 사상을 가르치기 위해 영국의 글로스터에 학교를 시작한 때로부터 주일학교는 북미에 퍼졌을 뿐 아니라, 전 세계에 점차적으로 확산되어 갔다. 주일학교는 주로 어린이들에게 집중하면서 그리스도인의 성숙과 복음적 개신교에 헌신된 사람들을 모집하였다. 주일학교를 연구한 한 역사가는 주일학교를 "회심의 산실이며 경건의 보육소이다"라고 불렀다(Knoff, 1979, xi).

이 운동은 영국과 미국에서 초교파적인 주일학교 연합회를 중심으로 조직되기 시작하였으며 1889년에는 이 두 나라와 캐나다 출신의 지도자들이 중심이 되어 세계주일학교연합회(World Sunday School Association, WSSA)를 형성하였다. 최초의 모임이 런던에서 개최되었고 뒤를 이어 열세 번에 걸친 이러한 모임들이 있었고 네 개의 "협회"가 만들어졌다. 1947년경에는 그 이름이 기독교교육세계협의회(WCCE)와 세계주일학교연합회를 합병하게 되었다. 1971년 이 협의회는 세계교회협의회(WCC)에 통합되었다.

초기에 세계주일학교연합회는 영국과 미국의 조직화된 복음주의적인 기독교 선교활동에 낙관주의와 자부심을 가지고 있었다. 그들은 스스로를 세계 복음화를 위한 위대한 선교기관이라고 생각하였으며, 무의식적으로 더 큰 규모의 선교 운동처럼 북대서양 국가들의 경제적, 그리고 군사적 힘에 다소 의존하였다. 이들의 어린이들을 향한 관심과 자국 내에서 사회정의에 헌신하기를 주저하는 모습은 성장해 가는 산업주의와 도시화로 인해 산출된 문제들을 직면했던 일반적인 복음주의 개신교 경건운동의 모습을 반영한다.

기본적으로 평신도 중심의 운동이었던 세계주일학교연합회는 교단들과 관련은 되어 있으나 스스로를 독립적이며, 자립적인 단체로 이해하였다. 학교에서 교회와 교육을 동시에 설립했던 영국과 유럽의 나라들에서는 교회학교 형식의 기독교교육에 그다지 열정을 보이지 않았으며, 오히려 "공통된 기독교 신앙"과 선행을 위한 협력의 열정으로 "독립 교회들"과 함께, 그리고 그들의 한 부분으로 더 자연스럽게 성장하였다. 국제적 모임에서 평신도 참여자들의 수는 목회자의 수를 훨씬 능가하였다. 1889년 연구와 예배의 일정을 가지고 런던 회의에 참석하려고 미국을 떠나 항해한 400명의 미국 대표들 중 오직 54명만이 목회자들이었다. 그러나 1967년 나이로비 집회에 참석한 평신도의 비율은 오직 12.3 퍼센트에 지나지 않았고, 대부분의 참석자들은 구성원으로 가입되어 있는 교회들과 조직들로부터 온 안수받은 사역자들로서 그들이 속한 교단들이 경비를 모두 지불하였다.

그 역사를 통해 로드 맥킨토쉬(Lord Mackintosh), 제이 아더 랜크(J. Arthur Rank), 도로씨 캐드배리(Dorothy Cadbury), 그리고 하인즈 집안(Heinz family) 등과 같은 부호들로부터 후원을 받은 세계기독교교육협의회는 다양한 기독교교육 프로그램들을 개발하여 전 세계에 가입되어 있는 조직들에게 도움을 주었다. 교육과정 프로그램과 주일학교에서 어린이들을 위한 자료들, 가르침에 유용한 그림들, 시청각 자료, 그리고 지역 교회들이 교육과정을 계획할 수 있도록 도움이 되는 자료와 신학교에서 기독교교육을 강의하는 것을 강화하도록 한 것 등이다. 이 모든 것이 전 세계에 속한 하나님의 사람들, 특별히 어린이들의 교육을 위해 이들이 한 주요한 공헌이다. 이들의 교육이 미국과 캐나다, 그리고 영국의 기독교교육의 형태와 양식을 그대로 본뜬 것이라는 것을 알면서도, 새롭게 형성된 많은 교회들이 기독교 신앙 안에서 그들의 어린이들을 기르고, 청소년들과 성인들을 준비시키기 위해 이러한 도움을 기꺼이 받아들였다.

초기의 부유했던 후원자들의 후원이 보다 덜 부유한 사람들에 의해 계승되고, 각 교단의 선교기관들이 국제선교협회(IMC)를 통해, 후에는 세계교회협의회를 통해, 그들의 통제를 강화해 가자 기독교교육세계협의회는 전 세계에 걸쳐 새롭게 형성되는 짜임새 있는 구조를 갖춘 방식으로 변화시키려고 노력하였다. 각각의 종교 단체들은 고등교육과 신학교육, 교단중심의 청소년과 어린이를 위한 프로그램들 그리고 평신도와 성인교육 등 나름대로 교육에 많은 투자를 하였다. 기독교교육세계협의회는 점점 더 넓은 초교파적 활동의 무대로 들어서게 되었는데 1939년에는 세계청소년협회(World Youth Assembly)에서 그리고 1950년에는 세계교회협의회와 함께 연합 청소년간사를 구성하고 연합 활동을 전개하였다.

기독교교육세계협의회는 교단에 의해 기금이 조성되는 새로운 구도의 경쟁적 세계에 적응하는 데 어려움을 겪게 되었고, 국제선교협회가 1961년 뉴델리 협회에서 세계교회협의회에 들어오게 됨으로써 재정적 후원에 어려움을 겪게 되었다. 마지막 이십 년간 기독교교육세계협의회는 그들의 프로그램들을 유지하기 위해 예비비를 써야만 했다. 그로 인해 세계교회협의회와의 통합 과정에서 가져 올 수 있는 "재정"(dowry)이 점점 더 약소해지게 되었다.

제네바에 일부 위치하고 있었던 1960년대 기독교교육세계협의회의 사역자들은 세계교회협의회와 점점 더 많은 일들을 연합해서 하게 되었다. 이 두 기관은 합동 연구 위원회를 조직하게 되었다. 마침내 1968년 웁살라의 세계교회협의회에서 교회들의 연합을 지향하는 이 두 단체가 합병하는 것에 대한 보고와 추천이 있게 되었다. 기독교교육세계협의회는 세계교회협의회가 교회 협의회로서 더 계층적인 조직을 가지고 있기 때문에 기독교교육세계협의회가 하는 어린이 사역에 대해 적극적인 지원을 중단할지도 모른다는 염려를 품고 있었다. 한편 세계교회협의회 안에서는 어린이 사역에 집중해온 더 오래된 선교단체를 합병함으로 인해 청소년과 평신도 그리고 여성을 위한 프로그램에 압박을 주고, 힘의 분산을 초래하지 않을까 하여 두려워하는 사람들도 있었다. 이러한 두 종류의 염려스러운 요소는 그 후로 계속되었다.

1971년 페루의 리마 근처의 후암파니에 있는 한 컨퍼런스 센터에서 기독교교육세계협의회는 공식적으로 세계교회협의회와의 합병 문제를 두고 투표를 하였고, 새로운 교육부와 연합하게 되었다. 그로부터 기독교교육세계협의회의 어린이들을 위한 기독교교육의 긴 전통은 세계교회협의회가 교회 연합의 활동과 구조의 전체적인 틀 안에서의 교육을 위한 적합한 위치와 우선순위를 찾고자 노력하는 가운데 서서히 광범위한 교회교육 사역의 상황 안에 혼합되게 되었다. 19세기 복음적인 선교가 진전되어 가던 상황에서 기원한 기독교교육세계협의회는 이제 선교와 교육에 대한 이해가 바뀌어가는 21세기에 들면서 그들의 일과 소망이 이제 더 광범위한 교회 연합운동에 속하게 된 것이다.

아마도 기독교교육세계협의회가 세계 기독교에 남긴 가장 오래 지속되는 공헌의 상징은 전 세계에 가장 널리 알려진 노래라고 종종 인용되는 "예수 사랑하심은"일 것이다.

WILLIAM B. KENNEDY

참고문헌 | A. M. Boylan(1988), *Sunday School: The Formation of an American Institution*; W. B. Kennedy(1966), *The Shaping of Protestant Education: An Interpretation of the Sunday School and the Development of Protestant Educational Strategy in the United States, 1789-1860*; G. E. Knoff(1979), *The World Sunday School Movement: The Story of a Broadening Mission*; R. W. Lynn and E. Wright(1971, 1980), *The Big Little School: 200 Years of the Sunday School*.

세대간의 충돌(Generational Impact).

오늘날 널리 사용되는 세대(generation)라는 용어는 약 20년의 주기로 묶여져 유사한 나이의 사람들에게 언급된다. 대개 1930-45에 태어난 빌더세대(builders), 1946-64에 태어난 베이비부머세대(baby boomers), 1965-81에 태어난 버스터세대(busters), 1982-2000년에 태어난 밀레니엄세대(millennial generation)를 포함하여 네 가지로 세대를 설명한다. 세대 전문가인 스튜어스(Strauss)와 하우(Howe)는 이러한 세대화가 특히 미국역사의 부흥이라는 한 순환의 네 부분을 나타낸다고 믿는다.

사람들은 일반화의 특징을 약간이라도 가질 수 있으며, 그러한 특징을 가장 잘 맞출 수 있는 특별한 기독교인 교육전략을 확인할 수 있다. 레스 앤더슨(Leith Anderson)은 한 세대의 사람들이 다른 세대의 시각을 이해하기가 어렵다고 주장한다. 그리고 그들은 다른 종류의 교회에 호감을 느낄 수도 있다. 예를 들면, 빌더세대는 일요일 아침에 교회를 방문하기를 좋아하며, 300명 이하의 소규모 교회에 매력을 느낀다. 반면에 부머세대(boomers)는 일요일 아침보다는 다른 예배를 더 좋아하며, 천명 이상의 대규모 교회를 선호한다. 빌더세대는 명칭과 교회에 믿음을 보이며 부머세대는 오랜 시간의 믿음이 없거나 명칭에 상관없이 아동과 젊은이를 위한 영역처럼 자신이 필요한 존재라는 특별한 감동을 주는 교회를 따르는 편이다. 앤더슨(Anderson, 1990)은 교회 리더십에 있어서 위계질서의 가치와 같은 빌더세대의 가정들이 성공하는 많은 교회들과 종교단체들이 평등주의 팀리더십 같은 후기 세대의 가정들을 따라 재조직하는 것을 거부함으로 인해 지지자층이 사라지게 되면 재앙을 만날 수도 있다는 점을 두려워한다.

세대간의 독특성에 대해 어떠한 설명이 필요 있을까? 수많은 생각들이 오로지 여기에 표본화 되어 왔다. 예를 들면, 앤더슨(1990)은 베이비부머세대를 위해서는 질이 높은 프로그램, 교회 이름에서 교단과의 연계성을 빼는 것, 영성 훈련과 자원 봉사, 익명의 방문, 다양한 음악, 감정적 흥분과 참여하는 예배 등을 제안한다. 반면, 마헤디와 버나디(Mahedy and Bernardi, 1994)는 버스터세대를 베이비부머세대의 이기심과 무책임성에 의해 상처 입은 희생자들이라고 보아야 하며, 이들은 단순히 우정이나 신앙보다는 때로 치료가 필요하다고 제안 한다. 포기의 느낌을 가지는 버스터세대는 전적으로 헌신하는 생활 중심의 공동체 생활에 적극적으로 참여함으로 그 필요가 채워져야 하며, 서로 간에 절친한 인간관계를 갈망하는 사람들에 의해 이끌려져야 한다. 포드(Ford, 1995)는 부머세대에게 호소력이 있었던 이성적 접근 방법은 버스터세대에게는 종종 실패한다고 하였으며, 첼렉과 잔더(Celek and Zander, 1996)는 버스터세대는 그냥 교회이면 된다고 여기지만 부머세대는 종종 세련된 교회를 원한다고 하였다. 조바(Zoba, 1977)의 견해에 따르면, 밀레니엄세대는 익숙하지 않은 장소나 전형적이지 않은 시간에 이루어지는 동료목회, 유대교의 성인의식인 바 미스바(bar mitzvah)와 비슷하게 새로운 의식(rites)을 세움으로 그리고 연장자들에 의한 멘토링을 통해 가장 잘 다가갈 수 있을 것이다.

많은 전문가들이 다른 세대들의 요구와 필요를 수용하기 위해 교회 안에 변화가 있어야 할 것을 권하는 반면 몇몇 권면들은 세대들의 상이한 특징들에 상관없이 유사하다. 예를 들면, 앤더슨(Anderson, 1990), 바아나(Barna, 1994) 그리고 조바(Zoba, 1997)는 각각 부머세대, 버스터세대 그리고 밀레니엄세대를 위하여 꼭 필요한 것으로 소그룹 활동을 들며, 효과적 세대 사역에 있어 관계성의 중요성을 강조하였다. 유사하게, 세 저자 모두 교회를 포함한 교단 조직들과 같은 기관에 대한 불신을 공통적 특징으로 묘사하고 있다. 아마도, 몇몇 학자들이 제시한대로, 이것은 세 세대 모두 - 빌더세대도 - 세대 그룹으로서는 불만족하고 단지 하나님 안에서만 그리고 서로 간의 관계 안에만 충족하는 지점에 이르렀기 때문이다.

세대간의 구분점들을 과도하게 강조하기 보다는 교회는, 앤더슨(Leith Anderson)과 같은 기독교 교육의 세대 전문가들에 의해서도 고무되고 있는, 세대 간 목회(intergenerational ministry)의 가능성을 고려할 필요가 있을 것이다. 그 또한 교회 활동의 "세대 균형"을 지지하였다. 한 세대의 강함은 다른 세대의 약함을 보상하고 그 필요를 채우는 데 사용될 수 있다는 것이다. 어떤 세대이든지 시간이 지남에 따라 그 필요와 특성이 바뀌는 경향이 있다는 것을 지적하는 것 또한 중요한 것이다. 한 세대가 자신의 10대이었던 때 그대로 그 필요와 특성이 중년에도 남아 있지 않을 것이다. 또한 같은 세대 구성원들 간의 개인차도 중요하다. 주어진 세대를 위해 이 가정된 특성들을 중심으로 목회를 하는 것은 사실 지리학적, 윤리적 그리고 성별 특성들을 간과하는 사역을 초래할 수 있다. 또한 그것은 몇몇 다른 이유로 주어진 교회에 이미 다니고 있는 대다수의 사람들에게는 부적당할 수 있다. 세대의 경향들은 어떤 상황들에 있어서는 방향을 제시하기도 하지만, 이해해야할 세대적인 경향들의 명확한 특성들이 주요한 관심사가 되어야 한다.

DONALD E. RATCLIFF

참고문헌 | L. Anderson(1990), *Dying for Change*; G. Barna(1994), *Baby Busters*; T. Celer and D. Zander(1996), *Inside the Soul of a New Generation*; K. Ford(1995), *Jesus for a New Generation*; W. Mahedy and J, Bernardi(1994), *A Generation Alone*; W. Strauss and N. Howe(1997),*The Fourth Turning, An American Prophecy*; idem(1991), *Generations*; W. M. Zoba(1997), *Christianity Today*, February 3, 1997.

세대 간 접근/학습에서(Intergenerational Approach to Learning).

전통적으로 교회는 식사, 봉사활동, 가족연회 등 세대들이 함께 모일 수 있는 모든 종류의 행사나 활동들을 제공하여왔다. 오늘날에는 가족이 함께 통합되며, 다세대간의 학습활동에서 다양한 연령의 사람을 혼합하기 위한 새로운 접근을 시도하고 있다.

세대 상호 간의 학습 이벤트는 양육, 발견 혹은 훈련의 목적으로 둘 혹은 그 이상의 세대가 함께 상호작용을 하는 학습 이벤트이다(Koethler, 1977, 4). 그 이익은 다양하게 존재한다. 이것은 타인으로부터 확인을 받는 것, 사람들이 서로 이해하는 것을 돕는 것, 모델링(본보기)을 제공하는 것, 자신과 다른 관점을 얻는 것, 가족 구성원과 다른 사람 사이에서 의사소통과 관계를 육성하는 것 등을 포함한다.

세대 상호 간의 학습을 위한 교육적 대상은 죽음에 대한 성경적 개념에 학습과 같은 대상의 내용, 죽음에 대한 태도와 가치의 공유를 포함하는 정의적 대상, 청취기술을 발달시키는 것과 같은 기술발전 대상 등의 다른 학습 상황과 유사하다.

이러한 활동을 위한 몇 개의 교회가 있다. 기본적인 환경은 주일학교와 주중 만남, 주일저녁 예배 혹은 다섯 번째 주일의 회기와 같은 교회활동을 진행하기를 통합한다. 단기간 상황은 정규 주일학교에서 한 달 동안 다세대 간 주일학교를 갖는 것과 마찬가지로 기본적인 교회 환경을 포함한다. 이는 정규 만남에서 1년에 2-4의 세대 상호간 회기 혹은 한 달에 한번 관심을 기울이는 성인 소그룹, 4-6학년과 부모님을 위한 1/4분기 주일학교 여름동안 주중 모임을 대신하는 수요일 저녁 세대 간 행사, 주일 아침활동을 대신하는 3-4시간 동안의 축하 식사 등을 말한다.

효과적이며 단기간의 상황은 6주 동안의 효과적인 상호세대간의 주일학교, 십대 아이들과 부모들의 관계를 위한 학습 과정, 세대 상호간의 방학 성경학교, 가족생활의 기술을 다루는 8주간의 가족그룹, 모든 세대를 위한 가정 성경학교 등의 또 다른 선택권을 제공한다.

효과적이며 계속적인 상황은 더 많은 기회를 제공한다. 예는 초등학교 학생과 부모들을 위한 주일학교, 모든 세대의 그룹과 십대 혹은 성인을 위한 선택적 수업, 상호 세대적인 가정 그룹을 위한 주일학교를 포함한다.

세대간의 행사가 모든 세대를 포함할 때, 교육자들은 다음과 같은 많은 원칙을 제안한다. (1) 모든 사람이 참가하는 활동을 계획하라. (2) 약 8살 정도의 읽을 수 없는 아동들을 위한 맞춰진 방법을 고안하라. 구어적 표현의 지나친 강조보다 오히려 그림, 드라마, 역할극 등과 같은 학습 행위를 사용하라. (3) 각각의 활동의 목표를 분명하게 설명하라. (4) 가능한 한 많은 가시적 도구를 사용하라. (5) 약 10분마다 활동을 변화시켜라. (6) 만일 대그룹이라면 그것을 소그룹으로 나누라. (7) 학습자가 경험한 것에 대해 생각하도록 원인에 대해 논하라. (8) 관계를 세우는 활동을 계획하라. (9) 만일 당신이 게임을 사용한다면 그것들을 주요한 주제와 관련시키며 목적성 있게 만들도록 노력하라. (10) 어른들이 위압적인 논쟁을 하는 것을 막도록 하라.

다세대 간 학습은 때때로 저항에 부딪친다. 성인들은 창조적인 학습활동들에 가치를 두지 않을 수도 있으며, 때로는 도전하려 하지 않을 수도 있다. 이러한 장애에도 불구하고 사람들은 다른 나이의 사람들과 함께 토론 주제의 위협을 극복해야만 한다. 세대 상호적 학습은 독특하며 새롭다. 참가자들은 그러한 상황에서 행동하는 방법이나 기대하는 것을 알지 못한다. 또한 지도자들은 그들에게 행동하는 방법을 확신시키지 못한다.

적당한 문학의 이용성은 그것을 변화시킨다. 화이트(White)의 『상호 세대적 종교교육』(Intergenerational Religious Education)과 밀(Miles)의 『함께 성장하는 가족』(Families Growing Together)은 모두 이러한 유형의 사역을 위한 완벽하고도 실제적인 지침서이다. 『함께 성장하는 가족』이라는 책은 흥미와 의미 있는 상호 세대적 이벤트를 발생시키고 유지하는 이용 가능한 자원의 최근 목록이다.

CHARLES M. SELL

참고문헌 | G. E. Koehler(1977), Learning Together: A Guide for Intergenerational Education in the Church School; M. S. Miles(1990), Families Growing Together: Church Programs for Family Learning; J. W. White(1988), Intergenerational Religious Education.

세대 간 학습(Intergenerational Learning).

동시대에 두 세대 혹은 더 많은 세대가 참여하는 학습경험을 말한다. 그러나 세대를 정의하는 것은 어렵다. 세대를 정의하는 한 방식은 아동 그룹, 청소년 그룹, 청년 그룹, 중년 그룹, 장년 그룹, 노년 그룹을 사용한다(Kohler, 1976). 미국 역사를 통해 세대의 순환에 대한 의미 있는 책에서 보면 스트라우스(Strauss, 1991)와 호우(Howe, 1991)는 세대를 "마지막 3세기 이상의 약 22년 혹은 기본적인 생활에 대략 적응시킨 특별한 동료그룹"으로 정의한다(34). 이러한 정의에서 볼 때 세대 간 학습은 아동과 청소년과 성인에 의해 공유된 학습경험이 아니다. 그것은 아동과 부모 그리고 조부모에 의해 공유된 경험이다.

『세대 간 기독교교육』의 저자인 화이트(James White, 1988)는 "사람들이 세대를 정의하기를 선택할지라도 중요 사항은 그 시대의 사회적, 문화적, 역사적 이벤트에 의해 불리어진 사람들과 중요한 차이가 있다는 것이다"(21). 세대 간 학습은 모든 세대의 사람들이 서로에게나 혹은 서로에 대해 배우는 것을 돕는다.

화이트는 다음과 같은 요인, 즉 공통의 경험, 평행선적 학습, 기여하는 상황, 상호작용적 공유 등과 같은 요인이 존재할 때 세대 간 학습이 발생한다고 말하였다. 이것은 평행적 학습이 이후로 모든 사람들의 전체적인 경험에 기여하도록 하였다. 결국 상호작용의 공유는 서로 배우며 타인의 관점을 받아들이는 것이 필수적이다.

1. 세대 간 학습의 목표 세대 간 학습의 주요목표는 세대 간의 상호작용이다. 생각하고 느끼며 행동하는 새로운 방식을 포함하는 다른 학습경험과 유사한 기본적 대상이 존재한다. 셀(Sell, 1995)은 "세대 간 학습의 가치는 과정 자체에 놓여있다. 그것은 학습의 의미와 학습으로 인한 어떤 결과를 얻는 기회가 된다"(187)라고 주장하였다.

2. 세대 그룹화 화이트(1988)는 세대 간 그룹 학습을 위한 5개의 선택사항을 제시하였다. 이 선택사항은 가족 무리그룹/확대된 정신적 가족, 하루 일일 단위의 활동, 특별한 이벤트, 봉사활동과 관련된 활동, 매년 가족과 함께 열리는 가족캠프이다.

세대 간 학습에는 여러 가지 주제가 있다. 작업활동, 가족 단위의 사건/문제, 성경공부, 축하, 성경연구는 공통의 관심에 적절한 요점이 된다. 실제적인 내용과 교육과정은 교파와 교단 사이에서 다양하게 존재한다.

다양한 방식은 세대 간 학습상황에서 유용하다. 셀(Sell, 1995)은 선택 사항에서 9개의 유용한 원칙을 제공하였다. 셀은 다음과 같이 말하였다. "방법은 (1) 세대 간 상호작용을 제공한다. (2) 문맹인도 참가하도록 허락한다. (3) 성인에게 사고하도록 만든다. (4) 대략 10분 동안의 육체적 활동을 제공한다. (5) 다양성을 제공한다. (6) 창조적으로 다양한 감각을 포함시킨다. (7) 즐거운 경험을 갖도록 한다. (8) 관계성의 깊이를 자극한다. (9) 하나님 및 하나님의 진리와의 상호작용을 유발시킨다"(194). 다양한 방식들은 세대 간 학습 이벤트에 사용되어야 한다. 그러므로 제한이 없을지라도 유용한 방식들은 그림, 상황 게임, 소그룹 토론, 캠핑, 역할극, 영화, 비디오, 구연동화, 그림 강좌, 무언극, 포스터, 노래, 요리 등을 포함한다.

세대 간 학습의 특수한 접근 중의 하나가 "가족 그룹" 단위의 접근이다. 그룹화, 목표, 방식은 가족

생활에 집중되며 관심을 기울인다. 이러한 접근에서 많은 가족단위는 더 많은 시간을 함께 보낸다. 가족그룹 단위 접근의 모든 목표는 참가자들이 서로를 지지하며, 가족의 문제를 처리하는 방법을 학습하는 것이다. 가족그룹에서 포함된 독특한 방식 중에는 계약의 사용이 있다. 각각의 가족들은 학습경험에 활동적으로 참가하기 위해 각 구성원들의 계약에 서명을 한다(Miles, 1990).

RONNIE J. JOHNSON

참고문헌 | G. E. Koehler(1976), *Learning Together: A Guide for Intergenerational Education in the Church School*; M. S. Miles(1990), *Families Growing Together: Church Programs for Family Learning*; C. M. Sell(1995), *Family Ministry*; W. Strauss and N. Howe(1991), *Generations: The History of America's Future, 1584-2069*; J. W. White(1988), *Intergenerational Religious Education*.

참조 | 상황/교육과 사역의 상황(CONTEXT IN TEACHING AND MINISTRY); 계약학습(CONTRACT LEARNING); 가정교육(FAMILY LIFE EDUCATION).

세례, 침례(Baptism). 그리스도에 대한 신앙의 고백과 그분께 삶의 헌신을 다짐하는 그리스도인 공동체의 의식이다. 구습과 과거의 죄를 버리고 그리스도의 사역을 통해 새로운 삶으로 들어감을 알리는 간증이다. 영적 흑암에서 광명으로, 영적 죽음에서 삶으로의 변화를 나타낸다. 교회가 처음 세워질 때부터 세례(침례)는 보편적인 입회 의식으로서 새신자가 신앙공동체에 속하게 됨을 알려준다.

"세례/침례"(baptism)라는 말은 "(물속에) 담그다"(to dip), "던져 넣다"(to plunge) "적시다"(to immerse)라는 의미를 가진 헬라어 '밥티조'(baptizo)를 음역한 것이다. 고대 그리스에서 옷을 염색하거나 그릇을 씻거나 동물들을 물에 집어넣을 때 주로 사용하던 말이다. 70인역(Septuagint)에 나아만이 요단강에 몸을 담갔다고(immersing) 기록되어 있다(왕하 5:14).

신약성경에는 'baptizo'라는 단어가 약 75번 나오는데, 그 중 반 정도는 세례(침례) 요한이 죄사함을 위한 회개의 세례(침례)를 강조하는 데 쓰였다(눅 3:3). 또한 요한의 세례(침례)는 이스라엘이 메시아와 그의 왕국의 도래를 맞을 준비와 관련한 지배적인 종말론을 낳게 했다. 예수님 자신도 요한에게 세례(침례)를 받으심으로써 요한의 사역을 인준하셨고 그분 자신이 죄있는 인간과 자신을 동일시하시고 자신을 따르는 자들에게 본보기를 보이셨다. 또한 하늘에 계신 아버지의 뜻 안에서 예수께서 세례(침례) 받으신 사건은 메시아의 고난과 섬기심과 인류 구원 사역의 시작을 공적으로 나타내신 일이었다.

요한의 세례(침례)와 함께 혹자는 유대교로 개종한 사람들의 세례(침례)를 옛 삶을 버리고 새 삶을 사는 의미에서 기독교 세례(침례)의 선봉으로 지적한다. 구약성경에는 이방인들이 유대인으로 인정받는 이 의식에 대한 언급이 없지만, 1-2세기의 후기 유대 문헌에 주로 언급되고 있다. 헬라 문헌에는 드물긴 하지만 '밥티조'(baptizo)가 아닌 '밥토'(bapto)를 사용하는데, 학자들 간에 요한의 세례(침례)와 기독교 세례(침례)의 영향에 대해 의견의 불일치를 보이고, 후기 문헌에는 이 둘의 관계가 최소화되었음을 보여준다.

예수께서 세상 모든 나라를 제자 삼고, 성부 성자 성령의 이름으로 세례(침례)를 주라는 대위임령(the Great Commission)으로 그리스도인의 세례(침례)를 활발하게 했다. 사도행전에 기록되었듯이 초대교회는 즉시 이 말씀에 순종하여 오순절에 약 3,000명이 세례(침례)를 받았다.

세례(침례)의 의미와 중요성에 대해 여러 서신서는 언급하고 있다. 로마서 6장에서 바울 사도는 신자들이 "그의 죽으심과 합하여 세례(침례)를 받음으로 그와 함께 장사되었나니"(4절)라고 "옛사람"(6절)의 죽음을 암시했다. "이는 아버지의 영광으로 말미암아 그리스도를 죽은 자 가운데서 살리심과 같이 우리로 또한 새 생명 가운데서 행하게 하려 함이니라"(4절). 바울은 세례(침례)를 통해 복음의 구속적 메시지인 예수 그리스도의 죽음과 장사, 부활의 본질적인 요점을 극명하게 재연하고자 했다. 세례(침례)를 받음으로써 예수님의 뜻과 목적에 합하게 된다. 결과적으로 세례(침례)는 옛사람의 타파를 선언하고 그리스도 안에 "의롭다"(18절)함을 얻은 새 생명과 그 헌신에 능력을 부여하는 것이다.

그러므로 세례(침례) 자체는 교육적인 사건이다. 위에 제시한 대로 한 사람이 세례(침례)를 받을 때마다 복음의 메시지가 극적으로 선포되고 재연된다. 이것은 그리스도인들을 위해 그리스도께서 하신 일을 교육적으로 상기시키며, 또한 이와 부합하여 신자들에게 의로운 삶을 강조한다. 특히 대명령에 세례(침례)를 주라는 말씀이 제자를 삼으라는 말씀 바로 뒤에 그리고 가르치라는 명령이 뒤따르는 것은 적절한 순서를 보여주는 것이다.

세례(침례)에 가르치는 것을 더한 것처럼 교회는 또한 세례(침례)식 절차에 교육적 프로그램을 만들어, 입교의 중요성을 선포하기도 한다. 예를 들면, 3세기경까지는 한 개인이 세례(침례) 받고 입교하기 위해서는 3년간의 교육을 받아야 했고, 세례(침례) 받은 이후에도 신앙의 근본에 대한 학습을 부가적으로 받았다. 이와 비슷하게 현대교회에서도 세례(침례)식 이전이나 이후에 성경, 신학적 학습을 받는다.

HAL PETTEGREW

참고문헌 | G. Beasley-Murray(1962), *Baptism in the New Testament*; R. L. Browning and R. A. Reed(1995), *Models of Confirmation and Baptismal Affirmations: Liturgical and Educational Issues and Designs*; T. M. Finn(1992), *Early Christian Baptism and the Catechumenate: Italy, North Africa and Egypt*; H. T. Kerr(1944), *The Christian Sacraments: A Sourcebook for Ministers*; A. H. Strong(1907), *Systematic Theology*.

세미나(Seminar). 그룹 학습은 여러 가지 형태를 취한다. 세미나는 함께 학습하는 특정 형태를 묘사한다. 이러한 형태를 취하는 그룹 학습의 중요한 특징들을 이 용어의 어원과 역사적인 기원을 살펴봄으로써 알 수 있다.

세미나의 어원은 "씨와 관련된"이라는 뜻의 라틴어 세미나리움(seminarium)에서 유래한다. 그 이미지는 시작의 개념을 강조하는 것으로 보인다. 세미나의 역사적인 뿌리는 독일 대학에서 찾을 수 있는데 이 독일 대학에서는 소그룹의 학자들이 모여 주어진 학습 분야의 박사과정을 학습하였다. 독일에서 박사 과정을 밟은 최초의 미국인 조지 티크노르(George Ticknor)는 세미나가 미국의 교육사업에 들어올 수 있는 다리를 제공하였다. 1815년에 독일에서 학업을 끝낸 후 1819년에 티크노르는 하버드대학의 교수가 되었다. 주로 암기에 의존하는 미국 교육 방법들에 좌절감을 느낀 티크노르는 개혁 운동을 하였다. 마침내 1831년 하버드는 고전을 연구하는 박사 과정의 세미나를 개최하였다(Rudolph, 1963).

만일 우리가 이러한 역사적, 언어적 기원들로부터 실마리를 얻는다면 우리는 세미나의 중요한 특징들을 밝힐 수 있을 것이다.

1. 적은 수의 학습자들
2. 세미나 내용에 대한 참가자들의 동일한 기여
3. 학습자가 매우 집중적인 내용을 학습
4. 새로운 정보와 개념들을 나누는 것을 강조
5. 학습자가 학습의 내용을 가져오고 가져감
6. 한 분야의 전문 학습을 강조함

종종 세미나는 수업만을 뜻할 수도 있다. 기독교 교육은 일반적인 청중을 목표로 하고 포괄적인 행사들을 선호하기 때문에 세미나는 교회의 교육 프로그램에 있어서 커다란 위치를 차지하지 않는다. 세미나는 전문적인 형태의 기독교교육에는 큰 역할을 한다. 특별히 다양한 주제에 대해 전문가들을 훈련시킬 때 중요한 역할을 감당한다.

ROBERT DROVDAHL

참고문헌 | F. Rudolph(1963), *The American College and University*.

세칙, 내규(Bylaws). 교회법(Constitution, Church)을 보라.

셀 교회(Cell Church). 성장을 위한 공동의 관심을 가지고 가정에서, 소그룹 또는 "셀"(cell)로 모이는 교회 조직 및 철학의 유형으로서, 각 셀에서 전도와 제자도, 지도력 개발 등의 중요한 기능을 하면서 셀을 확장시키려는 공동의 목적을 가진다.

셀 교회가 단순히 전통적인 주일 학교의 교외 활동으로 묘사되어오는 동안에도(Rainer, 1933) 그 주창자들은 셀 교회가 교회 성장의 새로운 패러다임이라고 주장해 왔다. "찰스 풀러 전도 및 교회 성장원"(Charles E. Fuller Institute of Evangelism and Church Growth)의 원장인 조지(Carl F. George)는 그의 책 『미래교회를 위한 준비』(Prepare Your Church for the Future, 1991)에서 다음과 같이 언급했다. "전체 안의 소그룹' – '소그룹'이나 '셀 그룹'을 포함하여 여러 가지 용어로 불리는 – 은 매우 중요하지만 대부분의 교회에서 아직 개발시키지 못했다. 셀 교회는 영성 개발과 동화를 위해, 전도와 지도력 개발을 위해, 교회를 향해 하나님이 부르시는 가장 본질적인 역할을 위해 전략적으로 가장 중요한 기초이다…. 셀 교회를 증진시키는 일을 제외한 모든 것들은 이차적인 것으로 간주된다"(41).

랄프 네이버(Ralph Neighbour)는 신약 교회의 유형을 닮은 유일한 교회의 모델은 소그룹이나 셀에 기초를 둔다고 말한다. 그는 셀 교회와 전통 교회를 확실히 구분하였는데, 전통적인 "프로그램 중심의 복안 교회"(Program Based Design Church)는 프로그램과 조직에 의존하는 성장이론에 토대를 두는 반면, 셀 그룹은 관계적 역동성을 강조한다. 셀을 설명하면서 네이버는 "셀이란 '교회공동체의 기본 단위'이다. 교회는 셀로부터 조직되며, 셀의 총합이다. 한 셀은 15명을 넘어서는 안 되고 15명이 넘으면 새로운 셀을 나눈다. 셀에서 활동하는 그 이상의 어떤 교회 활동도 존재하지 않는다. 교회의 모든 활동들은 셀의 확장이고 셀의 강점들로부터 흘러나온다"고 말한다(1990, 194).

셀 교회 모델은 아시아와 유럽, 오스트레일리아의 인구가 밀집한 대도시들과 북미 주 일부 지역에서 극적인 성장을 보였다. 최초의 예는 한국 서울에 있는 여의도순복음교회에서 담임목사인 조용기 목사의 지도력 아래, 예배를 위한 정기적인 "셀레브레이션" 전체 모임 외에 60만 명 이상의 교인들이 셀 그룹으로 모인다. 전형적인 셀 교회는 한 평신도 지도자 또는 목자가 이끄는 셀들이 계층적 단계 안에 조밀하게 조직되어 있다. 구역장이라고 불리는 다른 한 사람의 무급 지도자가 다섯 개의 구역을 이끌고, 25개의 구역이 모여 하나의 교구가 된다. 이 교구들이 예배를 위해 정기적으로 모인다. 셀 교회가 가질 수 있는 교구의 수는 무제한적이다(Neighbour, 1990).

네이버에 의하면 순수한 셀 교회는 교회의 지리적 위치나 건물, 영구한 조직 등은 거의 또는 전혀 강조하지 않는다. 건물은 단순히 셀 교회 안의 하나 또는 여러 개의 교구들이 함께 모여 예배하는 일에만 사용된다. 그러나 셀 교회 개념은 그 사역의 범위에 어린이와 청소년을 포함시키는 일로 종종 문제시된다. 대부분 셀 교회는 성인들을 주요한 추진력으로 삼기 때문에, 어린이와 청소년 그룹을 위한 사역의 필요를 고려해야만 한다.

셀 교회의 주요한 강점은 불신자들에게 쉽게 접근할 수 있다는 것이다. 셀의 주창자들은, 섬기는 지도자로서 각 셀의 회원들의 개인 전도가 성장의 열쇠라고 주장한다. 평신도들은 세속적 직업을 가지고 지역사회에 속해 있기 때문에 목사와 성직자들보다 불신자들을 만날 기회가 더 많다. 그러므로 평신도들은 셀 교회의 회원들의 자연스런 관계로 불신자 전도에 기여할 수 있다.

또한 셀 교회는 아시아, 아프리카 등 인구가 급증하는 중심도시에서 숫자적으로 엄청난 성장을 해왔다. 네이버는 셀 교회가 전통적인 교회들이 과거에 했던 것보다 훨씬 더 효과적으로 세계의 대도시에 사는 수백만의 불신자들에게 접근할 수 있을 것이라고 생각한다. 셀 교회 교인들은 그리스도의 본으로서 개인적 관계를 통해, 냉정하고 비인격적인 특성을 가진 대도시에 사는 수많은 외로운 사람들을 전도할 수 있다.

WILLIAN F. FALKNER

참고문헌 | C. F. George(1991), *Prepare Your Church for the Future*; R. W. Neighbour Jr.(1990), *Where Do We Go from Herd?*; T. S. Rainer(1993), *The Book of Church Growth*.

셀 그룹(Cell Groups). 분위기/소그룹 분위기(Climate, Small Group)을 보라.

소그룹(Small Groups). 1982년에 릴리 재단은 주일학교를 참석하는 사람들보다 처음으로 더욱 더 많은 사람들이 소그룹에 참여하고 있다고 보고했다. 그 이후로 소그룹에 소속된 사람들의 수는 계속적으로 늘어나기 시작했다.

1. 기초와 크기. 소그룹은 일반적인 형태의 인간 공동체이다. 아이스노글(Icenogle)은 소그룹이 문화와 세대를 초월하는 탁월한 실재라고 하였다. 존재로서의 하나님은 공동체 안에 존재하신다. 소그룹으로 모이는 것은 인류를 위한 하나님의 공동체 이미지의 자연스러운 표현이다.

본회퍼는 소그룹 경험이 우리의 공동적인 "함께 하는 삶"의 표현이라고 현명하게 주장했다. 예수 그리스도를 통한 하나님과 우리의 관계 그리고 서로간의 관계들은 너무나 밀접하게 관련되어 있어서 그 두 가지를 신학적으로 분리하는 것은 어렵다. 이러한 이유로 인해 모든 신자는 진실한 교제를 진작하고 실천해야 할 책임이 있으며, 전체적으로 상호간에 깊은 보살핌의 관심을 표명해야 할 책임을 가진다. 우리는 개인의 영적 성장을 위해 상호 의존하게 되며 인류를 사랑으로 섬겨야 한다. 이러한 신학적인 바탕에 대한 인식의 증가가 과거 50년간의 소그룹 운동이 꽃을 피게 하는 배경이 되었다.

현재 소그룹을 위한 획일적인 크기는 없다. 대부분의 저자들은 그 수를 3명에서 12명 혹은 3명에서 20명으로 제한하는 것을 선호한다. 비종교 소그룹들은 2명에서 3명 정도의 참가자들을 허용한다.

소그룹의 독특한 특징들이 특정 크기보다 더 중요할 수 있다. 소그룹은 상호 발전과 다른 사람들의 더 광범위한 유익을 나누고 그것을 위해 함께 일하며 얼굴과 얼굴을 맞대는 모임을 포함한다. 그리하여 소그룹은 적대적인 세상에서 기독교 사역을 위한 주된 수단이 된다.

2. 역사. 신앙 성장과 발달 그리고 사역을 위한 소그룹들의 사용은 이 시대만의 독특한 것이 아니다. 옛 기독교에는 상호 관계와 성장 그리고 봉사를 강조한 보살핌과 지원의 소그룹들의 예로 가득하다. 침례교인들, 모라비아 형제들, 감리교인들, 퀘이커교도들, 루터란들, 베네딕토회 회원들, 아빌라의 테레사 그리고 2세기와 3세기의 사막의 교부들과 그 외의 많은 다른 사람들은 영적 성장과 지도 그리고 봉사를 위해 소그룹들을 활용했다.

과거 50년이 넘는 기간 동안 뛰어난 지도자들로는 샘 슈메이커(Sam Shoemaker-Faith at Work), 엘튼 트루블러드(Elton Trueblood-Yokefellows), 도슨 트로트만(Dawson Trotman-Navigators), 키쓰 밀러(Keith Miller-Laity Lodge), 브루스 라슨과 월리 하워드(Bruce Larson and Wally Howard-Faith At Work), 라이먼 콜먼(Lyman Colman-Serendipity), 파더 배리(Father Barry-The Franciscan Center) 그리고 켄 호크(Ken HaukStephen Ministry) 등이 있다. 유명한 특별 관심그룹들로는 효과적인 부모 훈련(Parent Effectiveness Training), 부부의 만남/풍요한 결혼생활(Marriage Encounter/Enrichment), 커실로(Cursillo), 싱글즈(Singles), 슬픔과 이혼 회복(Grief and Divorce Recovery) 그리고 "12 단계"(Twelve Step) 프로그램 등이 있다.

오늘날 모든 교회에는 많은 종류의 그룹들이 있다. 어떤 경우 그 그룹들은 교회의 주요 기본 구조를 이룬다. 다른 곳에서 이 그룹들은 관심이 있는 사람들을 위한 선택사항이다.

3. 그룹들의 유형. 교회에서 현재 유행하고 있는 소그룹들의 유형은 많다. 대표적인 유형들은 아래와 같다.

1) **가정교회 모델.** 가정교회 모델은 많은 다른 나라에서 중요한 표준이다. 그 수는 북미에서 증가해

왔다. 이 모델은 교회 건물이 아닌 가정의 소그룹 모임에 신약성경의 모든 측면들을 실현하려고 한다. 가정교회들은 주어진 지역 전체에서 하나로 독립적이거나 함께 연합할 수 있다. 복음의 직접적인 선포가 금지된 국가들에서는 이 모델이 매우 유용하다.

2) 복음전도 그룹 모델. 그룹 모임에 복음전도의 성격을 나타내거나, 그룹 구성원들이 그룹 밖에서 효과적으로 복음을 전할 수 있도록 훈련시키는 것을 목적으로 한다.

3) 양육 모델. 양육 모델은 신자들에게 광범위한 영적 성장 기회들을 제공하는 것을 목표로 한다. 교구에 있는 다양한 영적인 필요들과 헌신의 수준에 맞추기 위해서는 다중 유형이 최고이다.

a. 레벨 101- 통합 그룹. 주일의 가르침(예배 내지는 주일학교반)의 적용과 후원을 위해 주중에 만나는 소그룹에 연결시킨다.

b. 레벨 201- 성경공부 그룹. 성경의 내용, 교리 아니면 주제에서부터 시작하여 삶의 적용을 위한 말씀 연구와 같이 다양한 초점이 있다. 이것은 귀납적일 수도 있고 연역적일 수도 있다.

c. 레벨 301- 후원-성장 그룹. 더 헌신하고자 하는 교인들을 목표로 한다. 전형적인 활동들로는 개인 간증, 성경공부, 기도 그리고 상호 후원 등이 있다. 그룹 언약 후 그룹에 대한 책임은 약간에서 중간 정도까지이다.

d. 레벨 401-제자훈련/영성 그룹. 그리스도 안에서 더욱 더 깊이 성장하기 원하는 매우 헌신된 사람들을 위한 단계이다. 언약에 서명한 후 더 이상의 구성원을 받아들이지 않는 그룹이다. 개인적인 영성을 발전시키기 위해 특정 훈련들을 의도적으로 시행하는 등의 특징들이 있다. 갱신의 가능성을 가지고 지정된 기간 동안 하는 것이 가장 좋은 방법이다. 이러한 것들로는 영적 은사 훈련이 있다. 그룹에 대한 책임은 중간 정도에서 높은 수준에 이른다.

4. 목양/목자 그룹 모델. 교인들 내지는 교구 구성원들을 위한 모델이다. 목적은 사람들에게 보살핌과 일반적인 목양을 제공하는 것이다. 종종 상호간의 사랑과 보살핌과 교제 그리고 그룹 구성원들의 격려와 확인을 포함한다. 가끔씩 사교적인 모임을 제공하며 일상적인 삶의 주기 행사들과 관련된 문제들을 다룬다.

5. 사역 그룹 모델. 주된 목표는 다른 사람들에게 봉사를 제공하는 것이다.

a. 회복 그룹. 상처가 있는 사람들을 목표로 한다. 자신들의 삶에서 굉장한 어려움을 겪고 있는 사람들에게 상호 지원 내지는 도움을 제공한다. 기본 원칙을 주의 깊게 세운다. 종료일을 포함할 수도 있다. 많은 그룹은 "12 단계" 접근법을 사용한다. 학대와 중독 내지는 성인 인생 위기의 세 가지 부분이 주류를 이룬다. 해당 문제에 대한 삶의 경험이 있는 사람이 종종 최고의 리더가 된다.

b. 변호 그룹. 하나의 대의명분과 변호자를 떠맡아서 그 성과를 교회와 지역사회에 넘긴다.

c. 리더십 훈련 그룹. 이 유형은 리더십 능력과 은사들을 가진 27%의 인구를 목표로 한다. 그 목표는 효과적이고 그리스도와 같은 방법으로 이사회와 위원회 내지는 팀을 감독하는 개인들에게 동기를 부여하고, 준비시키고, 격려하는 것이다.

d. 봉사/기동 부대 그룹. 지정된 사역 내지는 봉사를 연합적으로 완성하는 것을 목표로 한다. 단기(선택적인 행사 내지는 단일 행사) 및 지속(정기 및 일상) 그룹들이 있다.

지도자가 특별 임무를 띠고 섬기는 사람들의 50%가 전통적인 교제 그룹에 가입하지 않을 것이기 때문에 "지역사회 보살핌"의 영역을 각 사역 팀에 제공하는 것이 중요하다.

많은 소그룹들은 위의 설명들을 거부한다. 예를 들어, 조용기 목사나 네비게이토선교회의 유형을 따른 "셀 그룹들"은 종종 전도와 양육의 성격을 동시에 띤다. 그러한 변형이 몇몇 지역에서는 효과가 있었지만 모든 곳에서 효과가 있는 것은 아니다. 일반적으로 그룹의 목적을 구체화하는 것이 중요하다.

태초부터 인류는 하나님 및 다른 사람들과 공동체의 완전성을 유지하는 데 갈등을 겪어왔다. 소그룹이 교회의 만병통치약은 아니지만 예수 그리스도를 통한 하나님의 화해 운동을 집중적으로 제시하는 커다란 잠재능력을 가지고 있다.

JAMES A. DAVIES

참고문헌 | J. Gorman(1992), *Community That Is Christian*; E. Griffin(1982), *Grtting Together*; R, Hesten(1983), *Using the Bible in Groups*; G. W. Icenogle(1994), *Bibleical Foundations for Small Group Ministry*; N. McBride(1995), *How to Build a Small Groups Ministry.*

참조 | 회복 사역(RECOVERY MINISTRY)

소그룹에서의 상호의존성(Interdependence in Small Groups).
상호의존성의 원칙은 소그룹 내에서 개인이 고립되어 행동하는 것이 아니라 끊임없이 그룹 내에서 뿐 아니라 서로에게 관심을 갖는 것을 말한다. 소그룹내 상호의존성은 개인생활에 자신을 한정시키거나 타인을 능가하여 자신의 개인적 권리와 자기만족을 높이는 개인주의의 부정적 요인과 대조를 이룬다.

상호의존성은 초대 교회의 작은 가정그룹의 실제였고 사도적 기대였다. 초기 교회부터, 기독교인들은 "모든 물건을 서로 통용하였으며"(행 2:44) 신자들은 예수 그리스도를 아는 지식에서 자라가면서 서로를 위해 봉사해야 한다는 것이 사도들의 가르침이었다(롬 12:5; 10:24; 약 5:16; 벧전 1:22; 4:9). 초기 교회가 행하였던 상호의존적 생활유형은 예수 그리스도에 의해 주장되었으며(요 13:34-35) 예수님에 의해 12제자의 소그룹의 모델이 제시되었다. 전부는 아니더라도 제자들이 그리스도께로부터 배운 심오한 교훈의 많은 부분은 그들 서로의 친밀한 관계로부터 나온 것이다(요 13:14을 보라)(Gorman, 1993, 49-50).

어떻게 소그룹에서 상호의존성이 길러질 수 있는가? 첫째, 진정한 상호의존성이 생겨나고 풍성해지기 위해서는 자신과 개인적 흥미의 증진에 초점을 맞추는 개인주의를 버려야 한다. 둘째, 국적, 인종, 계층, 교육, 성(性) 등의 인간이 만든 장벽이 극복되어야 한다. 성령께서 능력을 부어주시는 상호의존성을 향해 다가가는 소그룹의 한 표지는 서로 다른 배경을 가진 지체들이 서로의 관계에 있어 소속감과 자유를 경험하는 방식이다. 셋째, 상호의존성은 협력하는 경험을 겪음으로써 양육될 수 있다. 예를 들면 예루살렘에 믿는 자들이 동료애를 위해, 빵을 나누기 위해, 기도를 위해 끊임없이 자신을 바쳤다(행 2:42). 소그룹의 구성원들은 서로를 위해 기도하고, 찬송하며, 짐을 나누어지며, 함께 식사하면서 규약을 따라 통합과 하나됨을 느낄 수 있다.

HARLEY ATKINSON

참고문헌 | J. Gorman(1993), *Community That Is Christian*; G. Icenogle(1994), *Biblical Foundations for Small Group Ministry.*

참조 | 개인주의와 그룹(INDIVIDUALISM AND GROUPS)

소그룹 일탈 구성원(Small Group Deviant).
다른 구성원들에 의해 다른 사람들과 상당히 다른 것으로 여겨지는 그룹 구성원. 일탈 구성원들의 일반적인 두 가지 예는 그룹 활동 내지 토론에 적극적으로 참석하지 않는 그룹 구성원들과 반대하는 경향을 가졌거나 주제와 관련해서 모순된 견해들을 표하는 구성원들이다(Brilhart & Galanes, 1995, 259). 일반적으로 구성원들은 일탈 구성원들을 논리, 유혹, 강요 그리고 고립과 같은 네 단계의 압력을 통해 그룹의 사고방식에 일치시키려고 노력한다(Tubbs, 1995, 159).

일탈 구성원들은 종종 비정상 내지는 외고집으로 여겨지고 그룹을 불편하게 만들지만 적어도 세 가지 면에서 소그룹에 잠정적으로 귀중한 역할을 하게 된다. 첫째, 일탈 구성원들은 자신들의 반대 내지는 도전이 다른 그룹 구성원들로 하여금 비판적으로 생각하게 하고 자기 자신들의 입장을 성찰하도록 하기 때문에 그룹 상호작용의 상당한 부분을 차지한다. 둘째, 정확하고 이해할 수 있게 표현된 표준에서 벗어난 의견들과 생각들은 소그룹이 더 나은 결정을 내릴 수 있도록 도와준다. 셋째, 일탈 구성원들은 창의성을 통해 기여한다. 창의성은 그 정의 자체가 일탈을 가리키며 창의적인 정신은 종종 문제들을 해결하거나, 혹은 사물을 다루는 새롭고 더 나은 방식들을 소개하기 위해 요구된다(Brilhart & Galanes,

1995, 260; Griffin, 1982, 191-93). 일탈 구성원들은 참여를 하지 않거나 의도적으로 자기중심적인 이유로 그룹의 목표를 방해할 경우 그 그룹의 기능과 계속적인 발전에 해가 될 수 있다.

HARLEY ATKINSON

참고문헌 | J. Brilhart and G. Galanes(1995), *Effective Group Discussion*; E. Griffin(1982), *Getting Together*; S. Tubbs(1995), *A Systems Approach to Small Group Interaction*.

참조 | 소그룹(SMALL GROUPS)

소그룹/청소년(Small Group, Youth). 의도적인 목적과 관련된 상황을 가지고 있는 대략 3명에서 12명 정도의 상호작용이 있는 모임이다. 청소년을 위한 소그룹에는 종종 한 명의 어른 내지는 나이가 더 많은 청소년 리더가 있다. 소그룹 상황은 여러 면에서 기독교 청소년의 교육에 있어서 값진 자산이다. 그것은 가정이나 지역사회에서 결여되어 있을 수 있는 관계적인 친밀감의 상황을 제공해 준다. 그것은 학생들이 그리스도의 몸의 상호 연관성을 이해하고 실천할 수 있는 기회가 되며, 청소년들이 자신들의 세계에 신앙과 성경적인 진리들을 통합시키는 포럼이 된다. 또한 멘토링과 제자훈련 그리고 책임 그룹을 경험하는 하나의 수단이 된다. 소그룹들은 정체성 문제와 씨름을 시작할 수 있는 장소를 제공해 주기 때문에 청소년들에게 특별히 적합하다. 그리스도의 몸을 구성하는 데 서로를 보충해 주는 사람들과 있을 때 개인의 정체성에 대한 가장 정확한 그림을 그릴 수 있기 때문이다(Gorman, 1993, 19).

청소년 사역들과 기독교교육 프로그램들은 자신들의 교육 및 사역 목표들을 이루기 위해 여러 형태의 소그룹들을 사용해왔다. 성경 공부와 책임 그리고 기도를 통해서 그리스도의 모습으로 닮아 가는 것에 주된 초점을 맞추는 제자훈련 그룹들이 있다. 또한 학생들이 다양한 문제들에 대해서 토론하게 하는 것에 초점을 맞추는 토론 그룹들이 있으며 다른 프로그램의 보충으로 사용될 수 있다. 성격상 변증학적인 복음전도 소그룹들은 불신자 청소년들이 기독교 신앙에 관련된 자신들의 질문들을 탐구해볼 수 있는 기회를 제공해 준다. 또래 상담 그룹들과 특별 후원그룹들은 특별한 보살핌과 치유를 고려하는 그룹들이다. 마지막으로 리더십 그룹들은 학생들이 자신들의 믿음을 나누고 다른 또래들을 섬기는 데 필요한 리더십 자질들을 개발하는 데 초점을 맞춘다(Sundene, 1997, 654). 소그룹들은 성격상 방학 수양회 기간의 소그룹과 같이 단기간 일 수 있으며, 1년이나 그 이상 지속될 수 있는 제자훈련 그룹과 같이 장기간일 수 있다.

청소년을 위한 소그룹, 제자훈련 내지는 성경 공부반의 가장 일반적인 유형의 중요한 요인들은 양질의 성경 내용, 그룹 구성원들 간의 공동체 개발, 활발한 자기 발견의 학습 기회, 적용과 진보적인 삶의 변화 그리고 결과적으로 외부에 영향을 미칠 수 있는 능력으로 밝혀졌다(Hove, 1995, 18-21). 청소년들을 위한 소그룹들을 구성할 때 반드시 고려해야하는 다른 요인들은 나이와 성이다. 소그룹에서 대표되는 연령을 정할 때 학생들의 다른 발달 단계 및 능력들을 재어보는 것이 중요하다. 동성의 학생들을 같은 그룹에 두는 것은 표현을 하는 데 안전성을 향상시키고 방해가 적은 학습을 가능케 하는데 이것은 초기 청소년기에 더욱 그렇다. 혼성 그룹들은 학생들이 이성간에 건강한 관계들을 개발하는 것을 도와준다.

JANA SUNDENE

참고문헌 | J. Gorman(1993), *Community That Is Christian: A Handbook on Small Groups*; R. Hove(1995), *Leading a Small Group: The Ultimate Road Tip*; J. Sundene(1997), *Reaching a Generation for Christ*, pp. 651-69.

소급억제(Retroactive Inhibition). 이 용어는 또한 순향 간섭(proactive interference)으로 알려져 있다. 소급 억제는 이전에 학습한 것과 비슷한 것을 새롭게 학습함으로 이전 것을 잊어버리게 되는 것이다. 소급억제는 항목들을 기억하여 목록으로 작성할 때 가장 빈번하게 일어난다. 만약 학생들이 이전에 배운 것과 어떤 면에서 비슷한 새로운 목록들을 배우게 되면, 이 새로운 학습은 이전에 배운 것에 대한 기억을 억제하거나 방해할 것이다. 소급(retroactive)이라는 용어는 억제가 새롭게 학습된 자료들이 아니라, 이전에 학습된 자료들에 영향을 끼친다는 사실에 대한 참조이다.

소급억제의 한 예는 성경암송이 될 수 있다. 한 학기 혹은 한 분기 동안, 한 학생이 갈라디아서 5장 22-23절을 먼저 암송한 후, 후에 빌립보서 4장 8절을 외우도록 지시되었다고 생각해 보자. 만약 그 학생에게 동시에 두 구절을 상기하도록 시켜본다면, 두 구절에서 발견되는 개념들의 유사성으로 인해, 후에 암기한 빌립보서의 구절은 갈라디아서의 성령의 열매를 정확하게 상기하는 데 방해가 될 것이다.

DALE L. MORT

참조 | 전진억제(PROACTIVE INHIBITION)

소크라테스의 방법(Socratic Method).

소크라테스 자신은 가르칠 수 있을 정도로 충분한 지식을 갖고 있지 못하다고 주장했다. 하지만 플라톤과의 대화에서 그는 사랑과 정의와 덕과 같은 개념들을 이해하고자 하면서 자신의 동료들에게 계속적으로 질문들을 던진다. 소크라테스는 질문을 함으로써 가르치는 교수방법을 사용했다. 보편적인 개념과 함께 이 방법은 인류에 대한 소크라테스의 가장 위대한 공헌으로 여겨져 왔다.

소크라테스는 자신의 사고의 틀을 한 단계 한 단계 잡아갔고 대화에서 자신의 동료의 동의를 구했다. 비록 사람들이 일반적으로 자신의 대화를 잘 따라갔지만 특히 제자들 중에 한 사람인 메노(Meno)는 소크라테스에 의해 홀린 것 같다고 고백했다. 소크라테스의 예리한 질문들은 그들 사고의 모순을 드러내었다. 그러나 소크라테스는 반대심문에서 무신론을 주장하고 아테네의 청년들을 타락시켰다는 죄목으로 처형되었다.

질문에 기초한 모든 교수법이 소크라테스의 방법으로 여겨질 수 있는 한편 이 고대 교수법의 현대적인 적용은 다양한 형태의 소그룹 토론이다. 토론들은 그 형태에서 완전히 자유로운 자유토론 그룹에서부터 특정한 주제와 목적을 가지는 세미나에 이르기까지 다양하다. 토론은 의견 내지는 기본적인 정보를 요구하는 것에서부터 의미와 적용에 대한 깊이 있는 질문들에 이르기까지 끝이 없는 질문들과 단순한 긍정이나 부정 이상의 답을 요구하는 질문들을 제기하는 것을 포함한다. 의미와 적용에 대한 깊이 있는 질문들은 문제들과 개념들을 다룰 때 세미나를 특별히 강력한 방법으로 만들어준다.

사려 깊은 질문들을 할 수 있는 능력은 심오한 학습의 경험들로 이어질 수 있는 하나의 예술이다. 질문을 하는 것은 학생들로 하여금 생각하고 분석하게 만들어서 떠 먹여 주는 것이 아니라 그들로 하여금 스스로 결론에 이르도록 만든다. 답변을 하는 것은 사고, 우선순위, 조직 그리고 그러한 생각들을 일치된 답변으로 종합하는 추가적인 학습과정을 요구한다. 그런 다음 토론의 지도자는 학생들이 커다란 확신을 가지도록 그들의 답에 도전을 주거나 그들의 답을 다듬어줄 수 있다.

소크라테스의 방법은 성인교육학의 원리에 관한 현대의 생각과 부합된다. 성인교육 이론은 학습자를 학습상황을 진작시키는 지식과 삶의 경험을 소유하고 있는 자원으로 본다. 소그룹 토론에서 학습자들은 교사만이 아닌 여러 사람들의 통찰력을 통해 유익을 얻게 된다.

토론 형태의 인기와 장점들에도 불구하고 성인교육학의 열렬한 지지자인 말콤 노울스(Malcolm Knowles, 1990)는 학습자에게 지식과 경험 혹은 동기부여가 없을 경우에는 "전통적인" 모델들이 더 바람직하다고 주장한다. 그럼에도 불구하고 소크라테스의 방법이 올바르게 사용된다면, 기독교교육자들로 하여금 표면적인 단계의 가르침에서 "율법의 더 중요한 조항들인 의와 인과 신"의 영역으로 들어갈 수 있도록 만들어 줄 수 있을 것이다(마 23:23).

DOUGLAS FALLS

참고문헌 | M. J. Adler, ed.(1984), *The Paideia Program : An Educational Syllabus*; M.

Knowles(1990), *The Adult Learner: A Neglected Species*; K. Lee Thorp(1998), *How to Ask Great Questions*; Plato(1872), *The Dialogues*, vols. 1-4.

소형교회 사역(Small Church Ministry).

무엇이 소형교회를 구성하는지에 관해서는 의견의 일치가 없다. 어떤 교회 성장 고문은 150명 내지는 그 이하의 교인들이 예배에 참석할 경우 그 교회를 소형교회로 여긴다. 라일 쉘러(Lyle Schaller)에 의하면 55명에서 113명 사이일 경우 그 교회는 소형 교회라고 하는데 미국에서는 중간 정도의 교회 출석수이다. 교회가 작으면 작을수록 목사가 시간제로 일할 가능성이 더 많다. 교회의 출석이 125명에서 150명 정도 되면 한 명 내지는 그 이상의 시간제 교역자들이 추가될 것이다.

한 교회가 작은 이유는 여러 가지가 있다. 교회가 개척교회이거나 급격하게 변화하는 인구통계를 갖고 있는 지역에 위치해 있기 때문에 그럴 수 있다. 교회는 성장에 대한 전망이 거의 없는 고립된 시골 지역에 있거나 점차적으로 죽어 가는 옛 교회일 경우에도 소형교회일 수 있다. 어느 경우이든지 간에 소형교회들은 출석하는 사람들의 삶에 중요한 역할을 감당한다.

소형교회의 기독교교육 프로그램을 인도하는 사람들에게는 더 큰 교회들의 동일한 필요들의 많은 부분을 없는 자료로 충족시켜야 되는 어려움이 있다. 사역을 효과적으로 하기 위해 소형교회는 기독교교육 사역의 다섯 가지 중요한 영역을 조심스럽게 고려해야 한다.

1. 리더십 구조. 소형교회에서는 평신도들이 교육 사역들에 대한 주요 책임들을 감당한다. 목사가 특별히 정책과 입안 단계에서 참가해야 되지만 평신도들이 실제적인 현장 사역을 해야 한다.

많은 소형교회들에서 기독교교육의 행정 책임은 기독교교육 위원회에게로 돌아간다. 이 위원회는 목사와 교회학교, 아동과 십대를 위한 클럽 프로그램 등과 같은 교회에서 중요한 교육 사역들을 맡는 대표들로 구성된다. 기독교교육 위원회는 다음과 같은 질문들을 답하고자 해야 한다.

1) 교회의 전반적인 기독교교육철학은 무엇인가?
2) 어떤 교육 사역들을 필요로 하고 원하는가? 교회의 필요 조사가 이 질문을 답하는 데 도움이 될 것이다.
3) 교육의 필요/소원의 우선순위를 어떻게 정해야 하는가? 당연히 소형교회는 대형교회가 하는 모든 것을 할 수 없을 뿐만 아니라 잘 할 수도 없다. 그리하여 소형교회 리더십은 가장 큰 보답을 가져다 주는 교육 영역에 주의 깊게 투자해야만 한다.
4) 현재 어떤 프로그램들을 지속하고 어떤 새로운 프로그램들을 추가해야 하는가?
5) 사역 지도자들을 선정하는 기본적인 정책과 절차는 무엇인가?
6) 연령 그룹들은 어떻게 나누고 통합시킬 것인가?
7) 교육 사역의 노력은 어떻게 조정할 것인가?
8) 위원회는 전반적인 교육 사역이 효과적인지 아닌지를 결정하는 데 도움이 되는 어떤 기준을 사용할 것인가?

2. 사역 목표. 소형교회가 하기로 결정한 교육 사역의 목표들은 무엇인가? 각각의 특정 교육 사역에 몸담은 개인들은 사역 목표들의 개발 및 실행과 관련된 사실들을 제공받아야 한다.

3. 교사들과 일꾼들의 모집과 훈련. 기독교교육 위원회는 교회의 모든 교육 사역을 위한 간단한 안내서를 개발해야 한다. 그러한 안내서는 사역, 사역의 목표, 각 위치에 대한 업무 지침, 사역에 필요한 자료들 그리고 정기적으로 사역을 평가하는 데 사용되는 기준 등을 포함시켜야 한다.

기독교교육 위원회는 교사들과 일꾼들의 자격을 정해야 하며 그런 다음 그 사람들이 봉사할 수 있도록 준비시켜주기 위한 훈련 프로그램을 고안해야 한다. 소형교회는 지역 성경학교, 기독교대학, 신학교 내지는 기독교교육 총회와 같은 데서 받을 수 있는 훈련의 기회들이 있는지를 조심스럽게 검토해야 한다. 소형교회들은 또한 교단 출판사들과 독립 출판사들이 만들어내는 인쇄 훈련 자료들과 오디오 및 비디오테이프들을 이용해야 한다.

4. 예산. 소형교회는 일반적으로 기독교교육에 투자할 재원이 제한되어 있다. 제한된 재정을 늘리는 방법들 중의 하나는 모든 교육과정 자료들을 주의 깊게 정리하여 재활용하는 것이다.

5. 시설물. 대부분의 소형교회들은 공간이 부족하기 때문에 종종 교육사역의 시행이 공간의 제약을 받는다. 그렇기 때문에 창의성을 발휘해야 한다. 더 큰 공간을 작은 몇 개의 공간으로 나눌 수 있는 분리 칸막이를 만들거나 구입할 수 있을 것이다. 접견실이 있는 아파트 단지, 회의실이 있는 근처의 사무실 건물, 부근에 사는 교인의 집 아니면 공립학교 건물과 같은 교회 건물 근처의 사용 가능한 공간을 조사해야 한다. 주일 저녁이나 수요일 저녁에 모이는 주일학교 프로그램 등과 같은 융통성 있는 시간표를 고려해야 한다.

교회가 수적으로 적다는 사실이 그 교회가 중요하지 않다는 것을 뜻하지 않는다. 소형교회는 교회의 일꾼들이 올바르게 훈련을 받고 초점이 맞추어져 있다면 역동적인 기독교교육 사역을 할 수 있다.

JONATHAN N. THIGPEN

속죄(Atonement). 어원적으로 '속죄'(atonement)라는 말은 중세 중기(약 1100-1500년)의 영어 atonement에서 온 말이다. 속죄라는 말의 중심에는 화해라는 의미가 있다. 근대 신학이 이 고전적 감각을 되찾은 반면(Taylor, 1960), 화해가 전통적인 정의와 심판을 요구하는지의 여부에 대해서는 확신이 부족하다.

구약에 나오는 속죄는 피(kapar: 출 29:33; 민 5:8)의 희생을 근거로 한 화목으로 표현된다. 초기에는 화목이라는 자비가 피 흘림으로 구매되고 피 흘림에 잠김으로 얻는다고 희미하게 이해되었다(욥 1장; 창 15, 22장). 궁극적으로 이 요구는 모세의 법(레 1-7장)에 명백하게 드러나고 위대한 레위기의 금언으로 설명되었다. "육체의 생명은 피에 있음이라. 내가 이 피를 너희에게 주어 단에 뿌려 너희의 생명을 속하게 하였나니 생명이 피에 있으므로 피가 죄를 속하느니라"(레 17:11).

이 오래된 계약은 신약성경에서 "피 흘림이 없이는 죄사함도 없다"(히 9:22)고 선명하게 못박았다. 그러나 과거에 송아지나 염소의 피를 통해 의례로서 행하던 것과는 대조적으로, 히브리서는 예수 그리스도의 피 흘림을 통한 온전한 속죄의 섭리를 가르친다.

이 용어의 신학적 범례는 두 가지가 있다. 좁은 의미의 속죄는 하나님과 사람들의 의식적인 화목을 의미하는데, 이것은 대 속죄의 날(the Day of Atonement)에 법궤의 뚜껑인 속죄소에 피를 뿌림으로써 효력이 발생한다.

넓은 의미의 속죄란 그리스도께서 갈보리 십자가에서 희생적 죽으심으로 성취하신 구원에 관한 모든 것이다. 속죄의 절정인 승리의 순간은 예수께서 돌아가시면서 "다 이루었다"(요 19:30)고 말씀하실 때 모든 것이 성취되었다. 속죄를 실제로 이루시기 위해 그분은 대신 돌아가셨다(고전 15:3; 고후 5:14-15, 21; 벧전 2:24; 마 20:28). 죽음 뒤의 부활과 승천으로 성취하신 예수님의 구속을 거룩하신 하나님께서 받으셨고, 이제 은혜 가운데 유효하다(롬 4:25; 고후 5:15-16, 21).

1. 역사. 분명하고 일반적이며 성경적 증거가 충분함에도 불구하고 교회는 속죄를 잘 이해하지 못했다. 성경의 정경화 이후, 신약성경의 핵심은 직선적으로 속죄론이라고 불리는 심오한 성찰의 스펙트럼으로 빨려들어 갔다.

이러한 이론들에 대한 논의들은 풍부하며(Aulen〈1961〉, Driver〈1986〉, McDonald〈1985〉, Warfield〈1970〉을 보라), 채택하고 있는 방법론 또한 명백한 것으로 보인다. 통상적으로는 역사상 이 문제가 거론될 때에 논의하고, 다른 경우에는 이 속죄론을 그리스도의 구속 역사의 목적으로 고려한다. 하나님께서 아담의 실패와 불순종에도 불구하고 다시 찾아 오셔서 새생명을 주실 필요가 있을까? 아니면 사단의 악의 굴레를 깨뜨리고 그의 포로된 자들을 풀어줘야만 할까?

이것은 확실히 하나님의 거룩하심과 의로우심과 통치하시는 주권적 명제다. 인류를 향한 그리스도의 사랑을 도외시할 수는 없다.

넓은 의미에서 구속이란 선과 악, 하나님과 사단의 우주적 갈등으로 보아야한다. 반면에, 협의적으로는 하나님의 공평하신 심판으로 또는 당신이 통치하시는 나라의 법을 제정하시는 하나님으로 본다. 또 다른 관점은 사람들과 도덕성을 뒤흔드는 것, 하나님에 대한 사랑을 다시 깨우치는 일, 종으로 섬기신 예수님을 본받는 거룩한 소명 등에 초점을 둔다. 그렇지 않으면 속죄를 단지 죄인들이나 인류의 죄에 제한된 영적인 의미로만 보아야 하는 것인가?

속죄론에 대해 상고해 보면, 언급된 사실만큼 언급되지 않은 사실들도 반드시 보게 된다. 본질을 강조하고 있는가? 아니면 부수적인 것에 집착하고 있는가? 때때로 우선권이나 균형이라는 미세한 차이로 정통과 이단으로 구분된다. 속죄의 본질-그리스도의 대속이라는 중심성-은 본질적인 주제로 간주되어야만 한다(마 10:45).

기독론적 재현에 의한 속죄(롬 5:19; 빌 2:8)-두 번째 아담이 첫 아담에 의해 실패한 의로운 순종의 삶을 회복시켰다는-이론은 그리스도의 대속을 충분히 설명하지 못한다. 사단에게 몸값을 지불하여 속죄를 이루었다는 이론 또한 성경적 추론임에도 불구하고(눅 13:16; 고후 4:4; 요일 5:19) 오류다. 고전적인 이 견해의 아이러니는 한 타락한 피조물이 창조주를 대신한다는 사실이다. 모든 모범적인 도덕적 영향력과 사랑의 동기 등의 견해들(벧전 2:21) 역시 인간의 타락에 대한 비현실적인 견해로 완전히 무효되었다. 선한 의도의(부채 잔액 지불을 보증하는) 내 입금으로 보는 견해조차, 하나님의 통치를 어느 정도 합리화하지만(사 42:21에 근거한다고 알려진), 수정할 필요가 있다.

고전 신학과 현대 신학 사이의 또 다른 긴장감은 자기 속죄(self-atonement)와 대리 속죄(substitutionary atonement), 또는 자동적(automatic) 속죄, 비속죄(no-atonement) 등의 견해들을 중심으로 대립한다. 이 두 신학적 접근은 모두 십자가를 불필요한 것으로 만들며, 항상 역사적 성경주의 바깥에 서 있든지 역사성을 부인하는 입장에 서 있다. 자기 속죄는 심하게 비난 받을 논리에 대한 분노와 성경적 비난을 자초한다. 죄책과 죄의 대가를 거부하는 어떤 감상주의도 당신의 인격을 거룩한 자기 계시로서 드러내시는 하나님을 악용하는 것이다.

2. 성경신학. 성경에 그 기초를 둔 역사적이고 정통적인 개신교는 항상 이 속죄의 본질을 지지한다. 속죄란 예수 그리스도의 갈보리 십자가로 표현되는 피 흘림이며, 신성과 은혜로운 속죄를 온전히 드러낸다. 이 섭리만이 "영원부터 영원까지" 부패한 아담의 모든 후손의 필요를 채워준다. 이 속죄론을 캔터베리의 성 안셀름(St. Anselm of Canterbury)이 '왜 하나님이 인간이 되시었나'(Cur Deus Homo)라는 명제로 만족스러운 해석을 했다. 오직 한없이 완벽한 희생만이 모든 인류의 죄를 속할 깊이와 넓이를 충족시킨다.

모든 죄와 모든 인류와 모든 세대를 위한, 하나의 온전하고 완전한 속죄는 예수 그리스도이다(고후 5:14, 15; 딤전 2:6; 히 9:11-28; 10:12-14). 자비롭고 신실하신 대제사장께서, "백성의 죄를 구속하려 하심이라"(히 2:17). "멜기세덱의 반차를 따른 영원한 제사장"으로서 그분은 "유약하고 무익한" 아론의 반차를 따른 레위인이 아니었다(히 7:11-19). "거룩하고 악이 없고 더러움이 없고 죄인에게서 떠나 계신"(히 7:26) 그분의 온전함이 우리의 필요를 완전히 채우신다. 그분은 "자기를 힘입어 하나님께 나아가는 자들을 완전히 구원하실 수 있으니 이는 그가 항상 살아서 저희를 위하여 간구하시는"(히 7:25) 분이시다. 예수님의 영구적인 제사장 직분이 과거, 현재, 미래의 완전한 구원을 확증시킨다.

그분이 "십자가에서 다 이루셨다"(마 20:28; 롬 3:23-25; 요일 2:2; 벧전 1:18-19)는 사실이 속죄의 궁극적인 기초가 된다. 예수께서 마지막 말씀으로 하신 "다 이루었도다"라는 말씀은 다른 어떤 방법도 필요치도, 요구되지도, 충족하지도 않음을 지적해 준다.

구체적으로, 속죄의 섭리는 대속-그리스도의 죽음으로 모든 사람의 모든 죄와 대가를 영원히 지불하셨다는(벧후 2:1; 계 5:9) 것이다. 죄의 노예에서 해방되었고(갈 3:13; 4:5) 그리스도 안에서 자유를 얻었다(마 20:28; 벧전 1:18; 딛 2:14). 그 자유와 함께 구매자의 소유가 되는 의무가 따라온다(행

20:28).

둘째, 이 섭리는 또한 죄에 대한 분노 때문에 정의의 심판을 행하시는 하나님의 거룩성을 만족시키는 화해의 일원이다(롬 1:18; 3:25). 이 신적 분노에 대해 성경은 500여 곳에 25개의 서로 다른 용어를 사용하여 진솔하게 기술해 놓았다. 예수 그리스도께서 친히 우리를 대신해 하나님의 분노에 정면 대결하는 짐을 지셨고, 그리하여 우리는 그분의 자녀가 되었다(히 2:17; 요일 2:2; 4:4).

셋째, 속죄는 화목을-적의를 우정으로 지불 및 교환하는 것-이룬다(마 5:24; 롬 5:10-11; 고후 5:18-20). 신약성경에서 화목에 대한 중심 구절은 계획자이신 하나님과 성취하신 그리스도 그리고 그 은혜를 통보받은 인간 모두가 화목의 원을 이루는 중요한 요인임을 상기시킨다(고후 5장).

마지막으로, 이 완성된 사역의 특성은 두 가지가 있다. 신약성경에 나타난 대속의 표현의 뉘앙스로는 그리스도께서 우리를 대신하셨고, 우리를 위해 속죄를 보증하셨다(마 10:45; 고후 5:14, 21).

이 모든 실상은 잠정적인 섭리로서, 개인의 믿음과 영접이라는 반응을 기대한다. 고린도후서 5장 18-21절에 하나님과 하나님의 섭리는 반드시 인간의 대사로서의 역할과 그분의 선언과 호소에 부합되어야 한다. 대속의 잠재성이 무한한 반면, 그 유익을 누리는 사람이 많지 않다는 사실은 슬픈 일이다. 그리스도의 구속은 모든 이들에게 충족하지만, 구속의 신앙을 가진 자들의 삶에서 볼 수 있듯이, 그것은 하나님께서 선택한 자들에게만 가능하다.

3. **기독교교육.** 속죄는 기독교교육의 진정한 토대로서 성경 안에 가득 찬 깊은 의미의 편만한 적용이 가능하다.

속죄이든 교육이든 진리에 대한 반응은, 하나님이 주시는 효과와 전적 유익을 위해 필요 불가결하다(요 3:16-18).

성공적인 교육 사역과 마찬가지로 속죄를 통해 예배자들을 양산해 내는데, 이들은 구주가 이루신 일을 영원토록 기념하는 장엄한 그림의 대속적 창조와 같다(계 1:6; 5:9-10, 12-14).

구속하시는 그리스도와 그분의 가르침은 주어진 은사를 통해 서로 헌신하여 섬기게 하는데, 이 은사는 모든 사람에게 유익을 주어 개인의 모든 필요와 개인의 전 생애를 채워 준다(엡 4:4-16).

속죄는 또한 공동체를 만들어 낸다(엡 1:7, 22, 23; 골 1:13-14, 18-20; 계 1:6). 위대한 기독교교육은 공동체를 통해 양산되고 양육된다.

이것은 소속감과 가치, 능력을 온전히 성취하는 개인의 전인성도 속죄와 진정한 교육의 결과라고 할 수 있다(고전 12:12-14, 27; 갈 3:28; 빌 4:13).

JOSEPH Y. WONG

참고문헌 | Anselm(1969), *Cur Deus Homo*(Why God Became Man); G. Aulen(1961), *Christus Victor*; E. Brunner(1947), *The Mediator: A Study of the Central Doctrine of the Christian Faith*; J. Driver(1986), *Understanding the Atonement for the Mission of the Church*; R. Lightner(1991), *Sin, the Savior, and Salvation*; H. McDonald(1985), *The Atonement of the Death of Christ*; L. Morris(1983), *The Atonement: Its Meaning and Significance*; idem(1965), *The Cross in the New Testament*; G. Smeaton(1953), *The Doctrine of the Atonement as Taught by Christ Himself*; V. Taylor(1960), *Forgiveness and Reconciliation*; idem, *The Atonement in New Testament Teaching*; B. B. Warfield(1970), *Person and Work of Christ*.

손다이크, 에드워드(Thorndike, Edward, 1874-1949).

미국 교육심리학자. 매사추세츠 윌리엄스버그에서 1874년에 태어났으며, 웨슬리대학교를 졸업하고 하버드의 심리학자이자 철학자인 윌리엄 제임스(William James)의 아래에서 수학했다. 손다이크는 박사학위를 얻기 위해 콜롬비아 대학으로 가기 전 하버드에서 머물면서 연구직에 있었다. 웨스턴 리저브(Western Reserve)의 교육학과에서 잠시 머문 것을 제외하고 나머지 생애는 콜롬비아대학에서 보냈다. 그곳에 있을 때, 손다이크는 기업, 산업 그리고 군사 분야의 인사 관련 문제에 심리학을 적용시켰다. 1922년까지 그는 대학의 교육연구

손다이크, 에드워드

소 심리학 소장으로 재직하였다.

1900년대 초반은 아동연구의 시대로 구분되는데, 이 기간 동안 많은 대학들은 캠퍼스 안에 아동들과 선생님들을 연구하기 위한 실험학교를 세우기 시작했다. 사회 각층과 전문적인 간행물이 이 연구를 발전시키고 발표하는 데 앞장서기 시작했다. 아동과 그들의 안녕을 위한 정부기관이 설립된 시기도 이때이다. 아동 근로법은 노동자의 나이에 제한을 둠으로써 아동들에 대한 노동착취를 막았다.

손다이크는 콜롬비아에서 동물을 연구함으로써 인간의 학습과 관련된 흥미로운 사실을 발견했다. 그는 학습 성취를 알기 위한 심리검사와 평가도구를 발전시키고, 주된 교과서를 발행했다. 손다이크는 행동과 교육연구에서 양적 방법을 적용시켰다. 교육심리학에서 그의 주요 공헌은 자극-반응의 연구에 있다. 때때로 윌리엄 제임스의 지하실에서 동물을 연구하면서 동물들이 상자에 있는 닫힌 문의 끈을 당겨서 문을 열고 그 상자를 벗어나는 데 얼마나 많은 시간이 걸리는지 관찰했다. 그 관찰에 사용된 동물은 주로 고양이였는데, 마침내 상자를 빨리 벗어나는 기술을 습득하고, 각각의 실험에서 고양이가 상자를 벗어나는 데 드는 시간은 단축되었다. 이러한 실험은 손다이크의 자극-반응 관계에 대한 연구의 효시가 되었다.

관찰단계에서 과학적 자료로 옮겨지는 데 있어서 그는 세 가지의 학습방법을 개발하였다. 효과의 법칙(The Law of Effect)은 즉각적인 보상이 따르는 자극에 대한 반응은 강화되고 반복된다는 것을 말한다. 준비성의 법칙(The Law of Readiness)은 학습이 의미를 지니기 위해서는 학습자가 자세를 갖추고 반응에 준비되어야 하는 것을 의미한다. 연습의 법칙(The Law of Exercise)은 반복되어 실행된 자극-반응 관계는 강화학습이 된다고 주장한다.

손다이크는 많은 책을 썼으며, 가장 주목할 만한 것으로는 박사 논문으로 쓴 『동물의 지능』(Animal Intelligence)이다. 그 이후 『교육심리학 및 지적 · 사회적 측정 개론』(Educational Psychology and Introduction to the Theory of Mental and Social Measurement)이라는 세 권으로 된 책이 발간되었다. 손다이크는 아동 연구시대의 주목할 만한 인물이며, 미국 교육심리 학회장으로 알려졌다. 그의 학습 법칙들은 학습이론에 주목할 만한 영향을 미쳤으며, 오늘날 교실의 컴퓨터가 제공하고 있는 프로그램화된 학습 발전에 공헌했다. 자극-반응 이론의 비판자들은 이 이론이 학습자들의 지적 능력과 목적에 대한 배려가 부족하다고 비판했다. 동물에게 행해졌던 실험이 과연 인간에게도 동일하게 적용될 수 있을까? 과연 '인간과 관련된 사회적, 정서적, 도덕적인 특성은 어떻게 적용될 수 있을까? 라는 질문이 제기될 수 있다. 파블로프의 관점을 강의실에 도입함으로써 손다이크는 스키너의 연구에 대한 예고편을 보여준 셈이었다. 스키너와 그 밖의 행동주의자들은 학습이 나이가 들어감에 따라 성숙함으로 배워지는 것이라기보다 환경과의 상호작용을 통해 이루어진다고 주장했다.

콜롬비아에서 수학하는 십대와 노인에 이르는 다양한 연령층을 연구함으로써, 손다이크는 학습능력이 청년기까지 증가되고, 그 이후에도 학습능력이 약간의 쇠퇴만을 가져올 뿐이라는 것을 발견했다. 이 발견은 계속적인 성인교육에 흥미를 가질 충분한 자극이 되었다. 손다이크는 또한 유치원과 아동 건강의 중요성에 관심을 두었다. 손다이크의 과학적인 자료의 세심한 관찰과 사용은 교육연구라는 상황 하에서 세밀한 측정방법에 대한 새로운 이해의 장을 열었다.

ROBERT J. CHOUN

참고문헌 | D. G. Benner, ed.(1999), *Baker Encyclopedia of Psychology and Counseling*, 2d ed.; R. J. Corsini, ed.(1984), *Encyclopedia of Psychology*; D. L. Barlow(1985), *Educational Psychology*; E. L. Thorndike(1965), *Animal Intelligence; Experimental Studies*.

참조 | 연합/결합이론(ASSOCIATION/CONNECTIONIST THEORIES); 행동주의이론(BEHAVIORISM, THEORIES OF); 효과의 법칙(LAW OF EFFECT); 연습의 법칙(LAW OF EXERCISE); 준비성의 법칙(LAW OF READINESS); 스키너. 버러스 프레드릭(SKINNER, BURRHUS FRED-

ERIC); 자극-반응결합(S-R BONDS)

수단(Instrumental)/상대주의자(Relativist). 수
단과 상대성이라는 용어들은 고대의 딜레마 즉 진리와 실재의 특성과 관련이 있다. 플라톤(Plato)은 소피스트의 반대 입장으로서, 절대적인 실재-인류의 자주적인 실재 구성을 존재케 하는 실재-를 주장하였다. 하나님의 계시로서 성경을 인정한 기독교는 또한 진리의 절대적인 본성을 인정한다. 실재는 하나님의 창조적이고 구속적인 활동의 결과이다. 실재는 그 실재에 대한 개인의 관념과 상관없이 독립적으로 존재한다.

그러나 상대주의의 문제는 단순하다. 실재/진리의 본질(근본)과 어떻게 인간이 그 진리에 대해 인지하고 반응하는가에 대한 확연한 구분이 있다고 믿는다. 성경 내에서도 바울은 하나님을 어떻게 공경하는가에 대해 상대성(상대주의가 아닌)의 형식을 인정하였다. 로마서 14장 5-8절에서 바울은 하나님을 공경하는 데에 있어 각각이 그들 마음에 충분히 확신이 찬 경우에는 다양한 접근을 인정하였다. 기독교는 자유에 대한 특정한 형식을 경험하는데 오직 절대적인 진리에 대한 맥락 안에서 만이다. 이는 마치 물고기가 물 안에 있는 한 어느 곳에서든지 헤엄을 칠 수 있는 것으로, 기독교는 주님 안에서 개별적으로 자유롭게 살 수 있는 것이다.

상대주의와 수단의 문제는 교회의 교육적인 임무에 대한 함축으로서 철학, 도덕성, 신앙적 위탁의 문제이다. 진정한 상대주의자는 학생들로 하여금 그들 스스로 진리를 창조하도록 도와준다. 한편, 하나님의 말씀을 진리로 믿는 기독교교육자는 학생들로 하여금 말씀의 실재(절대적인)를 제시하고 어떻게 그 말씀이 개인의 삶 속에서 표현될 수 있는지를(상대성) 이해하도록 돕는다.

비슷한 토론으로 수단이라는 단어에 초점을 둘 수 있다. 밀톤 로키치(Milton Rokeach, 1968)는 "궁극적인"(terminal)과 "수단의"(instrumnetal) 가치를 구분하여 대중화시켰다. 아스틀리(Astely, 1994)는 "수단의" 가치는 본질적으로 좋은 어떤 것의 수단으로서의 좋은 가치로서 설명하였다. 대부분의 사람들은 이 문제를 수단(means) 대 목적(ends)이라는 논쟁으로 알지도 모른다. 기독교인에게 있어 목적(ends)은 정해져 있다. '먼저 하나님의 나라를 찾으라' (마 6:33)라는 구절과 '주 예수를 바라보라' (히 12:2)는 구절은 기독교 삶의 목표나 끝을 의미한다. 그 목표를 이루기 위하여 기독교는 문화 환경, 인성 등 다양한 것을 고려하여 어떤 수단 중 한 가지를 선택해야 한다. 수업을 계획할 때 교사는 수업에서 전달해야 할 진리에 대해 명백하게 알고 있어야 하지만 그 목표를 추구하는 다양한 방법을 선정하는 데에는 자유로워야 한다.

ROBERT C. DEVRIES

참고문헌 | J. Astley(1994), *The Philosophy of Christian Religious Education*; pp. 257-89, M. Rokeach(1968), *Beliefs, Attitudes, and Values*.

수도원제도(Monasticism). 초대교회는 영향력
을 끼치며 성장한 지 오래지 않아 사회적, 경제적, 정치적 박해와 마주하게 되었다. 사회는 더욱 이교도적(pagan)이고 다문화적 양상이 되어감에 따라 광범위한 종교적 관습을 수용하게 되었다. 핍박에 대한 두려움과 세상에서 더럽혀지지 않으려고(약 1:27), 신자들은 사회에서 삶이 세속화와 연결되지 않을 방법을 찾았다. 예수님과 제자들을 본받아 단순한 삶의 방식으로 돌아가고자 하는 바람으로 기독교인들은 안전한 도시의 삶을 등지고 강줄기와 호수를 따라 산 속으로, 오두막 속으로, 거친 들판의 동굴 속을 찾아 안식처로 삼았다. 인간의 안락한 생활을 던져버린 은둔자이며 훗날에 수도자로 일컬어지는 이들은 산만하고 속박적인 도시를 벗어나서 하나님과의 묵상하며 교제하는 자유를 택하였다.

금욕적인 삶을 살았던 사람 중에 앤서니(Anthony, 251-356)라고 불리는 이집트 기독교인이 있었다. 5살에 부모님을 여의고 상당한 규모의 유산을 물려받았다. 15년 이후 앤서니는 그의 재산을 모두 나누어 준 후 이집트의 사막에서 고독한 삶을 보냈다. 나일 강 둑의 오두막에 살면서 앤서니는 사단에 대항하여 헤아릴 수 없는 영적 전쟁을 치렀다. 예수 그리스도의 본보기를 좇았던 앤서니는 순결한 삶을 추구하면서 암흑의 세력과 겨루었다. 그가 마태복음 18장 9절의 문자 그대로 가르침을 성취하기 위해 그 노력의 일환으로 자신을 거세했다는 보고가 있다.

앤서니의 지혜는 지역과 시대를 막론하고 퍼져갔다. 그는 자신의 가르침에 감화를 받은 개개인들의 그룹을 모집했다. 이 모임이 최초의 수도원으로 명성을 떨치게 되었다. 공동생활의 조직은 그다지 구조적이지 않았으며 앤서니와 지내면서 개인의 의사에 따라 자유롭게 일하며 예배하고 공부했다. 대다수는 고독하게 사는 것을 선호했으나 종종 예배드릴 때는 함께 모였다. 앤서니는 더욱 고독한 경험을 위해 이 공동체 생활을 떠나 홍해 근처의 산으로 올라갔다. 그는 그곳에서 105세의 삶을 마감하기 직전까지 지냈다(Frost, 1966).

수도원 운동은 사회의 악한 영향으로부터 벗어나기 위한 소망이 커지면서 확산되었다. 이러한 소망은 하나님과 보다 깊은 교제를 하려고 한다면 그 전제로, 이방세계의 위험한 영향에서 벗어날 때만이 가능하다. 종종 현명한 스승의 지도력을 중심으로 작은 공동체를 형성했다. 이 시대의 저명한 수도원의 지도자들로는 파초미우스(Pachomius), 바실(Basil), 베네딕트(Benedict), 히포의 어거스틴(Augustine) 등이 포함된다. 학식이 풍부한 제자가 되기 위해서 수도자는 읽기, 성경을 모사(베낌)하기, 성경 다수를 암송하기, 찬양, 묵상, 기도하기 등을 배워야만 한다. 수도자는 행동 지침으로서 세 가지 서약(즉 순결, 청빈, 순종)을 한다.

어떤 이들은 이러한 훈련된 수도자적 삶의 방식을 계승하는 것에 대해 비판적이다. 수도적 삶은 매우 단순하기 때문이다. "수도원은 광범위한 문화를 무시한다. 수도자들은 성자가 되려는 것이지 학자가 되려는 것이 아니다. 수도자들은 시(詩)보다는 기도에 가치를 두었다. 다수의 수도승은 자신들이 시, 철학, 그 밖의 세상적 지식을 잊으려 노력한다. 초기 수도자들은 일반적으로 세상적 지식에 회의적이다. 성경 본문을 암송하는 것과 금욕적 입문이야 말로 영적 지혜를 가져온다고 믿는다"(Reed & Prevost, 1993, 115).

수도원의 초창기에는 두 종류의 학생들이 뒤따랐다. 수도자가 되려 하거나(interni) 그렇지 않으면 자신의 전문 영역에 있으면서 단순히 교육을 받으려는 경향(externi)이다. 수도자가 된다는 것을 제외하고는 이들 모두 유사한 교육과정을 가지고 있다(Frost, 1966). 그러나 최종적으로 수도원 각각의 교육과정은 유일한 하나의 교육 형태를 갖는다고 말하기에는 많은 차이점을 보여주고 있다. 수도원의 학교는 16-7세기 동안 어린 학생들을 교육하는 주요 기관이었다. 또 다른 수도원 학교는 중세의 것으로 로마 가톨릭 또는 감독파 학교들이다(Eavey, 1964).

수도원 교육체제는 매우 엄격하고 고도의 훈련을 요구한다. 중요 쟁점은 종교적 가르침이며 교육과정의 교육내용은 교황의 통제 아래 있다. 금식과 기도는 전학생들에게 필수이며 이들 학생들은 라틴어로 가르침을 받게 된다. 학생들은 문법, 수사학, 변증학, 산술, 기하, 음악, 천문학 등의 7교양과목을 통하여 진보되어 갔다(Gangel & Benson, 1983).

많은 수도원들은 큰 규모의 도서관을 가지고 있다. 어떤 면에서 신중한 강의와 책의 모사(베끼는)작업 덕분이다. 한 수도승이 책 한 권의 분량을 외우는 동안 다른 수도승들은 조심스럽게 적어 내려간다. 다른 그룹의 수도승들은 그 내용이 정확하게 잘 쓰였는지 확인한다. 이렇게 하여 완성된 원고는 다른 수도원들과 교환하여 읽혀지게 된다. 이로써 도서관에 비치되는 책들이 많아지게 되는 것이다. 이 책들은 중세기 동안 수많은 뛰어난 사상가와 학자들의 학문적 자료들이다. 서유럽 전지역에서 온 사상가들은 수도원에서 교육을 받았다(Reed & Prevost, 1993).

MICHAEL J. ANTHONY

참고문헌 | C. B. Eavy(1964), *History of Christian Education*; E. F. Frost(1966), *Historical and Philosophical Foundations of Western Education*; K. O. Gangel and W. S. Benson(1983), *Christian Education; Its History and Philosophy*; F. Mayer(1966), *A History of Educational Thought*; J. E. Reed and R.

Prevost(1993), *A History of Christian Education*; A. E. Sanner and A. F. Harper(1978), *Exploring Christian Education*.

참조 | 중세교육(MEDIEVAL EDUCATION); 스콜라철학(SCHOLASTICISM)

수련회(Retreats). 지역 교회에서 기독교교육 프로그램의 한 중요한 부분으로 수련회를 활용하는 것을 보는 것은 어렵지 않은 일이다. 청소년들만이 주말에 교회 버스를 타고 가까운 곳으로 나가 캠프를 하면서 즐기며, 교제하고, 영적인 도전을 받을 뿐 아니라, 여성 수련회, 남성 수련회, 커플 수련회, 편모 혹은 편부 수련회, 성가대 수련회, 교회 지도자 수련회 등은 아주 보편적인 것이 되었다.

수련회와 회의, 세미나, 혹은 다른 단기간의 모임을 구별하려고 한다면 이것은 아주 미묘한 질문이 될 것이다. 수련회와 회의와 세미나는 공통적인 부분이 많은 것은 사실이지만 똑같은 것은 아니다.

분명한 목표의 유지, 적절한 계획과 준비의 필요, 참석자들이 도전받는 기회 부여 등이 공통점이 될 것이다. 반면 수련회를 구별하는 요소들로는 환경, 참석자들의 역할, 개인적 사색과 반응의 기회 등이 있다.

교회 내에서 수련회는 일상적 생활에서 탈피하는 시간으로 여겨졌다. 이것이 휴가가 아니라 휴식인 이유는 자기 사색과 평가의 목적이 있는 시간이기 때문이다.

호텔이나 대학 캠퍼스에서 수련회의 환경을 찾지 못하는 이유는 바로 여기에 있다. 참석자들은 일시적으로 자신들의 일상적 삶의 방해거리에서 벗어나 조용하고 한적한 기간을 가질 필요가 있다.

환경과 함께 참석자들의 역할 역시 특별하다. 수련회의 참석자들은 일시적 공동체를 구성하기 위해 함께 오기 때문이다. 이틀에서 삼일의 기간 동안 구성원들은 수련회에 참석하도록 요청받고 그로 인해 공유되는 경험들 속에서 작은 공동체를 발전시켜 나간다. 공유되는 경험을 통해 상호신뢰와 개인적 우정이 생겨난다. 따라서 수련회의 유익들은 프로그램화될 수 없는 대신 장려되어야 하는 것이다.

세 번째 요소는 자기 사색과 반응의 기회인데, 이것은 적절한 환경과 프로그램에 개인 경건의 시간이 있을 때만 가능하다. 이러한 관점에서 수련회는 개인 참석자들이 깊은 안식과 휴식을 누리도록 이끈다. 빈번하게 일어나는 유감스러운 일은 수련회 프로그램이 사색, 자기 숙고, 홀로됨의 시간을 배제하고 여러 가지 활동들로 꽉 채워지는 경우들이다. 이로 인해 참석자들은 휴식 대신 지쳐서 집으로 돌아간다. 수련회를 계획하는 사람들은 참석자들이 자기 자신을 돌아보고 들을 수 있는지를 돕는 몇 가지 지침들을 포함시키는 일이 필요하다.

일상의 염려들에서 떠나 조용한 자기 숙고의 시간을 가지는 것이 개인의 영적 성장에 큰 유익을 준다는 것은 오랫동안 잘 알려진 사실이다. 기독교교육에서 수련회가 감당할 수 있는 역할은 빈번히 간과되거나 과소평가된다. 한 사람의 유익은 개인은 물론 다른 사람에게 영향을 미칠 수 있고, 모임의 참여자들 사이에서는 공동체 의식이 강화될 수 있다.

수련회의 환경과 형식의 다양성은 오늘날 교회들의 지역성과 전통성에 의해서 만들어진다. 그러나 수련회의 역할은 주님의 제자들에게 하신 말씀 즉 "따로 한적한 곳에 와서 잠간 쉬어라"(막 6:31)처럼 오랫동안 수행되고 있다.

DOUGLAS BARCALOW

참조 | 국제기독교캠핑(CHRISTIAN CAMPING INTERNATIONAL); 야외 활동(OUTDOOR ACTIVITIES)

수렴적/발산적 사고(Convergent/Divergent Thinking). 수렴적/발산적 사고는 지성과 창의성에 관련된 요인들이다. 수렴적 사고는 특정한 질문이나 문제에 대해 유일한 해결책을 형성하는 과정을 가리킨다. 역으로, 산발적 사고는 문제 상황들이나 질문들에 대한 다양한 반응들을 산출해 내는 지적 작용을 가리킨다(Dembo, 1994, 344-5).

이와 같은 개념은 길포드(J. P. Guilford)의 연구와 연결되어, 그의 "지성 구조"(Structure of Intellect) 모델을 통해 지성 요인에 대해 방대한 설명을 해놓았다. 길포드는 인간 지성을 세 부문으로 나누었다(Sprinthall, 1994, 637). 첫째는 '내용'(content), 또는 정보이고, 둘째는 '작동'(operation), 즉 정보가 진행되는 절차를 가리키고, 셋째 부문은 '산물'(product), 즉 내용이 진행된 결과이다. 수렴적/발산적 사고는 길포드의 모델에서 작동 부문에 포함된다(Dembo, 1994, 344-45)

질문이나 문제의 구조가 사람이 사용하는 지적 과정을 결정한다. 광범위한 변수를 가지고 제한이 적은 문제들과 다양한 해석을 요하는 문제들은 발산적 사고를 필요로 한다. 반대로 잘 체계화되고 구체적이고 고유한 해답을 요구하는 문제들은 수렴적 사고를 필요로 한다(Guilford, 1967).

재능 있는 학생들은 수렴적 사고나 발산적 사고 또는 둘 다를 쉽게 숙달한다. 그러나 발산적 사고가 가장 뛰어나다고 할 수 있는데(Biehler and Snowman, 1993, 224-25), 그 이유는 창의적 사고를 할 수 있기 때문이다. 길포드는 발산적 사고에 능한 사람들에게서 발견되는 창의적 사고의 특성을 네 가지로 열거한다. 첫째는 '유창함'(fluency)으로서 생각의 양이나 "흐름"을 원활하게 하는 능력이다. 둘째는 '융통성'(flexibility)으로 아이디어를 수요하고 수정하는 능력, 또는 새로운 방향으로 사고를 조종하는 능력을 가리킨다. 셋째 특성은 '독창력'(originality)으로서 상상하는 능력과 비상하고 독특하게 사고하는 능력이다. 끝으로, '상세함'(elaboration)이란 구체적인 대답들을 "채우는", 즉 세부적인 설명으로 대응하는 능력을 가리킨다(Guilford, 1967).

CHRIS SHIRLEY

참고문헌 | R. Biehler and J. Snowman(1993), *Psychology Applied to Teaching*; M. H. Dembo(1994), *Applying Educational Psychology*; J. P. Guilford(1967), *The Nature of Intelligence*; N. A. Sprinthall, R. C. Sprinthall, and S. N. Oja(1994), *Educational Psychology: A Developmental Approach*.

수업계획(Lesson Plan).

교실 수업을 전개해 갈 교사의 지침이다. 그것은 마치 수업을 위해 도로의 지도와 같은 역할을 한다. 교사들이 수업계획들을 전개할 때, 교실에 있는 사람들의 필요, 성경 구절에 대한 적절한 가르침과 적용 그리고 그 학과를 설명할 때 사용할 수 있는 그들에게 필요한 자원들(resources)을 고려한다. 수업계획을 세우는 데 바람직한 순서가 있다면, 그것은 기도와 함께 시작하여 성경 구절을 연구한 후 수업에 초점을 제공해 줄 중심 진리를 선정하는 순으로 진행해 가는 것이다. 중심 진리는 교사가 수업을 진행해 가는 동안 강조하게 될 중요한 개념에 대한 진술을 말한다.

그 다음에 교사는 수업을 위한 특정한 학습 목표들을 선정한다. 결과들은 배우게 될 내용, 형성될 태도, 또는 수업의 결과로서 취해질 행동에 기초하여 진술된다. 그런 다음 교사는 내용을 전달하고 목표들을 달성할 수 있는 교수 방법을 선정할 것이다. 수업을 위한 방법들은 학습자들의 흥미와 능력, 의도된 교육 결과들, 활용가능한 시간과 자원들, 그 그룹이 만나는 교실의 편리에 근거하여 선택된다. 따라서 이 계획은 수업을 전개해 가는 하나의 길잡이로서 작성되고 수업에서 사용된다.

성경 수업을 가르치기 위해 작성되는 수업 계획은 다음의 요소들을 포함한다. (1) 학과의 제목, (2) 성경적 근거, (3) 학과의 중심 개념, (4) 학습 목표들, (5) 필요한 자료들, (6) 학급 학생들의 주의를 끌기 위한 계획, (7) 성경 내용의 개요와 그것을 설명할 방법, (8) 제안된 대로 설명할 학과 자료와 방법을 사용하기, (9) 학과를 끝내는 방법과 학습자들의 반응을 이끌어내는 방법.

교사들은 수업계획을 개발하기 위해서 인쇄된 교육과정 자료들을 사용해도 되고 사용하지 않아도 된다. 그러나 비록 그들이 정해진 교육과정을 사용할지라도, 그들은 그와 같은 절차를 따를 것이다. 그들은 교사용 지침서 안에 제시된 제안사항들을 고려하며 때때로 그것들로부터 고른다. 평소에 그들은 그들 자신의 활동들을 설계할 것이다.

수업을 진행하는 동안, 교사들은 무엇이 잘 되었는지 그리고 무엇이 향상될 수 있는지에 주목하면서 수업계획의 효율성을 평가한다. 이것은 특히 어린이들과 청소년들을 위한 수업에서 같은 과목이 한 그

롭에게 사용되고 또 나중에 다른 그룹에게 사용될 때, 미래를 위한 더 나은 학습 계획을 도와준다.

ELEANOR A. DANIEL

참고문헌 | L. O. Richards(1970), *Creative Bible Teaching*; R. E. Rusbuldt(1997), *Basic Teaching Skills*.

수익자(Beneficiary). 이사(Trustee)를 보라.

수퍼비전(Supervision). 사람들이 한 기관의 목표들과 관련된 업무와 행동을 할 때에 그들을 감독하는 행정적인 기능과 업무들이 포함되지만 수퍼비전은 주로 사람들을 대상으로 하는 기능으로 간주된다. 그러나 수퍼비전은 단지 수정이 아닌 개선에 대한 욕구로 이루어져야 한다. 수퍼비전은 행정 과정의 일부분이기 때문에 계획을 세우거나, 조직을 하거나, 아니면 평가를 하든지 간에 언제든지 이루어질 수 있다.

수퍼비전은 기독교교육 프로그램에서 중요한 요소이다. 목사나 교육목사가 기독교교육의 한 특정 부분과 관련된 사람들을 감독하는 경우처럼 여러 다른 단계에서 이루어질 수 있다. 정기적으로 수퍼비전은 주일학교 감독이 부서, 연령 그룹 부장 내지는 교사들을 감독할 때마다 주일학교 프로그램의 자원봉사자들을 통하여 생겨난다.

만일 수퍼바이저(Supervisor)가 성공하기를 원할 경우, 그는 자기 평가를 해야 한다. 케네스 갱겔(Kenneth Gangel)은 교회 사역 상황에서의 수퍼바이저는 다음과 같은 질문들을 해야 한다고 제안한다. (1) 나는 얼마나 많은 사람들을 잃고 있는가? (2) 나의 사역에서 살아남고 있는 사람들과 살아남지 못하고 있는 사람들 간의 차이들은 무엇인가? (3) 매년 사역자들을 대체시키는 데 들어가는 시간과 재정은 얼마나 되는가? (4) 교회를 떠나는 사람들의 특별한 유형이 있는가? (5) 감독 과정을 통해 손실을 막을 수 있었는가? (6) 사임이 아닌 다른 부서로의 이동이 문제에 대한 효과적인 답이 될 수 있는가? (7) 정말로 사역을 하지 말아야 하는데 사역을 하고 있는 사람들을 우리는 얼마나 두고 있는가? (8) 만일 한 사역자가 사역을 그만둘 입장을 밝혔을 때 우리는 어떤 특정 절차를 따르는가? (9) 사역자의 부족함으로 인한 감소는 어느 정도이며 수퍼바이저의 효율로 인한 감소의 방지는 얼마 정도인가? (10) 우리에게 수퍼바이저를 훈련하는 프로그램으로는 어떤 것이 있는가?

수퍼바이저가 자기 평가를 할 때에 위의 질문들은 동일 기관의 다른 수퍼바이저 요원들과 함께 사용할 수 있을 것이다.

J. GREGORY LAWSON

참고문헌 | K. Gangel(1989), *Feeding and Leading*.

참조 | 행정(ADMINISTRATION); 경영(MANAGEMENT)

수평적 사고(Lateral Thinking). 주로 에드워드 드보노(Edward deBono)에 의해 발전된 통찰력(구조를 개혁하는 것)이나 창의력(새로운 형태를 유발하는 것)과 밀접하게 관계있는 사고 과정이다. 수평사고(lateral thinking, 측면사고라고도 함-역주)의 중심 개념은 융통성을 지니는 것과 낡은 사고방식들을 극복하는 것이다. 수평적 사고는 가정들(assumptions)을 문제 삼으려는 의도를 포함하는데, 이는 무질서나 의심을 일으키기 위해서가 아니라 시대에 뒤져 진부한 정보, 개념들 또는 문제점들을 고치고 새롭게 하기 위해서이다. 이 사고 접근에는 명확하게 정해진 방향으로 이끌어 가는 고정되어 융통성이 없는 사고 유형들로부터 탈피하여 그 유형들을 개혁하는 방향(상자 밖의 사고, thinking outside the box)으로 진행해 가려는 의식적인 시도가 있다. 이런 점에서 그것은 브레인스토밍(각자가 자유롭게 착상을 내놓는 회의법-역주)이나 길포드(J. P. Gilford)의 발산적 사고(divergent thinking) 개념과 유사하다.

수평적 사고의 두 가지 면이 그것의 유용성을 나타낸다. 정보의 도발적(provocative) 사용과 일반적으로 받아들여진 가정들을 의심하기(deBono, 1973)이다. 본래 수평적 사고의 가장 기본적인 원리는 사물들이나 문제들 또는 상황들을 보는 어떤 특정한 방식도 많은 다른 가능한 방식들 중 하나에 불과하다는 것이다. 그러므로 "수평적 사고는 낡은 생각들을 담아 두는 개념적 틀(the concept prison of old ideas)에서 벗어나는 것과 관계있다"(deBono, 1973, 11). 수평사고에서 일어나는 것은 이용 가능한 자료로부터 새로운 형태들을 창출하므로 통찰력을 얻는 것이다.

수평사고와 인습적인 수직사고 사이에는 근본적인 차이가 있다. 에드워드 드보노(Edward deBono, 1973)는 다음과 같은 몇 가지 특징들을 구분한다. (a) 수평적 사고는 형태를 새롭게 하고 풍부함을 끌어안으며 심지어 판단을 늦추기 위한 생성적 탐색활동(generative searching)이다. 반면, 수직적 사고는 하나의 해결책을 모색할 때 각 단계에 올바른 한도 내에서 최선의 접근을 찾으려고 한다. (b) 수평적 사고는 있을 법하지 않은 도발적인 개입을 기꺼이 받아들이면서 도약(a→e→d→c→b→a)을 한다. 반면에 수직적 사고는 순차적 행로(a→b→c→d→e)를 따르며, 주로 정확한 현재의 형태는 무엇인가를 탐색함으로써 가장 예측 가능한 진로를 찾는다. 그렇지만 수평적 사고는 수직적 인식의 타당성을 위협하지 않아야 한다. 오히려 "그 두 과정은 상반적이 아니라 상호 보충적이다"(50).

본래 수평적 사고는 증거보다는 변화와 관계가 있는데, 그것은 종종 기독교적 대화의 내용 속에 즉흥성(volatility)을 가져온다. 기독교교육이 항상 올바른 필요에 확실히 근거할 때, 사람은 새로운 생각들의 전개를 희생하는 위험을 무릅쓴다. 오만, 실수하는 것에 대한 두려움, 개념들을 너무 조급하게 저버리는 것 그리고 가능성 있는 더 나은 유형이나 효과적인 의사소통을 방해하는 것은 모두 비수평적 사고(nonlateral thinking)를 할 때 마주치게 되는 위험들이다(deBono, 1973). 수평적 사고는 공상가의 기능적인 이미지와 비슷한 반면 수직적 사고는 관리자의 역할을 하는 것이 그 특징이라고 말하는 것이 더 정확할 것이다.

수평적 사고의 일차적인 지원은 범례들을 깨뜨리고 사람들에게 권한을 부여하는 다양한 관점에서 문제를 해결하는 것을 포함한다. 수평적 사고는 처음부터 창의적 사고 모형(CoRT)과 여섯 개의 생각하는 모자들(the six thinking hats, 숙고 또는 전념하고 있는 정신 상태를 뜻함—역주)과 같은 특정한 수평적 사고 기법들과 더불어 전 세계적으로 광범위하게 인정받아 왔다.

JERRY BOWLING

참고문헌 | E. deBono(1973), *Lateral Thinking: Creativity Step by Step*; idem(1992), *Serious Creativity: Using the Power of Lateral Thinking to Create New Ideas*.

순결서약운동(True Love Waits).

1993년 4월에 남침례교에서 시작된 민간차원의 운동으로서 현재는 적어도 80개의 기독교 단체가 동참하고 있는 국제적인 운동이 되었다. 이 운동의 목적은 학생들로 하여금 결혼 전까지 성적 순결을 유지하도록 격려하는 것이다. 이 운동은 많은 청소년들이 믿음으로 성적 순결을 서약하지만, 섹스가 만연한 사회분위기에서 그들의 서약을 마음 놓고 드러내지 못하는 데서 시작되었다. 순결서약운동은 교회의 주일학교, 학생단체, 보건단체나 대학교에서 거론되었다. 순결서약에는 다음과 같이 쓰여 있다. "진실한 사랑은 기다린다는 것을 믿으며 나는 하나님과 나 자신, 나의 가족, 친구, 나의 미래의 배우자와 자녀에게 이 시간부터 성경적 결혼이 성사되기 전까지 성적 순결을 유지할 것을 서약합니다." 수십만 명의 학생들이 이 카드에 서명했으며, 종종 공적인 행사로 이루어지기도 했다. 성적 순결을 상징하는 금반지가 수여되기도 했으며, 이것은 결혼 전까지 순결 서약을 다시 되새기게 하는 계기가 되기도 했다.

1994년 7월 이십 일만 장의 카드가 수도 워싱턴에 전시되어 이 운동을 처음으로 국가적 차원에서 기념하였다. 그때 이후 새천년을 기념하는 "국제 날짜 변경선"(International Date Line)에 전시되는 것을 포함하여 전국적, 주정부적, 지역적 차원에서 여러 곳에 전시되었다.

상하원 의원들, 공중위생국장, 대통령 비서실에도 순결서약운동의 메시지가 간략히 설명되었다. 이 운동은 "롤링 스톤"(Rolling Stone), "플레이보이"(Play Boy) 등의 잡지에 거론되었고, 'Trivial Pursuit-Genus III'라는 게임에 역사 문제로 대두됨으로써 관심을 모았다.

순결서약운동이 시작된 이래로, 십대 출산율이 20년 만에 처음으로 줄기 시작했다. 언론은 이 경향을 십대들이 성적 순결을 지키고자 하는 노력에 있다고 보았다. "미의학회 저널"(*The Journal of the American Medical Association*)의 연구발표에 의하면, 순결서약을 한 청소년들이 서약을 하지 않은 청소년들에 비해 십대 성 경험률이 현저히 떨어진다고 보고하였다. 이 사실을 실증하기는 어렵지만 위의 요소들로 보아 순결서약운동이 학생들의 성적 활동에 영향을 미쳤음을 시사하고 있다.

KAREN E. JONES

참조 | 청소년의 성(SEXUALITY, ADOLESCENT)

순종(Submission). 겸손한 행동 내지는 순응하는 행동이다. 행동과 태도에서 겸손하거나 순종적인 존경이다. 순종은 기독교인의 삶에서 매우 큰 역할을 한다. 구약성경에서 하나님의 법과 권위에 대한 순종의 개념은 물질적인 축복과 번영을 가져다준다. 아담에서 이스라엘 국가에 이르기까지 이 개념은 지배적이다. 한 좋은 예는 아브라함이다. 그는 자신의 아들 이삭을 제물로 드릴 정도까지 순종했다. 하나님께서는 자신의 뜻에 대한 아브라함의 순종으로 아브라함을 축복하셨고 그의 아들 이삭을 통해서 이스라엘 국가를 만드셨다. 순종의 반대어는 반항이며 이것은 아담과 이브의 죄 속으로의 타락에서부터 이스라엘 국가의 피난에 이르기까지 항상 재난을 불러왔다.

신약성경에서 이 개념은 사복음서에 나타나는 예수님의 생애 전반에 걸쳐 나타난다. 이는 예수께서 순종의 결과가 하나님의 영광과 인류의 구원인 것을 아셨기 때문에 하나님의 뜻에 순종하셨던 것이다. 겟세마네 동산에서의 그리스도의 기도 "내 원대로 마옵시고 아버지의 원대로"는 하나님의 뜻에 대한 고전적인 순종의 예이다. 사도행전은 가족과 이웃 그리고 타문화에 있는 이방인들에게 복음을 전하는 즉 순종하는 교회를 축복하셨다는 사실을 기록하고 있다. 또한 사도행전은 아나니아와 삽비라의 경우에서 보는 것처럼 불순종에 대한 하나님의 심판을 기록하고 있다.

신약성경에 나타나는 또 다른 순종의 개념은 베드로서 2장 13절이다. "인간에 세운 모든 제도를 주를 위하여 순복하되 혹은 위에 있는 왕이나…." 기독교인들은 국가의 법률 아래에 있다. 일반적으로 이러한 법률들은 사람들의 선을 위해 존재하기 때문에 우리는 그 법률들에 순종해야 한다. 순종은 자원함으로 그리고 양심을 인하여 해야 한다(롬 13:5). 또한 순종은 기독교인들에게 좋은 명성을 가져다 줄 것이다. 만일 인간의 법률들이 베드로와 요한의 경우에서 보는 것처럼(행 5:29) 하나님의 법률들과 상반될 경우 하나님의 법이 우선된다.

기독교인들은 히브리서 13장 17절에서와 마찬가지로 교회의 지도자들에게 순종해야 한다. "너희를 인도하는 자들에게 순종하고 복종하라." 지도자들은 신자들의 유익을 구하며 그들이 천국을 갈 수 있도록 힘써 준비시켜 준다. 하나님의 권위에 대한 순종은 신약성경의 가르침과 마찬가지로 물질의 축복보다 더 많은 영적인 축복을 가져다준다. 기독교인들은 에베소서 5장 21절에서와 마찬가지로 서로에게 복종해야 한다. "그리스도를 경외함으로 피차 복종하라." 현 상황에서 올바른 결정을 내리는 것이 아픔을 가져다 줄 때 순종은 어렵다. 기독교인들이 전지전능하신 하나님 안에서 선택들과 신뢰의 온전한 결과를 보는 것은 불가능하다.

가정에서의 순종은 에베소서 5장 22절에 나타나는데 이 구절에서 아내들은 "자기 남편에게 복종하기를 주께 하듯 하라"는 훈계를 받는다. 자녀들 또한 에베소서 6장 1-12절에서와 마찬가지로 부모들에게 순종하라는 말씀을 듣는다.

기독교인은 매일 순종을 선택해야 한다. 하나님께 순종하는 것은 올바로 선택을 하는 것을 도와줄 것이다. 기독교인들은 성숙해감에 따라 하나님께서 세상의 그 어떤 친구들보다 자신들을 더 사랑하고 보호하시기 때문에 그분께서 특별한 방법으로 인도하시고 계시다는 것을 확신한다. 하나님께서는 기독교인이 순종해야 하는 권위자들을 세우지만 하나님 자신이 궁극적인 권위이시다. 그분 아래에 국가와 주 그리고 시 정부가 있고, 그 다음으로 교회, 가정 그리고 마지막으로 개인이 있다. 만일 우리가 매일 순종한다면 하나님과 동료 사람들 앞에서 조화로운 삶을 살 수 있을 것이다.

BARBARA JEAN DEATON

참고문헌 | *Discipleship Journal* 95(1996); A. Hinthorn(1996), *Joyfully Following*.

술취함(Drunkenness). 알코올 중독(Alcoholism)을 보라.

스마트, 제임스(Smart, James D., 1906-1982).

캐나다인 목사로서 신학자, 기독교교육 강사 그리고 저자이다. 1944년부터 1950년까지 그는 미국 장로교의 기독교교육 이사회를 위한 교육과정 개발 프로젝트였던 『그리스도인의 믿음과 삶 교육과정: 교회와 가정을 위한 프로그램』(*The Christian Faith and Life Curriculum: A Program for Church and Home*)을 만드는 책임을 맡았으며 초대 편집장을 역임했다. 교육과정 프로젝트에 참여한 후 그는 토론토의 자신의 교회로 돌아갔으며 낙스대학에서도 가르쳤다. 그는 토론토 교구를 수년간 섬기고 난 후, 뉴욕의 유니온신학교에서 성경해석학을 가르쳤다.

스마트의 교육과정 참여는 그로 하여금 교회교육 프로그램의 신학적 토대를 다시 한 번 검토하게 만들었다. 마침내 그는 자신의 생각들을 매우 영향력 있는 책 『교회의 교육적 사역』(*The Teaching Ministry of Church*, 1954)에 기록했다. 스마트는 장로교 관점에서 책을 썼지만 그 책은 다소 보수적이었으며 자유주의 교회에 상당한 반향을 불러일으켰다. 그는 20세기 전반의 기독교교육 운동이 교회 전통보다는 세속 교육에 그 뿌리를 두는 것에 대해 훨씬 더 행복을 느꼈다고 비난했다. 기독교교육 도서들의 특징은 심각한 신학적 검토의 부재였다. 그 결과 그는 교육 지도자들을 위한 학교들이 교육 과목들에는 강했지만 성경과 신학에 관련된 주제에는 약했다고 주장했다. 즉 교회 교사들을 위한 훈련 프로그램들은 방법론과 관련된 문제를 답하는 데는 효과적이었지만 복음 내지는 교회와 관련된 신학적인 문제들을 다루는 데는 애매모호하고 비효과적이었다고 주장했다.

스마트는 기독교교육과 신학간의 일치의 회복을 주장했다. 그렇게 함으로써 그는 한편 전체 신학 구조에서 기독교교육의 적절한 위치를 부여하고, 다른 한편으로는 기독교교육자들이 교회교육에서 신학과 성경적인 내용으로 돌아갈 것을 주장했다. 교회교육의 활성을 위한 그의 처방에는 (1) 아동기를 제외한 기독교교육에 대한 심각한 강조, (2) 교육과정에서 성경의 중심성, (3) 신학교 과목들 중에서 기독교교육의 위치에 대한 재고와 학교에서의 신학 과목들의 위치에 대한 재고, (4) 전도의 힘을 회복하는 교육에 대한 목표 등이다.

스마트는 여러 권의 학술 서적과 일반 서적을 저술했으며 그의 작품들은 한 세대의 목사들, 기독교교육자들, 신학자들 그리고 기독교교육을 장래가 없는 과목으로 한 때 생각했던 신학생들에게 상당한 영향을 미쳤다. 스마트가 저술한 다른 책들로는 『인간은 무엇을 믿을 수 있는가?』(*What a Man Can Believe?*, 1943), 『인간성 회복』(*The Recovery of Humanity*, 1953), 『사역의 부활』(*The Rebirth of Ministry*, 1960), 『성경해석』(*The Interpretation of Scripture*, 1961) 그리고 『기독교 교수 신조』(*The Creed in Christian Teaching*, 1962) 등이 있다.

HARLEY ATKINSON

참고문헌 | K. Cully(1965), *The Search for a Christian Education Since 1940*; S. Little(1961), *The Role of the Bible in Contemporary Christian Education*; J. Smart(1954), *The Teaching Ministry of the Church*.

스미스, 셸톤(Smith, Shelton H., 1893-1987).

종교 사상을 가르친 미국 교수. 노스캐롤라이나 주의 맥린스빌(McLeansville)에서 출생한 스미스는 엘론대학(Elon College)에서 수학하고 1917년에 졸업했다. 대학의 학생 시절 그는 더럼(Durham)의 제일 회중 교회에서 안수받았다. 1차 세계대전에서 군복무를 마친 뒤 신학학사를 필하고 1923년에 예일대학으로부터 철학박사 학위를 받았다. 그 기간 동안 스미스는 존 듀이(John Dewey)와 조지 앨버트 코우(George Albert Coe)로 부터 영향을 크게 받았다. 졸업 후 스미스는 국제종교교육협의회의 국장이 되었다. 1928년, 그는 콜롬비아대학의 교수가 되기 위해 그 지위를 떠났으며, 1929년에는 예일대학으로 옮겼다. 1931년 그는 종교교육 프로그램을 개발하기 위해 듀크대학으로 갔다. 종교교육 뿐만 아니라 그는 기독교윤리학과 미국 종교사상도 가르쳤다. 1945년 그는 미국 종교사상 교수 위치를 맡은 이후 다시는 종교교육으로 돌아가지 않았다. 오히려 그는 듀크대학에서 종교 철학 박사 프로그램을 설립했고, 1962년에 은퇴하기까지 그 프로그램을 계속해서 감독했다.

1930년대에 스미스는 자유주의 신학입장에서 불거져 나온 문제들과 고심했다. 그는 예일대학에서 공부할 때와 국제종교교육협의회와의 관계를 계속 맺고 있을 때는 그 입장을 지지했다. 그러나 깊은 숙고 후, 그는 기독교에 등을 돌리고 듀이의 철학을 받아들이거나 자유주의 교회를 거부해야 한다는 결론에 이르렀다.

1940년에 뉴욕의 유니온신학교의 종교교육 교수인 해리슨 엘리엇(Harrison Elliot)은 『종교교육은 기독교적인가?』(*Can Religious Education Be Christian?*)라는 책을 출판했다. 엘리엇은 기독교인이 바르트나 브루너의 신학을 채택할 필요가 없다고 제안했다. 오히려 기독교인에 대한 자신의 정의를 제안하면서 기독교인으로 남는 것이 가능하다고 주장했다. 그리고 스미스는 이 책을 읽었다.

1941년 스미스에 의한 『신앙과 양육』(*Faith and Nurture*)의 출판은 이론가들 뿐만 아니라 실천가들로 하여금 기독교교육의 신학적인 토대를 재고하도록 만들었다. 그것은 대학교와 신학교들에서 종교교육을 지배하고 있던 자유주의의 관점을 포기하는 것을 뜻했다. 스미스가 자신을 따르는 사람들에게 새로운 신학적 구성을 남겨두었으며 그의 책은 이 분야의 새로운 방향을 자극했다. 듀이와 코우의 가정에 기초한 종교교육과는 달리 이 새로운 접근법은 견고한 신학적인 토대를 요구했다.

셸톤 스미스의 작품은 기독교교육에 있어 중요한 변화를 가져왔다. 스미스는 자신의 연구 출판을 통해 제기했던 문제들을 결코 다시 다루지는 못했다. 그의 책 『신앙과 양육』이 중요한 기여를 한 것은 사실이지만 많은 보수주의 기독교교육자들은 그가 조금 더 자신의 생각을 발전시켰으면 좋았을 것이라고 아쉬워했다.

EDWARD A. BUCHANAN

참조 | 코우, 조지(COE, GEORGE A.); 듀이, 존(DEWEY, JOHN)

스콜라철학(Scholasticism). 신학과 철학의 이해와 융합에 대한 접근법으로서 9세기와 14세기 사이에 그 절정을 이루었다. 이 철학 발달 초기에 각 스콜라철학 교사들은 자신들을 기독교교육자로 여겼다(Reed & Prevost, 1993). 그러나 실제로 스콜라철학 교사들은 철학적인 사고의 실제적인 적용이 교회나 심지어 사회 전체에 크게 가치 있다고 생각하지는 않았다. 이 역사적인 시기에 대학이 생겨남에 따라 대학의 지도자가 스콜라스티쿠스(Scholasticus, 스콜라 철학자)로 알려졌다. 이 명칭에서 스콜라철학이라는 단어가 생겨났다.

13세기 중엽에 7개의 교양과목들이 교육의 선두에 서 있었다. 이 과목들은 3학(문법, 논리학, 수사학)과 4과(산술, 음악, 기하학, 천문학)로 분류되었다. 스콜라철학자들은 이러한 과목들에 만족하지 않았고 철학 연구가 더 많은 중요성을 차지할 것을 원했다. 그들은 철학이 전체 학문분야를 이해하는 데 더욱 더 종합적인 접근법을 제시한다고 느꼈다. 아리스토텔레스(B. C.384-322)가 처음으로 제시한 예를 따라서 철학을 두 부분으로 즉 이론부분(물리학, 수학, 형이상학)과 실질적인 부분(논리학, 윤리학, 심미학)으로 나누었다. 스콜라철학은 신학 연구가 학문의 여왕이며 그 신학의 빛이 모든 다른 지식 분야에 빛을 더해 준다고 생각했다.

토마스 아퀴나스(1225-1274)는 스콜라철학의 가장 위대한 공헌자 중의 한 사람이다. 그의 책 『신학대전』(Summa Theologica)은 기독교 신학을 아리스토텔레스의 형이상학과 인식론의 시각으로 설명하고자 했다. 스콜라철학은 믿음과 이성이 매우 높이 평가되어야 하며 둘 사이에는 충돌이 있을 수 없다고 주장했다. 아퀴나스에게 믿음이 신학적인 기초를 제공한다면 이성은 철학적인 기초가 되었다. 비록 양쪽 모두 지식의 근거를 제공하지만 믿음이 이성의 우위에 있는 것으로 보았다. 이러한 해석으로 인해 이성은 개인이 믿음을 통해 알게 된 것을 지지할 수 있지만 개인이 신앙으로 믿는 것을 뒤엎을 수는 없었다. 이러한 우선순위를 두고 볼 때 가톨릭교회가 그 교리의 가르침을 위해 이런 방법론을 크게 지지한 것은 놀라운 일이 아니다(Reed & Prevost, 1993).

이러한 성경적인 인식론은 오래가지 못했다. 믿음과 이성의 분리는 이성의 강조에 길을 내주었다. 이성이 지식의 더 우위에 있는 근거로 여겨졌다. 믿음의 우월성을 믿은 사람들은 거의 무식한 사람처럼 여겨졌다. 후에 발달된 이분법은 신학 연구와 성경적인 세계관을 고수하는 것의 가치를 떨어뜨리고자 했다.

14세기 말경 스콜라철학은 신앙을 요구하는 초자연적인 문제들이 이성에 기초해서는 그러한 견해에 대한 지식에 도달할 수가 없기 때문에 교회에 넘겨져야 한다고 주장했다. 성경에서 가르치는 기적들은 단순히 학문의 법칙을 무시하기 때문에 믿기에는 이성적이지 못했다. 결국 그 어떠한 교회교리도 이성에 의해서 증명될 수가 없었다. 스콜라철학은 인간의 이성을 지나치게 강조하게 되었다(Eavey, 1964). 실질적인 유익은 거의 없이 너무 많은 에너지를 형이상학과 존재론을 논하는 데 소모했다. 지식을 조직하고 체계화하는 방편으로서는 유익하지만 스콜라철학은 중세교육 시기 동안에 기독교교육에 해로운 영향을 끼쳤다.

MICHAEL J. ANTHONY

참고문헌 | C. B. Eavy(1964), *History of Christian Education*; E. F. Frost(1966), *Historical and Philosophical Foundations of Western Education*; K. O. Gangel and W. S. Benson(1983), *Christian Education: Its History and Philosophy*; M. Mayer(1966), *A History of Educational Thought*; J. E. Reed and R. Prevost(1993), *A History of Christian Education*; A. E. Sanner and A. F. Harper(1978), *Exploring Christian Education*.

참조 | 아퀴나스, 토마스(AQUINAS, THOMAS); 아리스토텔레스(ARISTOTLE); 중세교육(MEDIEVAL EDUCATION)

스키너, 버러스 프레드릭(Skinner, Burrhus Frederic, 1904-1990).

학습과정에 대한 연구로 가장 잘 알려진 미국의 심리학자이다. 해밀턴대학교(Hamilton College)의 학부 학생으로서 스키너는 동물들의 반사작용에 대한 탐구로 유명한 러시아 심리학자 이반 파블로프(Ivan Pavlov)의 연구에 관심을 가지게 되었다. 스키너는 파블로프의 모델을 취해 동물의 학습과 인간의 중앙 신경계의 기능 등을 연구하면서 하버드대학에서 박사과정을 밟았다. 파블로프가 자신의 개에게 고전적 조건형성을 사용한 반면 스키너의 연구는 학습은 하나의 습관이며 인간은 통제된 환경에서 가장 잘 학습할 수 있을 것이라고 제시했다. 행동 심리학자 존 왓슨(John B. Watson)의 영향을 받은 스키너는 인간들이 상벌에 어떻게 반응하며 새로운 것에 대한 학습과 변화를 위한 최고의 훈련은 무엇인지를 탐구하기 시작했다.

1. 조작적 조건형성(Operant Conditioning)과 자극 반응. 스키너는 피험자가 어떤 효과를 만들어 내기 위해 환경에 영향을 끼치는 조작적 조건형성을 이용한 실험을 했다. 예를 들어, 그는 쥐들이 미로를 통과하게 만들었고 음식을 먹고자 할 때는 벨을 누르도록 훈련시켰다. 그러한 실험들의 결과를 바탕으로 스키너는 동물들이 기술들을 연속적으로 배운다는 사실과 인간들도 동일한 방식으로 학습한다는 사실을 보여준다고 말했다. 그는 우리가 삶의 초기에 학습한 단순한 행동들 위에 복잡한 행동들을 세워나가면서 복잡한 행동들의 유형을 발달 단계별로 형

성한다는 사실을 이론화했다. 그러므로 스키너에 의하면 학습은 기본적으로 새로운 습관들을 형성하는 것이었다. 사람들은 학습할 때 새로운 행동과 새로운 결과를 연결시킨다. 스키너는 이것을 '자극-반응' 이라고 일컬었고, 그 속에서 피험자는 연구자가 유발시키는 일종의 변화에 반응한다. 피험자는 이전에 존재하지 않았던 자극과 반응간에 관계를 발전시키며 그것을 지식 기반에 첨가시킨다. 그 과정이 반복될 때 피험자는 하나의 습관을 개발하는 것이다.

또한 스키너는 대부분의 사람들이 문제에 직면했을 때 그것을 시험하고 해결하기 위해 자신들의 오래된 습관들을 사용한다고 말했다. 만일 그들이 옛 정보와 습관들을 사용해서 문제를 해결할 수 없으면 시행착오의 체계 속에서 일종의 새로운 행동을 시도하는 쪽으로 이동할 것이다. 그 사실이 스키너로 하여금 우리가 좋은 훈련 프로그램을 만들어 사람들의 습관들을 개발시킬 수 있다면 사람들이 학습을 더 잘 할 수 있도록 도와줄 수 있을 뿐만 아니라 더 나은 사람들을 개발하는 것을 도울 수 있다고 주장하도록 했다.

2. 행동수정. 사람들의 행동 선택과정을 형성함으로써 사람들을 훈련시키는 데 초점을 맞추는 것이 '행동수정'으로 알려졌고, 그것은 발달심리학의 핵심 이론들 중의 하나가 되었다. 다른 사람들이 유전과 정신분석학을 인간발달의 기초로 연구했을 때 스키너는 아동들은 어른들과 환경과의 상호작용을 통해 학습한다라고 주장했다. 이러한 상호작용은 규칙적으로 일종의 상벌을 가져온다. 보상받는 행동들은 계속되는 반면 벌 받는 행동들은 제거된다. 스키너에 따르면 대부분의 아동들은 상에 동기부여가 되어 자신들의 새로운 지식에 대해 즉각적으로 보상받을 것이라는 것을 알게 되면 새로운 사실들을 빨리 학습할 수 있다. 그러므로 교사의 임무는 학생들의 환경을 잘 배열하여 원하는 행동을 위해 적절하면서도 효과적인 강화를 제공하는 것이다.

스키너는 사람들을 형성할 수 있는 행동수정의 능력을 너무나 확고히 믿어 미네소타대학에서 교수로 있을 때 아동의 학습을 극대화하기 위한 통제된 환경인 "아기 상자"를 만들었다. 그런 다음 자신의 딸 데보라를 그 속에 거의 2년간 넣어두었다. 그는 상벌에 의존하여 훈련 환경이 학습을 현저하게 바꿀 수 있을 뿐만 아니라 개인의 성격까지도 바꿀 수 있음을 보여주고자 했다. 그러한 취지에서 그는 『월든 투』(*Walden Two*)를 썼고 거기에서 그가 신봉하는 학습 원리들에 기초한 완벽한 사회를 위한 자신의 생각들을 기술했다. 그 후 그는 자신의 대표작인 『자유와 존엄을 넘어』(*Beyond Freedom and Dignity*)를 저술했으며, 그 책에서 만일 인류가 자유에 대한 옛 생각들을 버린다면 우리는 더 나은 사람들을 훈련시킬 수 있다고 주장했다.

개인들의 환경들을 새롭게 만듦으로써 그들의 성격 형성을 도울 수 있다는 그의 믿음은 모든 아이들이 상벌이 제공하는 지침에 반응하기 때문에 모든 부모가 본능적으로 이해하는 것이라고 믿었다. 그러나 그 논리적인 결론을 따라가면 스키너의 주장은 우리가 초능력 인간을 만들 수 있으며, 그의 행동은 수정이 되어서 요구되는 방식으로만 반응하도록 훈련될 것이라는 것이다. 그것은 반성경적이며 무서운 것이다. 인간 존재들은 죄로 타락했고 그 어떠한 양의 도덕적 훈련도 그 습관을 제거할 수 없다. 그러므로 스키너의 주장은 궁극적으로 허점이 생기는 것이다. 또한 환경을 만드는 교사가 악한 사람이라면 그들이 만드는 환경은 악함에 틀림없다는 위험이 있다.

3. 프로그램 수업. 자신의 여러 책 중에서 특별히 『교수 공학』(*The Technology of Teaching*)을 통해 스키너는 미국의 교수법을 새롭게 만드는 것에 도움을 주었다. 학생들은 난이도가 점차적으로 증가하는 작은 단계별로 학습할 때 가장 잘 학습할 수 있다는 그의 관점은 많은 교사들과 대부분의 교과서 저자들로 하여금 자신의 전략들을 재고하도록 만들었다. 그는 실험실에서 관찰된 학습 원리들이 교실 수업에 적용된 프로그램 수업을 주도적으로 지지했다.

1948년에 스키너는 하버드대학의 심리학부로 이동했고 그곳에서 그는 학생들에게 최상의 방법으로 수업 자료들을 제시하고 반응을 요구하는 "교수기계"의 개발을 제안했다. 반응이 있고 나면 즉시 그 기계는 그 답이 정답인지 오답인지를 말해 주며 그런 다음 다른 자료를 제시한다. 프로그램 수업에서 학생들은 자신들의 속도에 맞추어서 자료를 순서대로 공부하게 된다. 정보의 앞부분은 학습자에게 많은 도움을 제공하지만 뒤로 가면서는 학생이 기본적인 내용들을 이해하고 더 어려운 과업으로 이동할 때는 그 도움이 줄어든다. 학생과 기계 간에 지속적인 교환이 일어나기 때문에 기계는 단지 수많은 정보를 단순히 제시하기보다는 학생이 진도를 나아가기 전에 그 정보를 이해하는지 못하는지를 확인한다. 텔레비전과 달리 교수기계는 학생의 적극적인 참여를 요구한다. 시험을 치르는 기계들은 1920년대부터 있었지만 학습과정을 조사하고, 사람들이 결과에 대한 즉각적인 지식을 얻게 되면 어려운 자료를 더 빨리 더 잘 배운다는 사실을 발견한 사람은 스키너였다. 교수기계에서 사용된 직선 및 확산 프로그램의 개발은 컴퓨터지원 수업 개발로 직접 이어졌다. 비평가들은 기술에 대한 그러한 의존은 교사들과 학생들 간의 개인적인 관계들을 무시한다고 주장한다.

JERRY CHIP MACGREGOR

참고문헌 │ R. Nye(1979), *What Is B. F. Skinner Really Saying?*; B. F. Skinner(1976), *Particulars of My Life*; idem(1979), *The Shaping of a Behaviorist*; idem(1983), *A Matter of Consequences*.

참조 │ 연합/결합 이론(ASSOCIATION/CONNECTIONIST THEORIES); 행동수정(BEHAVIOR MODIFICATION); 행동주의이론(BEHAVIORISM, THEORIES OF); 고전적 조건형성(CLASSICAL CONDITIONING); 컴퓨터원용교육(COMPUTER-ASSISTED INSTRUCTION, CAI); 학습이론(LEARNING THEORIES); 조작적 조건형성(OPERANT CONDITIONING)

스키마(Schema).

단수인 스키마(schema)와 복수인 스키마타(schemata)는 장 피아제(Jean Piaget)가 개인들이 자신들의 경험들을 이해하기 위해서 사용하는 인지 구조들을 묘사하기 위해 사용한 용어들이다. 이러한 구조들은 사고 내지는 행동의 추상적이며 조직적인 유형이다. 이러한 유형들은 환경과의 상호작용을 통해서 생겨난다. 스키마타는 개인이 두 가지 방식으로 학습하는 것을 도와준다. (1) 스키마타는 새로운 정보가 부합하는 구조를 제공한다. (2) 스키마타는 들어오는 정보로부터 학습자가 무엇을 기대해야 할지 알 수 있도록 도와주며 새로운 정보를 장기기억으로 보내준다. 스키마타는 개인이 자라고 성숙해 감에 따라 지속적으로 변화한다. 스키마타에서 일어나는 변화들은 피아제의 인지발달 단계 즉 감각운동기(sensorimotor), 전조작기(preoperational), 구체적 조작기(concrete operational) 그리고 형식적 조작기(formal operational) 등에서 가장 분명하게 나타난다. 각 단계에서 학습자는 성숙의 정도에 따라 정보를 받아들인다. 스키마타의 성장과 변화의 과정은 순응이라고 불린다. 순응(adaptation)은 두 가지의 관련 부분, 즉 동화(assimilation)와 조절(accommodation)로 이루어져 있다. 동화는 개인이 알고 있는 사실에 경험을 맞추는 방법을 가리킨다. 조절은 스키마타를 자신의 경험에 부합하도록 적응시키는 것을 의미한다. 올바르게 성숙하기 위해서 개인은 이러한 과정들의 균형을 잘 유지해야 한다. 새로운 지식이 사전의 지식에 부합되지 않을 때 적응이 필요하다.

오늘날 훨씬 더 많이 알려진 용어인 "스킴"(scheme)은 종종 동일한 개념들을 묘사하는 데 사용된다. 사실 캠벨은, "심지어 피아제조차도 자신이 생각해낸 스키마와 스키마타를 바꾸어가면서 사용했고 자신의 여러 작품 속에서 다양한 정의를 사용했다"고 말했다.

WALTER H. NORVELL

참고문헌 │ S. F. Campbell, ed.(1997), *Piaget Sampler: An Introduction to Jean Piaget Through His Own Words*; M. H. Dembo(1994), *Applying Educational Psychology*; W. R. Yount(1996), *Created to Learn*.

스탭과 임용(Staff, Staffing).

기독교교육 프로그램의 기능을 실행하기 위해 모집 배치 및 훈련되는 요원들. 이 용어는 교회에서 전문 사역 스탭과 자원봉사자 스탭 두 가지로 구분되어 사용된다.

1. 전문사역 스탭. 전문 스탭 요원은 (1) 하나의 이론 또는 일련의 이론들을 습득했으며 (2) 이 이론을 실제에서 사용하고 (3) 의미 있는 보수(예를 들면, 생계 임금)를 받는 사람으로 정의한다(Ratcliff and Neff, 1993, 9). 목사, 협동 목사, 기독교교육 부장 등으로 불리는 이 개인의 책임들로는 교회의 전체 사역 감독(예로 담임 목사), 특정 연령 그룹 부서(예로 아동 사역 부장 내지는 중고등부 전도사 등), 목표 그룹(예로 소그룹 코디네이터 아니면 회복프로그램 담당목사) 등이 포함된다. 전문 스탭 요원들은 전반적인 사역 비전, 목표, 가르침, 행정 그리고 자신들의 특정 영역의 요원들에 대한 책임을 가진다. 이것은 자신들의 영역에서 섬기는 전문가들과 자원봉사자들을 모집하고 훈련시키고 관리하는 것을 포함한다.

2. 자원봉사자 스탭. 자원봉사자 스탭 구성원(스폰서, 소그룹 리더, 카운슬러, 지원 스탭 등)은 기독교교육 프로그램에 대한 책임과 기능을 위해 전문 스탭 아래에서 일하거나 그들을 돕는 역할을 한다. 자원봉사자 스탭은 사역에서 두 가지의 중요한 필요들을 채워준다. 첫째, 자원봉사자 스탭들이 있음으로써 전문 사역 스탭들은 자신들의 사역 영역을 더 잘 관리하게 되고, 사역에 대한 책임의 일부분을 자원봉사자 스탭들에게 위임할 수 있다. 둘째, 자원봉사자 스탭 구성원들은 사역의 다양한 영역에서 학생과 교사의 비율이 적절하도록 만들어준다(예를 들어, 초기 아동시절에는 한 교사 당 5명의 학생). 이것은 학생들이 소그룹 상황에서 자원봉사자들의 보살핌을 받을 수 있게 됨으로써 관계적으로 집중된 사역을 제공한다.

스탭 구성원들의 모집과 개발 그리고 보살핌은 개인의 영적 은사들의 사용과 개발, 개인의 능력 그리고 하나님께서 주신 소명에 대한 성경적인 명령들을 성취시키는 것이다(엡 4:7-13; 고전 12:7-11). 지도적 위치에 있는 사람들 역시 전도하고 제자들을 개발하며 교회의 영적 보살핌, 가르침 그리고 안내의 영역에서 도울 수 있도록 지도자들을 훈련시키는 자신들의 소명을 성취할 수 있는 기회를 갖게 된다(마 28:19-20; 딤후 2:2).

임용은 특별히 기독교교육에서 요원들의 모집 배치 및 훈련 과정을 나타낸다. 이것은 모집된 사람들이 사역의 열정과 방향에 기여할 것이기 때문에 기독교교육 전문가에게는 가장 중요한 책임들 중의 하나이다.

임용 과정에 포함되는 활동들로는 사역 필요 확인, 적당한 직무 내용 설명서의 개발, 모집, 선정 그리고 그에 따르는 훈련 등이 포함된다. 전문 스탭 구성원의 가장 중요한 책임들 중의 하나는 교회를 이끄는 목회 기능에서 자신과 함께 섬길 사람들을 선정하는 것이다.

KEITH R. KING

참고문헌 | D. Ratcliff and B.J. Neff(1993), *The Complete Guide to Religious Education Volunteers*.

스토리텔링(Storytelling). 세상이 시작되고 난 후부터 사람들은 하나님에 대한 사실들을 드러내주고 역사에 관해서 상기시켜 주는 이야기들을 해왔다. 이야기들을 들려주는 것은 항상 인간 의사소통의 중요한 부분이었으며 인류를 다른 피조물들로부터 구분 짓는 특징들 중의 하나였다.

아동들은 자신들의 세계에 관해 이야기를 통하여 학습한다. "이야기해 주세요!"라는 아동의 부탁은 단순히 레크레이션 수단이 아니라 복잡한 세상을 이해하는 한 방법이다. 젊은이들은 소설을 읽음으로써 세상에 대한 자신들의 지식을 넓히고, 어른들은 이야기를 듣거나 읽음으로써 인간 상태에 대해서 성찰한다. 이것이 바로 예수님으로부터 시작해서 오늘날에 이르기까지 위대한 설교자들이 자신들의 요점들을 설명하기 위해 이야기들을 들려준 이유이다. 단지 옛 민속 예술의 한 형태가 아닌 스토리텔링는 연령에 상관없이 모든 사람들이 하나님의 진리를 듣고 그것에 관해 성찰하는 학습도구이다.

1. 스토리텔링의 역사. 고대인들은 창조의 사실들을 포함해서 사냥과 지리에 관한 이야기를 했다. 음악과 움직임은 스토리텔링의 중요한 부분이었을 것이다. 사람들이 자신들 주변의 세상에 관해 궁금해

하기 시작했을 때 그들은 자연 현상을 설명하기 위해 신화로 자신들의 이야기들을 장식했다. 홍수가 있고 난 후 몇 세기 동안 초자연적인 사람들과 그들의 신과의 상호작용에 대한 이야기들이 인기를 얻게 되었다. 이야기를 들려주는 사람은 단순한 예능인들이 아니라 주된 의사소통의 수단이 글이 아닌 말인 사람들을 위한 역사가들이었다. 글의 발달과 함께 이야기들을 기록하기 시작했으며, 가장 오래된 작품들 중의 일부는 인류의 하나님 탐구에 관한 것이었다. 하나님의 직접 계시 하에 모세가 십계명을 썼을 때 인류는 이 세상에 대한 하나님의 관여에 대한 구체적인 기록을 가지고 있었다. 성경은 주로 인류를 향한 하나님의 계획에 대해 기록된 이야기로 우리에게 주어졌다. 그 결과 우리들은 믿을 수 있는 기록을 가질 수 있을 뿐 아니라 하나님에 대한 믿음을 발전시킬 수 있다. 우리는 구두(口頭) 전통이 이야기들의 세부사항의 정확도를 위해 반복을 요구했기 때문에 복음서들의 진실성을 믿을 수 있다.

스토리텔링은 여행하던 음악가나 시인들이 궁정과 장터에 소식들을 나누고, 이야기들을 들려주고 사람들에게 일종의 역사를 가르칠 수 있도록 환영받았던 중세에 발달되었다. 1440년 이동 활자의 발명과 함께 이야기 읽는 것이 말하는 것을 대체했다. 18세기에는 모든 사람들의 손에 소설책들이 들려지기 시작했고, 19세기에 작가들은 대중성 있는 고대 전설들을 발간하기 시작했다. 20세기에는 영화와 텔레비전이 우리의 삶을 이야기들로 채우면서 스토리텔링이 폭발적으로 인기를 누렸다.

2. 이야기의 형태. 성경은 하나님을 찾는 가운데 위기들을 경험한 실물들에 대해 들려주는 풍부한 이야기들을 제공한다. 각 이야기는 역사를 제공할 뿐만 아니라 하나님과 우리 자신에 관한 교훈을 제공한다. 또한 신자들은 진리를 보여주고 우리로 하여금 주님에 대해서 성찰하도록 하는 도덕적인 이야기들을 믿을 수 있다. 기독교 교사는 신화, 전설, 비유, 우화, 서사시, 민담 및 문학 장르들을 이용할 수 있다. 허구적인 이야기들은 결단코 성경에 있는 내용들과 동일한 무게를 가져서는 안 된다. 하지만 모든 형태의 이야기들은 청자들이 하나님 또는 인생에 관한 진리를 이해하는 것을 돕는다.

3. 이야기를 들려주는 방법. 원리를 분명하게 보여주는 이야기를 택하라. 등장인물들의 갈등은 분명해야 되며 그렇지 않을 경우는 이야기가 힘을 잃게 될 것이다. 목표로 하는 청중을 고려함으로써 당신은 이야기의 길이와 복잡성을 제한할 수 있다. 어린 아동들은 시각적인 자료들과 함께 동물들과 다른 아동들에 관한 이야기들을 즐긴다. 한편 저학년의 아이들은 등장인물들이 적고 구성이 복잡하지 않은 긴 이야기들을 좋아하는 반면, 고학년의 아이들은 영웅 모험 이야기들을 즐긴다.

또한 이야기를 철저히 학습하라. 개요 내지는 핵심 구를 이용하여 머릿속에 사건들과 등장인물들을 구성하면서 그 이야기를 여러 번 읽어라. 등장인물들이 어떻게 들리는지 소리 내어서 그 이야기를 말해보라. 시나 문학적인 이야기들을 암기해야 한다. 가장 중요한 것은 스토리텔링을 잘하는 것이다. 단어가 이야기를 하기 때문에 단어들을 주의해서 선택하고 청중이 사건들의 전개를 '볼 수' 있도록 묘사를 덧붙이도록 하라. 행동을 뜻하기 위해 가끔씩 몸을 움직이는 것은 이야기하는 것을 도와주며 상황에 따라서 몸짓이 변할 수도 있다. 작은 교실에서 이야기를 들려줄 경우는 많은 행동을 할 필요가 없다. 하지만 예배실의 많은 사람들 앞에서 말하는 경우는 모든 사람이 일어나고 있는 일을 이해할 수 있도록 더 많은 몸짓을 해야 할 것이다.

JERRY CHIP MACGREGOR

참고문헌 | J. Maguire(1985), *Creative Storytelling: Choosing, Inventing and Sharing Tales for Children*; R. Sawyer(1942), *The Way of the Storyteller*; M. Shedlock(1951), *The Art of the Storyteller.*

참조 | 방법론, 교수와 연구(METHODOLOGY, <TEACHING AND RESEARCH>); 비유(PARABLE)

스토리텔링/아동(Storytelling, Children's).

이야기는 연령에 상관없이 모든 사람들에게 호소력이 있지만 특별히 아동들은 이야기 듣는 것을 좋아한다. 가장 좋은 이야기들은 삶을 있는 그대로 드러내 준다거나 삶이 그러하여야 한다고 이야기하는 점에서 사실이다.

좋은 이야기들을 찾을 수 있는 많은 곳들이 있지만 성경은 특히 뛰어난 출처이다. 이는 성경의 주된 형태가 이야기체의 문학이기 때문이다. 성경에는 태초의 창조 이야기, 왕들, 여왕들, 선지자들, 제사장들, 하인 여자아이들, 어부들, 노소, 빈부, 현명한 자들과 어리석은 자들에 관한 이야기들이 있다. 그리고 우리에게 즐거움을 주고 무엇인가를 알려 주는 교훈적 비유들이 있다. 수세대의 부모들과 교육자들은 자신들의 자녀들에게 자신들이 아동기로부터 기억하는 성경 이야기들을 들려줘 왔다. 수년 동안 인기 있는 성경 이야기들이 자리를 잡았지만 아쉽게도 많은 중요한 이야기들이 무시되어 왔다. 따라서 이야기를 들려주는 사람들은 성경의 원천으로 돌아가서 풍부한 이야기들을 성경에서 재발견해야 한다.

아동들을 위한 이야기들을 선정할 때, "이 이야기에서 아동들은 누구와 동일시할 것인가?"라는 질문에 답하라. 이 질문으로 하여금 선택 과정을 안내하게 하는 것은 이야기의 선정, 이야기를 들려주는 것 그리고 이야기에 대한 반응에 영향을 미칠 것이다. 예를 들어 모든 히브리 남자 아이들을 죽이라는 왕의 칙령으로부터 보호하기 위해 나일 강을 따라 내려가는 바구니에 숨겨진 유아 모세에 관한 유명한 이야기는 여러 가지 관점에서 들려질 수 있을 것이다(출 2:1-10). 저학년의 아동들은 유아 모세와 동일시하고, 고학년의 아동들은 모세의 누나인 미리암과 동일시할 것이다. 그러므로 적합한 등장인물의 관심사들을 강조하면서 이야기를 들려주어야 한다.

성경에 있는 이야기들은 일반적으로 간략하게 필수적인 정보만이 주어져 있다. 그 언어는 이미지와 리듬으로 가득 차 있지만 말 수가 적다. 즉 여러 시간 아니면 며칠 동안 일어난 사건들이 단 몇 문장으로 기록되어 있다. 이야기들은 압축되어 있기 때문에 이야기를 들려주면서 확장시킬 수 있다. 이야기를 들려줄 때 사건들이 일어난 그 시간과 장소에서 그 사건들을 재현하라. 이때 저자가 포함시킨 세부사항에 주의를 기울여야 하는 데 그 이유는 세부사항들이 이유가 있어서 포함되었기 때문이다. 또한 등장인물들의 감정들을 탐구하라. 소리와 냄새와 장면들을 상상하라. 등장인물들이 직면하고 있는 문제 내지는 상황을 고려하라. 이야기 속의 딜레마가 어떻게 아동들이 오늘날 경험할 수 있는 것들과 비슷한가? 성경의 사건들과 아동들의 삶 사이의 연결점들을 찾아라. 인형극이나 의상 혹은 소품 등을 이용해서 이야기를 들려줄 수 있지만, 이야기는 이야기를 들려주는 사람이 사라지고 청자들이 이야기가 살아나는 것을 볼 때 가장 강력한 힘을 갖게 된다.

이야기들은 해석 없이 이야기 자체로 있을 수 있다. 의미는 이야기 자체 안에 묻어있기 때문이다. 그러나 이야기들은 아동들로 하여금 자신들의 감정, 갈등, 관계, 성격 및 헌신에 대해 성찰하도록 자극할 수 있다. 이야기들은 우리로 하여금 문제를 가진 사람들이 우리만이 아니라는 사실을 알려주며, 세상에 대한 우리의 시각을 넓혀주며, 착하고 올바른 것을 하고자 하는 갈망을 일으키며 우리로 하여금 행동하게 함으로써 우리를 위로해 준다. 특별히 성경 이야기들은 "참되며 경건하며 옳으며 정결하며 사랑할 만하며 칭찬할 만한 것"에 대한 기초를 제공해 줄 수 있다(빌 4:8).

BETH POSTERSKI

참고문헌 | R. Grant and J. Reed(1990), *Telling Stories to Touch the Heart*; G. W. Pritchard(1992), *Offering the Gospel with Children*; W. R. White(1986), *Stories for Telling: A Treasury for Christian Storytellers*.

스펄전, 찰스 하돈(Spurgeon, Charles Hadon, 1834-1892).

"설교자들의 황태자"로 알려진 스펄전은 19세기의 가장 위대한 침례교 설교가들 중의 한 사람으로서 주로 기억된다. 하나님을 경외하는 설교자들의 유구한 유산을 이은 찰스 스펄전은 1834년 6월 19일에 잉글랜드의 에섹스에서 태어났다. 그의 할아버지는 비국교도 모임에 참석한다는 이유로 유죄 선고를 받아 투옥되었다. 찰스 스펄전은 특별히 자신의 조상들의 확신을 자랑스럽게 여겼

스펄전, 찰스 하돈

고 바로 그 동일한 개신교의 혈통을 이어나갈 사람이었다(Gertz, 1970, 4).

1. 삶의 초기. 그러나 그의 삶은 불확실하게 시작되었다. 생후 18개월이 되었을 때 스펄전은 자신의 할아버지 제임스 목사와 살기 위해 이사했다. 그는 5년 동안 이 가정에서 경건한 기독교인 이모에 의해 양육되었다. 분명히 그의 부모들은 심각한 경제적인 어려움을 겪고 있었고 유아시절에 살아남은 17명의 자녀들 중 8명을 돌볼 수가 없었다. 여섯 번째의 생일을 보낸 후 스펄전은 자신의 부모들과 함께 살기 위해 집으로 돌아왔다. 그의 어머니는 스펄전이 성경과 경건한 삶의 양식을 자유롭게 접할 수 있도록 해주었다(Gertz, 1970, 7).

스펄전의 인격형성의 어린 시절과 관련하여 그가 가장 좋아하는 추억들 중에서, 자신과 그를 안 다른 사람들에게 매우 값진 것으로 기억되는 것이 있다. 그것은 그의 삶을 위한 어머니의 부드러우면서도 지속적인 기도였다. 키가 작고 수수하게 생긴 엘리사는 장남인 스펄전이 하나님을 위해서 강한 사람이 되어달라고 지칠 줄 모르고 기도했다. 스펄전 자신은 이렇게 회상한다. "나를 위해 그리고 나와 함께 기도한 분의 아들로 나를 만들기 위해 주님께서 나에게 부어주신 그 귀한 축복을 평가할 수 있는 언어의 능력을 나는 가지고 있지 않다"(Day, 1884, 39)

여덟 살이 되었을 때 스펄전은 기숙사에 보내졌고 오래지 않아 그의 선생들의 지성을 앞질렀다. 책과 문학에 대한 그의 갈망은 만족할 줄을 몰랐다. 특별히 『천로역정』(The Pilgrim's Progress)을 좋아해 죽기 전까지 이 책을 100번 이상 읽었던 것으로 전해진다. 또한 그의 암기력은 탁월하였다. 그는 매일 성경의 일부분이나 찬송가를 외우곤 했다. 이것은 후에 그에게 귀중한 자산이 되었다(Allen, n.d., 11).

스펄전의 회심은 감리교파 지역 목사의 사역 아래에서 16세에 콜체스터에서 이루어졌고 4개월 후에 리버 라크에서 침례를 받았다. 이 일이 있은 지 얼마 안 되어 그는 학교를 가기 위해 캠브리지로 이사했고 그곳에 있는 동안 성 안드레 거리 침례교회를 출석했다. 그리고 그곳에서 첫 설교를 경험하게 되었다. 그의 명성이 런던 남쪽에 있는 뉴 파크 침례 교회에 알려지기까지 3년 동안 섬겼다. 그는 20세에 청빙을 받아들였다(Woodbridge, 1988, 336).

오래지 않아 스펄전의 솔직하며 직설적인 방법은 심오한 인상을 주었다. 12개월 안에 전무후무한 방식의 이 소년 설교자는 입석마저도 구할 수 없을 정도의 무리를 불러 모았다(Allen, n.d., 27). 교회는 더 큰 모임 장소를 찾아야 했고 그 결과 서레이 가든즈 음악회장(Surrey Gardens Music Hall)으로 장소를 옮겼다. 1856년 10월 19일 새로운 건물 입주 후 첫 날 밤에 만 명이 넘는 사람들이 참석을 했다. 사람들이 너무 차서 누군가가 거짓으로 "불이야!"라고 외쳤을 때 공포로 인해 7명이 목숨을 잃었다(Woodbridge, 1988, 336).

스펄전의 교회가 스펄전의 설교에 매력을 느낀 큰 무리를 수용하기 위해 특별히 지어진 런던 남쪽의 "메트로폴리탄 터버나클"로 옮긴 것은 1861년이었다(Woodbridge, 1988, 334). 그 건물의 양식은 그리스식이었고(신약성경이 그리스어로 쓰였기 때문) 3,600명을 수용할 수 있는 영구석이 있었고 끼어서 앉을 수 있는 2,000석도 있었다. 이 교회에서 스펄전이 사역한 동안에 14,460명이 침례를 받았고 이들은 교인의 수에 더해졌다(Woodbridge, 1998, 337).

2. 사역 기간. 스펄전의 유창한 수많은 놀라운 말들 중에서 그의 특징을 이것만큼 잘 보여주는 것이 없다. 메트로폴리탄 터버나클에서 한 그의 첫 설교에서 발견되는 다음의 말들을 생각해 보라. "저는 이 강단이 서 있는 한 그리고 이 집에 예배자들이 찾아오는 한 이 집에서 이루어지는 사역의 주인은 예수 그리스도가 될 것이라고 말씀드립니다. 저는 저 자신을 침례교인으로 공언하는 것을 결코 부끄러워하지 않습니다. 저는 침례교인의 이름을 취하는 것을 주저하지 않습니다. 그러나 저에게 저의 신조가 무엇이냐고 물으시면 저는 '그것은 예수 그리스도이십니다' 라고 대답할 것입니다. 존경하는 저의 선임 길 박사님은 그 자체로 뛰어나고 훌륭한 신학을 남겨주셨습니다. 그러나 하나님이 도와주신다면 제가 제 자신을 묶고 고정시킬 신학은 그분의 체계나 다른 어떤 인간의 논문이 아닙니다. 그것은 복음의

총체요 본질이시며 자신이 모든 신학이며, 모든 귀한 진리의 성육신이며, 길과 진리와 생명의 영광스러운 화신인 예수 그리스도이십니다"(Spurgeon, 1978, 3).

이 인용문에서 우리는 스펄전의 영성과 경건에 관한 풍부한 이해를 발견하게 된다. 그에게 삶은 오직 예수 그리스도와 그분을 알리는 것이었다. 불신자들을 찾고 구하고자 하는 그의 갈망은 열정적인 그의 모든 작품에서 잘 나타났다. 그리스도가 모든 것의 원천이며 정말로 그의 삶의 성공에 있어서 존중된 분이라는 것이 그의 마음에 깊이 뿌리박고 있었다.

확실히 스펄전도 사람이었다. 그가 19세기의 가장 유명하고 가장 인기가 있는 설교자였지만 그는 자기중심적이었고, 교리적으로 엄격했으며, 때때로 완고하고 비협조적이었으며, 종종 반지식인층에 호소한 것으로 전해진다(Duke, 1989, 73). 또한 그는 "하나님의 영광을 위하여" 큰 검은 시가를 피웠다고 말한 것으로 인해 비난받았다. 후에 그의 사진이 담뱃갑에 등장하기 시작했을 때 그는 "내가 시가를 피움으로 인해 심한 고통이 없어지고, 지친 두뇌가 편해지고, 평온하고 상쾌한 잠을 잘 수 있었기 때문에 나는 하나님께 감사했고 그분의 이름을 찬양하였다"라고 응답했다. 그러나 스펄전은 다른 사람들을 잘 비난했는데 예를 들면, 극장을 간다고 비난했다(Fant, 1976, 4, 5).

사람들에게 그의 웅변이나 설교보다 훨씬 더 인상적이었던 것은 그의 인격이었다. 그의 인격의 특징은 주권자이신 하나님에 대한 깊은 신앙과 열심 그리고 모든 일에 인내하는 것이었다. 한 때 대학교에 입학하고자 하는 학생을 면담하면서 그는 만일 사역에 실패하면 무엇을 할 것인지에 대해서 학생에게 물었다. 그 젊은이는 자신은 실패를 생각해보지 않았다고 답했다. 그러자 스펄전은 "좋은 답변이네. 신앙이 없는 자들을 제외하고 실패란 없네. 그리고 실패를 생각한다는 것은 거의 배신이네"라고 말했다(Gertz, 1970, 29).

하나님에 대한 스펄전의 묵상과 그의 기도생활의 일반적인 주제들은 사회 불의, 가난, 믿음 그리고 인내와 관련된 문제들이었다. 그의 저작들과 설교들을 보면 그는 자신의 훌륭한 설교 수준유지 그 자체보다도 삶의 조건, 순수한 복음 설교, 기본적인 진리들과 교리들의 보존에 더 많은 관심을 가진 것을 분명히 알 수 있다. 기도에서 믿음에 관한 스펄전의 다음의 말을 생각해 보라. "나의 고아원을 보라. 그것을 계속 운영하기 위해서는 매년 만 파운드의 경비가 들어간다. 기도의 응답으로 매번 1,400파운드가 정기적으로 나에게 온다. 광고나 구걸하는 편지를 쓴다든지 돌아다니면서 구걸을 하지 않고 나는 하나님께 현금을 구하고 하나님께서는 그것을 보내주신다"(Houghton, 1892, 872).

스펄전의 기도들은 단순했고 확신에 차 있어서 그는 아이들과 같았다. 그는 공중 기도에 흔한 일상적이고 판에 박힌 표현들을 쓰지 않았으며, 그가 기도하는 것을 들은 사람들의 말에 의하면 그는 마치 "은혜의 보좌가 있는 곳으로 들어간 것처럼" 기도했다고 한다. 이러한 진실함으로 인해 사람들은 그를 사랑했고 그의 성향과 사명의 특성을 깨달았다.

3. 신학적인 방향과 삶의 적용. 스펄전은 성경을 가장 논리적이고 문자적인 의미로 받아들였다. 16세에 그가 성경이 침례를 가르친다는 사실을 읽었을 때 그는 즉각적으로 자신은 침례교인이라고 공언했다. 마찬가지로 그는 포도주나 독주에 취하지 말 것에 대한 말들을 문자적으로 받아들였다. 그가 날린 가장 큰 타격은 직접적으로 술을 비난하는 것이었는데 이것은 그 당시 인기 있는 입장은 아니었다(Fant, 1976, 6). 또한 그는 자신의 강단과 명성을 이용해 모든 사람들은 하나님의 눈에 동일하다며 인도적인 처우를 탄원했다. 노예제도에 대한 그의 강력한 반대 입장으로 인해 그는 미국에서는 인기를 끌지 못했다. 그는 이러한 말들로 노예제도에 반대하는 입장을 담대히 밝혔다. "노예제도는 국가의 명예를 더럽힌 가장 더러운 오점이며 피로써 씻어내야 할지 모르겠다. 미국은 많은 면에서 영예로운 나라이지만 무력으로 몇 가지의 유익한 교훈을 가르칠 필요가 있을 것 같다"(Carlile, 1933, 159-60).

20세에 스펄전은 세속 신문의 편집장에게 다음과 같이 썼다. "나는 능변가도 아니고 식자도 아니지만 교회의 머리되신 분께서 저에게 많은 사람들에 대한 동정심을, 가난한 자들에 대한 사랑을 그리고 무식하고 배우지 못한 사람들의 주의를 끄는 수단들을 주셨습니다… 하나님께서는 가장 비천하고 버려진 사람들을 저에게 맡기셨고 이들은 제게 속하며 저는 그들을 반드시 보호해야 합니다"(Travis, 1992, 29). 찰스 스펄전은 한 때 "기독교인은 항상 사람들의 건강과 복지를 진작시키는 모든 것의 조력자가 되어야 한다. 만일 모든 다른 손이 꽉 쥐고 돕지 않을 때라도 그리스도인의 손은 항상 인간의 필요를 채우기 위해 열려 있어야 한다"라고 말했다. 그는 "네 이웃을 네 몸과 같이 사랑하라"고 하신 예수님의 훈계를 문자 그대로 받아들였다. 심지어 신자들 중에서 가장 거룩한 자도 육체와 필요들을 돌보아야 했다(Travis, 1992, 35).

그는 목회를 위해 젊은이들을 훈련시킴으로써 자신의 사역을 늘이는 데 관심을 가졌다. 그는 스펄전 대학(또한 목회자 대학으로 알려진)을 설립했고 『스펄전 설교론』(Lectures to His Students)을 출간하기 시작했다. 이러한 재치 있고 날카로운 강의 시리즈에서 스펄전은 설교자와 그의 사역에 대한 종합적인 개요를 제시했다. "주의"와 "즉석 설교"와 같은 장들에서 스펄전은 그의 학생들에게 어떻게 청중의 귀를 얻을 수 있는지를 언급하였다. 이것은 19세기에는 혁명적인 것이었으며 오늘날의 의사소통의 기술의 관점에서 볼 때도 그것들은 정확한 것이었다(Fant, 1976, 11).

교회에서 목사들을 훈련시키는 그의 방법은 그의 죽음이후 다른 목회자들에 의해서 널리 존중되었고 이어졌다(Towne, 1995, 373). 『칼과 삽』(The Sword and The Trowel)은 1865년에 시작된 월간지였다. 이 잡지에는 살아 있는 사람들이나 죽은 사람들을 다 포함해서 가장 많은 63권의 스펄전 원작을 담은 설교들이 실렸다.

엄격한 칼빈주의 신학의 기반을 가진 예정론과 예지에 대한 그의 생각들은 자신의 실제 목회에도 영향을 미쳤다. 스펄전에게는 인간 고통의 필요들이 몇몇 전도자들의 "비인간적인 두피 사냥"(impersonal scalp-hunting) 접근법을 위한 전략을 앞섰다. 만일 하나님께서 선민들을 이미 "선택"하셨다면 전도의 문제는 무리들을 얻고 불신자들을 회심시키는 방법들을 만드는 긴급함 대신에 단순히 진리를 전하는 쪽으로 기울게 된다.

메트로폴리탄 터버나클이 문을 열기 위해 2만 불이 필요했을 때 스펄전은 빚 없이 새로운 터버나클을 열기 위한 필요를 모든 사람이 알도록 문에 쪽지를 남겨놓았다. 5개월도 되지 않아 스펄전은 또 다른 쪽지를 남겨놓았는데 그 내용은 다음과 같았다. "아래에 서명한 우리들은 충만한 가슴으로 신실하신 우리 하나님의 자비를 알리고 기록하기를 원합니다. 우리는 믿음으로 구했지만 주님께서는 우리의 요구보다 더 들어주셨습니다. 구한 금액을 주셨을 뿐만 아니라 우리가 구한 것보다 훨씬 더 빨리 주셨습니다. 진실로 주님은 선하시며 찬양받으시기에 합당하십니다"(Ford, 1884, 43).

하나님께서 지혜로운 자들을 당황하게 하기 위해서 이 세상의 미천한 것들과 사람들을 어떻게 계속해서 사용하시는지를 살펴봄으로써 우리의 시각은 넓어지게 된다. 인간들은 전 세계에 엄청난 영향을 끼친 사람으로서 보잘것 없는 초기의 삶을 살았던 잉글랜드의 평범한 한 청년을 선택하지는 않을 것이다. 그의 이름은 알려졌고 그의 메시지 즉 예수 그리스도의 메시지는 전 세계에 알려져 있다. 확실히 그는 인간의 표준에서 볼 때 너무 어리고, 신학교나 다른 학교에서 정식적인 훈련을 받지 못했고 경험이나 전문적인 지식이 없는 사람으로 여겨졌을 것이다. 그러나 하나님께서는 하나님과 하나님의 말씀을 갈망한 한 사람을 보았고 "이제 내가 나의 영광을 위하여 사용할 수 있는 사람이 있구나"라고 하신 것이다.

우리는 하나님의 일을 하기 위해서 필요한 것은 우리가 소유한 것이 아니라 그리스도와 그의 권세 안에서 우리가 누구인가를 아는 사실임을 항상 기억해야 한다. 문들과 길들은 활짝 열려있으며, 우리가 하나님 당신의 바로 그 손으로 인도함 받는다면 이루지 못할 것이 없다. 우리의 책임은 우리의 장점들과 절차들을 준비하는 것이 아니라 단순히 우리의 마음을 준비하는 것이다.

MICHAEL D. ANTHONY

참고문헌 | J. T. Allen(n.d.), *Life Story of C. H. Spurgeon*; J. C. Carlile(1933), *C. H. Spurgeon:An Interpetative Bioraphy*; R. E. Day(1884), *The Shadow of the Broad Brim*; D. N. Duke(1989), *Evangelical Quarterly*, 1:71-80; C. E. Fant(1976), *20 Centuries of Great Preaching*, vol. VI; S. H. Ford(1884), *The Life and Labors of Charles H. Spurgeon*; G. S. Gertz(1970), *The Forty Year Minisry of Charles Haddon Sprugeon*; R. C. Houghton(1892), *Dictionary of Baptists in America*; C. H. Spurgeon(1878), *The Autobiography of Charles H. Spurgeon*; idem(1892), *C. H. Spurgeon Autobiography*, vol. 2: *The Full Harvest*; idem(1969), *The Pictorial Life of Charles Haddon Spurgeon*; E. Towns(1995), *Evangelism and Church Growth: A Practical Encyclopedia*; W. Travis(1992), *Urban Mission*, pp.29 36; J. D. Woodbridge(1988), *Great Leaders of Church*.

슬픔(Grief). 양을 돌보는 목자에 대한 감동적인 묘사가 기록된 시편 23편은 수백만의 그리스도인들에게 그들이 슬픔에 처해 있을 때 위로를 가져다 주었다. 그리스도인과 비그리스도인들은 유사한 방식으로 슬퍼한다. 특히 사람들이 의미있는 상실에 대한 정상적이고 적절한 인간의 반응으로서의 슬픔을 이해하는 점에서 그렇다. 이러한 상실은 개인적이며 육체적, 정신적 수용력, 관계, 물질적 소유일 수 있다. 사람들의 슬픔의 강도는 일반적으로 상실한 사람이나 대상의 애착 정도에 직접적으로 비례한다. 슬픔을 조절하는 능력은 사람의 성격, 환경, 본성, 이전의 상실 경험에 따라 다르다.

슬픔은 사랑하는 사람의 죽음과 연결되어 있다. 슬픔의 유형은 북미에서 급격히 변하였다. 1세기 전에는 최소 1년 동안은 일상적인 사회 활동으로부터 격리되어 검은 옷을 입었으나 현대에서는 거의 격리될 기회가 주어지지 않는다. 일반적인 기대는 가능한 한 빨리 "일상으로 돌아가라"이다. 기독교 목사들과 친구들은 때때로 슬픔의 실재를 다운페이함으로써 이러한 신화를 부추긴다. 목사들과 친구들은 성경의 여러 구절을 인용하며 종종 고인이 천국에 있음을 알려줌으로 위로하는 일과 유족들을 위해 지원과 도움을 제공해 줄 필요를 잘 구별하지 못하게 한다.

유족들이 의식적으로 상실에 직면하고 슬픔과 관련된 많은 일을 해야 하는 것은 피할 수 없다. 시간의 흐름이 슬플 때 필수적이지만 시간이 치유하지는 않는다. 사람들은 고인과 살아 있는 사람과의 관계 속에서 기억을 통합하는 방식을 발견해서 유족들이 인생에서 물러서지 않고 그러한 기억들이 보물이 될 수 있도록 해야한다. 살아 있는 자는 개인으로서 자신이 누구인지, 하나님은 그들을 위해 무엇을 결정했는지, 그리고 그들이 어떻게 자신의 개인적 정체성을 확고히 할 수 있는지 등에 관해 새롭게 조망해 보아야 한다.

루이스(C. S. Lewis, 1916)는 『관찰된 슬픔』(*A Grief Observed*)에서 다음과 같이 말한다. "슬픔은 전체적으로 새로운 조경을 드러내는 굽이치는 긴 골짜기 같다." 슬픔에 대한 바른 해답은 없다. 기독교인조차도 그것을 피하는 능력이 없다. 기독교인이 이용할 수 있는 능력은 타인이 지니지 못한 희망의 감정으로 슬픔을 극복하는 것이다. 그러나 슬픔은 여전히 슬픔이다. 그리스도께서도 나사로의 죽음을 슬퍼하셨다(요 11:35). 그리고 그는 겟세마네 동산에서 그 자신의 고통과 임박한 죽음을 슬퍼하셨다(마 26:36-46). 기독교인들은 항상 하나님이 사람이 죽는 것을 원하지 않는다는 것을 기억해야 한다. 하나님은 사람을 살아가라고 창조하셨다. 죽음은 방해이며, 이 세상에 죄의 파괴적 결과이다. 그래서 죽음은 거의 우리가 원할 때 오지 않는다. 유족들은 죽음이 하나님의 책임이 아님을 기억해야만 한다. 반대로 죽음은 하나님의 계획도 아니다(롬 8:38-39). 하나님께서는 죽음의 고통을 이해하신다. 그리스도께서는 십자가에서 죽음을 견디셨다(빌 2:8). 그러나 하나님께서는 생존자의 삶을 재건하실 수 있다. 살아 있는 자가 슬픔과 맞서는 용기를 지니고, 모든 상황의 슬픔을 통해 일어선다면 하나님께서는 새로운 장을 열며, 새로운 기회를 선물하며, 새로운 기회를 주신다.

"애도 작업"(grief work)은 인생에서 감정적 시기를 극복하는 데 사용해야 하는 애도를 표시하기 위해 프로이트(Freud)에 의해 처음 사용되었다. 슬픔은 세 가지 범주로 구분된다. 예상된 슬픔, 격렬한 슬픔, 복잡한 슬픔 등이다. 큐블러-로스(Kübler-Ross, 1970)는 말기질병 환자들을 치료하는 일을 하는 가운데 예견되는 슬픔을 대중화하였다. 그녀는 죽음을 받아들이는 데 부정/고립, 분노, 타협, 의기소침, 수용 등의 5가지 단계가 있음을 확인하였다. 예상되는 슬픔이 상실을 경험하게 될 때 그 슬픔의 과정이 완료되거나 심지어 더 가볍게 만들어주는 것을 의미하지 않는다. 예상되는 슬픔은 상실 그 자체가 불러일으키는 격렬한 슬픔으로 향한다. 사별의 기간 동안 살아 있는 자는 이러한 사건 속에서 좀 더 빨리 확인된 슬픔의 다양한 영향을 위로받아야 한다. 만일 슬픔을 피하거나 부인하거나 애도하는 과정에서 혼란을 겪을 경우, 슬픔은 더 길어지고 복잡해지며 종종 부정적인 결과를 더 견뎌야 할 상황을 초래한다. 슬픔을 복잡하게 하는 몇 가지 요인은 고인과의 부동적(浮動的)인 관계, 이전의 정신 질환, 지원제도의 부재, 또는 갑작스럽거나 너무 이른 시기의 죽음 등인데, 이 죽음은 죽음의 이유에 관한 확정적이지 못한 정보를 갖고 있을 때를 말한다.

그러나 통상적인 경우 사람은 슬픔의 완전한 해결을 위해 노력할 수 있다. 완전한 해결이란, 삶 가운데 들어와 슬픔을 극복하려는 의지를 억제하는 정신적 괴로움에서 벗어나는 일이다. 유족은 단지 유감스러운 상황에서 최선의 결과를 만들려 하기 보다는 죽음 앞에서도 하나님께서 그에게 새로운 시작을 위한 기회를 허락하신다는 것을 인지할 수 있도록 격려되어야 한다. 슬픔이 건강한 방식으로 다루어질 때, 사람은 고통과 상처를 통하여 새로운 자기의식, 새로운 목적의식, 하나님과의 더 깊은 관계 그리고 자신의 삶과 사역에 대한 새로운 비전들을 발견하게 된다.

ROBERT C. DEVRIES AND
SUSAN J. ZONNEBELT-SMEENGE

참고문헌 | J. Bowlby(1980), *Attachment and Loss: Loss, Sadness, and Depression*; S. Freud(1917), *Mourning and Melancholia*; E. Kubler-Ross(1970), *On Death and Dying*; C. S. Lewis(1961), *A Grief Observed*; S. Zonnebelt-Smeenge and R. DeVries(1998), *Getting to the Other Side of Grief: Overcoming the Loss of a Spouse*.

시각적 방법(Visual Methods). 말은 그 자체로서 성경의 진리를 온전히 전달하지 못할 때가 많다. 하지만 강의나 설교, 또는 다른 종류의 언어를 통한 전달에 시각적인 요소가 곁들여질 때 듣는 이의 이해를 더 잘 도울 수 있다. 하나의 양식은 또 다른 양식을 강화시켜준다. 어떤 이들에게는 시각적인 전달이 구두로 전달하는 것보다 훨씬 강한 양식이다. 따라서 기독교교육에서 시각적인 방법을 이용하는 것은 필수적이다.

성경은 우리에게 시각적 교육 방법의 많은 예를 보여준다. 레위기에 나오는 희생 제물에 관한 제도는 반드시 피의 희생을 묘사한다. 예수께서 그러셨듯이 선지자들은 그들의 가르침에서 외부의 사물을 통해 가르치곤 했다. 부활하신 예수께서도 그의 상처 난 손과 발을 제자들에게 보여주셨다.

오늘날의 고도화된 시각적 문화는 반세기 전과는 판이하게 다르게 시각적인 방법을 더욱 강하게 요구한다. 거의 모든 사람들이 텔레비전이나 비디오, 또는 인터넷 웹사이트 등을 통한 방대한 자료들에 영향을 받고 있다. 더구나 시각적 매체는 어린이들의 두뇌 성장에 영향을 줌으로써 사고 과정에 지대한 영향을 끼치는 것으로 드러났다. 따라서 많은 사람들이 직선적이기보다는 모자이크 형식으로 사고한다. 그러므로 기독교교육은 시각적인 방법을 이용하는 것 뿐만 아니라 그것을 계획적이고도 기술적으로 잘 활용해야만 한다.

유용한 시각적 방법의 범주는 놀랄 정도로 방대하다. 기독교교육자는 그림과 차트, 도표, 지도, 모형, 영화, 삽화, 비디오, 사진, 영사 슬라이드, 만화, 깃발, 슬라이드, 융판 그림 등을 선택적으로 사용해야 한다. 이러한 방법은 특별히 어린이들을 가르칠 때 더욱 유용하다. 왜냐하면 아이들은 실제적인 경험이 부족하기 때문이다. 예를 들면, 미국과 캐나다에 사는 어린아이들에게 시각적 자료가 없이 여리고 성의 점령에 관한 이야기를 들려준다는 것은 무의미하다. 그들 대부분은 성으로 둘러싸인 도시를 본 적이 없기 때문이다. 시각 자료들은 어린이들이 정확한 성경의 개념을 쌓기 위해 필요한 지침이 된다. 시각적인 방법을 적절하게 사용한 가르침은 성인들과 청소년들에게 또한 커다란 도움이 된다.

DANIEL C. JESSEN

시각자료(Visual Aid). 융판 그림(Flannelgraph)을 보라.

시너지(Synergy). 공동의 선(善)을 위하여 합쳐지는 두 개 이상의 개별적인 요소들의 결합된 행동이다. 이런 협동 노력이 생겨날 때, 그 결과는 개체들의 합보다 더 큰 기여를 하는 것으로 여겨진다.

시너지 접근법은 때때로 기독교육 이론 내지는 실습 모델에서 종종 사용된다. 예를 들어, 마이클 맥(Michael Mack, 1996)은 소그룹들과 주일학교를 통합시키는 전략을 주장했다. 맥의 모델에서 주일학교와 소그룹은 서로 경쟁하는 것이 아니라 소그룹과 주일학교가 교회로 들어오는 다중 입구를 제공해 주는 완전 서비스를 위한 기초가 된다. 결합된 접근법의 결과는 제자훈련과 전도에 훨씬 더 효과를 보고 있는 지역 교회이다.

J. GREGORY LAWSON

참고문헌 | M. Mack(1996), *The Synergy Church.*

참조 | 소그룹(SMALL GROUPS); 주일학교(SUNDAY SCHOOL)

시설(Facility). 교회 건물의 내부와 외부 상태이다. 교회는 교회 시설로 전달하는 메시지를 통해 더 잘 알게 된다. 회중 사역을 강조하는 신학과 철학이 건물로 나타난다. 동방 정교회(正敎會)와 무교파(無敎派) 교회의 건물이 다르게 보이는 것과 같다. 교회는 교회의 위임된 명령과 사명을 정립해야 한다. 교회의 시설을 최대한으로 사용하고 시설이 의도된 목적을 확실히 보여주기 위함이다.

교회 사역의 우선순위를 교인들이 분명히 이해하고 있을 때, 시설을 사용하는 데 관련된 문제들이 완화된다. 사람들이 접근할 만한 교회인가 아니면 사적인 조직으로 보일 것인가? 방의 크기와 색깔, 의자들의 안락한 정도, 조명은 교육/학습 체험을 강화하거나 장애가 되는 요소가 될 것이다.

어떻게 현재의 시설이 적절하게 목회의 신학과 교회의 목적을 이행할 수 있는가? 공동체가 건물을 어떻게 생각하는가? 그 건물이 하나님의 영광을 드러내는데 적절한 유용성을 갖추고 있는가?

ELAINE BECKER

참고문헌 | W. Graendorf, ed., *Introduction to Biblical Christian Education.*

참조 | 환경(ENVIRONMENT); 자원(RESOURCES)

시퀀스(Sequence, 계열화). 학습이 일어날 수 있도록 학습 경험을 최고의 순서대로 배열하는 교육과정 계획의 특징(Colson, 1981, 51)이다. 만일 범위가 "교육과정의 내용"이라고 하면 순서는 "교육과정의 시간"이라고 할 수 있다(Wulf & Shave, 1984, 71). 순서는 단원들, 내용, 학습 활동 그리고 교육과정 계획에서 과정 등의 배열을 가리킨다.

스미스, 스탠리 그리고 쇼어는(1957) 교육과정의 네 가지 주요 원리들을 밝혔다. 단순한 것에서 복잡한 것으로, 전제 학습, 전체에서 부분으로의 학습 그리고 연대기적 학습(Smith, 1957).

'단순한 것에서 복잡한 것으로의 원리'는 학습이 쉽고 구체적인 개념들에서 더 어렵고 종종 추상적인 내용으로 이동할 때 학습이 잘 이루어진다고 주장한다. "전제 학습 원리"는 높은 수준의 이해를 가지기 전에 기초 학습이 요구된다고 주장한다. 전제 학습은 전체를 학습하기 전에 부분 부분들이 축적되어야 한다는 가정 하에서 가능하다. '전체에서 부분으로의 원리'는 내용 내지는 경험을 개요로 제시하고, 그런 다음 더 작은 부분들로 세분화된다. '연대기적 학습'은 내용과 경험을 발생한 시간대 순으로 나열하는 것이다.

효과적인 교육과정 입안자들은 최상의 결과를 가져오기 위한 학습 순서의 최상의 방법을 결정하기 위해 교육과정의 목표, 학습자들의 능력, 내용의 성격, 경험 내지는 기술들을 검토한다.

DARYL ELDRIDGE

참고문헌 | H. P. Colson and R. M. Rigdon(1981), *Understanding Your Church's Curriculum*; B. O. Smith, W. O. Stanley, and H. J. Shores(1957), *Fundamentals of Curriculum Design*; H. M. Wulf and B. Schave(1984), *Curriculum Design*.

참조 | 교육과정(CURRICULUM); 범위(SCOPE)

식민지교육(Colonial Education). 미국 식민지 교육은 지리적으로 세 영역의 인구통계를 연구해 보면 이해할 수 있다. 뉴잉글랜드 식민도시들(New England colonies: 미국 동북부의 여섯 주, 코네티컷, 매사추세츠, 로우드 아일랜드, 버몬트, 뉴햄프셔, 메인-역주), 중부 지역(Middle States) 그리고 남부 식민도시들(Southern colonies)이다. 각 지역의 인구는 유럽으로부터—남녀와 어린이들이 종교적 자유를 찾아 그리고 그들의 신앙대로 삶을 영위할 기회를 찾아 떠나온 이민자들로 구성되었다. 이 이민자들이 광범위하고 다양한 문화와 종교적 배경을 가지고는 있지만, 주로 개신교도들이었다.

뉴잉글랜드 식민도시들의 교육은 청교도 식민지 개척자들이 정착하여 강력한 칼빈주의 신앙에 영향을 받았다. 가장 주목할 만한 일은 1642년 매사추세츠 주에서 주 의회 법령을 내려 부모들이 자녀들에게 읽기를 가르쳐 자녀들이 스스로 기독교 신앙과 그 지방의 법을 이해할 수 있도록 한 것이다. 1647년에 어린이교육을 위한 주립학교 설립을 요구하는 구(舊) 딜루더 법령(Old Deluder Act)이 제정되었다. 청교도들은 사단이 어린이들을 읽지 못하게 함으로써, 그리스도를 알게 되는 것을 막고 있다고 믿었다. 구 딜루더 법령은 마귀의 활동을 막으려는 청교도들의 시도였다. 마귀의 간계에 맞서 싸워 문자를 해독하려는 노력으로부터 뉴잉글랜드 독본이 발달하였다. 1690년경에 초판 된 이 독본은 주기도문과 십계명 그리고 젊은이들의 종교적 가치를 상승시키기 위한 여러 레슨을 포함하여 성경에 나오는 단어들로 시작하는 알파벳을 사용하여 가르쳤다. 어린이교육을 위한 공립학교와 더불어 하버드 대학을 설립하여 새 세상에서 섬길 사역자들에게 칼빈의 교리를 가르치는 고등교육기관으로 삼았다.

중부 지역의 식민도시들에서 행해진 교육은, 이 지역에 정착한 이민자들의 문화와 종교적 다원주의 경향 때문에 매우 다양하다. 펜실바니아, 뉴욕, 뉴저지 주에 제한된 숫자의 교단 학교들이 설립되었지만 교육은 기본적으로 사적으로 행해졌다. 일부 종교 단체들이 각자 종교적 유산을 보존하기 위해 사립 또는 교구 학교를 세웠다. 그런 학교들의 교육과정은 종교 과목과 기본적인 읽기, 쓰기, 셈하기 등을 연합하여 만들어 냈다. 이와 같은 교육을 실행한 주요 교단들은 칼빈주의, 퀘이커 교도, 성공회(Anglicans), 루터파, 모라비안, 던커(Dunkers), 재침례파(Anabaptists), 장로교파, 로마 가톨릭 그리고 유대교인들이었다. 경건주의 운동 역시 이 신앙과 실천의 다원주의 와중에 일어났다. 경건주의자들은 많은 학교들에서 마음의 신앙이 정신의 신앙에 의해 왜곡되는 일이 매우 흔하다고 생각했다. 신자들을 타락한 자들로부터 구분하고 신자들이 지성주의로 타락하는 것을 막기 위해 경건주의자들은 농업 공동체를 형성했다.

남부 식민도시들의 교육은 영국 국교도(성공회)들의 강력한 영향을 받았다. 대규모 농장의 형성으로 사회 계층이 발생했고 그 결과 뉴잉글랜드와 같은 주립학교들이 설립되지 못했다. 중부 지역처럼 교육이 사적 문제에 속했고, 부유한 사람들만이 학교에 갈 수 있었다. 농장들 사이의 거리가 멀어 학교 위치를 정하는 일이 문제가 되었고, 그래서 부유한 가정에서는 가정교사들을 고용하여 자녀들을 교육시켰다. 가난한 백인들은 공립학교에 보내거나 가정교사를 고용할 능력이 되지 못했고, 흑인 노예들은 교육이 금지되었다. 강력한 칼빈주의 영향 아래 뉴잉글랜드 식민도시들과는 달리 영국 국교회의 지배 아래 있는 남부지방에서는 학교의 종교교육이 별로 강력하지 못했다.

세 식민 지역 모두 두 가지 형태의 학교가 발달했다. 초등교육을 위한 보통 또는 모국어 학교와 고등교육을 위한 라틴 문법학교였다. 모국어 학교는 어린이들에게 필수적인 종교 교리들과 기본적인 읽기, 쓰기, 철자법, 셈하기 등을 가르쳤다. 교회의 지도자가 되거나 특권이 있지 않는 한 모국어 학교 졸업 후 라틴 문법학교로 진급하지는 않았다. 라틴 문법학교의 교육과정은 르네상스 시대의 고전적 연구와 언어 및 종교 과목에 집중되어 있다.

라틴 문법학교 이후에는 최초의 미국 대학들이 생겨났다. 현재 높은 평가를 받는 유수한 대학들이 식민지 시대 교회 지도자 양성을 위해 설립된 종교 대학에서 비롯되었다. 이런 학교들의 많은 숫자가 그 종교적 유산을 상실해 버렸지만, 이 학교들은 식민지 시대에 신세계(New World)를 위한 정통성 있는 사역자 양성이라는 주된 목표를 가지고 있었다. 이 때 세워진 학교들로 하버드대학교(퓨리턴)과 윌리엄 메리 왕립대학교(William and Mary and King's College: 성공회), 예일과 다트마우스대학교(Yale and Dartmouth: 회중교회), 브라운대학교(침례교파) 그리고 룻거스대학교(Rutgers: 네델란드 개혁파) 등이 있다.

MARK E. SIMPSON

참고문헌 | K. O. Gangel and W. S. Benson(1983), *Christian Education: Its History and Philosophy*; G. L. Gutek(1991), *Education in the United States: An Historical Perspective*; M. J. Taylor, ed.(1960), *Religious Education: A Comprehensive Survey*.

식별(Discernment). 식별(Discrimination)을 보라.

식별(Discrimination). 행동주의에서 사용하는 용어로서 한 유기체가 유사한 두 자극에 각기 다른 반응을 줌으로써 그 둘 사이를 구분하는 능력을 묘사하는 말이다.

이런 종류의 구별은 파블로프(Ivan Pavlov)가 개를 대상으로 한 생리학적 또는 무의식의 실험을 통해 최초로 지적되었다. 개에게 음식(강화)과 함께 음악을 들려준다. 이것을 조건반응(침흘림)이 잘 성립될 때까지 계속 반복한다. 그 다음에는 강화 없이 비슷한 음악만을 계속 들려준다. 이 비슷한 음악에 대한 개의 반응은 처음에는 약한 편이다. 계속 반복하면 강화된 음악의 수준으로 진전된다. 유사한 자극에 대한 동일한 반응을 일반화(generalization)라고 부른다. 강화 없는 음악만 반복해서 들려주면, 유사한 음악에 대한 개의 반응은 점차 사라진다. 그러므로 개는 강화 자극과 강화 없는 자극을 구별하게 된다. 파블로프의 변별에 대한 개념을 교실에서 사용하기에는 한계가 있다.

스키너(B. F. Skinner)는 파블로프의 연구를 계속 진행하여 두 개 자극 사이의 변별이 자발적 반응과 연합할 수 있다고 제안했다. 그는 또한 강화된 자극에 반응이 뒤따라온다고 했다. 스키너는 강화의 우연성으로 어린이들에게 음악과 기하학 사이에 보다 나은 변별의 능력을 개발하는 데 도울 수 있다고 생각했다.

스키너는 식별하는 능력을 포함하여 학습을 설명하는 데 강화의 우연성을 지나치게 강조했다는 비판을 받았다. 학습자가 두 개의 유사한 자극 사이를 식별하는 능력에 성공한다 할지라도 그것이 성취하는 내적 과정을 피상적으로 설명할 뿐이다.

그런 비난에도 불구하고 식별은 학습에서 서로 다른 상황에 어떻게 반응해야 하는지를 배우는 데 필요한 요인이다. 교실에서 식별 능력을 배우기 위해서 교사는 학습자에게 적절한 지식을 담고 있는 학습수행에 대해 즉각적인 피드백을 해주어야 한다.

DON K. ASHLEY

참조 | 연합/결합 이론(ASSOCIATION/CONNECTIONIST THEORIES); 행동주의이론(BEHAVIORISM, THEORIES OF); 강화계획(REINFORCEMENT SCHEDULING); 자극·반응 결합(S-R BONDS)

신경성 식욕부진증(Anorexia). 섭식장애(Eat-

ing Disorders)를 보라.

신생아(Neonates). 유아기(Infancy)를 보라

신앙(Faith). 어떤 대상에 대한 혹은 대상을 향한 신뢰, 믿을 만함, 확신(라틴어 "믿음과 함께 오는"에서 온 말)으로서 보통 법적 표현이다. "좋은 신뢰에서 행함"의 예를 들 수 있다. "신앙"은 마치 타조가 모래 속에 머리를 묻어 버리고 분명한 것을 무시하는 것처럼 상투적인 말로 책잡히기도 하지만 신앙에 대한 개념이 기독교의 중심이다. "믿음이 없이는 [하나님을] 기쁘시게 못하나니"(히 11:6). 신약에서 그리스도인들은 흔히 "신자"(행 10:45; 살전 1:7)로 불렸고, '믿음이 적은' 제자들에 대해 예수님은 자주 책망하셨다(마 8:26; 14:31; 16:8; 17:20). 성경은 "신앙"(예, 믿는 것, 딤전 4:6; 유 3절), 처음 구원하는 "신앙"(행 15:9; 엡 2:8), 그리스도인 생활의 태도로서의 "신앙"(롬 1:17; 고후 5:7)을 말하고 있다. 후자의 신앙 형태를 우선적으로 다루어 본다.

1. 신앙과 보는 것(Faith and Sight). 성경은 신앙과 보는 것을 근본적으로 대조하고 있다. "우리의 돌아보는 것은 보이는 것이 아니요 보이지 않는 것이니 보이는 것은 잠간이요 보이지 않는 것은 영원함이니라"(고후 4:18). 인간은 육체와 없어지지 않는 영혼의 부분으로 되어 있다. 그리고 우리는 두 가지 영역, 24시간의 날들로 구성된 물리적 세계와 불가시적, 즉 천사와 사단의 영들과 초월적인 존재가 살고 있는 무시간의 세계 속에 살고 있다. 성장하는 동안 우리의 안목이 배움을 통해 발전하여 물리적 실체, 즉 크고 작은 것을 자세히 설명할 수 있는 것을 보게 되는 것이다. 마찬가지로 신앙으로 자라가는 신자는 보면서 배우며, 볼 수 없는 것을 제외하고는 실제적으로 영적 실제 속에 들어간다. 하나님의 말씀은 보통 이웃과 함께 일하는 사람들이 하고 있지 않는 원리, 즉 성공적인 삶의 원리를 소개한다. 하지만 풍성한 삶은 하나님을 지속적으로 믿으려는 사람에게 주어지며 "믿음으로 행하고 보는 것으로 하지 아니하는"(고후 5:7) 것을 배우는 사람에게 주어지는 것이다. 그리스도인의 신앙은 우선적으로 어떤 관계개념이며, 계속적으로 일어나는 암시와 하나님과의 관계를 포함한다. "신앙은 하나님에 대해 자신을 드리는 것이고, 하나님께서 진리로 보호하는 것에 대해 결과적으로 만족하는 것이다"(O' Brien, 1979, 1309).

2. 신앙 안에 있는 인식과 정서(Cognition and Affect in Faith). 전통적인 세 가지 분석이 제시하는 것은 "신앙이 지식(notitia), 설득(assensus), 위탁(fiducia)을 포함한다는 것이다. 이 세 가지 신앙의 요소들은 사람이 복음을 믿고 구주를 믿을 때뿐만 아니라 그리스도인의 삶을 통해 자라가는 신앙에서 활동한다"(Lewis and Demarest, 1987, 169). 이 요소들은 이런 평범한 예로 설명할 수 있다. 일반적인 견해로 의자는 사람의 몸무게를 안전하게 지탱할 수 있다는 것을 이야기한다. 즉 믿어지는 것에 대한 지식을 말한다. 내가 평가하는 안목을 기초로 나는 설득되고 그 제안을 진리로 받아들여서 안전하게 의자 가운데 앉은 사람들의 증거를 보는 것이다. 즉 지적인 수용 혹은 진리에 대한 동의를 말한다. 그때 나는 이 신앙을 바탕으로 행동하고 의자에 앉아서 의자 위에서 나의 온 몸을 쉬게 하는 것이다.

그러므로 신앙은 인지적(지식과 동의), 정서적(신앙) 면들을 포함하는 것으로 머리와 마음에 관한 문제이다. 다음은 이 두 가지 주요 요소들을 부연하고 이성과 의지, 감성, 행동 및 그리스도인의 영성에 대한 신앙의 관계를 말하고자 한다.

3. 신앙과 이성(Faith and Reason). 신앙에 대한 기본적인 교리는 무엇인가? 기독교교리의 다양하고도 복합적인 표현들이 신조(라틴어 credo, "나는 믿는다"에서 온 말)와 신앙고백들(예, 사도신경⟨390⟩, 웨스트민스터 신앙고백⟨1646⟩)과 같은 형태 속에 들어 있다. 20세기 초 "근본주의자들"(1910-1915), 20권 시리즈, 이 교회 속에 자유주의 경향– '근본주의' 라는 말이 여기에서 나왔다–에 반해 정통기독교를 정의하기 위해 출판되었다. 오늘날 복음주의기독교는 종교개혁 당시 강조되었던 다음 기본적인 진리들(성경의 권위, 이신칭의, 성결과 성화의 삶 추구, 이방을 향한 전도)을 계속해서 주장한다.

이성과 신앙은 어떤 연관이 있는가? 확신을 갖고 믿기 위해서 어떤 증거나 확인이 필요한가? 혹은 우리는 단순히 성경에 대해 질문이나 의문을 고려하지 않은 채 의존해야 하는가? 패커(Packer, 1984)는 이렇게 말했다. "신앙은 자기 확증의 기초가 아닌 증거의 기초 위에 세워진 확신이다. 특정한 신앙이 확실한 것으로 알려졌는지 의심의 여지가 있는 견해이든지 신앙이 기초로 하는 증거의 가치에 달린 것이다. 성경은 신앙의 확신을 확실한 것들로 보고 있고, 지식과 동등한 것으로 여긴다. 왜냐하면 신앙은 '거짓이 없고'(딛 1:2) 완전히 믿을 만한 가치가 있는 하나님의 증거에 의존하기 때문이다."

도움이 되는 것은 "신앙" 안에서 더 큰 확신을 가지고 더욱 더 믿어가는 "성도들에게 단번에 주신 신앙"(유 1:3)의 확실성과 우리 자신의 인간적인 신앙 경험을 구별하는 것이다. 여기에 드러나는 역설이 있다. 확실함을 알아보는 것이 신앙을 갖는 데 필요하다. 하지만 신앙은 또한 불확실한 것을 요구한다. 즉 증거가 주어지지 않는 신앙은 이성으로 해결할 수 없는 영역 속에 있는 것이다. 한편, 의심은 표면적일 수 있다. 하버마스(Habermas, 1990)는 의심을 세 가지(사실적, 감성적, 의지적)로 말하며, 이것들을 다루는 방법을 제시한다.

바싱거(Basinger, 1997)는 절대적인 이성과 논리적인 증거가 어떻게 사람의—특별히 불신자들과의 관계에 있어서—신뢰를 확고하게 하는지에 대한 다른 의견을 설명하는 네 가지 형태를 제시하고 있다. 연속체의 한 끝에서 이성은 전적으로 불필요하다 ("Kierkegaard, Barth"가 대표하는 "절대 신앙주의" 혹은 "반실증주의"). 오직 신앙, 신앙은 불신자들의 어떤 비판에서 빠져 나오게 한다. 연속체의 다른 한 극단에서 이성은 절대적으로 필요하다("절대 이성주의 혹은 실증주의")—신앙은 어떤 논리적인 사람(예, Swinburne, Aquinas)에게는 끝내 증명될 수 있어야 한다. 그 중간 입장은 두 개의 극단에 관하여 자연스러운 견해를 갖는다. 주요하게 다른 점은 "유연한 신앙주의 혹은 반실증주의"(예, Plantinga) 안에서 "이성은 종교적인 신앙에 대한 반대를 극복하기 위해 사용될 수 있으며, 또 사용되어야 한다"는 것이다. 때문에 "이성은 최소한 어떤 이의 신앙이 이성적으로 가능한 것임을 보여주어야 한다" (Basinger, 1997, 71). 또한 내적으로 모순이 없어야 한다. 그러므로 변증 사례가 필요한 것이다. 왜냐하면 "유연한 실증주의자 혹은 이성주의자"(예, Mitchell)에게는 어떤 긍정적인 논쟁이 절대적으로 제공되어야 하고, 이야기의 광장에서 야기되는 세계관의 다양성과 복합주의가 주어져야 하기 때문이다.

4. 신앙과 의지(Faith and Will). 우리는 마음대로 우리의 신앙을 바꿀 수 없다—우리는 신앙을 직접 조정하지 않는다—우리가 원하는 것을 믿을 수 없다. 우리는 시간이 지나감에 따라 수동적으로 신앙을 갖게 되고, 우리가 생애 가운데 부딪치는 증거로 인해 신앙이 형성된다. "우리는 신앙을 선택하는 것이 아니라는 것을 알기에 우리의 신앙이 사실임을 믿는다. 하지만 우리는 신앙이 외부세계로부터 오는 증거로 우리에게 초점이 맞추어진 것을 믿는다" (Swinburne, 1986, 127). "실제로—사랑하는 것 같이—어떤 사람이나 이상, 혹은 신앙을 믿는 것은 신앙으로 되는 것이다"(Astley, 1994, 211). 신앙은 마음대로 직접 변화될 수 없지만(예, 우리는 "내적" 자유가 부족하다) 간접적으로 새롭거나 부가된 증거에 관심을 갖게 하는 환경 속에 자유롭게 들어감으로 우리의 신앙에 영향력을 줄 수 있다(예, 우리는 "외적" 자유가 있는 것이다. Astley, 1994, 218).

우리가 도달한 신앙 중에 대부분은 결국 하고자 하는 결단의 결과이다. 자체를 믿는다는 것은 어떤 행위는 아니지만 우리의 행위는 우리가 마무리 지은 어떤 신앙을 한정하는 것이다. 궁극적으로 그 이유는 우리의 신앙은 우리가 책임져야 하는 행위에 대한 간접적인 결과로서 어떤 의미 있는 정도에 대한 것으로 판단되기 때문이다. 만약에 우리가 다르게 선택했다면, 우리가 보다 나은 도덕적 대리인이었다면, 또 그 증거에 관심을 쏟았다면, 우리는 실제로 갖고 있는 것과는 다른 신앙을 가졌을 것이다(Pojman, 1974, 180).

그러므로 학생들은 새로운 신앙을 갖는 일에 책임이 있다. 교사도 역시 신앙이 학생들에게 드러나도록 해야 하기 때문에 커다란 책임을 갖고 있는 것이다.

5. 신앙과 감성(Faith and Affect). 신앙 역시 경험적인 것으로 대화에 있어서 종종 무시되는 신앙의 중요 요소를 갖는다. 아마도 "객관적"이고 인식적인 면은 보다 평가하기가 쉬울 것이다. 하지만 이런 신앙의 주관적인 측면은 그리스도인의 삶에 필수적인 것이다. 다음과 같은 비이성적인 유사한 말들이 있다. 기대, 확신, 준비, 행동성향, 주어진 유리한 기회 등이다. 신앙과 같이 우리는 이런 것들을 수동적으로 개발하지만 시간이 지남에 따라 그런 감성을 발전시켜갈 수 있다. 때문에 우리는 "의에 주리고 목 말라야"만 한다(마 5:6). 대각성 부흥운동에 대한 반응으로 조나단 에드워즈(Jonathan Edwards)는 천성적인 종교적 감성에 관하여 신자들을 가르치기 위해 어떤 기준을 인정했다. 맥더모트(McDermott, 1995)는 현대판으로 열두 가지 신뢰할 수 없는 표적(예, 하나님을 향한 빈번하고 열정적인 찬양, 종교활동에 대해 시간을 많이 쏟는 헌신)을 제시했고, 열두 가지 믿을 만한 표적(예, 겸손, 거룩함의 아름다움을 보는 것)을 말하고 있다. 불신은 성경에 굳은 마음과 목이 곧은, 할례를 받지 않은(행 7:51)-교만과 자만의 그림 이미지-것으로 묘사되고 있다. 하지만 "하나님은 교만한 자를 물리치시며, 겸손한 자에게 은혜"를 주신다(약 4:6). 하나님 앞에서 온순함과 겸손함을 개발한다는 것은 우리를 사랑하며 돌보고 우리의 길을 인도하려는 하나님을 믿는 신뢰의 태도를 암시하는 것이다.

6. 신앙과 행함(Faith and Action). 원천적인 신앙은 현저히 드러나는 행위와 행실에서 어떤 삶의 방식이며 결과이다. 애굽 재앙의 예와 같이 "행함이 없는 신앙은 죽은 것"이기 때문이다(약 2:26). 일곱 번째 우박 재앙에 대해 모세는 들판에 있는 모든 것들을 죽게 할 우박으로부터 가축들을 구원하라고 경고했다. "바로의 신하 중에 여호와의 말씀을 두려워하는 자들은 그 종들과 생축을 집으로 피하여 들였으나 여호와의 말씀을 마음에 두지 아니하는 자는 그 종들과 생축을 들에 그대로 두었더라"(출 9:20-21). 어떤 애굽 사람들은 하나님의 말씀을 믿는 신앙을 보여주었다.

신앙은 행함으로 알려진다. 후일에 이스라엘은 그 신앙을 보여주는 기회를 갖게 된다. "네 하나님 여호와께서 이 사십 년 동안에 너로 광야의 길을 걷게 하신 것을 기억하라. 이는 너를 낮추시며 너를 시험하사 네 마음이 어떠한지 그 명령을 지키는지 아니 지키는지 알려 하심이니라"(신 8:2). 하나님께서 우리의 신앙을 시험하실 때, 결과로 나타나는 행위가 우리 마음의 확신을 드러내는 것이다. 아브라함이 그 산을 올라가서 이삭을 제물로 드리려할 때, 하나님은 말씀하셨다. "사자가 가라사대 그 아이에게 네 손을 대지 말라. 아무 일도 그에게 하지 말라. 네가 네 아들 독자라도 내게 아끼지 아니하였으니 내가 이제야 네가 하나님을 경외하는 줄을 아노라"(창 22:12). 시험을 통해 하나님은 우리의 신앙을 정결하게 하시고, 우리가 성숙함으로 자라가도록 양육하신다(약 1:2-4; 벧전 4:12-19).

7. 신앙과 기독교인의 영성(Faith and Christian Spirituality). 신앙은 사고와 경험적 헌신 모두에 관련된다. "신앙을 분명하게 표현하거나 하나님과의 연합을 추구하고자 하는 것은 한 가지 모험에 대한 똑같은 측면이다. 오직 계몽주의 사상으로만 분리, 회의, 심지어는 불신앙의 영으로 그저 단순하게 하나님을 생각할 수 있는 것으로 되어 버렸다. 기도와 경배도 단순히 형식적인 역할만을 하게 되었고 결국에는 아무런 역할을 하지 못하는 삶속에서도 마찬가지다. 헌신된 그리스도인 신학자들조차도 하나님을 추구하는 열정에서부터 나오는 기독교 사고와 동떨어진 것들을 이야기할 때가 종종 있다"(Houlden, 1995, 512). 흔히 이렇게 체험적인 것이 과소평가되고 비난받아 절대적인 기준으로서 근본적으로 지적인 신앙에 대하여 의무를 다하고 있지 못하는 것이다. 하지만 교회역사를 통해 볼 때, 뜨겁고 진솔한 움직임들이 주기적으로 기독교를 개혁하기 위해 나타났다. 1700년대에서 1800년대에 경건주의는 형식적인 전통주의에 반대하여 실제적이고 신비적이기까지 했던 그리스도인의 삶을 강조했다. 우리 세대에 '기독교인의 영성'이란 말은 정통 신앙과 생생한 영적체험이 하나임을 생각하게 한다. 하나님을 찾는 것은 지성과 심령 둘을 모두 포함하는 계속되

는 신앙의 질문이다.

KLAUAS ISSLER

참고문헌 | J. Astley(1994), *The Philosophy of Christian Religious Education*; R. Basinger, *Christian Scholar's Review*. 37, no. 1(1997): 62-73; G. Habermas(1990), *Dealing with Doubts*; L. Houlden (1995), *Companion Encyclopedia of Theology*; K. Issler(forthcoming), *Seeking the God Who Hides: Welcoming God's Transforming Presence into Our Daily Lives*; C. Jones, G. Wainwright, and E. Yarnold, eds.(1986), *The Study of Spirituality*; G. R. Lewis and B. Demarest(1987), *Integrative Theology*, vol. 1; G. R. McDermott(1995), *Seeing God: Twelve Reliable Signs of True Spirituality*; T. C. O'Brien(1979), *Encyclopedic Dictionary of Religion*, vol. 2; J. I. Packer(1984), *Evangelical Dictionary of Theology*, pp. 399-402; L. Pojman(1974), *Religious Belief and the Will*; R. Seinburne(1986), *The Evolution of the Soul*;(1981), *Faith and Reason*.

신앙고백(Confession of Faith). 교리문답서(Catechism)를 보라.

신앙공동체(Faith Community). 친교(Fellowship)를 보라.

신앙과 학문의 통합(Integration of Faith and Science). 통합은 진리를 찾는 과정에서 발견된 지식(과학)과, 하나님과 인간의 의사소통을 통해 드러난 진리의 특별계시(신앙)를 합치는 과정이다. 이 사전 안에서 이런 기사의 포함은 기독교의 교육 안에서 우리의 목표와 화합하며 유용하다는 것을 암시한다. 그러나 역사를 통한 기독교는 믿음과 과학이 어떻게 통합되어져야 하는지에 대해 생각해 왔으며 때때로 그러한 통합에 대해 이론적인 타당성에 대해 의문시 한다(Niebuhr, 1951).

다양한 형식의 학문의 충분한 지식을 가진 후에 우리는 어떻게 우리의 신앙에서 이러한 지식들을 통합하도록 시도해야 하는지에 대해 숙고해야 한다. 게다가 기독교의 교리에 서약을 한 사람들에게만이 과학적인 연구 내에서 가정에 의해 영향을 받은 그들의 신앙 정도에 따라 심사숙고하게 된다.

우리는 숨을 쉬는 것처럼 무의식적으로 지식을 획득한다. 우리 자신과 세상을 이해하고자 하는 충동은 죄와 죽음을 가져다주는 하나님의 뜻과는 별개로 지식의 추구이다(창 1:28). 우리가 프로이트(Freud)의 방어기제 또는 융(Jung)의 내향 개념, 스키너(Skinner)의 학습 이론 또는 피아제(Piaget)의 인지발달이든 간에 사회과학으로부터 견본으로 선택하는 데 자유로워져야 한다. 그러나 모든 사회 과학적 사실과 이론을 받아들여야 하지만, 우리는 우리의 신앙과 갈등하는 것으로부터의 유용성을 또한 구별할 수 있어야 한다. 그러나 정확하게 어떻게 우리가 이것을 이루어낼지 그리고 어떤 규칙들이 우리를 지도하는가는 명확하지 않은 경우가 있는 것도 사실이다.

니버(Niebuhr, 1951)는 통합에 대해 기초적인 세 가지 모형을 제시하였다. '문화에 대항하는 그리스도'라는 관점은 일반적으로 스스로를 돕고자 하는 인간의 노력에 회의적인 사람들과 우리가 건강하고 생산적인 삶을 영위하는 데 필요한 어떤 지식도 성경의 특별계시를 통해 충분히 알 수 있다 (딤후 3:16-17)고 확신하는 사람들이 가지는 생각이다. 이것은 하나님을 알되 하나님으로 영화롭게도 아니하며 감사하지도 아니하고, 오히려 그 생각이 허망하여지며 미련한 마음이 어두워진 것을 말한다(롬 1:21). '문화의 그리스도'를 지지하는 이들은 문화의 변형에 점점 더 초점을 맞춘다. 학문 그리고 그것의 방법은 일반적으로 기독교의 근본적인 목표와 갈등을 하지 않는 정도로 이를 받아들인다. '문화 위의 그리스도' 모델과 그 세 가지 변형들은 니버의 연구 대부분을 설명하는데, 마치 그가 그리스도에 대한 근본적인 충성은 유지하되 그것을 추구함에 있어 인간의 지식을 사용하는 신학적 필요성을 인식하고자 하는 기독교 사상가들을 요약하듯이 하였다(사 55:8-9; 마 6:24; 요 17:15).

존스(Jones)의 패러다임은 과학과 신앙이 통합될

수 있다는 세 가지 구체적인 방안을 제시하는 것과는 약간 다르다(Jones and Butman, 1991). '윤리적 통합'은 종교적이고 도덕적인 원칙에 의한 과학을 평가하기 위한 수단이다. 반면에 "인지 통합"은 신앙과 과학이 독립된 학문이라고 제시한다. 이에 반해 '학문 통합의 기독교화'는 성경의 온전함과 원리들을 따라 성경을 무오한 것으로 보는 반면 학문은 하나님의 왕국에서 유용한 것으로 본다(고전 9:22).

DAN E. CLEMENT

참고문헌 | S. L. Jones and R. E. Butman(1991), *Modern Psychotherapies: A Comprehensive Christian Appraisal*; H. R. Niebuhr(1951), *Christ and Culture*.

신앙발달(Faith Development). 신앙발달 이론은 신앙이 어떤 예측할 수 있는 단계로 나타날 것을 명백히 밝히고 정의할 수 있다는 데 동의한다. 모든 발달설과 마찬가지로 신앙의 단계들은 불변하며(모든 사람들이 특정한 단계를 거쳐 발달한다), 연속적(모든 사람들이 같은 순서대로 그 단계를 경험한다)이라고 믿는다. 거기에는 퇴보도 없고 발달과정에 있는 단계를 건너뛰는 것이 없다. 신앙발달 분야의 선구적인 이론가는 파울러(Fowler, 1940-)로서 하버드대학교에서 인간이 어떻게 의미 있는 삶을 영위하는가 하는 것을 연구했다. 그는 현재 에모리대학교 캔들러 신학부에서 신앙과 도덕발달에 관한 연구센터(Center for Faith and Moral Development)를 이끌어가고 있다. 로렌스 콜버그(Lawrence Kohlberg)의 동료인 파울러는 피아제(Jean Piaget, 1896-1980)에 의해 시작되어 콜버그에 의해 확대된 지적 발달을 연구했다. 피아제(Piaget)가 인지발달 이론, 즉 어린이들이 인식론적 구조 안에서 지적 발달단계를 통해 발달한다는 설을 확립한 반면, 콜버그는 도덕성발달 단계이론에 초점을 두었고 파울러(Fowler)는 믿음 단계의 가능성을 연구했다.

파울러는 『신앙의 단계들』(*Stages of Faith*)(1981)을 소개함으로써 공헌했고 지금은 5권의 책으로 늘어났다. 이 책을 근본적으로 반대하는 이들이 있다. 그들은 믿음이 너무 신비스러워 어떤 과정이 발달단계로 축소될 수 없다고 논쟁한다. 한편, 다른 사람들은 인간 인격(육체적, 인지적, 감성적, 사회적, 도덕적)의 각기 다른 관점에서 볼 때 분명한 발달 유형이 있기에 신앙 역시 예상할 수 있는 단계를 통해 발달한다고 믿지 않을 이유가 없다는 것이다.

분명히 알아야 할 것이 있는데, 파울러는 신앙이 인간 현상이지 단지 종교적인 현상으로만 이해할 수 없다는 것이다. 그는 믿기를 모든 사람이 종교적이건 아니건 신앙을 갖고 있다는 것이다. 파울러에 따르면 신앙은 삶의 의미를 만드는 수단이다. 해석의 틀로서 이를 통해 사람들은 삶을 해석하고 이해한다는 것이다. 파울러에 따르면 믿음이 구성하는 것이며 역동적이고 전체적인 관계의 구조라는 것이다. 곧 궁극적인 환경과 관련된 모든 것으로서 다른 사람에 대한 자신과 세계에 대한 자신, 자신에 대한 자신을 포함하는 관계구조를 말한다(1991).

파울러의 신앙에 대한 정의는 분명히 존재론적인데, 어떻게 한 인간이 관계 구조를 통해 의미를 만들어 가는 것과 연관되며 그 신앙이 삶을 통해 발달하는 것을 내포한다. 따라서 그 정의는 발달구조에 잘 들어맞는다. 파울러는 세 관계(자신 대 자신, 자신 대 타인, 자신 대 세계)에 초점을 둔다. 즉 궁극적인 환경에 대한 관계로 이해할 수 있는 모든 것을 말한다. 자신 대 자신의 관계는 사람의 내면성 발달에 초점을 둔다. 자기인식 결핍에서 거의 비정상적인 자기 몰입으로 진행되어 끝내 자기 분신으로 발전하는 것을 말한다. 타인에 대한 관계는 완전 종속과 타인과의 동화로부터 타인과의 관계에서 더욱 더 성숙과 봉사로 진행된다. 자신 대 세계는 아이들 같은 자기중심 관계에서 세계와 그 속에 설 수 있는 곳에 대한 전체적인 관점에까지 진행된다. 궁극적인 환경에 대한 관계(하나님과 그의 나라)는 먼저 실재에 대한 신비적 사고에서부터 영적 진리에 대한 매우 문자적인 이해로 발전한다. 그래서 하나님의 나라에 대한 가치와 관심에 몰입하게 된다.

파울러는 틸리히(Paul Tillich)와 니버(H. Richard Niebuhr)에 신학적 바탕을 두며 칸트(Immanuel Kant)의 비판 철학에 바탕을 두고 있다. 마찬가지로 그의 몇 가지 수준을 볼 때 그를 복음주의적 이론가로 볼 수도 있다. 하지만 조금 수정하면 그의 이론은 복잡한 믿음의 현상을 이해하는 데 도움을 준다. 게다가 그의 바라는 바가 모든 신학적 지향과 종교적, 비종교적 세계관의 다양성에 걸맞는 믿음의 구조를 정의하는 것에 있다.

파울러의 이론은 피아제(Jean Piaget), 콜버그, 에릭슨(Erik Erikson)의 작업에 분명히 뿌리를 두고 있다. 피아제와 콜버그는 인지 발달 이론가들이다. 반면에 에릭슨은 후천적 단계 이론가로서 그의 심리사회적 발달에 대한 안목은 피아제와 콜버그의 발달 단계와 전혀 다른 단계를 만들어 냈다. 에릭슨의 단계는 인간 심리발달을 인식하게 했다. 하지만 그는 인간이 사회 심리발달의 고등단계로 진행할 때 풀리지 않는 열등단계를 허용했다. 두 단계가 혼합할 때 파울러의 작업에 대해 조화를 이루기도 하며, 어떤 혼돈을 일으키기도 한다.

모든 발달 이론가들과 마찬가지로 파울러는 내용(사람들이 믿는 것)을 구조(사람들이 그의 믿음을 유지하는 방법)로부터 분리하는 것을 시도한다. 그러므로 신앙발달 이론은 믿음의 목적을 고려하는 것이 아니라 개인적으로 갖는 믿음의 본질을 고려하는 것이다. 파울러가 말하는 목적에 관하여 말할 때 회심은 믿는 내용의 변화이며 믿음이 어떤 단계에서 다른 한 단계로 옮겨가는 것을 말한다. 회심은 믿음발달을 강화하거나 저지하는 데 받아들인 내용의 본질에 의존한다. 더욱이 사람들이 회심 경험을 체험할 때 그들은 새로운 믿음의 관점에서 이전의 단계로 재방문해 보려는 것 같다. 재방문은 후회의 차원이 아니고 새로운 믿음체와 관련하여 신앙의 문제들을 재점검해 보자는 차원이다.

파울러는 신앙이 발달하는 여섯 가지 단계를 주장해 왔다. 구조적 발달단계가 전적으로 연대기적 성장에 의해 지배되는 것은 아니므로 모든 사람들이 그 다음 단계까지 가는 것은 아니다. 사람들이 열등단계에 있을 수 있고, 거기에서 그들의 남은 인생 동안 머물러 있을 수도 있다. 더욱이 사람들은 다양한 인생경험에 따라 서로 다른 단계로 발전할 수 있다. 그러므로 그 단계에 연관된 나이는 단지 대략의 추측일 뿐이다.

1. 미분화된 신앙(신앙 이전 단계). 유아기의 미분화된 신앙은 후기 신앙발달에 절대적으로 필요하며 신앙에 대한 경향성을 형성한다. 일상적으로 미분화된 신앙은 유아 발달 동안에 분리의 결과로 생긴 두려움을 제거하는 방법으로써 부모나 타인과의 관계를 통해 형성된다. 이는 신앙 이전단계로서 신앙발달 연구를 위해 사용되는 경험연구가 과정을 통해 밝혀지지 않았기 때문이다. 신앙 이전단계는 에릭슨(Erikson)이 인간 인격형성에서 신뢰와 불신 사이에서 보는 긴장감에 의해 영향 받는다.

2. 직관적/투사적 신앙(제1단계). 제1단계는 상당히 상상력이 높은 단계로서 유아가 영상, 이야기, 상징에 의해 영향을 받으며 아직 논리적 사고에 훈련되지 않는 때이다. 공격적/방어적인 성향을 띠는 삶의 좋은 교사가 된다. 신앙에 대한 상상은 유아의 세계에서 의미 있는 어른들에 의해서 형성된다. 그리스도인 가정에서 자라난 어린아이는 아직 믿음에 관해 적당히 표현할 수 있는 능력이 없지만 그들의 부모에 의해 형성된 환경을 통해 신앙의 세계에 대한 실재를 학습하게 된다.

3. 신화적/문자적 신앙(제2단계). 제2단계는 아동 후기와 그 이후에 나타난다. 드러나는 인지능력은 아이들이 논리적으로 생각하고 인과관계, 공간, 시간의 범주에 따라 그들의 세계를 정리하게 된다. 이 단계는 이야기 속에서 인생의 의미를 찾아낸다는 점에서 신화적이고 생각을 구체화하는 데 일반적으로 제한된다는 점에서 문자적이다. 인간의 내면성 발달이 열세하기에 이 단계는 자기인식과 타인의 관점을 이해하는 능력이 제한되어 있다. 하나님을 도덕적인 상호관계 개념으로 이해하고 하나님께서 누가 용서 받을 수 있는지 그리고 누가 책임져야하는지를 계산하고 있다고 생각한다. 은혜를 이해하는 데 있어서 부족하기에 이 단계에 있는 사람들은 그들의 인생경험의 다양한 부분을 부정하거나 무시한다. 이 단계에서 아이는 영적인 세계를 문자구조와 분리해서 볼 수 없으므로 성경적인 진리에 대해 생각하고 반응하는 데 제한되어 있다. "내 아버지 집에 거할 곳이 많도다 그렇지 않으면 너희에게 일렀으리라 내가 너희

를 위하여 처소를 예비하러 가노니"(요 14:2). 이 구절이 하늘에 실제로 집이 있다기보다는 영적인 실체를 말할 수 있다는 가능성을 제 2단계에서는 생각할 수 없다. 신화적/문자적 믿음에 있어서 주요 작업은 가공 믿음에서 온 실재를 분류하는 것이다. 신화적/문자적 신앙이 발달적으로 아이들에게 적당한 반면 그 고유의 제한성이 성인들에게는 부적절하다. 하지만 파울러는 어떤 종교 단체의 믿음형태의 단계가 될 수 있다고 한다.

4. 종합적/인습적 신앙(제3단계). 제3단계가 사춘기 전에는 나타나지 않는다. 사춘기의 강한 관계인식에서 성장해 가는 이 단계의 신앙의 특징은 자아와 종교적 사고가 함께 발달한다는 것이다. 이는 어떤 큰 공동체의 믿음 체계와 가치를 받아들인다는 점에서 인습적이다. 자아를 드러내는 감각이 역할과 관계로 형성된 자기 정체성과 함께 보다 큰 공동체 속에서 발달한다. 제3단계의 사람들은 그 공동체를 연장된 가족으로 알기 때문에 그들 공동체에 크게 헌신한다. 교회와 극단적으로 일치되어 있기에 가족 공동체 내의 갈등과 논쟁이 큰 위협이 되는 경향이 있다. 제3단계 형태의 문은 "우리가 무엇을 믿어야 하는가?"이다.

하나님을 현재 내적 인격관계의 연장선에서 이해하고, 나와 믿음 공동체를 위해 선한 일을 근본적으로 도모하는 역할을 하는 "좋은 친구"로 이해한다. 모순적 역설과 신비에 대한 어떤 실재 감각이 결핍되어 있다. 오히려 자신의 그룹에 의존해 그 속에 있는 모든 것을 보고 계시며 돌보시는 하나님과 함께 인생이 정의된다.

이 단계가 갖는 한계는 신앙공동체 속에서 의미 있는 사람들에게 너무 의존하며 지도계층에 있는 사람들의 믿음을 따라가려고 애쓰는 데 있다. 제3자의 관점에 대한 어떤 실재 감각이 부족하고 "그들(제삼자들)의 독재자"에 대한 감수성이 높을 수 있다.

5. 개별적/반성적 신앙(제4단계). 제4단계는 적어도 청년기까지 나타나지 않는다. 특징은 자신과 종교적 반성의 이중발달이다. 제3단계의 인습적 자아와는 대조적으로 자아의 경험이 일어난다. 이제 그룹의 기대에 부응하기 보다는 오직 자기 자신의 내적 권위로 무엇을 결정할 수 있게 된다. 제 3자의 관점은 자신과 공동체를 전체로서의 보다 큰 관점에서 볼 수 있게 한다. 이 단계는 개인이 보다 깊은 자신의 감각으로 단체로부터 자신을 객체화시킨다는 점에서 개별적이다.

이 단계는 개인이 단체의 종교적 확신에 관해 숙고하고, 왜 그 단체가 그렇게 생각하고 있는지 의문을 갖는다는 점에서 사고적이다. 이는 종교적 성례전에 있어서 신비적인 부분을 부정하며 성례전 뒤에 깔려 있는 의미를 찾는다. 믿음 속에 있는 깊은 이해와 확실성에 대한 탐색은 제3단계의 안정과 안전함이 뒤에 남는 것처럼 실패와 죄책감을 유발할 수 있다. 제4단계 유형의 질문은 "내가 무엇을 믿느냐?"는 것이다.

제4단계 신앙의 근본적 한계성은 자신의 관점에 너무 의존한다는 것이다. 한 사람으로 하여금 그룹의 심판 앞에 서게 하고 또한 그것을 비평할 수 있도록 하는 거만함이 있다. 그것은 외부의 어떤 심판도 용인될 수 없는 사적인 믿음을 갖도록 할 수 있다. 하지만 제4단계의 비평은 신앙공동체의 온전함을 유지하는 데 도움이 되며, 제3단계의 비사고적인 신앙의 위험성을 피하게 한다.

6. 결합적 신앙(제5단계). 제5단계는 중년기 혹은 그 이상에서만 나타난다. 결합적 믿음을 갖고 있는 사람은 제4단계에서 만들어진 심판과 비평을 절대적인 것으로 받아들이지 않으며 타인의 통찰력과 관점에 대해 더 개방되어 있다. 신적 내재성과 초월성에 대해 새로이 생각하며 진리는 다각적인 측면을 갖고 있다는 것을 순리로 받아들인다. 타인으로부터 더 많은 것을 이해할 수 있다고 생각하기 때문에 타인과 단체와의 심각한 충돌을 이해를 위한 새로운 탐색이 시작된 것으로 생각하고 받아들이며 가치를 둔다. 제4단계의 자기 확신이 타인으로부터 오는 외부의 입장에 대한 관용을 수반하는 보다 깊이 있고 겸손한 자기인식으로 대치된다. 제5단계 형태의 질문은 "내가 타인으로부터 무엇을 배울 수 있는가?"이다.

7. 보편화하는 신앙(제6단계). 제6단계는 매우 드문 것으로 근본적인 자기 집중을 배제하고 하나님 나라

에 새롭고 근본적인 참여를 요구한다. 파울러는 주장하기를 소수의 사람들이 6단계에 이르는데 이 단계에서 문제는 공의와 사랑이며, 하나님과 그의 나라를 자신과 동질화한다. 제6단계 형태의 질문은 공의와 사랑이 무엇이냐는 것이다.

파울러는 믿음의 내용(무엇을 믿는가?)과 믿음의 구조(어떻게 믿음을 경험하는가?)를 분리하려 한다. 그가 말하는 신앙의 단계들을 묘사하려고 시도하는데서 그는 신학적 관심을 피하고 단지 사람의 믿음의 측면에만 초점을 둔다. 신앙발달론이 완전 과학적일 수 없고 완전히 가치가 없다고 할 수 없다. 연구자는 분석할 때 자신의 신학적 입장을 피할 수 없다. 하지만 신앙발달론은 왜 사람들이 그들의 다른 발달단계에서 다르게 믿는지를 더 생각하게 해준다.

기독교교육자들은 그들이 함께 일하는 사람들의 믿음 단계를 고려하는 데 지혜롭다. 신앙발달론은 교육자가 학생들의 삶 속에 개입하여 도울 수 있는 잠정적 기회에 대해 반발하는지를 말해 주는 중요한 실마리를 제공한다.

오져(Fritz Oser, 스위스 연구가)는 종교적 판단 단계론을 연구하여 신앙발달론을 확장했고, 연구 방법으로 "종교적 딜레마"를 사용했다. 그는 세 가지 초점에서 딜레마에 대처하는 것을 분석했다. (1) 그 대상이 하나님을 초월적으로 혹은 내재적으로 더 인식하고 있는가? 그리고 사람이 하나님의 세상에 대한 간섭을 어떻게 이해하고 있는지를 이해하려 하는가? (2) 그 대상이 자유롭게 혹은 의존적으로 하나님과의 관계를 인식하고 있는가? 그래서 어떻게 개인이 인간의 자유와 의존 사이에 있는 균형을 이해하고 있는지 이해하려 하는가? (3) 그 대상이 특별히 인생의 위기에 있을 때 두려움으로 혹은 신실함으로 하나님과 관계하고 있는가? 오져는 종교 발달론을 이해하려 하고 있고, 종교적 판단과 그것을 이해함으로써 일어나는 5단계를 단정하고 있다. 그 글을 쓸 당시 그는 그 형태과정 속에 그 단계들을 두고 폭넓게 그 단계들을 서술하고 있다. 대부분의 발달 연구에서와 같이 그 내용과 구조의 문제는 매우 복잡하다. 그래서 오져는 이런 어려운 문제들이 해결될 때까지 그의 이론이 일반화되는 것을 꺼리고 있다. 그는 신학적 내용이 그가 정의하고자 시도하는 종교적 비판 단계의 구조적 분석과 잘 조화되어 가고 있다고 믿는다.

PERY G. DOWNS

참고문헌 | P. G. Down(1994), *Teaching for Spiritual Growth*; J. W. Fowler(1981), *Stages of Faith*; idem(1987), *Faith Development and Pastoral Care*; J. W. Fowler, K. E. Nipkow, and F. Schweitzer, eds.(1991), *Stages of Faith and Religious Development: Implications for Church, Education, and Society*; S. Parks and C. Dykstra(1986), *Faith Deveopment and Fowler*.

참조 | 파울러, 제임스 3세(FOWLER, JAMES W., III); 콜버그, 로렌스(KOHLBERG, LAWRENCE); 오져, 에프 케이(OSER, FRITZ K.)

신정통주의(Neoorthodoxy).

20세기 신학적 운동은 고전적 자유주의를 거절하고 그리스도 공동체(바울, 어거스틴, 루터 그리고 칼빈에 의해 세워진 것)의 정통(orthodox) 가르침을 재확인하거나 새롭게 현대적인 목소리를 내는 시도로서 유럽과 북아메리카에 기반을 두었다. 신학의 좌파와 우파로부터의 전환을 시도한 신정통주의는 비평을 받았으며, 전통적인 자유주의의 인간중심적 신학으로부터 하나님 중심의 신학적 태도로 근본적으로 바뀌는 전조가 되었다. 그러나 운동(movement)으로서 신정통주의는 장기간의 생존능력이 부족했다. 리틀(Sara Little, 1995)은 신정통주의의 중요한 영향이 1970년대 초에 감소하였기 때문에 신정통주의를 칼빈파 전통의 "일시적인 시위"(14)라고 표현하였다.

1. 신정통주의의 기원과 발전(Origin and Development of Neoorthodoxy). 실존주의는 신정통주의에 대한 철학적 기초이다. 실존주의의 아버지인 키에르케고르(Søren Kierkegaard, 1713-1755)는 신앙의 근거나 대상이 반드시 지적으로 또는 이성적으로 식별되지 않기에 "신앙의 도약"을 요구하였다. 그러므로 신앙과 이성은 분리된다. 이 분리는 신정통주의 이론에 근본적인 전제가 된다. 실존주의는 20세기에 하이데거, 야스퍼스, 사르트르(Martin

Heidegger, Karl Jaspers & Jean-Paul Sartre) 등과 같은 철학자들에 의해 주장되었다.

신정통주의의 아버지는 칼 바르트(Karl Barth, 스위스인 신교도, 1886-1968년)이며, 그는 신학자들(예를 들면, 폴 틸리히〈Paul Tillich〉, 라인홀드 니버〈Reinhold Niebuhr〉, 리처드 니버〈H. Richard Niebuhr〉, 에밀 브룬너〈Emil Brunner〉), 신약 학자들(예를 들면, 루돌프 불트만〈Rudolph Bultman〉, 프리드리히 고가르텐〈Friedrich Gogarten〉 그리고 학자이며 목사인 디트리히 본회퍼〈Dietrich Bonhoeffer〉)의 세대에 영향을 끼쳤다. 바르트의 신학은 20세기 초의 문화적 상황에 맞게 적용되면서, 종교개혁자들의 신학과 키에르케고르를 합하였다. 이로써 바르트의 생애의 역사적인 상황은 실존주의에 익숙하고 전통적 자유주의의 거절을 나타내는 만큼 신정통주의를 일으켰다.

신정통주의는 3가지 다른 제목으로 알려져 있다. (1) 처음에는 "하나님의 아버지 되심과 사람의 형제애"가 1차 세계대전의 잔악행위들과 대공황의 사회적 혼란에 비추어 더 이상 생명력을 잃어버린 것을 전통적 자유주의에 의해 입증되었기 때문에 "위기의 신학"으로 알려졌다. 바르트의 『로마서』(Romans, 1919)는 아마도 위기 신학의 가장 초창기의 전체적인 표현이며, 그것은 유럽 신학자들 사이에 신속히 받아들여졌다. (2) 실존주의와 전통적 자유주의 안에 신앙의 다양한 본질을 반영하는 '변증법적 신학', 이것은 대화를 통해서 결정되어진다. (3) 다소 최근에, 신정통주의는 '케리그마 신학'의 형태로 로마 가톨릭교 안에 출현하게 되었다.

2. 신정통주의의 신학적 교의. 신정통주의의 신학적 태도는 단호하게 전통적 자유주의에 반응하여 우익에 서 있다. (1) '하나님은' 그의 창조물과 인간성으로부터 초월적 존재로서 고려되며, 따라서 타자(Otherness)의 속성을 가진다. 오직 하나님만이 이 초월의 상태로 계실 수 있으며 이 사실은 계시, 역사 안에 중재 그리고 은총이 필요하다는 것을 말한다. 하나님은 유사 전통적(quasi-traditional) 삼위일체 방식으로 볼 때 하나님은 창조자, 계시자 그리고 구세주로 간주된다. 그러나 강조되는 것은 기독론에 있다. (2) '성경'은 하나님의 말씀(그리스도로 성육신하시고, 성경에 의해 증언되고, 교회에 의해 선포되었음)으로 여겨 권위가 있다. 그러나 우리는 성경이 하나님의 계시 '내용'이 아니지만 거룩한 계시의 증인으로 생각할 수 있다. 따라서 성경자체가 계시는 아니나 계시적 사건으로부터 한 걸음 물러선 것이다. 예를 들어, 성경은 인간 역사 안에 하나님의 개입을 기록한다. 그러나 그것은 그 자체가 개입은 아니다. 그러므로 그것은 성경은 그 자체가 계시는 아니지만, 한 걸음 계시적인 사건으로부터 물러선 것이다. (3) 믿음의 '그리스도'는 전통적 자유주의의 의문의 역사적 예수와는 반대로 신앙의 기본이며 대상이시다. 그의 삶을 둘러싸고 있는 기적들은 현대의 의미(비신화화)를 위해 재해석되지만, 그것이 실제 역사적 사건으로서 단언되지는 않는다. 그러므로 기독론이 신정통주의 신학에서 강조된다. (4) '구원'은 구속의 역사와 종말론을 통하여 개인적 구속과 역사적 사실로 바라본다. 예수의 속죄는 거의 명백히 보편적인 관점에서 바라본다. (5) '인성'은 하나님의 형상으로 확인된다. 죄는 인간의 자유에 기인하여 하나님에 대한 불복종으로 간주된다. 이 죄악은 자기중심주의와 타인으로부터의 소외로 일목요연해진다. 그러므로 심리학적으로 그리고 사회학적으로 이해될 수 있다.

3. 신정통주의의 평가. (1) 신정통주의는 전통적 자유주의가 적절치 못하고 복음적으로 볼 때 치명적인 결함이 있는 것으로 인식하였다. (2) 전통적 자유주의에 대해 거부반응을 가졌음에도 불구하고, 신정통주의는 성경 비평에 관한 급진적인 현대 비평 방법을 수용했다. 따라서 신정통주의의 '정통' 신학의 출현 밑에는 신정통주의의 근거로서 전통적 자유주의의 고등비평이 있다. (3) 신정통주의는 실로 보수경향(the right)으로 가는 신학적 단계였지만, 전통적인 복음주의로 볼 때 보수적이라고 말하기에는 상당한 거리가 있었다. 강겔(Gangel)과 벤슨(Benson, 1983)은 "바르트가 근본주의자들의 신학이론을 이전에 자유주의보다는 확실히 보수경향에 있는 타협선에 이르도록 비평적 학자의 소리를 냈지만 교회를 성경적 기독교로 되돌리지 못했다"고 주장한다

(316). 그러므로 신정통주의는 기대한 대로 성경적 기독교를 교회에 전하지 않았다. (4) 마지막으로, 신정통주의는 신학적으로 회색지대이다. 보수주의도 자유주의도 아니다. 다시 말해서, 동시에 둘 다이거나 둘 다 아니다. 모순되는 소리이지만 신정통주의는 결국 소멸해 버리고 마는 내적 모순을 반영하며 나타내보인다.

4. 신정통주의와 교육. 전통적 자유주의부터 신정통주의까지의 신학적 분리는 교회의 교육 공동체를 재검토하게 만들었다. 스미스(H. Shelton Smith)의 『신앙과 양육』(*Faith and Nurture*, 1941)은 신정통주의 신학의 교육적 가능성과 영향들을 주장하는 첫 번째 책이다. 그는 신정통주의 교육의 권위자 코우(George Albert Coe)와 좀더 구체적으로 엘리엇(Harrison Elliot)의 『종교교육은 기독교적이 될 수 있는가?』(*Can Religious Education be Christian?*, 1940)에 의하여 분명히 언급된 것처럼 전통적 자유주의의 교육적 접근들에 대해 직접적으로 비판하였다.

리틀(Sara Little)(1995)에 의하면, 신정통주의 교육에서 신학은 자료와 규범 모두이다. 이러한 역할들은 20세기 중반의 주요한 개신교 교파들의 교육적 노력에 반영되어 있다. 예를 들면, 스마트(James Smart)의 『교회의 교육사역』(*Teaching Ministry of the Church*, 1948)은 성경이 내용과 기독교교육의 "관제탑" 역할을 한다고 주장하였다. 틸리히에게 많은 영향을 받았던 쉐릴(Lewis Sherrill)은 1950년대 동안 장로파 미국 교회를 위해 "언약적 삶의 교육과정"(*Covenant Life Curriculum*)을 발전시켰다. 마찬가지로, 비에스(Paul H. Vieth)의 『교회와 기독교교육』(*The Church and Christian Education*, 1947)은 신학과 교육에 신정통주의 자세를 반영한다. 이 책은 전국교회협의회에 의하여 후원받았던 "기독교교육의 연구"를 요약한 책이다. 기독교 신학과 교육 두 가지 안에서 신정통주의는 그 이후로 멈춰진 지난날 운동으로 간주된다.

JAMES RILEY ESTEF

참고문헌 | K. O. Gangel and W. S. Benson(1983), *Christian Education: Its History and Philosophy*; S. Little, *Theology of Religious Education*(1995): 11-34; D. C. Wyckoff, *Christian Education Journal* 15, no. 3(1995): 12-26.

신탤리티(Syntality). 이것은 알 비 카텔(R. B. Catell)이 1966년에 소개한 개념으로서 국가의 성격과 동의어로 기술되었다. 카텔의 후기 연구는 신탤리티의 적합한 타문화 비교를 위한 방법들을 고려했다. 또한 신탤리티라는 단어는 U-CANDU 학습센터의 등록상표로 사용되어 왔다. 이러한 문맥에서 볼 때 신탤리티는 학습에 대한 통전적인 접근법으로서 수많은 학습 기술들을 동원함으로써 이루어지는 학습향상의 한 접근법이다.

J. GREGORY LAWSON

참고문헌 | R. B. Cattell, ed. (1988), *Handbook of Multivariate Experimental Psychology*.

신 토마스아퀴나스주의(Neo-Thomism). 중세 시대 대표적인 사상가이며 연설가였던 토마스 아퀴나스(1225-1274)의 신학과 철학의 근대적 부흥을 말한다. 또한 신 스콜라 철학으로 불리는 요즘의 운동 경향은 1879년 교황 레오 8세의 회칙으로 거슬러 올라간다. 레오 8세는 아퀴나스를 교회 최고의 뛰어난 박사로 그의 가르침이 충만하게 확장되도록 명령하였다. 나아가 지난 세기에 회칙들은 모든 지식 범위와 모든 교육적 연구의 기초가 되는 철학으로서 로마 가톨릭교 안에 토마스주의의 권위 회복을 시도하였다.

마리땡(Jacques Maritain)은 아마도 최근 신 토마스주의의 교육이론가로 가장 널리 알려져 있다. 그의 책 『십자가교육』(*Education at the Crossroads*, 1943)은 이 운동의 영어로 쓰인 고전적 서적이다. 같은 시대에 아들러(Mortimer Adler)의 『파이데이아 제안』(*The Paideia Proposal*, 1982)과 허친스(Robert Maynard Hutchins) 같은 학자들의 사상은 토마스주의를 세속적 유형으로 발전시켰다.

이 개념이 제안될 때, 신 토마스주의는 형이상학

적 영역에 기반을 둔 동일한 세계관을 가지고 아퀴나스의 아리스토텔레스학파의 합리주의를 부활시켰다. 신 토마스주의에서 실제는 알 만한 전체이고, 본질적인 것의 결합체이며, 이성에 의해 인식할 수 있고, 신앙에 의해 인식할 수 있는 초자연적인 것이다. 아퀴나스에 따르면, 신앙과 이성은 둘 다 하나님으로부터 주어졌으며 필요성은 결코 모순되지 않는다. 이처럼 철학과 신학은 서로 다르지만 분리할 수 없는 전체를 형성한다.

신 토마스주의의 종교와 세속의 갈래들은 이성, 논리 그리고 제1의 원리를 강조하신다. 이것은 교육적으로 볼 때 자명해진다. 교사는 학습의 내용에 책임이 있고, 학생의 지능과 의지는 가르침의 과정에서 우선적인 사안이다. 학생들의 욕구는 중요하지만 이차적이다. 학습자들의 지적 능력들은 현실의 불변하는 진실을 이해하고 분석하기 위해서 훈련받아야 한다.

이 접근은 이상적 교육과정의 중심으로서 제1 원리의 기초위에 이성의 훈련을 다루는 학과목을 둔다. 수학, 언어 그리고 신앙적인 신 토마스주의자가 되기 위해서 계시된 진리로서의 교리가 그것이다. 이들의 영속적인 진리로부터 학습자는 미지의 실체에 대해 이해하려고 시도한다. 이러한 탐구과정에서, 학생들이 읽기, 쓰기, 말하기에서 능숙하게 되는 것은 중요하다. 또한 실천적인 기술들도 포함될 수 있겠으나 소위 교육에서 말하는 가장 중요한 목적, 즉 이성과 영성의 함양에 비교하면 부수적인 것에 불과하다.

모든 기독교인들은 신 토마스주의의 철학적 토대를 평가할 수 있다. 신 토마스주의가 강조하는 토대는 진리의 존재와 인식, 하나님의 실존 그리고 이성의 정당성과 중요성 등과 같은 것이다.

다른 한편으로, 이 운동은 몇몇 기독교인들에 의해 비판되었다. 그것은 토마스 아퀴나스의 연구에 나타난 고착화, 인간의 타락을 최소화하는 경향 그리고 신앙을 이성적으로 다루는 경향 때문이다. 이러한 비판 외에, 많은 다른 설득력을 가진 교육자들도 신 토마스주의에 대해 적어도 교육 과정에서 인지적 측면을 과도하게 강조했다고 본다. 이같은 강조점은 삶의 정서적 측면, 체험학습, 시대에 진리를 실천하기 등과 같은 중요성을 간과하게 되었다.

MARK H. HEINEMANN

참조 | 아들러, 모티머(ADLER, MORTIMER J.); 아퀴나스, 토마스(AQUINAS, THOMAS)

신학과 교육(Theology and Education).

성경과 신학 모두는 교육이 창조 안에 있는 하나님의 구속적 사역에 참여하고 하나님 나라를 확장시키는 수단으로써 수행되어야 할 것을 요구한다. 교회는 오순절 교회가 처음 생긴 이후 공식적, 비공식적 형태로 교육에 관여해 왔다. 교육이 참으로 기독교적인 것이 되기 위해서는 성경적, 신학적 명령들에 건전하게 뿌리를 내리고 있어야 한다. 교육가들은 신학적 전제들로부터 어떻게 교육적 결론들을 이끌어내는지를 이해해야 한다.

성경은 하나님의 백성을 영적으로 성숙하게 하는 방법으로서의 가르침에 강력한 강조를 두고 있다. 구약은 반복적으로 이스라엘이 하나님의 백성으로서 살아가는 것을 배우도록 도움을 주는 방법으로써 가르침을 강조하고 있다. 예를 들어, 신명기 4장 5-8절은 이렇게 기록하고 있다. "내가 나의 하나님 여호와의 명하신 대로 규례와 법도를 너희에게 가르쳤나니 이는 너희로 들어가서 기업을 얻을 땅에서 그대로 행하게 하려 함인즉 너희는 지켜 행하라 그리함은 열국 앞에 너희의 지혜요 너희의 지식이라 그들이 이 모든 규례를 듣고 이르기를 이 큰 나라 사람은 과연 지혜와 지식이 있는 백성이로다 하리라. 우리 하나님 여호와께서 우리가 그에게 기도할 때마다 우리에게 가까이 하심과 같이 그 신의 가까이 함을 얻은 나라가 어디 있느냐 오늘 내가 너희에게 선포하는 이 율법과 같이 그 규례와 법도가 공의로운 큰 나라가 어디 있느냐?"

신명기 6장은 하나님의 백성을 가르치는 상황을 첫째로 주요 교사로서의 어머니, 아버지와 함께 하는 가정에 두고 있다. 이스라엘의 축제와 기념일들 또한 가족과 민족 전체를 위한 가르침의 수단으로서 만들어졌다.

신학과 교육

구약은 자녀를 가르치는 아버지의 책임에 특별한 강조점을 두고 있다(출 10:2; 12:26; 13:8; 신 6:20). 분명하게 정의된 성별의 역할과 이스라엘 문화에서 여자에 대한 제한된 역할 때문에 딸을 가르치는 것은 어머니의 책임이었다. 또한 자녀들에게 도덕적 교육을 제공하고, 그들의 형식적 교육의 기반을 놓는 일도 어머니의 책임이었다(잠 1:8; 6:20).

신명기 31장은 하나님의 말씀을 그 민족들에게 가르치기 위한 지침을 제공하고 있다. "그때 모세가 그들에게 명하여 이르기를 매 7년 끝 해 곧 정기 면제년의 초막절에 온 이스라엘이 내 하나님 여호와 앞 그 택하신 곳에 모일 때에 이 율법을 낭독하여 온 이스라엘로 듣게 할지니 곧 백성의 남녀와 유치와 네 성 안에 우거하는 타국인을 모으고 그들로 듣고 배우고 네 하나님 여호와를 경외하며 이 율법의 모든 말씀을 지켜 행하게 하고 또 너희가 요단을 건너가서 얻을 땅에 거할 동안에 이 말씀을 알지 못하는 그들의 자녀로 듣고 네 하나님 여호와 경외하기를 배우게 할지니라"(10-13절).

위의 구절은 하나님의 율법의 공개적 낭독을 요구하고 있으며, 단순한 듣고 배움이 아니라 하나님이 명령하신 모든 것을 순종함으로써 배우는 것으로의 진보를 제안하고 있다. 학습에 대한 히브리적 이해는 언제나 인식론적인 것(학습)을 의지적인 것(행함)과 연결시키고 있다. 학습은 그것이 행함으로써 표현되기 전까지는 완벽한 것이 아니었다. 위의 구절에서 학습에 대한 표현은 태도에 있어서의 변화(하나님을 두려워하는 것) 그리고 행동에 있어서의 변화(하나님께 순종)를 통해서 나타난다. 학습의 최종적 결과는 하나님의 백성을 위한 거룩한 삶의 방식이어야만 했다.

구약에 나타난 교사와 학생 간의 관계는 부모와 자녀와의 관계이었다. 교육은 비인간적이거나 분리되어서는 안 되고 매우 인간적이고 연결되어 있어야 한다. 가르침이 발생해야만 하는 것은 관계적 상황 안에서였다.

신약 또한 일차적으로는 관계적 상황 안에서 발생하는 교육에 대한 강조를 계속 강조하고 있다. 예수께서 일반 대중을 다양한 지역 회당들에서 가르치셨지만 그분의 초점은 열두 제자를 훈련시키는 것이었다. 마가복음은 이렇게 기록하고 있다. "또 산에 오르사 자기의 원하는 자들을 부르시니 나아온지라 이에 열둘을 세우셨으니 이는 자기와 함께 있게 하시고 또 보내사 전도도 하며 귀신을 내어쫓는 권세도 있게 하려 하심이러라"(3:13-15). 예수께서는 그가 부르신 사람들을 훈련시킨 것도 관계의 상황 안에서였다.

산상수훈에서 주님은 다시 한 번 하나님의 명령에 순종하여 사는 것과 그러한 삶을 다른 사람들에게 가르치는 것의 중요성을 강조하신다(마 5:19). 무엇보다도 그분은 교사라 불렸는데 교사라는 말은 그분의 공생애 사역의 주요한 강조점들의 하나에 대한 지칭이었다.

지상 대명령은 주님의 주권에 뿌리를 둔 것으로서 가르침에 대한 부르심이다("모든 권세가 내게 주어졌나니…"). 여기서 주님의 명령은 제자를 만드는 것이다. 제자를 만드는 수단은 세례(침례)와 가르침이다. 또한 가르침의 목적은 순종이다.

초대 교회의 사역은 크게 복음전파와 교육의 사역이었다. 사도들은 복음을 전한 다음 그들을 성숙으로 이끄는 수단으로써 가르쳤다. 우리는 오순절 큰 회심 이후에 사람들이 "… 사도의 가르침을 받아… 전혀 힘쓰니라…"(행 2:42)는 것을 보게 된다. 바울은 교육을 통한 성장의 방식을 유지하는 한 방법으로서 "… 내게 들은 바를 충성된 사람들에게 부탁하라…"(딤후 2:2)을 디모데에게 지시하였다. 무엇보다도 장로들(감독들)의 우선적인 자질들 중의 하나는 그들이 "가르칠 수 있어야만 한다"는 것이었다(딤전 3:2). 더욱이 바울은 디모데에게 이렇게 지시하였다. "내가 이를 때까지 읽는 것과 권하는 것과 가르치는 것에 착념하라"(딤전 4:13).

교회의 가르침의 목적은 회원들의 영적인 성숙이다. 교육의 내용은 절대적인 진리로서 제시된 하나님의 계시된 말씀이어야만 한다. 우리 주님은 이 점에서 타협을 용납하지 않으시면서 주장하시기를 "… 너희가 내 말을 지키면 너희는 참으로 나의 제자가 되고 진리를 알찌니 진리가 너희를 자유케 하리라"(요 8:31-32). 교회를 향한 그분의 기도는 부분적으로는 "진리로 저희를 거룩하게 하옵소서. 당신의 말씀은 진리니이다"(요 17:17)이다. 사도 바울의 사역의 내용은 그리스도와 그분의 복음이었다. 그는 이렇게 설명하였다. "각 사람을 권하고 모든 지혜로 각 사람을 가르침은 각 사람을 그리스도 안에서 완전한 자로 세우려 함이니"(골 1:28). 바울의 목적은 "… 저희로 마음에 위안을 받고 사랑 안에서 연합하여 원만한 이해의 모든 부요에 이르러 하나님의 비밀인 그리스도를 깨닫게 하려 함이라 그 안에는 지혜와 지식의 모든 보화가 감추어 있느니라"(골 2:2-3).

성경은 하나님의 백성을 성숙으로 이끄는 수단으로서 가르침에 강조를 두고 있고 그 내용은 충만한 가운데 있는 하나님의 말씀이다. 교회학교 청소년 그룹이나 장년 성경공부반 등과 같은 교육 구조의 현대적 형태들은 성경에 명령되어 있지 않지만 교회가 반드시 가르치는 기관이어야만 한다는 명령은 지시되어 있다. 어떻게 교회가 그 가르치는 사역을 구성할 것인지는 문화적인 선호도와 양식의 문제이어야 한다. 바울은 그 당시 문화적 규범에 그의 접근법을 맞추었다(고전 9:22). 교회가 제자들을 만드는 수단으로써 가르침에 초점을 맞추어야 한다는 것은 타협 불가능한 것이다. 교회의 성경적 명령을 완수하기 위해서 교회는 반드시 그 중심에어서 교훈적이고 예배적인 제도이어야만 한다.

교회는 언제나 사회에서 그 역할이 선지자적이고 구속적이어야 한다고 이해해 왔다. 그 선지자적 사역에서 교회는 복음을 선포하고, 경고에 주의를 기울이고, 하나님의 은혜에 반응하는 데 실패한 사람들에게 임하는 하나님의 다가오는 심판에 대해 경고한다. 그 구속적 사역에서 교회는 봉사의 행위들을 통해 깨어지고 상처 입은 세상에 복음을 전해 줄 것을 추구한다. 이러한 봉사의 행위들은 가난한 사람을 먹이고 병든 사람을 고치는 것과 같은 직접적인 행위일 수도 있고 교육적 중재에서 나타나는 것처럼 선지자적일 수도 있다.

신학적 관점에 뿌리를 둔 교육은 첫째로 이 세상에 있는 하나님의 구속적 사역에 참여하는 수단으로써 이해되어야 한다. 성경의 이야기는 그분의 창조 안에 있는 하나님의 구속적 역사에 대한 이야기이다. 구속 역사는 하나님의 창조에 대한 진리로 시작하며 모든 것이 하나님께로부터 나왔고 그분이 모든 창조를 좋은 것으로 선언하셨음을 인정한 다. 인류는 "… 땅에 충만하라 땅을 정복하라 바다의 고기와 공중의 새와 땅에 움직이는 모든 생물을 다스리라 하시니라"(창 1:28).

피조물들에 대한 하나님의 돌보심과 계속되는 하나님의 역사를 확증해 주는 섭리의 교리는 창조의 교리와 밀접하게 연결되어 있다. 바울은 창세기 1장을 회상하면서 다음과 같은 사실을 진술했을 때 창조와 섭리의 수단으로써의 하나님의 말씀에 초점을 맞추고 있다. "…하늘이 옛적부터 있는 것과 땅이 형성된 것이 하나님의 말씀으로 된 것을… 그리고 … 이제 하늘과 땅은 그 동일한 말씀으로 불사르기 위하여 간수하신바 되어 심판의 날까지 보전하여 두신 것이라…"(벧후 3:5-7).

이 세상에 있는 것들이 어떠해야 하는가 하는 규범적 구조들은 창조질서 안에 들어 있다. 창조에는 존중되어야만 하는 질서정연함이 있다. 인류는 창조의 청지기로서, 하나님의 형상을 가진 자로서 우리의 활동 속에 커다란 자유를 가지고 있지만 우리는 완벽한 자유를 가지고 있지는 않다. 인간행위들과 사회의 구조들 그리고 문화에 관해 기대되는 것들이 있다. 인류는 하나님의 형상의 표현으로서 그리고 하나님의 창조에 대한 책임감 있는 청지기들로서 창조적이고 예술적이며 사려가 깊고 생동적이며 부지런해야 한다고 가르침을 받는다. 그러므로 기독교적인 교육은 반드시 예술, 과학, 인문학 등을 높이 평가해야 한다. 왜냐하면 탐구와 창조적 표현의 이런 각각의 영역들은 하나님이 창조하신 질서의 합당한 측면들이기 때문이다.

창조교리는 또한 교육이 하나님께서 창조하신 질서의 모든 면들을 심각하게 다루어야 할 것을 요구하고 있다. 왜냐하면 창조 그 자체가 계시적인 것이기 때문이다. "하늘이 하나님의 영광을 선포하고 궁창이 그 손으로 하신 일을 나타내는도다"(시 19:1)라고 말하고 있기 때문에 기독교인들이 신성한 계시를 탐구해야 하는 우리의 책임의 표현들로서 자연과학을 연구하고 공부하는 것은 적절하고 필요한 것이다. 일반계시(창조)는 기독교교육자들에 의해서 무시될 수 없다. 더욱이, 하나님의 6일간의 창조, 인류에 대한 탐구는 우리가 우리의 존재 안에 하나님의 형상을 지니고 있다는 점에서 특별히 적절한 것이다. 그러므로 신학은 교육이 사회과학들을 진지하게 다룰 것을 요구한다. 왜냐하면 그것들은 인류를 통한 하나님 그분 자신의 계시에 대한 탐구들이기 때문이다.

그러나 성경의 이야기들은 창조의 이야기로 끝나지는 않는다. 인류 타락의 실재 역시 반드시 고려되어야 한다. 타락은 하나님과 이웃과 자신과 그리고 창조된 질서와의 관계가 깨어지거나 또는 부패하게 되었음을 의미한다. 결과적으로 인류는 지금 하나님과 이웃과 자신과 원수의 관계에 있다. 그래서 우리는 좋은 것을 취하여 그것을 부적절하게 사용하며 우리 자신의 죄성에 의해 하나님의 선한 선물들을 부패시키고 있다. 인간만이 오염된 것이 아니라 사회, 제도들 그리고 구조들 모두가 우리의 죄성에 의해 영향을 받았다.

타락의 범위와 영향력에 대한 이러한 신학적 이해는 이제 교육이 반드시 문제보다는 해결의 한 부분이 되어야 함을 요구하고 있다. 인간의 죄성은 우리로 하여금 조장하며, 경쟁적이며 그리고 자유의 수단보다는 통제의 수단으로서의 교육 과정들을 만들어 내게 하였다. 진리는 우리 주님에 의해 보인 것(요 8:32)처럼 자유의 근원이기보다는 다른 사람들을 공격하고 자아에게 힘을 부여하기 위해 사용되는 강력한 무기처럼 되어 버렸다. 교육제도들은 공동의 선을 위해 협력하고 배우는 상황보다는 통제와 비효율성의 자리들이 되어 버렸다.

만일 타락의 패러다임이 교육제도들을 계획하고 교육과정을 결정짓기 위한 신학적 틀이 되어 버린다면 하나의 부적절하고 비기독교적인 교육형태가 발생할 것이다. 죄의 신학으로부터만 생겨난 이성의 활동은 교육가들로 하여금 매우 통제된 그리고 교사가 지배하는 제도들을 만들어 낸다. 그런 곳에서 문화는 의심의 문화가 되며 교육의 과정들은 사소한 것이 되어 버린다. 만일 세상이 타락하고 학생들은 죄성을 지니고 있다는 것이 유일한 가정이라면, 그것은 세상은 반드시 피해야만 하며 학생들은 반드시 통제를 받아야만 한다는 생각을 낳게 될 것이다. 그 결과는 자유롭지도 않고 더 넓은 문화와 관련을 맺지도 않는 교육일 뿐이다.

성경 이야기는 타락으로 끝나지 않고 창조 안에 있는 모든 것들을 옳은 상태와 목적으로 회복시키시는 하나님의 구속적 사역의 역사를 계속해서 선언하고 있다. 바울은 그리스도 안에 있는 하나님의 구속의 의도의 범주를 다음과 같이 설명하면서 선언하고 있다. "이는 하나님께서 그의 모든 충만으로 예수 안에 거하게 하시기를 기뻐하셨고 그의 십자가의 피로 화평을 이루사 만물 곧 땅에 있는 것이나 하늘에 있는 것들을 그로 말미암아 자기와 화목케 되기를 기뻐하심이라"(골 1:19-20). 그리스도 안에 있는 구속은 그것이 전 피조세계를 회복시킨다는 의미에서 우주적이다. "이런 근본적인 고백은 두 가지의 분명한 특징들을 지니고 있다. 그 첫째는 구속이 '회복'을 의미하는 것이다. 즉 초자연적인 무엇인가의 단순한 덧붙임이 아니라 원래의 상처입지 않은 창조의 선함으로 돌아가는 것이다. 둘째는 이 회복이 창조 생명의 전체에 영향을 미치는 것이지 창조 안에 있는 어떤 제한된 영역을 말하는 것이 아니라는 것이다. 타락의 영향이 모든 곳에 스며들었듯이 역시 구속의 영향도 모든 곳에 스며들었다. 하나님의 은혜는 부패하고 깨어진 것들에 온전함과 회복을 부여한다"(Wolters, 1985, 57).

교육에 대한 기독교적 관점은 반드시 구속의 신학에 그 뿌리를 두어야 하며 교육의 과정을 하나님과 함께 그분의 구속 사역에 참여하는 것으로써 보아야 한다. 그것은 십자가의 사역에 무엇인가 더 하는 것이 아니라 오히려 그분이 만드신 모든 것에 대한 그분의 완전한 통치의 건설에 하나님과 함께 참여하는 것이다. 교육의 임무는 모든 피조물들이 그리고 모든 인간의 노력이 그들의 올바른 소유주께 돌려지는 것이다. 바울은 "모든 이론을 파하며 하나님 아는 것을 대적하여 높아진 것을 다 파하고 모든 생각을 사로잡아 그리스도에게 복종케 하니"(고후 10:5)라고 말한다. 기독교교육의 지적인 임무는 모든 학문 영역에 참여하는 것이며 하나님의 영광과 모든 인류의 선을 위하여 그것의 사용에 영향을 미치는 것이다. 모든 학문은 창조된 질서에의 참여라는 수단으로서 그리고 모든 것을 하나님께 영광을 돌리기 위하여 이성의 적절한 사용과 목적으로의 회복에 참여하는 수단으로서 검토되어야만 한다.

하나님의 구속적 역사가 그가 만드신 모든 것들로 확장되고, 인간들로 하여금 무엇인가를 창조하도록 허락하셨기 때문에 교육은 반드시 창조와 인간 노력의 모든 측면으로 확대되어야만 한다. 오직 성경과 신학만을 탐구하는 교육의 영역에 대한 제한된 관점보다는 성경신학은 학문의 모든 영역에서 그리스도의 구속이 발견되어질 수 있도록 모든 가능한 영역이 학습되고 가르쳐질 수 있어야만 한다고 요구한다. 기독교교육기관 내에 학문의 모든 영역을 포함하는 것이 우리에게 의무로 지워진다.

신학은 교육의 범위를 명시하고 있을 뿐만 아니라 교육의 구조와 과정에 대해서도 말하고 있다. 교육은 구속사역의 과정으로 이해되기 때문에 그것은 죄의 심각성을 다루는 데 실패한 창조신학에 뿌리를 둔 교육의 낭만적 개념과, 하나님께서 그가 지으신 모든 것을 다시 당신께로 이끄시는 구속적인 은혜를 고려하는 데 실패한 죄의 신학에 바탕을 둔 교육의 통제적 개념을 반드시 피해야만 한다. 구속신학에 의해 이끌림을 받는 교육은 인간의 죄성을 심각하게 다루지만, 또 한편으로는 모든 인간의 가치와 존엄성 그리고 그가 만드신 모든 피조물에게 확대되는 하나님 은총의 실재를 진지하게 다룬다(시 145:8-9).

교육의 구속적 과정은 반드시 경쟁보다는 협력이어야 한다. 구속적 교육제도의 문화는 사람들이 함께 일하며 개인의 성취보다는 공동의 선을 추구하는 것이다. 개인들은 존중되어지며 다양함은 오직 그것이 하나님을 추구하는 데 도움이 될 때에만 인정된다. 객관적인 실재가 존재하며 적어도 그것이 제한되고 타락한 인간에 의해 일부분이나마 알려질 수 있다고 가정한다. 진리에 대한 탐구는 진리와의 연계가 자유를 가져온다고 이해되고 있기 때문에 교육적 임무의 추진력이 된다.

창조된 질서가 가치 있는 것이기 때문에 하나님이 인간을 어떻게 창조하셨는가를 배우기 위한 탐구는 가르침의 이론들이 배움의 이론들로부터 추정되어야 한다는 관점에 뿌리를 두고 있는 하나의 신학적 관심이 된다. 교육가들이 학생들을 진지하게 다루고 하나님께서 그들에게 위탁하신 학생들에게 발육단계상으로 그리고 문화적으로 적절한 방법으로 가르치는 것을 추구해야 한다. 교육적 임무 그 자체는 신성한 것이다. 왜냐하면 그것은 하나님의 형상을 지니고 있는 사람들을 관계하며 세상에 있는 하나님의 구속 역사에 참여하는 수단이 되기 때문이다.

교육적 임무들에 대한 신학적 통합과 근거는 "은혜"나 "자비" 또는 "공의"와 같은 하나의 신학적 전제로부터 시작함으로써 성취되며, 그것으로부터 교육의 다양한 관심사들을 추론하고, 어떻게 그 신학적 전제가 이미 주어진 교육의 범주에 정보를 제공할 수 있는지를 질문하는 계속적인 임무이다. 신학과 교육의 계속된 대화는 하나의 목적이 되며 신학으로 하여금 교육의 주제들이 검토될 수 있는 관점을 제공하도록 한다. 기독교적이라는 형용사에 합당한 교육의 실행과 구조들은 반드시 의도적으로 신학적 틀 안에 뿌리를 내려야 하며 신학적 관점들에 의해 지도되어야 한다.

PERRY G. DOWNS

참고문헌 | A. M. Wolters(1985), *Creation Regained*.

신학과 교육철학의 통합(Integration of Theology and Educational Philosophy).

인종이나 성의 통합과 혼동을 피하기 위해 교육철학의 맥락에서 사용되는 이 용어는 모든 교과를 전체적인 하나님의 진리의 부분으로 가르치는 것을 언급한다. 그래서 학생들로 하여금 자연계시와 특별계시의 통합을 볼 수 있게 해준다. 기독교 교사들은 성경의 권위, 교사로서의 성령의 역할, 공과 교육에서의 성경 중심성 그리고 교사와 학생들 모두의 기독교세계관 개발 등에 헌신한다.

교수진은 그들이 어떤 원리로 가르치든지 성경의

진리를 통합할 수 있는 매우 발달된 성경적 그리고 신학적 의식을 소유하고 있어야만 한다. 몇 십 년 전 위대한 도서들이 시카고 대학에서 교육과정을 짜는 주요한 원리가 되었던 것과 같은 방법으로, 성경은 통합성을 추구하는 모든 복음주의적 교육기관의 교육과정의 중심에 있다. 개인적 계시이든, 문서 계시이든, 자연 계시이든지 하나님의 계시는 삶과 교육의 기독교 철학을 위한 기초가 된다. 모든 단계의 복음주의 교육에서 효과적인 기독교교사들은 양날의 칼을 지니고 있어야 한다. 한 날로는 전문화된 훈련을 해 나아가야 하고 다른 날로는 학문적이고 문화적인 질문들에 대해 성경적 이해와 적용을 해야만 한다.

교육철학 안에서의 통합은 성경의 권위와 함께 시작된다. 성경과 성령의 강한 역사를 기대하면서 재빠르게 움직여야 한다. 복음의 교육자들은 성경을 해석하는 데 성령의 역사를 기대해야 한다.

> 그러나 진리의 성령이 오시면 그가 너희를 모든 진리 가운데로 인도하시리니 그가 자의로 말하지 않고, 오직 듣는 것을 말하시며, 장래 일을 너희에게 알리시리라. 그가 내 영광을 나타내리니 내 것을 가지고 너희에게 알리겠음이니라 무릇 아버지께 있는 것은 다 내 것이라 그러므로 내가 말하기를 그가 내 것을 가지고 너희에게 알리리라 하였노라(요 16:13-15).

통합적인 과정은 자연, 자원, 발견, 그리고 진리의 보급을 제공한다. 복음주의 교육자들은 모든 진리는 하나님의 진리라는 것을 확신한다. 그러나 이건 무슨 의미인가? 간단하게 말하면, 진리가 발견되면, 그것이 진정한 진리라면, 우리는 궁극적으로 성경의 하나님께로 되돌아가 그것을 추적할 수 있다. 성경의 하나님은 또한 창조의 하나님이므로, 자연계시와 특별계시 간의 진정한 관계는 인식론의 접점에서 나타나기 시작한다.

특별계시의 중심을 구성하는 것으로서 교육철학의 통합과정은 교육 과정을 설계하는 것을 가정한다. 믿음과 학습의 통합과정에서 성경과 관련된 각의 과목은 언급되지 않았다. 매우 실질적인 면에서 통합은 건전지의 두 극, 곧 양극과 음극처럼 일어난다. 이것은 부정적인 것과 긍정적인 것이다. 기독교교육자들은 어떤 과목이 하나님의 계시에 적당한지 부적당한지에 대한 것을 인식함으로써 사실과 이론, 주어진 내용의 암시 등이 어떻게 부정적으로 영향을 주는지에 대한 여러 가지 방법 등을 인지함으로써 믿음과 학습을 통합한다.

진리와 기독교교육의 통합은 기독교 세계와 생활의 관점을 요구한다. 기독교에서 신령한 것과 세속적인 것 사이에는 이분법이 존재하지 않는다. 기독교교육을 진실하게 이해하는 교사들은 단지 인지적 지식을 획득하기 보다는 하나님의 진리를 통합하기 위해 열심히 노력한다.

우리는 또한 복음 중심의 교육이 학생 삶의 모든 면을 확장시킨다는 것을 확고히 주장해야 한다. 기독교 신앙은 기독교 대학이든 세속 대학이든 그 곳에 있는 모든 활동과 관련되기 때문이다. 신앙과 학습의 통합을 공개적으로 말하는 기독교교육은 철학적인 자세가 동반하는 책임을 말하는 것이다. 기독교교육은 모든 곳, 모든 시간에 학생들의 삶에 심어지는 것을 증명하기 위한 것이다.

> 교육은 복음의 관점에서 우리의 믿음 생활의 모든 면에 대한 비판적인 회고를 포함한다. 이것은 성장과 변화의 필요성을 가정으로 한 재개혁의 과정이다. 그 과정에서 교육은 개인적이고 공동사회의 삶의 자연스러운 부분이 꼭 필요하다. 믿음의 교육 혹은 주 예수를 믿는 성도들처럼 비판적인 사고 없이는 예수 그리스도를 닮은 사람과 같이 형성되기 어렵다(Lockerbie, 1994, 404).

철학의 중심 이슈(형이상학, 인식론, 인류학, 가치론)는 또한 이론 중심의 이슈이다. 게벨레인(Gaebelein)은 삶과 관련이 없는 학습은 일이 없는 믿음과 같고, 자연의 진리는 드러난 진리와는 다르지만 하나님의 진리라고 하였다. 기독교인은 진리를 만들지 않는다. 그것들은 항상 우리 주위에 둘러싸여 있다. 우리는 공식, 비공식적으로 경험을 한 후 성령의 도움을 통해 얼마나 정확하게 진리가 우리의 삶에 맞는지를 확신한다.

교육의 기독교 철학 안에서, 준비된 마음을 갖춘 기독교 학생은 공식, 비공식적으로 진리를 경험할 수 있는 발판이 된다. 게벌레인의 말을 숙지해 보자.

> 한편으로 하나님의 진리는 무엇이 교육인지 교육이 무엇을 하는지에 의지하지 않는 기독교교육에 외부적인 것이다. 다른 한편으로 통합의 과정이 일어날 때 내부로부터 외부에로의 융합이 발생한다. 따라서 비록 외부에 종속되는 것이지만 내부는 외부와 함께 사는 것으로 그것을 넘어 유지하는 것이다. 이것은 통합의 중심 문제의 요점이다(Gaebelein, 1954, 8-9).

복음주의 교육철학은 통합의 과정을 강조한다. 우리는 로이스 르바(Lois Lebar)의 철학과 과정 사이의 확연한 차이를 잘 기억한다. "우리 복음주의자들은 가르침에 있어 성경의 역할에 대해 합의를 보았으나, 성경의 사용에 대해서는 생각을 하지 않았다"(Lebar, 1995, 122). 전체론적 기독교의 사고는 그냥 일어나는 것이 아니다. 효율적인 기독교 교사들이 심사숙고하여 고안되는 것이다. 복음주의 철학자들은 기독교교육자들로 하여금 문화가 진리를 파괴한다는 두려움 없이 문화와 예수님을 아주 가까운 연합으로 가져오게 한다. 그러나 이러한 것은 오직 교사들이 개방된 마음 자세와 도전되지 않는 원칙 사이에 섬세한 균형으로 절차에 접근할 때에만 이루어진다. 이성적인 의문과 학습을 구하는 학생에게 통제된 주입을 종교적인 빵인 것처럼 제공하는 확인되지 않은 원리주의는 특히 기독교 교실에서는 진지한 자리를 발견하지 못한다. 복음주의 세계관 관점으로서 주위의 문화에 대해 기독교를 생각하며, 그들의 지성의 발달을 바라는 기독교교사와 학생들은 적어도 세 단계가 필수적이라고 생각한다. 성경을 상세하게 알도록 하고, 문화를 열심히 연구해야 한다. 그리고 사건을 분석하고, 이론적으로 제시하는 데 있어 인생에서 우리가 직면하는 각각의 문제에 대해 우리는 몇 가지 결정적인 질문을 해야 한다.

1. 성경은 이런 문제에 대해 말하고 있는가?
2. 적용할 수 있는 일반적인 기독교의 원칙이 있는가?
3. 기독교의 학자들이 이 이슈에 대해 과거 혹은 현재에 논의한 적이 있는가?
4. 도덕성 혹은 가치의 절대적인 기준에 도전하는 이론이 있는가?
5. 성령은 나에게 이러한 문제를 명확한 관점으로 인도하시는가?

기독교의 통합은 영적인 마음에 의지한다. 독단이 아닌 관용을 취한다. 소리치는 것이 아니라 논리적으로 생각하는 것이다. 아마도 교사들은 그것을 완성된 이상으로 보지 말아야 한다. 평가 이전 단계의 위치보다 더 향상된 것으로 하나님의 은혜에 의한 여정과 신뢰를 어떤 위치에 놓아야 하는지 우리는 설명할 수 있다. 믿음과 학습을 통합하는 것은 예배라는 불가사의한 용어의 범위에 들어간다. 그것은 예배와 봉사인 것이다(Gangel & Hendricks, 1988, 85).

KENNETH O. GANGEL

참고문헌 | F. E. Gabelein(1954), *The Pattern of God's Truth: Problem of Integration and Christian Education*; K. O. Gangel and W. S. Benson(1983), *Christian Education: Its History and Philosophy*; K. O. Gangel and H. G. Hendricks(1988), *The Christian Educator's Handbook of Teaching*; P. A. Kienel, O. E. Gibbs, and S. R. Berry, eds.(1995), *Philosophy of Christian Education*; L. E. LeBar(1995), *Education That Is Christian*; B. D. Lockerbie(1994), *A Passion for Learning*.

신학교(Seminary). 기독교의 고등교육(Higher Education, Christian)을 보라.

신학교육(Theological Education). 1964년 신학교협회는 90개의 학력이 인정된 개신교 신학교를 자랑하였다. 그 90개의 신학교 가운데 72개가 주요 교단의 학교들이었고, 18개가 복음주의 계열의 신학교였다. 20세기 말 주요 교단의 개신교 학교들은 80-90개를 기록하였다. 복음주의 계열의 학교들은 50-60개가 되었다. 주요 교단의 학교들이 상대적으로 안정적인 수를 유지한 반면, 복음주의 계열(오순절 계통을 포함하여)의 학교 수는 극적으로 증가하였다.

복음주의 계열 신학교의 성장은 대략 세 가지 원인들에 기인하고 있다. 주요 교단 교회의 쇠퇴, 은사주의적 그리고 오순절 계통 교회의 성장, 선교 단체들의 성장 등. 이런 성장의 상당 부분이 20세기 북미 교회의 양상과 본질을 놀랍게 변화시킨 강력한 신앙형성의 요구들에 연결되어 있다고 말하는 것은 정확하다. 사실상 미국 종교의 재형성이 있어왔다. 18-19세기 미국 교회는 교파주의 성장을 잘 보여준다. 대부분 20세기 교회의 이야기들은 전통적 교단주의의 소멸과 새로운 헌신의 대상들의 출현을 포함할 것이다. 1960년대와 1970년대에 영 라이프(Young Life〈YL〉), 십 대 선 교 회 (Youth for Christ〈YFC〉), 대학생선교회(Campus Crusade for Christ〈CCC〉), 네 비 게 이 토 선 교 회 (The Navigators〈NAV〉), InterVarsity Christian Fellowship(IVCF)등과 같은 선교 단체들이 복음주의 교회에 수천 명의 준비된 학생들을 더해 주었다. 그들 중 얼마는 신학교 교육을 받았다. 다양한 교단을 수용하는 초교파적인 신학교들이 특별히 선교단체 출신의 학생들의 계속된 유입으로 이득을 보았다.

학생들이 그들의 성장 배경과 관련된 특정 교단의 가장 가까운 신학교로 가던 시절은 이미 지난 지 오래 되었다. 많은 신학교들이 줄어들고 있는 학생들의 등록을 유지하고 새롭게 등장하는 수많은 제도들 속에서 나름의 독창적인 지위를 확보하기 위해 노력하고 있다. 무엇보다도 대부분의 신학교들은 학생들과 교회들의 변화되는 필요들을 충족시키기 위해 좀더 다양한 학위 프로그램들을 제공해야만 한다.

1990년에 있었던 북미 26개의 신학교 총장들에 대한 설문조사에서 다섯 개의 주된 고민이 다음과 같은 질문에 대한 대답 속에서 드러났다. "오늘날 신학교육에서 당신으로 하여금 걱정하게 만드는 몇 몇 현재의 긴장들을 적으시오"(Stewart, 1990). 가장 많이 언급된 부분은 학문적 목표를 위해 학생을 준비시키는 것과 효과적인 사역을 위해 그들을 준비시키는 것 사이에 있는 긴장이었다. 언급된 다른 부분들은 전문성 대 영성, 나이든 학생의 증가, 신학교의 목적들과 교회의 기대치 사이에 있는 긴장들 그리고 학생회의 증가하고 있는 국제화이다.

신학적인 스펙트럼의 극좌로부터 포스트모던 사고방식의 출현과 연결된 중요한 전환점들에 비추어 보아 신학교의 프로그램들을 다시 살펴보고 재구성해야 한다고 요구하는 사람들이 있다. 이런 "자원의 위기"는 신학교육을 둘러싸고 증가하는 다원주의를 지적한다. 전에는 오직 변두리에서 성장했던 신학들이 중심위치를 놓고 특별히 주요 교단의 신학교에서 경쟁하고 있다. "여성" 신학들, "소수자" 신학들이 점진적으로 많은 사람들에게 매력을 끌고 있다.

신학의 극우로부터는 데이빗 웰즈(David Wells)와 같은 사람은 그의 책 『진리는 어디에』(No Place for Truth, 1993)서 신학교육을 진리와 신학에 대한 역사적 그리고 정통주의 개념을 중심으로 할 것을 요구했다.

아마 그 어느 누구보다도 반더빌트신학교의 신학교수인 팔리(Edward Farley)는 신학교육에 대한 "목적", "초점", "중심" 그리고 "통합"에 관한 근본적인 주제들에 관한 논의를 촉진시켰다. 그의 1983년 저서 『신학: 신학교육의 분열과 통일성』(Theologia: The Fragmentation and Unity of Theological Education)에서 팔리는 신학교육이 지금까지 근거로 삼아왔던 중요한 가정들과 패러다임에 대해 포괄적이면서도 비평적인 검토를 제공하였다. 그는 서양에서 발전된 네 가지 모델들을 확인하였다. 각각의 모델들은 특별한 역사의 기간 그리고 신학교육의 목적과 기능에 대한 독특한 이해를 반영하고 있다. 네 개의 모델들은 다음과 같이 요약될 수 있다.

1. '체질'로서의 신학: 신학교육은 삶의 지혜를 발전시키는 과정이다. 초점은 계시에 드러난 대로 하나님의 진리에 대한 인식론적 이해와 밀접하게 연결되어 있는 영적 삶에 있다. 수도원적인 모델들이 이 유형의 전형적인 예들이다.

2. **'학문'으로서의 신학:** 신학은 조직적인 질문과 설명의 학문 분야이며 신학을 지식의 다른 영역으로 관련지을 수 있는 능력을 수반한다. 이것이 팔리의 두 번째 단계이다. 이때 신학은 철학과 다른 연관된 학문 분야와 대등한 것이 된다.

3. **'대학 안'에서의 신학:** 신학연구는 전문화된 부서들을 갖춘 신학과의 일이 된다. 여기서 신학은 법, 의학, 또는 인문학과의 연구와 비슷한 학문의 일반적 명칭이 된다. 이 기간은 전형적인 사중의 신학 백과사전의 발전을 보게 된다. 여기에서 신학은 네 개의 학문 영역으로 나뉜다. 역사적 연구들, 성경적 연구들(언어를 포함), 조직신학, 실천신학이다. 이것이 세 번째의 그리고 오늘날 우세한 모델이라고 팔리는 말한다. 오늘날 대부분의 신학교들이 대학과 연결되어 있지 않은 반면 대부분이 이런 모델에 따라서 그들 스스로의 형태를 규정하였다.

4. **'성직자적 패러다임' 안에 있는 신학:** 신학적 연구의 서로 다른 부분들을 연합시키기 위한 하나의 노력으로서 이 모델은 그 접근에서 "전문적"이고, 특별히 그리스도인 공동체의 교회 내에 있는 필요들에 관심을 갖는다. 이것이 팔리의 구도에서 네 번째 단계에 있고 많은 주요 교단의 신학교에서 그 모습을 찾을 수 있다.

대부분의 비평가들은 성직자적 패러다임이 많은 신학교들의 교육과정을 적절하게 묘사하고 있다고 동의한다. 이들 동일한 비평가들은 성직자적 패러다임이 몇몇의 바람직하지 못한 결과들을 낳고 있다고 주장하기도 한다. 그 중의 두 가지는 아주 현저하다. 첫째는 증가하고 있는 논제와 주제들로 인해 신학적 교육과정이 분열되고 흩어지는 것이다. 팔리는 이렇게 기록하고 있다. "신학은 성직자교육의 통일성, 주제, 목적으로서 상실된 지 오래 되었다. 그리고 이러한 사라짐은 그 어느 것보다도 학문의 과정으로서의 성직자교육의 논쟁적 성격에 책임이 있다"(1983, ix).

두 번째로 바람직하지 못한 결과는 사역에 대한 현저한 개인주의적 이해의 출현이다. 이러한 결과는 몇몇 학교에서 진리, 선교, 교회에 관한 보다 더 본질적인 질문들을 희생시켜 가면서 사역의 경쟁과 개개 학생의 발전에 부당하게 초점 맞추는 것으로서 나타나고 있다.

사역의 개인주의화와 더불어 신학교육과정의 분열은 결집력의 결여를 만들어 내었다. 어떤 경우에는 신학교육을 어용론(語用論)과 과학기술로 축소시켜 버렸다. 새로운 모델들이 나오고 있다는 것은 이해할 만한 것이다. '해방과 정의'의 모델들(Padilla, 1988), '영적형성' 모델들(Oden, 1984), '행동-사고' 모델들(Dykstra, 1991), '비형식적' 모델들(Ward and Herzog, 1974), '상황화' 모델들(Stackhouse, 1988) 그리고 '선교' 모델들(Duraisingh, 1992) 등이 있다.

가장 최근 문헌에 나타나는 다음의 질문만큼 중요한 것은 없다. "어떻게 신학교육이 교회와 연관될 수 있겠는가?" 신학교육에 대한 새로운 비전은 지역 교회의 중심성에 새로운 초점을 맞춰야 한다고 주장하는 자들이 있다. "만인제사장"이라는 신약성경 교리의 발견에 근거하여 그들은 신학교육이 성직자 엘리트들에게 제한될 수 없고 모든 사람을 위한 것이라고 주장한다. 지역 교회는 신학교육을 위한 가장 적절한 상황들이다. 신학교육은 밀접하게 영적인 은사들의 발견과 발전에 연결되어야 한다. 그리고 신학교육은 모든 사회경제적 계층에 있는 사람들에게 이용가능해야 한다(Padilla, 1988). 그러므로 많은 교회 중심의 실험들이 좋은 결과를 가지고 진행 중이라는 것은 이상할 것이 없다.

교리문답 형성의 역사를 가지고 있는 어떤 교회들은 성직자층을 형성하는 수단으로서 새로운 교리문답의 과정을 발전시키기 시작하고 있다. 다른 교회들은 일반적으로 지역 교회 수준에서 평신도들을 섬기는 것을 더 잘 수행하는 비형식적인 프로그램들을 발달시키고 있다.

점진적으로 신학교들은 교회의 구조의 짜임새가 영구히 바뀌었음을 인식하고 있는 중이다. 교단과 신학교 사이에 있는 전통적인 협력관계는 만일 그것이 생명력 있는 것이 되고자 한다면 반드시 재고되어야만 한다. 점점 더 교회를 광범위하게 섬길 수 있는 다양한 층의 교육 제도들이 생겨날 것으로 보인다. 그러한 프로그램들은 교회를 위해 지도자들을 훈련시키고 준비시킨다는 것이 무엇을 의미하는가에 대한 철저한 이해를 중심으로 구성될 필요가 있다.

몇몇 신학교들은 새로운 방향을 계획하고 새로운 계획들을 실행하는 데 도움을 얻기 위하여 신학교를 후원하는 교회들을 불러들이고 있다. 어떤 도시들에서는 의도적으로 만들어진 네트워크들이 형식적인 신학교 교육과 비형식적 프로그램들을 연결시키고자 하는 목적을 가지고 형성되고 있다. 많은 신학교들이 지금 원거리 학습 프로그램을 제공함으로써 지역 교회를 섬기기 위한 진지한 시도들을 하고 있다. 점차적으로 교회들, 선교 단체들, 신학교들 그리고 성경학교들은 함께 일할 수 있는 방법들을 찾고 있는 중이다.

새로운 프로그램, 새로운 모델들, 새로운 구조들에 관한 담론은 신학교육의 미래에 관한 중요한 질문들을 제기한다. 만약 교회가 신학교육이 어떠해야 함에 관하여 비전을 전해야만 한다면 신학교육에 관하여 또한 신학적으로 생각해 볼 필요가 있을 것이다. 이것은 오히려 의식적으로 해야만 하는 작업이다. 그러나 또한 주의 깊게, 열정적으로 이루어질 필요가 있다. 궁극적으로 교회는(학교들이 아니라) 신학교육이 맡게 될 역할을 결정하게 되는 것뿐만 아니라 미래를 위한 비전을 분명하게 할 책임도 지게 될 것이다. 시간이 지나감에 따라 학교와 교회 사이에 있는 더 밀접한 협력관계는 표준이 되어야지 예외가 되어서는 안 될 것이다.

STEVEN K. SANDVIG

참고문헌 | C. Duraisingh, *International Review of Mission* 81, no. 231(1992): 33-45; C. Dykstra(1991), *Shifting Boundaries: Contextual Approaches to the Structure of Theological Education*, pp. 35-66; E. Farley(1983), *Theologia: The Fragmentation and Unity of Theological Education*; T. C. Oden(1984), *Care of Souls in the Classic Tradition*; R. Padilla(1988), *New Alternatives in Theological Education*; B. C. Stewart, *ERT* 14 no. 1(1990): 42-49; T. W. Ward and W. Herzog, eds.(1974), *Effective Learning in Non-formal Education: Program Studies in Non-formal Education*; D. F. Wells(1993), *No Place for Truth: Or Whatever Happened to Evangelical Theology?*

신학교육의 갱신(Renewal of Theological Education).

신학교육의 갱신이란 기독교 사역을 위한 훈련생을 더 효과적으로 준비시키기 위해 교육 구조와 전략의 개조, 혹은 변화에 대한 적극적 개방성에서 나온 성직자교육 영역에서의 혁신들이다. 신학교육자들은 전형적으로 학자와 가르치는 자로서의 탁월성을 간절히 원한다. 그들 대부분은 교실에서의 효과를 높이기 위해서 노력한다. 신학교육의 회복은 이런 열망과 헌신을 제도적 수준으로까지 끌어올린다.

신학교육의 회복을 향한 사고방식에는 확고한 성경적 근거들과 신학적 근거들이 있다. 죄로 훼손된 세상에서 하나님 왕국의 자녀인 그리스도인들에게는 이 시대에 왕국의 가치를 실행하는 대리인의 역할이 요구된다. 교육 구조들은 우리 문화의 죄로 오염된 가치를 반영하기 때문에, 우리는 왕국의 가치들을 더 효과적으로 드러내고 장려하는 교육 양식들을 찾아야 한다.

우리의 문화뿐 아니라 우리의 인격 역시 죄의 흔적을 보여주고 있다. 우리는 현재 말씀과 성령의 구원의 능력을 통해 성화를 경험하고 있지만 여전히 지성과 관계에 대한 죄의 영향은 존재한다. 이러한 영향들로 인해, 우리는 지속적으로 우리의 이해와 우리의 관계들을 성경을 통한 교정적 검토과정 아래 지속적으로 내놓아야 한다. 또한 검토의 과정은 반드시 사역 훈련 프로그램들의 이론적 차원과 관계적 차원을 포함해야 한다. 즉 구원이 완성될 때까지 프로그램들과 구조들에 대한 완전한 만족은 없을 것이다.

서구의 성직자교육 역사는 새로운 출발들의 경향, 영향력의 약화, 갱신의 급박성 등을 반영한다. 1636년 설립된 하버드대학은 그 설립 목적을 식민지 교회들을 위한 "학식 있는 성직자"를 키워내는 데 두었다. 다른 대학들도 그 뒤를 이었지만, 대학의 교육과정이 다양해지면서 사역의 초점을 잃었다.

회복의 필요는 1808년 안도버신학교(Andover Seminary)뿐 아니라 19세기 몇십 년 내에 많은 다른 신학교의 설립을 이끌었다. 평신도들과 선교사들을 준비시키기 위해 설립된 성경대학 교육과정은 성경적 진리를 삶과 사역에 적용하는 것을 강조했다. 한 세기가 지난 지금, 많은 사람들은 또 다시 북아메리카의 신학교 교육은 대학원생들이 교회에서 사역적 지도력을 가지도록 준비시키는 것에 실패했다고 불평하고 있다.

다른 한편으로 갱신은 "해외 신학교육"의 끈질긴 의제이기도 하다. 서구 개척 선교사들은 선교지에 세워진 미숙한 교회를 위해 지도자들을 훈련시켜야 할 필요를 인식했고, 이들은 그들이 졸업한 성경학교들과 신학교들의 구조와 교육과정을 반복했다. 선교사들에 의해 세워진 학교들은 신실하게 사역하는 졸업생들을 수천 명 배출했지만, 해외 교회의 지도력의 필요에는 유용하지 못했다. 존스톤(Johnstone, 1993)은 훈련된 지도자들의 부적절한 배출-예를 들어 신학적 교육의 실패-은 21세기 초 세계 거의 모든 비서구국가 교회의 생명력과 확장을 방해한다고 보고했다.

신학교육의 회복을 부르짖는 소리가 많이 나오고 있음에도 불구하고 회복을 향한 부단한 노력은 비서구에서는 거의 찾아볼 수 없다. 해외 신학교육을 새롭게 하기 위한 대부분의 현대의 노력은 1958년 신학교육장학회(Theological Education Fund, TEF)에서 시작되었다. 신학교육장학회는 1961년 세계교회협의회(World Council of Churches)의 감독 하에 있게 되었다. 1958년부터 1977년까지 세 번의 "위임기간" 내에 신학교육장학회는 해외 신학교들로의 중요한 공급원 역할을 했다. 제3세계의 사백 명 이상의 학생들이 서구의 대학원과 대학원 이상의 과정에서 신학을 공부할 수 있도록 장학금을 받았다. 학자들이 자유주의 신학파로 이끌렸기에 신학교육장학회의 지속적 유산은 라틴 아메리카, 아프리카, 아시아 교회로의 서구 자유주의와 포스트 자유주의 신학의 보급이었다.

복음주의 교육자들은 1980년 국제복음주의신학교육인가협의회(International Council of Accrediting Agencies for Evangelical Theological Education, ICAA)를 설립했다. 3년 후, 복음주의신학교육 인정 국제협의회는 "복음주의 신학교육의 회복을 위한 선언"(Manifesto on the Renewal of Evangelical Theological education)을 채택하여 신학교육의 열두 가지 중요한 면들을 "도입하고 강화"하기 위한 서약을 했다. 복음주의신학교육 인정 국제협의회 "선언"의 감동적 설득은 여섯 개 대륙의 교수토의의 원천이 되었다. 그러나 교육자들은 주창된 서약들이 실행될 수 있는 방안들을 찾기 위해서 자신들의 창의력을 발휘해야 했다.

신학연장교육은 현재까지 나타난 가장 널리 퍼진 신학교육 회복운동이다. 1963년 과테말라의 전통적 서구 신학교 교수들은 그들의 교육프로그램들의 비효율성을 직면하고 변화를 결정했다. 연장 신학교육은 교회 지도자들이 그들의 사회적, 경제적, 사역 관계의 붕괴 없이 역할을 수행할 수 있는 사역훈련의 시도를 했다. 이것은 자기훈련교제와 "핵심 리더" 혹은 "개인 지도 교수"에 의한 학생들을 위한 정기적(주로 주 단위) 지방 "세미나들"을 통해서 이루어졌다.

신학연장교육은 교회들과 신학교들에게 의미 있는 유익들을 가져다주었다. 통계들이 나와 있지는 않지만, 라틴 아메리카, 아프리카, 아프리카의 수천의 교회 지도자들이 연장 신학교육이 아니었다면 절대 받지 못했을 성경적, 신학적, 사역적 교육을 받았다. 더 나아가, 기숙학교들의 신학교육자들은 자신들의 사역훈련 가정들을 다시 생각해 보게 만들었던 교육적 논점들과 방법들에 민감하게 되었다.

비정규적 교육의 다른 형식들 역시 범주에서 실행방법이 임시적이거나 제한적이었음에도 불구하고, 유용한 것으로 증명되었다. 목회자들의 회의는 가끔 훈련되지 않았거나 훈련 중인 성직자들의 현직 중에 행하여지는 훈련방법으로 이용되었다. 여러 나라에서 시행된 전국훈련(Disciplining a Whole Nation, DAWN)과 남아프리카의 아프리카 사역자 조직(Africa Ministries Network, AFMIN)은 성직자교육을 위해 사역자들 회의를 효과적으로 이용한 프로그램이다.

북아메리카에서 정식 신학교육의 실패는 소수 공동체들(사회들)의 대형교회들과 교회들이 교회를 기점으로 한 훈련프로그램을 시작하도록 만들었다. 자신들의 사역자들을 대상으로 시작된 교회기반의 프로그램들은 종종 현재의 사역자들과 장래의 사역자들이 사역의 공동철학을 공유하도록 도왔다. 어떤 경우, 이러한 프로그램들은 전통적 신학교들과 협력하거나 그들의 훈련에 대해 정식훈련기관으로의 인가를 추구하기도 했다.

성경학교나 신학교의 신학교육 회복을 촉진하려는 소망을 가진 신학교육자들에게 여러 가지 방법들이 열렸다. 가장 효과 있는 방법은 교회 혹은 섬기려는 교회학교들과 대화의 통로를 여는 것일 것이다. 듣는 것은 의미 있는 변화를 위해 반드시 선행되어야 한다. 평신도 교회 지도자들과 목회자들은 그들이 사역하고 있는 현장을 해석하고 교수들은 훈련프로그램들을 적합하게 변화시키는 것에 더 마음을 기울이는 경향이 있다.

연구결과는 신학교수들에게 실제적 영향을 미칠 수 있다. 감사하는 학생들과 기쁨에 찬 졸업생들에 대해서 쉽게 긍정적인 기대의 마음을 가지게 되지만, 그 학생들의 졸업 후 오 년 혹은 십 년 후의 모습을 잘 살펴보면 다른 감정들이 일어날 수 있다. 졸업생들이 사역에서 떠나거나 사역의 영향력을 놓고 허덕거리고 있을 때, 훈련모델과 교육과정의 적절성에 대해서 의심하게 되는 것이다. 교육자들은 졸업생들의 영향력에 대해서 반드시 책임져야 한다.

모델로서의 교수들의 역할에 초점을 맞추는 것 역시 회복의 분위기를 조장한다. 북아메리카와 일부 해외 신학교들에서, 많은 교수진들은 복음주의자로서 혹은 목회자로서의 역할에 대해 부담스럽게 여긴다. 그들이 전달하는 학식에도 불구하고 이들 교수들은 목회자들과 선교사들을 훈련하는 것에 대해서는 잘 준비되어 있지 않다. 그러나 그들이 가르치는 분야의 사역을 정기적으로 섬기는 교수들은 교실 내외에서 그들이 가르치는 학생들의 모델이 된다.

성경학교 혹은 신학교의 행정가들이나 교육자들이 성인교육이론과 방법에 정통하지 않을 때, 이들은 현재의 모델이나 고려되는 대안들을 도전하는 데 어려움을 겪게 될 것이다. 교수들의 발전을 위한 성인교육이론들에 대한 워크샵은 가르치는 자들이 자신들의 역할을 새로운 형식으로 그리고 더 생산적 방식으로 해낼 수 있는 정보들과 기술들을 제공한다. 회복의 방안으로서의 문헌은 교수들과 협회원들에게 유포될 수 있다.

마지막으로, 신학교육의 회복은 성직자의 영향력을 중요하게 여기고 실습을 장려하는 분위기 안에서만 활발히 일어날 수 있다. 교육 구조들과 방법들에 이의가 제기되지 않는 한, 회복은 일어나지 않을 것이다. 성경학교와 신학교의 교장들, 총장들, 학장들이 그들 교육 기관들의 신학교육 회복의 열쇠를 쥐고 있다.

ROBERT W. FERRIS

참고문헌 | "Excellence in Theological Education," *Evangelical Review of Theology* 19, no. 3(1995); R. W. Ferris(1990), *Renewal in Theological Education: Strategies for Change*; M. C. Griffiths, *Vox Evangelica* 20,(1990),: 7-19; P. Johnstone(1993), *Operation World: The Day-By-Day Guide to Praying for the World*; C. Lienemann-Perrin(1981), *Training for a Relevant Ministry: A Study of the Contribution of the Theological Education Fund*.

신학연장교육(Theological Education by Extension). 특별히 대문자로 표시될 때 신학연장교육은 시작, 대중성의 획득 그리고 교회를 위한 리더십교육이 이해되는 방법에 대한 의미 있는 장기간의 효과를 가지고 있던 특별한 혁신을 일컫는다. 신학연장교육의 근원들은 1967-1970년 사이에 과테말라에 있었던 장로교 선교사-교육자들에게 거슬러 올라갈 수 있다. 그때 그들에게 맡겨진 장로교 신학교는 학생이 줄어들었다. 교육을 많이 받지 못한 목회자들에게 성경적으로 내용이 있는 그리고 신학적으로 가치가 있는 교육을 제공하겠다는 열정을 지닌 랄프 윈터(Ralph Winter)와 짐 에머리(Jim Emery), 킨슬러(Ross Kinsler)와 그 외의 다른 미국인들은 학생들이 거주하고 있는 신학교가 그 근방에 있는 필요들을 잘 충족시켜주고 있으나 신학교의 지리적 한계를 벗어나서 필요를 채우는 데 대해서는 거의 어떤 관점도 가지고 있지 못하다는 것을 인식하게 되었다. 여행거리, 일반 직업을 지닌 목회자들의 책임들, 문화적 다양함, 특별히 가정부양의 부담이 있는 나이 든 목회자들, 먼 지역의 시골 목회자들 그리고 교회를 섬길 뿐만 아니라 그들 자신과 가족들에게 공급하기 위해 농사를 짓고 있던 성숙한 그리스도인들에게는 특정 거주지 형태의 교육모델을 불가능하게 만들었다.

최초의 신학연장교육은 학습자들에게 교육 기회들을 제공하기 위하여 일정에 따라 이곳저곳으로 옮겨 다니는 기동성을 갖춘 임무 수행팀의 한 부분이 된 선교사들(곧 경험 있는 토착민교회 목사들과 지도자들)에 의해서 주도되었다.

신학교육에 대한 거주지 학교 접근법은 인생에서 학교교육의 기간에 해당하는 시기에 있으며, 아주 최소한의 재정적 짐을 지고 있고, 부양의 책임이 거의 없는 그리고 필요할 때 그들의 가정이나 공동체에 돌아갈 수 있을 정도로 신학교와 성경학교가 충분히 가까이 살고 있는 젊은 사람들에게 가장 적절한 것이었다. 교회를 위한 리더십을 발전시키기 위한 거주지 접근법에 있는 역사적 문제점들은 그것의 전제들과 절차들이 학문적 영역으로부터 나온 것이고 종종 교회의 특징들과 필요들과는 상당히 모순이 된다는 바로 그 사실에서 비롯된다. 거주지 신학교육은 보통 정보보유, 지적 논쟁의 기술들, 전문화된 지엽성 그리고 학교교육을 받은 사람들에게서나 예상할 수 있는 그런 문제들 속에서 평가되고 있다. 교회 안에서의 리더십을 위한 필요조건으로서 성경(한 예로 디모데전서 3장)에 언급된 인격, 섬김의 리더십, 열정적인 사역 그리고 영적인 자질들은 학교교육에 대한 평범한 접근법들에서는 주목을 받고 있지 못하다. 신학연장교육이라는 일반적인 생각을 신속하게 받아들인 사람들은 사역의 경험들과 목회적인 삶에 더 근접한 교육 과정의 배치가 좀더 적절한 결과들을 충분히 가지게 될 것이라고 가정했다.

지역적으로 인기를 크게 끌게 된 어떤 종류의 혁신적 운동에서도 늘 기대되듯이 신학연장교육도 초기에는 급속도로 확산되었고 열광적으로 받아들여졌다. 그러나 곧 시들해 지기 시작했다. '운동'으로서의 신학연장교육은 10년 내에 그 절정기에 이미 이르렀다. 그럼에도 불구하고 그것의 영향력은 30년 그리고 그 이상으로 지속되고 있다. 신학연장교육의 프로그램들은 지금도 널리 퍼져있다. 예를 들어 인도에서는 신학연장교육이 사실상 목회자교육의 가장 주요한 형태이다. 그러나 신학연장교육에 대한 초기 열정은 몇 가지 분명한 이유들 때문에 점차적으로 시들어 가고 있다.

첫째, 신학연장교육에서 현명하게 선택된 방법론이 아주 드문 세 가지 자원들을 요구했다. 지침 모델은 학생들에게 주중 또는 그보다 덜 자주 열리는 세미나를 위한 정보의 기초와 준비를 제공하기 위해, 신중하게 고안된 자료들로부터 독자적으로 그리고 소규모의 자체적으로 운영되는 소그룹에서 책을 읽을 것을 요구했다. 이러한 독서와 적절한 지도하의 토론을 혼합한 방식은 일반적인 고등교육의 전통적인 강의와 노트필기 방식을 대신해야만 했다. 이 모델에는 세 가지 문제점이 대두되었다.

1. 이런 적절한 교수-학습 자료들이 어디에 있었는가? 그것들은 개발되어져야 했다. 헌신된 목회자-교사들과 다른 저술가들에 의해 놀라운 응답들이 나타났다. 그러나 적절한 자료들에 대한 수요는 응답들보다 훨씬 컸으며 일들을 빨리 진척시키기 위해 여러 가지 모험을 감수해야만 했다. 잠비아에서 가치가 있다고 입증된 자료가 브라질을 위해서도 번역되었다. 한 페루사람의 자료가 강력한 문화적 장벽을 뚫고 멕시코, 프랑스 그리고 인도로 올라가게 되었다. 개혁의 운동으로 시작된 것이 과거의 습관으로 후퇴하게 되었다. 하나님의 말씀에 대한 좀더 민감하고 상관성 있는 적용에 근거하겠다고 약속했던 교육이 기독교의 한 문화적 형태로부터 또 다른 대조적 문화 속으로 정보를 쏟아 부어 버리는 구태의연한 절차로 신속하게 후퇴해 버렸다.

2. 토론을 이끌 능력 있는 리더들의 부재는 더욱 심각한 것이었다. 그 운동에 참여했던 어느 누구도 종래의 방식인 이야기로서의 가르침의 습관을 벗어

나는 어려움을 제대로 인식하지 못했다. 공식교육에서 시간을 보낸 거의 모든 사람들은 자기가 가르칠 사람들을 세워두고 오랜 시간 동안 그들을 아래로 내려다보며 말하면서 그들은 읽지도 않고, 추론하지도 않고, 그들이 삶에서 경험한 것들을 이해하지도 못한다고 가정한다. 신학연장교육의 교사-리더들도 거의 다를 바가 없었다. 또한 어떠한 자원도 그들을 도와 세미나 형태의 가르침에 대한 좀더 효과적인 모델들을 유지하도록 유입되지 않았다.

3. 이러한 새로운 움직임에 대해 위협감을 느끼고 있던 공식교육 기관들과 그들이 선호하는 교수방식이 지닌 엄청난 힘에 대해 거의 모든 사람들이 과소평가하였다. 신학연장교육의 몇몇 지지자들은 신학연장교육이 본래적으로 연약하다고 가정했다. 그래서 그들은 공교육 프로그램만큼 좋아질 수 있다고 단언하였다. 그러한 대담함은 역사가 오래되고 잘 방어가 되어 있는 전통적인 공식 교육자들을 성가시게 했을 뿐만 아니라 신학연장교육이 의도적으로 다르다는 사실을 무시하였다. 원래 신학연장교육은 다른 가치들에 기초를 둔 자질들을 향해 의도되었다. 어떤 면에서는 그 교육의 목적들이 공식적 신학교육과는 근본적으로 다르기 때문에 신학연장교육은 공식적 신학교육만큼 좋아질 것을 본래 의도하지도 않았다. 이런 근본적인 차이점들을 과도하게 숨기려는 의도는 다른 문제를 또한 만들어 내었다. 교육학적인 자원의 공급이 잘 되지 않는 세계의 어느 곳에서는 교육의 열망이 그때나 지금이나 엄청나지만, 교육의 '의미'는 식민지 경험에 의해 형성되어 왔다. 따라서 어떤 종류의 "교육"도 세계관의 확장과 영적인 변화와 같은 삶의 변화보다는 "공인된" 제도들과 교육과정들로부터 나오는 학위들에 의한 경제적인 이득에 더 관련 깊었다.

신학교육에 대한 연장 접근법의 사용, 특별히 사역을 위한 계속적인 교육은 물론 신학연장교육(TEE)보다는 오래 되었다. 특별히 2차 세계대전 바로 직후로 많은 신학교들이 사역자들과 교육가들에 대한 평생 학습을 강조해 왔다. 그러한 제도들은 신학연장교육(theological education by extension, tee)의 현대적 재발견들이다. 그러나 신학연장교육의 중요성은 훨씬 더 깊다. 첫째, 그것은 교육의 원래 자리로 돌아가려는 방법을 찾고 있던 선교분파, 또는 해외에 있는 교회들로부터 생겨난 혁신들 중 첫 번째였다. 두 번째로 예수 그리스도, 사도 바울, 마틴 루터, 존 웨슬리 등의 초기 무형식적 교육 전통을 지닌 사람들의 경험적 방법들로의 회귀는 현대 신학교육에 제시되고 있는 것이 전부는 아니라고 하는 의식의 고조를 자극하였다. 리더십의 발전에서 교육 기관과 교회의 관계들에 대한 느리지만 확실한 조사가 지금 진행 중이다. 셋째로 신학연장교육은 사역을 준비하는 통과의례로서 보다는 사역에서 교육의 위치를 다시 잡아 주는 많은 새로운 제도적 그리고 비제도적 교육 프로그램들의 등장을 촉발시켰다.

TED W. WARD

참고문헌 | R. R. Covell and C. P. Wagner(1971), *An Extension Seminary Primer*; J. H. Emery(1976), *Extension Seminary*; R. D. Winter(1969), *Theological Education by Extension*.

신학자로서의 교육자(Educator as Theologian).

밀러(Miller)는 기독교교육학적 전제로서 개인의 신학적 견해가 교회의 교육적 역할을 수행하는 전제가 되어야만 한다고 주장했다(1950). 기독교교육자들은 교회에서 진행되는 지속적인 신학적 토론에 기여해야 할 책임이 있다. 본질적으로 기독교교육자들은 신학자이어야 한다.

리틀(Little)은 기독교교육과 신학의 기본적인 관계가 네 가지 중의 하나에 해당된다고 지적했다(1976). 첫째, 신학은 신앙공동체 안에서 가르쳐야 할 교육의 내용을 제공해 준다. 교육자들의 역할은 해석된 진리를 하나님의 자녀들에게 전달하는 일이다. 둘째, 신앙공동체의 신학이 교육 내용과 방법에 영향을 주는 격자(grid)라는 면에서 신학이 규범적이다. 셋째, 교육이 신학의 "실천"(doing)을 증진시킨다. 이것은 교육자들로 하여금 교회의 지도자들이 그들의 삶을 비판적으로 돌아보고 인간 역사에 하나님의 임재하심과 역사를 비추는 삶을 살도록 인도할 뿐 아니라, 교회의 여러 과제들을 신학화하는 일에

신학자로서의 교육자

관여한다. 이 과정에서 교육자들은 신학자들과 성직자, 평신도들과 함께 협력하여 교회의 신학적 형성을 도와야 한다. 넷째, 교육은 신학과의 대화로 보인다. 교회사역에서 교육적, 신학적 훈련은 상호의존적이고 서로 정보를 교환하고 영향을 준다. 교육적 결단들은 하나님의 본성과(신학) 인간의 본성(인간학)에 대한 이해에 그 바탕을 둔다. 신학과 인간학이 함께 현세를 향한 하나님의 선교와(구원론) 미래에 대한 하나님이 계획(종말론) 그리고 기독교 사역을 위하여 세상에 영향을 주기 위해 교회가 성령충만함을 받는 방법(성령론) 등을 구성한다.

기독교교육자들 스스로가 가지는 신학과 교육학의 특수한 관계를 통해 교육적 과제를 신학화하는 일에 어느 정도 개입할 것인지 결정된다. 교육자들이 신학적 내용의 전달을 자신의 주요 역할로 여긴다면 그들 자신이 신학에 깊이 몰입할 필요는 없다. 신학과의 대화를 통해 또는 교육적 내용과 실천의 규범으로서 보다 깊은 신학적 인식이 필요하기는 하지만, 분명한 것은 교육자들이 "행동하는" 신학에 참여함으로써 신학자의 역할을 포용한다는 사실이다.

교육자들이 신학자로서의 역할을 시작함에 따라, 그들의 첫째 관심은 적절한 신학을 개발하는 일이며 둘째 과제는 그들이 신학자로서 어떻게 기능할 것인지를 평가하는 일이라고 넬슨(Nelson)이 지적했다 (1984, 15, 16). 신학자로서의 기능은 적어도 세 가지로 생각해 볼 수 있다. (1) 적절한 신학을 개발하기 위해 성경을 통합적으로 본다. (2) 독서와 공부와 신학자들과의 대화를 통해 신앙에 대한 생각을 훈련한다. (3) 다른 사람들에게 신앙을 전수하기 위한 확고한 신학을 형성한다.

첫째, 성경을 통합적으로 다루는 일은 성경 본문에 권위 있는 신학적 방법의 사용을 요구한다. 카슨(Carson)은 신학자가 반드시 정경으로서의 성경을 있는 그대로 보고 신뢰할 만한 진리라고 보아야 한다고 생각한다(1992). 성경 저자들이 하나님에 대해 올바른 이해를 했고 여러 저자들이 서로 다른 관심과 견해를 가진다는 점을 고려하면서 신학자는 이러한 다양성이 성경을 자가당착으로 만들지는 않는다는 사실을 인식해야만 한다. 오히려 성경의 각 권이 전체의 내용을 구성하기 때문에 서로 다르다는 긴장감을 가지면서도 신학자들은 성경의 고유한 일치성을 찾아보아야 한다. 신학자는 성경 본문과 성경신학과 역사신학과 성경자체의 권위를 보는 등의 주해를 통해 반복해서 신학 형성을 평가해야 한다. 끝으로, 신학자는 진리의 적용에도 주의를 기울여야 한다. 성경의 진리들은 문맥을 통해 이해해야 하고 어떤 경우에도 문맥을 고려하지 않는 적용을 피해야 한다. 진리의 이해는 신학화하는 과정에서 유사한 문맥과 기능으로 적용되어야 한다.

둘째, 신학자로서의 교육자는 성령의 도움으로써 신학적으로 신앙에 대해 생각하는 훈련을 해야 한다. 신학적 성찰에는 세상에서 현재 역사하시는 하나님의 임재와 하나님께서 요구하시는 신실한 삶을 위해 필요한 것 등을 발견하기 위해, 성경의 조명 아래 자신의 신학적 유산과 경험들을 돌아보는 일을 포함한다. 읽기와 묵상과 공부와 다른 사람들과의 대화 등을 통한 기도식의 신학적 성찰을 통해 신학자는 하나님의 비전과 현재 행동 사이에서 결단을 내릴 수 있다. 이런 과정을 통해 새로운 통찰력과 깊고 새로워진 신앙적 발달의 결과로서 회개와 성품의 변화와 하나님이 원하시는 행동에 헌신 하게 된다.

셋째, 신학자는 그가 형성하는 신앙과 관련한 확실성을 개발할 필요가 있다. 그것은 신앙의 확신을 자기 것으로 만들기 위한 씨름과 같다. 성경에 바탕을 둔 신앙이 정통성을 가진다. 하나님의 성령에 의존하면 확신과 확실성을 얻는다. 이 세상에서 예수 그리스도 앞에 신실한 삶을 살기 위해 교회가 추구하는 신학적 대화에 이바지하기 위해 교만하지 않은 태도로 신앙을 확증해야 한다.

그러면 어떻게 교육자가 신학화하는 과정에 구체적으로 참여할 수 있는가 하는 점이 문제이다. 첫째, 교육자는 성경에서 출발해야 한다. 교육철학을 먼저 연구하여 그것을 복음에 맞추어 수용하기보다는 교육자들은 교육적 관심과 질문들을 성경과의 대화로 진행해야 한다. 둘째, 상기한 지침들과 부합하여 기독교교육자들은 신학자로서 자신의 역할을 인식하되 신학자들과 대화하는 일 뿐만 아니라 지속적인 신학 발달에 공헌하는 역할로 인식해야 한다. 또한, 신학자로서의 교육자는 모범을 보여주는 일과 신학적 연구의 과정을 가르치는 일을 통해 학습자들 자신이 신학적 연구를 하도록 인도하여 각 개인이 그리스도의 제자로서 문화 속에 참여하기 위해 신학적으로 생각하고 신학적으로 살아가도록 도와야 한다.

ROLAND G. KUHL

참고문헌 | D. A. Carson(1996), *The Gagging of God: Christianity Confronts Pluralism*; idem(1992), *Scripture and Truth*; S. Little(1976), *Foundations for Christian Education in an Era of Change*, pp. 30-40; R. C. Miller(1950), *The Clue to Christian Education*; R. C. Miller, ed.,(1995), *Theologies of Religious Education*; C. E. Nelson(1984), *Changing Patterns of Religious Education*, pp. 10-22; R. W. Pazmino(1994), *Latin American Journey: Insights for Christian Education in North America*; idem(1997), *Foundational Issues in Christian Education*; J. L. Seymour and D. E. Miller, eds.,(1990), *Theological Approaches to Christian Education*.

실례(Illustration, 實例).
실례제시(Demonstration)를 보라.

실례제시(Demonstration).
어떤 과제, 프로젝트, 방법, 또는 실험에 대한 지식을 가진 측에서 그것을 전달하기 위해 예로써 보여준다. 실례제시란 주로 교사가 학생들이 깨달은 원리를 실천하고 본받기를 바라는 모델을 보여주는 것이다. 실례제시해 주는 사람은 과정과 실례를 분명히 알려주는 발표 및 질문과 대답에 특수한 기술을 사용한다. 학습자는 실례제시되는 물질과 수단과 행동들을 세밀하게 관찰한다. 실례제시에는 예로 든 목표들과 보여준 과정 사이의 연계성을 조장해 주는 사람으로서의 기술을 필요로 하게 된다.

실례제시에는 (1) 주의 깊게 제정된 학습목표들, (2) 분명하게 조직된 실례제시 진행과정들, (3) 이해하기 쉽게 강조한 세부사항들, (4) 단계적 진행 설명 그리고 (5) 실례제시와 제정된 학습목표 사이의 관련성 지적 등이 포함된다.

실례제시 이후에는 교사의 지도 아래 학생들이 실례제시를 재연하는 실천학습이 종종 뒤따른다. 그리고 학습자들이 다시 한 번 그 활동을 교사의 도움 없이 재연해 본다. 그러므로 이 모델은 "내가 실례제시하여 보여주겠다. 네가 나와 함께 이 활동을 해라. 그리고 네 자신의 것으로 그 활동을 다시 한 번 해 보아라"로 요약할 수 있다.

신발 끈을 매는 것은 실례제시를 통해 배울 수 있다. 교사가 신발을 탁자 위에 올려놓고 그 끈을 매는 방법을 한 단계 한 단계 실습하여 보여준다. 목표를 주의 깊게 정한다–신발 끈 매기. 순서가 단계적으로 선명하게 실례제시된다. 모든 학생들이 신발 끈이 어떻게 움직이는지 잘 볼 수 있도록 실례제시의 세부 묘사에 주의를 집중시킨다. 그 과정의 상관관계가 쉽게 보이므로 신발 끈매기의 목표는 성취된다.

역사적으로 실례제시는 중세기의 길드(상인단체) 제도에서 도제들이 실천하던 것이다. 즉 주인이 도제에게 실례를 보여줌으로써 기술을 전달하는 것과 관계 있다. 이전에는 시청각 교재가 교실 밖의 사용으로 제한되었으나 현재는 교실 안에서도 사용할 수 있게 되었다. 주어진 전제에서 증명하고자 하는 결론에 도달하는 과정을 명제들의 연결로써 나타낸다.

JAMES R. MOORE

실습(Practicum).
이론적 교육에 대한 보충으로 직업적으로 혹은 과목과 연관된 현장에서 교실에서의 개념과 통찰들을 실험하는 것을 의미한다. 실습은 교육적 접근의 균형을 위해 필수적인 것으로 여겨지며, 전반적인 개념은 학습에 대한 고대 유대인의 이해와 어울리는 것처럼 보인다. 고대 히브리어에서, 야다(yada, 알다)에 내포된 의미는 "경험하다, 직면하다"이다. 이 개념은 지성, 감성 그리고 정신운동적 측면들에서 친밀하여 개인의 특질을 완전히 이해하는 것을 말한다.

교회와 공식적 교육기관의 많은 현대 교육자들은 단순히 교실과 관련된 교육내용의 한계들을 인식하며, 적용이 교차되는 교육을 발달시키기 위해서 노력해 왔다. 예로, 성경적 긍휼의 요소를 담은 수업은 가난한 사람들에게 제공되는 집을 건축하는 대도시 구(舊)시가의 과밀 지구로 학생을 데리고 가는 교육과정을 강화할 것이다. 기독교교육 학위 과정들은 종종 지역 교회들에서 교육적 봉사를 위한 기회를 학생들에게 제공하려는 노력을 한다. 사회 활동을 강조하는 수업은 학생들이 지역 내에서 정치적으로 활동적이 되도록 격려한다.

어떤 교육 프로그램들은 교육과정의 이론과 실제적인 부분이 거의 분리되어 있다. 학과들의 많은 부분은 이론적 혹은 실제의 이론적 영역을 다루고 있고, 두세 개의 과목만이 교실에서 발견된 개념들을 사용하여 현장에서 실제 적용하는 데 대부분의 시간을 보낸다. 최근에는 이론 자체와 이론의 실제적 적용의 분리에 대한 많은 비평이 나오고 있다. 어떤 교육적 패러다임들은 사고와 실행의 통합을 중요하게 여기며 출현하고 있고, 모든 연령대의 기독교교육의 발전을 위해 일선에 있는 많은 수의 교육자들에 의해 검증되고 있다.

실습상황들에서 현장 감독관이나 멘토는 학습과정에서 절대적으로 중요하며, 학생의 수행능력들을 향상시키는 것을 돕는 학습과정은 비평, 격려, 지도를 위해 가장 좋은 위치에 있다. 더 나아가, 실습의 또 다른 중요한 요소는 의견 보장과 향상된 인식을 위해 다양한 시간적 간격을 가지고 실습에 대한 반영의 기회를 가지는 것이다. 멘토나 교사들과의 그룹 토의와 대화는 이러한 반영을 제공하며, 오늘날 많은 기독교교육 프로그램들은 학생들이 지역 교회를 효과적으로 섬길 수 있도록 준비시키기 위한 노력으로 교실-실습-반영의 반복을 실행하고 있다.

MATT FRIEDEMAN

참고문헌 | W. L. Bateman(1990), *Open to Question: The Art of Teaching and Learning by Inquiry*.

실존주의와 교육(Existentialism and Education).
실존주의란 개인의 경험이 본질을 선행한다는 독특한 견해로 특징지어지는 다양한 철학적 계보이다. 어떠한 철학적 성향이나 종교적 신념에 상관없이 교육자들은 실존주의 철학적 사고로부터 유익을 얻는다.

실존주의 사상은 데카르트(Descartes)와 파스칼(Pascal)로부터 근세의 카뮈(Camus), 마르셀(Marcel), 메를로-퐁티(Merleau-Ponty), 후설(Husserl), 도스토예프스키(Dostoevsky), 야스퍼스(Jaspers), 바르트(Barth), 불트만(Bultmann), 브룬너(Brunner), 틸리히(Tillich)에 이르기까지 수많은 사람들에게 그 기원을 돌린다. 그 중에서 가장 빈번하게 언급되는 실존주의 철학자는 키에르케고르(Kierkegaard), 니체(Neitzsche), 사르트르(Sartre) 그리고 하이데거(Heidegger)이다.

키에르케고르는 아이디어에서 실재가 나온다는 헤겔의 개념에 반대하여 개인의 경험에서 실재가 나온다는 이론을 성립했다. 이상주의에 대한 이와 같은 공격이 당대의 지배적인 관점들과 관습과 권위에 도전을 주었다. 많은 다른 실존주의자들의 가르침과는 달리 키에르케고르는 스스로 기독교 신앙의 핵심이라고 주장하는 것을 지지했다. 그러나 그의 개혁적인 인식론은 그리스도 사상가들 사이에서 복합적인 반응을 불러일으켰다. 많은 사람들은 키에르케고르가 기독교의 기본진리를 버렸다고 주장하는 한편, 일부에서는 그를 "역사적 정통성이 있는 내용이라는 점과 진리는 믿는 것이 아니라 살아 있는 실재가 되는 것이라는 교부들과 경건주의와 일치되고 있다는 점에서 기독교 전통의 주류"(Westphal, 1996, 1)로 분류하기도 한다.

반면에 무신론자 니체는 "하나님은 죽었다"고 공개적으로 선언했다. 기독교 신앙과 가치와 윤리를 거부하면서 "니체는 모든 가능한 가치들의 필수적이고 영속적인 자원으로서 의지(will)를 선택했다"(Blackham, 1959, .33). 그는 진정한 인간 경험은 "해방시켜 주는, 생명을 확인해 주는 신념의 힘과, 인생의 선함과 악함 그리고 종교로부터의 자율성"에 의해 성취된다고 믿었다(Monaghan, 1997,1). 니체는 개인이 스스로 창조해 내는 가치들만이 유일하고 적절한 삶의 목적과 의미의 근원이라고 생각했다.

역시 무신론자인 사르트르에게는 보편적이거나

선험적 본질이란 존재하지 않는다. 환언하면, 우리 "인간의 본성은 기본적으로 규정되지 않는다." 어느 날 잠에서 깨어 우리가 여기 존재한다는 것을 깨닫게 되면 우리가 누구인지, 무엇인지 알아내고 우리 자신의 삶의 의미를 만들어내는 작업을 시작한다(Peterson, 1986, 63).

인격적인 하나님의 존재를 역시 부인하는 하이데거는, 그럼에도 불구하고 초월성에 대해 여러 번 언급했다. 그는 현대생활의 사소한 열심들을 비판하고, 그 대신 진정한 실존은 우리의 한계성과 궁극적 죽음에 맞서 싸우는 것임을 이해할 때 인식된다고 했다. 더구나 하이데거는 니체와는 대조적으로 분석적이고 명확한 현대과학의 사고방식이 진정한 진리와 의미를 실존적으로 추구하는 일과 양립될 수 없다고 생각했다. 하이데거는 진리를 객관적으로 알려지는 것보다는 살아지는 것(truth is to be lived rather than known)이라는 사상으로 신정통주의에 막대한 영향을 주었다.

실존주의자들이 매우 다양한 그룹을 형성하고는 있지만, 그들은 실존이 본질에 선행된다는 기본 전제로부터 최소한 세 가지 관점을 공유한다. 첫째, 실재란 객관적이고 보편적인 무엇이 아니라 사람의 삶과 경험을 통해 주관적으로 만나는 것이다. 개인은 반드시 스스로의 진리와 의미와 가치들을 형성해야 한다. 둘째, 실존주의자는 실재가 보편적인 합리성이나 질서를 가진다는 사실을 거부하므로 포괄적인 철학 체계와 세계관도 절대 진리나 권위, 도덕적 가치들, 행동 지침 등의 주장들과 함께 거부된다. 셋째, 진정한 인간 경험은 개인의 선택과 선명하고 쉬운 해답이 없는 문제들에 직면했을 때의 행동에 달려 있다. 개인 자신의 진리와 의미와 가치들을 삶의 상황 속에 용감하게 적용해야 한다. 사람은 보편적 이론에 의한 정신과 육체, 시민과 도시, 사람과 세상 등의 분리로부터 야기되는 문제들을 해결할 수 없다. 그 대신 사람은 반드시 인생의 불확실함과 불분명함과 절망과 고뇌의 경험을 직면해야 하며, 용기와 확신과 헌신을 가지고 살아야 하며, 그리하여 인간성의 의미가 무엇인지 발견해야 한다(Blackham, 1959, 150).

놀라운 것은 그리스도인들도 실존주의자들과 유사한 주제를 가진다는 점이다. 예를 들면, 둘 다 삶의 경험을 진지하게 받아들이고, 인간 상황의 중요한 본성에 관심을 두며, 선택과 행동을 통한 개인의 참여를 주창한다. 한편 많은 사람들이 신앙의 확신에 대한 실존주의자들의 공격 때문에 불안해졌다고 인정한다. 영적 실재에 관한 실존주의자들의 회의론이 특히 하나님과의 개인적 관계성으로 자신의 신앙을 규정하는 신자들에게 정착되지 않은 문제다. 특히 복음주의자들은 성경의 권위에 대한 도전으로 감정이 상한다. 이와 같은 부정적인 반응들에도 불구하고 실존주의 아이디어는 수많은 이슈들에 대해 비판적인 사고를 하도록 하고, 교육이론과 실천에 중요한 통찰을 준다.

첫째, 전통 철학들의 보편적 적응성에 질문을 던짐으로써 실존주의자들은 기독교교육자들을 자극하여 개인의 문화적 유산과 현대적 상황이 그의 인식론적 가정들과 세계관에 미치는 영향들을 고려하도록 한다. 예를 들면, 논리적 실증주의가 20세기 서양의 교육이론과 실천에 끼친 영향은 엄청나다. 과학적 방법에 관한 사회의 신념은 계속해서 자연, 사회, 행동과학 등에 드러난다(Peterson, 1986, 65). 이와는 대조적으로 실존주의자들은 인지적 활동보다는 주로 신념과 행동을 통해 진리를 알게 된다고 믿는다. 기독교교육자들은 이처럼 다양한 앎에 대한 방법들을 비판적으로 검증하여 성경의 원리들과 현대 세계에 적절한 조화를 이루는 기독교적 해석학을 개발해야 한다.

나아가서 전통적인 사고방식이 보편적인 적응성이 없다는 주장은 인간의 관점과 이해에 오류와 부분성을 참작해야 하는 필요를 상기시킨다. 요점은 성경적 진리 자체의 타당성을 말하는 것이 아니라 그것이 이해되고, 해석되고, 다른 사람들에게 설명되는 방법에 관한 것이다. 이것은 기독교교육자들이 무엇을 어떻게 가르치는가 하는 점에서 겸손하게 하나님을 의존해야 함을 상기시켜준다.

끝으로, 실존주의자들과 그리스도인들은 유사하게 내적 성숙과 성찰과 자아 지식, 윤리적 발달과 결정하기 그리고 용기 있는 행동 등을 위해 노력한다. 실존주의자들은 학습자의 상황에서 시작하고 마치는 교수 방법들을 선호한다. 사람 중심의 접근 방식은 기독교교육에도 유용한 자료이다. 이야기하기, 역할극, 모의실험(simulation), 발견학습법 등은 학생들의 상상력과 의식을 개발시켜주는 몇 가지 좋은 방법들이다. 그러나 이와 같은 방법들은 반드시 다른 방법들과 균형을 이루어 교회와 성경의 광범위한 교육 목적을 달성하도록 해야 한다.

NORMAN G. WILSON

참고문헌 | H. J. Blackham(1959), *Six Existentialist Thinkers*; C. Guignon and D. Pereboom, eds.(1995), *Existentialism: Basic Writings*; G. Kneller(1958), *Existentialism and Education*; P. Monaghan, *The Chronicle of Higher Education* 43, no. 49(1997); M. L. Peterson(1986), *Philosophy of Education: Issues and Options*; M. Westphal "Kierkegaard as Religious Thinker." *Theological Studies*(December 1996), 57(4). Available FTP: Hostname: umi.com

실험주의/실용주의/진보주의 교육(Experimentalism/Pragmatism/Progressive Education).

이 용어들의 미묘한 차이를 구분해 주는 일이 필요하다. '실용주의'는 철학의 한 분파로서 주어진 이슈를 바라보는 이론적인 틀이다. '실험주의'란 이 철학을 적용하는 방법이고, '진보주의 교육'이란 이 철학과 방법을 학교교육에 도입하려는 시도를 지칭한다. 간단하게 진보주의 교육은 형식주의에 대항하는 교육적 운동으로서 19세기 후반 20년 동안 유럽과 미국에서 일어났다. 듀이(John Dewy)의 철학과 연합되었으며, 창의적이고 목적성 있는 학습활동 및 학생들의 실제적인 필요들, 학교와 지역사회간의 친밀한 관계의 중요성을 강조하는 민주주의적 사상에의 헌신을 강조했다.

실용주의(때로 도구주의〈instrumentalism〉, 실험주의, 진보주의로 불린다)는 서양 철학에 미국이 고유하게 공헌한 철학이론이다. 미국인의 사고를 소개한 일은 수학자 피어스(Samuel Sanders Peirce, 1839-1914)의 공헌이 컸다. 그는 1879년 『월간 대중 과학』(*Popular Science Monthly*)에 소론 "우리의 아이디어를 명료하게 하는 방법"(How to Make Our Idea Clear)이라는 소론을 기고했다. 그의 요지는 어떤 개념이나 사상의 '의미'(meaning)는 그것이 흘러나오는 '귀결 혹은 결과'(consequence)에 달려 있다는 것이었다. 어떤 아이디어가 진실이거나 타당할 때 생길 수 있는 차이점에 의해 명료한 개념을 파악할 수 있다. 단언하면, 실용주의는 활동중심이고 결과에 의해 진리가 시험된다.

피어스는 다작하지 않았기 때문에 잘 알려지지는 않은 듯하다. 실용주의를 주창한 학자로 보다 잘 알려진 초기 실용주의자는 제임스(William James, 1842-1910)와 듀이(1859-1952)이다. 피어스는 하버드대학교의 철학·심리학 교수였던 제임스(그의 『종교 체험의 다양성』〈*Varieties of Religious Experiences*〉으로 가장 잘 알려진)의 동료였다. 철학자요 교육이론가였던 듀이는 존스 홉킨스 대학에서 피어스의 제자였고, "20세기에 가장 영향력 있는 미국의 철학자 중의 한 사람"이라는 평을 들어왔다.

미국의 실용주의에 바탕을 둔 진보주의 교육운동은 다음의 몇 가지 일련의 사건들 때문에 인기가 상승했다. (1) 사회 개혁을 위한 국가적 요구(어린이 노동 삭제 등을 포함하는), (2) 인구통계의 변화(주로 도시화, 산업화, 학교인구의 증가 등), (3) 학교의 전통적 교육과정에 대한 불만의 증가, (4) 듀이가 "진보주의 교육의 아버지"라고 부르던 파커(Francis W. Parker, 1837-1902)와 같은 교육 개혁가들의 저술들(Dejnozka, 1982).

진보주의는 미국의 꿈(American dream)이라는 신화를 산업화에 갈등하는 이민의 나라에 확장시키려고 노력한 운동으로 묘사된다. 보이스(Boys, 1989)는 "민주주의적 이상들로 촉진된 인류복지의 추구로 점진주의는 교육을 통해 미국사회를 재건하려는 방법을 계획했다"고 관찰한다(46). 크레민(Cremin, 1961)은 점진주의의 세 가지 동기로서 사회개혁, 교육을 통한 개혁 그리고 교육개혁이라고 요약한다.

차일즈(Childs)는 점진주의 교육의 특성으로서

교육자들의 역할이 "아동 발달의 심리학적 원리들과 민주주의의 도덕적 원리들을 결합하여, 교육의 최고 목표로서 자신의 지속적인 성장에 책임을 지는 인간을 양육하는 것이라는 개념을 개발한다"(1972, 1)라고 규정한다.

간략히 언급하면, 실용주의자는 지식의 과정과 사상을 행동화하는 관계에 주요한 관심을 둔다. 현재 미국의 교육철학은 실용주의 편으로 기울었다.

교육이론과 실천에 제임스와 듀이의 기념비적인 공헌이 실용주의의 두드러진 주제들을 대표하게 될 것이다.

제임스의 견해가 미국적 기질의 실재에 재고되고 있다. 그는 진리란 "작용하는 것"(what works)-매우 개인적인 견해-이라고 정의했다. 그는 개인의 경험이 실재를 결정하는 으뜸이라고 주장했다. 민주주의적 정신과 함께, 사회로부터 가치들이 발원된다고 주장했다.

분명한 것은 개인주의적 경험과 철학으로서 융통성 있는 진리가 많은 사람들에게는 문제가 되는 주제라는 점이다. 예를 들면, 오랜 기간 동안 존중되는 전통이 진리로 인도해 주는 훌륭한 안내자로서의 기능을 중단하게 되면 교육의 목표와 방법에 혼란이 불가피해진다. 실험주의는 삶의 변화하는 상태에 적응하려는 노력을 한다. 진리는 항상 유동적이 된다. 변화하는 문명은 새롭고 역동적인 원리들이나 또는 이전의 원리들을 재해석할 필요를 낳게 된다. 실험주의는 절대적 진리의 존재를 부정하고 그 대신 상대적인 진리 또는 "점진적 진리"를 그 자리에 놓는다. 진리는 오직 그것이 경험이라는 시험을 통과해야만 수용되고, 그러므로 진리의 초자연적인 근거라는 것은 이치에 맞지 않는다.

제임스의 요점은 듀이의 급진적 교육 개혁의 요구에 대한 실질적 결과였다. 듀이는 반복해서 이른바 "지식방관자 이론"(플라톤의, 동굴 속에 갇힌 죄수가 사물의 그림자를 실재가 아니라는 인식 없이 수동적으로 관찰하는 이미지)을 공격했다. 그는 "학교의 학생들은 이론의 방관자로서 습득한 지식을 습관적으로 존중하고, 직접적인 지성의 힘으로 얻은 적절한 지식은 불편하게 생각한다. '학생'이라는 말 자체가 견실한 경험을 갖는 일에 참여하는 것이 아니라 지식을 그대로 흡수하는 의미가 되어버렸다"고 썼다(1916, 164).

듀이는 전통적 방식의 교육이 더 나은 삶을 위한 갈등으로부터 소외되어 있고 중세기적 학습 개념으로 지배되고 있다는 점을 비판했다. 그 대신 학습을 위해 소외된 장소가 아니라 활동적인 공동체 생활을 위한 실제적 장이 되어야 한다고 주장했다. 학교는 학생들에게 민주주의적 필요를 진행하는 과정을 가르치는 사회 교육의 장이 되어야 한다. 듀이는 수많은 어린이들을 수동적이고 기계적이며 단일한 교육과정과 방법의 학교를 변화시켜 활동성과 그룹 중심의 수업 참여 그리고 학생의 필요를 수용하는 대안적인 학교 형식을 고안하는 일에 열심을 내었다(Boys, 1989).

교육적 저술을 통해 듀이는 이전의 개념적 틀이 가진 이중성을 비판했다. 실로 그의 역작들의 제목을 보면 그가 제거하기를 바라는 이중성들을 짐작할 수 있다. 『어린이와 교육과정』(The Child and the Curriculum), 『교육에 대한 흥미와 노력』(Interest and Effort in Education), 『경험과 교육』(Experience and Education) 등. 그는 「민주주의와 교육」(Democracy and Education, 1916)에서, 광범위한 주제로 36여 개의 이중성을 다루었다 — 활동 대 정신, 권위 대 자유, 육체 대 영혼, 자본 대 노동, 감성 대 지성, 개인성 대 제도주의, 방법 대 주제 등. 그는 이와 같은 이중성들이 통합되어야만 한다고 논쟁했다.

존 듀이는 실용주의의 특성을 보여주는 몇 가지 중요한 요점을 학문적 경향이 조금 덜한 「경험과 교육」(Experience and Education)이란 논문을 통해 비전문적 일반인 독자들이 최대한 이해가능하도록 쉽게 묘사하였다. 그 요점은 성장(Growth), 민주주의(Democracy), 행동주의(Activism)이다. 성장이란 교육의 보편적 기준이고, 민주주의는 그와 같은 성장의 문화적 상황이며, 적극적 행동주의는 성장을 이루는 수단이다.

1. 성장(Growth). 인간이 삶을 대면함에 따라 방해물(문제들이나 도전들과 같은)이 생긴다. 사람들

이 문제해결을 위해 합리적 능력을 사용할 때 성장이 이루어진다. 듀이가 제안한 성장의 최고 수단은 '과학적 방법'(scientific method), 또는 '프로젝트 방식'(project method)이다. 듀이가 시카고대학에 세운 유명한 실험실 학교(Laboratory School)에서 사용했던 다섯 단계 과정은 다음과 같다. (1) 문제를 대면하기, (2) 상황을 진단하기, (3) 가능한 해결책들을 수집하기, (4) 합리적인 해결책 가설하기, (5) 실천을 통해 그 해결책을 시험하기.

듀이는 이와 같은 성장의 열쇠들을 다음과 같이 설명한다. 첫째, 경험이란 개인과 환경 사이의 '상호작용'(interaction)이다. 둘째, 경험은 뒤에 오는 경험의 성격을 조절하는 '습관'(habits)을 만들어낸다. 그러므로 경험은 '지속적' 이다. 셋째, 모든 습관들이 성장의 표시는 아니지만, 개인이 경험으로부터 '어떤 종류의 습관'을 보증할 때 성장한다고 말할 수 있다. 넷째, 이와 같은 습관들이 개인의 환경으로부터 오는 문제들을 규명하고 극복할 수 있도록 하고, 첨가된 습관들이 또 다른 문제들이 생길 때 그것을 이해하고 극복할 수 있도록 한다. 다섯째, 그러므로 학교의 사명은 각 학생들의 성장을 촉진시킬 수 있는 경험들을 제고해 주는 것이다. 학교들이 구체적으로 해야 할 일들은 (1) 학생들이 가진, 또는 가질 법한 문제들이 무엇인지 아는 것과 (2) 그와 같은 문제들을 명백히 밝히고 극복하는 데 유용한 습관들을 알며, (3) 그와 같은 습관을 키워줄 경험의 종류들이 무엇인지 알아야 한다.

2. 민주주의(Democracy). 듀이는 종교적인 가정에서 성장했음에도 불구하고 초자연(supernatural)이란 원시성의 잔재라는 신념을 가진 자연주의 철학을 개발했다. 결과적으로 초자연주의는 엘리트의 권위주의적 규칙을 너무 자주 합리화하기 때문에 민주주의와 비교되지 못한다(Boys, 1989). 듀이는 종교가 진정한 교육을 침해했다고 논쟁했다. 종교를 절대화하게 되면 사람들은 실험적으로 진리를 발견하기 위해 위험을 무릅쓰기보다는 고정된 교리 안에 안전하게 정착하려 한다.

제퍼슨(Thomas Jefferson)에게 영향 받은 듀이는 미국 국가주의 - 민주주의 - 를 교육의 영역에 옮겼다는 보증을 받았다. 그는 교실이 민주주의의 축소판이 되어야 한다고 주장했다. 교사들이 더 존중받기보다는 교육 과정에서 학생들과 동등하게 참여한다. 지식은 학생들에게 억지로 주입되는 것이 아니라 교사의 안내로 연구하도록 한다. 의미 깊은 학습은 외부적 자원으로부터 강요되지 않고 내면으로부터 양육된다. 성장은 민주주의적 문맥에서 추진된다. 보이스는(1989) "실용주의자들이 초월성을 거부하고 내재성을 확고히 하면서 그들은 인간 존엄의 보편적 자원을, 민주주의 사회에서 인간성의 하락된 내면적 가치로 대신했다"고 결론을 내렸다 (69-70).

3. 행동주의(Activism). 적극적 행동주의는 실용주의의 본질이다. 학습자의 수동성과는 대조적으로, 경험과 교육이 동등하지는 않지만(나쁜 경험과 교육의 오류도 분명히 있고) 경험이 없이는 교육이 일어나지 않는다. 듀이는 경험이 교육의 목표이며 수단이라고 썼다. 경험 그 자체가 단순히 발달적이라서 중시되는 것이 아니라 연구에 수행하는 고유한 기능 때문에 중요하다.

듀이의 이론에 회의적인 사람들은 전통적 지식은 사람들을 문화 속에서만 교육한다는 실용주의자들의 주장에 대해 논박한다. 실용주의자들은 자유를 강조하는 일도 창의성을 강조하는 것도 전통주의를 폐기하지는 않는다고 대응한다. 과거의 문화는 실로 결과 자체로서가 아니라 현대 문제들의 일부를 해결하는 도구가 되기 때문에 교육과정 안으로 들어가 버린다. 더구나 교육의 목표가 이러한 문제들로부터 야기되는 것이다. 리블린(Rivlin)은 "일반적으로 교육에는 목적이 없다. 실용적으로, 교사와 부모와 학생들만이 목적이 있다. 교육적 목표는 교육적 과정 밖에서는 아무것도 아니다. 사실, 교육은 더 많은 교육 이외에는 그 무엇에도 속하지 않는다"고 말한다(1943, 598).

실용주의는 얼룩진 역사가 있고 한 때 그것은 미국 교육제도에 심각한 흠집을 내었다는 비난을 받는다. 그 흠집은 구 소련이 스푸트니크(Sputnik) 인공위성을 발사했을 때 큰 논쟁거리가 되었다.

진보주의 교육운동을 강화시키고 확장시킨 데에

는 세 가지 사건들이 있었다. (1) 1919년 진보주의 교육협회(Progressive Education Association)의 설립과, (2) 그 협회가 주도한 8년 연구(Eight-Year Study) 프로젝트가 점진주의 교육을 받은 청소년들을 통해 성공적인 결과를 지적했을 때, (3) 킬패트릭(William Heard Killpatrick)과 보우드(Boyd H. Bode)와 같은 "이 세대" 실험주의자들이 나왔을 때이다.

듀이의 무신론적 경향에도 불구하고 그는 1903년 종교교육협회(Religious Education Association, REA)의 구성에 주요 역할을 했다. 오래가지는 않았지만 주로 저술을 통해 그는 종교교육협회(REA) 뿐만 아니라 사실상 종교교육을 하려는 모든 사람들에게 큰 영향력을 주었다.

보이스는 종교교육의 정수가 20세기 초기의 30년 이후 지속적으로 고전적 자유신학과 점진주의 교육사상이 연합한 것이라고 설명한다. "자유신학은 19세기 말과 20세기 초기의 과학적 정신과 전통 기독교와의 화해라고 간단하게 묘사할 수 있다. 과학의 조명 아래 기독교를 다시 생각하고…자유주의는 다양한 견해들을 인내심을 가지고 보며 종교적 다원주의의 상황을 수용했다"(1989, 45).

자유주의 종교교육자들이 성경과 전통적 형식의 예배를 거부하지는 않았지만 그것들이 중요한 역할을 하지는 못했다. 그들은 성경이 사람들을 현실로부터 멀어지게 할 것이라고 두려워하여 성경을 지나치게 강조하는 일에 동의하지 않았고, 진정한 예배란 삶을 객관적으로 바라보는 것이라고 했다.

진보주의 종교교육자들은 신학에 대한 열정을 거의 가지고 있지 않았다. 오히려 심리학과 사회학을 포함하여 교육학에 더 몰두했다. 보이스는 "개종이란 권위적인 하나님과 수동적인 인간성에 바탕을 두기 때문에 이와 같은 이론가들에게 개종은 신과 인간의 관계에 양립할 수 없는 것이다…성장을 핵심으로서 개종의 자리에 대신하며…죄와 죄책이라는 말들은 거의 사용하지 않는다…개종이란 실험적 연구 과제가 되었다"고 설명한다(1989, 57).

당시 유행하던 신학적 어법으로 자유주의 종교교육은 니버(Niebuhr)의 "문화 속의 그리스도" (Christ of culture), 즉 자기 의존적인 인문주의와 문화적 기독교의 연합을 구체화했다. 교육이 구원과 동등했다.

보다 보수적인 기독교교육자들은 진보주의자들을 비평할 수 있는 중요한 신학적 바탕을 가질 뿐만 아니라 그들의 전반적인 교육 위상에 대해서도 의문을 품었다. 그들은 하나님의 계시적 말씀을 존중히 여기는 관점으로 '이야기식 가르침'(teaching as telling)의 견해를 제안했다. 실험과 발견은 너무 두서가 없고, 너무 종횡무진하며, 잘못 설명되었고, 일관적으로 수용하기에는 너무 위험하다고 설명했다.

강겔(Gangel)과 벤슨(Benson, 1983)을 포함한 복음주의자들은 "듀이의 (유혹적인) 교육이론과 그의 (자연주의)철학을 구분하는 일이 정당한가?"라는 의문을 던진다. 그들은 철학으로서의 실용주의는 복음주의 교육자들에 결코 수용할 수 없다고 결론지었다. 기독교교육의 실천에는 논란의 여지가 없다. 클락(Clark)은 "(실용주의는) 세속주의와 과학 숭배와 인간의 내재적인 선함, 절대적이고 고정적인 진리의 거부, 개인과 사회 밖에서는 진정한 교육의 목표가 존재하지 않는다는 점들을 강조한다"고 논박한다.

요약하면, 기독교교육에 실용주의적 유산은 (1) "행함을 통한 학습"(learning by doing)이라는 새로운 열정으로 위험에 빠진 아는 것과 행하는 것 사이의 상관성에 대한 주장, (2) 신조 중심(creed-centered)의 교육과정을 대체한 아동중심(child-centered)의 교육과정의 명확함 표현, (3) 개종보다는 전인간과 형성(formation)을 강조하는 진보주의 경향 등이다(Gangel and Benson, 1983, 303).

현대 복음주의 기독교교육의 철학과 실천에 실용주의의 영향은 명약관화하다. 그러나 1950년대 중반부터 특히 신정통주의 신학의 영향으로 새로운 방향이 나타났다. 교회는 보다 깊은 성경적, 신학적 바탕을 재확인했다. 예수 그리스도 안에 나타난 진리는 터득되고 시험된 "진리"라는 면에서 규범적이다. 기독교교육의 출발점은 일반적인 경험이 아니라, 학습자가 그리스도 안에서 하나님의 계시를 구

심리학

체적으로 경험하는 것이다. 이 말은 실용주의가 기독교교육에서 철폐되었다는 뜻이 아니라 보다 성경적인 방향으로 인도되었다는 뜻이다.

MARK A. LAMPORT

참고문헌 | M. C. Boys(1989), *Educating in Faith: Maps and Visions*; J. L. Childs(1931), *Education and the Philosophy of Experimentalism*; L. A. Cremin(1961), *The Transformation of the School: Progressivism in American Education, 1876-1957*; E. L. Dejnozka and D. E. Kapel, eds.(1982), *American Educators' Encyclopedia*, pp. 407, 416; J. Dewey(1916), *Democracy and Education*; idem(1938), *Experience and Education*; K. O. Gangel and W. S. Benson(1983), *Christian Education: Its History and Philosophy*; W. D. Halsey, ed.(1989), *Collier's Encyclopedia*, 8:576-78; T. Husen and T. N. Postlethwaite, eds.(1985), *The International Encyclopedia of Education*, 7:3859-77; W. James(1907), *Pragmatism*; G. R. Knight(1982), *Issues and Alternatives in Educational Philosophy*; J. B. MacDonald(1972), *A New Look at Progressive Education*(1972 Yearbook); H. N. Rivlin, ed.(1943), *Encyclopedia of Modern Education*, pp. 579-99, 612-14; J. E. Smith(1978), *Purpose and Thought: The Meaning of Pragmatism*; G. M. Wingo(1965), *The Philosophy of America Education*; J. P. Wynne(1963), *Theories of Education: An Introduction to the Foundations of Education*; A. Zilversmit(1993), *Changing Schools: Progressive Education Theory and Practice, 1930-1960*.

참조 | 듀이, 존 (DEWEY, JOHN); 제임스, 윌리엄(JAMES, WILLIAM)

심리학(Psychology). 퇴행(Regression)을 보라.

심포지움(Symposium). 패널 토의(Panel Discussion)를 보라.

십대사역(Youth Ministry). 청소년 사역을 보라

십대 성경공부(Bible Teaching for Youth). 청소년 성경공부(Bible Teaching for Youth)를 보라.

십대와 선교(Youth and Missions). 청소년과 선교(Youth and Missions)를 보라.

십대의 사회화(Socialization of Youth). 청소년의 사회화를 보라.

십대의 성(Sexuality, Adolescent). 청소년의 성(Sexuality, Addescent)을 보라.

십대의 자살(Suicide, Youth). 청소년의 자살을 보라.

십대 전도(Evangelism, Youth). 청소년 전도(Evangelism, Youth)를 보라.

십대초기(Early Adolescence). 청소년기-초기(Early Adolescence)를 보라.

12단계 그룹(Twelve-Step Group). 알코올 중독자의 성인 자녀(Adult Children of Alcoholics); 회복(Recovery); 회복사역(Recovery Ministry)을 보라.

12단계 프로그램(Twelve-Step Program). 어떤 행동들은 사람들의 의지를 강하게 통제함으로써 절망으로 이끌어 가게 된다. 심지어 신실한 기독교인들조차도 알코올중독, 약물중독, 도박, 성적집착 등과 같은 행동이 그들을 붙잡고 있어 헤어나기 어려운 경우가 있다.

1930년대에 성공회 목사인 샘 슈메이커(Sam Shoemaker)는 더 강한 존재에 의존함으로써 알코

올 중독된 사람들이 그 중독에서 벗어나는 데 도움을 주고자 하는 영감하에, 알코올 중독자들을 위한 "알코올 중독 예방회"(Alcoholic Anonymous, AA) 그룹을 설립하였다. 오늘날 알코올 중동 예방(AA)은 널리 퍼져 있으며 비종파적이고 신학 지향적인 회복프로그램으로 회개, 잘못된 행동에 대한 자백, 타인들의 격려, 회복, 동정, 봉사 등의 성경적 원리 위에 세워진다. 비슷한 형태의 12단계 프로그램이 성 중독이나 도박에 중독된 사람들을 위해서도 세워졌다. 관련기관으로서 알코올 중독자를 둔 가족들을 위한 "알코올 중독자 구제회"(Alanon)이라는 그룹은 중독자들과 같이 살고 있는 가족을 후원한다.

12단계 프로그램의 기초는 중독자들로만 이루어진 만남, 전화 대화, 조언자들과 같은 상호적인 관계에 두고 있다. 이 프로그램은 같은 중독자들이 중독에서 벗어나려는 동료들을 서로 지지함으로써 진정한 수용을 경험하며, 서로 사랑하고 사랑받는 분위기에서 그들을 중독으로 이끄는 주요 문제점에 대해서 나눈다. 사람들은 서로 익명으로 12단계 회복프로그램에 참여한다.

더 높은 분의 존재를 가깝게 인식하면서 개인적으로든지 그룹적이든지 사람들은 기도에 참여하며, 명상하며, 매일의 삶에서 그들을 중독에서 벗어나게 하는 데, 절대적인 하나님의 필요성에 대해 확인해 나간다. 중독자들은 그들의 중독으로 인해 상처받은 주위 사람들에게 어떠한 형태로든 보상의 기회를 가질 수 있도록 격려받는다.

많은 중독자들이 하나님을 의지하여 영적인 능력을 경험하고 중독으로부터 벗어나는 데 도움을 받았다. 그들은 겸손하게 동료들이 서로 돌보아 주고 보살펴 주듯이 하나님이 그들을 돌보고 보살핀다는 것을 알고 회복의 단계로 점점 더 나아간다. 많은 사람들에게 이 프로그램은 인생을 전환시키는 경험이 되었다.

DANIEL C. JESSEN

Evangelical Dictionary *of*
Christian Education

EVANGELICAL DICTIONARY of CHRISTIAN EDUCATION

아가페(Agape). 사랑(Love)을 보라.

아동기/중기(Middle Childhood). 초기 아동기와 청소년기 시작 사이의 성장 시기이다. 비록 그 경계가 유동적이나 그 범위는 보통 6세에서 11세까지이며 이는 1학년부터 5학년까지에 해당된다. 때때로 그것은 초등학교 기간으로 불린다(어떤 저자들은 중기 아동기를 열 살까지로 제한하고 청소년기 이전에 끼여 있는 시기를 첨가하여 후기 아동기 혹은 전청소년기라 부른다).

1. 육체적, 인지적 변화(Physical and Cognitive Change). 이 기간의 육체적 성장은 보통 일정하고 지속적이나, 때로는 초기 청소년기의 급속한 육체적 변화 이전의 잠재적인 기간으로 묘사된다. 아이들은 매년 평균 2-3인치씩 자란다. 다리가 길어지고 몸통은 더 가늘어진다. 그들은 매년 5-7파운드씩 체중이 늘어나는데 주로 근육과 골격의 구조가 커지기 때문이다. 이 기간 동안 그들의 체력은 두 배로 늘어난다. 이 기간 동안 점점 급격한 육체적 변화가 일어나는데, 특히 소녀들의 경우 더 현저하다.

운동의 기술은 초기 아동기보다 더욱 조화를 이루게 된다. 만약 어린이들이 신체적인 연약함을 가지지 않고 동시에 훈련의 기회를 가진다면 그들은 등산, 줄넘기, 수영, 자전거타기 및 스케이트 등 대부분의 기술들에 정통할 수 있다.

이 나이의 어린이들은 활동적일 필요가 있다. 오랜 시간을 앉아 있는 것이 근육활동을 가혹하게 하는 것보다 더욱 피로하게 만든다.

중기 아동기는 대부분의 어린이들이 학업의 성취를 위해 필요한 근본적인 기술들을 터득하는 시기이다. 비록 어린이들이 다른 방식으로 자신의 능력에 대한 인식을 할 수 있지만, 학업의 기술들 혹은 그것의 결여는 그들의 자존감에 깊은 영향을 끼친다. 피아제(Piaget)는 이것을 구체적 조작기(the Concrete Operational period)로 묘사했는데 이는 정신적 활동이 초기 아동기에는 육체적으로 행했던 것을 이제는 정신적으로 하도록 허용한다는 것이다. 이와 함께 정신적 능력과 기억력이 예민해진다. 어린이들은 정보를 얻고 처리하는 방법에 있어 차이가 있다. 하버드대 심리학자인 하워드 가드너(Howard Gardner, 1983)는 지력을 일곱 가지의 다른 종류로 구분할 수 있다고 주장한다. (1) 언어적, 말의 사용, (2) 음악적, 리듬과 음의 고저, (3) 논리적-수학적, 상징의 사용, (4) 공간적, 모양과 색깔 및 다른 예술적 관심사를 다루는 능력, (5) 신체적-근육감각적, 크고 작은 근육의 사용, (6) 개인적 자기 이해와 통찰, (7) 사회적, 효과적으로 상호작용하는 능력. 가드너는 모든 어린이들은 이러한 지력 중에서 적어도 하나를, 많은 어린이들이 하나 이상을 가지고 있다고 믿는다. 교사들은 어린이들이 자신이 가진 지력의 종류에 근거해 각각 다르게 학업에 접근하기를 좋아한다는 점을 잘 인식해야만 한다.

2. 사회적, 정서적 경향(Social and Emotional Climate). 중기 아동기는 어린이들의 사회적 지평이 가족 밖으로 넓어지는 시기이다. 가족은 아이들에게 주요한 사회적 중심지로 남아 있다. 그러나 교사들과 또래들도 그들의 사회구조에서 꽤 중요하게 되며 자기 이해와 자존감에 도움을 준다. 또래들에게 인기가 없는 어린이들은 종종 파괴적이고 공격적이 되어 일탈행동에 노출되기 쉽다.

어린이들의 우정은 중요하다. 그것은 동료의식 고무, 육체적 지원, 자아지지, 사회적 비교 및 친밀성/애정 등을 제공한다. 우정은 원래 7세까지는 일시적이다. 그러나 이러한 관계성이 이 시기의 뒷부분에서는 지속적인 것이 된다.

에릭슨(Erikson)은 중기 아동기의 심리적 과업을 근면 대 열등으로 묘사한다. 어린이들은 그들의 개인적인 능력을 평가하는 학업의 성공과 사회적 재능을 중요하게 생각한다. 그들은 또한 일이 진행되는 방식에도 관심이 많다. 조사하는 일에 고무되어 문제해결 방법을 배우고 세계가 어떻게 작용하는지를 발견한다. 이것 역시 그들의 자신감을 형성하는 데 기여한다. 이런 요소들을 긍정적으로 평가하는 아이들은 소위 말하는 좋은 자존감을 갖게 되며, 자신들에 대한 긍정적 평가를 내리기 불가능한 아이들은 자신을 열등한 존재로 간주한다.

3. 윤리적, 영적 변화(Moral and Spiritual Change). 윤리적으로 이 나이의 어린이들은 콜버그(Kohlberg)가 정의한 대로 관습적인 단계에 있다. 그들은 어떤 내적 기준에 따라 살지만 그것은 부모나 교사 같은 다른 이들의 기준이다. 그들은 자주 자기 부모의 윤리적 기준을 채택한다.

신앙 용어로 보면, 어린이들은 보통 파울러(Fowler)가 명명한 신화적(mythic)-문자적(literal) 단계에 있다. 이것은 그들이 꾸밈으로부터 사실을 분리해 내기에 열심이라는 것을 의미한다. 그들은 자기 자신의 삶의 파악된 의미로부터 이야기를 지어낼 수도 있다. 그들은 개인들과 공동체들의 이야기를 좋아한다. 그들의 하나님 개념은 순전히 신인동형론적인 이해로부터 그의 속성들에 대한 초보적인 이해로 나아간다. 그들은 여전히 가족이나 교회 같은 사회조직을 통해 하나님과 의사소통을 한다. 그들은 죄가 하나님을 기쁘게 하는 삶에서 그들을 분리시키는 것으로 이해하게 된다. 그러나 그들은 자주 은혜를 이해하기에 어려움을 느낀다. 주로 그들은 상호주의적인 법과 내재적인 정의라는 사고에 매여 있으면서 하나님을 똑같은 관점에서 보고 있기 때문이다. 어린이들은 스스로 그들의 신앙 공동체에 속했음을 상징하는 이야기들, 신념들, 준수함 등을 획득하게 된다.

4. 중기 아동기의 기독교교육(Christian Education in Middle Childhood). 이 나이의 어린이를 위한 기독교교육을 조직하는 사람들은 1년 혹은 2년의 기간 동안에 넓은 범위의 능력들이 나타난다는 사실을 기억해야만 한다. 학교에서의 학년 단위로 반 그룹이 친밀하게 형성되는 것이 이상적이다. 그러나 교회의 크기에 따라 여러 학년들을 포함하는 반 그룹이 허용되기도 한다. 그런 경우에는 가능한 한 동질적인 그룹을 형성하도록 계획해야 한다. 반 그룹은 한 교사당 어린이 6-8명의 비율일 때 가장 생산적이다.

중기 아동기의 교사들은 학생들의 학습 유형이 다양하다는 것을 인식하고, 각 학생들의 학습이 성공적이 되도록 다양한 활동을 제공해 주어야 한다. 그들은 또한 자신과 어린이들 간의 관계성이 신앙을 가르치는 방법으로서 중요하다는 사실을 인식해야 한다. 어린이들은 신앙의 교훈들을 세대 간의 관계성을 통해서 학습한다. 그들은 자신들보다 나이 많은 이들의 신앙과 행동을 모방한다. 기독교교육 프로그램의 관리자는 어린이들이 신앙을 가장 잘 배우기 위해 학년 간 및 세대 간의 경험을 조합하는 계획을 세우는 것이 필요하다.

ELEANOR A. DANIEL

참고문헌 | J. Fowler(1981), *Stages of Faith*; H. Gardner(1983), *Frames of Mind*; L. O. Richards(1983), *Children's Ministry*; J. Santrock(1995), *Life-Span Development*.

아동기/후기(Late Childhood). 일반적으로 6세에서 12세까지의 연령에 해당되며, 초기 청소년기 바로 전에 오는 초등학교 기간을 말한다. 이 분야의 권위자들 중에 어떤 이들은 그 초점을 9세에서 12세로 좁혀 잡기도 한다. 후기 아동기의 발달 과업은 친구 사귀기, 협력(team play), 학습 기술들, 자기 유효성 그리고 자기 평가를 포함한다.

친구들은 문제 해결을 용이하게 해주고 아동들로 하여금 우정 어린 경쟁을 통하여 새로운 성취 단계로 나아가도록 북돋아줄 또래 관계를 제공한다. 아동들은 자신과 다른 인지력을 지닌 또래들과 함께 놀고 상호작용을 하면서 다른 관점으로 세상 보는 법을 배운다. 그들은 타협의 중요성을 배우며 우정관계를 유지하기 위해 대개 규칙들을 바꾸거나 수정할 것이다. 또래 승인의 문제는 후기 아동기의 두드러진 요소이며, 우정관계를 유지하기 위해 많은 아동들이 기꺼이 부정행위, 훔치기 그리고 불법 침입 행위와 같은 반사회적 행위들에 참여하려고 한다. 제대로 관계를 맺지 못하는 아동들은 거부감과 외로움을 겪을지도 모른다. 그들은 파괴적이 되거나, 소극적이 되거나, 또는 그들의 친구들에게 공격적이 되는 등의 행동을 나타낼지도 모른다. 기독교교육은 안전한 환경에서 건강한 우정관계를 형성하는 것을 고무하는 사역들을 발전시킴으로써 부정적인 경험들을 최소화할 수 있다.

개인적 성공에 더하여, 아동들은 스포츠와 같은 경기를 통한 팀의 성공을 즐긴다. 팀의 일원으로서 이기거나 질 가능성이 있으며, 아동들은 자신들의 행위가 전체 그룹이나 팀의 성공이나 실패의 원인이 된다는 것을 배우게 된다. 이런 개념들은 사역에 고유한 것이며, 기독교 운동경기 그룹들은 협력과 팀워크를 가르칠 수 있는 탁월한 가르침의 수단들이다. 아동들은 역할 분담을 통해 비록 자신들의 위치가 팀의 동료 회원들의 위치와 다른 특별한 기능을 한다 하더라도 팀에서의 각각의 위치는 중요하다는 것을 배우게 된다. 팀 내에서 더 나은 위치를 얻으려는 경쟁과 더불어, 그들은 팀플레이를 통해 방책들을 함께 나누고, 다른 회원들을 도와주면서 협력하는 것을 배운다. 개인의 목표들을 팀의 목표 아래에 두는 것, 임무 분담의 원리, 경쟁의 가치 그리고 심지어 지는 법을 배우는 것조차도 이 발달 단계와 관계가 있는 중요한 교훈들이다.

기술발달(skill development)은 후기 아동기 때 매우 중요하다. 예를 들면, 읽기와 같은 하나의 기술을 배우는 것은 아동들로 하여금 새로운 정보에 접근하고 언어를 다르게 사용하고, 새로운 사고 형태들을 발전시킬 수 있게 해준다. 아마도 후기 아동기 발달 기간 동안에 배우게 되는 가장 중요한 기술인 읽기는 교회의 개인 지도(tutoring) 프로그램을 통하여 촉진될 수 있을 것이다. 관련된 부모들은 올바른 공부 습관들과 적절한 교실 행동을 촉진시켜 주므로, 읽기 기술의 발달을 돕는 데 절대적으로 중요하다. 부모들에게 자녀들의 성적표를 집으로 가져오도록 요청하고 매년 자녀의 학교를 방문하는 동기를 제공함으로써 부모들로 하여금 기독교교육에 참여하게 할 수 있다. 또한 교사의 기대는 학생의 성취에 영향을 준다. 교회들은 교사들을 자극하고 북돋우기 위해 고안된, "교사들을 양육하는 교사들"(Teachers Nurturing Teachers) 사역과 같은 소그룹들을 만듦으로써 교사들을 도울 수 있다.

기술을 확립하는 것에 더하여, 아동들은 자기 평가에 초점을 맞춘다. 그들은 자기 자신들을 보는 법을 형성시켜 주는 부모들, 교사들 그리고 또래들로부터 메시지를 받아들인다. 자신들이 협동적이고 지적이며 창조적이란 말을 듣는 아동들은 대개 자기 자신들을 평가할 때 그런 표현들을 사용한다. 과업들을 잘 성취할 수 있다는 확신으로서의 대담성이나 자기 유효성(self-efficacy)은 이 평가로부터 비롯된다. 밴두라(Albert Bandura, 1982)에 따르면, 자기 유효성에 기여하는 네 가지의 정보 출처들이 있다. 만일 과업들이 과거에 성공적으로 완료되었다면, 이 '활동의 성취들'(enactive attainments)은 또한 자기 유효성의 수단이 된다. 예를 들면, 테니스 치는 법을 배우는 것과 같은 하나의 과업을 배우는 과정에서 초기에 실패하게 되면, 아동은 그 과업을 계속 진행해 가는 것을 그만둘 수도 있다. '대리 경험들'(vicarious experiences) 또한 자기 유효성의 한 수단이다. 만일 아동들이 다른 아동들이 하나의 과업을 성공적으로 성취하거나, 성취하지 못하고 실패하는 것을 본다면, (그 경험을 통해) 그 과업에서의 성공 또는 실패에 관한 그들 자신의 인지력을 형성하게 된다. '구두에 의한 설득'(verbal persuasion)을 통해 아동들로 하여금 자신들을 믿도록 격려할 수 있는데, 자기 자신에 대한 믿음은 그들이 새로운 과업들을 가지고 실험을 하는 것을 보다 쉽게 해줄 수 있다. 그러나 이것은 그 새로운 과업의 성공 여부에 대한 불안 혹은 기대의 정도에 근거한 '생리적인' 판단들(physiological judgments)에 달려 있다. 지나치게 긴장하는 아동들은 자신들이 성공할 것이라고 생각하지 않을지도 모른다. 자극과 흥미는 긍정적 자기 유효성에 더 나은 균형을 제공해 준다.

'메타인지'(metacognition)는 아동들이 어떻게 알게 되고 어떻게 배우게 되는가에 대한 피아제의 개념이다. 새로운 기술들을 배우고, 정보를 다시 생각해 내고 구성하며 훈련에 참여하는 능력은 인지적 과업들이다. 의심은 최소화되고 앎의 느낌은 촉진될 수 있도록 아동들을 가르치고 격려하는 효과적인 전략들은 자기 유효성을 증대시킨다. 후기 아동기 동안, 아동들은 구체적인 조작들에 참여하게 된다. 보존(conservation), 분류 그리고 조합 기술들(combinatorial skills)은 아동들로 하여금 논리를 발달시키고, 그들의 물리적 세계를 관리하도록 돕는다. 문제 해결을 통해 아동들은 원리들을 일반화하게 되며, 그러한 일반화를 또래 관계, 기술 획득, 팀플레이 그리고 자기 평가에 적용하게 된다.

에릭슨(Erickson)은 후기 아동기 기간 동안의 심리사회적 위기를 "근면성 대 열등감"으로 정의한다. 아동들은 기술들을 습득하고 의미 있는 일을 수행하는 데 그들의 성공을 평가하며 그것을 사회 공동체에 충분하게 기여할 자신들의 능력과 결부시킨다. 성적, 칭찬 그리고 특전과 같은 외적인 보상들은 자신감과 독립심을 길러주며 기술 발달을 진척시켜준다. 열등감 혹은 무가치하다는 느낌은 사회적 환경에서 뿐만 아니라 자아로부터 비롯되기도 한다. 아동들을 다른 아동들과 비교하거나 자신들의 동기부여나 능력을 비판하는 부모들이나 교사들은 아동들의 패배의식과 비관적 태도를 형성시키는 원인이 된다. 대부분의 아동들이 근면성 대 열등감의 심리-사회적 위기를 성공적으로 해결하느냐 못하느냐의 문제는 학교 환경에서의 성공 또는 실패에 달려 있다.

긍정적인 정체성 형성에 기여하는 기타 요인들로는 하나님과의 건강한 관계를 발전시키는 것, 부모로부터의 무조건적인 사랑을 발전시키는 것, 자신의 인종적 정체성에 관한 좋은 느낌을 발전시키는 것 그리고 예비 대학 계획들 또는 직업의 목적들을 면밀히 생각하는 것 등이 있다. 자존감에 가장 크게 기여하는 것은 하나님과의 건강한 관계이기 때문에 교회에 바탕을 둔 기독교교육 프로그램은 그들의 발달적 필요들과 일치하는 방식으로 아동들을 보살펴야 한다. 즐거운 시간을 갖는 것, 견학여행을 하는 것, 게임이나 스포츠에 참여하는 것 그리고 후기 아동기에 속하는 아동들의 음악적 관심을 중요하게 다루는 것(addressing)은 매우 중요하다. 활동들은 학생들의 자유 시간—방과 후나 주말—과 관계가 있어야 하지만 이것은 또한 좋은 역할 모델들인 헌신된 일꾼들을 필요로 한다.

LAVERNE A. TOLBERT

참고문헌 | J. Dobson(1978, 1989), *Preparing for Adolescence*; B. M. Newman and P. R. Newman(1991), *Development Through Life: A Psychological Approach*; L. Tolbert(1999), *Teaching for Heaven's Sake*.

참조 | 청소년기-초기(EARLY ADOLESCENCE); 에릭슨, 에릭 홈버거(ERICKSON, ERIK HOMBURGER); 메타인지(METACOGNITION); 피아제, 장(PIAGET, JEAN)

아동 돌보기(Child Care). 탁아보호(Day Care)를 보라.

아동 돌보기 센터(Child Care Centers). 탁아소(Day Care Centers)를 보라.

아동발달(Child Development).

1. 개론(introduction). 아동 발달론은 발달심리학 분야 중 특수 분야에 관한 연구이다. 아동기를 성인기로 향하는 도로상의 융기 이상이라고 보는 관점이 나타난 것은 불과 몇 세기 되지 않았다. 1800년대 이전에는 어린이들의 성장은 성인들의 책임이라는 가정 하에 하나님의 선물이라기보다는 종종 부담으로 간주되었다.

오늘날에도 아동기는 여전히 위험스럽다. 장기간의 연구들은 어린이에게 미치는 이혼의 영향을 보여준다. 과거와 마찬가지로 학대와 혹사는 여전히 어린이들을 병들게 한다. 성을 혼란시키는 메시지들과 성장해야 한다는 압박감들이 어린이를 어린이답게 만들지 못한다. 어린 나이에 이미 스트레스와 관련된 신체적, 정서적 표징들이 나타나고 있다.

이와 같은 환경과 역사를 통해 기독교는 어린이 옹호 운동을 지속적으로 지지해 왔다. 예수님은 당대에 어린이에 대한 가치와 인식에서 독특하셨다. 어린이 양육과 연구에 대한 재헌신과 어린이 보호는 강력한 사회와 교회 건설에 필수적인 일이다.

아동기 발달의 각 단계의 특징들을 아래에 요약해 놓았다. 아동기 발달과 유형에는 광범위한 상이점이 있다는 점을 상기해야 한다. 발달이란 유전과 환경의 영향 아래 있으므로 한 아동의 발달 특성은 다른 아동과 매우 다를 수 있다.

2. 유아(infant)와 걸음마 아기(toddler). 1) 신체 발달. 생후 12개월부터 18개월까지 신체 발달과 동작은 급격한 성장을 보인다. 신생아의 탄생 시 체중은 4-5개월 만에 두 배로 늘어나고 한 살이 되면 키가 10-12인치(25-30cm)가 된다. 머리부터 아래로, 몸 중앙에서 바깥으로 향하여 발달한다. 미세한 동작 기술보다 굵직한 근육이 먼저 발달한다.

이 기간 동안 유아들의 포착하는 기술-물건을 쥐고 있는 능력-과 움직이는 기술-한 장소에서 다른 장소로 이동하는-이 발달한다. 동작 활동이 점차 증가하는 것은 두뇌의 급격한 발달 때문이다. 인생의 어느 때보다도 생후 2년 동안 두뇌가 가장 빨리 발달한다.

프로이트는 이 인생의 초기 단계를 구강기 발달이라고 묘사하며 이때 어린이들은 주로 입을 통해 세상을 배운다고 설명했다. 그러므로 어린이 침대나 탁자, 장난감을 청결히 해야 한다.

2) 인지/지각 발달. 발달심리학자인 피아제는 인지적 특성이 뚜렷한 탄생부터 2살까지의 기간을 감각 동작기라고 불렀다. 어린이는 환경의 다양한 자극에 동작 활동으로 반응한다. 어린이들은 물건이 움직이는 것, 몸을 움직이는 법, 원인과 결과의 원리 등을 배운다. 그들은 활동적인 감각 기관을 통해 시각과 미각, 청각, 촉각이 진행되는 것을 배운다.

생후 2년이 되면 어린이는 어른들의 표정과 목소리를 흉내 내기 시작하고 10개 정도의 어휘를 배운다. 간단한 명령들을 이해하고 소리와 단어와 움직임의 반복을 좋아한다. 주의 집중력이 짧기는 하지만 천성적으로 호기심이 강하고, 새롭고 깜짝 놀랄만한 환경적 자극에 반응한다.

3) 사회성/정서 발달. 유아기의 정서적 안정성 발달의 주요한 열쇠는 어린이와 돌보는 사람 사이의 유대감의 정도에 달려있다. 에릭 에릭슨의 심리 이론에 따르면 탄생부터 한 살까지 이런 중요한 상호 반응을 통해 신뢰에 대해 배운다고 한다. 어린이는 함께 있고, 반응해 주며 주의를 기울여 주는 애정 깊은 어른이 필요하다. 또한 불안정하고 폭넓은 감정의 변화를 보여도 오래 참아 주는 교사들과 돌보아 주는 사람을 필요로 한다.

앞으로 있을 격리와 독립을 준비하는 유아는 "너"와 "나"를 구분하기 시작한다. 이 구분을 신체적으로 먼저 경험하기는 해도 한 살 후반기부터 두 살이 될 때까지, 인지 및 사회적/정서적 독립으로 진행된다.

4) 영적 발달. 유아의 하나님에 대한 최초의 교훈은 부모나 다른 돌보아주는 사람과의 상호반응을 통해 배운다. 로날드 골드만(Ronald Goldman)은 이 단계를 획일적 신앙의 단계라고 표현했다. 파울러(James Fowler)는 그의 신앙발달단계 이론에서 이 시기를 원시적 신앙이라 하여 다른 사람과의 관계성을 통해 형성된다고 말했다. 유아기 어린이 사역의 가장 기본은 어린이를 향한 하나님의 사랑의

모델로 사는 자원봉사자를 찾아 훈련, 계발시키는 일이다.

3. 취학 전(3-6세). 1) 신체 발달. 이 단계 동안의 성장 속도는 약간 떨어지는 듯하나 키와 몸무게는 2세부터 6세까지 비교적 일정한 속도로 성장한다. 신경근육이 공동으로 발달하기 시작하고, 잠잘 때를 제외하고는 미취학 아동들은 뛰고 구르고 오르기를 쉬지 않는다. 섬세한 동작 기술이 발달하고 소근육 운동을 조절하기 시작하지만, 어린이가 크레용과 연필과 가위를 사용하거나 퍼즐을 잘 맞추려면 4-5살이 되어야한다.

프로이트의 성 심리학 이론에 의하면 초기 미취학 아동들(2-3살)은 항문 활동을 통해 기본적인 만족감을 찾는다고 한다. 이 시기에 또한 항문 괄약근이 발달하고 화장실 사용법과 관련된 활동들에 관심을 갖는다. 4-5살이 되면 어린이들은 생식기에 대한 관심과 성적 욕구가 생긴다는 프로이트의 생식기로 이동한다.

2) 인지발달. 어린이의 시간-공간 개념은, 사람과 사물과 사건을 정신적으로 이해하는 능력이 피아제의 감각동작 단계 말기에서 전조작기로 이동하는 발달 단계로 이동해 감에 따라 확장된다. 이 상징적인 기능의 출현으로 어린이의 어휘는 이해력을 초과하기는 하지만, 생각과 아이디어를 말로 표현하는 능력이 발달한다. 그들의 사고는 구체적이고 비논리적이며, 특정한 것에 고정하고 일반화하는 능력이 없다. 취학 전 어린이들에게 말할 때에는 상징과 비유는 피해야 한다. 그들은 상상력 사용과 모방하는 놀이를 즐긴다. 많은 어린이들의 집중력이 짧고 어떤 활동이든 참여하는 시간에 한계가 있다. 이 연령 그룹은 개인적인 탐구 활동과 실제적인 상호 반응을 통해 가장 잘 배운다.

3) 사회성/정서 발달. 에릭슨의 둘째 단계인 자발성과 독립성 대 수치심과 의심(autonomy and separation versus shame and doubt, 1-2살)으로 그리고 셋째 단계인 솔선 대 죄책(initiative versus guilt, 3-5살)으로 이동해 감에 따라 미취학 아동들은 다른 사람들의 도움 없이 스스로 해 보는 것을 좋아하고, 그들 자신의 활동을 선도할 방법을 찾는다. 자신감이 늘어남에 따라 개인적인 관심과 칭찬을 갈구한다. 한계를 시험해 보고 지속적인 훈련에 대한 안정성을 요구한다.

2-3살의 초기 미취학 아동들은 다른 아이들과 직접은 아니지만 나란히 놀이하는 것 등 병행적인 놀이를 즐긴다. 4, 5, 6살의 후기 미취학 아동들은 다른 어린이들과 그룹에서 함께 놀기 시작한다. 이러한 활동들과 기본적인 돌봄을 주는 사람들과의 관계성의 결과로 역할의 사회화가 이루어진다. 이들은 어른들의 감성과 태도에 민감하고, 자기의 행동이 적절한지, 또 자기를 둘러싼 사람들의 행동이 적절한지 알아보는 단서들을 찾아낸다.

대부분의 취학 전 아동들은 사랑하고, 표현하기를 좋아하고, 부모와 교사들을 기쁘게 해주고 싶어한다. 바람직한 행동들을 강화해 주고 칭찬해 주는 것이 바람직하지 못한 행동들을 벌주는 것보다 더 효과적이다. 분명한 행동 지침과 이에 따르는 단순하고도 즉각적인 결과들이 이 시기 아동들의 재빨리 변하는 세상에 지속성을 가져다준다. 이 시기에는 새로운 발견들과 적극적인 탐구활동, 공포 등이 많이 언급되므로, 그러한 감정들을 자유롭게 표현할 수 있는 수용적인 환경을 만들어 주어야 한다.

4) 영적 발달. 미취학 아동들의 종교적 개념에 대한 이해는 문자적이고 구체적이다. 하나님의 개념은 개인차가 많기는 하지만, 인간적 한계와 함께 인간적 특성을 가진 것으로 이해한다. 세상을 자기중심적으로 이해하기 때문에 종종 하나님을 자기를 축복하는 신이라고 이해한다. 파울러는 이 시기 아동들의 신앙이 모방적이라고 한다. 이들은 어른들의 신앙과 종교적 행위들을 자신의 생활과 이야기에 모방한다.

어린이들은 성경이야기를 구체적이고 매력적인 활동 중심으로 보여주면 간단한 개념들을 잘 이해한다. 이들은 하나님이 자신을 사랑하고 자신을 만드셨다는 것과 성경이 하나님과 예수님에 관해 기록된 특별한 책이라는 것 그리고 기도란 하나님께 이야기하는 것이라는 사실을 이해한다. 어린이들은 그들이 배운 것에 대한 구체적인 반응으로, 실천할 기회와 격려를 필요로 하고 간단한 예배에 참석하기를 좋아한다. 취학 전 아동들은 옳은 것과 그른 것을 구분하기 시작하고, 하나님께서는 옳은 일 하기를 원하시고 자기들을 돕는다는 사실을 이해한다.

4. 유년기/중간기(6-9살).

1) 신체 발달. 성 심리학적 용어로 이 시기의 아동들을 프로이트는 잠복기라고 부른다. 이 시기에 어린이들의 신체적, 사회적 활동이 왕성해진다. 성장은 다음 단계인 10살부터 12살의 급격한 성장시기가 될 때까지 비교적 완화되고 안정된다. 신체 구조가 변화되어 어른스러워지고 여자 어린이들은 키나 몸무게가 남자 어린이들보다 거의 2년을 앞서간다. 힘도 세어지고 섬세한 동작 기술들이 발달한다. 운동과 단체경기를 즐기고 협동하는 법을 배운다.

2) 인지발달. 구체적이지만 비논리적인 취학 전기와는 달리, 이 시기의 어린이들은 보다 논리적이고 합리적으로 사고하는 경향이 있다. 피아제에 의하면 7살이 되면 어린이들이 구체적 조작기로 이동한다고 한다. 그들의 사고는 여전히 그들이 관찰하고 경험한 것에 제한되기는 하지만, 종류대로 분류를 하거나, 담는 용기의 모양에 관계없이 크기나 부피가 유지되는 것, 행동이나 생각을 정신적으로 추적해 보는 일 등의 정신 활동이 가능해진다.

여전히 시간 공간의 개념에 어느 정도 제한되어 있기는 하지만 이들의 세계는 현재라는 시공간 너머로 확장된다. 열심히 배우고 많은 질문을 던진다. 특히 "왜"라는 질문을 많이 한다. 6-7살 어린이들이 경험한 것 중 한 두 가지 일에 관심을 기울이는 한편 8-9살이 되면 "전체"라는 감각이 생긴다.

이 시기의 어린이들은 매우 창의적이고 독창적이며 호기심이 많다. 읽기와 쓰기, 언어 능력이 발달함에 따라 학문적 성취도가 높아진다. 암기력은 뛰어나지만 이해력은 떨어지는 편이다. 상징적인 것은 사용하지 않는 것이 낫고 실제적인 학습 활동들을 활용해야 한다.

3) 사회성/정서 발달. 이 단계의 어린이들은 미취학 아동들의 특성인 자기중심성에서 멀어지고, 다른 사람들이 갖는 다른 견해에 대해 감사할 줄 안다. 이것은 사고의 역행하는 능력과 밀접하게 연관되어 있다. 인간관계의 상호 이익이나 밀접한 관련성에 대한 이해력이 자라는 것이 적절한 사회적 행동이나 도덕적 합리성 발달에 필수적이다.

어린이들이 자신과 다른 사람들 사이의 차이점을 더 잘 인식할수록 사회적 대조를 통해 자아관을 형성하는 데 도움이 된다. 대체적으로 긍정적이고 자신감이 있고 외향적인 어린이들이 성인과 또래들의 평가에 주의를 기울이고 비판적 평가와 친구들의 조롱에 민감한 반응을 보인다.

단체의 영향을 많이 받고 친구들과의 교제를 더욱 중요시하게 된다. 이런 친구관계와 어른들의 행동에 대한 민감함을 통해 남녀의 국한적인 특성들과 성별에 적절한 행동들에 관한 아이디어를 발달시킨다. 이 시기에 그들은 기본적으로 동성 친구들에게 집중한다. 친구들과는 더욱 가까워지고 가족들과는 소원해지는 중에 경쟁적인 태도와 행동들이 확연히 드러난다. 처음에는 형제자매들과 이후에는 친구들과의 사이에서 칭찬과 관심과 개인의 능력 등에 더 경쟁적이 된다.

어린이들은 정의나 공평에 관한 문제에 관심이 많다. 이들은 그리스도를 닮은, 수용할 만한 행동의 성인 모델을 찾는다. 이들은 완전함을 보는 것이 아니라 진정한 투명성을 찾는다. 정서적으로 불안정하고 변덕스러운 이 기간 동안 인간 감정의 평범한 경험을 하면서, 공포나 죄책감, 흥분과 분노 등의 감정들을 적절히 다룰 줄 아는 교사들이나 돌보아 주는 사람들을 만나고 싶어 한다.

4) 영적 발달. 제한성 아래 인지적 능력이 증가되는 것과 함께 하나님에 대한 이들의 이해 또한 증가되어 간다. 하나님은 여전히 신체적 용어로 이해되지만 또한 마술적인 힘을 가진 것으로 이해되기도 한다. 이 단계의 많은 어린이들이 하나님을 점차 개인적으로 연결시키기 시작한다. 하나님께서는 완전하시고 전지전능하면서도 자기들의 기도를 듣고 응답하신다는 사실을 이해한다. 이들은 매일의 삶에 하나님의 도움이 필요하다는 사실을 인식하고, 많은 어린이들이 개인 구원의 소망을 표현한다.

파울러의 신앙발달 단계 이론에서는 이 둘째 단계의 신앙 발달에서 환상과 현실을 구분하는 능력이 자란다고 한다. 이들은 주로 문자적으로 성경이야기와 개념을 본다. 구약과 신약성경의 이야기들이 특히 구체적으로 성경 진리를 가르치는 데 큰 도움이 된다.

5. 주니어/사춘기 직전(10-12세).

1) **신체 발달.** 사춘기가 오는 시기에 따라 다르기는 하지만 이 시기에는 거의 성장하지 않거나 또는 극단적으로 급격한 성장을 보이기도 한다. 여자어린이에게 사춘기는 보통 10살에서 12살 사이에 와서 급격한 성장을 이룬다. 남자 어린이들은 조금 지연되어 12살에서 14살 사이에 사춘기가 온다. 청소년기까지는 여자 어린이들이 키나 몸무게가 소년보다 먼저 발달하고, 남자 어린이들은 근육이나 지구력에서 앞서간다. 이 때 어떤 어린이들은 그들의 외모에 대해 스트레스를 받고, 변화와 적응의 시기에 세심한 어른들의 도움을 필요로 하는 일이 많다.

십대 직전의 아동들은 자신의 신체 발달에 잘 적응하고, 크고 작은 근육 운동을 잘 조절하게 되면 엄청난 힘을 가지고 지속적으로 보이는 활동에 참여할 수 있게 된다. 섬세한 동작 능력이 자라감에 따라 보다 광범위한 학습활동들과 취미활동과 기술 등을 시도해 본다. 이 시기의 아동들 역시 상호 반응적이며 운동의 기회를 주는 환경 학습을 필요로 한다.

신체 모양이 바뀌어 감에 따라 성에 대한 호기심 또한 커진다. 이 시기도 프로이트의 잠복기에 해당되지만 다수의 아동들이 사춘기에 대해 관심을 가지고 성적 발달과 성 행동에 세부적인 것에 흥미를 보인다.

2) **인지발달.** 십대 이전의 아동들은 피아제의 구체적 조작기 초기의 몇 년 동안에 습득한 새로운 인지 능력을 심오하게 정제한다. 그들의 구두 반응들이 고도의 정신적 합리화를 나타내기는 하지만 여전히 삶의 경험들의 구체적인 면만을 보는 경향이 있으며, 그들이 암기하는 것을 이해하는지 점검해 볼 필요가 있다. 아동기 중기에 이르면 합리적인 사고유형이 발달하지만 전청소년기의 아동들은 미래를 환상화하고 다양한 직업 선택의 기회에 도전해 보고 싶어 한다. 이들은 호기심으로 많은 질문을 던지고 어른들에게 도전적인 질문과 어려운 상황적 딜레마들로 "괴롭히는 것"을 즐긴다.

이 시기의 아동들은 도전적인 문제들에 스스로 가능한 해결책들을 생각해 볼 기회를 갖고자 한다. 성경적 원리들을 실생활에 적용하도록 인도해 주어야 한다. 이때가 신앙의 기초를 놓아 주고 성경의 창조론과 간단한 변증 등과 같은 주제들을 통해 신앙의 기본을 가르쳐야 하는 때다. 성경을 찾는 법과 주석이나 사전을 통해 성경을 연구하는 법 등을 가르쳐야한다. 어떤 주제를 가르치든지 그들의 인지적 단계에 적절한 방법을 사용해야 한다. 지나치게 어려워도 안 되고- 이들은 실패와 또래들 앞에서 바보처럼 보이는 것을 두려워한다-너무 간단하거나 유치해서도 안 된다.

3) **사회성/정서 발달.** 전청소년기는 가끔 폭발적이고 화를 발칵 내기도 하지만, 대체로 정서적으로 안정되어 있다. 사춘기가 오면서 정서적으로 산만해지고 놀려주기를 즐기고 유머감각이 뛰어나다.

이 시기에 아동들은 독립성을 향해 발걸음을 떼기 시작한다. 그들은 스스로 선택하기를 원하는데, 부모와 갈등이나 권위에 도전하는 것 등이 그 증거가 된다. 이들이 부모나 다른 어른들의 영향력으로부터 독립하기 시작할 때 또래 그룹이 힘을 얻는다. 이들은 그룹 활동을 즐기고 잘 편성된 클럽이나 팀에 소속되기를 원한다. 어른들의 지도가 여전히 필요하지만 간접적인 지도를 선호한다.

십대 전의 아동들은 어떤 활동에 참석하는 것을 매우 즐긴다. 지도력 개발을 고대하고 창의적인 봉사 활동이나, 자신이 속한 이웃의 범주를 넘어서는 도전의 기회를 찾는다. 이들은 도덕적 정의와 같은 이슈에 관심을 보이고, 자신의 수준에서 작금의 주제들과 씨름하기 시작한다.

4) **영적 발달.** 이 단계에 있는 아동들은 하나님을 향한 깊은 사랑의 감정을 표현할 줄 알고 삶의 선택을 해야 할 때에 하나님의 인도를 구한다. 이들은 기독교에 관한 많은 질문을 던지지만, 스스로 많은 질문의 해답을 찾는다.

증가하는 또래 그룹 간의 상호 영향의 결과로 이들은 자연스럽게 친구들에게 하나님과 자신의 신앙에 대해 이야기해 주고 교회에서의 그룹 활동 등에 친구들을 초대한다. 이들이 이런 활동에 관여하게 되면 지역 교회에의 소속감이 강해진다.

이 시기 아동들은 영웅 숭배적 특성이 있으므로 성경의 위대한 인물들을 가르치는 일이 효과적이다. 또한 이들은 신앙에 관한 문제들이 어떻게 실생활에 적용되는지 알고 싶어 한다. 제자도 소그룹 활동과 개인적 신앙 체험을 나누는 일 등이 이 나이의 아동들에게 매우 효과적이다. 이들은 자원봉사자들과 교사들의 생활을 주의 깊게 관찰한다. 이들은 말하는 것과 행하는 것 사이의 불일치에 대해 매우 비판적이다.

아동들은 발견이나 유도된 놀이를 통해 가장 잘 배운다. 크기가 큰 시각자료를 사용하여 성경 이야기를 가르치고 간단한 노래와 신체 동작을 통해 배운 것을 강화시켜 주는 것이 어린이의 인지발달에 적절한 방법이다.

6. 결론. 어린이들은 어른의 축소판 그 이상이며 아동기는 성인기로 가는 노중에 쉬어 가는 정지표지 그 이상이다. 어린이들의 성장과정 중 다른 어떤 시기보다도 이 형성기가 더 중요하다. 예수님은 어린이들을 그에게 오도록 환영하셨다. 우리도 그렇게 해야 한다.

SHELLY CUNNINGHAM

참고문헌 | M. J. Anthony(1992), *Foundations of Ministry: An Introduction to Christian Education for a New Generation*; R. E. Clark, J. Brubaker, and R. B. Zuck, eds.(1986), *Childhood Education in the Church*; D. A. Elkind(1974), *A Sympathetic Understanding of the Child, Birth to Sixteen*; S. K. Fitch and D. Ratcliff(1991), *Insights into Child Development*; R. Goldman(1964), *Religious Thinking form Childhood to Adolescence*; A. V. Gormly and D. M. Brodzinsky, eds.(1993), *Lifespan Human Development*; D. Ratcliff(1988), *Handbook of Preschool Religious Education*; F. P. Rice(1992), *Human Development: A Life-span Approach*; L. O. Richards(1983), *Children's Ministry*; B. J. Wadsworth(1977), *Piaget's Theory of Cognitive Development*.

참조 | 파울러, 제임스 3세(FOWLER, JAMES W. III); 피아제, 장(PIAGET, JEAN); 취학전 교육(PRESCHOOL EDUCATION); 감각기관 (SENSORY REGISTERS)

아동의 사회화(Socialization of the Child).

그룹의 규범들과 가치들을 새로운 그룹 구성원들에게 가르치고 강화시키는 과정이다. 사회인지 이론에 의하면 관찰 학습이라고 불리는 인지와 행동 그리고 환경 과정을 통해서 학습되는 사회 행동은 모델링을 통해 전달된다. 아동들은 행동들을 보여 주고 업무를 행하며 태도들과 가치들을 표하는 어른들을 모방한다. 억제하거나 억제를 중지시키는 상벌과 같은 결과들을 관찰함으로써 행동은 강화된다. 부모들과 교사들 그리고 또래들의 판단은 사회적인 신호 내지는 자극의 공급을 통해 행동을 바꾸는 영향력을 행사할 수 있다. 모델이 더 높은 지위를 가지면 가질수록 신호의 기능은 더욱 더 강화된다.

한편, 가정과 학교 그리고 종교 기관은 아동의 사회화가 이루어지는 환경들이다. 가정에서 부모들은 아동의 가치들을 형성하고, 용인되거나 그렇지 않은 행동들에 대한 경계선을 정해 주는 아동의 주된 역할 모델들이다. 아동들은 자신들의 성정체성을 알게 되고 부모의 모델링과 평가를 통해 성여할에 대한 많은 지식을 익힌다.

아동의 다음 역할 모델은 교사이다. 권위를 가진 인물로서 교사는 아마 가정에서 학습된 것을 강화하면서 새로운 정보와 지침 그리고 표준들을 제공한다. 협동, 정직, 차이의 인정, 공정한 경기 그리고 본질적인 보상에 대한 학습은 읽기와 쓰기 그리고 산수만큼 중요한 "교훈들"의 예가 된다. 이러한 교훈들이 고립되어서는 학습될 수 없다. 사회 학습 환경으로서 학교의 중요성이 강조되는데 그것은 학교가 윤리 기준과 상황 윤리 그리고 가치들을 제공하기 때문이다. 아동이 청소년기에 이르면 학교는 또래 환경을 형성하는 또래 그룹의 연장이 된다.

교회와 종교 기관은 아동의 영적 심리교육학적인 발달에 도움을 준다. 이 기관 안에서 아동은 다시 교사들의 역할 모델들과 학생들 중에서 또래 모델을 제공받는다. 가정과 학교/지역사회 그리고 교회의 집합적인 파트너십은 아동의 사회화 과정에 중요하다.

아동의 사회화에 도움을 주는 활동들은 스포츠와 운동, 십대 그룹들, 클럽, 보이스카우트와 걸스카우트와 같은 성을 구분하는 그룹들, 훈련팀, 합창단, 드라마 음악 무용 그리고 학술 클럽들과 같은 전문화된 그룹들이다. 이러한 활동들을 통하여 다른 사람들을 돌보는 것의 가치를 학습하는 것 또한 사회화 과정에서 중요하다.

LAVERNE A. TOLBERT

참고문헌 | B. M. and P. R. Newman(1991), *Development Through Life: A Psychosocial Approach*.

아동의 성(Sexuality, Child).

1. 신체 발달. 인간은 염색체가 태어나지 않은 아기의 성을 결정하는 수태의 순간부터 성적 존재이다. 자궁에서 6주가 되었을 때 아기는 분명한 성적 특징들을 보인다. 그렇게 하는 동안 아기의 뇌가 정상적인 성의 발달에 중요한 호르몬의 방향을 정하고 통제한다. 유아로서 아동은 자연스럽게 자신의 신체를 탐구하고 육체적인 성적 쾌락을 발견한다. 3세내지는 4세의 아장아장 걷는 아동은 성차이를 인식하고 자기 자신들의 성정체성을 알고 있다. 유치원생들은 어떤 형태이든지 성과 관련된 놀이를 할 것이며 주로 그것은 단순한 호기심에 기인한 것이다. 사춘기가 되면 개인들은 이성에 관심을 가지게 되고 성 관계 및 생식 기능이 갖추어진다. 사춘기는 9세에서 14세 사이의 한 시점에서 시작된다. 일반적으로 여자아이들은 적어도 남자아이들보다 2년 정도 빠른 13세 정도에 사춘기에 이른다.

2. 성과 심리학. 프로이트는 성을 대부분의 인간 행동을 좌우하는 기초적인 동기로 여겼다. 융과 같은 심리학자들은 프로이트의 견해를 수정하고 성은 오직 몇몇 행동만을 좌우한다고 말했다. 교육자이면서 심리학자였던 칼 융은 성의 영향을 자기 정체성과 자존감과 관련된 것이라고 말하면서 행동에 대한 성의 영향을 더욱 더 감소시켰다. 한 때 성과 관련된 것으로 생각되었던 많은 행동들이 문화적 영향과 부모의 기대치에서 기인하는 것으로 밝혀졌다.

3. 성교육/기독교교육. 구약성경은 결혼 안에서의 성을 하나님의 선물로 장려했다. 하나님은 성을 만드신 분이며 타락이 있기 전에 아담과 이브의 성적 결합을 격려했다. 아동의 성교육과 관련한 기독교교육의 역할은 무엇인가?

종교교육과 성교육은 자연적으로 통합된다. 성경적인 가치 체계 없이 가르쳐지는 성교육은 하나님께서 정하신 옳고 그름의 절대적 가치들을 제외시킨다.

종교교육에 대한 하나님의 계획(신 6:6)은 일상의 활동 중 가르칠 수 있는 순간과 관련해 자연스럽게 하나님의 명령을 가르칠 것을 명하고 있다. 이것을 성교육에 적용시키려면 이 가르침의 방법은 부모들이 열린 자세로 정직하게 성과 관련된 질문에 답할 준비를 해야 하며 자녀들이 갖기를 원하는 태도와 행동의 본을 보여야 한다. 학교와 교회는 부모 훈련과 아마도 부모/자녀 세미나의 형태로 도움을 제공하는 자원이 되어야 할 것이다.

4. 부모들의 역할.

자녀의 성교육에서 부모의 가장 중요한 일은 성 정체성에 대한 역할 모델을 제공하는 것이다. 예를 들어, 온화한 아버지는 아마도 온화한 아들을 양육하게 될 것이다. 자신들의 자녀들이 신체 부위와 생식기능에 관련된 질문들을 하기 시작할 때 부모들은 연령에 적합하면서도 정확한 답을 할 준비를 해야 한다. 가정 밖과 대중 매체를 통해서 성행위의 비성경적인 예들을 접하기 때문에 자녀들은 건강한 관계를 가지는 남편과 아내의 본보기를 필요로 한다. 부모들은 자신들끼리만 있을 수 있는 때를 위해 사생활 보호를 요구하는 행동은 삼가지만, 자녀들 앞에서 육체적인 애정 표현을 하는 데 편안한 마음을 가져야 한다. 자녀들은 부모들간의 성적 친밀함이 사생활 보호를 위한 것이지 부끄러움으로 인해 비공개되는 것이 아니라는 사실을 이해할 수 있다.

부모들은 신체의 특정 부분을 더럽다거나 부끄러운 것이 아닌 "은밀한" 부분으로 지칭함으로써 자녀들이 자기 자신의 몸에 대해 건강한 인식을 가질 수 있도록 도울 수 있다. 자녀들이 다른 자녀들의 존엄성을 침해하는 성 관련 놀이를 고집할 경우, 부모들은 과민반응을 보이지 않으면서 개입해야 한다.

자녀들 특별히 딸들의 자존감을 세워줌으로써 부모들은 자녀들이 인기를 끌기 위한 성적 활동을 피할 수 있도록 도와 줄 수 있다. 부모들에게서 적절한 육체적인 애정 표현을 받는 아동들은 부적절한 방법으로 그러한 애정을 찾을 가능성이 훨씬 덜하다.

사춘기의 연령이 계속해서 빨라짐에 따라 현명한 부모들은 빠르면 아홉 살에 찾아올 수 있는 신체 변화에 대해 자신들의 자녀들을 준비시킬 것이다. 아동들은 심지어 가족들에게서 올 수 있는 여러 형태의 성 착취와 부적절한 접촉에 대해 주의해야 한다. 자녀들은 성에 대해서 열린 자세로 정직하게 기꺼이 의사소통 할 수 있는 부모들을 필요로 한다. 또한 부모들에게는 성경적인 진리 가운데서 삶의 사실들을 설명하는 것을 도와줄 수 있는 기독교교육자들이 필요하다.

ROBERT J. CHOUN

참고문헌 │ D. G. Benner, ed.(1985), *Baker Encyclopedia of Psychology*; R. E. Clark, J. Brubaker, and R. B. Zuck, eds.(1975, 1986), *Childhood Education in the Church*; I. V. and K. B. Cully, eds.(1990), *Harper's Encyclopedia of Religious Education*; D. Elkind(1981), *The Hurried Child*; Maxine Hancock, and K. B. Mains(1987), *Child Sexual Abuse: A Hope for Healing*; J. Kesler, R. Beers, and L. Neff.(1986), *Parents and Children*; G. H. Ketterman(1981), *How to Teach Your Child about Sex*; M. S. and R. C. Smart(1977), *Children: Development and Relationships*.

아동의 소그룹(Children's Small Groups).

전통적인 의미에서의 소그룹들은 보통 아동들과 관련해서는 사용되지 않는다. 이것에 대한 이유는 발달 단계에 기초한다. 종종 소그룹 자료들은 토론 형태에 의존한다. 아동들에게는 토론 방법들보다 활동적인 학습 방법들이 더 자주 사용된다. 게다가 소그룹들은 자기표현을 권하는데, 아동들은 자신들의 사회적, 인지적, 정서적 발달 단계로 인해 이 과정에 참여할 수가 없다.

만일 소그룹에 대한 이해를 확대하면 아동들의 주일학교나 아동들을 8명에서 12명의 그룹으로 조직하는 다른 전통적인 프로그램들이 아이들을 위한 효과적이고 연령에 맞는 소그룹의 사용으로 간주될 수 있다. 어떤 교육과정 자료들은 아이들이 묵상, 토론 내지는 과제의 완성을 위해 잠시 동안 소그룹을 활용할 것을 권한다.

아이들을 그룹으로 다루는 또 다른 효과적인 방법은 지원 그룹이다. 전문적인 상담가가 인도하는 그룹들은 이혼 내지는 사랑하는 사람의 상실로 인한 슬픔과 같은 위기를 겪는 아동들을 도와주는 데 효과적으로 사용되어 왔다. 이러한 그룹들은 십대와 성인들을 위해 만들어지는 지원 그룹과 유사하지만 놀이 치료나 다른 연령 수준에 적절한 상담 기술들을 사용할 수 있다.

아동 사역에서 찾아 볼 수 있는 마지막 형태의 소그룹은 제자훈련 그룹이다. 신자의 세례를 행하는 교회에서 이러한 그룹들은 아동들을 위한 세례반이다. 다른 제자훈련 그룹들은 상급 초등학교 학생들의 성경 읽기와 일기 쓰기 그리고 기도하는 것을 권한다. 이러한 그룹들은 일종의 책임 수준을 요구할 수 있다. 그것은 아동들이 자신들의 영적 여정에서 계속적으로 헌신할 뿐만 아니라 헌신되어서 살아가게 만드는 데 초점을 맞춘다.

DENISE MUIR KJESBO

아들러, 모티머(Adler, Mortimer J. 1902-).

오스트리아 출신의 정신과 의사. 뉴욕시에 개별 심리학교를 세웠다. 청소년 시기에 고등학교를 중퇴하고 "뉴욕 선"(New York Sun: 미국 뉴욕에서 발간하는 일간지-역주)에서 잠시 일한 경력에도 불구하고, 독학으로 콜롬비아대학에 입학허가를 받았다. 모든 학사 과정을 3년 만에 마치고 피 베타 카파(Phi Beta Kappa: 미국 대학에서 성적이 우수한 재학생과 졸업생으로 구성된 클럽 중의 하나–역주)에서 주는 상을 받았으나, 체육 과목을 이수하지 않아 학사 학위를 받지 못했다. 그러나 콜롬비아대학에서 심리학 강의를 맡아 가르칠 기회를 주었고, 이 기간 동안 박사 과정을 밟아 1928년 박사학위를 받았다.

그의 문학에 대한 관심과 콜롬비아 시절 존 어스킨(John Erskine) 교수 지도 아래 연구했던 고전(a Great Books) 세미나의 영향으로 허친스(Robert Hutchins: 미국의 교육자. 아들러와 함께 항존주의 교육철학의 대가. 고전 〈the Great Books〉 시리즈를 편찬함–역주)를 알게 되었고, 그 결과 대작 『책을 어떻게 읽을 것인가』(How to Read a Book)를 낳게 되었다. 허친스가 시카고대학(University of Chicago)의 총장이 되었을 때 아들러를 초청하여 서양 고전 문학에 기초한 학사 과정을 개발하도록 했다. 1946년, 그들은 고전 프로그램(the Great Books Program)을 개설하였고, 이것이 후에 54권 443책으로 구성된 "고전"(Great Books) 시리즈로 발전하기에 이르렀다.

아리스토텔레스와 아퀴나스의 강한 영향을 받은 아들러는 절대적이고 보편적인 진리와 가치를 주창했다. 존 듀이(John Dewy: 미국 실용주의 교육가–역주)와 실용주의 철학을 비판하며, 진리를 상대적인 것으로 만드는 모든 견해들은 도덕적, 지적 혼란을 일으킨다고 주장한다.

아들러의 교육 철학은 1982년 출판된 그의 저서 『파이데이아 제안』(Paideia Proposal)에 잘 요약되어 있다. 교육 제도의 혁신을 주장한 그는 보편적 인문교육의 중요성을 설파했다. 그는 세 가지 광범위한 교육 목표를 제시하였는데, 첫째 조직화된 지식의 습득, 둘째 지적 능력 개발, 셋째 기초적 아이디어와 논점들의 이해력 증강 등이다. 그는 또한 "개인의 지능보다 월등한 수준의 독서와 토론을 통해서만 비판적 사고와 반성적인(reflective) 사고력을 키울 수 있다"(『개혁』〈Reforming〉, p. xxxi)고 주장한다.

아들러는 인문교육의 중요성을 주장하지만 자신은 엘리트도 인지주의자도 아니라고 말한다. 그는 교육이 불가능한 아동은 없으며, 어린이의 능동적인 학습 참여를 통해 최선의 학습이 이루어진다고 믿는다. 다만 진리보다 개인을 앞세우는 방식을 거부하며, 학습 과정에서 학생들 스스로가 그 진리를 발견하는 역할의 중심에 있어야 한다고 본다. 아들러는 독자들에게 이 우주를 다스리는 진리와 가치를 증진시키고 성숙시키는 일에 대해 토의하고 명백하게 설명할 것을 촉구한다.

DOUGLAS BARCALOW

참고문헌 | M. J. Adler(1982), *The Paideia Proposal: An Educational Manifesto*; idem, (1977) *Reforming Education: The Opening of the American Mind*.

참조 | 아퀴나스,토마스(AQUINAS, THOMAS), 아리스토텔레스(ARISTOTLE); 교양과목(LIBERAL ARTS); 파이데이아와 1세기 교육(PAIDEIA AND FIRST-CENTURY EDUCATION)

아리스토텔레스(Aristotle, 384-322 B. C.).

아리스토텔레스는 서양 철학사에 가장 큰 영향을 끼친 사람으로 간주된다. 그는 스태지라(Stagira)에서 마케돈(Macedon)의 아민타스 2세(Amyntas II)의 의회 의사였던 니코마쿠스(Nicomachus)의 아들로 태어났다. 아리스토텔레스가 어릴 때, 그의 아버지가 죽어 보호자였던 프록세누스(Proxenus)의 손에 양육되었다. 기원전 367년 아테네의 플라톤 아카데미(Plato's Academy)에 학생으로 들어갔고, 그 후 플라톤이 죽을 때까지(347 B. C.) 교사로 남아 있었다. 아카데미는 학자들의 집합소로서 의학부터 생물학, 수학, 천문학에 이르기까지 다양한 과목들을 가르쳤다. 강사들은 서로 공통적인 교리를 가지지는 않았지만, 인간의 지식을 견고한 이론의 토대 위에 수립하는 일과 그것을 무한히 펼쳐 나가려는 체계적인 노력을 함께 했다. 아카데미의 목표 중 하나는 미래의 정치 지도자들과 고문들을 길러내는 일이었다. 그러므로 플라톤이 죽고 약 2년 동안 허미아스(Hermias of Atharneus)의 궁정 생활 이후, 기원전 343년 아리스토텔레스는 마케

돈의 필립 2세(Philip II) 왕의 고문관이 되었다. 그의 주요 임무는 필립의 어린 아들 알렉산더(Alexander)를 가르치는 일이었고, 이 알렉산더는 나중에 위대한 군사 지도자가 되었다.

기원전 335년, 아리스토텔레스는 아테네로 돌아와서 자신의 학교인 라이시움(Lyceum), 그리고 아카데미와 경쟁적인 학문의 중심지였던 페리파투스(Peripatus)를 세웠다. 설립자의 사망 후, 아카데미가 편협한 사고를 따라간다고 생각했기 때문에 라이시움에서는 광범위한 과목들을 가르쳤다. 기원전 323년 알렉산더 대왕의 요절 이후 반-마케도니안 정서가 아테네를 주름잡아 라이시움이 위기를 맞게 되었다. 아리스토텔레스는 그 도시를 떠나 유보아(Euboa) 섬의 캘시스(Chalcis)로 도피했고, 이듬해에 62세의 나이로 사망했다.

아리스토텔레스와 플라톤 사이에 서서히 일어난 결별에 관한 이야기는 아직도 불분명하게 남아 있다. 아리스토텔레스는 플라톤의 정신과 신체의 이분법적 사고를 거부하고 "정신은 신체의 형상"으로 생각했다. 신체를 "이성적 동물"로 만드는 것이 정신이라고 했다. 개인과 그가 속한 세계가 인식되는 초기에 일어나는 이 기본적 분리를 고려해 볼 필요가 있다. 아리스토텔레스는 자신의 철학적 견지를 지지하기 위해 플라톤의 연역적 진행과 상반되는 경험적 고찰의 필요성과, 오관을 통한 지식 습득의 중요성을 역설했다. 그러나 인간의 지식 습득의 능력은 정신(또는 혼)에서 비롯된다. 그러므로 아리스토텔레스에게 정신이란, 유기체와 비유기체를 구분하는 중요한 원리는 생존과 생명의 형상이다. 그는 더 나아가 인간을 하등 생물과 구분하여, 일부 동물들은 상상하는 반면, 인간만이 사고의 능력을 가진다고 주장했다. 그러나 사고력이 지식, 즉 우주적 진리를 인식하는 능동적이고 창의적인 과정을 내포하는 것은 아니다. 아리스토텔레스는 유기체를 세 개의 일반적 범주로 나누었다. 생장적(식물), 감각적(동물), 이성적(인간) 등이다.

아리스토텔레스에게 사람의 최종 목표는 단순히 생존하는 것이 아니라 인간의 이성적 본질을 드러내는 선한 삶으로 인도하는 것이다. 행복의 추구는 본질적으로 자아도취가 아니라 도덕적으로 선한 삶을 살고자 하는 것이다. 덕이란 두 개의 양극단 사이에 있으므로 이론과 실천 모두를 포함한다. 그러나 모든 사람이 덕을 갖추지는 못하는데, 이 점이 아리스토텔레스가 아테네식 민주주의를 기피하는 이유이다.

지금은 아리스토텔레스 저술 중 일부분만 남아 있고, 그 부분들이 하나로 묶여 있었다는 증거 또한 없다. 그럼에도 불구하고 다수의 현존하는 과학자들과 교육자들과 철학자, 신학자들은 아리스토텔레스가 그들의 사고를 인도해 왔다고 주장한다. 로마가톨릭 교리를 체계화한 아퀴나스(1124-1274)는 아리스토텔레스의 철학에 그 이론적 전제의 기초를 두었다. 아리스토텔레스의 교육학적 방법론, 특히 논리와 수사학은 현재도 주요한 교육적 분야로 남아 있다. 종교개혁 이후 그의 영향력이 약해지긴 했지만, 현대 사상가들이 아리스토텔레스의 많은 아이디어들을 재활시켰고 실험적으로 그의 이론을 가정하기도 한다. 2000년이 지난 오늘날에도 거의 모든 주요한 학문의 영역에 미친 그의 지속적인 영향력을 부인하는 것은 불가능하다.

DAVID GOUGH

참고문헌 | D. J. Allan(1952), *The Philosophy of Aristotle*; T. Davidson(1892), *Aristotle and Ancient Educational Ideals*; R. McKeon, ed.(1947), *Introduction to Aristotle*.

참조 | 아퀴나스, 토마스(AQUINAS, THOMAS); 어거스틴(AUGUSTINE); 그리스의 교육(GREEK EDUCATION); 이상주의(IDEALISM); 플라톤(PLATO); 현실주의(REALISM)

아빌라의 테레사(Teresa of Avila, 1515-1582).

스페인의 종교 지도자이자 신비주의자이다. 행동으로 옮겨진 사랑과 명상이라는 그녀의 유산 때문에 널리 존경받았다. 한때는 개혁가였고 신비주의자였으며 해학가였던 그녀는 갈멜파 수도회를 재건하는 데 중요한 인물이었다.

스페인 아빌라에서 태어난 그녀는 1536년에 갈

멜파 수도회에 들어갔다. 20년 동안 영적으로 혼란을 겪었었고 어거스틴의 『고백론』을 읽었을 때, 그녀는 심지어 하나님에 의해 부르심 받은 자들이라도 타락하고, 반드시 다시 일어나 회개하게 되는 것을 확신하게 되었다. 그녀는 이것을 자신의 "제2의 회심"이라고 불렀다. 이 제2의 회심은 그녀의 삶에서 놀라운 전환점이었음을 입증하였다. 테레사는 이 시기를 커다란 공포와 함께 지내며 그녀가 자신의 명상적 기도의 실행을 통해 마귀에 의해 유혹받게 될지도 모른다고 두려워하였다. 그러나 하나님의 영이 그 모든 것 배후에 있다는 확신을 가지게 된 이후로 그녀는 강력한 기도의 시기를 시작하게 되었다. 짧은 시간 내에 신비적인 경험들이 정기적으로 그녀를 휩쓸었다.

1560년에 그녀는 새로운 갈멜파 공동체들을 형성하여 그 교단이 가졌던 원래의 열정(엄격한 금식, 많은 시간의 매일의 기도, 소박한 옷차림, 침묵 그리고 고독)이 다시 회복될 수 있도록 하라는 명령을 하나님께로부터 받았다고 느꼈다. 그녀는 유명한 관리인이자 지칠 줄 모르는 사역자였다. 반대를 무릅쓰고, 테레사는 그녀의 전인생에서 17개의 여자 수도원들과 14개의 소수도원들을 창설할 수 있었다.

"십자가의 존"(John of the Cross)은 그녀의 개혁운동에 동참했다. 그들은 함께 아주 보기 드문 연대적인 관계를 형성하였다. 영적 고해 신부로서의 존에 대한 그녀의 완전한 신뢰와, 하나님을 위해 자신들의 자아를 전적으로 부인하기로 한 두 사람의 목표는 그들의 관계를 보증하였다.

그녀의 저작 중 가장 중요한 것은 『내면의 성채』(The Interior Castle, 1588)이다. 이 책은 영혼이 하나님과 연합하게 되는 신비한 여정에 관해 묘사한 작품이다. 성채는 하나님이 그의 기쁨을 취하시는 영혼이다. 그 성채는 일곱 개의 큰 방들을 가지고 있다. 처음 세 개의 방에서 그 여행의 초보자는 정신의 기도, 경건한 독서, 덕을 세우는 대화들, 선한 일 등과 같은 덕을 배양하기 위하여 열심히 노력한다. 이로써 그 초보자는 의도적으로 개인적인 불완전성을 제거하게 된다. 네 번째 방은 정결케 하는 길로부터 영적인 대가들의 조명의 길로 바뀌게 된다. 깊은 회상, 고요한 평화 그리고 신뢰하기가 네 번째와 다섯 번째 방들의 현저한 특징들이다. 여섯 번째 방은 조명으로부터 사랑의 통일로 바뀌는 전이를 묘사하고 있다. 개인적인 고통들에 대한 묵상은 이 마지막 움직임에서 되풀이되는 하나의 주제이다. 이 책 전체를 통틀어 관조적인 명상은 사랑과 균형을 이루고 있다. 그녀의 다른 작품들은 『완전에의 길』(The Way of Perfection), 『삶』(The Life), 『토대』(Foundations) 등이 있다.

테레사는 기도하는 명상의 삶과 강력한 실천을 병합한 사람의 전형적인 예이다. 그녀의 생각에 사랑은 참된 신비적인 기도의 본질적인 특징이었다. 매일 삶의 활동 속에서 사랑을 꽃 피우는 것은 영적인 삶의 목적이다. 이 맨발의 갈멜파 수도회의 설립자에게 사랑과 기도는 하나였으며 동일한 것이었다. 왜냐하면 사랑은 기도 그 자체의 핵심이기 때문이다. "만일 당신이 이 길을 따라 멀리 전진하고 싶다면 중요한 것은 많이 생각하는 것이 아니라 많이 사랑하는 것이다. 그렇다면 당신으로 하여금 사랑하게 하는 것은 무엇이나 행하라"(1961, 86).

JAMES A. DAVIES

참고문헌 | E. W. T. Dicken, *The Crucible of Love*; R. Fulop-Miller(1945), *The Saints That Moved the World*; Teresa of Avila(1961), *The Interior Castle*.

아시아 신학(Asian Theology). 인도와 동남아시아부터 한국과 일본에 이르기까지 아시아에서 다양하게 일어나는 복음의 의미와 실천을 신학적으로 표현하는 광의적 용어이다. 과거부터 현재까지, 개인 신학자들이나 복음적인 아시아 신학 협회(Asia Theological Association)나 아시아 기독교 회의(Christian Conference of Asia)와 같은 교회 지도자들의 모임들의 모든 연구와 활동들을 포함한다.

1. 아시아 신학의 이해. 아시아에선 기독교 역사가 길지 않으므로 아시아 신학의 발달은 비교적 새로운 영역이다. 아시아 신학은 서양 신학에 대한 반응으로 형성된 아시아의 역사적, 문화적 산물이다.

아시아 신학은 다음과 같이 형성되었다. (a) 토착화되고 상황화된 선교 신학. (b) 민족 복음화를 위해 그들 자신의 언어와 개념을 통해 표현하는 적응 신학과 신학적 다원주의. (c) 서구 자본주의와 일본 제국주의가 일으킨 식민주의와 착취, 억압, 빈곤으로부터 영향 받은 해방 신학. (d) 아시아의 정치경제적 상황에 근거를 둔 상황적, 윤리적 상대주의. 아시아의 "적응 신학"(accommodation theology)은 융합 신학과 적응 신학을 구분한 코슈케 코야마(Kosuke Koyama; 일본 태생의 신학자. 미국 드류 대학과 프린스턴 신학원에서 수학했고 태국을 비롯한 동남아시아의 신학교에서 가르친다-역주)에 의해 1970년대에 소개되었다. 신학적, 종교적 다원주의는 종교적, 문화적 적응과 종교적 융합을 포괄하는 광의적 말이다.

아시아 신학자들이 서양 신학에 대한 불만족으로, 아시아 문화와 상황에 맞는 보다 분명한 자아관을 찾기 위해 서양 신학을 도입하여 토착화시켰다. 신학을 토착화하기 위해 아시아의 교회들은 "자치", "자립", "자급"해야 할 뿐 아니라 "자기 신학화"도 해야 했다. 고야마는 여섯 가지의 아시아 신학의 특징을 언급했다(1989). 그리스도와 혁신적 사회 변화, 빈곤의 확산, 도덕적, 경제적 소수파, 긍정적, 부정적 문화의 양상, 종교의 다원성, 교회의 분리 등과의 관계 혹은 연관성이다. 아시아 신학과 서양 신학의 강조점이 서로 다르기 때문에 신학의 방법과 내용 또한 다르다. 다음과 같은 점에서 구분된다. (1) 문화 전통적인 종교성을 포함하기 위한 배타성 대 융합성. (2) 문제 해결을 위한(서양 신학은 신앙과 이성의 관계에 대한 지성적 관심으로 형성되었다) 교리적 대 상황적 및 관계적 성향. (3) 고유한 문화적 이슈를 기독교 신앙에 연관시킬 때의 논리 대 실제.

2. 아시아 신학의 논점. 현대 신학적 관점은 세 범주가 있다. 배타적(보수적), 포용적 또는 혼합적(칼 라너) 그리고 다원적 또는 급진 자유주의(틱, 사마라타)이다. 배타적 신학은 오직 그리스도만을 통해 구원받는다고 하는 반면, 포용적 신학은 예수와 미지의 신을 포함하여 여러 다른 구원의 길이 있다고 믿는다. 그러나 다원적 신학은 모든 종교가 구원에 이르게 한다고 하여 예수 그리스도만이 유일한 구원은 아니라는 입장이다. 이 세 신학적 입장을 모두 아시아 신학에서 찾아볼 수 있다.

. 로버트 슈라이터(Robert Schreiter)는 다음과 같이 아시아 신학의 모델을 세 가지로 제시한다 (1985). (a) 번역형 모델-기독교 계시의 불변적인 핵심과 복음이 전해지는 지역의 문화에 따라 변화되는 껍질을 동시에 지닌 모델. (b) 적응형 모델-지역 신학 발달의 두 번째 단계로서 역할을 하는(번역형 모델보다 지역 문화의 비중이 훨씬 높다) 모델. (c) 맥락형 모델-신앙의 전통을 강조하는 모델.

2차 세계대전 후 아시아 기독교 토착 신학 형성에 관한 연구가 상당히 많이 이루어졌다(Anderson, 1976; Elwood, 1976; England, 1981; Honig, 1982). 특히 두 부류의 출판사에서 이 세 유형의 신학을 대변해 왔는데, 한 그룹은 복음주의적 그룹의 아시아 신학 협회(ATA-Asia Theological Association, Ro and Eshenaur, 1984; Ro and Albrecht, 1988; Ro, 1989)이고 다른 그룹은 세계 교회주의 그룹들인 아시아 기독교 회의(CCA-Christian Conference of Asia)와 동남아 신학교육 협회(ATESEA -Association for Theological Education in South-East Asia, Kim, 1981; Yap, 1990; Yeow, 1983; Asia Journal of Theology)이다.

1) 포용적, 다원적, 혼합적, 자유주의 신학. 자유주의 그룹은 고유한 문화적 상황의 상대적 견해를 지역화한 신학들을 포함한다. (a) 김용복이 이끄는 민중 신학은 정치 경제적 독재자들의 억압에 대항하는 한국적 해방신학이다. (b) 카주오 키타모르(Kazuo Kitamor)가 이끄는 하나님의 고통 신학(Pain of God theology)은 2차대전 후 일본의 문화적, 상황적 산물이다. (c) 고야마의 물소 신학은 태국의 실존주의 신학이다. (d) 이종용의 변화/전위 신학은 서양의 상황에서 아시아 상황으로 전환된 신학이다. 이것은 또한 손충센의 "제3의 눈 신학"(Third-eye theology)이라고 불리기도 한다. (e) 크리스천 카르마 마가(Christian Karma Marga)는 인도의 "행동의 길"(Way of Action) 신학과 힌

두교의 선행을 통한 구원을 혼합한 신학이다.

2) 배타적 복음주의 신학. 복음주의자들은 상황화된 성경신학을 개발했다. 알려진 복음주의적인 아시아 신학자들로는 한국의 김데이빗(David Kim), 노봉(Bong Ro), 전호진(Hojin Jun), 조존(John Cho), 김존(John Kim), 오병수(Byung S. Oh) 등과 일본의 우다 쉔(Uda Shen), 인도네시아의 그나나칸(K. Gnanakan), 아트얄(S. Athyal), 아나나칸(K. Ananakan), 수니드라(S. Sunitra), 비내이(S. Vinay), 마란티카(C. Marantica), 말레이지아의 탄 세이(Tan K. Say), 스리랑카의 페르난도(A. Fernando), 위어싱가(T. Weersingha), 대만의 찬(S. Chan), 홍콩의 치앤(W. Chaen), 싱가포르의 슈(J. Hsu) 그리고 필리핀의 타노(R. D. Tano) 등이 있다. 그러나 이 중 아무도 칼빈이나 루터처럼 신학을 체계화시키지는 못했다. 대신 이들은 아시아 상황에 맞는 강력한 복음주의적 선교학을 발달시켰다. 아시아 신학 연합 산하의 많은 복음주의 신학자들이 복음주의적 아시아 신학의 발달을 위해 협력하고 있다.

3. 기독교교육과 아시아 신학. 역사적으로 기독교교육은 내용(content)과 상황(context)이라는 양극단 사이에서 변화해 왔다. 이 둘 중 어느 하나를 강조하느냐에 따라 기독교교육학의 기초를 전통적/정통적 신학, 자유주의 신학, 신정통주의 신학, 급진주의 신학, 수정주의 신학, 또는 신복음주의 신학에 두게 된다. 현재 아시아 신학은 내용보다는 상황을 강조하는 듯하다. 아시아 신학의 교육은 균형을 잘 지켜야 한다.

1) 아시아 문화와 서양 문화의 이해. 아시아 신학은 그 문화적 배경이라는 상황 안에서 이해해야 한다. 일반적인 서양 사회와 아시아 사회의 가장 큰 문화적 차이는 개인 중심 대 공동체 중심이다.

(a) 관계성: 평등주의 대 계급주의. 서양 사람들은 기본적으로 타인을 평등하게 보는 반면, 아시아인들은 계급적으로 본다. 서양 사회에서는 비형식적인 대인관계를 중요시하여, 언어와 행동의 규칙이 덜 복잡한 편이다. 그러나 아시아인들은 형식적 대인관계의 중요성을 더 강조하여 언어와 행동의 규율이 매우 복잡하다. (b) 가치: 개인의 권리 대 공동체의 의무와 책임. 서양인들이 개인의 권리와 독립성, 독자적 판단을 중시하는 반면, 아시아인들은 계급적인 지위와 그 위치가 부여하는 역할의 성취를 강조한다. (c) 태도: 자기주장과 자기표현 대 권위 중시. 서양인들이 개인의 권리 추구와 개인의 감정 및 사고의 표현을 강조하는 반면, 아시아인들은 순종과 주어진 역할의 준수를 강조한다. (d) 정체성: 개인의 능력과 성취 대 공동체 안에서의 개인의 위치. 서양 사회가 개인의 능력과 성취와 성공에 중점을 두는 반면, 아시아 사회는 가족이나 회사, 교회 등의 그룹에 속한 개인에 중점을 둔다. 서양인들은 개인의 독특한 자질 개발과 개인의 성공을 위한 주도적 활동들을 장려하지만, 아시아인들에게는 단체의 이익과 연관된 자아 개발과 그룹 전체의 성공이라는 동기가 더 중요하다. (e) 사회화: 능동적 참여 대 관찰과 경쟁. 서양식의 사회화는 결정 과정에 참여하고 감정과 아이디어의 교류를 통해 형성되는 반면, 아시아인들의 사회화는 보고 듣고 행동하는 것이다. 아시아인들은 또한 적극적인 참여보다는 명령과 요구에 따르는 식으로 의사를 교환한다. (f) 사고 유형: 추상적, 분석적, 합리적, 직선적, 세부적, 특정적, 논리적 대 종합적, 직관적, 구체적, 순환적, 포괄적, 인상적. 서양적 사고는 전달자 사이의 연속적인 교류에서 주관과 객관을 구분하듯 감정적인 것과 인지적인 것을 분리시킨다. 교수-학습 상황의 체계가 상대적으로 느슨한 편이다. 그러나 아시아적 사고 유형은 주관과 객관, 감정과 인지가 연합되어 전달자 사이에 우발적이거나 동시적으로 교환된다. 그들의 교수-학습은 고도로 체계화되어 있다. (g) 실수나 죄에 대한 반응: 법(지식), 죄책, 초월성 대 공경, 수치, 사회. 어떤 종류의 실수나 잘못에 대해 서양인들은 개인이 저지른 불법에 대해 사적인 죄책감을 표현하지만, 아시아인들은 공동의 의무와 책임을 다하지 못한 수치감을 표현한다.

2) 아시아 신학의 기독교교육적 과제. 자유주의자들의 포용적이고 위험한 혼합주의와 내용보다 상황을 더 중시하는 입장 때문에, 복음주의 기독교교

육은 성경의 권위를 수호하고 비성경적인 것들을 거부하며 성경에 부합된 개념들을 사용하여 기독론의 특수성을 잘 지켜가야 한다.

기독교교육은 신학을 합리적이고 실제적인 것으로써 명료하게 표현하는 도구가 되어 왔다. 기독교교육은 아시아의 그리스도인들에게 기독교의 진리를 전달할 뿐만 아니라 아시아 상황 속의 그리스도인들에 의해 기독교적 삶의 변화와 진리를 드러내는 일도 해야 한다. 기독교교육은 개인과 사회를 변화시킬 수 있다. 아시아에서 기독교교육은 토착적인 언어와 상황 안에서 이루어져야 하므로 기독교교육도 상황화 되어야 한다.

아시아적 기독교교육의 내용은 친절한 접대와 가족 간의 강한 유대, 성령 사역에 대한 민감함, 부모와 권위에 대한 존경 등과 같은 문화적 가치들을 포함해야 한다. 부정적인 면으로는, 서양인들에게는 큰 문제가 되지 않는 조상과 악령에 대한 이슈들을 다루는 방법 등도 포함해야 한다. 관계적, 직관적, 순환적, 포괄적, 인상적 사고와 학습 유형 때문에 교수 방법 또한 서양과는 달라야 한다. 교육자들은 구체적이고 관계성을 강조하는 이야기들을 들려주어야 한다.

교육적 관점에서 이 특수한 신학을 세 가지 교육적 측면으로 구분해야 할 것이나. 아시아의 기독교 교육자들은 상황 신학을 인지적 측면(지성적)과 혼합적 방법(혼합적 포용적 신학이 아닌)을 통한 감성적 측면 그리고 관계적 방법을 사용한 의지적(행동적) 측면으로 활용할 방법들을 연구해야 한다. 그러므로 아시아 신학은 선교적, 목회적, 교육적일 뿐만 아니라 성경적이어야만 한다.

YOUNG WOON LEE

참고문헌 | G. H. Anderson, ed.(1976), *Asian Voices in Christian Theology*; H. Yung(1977), *Mangoes or Bananas?: The Quest for an Authentic Asian Christian Theology*; D. J. Elwood, ed.(1976), *What Asian Christians Are Thinking*; K. Koyama(1989), *An Introduction to Christian Theology in the Twentieth Century*, vol. II; R. Schreiter(1985), *Constructing Local Theologies*; B. Ro and R. Eshenaur, eds.(1989), *An Evangelical Perspective on Asian Theology*.

아웃리치그룹(Outreach Group).

비기독교인들에게 복음을 제시하기 위해 힘을 합친 기독교단체를 말한다. 신약은 종종 개개인이 협력하여 복음과 여러 사역을 수행한 사실을 기록하고 있다. 예를 들어, 바울, 바나바와 다른 동료들이 이룬 선교팀이다.

아웃리치그룹들은 지역교회나 선교회후원회의 산하에 조직되어 교회 방문자를 섬기거나 특별한 관심 대상인 단체(청소년생활클럽, 유치원생의 자모를 위한 M. O. P. S단체) 또는 복음을 전하기 위한 준비단계 과업(Prison Fellowship's Angel Tree)을 수행한다.

이 모임의 핵심은 비기독교인들에게 전도하는 사명을 가지는 사람들 뿐 아니라 성령께 힘과 은사를 받은 기독교인으로 구성된다는 점이다. 이 목표는 하나님의 사랑을 기독교공동체 외부에 있는 소외된 사람들에게 보여주고 전하는 것이며 이것은 은혜의 사역, 교육적 노력 또는 직접적이고 개별적인 복음을 전하는 것으로 이루어진다.

DANIEL C. JESSEN

아이스너, 엘리엇(Eisner, Elliott, 1933-).

교육학 및 미술학 교수이다. 그는 가르침이 과학적이기보다는 더욱 예술적이라고 주장한다. 최근에는 교육적 실천을 향상시키기 위해 미술에서 유도된 비판적 방법들의 사용에 관한 연구로 알려져 있다. 근자에 그는 미술적 원리에서, 학교와 교실과 교육적 과정을 기술하고, 해석하고, 평가하는 비판적 방법의 실천에 관한 책을 출판했다.

교육 계획과 평가에 널리 알려진 문제와 이슈들을 지적해 내는 기술이 뛰어난 그는 현재 교육에서 활용하는 가정들이 교사들이 다루어야 하는 문제들과 적합하지 않다고 논쟁한다.

아이스너의 주장은 교육과 평가에 관해 지배적인 현대적 사고를 확장시키려는 목적을 가진다. 그는 문화적응과 전문적 사회화의 과정에서 교사들이 의식하지 못하는 사이에 학교교육의 민감하고도 강력한 개념들을 내면화하게 되었다고 주장한다. 이와 같은 개념들이란, 학교를 공장의 부품 조립 라인의 이미지로 보는 것, 합리성을 과학적 발견이라기보다는 과학적 증명(즉 아는 것)으로 축소시키는 것, 중요한 것과 연구해야 할 것들을 결정하는 행동과학을 지나치게 강조하는 것, 가르침의 예술성보다는 기술을 강조하는 것 그리고 학생들의 경험적 질보다는 조작주의(operationalism: 구체적 조작에 의해 정의될 때 과학적 개념은 객관화된다는 것)와 측정을 선호하는 것 등이다.

15권의 책과 300여 개의 전문 소론 등의 다작을 통해 아이스너는 "어떤 교육적 아이디어의 가치를 궁극적으로 알아보는 일은 그것이 오늘날의 학교에서 생활하고 활동하는 사람들의 교육적 경험을 어떻게 해석하며 또 어떤 긍정적인 영향을 주는지 보면 알 수 있다"(1991, 11)고 한다.

아이스너는 교육적 실천은 역동적이고 지속적으로 변화하는 것으로 간주한다. 고정된 해결책도 없고 실천하는 "바른 방법"(right way)이라는 것도 없다. 그는 "모든 어린이에게, 어디에서나, 영원히 적합한 한 개의 교육 프로그램이란 존재하지 않는다. 어린이와 청소년에게 적합한 교육적 가치는 그 프로그램이 고안된 특성들과, 그들이 살아가는 문화적 상황과, 그들과 지역사회가 포용하는 가치들에 의해 결정된다"고 설명한다. 이러한 가치들은 계속해서 유동한다. 결과적으로 "교육자들은 교육적 문제들에 고정된 해답이나, 교육적 목적이나 방법을 단번에 모두 정의하거나 규정하는 일을 기대할 수가 없다"(1994, v).

아이스너는 또한 널리 유행하는 교육 정책들이나 교육과정의 전제들이 가지는 단점들도 명백하게 언급한다. 기독교교육자들은 이와 같은 사실들을 주의 깊게 조사해야 한다. 평가에 대한 책임 있는 사고를 통해 지역 교회와 기독교 고등교육의 계획을 통합할 수 있다.

JAMES A. DAVIES

참고문헌 | E. W. Eisner(1982), *Cognition and Curriculum*; idem(1994), *The Educational Imagination: On the Design and Evaluation of School Programs*, 3rd ed.; idem(1991), *The Enlightened Eye: Qualitative Inquiry and the Enhancement of Educational Practice*.

아카데미(Academy). 교육사를 꼼꼼히 읽어 본 사람은 전 역사를 통해 아카데미라고 알려진 학문 기관이 있었다는 사실을 발견하게 된다. 예수님 시대 이전에 이미 아시아에 그런 교육 기관이 있었다는 기록이 있다. 고대 그리스의 아테네에도 아카데미가 있었고, 존 칼빈의 영향력 아래 종교개혁 당시에도 아카데미라고 불리던 다양한 단계의 학교들이 설립되었다. 이 교육 기관의 조직과 체제는 나중에 미국으로 건너와 식민지 시대 교육의 토대를 이루었다.

1. 아시아. 예수 그리스도 탄생 몇 천 년 전에 중국에 이미 최초의 유사 교육 기관이 있었다는 기록이 있다. 그 당시 중국에는 대중을 위한 공교육 기관은 없었지만, 정부가 사립학교 설립을 격려하여, 국가시험에 응할 자격을 주도록 했다. 초급(elementary), 고등(academies), 심사(examinations), 세 단계로 되어 있었으며 기본적인 학습을 마친 학생은 높은 단계의(Academy) 수업을 받을 수 있었다. 이 아카데미에서 학생들은 조직적 암기, 고전 문학 읽기, 작문 그리고 정부에서 시행하는 시험 준비 등과 같은 고된 학습을 받았다(Frost, 1966).

2. 아테네. 아테네식 교육이 유행하던 B. C. 6세기경에는 부유한 그리스인들은 개인교사들을 고용하여 자녀들을 교육시켰다. 이러한 기본 학습을 통한 전반적인 교육은 어린이가 속한 사회의 건설적인 일원이 되도록 했다. 이 기본 단계를 마치면 둘째 단계의 교육을 받았는데, 이 단계는 주로 귀족의 자녀들만 받을 수 있었다. 이 단계의 교육은 주로 심신 조절과 관련된 학과였기 때문에 전문적인 기관에서 담당했다. 아테네 정부는 공공 실내 체육관을 설립하여 '아카데미'라고 칭하고 청소년들의 심신을 단련시켰다. 이 기관의 책임자(gymnasiarch라고 불림)의 지도 아래 청소년들을 훈련시키고 양

질의 교육을 제공했다(Frost, 1966).

3. 종교개혁 시대. 중세기 유럽에는 정치적으로 통합된 세력이 거의 없었기 때문에 로마가톨릭교회가 광대한 영향력을 가지고 있었다. 종교개혁의 영향으로 교육 기관이 늘어났을 뿐만 아니라, 그 중요성이 극대화되기에 이르렀다. 루터, 칼빈 그리고 쯔빙글리 등과 같은 개신교 개혁가들이 교육을 통해 종교 의식에 미치던 가톨릭의 영향력을 전환시켰다. 칼빈(1509-1564)은 제네바 아카데미를 통해 종교개혁에 주요한 공헌을 하였는데, 이 제네바 아카데미에는 두 단계의 학습 제도가 있었다. 하나는 5세에서 16세 사이의 어린이들을 위한 사립학교이고, 다른 하나는 대학교 수준의 교육을 제공한 공립학교이었다. 교육과정은 인문교육에 치중했으며 학생들은 요리 문답과 성구 암송 그리고 명상과 기도 등 순전한 종교교육을 받았다. 이러한 유형의 교육 방식은 이후 네덜란드의 라이든대학(the University of Leyden in Holland), 영국 케임브리지의 임마누엘대학(Emmanuel College at Cambridge in England) 그리고 미국 매사추세츠의 하버드대학(Harvard in Massachusetts) 설립의 토대를 이루었다(Reed & Prevost, 1993).

4. 미국 식민지 시대. 미국 최초의 사립 중등학교는 17세기 초 보스턴에 세워졌나. 라틴어 문법학교로 알려진 이 학교는 고대 언어와 문학을 중점적으로 교육시켰다(Mayer, 1966). 라틴어 문법학교의 설립 목적은 본래 기독교 사역자 양성이었으나(하버드대학이 1636년 세워졌을 때의 목표), 곧 이 목표가 시대의 흐름에 비해 너무 편협하다는 결론을 내리게 되었다. 그 결과, 벤저민 프랭클린이 1751년 필라델피아에 새로운 타입의 학교를 설립하여 '아카데미'라고 불렀다. 이 아카데미는 광범위한 학습 과정을 채택하여 과학, 미술 그리고 고전 등과 함께 도서 정리와 읽기, 쓰기와 기술 그리고 산술과 같은 실제적인 과목들도 가르쳤다. 비용이 많이 드는 사립학교는 나중에 공립 고등학교 설립의 근간을 이루게 되었다. 최초의 공립 고등학교가 1821년 보스턴에 설립되었는데, 초창기에는 남학생들만 입학할 수 있었으나 5년 뒤에는 여학생들에게도 입학을 허가했다.

아카데미라고 일컫는 학교 기관들은 여러 학자들에 의해 폭넓은 개념으로 연구되어 왔기 때문에 그 학교 당시의 시대적, 역사적 배경을 함께 연구하는 것이 중요하다.

MICHAEL J. ANTHONY

참고문헌 | C. B. Eavy(1964), *History of Christian Education*; E. F. Frost(1966), *Historical and Philosophical Foundations of Western Education*; K. O. Gangel and W. S. Benson(1983), *Christian Education: Its History and Philosophy*; F. Mayer(1966), *A History of Educational Thought*; J. E. Reed and R. Prevost(1993), *A History of Christian Education*; A. E. Sanner and A. F. Harper(1978), *Exploring Christian Education*.

참조 | 아리스토텔레스(ARISTOTLE)

아퀴나스, 토마스(Aquinas, Thomas, 1225-1274).
중세기의 신학자이며 철학자이다. 이탈리아 나폴리 근방의 요새, 로카세카(Rocca secca)에서 태어났다. 어린 토마스는 몬테 카지노(Monte Casino)에 있는 베네딕트 수도회에 속한 학교에 나녔는데 자기 반에서 맨 마지막으로 졸업했다. 후에 그는 나폴리대학에 다녔다. 그가 도미니칸 수도회에 가입하려 하자 이것을 막기 위해 가족들이 그를 꾀어내어 감옥에 집어넣었다. 토마스는 파리로 도주하여 최초의 스콜라 철학자인 앨버트 대왕(Albert the Great)과 함께 공부했다. 그는 앨버투스 매그너스(Albertus Magnus: Albert the Great의 이름-역주)를 따라 콜로냐대학에 갔고, 1250년 도미니칸 수도회의 사제로 안수를 받았다. 곧이어 그는 파리와 이탈리아의 몇 도시에서 신학을 가르치기 시작했다. 이후 나폴리로 다시 초청되어 도미니칸 신학파를 이끄는 지도자가 되었다. 토마스는 48세 때에 미사 집전 중 영적 환상을 보았다고 했다. 그 체험 후, 그는 사제직을 버렸다. 그 후 곧 토마스는 소천했고, 로마가톨릭교회는 그를 성인으

아퀴나스, 토마스

로 추대했다.

토마스 아퀴나스는 성경과 당시 아리스토텔레스 번역물들과 초대 교부들의 저술들을 연구하여 철학에 유용한 신학적 해석의 체계를 세운 스콜라 철학의 대가였다. 토마스는 신앙과 이성의 양립에 동의했는데, 하나님이 그 둘의 자원이라고 믿었다. 신앙과 이성 간의 갈등은 어떤 것이든 논리의 오류라고 했다. 이성으로 하나님을 완전히 이해할 수는 없지만, 하나님의 존재를 설명할 수 있다고 했다. 그는 또한 교회가 국가보다 우월한 것처럼, 신앙이 이성보다 우월하다고 믿었다.

토마스는 『신학대전』(*Summa Theologica*), 『교사론』(*Concerning the Teacher*), 성경 주석들, 아리스토텔레스와 피터 롬바르드(Peter Lombard: 12세기 프랑스의 스콜라 신학자-역주)에 관한 책을 포함하여 30여 권의 책을 저술했다. 『신학대전』은 백만 개의 단어를 사용한 거작으로, 롬바르드의 『판결』(*Sentences*)을 대신하여 로마가톨릭 교리를 담은 교재로 최종적으로 채택되었다.

가톨릭 학교들의 수호성인으로서 토마스 아퀴나스는 신학자이자 교육자였다. 그는 국가의 교육적 책임을 주장했다. 그가 신봉하던 교육 원리 중 하나는 학생들이 가르침 통해 배울 뿐 아니라 그들 자신의 감각과 이성의 능력으로 지식을 발견한다는 것이었다. 교사와 학생의 관계는 의사와 환자의 관계와 같이, 의사들이 환자들에게 자신의 건강을 줄 수 없는 것처럼 교사가 자신의 지식 그 이상을 학생에게 주입해 줄 수 없다는 것이다. 교사의 역할은 학생들이 지식을 쌓도록 도와주는 일이다. 토마스는 인간 지성의 힘을 신뢰했고, 지성의 발달이 창조자를 영화롭게 하는 길이라고 간주했다.

교사는 학습 내용을 잘 알아야 할 뿐 아니라, 학생들이 이미 알고 있는 것들과 알아야 할 것 사이를 연결하면서 단순한 용어로 그 내용을 가르쳐야 하며, 교육과정은 이전의 학습 자료를 복습하는 것으로 시작하여 추상적인 것으로 전개시켜야 하고 단순하고 가시적인 것에서 출발해야 한다.

토마스는 교사들이 자신의 연구를 지속할 뿐만 아니라 학생들의 생활 속에도 들어가야 한다고 믿었다. 토마스가 능동적이고도 학문적인 삶을 지도하고 추구하였음에도 불구하고, 스콜라 철학은 지성을 지나치게 강조했다. 비평가들은 토론과 논쟁은 실제적인 삶과는 무관하다고 단언했다. 형식적 교육과 성품 개발을 돕는 비형식적 교육을 구분하면서 토마스는 그 둘 사이를 가까스로 분리시켰다.

이 지성 우월주의는 14세기에 프란시스(Franciscan) 수도회의 윌리엄(William of Occam: 14세기 영국 태생의 철학자이며 신학자. 그는 "옥캄의 면도날"이라고 알려진 절약의 경제론으로 유명하다-역주)에 의해 비판받았다. 윌리엄은 신앙과 이성 사이에는 공통점이 없다고 가르쳤다. 윌리엄은 교회는 신앙만을 강조해야 한다고 보았다. 그는 루터의 사역과 스콜라 철학의 거부에 영향을 미쳤다.

르네상스가 유럽의 지성 사회에 풍미하여 하나님이 아닌 인간의 영광에 집중할 때, 토마스와 스콜라 철학은 긍정적으로는 기독교교리를 안정시키고, 학교를 설립하고, 신학 연구를 증강시켰고, 부정적으로는 복음의 단순성을 흐리게 만들었다.

ROBERT J. CHOUN

참고문헌 | T. Aquinas, *Summa Theologia*, ed. A. M. Fairweather; idem, *Selections*, ed. A. C. Pegis; G. K. Chesterton(1933), *Saint Thomas Aquinas*; K. B. Culley, ed.(1963), *The Westminster Dictionary of Christian Education*; C. B. Eavey(1964/1960), *History of Christian Education*; E. Gilson, *Elements of Christian Philosophy*; C. Heston(1990), *St. Thomas Aquinas*(cassettes); R. M. Hutchins and M. J. Adler(1952), *Great Books of the Western World*, vol. 54; J. Pieper(1962/1993), *Guide to Thomas Aquinas*; J. E. Reed and R. Prevost, *A History of Christian Education*; C. Turner(1985), *Chosen Vessels: Portraits of Ten Outstanding Christian Men*; W. Walker(1908), *Great Men of the Christian Church*.

참조 | 이그나티우스(IGNATIUS OF LOYOLA); 주지주의(INTELLECTUALISM); 루터, 마틴(LUTHER, MARTIN); 르네상스 교육(RENAISSANCE EDUCATION); 로마가톨릭교육(ROMAN CATHOLIC EDUCATION)

악(Evil). 죄(Sin)를 보라.

안내(Guidance). 상담(Counseling)을 보라

안내하다(Guide). 지도하기(Direct)를 보라.

안락사(Euthanasia). 헬라어 어원으로서 문자적으로는 "편안한 죽음"(good death)을 의미하며, 부드럽고 고통 없는 사망을 유발시키는 행위를 가리킨다. 이 단어의 현대적 활용은 피할 수 없는 고통을 방지하기 위해 고의적으로 생명을 중지시키는 것이다. 1937년 전국 안락사 합법화 협회(National Society for the Legalization of Euthanasia)가 미국에 설립되었지만, 이 주제가 국가적 관심을 받는 데는 한 세대가 걸렸다. 낙태문제를 제외하고 20세기 후반 20년 동안 이 문제보다 더 큰 도덕적 논쟁이 되었던 이슈가 없었다. 주창자들 사이에조차도 두 가지로 의견이 나뉜다. '수동적 안락사'(passive euthanasia)의 주창자들은 치명적인 질병으로 고통 받는 환자의 생명을 인공적으로 유지시키지 않는 것이 윤리적이라고 생각한다. 그 대신, 환자가 죽음을 기다리는 동안 위로와 안도를 제공해 준다.

두뇌활동이 중단된 환자에게 호흡기계의 사용과 같은 적극적 생명유지를 비인간적 생명연장으로 본다. 많은 주에서 친족이나 친구, 법적 자문이 생명유지 기구를 떼어낼 수 있도록 하여, 환자들이 "존엄하게 죽을" 권리를 합법화했다. 1990년에는 미국 대법원에서 생명연장 기구를 떼어낼 수 있는 법적 권리라고 알려진 개인의 요청권에 대해 선언했다. 최근의 법적 활용에도 불구하고, 수많은 의사들이 그들의 히포크라테스 선서 아래 그와 같은 결정의 윤리성으로 갈등하고 있다.

많은 윤리적 딜레마가 사망의 정의를 명료하게 내리는 데서 온다. 이전에는 호흡과 심장 활동의 중단이 공식적 사망으로 간주되었던 반면에, 현대에는 그와 같은 기능이 인공적으로도 유지될 수 있기 때문에 사망이 보다 넓은 의미로 두뇌의 전기 활동이 부족한 것으로 정의된다. '적극적 안락사'를 지지하는 사람들은 생명을 중단하기 위해 적극적인 방법을 사용하도록 주장하며, 그리하여 "존엄사" (mercy killing), "의사가 보조하는 자살"(physician-assisted suicide)이라는 구어적 표현이 생겼다. 미국에서는 적극적 안락사가 범죄이지만, 미시간 주의 병리학자 케보르키안(Jack Kevorkian)은 질병의 말기 환자들이 자살하도록 공개적으로 도왔다. 1991년에 출판된 그의 책, 『처방: 안락사—계획된 아름다운 죽음』(Prescription: Medicide-The Goodness of Planned Death)에서 케보르키안은 "우주시대의 석기시대 의료"와 의사의 보조 자살을 옹호하는 개인적 운동에 대해 언급했다. 1997년이 되기까지 그는 수많은 법정의 결정들을 무시했고, 75명의 환자들을 공개적으로 도와 자살하도록 했다. 그의 변호사 피거(Geoffrey Fieger)와 보조자 굿(Janet Good, 그들이 죽을 때도 역시 보조했다)에 따르면, 그 외의 많은 사람들의 죽음도 보조했다고 한다. 케보르키안(Kevorkian)이 현대의 가장 두드러지게 안락사를 시킨 사람이지만 안락사를 지지하는 더 많은 주창자들이 알려지지 않은 가운데 이것을 실행하고 있다.

건강과 관련된 기업체들은 최근에 제한적 안락사를 찬성하는 성향의 프로그램들을 지지하고 있다. 이 문제에 대한 여론은 지난 25년 동안 강한 반대에서 보다 중립적인 위치로 이동해 갔다. 1995년, 호주의 북부에서(Northern Territory)에서는 세계 최초로 안락사와 자살을 허용하는 법을 알리는 "말기환자의 권리 조례"(Rights of the Terminally Ill Act)라는 법을 통과시켰다. 그리고 2년 후에는 국회(National Senate)에서 이 법을 확립했다. 유사한 법이 미국의 오리건 주에서도 통과되었지만, 법원에서 도전을 받고 유효화 되지 못했다. 네덜란드에서 안락사가 널리 시행되고 있지만 기술적으로는 불법이다. 의심할 여지없이 안락사를 둘러싼 윤리적 토의는 21세기에도 지속될 것이며 "존엄하게 죽음"이 그 말대로 지켜질 수 있는지는 두고 볼 일이다.

DAVID GOUGH

안수(Ordination). 교회가 그리스도를 위해 소명의 부르심을 받은 사람과 전임 사역자로서의 자격을 승인하는 것이다. 교회에서 기독교교육자나 전도사도 안수를 받아야만 하는가? 이 주제는 상대적으로 간단한 질문이다. 중요한 것은 그들에게 맡겨진 무리를 위해 선한 목자로서 사역에 헌신되었는가에 달려 있다. 이들이 마음과 행함으로도 진정한 선한 목자인가(벧전 5장을 보라), 아니면 단순히 프로그램 진행자에 불과한가? 만약 전자라면 이들은 목회자로서 안수를 받아야 한다. 그러나 단순한 프로그램 진행자에 불과하다면 굳이 안수는 필요치 않다.

교단과 지역 교회에 따라 안수에 대한 요구가 다양하다. 교회교육에서 청소년 사역자들과 지도자들은 종종 많은 교단과 지역 교회들로부터 안수에서 제외되어 왔다. 그 이유는 그들이 신학교의 석사학위 과정에서 졸업을 하지 않았고, 이는 '충분히 훈련되지 않은 것'으로 간주하기 때문이다. 그렇기 때문에 종종 안수를 받은 사람들에 의해 어느 부분에서는 열등하게 취급되고 무시될 때도 있다.

그러나 이 주제는 비단 학문적 학위나 교회적 요구차원으로 해석될 것이 아니라 개별적이고 영적 능력의 차원으로, 즉 사역자로 부르신 주의 부르심에 합당한가로 파악되어야 할 것이다. 목회학 석사학위(M. Div)를 받고 목사고시를 통과하는 것이 곧 주의 종으로 적합한 것을 보장하지 않는다. 따라서 중요한 것은 전임 사역에 관련하여 질적 요구를 얼마큼 진정으로 갖추었는지를 본다. 즉 이 요구는 학문적 자질과 사역의 부르심에 합당하고, 능력의 종으로서의 요구이다. 목회자가 되고자 하는 이들은 목회자로서 교회를 위한 적법하고 능력 면에서 자질을 확신해야 한다. 그러기 위해서는 다음의 질문이 대두된다. 주의 사역자로서 거룩한 부르심에 대한 진정한 확신이 있는가? 사역자로서 자신의 은사와 소명을 확증할 수 있는가? 안수 받은 자신의 반박할 수 없는 소명을 확신하는가? 교회는 개별적 소명에 대한 무의미한 고무도장을 찍는 것이라기보다는 오히려 그 사람이 진정 자격이 있는 사람인지 소명을 받은 사람인지 결의하는 것이다.

자질은 어느 전문 영역이든지 중요한데, 특히 직접적으로 사람들의 삶을 다루는 영역은 더하다. 이러한 자질들은 다음과 같은 영역의 이해력을 포괄한다. 구약, 신약의 성경적 해석학, 기본적인 성경신학, 역사신학, 조직신학, 상담학, 양육하는 섬김의 리더십 개발, 효과적인 교수법과 설교 등이다. 아울러 동일하게 중요한 자질은 사람들을 이해하는 능력이다. 사람들의 발달적 필요들, 사회학, 문화, 가치, 사회경제적 상황 등등을 이해할 수 있어야 한다. 목회자는 신학적/성경적 이해와 사람들이 갖는 주제 그리고 어떻게 종의 리더십을 갖는 지도자를 양성할지에 관한 통찰력에 대한 확고한 발판이 필요하다(살전 2:2-13).

안수 목사로서의 소명은 어느 특정 연령이나 특정 그룹에 국한해서는 안 될 것이다. 중요한 것은 한 사람이 주를 위해 전문적인 자질과 보수를 받는 목회자로서 하나님께 이미 안수를 받았으며 이것에 대해 교회에서 승인한다는 것이다.

안수는 주일 아침 설교나 세례, 성만찬, 결혼식, 장례식에만 국한될 수 없다. 안수를 받는다는 것은 말씀과 거룩한 전임 사역자로서 하나님이 너무나 사랑하시는 그의 백성과 세계를 위해 위탁받는 것이다. 안수는 특정 인종 그룹에게만 부여되거나 교회적 기능으로만 되어서는 안 될 것이다. 안수 받은 개인과 지역 교회 또는 교단은 각자의 은사, 능력, 기질 이 모든 것을 지역 교회 성도들의 상황을 고려하여 어느 곳에 효율적으로 사용될지 결정해만 한다.

하나님은 사역을 위해 전문적 자격으로 사람들을 부르신다. 이 자격은 먼저는 하나님께로 온 사명이며, 그 이후에 교회로부터 승인된 것이다. 이 두 가지의 인식이 없이는 전문적 목회를 위해 소명에 대한 정당성에 회의가 들고야 만다. 기독교교육자, 청년부 전도사, 청소년 지도자 그리고 다른 부목사는 전임 사역자로 동등하게 부르심을 받았고, 교회로부터 승인을 받았다는 사실을 숙지해야 한다. 이는 교회가 그들을 진정한 목회자요, 안수하기에 적법한 자요, 전문적 목회자로서 구별되었다는 것을 공증하는 것이다. 소명, 은사 그리고 이 둘에 대한 교회의 인증은 안수에 있어서 중요한 주제이다(행 13:2-4).

JOHN M. DETTONI

참조 | 부목사(ASSOCIATE PASTOR); 성직자(CLERGY); 지도력(LEADERSHIP); 목사/목회자(MINISTER); 여성과 목사안수(WOMEN, ORDINATION OF)

안정성(Stability). "확고함, 영구성"을 가지고 "위치에 고정되고 움직이지 않는 것이다." 교육에서 이 용어는 일반적으로 인간 특성에서 변화의 결여에 적용된다. 이 영역의 고전적인 작품은 벤자민 블룸(Benjamin S. Bloom, 1964)이 쓴 『인간특성의 안정성과 변화』(Stability and Change in Human Characteristics)이다. 그는 어떤 특성들이 비슷한 나이에 안정이 되었으며 환경적인 영향이 개인의 삶에서 특정한 때에 최고에 달한다고 주장했다. 예를 들면, 인간의 키는 삶의 초기에 급속한 속도로 증가하고, 그 초기에 의료 보호, 영양, 운동 등의 영향을 받을 수 있다. 약 21세가 되면 키는 안정이 되고 노년에 이르기까지 거의 변하지 않는다. 육체적인 특징들, 지성, 성취도, 태도 그리고 개성에 대한 안정성들을 아는 것은 교육자들에게 도움이 될 수 있다.

EUGENE S. GIBBS

참고문헌 | B. S. Bloom(1964), *Stability and Change in Human Characteristics*.

알렉산드리아 교리문답학교(Catechetical School of Alexandria). "알렉산드리아 기독교 학교"(The Christian School in Alexandria) 또는 유세비우스(Eusebius: 유대 역사가-역주)에 의해 디다스칼레이온(Didaskaleion)이라고 불리던 이 학교의 기원과 발달을 둘러싼 정확한 세부 사항을 추측하는 일은 쉽지가 않다. 전통에 의하면 성 마가(Saint Mark)가 알렉산드리아에 이 학교를 최초로 세워, 그리스도인으로 개종한 이방인들을 가르쳐서 세례 받을 준비를 하게 했다고 하는데, 정확한 정보는 아니다. 일반적인 여론은 A. D. 185년경에 최초의 교리문답학교가 세워졌다는 사실에 동의한다.

알렉산드리아 교리문답학교

알렉산드리아에 이 학교가 설립되었다는 사실은 매우 중요하다. 예수님의 탄생 300년 전에 알렉산더 대왕이 세운 이 도시는 상업의 중심지이자 유대와 헬라 교육의 중심지였고, 기독교 지식인들의 센터였으며, 고대의 가장 큰 도서관의 가능성을 추측하게 하는 도시였다. 예를 들면, 구약성경이 이 도시에서 헬라어로 번역되었다는 사실로 이 도시의 영향력을 짐작할 수 있다. 이와 같은 학문적 배경에서 교리문답학교의 설립은 시선을 집중시켰다.

이 학교의 최초의 지도자 또는 교장으로 알려진 사람은 판테이누스(Pantaenus)였다. 이 사람은 시실리(Sicily) 태생으로 추측되며, 스토아철학(Stoic: 헬라의 금욕주의 철학-역주)에서 기독교로 개종했다. 그에 대해 알려진 것이 거의 없고 현존하는 저술도 없지만, A. D. 190-202년 사이에 이 학교의 교장이었던 알렉산드리아의 클레멘트(Clement of Alexandria, 로마의 클레멘트〈Clement of Rome〉가 아닌)가 그의 제자였다는 것은 확실하다. 클레멘트와 그 이후 클레멘트의 제자 오리겐(Origen)의 지도력 아래 이 학교는 절정기를 가졌다. 그들 이후로는 헤라클라스(Heraclas), 디오니시우스(Dionysius) 그리고 4세기 경 맹인 디디무스(Didymus) 등이 지도자로 있었다.

새로 개종한 사람들을 가르치는 일이 원래 학교 설립의 목적이며, 학교를 유지하는 중요한 이유였지만 때로는 수준 높은 신학적 지식을 가르치는 학교로 알려지기도 했다. 그 이유의 일부는 발렌티누스(Valentinus)가 제창한 이단 영지주의와 켈시우스(Celsius)와 같은 신 플라톤 철학자들에 의해 기독교가 왜곡되는 것에 항거했기 때문이다. 그런 역할로 이 학교는 성경적 진리의 정당성을 고수하고 지지하기 위해 유행하던 철학들과의 논쟁에 참여했다. 이 학교의 다른 특징들로는, 모든 이성과 진리의 척도로서의 그리스도를(성육신 이전과 이후에 존재하시는) 강조하였고 성경해석에 비유적 방법을 사용했다는 점이 있다.

현재의 서양식 학교 개념에 알렉산드리아 교리문답학교를 포함해서는 안 된다. 그 당시에 철학자들은 그들이 특별히 연구하는 철학의 분야에 명성과 학습 욕구와 기술에 관심을 둔 학생들을 받아들여 가르치는 것이 그 교사의 인기도를 말해주었다. 어떤 수업은 단체로 행하였지만 대부분은 학교 건물이나 학교가 아닌 철학자의 개인 방에서 개인지도를 주로 했다. 이러한 유형, 즉 한 그룹의 학교들이 선생 중심으로 모이는 방식은 판테이누스(Pantaenus)와 계승자들의 방식이었다. 알렉산드리아적인 감각으로 학교란 기본적으로 교육의 한 가지 유형이자 신학적 이해를 위한 장소였다.

오리겐의 제자였던 그레고리 타우마터구스(Gregory Taumaturgus)는 학교를 떠나는 고별사에서 그의 가르침의 전체성을 거듭 강조했다. 오리겐은 인지적 영역의 이상적 훈련뿐 아니라 도덕적 영적 형성도 강조했다. 그는 그리스도께서 본을 보이신 성경적 이상형에 따라 학생들의 삶이 조성되는 데 학습 목표를 두면서 학생들이 새로운 생활 방식을 수용하기를 원했다. 결과적으로 교사들은 학생들과 깊은 개인적 관계를 갖고자 했다. 이러한 교육 방식은 규칙이나 규정된 학습 과정보다는 우정에 그 기초를 두었다. 그러므로 학교에 입학하는 일은 영적인 체제 아래 승복하는 일이었다.

4세기 말경으로 접어들면서 학교의 영향이 축소되었다. 이 일로 중요한 도시였던 알렉산드리아의 규모가 작아지고 마케도니아(Macedonia) 지경에 유사한 다른 학교들이 세워졌다. 때로 학교가 이상주의와 영성을 과도하게 강조한 일과 비유적 해석의 지나친 사용으로 그 영향력을 상실하게 되었고, 결국에는 폐쇄되고 말았다. 그럼에도 불구하고 이 교리문답학교는 기독교 세계에 심오한 영향을 주었고, 강력한 변증학과 기독론의 강조는 칭찬받을 만하다.

D. A. D. MULHOLLAND

참고문헌 │ Eusebius(1965), *The History of the Church from Christ to Constantine*; J. L. Gonzalez(1987), *A History of Christian Theology*; P. H. Henry(1984), *Schools of Thought in the Christian Tradition*; K. S. Latourette(1964), *A History of Christianity*; P. Schaff(1910), *History of the Christian Church*.

알코올 중독(Alcoholism). 의심할 여지없이 미국의 첫 번째 약물 문제는 알코올 중독이다. 통계는 놀라운 사실을 보여준다. 알코올 남용과 만성적인 중독자의 수는 18,000,000명 이상이다. 매일 미국에서는 16,900,000갤런의(1 gallon = 3.7853리터-역주) 맥주와 1,500,000갤런의 위스키를 소비한다. 처음으로 주류를 맛보는 사람들의 10%가 알코올 중독에 빠진다. 청소년 및 청년들의 사망과 사고 원인은 알코올과 관계가 깊다(위 통계학적 자료는 1996년 미국 질병 통제국 〈The Center for Disease Control〉의 발표에 따른 것임).

알코올은 약물이다. 과학적 명칭은 진정제로 분류되는 에틸 알코올(ethyl alcohol)로서, 바르비트로산염(barbiturates)과 트랭퀼라이저(tranquilizers)를 포함한 약물이다. 일단 알코올이 혈류에 침투하게 되면 신경계를 좌우한다. 소량의 알코올이 (맥주 한 캔이 80도의 위스키 한 잔과 같은 양의 알코올을 포함한다) 도취감으로 느긋한 느낌을 갖게 하여, 말하기와 시력, 조정 작용에 영향을 미친다. 다량을 마시면 취하게 되고 그에 따른 반응도 다양하다. 어떤 사람들은 더 사교적이고 들뜬 기분이 되고, 어떤 사람들은 침체되고 공격적이 되며, 적의를 갖게 된다. 알코올 남용으로 의식을 잃거나 호흡 장애를 일으키거나, 심지어 죽기도 한다.

알코올 중독은 집안 문제이기도 하다. 유전적 성향 때문에 알코올 중독에 걸린 부모 밑에 자란 아이들은 알코올 중독자가 될 위험이 매우 크다고 연구가들이 말한다. 그러므로 세대적 견해로 볼 때, 중독증을 중단시키게 되면 그 이익이 배가된다.

알코올 중독에 대한 교회의 반응은 다양하다. 최근에는 알코올 중독증에 걸린 아이나 어른 그리고 그 가족들에 대한 연구가 활발하고, 회복을 위한 단체들이 급증하고 있다. 다수의 단체들은, 50여 년 전 샘 슈메이커(Sam Shoemaker)가 설립한 알코올 중독 방지회(Alcoholics Anonymous)의 12단계법을 채택한다. 청소년 단체는 알래틴 회(Alateen chapters)를 형성했다. 회복 사역(Recovery Ministries), 행운의 집(Serendipity House), 전국 기독교인 회복협회(The National Association of

Christian Recovery) 등과 같은 기관으로부터 관련된 자료들을 구할 수 있다. 새 생명 치료원(New Life Treatment Center)이나 미너스-마이어 병원(Minirth-Meier Hospitals), 라파 병원(Rapha Hospitals), 라이프게이트(Lifegate) 등의 전문적인 기독교 센터들을 통해 치료받을 수도 있다.

오직 그리스도를 통해서만 알코올 중독자들에게 진정한 치유와 구원을 줄 수 있다. 요한복음 11장에서 나사로를 통해 보여주신 것처럼 우리 주님은, 사람들로 하여금 속박과 예속을 풀어 주는 일을 하게 하신다. 사랑과 인내가 알코올 중독으로부터 회복을 가능하게 한다. 교회는 예수 그리스도 안에서 의존과 종속으로 상실된 세상에 희망을 줄 수 있다.

JAMES A. DAVIES

참조 | 알코올 중독자의 성인자녀(ADULT CHILDREN OF ALCOHOLICS); 회복 사역(RECOVERY MINISTRIES); 지원그룹(SUPPORT GROUP); 12단계 프로그램(TWELVE-STEP PROGRAM)

알코올 중독자의 성인자녀(Adult Children of Alcoholics).

알코올 중독자의 성인자녀들은 그들이 가진 여러 가지 성격상의 문제들이 알코올 중독증이 있는 가정에서 성장한 경험에서 유발된다는 것을 발견하고 있다. 1970년대 말, 알코올 중독의 치료법을 연구하던 사람들에 의해서 이른 바 ACoA(Adult Children of Alcoholics의 약자-역주) 증후군에 대한 지식이 널리 보급되었다(Wegscheider, 1981). 연구 결과는 알코올 중독자의 성인자녀들이 모두 다 심각한 것은 아니라고 확증했지만, 그들 중 상당수가 어떤 증상들을 가진 것으로 나타났다. 이들은 정상적인 행동이 무엇인지 짐작은 하는데, 그들 스스로에게 냉정한 판단을 내리거나 즐거운 시간을 보낼 줄 모르고, 어떤 일을 끝까지 해내지도 못한다. 무책임하든지 아니면 매우 책임감이 강하기도 하고, 매우 충성스러워서 그 충심을 받을 자격이 없는 사람들에게까지 충실하기도 한다. 종종 강박 관념에 사로잡혀 과도한 성취, 과식, 과로, 과소비, 과도한 운동 등 중독증의 성격을 가진다. 스스로에 대한 수치심 때문에 계속해서 다른 사람들의 동의와 승인을 찾게 된다.

전문가들은 알코올 중독자 가정에서 자라는 어린이들이 받는 영향을 설명하려고 여러모로 노력해 왔다. 정신분석 이론은 알코올 중독증 가정이 어린이의 자아의식 발달을 질식시켜 "어린이 내면"의 성숙을 저해한다고 주장한다(Whitfield, 1987). 어떤 전문가들은 ACoA의 많은 증상들이 "외상 후 장애"(post-traumatic disorder)로 설명된다고 말한다.

또한 가족 구조(family system) 이론은 알코올 중독 가정이 그 구성원들을 노예화하여, 자기중심적이고 예측 불가능한 중독증의 행동을 하게 한다고 주장한다. 어린이들은 스트레스 때문에 공포와 당황, 퇴행, 분노 등을 겪는다. 경우에 따라, 그러한 방어적 기제와 반응들은 정상적이다. 그러나 어린이의 성격 깊은 곳에 자리 잡은 이러한 증상들은 이후, 고집스럽고 비정상적인 행동과 감정들을 가진 성인으로 만든다.

상담과 자조 그룹(self-help group), 다양한 서적과 기사들이 ACoA의 주요한 치료법이 되어 왔다. '알코올 중독자의 성인자녀'(Adult Children of Alcoholics)의 미국 '알코올 중독 방지회'(Alcoholic Anonymous)는 12단계 모델을 기초로 하여 세워진 국립 기관으로서 전 세계에 수천 개의 지부를 가지고 있다.

교회 역시 ACoA에 모임을 위한 장소를 제공한다든지 기독교 정신에 따른 나름대로의 지원 사역에 참여하기도 한다. 성경적 원리에 기초를 둔 국립 알코올 중독 방지회인 '승리자를 위한 봉사'(Overcomer Outreach)와 같은 단체들이 ACoA를 돕는 사역을 하고 있다.

ACoA로부터 회복하게 되면 스스로의 문제들을 시인하게 되고(이들은 부모를 보고 배우기 때문에 자신의 문제들을 부정하는 것이 보통이다), 하나님께 의탁하여 변화되기를 바라고, 과거의 가정생활을 기억하여(기억을 하지 못하는 경우가 많다) 자신의 성격적인 문제들의 원인을 이해하며, 부모와 그들의 학대에 대해 수용하려고 노력하며, 종속적인(codependency) 관계, 타인과의 그물망처럼 얽힌 불건전한 관계를 극복하려 하고 감정적, 행동적 이슈들을 다루어보려고 노력한다.

  ACoA는 교회의 영적 자원을 필요로 한다. 그들에게 "하나님께 내려놓기"(Letting go and letting God)의 의미는 하나님의 뜻과 목적에 자신을 드리고, 스스로의 한계와 고민을 인정한다는 말이다. 그들이 수치심을 극복하려는 노력은 때때로 스스로를 증명하려는 번민을 동반하는데, 하나님께서 자신을 사랑하신다는 사실을 인식할 때 그 번민을 덜게 된다. 부모에게 거부당하고 사랑받지 못한다는 느낌은 가끔 하나님의 사랑을 받아들이는 것을 어렵게 만들기도 한다. 그러나 다른 그리스도인들의 조건 없는 돌봄과 관심은 하나님의 사랑이 무엇인지 알도록 해준다. 바로 이것이 ACoA에서 가장 바라는 것이고, 교회가 베풀 수 있는 가장 중요한 일이다.

CHARLES M. SELL

참고문헌 | S. Wegscheider(1981), *Another Chance: Hope and Health for the Alcobolic Family*; C. L. Whitfield(1987), *Healing the Child Within: Discovery and Recovery for Adult Children of Dysfunctional Families*.

참조 | 알코올 중독(ALCOHOLISM); 회복 사역(RECOVERY MINISTRY); 지원 그룹(SUPPORT GROUP)

암송 유지(Maintenance Rehearsal). 정보처리 이론(IPT) 내의 작용이다. 정보처리 이론의 기본 틀은 컴퓨터의 정보처리 모형에 두고 있다. 기억은 세 단계를 거치게 된다. 감각기관 등록, 단기 기억(STM) 그리고 장기 기억(LTM) 등. 우리는 단기 기억의 기능을 '암송 유지'(Maintenance Rehearsal)라고 명명한다. 정보는 감각기관 등록을 통해 환경의 자극으로부터 모여지게 된다. 만약 정보가 단기 기억에 의해 주의를 받게 되면, 사고는 그 정보를 무시하거나 거부하거나, 의도적으로 장기 기억으로 넘길 수 있다. 만약 정보가 의미 있는 것으로 결정되면 적극적인 반복과 암송을 통해 기호화되고 장기 기억으로 넘어가게 된다.

  암송 유지는 기억하려는 의지와 함께 정보의 재인식, 연합 그리고 반복과 관련이 된다. 암송과 반복에 의한 기호화는 다음 네 가지 기본적인 접근들과 관계있다. 활동성, 조직화, 정교화 그리고 기억술 등이다.

  활동성: 학습자들은 활동을 통해 기호화할 수 있다. 이것은 알파벳 노래를 부르는 단순한 것이나 기존에 배운 알파벳과 새롭게 배운 알파벳을 연결 짓는 복잡한 것들이 있을 수 있다.

  조직화: 정보는 범주나 유형으로 한데 묶어질 수 있으며 다소 논리적 형태로 정렬되어 기호화를 도울 수 있다. 조직화는 도표, 그림 그리고 절차 과정 등을 사용하여 그 범위가 확장될 수 있다.

  정교화: 새로운 정보는 이미 장기 기억 속에 있는 정보와 연결하여 기호화된다. 의미 있는 정보와의 상호 연결은 나이가 많은 학생들에게 더 이로울 수 있는데, 이것은 단순히 이미 그들이 배운 학습의 양이 많기 때문이다.

  기억술: 새로운 정보를 조직화하고 연결시키는 인위적인 방법은 반복 구조를 제공해 준다. 관찰 가능한 대상, 유희시, 두문자음 그리고 핵심 단어나 어구 등과 같은 기억술 장치들은 인기 있는 인위적 결합 방식이다.

  암송 유지의 목적은 새로운 정보에 관심을 기울이고, 그것에 구조와 의미를 부여하여 충분히 기호화하고, 이미 저장된 정보들과 결합을 시키고, 그것을 장기 기억으로 보내는 데 있다. 이것은 또한 장기 기억으로부터 회복된 정보를 강화하여 결합을 새롭게 하거나 확장할 수 있게 한다.

GORDON R. CLYMER

참고문헌 | W. Yount(1996), *Created to Learn: A Christian Teacher's Introduction to Educational Psychology*.

암시(Hints). 단서(Cues)를 보라.

애정(Affection). 정의적 영역(Affective Domain)을 보라.

앨퀸(Alcuin, 735-804). 영국의 수도사, 교사, 행정가, 샤를마뉴 대제의 친구로서, 왕국을 위한 종교적, 문화적 야망을 추구하는 데 원동력이 되었던 인물이다. 귀족 집안에서 자라난 앨퀸은 요크(York)의 대주교 에그버트(Egbert)와 부주교 베데(Bede)의 지도 아래 라틴의 고전 문학을 공부했다. 782년 샤를마뉴 대제는 요크의 성당 학교에 있던 앨퀸을 불러, 아켄(Aachen)의 프랑크(Frankish) 귀족들을 위한 궁중 학교의 책임자로 삼았다. 왕은 796년 그를 투르의 성 마틴(St. Martin of Tours) 수도원의 대수도원장으로 임명하여, 수도원 학교의 모델을 만들려고 했다.

앨퀸의 저술들은 원론을 담고 있지는 않으나, 기독교적 관점에서 학생들에게 광범위한 교육을 제공하려던 그의 의지를 읽을 수가 있다. 그는 잠언 9장 1절 "지혜가 그 집을 짓고 일곱 기둥을 다듬고"를 3학(trivium: 문법, 수사학, 논리학-역주)과 4과(quadrivium: 산술, 기하학, 천문학, 음악-역주)의 일곱 개 교양과목을 관련시키면서 해석했다. 이후 그의 저서는 고전 라틴어 문법과 논리 등을 요약한 교재들로 사용되었다.

앨퀸의 지도력 아래 요크와 아켄, 투어의 학교들이 발전하였다. 그는 탁월한 행정 능력을 잘 활용하여, 대제로 하여금 그의 영도 아래 교육과 문화 부흥 운동을 진행하도록 도왔다. 역사가들은 왕이 내린 일련의 법령들은 앨퀸이 직접 지도한 것은 아니더라도 그의 영향을 받은 것이라고 믿는다. 예를 들면, 모든 성직자들은 반드시 최소한의 교육을 받아야 한다는 것, 독서 학교의 설립, 아들은 반드시 학교에 보내 적절한 교육을 받게 해야 한다는 것 등이다.

가장 잘 알려진 문헌은 왕이 교회의 지도자들에게 내렸던 조서들이다. 현재 남아 있는 사본 중, 풀다(Fulda)의 수도원장에게 보낸 편지에서 샤를마뉴 대제는 교육받지 않은 수도사들을 꾸짖고 있다. 왕은 그런 일이 성경의 이해와 성경을 가르치는 일을 저해할 수 있다고 우려하면서, 그 성직자를 반드시 교육시켜 제대로 읽고 말하게 하라고 요구했다.

그러나 앨퀸의 가장 큰 공헌은, 그의 기독교적 교수 학습에 대한 열정을 함께 나누었던 풀다의 래버누스 마우러스(Rabanus Maurus)와 같은 그의 친구들이나 제자들의 삶과 저술을 통해 발견할 수 있다. 다른 사람들의 평가와 앨퀸의 수많은 편지들을 통해 보는 그는 결코 진부한 사람이 아니다. 오히려 그는 똑똑하고 존경받는, 시와 수수께끼, 유머와 지혜로 가득 찬 교육의 대가로 보인다. 앨퀸은 세계 곳곳의 남녀들과 끊임없이 편지와 대화를 주고 받았고, 당대 사람들의 복지를 깊이 고려했다. 그는 왕이나 대주교가 그들 권위 아래 사회적, 교육적, 영적 책임을 다하지 못함에 대해 꾸짖기를 두려워하지 않았다. 그들에게 조언하여 성직자를 교육시키고 어린이를 포함, 사람들을 가르쳐 성경을 읽게 했다. 성 마틴 수도원의 수도사들이, 신임 수도원장이 방문객을 떼로 몰려오게 만들었다며 불평을 했다는 사실은 앨퀸이라는 사람의 영향력이 어떠했음을 알 수 있게 해준다.

MARK H. HEINEMANN

야외사역(Outdoor Ministries). 야외 환경은 교육적 활동을 위한 실제 현장으로서 오랜 역사를 갖는다. 야외 사역이 다양화되고 가치 있는 역할을 해왔다는 사실은 그리 놀랄 만한 일이 못된다. 특히 신자의 삶에 그리스도의 성숙된 삶을 찾는 이들에게 더욱 그러하다.

다수 기독교인들에게 영적 여정에서 의미 있는 사건에 대해 물었을 때 수련회, 캠프파이어에서의 결단, 또는 청소년 캠프에서의 설교자를 떠올릴 것이다. 사람들은 비바람 몰아치는 날씨 속에서 한 텐트에서 북적대거나 조용한 숲을 따라 걸어 들어가며 탐험할 때 우정이 싹튼다. 하나님의 창조에 대해 새로운 경이로운 눈으로 발견하고 육체적 어려움을 만나는 경험은 시간과 관계없이 교육과 믿음 형성을 위한 기회를 주고 있다. 결과적으로 기독교 공동체는 교회교육적 노력에 힘을 뒷받침하는 수단으로 야외 사역을 유용하게 이용하여 왔다.

현대적 개화기인 2세기 전으로부터 가장 최근에 이르기까지 즉 오늘날의 기독교 캠프와 수련회 센터에 이르기까지, 야외 사역은 교회 생활에 의미 있는 역할을 담당해 왔다.

야외사역

1. **역사적 발달.** 미국 내에서 기독교 역사를 살펴본 사람이라면 직접적이든 간접적이든 간에 야외사역이 청소년과 성인들에게 영성 형성을 위해 중요한 역할을 담당했음을 알 수 있다.

청소년 캠프의 발달과 역사를 살펴본 한 저자는 청소년 캠프가 미국을 독특하게 만드는 역할을 감당했음을 깨달았다. "청소년을 위한 야외캠프 프로그램은 다른 나라에서 전례가 없다"(Eells, 1986, v). 그러나 반드시 야외 사역에 청소년만을 대상으로 할 필요는 없다.

초창기에는 성인도 야외 사역의 일부분이었다. 대부분의 미국 부흥의 역사는 18세기말과 19세기 초의 캠프 대회를 빠뜨릴 수 없다. 이러한 대회는 복음주의 목적을 분명히 했으나, 성인들을 위한 사회적, 교육적 목적을 위해서도 역시 개최되었다. 가장 유명한 대회가 1801년 켄터키 주 안에 있는 캔리지(Cane Ridge)에서 개최되었고, 이때 모인 군중들은 어림잡아 2만 5천 명가량이나 되었다.

또 다른 뚜렷한 성인 중심의 운동은 1884년 존 H. 빈센트(John H. Vincent)와 윌리엄 레이니 하퍼(William Rainey Harper)에 의해 뉴욕 셔토쿼(Chautauqua) 호수 근교에서 열렸다. 교회학교의 활성화를 고민하던 빈센트는 교사를 위한 훈련과정을 시작했다. 셔토쿼 운동은 성인들에게 집을 벗어나 긴장을 풀게 만드는 야외 환경의 훈련에 참가할 기회를 제공했다.

성인을 위한 초기 경험을 주목해 볼 때 야외 사역이 발달한다는 것은 어린이와 청소년을 포괄하고자 하는 노력의 일환이었다. 19세기 중반까지 다양한 개개인들은 형식적인 교실에서 벗어나서 야외탐험에 적극적이었다. 초기에 조직된 캠핑 프로그램은 1861년까지 정기적으로 개최되었다. 프레드릭 윌리엄 건(Frederick William Gunn)이 그 공로자인데, 그는 코네티컷(Connecticut)의 교장이면서 캠핑 경험이 그의 학교 소년들에게 육체적 발달과 기독교 성품을 배양하는 데 좋은 기회라고 본 사람이다. 1870년대까지 야외 사역은 몇몇 조직들을 통하여 이루어졌다. 이 조직들은 영적인 세대에서 사회의 개선은 곧 기독교교육의 자연스런 발현이라 보는 시각으로부터 기독교인의 명령을 수행한다는 입장을 가지고 있다. YWCA는 1874년 필라델피아에서 소녀들을 위한 캠프 프로그램으로 시작되었다. 1년 후 "시외주간"(Country Week)이 필라델피아에서 개최된 것을 시작으로 하여 "신선한 공기"(Fresh Air)운동이 1877년 뉴욕에서 개최되었다. 이 조직들은 청소년들이 도시 환경에서 벗어나 시외에서 한 주간을 보내면서 하나님의 창조세계가 얼마나 경이로운지 깨닫고, 유익을 갖기 위해서 만들어졌다.

20세기에 들어서야 교회가 야외 사역을 목적으로 하는 교회 소유의 기도원이 주는 이점을 깨닫기 시작했다. 1923년 구세군은 뉴저지 주의 브루밍데일에서 스타 호수 음악 캠프를 열었다. 다른 기관들도 뒤따라서 기독교예배단(Christian Service Brigade, 1937)과 소녀개척자(Pioneer Girls, 현재 개척자클럽〈Pioneer〉, 1939)를 열었다.

1940년대에는 캠핑에 대한 관심이 높아져 갔다. 또한 미국과 캐나다 전지역의 캠프지역 감독자들은 협력방식을 개발하기 위해 비공식 연합회를 조직하기 시작했다. 첫 번째 지역조직으로는 서부협의회(Western Conference)와 캠프협회이다. 이 캠프협회는 1951년 월터 웍켄틴(Walter Warkentien)의 지도력 아래 캘리포니아 주의 흄호수에 위치한 흄호수 기독교캠프가 그 전신이었다.

1963년까지 몇몇 지역 협회들이 함께 모여 기독교캠프와 세계연합협회를 조직하였고, 1968년에는 그 명칭을 줄여서 세계기독교캠핑(CCI)으로 개명하였다. 현재 세계기독교캠핑은 미국전역에서 900개 이상의 캠프와 협회 센터로 운영하고 있으며 6대륙에 걸쳐 회원조직을 보유하고 있다.

2. **야외 사역의 목적(Purpose of Outdoor Ministries).** 초창기 시작부터 공통으로 인식되어 온 목적이 있는데 야외 사역의 프로그램의 성장을 가속화하는 것이다. 비록 야외 사역이 많은 형태를 가지고 있고 다양한 경험을 제공한다 할지라도, 4가지 공동의 요소가 처음부터 배경에 있어 왔다.

야외 사역의 가장 뚜렷한 구성요소는 '신체적 영역' 이다. 참가자들은 단순히 교회나 교실 밖으로 나와 자연세계로 들어가는 것이 아니라, 자신들이 형식적인 환경 안에서 맛볼 수 없는 신체적 활동을 접할 수 있는 기회를 가진다. 따라서 팀 스포츠, 해변 활동, 하이킹, 캠핑, 나무 쌓기, 심지어는 오두막에서 식사장까지 걷기 등 이러한 활동은 청소년 또는 성인에게 다양한 신체적 활동을 경험할 수 있는 기회를 주고 있다.

신체적 활동과 함께 '의도적인 노력'이 있다. 이 노력을 통해 참가자로 하여금 일상적 환경에서 벗어나 둘러싼 주변의 세계를 인식하게끔 이끌어 준다. 야외 사역은 창조주 하나님을 느끼도록 하며 그의 창조세계와 통치하심을 깨닫게 한다. 맑은 여름 밤하늘을 보며 공상에 잠기는 평범한 활동, 자연 센터에서 동물들을 돌보며 먹이를 주는 것, 참나무 숲속에서 많은 경이로운 것을 발견하는 것 등을 통하여 작은 아이들과 어른들은 찬양과 경외하는 마음을 북돋운다.

신체적 요소와 의도된 노력과 밀접하게 관계된 또 다른 요소는 '시간' 이다. 참가자들은 생소하게 다른 환경에서 신체적 활동을 경험할 뿐만 아니라 24시간 하루 종일 배움을 경험한다. 많은 사람들에게 야외 사역은 일상적 매일의 삶에서 휴식을 갖는 듯하다. 한 예로 사람들은 스트레스, 시간표, 긴장 등을 벗어나 재충전을 한다. 떠나 있는 동안 야외 사역을 통하여 사람들은 삶의 의미와 중요한 것들에 대해 재음미해 본다.

네 번째 요소로는 '공동체와 함께 살 수 있는 배움의 기회'를 제공한다. 이것은 프로그램의 사회성 측면이고, 다른 세 가지 요소들과 함께 기독교교육 프로그램으로 이끈다. 위의 세 가지 요소는 개별적으로도 성취될 수 있다. 그러나 야외 사역의 공동적 삶의 측면은 참가자들을 하여금 서로 의지하는 삶을 배울 수 있는 방법을 제공한다.

3. 야외 사역의 형태(Forms of Outdoor Ministries).
오늘날 야외 사역에서 가장 뚜렷한 형태는 숙식하는 청소년 캠프이다. 이 캠프는 부모들이 캠프의 스텝들이 잘 돌볼 것을 신뢰하면서 그들의 자녀들을 캠프로 보낸다. 그러나 이 형태는 다양한 형태의 하나일 뿐이다. 기독교교육이 다양하게 세분화되듯이 야외 사역 역시 그러하다.

숙식하는 여름 청소년 캠프와 함께 청소년을 위해 연중 계속되는 새로운 형태의 캠프도 많다. 스포츠 캠프, 학문적 캠프, 승마 캠프, 겨울 캠프 모두 캠핑 프로그램의 일부이다.

숙식 형태뿐 아니라 프로그램들은 광범위한 형태의 여행 캠핑도 가능하다. 여행의 실례로서 카누타기, 자전거 타기, 뗏목타기, 배낭 메고 걷기, 배타기, 버스여행 캠핑 등이 있다. 스트레스 캠핑 또는 생존 캠핑은 또 다른 형태로 참가자들이 자신들의 한계에 도전하는 방식이다.

성인을 위한 야외 사역은 가족 캠핑으로부터 카리브 항해에 이른다. 많은 교회들이 성인 성도의 수련회의 가치를 잘 알고 있다. 수련회는 영적 성장, 결혼 생활을 풍성케 하기, 기술을 늘리기 등의 기회를 제공한다.

성인들을 위한 또 다른 발전하고 있는 영역은 사역 캠프이다. 이 캠프에서 참가자들은 레저용 자동차의 주인으로서 작업현장을 여행하거나 건축, 재건축, 집 단장, 또는 일에 참여하게 된다.

여가 산업과 새로움을 추구하는 미국적 모습의 성장과 함께 할 때, 야외 사역의 새 프로그램 개발을 위한 기회는 무궁무진 하다.

4. 문제아 고려할 점(Issues and Concerns).
야외 사역의 잠재력은 무한하다. 창조적 프로그램과 함께 이 사역의 풍성한 역사는 많은 기회들을 보여주고 있다. 그러나 야외 사역에서 일할 사람이라면 반드시 재고해야 할 문제점을 직면하게 된다.

경제적 비용이다. 참가자들은 보다 세부적인 프로그램과 편안한 환경 그리고 지도자 훈련 등을 기대한다. 이때 기획자는 알맞은 프로그램을 유지하기 위한 수단을 간구해야 한다. 잠재적 비용으로는 특별히 참가자들이 큰 위험이 따르는 프로그램일 때와 기획자가 소송에 대비할 때 필요한 보험금이다.

경제적 문제와 관련하여 질적인 시설에 대한 요구가 증가하고 있다. 성인 프로그램의 기획자는 반드시 참가자를 고려해야만 한다. 장애자 접근이 용의한지, 개인용 목욕시설과 선택 메뉴 등과 같은 조항은 오늘날 성인들의 참여를 요구하는 프로그램에서 반드시 생각해야 할 사안이다.

다른 고려사항으로는 정부의 규제, 양질의 스텝 확보, 참가자 변화 그리고 환경 등이다. 그럼에도 불구하고 야외 사역이 계속적으로 발전하고 있으며 하나님의 피조 세계 안에서 참가자들의 참여를 원한다. 궁창이 하나님의 영광을 선포하는 한(시 19:1) 우리는 야외 사역에 대해 확신하게 될 것이다.

DOUGLAS BARCALOW

참고문헌 | American Camping Association, 5000 State Rd. 67 North, Martinsville, IN 46151. Phone; 317/342-8456; fax: 317/342-2065. Christian Camping International, PO Box 62189, Colorado Springs, CO 80962. Phone: 719/260-9400; fax: 719/260-6398; E. Eells,(1986), *History of Organized Camping: The first 100 Years*.

야외시설(Camping Facilities),

국제기독교캠핑(Christian Camping International)을 보라.

야외활동(Outdoor Activities).

캠핑 시설(Camping Facilities)을 보라.

양심(Conscience).

개인의 윤리도덕적 판단에 이르는 가장 깊은 생각이다. 내적인 인지와 지식, 감성 또는 옳고 그름에 대한 감각이다. 사도 바울은 양심이란 하나님께서 인간의 마음에 써 넣으신 도덕률이며, 사람들의 양심이 이 사실을 증명한다고 했다(롬 2:15). '양심' 이라는 단어는 '의식', '지각' (consciousness)과 같은 헬라어 어원으로, 도덕적 의식을 뜻하는 말이다. 양심은 죄책감과 경멸감, 죄된 행동이나 생각에 대한 후회와, 만족감과 성취감, 정당한 도덕적 행동에 대한 평안함 등을 관리한다.

성경은 하나님의 백성들의 내면에 양심이 자리잡고 있다고 가르치지만, 양심은 또한 조종되고 가르치고 변화될 수 있다는 사실을 암시한다(딤전 4:2; 히 9:14; 10:22; 벧전 3:16). 성령 또한 양심을 자극하신다(롬 9:1). 사회과학자들과 신학자들, 교육자들이 개인의 도덕발달에 대한 견해들을 정리해 놓았다. 에릭슨(Erik Erikson)은 옳고 그름이란 개인이 성인으로 성숙하는 과정에 양극단의 갈등을 경험하면서 학습된다는 이론을 만들었다. 피아제(Jean Piaget)도 어린이 도덕발달의 두 단계 이론을 제안했다. 그는 한 단계를 '도덕성 속박' (morality constraint)이라고 불렀는데, 이것은 자기 중심적인 어린이들이 어른들의 가치체계를 이해하지 못하면서 수용하는 것을 가리킨다. 다른 단계는 '도덕성 협조' (morality cooperation)라 했는데, 이는 어린이가 사회적 상호반응과 보상을 통해 도덕성을 배우는 것이다. 콜버그(Lawrence Kohlberg)의 도덕발달 이론은 세 레벨로, 각 레벨은 두 단계(stage)로 이루어진다. 콜버그의 기본 전제는 도덕성 발달은 어느 정도 인지발달과 관련되어 있다는 것이다. 개인의 추론하는 능력이 증가해 갈수록 도덕적 의식도 성숙해 간다. 파울러(James Fowler)는 에릭슨과 피아제와 콜버그의 이론들을 종합하여, 여섯 단계의 신앙 형성(faith formation) 발달 이론을 제안했다.

MARCIA MACQUITTY

참고문헌 | E. Evans, ed.(1970), *Adolescents: Readings in Behavior and Development*; R. Hunter, ed.(1990), *Dictionary of Pastoral Care and Counseling*; L. Kohlberg(1964), *Review of Child Development Research*; T. Lidz(1983), *The Person: His and Her Development Throughout the Life Cycle*; J. Piaget(1948), *The Moral Judgment of a Child*.

참조 | 신앙발달(FAITH DEVELOPMENT); 콜버그, 로렌스 (KOHLBERG, LAWRENCE); 도덕발달(MORAL DEVELOPMENT)

양육관리(Foster Care).

이혼과 어린이의 현실(Divorce, Children of)을 보라

양육모델(Parenting Models).

자녀들을 양육하는 데 사용되는 접근방법들이다. 특정한 관계 유형들은 양육 방식들로 발전한다. 양육 모델은 성경

적인 기준에 맞추어 살 수 있도록 자녀들 속에 있는 인간의 영혼을 훈육하기 위해 부모들이 사용하는 철학과 방법이 된다. 가정이 자녀가 하나님의 성품을 경험하는 주된, 가장 영향력 있는 곳이기 때문에 성경적인 양육 모델을 갖는 것은 매우 중요하다. 부모가 아이를 대하는 방식은 하나님과 갖게 되는 모든 관계 유형에 대해 아이가 갖게 되는 미래의 지각에 영향을 미친다. 부모가 자녀를 양육하는 데 택하는 접근법은 그 자녀가 갖게 되는 하나님, 자신 그리고 다른 사람들에 대한 견해에 영향을 미친다. 양육 모델의 첫 번째 정의는 지원과 통제 변수들을 다루는 반면, 두 번째 부분은 양육을 내용과 행동 표에 따라 분석하게 된다. 두 측면 모두 다른 양육 모델을 정의하는 데 도움이 되며 성경적인 관점으로 통합될 수 있다.

자녀와 갖는 부모의 상호작용은 다양한 수준의 지원과 통제를 가진다. 지원은 자녀로 하여금 사랑받고 있다는 것을 느끼도록 해주는 것으로 정의된다. 이것은 단순한 말의 수준을 넘어 아이 자신의 관점과 경험으로 이해되는 가치와 수용을 전달하는 관계 형성을 포함한다. 통제는 순종을 통해 아이에게서 바람직한 행동을 조정하는 것으로 정의된다. 이 통제는 강요에서부터 논리적인 추론에 이르는 많은 기술들을 통해서 생겨난다. 가장 건강한 형태의 통제는 확고한 한계선, 적당한 대응 그리고 아이가 자신의 행동에 대해 책임을 질 수 있도록 힘을 실어주는 선택사항들의 설정에 기초한다. 네 가지 유형의 양육 모델이 지원과 통제의 변수를 사용하는 것으로 밝혀졌다. 권위형, 허용형, 방임형, 적극형 등이다.

권위주의적인 부모들은 통제는 엄하게 하지만 지원은 잘 하지 않는다. 이런 유형의 가족은 분명한 통제의 위계질서를 갖고 있으며 가정을 엄한 규칙과 규율로 유지한다. 규칙의 실행은 아이들이 두려워하는 어른들에 의해 신속하게 이루어진다. 자녀들은 사랑이 매우 조건적이며 성취와 정해진 기준에 순응하는 것에 기초한다고 배운다. 권위주의적인 부모들은 자녀들의 행동을 통제하기 위해 아이들과 관계를 가지는 데 매우 공격적인 양상을 띤다. 이것은 아이들을 벌하고 위협하여 순응하도록 만들기 위해 개인적인 공격과 위협을 사용하는 것으로 묘사된다. "묻지 말고 하라는 대로 해!"라든지 "내가 말했기 때문이야"라는 구절들이 사용되는데 이것들은 종종 부모들에게 통제 의식을 주는 것으로 여겨진다. 이러한 모델의 기초에는 아이의 기를 누르거나 꺾기 위한 부모의 필요가 자리하고 있다.

두 번째 모델은 허용적인 양육 방식으로서 지원은 많이 해주지만 통제는 잘 하지 않는다. 이러한 모델에는 규칙들이나 지침들을 정하거나 실행하는 데 뚜렷한 구조가 없다. 체벌과 보상이 분명하지 않고 일관성이 없기 때문에 자녀에게 어떤 주어진 행동의 결과가 어떠한지를 모르게 만든다. 감정이 부모들의 행동을 좌우하며 그 결과, 사랑은 매우 조건적이라는 생각을 갖게 한다. 허용적인 부모들은 자녀의 행동을 다루기 위해 간접적이거나 감정적으로 호소함으로써 적극적이지 못한 양상을 띤다. 이 모델은 "오늘 밤에 일찍 들어오는 것이 어때?"와 같은 수사학적인 질문의 형태를 띤다. 이러한 부모들은 자신들이 원하는 것을 미묘하게 표현하며 자신들은 스스로가 친절하다고 생각하지만 자녀에게는 간접적인 의무감을 갖게 만든다(Osborne 1989).

세 번째 유형의 양육은 방임형이다. 이 모델은 지원도 낮고 통제도 낮은 형태이다. 모든 모델들 중에서 이 모델이 자녀의 기를 가장 많이 꺾는 모델이다. 양육과 지침의 결여는 자녀의 가치를 떨어뜨리기 때문에 그 자녀는 삶의 안정과 중요성을 찾기 위해 외부 세력에 눈을 돌리게 된다. 그 자녀로 하여금 좋든지 나쁘든지 모든 권위에 순응하게 만드는 강한 욕구는 사랑받고 싶어하고 소속감을 갖기 원하는 자녀의 필요에서 생겨난다.

네 번째 모델은 적극적인 양육 방식으로서 높은 수준의 통제와 높은 수준의 지원을 혼합한 형태이다. 이 방식은 그들 자신의 행동에 책임을 지는 능력을 가진 건강하고 잘 적응하는 성인들을 만들어낼 가능성이 가장 큰 모델이다. 이 모델의 특징은 지원형 상호작용망을 구축하여 융통성이 있을 뿐만 아니라 창의적이고 건설적이며 책임감 있는 행동에 도움이 되는 환경을 만든다(Coloroso 1990).

규칙들은 명백하게 명시되며 논리적, 현실적 그리고 체험적인 결과들이 뒤따른다. 훈육은 자녀가 미래에 성숙해지는 것을 목적으로 하여 애정 어린 권위로 행해진다. 자녀들은 고유한 위엄과 가치를 갖고 있기에 용납되고 사랑받고 있음을 느낀다. 자녀들이 이렇게 느낄 때 그것은 자녀가 유능하고 협조적인 사람이 되도록 격려하며 그 자녀가 어른으로 성장할 때에 스스로 생각할 수 있도록 도와준다.

적극적인 유형의 부모들은 자녀의 행동을 다루는 데 단언적인 유형의 상호작용을 이용한다. 부모들은 자신들의 기호와 소원들에 대해 분명한 입장을 가지며 그들이 원하는 것을 직접적으로 말한다. 그들은 "… 할 때 나는 좋다", "나는 … 을 바란다" 그리고 "나는 … 하지 않을 것이다"와 같은 표현들을 사용한다. 이러한 유형의 부모들은 그들의 요구를 분명하게, 또한 부모나 자녀 둘 중 그 어느 누구에게도 승리나 패배를 강요하지 않는 방식으로 말함으로써 행동의 변화를 기대한다. 이렇게 함으로써 자녀들이 스스로 선택하여 그들의 행동의 유익 내지는 결과들을 거둘 수 있게 해준다(Osborne 1989).

권지(Guernsey)는 이러한 양육 방법들의 효과들이 네 가지의 적합한 범주 즉 자기 가치, 권위에 대한 순응, 종교성 그리고 반문화(counterculture)와의 동일시로 평가되는 것으로 제시한다. 기독교 세계관을 염두에 두는 성경적 양육은 전인적인 자녀 양육을 모색해야 한다. 영적, 사회적, 심리학적, 육체적 그리고 도덕적 필요들을 충족시켜주기 위해서 부모는 하나님의 성품을 자녀에게 본으로 보여주어야 한다.

적극적인 부모들은 가장 높은 자존감과 안정감을 가지고 자녀들을 양육한다. 허용적인 부모들이 그 다음 순위를 차지하고, 권위주의적인 부모들은 자녀들에게 세 번째로 높은 수준의 자기 가치를 만들어준다. 방임형 양육 방식은 자녀들의 자기 가치와 안정감에 가장 해로운 형태이다.

권위에 대한 순응의 측면에서 적극적인 부모들은 일반적으로 사회의 규범들을 따를 수 있고, 책임감 있는 성인들이 될 수 있는 자녀들을 양육한다. 적합한 형태의 권위에 자녀들이 순응하도록 중재하는 능력에서는 허용적인 부모들이 두 번째, 방임형 부모들이 세 번째, 권위주의적인 부모들이 네 번째이다.

자녀들에게 그들의 신앙을 성공적으로 물려주는 부모들은 적극적인 양육 방식을 갖고 있다. 허용적인 부모들은 두 번째로 가장 큰 영향력을 갖고 있으며 방임형과 권위주의적인 부모들은 각각 세 번째, 네 번째를 차지한다.

반문화와의 동일시라는 마지막 범주는 바람직하지 못한 특징으로 권위주의적인 양육 형태와 방임형 양육 형태가 가장 높은 점수를 받았고, 허용적인 부모들이 세 번째를 차지하고 있다. 자녀들이 파괴적인 반문화에 가담하는 것을 막는 데, 가장 큰 성공률을 보여준 부모들은 적극적인 부모들이었다.

다른 양육 모델의 효과와 함께 이 연구는 성장과 건강이 높은 수준의 지원과 통제에 달려 있다는 개념을 확립시키는 데 도움을 준다. 자녀들은 자신들이 깊이 사랑받고 있기 때문에 규칙들이 그들 자신들의 유익을 위해서 만들어진다는 것을 배울 필요가 있다. 선택의 결과와 보상은 자녀들에게 힘을 실어주는데, 그 이유는 자녀들이 그들의 결정과 행동이 자신들 뿐만 아니라 다른 사람들의 복지에 영향을 미친다는 것을 경험하기 때문이다.

양육 모델 정의의 두 번째 부분은 발즈윅(Balswick)이 소개한 개념들을 통합시키고 있다(1989). 그들의 연구는 행동과 내용의 변수를 중심으로 발전한다. 행동을 강조하는 부모들은 자신들의 자녀들에게서 보기를 원하는 행동들과 가치들을 삶 속에서 행한다. 내용을 강조하는 부모들은 이러한 행동들과 가치들을 말로 표현하고 가르친다. 행동과 내용의 상호작용을 통해서 생겨나는 양육의 네 가지 방식은 소홀히 하기, 가르치기, 본을 보이기 그리고 제자 만들기 등으로 기술된다.

자녀들을 방임하는 부모들은 행동과 내용을 강조하지 않을 뿐만 아니라, 바라는 가치 내지는 행동들에 대한 지침을 주지도 않으면서 그러한 것에 대한 본을 보이지도 않는다. 이러한 유형의 양육은 자녀들에게 따를 수 있는 본보기를 주지 못하며 자녀들이 성인으로 자라갈 때 그들을 인도할 수 있는 진리를 전혀 제공하지 못한다.

가르치는 양육 모델 또한 행동을 강조하지 않지만 내용은 강조한다. "내가 행하는 대로 행하지 말고 내가 말하는 대로 행하라"라는 표현은 자녀들이 부모들에게서 받는 메시지를 잘 나타내주는 것이다. 자녀들은 종종 부모들에게서 설교를 듣는다는 느낌을 갖게 되는데, 그 결과 부모들의 행동과 삶 속에서 불일치 내지는 잘못들을 볼 때 자녀들은 그들의 부모들에 대한 존경심을 잃게 된다. 소홀히 하기와 가르치기 양육 모델은 일반적으로 자녀들에게 나쁜 영향을 미치며 하나님께서 자녀들과 관계하는 관계 유형을 잘못 나타내준다.

본을 보여주는 부모들은 행동을 강조하며 기대되는 행동의 시범을 보여주지만 내용은 빈약하다. 이러한 부모들에게 가치들을 말하는 것이 본을 보여주는 것만큼 중요하지는 않다. 그 이유는 이러한 부모들이 삶의 양식은 가르치는 것이 아니라 보고 배우는 것이라고 믿기 때문이다. 이 모델의 유일한 단점은 자녀가 새로운 경험을 직면하게 될 때 자신의 결정을 도와주는 원리를 가지고 있지 않다는 것이다.

제자 만들기는 이렇게 동일하게 높은 수준의 행동을 취하고, 그것을 높은 수준의 내용과 결합시키면서 자녀에게 삶의 바람직한 행동 유형들에 필요한 본보기와 지침을 제공해 준다. 이것이 가장 바람직한 양육 모델인데, 그 이유는 부모들이 원하는 가치들과 신념들을 잘 표현해 줄 뿐만 아니라 자녀가 경험할 수 있는 일관성 있는 이야기 속으로 그것들을 통합시켜주기 때문이다. 그러므로 자녀들이 어떤 행동에 대한 이유를 이해하기 전에 그들은 "방법"을 경험하게 되며 과거의 경험에 기초하여 긍정적인 선택을 하게 되는 배경을 가지게 될 것이다. 자녀가 자람에 따라 부모들은 특정한 삶의 양식들에 대한 이유를 설명해 주고, 그 결과 일관성 있는 삶의 철학이 뿌리를 내리게 된다.

자녀들이 하나님에 대해 경험적인 지식을 갖는 데 부모가 미치는 영향을 고려해 볼 때 이러한 제자 만들기 개념은 중요하다. 지적 내용 그 이상으로 부모는 하나님께서 자녀들에게 요구하시는 바로 그 표준을 자녀들에게 본을 보여주는, 하나님과의 깊고도 안정된 연합에 대한 관계적인 측면을 경험할 필요가 있다. 자녀들은 자신들의 부모들을 통해 그러한 막대한 지원, 통제, 행동 그리고 내용을 경험할 때 그들이 경험한 사랑과 신뢰를 그들의 하늘 아버지에게 전이시킬 수 있게 된다.

JUDY TENELSHOF

참고문헌 | J. O. and J. K. Balswick(1989), *The Family: A Christian Perspective on the Contemporary Home*; B. Coloroso(1990), *Kids are Worth It!*; P. Osborne(1989), *Parenting for the 90s*.

참조 | 훈육과 가정교육(DISCIPLINE, FAMILY); 모델링(MODELING)

어거스틴(Augustine, 354-430).

396년부터 430년까지 아프리카 히포의 주교(bishop)였다. 그는 니케아 종교회의(Nicene) 이후의 교부들 가운데 가장 위대한 사상가로 인정받는다. 태게스트(Tagaste, 지금의 알제리아의 소우크-아하라스 〈Souk-Aharas, Algeria〉)의 중류 집안에서 태어나, 어릴 때 수사학을 배웠다. 진리를 알기 위해 키케로(Cicero)의 저작을 공부하고 마니교(Manicheism: 창시자 Mani의 이름을 딴 이분법적 엉지주의 이단-역주)에 심취했나. 밀라노의 암브로우즈 주교(Bishop of Ambrose of Milan)의 설교의 영향과 자신의 신비로운 체험 이후, 32세에 그리스도인이 되었다. 391년 어거스틴은 히포(지금의 보니〈Bony, Algeria〉)로 이주하여 사제가 되고 이후 주교가 되었다. 주교로서 그는 수도원과 사역자 양성을 위한 학교를 세웠다.

어거스틴의 철학과 교육적 저서들은 기독교교육에 큰 공헌을 했다. 서양교회사에서, 어거스틴은 신플라톤주의와 바울신학을 잘 접목시켰다. 그는 우주의 질서정연한 체계 안에 존재와 가치가 공존한다고 믿었다. 이 우주적 질서는 하위의 존재가 상위의 존재에 복종하기를-육체는 정신보다 하위이고 정신은 하나님보다 하위이다-요구한다고 했다.

그는 철학적으로 어디에서 진리를 발견하든지 결국에는 그 진리가 하나님으로부터 온다는 사실을 발견하게 된다고 주장했다. 한 철학자가 진리를 만들어내는 것이 아니며 하나님 말씀의 현현이신 그리스도께서 "내재하는 선생님"(inward teacher, magister interior)으로서 철학자가 진리를 들을 때 그 진리를 알게 된다고 했다.

교육사상가로서 어거스틴은 세대를 초월한다. 그는 심오한 이성의 추구와 하나님이 움직이시는 열정적인 마음의 감동을 잘 결합시켰다. 인간 이성의 힘이 인간을 동물과 구분하는 것이다. 그러나 "내면의 빛"에 대한 민감성이 진정한 지혜를 위해선 필수적이다.

마찬가지로 중요한 것은 종교적 진리도 외부에서 찾을 수 없다는 사실이다. 사람은 내적 인식을 통해서만 온전한 앎에 이른다고 했다. "우리의 진정한 선생은 그리스도라는 우리 안에 내주하는 그분이다. 즉 하나님의 불변하는 능력이며 영원한 지혜이다"(The Teacher, 11.38).

어거스틴에게 교육이란 구두적 승인 그 이상의 의미를 갖는다. 교육이란 태도와 행동의 변화를 의미한다. 다른 사람이 주는 지식을 단순히 수용하는 것은 불충분하고, 진정한 배움은 개인의 내적 반응이 있어야 하는 것이라고 했다.

어거스틴은 그의 저서에서 기독교 교사들의 몇 가지 특징들을 강조하고 있다. 교육자들은 교육의 중요성을 인식해야 하고, 진정한 관심을 기울여야 한다. 가르치는 기술을 좋아하여, 강제적이고 권위적 통제가 아닌 격려와 자극을 통한 교육이 되어야 한다고 강조했다. "부드러운 격려의 말로 학생들이 자신의 의견 제시를 방해하는 지나친 두려움을 몰아내야 한다"고 했다. 나아가 교사들은 수줍어하는 학생들에게 "형제간의 교제를 나눔으로" 용기를 주어야 한다고 했다(The First Catechetical Instruction, 13.18).

어거스틴은 그리스도의 삶에서 본보기를 찾아, 교사들이 그들 자신을 내어주고, 학생들이 성숙한 발달에 도움이 되도록 자신의 자질들을 보여주어야함을 강조했다.

방법론적으로 어거스틴은 교사들에게 오감을 사용하라고 강조했다. "나를 가르치는 사람은 내 눈에, 또는 신체 감각과 정신에까지도 무언가를 제시하여, 내가 알고 싶어 하도록 만드는 사람이다"(The Teacher, 11.49)라고 했다.

사려깊은 교사는 피곤한 학생에게 의자를 권하는 등, 자신의 학생들을 위로할 수 있어야 한다. 당시 일반적 상식과는 달리 어거스틴은 "학생들은 처음부터 앉아서 듣는 편이 낫다"고 제안했다(The First Catechetical Instruction, 13.19).

잘 알려진 어거스틴의 경건서적 가운데 진수라고 할 수 있는 『하나님의 도성』(The City of God)에는 두 개의 영적 힘을 상징적으로 그리고 있는데-신앙과 불신-이것은 하나님 창조에 충성하기 위한 투쟁을 말하고 있다. 그의 유명한 『고백록』(Confessions)은 그가 45세에 저술했는데, 이 책은 쏟아져 나오는 참회와 감사에 대한 기도서이다. 그리스도인이 된 이후 죄책감과 부적절함, 회복 중인 죄인으로서의 좌절 등 자신의 영적 갈등에 관한 이야기를 썼다. 지난 16세기 동안 많은 사람들이 그와 유사한 체험들을 겪어왔다. 어거스틴이 만난 은혜를 접했을 때, 사람들 자신도 하나님의 은혜를 신뢰할 이유를 발견하게 된다.

JAMES A. DAVIES

참고문헌 | Augustine, *The Teacher*; idem, *The First Catechetical Instruction*; P. R. L. Brown(1967), *Augustine of Hippo*; E. Kevane(1964), *Augustine the Educator*; W. T. Smith(1980), *Augustine: His Life and Thought*.

참조 | 아리스토텔레스(ARISTOTLE); 초대교회의 교육(EARLY CHURCH EDUCATION); 모델링(MODELING); 플라톤(PLATO)

어린이 교회(Children's Church). 20세기 초반에, 초등학생부터 고등학생에 이르는 연령을 전도하고 예배를 돕기 위해 "연소자 교회"(junior church)를 시작했다. 이것이 현대의 "어린이 교회"(교회 건물의 뜻이 아니라 신자들의 모임이라는 의미의 교회-역주)의 전신이었다. 교인들은 예배와 관련, 어린이의 구체적인 발달 단계적 필요를 찾아보기 시작했다. 구별된 공간을 마련, 어린이들을 초대해서 예배와 교육을 위한 프로그램들을 만들었다. 이것이 학령 전 아동들과 초등학교 어린이를 위한 프로그램으로 정비되었고, 중고등부 학생들은 어른 예배에 참석하도록 했다.

어린이 교회에는 세 가지 모델이 있다. 첫째 모델은 예배와 교육을 통합하여 성경 학습활동과 성경 이야기 듣기, 어린이 찬양 등을 강조한다. 둘째 모델은 어린이들이 가족과 함께 예배드리다가 나중에 어린이 중심의 학습과 예배, 음악을 위한 장소로 옮겨가는 것이다. 주로 어른 예배의 설교 직전에 옮겨간다. 셋째 모델은 주일 학교 첫 시간의 학습을 둘째 시간에도 지속하는 유형으로, 오늘날 이 세 가지 모델들을 개 교회에서 찾아볼 수 있다.

어린이 교회와 관련, 서로 다른 의견이 오간다. 다른 장소에서의 예배를 주장하는 사람들은 어린이의 발달 단계적 필요와 어른 예배의 개념적 본질 그리고 하나님에 대한 어린이들의 관심을 집중시킬 필요 등을 강조한다. 이들은 이야기 듣기나, 인형극, 실물 교수법과 같은 능동학습을 통해 어린이들이 이해할 만한 예배로 인도할 수 있다는 점에서 어린이 예배를 따로 드리는 것이 최상이라고 믿는다. 일부 기독교 출판사에서 어린이 예배를 위한 교육과정을 펴낸다. 일반 예배 내 활동적인 어린이들 때문에 산만해진 어른들의 요구로 어린이 교회를 따로 만들기도 한다. 목사들 역시 종종 성인 회중들만을 대상으로 설교하기 원한다.

다른 일부에서는 어린이들을 규칙적으로 "가족적인" 예배에 참석시키기를 선호한다. 그들은 어린이들이 예배에 참석해야 하나님의 온전한 자녀들로 드리는 예배라고 믿는다. 부모들과 함께 예배에 참석하는 어린이들은 신뢰와 제자도, 청지기 자세와 그리스도의 복음에 대해 배운다. 어린이와 함께 예배하기를 선호하는 사람들은 문화가 가정을 너무 자주 격리시킨다고 말한다. 그리스도의 지체를 격리시키는 것은 평준화된 문화에 굴복하는 것이라고 생각한다. 교회는 예배와 교제로 연합하는 곳이어야 한다. 전체 가족의 예배를 위해 많은 교회들이 반복되는 가사의 현대 음악과, 단순화시킨 기도와 많은 예화와 이야기를 포함한 설교 등으로 체계를 바꾸었다.

어린이 교회는 좀더 많은 연구가 필요한 예배의 선택이다. 교단 신학들이 종종 개 교회들에게 교회에서의 어린이의 역할과 신앙을 양육시킬 교회의 책임에 대한 지침들을 제공해 준다. 교회의 특성에 따라 달리 취급되어야 할 문제이고, 어린이 교회와 관련된 결정을 내릴 때에는 그리스도의 몸으로서의 필요들을 고려해야만 한다.

SUSAN L. HOUGLUM

어린이 기독교교육(Childhood Christian Education). 1. 성경적 및 역사적 배경. 모세는 이스라엘 백성들을 향해 자녀들에게 하나님에 대해 가르치라고 명했다(신 6:6-7). 매일의 의식과 매해의 축제들, 기념일 등 모든 행사를 통해 부모들이 자녀들에게 창조주와 그들의 관계에 관한 본질과 역사를 가르치도록 했다. 시간이 가면서 가정교육이 학교나 회당의 교육으로 대체되었다. 성경적으로 그리고 아직까지도 어린이 종교교육의 책임은 부모에게 있다. 기독교 시대가 시작되었을 때에 헬라 문화가 교육을 광범위하게 확장시켰지만 성경의 내용을 삭제시켜버렸다. 많은 유대인과 그리스도인 부모들은 개인교습을 신뢰했다. 예를 들면, 디모데가 어린 시절 가정에서 받은 교육은 그의 어머니와 할머니의 덕택이었다(딤후 3:15). 로마가 망했을 때 교육의 모든 책임은 교회가 떠맡았다. 전 유럽의 귀족 집안의 어린이들과 종교 생활에 바쳐진 어린이들은 수도원에서 교육을 받았다. 9세기경에는 대성당 학교들이 문을 열었지만 대부분의 사람들은 문맹으로 남아 있었다. 어린이들이 하나님에 대해 배운 것은 대부분 교회의 유리창 장식들과 조각품, 교회극 등을 통해서였다.

르네상스 시기에 교육의 중요성이 강조되었지만 성경내용은 역시 삭제되었다. 종교개혁가들은 성경을 교육과정에 다시 포함시키고 방법을 향상시켰다. 인쇄술을 발명하고, 쉬운 말로 된 하나님 말씀을 포함하는 읽기 자료를 널리 배포한 덕택에 말과 글을 깨우치고 성경 지식이 증가되었다. 교육자

어린이 기독교교육

들과 철학자들은 어린이의 본성과 학습 과정에 대해 관심을 기울고, 연구가들은 아동기 초기의 중요성을 강조하기 시작했다. 공립학교들이 세속화되면서 교회가 어린이 기독교교육을 제공하는 새로운 역할을 담당하게 되었다.

18세기에는 교회 학교가 세워지면서 일주일에 6일 동안 어린이교육을 담당했다. 오늘날에는 주일학교가 공립학교에 다니는 어린이들에게 기독교를 가르치는 역할로 매우 중요하다. 19세기에 미국에서 융성하던 종교 부흥운동 기간 동안 여러 교단에서 유초등학교와 중등학교, 대학과 신학대학원을 설립했다. 어린이들이 증가됨에 따라 그 체계 확립의 필요 또한 증가했다. 교회 학교의 체계와 교육과정과 교사 훈련 등을 위해 수련회와 총회 등을 만들었다.

그 후의 어린이 종교교육은 급격하게 변화했다. 책임연령이 되기 전의 어린이들은 개종이 불가능하다고 믿었고, 어린이들에게는 단순히 죄와 소망 없는 상황에 대해서만 반복적으로 가르쳤다. 어떤 부모들은 자녀들에게 성경 읽기조차 금했다. 그러나 새롭고(어린이에게) 호의적인 견해가 등장했고, 어린이의 마음과 정신에 하나님을 향한 긍정적인 태도를 형성시켜 줄 어린이교육의 가능성을 논의했다.

현재의 어린이교육은 모든 어린이를 대상으로 하는 국제적인 사역으로 발전했다. 교회와 파라처치(parachurch)에서 함께 노력하여, 영적인 필요 뿐 아니라 지적, 신체적, 사회적, 정서적 필요까지도 채워주기 위한 자료도 제공해 준다. 사역의 목표는 어린이에게 하나님 말씀을 가르쳐 예수 그리스도의 구속 사역을 알게 하고 제자가 될 뿐 아니라 제자를 만드는 사람으로 양육하는 것이다(딤후 2:2).

성경의 다른 여러 부분에서도 어린이 종교교육에 대해 언급한다. 예수님의 지상명령(the Great Commendment)은 "모든" 사람을 제자로 만들라고 말씀한다(마 28:19-20). 잠언 22장 6절은 부모와 교사들에게 감수성이 예민한 어린이들을 잘 "양육하여" 나중까지도 그 훈련을 따라 살도록 강조한다. 신명기에는 모세가 어린이들에게 성경의 진리를 매일의 삶에 적용하도록 가르치라고 한다.

2. 목적과 목표. 미국을 포함한 다른 나라들에도 어린이 사역의 목적은 교회와 파라처치들, 즉 기독교 출판사나, 기독교 학교들, 캠프와 클럽 등의 프로그램들에 의해 형성되었다. 지역교회 안에서는 어린이교육이 주로 기독교교육 전문 훈련을 받은 자원봉사자들에 의해 담당되어 왔다. 지역교회의 전형적인 프로그램은 교회학교와 클럽과 수양회 등으로 구성된다. 일부 교회들은 어린이 연령에 맞는 예배를 마련해 주기도 하고, 또 어떤 교회들은 어린이 음악이나 어린이 성가대 프로그램을 운영하기도 한다. 다양한 프로그램들을 통해 어린이들에게 예배와 교육과 교제 그리고 전도의 기회를 주어야 한다(행 2:42-47).

3. 프로그램. 전통적으로 가장 일반적인 프로그램은 교회학교이다. 현대교회에는 방법적으로 광범위하게 진행하고 있지만 전형적인 교회학교 조직은 공립학교와 유사하다. 행정조직도 다양하여 대개 각 반의 교사들은 부장이나 위원회가 보조하고 감독한다. 교육 사역의 대리인은 당회와 같은 교회의 정치 담당부서에서 맡는다. 교회학교의 전통적인 시간대는 아침예배 바로 전이고, 주중에는 창의적인 프로그램들을 통해 어린이들을 돕는다. 일부 공립학교에서는 학과 시간 중 "공개 시간"을 따로 떼어 종교교육을 시키기도 한다. 대부분의 수업은 교회 시설을 통해 되지만, 운동장이나 옥내 프로젝트 등 특별활동을 위해 다른 장소를 사용하기도 한다.

"어린이 사역"이라는 명칭은 1학년부터 6학년까지를 대상으로 한다. 이 안에서 초급반(1-2학년), 중급반(3-4학년) 그리고 상급반(5-6학년)으로 나뉜다. 학년차이가 적을수록 연령별 자료와 방법 사용이 쉬워진다. 교사들은 연령별 교수 방법들을 전문화한 자료들을 사용하도록 훈련받는다. 교실도 연령에 적절하게 가구배치나 환경을 정비한다. 방학 기간을 이용한 여름성경학교도 운영한다. 비록 대형교회들은 수천 명의 교회학교 학생들을 자랑하지만, 대부분의 미국 교회들은 100명 미만의 어린이들을 대상으로 프로그램을 운영한다.

4. 현대 어린이 사역의 도전. 현대의 어린이 기독교교육은 여러 가지 어려움이 있다. 미국은 핵가족의 감소로 부모가 되는 기술을 가르치는 가정 중심

의 사역이 강조되고 있다. 교회에서는 탁아소를 운영하여 일하는 부모들을 돕는다. 인문주의적인 일부 공립학교에서는 기독교 학교를 설립 및 운영한다. 가난한 집안의 어린이들에게는 교육적 필요 이외의 다른 필요도 채워주어야 한다. 교사들이 이제는 차별교육을 하지 않지만, 증가하는 지체 장애아나 정신장애아 사역도 준비해야 한다. 문화적 민감함을 겪고 있는 새로 미국 시민이 된 어린이들도 하나님의 가족으로 환영해 주어야 한다.

현대 기독교교육 실천에 교사들은 과학이 발견해 낸, 어린이 학습방법들을 이용할 수 있다. 학술 연구들은 성경적 가르침들을 증명해 준다. 행동을 변화시키는 교육은 반드시 마음을 열어주기 위해 단순한 지식 그 이상이 되어야 한다. 이러한 인지적 정서적 교육은 삶을 변화시키는 출입구와 같다. 연구가들은 모세의 교훈, 즉 도덕성은 반드시 실생활에 적용가능하여야만 어린이들이 그 연관성을 이해할 수 있다는 점에 동의한다. 능동적인 학습자는 수동적인 청취자 이상이다. 두뇌의 발견하는 기능에 대한 사실로, 초기 형성기에 배운 태도가 평생 지속되므로 부모들은 자녀를 잘 "양육해야" 한다. 바울이 미성숙한 신자들에게 영적 "우유"(milk)만을 주었던 것처럼, 학습내용과 방법들은 연령별로 흥미와 능력에 적절하게 해야 한다. 비록 성령만이 한 어린이의 영적 성숙의 수준과 구원받을 준비 상태를 아시지만 연령별 정서적, 사회적, 지적, 신체적 발달 이론이 평준화되어 왔다. 이 기준들이 교사들에게 가치 있는 안내서가 된다. 학습 스타일에 대한 연구들을 보면 다양한 스타일의 교수법이 필요하다고 지적한다. 광범위한 학습 활동들 즉 음악이나 드라마, 게임, 연구과제, 글짓기, 토론 등을 사용하여 가르친다.

르네상스 이전에 이미 어린이 종교교육에 대한 관심으로 그들의 특수한 필요들을 인식했고, 성경 이야기와 교리들을 단순하게 편집하여 사용했다. 미국에 교회학교가 확립되기 전까지는 연령별 교육과정이 보급되지 않았다. 현대적 교육과정의 등장으로 학생중심의 교육과정이 전통적인 교사중심의 모델을 대체했다.

5. 어린이 이해. 표준화된 연령별 특징과 필요가 교사들이 계획표를 만들고 교실 환경을 정리하고 교수 방법을 선정하는 데 도움이 된다. 어린이를 성인의 축소판으로 취급하는 대신 교사들이 각 발달단계에 따라 특수한 필요에 맞추어 계획을 만들 수 있다. 비록 그 평준화가 연령 그룹에서 평균적인 어린이를 대상으로 한 것이지만, 만약 한 어린이가 평균보다 훨씬 못 미치는 경우에는 교사들이 전문적인 도움을 줄 수 있다.

1-2학년들은 신체 움직임이 매우 활발하므로 넓은 공간과 근육 활동의 기회를 주어야 한다. 이 초급반의 발달을 잘 알고 있는 교사들이 앉아서 듣는 학습과 활동 학습을 잘 조절하여 학습 계획을 만들어야 한다. 신체 움직임의 필요를 채우지 못한 어린이는 학습할 준비가 되어 있지 않다. 학습활동은 10분 이상을 넘기지 말아야 되는데, 그 이유는 초급반의 집중 시간이 나이 당 일 분 밖에 되지 않기 때문이다(예: 6살 어린이는 6분-역주). 초급반 어린이의 기분은 급격히 변화한다. 이 나이의 어린이는 그들의 감정을 이해하고 그것의 등급을 지어주는 교사가 필요하다. 초급반 어린이들은 문자 그대로 사고하므로 교사는 상징적 용어의 사용을 피해야 한다. 이들은 여전히 환상과 실제 사이에서 갈등하며, "따돌림 당하는 것"(left out)에 매우 민감하므로 교사들은 어린이들이 그룹에 잘 적응하도록 도와주어야 한다. 모든 연령에, 특히 어린아이들에게 교사는 자신이 가르치는 것보다 교사 자신의 본보기가 더 큰 영향을 준다는 사실을 기억해야 한다.

3-4학년 어린이들은 기본적인 기술은 터득한 뒤 학습 자체를 즐긴다. 학습은 연령에 적절한 지도나 사전을 사용한 개별 연구학습 등의 읽기와 쓰기를 포함한다. 미술이나 음악은 이들의 민첩한 작은 근육들을 사용하는 좋은 학습활동들이다. 이 중급반 어린이들은 현재를 살고 있기 때문에 성경 말씀도 그들의 생활에 곧바로 적용할 수 있도록 지도해야 한다. 이들은 그룹에 속하기를 좋아하므로 클럽활동을 할 수 있는 최적의 시기이다. 이 어린이들은 규칙이 필요하다는 사실을 이해해야 하기 때문에 그룹 활동은 다루기 쉬운 것들을 선정해야 한다. 이

들은 암기와 합리화하는 기술에 능하므로 교사가 질문을 잘 만들어 그들 스스로 발견하도록 지도하면 잘 배운다.

5-6학년 상급반은 독립성을 향해 나아가고 있다. 이들은 어른들의 칭찬보다는 또래들에게 인정 받는 것에 더 관심이 있다. 또래들의 압력과 세상을 점점 더 알아 가는 이유로 상급반 어린이들에게는 분별력 있는 선택을 하도록 돕는 교사들이 필요하다. 이들은 경쟁을 즐기지만, 합리적인 한계를 가진 경쟁을 하도록 도와야 하고, 경쟁이 의도적 교육의 수단이나 결과가 되지 않도록 주의를 기울여야 한다. 이들은 또한 역사와 지리에 대한 지식이 늘어 가므로 성경역사를 더 많이 가르칠 필요가 있다. 또한 이들은 사회성 기술을 연습해야 하므로 교사들은 단체 프로젝트와 같은 과제를 계획해야 한다. 이들의 학습 흥미를 유지하기 위해 교사는 선택 활동들을 준비해야 한다.

교사는 권위보다는 능력을 주고 촉진하는 역할을 하는 편이 낫다. 현대 학습이 학생중심이기는 하지만, 교사-학생의 관계성이 여전히 기독교교육의 중요한 촉진제 역할을 한다. 성경적 진리는 서로 돌보는 관계성 속에서 가장 효과적으로 배운다. 이 관계성을 잘 발전시키고 유지하기 위해서는 교사와 학생 수의 비율을 합리적으로 유지해야 한다.

어린이 프로그램이 종종 어른 사역보다는 덜 중요하게 여겨지기는 하지만, 이 시기에 그리스도를 영접하는 결정을 가장 많이 내리기 때문에 어린이교육이 중요하다. 어릴 때에 하나님과 교회에 대해 평생 지속되는 태도를 형성한다.

ROBERT J. CHOUN

참고문헌 | J. Capehart(1992), *Becoming a Treasured Teacher*; R. J. Choun and M. S. Lawson(1998), *The Christian Educator's Handbook on Children's Ministry*; idem(1998), *The Complete Handbook of Children's Ministry*; R. E. Clark, J. Brubaker, and R. Zuck(1986), *Childhood Education in the Church*; R. E. Clark, L. Johnson, and A. K. Sloat, eds.(1991), *Christian Education: Foundations for the Future*; K. O. Gangel and H. G. Hendricks(1988), *The Christian Educator's Handbook on Teaching*; R. Habermas and K. Issler(1992), *Teaching for Reconciliation: Foundations and Practice for Christian Educational Ministry*; M. S. Lawson and R. J. Choun(1998), *Christian Education for the 21st Century*; idem(1992), *Directing Christian Education*; J. C. Wilhoit and J. M. Dettoni, eds.(1995), *Nurture That Is Christian*; R. B. Zuck(1996), *Precious in His Sight: Childhood and Children in the Bible*.

어린이 사역 모델(Children's Ministry Models). 아동기의 기본적인 필요와 특성은 변하지 않는다. 학령 전 아동들은 어른들의 관심을 갈망하고, 중학생들은 어른들의 칭찬보다 또래들의 인정에 관심을 두며, 걸음마하는 아기들은 혼자 놀기를 좋아하고, 초등학생들은 클럽에 가입하고 싶어 한다.

어린이교육에 관한 성경적 가르침 또한 변하지 않는다. 어릴 때부터 가르쳐야 한다. 디모데는 유아기 때부터 성경을 배웠다. 학습은 반드시 실생활과 관련되어야 한다. 모세는 이스라엘 백성들에게 공통의 경험 안에서 자녀들에게 하나님에 대해 가르치라고 명한다. 자녀가 아직 어릴 때에 가르치라는 충고는 어릴 때 배운 교훈이 평생 지속된다는 뜻을 의미한다. 초대 교회에 어린이를 위한 형식적 종교교육에 대한 묘사가 없기 때문에, 하나님이 부여하신 아동기의 특성들과 교수방법들은 성경에 토대를 둔 사역 철학 위에 세워진 기반들이다.

과학적 연구결과들이 교육의 과정에 첨가시키는 정보들이, 보다 나은 어린이교육을 위해 성경이 지시하는 것들과 교육 프로그램 구성의 이해를 돕는다.

사회가 변해도 어린이의 기본적 요구는 변하지 않지만, 시대에 따라 특별한 상황에서는 서로 다른 필요들이 대두된다. 이러한 요인들 때문에 교회는 어린이 사역에 균형을 깨뜨려야 할 때도 있다. 교회는 어린이 성장과 학습 과정을 위한 하나님의 계획을 고수해야 하지만, 교회는 또한 그 체계를 바꾸어 줌으로써 사회적 변화에 대응해야 한다. 메시지는 고수하고 방법들은 융통성이 필요하다.

문화 변이와 계몽적인 교육의 실천에 대한 반응으로 많은 지역 교회들이 어린이교육의 새로운 모델들을 개발시켜 왔다. 각 교회가 고유한 요구를 가지므로 모든 교회에 유일한 최고의 모델은 존재하지 않는다.

많은 교회들에게 표준화된 어린이 사역 형식이 잘 적절된다. 이 프로그램은 오전 예배 전의 전통적인 주일 학교에 의해 틀을 잡았다. 어린이반은 보통 3살부터 6학년까지의 연령을 수용한다. 더 어린 아기들은 유아반으로 그리고 십대들은 청소년 반으로 올라간다. 주중 클럽들이 주일 오전의 학습들을 보충해 준다. 여름성경학교와 캠프, 수양회 등이 예배와 교육, 교제와 표현하고 싶은 어린이의 요구를 보강 및 충족시켜 준다. 전통적인 주일 학교 시설 안에서 작은 방들을 통해 연령별 학습 환경들을 수용해야 한다. 넓은 공간에서 큰 그룹으로 모여 예배와 나눔을 할 수 있다. 주일 학교는 일반적으로 45분에서 한 시간 정도 소요된다.

교회가 성장함에 따라 주일학교 반도 이상적인 교사 학생 수 비율을 초과하게 되므로 연령별 학습에 적절하도록 나누어야 한다. 주일 2부 예배가 필요한 대형 교회들도 어린이들을 위한 동일한 주일학교를 운영하든지 주일 학교와 어린이 예배를 연속시키든지 해야 한다. 어른 예배에 어린이를 포함하는 것에 대한 서로 다른 견해로 다양한 대안들이 있다. 어린이 교회를 위한 사역자와 시설을 제공해 줄 수 있는 큰 교회들은 어린이들에게 수준에 맞는 예배를 드릴 기회를 준다. 일부 교회들은 어린이들이 가족과 함께 어른 예배에 오는 것을 선호한다. 또 다른 교회들은 중간 입장을 취해 어른 예배에 어린이를 환영하지만 설교 전에 해산시키기도 한다. 또 다른 형태는 어른 예배에 오는 어린이들에게 크레용과 종이를 나누어 준다.

가족적 학습을 강조하는 교회들은 매주마다 전 연령대가 같은 성경 주제를 다루는 교육과정을 선호한다. 부모들은 그 주제를 한 주간 가정예배 시에 적용한다. 같은 주제로 나아가는 것이 세대 간 주일학교 모델이다. 다양한 연령층이 연령별 학급에서 같은 주제로 공부하고, 다시 함께 모여 그 주제를 토론하고 통찰을 서로 나누고, 함께 예배를 드린다. 세대 간 교육은 가족들끼리 주중에 이루어진다.

봉사를 강조하는 교회들은 다양한 선택의 기회를 준다. 많은 교회들이 버스를 이용해 어린이들을 교회로 데리고 와 연령별로 반을 나누어 가르친다. 때때로 음식을 제공하기도 한다. 다른 교회들, 특히 시설이 비좁은 곳에서는 어린이들이 있는 장소로 가서 성경을 가르친다. 운동장이나 빈 아파트, 상점 앞 등은 교회 시설이 낯선 어린이와 그 가족들을 사역하는 데 활용된다. 이러한 성경공부반들은 종종 사회봉사와 어린이들을 연결시켜 준다.

환경을 좀더 편안하게 만들어 줌으로써 주일 학교에 참석시키려는 노력으로 교회들은 주일 저녁이나 토요일 아침, 또는 주중에 언제든지 참석이 가장 많은 시간을 정해 시간표를 다시 만들고 있다. 전통적인 "주일 학교"라는 명칭보다는 "성경공부"라고 개칭하여도 클래스는 그 원래의 목표대로 이끌어간다.

모든 어린이의 모든 요구를 채워 주기 위한 인적 물적 자원이 부족하다는 인식 아래 대부분의 교회들이 하나 또는 이상의 파라 교회 기관들의 도움을 받는다. 어와나(AWANA) 클럽이나 파이오니아 사역(Pioneer Ministry), 캠프, 교육과정 출판사들도 파라 교회 그룹의 예들이다. 기독교 학교들은 성경공부와 통합된 학습을 제공하고, 일부 공립학교들도 "공개 시간"을 선택하게 하여 주중에 종교 학습을 제공해 준다.

교육과정을 계획하는 사람들은 강의 형식을 학생중심의 학습으로 바꾸어 교육을 향상시키려는 노력을 하고 있다. 교실들은 주제 관련 센터로 꾸미고 교사들은 권위적인 인물이라기보다는 안내자 역할을 한다. 큰 교실에서는 학습활동 센터에서 다른 센터로 이동해 가도록 꾸미고, 크고 작은 그룹별 모임을 쉽게 진행하도록 한다. 학급 크기는 교사-학생 비율을 유지하기 위해 작은 수로 구성한다. 소그룹 활동과 성경공부가 예배와 나눔 시간의 절정을 이룬다. 전통적인 시작 시간의 전체 모임은 어린이들이 도착하는 대로 학습활동에 참여시키는 방식으로 대체되고 있다.

일부 출판사에서는 동일한 주제로 다양한 연령층을 위한 교육과정을 만들어 보급한다. 이러한 프로그램들이 모든 연령의 어린이들을 한데 모아야만 하는 규모가 작은 교회의 필요를 채워 준다. 작은 연령별 학급보다는 큰 학급에 여러 연령들을 섞어 놓기를 선호하는 큰 교회들도 이런 종류의 자료를 사용한다.

모델이라기보다는 이론에 가까운 다른 하나의 방법은 어린이 사역에는 최소의 관심만을 두는 대신 성인 사역을 강조하는 것이다. 어른들이 성경의 지시대로 그 자녀들을 가르치게 되어 있다.

어린이 사역의 최상의 모델은 성경적 원리에 토대를 두고 건전한 교육을 실천하며 어린이의 요구에 맞는 실제적인 평가를 하는 것이다. 종교교육은 특정한 시대나 장소에 제한되어 있지 않고 메시지의 순수성과 그것을 가르치는 이들의 헌신에 달려 있다.

ROBERT J. CHOUN

참고문헌 | R. J. Choun and M. L. Lawson(1998), *A Christian Educator's Handbook on Children's Ministry*; I. V. and K. B. Culley, eds., *Harper's Encyclopedia of Religious Education*; R. Habermas and K. Issler(1992), *Teaching for Reconciliation: Foundations and Practice for Christian Educational Ministers*; W. Haystead(1995), *The Twenty-First Century Sunday School*; M. L. Lawson and R. J. Choun(1998), *Christian Education for the 21st Century*; D. Ratcliff, ed.(1988), *Handbook of Preschool Religious Education*; E. L. Towns(1993), *Sunday Schools That Dared to Change*.

어린이 선교(Missions and Children).

아이들은 선교를 소개받을 때 자기중심성을 넘어 다른 이들에 초점을 두도록 격려받는다. 복음전파의 외부적 사역과 지역교회 너머의 봉사로서 선교는 최고의 중요성을 갖는다. 동시에, 이타주의와 세계화의 태도 또한 고려할 가치가 있다. 이타주의는 다른 사람을 돕는 데 이타적인 관심을 드러내는 태도이다. 세계화의 목표는 교회의 선교와 관련시킬 때 세계의 상호관련성과 상호의존성에 대한 인식과 평가를 발전시키는 것이다.

선교 경험은 교회공동체를 통해 가르쳐진다. 기독교교육 프로그램은 어린이의 선교에 대한 관심을 발전시키는 데 근본적으로 중요하다. 이러한 프로그램의 주요 목표는 선교적 태도와 개념을 가르치는 것이다. 비록 전통적인 프로그램이 해외선교사와 선교의계획에 초점을 두지만, 자신의 문화와 사회가 선교의 관점 안에 포함되어 있는 더 포괄적인 선교 개념을 향한 움직임이 있다.

선교 프로그램은 그것이 아이들에게 가르칠 선교교육을 진술할 때 다음과 같은 다양한 단계의 강조를 포함한다면 적절한 균형을 이룰 것으로 보인다. (1) 하나님이 모든 곳의 어린이와 어른들을 사랑한다는 인식, (2) 세계적 전파사역에 대한 교회의 책임감 인식, (3) 어디서나 복음을 전하려는 개인적인 참여성, (4) 자신의 환경 혹은 즉각적인 환경을 넘어 세계적으로도 선교에 참여함 등이다(ACMC, 1988).

선교 인식은 가정 단위로 집에서 시작된다. 식탁에서의 대화나 가족의 계획된 부분으로서의 헌신은 아이들의 가정과 국제적 선교 노력에 대한 관심을 자극한다. 이 선교에 대한 개방성은 아이들의 지역 교회 사역을 통해서도 더 격려된다.

선교는 그것이 전체적인 교육 프로그램으로 통합될 때 교회생활의 중요한 부분이 된다. 어린 시기는 기본적인 가치와 삶의 관점이 발전되므로 특히 중요하다. 이 기간 동안 가정과 교회는 선교 참여를 위한 이후의 결정에 영향을 끼친다. 선교사들을 조사해 보면, 16퍼센트는 전임 직업선교사로 헌신한 것이 13세 이전이고, 43퍼센트는 직업적 선교사이거나 선교사를 집으로 초대했던 부모를 갖고 있었고, 42퍼센트는 선교대회에서 영향을 받았고, 58퍼센트는 선교사들과 선교현장에 직접적인 접촉을 했고 그들에게 영향을 준 선교서적을 읽었다 (Campbell, 1991).

광범위한 선교 프로그램은 선교정보, 선교동기 및 직접적인 참여의 기회 등을 포함할 것이다. 활동들에는 선교사들의 방문, 봉사의 기회, 선교국가들 연구 및 아이가 직접적으로 타인을 위해 나누어주고 기도하도록 하는 특별한 기획 등이 포함된다. 주별 프로그램을 위한 교육과정에는 종종 선교이야기, 게임, 만들기, 기도 및 음악이 포함된다. 선교교육에서 특별히 전도성 높은 방법론이나 교재는 시각자료, 비디오, 오디오 테이프, 세계인식센터, 편지쓰기, 드라마, 전시회 및 현장여행 등을 포함한다.

돕고, 나누고, 위로하고, 협력하고, 동정을 보여주는 것과 같은 친사회적 행동을 진작시키기 위한 국제 활동들은 "선교 정신"을 위한 기초를 제공한다. 부모들과 교사들은 삶 속에서 본으로 보여줌으로써 그러한 행동들을 강화할 수 있다. 선교교육은 아이들의 매일 경험에 주변적인 것으로 존재하기보다는 직접적인 관련이 있는 상황 속으로 통합될 때 가장 효과적이다.

LILLIAN J. BRECKENRIDGE

참고문헌 | B. Campbell(1991), *I Don't Want to Wait until I'm Grown Up*; G. Dueck(1990), *Kids for the World: A Guidebook for Children's Mission Resources*; J. L. Gibson(1975), *Childhood Education in the Church*; Missions Education Handbook(1988).

어린이 설교(Children's Sermon), 스토리텔링/아동(Storytelling, Children's)을 보라.

어린이 설교(Sermon, Children's). 어린이들의 이해 수준에 맞춘 성경적 신앙의 선포. 어린이 설교는 어린이 예배 때 이루어지는 설교 내지 회중 예배시에 어린이들을 위한 고안된 특정 시간을 가리킬 수 있다.

좋은 어린이용 설교는 다음과 같은 특징들을 보인다.

1. 성경적 토대에 기초한다. 다른 모든 설교와 마찬가지로 어린이 설교는 하나님의 진리를 선포하는 것이다.

2. 예배의 주제를 개발한다. 어린이 교회 프로그램에서 설교는 대개 예배의 주제가 된다. 회중 예배 경험의 한 요소로서 어린이 설교는 예배의 주제를 개발해야 한다.

3. 상대적으로 간략하다. 어린이들은 보통의 어른들보다 집중 시간이 짧다. 그러므로 어린이 설교는 단 하나의 중심 요점만 전할 수 있다.

4. 시각적인 자료들과 예화들을 담고 있다. 시각화에는 그림, 꼭두각시 인형, 책, 사물 등이 포함된다. 경험들과 이야기들은 설교의 개념들과 중심 요점들을 더 잘 이해할 수 있도록 한다.

5. 어린이의 언어로 전달된다. 어휘와 경험들을 어린이 이해 수준에 맞추어서 조심스럽게 선택한다.

많은 교회들이 별도로 어린이 교회 프로그램을 운영하고 있다. 가장 효과적인 어린이 교회 프로그램은 어린이들이 자신들의 수준에 맞게 예배를 드릴 수 있도록 도와준다. 그 예배에는 어른 예배에 포함된 모든 요소들이 포함될 수 있지만, 음악과 성경은 대상으로 하는 어린이들의 수준에 맞추어야 한다. 어린이 설교는 예배에서 중요한 요소이다. 나이가 더 많은 어린이들은 설교의 진행을 따라가기 위해 메모지를 활용하고 싶어 할 수도 있다.

다른 교회들은 어린이들을 예배 동안에 어른들과 떼어놓지 않을 수 있다. 이러한 교회들은 어린이들과 어른들이 세대 간의 예배 경험을 필요로 한다고 믿는다. 이 교회들은 종종 예배시 간략한 어린이 설교를 포함시킨다. 어린이들은 목사나 다른 교역자가 인도하는 어린이 설교에 참여하기 위해서 예배실의 지정된 장소로 가게 된다.

어린이 예배시 설교 제목에 대해서 최근 몇 년에 많은 논의가 있었다. 어떤 사람들은 만일 교회가 가족들에게 실제적인 전도를 하고자 한다면 어린이 교회는 필수적이라고 주장한다. 그러나 다른 사람들은 어린이들이 어른들로부터 떨어지면 어떻게 가치들과 믿음을 효과적으로 가르칠 수 있느냐는 질문을 제기한다. 어떤 교회 지도자들은 두 접근법 모두가 가치 있는 것이라고 결론을 내리고 종종 한 달에 네 번 있는 주일 중에서 세 주일은 어린이 예배를 따로 드리게 하고, 나머지 한 주일은 어른들과 함께 드리도록 하고 있다.

ELEANOR A. DANIEL

참고문헌 | P. M. Adams(1994), *The Sermon for Children*; S. C. Juengst(1994), *Sharing Faith with Children: Rethinking the Children's Sermon*; G. W. Prichard(1992), *Offering the Gospel to Children*.

어린이 성경공부(Bible Teaching for Children).
어린이들은 본래 호기심과 배움에 대한 열정이 많다. 성경의 진리를 그들이 이해할 수 있는 방식으로 가르치면 어린이들은 쉽게 반응한다. 디모데 후서 3장 14-15절에는 어린이들에게 말씀을 가르치라는 명령이 분명하게 쓰여 있다. "그러나 너는 배우고 확신한 일에 거하라 네가 뉘게서 배운 것을 알며 또 네가 어려서부터 성경을 알았나니 성경은 능히 너로 하여금 그리스도 예수 안에 있는 믿음으로 말미암아 구원에 이르는 지혜가 있게 하느니라."

1. 일반적 원리. 성령의 역사로 개인의 영적 이해와 통찰력을 갖게 하지만, 하나님께서는 당신의 창조를 통해서도 섭리하신다. 어린이에게 성경을 가르칠 때 교사는 먼저 그룹의 연령적 특성을 이해해야 한다. 한 어린이가 성경의 내용을 파악하는 능력은 그의 인지적, 사회적, 도덕적 발달에 의해 측정된다.

말씀을 어린이에게 가르치라는 하나님의 부르심에 대한 교사 자신의 준비 또한 중요하다. 기도가 진행 과정에 동반되어야 하고, 적절한 귀납적 연구를 통해 가르칠 본문에 대한 공부와 중심 메시지의 터득과 적용이 필요하다. 어린이들은 자신을 가르치는 교사의 삶에 나타나는 변화의 증거를 보아야, 하나님 말씀에 대한 삶을 변화시키는 도전에 응한다.

길버트 비어스(Gilbert Beers, 1986)는 성경의 진리를 배우는 데 필요한 네 단계를 제안한다. 첫째, 성경이 말씀하는 것을 가르쳐야 한다. 둘째, 어린이는 본문의 뜻을 분명히 이해해야 한다. 셋째, 본문이 어떻게 실제 삶과 연관되어 있는지 가르쳐야 한다. 마지막으로 실제로 적용하기 위해 어린이들을 구체적 단계로 인도해야 한다.

하나님의 영감된 말씀인 성경은 다른 책들과는 다르다. 성경을 고유하게 만드는 것이 바로 "하나님의 감동"이고, 이것은 하나님이 누구신가, 우리는 누구인가, 우리는 어떻게 살아야 하는가 등의 질문에 답을 준다. 어린이들에게 하나님의 말씀이 최종의 권위를 가진다는 사실을 가르쳐야만 한다. 어린이가 자기의 성경을 갖고, 그것을 읽도록 가르쳐야 하며, 만약 성경을 가지고 있지 않으면, 제공해 주고 사용법도 가르쳐 주어야 한다. 성경을 가르칠 때에는 구약과 신약 전체를 통찰할 기회를 주어야 한다(Gangel, 1986).

2. 어린이 성경 교수법. 어린이들은 전 연령에 걸쳐 능동적 참여와 상호반응 그리고 직접적인 체험을 통해 가장 잘 배운다. 오감을 이용한 가르침은 진리의 출입구와 같다. 한 개념을 가르칠 때에는 구체적인 용어로 어떻게 실제로 적용하는지 보여주어야 한다. 진정한 사랑과 수용의 태도로 영적 진리를 가르칠 때 잘 받아들인다. 이러한 기본을 명심하면서 다음과 같은 연령별 특징을 참조한다.

1) **학령 전(1-3세).** 취학 전 어린 아동들은 선생님이 하나님 말씀을 어떻게 다루는지 보면서 성경이 특별한 책이라는 것을 알게 된다. 긴 본문을 이 나이의 어린이들에게 읽어 주는 일이 너무 지루하기는 하지만, 성경 이야기를 들려주는 동안 성경을 무릎에 펴 놓아야 한다. 단순한 방법으로 어린이들이 자기의 성경을 "사용"하도록 도와준다.

어린 아동들은 성경이야기 듣는 것을 좋아하고, 그림이나 인형, 융판, 드라마와 같은 시각 자료를 사용하면 이야기 속에 쉽게 빠져 들어간다. 유아나 걸음마를 배우는 아기들도 간단한 성경 단어와 그림을 이용해 말씀을 가르칠 수 있다. 그리고 성경 말씀과 관련된 직접적인 활동이나 만들기 등을 통해 하나님께서 우리가 어떻게 살기를 원하시는지에 대해 배운 것을 강화시켜 주어야 한다.

2) **유년기 초기(4-6세).** 구약과 신약의 이야기들이 이 연령의 어린이들에게는 매우 매력적이다. 성경의 인물들이 어떻게 하나님께 순종했고 하나님이 그들에게 어떻게 반응하셨는지 등의 이야기 듣기를 매우 즐긴다. 유치원과 1, 2학년 어린이들은 새로 터득한 읽기 기술로 혼자서 또는 그룹에서 성경을 공부하기 시작한다. 교사들은 성경 이야기들의 중심 주제를 강조해 주고, 또 어린이들이 그 이

야기를 재연하고 개인의 삶에 적용할 수 있는 학습 활동들을 제공해 주어야 한다. 이것은 그림이나 드라마, 음악, 게임, 언어를 사용한 화답, 또는 쓰기 등을 통해 가능하다.

3) 유년기 중기(6-12세). 이 시기의 어린이들은 아직도 성경 이야기를 좋아하지만 또한 성경 주제를 놓고 토론하기도 좋아한다. 성경 이야기나 인물, 원리 등을 공부할 때, 이 연령의 어린이들은 질문을 많이 하고 그룹 토의에 참석하기를 즐긴다. 성경을 사용하여 문제를 풀거나 연구도 할 수 있다. 교사들은 어린이 스스로 발견하도록 인도해 주어 어린이들의 인지 능력 발달을 도울 수 있다. 쓰기와 드라마, 만들기, 음악, 대화식 게임 등을 이용할 수 있다.

SHELLY CUNNINGHAM

참고문헌 | M. J. Anthony, ed.(1992), *Foundations of Ministry: An Introduction to Christian Education for a New Generation*; V. G. Beers(1986), *Childhood Education in the Church*; R. J. Choun Jr.(1988), *The Christian Educator's Handbook on Teaching*; D. Eldridge, ed.(1995), *The Teaching Ministry of the Church*; E. Gangel(1986), *Childhood Education in the Church*; L. O. Richards(1983), *Children's Ministry*; idem(1970), *Creative Bible Teaching*.

어린이 성경교육(Teaching Scripture to Children).

하나님은 우리 자녀들에게 그의 말씀을 가르쳐야만 한다고 명령하셨다. 신명기 6장 6-9절은 이렇게 말한다. "그리고 내가 오늘날 너희에게 명령하는 이 말들을 마음에 새기고 그리고 너희는 그것들을 너희 아들들에게 부지런히 가르칠 것이며 너희는 너희의 집에 앉을 때 그리고 너희가 길을 걸을 때 그리고 너희가 누울 때 그리고 너희가 일어날 때 그것들에 대해 말하라 그리고 너희는 그것들을 하나의 징표로써 너희 손에 묶어라 그리고 그것들은 너희 이마에 붙인 표가 될 것이다. 그리고 너희는 너희 집 문설주와 대문에 그것들을 써서 붙이도록 하라." 이 구절들에 따르면, 어린이들에게 말함으로써, 진리들을 삶의 활동들에 연관 지음으로써 그리고 시각적인 상징들을 이용함으로써 교육이 이루어져야 한다는 것이다. 듣는 것, 움직이는 것 그리고 보는 것의 감각들을 이런 방식으로 사용하는 것은 교육학적으로 학습 방식들의 사용이라 일컬어진다. 들음으로써 가장 잘 배우는 어린이들은 청각적 학습자로 일컬어진다. 보는 것을 통해 가장 잘 배우는 어린이들은 시각적 학습자로 일컬어진다. 움직이는 것을 선호하는 어린이들은 촉각적 혹은 운동 감각적 학습자로(만지는 감각을 촉감 그리고 큰 몸집 운동의 필요에 대해 운동감각적이라 부른다) 일컬어 진다. 하나님은 어린이들이 모든 학습 양식을 통해 교육을 받도록 의도하셨다.

모든 어린 자녀들은 촉감/운동 감각적 학습자들이다. 그들은 움직임과 만짐을 통해서 가장 잘 배운다. 성경은 동적인 방법들을(대화식 성경 이야기, 드라마, 공예, 율동곡 등) 통해 어린이들에게 효과적으로 가르쳐진다. 어떤 초등학교 나이의 어린이들은 시각적 학습을 선호하는 쪽으로 변한다. 이런 어린이들은 그들에게 성경적 진리들이 예시되어 질 때(그림들, 융판 자료, 비디오들, 드라마, 사물들 등을 통해) 가장 잘 배운다. 약 10살에서 12살의 어떤 어린이들은 청각적 방법들로 전환된다. 그들은 성경적 진리들이 설명될 때 가장 잘 배운다. 소녀들은 청각적 방법들을 선호하는 반면 소년들은 종종 촉각적/ 운동 감각적 방법들을 선호한다. 연구 조사들은 각각의 학습의 방법들을 선호하는 어린이들의 서로 다른 분포도를 보여준다. 때문에 위의 모든 학습 방법들을 사용하는 교사가 한 그룹의 어린아이들에게 성경을 가르치는 데 가장 효과적일 것이다.

성경을 어린이들에게 가르친다는 것은 그들에게 정보를 주는 것 이상을 암시한다. 성경은 실제로 어린이들이 그 정보를 활용하기 전에는 제대로 가르쳐진 것이 아니다. 어린이들은 성경적 진리를 알고, 이해하고, 그들의 삶에 적용할 때 배우게 된다. 성경을 어린이들에게 가르치기 위해서 교사들은 반드시 어린이들이 어떻게 생각하며, 어떻게 개념들을 이해하며 그리고 어떤 성경적 진리들이 서로 다른 연령층의 어린이들에 의해 배워지고 실행될 수 있는지를 알아야만 한다.

어린이들이 신체적으로 자라고 발달함에 따라 성경적 진리를 생각하고 소유하는 그들의 능력은 변한다. 어린이들은 축소된 성인들이 아니다. 그들은 성인들이 하는 것과는 상당히 다른 식으로 정보를 소유한다. 스위스인으로서 교육 연구가였던 피아제(1896-1980)는 어린이들을 연구하고 그들의 인지발달 단계들을 묘사하였다. 오늘날 그리스도인 아동교육가들은 다양한 연령층의 어린이들에게 어떤 성경적 진리들을 가르쳐야 하는가를 선택하고 그런 진리들을 어떻게 가장 효과적으로 전달할 수 있을까를 결정하는 데 피아제의 네 단계 발달 이론을 사용한다.

피아제는 인생의 처음 2년 동안은 아동들이 그들 주위에 있는 세계에 반응함으로써 배운다는 것을 발견했다. 그들은 그 세계와의 상호관계를 맺음으로써 그들의 감각을 통해 행동 양식을 설정한다. 이런 '감각 운동기'(sensorimotor stage)에서 어린이들은 그들을 위해 안전하고 사랑이 가득한 환경을 만들어 준 사람들을 통해 하나님을 경험함으로써 하나님에 관해 배우게 된다. 이때는 성경 내용을 가르칠 때가 아니라 어린이들을 도와 그들의 세계를 탐험하고 좋은 행동 양식을 발전시키도록 해야 할 때이다.

제 2단계에선(2살에서 7살) 어린이들이 언어 능력을 획득하고 말로써 그들의 생각을 표현할 수 있다. 이 '전조작기'(preoperational stage)에선 어린이들이 특정 세부 사항들을 생각하지만 그것들을 일반화하고 분류하는 데 어려움이 있다. 그들은 오직 한 대상 혹 진리의 한 사상 혹 측면만을 이해하는 경향이 있다. 그러므로 적용은 반드시 구체적이고 명백한 것이어야 하며 일반화되거나 원칙으로서 표현되어서는 안 된다. 이 어린이들은 성경을 배울 수 있다. 그러나 교사는 각 성경 이야기에서 하나의 단순한 진리만을 가르쳐야 한다. 이런 진리는 수업 시간 중에 다른 방법으로 많이 반복될 수 있다. 이때 어린이들은 오직 짧은 시간 동안만 집중할 수 있다. 그러나 이들은 반복을 즐기며 그것으로부터 배운다. 이런 어린이들은 진리를, 오직 자신들의 관점에서만 이해할 수 있다. 그들은 자신에게 직접적으로 관련 있는 진리들만 그들의 세계에 적용할 것이다. 이런 자기 중심성은 다른 사람의 관점에서 사물을 볼 수 없는 어린이의 무능력을 반증하는 것이다. 어린이들은 하나님이 그들을 사랑한다는 것을 배울 수 있다. 그러나 이웃을 사랑하는 것은 그들에게 이득이 될 때에만 가능하다. 그들은 사랑이 어떻게 다른 사람에게 영향을 미칠 수 있는지를 이해할 능력이 없다.

7세에서 11살 어린이들은 '구체적 조작기'(concrete operations)의 기간으로 들어간다. 그들은 매우 구체적이고 문자적인 용어들로써 생각한다. 그러나 그들은 생각하는 능력도 발달시킨다. 아이들이 성경적 진리들을 개념화하는 것이 가능한 때이기에 이 시기는 중요한 전이의 시기이다. 그러나 개념화는 특별한 상황에 제한되고 구체적인 예를 통해서 가장 잘 설명이 된다. 그들은 생각들을 개념으로 분류하는 능력을 보유하게 된다. 관계들과 범주를 이해할 수 있는 이런 능력은 어린이들로 하여금 진리들을 취하여 사용가능한 원리들로 형성하도록 해준다. 이런 어린이들이 분류를 할 수는 있지만 어떤 특정한 항목들을 같이 범주화해야 하는지를 아는 데는 도움이 필요하다. 한 예로 그들은 친절의 개념을 이해하지만 친절한 행동을 구분해내는 데는 도움이 필요할 것이다.

개념 형성은 여러 가지 상호 연관된 사건들, 경험들, 또는 생각들이 논리적으로 하나의 일반적인 생각 아래에서 함께 연결될 때 발생한다. 예를 들어, 정직의 개념은 진실을 이야기해 주는 것, 진실한 방법으로 행동하는 것, 진실을 숨기지 않는 것, 또는 속임수를 쓰지 않는 것 중심으로 이루어진다. 교사는 반드시 어린이들로 하여금 이런 생각들과 경험들을 정직이란 개념과 연결하도록 해야 한다. 이런 어린이들은 일반적으로 도움이 없다면 개념들을 형성할 능력이 없다. 성경에는 만일 교사들이 어린이들로 하여금 관계들을 적절하게 활용하도록 해 준다면 어린이들이 이해하고 실천할 수 있는 많은 개념들이 있다.

논리적으로 생각하고 시간을 이해하는 능력은 이들 어린이들로 하여금 새로운 방법으로 생각할 수 있도록 해준다. 그들은 정의를 내리고, 비교하고 그리고 대조할 수 있다. 그들은 문제를 해결하고 삶의 상황들에 있는 원인과 결과를 밝혀낼 수 있다. 그들은 시간을 이해할 수 있고 역사로부터 배울 수 있다. 이런 새로운 능력들은 어린이들이 보고, 경험할 수 있는 구체적인 상황과 진리에 대한 문자적 해석에 제한된다. 그러나 어린이들이 그들의 삶에서 배우고 실천할 수 있는 많은 진리들이 성경에 있다. 가르침에서 구체적인 예를 사용하는 것은 성경의 이해와 적용을 증진시키는 데 매우 중요하다.

많은 어린이들이 구체적 조작기에 자세한 것들을 신속하게 배운다. 이때가 성경과 성경에 있는 책의 목록 등을 암송할 수 있는 최적기이다. 이 어린이들은 상당한 양의 정보를 보유할 수 있다. 선생님들은 성경을 구술한다는 것이 곧 성경이 이해되었거나 실천될 것이라는 것을 의미하지는 않는다는 점에 주의해야만 한다. 이때의 어린이들은 그들이 이해하지 않는 지식을 구술하려는 경향이 있어도 그들의 삶에 적용할 수는 없다.

12살 이상의 많은 어린이들은 형식적 조작들(formal operations)을 통해 추상적으로 생각할 수 있는 능력을 발전시킨다. 이들은 이론적인 것들, 멀리 떨어져 있는 것들 그리고 미래의 것들을 생각한다. 그들은 진리들을 분류하고, 통합하고, 문제를 풀 더 큰 능력을 가지고 있다. 그들은 과거에 배운 진리들을 바라보고 그것들을 새로운 개념들 속으로 통합함으로써 과거의 진리들에 새로운 의미를 준다. 이 어린이들은 미래에 대한 예언 뿐만 아니라 성경에서 발견되는 상징주의를 이해할 수 있다. 이런 어린이들은 대부분의 성경적 진리들을 이해할 수 있고 그들의 삶에 실재적인 강력한 개념상의 기본 토대를 만들도록 도움 받아야만 한다. 그러나 비록 이 어린이들이 대부분의 성경적 진리들을 이해할 수 있더라도 그들은 오직 그들의 삶과 연관이 있는 진리들을 배우는 데만 관심이 있을 것이다. 이 단계는 실제적인 주제 연구들을 소개하며 성경이 그들의 삶과 관련된 주제들에 대해 말하는 바를 발견하도록 아이들을 도와 줄 때이다.

2살부터 11살까지의 다양한 아이들이 배울 수 있는 많은 성경적 진리들의 목록은 『개정되고 확장된 교회의 아동교육』(Childhood Education in the Church, Revised and Expanded, 1986)에서 찾을 수 있다. 이 책은 로버트 클락(Robert E. Clark), 조안 브루베이커(Joanne Brubaker) 그리고 로이 쥬크(Roy B. Zuck)에 의해 발행되었다 (367-374).

EILEEN STARR

참고문헌 | R. E. Clark, J. Brubaker, and R. B. Zuck, eds.(1986), *Childhood Education in the Church*; R. E. Clark, L. Johnson, and A. K. Sloat(1991), *Christian Education, Foundations for the Future*; P. Downs(1994), *Teaching for Spiritual Growth, An Introduction to Christian Education*; M. D. LeFever(1995), *Learning Styles, Reaching Everyone God Gave You to Teach*.

어린이 전도(Evangelism, Child). 아담의 죄가 모든 인류에 전수되었기 때문에(원죄) 어린이는 하나님과 격리되어 죄인이라는 선고를 가지고 태어난다. 그러므로 그리스도인 부모들과 교회의 의무는 어린이를 전도하여 그들도 그리스도를 믿어 구원받도록 하는 일이다. 어린이 전도의 방법은 역사적으로 다양하게 이해되어 왔다.

부쉬넬(Horace Bushnell)은 신자의 자녀들은 신앙으로 양육되어 그들이 신자가 아니었던 때가 전혀 없는 것으로 알아야 한다고 말했다(1861). 그에게 전도란 자연적인 과정으로서 믿는 부모와 그 자녀들 간의 관계성을 통해 이루어진다. 부쉬넬은 기독교 가정에서 자라나는 어린이는 기술적인 개종의 경험을 하지는 않지만, 그 부모의 양육하는 수고를 통해 조용히 신앙을 갖게 된다고 믿었다. 부쉬넬은 어린이들이 기독교를 이해할 수 있는 '책임질 수 있는 나이'(age of accountability)에 도달하기 전까지는 구원의 자격이 없다고 믿던 부흥운동자(Revivalist)들에 대해 반대했다. 그들은 어린이에게 구세주의 필요를 강조하지만 예수님의 가르침에 온전한 헌신을 할 수 있을 때까지 구원의 가능성을 연기시키는 것이었다.

어린이 전도 사역자들은 주로 인지적인 그리스도 신앙의 이해에 바탕을 두고 기독교 신앙을 진리로 수용되는 제안서로 나타낸다. 전도란 예수께서 그들의 죄를 위해 죽으셨다는 믿음으로 어린이를 초청하는 일이다. 그러므로 전도의 과제는 어린이들이 이해할 만한 방법으로 이 내용을 전달하는 것이다. 그들은 상징과 이야기들을 통해서 신자나 불신자의 자녀들에게 동일한 메시지를 말해준다. 부흥운동자들과는 달리 이 어린이 전도자들은 구원이 그리스도의 권위와 가르침에 대한 급진적인 헌신에서 오는 것이 아니라 결신으로부터 비롯된다고 믿는다.

피아제의 인지발달 이론을 토대로 하여 일부는 어린이가 복음의 내용을 이해할 수 없으므로 종교적 진리를 가르쳐서는 안 된다고 생각한다. 골드만(Ronald Goldman)과 피틀링(John Peatling)이 이것을 제안했는데, 어린이가 12살 정도 되어 '온전한 인지적 성장'(full cognitive maturity)을 하기까지는 신학적 원리를 가르쳐서 안 된다고 논쟁한다.

원죄에 관한 두 가지 신학적 해결은 유아세례와 책임의 나이이다. 둘 다, 신앙고백하기 전에 죽은 유아가 천국에 갈 수 있도록 허용하는 길이다. 로마가톨릭교회는 유아세례가 원죄를 제거시키고 어린이를 무죄의 상태로 되돌린다고 믿는다. 루터교회는 유아세례가 은혜의 수단으로서 하나님께서 아기의 마음에 신앙을 심어주신다고 한다. 신앙이란 어린이가 어머니를 신뢰하는 것과 유사하게 하나님 안에서 관계적인 신뢰로 이해된다. 개혁주의 교회에서 유아세례란 부모와 하나님 사이에 맺는 언약의 표시이다. 할례가 옛 언약 아래 성결과 헌신의 표시였던 것처럼 현대의 세례는 새 언약 아래 동등한 중요성을 지니고, 예수님을 따르고 하나님을 믿어 중생한 신앙의 자녀로 양육하겠다는 헌신이다.

책임의 나이는 어린이를 천국으로 인도하는 두 번째 방법이다. 이 교리는 어린이가 스스로의 죄에 대한 도덕적 책임을 질 수 있는 나이가 되기까지는 하나님께서 그들에게 죄의 책임을 묻지 않으시고 아담으로부터 온 원죄도 묻지 않으실 것이라고 한다. 따라서, 책임의 나이가 되기 전에 죽은 아이들은 천국에 간다. 유아세례와 책임의 나이 모두 원죄 문제에 대한 신학적 대응이다.

어린이 전도에 대해 균형 있는 견해는 신앙의 본질에(믿음의 내용, 하나님께 반응하는 마음, 성경의 가르침에 순종하는 삶의 선택) 관한 성경의 가르침과 복음을 믿을 수 있는 어린이의 능력 모두를 참작해야만 한다. 복음 메시지를 사소한 것으로 만드는 일을 피하면서 어린이 전도자들은 어린이가 이해할 수 있는 방법으로, "어린아이들을 용납하고 내게 오는 것을 금하지 말라 천국이 이런 자의 것이니라"고 하신(마 19:14) 주님의 명령을 수행하고 복음을 설명해 주어야 한다. 모든 인류와 마찬가지로 어린이들도 구속이 필요하며 복음은 그들을 위한 것이기도 하다.

PERRY G. DOWNS

참고문헌 | H. Bushnell(1861 reprint), *Christian Nurture*; P. G. Downs(1994), *Teaching for Spiritual Growth*; R. Goldman(1964), *Religious Thinking from Childhood to Adolescence*; J. Peatling(1981), *Religious Education in a Psychological Key*; G. T. Sparkman(1983), *The Salvation and Nurture of the Child of God*.

어린이 전도협회(Child Evangelism Fellowship).

이 단체의 목적을 적은 글에 따르면 "어린이 전도협회"(Child Evangelism Fellowship, CEF)는 성경 중심의 전 세계적 조직체로서, 소년소녀들을 그리스도께로 인도하고 하나님 말씀 안에 양육하며 지역 교회에 참석하게 하는 일에 헌신한다고 되어 있다. CEF는 미국의 주마다, 캐나다의 모든 지방마다 그리고 130여 개 국가에 지부가 설립되어 있다. 지역 교회들과 성경학교들 그리고 다른 선교기관들을 위한 자료 공급원으로 봉사하고는 있지만 "어린이전도협회"는 어떤 교단에도 속하지 않고 독립적으로 사역한다.

이 어린이 전도 사역은 1923년, 오우버홀처

(Irvin Overholtzer)가 어린이를 위한 성경학교를 세운 것에서 비롯되었다. 1934년 그는 시카고에 CEF 법인을 설립했다. 현재 본부는 미주리 주의 워렌톤(Warrenton)에 있다.

CEF는 가정성경공부("복음 클럽"〈Good News Clubs〉이라고 불리는)와 여름성경학교(5일 클럽), 열린 전도, 캠프, 학교의 방과후 클래스, 주 축제 봉사활동, 대중매체 사역 등을 통해 그 목적을 성취한다. (모든 간사들과 이사들에게 요구되는) "어린이 사역원"(Children's Ministry Institute)과 연장교육 프로그램들, 지역 교회 자원봉사자들을 위한 교사 훈련 세미나 등의 교육 프로그램들이 있다. CEF 출판사는 성경 교재들과 어린이 예배 자료들, 여름성경학교 자료들, 전도지, 격월 잡지, "복음화할 오늘의 어린이"(Evangelizing Today's Children) 등과 같은 엄청난 양의 문서들을 출판하고 있다.

"어린이 사역원"은 국제 본부와 미국과 캐나다의 여러 지부에서 매년 12주간의 프로그램을 운영한다. 교육과정으로는 "효과적인 어린이 교수법"(Teaching Children Effectively), "현대 어린이 이해"(Understanding Today's Children), "어린이 전도의 점진적 방법"(Progressive Methods of Child Evangelism), "교사 훈련 다이내믹"(Dynamics of Teacher Training), "교사 코스의 강사"(Instructor of Teachers Course), "사역 전략과 발달"(Ministry Strategies and Development), "어린이 지도력 다이내믹"(Dynamics of Children Leadership) 등이 있다. CEF 선교 후보자들을 포함, 이 프로그램 참석자들은 기독교 대학의 학생들로 자신의 훈련을 보강하거나 어린이 사역이 전공인 사람들이다. 이 사역원은 또한 어린이 사역에 관심이 있는 부모들과 교회의 자원봉사자들도 환영한다.

CEF는 하나님을 신뢰하고 교회와 개인의 필요를 공급해 주는 신앙 사역이다. 그들의 기금조성 정책은 "하나님께 구하고 그의 백성들에게 말한다"이다. "복음 클럽"과 "5일 클럽"은 지역의 자원봉사자들이 가르치지만, 이들은 어린이 전도와 전도를 위한 성인 평신도 훈련에 사명이 있는 전문 선교사들을 찾는다. 전임 선교사의 자격은 학사 학위와 일년에 해당하는 성경학교 훈련, 지역 교회에서의 사역 경험 등 이다. 모든 CEF 선교사들은 스스로 물질과 기도 지원자들을 모집해야 한다.

CEF에 따르면 건강하게 성장하는 지역 교회의 열쇠는 젊은이들 사역에 있다고 한다. 주와 지방의 간사들은 청소년들과 어린이 전도를 위해 이웃 전도와 여름성경학교, 교회에서 보조하는 단기선교 여행 등에 참여 및 훈련시키는 "행동하는 기독교 청소년"(Christian Youth in Action) 프로그램을 구성, 운영한다.

CEF 간사들은 어린이들이 개종할 수 있는 고도의 잠재력을 가진다는 확신으로 동기유발되어 일한다. 그들은 세 명 중 두 명의 성인 그리스도인들이 18살이 되기 전에 그리스도를 구주로 영접했다는 연구보고를 인용한다.

이 어린이 사역에 관한 자료집이나 정보 팜플릿을 구입하려면 CEF P.O. Box 348 Warrenton, MO 63383 U. S. A.로 연락하거나 전화 1-800-300-4033으로 연락하면 된다.

TERRY POWELL

억압(Repression). 심리학의 정신역동 부문에서 억압은 가장 기본적인 방어기제이다. 이것은 고통스러운 기억들이나 감정들을 의식에서 떨쳐버리려는 것을 포함한다. 이러한 감정들이나 기억들은 실제 잊혀지는 것이 아니라 잠재의식 속으로 가라앉았다가, 다른 방어기제의 형태로 간접적으로 혹은 프로이트가 말한 실수들 즉 내재하는 잠재의식을 반영하는 실수들로 다시 나타나기도 한다(Meier et al., 1991). 어떤 상담자들은 억압된 기억들은 다시 살려질 수 있으며 지그문트 프로이트(Sigmund Freud)가 강조한 치료요법인 정신분석적 방법들로 빠져나올 수 있다고 생각한다. 그러나 상기된 기억들의 정확성은, 특히 증거없이 주장되는 어린 시절의 성적 학대가 포함된 사례들의 것은 심각한 논쟁을 불러 일으킨다(Benatar, 1998; Robbins, 1998).

억압의 아주 극단적 형태는 부모의 학대를 경험

한 아동이 성인되어서는 어린 시절의 어떤 것도 기억하지 못하는 것을 예로 들 수 있다. 이런 종류의 종합적 기억상실은 아주 드문 반면, 국부적 망각-예로 초등학교 교사를 기억하지 못하는 것 혹은 어린 시절 어느 한 해의 일은 전혀 기억 못하는 것-은 훨씬 흔하다. 정신분석적 관점에 따르면, 기억상실은 그 시기와 연관된 억압된 기억들과 사건들이 원인인 경우들이 가장 많다. 기억의 상기를 가져올 수도 있는 정신적 괴로움은 억압에 의해 회피된다.

기독교교육의 결과와 관련된 고통스러운 사건들은 억압을 야기할 수 있다. 예로, 청소년활동을 하면서 심하게 놀림을 받은 것은 억압되어졌다가 교회임원에 의한 청소년활동에 관해 심하게 비평하는 것으로 간접적으로 나타날 수 있다. "시간낭비"라는 표면상의 이유로 청소년 야유회에 반대표를 던지는 임원은 어쩌면 실제로는 자신의 오래 전의 청소년부 때의 경험의 고통을 무의식적으로 회피하는 것일 수도 있다.

반면, 교회교육은 억압된 기억들을 가지고 있는 사람들을 도울 수 있는 잠재력도 가지고 있다. 학대된 아동들이나 성인들을 위한 지원그룹들은 따뜻하고 솔직한 환경 속에 과거에 대해 나누고 영적이고 정서적인 치유들을 받으면서 고통스런 기억들을 처리할 수 있는 수단을 제공할 수 있다. 상담에 대한 지식이 부족한 기독교교육자들은 이 영역에서의 자신의 한계를 알고 어려움을 겪는 사람들을 전문적으로 훈련된 자들에게 보내야 할 때도 있다는 것을 인식하는 것이 절대적으로 필요하다.

DONALD E. RATCLIFF

참고문헌 | M. Benatar(1998), *Taking Sides: Childhood and Society*; S. Freud(1938), *A General Introduction to Psychoanalysis*; T. Lidz(1968), *The Person*; P. Meier et al.(1991), *Introduction to Psychology and Counseling*, 2nd ed.; D. Ratcliff(1984), *Using Psychology in the Church*; S. Robbins(1998), *Taking Sides: Childhood and Society*.

에드워즈, 조나단(Edwards, Jonathan, 1703-1758).

미국의 초기 가장 유명한 설교가 중의 한 사람인 에드워즈는 설교와 저술활동을 통해 나라에 깊은 영향을 주었다. 뉴잉글랜드의 청교도적 가치와 영향 아래 성장한 에드워즈는 당대의 쇠퇴하는 도덕적 가치들에 맞서서 하나님의 거룩하신 성품과 회개, 구원이 필요한 인간에 대해 선포했다. 에드워즈는 인간의 타락에 관한 신학적 교리를 옹호했다.

예일대학에서 수학한 에드워즈는 1727년 매사추세츠 주의 노스햄턴(Northampton, Massachusetts)에 있는 회중교회에서 안수 받고 사역을 시작했다. 다른 유명한 설교자들 중에 프레링하이젠과(Theodore Frelinghuysen, 1691-1747) 테넨트(Gilbert Tennent, 1703-1758) 그리고 휫필드(George Whitefield, 1714-1770) 등과 함께 에드워즈는 미국의 제1차 대각성 운동을(Great Awakening in America, 1730-1770) 시작했다. 이 기간 동안 에드워즈는 유럽 대륙과 미국 식민지역을 다니면서 칼빈주의의 의무인 중생에 대한 메시지를 설교했다. 그의 유명한 설교, "진노하시는 하나님 손에 있는 죄인들"(Sinners in the Hands of and Angry God)에서 잃어버린 영혼 구원을 위한 그의 열정을 표현했다. 그의 설교 스타일이 화려하지는 않았지만 그의 탁월한 성경적 추론과 뛰어난 지성으로 빛을 내었다. 그의 저서 『종교적 열정에 관한 논의』(*Treatise Concerning Religious Affection*, 1746)에서 에드워즈는 종교생활을 형성하는 개인의 의지와 지성의 역할을 지지했다. 이 둘은 각각 영성 형성에 이바지했다.

에드워즈는 알미니안주의(Arminianism)를 열렬히 반대하여 칼빈 신학의 신학적 입장을 알리기 위해 오랫동안 열심히 싸웠다. 초대 복음주의자로서 에드워즈는 그의 생애 동안 나라를 휩쓸었던 성령부흥운동으로도 유명하다. 이 부흥운동이 그의 인생 후반기에 가라앉기 시작함에 따라 그는 그런 부흥이 사회적 규범과 가치들을 형성하는 데 영향을 준다는 입장을 유지하기 위해 강인한 정신력으로 설교했다.

그가 세상을 떠나기 바로 직전에 그는 성찬의

자격에 관해 너무 엄격한 집착 때문에 교회에서 목사직을 해고당했다. 목회를 떠난 이후 그는 매사추세츠 주의 스톡브리지(Stockbridge)에 사는 인디언들의 선교사로서 섬기기 시작했다. 이때 에드워즈는 인간의 자유의지와 하나님의 선택에 관한 견해를 피력한 『자유의지』(Freedom of the Will, 1754)를 썼다. 1757년에 그는 뉴저지대학(New Jersey College, 프린스턴 대학의 전신)의 총장이 되었지만 천연두에 걸려 짧은 인생의 막을 내렸다.

시간이 흐르고 나서 에드워즈는 초기 미국의 위대한 신학자요 철학자로 간주되었다. 그를 따르는 사람들에게 다행인 것은 에드워즈가 다작하여 수많은 저술과 책과 설교와 강의를 남겼다는 점이다. 미국 역사에 대각성 운동은 조나단 에드워즈의 영적 지도력 아래 그 신학적 기초를 쌓았다는 점에서 그에게 큰 빚을 진 셈이다.

MICHAEL J. ANTHONY

참고문헌 | F. L. Cross and E. A. Livingstone(1997), *The Oxford Dictionary of the Christian Church*; C. B. Eavey(1964), *History of Christian Education*; K. O. Gangel and W. S. Benson(1983), *Christian Education: Its History and Philosophy*; J. E. Reed and R. Prevost(1993), *A History Christian Education*.

에라스무스, 데시데리우스(Erasmus, Desiderius, 1469-1536).
네덜란드의 인문주의 학자이다. 그는 1469년 10월 27일(비록 그는 1466년이라고 주장하지만) 홀란드의 로테르담(Rotterdam, Holland)에서 사생아로 태어났다. 그의 부모는 결혼하지 않았고 그가 십대일 때 고아가 되었다. 평생 동안 연구에 몰두한 것으로 알려진 학자였던 그는 네덜란드에 있는 공동생활 형제단(Brethren of the Common Life) 학교에 다녔다. 그는 보호자들에 의해 억지로 수도사 학교에 다녔으며 1492년에는 신부로 서품 받았다. 그 후에 파리, 옥스퍼드, 이탈리아의 대학들에서 수학했고, 1506년에 이탈리아의 튜린대학(University of Turin)에서 신학 박사 학위를 받았다. 그는 그의 형식적 교육기간과 이후에 유럽 전지역에서 많은 분야를 배우고 가르쳤다. 그리고 그는 스위스의 바젤에서 사망했다.

에라스무스는 무지와 그 결과에 대항하여 가르치고 저술했다. 그의 가장 영향력 있는 저술은 헬라어 신약성경과 교부들의 저작들을 번역한 일이다. 그와 같은 역작들을 통해 그는 종교적 부흥에 기여했다. 그는 로마가톨릭 신학과 라틴어 벌게이트 성경과 루터의 여러 교리들을 비판하였지만 가톨릭 교회를 떠나지는 않았다.

에라스무스의 교육철학은 인문주의로서 인간의 근본적인 선함을 모든 것의 중심에 놓았다. 그는 교육의 목적이 "고전적 학자들과 교부들의 저술 및 성경 원문, 부패하지 않고 저자들의 영혼이 그대로 깃든 말씀을 연구하는 것"이라고 믿었다. 에라스무스에 따르면 이와 같은 역작들이 사람이 필요한 모든 것을 지도해 주고, 당대의 종교적 부패를 해독해 주는 수단이 된다고 했다. 그는 신학이 일상생활 속에 살아 있어야 한다고 굳게 믿었다.

에라스무스는 어린이의 본성, 교육에서 놀이의 중요성, 훈계보다는 칭찬과 보상, 학생들을 돕는 것 그리고 여성을 위한 교육 등을 강조했다. 또한 그는 최초로 교사훈련을 체계화하는 일에 성공했다.

LIN JOHNSON

참고문헌 | C. Augustijn(1991), *Erasmus: His Life, Works, and Influence*; C. Eavey(1964), *History of Christian Education*; J. Olin, ed.(1987), *Christian Humanism and the Reformation: Selected Writings of Erasmus*.

에로스(Eros).
사랑을 뜻하는 헬라어 단어 중의 하나로서 초기에는 큐피드라는 이름을 가진 그리스 사랑의 신과 관련된 의미를 가졌다. 이 사랑의 신은 욕망, 특히 성적 욕망을 뜻하는 헬라어 보통명사 에로스를 의인화한 것이었다. 에로스는 성욕, 특별히 대상의 매력적인 자질로 야기되는 간절한 욕구라는 뜻으로 정의되었다. 에로스의 어원은 에로티카(erotica)에서 발견되는데, 이기적인 사랑이라는 뜻에 연결되어 있다. 비록 신약성경에서 에로스적 '사랑'은 사용되지 않지만 에로스적 사랑은 사람이 자신의 개인적 필요와 욕구를 만족시키기 위해 하나님을 찾는 것에 비유한다. 반대로, 아가페는 모든 자기중심성을 제외한 표현으로서 다른 사람들의 필요를 먼저 고려하는 사랑이다.

니그렌(Nygren)은 에로스를 욕구에 바탕을 둔, 획득하고 소유하는 형식의 사랑이라고 했다(1953). 그것은 가치가 있다고 여기는 대상을 소유하고자 하는 갈망이며 노력이라고 했다. 에로스는 자기중심적이며 인간적인 사랑이며 일반적으로 수평 이동을 하는 특성이 있다고 설명했다.

에로스를 성과 동일하게 여기던 틸리케(Thielecke)는 성에 관한 과거의 신학적 지도, 즉 혼인한 부부의 출산을 위한 성의 기능이 상황을 설명하는 데 부적합하다고 지적했다(1964). 그는 에로스를 완전히 추방해 버리지는 않았지만 검증해 보는 윤리적 지침을 유지해야 한다고 주장했다. 틸리케는 에로스를 사람의 가치를 기능적인 면과 사람이 어떻게 상대방의 필요를 채워줄 수 있는가 하는 점에서 사람의 가치를 측정해 보는 사랑의 형태로 보았다. 복음주의 저작 중에서 에로스적 사랑에 대해 가장 적절하게 토의한 것은 화이트(John White)가 쓴 『오염된 에로스』(*Eros Defiled*, 1977)이다. 이 책에서 화이트는 인류가 성을 무가치하게 여기고 하나님의 창조적 의도를 오염시킨 사회적 힘에 대해 토론했다. 그는 이어 『구속된 에로스』(*Eros Redeemed*, 1993)를 통해 에로스를 하나님께서 남편과 아내 사이에 정하신(범위 안에서) 사랑의 표현으로서 에로스의 사용을 회복했다.

JAMES A. HEADRICK

참고문헌 | M. Gallagher(1989), *Enemies of Eros*; A. B. Gilson(1995), *Eros Breaking Free: Interpreting Sexual Theo-Ethics*; A. Nygren(1953), *Agape and Eros: Part 1-A Study of the Christian Idea of Love, Part 2-The History of the Christian Idea of Love*; L. Paul(1969), *Eros Rediscovered: Restoring Sex to Humanity*; A. Soble, ed.(1989), *Eros, Agape, and Philia: Readings in the Philosophy of Love*; H. Thielicke(1964), *The Ethics of Sex*; J. White(1977), *Eros Defiled: The Christian and Sexual Sin*; idem(1993), *Eros Redeemed: Breaking the Stranglehold of Sexual Sin*.

에릭슨, 에릭 홈버거(Erikson, Erik Homburger, 1902-1994). 독일계 미국의 심리 분석학자이며 정서 발달의 사회심리학 이론으로 널리 알려져 있다. 그는 비엔나 심리분석 학원(Vienna Psychoanalysis Institute)에서 공부하면서 프로이트의 딸 안나(Anna)에게서 심리분석 훈련을 받았다. 1933년 에릭슨은 미국으로 이민하여 하버드 대학(1934-1935, 1960-1970)과 예일대학(1936-1939), 캘리포니아대학(1939-1951)에서 수학하고 가르쳤다.

에릭슨의 심리사회적 발달 이론(lifespan theory)은 프로이트의 심리 성적 발달이론에 기초하여 내면적이고 사적인 정서적 경험들과(정신, psyche) 문화, 환경, 사회의 외부적 영향들을(사회, social) 종합했다. 이 두 양상의 상호작용이 인간의 성격발달에 큰 영향을 미친다. 에릭슨이 프로이트의 제자이기는 하지만 프로이트식의 이론이 너무 제한적이라고 생각했다. 프로이트가 성격적 특성들이 6살이 되면 고정된다고 한 반면, 에릭슨은 전생에게 걸친 발달의 틀을 제안했다. 또한 프로이트는 인성의 성적인 면을 강조한 반면, 에릭슨은 정신(psyche)과 관습(ethos) 사이의 상호반응을 강조했다.

에릭슨의 인성 이론에 고유한 것은 태아에게 고유한 미리 결정된 성장 유형을 가리키는 생물학 용어인 '후성설'(epigenesis)이다. 에릭슨에 의하면 "이 원리는 성장하는 모든 것은 근거를 이루는 계획을 가지며 이 토양에서 부분이 자라나고 각 부분이 함께 모여 전체로서 기능하기 전까지는 특수한 우수성을 가진다"(1968,92) 라고 설명한다.

에릭슨은 8단계의 성장을 설명하면서 각 단계는 이전 단계에서 더 복잡한 단계로 누적하여 이동해 간다고 했다. 그의 단계는 본질적으로 양극단적이며 각 단계는 긍정적 또는 부정적 영향에 따라 건전하게 혹은 불건전하게 이동해 간다고 한다. 이 양극단적인 '위기들'은 개인이 연속적인 단계로 성공적으로 이동해 가기 전에 대면하거나 협상하여 해결되어야한다. 또한 각 단계는 인성 발달에 질적인 덕목으로서 공헌해야 한다.

1. 유아기: 신뢰감 대 불신감(Infancy: trust versus mistrust). 인생의 처음 1, 2년 동안 유아의 발달은 환경을 신뢰하거나 불신하는 것을 배우게 된다. 어린이의 욕구들이 온화하고 사랑하는 부모들에 의해 채워지면 그들은 신뢰를 배우게 되고, 냉정하고 도움을 주지 않는 부모들이 채우게 되면 공포와 불안과 의심으로 특징짓는 인성을 발달하게 된다. 희망(hope)의 미덕이 이 단계와 연결되어 있다. 쿨리(Iris Cully, 1984, 125-26), 파울러(James Fowler, 1981, 109) 그리고 에릭슨에 의하면 신뢰가 신앙과 영적 발달의 주요 요소이며 첫 단계라고 한다.

2. 초기 아동기: 자발성 대 수치심과 의심(Early childhood: autonomy versus shame and doubt). 이 단계의(2-3세) 어린이는 부모에 대한 완전한 의지로부터 벗어 나오기 시작한다. 그들 스스로 밥을 먹거나 시고, 깉는 등 무엇인가를 해보려 한다. 부모가 적절하게 도와주고 격려해 주면 긍정적으로 연령에 맞는 일들을 혼자 할 수 있는 능력이 발달된다. 부정적으로 지나치게 벌칙과 제한을 주는 부모들은 어린이들이 실패에 대해 수치스럽게 여기고 스스로의 능력에 대해 의심하게 만든다. 이 시기의 강점은 기대된 것을 하고자 하는 의지(will)이다.

3. 놀이 시기: 솔선감 대 죄책감(Play age: initiative versus guilt). 4-5세가 되면 어린이들은 그들의 환경을 탐험하기 시작하고 경험의 세계를 넓히고 싶어 한다. 새로운 것을 배우고 발견하려는 그들의 노력을 지지하고 격려해 주면 자신감을 갖게 된다. 그러나 스스로 시작한 활동들에 대해 벌을 받거나 꾸중을 듣게 되면 새로운 것에 대한 공포와 죄책감을 갖게 된다. 이 시기의 자질은 목적감 (purpose)이다.

4. 학령기: 근면성 대 열등감(School age: industry versus inferiority). 6-11세의 어린이들은 가정과 가족으로부터 학교와 이웃으로 사회 환경이 확장된다. 또래들과 관계를 잘하고, 학문적 수행과 규칙을 잘 지키게 되면 근면성이 발달된다. 확장된 환경 속에서 기능을 잘하지 못하게 되면 평생 열등감을 갖게 된다. 이 단계의 기본적인 강점은 능력(competence)이다.

5. 청소년기: 정체성 대 정체성 혼란(Adolescence: identity versus identity confusion). 에릭슨은 청소년 발달(12세-18세)과 정체성 확립 이론으로 가장 유명하다. 의존에서 독립으로 전환하는 이 중추적인 시기에 청소년들은 "나는 누구인가?", "나는 어디로 가고 있나?"와 같은 심각한 질문들의 해답을 찾으려고 애쓴다. 그들은 부모나 중요한 다른 사람들로부터 얻은 가치들과 신념들, 태도 등에 심각한 질문을 던진다. 청소년들은 그들이 개인적으로 개입하는 신념과 가치와 태도와 목적 등을 포함하는 스스로 내린 자아관을 확립하게 되면, 분명한 정체성을 확립하게 된다. 부정적인 결말은 정체성 혼란으로 스스로에 대해 불확실하고 혼란스러운 감각을 보여준다. 청소년기에 생기는 덕목은 성실(fidelity)로서 가치체계가 상반되는 사회적 환경 속에서도 개인의 헌신을 유지하는 것을 의미한다.

6. 청년기: 진밀감 대 고립감(Young Adulthood: intimacy versus isolation). 18세부터 30세 사이의 성인들은 다른 사람들과 친밀한 관계성을 이루고 발달시키는 과제에 직면하게 된다. 부정적으로는 고립되어 다른 사람들과 관계를 갖지 못하고 자기를 폐쇄하여 다른 사람에게 자신을 열지 못한다. 이 시기의 기본적인 덕목은 사랑(love)이다.

7. 중년기: 생산성 대 정체성(Middle Adulthood: generativity versus stagnation). 30세 이상 65세까지의 성인들의 긍정적 성숙의 특징은 생성으로서 자기를 내어주어 차세대를 지도하고 세워준다. 비생산적인 개인은 자신의 필요에 집착하여 다른 사람을 돕는 일에 별로 관심이 없다. 이 시기의 자질은 돌봄(care)이다.

8. 노년기: 통합성 대 절망감(Old age: integrity

versus despair). 인생의 마지막 시기에는 삶의 성취감 또는 미성취감을 느낀다. 통합된 사람은 자신의 삶에 대해 만족감과 행복을 느끼지만, 절망감에 빠진 사람은 성취하지 못한 것에 대한 후회에 빠지게 된다. 최종의 덕목은 지혜(wisdom)이다.

에릭슨의 이론은 신앙발달과 영성 형성을 이해하는 데 중요한 영향을 주었다. 에릭슨과 같은 발달이론은 특별히 기독교교육자들이 인생주기의 다양한 단계에서 생기는 인격적 문제들을 다루는 데 많은 도움을 준다. 예를 들면, 유아기와 아동기에 희망과 신뢰가 중요한 주제라면 기독교교육자는 어린이와 부모에게 희망과 신뢰를 심어주는 일에 심혈을 기울여야한다. 교사들이 이와 같은 통찰들을 다양한 인생 주기의 영성 형성을 양육하는 일에 적용한다면 더욱 큰 효과를 얻게 될 것이다(Cully, 1979, 1984, Steele, 1990). 에릭슨은 특히 청소년들과 청년들의 정체성 이해에 지대한 공헌을 함으로써 기독교교육자들과 청소년 사역자들에게 도움을 주었다(Atkinson, 1997, 18-65).

에릭슨은 인간발달과 심리분석 분야를 이끌어가던 인물이다. 그의 가르침과 임상 실천 외에도 『아동기와 사회』(Childhood and Society, 1950), 『청년 루터』(Young Man Luther, 1958), 『정체성과 인생 주기』(Identity and Life Cycle, 1959), 『성취된 인생 주기』(The Life Cycle Completed, 1982) 등 많은 저술을 남겼다.

HARLEY ATKINSON

참고문헌 | H. Atkinson(1997), *Ministry with Youth in Crisis*; I. V. Cully(1979), *Christian Child Development*; idem(1984), *Education for Spiritual Growth*; E. H. Erikson(1968), *Identity: Youth and Crisis*; L. L. Steele(1990), *On the Way*; W. R. Yount(1996), *Created to Learn*.

에이즈(AIDS, Acquired Immunodeficiency Syndrome). 1980년대에 처음으로 발견된 생명을 위협하는 바이러스성 질병이다. 이 바이러스의 가장 정확한 이름은 "인간 면역 부전증 바이러스"(Human Immunodeficiency Virus, HIV)이다. "현대판 나병"(the leprosy of the modern age)이라고도 불리는 이 에이즈는 이 세상을 공포의 도가니로 몰아넣었다.

이성애자(heterosexual)나 동성애자(homosexual) 간에 마약 투여를 위해 주사바늘이나 주사기를 같이 사용하거나 수혈을 통해 혹은 피, 정액, 질 등과 같은 분비물과의 접촉을 통해 감염되는 질병이다. 감염된 여인을 통해 태어난 아기들은 탯줄이나 모유를 통해 바이러스를 전해 받기도 한다. 이 바이러스에 접촉된 신생아들의 1/3이 4년에서 10년 안에 에이즈 발병을 한다.

이 바이러스는 처음 접촉된 후 여러 달 혹은 몇 년이 지나서야 발견이 되기 때문에 감염된 사람은 감염 여부를 알 수 없고, 또다시 심각한 문제를 발견하기 전에 많은 사람들을 감염시키게 된다. 미국의 감염자 중 80%의 사람들이 자신들이 이 병에 걸린 사실을 모른다고 한다. 잠복했던 바이러스는 천연적인 면역 시스템을 공격하게 된다. 평범해 보이는 염증이 심각한 문제가 되는 것이다. 항생제도 이런 환자에게는 별 효험이 없다. 간단한 감기가 폐렴이 되고, 설사, 피로감, 임파선 확장, 열, 통증, 체중감량과 같은 증상이 점점 나타나며, 말기 환자는 면역성을 상실한 채 죽음을 맞게 된다. 사망의 가장 주요한 요인은 폐렴, 결핵, 암, 박테리아나 바이러스 감염으로써 병의 진전을 완화시키는 AZT와 같은 약으로도 더 이상 손을 쓸 수 없게 된다.

풍부한 문화 속에 사는 우리에게 이 소식은 냉혹하게 들리지만 제3세계에서 발견되는 이 병의 양상은 비교할 수 없을 만큼 더 잔인하다. 1994년 우간다에서는 전 국민의 15%가 HIV 양성으로 판명되었는데 적절한 교육이나 의료 보험, 교회나 가족의 도움, 예방책도 없는 이 나라와 같은 상황에서는 희망이 없는 듯하다. 그러나 교회와 지역사회는 이들에게 희망을 줄 수 있어야 한다. 이러한 세계적 위기 앞에 징벌하려는 자세를 취하기보다는 교회가 성경의 원리대로 반응해야 한다. 마가복음 1장 40-42절에 끔직한 전염병을 앓고 있는 사람들을 대하시는 예수님의 방식은 우리의 모범이 된다. 예수님은 문둥병자를 불쌍히 여기시며 사랑으로 만지시고 고쳐주신다. 그분은 하늘나라에 초대된 사람들에 대해 묘사하면서 이러한 원리를 한층 더 강조하신다.

> 그때에 임금이 그 오른편에 있는 자들에게 이르시되 내 아버지께 복 받을 자들이여 나아와 창세로부터 너희를 위하여 예비된 나라를 상속하라 내가 주릴 때에 너희가 먹을 것을 주었고 목마를 때에 마시게 하였고 나그네 되었을 때에 영접하였고 벗었을 때에 옷을 입혔고 병들었을 때에 돌아보았고 옥에 갇혔을 때에 와서 보았느니라(마 25:34-36).

자신을 사회적으로 멸시받는 처지에 두면서까지 예수님은 우리가 고통 받는 자들을 돕는 것이 당신을 섬기는 것임을 상기시키신다. 성적 범죄의 실상을 외면하지 않으면서 교회는 이유를 묻지 말고 에이즈 환자들을 도와야만 한다. 내과 의사인 우드(Wood)나 디트리히(Dietrich, 1990)와 같은 사람들은 에이즈 환자들을 향한 우리의 태도가 예수님의 본을 따라야 한다고 도전하면서 "질병을 하나님의 심판으로 볼 것이 아니라, 하나님의 영광과 자비를 나타내는 기회로 보아야 한다"(요 9:1-3)고 설득한다(279).

교회는 에이즈 질병의 위기를 예방과 교육, 치료, 목양 등 다양한 면에서 다루어야 한다. 동성연애자들과 에이즈 환자를 대상으로 하는 사역은 특히 도심지를 중심으로 미국 전 지역에 활발히 진행되고 있다. 우드와 디트리히(1990)는 특별히 다섯 가지의 중점적인 사역 대상을 제안한다. 기독교 공동체와 구속받은 죄인들, 에이즈 환자와 동성애자 및 마약 사용자들 그리고 사회 전반에 관한 것이다. 효과적인 사역을 위해서는 교회가 속한 지역사회에 사는 에이즈 환자들의 필요를 인식하는 일부터 시작해야 한다. 에이즈 예방을 위해서는 무엇보다 부모들이 자녀들과 양질의 시간을 함께 보내면서 성경적인 가치관을 심어주는 일부터 해야 한다. 속죄 받은 죄인들을 위한 교회의 사역은 예전에 동성연애를 했거나 마약을 사용했거나 혹은 성적으로 문란했던 사람들과 따뜻하고 구속적인 관계를 우선적으로 맺어 가는 일부터 시작하는 것이다. 상담과 후원 단체를 통해, 비공식적인 관계를 맺거나 또는 멘토의 관계를 맺어 과거에 문란했던 사람들이 완전히 회복할 수 있도록 도와야 한다.

에이즈 환자들을 위해 교회가 할 수 있는 사역은 관계 맺기, 시간 함께 보내기, 필요한 곳에 데려다 주기, 식사 대접, 후원과 물질적 도움 등을 포함한다. 사실상 동성연애자나 마약 사용자들이 가장 어려운 사역의 대상들이기는 하지만 교회는 그들과의 관계적 다리를 놓기 위한 전략을 세워야 할 것이다. 성공적인 사역의 주요한 원리는 개인적이고 경건한 삶의 기준과 따뜻한 관계성 중심의 봉사활동 사이에 균형을 잘 잡는 점이다. 우드와 디트리히(1990)는 교회가 광범위한 사회 사역을 잘 감당하기 위해서는 지혜롭고 세심한 정책 수립을 해야 한다고 제안한다. 교회는 공립학교에 성경적이고 도덕적인 성교육 프로그램을 개발하고, 지역사회의 도덕성을 증진시키기 위해 지역 정치에 적극적으로 참여하며, 에이즈 환자를 돌보는 지역사회 프로그램에 참석하는 일 등을 해야 한다(304-312). 교회는 그리스도의 긍휼하심을 본받아 이 에이즈 위기를 대처해야 할 것이다.

GARY C. NEWTON

참고문헌 | A. F. Holmes(1984), *Ethics: Approaching Moral Decisions*; M. Rosenberger, *Issues in Focus: Gaining a Clear Biblical Perspective on the Complex Issues of Our Time*; T. E. Schmidt(1995), *Straight and Narrow? Compassion and Charity in the Homosexual Debate*; R. Shilts(1987), *And the Band Played On: Politics, People, and the AIDS Epidemic*; G. G. Wood and J. E. Dietrich(1990), *The AIDS Epidemic: Balancing Compassion and Justice*.

참조 | 동성애(HOMOSEXUALITY); 성교육(SEX EDUCATION); 지원그룹(SUPPORT GROUP)

에지, 파인들리(Edge, Findley, 1916-).

미국 조지아 주의 알바니시(Albany, Georgia)에서 태어난 에지는 스테츤대학(Stetson University)에서 문학사 학위를 받았다. 남침례신학교에서 신학석사와 신학박사 학위를 받았으며 예일대학에서 문학석사 학위를 받았다. 에지는 남침례신학교(Southern Baptist Theological Seminary) 교수로 임용되기 전에 플로리다 주와 켄터키 주의 교회들에서 목사로 섬겼고, 그 후 켄터키 주의 루이빌 시(Louisville, Kentucky)에서 교육목사로 봉사했다. 그는 1945년부터 은퇴할 때까지 남침례신학교에서 기독교교육학 교수로 봉직했다.

한번은 에지가 "우리가 (주일학교를 통해서 그리스도인답게 사는 일의) 바람직한 결과를 성취하지 못하는 이유 중의 하나가 우리의 목표, 따라서 우리의 교육이 구체적이지 않기 때문이다. 교사들은 일반적이고 너무 애매한 목표를 따라왔다"(1965, 8)고 썼다. 이것은 현재 우리의 주일학교 클래스나 셀 그룹에도 동일하게 일어나는 문제이다.

에지가 그의 평생 사역을 통해 특별한 관심을 두었던 것은 주일학교 교사들을 훈련시켜 그들의 실제적인 가르침의 자질을 향상시키고자 하는 일이었다. 그의 가장 유명한 저서, 『열매 있는 가르침』(Teaching for the Results)에서 그는 주일학교 교육의 필수적인 요소들을 세부적으로 설명해 놓았다. 이것들은 결과 강조하기, 목적된 성경공부 보장하기, 교수법 점검하기, 교회-가정간의 협력 보장하기 등이다.

에지는 "신학과 교육 모두에 개인적 체험의 중요성과 그 위치를 인식한 사람이다. 경험적인 교육철학은 개종의 경험을 기본적으로 강조하고, 교회의 회원됨을 갱생하는 원리들을 지킨다. 개인이 그리스도와 성경을 통해 성육신하신 하나님을 체험하는 일과 일상의 지속적인 경험들을 적절하게 고려할 길을 찾으며 "열매로 그 사람을 안다"는 예수님의 말씀과 하나님 앞에 개인의 책임과 그분을 가까이 함으로써 알 수 있는 시험을 활용한다"(남침례신학교 인물 소개).

에지는 그의 저술들과 강의를 넘어서 남침례교단 총회를 통해 성경공부의 질을 향상시키는 데 공헌했다. 그는 남침례신학교에서 1982년 은퇴했다.

RICK YOUNT

참고문헌 | F. Edge(1956), *Teaching for Results*; T. T. Sparkman(1985), *Findley B. Edge: Teacher, Theorist, Prophet*; D. Williams(1986), *Newman Findley Bartow Edge: A Search for Authenticity*.

에큐메니칼 교육(Ecumenical Education).

1903년에 설립된 미국의 종교교육협회(Religious Education Association, REA)가 가장 오래된 에큐메니칼 전문교육기관이다. 현재 개신교와 로마 가톨릭, 유대교 및 다른 종교들을 포함하여 3,300개의 교회, 회당, 대학, 신학원들로 구성된 회원들이 있다. 미국의 종교교육협회는 종교 및 성품 교육 분야의 연구와 성인들의 신앙발달을 강조한다. 그리고 주요한 정기 간행물인 "미국 종교교육협회 잡지"(Religious education Journal)를 출간한다.

미국의 종교교육협회는 종교와 고등교육협의회를 주최하고, 공교육과 종교의 역할에 관심 있는 국가의 교육 담당자들 및 기관들을 자문한다. 또한 종교와 고등교육을 다루는 법적 문제들에 대한 연구를 진행한다. 미국의 종교교육협회는 선도적인 종교교육자들에게 윌리엄 레이니 하퍼상(William Rainey Harper Award)을 수상한다.

출판물들로는 종교교육의 발달정보를 제공하고 행사와 사망기사 등을 알리는 계간 신문, "도달: 종교교육협회 정보 센터"(Reach: Religious Education Association Clearing House)와 소론과 연구 논문 그리고 서간 비평을 담은 간행물 "종교교육"(Religious Education)이 있다. REA는 미국의 여러 도시를 순회하며 매해 정기 모임을 갖는다(Gordon, 1993, 2038).

북미주 기독교교육학 교수협회(North America Professors of Christian Education, NAPCE)는 1947년에 설립되었는데, 현재 250명의 회원이 있다. 회원들은 기독교 고등교육기관에서 그와 관련된 분야의 교사와 전직 교사, 교수들로 구성된다.

북미 주 기독교교육학 교수협회는 대학과 신학대학원 교수들 간의 교제를 통해 전문성을 키우고 발달시키기 위한 목적을 가진 전문기관이다. 그들은 복음주의 기독교교육의 정책을 만들고 실행하기 위한 안내를 제공한다. 연구들을 진행시키고 장학금도 지급한다.

현재 트리니티 복음주의 신학교(Trinity Evangelical Divinity School)에서 정기 간행물 "기독교교육 잡지"(*Christian Education Journal*)를 출간한다. 전에는 이 저널이 스크립처 프레스 퍼블리케이션사(Scripture Press Publication)에서 출간되었다. 또한 북미주 기독교교육학 교수협회는 1년에 세 번 "북미주 기독교교육학 교수협회 신문"(*NAPCE Newsletter*)를 발간하여 협회의 소식들과 짧은 소론과 서평 그리고 모임 안내 등을 알린다. 북미주 기독교교육학 교수 협회는 이전에 전국주일학교연합회 연구위원회(Research Commission of National Sunday School Association)라고 알려졌다(Gordon, 1993, 1684).

종교교육학 교수 및 연구원협회(The Association of Professors and Researchers in Religious Education, APRRE)는 1970년에 세워진 종파를 초월한 기관으로서 현재 350명의 회원이 있다. 종교교육학 교수 및 연구원 협회는 고등교육기관과 교단 및 세계교회주의 기관에 속한 교수와 연구자들로 구성된다.

종교교육학 교수 및 연구원 협회는 종교교육분야의 학문적 연구와 전문성 개발을 증진시키고 연구와 경험을 교환하는 광장을 제공한다. 그들은 회원들 간의 비판적 반응과 다양한 견해들의 토론과 발표들을 후원한다. 종교교육학 교수 및 연구원 협회는 매해 종교교육분야에 탁월한 논문을 제출하는 박사과정 학생에게 표창장을 수여한다.

종교교육학 교수 및 연구원 협회는 종교교육학 교수 및 연구원 협회-회원 주소록(Association of Professors and Researches in Religious Education-Membership Directory)을 매해 한 번 그리고 종교교육학 교수 및 연구원 협회신문(Association of Professors and Researchers in Religious Education-Newsletter)을 매해 두 번 발간한다. 종교교육학 교수 및 연구원 협회는 또한 미국의 종교교육협회(REA)와 함께 "종교교육"(*Religious Education*)을 발간한다. 그들은 미국의 종교교육협회와 연합해서 연례회의를 개최한다. 종교교육학 교수 및 연구원 협회가 이전에는 전국 교회협의회 기독교교육 분과 교수 및 연구원 모임(Professors and Researchers Section of the Division of Christian Education of the National Council of Churches)으로 알려졌다(고든, 1993, 240).

JERRY M. STUBBLEFIELD

참고문헌 | J. G. Melton(1993), *Directory of Religious Organizations in the United States*.

에프워스 연맹(Epworth League). 1889년에 설립되어 1930년까지 지속된 감리교 청소년 단체이다. 감리교 창시자인 존 웨슬리가 탄생한 영국의 작은 시골 마을, 에프워스의 이름을 딴 이 단체는 주일학교와 교회 사이의 틈을 연결하기 위한 목적으로 설립되었다. 1870년대와 1880년대에 셔토쿼(Chautauqua: 교육과 오락을 겸한 성인 하계 대학. 미국 뉴욕주의 연안 마을 이름에서 유래되었다-역주)를 유행시킨 빈센트(John H. Vincent)가 청소년 교육의 아이디어를 적용하여 교회생활의 중요성과 사회성 발달과 감리교 선교에 개인적인 참여를 격려하는 프로그램을 개발한 데서 비롯되었다. 빈센트의 노력을 바탕으로 헐버트(Jessie L. Hurlbut)와 리틀필드(C. A. Littlefield)가 완성된 에프워스 연맹의 조직적 계획을 제안하여 1889년 오하이오 주의 클리브랜드(Cleveland, Ohio)에서 처음으로 시작되었다. 그들의 제안은 곧 여러 감리교 총회에서 승인을 받았고, 세기가 바뀌기 전까지 회원 수가 급격히 증가했다. 설립된 지 5년 후인 1894년 이 연맹의 공식 기관지인 「에프워스 헤럴드지」(*Epworth Herald*) 일만 여부가 간행되었으며 세기가 바뀌었을 때 이것은 세계에서 가장 큰 교단지가 되었다.

에프워스 연맹의 가장 큰 특징은 주일 오후(저녁)의 헌신 모임일 것이다. 연맹이 주일 저녁 예배와는 별도의 모임을 가졌기 때문에 감리교 목사들은 종종 지엽적인 모임들이 자치권을 너무 많이 가진다고 불평했다. 실제로, 청소년이 저녁 예배보다는 연맹의 모임에 참여하는 것이 흔한 일이었다. 연맹이 감리교 목사들의 지도력 아래 있기는 했지만 연쇄적인 모임과 프로그램들이 결국 이 연맹을 해산시키는 결과를 가져왔다(1930). 이 연맹의 사역은 교회의 직접적인 교육 사역의 기능을 하던 청소년 부서로 전담되었다. 적당한 시기에 감리교 청소년 협회(Methodist Youth Fellowship)가 조직되었다. 이 기구는 12세에서 21세 사이의 청소년들로 구성된 단체로서 초기의 에프워스 동맹이 하던 것과 동일한 일을 했다.

에프워스 연맹의 성공 및 실패여부에 대하여는 많은 감리교 저널에서 연구발표가 되어왔다. 여러 증거들은 이 연맹이 교회에 긍정적인 공헌을 했음을 보여준다. 무엇보다 청소년들이 공적인 경험을 할 수 있는 광장을 제공해 주었다는 점과 몇 세대 동안 교회의 지도자들을 훈련시켜주었다는 점이 가장 중요한 공헌이다.

HAROLD W. BURGESS

참고문헌 | D. B. Brummitt(1992), *The Efficient Epworthian: Being Epworth League Methods*; W. W. Sweet(1953), *Methodism in American History*.

엥겔척도(Engel Scale).

엥겔(James Engel)에 따르면, 이 영적 결정 과정의 모델은 엥겔이 휘튼의 빌리 그래함 정보통신학 대학원 과정(Billy Graham Graduate Program in Communication)의 책임자로 있을 당시 휘튼 대학원(Wheaton Graduate School)의 학생이던 소가드(Viggo Sogaard)가 처음으로 그에게 제안했다고 한다. 그것을 엥겔이 교정하여 1973년에 「교회성장지」(*Church Growth Bulletin*)에 발표했다. 엥겔과 노턴(H. Wilbert Norton)이 더 수정하여 설명서와 함께 '추수에 무엇이 잘못되었나?'(*What's Gone Wrong with the Harvest?*)를 발표했다(1975). 그 책의 내용을 바탕으로 하여 설명하겠다.

이 척도는 불신의 상태로부터 그리스도의 제자로서 성숙하는 관계의 과정을 묘사한다. 그것은 영적 결정을 내리는 과정(spiritual decision process)에서 하나님의 역할과 전도자의 역할 그리고 사람의 반응 등을 구분하는 것으로 시작한다. 하나님의 역할이란 일반계시, 죄의 자각, 중생 그리고 성화로 간주된다. 전도자의 역할은 선포와 설득 그리고 양육/교화이다. 그러나 저울의 가장 중요한 부분은 인간 반응의 세부적인 단계와, 사람이 이 단계를 통과할 때 하나님과 전달자의 역할이 어떻게 변하는가 하는 점이다.

엥겔은 불신자를 개종시키는 여덟 단계를 서술한다. 8단계-일반계시를 통해 초월자의 존재를 인식하지만 복음에 대해 알지 못하는-에서 시작한다. 7단계에서 5단계까지는 복음에 대한 인식이 증가되어가고 그에 따른 삶의 암시들을 지적한다. 이 단계들에서 전도자의 역할은 (복음을) 선포하는 것이다. 4단계와 3단계는 인지적이기보다는 태도와 의지적으로서 불신자가 직면하는 문제들의 해결책으로 제시되는 복음에 대해 긍정적 태도로 이해하는 것이 포함된다.

2단계는 결정을 내리는 포인트로서 개인이 복음에 대한 믿음과 회개로서 반응하든지 아니면 거부하여 5단계로-전도자의 설득과 하나님의 계속된 말씀이 필요한- 돌아간다.

엥겔은 지상명령(Great Commission)이 단순히 개종시키는 일만이 아니라 제자를 만드는 일이라는 사실에 입각하여 개종 이후의 다섯 단계를 첨가한다. 이 다섯 단계에는 결정 이후의 평가, 교회에 속하기, 이해와 행동의 성숙, 하나님과의 대화, 모든 자원들 및 교회 안팎의 사역에서 청지기로 섬기기 등이다. 이와 같은 모든 과정에서 전도자의 역할은 양육과 교화(follow-up and cultivation)이고 하나님께서는 성화시키는 일을 하신다.

몇 가지 고려해야 할 주의사항이 있다. 이 단계들을 첨가하거나 재배열할 필요도 있고 사람을 그리스도께 인도하는 일의 절차마다 하나님을 언급하는 것을 불편하게 느낄 수도 있다. 그러나 여러 가능한 보류에도 불구하고, 이 모델이 그리스도인들의 전도에 여러 면에 유익을 준다.

첫째, 그리스도의 제자가 되는 과정에 몇 단계 절차가 있고, 전도자의 역할이 전도 받는 사람의 상태에 따라 변할 수 있으며, 복음을 보다 효과적으로 전할 수 있도록 돕는다는 사실이다. 예를 들면, 엥겔은 개인이 3단계 정도로 복음을 이해하지 못한다면 전도가 비효과적이라고 언급한다. 이들은 개종의 결심을 하기 전에 보다 심오한 복음의 메시지를 들을 필요가 있다고 한다. 환언하면, 5단계 혹은 4단계에 있는 사람들은 복음에 대한 지식이 필요한 것이 아니라 복음과 개인적 문제들에 대해 보다 긍정적인 태도를 갖도록 사역해야 한다.

둘째, 제자가 되는 과정을 일련의 절차를 따르는 것이라는 견해로 전도의 직접적인 목표를 달리 이해할 수도 있다. 궁극적 목표는 항상 그리스도를 믿는 신앙으로 인도하여 제자를 만드는 것이지만 당면한 목표는 그 궁극적 목표를 향해 한 단계 가까이 가도록 하는 일이라고 할 수 있다.

셋째, 이 척도의 유익한 면은 개인이 복음을 거부할 경우 어떻게 해야 할지 안내해 주는 것이다. 이 엥겔척도를 통해 다양한 것들을 시험해볼 수 있다. 그 사람이 복음을 완전히 이해하는가? 그는 복음에 대해 긍정적인 태도를 보이는가? 그의 삶에 여러 문제들에 대한 해답으로서 복음을 인식하는가? 이와 같은 질문에 대한 해답이 복음을 거절하는 사람을 어떻게 계속 도와야 할지 가르쳐 준다.

엥겔척도는 20여 년 동안 사용되어 왔고 광범위하게 확장되었으며 수많은 전도 훈련 프로그램에서 유익한 보조 교재로 사용될 수 있다.

JOHN S. HAMMETT

참고문헌 | W. Arn and C. Arn(1982), *The Master's Plan for Making Disciples*; J. F. Engel, D. T. Kollat, and R. D. Blackwell(1973), *Consumer Behavior*; J. F. Engel and H. W. Norton(1975), *What's Gone Wrong With the Harvest?*; M. Green(1970), *Evangelism in the Early Church*; J. Petersen(1980), *Evangelism as a Lifestyle*.

여권주의(Feminism).

성(性) 관계에서의 정의를 찾는 사회적, 경제적, 정치적 사상이다. 여권주의자들은 여성들이 구조적으로 가치를 인정받지 못하고 힘을 박탈당했다고 믿으며 그들은 이러한 과정에 저항하기 위해 일한다. 여권주의의 영향은 경제 분야(동등한 노동에 대한 동등한 보상), 정치 분야(모든 수준의 정부와 의회에서의 여성 대표, "여성의 친구"), 사회관계(교육기회의 평등과 결혼의 평등)에서 이루어졌다.

데이비드 디얼(David Diehl, 1990)은 여권주의에 대한 다섯 가지 신학적인 답을 썼다. 그것은 엄격한 계급주의, 온건한 계급주의, 성경적 여권주의, 온건한 여권주의, 급진적 여권주의이다(36-40).

엄격한 계급주의는 무오한 성경 말씀이 지도자로서의 남성과 복종자로서의 여성 사이의 계급주의적인 관계를 가르친다고 믿는다. 그들은 이것이 문화와 시간을 따라 내려온 규범이라고 믿는다. 따라서 오직 남성만이 교회에서 사역자와 지도자로서 섬길 수 있다. 여성들은 봉사의 위치에서 참여하도록 장려하고, 권위를 갖거나 남성을 가르치는 일을 할 수 없다. 스테판 클락(Stephen Clark, 『그리스도 안에서 남성과 여성』 〈Man and Woman in Christ〉), 조지 나이트(George Knight, 『남성과 여성의 역할 관계에 대한 신약의 교훈』 〈New Testament Teaching on the Role Relationships of Men and Women〉), 수잔 포(Susan Foh, 『여성들과 하나님의 말씀』 〈Women and the Word of God〉), 라이리(C. C. Ryrie, 『교회에서의 여성의 역할』 〈The Role of Women in the Church〉) 등이 엄격한 계급주의의 입장을 대표한다.

온건한 계급주의는 무오한 하나님의 말씀이 남성과 여성 사이의 계급에 관해 가르치고 있다고 엄격한 계급주의의 믿음을 그대로 따른다. 그들은 그들의 계층에 대한 접근을 신약 시대 문화의 권위주의적 가부장제와 구분한다. 온건한 계급주의자들은 남성과 여성의 상호 보충적인 역할을 강조한다. 최근에는 스스로를 "상보주의자"(complementarians)라고 이름 붙였다. 남성의 지도력은 그 아내를 섬기는 것을 포함하는 반면, 여성은 남편을 자발적으로 사랑하며 복종할지를 선택할 수 있다. 교회 안에서 여성들은 참여하도록 장려되지만 그들은 항상 남성인 장로와 목사들의 지도 아래 있다. 존 파이퍼(John Piper)와 웨인 그루뎀(Wayne Grudem)은 『성경적 남성과 여성의 회복』(*Recovering Biblical Manhood and Womanhood*)라는 책에서 상보주의를 지지한다. 도널드 블로에쉬(Donald Bloeshch)는 『성경은 성차별주의자인가?』(*Is the Bible Sexist?*)라는 책에서 온건한 계급주의의 입장을 옹호했다. 성경적인 남성과 여성에 관한 협의회(The Council on Biblical Manhood and Womanhood)가 이 견해를 지지하는 기구이다.

성경적 여권주의는 때때로 복음주의적인 여권주의로 불리며 성경을 하나님의 무오한 말씀으로 접근한다. 그러나 그들의 해석은 성별 간의 상호관계를 하나님께서 제정하신 창조의 질서로서 본다. 계급은 죄의 결과로 잉태되었고, 예수 그리스도의 인격과 사역을 통해 극복되었다. 사회와 교회와 가정에서의 평등이 주장된다. 총괄적인 언어가 예배와 교육 자료에 장려된다. 보다 더 성을 포괄함으로써 본래의 의도를 찾으려는 성경 번역이 용납된다. 성경적인 평등을 위한 기독교인(Christians for Biblical Equality)이 이 견해를 지지하는 단체이다. 그레첸 게블리언 홀(Gretchen Gaebelien Hull, 『동등한 섬김』⟨*Equal to Serve*⟩), 알베라와 버클리 미켈슨(Alvera, Berkeley Mickelson, 『여성, 권위 그리고 성경』⟨*Women, Authority and the Bible*⟩), 메어리 스튜어트 반 류윈(Mary Stewart Ban Leeuwen, 『성과 은혜와 에덴 그 이후』⟨*Gender and Grace and After Eden*⟩), 스텐리 그렌즈 와 데니스 무어 크제스보(Stanley Grenz, Denise Muir Kjesbo, 『교회의 여성들』⟨*Women in the Church*⟩) 등이 성경적 여권주의의 입장을 대표한다.

여권주의의 주류는 성경이 하나님의 말씀을 담고 있지만 그 자체로는 무오한 하나님의 말씀이 아니라고 믿는다. 그들은 말씀이 특별히 가부장 제도를 포함한 모든 억압의 구원자인 예수 그리스도의 인격과 사역 안에서 발견된다고 믿는다. 여권주의의 주류는 비록 그것이 여성에 관해 좀더 포괄적이기 위해 원문을 다시 쓰는 것을 의미한다 해도 성경 번역과 예배 내용과 교육 자료에서의 총괄적인 언어 사용을 주창한다. 그들은 하나님을 비유할 때 남성과 여성 대상 모두를 사용한다. 이러한 견해의 대표자들은 로즈마리 래드포드 루에터(Rosemary Radford Ruether, 『성차별주의와 하나님의 말씀』⟨*Sexism and God Talk*⟩), 필리스 트리블(Phyllis Trible, 『하나님과 성에 대한 수사학』⟨*God and the Rhetoric of Sexuality*⟩) 그리고 살리에 멕파게(Sallie McFague, 『은유 신학: 종교적 언어에 나타난 하나님의 모델들』⟨*Metaphorical Theology: Models of God in Religious Language*⟩) 등이다.

급진적 여권주의는 두 가지 형태로 표현되는데 기독교적인 것과 탈(post) 기독교적인 것이다. 기독교적 표현은 가부장 제도와 남성 중심의 편견이 성경에 너무나 가득해서 계시가 성경에 중심이 되지 못한다고 믿는다. 대신에 "여성교회" 즉 가부장적인 압제로부터의 해방을 구하는 여성을 지지하는 기독교 공동체의 경험을 통해서 계시가 출현할 수 있다. 엘리자베스 슈슬러 피오렌자(Elizabeth Schussler Fiorenza, 『그녀에 대한 기억』⟨*In Memory of Her*⟩)가 이러한 입장의 주창자이다. 로즈마리 래드포드 루에터(Rosemary Radford Ruether)와 같은 주류 여권주의자 중 일부도 그들의 후기 저서에서 좀더 급진적 여권주의의 징후를 볼 수 있다.

탈(post) 기독교적인 급진적 여권주의는 전체로서의 기독교는 여성이 해방되기 위해서 거부되어야 한다고 믿는다. 여성들은 그들 자신의 종교적인 경험을 명명해야 하며, 그것은 전적으로 남성으로부터의 자유이다. 여성 간의 동성애와 마법은 이러한 "종교적 표현"에 포함될 수도 있다. 메어리 데일리(Mary Daly, 『하나님 아버지를 넘어서: 여성 해방 철학을 향하여』⟨*Beyond God the Father: Toward a Philosophy of Women's Liberation*⟩), 나오미 골드버그(Naomi Goldberg) 그리고 스타호크(Starhawk) 등은 이러한 견해의 옹호자들이다.

여권주의에 대한 다섯 가지 신학적인 대응에 대한 이상의 개관은 여권주의가 복합적인 운동이며,

아예 염두에 두지 않거나 혹은 생각 없이 적그리스도로 분류할 수 없음을 보여준다. 여권주의는 기독교인들이 진지하게 생각해야 하며, 깊은 사고와 비평적 반성을 가지고 대응해야 한다.

DENISE MUIR KJWABO

참고문헌 | G. Bilezikian(1985), *Beyond Sex Roles*; D. Bloesch(1982), *Is The Bible Sexist?*; S. Clark(1980), *Man and Woman in Christ*; M. Daly(1973), *Beyond God the Father: Toward a Philosophy of Women's Studies for the Christian Community*; D. Diehl(1990), *Gender Maters: Women's Studies for the Christian Community*; E. S. Fiorenza(1983), *In Memory of Her*; S. Foh(1980), *Women and the Word of God*; S. Grenz and D. M. Kjesbo(1995), *Women in the Church*; G. G. Hull(1987), *Equal to Serve: Women and Men in the Church an Home*; G. Knight(1977), *New Testament Teaching on the Role Relationships of Men and Women*; S. McFague(1982), *Metaphorical Theology: Models of God in Religious Language*; A. Michelson, ed.(1986), *Women, Authority and the Bible*; J. Piper and W. Grudem(1991), *Recovering Biblical Manhood and Womanhood: A Response to Evangelical Feminism*; R. R. Ruether(1983), *Sexism and God Talk: Toward a Feminist Theology*; C. C. Ryrie(1970), *The Role of Women in the Church*; Starhawk(1979), *The Spiral Dance: A Rebirth of the Ancient Religion of the Great Goddess*; P. Trible(1978), *God and the Rhetoric of Sexuality*; M. S. VanLeeuwen, ed.(1993), *After Eden: Facing the Challenge of Gender Reconciliation*; M. S. Van Leeuwen(1990), *Gender and Grace: Love, Work and Parenting in a Changing World*.

참조 | 여집사(DEACONESS); 여성 목회(WOMEN IN MINISTRY); 여성의 지도자 역할(WOMEN, LEADERSHIP ROLE OF); 여성과 목사 안수(WOMEN, ORDINATION OF)

여름성경학교(Vacation Bible School, VBS)

여름 내내 쉬면서 할 일이 없는 아이들에게 어떻게 좀더 성경에 대해 가르칠 수 있을까? 이것이 바로 교회가 여름성경학교를 시작하게 된 이유이다. 여름성경학교는 전 세계에 걸쳐 수백만의 어린이들에게 집중적으로 성경을 훈련시켜 왔다.

대부분의 사람들은 여름성경학교의 기원을 1866년 보스턴제일교회의 여름학교나 1877년 퀘벡의 몬트리올에서 있었던 여름성경학교에서 찾는다. 여름성경학교는 20세기 초 뉴욕침례교도시선교회(New York Baptist City Mission)의 사무국장으로 일하던 로버트 보빌(Robert G. Boville)에 의해 공식적인 운동으로 확산되었다. 보빌의 노력으로 인해 매일 여름성경학교 전국위원회(the National Committee on Daily Vacation Bible School)가 창설되었다. 이 단체는 30여개가 넘는 대학으로부터의 교사들과 많은 교단의 대표들을 포함하여 약 100여명으로 구성되었다. 1912년 무렵에는 141개의 도시에 걸쳐 개교회들과 지방회들로부터 모여든 100,000명이 넘는 어린이들이 여름성경학교에 등록하였다. 1941년경에는 전 세계적으로는 45개국의 국가들이 어린이들을 가르치기 위한 이 새로운 시도에 참여하였다.

새롭게 이름을 바꾼 국제매일여름성경학교협회(International Association of Daily Vacation Bible School)가 훈련과 교육과정 지침 그리고 행정적인 도움을 제공했으나, 각 공동체나 교회가 또한 자신들의 상황에 맞는 고유한 프로그램을 개발하였다. 대부분의 여름성경학교 프로그램은 여름 내내 주중 아침에 이루어졌다. 하지만 2주에서 8주에 이르기까지 하루 종일 만나는 경우도 있었다. 주일학교 역사와 비슷하게 여름성경학교의 관심은 어린이들과 그들의 필요 그리고 어떻게 하면 그들을 가장 적절하게 가르칠 수 있을까에 모아져 있었다. 각각의 여름성경학교가 자신들에게 맞는 프로그램을 개발하였으나, 대부분이 성경 연구, 찬송, 성구 암송, 공작과 수공예 그리고 잘 짜인 놀이 등을 포함하였다. 또한 대부분의 여름성경학교가 바느질이나 목공예 등 생업이나 직업이 될 수 있는 일들을 아이들이 배우도록 격려하였다. 대부분의 여름성경학교가 흥미로 가득 찬 프로그램들을 통해 아이들이 흥분과 열정으로 성경 이야기들과 영웅들을 배우도록 하였다.

오늘날에도 여름성경학교는 어린이들을 성경으로 훈련시키는 역할을 계속하고 있으며, 성인들에게도 긍정적인 역할 모델을 제공하고, 아이들로 하여금 그리스도인의 원리에 따라 세상을 살아가도록 격려하고 있다. 하지만 점점 늘어가는 압박과 요구들, 한정된 자원 봉사자, 연중 계속되는 운동 경기의 경쟁, 가족들과의 여행 등 여러 가지 요인으로 인해 많은 교회들이 여름성경학교 프로그램을 폐지하거나 그 시간과 범위를 단축하고 있다. 어떤 교회들은 여름성경학교를 저녁 시간에 제공하며 성인들을 위해서도 컴퓨터 강의, 재정 상담, 결혼과 가정을 위한 훈련 그리고 여가 선용과 스포츠를 위한 기술 등을 가르친다.

오늘날 많은 교회들이 연중 이루어지는 기독교 봉사단(Christian Service Brigade), 개척 사역들(Pioneer Ministries), 어와나(Awana), 또는 이와 비슷한 주말마다 열리거나 학기마다 개설되는 사역들로 여름성경학교 프로그램을 대체하고 있다. 연중 진행되는 학교교육으로 인해 소수의 어린이들만이 여름 동안에 교회에서 보낼 시간을 갖게 되자, 여름성경학교를 실시하는 많은 교회에 영향을 주게 되었다.

교회에 다니지 않는 어린이들을 전도하기 위해 많은 교회들이 교회 구성원의 가정이나 인근 공원 등지에서 만나는 모임을 만들게 되었다. 이 모임들은 전통적인 여름성경학교의 기본적 형식을 따른다. 하지만 여름성경학교에 비해 훨씬 짧게 이루어지며 성경 연구, 노래, 공예 그리고 잘 조직된 놀이들에 초점을 맞춘다.

G. CRAIG WILLIFORD

참고문헌 | E. M. Butt(1957), *The Vacation Church School in Christian Education*; D. Freese(1977), *Vacation Bible School*; G. Getz(1962), *The VBS in the Local Church*.

참조 | 국제어와나클럽(AWANA CLUBS INTERNATIONAL); 어린이전도협회(CHILD EVANGELISM FELLOWSHIP); 어린이 기독교 교육(CHILDHOOD CHRISTIAN EDUCATION; CHILDREN'S CHURCH); 어린이 사역 모델(CHILDREN'S MINISTRY MODELS); 기독교 봉사단(CHRISTIAN SERVICE BRIGADE); 파이오니아 선교회(PIONEER MINISTRIES)

여성과 목사안수(Women, Ordination of).

비록 교회의 탄생으로부터 여성들이 적극적으로 지역 교회들을 섬겼지만, 안수와 같은 의식의 공식화는 비교적 최근의 현상이다. 안수가 좀더 권위적인 의미를 지니고 있으므로 인해 많은 교단에서 매우 논쟁거리가 되어왔다.

여성의 안수는 1800년대 후반이 되어서야 유행하게 되었다. 이러한 운동을 주도한 교단에는 북미침례교회(1800), 모라비아교단(1889) 그리고 아프리칸감리교 감독시온교회(1894)가 있다. 쿰버랜드 장로교단(Cumberland Presbyterian Church)에 속한 교회들은 1880년대와 1890년대에 여성들을 장로로 안수하였다. 미국 북부의 큰 장로교회들은 1955년이 되어서야 여성의 목사 안수를 허용하였으며, 미남부의 장로교회들은 1964년이 되어서야 비로소 여성의 안수를 시작하였다.

비록 안수의 기회는 제한되어 있었으나, 여성들은 개신교의 운동에서 지도자로서의 역할을 감당하였다. 그들은 교단의 여러 모임들을 조직하였으며, 성경 공부와 기도 모임을 인도했고, 제단 조합, 상조회, 선교회 등을 조직했다. 그들은 또한 교회 밖에서 여러 단체를 만들어 금주와 노예제 폐지 등 사회적 문제들에 관심을 기울였으며, 사회의 양심을 일깨우고 기금을 조성함으로써 그들의 능력과 성과를 보여주었다.

교회 내에서의 조직은 여성들의 모임인 여성 국내, 국외 선교회(A. M. E. Church), 흑인여성종교 및 도덕협회, 여성기부협회, 여성기독교위인전 독서회, 북미여성연합선교회 등이 있다. 교회 내에서의 사역 외에도 이들 중 많은 단체들이 학교와 병원, 고아원 등을 운영하였다.

여성 목사의 신학적 문제로 인해 많은 이들이 미

국을 떠나 선교지에서 섬기게 되었다. 교단들은 종종 여성들의 리더십과 전문적 기술이 받아들여질 수 있는 해외로 그들을 보내 교회를 짓고 학교를 설립하는 일에 열려 있었다. 여성의 안수를 받아들였던 북미 침례회(ABC)와 같은 교단 마저도 안수 받은 남성과 여성의 차별은 이론과 실제에서 차이점을 역력하게 보여주었다.

문화와 관습 그리고 신학이 교회에서의 여성의 역할에 영향을 미친다. 문화와 관습에 관한 한, 목회자들은 안수의 성별에 관한 문제를 되도록 회피함으로써 논쟁, 하나됨을 깨뜨릴 수 있는 위협, 또는 교인을 잃게 되는 경우를 피하기를 원한다. 여성 안수에 관한 공식적 규칙이 없는 남침례 교단에서는 관례적으로 많은 여성들이 목사와 같이 안수 받은 직위 보다는 전통적으로 선교사역이나 기독교 교육을 책임지는 역할에 적합한 것으로 이해된다.

신학적으로 세 가지 다른 견해들이 여성의 리더십 역할과 그에 따른 안수의 문제에 영향을 끼친다. 전통주의적인 견해는 여자들이 교회 안에서 침묵을 지켜야 하고, 남자를 가르침으로써 남자 위에서 어떠한 권위를 행사해서는 안 된다고 믿는다(고전 14:34, 35). 남성 리더십의 견해는 수정된 견해로서 여자의 머리가 남자라고 주장한다(딤전 2:12-15). 이러한 견해는 여자들이 담임 목사인 남자의 권위 아래서 가르칠 수는 있으나, 그들 스스로가 권위 있는 위치를 차지해서는 안 된다는 견해이다. 평등주의의 견해는 교회에서의 남성과 여성이 전적으로 동등하다고 믿는다(엡 4:11-16). 만일 여자들이 하나님의 부르심을 받았고, 성령에 의해 은사를 받았다면 교회 안의 모든 직책들이 그들에게 허용될 수 있다.

각각의 견해가 모두 성경에 그들의 입장을 옹호하는 이론적인 근거를 두고 있다. 평등주의의 입장을 고수하는 사람들은 이에 반대되는 견해를 다음과 같이 설명한다. (1) 고린도서의 구절들을 그 역사와 배경에 비추어 살펴보면 여자들이 예배 중에 그들의 남편들에게 질문을 함으로써 교회의 예배를 방해했다. 이러한 방해는 무질서를 초래하게 되었다. 바울은 이러한 관행을 고치기 위해 여자들이 교회의 예배 시간이 아닌 집에서 남편들에게 질문을 하도록 권고한 것이다. (2) 디모데전서에 나오는 여성의 권위에 관한 문제는 핵심 단어인 "빼았다"(usurp, KJV)의 해석에 달렸다. 여자들이 아이를 낳기 때문에 남자들보다 우월하며 따라서 남자 위에 권위를 가져야 한다는 잘못된 교리를 설파한 것이다. 바울은 바로 이러한 잘못된 생각을 바로잡기 위해 편지를 쓴 것이다. (3) 에베소서의 구절에서 언제 "몇몇의 사람들"과 "우리"가 남자가 되었는가? 머리됨에 관한 문제는(엡 5:23) 결혼 관계에서의 역할을 설명해 준다. 비록 바울이 결혼을 묘사하기 위해 교회를 인용했으나, 교회를 묘사하기 위해 결혼을 인용하지는 않았다. 목사는 교회의 머리가 아니다. 오직 그리스도만이 그 위치를 차지한다.

교회나 교단의 신학적 입장과는 관계없이, 안수 받기 원하는 여성들은 그들을 낙심케 하는 장애물이나 어려움에 직면하게 된다. 그리고 평안의 매는 줄로 성령으로 하나됨을 유지하기 위해 많은 여성들이 안수를 통한 공식적 인준의 유익을 누리지 않고 성실하게 주님을 섬기는 길을 선택한다.

LAVERNE A. TOLBERT

참고문헌 | M. E. Howe(1982), *Women and Church Leadership*; V. M. Mckenzie(1996), *Not without a Struggle*.

참조 | 성직자(CLERGY); 여집사(DEACONESS); 평등주의(EGUALITARIAN); 평등 관계(EGALITARIAN RELATIONSHIPS); 성역할(GENDER ROLES); 안수(ORDINATION); 전통적 역할(TRADITIONAL ROLES); 여성 목회(WOMEN IN MINISTRY); 여성의 지도자 역할(WOMEN, LEADERSHIP ROLE OF)

여성목회(Women in Ministry). "여성목회"라는 표현은 많은 이들에게 논쟁거리가 된다. 여성들에게 어떠한 목회의 역할이 주어져야만 하는가? 어떤 신앙공동체들은 성에 관계없이 모든 목회의 기회들이 하나님에 의해 부르심을 받고 교회에 의해 인준이 된 사람들에 의해 이루어지도록 허락한다. 어떤 교회들은 남자들만이 지역 교회와 교단의 수준에서 목회자와 평신도 지도자의 위치를 차지해

여성목회

야 한다고 믿고, 다른 교회들은 여자들이 지도자의 위치에 서는 것을 막을 뿐 아니라, 그들의 사역을 병원과 어린이 사역 그리고 다른 여자들을 위한 일에 한정한다. 어떻게 신실한 그리스도인들이 천차만별의 다른 견해를 주장할 수 있는가?

여성의 권리를 옹호하는 일부의 사람들은 성경이 여성을 억압하는 한 원인이 된다고 보며, 목회에서 여성을 위한 그들의 변론에서 성경을 전혀 고려하지 않는다. 그러나 성경을 그들의 믿음과 삶의 지표로 삼고 있는 복음주의적인 그리스도인들이라면 성경을 믿음의 형성에서 중요하게 고려해야 한다. 하지만 이렇게 성경에 충실함에도 불구하고 복음주의 영역의 그리스도인들은 여성과 목회의 문제에서 의견의 일치를 보지 못하고 있다. 똑같이 성경의 가치와 권위를 인정하는 두 사람이 있다 하더라도 저들이 각각 서로 다른 시각으로 성경의 본문에 접근할 때 서로 대조적인 해석을 하게 될 것이다. 다음에 논의될 내용은 자신의 입장이 성경적이라고 믿는 많은 복음주의자들의 여성과 목회에 관한 두 가지 서로 다른 견해를 간결하게 요약한 것이다.

전통주의자들 또는 그들이 스스로를 보완주의자들이라고도 부르는 무리의 사람들은 고린도전서 11장 3절, 14장 34-35절 그리고 디모데전서 2장 11-12절에서 사도 바울이 한 언급의 요지가 매우 분명하다고 믿는다. 곧 여자는 그들의 남편들의 권위 아래 있으며, 교회 안에서 침묵을 지켜야 하고, 남자를 가르치거나 남자 위에 어떠한 권위도 가져서는 안 된다.

창세기 2장 20-22절에 의하면 하나님은 그분이 지으신 동물들 가운데 그 누구도 아담에게 적합한 배필이 없었기에 여자를 창조했으며, 여자를 만들기 위해 아담의 갈비뼈를 취하였다. 이 구절에 근거하여, 보완주의자들은 비록 여자와 남자가 하나님의 형상을 따라 창조되었으나(창 1:27), 여자가 남자로부터 만들어졌으며, 여자는 남자를 이끌기 위한 것이 아니라 돕기 위해 창조되었으므로 남자에게 순종해야 한다고 믿는다. 타락 후에 하나님은 여자에게 여자의 바라는 바가 남편을 위한 것임과 남자가 여자를 다스릴 것을 말씀하셨다(창 3:16). 보완주의자들은 이 구절이 남녀 사이의 관계를 규정짓는 하나님이 정하신 규칙으로서 남녀 사이에 가장 이상적인 관계의 형태를 제공한다고 믿는다.

이러한 성경해석에 근거하여 보완주의자들은 하나님이 남녀의 성에 따라 다른 역할을 정하여 주셨으며, 여자가 안수를 받거나 교회에서 지도자의 위치에 서는 것이 하나님의 뜻이 아니라고 믿는다. 성경에서 지도자의 위치에 있었던 여자들과 교회사에서 설교와 리더십을 통해 영적 열매를 맺었던 여자들은 하나님의 의도를 나타내 주는 증거라기보다는 전능하신 하나님에 의한 예외로 해석된다. 사도 바울은 "너희는 유대인이나 헬라인이나 종이나 자주자나 남자나 여자 없이 다 그리스도 예수 안에서 하나이니라"(갈 3:28)고 썼다. 보완주의자들은 이 구절이 가정과 교회에서 역할과 책임의 동등함을 의미하기보다는 단지 한 개인의 그리스도와의 관계에만 국한된다고 설명한다.

평등주의자라고 일컫는 복음주의자들 중 또 다른 그룹의 사람들은 여성과 목회에 관한 성경적 관점을 찾기 위해 창세기 1장으로부터 연구를 시작한다. 그들은 남녀 모두가 하나님의 형상대로 창조되었다는 점과 모두가 생육하고 번성하여 창조된 세상을 다스리도록 명령받았음에 주목한다(창 1:27-28). 창세기 2장에서 "돕는 자"란 표현을 위해 쓰인 히브리어 단어는 이 구절 외에 구약에서 스무 번 등장하는 데, 그 중 열일곱 번이 하나님을 돕는 자로 표현하는 데 쓰였으며 세 번은 군대를 지칭할 때 쓰였다. 평등주의자들은 '돕는 자'라는 단어가 종속적인 의미를 지니고 있지 않다고 결론지었다. 이들은 하나님이 남자의 갈비뼈로 여자를 창조했다는 사실의 중요성이 남녀가 같은 실체로 지어졌으며, 서로를 위해 적합한 동반자임을 분명히 보여주는 데 있다고 믿는다. 창조 이야기 속에서 평등주의자들은 여자가 남자에게 종속되었다는 어떠한 증거도 찾을 수 없으며, 오히려 완벽한 동등성을 발견한다. 평등주의자들은 타락 후에 하나님이 이브에게 주신 남편들이 아내들을 다스릴 것이라는 말씀이 죄의 결과에 대한 '묘사'라고 이해한다.

평등주의자들은 예수께서 여자들을 대한 부분에

특별한 관심을 기울인다. 여자들이 대중 앞에서 말하는 것이 금지되어 있었고, 여자를 가르치는 것은 가치가 없다고 믿었던 문화 속에서 예수님의 행동은 혁명적인 것이었다. 그는 여자와의 대화를 먼저 시작하셨으며, 그들과 신학적 논쟁을 하셨고, 그들이 제자의 위치를 얻게 될 것을 확증해 주셨고, 심지어는 그들이 자신에게 손을 대는 것을 허용하였다. 사마리아 여인이 첫 번째 복음 전하는 자가 되었을 때 예수께서는 그녀를 꾸짖지 아니하셨으며, 그의 부활 후에 여자에게 먼저 나타내 보이셨고, 부활의 복음을 선포하도록 그녀에게 명령하셨다. 평등주의자들은 또한 예수께서 인간들을 죄로부터 구원하시기 위해 오셨으므로, 믿음으로 반응을 보이는 사람들은 용서함을 얻으며 죄의 세력으로부터 놓임을 받는다고 믿는다. 이는 곧 남자와 여자 모두가 평등하게 창조된 본래의 목적대로 다시 살게 됨을 의미한다.

신약에서 평등주의자들은 오순절 날 베드로의 선포에 주목한다. "하나님이 가라사대 말세에 내가 내 영으로 모든 육체에게 부어 주리니 너희의 자녀들은 예언할 것이요… 그때에 내가 내 영으로 내 남종과 여종들에게 부어 주리니 저희가 예언할 것이요"(행 2:16-18). 평등주의자들은 빌립의 네 딸들이 예언을 한 것(행 21:9), 바울이 여자들이 공적인 자리에서 기도와 예언을 할 때 무엇을 입어야 할지 묘사한 것(고전 11:5) 그리고 바울이 여자들을 동역자라고 부른 사실에 주의를 기울인다.

이러한 배경을 근거로 평등주의자들은 고린도전서 11장과 14장 그리고 디모데전서 2장을 신중히 검토한다. 그들은 의미의 정확한 해석을 위해서는 반드시 그 말씀이 쓰인 배경을 이해해야 한다고 주장한다. 고린도전서 1장과 디모데전서에서 바울은 예배에서의 문제점들과 오용들 그리고 거짓된 가르침을 바로잡기 위해 글을 쓰고 있다. 따라서 이 구절들은 당시 가능했던 오용들이 무엇이었는가에 대한 이해로부터 해석되어야 하며, 바울의 가르침으로부터 이끌어낼 수 있는 원리들은 오늘날 교회의 상황 속에서 적용되어야만 한다. 평등주의자들은 이 구절들이 남녀를 무론하고 예배를 방해하거나 거짓된 것을 가르쳐서는 안 된다는 의미를 담고 있다고 본다.

정확한 해석을 위해서는 성경이 본래 쓰인 원어의 의미를 연구하는 것이 중요하다. 예를 들어, 고린도전서 14장 34절과 디모데전서 2장 11절에 쓰인 "침묵"이라고 번역된 단어들은 서로 다른 두 개의 그리스어들이다. 고린도서에서 바울이 쓴 단어는 "말하지 말라"는 의미를 지니고 있다. 그러나 디모데전서에 쓰인 단어는 내적 고요를 의미한다. 바울은 에베소에 있는 여자들에게 내적 고요함과 하나님의 말씀에 대한 순종을 배우도록 종용했다. 또한 디모데전서 2장 12절에서 "권위"라고 번역된 단어는 신약에서 오직 한 번, 이 구절에서만 나타나는데, 이것은 바울이 보통 권위를 표현하기 위해 사용하는 단어와는 다르다. "권위를 빼앗다"가 더 나은 그리스어의 번역이다. 평등주의자들이 관심을 기울이는 또 하나의 관건은 바로 예수님의 권위에 대한 가르침이다. 예수께서는 그의 제자들에게 다른 사람들 위해 군림하는 일이 없도록 가르치셨다. 그들은 예수께서 그러셨듯이 섬기도록 부름 받은 것이다. 남자나 여자나 교회에서 힘으로 권위를 차지하려 해서는 안 되며 다른 사람 위에 군림하려 해서도 안 된다. 그러나 평등주의자들은 남녀 모두가 우리를 죽어가는 세상에 하나님의 말씀을 선포하는 종 된 지도자로 부르시는 하나님의 부르심에 응답하도록 권고한다.

성경이 쓰인 시대로부터 현재에 이르기까지 여자들이 교회의 여러 사역에서 섬겨왔다. 학자들은 교회사를 통해 반복되는 주기를 찾아냈다. 교회들이 살아서 급성장하던 영적 각성의 시기에는 여자들이 사역에서 더 많은 자유를 경험하였다. 교회가 제도화되어 가고 사람의 이목을 중요하게 여길수록 여자들의 사역이 다시 제한받게 되었다. 그러나 자세히 역사를 연구해 보면 교회의 축복이나 후원에 관계없이 항상 영웅적으로 하나님을 섬겼던 헌신된 여자들이 있어 왔다.

CATHERINE STONEHOUSE

참고문헌 | B. and R. Clouse, eds.(1989), *Women in Ministry: Four Views*; R. T. France(1995), *Women* in the Church's Ministry: A Test Case for Biblical Interpretation; S. J. Grenz(1995), Women in the Church: A Biblical Theology of Women in Ministry; J. Piper and W. Grudem, eds.(1991), Recovering Biblical Manhood and Womanhood; A Response to Evangelical Feminism; B. T. Roberts(1891), On Ordaining Women-Biblical and Historical Insights.

참조 | 여집사(DEACONESS)

여성의 사역(Women's Ministry). 20세기 초로부터 시작하여 미국뿐 아니라 전 세계에 있는 대부분의 선진국들에서 여성들이 사회, 경제, 정치 등의 영역에서 눈부신 공헌을 이루었다. 그러나 이러한 추세에 반하여 20세기 말 대부분의 교회들은 여전히 믿어지지 않을 정도의 완강한 저항을 보이고 있다. '메이플라워호'가 당시 아직 미개발 지역이었던 북미 대륙에 착륙했을 때 "유대교-기독교의 윤리가 심어지고 번성하게 되었다"(Kraft, 1992, 9). 여자들은 그들의 새로운 고향에서 그들이 새로 발견한 자유와 존엄성을 만끽할 수 있었다.

점차적으로, 이러한 자유는 삼백 년이라는 세월과 함께 여성들의 손아귀에서 벗어나고 말았다. 그들이 전에 누리던 많은 자유를 상실하게 된 것이다. 사실상, 여성들이 미국에서 남성들이 건국 초기부터 누리던 권리였던 투표권을 얻게 된 것은 현 세기 초가 되어서야 수년 간의 고투 끝에 얻게 된 것이다(1919).

수세기에 걸쳐, 여성들이 교회를 섬기는 일은 그들의 종교적 유산의 중요한 부분이 되어왔다. 그러나 이것이 종종 당연하게 여겨지기도 한다. 1960대와 1970년대 미국의 사회 변혁기에는 여성들의 교회의 사역에 관한 관심이 일게 되었다. 바로 이 시기에 목회를 하기 위해 지원하는 젊은 남자들에게만 열려 있었던 신학교들이 하나둘씩 젊은 여성들에게도 문을 열기 시작하였다. 이들은 자신들의 회중의 다양한 필요의 요소들을 충족시키기 위해 새로운 사상과 방법 등을 탐구하고 실험하였다. 이러한 연유로 이 시기가 여성을 위한 목회를 발전시키는 적합한 때로 인식되었다.

한편 성경에는 여성, 어린이, 청소년 그리고 남성들을 위한 특별한 사역, 가학 본능이 있는 사람들의 회복을 돕기 위한 프로그램이나 기타 오늘날 회중들의 필요를 겨냥한 수많은 다양한 사역들을 뒷받침해 주는 구절들을 찾아보기 힘들다.

사도 바울은 교회 운영에 관하여 디도에게 지시하기 위해 편지를 썼다. 그는 남녀 모두가 교회 구성원들로서 어떠한 삶을 살아야 하는지에 대해 기술하였다(딛 2:1-5). 이 본문의 일부는(2:3-5) 여성 목회에 관한 지침으로 사용되어 왔다(Berry, 1979, 38ff).

이러한 개념은 최근 들어 급속히 확산되었다. 오늘날 성경대학, 기독교 대학 그리고 신학교는 여성의 사역에 관한 과정들을 포함하고 있다. 교회의 여성들을 위한 사역은 교회 기독교교육의 항목 중 우선순위를 차지하게 되었다.

여성 사역을 위한 구성요소에는 다음과 같은 사항들이 포함될 수 있다. 성경 공부, 기도 사역, 교제, 전도, 선교 활동, 후원 그룹(돌봄의 공동체), 유치원생들의 어머니 모임(MOPS, Mothers of Preschoolers), 과부들을 위한 프로그램, 이혼 후 회복을 위한 프로그램, 동생/언니 프로그램, 부녀간 활동들, 상담, 개인 개발, 여집사, 수련회, 세미나 등.

교회에서의 여성 사역은 중복되는 섬김들이 있을 수도 있다. 이는 모든 연령층에 속한 여성들이 지위 여하를 막론하고 그들의 은사와 재능을 통해 서로를 세워주는 데 사용할 기회를 제공한다. 이러한 활동은 또한 각각의 여성들이 서로를 섬기거나 돕고자 하는 열망을 양성시킨다. 여성들은 다른 여성들에게 어떠한 필요가 생길 때마다 그들을 도우며, 이를 통해 그들의 매일 매일의 삶을 통해 성경의 개념들을 몸으로 실천하는 진취적이고, 책임감 있고, 활동적인 그리스도인으로 세워져간다(Briscoe, 1995, 24ff).

여성 사역은 노인으로서 젊은이들을 권면하는 격려 사역과(딛 2:4), 제자훈련 사역이 그 중심이다. 이 제자 훈련은 우정, 모성, 또는 지식이나 기술을 다른 사람과 나누고 공유하는 교육과 가르침 등의 독특한 결합으로 이루어진다(딛 2:4-5; 행 18:1-4). 연장자인 여성이 연소한 여성을 가르치고, 격려하고, 훈련시킨다는 것은 계단식 사역으로서(예, 할머니가 어머니인 그들의 딸들에게, 어머니가 딸들에게, 딸들이 다른 연소한 자매들에게) 반드시 같은 가족 내에서의 관계를 말하는 것은 아니며, 교회내의 여성들을 서로 맺어주는 것을 의미한다. 교회 내에서의 여성 사역 중 공식적 또는 비공식적인 상담이 중요한 역할이 되곤 하는데 이는 특별히 교회의 사역자들 가운데 여성이 없을 경우 더욱 그러하다.

영적 은사는 성별에 의해 주어진 것이 아니라는 사실을 기억해야 한다. 곧 여자와 남자를 위한 각기 다른 항목이 주어지지 않았다. 성령은 은사와 관련하여 성차별을 하지 않는다. 영적 은사는 모든 그리스도인들에게 주어진 것이다(고전 12:11-13). 사도 바울이 말한 가장 위대한 은사인 사랑을 잊지 말자(고전 13:13).

교회에서 여성의 사역을 시작하기 위한 단계는 다음과 같다. (1) 이러한 사역을 시작하는 데 관심 있는 여자들을 접촉하여 기도할 시간을 주라. (2) 이미 시작된 교회 활동에 참여하고 있는 사람들 중에 의욕을 가진 사람들이 나올 것이다. (3) 관심 있는 여자들을 모임에 참여시키도록 하고 그들로 하여금 이러한 사역의 분명한 목표를 보여준 후 자유롭게 생각을 표현하도록 하라. (4) 그들로부터 나온 의견들이 교회의 여성들과 공동체의 필요에 부합하는지 평가하라. (5) 이러한 프로그램의 긍정적인 면과 부정적인 결과들을 적으라. (6) 이러한 사역을 위한 재정을 어디서 모금할 것인지 결정하고, 어떻게 조직할 것인지를 상의하라. (7) 프로그램을 위한 계획을 발전시키라. (8) 책임을 위임하라. (9) 한 해 동안의 사업을 위한 월별 계획을 준비하고 발표하라(Kraft, 1992, 24ff).

이러한 과정이 끝나면, 그 해에 이러한 사역을 위한 목표를 간결하게 진술해 주는 주제를 정하고, 이러한 주제를 중심으로 개막 행사를 계획하라. 이러한 행사는 교회와 공동체에 속한 여성들에게 이러한 사역이 그들의 영적 성장에 반드시 필요한 것이라는 것을 알려줄 것이다. 개막 행사의 날짜를 정하고, 프로그램을 계획하며, 새로운 해에 여성들을 위해 계획된 행사의 날짜와 시간이 표시된 행사 달력을 제공하라.

어떠한 여성 사역에서도 기본이 되는 것은 바로 성경 공부임을 잊지 말라. 성경 공부를 위한 각 그룹은 저마다의 관심을 중심으로 짜여질 수 있다(예를 들면, 미망인, 유치원생을 둔 부모들, 혼자서 아이를 키우는 엄마들 등).

가르치고 훈련시킬 수 있고, 상담할 수 있는 다른 여성들이나 남성들 등 여성 사역에 유용한(재정 문제가 아닌) 자료들을 잘 알아야 한다. 또한 아이들을 돌보기 위한 시설이나, 모임을 위한 장소, 그 밖에 도서관, 시청각 시설 등 다른 유용한 기능적인 원조 등을 고려하라.

지도자들은 프로그램의 모든 면들을 냉철하게 평가하기 위해 프로그램이 발전해 나가는 것을 잘 관찰해야만 한다. 참가자들의 영적 성장을 방해할 수 있는 사소한 오점을 찾아내라. 참가자들이 프로그램에 동참할 수 있도록 하는 여러 기회들을 그들에게 잘 전달하는 것도 그 중 하나이다. 이렇게 함으로써 지도자들은 무엇이 도움이 되고, 무엇이 도움이 되지 않는지, 무엇을 계속 유지하고 무엇을 중단해야 할지를 알게 될 것이다.

PATRICIA A. CHAPMAN

참고문헌 | J. Berry(1979), *Growing, Sharing, Serving*; J. Briscoe, L. K. McIntyre, and B. Seversen(1995), *Designing Effective Women's Ministries*; V. Kraft(1992), *Women Centering Women*.

여성의 지도자 역할(Women, Leadership Role of).

이브가 아담에게 금단의 열매를 주고 아담이 이브에게 그 탓을 돌린 이후로 교회와 가정 그리고 사회에서의 여자의 적절한 역할에 관한 논쟁이 계속되어 왔다. 다음에 전개될 논의의 중점은 목회와 교회의 상황에서 여성의 리더십의 역할에 관한 것이다.

여성의 지도자 역할

1. 구약과 신약의 예들. 구약과 신약성경 모두가 공식적 또는 비공식적인 여러 지위에서 섬겼던 여인들의 예를 보여주고 있다.

1) **구약.** 사라와(창 21:12) 아비가일은(삼상 25:1-35) 특정한 시대에 그들의 가정에서 비공식적인 리더십을 발휘했던 두 여인들이다. 미리암과(출 15:20-21), 훌다(왕하 22:14-20), 드보라(삿 4:4-5) 그리고 노아다(느 6:14)를 비롯한 몇몇의 이름이 밝혀지지 않은 여선지자들은(사 8:3; 겔 13:17-24) 더 공식적인 선지자의 역할을 감당했다. 에스더는 페르시아 제국의 황후로서(에 1-10장) 주저했지만 백성들을 위해 용기를 내었던 지도자의 한 예를 보여준다.

2) **신약.** 신약에서는 엘리사벳과 예수님의 어머니인 마리아가 그들의 찬송을 통해 예언자적 리더십을 보여준다. 빌립의 네 딸들도 예언을 했다(행 21:8-9). 도르가와(행 9:36-42) 루디아는(행 16:13-15) 그들 각자의 지역사회에서 비공식적이었으나 영향력이 있었던 지도자들이었다. 유오디아와 순두게는 바울의 사역을 도왔다고 전해진다(빌 4:3). 브리스길라는 남편과 함께(행 18:26-28) 교사로서 지도자의 은사를 발휘한 여자의 한 예로서 바울은 그녀를 "동역자"라고 불렀다(롬 16:3). 뿐만 아니라, 여자들을 집사로 표현한 구절들을 근거로 볼 때 여자들이 교회에서 공식적인 지위에서 섬겼음을 보여준다(롬 16:1-2; 딤전 3장).

이러한 구절들과 신약의 다른 구절들을 근거로 볼 때, 비록 여자들의 지도자로서의 성격과 범위는 불분명하지만 그들이 초대 교회 안에서 중요한 지도자의 위치에 있었음은 자명하다. 지도자적 은사와 이와 관련된 은사들에 관한 영적 은사들의 배정에서 어떠한 성의 구별도 엿볼 수가 없다(고전 12장; 엡 4장). 여인들은 공적인 기도에 참여했으며(행 12:12; 16:13; 고전 11:5), 가르쳤고(롬 16; 딛 2:3-5), 사도의 동의하에 예언하였다.

2. 두 가지 전형. 연속체의 양극단에 있는 두 입장이 이 논의의 주요한 두 관점을 대표한다. 전통적인 입장은 계층적인 또는 보완적인 입장이라고도 불린다. 이는 창조의 순서에서 보이듯이 머리됨과 순종의 원리에 입각하여(창 1-3; 엡 5:22-23) 여성의 리더십의 역할을 제한한다. 갈라디아서 3장 26-28절, 고린도전서 11장 2-16절, 고린도전서 14장 34-35절 그리고 디모데전서 2장 11-12절과 같은 구절들의 엄격한 해석은 여자들이 권위 있는 설교, 가르침, 또는 남자를 지배하는 위치에 참여하는 것을 금한다. 이보다 완화된 입장은 여자의 머리가 남자라는 것을 인정하며 여자가 남자의 권위 하에 있다면 가르칠 수도 있으며 몇몇 형태의 권위를 행사할 수 있다고 인정한다. 보완적인 입장을 주장하는 사람들은 하나님 앞에서 여자와 남자가 그 가치에 있어서는 동등하다. 그러나 그들이 상호 관계에서 서로 다른 역할을 감당하기 위해 창조되었으며 남자는 여자와는 달리 리더십의 역할을 감당하도록 하나님이 책임을 주셨다고 주장한다.

연속체의 또 다른 극단에는 평등주의를 주장하는 사람들이 있다. 평등주의적 입장의 중심에는 갈라디아서 3장 26-28절이 있다. 그들은 이 구절을 그리스도 안에서 남녀가 하나되는 것은 구원에 관한 것일 뿐 아니라 교회와 가정에서 사회적 현실이 되어야 한다고 해석한다. 관련된 구절들인 고린도전서 11장, 14장과 디모데전서 2장은 새롭게 태어나는 교회들을 위해 그들이 처한 특정한 문화적 문제들을 다룬 것으로 보인다. 평등주의자들은 사역에서 남자와 여자가 같은 리더로서 완전한 동등성을 가지고 있음을 옹호하며 성경에 나타난 모든 사역의 지위에서 여자에게도 그 기회가 동일하게 있다고 믿는다.

3. 결론. 건전한 성경해석에 헌신된 경건하며 복음주의적인 많은 학자들이 이 문제와 관련된 중요한 성경의 구절들을 연구하고 각각 다른 해석과 적용에 도달하게 되었다. 이 문제를 다루기 원하는 모든 사람들은 여자의 리더십과 관련된 성경의 구절들을 자세히 살펴보고, 그 증거를 고려한 후, 기도하는 마음으로 결론을 지어야 할 것이다.

SHELLY CUNNINGHAM

참고문헌 | M. J. Anthony, ed.(1992), *Foundations of Ministry; An Introduction to Christian Education for a*

New Generation; A. Mickelsen(1986), *Women, Authority and the Bible*; J. Piper and W. Grudem, eds.(1991), *Recovering Biblical Manhood and Womanhood: A Response to Evangelical Feminism*; A. Spencer(1985), *Beyond the Curse: Women Called to Ministry*.

참조 | 평등주의(EGALITARIAN); 평등관계(EGALITARIAN RELATIONSHIPS); 여권주의(FEMINISM); 지도력(LEADERSHIP); 전통적 역할(TRADITIONAL ROLES); 여성과 목사안수(WOMEN, ORDINATION OF); 여성목회(WOMEN IN MINISTRY)

여집사(Deaconess). 종 또는 사역자로 전형적으로 번역되는 헬라어 디아코노스(diakonos)에서 온 말로 '집사'(deacon)의 여성형이다. 초대 교회에서 집사들은 사역과 봉사와 성직자를 돕는 일과 관련하여 교회의 사무를 담당했다. 신약성경에는 이 단어의 여성형을 찾을 수 없지만, 로마서 16장 1절에 뵈뵈를 집사(deacon)라고 지칭했다. 바울이 겐그레아(Cenchreae) 교회의 집사인 뵈뵈를 천거했다. 뵈뵈가 했던 사역의 본질에 대해 학자들 간에 토의되어 왔지만 그녀를 집사로 지칭했던 것으로 보아 당시에 여자 집사와 남자 집사 사이에 큰 차이가 없었던 것으로 추측된다.

디모데전서 3장 8-13절에 초대 교회 집사직부의 자질에 대해 세부적으로 설명한다. 11절은 여자들에 관한 중요한 토론의 대상이 된다. 문제는 이 구절에 나오는 여성들이 여자집사들인지 아니면 남자집사들의 아내를 지칭하는 것인지 명확하지 않다는 점이다. 왜냐하면 헬라어 기네(gyne)는 "여성"(women) 또는 "아내"(wives)로 번역할 수 있기 때문이다. 그러나 이 단어에 아내를 시사하는 소유대명사 (그들의 여자들⟨their women⟩)이라는 말이 없기 때문에 "여자들"이라고 번역하는 것이 적절하다. 더구나 "이와 같이"(likewise)라는 말의 사용으로 미루어 보아 남자들에 상당하는 한 그룹의 여자들을 소개하는 듯하다. 그러므로 남자 집사와 동등하게 여자 집사들의 사역에 대해 언급하고 있는 것으로 보인다.

이 본문이 주석가와 신학자들 사이에 많은 토론의 대상이 되기는 하지만 역사가들은 의문의 여지 없이 초대 교회에서 여자집사의 역할에 대해 언급한다.

'여집사'(deaconess)라는 용어는 4세기로 거슬러 올라갈 수 있다. 4세기의 두 본문인 "디다스칼리아"(Didascalia)와 "사도적 구성"(Apostolic Constitutions)은 여집사의 의무에 대해 자세히 설명한다. 그들은 성직자를 도와 여자에게 세례 주는 일과 가난하고 병든 이들을 돕고, 새로 개종한 여자 신자들을 가르쳤다. 또한 감독들이 안수하고 헌신의 기도를 하여 세움을 받았다. 세례의 변화(성인 세례자 숫자의 축소)와 성직자 역할의 박탈 등으로 5세기와 11세기 사이 여집사들의 숫자가 축소되었다.

1836년 독일 카이저스베르트(Kaiserswerth, Germany)에 살던 루터교회 목사인 플리드너(T. Fliedner)에 의해 현대 여집사 운동이 시작되었다. 현대적 여집사의 주요 목적은 회중에게 목회적 돌봄을 베풀고, 종종 육아와 관련된 봉사 사역에 성직자를 돕는 것이었다. 여집사들은 (결혼을 하지 않았거나 과부가 된) 독신의 여성들이었다.

여집사 운동은 독일에서 유럽 전 지역으로 확산되었다. 1871년 영국 국교회가 여집사직을 승인하였고, 이후 1888년에는 스코틀랜드 교회와 감리교회도 그 뒤를 따랐다. 1849년에 카이저스베르트에서 네 명의 여집사들이 미국 펜실바니아 주에 이주하여 피츠버그에 파사반트 병원(Passavant Hospital)을 설립했다. 1980년 필라델피아에 여집사들의 "미국 어머니집"(American Motherhouse)이 설립되었다.

20세기 중반 경에는 여집사회가 사실상 사라져 버렸다. 여성들이 교회에서 전문적인 사역에 동참할 수 있는 문이 열리면서 여집사 운동이 쇠퇴했다. 현대적인 여집사 운동은, 주로 교회 내부에서 사역하던 초대 여자 집사들과는 달리 지역사회에서 봉사하는 가톨릭 자매들의 모임과 유사하다.

다양한 교단들이 지역 교회 사역을 감당할 여자집사들을 계속해서 선출하고 임명하며 안수하고 있다. 그들의 역할은 교단에 따라 다양하다. 일부는 여자 교인들과 관련된 구체적인 의무를 가지며 어떤 집사들은 남자 집사들과 다름없는 의무와 책임을 갖기도 한다.

DENISE MUIR KJESBO

참고문헌 | R. Tucker and W. Liefeld(1987), *Daughters of the Church*; S. Grenz and D. Muir Kjesbo(1995), *Women in the Church*.

참조 | 행정(ADMINISTRATION); 집사(DEACON); 디아코니아(DIAKONIA); 여권주의(FEMINISM); 목회자(MINISTER); 이사(TRUSTEE); 여성 목회(WOMEN IN MINISTRY)

역사적 예수탐구(Quest for the Historical Jesus).

기독교인의 관점에서 예수에 대한 "탐구"라는 개념은 다소 어리둥절하게 느껴진다. 교회는 그 생성초기로부터 줄곧 예수 그리스도가 잃어버린 자를 찾으러 세상에 오신 하나님의 아들임을 고백해 왔다. 잃어버린 자에 해당하는 사람은 그가 아니라 우리이다. 그분은 이미 오셨고 자신을 세상에 완전히 드러내셨으므로 그를 찾기 위한 "탐구"를 행해야 할 필요가 전혀 없는 것이다.

그러나 "역사적 예수탐구" - 이 표현은 19세기에 행해진 예수의 생애에 대한 연구를 다룬 알버트 슈바이처(Albert Schweitzer)의 저서의 영문판 제목에서 따온 것이다 - 는 분명 현대 성경연구의 수사 중 일부를 차지한다. 마찬가지로, "탐구"에 의해 정립된 예수와 그에 대한 연구는 교육 분야를 넘어서 대중문화와 학계 모두에 계속해서 지대한 영향을 미치고 있다. 그러므로 "역사적 예수에 대한 탐구"를 이해하는 일은 기독교교육에 매우 필요한 일이라 할 수 있다.

1. 정의. "역사적 예수탐구"는 역사적으로 존재해 온 그리스도인들의 신앙고백과 상통하는 "신학적" 혹은 "교리적" 설명 대신 예수님의 생애에 대한 진정한 "역사적" 기술을 제공하는 데 정통 기독교의 능력을 거부한 학자들의 연구들을 가장 직접적으로 가리킨다. 다시 말하면, 역사적 예수에 대한 탐구는 주로 신약에 기록된 동정녀에 의한 출생, 기적수행, 예수 그리스도의 십자가 처형-부활-승천에 대한 회의론적 연구들이 주를 이루었다. 대신, 현대의 여러 다양한 형태의 "비판적 사고"는 성경의 교리들과 수세기에 걸친 교회의 가르침에서 자유롭도록 예수의 생애를 재구성할 것을 요구한다. 이러한 이해를 바탕으로 한 "역사적 예수"는 1세기에 살았고 사역했던 신약성경이 밝힌 그 예수님이 아니다. "역사적"이란 말은 자연주의적 세계관에 대한 충성을 상징하는 것이다. 따라서 이 세계관이 모순이라고 판단하는 예수님의 신성이나 육체적 부활 그리고 그의 인성이나 사역에 대한 다른 여러 면들을 '선험적으로' 거부한다. 역사적 자료들이 예수님을 메시아, 즉 재림 때에 주와 심판관으로 나타나실 구약성경 속의 약속된 그리스도로 제시하기 때문에 자연주의적 세계관의 입장에서는 신약성경의 기록들이 제시하는 바로는 결코 존재하지 않았을 인물의 진짜 역사를 회복하고자 하는 "탐구"는 필연적이다.

보다 덜 기술적이고 덜 신랄한 "탐구"에 대한 정의가 가능하다. 교회 전역사에 걸쳐, 특히 최근 수세기 동안 학자들은 예수님의 삶이 펼쳐졌던 역사적 환경들에 대해 관심을 보여 왔다. 이런 맥락에서 볼 때는 "역사적" 예수란 그저 가이사랴 아우구스도와 본디오 빌라도의 시대에 살다가 죽고 부활하여 승천한 예수 그리스도를 일컫는 것이 된다. 이러한 인물에 대한 "탐구"는 정경인 복음서 기사를 조명하는 데 현존하는 역사적 증거들을 가능한 한 가장 정당하게 다룸으로써 예수님의 사역과 의미를 재구성하려는, 보다 신중한 1세기 배경의 신약성경 연구자들의 영속적인 시도들이다. 이러한 복음서 기사는 하나님이 주신 것으로서 역사적으로 신뢰할 만한 것으로 받아들여지며 성경의 자체 증언과 교회의 가르침, 역사적 연구들이 그 추론들의 충분한 근거들을 제공하고 있다. 1세기에 대한 새로운 지식들이 계속하여 등장하고 있으며 앞으로도 과거의 견해들에 대한 계속적인 재검토가 요구되고 있다. 그러므로 예수가 살았던 시대와 환경에 대한 모든 종류의 자료정보를 통합하여 예수에 대한 이해를 도울 계속적인 "탐구"는 필요하다.

2. **역사.** "역사적 예수탐구"를 연구하는 역사가들은 현재 그것을 세 단계로 분리하여 설명하고 있는데 이러한 분리는 지나치게 단순화된 것이다. 첫 번째 탐구는 1906년 알버트 슈바이처에 의해 시도되었는데 그는 라이마루스(Reimarus, 1694-1768)부터 브레데(Wrede, 1859-1906)에 이르는 1세기 동안의 방대한 문학작품들을 모두 탐독하였다. 주목할 점은 라이마루스가 탐구운동을 실제로 시작한 이가 아니라 그저 영국 이신론 안에서 당시 유행하던 생각들을 차용하였다는 것이다. 이러한 탐구의 초창기에는 계몽주의와 반초자연주의 그리고 그에 대한 찬반론 등이 주를 이루었다. 예를 들면, 1885년 스트라우스(D. F. Strauss)는 그의 작품 『예수의 생애』(*Life of Jesus*)에서 신약성경 기사들이 지나치게 윤색되어 있어 합리주의를 포함한 모든 종류의 방법들은 예수의 생애에 대한 신빙성 있는 역사적 설명에 도달하는 데 실패할 수밖에 없다고 주장했다. 그의 비판적 결론은 신약성경이 스트라우스가 주장하는 것과 같이 그렇게 신빙성이 전무하다고는 믿을 수 없었던 다른 학자들의 열렬한 반대에 부딪혔다. 탐구의 초창기 주요 학자들은 대부분 독일인이었으며 따라서 독일 특유의 철학적, 신학적 움직임들을 반영했다. 그러나 한편으로 프랑스의 르낭(France F. Renan)과 같은 이는 1863년 『예수의 생애』(*Life of Jesus*)에서 신이 아닌 "평범한 농부"로서의 예수상을 제시했다.

이러한 일단의 움직임들 중 가장 최초로 등장한 것이 신학적 자유주의이다. 복잡하며 매우 다양한 종교적 태도로서의 자유주의는 적어도 두 가지의 주요 확신들과 관련되어 있다. 즉 종교적 가르침은 현대의 문화와 사고방식에 순응해야 한다는 것과 종교적 권위는 세속적인 인간 이성과 경험보다 앞설 수 없다는 것이다. 많은 결론들이 이 두 가지 신념들에서 파생되어 나올 수 있지만 개괄적으로 말하자면 이들이 가장 전통적인 기독교교리들에 대한 재진술을 요구했다고 할 수 있다. 모든 기독교의 가르침들에서 가장 핵심적 요소가 바로 예수이므로 19세기의 탐구는 주로 전통적 기독 신조들에 묘사된 예수님과 현저히 다른 예수를 발견하려는 시도와 관련되어 있었다. 예수님을 고귀하지만 비극적 인물로 묘사했고, 세상 죄를 위해 대속한 양이라는 인식을 거부했던 슈바이처(1911)조차 이러한 첫 번째 탐구가 분명한 실패였음을 천명했다. "예수님의 생애에 대한 비판적 연구 결과보다 더 비관적인 것은 없을 것이다." 부분적으로는 예수님의 가르침과 유산의 부인할 수 없는 일부분이었던 그의 묵시록적 세계관과 가정들을 신학적 자유주의들이 거부하였기 때문에 그들이 내놓은 여러 상이한 형태의 결과물들은 백년에 걸친 초기의 탐구를 믿을만하지 못한 것으로 전락시켜 버렸다.

역사적 예수에 대한 탐구의 초창기에는 역사적 기독교교리의 반대자들 뿐만 아니라 그것을 지지하는 학자들 역시 주목할 만한 공헌들을 하였다. 성경적 예수님의 전통에 대한 긍정적인 평가는 다른 많은 사람들과 함께 유대교로부터 개종한 네안더(Neander, 1837)와 에더샤임(Edersheim, 1883)은 역사적 예수님의 전통을 긍정적으로 평가하였다. 고대 예수님에 대한 전통적 의미의 현대적 발견을 유능하고 보다 세련된 방식으로 다룬 것은 마틴 칼러(Martin Kahler, 1835-1912)와 아돌프 슐라터(Adolf Schlater, 1852-1938)의 역저들이었다. 역사적 예수에의 탐구가 예수를 그리스도로서 인정하는 것을 거부했던 학자들의 독점적 영역이었다는 생각은 잘못된 것이나.

슈바이처의 뒤를 이어 1차 세계대전과 함께 신학 분야의 학문적 변화가 생겨났다. 20세기 중반까지 탐구는 상대적인 휴지기에 접어들었다. 탁월한 신약학자였던 루돌프 불트만(Rudolf Bultmann)은 신약성경의 예수에 대한 자료의 대부분이 역사적 사건이 아닌 초대 교회의 창작에 의한 것이라고 주장하였다. 이전 세기의 스트라우스처럼 그 역시 역사적 예수에 대한 지식에 대해 매우 비관적이었다. 자유주의적 루터교 전통에 있던 다른 이들처럼 불트만은 역사적 사실들이 신앙에서 아무런 역할도 하지 않는다고 보았다. 사실 이 견해는 루터교보다는 뉴-칸트적 철학에 더 근거를 둔 것이다. 그러나 "새로운" 또는 두 번째 탐구라 할 만한 것이 불트만의 제자들에게서 1953년 생겨났다. 자신들의 스승인 불트만의 견해에 반대하여 이들은 역사적 예수와 신약성경이 선포하는 주님 사이에 분명한 연결점이 있다고 주장했다. 불행히도 그들의 작업은 신비주의적 방법론과 해석학적 입장에 너무 치우쳐져 불트만이 드리운 그림자로부터 보다 멀리 나아가는 데 실패하고 말았다. 이 두 번째 시기는 처음 탐구가 시작된 시기로부터 10년 안에 조용히 사라져 갔다. 이 시기의 가장 주요한 저서는 아마도 보른캄(G. Bornkamm)의 『나사렛 예수』(Jesus of Nazareth, 1960)일 것이다.

학자들은 1980년경을 세 번째 탐구의 형성기로 회고한다. 역사적 예수에의 탐구는 아직도 예수에 대한 연구를 지배하고 있었으며 다양한 접근법과 결과라는 특징을 지니게 된다. 샌더스(E. P. Sanders)나 찰스워스(J. H. Charlesworth), 범스(G. Vermes)같은 이들에게 세 번째 탐구는 예수의 유대인성을 완벽하게 평가하려는 바람과 연관되어 있는데 이러한 시도는 종종 복음서의 증거의 핵심적 부분들을 무시하는 것으로 나타났다. 타이센(G. Theissen)이나 호슬리(R. A. Horsley) 같은 이들은 예수를 사회정치적 활동가로서 묘사하려는 시도를 했으며 맥(B. H. Mack)이나 다우닝(F. G. Downing) 등의 학자들은 복음서의 증거들이 예수가 비유대교적인 견유학파의 철학적 행동양식을 채택했음을 가리키는 것으로 해석했다. 피오렌자(E. Schussler Fiorenza) 등의 학자들은 예수가 무엇보다도 신적 지혜인 소피아(sophia)의 육신화로서, 페미니스트적인 방식 속에서 예수 당시의 가부장적 구조를 폭로하고자 한 인물로 이해되어야 한다고 주장했다. 세 번째 탐구기의 마이어(J. P. Meier)를 포함한 몇 학자들은 인상적일 만큼 학식을 갖춘 인물로서의 예수를 재구성해 냈다. 마이어의 경우 상대적으로 전통적 모습의 예수가 등장하였다(참조: Bockmuhl, 1994). 이 시기의 주목할 만한 특징은 예수와 복음서의 그에 대한 기술 사이의 연속성을 주장하는 데 견고한 학문적 중심이 있었다는 점이다(Brown, 1997, 820을 보라. 그는 위더링톤〈B. Witherington〉, 드욘거〈M. deJonge〉, 던〈J. D. G. Dunn〉, 스툴마허〈P. Stuhlmacher〉 그리고 라이트〈N. T. Wright〉를 언급한다).

세 번째 탐구에 속한 일단의 소그룹은 일반 대중의 관심을 끌었는데 이들이 바로 예수 세미나(Jesus Seminar)이다. 이 그룹에 속한 학자들은 의심스러운 방법들에 기초하여 선정적인 주장들을 종종 제기하여 왔는데 특히 부활절과 같은 주요 기독교 절기에 즈음하여 논란을 일으킬 만한 보도 자료들을 발표하곤 했다. 그들의 작업은 구태의연한 반초자연주의와 지나친 회의주의 그리고 역사적 기독신앙에 대한 분명한 적의로 특징지어진다(R. Funk의 1996년 논쟁을 보라). 기독교와 전통적 기독교 신자들은 세상에 존재하는 다수의 악과 소수의 선의 근원이라는 것이 그들의 신념이다. 1985년 예수 세미나가 생긴 이후로 수년간 푼크(Funk), 크로산(J. D. Crossan), 보리(M. J. Borg) 등의 학자들이 이에 속하였다. 예수 세미나의 일원들은 자신들의 견해에 반대하는 이들을 무지하고 위험한 근본주의자들로 묘사하지만 대다수 주류의 학자들은 이들의 방법이나 주장들을 매우 신랄하게 비난하여 왔다(Brown, 1997; L. T. Johnson, 1995).

3. 발견들. 이러한 다양한 탐구들이 종합적으로 이룩한 것은 무엇일까? 탐구의 가장 최종판에서조차 궁극적 목적지에 도달했다는 징후가 없으므로 이 질문에 대한 어떠한 답도 결국은 임시적인 것에 지나지 않을 것이다. 그러나 대략 다섯 가지의 결론이 제시될 수 있다. 첫째, 역사적 예수에 대한 탐구는 학자들이 너무나 자주 자신들이 지닌 이의 확신들 이상의 것을 그들의 연구에서 발견할 수 없음을 증명해 왔다. 이는 객관성에 대한 측정이 불가능하다는 것을 의미하는 것이 아니라 고도의 지식을 갖춘 학자들조차 예수에 대한 그들의 확신들이 유감스럽게도 잘못될 수 있음을 내포하는 것이다. 설교가로부터 물리학자에 이르기까지 모든 사람들이 저마다 예수에 대한 자신들의 견해를 천명하려는 시대에 이러한 통찰은 유익한 것이다.

둘째, 역사적 예수탐구는 예수가 실제로 누구였는지를 제대로 이해하기 위해서는 고대사에 대한 지식이 반드시 필요함을 확인해 준다. 1세기 언어와 문화, 문학, 정치, 종교 등에 대한 이해는 상호

간의 연계성을 제공해 주며 이러한 이해 없이 예수에 대한 해석은 왜곡될 수밖에 없다. 신학을 가르치는 이들이 고대 언어 필수과목과 1세기 전승에의 지식의 기준치를 하향화시키고, 현대의 학습 이론들이나 심지어는 순수 연구 기관들이 성경 본문의 엄격한 명령들을 대체하고 있는 듯 보이는 이러한 시대에 과연 교회나 학계가 이러한 움직임들을 감당해낼 수 있을지에 대한 의문을 던지지 않을 수 없다. 탐구로부터 얻은 교훈들은 이 질문에 대한 부정적인 답을 시사한다.

셋째, 탐구가 일깨우는 것은 예수가 적합하고 필수적인 학문적 연구 대상이라는 점이다. 많은 북미의 공립학교들이 예수님의 이름조차 거론하지 못하도록 금하고 있음에도 예수는 여전히 상위 학문 기관들에 의해 세계 역사의 핵심 인물로 인식되고 있다. 지난 두 세기 동안 독단적이고 여러 상이한 연구 이론들에도 불구하고 예수에 대한 그들의 연구와 논쟁은 예수 및 그와 관련된 전통들이 전 세계 학계의 관심과 토론의 최정점에 놓이도록 했다. 넷째, 탐구는 예수에 대한 그들의 많은 주장들이 철저히 모순을 일으킴으로써 역사적 예수에 대한 그들의 모든 주장들이 다 진리는 아님을 생생히 일깨워준다. 세속의 언론매체들과 대중적 기독교 신앙이 이들의 주장들을 평가하는 것도 현재보다 더 비판적이고 자세한 정보에 근거한 방법론들을 개발해야 하는 것은 너무나 당연하다.

다섯째, 탐구는 예수를 구주로 믿는 신자들이 모두 망상에 사로잡힌 광신자이거나 퇴행적인 반지성인들이 아님을 입증한다. 많은 악들이 예수님의 이름으로 행해지고 말해진 것은 사실이다. 교회 안에서 그리고 교회에 의해 행해진 잘못들이 종종 탐구의 역사 속에서 예수에 대한 혁신적인 재구성에 어떤 정당성을 부여해 왔다. 반기독교적 지성인들이 자신들의 의제를 지지하는 일에 예수를 끌어들인 것도 사실이다. 20세기 마르크시즘의 공포 뒤에는 칼 마르크스의 신약학 교수였던 브루노 바우어(Bruno Bauer, 1809-1882)가 존재하는데 그는 예수가 실존 인물이 아니라고 주장했던 첫 번째 탐구기의 인물이었다. 그러한 학문적 연구들은 보수적이고 편협한 그리스도인들이 숙고되지 않은 믿음처럼 숨겨진 추측들에 의해 위태롭게 되었다.

사실 탐구를 주도한 탁월한 개인적, 학문적 명성을 지닌 학자들이 "역사적" 예수는 신약성경이 제시하고 그리스도인들이 수세기 동안 고백해 온 바로 그 예수님이라는 결론을 내려왔다. 따라서 예수 세미나와 같이 이러한 결론에 반대하는 많은 선정적인 주장들에도 불구하고, 예수님을 경배하는 이들을 최근의 "과학적" 결론들에 비추어 계몽되지 못하고 무지한 반항아들로 매도하기보다 주님이신 예수 그리스도 앞에 엎드리어 경배하는 것이 앞으로도 계속하여 더 나은 지적 정직함이 될 것이다. 예수님에 대한 신약성경의 신중하면서도 신뢰할 만한 탐구로부터 시작하기를 선택한 교육이론들이나 실제들은 현재의 탐구 그룹들이 만들어내는 비관적이면서 종종 급진적인 견해들로부터의 비난을 두려워할 필요가 없다.

ROBERT W. YARBROUGH

참고문헌 | P. Barnett(1997), *Jesus and the Logic of History*; M. Bockmuhl(1994), *This Jesus: Martyr, Lord, Messiah*; R. Brown(1997), *An Introduction to the New Testament*, pp. 817-30; C. A. Evans(1996), *Life of Jesus Research: An Annotated Bibliography*; R. Funk(1996), *Honest to Jesus*; L. T. Johnson(1995), *The Real Jesus*; J. P. Meier(1991-), *A Marginal Jew*, 3 vols.; A. Schweitzer(1948), *The Quest of the Historical Jesus*; R. B. Strimple(1995), *The Modern Search for the Real Jesus*; M. J. Wilkins and J. P. Moreland, eds.(1995), *Jesus under Fire: Modern Scholarship Reinvents the Historical Jesus*; B. Witherington III(1995), *The Jesus Quest: The Third Search for the Jew of Nazareth*; N. T. Wright, *Anchor Bible Dictionary*, 3 : 796-802.

역할(Role). 역할 이론은 개인과 사회 사이의 복잡한 상호작용을 설명하기 위한 사회심리학의 성과에 기원을 두고 있다. 이것은 사회조직이 역할을 만들어 내고 유지하여 그 조직이 효과적으로 운영되게 한다고 여긴다(구조적 기능주의 이론). 이것은 또한 다른 사람과 우리의 상호작용이 자아를 정의한다고 생각한다(상징적 상호작용주의 이론).

교회는 사회조직이다. 기독교교육자들은 공식적 기대(직위설명에 따른 임무)과 비공식적 기대(이전 사람이 했기 때문에 맡겨지는 임무)들을 모두 인식해야 한다. 공식적인 것과 비공식적인 것, 두 역할 기대를 모두 수행할 때만 성공적이다.

건강한 역할 관계는 다음과 같을 때 존재한다. (1) 역할 기대들이 모든 동료들에게 알려져 있다. (2) 사회 구조의 모든 구성원들이 기대들에 동의한다. (3) 역할에의 기대들이 수행자의 능력에 적합하다. 기독교교육에서 건강한 역할 수행은 기독교교육자들이 역할과 그들의 내면적 삶의 일치를 이룰 때 가능하다. 역할 이론이 역할의 수행에 동의하는 반면, 기독교교육자는 역할의 수행을 가장하는 것을 경계해야 한다.

ROBERT DROVDAHL

참고문헌 | B. J. Biddle(1979), *Role Theory: Expectations, Identities, and Behaviors*; G. H. Mead(1934), *Mind, Self, and Society*.

역할극(Role Play). 대인관계 학습에 초점을 둔 모의학습 형식. 극장에서의 즉흥극과 비슷하게, 역할극의 연기자들은 대본 없이 역할을 연기한다. 역할극은 세 가지 의미 있는 학습결과에 목표를 둔다. (1) 대인관계 기술의 연습, (2) 주어진 관점을 통한 공감 개발, (3) 대인관계의 정서적 영역들 탐구 등.

역할의 연기자는 대본 없이 연기하기 때문에, 역할극이 효과적이기 위해서는 연기자에게 두 가지 조건이 요구된다. 첫째, 연기자들은 맡겨진 역할의 필요들, 동기들, 감정들에 대한 기본적 이해가 있어야 한다. 만약 연기자들이 연기하는 인물들과 하나가 되지 못한다면, 그들은 생생한 역할 연기를 할 수 없다. 둘째, 연기자들은 역할극을 시작하고 진행시키기 위한 충분한 정보를 가지고 있어야 한다. 최소한 이러한 것들이 포함된다. (1) 그들이 연기하는 성격과 상황(예, 16세의 자녀를 가진 부모, 청소년부 목사 후보를 면접하는 팀을 섬기고 있다), (2) 중요한 감정들과 보이는 태도들(자녀가 더 이상 예배에 참석하지 않으므로, 새로 부임하신 목사님이 자신의 자녀와 관계를 시작하기 바란다), (3) 맡겨진 임무(주변에 머무는 청소년들에게 접근하기 위한 개인적 전략에 관한 질문을 하는 인터뷰에서). 만약 역할극이 여러 사람을 포함한다면 인물들, 상황, 분위기, 임무들을 인쇄하여 역할을 맡은 사람들에게 나누어 주어야 할 것이다.

역할극을 시작할 때, 참가자들은 그들의 역할을 소화하기 위한 얼마의 시간이 필요할 것이다. 역할극이 시작되었으면 연기와 대화는 자연스럽게 흘러가도록 해야 한다. 연극의 길이는 역할을 맡은 사람들의 수, 그들이 역할을 소화해낼 수 있는 능력, 임무의 복잡성에 따라 정해질 것이다.

역할극의 보고를 듣는 것은 다른 모의실험의 보고를 듣는 것과 같은 형식을 따른다. 이것은 참가자들에게 어떤 일이 일어났었는지를 질문함으로써 시작한다. 상호작용들을 주의 깊게 관찰한 후, 촉진자들은 감정들과 드러난 동기들을 탐색하며 참가자들을 감정의 단계로 이끈다. 마지막으로, 촉진자는 학습이 실제적 대인관계 상황들로 옮겨질 수 있도록 토의를 이끈다.

ROBERT DROVDAHL

참고문헌 | M. V. Ments(1994), *The Effective Use of Role-Play: A Handbook for Teachers and Trainers*.

역할극/연극(Acting/Playing). 극화(Dramatization)를 보라.

역할전도(Role Reversal). 중요한 다른 사람 혹은 자기의 다른 부분으로 대신 되는 진보된 인식 능력을 묘사하는 사회적 사고의 과정이다. 기독교교육에서 역할전도는 역할극의 학습법에서 종종 활용된다. 역할전도의 교육적이고 치료적 목적들은 많다. (1) 참가자들이 다른 사람들의 사고와 감정들을 이해하고 경험하도록 한다. (2) 실제적 경험 없이 행동의 결과들을 인식하는 기초들을 제공한다.

(3) 관계들의 내용을 평가하도록 돕는다. (4) 특정한 상황들에 대한 대안적 행동이나 반응을 보여준다. (5) 안전하고 보호된 환경 안에서 새롭거나 어려운 경험들에 대한 감정들을 탐색한다.

역할전도는 장 피아제(Jean Piaget)의 인지 구조 이론에 묘사된 것처럼, 형식적 조작 사고의 발달에 의해 만들어진다. 개인의 사고 과정이 자신의 구체적 경험만이 실재로 인식되는 순진한 현실주의를 넘어 발달하는 것처럼, 사려 깊은 사고는 다른 이들의 상상된 사고와 행동들의 타당성도 인정한다. 더 나아가, 발달하는 사고 과정과 맞추어 증대되는 사회적 인식은 인식의 자기중심주의(예, 자신만이 유일하게 타당한 수령자)를 약화시키고 자신의 환경(가정, 친구들, 공동체)과 개인의 경험을 넘어선 세계(세대간, 지역적, 세계적 문화들)를 포함한 사회인식의 확장된 체계를 제공한다. 다른 사람의 관점과 감정을 이해하는 이러한 능력을 사회적 전망력(social perspectivism)이라고 한다.

로버트 셀만(Robert Selman)은 성숙한 사회적 전망력을 상호 관점의 대화로 표현했다. 이것은 한 사람이 자신과 다른 사람을 대상으로서 볼 수 있는 것이다. 즉 한 사람이 두 사람의 대화에서 빠져나가서 제 삼자의 관점에서 자신과 상대방의 상호작용을 보는 것이다. 사회적 인식의 더 높은 단계는 취해진 상호 관점이 항상 명확한 이해로 이끄는 것은 아니라는 것을 인식하며 직접적으로는 결코 경험할 수 없는 상황 안에서의 역할전도의 기회를 허락하는 사고와 행동의 일반화된 사회양식의 필요를 역설한다.

교육적으로, 효과적인 역할극은 학습 과정에서 활발한 참여를 장려하고, 귀납적 사고를 자극하며, 실제적 삶의 상황들에의 적용을 강화한다. 이것은 또한 학생들이 다른 사람들과 동일시할 수 있는 기회를 제공하며 그들의 사고와 행동에 대한 지각을 얻도록 한다. 이 방법론은 특히 단순한 즉흥 드라마와 복잡한 교육적 모의실험들을 통한 타문화 간의 교육에 적절하다.

EDWIN ROBINSON

참고문헌 | M. Lefevre(1996), *Creative Teaching Methods: Be an Effective Christian Teacher*; J. Piaget(1954), *The Construction of Reality in the Child*; R. L. Selman(1980), *The Growth of Interpersonal Understanding*.

역할혼동(Role Confusion). 인성발달에 대한 에릭 에릭슨(Erik Erikson)의 이론은 신체처럼 자아는 단계들의 순서를 거친다고 말한다. 그는 각 단계들의 두드러진 긍정적인 특징과 부정적인 특징들에 기초를 두고 설명한다. 예로, "정체성 대 역할혼동"(identity vs role confusion)으로 명명된 단계는 십대의 시기에 온다. 이때, 개인 정체성의 일관성은 역할혼동을 가지고 오는 새로운 경험들에 의해 도전받는다. 이러한 새로운 경험들의 제1차의 것은 성에 관한 경험과 직업을 결정하는 것이다. 아동기에 대한 에릭슨의 설명은 아동들이 독립성, 자기 확신, 주도성을 발달시켜 자아상을 형성해야 하는데 이를 통해서 십대 때 자신들의 모습을 보게 된다고 제시한다.

에릭슨은 "자아상"(identity)의 긍정적 특징을 심리적 행복감, 자신의 신체에 대한 만족감, 개인 목표들의 달성, 수용에의 인식 등으로 정의한다. 부정적 특징의 용어로 그는 "역할혼동"(role confusion)을 사용한다. 자기 스스로 "내가 누구인가?, 나의 가치들은 무엇인가?, 내 임생 동안 나는 무엇을 할 것인가?"라고 묻는 십대는 모든 성인이 거치는 정상적인 단계들을 경험하고 있는 것이다. 그러나 이러한 질문들을 해결하지 못하는 사람은 정체성의 상실과 역할혼동을 경험한다. 이러한 질문들은 그 어느 때보다 오늘날 가장 어려운 것이 되었다. 전통적인 성역할은 변하고 있고, 무한하게 넓어진 직업 선택의 세상은 불안과 당혹감을 야기한다.

역할혼동 해결에 대한 개인의 무능은 반항적 행동과 "부정적 자아상"(negative identity)을 발전시키도록 이끈다. 여기에서, 젊은이들에게 가능한 대안들의 범위는 유익한 것보다는 해로운 것들이 될 것이다. 혼전관계를 맺는 십대들의 숫자가 증가하고 있다. 성적 정체성의 확인, 독립성의 확립, 또래 그룹 영향의 필요는 개인의 도덕적 인식을 압도하여 잘못된 행동을 하게 할 수도 있다. 이때는 어린 시절의 직업에 대한 환상들을 실제적으로 재평가하고 해방을 계획하기 시작하는 시기이다.

이 연령 그룹의 교사들은 이 시기가 재평가와 권위로부터 독립을 위해 분투하는 시기임을 반드시 인식해야 한다. 공유된 정체성을 찾는 소년들과 소녀들은 파벌을 만든다. 이 시기의 개인들은 학습의 범위와 방향, 활동들 그리고 자신들의 생각을 표현할 수 있는 기회들을 선택할 수 있을 때 가장 잘 학습할 수 있다. 십대들은 또래들과 성인들을 다른 종류의 정보와 조언의 방편으로 사용하는 경향이 있으므로, 교회들은 두 그룹 모두에서 상담 기술들을 가진 성숙하고 훈련된 사람들을 활용하여 사역할 수 있다. 교회는 또한 부모들에게 기독교 배경에서 성교육을 할 수 있는 최선의 방법을 교육할 수도 있다.

ROBERT J. CHOUN

참고문헌 | R. F. Biehler(1976), *Child Development-An Introduction*; E. H. Erikson(1968), *Identity: Youth and Crises*; M. S. Smart and R. C. Smart(1977), *Children-Development and Relationships*.

연구과정(Course of Study).
교육과정(Curriculum)을 보라.

연구과제(Project).
정해진 기간 내 다양한 학습 경험으로 학생을 이끄는 교수법이다. 프로젝트는 학생들이 정보를 탐지하고, 그 정보에 대한 개인적 의미를 찾아내어, 정보와 의미와 그것의 적용을 표현하도록 만든다.

학생은 정보 탐색, 가설 고안, 성경 사건 조사를 하고 특정한 방식으로 자료를 활용하는 진행과정 등을 겪으며 실제적으로 연구과제에 관여하게 된다.

학습 연구과제들은 다른 학습 방식들로 흥미를 끄는 활동들에 아동, 청소년, 성인을 끌어들이고, 학생들이 더 깊이 참여하도록 자극하며, 학생들 속의 상호작용을 제공한다. 연구과제의 예들로는 뮤직 비디오 만들기, 성경의 사건을 보도하는 뉴스 방송 만들기, 선교사들에게 이메일 쓰기, 직접적 경험과 관찰을 통해 학생들이 학습할 수 있는 현장 견학 참여 등이 있다. 교사는 학생들을 회당으로 데리고 가서 유대인들이 예배드리는 형식을 배우게 할 수 있으며, 학생들에게 지역 감옥을 견학시킴으로써 사역 가능성들을 조사하게 할 수도 있다.

아동들이 연구과제를 마치기 위해서는 대부분 여러 주간이 걸린다. 첫 번째 주는 아동들이 과제를 받고 계획을 세울 수 있도록 연구과제를 소개한다. 그 다음, 학생들은 한 팀으로 활발하게 조사하고 해석하는 데 몇 주를 보낸다. 마지막 수업은 보고서를 제출하거나 팀들 앞에서의 발표하는 시간을 가질 수 있다. 연구과제는 지속적인 출석을 필수로 한다.

예수께서는 열두 제자를 갈릴리 지역으로 보내실 때 이 연구과제 방법을 사용하셨다. (1) 예수께서는 일꾼들을 위한 기도를 통해 그들의 필요의식을 일깨우셨다(마 9:37-38). (2) 그룹은 행동의 계획을 따랐다. (3) 행동 후 보고가 있었다(눅 9:10; 막 6:30). (4) 이 보고들은 후속 교육의 필요를 드러내었다.

성막의 모형을 만들든지, 족보들을 추적하거나 비교하든지, 바울의 여행 지도를 만들든지 등의 학습 연구과제는 성경공부에 재미와 흥미를 더해준다. 그러나 연구과제를 수행하는 것에는 여러 가지 위험들도 있다. 학생들은 성경 구절들 자체보다 과정-성막을 만든 방법-을 더 잘 기억할 수도 있다. 연구과제의 효과적인 사용은 철저한 계획하기와 꼼꼼한 준비를 요한다.

JIM WALTER

참고문헌 | F. B. Edge(1959), *Helping the Teacher*; E. Rives(1969), *Guiding Children*.

연구기법(Research Techniques).
방법론, 교수와 연구(Methodology, 〈Teaching and Research〉)를 보라.

연속강화(Continuous Reinforcement).
행동주의 이론에서 정의하는 자극에 대한 반응을 강화시키는 스케줄을 가리킨다. 행동주의는 학습이란 학습자가 처한 환경에서 특정한 자극에 대한 영구적으로 축적된 반응의 결과라는 개념에 토대를 둔다. 그러나 한 행동이 영구화되기 위해서는 어떤 식으로든 그것을 강화시켜 주어야 한다.

강화 스케줄은 간헐적이거나 연속적이다. 간헐적 강화는 고정적이든지 다양하든지, 또는 비율에 따른 스케줄이든지 간격을 두고 스케줄을 정해 간헐적으로 준다. 그러나 연속 강화는 자극에 대한 모든 반응에 준다. 특히 새로운 행동을 가르칠 때 매우 효과적인데, 왜냐하면 즉시로 반응을 강화시키기 때문이다. 그러나 교실에서나 실험실에서나 연속 강화의 사용으로 학습자의 인내심을 지속시키지는 못한다. 강화 스케줄이 방해를 받게 되면 급속히 소멸되어 버린다.

학습자를 위한 강화가 물질적일 필요는 없다. 확신과 칭찬의 말이 구체적인 포상만큼 강력하게 강화시킨다.

행동주의의 기원적 연구가 동물 대상의 실험실에서 이루어지기는 했으나 사람을 대상으로 연구도 다양 진행되었다. 실험을 관찰한 사람들은 연속 강화가 인간 학습을 이루는 수단이라는 사실을 비판한다. 그들은 연속 강화를 통해 저조한 좌절감 내성(frustration tolerance)과 인내심 결여, 충동성, 조급함, 낮은 자존감 등을 향상시켜 준다는 것을 관찰했다. 많은 사람들이 서양 문화와 이민와 성인의 요구를 즉시 만족시켜주는 부모들을 비판한다. 그 결과 지연된 만족감을 갖지 못하는 사람들을 길러낸다고 주장한다. 그들은 부모들과 교육자들이 어린이를 포함한 학습자들에게 칭찬이나 포상과 같은 간헐적인 강화를 사용하라고 조언하는데, 그 이유는 간헐적 강화가 보다 영구적인 학습을 생산해 내고, 인내심이나 좌절감을 참는 힘, 끈기 그리고 튼튼한 자아상 등의 바람직한 성품을 길러낸다고 한다.

ELEANOR A. DANIEL

연습의 법칙(Law of Exercise).

학습의 반복적 성질(nature)에 대한 손다이크의 주장이다. 그는 "다른 조건들이 같다면, 연습은 상황과 반응 사이의 결합을 강화한다"라고 말한다(Thorndike, 1912, 95). 그러므로 자극과 반응 사이의 결합들은 그것들이 반복될 때 강화되며, 반대로 자극과 반응 사이의 결합들은 그것들이 중단될 때, 또는 신경의 결합(neural bond)이 사용되지 않는다면 약화된다. 이 두 개념들은 또한 '사용의 법칙'(the law of use)과 '불사용의 법칙'(the law of disuse)이라 불린다. 손다이크에게 강화(strengthening)는 비슷한 자극이 주어지면 반응이 일어나게 될 가능성이 커진다는 것을 의미했고, 약화(weakening)는 자극이 주어진 후 반응이 일어날 가능성이 감소하는 것을 의미했다. 연습의 법칙은 연습이 만족할 만한 상태를 유지할 때와 연습의 요소들이 논리적으로 조화될 때 가장 효과적이다(소속감). 이 법칙은 연습을 하면 완전하게 된다는 것을 가르치지는 않는다. 그것은 오히려 연습을 하면 폐기되지 않는다는 것을 강조한다. 손다이크는 1930년대 이후 이 법칙을 포기했다. 그러나 그는 여전히 연습을 하면 조금씩 향상되지만 연습을 하지 않으면 조금씩 잊어버리게 된다고 주장했다.

CHARLES H. NICHOLS

참고문헌 | E. Thorndike(1912), *Education*; idem(1932), *The Fundamentals of Learning*; idem(1940), *Human Nature and the Social Order*.

연역적 학습(Deductive Learning).

연역적 학습 또는 추론화 과정이라는 개념의 역사적 기원은 형식 논리의 연구에 있다. 논리학은 아리스토텔레스가 시작했고, 프레지(Frege), 피어스(Peirce), 데카르트(Descartes), 러셀(Russell), 화이트헤드(Whitehead), 홀(Hull) 등과 같은 학자들에 의해 정비되었다. 지식이란 합리적 직관에 의해 연역적으로 창조될 수 있다고 말한 사람은 데카르트였다. 추론은 수학이나 사색적 학문, 철학, 신학 등의 발달에 중요한 역할을 해왔다.

일반적으로 연역적 학습의 과정은 보다 일반적인 개념으로부터 그 개념을 지지하거나 강조하는 구체적 사실들로 이동해 가는 일들이 포함된다. 이 가상

연장교육

된 일반적 결론과 전제로부터 그 가정이나 전제를 타당하게 만들어주는 구체적 사안으로의 이동이 추론을 이용하는 교육적 과정의 토대를 이룬다.

연역적 학습은 종종 삼단논법과 연합한다. 삼단논법이란 두 개의 제안이 세 번째를 암시하는 세 부분의 논쟁을 가리킨다.

> 모든 인간은 죄인이다.
> 나는 인간이다.
> 그러므로 나는 죄인이다.

기독교교육에서 연역적 학습은 성경의 본문에서 어떤 일반적인 진리를 옹호해 주는 구체적인 예들을 지정하는 것에서 발견된다. 예를 들면, 하나님의 성품 중에서 인간의 죄를 용서하기 원하신다는 전제로부터 시작하여 학습자들은 성경에서 이 성품을 증명해 주는 구절들을 찾는다. 또한 학습자 자신과 다른 사람들의 삶을 통해 이 전제를 증명해 주는 하나님의 성품을 찾아볼 수 있다. 하나님의 용서의 예를 성경 본문이나 삶에서 찾아보면서 학습자들은 용서하시는 하나님의 본성을 추론하여 이해하게 된다. 연역적 학습의 본질은 결론이나 규칙을 먼저 제시하고, 이어 학습자들이 그 전제를 뒷받침해 주는 실례들을 발견하는 것이다.

연역학습을 비평하는 사람들은 연역적 논리의 출발점인 전제나 가정들에 의문을 던지며 추론이 새로운 지식을 유용하게 만들어 내지 않는다고 주장한다. 그들은 추론화 과정의 출발인 원래의 가정과 전제가 추론이 아닌 다른 과정에 의해 세워져야 한다고 논박한다. 또한 사실상 전혀 근거가 없는 가정에서 추론을 시작하는 유혹의 가능성에 대해 논쟁한다.

연역학습을 지지하는 사람들은 인간학습의 요체는 본질적으로 연역적 추론의 결과인 통찰이라고 주장한다. 게쉬탈트 (Gestalt: 서로 다른 관점들과 부분들을 연합하여 하나의 새로운 통찰을 창조해 낸다는 학습이론-역주) 학파들은 통찰과 연역학습을 연관시켜 사실들과 세부사항들은 문맥적 배경에 대항하여 주어질 때만 의미가 있다고 주장한다. 이러한 이유로 어떤 전제 또는 일반적 진리로 시작하는 것이 구체적인 사실과 정보와 상관된 상황을 제공해 준다고 주장한다.

연역학습은 구체적 사실로부터 일반적 진리로 이동해 가는 귀납학습과 매우 자주 대조된다. 대부분의 기독교교육자들은 효과적인 교수학습 전략을 위해서는 귀납학습과 연역학습 모두를 잘 배합시켜야 한다고 말한다.

DENNIS A. SHERIDAN

참조 | 귀납적 학습(INDUCTIVE LEARNING).

연장교육(Continuing Education). 대학졸업과 같은 교육의 전통적인 종착점을 벗어나 교육의 기회를 연장시킨 것이다. 연장교육이란 성인이 일반적인 교육과정이나 또는 특수한 훈련을 통해 개인적 발전이나 직업적 향상을 추구하려는 의도적이고 지속적인 노력을 가리킨다.

한때는 주로 고등교육 기관들에서 진행했지만, 이제는 고용주나 전문 협회들, 사회사업 단체들, 비영리 기구 등 다양한 분야에서 연장교육을 실시한다. 퀴니(Queeney)는 그의 연구에서, 연장교육의 요구가 점증하는 이유들로 인구통계학적 요인들, 대중의 교육수준 향상, 직장 여성의 증가, 조기 은퇴, 직업을 바꾸는 성인들의 증가, 기술적 진보 그리고 지식의 팽창 등을 들었다(1995, 8-12). 연장교육에 참여하는 주요 요인은 고용주의 기대에 부응하고 전문성 진보의 가능성을 향상하기 위한 것이다. 첨단을 따라가기 위해 직장인이 칠 년마다 30학점에 해당되는 시간을 연장교육을 받아야 한다(Dolence and Norris, 1995, 7).

21세기에 연장교육은 준비자가 아닌 학습자 지향으로 변화될 것이다. 엄청나게 증가하는 인터넷 사용과 다른 국가적, 국제적 네트워크를 통해 장소와 시간에 구애 없이 성인들에게 지적 능력과 정보 및 지식의 근거와 방법들 그리고 여러 다른 가치 있는 학습 환경을 조성해 줄 것이다. 성공적인 연장교육 제공자들은 배달이 가능한 "주문용 교육"(education on demand)을 만들어 학습자에게 상응하고 편리하며 접근하기 쉬운 교육을 제공하게 될 것이다. 교육자들은 연장교육 기회를 정보 시대에 맞게 재편성하고, 성인 학습자들과의 연계성을 유지하기 위해 전달과정도 다시 계획해야 한다.

TERRY POWELL

참고문헌 | M. Dolence and D. Norris(1995), *Transforming Higher Education: A Vision for Learning in the 21st Century*; D. Queeney(1995), *Assessing Needs in Continuing Education*.

연합/결합 이론(Association/Connectionist Theory).

19세기 말 실증주의가 최고조에 달했을 때 심리학이 등장했고, 초기 심리학자들은 그들의 연구를 과학적으로 증명하려고 노력했다. 초기 심리학의 이론 형성에 공헌한 학자들인 독일의 분트(Wilhelm Wundt)나 미국의 제임스(William James: 미국 실용주의 주창자 중의 한 사람-역주)는 실험 대상들의 의식을 관찰하고 보고하는 일에 주력했다. 그러나 그러한 주관적인 보고들은 정밀한 과학과는 거리가 멀었고, 따라서 1913년 왓슨(J. B. Watson: 미국 행동주의 심리학자-역주)은 심리학 연구의 대상은 인간의 의식보다는 행동이어야 한다고 제안했다. 행동을 관찰하는 것이 보다 객관적이므로 정신세계에 대한 개인적 보고보다 더 과학적이라고 생각했다.

이 행동을 강조하는 견해가 학습을 연합이라고 이해하게 했는데, 이 연합 이론은 인간의 유기체가 개, 쥐, 비둘기 등보다 질이 아니라 양적으로 더 복잡할 뿐이라는 이론이다. 이런 과학적 가정 하에 동물실험을 통한 연구가 이루어졌다. 예를 들어, 파블로프(Ivan Petrovich Pavlov: 19세기 러시아의 생리학자-역주)의 고전적 조건화(classical conditioning)에 관한 연구는 개 실험을 통해, 음식이라는 무조건적 자극이 침이라는 무조건적 반응을 낳는다는 것을 알아냈다. 파블로프는 개에게 먹이를 줄 때마다 종을 울리는 것을 반복함으로, 종이라는 조건 자극과 침이라는 반응을 연합하여 개를 가르칠 수 있다고 알았다. 그 결과, 개는 먹이를 주지 않고 종소리만 들어도 침을 흘리도록 학습된다는 것이다. 침은 종이라는 조건 자극에 반응하는 조건 반응인 것이다. 이런 식으로 침은 종소리와 연합된다. 이런 방법으로 학생들이 사탕이나 친구들과 어울리는 것과 같은 즐거운 경험을 주일학교와 연합하여 생각하게 하면, 정규적으로 주일학교에 참석하게 하는 등의 매우 단순한 학습이 가능할 것이다.

손다이크(Edward L. Thorndike: 미국의 교육 심리학자-역주)도 파블로프의 자극-반응 연합 이론과 동의는 하지만, 행동이란 파블로프 생각처럼 단순한 자극에 대해 반응하는 것이 아니라, 의식적인 기대감이 동기가 되어 움직인다고 했다. 그는 자극과 반응 연합이 긍정적인 결과의 영향으로 강한 흔적을 남길 때 학습이 이루어지고, 미진한 결과로 그 연합이 약해지면 망각이 일어난다고 말했다. 그러므로 손다이크의 결합 이론에서 학습의 열쇠는 단순한 자극-반응 연합보다는 미래의 행동에 영향을 주는 자극에 대한 반응 결과에 있다. 교사들은 학생들의 지적인 아이디어나 훌륭한 행동에 대해 칭찬과 보상을 해주므로 손다이크의 통찰력을 사용한다.

연합/결합 학습 이론은 스키너(B. F. Skinner: 학습 과정에 관한 연구로 유명한 미국이 교육 심리학자-역주)의 자발적 행동주의 이론의 토양이 되었는데, 스키너는 행동이 인간 이해의 열쇠라고 믿었던 왓슨과 인간의 반응은 조절된다고 믿었던 파블로프, 이러한 조절의 열쇠는 결과에 대한 기대에 있다고 믿었던 손다이크의 이론들을 수용했다. 더 나아가 스키너는 반응들이 긍정적이거나 부정적인 결과의 변환으로 인해 영향을 받는다고 생각했다. 즐거운 자극을 주거나(긍정적 강화) 불쾌한 자극을 없앰으로(부정적 강화) 특정한 반응을 더 잘 일으킬 수 있다. 예를 들어, 교사가 칭찬이라는 긍정적 강화를 주거나, 잔소리와 같은 부정적 강화를 제거해 버리면, 학생의 행동이 더 좋아진다는 것이다. 스키너는 부정적 강화와 벌을 구분했는데, 부정적 보강은 효과적이라고 믿었고, 벌은 불쾌한 자극을 통해 행동을 줄이는 것으로, 비효과적이라고 생각했다. 그러므로 스키너는 학생의 잘못된 행동을 벌하는 것은 학생의 바른 행동을 보상해 주는 것보다 비효과적이라고 생각했다.

연합/결합 학습 이론의 주요한 교수 기술은 프로그램 학습으로, 학생이 컴퓨터 소프트웨어나 책을 이용하여 학습 프로그램을 진행하게 한다. 분지형 프로그램은 이전의 학습에 대한 반응도에 따라 학습에 변화를 주는 반면, 이 직선형 프로그램은 모든 학생들을 정확하게 똑같이 진행되는 학습 경험을 갖게 한다. 직선형 프로그램은 단순한 방법으로 실행할 수 있고 준비된 자료를 다 소화할 수 있다는 장점이 있고, 분지형 프로그램은 학생 개인의 필요에 충족시키고 또 그들의 학습을 교정해 줄 수 있는 유익이 있다. 특히 기독교교육에서 모든 프로그램 학습의 단점은 사람들 간의 상호 교류가 최소화되고, 학생들은 학습 주제에 종속되어 버린 듯하다. 또한 인지, 정서, 행동의 보다 차원 높은 발달보다는 단순한 사실들을 학습하는 일에 더 효과적이다.

다른 하나의 연합/결합 이론의 공헌은 교실 지도이다. 보강을 잘하여 바람직한 행동을 발달시키고 보강을 하지 않음으로 바람직하지 못한 행동을 제거할 수 있다. 이 원리를 확실하게 하는 방법은 교사가 선한 행동을 하는 학생에게는 관심을 주고, 좋지 않은 행동을 하는 학생을 도외시하는 것이다. 이 이론을 지지하는 학자들은 밉살스러운 행동을 제거하기 위해 벌을 주는 것이 별로 효과가 없다고 지적한다.

연합/결합 이론의 효과에도 불구하고 다수의 기독교교육자들은 그 이론 저변에 있는 철학적 의미에 대해 질문을 던진다. 인간이 동물과 양적으로만 다른 단순한 유기물이라는 생각은 "하나님의 형상"(*imago dei*), 즉 인간이 하나님의 형상대로 창조된 특별한 피조물이라는 전통적인 기독교적 인간 이해와 매우 다르다. 인간의 독특성 중 하나는 인간의 이성과 자의식이다. 동물들은 자극과 반응의 연합과, 반응과 기대와 부합되는 결과의 결합을 통해 가르칠 수 있지만 이런 방법들만으로는 하나님의 형상대로 창조된 존재들을 다루기에는 부적절하다. 따라서 이성의 추구와 개인적 발달은 기독교교육 프로그램을 완성시키기 위해 반드시 필요하다.

JOHN R. YEATTS

참고문헌 | I. Pavlov(1927), *Conditioned Reflexes*; B. F. Skinner(1968), *The Technology of Teaching*; E. L. Thorndike(1949), *Selected Writings from a Connectionist's Psychology*.

참조 | 행동주의이론(BEHAVIORISM, THEORIES OF); 제임스, 윌리엄(JAMES, WILLIAM); 스키너, 버러스 프레드릭(SKINNER, BURRHUS FREDERIC); 자극 반응결합(S-R BONDS)

열두 제자의 교육(Education of the Twelve).

예수님의 제자도 형성의 최종적인 목표는 제자들이 그의 가르침을 순종하도록 하는 것이었다. 예수께서는 1세기 유대의 다른 지도자들과 어느 정도 유사한 점이 있지만 그분의 독특한 가르침은 이스라엘의 종교적 권위자들과는 전혀 다른(마 7:28-29) 고유한 기독교 제자도의 경계를 만드셨다. 그러나 그분의 가르침을 아는 것만으로는 충분치 않다. 예수님의 제자들은 그들이 배운 모든 것을 "순종"(obey) 해야 했다(마 28:19-20). 예수님의 제자들은 교육의 역사에서 가장 독특한 가르침을 받은 대로 순종해야 하기 때문에 다른 사람들과는 다른 종류의 삶을 살아야 할 것이다. 이것이 예수님의 "제자들"(disciples)을 단순히 "학습자들"(learners)이라고 하지 않는 이유이다. 예수님의 제자들은 교육의 내용을 알게 되지만 그들이 배운 것을 '순종하기' 때문에 그들의 삶의 진정한 차이가 드러나게 될 것이다. 예수님의 가르침은 새로운 공동체에 사는 제자들의 삶의 바탕이다.

실제적으로, 예수님의 제자들은 그분의 가르침을 알아야 하고 일상의 세계에서 그것을 살아야 한다. 그래서 제자들의 공동체가 핵심이다. 말씀이 다른 제자들에게 적절하게 선포되기 위해서 성령의 은사들이 사용되어야 한다. 이것은 예수님의 가르침을 전달하고 의미를 줄 책임을 가진 가르침의 은사를 받은 사람들을 포함한다. 제자 공동체는 또한 예수님의 가르침을 순종하고 일상생활에 드러나도록 서로를 격려하고 자극하기 위해 존재한다.

네 권의 복음서들을 통해 예수께서 직접 부르시고 특별한 관계를 맺으신 열두 명의 제자들을 중점적으로 볼 수 있다. 이 열두 제자들은 예수님의 사역에 매우 중요한 위치를 차지하는데 그들은 단순히 열두 명(the Twelve)으로 지칭되기도 한다. 그 열두 명과 다른 제자들 사이의 차이점은 무엇보다 이 열두 명이 "사도"(apostle)라고 칭함을 받으며 특별한 소명을 받은 점에 있다. 예수님의 초기 사역 시절, 많은 숫자의 제자들 중에서 열두 명을 선택하시고 그들을 "사도"라고 이름하셨다(눅 6:13, 17). 열두 명은 먼저 제자들이("신자들"〈believers〉) 되면서 예수님을 따르라는 명령을 받았고 그리고 나서 사도들이라는(위임받은 대리인/지도자) 선택과 명명을 받았다(마 4:18-22; 막 1:16-20;마 10:1-2; 막 2:13). "제자들"로서 열두 명은 예수께서 모든 신자들 안에 이루신 일을 보여주고, "사도들"로서 열두 명은 앞으로 올 새로운 운동, 교회 안의 지도자들로 구체화되었다. 그러므로 열두 명의 교육을 고찰할 때는 그들의 다양한 역할들에 따르는 교육을 구분해야 할 필요가 있다. 아래에 그 구체적인 범주들을 기술한다.

1. 예수님의 지상 사역의 가르침. 먼저 '어떤 가르침들은 예수님의 초기 사역에 동참한 열두 명에게 특별히 주어진다.' 경우에 따라, 교회적 상황이 아닌 예수님의 지상 사역의 구체적 상황에서 열두 명을 준비시키기 위해 가르치셨다.

그 예화는 이스라엘에서 단기간의 사역을 위해 여행을 떠나기 전에 예수께서 제자들에게 주신 강화에서 발견된다(마 10). 여기에서 '그 여행을 위해'라는 특별한 제한을 두는 명령을 볼 수 있다. 예를 들면, "이방인의 길로도 가지 말고 사마리아인의 고을에도 들어가지 말고 차라리 이스라엘 집의 잃어버린 양에게로 가라"(마 10:5-6)는 예수님의 명령은 예수님의 지상 사역 당시에만 특별한 구원 역사의 중요성이 있다. 그 명령은 오늘날의 교회에는 당위성이 없다. 사도행전 1장 8절에서 예수께서는 제자들을 예루살렘과 유대와 사마리아와 이방을 포함한 땅 끝까지 보내라는 상반된 명령을 하셨다. 또 다른 예는 마태복음 10장 5-16절에 가방이나 전대나 신발을 가지지 말라고 하셨지만(마 10:10) 그것은 오직 그 당시에 제자들의 이스라엘 단기 선교 여행에만 해당되는 말씀이었다.

그러나 선교 강화를 주의 깊게 살펴보면 예수께서 이스라엘 선교를 인도하는 직접적인 지시를 주신 것뿐 아니라(마 10:5-15), 또한 '미래 시제'로 오순절 이후의 전 세계적인 선교 사역을 위한 지시 사항도 주셨다는 점을 보여준다(마 10:16-22). 예수께서는 분명하게 훨씬 광범위한 선교를-이방인에게까지-구상하셨다. 결국 예수께서는 오순절 이전과 이후에 모두 상관있는 일반적인 제자도의 가르침을 주신 것이었다(마 10:24-42). 이 강화에서 예수께서는 단기 순회 선교와 앞으로 있을 장기 선교적 패러다임을 그들에게 분명하게 가르치신 것이다.

다른 하나의 일반적인 예는 예수께서 열두 명에게 당신의 메시아이심을 드러내지 말라고 지시하신 것에서 발견된다(마 16:20; 막 9:9). 그 이유는 당시 유대인들의 정신에 있을 법한 오해를 피하기 위함이었다. 예수께서는 사람들이 기대하는 메시아와 당신이 오셔서 성취하려는 것이 매우 다르다는 것을 아셨기 때문에 그분의 정체성을 그분의 방식으로 오해 없이 드러내기 원하셨다. 그러므로 예수께서는 일부 경우에 제자들을 경고하여 그분에 대한 어떤 점들을 밝히지 말라고 명하셨다. 그러나 그분의 후기 사역에는 그러한 침묵에 대한 명령이 없었고 사도행전에서도 찾아볼 수 없다.

예수님의 지상 사역의 상황들과 관련된 의도된 가르침들을 구분하는 일에 깊은 주의를 기울여야 한다. 그러나 제자도의 원리들은 이와 같은 가르침에서 유래되었다.

2. "사도들"을 위한 가르침. 제자 교육의 두 번째 범주는 '열두 명이 교회 지도자들의 역할의 기본으로서 특별히 주어진 교훈들'을 포함한다. 열두 명은 교회의 기초를 세우는 특별한 구원-역사의 역할을 감당했으며 예수님의 가르침의 일부는 특별히 그 역할을 위해 준비시키셨다. 이 제자도 교육의 일부는 오늘날의 교회 내의 지도자들을 위한 '원리들'로 사용되지만, 우리는 구원-역사적 가르침의 독특한 부분은 열두 명에게만 직접 주신 것임을 기억해야 한다.

예를 들면, 가이샤라 빌립보 근처에서 예수님과 베드로 사이의 유명한 일화가 있다. 베드로가 예수님이 구세주이심을 고백한 직후에 예수께서 베드로에게 말씀하셨다.

> 바요나 시몬아 네가 복이 있도다 이를 네게 알게 한 이는 혈육이 아니요 하늘에 계신 내 아버지시니라 또 내가 네게 이르노니 너는 베드로라 내가 이 반석 위에 내 교회를 세우리니 음부의 권세가 이기지 못하리라 내가 천국 열쇠를 네게 주리니 네가 땅에서 무엇이든지 매면 하늘에서도 매일 것이요 네가 땅에서 무엇이든지 풀면 하늘에서도 풀리리라 (마 16:17-19).

예수께서 이 말씀을 하실 때 교회의 설립과 관련된 구원-역사에 베드로의 고유한 역할을 선포하신 것으로 해석한다면 이 구절에 대한 수많은 오해들을 피할 수 있다. 이 사실은 이 구절 전체에 인칭 대명사와 동사에 2인칭 단수를 사용한 점에서 분명히 알 수 있다(즉 "내가 '네게' 주리니" "'네가' 매면"). 베드로는 여기에서 그가 유대인과(행 2장) 사마리아인(행 8장) 그리고 이방인을 위한(행 10장) 왕국 문을 여는 특별한 역할을 하게 될 것이라는 말씀을 듣게 될 것이다. 베드로가 민족들을 위한 문을 열기 위해 "열쇠"를 한번 활용하고 나서, 그는 자신의 고유한 역할을 성취하고 사도행전의 장면에서 사라진다. 이 말씀은 베드로의 특별한 역할과 열두 명의 구원-역사를 강조하지만 사도적 전통에 대한 지속적인 중요성을 시사하지 않는다.

3. "제자"를 위한 가르침. 세 번째 범주는 '오순절 이전과 이후의 모든 제자들에게 주는 제자도 교육'이다. 여기에는 예수님의 대부분의 가르침이 포함된다. 일반적으로 첫째, 둘째 범주에 포함되지 않은 것들도 이 셋째 범주에는 포함된다. 그러나 여기에도 모든 가르침의 1세기의 역사적 배경을 인식하는 해석학적 원리들을 관찰하는 일이 매우 중요하다. 모든 제자들을 위한 일반적인 교육에도 1세기의 사회적, 역사적 상황들을 당연히 고려해야 한다. 그럼에도 불구하고 교회의 제자들은 오늘날 우리에게 향한 예수님의 제자도 훈련의 셋째 범주를 적용하는 일에 확신을 가질 필요가 있다.

이것은 현대교회의 신자들을 지도하기 위한 가르침이라는 점에서 대단히 중요하다. 제자가 된 사람들은 예수께서 지상 사역 동안 명령하신 모든 것을 지켜 행해야 한다(마 28:18-20). 이것이 바로 초대 교회부터 사도들이 했던 일로서 교회는 지속적으로 "저희가 사도의 가르침을 받았다"(행 2:42). 사도들은 그들이 알고 있는 예수님의 모든 가르침을 새로 제자가 된 사람들에게 헌신적으로 가르쳤다. 예수께서도 제자 만들기에 당신의 사역의 초점을 두셨고, 열두 명을 향한 그분의 목표도 그와 동일한 사역의 중점을 둔 제자들을 만드는 것이었다.

4. 제자도의 교육 지침. 마태복음은 열두 명의 교육을 이해하는 데 매우 중요하다. 교회사를 통하여 마태복음은 선호도가 높은 복음서인데, 그 이유는 예수님의 제자들이 미래의 제자들을 만들고 개발시키는 일을 위한 자원을 포함하고 있기 때문이다. 일부 학자들은 마태복음에 가장 포괄적이고 체계적인 예수님의 가르침을 수록했기 때문에 "제자도 지침서"(manual on disciples)라고 간주한다. 마태는 예수님을 제자들의 주님이요 선생님으로 알려주고 있다.

비록 열두 명이 여전히 예수님의 초기 사역을 잘 이해하지 못하는 가운데 있었지만 마태는 예수님의 가르침을 그들이 이해하고 순종했다고 강조한다. 마태가 제자들이 제자 만드는 일을 예비하는 복음서를 저술했기 때문에 동일한 이해와 순종이 앞으로 지속되는 제자들의 보증이 된다. 이 "대위임"(Great Commission, 마 28:16-20)을 통해 예수께서 전세대에 지속적인 제자도의 중요성을 강조하셨다. 예수께서 열두 명에게 가르치신 모든 것들을 이제 새로 제자가 된 사람들에게 전해준다.

대위임은 예수님의 제자로서 구원을 보장하는 것 이상을 의미한다. "제자를 삼으라"(make disciples)는 명령을 통해 시사하는 것은 제자로의 부르심과 제자가 되는 과정 모두를 의미한다. 한 사람이 나라들 중에서 "부름"(called)을 받아 제자로서의 삶을 시작하게 되면 그는 세례와 예수님의 가르침의 순종을 통해 주님을 "따라가야"(follow)한다. 그 과정은 오순절 이후의 상황이 그 과정을 변화시킬 것이기 때문에 열두 명이 그것과 동일하지는 않다. 그러나 진행과정은 여러모로 유사하다.

마태복음은 이러한 목적에서 매우 유용하다. 첫째, 마태복음에 기록된 예수님의 교수 자료들, 또는 "강화들"(descourses)에 다섯 개의 주요 블록들(blocs)이 있어(5-7장, 10장, 13장, 18장, 24-25장) 기독교 제자도에 관해 열두 명에게 직접 주는 교훈들이다. 이 강화들은 다른 종류의 제자들과는 상반되거나 구분되고 예수께만 고유하게 의도된 교훈과 설명들이다.

둘째, 강화의 교훈들은 진행과정을 통해 제자로서의 삶의 온전함을 언급한다. 제자도의 궁극적 목적은 주인이신 그리스도의 형상대로 변화되는 것이다(눅 6:40; 롬 8:29; 고후 3:18). 이 강화들은 예수께서 열두 명에게 주셔서 그와 함께 있는 동안에도 진행되었고 그분이 아버지께로 승천하신 이후에도 계속 진행될 가르침을 주장한다. 그러므로 마태복음은 전인적인 제자를 만들기 위한 교리적 수단과 같다. 각 강화의 기본 목표는 다음과 같이 의도된 원만함을 키우는 일이다.

1) **왕국 생활**. 산상수훈(마 5-7장)은 이 시대에 왕국의 임재와 능력 안에 사는 것의 모든 양상을 언급하면서 마음에서 시작되어 도덕과 종교, 결혼과 감정, 경제 등을 포함한 삶의 모든 영역의 변화를 강조한다.

2) **선교 사명**. 선교 강화(마 10장)는 열두 명의 선교 기원과 전시대적인 선교적 노력을 포함한 모두에게 기본 원리들을 제시한다. 낯선 세상이나 종종 적대적인 세상에서 인자가 재림하실 때까지 선교 지향의 제자로서 사는 것에 대해 설명해 준다.

3) **왕국의 임재**. 비유적 강화(마 13장)는 왕국 자체가 이스라엘이 메시아를 기대하듯 정치적, 군사적, 지배적 문화의 왕국이 아니라는 것을 설명해 준다. 예수께서는 과거와 현재의 제자들에게, 왕국이 형성되는 방법과 그 가치, 세상에 살면서 왕국의 삶을 누리는 방법에 대한 하늘나라의 신비감이 다른 종류의 기대감을 낳게 할 것이라고 가르치신다.

4) **공동체 생활**. 공동체에 관한 강화에서(마 18장) 예수께서는 왕국의 공동체 생활이 교회를 통해 표현되는 방법들을 순결함과 책임성, 용서, 회복 등의 강조라고 선언하셨다.

5) **예수님의 재림 기대**. 감람산 강화는(마 24-25장) 예수님의 제자들이 예수님의 재림과 말세와 메시아 왕국의 설립에 관해 어떤 종류의 적절한 기대감을 가져야하는지에 대해 설명해 준다.

그러므로 열두 명의 교육은 오늘날 모든 그리스도인들의 교육의 실례를 보여준다. 몇 가지 시사하는 점들은 다음과 같다. (1) 개종과 변화, 전도와 지속적 권유 등을 포함하는 예수님의 제자도를 명료하게 표현하는 일은 성경적 용어의 정확한 사용과 객관적 목표를 세우는 일에 도움이 된다. (2) 의도적이고 전인적인 제자 개발이 마태복음 목표의 일부이다. 다섯 개의 강화는 오늘날 제자들을 가르치는 교리적 수단으로 사용될 수 있다. (3) 각 강화의 목표들을 성취하는 결과들을 개발하고, 특히 새로운 제자들을 가르치는 일에 기본이 되는 강화로 규칙적인 계획표를 만든다. (4) 대위임의 목적은 '공동체'(community) 안에서 성취되어야만 한다, 왜냐하면 단순히 자료를 나누어 주는 것만으로는 충분치 않고, 제자들은 반드시 '본보기'(modeling)를 통해 순종하는 법을 가르쳐야하기 때문이다. 그들은 '상호의존'(mutuality)을 통해 순종의 책임을 져야 한다.

(5) 예수께서 열두 명을 가르치셨던 모든 것들은 제자들이 그리스도의 형상을 이루는 과정으로 전이시키는 전략을 개발한다.

MICHAEL J. WILKINS

참고문헌 | A. B. Bruce(1981, 1894), *The Training of the Twelve*; J. L. Crenshaw(1998), *Education in Ancient Israel: Across the Deadening Silence*; J. D. G. Dunn(1992), *Jesus' Call to Discipleship*; M. Hengel(1968), *The Charismatic Leader and His Followers*; R. L. Longenecker(1996), *Patterns of Discipleship in the New Testament*; R. H. Stein(1995), *The Method and Message of Jesus' Teachings*; M. J.

열린 교실

Wilkins(1992), *Following the Master: A Biblical Theology of Discipleship*; idem(1997), *In His Image: Reflecting Christ in Everyday Life*; idem(1988), *The Concept of Disciple in Matthew's Gospel: As Reflected in the Use of the Term*; D. Willard(1998), *The Divine Conspiracy: Rediscovering Our Hidden Life in God.*

열린 교실(Open Classroom). 이 개념은 1970년대 초에 대중화되기 시작하였다. 이 시기에 교육자들은 아동이 행함으로써 가장 잘 학습한다는 사실을 깨닫기 시작했다. 구조화된 환경에서 공부하는 것이 아니라 아동 스스로가 학교에서 무엇을 학습하고 작업하고 배워나갈지에 대한 선택의 자유를 가진다. 교실에서 책장을 이용하여 작은 단위의 영역으로 나누었다. 안락한 콩 자루 의자들(bean bag chairs)과 베개들이 준비되어 있는 편안한 장소는 주로 독서와 공부를 하기 위한 곳이다. 교육자들은 아동이 전통적인 교실, 즉 딱딱한 책상에 앉아 단순히 선생님의 강의를 듣는 것보다 아동이 현재의 자기의 수준에 맞추어 학습 성과를 달성할 때 학습에 대한 동기부여가 훨씬 잘 된다고 주장한다.

이론적으로 열린교실 개념은 학습 주제보다 학습자 자신과 필요에 더욱 강조점을 둔다. 즉 학습자의 실패보다는 성공에 초점이 맞추어지며 교사와 학생 모두가 행복하고 만족스러운 학습 환경을 조성하는 데 주안점을 둔다. 교사들은 학생 개개인의 필요에 따라 돕고 학생들은 자기만의 개별적인 학습목표에 근거하여 짜인 프로젝트와 교재로 공부한다.

안타깝게도 교사들이 한 사실을 직시하게 되었는데 그것은 모든 학생이 비구조화된 환경에서 배울 수 있는 것은 아니며 학생들이 자기 동기화를 무제한적으로 하지 못하고 있다는 사실이다. 이 사실에 도달하게 되면서 개방 교육의 개념의 대중화가 점차로 퇴색되어 가기 시작했다. 책장은 다시 벽으로 대치되었고 교사는 어느 특수한 학습내용 영역에서 가르침에 대한 책임 의식을 가지기 시작했다. 이러한 이유로 오늘날 우리의 학교에서는 열린교실이 거의 사라지고 없다.

MARCIA MACQUITTY

영(Sprit). 마귀(Demons, 악마 또는 귀신)를 보라.

영 라이프(Young Life). 예수 그리스도의 복음으로 청소년을 전도하는 데 헌신한 그리스도 중심의 성인들의 관계 사역이다. 1941년에 짐 레이번(Jim Rayburn)이 텍사스 주 달라스 시에 있을 때 시작한 이 운동은 브리티시 콜롬비아 주의 밴쿠버 시에 소재한 위원회가 관장하는 캐나다에서의 사역 뿐만 아니라 미국에서 왕성한 활동들이 이루어지고 있는 645개의 지역으로 확산되었다. 1997년경에 이 운동은 34개국으로 그 사역을 넓혀갔다.

십대들을 전도하는 최상의 방법은 참된 관계 형성을 통해 이루어진다는 확신에 따라 이 운동은 참된 관계를 개발하기 위한 네 가지 현장에 초점을 맞춘다.

'접촉'(contact)은 창의적으로 "학생들과 어울리는 것"(hanging out)을 뜻하는데, 이것을 통해 기독교 성인들은 중학생들과 고등학생들의 세계로 부담을 갖지 않고 들어갈 수 있다. 9백 명에 가까운 임원들과 9천 명이 넘는 자원봉사자들이 매년 많게는 45만 명에게 "청년기의 들을 수 있는 권리를 얻기 위해" 노력을 한다. 요한복음 1장 14절에 기초해서 "성육신적 증인"(an incarnational witness)이라고 종종 불리는 이 접촉 사역은 개인적이고 영적인 문제들을 토론할 수 있는 기회를 제공하는 건강한 우정관계를 가질 수 있도록 청소년들을 이끈 레이번(Rayburn)의 능력에 그 기원을 둔다.

'클럽'(club)은 성인들과 학생들이 만나는 장소이다. 처음에 클럽은 임원이나 자원봉사자들이 학생 개인들 내지는 소그룹의 학생들과 맺는 관계를 통해서 생겨난다. 클럽의 기능은 두 가지이다. 첫째는 주중에 예수 그리스도의 본을 따르는 관계들이 꽃을 피우고 자랄 수 있는 기회를 제공하는 것이다. 둘째는 청소년들이 직면하는 문제들을 기독교적인 관점에서 논하는 포럼을 제공해 주는 것이다. 유머와 기독교적인 통찰이 클럽 안에서 융합된다. 많은 경우 젊은이들은 노래하고 성인들이 인도하는 클럽 모임에 적극적으로 참여한다. 학생들은 학교 캠퍼스를 벗어나서 가정집이나 다른 장소에서 주로 열리는 모임에 자신의 친구들을 마음 놓고 데려갈 수 있으며 돈 문제로 걱정할 필요가 없다. 모든 클럽이 다 원래의 클럽 형태를 유지하지 않고 있기 때문에 종종 선포 단위(proclamation unit)로 불리는 1천5백 개의 고등학교와 350개의 중학생 클럽은 이제 친구가 된 지도자들과 청소년들의 인성에 영향을 준다. 1997년 동안의 평균 클럽 출석수는 매주 8천5백 명이 넘었다.

"운동가"(campaigners)는 기독교 신앙을 더욱 더 이해하고 하나님과 동행하기 원하는 청소년들을 위한 기회이다. 어떤 사람들은 이런 형태의 제자훈련을 교회 사역의 기능으로 보는 사람들도 있지만 영 라이프 지도자들은 청소년들의 삶 속에서 말할 수 있는 권리를 얻지 못했을 수 있는 교회 지도자들에게 영적 양육 과정을 넘겨주는 데 어려움을 겪고 있다. 그 결과 주로 주일 저녁에 열리는 두 번째 주모임은 지도자들에게 학생들이 예수 그리스도를 통하여 하나님과 개인적으로 동행할 수 있는 길을 토론하고 발견할 수 있는 기회를 제공해 준다. 약 2천5백 명의 학생들이 '운동가' 그룹에 몸담고 있다.

"캠프"(camps)는 영 라이프 사역의 전체적 상황을 완성한다. 열여덟 개 야영장의 대부분은 프론티어(Frontier)의 426명에서부터 파이어니어 플런지(Pioneer Plunge)의 30명에 이르기까지 그 수용 능력이 다양하며, 휴양지 경험과 함께 기독교를 강력하게 체험할 수 있는 기회를 제공해 준다. 다른 야영장은 청소년들에게 자신들 뿐만 아니라 하나님과 시간을 가질 수 있도록 가르쳐주는 스트레스 캠핑을 사용한다. 출석률은 3만 2천 명의 학생들이 영 라이프 야영장에서 잊을 수 없는 한 주를 보내게 되는 여름이 최고에 이른다. 영 라이프 운동에서 대다수의 청소년들은 야영장에서 예수 그리스도에게 처음으로 헌신한다.

1997년에는 예산이 6천1백만 불이 넘은 영 라이프 운동이 청소년을 섬기는 데 자신들의 에너지를 집중하는 미국 최대 비영리기관으로 자리매김을 하였다. 영 라이프 직원들의 9퍼센트는 유색인종이다. 현장 임원들의 25퍼센트는 여성들이다.

미국 본부와 국제 본부는 모두 콜로라도 주의 콜로라도 스프링스 시에 위치해 있다. 임기 만료가 없는 기업의 지도자들로 이루어진 전국위원회가 미국의 영 라이프를 감독하고 있다. 5대 회장이면서 영 라이프 운동에 몸담지 않은 최초의 외부인인 데니 리드벅(Denny Rydberg)은 1993년에 영 라이프의 최고 지도자 위치에 오르고 난 후, 야영장 사역들과 현장 임원들의 수를 늘렸다. 전국 서비스 센터는 미국 전역에 있는 31개의 지구에 있는 임원, 자원봉사자들과 지역 위원회 뿐만 아니라 제대로 지원을 받지 못하고 있는 12개의 프론티어들을 돕고 있다. 포함되는 사역들로는 국제 학교와 미국 내의 히스패닉 지역사회, 도심 지역사회 그리고 농촌 사회를 위한 사역들이 있다. 캐나다의 영 라이프를 이끌고 가는 사람은 할 머우드(Hal Merwood)이다.

영 라이프는 복음주의 청소년 사역에 세 가지 중요한 공헌을 하였다. 첫째, 초기부터 이 운동은 또래 사역 철학과는 반대로 청소년문화에 속하는 사람들에게 접근해야만 하는 선교사들로서의 성인 지도자들에게 초점을 맞추었다. 성인이 인도하는 클럽 프로그램의 구조와 영 라이프 학술원을 포함하는 복잡한 훈련 프로그램은 이 운동에서 성인들이 어떤 전략적인 역할을 맡고 있는지를 보여준다. 둘째, 모든 효과적인 청소년 사역들이 관계 중심적이었지만 영 라이프는 청소년 사역자들에게 관계에 굶주려있는 십대 세대를 대상으로 어떻게 일대일로 사역할 수 있는지를 가르쳤다. 마지막으로, 영 라이프 지도자들은 전통적인 십대 전도자들이 사용한 설교 방식을 벗어난 대중 복음전도 커뮤니케이션의 대화 방식을 보여주었다.

이전에 영 라이프와 관계했던 사람들은 국회 조찬 기도회를 포함한 조찬 기도 운동으로 가장 잘 알려진 워싱턴 디 시 소재의 친목회를 포함한 기관들과 많은 교회 그리고 출판 등과 같은 관계 사역들에 영향을 주었다.

MARK H. SENTER III.

영성

참고문헌 | E. Cailliet(1963), *Young Life*; E. Campbell(1984), *Young Life's Malibu*; C. Merideth(1978), *It's a Sin to Bore a Kid*; J. Miller(1991), *Back to the Basics of Young Life*; J. Rayburn III(1984), *Dance Children Dance*; M. H. Senter III(1992), *The Coming Revolution in Youth Ministry*.

영성(Spirituality).

영성은 오늘날 폭넓게 사용되는 용어이다. 이 용어는 모든 사람이 알지만 '사랑' 처럼 너무나 다양한 의미를 가지기 때문에 그 어느 누구도 정확하게 정의를 내릴 수 없다. 예를 들어, '영성' 이라는 단어는 기도 훈련, 하이티에서의 부두(voodoo) 관행, 로욜라의 이그나티우스의 영적 연습, 천사들의 출현, 유기비료만 사용하는 뉴에이지 원예와 통전적인 건강관리 프로그램, 동정녀 마리아의 출현, 선 명상, 스콧 펙의 『아직도 끝나지 않은 길』(*The Road Less Travelled*), 아빌라의 테레사의 『내면의 성채』(*The Interior Castle*), 토마스 무어의 『영혼의 돌봄』(*Care of the Soul*) 그리고 제임스 레드필드의 『셀레스틴 예언』(*The Celestine Prophecy*)의 작품들을 논할 때 사용된다. 다르게 말하면, 일단 대화에서 이 단어를 언급하면 근본적인 오해가 생길 수 있으므로 그 단어를 사용하는 사람은 그 단어가 무엇을 뜻하는지 명확히 해야 할 필요가 있다.

첫째, 일반적으로 '영성' 이라는 단어가 사용될 때 그것은 초자연적 실체와 관련된 경험과 관계가 있다. 즉 강조점은 '경험' (experience)에 있다. 하나님에 대한 개념들이나 하나님을 예배하는 종교 공동체들보다도 경험이 우선된다. 사실 오늘날 많은 사람들의 마음속에서 '영성' 은 '종교' (religion)와 구분된다. 종교는 교리와 기관 그리고 객관적이고 외부적인 것을 가리킨다. '영성' 은 기독교인의 관행과 경험 그리고 주관적이고 내적인 것을 가리킨다. 게다가 종교가 때때로 제한적이고 어떤 때는 영성과 반대되는 것으로 여겨지는 반면 영성은 좋은 것으로 여겨진다.

이러한 상황에서 『종교의 신비적 요소』(*The Mystic Element of Religion*)에 나오는 프리드리히 휘겔의 통전적인 시각을 상기하는 것이 좋다. 그에 있어서 인간에게 있는 종교적인 영역은 세 가지 방식으로 표현된다. 기관을 통해서 성(聖)에 대한 우리의 추구가 모양을 갖추고, 가시화되고, 구체화되고, 시간이 지남에 따라 유지된다. 지성을 통해서 우리는 우리의 탐구를 비판적으로 성찰하고, 우리의 발견을 다른 사람들에게 전달하고, 우리의 경험을 평가한다, 아니면 신비를 통해서 영적 생활의 경험적인 영역이 이루어진다(Downey, 1997, 23-35).

영성은 하나님에 대한 우리의 탐구를 묘사한다. 그것은 태도, 행동, 하나님(아니면 어떤 형태의 초자연적인 실체)을 알고 경험하고자 하는 인간의 탐구와 관련된 신념들을 포함한다. 그러므로 영성은 기도와 다른 영적인 훈련들에 관한 모든 것이다. 그것은 영적 분별과 우리 이전에 살았던 영적 순례자들의 길을 따라 가는 종교 공동체들 속에서 우리에게 허용된 다른 수단들에 관한 것이다. 또한 영성은 다른 사람들과 함께 믿음의 공동체에서 하나님의 실체를 인정하는 경건의 삶 및 예배의 삶과 관련 있다.

'영성' 이라는 단어가 사용되는 두 번째 예에서의 영성은 인간의 타고난 특징이라고 이해된다. 우리의 중심, 우리 존재의 깊은 곳, 즉 우리의 참된 자아가 존재하는 곳에서 우리는 하나님을 만날 수 있고 또한 하나님을 만난다. 여기에서 영성은 자아 초월을 위한 인간의 능력을 가리킨다. 우리는 하나님에 의해 그러한 방법으로 창조되어 하나님을 알고 경험할 수 있는 능력을 가지고 있다. 영적 탐구를 한다는 것은 하나님을 경험하는 우리 존재의 깊은 곳과 우리를 연결시켜주는 그러한 수단들과 방법들을 탐구하는 것이다.

이러한 일반적인 영성의 정의를 염두에 두고 기독교 영성의 특징들을 살펴보는 것이 중요하다. 기독교 영성에 관해 말하는 것은 성령에 관해 말하는 것이다. 신약성경에서 '영적' (pneumatikos)이라는 말과 '영' (pneuma)이라는 단어들은 '영성' 이라는 단어에 가장 가까운 성경적인 용어들이다. 바울이 '영적' 이라는 용어를 사용할 때 그는 성령에 의해 인도받는 것을 묘사하고 있다. 바울은 때때로 신령한 자와 육에 속한 사람을 대조한다(고전 2:14-15). 이때 바울은 사람의 영적인 국면과 물리적인 국면 그리고 사람의 몸과 반대되는 보이지 않고 만질 수 없는 실체로서의 영혼을 묘사하고 있지는 않다. 오히려 그는 이 은사의 도움을 받지 못하는 사람과 대조해서 성령의 임재하심과 사역에 의해 이끌리는 통일된 존재로서의 사람을 구분하고 있는 것이다(Downey, 1997, 60). 기독교 영성은 가장 기본적으로 성령의 임재하심과 능력을 통해서 기독교인의 삶을 사는 것이다(49). 산드라 쉬나이더스(Sandra Schneiders)는 기독교 영성을 "믿음으로 시작했고, 예수 그리스도의 죽음과 부활로의 세례로 확증되었으며, 자신의 제자들이 모인 곳이면 참으로 임재하신 그분을 기념하기 위해 그 공동체가 정기적으로 기념했던 주의 만찬에 동참함으로써 성숙되며(마 18:26을 보라), 성령 안에서의 삶을 증거하고, 다른 사람들을 믿음으로 이끌었던 우주적인 사랑의 단순한 삶으로 표현된 그리스도의 신비에 개인적으로 참여하는 것"으로 정의했다(McGinn & Meyendorff, 1987, 2).

'영성'이라는 용어는 사실 비교적 최근에 사용되고 있는 단어이다. 스피리투얼리타스(spiritualitas)라는 단어는 5세기로 거슬러 올라 갈 수 있지만 내적 삶을 가리키고, 비이성적이고 열광적이며 비정통적인 것으로 여겨지는 관행들을 묘사하는 훈계의 용어로서 사용된 17세기가 될 때까지는 그렇게 많이 사용되지 않았다. 훈계의 의미는 영성이 기도 내지 금식을 가리키는 기독교인의 삶의 습관들을 가리키게 되면서 18세기에서 19세기 사이에 사라졌다. 이러한 "완벽에 대한 추구"(pursuit of perfection)는 종종 평신도의 능력을 넘어서 소수의 수도승들, 수녀, 신부들을 위한 과업으로 여겨졌다. 사실 1960년대 중반이 되어서야 영성이 교리가 아닌 종교적인 관행과 관련되어 널리 사용되기 시작했다(Jones, Wainwright, & Yarnold, 1986, xxv). 오늘날은 영성의 관점에서 이익 그룹들과 대의명분에 관하여 이야기하거나(예를 들어, 소그룹의 영성, 결혼의 영성 그리고 독신의 삶의

영성), 예수회의 영성(active), 카르멜라이트(Carmelite)의 영성(contemplative) 그리고 개신교의 영성(personal) 등과 같은 다른 신학적인 관심사들을 중심으로 조직된 영성들을 구분하는 것이 가능하다(Chan, 1998, 15, 20).

영성에 대한 현재의 관심은 사회적인 요인들 뿐만 아니라 신학적인 대화에 그 기원을 둘 수 있다. 1940년대 2차 세계대전의 공포는 하나님에 대한 새로운 관심을 불러일으켰다(예를 들면, Thomas-Merton의 작품). 그 후 1960년대에는 첫 후기결론자 세대 즉 베이비부머들이 영성의 실체에 매료되어 교회에 돌아감으로써 그것을 거듭 주장하였다. 1990년대에는 종교에 대한 무관심이 증가하는 반면 영성에 대한 폭넓은 관심이 생겼다(Wuthow, 1998).

기독교교육 지도자는 오늘날 사람들이 가지고 있는 하나님을 알고자 하는 깊은 갈망을 인식하는 것이 중요하다. 성(聖)에 대한 탐구는 많은 사람들의 삶의 중심이 되었고 대부분의 삶에 존재한다. 교회는 창의적인 방법으로 하나님에 대한 이런 현대적인 갈망에 반응해야 한다. 더 나아가 우리는 많은 사람들이 영성은 가치 있게 생각하면서도 종교에 대해 가지는 주저함 또한 인식할 필요가 있다. 따라서 기독교교육 지도자가 해야 할 일은 사람들의 성장을 위해 영적인 것들을 탐구할 수 있는 학습 환경을 만드는 것이다. 이것은 사람들이 다양한 영성훈련들에 대해서 학습하고 함께 연습하는 소그룹이 될 수 있으며, 초점이 활동과 강의가 아닌 침묵과 기도에 있는 정기적인 수양회 프로그램이 될 수 있다. 독서 연구 그룹은 줄리안 노르위치(Julian Norwich)의 『신적 사랑의 계시』(*Revelations of Divine Love*), 토마스 아 켐피스(Thomas a Kempis)의 『그리스도를 본받아』(*The Imitation of Christ*), 혹은 토마스 켈리(Thomas R. Kelly)의 『헌신의 언약』(*A Testament of Devotion*)과 같은 신비주의자들의 작품들을 탐구할 수 있을 것이다. 게다가 기독교교육 지도자는 다른 교역자들이 자신들의 사역에서 영성에 초점 맞추는 것을 더할 수 있도록 도와줄 수 있다. 예를 들어, 성가대는 "예수를

생각만해도"나 "예수 사랑하심은"과 같은 노래들을 준비할 때 신적 사랑에 대한 클레르보의 버나드(Bernard of Clairvaux)의 가르침들을 탐구할 수 있을 것이다.

RICHARD PEACE

참고문헌 | L. Bouyer, J. Leclercq, and F. Vendenbroucke(1982), *A History of Christian Spirituality* 3 vols.; S. Chan(1998), *Spirituality Theology: A Systematic Study of the Christian Life*; M. Downey(1997), *Understanding Christian Spirituality*; L. Dupre and D. E. Sailers, eds.(1991), *Christian Spirituality: Post-Reformation and Modern*, volume 18 of *World Christian Spirituality: An Encyclopedic History of the Religious Quest*; C. Jones, G. Wainwright, and E. Yarnold, eds.(1986), *The Study of Spirituality*; B. McGinn and J. Meyendorff, eds.(1987), *Christian Spirituality: High Middle Ages and Reform*ation; G. S. Wakefield, ed.(1983), *The Westminster Dictionary of Christian Spirituality*; R. Wuthow(1998), *After Heaven: Spirituality in America since the 1950 s*.

영적 분별/분별가(Spiritual Direction/Director).

영적 분별의 목표는 개인의 삶에 있는 하나님의 임재하심을 분별하는 것이다. 하나님께서 항상 우리의 삶 속에 계시고 활동하신다는 것은 기정사실이다. 그러나 문제는 우리는 종종 우리 속에서 일어나는 하나님의 활동을 인지하고, 확인하고 혹은 이해하는 것이 어렵다고 생각하는 것이다. 또한 우리는 하나님의 음성을 다른 음성들(예를 들어, 문화, 부모, 필요와 원함, 비정상적인 욕구들과 강박 등의 소리들)과 구분하는 것이 어렵다고 생각한다. 우리는 하나님께서 우리를 어느 곳으로 부르시는지를 알아채지도 못하고 이해하지도 못한다. 영적 분별가는 분별의 은사를 가지고서 우리로 하여금 구체적으로 하나님께 반응할 수 있도록 우리의 내적, 영적 삶들을 탐구하는 것을 도와주는 반려자이다.

영적 분별의 상황에서 우리는 하나님에 대한 인식을 높이고 동시에 우리로 하여금 하나님의 임재하심에 민감하고 그 속에 거하게 해주는 연습들(영성훈련들)을 개발하고자 한다. 이것은 새로운 방법의 기도(예로 매일의 검토기도)와 성경 읽기(예로 lectio divina;렉시오 디비나— lectio(독서)와 divina(신적)란 라틴어로 '거룩한 독서', '신적 독서', '영적 독서'를 뜻한다—편집주)를 포함한다. 게다가 영적 분별은 선택을 해야 할 때, 영적 여정의 단계에서 하나님께서 우리가 택하기를 원하시는 길을 분별하는 것을 포함한다.

마가렛 구엔서(Margaret Guenther)는 영적 분별을 "성청"(holy listening)이라고 부르는데 영적 분별가는 임재, 민감함, 신학적 통찰력 그리고 영적 성숙을 분별의 도움을 받는 사람에게 가져다준다. 사실 구엔서와 다른 사람들이 주장하듯이 분별 시간에는 제 삼자, 즉 성령도 계신다. 분별가의 목표는 피분별가가 그의 삶 속에서 성령의 온유한 임재하심을 분별하도록 돕는 것이다.

적극적인 청취와 같은 어떤 상담 기술들이 사용되기는 하지만 영적 분별은 심리 요법이 아니다. 또한 그것은 목회 상담이 아니다. 왜냐하면 목회 상담의 목표는 "일들을 해결하도록"(fix things) 돕는 것이기 때문이다. 비록 성장으로 이어지는 통찰력이 생기기도 하지만 말이다. 상호관계가 있을 때 그것은 깊은 우정이 아니다. 한 명의 사람으로서 분별가는 배경 속으로 사라지고 모든 관심은 피분별가에게 집중된다. 두 사람이 서로에게 분별가의 역할을 하는 "영적 우정"(spiritual friendship)의 경우를 제외하고 그렇다. 그것은 멘토가 초보자에게 영적 삶에 대한 정보와 조언을 주는 의미에서의 "지도"(direction)도 아니다. 오히려 영적 분별은 두 사람들간의 일종의 기도 조우이다. 결국 영적 분별의 목표는 광의의 의미에서 기도이다. 즉 성령께서 피분별가가 하기 원하시는 기도를 하고 지속적인 하나님에 대한 의식에 근거하고 있는 삶을 살아가도록 인도하는 것이다.

영적 분별은 사람들이 하나님에 대해서 마음 놓고 이야기할 수 있는 하나의 관계이기 때문에 오늘날 사람들에게 많은 호감을 불러일으키고 있다. 대부분의 사람들에게는 삶의 영적 측면을 공개적으로 그리고 직접적으로 탐구할 기회들이 많지 않다. 게다가 하나님에 대한 이러한 대화는 철학적이거나 이론적이지 않다. 그것은 매우 개인적인 것이다. 그 목표는 하나님과의 관계를 키우는 것이다. 사람들로 하여금 영적 분별을 찾도록 하는 것은 하나님을 더 잘 알고자 하는 욕구이다. 그들의 소망은 영적인 것이 자신들의 일상의 의식에 더 많이 침투될 수 있기를 바라는 것이다.

영적 분별은 개인적으로만 아니라 그룹으로도 일어날 수 있다. 사실 영적 분별가들에 대한 늘어나는 요구를 고려해 볼 때 소그룹 분별이 더욱더 일반화되는데 그것은 공급할 충분한 개인별 분별가들이 없기 때문이다. 일반적으로 훈련받은 분별가는 소그룹을 인도한다. 그러나 소그룹 또한 그 과정에서 적극적인 역할을 감당한다.

개인들의 삶 속에서 하나님의 음성을 분별하는 것과 관련해서 개인들이 직면하는 동일한 도전들이 기독교 공동체 내에도 있다. 이 시간, 이 시점에 하나님께서는 이 공동체가 무엇을 하기를 원하시며 또한 어디에 있기를 원하시는가? 공동체를 위한 분별 과정은 개인들을 위한 분별과 다르지 않다. 그러나 어려운 점이 있다면 여러 음성들을 이 분별 과정에 들여오는 것이다. 찰스 올슨(Charles Olsen)과 대니 모리스(Danny Morris)는 공동체들이 분별의 수단으로 연장 예배를 사용하는 것을 포함한 그러한 과정에 참여할 수 있는 몇 가지 방법들을 제시하고 있다.

교회에서의 영적 분별은 오랜 역사를 가지고 있다. 영적 분별의 뿌리는 예수님과 예수께서 사도들이라고 부른 소그룹의 사람들과의 관계 내지는 바울과 바울이 인도했던 여러 개인들(예로 디모데)간의 관계에서 찾을 수 있다. 그러나 우리가 알고 있는 영적 분별이 등장하는 것은 4세기에서 6세기의 기간 동안이다. 4세기에 로마의 기독교화가 이루어지고 난 후 많은 기독교인들은 기독교의 급속한 세속화에 경악하여 사막으로 도피했다. 시간이 지남에 따라 다른 기독교인들은 영적 조언을 위해 "사막의 교부들"(desert fathers and mothers)을 찾았고 영적 분별의 관행이 탄생했다. 종교개혁 동안에 영적 분별과 그것이 대표한 영성에 대한 견해에 대한 반발이 있었다. 은혜의 기초가 아닌 행위의 기초로 여겨졌기 때문이다. 그러나 20세기에 많은 개신교인들은 영적 분별의 힘을 재발견하고 있다.

이러한 고대의 분별 방법의 재발견에 커다란 유익이 있는 것은 사실이지만 위험도 수반된다. 한 예로 영적 분별이 하나의 유행이 되어서 영적 분별가를 두는 것이 마치 자기 자신의 치료 전문가를 두는 것과 같을 수 있다. 즉 사실은 헌신과 제자훈련의 노력 없이 우리로 하여금 영적인 것과 장난을 치게 만드는 것인데 특별히 "거룩"(holy)해지는 인상을 주는 어떤 것으로 여겨질 수 있다는 것이다. 아니면 그 위험은 영적 분별이 "마술적"(magical)로 보이는 것인데, 수잔 호와치(Susan Howatch)의 작품인 『찬란한 이미지』(Glittering Images)와 같은 책에 나오는 영적 분별의 과정에 대한 흔한 묘사에서 이런 인상을 받을 수 있다(New York: Knopf, 1987).

이런 전체 과정에 대한 열쇠는 영적 분별가이다. 영적 분별가는 기독교 신앙의 여정에서 상당한 거리를 여행한 사람이며 본인이 분별의 은사를 가지고 있다고 생각하는 사람이다. 영적 분별가들을 훈련시키는 수많은 프로그램들이 늘어나고 있지만 이 은사는 배우는 것이라기보다는 발견하는 것이다. 영적 분별가는 사람들이 지도를 받기 위해 자신에게로 이끌리는 것을 발견하게 된다. 게다가 그러한 지도는 은사를 입증해 주는 진실성을 담고 있는 것이다.

최근 영적 분별가들에 대한 요구의 증가로 인해 개신교계는 분별의 은사를 새롭게 재발견했다. 기독교교육자들에게 있어서의 도전은 이러한 절실한 필요에 부합하는 방법들을 탐구하는 것이 될 것이다. 어떤 기독교교육 지도자들은 훈련을 받아서 영적 분별을 자신들의 직업의 일부로 제공하기를 원할 것이다. 물론 한 명의 분별가가 볼 수 있는 사람들의 수는 제한되어 있기 때문에 분별을 제공받을 수 있는 다른 방법들을 탐구하는 것이 필요할 것이다. 개신교 경험과 잘 맞는 하나의 대안은 소그룹 영적 분별을 제공하는 것이다. 또 다른 대안은 특별한 문제들과 관련한 하나님의 마음을 알고자 하는 개인들을 돕는 퀘이커 모델을 따라서 분별 그룹들을 개발하는 것이다(Farnham, 1991). 어떤 교회들은 교회 전체가 하나님의 뜻을 분별하는 방법들을 개발하기를 원할 것이다. 이것은 특별히 중요한 사안들과 관련해서는 더욱 그럴 것이다(Osborn & Morris, 1997).

RICHARD PEACE

참고문헌 | W. A. Barry and William J. Connolly(1982), *The Practice of Spiritual Direction*; L. Bryne, ed.(1990), *Traditions of Spiritual Guidance*; R. M. Doughty(1995), *Group Spiritual Direction: Community for Discernment*; S. G. Farnham, J. P. Gill, R. T. McLean, and S. M. Ward(1991), *Listening Hearts: Discerning Call in Community*; M. Guenther(1992), *Holy Listening: The Art of Spiritual Direction*; D. E. Morris and C. M. Olsen(1997), *Discerning God's Will Together: A Spiritual Practice for the Church*.

영적 성숙(Spiritual Maturity).

충분히 발달된 영적 자질이다. 기독교인에게 이 발달은 그리스도의 모습을 본받는 것이 포함된다. 기독교의 영적 성숙은 때로는 역설적인 이해를 요한다. 이것은 우리의 중생 때 주어진 은혜의 선물이지만 성화를 통해 성숙으로 자라가라고 부름을 받은 것이다.

성화의 언어는 구약에 성경적인 기원을 두고 있다. 레위기 19장 2절과 20장 26절에서 우리는 성화로의 부르심을 소개받는다. 이것은 하나님께 쓰임받기 위해 구분되는 경건의 부르심이다. 이 개념은 베드로전서 1장 15-16절에서 활용되고 있는데, 이곳에서 기독교인들은 하나님께서 거룩하시기에 거룩해야 하는 부르심을 받고 있다. 마태복음 22장 37-39절의 지상 대명령은 기독교의 영적 성숙의 부르심과 목표, 즉 하나님을 마음과 목숨과 뜻을 다하여 사랑하고 이웃을 우리의 몸과 같이 사랑하는 것을 명확하게 진술하고 있다. 사랑의 이러한 자질은 우리가 새롭게 거듭날 때 우리가 가지고 있는 것이 아니라 우리 안에서 자라야 하는 것이다.

바울의 서신들은 우리에게 영적 성숙의 성경적인 이해에 대한 더 깊은 통찰을 제공해 준다. 그의 서신서는 우리가 그리스도인으로서 성숙하도록 부름 받았다는 것을 보여준다. 에베소서 4장 11-16절은 기독교인으로서 하나님에 대한 우리의 사랑이 자라야 한다는 바울의 관심을 보여주는 것과 관련된 중요한 단락이다. 성취해야 할 목표는 그리스도의 온전함이다. 빌립보서 3장에서 바울은 다시 한 번 우리에게 성숙으로 정진할 것을 요구한다. 바울이 사용한 성숙의 개념은 이중성 즉 성숙은 선물일 뿐만 아니라 하나의 목표라는 사실을 분명하게 보여준다. 로마서 12장에서 우리는 이 세대를 본받지 말고 그리스도 안에서 변화를 받을 것을 요구받는다. 바울에게 있어서 성숙은 일상생활과 관련된 구체적인 의미를 가진다. 성숙해 가는 기독교인은 다른 사람들을 사랑하고 자신보다 다른 사람들을 먼저 생각하며, 점차적으로 고결한 성품을 드러낸다. 갈라디아서 5장은 사랑과 희락과 화평과 오래 참음과 자비와 양선과 충성과 온유와 절제의 성령의 열매를 언급하고 있다. 이러한 것들은 성령께서 신자의 삶 속에서 역사하고 계시다는 증거를 보여주는 존재의 유형들이며 또한 기독교인의 삶에서 성숙의 표시들이 나타나고 있다는 증거이다.

기독교인의 삶에서 성숙은 특징적인 몇 가지의 요인을 갖고 있다. 첫째, 그것은 인지와 감정과 행동변화에서 나타난다. 성숙해진다는 것은 우리의 지성을 통해 하나님과 이웃에 대한 우리의 사랑이 자란다는 것이다. 우리의 마음은 학습과 좋은 사고로 새로워져야 한다. 성숙해 가는 신자는 정서적인 영역에서 성숙의 증거를 보인다. 성령의 열매와 함께 믿음과 소망과 사랑의 덕이 성숙해 가는 신자에게 분명히 나타난다(고전 13:13). 또한 성숙은 개인의 감정들이 더욱 더 절제될 것을 요구한다. 이것은 감성들의 부인을 뜻하는 것이 아니라 자신의 감성들을 인식하는 것을 뜻하며 그 결과 부정적인 감성들의 파괴적인 효과들이 최소화된다. 성숙은 신자의 행동이 점차적으로 그리스도를 닮아 가는 것을 뜻한다. 하나님과 이웃에 대한 사랑은 구체적이고 가시적인 방법들로 표현된다. 이것은 전형적으로 욕심과 정욕 그리고 탐욕 등과 같은 "세상"의 것들에 덜 영향을 받고 단순함과 평화의 삶에 더 많은 영향을 받는 것을 포함한다.

둘째, 기독교인의 삶에 있어서 성숙은 개인적, 사회적 경건의 특징을 가진다. 개인적인 경건의 삶은 성숙에 필수적이다. 또한 성숙은 자기반성과 기도 그리고 묵상을 요구하며 훈련된 성경읽기는 믿음의 성숙에서 필수적인 것으로 여겨진다. 기독교 공동체 내에서는 하나님을 예배하는 것이 성장의 중심이 된다. 즉 우리는 고립되어서 성장할 수 없으므로 개인 경건의 연습에는 반드시 사회 경건의 연습이 수반되어야 한다. 다시 말하면, 이웃에 대한 사랑은 구체적인 행위로 나타나야 한다.

셋째, 기독교인의 삶에서 성숙은 발달 단계적인 측면에서 이해된다. 바울이 기독교인들에게 더 이상 유아가 되지 말고 성장할 것을 권하는 것은 바로 이 점을 언급하고 있는 것이다. 믿음의 성숙은 인간 삶의 주기에서 우리의 위치와 연관되어 이해되어야 한다. 즉 아동에게 하나님에 대해서 설명할 때 사용하는 적절한 방법들이 어른에게는 부적절할 수 있다. 그러나 이러한 종류의 성숙은 분명하게 정해진 간격을 가지고 발전하는 것이 아니라 삶의 우연성에 기초해 시작되고 멈추어진다.

다양한 기독교 전통들은 우리의 성숙에 대한 이해를 복잡하게 한다. 개혁 전통은 우리에게 우리의 구원은 은혜의 선물이며 우리 스스로가 자신을 구원할 수 있다고 믿는 유혹에 빠지지 말 것을 상기시켜준다. 이 전통은 은혜의 중요성을 강조하고 죄의 구속력에서 벗어나는 우리의 능력에 대해서 그렇게 낙관적이지 않다. 한편 웨슬리안/감리교 전통은 우리에게 자유롭게 주어진 은혜에 책임을 질 필요가 있다는 것을 상기시켜 준다. 존 웨슬리와 찰스 웨슬리는 하나님의 사랑 가운데서 자라갈 필요를 강조했다. 다르게 표현하면, 그들이 말하는 것처럼 사랑 안에서 완전해져야 한다는 것이다. 이 전통은 성숙하기 위해 개인적, 사회적 경건을 적극적으로 연습해야 하는 것을 강조한다. 두 전통 모두 기독교인의 삶에서 성숙을 완전히 이해하는 데 필요하다. 결론적으로 개혁 전통은 우리로 하여금 은혜에 초점을 맞추게 하고 웨슬리안 전통은 우리에게 은혜에 대해 책임질 것과 성령께서 우리의 삶 속에서 역사하실 때 협력할 것을 상기시켜 준다.

1900년대 중반에 시작된 사회과학은 영적 성숙을 정의하는 데 영향력을 갖기 시작했다. 심리학과 같은 분야들이 사람들의 본질과 개인 성장의 방향에 대한 우리의 이해를 돕기 시작했다. 에릭 에릭슨(Erick Erikson)의 작품에 기초하여 루이스 쉐릴(Lewis Sherrill, 1954)은 기독교인의 성장을 평생의 여정으로 묘사하였다. 심리학자 고든 올포트(Gordon Allport, 1957)는 인문주의 심리학 모델에 대한 통찰력에 기초한 성숙한 종교의 특징들을 기록하고 있다. 더 나아가 최근에는 발달심리학이 우리에게 성숙을 향한 성장의 단계들과 영적인 성장과 인지, 정서, 육체적 성장과의 상호 연관성을 상기시켜 주었다. 가장 특이할 만한 제임스 파울러(James Fowler, 1981)의 작품은 하나님과의 완전한 참여를 향한 믿음의 궤도를 묘사하고 있다. 심리학의 통찰력을 영적 성숙에 대한 우리의 이해에 반영하는 것의 위험은 인간 본질에 대한 불신자의 견해를 기독교인의 이해에 들여오는 것이다. 어떤 대중적인 심리학적인 모델들이 인간 성숙의 목표가 자아실현이라고 주장하는 반면, 기독교적인 견해는 자아도취를 넘어선 그 이상의 것을 추구한다. 또 어떤 사람들은 제임스 파울러를 포함한 사람들의 성숙 이론 단계들에 대한 신학적인 주장을 의심할 수 있다. 그럼에도 불구하고 기독교인의 삶에서 성숙에 대한 우리의 이해는 이러한 통찰력에 의해 큰 도움을 받았다.

최근에는 영적 성숙에 대한 우리의 이해를 돕기 위해 초대 교회의 통찰력으로 돌아갈 것을 갈망하는 사람들이 있다. 리처드 포스터(Richard Foster, 1988)와 같은 작가들은 신앙의 선배들이 남기고 간 풍부한 유산을 활용할 것을 상기시켜 준다.

영적 성숙은 내가 나에 대해서 아는 모든 것을

내가 하나님에 대해 아는 모든 것으로 이동시키는 것을 의미한다. 이것은 하나님의 은혜에 의해 전진하는, 하나님과 함께 함으로 성장해 가는 평생의 과정이다.

LEE STEELE

참고문헌 | G. Allport(1957), *The Individual and His Religion*; R. Foster(1988), *Celebration of Discipline*; J. Fowler(1981), *Stages of Faith: The Psychology of Human Development and the Quest for Meaning*; L. Sherrill(1954), *The Struggle of the Soul*.

영적 수양회(Spiritual Retreat).

개인이 하나님의 임재 속에서 자신을 열어놓고 묵상하는 조용하면서 방해받지 않는 일정한 기간이다. 인간의 마음은 하나님과 연결하고자 하는 강렬한 욕구를 가지고 있다. 쉼 없는 삶의 활동 속에서 조용한 시간을 가지고 영적 진리들을 묵상하는 시간을 가지는 것은 종종 어렵다. 하지만 영적 수양회는 일상의 염려들을 뒤로 하고 영혼의 필요들에 주의를 기울일 수 있는 기회들을 제공한다. 수양회 시간을 찾는 많은 사람들은 그러한 환경을 제공하는 수양관이나 특정한 지리적 장소가 이러한 조용한 묵상을 하는 데 도움이 된다고 생각할 것이다. "역동적인 기독교인의 삶의 인격 형성에서 반드시 묵상과 행동, 물러남과 반응의 살아있는 대립적인 행위가 있어야 하며 이것은 우리 삶의 묵상의 영역들이 자라고 강해질 수 있는 실제적인 물리적 장소들을 필요로 한다"(Leech, 1989, 26).

영적 수양회의 전반적인 목적은 하나님께서 어떠한 방법을 택하시든지 간에 변화되는 것이다. "성인 기독교교육에서 우리는 영적 깊이와 통찰력을 가진 남녀들을 개발하기 위해 침묵과 고독의 경험을 개발시키는 데 우선순위를 둘 필요가 있다"(Leech, 1989, 28). 즉 성취해야 할 정해진 의제를 가지고 "수양회를 가는" 유혹은 피해야 한다. 하나님의 변화시키심에 열려 있다는 것은 끈기 있는 기다림 속에서 하나님께 통제력을 내어 드리고, 침묵과 고독 가운데 하나님의 임재하심에 거하려는 자원함을 요구한다. 영적 휴양소에 감으로써 일상에서 끊임없는 현실이 될 지속적인 하나님의 임재를 도전하는 시간과 하나님 중심의 삶을 살찌우는 시간을 갖게 된다.

DIANNE WHITING

참고문헌 | K. Leech(1989), *Spirituality and Pastoral Care*.

영적 은사(Spiritual Gifts).

영적 은사에 대한 네 가지의 중요한 신약 구절이 있다. 로마서 12장 6-8절, 고린도전서 12장 4-11절, 27-31절, 에베소서 4장 11-16절, 베드로전서 4장 8-11절. 위의 성경 구절들에 근거하여 우리는 몇 가지 사항을 관찰할 수 있다.

1. 영적 은사는 성령을 통해서 하나님께서 주신다. 출처는 하나님이시며 자원은 하나님의 것으로서 하나님께서 주시는 것이다. 그 은사들을 사용하는 힘은 하나님께로부터 오는 것이며, 은사들의 목적은 교회를 사랑과 연합으로 세우는 것이다. 우리는 우리에게 주신 하나님의 은사들에 대한 청지기들이다. 우리에게 주어진 은사는 우리로 하여금 교만하게 하거나 다른 사람들이 열등감을 가지게 만들도록 주어진 것이 아니다.

2. 하나님은 그의 주권적인 뜻에 따라 영적 은사들을 주신다. 다시 말하면, 하나님이 어떤 은사들을 줄 것인지, 누구에게 줄 것인지를 정하신다. 또한 하나님은 우리에게 영적 은사들을 후하게 주시는데, 우리는 그것들을 획득하는 것도 아니며 그것들을 받을 만한 자격이 있는 것도 아니다. 영적 은사들은 자비 가운데 우리를 자신의 자녀들로 부르신 하나님의 은혜의 소나기의 일부분이다. 그것들은 획득한 것이 아니며, 공적이 있어서 받은 것도 아니며, 우리의 가치와 상관이 있는 것도 아니다. 그것들은 오직 하나님의 은혜와 관련이 있다. 우리는 우리의 영적 은사들을 결정하지 않는다. 우리는 단지 그것들을 우리 안에서 그리고 다른 사람들 안에서 인식하게 된다. 은사들은 평생 있을 수도 있고 잠시

있을 수도 있다. 하나님께서 얼마나 그 은사들이 우리 속에 머무를 것인가를 정하신다. 또한 은사들은 하나님의 은혜를 전달할 때만이 영적인 은사들이다. 기대되는 것은 각 사람이 자신의 은사를 하나님의 영광과 교회의 덕을 위해서 사용하여 교회가 이 세상에서 그 기능을 감당할 수 있게 되는 것이다.

3. 다양한 영적 은사들이 있다. 다른 은사들은 교인들이 교회와 세상에서 행할 수 있는 다양한 기능들을 제공하기 때문이다. 교회가 효과적으로 기능하기 위해서는 영적 은사들의 다양성이 필요하다. 모든 사람이 교사가 되거나 목사가 될 수는 없다. 그러나 교회는 성령의 모든 은사들을 필요로 한다. 따라서 모든 성경적인 은사들은 중요하다. 그리스도의 몸은 모든 부분들이 잘 부합되고 함께 연결될 때 기능을 가장 잘할 수 있다. 비록 몸의 한 부분이 몸의 다른 부분보다 더 중요한 위치를 차지하고 있더라도 그 부분이 다른 부분보다 더 중요해지는 않다. 모두가 중요하다. 성령께서는 영적 은사들을 낭비하지 않으시며 의미 없거나 귀하지 않은 은사들을 주시지도 않는다.

4. 성령께서는 한 개인에게 단지 하나의 고립된 은사를 주시는 것으로 보이지는 않는다. 오히려 그분은 정하신 대로 여러 가지의 연결된 은사들을 주신다. 그 결과로 어떤 사람은 약간의 교사의 은사와 함께 너른 성도의 격려와 자비의 은사를 가지고 있을 수 있다. 이러한 종류의 사람은 좋은 상담가가 될 수 있다. 다른 신자들은 교회와 세상에서 여러 가지 책임을 질 수 있는 자격을 부여하는 여러 가지 다른 은사들을 가질 수 있다. 대부분의 경우에 한 개인은 자신의 소명을 실현하기 위해 하나 이상의 은사를 필요로 한다.

5. 우리는 조심해야 할 필요가 있다. 어떤 행동들은 영적 은사인 것처럼 보일 수 있지만 실제로는 가짜일 수 있다(마 7:21-23을 보라. 예수님의 이름으로 하는 예언과 축사와 기적들이 자동적으로 영적 은사들과 동일시되는 것은 아니다). 가끔 불신자들 중에 기독교인들이 영적 은사라고 부를 수 있는 것들을 소유하고 있는 것처럼 보일 때가 있다. 우리는 능력의 외적 표현들이 하나님과 연결되어 있지 않다는 것을 반드시 기억해야 한다! 또한 영적 은사들 그 자체는 참된 영성의 표시가 아니다. 영적 은사들은 성령의 열매와 비교할 때 아무것도 아니다. 성령은 우리가 만들어내는 영적 현상보다 우리가 맺는 영적 열매에 더 관심이 많으시다. 교회가 영적 은사들을 둘러싸고 분쟁의 고투를 한 것은 불행한 일이다. 절대 주권을 가지신 주님은 원하시는 것을 주시고 본인이 바라는 사람에게 주신다. 교회의 과업은 은사들의 타당성을 판단하는 것이 아니라 은사를 주신 분과 그 은사들을 그리스도의 사역의 일을 위하여 사용하는 것을 확증하는 것이다. 어떤 교만이 교회의 교인들로 하여금 성령께서 할 수 있는 것과 할 수 없는 것을 말하도록 하는가?

6. 우리는 우리의 영적 은사들을 발견하고 그러한 은사들을 개발하고 사용하고 계속해서 진작시켜야 한다. 다른 신자들이 그렇게 할 수 있도록 돕는 것은 기독교 지도자들의 과업이다. 기독교 지도자들은 다른 사람들이 다양한 수단들을 통하여 자신들의 영적 은사들을 발견할 수 있도록 돕는다. 어떤 사람들은 기독교인들이 자신들의 영적 은사들을 파악할 수 있게 해주는 다양한 "영적 은사 재고목록"을 개발했다. 이러한 것들이 어떤 사람들에게는 도움이 될 것이다. 하지만 각각의 재고목록은 신약성경에 나오는 다양한 영적 은사들의 정의에 관하여 반드시 타당하지만은 않은 일련의 가정들을 가지고 있는 경우가 있다. 그러므로 이러한 재고목록들은 신중하게 사용되어야 한다.

더 나은 접근법은 신자들이 본인 스스로에게 그리고 지역 교회에 몇 가지의 질문들을 하는 것이다.

1. 당신의 환경 – 가족, 지역 교회, 도시, 세계 – 에는 어떠한 필요들이 존재하는가? 가정: 하나님께서는 누군가에게, 아마도 당신에게, 이러한 필요들을 채우는 것을 도울 수 있도록 필요한 영적 은사들을 주실 것이다. 하나님께 당신이 사역하고 섬기는 것을 돕는 데 어떤 역할을 감당해야 하는지를 물어보라.

2. 당신은 성령께서 당신에게 무엇을 하라고 부르시

고 있다고 생각하는가? 가정: 성령께서는 각 기독교인에게 적어도 한 가지의 영적 은사를 주셨다. 그분은 당신이 교회와 세상에서 그 영적 은사들을 활용하기를 원하신다. 당신은 당신의 삶 속에서 성령의 인도하심에 열려 있고 민감하다. 당신의 은사들과 그 은사들을 사용하는 데 성령의 인도하심을 결정한 후에 당신은 그분께 순종할 것이다.

3. 당신은 당신이 생각하기에 성령께서 당신에게 하라고 하는 것을 기꺼이 선택할 것인가? 가정: 일반적으로 성령께서는 우리가 하고자 하는 의도가 없고, 좋아하지도 않고, 기술도 없고, 그것에 관한 민감함도 없는 것을 하라고 인도하시지는 않을 것이다.

4. 우선 하나님께서 일반적으로 사용하실 어떤 재능, 관심사, 능력 혹은 경향들을 벌써 가지고 있는가? 가정: 일반적으로 주님께서는 우리가 있는 곳에서 시작하시지 우리의 자연스러운 경향들과 관심사들을 완전히 바꾸려고 하시지는 않는다. 그분은 우선 우리에게 주신 재능과 관심사들로 시작하신 다음 그분이 뜻하시는 대로 초자연적인 능력들을 더하신다.

5. 어떤 일들을 이미 잘하고 있는가? 가정: 당신이 벌써 잘하고 있는 것은 아마도 하나님께서 주신 일종의 은사의 표시일 수 있다. 당신의 인격과 가지고 있는 모든 것은 하나님에게서 온 것이다. 성령께서는 추가적인 은사들을 주실 수 있지만, 그것은 그분의 결정이며 당신의 결정이 아니다. 당신은 당신 자신에 대해 아는 것에서부터 시작하고 거기에서부터 발전해 나간다.

6. 그리스도의 몸 안에 있는 다른 지체들은 당신에게서 어떤 은사들을 발견하는가? 가정: 성령께서는 그리스도의 몸의 다른 지체들로부터 고립되어 있는 우리들과 일하지 않으신다. 다른 사람들은 우리의 은사들에 대한 통찰력을 받으며 우리는 그들의 은사에 대한 통찰력을 가지는데, 이것은 "우리의 옛 육체"와 일반적인 한 은사의 남용에 대한 견제와 균형의 수단으로 사용된다. 그러므로 다른 사람들에게 그들이 생각하기에 당신의 영적 은사들은 무엇인지 물어보라.

7. 당신이 볼 때 당신은 어떤 은사를 가지고 있다고 생각하는가? 하나님께 당신의 은사들이 무엇인지 분명하게 해달라고 하나님께 아뢰고 기도로써 이것을 정하라. 다른 사람들에게 그들이 생각할 때 당신의 은사들이 무엇인지 물어보라.

8. 당신의 일상적인 삶, 즉 직장과 가정 교회, 도시 그리고 세상에서 당신의 은사들을 개발하고 사용하라.

교회는 하나 혹은 두 개의 특정한 은사들이나 소수의 은사자들에게 의존하지 않는 영적인 은사를 받은 공동체이다. 모든 기독교인들은 삼위일체의 제 삼위에 의해 은사를 받은 사람들로 생각해야 한다! 은사를 받은 우리는 그러한 은사들을 그리스도와 교회와 세상에서의 그의 통치하심을 위해 사용해야 한다.

JOHN M. DETTONI

참조 | 교회(CHURCH); 공동체/기독교공동체(COMMUNITY, CHRISTIAN); 사역(MINISTRY); 표적과 기사(SIGNS AND WONDERS); 가르침의 은사(TEACHING, GIFT OF)

영적인 몸(Spiritual Body). 교회(Church)를 보라.

영적 전쟁(Spiritual Warfare). 영적 전쟁의 개념은 종종 오용되고 오해되어 왔다. 그것은 더 이상 단순한 선과 악의 추상적인 개념 간의 투쟁을 위한 은유가 아니라 귀신들을 대면하는 특정 사역을 지칭하는 것으로 한정될 수 있다. 영적 전쟁은 사단이 실제적이고 그의 세력들이 세상에서 활동하고 있으며, 기독교인들은 원수에 대하여 견고히 서라는 성경적 명령을 받았다는 사실을 인식하는 것이다. 영적 전쟁은 선택도 아니고 어떤 특정 전문가들에게 제한된 것도 아닌 이 세상에서 그리스도를 위한 삶의 중요한 일부분이다.

이것은 사단의 활동에 대한 기독교인의 반응에서 부정이나 시험처럼 동일하게 위험한 것이다. 이러한 양극단의 위험을 1세기 전, C. S. 루이스는 자신의 책 『스크루테이프의 편지』(*The Screwtape Letters*)에서 분명하게 표현했다. 여기에서 그는 신자들이 두 가지의 극단에 대해서 경계할 것을 권고하고 있다. 첫째는 귀신의 존재의 실체를 믿지 않는 것이며, 둘째는 그것에 대한 과도하면서도 건강하지 못한 관심을 증진시키는 것이다. 두 경우 모두 신자는 불리한 입장에 처하게 되며, 사단의 무리들이 전쟁에서 고지를 점령하게 된다.

영적 전쟁의 실체를 인정하는 신자들 가운데서도 사단의 세력들이 언제 그리고 어떻게 작용하는지에 대해서는 견해의 차이가 있다. 논쟁의 한 가지는 귀신이 어느 정도 신자에게 영향을 주며, 얼마만큼 소유할 수 있는지에 관한 것이다. 또 다른 견해의 차이는 지역의 영(특정 지역과 관련된 사단의 세력)의 존재와 정체 그리고 활동과 관련된 것이다. 이것은 피터 와그너가 전략적인 수준에서의 영적 전쟁으로 밝힌 영적 전쟁(1991)의 유형이며 사단의 진을 찾아내기 위한 영적 지도 그리기(spiritual mapping)를 포함한다.

기독교인들이 원수를 평가절하하기 때문에 영적 전쟁은 종종 무시된다. 베드로전서는 신자들에게 "근신하라 깨어라 너희 대적 마귀가 우는 사자같이 두루 다니며 삼킬 자를 찾나니"(5:8)라고 경고하고 있고, 요한1서는 "온 세상은 악한 자 안에 처한 것이며"(5:19)라고 선언하고 있다. 더 위험한 것은 신자들이 우리 부름 받은 군대를 평가절하하는 것이다. 왜냐하면 이것은 누적된 군사들의 힘의 총합으로 인한 것이 아니라 우리의 최고 사령관 되신 전능하신 주 하나님의 능력과 권세를 반영하기 때문이다. "너희 안에 계신 이가 세상에 있는 이보다 크심이라"(요일 4:4). 우리의 원수는 벌써 갈보리에서 치명적인 결정타를 맞았다. "정사와 권세를 벗어 버려 밝히 드러내시고 십자가로 승리하셨느니라"(골 2:15).

실제적으로 에베소서 6장 10-20절에서 설명되어 있는 영적 전쟁의 원리들은 많은 오해들 속에서 적용되고 있다. 그 첫 번째는 하나님의 전신갑주의 성격과 관련된 것이다. 갑옷이 묘사하는 요소들은 우리가 확증하는 단순한 주장이 아닐 뿐만 아니라 그리스도 안에 있는 우리의 입장에 대한 단순한 표현도 아니다. 오히려 그것들은 반드시 입고 취해야 할 것들이다. 전쟁을 위해 '전신'(full) 갑주를 입는 것은 선택이 아니라 주 안에서와 '그의 힘으로 강건하여지고'(10)와 '입으라'(11)는 반드시 순종해야 하는 명령들이다. 갑옷의 구성요소들을 일부분만 선택할 수 없다. 그것은 우리가 입어야 할 '전신' 갑주이다. 이 갑옷은 친밀하고 지속적이며 일관성 있게 하나님과 동행함으로써 입을 수 있으며 이것이 없이는 영적 전쟁에서 성공적으로 원수를 무찌를 수 없다.

오해의 또 다른 영역은 원수의 정체이다. 기독교인들은 종종 원수를 가증한 죄를 저지르는 사람, 우리의 십대들에게 독을 주는 불법 약물 거래자, 하나님께서 죄라고 선언하신 것들을 용납하고 묵인하는 높은 위치에 있는 사람, 혹은 자신들의 입장을 밝히기 위해 무자비하게 생명을 죽이는 테러리스트로 본다. 비록 이들이 자신들의 삶에서 마귀에게 전권을 내어주지만 이들 그 어느 누구도 원수는 아니다. 그들은 원수의 희생자들이며 그리스도께서 죽음으로 구속하신 사람들이다. 대신 하나님께서 우리의 적이 누구인지를 분명하게 밝히신다. "우리의 씨름은 혈과 육에 대한 것이 아니요 정사와 권세와 어두움의 세상 주관자들과 하늘에 있는 악의 영들에게 대함이라"(12).

또 다른 오해의 영역은 하나님께서 우리에게 지정해 주시는 무기들의 성격이다. 공격적인 무기를 묘사하는 군대와 관련한 은유 부분은 "성령의" 검과 "하나님의 말씀"으로 묘사되는 검이다(17). 이 무기는 우리에게서 나온 것이 아닌, 즉 기원이 인간이 아닌 하나님께 있는 것이다. 하나님 말씀의 지식과 사용과 적용은 삶의 모든 영역에서 경험되어야 한다. 대신 원수를 대하는 우리의 주된 무기는 기도이다. 기도는 영적 전쟁에 있어서 궁극적인 무기이다(18-20). 전쟁의 승리는 신자들이 기도할 때 이루어진다.

오해의 마지막 영역은 전쟁의 목적이다. 그것은 정복을 위해서 원수와의 대결에서 이기는 것이 아니다. 군대의 목적은 단순히 원수의 군대를 무찌르는 것만이 아니라 영토를 정복하고 현재의 통치자를 타도하는 것이다. 하나님의 군대는 원수와의 대결을 이기는 것으로 결코 만족할 수 없다. 우리의 목적은 원수를 이겨 그리스도를 위해 세상을 얻는 것이다. 바울이 에베소 교회로부터 구하는 기도의 내용은 매우 구체적이었다. "내게 말씀을 주사 나로 입을 벌려 복음의 비밀을 담대히 알리게 하옵소서 할 것이니 이 일을 위하여 내가 쇠사슬에 매인 사신이 된 것은 나로 이 일에 당연히 할 말을 담대히 하게 하려 하심이니라"(19-20). 영적 전쟁은 기독교인으로서의 우리의 소명에 대한 적절한 은유일 뿐만 아니라 그 소명의 실체이다. 원수는 실제적이고 전쟁은 반드시 치러져야 한다. 그러나 성경은 신자에게 승리가 벌써 확실해졌다는 사실 역시 가르치고 있다.

DAVID BECK

참고문헌 | C. Arnold(1997), *3 Crucial Qustions about Spiritual Warfare*; M. Green(1981), *I believe in Satan's Downfall*; C. H. Kraft(1992), *Behind Enemy Lines: An Advanced Guide to Spiritual Warfare*; C. S. Lewis(1962), *The Screwtape Letters*; E. Murphy(1992), *The Handbook for Spiritual Warfare*; P. Wagner(1996), *Confronting the Powers: How the New Testament Church Experienced the Power of Strategic Level Spiritual Warfare*; idem(1991), *Warfare Prayer*.

영적 훈련(Spiritual Disciplines).

하나님께 자신을 드러내거나 하나님께 드려진 삶을 표현하는 습관적인 어떤 행동들, 혹은 태도들을 계발하기 위해 개인들 내지는 그룹들에 의해 정기적으로 실시되는 연습들이다. 예를 들어, 모든 사람들은 기도가 개인의 영적 생활에 중요한 활동이라는 것을 인정한다. 그러나 많은 사람들은 기도하는 데 힘들어하고, 기도할 때 종종 어떤 의식 내지는 형식적 기도에 빠지기도 한다. 기도를 영적 훈련으로 접근하는 것은 개인의 삶에 기도를 위한 특정 시간을 갖는 것이며, 새로운 기도의 방법들을 탐구하고 사용하는 것이며, 일상생활 가운데서 지속적인 하나님과의 대화를 의식하는 방법을 배우는 것이다. 이러한 훈련을 통해 기도는 삶의 변두리에서 중심으로 이동하게 된다.

다르게 표현하면 영적 훈련의 목표는 우리의 삶 속에 하나님을 위한 공간을 만드는 것이다. 이 훈련들은 매일 그리스도의 방법을 나의 방법으로 만듦으로써 예수님에 대한 우리의 헌신을 인정하는 한 가지 방법이다. 이것은 우리가 깨닫지 못하는 성령의 세계에 우리의 삶을 개방함으로써 하나님에 대한 우리의 갈망에 반응하는 한 가지 방법이다.

한편 달라스 윌라드(Dallas Willard, 1998)가 상기시키고 있는 것처럼 영적 훈련을 연습하는 것은 특별한 경건의 표시가 아니라 필요의 표시라는 것을 기억하는 것이 중요하다. 질문의 기술을 우리가 이미 익혔다면 우리는 그것을 연습하지 않을 것이다. 그것은 우리의 핵심적인 인성에 있어 이미 습관적인 부분일 것이다. 그러나 훈련들은 그 자체가 목적이 아니다. 그것들은 우리가 하나님을 인식하고 하나님의 능력과 임재에 마음을 열 수 있게 해 준다.

모든 영적 훈련을 기술하는 단 한 개의 목록은 없으며, 저자들에 따라서 영적 훈련들은 다른 방식으로 구분된다. 예를 들어, 『훈련의 기쁨』(*Celebration of Discipline*)에서 리처드 포스터(Richard Foster, 1988)는 12가지의 훈련들을 제시하고 그것들을 세 가지의 범주로 나눈다. 내적 훈련(묵상, 기도, 금식, 학습), 외적 훈련(단순성, 고독, 복종, 봉사), 단체 훈련(고백, 예배, 인도받기, 기뻐하기). 포스터의 선구적인 책은 복음주의 기독교인들에게 영적 훈련들에 대한 관심의 갱신의 불을 일으킨 것으로 인정된다. 포스터의 멘토인 달라스 윌라드는 그 훈련들을 두 가지로 나눈다. 그것은 절제의 훈련(고독, 침묵, 금식, 순결, 은밀함, 희생)과 참여의 훈련(학습, 예배, 축하, 봉사, 기도, 교제, 고백, 순종)이다.

마조리 톰슨(Marjorie Thompson, 1995)과 시몬 찬(Simon Chan, 1998)은 우리에게 "삶의 규칙"을 개발할 것을 촉구한다. "삶의 규칙은 경건의 성숙을 위한 구조와 방향을 제공하는 영적 훈련들의 유형이다"(138). 그것은 우리로 하여금 영적인 것과 계속적으로 연결시켜 주는 일상을 위한 리듬을 개발하는 한 방법이다.

기독교교육자의 중요한 과업들 중의 하나는 개인들이 영적 훈련들을 배우고 연습하게 해주는 다양한 프로그램을 만드는 것이다. 기독교 삶의 기술들은 빨리 학습되지 않기 때문에(어떤 경우에는 쉽지도 않기 때문에) 개인이 해야 할 일은 이러한 학습 과정에 참여할 수 있는 충분한 시간을 만드는 것이다. 이런 점에서 소그룹이 유용하다. 대부분의 기독교인들이 그러한 기술들을 전통적으로 익히는 수도원에서 오랜 기간 동안 살 수 있는 것은 불가능하지만, 영적 훈련들에 초점을 맞추는 주간 소그룹 시간을 계획하는 것은 가능할 것이다. 그러한 소그룹 모임의 목표는 궁금해 하는 훈련의 다양한 측면을 탐구하고 그룹 시간에 이 기술을 연습하고 소그룹 시간이 없는 주중에 서로 이 기술들을 계속해서 연습할 수 있도록 책임지는 것이다. 소그룹은 그러한 기술들을 익히는 것을 개인 연습이 아닌 공동체 삶의 일부분으로 만드는 추가적인 이점을 가지고 있다. 한편 리처드 피스(Richard Peace, 1998)는 영적 훈련들을 가르칠 수 있는 소그룹 자료들을 고안했다.

RICHARD PEACE

참고문헌 | S. Chan(1998), *Spiritual Theology: A Systematic Study of the Christian Life*; R. J. Foster(1988), *Celebration of Discipline: The Path to Spiritual Growth*; R. Peace(1998), *Spiritual Journaling*, rev. ed.; *Spiritual Autobiography*, rev. ed.; *Contemplative Bible Reading*, rev. ed.; *and Meditative Prayer*; M. J. Thompson(1995), *Soul Feast: The Invitation to the Christian Spiritual Life*; D. Willard(1998), *The Spirit of the Disciplines: Understanding How God Changes Lives*.

예배(Worship). 하나님의 존귀하심을 표현하는 행위이다. 예배는 성경에 기록된 가장 최초의 인간 행위들 중의 하나이다. 가인과 아벨은 예배의 표현으로서 하나님께 제물을 가져왔다. 족장들은 하나님의 축복을 상기시키는 가시적인 물건들(기둥, 제단 등)을 만듦으로써 그들의 개인적인 하나님에 대한 예배를 표현했다.

구약 전체를 개관해 보면 예배에 관한 사고와 경험이 점점 발전되어 온 듯하다. 성막과 그 후의 성전은 히브리 예배의 중심이 되었다. 사람들은 이곳에 모여 예배의 행위로 하나님께 희생의 제물들과 헌물을 드렸다. 이들 예배의 행위에는 오늘날 우리가 알고 있는 예배를 대표해 주는 것은 찾아보기가 힘들다. 이들의 예배에는 사제에 의한 성경해석도 없었고, 회중들이 노래를 하도록 이끌어주는 성가대도 없었다. 심지어는 성경을 공적으로 읽는 행위도 없었기 때문이다. 그들에게 예배란 회중이 처한 상황에서 행해지는 의식이었다.

그 후 바벨론 유수 기간 동안 유대인들은 그들의 믿음을 고수하기 위하여 회당을 설립하였다. 이곳에서 랍비는 두루마리 성경을 낭독하고 그 의미를 해석하였으며, 사람들을 공중 기도에 참여시킴으로써 회중들을 예배로 이끌었다. 그들이 본토에 돌아와 제 2 성전을 건축한 후, 예배에 매년마다 지키는 절기와 금식, 노래책(시편)으로부터의 찬양, 안식일 준수 등 공동체가 함께 참여할 수 있는 더 공식적인 의식들을 포함시켰다.

신약에서 예배는 예루살렘 성전의 활동에서 다시 찾아볼 수 있다. 그러나 초대 교회 성도들이 성전에서 함께 드리는 예배로부터 추방을 당함으로써 그들에게 예배는 개인적인 활동이 되어 버렸다. 예배가 개인의 하나님과의 관계의 표현이라고 말씀하신 (요 4:20-24) 예수님의 가르침을 따라, 예배의 최종적 표현은 개인의 영적 형성에 있게 된 것이다.

교회가 아시아와 유럽에 걸쳐 확장되어 감에 따라 예배는 다시 공동체적 성격을 갖게 되었다. 목사로서의 영적은사를 가지고 있는 사람들이 교회를 조직하고 세우기 시작하면서, 공중 예배가 교회 활동의 중심이 되게 되었다. 목회자들은 회중들을 이끌어 찬양과 찬미, 공중 기도, 성경 읽기 등을 가르치고 성경의 의미를 전파하며 가난한 자들에게 자선을 베풀도록 인도하였다.

예배라는 단어는 그리스어로 네 가지 중요한 단어들로 표현된다. 첫 번째 단어인 라트류오(latreuo)는 섬김의 행위, 또는 경의를 표하는 것을 의미한다. 비록 신약성경에서 이 단어가 가끔 "예배"라고 번역되지만, 더 많은 경우 "섬기다"는 의미로 번역이 된다. 이러한 의미로 볼 때, 예배란 여선지자 안나가 성전에서 금식과 기도를 하였던 것처럼 섬김의 행위라고 볼 수 있다(눅 2:37).

두 번째 그리스어는 프로스쿠네오(proskuneo)로서 이 단어는 "존경을 표하다" 또는 "절을 하다"라는 의미를 지닌다. 이 단어는 앞(프로스)과 입맞춤(쿠네오)이 합해진 합성어이다. 곧 예배란 개인이 하나님에 대해 존경의 태도를 보이는 것을 의미한다. 이 단어는 신약에서 예배를 표현하기 위해 가장 많이 쓰인 단어이다.

세 번째 단어인 세보마이(sebomai)는 한 사람이 하나님을 향하여 경외와 헌신의 감성을 가지면서 "하나님을 존경하다"라는 의미를 지닌다. 이 단어는 성경에서 "헌신하다"라는 의미로 네 번 번역이 되었다(행 13:43, 40; 17:4, 17).

예배를 위해 신약에서 쓰인 네 번째 단어는 유세베오(eusebeo)로서 이는 "하나님을 향해 경건하게 행동함"을 의미한다. 이러한 형식의 예배는 또한 부모나 조부모에 대한 존경을 표현할 때도 쓰였다(딤전 5:4).

이러한 정의들을 고려해 볼 때 예배에 대한 성경의 정해진 규정이 없다는 것을 잊지 말아야 한다. 이와 달리 예배는 하나님이 누구신가와 그분이 인류를 어떻게 대하시는가를 직접적으로 알고 깨닫는 행위로 인식된다. 예배는 바로 하나님의 성품과 속성에 대한 우리의 이해로부터 흘러나오는 것이다. 이러한 태도는 우리의 말과(찬양, 기도 등) 행위(그분의 성격과 본질에 대한 인식으로 이해되는 행위들) 가운데 드러나야만 한다.

예배는 사람의 하나님과의 관계에 대해 매우 개인적이며 역동적인 표현이다. 이러한 연유로 예배를 계획하거나 미리 규정하기란 쉽지 않다. 비록 예배가 인식의 단계로부터 시작될지는 모르나 지적인 활동을 훨씬 뛰어 넘는다. 진정한 예배는 하나님이 자신들의 죄를 회개한 사람들을 향하여 은혜로우시며 자비로우신 분이시라는 것, 또한 상심한 사람들을 향해 부드러운 분이시라는 것과 바로 진노가 아닌 그분의 인자하심이 죄인들을 회개케 하신다는 것을 깨닫고 감동한 마음으로부터 흘러나오는 것이다.

공동으로 드리는 예배의 행위는 최근에 북미 전역의 많은 교회들 사이에 논쟁의 쟁점이 되어왔다. 하나님을 예배하기 위한 "유일한 올바른 방법"으로 예배의 일정한 형식이나 형태를 주장하는 예배 인도자들은 예배에 관한 성경을 곡해하는 죄를 범하는 것이다. 시간이 지남에 따라 인구 통계가 변하듯 교회에서 예배를 향한 개인의 선호하는 바도 달라질 것이다. 교회의 신조나 오래된 찬송가를 노래하는 등의 전통적인 예배 음악 형식이 예배의 표현으로 선호될 수도 있다. 그러나 젊은 세대의 사람들은 예배 음악으로 최신의 음악을 선호할 것이다. 하지만 그 무엇이 옳고 그르다고 말할 수 없다. 단지 청중의 문화적, 인구학적, 사회적 요소들에 의해 그들에게 더 적합한 형태가 있을 뿐이다. 많은 교회들이 예배의 형태를 "혼합"함으로써 어느 정도의 성공을 맛보았다. 이러한 접근 방식은 찬송가와 코러스를 동시에 시도한다. 우리가 그리스도를 위해 세상에 영향을 끼치는 교회의 생명력과 능력을 유지하기 원한다면 공중 예배에 대한 조심스럽고 신중한 고려가 필요하다.

MICHAEL J. ANTHONY

참고문헌 | F. L. Cross and E. A. Livingston(1997), *The Oxford Dictionary of the Christian Church*; J. D. Douglas(1975), *The New Bible Dictionary*; E. L. Towns(1995), *Evangelism and Church Growth*; F. M. Segler(1967), *Christian Worship: Its Theology and Practice*; W. E. Vine(1966), *An Expository Dictionary of New Testament Words*.

예배와 어린이(Worship and Children). 앵글로 색슨어인 "weorthscipe"에서 유래한 예배라는 말은 경외를 뜻한다. 그리스도인에게 예배란 우리

예배와 어린이

의 헌신과 찬양을 받으시기에 합당하신 하나님의 위대하심을 인식하고 반응하는 행위이다.

예배의 체험은 성경 전체를 관통한다. 비록 예배에서 어린이들이 차지하는 위치가 구체적으로 명시되어 있지 않지만 어린이들의 역할과 이미지를 언급하는 구절들을 찾아볼 수 있다.

"예수께서 가라사대 어린아이들을 용납하고 내게 오는 것을 금하지 말라. 천국이 이런 자의 것이니라"(마 19:14; 막 10:14; 눅 18:16)는 예수님의 훈계는 진정한 예배는 오직 성인들만을 위한 것이라는 편만한 고정관념에 도전한다. 오병이어의 기적에서 한 어린이가 자신의 점심을 예수께 드림으로써 매우 중요한 역할을 감당한다(요 6:9). 이 사건은 바로 예수님의 가르침을 듣기 위해 모였던 수많은 사람들 가운데 어린이들이 포함되었다는 것을 시사해 준다. 그들은 아마도 예수께서 예루살렘에 승리의 입성을 하실 때 "자신들의 겉옷을 길에 펼치고" "기뻐하며 큰 소리로 하나님을 찬양"했던 사람들 사이에 끼여 있었을 것이다(눅 19:36, 37; 요 12:13을 보라).

누가 천국에서 가장 큰 사람인가에 대해 질문 받았을 때 예수께서는 한 아이를 그분에게 부르셨다(마 18:3-5; 막 10:14, 15). 이렇게 하심으로써 예수께서는 그를 따르는 자들 가운데 어린이들의 위치를 확인해 주셨다. 성경에서 하나님 나라에서의 어린이의 위치를 보여주는 가장 중요한 장면은 바로 유아로서의 예수님 자신이시다. 그분의 성육신은 우리 가운데 아무리 작은 아이라 할지라도 결코 무시해서는 안 된다는 것을 경고해 준다. 모든 어린이들은 그리스도의 성육신과 그분을 따르는 자들에게서 기대하셨던 자질이 무엇인지를 기억하게 해 준다(Sandell, 1991).

예배는 지역 교회나 초교파적인 모임 등의 계획된 사람들의 만남에 제한되지 않는다. 그리스도인 가정에서 가정은 바로 중요한 예배의 장소이다. 신명기 6장과 11장은 특별히 부모들이 하나님을 향한 그들의 헌신과 사랑을 그들 자녀들에게 가르칠 것을 명하고 있다. 이 장들은 부모들이 하나님의 위대하심을 드러내는 이야기들을 자녀들에게 반복해서 들려주도록 권면한다.

어린이들은 교회의 시작부터 예배 공동체의 한 부분이 되어왔다. 최초의 그리스도인들은 예배를 위해 예루살렘 성전과 신자들의 가정에서 모임을 가졌다. 신약에서 모든 가족들이 하나님을 예배했다고 언급되었을 때 이는 곧 어린이들도 그 가운데 포함하는 것이다(행 20:20; 롬 16:5).

수세기에 걸쳐 어린이들은 가족들과 함께 예배하였다. 그러나 12세기경 교회에서의 어린이들의 위치가 재검토되었다. 교육 연구가들은 어린이들이 어떻게 배우는가를 연구하기 시작했고 어린이들이 그들의 나이와 경험에 어울리는 방식으로 교육받는 것이 중요하다는 결론을 내리게 되었다. 기독교교육자들은 어린이들이 어른들의 예배 가운데 "몸으로는 함께 있으나 마음과 영"이 본질적으로 함께 존재하는가에 대해 의문을 던지기 시작했다. 문제는 어린이들이 성경 낭독이나 설교, 찬송의 가사들 그리고 기도의 용어들을 이해하지 못한다는 데 있었다.

공립학교들이 새로운 교육의 방법들을 탐구하기 시작하면서 교회는 어린이들이 더 잘 이해할 수 있고 받아들일 수 있는 예배를 위한 방법을 구상하기 시작하였다. 어떤 교회들, 특히 큰 교회들은 어른들이 예배를 드리는 시간 동안 어린이들만을 위한 특별한 예배를 제공하기 시작했다. 이러한 방식의 강점은 성인들이 어린이들의 방해가 없이 예배에 집중할 수 있다는 점이다. 성인들에게 이러한 방식의 단점은 그들이 어린이들도 예배의 공동체 가운데 함께 할 수 있다는 자발성, 열의, 에너지, 인식을 잃어버린다는 점이다.

다른 교회들은 어린이들이 모든 세대들이 함께 있는 가운데 예배드리는 편이 낫다고 결론지었다. 그들은 어린이들이 예배자가 되기 위해 준비할 뿐 아니라, 진실로 하나님을 알고 사랑하고 예배하는 경험 속에 들어갈 수 있다는 점을 강조한다(Cavalletti, 1982). 늑(Ng)과 토마스(1981)는 어린이들을 예배 공동체에 참여시켜야 한다고 강하게 주장한 사람들이다. 이들은 자신들의 주장을 뒷받침할 근거로서 먼저 그리스도의 몸된 교회에는 나이에 관한 요구가 없다는 점을 상기시킨다. 또한 예배는 함께 하는 행위로서 성인들뿐 아니라 어린이들을 포함시켜야 하며 만일 교회에서 어떤 구성원들이 의미 있는 예배로부터 제외된다면 교회는 그 본질적 모습을 잃게 된다고 주장한다.

어린이 예배의 상황이 어떠하든지 간에-그들이 전체 교회공동체 안에서, 또는 어린이들만의 구분된 예배를 드리든-예배의 의도는 그들이 하나님에 대해 배울 뿐 아니라, 하나님을 경험하고 응답하도록 한다는 점이다. 어린이들이 경험한 예배는 그들이 성장한 후 교회를 보는 그들의 시각과 하나님의 백성의 한 부분으로서의 자기정체성에 긍정적이거나 부정적인 영향을 끼칠 것이다.

BETH POSTERSKI

참고문헌 | S. Cavalletti(1982), *The Religious Potential of the Child: The Description of an Experience with Children from Ages Three to Six*; D. Ng and V. Thomas(1981), *Children in the Worshiping Community*; E. J. Sandell(1991), *Including Children in Worship*; S. M. Stewart and J. W. Berryman(1989), *Young Children and Worship*; R. E. Webber(1994), *The Ministries of Christian Worship*.

예배와 청소년(Worship, Youth).

예배는 우리의 마음과 감성, 의지와 영을 하나님께 집중시키는 것이다. 예배(worship)는 옛 영어의 어근인 "weorth"와 관련되어 있으며 그 뜻은 "가치 있는, 가치"의 의미를 지닌다. 이것이 "scipe", 곧 "ship"과 결합된 것이다. 따라서 예배는 하나님의 위대하심과 그분의 찬양받기에 합당하심을 선포하는 행위이다. 이는 곧 하나님이 누구신가와 그분이 하신 일에 대해 인간이 경배와 찬양과 간구로 반응하는 것이다.

청소년을 위한 예배는 세 가지 영역으로 구분되어질 수 있다. 개인적 예배, 공중 예배 그리고 가족 예배이다. 개인 예배는 신자의 개인적 관계와 책임을 강조한다. 개인 예배에서 중요한 것은 기도와 묵상, 고독과 명상이다. 이러한 예배를 통해 청소년들은 개인적인 죄를 고백하고 회개하며 하나님 앞에 간구할 수 있다. 이러한 예배는 또한 개인적 찬양과 감사의 환경을 제공해 준다.

대부분의 예배는 신자의 무리가 함께 드리는 공중 예배와 연관되어 있다. 이러한 예배는 예배의 경험 가운데 수평적 관계를 더해준다. 함께 드리는 예배를 통해 서로를 격려하고 위로할 수 있는 기회를 갖게 된다. 공중 예배에 항상 도사리고 있는 위험은 예배를 받으시는 하나님께 주의를 기울이기보다 예배드리는 인간에게 더 많은 관심을 쏟을 수 있다는 점이다. 공적인 공연과 구경거리 그리고 연극의 영향이 점점 더 강조되어 가고 있는 오늘날의 교회들에서 이것은 반드시 피해야 할 위험이다.

청소년 사역에서 공중 예배에는 두 가지 차원-전체 교회와 청소년 모임-이 있다. 전체 교회의 예배는 청소년들뿐 아니라 모든 연령층의 사람들을 포함한다. 사춘기 청소년들은 어른들과 함께 예배드리면서 그들로부터 좋은 모델과 보고 배우며 인도함을 받을 필요가 있다. 한편 교회는 십대의 신자들도 좋아할 수 있는 젊은이의 이상과 동정심을 발휘할 필요가 있다. 한 때 "내일의 교회"(the church of tomorrow)로만 여겨졌던 청소년들은 이제 또한 "오늘의 교회"(the church of today)인 것이다.

공중 예배의 두 번째 차원은 청소년들이 전체 교인들로부터 떨어져 따로 예배를 드릴 때이다. 청소년들은 예배에 참여하고 인도하는 법을 배워야만 한다. 청소년부의 모임들과 선교 모임, 캠프 그리고 수련회 등은 젊은이들이 함께 모여 예배할 수 있는 기회를 제공해 준다. 이러한 예배에서 경계할 점은 청소년들의 예배를 "큰 교회"에서 행해지는 것과 같은 진정한 예배가 아닌 "배우기 위한 경험"으로 이해해서는 안 된다는 점이다. 청소년들은 그들만의 모임에서 의미 있는 예배를 경험해야 한다.

청소년 예배의 세 번째 영역은 그들의 가정 내에서의 예배이다. 신명기 6장 4-7절은 부모들이 일상사 속에서 그들의 자녀들에게 하나님에 대해 가르칠 것을 명하고 있다. 여기에는 가정 예배가 포함되며 이는 앞에서 언급한 예배의 형식과 다르다. 가정 예배는 경직되지 않고 형식에 얽매이지 않지만 여전히 하나님에 대한 경외감을 잊지 말아야 한다. 십대들, 부모들 그리고 어린 자녀들은 가정의 경건 시간을 통해 개인적이고 친밀한 예배를 경험한다.

가정 예배는 공중 예배에서 행하는(설교, 성찬, 침례, 공적 헌신 등의) 의식이나 행사들을 포함하지 않지만 더 친밀감 있는 기도의 시간과 성경 읽기, 논의, 음악, 회개, 헌신 등을 포함한다. 십대들은 또한 가정 예배를 인도할 기회를 가져야만 한다.

청소년들의 예배는 종종 드라마와 시각적 요소들, 음악, 특별한 장식 등을 강조하는 "창의적인 예배"(creative worship)로 그려진다. 어떤 성인들에게 청소년이 인도하는 예배는 회중들의 민감한 정도에 따라, 또는 청소년들이 과거에 얼마나 "창의적"(creative)이었는가에 따라 이미 예상할 수 있거나 염려스러운 것이 될 수도 있다. 청소년들은 만일 그들에게 적절한 안내와 범위만 정해준다면 오래된 일상적인 예배에 새로운 생명과 생기를 줄 수 있으며, 예배에 대한 창조적이고 싱그러운 접근을 통해 교회에 활력을 불어 넣을 수 있다.

예배의 요소에는 기도, 경배와 찬양, 위로와 격려, 충고, 고백과 회개, 다양한 종류의 반응의 표현 (노래, 간증, 말하기) 그리고 헌신 등이 있다. 하지만 예배는 이러한 요소들의 접점 이상의 무엇이다. 진정한 예배는 사람들로 하여금 의지적 헌신을 하도록 하며 주를 향한 새로운 섬김을 가능하도록 한다. 복종과 헌신을 통해 섬김으로 이어지지 않는 예배는 진정한 예배라고 볼 수 없다(사 6:8-9).

이 모든 것들은 서로 다른 신학적 견해와 교단의 영향을 받는다. 어떤 신앙공동체들은 성례와 예배의 규정 등의 요소를 강조한다. 한편 어떤 이들은 설교와 훈계 그리고 전도 등을 강조한다. 또한 어떤 이들은 그분의 백성들 가운데 행하시는 하나님의 성령의 은사에 집중한다. 오늘날 청소년들 가운데는 자기들과 다른 사람들의 예배에 대한 새로운 이해가 일고 있으며 신앙과 교단의 차원을 넘어서 서로를 이해하고 통합하려는 의지가 보인다.

기독교교육은 종종 청소년들의 예배를 단지 배우는 경험의 과정으로 접근한다. 많은 시간과 에너지가 예배와 예배의 경험을 위해 청소년들을 준비시키는 것에 관해 소요된다. 청소년들의 모임은 사실상 성경 공부, 건전한 그리스도인 오락, 또는 그룹을 만들어 가는 과정 등 임에도 불구하고, 종종 예배의 시간으로 묘사되곤 한다. 기독교교육자들은 예배에 대해 말하고 가르치는 시간(보다 인식적 차원)과 (가장 깊이 있는 차원에서의 개인적인 참여를 포함한) 진정한 예배의 시간들 사이에 균형 있는 조화를 이루도록 노력해야만 할 것이다.

청소년 예배에 관해 기독교교육자들이 경계해야 할 마지막 사항은 첨단 기술을 이용한 현란한 극적인 효과를 강조하는 현대 세계로부터 온다. 청소년들은 콘서트와 공연, 멀티미디어 작품들, 무대 공연 등에 매력을 느낀다. 이러한 요소들이 청소년 예배의 경험 속에 포함될 수는 있으나 지도자들은 이러한 것들이 "예배 경험"(worship experience)의 중심이 되지 않고 하나님만이 초점이 되도록 주의를 기울여야 한다. 출애굽기 20장 3절은 "내 앞에 다른 신을 두지 말라"고 명령하고 있다. 오늘날 청소년 지도자들이 직면하고 있는 위험은 청소년들이 예배 가운데 하나님을 보지 못하고 프로그램, 공연, 가수, 설교자, 사람, 건물, 조명, 특수 효과 등 인간과 그들이 만든 창조물들을 무대의 중앙에 놓는 것이다. 이러한 것들이 너무나 자주 "창의적 예배"의 범주에 들어가곤 한다. 극단적인 경우 이러한 것들은 청소년들의 진정한 예배의 경험을 대신할 수도 있다.

WESLEY BLACK

참고문헌 | W. and S. Black(1985), *Discipleship in the Home*; A. C. Lovelace and W. C. Rice(1976), *Music and Worship in the Church*; D. Miller(1987), *Story and Context*; F. M. Segler(1996), *Understanding, Preparing for, and Practicing Christian Worship*; R. E. Webber(1996), *Worship Is a Verb*.

예배의식(Worship Service). 영어로 예배(worship)는 "가치를 누구에게 돌리다"는 의미를 지닌 옛 영어 "worthship"에서 유래한다. 예배 의식을 통해 신자들은 하나님의 위대하심을 인정하고 그분께 영광과 사랑을 드린다. 예배에 해당하는 히브리어는 문자적으로 하나님의 위대하심과 능력을 인정하면서 그분 앞에 "절하다"라는 의미를 지닌다.

전통적으로, 예배는 하나님과 인간 사이의 위대한 대화로 이해되어 왔다. 먼저 회중이 성전에 들어오면 하나님의 거룩함을 기억하게 된다. 이에 대한 반응으로 인간들은 하나님 앞에 머리를 숙이고 죄를 고백하며 그분을 찬양하고 그분의 이름을 높여 드린다. 이러한 인간들의 순종에 대한 응답으로 하나님께서 그분의 기록된 말씀을 통해서 말씀하신다. 하나님의 은혜로운 가르침에 대한 적절한 반응은 기쁨과 감사인데, 이로 인해 예배는 그저 기억하기 위한 모임이 아니라, 순종과 섬김으로서의 격려인 것이다. 마치 모세가 시내산에서 하나님과 만난 후 그의 삶이 변화된 것처럼, 그리스도인은 하나님과의 이러한 대화를 통해 변화를 경험해야 한다.

1. **예배의 역사.** 초기에 예배는 형식적인 만남이 아니었다. 아담과 하와는 단순히 '하나님과 걸었다'. 아담의 아들들은 하나님 앞에 제물을 드리도록 명령을 받았다. 따라서 예배에는 항상 하나님께 '드린다'는 개념이 있어왔다. 그 후 에녹은 주님의 이름을 부르기 시작함으로써(창 4:26) 기도와 찬양의 초기 예배 형태의 근원이 되었다. 노아는 그의 감사함의 표현으로 주님 앞에 제단을 쌓고 제물을 불태워(창 8:20) 예배를 특별한 장소로 정하였다. 제단과 기념석의 사용이 평범해지게 되었고, 이스라엘이 나라를 형성하면서 의례와 의식의 발전은 예배에 상징과 원형을 초래하였다. 성전 건축은 하나님을 진실로 따르는 자들에게 해야 할 일들을 주었을 뿐 아니라, 이러한 일들을 행할 공식적 장소를 제공하였다.

예배는 그리스도의 부활과 교회의 형성으로 상당히 변화하였다. 교회가 확장되어감에 따라 교회는 신자들이 기도와 찬양을 위해 모일 수 있는 장소를 제공할 뿐 아니라, 섬김과 전도의 기회를 제공해 주었다. 예배의 형식은 문화에 따라 달라질 수 있다. 말씀과 기도가 있는 곳에 성령은 인간의 영혼 가운데 역사하신다.

2. **예배의 실행.** 비록 신약이 초기 그리스도인들의 예배에 관한 자세한 내용을 전해주지는 않지만, 예배의 본질적인 요소들을 분명히 찾아 볼 수 있다. 첫 번째는 기도로서 이는 도고, 기도문 암송기도, 통성기도나 감사기도 등의 다양한 형태로 이루어진다. 비록 오늘날의 예배의식에서 공중 기도의 역할이 종종 무시되는 경우들이 있지만, 어떤 형태로든 하나님과의 열린 대화가 없는 그리스도인의 예배를 상상하기란 어렵다. 두 번째는 찬양으로서 이는 곧 하나님의 성품과 그분이 하신 일들에 대한 고백이다. 시편에서 계시록에 이르기까지 성경에 기록된 대부분의 기도들은 약간씩 찬양의 요소들을 포함하고 있다. 세 번째는 노래로서 이는 하나님의 약속의 말씀과 사건들을 되새기는 것으로 처음 두 가지 요소와 밀접하게 관련되어 있다. 하나님의 백성들은 항상 그분을 찬양해 왔으며, 계시록에 의하면 모든 성도들이 천국에서 찬양을 부르게 될 것이다.

예배의 네 번째는 죄의 고백과 용서로의 초청이며 다섯 번째는 믿음의 고백이다. 이 두 가지 모두 하나님의 존귀하심을 인정하며, 또한 그분의 은혜에 의존한다. 여섯 번째는 성경 읽기로 이를 통해 하나님의 말씀이 인간에게 드러나게 된다. 일곱 번째는 교육과 전도가 이루어지는 설교이다. 여덟 번째와 아홉 번째는 교회의 거룩한 성례들이다. 먼저 세례(침례)는 누군가가 하나님의 가족 안에 들어오는 것을 상징하며, 성찬은 하나님과의 지속적인 교제를 상징한다. 예배의 마지막 요소는 헌금으로서 이를 통해 성도들은 그들의 물질적 축복을 나누고 서로를 돌본다. 지도자의 안수와 병든 자의 기름 부음 등 종종 특별한 예배가 이루어질 수도 있다.

JERRY CHIP MACGREGOR

참고문헌 | R. B. Allen and G. Borror(1982), *Worship: Rediscovering the Missing Jewel*; D. Hustad(1981), *Jubilate!*; R. P. Martin(1964), *Worship in the Early Church*; R. Webber(1982), *Worship Old and New.*

참조 | 교회(CHURCH); 음악(MUSIC); 프로그램(PROGRAM); 구도자 예배(SEEKER SERVICES); 예배(WORSHIP); 예배와 어린이(WORSHIP AND CHILDREN)

예산(Budget). 한 교회의 목적과 목표(사명)를 달성하기 위한 재원을 할당하는 계획이다. 이것은 한 회계연도에 교회 사역의 스냅사진으로 볼 수도 있다. 예산안은 몇 개의 요소들로 구성되어 있다. (1) 수입 지출 계획 (2) 책임성을 주기 위한 피드백을 포함하는 예산안 확립 과정 (3) 청지기 프로그램.

1. 청지기의 책무. 건전한 재정 계획은 교인들이 교회 재원의 소유자가 아니라 청지기라는 의식에서 비롯된다. 하나님은 모든 것의 주인이시다. "각양 좋은 은사와 온전한 선물이 다 위로부터 빛들의 아버지께로서 내려오나니"(약 1:17). 청지기란 다른 사람의 소유를 감독하는 사람이다. 예수께서는 오이코노모스(oikonomos), 즉 집안의 관리자에 대해 말씀하셨는데, 그는 주인의 소유를 낭비하여 결국에는 쫓겨났다(눅 16장). 교인들은 가장 중요한 "하나님의 가족"이다(엡 2:19).

선한 청지기가 되기 위해서는 그 주인이 어떻게 자신의 소유를 사용하기 원하는지 알아야 한다. 자원은 제한되어 있기 때문에 교회는 반드시 그 교회를 향한 하나님의 구체적인 뜻이(사명과 목표) 무엇인지 분명히 알아야 한다. 그러고 나면 재정이 그 교회의 사명과 목표에 따라 배당이 된다. 지역 교회나 그 교회 내의 구체적인 사역을 위한 예산은 그 교회를 향한 하나님의 뜻에 합당한 재정의 우선순위에 따라야 한다. 이런 이유로 교회의 목표가 예산을 세우기 전에 먼저 세워져야 한다.

2. 예산안 구조. 건전한 예산안을 세우려면 수입과 지출이 예상되어야 한다. 수입은 십일조와 헌금, 특별 헌금, 기부금 수입 등에서 들어온다. 지출은 보통 두 개의 광범위한 분야로 나뉘는데, 하나는 운영 및 주요 지출(일반 지출)이고 다른 하나는 특별한 프로젝트용 지출(특수 지출)이다. 운영 지출(operational expenditure)은 교인들이 조절하지 못하는 고정된 범주에 속하고(목사 사례금, 주택금융비, 연료비 등), 프로그램에 관한(사역비) 것은 융통성이 있다. 주요 지출(capital expenditure)은 교회 장비나 건물, 기술 등 계속 지출되지는 않지만 매우 중요한 지출 분야이다.

기독교교육에 할당되는 교회 예산은 주일학교나 청소년 프로그램, 여선교회, 여름성경학교 등의 교육용 프로그램 운영에 사용된다.

예산안은 균형이 잘 잡혀야 한다. 즉 수입과 지출이 잘 맞아야 한다. 교회의 목적과 필요, 전략적 목표들(회계 연도 안에 해야 할 일들에 관한)을 잘 반영해 주어야 한다. 또한 예산안은 현실적이어야 하며, 그 해 가능한 한도 내에서 어떻게 교인들이 예상된 지출을 하게 되는지 보여주어야 한다. 현실성을 감안한 예산안을 통해, 교인들이 하나님을 신뢰하고 교회의 목적과 목표 달성을 위해 헌신하는 정도를 분명히 볼 수 있다. 마지막으로, 잘짜인 예산안은 청지기 의식이 토대가 되고 자금 모집으로써 십일조를 강조한다. 하나님은 신실하게 계획적으로 드리는 십일조를 통해 필요한 물질을 주시고, 그에 따라 자녀들은 하나님의 뜻을 이루어 드린다.

3. 예산안 세우기 과정. 예산안 확립의 과정은 근본적으로 결정 내리기 과정이라 할 수 있다. 그 과정에는 바른 사람들과 바른 때와 바른 일에 대한 헌신(교회의 사명)과 바른 방법들이 포함된다. 일반적으로 행정을 맡은 교인들이 자격이 있는 사람들을 예산 위원으로 임명한다. 그러면 이 위원회는 프로그램의 필요를 평가하고 교회의 사명에 일치하는 기능적인 우선순위를 정해주는 제안을 받는다. 예산 위원회에서 이 제안을 전년 예산과 예상 수입을 근거로 검토한다. 예산안이 일단 받아들여지면 위원회나 대표위원(예: 교회 회계)이 수입과 지출을 감독하여 주기적으로 윗사람에게 보고한다. 마지막으로 예산은 매년 감사를 받아야 한다. 회계감사는 일반적으로 교인 중 예산안 확립 과정에 관련되지 않은 전문인이 하게 된다.

LESLIE A. ANDREWS

예수 그리스도

참고문헌 | B. P. Powers(1981), *Christian Education Handbook: Resources for Church Leaders.*

예수 그리스도(Jesus Christ). 예수 그리스도는 역사상 가장 위대한 교사이셨다. 복음서의 대전제는 예수 그리스도의 교육 방법과 질문에 관한 것이었다. 주님이 무엇을 가르쳤고, 주님이 그것을 어떻게 가르쳤는지는 기독교교육자에게 중요한 것이다. 왜냐하면 그러한 내용들은 신앙에서 양육으로 도와주는 학습자로 따라가는 모범으로 계시되었기 때문이다.

1. 예수 그리스도의 교육내용(The Teaching Matter of Jesus).

예수께서 가르친 것을 요약하기는 매우 어렵다. 그러나 성경에는 분명하게 하나님의 말씀이 반복되고 있음을 보여주는 최소한 다섯 개의 주제가 있다.

첫째, 예수 그리스도는 하나님(the Father)에 대해 가르치시며, 대부분의 시간을 보내셨다. 예수 그리스도는 자신을 따르는 무리들이 하나님을 보았다는 것을 확신했다(요 14:23-24). 거룩한 왕(마 6:33), 강력한 창조자(막 13:19) 하나님은 자신이 인간을 사랑하시며(요 3:16), 각자를 돌보시며(마 10:31), 지구상 모든 것을 지켜보신다(마 6:25-26)는 것을 예수 그리스도는 따르는 무리들에게 이해시키기를 원하셨다. 유대인들이 각각의 개인과 하나님과의 관계를 마음속에 품지 않고, 국가적 입장에서 관계를 마음에 품은 이후로, 하나님에 대한 예수 그리스도의 가르침은 매우 독특했다. 두려움 속에서 하나님에게 다가가는 데 익숙했던 사람들은 선생이 그들 자신을 돌봐주시는 하나님에 대해 명쾌하게 말함에 놀라워 하였다. 예수 그리스도는 하나님이 기뻐하시는 세례를 받을 때부터 하나님 우편에 승천할 때까지의 사역을 통해서 사람들이 새로운 방식으로 아버지에 대해 생각하도록 도우셨다.

둘째, 예수 그리스도는 아들(the Son)에 대해 가르치는 데 많은 시간을 보내셨다. '선한 목자'와 '나'을 포함하여 예수 그리스도가 수많은 이름으로 자신을 드러낸 것은 놀라웠다. 그러나 가장 많이 사용한 것은 '인자'(Son of Man)였다. 이것은 그의 인간성과 모든 인간을 대표한다는 점을 반영한다. 예수 그리스도께서는 그의 인생의 임무가 모든 인류의 죄를 위해 희생하는 것이라고 여기셨으며, 그의 가르침의 대부분은 그것을 반영한다(마 9:12; 눅 24:25-27; 마 26:24를 보라). 예수 그리스도의 죽음은 하나님과의 새로운 언약을 만드셨고(마 26:26-28), 우리를 대신하여 죽으셨다(막 10:45). 그는 자신의 죽음을 통해 하나님이 마귀와 싸워 이기셨음(요 12:31)과 모든 이들이 그들을 대신해 돌아가신 예수님을 통해 구원을 얻으려면 자신을 믿고 회개해야 한다(요 5:24)라고 가르치셨다. 그의 가르침을 통해 예수 그리스도를 따르는 무리들은 자신의 죄 있음과 다가올 나라, 하나님을 아는 자들의 기다림에 대해 알았다.

셋째, 예수 그리스도는 성령(the Holy spirit)에 대해 가르친 첫 번째 스승이었다. 예수 그리스도께서는 그의 제자들에게 성령님의 위격과 사역의 특징을 설명하시고, 당신 안에 내주하시는 성령님의 힘으로 말미암아 사역하신다고 말씀하셨다. 예수 그리스도는 성령께서 그리스도인을 안내하시며(마 10:19-20), 믿는 자들을 거듭나게 하시며(요 3:5) 그리고 우리에게 하나님의 일을 돕는 분이시라고(요 4:24) 가르치셨다. 성령에 대한 그의 가장 큰 가르침은 예수 그리스도가 상담자로서 성령을 묘사한 것(요 16:7)과 성령이 그리스도인들에게 배움과 성장함을 돕는 방법을 설명한 것이다(요 16:13-15).

넷째, 예수 그리스도는 천국(the Kingdom)에 대해 그를 따르는 무리들에게 가르치시면서 대부분의 시간을 보내셨다. 몇몇 학자들은 이것이 예수 그리스도의 가장 중요한 주제였다고 생각했다. 왜냐하면 하나님이 현 세계의 왕이실 뿐만 아니라 또한 다가올 천국에서도 주권자가 되심을 설명하기 때문이다. 하나님은 자신의 나라가 곧 다가올 것이라고 확신했다. 그를 따르는 무리들은 구원의 선물을 받음으로써 하나님의 나라의 일원이 되기로 약속받았다. 그리고 그 나라에 참여함으로 새로운 삶을 살게 될 것이라고 권고하였다. 예수 그리스도께서 종교적 율법을 따라 사는 것보다 겸손, 사랑, 신적 특성이 천국을 위해 사는 사람들에게 더 영향을 준다고 가르치셨을 때 그것을 듣는 사람들의 삶이 영원히 변화되었다. 그리고 비유와 예언적 언어를 이용하여 예수 그리스도는 다가올 천국을 가르쳤고 그를 믿는 자들은 그와 함께 거기에서 통치하게 될 것을 가르치셨다.

다섯째, 예수 그리스도는 새로운 삶(the New Life)에 대해 가르치시면서 대부분의 시간을 보내셨다. 그의 추종자들은 대개 유대인들이었으며, 특별한 형식으로 생각하고 행동하도록 양육되었다. 그러나 예수 그리스도의 출현은 삶의 새로운 방식을 선포하였다. 삶의 전통적인 방식은 지나가고, 그는 새로운 언약의 창시자였다. 예수 그리스도가 "새 포도주"를 사용할 때(마 9:17) 그는 자신을 따르는 것이 하나님과 함께 하는 개인적 관계를 포함한 삶을 위한 새로운 양식을 개발하고 예전의 방식을 버리는 것을 의미한다고 사람들에게 보여주기 위해 노력하셨다. 새 삶이라는 주제가 없었다면 예수 그리스도의 가르침은 단지 신학 연구였을 것이다. 그의 가르침은 전 세계의 남녀의 삶을 변화시키는 힘이었다.

2. 예수 그리스도의 교육방법(The Teaching Methods of Jesus). 복음서를 면밀하게 검토하는 것은 예수 그리스도께서 사람들을 가르치실 때 사용하셨던 무수히 많은 방법들을 드러내준다. 각각의 방법은 사람들이 영적으로 성숙하게 하는 것이 그 목표이다. 진리로부터 멀리 있는 사람들에게는 복음이 소개되어야 했고, 진리에 가깝게 있는 사람들에게는 그들의 신앙이 더욱 자라나기를 독려해야 했다. 예수님은 다음과 같은 방법들을 사용하셨다.

1) 이야기와 드라마. 예수 그리스도의 말씀을 읽는 이가 도약하는 첫 번째 것은 자신이 실제로 겪은 자연스런 드라마이다. 이야기는 사람들이 하나님의 말씀을 돕기 위한 가장 평범한 방법이다. 그의 이야기에서 우리는 드라마와 영적 통찰력을 발견한다. 이야기는 그것들이 우리에게 다른 사람의 눈을 통해 객관적으로 자신을 보도록 도와주기 때문에 효과적이다. 아이들은 이야기를 통해 더 큰 세계를 이해하게 된다. 그리고 예수께서는 듣는 이들에게 그의 요점을 예시하는 이야기를 정규적으로 해주심으로써 위대한 영원의 진리를 이해하도록 도우셨다.

2) 비유와 생생한 언어. 예수 그리스도의 가르침을 보면서 그가 사용한 다양한 등장인물들과 이미지들에 감동을 받지 않는다는 것은 불가능하다. 그의 등장인물들은 명확하게 그려졌으며(선한 사마리아인, 돌아온 탕자), 그는 그의 논점을 묘사하기 위하여 자주 인상적인 은유를 사용하셨다(포도나무, 목자, 문). 예수 그리스도의 생생한 언어는 그가 제자들에게 사람을 낚는 어부가 되리라고 말씀하실 때나 바리새인들에게 독사의 무리들이라고 질책하실 때 등 복음서들 전체에서 나타나고 있다. 또한 주님은 그의 학생들이 주의를 기울이고 생각하게 하기 위하여 역설적인 언어(너희 중 크게 되고자 하는 자는 섬기는 종이 되어야 한다), 유머(네 눈에 들보가 있는데 어찌하여 네 이웃의 티끌을 보고 비판하겠느냐) 그리고 모순 어법(내가 온 것은 평화를 주러 온 것이 아니라 검을 주고자 함이니)을 사용하셨다. 교사로서의 예수 그리스도는 결코 지루하지 않았고, 그의 말씀은 흥미로웠다.

3) 논리. 예수 그리스도는 자신의 가르침을 반영하시기 위해 논리를 사용하셨다. 예를 들면 그는 하나님께서 새를 돌보신다고 서술하시며 반문하셨다. "너희는 이것들보다 귀하지 아니하냐?" 그는 또한 그를 따르는 무리들에게 그들의 이유에 대한 논리를 통해 생각하도록 만드셨다. 사단의 힘을 통해 귀신으로부터 벗어나게 한다고 비난받을 때, 예수님은 악한 귀신이 자기자신 스스로를 대적할 수 없는 사항으로 군중들을 생각토록 하셨다. 니고데모가 그를 구원에 이르게 하는 거듭남의 문제를 깊이 추론해 보게 한 것은 예수 그리스도의 능력이었다. 예수 그리스도는 그가 어린 소년이었을 때도 그의 성경을 꿰뚫는 논리력으로 주변의 사람들을 놀라게 했다. 소년일지라도 성경으로부터 추론할 수 있는 예수 그리스도의 능력은 그 주위에 있는 모든 것을 놀라게 했다. 사람들에게 진실을 반영하고 그것을 추론하도록 만듦으로써 그는 하나님의 이해 안에서 사람들이 좀더 성숙해지도록 도우셨다.

4) 감정적 호소. 예수 그리스도가 사용한 많은 이야기와 원칙들은 논리적일 뿐만 아니라 감정적으

로 사람들을 감동시키는 것을 의미했다. 대부분의 듣는 이들은 누가복음 18장에서 회개의 겸손과 관련지을 수 있었다. 그리고 누가복음 15장에서 잃어버린 동전을 찾는 기쁨을 이해했다. 그러나 예수 그리스도가 들쳐 일으킨 감정이 항상 듣는 이들에게 공감되는 것은 아니었다. 그는 소작인 이야기로 대제사장들과 바리새인들을(마 21장) 그리고 나사렛 사람들에게는 직접적으로 꾸짖음으로 고의로 분노가 일어나게 했다. 사람은 정서적으로 개인적으로 창조주에게 응답할 수 있기 위하여 감정을 소유하도록 지음 받았기 때문에 예수 그리스도는 사람들이 이성적 논리에 쉽게 반응하지 않는다는 것을 알고 계셨다. 예수 그리스도는 인격적 관계와 감정적 호소로 사람들을 자신에게로 이끄셨다.

5) **수사학과 논증.** 단순히 서 있거나 강의를 하기보다 예수 그리스도는 그 주위에 있는 사람들을 자연스럽게 가르치는 방식을 찾으셨다. 그는 규칙적으로 타인과 대화를 하였으며, 때때로 질문을 던지기도 하시고, 또 질문에 대답을 하셨다. 그는 참고로 예를 들거나 사람들을 그의 현재 상황으로 연관시키려고 하거나 할 때 종종 구약 성경에 의지하셨다. 산상수훈은 훌륭한 웅변가가 진리로 다가가기 위해 설명을 동반한 원리, 한 가지 주제에 몰입하기, 전반적 연설을 하나의 결론으로 이끌어내기 등을 섞어 가며 사용하는 다양한 수사학적 방법의 전형적인 예이다. 마태복음 23-25장의 종말론적 설교에서처럼 예수 그리스도는 어떤 상황에서는 부드러운 설득자에서 불같은 설교자로 바뀌셨다.

6) **반복.** 예수 그리스도는 주요한 주제의 반복의 중요성을 염두에 두셨다. 그의 관점은 듣는 이들의 마음에 와 닿았다. 예를 들면, 산상수훈의 초기에 예수 그리스도는 이해하기 쉽고, 따르기 쉽게 만듦으로써 반복적인 방식으로 가르침을 강조하셨다. 이와 유사하게 마태복음 23장의 예언적 메시지에서 예수 그리스도는 그의 추종자들을 위한 개요를 창조하기 위해 7개의 고통을 사용하셨다. 반복은 듣는 이로 하여금 그것을 잘 이해하게 하고 하나의 보조 기억장치와 같은 역할을 한다. 심오한 진리는 종종 한번 듣는 것으로 잘 이해되어지지 않기 때문에 주님은 주요 원리들을 계속해서 반복하셨으며, 그것은 어떤 공관복음서 인용들 간에 다양성을 보여주는 이유가 되고 있다.

7) **권세.** 성경은 많은 사람들이 예수님을 유대의 율법사로서 간주하고 그가 그 자신을 위해 그러한 용어를 받아들였다고 기록했다. 그러나 그의 방식과 실체 모두 정통적 1세기의 유대교 교사와는 이성적으로 달랐다. 한 가지 면에서 그는 단순히 확신을 위해 다른 교사들에게 호소하지 않으셨다. 단지 하나님으로부터 메시지를 받았음을 주장하셨다. 예수께서 구약성경에 제시된 율법을 말씀하실 때 그것의 직접적인 메시지 안에서 권세를 말씀하셨다. 성경은 규칙적으로 우리들에게 예수님 시대의 사람들은 그 시대의 다른 교사와는 달리 권세를 가지고 가르친 유일한 사람이 예수 그리스도였음을 인지하였기 때문에, 사람들은 확실히 예수 그리스도의 가르침에 대해 다른 무엇보다 독특했음을 분간할 수 있었다.

8) **다양성.** 예수 그리스도는 군중들에게 그의 가르침을 적용시키셨다. 평범한 노동 그룹에 연설할 때는 그들이 쉽게 연관시킬 수 있는 비유를 사용하셨다. 신학자와 토론할 때는 논리적 논쟁과 고정된 성경적 이해를 사용하셨다. 열두 명의 제자를 가르치실 때는 그의 새로운 교회에서 제자들을 준비시키시고 그들의 질문에 대답하시면서 개인적으로 각각의 제자들을 포함시키셨다. 그리고 한 사람과 대화하실 때는 그와 마주하는 사람의 특별한 필요를 다루기 위해 말씀을 뒤로 미루셨다. 예수 그리스도는 진리를 말할 모든 기회를 사용하시면서 가르칠 순간을 포착하셨다. 그것은 어린 부유한 통치자, 화난 군중 혹은 폭풍으로부터의 질문이었다. 그의 가르치는 방식의 적응력과 다양성은 모든 교사들의 기준을 세워주셨다.

9) **역량을 개발함.** 예수 그리스도께서는 그의 제자들을 위한 계획을 가지고 계셨다. 그들로 하여금 모든 것을 배우도록 설득하기보다는 원칙을 가르치셨다. 그리고나서 그들을 사역자로 보내셨다. 누가복음 9장에서 예수 그리스도께서 열두 명을 보내셨으며 그들의 경험을 논하기 위해 그들을 다시 모으셨다고 말한다. 예수 그리스도께서는 제자들에게 개인

적으로 그의 비유를 설명하셨으며, 그들은 그의 말씀의 진실을 볼 수 있었고, 예수 그리스도께서는 사랑과 봉사의 모본을 통하여 각각의 제자들의 인격을 형성하는 데 일조하도록 도우셨다. 제자들의 발을 씻기면서 겸손을 몸소 보이신 예수 그리스도는 그의 제자들이 성장하기 위해 볼 필요가 있는 것을 제시한 탁월한 교사이셨다. 그의 부활 때까지 제자들은 새로운 언약을 이끌 수 있도록 준비되었다. 예수께서는 교사가 학생을 단순히 더 깊은 지식으로 이끄는 자일 뿐 아니라 하나님과 더 깊이 동행하도록 이끄는 제자를 만드는 자로 말씀하셨다.

10) 믿음을 성장시킴. 예수 그리스도의 기적은 사람들에게 사역자로서 그 스스로를 메시아로 밝힘으로써 믿는 이들의 믿음을 굳건하게 하였다. 때때로 하나님을 믿도록 만듦으로써 교사는 제자들의 믿음을 양육하는 데 도울 필요가 있다. 예수 그리스도는 하나님이 신실하심을 알았기 때문에, 자신의 제자들이 정신적으로 성장하도록 믿음을 충만히 하도록 애쓰셨다. 교사는 믿음을 키우는 방법을 학생들에게 가르치도록 도와야 한다.

3. 예수 그리스도의 교육사역(The Teaching Ministry of Jesus). 예수 그리스도의 가르침의 연구가 효과적인 면에서의 평가 없이는 완전할 수 없다. 모든 이들이 예수 그리스도의 사역의 결과에서 보아야 할 것은 제자들의 삶을 보는 것이다. 예수 그리스도와 함께하기 전에 어부들, 세리들, 정치적 과격파들은 이기적이며, 경솔하며, 자만하였다. 예수 그리스도와 함께 한 이후에 그들은 용감하며, 겸손하며, 이타적으로 바뀌었다. 어떠한 사회적 지위를 얻지 못하거나 교육을 받지 못한 사람들이 하나님의 지혜와 힘, 믿음을 가지게 되었다. 예수 그리스도와 함께 한 3년의 시간 이후에, 고기를 낚는 것보다 더 의미 있는 것은 없다고 생각했던 사람들이 왕에게 설교하며, 대중을 설득하고, 세계를 바꿀 수 있었다. 예수 그리스도의 가르침은 제자들이 세계를 변화시키는 사람, 즉 이들의 영향력으로 자신의 시기를 연장하도록 도왔다. 예수 그리스도는 그의 교회를 세우며 전 세계에 좋은 말씀을 전파하도록 자신의 계획을 세움으로써 제자들에게 역할을 주셨다. 그 이상 어떠한 교사도 더 많은 희망을 안겨줄 수 없었다. 하나님은 따르는 모든 기독교교육자들을 위한 방법과 실체의 모델을 예수 그리스도를 통해 알게 하셨다.

JERRY CHIP MACGEGOR

참고문헌 | W. Barclay(1978), *Jesus as They Saw Him*; A. Edersheim(1990), *The Life and Times of Jesus the Messiah*; C. Evans(1993), *Jesus*; D. Guthrie(1982), *Jesus the Missiah*; B. Hull(1990), *Jesus Christ Disciplemaker*; D. Prime(1993), *Jesus: His Life and Ministry*; P. Smith(1994), *Jesus: Meet Him Again for the First Time*; G. Stowell(1982), *Jesus Teaches*.

참조 | 교육/복음서와 사도행전의 교육(EDUCATION IN THE GOSPELS AND ACTS); 열두 제자의 교육(EDUCATION OF THE TWELVE); 학습력이 있는 순간들(TEACHABLE MOMENTS); 예수 그리스도의 교육(TEACHINGS OF JESUS CHRIST)

예수 그리스도의 교육(Teachings of Jesus Christ).

나사렛 예수께서는 하나님의 사랑과 공의의 성육신으로 모든 피조물들을 변화시켜 하나님의 통치 내에 있는 새창조와 새로운 세계의 질서 속으로 들어가도록 하기 위하여 이 죄로 가득한 세상에 오셨다. 예수께서 완전한 신성과 완전한 인성을 지니신 한 사람이셨다는 것은 인간의 생존, 상호작용 그리고 성장함에 대한 실재 – 신체적, 감정적, 지적, 도덕적, 사회적, 영적인 – 를 급진적으로 영구히 바꾸어 놓았다. 삶의 모든 것이 이제는 하나님의 임재라는 새로운 영역 내에서 경험된다. '예수께서는 교사이다'라고 말하는 것은 예수께서는 옛 창조, 옛 자아, 옛 인간 사회를 없애시고 하나님이 만드신 모든 것들을 위한 새 생명을 가져오고 계신 분이라는 것을 확증하는 것이다. 이런 의미에서 우리와 함께 하시는 하나님이신 예수 그리스도의 사역은 기독론과 구원론의 본질을 표현하고 구현하고 있다. 모든 생명 속에 있는 하나님의 구속하시는, 변화시키시는 임재, 즉 육신이 되신 하나님의 말씀은 우리로 하여금 우리의 옛 자아들과 사회 유형을 버리고, 우리의 모든 것을 재창조하는 영원한 관계 속으로 들어가도록 부르시며, 하나님의 새로운 창조의 방식들을 따라가는 제자도로 부르신다.

예수님의 사역은 새로운 실재가 새로운 날 또는 세대가 도래했다는 선언과 함께 시작된다. "때가 찼고 하나님의 나라가 가까이 왔느니라"(막 1:15). 예수께서 가르치시고 성육신 시키신 근본적인 메시지 혹은 진리는 하나님이 인간 사회와 모든 창조 속에 인격적으로 임재하시는 새로운 방법을 주도하고 계시다는 것이다. 신성의 충만함은 더 이상 율법이나 삶에 대한 포괄적인 원칙을 통해 지배하시고 위로부터 공의를 측정하는 이 세상 밖에 계신 전능자로서 이해되지 않는다. 이제 그것은 육신을 입고 계시면서 우리를 마음과 마음의 관계로 초청하시는 살아 있고 숨을 쉬는 인격적인 임재로서 이해된다. 그러나 제자들과 선생님의 관계는 회개와 하나님을 철저하게 의뢰하는 것, 즉 삶에 대한 완전한 급진적 재조정으로 시작된다(막 1:15). 사회의 궁극적 권위요 생명의 원천으로서 경외와 예배 그리고 추앙을 받는 가이사(Caesar)의 힘에 중심을 두고 있는 세상의 질서 대신, 이제는 하나님 중심의 존재의 양식이 규범적인 것이 되었다. 일상적인 사업, 현상 유지, 자기 자신의 사회적이고 영적인 근원들에 의존하는 옛 방식들이 이 새로운 영역에서는 더 이상 가능하지 않다. 새로운 창조에서의 교육은 전통적 학교교육과 같지 않고 성육신적이다. 이 성육신적인 교육은 드러내고, 책망하고, 격려하고, 가르치려는 인간의 일들과 함께 하시고 그 속으로 뚫고 들어오시는 하나님의 영에 열릴 필요가 있다.

인간 역사 속으로의 하나님의 계시는 새로운 사회적 움직임을 낳았다. 예수님의 첫 번째 그리고 중심되는 사역의 임무는 로마의 점령 하에 있던 1세기 팔레스타인의 변화와 그것을 통해 궁극적으로는 온 세상의 변화를 의도했던 이러한 움직임에 참여했던 사람들의 틀 또는 연결망을 형성하는 것이었다. 4복음서는 제자들을 관계 속으로 부르시는 것으로서, 이 세상에서의 예수님의 사역의 초기를 묘사한다는 점에서 서로 연결되어 있다. 이 관계는 지속적인 것이었고, 잘 균형이 잡혔으며, 상호적이

었고, 친밀했으며, 삶의 모든 영역에서 이루어졌다. 예수께서는 상처입고, 뭔가 추구하고, 별로 중요하지 않는 사람들을 잡다한 무리들의 공동체로 끌어모으셨다. 쿰란(Qumran) 공동체처럼 모든 일상적인 삶으로부터 벗어난 유토피아 그룹은 없었다. 아니 새로운 왕국의 삶은 통전적 인간 문화의 표현 안에서 매일의 경험을 재평가 하고 다시 초점을 맞춘다. 사실, 인간 문화의 형성은 신적 이미지와 성령의 임재에 대한 표현이 되며, 따라서 삶의 모든 영역은 거룩하고 신성한 일이 되는 것이다. 새 창조에서는 예수 운동의 참여자들이 직장과 놀이, 가정과 교우관계, 경제와 정치, 사실상 모든 부분에서 새로운 삶을 구속적인 차원에서 누리게 된다. 제자교육도 근본적으로는 예수님과 상관이 있다. 진리는 그것이 마음과 마음의 교제 속에서 발생할 때 가장 깊은 변화를 만들어 낸다.

가르침의 이런 관계적인 형태의 초점은 개인의 영적 형성이다. 예수님의 친밀한 제자가 되고자 한다면 그는 반드시 무엇보다 삶의 통제권을 포기해야 하며 (예수님을 따르는 것과) 경쟁적인 위치에 있는 모든 헌신들을 사라지게 하는 것이다. 처음 제자들은 고기를 잡는다거나 세금을 거둬들이는 것과 같은 그들의 직업적 생계수단을 뒤로하고 떠났다. 그들은 그들 삶의 중심적 관심이 되는 가족과 친구들로부터 떠났다. 하나님의 새로운 통치에서 제자도는 자기 자신에 대하여 죽고, 자신의 십자가를 지고, 기존의 문화를 타파하시는 예수님과 함께 여정을 하는 것이었다. 인생에는 오직 한 주인만을 섬기는 것이 가능하다. 그리고 다른 모든 것들은 이 조직을 구성하는 중심에 종속되어야만 한다. 예수께서 사람들을 부르셨을 때, 그는 그들의 가장 깊은 마음속을 미리 통찰해 보셨다. 예수님의 새로운 길은 독특한 방법으로 각 개인을 깊이 만지셨다. 젊은 부자 관원과 같은 몇 명은 그 제자도의 값이 너무 비쌌기 때문에 돌아갔다. 어떤 자들은 예수께서 제공하시는 치료와 변화에 굶주려 있었다. 제자로서 계속 남아 있던 자들은 산상수훈에 묘사된 내적인 자질들에 의해 특징 지워진다. 그들이 가난하다는 것을 아는 이들, 세상에 선포되어야 할 의로운 것들

예수 그리스도의 교육

에 대해 굶주리고 목말라하는 자들, 자신과 주위의 상처들을 슬퍼하는 자들, 온 인류 안에서의 평화를 위해 애쓰는 자들. 그는 사람들이 어떤 여정을 가고 있든지, 즉 고통과 고난 속에 있든지, 자신의 내적 투쟁을 드러내고 있든지, 그들을 무조건적 사랑으로 받아 주는 구속적 공동체를 형성하셨다. 예수께서는 하나님, 온전함, 정의를 추구하는 사람들과 동반자가 됨으로서 가르치셨다. 예수께서는 사람들이 어떤 경험을 했든지 배고프고, 상처받고, 혼란에 빠진 추종자들과 함께 걸으셨다. 그는 그들을 포기하지 않으셨다.

이런 폭넓은 영성형성 과정에 더하여 예수께서는 또한 직접적으로 가르치셨다. 예수께서는 매우 창조적인 교사였다. 그러나 전체적인 주요 교수방법은 대화였다. 복음서들은 청자를 시험하는 질문을 제기하며 놀라운 예화를 말하고 로마 군인들, 세금거두는 자들, 종교 지도자들, 과부들, 맹인들과 만나시며 삶을 변화시키는 대화에 참여시키는 사람으로서의 그 탁월한 교사의 천재성을 보전하고 있다. 심지어 12살의 어린아이 시절에도 예수께서는 인간과 함께 하시는 하나님의 방법들에 대해 토론하시면서 종교 지도자들과 논쟁하는 데 시간을 보내셨다. 예수님에게 이런 개인적이고 배려가 담긴 대화들은 대부분 자유로이 생각하고 답할 수 있게끔 되어 있었다. 각 사람과 각 상황은 민감함을 요구했다. 예수께서는 교사로서 사람 중심적이셨다. 예수께서는 사람들이 어느 상황에 있는지 발견하셨으며, 알기 쉽고 미리 준비된 강의와 수사학적인 방법들을 사용하기보다 마음으로부터 반응하셨다. 하나님께 철저히 연합되어 계시고, 있는 그대로의 사람들에게 초점을 맞추셨던 예수께서는 진리를 사람들에게 일깨워주기 위해 어떠한 상황에도 창조적으로 적용할 수 있었다.

특별히 예수께서는 주류사회 밖에 있는 사람들을 변화시키는 사역에 참여하기로 결정하셨다. 그는 의도적으로 여자들, 병든 자들, 불구자들, 비유대인들, 힘이 없는 자들, 가난한 자들, 어린이들, 특권을 빼앗긴 자들 그리고 다른 사회적 이방인들을 예수 운동(Jesus movement) 안으로 들어오게 하셨다. 예수님의 가르침의 상당 부분이 대중들, 즉 유대와 갈릴리에 있는 대부분의 농부계층들을 상대로 하는 것이었다는 것은 주목할 가치가 있다. 땅이 없고, 힘이 없는 농부들의 이런 광범위한 배경 속에서 복음서 기자들은 예수께서 사회의 소외된 자들과 함께 하시는 이야기들을 계속해서 진술하고 있다. 예수께서는 사회의 소외된 자들에게 귀를 기울이시고 반응하시고 외치시고 돌보신다. 특별히 마태복음 25장을 보라. 예수께서는 처음부터 분명하게 말씀하신다. "주의 성령이 내게 임하셨으니 이는 가난한 자에게 복음을 전하게 하시려고 내게 기름을 부으시고 나를 보내사 포로된 자에게 자유를, 눈먼 자에게 다시 보게 함을 전파하며 눌린 자를 자유케 하고 주의 은혜의 해를 전파하게 하려 함이라"(눅 4:18-19). 예수께서는 사회에서 버려진 자들에게 하나님 나라의 통치라는 복음을 선언하시고, 가르치시고, 현실화시키셨다. 예수께서는 그의 제자들의 생각에 도전하시는 데 그의 가르침의 상당한 시간을 사용하셨다. 예를 들면, 예수께서 제기하시는 질문을 목적으로 누가복음을 읽는 것은 소크라테스식 교수법에 대한 강력한 옹호를 드러내게 될 것이다. 이것은 마치 예수께서 먼저 대화 가운데 질문을 던지지 않고서는 결코 말씀하지 않으시는 것 같다. 그렇게 함으로써 그는 상대를 자극시킬 수 있는 하나의 생각을 부어 인식이라는 펌프를 작동시키기를 원하셨다. 거기서부터 그는 질문에 대답을 하시든지, 자기 학습을 위한 목마름을 가진 채 듣게만 하신다. 이것은 현대 그리스도인 교육자들에게도 역시 강력한 교훈이다.

예수님의 교육사역은 또한 그를 따르는 무리들을 준비시키시고, 권능을 주시고, 내보내시는 것을 포함한다. 예수님의 가르치시고 배우는 과정은 경험을 중심으로 한 것이었다. 많은 경우에 예수께서는 발달 단계상 적절한 것들을 행할 사역의 임무들을 제자들에게 주셨다. 몇몇 경우에서 예수께서는 사역을 실행하기 위해 제자들을 팀으로 내보내셨다. 약 3년 동안 이런 배회하는 무리들이 우주의 주권적인 하나님을 전적으로 섬겼다. 그들은 직접적으로 병 고침, 축사, 기적 그리고 섬기기 위한 그들의 능력을 확대시킨 수많은 다른 실제적 삶의 상황들을 대면하였다. 그들은 행함으로써 그리고 포기함으로써가 아닌 실패함으로써 배웠다. 이런 실제적인 경험중심의 학습 속에서 그들은 성령에 의해 능력을 부여받았다. 그들은 또한 예수님에 의해 그들의 사역을 지도받았다. 그들은 아주 어려운 일들을 예수께로 가져왔다.

이런 통전적이고 발달 단계에 따른 과정 속에서 핵심적 원동력은 학습의 행동반성적인 모델이었다. 매일 매일이 그의 제자들에게는 가르침의 순간들로 가득 차 있었다. 예수께서는 사람들이 있는 곳으로 나가셨다. 그는 그들과 시간을 보내면서 그들의 환경 속에서 대중들과 함께 하셨다. 그는 그들의 매일 삶의 경험들에 대해서 그들과 얘기하셨다. 그는 놀랍고 능력 있는 교사로서 사람들이 접근하기가 매우 쉬웠다. 단순히 그들의 매일의 활동들 가운데서, 거리에서, 집들에서, 부둣가와 들판과 다른 곳에서 식사를 함께 함으로써 예수께서는 가르치셨다. 그는 종종 상대를 시험하는 질문들, 풍요한 이야기들, 어떤 경험의 측면들을 지적하는 수수께끼 같은 예화들로 시작하셨다. 또한 사람들은 종종 그들의 관심과 질문들을 가지고 그분에게 다가왔다. 가난하고 천하고 식민지하에 있던 상황 속에서 매일 매일의 삶의 활동들과 사건들은 삶을 변화시키는 상호 작용을 위한 충분한 양식이었다. 우물가에 있는 사마리아 여인에게 물을 끌어올리는 행위는 종교적, 도덕적, 사회적 불평등과 질문들에 관한 심오한 대화로 들어가는 관문이 된다. 이런 문제가 되는 현실들을 지적함으로써 그것들에 대한 비평적 반성은 시작될 수 있다. 비평적 반성은 원인들과 각각의 상황들에 대한 역사적 측면들을 깊이 파고든다. 그것은 사회 현상유지의 표면 아래에 무엇이 있는지를 밝혀낸다. 그것은 다른 대체적인 실재를 상상하게 된다. 그것은 사람들에게 동기를 부여하고, 삶의 새로운 양식을 꿈꾸고, 그 새로운 양식을 담대히 추구하도록 하는 능력을 부여한다.

예수께서는 또한 하나님의 주권적인 의지에 반대하여 연합한 정사들과 권세들을 도전하심으로써 새 창조를 구체화시키셨다. 1세기 세계의 많은 부분들이 예수님의 변화시키시는 임재로 인해 위협을 받았다. 그것들은 사회의 현 상태를 유지하고 권력에 머무르는 것을 선호하였다. 예수께서는 신중하게 세상의 권세자들과 구조들에 맞서 서셨다. 이런 대결은 기존에 받아들여진 가치들과 신념 체계들, 사회적, 종교적, 정치적인 사상들 그리고 특별히 종교적 권위들을 포함하였다. 예수님에게는 하나님의 새로운 길 안에서의 제자도와 성장이 본질적으로 사회에 있는 가난한 자들과 힘없는 자들 그리고 하나님의 정의에 대한 근본적인 헌신과 그에 따른 지배세력의 부수적인 해체를 포함한다. 예수께서는 종종 신랄한 풍자, 논쟁적인 어법, 가시 돋힌 질문들, 상징적인 행동들 그리고 기타 방법들을 사용하셔서 무감각한 자들을 깨우시고, 스스로 의롭다고 하는 자들을 낙담시키고, 하나님의 통치와 어울리지 않는 부당한 관행들을 선지자답게 책망하셨다. 예수께서는 1세기에 있던 교육의 틀을 깨뜨리셨다. 어떻게 보면 예수께서는 학생들을 가르치는 유대 랍비나 헬라 철학자처럼 보이기도 하셨다. 그러나 예수께서는 법적이든지, 철학적인 것이든지, 이미 인정된 교훈을 전달하려고 오신 것이 아니었다. 예수께서는 하나님의 통치라는 권위를 가지고 오셨다. 예수께서는 개인들과 제도들 그리고 모든 문화들을 변화시키시기 위해 오셨다.

VERNON L. BLACKWOOD

참고문헌 | R. A. Culpepper(1975), *The Johannine School*; M. Hengel(1981), *The Charismatic Leader and His Followers*; R. Meye(1990), *Jesus and the Twelve*; P. Perkins(1990), *Jesus as Teacher*; M. Wilkins(1995), *Discipleship in the Ancient World and Matthew's Gospel*; idem(1992), *Following the Master-Discipleship in the Steps of Jesus*; R. B. Zuck(1995), *Teaching as Jesus Taught*.

예수 그리스도의 부활(Resurrection of Jesus Christ).
예수 그리스도의 부활은 인류역사상 가장 중요한 사건이다. 예수께서는 자신이 말하고 행했던 일들과 관련한 자신의 권위를 확증하기 위한 하나의 표시로 이것을 보이셨다(요 2:18-22). 부활은 그의 죽음이 예수님 안에서 자신들의 죄의 용서를 믿는 모든 사람을 구원하는 능력이 있다는 것을 실증한다. 이것은 예수 그리스도가 하나님의 아들의 성육신이었음을 확증한다. 그리스도의 부활은 사도행전에 기록된 모든 설교에서 선포되었다. 초대 그리스도인들은 부활의 중요성을 표시하려고 그리스도가 죽음에서 일어나신 주중의 첫날인 일요일을 구별하였고, 함께 모여서 예배하는 날로 정했다. 사도바울은 "그리스도께서 만일 다시 살지 못하셨으면 우리의 전파하는 것도 헛것이요 또 너희 믿음도 헛것이며"(고전 15:14)라고 했다. 이것은 그리스도의 부활이 없다면 기독교교육자들의 수고, 역시 헛것이라고도 말할 수 있다.

1. 부활에 대한 비판들. 기독교 비평가들은 종종 그들의 비평의 초점을 부활에 둔다. 기독교 신앙은 단순한 도덕적 원리들에 중심을 두지 않는다. 이것은 성공적인 삶을 위한 점검표나 공식들을 제공하지 않는다. 기독교 신앙은 인간이 타락했고 절대적으로 회복이 필요하다는 사실에 중점을 둔다. 역사적 사건인 예수 그리스도의 죽음과 부활은 죄 용서, 하나님과의 화목, 그리스도 형상의 완전한 회복을 향하는 성도들의 신앙여정의 시작의 방법들을 제공한다(롬 8:28-29). 그러나 비방자들은 부활의 역사적 사건을 공격하여 부활로 입증되는 교리들을 약화시키려 한다.

부활을 설명하려던 시도는 그 사건이 일어난 직후부터 바로 시작되었다. 복음서들은 종교지도자들이 예수님의 무덤을 지키던 군인들에게 돈을 지불하고는 그들이 자는 사이, 제자들이 와서 그를 도적질하여 갔다고 말하게 했다고 기록하고 있다(마 28:11-15). 물론 잠자던 군인들은 그들이 빨리 잠든 사이 어떤 일이 일어났었는지 증명하거나 확신하기 어려웠을 것이다. 여러 세기 동안 빈 무덤을 설명하려는 여러 가지 의견들이 있어왔다. G. D. 야놀드(G. D. Yarnold)는 그 시체는 시간이 흐르면서 자연스런 과정으로 썩었다고 제시한다(Risen Indeed, 1959, 59). 무덤이 비워졌던 십자가형 후의 삼일은 육체가 소멸되기 위한 자연과정이 일어나는 시간으로는 너무 짧다. 커솝 레이크(Kirsopp Lake)는 여자들이 일요일 아침 다른 매장지에 갔다고 설명한다. 그들은 단지 실수로 비어 있던 다른 무덤에 갔을 뿐이다(*The Historical Evidence for the Resurrection of Jesus Christ*, 1907, 250-53). 예수님을 수종 들던 여자들이 그들에게 아주 중요한 일에 실수를 했다고 믿기는 어렵다. 제자들과 다른 사람들도 동일한 실수를 했다고 믿는 것 역시 믿기는 마찬가지다. 이 관점은 성경이 예수님의 시신은 공동매장지가 아니라 아리마대 요셉의 무덤에 묻혔다고 알려주고 있기에 더욱 그렇다(마 27:59-61; 요 19:38-42). 데이비드 스트라우스(David Strauss)는 예수가 십자가형을 받았지만 십자가 위에서 결코 죽지 않았고, 차가운 무덤에서 소생되었는데 이것이 삼일 후 부활한 것으로 잘못 믿어졌다고 주장했다. 십자가에 못박혔고 로마 병사의 창에 옆구리가 찔린 후 죽었다고 판명된 사람이 아무런 의학적 치료도 없이 삼일 후에 소생되었다고 믿는 것은 어려운 일이다. 맞고, 상하고, 피 흘린 사람이 다른 사람에게 자신이 죽음을 이기고 부활했다는 확신을 주었다고 믿기는 더 어려운 일이다. 죠셉 클라우스너(Joseph Clausner)는 아리마대 요셉이 그 시신을 훔쳐갔다고 주장했다(*Jesus of Nazareth, His Life, Times and Teaching*, 1925, 357). 요셉이 시체를 훔칠 의도를 가지고 있었다거나 로마 병사들이 무덤을 지키기 전에 성공적으로 훔칠 능력이 있었다고 믿기는 어렵다. 다른 많은 견해들도 있다. 그러나 그 각각의 견해들 역시 다양한 약점들을 가지고 있다. 반면, 신약성경의 서술은 오백 명 이상의 사람들이 예수 그리스도의 부활의 증인이라고 자세히 열거하고 있다(고전 15:3-8).

2. 부활의 의의. 일부의 신정통주의 신약성경 학자들은 부활이 역사적 사건임을 부인하면서도 그 의미는 여전히 믿고 있다. 루돌프 불트만(Rudolph Bultmann) 같은 사람들은 이것이 제자들의 주관적인 경험 안에서만 가치가 있다고 믿는다. 마르쿠스 보리(Marcus Borg)는 부활의 의의가 신화적인 것이지 역사적인 것이 아니라고 말한다. 신화는 삶의 고통 가운데서 희망을 주는 가치가 있다. 그러한

상황에서 바라는 생각을 넘어서 희망을 원하는 사람들은 부활을 실제 역사적 사건으로 보는 확실성 안에서 더 큰 용기를 가질 수 있다. 소망은 부활이 그리스도의 메시지를 확증하는 사실 안에서 발견된다. 그의 말씀들은 죽음에서 일어난 그의 능력에 의해서 증명된다. 이것은 죄 용서에 대한 그의 메시지를 확증한다. 또한 이것은 영원한 생명에 대한 그의 약속들도 확증한다. 바울은 다음과 같이 적었다. (1) 예수께서는 우리 범죄함을 위하여 내어줌이 되고 또한 우리를 의롭다 하심을 위하여 살아나셨다(롬 4:25). (2) 그리스도의 부활이 우리로 새 생명 가운데서 행하게 한다(롬 6:4). (3) 그리스도를 죽은 사람들 가운데 살리신 분께서 신자들도 살리실 것이다(롬 11:8; 고전 6:14).

3. 기독교교육에서의 부활의 중요성. 예수 그리스도의 부활은 삶에 대한 초자연적 관점을 입증한다. 바울은 아그립바 앞에서 자신을 변호하면서, "당신들은 하나님이 죽은 사람 다시 살리심을 어찌하여 못 믿을 것으로 여기나이까"(행 26:8)라고 말했다. 기독교교육자들은 다른 사람들이 기독교인들처럼 초자연성을 전제하면서 생각하도록 격려해야 한다. 자연주의자들은 초자연주의자들처럼 마음을 열고 받아들일 수 없다. 자연주의자들의 전제들은 사실들에 대한 조사를 시작할 때 모든 자료에 편견을 품고 있다. 초자연주의자들이 삶에서 일어나는 사건이나 환경들에 관해 자연적 설명들을 찾으려고 할 때, 이들은 항상 신적 간섭의 표시들에 열려 있다. 부활의 하나님은 인간사에서 그의 목적들을 달성하실 것이다. 부활은 그 자체로 사실에 대한 확증이다.

또한 부활은 초월적 하나님이 인간 삶의 환경에 무관심하지 않다는 것을 증명하는 교육의 요점을 나타낸다. 성육신과 그리스도의 부활은 자신의 창조물의 상함을 고치려는 하나님의 오심과 그분의 헌신을 드러낸다. 더 나아가 부활이 죄 용서에 대한 하나님의 능력을 확증한다면 이것은 거짓에 대한 징계를 상징하기도 하는 것이다. 그리스도의 몸인 교회 안에서 분투하는 자들에게는 소망이 있다. 어느 누구도 이 땅 위에서 자신이 완전하다고 말할 수 없다. 결과적으로 그리스도의 부활의 능력과 소망의 필요는 일시적인 것이 아니라 지속적인 것이다. 고통이나 역경 속에서도 성도들은 위로를 찾을 수 있을 것이다.

JERRY ROOT

참고문헌 | L. Berkhof(1991), *Systematic Theology*; M. J. Boyd(1995), *Meeting Jesus Again for the first Time*; P. Carnley(1987), *The Structure of Resurrection Belief*; A. McGrath(1994), *Christian Theology: An Introduction*; P. Perkins(1984), *Resurrection: New Testament Witness and Contemporary Reflection*; W. M. Smith(1945), *Therefore Stand: Christian Apologetics*.

예수전도단(Youth with a Mission).

1960년에 시작된 예수전도단은 젊은이들을 방학 동안에 선교로 동원했다. 젊은이들에 의해 와이더블유에이엠(YWAM)으로 불리게 된 예수전도단은 같은 해에 두 명의 선교사를 서 아프리카로 보내어 지원 사역을 하도록 했다. 전도 사역의 급속한 성장은 예수전도단의 창립자인 로렌 커닝햄(Lauren Cunningham)으로 하여금 선택을 하도록 강요했다. 즉 그의 교단 지도자들은 예수전도단을 교단 안으로 들이고, 초교파적인 성격을 더 이상 띠지 않든지, 아니면 교단을 떠날 것을 요구했다. 커닝햄은 교단을 떠났고 예수전도단은 초교파적인 선교단체로 남아 있다.

초기에 동일하게 중요했던 다른 두 가지 선택사항이 있었다. 하나는 그 당시에 들어보지도 못했고 그리고 아주 생소하게 청소년들을 선교로 동원시키는 것이었다. 또 다른 하나는 북미 젊은이들과 도중에 전도사역에 동참하는 다른 나라 출신의 젊은이들 간에 구분을 짓지 않는 것이었다. 다르게 말하면, 모든 기독교인이 다 선교사가 될 수 있다는 생각이 이 기관의 구조와 정신의 일부분이 되었다. 수년간의 단기 선교 후에 젊은이들은 더 많은 훈련이 필요하다는 확신은 스위스에서 이루어지는 14개월간의 훈련 프로그램으로 이어졌다. 이 프로그램은 우선 북미인들에게 초점을 맞추었고, 언어 학습에 대한 개요, 전제론적 변증학, 제자 훈련 그리고 동유럽과 중동으로 가는 3개월간의 현장 학습 동안에 이루어지는 멘토링이 포함되었다. 1969년에 시작된 이 프로그램은 다른 나라들에서도 급속히 이루어지게 되었고, 다른 유럽으로도 이루어졌다. 미국과 유럽에서 생겨난 예수 운동 출신의 젊은 선교사들의 물결과 일치하여, 이 학교들은 1970년대에 수천 명의 젊은이들에게 제자훈련과 전도 훈련을 시켰고 선교 개론을 가르쳤다. 단체가 성장함에 따라 예수전도단은 교회 개척과 미전도 종족그룹들에 대한 강조를 받았고, 선교사들은 복음이 전해지지 않은 곳으로 파송되기 시작했다. 1980년대에 추가된 또 다른 강조사항은 자비사역으로 불리는 구제와 개발이었다. 이 사역의 가장 가시적인 요소인 자비호(Mercy Ships)는 제2세계, 제3세계에서 의료선교를 전문으로 하는 네 대의 배를 갖고 있다. 기함인 아나스타시스호(Anastasis)는 현재 전 세계에서 정부소속이 아닌 가장 큰 선상 병원을 가지고 있는 배이다.

거의 비슷한 시기에 이루어진 또 다른 발전은 예수전도단 훈련 센터들을 열방대학으로 통합시킨 것이다. 더 큰 일치와 질적인 통제, 깊이 그리고 시너지 효과에 대한 열망이 이 변화를 가져오게 된 동기가 되었다. 그 결과 일곱 개 대학에서 학사 학위(A.A.,B.A.) 그리고 석사 학위(M.A.)를 수여하는 분산화된 형식적이고 비형식적인 선교 훈련 단체가 되었다. 수업은 6개 대륙의 100개 대학에 위치한 약 2백 개의 훈련 센터에서 이루어진다.

예수전도단을 이해하는 데 도움이 되는 것은 극단적인 분산화, 곧 본부가 존재하지 않는다는 사실, 전략과 재정 그리고 법적인 통제력이 완전히 지방화된 사실, 문화에 상관없이 젊은 선교사들을 환영한다는 사실, 현재 이 글을 쓰고 있는 시점을 기준으로 136개국의 다양한 배경을 가진 임원들이 있다는 사실, 개인과 팀의 주도력과 창의성에 조직적으로 헌신해 있다는 사실, 예수전도단 1세대들이 세계선교와 관계에 대한 비전에 헌신해 있다는 사실 등이 이 조직을 결속시키고 있는 접착제 역할을 하고 있다. 종종 평가절하되는 것은 예수전도단의 장기 선교사들의 수와 예수전도단이 섬기고 있고 동역하는 다른 기독교 단체들의 수 그리고 지속적으로 개혁하는 적응력과 능력이다.

이제 예수전도단의 역사가 40년이 되었고, 창립자의 나이가 66세가 다 되어가고, 단체가 나이가 들어감에 따라 생기는 긴장 관계들로 인해 새로운 일들이 생겨나고 있다. 이런 새로운 일들로는 리빙 얼터너티브즈(Living Alternatives, 미혼모들을 위한 상담 센터), 예수전도단 캠페인(작은 시골마을에 맞는 대중 전도), 세계적인 왕의 아이들(타문화 선교에 참여하는 아동들과 청소년들)과 같이 다양한 단체들을 포함하는 "사역들의 모임"으로서 예수전도단을 재정의하는 것이다.

가까운 미래에 후임문제와 구조에 대한 질문들을 어떻게 다루느냐에 따라 이 선교 단체의 다음 40년간의 미래가 좌우될 것이다. 최근의 조치들로는 4년마다의 순환 회장제와 국제 리더십 팀의 국제화가 있다. 이 글을 쓰고 있는 현재, 예수전도단 임원의 반은 제2세계, 제3세계 출신인데, 3분의 2에 달하는 임원들이 제2세계, 제3세계 출신에서 나오는 것이 목표이다.

현재 예수전도단에는 매년 25만 명의 단기 사역자가 섬기며, 현재 만천 명의 전임 사역자들이 활동하고 있다. 100개국에 있는 200개의 훈련 센터를 포함하여 150개국의 650개 지역에서 예수전도단의 사역들이 이루어지고 있다.

THOMAS A. BLOOMER

예수회와 반종교개혁(Jesuits and the Counter Reformation). 예수회는 세계에서 가장 큰 로마가톨릭 남성 성직단체이다. 1534년 8월 15일 파리에서 이그나티우스 로욜라라는(A.C. 1491-1556) 귀족에 의해 설립되었다. 그리고 로욜라의 동료 6명과 함께 팔레스타인의 회교도인(Muslims of Palestine) 선교사로서 가톨릭교회에 봉사하기를 희망하는 서약을 작성하였다. 1537년에는 이들은 거룩한 땅으로의 안전한 여행을 위해 베니스로 갔다. 그곳에 있을 때, 그들은 추가로 세

명의 추종자들을 만났는데, 베니스공화국이 군주 솔레이만 2세와 전쟁을 하고 있었기 때문에 그들은 항해에 동행할 수 없었다. 결과적으로 항상 하나님의 큰 영광을 위해 그들은 순회하는 성직자로서 봉사하며 교황을 만날 기회를 얻기 위해 로마로 여행을 하였다. 로마교황 바울 3세는 그들 각각에게 지역을 할당하며 따뜻하게 맞아주었다. 그리고 1540년 9월에 가톨릭 성직자로서 그들을 승인하였다.

예수회 성직이 날로 번성함에 따라 이그나티우스의 고전 『영적훈련』(Spiritual Exercises)의 영향력도 더하여갔다. 이 저서는 1520년대 초기에 시작하여 그의 남은 생애 동안 교정되었으며, 그리스도인을 완전함에 이르게 하기 위한 연구와 묵상의 4주 과정을 제공하였다. 새로움의 어떤 것을 극복하기 위해 독자를 격려하며, 하나님의 종으로서 전반적으로 자신을 내어 놓는 것을 수도사의 삶과 임무에 대한 증서로서 『영적훈련』은 받아들여지고 있다. 각각의 새로운 신입 회원은 성직자로 들어옴에 따라 이 4주간의 학습 과정이 요구된다. 1570년까지 대부분의 수도사는 그들의 죄를 사함(첫째 주), 그리스도의 나라(둘째 주), 예수님의 열정과 부활(셋째 주, 넷째 주)을 위해 매년 기초 수련을 수행했다. 머지않아 수도사들은 사람들 사이에서 은둔을 유지하고, 계속되기 위한 예배를 드림으로써 그들의 임무에 이 책을 사용하였다.

기독교의 완벽함을 위해 이그나티우스의 길을 따라 그들의 첫 번째 단계를 받아들인 이후에 수도사단들은 로마교황이 선교단에게 유일한 표를 제시하는 곳마다 그들 자신에 봉사를 이행하기를 열망하였다. 많은 초기의 수도사들은 가장 대표적인 이그나티우스의 동료인 프랜시스 사비에르(Francis Xavier, 1506-1552)처럼 인도와 일본과 같이 멀리 떨어진 곳까지 순회하여 복음을 전하였다. 그럼에도 불구하고 시간이 지남에 따라 수도사들의 노동의 대부분들은 학교를 설립하고 기독교교육을 촉진시키는 임무로 보냈다. 이그나티우스는 그의 가장 큰 선교단과 이론가들이 어린이들에게 신앙을 캐물고 가난한 사람들을 교육시키는 데 시간을 보낸다고 주장하였다. 이그나티우스의 사망(1556)

시까지 거의 4분의 3에 해당하는 성직자들이 기독교교육에 어떤 방법으로 동참하고 있었다(그 이후로 지금까지 비슷한 비율의 예수회 수도사들이 교육에 동참하고 있었다).

수도사들은 그들을 교사와 구분하기 위한 최초의 수도사가 아닌 반면, 그들은 교육이 수도원 임무의 일부라고 진술한 최초의 사람들이었다. 이그나티우스가 죽을 때까지 거의 46개의 예수회 학교들이 있었다. 1579년까지 144개였으며, 1599년 수도사들은 그들의 교육학을 설립한 교육과정의 목적뿐 아니라 학자다운 삶의 기준과 방법을 가르치기 위한 것을 『연구이론해설』(Ratio Studiorum)에 성문화하였다. 사실, 계몽운동 이전에 예수회 수도사들이 종종 유럽의 교장들이라고 여겨졌을 만큼, 그들은 초기 현대 교육에서 주요한 역할을 했다. 모든 예수회 학교들은 모든 계급의 사람들에게 개방되었으며, 그들의 교육은 항상 무료로 제공되었다. 가장 유명한 학교는 1551년에 건립되었으며 로마 대학으로서 초기에 알려졌다. 로마교황 그레고리 13세(Pope Gregory XIII, 1572-85) 이후로, 그것은 그레고리의 종합대학으로 불리어지고 있으며, 최초의 현대 신학교를 설립한 학교로서 알려졌다. 이 시기에 교육을 받는 그곳의 성도들은 성직 수임식 전에 6-7년 정도의 연구를 경험해야 함으로써 수도사 성직 내에서 매우 중요한 위치에 있었다. 최초의 교양인문과목들, 철학, 신학을 연구하면서 그들은 종종 발전된 학위의 추구 안에서 수년 동안 연구를 맡았다.

성직 내부나 외부에서 교육에 대한 막중한 강조는 자연히 높은 수준의 이론적 괴변으로 이끌었다. 그리고 반신교적 독단주의의 노력은 단지 본래의 수도사 안건에서 임시적 위치에 있는 반면, 그들은 이러한 로마 교황의 종으로서의 16세기 일의 중요한 부분을 증명하였다. 게다가 그들의 이론을 부활시키고 성문화함으로써 가톨릭교회를 이끄는 수도사들이 종종 있었다. 트렌트(1546-1563)의 회의와 은총에 관한 차후의 가톨릭 논쟁에서 수도사들은 개혁에 반대하는 데 주도적 역할을 담당하였다. 개신교의 반응에서는 성경이 기독교교리의 유일한 규범이라고 주장하였다. 수도사들은 성경을 해석하는 데 필수적 안내자로서 가톨릭 전통에 대해 논하였다. 이러한 면에서 개신교들은 정당성은 단지 신앙을 통해서만 얻는다고 주장하였으며, 또한 이러한 신앙을 구하는 데에는 항상 사람의 가치 있는 행동에 의해 만들어져야만 한다고 주장하였다. 그러한 저명한 수도사 이론가인 피터 캐니시우스(Peter Canisius), 로버트 벨라민(Robert Bellarmine), 프란시스코 스와레즈(Francisco Suarez) 등은 가톨릭 반개혁 운동을 이끌었으며, 높은 비율의 수도사 이론을 반영하는 데 전통을 세웠다.

수도사들이 교육의 역사에서 가장 큰 업적을 남긴 분야는 그들의 도덕 이론을 창조하는 데 일조한 연구 분야이다. 회개의 가톨릭 성체에 특별한 흥미를 가지면서, 수도사들은 곧 "자각(conscience)의 경우"라는 그들의 강의를 통해 유명해졌다. 정확성과 물리적 일관성과 함께 도덕적 주제를 매우 과학적으로 사용함으로써 그들은 도덕적 결의론(決疑論) 분야를 개척하였다. 도덕적 이론이 16세기에 두드러지는 연구 분야가 됨에 따라 수도사들은 종종 그것을 발전하는 방향으로 이끌었다. 그들은 자각의 가장 어려운 경우에서 도덕적 자유를 허용하는 개연론적인 도덕적 이유를 주창하면서 유명해졌다. 그리고 그들의 과도한 신학적 형식주의에 대해 블레즈 파스칼(Blaise Pascal)과 다른 사람에 의해 비웃음을 받는 반면, 그들의 성실한 이 분야에 대한 연구 작업은 전 분야에 걸쳐 학적인 기준을 세웠다.

예수회 수도자들이 자각의 전문가라고 알려짐으로써 왕들이나 귀족들은 참회를 할 대상자로 그들을 찾았다. 정말로, 초기 현대에 중부 유럽 전반을 걸쳐 예수회 수도사들이 그러한 역할을 수행해왔다. 예수회 수도사들의 이러한 역할들이 그들에게 특권을 갖게 했을 것이라는 가정으로 특히 이미 그들의 신학적 거취에 분개한 가톨릭 신자들(잔센회와 프랑스의 갈리칸 국수주의자)로 부터 질투심을 일으켰다는 것은 놀라운 일이 아니다. 18세기 중반까지 계몽 철학자들도 예수회 수도사들의 윤리적, 신학적 엄격주의를 조롱하면서 세속적 이유로 그들을 공격했다. 1750년대 후반쯤에는 예수회 수도사들을 거의 지지하지 않게 되었고 여러 유럽의 지배자들은 자신들의 영토에서 이 수도사들을 추방하기 시작했다.

1773년에는 수도사 반대파들은 매우 강력해져 프랑스 황실로부터 압력을 받은 로마 교황 클리멘트 14세(Pope Clement XIV)가 공식적으로 교황 칙령에 의해 예수회에 압력을 행사하였다. 예수교 수도회를 완전히 없애는 것이 결코 실제로 일어나지 않았지만(그 주요한 이유는 러시아 여황제 캐서린 2세가 그 칙령을 무시하고 그녀의 전 영토에서 예수회 수도사들이 사역을 하도록 허락했기 때문), 이 교황 칙령은 예수회 수도사들과 그들의 사역을 거의 죽음으로 내몰았다. 로마 교황 피우스 7세(Pope Pius VII)는 나폴레옹(Napolean)이 쓰러지고, 프랑스로부터 풀려남에 따라 1814년 8월 7일 성직을 되찾았다. 그러나 수도사들은 18세기 중엽의 어려운 시기에 자신들이 잃어버린 영향력과 힘이 다시 번성하기까지 100년이 더 걸렸다.

오늘날 예수회는 충분히 강하며, 예전에는 물론이거니와 현재까지 기독교교육의 사역은 계속되고 있다. 세계를 통틀어 대부분의 시기 중 가장 힘들었던 것은 수도사들이었다. 그리고 수천 개의 수도사 학교에 등록된 만 명의 학생들이 있었다. 미국에서 특히 강성하게 된 것은 현재 가장 잘 알려진 예수회의 대학들 중에는 포드햄(Fordham), 조지타운(Georgetown), 로욜라(Loyola), 마르퀘트(Marquette)대학교가 포함되어 있다. 1749년에는 수도사들이 22,589명으로 집계되었으며, 1990년에는 대략 24,500명으로 밝혀졌다. 현재 바티칸라디오국을 운영하는 것은 예수회이다. 현재 수도사들은 Gregorianum, Biblica, Etudes, Civilita, Cattolica, The Heythrop Gournal을 포함하여 종교 간행물을 편찬하고 있다. 예수회는 20세기에 다른 어떤 종교단체나 교단(현 세기에 그들의 지도적인 신학자들은 칼 라너, 장 다니엘루, 앙리 드 뤼바, 버나드 로너간, 떼이야르 드 샤르뎅을 포함한다)보다 더 크게 신학의 발전에 기여해왔다. 그리고 분명하게 예수회는 설립자들이 상상한 것보다 기독교교육 분야에서 더 큰 성과를 거두었다. 비 예수회 그룹에서 논쟁적 평판에도 불구하고 그들은 기독교 학습의 발전에 큰 걸음을 놓는 데 성공하였다.

DOUGLAS A. SWEENEY

참고문헌 | A. M. de Aldama(1990), *The Formula of the Institute: Notes for a Commentary*; D. Alden(1996), *The Making of an Enterprise: The Society of Jesus in Portugal, Its Empire, and Beyond, 1540-1750*; W, V. Bangert(1986), *A History of the Society of Jesus*; J. Brodrick(1940), *The Origin of the Jesuits*; J. de Guibert(1964), *The Jesuits: Their Spiritual Doctrine and Practice: A Historical Study*; K. Hengst(1981), *Jesuiten an Universitaten und Jesuitenuniversitaten: Zur Geschichte der Universitaten in der Oberdeutschen und Rheinischen Provinz der Gesellschaft Jesu im Zeitalter der konfessionellen Auseinandersetzung*; Gabriel C. Mir(1968), *Aux sources de la pedagogie des jesuites: Le "Modus parisiensis"*; J. W. O'Malley(1993), *The First Jesuits*; L. Polgar, ed.(1981-90), *Bibliographie sur l' histoire de la Compagnie de Jesus, 1901-1980*, 3 vols.; A. Scaglione(1986), *The Liberal Arts and the Jesuit College System*, C. Sommervogel et al., eds.(1890-1960), *Bibliotheque de la Compagnie de Jesus*, 12 vols.

참조 | 이그나티우스(IGNATIOUS OF LOYOLA); 종교개혁(REFORMATION, THE); 로마가톨릭교육(ROMAN CATHOLIC EDUCATION)

예외적인 사람들(Exceptional Persons).

1. 배경. 예외적인 사람이란 특별한 능력이나 장애로 인해 발달적 표준 바깥에 있는 사람이다. 신체적 장애나 학습 장애, 또는 정신 장애가 개인을 "예외적"이라고 간주하는 요인이 된다. 창의력과 같은 어떤 특정한 부문에 재능이 있는 사람들도 "예외적"이라고 지정이 된다. 유전과 환경 둘 다 모든 예외적인 사람들의 삶에 역할을 한다. 일부 장애들은 유전적 결함으로 밝혀졌으며, 다른 것들은 부상이나 질병, 또는 환경과 관련되어 있다. 유사하게, 재능도 유전과 환경과 훈련의 결과이다. 어느 요인에 더 깊이 영향을 받는가 하는 점은 여전히 토의의 대상이 되고 있다.

역사적으로, 장애인들은 자선단체에 의존해 왔고 종종 사회로부터 소외되었다. 어떤 문화에서는 장애를 신이 혐오하는 표시로 여기기도 했다. 그리스도에게 한 소경을 데리고 왔을 때 사람들은 누구의 죄로 그가 소경이 되었는지 물었다(요 9:1-2). 정신적 장애가 있는 사람들은 훈련도, 치유도 불가능한 영혼 없는 사람들로 여김 받았다. 장애를 가진 신생아는 종종 죽도록 방치되었다. 그러나 재능이 있는 아이들은 바벨론 왕궁에 살던 다니엘과 그 친구들과 같이 특별한 훈련을 받았다. 계몽이 덜 된 시대에 지성은 특별한 취급을 받았고, 오직 수준이 높은 어린이들에게만 교육의 기회가 주어졌다. 오늘날에는 모든 예외적인 사람들에게 그들의 잠재력을 발휘할 기회를 주고, 차별하지 않고 주류에 순응시키기 위해 노력한다. 의학발달과 수용적인 교수방법, 법적 개방과 일반국민의 인식의 증가로 장애자들도 지역사회에 공헌하며 살아갈 수 있다. 평생 수용되어 살아야 한다고 인식되는 장애가 이제는 최소한의 도움으로 자립할 수 있을 만큼 치유도 가능해졌다. 재능을 가진 어린이들을 위한 특수학교와 프로그램들을 통해 그들이 어릴 때에 특수한 능력들을 발견해 내고 개발시킬 수 있다.

2. 재능과 장애. 전통적으로 지성을 측정하는 도구는 지능지수(intelligent quotient)검사이다. 최근 수십 년간의 연구에 의하면 지능지수검사는 개인이 환경을 수용하고 활용하는 능력을 정확하게 측정하지 못한다는 사실을 발견해 내었다. 어린이를 대상으로 언어 습득과 손재주, 또는 연령별 특성의 규준을 재는 다른 테스트들도 있다. 개인은 서로 다른 속도로 발달해 가지만, 연령 그룹의 규준으로 의사나 치료자들이 누가 조기 교육을 받아야 하는지 분별해낼 수 있도록 한다.

신체장애는 신경학이나 정형외과, 또는 심장병 등과 같은 관련 분야의 건강과 관계있다. 그 정도는 약한 것부터 매우 심한 장애로 다양하다. 최근 엄격한 정밀검사를 거친 한 장애의 범주는 학습 장애이다. 한 때 이것은 정신 지체로 간주되었으나 시험 기구와 증상 등을 재규정한 덕분에 정신지체와는 구분된 문제로서 인식되었고 성공적으로 치료되고 있다.

3. 교육적 지침. 위험한 상태의 신생아를 돌보는 일이 극적으로 향상되었기 때문에, 이전에는 치명적이었던 장애를 가진 어린이가 성인으로 자라난다. 주로 어린이들이 대부분이기 때문에 이전에는 가정이나 전문기관에 수용되었던 어린이들이 이제는 공립학교에 다닌다. 법적으로 휠체어가 접근할 수 있는 장치와 공공 교통수단과 안내견들을 허용하거나 보장하기 때문에 한 때 장애자들에게 닫혀 있던 문들이 이제는 활짝 열려 있다. 법적으로 동일한 것을 기독교교육자들에게 요구하는 것은 아니지만, 그들 역시 도덕적 의무감으로 예외적인 사람들을 위해 마음을 열고 사역을 해야 한다.

드문 일이기는 하지만, 한 학급에 유사한 장애나 재능을 가진 학생들이 예외적으로 많은 경우가 있다. 전형적으로, 한 학급에 특수한 필요를 가진 학습자는 몇 명되지 않는다. 그들의 장애나 재능은 숨겨져 있거나 아니면 공공연하다. 숨은 장애가 있는 경우, 학습자의 가족은 그 아이가 거부당할까봐 두려워서 공적으로 알리기를 주저하거나 단순히 장애가 있다는 사실을 부인한다. 어린이의 장애가 오인되거나 그냥 지나칠 경우, 부모와 교사 사이에서 열린 대화는 특별히 중요하다. 시각 장애자들은 대부분의 사람들이 시각장애자는 청각 장애자일 것으로 가정하여 큰 목소리로 외치는 경우를 종종 당한다. 신경학적 요인으로 언어 장애가 있는 사람들은 단순히 의사소통의 문제가 아닌 정신 지체로 오인되는 경우도 있다.

일반적으로 평범한 학습자에게 효과적인 학습방법은 특수한 학습자에게도 효과적이다. 다양한 감각을 사용한 방법들은 누구에게나 효과적이지만, 특별히 하나 또는 그 이상의 감각을 잃어버린 사람들에게 매우 효과적이다. 학습활동의 적절한 선택으로 재능 있는 학습자들을 자극하고 도전하여 그가 가진 장점을 극대화할 수 있다. 듣기, 읽기, 쓰기 등과 같은 전통적인 학습방법들은 쓰기나 듣기에 문제를 가진 학습자들에게 대단한 걸림돌이 되어 왔다. 학습자의 연령에 따라 주의집중 시간을 고려하는 수업들이 평범한 학습자들의 지루함을 축소시켜 문제행동을 막을 수 있고, 또한 주의집중 결손 장애(attention deficit disorder, ADD)가 있는 학습자에게 많은 유익을 준다. 또한 이러한 장애(ADD)를 가진 어린이와 성인은 부드러운 조명과 질서정연한 환경, 악기로 부드럽게 연주하는 배경음악이 있으면 도움을 받는다.

재능 있는 이야기꾼들은 목소리와 몸짓, 시각자료와 눈 맞추기 등을 사용한다. 이와 같은 기술들을 시각 또는 청각 장애자나 정신 지체 학습자에게 사용하면 그 효과는 배가된다. 반복은 누구에게나 도움이 되지만 다른 사람들보다 학습을 기억하고, 이해하고, 적용하기 위해 더 많이 노력해야 하는 사람들에게는 매우 중요하다. 학습 장애가 있는 사람들에게 암기는 더 어려운 일이다. 교사들은 성경 말씀의 정확한 인용보다는 이해를 강조해야 한다. 예외적인 학습자들을 가르치는 교사들은 반드시 그들의 장점이 무엇인지 알아서 그것을 강조해야 하고 그들이 잘 해내고 자신감을 가질 수 있는 학습을 진행해야 한다. 지적인 재능을 가진 학생들과 지나치게 활동적인 학생들 그리고 주의력 결핍 장애(ADD)를 가진 학생들의 교사들은 단순히 바쁜 활동보다는 대안적이고 보충이 될 만한 활동들을 준비해야 한다. 연구 자료들, 자료를 가진 사람들 그리고 수업과 관련된 과제 등도 학습자의 특별한 관심에 초점을 두어 모든 사람들의 질 높은 수업을 진행하도록 돕는다.

개방된 공간은 활동적인 어린 학생들에게 매우 중요하다. 소그룹에서 대그룹으로 용이하게 바꾸는 것도 휠체어나 산소통이나 안내견을 움직이는 사람들에게 매우 중요하다. 책상이나 운동장 기구, 크레용과 연필 등의 학용품들도 특별한 필요를 수용해서 제공해 주어야 한다.

엄격하고 나이에 맞는 훈계도 어느 학급에나 기본적이지만, 특별히 규칙들을 계속 상기시켜 주고 분명히 말해주어야 하는 학생들도 있다. 훈계는 별 주는 것이라기보다는 교육적이어야 한다. 교사들은 학습자들의 이름을 자주 사용하거나 산만한 요

예전

인들을 제한시킨다든지, 의존적인 구조의 프로그램들을 만들어서 혼란을 불러오는 행동들을 감소시킬 수 있다.

4. 영적인 고려. 재능이 있든 장애가 있든 모든 예외적인 사람들도 영적인 본성이 있다. 지적 재능이 있는 학습자는 동일한 연령의 평균 학습자들보다 추상적인 개념을 재빨리 포착한다. 그러나 교사는 지적 능력을 영적 성숙과 동등하게 여기지 않도록 조심해야 한다. 의사소통에 장애를 가진 사람들과 정신 지체로 복음의 메시지를 이해하는 데 어려움이 있는 사람들이 개종의 준비가 되었는지 알아보는 것은 가장 어려운 일이다. 그들의 한계와 재능이 무엇이든지 관계없이 사람들은 학습하고 반응할 수 있는 능력에 알맞은 기독교교육을 받아야 할 필요가 있다.

ROBERT J. CHOUN

참고문헌 | D. G. Benner, ed.(1999), *Baker Encyclopedia of Psychology*; R. J. Choun and M. S. Lawson(1993), *The Complete Handbook of Children's Ministry*; R. E. Clark, J. Brubaker, and R. B. Zuck(1975, 1986), *Childhood Education in the Church*; I. V. Cully and K. Brubaker Cully, eds.(1990), *Harper's Encyclopedia of Religious Education*; J. Kessler, R. Beens, and L. Neff, eds.(1986), *Parents and Children*; K. Klein(1982), *How to Do Bible Learning Activities*; R. P. Lightner(1977), *Heaven for Those Who Can't Believe*; C. S. Schuster, ed.(1985), *Jesus Loves Me, Too: The State of America's Children*(Yearbook, 1997); S. Sunderlin, ed.(1979), *The Most Enabling Environment*; P. Warren and J. Capehart(1995), *You & Your A. D. D. Child*.

참조 | 주의집중 결손장애(ATTENTION DEFICIT DISORDER, ADD); 아동 발달(CHILD DEVELOPMENT)

예전(Liturgy). 하나님과 관계를 맺는 특정한 방식을 나타내는 데 사용되는 용어이다. 비록 그것이 현대의 어법에서 큰 변화를 겪어 왔지만, 그 본질적인 요소들은 변함없이 동일하다.

1. 배경. 구약적 전통에서, 예전(latreuein)은 특정한 신이나 신적 형상을 향해-특별히 제의적 제물의 영역에서-사람들이 행하는 종교적 예배 행위와 관계가 있었다. 몰렉(레 18:21), 바알신들(민 2:11), 또는 아스다롯(삿 2:13)에 대한 희생제사(sacrificial worship)도 같은 의미를 지니고 있음이 분명하다. 그것은 또한 느부갓네살 왕의 금신상(단 3:1-18)과 같은 인간의 형상들에 대한 숭배를 포함한다.

이스라엘에게 부여된 요구조건은 오직 여호와만을 예배하는 것이었고 예배를 통해 그분의 지위를 주님으로 인정하는 것이었다. 여호와 예배와 관련될 때 더 깊은 의미를 지니지만 이것은 사람들의 일차적인 책임-예배를 드리는 것-을 규정하는 것이다. 섬김 외에도, 여호와와 히브리 백성들과의 관계에서 하나의 근본적인 구성요소가 그들의 태도 속에 포함되어 있다. 이 태도 안에는 마음의 의향과 함께 이스라엘 종교의 참된 독특성을 규정하는 종교적 행위와 도덕적 행위의 통일을 이루는 삶을 바르게 보이라는 요구가 포함되어 있다(Kittel, 1965).

2. 초대 기독교. 초대 기독교는 특별히 기도시간이나 희생 제사시간에 제사장들의 의례적인 예배(ritualistic worship)에서 보다 더 융통성 있는 예배 방식에로 옮겨갔을 때, 예전에서 중대한 변화를 야기했다. 기독교가 유대교에서 분리되었을 때, 개인은 점점 더 중요한 역할을 차지하게 되었다. 이와 동시에, 정해진 예전 행위에서 예수님의 인격과 성령을 통한 하나님과의 재규정된 개인적 관계로 그 근본적인 초점이 바뀌게 되었다. 기독교인들은 다양한 유형의 의식들을 행했던 종교적 모임들을 가지고 있었다. 그들은 함께 모여 공동의 식사를 나누었고 주님의 만찬을 기념했으며, 새 회원들에게 세례(침례)를 베풀었다. 또한 다른 신자들을 통하여 하나님이 말씀하시는 것을 들었고 치유를 체험하고 기도했으며 하나님께 찬양과 감사를 드렸다. 이런 활동들은 하나로 묶어주는 특징이 공간적이라기보다는 시간적이기 때문에 특정한 장소나 시간

에 구애받지 않고, 실제로 필요할 때 가능한 곳이면 그 어디서나 행해질 수 있었다(Freedman, 1992).

기독교가 시작되고 첫 번째 이백 년이 지나기 전에, 새로운 예전 개념을 위한 기초가 놓여졌다. 예전은 전보다 더 좁게 정의되었다. 그것은 예배를 구성하는 하나의 순서로 사용되었다. 왜냐하면 예배의 행위는 점점 더 하나님에 대한 개인적 관계, 개별적 관계 또는 그룹의 관계를 나타내는 것이 되었기 때문이다. 화이트(J. E. White)는 다음과 같이 진술함으로써 예전과 예배 사이의 관계를 규정하는 데 진일보하였다. "예전은 신앙의 공동체가 자신의 공적 예배를 표현하는 본질적 외적 형태… 다른 사람들을 위해서 사람들이 수행하는 하나의 활동이다"(1980, 23-24).

RONALD W. FREEDMAN

참고문헌 | D. N. Freedman(1992), *The Anchor Bible Dictionary*; G. Kittel(1965), *Theological Dictionary of the New Testament*; J. E. White(1980), *Introduction to Christian Worship*.

참조 | 동방정교교육(ORTHODOX CHRISTIAN EDUCATION)

오순절(Pentecost). 펜테코스트(Pentecost)란 단어는 50을 의미하는 헬라어 펜테코스토스(pentecostos)에서 파생됐다. B. C. 2세기 혹은 3세기 무렵 헬라파 유대인들은 연례 구약 종교 제전인 칠칠절을 가리킬 때 이 용어를 사용하였다. 이 절기는 초실절 혹은 맥추절이라고도 불린다. 이때는 밀을 추수한 후 50번째 되는 날에 하루 동안 지켜졌다. 이때 추수된 곡식의 첫 열매를 주님께 드렸다(출 34:22; 23:16; 레 23:15-22).

유대인들의 성전이 A. D. 70년 로마인들에 의해 파괴되었을 때 성전에서의 예배나 희생제사는 중단되었다. 유대인들은 이후 오순절을 시내산에서 모세에게 율법이 전해진 날과 결합시켰다. 그 결과 랍비들은 율법이 출애굽한 지 오십 일 만에 주어졌다는 견해를 가르치게 되었다. 그러나 구약성경은 이를 지지하지 않는다.

이러한 고대 히브리인들의 단순한 절기였던 맥추절은 사도행전 2장의 초자연적인 사건들로 말미암아 하나님에 의한 새로운 국제적 운동의 탄생-새 공동체의 형성-으로 변화되었다. 약속된 성령(눅 3:16; 24:49; 행 1:4-8)을 받은 120명의 유대인 제자들은 부활하신 구세주를 새로운 방법으로 찬양하고 선포하며 기도할 수 있도록 권능을 받았다.

부활 후 50일이 되는 이 오순절은 소위 "교회의 탄생일"이라고 할 수 있다. 이 새 "교회"는 그리스도 안에 있는 수백만의 신자들로 구성된 국제적이고 다민족적인 보편교회로 확장될 새로운 민족의 첫 열매가 되었다(갈 3:26-28; 골 3:10-11).

아타나시우스, 터툴리안 그리고 어거스틴 등과 같은 2-5세기의 초대 교회 교부들은 모든 신자들의 부활의 처음 열매인 그리스도의 부활을 기념하는 날로 기독교의 오순절을 지켰다. 그들은 성경을 낭독하며 찬양을 부르며 일반적인 부활을 기대하는 마음에서 무릎을 꿇는 대신 서서 기도를 드리며, 그리스도와의 천국에서의 잔치를 의식하여 금식을 그치고, 새신자들에게 세례(침례)를 주는 것으로 이 날을 지켰다.

오늘날 교회들은 초대 오순절의 능력을 덧입게 되며 역시 새로운 방법으로 예수 그리스도를 찬양하고, 선포하고, 기도하도록 도전받는다. 단일한 인종이나 민족으로서가 아니라 새롭게 "부름 받은" 몸이자 공동체로서 이들은 인류의 다양한 모든 종족들을 포함한다. 현대교회의 영적 능력과 전도, 뜨거운 예배와 찬양 그리고 영적 은사를 통한 권능 등은 모두 A. D. 33년 오순절에 시작된 초자연적 탄생에서 기인한 것이다.

KENNETH HAMMONDS

오슈벨, 데이비드(Ausubel, David P. 1918-). 미국의 교육심리학자이다. 콜롬비아대학에서 의학과 정신의학을 공부했다. 또한 인지심리학을 공부했는데, 이 연구가 그의 주요한 교육학적 업적을 이루게 했다. 그는 뉴욕시립대학(City University of New York)의 대학원에 교육심리학 박사 과정을 만들었다.

피아제의 인지발달 이론에 영향을 받은 오슈벨은

구두(verbal) 학습과 어린이 및 청소년의 기억력에 관한 방대한 연구를 하며 "의미 있는 자료학습"에 관심을 기울였다. 그는 학습 과정은 복잡하기 때문에 다양한 교육 방법을 사용해야 한다고 주장했다.

오슈벨은 의미를 가진 어떤 학습도 학생들의 당면 문제와 관련되어야 한다고 했다. 어린이들은 자기 발견(self-discovery)보다는 수용과 경청을 통해 학습한다며 새로운 것을 학습할 때는 반드시 이미 알고 있는 사실과 연관지어서 학습해야 한다고 믿었다. 그의 포용론(subsumption theory)에 의하면 학습에서 가장 중요한 한 가지 사실은 학습자의 선지식이다. 새로운 사실을 학습자의 현 지식 체계에 동화시키는 일이 교육 단계의 고하를 막론하고 가장 의미 있는 일이며, 학습의 핵과 같다고 했다. 더 나아가 오슈벨은 학습이 연역적이고, 일반성으로부터 구체성으로 또는 원리로부터 사례로 진행된다고 했다. 그에게 학습의 책임은 주로 교사에게 달려 있어서, 교사는 일반적 패턴에서 구체적 패턴으로 진행하는 개념들 간의 관계성의 패턴을 만들어 추론적 방법으로 가르쳐야 한다고 했다. 그러므로 개념들과 요인들과 원리들을 연속적이고 체계적인 방식으로 제시해 주어야 한다고 했다.

오슈벨의 설명식 교수법은 먼저 교사가 학습 목표를 제시해 주고, 그 실례들을 보여주며 새 단원을 먼저 배웠던 학습 자료들과 연관시키고(advanced organizers) 그리고 새 단원 학습을 체계적으로 진행시키되 일반적인 원리로부터 보다 세부적인 내용으로 점진적인 단계에 따라 가르친다. 학생들이 새로운 학습을 선지식과 관련하여 유사성이나 비유사성을 발견하게 되면 통합적 조정이 이루어진다. 마지막 단계인 숙달(mastery) 또는 강화(consolidation)가 또 다른 새로운 학습으로 넘어가기 전에 반드시 필요하다.

오슈벨은 교사가 가르친 내용을 학생들이 얼마나 이해하고 있는지 자주 확인해 보아야 한다고 주장한다. 그러므로 교사는 학습을 체계화시켜 내용을 분명하게 전달함으로 이전의 학습과 연관시킬 뿐 아니라 미래의 학습에도 연결해 주어야 한다. 오슈벨에 의하면, 성공적인 교사는 학생들을 도와 새로운 지식을 그들의 인지 체계에 포함시키는 방법들을 개발할 줄 아는 사람들이다. 이미 가르친 내용을 복습해 주고 적용시키는 것이 교사의 직무를 성공적으로 성취했다는 표징이 된다.

DAVID GOUGH

참고문헌 | D. P. Ausubel(1963), *The Psychology of Meaningful Verbal Learning: An Introduction to School Learning*; idem(1968), *Educational Psychology: A Cognitive View*.

참조 | 교수-학습내용 윤곽제시도구(ADVANCED ORGANIZER); 동화(ASSIMILATION); 인지발달(COGNITIVE DEVELOPMENT); 피아제, 장(PIAGET, JEAN); 시퀀스(SEQUENCE, 계열화)

오용(Misuse). 성적 학대(Abuse)을 보라.

오인(Misconception). 왜곡(Distortion)을 보라.

오져, 에프 케이(Oser, Fritz K., 1937-). 오져(Oser) 박사는 스위스 후리보그대학(University of Fribourg)에서 다양한 행정직을 역임했다(1978-89). 더욱이 그는 1982년 후리보그(Fribourg) 대학에서 개최된 윤리교육에 관한 국제 대회의 창시자이다. 이후에 그는 독일 베를린에서 진보연구센터(FCAS)의 회원이기도 하였다(1994-95).

오져는 하나님과 연관되는 삶의 경험에서 인식, 언어, 감정, 행동의 유형을 만드는 종교적 판단과 사고의 다섯 단계를 밝혔다. 이 종교적 판단이 사고를 포함하기는 해도 이것의 관심사는 전인격과 연관된 것이다. 오져는 이 단계들을 특징화할 때 일반적 영역인 구조적 발달 이론들 안에서 하였으나, 종교적 결정을 내리는 종교적 구조나 방법이 인지적 구조나 도덕적 구조와 구별되는 것을 발견했다. 오져는 피아제, 콜버그, 파울러, 골드만의 발달적 통찰력으로부터 영향을 받았다. 그의 종교에 대한 접근은 포괄적이고 특정 종교 전통과 얽매이지 않았다. 오져에게 종교란 하나님을 인식하면서 삶을 의미 있게 만드는 수단이다. 오져는 비록 각기 종교마다 다른 내용을 다루고 있지만 종교적 이성은 모든 종교적 전통이나 교파를 무론하고 유사한 유형을 보인다고 확신한다.

오져는 종교적 사고의 단계는 66세가 될 때까지 연속적이고 역행되지 않는다는 사실을 발견했다. 발달은 25세까지 연령과 수평적인 관계 안에서 발생한다고 지적하였다. 1단계는 8-9세에 현저하게 나타나고, 2단계는 11-12세에, 3단계는 20-25세에 나타난다. 이후 발달에서 연령은 덜 중요하다. 각 단계는 다른 단계와 비교할 때 다른 질적인 차이점을 보이고 복잡하여지며 삶을 바라보는 개인의 종교적 인식이 더욱 통합적이게 된다. 각 단계를 통한 진보는 종교적 판단에서 성숙을 증가시켜 간다. 오져는 의미 있는 종교적 삶의 주제들이 각기 단계마다 다르다고 본다. 마치 사도 바울이 성인의 사고 전제가 어린아이의 사고와 다른 것을 나타낸 것과 같다(고전 13:11). 높은 단계의 특징은 많은 융통성이나 광범위한 다양한 문제들을 종교적 사고로 적용하는 능력에 있다. 높은 단계로의 성장은 한 사람의 믿음의 주제들에 관해 의미 있는 반영이 있을 때라야 나타난다. 오져는 이 단계들을 일반화할 수 있다고 믿는다. 비록 종교적 결정을 만드는 특수한 것들이 문화와 종교적 전통마다 다를지라도 그는 이 단계들이 모든 문화의 모든 사람에게 적용될 수 있다고 본다.

오져에 의하면 종교적 판단의 발달이란 하나님과 깊은 관계를 맺는 것이다. 이 발달은 하나님과의 깊은 관계와 새로운 이해를 갖고 하나님과 동떨어진 정서를 계속적으로 진보하여 가는 과정이다. 이 발달은 삶의 문제들 속에서 의미를 만들어갈 때 결핍된 느낌으로 시작된다. 적절한 것을 찾는 과정에서 불만족으로부터 시작된다. 현재 하나님에 대한 이해와 좀더 깊은 통찰력에 대한 갈급함이 불만족을 키운다. 이 때문에 현재의 종교적 사고의 구조틀을 거절하고 삶을 보다 적절하게 설명할 수 있는 새로운 구조를 만든다. 그 이후 단계의 발달에서 안전하게 느끼던 이전의 기반, 부모님으로부터 물려받은 하나님에 관한 이미지 등을 잃어버린다. 그러나 더 깊은 지식과 지혜, 삶을 위한 방향성, 삶과 그 의미를 찾는 사고를 획득한다.

종교적 가르침은 교사가 학생의 종교적 판단의 현재 구조와 새로운 정보를 연결할 때 보다 효과적으로 일어난다. 이렇게 연결하는 것을 실패할 때는 가르침이 일어나는 것이 분열되고야 만다. 발달은 모든 종교적 지식이 각각 이 단계에 맞게 재생산되어야 하고 학습자의 인식에 알맞은 방식으로 내용을 소개해야 한다. 이러한 방식으로는 학생들이 자신의 단계보다 한 차원 높은 단계로 노출될 수 있는 역할극과 종교적 딜레마를 토론하는 것으로 성취될 수 있다. 그러나 가르침이 단순히 정보를 나누어 주는 것이어서는 안 된다. 학생들은 자신들이 갖고 있는 믿음에 대한 이해를 넓혀나가야 하고, 이 과정에서 어떤 부분에서는 피할 수 없는 시행착오를 거치게 될 것이다. 주목할 점은 이런 현상에 대해 오져의 견해는 교리가 종교적 판단에서 가장 높은 단계의 구조로 자리매김한 이후 이러한 현상이 필연적으로 일어난다고 보고 있다. 덧붙여서 단계적 발달은 낮은 단계의 최소한의 잘못을 고치려 드는 경향이 있다고 한다.

DENNIS DIRKS

참고문헌 | F. K. Oser(1980), *Toward Moral and Religious Maturity: The First International Conference on Moral and Religious Development*, pp. 277-315; idem(1991), *Religious Development in Childhood and Adolescence*, pp. 5-25; idem(1991), *Stages of Faith and Religious Development; Implications for Education and Society*, pp. 37-64; F. K. Oser and A. Schlaffi(1985), *Moral education: Theory and Application*; F. K. Oser and P. Gmtinder(1991), *Religious Judgment: A Developmental Perspective.*

Y2K 세대(Y2K Generation). 밀레니엄 세대(Millenial Generation)를 보라.

완전품질경영(Total Quality Management). 한 기관 내에 생산성과 품질을 높이고자 하는 경영 철학이다. 이 경영 철학과 이에 따른 경영 실천은

완전학습

1980년대 말에 "TQM"이라는 약자로 널리 알려지면서 보편화되었다.

완전품질경영이라는 경영철학과 실천은 데밍(W. Edwards Deming)에 의해 만들어졌다. 통계학자인 월터 슈와트(Walter A Shewhart)의 도움을 받아 데밍은 2차 세계대전 시 방대한 물량의 군수 물자 제조와 공급을 가능하게 하는 일련의 경영실천 방법을 개발하였다. 이 실천 방법의 주된 특징은 공장의 생산성을 높이는 것 뿐만 아니라 품질의 향상도 꾀하는 것이었다.

1947년 데밍은 전쟁 이후 폐허가 된 일본의 재건을 돕기 위해 그곳으로 떠났다. 일본인들은 신속히 이 경영철학과 방법을 습득하였다. 그 결과 일본의 산업성공은 역사에서 가장 주목할 만한 사건으로 남았다.

1980년대에 미국의 주식회사들은 데밍의 경영철학과 통계 제한 방법을 수용하기 시작하였으며 지난 30년간 일본에 빼앗긴 시장을 되찾고자 노력을 기울이기 시작했다. 마침내 90년대 초반에 미국의 많은 제조업자들은 생산품의 생산성과 품질을 높인 결과, 성공적으로 시장분배를 높이는 결과를 가져 왔다.

JOHN H. AUKERMAN

참조 | 행정(ADMINISTRATION); 평가(EVALUATION); 경영(MANAGEMENT); 능력중심 교육(COMPETENCY-BASED EDUCATION)

완전학습(Mastery Learning). 각기 다른 역사와 능력, 동기들을 가진 학생들에게 주어진 교육과정을 완전할 만큼의 충분한 시간을 허용하는 학습과정(Bloom, 1976)이다. 1960년대 중반에 블룸(Bloom)은 학생들의 학습 비율은 다르지만, 충분한 시간과 바른 학습조건이 주어진다면 모두 그 내용을 학습하고 완전할 수 있다고 제안하였다(Guskey, 1995). 따라서 학습은 시간제약이나 교육방법론에 매여 있지 않다. 필요한 것은 목표를 명확히 제시하고 각 학생들이 주어진 내용을 완전히 익히는 데 필요한 시간을 사용하도록 허용하는 전략이다.

만약 한 학생이 교육과정을 학습하는 데 곤란이 있다면 교사는 주 내용을 완전히 익히도록 더 많은 시간을 허용하거나, 학습할 내용의 분량을 줄여야 한다. 블룸은 학생들의 95%가 주요 학습목표에 도달할 수 있으며, 대조적으로 전통적인 평균학급에서 공부하는 학생들의 경우는 20%만 그렇다고 주장한다(Livingston, 1996).

애정과 동기가 학생들의 학습애호와 함께 작용한다. 학생들이 목표를 완전하는 데 필요한 충분한 교육지원을 받기만 하면, 그들은 (1) 학교와 자아, 교사 및 교육과정에 대해 더 좋게 느끼며, (2) 학업 완성을 위해 인내하는 것을 배우며, (3) 이어지는 교육과업을 위해 더 잘 준비되어진다(Livingston, 1996).

완전학습에 대한 또 다른 용어로는 '완전을 위한 학습'(learning for mastery, LFM)이 있다. 보통은 (1) 특정의 목표가 선정되고 학생들에게 명확히 전달되어야 하며, (2) 내용을 완성하는 것을 측정하기 위한 어떤 표준이 확립되어야 하며, (3) 목표에 도달하기 위한 개인화된 교육처방에 따른 피드백이 주어져야 한다.

교사는 교육과정을 작은 단위들로 구분해야 한다. 교육 후에는 그 단위목표가 성취되었는지 여부를 측정할 일정양식의 시험과 함께 그 단위가 종결되어야 한다. 만약 목표가 완전하게 성취되었다면 동일한 과정이 다음 단위에서 수행된다. 목표가 완전하게 성취되지 않았다면 그 단위를 완전하게 성취하기 위해 보완될 필요가 있는 학생의 약점들을 교사가 평가해야 한다.

교육과정의 선택은 학생의 개인적인 필요에 근거해 처방되어야 한다. 처방에는 부가적인 강의들에만 제한되어서는 안 되며 소그룹 교육과 다른 독서과제, 멀티매체, 연구지침 및 컴퓨터를 이용한 교육 등이 포함되어야 한다(Fagan, 1996).

유형화된 평가가 등급화 과정의 일부가 되어서는 안 되지만 잘 학습된 내용과 그렇지 못한 것에 대한 정보는 학생과 교사에게 제공되어야 한다. 보완적인 학습활동이 각 과목이나 시험 부분에 특정하게 시행되도록 하여 각 학생이 성취하지 못한 기술이나 개념에만 노력할 수 있게 한다. 활동들은 완전학습의 경험을 풍부하게 하기 위해 내용을 다양하게 제공하도록 계획되어야 한다(Guskey, 1995).

블룸의 입장은 완전학습은 기본에 대한 학습 이상이라는 것이다. 그것은 적용과 목표의 완전성취에 관한 더 높은 차원의 사고에 이르도록 하는 풍부한 연습까지 포함한다(Livingston, 1996). 교사는 학습 경험을 지식의 수준 이상으로 나아가도록 계획해야 한다. 완전학습은 학생이 단순한 사실에 대한 암송을 넘어설 수 있을 때 발생한다.

완전학습이 고급능력과 저급능력 학생에게 균등하게 적합한가 여부에 관해서 어떤 의문이 존재한다. 다른 수준의 학생들을 같은 학급에 배치하는 것이 문제가 되고 있다. 만약 학급이 다음 단계로 진행하기 전에 그 단위 목표가 완성되어야 한다면 고급 능력 학생들은 저급 능력 학생들이 완전학습을 위해 노력하는 동안 무엇을 해야 하는가? 교사는 두 가지 선택상황에 직면하게 된다. (1) 고급 능력 학생들이 다음 단위로 진행하도록 허용한다(교사에게 더 많은 노력이 필요하다), 혹은 (2) 학생들이 더 높은 수준의 학습을 성취하도록 하는 강화활동을 과제로 부과한다(학생들이 계속 동기부여가 되어 있을 것인가?).

연구에 의하면 일반적으로 완전학습은 빠르거나 느린 학습자 모두에게 효과적이다. 완전학습에 관련된 교육가들은 공통적으로 느린 학습자들에게 더 큰 유익이 있다고 믿는다. 목표가 완전이므로 완전을 위한 시간은 덜 중요한 요소이다. 학생은 목표가 성취될 때까지 그 단위를 계속한다.

학생들은 보통 예비(사전) 시험의 점수에 따라 광범위하게 분포되게 된다. 그러나 그 프로그램의 끝으로 가면 그 분포는 점차 비대칭이 된다. 모두가 교육과정을 완전히 성취하였기 때문에 대부분이 높은 수준에 도달하므로 시험 점수에 있어서는 서로 거의 다르지 않게 된다. 이것이 암시하는 바는 최초의 재능과 최종적 성적 사이의 상관관계는 영(zero)에 가까워져야 한다는 것이다. 연구에 의하면 표준화된 시험과는 대조적이지만 지방에서 시행된 시험의 경우에는 학생들이 이런 유형의 도표에 접근하는 경향이 있다(Fagen, 1996).

리빙스턴(Livingston)이 졸업한 학생들을 포함하여 수행한 연구에 따르면, 완전학습에 대한 우호적인 상황에서 공부했다면 빠르거나 느린 학습자들 간의 격차는 단위가 계속될수록 줄어들게 될 것이라고 한다. 연구 결과는 시간에 관해서는 변화가 없다는 사실을 보여준다. 각 단위의 시작에서 차이점은 동일하다. 비록 격차가 더 적다는 것을 지지하는 쪽으로 발견된 것은 아니지만, 이 연구는 완전학습이 한 과정의 목표를 달성하도록 하려는 교육에는 효과적인 접근법이라는 것을 보여주었다. 완전학습은 학습과정, 주요문제 및 교사에 대한 긍정적인 태도를 만들 수 있다. 학생들은 그 과정과 교육방식을 그들의 공부에서 최고 과정 중의 하나로 간주한다(Livingston, 1996). 추가적인 연구에 따르면 초등학생들에게서도 유사한 결과가 나온 것으로 나타났다.

모든 학생들의 성공적인 학습을 돕고자 하는 열망을 가진 교사들은 학생들이 목표를 성취할 수 있도록 돕는 하나의 방법을 제공한다는 사실을 발견할 수 있다. 완전학습은 일반적으로 교사들의 방법에서 작은 변화만 가지고도 수행될 수 있다. 이 접근법은 교육을 쉽게 만드는 것은 아니지만 더 많은 학생들이 학습과정에서 도움을 받도록 해주는 것이다.

GARY WALLER

참고문헌 | B. S. Bloom(1976), *Human Characteristics and School Learning*; K. S. Bull(1996), *Historical Encyclopedia of School Psychology* pp. 201-2; T. R. Guskey, P. Passaro, and W. Wheeler(1995), *Teaching Exceptional Children*; J. A. Livingston and J. R. Gentile, *The Journal of Educational Research* 90, no. 2(1996):67-74.

왓슨, 존 비(Watson, John B., 1878-1958).

미국의 행동과학 심리학자이다. 왓슨은 1903년 시카고대학에서 그의 첫 심리학 박사 학위를 받았다. 5년간 시카고대학에서 심리학을 가르친 후 볼티모어에 위치한 존스 홉킨스대학의 전임 교수가 되었다. 그는 이 대학에서 1920년까지 강의하다가 갑작스럽게 사임하게 되었다. 그 후 그는 1921년부터 1946년까지 뉴욕에서 광고업에 종사하였다.

왓슨은 종종 행동주의의 아버지라 불리곤 한다. 사실상 왓슨 자신이 바로 "행동주의"란 단어를 만든 사람이다. 왓슨은 심리학이 과학적 학문으로서 반드시 명백하고 측정할 수 있는 행동들에 집중해야 한다고 주장하였다. 그는 1879년 독일의 라이프치히에 심리학 연구소를 설립한 빌헬름 분트(Wilhelm Wundt)의 연구에 반대하였다. 분트는 그가 '자기반성'이라 명명한 자기 발견, 자기 보고의 과정을 통해 인간 존재의 내면의 활동, 또는 "내적 상태"를 발견하려고 노력하였다. 반면에 왓슨은 생각과 의도 그리고 다른 주관적인 경험들을 이론화한다는 것은 비과학적이라고 믿었다. 왓슨은 심리학의 영역을 물리학이나 천문학이 누리는 과학적 검증의 수준으로 올리려고 노력하였다. 이러한 과학들이 그들의 결론을 어떤 객체들의 행동에 의거하는 것처럼, 심리학 또한 그 연구의 결론을 인간의 행동에 근거해야 한다는 것이 그의 주장이다. 왓슨은 이반 파블로프(Ivan Pavlov)의 연구에 의해 큰 영향을 받았으며 그의 연구를 학습이론의 기초로 처음 사용하였다. 왓슨은 파블로프의 자극-반응결합(S-R associations)에서 분트의 내적 상태를 대신할 수 있는 인간의 인성 발달의 기본적 요소를 발견하였다. 그는 모든 인간의 학습과 행동에서 유전적 요인보다 환경을 더 강조했다.

왓슨은 극단주의자였다. 그는 그의 저서에서 비현실적인 주장을 하였으며, 어린아이들에 관한 그의 연구에서 윤리적으로 의심받았다. 그의 가장 잘 알려진 실험에 알버트(Albert)라 불리는 아이가 있다. 왓슨은 알버트에게 작은 쥐를 주어 놀게 하였다. 그리고 왓슨은 금속 그릇을 막대기로 두들겨서 아주 소란한 잡음을 만들었다. 그 결과 알버트는 쥐에 대한 두려움을 갖게 되었다. 이 실험으로부터 왓슨은 이러한 공포가 토끼, 개, 바다표범의 모피로 만든 외투, 심지어는 잠시 동안이나마 산타 크로스의 수염에도 일반화될 수 있다는 것을 보여주었다.

왓슨의 공헌은 두려움이나 공포, 또는 선입견 등의 감정적 반응을 형성함에 있어 환경의 중요성을 보여준 데 있다. 그는 인간이 약간의 반사 신경과 두려움과 사랑, 분노와 같은 감정의 반응을 가지고 태어난다고 믿었다. 그 밖의 모든 행동은 환경의 조성에 의한 새로운 자극-반응결합의 형성에 의해 만들어진다. 이러한 발전에는 새롭고 더 복잡한 형태의 사고와 행동에 의해 뚜렷해지는 "계속적이고, 누적되며, 계층적인 과정"이 수반된다. 비록 왓슨이 이러한 과정을 설명하거나 증명하려고 시도하지는 않았으나, 그는 후대의 손다이크(E. L. Thorndike), 스키너(B. F. Skinner) 그리고 앨버트 밴두라(Albert Bandura) 등의 학자들의 연구를 위한 기초를 놓았다. 왓슨의 중요한 공헌은 환경에 의한 새로운 자극-반응 결합의 형성으로 두려움, 공포, 선입견 등이 발달한다는 것을 설명한 것이다.

RICK YOUNT

참고문헌 | M. H. Dembo(1994), *Applying Educational Psychology*; T. L Good and J. E. Brophey (1990), *Educational Psychology: A Realistic Approach*; W. R. R. Yount(1996), *Created to Learn*.

참조 | 연합/결합이론(ASSOCIATION/CONNECTIONIST THEORIES); 행동주의이론(BEHAVIORISM, THEORIES OF); 자극 반응결합(S-R BONDS); 스키너, 버러스 프레드릭(SKINNER, BURRHUS FREDERIC)

왜곡(Distortion).

심리학적 개념으로 프로이트(Sigmund Freud)의 심리분석 이론으로부터 출발한다. 이것은 무의식적 충동을 의식이 수용할만한 형태로 수정한 것이다.

프로이트는 인성이 세 가지 구조로 구성되어 있다고 믿었다. 첫째는 '이드'(id)로서 심리적 에너지의 주요자원을 제동하는 내적 욕망이다. '이드'는 즉각적인 만족을 구하는 쾌락의 원리로 작동된다. 둘째 구조는 '에고'(ego)로서 '현실적 원리'(reality principle)에 의해 작동되며 합리적이고 외부 세계와 연결 짓는 역할을 한다. 셋째 구조는 '슈퍼에고'(superego)인데 쾌락적 원리와 현실적 원리 모두에 상반되는 양심과 자아 이상(ego ideal)으로 구성된다. 양심은 기본적으로 부정적이고 주로 금지들로 구성되는 반면, 자아 이상은 개인이 추구하는 이상을 제공해 준다. 에고(자아)는 세 종류의 주인을 섬긴다. 이드, 슈퍼에고(초자아) 그리고 외부 세상이다. 자아는 가능한 한 문제 해결법을 사용하여 현실적 방법으로 중재한다. 그러나 이 중재에 왜곡이 생긴다. 즉 평상시의 문제해결 기술이 부적절하여 무의식적 충동과 방어기제를 통해 초자아가 외부 세계에 수용될 수 있도록 만든다.

자아의 불안감을 현실적 방법으로 해결할 수 없을 때 방어기제가 생긴다. 프로이트의 저술에 다섯 가지 방어기제들이 묘사되어 있다. '억압'(repression)은 위협적인 생각이 의식으로 진행되는 것을 막아준다. '반동형성'(reaction formation)은 받아들일 수 없는 감정을 가리기 위해 상반적인 것에 초점을 둔다. '투사'(projection)는 외부 세계의 사람들과 사물에 불안을 조장하는 생각을 넣어준다. '퇴행'(regression)은 사람이 초기의 발달단계로 되돌아가는 일을 허용한다. '고착'(fixations)은 인성발달을 정지시킨다. 이와 같은 기제들은 사람이 고도로 불안할 때, 그 불안을 다룰 수 있도록 유용한 목적으로 사용이 되기도 하지만 인성이 적절하게 발달되는 것을 저해할 수도 있다. 그 이유는 현실이 정상적 적응을 미루는 방식으로 왜곡되기 때문이다.

ELEANOR A. DANIEL

외로운(Solitary). 외로움(Loneliness), 독신자들(Single Adults)을 보라

외로움(Loneliness). "사람이 (어떤 곳에) 속하지 못하거나 받아들여지지 않았다고 느끼는 상태이다. 그것은 극도의 심적 고통, 공허감, 어떤 사람과 함께 있고자 하는 열망, 또는 불안정을 수반할 수 있다"(Carter, 1982, 89).

외로움은 미국에서 살고 있는 수많은 사람들이 경험하고 있는 공통의 경험이다. 그것은 대개 아무도 돌보지 않는다는 느낌이 드는 것이 그 특징이다. 외로운 사람들은 그들의 세계가—어떤 사람이 관심을 가져주기만 한다면—어떻게든 좋아질 것이라고 생각할지도 모른다. 가장 극한 외로움의 감정을 경험하는 사람들은 대개 관계 파괴행위(relationship sabotage)의 결점이 있는 사람들이다. 그들은 친밀성을 두려워하며 위험을 최소화하기 위해 관계를 파괴한다. 그 대가는 극도의 외로움이며 아무도 돌보지 않는다는 생각의 강화이다(Carter, 1982, 65).

인간관계들은 잠재적 외로움을 없애기 위해 하나님이 제공해 주시는 보호수단이다. 창조 초기에 하나님은 "사람의 독처하는 것(be alone)이 좋지 못하니"(창 2:18)라고 규정하셨다. 그러므로 하나님은 아담을 위해 하와(Eve)를 지으셨다. 관계에 대한 필요가 그때 이후로 줄어든 것이 아니라, 그것은 우리로 하여금 인간되게 하는 그것을 구성하는 바로 그 구조의 일부분이다. 만일 어떤 사람이 외딴 섬에서 홀로 오도 가도 못하게 된다면, 우리는 그 사람이 다른 사람과의 접촉이 없이도 정말로 온전하게 인간적이 될 수 있는지 정당하게 물을 수 있다. 인간이 된다는 것은 공동체 안에, 관계 안에 존재하는 것이다. 외로움은 또한 한 개인의 하나님으로부터의 분리와 다른 사람들로부터의 분리 그리고 자기와의 불만족에서 비롯되는 소외의 경험으로 규정될 수 있다. 외로움에는 내적인 평화와 만족의 결여가 따른다(Carter, 1982, 65).

안다 라룩스(Anda LaRoux)는 한 개인의 신앙 강도(strength)가 고독감의 깊이와 빈도 사이에 연계점이 있다고 말한다. 이것은 학생이 외로우면 외로울수록, 구속자(the Redeemer)로서의 예수 그리스도를 믿는 그/그녀의 신앙이 더 약하다—그리고 그 반대의 경우도 마찬가지이다—는 것을 암시한다. 이것은 외로움의 가장 깊은 원인이 한 개인의 하나님과의 수직적인 관계의 종교적 단절(uprooting and severance)에서 찾을 수 있다고 주장하는 많은 사람들에 의해 받아들여지는 견해를 지지한다(LaRoux, 1998, 174-80).

인간 경험의 일부인 것처럼 여겨지는 두 개의 욕구(필요)가 있다. 하나는 사랑받고 존중을 받고자 하는 욕구이며, 다른 하나는 사회적 소속의 욕구이다. 만일 이 욕구들 중 어느 하나라도 충족되지 않

는다면, 그 결과는 깊은 외로움을 느낄 가능성이 커진다. 외로운 사람들에게는 공통적인 분리의 감정(the feeling of separation)이 있는 것처럼 보인다. 그들은 자신들이 다르다고 느끼며 자신들이 다른 부류의 사람이라고 생각한다. 이것은 자기와의 불만족의 느낌을 가져다주며, 비극적인 하향의 소용돌이를 야기하면서 그들이 느끼는 소외를 강화한다. 그들은 관계들을 갈망하지만, 그럼에도 불구하고 그들은 관계들을 파괴하거나, 그와 같은 관계들을 형성하는 것에서 초연하게 머물러 있으면서 외로움의 느낌을 더 깊게 한다. 자신들의 외로움을 받아치려고 시도하면서, 많은 사람들이 독신자들만 출입하는 술집들, 만남 그룹들, 마약, 자유로운 성생활, 동양 종교들 그리고 사이비 종교(cults)에 몰두해 왔다. 또 어떤 사람들은 의기소침이나 분노나 자기 증오나 과식이나 소외 속으로 빠져든다.

어떤 해결책이 제시되었나? "어느 정도의 외로움 또는 분리는 모든 사람들에게 자연적인 것이라는 사실을 받아들이는 사람이라면, 현실적인 삶의 철학을 발전시키는 쪽으로 중요한 조치들을 취하는 것이 가능하다. 외로움은 극복될 수 있는 문제이다"라고 카터(Carter), 마이어(Meier) 그리고 미너쓰(Minirth)는 주장한다(1982, 123).

그러므로 우리는 우리의 현재의 상황을 평가하는 것을 배울 필요가 있고 우리가 우리의 관계들을 파괴하고 있는지를 결정할 필요가 있다. 또한 우리 자신의 부정적인 감정들을 통제하는 것을 배울 필요가 있으며 우리의 문제들을 그것들이 실제로 있는 그대로-단순히 문제들로-보려고 노력할 필요가 있다. 때때로 외로움으로부터 벗어나는 유일한 길은 (사람들에게) 다가가 친구를 사귀는 것이다. 또 어떤 때는 외로운 것은 괜찮은 것이라고 우리 자신들에게 말하는 것이다.

로칵(Rokach)과 브락(Brock, 1998)은 다음과 같이 결론을 내린다. "외로움은 그것의 만연성(pervasiveness)에도 불구하고 성공적으로 다루어질 수 있고 그것의 고통은 감소될 수 있다. 만일 우리가 외로움은 기쁨이나 굶주림이나 슬픔과 마찬가지로 인간됨의 자연적이며 불가결한 한 부분이라는 믿음에 동의한다면, 그 목적은 외로움의 방지(prevention)라기보다는 오히려 통제(control)라는 것이 이치에 맞다"(107).

GARY WALLER

참고문헌 | L. Carter, P. Meier, and F. B. Minirth(1982), *Why Be Lonely? A Guide to Meaningful Relationships*; A. LaRoux, *South African Journal of Psychology* 28, no. 3(1998): 174-80; A. Rokach, *Journal of Social and Clinical Psychology* 17, no. 1(1998): 75-88; A. Rokah and H. Brock, *Journal of Psychology* 132, no. 1(1998): 107.

욕구의 위계(Hierarchy of Needs). 아브라함 매슬로우(Abraham H. Maslow)는 유대계 사업가의 아들로서 브루클린의 교외에서 태어났다. 젊은 시절 그는 가족 사업에 종사하면서 연구를 통해 자신을 표현하며 내면에 대해 관심을 가졌다. 그는 위스콘신대학에서 행동주의와 실험주의 심리학을 연구하였다. 1934년에 그는 해리 할로우(Harry Harlow)의 감독 하에 성별과 우월성에 대한 박사학위를 받았다. 그의 초기는 작은 동물연구에 관한 것이었다. 그가 분석심리학과 형태심리학을 좀더 공부함에 따라 그의 관점도 변화하기 시작하였다. 가장 중요한 것으로서 그가 본 심리학적 주제와 방식은 인간의 경험의 복잡성과 독특성을 고려하기 시작하였다.

매슬로우의 초기 경력은 뉴욕의 브루클린대학에서 시작된다. 그는 당시의 앞서가는 심리학자 및 사회과학자들과의 접촉을 통해서 지적 성장을 계속하였다. 그러한 점에서 그는 인간의 행위에 대한 그의 이론을 종합하기 시작하였다. 인간 심리학의 긍정적 요소에 관한 그의 관심은 인간의 잠재성과 동기를 이해하는 것에 그의 목표를 두었다.

이러한 초기의 노력은 그의 저서 『동기와 인성』(*Motivation and Personality*, 1954)에 집중되었다. 이 책은 타고난 욕구라는 관점에서 인간의 동기에 대한 상당히 영향력 있는 분석을 하고 있다 (Arkes & Garske, 1982). 그는 15년 이상 그의 저

욕구의 위계

서를 통해 동기화 개념, 행복의 의미 그리고 인간의 기능에까지 관심을 기울였다. 1962에 그는 브란데이스(Brandeis)대학으로 가서 인문주의 심리학회를 설립하였다. 이것은 심리학에서 제3의 힘의 공식적 시작으로 확인된다. 매슬로우는 1967년에 미국 심리학회의 의장으로 선출되었으며, 1970년에 사망하였다.

매슬로우의 이론은 욕구의 위계를 정리하는 다양한 동기 시리즈에 기초한다. 즉 욕구의 체계, 자아실현, 심리적 성장과 이행의 노력에서 최고의 동기는 유기체적인 욕구이다. 이러한 노력은 매슬로우에 의해 확인된 인간의 욕구 중 유일한 것이다. 그는 자아실현으로 동기화된 행동이 일어나기 전에 또 다른 욕구가 실현되어야만 한다고 강조하였다. 그는 행동의 결정 상태의 자아실현을 부여하였다. 이는 작용할 때 발생할 수 있는 특별한 영역의 행동을 일으킬 수 있다(Arkes and Garske, 1982).

욕구의 위계의 시작에서 그 욕구는 생리적으로 좀더 본질적이며 강하다. 욕구의 체계가 나아짐에 따라 그 욕구는 좀더 심리학적으로 학습되며 약화되었다. 먹고 마시며 숨 쉬는 것과 같은 생물적인 욕구는 본능(instinctoid)으로서 매슬로우에 의해 확인되었다. 욕구는 일반적이고 주어지는 것이며 행동에 대한 욕구의 효과가 조절될 수 있다. 욕구는 행동을 이끄는 것이 아니라 만족시킬 수 있는 몇 가지 행동으로부터 사람이 선택할 수 있는 것이다.

기본적 욕구는 몇 가지 특징을 가지고 있다. (1) 욕구를 만족시키는 데 실패하면 직접적으로 역기능을 불러일으킨다. (2) 욕구는 역기능을 치료한다. (3) 계속되는 만족감의 존재는 역기능을 막아주며 건강을 가져다 준다. (4) 선택이 작용할 때 기본적 욕구의 만족감이 다른 것보다 우선될 수 있다. (5) 연기된 만족감은 요구 사항을 줄여준다.

욕구의 체계에서 욕구는 다음과 같이 5가지로 구분된다. 생리적 욕구, 안전 욕구, 소유물과 사랑에 대한 욕구, 존경 욕구, 자아실현의 욕구 등이다. 매슬로우는 인지적 욕구와 심미적 욕구에 대해서도 말하였다. 그러나 그는 이것들을 욕구의 체계 내에 포함시키지는 않았다(Maslow, 1968). 그는 오히려 욕구를 자극의 전제 조건과 조절 도구로 명명하였다. 그는 사람들에게서 심미적 욕구를 보곤 한다(1970). 좀더 낮은 욕구가 다음의 것을 만족시킴에 따라 욕구의 체계는 동기에 대해 가장 현저한 자료가 될 수 있다. 이것은 자아실현으로 이어지지만 욕구의 반복이 전형적이나 변화하지 않는 것은 아니다. 두 종류의 행동이 동기화되지는 않는다. 몇몇 욕구는 기능적으로 자율적이 된다. 한 예로 배고픔을 만족시키기보다 판단력을 따라 먹는 것은 사회적 기쁨과 같다. 매슬로우에 따르면 몇 가지 행동은 표현적이다. 이것은 단지 그 사람의 단순한 반영이다.

강한 생리적인 욕구는 상대적으로 다른 자극이나 다른 것들에게서 독립적이고 특별한 물리적 기반을 가지고 있다. 안전 욕구와 안전, 안정, 독립, 방어, 구조, 명령은 종종 사람에게 안전하다는 느낌을 주는 관념 속에서 증명되곤 한다. 이러한 것들은 아이들에 의해 선언될 수 있다. 소유와 사랑의 욕구는 주거나 받는, 모든 애정 어린 관계에 대한 노력을 창출한다. 존경의 욕구는 자기 존경과 타인에 대한 두 개의 부분 집합을 가지고 있다. 전자의 환경은 강함과 획득, 경쟁 등과 같은 것을 포함한다. 후자의 환경은 지위, 명성, 인식, 애정, 평가를 포함한다. 사기(속임수)는 이러한 욕구를 만족시키지 못한다. 이러한 모든 욕구의 만족은 자신이 이루고자 하는 모든 것을 이루고자 하는 자아실현의 필요, 즉 위계체계의 정점에 이르게 한다.

매슬로우 이론에는 두 개의 동기 메카니즘이 있다. 하나는 만족이 결핍되거나 필요가 충족되지 않았을 때 작용되는 결핍성 동기(D-motivation)이다. 그것은 평정상태나 긴장의 감소를 제안한다. 그것은 네 개의 낮은 기본 욕구들을 위해 작용되어진다. 성장 혹은 존재 동기(B-motivation)는 자아실현의 단계에서만 작용한다. 여기에서는 만족의 부족함이나 절박함은 없고 잠재성을 향한 점진적 진보가 있을 뿐이다. 이것은 욕구의 충족을 넘는 초월 동기로 여겨질 수 있다. 부족한 상태보다는 존재의 상태가 그 하나이다. 결핍 동기(the D-motivated needs)와 존재 동기(the B-motivated needs)는 그 욕구의 위계를 두 개의 영역으로 구분한다.

욕구이론 – 매슬로우

사람 속에 내재된 동기의 기초인 욕구체계의 욕구에 대한 매슬로우의 이론은 복잡하다. 이는 단순화된 방식내의 다른 것들에 의해 의사소통되는 경향이 있다. 이것은 아마도 필수적이다. 결과적으로 그 이론의 내용의 수준이 다양한 것은 욕구의 체계 내에서 깨어지기도 한다. 때때로 전통적으로는 5개의 수준으로 뚜렷이 구별되나 5단계인 "알고 이해하는 것"와 6단계인 심미적 평가"와 함께 종종 7개의 수준 내에서 존재한다. 윌리엄 얀트(William R. Yount, 1996)는 아주 간결하지만 완벽하게 욕구를 훌륭하게 묘사하고 있다. 그는 8번째 단계로 "초월"을 추가하였다.

초월은 매슬로우의 욕구의 위계에서 중요한 것이다. 어떤 학자들은 초월을 자아실현의 한 영역으로 설명한다. 매슬로우는 또한 초월을 존재, 완벽 혹은 심리학의 목표라고 하였다. 그것은 시간과 공간, 자신, 타자를 초월하는 능력을 주며, 광의로 볼 때, 영적인 면도 포함한다. "초월은 인간이 가장 고상하고 총괄적이고 통전적 차원으로 의식하고 행동하는 것이며, 자신, 중요한 타자(신적 존재-역주), 일반적 타자, 동물, 자연 그리고 우주를 수단으로 여기기보다는 목표로 여기고 관계하는 것이다"(Maslow, 1971, 279).

자아실현의 면에서 초월하기 혹은 초월하지 않기의 두 유형이 있다. 초월하지 않는 사람은 자아실현의 특징을 모두 공유하나 최상의 경험이나 성장인지(B-cognitions)가 부족하다. 이들은 덜 영적이고 덜 통전적이다.

욕구 위계 체계 이론은 동기의 종합적, 인문주의적, 발달 이론의 하나이다. 이 이론은 상담과 교육에 시사점들을 주지만, 조직과 관리 분야에 훨씬 더 적용이 되어 지고 있다. 그러나 이 이론은 어떻게 기본 욕구가 선택되고 등급이 매겨지며 왜 다른 요소들은 포함되지 않았는지에 대한 설명이 불명확하다는 한계점이 있다. 또한 이를 지지하는 임상적, 실험적 자료도 빈약하다.

EUGENE S. GIBBS

참고문헌 | H. R. Arkes and J. P. Garske(1982), *Psychological Theories of Motivation*; A. H. Maslow(1954), *Motivation and Personality*; idem(1968), *Toward a Psychology of Being*; idem(1971), *Motivation and Personality*; idem(1971), *The Farther Reaches of Human Nature*; R. C. Sprinthall, A. Norman, and S. N. Oja(1998), *Educational Psychology: A Developmental Approach*, W. R. Yount(1996), *Created to Learn*.

참조 | 장 이론(FIELD THEORY); 형태심리학(GESTALT PSYCHOLOGY)

욕구이론 – 매슬로우(Needs, Maslow's Theory of).

매슬로우(Abraham Maslow)는 인문주의(humanistic) 심리학의 아버지로 간주된다. 인문주의 심리학은 인간과 인간의 가치관, 능력 그리고 유용성에 중심을 둔다. 그의 1954년도 책인 『동기와 인성』(*Motivation and Personality*)는 인문주의 심리학의 많은 기본적인 주장을 소개하는 로저스(Carl Rogers)의 『상담과 정신요법』(*Counseling and Psychotherapy*, 1942)와 결부되었다. 인문주의는 인간을 본질적으로 선하지만 사회에 의해 타락된 존재로 보는 루소(Jean-Jacques Rousseau)의 인간 본성에 대한 낭만적 견해를 반영한다. 이 견해에 대해 반대하는 견해는, 본질적으로 문제가 있고 충동적 악의 기미가 있는 인간본성으로 간파하는 프로이트(Freud)와 단지 환경적 영향에 의해서만 인간의 행동을 보는 행동주의이다.

매슬로우는 모든 인간은 자아인식, 자기충족, 또는 자기실현에 대한 내재적 동력을 가지고 있다고 확신했다. 자아실현은 사람의 개인적 잠재력을 펼치고 달성하는 것을 말한다. 사람들은 기본적 욕구의 7단계를 거침으로써 그 자기실현으로 나아간다. 이 위계모델은 피라미드구조로 설명된다. 가장 바닥에는 기본적 욕구가 있고 자아실현은 최상위에 위치한다. 각 단계는 이전단계에 의존한다.

처음 4개의 단계는 결핍이나 기본적 욕구들에 대처한다. 이 단계들은 생존(집, 따뜻함, 음식, 물 그리고 잠과 같은 욕구), 안전(내일의 필요들에 대한 걱정, 안전 그리고 질서정연하고 예측할 수 있는 환경 안에서 위협으로부터의 자유), 소속감과 사랑(가족과 동료들로부터 관계를 확립하면서 승인과 사랑받기) 그리고 자존감(인정과 승인, 자존심, 능력 그리고 지배)을 포함한다. 위의 기본적인 욕구인 생리적 욕구는 가장 강력하다. 그 이유는 만약 이 욕구들을 빼앗기게 되면 사람은 생존할 수 없기 때문이다.

이러한 욕구들 외에 성장 욕구들이 존재한다. 지적 성취(알고 이해하려는 욕구) 그리고 심미감(아름다움, 규칙, 진실, 정의 그리고 친절의 이해와 표현)이 존재하며 끝으로 자아실현(사람의 재능, 능력 그리고 잠재력의 개발)에 이르게 될 것이다. 매슬로우에 따르면, 자아실현은 "자신이 되고자 하는 모든 것이 되고 싶은 욕구"이다. 자아실현한 사람의 특성은 자신과 다른 사람들을 수용, 자발적 행동, 관대함, 다른 사람과의 민주적 관계, 창조성, 긍정적인 마음 그리고 독립을 가지고 있다. 뿐만 아니라 클로우즈(Clouse, 1993)는 다음과 같은 특성들도 포함시킨다. 자기실현화된 사람은 실제적이고, 순응에 저항하고, 높은 윤리의식을 가지고 있으며, 자신보다는 일중심이다. 매슬로우는 경험적 원리와 윤리적 이상을 모두 자아실현의 개념에 포함시켰다.

얀트(Yount, 1996)는 매슬로의 후기연구(1968)를 참조하여 초월성(transcendence)이라 불리는 8번째 단계를 정의내렸다. 이 개념은 확장된 우주적 정체성에 대한 영적 욕구이다. 얀트는 이 단계가 거의 관심을 받지 못했다는 것을 지적하면서 오직 하나의 원문에서만 포함되었다고 시사했다.

교육자들은 만약 기본적인 욕구가 충족되지 않으면, 학생들이 욕구를 알고 이해하는 것을 포함하는 성장 욕구에 집중하는 것이 어려울 것이라는 것을 깨닫게 되면서 매슬로우의 이론을 적용한다. 매슬로우는 아동들이 기회가 주어질 때 슬기로운 선택을 한다고 믿었다. 아동들이 관심이 가는 학습환경 안에 있을 때, 그들은 자신의 가치를 발견할만한 강의 과목을 선택할 것이다. 학습경험은 그것 자체가 보상이 된다.

인문주의적 교육자는 아동을 전 인격체, 서로 관련된 많은 부분들로 구성된 통일체로 이해한다. 학습의 기본적인 기술은 중요하지만 인간관계를 배척하지 않아야 한다. 도덕학습은 다른 사람을 불행하게 하는 것을 이해하는 것과 사회적으로 용인될 수 있는 방식을 배우는 것이 한 부분이 된다. 도덕은 외부적 힘에 의해 강요되는 것보다 내적 사안이다. 자신과 타인을 수용하기, 자신의 감정과 다른 사람들의 감정을 이해하기, 지배와 권한을 알기, 목적이 있는 목표를 세우기 그리고 선택과 선택의 결과에 대처하기 등과 같은 인문주의적인 주제는 교육과정의 일부분이다.

인문주의의 영향력은 인문주의적 교육 프로그램을 통하여 더 나은 세상을 만들려는 희망으로 인하여 환멸을 느끼게 된 사회에 의해서 오늘날 어느 정도 완화되었다. 매슬로우 모델에 나타난 개인적 자기실현에 대한 강조는 지나치게 개인을 앞세웠고 반면 사회의 선에 대하여 너무 적은 관심을 유도했다. 클로우즈는(1993) 또한 균형 있는 인문주의를 시도하면서 인지심리학의 상승은 인문주의적 접근을 가렸다고 지적했다.

몇몇 종교 조직들은 세속적 인문주의에 대해 비판적이다. 이는 자기충족, 미신과 거의 같은 정도로 종교의 거부, 과학적 연구방법의 수용 그리고 학문의 자유와 시민의 권리의 가치를 가장 으뜸으로 두기 때문이다. 그들의 비판은 모든 인문주의 형태에 광범위하고 단죄적이다.

그러나 개념으로서의 인문주의는 세속적이든, 종교적이든 양쪽 모든 교육자에게 계속적으로 영향을 미치고 있다. 이들은 즐거운 교육방법, 훈련된 교사, 매력적인 교실 그리고 학습경험에 본질인 학습자를 보는 관점을 갖고 있다. 인간의 잠재능력에 대한 매슬로우의 강조는 내적 자아, 문화적 한계에 대한 인식, 아름다움과 자연에 대한 즐거움 그리고 현명한 의사결정에 관심을 강조하면서 포스트모던 사회의 많은 양상들을 정의내리고 있다.

BARBARA WYMAN

참고문헌 | B. Clouse(1993), *Teaching for Moral Growth*; A. H. Maslow(1954), *Motivation and Personality*; idem(1968), *Toward a Psychology of Being*;

C. Rogers(1942), *Counseling and Psychotherapy*; W. R. Yount(1996), *Created to Learn*.

참조 | 욕구의 위계(HIERARCHY OF NEEDS); 인문주의적 기독교(HUMANISM, CHRISTIAN); 인문주의/고전적 인문주의(HUMANISM, CLASSICAL); 융, 칼 구스타프(JUNG, CARL GUSTAV); 매슬로우, 아브라함 해롤드(MASLOW, ABRAHAM HAROLD); 로저스, 칼(ROGERS, CARL)

욤 키푸르(Yom Kippur). 대속일에 대한 히브리어 명칭. 대속이라는 용어는 대체, 구속, 속죄 그리고 화목과 같은 개념들을 포함하고 있다. 매년 있는 이러한 유대 축제일은 일곱 번째 달(티쉬리) 10일째 되는 날에 해당하는데, 그것은 우리의 10월과 거의 일치한다. 이 날에 대해 가르쳐주는 성경 본문으로는 레위기 16장 23절, 27-32절과 민수기 29장 7-11절이다. 구약에서 대속일은 성막 정화, 대제사장이 지성소로 들어가 희생 염소의 피로 자비의 보좌를 적시는 것 그리고 광야로 내보내지는 속죄 염소와 관련이 있다.

신약에서 대속일은 세상의 죄를 속죄하기 위해 십자가 위에서 드려진 희생제물로서의 그리스도에 대해 묵상할 기회로 여겨진다. 예수께서는 히브리서에서 위대한 대제사장으로 선포되신다. 그리스도인들이 십자가상에서의 그리스도의 죽음의 충분성에 대해 신학적으로 더욱더 많이 이해하게 됨에 따라 이 날은 점차적으로 잘 지켜지지 않았다.

현대 상황에서 대속일은 회심의 십일 중에서 마지막 날이다. 즉 회심의 십일 중에서 첫날은 로쉬 하샤나(유대인들의 신정)이며 마지막 날은 욤 키푸르이다. 10일 동안 이어지는 이 기간을 회개와 기도 그리고 금식으로 보내게 된다. 말할 것도 없이 유대 성전이 붕괴되고 난 후부터는 이 축제의 희생적인 측면들은 더 이상 준수되지 않고 있다. 오늘날 유대 신자들은 음식을 삼가고 회당 예배를 참석함으로써 이날을 축하한다. 욤 키푸르 저녁에는 수양의 뿔을 불어 전체 회중에게 예배의 시작을 알리며 이 예배가 끝나고 난 후에는 콜 니드리(모든 서약)를 제창한다. 하나님의 율법을 지킬 수 없는 자신들의 무능력을 인식하는 회중은 하나님의 용서를 구한다. 이 예식은 유대인들에게 강력한 의미를 가지고 있으며 유대 월력에서 가장 거룩하게 지켜지는 종교적인 행사들 중의 하나이다.

MICHAEL J. ANTHONY

참고문헌 | F. L. Cross and E. A. Livingstone(1997), *The Oxford Dictionary of the Christian Church*; J. D. Douglas(1962), *The New Bible Dictionary*; E. L. Towns(1995), *A Practical Encyclopedia of Evangelism and church Growth*.

우울(Melancholy). 우울증(Depression)을 보라.

우울증(Depression). 우울증은 정신과 의사들이 가장 많이 다루는 정서적 상태로서 과반수의 미국인들이 일생의 어느 시점에 임상적 우울증에 시달리게 된다고 추정한다(Minirth & Meier, 1978). 일부는 우울증을 약간 "저조한" 기분이라고 정의하지만 임상적 혹은 주요 우울증은 약간 침울한 것과는 엄청나게 다른 것으로 묘사된다.

임상적 우울증의 증상은 다음과 같다.

1. 의기소침하고 공허한 느낌이 적어도 두 주 이상 여러 개월 또는 여러 해 지속된다.
2. 직업이나 관계, 자녀들, 성생활, 음식 등 일상적인 활동에 관심을 잃어버린다.
3. 불규칙적인 수면(주로 불면증이지만 과도한 수면일 수도 있다).
4. 피로감과 무력함에 대한 불평.
5. 변화의 노력을 계속적으로 저해하는 무가치함, 희망 없음, 죄책감에 대한 생각들.
6. 집중력 부족과 기억력 문제를 경험하면서 더욱 의기소침해짐.
7. 삶의 무용함과 자살 가능성에 대한 생각들.

우울증

어린이 우울증은 매우 달라서 부모와 교사들은 야뇨증, 울기, 소외, 싸움이나 학교문제들 그리고 일부 어린이들의 자살에 관한 언급 등에 주의를 기울여야 한다. 청소년들 역시 우울증의 증상으로서 비행, 성급한 분노, 소외, 몸차림/옷차림의 변화, 마약이나 음주, 학교 문제 등을 보인다. 이와 같은 행동들은 자신의 감정을 말로 표현할 줄 모르는 이들이 도움을 외치는 소리일 수도 있다. 우울증에 걸린 사람은 말 그대로 "내가 왜 이렇지?" 라고 의문을 갖는다.

우울증에 걸린 젊은이들과 성인들은 도움받기를 강하게 거절할 수도 있으므로 강하지만 사랑의 방법으로 그들이 필요한 도움을 제공할 수 있다. 우울증이 있는 사람들에게 자살은 심각한 문제이므로 그들이 자살에 대한 생각을 언급할 경우 사역자나 친구들은 주저 없이 그 정보를 알려주어야 한다. 비밀을 존중해 주기 원하는 사람들에게는 매우 어려운 일이어서 어떤 다른 방법을 찾아보려는 노력으로 스스로가 매우 불안해진다. 이러한 불안감에서 벗어나기 위해서 간단한 질문을 해보는 편이 낫다. "만약 누군가 이 사실을 안다면 누가 도움이 될 수 있겠니?" 이에 대한 대답으로 종종 부모나 배우자, 상담자, 의사, 또는 경찰이 언급되며 이들의 도움으로 수많은 생명을 구하게 된다. 임상적 우울증은 적절한 의료 및 심리 치료로 많은 부분 치유가 가능하고, 일단 치료가 시작되면 대부분의 사람들의 증상이 경감된다.

사역자들과 친구들이 하나님의 도움과 수용에 대한 메시지를 전해주어 고통을 덜어주는 교회의 역할도 매우 중요하다. 우울증에 영적 요소가 물론 있지만(Hart, 1987), 임상적 우울증 환자가 자신의 죄악이나 영적 성숙의 결여에 대면하게 하는 것은 사역자들의 인내와 온유(고전 13:4)로 사랑을 전달하는 것이 실패하게 하는 반면 즐거운 것들(빌 4:8)에 대해 생각해볼 필요를 지나치게 단순화 시킬 수 있다. 우울증을 죄의 견해로만 보게 되면 우울증에 걸린 사람을 비난하는 결과가 되며 죄책감으로 희망을 잃어버리게 만들 수도 있다. 배려 깊은 그리스도인들은 우울증에 시달리는 사람의 그릇된 생각을 직선적으로 지적하고 싶은 유혹을 견디면서 엄중한 영적 진실을 나누기 전에 감정의 조류가 잠잠해지도록 기다려야 한다. 우울증에 시달리는 사람과 정규적인 관계를 가지며 사는 사람들에게 임상 우울증의 여러 증상과 요인들을 이해하는 일은 도움이 될 것이다.

일부 우울증과 그 '롤러코스터 사촌'(roller coaster cousin: 기분과 행동의 변화가 심하다는 비유-역주) 조울증(manic-depression)에는 유전적인 요인도 있다. 조울증 또는 양극성 장애(bipolar disorder)가 있는 사람들은 보통 이상 고도의 에너지/감정적 흥분상태와 매우 저조한 에너지/우울증 사이를 주기적으로 오간다. 만약 이러한 심기의 장애를 가진 사람이 친족 중에 있으면 유사한 증상을 가질 가능성이 높다. 수많은 생리학적 요인들이 우울증을 일으키는데 혈당과 호르몬 불균형, 뇌의 충격, 약물 반응 등의 의료검진을 먼저 시작해야 한다.

충격적인 어린 시절의 경험들이나 전쟁, 난세에 대한 고통스러운 기억들, 또는 억제된 분노의 패턴 등이 환자가 잘 이해하지 못하는 사이에 우울증에 빠지게 하기도 한다. 가족이나 물질 문제, 실업, 건강이나 법적 문제 등을 통해 스트레스가 축적됨에 따라 우울증의 요인들을 쉽게 지적해 내기도 하지만 또 하나의 상실이 이전에 겪은 상실과 슬픔을 재생시켜 누적되는 영향은 간과하기 쉽다.

영적으로는 죄된 생각과 행동들이 죄책감을 불러 일으켜 우울증의 원인이 된다. 분별력 있는 사람이 성령으로부터 오는 것과 바울이 이른 바 사망에 이르게 하는 세상 근심이라는(고후 7:5-10) 그릇된 죄책감 사이를 구분시켜 주어야 한다. 개인을 도와 진정한 확신과 가족이나 사회로부터 오는 파괴적인 죄책감을 혼합시킨 혼란함을 정돈시켜 주는 일은 어렵지만 보상받을 만한 일이다.

DAN E. CLEMENT

참고문헌 | A. T. Beck(1967), *Depression: Causes and Treatment*; G. R. Collins(1980), *Christian Counseling: A Comprehensive Guide*; A. D. Hart(1987),

Counseling the Depressed; F. B. Minirth and P. D. Meier(1978), *Happiness Is a Choice*.

우정전도(Friendship Evangelism).

"만약 초대 교회가 열정적으로 주장한 대로 창조자이며 구원자이며 심판주인 유일한 하나님이 있다면 반역으로부터 돌아온 자들은 다른 사람을 구원하는 지식을 전할 수밖에 없고, 그것을 나누기 위해 외칠 수밖에 없다"(Green, 1970, 78).

우정전도는 마이클 그린(Michael Green)이 제안한 의무를 수행한다. 그것은 구원의 지식을 전하는 데에 헌신된 전도이다. 그것은 대결이 아니라 삶의 방식을 통한 전도이다. 한 개인은 하나님께 대한 감사의 삶으로부터 자신의 구원에 대한 이야기를 나눈다. 그것은 한 사람을 어떤 특정한 시각이나 삶의 방식으로 개종시키는 것보다는 사랑에 기초한다. 이것은 개종이 중요하지 않다는 뜻이 아니라 오히려 사용되는 방법이 사랑의 방법이라는 의미이다. 예수 그리스도의 모범은 기억해야 할 만큼 중요하다. 그리스도의 사역은 일종의 사랑과 돌봄과 관심의 관계를 세우는 것이었다. 우리는 예수 그리스도의 사역을 읽을 때 모든 사람에 대한 그의 사랑의 마음을 만나게 된다.

이러한 전도 방법은 사람들이 다른 사람의 삶을 보고 난 뒤에 그것을 통해서 예수께 찾아온다는 생각에 근거하고 있다. 제리 쿡(Jerry Cook)은 이렇게 말한다. "우리는 단순히 그리스도인이 되는 것(a Christian)이 아니라 그리스도인다워야(be Christian)한다"(Cook, 1984). 사람들은 직면의 방법을 통해서보다는 관계에 의해서 기독교로 개종하는 것 같아 보인다. 그들은 종종 소망의 눈을 가지고 진실하고 순수하고 실재적인 무엇인가를 관찰하고 있다. 사람들은 기독교인이 기독교인다운 모습으로 관찰될 때 소망이 회복되고 삶이 변화될 수 있다.

우정전도는 매우 매력적인 전도 모델이다. 첫째 이유는 성도들 중에서 개인적인 전도자를 만드는 것보다 우정전도의 원리를 훈련시키는 것이 훨씬 쉽다. 또 다른 이유는 그들이 이미 관계를 맺고 있는 사람들과 전도가 이루어지기 때문에 그 원리를 흡수하고 따르는 것이 매우 자연스럽다.

우정전도의 주요 결점은 개인이 생수이신 예수 그리스도에 대해 갈망할 만큼 충분한 관계를 단련하고 신뢰를 구축하기 위해 우정의 관계를 맺는 데에 시간이 걸리는 것이다. 단기간의 헌신보다 훨씬 많은 힘과 시간이 사용된다. 사람들과 친해지고 진정으로 알기까지는 시간이 걸린다. 신뢰를 쌓는 데는 시간이 걸린다. 이러한 시간은 단지 겉치레의 인사를 나누는 것이 아니라 모든 것들을 함께 하는 수단이다. 이러한 시간의 사용은 자신의 삶을 다른 사람의 삶에 투자할 때 그것이 결코 낭비가 아니라는 생각을 갖고 긍정적으로 보아야 한다.

우정전도는 가족이라는 인식을 갖게 해준다. 사람들이 예수 그리스도를 구세주로 영접할 때 그리스도 가족의 일원이 되고, 그 가족 안에서 그들은 전적으로 이방인이 아니다. 그들은 사람들을 안다. 그들은 교회 안에 친구들이 있다. 그들은 혼자가 아니다. 그들은 이 새로운 삶의 여행을 함께 걸어갈 누군가가 있다. 우정전도는 관계에 기초하여 양육되어 가기 때문에 높은 정착률을 갖는다.

GARY WALLER

참고문헌 | J. C. Aldrich(1981), *LifeStyle Evangelism*; R. Becton(1997), *Everyday Evangelism: Making a Difference for Christ Where You Live*; J. Cook(1984), *Leadership*; G. Crossley(1994), *Everyday Evangelism*; M. Green(1970), *Evangelism in the Early Church*; L. Pointer and J. Dorsey(1998), *Evangelism in Everyday Life: Sharing and Shaping Your Faith*; T. Rainer(1996), *Effective Evangelistic Churches*; D. Salter(1997), *American Evangelism: Its Theology and Practice*; J. M. Terry(1994), *Evangelism, A Concise History*; T. Wardle(1990), *One to One: A Practical Guide to Friendship Evangelism*.

운동감각의 학습자(Kinesthetic Learners).

운동감각의 학습자는 정보를 수집하고, 직접 참여하고, 배운 것과 상호작용을 시킴으로써 기억하는 방법을 선호한다. 이런 류의 학습자는 활력이 넘치고 자주 휴식을 취하되 계속적으로 움직이고 자신의 위치를 자주 바꾼다. 운동감각의 학습자는 사람들과 잘 어울리며 스포츠나 외부 활동에 참여하는 것을 즐긴다. 그들은 대화할 때 손동작이나 다른 신체 언어 등을 자주 사용한다. 그들의 아이디어는 산책이나 다른 육체적 활동들을 할 때 생겨난다. 그들은 만지고 느끼고 손으로 무엇인가를 다루는 과정에서 배우는 방법을 채택한다.

영향력 있는 기독교교육자는 복음의 진리를 전달할 때 적절한 단어를 사용하여 개별적으로 그리고 힘 있게 그 진리를 연결시키는 감각을 소유하고 있다. 학습자들이 선호하는 배움의 방법을 인지하는 것은 그들을 우리 영향권 내에 두기 위한 핵심적 요소이다. 다양성은 하나님이 창조하신 만물의 분명한 특성이다. 하나님의 창조 역사처럼 다양성을 극명히 나타내는 것은 없다. 사람들이 배우고 정보를 처리하는 다양한 방법들을 가지고 있다는 것은 분명한 사실이다.

하버드대 교수이며, 뛰어난 연구자인 하워드 가드너(Howard Gardner)는 모든 인간이 하나 이상의 지능 유형을 소유하고 있다는 매우 흥미로운 연구 결과를 제시하였다. 그는 최소한 7가지의 지능 유형을 설명한다. 언어적, 논리적-수학적, 공간적, 음악적, 육체적-운동감각적, 대인적, 내면적인 것 등이다. 가드너는 앞의 두 가지 지능이 우리 사회에서 전통적으로 중요하게 여겨졌으나, 7가지 지능 모두 동일하게 영향을 미친다고 여겼다. 가드너는 나머지 다섯 가지 지능이 전통적 학교교육을 통해 의도적으로 차별받았다고 주장했다. 그는 연구를 통해 개개의 인간은 이런 영역들 가운데 각기 다른 재능과 능력을 지닌다는 주장을 뒷받침하였다. 이런 독특한 특성들을 인식하는 교사들은 학생들이 특별한 재능에 따라 접근할 수 있는 교육 방법을 사용한다. 학생들이 재능에 따라 선호하는 방법을 통해 배울 수만 있다면, 그들은 더욱 많이 그리고 즐겁게 배울 수 있게 될 것이다.

전통적인 많은 기독교교육의 접근법은 이런 운동감각의 학습자에게 활동적인 배움의 경험들을 제공하지 못한 약점을 지니고 있다. 그들은 배우는 것들을 모형화, 직접 실행, 무언극 등을 통해 정보와 연결시킬 필요가 있다. 교회나 가정에서의 이러한 활동적 방법에 대한 보다 많은 관심과 활용은 그들이 하나님과 가정, 교회에서 스스로를 좀더 가치 있게 여길 수 있도록 도울 수 있다. 기독교교육과정은 그것을 가장 필요로 하는 사람에게 더욱 관련되도록 변화될 것이다.

운동감각의 학습자가 가정과 학교, 교회에서 자신의 재능을 꽃 피울 수 있도록 어떻게 도울 수 있을 것인가? 학습 활동에서 사용되는 여러 방법들을 검토하고 청각, 시각, 신체 감각 양식을 균형 있게 사용하도록 계획해야 한다. 당신은 운동감각의 학습자가 자신의 에너지를 활동적이고 참여적인 활동으로 연결될 수 있도록 하는 방법을 계획하고 있는가? 메시지를 전하는 수단으로써 드라마나 프로젝트, 회화나 조각에 모든 학습자가 참여할 수 있다. 특히 운동감각의 학습자의 경우가 그렇다. 운동감각 학습자들의 에너지를 이용해 그들에게 심부름을 시키고 계속 움직이게 하라. 산만하거나 무례하지 않게 모든 상황에서 가능한 모든 방법을 통해 계속 움직이도록 해야 한다. 가능한 모든 다양성을 열어두어라. 많은 운동 감각의 아이들에게 동일한 일을 10분 이상 반복하는 것은 매우 어려운 일이다. 숙제와 가정학습 시간을 가능한 유연하고 유동적으로 만들라. 당신이 이야기할 때 운동감각의 아이들이 당신을 응시할 것을 기대하지 말고, 그들이 왔다갔다하며 어슬렁거리고 중얼거리는 것을 내버려두라. 운동감각 학습자들의 힘을 칭찬하라. 운동감각 학습자들에 대한 지식과 연구를 통해 당신은 하나님이 "신묘막측하게 만드신" 특별한 사람에 대한 자각과 감사를 느끼게 될 것이다(시 139:14).

DAVID WINE

참고문헌 | T. Armstrong(1993), *7 Kinds of Smart*; D. Kolb(1984), *Experiential Learning: Experience as the Source of Learning and Development*; H. Gardner(1993), *Frames of Mind: Theory of Multiple Intelligences*; M. D. LeFever(1995), *Learning*

Styles: Researching Everyone God Gave You Teach; C. U. Tobias(1995), *The Way We Learn: How to Discover and Teach to Your Child's Strengths*; idem(1996), *Every Child Can Succeed*.

참조 | 콜브, 데이비드(KOLB, DAVID); 학습양식(LEARNING STYLES)

원격교육(Distance Education). 교사와 학생 간에 신체적 위치, 문화, 언어, 시간적으로 분리되어 진행되는 교육적 상황이다. 결과적으로 원격교육의 자질에 관한 이슈는 복잡하다. 원격교육의 역사는 강의 내용을 단순히 읽기와 연구, 쓰기로 대체하는 경우도 포함된다. 이와 같은 경우에 성공적인 학습은 이전 학습의 질, 학생 개인의 동기 그리고 탁월한 학습 환경과 상관있다. 프로그램들이 전문적인 멘토링, 강력한 발달적 활동들, 잘 규정된 학습 결과들과 통합되었을 때 탁월한 학문적 성취가 가능하다.

현대의 원격교육은 유럽식의 통신 학교를 통해 진전되었다. 미국에서는 19세기 후반에 하퍼(William Raney Harper)가 1892년 시카고대학(University of Chicago)에 통신학과를 개설하면서 시작되었다. 2차 세계대전 이후에 일어났던 대학들의 개별적 연구가 다시 부흥되면서 마침내는 전국대학연장교육협회(the National University Continuing Education Association)와 같은 기관들이 설립되었다. 기독교 원격교육에서 중요한 두 개의 형태는 통신학습과, 수업과 멘토링과 통신학습을 통합한 형태의 연장신학교육(the theological education by extension, TEE)이다. 라디오 방송망에 연결한 무학점 통신교육을 통해 선교사를 직접 보낼 수 없는 폐쇄된 지역에 전도와 그리스도인 양육을 효과적으로 해왔다.

탁월한 원격교육을 위해 필요한 요소들로는 교육 계획과 교수법 디자인, 매체를 이용한 전달 그리고 학습평가 등이다. 교실 수업을 원거리학습으로 전환한 것은 전용(專用)계획보다 덜 효과적이다. 전자는 학습의 전달을 수정하려는 것이며 후자는 교육적 수정을 전달하려는 노력이다. 전자는 방법을 변화시키는 것인 반면에 후자는 행동을 변화시키는 방법을 사용하려는 것이다.

전통적인 교실 수업은 동시적인 상호 반응을 사용한다. 교사와 학생이 같은 장소에서 즉시로 의사소통을 한다. 원격교육의 상호반응은 관례상 동시에 일어나지 않는다. 기술발달로 대화 지연을 삭감했지만 시간대와 기술 정체 그리고 생활환경들이 비동시적 학습망(asynchronous learning networks, ALNs)을 요구한다. 캠퍼스 내부의 비동시적 "분포 학습"(distributed learning) 방책들이 교실 수업과 원거리학습 사이에 구분을 흐리게 만든다.

언어와 문화적 장애를 초월하는 교육은 주의를 덜 받아왔다. 원거리학습의 의사소통의 어려움이 성경 번역이라는 도전을 반영해 준다. 그 해답은 개념 전수의 역동적 동등(dynamic equivalence)의 이론과 실천에 있다. 추론화 패턴과 학습의 선호도 그리고 상황적 역동성의 차이점들은 조정되어야 한다. 많은 경우, 현지에서 수업을 조장해 주는 사람들이 서로 다른 문화 사이의 이해를 극대화시켜 준다. 그러나 수많은 목표된 인구를 위해서는 중요한 매체와 방법의 수용이 필요하다. 가장 효과적인 접근은 교육과정 기획자와 학습내용의 전문가 그리고 지역에서 교육을 실천하는 사람들이 기독교 공동체임을 표현하는 방식으로써 협력하는 일이다.

DANIEL C. STEVENS

참고문헌 | M. G. Moore and G. Kearsley, *Distance Education: A Systems View*; B. L. Watkins and S. J. Wright, *The Foundations of American Distance Education*.

참조 | 성경연장교육(BIBLICAL EDUCATION BY EXTENSION); 신학연장교육(THEOLOGICAL EDUCATION BY EXTENSION)

원형(Prototype). 패러다임(Paradigm)을 보라.

월터 연맹(Walther League<루터교>). 미주

월터 연맹

리 주 대회(synod)에 소속된 루터교 교회의 회중들로 구성된 청년들의 모임으로서 75년간 지속된 중요한 모임이다. 이 연맹은 1893년 5월 23일 뉴욕 주의 버팔로 시에 위치한 트리니티 루터교회에서 복음주의 루터교 대회 총회에 속한 열두 회중단들로부터 모인 청년회의 대표들에 의해 조직되었다. 그리고 미국 신앙고백파 루터교의 위대한 선구자이며 루터교 청년들을 위한 협회의 발전을 강하게 주장했던 월터(C. F. W. Walther)의 이름을 따라 명명되었다. 하급반(14-17세)과 상급반(18세 이상)의 두 그룹으로 나뉜 이 연맹은 주로 청소년기의 입교 이후에서 청년기(30대 중반) 기간에 속한 젊은 이들을 위한 사역에 집중하였다. 이들의 목적은 종교 다원주의에 물든 미국 사회 속에서 저들이 참된 믿음에 확고히 서도록 도와주기 위한 것이었다. 이 연맹은 다음과 같은 목적을 가지고 청소년들이 그리스도인으로서 성숙해 가는 것을 도왔다.

예배: 삼위이신 하나님에 대한 견고한 믿음을 형성한다.
교육: 매일의 삶 가운데 하나님의 뜻을 발견한다.
봉사: 모든 사람들의 필요에 응답한다.
여가선용: 모든 활동 가운데 그리스도의 기쁨을 유지한다.
교제: 그리스도 안에서 다른 사람들과 하나되는 능력을 발견한다(Peters, 1975, 836).

이 연맹은 스스로를 지역 교회를 섬기는 종으로 인식했으며, 각 지역 교회의 목회자들과 회중들이 청소년 사역을 위해 사용할 수 있는 프로그램과 자료들을 제공하는 사역에 전력하였다.

사역 초창기에 이 연맹은 지역 모임들의 사역을 효과적으로 섬기기 위한 전국, 지역 그리고 구역 단위의 구조를 형성하였다. 1920년 월터 마이어(Walter A. Maier)는 이 연맹 최초의 전임 사무국장이 되었으며, 1922년 전국적 사무소가 시카고에 영구적으로 위치하게 되었다. 1933년경 이 연맹은 국제적, 권역적 그리고 지역적 협회의 수준으로 그 구조를 재조정했으며, 모든 프로그램 활동을 두 개의 부서로 병합시켰다. 바로 그리스도인 지식부와 그리스도인 봉사부이다.

그리스도인 지식부(Department of Christian Kniwledge)는 세 가지의 임무를 띤다. 그 첫 번째는 영적 훈련으로 성경 연구와 삶에의 적용을 강조했다. 특별히 다원주의의 진화론과 점점 더해가는 미국 사회의 세속화 속에서 청소년들이 겪을 수 있는 신앙에의 위협을 고려하였다. 두 번째는 지도자 훈련으로서 이는 교회 안에서 캠프와 회의, 학교 등을 통해 영적인 리더십을 준비하기 위한 것이다. 세 번째로는 음악, 문학, 미술과 연설 등의 문화적 활동들로 이는 청소년들을 유혹하는 비도덕적인 활동들을 대체하기 위한 건전한 활동들이다. 이러한 활동들을 촉진시키기 위해 이 연맹은 「성경 읽는 학생」(Bible Student), 「월터 연맹」(Walther League Messenger), 「일하는 사람들 계간지」(Workers Quarterly), 「크레셋」(The Cressel) 등의 잡지를 발행했으며, 여름 캠프를 열었다. 그 중 가장 잘 알려진 것으로는 '아르카디아 캠프'(Camp Arcadia)가 있다. 또한 '루터교 봉사 자원 학교'(Lutheran Service Volunteer Schools)라고 불리는 리더십 훈련을 위한 프로그램을 전교회적으로 설립했다.

그리스도인의 봉사부(Department of Christian Service)는 선교와 여가선용, 광고, 복지 사업 등을 포함하였다. 루터교에서 잘 알려진 기관으로는 이 연맹에 의해 창설되었고 해마다 크리스마스 씰 캠페인을 주관한 "Wheat Ridge Foundation"이 있는데, 이 기관은 세기의 전환기에 특별히 청소년들의 생명을 위협한 폐결핵에 대한 인도주의적 대처로 형성되었다. 이 재단은 미국 콜로라도와 세계 곳곳에 몇몇의 병원과 요양소를 설립하고 후원했다. 이 연맹은 또한 지역 단체들로 하여금 특별히 도심 지역에 소재한 "Walther League Homes"를 후원하도록 격려했는데 이는 여행 중이거나 집을 멀리 떠난 동료 루터교인들을 위한 기관이다.

1968년 연차 총회를 통하여 이 연맹은 청년이 주도하며 출간을 중심으로 하는 방향으로 그 조직을 재개편하기로 결의하였다. 그 결과로 지역과 구역 그리고 권역의 단위로 서로 연결되어 있던 국제적 조직을 공식적으로 해체함으로써 청소년을 위한 사역 분야에서 루터교 회중들과 75년간 맺었던 협력 체제를 마감하게 되었다. 1977년 월터 연맹은 그 조직이 최종적으로 붕괴되었다.

ROBERT D. NEWTON

참고문헌 | T. Coates, *Walther League Messenger*, May 1945: 334-35; J. Pahl(1993), *Hopes and Dreams of All: The International Walther League and Lutheran Youth in American Culture*, 1893-1993; C. H. Peters(1975), *Lutheran Cyclopedia*, pp. 836-38; *Walther League Manual: A Basic Guide to the Work of the Local Society*, (1935).

웨슬리, 존(Wesley, John, 1703-1791).

영국의 종교 지도자이다. 옥스퍼드에서 수학했으며 영국 국교회에서 안수 받은 목사로서 목회자였던 웨슬리는 그의 부친을 도와 일했고, 대학에서 그리스어를 가르쳤다. 존과 그의 형제 찰스는 옥스퍼드에서 "거룩한 모임"(Holy Club)이라 불리는 작은 종교 모임을 이끌었다. 존 웨슬리는 이 거룩한 모임에서 미국 원주민들에게 복음을 전하기 위해 파송한 네 명 중의 한 사람이었다. 그는 1735년 조지아에 보내졌다. 이 식민지의 원시적인 환경에서 웨슬리의 영국 국교회식 예배 의식은 어울리지 않았다. 그의 낭만적인 꿈이 비참하게 깨어진 후, 그는 다시 영국으로 돌아왔다.

조지아에 머무는 동안 웨슬리는 모라비아 교도들과 접촉을 갖게 되었다. 그들과의 만남으로 웨슬리는 개인적으로 하나님의 구원의 은혜를 경험한다는 관념에 흥미를 갖게 되었다. 영국에 돌아온 그는 모라비아 교도의 지도자인 피터 뵈흘러(Peter Beohler)와 니콜라우스 진젠도르프(Nikolaus Zinzendorf)를 만나게 되었다. 웨슬리는 진젠도르프에게서 수학하기 위해 독일의 헤른후트(Herrnhut)에 위치한 모라비아 공동체로 떠났다. 마틴 루터의 믿음에 의한 칭의의 교리를 듣는 동안 웨슬리는 그가 그동안 찾고 있던 확신을 경험하게 되었다.

이때부터 믿음에 의해 의롭게 됨이 웨슬리 설교의 중심이 되었다. 그로 인해 웨슬리는 영국 국교회에서 설교할 기회를 하나 둘씩 잃어가게 되었다. 교회에서 거절당하자 웨슬리는 영국의 거리와 벌판에서 말씀을 선포하기 시작했으며 노동자 계층으로부터 열광적인 지지를 받게 되었다. 그로 인해 웨슬리는 대영제국의 부흥운동의 지도자가 되었다.

매우 조직적이었던 웨슬리는 그의 설교를 듣기 위해 모인 무리들을 작지만 매우 훈련된 "학급"(classes)이라 불리는 소그룹으로 나누어 조직하였다. 열 명 내지 열두 명으로 구성된 각 학급은 교육과 목회의 임무를 함께 맡은 평신도 지도자들에 의해 이끌어졌다. 웨슬리는 이러한 조직이 개인의 그리스도인을 지속적으로 격려하고 교육하기 위해 반드시 필요하다고 믿었다. 훈련된 신자들의 모임인 더 작은 규모의 "소그룹 모임"(band meetings)과 함께 학급들은 또 다른 소그룹 모임(societies)으로 조직되었다. "선정된" 모임들은 평신도 설교자들로 구성되었다. 웨슬리에게 직접적으로 보고해야 하는 의무가 있는 순회 설교자들이 이 모임들을 감독했다. 웨슬리의 매우 조직적인 구조와 혁신적인 전도 활동으로 인해 그의 무리들은 "감리교"(Methodists)라는 이름을 얻게 되었다.

웨슬리는 만일 어린아이들에게 기독교교육을 시키지 않는다면, 그의 세대의 부흥은 한 세대가 지나기 전에 없어져 버릴 것이라고 믿었다. 교육과 종교는 상호간에 유익한 관계로 결합되어야 한다. 50명 중 한 사람만이 읽고 쓸 줄 알았던 당시 영국의 상황에서 웨슬리는 종교교육을 위해 기본적인 문자교육이 필요함을 깨닫게 되었다. 독서를 장려하기 위해 웨슬리는 수백 권의 소책자들을 발간했으며 그리 비싸지 않은 정선된 책들을 발간하였다. 교육을 중요시한 그의 열의는 후에 영국의 학교 제도에 지대한 영향을 끼쳤다.

영국 국교도의 지도자들로부터 비난을 받으면서 웨슬리와 그의 추종자들은 주일학교를 시작했는데, 이는 그의 친구인 로버트 레이크스(Robert Raikes)보다 몇 년 앞선 것이었다. 웨슬리가 살던 시대에는 노동자 계층 집안의 어린이들도 매주 6일간 일을 했기 때문에 주일만이 그들이 유일하게 공부를 할 수 있는 날이었다. 웨슬리는 학교 운영에서 조직적인 학급 체제와 연령별 교육과정 그리고 자원봉사 교직원 제도를 도입했다. 그러나 주일학교에 대한 그의 열정에도 불구하고, 웨슬리는 주일학교를 단지 가정에서 어린아이들이 받아야 할 종교교육의 보충 학습 정도로 여겼다.

웨슬리의 학교들 중 가장 잘 알려진 학교가 브리스톨 근처에 위치한 킹스우드(Kingswood)이다. 상시 운영되었던 킹스우드의 고도로 조직된 교육과정과 잘 짜인 학생들의 삶은 이성적이고도 성경적인 그리스도인을 배출해내기 위해 고안된 것이었다. 웨슬리가 죽기 전인 1791년 미국의 감리교는 킹스우드의 형태를 본받은 콕스베리(Cokesbury)대학을 설립하였다. 100여 년이 지난 후 200여개의 대학교와 고등학교 그리고 신학교들이 설립되게 되었으며, 그들 중 많은 수가 외진 시골 지역에 설립되었다.

1827년 주일학교와 교육과정의 개발을 위해 감리교 주일학교 연합이 창설되었다. 주교 존 빈센트(John Vincent)는 교사들의 훈련을 위해 셔토쿼(Chataqua) 프로그램을 고안하였다. 웨슬리가 기독교 교육에 미친 영향은 방대하다. 당대의 다른 부흥사들과 달리 웨슬리는 새로운 신자들을 수용하고 그들이 영적으로 성장해 갈 수 있도록 도울 수 있는 구조가 있어야 함을 깨달았다. 교육과 신학의 공생 관계를 잘 이해한 웨슬리는 학교들을 설립하고 성경에 입각한 학문을 가르쳤다. 주일학교의 개발에 있어서 선구자였던 웨슬리는 모든 감리교 교회가 학교를 만들 것을 주장하였다.

ROBERT J. CHOUN

참고문헌 | I. V. and K. B. cully, eds.(1990), *Harper's Encyclopedia Education*; . L. edqsrds(1953), *John Wesley and the Eighteenth Century*; W. S. Ethridge(1971), *Strange Fires: The True Story of John Wesley's Love Affair in Georgia*; K. O. Gangel and W. S Benson(1983), *Christian Education: Its History and Philosophy*; J. E Hakes, ed.(1964), *An Introduction to Evangelical Christian Education*; N. D. Hillis(1968), *Great Men as Prophets of a New Era*; H. H. Kroll(1954), *The Long Quest: The Story of John Wesley*; C.Ludwig and T. Bowers(1984), *Susanna Wesley: Mother of John and Charles*; F. J. McConnell(1939), *John Wesley*; J. Pudney(1978), *John Wesley and His World*; J. E. Reed and R. Prevost(1993), *A History of Christian Education*; E. Towns(1993), *Town's Sunday School Encyclopedia*; R. A. Tsanoff(1968), *Autobiographies of Ten Religious Leaders: Alternatives in Christian Experience*; W. Walker(1977), *Great Men of the Christian Church*; J. Wesley, *John Wesley's Journal*.

참조 | 성경학교운동(BIBLE COLLEGE MOVEMENT); 식민지 교육(COLONIAL EDUCATION); 대각성(GREAT AWAKENINGS); 레이크스, 로버트(RAIKES, ROBERT); 주일학교(SUNDAY SCHOOL)

위임(Commission). 선교(Mission)를 보라.

위코프, 드비트 캠벨(Wyckoff, Dewitte Campbell, 1918-).

D. 캠벨 위코프는 20세기 기독교교육 분야에서 지도자의 역할을 한 사람이다. 그는 종교교육협회에서 지도자의 위치에 있었으며 잡지 "종교교육"(Religious Education)의 국제 편집장으로(1979-1983) 섬겼다. 그가 저술한 책들과 논설들 외에도 종교교육 분야의 도서 목록을 발전시킨 공헌으로 널리 알려져 있다.

위코프는 콜롬비아대학교의 교육대학에서 새로운 대학(New College)이라 불리던 실험적인 학교에 관해 공부를 시작했다. 그에게 칼 바르트의 글들을 소개해 주었던 폴 림버트(Paul Limbert)를 비롯한 다른 교수진들의 영향을 받아 그의 종교와 철학에 관한 관심은 점점 높아갔다. 림버트는 또한 그를 라인홀드 니버(Reinhold Neibuhr)에게 개인적으로 소개해 주었다. 이 기간 동안 그는 이후 그의 삶에 지대한 영향을 미친 기독교와 성경, 교회, 신앙 그리고 문화 사이의 놀라운 관계성을 발견하게 되었다.

위코프는 새로운 대학을 떠나 뉴욕대학에서 학부과정을 공부하여 1939년 과정을 마쳤다. 테네시의 알파인에 위치한 장로교 국내 선교부에서 인턴으로 일 년을 보낸 후, 다시 뉴욕대학으로 돌아와 석사

학위를 얻었고(1942년), 또한 박사 학위를 취득했다(Ph.D., 1949). 1947년에는 뉴욕대학교 종교교육학부의 교수가 되었다. 그의 첫 저서인 『기독교교육의 임무』(The Task of Christian Education, 1955)에서 위코프는 기독교교육의 목표가 사람들을 믿음 안에서 양육하고, 하나님과의 더욱 깊은 관계로 이끄는 것이라고 묘사했다.

1954년 그는 프린스턴신학대학교에서 기독교교육학과에서 기독교교육 교수의 지위를 얻었는데, 이 지위는 약 30년간 계속되었다.

프린스턴에 있는 동안, 위코프는 기독교교육의 방법론에 대해 저술을 하고 가르쳤다. 그동안 그가 지은 책들은 다음과 같다. 『한 영으로: 고등학생들과 선교』(In One Spirit: Senior Highs and Missions, 1958), 『복음과 기독교교육』(The Gospel and Christian Education, 1959), 『모든 사람을 위하여』(For Every Person, 1959), 『기독교교육과정 이론과 설계』(Theory and Design of Christian Education Curriculum, 1961), 『어떻게 기독교교육 프로그램을 평가할 것인가?』(How to Evaluate Your Christian Education Program, 1962), 『위대한 소유』(The Great Belonging, 1962), 『교회의 교육 목회: 교육과정 계획』(The Church's Educational Ministry: A Curriculum Plan 1965), 『교육과정에서의 학습 임무』(Learning Tasks in the Curriculum, 1965), 『하나님을 알려면』(To Know God, 1972), 『청소년 종교교육 목회』(Religious Education Ministry With Youth, 1981).

1961년부터 1969년까지 신학교 박사 과정의 대학원장으로 섬기고, 1969년부터 여름학기의 교장으로 섬겼던 그는 1983년 프린스턴에서 은퇴하였다. 은퇴 후 그는 여러 권의 책을 더 저술하였다. 『아름다운 애팔래치아 산맥: 교회교육 지침서』(Beautiful Upon the Mountains: A Handbook for Church Education in Appalachia, 공편자, 1984), 『주일 학교와 어린이 사역 활성화 방안』(Renewing the Sunday School and the CCD, 1986), 『종교교육,1960-1993: 주해 목록』(Religious Education, 1960-1993: An Annotated Bibliography, 공편찬자, 1995).

ELIZABETH A. LEAHY

참고문헌 | J. Reed and R. Prevost(1991), *A History of Christian Education*; D. C. Wyckoff(1982), *Modern Masters of Religious Education*.

위클리프(Wycliffe). 성경번역(Bible Translations)을 보라.

윌로우크릭협회(Willow Creek Association). 일리노이 주의 싸우스 배링턴에 위치한 윌로우크릭교회는 경이적인 성장과 많은 장점을 보여주었다. 이로 인해 많은 교회들이 이와 비슷한 교회를 세우고자 하는 열망을 갖게 되었다. 이러한 성향은 미국인의 일반적 사고방식과 잘 들어맞는 것으로서 그것이 재정적인 문제이든 신앙공동체에 관한 문제이든 간에 마치 성공적인 벤처기업을 흉내내는 것과 같다.

1999년 6월에 W.C.C.C.의 자매 조직인 윌로우크릭협회는 그 수가 전 세계에 걸쳐 2,200 교회를 넘게 되었다. 이 협회는 윌로우크릭교회의 노력을 반영한 "불신자들을 철저히 헌신된 그리스도의 제자로 삼는다"는 사명 선언문을 가지고 전 세계교회들이 네트워크로 조직되었다. 이 진취적인 선언문에서는 교회를 세우는 데 있어서 시대에 앞서 생각하는 지도자들의 중요성에 대해 새롭게 강조하고 있다. 그것은 복음 제시의 방법이 세상 문화 속으로 들어가 그리스도로부터 멀리 떨어져 있는 사람들과 관계하는 것을 말한다.

그들은 아직 복음을 듣지 못한 사람들에게 다가가는 구도자를 위한 예배를 창출해 낸 빌 하이벨스(Bill Hybels)와 윌로우크릭교회의 더 많은 신실한 남녀 사역자들에 의해 시도된 교회 사역 철학을 용기 있게 받아들인다.

윌로우크릭협회에 따르면 그들과 긴밀하든 그렇지 않든 관계를 맺은 교회들은, 기독교 신앙의 역사적, 성경적 가르침과 교회에 나오지 않는 사람들에게 복음을 전하고 그들을 제자 삼아 공동체를 성경적으로 세우는 비전에 헌신되어 있다. 그들은 지역 교회가 그저 매주 주일에 가서 예배드리는 장소 이상이 되고 세상의 소망이 되리라는 것을 믿는다.

심지어 미국 텔레비전 방송국 ABC의 피터 제닝스는 윌로우크릭교회의 시간을 "전 세계 수백 개의 큰 교회들이 그것의 한 부분이 되고 싶어하는 교회"라고 시작하였다. 세계적인 운동으로 성장하게 된 리더십 네트워크(Leadership Network)의 로버트 버포드(Robert Buford)는 "윌로우크릭은 현대 교회 운동에 혁신적 변화를 일으켰다. 그들의 혁신적인 접근법은 틀을 깨뜨려버렸다. 전 세계교회들에게 미친 그 혁신의 충격은 이루 헤아릴 수 없다."라고 말했다.

국제 윌로우크릭협회는 호주, 뉴질랜드, 영국, 독일 그리고 네덜란드에 있다. 시간이 흐르면 그들은 미국의 윌로우크릭교회와 유사한 자체 조직들을 희망적으로 발전시킬 것이다. 출판물들은 교회가 구도자들에게 복음을 제시하고 그리스도인들을 사역하는 도구가 된다. 여기에는 책, 소그룹 교재, 복음 전도, 영적 은사 훈련과정, 비디오테이프, 드라마 대본, 지도자 훈련자료들 그리고 음반 등이 포함된다.

사우스 바링톤에서 열리는 리더십 수련회는 윌로우크릭협회의 공식적인 회원들을 넘어서 더 많은 교회들을 도왔다. 예를 들어, 8월에 열리는 최고 지도자 수련회는 국제적으로 그리고 북미 교회 모두에게 주요한 기여를 해 왔다.

WARREN S. BENSON

유교(Confucianism). 아시아 신학(Asian Theology)을 보라.

유기체(Organism). 생명체는 서로 다른 생명체에 의존하면서 어떤 필요를 채우며 생존에 서로 기여를 한다. 유기체는 열린 체계의 일부이며 그렇기 때문에 서로 다른 체계 또는 하위 체계와 계속적인 상호 교환을 한다. 유기체는 어떤 변화에 적응하는 능력이 있고 생존과 성장을 위해 채워져야 할 필요가 있다(Negative entropy). 반면 유기체의 필요가 채워지지 않으면 지연(deterioration)과 죽음이 나타난다(entropy).

기독교 문화에서는 '유기체' 용어가 우주적 교회와 지역 교회의 본성을 설명할 때 쓰인다. 이 묘사는 신약에서 교회를 '몸'으로 언급하면서 발전했다. 가장 적합한 예는 고린도전서 12장에서 나오듯이 바울이 고린도 교인에게 지교회의 본질 이해에 도움이 되도록 교회를 많은 지체를 가진 육체의 몸으로 비유하였다. 각 지체는 온몸의 통괄적 기능에 중요하며 만약 몸의 한 지체가 고통을 당하면 결과적으로 온 몸이 고통을 받는다. 이 주제에 대한 보충적 가르침은 로마서 12장 45절과 에베소서 4장 15-16절에 잘 나타나 있다.

JAY DESKO

참고문헌 | G. Inrig(1975), *Life in His Body*; G. Morgan(1986), *Images of Organization*.

참조 | 교회(CHURCH)

유대교(Judaism). 유대인들의 종교로 알려진 유대교는 구약성경의 가르침에 기반하여 형성되었다. 특히 모세오경을 통한 출애굽기 20장으로부터 유대인들의 종교로서 일반적으로 알려진 유대교는 구약으로부터 그것의 가르침을 이끌어 내고 있다(막 7:3-13). 하지만 그것은 구약을 반영할 수도 있고 안할 수도 있다. 그레이빌(Graybill)에 따르면 "유대교의 원칙적 요소는 할례와 엄격한 일신론, 우상숭배에 대한 혐오 그리고 안식일을 지키는 것을 포함한다." 아브라함으로부터 예수님에 이르기까지 하나님의 사람들은 바벨론에서 포로로 70년을 보내고 앗수르에 이어 로마에 의해 정복되었던 이스라엘인들로 알려졌다.

히브리인들은 메소포타미아로부터 이주한 유목 민족이었다. 모세 후에 그들은 사울이 첫 왕으로 임명되기까지 사사들에 의해 인도함을 받았다. 솔로몬 지배 하에서 유대교는 힘과 부의 면에서 절정기를 이루었다. 그러나 솔로몬의 죽음으로 황금기는 끝나고, 이스라엘의 북쪽 나라는 B. C. 722년에 앗시리아에 점령되었다. 그리고 B. C. 587년에 바벨로니아는 예루살렘을 빼앗았다. 에스라와 느헤미야의 책이 그것을 묘사함으로써 이스라엘은 대략 B. C. 536년에 팔레스타인을 되찾았다.

많은 학자들은 구약성경이 고대로부터 출간한 의미 있는 책들의 수집을 나타낸다고 믿었다. 즉시 그들의 유일신론에 대항하기 위해 외래문화와 싸우면서 유대교인들은 그들의 인접한 환경 문화에 대항했다. 어떠한 고대 국가도 정당성과 자비에 기초한 체계를 가지고 윤리적, 도덕적 행동에서 위임을 나타내지 않았다. 엘리슨(Ellison)은 유대교의 용어가 구약성경의 종교와는 대조적으로 상징되어지고 있다고 논쟁하였다.

중간기 동안 유대교는 발전하였으며, 다양한 방향을 잡았으며 명백해졌다. 예를 들면 바리새파, 사두개파, 에세네파, 열심당, 헬라파 등이다. 그러나 A. D. 70년에 유대인의 국가가 파괴되는 상황이 벌어졌으며 A. D. 135년 강력한 바르코흐바(Barkochba)의 반란으로 인해 유대이름에 대한 바리새적 해석이 경쟁자 없이 홀로 남게 되었다. 그것은 A. D. 500년에는 충분히 발전하였으며, 탈무드는 그것의 권위적 문서로서 미쉬나와 게마라, 미드라쉼(구약성경의 공식적인 해석들)으로 구성되어 있다(Douglas, 1978, 552).

신약성경은 로마 세계의 헬레니즘 문화의 영향을 많이 가지고 있지만 틀림없이 구약성경과 연계되고 있다. 그리스도의 탄생보다 50여 년 전에 이스라엘은 여전히 마카비(the Maccabees)의 지배하에 있었지만, 주전 63년 폼페이는 로마를 위하여 예루살렘을 요구하였다. 예배에 관하여 보면, 고대의 성스러운 장엄함은 회당에서 성경을 읽고 기도하는 것으로 대치되었고 바리새인과 사두개인의 신학을 좌우 양쪽에 두게 되었다.

진실한 그리스도인들은 구약성경과 신약성경이 항상 완벽하게 연결되고 있으며, 기독교의 신론이 유대교의 엄격한 유일신론에 의지하고 있다고 이해하였다. 구약성경의 위대한 하나님은 그리스도의 아버지로서 기록되어 있다. 마아티(Marty,

1962)는 "골로새 사람에게 쓴 편지에서 바울의 신학은 그리스도 안에서 육체 가운데 거하시는 하나님을 이해하고 있으며, 네 번째 복음서는 그리스도를 육신을 입은 하나님의 영원한 말씀이라고 말한다"고 하였다. 그러나 그리스도에 관한 이러한 말씀이나 글들은 모두 유일신론 형태를 부정하려는 것은 아니다. '나를 믿는 자는 나를 믿는 것이 아니요 나를 보내신 이를 믿는 것이라' (요. 12:44)" (19).

KENNETH O. GANGEL

참고문헌 | J. D. Douglas, ed.(1978), *The New International Dictionary of the Christian*; A. Edersheim(1954), *The Bible History of the Old Testament*; B. Lockerbie(1994), *A passion for Learning*; M. E. Marty(1962), *A Short History of Christianity*; E. J. Young(1958), *An Introduction to the Old Testament*.

참조 | 교육/군주국과 선지자들의 교육(EDUCATION IN THE MONARCHIES AND PROPHETS), 교육/모세오경의 교육(EDUCATION IN THE PENTATEUCH), 교육/시편과 잠언의 교육(EDUCATION IN THE PSALMS AND PROVERBS), 유대교육(JEWISH EDUCATION)

유대교육(Jewish Education). 유대교육은 초기부터 서양의 사상에 영향을 주어왔다. 고대에는 유대 부모들은 그들의 집에서 자녀들을 가르쳤다. 하나님과 계약 관계에 있는 백성의 신성한 신뢰로 마음의 온전성이 길러졌고 그것은 부모로부터 자녀들에게 전수되었다. 수천 년 동안 이러한 신뢰는 의심 없이 받아들여져 왔다. 그러나 지난 두 세기 동안 후기 계몽운동 세대로 시작하여 급진적 변화가 교육의 역할에 대한 유대인들의 여론을 분산시켰다. 오늘날 유대교 교육은 영적, 종교적인 면뿐 아니라 문화적, 사회적, 정치적, 국가적 그리고 학문적인 면까지 다양한 관심을 천명하고 있다.

1. **고대(Ancient Times).** 고대에는 토라(율법)를 신성한 하나님의 말씀으로 모세가 보존한 것으로 여겨졌었다. 하나님은 언약을 통해 400년 후에 그의 자손들을 노예로부터 해방시켜 나라를 세울 것을 족장 아브라함에게 약속하였다. 하나님은 다

음의 말씀을 구전의 역사로, 지속되는 유산으로 주시며 명령하셨다. "내가 너희 집에 앉아 있을 때나 내가 길을 걸을 때 내가 누워있을 때와 일어났을 때 너는 그들에게 성실히 너의 아들을 가르쳐야 하며 그들과 대화를 해야 한다"(신 6:7). 부모들은 이 명령에 마음을 열었으며 그리고 아동 중심의 교육이 가정에서 이루어지기 시작했다.

부모들은 그들의 자녀가 성장함에 따라 사랑스런 눈으로 지켜본다. 히브리어에서는 8자 혹은 그 이상의 알파벳으로 각각의 발달단계 곧 신생아, 젖먹이, 이유기 아이, 고집부리는 아이, 그 다음 단계로 허리를 흔들며 춤추는 아이, 성숙한 아이 등으로 아동의 발달을 묘사한다. 교육은 공식적인 교수보다 앞선다. 예를 들면 양피지에 쓰인 신명기의 인용구를 문기둥에 걸어두었다. 유아기 아동은 이 방에서 저 방으로 움직임에 따라 부모들은 방 사이의 문기둥에 부착된 그 양피지에 입을 맞추도록 손가락을 뻗었다. 곧 그 아동도 또한 양피지에 도달할 수 있었다. 다음으로 부모는 시편을 인용하여 자녀들을 축복하였다. "여호와께서 너의 출입을 지키시리로다"(시 121:8). 오래지 않아 그 아동은 또한 기도를 중얼거리는 것을 들을 수 있다. 예식은 율법을 내면화시켰다. 이와 같이 아이들은 공식교육을 받기 훨씬 전부터 가치에 대해 배웠다.

유월절에는 모든 떠난 이들이 집으로 돌아오며 갓 태어난 양이 제물로 바쳐진다. 가족들이 양을 먹기 전에 아버지는 가장 어린아이에게 유월절 이야기인 노예의 눈물과 장자들의 죽음을 포함한 재앙과 자유를 향한 대탈출로 종결되는 이야기를 들려준다. "여호와께서 그 손의 권능으로 우리를 애굽에서 인도하여 내실새"(출 13:14). 몇 년 후에 그 이야기는 영원히 잊혀지지 않는 유산처럼 아버지로부터 아들에게 다시 들려진다.

결과적으로 가정교육은 완화되었으며, 국가적 혼란이 야기되었다. 교육받지 못한 젊은이들은 좀 더 높은 학문적 학습을 받는 학교에 들어갈 자격도 갖추지 못하고 관심도 가지지 않았다. 대제사장 시므온(Simeon)은 등록된 세계 초등교육에 의해 그 문제를 제기하였다. 교사 한 명 당 25명의 아이들을 담당하는 학교들이 지역사회에 의해 건립되었다. A. D. 64년에 그 지시는 역사상 최초의 의무공립교육의 예가 되었다. 아이들을 위해 하나님의 말씀은 다음과 같이 전통적인 교육과정으로 집약되었다. 5세까지는 토라(Torah), 10세까지는 미쉬나(Mishnah), 13세까지는 바미츠바(bar Mitzvah), 15세까지는 탈무드(Talmud)였다.

2. 미국에서의 유대교육(Jewish Education in the United States). 초기의 유대인 정착자들은 1654년에 브라질로부터 아메리카로 이주하였다. 23명의 스페인계 유대인들은 합동자금으로 묘지를 구입하여 정착하였다. 그 정착자들은 교육을 부모의 책임으로 보았다. 고대의 집회 관련 업무는 부모들이 자신의 의무에 소홀히 할 때, 교사가 필요하다고 보았다. 1760년대까지 미국 뉴욕에서 스페인계 유대인 단체와 이스라엘인들은 아이들에게 영어와 히브리어를 가르치기 위해 교사를 고용하였다.

중·동부출신의 유대인들은 식민지 양식을 바꿨다. 그들은 조직화되었으며, 해더(heder, 사립 초등학교)와 탈무드 토라(Talmud Torah: 공공체가 지원하는 사립학교), 예시바(yeshiva: 고등교육)를 포함하여 부자와 가난한 사람들 모두를 위해 잘 조직되고 상호 감독하고 재정을 담당하는 교육 시설들을 설립하였다. 주간 학교들은 교육과 훈련에서 교육의 역할을 재확인하였다. 정통 율법학교들은 아이들에게 기도하는 것과 태필린(tefillin)을 입는 것과 먹는 습관을 유대인 율법에 맞게 행하는 것과 안식일과 축제를 지키는 것을 가르쳤다. 학습은 예배의 최고의 형태로 간주되었으며 19세기까지 성경은 교육의 중심으로 남았다.

대조적으로 개혁파 유대인들은 미국화하기를 염원하였다. 1850년에 엘리자베스 그랫츠(Elizabeth Gratz)는 필라델피아의 첫 주일학교를 설립하였다. 그리고 나서 20세기 초에 그의 추종자들을 이끌었으며 개혁은 유대교 정통교육과 다른 다섯 가지의 과정을 적용하였다. 이것은 유대인들의 공동생활을 위한 공동 문화적 모델, 미국에서의 유대인들이 경험의 독특한 자질 속의 믿음, 문화변동이 동화에 의해 수행되어질 수 있는 확신, 문화적 시온주

유대교육

의의 미국식 형태가 교육적 생활의 기초를 형성할 수 있다는 믿음, 민주사회에서 사회화를 확신하기 위한 교육의 이용을 포함했다.

1880년에서 1920년까지 미국에서의 유대인들의 인구는 4배가 되었으며, 동유럽과 러시아로부터 이주한 이들에 의해서 증가되었다. 개혁은 유대인 아이들이 좋은 시민이 되도록 교육할 것을 주장하였다. 중앙집권화 된 기관들, 곧 유대연방의 등장은 유대 이민자들을 교화시키려는 벤들리(Benderly)의 노력에서 기인하였다. 실제적으로 그 동맹연합들은 교사들의 훈련과 자격증 부여, 방법론의 개발, 교육과정의 표준화 등을 촉진시켰다. 1922년에 발전이 시작되면서 재건주의자인 마르데차이 카플란(Mordechai Kaplan)은 현대 자연주의의 가정들을 유대교의 실제에 통합시켰다. 회원 중 아주 작은 부분일지라도 재건주의자들은 유대인 집회센터, 하부라(havurot: 연구와 사회활동을 위한 화기애애한 친목단체들) 그리고 바트 미츠바와 같은 규범적인 관념들을 소개하였다. 개혁과 함께 전통 유대교육의 종교적, 정신적 가르침은 미국사회에서 민주주의를 양육하고 유대인들을 사회화하는 국가적, 문화적 실제에 의해 대체되었다.

3. 오늘날의 유대교육(Jewish Education Today)

라이스맨(Reisman, 1979)에 따르면 유대계 미국인의 46%가 유대교파의 일원이며, 55%는 거룩한 날을 제외하고 예배에 참여하지 않았다. 히브리대학의 연구결과(1997), 유대교 아이들의 45%가 미국의 유대교육 프로그램에 참가한다고 발표하였다. 이는 캐나다, 멕시코, 호주의 주간 학교에 있어 65%에서 85%에 이르는 등록과 매우 대조를 이루는 것이다.

자료는 바르 미츠바, 바트 미츠바(유대아이들 중 남아는 13세, 여아는 12세 때 정식으로 성인으로 받아들이는 이 예식을 거치며 이때부터는 의무적으로 율법을 배우게 되어있다 - 역주) 이후부터 미국인 등록에 그 수가 현저하게 감소하는 것을 보여준다. 1990년의 전국 유대인 인구수 조사는 주간 학교(기숙사 생활을 하지 않는 학교- 역주) 9-12학년에 진학하는 것으로 보고하였다. 주간 학교에 다니는 115,000명의 학생 중 대다수가 정통 히브리 주간학교(55%), 전통 예쉬바즈학교(20%), 하시딕학교(13%) 등에서 전통적 교육을 받았다. 최근 1997년에는 비 전통 학교들에 등록한 학생들의 수가 70,000명의 학생들이 추가됨으로써 학생 총 인원이 증가하고 있다.

주간 학교에 관한 자료들은 쉽게 얻어지지 않는다. 1996년, 드라클러(Drachler)는 일반 학교들에 대한 확대된 조사를 시도했는데 37권의 박사논문과 10권의 석사 논문, 영어, 히브리어, 이디쉬어(Yiddish, 역자주 독일 방언 중의 하나로 히브리어로 쓰지만 아람어를 포함하여 여러 유럽 언어가 혼합된 언어) 및 라틴어로 된 50여개의 정기간행물 등에 있는 자료를 찾아내었다. 드라클러는 모두 합하여 700개의 자료를 찾았는데 그 중 400개는 정기간행물에서, 나머지는 책, 회보, 보고서, 팜플렛에 흩어져 있는 자료에서 찾아내었다.

유대교육의 새로운 자료는 인터넷에서 제공된다. 정보의 양이 기하급수적인 비율로 폭발적으로 늘어나는 추세이다. 레빈(Levin, 1996년)은 유대인의 인터넷 정보망을 "탈무드 이후로 유대법, 사실 역사, 의견, 전통, 믿음, 문화의 가장 대단한 편찬"인 인터넷의 유대인 정보망이라 불리고 있다. 동화에 반대하는 유대인 국제연합(The Jewish International Association Against Assimilation)은 이스라엘과의 유대를 강화시키며, 유대인 세계에서 정보를 제공하고 인터넷을 사용하여 개개인을 보조함으로써 유대인 정보망의 감시자 역할을 한다.

1997년에 수천 개의 사이트들이 웹에 존재한다. 정보는 메뉴, 인터넷 채팅방, 전자 우편 목록, 뉴스 그룹 등에 의해 얻어질 수 있다. 웹사이트는 유대인 연구프로그램, 공적·사적 대리, 회사, 출판업자 그리고 비영리단체를 위해 확산되었다. 웹상의 교육관련 예는 히브리어 소프트웨어, 히브리어 세례반, 이스라엘, 게임, 13세 유대교 소년의 강습, 문법적 논쟁, 잡지, 아동용 도서, 간섭, 신학, 우정, 축제, 졸업프로그램, 가정교육, 고등교육, 유대교, 법, 기도서, 온라인 수업, 정설 그리고 이스라엘 TV를 포함하여 상상이 가능한 거의 모든 정보를 제공한다.

4. 결론(Conclusion). 유대교육은 고대로부터 계속되어 진전되어 왔다. 부모가 아이에게 하나님과 함께 하는 계약적 관계에서 온 마음을 다하도록 전통적인 방법을 계속 진행하고 있다. 그러나 계몽운동, 19세기의 대량이민, 이스라엘 국가의 탄생, 인터넷 등으로 상황이 매우 복잡해졌다. 그럼에도 불구하고, 유대교육은 유대인의 정체성을 분명히 할 뿐만 아니라 전능하신 하나님을 찾고자 하는 개인과 국가들을 위한 수단으로서의 자리를 여전히 지키고 있다.

JERRY E. FEINBERG

참고문헌 | W. Barclay(1959), *Educational Ideals in the Ancient World*; H. H. Donin(1977), *To Raise a Jewish Child*; N. Drachler, ed.(1996), *A Bibliography of Jewish Education in the United States*; A. Edersheim(1982), *Sketches of Jewish Social Life in the Days of Christ*; I. Goldman(1975), *Life-long Learning among Jews: Adult Education in Judaism from Biblical Times to the Twentieth Century*; L. P. Gartner, ed.(1969), *Jewish Education in the United States: A Documentary History*; W. B. Helmreich(1982), *The World of the Yeshiva: An Intimate Portrait of Orthodox Jewry*; J. Kaminetsky, ed., *Hebrew Say School Education: An Overview*; S. L. Kelman, ed.(1992), *What We Know about Jewish Education: A Handbook of Today's Research for Tomorrow's Jewish Education*; M. Levin(1996), *The Guide to the Jewish Internet*; J. Pilch, ed.(1969), *A History of Jewish Education in America*; D. Romm(1996), *The Jewish Guide to the internet*; A. I. Schiff(1988), *Contemporary Jewish Education: Issachar America Style*; B. L. Sherwin(1987), *Contexts and Content: Higher Jewish Education in the United States*; N. N. Winter(1966), *Jewish Education in a Pluralist Society: Samson Benderly and Jewish Education in the United States*.

참조 | 축제를 통한 유대인의 교육(HEBREW EDUCATION THROUGH FEASTS AND FESTIVALS); 유대교(JUDAISM)

유별(Categorization). 분류(Classification)를 보라.

유쓰 스페셜티스(Youth Specialties<YS>). 초기부터 유쓰 스페셜티스는 청소년 사역, 청소년 사역의 전문화에 대한 주창과 참된 것, 정직한 것 그리고 자기 자신과 복음에 대한 진리를 말하는 것에 초점을 맞추는 데 기여하였다. 최근에 유쓰 스페셜티스는 그 사역의 특징을 자료들과 가르침을 제공하는 것과 더불어 확증과 권면이라고 밝혔다. 복음주의 교회에 대해 예언적인 야당의 역할을 하는 유쓰 스페셜티스는 복음을 몇 개의 비현실적인 원리들과 약속들로 전락시킨 자료들을 홍보하거나 제공하는 것을 거부하는 것에 대해 자부심을 가지고 있다. 20세기말 현 시점에서 청소년 사역의 현장에 크게 영향을 준 사람들은 유쓰 스페셜티스를 위해 일한 사심없는 독실한 그리스도인들의 30년간의 노력이었다고 말하는 것이 적당하다.

유쓰 스페셜티스는 1969년에 마이크 야코넬리(Mike Yaconelli)와 웨인 라이스(Wayne Rice)에 의해 창립되었다. 이 두 명의 노련한 청소년 사역자들은 자신들의 샌디에고 YFC(Youth For Christ)/캠퍼스 라이프 사역에서 사용하던 교회들을 위한 아이디어들을 출판하기 시작했다. 교회 지하실에서 한 번에 200가지의 아이디어들을 모아서는 묶음으로 판매했다. 이러한 "아이디어스"(IDEAS)라는 제목의 낱권의 책들이 출판되면서 아이디어를 제공한 지역 교회의 청소년 사역자들은 자신들이 제출한 아이디어에 대한 돈을 받았다. 이 낱권의 책들은 청소년 사역을 하는 다양한 네트워킹 그룹의 창의적이고 신선한 자료들을 포함한 일련의 책이 되었다. "아이디어스"는 전 세계에서 일하는 청소년 사역자들이 자신들의 최고 사역 게임, 단체 게임, 커뮤니케이션 아이디어, 행사 그리고 더 다양한 용도를 위한 단막극 등을 내놓음으로써 계속해서 출판되고 있다.

이러한 일들은 우연히 생긴 일련의 사건들이었는

데 한 부유한 사업가가 이제 막 시작된 조직의 월급, 비용 그리고 초기 사역에 들어가는 비용을 떠맡기도 하였다. "아이디어스" 책을 어떻게 사용하는지를 사람들에게 가르치기 위해 1970년에서 1971년까지 약 6개의 세미나가 열렸다. 캘리포니아 주의 샌디에고 시의 바히아 호텔에서 최초의 전국 청소년 사역자 대회가 후원을 받아 열렸는데 3백 명의 사역자들이 모였다. 그 다음 해에는 프란시스 쉐퍼가 기꺼이 대회에 참석해서 말씀을 전해주고자 했기 때문에 대회의 영향과 지명도가 더욱 더 커졌다. 그 대회는 청소년 사역자들에게 격려가 되는 자연스러우면서도 신나고, 그러면서도 갑갑하지 않은 환경을 창출해냄으로써 전체 행사나 그 후속 행사에서 조직의 미래의 분위기를 잡아갔다. 유쓰 스페셜티스는 청소년 사역자들을 위한 맹렬한 옹호자로 등장했다.

청소년 사역자들을 멋진 호텔로 초청해 사무회의, 형식적인 위계질서, 강단에서 마구 잡는 연사들로부터 자유롭게 해준 것은 유쓰 스페셜티스가 혁신적인 사역의 선구자가 되었다는 것을 증명해 준 한 가지 방법이었다. 그 대회는 청소년 사역자들에게 전혀 새로운 종류의 음악을 소개해 주는 훌륭한 장소가 되었고, 래리 노먼(Larry Norman)과 같은 기독교 음악의 선구자들이 유쓰 스페셜티스 전국 청소년 사역자 대회에 등장하였다. "우리 모두는 우리가 교회를 변화시키고 있다고 생각했고, 나는 개인적으로 우리가 교회를 변화시켰다고 생각한다"라고 야코넬리(Yaconelli)는 말했다.

변화의 물결에 도움을 준 또 다른 유쓰 스페셜티스의 사업이 있었다. 유쓰 스페셜티스는 "문"(*The Door*)을 개명하여, 기독교세계자유전선(The Christian World Liberation Front)의 잭 스팍스(Jack Sparks)와의 인터뷰를 특집으로 다룬 "비텐베르그의 문"(*The Wittenberg Door*)의 1호를 출간했다. 잡지가 의도한 독자들은 청소년 사역자들이었지만, 2호와 3호가 나가고 난 뒤 야코넬리와 라이스(Rice)는 이 잡지가 단지 청소년 사역자들의 유머 잡지 그 이상이라는 사실을 깨달았다. 그 잡지는 전체 복음주 교회를 위한 풍자 잡지였다. '문'은 정말로 우리의 분신이 되었고, 유쓰 스페셜티스와 복음주의 유쓰 사역자를 위하고, 교회 변혁을 추구하는 야당 복음주의 조직으로서의 우리의 정체성과 결속되었다"라고 야코넬리는 말했다. 이 잡지는 기독교 출판문화를 많이 바꾸어 놓았으며, 선언문 표지를 사용했고, 유머와 적대적인 대담을 기용했으며, 이전 교회에 전혀 알려지지 않은 새로운 사고의 방법들을 소개했다.

1998년 가을에는 7천 명이 넘는 사람들이 전국 청소년 사역자 대회에 참석했고 지금은 매년 두 곳의 다른 지역에서 열리고 있다. 1998년에는 20명의 전임 사역자들이 30년 전 예수 운동의 반-기관화 물결 (the anti-institutional wave of the Jesus movement)을 맡았던 2명의 시간제 사역자들이 시작한 사업을 수행하고 있다. 다소 작은 조직의 크기에 비해 유쓰 스페셜티스가 교회에 그리고 특별히 청소년 사역에 미친 영향은 굉장한 것이었다.

DAVE RAHN

유아(Infancy)/걸음마기 유아(Toddler). 초기 아동기(Early Childhood)를 보라.

유아기(Infancy).
유아라는 용어는 역사적으로 약 5세 정도의 아동을 일컫는 데 사용되어 왔으며 일반적으로 출생에서부터 18개월 사이의 아이를 묘사하는 데 사용된다. 유아기의 목적은 마치 문장을 말하거나, 단순한 것들을 훈련하거나, 걷기를 배우는 것 등으로 표시될 수 있는 것처럼 애매한 구분을 가지고 있다. 때때로 유아는 도움 없이 자유롭게 걷는 "걸음마기의 아동"(toddler)과는 구별된다.

너무나 자주 유아는 기독교교육의 외곽으로 밀려난다. 몇몇 교회가 아동을 가르치는 것이지 유아를 가르치지 않는다고 믿는다. 아기들이 신학을 이해할 수 없지만 아동과 성인의 믿음이 격려될 수 있는 중요한 선봉자일 수는 있다.

1. 진리와 믿음(Trust and Faith). 잘 알려진 발달심리학자 에릭 에릭슨(Erickson, 1963)은 종교적 믿음의 근본으로서 유아의 믿음의 중요성을 강조했다. 이러한 믿음은 신뢰할만한 환경 속에서 아

이의 욕구는 부모든, 부모 대리인이든, 어른을 사랑함으로써 빠르고 일관되게 충족된다.

교회는 아동의 필요를 충족시킬 수 있다. 그러므로 시간과 애정을 적당하게 유아에게 제공하기 위해 부모를 격려하고 교회 의료모임에서 아동의 부모와 같은 보호를 제공함으로써 믿음을 위한 강한 기초를 세우도록 노력한다. 교회는 홀 부모나 자신의 아이를 항상 돌볼 수 없는 부모의 자녀를 위해 낮 시간 육아보호를 제공한다. 성경을 아동육아의 프로그램에 자료로 이용함으로써 기독교는 또한 항상 아이를 맡긴 부모를 지원할 수 있다.

아동의 믿음을 격려하는 몇몇 특별한 안내는 칼드웰(Caldwell, 1989)에 의해 추천된다. 아이를 위한 교회의 프로그램은 예측할 수 없으나 재미있는 모든 상황에서 진심 어린 마음 자세를 지닌 사람을 이끌어야만 한다. 또한 유아를 돌보는 사람들은 놀이 공간을 소독하고, 보호물을 사용하는 것처럼 기본적인 건강 관심에 대해 훈련받아야 할 필요가 있다. 교회와 가정 사이의 연속은 부모와 메모를 교환하고 주의 깊게 기록을 꾸준히 함으로써 가능할 수 있다. 유아기 아동은 교회활동 동안 부모로부터 떨어져 있을 때 울곤 한다. 이에 대한 가능한 해결책은 만일 아이가 부모와 떨어진 후 몇 분 안에 울기를 멈추지 않으면 부모를 호출하는 것이 방책이다. 가장 중요한 것은 교회에 대해서 화냄, 지루함, 혹은 두려움의 반복되는 감정이 무의식적으로 그러한 맥락에서의 성장기와 성인기 인식에 영향을 미칠 수 있는 것과 같은 불편함이 교회와 관련되지 않도록 하는 것이다.

호니그(Honig, 1989)는 어린이들은 활동에서 흥미로운지 아닌지를 표현하는 것으로 성인이 유아의 비언어적 의사소통을 이해하도록 하였다. 탁아소 관리자들은 지루함이 나타날 때 활동에 변화를 주며, 그 신호를 따르는 것이 중요하다. 또한 탁아소 관리자들은 공격을 금지하고 교회 탁아소에 의한 대립의 잠재성을 최소화함으로써 이타주의가 고무된다고 믿는다.

2. 하나님의 개념의 시작(The Beginning of a Concept of God). 스턴(Stern, 1985)은 타인과 함께 되풀이되는 상호작용을 내면화하는 유아들에 관해 언급한다. 그래서 이러한 일반적인 활동의 유형은 "상상의 친구"(evoked companion)의 형태로 상기될 것이다. 이처럼 아이는 단지 그러한 놀이와 결합된 대상의 시야에서 존재하고 있고 아이와 놀고 있는 어떤 사람이라고 의식할 수도 있다. 상상의 친구는 "신비스러운" 존재감과 하나님과의 관계에 선행한다(Fowler, 1989). 리주토(Rizzuto, 1979)는 마치 담요와 곰 인형(teddy bear)이 부모의 대체물로 작용하여 유아의 개별성과 독립성을 격려하는 것처럼 부모와 자녀의 관계는 하나님에 대한 기초적인 생각을 가지도록 한다고 믿었다.

유아는 부모가 신적 속성을 가지고 있다고 여기며, 후에 가서야 하나님을 부모로부터 분리시킬 수 있게 된다 (Goldman, 1965). 하나님의 정확한 개념의 발달에서 이것은 부모의 상호작용의 중요성을 기초로 한다. 최소한 애정적인 수준의 경험에서 부모와의 관계를 볼 때, 걱정과 포기의 감정은 부정적으로 하나님을 이해하는 데 영향을 끼칠 수 있다. 교회의 지도자는 예비 부모와 현재의 부모들을 위한 강의를 통하여 부모가 유아들과 긍정적이고 온화한 상호관계를 가지도록 북돋아 자녀가 하나님을 생각할 때 긍정적 정서의 바탕을 형성할 수 있도록 해야 할 것이다.

3. 유아의 놀이와 상호작용(Baby Games and Interactions). 출생 이후 시작하는 날부터 아이는 피아제(Piaget)에 의해 정의된 용어인 순환 반응(circular reactions), 즉 되풀이되는 행동에 참가한다. 장난감을 던지고, 팔을 앞뒤로 흔드는 것과 같은 행동들은 학습과 이해를 제공한다. 후에 유아기에서 이러한 것들은 게임이나 사교 활동 등에서 좀더 사회적이며 상호작용적이다. 이것들이 즉시 관찰되지 않을지라도 믿음의 성경적 정의와 비교할 수 있는 어떠한 것이 존재하기를 계속한다는 현실화(히 11:1), 즉 이러한 것은 신앙공동체의 상호작용과 의식 활동의 기초가 될 수 있다(Fowlkes, 1989, Fowler, 1989).

교회는 활동의 중요성을 성도에게 가르칠 뿐 아니라 아동과 함께 오락적으로 상호 작용하는 부모를 격려해야만 한다. 이러한 것들은 결국 일생 동안 지속될 수 있는 교회 환경에서 능동적 생활을 형성하는 데 도움을 줄 것이다.

4. 성인에 대한 유아의 사역(Babies' Ministry to Adults). 예수께서 유아를 강의의 대상으로 하실 때, 유아는 예로써 성인을 가르칠 수 있다(눅 18:16-17). 기독교인은 자기 스스로 자신을 도울 수 없음이 현실화되면 죄의 사유함을 받기 위해 하나님을 의지하는 가운데 유아가 된다. 유아는 성인에게 새로운 출생의 상징성을 더 깊이 이해하도록 가르칠 수 있는데 예를 들면, 태내 발달, 결정적 변화로서 출생 즉 회심의 중요성, 신생아의 미숙성, 적절한 음식물의 제공으로 주어진 자연적 과정으로서의 성장 등이 있다. 마치 하나님과 천사들이 한 명의 새로운 회심자를 놓고 기뻐하듯이(눅 15:7) 아기의 출생은 대다수의 부모에게 기쁨을 준다.

DONALD E. RATCLIFF

참고문헌 | B. Caldwell(1989), *Faith Development in Early Childhood*; E. Erikson(1963), *Childhood and Society*; J. Fowler(1989), *Faith Development in Early Childhood*; M. Fowlkes, *Religious Education* 84(1989): 338-48; R. Goldman(1965), *Readiness for Religion*; A. Honig(1989), *Faith Development in Early Childhood*; J. Piaget(1963), *The Origins of Intelligence in Children*; M. Rizzuto(1979), *The Birth of the Living God*; D. Stern(1985), *The Interpersonal World of the Infant*.

유아실(Nursery). 유아실은 역설적으로 교사에게 최소한의 존경과 최대의 책임을 지우는 장소이다. 또한 이곳은 아동들이 처음 방문하면서 울고, 활동이 모두 마치고 집으로 갈 때 울음이 그치는 곳이다.

유아실은 모든 교회 출석자에 대한 가장 민감한 성장과 발전에 초점을 두면서 기독교교육자와 부모 간의 협력적 공간이다. 유아실의 주된 과제는 신체적 필요를 돌보는 것이다. 유아실은 유아가 자고, 기어 다니고, 젖병을 빨 수 있고, 깨끗한 기저귀를 비치해야 하고, 또한 경건한 사람들의 사랑의 상호작용을 경험할 수 있는 안전하고 따뜻한 곳이어야 한다.

능력 있는 직원은 필수적이다. 더 많은 정규 직원과 더욱 효과적인 학습 환경은 아이들을 위한 것이다. 성인 한 명이 한 살 이하의 영아는 세 명을, 걸음마기인 경우는 4, 5명이 적합하다. 넓적한 마루공간은 주변을 돌아다니고 호기심으로 아무 데나 왔다갔다하는 어린아이들에게 매우 중요하다. 각 아동들을 위해서 아동마다 약 25에서 35 평방피트를 갖도록 하는 것이 요구된다. 적절한 설비로는 다용도 책상, 어른과 아기를 위한 흔들의자, 싱크대, 잠든 아이를 위한 유아용 침대를 포함하는 것이며 개인 소지품 보관을 위해서 벽에 개인사물함을 설치한다. 연령에 맞는 다양한 장난감, 책 그리고 카세트테이프도 필요하다. 여유 공간이 있다면 산모와 신생아를 위한 공간을 두는 것이 유용하다. 청결은 유아실의 생명이다. 장난감도 씻기가 가능해야 한다. 침대커버는 매번 사용 후 세탁해야 하며 교사의 옷을 보호하기 위해 앞치마를 사용해야 한다.

보육원에서 안전 문제는 더욱더 중요하다. 욕실에 네덜란드식 문, 일할 가능성 있는 직원들에게 신원조사, 기저귀를 갈기 위해 일회용 장갑을 끼는 것 그리고 아동들이 이상한 성인들에게 노출되지 않도록 하기 위한 입실, 퇴실 구조 등등은 기본적인 절차이다. 몇몇 교회들은 유아실 직원에 대해 아동학대의 경우 어떠한 절차를 밟는지를 포함하여 광범위한 아동안전 정책을 추진하였다.

아동들은 보육원에서 하나님에 대한 이미지를 처음으로 형성하고 평생에 걸쳐 지속되므로 보육원의 직원과 활동은 긍정적이어야 하고 사랑하며 양육하여야 한다.

자유놀이 시간에 큼직한 블록은 아동이 교사의 안내에 따라 일렬로 놓으면서 자유놀이 하는 데 적합하다. 노래 부르기, 이야기 말하기, 책 읽기, 과자 먹기 그리고 다른 교육적 노력들은 반드시 비형식적이어야 하며 아동들의 사회성 발달을 위해 일대일 상호작용이어야 한다. 이같은 활동들이 주제나 강조점을 두고 집중될 때 아동들은 배운 구체적 학습을 안고 돌아갈 것이다.
 부모는 그들 자녀의 영적 성장을 위한 궁극적인 책임을 진다. 그러나 교회는 아이들의 필요들을 위한 돌봄과 부모의 목적을 이루는 과정에서 영적, 교육적 지원을 제공함으로써 중요한 동반자가 된다. 또한 보육원은 전도의 기회로서 공동체 안에서 신생아를 가진 부부와 접촉점을 갖고 육체적이고 영적 지원을 제공한다.

CHERYL L. FAWCETT

참고문헌 | R. Choun and M. Lawson(1993), *The Complete Handbook for Children's Ministry: How to Reach the Next Generation*; W. Haystead(1989), *Everything You Want to Know About Teaching Young Children: Birth to Six Years*; V. A. Wilson(1986), *Childhood Education in the Church*, pp. 83-97.

참조 | 탁아소(DAY CARE CENTERS)

유전자공학(Genetic Engineering). 생명윤리(Bioethics)를 보라.

윤리학(Ethics). 윤리학은 도덕적으로 옳고 그른 것이 무엇인가 하는 문제를 다룬다. 그것은 사람의 행동과 태도에 드러나는 도덕적 가치체계이다. 그러므로 윤리학이란 종교적, 기독교적, 경영적 또는 직업적으로 기술된다. 우리는 여기에서 기독교 윤리학을 다룬다.
 1. 주요 윤리 체계. 가이슬러(Geisler)는 옳고 그른 것을 결정하는 주요한 윤리적 체계 또는 방법들은 여섯 가지 형태로 구분되어 질 수 있다고 제안한다(가이슬러, 1989, 25-27).

1) 도덕률 폐기론(antinomianism)은 도덕률이나 일반법을 부인한다. 그러므로 도둑질은 옳지도 그르지도 않다. 이 체계 안에는 객관적 도덕률이 없기 때문에 옳고 그른 것을 결정하는 일은 주관적이고 개인적이다.

2) 상황론(situationism)은 단 하나의 절대법, 사랑이 있다고 한다. 그러므로 만약 어떤 사람이 사랑으로 상대방이 굶어죽는 것을 막기 위해 도둑질을 한다면 옳은 일이라고 본다. 사랑을 제외한 모든 것은 상대적이다.

3) 일반론(generalism)은 절대법은 없고 일반법만 있다고 주장한다. 그러므로 이 도둑질은 일반적으로 잘못이다. 그러나 그것이 허용되는 경우가 있을 것이다. 이 체계 안에서는 결과가 수단을 정당화한다. 결과가 선하면 도둑질이 나쁘지 않다.

4) 무조건적 절대론(unqualified absolutism)은 많은 절대법들이 있지만 갈등은 없다고 주장한다. 그러므로 도둑질은 항상 잘못이다. 사실 진리나 사랑이나 생명의 존엄과 같은 절대법들이 결과 없이 파괴되지 않는다. 결과가 수단을 결코 정당화하지 못한다. 이것이 성경적 견해이다.

5) 갈등적 절대론(conflicting absolutism)은 서로 갈등하는 수많은 절대법들이 있으므로 우리는 덜 악한 것을 선택해야 한다고 말한다. 그러므로 도둑질은 용서받을 수 있다. 우리가 도덕적 딜레마에 빠지게 되면 어떤 절대법을 지킬지 결정해야 하고 우리가 깨뜨리는 절대법에 용서를 구해야 한다.

6) 등급 절대론(graded absolutism)은 갈등하는 수많은 절대법이 있지만 우리는 고등의 절대법에 복종해야 한다. 그러므로 도둑질은 때때로 옳다. 우리가 도덕적 딜레마에 직면할 때 우리는 어떤 절대법이 더 중요한지 결정하여 다른 것들을 깨뜨리는 것을 허용해야 한다.

 2. 기독교 윤리학의 특징. 다른 윤리적 체계와는 대조적으로 기독교 윤리학은 무오한 성경을 바탕으로 하는 인식론의 형성을 추구한다. 본질적으로 우리는 일반계시와 특별계시의 안경을 통해 옳고 그른 것을 분별한다. 기독교 윤리는 다음과 같은 특징을 갖는다.

1) 기독교 윤리학은 성경적 가르침에 근거한다. 하나

님께서 당신을 계시하셨고 우리가 여러 상황에서 선과 악을 결정하기 위한 구체적인 명령과 원리를 제시하는 말씀을 주셨다. 하나님과 성경을 도덕적 결정을 위한 자원으로서 알거나 인식하지 않는 사람은 변명할 수 없다. "율법 없는 이방인이 본성으로 율법의 일을 행할 때는 이 사람은 율법이 없어도 자기가 자기에게 율법이 되나니 이런 이들은 그 양심이 증거가 되어 그 생각들이 서로 혹은 송사하며 혹은 변명하며 그 마음에 새긴 율법의 일을 나타내느니라"(롬 2:14-15). 선악을 모르는 사람들이 그들이 선악을 알고 싶지 않기 때문이다.

2) 그것은 상대적이지 않고 절대적이다. 하나님께서 무엇을 명하시든지, 그것이 그 사람의 변하지 않는 도덕적 성품을 이루며 선과 악은 상황에 따라 변하는 것이 아니다. 그것은 인종과 신조와 성별과 민족에 관계없이 모든 사람에게 동일한 진리다. 예를 들면, 하나님께서 사람을 그분의 형상을 따라 창조하셨고 하나님께서 가치를 두셨기 때문에(창 1:27) 살인은 항상 악이다(창 9:6; 출 20:13; 롬 13:9). 다른 도덕적 절대성들은 사랑, 자비, 결혼의 순결, 진실 그리고 성결 등이다.

3) 그것은 인간의 의견이 아닌 하나님의 뜻에 바탕을 둔다. 하나님의 뜻은 그분의 도덕적 성품이나 본성에 결코 상반되지 않기 때문에 선악은 그분의 뜻에 따라 결정된다. 예를 들면, 하나님께서 "내가 거룩하니 너희도 거룩할지어다"(레 11:45)고 말씀하셨다. 예수께서는 "하나님은 사랑이시므로"(요일 4:16) "네 이웃을 네 몸과 같이 사랑하라"고 하셨다(마 22:39).

4) 그것은 기술적이지(descriptive) 않고 규범적(prescriptive)이다. 하나님은 옳은 것이 무엇인지 규정하시거나 지정하신다. 결과적으로 우리는 누군가가 묘사하는 것이나 우리의 행동을 다른 사람들의 행동과 비교하여 옳은 것을 결정하는 것이 아니다. 도덕성은 우리가 어떻게 행동하는가가 아니라 우리가 어떻게 행동해야만 하는가를 다룬다.

3. 윤리학 가르치기. 기독교교육은 옳고 그른 것이 무엇인지도 가르쳐야 한다. 이것은 특히 아동교육에서 매우 중요한데, 그 이유는 가치 형성이 연령 발달과 밀접하게 연관되어 있기 때문이다. 사람들을 도와 성경적, 도덕적 체계를 개발하는 방법들은 다음과 같다.

1) 미취학 아동들에게는 무엇이 옳고 그른지 반복해 준다. 예를 들면, "제이슨의 크레용을 가져가는 것은 잘못이지요" 또는 "네가 케이틀린에게 친절하게 대해주면 바른 일을 하기 때문에 하나님이 기뻐하신다"라고 말해 준다.

2) 옳고 그른 것의 모델을 일관적으로 보여준다. 당신의 삶이 가장 영향력 있는 교수 방법이다. 만약 실수하게 되면 그룹 앞에 고백하여 그들에게 어떻게 죄를 다루어야 하는지 보여준다.

3) 어린이와 청소년과 성인들에게 하나님의 성품과 본성을 가르치고 어떻게 절대 도덕성이 그분에게로부터 나오는지 가르친다.

4) 하나님께서는 우리가 순종하기를 원하시는 절대 도덕이 있다는 점을 가르친다. 수많은 어린이나 청소년이나 성인들도 이 기본적인 진리를 모른다. 이들은 정반대의 것들을 가르치는 문화와 교육체계 안에 살고 있다.

5) 하나님의 명령과 법을 가르쳐서 현재의 상황에 적용하도록 돕는다. 예를 들면, 십대가 고등학교 입학할 때 즈음, 십계명(출 20장)과 산상수훈(마 5-7장)을 깊이 있게 가르쳐야 한다.

6) 십대 및 성인들과 함께 도덕적 딜레마들을 토의하여 그들의 가치체계에 대한 비판적 사고력을 키워주고 윤리적 판단을 내리도록 한다. 하나님의 구체적인 말씀을 근거로 하여 그들의 결정을 내릴 것을 강조한다.

7) 고학년 어린이들에게 어른들의 선택을 보게 하지 말고, 대신 성경 말씀을 통해 그들 스스로 답을 찾도록 도와준다. 그들은 하나님의 절대 도덕성에 대해 주인의식을 갖게 될 것이다.

8) 십대들과 성인들에게 윤리학 과정을 가르쳐서 잘

못된 윤리체계를 알게 하고, 낙태나 안락사와 같은 현대의 윤리적 문제들에 대해 그들의 가치관을 형성하도록 돕는다.

9) 어린이들에게 어른들을 통해 옳고 그른 일을 행하는 것의 결과들이 무엇인지 가르친다.
10) 어린이들의 이름을 부르며 기도해 주어서 그들이 성경적인 도덕체계를 개발하고 어떤 상황에서든지 그것에 따라 살도록 돕는다.

LIN JOHNSON

참고문헌 | N. Geisler(1989), *Christian Ethics: Options and Issues*; S. Grenz(1997), *The Moral Quest: Foundations of Christian Ethics*; A. Holmes(1984), *Ethics: Approaching Moral Decisions*; R. McQuilkin(1995), *An Introduction to Biblical Ethics*; S. Rae(1995), *Moral Choices: An Introduction to Ethics*; J. Trull(1997), *Walking in the Way: An Introduction to Christian Ethics*.

융, 칼 구스타프(Jung, Carl Gustav, 1875-1961).

분석 심리학의 창시자이다. 스위스 개척교회의 성직자로서 캐이스월에서 태어났다. 그는 바젤대학에서 공부하였으며(1895-1900년), 의학과 심리학을 전공하였다. 의학학위를 수여받자마자 그는 취리히(Zurich)대학 정신병 진료실에서 일했는데 거기서 또한 정신의학 조교수로 종사하였다. 1906년에 융은 지그문트 프로이트(Sigmund Freud)와 함께 협력하였으나 정신분석학 이론의 불일치 때문에 1913년에 협력이 깨어졌다. 융(Jung)은 국제적인 정신분석학 협회의 창시자였으며, 초대회장이었다. 1913년에 그는 그리고 심리학과 종교의 다양한 범위를 탐험하고 의료에 집중하기 위해 취리히에서 그의 가르치는 일을 사임하였다. 그의 인생의 대부분은 신비, 신화에 대한 강한 흥미를 설명하였다.

융의 작품은 기독교의 교육과 정신적 수양에 기여하였다. 그에 따르면 인간의 개성은 외양적 혹은 내향적으로 두 가지 방향 중 하나로 움직인다. 외향적 성격은 사람과 행동에 대해 움직이는 경향이 있는 반면, 내향적 성격은 조용하며 사람으로부터 자유로우며 반대 방향으로 움직인다. 게다가 외향성과 내향성에서 융은 극의 기능 혹은 사람들이 세계와 관계하는 방식의 세 쌍은 이해하는 것과 감지하는 것, 느끼는 것과 생각하는 것, 판단하는 것과 자각하는 것임을 확인하였다. 두 개의 주요한 태도와 대조되는 기능에서 융은 개인적 유형의 분류를 형성하였다. 융의 이론에 따르면 개인의 개성 유형에 따라서 개개인은 다른 사람의 행동 양식을 선호하는 경향을 가지고 있다.

광범위한 조사와 실험은 마이어스와 브릭스(Myers-Briggs) 유형 목록의 발전을 이루었다. 그것은 16개의 개인적 유형의 인물평을 만드는 데 이용되었다. 이러한 개인적 유형에 의해 영향을 받는 흥미로운 영역 중 하나가 특히 정신적 형성 영역인 종교교육이다. 예를 들면, 멀홀랜드(Mulholland)는 거룩한 정신성을 탐험하고 사람들의 정신적 여행을 일으킬 수 있는 분석적 심리학에 통찰력을 시험하기 위해 인간의 인격의 융의 확장 모형을 사용하였다.

그의 정신분석적 작품, 연구에서 볼 때 융은 인간의 정신 분석의 저자였다. 그의 수많은 작품들은 정신분석학의 이론을 포함하고 있다. 『무의식의 심리학』(*Psychology of The Unconscious*, 1925년), 『현대인의 영혼 탐구』(*Modern Man in Search of a Soul*, 1933년), 『인성의 통합』(*The Integration of Personality*, 1939년).

HARLEY ATKINSON

참고문헌 | L. T. Bischof(1964), *Interpreting Personality Theories*; M. R. Mulholland(1993), *Invitation to a Journey*; R. M. Ryckman(1989), *Theories of Personality*.

참조 | 프로이트, 지그문트(FREUD, SIGMUND); 제임스, 윌리엄(JAMES, WILLIAM); 종교심리학(PSYCHOLOGY OF RELIGION)

융판 그림(Flannelgraph).

성경의 인물들과 장

면들을 융판에 융이나 뒤에 융을 붙인 그림들을 붙임으로써 생생하게 표현하는 수단이다. 어떤 제품은 600개의 인물들과 대상물들을 가지고 있다. 이렇게 선명하고 자세한 인물들을 가지고 성경 이야기를 설명하는 것은 아이들의 흥미를 끄는 데에 도움이 된다.

플란넬 그림은 교사 중심의 학습 환경에서 주로 사용되는 교육 자재이다. 그것은 미취학 아동들에게 그 사용이 제한된다. 그것은 유아들의 집중할 수 있는 기간이 짧아 그룹 학습이 불가능하여 더 긴 시간이 필요할 때 융판 그림을 사용하여 이야기를 늘일 수 있다. 일부의 유아들로 그림들을 배경 판에 붙이는 것을 돕게 할 때 제한된 정도의 상호 학습이 가능하게 된다.

비록 융판 그림이 시각적 학습자에게 호소할 수 있고 청각적 학습자를 위한 교육을 강화할 수 있지만 다양한 학습 방식과 각 그룹의 아이들이 대표하는 발달 단계에서 참여가 부족하다.

BARBARA WYMAN

은유(Metaphor). 비유(Parable)를 보라.

음악(Music). 정돈된 소리 또는 리듬의 결합, 박자 그리고 메시지는 영혼의 우주적인 언어이며 창조주에 대한 신앙인의 반응이다. 음악은 광범위한 감동으로 참여하게 하고 다양한 분위기를 만들어 내는 강력한 의사소통이다.

1. 성경의 음악. 성경은 음악에 대하여 대략 500번을 언급하고 있는데 이는 음악이 신자들의 전생애의 중요한 부분이었음을 증명하는 것이다. 특별히 구약 성경에서 음악은 압도적으로 하나님에게 헌신과 찬송을 표현하기 위한 예배에서 사용되었다. 공공예배에는 찬양하는 사람(독창, 그룹, 성가대)과 음악 악기들이 사용되어졌다(예를 들면, 히 2:12과 시150편을 보라). 사실, 시편은 유대인의 찬송시이다.

음악에 대해 성경에 나온 기본적인 핵심 구절은 에베소서 5장 18-19절, "오직 성령의 충만을 받으라 시와 찬미와 신령한 노래들로 서로 화답하며 너희의 마음으로 주께 노래하며 찬송하며"와 골로새서 3장 16절, "그리스도의 말씀이 너희 속에 풍성히 거하여 모든 지혜로 피차 가르치며 권면하고 시와 찬미와 신령한 노래를 부르며 마음에 감사함으로 하나님을 찬양하고"이다. 바울은 찬송이 성령의 충만히 거하심의 증거이며 우리가 찬송을 통하여 다른 사람을 가르치고 격려한다고 가르쳤다. 이러한 음악의 사용은 하나님의 말씀을 알고 묵상하는 것으로부터 기인한다. 초기 신앙인들은 기록된 신약성경을 가지고 있지 않았기 때문에 때때로 음악에 성경의 진리를 담아 성경적 진리를 주고 받았다. 또한 이 두 구절에서 지적하는 것은 음악에 다양성이 있고 음악이 주님 뿐만 아니라 서로 올바른 마음의 태도를 갖추도록 유도하는 사실이다.

고린도전서 14장 15절에서, 바울은 영으로 찬양하고 올바른 마음의 태도로 찬양하는 것을 강조했다. 찬송은 문장이 분명하고 의미심장하게 함축하는 마음으로 노래되어야 한다. 찬송은 또한 우리의 감동을 표현한다. 더 나아가 찬송은 우리의 믿음을 세우는 데 사용되기도 한다. "그런즉 형제들아 어찌할꼬 너희가 모일 때에 각각 찬송시도 있으며 가르치는 말씀도 있으며 계시도 있으며 방언도 있으며 통역함도 있나니 모든 것을 덕을 세우기 위하여 하라"(고전 14:26). 더욱이 음악은 기쁨을 표현한다. "즐거워하는 자가 있느냐 저는 찬송할지니라"(약 5:13).

2. 교육의 음악. 교육적인 방법으로서 음악은 학생들을 가르치고 그들이 성경적 진리를 기억하도록 돕고 하나님에 대하여 증인이 되도록 돕는 강력한 방법이다. 노래는 성경 이야기를 말할 수 있고, 교리를 설명할 수 있고, 성경 구절들을 가르칠 수 있고, 성경적 진리로 사는 방법을 제안할 수도 있고, 듣는 자와 부르는 자가 그들이 아는 것을 행하는 것을 도전할 수 있고, 고백하게 할 수 있고, 또한 기도하는 사람이 될 수 있게 한다. 음악은 또한 예배하는 동안 하나님을 찬양하는 것과 다른 사람이 음악적 재능을 발전시키는 동안 도움이 되는 것을 통하여 영적 성장을 촉진한다. 그러나 찬양 부르는 것이 단지 시간을 채우는 것이나 오락을 위한 것으로 사용되지 않아야 한다. 교육적 목적을 위해 음악을 선택할 때 염두해야 하는 여러 가지 기준들은 다

음과 같다.

1) 노래가 수업이나 사용하는 음악의 목적을 달성하는 것을 돕는가?
2) 언어들이 성경적으로 정확하고 신학적으로 옳은가? 불행하게도, 교회에서 사용되는 많은 노래와 찬송들이 후에 정정되어야 하는 비성경적인 지식을 가르친다.
3) 노래의 단어와 길이가 그룹의 연령에 적합한가? 너무나 빈번하게, 교사들은 아동들이 이해할 수 없는 상징적이거나 추상적인 개념의 노래를 선택하거나, 또는 그 어휘들이 아동들과 10대에게 너무 유치하다. 그리고 어린 나이의 그룹들은 주의 집중 시간이 더 짧다.
4) 단어가 이해하기에 쉬운가, 또는 교사들이 그들에게 설명할 시간을 가지고 있는가, 그래서 학생들이 이해하며 노래를 부르는가?
5) 선율은 그 나이 그룹에 적합한가? 어린 아동들은 단순한 선율이어야 하고 반복이 더 중요하고 음역이 제한되어야 한다.
6) 어휘들이 빌립보서 4장 8절의 지침을 따르는가? "종말로 형제들아 무엇에든지 참되며 무엇에든지 경건하며 무엇에든지 옳으며 무엇에든지 정결하며 무엇에든지 사랑할 만하며 무엇에든지 칭찬할 만하며 무슨 덕이 있든지 모든 기림이 있든지 이것들을 생각하라."
7) 노래가 부르기 쉬운가, 또는 학생들이 악보를 따라가기 위해 힘겨워하는가? 그래서 그 노래의 메시지에 대하여 학생들의 관심을 제쳐놓게 하는가?
8) 당신이 강조하기를 원하는 분위기나 감동에 대한 근거가 적합한가? 예를 들면, 명랑한 선율은 정적인 분위기를 만들어내지 않는다.
9) 노래가 탁월성을 나타내는가? 그것이 깊은 의미와 예술적 탁월성을 가지고 있는가?
10) 선택된 음악의 유형에 다양성이 있는가? 개인적 성향이 찬송가에서부터 CCM(contemporary Christian music)까지, 성가곡에서부터 예배곡까지 다양하기 때문에 선택의 다양성은 중요하다. 교사들과 지도자들은 그룹들이 그들이 일반적으로 듣지 않는 음악을 인정하는 것을 배우도록 도울 필요가 있다.

LIN JOHNSON

참고문헌 | C. Johansson(1984), *Music and Ministry: A Biblical Counterpoint*; K. Osbeck(1975), *The Ministry of Music*; E. Routley(1978), *Church Music and the Christian Faith*; D. Thiessen(1994), *Psalms, Hymns and Spiritual Songs*; V. Whaley(1995), *Understanding Music and Worship in the Local Church*.

의도적 처리과정(Intentional Processes). 의도적 처리과정이라는 용어의 사용은 박틴(M. M. Bakhtin, 1981)의 작품에서 제시된다. 박틴의 작품은 종종 비고스키(L. S. Vygotsky)와 관련이 있다. 박틴은 맥락 안에서 발언을 구조화한 원칙과 발언의 언어적 분석에 조명된다. 사람들이 발언하는 방식은 그것과 연관된 의도를 갖는다. 그러므로 규칙성이 존재한다. 발언은 단순히 선택 사항이 아니다. 말의 의도는 화자 자신이 행한 언어나 혹은 화자가 타인에게 들은 언어를 자신의 언어로 만드는 것이다. 말이 적절할 때에는 화자 자신의 의미론적이며 표현하려는 의도가 적용된다.

그 용어의 또 다른 사용은 "주의적 처리과정"(attentional processes)으로 불리는 학습의 정보 처리 이론에서 찾을 수 있다(Sprinthall & Oja, 1994, 304). 사람의 감각을 통해, 환경적 입력을 경험할 때 그것은 뇌 속의 감각기관으로 보내진다. 이것은 1/2-4초간 지속된다. 만일 개인이 입력하는 것에 관심을 기울이면 그것은 기호화되고 기억장소로 이동된다. 만일 바로 관심을 기울이지 않는다면 아마도 그 정보를 잃게 될 것이다. 관심을 기울인다면, 때로 활동적 기억이라 불리는 단기 기억으로 이동된다. 단기 기억은 약 일곱 개 정도의 개별 항목을 기억할 수 있으며, 2-3초에서 약 1분 정도간만 기억할 수 있다. 때로 단기 기억 안에 있는 항목들은 기억력을 확대하기 위해 서로 연결되거나 버려질 수 있다. 다음으로 그 기억항목은 장기기억으로 보내질 수 있다. 이것은 1초 혹은 20분 까지 걸릴 수 있다. 장기 기억은 그 항목을 잠재적으로 평생 기억할 수 있다. 장기간 기억을 위해 단기기억에서 그 항목을 이동시키는 주요 열쇠는 하나에서 다른 것에 이르기까지 예행연습을 약속하도록 동기화된 것에 있다는 것이다.

예행연습의 두 가지 유형은 "유지"와 "정교함"이다. 유지는 전화번호를 반복하는 것처럼 단기 기억 내에서의 기계적인 반복 암기이다. 정교한 예행연습은 새로운 항목을 위해 장기 기억 내의 항목과 개념을 연관시키고 재구성하며 확대하는 데 기반을 둔다. 메모를 적고 그 항목을 바로 사용하는 것이 그 전략이다. 퍼어마스토어(permastore)라는 용어는 장기 기억 장소에 저장되어 장 기간에 걸쳐 다시 불러들여 사용 할 수 있는 항목을 서술하기 위해 사용되고 있다. 사람이 어떤 것을 잘 기억하느냐 그렇지 못하느냐는 의도적 처리과정에 적절한 주의를 기울이느냐에 크게 좌우된다.

EUGENE S. GIBBS

참고문헌 | M. M. Bahktin(1981), *The Dialogic Imagination*, N. A. Sprinthall, R. C. Sprinthall, and S. N. Oja(1994), *Educational Psychology: A Developmental Approach*.

참조 | 덩어리 만들기(CHUNKING); 정보처리과정(INFORMATION PROCESSING); 기억(MEMORY).

의미충족성(Meaningfulness).

개인들이 성경연구와 같은 것들에 부여하는 중요성의 수준이다. 특정 성경본문의 의미충족성 수준은 성경연구 기술, 이전 삶의 경험, 중요한 다른 사람에 대한 관점 및 삶의 시대적인 주제에 대한 본문의 적절성 인식 등과 같은 다양한 요소들에 의존한다. 그리스도 안에서 성숙한 사람들은 그런 교육으로 기독교적 믿음이 학생들의 삶에 의미가 충족하게 되기를 요구한다.

의미는 보통 의미론의 영역이다. 의미는 어떤 말의 기본적인 요소들 혹은 어떤 개념의 최고의 예들에서 파생된다. 두 사람 사이의 의사소통은 언어가 통할 때 시작된다. 언어는 상징들과 그 지시물에 대한 임의적이지만 공통적인 이해에 근거한다. 서로 다른 의미들은 말의 순서나 언어가 사용되는 상황이 달라지는 것 때문에 발생할 수 있다.

또한 의미는 개인 해석의 관점에 의해 결정되기도 한다. 하나님은 의미를 전달하기 위해 인간의 언어를 사용하여 의사소통을 하기로 선택하셨다. 성경의 진리가 그것에 대한 인간의 해석에 달려 있지 않지만, 성경의 목적은 인간의 경험에 적절한 의미를 소통하는 것이다. 성경이 의미충족한 믿음에 대해 말할 때 의미의 세 가지 다른, 그러나 상호적인 요소들이 있다.

지능적인 측면(notitia)은 교육자에게 의미충족한 믿음에는 지식적인 요소가 있음을 상기시켜 준다. 성경에는 이해하고 믿어야 할 특정의 내용들이 존재한다(살전 4:14).

또한 의미 충족한 믿음은 활동적인 감성적 측면(assensus)을 요구한다. 이 관계적 측면은 신자들의 마음의 열정을 사로잡는 것과 관련된다. 누군가가 믿음의 대상의 신뢰가능성에 동의한다면 자신의 마음이 상대방에 의해 제어되도록 동의한다. 결과적인 믿음은 예수님을 믿는다(pisteuo eis). 이 언어적 설명은 신약성경에 특유한 것이다. 다운스(Downs, 1994)는 이것이 믿음을 헌신과 구분 짓는 헬라적 개념과는 다른 종류의 믿음을 의미한다고 제안한다.

기독교를 의미 충족한 것으로 만드는 가장 최고의 요소는 삶의 방식으로 이해된다. 참된 믿음은 사람들이 그들이 알고 헌신한 것에 의해 의지적으로 행동하도록(fiducia) 만든다. 분별, 목적 및 결단이 포함된다. 어떤 사람의 믿음의 중요성의 리트머스 시험은 그것이 선한 행위와 순종으로 그 결과가 표현되는 것이다(엡 2:8-10). 정당화되는 믿음은 그 안에 내재하는 순종하고자 하는 열망의 측면을 가져야만 한다(약 2:26).

정통파 교사들은 교육과 연령의 적절성에 대한 최고의 기술적인 통찰들을 수집하고 적용할 수 있으나 여전히 과녁을 빗나간다. 의미충족한 기독교를 강화하기 위해서는 개인적인 접촉과 관계성이 좋은 조직과 형식적인 기술보다 결정적으로 강력한 효과를 지닌다. 기도의 훈련과 성령의 능력을 불러 일으켜야 하며 그렇지 않으면 영구적이고 의미충족한 가치가 거의 성취되지 않게 되기 쉽다.

에릭 클링거(Eric Klinger, 1978)의 저작은 사람들의 삶에서의 의미충족성의 중요성을 보여준다. 사람들은 그들에게 정서적으로 중요한 것들을 추구하도록 동기를 부여받게 될 것이다. 그런 자극에는 다른 사람에 대한 개인적인 동정, 자아보다 더 큰 목적에 대한 헌신 그리고 다른 사람들을 섬기려는 것이 포함된다. 이런 유인(誘因)들은 기독교 신앙에서만 가장 많이 발견된다.

조명을 위한 기도는 성령에게 우리의 눈을 열어 연구하는 성경 본문의 뜻을 알게 해 달라고 요청하는 것이다. 성경은 하나님의 책이다. 그리고 그분은 하나님이 알고 있는 것이 우리에게 의미충족한 것이 될 것이라는 사실을 보는 "눈"과 듣는 "귀"를 제공하신다.

JAMES A. DAVIES AND ROBERT J. RADCLIFFE

참고문헌 | R. Beechick(1982), *A Biblical Psychology of Learning*; R. W. Pazmino(1997), *Foundational Issues in Christian Education*; J. Wilhoit(1991), *Christian Education and the Search for Meaning*.

의사결정(Decision Making).

여러 가지 사항 중에서 한 가지를 개인적으로 혹은 함께 선택하는 과정으로서 선택의 대상이 될 만한 것들을 지정하고 잠재적 결과들을 평가하며 개인의 가치나 신념을 반영하는 최선의 대안을 선별하는 일 등이 포함된다.

거의 매일 순간마다 결정을 내리게 되는데, 가장 중요한 의사결정은 도덕적, 영적 결정들이다. 개개의 그리스도인은 빈곤한 세상에서 소모되는 물적 자원으로 무엇을 할 것인가, 직장 동료가 관리자로부터 부당한 대우를 받을 때 개입을 해야 하는지의 여부, 또는 개인의 재능과 은사를 하나님 나라에 가장 효과적으로 사용하는 방법 등을 결정해야 할 도전에 직면하게 된다. 단체에 속한 사람들도 이와 같은 강도 있는 의사결정을 내리는 일이 많다. 예를 들면, 지역 교회의 목회자 회의나 당회에서 한 지도자의 비도덕적 행동이 발견되었을 때 어떻게 그 일을 다스려야 할지, 또는 그 지역사회에서 소외된 사람들에게 어떻게 접근해야 하는지 등을 결정해야만 한다.

기독교교육에서는 몇 개의 요점으로 개인이나 그룹의 결정 내리기 과정에 도움을 줄 수 있다. 첫째, 기독교교육을 통해 도덕성과 영성을 비평할 성경적, 신학적 토대를 가르친다. 둘째, 기독교교육으로 의사결정에 대한 암시들을 조사할 문맥을 제공해 준다. 학습자는 사례 연구나 역할극 등을 통해 이슈들을 검토해 볼 수 있다. 셋째, 기독교교육을 통해 진정한 기독교 공동체를 만들 기회를 준다. 뜻 깊고 상호의존적인 관계성들을 통해 학습자들이 의사결정을 내리고 그것을 실행할 때 다양한 관점에서 격려, 기도, 후원 그리고 책임감 등에 대한 피드백을 얻을 수 있다. 넷째, 기독교교육은 의사결정을 내리는 기술의 발달에 공헌한다. 학습자들에게 성경적 가치를 알려주고 그 가르침에 입각하여 선택하도록 인도하는 과정의 교육적 경험이 좋은 결정을 내리게 할 뿐 아니라 수준 높은 도덕적 합리성 발달을 촉진시킨다.

특별히 어린이 및 청소년 교육에서 도덕적 합리성 발달을 고양시키는 일은 매우 중요하다. 옳은 것에 대한 지식과 옳은 것을 선택하는 것이 항상 동일하지는 않다. 젊은이들에게, 신념에 부합하는 결정을 내리도록 도와주지 않으면서 성경적 진리만을 가르치게 되면 그들이 성장하면서 종종 좌절감과 영적 무능력의 상태로 인도하는 결과를 만들게 된다. 그러므로 기독교교육은 학습자가 하나님의 의에 따라서 배우고, 선택하고, 행동하는 모든 과정에 개입해야 한다.

RICHARD R. DUNN

참고문헌 | B. Clouse(1993), *Teaching for Moral Growth*; S. Garber(1996), *The Fabric of Faithfulness*; L. Kuhmerker(1994), *The Kohlberg Legacy for the Helping Professions*; C. Shelton(1983), *Adolescent*

Spirituality: Pastoral Ministry for High School and College Youth.

의사소통 스타일(Communication, Style of).

사람들의 의사소통은 다이내믹해서 전달자가 메시지 전달에 언어적, 비언어적 수단을 통해 아이디어에 의미를 주는 방법이다. 스타일은 용어와 어조, 문장구조, 전달 방식의 선택을 다룬다.

의사소통자들은 개인적인 스타일, 즉 구체적인 메시지를 전달하는 방법을 개발한다. 이것이 피할 수 없는 사실인 까닭은 모든 화자들이 독특한 어휘 사용과, 언어사용에 영향을 주는 다양한 문화적 배경과, 가치와 신념에 기초한 전제들과, 의사소통에 영향을 주는 다양한 인지적 강점들과, 메시지를 주고, 받는 방식에 영향을 주는 독특한 인성 등을 가지고 있기 때문이다.

의사소통자들은 수사학적 표현이나 대화법, 전달형태 등에 고유한 개인적 스타일을 가지고 있다. 형식적 또는 비형식적 토론이나 패널, 크고 작은 그룹 등의 상황에 따른 기대감이 장황한 언변이나 어조, 신체언어에 실질적인 영향을 준다.

개인적 스타일을 사용해 효과를 극대화시키는 능력이 매우 중요하고, 스타일에 따른 재능을 강화하기 위해서는 융통성이 필요하다. 어떤 스타일은 성인에게 적절하고 또 어떤 스타일은 어린이에게, 또 다른 스타일은 청소년에게 유리할 수 있다. 그러나 일반적으로 어떤 전달자의 스타일도 순응시킬 자세만 되어 있다면, 모든 연령 그룹에 성경의 본문을 잘 가르칠 수 있다.

신약성경에는 예수님과 바울의 개인적 스타일과 그것의 적용에 대해 언급되어 있다. 예수께서도 고유한 의사소통의 스타일을 가지셨다고 가정되는데, 그로 인해 인류 역사상 탁월한 교사로 인식된다. 그러나 그분의 스타일은 다양한 상황에 적용되었다. 성경학자들은 예수께서 제자들을 대할 때와는 다른 어조와 강조로 지도자들을 대하셨고, 또한 일반 대중들도 제자들과는 달리 대하셨다고 지적한다. 제자들 내부에서도 예수님의 스타일을 교육 정도에 따라 달리 받아들였다. 즉 제자들과 오래 함께 하심에 따라, 또한 십자가에 달리실 때가 다가옴에 따라 좀더 집중적으로 제자들을 다루셨다.

최초의 기독교 선교사로 알려진 바울도 의사소통의 스타일을 가지고 회당의 유대인들과 이방인들 사이에 다른 접근을 사용했다. 그는 상황에 따라 다르게 저술했는데, 예를 들면, 문제를 겪고 있었던 고린도교회에 보낸 서신과 사랑받던 빌립보교회에 보낸 서신의 스타일의 차이를 볼 수 있다. 또한 예수님처럼 그의 죽음이 가까워 올수록 그의 어조와 메시지가 강경해졌다.

다른 흥미로운 연구는 성경 전체에서 하나님의 의사소통 스타일에 대한 것이다. 그는 때때로 음성을 통해, 선지자들을 통해, 하나님 아들의 성육신을 통해, 사도행전의 다락방의 거센 바람을 통해, 다메섹 도상의 빛을 통해 그리고 계시의 절정인 66권의 정경으로서의 성경을 통해 당신을 계시하셨다.

MATT FRIEDEMAN

의사소통 이론(Communication Theory).

의사소통이란 송신자가 수신자에게 메시지를 보내는 기호의 전달이다. 의사소통 이론이란, 자료를 과학적으로 수집하고 체계적으로 편집하여 사용하는 분야에 대한 학문적 지식을 추구하는 것이다.

의사소통 이론은 학생들을 준비시켜 의사소통 과정을 보다 잘 이해하고 다양한 직업적 기술들을 향상시키기 위한 개념적 도구들을 체계화한다. 의사소통이 문화나, 직업, 사역의 핵심적인 역할로서 인식되고 있기 때문에 관련 분야의 이론연구가 최근에 급증하고 있다. 이 분야의 연구가 발전해 오고 있는 것은 학술지의 수가 증가하고, 공·사립 고등교육기관에서 이 학과가 개설되고, 의사소통 연구와 이론이 광범위한 분야에 활용되고 있기 때문이다.

의사소통 이론에 자주 고려되는 사항으로 네 가지 견해가 있다. (1) 행동주의적 견해로 자극-반응과 수신자가 메시지에 영향을 받는 방법을 강조하는 견해, (2) 전달 매체를 통한 직선적 메시지의 전달을 강조하는 전달 견해, (3) 의사소통자들의 호혜적인 본질을 강조하는 상호반응식 견해, (4) 거래식 견해로서 의사소통을 개인 또는 상호 간의 주어진 역할을 완수하고 공동의 목적을 점검하는 역동적인 과정으로 보는 견해 등이다.

기독교 사역과 관련하여 의사소통 이론이 지속적으로 추구해야 할 이슈들은 다음과 같다. 언어 습득의 방법과 의미를 규정하는 방법들, 언어를 포함하나 제한되지는 않는 의사소통의 일반적 토대인 상징과 의미들, 사회 여론에 다가가는 방법들, 개인적, 사회적 의사소통을 반영하고 동화하고 적용하고 경제적, 영적, 문화적 가치들을 수용하는 방법들, 의사소통이 상황과 문맥에 따르는 변화를 이해시키는 방법, 사회의 상호반응과 상호의존을 형성하는 의사소통의 역할, 설득의 본질과 사고와 행동을 변화시키는 의사소통의 핵심요소들, 갈등의 본질과 불화를 증가시키거나 감소시키는 의사소통 스타일, 그룹의 목표 달성을 위한 의사소통의 관계성과 업무중심성의 균형의 극대화 등이다.

MATT FRIEDMAN

참고문헌 | S. W. Littlejohn(1983), *Theories of Human Communication*.

이교(Cult). "이교"(Cult)라는 말은 라틴어 동사 콜레레(colere)에서 기원되었는데, "예배하다 또는 신을 숭배하다"라는 뜻이다(Lewis and Short, 1984, 370). 라틴어 교재들에는 이 동사가 어떤 종류든, 신을 예배한다는 일반적인 뜻으로 사용되었다. 이 단어가 라틴어의 "예배"(worship)라는 말로 공통적으로 사용되기 때문에 라틴어를 사용하던 초대 기독교 저자들도 자연스럽게 이 단어를 유일하신 참 하나님을 예배하거나 이방의 사신들의 예배에 공히 사용했다. 성경의 라틴어역본인 벌게이트(Vulgate)도 콜레레를 이방신(행 17:23)과 성경의 참 하나님(행 17:23) 예배에 동일하게 사용했다.

현대 영어의 "컬트"(cult)라는 단어는 훨씬 구체적인 뜻을 지닌다. 어떤 종류의 일반적인 예배 공동체를 의미하기보다는 "컬트"(cult)라는 말은 정도에서 벗어나고 조금 이상한 종교단체들을 지칭하는 말로 사용된다. 현재는 그룹의 '행동과 실천'(behavior and practices)에 주요한 강조를 두는 의미와 그룹의 '믿음체계'(belief system)에 온전하고 유일한 강조를 두는 의미로 쓰인다. 환언하면, 이교란 심리학적, 사회학적, 또는 신학적 의미로 정의되어 왔다.

1. 행동주의적 정의. 최근에 사회학자들이 "이교"라는 말이 너무 판단적이고, 경멸적이며 편견적이라고 하여 이 말을 유기했다. 그 대신, "신 종교운동"(new religious movement) "대체 종교"(alternative religion), "출현하는 종교"(emergent religions) 등과 같은 가치 중립적인 용어를 선호한다. 웨스트몬트대학(Westmont College)의 인로쓰(Ronald Enroth)와 같은 소수의 사회학자들만이 이 용어를 사용한다. 인로쓰는 "이교란 어떤 사회에서든 가장 유력한 종교단체의 주류에서 벗어난 종교기관이다"고 정의한다(1977, 168). 다른 행동주의적 기원의 정의들은 이교적 "특징"(hallmarks)을 언급한다. 이와 같은 것들로 "은사주의적"(charismatic)이고 "권위주의적"(authoritarian) 지도자인 "선지자-창설자"(prophet-founder)와, "배타적"(exclusivity)이고 "율법적"(legalistic)인 형태들 그리고 "박해 성향"(persecution mentality) 등이 있다(Tucker, 1989, 16, 24).

한 종교단체의 행동과 실천을 점검하는 일이 비합리적인 일이 아님에도 행동주의적 기원으로 정의된 단어 "이교"는 상대주의와 주관성, 애매한 본질로 비난받는다. 예를 들면, 만약 이교들이 "종교적 주류 밖에" 있는 단체라면, 한 사회의 종교적 기준이 바뀐다면 그 준거도 바뀐다. 한 때 이교였던 것이 더 이상 이교가 아니고 또 그 역도 사실이다. 초대 그리스도인들도 로마인들과 비교해서 분명히 정도에서 벗어났다. 그와 같은 정의로 초대 교인들도 "이교적"(cultic)이었다. 또한 한 그룹이 "이교"라는 명칭을 받으려면 "주류"에서 어느 정도 "바깥"에 있어야 하는가도 합리적인 질문이다. 종교적인 "주류"를 구성하는 것을 결정하는 일도, 다원주의가 증가하는 현 상황에서 어려움이 있다. 어떠한 "특징"을 가지는 정의들도 유사한 어려움을 가진다. 예를 들면, 이교들이 "배타적"이라면, 대부분의 복음주의적 그리스도인들이 갖는 예수 그리스도만이 유일한 구원의 길이라는 믿음은 어떤가? 공통적으로 많이 인용되는 특징들이, 당신만이 아버지께 갈 수 있는 유일한 길이라 주장하시고(요 14:6), "권위주의"라고 해석되는, 그를 따르라는 요구를 하시는(마 16:24; 8:22) 예수님 자신에도 적용된다.

또한 행동주의적 정의들은 몰몬 교회와 같이 사회적으로, 행동적으로 "정상"적이지만 교리적으로 비정상인 그룹을 구분하는 정확한 기준이 없다. 그리스도인들은 몰몬교도들을 사회적으로, 행동적으로 주류에 속하지만 비정상적인 신학(즉 하나님은 다른 행성에 살고 있는 사람이고 예수께서는 사단의 영적 형제라는) 때문에 이교라고 분류한다.

2. 교리적 정의. 이교의 신학적, 교리적 정의는 그 그룹이 정통적, 성경적 가르침의 기준에서 벗어났다는 점에 초점을 둔다. 이것은 그룹의 '진리 주장'(truth claims)과 어떻게 그 주장들이 기독교 신앙의 본질에 적합한지를 강조한다. 이교들은 하나님의 무오한 말씀의 절대적이고 불변하며 객관적인 기준으로 측정된다. 고메스(Gomes)는 다음과 같은 신학적 정의를 내린다. "기독교 주변의 이교도란 그리스도인이라고 주장하면서 어떤 개인 또는 단체 지도자나 기관에서 성경 66권에서 가르치는 하나 또는 그 이상의 중심 교리를 부인하는(분명하거나 또는 암시적으로) 특정한 교리체계를 가지는 사람들이다"(1995, 7).

이 정의에 따르면 기독교의 이교는 유대교나 이슬람, 힌두교와 같은 다른 세계종교와는 달리, 기독교인이라고 주장하면서도 기독교 신앙으로부터 스스로를 구분한다(이와 같은 그룹들은 자체 내에서 일어난 "이교들"을 가질 수 있다. 예를 들면, 이슬람국가는 "이슬람의 이교"로 간주될 수 있다). 그리스도인이라는 그들의 주장에도 불구하고 이교는 최소한 한 개의 중심-구성적인 또는 규정하는-교리를 부정하기 때문에 그리스도인이 될 수 없다. 기독교의 중심 교리들은 삼위일체와 그리스도의 신성, 그리스도의 육체적 부활, 그분의 십자가에서의 죽음을 통한 우리 죄의 구속 그리고 하나님의 은혜에 의한 구원 등이다. 이런 교리들이 "중심적"인 이유는, 만약 이 교리들을 제거한다면 신앙체계의 근본적인 성격이 기독교가 아닌 다른 것으로 바뀌기 때문이다. 중심 교리는 세례의 방법이나 환난에 관한 것들과 같은 주변적인(비본질적인) 가르침과는 구분되어야 한다(Gomes, 1995, 10-11).

3. 이교도에게 접근하기.

1) 왜 사람들이 이교에 입교하는지 알아야 한다. 이교에 들어간 사람들을 다룰 때 중요한 것은 먼저 왜 그들이 그런 단체에 가입하는지 이해하는 일이 중요하다. 전형적으로, 사람들은 생활의 필요들이 채워지지 않기 때문에 이교에 입교한다. 생활의 필요들이란 친밀하고 사랑하는 인간 간의 애착에 대한 욕구와, 중요한 일에 몰두하고 싶은 욕구와, 지적, 영적 완성에의 욕구 등이다. 그러한 욕구 자체가 자연적이고 건강한 반면에 이교들은 영적으로 위조된 완성감을 제공하고, 궁극적으로는 신자들이 불만족하여 떠나게 만든다. 그리스도인들은 사랑으로 이교에 빠진 사람들에게 접근하여 어떻게 그들의 깊은 욕구들이 진정한 "하늘로부터 오신 떡"이신 예수 그리스도에 의해 진정으로 만족되는지 보여주어야 한다(요 6:48, 50-51).

2) 교리의 오류적 가르침을 지적한다. 사랑을 가지고 이교의 잘못된 신앙체계를 지적해 주는 일이 중요하다. 그리스도인들은 지엽적인 문제들보다 중심 이슈들을(상기하였듯) 강조해야 한다. 특별히 이교들은 그리스도의 인성 및 사역과 하나님의 본질과 같은 중요한 이슈들을 배제하기 때문에 이런 교리들을 강조해야 한다. 고 마틴 박사(the late Dr. Walter Martin)가 종종 그리스도인들은 "무엇을 믿고, 그것을 왜 믿는지"를 알아야 하고 "신앙을 위해 열심히 싸워야 한다"고 말했듯이 유다서 3절에도 그것을 명령하고 있다. 성경의 명령을 완수하기 위해, 이교 신앙의 오류와 궁극적 파산됨을 알려주기 위해 그들과 성경을 중심으로 대화해야 한다(행 17:17; 18:4; 19:8-9).

일부에서는 이교도들이 "세뇌"되었거나 "마인드 컨트롤"되어서(Hassan, 1990) 성경적, 변증적 호소에 둔감하다고 하지만, 이것은 사실이 아니다. 많은 양의 자료들—심리학적, 사회학적, 법적—이 마인드컨트롤에 대해 폭로해 놓았다. 그리스도인들은 다른 불신자를 대하는 것과 마찬가지로, 이교도들이 맹종하는 신앙체계를 논박하여 궁휼히 여기는 마음으로 그것을 타파하고, 그들을 복음화해야 한다(벧전 3:15).

ALAN W. GOMES

참고문헌 | R. Abanes(1998), *Cults, New Religious Movements, and Your Family*; A. W. Gomes(1995), *Unmasking the Cults*; idem(1998), *Truth and Error*; idem(1995), *The Zondervan Guide to Cults and Religious Movements*; J. McDowell and D. Stewart(1992), *The Deceivers: What Cults Believe: How They Lure Followers*; R. and G. Passantino(1981), *Answers to the Cultist at Your Door*; idem(1997), *Kingdom of the Cults*; R. Rhodes(1994), *The Culting of America*; R. Tucker(1989), *Another Gospel*.

이교와 청소년(Cults and Youth).

1960년대 후반과 1970년대 초에 미국과 캐나다에는 동양 종교운동과 유사종교가 일어나기 시작했다. 하나님의 자녀들(Children of God)이나, "통일교"(Moonies), 크리쉬나 양심회(Krishna Consciousness Society: 힌두교 이교 신앙—역주) 등과 같은 단체들이 수천 명의 청소년들과 젊은이들을 끌어들이기 시작했다. 부모들은 자녀들이 이교적 신앙으로 개종하는 일을 위기로 보았다. 수많은 젊은이들이 이 새로 발견한 신앙과 생활양식을 떠나지 않았기 때문에 이 위기는 계속되었다. 이와 같은 위기들에 대한 반응으로 "반이교 운동"(Anticult Movement)이 일어났다.

이교들이 일어나자마자 사회과학 연구가들의 관심을 끌기 시작했다. 이교에 가입하는 사람들과 연관된 요인들이 무엇인가? 청소년들에게 이교가 호소하는 것이 무엇인가? 사회과학은 이러한 질문들에 다양한 관점으로 대답하려고 노력했다.

한 연구는 청소년을 대상으로 그들이 현대사회에서 겪는 "공허함의 경험"에 대해 연구했다. 이교에 가입하는 많은 청소년들이 가난한 집안이 아닌, 부유한 가정의 자녀라는 사실은 이미 주목되었다. 청소년들은 그들의 깊은 욕구들을 물질적 풍요에서 찾는 것이 아니라 더 깊고 좀더 "현실적"인 그 무엇을 찾고 있었다. 수많은 청소년들이 부모들의 가치에 반발하고, 그 중 일부는 이교에 들어감으로 부모의 종교를 완전히 거부하여 부모에 대한 반항을 표현했다.

다른 종류의 연구는 가정 안의 관계성과 역동성에 관계된 요인들에 대한 것이었다. 자녀와 대화하고 관계가 깊고 사랑이 많은 부모와 유대가 좋은 청소년들은 이교도에 가입하는 확률이 훨씬 적은 경향이 있다. 역으로, 가정에서 사랑과 온화함을 경험하지 못하는 청소년들이 이교의 영향에 쉽게 빠져들어 간다.

사회학자들은 "합리적 선택"(rational choice) 이론이라는 용어를 사용하여 이교에 가입하는 결정을 설명한다. 이교도들은 이교에 가입하는 대가가 비싸지만(시간과 생활 스타일, 신체적 외모 등을 바침) 보상 또한 높다고 여긴다. 얻는 유익이라고 생각되는 것으로 밀접한 관계성, 가족이라는 느낌, 이 세상에 대한 끊임없는 확신, 이후의 엄청난 양의 보상이라고 한다.

기독교교육자들은 기독교 가정들이 사랑과 수용 및 다정함에 뿌리내리도록 도와야한다. 이 일은 부모들이 자녀들의 필요와 자녀들과 대화하는 방법을 이해하기 위한 프로그램이나 자료들을 통해 개인적으로 도움을 줄 수 있다. 이와 유사하게 청소년들이 서로 잘 지내고 자기 부모에게 감사하며, 예수 그리스도를 통하여 하나님과의 관계에서만 발견할 수 있는 진정한 자기가치와 사랑을 이해하도록 도와야 한다.

LEONARD KAGELER

참고문헌 | D. Bromely and A. Shupe, *Social Compass* 45(1955), 2; S. Wright and E. Piper, *Journal of Marriage and the Family* 48(1986): 1.

이그나티우스(Ignatius of Loyola).

이그나티

우스는 피레네에 있는 로욜라 가족 저택에서(Castle)에서 13남매의 막내로 태어났다. 그는 어린 시절에 이그나티우스라는 라틴어로 된 이름을 받았다. 일을 시작하면서 그는 이사벨라 여왕의 시종 일을 하게 되었다. 이런 이유로 그는 읽고 쓰는 것을 배우게 되었다. 그는 곧 스페인 군대에 들어갔고, 나하레(Najare) 공작의 명령을 따르게 되었다. 팜플로나(Pamplona, 1521)의 포위 공격이 있는 동안 그는 프랑스군 포탄에 맞아 다리를 다치게 되었다. 회복되는 동안 수많은 책을 읽으며 지루하고 권태로운 시간에서 벗어났다. 그 책들 중 두 가지가 『예수의 생애』(The Life of Christ)와 『성인들의 삶』(The Lives of Saints)이었다. 그는 그 인물들의 희생정신에 감명을 받았고 그들의 삶은 이그나티우스의 마음을 휘저어놓았다. 그 후 그는 그리스도의 군대의 군인이 되기 위하여 그의 군 경력을 내버렸다.

이 시기에 로마교황 폴 3세는 초기 개혁운동 기간 동안 로마가톨릭교회가 받아왔던 고통으로 인한 중대한 손실들을 막기 위해 준비하고 있었다. 교황의 전략은 4중적이었다. 지방 집회에서의 강한 설교와 강화된 고해성사 의무, 선교사들의 보급 그리고 교육적 개혁이 그것이다. 이런 양상에 이그나티우스는 집중했다. 이때의 가톨릭교회 소멸의 수많은 원인들은 성직자의 준비에 대한 훈련의 부족에 원인이 있었기 때문에 이그나티우스는 교회 안에서 교육적 개혁을 이루기 위한 방안을 모색했다.

6명의 동료그룹과 함께 그는 이탈리아에서 새로운 가톨릭 교단을 세웠다. 이들 종교 지도자들은 종교학교를 통해 교회를 확장했다. 그들은 종교적, 세속적 교훈을 얻을 수 있는 곳 어디든 학교를 세워 가톨릭 교리를 통해 젊은이들을 가르쳤다. 그의 시도는 매우 성공적이었으며 가톨릭교육의 유산은 이 종교 지도자의 선견지명으로 이루어진 것이다.

종교교육에서 중심 되는 주제 중의 하나는 성실한 생활태도였다. 그는 자신이 손수 그 예가 되어 어떻게 사는지를 제자들에게 가르쳤다. 그는 그의 가치와, 세상을 보는 눈 그리고 성령의 규율들을 모방하도록 가르쳤다. 그는 유럽을 가로질러 학교를 세움으로써 이탈리아 밖으로 나가 가톨릭 종교교육을 개척했다. 그는 1556년에 사망했고, 1622년에 성인으로 추앙받았다. 그의 사후 400여년이 흘렀지만 오늘날에도 세상 곳곳에서 그의 가톨릭 종교교육의 영향력은 계속되고 있다.

MICHAEL J. ANTHONY

참고문헌 | F. L. Corss and E. A. Livingstone(1997), *The Oxford Dictionary of the Christian Church*; C. B. Eavy(1964), *History of Christian Education*; K. O. Gangel and W. S. Benson(1983), *Christian Education: Its History and Philosophy*; J. E. Reed and R. Prevost(1993), *A History of Christian Education*.

이사(Trustee). 이사회에 속한 개인으로서 기독교 학교, 대학, 기관 혹은 선교단체와 같은 비영리단체의 법적 책임을 지니고 있다. 교회에는 종종 법적 조건을 만족시키는 이사들이 존재하지만, 교회 정책은 일반부서, 집사들이나 혹은 장로들로 이루어진 부서에서 주로 정해진다.

대부분 교회는 이사를 선출함에 있어 지역적 관련성, 직업, 영성 등의 균형을 고려하여 한다. 이사들은 일반석으로 기관에 재정적인 원조를 한다. 그들은 기관의 공적, 법적 대변인이 된다. 이사들은 기관의 윤리성과 관련된 항목을 만들고 유지한다.

이사회는 기관의 일반적인 감찰 기능을 하며, 정책을 수립하고, 그것이 매일의 삶에서 잘 이루어지도록 직원들에게 위임하여 경영하게 한다. 대부분의 이사회는 규칙적인 모임을 가지며 예산, 인사결정, 정책을 승인한다. 많은 이사회는 행정위원회와 노동위원회를 포함하고 있다. 의장과 다른 이사들로 이루어진 행정위원회에서는 최고책임자에게 필요시 의견을 제시한다. 노동위원회에서는 특히 기관의 재정과 발전을 위한 비전을 제시한다.

ELEANOR A. DANIEL

참조 | 성직자(CLERGY); 집사(DEACON); 여집사(DEACONESS); 비영리 조직(NONPROFIT ORGANIZATIONS); 담임 목사(SENIOR PASTOR)

이사회(Board of Directors). 한 조직의 철학과 목적, 나아갈 방향을 정하는 일과 수용 가능한 방법들을 선별하고 정책을 수립하는 일, 이사장의 직무에 책임을 지는 일 등을 위해 공식적으로 선출된 사람들로 구성된 그룹이다. 여러 조직들은 서로 다른 진행 방법으로 이사진을 구성한다. 어떤 조직들은 이사진이 스스로 계승자를 추천, 선출해 무제한 연임하는 이사회가 있는 반면, 어떤 조직들은 이사회에서 추천하지만 조직 전체가 투표하여 선출하기도 하며, 또 일부 조직들은 별개의 임원진에서 추천을 받아 전체가 투표하여 뽑는다. 또 다른 차이점은 각 이사의 유임 기간으로, 어떤 조직들은 유임 기간에 제한을 두고 어떤 조직들은 무제한 유임하게 한다. 이 모든 세부 사항들을 조직의 내규에 정해 놓는다.

이사회는 상대적으로 적은 그룹의 임원으로 구성된다. 예를 들어, 100명의 교인을 가진 교회는 5-10명으로 구성되고, 만 명의 교인을 가진 교회는 100명으로 구성된 이사회를 구성할 수 있다(이런 경우 이사회는 관례적이고 세부적이며 민감한 사무들을 다룬다).

일반적으로 이사회는 내부에서 선출한 (또는 기관에서 선출한) 사무원을 두고 그 직무를 수행한다. 대부분 이사장이 이사회를 소집하고, 협의 사항을 구성하며, 회의를 주도하고 내규에 규정된 의무를 수행한다. 대부분의 이사회들이 사무장을 두어 정확한 회의 기록과 이사회의 입장을 밝히는 서신 제작, 발송 그리고 여러 다른 집무들을 수행하게 한다. 조직의 구조에 따라 회계원들이 이사회 회원에 포함되기도 하고 그렇지 않기도 하다. 이사회의 다른 회원들은 조직의 내규에 따르는 또는 이사진들의 요구에 따른 여러 다른 의무들을 수행한다.

참조 | 조직(ORGANIZATION); 이사(TRUSTEE)

이상주의(Idealism). 고대 서양 철학사조다. 소크라테스(Socrates)가 처음으로 주장하였고 그의 제자 플라톤(Plato)에 이르러 완성되었다. 철학으로서 이상주의는 정신세계를 강조한다. 현실은 개념적, 이상적인 것으로 간주된다. 이런 이유로 현실은 정신적 혹은 지성적 학술 용어들로 표현된다.

이상주의는 진리와 지식으로서 물질적 세계에 대응하고 있으며 이상주의는 순수 이성과 숙고에 대한 장애물일 뿐이라는 현실주의의 반대편에 서 있다. 이상주의의 인식론은 진리의 존재를 강조한다. 그것은 곧 우주적이고, 영원불변의 절대적인 것이다. 이 진리는 우리가 본받거나 반영해야 하는 궁극적인 정신을 소유한 완전한 존재로부터 말미암는 것이다.

이상주의의 가치론은 현실과 진리에 대한 그 자체의 인식으로부터 나온다. 윤리적이고 미학적인 가치들은 이상을 향해 모방된다. 그 특징적 주제와 문화적 발전들은 이상주의의 가치론적 확신 속에서 개인적 수준으로 그리고 사회적 수준으로 표현된다.

1. 이상주의의 교육적인 함의(Educational Implications of Idealism). 교육적인 철학으로서 이상주의는 학생들의 인격 발달, 특히 인식력의 영역에 초점이 맞춰져 있다. 이것은 문화와 사회의 진보를 향해 긍정적인 기여를 할 수 있도록 하기 위함이다. 이 이상주의 교육의 목적은 간단하다. 첫째, 문화를 보존하기 위해서이다. 둘째, 현명한 삶을 살도록 장려하기 위해서이다. 셋째, 이상적인 사회를 위한 개개인의 이상적인 발전을 위해서이다.

교사의 존재는 교육에 있어 중요하다. 교사는 이상적 진리와 도덕 그리고 문화적인 우수성에서 모범이 되는 존재이다.

이상주의의 교육과정은 지성과 품성의 발달을 강조하는 인지적인 데 초점을 둔다. 이상주의와 일관된 공통적인 교육방법은 강의, 보고, 질문 그리고 대화이다. 교육과정은 지혜문학, 문화유산, 고전문학 그리고 상징적 혹은 이상주의적인 문학들로 이루어져 있다. 학생들은 교사에 의해 발전되기를 기다리는, 소우주의 정신으로 고려될 것이다. 교육적 철학으로서 이상주의를 지지한 자들은 소크라테스, 플라톤, 어거스틴(St. Augustine), 버클리(Berkeley), 칸트(Kant), 헤겔(Hegel), 프뢰벨(Froebel), 로이스(Royce), 호킹(Hocking), 화이트헤드(Whitehead), 버틀러(J. D. Butler), 앤츠(Antz) 그리고 카스텔(Castell)을 포함한다.

20세기 초반 이상주의는 본질주의라는 교육의 새로운 철학을 성장시켰다. 이 본질주의는 듀이의 진보적인 실용주의 철학에 대립되는 사상이다.

2. 이상주의의 비평(Critique of Idealism). 복음주의자들은 이상주의에서 몇 가지 공통적인 주장들을 발견할 것이다. 이를테면, 하나님의 존재라든지, 절대적인 자연의 섭리 그리고 하나님으로부터 '계시된 것', 인류에게 '인식될 수 있는' 것들이다. 초기교회 역사에서 플라톤의 이상주의는 알렉산드리아의 클레멘트(Clement)와 A. D. 3세기의 인물 오리겐(Origen)과 같은 교육자에게 영향을 주었다. 뿐만 아니라 하나님의 존재에 관한 플라톤식 사고를 위해 존재론에 관한 주장을 펼쳤던 어거스틴에게도 마찬가지였다.

그러나 이런 일반적인 주장들이 가치 있는 반면 교육철학으로서의 이상주의의 몇 가지 모습들은 복음주의자들이 옹호할 수 없다.

1) 이상주의의 형이상학은 자연의 일반적인 계시를 부정한다. 성경은 물질적 창조의 계시적 가치를 주장한다(시 19:1-4; 롬 1:16-20). 앞서 말한 바처럼 현실주의는 발견되는 진리의 도구로서 자연을 연구하는 데 중점을 두지만 이상주의는 이러한 관념을 부정한다. 그러므로 이상주의는 하나님의 일반적인 계시에 가치를 두지 않는 것이다.

2) 이상주의는 지위의 보존에 관계되었다. 어떤 이들에게는 이런 것들이 기독교인의 교육을 위한 태도가 될 수 있으나, 반면에 교회가 처해 있는 문화에 대해 신앙을 가르치기보다는 단지 교회의 문화를 유지하는 어떤 태도는 부적절할 뿐 아니라 교회의 사명과 교육적 강조를 타협하는 것이다.

3) 이상주의는 하나님과 정신의 존재를 주장한다. 그것은 사랑을 되찾는 것과 은총의 개념들을 배제하는 지성화된 존재이다(Peterson, 1986. 30). 그러므로 하나님의 존재는 인정되지만, 이상주의에 있어 하나님과 성경에 나오는 하나님은 속성에 있어 동등한 존재가 아니라는 것이다.

4) 이상주의는 믿음과 이성의 분리를 옹호한다. 복음주의자들은 믿음과 이성간의 차이점을 인정하지만 그 둘 간의 상호(공생)적인 접촉을 유지한다. 그러나 이 접촉은 많은 이상주의 신봉자들, 예를 들면, 블랑샤르(Blanchard)와 칸트(Kant) 같은 이들에 의해 부정된다.

5) 이상주의는 정신과 물질의 이분법을 영지주의와 유사한(quasi-gnostic) 정신적 견지에서 형성하여 정착시킨다(Knight, 1989, 64). 이러한 이분법은 기독교인들의 영성을 잃게 할 수 있는 것이다. 그러므로 이상주의는 유익한 몇 가지 시각들을 제공하나 반면에 그것은 기독교적인 교육을 위한 유일한 토대로서는 부적절하다.

JAMES RILEY ESTEP

참고문헌 | J. Donald Butler(1951), *Four Philosophies and Their Practice in Education and Religion*; G. L. Gutek(1988), *Philosophical and Ideological Perspectives on Education*; G. R. Knight(1989), *Philosophy and Education*; M. L. Peterson(1986), *Philosophy of Education*.

이야기(Story). 비유(Parable)를 보라.

이종(Heterogeneity). 그룹의 구성원들 사이의 사회적, 윤리적, 지능적 그리고 경제적 배경의 차이. 집회 이론가들은 회중의 잠재적인 차이나 특정한 집회 범위 안에 있는 그룹의 차이를 묘사하기 위하여 이종이란 용어를 사용한다. 그것은 논리적인 신념과 관리의 감독이 비슷함을 공유한다. 교육 지도자들은 연설에서 다양한 학습 유형(Gardner, 1983, LeFever, 1995)뿐 아니라 문화적 배경과 기대(Breckenridge와 Breckenridge, 1995)의 다양한 조합을 포함하는 교육적 환경이란 말을 사용한다.

기독교교육자들은 그룹 내에 현재의 문화적 배경과 학습 유형의 폭넓은 다양성이 존재할 때 교육환경은 더욱 좋아진다고 믿는다. 그런 가정은 이런 다양성이 각 학습자에게 새로운 기대감을 제공할 것이라는 것이다. 기독교교육자들은 잠재적인 사회적, 윤리적 다양성이 그룹에서 다시 나타나고 현재의 다양한 학습 유형 속에서 어떤 가르침의 환경에서도 이종의 수준을 인식하고 말해야 한다.

DEAN BLEVINS

참고문헌 | J Breckenridge and L. Breckenridge(1995), *What Color Is Your God?: Multicultural Education in the Church*; H. Gardner(1983), *Frames of Mind: The Theory of Multiple Intelligences*; M. LeFever(1995), *Learning Styles*; C. E. Nelson, ed.(1988), *Congregations: Their Power to Form and Transform*.

참조 | 기독교교육과 민족적 시사성(ETHNIC IMPLICATIONS OF CHRISTIAN EDUCATION); 다문화주의(MULTICULTUALISM)

이주가정(Immigrant Family).

만약 자녀를 양육하기 위해 마을이 필요하다면 이주자들은 문화적, 사회적으로 고립될 지역일지라도 가족을 정착시킨다. 기존 사회와 이주해 온 가족들 사이의 교류는 이주자들의 문화주류에 대한 동화작용을 촉진시키는 열쇠이다.

이주 가정 사역의 문제를 다루는 중요 몇 가지 변수가 있다. 구조상의, 정황상의, 정신상의 변수이다(Hurh & Kwang, 1984, 207). 구조적으로 사회경제와 문화적 차이는 이주자들에게 영향을 준다. 기존의 사회가 문화적으로 개방되어 있지만 사회경제적으로 닫혀져 있다면 그들이 동화되고 싶어하는 열정에도 불구하고 격리감을 느끼게 된다. 반면에 이주자들은 사회경제적 배경이 든든하다 하더라도 언어에 대한 장벽은 숨겨진 적응성의 한계이다.

상황적 변수는 기존사회의 인구학상, 사회경제학상, 생태학상 조건을 포함한다. 상황적 변수들은 주인 사회의 인구통계학적이고 사회경제학적이며 생태학적인 조건들을 내포한다. 이민자들의 큰 유입의 경우에 사회관계속에서 그리고 노동력 시장 속에서의 인종적인 제한은 이민자들의 적응 정도를 결정한다. 사회적 거리감의 정도를 결정하는 심리학적인 변수들은 지배그룹과 이민자들의 상황 인식 둘 다를 내포한다.

외적, 내적 요인들에 의해 이민 가족은 분열적인 변화를 당하게 된다. 종종 이민자들의 후손은 주류 교육을 통해 문화화 되는 반면에 이민자 부모들은 그들 주위에서의 갑작스런 변화 속에서 옛 가치들에 매달리려는 욕구를 느끼게 된다. 주류가족이 경험하는 이 세대 차에 덧붙여 이민자 가족은 가족과 지역사회생활에서 심각한 세계관의 갈등에 직면하게 된다. 그리고 이것은 주체사회의 그들과의 대화에 영향을 준다(Hertig, 1991, 244).

미국에서는 부부관계가 맞벌이 소득구조로 심각하게 변하게 될지도 모른다. 남편과 아내사이의 성 차이가 아내가 일하기 시작할 때 벌어지게 된다. 남편이 얼마나 많이 가장의 가치를 쥐고 있든 일상생활 경험은 전통적인 가치를 주지는 못한다. 반면에 아내는 그녀의 문화로부터 성적차별, 인종차별 그리고 주체문화로부터 인종차별을 겪게 된다. 형제(동기)사이에서 동화형태는 그들의 내적, 외적 지배문화와의 상호작용에 따라 다양하다. 기독교교육은 따라서 가족생활이 매우 혼란스러움을 인지해야 한다.

이주가정은 한 나라에서 대체할 만한 공동체를 찾게 되는데 거기서는 많은 대가족과 사회관계가 확립되는 것은 아니다. 이민자 그룹 거주 지역은 이민자들이 어떻게 재정적으로, 정서적으로 도움을 줌으로써 사회적 연결망을 형성하는지를 보여주는 실례이다.

YONG LEE HERTIG

참고문헌 | Y. L. Hertig(1991), "*The Role of Power In the Korean Immigrant Family and Church*"; W. M. Hurh and C. K. Kwang, *International Migration Review* 18. no. 2(1984).

이종적 특질(Heterogeneous Quality).

이종(Heterogeneity)을 보라.

이혼(Divorce).

히브리인들은 결혼을 평생 동안

이혼

지속되는 가족 간의 결합 계약으로 보았다. 때때로 다른 모든 사회에서와 마찬가지로 그 계약을 해제해야 하는 결혼도 있었다. 그런 경우 이혼은 신적 승인 제도라기보다는 인간의 악을 최소화하기 위해 허용되었을 뿐이다.

구약성경에는 이혼의 권한이 남편에게 있는 것으로 보인다. 남편이 "수치 되는 일이 그에게 있음을 발견했을 때"(신 24:1-4) 이혼할 수 있었고, 이 일은 후에 예수께서 부정한 혼인 또는 간음으로 묘사하셨다. 주께서 말씀하시기를 "누구든지 음행한 연고 없이 아내를 버리면 이는 저로 간음하게 함이요 또 누구든지 버린 여자에게 장가드는 자도 간음함이니라"고 하셨다(마 5:32). 또한 "무릇 아내를 버리고 다른 데 장가드는 자도 간음이요 무릇 버리운 이에게 장가드는 자도 간음함이니라"(눅 16:18). 마태복음에서 예수께서 이혼에 대해 말씀하실 때, 먼저 하나님의 이상적 결혼을 말씀하시고 나서 신명기의 "수치 되는 일"을 "결혼의 불성실"로(마 19:3-12) 해석하셨다.

지난 20세기 후반, 이혼이 성행하던 문화에서 자연스럽게 일어나는 질문은 이혼한 사람들이 재혼해야 하는가이다. 재혼은 성경에서 허용하는 듯하고 어떤 경우에는 격려하기도 했다(룻기; 롬 7:3; 딤전 5:14). 그러나 이혼의 경우 해답은 분명치 않고, 특히 예수님의 말씀에서 비추어보면 더욱 그렇다. 이혼 후 재혼의 합법성과 언제, 왜 재혼이 적당한지에 관해 논쟁이 있어 왔다. 관대하게 받아들이는 경향이 증가함에도 불구하고 여러 교단들은 이 문제의 실천에 관해 성경을 상고하는 다양한 해석과 결론들이 있다.

기독교교육자들이 당면한 딜레마는 너무 많은 가정들이 이혼으로 파괴되는 가운데 국가와 세계와 교회의 조명 아래 적절한 반응을 개발하는 일이다. 이러한 반응은 장차 미래의 지역 교회에서의 제자 훈련과 재훈련의 효율성을 잘 정의해 주게 될 것이다. 만연해 있는 이혼 문제에 대한 첫 번째 방어책은 사랑, 성적 순결, 가족, 배우자에 대한 헌신, 그리스도인의 영유아기와 성인기에 계속되는 신앙 성숙과 관련된 주제들에 대한 적절한 개념들을 소개해 주는 것이다. 이러한 강조점들은 교회의 교실에서 뿐만 아니라 핵가족 안에서도 가르쳐져야만 한다. 그러므로 교회가 직면하는 도전 중의 하나는 모범을 보여주고 언어로써 가르치는 교훈을 통해 가정을 스스로 교육하는 기관으로 만들어 장차 결혼하는 사람들의 관계성을 극대화하기 위한 결혼 언약을 가르치는 일이다.

혼전 상담은 오래 동안 혼인의 유대감을 강화하는 것으로 간주되어 왔다. 그러나 사실 이 "상담"에서 일어나는 일은 본질적으로 성경적 원리를 가르치고 성경에 근거하는 지침을 가르치는 교육이어야 한다. 세미나와 대중매체를 통한 자원들도 유용하지만 성공적인 결혼생활을 지속하는 나이 든 부부에게 멘토링을 받는 것이 가장 효과적이다. 이와 같은 혼전 상담과 교육의 효과로서 이혼이 감소하고 있다. 목사가 교회에서 결혼하려는 모든 커플들에게 혼전 상담을 한 지역의 이혼율은 상당히 감소되었다.

결혼한 이후에 기독교교육자들은 계속해서 제자 그룹을 통해 결혼한 부부에게 세미나를 열어 결혼의 영적, 정서적 성장을 위한 중요한 개념들을 가르쳐야 한다. 일부 부부들을 위한 위기의 중재가 의심할 여지없이 필요하지만 기독교교육이 결혼한 부부들이 경험하는 모든 잠재적인 기회들과 도전들(재정적 어려움, 자녀양육, 직업적 변화, 혼인에 대한 부동의 등)로부터 요새와 같은 역할을 해야 한다.

사망이나 이혼 후 재혼의 시기에도 교육과 상담이 필요하다. 재혼에 관련된 다양한 이슈들은 물론 초혼 때와는 다르고 새로운 교육적 열심을 가지고 다루어야 한다. 교회의 교육적 기능의 일부는 이 시기에 필요한 도움을 주어, 특히 초혼보다 재혼의 성공률이 떨어지는 일이 없도록 해야 한다.

요약하면, 교회의 교육 사역은 그리스도인의 제자화와 관련된 모든 영역에서 중요성을 지닌다. 창세기 이후로 가정이 하나님의 백성들을 교육하는 가장 중요한 장소가 되어 왔다. 이혼이 교회 안팎의 핵 가정의 건강한 생존을 위협할 때, 기독교교육자들은 그 도전들을 맞이할 준비가 되어 있어야 한다.

MATT FRIEDEMAN

이혼과 어린이의 현실(Divorce, Children of).

1. 최근 상황. 이혼은 미국 내의 수백만 명의 어린이들에게 영향을 미친다. 매해 그 숫자가 바뀌지만 미국에서는 결혼한 두 가정 중 한 가정이 이혼한다.

결혼한 미국인의 1/4이 한 번 이상 이혼한 경험이 있다. 현재 결혼한 상태의 세 가정 중 두 가정이 두 부부가 생존하는 동안 지속되지 못할 것이다(Sell, 1995, 42). 초혼 가정의 반수와 재혼 가정의 2/3가 이혼한다(Dycus & Dycus, 1987, 19).

가정조사연구협의회(the Family Research Council)에서 오늘날 1/3에 해당하는 숫자의 어린이들이 부모의 이혼을 경험하게 되며 그 중, 반에 가까운 어린이들이 18세가 되기 전 얼마 동안 한쪽 부모 밑에서 자란다고 한다(Sell, 1995, 28). 이혼하는 부모의 70%의 자녀는 18세 이하이다(Dycus and Dycus, 1995, 19). 한쪽 부모 가정의 90%가 편모 가장인 반면, 아버지가 가장인 편부 가정도 증가되는 추세라고 한다(10%). 양부모와 18세 이하의 자녀로 구성된 가정의 비율이 1970년에 전가정의 반수였던 반면, 1995년에는 36%로 감소했다. 편부/모 가정이 점점 증가하는 추세로서 미국 가정의 12%에 해당된다(Olson and Leonard, 1996, 38).

2. 부모의 이혼에 대한 자녀의 반응. 어린이들은 부모의 이혼에 대해 긍정적으로 또는 부정적으로 반응한다. 부정적으로는 어린이가 증오와 공포와 불신을 배운다. 긍정적으로는 어린이가 동정심과 친절함, 용서, 강인함, 어려운 상황에서 인내하는 법 등을 배운다.

이혼에 대한 어린이의 반응은 이혼 당시의 나이와 관련이 있다. 학령 전까지의 유아기 초기에 어린이는 종종 공포와 퇴행성 행동을(자다가 오줌 싸기, 손가락 빨기 등) 보이고, 신체적 접촉을 바라고, 또래들과의 관계에 갈등하고, 안정감을 잃고, 환상에 빠져들어 혼란과 분노와 죄책감을 느낀다.

초등학교 나이의 어린이들은 학교에서 행동이 변화되어 성적이 하락하고 집중력이 떨어지며 쉽게 포기해 버리기도 한다. 성가신 행동과 우울한 기분, 공격적, 또는 소유적이 된다. 이 나이의 어린이들에게 우울증과 목표상실도 문제가 된다. 어린이들은 스스로를 비난하고 친구들과 다르다는 느낌과 인간간의 불일치에 매우 민감해지는 경향이 있다.

청소년들은 부모의 이혼을 분노, 인내하지 못함, 우울증 등으로 반응한다. 이들은 위축되어 다른 사람들로부터 스스로를 소외시키고 문제들로부터 도망치고(문자적으로, 비유적으로), 이른 나이에 성적인 경험을 활발하게 행한다. 이들이 청년이 되면서 그들 자신의 결혼에 대해 생각하기 시작하면서 헌신에 대한 두려움과 안정된 결혼에 대한 염려를 표현한다.

이혼에 대한 신체적 반응은 두통, 복통, 긴장감, 불면증, 과면증, 과식, 거식 등으로 어느 연령의 어린이들에게도 나타난다(Dycus & Dycus, 1987, 68).

어린이 후견인을 조정하는 일은 직접적으로 어린이가 경험하는 이혼의 영향이다. 어떤 연구가들은 "양핵 가정제도"(binuclear family system) 또는 두 개의 핵을 가진 한 가정의 개발을 주창한다. 이것은 연합 후견제도를 제안하지만 어떤 상황에서는 불가능하다. 연구들은 양부모가 서로 계속 연락하면 어린이의 상실감이 감소된다고 보고한다(Olson & Leonard, 1990, 42-43).

3. 이혼 가정 어린이에 대한 성경의 반응. 과부와 고아와 가난한 사람들을 돌보는 일과 정의에 관한 성경의 주제는 특히 이혼 가정의 어린이에 대해 논의할 때 중요하다.

야고보서 1장 27절에 하나님 아버지 앞에서 정결하고 더러움이 없는 경건은 곧 고아와 과부를 그 환난 중에 돌아보고 또 자기를 지켜 세속에 물들지 아니하는 이것이라고 말씀한다. 과부 뿐만 아니라 배우자의 도움 없이 자녀를 양육하는 모든 이들도 이 절에 포함시킨다면 너무 무리한 요구일

까?(Olson & Leonard, 1990, 54)

구약과 신약성경은 모두 과부와 고아를 특별히 보살피라고 명한다. 선지자들과 시편 저자들과 예수께서도 가난한 사람들의 구제에 대해 언급하셨다. 미국의 편부/모 가정의 반수 이상이 극빈 가정에 속하기 때문에 이혼 가정의 자녀들은 가난하다. 예수께서는 부드러움과 동정심으로 어린이들을 대하셨다. 예수께서는 교회를 일컬어 "하나님의 가족"(family of God)이라고 부르셨고, 교회가 가정으로서 속한 가족들을 후원하고 사랑하며 양육하고 힘을 부여해야 한다고 강조하셨다.

4. 이혼 가정의 자녀를 향한 교회의 반응. 교회가 이혼 가정의 자녀를 도울 수 있는 방법에는 세 가지가 있다. (1) 돌봄과 감사로 표현하는 정서적 후원, (2) 인간의 가치와 귀한 존재라는 사실을 알리고 존중하는 후원, (3) 상호간의 돌봄과 정보와 문제해결을 위한 도움을 주고받는 네트워크를 통한 후원. 이와 같은 후원은 공식적(치료 등의 전문적 도움을 주는 그룹) 또는 비공식적(학교나 이웃이나 교회에서 다른 이혼 가정의 어린이들과 함께 나누는 등) 수단을 통해서 줄 수 있다.

아래에 교회가 이혼 가정의 어린이들을 구체적으로 도울 수 있는 방법들을 열거해 놓았다.

- 교회와 지역사회는 도움이 필요한 가정의 숫자를 알아본다. 또한 교회와 지역사회가 원조할 수 있는 자원의 양을 평가해 본다.
- 이혼 가정의 자녀들을 위한 특별한 사역을 제공한다. 여러 연령의 어린이들을 후원하는 그룹들을 편성하고, 부모들에게 자녀와 함께 읽을 수 있는 자료들을 공급해 주고, 교인 중에서 어린이와 어른을 연결하여 멘토링 프로그램을 만들어주며, 부모와 자녀를 위해 기도짝을 지어주고, 최근에 이혼한 가정과 이미 이혼 후의 어려움을 성공적으로 극복한 가정을 연결하여 건강한 방식으로 어려운 시기를 극복할 수 있도록 돕는다.
- 현재 진행 중인 사역 프로그램들을 이혼 가정의 자녀들에게 보다 친밀한 방식으로 수용한다. 교사들을 격려하여 수업에 편부/모 가정의 예를 들도록 한다. 교사들을 장려하여 이혼 가정을 방문하도록 하여 어린이들이 속한 가정의 상황을 이해하도록 한다. 방문계획 때문에 이혼 가정의 자녀들이 교회 활동에서 제외되는 일이 없도록 확인한다. 격주로만 교회에 오는 어린이들에게는 출석상이나 프로젝트와 같은 프로그램이 부적절하다. 교통수단이나 경비 등을 제공해 주면 도움이 될 것이다. 한쪽 부모와만 사는 어린이에게는 아버지와 아들의 외출이나 어머니와 딸의 파티 등과 같은 부모와 자녀의 역할에 대해 민감하게 진행해야 한다. 그와 같은 활동을 할 때에는 교회 안에서 "대리"(surrogate) 부모를 연결시켜 준다.
- 이혼 가정의 어린이가 "깨어진" 가정 출신임을 가정하는 태도에 직면한다. 부모와 여전히 함께 살 때보다 편부모 가정이 때로는 보다 "온전"(wholeness)할 수 있다(특히 가정폭력이나 약물 및 음주 사용의 경우). 어떤 가정 출신이든 어린이에게 무조건적인 사랑을 베푼다. 가정의 구조에 상관없이 하나님께서 이혼의 고통과 상처를 치유하시고 가족들을 온전케 하신다는 믿음에 입각하여 행동한다(Dycus & Dycus, 1987, 83).
- 교회가 하나님의 가정임을 확신시킨다. 교회 안에서 이혼 가정의 어린이들에게 가족 같은 유대를 조성해 주는 관계들을 만들어준다.

DENISE MUIR KJESBO

참고문헌 | J. Conway(1990), *Adult Children of Legal or Emotional Divorce: Healing Your Long-Term Hurt*; J. and B. Dycus(1987), *Children of Divorce*; K. Gangel and J. Wilhoit(1996), *The Christian Educator's Handbook on Family Life Education*; R. Olson and J. Leonard(1996), *A New Day for Family Ministry*; idem(1990), *Ministry with Families in Flux: The Church and Changing Patterns of Life*; C. Sell(1995), *Family Ministry*; J. Smoke(1984), *Living Beyond Divorce: The Possibilities of Remarriage*.

인간발달(Human Development). 성인 인생 주기(Adult Life Cycle)를 보라.

인문주의/고전적 인문주의(Humanism, Classical). 14세기 후반 동안 이탈리아로부터 시작한 고전적 인문주의는 다음의 세 가지 고상한 목적의 고무적인 결합을 제공하였다. 그리스-로마 문명 연구의 부흥, 인간성(humanity)에 관한 희망과 관심의 갱신, 그리고 가치를 기본으로 하는 교육에로 접근에 새로움을 불어 넣은 것 등이다.

첫 번째, 고대 유산(treasures)에 몰두했던 고전주의의 부흥이다. 이는 키케로에 의해 최초로 생겨난 개념인, 영어로는 인문학으로 번역되는 '스투디아 후마니타티스'(Studia Humanitatis: 그리스가 꽃피운 인문학을 일컬음-역주)의 문구에서 나타나듯이 본래의 인문주의(humanism)로부터 유래된 것이다.

그들은 비록 교양 교육과정의 기초를 재현하였지만, 문법, 역사, 시, 도덕적 철학등과 같은 과목 등에 관심을 집중한 초기의 두가지 문명(그리스-로마)에 특별한 관심을 갖게 했다.

두 번째, 프로타고라스의 문구 "인간은 만사(萬事)의 척도다"가 부활되었듯이 새롭고, 드높은 인간에 대한 흥미가 높아졌다. 비록 그것이 전통적 종교입장에 대항하여 종교의 다양한 형태를 위한 발판을 마련했을지라도 많은 보수적인 비평과 대조를 이루는 그러한 좌우명은 신념의 포기를 필요로 하지 않았다. 예를 들면, 널리 확장된 고전적 인문주의 아래, 한편으로 가장 영향력 있는 두 사람, 즉 가톨릭 종교개혁을 추구한 데시데리우스 에라스무스(Desiderius Erasmus, 1466-1536)와 저서 『유토피아』(Utopia)에서 초자연적 계시가 필요 없는, 모든 사람들이 소유하고 있다고 믿는 자연 이성에 기초한 사회를 주창한 토마스 모어(Thomas More, 1478-1535)가 있었다. 그러나 다른 한편, 좀 더 전통적인 견해를 소유한 영국의 인문주의자 존 콜렛(John Colet, 1467-1519)을 들 수 있는데, 그는 그의 로마서강의에서 개인의 죄와 하나님의 용서의 한 쌍의 교리를 재확인 했다. 실로, 고전적 인문주의는 광범위한 이념들과 종교적 신념들에 확대되었는데, 그것은 (에라스무스와 모어의 사상으로 대표되는) 몇몇 로마 가톨릭 교회와 (루터나 멜란히톤의 사상을 따르는) 프로테스탄트 분파들, (스피노자와 칸트의 특정한 저서들로 대표되는) 독립적인 철학자들, 독일 경건주의의 한정된 특징, 스코틀랜드 국교회의 중도파들 그리고 영국 국교회의 저변교회 학교("Broad Church" school)등을 포함하는 특이한 혼합 그룹에게 피난처를 제공했다. 더구나 이러한 광범위하게 퍼진 운동은 종교적인 색채를 가진 것과 함께 (인간의 의지에 관하여) 어거스틴주의를 완전히 거부하는 사람들을 많이 포함시켰다.

세 번째로, 고전적 인문주의의 의미있는 성과로서 제공되는 훌륭한 교육적 성과들의 다양함에 관한 것이다. 이러한 다양함은 가르침을 거룩한 소명으로 가르치는 것에 까지 끌어올리는 것, 엘리트주의식 교육에서 모든 소년 소녀들의 의무교육으로 전환하는 것, 많은 수의 중등학교와 대학을 설립하는 것, 성경의 기원에 관한 자료과 그것을 위해 성경언어를 아는 것에 관심을 집중하는 것, 인쇄기 사용의 증가, 학문적 자유를 꿈꾸는 확대 등으로 이루어져 있다.

사실, 휴머니즘은 인간의 모든 목적과 모든 의도에 걸친 도덕적 행동을 의미하는 라틴 단어 '후마니타스'(humanitas: 영어로는 "인류", 키케로에 의해서 만들어진 말. 인간다움, 인간성, 교양 등을 다루는 인문학의 어원-역주)의 이차적인 의미에 따라, "고상한(또는 우아한)"의 의미에서 나온 고대 그리스 개념인 'paideia'(고대 그리스어로 교육, 혹은 교수 등을 의미한다-역주)와 동등시 되었다.

그러나 19세기초까지 어떠한 것도 인문주의의 종교적 토대를 남겨두지 않았다. 비록 그것이 고귀한 목적으로 시작하였을지라도 곧 점점 증대하는 세속적 사회의 영향에 의해 희생자로 전락하였다. 인간성에 대한 신뢰와 인간의 잠재성이 갑작스럽게 앞으로 등장하였고, 그래서 모든 유신론의 기초체계가 의심되기 시작했다. 대부분의 인문주의라는 의미는 현재 하나님으로부터 독립해서 자급자족(self-sufficiency)을 상징하는 것으로 사용되고 있다. 피조물은 창조자와 의도적으로 싸움을 하고 있다. 모두 그렇지 않더라도 오늘날 스스로에게 인문주의자라고 지칭하는 사람들은 대부분 무신론자이거나, 최소한 불가지론자이다. 그리하여 세속적 인문주의라는 용어는 만들어진 것이다.

세속화의 이러한 형태로 팽창된 문서가 1933년에 작성된 『인문주의 선언문 I』(Humanist Manifesto I)이다. 이러한 문서에 서명한 귀족 중에는 듀이(John Dewey)가 있다. 문서의 두드러진 특징 중에는 인간을 자립적 진화물로 새롭게 갱신하였다. 창조와 이신론인 초자연주의의 교리가 결정되었다. 이 보고서에 따르면, 인간 잠재성의 실현이 인간의 최대 목표였다.

1973년에 적절하게 명명된 『인문주의 선언문 II』(Humanist Manifesto II)은 처음 선언문의 주제를 갱신하였다. 이 논문은 40년 전의 처음 선언문을 더욱 확고히 하는 동시에 전 인류를 향해 인간 개인의 책임을 위한 필요를 강조함으로써 상호 협력적인 인식의 수준의 문제를 제기하였다. 이러한 동시대적 운동의 두드러진 인물은 프로메테우스 출판사(Prometheus Books)의 설립자이며, "인문주의자"(The Humanist)의 편집자로서 지도력을 발휘하며 인문주의자들을 위한 수많은 모험에 참여한 커츠(Paul Kurtz)이다. 25년 전 커츠는 "과학적으로 알 수 없는 것들을 과학적으로 조사연구하는 위원회"(the Committee for The Scientific Investigation of the Paranormal)의 설립을 도왔는데, 이 위원회는 "회의적인 탐구자"를 육성하였고, 심령적이고 과학적으로 알 수 없는 것들을 옹호하는 지지자들에 의해 유포된 신뢰할 수 없는 정보들을 다루는 근원지가 되었다. 10년이 못되어 커츠는 인문주의자를 위한 학원, 인문주의자들의 견해와 일정을 계획하는 기관과 종교에서, 특히 인문주의자들이 잊어버리는 믿음과 관련된 적절한 발견을 출간하는 종교 및 성경비평 조사 프로젝트인 두 그룹의 형성에 기여하였다.

고전적 인문주의와 같은 대부분의 현재 인문주의자들은 규율의 다양한 시각을 지지한다. 예를 들면, 추천할 만한 운동으로 환영을 받을 자격을 지닌 유용한 동시대의 이상주의는 듀이의 실용주의, 마리땡(Jacques Maritain)의 개인주의, 마르크스(Karl Marx)의 공산주의를 포함한다.

결론적으로 인문주의는 하나님과 상관없이 발전하였다. 호모 사피엔스 중심성(Homo sapiens-centeredness)은 자기 경배를 슬쩍 감춘다. 인문주의 운동은 개인을 가치화하며 인간에게 능력과 잠재성을 제공하며, 관점의 폭을 넓히고 사람에게 존엄성을 표현한다. 또한 인간에게 권리를 제공하며, 개인적 책임을 강조한다. 그럼에도 불구하고 인문주의 운동이 교회에 풍부한 자원을 제공할 수는 있다.

RONALD T. HABERMAS

참고문헌 | M. J. Anthony, Christian Education Journal 12, no. 1(1991): 79-88; A. Flew(1983), The Westminster Dictionary of Christian Spirituality; G. M. Marsden(1990), Dictionary of Christianity in America; L. W. Spitz(1987), The Encyclopedia of Religion.

참조 | 기독교 인문주의(CHRISTIAN HUMANISM)

인문주의/기독교인문주의(Humanism, Christian).

미국 교육체계에 인간적 방법론의 유입은 최근 기독교 사회의 상당한 긴장을 불러일으켰다. 학교들은 수학, 과학, 문화, 예술의 기초 안에서 학생들에게 교육시킴으로서 사람들에게 봉사했다. 그러나 학교는 단순히 인지적 정보의 전달보다는 더 많은 역할을 담당한다. 진정한 감각 안에서 그것들은 계획된 것인가의 여부에 상관없이 또한 가치와 도덕, 윤리, 사회적 기준을 가르치는 것에 포함된다. 블레이크(Blake, 1986)는 그의 저서에서 학교는 사회의 가치를 전달하기 위한 것이라고 하였다. 이것을 하기 위해 교사는 어떠한 태도와 가치를 양성해야만 한다. 교사는 효과적으로 도덕사회를 만들어야 한다. 전문윤리의 단순한 공식 하에서 도덕사회를 만들어야 한다(100).

그러나 문제는 '그러한 가치와 태도를 누가 결정하는가 그리고 어떤 근거로 그러한 생각이 정형화되는가' 이다. 이것은 과거 40년 동안 인문주의 교육모델에 강조되어 왔다. 게다가 이러한 교육적 경향은 많은 교회학교에 영향을 주었다. 이리하여 그것의 타고난 선이나 악에 관한 중요 논의를 일으켰다. 이성적인 대답은 정의와 역사적인 발전, 오늘날 미국에서 사용되는 인문주의적 교육방법의 주된 관습에 대한 상세한 조사를 요구한다.

미국의 대표 인문주의자들 중의 하나인 콜리스 레이몬트(Corliss Lamont, 1980)의 정의에 의하면, "인문주의는 하나의 철학이며 안내 원리로서 하나뿐인 인생에서 모든 인간의 복지, 진보, 행복에 총력을 기울이는 것이다." 정의만을 보면, 모르는 사람들은 쉽게 그러한 철학이 성경의 교훈과 모순된다는 결론에 이를 수 있다. 이것은 인문주의를 만든 사람들에 의해 신봉되는 정의라 하기 보다는, 레이몬트의 의견으로는, 그 주창자들이 그러한 교육철학을 오용한 데서 온 정의이다.

1. 인문주의적 사상의 기원(Origins of Humanistic Thought). 현대 인문주의의 역사적 발전은 고대 그리스의 데모크리투스(Democritus)와 아리스토텔레스(Aristotles)로 거슬러 올라간다(Lamont, 1982, xl). "그것은 인간을 찬양하는 것과 같은 이교도의 특징에서 유래한 그리스 문화로 연결된다"(Dodgen, 1986, 195). "그리스 사람들은 인간적인 모든 것을 꾀했다. 그들은 하나님을 인간화하였다. 그들은 자연을 인간화하였다. 그들은 그들의 일상적인 삶도 인간화하였다. 그래서 큰 사상을 가진 인간들은 모든 것을 측정했다. 그리고 그들 이후에 오는 인간의 삶에 기준이 되는 단단하고, 훌륭한 몸을 정했다"(King, 1931, 20).

기원전 146년 그리스를 정복한 로마인과 그리스 교사, 완전한 교육체계는 로마제국으로 빠르게 흡수되었다. 사실 그것은 그때에 로마제국에서 실질적으로 노예상태의 그리스인들이 만든 교육적, 철학적인 진보라고 일반적으로 결론지어졌다(Johnson, et al. 1969, 204). 아리스토텔레스의 인도주의적인 철학을 계승한 로마 교육자는 루크레티우스(Lucretius)였다. 전성기에 인문주의는 키케로(Cicero)의 스토아철학과 퀸틸리안(Quintiian)의 수사학적 접근에 크게 의지하였다. 이러한 두 부류의 고대 로마의 인문주의자들은 철학에 많은 것을 했고, 초기 그리스 인문주의의 사상을 세웠다(Gueber, 1961, 69-70).

로마는 알라릭(Alaric)에 의해 410년에 파괴되었고 그것은 수백 년 간의 그리스와 로마의 영향력의 종말을 가져왔다. 1453년 콘스탄티노플의 몰락 전까지 그리스가 서구 유럽의 교육 사상에 있어서 중요한 요소로서 재등장하지 못했다. 그 무렵 그리스 교사들, 필사본들 그리고 정신의 부활이 있었다. 학생들은 어떤 정신과 그것을 이해하는 법칙을 찾기 위해 특히 기원전 5-6세기 아테네에서 생성된 고전으로 돌아갔다. 이들이 바로 인문주의자들이라고 알려진 사람들이었다(King, 1931, 22-23).

중세에 서구 문명이 들어오면서부터 변화가 시작되었다. 1459년 유명한 작가인 베티스타 구아리노(Battista Guarino)는 이러한 서술로써 새로운 교육과정의 형태에 관한 논문에서 요약하고 있다. "선행에 있어서 배우고 훈련하는 것은 사람에게 중요하다. 미덕에 관한 학문과 훈련은 사람에게는 독특한 것이다. 그래서 우리의 선조들은 이러한 것들을 '후마니타스'(Humanitas: 넓은 의미의 인문주의, 인문학. 좁은 의미로 인간성을 뜻함-역주)이라고 불렀는데 이는 인류에게 적합한 추구와 활동을 말한다. 그리고 지식의 분파는 내가 현재 설명하려고 시도하고 있는 배움 같은 주제의 매우 넓은 범위로 받아들여지지 않았다"(Monroe, 1905, 370).

르네상스 시대 동안 몇몇의 학자들은 교육의 인문주의적 모델에 대한 그들의 탐구에서 중요했다. 그와 같은 교육자중의 한 명은 에라스무스(Desiderius Erasmus, 1466-1536)였다. 에라스무스는 세계의 중심이 인간이라고 믿었다. 그는 하나님에 대한 뚜렷한 신앙을 가지고 있었으며 인간의 정부 형태들에 대해 경멸감을 가지고 있었는데 이는 그가 그것들이 본질상 위선적이라는 것을 믿었기 때문이었다. 그러므로 에라스무스의 교육목표는 학생이 독립된 판단력을 발전시키는 것을 배우는 것이었다(Mayer, 1966, 183).

에라스무스는 "인문주의자의 왕자"라고 언급된다. 헬라어 신약성경은 그를 사로잡았다. 에라스무스는 인문주의 철학과 기독교적인 믿음을 통합시키는 능력을 가진 유일한 사람이었다. 그러나 이러한 통합은 인문주의에 영향을 지속하지는 못하였다(King, 1931, 23). 그는 수사법, 시, 도덕철학, 역사, 그리스와 로마고전의 연구 같은 주제의 강조로 학자로서 환호를 받았다. 이러한 훈련 그룹은 인문학으로 명칭되었고, 그들의 장점을 옹호하는 사람들은 인문학자로 불렸다(Pratte, 1971, 40).

이 시기의 인문주의적 교육이론은 "르네상스 인간"의 양산을 목표로 하는 그리스와 라틴문학의 기초적인 연구에 기반을 두고 있다. 이 사람은 호모 유니버살리스(homo universalis)인 교양 있고 예의바른 인간으로 양성되어졌다. 그러므로 인문주의적 교육은 고전적인 가치에 대한 뚜렷한 선호를 나타내고 있고, 학생들이 자기 자신을 명백한 자유 개체로서 재발견하도록 권유하고 있다(Pratte, 1971, 41).

르네상스와 종교개혁운동을 그 시기와 지리적 위치로 구분하기는 어렵다. 같은 방법으로 교육역사에서 이 시기 동안의 종교교육자와 인문주의적인 교육자를 구별하는 것은 어렵다. "사실 그것은 모든 종교지도자들이 교육을 그들이 원하는 교정을 가져오는 주된 수단으로서 이해하고 있는 후기 르네상스운동의 특징의 결과이다. 개신교들의 입장에서 가장 위대한 지도자는 당연히 루터(Luther)와 멜란히톤(Melanchthon)이 다"(Monroe, 1905, 409).

마르틴 루터(1483-1546)는 종교개혁의 아버지로 알려져 있다. 왜냐하면 개별화된 믿음, 대중에 대한 모국어 교육 그리고 강요와 위선적인 교회체제에 반대해서 그의 기준을 세웠기 때문이다. 그는 기독교사회의 설립을 이끈 신실한 신앙심을 획득하기 위해서 고대언어 연구를 촉구하였다(Gruber, 1961, 77-78). 교육자가 아닐지라도 그는 교육체계에 영향을 주었다. 그 시대의 대부분의 교육은 가톨릭교회에 의해 통제되었기 때문에 교회에 대한 루터의 비난은 여러 큰 학교들의 사실상 폐교를 가져왔다. 어떤 이들이 지적하듯이 마틴 루터를 인문주의 종교개혁자로 명명하기는 부적절하다고 하더라도 필립 멜란히톤을 위한 길을 준비함으로써 인문주의 발전에 그가 행한 중요한 역할을 아무도 부인할 수 없다. "독일의 교사"로서 필립 멜란히톤(Philip Melanchthon, 1479-1560)은 마르틴 루터가 종교개혁에서 한 것과 같이 그는 독일에서 교육개혁을 하였다.

멜란히톤은 누가 보아도 학자였다. 16세의 나이에 독일 학교의 세계적 교과서가 된 그리스 문법책을 썼다. 그의 라틴 문법책도 동일한 평판을 받았다. 변증법적인 신학, 수사학, 윤리학, 물리학, 역사학은 몇몇의 식자들의 기본적인 연구서적으로 간주되었다. 그의 영향을 통해 세계는 인문주의와 개신교를 따라서 곧 개편되었다(King, 1905, 419).

16세기 말엽에 서부 유럽은 되돌릴 수 없게 변화되었다. 과거 200년은 종교, 문화, 사회, 교육적 개혁에 기념이 되었다. 종교와 교육은 하나의 생각으로서 분리될 수 없게 되었다. "개신교 종교개혁은 기독교가 원래의 더럽혀지지 않은 상태로 회복하는 것에 큰 관심을 보여주는 데 헌신하였다. 사실상 이러한 형태의 인문주의는 교회의 가르침이 진정으로 계시를 통하여 사람들에게 주어져 왔는지를 확인하기 위하여 사람들로 하여금 헬라어와 히브리어의 원본성경을 연구하도록 하였는데, 이를 통하여 잘못이 있었음을 인정하게 되었다(Pratte, 1971, 43).

교육에서 개신교는 인문주의의 모범적이며 도전적인 학문으로 도움이 되는 분위기를 창조하려는 영향을 증명했다. 그리스와 유대인은 플라톤(Plato), 아리스토텔레스(Aristotle), 키케로(Cicero)의 작업을 여는 데 큰 몫을 담당하였다. 또한 종교개혁은 침체된 중세에서부터 현대에 이르기까지 변천에 따라 중요 역할을 담당하였다.

계몽기 동안 여러 명의 중요한 인문주의 교육자들이 있었다. 그렇게 뛰어난 사람 중에는 베이컨(Bacon, 1561-1626), 토마스 홉스(Thomas Hobbes, 1588-1679), 스피노자(Baruch Spinoza, 1632-1677), 볼테르(Francois Voltaire, 1694-1778), 흄(David Hume, 1711-1776) 그리고 장자크 루소(Jean Jacques Rousseau, 1712-1778)가 있었다. 교육에서 각각은 인문주의 원칙에 큰 역할을 담당하였다. 아마도 가장 중요한 인물 중의 한 사람은 스위스-프랑스의 도덕철학자 장자크 루소(Jean Jacques Rousseau)일 것이다. 페스탈로치(Pestalozzi), 프뢰벨(Friedrich Froebel), 듀이(Dewey)는 그의 사고를 많은 부분 계승하였다. 우리의 현대교육 시스템이 이 사람에게 가장 큰 빚을 지고 있다고 해도 과언이 아니다.

존 듀이(John Dewey, 1859-1952)는 진보주의 교육의 아버지이다. 그는 훈련된 지성을 갖춘 통찰력이 예리한 사람이었다. 그는 10년 동안 시카고의 대학에서 철학, 심리학, 교육학과에서 학과장을 지냈다(Barlow, 1985, 326).

그러나 듀이의 신념체계의 핵심에는 인간은 아직도 만들어가는 세계에서 자유로운 행위자라는 생각이 있었다. 그러므로 그들은 결정을 하는 데 자유로워야하며, 그들의 욕구와 바람은 우주의 본성을 결정하는 데 궁극적으로 사용되어야 할 것이다(Gruber, 1961, 197). 듀이는 아동중심의 교육과정을 가정하는 교육체계를 주장하였다(Gangel, 1983, 301). 학교는 민주주의가 성행해야 할 사회의 축소판으로 보였다. 이것은 학습자에게 부분적으로 자유를 허락한다. 듀이는 학생이 자신의 학습과정에서 활발한 부분을 맡는다고 주장하였기 때문이다. 듀이는 다음의 언급을 통해 이 점의 중요성을 논하였다. "자유와 제한은 부정적인 면에서, 목적을 세우는 힘, 현명하게 판단하는 능력, 목적한 결과를 추구한 행동으로부터 도출될 결과를 가지고 욕망들(처음 의도한 목적)을 평가하는 능력, 그러한 목적을 수행하는 수단들을 선택하고 조직하는 능력 등 제반 능력이 있는 자유가 단지 하나의 수단으로 생각되고 있다"(Dewey, 1938, 74).

로저스(Carl Rogers)는 현대의 인문주의자가 되었다. 그는 학습은 과대평가된 기능이라고 주장하였다. 왜냐하면, 강조가 학습의 과정상에 있어야 한다고 주장하였다. 교육 인문주의자인 그의 기여는 다음과 같이 종합할 수 있다. (1) 교사들은 공포, 오만함, 혹은 허울을 버리고 교수-학습 관계에 들어가야 한다. (2) 학습은 학생이 소유욕 없이 돌볼 수 있는 교사에 의해 소중히 여겨지고 가치있게 평가되고 존중될 때 촉진된다. (3) 감정이입적 이해, 곧 학생이 상황에 관해 어떻게 느끼고 있는지를 의식할 때 학습은 촉진된다. (4) 신뢰는 학습을 촉진한다. 왜냐하면 신뢰는 앞서 밝힌 세 가지 특징들을 녹아들게 하기 때문이다(Bernard, 1974, 17).

수년간에 걸쳐 인문주의 발달에 영향을 끼쳐온 배경적인 영향력은 매우 많다. 또한 이러한 영향력을 창출해 온 사람들의 스펙트럼도 역시 매우 많다. 그러므로 우리가 인문주의 배경적 영향력들과 그것들의 기본적인 철학들을 시험하기 위해 노력할 때 인문주의는 신조나 교리가 아니라는 점이 명백해질 것이다. 인문주의는 강령이나 교리가 아니다. 비록 그것이 사실일지라도 대다수의 인문주의자들은 그의 분야에 관련된 사람과 같은 견해를 공유하며 오늘날과 같이 사람을 중시하지 않으려 하는 초자연적인 시도들에 대하여 비판적이다. 또한 그들은 자유로운 사고나 인간의 잠재성에 대한 성취와 총체적으로 조직적이고 정치적인 구조의 민주적 방식에 대하여 유사한 도덕적 책임을 느낀다. 그럼에도 불구하고 그들은 넓은 범위의 견해를 표현한다(Kurtz, 1973, 7).

2. 인문주의 교육의 원칙(Principles of Educational Hummanism). 인문주의 교육을 토론할 때 그것은 어느 개인이나 학교의 산물이 아니라는 것을 기억하는 것이 중요하다. 인문주의는 그 기원을 회의, 교육적 개혁 또는 입법행위에서 받아들이지 않았다. 그러나 다양한 범위의 사람들로부터 영향을 받아왔다. 이러한 부분은 작가와 교육자, 심리학자의 다양한 견해들과 가정들을 제공하게 될 것이다.

교육에 적용한다면, 인문주의는 교사, 학습자, 교육과정 그리고 학습배경에 대한 다양한 가정들을 포함한다. 각 원칙은 교육적 인문주의 원리에 대한 이해를 증대시키면서 독자를 돕는 방향으로 강조될 것이다.

1) 교육에서 인문주의 운동의 중심은 공포와 체벌, 가혹한 징계, 손찌검의 교육방법으로부터 자유로운 학습환경을 창안해 내기 위한 바램이다. 이것은 정통적 접근에서 교사의 적대적인 역할을 바꾸기 위해 행해진다. 인문주의자들의 요구는 토론의 자유로운 흐름을 용이하게 하는 분위기를 조성하기 위한 것이다. 이것은 점차 신뢰와 확신으로 가득 찬 교육적 관계를 만들어 낼 수 있을 것이다(Knight, 1980, 99).

2) 교사는 자신의 학생들과 신뢰와 성실 그리고 공감대를 형성해야 한다. 그들은 자신의 학생들을 소중히 여기며 깊은 관심을 가지고 그들을 붙들어 주어야 한다(Biehler, 1980, 399). 로저스(Rogers, 1967)는 학습지도자의 이러한 태도는 성공적인 경험을 위한 준비가 될 것이며 학생들은 좀 더 자기 수용적이 되고 자기 자신을 알아가게 될 것이라고 결론을 내렸다.

3) 정서적 요소는 교실학습에서 인지적 차원만큼 광범위하게 탐구되어야 한다(Biehler, 1980, 399). 빌러(Biehler)에 의한 조사는 정서적 학습에 도움이 되는 분위기에서 학습한 아동은 좀더 능동적인 자기개념을 가질 수 있다고 지적하였다(130-131). 바인스타인(Weinstein)과 판티니(Fantini, 1970)는 교육자들이 글을 쓸 때 교육적인 교육과정과 교훈적 목적을 가진 쓰기가 정서적 영역에 포함되어야 한다고 강력히 주장하였다. 그들은 다음과 같이 말하였다. "인식에 대하여 지나치게 강조하며 감정으로부터 분리시키는 것은 우리의 사회를 위협한다. 우리의 교육 규정들은 냉정하고 인도주의 목적에 얽매이지 않는 독립된 개개인을 낳게 될 것이다. 지식이 감정을 산출할 수 있지만 감정은 행동을 야기한다. 만일 지식이 학습자 안에서 정서적 상태와 관련이 없게 되면 행동이 제한되는 결과를 가져올 것이다"(27-28).

4) 교사와 학생 사이의 관계는 학습과정에 중요한 영향을 준다. 유명한 인문주의자인 토마스 고든(Thomas Gordon, 1974)은 사제 간의 관계를 다음과 같이 묘사하였다. 교사와 학생 간의 관계는 그것이 다음과 같은 조건을 갖출 때 좋은 관계를 형성할 수 있다. (1) 개방성과 투명성-그래서 각각은 타인에 대한 정직과 솔직함이 위험할 수 있다는 사실 (2) 돌봄-각각의 사람들이 타인에 의해 가치 부과되어진다는 사실을 알 때 (3) 타인 중 한 사람과의 상호의존성 (4) 분리-서로가 개성과 특이성을 발전시키고, 성장시키도록 허락 (5) 상호간 만남의 필요-그래서 어떠한 필요도 상대방의 필요에 대한 수고 없이는 가능하지 않다.

5) 학생들이 자신에 대해 어떻게 느끼는지는 그들이 배우는 방식에 지대한 영향을 끼칠 것이다. 이러한 원칙은 자아개념과 학습사이의 관계를 알게 한다는 점에서 세 번째 원칙과 관계가 깊다.

윌리엄 퍼키(William Purkey, 1978)는 헌신을 학생의 자아개념과 교육적 성취의 유대관계로 보았으며, 교사가 "초청학습"의 기술들을 사용, 개발하고 사용할 것을 당부하였다. 학생들의 이름을 암기하는 것, 교실 밖에서 그들과 일대일의 접촉을 갖는 것, 그들을 칭찬하고 격려해 주는 것, 개인적으로 또는 학급 단위로 훈육하는 것 그리고 개인적 감정을 솔직히 나타내는 것 등의 기술들은 어린이들이 자신의 가치와 능력을 인식하는 데 도움이 될 것이다.

6) 교사는 학생이 자신의 감정과 느낌을 개발하도록 격려하는 기술을 사용한다. 이것은 감성훈련과 그룹들과의 교류를 통해 이룰 수 있게 된다. 이러한 접근 방법들을 가지고 훈련되는 상담기술들 때문에 이 특별한 원리에 대한 책에 관심이 어느 정도 있었다. 충분히 훈련받지 못한 교사들이 미숙하고 무분별한 시도로 성장 그룹방법론을 수업에 적용시키려 한다면 좋은 영향을 끼치기보다는 해를 입힐 위험이 매우 크다.

7) 교사는 학생들이 다른 사람들을 인식하고, 그들과 공감하고, 타인의 느낌을 자신의 느낌과 연관시키도록 학생을 격려하는 기술들을 사용해야

한다. 이렇게 제안된 기술들은 역할극, 사이코 드라마, 집단 드라마, 모의실험 게임 등의 사용을 포함한다.

8) 교사는 학생이 자신의 태도와 가치를 좀더 많이 인식하는 데 도움이 될만한 기술들을 사용한다. 가치 명료화는 1960년대 후반에서 1970년대 초반에 유명했던 개념이다. 적당하만 한다면 이 기술은 학생들이 성경의 내용을 분석, 종합, 평가와 같은 더 높은 수준의 학습에 사용하도록 적용하는데 도움을 줄 수 있다.

3. 기독교교육에서의 인문주의 기술(Humanistic Techniques in Christian Education).

사람들이 인문주의 원칙 목록을 읽을 때 이 많은 것들이 학습의 건전한 원리들에 기초한다는 사실은 분명하다. 실로 많은 원리들이 드러날 수 있는 성경의 실례를 입증하기 위해 성경적인 근거를 인용하는 것은 어렵지 않을 것이다. 그것은 교육적 인문주의가 성경에 그 뿌리를 두고 있다는 것을 의미하지 않는다. 이 설명은 성경해석학의 잘못된 방법들에 근거한 것임이 분명하다. 그러나 많은 교회들이 그들의 학습환경에서 이 원칙들의 통합을 잘 이루어 낼 것이다. 다음의 제안은 주일학교 교사가 어떤 해로운 요소들을 자제하면서 교육적 인문주의의 이점들을 사용할 수 있도록 도움을 줄 것이다.

1) 교실 내에서 당신이 학습을 지도할 때, 한계를 자각하도록 노력하라. 가능하다면 학생들이 자신들의 교육적 활동에 대한 선택의 기회를 공유하게 하라.

2) 따뜻하고, 긍정적이며, 수용하는 분위기를 조성하라.

3) 적당한 장소에서는 격려자, 조성자, 지지자, 친구로서 역할을 다하라. 그러나 이러한 역량을 다하기 전에 어떤 곤란한 상황에 직면하게 될 가능성도 고려해야 한다. 예를 들면 어린 아이들은 교사편에서의 그러한 역할을 제대로 반응할 수 없을 수도 있다.

4) 만일 당신이 편안함을 느낀다면 경우에 따라 당신이 가르치기를 원하는 것에 대해 당신 자신의 개인적인 감정을 공유하며, 마음을 열어라.

5) 학생이 자기 자신과 자신의 개인적인 발달단계에 대해 긍정적인 느낌을 개발하도록 돕는 데 최선을 다하라.

6) 만일 적당하다면, 학생이 역할극과 모의실험 게임에 참가하도록 요청하라. 이러한 게임들은 오늘날 성경과목이 실제적 적용 너머에 있다고 생각하는 학생들에게 도전을 준다.

7) 당신이 기르기를 원하는 습관과 태도의 발달을 이끄는 학습경험을 제공하도록 최선을 다하여라.

8) 실물 수업을 활용하여라. 사건의 실례가 발생하였을 때(가르칠 수 있는 기회들) 그것들을 이용하여라.

9) 당신 자신이 좋은 범례가 되어라.

10) 절대적인 규칙들을 가르치고 도덕적 기준의 중요성을 설명하는 것을 두려워하지 말라. 기억하라. 덕을 가르치는 것은 그리스 교육의 인문주의 창안에 있어 우선적인 이유들 중의 하나였다.

인문주의가 특별한 교육의 기술이 아니라는 사실을 명심할 필요가 있다. 인문주의가 특별한 교육적 기술이 아님을 명심해야 한다. 본질적으로 "인문주의는 학생들을 향한 그리고 모든 교사들의 특징이 되어야 하는 교육목적을 향한 사랑의 태도로서 특징지어지는 교육철학이다"(LeFrancois, 1988, 136). 인문주의는 자연주의, 진보주의, 실존주의와 같은 철학의 전제적인 기반으로서 존재해 왔으며, 심리학, 사회학, 종교의 분야들에 의해 크게 영향을 받아왔다. 이러한 학문분야들과 영향들 가운데 얼마간은 인문주의 발달에 긍정적 영향을 끼쳤으며 그것들 중 더러는 부정적인 영향을 끼치기도 하였다. 각각은 특별한 강조점을 형성하는데 역할을 담당했다. 이러한 이유로 전체로서 사회 안에서의 그 정의와 공헌에 관하여 고려함에 있어 많은 혼란이 있다. 다른 어떤 곳에서보다 교회와 기독교교육 기관에서 이를 가장 심하게 느끼고 있다. 자유주의 교육자나 상당히 보수적인 교육자 모두 이러한 교육철학의 장점들에 대하여 토론하였다. 그 결과 교육적 인문주의가 스스로의 가치를 결정짓는 데 가담하지 않은 기독교교육자들에 의해 의심을 받게 되었다. 많은 다른 사람들의 판단에 의지한 것이 오히려 그들 스스로 인문주의의 전제들을 비판하는 데 실패하게 되었다. 필요한 것은 평가와 종합과 같은 좀 더 높은 수준의 학습에로 향하는 열린 마음과 관용의 태도이다. 이런 능력이 없는 많은 기독교 극단주의자들이 무지와 학문적 편협의 죄를 범하고 있다.

MICHAEL J. ANTHONY

참고문헌 | D. L. Barlow(1985), *Educational Psychology: The Teaching-Learning Process*; D. L. Bayer, *The School Counselor*(1986): 123-34; H. W. Bernard and W. C. Huchins(1974), *Humanism In The Classroom: An Eceletic Approach to Teaching and Learning*; R. F. Biehler and J. Snowman(1986), *Psychology Applied to Teaching*; J. J. Blake, *Sociology of Education* 59(1986): 100-113; W. H. Burns and C. J Brauner(1962), *Philosophy of Education: Essays and Commentaries*; R. J. Calsyn, C. Pennell, and M. Harter, *Elementary School Guidance and Counseling*(1984): 132-39; D. H. Clark, L. Asya, and A. L. Kadet(1971), *Humanistic Teaching*; G. H. Clark(1960), *Dewey*; J. Dewey(1963), *Experience and Education*; D. J. Dodgen and M. R. McMinn, *Journal of Psychology and Theology* 14, no. 3(1986): 194-202; R. P. Fairfield(1971), *Humanistic Frontiers in American Education*; R. Farmer, *Education* 105, no. 2(1986): 162-71; K. Gangel and W. Benson(1983), *Christian Education Its History and Philosophy*; T. Gordon(1974), *T. E. T.: Teacher Effectiveness Training*; P. Gay(1969), *The Enlightenment: An Interpretation*; F. C. Gruber(1961), *Foundations for Philosophy of Education*; J. A. Johnson, H. W. Collins, V. L. Dupuis, and J. H. Johansen(1969), *Introductions to the Foundations of American Education*; W. P. King(1931), *Humanism: Another Battle Line*; G. R. Knight(1980), *Philosophy and Education*; P. Kurtz(1973), *The Humanistic Alternative*; C. Lamont(1982), *The Philosophy of Humanism*; D. K. Lapsley and S. M. Quintana, *Elementary School Guidance and Counseling*(1958): 246-57; G. R. LeFrancois(1985), *Psychology for Teaching*; J. Locke and Gay(1964), *John Locke on Education*; F. Mayer(1966), *A History of Educational Though*; R. K. Mills, *Education* 105, no. 4(1986): 408-10; P. Monroe(1905), *History of Education*; V. C. Morris(1969), *Modern Movements in Educational Philosophy*; R. Osborn(1970), *Humanism and Moral Theory*; R. Pratte(1971), *Contemporary Theories of Education*; C. Rogers(1967), *The Problem of Being Human*; C. Weinberg(1965), *Humanistic Foundations of Education*; G. Weinstein and M. D. Fantini(1970), *Toward Humanistic Education*; R. Weller(1977), *Humanistic Education: Visions and Realities*.

인생지도(Life Map). 상담과 개인적인 강화의 도구이다. 인생지도는 더 나은 자기이해를 기대하면서 개인의 삶의 여정을 가시적으로 탐구하는 하나의 방법이다. 지도 그리기(mapping)는 상담학 분야에서 전문 용어로 사용된다(Minuchin, 1974).

인생지도 그리기(life-mapping)는 한 개인의 과거를 성찰하는 것, 주요 사건들, 사람들 그리고 느낌들을 확인하는 것, 그 다음에 미래의 도전들에 직면하기 위해 한 개인의 현재의 상황을 평가하는 것을 포함한다. 성경이 시각정보(visuals)를 포함하지 않는다 할지라도, 사도 바울은 빌립보서 3장 4-14절에서 자신의 가족 배경과 종교 경험을 회상한 후에 그것들을 하나님의 자비와 은혜에 대한 자신의 현재의 이해와 대조하면서 생에 대한 평가(life critique)를 제공한다.

사실적인 표현을 사용하는 것은 개인이 우뇌로부터 통찰력을 끌어내는 것을 도와주며, 대개 단순히 단어들과 개념들을 사용하는 것보다 더 깊은 개인적인 통찰력에로 이끌어준다.

기독교교육의 범위에서 볼 때, 인생 지도들은 자신들의 삶 속에서 일어나는 추세들과 전환점들 그리고 여타 다른 여러 가지 것들을 확인할 수 있을 만큼 충분히 오래 살아온 성인들 사이에서 가장 잘 활용된다. 십대들 또한 자신들의 아동기 경험들을 평가하고자 할 때 인생 지도들이 유용하다는 것을 알게 될 것이다.

DANIEL C. JESSEN

참고문헌 | S. Minuchin(1974), *Families and Family Therapy*.

참조 | 인지장이론(COGNITIVE FIELD THEORY); 레빈, 커트 (LEWIN, KURT)

인식론(Epistemology).

지식과 지식을 습득하는 방법과 지식의 근원과 진리를 이해하고 증명하는 수단 등에 관한 연구이다. 인식론의 본질적인 요소는 지식의 근원과 지식 습득의 과정이다.

지식의 근원과 지식을 배우는 과정에는 연속체로서 해석이 가능한 양극단적인 입장이 있다. 지식의 근원이 창조의 주관적이고 초월적인 면에 있는가 아니면 인간 생활의 객관적이고 경험적인 면에 있는가? 그리스도인에게 궁극적 진리는 하나님으로부터 오는 것이지만 종종 감각과 신뢰(주관적)와 경험과 증명(객관적) 중 어떤 것이 더 성경적인가 하는 점에서 의견 차이를 보인다. 그 결과, 많은 그리스도인들은 해석가들-설교자, 교사, 전도자, 저자-이 진리를 설명해 주기를 기대한다. 이것은 신자들을 분리시키는 서로 다양한 해석을 낳게 한다.

사람은 어떻게 배우는가? 사실들을 배우고 이해하여 지식을 습득하는가 아니면 의미를 발견하고 가치를 개발하여 배우는가? 인성 유형이 학습자의 반응에 영향을 주지만, 대부분의 사람들은 두 방식 모두를 통해 배운다. 의식(awareness), 재생기억(recall) 그리고 이해(understanding)가 먼저 습득된다. 그러나 먼저 배운 것에 대한 확신이 생기지 않는 한 행동은 일어나지 않고 지식은 흩어져 버린다. 환언하면, 의미를 발견하여 확신이 생기면 행동하게 되고 그 지식에 입각한 행동의 유형들이 강화된다.

대부분의 복음주의자들은 성경과 기본 교리를 사용하여 하나님의 진리와 결합되기를 추구한다. 이와 같은 객관적 자원들이 기본이며 근본이기는 하지만 많은 복음주의자들은 또한 성령의 인도 - 종종 감각적 경험을 통한 - 에 의존한다.

배우는 방법에 관하여 목사와 교사들은 역사적으로 인지적 수단을 널리 강조해 왔고 정서적 경험은 상대적으로 도외시했다. 미국의 대각성운동(Great Awakening) 아래, 특히 설교자 에드워즈(Jonathan Edwards)의 지도력 아래서 비로소 머리와 심장의 결합, 인지와 정서의 연합이 미국 기독교계에 나타나기 시작했다.

기독교교육에서 학습에 대한 확신의 수준은 가장 도외시해 온 분야이다. 주요 원인은 교사들이 주로 강의나 독서 등 정보 전달에 주력한 방법을 사용했기 때문이다. 확신과 가치들은 주로 학습자들이 대화를 시작하여 의미와 암시에 대해 토론할 때에 발생한다. 진리를 찾고 질문하는 혹독한 시련 속에서 그리스도인들은 서로 들어주고, 그들의 해석을 성경과 멘토의 견해들에 반하여 검증해 보고, 어떤 수준의 헌신을 해야 할지 결정한다. 만약 강한 확신이 있으면 그들은 행동할 것이다. 만약 확신이 약하거나 거의 없으면 가르친 지식이나 연구한 자료들이 삶에 의미를 주지 못한다.

궁극적인 이슈는 사람이 어떻게 주님을 알고, 구원이 은혜와 신뢰(믿음을 통한)를 통해 오는지, 아니면 교리와 실천(행위를 통한)을 통해 오는지 아는 것이다. 복음주의자들은 믿음을 통해 은혜로 구원받는다는 바울의 견해를(엡 2:8) 지지하지만 신자들은 말씀을 행하는 자이어야만 한다는 야고보의 견해(약 1:22)도 인정한다.

BRUCE P. POWERS

인종차별주의(Racism).

사람들에 대해 언급할 때 '인종'은 피부색과 눈의 색깔, 키와 신체적 비율 등과 같은 몇몇 신체상의 특징들로 구분되는 다양한 인류로 정의될 수 있다. 이 용어는 관습, 언어, 특징, 역사 등과 같은 것으로 구분되는 그룹들로서 사람들을 나누는 단어인 '민족성'과 밀접

인종차별주의

한 관련이 있다. 인종차별주의는 한 인종이 다른 인종보다 우월하다는 신념 내지는 다양한 인종의 구성원들은 몇몇 형태의 상호 관계를 피해야 한다는 신념에 기초하여 사람들을 차별하는 것을 포함한다. 그러한 방식으로 이해될 때 인종차별주의는 성차별주의, 외국인 혐오증 그리고 다른 형태의 편견 등과 같은 여타 불의의 죄들 속에 포함될 수 있다.

인종차별주의는 여러 가지의 형태를 취할 수 있으며, 분명하거나 은밀할 수 있으며 그리고 의식 중에 아니면 무의식중에 행해질 수 있다. 개인적인 차원에서 그것은 한 개인이 다른 사람에 대해 순전히 그 사람의 인종으로 인해 어떤 특정한 방법으로 생각하거나 행동하는 것을 의미한다. 아마도 한 교인은 어떤 자리에 이미 앉아 있는 사람의 피부색으로 인해 그곳에 앉는 것을 피할 것이다. 또한 "제도적 인종차별주의"로 불릴 수 있는 현상이 있다. 한 지역 교회는 그들의 교회 문이 인종 내지는 피부색에 상관없이 모든 사람들에게 열려 있다고 선포할 수 있을 것이다. 미묘하거나 그렇게 미묘하지 않은 방법들로 교회는 교제에 받아들여지는 것과 봉사와 지도력에 대한 진정한 기회는 얼마만큼 그들이 자신들 문화의 중요한 부분들을 버리고 다수 그룹의 일원인 것처럼 행동하느냐에 달려 있다는 것을 새신자들에게 전달할 수도 있다.

인류 역사에는 극심한 인종차별주의 사례들이 있었는데 그 중에는 히틀러가 유대인들(이것은 유대인들이 하나의 인종으로 간주된다는 것을 의미하는 것이 아니지만 종종 그렇게 다루어지는 것을 뜻한다)과 다른 그룹의 사람들을 말살시키려고 한 것도 포함된다. 심지어 오늘날에도 우리는 세계의 곳곳에서 끔찍한 대량 학살 장면들을 목격한다. 애석하게도 교회 역시 그러한 죄악들을 행해왔다. 사실상 신자들은 인종차별주의 죄를 보다 심각하게, 의지를 다해 대면하려고 하지 않는다. 우리 기독교 역사는 다양하게 표현된 인종차별주의로 점철되어 있다. 노골적인 예들로는 수세기에 걸쳐 이방 기독교 지도자들에 의해 자행된 반유대주의

적 말과 행동들 그리고 성경의 증거를 남용 내지는 무시함으로써 흑인들의 노예화를 정당화한 백인 기독교인들이 있다.

인종차별주의와 싸우기 위해 어떤 사람들은 "우리는 색맹이다"라고 주장하면서 중도의 입장을 취한다. 종종 좋은 의도로 출발하지만 이러한 입장은 일반적으로 도움이 되지 않을 뿐만 아니라 성경에 충실한 것도 아니다. 우선 우리가 다른 사람들의 피부색과 문화에 대해 신경을 안 쓴다는 것은 아마도 불가능할 것이다. 그러나 더 중요한 것은 그렇게 함으로써 주권적인 지혜로 사람들을 다양하게 만드신 창조주를 모욕하는 것이다. 이것이 우리 창조주의 명백한 의도이므로 우리의 가장 지혜로운 선택은 다양한 사람들이 있다는 사실을 부인하는 것이 아니라 그것을 이해하고 그것에 대해 고마워하는 것이다. 게다가 중립적인 "색맹" 접근법은 종종 과거 수년간의 선입관, 불의 그리고 억압의 사실들을 제대로 다루려고 하지 않는 마음을 드러내는 증거이다.

교회는 인간론과 관련된 성경의 창조와 구속사를 신실하게 가르쳐야 한다. 모든 사람이 하나님의 형상으로 지음 받았다는 것은 근본적인 진리이다. 국가나 민족적 선입견과 자만심으로 인해 생겨난 사람들 사이의 분리라는 죄의 벽이 그리스도의 죽음으로 인해 완전히 무너졌다는 사실 또한 근본적인 진리이다. 그리스도 안에는 동이나 서, 이방인이나 유대인이 없다. 이것은 그러한 차이가 인간의 현실 속에서 더 이상 존재하지 않는다는 것을 뜻하는 것은 아니다. 그러나 그리스도 안에서 그 기초가 완전히 다져졌음을 의미한다. 사람들이 만든 모든 선입견의 억압 체제는 무장해제되고 유죄 판결을 받았다. 교회는 이 세대를 본받지 말고 이 새로운 "그리스도 안에서"의 윤리를 실천하는 데 헌신해야 한다. 우리의 형제자매들이 그렇게 살지 못하는 것을 볼 때에 우리는 바울이 갈라디아서 2장 11-21절에서 베드로를 꾸짖었던 것처럼 과감히 그들을 꾸짖고 회개를 촉구해야 한다.

또한 교회들은 하나님의 말씀의 빛 아래에서 자신들을 살피면서 이러한 영역에 대한 자신들의 가

르침에 순종해야 한다. 인종과 민족성에 상관없이 모든 사람들을 환대하고 있는가 아니면 사람들은 교회의 정문에서 자신들의 문화를 포기할 때만 환영을 받는가? 지도력과 봉사의 기회는 몇몇에게만 열려 있는가 아니면 모든 사람들에게 열려 있는가?

교회에서 교육과정에 필요한 자료들을 선정할 때에 기독교육자들은 어떤 특정 그룹의 사람들을 부정적이든지 긍정적이든지 간에 정형화시키는 자료들을 피해야 한다. 오히려 그러한 자료들은 모든 사람들을 바르게 그리고 정확하게 대변해야 한다. 우리의 학습 자료들은 하나님께서 사람들을 창조하신 다양성에 대한 감사를 표현하는가 아니면 주로 이러한 다양성을 무시하는가?

인종차별주의의 죄에 대한 전쟁에서 우리가 나아가야 할 또 다른 긍정적인 단계는 다양한 인종 및 민족 배경을 가진 사람들의 말들을 듣고 그들과 관계를 맺을 수 있는 기회들을 제공하는 것이다. 경험 부족은 종종 인종차별주의와 선입견을 갖게 하는 무지와 몰이해로 이어진다.

GARY A. PARRETT

참고문헌 | A. Hacker(1992), *Two Nations*; D. L. Okholm, ed.(1997), *The Gospel in Black and White*; B. Wilkerson, ed.(1997), *Multicultural Religious Education*.

참조 | 문화(CULTURE); 문화전계(ENCULTULATION); 다문화주의(MULTICULTURALISM)

인지발달(Cognitive Development).

인간은 하나님의 형상대로 창조되었다(창 1:27). 형상을 지닌 자에게 가장 중요한 것은 합리성이다(골 3:10). 바울은 신자들의 지식과 지혜의 성숙을 위해 기도했고(엡 1:18), 누가는 예수님이 지혜가 커갔다고 기록한다(눅 2:52).

사람의 정신은 어떤 기능을 하는가? 물론 영아들은 "생각"하거나 성인들처럼 환경적 자극을 진행시키지 못한다. 어떻게 개인의 인지 능력이 자라고 발달하는가? 모든 인류에게 적용할 만한 예측 가능한 유형이 있는가?

이러한 질문에 답하기 위해서는 사회과학으로 방향을 돌려야 한다. 성경이 인간의 지성과 지혜에 대한 신학적 통찰을 제공하는 반면, 방대한 인지발달 이론은 제공해 주지 않는다. 그러나 어떤 인지발달 이론도 성경의 가르침 아래 평가되어야 한다. 이론이 인류의 고유한 창조된 본성을 파괴할 수는 없다. 이론은 반드시 성경에서 가르치는 인간론, 즉 다른 모든 피조물과 구분된 합리성과, 인간 정신의 독립성이라는 객관적 진리와, 하나님의 창조물로서 인간은 우리의 의무인 하나님과 창조에 대해 끊임없이 연구해야 한다는 진리와 연계되어야 한다.

인지발달에 대한 현대 이론들은 1950년대 이후 발생론적 인식론에 집중한 장 피아제의 저술에서 그 기원을 찾아볼 수 있다. 피아제의 근본적인 전제는, 지적 구조가 어린이가 성장함에 따라 지속적으로 예측 가능하게 변화하는 반면, 지적 기능은 그대로 유지된다는 것이다. 지적 기능이란 수많은 감각 지식들을 연결하고 저장, 상기시키는 것이다. 그 지식이 현존하는 사고 유형에 동화되지 않으면 구조가 변화된다.

피아제 이론의 기본 전제는 지성이 환경에 호응하는 평형 또는 균형의 상태를 추구한다는 것이다. 새로운 감각 지식이 입력되면 지성이 그 지식을 현존하는 구조에 동화시키려 하고, 만약 그것이 불가능하면 인지 구조를 재조정하여 그 지식을 수용한다. 피아제에 의하면, 대규모의 수용과정은 최소한 네 단계의 연령에 따른 인지진행과정이 있다고 한다. 탄생부터 2세 정도까지 유아기는 주로 신체 감각들이 적절한 반응을 일으키는 "감각운동"(sensorimotor)으로 기능한다. 두 살 정도의 어린이들은 인지를 보다 신중하게 진행하기 시작하여, 상징을 현실의 대변으로 인식하는 능력이 주로 개발된다. 전 조작기라고 알려진 이 단계를 피아제는 언어 습득에 필수적인 시기라고 한다. 어린이는 말하기 시작하고 동물들을 "개"나 "소"라고 분류하는 기본적인 개념들을 배운다. 7살 정도가 되면 어린이는 구체적 조작기로 이동하여, 아이디어와 과제, 예상되는 결과 등을 교환하고 도덕적 추론을 시작한다. 그러나 이 사고 유형의 많은 부분이 여전히 구체적인 물체와 관련되어 조절된다. 14세가 되면 어린이는 추상적 개념의 사고능력이 발달하기 시작한다(형식적 조작이라고 부르는). 사랑, 진실, 정의와 같은 개념들이 구체적인 물체나 사건 없이도 추상적으로 이해될 수 있다.

다른 이론들은 피아제의 작업을 수정해 왔다. 비고츠키(Lev Vygotsky: 러시아의 심리학자- 역주)는 피아제의 거의 독점적인 발달과 관련된 내면적, 개인적 요인에 환경적 영향을 강조함으로서 균형을 잡았다. 그의 "정황에 따른 발달"(development-in-context) 이론은 내적, 유전적 요인에 첨가하여 환경적 요인들이 인지발달에 엄청난 영향을 인식하는 것이다.

피아제의 이론들은 또한 다른 구체적인 세팅, 즉 콜버그(Lawrence Kohlberg)의 도덕성 발달과 파울러(James Fowler)의 신앙발달에도 적용된다. 약간 수정하기는 하지만, 개인이 도덕성과 신앙적 이슈들을 인지적으로 진행시키는 방법을 이론화하기 위해 피아제의 이론을 기본으로 사용한다.

1990년대에 새로운 이론들이 밀려들어 오면서, 가드너(Howard Gardner)와 그의 동료들이 피아제의 지성 이론이 유효하기는 하지만 한계가 있다고 항변했다. 가드너는 다중 지능(multiple intelligence) 이론을 주장했는데, 이는 피아제가 측정한 언어와 논리/수학적 지성에 첨가하여 음악, 신체접촉, 공간, 대인관계, 개인성, 자연성 등의 다른 지성들도 존재한다는 이론이다.

다른 이론가들도 두뇌 생리학을 연구하여 "두뇌는 어떻게 기능하는가?"라는 질문에 답하려고 노력했다. 다양한 두뇌 이론이 개발되면서 여러 두뇌의 부분들이 상이한 인지적 기능을 조절한다는 것을 알아냈다. 좌뇌는 분석을 관할하고 우뇌는 종합을 조절한다. 앞이마는 비판적 사고와 문제해결을, 전액골 앞의 피질은 계획 및 연습과 관련되어 있고, 관자놀이 돌출부는 듣기와 말하기를 조절한다. 두정엽은 촉각과, 후두부는 시력과 관련 있다.

이론은 풍부하다. 기독교교육자들은 이런 이론들을 비판적으로 재고하여야 한다. 그러나 무엇보다도 교육자는 반드시 신학적으로 건전한 이론, 즉 성화의 개념, 성령의 역할, 발달이론의 적절한 목표 개발 등을 위해 노력해야 한다.

ROBERT C. DE VRIES

참고문헌 | H. Gardner(1983), *Frames of Mind: The Theory of Multiple Intelligences*; H. Ginsburg and S. Opper(1969), *Piaget's Theory of Intellectual Development*; R. A. Sylwester(1995), *A Celebration of Neurons: An Educator's Guide to the Human Brain*.

참조 | 인지학습이론(COGNITIVE LEARNING, THEORIES OF); 파울러, 제임스 3세(FOWLER, JAMES W., III); 콜버그, 로렌스 (KOHLBERG, LAWRENCE); 학습이론(LEARNING THEORIES); 피아제, 장 (PIAGET, JEAN)

인지장이론(Cognitive Field Theory).

인지장이론은 인간 정신이 학습된 자료들을 조직하는 과정에 대한 이론이다. 인간을 비둘기나 쥐와 같은 유기체로 이해하는 행동주의의 연합/결합 이론에 대한 반응으로, 인지 이론가들은 지식을 정신적으로 분류하고 체계화하는 인간의 고유한 능력에 대해 연구했다. 그리하여 인지장이론은 인간의 외부적 행동 관찰로부터 정신이 내적으로 지식을 진행하는 방법에 대한 성찰로 방향을 바꾸었다. 정보 진행과정의 한 가지 모델은 컴퓨터 공학에서 빌려왔다. 행동주의가 동물과 인간의 학습을 동일하게 본다면, 정보 진행이론은 인간 정신과 컴퓨터 사이의 유사함을 탐구한다. 정신이 컴퓨터라는 것이 아니라, 인간 정신이 어떤 입력된 정보를 진행시켜 관찰할 만한 정보로 출력시키는 방법 개발에 컴퓨터 프로그램들이 사용될 수 있다는 가정을 취한다.

이 모델을 통해 인간의 학습 방법에 대한 연구가 쏟아져 나왔고, 기독교교육에 엄청난 영향을 주었다. 인지장이론으로 심리학자들이, 연합을 통한 무의식적 행동 학습과, 시행착오 결합이라는 단순한 기술로 개념, 원리, 문제해결법 등을 습득하는 이해의 범위를 초월할 수 있었다. 인지주의자들은 개념이란 사물이나 사건을 둘 또는 그 이상의 관계와 유사한 자질과 원리로 분류하는 추상성이라고 정의한다. 그들은 학생들이 서로 다른 속성을 가진 현상들을 구분하여 정확하게 분류하고 그것을 학습과 기억을 돕는 체계로 기호화하는 방법에 관심을 둔다. 예를 들면, 무화과는 과일로, 옥수수는 야채로 구분하거나 요시야는 왕으로 에스겔은 선지자로 구분할 수 있다는 사실은 학생이 어떤 주제에 대한 학습을 고립시켜 무관한 사실로 두는 것이 아니라, 훨씬 효과적인 학습으로 체계화할 수 있다는 뜻이다.

다양한 정신 진행과정들이 학습을 진흥시키는 최적의 방법으로 분류되어 왔다. 정보들은 기호화 과정을 통해 가장 잘 배울 수 있고, 개념들은 전제된 지식과 정의, 사례들을 통해 배우고, 원리들은 구체화된 원리들과 그리고 학생들이 다른 말로 풀어보는 과정을 통해 잘 배운다. 인지장이론가들은 단순한 연합/결합 이론으로는 인간 학습 방법의 복잡한 이론들을, 특히 기독교교육의 본질인 원리와 개념들을 전혀 이해할 수 없다는 것을 확증시켰다.

인지장이론에서 파생된 두 가지의 교수 이론-설명식 교수와 발견학습-이 있다. 오슈벨(David Ausubel)은 학습자들에게 간단한 개요를 설명해 주고 나서 적절하고 구체적인 사례들을 통해 체계화된 교육 자료들과 이론, 개념들을 토론하게 하는 강의식으로 가르치는 설명식 교수법을 주창했다. 이 방식은 인지적 개념들을 많은 사람들에게 비교적 짧은 시간 안에 전달할 때 효과적이지만 학습자들은 수동적이다. 인지주의에서 발원된 다른 하나의 방식은 발견학습이다. 브루너(Jerome Bruner)에 의해 완성된 이 이론은, 교사들이 다양한 학습 환경을 제공해 주고 학생들은 스스로 원리들을 발견해 내도록 고안되었다. 이 방법은 시간이 걸리기는 하지만 정보 진행과정에 학생들이 능동적으로 참여하기 때문에 학생들은 한층 더 잘 배울 수 있다.

인지장이론가들이 학습을 이해하는 주된 추론은, 앞서 간 연합/결합 이론가들이 전제하던 것처럼 모든 사람이 다 유사한 방식으로 정보를 진행시키지 않는다는 것이다. 그 대신 인지발달론자들은, 인간이 발달하는 과정에 입력된 정보들을 복잡한 방식으로 진보시키는 방법들을 보여주었다. 피아제는 학습자가 감각을 통해 직접 입력된 정보를(감각운동) 상징으로 바꾸고(전 조작기), 그 상징을 구체적 형태로 분류하며(구체적 조작기), 여러 상징들을 토대로 하여 추상적 개념들을 조절(형식적 조작기)하는 진행과정으로 설명했다. 그는 또한 교육자들에게 학생들이 어떻게 하여 연속적인 단계에서 지식을 진행시키는지 가르쳐 주었다. 각 단계에서 개인은 새로 얻은 지식을 지성구조에 수정하지 않고 직접 동화시키든지, 또는 지성구조를 수정하여 새 지식을 수용한다. 두 경우 다 지성구조는 새로운 단계의 인지적 기능의 평형에 도달한다. 러시아의 심리학자인 비고츠스키(Lev Vygotsky)는 피아제의 인지이론의 토대 위에 학생들의 "인접발달 지대"(zones of proximal development)에 관한 성찰을 통해, 학생들이 성인의 도움이 없는 것보다, 그들에게 도움을 받으면 지식을 진행하는 수준이 훨씬 높아진다고 했다. 또한 콜버그은 피아제의 단계를 도덕적 합리화에, 파울러는 특히 기독교교육과 관련된 신앙발달에 적용했다.

인지장이론이 인간의 합리성을 보다 적절히 다루면서, 특히 개념과 원리 학습을 연합하는 연합/결합 이론의 진보를 도왔지만, 인지이론가들은 자기이해와 인간 간의 상호반응 등이 학습에 미치는 영향 등의 분야는 언급하지 않았다. 그런 분야가 기독교교육의 구체적인 관심사이므로, 이후에 인문주의 이론이 그것을 언급한 것은 다행스럽다.

JOHN R. YEATTS

참고문헌 | D. P. Ausubel(1963), *The Theory of Meaningful Verbal Learning*; J. S. Bruner(1966), *Toward a Theory of Instruction*; E. R. Hilgard and G. H. Bower(1975), *Theories of Learning*; B.

인지적 부조화

Inhelder and J. Piaget(1958), *The Growth of Logical Thinking from Childhood to Adolescence*; L. S. Vygotsky(1962), *Thought and Language*.

참조 | 오슈벨, 데이비드(AUSUBEL, DAVID P.); 브루너, 제롬(BRUNER, JEROME); 발견학습(DISCOVERY LEARNING); 피아제, 장(PIAGET, JEAN)

인지적 부조화(Cognitive Dissonance).

인지 부조화 이론으로부터 인간의 정신이 환경과 안정된 조화를 추구한다는 사실을 알게 된다. 이 이론은 신학적으로 모든 창조물과 인류와 하나님이 완전한 조화 속에 함께 사는 창조론에 그 기초를 둔다. 최종적인 영광의 그림 역시 샬롬(shalom: 히, 평화)이다.

이 신학적 이론은 인지 부조화 이론과 유사하다. 장 피아제는 이와 같은 현상을 평형(equilibrium)-정신이 서로 갈등 속에 있던 양극단 사이에서 균형과 조화를 이룬 상태-이라 불렀다. 피아제는 불균형의 상태를 학습의 동기부여가 되는 기본으로 보았다. 인간의 정신은 새로운 개념을 현존하는 체제 속에 동화시키든지 아니면 새 지식을 수용하기 위해 기존 체제를 적응시킨다.

페스팅거(Leon Festinger)를 포함한 여러 이론가들 역시 인지 부조화 이론을 지지한다. 패스팅거는 지식의 두 가지 요소는 세 방법 중 하나와 관련되어 있다고 주장했다(1957). 서로 조화를 이루거나, 부조화를 이루거나, 또는 서로 관련이 없다. 이 이론은 두 번째 입장을 취해, 두 가지 추론이 그의 이론으로 개발되었다.

첫 번째 추론은 개개 요소의 가치가 높아짐에 따라 엄청난 양의 부조화가 증가된다는 것이다. 갈등 속에 있는 요소의 가치가 덜 중요하면 개인이 경험하는 부조화는 미미하다. 반면에 가치 높은 요소와 상반적인 요소가 만나게 되면 고도의 부조화가 생긴다.

두 번째 추론은 부조화는 그 부조화를 감소 또는 제거시키려는 압력을 생산해 낸다는 것이다. 부조화를 감소시키려는 압력의 강도가 그 부조화의 크기와 직접 연관되어 있다.

학습자 내부에서 자연적으로 일어나는 인지 부조화를 감지하고, 그것을 감소, 제거하기 위한 적절한 방법을 아는 교사들에게 인지 부조화는 동지와 같다. 물론 기독교교육자들도 반드시 인지부조화의 감소와 삭제를 하나님 말씀과 창조된 세계를 통해 계시된 진리와의 관계 아래 다루어야 한다.

ROBERT DEVRIES

참고문헌 | L. Festinger(1957), *A Theory of Cognitive Dissonance*; J. M. Snapper(1984), *Christian Approaches to Learning Theory: A Symposium*.

참조 | 인지발달(COGNITIVE DEVELOPMENT); 불균형(DISEQUILIBRIUM); 피아제, 장(PIAGET, JEAN)

인지진행과정(Cognitive Processing).

정보처리과정(Information Processing)을 보라.

인지학습이론(Cognitive Learning, Theories of).

인지학습 개념은 성경적이다. 하나님께서는 자녀들의 지적 발달에 깊은 관심을 두신다. 바울이 고린도교회에 보낸 서신에서 "내가 어렸을 때에는 말하는 것이 어린아이와 같고 깨닫는 것이 어린아이와 같고 생각하는 것이 어린아이와 같다가 장성한 사람이 되어서는 어린아이의 일을 버렸노라"고 선언했다(고전 13:11). 그는 어린이와 어른이 서로 달리 말하고 사고하고 판단한다는 부인할 수 없는 현실을 지적하고 있다. 그뿐 아니라, 그가 "내가 너희를 젖으로 먹이고 밥으로 아니 하였노니 이는 너희가 감당치 못하였음이거니와 지금도 못하리라"(고전 3:2)고 말하며 발달의 진보적 성향도 언급하고 있다.

히브리인들에게 보내는 서신에서 저자는 우유를 먹는 그리스도 안의 유아와 단단한 음식을 먹는 성숙한 그리스도인들을 비교하면서 발달단계와 유사한 그림을 묘사한다(히 5:12-14). 누가복음 저자는 예수께서 어릴 때부터 자라가셨다고 기록하고 있다. "예수는 그 지혜와 그 키가 자라가며 하나님과 사람에게 더 사랑스러워 가시더라"(눅 2:52). 성경은 유아기와 성인기 두 단계의 발달만을 언급하지만 그 개념은 분명하다. 사람이 성숙하기 위해서는 인생의 우유 단계에서 단단한 음식의 단계로 이동해야만 한다.

발달심리학은 인지발달의 여러 단계를 나타내지만 성장 및 성숙이론은 성경 전체에서 찾을 수 있다. 개인은 기본적으로 스스로의 지적 발달에 책임이 있고, 그 발달은 20세가 될 때까지 이루어진다.

스위스의 장 피아제는 인지발달 이론의 선구자이다. 발생적 인식론자로서 피아제는 어떻게 사람의 사고가 성숙하는지에 대해 탐구했다. 인간 정신이 지식과 경험을 받아들이는 두 가지 방식으로서 동화(assimilation)와 조정(accommodation)이 피아제의 기본 개념이다. 사람이 새 지식을 이미 알고 있는 체제에 흡수시킬 때 동화가 일어난다. 어린이에게 친구의 아버지를 소개해 주면, 그는 아버지라는 단어를 자신이 이미 가지고 있는 가족의 개념으로 동화시킨다.

조정이란 새 지식을 현존하는 체계에 맞추는 것이 아니라 그 새 지식을 조정하기 위해 사고 체계 자체를 변화시키는 것이다. 이것은 학생이 "전에 그렇게 생각해 본 적이 전혀 없었다!"고 하는 "아하!"(a-ha moment)라는 말에서 볼 수 있다. 예를 들어, 친구의 부모가 이혼하여 친구는 일주일에 한 번 아버지를 만나고 아버지와 함께 살지 않는다고 가정하자. 아버지에 대한 자기의 이해로 친구의 아버지를 조정하기 위해서 그 어린이는 아버지에 대한 개념을 바꾸고 "자녀들과 같이 살지 않는 아버지를 전에 만나본 적이 없어!"라고 발표한다.

동화와 조정을 통해 사람들은 지속적으로 변하는 인생을 보는 방식으로 사고 구조를 발달시킨다. 사람들이 성숙함에 따라 이 사고 구조가 발달하는데, 단계가 올라갈수록 복잡해진다. 피아제는 연구를 통해 사람이 태어나면서부터 청장년이 되기까지 논리적으로 체계적으로 성질이 발달하는 네 단계를 개발시켰다. 감각 운동기(Sensorimotor Period)라고 불리는 첫 단계는 생후부터 2살까지이다. 유아들은 매우 자기중심적이고, 감각과 동작 활동을 통해 그들의 세계를 구축하며, 주로 반사작용에 의존한다. 피아제는 이 시기를 "실제적 지능"(practical intelligence)이라고 부른다. 유아의 자기중심성이 조금 완화되면, 사물과 사람들을 인식하기 시작한다. 자신의 환경 안에서 사람과 사물과의 상호작용으로 원인과 결과, 시간과 공간 그리고 의도적 행동이나 신체활동의 상징적 대변, 기본적인 의사소통기술 등을 할 수 있는 능력 등에 대한 개념이 발달되기 시작한다.

인지발달의 두 번째 단계는 "전 조작기"(Preoperational Period)라고 부르는데, 2세부터 7세까지의 불완전한 사고의 단계라고 알려져 있다. 이 단계의 어린이들은 삶의 상징성을 대면하게 된다. 꿈과 정신적 관념, 거짓 친구들, 언어 등이 모두 전조작기의 상징성을 돕는다. 학령 전 아동들은 성인의 활동을 흉내 내어 세상의 규준에 맞추는 것을 배운다.

전개념기(preconceptual)이라고 알려진 이 단계의 전반부에 있는 어린이들은 동일한 단위의 똑같은 물건들을 구분하지 못한다. 직관적 사고기(intuitive)라고 불리는 후반부에는 어린이의 사고가 아직은 직관적이고 약간 혼란스럽기도 하지만, 논리성이 발달한다. 어린이들은 모든 일에 이유와 목적이 있다고 믿을 뿐 아니라 모든 일은, 자연의 변화까지도 주변의 어른들이 일으킨다고 믿는다. 이런 서로 무관한 사건과 생각들이 어린이들을 또한 수많은 무관한 아이디어와 이야기들과 활동들로 구성된 상상의 날개를 펼치게 한다. 마지막으로, 이 어린이들은 자신의 사고와 감정들을 주변에 있는 모든 사람들과 나누어야 한다고 믿는다.

"구체적 조작기"(Concrete Operational Period)인 세 번째 단계는 7세부터 11세까지이다. 이 때 어린이의 사고는 좀더 융통성도 생기고, 복잡해지며 비중심적이 된다. 이 시기의 어린이는 동시에 여러 개의 이슈들을 사고할 수 있게 되고, 실물들을 정신적으로 분류하는 등 논리적 사고를 구체적인 상황에 적용할 줄 알게 된다. 사물들을 사용하여 어린이의 사고 과정을 조직하므로 수학(더하기, 빼기, 곱하기, 나누기)이 가능해 진다.

이 단계에서는 가역성(reversibility, 可逆性)이

발달함에 따라 구체적 조작(더하기)이 가능해지고, 그 결과의 정확성을 시험하기 위해 조작된 것을 거꾸로 따져 보게 된다(빼기). 이런 특성과 함께 어린이들은 행동의 논리적 결과를 생각하여 스스로의 행동이 가져오는 결과들을 미리 알게 된다.

"형식적 조작기"(Formal Operational Period)라 불리는 네 번째 단계는 11세부터 15세 또는 그 이상의 나이에 해당한다. 이전에는 구체적으로만 관찰할 수 있던 것들을 청소년들은 이상과 아이디어들로 사고할 수 있게 된다. 청소년들은 다양하게 결합된 아이디어들과 많은 가능성을 가지고 새로운 상황들을 접할 수 있게 된다. 인지적 이성은 추상적 사고와 가설적 개념들, 귀납적, 연역적 논리 그리고 가설을 시험해 보는 일 등이 가능해진다. 상징이 실물을 대신하고 비유와 유추를 이해할 수 있게 된다.

피아제의 통찰력이 인간발달의 인지구조를 이해하는 데 도움을 주는 반면, 그는 그리스도인들의 특성을 설명할 수 있는 도덕적 절대성은 언급하지 않는다. 현실이라는 문화개념 위에 존재하는 하나님과의 객관적이고 인격적인 관계가 도덕적 합리화의 규준을 제공해 준다. 피아제는 단순히 지성 발달에만 관심을 두었지만 그리스도인들은 그 지성이 담고 있는 내용에 관심을 두어야만 한다.

브루너(Bruner)는 사람들이 지식을 습득하는 방법을 세 가지로 보면서 피아제의 이론에 자신의 인지학습이론의 기초를 두었다. 그의 첫 번째 개념은 단순히, 아는 것을 행하는 것이라고 한다. 브루너는 아는 것과 행하는 것 사이에 논리적 관계가 있는 것은 아니지만, 지식은 항상 개인의 행동에 영향을 받는다고 한다. 지식은 다양한 환경에 노출되고 경험을 통해 실험되며 개인의 특수한 세계관에 일치하여 재조정되면서 지속적으로 형성 및 재형성된다.

두 번째, 브루너는 지식이 중대한 의미를 지니게 되면, 개인이 그 지식을 습득하여 무엇인가를 해야 한다고 주장한다. 지식이 적용될 때만 사람을 납득시키는 힘과 지혜가 생긴다. 마지막으로 브루너는 지식 습득은 사회적 배경을 고려해야 한다고 주장한다. 지식은 사람들이 공동체에서 상호반응하여 형성 및 재형성된다.

인지적 영역의 학습 안에서 블룸(Benjamin Bloom)은 여섯 단계의 인지적 수행을 포함하는 교육 목표 분류표를 개발시켰다. 1단계는 지식(Knowledge)이다. 이 단계의 지식은 단순히 정신적 그림과 구체적 사물의 짝을 짓는 것이다.

2단계는 이해(Comprehension)로써 개인이 자기가 이해한 정신적 개념을 다른 사람에게 잘 설명할 수 있는 것이다. 이 개념 설명은, 대화나 예화, 일화 등 다양한 방법으로 할 수 있다. 이 단계가 1단계와 다른 점은 학습자가 개념을 스스로 표현할 수 있다는 것이다.

3단계는 적용(Application)이다. 이것은 개인이 이미 아는 것을 새로운 상황에 적용할 때 일어난다. 이미 아는 원리를 잘 모르는 상황에 전환함으로써 문제가 해결된다. 종종 사람들은 문제의 해결방법을 잘 모르지만 상식적 원리들을 사용하여 해결방법을 "알아낼" 수 있다.

4단계는 분석(Analysis)이다. 여기에서는 한 개념을 이루는 요소들과 그 요소들 사이의 관계, 전체와의 관계도 알아야 한다. 복잡한 문제들을 해결하기 위해서는 개인은 반드시 각 요소의 기능과 그 요소가 개념에 기여하는 것이 무엇인지도 알아야 한다.

5단계는 종합(Synthesis)이다. 여기에서 진정한 창의력이 표현된다. 종합이란 이미 알고 있는 한 개념의 요소들을 사용하여 새롭고 상이한 개념을 창조해 내는 것이다. 또한 서로 다른 두 개의 개념을 통합하여 대안적인 개념을 개발하는 도전도 포함된다.

마지막 단계는 평가(Evaluation)이다. 이것은 어떤 표준에 근거하여 판단을 내리는 것이다. 평가가 주관적이든 객관적이든 표준이 없는 평가는 유효할 수 없다.

인지학습이론들이 학습 과정을 이해하는 기초석을 놓았지만, 기독교교육자들은 히브리식의 지식의 개념을 기억해야 한다. 히브리어로 "알다"는 "야다"(yada)라고 하는데, "경험하다, 대면하다"

라는 뜻이다. 아담이 하와를 알았다는 말은 아담이 하와를 경험했다 또는 만났다는 뜻이다. 하나님께서는 그의 자녀들이 그분과 온전히 만나도록 부르신다.

브루너의 이론이 제안하듯이 아는 것은 반드시 행하는 것과 동반되어야 한다. 어느 정도의 정보를 입수하는 것은 하나님의 지식의 개념과는 거리가 멀다. 거기에는 반드시 생활의 실제적 측면으로부터 반응이 있어야 한다. 단순한 지적 활동 이상의 인지학습으로 행동과 도덕성을 포함하는 전인격에 영향을 주어야만 한다.

MARK W. CANNISTER

참고문헌 | B. Bloom(1985), *Developing Talent in Young People*; J. Bruner(1966), *Studies in Cognitive Growth*; H. Ginsburg and S. Opper(1988), *Piaget's Theory of Intellectual Development*; D. Elkind(1981), *The Hurried Child: Growing Up Too Soon*; idem(1984), *All Grown Up And No Place to Go*; K. Issler and R. Habermas(1994), *How We Learn: A Christian Teacher's Guide to Educational Psychology*; J. Piaget(1975), *The Development of Thought: Equilibration of Cognitive Structures*; R. Pazmino(1997), *Foundational Issues in Christian Education: An Introduction in Evangelical Perspective*.

참조 | 브루너, 제롬(BRUNER, JEROME); 정보처리과정(INFORMATION PROCESSING); 피아제, 장 (PIAGET, JEAN)

인출(Retreival).

부호화(encoding)는 정보변화 기능의 시작이고 인출은 마지막 결과이다. 부호화는 정보가 나중에 인출될 수 있도록 기억 속에 저장한다. 부호화와 검색은 성격상 각각의 다양한 기술들을 필요로 한다. 한 예로 이전 경험과 관련된 메시지를 부호화했다고 보자. 그 경험이 다시 생각날 때, 이 부분은 인출된다. 그 외에 시험 전날 벼락치기 공부를 하고 있는 학생은 기억장치들을 다양하게 사용하여 정보를 부호화할 것이다. 한번 습득된 것은 정보의 일부 인출만으로도 긴 정보목록을 인출할 수 있게 된다.

MICHAEL. J. ANTHONY

참조 | 덩어리 만들기(CHUNKING); 정보처리과정(INFORMATION PROCESSING); 기억(MEMORY); 기억장치들(MNEMONIC DEVICES)

인카운터 그룹(Encounter Groups).

인카운터 그룹은 훈련 그룹(T-그룹) 혹은 감수성 그룹으로 알려져 있다. 그룹의 리더는 열 명 내지 열다섯 명의 그룹 구성원들이 자신의 감정과 동기와 더불어 다른 구성원들의 감정과 동기를 살피도록 인도한다. 사랑과 이해의 분위기 속에서 구성원들은 죄책감이나 징계의 두려움 때문에 공적으로 표현하지 못하는 감정을 드러내도록 요구받는다. 이러한 경험을 통해 그들은 그들의 진실한 감정을 표현하고 사회적 관계성을 개발하는 방법을 배운다(Engle and Snellgrove, 1989).

경우에 따라서 논쟁의 대상이 되는 여러 가지 다양한 기술을 사용하여 그룹의 구성원들이 그들의 일상생활에서 느끼는 제약을 극복하고 다른 사람들과 관계성을 가르친다. 한 가지 실습의 경우, 그룹 구성원은 돌아가면서 다른 구성원들과 어떤 형태로든 접촉을 하면서 그들에게 어떤 말을 건네도록 요구한다. 그와 같은 기술은 정직성과 개방성 그리고 감수성을 개발하도록 고안된 것이다.

역할극 또한 일반적인 그룹 인카운터 그룹 기술이다. 역할극의 목표는 사람들로 하여금 숨겨져 있는 감정을 표출하고 그들 자신을 보다 잘 이해하도록 돕는 것이다. 한 구성원은 자신의 꿈에서 본 성격 중 한 가지 성격을 묘사할 수 있다. 또 다른 사람은 자신의 아버지 역할을 하는 다른 구성원과 함께 자신의 어린 시절 역할을 맡을 수도 있다. 역할을 서로 바꾸어서 자신을 상대방의 위치에 놓음으로써 그룹의 구성원들은 다른 사람들이 자신을 바라보는 입장에서 자신을 볼 수 있게 된다. 종종 과거의 경험이나 다른 사람의 역할을 연기하는 것을 통해 그 사람 안에 숨어 있는 진정한 감정이 드러나게 된다.

KENNETH S. COLEY

참고문헌 | K. W. Back(1972), *Beyond Words: The Story of Sensitivity Training and the Encounter Movement*; T. L. Engel and L. Snellgrove(1989), *Psychology: Its Principles and Applications*.

일반교육(General Education). 교양과목 (Liberal Arts)을 보라.

일반화(Generalization). 행동주의 심리학에서 고전적 조건화(classical conditioning)는 자극과 반응의 결합을 일컫는다. 이반 파블로프(Ivan Pavlov)에 의한 고전적 실험에서 소리와 음식의 결합 때문에 개는 소리가 울리는 데 대한 반응으로 침을 흘리는 것을 통해 일반화된 행동을 습득하게 된다. 파블로프는 원래 상태의 소리보다 좀더 크거나 작게 울리는 것도 또한 침의 반응상태, 즉 일반화라 규정된 사건을 유도한다는 사실을 발견했다. 일반화된 반응은 음식을 동반한 소리에 의해 확인된다. 반대로 일반화는 음식 없는 소리로 감소한다. 이러한 일반화의 감소에는 자극 차별이라는 용어가 주어진다.

심리학자들은 종종 공포와 불면증을 유사한 검사의 결과로 여긴다. 예를 들면, 아이들은 손위의 형제에게 들은 무서운 이야기를 어둠과 결합하기 때문에 어둠 속에서 공포를 느낀다. 이야기로부터의 공포는 방안의 어둠과 조화를 이룬다. 이것은 해질 무렵이나 어두운 장소에서의 공포를 일반화한다.

행동주의 심리학의 또 다른 가지로 조작적 조건화(operant conditioning)는 행동의 결과를 강조한다. 한 상황에서 학습할 수 있는 특이한 행동은 그것이 일반화되어 있다는 원인으로 다른 상황에서도 발생할 수 있다. 이것은 칭찬이나 사탕과 같은 보상이나 강화제를 제공함으로써 확고해질 수 있다. 일반화는 익숙치 않은 상황 안에서 사람들의 행동을 설명한다. 그 경향은 이전의 친숙한 정황과 같이 행동한다는 것이다.

기독교교육자들은 종종 매사에 교회에서 배우는 일반화된 행동의 중요성을 강조한다. 집과 일터에 적용하는 성경은 교사의 질문에 대답하기 위해 성경을 사용하는 것만큼이나 중요하다. 일치하는 데 사용하는 기술은 교회에서 성경공부 수업 중에 배울 수 있다. 그리고 나서 개인적인 성경공부에 일반화된다.

아동은 때때로 부적절한 교육과정과 과도하게 제한된 규칙이 주어질 때, 교회를 지루함과 공포에 연관시킨다. 이것은 모든 교회 활동에 일반화될 수 있으며, 이렇게 결합된 부정적인 감정 때문에 교회에 함께 가기를 꺼려할 수 있다(Ratcliff, 1986).

일반화의 원칙은 기독교 교육의 맥락에서 효과적인 규율의 절차로 적용될 수 있으며(Yount, 1996), 교차문화 사역에서의 편견을 이해하는 데 적용될 수 있고(Ratcliff, 1982), 일반적으로 교육사역의 한 중요한 국면으로서 적용될 수 있다(Yount, 1996).

일반화(Generalization)라는 용어는 또한 신학교육의 중요한 국면인 목적과 목표에서 파생된 의도의 진술을 만들어 내는 것과 관련하여 언급될 수 있다(Ford, 1991).

DONALD E. RATCLIFF

참고문헌 | H. Atkinson, *Christian Education Journal* 14(1993): 58-72; R. K. Bufford(1981), *The Human Reflex: Behavioral Psychology in Biblical Perspective*; L. Ford(1991), *A Curriculum Design Manual for Theological Education*; K. Issler and R. Habermas(1994), *How We Learn: A Teacher's Guide to Educational Psychology*; P. Meier et al.(1991), *Introduction to Psychology and Christianity*; D. Ratcliff, *Journal of Psychology and Christianity* 1(1982): 26-29; idem(1997), *Multicultural Religious Education*; R. Yount(1996), *Created to Learn*.

일부일처제(Monogamy). 한 배우자와의 결혼관계를 말한다. 일부일처제(monogamy)는 두 그리스어의 합성어로서 '한 여자'를 의미하며 결혼의 본질을 설명하기도 한다. 일부일처제의 반대어는 일부다처제이다. 이는 '다수 혹은 복수의 아내'

의 개념으로서 다수의 배우자와의 결혼관계를 말한다.

성경적으로 볼 때 결혼 개념은 최초로 창세기 2장 22-25절에 언급된다. 이 본문에서 살펴 볼 것은 한 남자-한 여자-한 몸의 용어에서 일부일처제의 개념을 찾는다는 것이다. 일부일처제는 하나님의 의도이다. 그러나 일부다처제가 고대 중동지역에 실제적으로 나타났다. 간간이 일부다처제는 왕을 위한 정치적 편의이었고(삼하 5:13) 이방여인을 부인으로 삼는 것은 전쟁의 약탈의 일부분으로서 율법의 표면 하에 수용되었다고 본다(신 21:10-14). 다수의 부인을 취하는 것에 모세가 대해 심각한 우려를 드러냈음에도(신 17:17) 불구하고 구약에 나타난 일부다처제의 실례로는 야곱, 다윗 그리고 솔로몬 등이 있다. 일부일처제는 출애굽 이후 이스라엘에게 윤리적 잣대가 되는 듯하다. 말라기는 이혼의 문제를 표면화하였다.

성경전반에 걸쳐 일부일처제의 이상적 기간은 생명이 있을 동안이다. 만약 반려자가 죽게 되었을 때 결혼 서약은 종결되어 남은 배우자가 다른 사람과 결혼하는 것을 허용하고 있다(딤전 5:14). 이렇게 연결된 재혼은 '연속적인 일부일처제' 라 부를 수 있다.

신약에 나타난 일부일처제는 신자들의 일반적인 삶으로 묘사된다. 성경 본문에는 간음에 대한 금지와 혼외 관계를 언급하는 내용으로 가득하다. 예수 시대의 유대인에게는 이혼은 흔한 일이며 '연속적인 일부일처제'에 대한 해석의 틀을 제공하고 있다. 사도 바울은 일부일처제에 대해서 말하면서 이것은 교회의 지도자로서 갖추어야 할 필수 덕목으로 지적하고 있다(딤전 3:2, 12; 딛 1:6). 생각해 보아야 할 논쟁거리는 바울의 가르침이 디모데와 디도로 하여금 교회 지도자들이 '연속 일부일처제' 를 없애라는 것인지 아니면 일부다처제를 제거하라는 것인지에 관한 것이다. 동의 사항은 두 가지 안 모두 '한 여자의 남자' 가 교회 지도자들의 필수자질의 핵심이라 꼽는다.

성경적 일부일처제에 대한 논쟁이라면 반드시 이혼과 재혼에 대한 개념이 포함되어야 한다. 즉 성경 본문이 이혼이 전제될 때 '연속적 일부다처제' 를 허용하는가? 구약에서 고려된 점은 신명기 24장 1절에서 보여주듯이 모세가 이혼증명서를 준다는 점이고, 말라기 2장 16절에서는 하나님이 이혼을 얼마나 미워하시는지를 드러내고 있다. 신약에서는 이러한 논쟁에 대해 마태복음 5장31-32절, 마태복음 19장 9절 그리고 누가복음 16장 18절에서 예수님의 가르침이 강조되었고, 고린도전서 7장 1-15절에서 바울의 가르침에서 나타난다.

끝으로, 성경적 일부일처제를 실험해 볼 때 성경은 결혼에서 같은 성끼리 연합하는 것에 대한 그 어떠한 근거도 제시하지 않는다. 성경은 이성적 연합 이외의 그 어떠한 형태의 성적관계를 허용하는 것은 혐오스러운 죄이며 결혼 관계가 아님을 보여준다(레 18:22-23; 롬 1:26-27). 그러므로 일부일처제는 이성 간의 결혼이라는 점에서는 논쟁의 여지가 없다.

PATRICK A. BLEWETT

일지기록(Journal Writing). 종이 위에 사람의 생각, 느낌, 사건, 이상을 기록하는 행위이다. 이렇게 쓰인 기록은 특별한 구조 없이 복잡하거나 혹은 꽤 단순하다. 1966년에 이라 프로고프(Ira Progoff)는 16개의 하위 분할을 가진 5개의 주요 분할을 가진 집약적인 일지를 발전시켰다. 범위의 또 다른 끝에서 가시적인 구조 없이 단순히 솔직한 생각의 흐름을 가진 기록이다.

일지기록의 예들은 역사를 통해 존재한다. 찬송가 작가의 느낌, 생각, 분노, 좌절, 칭찬, 감사의 증거를 보여준다. 복음 성경의 작가는 예수님의 인생과 행동의 기록을 제공한다. 어거스틴의 고백과 존 웨슬리의 기록은 저자의 개인적 생각을 반영한다. 닥 함마스크욜드(Dag Hammarskjold)의 기록은 그 자신보다 다른 사람에게 관계에 대한 대화와 질문을 본질적으로 설명하고 있다. 헨리 J. M 나우웬(Henri J. M Nouwen)의 『제너시의 일기:가장 행복한 수도원으로 부터의 보고서』(The Genesee Diary: Reports from a Trappist Monastery), 에티 힐러섬(Etty Hillesum)의 『방해받은 인생』(An Interrupted Life)와 『짐 엘리엇의 일기』(The Journals of Jim Elliot)는 이 다양한 사람들의 삶에 대해 쓰여진 기록들의 현대적인 실례이다.

정신적 형성과 성장에 사용되는 일지는 사람의 생활의 모든 특성, 예수님과 상호작용하는 방식을 제공하는 정신적 훈련을 포함하는 실제적인 도구이다. 일지는 살아 있는 과정이다. 이것은 "내가 하나님 앞에 나의 모든 것을 가져가기 위해 내 모든 것을 모을 수 있는 가장 중요한 장소"(Kelsey, 1980, 72)이다. 사람들은 긍정적이거나 부정적으로 서로의 영역에 애정 없이 삶의 한 영역에서 성장하진 않는다. 꾸준히 기록한다는 것은 외부의 사건과 내부의 생각과 상호작용 모두를 기록하기 위해 하나의 입장에서 본다. 사람의 삶을 기록하는 과정은 하나님이 우리를 사랑하는 것처럼 하나님과 자신 그리고 타인을 사랑하는 데 책임을 감당하듯이 모든 이들에 대한 하나님의 사랑과 연관되어 있다. "하나님은 당신이 그의 존재 안에서 당신 자신을 드러내는 것으로부터 별도로 생각할 수 없기 때문에 하나님은 당신과 함께 하는 그의 관계를 사랑한다"(Kelsey, 1980, 71). 게다가 일지는 사람들의 기록이 하나님의 말씀과 활동에 응답하는 것처럼 사람의 삶에서 하나님의 행하심의(역사하심의) 기록을 의미한다. "일지에 반영의 수단으로서 우리는 우리의 과거를 되돌아 볼 수 있으며, 현재 우리에게 일어난 일을 인식할 수 있으며 그리고 우리 미래가 놓여있는 곳에 감각을 개발할 수 있는 것이다… 그것은 하나님이 사람의 삶에서 이룬 것을 분간하는 목적을 가지고 성장의 문제에 대해 마음과 뜻을 모으는 것이다"(Peace 1995, 9).

엘리자베스 오코너(Ellizabeth O'connor)는 일지 기록과 포함된 성장을 위한 3가지 도구, 반성 즉 자기 관찰, 자기 질문을 제안하였다. 정신적 성장과 방향에 중요한 네 번째 도구는 행동적용이다. 기독교 일지기록에 있어 "모든 내부적 작품은 외부적 표현을 요구한다"(O'Connor, 1980, 41). "내부적 인생에 대한 사람들의 기록이 인간의 관계에 발생할 때 마다 사람들은 위험 안에 존재한다… 기록은 우리를 좀더 외양적이며, 사랑스럽고 연관성 있게 만들 수 있었다… 기록은 삶의 대체물이 아니다"(Kelsey, 1980, 97). 반성할 시간을 가지며 질문을 할 때까지 싸우고 투쟁하며 기뻐하고 감사하며 칭찬하고 경배하기 위해 사람은 좀더 분명한 방향을 잡고 행동하게 된다. 사람들은 자신에게 초점을 맞추어서 글을 쓰지 않는다. 초점은 하나님 안에 있으며 사람들은 그것이 이해되는 것처럼 하나님의 의지의 표현으로 이러한 자기반성이 따라야만 한다.

탐험 여행의 일지는 모든 사람을 위한 것은 아니다. 그것은 자신의 생각을 말하고 판단 없이 느끼고, 여행에서 하나님의 계시를 믿고, 자신에게 정직하기 위해 공약을 확고히 하는 것이 요구된다. 일지는 사람들이 성직단에 포함된 것처럼 타인과 하나님과의 관계 속에서 성장하기 위한 하나의 도구이다.

DIANNE WHITING

참고문헌 | M. Kelsey(1980), *Adventure Inward: Christian Growth through Personal Journal Writing*; E. O'Connor(1980), *Letters to Scattered Pilgrims*; R. Peace(1995), *Spiritual Journaling: Recording Your Journey Toward God*.

임신중절 합법화 지지(Prochoice). 낙태(Abortion)를 보라.

입력(Input). 자료는 각각의 단원이나 지도의 체계가 진행되는 동안 학습자에게 제공된다. 교수의 사이클에서 세 가지 단계 중 첫 번째에 해당하는 것이 입력이다. 사이클은 학습자에게 정보의 입력 혹은 제시에서 시작한다. 이러한 형식은 연설, 인쇄물, 오디오나 비디오테이프, 동영상, 컴퓨터 그래픽이나 소리 등으로 발생한다. 입력의 내용은 일반적으로, 명료한 명제나 개념이다. 미리 제시된 개념은 점점 팽창이 된다. 입력은 일반적으로 그 자체로 순차적으로 개념이 형성되고, 교수 프로그램이 점점 더 진행됨에 따라 복잡한 개념이 점점 더 제시되어진다.

사이클의 두 번째 단계는 학습자가 입력과 상호작용을 하여 이해할 수 있도록 하는 활동이 포함된다. 활동은 질문에 대답, 빈칸 채우기, 목적을 다루기 등 학습자가 이 자료에 대응하도록 가능하게 해 주는 것들이다.

마지막 단계는 학습자의 활동 응답에 대한 피드백을 제공해 준다. 이 단계는 어떻게 학습자가 응답을 하는지를 결정하고, 학습자에게 강화와 추가적인 입력 혹은 결과에 따라 다른 활동들을 제공한다. 컴퓨터 용어로 입력은 컴퓨터 시스템에 주어지는 정보이다. 일반적인 입력 장치는 키보드, 라이트 펜, 스크린, 마우스, 마이크, 터치 패드 및 페달 등을 포함한다. 컴퓨터는 계산, 데이터 조작 그리고 논리적인 기능으로서 이러한 입력을 이용한다.

ROBERT DEVARGAS

참조 | 다지형 프로그램(BRANCHING PROGRAMMING); 컴퓨터 원용교육(COMPUTER-ASSISTED INSTRUCTION, CAI); 컴퓨터 강화학습 (COMPUTER-ENHANCED LEARNING, CEL)

Evangelical Dictionary *of*
Christian Education

EVANGELICAL DICTIONARY of CHRISTIAN EDUCATION

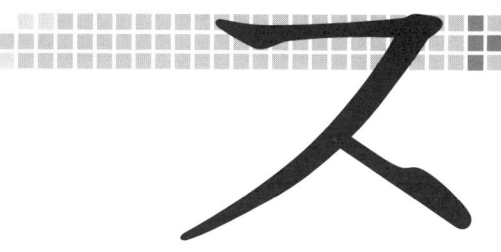

자극-반응결합(S-R Bonds). 20세기 대부분 사회과학자들은 인간성장과 발달을 설명하기 위해 우연성의 개념에 크게 의존했다. 우연성은 행동과 강화 간의 특정한 관계이다. 일시적인 상태와 성숙 내지는 타고난 반응의 경향으로 설명될 수 있는 행동의 변화를 제외하면 우연성은 최근까지 학습을 설명하는 주된 방식이었다.

강화물은 사회과학자들에 의해 다양한 방식으로 정의되어 왔다. 예를 들어, 손다이크(Thorndike)는 강화를 만족의 상태로 여겼다. 홀(C. Hull)은 강화를 자신이 지어낸 충동 감소와 동일시했다. 스키너(B. F. Skinner)는 단순히 한 사건이 강화물에 부속되는 행동의 빈도수를 증가시킨다면 그것이 강화물이 된다고 제안하며 강화를 행동에 대한 영향이라는 측면에서 정의했다.

자극과 반응결합은 자극이 유기체의 반응에 행사하는 영향이다. 자극과 반응결합은 조건형성의 관계이다. 행동주의자에게 인간의 행동은 단순히 분자 수준(예를 들어 빛으로 인해 눈을 깜박거리는 것)에서 더 복잡한 삶의 행동들(냉장고가 비어 있어 쇼핑을 가는 것)까지 다양한 자극–반응의 단위들로 잘 설명될 수 있다. 환경적 자극과 그에 상응하는 행동 사이에서 수많은 연결 사건들을 만드는 자극과 반응결합들은 행동주의자들에 의해 습관이라고 불려진다.

파블로프의 연구와 그의 침흘리는 개를 통해 널리 알려진 고전적인 조건형성의 이론은 학습을 설명하기 위한 조건과 반응결합의 조건형성에 의존한다. 고전적인 조건형성은 음식이 있으면 자연스럽게 개가 침을 흘리는 것처럼 자연스럽게 '무조건반응'(UCR)을 불러일으키는 '무조건자극'(UCS)을, '조건반응'(CR)을 불러오기 위해 종을 울리는 것과 같은 '조건자극'(CS)과 짝을 이루게 함으로써 이루어지는 학습과정이다. 여기에서 침을 흘리는 것은 울리는 종에 대한 학습반응이 된다. 이들 행동주의자들은 행동의 기초적인 요소들의 많은 부분을 고전적인 조건형성의 관점에서 묘사한다.

STEVEN PATTY

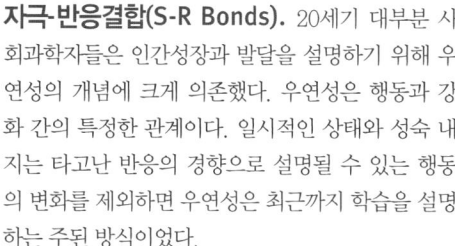

참조 | 행동주의이론(BEHAVIORISM, THEORIES OF); 고전적 조건화(CLASSICAL CONDITIONING); 조작적 조건형성(OPERANT CONDITIONING); 스키너, 버러스 프레드릭(SKINNER, BURRHUS FREDERIC)

자기중심(Self-Centered). 자아중심성(Egocentrism)을 보라.

자기평가(Self-Evaluation). 비판적 성찰(Critical Reflection)을 보라.

자기통치(Self-Governing). 자율성(Autonomy)을 보라.

자력구제(Self-Help). 알코올 중독자의 성인자녀(Adult Children of Alcoholics)를 보라.

자문(Self-Questioning). 이해를 증가시키려는

시도로서 학습할 자료에 대해 질문들을 사용하는 학습전략이다. 하나의 전략으로서 자문은 학습자가 학습하고 있는 것을 얼마나 잘 이해하고 있는지를 확인할 수 있게 해준다. 일반적으로 질문을 만드는 데 필요한 적절한 훈련을 통해 이해력은 향상될 것이다.

학습방법의 하나로서 사람들은 이 접근법이 서술 내지는 언어로 전달되는 자료에 효과적이라는 사실을 발견할 것이다. 질문들을 제기하고 답함으로써, 특별히 학습경험이 일어나고 있는 상황에서 고단위 질문들은 주의를 집중시키고, 자료를 정리하고, 기존의 지식으로 정보를 통합시켜 주는 활동을 하게 해줌으로써 이해를 향상시킬 수 있다(Palincsar, 1984).

위트락(Wittrock)은 학생들이 독특한 학습을 이루어내기 위해 자료들과 상호작용하는 생산적인 학습과 연구전략들이 학습에 가장 도움이 된다고 제안한다(Wittrock, 1990).

위트락의 생산적인 학습모델에서 학생들은 정보를 새롭고 의미 있는 방식으로 재구성하기 위해 사전 지식과 경험을 사용할 때 새로운 자료를 가장 잘 이해할 것이다. 그 개념은 새로운 정보와 그들 자신의 지식과 경험 간에 관계를 만드는 것이다(Brown, 1986).

주어진 정보를 새롭게 편성하거나 제공된 것에 기초하여 새로운 정보를 만들어내는 것은 학생이 새로운 아이디어들을 연결시키고 그것들을 학생이 이미 알고 있는 것들과 결합시키는 인지구조들을 만들 수 있게 해줄 것이다. 장기기억에 그러한 구조들을 만드는 것은 새로운 자료를 이해하는 것을 도와주며 쉽게 기억할 수 있도록 해준다(King, 1992).

기록된 자료와 함께 일반적으로 사용되는 두 가지의 생산적인 학습 전략들은 일련의 질문과 응답들이 사용되는 '자문'(自問)과 '요약'이다. 이전의 연구는 자문과 요약이 모두 기록된 형태의 자료를 해석하고 이해하는 데 효과적인 전략들이라는 사실을 보여주었다.

일반적이든지 아니면 구체적이든지 간에 질문들의 수준에 기초하여 학생의 학습은 영향을 받을 것이며 학습할 자료 내지는 기술들을 훨씬 더 잘 이해할 것이다. 이해력의 증가로 학생은 기록 내지는 구두 형태로 된 자료들을 훨씬 더 잘 기억하거나 회상할 것이다.

킹이 실시한 연구는 자문, 요약 그리고 강의안 검토의 방법으로서 강의안에 대한 학습의 효과를 연구하였다. 자문과 요약을 활용하는 학생들은 강의안을 검토한 학생들보다 즉각적으로 치러진 시험에서 더 많은 것을 이해했다. 그러나 일주일 후에 시험을 쳤을 때 자문만을 활용한 학생들이 우수한 것으로 나타났다(King, 1992).

더 많은 정보를 처리하면 할수록 시간이 지나도 더 많은 내용을 보유하게 된다. 자문은 내외적인 연결들을 촉진시키지만 요약전략은 강의의 개념들과 내적인 연결만을 가능하게 한다. 질의응답은 학생들이 강의 개념을 강의 내용에 있었던 것 이상으로 자료에 대해 특별하게 설명할 수 있도록 이끌어 준다. 질문의 많은 부분들은 학생들이 추론하도록 하고, 결론을 유출하게 하고, 평가를 내리게 한다. 그러한 전략은 더욱더 의미 있는 정보 해석을 가져다준다(King, 1992).

GARY WALLER

| 참고문헌 | A. L. Brown and J. C. Campione, *American Psychologist* 41(1986): 1059-68; A. King, *American Educational Research Journal*(Summer 1992): 303-23; A. S. Palincsar and A. L. Brown, *Cognition and Instruction* 1(1984): 117-75; M. C. Wittrock, *Educational Psychologist* 24(1990): 345-76.

자문단(Advisory Board). 이사회(Board of Directors)를 보라.

자민족중심주의(Ethnocentricity). 다른 사람의 인종과 신앙, 또는 실천을 자기 자신의 문화적 잣대로 판단하는 것이다. 어린이는 자신의 문화 안에서 성장하면서 옳고 그른 것을 배운다. 이와 같은 문화적 실천은 개인이 속한 문화 내부와 외부의 신념과 실천을 판단하는 기준이 된다. 보통 사람들은 다른 문화가 자신들의 문화와 유사하면 긍정적이고, 그렇지 않으면 부정적으로 평가한다. 모든 인간은 자연스럽게 자민족중심으로 성장한다. 다른 그룹 안에서 다른 행동들을 수용하는 일이나 자기의 신념과 실천을 바꾸는 것은 쉽지 않은 일이다.

성경에도 몇 개의 자민족중심의 행동과 태도의 예가 나온다. 요나는 하나님의 축복의 약속을 배타적으로 이스라엘 민족에게만 해당하는 것으로 오해했다. 그는 민족중심주의 신념으로 이방 니느웨를 혐오하고 하나님께서 그들도 하나님 나라로 부르실까 두려워하여 그들에게 회개와 심판의 메시지를 전해 주기를 거절했다. 베드로도 이방인을 향해 민족중심주의 태도를 보였다. 성령께서 베드로에게 두드러진 훈계를 주셨다. "하나님께서 깨끗케 하신 것을 네가 속되다 하지 말라"(행 10:15). 베드로에게 문화적 우월감을 버리라고 도전하면서 복음의 메시지를 고넬료와 이방인들에게 전하라고 하셨다. 바울은 그리스도인의 삶에는 문화적, 민족적 우월감이 설 자리가 없다고 상기시킨다. 그리스도 안에는 "유대인이나 헬라인이나 종이나 자주자나 남자나 여자가 없다"(갈 3:28).

레이넨(Van Rheenen)은 서구 사람들이 그들의 민족중심주의 행동을 정당화하는 데 네 가지 양상이 있다고 지적한다(1994). 그들은 기술, 교육, 문화, 그리고 신학의 영역에 있어 우월감을 사용하여 그들의 우월감을 합법화한다. 케이스마다 그들은 문화적 가치에서 나온 기준을 사용하지만 그런 기준들이 다른 문화에서는 합법적이지 않다.

히버트(Hiebert)는 자민족중심주의의 사고방식으로 사람들이나 그룹을 조급하게 판단하는 것은 잘못이라고 상기시킨다(1983). 그러나 문화를 하나님의 말씀을 기준으로 평가하는 것은 옳은 일이다. 적절한 평가를 하기 위해서는 우리가 성경을 해석하는 우리 자신의 성향을 먼저 인식하고 나서 다른 사람들의 행동과 가치들을 잘 연구해야 한다. 그는 이것이 민족중심주의를 약화시키고 자기비평을 강조하는 결과를 가져온다고 말한다.

기독교교육자들에게 자민족중심주의는 개인적으로 그리고 학습에서 언급되어야 할 이슈이다. 개인적으로 교육자는 다른 문화적 배경을 가진 사람들과 친밀한 관계를 통해 자신의 문화적 태도를 검증해 보아야 한다. 다른 그룹의 사람들에게 자신을 노출함으로 생기는 긴장감을 통해 한 문화의 강점과 약점 그리고 자신의 민족중심주의 행동들을 볼 수 있다. 교실에서 기독교교육자는 죄가 아닌 다른 문화적 실천들의 가치를 인정해 주고, 고정관념을 피하며, 다른 사람들의 행동과 행위들을 판단하는 기준으로서 한 문화를 제시하지 않아야 한다.

PHILIP BUSTRUM

참고문헌 | P. G. Hiebert(1983), *Cultural Anthropology*, 2nd ed.; F. Van Rheenen(1994), *Missions: Biblical Foundations and Contemporary Strategies*.

참조 | 문화접변(ACCULTURATION); 문화(CULTURE); 문화전계(ENCULTURATION); 기독교교육과 민족적 시사성(ETHNIC IMPLICATIONS FOR CHRISTIAN EDUCATION)

자아개념(Self-Concept). 객체로서의 자아에 대한 통전적인 견해이다. 자아개념은 자아가치, 자존감, 자아인지, 신체상(body image) 그리고 자아 평가 등과 같은 여러 가지 영역들을 포함한다. 자아개념을 세우는 데는 신체상, 학업 성취 그리고 운동 성취가 종종 포함된다.

다중 영역의 자아개념은 윌리엄 제임스(William James)의 "나-나를"(I-Me)의 견해로 시작되었다. 제임스는 자아를 "나" 또는 지인(知人)으로서의 자아, 아니면 "나를" 내지는 알려지는 존재로서의 자아로 구성된다고 보았다(1890). 그는 자아를 세 가지 주요 구성요소로 나누었다. 첫째는 '물질적인 자아'로서 의복의 선택, 우리의 가족 그리고 우리의 개인 자산과 같은 "물질적인" 것의 모든 측면들을 포함한다. 둘째는 '사회적 자아'로서 개인이 자신의 배우자나 친구들에게서 받는 인정을 포함한다. 셋째는 '영적 자아'로서 사고자로서의 자아에 대해 생각하는 능력을 포함한 한 개인의 내적 또는 주관적인 존재이다.

최근까지 자아에 관련된 대부분의 연구는 자존감

을 조사하는 포괄적인 방법들을 사용하였다. 그러나 '자존감'과 '자아개념'은 종종 상호 교환되어서 사용되었다. 훨씬 더 최근 들어와서 연구자들은 자아개념의 다중 영역성을 탐구해 오고 있다.

몇몇 연구자들은 샤벨슨(R. J. Shavelson)과 엡스타인(S. Epstein)에 의해 가장 잘 알려진 자아 개념의 모델들을 개발했다. 샤벨슨의 작품은 자아개념을 형성하는 데 개인의 환경, 특별히 중요한 다른 사람들의 평가의 중요성을 보여주었다(Marsh, Byrne, & Shavelson, 1992; Marsh & Shavelson, 1985; Shavelson, Hubner, & Stanton, 1976). 샤벨슨과 그의 동료들은 자아의 위계적이며 다중적인 구조를 보여주면서 자아개념의 다양한 특징들을 개발했다. 엡스타인은 자아개념을 개인의 현실에 대한 지각을 확인하는 것을 도와주는 낮은 순위에서 높은 순위에 이르기까지 다양한 고도로 조직되고 구분되고 통합된 체계로 보았다(1973, 1975). 연구들은 그들의 양쪽 이론을 다 지지했다.

자아개념이 어떻게 발달되는지를 이해하는 것은 기독교교육자들에게 매우 중요하며, 그들은 신자가 그리스도 안에서 자신의 위치를 이해하고, 기독교인으로서 자신의 완전한 잠재능력을 이룰 수 있도록 도와준다. 비록 인류가 죄 가운데 아담과 연합되어 있지만(롬 5:12-21) 그리스도를 통해 신자들은 삶의 가치와 책임을 부여받는다. 성경적인 자아개념은 우선 그리스도가 없는 우리가 누구인지, 그리스도가 우리를 대신해서 무엇을 했는지 그리고 우리가 그리스도 안에서 누구인지를 이해하는 것으로 시작되어야 한다. 우리의 자아개념은 우리가 그리스도 안에서 누구인지를 이해하는 것에서 반드시 시작되어야 한다. 하나님께서 우선 우리를 피조물들로(창 1:31), 또한 그리스도의 구속의 사역을 통해 회복된 하나님의 가족의 일원으로(요 1:12), 우리를 귀하게 생각하셨기 때문에 우리의 자아개념이 시작되고 자아가치가 생겨나게 된다. 하나님께서는 성령을 통해서 우리에게 재능을 부여하셨기 때문에 우리는 그것을 다른 사람들을 세워주기 위해 자신 있게 사용해야 한다(고전 12, 14; 엡 4장). 사람들이 자아에 대한 자신들의 개념을 어떻게 개발시키는지를 이해함으로써 우리는 그리스도 안에서 건강한 자아개념을 뒷받침해 주는 교육과정과 환경들을 더 잘 개발할 수 있다.

JAMES W. MOHLER

참고문헌 | N. T. Anderson(1990), *Victory Over the Darkness*; B. A. Bracken and K. K. Howell, *Journal of Psychoeducational Assessment* 9, no. 4(1991): 319-28; S. Epstein, *American Psychologist* 28(1973): 404-16; idem, *Journal for the Theory of Social Behavior* 15(1985): 283-310; J. Harvill, *Discipleship Journal* 7, no. 39(1987): 38-40; J. Hattie(1992), *Self-Concept*; A. A. Hoekema(1986), *Created in God's Image*; W. James(1890), *Great Books of the Western World*, vol. 53; H. W. Marsh, B. M. Byrne, and R. J. Shavelson(1992), *The Self: Definitional and Methodological Issues*, pp. 137-71; H. W. Marsh and R. J. Shavelson, *Journal of Personality and Social Psychology* 45, no. 1(1985): 173-87; R. J. Shavelson, J. J. Hubner, and G. C. Stanton, *Review of Educational Research* 46(1976): 407-41; R. C. Wylie(1989), *Measures of Self-Concept*.

자아개방(Self-Disclosure).

자신의 생각, 느낌 그리고 경험들을 드러내는 것이다. 이것은 전형적으로 언어적인 매개체를 통해서 이루어진다(직접적인 자아개방). 그러나 한 개인의 몸짓, 의상 그리고 어조와 같은 비언어적인 의사소통도 자아개방에 기여한다(간접적인 자아개방). 효과적인 자아개방은 의사소통에서 친밀성을 늘릴 수 있는 잠재능력을 가지고 있으며 피상적인 관계에서 깊은 관계로 나아갈 수 있다.

자아개방은 적극적인 청취 과정을 가능하게 할 수 있다. 청자에 의한 적절한 자아개방은 화자로 하여금 더욱더 깊이 있고 친밀하게 나눌 수 있도록 한다. 적극적인 청자는 그러한 방식으로 어떻게 의사소통 하는지를 보여줌으로써 역할 모델링의 기능을 수행한다. 자아개방은 분별력 있게 사용했을 때 신뢰감과 동정심을 생겨나게 할 수 있다.

자아개방의 오용은 의사소통에 부정적인 영향을

미칠 수 있다. 한 개인이 자신의 장점들과 성공사례들만 드러낸다면 다른 사람들은 거리감을 느끼거나 비교의식을 가져서 부적절한 느낌을 갖게 될 것이다. 개인의 약점이나 실패들을 많이 드러내는 자아개방은 동일하게 부정적인 결과를 낳을 수 있다. 자아개방에서 또 다른 함정은 모든 상황에 대해서 자신의 이야기를 드러내고자 하는 필요를 느끼는 것이다.

문화적 차이를 인식하는 것은 자아개방의 적절한 사용을 평가하는 데 도움이 된다. 제한된 자아개방을 하는 사람은 어떤 상황에서는 전문가로 여겨지는 것에서부터 다른 상황에서는 숨기는 경향이 있거나 신뢰할 수 없는 사람으로 여겨지기까지 다양하게 해석될 수 있다.

자아개방의 반대는 자기은닉이다. 이런 투명성의 결여는 개인이 가면을 쓰고서 다른 사람들과 관계할 때 생겨난다. 자아개방을 방해하는 것들로는 친밀성에 대한 두려움, 부끄러움, 신뢰의 결여, 모험을 꺼려함, 거절 가능성 등이 있다. 자기은닉은 엄청난 양의 에너지를 요구할 수 있고 외로움과 우울증을 가져올 수 있다. 다른 사람들에게 비춰진 이미지를 유지하기 위해 힘을 씀으로써 스트레스가 늘어난다. 자기은닉은 한 개인을 다른 사람들에게서 떨어지게 하며 공동체를 파괴시킨다.

개인적인 관계에서 자아개방은 화자와 청자간의 의사소통 과정에 초점을 맞춘다. 존 포웰(John Powell)의 고전인 『왜 나는 당신에게 내가 누구인지를 말하는 것을 두려워하는가?』(*Why Am I Afraid To Tell You Who I Am?*)는 의사소통의 다섯 단계를 다음과 같이 설명해 준다.

5단계: 진부한 대화. 개인적인 자아개방이 없는 "안전한 대화"(예를 들면, "안녕하세요?", "어제 밤 경기에 대해 어떻게 생각하셨어요?").

4단계: 다른 사람들에 대한 사실들을 보고함. 개인적인 반응이 없이 일상의 일들과 다른 사람들이 말했거나 행한 일들을 묘사함.

3단계: 나의 생각들과 판단들. 이 단계에서 의사소통의 자아개방이 시작된다. 사람들은 자신들의 생각들과 결정들을 나누지만 만일 거절감이 느껴지면 마음을 닫을 수 있다.

2단계: 나의 느낌들과 감정들. 개인이 정서적인 차원에서 감정을 나눔으로써 자아개방이 증가한다.

1단계: 완전히 정서적으로 개인적으로 진실한 의사소통. 완전한 개방과 정직함이 있는 자아개방으로서 거절의 가능성으로 인해 위험한 형태의 의사소통. 하지만 친밀성이 자라기 위해서는 필요하다.

그룹상황에서의 자아개방은 소그룹기능에서 절대 필요한 부분이다. 건강한 자아개방은 그룹 내의 공동체를 세우는 데 도움이 된다. 그룹들은 회원들에게서 기대되는 자아개방의 양에 대한 계약을 만들어 서명하도록 하기도 한다. 바람직하다고 여겨지는 자아개방의 양에 대해서는 그룹마다 차이가 있다. 교회 안에서 전형적으로 볼 수 있는 다음의 그룹들은 자아개방의 가장 낮은 수준부터 가장 높은 단계까지를 보여준다.

1. 사무회의-교회위원회들, 교사들 연수 모임
2. 토론 그룹들-독서클럽, 성경공부 그룹들
3. 소그룹들-성장 그룹, 가정성경공부 교제모임, 혼전 내지는 결혼 그룹들
4. 후원 그룹들-이혼회복 그룹들, 약물 및 알코올 회복 그룹들, 슬픔회복 그룹들
5. 치료 그룹들-교회 상황에서 훈련받은 상담가 및 치료 전문가의 인도 하에 이루어짐

직업 관계에서 자아개방은 직업 정체성과 통전성의 문제를 제기한다. 리더십의 위치에 있는 사람들은 반드시 자아개방의 다른 접근법을 검사해야 한다. 다음의 제안들은 『유능한 상담자』(*The Skilled Helper*, 179-180)에서 각색한 것으로서 교회 리더십 상황에 맞게 번안하였다.

1. 당신의 자아개방이 적절하도록 하라. 노골적이거나 효과를 노리는 자아개방은 분명히 부적절하다.
2. 자아개방의 과정에서 적절한 시간이 중요하다. 너무

빨리 너무 많은 것을 나누는 것은 장애물을 만들 수 있다. 그러나 동시에 자아개방을 제한하는 것은 목회자와 교인간의 관계 발전을 방해할 수 있다.

3. 자아개방을 선택적이면서 초점에 맞게 하라. 직업 관계를 자신에 관한 산만한 이야기들로 혼란스럽게 하지 말라. 당신의 역할은 교인의 성장과 발전을 돕는 것이라는 사실을 기억하라.

4. 융통성을 발휘하라. 다른 상황에서 자아개방을 수정하라. 한 특정 그룹의 사람들과의 특정한 상황에서 보이는 자아개방의 수준이 적절할 수 있지만 동일한 수준의 자아개방이 다른 상황에서의 다른 그룹의 사람들에게는 전혀 부적절할 수 있다.

DENISE MUIR KJESBO

참고문헌 | J. Powell(1969), *Why Am I Afraid To Tell You Who I Am?*; J. Egan(1994), *The Skilled Helper: A Problem-Management Approach to Helping*; M. Westra(1996), *Active Communication*.

자아실현(Self-Actualization). 한 개인이 성취할 수 있는 모든 것을 이루어가는 과정이다. 매슬로우는 자아실현을 욕구의 위계질서에서 가장 높은 수준에 있는 것으로 밝히고 있다. 매슬로우(Maslow)는 욕구들의 위계질서를 1943년에 『심리학 평론』(*Psychological Review*)에 실린 "인간 동기 이론"(Theory of Human Motivation)에서 처음으로 제시했다(Lowry, 1973). 커트 골드스타인(Kurt Goldstein)은 가능성 있는 것을 실현할 수 있는 경향을 가리키기 위해서 처음으로 '자아실현'이라는 용어를 사용했다.

자아실현을 묘사하는 데는 개인이 잠재력의 최고 수준에 이를 정도로 자신을 개발하는 것을 가능케 하는 재능, 능력 그리고 잠재능력의 사용이 포함된다. 그것은 개인에 내재된 잠재력 개발을 통한 성장을 가리킨다(Brockett & Hiemstra, 1991).

낮은 수준의 욕구들이 채워지면 새로운 욕구가 등장하고 채워질 것을 갈구한다. 높은 수준의 욕구들의 등장은 생리적 욕구, 안정의 욕구, 애정의 욕구 그리고 존경의 욕구에 대한 이전의 만족에 기초한다(Maslow, 1943).

매슬로우의 저작의 대부분은 자아실현을 일곱 단계의 욕구 중에서 가장 높은 곳에 둔다. 자아실현을 한 사람들을 연구하는 어려움은 이 수준에 도달했다고 간주할 수 있는 사람들이 너무 없다는 것이다. 그의 후기 저작은 초월이라고 불리는 여덟 번째 단계를 포함시켰다(Hamachek, 1990).

자아실현자들은 자아에 대한 굉장한 이해와 통찰력을 가지고 있다. 그들은 창의적이고 일정한 체계가 없는 상황들을 처리하는 것을 두려워하지 않거나 다른 고수의 박자에 맞추어 전진한다. 이러한 개인들은 지속적으로 더 높은 단계들로 나아가며 자신들의 최고 잠재능력을 실현하는 방향으로 자원들을 활용할 수 있다(Brockett & Hiemstra, 1991).

매슬로우는 자아를 실현한 개인들의 특징들을 파악하려는 시도로 연구했는데 그것은 더 많은 후속 연구가 필요했다. 그의 연구 결과 다음과 같은 특징들이 언급되었다. 현실에 대한 지각, 용납, 자발성, 문제 중심화(problem centering), 고독, 독립성, 새로운 인식, 절정기 경험, 혈족관계(human kinship), 겸손과 존경, 인간 상호관계, 윤리, 수단과 목적, 유머, 창의성, 문화적응에 대한 거부, 불완전성, 가치 그리고 양분성의 해결(resolution of dichotomies) 등(Maslow, 1970).

GARY WALLER

참고문헌 | R. G. Brockett and R. Hiemstra(1991), *Self-Direction in Adult Learning*; D. Hamachek(1990), *Psychology in Teaching, Learning, and Growth*; R. J. Lowry, ed.(1973), *Dominance, Self-Esteem, Self-Actualization: Germinal Papers of A. H. Maslow*; A. H. Maslow(1973), *Dominance, Self-esteem, Self-actualization: Germinal Papers of A. H. Maslow* pp. 153-73; idem(1970), *Motivation and Personality*.

참조 | 매슬로우, 아브라함 해롤드(MASLOW, ABRAHAM HAROLD)

자아중심성(Egocentrism). 다른 사람의 견해를 보지 못하는 것이다. 자기중심적인 어린이들은 그들이 세상과 우주의 중심이라고 믿는다. 그들은 인간이 해와 달과 별들을 창조했고 꽃이 자라게 한다고 믿을 수도 있다.

자아중심성은 취학 전 아동들(아기에서 5살까지)에게서 종종 관찰되는데, 이들은 다른 사람들의 필요와 감정이 자기들과 다르면 그것을 인식하지 못한다. 한 미취학 아동이 다른 아이가 가진 장난감을 갖고 싶어 울음을 터뜨릴 때, 실제로 그 아이는 정상으로 행동하는 것이지만 어른은 그 아이가 잘못 행동한다고 볼 수 있다. 그 아이는 자기가 그 장난감을 원하기 때문에 즉시 그것을 가져야 한다고 믿는다.

두세 살배기들은 종종 상대방에게 말하는 것이 아니라 자신에게 말한다. 그런 대화의 예를 보면,
"우리 엄마가 새 옷 사주셨다!"
"나는 우리 집에 큰 벽돌이 좋아."
"나도 새 신발 있어!"

어린 아동들이 정신적으로, 사회적으로 자라감에 따라 자신을 그룹의 일원으로 보기 시작하고 그들이 살고 일하는 세상의 일부로 깨닫기 시작한다. 자아중심성은 어린아이들이 정보와 사건과 경험들을 자기 스스로의 관점에서 진행시키는 성장과정으로 간주할 수 있다. 언어발달과 놀이라는 점에서 자아중심성은 긍정적으로 평가될 수 있다.

보다 넓은 의미에서 자아중심성은 모든 연령과 수준의 사고방식으로도 볼 수도 있다. 어린 청소년은 외모에 대해 몰두하여 자기중심적이 될 수 있다. 그들은 다른 사람에게 자신이 어떻게 보이는지에 몰두하여, 신체적 면만을 생각하고 때로는 불안해지기도 한다. 십대들은 다른 사람들이 자기들을 계속 관찰하고 판단한다고 느낄 수도 있다. 그들은 자신의 감정만이 고유하고 아무도 자기와 동일하게 느끼지는 못한다는 생각 속에 산다. 어떤 경우에는 청소년들이 자신의 어려운 감정들을 부적절한 외부적 행동으로 표현하기도 한다. 이와 같은 자아 몰두로 인해 자신을 세계의 일부로 보는 것을 배우지 못할 수도 있다.

십대들은 자신이 하나님의 가족의 일원이지 소외된 인간이 아님을 알아야 한다. 그들 자신이 이 땅에서 이루어야 할 목적을 가진 하나님의 독특한 창조물이라는 사실을 보아야 한다. 만약 십대들이 성인으로 성장하면서도 계속해서 자기중심적 사고에 빠져 있다면, 결혼의 관계성을 형성하거나 직장에서의 기능에 어려움을 겪게 될 것이다. 자아중심성이 미취학 아동과 청소년의 발달단계의 정상적 과정으로 보이기는 하지만 성인에게 바람직한 특성은 아니다.

MARCIA MACQUITTY

자원(Resources). 교육과 학습 과정에 사용하도록 준비되어 있거나 보조가 될 수 있는 자료들이다. 자료들은 교사와 학생들에게 유용한 것으로 나타날 것이다.

자원들은 교육용 영화, 슬라이드, 사진, 그래프 자료들, 포스터, 카세트 플레이어와 테이프, CD 플레이어와 CD, 비디오 플레이어와 비디오들, 텔레비전, 오버헤드 프로젝터(OHP), 비디오 데이터 프로젝터, 게임, 지도, 책, 게시판 자료, 컴퓨터, 크레용, 가위, 풀, 수공예 재료, 교육과정 그리고 학생 워크북 등을 포함하지만 이들에 제한되어서도 안 된다. 이러한 자료들은 개인 교육공간에 주로 보관되기 때문에 이중으로 필요 없는 경비가 소요되기도 한다. 따라서 자료실에 자료들을 정리통합하면 사용이 편리하다. 자료실에서는 자료를 정리하고, 꼬리표를 붙이고, 교육에 필요한 자료들의 목록에 따라 자료들이 돌아가면서 사용될 수 있도록 돕는 관리자가 필요하다. 이때, 유동적 시간과 체크아웃 시스템은 매우 중요하다.

기독교교육에서 인력자원은 평가할 수 없을 만큼 귀하다. 어떤 모임에서든지 사람들은 솜씨, 관심, 사역 재능들이 있고 이러한 것들은 교육과 학습 환경을 향상시키기 위해 요청될 수 있다. 헌신된 인력 자원들을 통하여 한편으로는 비용을 절약할 수 있으며 한편으로는 효과적인 영적 은사를 활용할 수 있을 것이다.

건물들은 많은 사역의 필요들을 충족시키기 위해서 지혜롭고 창의적으로 사용될 때 자원이 될 수 있다. 운동장, 경기장 그리고 많은 시설들은 기독교교

자원봉사자

육의 과정에 모두 유용할 수 있다. 지역 도서관들과 지방 기관들 역시 자료, 지식, 인력 자원의 풍성한 원천이 될 수 있다.

CHERYL. L. FAWCETT

참고문헌 | R. J. Choun and M. S. Lawson, eds.(1993), *The Complete Handbook for Children's Ministry: How to Reach and Teach the Next Generation*; R. E. Clark, J. Brubaker, and R. B. Zuck, eds.(1986), *Childhood Education in the Church*.

참조 | 시설(FACILITY); 매체(MEDIA); 프로그램(PROGRAM)

자원봉사자(Volunteer). 그 시작부터 교회는 자원봉사자들에 의해 이끌린 조직이며 유기체였다. 비록 오늘날 대부분의 교회들이 적어도 한 사람 또는 그 이상의 직업적인 목회자들을 두고 있지만, 초대교회에는 직업적인 목회자가 없었다. 교회들은 대부분의 목회 사역을 자원봉사자들의 힘에 의존하여 이루어진다. 자원봉사자란 자신의 시간과 에너지를 소모해 가며 어떠한 일을 하기로 동의하는 사람이다. 1990년대 초기의 통계에 의하면 모든 성인의 사분의 일 이상에 해당하는 사람들이 그들의 교회에서 한 주간 무언가를 위해 자신들의 시간과 노력을 자원으로 드렸다.

복음적인 교회들은 주류의 개신교 교회들이나 로마 가톨릭교회들보다 수월하게 자원봉사자들을 찾는다. 현대교회들은 또한 정해진 시간 내에 특정한 임무를(예를 들면, 특별한 임무를 띤 모임이나 기금 조성, 사회적 활동 계획하기, 단기선교에 참여하기 등) 수행하기 위한 자원봉사자들을 찾는 것이 정해진 시간이 없이 계속해서 책임이 주어지는 일들을 (예를 들면, 매주 주일학교에서 가르치기, 가정 모임을 후원하기, 교회의 위원회에서 섬기기 등) 위한 자원봉사자들을 찾는 것보다 더 쉽다는 것을 발견한다.

조지 바나(George Barna)의 보고에 의하면 그리스도인들을 포함한 현대 미국인들은 돈보다 시간을 더 중요시하여, 시간을 내서 스스로 봉사하기보다는 돈을 내서 다른 사람을 고용하여 어떠한 일을 성취하고자 한다. 많은 사람들이 또한 미숙한 아마추어 자원봉사자보다는 훈련된 전문인에 의해 어떠한 일을 하도록 하는 것이 결국에는 교회를 위해 더 낫다고 믿는다.

"왜 교회가 자원봉사자들을 발굴하고 그들을 훈련시켜 교회를 섬기도록 해야 하는가"라는 질문에 대한 대답으로 레스 크리스티(Les Christie, 1992)는 다음과 같은 이유들을 제시한다.

1. 교회의 어떠한 지도자도 혼자서 리더로서의 역할을 모두 감당할 수는 없다.
2. 성인 자원봉사자들을 발굴하고 그들을 훈련시킴으로써 교회 구성원들이 따를 수 있는 다양한 리더십의 조언자들과 모델들을 만들어낸다.
3. 성경은 그리스도인들이 각각 은사와 재능을 받은 영역에서 교회를 섬길 것을 명령하고 있다.
4. 더 많은 사람들이 지도자의 역할을 감당할 때 지도자의 역할을 이미 감당하고 있는 사람들의 무거운 짐을 덜어줄 수 있다(13-21).

목회의 전문인들이 자원봉사자들과 관련하여 해야 할 세 가지 가장 중요한 임무는 사역을 위한 새로운 자원봉사자들을 발굴해 내고, 그들이 해야 할 사역을 위해 그들을 훈련시키고 준비시키며, 그들이 열정과 열의를 가지고 그들의 사역을 감당할 수 있도록 그들을 관리하는 일이다.

영적 은사를 사용하는 일은 영적 성숙의 특징이므로 많은 그리스도인들이 지역 교회에서 자원봉사를 지원하는 일은 자연스러운 반응이다. 이는 개인과 그리스도의 몸된 교회 모두에게 이익이 된다.

KEN GARLAND

참고문헌 | G. Barna(1991), *What Americans Believe*; L. Christie(1992), *How to Recruit and Train Volunteer Workers*; D. W. Johnson(1978), *The Care and Feeding of Volunteers*; M. Wilson(1983), *How to Mobilize Church Volunteers*.

자유방임적 접근(Laissez-Faire Approach).

자유방임적이라는 용어는 "무엇을 하도록 허락하다" 또는 "사람들로 하여금 그들이 하고 싶은 대로 하도록 내버려두다"에 해당하는 프랑스어이다. 자유방임적 접근을 행사하는 지도자들은 수동적이지만 다른 사람들이 요청을 하면 도움을 주거나 아이디어를 제공하는 것이 그들의 특성이다. 그룹 조직과 지도력에 대한 이 접근은 그룹의 지도자가 그룹에 그다지 많은 영향력을 행사하지 않을 때 그리고 지도하려는 노력을 거의 하지 않을 때 나타난다(Engel & Snellgrove, 1989).

레빈(Kurt Lewin, 1958)은 잘 알려진 연구에서 다른 사람들과 공동으로 그룹행동에 영향을 미치는 여러 지도력 유형의 영향력을 연구했다. 레빈은 열한 살 된 소년들에게 방과 후에 행해지는 몇몇 모임들에 참여하도록 요청했다. 자유방임적 접근을 사용하는 어른은 그 그룹이 활동들과 그룹 진행에 관한 의사 결정을 내릴 때 그들에게 완전한 자유를 허용했다. 비록 그 지도자가 참여자들에게 우호적이긴 했지만, 그는 긍정적이지도 부정적이지도 않은 평가를 내렸다. 결과적으로, 그 소년들은 지도자가 참석하여 대부분의 시간을 질문을 하면서 보낼 때 상대적으로 비생산적이었다. 연구자들은 지도자가 부재할 때 그 소년들이 가장 활동적이라는 사실을 알게 되었다.

부모의 역할에 대한 이 접근과 그것의 파괴적인 결과들에 대한 예로는, 사무엘상 2장에 나오는 엘리 제사장과 그의 아들들을 살펴보라.

KENNETH S. COLEY

참고문헌 | T. L. Engel and L. Snellgrove(1989), *Psychology: Its Principles and Applications*; R. Lippitt and R. K. White(1958), *Reading in Social Psychology*, pp. 446 511.

자유주의(Liberalism).

일반적으로 자유주의자가 된다는 것은 진보적 변화와 개인적 자유를 지지한다는 것을 의미한다. 예를 들면, 정치사상에서 자유주의는 미국 독립 전쟁과 프랑스 혁명에 활력을 불어넣었다. 기독교에서 자유주의는 신앙을 현대 과학과 철학과 조화시키기 위해 기꺼이 전통적인 교리를 손상시키고자 하는 것이 그 특징이었다.

기독교적 자유주의는 계몽주의를 새롭게 배움으로써 시작되었다. 독일 철학자 칸트(Immanuel Kant)에 의해 영향을 받은 신학자들은 하나님으로부터 인간에게로 자신들의 초점을 바꾸었다. 성경 비평가들은 계시와 영감의 교리를 부인했다. 과학이 성경 위에 군림했다. 하나님의 자비를 강조했기 때문에 하나님의 진노에 대한 두려움은 그 필요성이 점차로 불투명해지기 시작했다. 그리스도의 죽음과 부활보다 그의 삶의 모범이 더 큰 중요성을 띠게 되었다. 죄는 단순한 무지로 재해석되었다. 다윈주의(Darwinism)는 창조에 대한 성경적 설명을 의심하게 했다. 자유주의적 사조 속에서 기독교는 과학과 철학에서의 각각의 새로운 진보에 비추어 재평가되지 않을 수 없었다. 기독교 신앙은 다양한 종교들 가운데 하나에 불과한 것으로 축소되었다. 그리스도는 하나님의 화육(God incarnate)으로서 여겨지는 것이 아니라 자신의 내적 잠재 능력을 완전하게 실현한 한 인간으로 간주되었다.

19세기 독일의 신학자 리츨(Albert Ritschl)은 기독교에 관한 초자연적인 모든 것을 거부했으며 기독교 신앙은 단지 그것의 역사적 토대들에 근거해야 한다고 제안했다. 그는 전통적인 신조들을 의심했다. 기독교가 문화를 형성하는 것이 아니라, 문화가 기독교를 재형성시키는 것이었다.

리츨의 비평가들은 문화와 인간의 잠재 능력에 대한 자유주의의 강조가 그 개념을 문화적 규범들(norms)에 지나치게 의존적이 되도록 만들었다고 주장했다. 그들은 자유주의 인간관에 대해 전체적인 개념이 지나치게 낙관적이라고 선언했고 그것을 "문화적 개신교"(Cultural Protestantism)라고 명명했다. 스위스의 신학자 칼 바르트(Karl Barth)는 기독교를 다시 긍정함으로써 자유주의 사상을 논박하려 했다. 그는 신정통주의로 알려지게 된 비교적 보수적인 운동을 시작했다.

자유주의 신학은 미국에서 독립전쟁 기간 후에 영향력을 발휘하기 시작했다. 미국인들은 사회적 관계성을 교회에 요구하기 시작했다. 교회들은 사회적 조건들을 개선하고자 하는 인도주의적 노력에 깊이 관여했다. 그들의 동기는 고상했다—복음을 삶에 적용하려는 것이 그 의도였다. 그러나 잠재된 문제가 있었다. "사회복음"이 적극적 실천주의(activism)를 창출한 반면, 불행하게도 그 배후의 신학은 인간의 기본적인 죄성(sinfulness)을 경시하는 경향이 있었다. "하나님의 아버지 됨 아래 인간의 형제 됨"(brotherhood of man under the Fatherhood of God)이라는 진리가 모든 사람을 위한 사회적 정의를 불러일으킬 것이라는 믿음이 있었다. 인정은 참 많았지만 비성경적 인간관은 인간이 더 나은 도덕적 존재에로 발전해 가고 있다는 잘못된 생각을 불어넣었다. '충분히 오래 기다려라, 그러면 사회는 완전해질 것이다'라고 자유주의자들은 예언했다.

자유주의는 두 차례의 세계대전과 대공황을 거치면서 그 영향력이 수그러들었다. 인간은 기본적으로 자애롭다고 믿는 것이 어렵다는 것을 사람들은 알게 되었다. 뉴욕시의 영향력 있는 리버사이드(Riverside) 교회의 포스딕(Harry Fosdick)과 유니온신학교의 반 두센(Henry Van Dusen)의 기치 아래에서 신자유주의(neoliberalism)라 불리는 새로운 운동이 일어났다. 그것의 선구자들과 같이 신자유주의는 교리보다는 윤리를 강조했다. 1950년대와 1960년대에 신자유주의는 신학자 틸리히(Paul Tillich)에 의해 지지를 받았다. 1960년대와 1970년대에는 사신신학("God is Dead" Theology)과 다른 몇몇 분파 그룹들 속에 그것이 나타나기도 했다.

비록 자유주의 교회들에 속한 교인들은 줄어들었다. 하지만 자유주의 사상은 여전히 산재해 있으며, 특히 학문적 영역에서 그렇다. 오늘날 후기 자유주의자들은 기독교 계시는 유일한 것이 아니며, 신약은 비신화화되어야 하며 성경은 기본적으로 오류가 있다고 가르친다. 후기 자유주의자들의 목표는 기독교를 전통적 기독교와 신앙을 완전히 버리는 것 사이의 중간적 입장으로 다시 만드는 것이다.

올바른 인식을 갖지 못했던 보수주의자들의 세대와 함께 시작되었던 자유주의 운동은 현대 사상에 열중하려는 마음을 억누르려고 하는 정통적 토대를 지니고 있지 않은 세대에게 전수되었다. 데이비드 스미스(David Smith, 1992)는 자신의 저서 『현대 신학』(Handbook of Contemporary Theology, 85)에서 신자유주의자들을 "주초 없이 흙 위에 집 지은"(눅 6:49) 어리석은 사람들과 비교한다. 자유주의자들의 다음 세대는 아주 세속적이 되어 기독교를 전혀 주장하지 않을 것이라고 스미스는 내다본다.

자유주의는 성경을 매일의 삶에 적용하는 것을 목표로 삼는 교육과정 설계를 장려함으로써 어느 정도 종교교육자들에게 영향을 미쳐왔다. 기본적인 교리를 손상시킨 것을 제외하고, 아마도 교육과 관련하여 자유주의 사상의 가장 유해한 점은 절대적인 도덕적 기준들(moral absolutes)을 제거한 것일 것이다. 더 많은 자유주의 교회들 안에 있는 어린이들과 많은 공교육기관들 안에 있는 어린이들은 상황윤리(situation ethics)가 신적 명령(divine mandates)보다 적용하기가 더 쉽다고 가르침을 받고 있다.

ROBERT J. CHOUN

참고문헌 | I. Cully and K. B. Cully, eds.(1990), *Harper's Encyclopedia of Religious Education*; K. B. Cully, ed.(1953), *The Westminster Dictionary of Christian Education*; D. F. Ford, ed.(1997), *The Modern Theologians*; E. F. Harrison, ed.(1972), *Baker's Dictionary of Theology*; A. E. McGrath(1997), *An Introduction to Christianity*; A. Richardson, ed.(1969), *A Dictionary of Christian Theology*; D. L. Smith(1992), *A Handbook of Contemporary Theology*.

참조 | 문화(CULTURE); 문화전계(ENCULTURATION); 신정통주의(NEO-ORTHODOXY)

자유주의 신학(Liberal Theology). 기독교 신학에 있어서 "역사적 관점으로부터 과학적 관점"에로의 "인습타파주의적 재방향 설정"(Burgess, 1996, 77)이다. 이 경우에 '자유주의적'(liberal)이라는 말은 형용사로 사용되지 않는다. 오히려, 그것은 20세기의 첫 번째 25년 동안에 절정에 달했던 기독

자유주의 신학

교 안에서의 신학적 운동을 나타낸다.

1. 신학적 자유주의의 교리들. 미국에서 자유주의가 처음 출현했을 때 그것은 유럽의 선배들이 취했던 자유주의의 기본적인 형태를 따랐다. 미국의 자유주의는 슐라이어마허(Schleiermacher)의 실존주의(existentialism)와 기독교를 실용주의적이며 급진적인 고등비평 연구들 안에 뿌리내리게 한 독일의 신학자들(리츨과 하르낙 등)에 의해 깊게 영향을 받았다. 유럽의 자유주의는 처음에 신학대학들과 신학교들 그리고 대학원들을 통해 미국의 무대에 들어왔다.

버지스(Burgess, 1996, 76)는 자유주의의 교리를 네 개의 요점으로 요약한다. (1) 신학적 구조들은 계속적인 변화에 개방되어 있다. 따라서 교리는 진리에 대한 불변의 표현들로 이루어지는 것이 아니라 단지 현대적인 표현들과 적용들이다. (2) 종교교육은 본래 개인의 구원과 관계가 있는 것이 아니라, 사회적, 문화적 재건과 관계가 있는 것이다. (3) 자유주의 신학은 성결과 의에 대한 복음주의적 헌신을 사회적 의제와 대의와 바꾸면서 의도적인 사회적 상호작용에 의해 사회의식을 창출하려고 한다. (4) 기독교적 인성과 생활방식은 개인적이며 종교적인 잠재 능력의 개발에 기인한다. 보이스(Boys, 1989)는 자유주의 신학이 "종교 다원주의"(religious pluralism)를 지지하는 것을 주목하는 한 가지 추가적인 관찰을 더했다. 피어슨(Pearson, 1958)이 종교교육에 대한 애던(Athearn)의 정의에 관해 논평하면서 "이 정의는 기독교 뿐만 아니라 유대교, 이슬람교, 힌두교 그리고 다른 모든 비기독교적 종교들을 포함할 만큼 폭넓다"(16)라고 언급하듯이, 이 같은 주장은 그들의 교육 의제에서 분명했다.

자유주의가 고전주의 신학(classical theology)과 똑같은 범주들을 유지하긴 하지만, 이 범주들의 내용은 상당히 다르다. 자유주의는 하나님의 초월성과 주권을 경시하면서도 하나님의 내재성을 지나치게 주장한다. 자유주의는 하나님이 초월성을 확증시켜 줄 기적을 통해서가 아니라 자연의 과정 안에서 자연의 영역을 통하여 활동하신다고 본다. "하나님의 우주적 아버지 됨"은 자유주의 신학에서 기본적인 개념이지만 이것은 성경이 주장하는 것이 아니다. 성경은 하나님을 만물의 창조자로 이야기하지만 "아버지" 관계는 오직 신앙공동체 안에 있는 사람들을 위해서만 정해져 있기 때문이다.

자유주의 안에서 인간의 본성은 본질적으로 사회과학들 – 특히 인류학 – 의 연구 결론에 의해 결정된다. 인간은 본래 선한 존재로 여겨진다. 따라서 인간의 죄성(sinfulness)은 부정된다. 비록 "인간의 형제 됨"(the brotherhood of man)이라는 개념이 성경적 용어는 아니라 할지라도, 형제 됨(그리고 자매 됨)은 죄 된 상태 속에 있는 인간을 위해서가 아니라 신앙공동체를 위해 운명 지어져 있기 때문에 "인간의 형제 됨"(brotherhood of man)이 주장된다.

예수와 그리스도는 자유주의 신학에서 두 개의 별개의 주제로 간주된다. 예수는 역사상 실재한 팔레스타인 유대인으로서 메시아, 또는 그리스도라는 칭호와 직분(place)은 사후에 초대 기독교 공동체에 의해 주어진 것이다. 그러므로 자유주의 신학은 역사적 예수와 신앙의 그리스도를 일치시키지 않는다.

구원은 급진적이거나 갑작스런 확신이나 회심이 아니라 점진적이며 사회적 변형과 진보로 여겨진다. 구원은 하나님과의 관계의 회복으로 여겨지는 것이 아니라 예수의 사회 윤리를 따르는 것으로 여겨진다. 따라서 교육은 개인적이며 사회적인 변형의 수단으로서 구원의 과정에 필수적이다.

성경은 본질적으로 인간의 산물이라고 보며, 다른 종교적 문헌들 중에서 '하나의' 종교적 교본(one religious text)으로 간주된다. 마찬가지로, 계시는 진행되고 있는 것으로 간주되며, 복음주의 공동체가 주장하는 것과는 다르게 객관적인 내용과 정보를 결여하고 있는 신적인 것에 대한 인간의 성찰의 발전으로 여겨진다. 구약은 원시 팔레스타인 문화로서의 제의종교(cultic religion)를 나타내는 것으로 여겨지며, 신약은 "예수의 종교"로 여겨진다. 그러므로 버지스(Burgess, 1996)는 교육에 대한 자유주의 신학적 접근에 관하여 다음과 같이 논평한다. 자유주의 종교교육의 과제를 돕기에 불충분한 것으로 여겨지는 "성경은… '기껏해야' 하나의 자료가 된다"(95, 강조는 저자에 의한 것임).

2. 20세기의 자유주의 종교교육.

"종교교육은 고전적 자유주의 신학과 진보주의 교육사상을 연결 짓는 (web) 하나의 고전적 표현이다"(Boys 1989, 39). 20세기의 첫 번째 50년 동안에는 자유주의 종교교육을 지지한 사람들이 많이 있었지만 지금은 그들은 거의 복음주의적 교육환경에서 자취를 감추었다.

갑작스런 회심보다 점진적인 변형을 강조하고 인간의 본성에 대해 재정의를 내릴 것을 강조하는 부쉬넬(Horace Bushnell, 1802-1876)의 『기독교적 양육』(Christian Nurture)은 미국 종교교육의 원형으로 취급된다(Burgess 1996, 78-79; Boys 1989, 40-44). 19세기 중반에 나타난 다윈설(Darwinism) 또한 20세기 미국에서 자유주의 종교교육이 출현하는 데 지대한 공헌을 했다.

종교교육 협회의 창시자인 코우(George Albert Coe, 1862-1951)는 전형적인 자유주의 종교교육의 모델이었다. 그는 개인보다는 사회적 재건에 대한 관심을 주장했고, 현대적인 자유주의적 표현 - 한 예로 그는 교회를 묘사하기 위해 성경적인 용어인 "하나님의 나라"(Kingdom of God)보다는 "하나님의 민주주의"(Democracy of God)라는 문구를 사용했다 - 으로 기독교를 다시 구상할 필요성을 주장했다.

자유주의 종교교육에 공헌을 한 다른 공헌자들로서 다음과 같은 사람들이 포함된다. 파스(Sophia Lyon Fahs 1876-1978, 일신론자), 바우어(William Clayton Bower 1878-1954, 그리스도의 제자들교회), 케이스(Adelaide Teague Case 1887-1948, 감독교회), 애던(Walter Scott Athearn 1874-1934, 감리교회) 그리고 췌이브(Ernest John Chave 1886-1961, 침례교회). 아마도 자유주의 교육의 중요한 마지막 작품은 코우(Coe)의 제자였던 엘리엇(Harrison S. Elliot)에 의해 쓰인 『종교교육은 기독교적이 될 수 있는가?』(Can Religious Education be Christian?, 1940)였다. 신학적 자유주의 교육 모델이 최종적으로 붕괴됨을 알리는 신호탄이 바로 이 책이었다.

자유주의 신학은 고전적 자유주의의 정당성과 가치를 문제 삼았던 신정통주의와 과정신학의 출현과 더불어 1940년대에 작별을 고하였다. 신정통주의는 바르트(Barth)와 불트만(Bultmann)의 어구에서 발견되지만, 기존의 자유주의 접근에 교육적인 도전을 제기한 것은 엘리엇의 저서에 대한 직접적인 응답으로 쓰인 스미스(H. Sheldon Smith)의 『신앙과 양육』(Faith and Nurture, 1941)이었다. 마찬가지로, 과정신학은 화이트헤드(Whitehead)와 페레(N. S. Ferre)에 의해 소개되었지만, 그것이 주류 교회들 안에서 온전하게 교육적인 표현에 영향을 미치게 된 것은 밀러(Randolph Crump Miller)의 『기독교교육에 대한 단서』(The Clue to Christian Education, 1950)와 『기독교교육 실행 이론』(The Theory of Christian Education Practice, 1980) 속에서였다.

JAMES RILEY ESTEP

참고문헌 | M. C. Boys(1989), *Educating in Faith*; H. W. Burgess(1996), *Models of Religious Education*; G. A. Coe(1923), *A Social Theory of Religious Education*; idem(1929) *What is Christian Education?*; D. E. Miller(1981), *The Case for Liberal Christianity*.

자유지원제(Volunteerism).

평신도(Laity), 모집(Recruitment)을 보라.

자율성(Autonomy).

다른 사람들의 통제 없이도 독립적으로 행동하는 능력이다. 자율성은 개인발달의 중요한 부분이다. 초기 연구에서 성숙에 대한 일반 교육자들의 사고방식을 전환시킨 인지에 대한 연구로 유명해진 스위스의 탁월한 생물학자인 장 피아제가 자율성 개발은 개인의 도덕적 사고의 중심이며 그러므로 개인발달의 핵심이라고 제안했다. 피아제는 어린 아동들은 부모의 도덕성을 따르는 타율성에 따라 산다고 믿었다. 어린이는 규칙이란 영원하고 하나님으로부터 오는 것이며, 선함이란 권위를 존중하고, 명령에 순종하며, 어른들이 주는 상벌을 받아들이는 것이라고 생각한다. 어린이들에게 도덕이란 부모의 뜻을 순종하는 것이다. 그러나 7세가 되면서부터 어린이는 외적 권위에서 내적 권위로 민족 중심에서 자기중심으로 관심을 돌리기 시작한다.

타율성(Heteronomy)은 어린이를 사회의 일원이 되는 훈련을 시키기 때문에 도덕발달의 필수적인 부분이다. 그러나 인간은 어느 시점에 외부적 힘에 의한 도덕성을 넘어서서 내면이 이끄는 도덕성을 받아들이기 시작한다. 초등학교 시기의 아동들은 공정과 평등의 원리 아래 도덕적 결정을 내린다. 어린이들이 협력과 상호 이익, 상호 동의 등에 대해 배워감에 따라 또래들과의 상호 영향과 지성의 발달로 자율성도 커간다. 피아제는 한동안은 타율성과 자율성이 공존하지만 어린이가 성장함에 따라 주관적 책임은 증진하고 객관적 책임은 감소한다고 주장했다. 여전히 규칙들을 존중하지만, 권위보다는 여론에 근거하고, 만약 모두 동의한다면 규칙을 바꿀 수도 있다. 다른 사람의 권리에 대한 관심도 높아지면서 어린이들은 정의감과 용서의 개념도 발달한다. 결국 완전히 자율적이 되어 옳은 것과 그른 것에 대한 결정을 스스로 내리고, 규칙에 대한 서로 다른 의견을 인식하면서 상대주의자가 되기도 한다.

행동심리학자인 콜버그는 피아제의 연구를 진행시켜, 유아기부터 성인기까지 이르는 여섯 단계의 도덕성 발달 이론을 완성했다. 콜버그는 정의와 부정의의 "인습"(Convention)이라고 부르는 사회적 판단이라고 했다. 어린이는 전인습(preconventional)의 단계에서 상벌의 개념으로 정의와 부정의를 생각한다고 한다. 어린이가 성장함에 따라 인습의 단계로 발달하는데, 사회적으로 옳은 일을 하게 된다. 성숙한 성인은 사회적 계약을 초월하여 원리를 바탕으로 하는 후인습적(postconventional) 결정을 내리게 된다. 일부 비평가들은 도덕성의 단계라는 계약 자체를 거부하지만 다수의 기독교교육자들이 그리스도인 성숙의 주요한 표징이 영적 자율성임을 지적하면서 이 이론을 지지해 왔다. 자신의 삶을 잘 통제해온 신자는 자발적으로 예수 그리스도의 주권에 복종한다. 자율성이 없는 신자는 단순히 다른 사람의 지시를 따를 뿐이다.

JERRY CHIP MACGREGOR

참조 | 계약학습(CONTRACT LEARNING); 콜버그, 로렌스(KOHLBERG, LAWRENCE); 도덕교육(MORAL EDUCATION); 피아제, 장(PIAGET, JEAN)

잠재의식(Subconscious). 양심(Conscience)을 보라.

장로(Elder). 고대 영어 이알드(eald, "old")에서 유래된 말로서 영어의 장로(presbyter, 헬라어 presbyteros에서 옴)라는 말과 동의어로 쓰인다.

구약 및 신약성경은 신앙공동체에서 봉사하는 지도자로서 장로들의 사례들을 보여준다. 모세의 지도력 아래 "이스라엘의 장로들"이 대표 그룹으로 소개되고(출 3:16; 17:5; 18:12; 24:1), 이후에는 행정적 기능을 수행한다(수 20:4; 룻 4:2; 삼상 8:4).

이와 같은 기능은 예루살렘에 장로들(elders/presbyters)을 가진 교회로 이어지고(행 11:30; 15:2), 그 이후에 신생 교회들에서 임명되었다(행 14:23). 바울의 가르침과(행 20:17-35; 딛 1:5-9) 베드로의 가르침(벧전 5:1-5)을 통해 보면, 장로들은 행정가일 뿐 아니라 가르치는 사역자이다. 종교개혁 기간 동안 칼빈이 디모데전서 5장 17절을 바탕으로 하여 가르치는 장로와 다스리는 장로를 구분했다. 이와 같은 구분으로 개혁교회 안에서 평신도 지도자에게 많은 기회를 제공하게 되었다.

DOUGLAS BARCALOW

참조 | 행정(ADMINISTRATION); 성직자(CLERGY); 집사(DEACON); 목사/목회자(MINISTER); 이사(TRUSTEE)

장로(Presbyter). 장로(Elder)를 보라.

장이론(Field Theory). 쿠르트 레빈(Kurt Lewin)의 장이론은 개인의 동기를 개인의 생활공간이나 심리학적인 실재의 작용인 행동으로서 설명하려고 시도한다. 행동을 한 개인에 의한 전인격과 환경의 인지의 작용으로 본다. 레빈(Lewin)의 이론은 행동이 개인의 역사의 작용이라는 심리분석적 사상과 반대 입장에 있다. 그의 생각에는 한 개인의 과거는 단지 간접적으로 영향을 준다. 행동은 주로 현재의 즉각적인 생활공간의 작용이다.

생활공간은 주어진 시간에 한 개인에게 영향을 주는 모든 심리학적 사실과 사회적인 힘들의 총체를 말한다. 그것은 보통 두 가지 부분으로 나뉘는데 개인과 환경이다. 각 부분은 경계들로 구분될 수 있다. 개인의 영역은 목표와 욕구, 소망, 또는 열망 등을 포함한다. 직업, 가정, 사회 금기 그리고 문화적 기대 등은 환경적인 면에 해당하는 것들이다.

레빈의 이론은 두 가지 중요 차원에서 행동주의와 다르다. 첫 번째로 그것은 심리학적 장(場)의 주관성을 강조한다. 행동을 예측하기 위해서는 관찰자의 시각이 아니라 그 행동을 하는 개인의 시각으로부터 상황을 기술해야 한다. 두 번째로 그것은 행동이 생활공간이나 전체 상황의 작용으로서 이해되어야 한다고 강조한다. 본질적으로 행동은 한두 가지의 두드러진 보상이나 격려가 주어지는 것이 방해를 받을 때와 같이 개인에게 영향을 주는 수많은 상호의존적 힘에 의해 유발된다.

장이론은 1차 세계대전의 전쟁에서 발생했다. 레빈의 논문 『전장풍경』(The War Landscape)은 생활공간의 관점에서 전장을 묘사했다. 군인들의 필요는 전쟁의 필요를 어떻게 인식하는지를 결정한다. 전방으로부터 수마일 떨어져 있을 때는 사방의 먼 곳까지 평화롭다. 전방에 다다랐을 때 전장의 풍경은 또 다른 시각에서 전쟁의 요소가 된다. 즉 바위나 나무들은 은신처가 된다.

전쟁 이후에 레빈의 베를린 심리학회는 장이론을 더욱 발전시켰다. 미국으로 이민한 후에 그는 MIT 대학에 그룹 역학센터(the Center for Group Dynamics)를 설립했다. 미국에서의 레빈(Lewin)의 연구는 그룹 내부의 갈등과 편견의 사회적인 문제에 장이론을 적용하는 데에 초점을 맞추었다.

장이론의 힘은 그것이 갈등 상황의 본질과 참여자의 시각으로부터 상황을 보아야 할 당위성 그리고 개인과 환경간의 역동적인 균형에 대한 구조화된 개념과 통찰력을 포함한다.

장이론은 그룹 역학에 폭넓은 영향을 주어왔다. 레빈의 동료들과 제자들에 의해 추가된 연구가 문헌에서 방대한 개념들의 배열을 만들어내었다. 그룹의 응집성의 영역들, 그룹 의사소통, 사회 압력으로부터의 영향 등이 중요하다. 몇 가지 지배적인 이론들이 탄생했다. 아킨스(Atkins)의 성취동기, 하이더(Heider)의 인식의 균형 그리고 페스팅거(Festinger)의 부조화 이론 등은 단지 일부에 불과하다. 유명한 T 그룹훈련(그룹 훈련의 실습)은 더 큰 그룹 이해와 인식의 동기를 만들어 냈다. 오늘날 전체 사회 심리학자들의 반 이상이 그들의 지적인 뿌리를 장이론에서 찾을 수 있을 것으로 추정된다.

JAMES A. DAVIES

참고문헌 | A. Marrow(1969), *The Practical Theorist: The Life and Work of Kurt Lewin*; S. Patnoe(1988), *A Narrative History of Experimental Social Psychology: The Lewin Tradition*; B. Weiner(1972), *Theories of Motivation*.

참조 | 그룹역학(GROUP DYNAMICS); 효과적인 부모훈련 (PARENT EFFECTIVENESS TRAINING)

재구성가정(Reconstituted Family).

미국에서의 높은 이혼율과 재혼율로 인해 생겨난 재구성 가족은 점점 더 일반화되어가고 있다. 이 용어는 종종 혼합가족, 재혼가정, 이중 핵가족, 또는 새로운 확대가족 등과 동의어로 사용된다. 이 용어는 혈연으로 이어진 진짜 가족이 아닌 다른 가족단위의 일부였던 사람들로 구성된 가족단위를 가장 잘 기술해 주는 것처럼 보인다. 가장 흔한 경우 이 가족은 아내, 남편, 아니면 두 명 모두의 자녀들을 포함할 것이다.

재구성 가족 유형들의 범위는 굉장히 크며 복잡할 수 있다. 이혼남과 미혼녀, 홀아비와 이혼녀, 이혼남과 이혼녀 등. 이 모든 것에 더해 이러한 가족을 탄생시킨 곤경은 가족 구성원들로 하여금 함께 살아갈 때 적응하도록 부담을 더해 주게 된다.

미국 문화 속의 가족들은 어떤 기능들을 행하도록 기대된다. 이러한 기능들로는 재생산, 자녀양육, 가족 구성원들을 위한 재정적인 공급, 가족 구성원들을 위한 삶의 기본적인 필요들을 채워주는 것 등이 있다. 이러한 기능들은 민족, 사회 계층, 종교, 철학 그리고 지형에 따라 다르지만 법과 지역사회 관습을 만족시켜야 한다(Barker, 1992). 핵가족과 달리 재구성 가족은 관계들을 분명히 하도록 하기 위해 반드시 다루어야 하는 하부체계를 가지고 있다. 이것들은 이전의 배우자 하부체계, 재혼 부부 하부체계, 형제 하부체계, 모/양모-부/양부 하부체계 등이다(Ahrons & Rodgers, 1987). 이 모든 것들이 모든 가족에게 공통적으로 있는 긴장과 부담, 갈등, 적대감, 화를 불러오게 하는 데 일조하는 것들이다.

EUGENE S. GIBBS

참고문헌 | C. Ahrons and R. Rodgers(1987), *Divorced Families: A Multidisciplinary View*; P. Barker(1992), *Basic Family Therapy.*

참조 | 혼합 가정(BLENDED FAMILIES)

재능인(Gifted). 예외적인 사람들(Exceptional Persons)을 보라.

재능인(Talented). 예외적인 사람들(Exceptional Persons)을 보라.

재분배(Redistribution). 탈중심성(Decentration)을 보라.

재정계획(Financial Plan). 예산(Budget)을 보라.

재혼가정(Stepfamilies). 혼합가정(Blended Families)을 보라.

저항(Protest). 실례제시(Demonstration)을 보라.

전도(Evangelism). 사람을 죄로부터 돌이키고 복음을 받아들이도록 초청하는 것이다. 복음(gospel) 또는 복된 소식(Good News)이란 하나님께서 당신의 아들, 예수 그리스도를 세상에 보내시어 사람들을 구속시키시고 그분과 개인적 관계로 부르시는 것이다. 요한복음 3장 16절과 같은 성경구절에 그리스도의 십자가와 부활을 통한 구속을 믿음으로써 모든 사람들이 그분께 돌아오기를 바라는 희망과 함께 모든 인류를 향한 하나님의 사랑이 잘 표현되어 있다.

전도는 하나님께서 세상의 잃어버린 사람을 사랑하신다는 복음을 성령께서 신자들의 증언을 통해 행하시는 역사이다. 전도는 지역교회의 목사들이나 혹은 동남아시아 밀림의 선교지에서 선교사가 전도설교를 통해 사람들을 개종을 시킬 때 일어난다. 또는 한 신자가 자신의 신앙을 동료나 이웃과 나눌 때에도 일어난다.

전도는 주로 신약적 개념으로 간주되기는 하지만 구약에도 분명하게 나오는 경우가 있다. 모든 인류를 향한 하나님의 관심이 이스라엘 백성을 통해 다른 백성들도 복 주시기 원하시는 그분의 마음이 확증되어 나타난다. 열왕기상 8장 41-45절, 시편 22편 27-28절 그리고 이사야 2장 2-4절 등을 보라.

전도는 교회가 이 땅에 세워질 때부터 그 특징이 되어왔다. 대위임령(마 28:18-20)을 주시면서 예수께서 제자들에게 그분의 증인이 되어 온 세상에 전도하라고 명하신다. 신약교회에서 최초의 전도는 오순절에 일어났다(행 2장). 사도 베드로는 하나님께서는 당신의 백성 이스라엘을 다루시며 구속주 그리스도의 오심에 관한 이야기를 선포했고, 그 메시지는 회개를 촉구하고 그분을 믿으라는 말로 마쳤다. 수많은 사람들이 그 메시지를 받아들여 예수님을 따르게 되었다.

그때 이후로 제자들은 전도를 계속했고 교회는 점점 성장했다. 초대 개종자 중에는 로마 군사 고넬료와 그의 가족이 있었다. 베드로가 그들을 인도하여 그리스도를 믿게 했다. 하나님의 목적은 예수님을 믿는 믿음으로 모든 종족과 민족을 구원하시려는 뜻이 분명하다. 성경을 통해 하나님께서 여전히 모든 사람들이 그분께 돌아오기를 바라신다는 사실을 분명히 알 수 있다.

사도행전 12장 이후로는 바울의 선교여행을 통해 전도를 강조한다. 바울은 온 로마 지경을 여행하며

전도

사람들을 그리스도의 신앙으로 인도했다. 그 후로 세대마다 세계적으로 선교사들이 증언해 오고 있다. 그들은 반복해서 그리스도 구원의 복음을 이야기한다. 이 그리스도의 대사들이 모두 전문적인 전도자라는 순위 안에 들어 있지는 않다. 오히려, 대부분은 그리스도와 친밀한 개인적 관계를 경험했던 평범한 사람들이다. 그들은 내적 기쁨과 평화가 없는 사람들에게 오직 그리스도만이 주실 수 있는 구원의 메시지를 나눈다. 수세기를 통해 개인전도가 교회성장의 주요 수단이 되었다.

복음 안에 분명한 사실은 경건한 삶에 대한 기대감이다. 초대교인들은 길(the Way)을 아는 사람들로 알려졌다. 그리스도인의 삶은 단순한 종교가 아니라 생명의 길이다. 예수의 명령과 도덕적 교훈들을 가르치고 순종하여 따라가야 한다.

신약성경에는 전도를 묘사하는 다섯 개의 단어가 나온다. 이 단어들은 모두 전도의 범위와 원리를 이해하는 데 도움이 된다. 첫째 경우는 마태복음 4장 23절에 나온다. 예수께서 갈릴리 지방을 다니실 때, "천국 복음을 전파하셨다." "전파하다"(proclaim)의 헬라어는 케뤼소(kerusso)로서 이 말은 복음을 전달하는 사람이라는 뜻을 나타낸다.

이와 관련된 말로 '전도자'(evangelist)는 헬라어 유앙겔리온(euangelion)으로서 영어의 전도(evangelism)가 이 단어에서 유래되었다. 사도행전 21장 8절에 나오는 유앙겔리스테스(euangelistes)는 전도하는 사람을 일컫는다. 이 사람은 예수 그리스도 안에서 구원을 찾을 수 있다는 좋은 소식, 메시지를 전해 준다.

다음은, 복음을 전파하는 사람들을 가리키는 마르투스(martus)로서 "증인"(witness)이라는 뜻이다. 사도행전 1장 8절에 나온다. 이 구절은 예수께서 승천하실 때에 하셨던 말씀을 다시 언급한다. 그분은 제자들에게 지역에서 그리고 세상 끝까지 이르러 당신의 증인이 되라고 말씀하셨다.

전도의 본질은 예수께서 주신 대위임령(Great Commission, 마 28:19-20)에 나오는 두 단어가 가장 잘 표현해 준다. 하나는 19절에 제자 또는 마쎄튜오(matheteuo)로서 그리스도를 따르는 사람이 되었음을 묘사한다. 이 말은 예수님의 교훈을 가르치는 사람이라는 뜻이다. 그리스도인이 되면 그리스도의 가르침과 교훈에 대한 지식이 요구된다. 초대교회의 제자들이 그분의 말씀을 깊이 연구하고 배웠다는 사실을 초기의 저술들을 통해 분명히 알 수 있다.

이 사실은 20절에 "가르치다"(to teach)라는 뜻의 디다스코(didasko)가 보충해 준다. 디다스코는 따르는 사람들을 가르치고 제자들에게 교리를 주입한다는 뜻을 제안하기까지 한다. 예수님의 말씀과 성경 진리를 진지하게 연구하는 새신자들과 성숙한 신자들 모두에게 수준 높은 헌신을 요구한다. 가르침이 없는 전도는 인생의 기복이나 세상의 질곡의 여정을 통과하면서 필요한 깊이가 없는 감정적 경험으로만 인도하게 된다.

초대교회는 가르치는 일을 중요하게 다루었다. 초대교회의 지침서인 디다케(Didache)를 보면, 신앙을 고백하는 순간부터 세례를 받기 전까지 기다리는 기간이 있었음을 알 수 있다. 이 기간 동안 새신자들은 교리문답서를 통해 기독교 신앙을 배웠다. 이들은 또한 새로운 기독교적 생활 스타일도 수용하도록 지도받았다. 그와 같은 교육 기간은 보통 2-3년 동안 진행되었는데, 세례를 받고 교회 회원으로 등록이 되면서 절정에 이르렀다. A. D. 313년 기독교가 정식 종교로 수용되면서부터 유아세례와 입교식을 하면서 이 세례입문자 학교가 서서히 사라져갔다. 가정에서 자녀의 전도와 교육에 책임을 진다는 전제가 확립되었다.

베드로와 바울 그리고 다른 사람들의 전도용 메시지의 내용을 검토해 보면 항상 예수께 요점을 둔다는 사실을 알게 된다. 복음은 언제나 하나님의 아들 예수 그리스도에 초점을 둔다. 그분은 하나님으로서, 탄생을 통해 이 땅에 오셔서 인간이 되셨다. 그분은 고국인 팔레스타인에서 사시고, 가르치시고, 사역하셨다. 사역의 마지막에는 십자가를 지시고 온 세상의 죄를 대신해 죽으셨다. 삼 일 만에 부활하시고 전능하신 하나님 우편에 앉아 계신다. 복음이란 예수님의 희생적인 죽음과 부활을 믿는 사람은 누구나 이 땅에서 그리고 이후에는 영원히 새 생명을 찾는다는 사실이다.

전도는 빌리 그래함의 전도 집회처럼 수많은 대중을 대상으로 이루어지기도 한다. 또는 인간관계를 통해 한 신자가 그리스도를 모르는 누군가와 신앙을 나눔으로 이루어지기도 한다. 전도폭발(Evangelism Explosion)이나 네비게이토선교회(Navigator), 대학생선교회(Campus Crusade for Christ) 등과 같은 전도용 프로그램들이 신자들에게 개인전도의 기술을 가르쳐준다. 대부분의 교단들도 교인들에게 전도하는 방법을 가르친다.

EDWARD A. BUCHANAN

참고문헌 │ M. Green(1970), *Evangelism in the Early Church*; P. Little(1988), *How to Give away Your Faith*.

전략(Strategy). 전략은 정책이나 계획과 목적이 매우 유사하다. 전략은 때때로 혼동이 되는데 그 이유는 이 모든 요소들이 어느 정도 상호 연관되어 있기 때문이다. 전략 입안은 조직이 성공적으로 사명을 성취할 수 있게 해주는 것이다.

효과적인 전략 입안은 몇 가지 요소들을 고려해야 한다. 교회의 상황에서 이것은 교회의 장단점들뿐만 아니라 교회의 사명과 그 가치들, 지역사회의 변화하는 인구통계학 조건 그리고 내적 자원들의 확인(인적 자원 및 물적 자원) 등을 포함한다. 그 어떤 교회도 독립적으로 지역사회에 있는 모든 개인의 필요들을 채울 수 없다는 것을 인정하는 몇몇 교회들은 자신들의 에너지를 특정 목표 그룹에 초점을 맞춘다. 이것이 전략이다.

예를 들어, 한 교회는 교회의 사명으로 "스미스데일 시에 있는 깨어진 가족들에게 사역하기"라고 할 수 있을 것이다. 깨어진 가족들에게 사역하는 것은 그들의 사명이기 때문에 그들은 이 사명을 성취하기 위한 전략적인 계획을 개발해야 할 것이다. 이 전략은 상담 프로그램, 주일 오전에 성경을 기초로 한 설교들을 통해 교인들을 교육시키는 것, 주 중에 지원 그룹을 개발하는 것, 아동들과 십대를 위한 연령에 맞는 활동들을 갖는 것 등을 포함할 수 있다. 전도 또한 사역에 대한 그들의 접근법의 중요한 영역일 필요가 있다.

이러한 전략은 그들의 비전에 집중하고 그들로 하여금 시간이 경과함에 따라 오는 기회들에 관하여 중요한 결정들을 내리도록 한다. 전략들은 계획에 그들의 의미를 부여하고 예산 과정에서 방향 설정에 도움을 제공한다. 임용과 물리적 자원들 또한 전략 입안의 인도를 받아야 한다.

MICHAEL J. ANTHON

참고문헌 │ P. F. Drucker(1974), *Management: Tasks, Responsibilities, Practices*; H. Koonz and H. Weihrich(1990), *Essentials of Management*; J. A. Stoner(1978), *Management*.

전략입안(Strategic Planning). 한 조직의 모든 영역에 영향을 미치는 장기계획이다. 전략입안에서 조직의 지도자들은 그 조직의 가장 바람직한 미래를 정의하고자 한다. 그 다음 그들은 그 미래를 실현하기 위해 전반적인 전략을 기술한다. 전략 입안은 세부사항이나 단기 결과에 관심을 가지지 않고 차후 5년에서 10년에 초점을 맞추고 미래에 대한 그림을 대략적으로 그린다.

교육과 목회의 과업에서 전략입안은 목표들과 그러한 목표들을 성취할 일반적인 전략들을 확인하는 것에 관심을 갖는다. 입안자들은 종종 현재 기관이 어디에 있는지를 표시함으로써 시작하고, 미래의 한 시점에서 어디에 있기를 바라는지를 진술하고, 마지막으로 입안자들은 이 미래를 현실화시킬 경로를 선정한다.

왜 교회들과 기독교교육자들이 전략 입안을 행해야 하는지를 설명하는 여러 가지 이유들이 있다. 한 가지 이유는 그것이 교인 모두(대부분)를 입안 과정에 참여시키며 기관과 제시하는 미래에 대한 충성심을 증가시키기 때문이다. 또한 그것은 그 기관이 개발하는 계획들의 질을 향상시킬 가능성이 많다. 전략 입안을 해야 하는 또 다른 이유는 그것이 기관과 그 기관의 장점과 단점 그리고 기회들과 장애물들에 대한 이해를 증가시켜 주기 때문이다. 게다가 전략 입안은 적극적인 입장을 표현하는 것이므로 그것을

전이

활용하는 기관들은 그들의 사명을 성취할 가능성이 많음을 발견할 수 있다.

전략 입안의 중요한 단계들은 다음과 같다. (1) 기관의 사명 선언문을 재고하라. 그 사명 선언문이 그 기관의 존재 이유에 대한 그룹의 이해를 올바르게 반영하도록 하라. (2) 조직의 장점들과 단점들을 파악하라. (3) 기관이 봉사하는 더 큰 환경 즉 상황을 검토하라. (4) 일반적으로 받아들여지는 절차들을 따라 기관을 위한 몇 가지의 가능한 미래들을 브레인스토밍을 통해 그려 보라. 모든 아이디어들을 환영하고 그 어떤 것도 그 어떠한 방식으로도 비난을 하거나 평가해서는 안 된다. 실제적인 고려들은 중요하지 않다. 아이디어가 많으면 많을수록 좋다. 아이디어의 질은 중요하지 않다. 환영하고 협조하는 분위기가 있어야 한다. 모든 구성원들은 아이디어들을 제공해야 하며 모든 아이디어들을 기록해야 한다. (5) 브레인스토밍 시간에 나온 모든 아이디어들을 체계적으로 연구하고 각각의 아이디어의 장단점들을 파악하라. (6) 그룹의 여론을 표현해 주는 아이디어들을 찾아라. (7) 기관이 원하는 미래를 진술하는 목표를 작성할 때 이 아이디어들을 사용하라. 목표들을 광범위하고 일반적으로 진술하라. (8) 목표 성취에 사용될 일반적인 전략들을 파악하되 구체적인 목적들과 행동 안들은 기록하지 말고 단순히 전반적인 전략들만 진술하라.

JOHN H. AUKERMAN

참조 │ 행정(ADMINISTRATION); 목적(GOAL); 경영(MANAGEMENT); 계획과 계획세우기(PLAN, PLANNING)

전이(Transfer). 한 학습과제를 수행하는 데 긍정적이든 부정적이든 다른 과제에 영향을 미치는 과정을 말한다. 긍정적인 전이는 새로운 환경에서 기독교육의 목표인 일반화 과정을 학습을 통해 이루고, 이것을 새로운 환경에 적용하는 능력을 말한다. 긍정적 전이는 수직적, 혹은 수평적일 수 있으며, '수직적' 전이는 학습되어진 언어의 연상이 문제해결을 가능하게 하는 것을 말한다. 한편 '수평적' 전이는 어떤 상황에서 학습된 기술을 이와 필적할 만한 새로운 상황에 학습자들로 하여금 적용시키는 것을 의미한다. 부정적인 전이는 방해(interference) 과정을 통해 과거 사실을 기억하는 것을 막는 것과, 새로운 사실을 학습하는 미래학습을 방해하는 두 가지로 나눌 수 있다. 부정적 전이는 기독교교육 과정에서 망각이 왜 어려운 문제인가에 대한 설명을 제공한다. 학생들에게 학습 자료가 고립적이고 엉터리가 아니라 의미 있는 것이라는 사실을 확인시키면서, 부정적이거나 긍정적인 피드백을 주고 다양한 현실상황에 맞는 학습과제를 수행할 기회를 제공함으로써, 부정적인 전이는 제지되고 긍정적인 전이는 극대화된다.

JOHN R. YEATTS

참고문헌 │ J. S. Bruner(1977), *The Process of Education*; R. M. Gagne(1977), *The Conditions of Learnting*

참조 │ 정보처리과정(INFORMATION PROCESSING)

전제자료(Premising Data). 미래계획에 관한 정보에 정통한 가정들 혹은 예측들을 만들기 위한 목적으로 조직의 내부적 외부적 환경의 중요한 요소들을 서술하기 위해서 기획 경영(planning management) 분야에서 사용되는 용어이다.

내부적 및 외부적 환경 요소들은 모두 조직의 기본 성격을 통제하는 효과적 정책들과 현재의 계획들을 포함한다. 예로, 모든 다른 것들 가운데서 기독교교육 프로그램 계획은 내부적으로 그룹의 교리적 특징들과 체제에 그리고 외부적으로는 그 사회의 법적 지시들에 영향을 받는다.

쿤츠와 바이리히(Koontz & Weihrich, 1993)는 "일반적 경제 용어에서 판별은 전제들을 계획하는 예측들과 실제 발전된 계획들에서 미래의 기대들로 변하는 예측들 사이에서 이루어져야 한다"고 적고 있다(185). 예로, 외부 공동체의 인구통계와 성장 산출은 기독교교육 프로그램의 발전을 위한 장래 계획 수립의 전제들을 제공한다. 기독교교육 시설, 재정, 혹은 고용직원을 늘리기 위한 내부적 결정은 계획을 기대들로 전환시킨다. 첫 번째 경우, 예측은 계획의

한 전제 조건이다. 두 번째 경우, 예측은 계획의 한 결과이다.

RONALD W. FREEMAN

참고문헌 | H. Koontz and H. Weihrich(1993), *Management: A Global Perspective*.

전진 억제(Proactive Inhibition).

이것은 전진 방해(proactive interference)로도 알려져 있다. 전진 억제는 학생이 새로운 자료와 이전 학습된 자료 사이의 어떤 유사성으로 인해 새로운 정보 항목들을 구별하는 데 어려움을 말한다. 전진 억제는 항목들의 목록들을 기억할 때 가장 빈번히 나타난다. 항목들 사이의 유사성 정도는 이 두 세트의 구별이 어려운 정도를 결정한다. 세트들이 더 유사할수록 이전의 자료들은 새로운 자료의 학습을 더 많이 억제하거나 방해할 것이다.

전진 억제의 한 예는 킹 제임스역으로 한 구절을 암기한 사람이 동일한 구절을 뉴 아메리칸 스텐다드역으로 암기하려고 할 때가 될 수 있다. 전진 억제는 킹 제임스의 단어들을 뉴 아메리칸 스텐다드역의 표현으로 슬그머니 집어넣게 하여 기억하기 어렵도록 할 것이다. 또 다른 예는 성경에서 예수께서 군중들을 기적적으로 먹이신 두 가지 기사를 꼽을 수 있다. 이야기들이 아주 비슷하기 때문에, 학생이 만약 마태복음 14장의 5,000명을 먹이신 사건의 세부사항(5,000명의 남자들, 떡 다섯 덩이, 물고기 두 마리, 남은 열두 광주리)을 암기했다면, 아마 마태복음 15장에서 4,000명을 먹이신 세부사항의 기억에 어려움을 느낄 것이다(4,000명의 남자들, 떡 일곱 덩이, 두세 개의 물고기, 남은 일곱 광주리).

DALE L. MORT

전환적 사고(Transductive Reasoning).

장 피아제는 전조작 인지발달 단계(preoperational cognitive development)에 있는 아동의 독특한 사고 유형을 관찰했다. 이 단계에서 아동은 A가 B의 원인이라면 B 또한 A의 원인이 될 수 있다는 것을 발견하는 것 같았다. 그는 전환적 사고를 연역적, 귀납적 사고와 비교함으로써 의미를 명확히 하였다. 연역적 사고에서 일반화는 특별한 예에 적용된다. 귀납적 사고에서 특별한 예는 일반화시키는 것을 허용한다. 전환적 사고에서는 아이들이 사고를 일반화시키지 않고 사고를 이리저리 전환시키는 과정을 말한다. 전환적 사고는 직관적이며, 자유분방하며, 상상력이 풍부하다. 피아제는 그의 가족의 예를 통해 이 사실을 경험하였다. 그의 딸은 낮잠을 놓친 오후에 낮잠을 자지 않았으므로 오후가 아니라고 주장하였다. 그 예는 그 아이가 오후 낮잠이 아침을 오후로 전환시켜준다고 사고하였음을 단적으로 보여준다(Dembo, 1994).

WALTER H. NORVELL

참고문헌 | M. H. Dembo(1994), *Applying Educational Psychology*; W. R. Yount(1996), *Created to Learn*.

절대기준평가시험(Criterion-Referenced Tests).

시험은, 개인이나 그룹의 현재의 상태와 그 개인이나 그룹의 변화의 정도를 평가하는 일에 사용된다. 개인이나 그룹을 다른 개인이나 그룹과 비교하여 상대적인 상태나 변화의 수준을 평가하기 위해 상대평가시험(norm-referenced tests)이 사용되고, 분명하게 정해진 표준과 비교하여 절대적인 상태나 변화의 수준을 평가하기 위해서는 절대기준평가시험(criterion-referenced tests)을 사용한다. 만약 시험의 목적이 일반적 기술이나 연구목적이라면 절대기준평가나 상대평가 모두 적합하지만, 시험의 목적이 구체적인 행동의 기초를 형성하기 위한 정보를 제공해 주거나, 한 행동의 결과로 인한 정확한 변화가 무엇인지 결정하기 위한 것이라면 절대기준평가시험이 더 적합하다.

절대기준평가시험은 상대적으로 편협하고 명백하게 정의된 영역을 측정하는데, 보다 광범위한 영역에서 제한된 숫자의 시험 예상문제들을 뽑는다. 절대기준평가시험 성적은 개인의 상태를, 평가한 영역에 관한 범위를 지적해 주는(즉 학생은 95%의 문제를 옳게 답했다) 퍼센트와 같은 절대적인 정보를 제공해 준다. 반면에 상대평가시험은 학생을 평균 그룹의 학생들에 비교하는 백분위수(percentile)와 같은 상대적인 정보를 주는 (즉 학생이 50번째 백분위수 점수를 받았다는 것은 50%의 상위그룹의 학생들이 있다는 것이다) 성적을 보여준다.

성취도 평가에 사용된 절대기준평가시험 성적은 학생이 얼마나 알고 있는지를 평가하는 반면, 상대평가 성적은 한 학생의 성취도를 다른 학생들과 비교한다. 절대기준평가 성적이 가치를 지니기 위해서는 측정된 영역과 100% 점수의 의미를 분명하게 규정해야 한다. 상대평가시험은 영역과 평균그룹이 분명히 규정되지만, 100% 점수란 전형적으로 의미가 거의 또는 전혀 없다.

대부분의 절대기준평가시험들이 인지적 영역의 성취도를 시험하지만, 절대기준평가시험은 구체적이고 분명한 행동 및 정서적 영역을 중심으로 구성되었거나, 그 영역과 관련된 개인의 성취도를 보여주는 점수를 제공해 주기 때문에 감정이나 행동 측정에 적합하다. 예를 들면, 빈도수나 동의의 정도를 묻는 질문들을(예: 전혀-자주 혹은 강한 긍정-강한 부정) 사용하여 하나님에 대한 믿음과 헌신을 측정하는 절대기준평가는, 연구목적의 점수 또는 개인의 헌신도와 영적 생활 점수가 평균 이상인지 또는 이 하인지를 보여주기보다는, 구체적으로 개인의 영적 생활을 나타내는 점수를 보여준다.

JEROME THAYER

접근(Contiguity). 행동주의 학습이론으로부터 유래된 다섯 가지 학습 유형의 하나이다. 행동주의에서 묘사하는 학습이란 학습과 반응간의 관계성이라는 아이디어에 기초를 둔다. 가장 기본적인 행동주의적 설명으로는, 자극이 반응을 일으키고 그 후 강화된다는 것이다. 학습은 경험에서 나온다. 학습자들이 사회적, 물질적 세상에서 자극을 받을 때 새로운 행동이 습득되고 오래된 행동은 수정된다.

그러나 어떤 학습은 직접적인 자극-반응의 연속으로 이루어지지 않는다, 왜냐하면 두 개의 자극이 거의 동시에 일어나기 때문이다. 이런 종류의 학습은 두 개의 사건이 함께 짝을 이룬 결과로 이루어지는 학습이다. 어린이가 경적을 울리면 신호등이 파란 불로 바뀌는 것이라고 "학습"할 수 있는데, 그 이유는 운전자가 경적을 막 울렸을 때 신호등이 바뀌는 것을 한번 보았기 때문이다. 이런 식으로 전형성이 쉽게 생긴다. 예를 들면, 미국의 아프리카계 미국인들(African American)은 대부분 또는 모든 영화에서나, 남부 사투리를 말하는 남부 사람들이나, 남자를 제외시키는 종류의 직무를 감당하는 여성들에 의해 부정적인 용어로 묘사된다. 연습과 암기, 반복 그리고 단순한 지식 학습 등을 강조하는 학습 전략들이 접근이론에 그 기초를 둔다.

ELEANOR A. DANIEL

참조 | 행동주의(BEHAVIORISM); 자극-반응 결합(S-R BONDS)

정보처리과정(Information Processing). 사람들은 어떻게 배울까? 왜 사람들은 자신이 배운 것을 잊는 걸까? 사람들은 어떻게 자신이 유아기부터 성인에 이르기까지 성장한 것처럼 자신이 모든 정보, 개념 그리고 결합체들을 저장할까? 어떤 종류의 인지학습전략이 학습 과정을 향상시키는 데 역할을 담당할까? 이러한 것들은 대답을 촉구하는 정보처리 과정이론의 한 영역에서 조사되는 질문의 유형이다.

인지심리학의 정보처리과정 모형은 학습이론 중 탁월한 모형이다. 이 이론에 따르면 정보는 단계나 영역에 따라 조직되고, 분석되고, 합성되는 것이다.

정보처리 이론은 환경자극과 학습자 사이에 상호 작용으로서 학습을 확인한다. 학습된 정보는 자극이며, 학습자는 정보처리자 혹은 변형자이다. 정보처리과정에서 정보교환이 어떻게 일어나는지 이해를 돕기 위하여 컴퓨터로 예를 들어 설명할 수 있다. 컴퓨터를 사용할 때처럼, 사람들이 어떠한 정보를 입력하면 그 정보는 코드화 되고, 사람들은 그 정보를 출력하게 된다.

정보처리과정의 컴퓨터 은유에서 볼 때, 정보 저장에는 감각기억 또는 감각기록, 단기간기억 혹은 작동기억 그리고, 장기간기억 등의 세 가지 형태가 있다. 사람들은 정보를 얻는다. 이 감지 기록기는 지각(시각, 청각, 미각, 촉각, 후각)으로부터 받아들여진 정보를 저장한다.

반향 또는 초상의 기억이라 불리는 이러한 단계에서 드러나는 정보는 간단하며, 거의 비이성적이다. 3-4초 정도 지속되는 감각이 순간기억이며, 감각정보는 제한되며, 대부분이 자료를 인식하거나 단기간기억으로 이동시키지 못하고 잃어버린다.

단기간기억은 정확한 이성적인 정보로 대략 20초 정도 계속되며, 주어진 정보와 관계없이 6-7개 정도의 항목을 기억한다.

마지막으로 장기간기억은 영구적이며, 상대적으로 사람이 학습한 모든 것을 안전하게 기록한다. 단계를 위한 저장용량은 무제한이며, 수동적이며 비이성적이고 쉽게 혼동되지 않는다. 또한 저장된 자료는 연관성에 따라 조직되며, 회상은 연관성과 연합성을 찾는 것을 포함한다.

성경의 가르침에서 목표는 지각기관의 기록단계의 기억으로부터 삶을 장기간 저장으로 변형시킬 수 있는 정보를 움직이는 것이다. 학습을 함으로서 사실이 연습되고 조직되며, 예전 기억과 연관되어 학습자에게 의미 있게 지각될 때 좀더 쉽게 장시간 기억된다는 것이다.

SHELLY CUNNINGHAM

참고문헌 | K. Issler and R. Habermas(1994), *How We Learn: A Christian Teacher's Guide t Educational Psychology*; W. R. Yount(1996), *Created to Learn*.

정서장애아(Emotionally Disturbed Child).

정서장애아란 다른 사람들과의 관계성에 심각한 어려움을 가진 어린이를 가리킨다. 장애아들은 일상생활을 위한 준비가 잘못되어 자신의 능력과 관심을 활용하기 위해 자신들을 적용하는 일이 불가능하다. 그와 같은 무능력이 그들의 지성과는 상관없이 실패를 예상하게 만든다. 어린이가 배우고 자라고 보다 만족스러운 사회적, 정서적 존재로 돌아갈 수 있는 경험들을 조절해 주는 환경을 만들어주는 것은 필수적이다. 가정과 학교와 교회가 반드시 협력하여 어린이의 성취감과 행복감이 자라도록 노력해야 한다.

종교교육은 모든 어린이에게 발달적으로 적합하고 의미 있는 교육과 양육을 제공해 주어야 한다. 정서 장애아들의 행동적 문제들 때문에 그와 같은 환경의 조성 계획과 지도가 쉽지는 않다.

리처즈(Larry Richards)는 가정과 교회의 교육적 상황에서 부모 개입의 중요성을 강조했는데, 이는 특히 정서장애아들에게 매우 중요하다. 정상적인 또래들과 소그룹에서 지내는 경험을 통해 장애아가 정상적인 종교교육의 일상에 통합할 수 있도록 해준다. 이 점에서 교육 사역이 이 어린이의 세계에 긍정적인 환경을 접하는 보다 많은 기회들을 제공할 수 있다.

모든 어린이들에게 발달적으로 건전하고, 성장을 위한 의미 있는 환경을 만들어 주는 종교교육과 양육을 제공하는 것은 교회의 의무이다. 이 의무를 위해 정서장애아를 다룰 때에는 (다른 어린이들과) 다르고 어려운 어린이들을 수용하는 태도가 필수적이다. 이것은 어린이의 필요를 설명해 주고 불규칙한 행동들을 다룰 줄 아는 그들의 부모가 개입되어야 할 이유를 설명해 준다.

DORIS BORCHERT

정신분석학자(Psychoanalyst).

프로이트, 지그문트(Freud, Sigmund)를 보라.

정신분열증(Schizophrenia).

정체성 산만(Identity Diffusion)을 보라.

정신운동영역(Psychomotor Domain).

이 글을 읽는 동안 당신은 정신운동영역에서 활동하고 있다. 책을 들거나, 페이지를 넘기거나, 책을 책꽂이에 다시 꽂는 것은 사고와 정신운동적 과정들의 협력 결과이다. 간단한 표현으로 정신운동영역은 감각 신호가 뇌로 보내어지고, 뇌의 명령 신호를 움직임이나 반응을 만드는 몸의 근육들로 보내는 과정이다. 이러한 운동들은 복잡하고 다양하다. 특정한 명령에 의해서 발생되는 운동들은 "목표가 있고, 목표 수행을 위해서는 몸과 팔 다리의 자발적 움직임들이 요구되는 활동"으로 명명되는 운동 기능과 동일시될

정신운동영역

수 있다(Magill, 1993, 7).

운동은 삶과 교육적 실제의 중요한 부분이다. 교육환경에서 사람은 자발적이고 목적 있는 신나는 운동을 생각하는 경향이 있다. 육체적 활동의 사고, 감정, 행동, 동기와의 관계 그리고 학습과정에서 경험의 전체적 범주는 연구자들과 교육자들이 심체적 행동 분류의 방안들을 연구하도록 만들었다. 벤자민 블룸(Benjamin Bloom)의 『교육 목표 분류학』(Taxonomy of Educational Objectives)은 인지, 감정, 정신운동영역들의 학습 목표들 분류를 위한 가장 잘 알려진 연구일 것이다. 이 분류 체계는 교육자들에게 교육과정, 시험, 교육 연구들의 틀을 제시할 수 있는 유용한 연구로 인식되었다. 블룸의 연구는 인지적 영역에 초점이 맞추어져 있고, 그의 격려로 많은 연구자들과 교육자들은 이 분류법을 감정과 정신운동 영역까지 포함하는 것으로 확장시켰다.

하나의 형식으로 분류법을 활용한 아니타 해로우(Anita Harrow, 1972)는 정신운동적 발달을 여섯 개의 범주로 나누었다. (1) 어떤 자극에 대한 반응에서 의식적 결단 없이 나오는 행동들인 반사 작용, (2) 반사 작용의 결합으로 형성되는 선천적 운동 양식들인 기초-기본 운동, (3) 인지적 능력 즉 이것은 학습자가 환경에 적응할 수 있도록 정보를 제공하는 다양한 양식들의 자극에 대한 해석, (4) 신체적 능력 즉 정교한 움직임의 발달에 필수적인 생체 활동력의 기능적 특징들, (5) 숙련된 운동 즉 선천적 움직임 양식들을 기초로 해서 복잡한 움직임을 수행할 때의 효율성의 정도를 명시, (6) 일관성 있는 의사전달 즉 얼굴 표현들에서 신체적 움직임들까지의 정교한 구성 등(Harrow, 1972, 104-6).

이 분류법의 목적은 단순한 것에서부터 복잡한 것까지 관찰 가능한 행동들을 분류하기 위한 것으로서 아동의 필요들과 연관된 교육 목표들의 구조화에서 교육과정 개발자들을 지원하는 것이다. 정신운동영역은 주로 말하기, 읽기, 육필, 운동 그리고 과학, 미술, 음악 영역에서의 수행능력의 발달이다. 교육적 노력들은 사고과정에 많이 들여지고 있지만, 운동 근육 기능들은 교육과정에서 개인의 전체적 발달의 한 부분이다.

움직임의 정확한 기초 위에서 운동 근육을 분류하면 단순한 운동 기능들과 정교한 운동 기능들이 구별된다. 단순한 운동 기능은 걷기, 달리기, 뛰기 등이다. 단순한 운동 기능은 정밀한 분류 없이 여러 근육 운동의 공동작용과 섞여진 움직임을 강조한다. 정교한 운동 기능들은 정밀성을 요하고 몸의 세밀한 근육들까지 통제하며, 단순한 운동 기능들보다 인지적 발달이 더 필요하다. 쓰기, 그리기, 바느질 등은 이러한 정확한 기능들의 예들이다. 기독교교육자들은 활동들과 운동이 학생들의 정신운동적 기능의 수준에 적절한지에 대한 확증을 도전 받고 있다. 단순한 운동에서 정교한 운동능력으로 진보하는 데 아동의 신체적 성장과 발달은 개인마다 현저하게 다르다. 학생들에 대한 주의 깊은 관찰은 교사들이 정신운동적 기능의 범주를 인정하는 시험들과 도전들을 선택하도록 도울 수 있을 것이다. 나이와 능력에 따른 운동 능력 발달에 대한 전반적 이해는 기독교교육자에게 매우 중요한 것이다.

정신운동영역과 관련된 다양한 기초 개념들, 원리들, 가정들은 가르치는 사람들에게 유용하다. 기능들은 단순한 것에서 복잡한 것으로 지속적 변화에 따라 분류된다. 기능이 단순할수록 임무 수행을 위한 전략의 필요는 낮아진다. 기능들이 단순할수록 복잡한 기능들에 비해 더 반사적이며 인지적 발달이 낮게 요구된다. 아이들을 가르치는 사람들에게 연속성과 관련된 기술의 난제는 수행을 위해 요구되는 훈련의 양을 결정하는 요인이다. 정신운동적 기능의 분류법은 기능의 발달에 있어 개인의 진보를 평가하는 체계로 유용할 수 있다. 기술과 지식, 정보처리, 동기화의 습득은 대부분의 정신운동의 학습에 있어 중요한 측면들이다. 어떤 교사들은 자신들의 대부분의 노력이 인지적 영역에서 드러나야 된다고 생각하지만, 지혜로운 교사는 균형 잡히고 온전한 역할을 하는 사람은 모든 영역들에서 발전이 필요하다는 것을 인식할 것이다.

정신운동영역의 학습자들과 학습 환경과의 관계는 기독교교육자들이 중요하게 고려하는 것이다. 학습자들과 관련하여 운동 기능들에 대한 이해의 중요한 면들은 인지, 움직임 통제, 주의집중, 기억 그리고 개인의 차이들이다. 시각 기능들은 많은 운동 기능들에 중요한 역할을 하며 정신운동영역의 토의에서 기본적인 부분이다. 모든 감각 체계들을 사용할 수 있는 경우, 우리는 시각을 가장 의존하는 경향이 있다. 이 인식은 시각이 학습 환경에서 중요하다는 통찰을 준다. 마길(Magill, 1993)은 시각이 "개인이 상황이 요구하는 기대되는 행동을 할 수 있게 하는 고등 정보 제공을 위해 환경을 탐색"하는 자율운동 협력기관에 포함된다고 주장했다. 적절한 시각적 정보, 즉 적절한 조도, 움직임에 알맞은 공간, 시각 자료들의 적절한 크기와 색깔 그리고 마음을 끄는 색깔과 질감들은 정신운동영역을 활용하게 하여 학습을 강화시킨다.

인식의 두 가지 다른 형태는 정신운동영역에서 중요하다. 청각은 듣기, 다른 높이, 소리의 강렬함, 소리의 위치와 행로, 과거 청각 경험들의 인식과 재생산 등을 포함한다(Harrow, 1972, 183). 근(筋) 감각 인식은 근육 기관들을 통해 인지된 자극에 대한 학습자의 해석 혹은 움직임의 진행에 따른 느낌이다(Harrow, 1972, 179). 시각, 청각, 근(운동)감각은 정신 역동 발전에서 자극의 중요한 형태이므로 이것들은 정신운동영역을 논의할 때 서로와의 관계와 통합성 속에서 반드시 고려되어야 한다.

분류체계에서 구별된 영역으로의 "정신운동"은 이론의 요소들과 운동 학습 운동 기능들과 관련된 과정들에 대한 연구와 조사에 효과적이다. 교실에서 교사는 분리된 정보들을 활용하여 학습과 행동 목표들의 발전과 학생들의 필요를 채우는 최적의 환경을 구성할 수 있다. 결론적으로, 모든 영역들과 원리들과 이론들은 최선의 교육적 방법들을 찾을 수 있는 통합적 접근을 제시한다.

PHILIP D. MCLEOD

참고문헌 | R. Beechick(1982), *A Biblical Psychology of Learning*; B. S. Bloom, *Taxonomy of Educational Objectives Handbook I: Cognitive Domain*; A. J. Harrow(1972), *A Taxonomy of the Psychomotor Domain*; R. A. Magill(1993), *Motor Learning Concepts and Applications*; A. J. Romis-zowski(1981), *Designing Instructional Systems*.

참조 | 인지이론(COGNITIVE THEORY); 운동감각의 학습자(KINESTHETIC LEARNERS)

정의(Justice). 법과 질서(Law and Order)를 보라.

정의적 영역(Affective Domain). 200여 년 전, 조나단 에드워즈(Jonathan Edwards: 18세기 미국의 유명한 전도자, 미국 대각성 운동의 선구자-역주)는 "참된 종교는 거룩한 애정에 있다"고 했고, 최근에는 제임스 마이클 리(James Michael Lee: 20세기 미국 종교교육 이론가-역주)는 "종교교육의 가장 중요한 결과는 태도 함양이다"라고 말했다(*The Content of Religious Instructions*, 1985, 56). 그러나 기독교교육자들은 이 애정(affection)의 이해와, 또 학생들에게 이 애정을 가르치는 가장 좋은 방법에 대해 고민하고 있다. 에드워즈가 쓴 논문 이후, 특별히 지난 반세기 동안 이 분야의 연구가 진보해 왔지만 아직도 미진한 상태이다.

무엇이 정의적 영역을 구성하고 있는가? "정의적 영역"(affective domain)이란 인간 경험을 구성하는 세 영역 중 하나로서, 교육자들의 교육 목표가 여기에서 나온다. "Affect"라는 말은 정의, 감정, 정서, 기질(dispositions), 태도, 가치, 동기, 신념 등의 의미를 포함하여 다양하게 묘사된다. 세 영역 중 다른 두 가지 영역은 인지 영역(지성/지식)과 능동 영역(정신 운동/행동)이다.

크래톨, 블룸 그리고 매지아(Krathwohl, Bloom, & Masia, 1964)는 정의적 영역 교육 목표의 "분류학"(taxonomy), 즉 종류별 분류 혹은 질서 정리 등을 발전시켰는데(1964), 다음과 같은 다섯 개의 범주로 나뉜다.

1. 수신(참여)하기(Receiving/Attending)
   (1) 의식(Awareness)
   (2) 의도적 수신(Willingness to receive)
   (3) 통제된 또는 선별적 주의 집중
       (Controlled or selected attention)

정의적 영역

2. 반응하기(Responding)
   (1) 본의 아닌 반응(Acquiescence in responding)
   (2) 의도적 반응(Willingness to respond)
   (3) 만족스런 반응(Satisfaction in response)

3. 가치 주기(Valuing)
   (1) 가치 수용(Acceptance of a value)
   (2) 선호하는 가치(Preference for a value)
   (3) 헌신(Commitment)

4. 조직(Organization)
   (1) 가치개념화(Conceptualization of a value)
   (2) 가치체계조직(Organization of value system)

5. 가치 또는 복합적 가치에 의한 특성화(Characterization by a value or value complex)
   (1) 일반화된 세트(Generalized set)
   (2) 특성화(Characterization)

이들이 설명하는 분류학 저변의 원리는 "내면화"(internalization)이다. 즉 수신의 단계에서는 학생들이 환경의 자극을 갑작스럽고도 수동적으로 받아들이지만, 특성화의 단계에서는 의도와 확신으로 대한다는 것이다. 교육자들은 이 분류학을 참고하는 반면, 비평가들이 언급하는 한계 또한 명심해야 한다.

인지 영역과 비교하면서 이 세 사람은 "정의적 영역의 구조가 훨씬 더 어렵고, 그 결과 또한 만족스럽지 않다"고 했다(1964). 어려움 중의 하나는 정의적 영역 내부의 복잡성 때문이다. 학자들 사이에 서로 다른 용어를 사용하거나 동일한 용어조차도 광범위한 의미로 사용되는 등 부분적으로나마 그 복잡성을 설명할 수 있다. 예를 들어, 월터스토프(Wolterstorff)는 정의적 영역을 "경향"(tendencies)이라는 말로 설명한다. 이 용어를 사용하는 이점이 있을 수도 있지만, 다른 교육자들이 이에 동의하지 않으므로 혼란을 주게 된다.

정의적 영역 중에서, 교육자들은 "희로애락의 감정"(emotion)을 가장 소홀하게 다룬다. 이 감정에 대하여 "초라한 지성처럼 보일 수 있다"고 설명한 로버츠의 의견이 옳을 수도 있다(1982, 12). 희로애락의 감정은 개인의 돌발적이고 일시적 감정이지만 그것을 극복하는 방식, 행동으로 표현하는 법 등은 조절이 가능하므로 교육이 가능하다. 분명한 것은 희로애락의 감정이 인간 경험의 강력한 힘이자 그리스도인의 생활에도 중요하기 때문에 교육적 관심을 거두어서는 안 된다.

태도란 희로애락을 '느끼는' 것이며, 기질의 장기적인 특성과도 관계가 있다. 즉 다양한 자극에 어느 정도 안정적이며 지속적인 반응을 보이는 방식이라고 할 수 있다. 정의적 영역의 모든 면에서와 마찬가지로, 학자들 간에 태도의 인지적 구성에 대한 분분한 견해가 있지만 대부분은 태도를 정의적 영역으로 분류한다. 태도란 타고나는 것이 아니라 학습되는 것이므로, 교육자들은 신뢰, 사랑, 인내, 동정심, 겸손 등과 같은 (조나단 에드워즈는 "열심"〈zeal〉을 바람직한 종교적 감정이라는 목록에 포함했다) 태도의 함양을 조장해야 한다. 태도 함양에 가장 중요한 발달 시기는 유년기 초기, 청소년기 그리고 청년기이다. 학습과 교회, 학교에 대한 태도와 학생의 참여도 사이에는 중요한 상관관계가 있다.

가치는 태도와 밀접한 관계가 있는데, 가치는 "좀 더 내면화된" 것이다. 가치를 증명하는 학습은 학생들이 가진 주관적인 가치들을 증명하는 데 도움이 되지만, 하나님과 그분의 창조 안에 객관적으로 부여된 가치를 가르치기에는 부적절하다.

신앙(beliefs)은 단단한 인지적인 기초가 있지만 (사고나 합리성과 같은), 단순히 교리를 아는 것 이상의 그 무엇이다. 어떤 것에 대한 신념이라는 것은 최소한 정의적인 자질을 가지는 것이다. 리틀(Little: 미국 기독교교육자 중 한 사람, 뉴욕 유니온신학교 〈Union Theological Seminary〉 교수-역주)은 신앙을 종교적인(그리고 정의적인) 영역으로 분류하면서도 인지적인 측면을 강조한다(1983). 그의 구분 자체는 도움이 되기는 하지만 그의 이론은 정의적 영역에서 신앙을 떼어내어 버린 듯하다. 보다 나은 구분은 애스틀리(Astley)가 "belief-that"과 "belief-in"을 구분하는 설명에서(1994) 잘 이해할 수 있다. "Belief-that"이란 어떤 것에(하나님, 교회, 죄 등의) 대해 아는 것이지만, 구원의 능력은 없다. 다시 말해, 사람들은 하나님의 존재나 하나님의 사랑을 "마귀조차도 믿는"(약 2:19) 것처럼 믿을 수도 있다. 반면에 "belief-in"이란 그러한 지식이 신뢰하는 태도와 예배/경배와 하나가 된 것을 말한다.

정의적 영역이 다른 영역과 비교해 다른 점은 무엇인가? 세 가지 영역의 관계성에 대한 토론 중, 특히 인지와 정서의 관계성에 대한 연구가 활발하다. 블룸(1956)과 크래톨(1964)의 분류학을 표면적으로 보면 서로 다른 개체인 듯 보인다. 그러나 자세히 보면 그렇지 않다는 것을 알게 된다. 그리스 철학자들의 인간성에 관한 토론이나 현대 교육자들의 교육목표에 관한 토론처럼, 영역이라는 것은 분석하여 이해하기 위한 추상성으로 인식하지만, 사람은 전인적인 존재로 본다. 정의적 학습을 인지적, 동적 기능과 밀접하게 얽힌 것으로 보는 연구가 계속 증가하고 있다. "마음으로 배우는 것"(heart-learning)과 "머리로 배우는 것"(head-learning)을 분리시킨다든지, 하나를 진정한 기독교교육 목표로 취하고 다른 하나는 상반되는 것으로 취급하는 것은 무의미한 일이다.

기독교교육학에서 정의적 영역의 중요성은 종종 평가절하된다. 1980년 이전의 연구들, 특히 복음주의적 출판사들에서 정의적 영역이나 그와 관련된 출판물을 찾기는 쉽지 않다. 성경(언어화된 종교)의 권위성과 관련하여, 대체로 인지적 학습만을 강조해 왔다. 대부분의 교회 지도자들은 정의적 영역 학습의 당연한 결과로서 적절한 태도와 가치의 함양을 가정한다. 그러나 연구들은 이 결론을 지지해 주지 않을 뿐 아니라, 이 두 영역의 학습이 개별적이라는 사실을 보여준다. 가치와 태도 함양을 위해서는 교육자들이 학습 계획과 실천에 특별한 주의를 기울여야 한다.

정의적 영역의 논제가 기독교교육 분야에는 두 가지 방식으로 나타난다. 첫째는 학습 동기의 주된 이슈인 학습에 임하는 학습자의 감정 상태로 교육심리학자들의 빈번한 화두가 되어 왔다. 학습 활동에 참여하는 학습자의 자기 평가 역시 중요한 역할을 한다. 학습자들의 자아 개념에 대한 연구가 포괄적으로 진행되고 있다.

둘째는 기독교교육의 "정의적 내용"에 대해 일부 학자들이 저술 하고 있다. 그러나 발달 단계나 바울신학을 가르쳤던 것처럼 태도나 가치, 신앙 등을 "가르치는" 것은 아니다. 사실, 정의적 학습은 비언어적, 비형식적, 경험적인 방법으로 최선의 효과를 보기 때문에, 상식적으로 가르치기보다는 학습자 안에서 양육되고 함양되어야 할 것이다. 이 점은 호레이스 부쉬넬(Horace Bushnell〈1802-1876〉: 미국 현대 기독교교육의 아버지라고 불리는 교육학자-역주)이 그의 책 『기독교적 양육』(*Christian Nurture*, 1860)에 잘 설명해 놓았다. 그 훨씬 이전에는 교회에서 새신자들에게 교리입문을 가르치고, 기간을 정해 놓고 기독교적 가치와 태도와 행동이 성숙할 수 있는 기회를 제공해 주기도 했다.

구교의 교육자인 마이클 제임스 리는 교육자들이 교육기획의 네 가지 구성요소인 교사, 학습자, 주제, 환경에 중점을 두면서 계획적, 조직적으로 태도를 가르칠 수 있다고 확언했다(1985). 그러나 조직적이고 계획적인 교수법은 직접적인 방법을 요구하지는 않는다. 한편으로는 사랑에 대해 학생에게 설명하면서 다른 한편으로는 그가 사랑하는 사람이 되도록 하는 일과 같다. 리는 정의적 영역을 가르치기 위해서는 인지 영역이나 동적 영역과는 다른 교육 목표와 정책을 활용해야 한다고 했다. 언어보다는 경험을 중시하는 역할극이나 시뮬레이션 등이 정의적 학습 교육에 보다 효과적이다.

그러나 복음주의 교육자들이 리의 의견에 반대하기도 한다. 그 이유는 사회과학적 방법으로 종교교육을 접근하게 되면 성령의 역할이 사라지게 될지도 모른다는 우려 때문이다. 리는 교사들을 통해 태도의 변화가 가능하다며, 학생들 마음에 내재하신 성령의 중재적인 사역을 도외시했다. 반면에 수잔 존슨(Susanne Johnson)은 "영적 형성(spiritual formation)을 기독교교육 조직 개념의 열쇠"로 제안했다(1989, 13). 그녀는 (성례, 기도와 묵상, 성경공부 등의) 은혜로운 방법들을 통해 신자들이 (그녀가 보는 정의적 학습인) 그리스도의 성품으로 만들어져 간다고 말한다. 이러한 일은 목사와 기독교교육자들에 의해서 신앙공동체 안에서 이루어지지만, 본질적으로는 학생들 마음에 내주하신 하나님의 영이 하시는 은혜의 사역이라고 한다.

기독교교육자들이 인간의 정서적 기능과 성령의 형성시키는 역사를 배울 때 그들은 학생들이 "거룩한 애정"(holy affections)을 습득함에 있어 도움을 줄 수 있다.

CLAIR ALLEN BUDD

참고문헌 | J. Astley(1994), *The Philosophy of Christian Religious Education*; B. Bloom, ed.(1956), *Taxonomy of Educational Objectives, Handbook I: Cognitive Domain*; H. Bushnell(1860), *Christian Nurture*; S. Johnson(1989), *Christian Spiritual Formation in the Church and Classroom*; D. R. Krathwohl, B. S. Bloom, and B. B. Masia(1964), *Taxonomy of Educational Objectives: Book 2, Affective Domain*; J. M. Lee(1985), *The Content of Religious Instruction*; S. Little(1983), *To Set One's Heart: Belief and Teaching in the Church*; T. A. Ringness(1975), *The Affective Domain in Education*; R. C. Roberts(1982), *Spirituality and Human Emotion*; N. Wolterstorff(1980), *Educating for Responsible Action*.

참조 | 믿음(BELIEF); 리, 제임스 마이클(LEE, JAMES MICHAEL); 가치명료화(VALUES CLARIFICATION); 가치교육(VALUES EDUCATION)

정책(Policy).

의사결정을 지도하는 절차들 혹은 규칙들의 진술이다. 이것은 지도자들에 의해 세워지며, 전반적인 지침으로서 어떤 상황에 대한 모든 사항들을 다루도록 의도된 것은 아니다. 적용에서 폭이 넓고 실행원리들을 제시한다. 예를 들어 교육위원회는 아동들과 십대들의 교사들에게 수업시간에 훈육이 필요한 학생들을 다루는 여러 가지 방안들의 윤곽을 제시하는 방침을 기록할 수 있을 것이다.

교육에서 정책들의 목적은 다음 것들을 포함한다. 의사결정을 위한 지침, 야기될 수 있는 전반적인 질문들에 대한 대답, 사역 내의 지속성, 결정들이 충동적이거나 모호하지 않게 하는 일관성과 공정성, 문제 예방 그리고 편파주의와 비일관성 예방 등.

LIN JOHNSON

정체성 산만(Identity Diffusion).

정체성 산만자는 직업상, 혹은 관념상 어떠한 방향도 정하지 않고 있다. 비록 많은 대안들에 대해 연구했을지도 모르지만 말이다. 개인들은 여러 분야에 참여하지 못하지만 그것에 대해 걱정하지 않는다. 그들은 직업적 성향을 보일지도 모르나 기회가 있다면 좀더 마음 가는 쪽의 다른 무엇으로도 전환할 수 있다. 그들은 또한 관념적인 논쟁을 싫어한다. 그리고 모든 입장과 그 근거는 동등한 가치를 지니기 때문에 그에 더 가까이 가기 위해 어떠한 "잡다함"도 수용한다(Marcia, 1966, 552).

JAY SEDWICK

참고문헌 | S. L. Archer, *Journal of Adolescence*(1989): 345-59; E. Erikson(1963), *Childhood and Society*; idem(1968), *Identity: Youth and Crisis*; idem(1968), *International Encyclopedia of Social Sciences*, pp. 61-65; J. E. Marcia, *Journal of Personality and Social Psychology* 3, no, 5(1966): 551-58; idem(1980), *Handbook of Adolescent Psychology*, pp. 159-87; R. E. Muuss(1996), *Theories of Adolescence*; J. W. Santrock(1996), *Adolescence*.

참조 | 정체성 성취(IDENTITY ACHIEVEMENT); 정체성 유질(IDENTITY FORECLOSURE); 정체성 유예(IDENTITY MORATORIUM); 정체성 지위(IDENTITY STATUS)

정체성 성취(Identity Achievement).

정체성을 성취한 개인은 탐험의 시기를 경험하고 스스로의 선택으로 관념학상 그리고 직업상의 목표를 정한 것이다. 이렇게 개인들은 심각하게 다양한 직업상의 대안들을 고려하며 스스로 결정을 해왔다. 그들은 과거의 믿음들에 대해서 평가하고 논쟁을 삼가고 환경의 갑작스런 변화 혹은 예상치 못한 의무들을 유능하게 조절한다(Marcia, 1966, 551-52). 이것은 정체성 형성에 요구되는 상태이다.

JAY SEDWICK

참고문헌 | S. L. Archer, *Journal of Adolescence*(1989): 345-59; E. Erikson(1963), *Childhood and Society*; idem(1968), *Identity: Youth and Crisis*; idem(1968), *International Encyclopedia of Social Sciences*; pp. 61-65; J. E. Marcia, *Journal of Personality and Social Psychology* 3, no, 5(1966): 551-58; idem(1980), *Handbook of Adolescent Psychology*; pp. 159-87, R. E. Muuss(1996), *Theories of Adolescence*; J. W. Santrock(1996), *Adolescence*.

참조 | 정체성 산만(IDENTITY DIFFUSION); 정체성 유질(IDENTITY FORECLOSURE); 정체성 유예(IDENTITY MORATORIUM); 정체성 지위(IDENTITY STATUS)

정체성 유예(Identity Moratorium).

정체성 유예자는 직업상 그리고 관념상의 논쟁에 대해 투쟁하고 있다. 그는 "정체성 위기"에 놓여 있다. 그는 두 영역에 참여하기 위해 활발하게 분투한다. 청년기의 논쟁은 부모의 소망과 그의 능력들 그리고 사회적 기대 사이에서 타협하도록 한다. 그는 참으로 근심하고 가끔은 해결되지 않은 문제들에 자신을 소진시킨다(Marcia, 1966, 552). 이것이 대부분의 공통적인 청년기 때의 모습이다.

JAY SEDWICK

참고문헌 | S. L. Archer, *Journal of Adolescence*(1989): 345-59; E. Erikson(1963), *Childhood and Society*; idem(1968), Identity: *Youth and Crisis*; idem(1968), *International Encyclopedia of Social Sciences*, pp. 61-65; J. E. Marcia, *Journal of Personality and Social Psychology* 3, no, 5(1966): 551 58; idem(1980), *Handbook of Adolescent Psychology*, pp. 159-87; R. E. Muuss(1996), *Theories of Adolescence*; J. W. Santrock(1996), *Adolescence*.

참조 | 정체성 성취(IDENTITY ACHIEVEMENT); 정체성 산만(IDENTITY DIFFUSION); 정체성 지위(IDENTITY STATUS)

정체성 유질(Identity Foreclosure).

정체성 유질자는 직업적이고 관념적인 입장들에는 위탁되어 있으며 어떤 위기나 대안들에 대한 탐구는 경험해보지 못해왔다. 이런 이들의 선택이란 그들의 부모나 그들에게 영향을 끼친 다른 이들에 의해 좌우된다. 그들은 그들이 그렇게 되도록 의도한 다른 이들처럼 되어가고 있다. 개개인의 성격은 완고함에 의해 특징 지워진다. 만약 부적절하다거나 부모의 가치가 도전받고 있는 상황과 부딪치게 된다면 이들은 매우 두려워할 것이다(Marcia, 1966, 552). 정체성 형성은 일시적 정지에서 후기 사춘기를 통해 젊음이 성숙되는 성취까지 움직여야 한다(18-21세).

JAY SEDWICK

참고문헌 | S.L. Archer, *Journal of Adolescence*(1989): 345 -59; E. Erikson(1963), *Childhood and Society*; idem(1968), *Identity: Youth and Crisis*; idem(1968), *International Encyclopedia of Social Sciences*, pp. 61-65; J. E. Marcia, *Journal of Personality and Social Psychology* 3, no, 5(1966): 551-58; idem(1980), *Handbook of Adolescent Psychology*, pp. 159-87; R. E. Muuss(1996), *Theories of Adolescence*; J. W. Santrock(1996), *Adolescence*.

참조 | 정체성 성취(IDENTITY ACHIEVEMENT); 정체성 산만(IDENTITY DIFFUSION); 정체성 유예(IDENTITY MORATORIUM); 정체성 지위(IDENTITY STATUS)

정체성 지위(Identity Status).

에릭슨(Erik Erikson, 1963)에 의하면 인간의 발달 8단계는 공통적으로 청년기 때 부딪치는 정체성과 정체성 혼란 사이의 긴장이라고 한다. 정체성은 "욕망, 능력, 신념 그리고 개인적인 역사의 내적이며 자기 중심적이고 역동적인 조직"이다(Marcia, 1980, 159). 에릭슨의 보고서에 따르면 청년기 때의 주된 일은 응집력 있고, 통합되어 실행할 수 있는 정체성을 형성하는 것이다. 그들은 청년의 삶으로 안내해 줄 것이고, 어른으로서의 책임 그리고 다음 단계에서 성공적으로 일을 달성할 수 있게 해줄 것이다. 확신하건대 정체성에 대한 의문은 "나는 누구인가"라는 의문보다 더 많은 것을 포함하고 있다는 것이다.

정체성은 청년기로부터 생기지 않는다. 태어난 후 아이는 문화 속에서 무엇이 중요하고 가치 있는 것인지를 배우는데 그와 사회가 서로의 행위에 반응함으로써 이루어진다. "정체성 형성은 관찰의 과정과 정신적 기능의 모든 단계에 대한 과정을 거치게 된다. 이것은 개인이 자기 자신을 판단함으로써 이루어진다. 그 속에서 타인들은 그를 자신들과 비교하거나 자신들에게 중요한 유형학에 비교하여 판단한다. 형식론 측면에서 얼마나 그들에게 중요한지 판단한다. 그 동안 그는 그들과 또 그들과 관련될 일 속에서 얼마나 자기 자신을 인지하는지 판단한다(Erikson, 1968a, 22). 정체성 형성은 다양한 모습으로 조절되는 청년기 동안의 "정체성 위기"를 만든다. 그것은 사회적인 영향에 좌우되는 것이다(Erikson, 1968a, 62). 위기는 필요한 전환점으로 의미되는데 이는 중요한 순간으로 임박한 대혼란이라기보다는 발전이 한쪽으로 또는 다른 쪽으로 진행되는 때이다. 정체성 형성은 후의 성인의 인생을 걸쳐 계속된다. 개인들은 변화하는 세상 속에 그들을 적응시키는 방법에 순응하는 것을 계속하는 것이다(Marcia, 1980, 160).

정체성 형성은 관념적 입장과 직업상의 방향에 대한 참여와 탐험을 포함한다(Marcia, 1980, 160). 탐험(위기)은 활동의 약속으로서 모든 대안의 평가를 언급한다. 그 활동은 정보에 근거한 결정을 하기 위해 지식을 제공하는 것을 말한다. 그것은 없는 것도 아니고, 있는 것도 아니고, 그렇다고 지금 진행 중인 어떤 것이 아니다. 참여는 결정 시 투자와 어떤 선택이 다른 이들의 목표와 융합되는지에 대해 고려할 것을 지시한다(Archer, 1989, 346).

마르시아(James E. Marcia, 1996)는 정체성 형성 단계를 연구할 목적으로 4가지의 정체성의 지위를 공식화함으로써 에릭슨의 이론과 연구를 정립하였다. 그 네 가지의 지위는 정체성 성취, 정체성 전파, 정체성 정지, 정체성 유질이다.

초기의 에릭슨과 마르시아의 연구는 남성이 대상이었고, 남성의 정체성 논쟁으로 완성되었다. 몇몇 연구원들은 청년기 때의 소녀들의 상태와 특정 정체성 형성에 대한 정당성을 의심해 왔다. 그러나 그것은 유용하게 증명되었다. 소녀들을 위한 내용상의 차이점에도 불구하고 말이다. 각 상태에 대한 기술적 정보는 소녀들마다 다를 수 있다. 때론 이들이 다른 논쟁들에 대해 투쟁하기 때문이다. 청년기의 소녀들을 위해 풀어야 할 첫 번째 과제는 개인 간의 관계를 정립하고 유지하는 것이다(Marcia, 1980, 179).

JAY SEDWICK

참고문헌 | S. L. Archer, *Journal of Adolescence*(1989): 345-59; E. Erikson(1963), *Childhood and Society*; idem(1968), Identity: *Youth and Crisis*; idem(1968), *International Encyclopedia of Social Sciences*, pp. 61-65; J. E. Marcia, *Journal of Personality and Social Psychology* 3, no, 5(1966): 551-58; idem(1980), *Handbook of Adolescent Psychology*, pp. 159-87; R. E. Muuss(1996), *Theories of Adolescence*; J. W. Santrock(1996), *Adolescence*.

참조 | 정체성 성취(IDENTITY ACHIEVEMENT); 정체성 산만 (IDENTITY DIFFUSION); 정체성 유질(IDENTITY FORECLOSURE); 정체성 유예(IDENTITY MORATORIUM)

제사장(Priest). 성직자(Clergy)를 보라.

제임스, 윌리엄(James, William, 1842-1910). 미국의 심리학자이며, 실용주의의 창시자이며 지지자 중 한 명이다. 그는 미국과 유럽의 사립학교에서 지도교수로부터 교육을 받았다. 1869년에 그는 하버드에서 연구를 두 번이나 중단했는데 그것은 브라질에서의 연구조사와 독일에서 생리 심리학을 연구하기 위해서였다. 그는 의학학위를 받았다. 몸과 정신 사이의 관계에 깊은 흥미를 지니고, 그는 1876년에 하버드에서 심리학 강의를, 그 후 3년 뒤에 철학 강의를 시작하였다. 제임스는 1907년 그의 퇴직 때까지 하버드에 남았다. 그의 가장 주목할 만한 제자 중에는 스텐리 홀(G. Stanley Hall)이 있었다.

그의 가장 뛰어난 제자 중에는 하버드에서 심리

학 학위를 받은 스텐리 홀과 그의 교육에 영향을 받았음을 처녀작『세 가지 인생』(Three Lives)에서 보여준 거트루드 스타인(Gertrude Stein)이 있다.

제임스의 편찬 경력은 유명한 잡지와 철학 간행물로 시작하였다. 그는 자신이 프랑스어 출판을 위해 구상한 철학 시리즈물을 통해 명성을 얻었다. 비록 그 주제에 관한 장편의 글을 썼지만 결국 자신만의 체계적인 철학을 발전시키지는 못했다. 그에게 있어 옳은 질문을 요구하는 것은 대답을 받기보다 더 큰 가치가 있었다. 더구나 그는 의도적으로 독단주의를 회피했는데 전문 청중보다는 오히려 대중을 위해 글을 쓰고 싶어 했기 때문이다. 그의 철학연구가 정착되지 못했을 때 그는 그것을 자연과학으로써 가르쳤으며, 그의 저서『심리학의 원리』(Principle of Psychology)를 편찬함으로써 12년의 저작 활동을 마무리하였다(1890).

제임스는 의식은 사고를 연관시키고 조직해서 그것들에게 물의 흐름 같은 영속성을 주는 활동적이고 의도적인 방법으로 기능한다고 가르쳤다. 이 이론은 생각의 타당성이 그것의 공리주의 성격에 의해 지지된다고 주장하였다. (그것은 기능주의〈functionalism〉로 알려지게 되었다.) 후에 한 권으로 요약된『원리』(Principle)는 학문적으로 또 문체적으로 인정을 받았으며 유럽과 미국에서 주 심리학 교재가 되었다. 이 책은 그가 이 주제에 대해 행했던 강의를 엮은 초기의 책『교사와의 대화』(Talks with Teachers, 1899)와 겸하여 과학적이고 실험적인 심리학을 교육의 이론과 실제에 소개하는 데 영향을 미쳤다.

제임스에 따르면 사고는 항상 무의식적 혹은 결정적 과정으로써가 아니라 반사적 활동으로 일어나며 개인적이고 주관적인 성격을 띤다. 그는 의지가 한 자극을 다른 자극보다 선호함으로 선택을 창출해 내는 "의식의 가장자리"(fringe of consciousness)를 언급했다. 제임스가 본 것처럼 이것은 유기체가 생존을 위해 그들 스스로를 적응시키는 방식이다. 이것은 제임스의 실용주의 철학뿐 만 아니라 그의 심리학적 이론의 기초를 형성했다. 그는 심리학에서 국제적인 명성을 쌓은 이후로 철학에 관한 그의 후기의 작품에 집중하였다. 그러므로 그의 많은 철학적 관점이 심리학 연구에 뿌리를 두고 있다는 점은 놀라운 것이 아니다.

제임스는 실용주의에 관한 작품『옛 사고방식을 위한 새로운 이름』(A New Name for Some Old Ways of Thinking, 1907)과『진리의 의미: 실용주의의 속편』(The Meaning of Truth: A Sequel to Progmatism, 1909)에서 그의 실용주의 이론을 상술하였다. 그는 실용주의를 진리에 관한 이론뿐 아니라 철학적 질문을 분석하기 위한 방법으로 고려하였다. 그는 더 나아가 절대적 원칙을 수반한 추상적 이론을 더 나아가 상대적 원칙을 수반한 구체적 이론으로 바꾼 경험주의자들의 생각에 대한 확대로서 실용주의를 보았다. 그는 또한 "진리는 생각을 이끈다", "진리가 되는 것은 사건에 의해 만들어진다"라고 말하였다.

만일 진리의 개념이 유용하다면 그것은 실용적이다. 진리는 달리 진리가 아니라 작용하기 때문에 진리이다. 제임스가 만족할 수 있는 바, 이론이 가치있는 것은 다만 그 공리적 가치가 결정적으로 확인된 경우에 한해서이다. 그러나 인간의 경험이 변하면서 진리 또한 변한다고 그는 덧붙였다.

제임스가 종교그룹을 조직하고 교회에 속하지 않을지라도 그는 종교적 신념을 유익하게 여겼다.『종교적 경험의 다양성』(The Varieties of Religious Experience, 1902)이란 저서에서 그는 여러 사례를 들며 믿음의 문제를 조사했는데 자신의 믿음을 뒷받침해 줄 직접적인 증거가 존재하지 않았다. 자유의지의 강한 주창에 따라 그는 종교단체에서의 믿음은 사람들의 "의지적 본성"(willing nature)에 의해 믿는 자들의 경험 안에서 창조된 효과를 통해 그것 자신의 진실을 창조할 수 있다고 결론지었다. 그는 종교를 정의하지 않고 오히려 "보이지 않는 질서가 있다는 신념, 우리의 최고선은 우리 자신을 거기에 조화롭게 적응시키는 데 있다고 하는 신념으로 구성"된 "종교적인 삶"으로 정의하였다. 의심과 불확실성은 노이로제를 일으키나 신념은 치료에 효과를 제공할 수 있다. 그리고 나서 만일 믿음이 믿는 자들의 경험 안에서 능동적인 차이를 만든다면 하나님에 대한 믿음은 실용적으로 정당화된다. 결과적으로 제임스는 의학과학과 정통 종교단체 모두에 적을 만드는 것에 대해서 통찰력과 치유력 그리고 과학적 설명을 추가한 또 다른 실제에 참여하는 개인에게 유사한 믿음을 줌으로써 이러한 원칙을 널리 퍼뜨렸다.

그러한 관용이 그의 전문적 명성에 해를 입혔어도 제임스는 심리연구분야 개척자로서 명성을 쌓았으며 학계에서 심리현상에 대한 토론을 지원하였다. 교육분야에 있어 가장 유명한 존 듀이를 비롯한 20세기의 실용주의자들에게 끼친 그의 영향력은 현재에도 계속되고 있다. 그의 말년기에는 그가 당대의 미국 최고의 철학자로 받아들여지게 되었다.

DAVID GOUGH

참고문헌 | G. W. Allen(1967), *William James*; H. M. Feinstein(1984), *Becoming William James*; W. James(1907), *Pragmatism: A New Name for Some Old Ways of Thinking*; idem(1902), *The Varieties of Religious Experience*.

참조 | 듀이, 존(DEWEY, JOHN); 종교심리학(PSYCHOLOGY OF RELIGION)

제자(Disciple). 제자(disciple) 또는 따르는 자(follower)라는 용어는 헬라어 마데테스/마쎄트리아(mathetes/mathetria)와 그 동사형 마쎄튜오(matheteuo)를 표준 영어로 번역한 것이다. 연결된 형태로는 마쎄마(mathema, 배우고 알고 가르친 어떤 것)와 마쎄테이아(matheteia, 교습, 학습)가 있다. 명사형은 신약의 복음서에 230번, 사도행전에 28번만 나온다. 동사형은 제자가 되는 것, 행위, 제자를 삼는다는 의미로 신약에 네 번 나온다. 마태복음 13장 53절, 27장 57절, 28장 19절, 사도행전 14장 21절. '제자'(disciple)라는 말은 라틴어 디시풀루스(discipulus, 학생〈pupil〉이라는 뜻)에서 나온 말이다.

1. 구약의 배경. 구약성경의 저자들은 아는 것, 가르치는 것, 배우는 것에 대해 많이 언급했다. 그러나 역대상 25장 8절과 이사야 8장 16절을 제외하고는 제자나 학생들에 대한 언급이 없다. 렝스토르프(Rengstorf, 1967)는 교사와 학생간의 관계에 대한 언급이 부족한 이유는 경건한 삶을 보는 구약의 관점에서 유래된다고 설명한다. "계시된 영역 안에서는 주인-제자의 관계가 설 자리가 없고, 선포된 하나님의 말씀과 함께 인간의 말이 나란히 설 가능성도 없으며, 위대한 인격적 권위에 근거하는 하나님의 말씀의 능력을 확증하는 시도도 있을 수 없다. 왜냐하면 모세나 선지자들이나 그 무엇을 언급하든지 하나님의 말씀만이 정당하기 때문이다… 만약 구약성경에서 종교지도자를 주인으로 경외하거나 그에 관한 기억의 수양을 종교적 의무로 생각할 여지가 없다면 이 점에 대한 최종적 이유는 구약에서 하나님의 계시가 지속적이고 역동적인 것으로 고려되고 있기 때문이다"(431).

2. 헬라의 배경. '제자'라는 용어의 헬라 용례는 제자가 교사를 모방하는 교사(디다스칼로스〈didaskalos〉)와 제자 간의 영구적인 인간관계를 암시한다. 이 관계성은 기계적, 학문적 학습이나 또는 기술을 배우고 가르치는 과정에 주어진다. 이 용어는 또한 교사와 제자간의 정신적 교제와 그 교제의 실제적 효과를 암시한다. 렝스토르프가 관찰했듯이 제자와 교사 간의 정신적 교제가 기독교적 '제자'의 발달과 관련하여 매우 중요한 의미를 지닌다.

3. 신약. 신약성경에서는 '제자'라는 단어가 예수님의 12제자들이나(마 10:1-4; 막 3:13-19) 그 제자들을 선택했던 큰 무리의 사람들을 가리킨다(눅 6:12-16). 신약의 저자들은 모세의 제자들(요 9:28), 바리새인의 제자들(마 22:16; 막 22:18) 그리고 세례 요한의 제자들(막 2:18; 눅 11:1)도 언급한다. 사도행전 9장 25절에는 다메섹(Damascus)에서 바울을 죽이려고 찾아다니는 사람들로부터 바울을 구해낸 사람들을 "그의 제자들"이라고 지칭했다.

예수님의 제자들은 그분을 따라다니던 사람들이었다. 본회퍼(Dietrich Bonhoeffer: 독일의 신학자-역주)는 그의 책 『제자의 댓가』(*The Cost of Discipleship*, 1937)(1948년에 영역됨)에서 예수님을 따르던 사람들은 댓가를 치러야 했다고 지적했다. 그 제자들은 자기를 부인하고, 십자가를 지고 예수님을 따라갈 준비를 해야만 한다(눅 9:23; 14:27; 마

10:38; 16:24; 막 8:34).

제자를 만드는 일은 예수께서 승천하시기 직전 자신의 열한 제자들에게 부탁하신 일이다(마 28:19). 제자 만들기의 범위는 모든 국가와 단체에 해당된다. 제자를 만드는 과정은 아버지와 아들과 성령의 이름으로 세례를 주는 것과(19절) 예수께서 명하신 모든 것을 가르쳐 지키게 하는 일(20절)로 구성된다. 이 과제를 부여하는 권위는 아버지께서 아들 예수 그리스도에게 주신 우주적 권위에(19절) 의존한다. 제자를 만드는 일에 부름 받은 사람들은 예수께서 항상 함께 하신다는 사실을 알아야 한다(20절). 이 제자 만들기라는 특별한 과제는 신약성경의 다른 부분에는 별 언급이 없지만, 사도행전 14장 20절에 그리스도를 아는 사람들을 '제자'라고 지칭했다. 그 다음절에(21절)는 제자 만드는 과정에 관해 설명하면서 '제자'의 동사형을 사용했다. 사도행전 6장 1-7절, 9장 36절, 19장 1-7절에는 오순절 이후의 신앙공동체의 모든 회원들을 '제자'라고 불렀다. 윌킨즈(Michael Wilkins)의 『주님을 따르기』(Following the Master, 1992)를 참조하라.

4. 현대적 용례. 현대에 '제자', '제자도', '제자 만들기' 등의 단어는 그리스도 안에서 성숙하는 과정으로 그리고 교회의 중심과제를 나타내는 표준으로 사용된다. 오코넬(O'Connell)이 제자 만드는 일을 교회의 주된 목적으로 보면서 그 포괄적인 용례를 제공했다(1998). 그는 제자들을 다섯 개의 범주로 나누었다. 첫째, 예수님의 제자들은 예수님과 그들의 관계로 정의한다. 그분이 인도하고 제자들은 따라간다. 둘째, 제자들은 그분을 헌신의 대상으로 이해한다. 셋째, 제자들은 그분께 헌신하여 그분과의 관계를 개인적이고 지속적인 우선순위로서 유지한다. 넷째, 제자들은 그들의 헌신에 적절한 방식으로 행동한다. 다섯째, 인간은 사회적 존재이므로 "제자란 유사한 헌신을 다짐한 사람들과 서로 후원과 지혜를 주고 받는다"(1998, 142).

GARY J. BEKKER

참고문헌 | D. Bonhoeffer(1937), *The Cost of Discipleship*; R. P. Meye(1968), *Jesus and the Twelve: Discipleship and Revelation in Mark's Gospel*; T. E. O'Con-nell(1998), *Making Disciples: A Handbook of Christian Moral Formation*; J. C. Ortiz(1975), *Disciple*; K. H. Rengstorf(1967), *Theological Dictionary of the New Testament*; F. T. Segovia(1985), *Discipleship in the New Testament*; M. Wilkins(1992), *Following the Master: Discipleship in the Steps of Jesus*.

제자화(Discipling). 영성형성(spiritual formation) 지도자가 상대적으로 적은 숫자의 학생들에게 집중적인 시간과 힘과 주의를 기울여 그리스도와 같은 성품과 자질을 키우는 것이다. 신약성경에서 제자를 만드는 것은 마태복음에 기록된 예수님의 최종 말씀인 지상명령(the Great Commission)의 핵심이다. "그러므로 너희는 가서 모든 족속으로 제자를 삼아." 이 명령은 분명히 개종을 시사한다. 그러나 예수님의 사역에 따르면, 처음에 구원받은 이후에 거룩한 성품 개발과 세상에서의 중요한 섬김과 기독교 공동체에 참여하는 일 등이 포함된다는 사실을 알게 된다.

예수님의 짧은 기간의 사역 동안 그분을 따르는 사람들이 주변에 모여 들었다. (1) 군중들: 그분이 순회하시며 가르치고 설교할 때, 오천 명과 사천 명을 먹이신 사건, (2) 70명의 제자와 친구들: 예수님의 치유와 가르치는 사역으로 영향을 받고 그분을 따르던 무리들, (3) 열두 제자들: 예수께서 친히 선택하시고 그들의 랍비로서 집중적으로 가르치시고 시간을 함께 보내시던 사람들, (4) 베드로, 요한, 야고보: 열두 제자 중 예수께서 매우 친밀한 시간을 함께 나누시고 특별히 가까운 관계를 가졌던 사람들.

제자를 삼는 일에서 이 모든 집중적인 강조들이 중요하고 제자도의 다양한 면들이 각자에게 반영되어야 하지만, 가장 중요한 하늘나라의 목표는 소수에게 집중적으로 가르쳤다는 점을 알아야 한다. 그러므로 현대적인 소그룹을 주장하는 사람들은 예수님의 작은 그룹에 집중한 교육적 실재에 의존하여 3명에서 12명이 소그룹 성경 혹은 지원 그룹으로 적절히 선택할 수 있는 수라고 제안한다. 제자삼기의 전문인들은 한 명에서 여섯 명이 "제자" 그룹 안에 공통적으로 집중적인 훈련에 가장 적절한 숫자라고 한다.

실제 방법들은 매우 다양한 반면, 제자도 그룹은 종종 회원들 간에 훈련(예: 매일 성경 읽기 및 기도하기, 성구암송, 주중 금식, 예배참석 등)과 근본 교리들에 적합한 제자들을 만드는 교육과정 등에 상호 동의한다는 특성이 있다.

아마 가장 중요한 것은 친밀한 관계의 고유한 특성인 "생활에서 생활로의 전이"(life-to-life transference)가 일어나 교사와 학생이 함께 보내는 시간의 연장이다. 이와 같은 "전이"는 어떤 행동들을 모방하는 일, 특히 자발적인 모방이 포함된다. 예수께서 팔레스타인 지방을 다니시면서 보여주신 행동과 반응들이 그의 제자들에게 실생활 속의 교육과정을 제공해 주었다. 이와 같은 양식은 히브리 성경의 가장 유명한 본문인 신명기 6장의 "쉐마"(Shema)에서 하나님의 백성들이 가르침 받았던 이스라엘 초기 역사에 성립되었다. 이 구절에서는 가정이 기본적인 교육의 상황을 제공하고 부모들은 하나님의 명령을 "집에 앉았을 때에든지, 길에 행할 때에든지, 누웠을 때에든지, 일어날 때에든지 이 말씀을 강론할 것이며, 너는 또 그것을 네 손목에 매어 기호를 삼으며 네 미간에 붙여 표를 삼고 또 네 집 문설주와 바깥문에 기록할지니라"고 명하셨다. 율법이 소그룹의 지도자들의 삶의 모범을 보여주었다.

과거 몇 십 년 동안 제자삼기의 가장 열정적이고 고양된 자세의 주창자들은 네비게이토선교회(Navigator)나 대학생선교회(Campus Crusade for Christ) 등과 같은 학원선교단체들이었다. 이와 같은 단체들이 강조하는 제자 만들기의 결과로 수많은 지역교회들이 그 방법의 효과를 알게 되었고 선교단체들이 대학 캠퍼스에서 사용하던 방법들을 모방하여 목사나 평신도가 인도하는 그룹 프로그램들을 개발했다.

콜맨(Robert Coleman)의 『복음전도의 마스터플랜(종합기본계획)』(The Master Plan of Evangelism)에서는 예수님의 제자화 사역을 언급하면서 그분의 계획이 세계를 정복할 수 있는 것으로 현대에도 수용하고 적용할 가치 있는 방법이라고 제안한다.

MATT FRIEDEMAN

참고문헌 | R. Coleman(1974), *The Master Plan of Evangelism.*

제자훈련(Disciple Training). 네비게이토선교회(Navigators)를 보라.

제칠일안식교와 교육(Seventh-day Adventist Education). 제칠일안식교는 침례교 설교자였던 윌리엄 밀러(William Miller)의 사역을 중심으로 하여 1840년대에 전천년설에 입각한 그리스도의 재림에 대한 폭넓은 교회간의 관심에서 비롯되었다. 이 교단은 1861년과 1863년 사이에 조직되었다. 1997년 초기 현재 전 세계적으로 교인의 수가 9,296,127명이다.

비학교 형태의 교육인 안식교교육은 네 가지의 초점을 중심으로 발전되었다. 첫째는 1849년에 『현재의 진리』(Present Truth)의 발간으로 시작된 교단의 출판사역이다. 이 정기간행물이 나오고 난 후 1852년에 특별히 십대 층을 대상으로 한 정기간행물이 출판되었다. 『젊은이 지침서』(The Youth's Instructor)는 젊은 안식교인들에게 세상의 위험에 대해서 경고하는 것과 안식교의 관점에서 기본적인 기독교 개념들을 가르치는 것을 그 목적으로 했다. 1997년 초를 기준으로 안식교 교단은 238개국 언어로 가동되고 있는 55개의 출판사를 가지고 있다. 대부분의 간행물들이 복음적이고 교육적이며 다양한 출판물들은 기독교 교재에 상당히 투자하는 것을 포함하여 특별히 십대를 목표로 하고 있다.

안식교교육의 두 번째 초점은 교회 중심적이다. 이 교단은 『젊은이 지침서』의 출판 시작과 연계해 1852년에 첫 안식일 학교(Sabbath School)를 세웠다. 1997년 초를 기준으로 88,993개의 학교에 10,943,674명의 학생들이 출석하고 있다. 게다가 많은 교회들이 스카우트 프로그램과 유사한 안식교 십대 모임(Adventist Youth Society)과 패스파인더 클럽(Pathfinder Club)들을 후원하고 있다. 십대 캠핑 또한 20세기에 들어와 중요한 일부분이 되었다.

안식교교육의 세 번째 초점은 가정과 가족 평생

교육에서 찾을 수 있다. 초기부터 안식교 교단은 가정을 주된 교육 기관으로 보았지만 이 중요한 영역이 체계적으로 발전한 것은 20세기 후반경이다. 1975년부터 이 교단총회의 가족사역부가 이 사역을 맡아왔다.

안식교교육의 네 번째 초점은 학교교육이다. 1997년에 이 교단은 전 세계적으로 5,478개의 학교를 운영하였다. 미국에는 47,773명의 학생들이 등록되어 있는 941개의 초등학교와 13,361명의 학생들이 등록되어 있는 96개의 중고등학교가 있다. 또한 19,987명의 학생이 등록되어 있는 8개의 단과대학과 6개의 종합대학이 있다. 이러한 학교들은 4,416개의 초등학교, 940개의 중고등학교 그리고 87개의 단과 및 종합 대학으로 구성된 전 세계 체제의 일부로서 전체 학생 수는 914,787명이다.

하지만 안식교인들이 항상 정식교육을 지지한 것만은 아니다. 몇몇 초기 신자들은 주님이 곧 재림하실 것이고 열심히 배운 지식을 사용할 기회가 없을 것이기 때문에 자녀들을 학교로 보내는 것은 잘못되었다고 주장했다. 그러한 관점에서 학교교육은 믿음을 부인하는 것으로 보였다.

그러나 이 주제에 대한 다른 견해가 있었다. 교단의 창시자들 중의 두 명인 제임스와 엘런 화이트(James & Ellen White)는 "잘 훈련받고 교육을 받은 지성인은 재림의 숭고한 진리들을 가장 잘 받을 수 있고 누릴 수 있다"라고 믿었다.

학교교육을 찬성하는 안식교인들은 1850년대와 1860년대에 몇 개의 초등학교를 설립했다. 하지만 그 중의 어느 학교도 2-3년을 넘기지 못했다. 안식교 학교교육의 실제적인 시작은 1867년으로 거슬러 올라간다. 이때 회심한 지 오래지 않은 구들로우 하퍼 벨(Goodloe Harper Bell)이 미시건 주 배틀 크릭에 있는 교단본부에 초/중고등학교를 설립했다. 1874년경 벨의 학교는 배틀 크릭 대학이 되었고 주된 사명은 교회 일꾼들을 훈련시키는 것이었다.

불행히도 안식교교육에 대한 초기의 시도들은 차별적인 안식교에 초점을 두기보다는 고전적인 부분에 초점을 두었다. 하지만 그것은 교단 신학의 그리스도 중심적인 부흥의 결과 1890년에 바뀌었다.

1890년대는 호주의 안식교 사역자들을 위한 아본데일학교(Avondale School of Christian Workers)에서 엘런 화이트에 의해 고무된 파격적인 교육과정 혁신을 통해 안식교교육의 "세례(침례)"라고 여겨질 수 있는 것을 경험했다. 다른 개혁과 함께 성경이 고전이 아닌 교육과정의 중심이 되었다. 아본데일개혁은 급속히 미국으로 퍼졌고, 리더십 가운데서 개혁요소를 띤 사람들이 대학교와 개발 중이던 중고등학교 수준에서 안식교교육의 변화를 이끌었다.

1890년대의 또 다른 중요한 동력은 안식교 초등학교 운동의 시작이었다. 학교 수가 1895년의 18개에서 1900년에는 220개로, 1905년에서 417개로 그리고 1910년에는 594개로 뛰어올랐다. 그때 안식교 학교교육 체계가 제 자리를 잡았다.

20세기는 19세기의 기반 위에 세워졌다. 20세기 초반에는 교육과정을 정비하고 교사들을 전문화하는 일에 시간을 보냈다. 그리고 1920년대부터 1940년대에는 교단이 인가문제로 몸살을 앓았는데 결국 인가를 받는 쪽으로 결론이 났다. 1960년경에는 안식교교육 시스템이 미국 내에 종합대학을 세울 수 있을 정도로 성숙해졌고, 1970년대 초에는 교육과 종교에 관련된 부분에서 교육학박사와 철학박사 학위를 제공하게 되었다. 1980년대 후반과 1990년대에는 안식교 대학 운동이 전 세계로 확산되었고, 몇몇 대학들은 몇 십 년 전에는 다소 원시적인 "선교지"로 여겨졌던 분야에서 자체적인 박사학위를 수여하게 되었다.

안식교교육철학은 구속으로서의 교육에 중심을 둔다. 이 철학의 다른 측면들은 교육과정의 중요한 부분으로서의 성경의 우월성, 육체적, 정신적, 영적, 사회적 측면을 포함하는 전인교육, 실제와 이론에 대한 균형의 필요성, 교사들과 부모들의 역할 모델의 중요성 등을 강조한다. 교육의 궁극적인 목적은 안식교 봉사로 간주된다.

GEORGE R. KNIGHT

참고문헌 | M. Hogden, ed.(1978), *School Bells*

and Gospel Trumpets: A Documentary History of Seventh-Day Adventist Education in North America; G. R. Knight, ed.(1983), Early Adventist Educators; G. R. Knight(1984), Religious Schooling in America, pp. 85-109; D. F. Neufield, ed.(1996), Seventh-Day Adventist Encyclopedia; Review and Herald; E. White(1903), Education; idem(1923), Fundamentals of Christian Education.

조작적 사고(Operational Thinking).

장 피아제(Jean Piaget)의 인지발달 이론에 의하면 초등학교 시기의 아동에게 상당히 놀랄 만한 변화가 일어난다고 한다. 피아제는 좀더 큰 아동이 '구체적 조작'의 능력을 가지고 있다고 보는 반면 어린 아동은 "전 조작기"라고 설명하고 있다. 인간이 사춘기로 접어들면서 사춘기는 전형적으로 "형식적 조작기"로 발달한다. 조작은 "잘 조직된 구조에 조화된 특정 내용, 내재화된 활동… "을 말한다(Piaget, 1973, 65).

조작적 사고는 그 전단계와 다르게 두 가지 특징을 들 수 있다. 첫째, 아동이 분명한 논리적 사고를 할 수 있다. 예를 들면, 분류된 것을 포함시키는 능력(어머니+아버지=부모)과 가역성에 의해 전체(포함된 것)를 분류할 수 있는 능력(부모-아버지=어머니)을 갖는다. 둘째, 아동은 시행착오보다는 체계적으로 문제를 해결하려 한다.

덧붙이자면 "중심화"가 아동이 일시에 오직 하나의 물체에 주목하는 것이라면 "탈중심화"란 형식적 조작기에 필수적으로 고려되어야 할 특성이다 (Piaget and Inhelder, 1969).

구체적 조작기에서 아동은 정신적 활동으로 지식을 구성하는 능력이 있으나 아직까지 구체적 사물에 의존하는 편이다. 이 시기의 논리는 "분류하기, 관계성 찾기, 숫자세기"등 이다(Piaget, 1973, 21). 여기서 말하는 조작은 내적 정신구조의 이해 체계와 통합하는 것을 말한다. 반면 형식적 조작기에서 하는 조작은 질적인 면에서 다르다. 나이든 아동이나 청소년은 사물 그 자체보다는 전제들을(propositions) 조정할 수 있는 능력이 있으며 동시에 다양하게 생각할 여력이 있다.

기독교교육에서는 어린 아동을 가르칠 때 빈번하게 추상적 개념, 일반화 그리고 언어적 전제들을 사용한다. 그러나 조작적 사고가 7살까지 시작되지 않는다는 인식을 고려할 때 유치원 교사는 추상적, 상징적 활동과 경험(언어)보다는 구체적 활동과 경험을 중시하여 교육해야 한다. 이어 초등학교 아동이 되어서 이론적 용어의 정의와 신념에 관한 진술을 배울 수 있다. 사춘기와 성인의 정교한 조작적 사고는 신념 체계를 비교 가능하게 한다. 또한 성경에 근거한 신앙이 다른 신앙보다 더 견고한지에 대해 고민하기도 한다.

CLAIR ALLEN BUDD

참고문헌 | R. W. Bybee(1982), Piaget for Educators; B. Inhelder and J. Piaget(1958), The Growth of Logical Thinking; idem(1973), The Child and Reality; J. Piaget and B. Inhelder(1969), The Psychology of the Child.

조작적 조건형성(Operant Conditioning, 操作的 條件形成).

스키너(B. F. Skinner)는 조작적 또는 스키너식 조건형성이라고 알려진 행동에 대한 경험적 분석을 체계적 학문으로 끌어올렸다. 스키너는 실제적 삶의 행동의 많은 부분이 조작적 조건형성으로 구성되어 있다는 사실을 관찰했다. 즉 작동적 반응은 유발된 행동을 일으킬 가능성이 높아지는 환경(강화 자극)에 의해 연속적으로 강화되어질 때 나타난다. 고전적 조건형성에서는 강화자극이 반응을 일으킨다고 보는 반면 조작적 조건형성에서는 먼저 조작이 반응을 유발한다고 본다.

조작은 반응을 유발하는 환경보다는 환경에 대한 반응을 드러나게 하는 것이기 때문에 바람직하지 않은 반응의 재발은 강화자극의 억제(소멸), 강화자극의 제거(punishment 2형), 혹은 혐오자극의 제공(punishment 1형)에 의해 감소될 수 있다. 행동은 가능한 한 계획된 최종의 반응과 양상적으로 유사하도록 조작에 의해 처음의 반응을 만들어내고 확인함으로써, 처음의 반응을 규칙적으로 일어나도록 조건화함으로써 그리고 최종 행동의 근사치에 한 발짝 더 가까운 새로운 반응으로 유도하기 위해 강화의 내용을 변환시키고 최종 행동이 규칙성 있게 일어나도록 조건화 될 때까지 그 과정을 반복함으로써 형성된다.

스키너는 그의 연구가 보상과 관련된 동물의 반응 연구로서의 조작적 조건화에 관한 연구임에도 불구하고 그는 자신의 연구를 교육의 분야에 접목하기 위해 노력하였다. 그는 교실 내에서 보상의 개연성을 잘 정비한다면 행동주의 기술은 교수학습 상황에서 효율적이고 빠른 향상을 가져온다고 확신한다. 교육적 실제, 즉 가르침에 대한 계획, 컴퓨터보조 학습법(학습 도구), 프로그램화된 교수법, 능률중심의 교사교육에서 활용할 만하다.

조작적 조건형성에 대한 비평가들은 타인이 행동을 조종하는 것은 인간의 자유와 존엄성을 파괴하며 행동의 동기를 단순한 보상과 처벌의 부수적인 행동으로 비하하게 만들고 가치관의 역할을 축소한다고 본다. 기독교육자들도 또한 스키너가 갖는 인간관과 결정적 행동 안에서 환경이 어떠한 역할을 할 수 있을지에 대한 의구심을 떨쳐내지 못한다.

MARK E. SIMPSON

참고문헌 | M. J. Boivin, *Journal of the American Scientific Affiliation* 37, no. 2(1985): 79-85; B. F. Skinner(1938), *The Behavior of Organisms; An Experimental Analysis*; idem(1968), *The Technology of Teaching*; idem(1972), *Beyond Freedom and Dignity*; D. L. Whaley and R. W. Malott(1971), *Elementary Principles of Behavior.*

참조 | 스키너, 버러스 프레드릭(SKINNER, BURRHUS FREDERIC); 자극 반응결합(S-R BONDS)

조직(Organization).

조직은 행정의 주된 5가지 기능 중 하나이다(나머지 기능은 계획하기, 스탭진 구성하기, 지시하기, 평가하기 등이다). 성경 전체를 살펴보면 하나님은 다른 측면보다도 '조직'에 관심이 있음이 분명하다. 우주를 창조하실 때부터 하나님은 그의 피조물과 교제를 나누시고자 하는 계획을 가지고 실행에 착수하셨다. 하나님은 행정가들을 특별한 과제를 위해 세우셨고 그리스도의 몸을 위한 관리를 조직하셨다.

20세기 후반에 대규모 사업 조직체들은 제품생산에서 필요한 부품과 서비스를 소규모 자매회사로 대체하며 이를 의존하는 경향이 두드러지고 있다. 반면 교회는 작은 교단교회보다는 대형교회들을 추구하는 경향이 있다. 사회학자들은 조직의 활동과 역동성을 이해하기 위해 노력하고 있다. 이러한 이해는 어느 주어진 조직이 양호한지 조직 수명이 어떠한지 알아보기 위해서 그들의 문화, 풍토, 성장 과정을 포함한다. 교회조직의 성장과 발달도 비슷한 양식으로 실험할 수 있다.

전통적으로 조직화는 일을 분업하고 직권을 위임하고, 지휘계통 그리고 통제의 범위의 개념으로 이해되어 왔다. 인간관계에서도 조직화는 관심사로서 사람들의 생산력뿐 아니라 개별적 태도를 나타내 주기 때문이다.

교회는 조직과 유기체 사이에서 매우 독특한 균형을 유지하고 있다. 교회가 그리스도의 몸일 때는 살아 있는 유기체나 복잡한 위계적 구조에서부터 최소한의 형식적 구조에 이르기까지의 분포를 볼 때는 조직의 양상을 보이고 있다. 교회조직이 효율적이기 위해서는 두 가지 면의 본질을 검증해야 할 것이다. 마태복음 28장 19-20절의 위대한 지상명령은 에베소서 4장 11-16절의 명령과 마찬가지로 우리에게 적절한 명령이다. 이는 교회가 세상에 복음을 전하는 것에 국한될 것이 아니라 그리스도 앞에서 장성한 분량에 이르기까지 그 구성원을 잘 양육해야 하는 것을 잘 드러내주는 본문이다.

리더십이 명료하게 잘 조직된 구조, 의사결정 과정, 간결한 조직표의 도표화가 잘된 많은 교회는 유익을 얻는다. 이는 의사소통의 계통과 다양한 위원들과 지도자의 책임 영역을 분명히 한다. 계획과 경영을 위해 소요된 시간은 후에 지역교회의 전체적인 경험에 첨가되어 원하는 목적과 목표의 성취를 향상시킬 것이다.

ELANINE BECKER

참고문헌 | E. H. Schein(1985), *Organizational Culture and Leadership*.

참조 | 행정(ADMINISTRATION); 지상명령(GREAT COMMISSION); 지도력(LEADERSHIP); 경영(MANAGEMENT); 유기체(ORGANISM); 조직표(ORGANIZATIONAL CHART); 통제의 폭(SPAN OF CONTROL)

조직원리(Organizing Principle).

합리적인 교육과정의 기획자는 교육과정 의도가 다른 요소들과 적절하게 연계되는지를 확인해야 한다(Colson & Rigdon, 1981, 50). 이 조직 원리는 '교육과정 기획의 요소들을 어떻게 종합적으로 잘 엮어 갈 것인가?'라는 질문의 해법으로 시도된다. 교육과정 구성에는 다섯 가지의 요소들이 있다. 이는 목표, 영역, 방법, 학습자 그리고 상황이다. 먼저 '목적'은 "왜?"라는 질문에 대한 답으로 제시되며, '영역'은 "무엇을 공부해야 하는가?", '방법'은 "어떻게 공부하는가?"이다. 또한 '학습자'는 "누가 배울 것인가?"의 대답이며 상황은 "어디에서 배움이 일어날 것인가?"에 대한 설명이다.

조직 원리는 마치 음식의 조리법과 같다. 조리법은 모든 재료를 가지고 다른 재료들과 적절한 관계를 만들어 가게 한다. 조직 원리는 다음과 같이 설명된다. 효과적인 교육과정은 누군가(학습자), 배우는 어떤 것(영역), 어떤 수단(방법)으로, 어떤 곳에서(상황), 어떤 목적을(목적) 포괄한다(Ford, 1991, 50).

교회의 교육과정을 위한 조직 원리의 일례로는 "기독교 신앙과 삶을 위해 현실을 의미 있게 탐색하도록 학습자를 초대하는 것이다. 이는 학습자가 교육적 목적에 참여하게 하는 것 안에서 가능하다. 이를 교회의 삶과 활동의 상황에 적용한다"(Colson & Rigdon, 1981, 50-51).

DARYL ELDRIDGE

참고문헌 | H. P. Colson and R. M. Rigdon(1981), *Understanding Your Church's Curriculum*; L. Ford(1991), *A Curriculum Design Manual for Theological Education*; R. Tyler(1949), *Basic Principles of Curriculum and Instruction*.

참고 | 상황/교육과 사역의 상황(CONTEXT IN TEACHING AND MINISTRY); 교육과정(CURRICULUM); 방법론, 교수와 연구(METHODOLOGY, <TEACHING AND RESEARCH>); 목표(OBJECTIVE); 범위(SCOPE); 시퀀스(SEQUENCE, 계열화)

조직표(Organizational Chart).

조직표는 대부분 조직 안에 있는 권위와 관계성들을 보여준다. 무엇이 어느 곳에서 이루어졌는지 알기 위해서 조직은 청사진이 필요하다. 이 청사진으로 일의 분담, 명령체계 그리고 다양한 활동의 세분화를 보여주는 것이다. 마치 X레이가 유기체의 골격을 보여주듯이 다양한 구성원들 간의 계획된 공식적 관계들의 윤곽을 보여준다. 이 청사진은 모든 고용인과 구성원들에게 이들 관계가 시각화된 진술로서 제공되며, 자신들의 업무가 전체적인 조직일과 어떤 관계가 있고, 또 보고를 올려야 할 상관이 누구인지 알 수 있게 해준다.

조직표는 각 분야의 책임과 권위영역을 세분화함으로써 이 조직표는 경영자가 활동을 조정하는 데 도움을 준다. 그러나 조직표가 단지 일정 기간 동안의 조직을 반영하기 때문에 변화를 반영하기 위해서는 주기적으로 최신정보로 보강해야만 한다.

조직은 내부적이고 권위인 관계성의 본질을 고려해 볼 때 적어도 4가지 유형으로 분류될 수 있다. 그것은 계열, 계열-직원, 행렬조직, 끝으로 네트워크 또는 가시적 조직이다. 이 분류는 상호 배타적이지 않다. 사실상 오늘날의 조직이 대부분은 그것이 사업상이든, 교육적이든, 교회사역이든지 간에 하나 또는 그 이상의 조직 구조가 복합적이다.

계열조직을 보자면 가장 오래되고 가장 단순한 형태이다. 권위가 직접적으로 흘러가는 형태로 최고 실행자에서 하위구조로 내려간다. 이 계열조직은 단순하다. 명령의 사슬에 있어 누가 누구에게 지시를 하며 누가 누구에게 보고해야 하는지 관계를 규정한다. 이 명령사슬은 분명하여 '책임전가'(buck passing)는 절대적으로 불가능하다. 결정은 매우 빠르게 만들어지게 되는데 이유는 관리자가 직속상관 외에는 다른 사람과 상의하지 않고 시행할 수 있기 때문이다. 그러나 이 계열조직에는 결정적 결함이 있다. 그것은 각각의 관리자가 많은 활동에 대해 전

폭적 책임감을 갖게 되나 이 모든 활동에 전문가가 되는 것은 불가능하기 때문이다. 이 결점은 중간규모와 대규모 조직에서 매우 잘 나타난다. 이 규모의 조직들 내의 단순한 계열 형식은 세분화된 기술을 배분하기에 실패하여 현대적 조직 감각에는 치명적이다. 계열조직의 상관 지위에 있는 사람이 행정적 세부 사항, 서류들로 지치게 되고 계획하는 데 시간을 제대로 투자할 수가 없다.

계열-직원조직을 보자면 계열조직에서 나타난 직접적 지시 및 상달하는 권위와 함께 이를 뒷받침하여 봉사, 충고, 지지하는 사원분야를 혼합한 것이다. 계열 부서가 조직의 활동에 영향을 주는 결정에 주로 매진한다면 직원부서는 좀더 정교화된 기술적인 원조를 한다.

계열상 관리자와 직원 관리자의 대표적 차이점은 권위적 관계에 달려 있다. 계열 관리자는 권위의 주요 계열의 부분을 형성하여 조직 전체에 영향을 가져온다. 종종 계열 관리자는 조직의 핵심적 기능에 직접적으로 연결되어 있다. 반면 직원 관리자는 정보, 충고, 기술적 보조를 계열 관리자에게 돕는다. 때때로 자신의 분과를 통제하기 위해 계열의 권위가 필요할지라도 직원 관리자는 일반적으로 명령을 내리는 권위를 갖고 있지 않으며 계열 관리자에게 강요할 수 없다.

조직의 수가 커지면 행렬식 조직 또는 연구계획-관리 조직을 구성한다. 이 구조는 다른 부서의 전문가들이 특수한 과제 달성을 위해서 힘을 합치기 위해 함께 조직되는 것이다. 이 행렬식 조직은 전형적으로 계열-직원 구조안의 하위 형태로 조직된다.

행렬 조직(the matrix organization)은 세부적 프로젝트나 문제들을 둘러싸고 구성된다. 다른 분야의 전문가로서 고용된 사람들은 특별한 문제와 주제들에 대해 머리를 맞대어 연구하기 위해 모인다. 이 같은 조직이 갖는 특이한 점은 구성원들이 한 상관에게 보고하는 대신 두 사람의 상관에게 보고한다는 점이다. 프로젝트 구성원들은 과제 관리자(수평적 권위)에게 지시를 받으면서 동시에 그들이 원래 속해 있는 기능적 분과(수직적 권위)의 소속을 계속 유지한다. '행렬'의 용어는 수직적 흐름의 전통적 계열-직원조직 위에 수평적 권위와 책임의식을 교차시키는 것에서 연유한다.

행렬 구조의 주된 이점은 융통성과 잠재력으로서 주요 문제와 과제를 해결하기 위한 자원에 집중할 수 있다. 그러나 이 프로젝트 관리자는 타부서의 조직에서 온 개개인을 조직의 틀 속에 넣어 통합된 하나의 팀으로 만들어야만 한다. 그리고 그 팀 구성원은 하나 이상이 되어버린 상관들과 함께 일하기에 익숙해져야 할 것이다.

이 과제팀은 조직이 활동하면서 환경의 변화에 대처하기 위해 융통성을 제공한다. 고용인 그룹에서 각출된 모임(혹은 외부의 의뢰인)이므로 고용인들의 창의력과 주도성의 창출구가 되며 특수한 프로젝트를 위한 알맞은 기술을 보유하고 있다. 문제가 해결되거나 프로젝트가 마쳐지면 이 그룹은 해체되고 고용인은 본연의 자리로 복귀한다. 앞으로도 필요가 생기게 되면 다른 과제를 해결하기 위해 다른 그룹에서 모이게 된다. 여기서와 같은 경향은 경계선을 상실하는 결과를 가져올 것이다. '경계선 상실'은 조직의 기능과 물리적 위치를 초월하여 조직의 상하 구조를 뒤흔들어 놓을 것이다.

네트워크 또는 실질적 조직은 소수의 본부 또는 핵심조직이 중개하는 전략적 사업의 연합체와 조직들에게 그 주된 기능이 분산되는 것이다. 실질적 조직은 정보망, 융통성 있는 업무력, 외부자원, 다양한 전략적 협력관계 구축을 기반으로 세워진다. 키이첼(Kiechel, 1993)은 실질적 조직은 21세기에 압도적인 조직구조가 될 것이라고 예측하면서 그 특징을 다음과 같이 설명하고 있다. (a) 보다 많은 융통성 조성-노동의 실질적 분담은 수평적 분할로 재배치된다. (b) 직원인건비와 경영비용이 전통적 구조에 비해 덜하기 때문에 관료주의의 비효율성이 감소한다. (c) 조직능력을 향상시킨다. (d) 외적자원을 통해 효율성을 증가시킨다. (e) 생산품을 만들거나 생산하는 것에 대한 강조에서 서비스를 제공하는 것으로 옮겨간다. (f) 업무의 경계를 확실히 하여 부단히 배우고 한 차원 높은 사고, 업무시간 감축 등을 강조한다(39).

종합해 보면 계열조직은 전형적으로 소규모 조직에서 보여주는 형식이다. 계열-직원과 새로운 행

조직화

렬 구조는 중간 또는 대규모 조직을 위한 구조의 주된 형식이다. 이론상 이 조직들은 계열조직의 신속한 결정능력과 효율성, 분담과 광범위한 활동을 이끌기 위한 평사원 전문가 사이의 직접적인 의사소통의 결합이다. 행렬 또는 프로젝트 관리조직은 헌신된 팀들의 공동작업이 이루어질 때 탁월한 유익을 얻는다. 네트워크 또는 실질적 조직은 가장 최근에 생긴 조직의 형태로서 다수의 고속성장을 하는 조직의 형태이다. 실질적 조직은 융통성을 증가시킴으로서 노동력과 경영비용의 감소를 이끈다.

ELLERY G. PULLMAN

참고문헌 | W. Kiechel, *Fortune* 5, no. 27(1993): 39.

참조 | 직무설명서(JOB DESCRIPTION); 계획과 계획하기 (PLAN, PLANNING); 통제폭(SPACE OF CONTROL)

조직화(Organize).

조직한다는 것은 존재를 위하여 인간의 이성에 맞게 효과적이고 효율성을 갖추는 기능이다. 교회, 교단, 또는 선교회를 조직한다는 것은 청지기적 행위라고 간주할 수 있다. 즉 하나님의 영광과 그의 나라를 위해 인력, 시간, 재정, 다른 재원을 효과적이고 능률적이게 배치한다는 면이 그러하다.

성경에는 하나님께서 조직에 관심을 기울이고 계심에 대한 실례들이 가득하다. 하나님께서는 무질서의 하나님이 아니시며 혼란, 무질서, 부조화의 하나님이 아니시다. 또한 하나님은 허공에 피조물을 창조하시거나 지탱시키지 않으신다(사 45:18-19). 창세 이후로부터 성경은 하나님께서 조직, 통일성, 목적, 방향성, 조화의 하나님이심을 보여준다. 바울은 고린도 성도들을 가르치면서(고전 14:40) "모든 것을 적당하게 하고 질서대로 하라"고 말한다. 조직은 질서 있는 형태를 필요로 한다.

하나님과 그의 피조물인 지도자들 모두 하나님의 명령을 수행하기 위해 계획을 짠다. 성경은 이러한 사실을 잘 보여주고 있다. 하나님은 성경에 계획하시는 이로 묘사되고 있다(예, 시 33:11; 렘 29:11; 엡 1:11). 하나님은 그의 백성들이 하나님이 부여하신 지혜로 계획하고 조직하여 하나님의 목적을 성취하길 기대하신다(잠 2:6; 16:3; 20:18). 또한 성경은 하나님이 원하시는 것을 성취하기 위해 계획하고 조직하는 일례들을 보여준다(고후 1:15-17).

조직화는 유기체인 교회를 위해 봉사하는 것이지 교회가 조직을 위해 봉사하는 것이 아니다. 너무나 자주 유기체적인 구조(조직)가 유기체의 기능(교회)을 압권하고 있다. 조직하기 위해서 염두에 두어야 할 몇 가지 원리들이 있다. 그 원리는 조직하기 위해서는 교회의 본질, 기능, 목적을 따라야 한다. 조직할 때는 융통성을 가져야 하고 지도자들이 발전하기 위한 발판을 제공해야 한다. 또한 조직할 때는 만약 조직의 필요가 변하게 된다면 이 변화에 맞게 일정한 기간을 두고 재정비되어야 한다. 조직은 효율적이고 능률적이어야 한다.

교회역사는 지역 교회에서나 교단 모두를 위해 다양한 형태의 조직들로 가득하다. 성경적인 유일한 형태의 조직 구조는 존재하지 않는다. 교회 지도자들은 성경적 구조의 정의에 대해 끊임없이 논쟁해 왔다. 오늘날 대부분의 지도자들은 자신들이 처한 사회 문화 안에서 교회의 필요성을 따라 성경 안에 있는 다양한 가능성들을 바라본다. 교회가 조직되었고 교회 구조가 새롭게 갱신되며 주님의 교회로서 주어진 임무를 다하는 것은 매우 중대한 일이다.

하나님 백성의 지도자, 목사, 교회 관리자는 행정적 기능을 하는 것이지 조직의 우두머리가 되는 것을 말하는 것이 아니다. 이들은 추진력을 제공함으로써 조직 내의 구성원이 조직적이고 질서 있는 역할을 감당하게 한다. 이러므로 혼란, 무질서와 혼동을 피하고 조화로운 조직의 기능을 갖게 된다. 교회 지도자들은 교회조직이 융통성을 잃지 않고 교회의 사명을 잘 감당하도록 도울 책임이 있다.

JOHN M. DETTONI

참조 | 행정(ADMINISTRATION); 평가(EVALUATION); 지도력(LEADERSHIP); 경영(MANAGEMENT); 조직(ORGANIZATION); 계획과 계획하기(PLAN, PLANNING); 통제폭(SPAN OF CONTROL); 스텝과 임용(STAFF, STAFFING)

조하리의 창(Johari Window).

개인 상호간 관

계에서 자각을 설명하기 위해 고안된 모형이다. 이것은 "조하리의 창"의 창립자인 조셉 루프트(Joseph luft)와 해링턴 잉햄(Harington Ingham)의 이름으로 명명되었다. 이 모형은 자각의 네 가지 요소로 이루어졌다. 이는 열린(open), 눈먼(blind), 감추어진(hidden), 알려지지 않은(unknown) 영역 등이다.

열린(open) 영역은 자신과 타인에게 모두 알려진 행동, 동기, 느낌 등을 나타낸다. 눈먼(blind) 영역은 자신은 인식하지 못하나, 타인은 알고 있는 행동, 동기, 느낌 등을 포함한다.

감추어진(hidden) 영역은 타인에게는 드러나지 않지만 자신만이 알고 있는 생활 영역을 포함한다. 그것은 우리가 알고 있지만 타인에게 드러나기는 어려운 우리 자신에 대한 느낌을 나타낸다. 그것은 우리가 잊거나 상상하기를 선호할 수 있는 두려움과 지나간 경험들을 포함할 수 있다.

알려지지 않은(unknown) 영역은 개인과 타인 모두가 인식하지 못하는 행동, 느낌, 동기 등을 포함한다. 그러나 우리는 결과적으로 이러한 행동, 느낌, 동기가 잘 알려지게 되며 그것들이 서로 의미 있게 영향을 주는 관계를 가지게 됨을 깨닫게 되기 때문에 그것들이 존재함을 추측할 수 있다. 이 네 가지 요소는 잠재적 성장의 영역과 혹은 현실화를 나타내기도 한다.

조하리의 창은 소그룹 내에서 발표를 조직하며 설명하는 데 가장 큰 도움이 된다. 관계에 대한 변화에 따르면 각각 요소의 크기는 증가하거나 혹은 감소한다. 예를 들면, 노출이 감추어진 영역에서 발생함에 따라 감추어진 영역은 감소하는 반면 열린 영역은 증가한다. 루프트(Luft, 1984)는 모양이 변하였음을 주장하였다. 그래서 다른 영역은 더 작아진 반면 열린 영역은 증가하였다. 가장 크거나 혹은 열린 영역은 더 나은 의사소통이 이루어질 것이다. 그러나 열린 영역이 작을 때 높은 위협 단계가 발생할 수 있다. 그리고 의사소통은 대개 부족하다. 그룹인원 사이에서 신뢰가 발전한다면 감추어진, 열린, 눈먼 영역의 관계 인식이 증가한다. 이것과 함께 인식은 감추어진 요소에서 열린 요소로 항목을 이동시키길 바라는 욕구이다.

HARLEY ATKINSON

참고문헌 | J. Gorman(1993), *Community That is Christian*; J. Luft(1984), *Group Processes: An Introduction to Group Dynamics*.

족장의(Patriarchal). 권위적 접근(Authoritative Approach)을 보라.

족장제 가족(Patriarchal Family). 이스라엘의 선조인 아브라함과 이삭, 야곱 그리고 그의 열두 아들의 가족 구조이다. 패트리아칼(patriarchal)이란 단어는 아버지란 의미의 라틴어 파테르(pater)와 다스린다는 의미의 헬라어 아르코(archo)의 합성어이다. 따라서 족장이란 한 가족이나 부족, 나라의 창시자였던 유력한 조상을 일컫는다. 보편적인 용례는 아니지만 때로 보다 넓은 의미에서 다윗을 지칭할 때 쓰이기도 한다(행 7:8-9).

족장들은 메소포타미아의 우르에서 이집트에 이르는 비옥한 초생달 지역에서 반유목민적인 생활을 했다. 이들은 자신들의 육축과 양떼들을 이끌고 이동하였으며 아브라함이 묘지로 구입하였던 땅을 제외하고는 토지를 소유하지 않았다. 족장들에 대한 이야기는 창세기 12-50장에 기록되어 있다. 그들의 사회는 촌락이자 목축지였으며, 부족별로 긴밀히 연결된 확대가족들로 구성되었다.

이스라엘 사회는 고도의 가장중심 사회로서 비록 그 이야기의 주된 내용이 아들들 중심으로 이뤄진다 할지라도, 족장이 살아 있고 가족의 우두머리이기 때문에 여전히 족장의 이야기라 부르는 것이 합당하다. 즉 아버지의 가족이기 때문에 아버지의 이야기인 것이다.

족장시대는 하나님과의 언약을 중심으로 하고 있으며, 축복과 번영 그리고 땅에 대한 약속들과 관련되어 있다. 비록 많은 자손들을 약속받았지만, 그 약속이 주어졌을 때 아브라함은 단 한 명의 후손도 가지고 있지 않았다. 땅을 약속받았으나 그는 계속하여 외국인 같이 유랑하는 삶을 살아야 했다.

창세기 이야기는 하나님의 부르심에 응답한 인간의 신학적 목표와, 약속 그리고 그것들의 성취와 비성취 등에 초점 맞춰져 있다. 족장들의 하나님은 부족의 수호신이었다. 각 족장은 하나님과 그들 개인의 친밀한 관계를 암시하는 특별한 이름으로 하나님을 지칭하였다. 족장들은 모든 셈어에서 총칭적으로 신을 가리키는 "엘"(El)로써 하나님을 경배하였다. 엘은 가나안 문학 속에서 뛰어난 신이거나 최북단에 있는 신들의 모임을 다스리는 만신들의 우두머리 신이었다. 이 셈어 명칭 속의 다른 어떠한 신비적인 면이나 특징들이 이스라엘에서는 사용되지 않았다.

하나님은 다른 가나안의 종교적 개념들 속에서처럼 장소들과 연결된 것이 아니라 인간들과 관계를 맺으셨다. 그는 아브라함의 하나님, 이삭의 하나님, 야곱의 하나님이었다. 족장이야기는 한 가족의 역사이며, 궁극적으로는 지상의 모든 가족들에 축복을 가져올 하나님의 아들, 구속자 예수 그리스도와 연관되어 있다.

CHERYL L. FAWCETT

참고문헌 | F. W. Bush(1986), *The International Standard Bible Encyclopedia*, vol. 3; R. K. Harrison(1991), *Holman Bible Dictionary*; C. F. Pfeiffer(1975), *The Zondervan Pictorial Encyclopedia of the Bible*, vol. 4.

존엄사(Mercy Killing).
안락사(Euthanasia)를 보라.

종(Servant).
대조를 가장 날카롭게 잘 보여주는 성구는 마가복음 10장 42-43절이다. "… 이방인의 소위 집권자들이 저희를 임의로 주관하고 그 대인들이 저희에게 권세를 부리는 줄을 너희가 알거니와 너희 중에는 그렇지 아니하니 너희 중에 누구든지 으뜸이 되고자 하는 자는 모든 사람의 종이 되어야 하리라." 하나님의 나라에서 으뜸이 되는 자리를 원한 야고보와 요한에 의해 생긴 이 정황에서 예수께서는 자신의 제자들간의 리더십은 새롭고 파격적인 다른 종류의 리더십을 요구함을 매우 분명하게 보여주셨다. 믿음 공동체 역시 리더십을 요구하지만(히 13:7) 그것은 섬김을 통해서 발휘되어야 한다. 기독교육에서 이런 새로운 종류의 리더십은 전형적으로 종의 리더십이라고 불린다. 예수님의 가르침과 삶은 종의 도의 세 가지 주요 특징들을 보여준다.

첫째, 종은 반드시 자신의 책임 이상으로 일하려고 해야 한다. 누가복음 17장 4-10절에서 예수께서는 종/하인은 의무, 공평함 내지는 기대되는 보상에 초점을 맞출 수 없다고 제시한다. 비유에서 종이 밭에서 열심히 일하였다고 하여 편안한 저녁을 먹을 수 있는 것이 아니다. 오히려 그 종은 주인의 저녁을 준비해야 하고 그것에 대해서 고맙다는 말 또한 기대해서는 안 된다. 빌립보서 2장 6-11절의 송영은 예수께서 "근본 하나님의 본체시나 하나님과 동등됨을 취할 것으로 여기지 아니하시고 오히려 자기를 비어 종의 형체를" 가진 사실로 인해 예수님을 찬미한다. 기독교육에서 종의 방식으로 인도하는 것은 기대 이상의 일을 해주고 그것에 대해 감사의 말을 들을 것을 기대하지 않는 것이다.

둘째, 종의 위치는 전혀 관심을 끌지 못한다. 따라서 종은 주의를 끌려고 해서는 안 된다. 마태복음 23장에서 예수께서는 "사람에게 보이고자" 자신들의 모든 행위를 하는 지도자들을 꾸짖으신다(5절). 관심을 끌려고 하는 그들의 행동은 종교적인 열심을 밖으로 드러내는 것(6절), 특권(6절), 지위 상징물(7절) 등을 포함한다. 본문에서는 지도자들이 그토록 받기를 원하던 존경을 그들을 따르는 무리를 통해 얻은 것처럼 보인다. 오늘날 우리도 예외는 아니다. 종과 같은 지도자들은 "정말로 중요한 사람들"이 되기를 원하는 다른 사람들의 욕구 내지는 자기 자신들의 욕구에 대해 반드시 경계해야 한다.

이러한 유혹에 대한 대책은 겸손이다. C. S. 루이스는 참으로 겸손한 사람은 당신이 그에게 말한 것에 대해 진정한 관심을 가지는 사람이며 겸손에 대해서 생각하지 않을 사람이고 자기 자신에 대해서도 전혀 생각하지 않을 사람으로 정의한다(Lewis, 1943, 114).

셋째, 종은 주인의 이익을 살핀다. 바울이 빌립보 교회에게 연합할 것을 권면할 때, 그는 그들에게

"각각 자기 일을 돌아볼 뿐더러 또한 각각 다른 사람들의 일을 돌아보아"라고 충고한다(빌 2:4). 바울은 이 원리를 "자기를 비어 종의 형체를 가지신"(빌 2:7) 예수님에게서 끌어낸다. 고립되어 사용되는 종의 신학은 가르침에서 뒤틀린 자세와 행동으로 연결될 수 있다. 섬기는 지도자는 존경과 삯을 받을 가치가 있고(딤전 5:17-18) 여전히 권위를 행사할 수 있다(히 13:17). 섬기는 지도자들은 친절함과 인내 그리고 온유함으로 권위를 행사한다(딤후 2:24-25).

ROBERT DROVDAHL

참고문헌 | C. S. Lewis(1943), *Mere Christianity*.

참조 | 행정(ADMINISTRATION); 집사(DEACON); 지도력(LEADERSHIP); 지도력 원리(LEADERSHIP PRINCIPLES); 경영(MANAGEMENT)

종교개혁(Protestant Reformation). 칼빈, 존(Calvin, John)을 보라.

종교개혁(Reformation, The.).
로마가톨릭교회의 개혁을 목표로 15세기에서 17세기에 일어난 사건들이다. 종종 개신교 종교개혁으로 불리는데, 그것은 종교개혁에 반대하는 보름스 국회의 칙령을 받기로 한 제2차 슈파이에르 의회(1529)의 결정에 공식적으로 항의한 독일 제후들의 행동 때문에 붙여진 이름이다.

종교개혁에 앞서 라틴 고전에 대한 학문적 관심을 부활시킨 14세기 초 이태리의 르네상스 운동이 생겨났다. 르네상스 운동은 프랑스, 독일, 네덜란드 등 북쪽 지역으로 퍼져나갔으며 이들 나라에서는 히브리어와 헬라어에 대한 연구가 추가되었다. 대학에서는 초대교회 교부들에 대한 보다 깊은 관심이 생겨났으며 이는 구약과 신약성경에 대한 새로운 학문적 연구로 이어졌다.

1. 종교개혁의 선구자. 옥스퍼드의 위클리프(1330-1384)는 교황과 교회의 모든 지도자들을 신랄하게 공격했다. 그는 성경을 번역하고 그것을 일반 대중들에게 전달할 가난한 설교자들의 교단을 조직했다. 개인적 신앙과 예정, 성경에 대한 위클리프의 견해를 널리 보급한 롤러드(Lollards)들은 상류층에서 많은 지지자들을 얻지는 못했다. 그 결과 종교개혁을 이끌어내지는 못했으나 위클리프의 생각들을 대중화시킴으로 인해 독일과 스코틀랜드 네덜란드에서 이후의 개혁자들을 위한 지적 토대를 준비시켰다.

프라하대학의 설교자였던 후스(John Huss, 1472-1415)는 성경을 모국어로 인쇄하여 실제적 기독교를 강조하였고 프라하대학을 위클리프의 교리를 보급하는 본거지로 만들었다.

게이르트 드 그로테(Geert de Groote, 1340-1384)에 의해 시작된 공동생활형제단은 성경의 가르침에 따라 경건의 삶을 살아가는 것을 강조하는 학교들을 네덜란드에 세웠다. 이 학교들에서 수학한 이들 중에는 헬라어 신약성경을 편집하고 신뢰할 만한 교부들의 고전들을 출판한 로테르담의 에라스무스가 있다. 종교적 지침에 대한 에라스무스의 견해는 이후에 코메니우스(Comenius, 1592-1670)에 의해 계승되었다.

피렌체의 사보나롤라(Savanarola, 1452-1498)는 교회와 세상의 죄 양쪽 모두를 공격했다. 마틴 루터는 사보나롤라를 가리켜 종교개혁의 최초의 순교자라고 불렀다.

2. 종교개혁의 요인. 콘스탄스 공의회(1414-1418) 이후 더욱 커진 교황의 세력은 교황권을 단일화하는 가운데 대분열의 시기를 종식시켰다. 르네상스의 영향으로 교황권은 더욱 강대해졌으며 로마의 문화적 웅장함을 더하고자 하는 바람을 가지게 되었다. 교황의 자리를 영적 책임으로 인식하는 데 실패한 교황권은 무엇이든지 돈으로 살 수 있으며, 물질에 의해 모든 것이 통제되던 이탈리아의 또 다른 세속적 정부들 중의 하나에 지나지 않았다. 그 결과, 성직매매, 성물(relics) 장사, 수도원의 부유함 등에 대한 실망감이 어디에나 만연했다.

또 다른 14-15세기의 변화들이 16세기의 종교개혁에 디딤돌을 놓았다. 신비주의는 개인과 하나님의 직접적이고 개인적인 교통을 강조하였다. 유럽 인구의 사분의 일을 앗아간 흑사병은 새로운 견해들을 가진 젊은 학자들을 배출시켰다. 인문주의는 지금 현재 지상에서의 삶을 강조하며 자신들의 삶을 보다

종교개혁

더 잘 이해하기 위해 조화로운 고전들에의 교육을 행하도록 권장했다. 나침반과 기타 항해 도구들의 발견은 유럽인들의 세계를 넓히는 광범위한 지리상의 발견을 가능하도록 했다. 새로운 과학적 발견들은 지구가 우주의 중심이라는 기존의 통설에 도전했다. 구텐베르크에 의한 인쇄술의 발명은 지식의 전파를 보다 더 용이하게 했다. 화약의 발명과 상업적 발달은 기사제도와 봉건영주의 권위에 도전했다. 새롭게 대두된 민족주의의 발흥은 군주들이 이제 로마를 외국세력에 의한 독재로 보기 시작했음을 의미했다. 독일의 제후들과 자유도시들, 하급귀족들은 루터가 로마 교회에 대항하기 시작했을 때, 그를 지지할 준비가 되어 있었다. 이들 정치 지도자들의 후원은 종교개혁이 성공할 수 있는 주요 요인이 되었다.

3. 개혁자. 작센의 비텐베르크대학의 성경학 교수였던 루터(1483-1546)는 자신의 구원여부에 대해 오랫동안 고민해 왔다. 공식적인 로마 방문시에 그가 목격한 로마 교회의 부패에 대해 괴로워했으며 결국 구원의 본질은 행위가 아닌 믿음을 통한 하나님에 의한 칭의라는 결론에 이르렀다. 루터는 교회와 사제들이 구원을 중재하는 데 아무런 역할도 할 수 없다고 믿었다. 요한 테첼이 베드로 성당의 신축을 위한 모금의 일환으로 면죄부를 판매한다는 것을 알게 된 루터는 이에 반대하여 1517년 면죄부에 대한 토론을 일으키기 위해 95개조 반박문을 비텐베르크 성문에 내걸었다. 이러한 작은 사건으로부터 시작된 논쟁은 곧 확산되었다. 로마 교회가 그가 기대한 방식의 대응을 보여주지 않게 되었을 때 루터는 급기야 공식적인 반란의 포문을 열었으며 다른 많은 주장들과 함께 국가교회와 성직자의 결혼의 권리를 주장하게 되었다. 교황 레오 10세는 그를 파문하는 것으로 맞대응했다. 1521년 황제 찰스 5세는 루터를 보름스 국회로 소집하였다. 그는 자신의 주장을 철회하기를 거부하였으며 이단자로 정죄되었으나 작센의 선제후의 도움으로 피신할 수 있었다.

루터의 교리는 급속도로 확산되었으며 1530년 그와 그의 동료 필립 멜란히톤(1497-1560)은 아우구스베르크 의회에 종교개혁의 신앙을 고전적으로 정리한 신앙문을 제출하였다. 얼마 후 각 지역의 제후들은 자신의 지역의 종교를 스스로 정할 수 있도록 되었고 루터교는 적어도 독일의 절반에 해당되는 지역에서 합법적이 되었다. 덴마크와 스위스의 군주들 역시 자신들의 나라에서의 교회개혁을 선포하였다.

울리히 쯔빙글리(1484-1531)는 스위스의 취리히에서 개혁을 이끌었다. 원래 목사이자 정치 지도자였던 쯔빙글리는 자신의 대의를 퍼뜨리기 위해 설교와 공개적 토론, 소책자들과 여러 저작들을 사용하였다. 1529년 그는 취리히에서 가톨릭 신앙이 금지되도록 만들었으며 바젤과 베른 도시와 함께 기독교 시민 동맹을 형성했다. 이에 대항한 로마 칸톤들의 자체 연맹 역시 결성되었다. 1531년 쯔빙글리는 개신교 세력을 이끌고 참여한 제2차 카펠전쟁에서 죽었다.

칼빈(1509-1564)은 종교개혁의 3대 지도자들 중 가장 젊었으며 그들의 원대한 계획들이 구체적으로 실현되는 것을 살아서 목격하였다. 제네바가 개신교 도시로 선포된 1536년 프랑스에서 제네바로 옮긴 칼빈은 개혁교회의 목사들을 훈련시키기 위한 학교를 세웠다. 제네바 아카데미는 유럽 전역에서 온 많은 이들을 훈련시키는 기관이었다.

영국에서의 종교개혁은 신학적이라기보다는 정치적 요인에 의해 일어났다. 1539년의 6개 신조는 헨리 8세가 전통적 가톨릭교와의 고리를 완전히 단절하고자 의도한 것이 아님을 명백히 했다. 그러나 그는 영국에서의 교황의 수위권을 뒤엎고 수도원들을 해체시켰다. 그는 대륙의 종교개혁에 대해 공감하지는 않았으나 성경의 영어번역을 허락함으로써 영국내의 모든 교회에서 신자들이 자유로이 성경을 읽을 수 있도록 했다. 칼빈주의는 국교회 내의 급진적 운동으로 파급되었으나 청교도 혁명(1640-1660) 이후 국교회로 다시 회복되었다.

루터, 쯔빙글리, 칼빈은 모두 권위적인 개혁자로 불리는데 이는 그들이 정부의 도움을 받아 그들에게 친숙한 가톨릭교회의 모형을 따른 국가교회를 세우고자 했기 때문이다. 일반 대중의 전통에 대한 애정과 습관을 알고 있었기 때문에 그들은 복음과 직접적으로 모순을 일으키지 않는 것들은 모두 그대로 유지하고자 했다. 그러나 어떤 이들은 당시의 교회가 배교적이며 이미 회복이 가능한 정도를 넘어섰다고 믿었다. 그들은 성인 신자들이 믿음을 고백하고 그러한 결단의 표로 세례(침례)를 받는 초기 원시 신약 기독교로 되돌아가고자 하였다. 이러한 견해를 지닌 그룹들 중 몇몇은 공동생활과 평화주의를 주장하였다. 권위적 개혁자들에 의해 "낙오된 제자들"로 불린 이들 그룹들은 가톨릭과 개신교 모두에 의해 백여 년 간 심한 박해를 받았다.

4. 종교개혁의 교육적 측면. 대부분의 종교개혁자들은 대학교수이거나 상당히 교육수준을 지닌 목사들이었다. 권위적 개혁자들의 초기 접근법은 전형적인 중세의 스콜라주의로서 의제를 출판하고 그것들을 토론하며 출판물을 내놓는 식이었다. 인쇄술은 이러한 출판물에 가속도를 붙였다. 풍자적인 만화와 단순한 언어로 된 유인물들은 대중들이 논쟁에 친숙하도록 만들었다. 또한 개혁자들은 성경을 번역하고 주해서들을 썼다.

믿음을 통한 은혜에 의한 구원, 만인제사장주의, 성경의 권위에 대한 종교개혁의 교리들은 보편적 교육을 요구했다. 만일 개개인이 하나님에 대해 책임이 있다면 그는 그러한 책임을 말씀의 관점에서 이해하여야 한다. 교육 수준이 높은 사람들만이 성경을 읽을 수 있었기 때문에 이것은 당연히 문제가 되었다.

기초 교육의 확장은 종교개혁의 주요 공헌이었다. 그 결과 모국어가 새롭게 중요시되었으며 책들 뿐 아니라 실제 사역에서 학습의 중요성을 깨달은 새로운 교육학들이 발전되었다. 교육에의 이러한 새로운 생각들을 지지한 것은 하나님께서 목회자들 뿐만 아니라 모든 사람들을 그분의 사역에 부르셨다는 개신교의 주장이었다.

루터는 가정을 중시했으나 부모의 가르침이 자녀들이 필요로 하는 모든 교육을 충분히 제공할 수 있다고 믿지는 않았다. 1524년 비텐베르크에서 "기독학교를 대신해 독일 모든 도시의 시장들과 원로들에게 드리는 편지"에서 그는 학교들이 라틴, 헬라어, 히브리어를 포함한 전인교육을 제공함으로써 학생들이 성경을 제대로 이해할 수 있도록 해야 한다고 촉구했다. 또한 그는 사회의 질서유지와 좋은 가정의 유지를 위해 사회가 잘 훈련된 남녀들을 필요로 하므로 학교가 필요하다고 주장했다. 학교들은 시의회의 재정적 후원을 받았다. 학교는 소년, 소녀 모두에게 열려 있었으며 재미를 주는 곳이기도 했다.

루터의 협력자인 멜란히톤은 새로운 교육 구조의 형성과 이차 교육 기관의 설립 등 교육에 더욱 지대한 관심을 보였다. 그는 아이스레벤에 있는 학교에서 학생들이 보다 단순한 주제에서 복잡한 주제로 이동해 가는 학습 프로그램을 시작하였다. 그는 자신이 가르치고 있던 비텐베르크 대학을 독일의 주요 신학적 본거지의 하나로 만들었다.

모든 개혁자들은 교리문답에 나타난 그들의 신학적 입장에서 가톨릭은 물론 다른 개혁자들과도 서로 달랐다. 루터의 『소요리문답』(Small Catechism, 1529)은 성경 다음으로 가장 널리 읽혔다. 루터는 자신을 따르는 지지자들을 더욱 뜨겁게 하고자 개정된 예배서와 찬송들을 사용하였다. 그는 또한 설교를 예배의 중심이 되게 하였으며 설교를 통해 하나님의 은혜를 가르치고 회개와 믿음을 촉구하며 일상생활의 지침을 제공함으로써 지역사회를 구성하도록 했다.

칼빈은 지역사회가 재정적 후원을 담당하는 일반 교육을 선호하였다. 네덜란드의 칼빈주의자들은 1586년 헤이그 회의에서 도시에 학교를 세울 것을 결의했으며, 1618년 도르트 회의에서 모든 마을에 무료 공립학교를 세울 것을 반포했다. 모라비안 형제단의 감독 코메니우스(1592-1670)는 칼빈의 영향을 받아 여러 나라 지도자들을 상담하여 초등교육의 확산에 크게 공헌하였다. 1657년 출판된 그의 저서 『대교수학』(Great Didactic)은 근대교육의 토대를 놓았다.

칼빈 자신은 제네바 아카데미에서 고등교육에 보다 집중했다. 칼빈주의에 입각한 대학들이 네덜란드의 라이덴(1575), 암스테르담(1632), 우트레히트(1636) 그리고 스코틀랜드의 에딘버러(1582)에 세워졌다. 영국의 청교도 운동은 1584년 캠브리지대학교에 임마누엘대학을 설립하도록 했다.

급진적 개혁자들은 그들에게 행해진 혹심한 박해와 그들이 주장한 정교분리의 원칙 때문에 초기에는 유럽의 교육 기관에 지속적인 영향력을 남기지 못했으며 그들의 업적은 주로 몇몇 지역에 국한되었다. 모라비아의 후터리테 공동체(Hutterite community)

에 살고 있던 아이들을 위한 재세례파 학교가 1578년 한 방문객에 의해 묘사되었는데 그는 급진적 개혁자들의 자녀들이 대부분 교육을 가정과 예배에서 받고 있음에 주목하였다.

ROBERT L. LAMB

| 참고문헌 | C. V. Anderson(1981), *Introduction to Biblical Christian Education*, pp. 36-52; F. L. Cross and E. A. Livingstone, eds.(1981), *A Faithful Church*; E. Daniel, J. W. Wade, and C. Gresham(1987), *Introduction to Christian Education*; F. Eby(1915), *Christianity and Education*; K. O. Gangel and W. S. Benson(1983), *Christian Education: Its History and Philosophy*; H. J. Hillerbrand(1964), *The Reformation, A Narrative History Related by Contemporary Observers and Participants*; K. S. Latourette(1953), *A History of Christianity*; J. E. Reed and R. Prevost(1993), *A History of Christian Education*; R. Ulich, ed.(1954), *Three Thousand Years of Educational Wisdom, Selections from Great Documents*; J. H. Westerhoff III and O. C. Edwards, eds.(1981), *A Faithful Church*.

| 참조 | 공동생활형제단(BRETHREN OF THE COMMON LIFE); 칼빈, 존(CALVIN, JOHN); 중세교육(MEDIEVAL EDUCATION); 기독교 인문주의(HUMANISM, CHRISTIAN); 루터, 마틴(LUTHER, MARTIN); 멜란히톤, 필립(MELANCHTHON, PHILIP); 로마가톨릭교육(ROMAN CATHOLIC EDUCATION); 쯔빙글리, 울리히(ZWINGLI, ULRICH)

종교교육교수 및 연구자협회(Association of Professors And Researchers In Religious Education, APRRE).

APRRE는 1970년, 전국교회협의회의 기독교교육 분과(the Division of Christian Education of the National Council of the Churches of Christ)의 두 그룹이 조직했다. 이 두 그룹은 교단에서 연구 활동을 해오던 사람들과 대학과 신학원에서 가르치는 종교교육학 교수와 강사들에 의해 구성되었다.

최근의 안내 책자에 의하면 31개 교단과 11개 나라의 교사들과 연구원들이 ARPPE 회원으로 가입되어 있다고 한다. 주요 회원들은 대부분 개신교, 로마가톨릭교, 유대교, 바하이교(Bahaism, 이라크의 근대 종교-역주), 이슬람교 등을 대표한다. APRRE 연례 회의는 종교교육협회(the Religious Education Association)나 성경 문학회(the Society of Biblical Literature), 미국 종교 아카데미(American Academy of Religion)와 같은 기구들이 모이는 동일한 장소와 시간에 열린다.

때때로 APRRE 회의에서 대두되는 분리성의 신학적 개념들 때문에 복음주의자들이 대화를 기피하기도 한다. 복음주의자들은 명료한 신학 사상을 가지고 나오는데, 이것은 과정신학(process theology: 현대신학 이론의 하나. 하나님은 두 개의 본성을 가진 분으로서 끊임없이 진행되는 세계에 통합적으로 참여하고 계신다고 묘사한다. 성경적이기보다는 철학적 접근에 가깝다-역주)과 자유신학을 포함한 다양한 종교 단체를 회원으로 가진 광범위한 APRRE의 입장과는 매우 다른 것이다. 복음주의자들은 신학적 결론에 도달하는 것이 어렵다는 사실과 성경의 권위를 인정하는 자신들의 입장이 타종교인들과 종교 다원주의를 신봉하는 APRRE 회원들의 감정을 상하게 할 가능성을 우려한다.

WARREN S. BENSON

종교교육의 국제협의회(International Council on Religious Education).

종교교육의 국제협의회(ICRE)는 1922년에 조직되었으며 국제교회협의회의 일반적 교육에 대한 일부 위원회가 되어 1950년까지 독립적 기관으로 활동하였다. 이 기관의 목적은 등급화된 교육 과정과 유니폼을 제공, 지도자 훈련 프로그램을 제공, 정기 간행물을 출판, 종교교육협회를 주관, 학교 이후로 종교교육을 격려하는 것을 포함한 미국의 종교교육의 많은 활동을 수행하는 것이다.

협의회의 근원은 미국 주일학교운동과 미국 주일학교협의로부터 나온다. 미국에서 기독교교육은 공립학교와 고등교육 기관에서 주도되었다. 성경은 학습과 가치를 위한 교육 과정에 관심을 기울였다. 성경이 공립교육에서 설자리를 잃었을 때 주일학교운동은 교육의 부족을 채워주었다.

영국의 로버트 레이크스(Robert Raikes)로부터 실마리를 얻음으로써 주일학교는 주도적인 운동이 되었다. 1824년에 미국 주일학교협회를 세움으로써 그 운동은 조직적이 되었다. 정식 성직자와 교단의 지지부족에도 불구하고 연합회는 교육 과정 수립, 주일학교의 설립과 수천 명의 학생들에게 복음을 전파하고, 40년 이상 주일학교의 발전에 중심이 되었다.

그러나 연합회와 교회지도자들은 이 운동이 교육의 네 가지 의무 – 효과적인 교육과정, 정식으로 훈련된 교사, 효과적이고 적절하나 교육철학과 교수방식, 그리고 교회의 교육 프로그램을 평가하며 재구성할 수 있는 일반적 전문감독 – 에 초점을 맞추지 못한 점을 인식하였다. 1832년에 연합회는 국제적 집회로 추천되고 추진되었다. 그리고 캔자스의 1992년 집회에서 종교교육의 국제협의회가 조직되었다. 그때까지 국제적인 집회들은 신학적으로 복음주의의 좌익 진영에 남겨진 영역이었다.

명성 있는 교회 지도자들이 집회에 참석하였다. 최초로 집회에서 이루어진 활동은 대표자들의 승인을 위한 집회였다. 점차적으로 집회는 조직화된 위원회와 지도자들의 합법적인 지배 체제를 잃어버렸다. 이러한 발전과 함께 각 교단들은 분열을 야기하게 될 주일학교 협회를 형성하였다. 1992년에 모든 교단 집회, 교단, 독립 교단, 많은 복음주의자들, 자유주의자들이 합병된 조직에 동의하였다.

합병의 과정은 위원회가 종교 혹은 기독교로 불리는 것에 대한 논쟁을 일으켰다. 몇몇 보수주의자들은 종교적(religious)이라는 용어가 교육과정에서 성경의 양을 줄이고 그것에 비종교적 문화, 심리학, 다른 일반적인 교육과목을 포함하도록 허락한다고 말하였다. 보수주의자들과 자유주의자들 사이에서는 성경의 정당성(권위적인가? 지침서인가?), 공과 교육에서 성경의 위치(일차적인가? 이차적인가?), 인간의 자연 상태(죄인인가? 선한가?), 주일 학교에서 전도에 대한 강조(복음주의적인가? 일반적인 종교적 특성의 발달인가?) 등에 대한 문제로 많은 대립이 있었다.

결국 보수주의자들은 1930년에 복음주의 교사훈련 협회, 1946년엔 국제 주일학교 협회를 포함한 그들 자신의 기관을 형성하면서 종교교육의 국제협의회에서 탈퇴하였다. 이러한 것들은 복음주의 협의회(the National Association of Evangelicals)의 형성으로 시작되었다.

MICHAEL J. KANE

참고문헌 | C. B. Eavey(1964), *History of Christian Education*.

종교교육협회(Religious Education Association. REA).
종교교육협회는 1903년 시카고에서 창설되었다. 이것은 미국 주일학교운동의 충실한 성경주의에 환멸을 느낀 자유주의 개신교 학회에 기원을 두고 있다.

종교교육협회의 창립대회는 시카고대학의 레이니 하퍼(Wm. Rainey Harper)에 의해서 주관되었다. 이 학회의 초기 회원들은 전국적으로 잘 알려진 대학 교수들뿐 아니라 여러 대학의 총장들이 포함된다. 스텐리 홀(G. Stanley Hall), 앤드류 드래퍼(Andrew Draper), 니콜라스 버틀러(Nicholas Butler), J. B. 안젤(J. B. Angell), 존 듀이(John Dewey), 그 외 다수가 이에 속한다. 복음주의자들, 가톨릭 성도들, 유대인들, 혹은 보수주의 개신교인들은 뚜렷이 없었다. 한편, 미국의 수준 높은 교육을 받은 이 저명한 지도자들을 끌어당긴 것은 하퍼의 자유적 진보주의 이상이었다.

하퍼는 침례교 성경학자로서 언어학자인 동시에 활동적인 행정가였다. 그는 아주 중요한 진보적 교육자로서 잘 짜인 교육은 사회를 구할 수 있으며 전체 사회 사업에 의미를 줄 수 있다고 믿었다. 그는 대학을 사회의 '구원자'로 보았다. 성경을 과학적으로 보는 것이 그가 제시하는 구원의 방법이었다. 하퍼의 종교교육협회는 문화적 구원의 사회적 이상을 구체화하는 기관으로서 성경적 가치들이 사회의 성장과 도덕성을 이끌어 갈 수 있다고 믿었다.

1906년 하퍼는 사망했다. 그의 지도력의 계승자는 조지 앨버트 코우(George Albert Coe)였다. 하퍼처럼 코우 역시 사회적 구원을 믿었다. 그는 종교교육이 문화에 기여할 수 있는 것을 은유적으로 표현한 "하나님의 민주주의"(The Democracy of God)라는 어구를 만들었다. 코우의 지도력은 학회에서 이십 년 동안 지속되었다. 그의 『종교교육의 사회 이론』(Social Theory of Religious Education, 1917)은 종교교육의 역할에 대한 자유주의적 관점의 중심을 차지하게 되었다. 여기에는 개인적 구원, 기독론의 역사적 관점, 인간의 악과 죄에 대한 심각한 이해, 변증적 사실주의 신학에 대한 이해 같은 것은 전혀 없다. 공의와 자비의 하나님은 없고, 다만 생생히 경험되고 인간의 경험 속에서만 구현되는, 즉 역사적 기독교 이해와는 관련 없는 하나님이 사회적으로 도덕적이고 사랑이 있는 사람들에게 제시되었다.

"하나님의 민주주의"는 인간 구원의 이상 같은 것이었다. 교리적 논점들, 성경에 대한 보수주의적 관점들, 혹은 구원의 의미 같은 것은 배제되었다. 가톨릭교도들은 그들의 교리적 바탕으로 인해 환영하지 않았고, 소수의 복음주의자만 받아들였으며, 루터교인들도 거의 없었고, 유대교인들도 명색으로만 포함되었을 뿐이다. 종교교육협회는 인간 변화의 현세적 이상을 가지고 있는데 이것은 교육의 의미에 대한 진보적 관점으로 인간을 사랑스럽고 친절하며 지적인 존재로 변화되게 하는 행위라고 보았다.

종교교육협회는 1930년대 후반까지 성장하고 활약했다. 이 단체의 성장은 진보적 학파 운동과 부합된다. 시카고, 노스웨스턴, 예일, 콜롬비아, 유니온 신학대와 같은 대학들은 20세기 초 많은 종교교육자들을 키워냈다. 사회에 관심을 둔 수백 명의 종교교육자들이 초기의 진보당원으로 모였다. 그들에게는 "그리스도인의 도덕 교육"(paideia of Christian virtues)을 세우기 위한 대중 교육학에 대한 비전이 있었다.

학회는 1차 세계대전 후 수십 년과 대공황 후 어려운 시기를 통과했다. 전쟁과 경제적 재난으로 환상을 버리게 된 사람들의 실제적 필요에 대한 실용적 대안으로 인해 사회 자유주의는 딱딱한 지적 가치들과 함께 쇠퇴했다. 사회 복음 모더니즘(Social Gospel modernism)은 더 이상 관심 받지 못했고 진지하게 받아들여지지 않았다. 종교 운동 내부의 목소리들이 이 협회의 가장 영향력 있는 비평가들이었다. 뉴욕에 있는 유니온 신학대의 종교교육 교수였던 H. 쉘톤 스미스(H. Shelton Smith)는 1941년 자신의 주장을 담은 『신앙과 양육』(Faith and Nurture)을 썼다. 그 책은 진보적 자유주의 종교교육에 대한 정면 도전으로서 "신적 내재, 성장, 인간의 선함 그리고 비역사적 예수"는 신학적 로맨티시즘의 모든 요소들이라고 말하고 있다. 스미스는 성경적 믿음의 회복, 강한 기독론 그리고 분명한 죄와 은혜를 이해하는 새 정통이 필요하다고 외쳤다. 자유주의는 움츠러들게 되었고, 종교교육협회는 그 영향력이 쇠퇴되었으며 회원들은 감소되었다.

1952년 6월, 허만 워놈(Herman Wornom)이 사무총장으로 선출되었다. 그는 약화되고, 혹평으로 상처입고, 의기소침하고, 미몽에서 깨어난 협회의 지휘를 맡게 되었다. 그 후 20여 년 간의 그의 노력은 종교교육협회의 성격변화를 가져왔다. 워놈은 복음주의자들의 조언을 구했고, 로마가톨릭 신자를 초대했으며, 유대인들을 기꺼이 맞아들였다. 그는 연구와 교수법과 학습에 관련된 사회과학적 견해들을 되살렸다. 그는 많은 곳으로 여행을 다녔으며 20년 간 중단되었던 전국 협의회를 재설립 했다. 그는 합리적이고 균형 잡힌 에큐메니컬 관점의 이상을 가진 중도파로서 협회에서 이전까지는 용인되지 않았던 목소리에 열려진 사람이었다. 종교교육협회는 그의 지도 아래서 성장했고 온 나라의 종교교육자들의 진지한 관심을 끌었다.

1970년 워놈의 은퇴로 종교교육협회는 대중적으로 성장할 수 있는 입지를 유지하기 위해 고군분투했다. 현재는 독자적 사법 행정권이 전국 종교교육협의회를 주관하고 있다. 에큐메니즘은 더 이상 미국 교회 생활에서 가장 주요한 주제가 아니다. 한편 종교교육협회의 내부적으로는 명확한 지도부가 생기지 않았다.

종교교육 교수 및 연구자협회(the Association of Professors and Researchers in Religious Education; APRRE)가 만들어 졌던 1970년, 종교교육협회는 그들의 학문적 지도력에 심각한 타격을 입었다. 현재는 많은 교단들의 종교교육 교수들과 교사들 대부분이 종교교육 교수 연구자협회에 가입하고 있다. 현재는 종교교육 교수 연구자협회가 미국 종교교육에서 학문적 지도력을 가진 주요한 전문적 단체가 되어 있다. 이 단체는 신학교와 대학교의 종교교육 분야의 교수들이 학문적 전문성의 필요를 충족시켜주기 위해서 만들어졌다. 학문적 활동과 종교교육 분야의 중심이 종교교육협회에서 종교교육 교수 연구자협회로 옮겨진 것이다.

종교교육협회의 현재는 어려운 상태에 있는 것으로 보인다. 정기적 전국 협의회들은 더 이상 폭넓은 참여가 이루어지고 있지 않다. 종교교육 저널은 종교교육협회 지도력의 마지막으로 남은 중요한 부분으로 계속 발행되고 있지만, 내용의 중요한 부분은 대부분 학문적인 것으로서 지역 교회가 아닌 대학과 신학교에서 사용되도록 쓰인 것이다. 번영기를 흘러 보낸 다른 교육 단체들처럼 종교교육협회의 현재 상황은 미래가 심각하게 우려되는 상황이다. 이 기관의 유산은 확고하고, 기여는 의미심장하다. 그러나 앞으로 이것은 더 이상 유용성이 없는 상태가 되어 사장되거나 이 세대의 도전들로 인해 새로운 적합한 형태로 바뀔 것을 요구받고 있다.

STEPHEN A. SCHMIDT

참고문헌 | S. Schmidt(1983), *A History of the Religious Education Association*; J. P. Wind(1987), *The Bible and the University*.

종교사회학(Sociology of Religion). 사회학의 연구와 종교 연구를 포함하는 학문이다. 이 학문은 종교의 사회에 대한 공헌 뿐만 아니라 다양한 종교 및 민족 그룹들의 윤리 가치들과 신앙들을 고찰하며 교단들과 그들의 교인들을 사회학적으로 연구한다.

관련된 분야들로서의 종교와 사회학의 연구는 사회학의 창시자로 여겨지는 꽁뜨(Auguste Comte, 1798-1857)의 작품과 함께 시작되었다. 그는 한 사람이 세상을 지각하는 방식이 사회 조직의 기초라고 믿었다. 그는 한 개인의 세계관이 그 개인의 초자연적인 것과의 관계라는 측면에서 사건들을 설명하는 신학적인 것에서, 초자연적인 것과 상관없이 해답들을 과학적이고 실용적인 방법으로 찾는 것으로서 그가 이름을 붙인 "실증적인 것"으로 변할 때 사회의 질서 또한 변한다고 믿었다.

계급투쟁과 종교를 성찰한 칼 마르크스(Karl Marx, 1818-1883)의 초기 작품을 제외하면 종교사회학에서 가장 영향력 있는 이론가들 중의 두 사람은 에밀 뒤르깽(Emile Durkheim, 1858-1917)과 막스 베버(Max Weber, 1864-1920)이다. 뒤르깽은 그의 책 『종교적 삶의 기본 형태』(*Elementary Forms of Religious Life*)로 가장 잘 알려져 있다. 그는 이 책에서 성과 속의 개념은 한 사회에 기본적인 것이며 종교는 응집과 질서의 이러한 표현들에 부여되는 이름이라고 주장했다. 그는 종교적 신앙이 한 사회 안에서 무엇을 하는지에 대해 주로 관심을 가졌다. 베버는 종교적인 개념들과 헌신들은 사회 구조를 형성하는 효과를 지닌다고 주장했다. 뒤르깽과 달리 베버는 사회 변화가 있을 때 종교에 무슨 일이 일어나는지에 관심이 더 많았다. 그의 가장 유명한 작품은 『청교도 윤리와 자본주의 정신』(*The Protestant Ethic and the Spirit of Capitalism*)이다. 그는 이 책에서 개신교와 자본주의간의 분명한 관계를 진술하고 있다. 베버의 주된 공헌은 사회학자의 관점에서 본 문화 전통의 체계적인 분석이다.

교회와 종파의 차이점을 논했으며 대표작으로 『교회들의 사회적 가르침』(*The Social Teaching of the Christian Churches*)을 쓴 에른스트 트뢸취(Ernst Troeltsch)와 『교파주의의 사회적 근원들』(*The Social Sources of Denominationalism*)의 리처드 니버(Richard Niebuhr) 그리고 종교와 미국 문화생활에 관한 작품을 남긴 미국 사회학자 피터 버거(Peter Berger) 등도 같은 세기에 활동한 사람들이다.

종교의 틀 안에서 사회학의 기능을 성찰하기를 원하는 기독교교육자는 학생들의 문화 종교적인 가치들과 인종적 민족적 유산 그리고 사회 인구통계학과 같은 연구를 할 수 있는 많은 예들을 찾을 수 있을 것이다.

ELIZABETH A. LEAHY

참고문헌 | R. Homan, comp.(1986), *The Sociology of Religion: A Bibliographical Survey*; B. Wilson(1981), *Religion in Sociological Perspective*.

종교심리학(Psychology of Religion).

과학적 조사 방법론들과 사고의 심리학적 범주들을 사용하여 인간의 종교적 경험들, 행동들, 신념들을 연구하는 분야이다. 이 학문은 개인의 종교와 그의 심리 구조의 다른 측면들과의 관계를 포함한다. 이것은 또한 종교 그룹의 공유된 신념들과 행동들에 초점을 맞춘 "종교 사회 심리학" 분야의 주제들에 대한 연구를 포함하기도 한다. 연구자들의 특별한 관심을 끄는 주제들은 회심, 종교적 경험, 종교적 태도들, 종교와 정신병리학 그리고 종교와 행복의 개념들 같은 것이다. 인간의 수명과는 반대되는 종교의 발전 역시 중요한 관심 영역이다.

고유 분야로서의 종교심리학은 1800년 대 후반에 나타났다. 이 시기에 앞서, 미국 회중 교회 사역자로서 대부분의 일생을 보냈던 조나단 에드워즈(Jonathan Edwards)는 첫 번째 선구자들 중 한 명이다. 그는 종교의 여러 가지 부흥들을 증거했고 종교적 경험의 요소들을 체계적으로 관찰하고 분석했다. 그의 책, 『종교적 감정들에 관한 논문』(*A Treatise Concerning Religious Affections*, 1746)은 미국에서 출판된 경험적 종교에 대해 기술한 첫 번째 중요한 서적이었다.

백 년 후, G. 스텐리 홀(G. Stanley Hall)은 설문지를 사용하여 청소년들의 종교적 경험들을 연구했고, 에드윈 스타벅(Edwin Starbuck)은 종교심리학 전반에 걸친 첫 번째 책 『종교심리학』(*The Psychology of Religion*, 1899)을 저술했다. 그러나 종교심리학 분야를 끌어올리게 한 중요한 고전적 초기 서적은 1902년 출판된 윌리엄 제임스의 『종교적 체험의 다양성』(*Varieties of Religious Experience*)이다. 제임스는 스타벅의 연구에 많은 영향을 받았고 극적 종교적 믿음과 행동들을 다양 포함한 기록된 사례들을 첨가했다. 그는 제도적 종교(종교적 그룹 혹은 조직)와 개인적 종교(개인의 신비주의적 경험)를 구별했다. 제임스는 개인의 종교적 경험을 이해하는 데 가장 많은 관심을 보였다.

심리학 영역에서 지그문트 프로이트(Sigmund Freud)와 칼 융(Carl Jung)은 종교적 신념들과 그것들이 심리상태에 미치는 영향의 연구에 대해 지대한 공헌을 했다. 프로이트는 종교적 신념들과 행동들은 부모에 대한 인식과 연관되어 발달하고, 이어 개인의 신관에 투사된다고 주장했다. 그의 연구는 많은 사람들의 심리적 성장과 건강을 막는 병적 종교에 대한 통찰을 제공했다. 반면, 융은 영적인 성장이 정체성의 기본적 인식과 의미를 이끈다고 강조하면서 자신의 심리학에 종교의 긍정적인 부분을 포함시켰다.

프로이트와 융의 연구에 자극된 탁월한 종교교육자 조지 앨버트 코(George Albert Coe)는 평생을 종교심리학 연구로 보냈으며, 그의 연구를 토대로 한 저서 『종교심리학』(*The Psychology of Religion*, 1916)과 『인간의 동기』(*The Motives of Men*, 1928)를 저술했다. 그는 다른 어떤 연구자들보다 종교심리학과 종교교육의 관계를 더 깊이 고찰했다. 비슷한 시기에, 두세 개 신학교의 종교교육학 과들은 심리학 중심의 과목들을 개설했다. 안톤 T. 보이슨(Anton T. Boisen)은 『내적 세계 탐구』(*The Exploration of the Inner World*, 1936)에서 연구를 위한 새로운 분야를 소개했다. 보이슨은 종교적 경험의 어떤 형태들은 정신적 질병과 연관되어 있다고 확신했고 자신의 가설을 증명하기 위한 많은 사례들을 제시했다.

1940년대 후반과 1950년대 초반 심리학, 종교교육 그리고 상담의 응용성에 대한 관심이 새롭게 높아졌다. 에리히 프롬(Erich Fromm)은 『정신분석과 종교』(*Psychoanalysis and Religion*, 1950)에서 심리 분석적 접근과 자신이 후에 종교와 윤리에 적용한 문화적 중심을 결합했다. 고든 알포트(Gorden Allfort)의 『개인과 종교』(*The Individual and His Religion*, 1950)는 개인의 종교 이해에서 심리학의 사용을 연구했다. 그의 종교중심척도(Religious orientation scales)는 종교에 대한 두 가지 접근들을 측정한다. "성숙"한 종교는 활동적이고, 개방적이며, 모순들을 다룰 수 있는 능력으로 설명되고,

"미성숙"한 종교는 자기만족과 종교와 관련해 부정적으로 판에 박힌 사람들이 종교에 관해 가지고 있는 것으로 정의된다. 종교 중심에 대한 그의 생각은 부정적 비판에도 불구하고 종교심리학에서 중요한 위치를 차지하고 있다.

월터 휴스턴 클락(Walter Houston Clark, 1958), 폴 E. 존슨(Paul E. Johnson, 1959), 올로 스트런크 쥬니어(Orlo Strunk Jr, 1959)에 의한 종교심리학에 대한 연구들도 있다. 종교심리학 연구의 새로운 결과물은 목회와 교회관계들에 적용될 수 있는 심리적 원리들 안에서 연구된 "목회 상담"이었다.

종교심리학과 관련된 풍부한 연구와 이론적 논문들 그리고 서적들은 종교심리학에 대한 증폭되는 관심을 보여준다. 수많은 토론회와 회의들은 연구자들에게 사상을 교환하고 심리학과 신학의 통합을 논의할 수 있는 기회들을 제공했다. 목회상담 영역의 향상과 종교 대학들과 신학대학원의 상담학 분야에 대한 두드러진 강조 역시 증폭된 관심을 보여주고 있다. 「종교에 대한 과학적 연구 저널」(Journal for the Scientific Study of Religion), 「국제 종교심리학 저널」(International Journal for the Psychology of Religion), 「심리학과 신학 저널」(Journal of Psychology and Theology) 그리고 「종교심리학 저널」(The Journal of the Psychology of Religion) 등과 같은 수많은 학회지들이 종교심리학 논문을 발표했고 많은 종교심리학 교재들을 쉽게 구할 수 있게 되었다. 뿐만 아니라, 인터넷 사이트들은 이 분야의 최신 연구들과 연구자들과 진행 중인 토론까지 제공하고 있다.

과거 10년 동안 애착 이론(attachment theory), 역할 이론(role theory), 발달 문제(developmental issues) 그리고 대처 이론(coping theory)들을 포함한 새로운 이론들이 소개되었다. 종교심리학 연구자들은 심리적 관점과 종교적 관점에서의 연구와 질문은 심리학과 종교의 통합에 대한 깊은 이해를 위해 요구되는 것이라고 진술한다.

NORMA S. HEDIN

참고문헌 | A. R. Fuller, *Psychology and Religion: Eight Points of View*; H. N. Malony, *Psychology of Religion*; W. Oates, *The Psychology of Religion*; R. F. Paloutzian, *Invitation to the Psychology of Religion*; B. Spilka and D. N. McIntosh, eds., *The Psychology of Religion: Theoretical Approaches*; D. M. Wulff, *Psychology of Religion: Classic and Contemporary Views*.

참조 | 아들러, 모티머(ADLER, MORTIMER J.); 에드워즈, 조나단(EDWARDS, JONATHAN); 프로이트, 지그문트(FREUD, SIGMUND); 제임스, 윌리엄(JAMES, WILLIAM); 융, 칼 구스타프(JUNG, CARL GUSTAV)

종교철학(Philosophy of Religion).

종교적 믿음 및 의식에 관해 제기되는 전반적인 철학적 질문들에 초점을 맞춘 철학분야이다. 조금 더 폭을 좁히면 종교철학은 철학적 신학의 규율과 밀접한 관련이 있다. 철학적 신학은 논리적이고 형이상학적이고 인식론적인 관계들, 즉 기독교나 이슬람교와 같은 특정한 종교적 관점의 다양한 요소들이 담겨 있는 철학적 경향을 연구한다. 서구세계에서는 유신론적 관점들(특히 기독교)이 두드러졌으므로, 종교철학은 전통적으로 이러한 관점들의 철학적 영역들을 탐구하는 것으로 정의되었다. 그러나 최근에는 다른 믿음을 가진 사람들 사이의 접촉이 많아짐으로써 서구에서 행해지는 종교철학은 종교 다원주의와 종교 상호 간의 담화의 논점들에 더 많은 관심을 기울이고 있다.

종교철학은 분화된 분야임에도 불구하고, 많은 다른 철학 분야들과 중요한 방식들에서 공통되는 부분이 있다. 예로서 종교철학의 가장 근본적인 질문들의 대부분은 인식론적인 것이다. 하나님에 대한 믿음은 정당화될 수 있는 것인가? 종교적 믿음의 특별한 성격은 무엇인가? 종교적 지식의 원천들은 무엇인가? 믿음이 이성의 훈련에 어떻게 관련되는가? "신이란 존재는 무엇이며 신이 되기 위해서 신이 지녀야 하는 속성들은 어떤 것이 있는가?"라는 질문은 형이상학 혹은 일반 존재론의 논점들과 공통되는 종교철학의 질문이다. "기적이란 무엇인가?"라는 질문 역시 존재론적이거나 형이상학적인 것이지만, 이것은 과학철학과도 연관된다. 기적의 개념은 반드시 과학철학의 범위 안에 있는 자연법칙의 개념과의 연관 속에서 이해되어야 하기 때문이다.

"어떤 종교적 사건에 있어 증거에 의해 증명되어지는 기적적 사건이 있는가?"라는 질문은 인식론적인 것이다. 그러나 "기적들이 일어났던가?"라는 질문은 어떠한가? 이것은 철학자들보다는 역사가들의 질문이라고 생각될 것이다. 그러나 여기서 우리는 역사가들의 방법들이 기적이 일어났던가를 결정하는 것으로 적합한지에 대한 관심을 가지게 된다. 그리고 이러한 관심은 역사철학에 속해 있는 부분이다.

"존재와 신의 뜻과 도덕원리들의 표준적 시행의 관계는 무엇인가?"라는 질문을 생각해 보자. 이것은 종교철학과 도덕철학, 혹은 도덕주의자 모두의 질문이다. 정치철학의 어떤 질문들, 특별히 교회와 정부의 관계에 관한 질문들은 종교철학의 관심 영역이다. 예를 들면, 시민 불복종에 대한 종교적 정당성이 있는가? 또한 이러한 정당성은 동일한 형태의 행동에 대한 또 다른 정당성과 분명하게 구별되는 것인가? 종교철학과 미학 사이에서조차도 공통점이 있다. 예를 들면, 철학자들은 종교적 성상들이 단순한 예술작품보다 많은지 혹은 이러한 것들이 중요한 방식에서 다른 예술작품들과 구별되는 특정한 예술 부류에 속한 것들인지 알고 싶어 할 것이다.

분명히, 종교철학은 분류된 많은 다른 철학영역들에 대해 정통해 있어야 한다. 그리고 종교철학이 자체적인 것에만 흥미가 있다 할지라도, 이것은 많은 다른 지식 영역들의 탐구를 위한 열매로서 가치 있는 것이 될 것이다.

지난 30년간, 종교철학은 학문적 철학자들의 활발한 활동증가가 증명하듯이 진지한 관심의 대상이라는 자리를 되찾았다. 종교철학 분야를 상세히 연구하는 세 개의 중요한 전문적인 단체는 유일하게 미국에만 있다. 다음은 각 단체의 전문적 간행물이다. 기독교철학자협회(the Society of Christian Philosophers)의 「믿음과 철학」(Faith and Philosophy), 복음주의철학협회(the Evangelical Philosophical Society)의 「기독교 철학」(Philosophia Christi), 종교철학협회(the Society for Philosophy of Religion)의 「종교 철학」(International Journal for Philosophy of Religion) 등. 대부분의 다른 전문 간행물은 종교철학 에세이들을 다루고 있고, 종교철학 강의들은 정기적으로 미국철학연합회의 연차 회의에서 계획된다. 이 발전은 철학자들 및 그들의 방법론들을 신학자들과의 대화 속으로 끌어들였고 유기적인 종교에 대한 노력을 조성했다.

물론, 기독교 종교철학자들은 기독교 믿음과 의식 탐색에 대한 특별히 관심을 기울여 왔다. 많은 노력들이 기독교 유신론 체계에서 정당화되는 믿음에 대한 만족할 만한 설명의 발전과 기독교 일신론적 믿음을 반대하는 경우들을 평가하는 데 집중되었다. 오늘날 많은 기독교 철학자들은 자연주의 신학의 활동, 즉 하나님 안에서의 믿음을 지지하기 위한 성경 이외의 증거가 증가하는 데 공감하고 있다. 그 결과 하나님의 존재에 대한 논쟁에 관해 영향력 있는 현대의 우주론적 논증들이 만들어졌다. 지지받고 있는 우주론적 주장들 중의 하나인 "칼람 우주론적 논증"(Kalam cosmological argument)은 다음과 같이 추론한다. 우주는 반드시 시작이 있어야 했다. 따라서 이것은 항상 존재하는 지적이고 강력한 능력의 인격적 존재가 그 근원이 되었어야 했다. 이 논증은 우주에서 생명유지를 가능하게 만드는 다양한 우주 불변의 것들의 정교한 균형을 강조한다. 현대 기독교 철학자들은 도덕적 경험, 인간 정신의 속성, 악의 존재 그리고 다른 여러 현상들을 바탕으로 정교한 논증들을 발전시켰다.

다른 기독교 철학자들은 기독교 신앙에 기초를 제공하기 위해 종교 경험의 가치를 더 강조한다. 이들 철학자들 중 어떤 이들, 특별히 "개혁적 인식론자들"(Reformed epistemologists)로 불려온 사람들은 이러한 강조와 성령의 증거의 교리를 통합하려는 노력을 해왔다.

기독교 일신론을 공격하는 경우 역시 다양한 측면들을 가지고 있다. 어떤 "무신론자들"은 다음과 같이 설명한다. (1) 하나님의 존재에 관한 논쟁에서, 하나님에 대한 믿음을 정당화하는 수많은 증거들을 극복할 수 있는 무신론적 초기 가정이 있다. (2) 하나님에 대한 믿음을 정당화하기 위한 충분한 증거는 없다.

그들의 논지는 "만약 하나님이 존재한다면 하나님의 존재에 대한 증거는 그것보다 더 커야할 것이다. 왜냐하면, 하나님은 인간이 자신을 믿기 원하기 때문에 하나님은 그의 존재에 대한 더 큰 증거를 제공함으로써 이러한 갈망이 채워지기를 바랄 것이기 때문이다"라고 주장한다. 여기에서 야기되는 문제는 "하나님의 숨기심"(divine hiddenness)으로 불려 왔다. 이것은 하나님을 믿지 않는 많은 선한 의지를 가진 지적인 사람들의 판단에 의해서 생겨났다(물론, 지적이고 도덕적으로 존경받는 수많은 신자들이 있다는 것 역시 비기독인들에게는 기이한 일이다).

하나님의 비실재 혹은 하나님에 대한 믿음의 비합리성에 대한 가장 직접적인 논쟁은 악에 대한 논쟁이다. 이것에 따르면, 세상에서의 악의 존재, 정도, 혹은 종류들은 하나님을 믿는 것을 비합리적인 것으로 만든다. 이에 대한 반응으로 기독교 철학자들은 하나님의 존재에 대한 증거로써 논박했으며, 세상의 악을 야기한 인간 자유의 역할에 대해 설명했다. 또한 하나님께서 악을 허용할 수밖에 없었던 도덕적으로 충분한 이유들에 대한 다양한 설명을 전개했으며, 하나님의 악의 허용을 정당화하는 모든 이유들을 인간이 이해하고 알 수 있다는 가정에 대한 비합리성을 주장했다.

종교철학은 교회교육 프로그램의 모든 단계에서 더 큰 역할을 감당해야 하는 학문적 영역이다. 이것은 신자들의 삶과 믿음이 더 풍성해지도록 보장할 뿐 아니라 교회의 역할 중의 하나인 비신자들의 반대적 사고들과 중요한 연결고리를 만드는 방법들을 제시한다.

R. DOUGLAS GEIVETT

참고문헌 | K. J. Clark, ed.(1993), *Philosophers Who Believe*; N. Geisler and W. Corduan(1988), *Philosophy of Religion*; R. D. Geivett(1993), *Evil and the Evidence for God*; R. D. Geivett and G. R. Habermas, eds.(1997), *In Defense of Miracles*; R. D. Geivett and B. Sweetman, eds.(1992), *Contemporary Perspectives on Religious Epistemology*; D. Howard-Snyder, ed.(1996), *The Evidential Argument from Evil*; T. V. Morris, ed.(1994), *God and the Philosophers*; A. Plantinga and N. Wolterstorff, eds.(1983), *Faith and Rationality*; L. P. Pojman, ed.(1994), *Philosophy of Religion: An Anthology*; P. L. Quinn and C. Taliaferro(1997), *A Companion to Philosophy of Religion*; W. L. Rowe(1993), *Philosophy of Religion*; J. F. Sennett, ed.(1998), *The Analytic Theist: An Alvin Plantinga Reader*; R. Swinburne(1977), *The Coherence of Theism*; idem(1979), *The Existence of God*; idem(1981), *Faith and Reason*; idem(1996), *Is There a God?*; C. Taliaferro(1998), *Contemporary Philosophy of Religion*; W. J. Wainwright(1999), *Philosophy of Religion*; K. E. Yandell(1999), *Philosophy of Religion: A Contemporary Introduction*.

종교출판사(Religious Publishing Companies).

종교출판사는 교회들 특별히 교육자료와 교회의 교육, 예배, 리더십 사역 등을 돕는 자료들을 제공하기 위해 존재한다.

교회는 책들이 재간행되기 어려울 때조차도 책들의 발행이 요구되었고 발행되어 왔으며, 탁월하게 만들어진 많은 책들이 있다. 이들 대부분은 수도원에서 쓰였고 만들어졌다. 15세기 인쇄기의 발명은 책들을 넓게 유포되게 만들었다. 서구에서 이동 가능한 인쇄기 형태를 발명한 구텐베르크(Gutenberg)는 성경을 가장 처음 인쇄했다. 각 지역어로 성경이 번역되었고 이것은 인쇄되어 대중에게 급속히 퍼져나갔다. 초기에는 성가와 예배를 돕는 자료들이 대중적으로 제작되었다.

오늘날 종교서적 출판사는 다양한 자료들을 제작하고 있다. 어떤 회사들은 제한적으로 교육자료와 그와 관련된 두 서너 종류만 출판한다. 어떤 곳에서는 주로 종교서적과 성경들만 출판한다. 그러나 대부분의 출판사들은 종교서적들에서부터 교육자료에 이르기까지 다양한 자료들을 출판하고 있다. 또 어떤 출판사는 학적인 서적만 출판하기도 한다.

교육자료 출판사는 교단출판사의 관심에 따라 다양한 교육자료 출판사들이 있는데, 이들은 남침례교의 '생명의 길'(LifeWay of the Southern Baptist Convention)과 그리스도의 제자들을 위한 '기독출판위원회'

종교출판사

(Christian Board of Publication for the Disciples of Christ)가 있고 넓게는 독립출판사로서 '표준출판사'(Standard Publishing Company, Cincinnati), '복음의 빛'(Gospel Light, Ventura, Calif.), '대중출판사'(Group Publishers, Colorado Springs) 그리고 '데이비드 C. 쿡'(David C. Cook, Colorado Springs)과 같은 곳이 있다. 어떤 곳은 주일학교, 어린이 예배, 소그룹 성경공부, 기독교 학교들, 하계 성경학교 그리고 청소년 그룹을 위한 교육자료만 출판한다. 어떤 곳은 하나 혹은 두 개의 프로그램에만, 또 어떤 곳은 특정한 연령의 범위의 사람들을 위한 자료들에만 초점을 맞춘다.

종교서적 출판사는 아이들, 청소년, 장년들의 읽을 자료들을 폭넓게 출판한다. 현재까지 베스트셀러는 여전히 성경이다. 어떤 회사들은 성경공부, 도해서 그리고 주석 같은 연구를 돕는 출판물에만 초점을 맞추고 있다. 다른 곳은 혼자서 할 수 있는 다양한 자료, 어린이, 청소년 그리고 성인의 영성관련 자료만 출판한다. 종교교육 출판사(Religious Education Press, Birmingham, Ala.)와 같은 곳은 학문적 영역의 서적이나 자료들만 발간한다. 어떤 출판사들은 다양한 기독교시장 대중을 대상으로 하기에 교육자료와 그와 관련된 것들, 성경공부 보조자료 그리고 영성관련 서적, 전기, 사역 그리고 다른 주제들의 자료들을 모두 출판한다. 또한 어떤 곳은 교단대상의 수요에 주요한 초점을 둔다.

한편 기독 출판물 분야에서 빠르게 성장하고 있는 영역은 아동서적 관련 부분이다. 이것은 주로 성경 이야기책들이 대부분이지만 기독교 개념들을 가르치는 책들도 포함하고 있다. 두 번째로 빠르게 성장하고 있는 시장은 모든 나이를 대상으로 하는 기독소설 부분이다.

종교 출판물은 최근 인쇄물 이외의 비디오테이프, 콤팩트디스크, 테이프 그리고 컴퓨터 소프트웨어 같은 것들이 최근 수년 동안 성장하고 있다. 비디오테이프, 콤팩트디스크 그리고 녹음테이프 같은 자료들은 컴퓨터 자료들이 덜 사용될 때 넓게 퍼졌다. 그러나 이러한 비인쇄물 미디어들은 종교출판 업계의 팽창에 가장 가능성이 높은 분야로 보인다.

기독교 서적과 자료들의 수준은 매년 꾸준히 높아지고 있는데, 이의 한 요인은 좋아지고 있는 글들이다. 종교 원고들, 정교해진 그림들, 인쇄술의 높아진 경쟁력 역시 문서의 수준을 높이고 있다.

세 개의 전국 연합회가 기독교 종교 출판업에 협력하고 있다. 1950년에 설립된 기독서점연합회(The Christian Booksellers Association, Colorado Springs)는 종교 서적판매인과 배급업자들의 연합이다. 수천 명이 연례대회에 참석하고 출판사들의 새 작품들을 소개하며 두드러진 출판물들에 상을 수여한다. 두 번째 연합회는 개신교 출판사 연합회(the Protestant Church Owned Publishers Association, St. Charles, Mo.)로서 기독서점연합회보다 작으나 출판사 연합의 역할에서는 그와 대등한 위치에 있다. 세 번째 단체는 복음주의 기독출판연합회(the Evangelical Christian Publishers Association, Tempe, Ariz)이다. 각 연합회는 국제 연차 서적 박람회의 전시와 전 세계의 작은 박람회들을 후원하고 있다.

종교 출판물들은 미국과 서구 유럽 외의 지역에서도 소개되고 있다. 미국에서 출판된 많은 자료들과 서적들은 번역되어 많은 나라들로 배포된다. 또한 컴퓨터의 출현과 사용으로 북아메리카 밖의 기독교 공동체에서도 이러한 자료들을 사용할 수 있게 되었다.

기독출판업이 성장하면서 종교업계에서도 "베스트셀러" 목록을 만들게 되었다. 목록에 포함된 많은 책들은 더 넓은 출판업계에서도 일반적으로 많이 팔리게 되었다. 이러한 책들, 특별히 기독교 소설은 최근 뉴스 기사가 지적한 바와 같이 기독인들이 지지하는 가치를 강화하기 때문이다.

종교출판업은 서적들, 교육자료, 미디어들의 범주를 넘어서고 있다. 종교 정기 간행물들 역시 기독교교육자들에게 중요한 자료들이다. 이러한 간행물은 교단에서 공식적으로 발행하는 것과 독립적인 것들이 있다. 대부분의 것들은 대중적으로 사용되지만, 어떤 것들은 본질적으로 학문적인 것도 있다. 어떤 간행물은 성경적 쟁점과 신학적 쟁점들을 다루고, 어떤 것들은 사역을 돕기 위한 방법들을 다룬다.

세 연합회는 이러한 정기 간행물들을 선전할 뿐 아니라 서로 조화시킨다. 연합 교회 신문(The Associated Church Press, Ada, Mich.), 복음주의 출판/신문 연합(Evangelical Press Association, Earlysville, Va.) 그리고 가톨릭 신문 연합(Catholic Press Association, Phoenix, Ariz.) 등은 미국에서 발행되는 많은 정기 간행물들과 신문들을 대표한다. 한편, 모든 발행물들이 연합회에 가입된 것은 아니다.

결론적으로, 종교출판은 잘 되고 있으며 그 업계는 확장되고 있다. 모든 출판 산업처럼 이 분야 역시 옛 것은 사라지고 새로운 것들이 나타나는 변화의 사업이다.

ELEANOR A. DANIEL

참조 | 성경번역(BIBLE TRANSLATIONS); 교육과정(CURRICULUM)

종말론(Eschatology). "마지막 일들"의 연구에 관한 교리로서 "마지막"(last)이라는 뜻의 헬라어 에스카토스(eschatos)에서 온 말이다. 전통적으로 이 연구는 두 개의 주요 분야로 나뉜다. 개인적 종말론(죽음, 중간 상태, 부활, 심판, 둘째 사망, 영생 등으로 구성되는)과 그룹적 또는 세계 종말론이다. 따라서 종말론은 그리스도의 재림과 말세 그리고 하나님과 영원히 함께 하는 삶을 다룬다.

직접적으로 이러한 주제들은 시간에 대한 성경적 개념을 평가해 보아야 할 필요를 준다. 대중의 생각과 달리 이 연구는 세상의 종말에만 제한된 것이 아니며 순환적 시간이나 또는 직선적 시간의 개념 위에 세워진 것도 아니다. 세상의 마지막으로 제한하기보다는 오히려 히브리어의 "마지막 때"(in the latter days)나 "그때"(in that day)는 현재 질서의 마지막 또는 하나님의 절정에 이른 역사로부터 흐르는 영원한 상태라는 뜻을 가진다. 헬라적 사고가 시간을 환원한다고 생각하고 두 배로 반복되는 불운으로 보는 반면, 성경은 시간을 영원한 과거로부터 영원한 미래로 지속되는 것으로 본다.

30번에 걸쳐 신약성경은 "시간"(time)을 "이 시대"(this age) 또는 "다가올 시대"(the age to come)와 관련하여 예수께서 하나님의 능력으로 귀신을 쫓아내시고 하나님 나라가 이 땅에 임하기 시작했다는 뜻으로 사용하였다(마 12:28; 눅 11:20). "이 시대"는 이 세상 나라와 그 힘들이 하나님 아버지께 인도되어 모든 것들이 그분의 발아래 굴복하는 "마지막 때까지" 지속될 것이다(고전 15:24-27). 그리고 나서 "다가올 시대"가 영원한 상태로 임하여 영원히 지속될 것이다.

1. 지금과 아직. 기독교적 희망의 "이미"(already)와 "아직"(not yet) 사이에는 의도된 갈등이 있다는 점을 고려해야 한다. 예를 들면, 요한 1서 3장 2절에 "우리가 지금은 하나님의 자녀라 장래에 어떻게 될 것은 아직 나타나지 아니하였으나 그가 나타나심이 되면 우리가 그와 같을 줄을 아는 것은"이라고 했다. 유사하게 요한 1서 2장 18절에도 "적그리스도가 이르겠다 함을 너희가 들은 것과 같이 지금도 많은 적그리스도가 일어났으니"라고 했다. 그러므로 능력을 가진 하나님의 나라가 이미 임했지만 완전한 현시는 예수께서 역사에 가지고 오실 때까지 기다린다.

• **개인적 종말론.** 고대 사람들은 현대인들보다 더 불멸을 반영했다. 고대 이집트인들은 왕의 피라미드를 짓고 죽음 이후의 생명에 대한 전체질서를 강조했다.

2. 부활. 아담의 칠세 손인 에녹이 하나님의 임재하심 속에 직접 "데려감"을 당하여(창 5:24) "죽음을 보지 않고 옮기었다"(히 11:5). 그리하여 논쟁이 시작되기 전부터 이미 사람이 불멸하는 것이 가능했다. 에녹이 영광 중에 거하게 된 것은 하나님의 말씀 중 그 주제에 대해 언급하기 이전에 일어났다.

누가복음 20장 37-38절에서 모세의 불붙는 나무를 언급한 것에도 동일한 요점을 찾아볼 수 있다. 모세는 "아브라함의 하나님, 이삭의 하나님, 야곱의 하나님"이라고 불렀다(출 3:6). 예수께서는 이에 대해 "하나님은 죽은 자의 하나님이 아니요 산 자의 하나님이시라 하나님에게는 모든 자가 살았느니라"(눅 20:38)고 강조하셨다. 아브라함과 이삭과 야곱은 죽은 것이 아니라 스스로 살아 계시다고 말씀하시는 하나님처럼 그들도 살아 있다. 이와 같이 욥도 그가 죽은 이후에 자신의 눈과 자신의 몸으로 구속주를 보고 만날 것이라고 선언했다(욥 14:10-12; 19:25-27).

개인의 부활에 대해 가르치는 주요 본문은 고린

도전서 15장이다. 바울은 예수 그리스도 당신께서 부활절 아침 무덤에서 일어나심으로써 다른 모든 사람들의 부활을 뚜렷이 나타내셨다고 언급한다. 그분은 부활하신 후에 500여 명에게 자신을 보이셨다. 그러므로 예수 그리스도께서 죽음에서 부활하셨다면 그를 믿는 모든 사람도 부활할 것이다.

• 세 가지 부활. 모든 사람들이 이 사건에 참여할 것인가? 그렇지 않다. 각 개인의 그들이 속한 그룹에서 부활한다. 세 가지 부활이 있다. (1) 최초의 부활 주일 아침의 예수님의 부활, (2) 그리스도에게 속한 모든 사람들이 그리스도께서 재림하실 때 부활할 것이다, (3) 종말에 하나님의 백보좌 심판 때에 다른 사람들이 부활하여 심판을 받을 것이다(고전 15:21-27; 계 20:11-15).

3. 부활체의 본질과 작용. 이것은 "죽은 자들이 어떻게 부활할 것인가? 어떤 종류의 몸을 가질 것인가?"라는 의문을 일으킨다(고전 15:35). 해답은 우리의 삶을 통해 관찰된다. 먼저 죽지 않는다면 자라지 않는다. 그리고 그것은 항상 하나님의 능력으로 이루어진다. 그들에게 주어지는 몸은 그들의 소멸하는 육체와 연속성을 가지지만(고린도전서 15장 42-44절에 반복해서 강조하는 "그것"(it)을 주목하라), 또한 더 나아진 몸이다(15:50-57).

1) 중간 상태. 이미 사람이 죽은 다음에 그 죽음과 예수님의 재림 사이에 있을 일에 대한 것은 고린도후서 5장 1-10절에 나온다. 바울은 육신을 떠나 주님과 함께 집에서 거한다고 가르쳤다. 그러므로 "땅의 장막"이라고 부르는 현재의 몸이 무너져버리면 그 결과는 "하나님의 집, 하늘에 있는 영원한 집"이 있다고 명백하게 가르친다. 재림 이전에 죽자마자 부활체를 받는지의 여부는 아직도 토의되고 있는데, 그 이유는 많은 학자들이 재림 때까지는 새로운 몸이 없이 직접적이고, 개인적이고, 의식적으로 하나님과 함께 하는 것에 대해 논쟁을 계속하고 있기 때문이다.

2) 둘째 사망. 성경은 "둘째 사망"(second death)에 대해 언급한다(계. 20:6, 14). 이 사망은 그리스도를 믿지 않은 사람들을 위한 것이다. 백보좌 심판에서 생명책에 의해 심판받을 때 그들은 하나님 앞에서 영원히 "둘째 사망"이라고 불리는 추방을 당한다.

4. 그룹적 혹은 국가적 종말론. 미래에 대한 하나님의 계획은 개인뿐 아니라 큰 그룹을 대상으로 다루신다. 그것은 "주의 날"(the Day of the Lord)에 시작된다.

1) 여호와의 날(The Day of Yaweh). "주의 날"은 선지서에서 종종 언급되는 주제이다. 예수님의 재림과 함께 일단의 사건들이 일어나고 그때 하나님께서 공적으로 당신과 그분의 백성들을 강력하게 나타내신다. 구체적으로 그분은 "그의 의로움으로 세상을 판단하기 위해" 오신다(시 96:13; 98:9). 선지자 아모스 때에도 이 "주의 날"을 이스라엘 구원의 유일한 희망으로 보았지만, 아모스는 이스라엘 백성들이 그 날을 준비하지 않고서 그 날을 기다린다고 꾸짖었다. 대신에 그 날이 그들에게는 어두운 심판과 불운의 날이라고 했다(암 5:18-20). 하나님의 의로우심은 불의가 나타나는 곳마다 심판하신다. 개인이 심판받는 것과 마찬가지로 국가도 그 죄로 인해 심판받을 것이다.

2) 이스라엘 국가. 여러 국가들 중심에 하나님의 오래된 언약의 백성, 이스라엘이 있다. 그들이 자신의 하나님을 버리고 떠나버렸지만, 그들이 바벨론 포로생활로부터 자신의 고국으로 돌아온 이후에 하나님께서 그들을 회복하시겠다는 약속은, 하나님께서 족장시대에 만드신 무조건적인 언약에 대한 신실하심을 나타내는 하나님의 은혜의 표징으로 여전히 살아 있다(슥 10:6-12; 렘 32:37-41). 그들의 땅을 회복하신다는 약속은 후손(Seed, 즉 메시아)에 대한 약속이나 복음에 대한 약속("땅의 모든 족속이 너를 인하여 복을 얻을 것이니라", 창 12:3하)처럼 하나님의 영원하신 언약적 약속이다.

로마서 9-11장에는 이스라엘의 많은 사람들이 메시아에게로 다시 돌아오는 마지막 날을 고대한다. 하나님의 약속을 지켜온 나무(줄기)에서 잘려나간 원가지(이스라엘)는 나무(줄기)로 다시 접목될 것이다. 이 사건은 이방인의 "완전 수"가 구원받고, 이스라엘이 교회의 사역을 관찰하여 복음의 능력을 시기할 때에 일어날 것이다.

3) 교회. 교회는 결코 이스라엘의 자리를 대체하

는 것으로 의미되지 않았다. 모든 신자들이 메시아 안에 있고, "아브라함의 자손"이며 "하나님의 백성"이지만 이들이 이스라엘과 동일하다는 의미는 아니다. 그들은 한 "하나님의 백성" 안에 남자와 여자, 종과 자유인과 같은 비본질적인 구분이 있듯이 하나님의 한 백성(One People of God)의 구분된 두 양상이다.

이스라엘이 지상에 하나님의 뜻을 이루고, 교회가 하늘에서 하나님의 뜻을 이루는 것과 같은 그런 구분은 없다. 하나님의 유일한 계획은 하늘나라이다. 이 하나님의 나라가 모든 것을 다스린다. 수많은 양상들이 있지만 하나님의 계획을 구분하는 것은 전혀 아니다.

4) 그리스도의 재림. 마지막 날이 오는 것을 신약성경에는 그리스도의 파루시아(parousia)라고 불렀다(고전 15:23; 살전 4:15). 이 말은 그리스도의 "도래" 혹은 "임재"라는 뜻이다. 그것은 또한 예수님의 "재림"으로 알려져 있고, 이때 그분이 이 땅에 다시 오셔서 초림 때에 시작하셨던 구속 역사를 온전히 마치실 것이다.

5) 심판, 하늘, 지옥. 신자들은 영생을 얻지만 구속 받지 못한 사람들은 영원한 고통을 당할 것이다. 지옥에 관해 중요한 사실은 비질(Vigil)이나 밀턴(Milton)을 포함한 다른 사람들의 주장처럼 온도나 지리에 관한 것이 아니라 그것이 하나님으로부터 영원히 분리되는 일이다(살후 1:9-10; 마 7:23; 10:32).

예수님을 거절한 사람들의 마지막 운명인 지옥은 "힌논 골짜기"라는 뜻의 히브리 단어 게 힌논(Ge Hinnon)과 헬라어 게헨나(Gehenna)에서 유래했다. 이곳은 예루살렘 근처의 골짜기로서 이방신 몰렉에게 어린이를 제물로 바치는 제사를 드리던 곳이다(대하 28:3; 33:6). 이스라엘이 이곳에서 행해지던 일들을 메스껍고 비열한 일들로 생각하여 이곳에 쓰레기장을 만들었다. 그러므로 복음서에 이 장소의 실상을 그리면서 꺼지지 않는 화염과 흑암과 벌레들이 들끓는 고통의 장소로서 하나님으로부터 최종적으로 격리된 영원한 고통의 상징으로 그린 것이다(마 8:12; 막 9:43).

반면에 하늘은 하나님께서 신자들을 위해 예비해 두신 장소이다(요 14:1-2).

6) 천년왕국. 예수께서 지상에서 천 년 동안 다스리시는 것은 요한계시록 20장 1-10절에만 유일하게 기록되어 있다. 이 그리스도의 통치는 최종에 불신자들의 부활 이전 혹은 이후의 천 년 동안의 기간을 가리킨다. 사단은 이 천년의 마지막 즈음에 다시 한 번 잠시 풀려나 하나님 나라를 공격하려 시도하지만 결국 실패하고 만다.

이 견해는 그리스도의 지상 통치의 전천년설이라고 부르는데 기독교 역사상 처음 400년 동안 유행하던 견해였지만, 기독교가 콘스탄틴 황제 아래 공식 종교가 된 이후로는 교회와 국가에 대한 개념에 혼란이 생겨 무천년설과 후천년설이 성행하기 시작했다. 무천년설은 천년왕국의 존재를 부정하고, 후천년설은 낙관적으로 현 세대에서 지금 여기에서 천년왕국을 누린다고 한다.

5. 종말 사건들의 해석. 교회의 역사는 주님 오실 날짜를 정하려는 시도와 성경이 예언하는 특별한 사건들을 구체적으로 확인하려는 시도들의 씁쓸한이야기를 계속 보여주어 왔다. 그러나 성경을 연구하는 사람들은 참으로 일어날 획기적인 일(재림)이 예언의 최종 해석자가 된다는 점을 명심해야 한다. 더구나 우리는 미래에 대해 결코 지역 신문의 표제에서 언급될 내용이 아니라 예수님만이 처음부터 종말을 아는 유일한 분이심을 인식해야 한다. 이 두 가지 원리는 요한복음 13장 19절에서 가르친다-"지금부터 일이 이루기 전에 미리 너희에게 이름은 일이 이룰 때에 내가 그인 줄 저희로 믿게 하려 함이로라"(참조; 요 14:29; 16:4).

WALTER C. KAISER JR.

참고문헌 | G. C. Berkouwer(1972), *The Return of Christ*; O. Cullmann(1967), *Salvation in History*; D. E. Gowan(1986), *Eschatology in the Old Testament*; M. J. Harris(1983), *Raised Immortal*; A. A. Hoekema(1979), *The Bible and the Future*; G. E. Ladd(1974), *The Presence of the Future*.

종속관계(Codependency). 종속관계의 개념은 사랑에 관한 오래된 문제를 새로운 통찰력으로 바라보는 것과 같다. 그것은 전문적인 상담분야의 통용어가 되어 왔고, 일방적인 관계를 지시하는 용어로 쓰인다.

종속관계라는 개념은 알코올 중독자와 그들의 배우자를 돕는 과정에 생겨났다. 알코올 중독자들은 알코올에 의존한다. 그들의 배우자들 또한 중독성에 의존하는 덫에 걸려 있기 때문에 종속관계라고 불린다. 의존적인 사람들과 가까이 있는 사람들은 의존자들의 행동에 책임감을 느끼고, 그들을 의존성에서 벗어나도록 도와줌으로써 스스로의 가치를 찾는다.

여러 이론들이 종속관계를 강제적인 돌봄(compulsive caretaking behavior), 성격장애, 인격이상, 고통스러운 종속관계 유형 등으로 묘사한다. 종속관계란 일반적으로 어려운 상황을 겪으며 그 영향력 아래 있는 사람들을 묘사하는 말로 사용된다. 그들은 다른 사람들의 사고와 행동에 스스로 책임감을 느끼고, 타인들의 통제에 민감하고, 타인을 통제하며, 스스로 통제할 수 없는 것들에 대해 죄책감을 갖는다. 그 결과 그들이 현실의 고통을 극복하려고 노력함에 따라 고독과 죄책감과 소외감을 느끼게 된다.

종속관계는 그릇된 이유로 사랑하고, 돌보아 주며 베푸는 경향이다. 그것은 또한 사랑받기 위해 필사적으로 사랑하고, 받기 위해 주고, 용납받기 위해 즐거움을 주고, 벌을 피하기 위해 응석을 받아 주고 혹은 달래주는 것 등을 표현하는 전문적인 용어로 쓰인다.

JAMES A. HEADRICK

참고문헌 | A. H. Ells and P. B. Moore(1992), *One-Way Relationships Workbook: The 12-Week, Step-by-Step, Interactive Plan for Recovery from Codependent Relationships*; D. and J. Ryan(1990), *Recovery from Codependency*; P. Springle(1994), *Conquering Codependency*; idem(1995), *Untangling Relationships: A Christian Perspective on Codependency.*

좋은 연속성의 법칙(Law of Good Continuation). 이 법칙은 전체(the whole)로 하여금 명백해지게 하는 인지 수준에서의(on the cognitive plane) 지각 구조의 진행을 나타낸다. 우리는 어떤 상황들을 볼 때 결국에는 그것들이 시작되었던 방향과 일치하게 되는 것으로 보는 경향이 있기 때문에 우리는 불연속적인 형태들보다는 순조롭게 진행되며 연속적인 형태들을 더 빨리 인지한다. 코프카(Koffka)는 다음과 같이 진술한다. "직선은 절선(broken line)보다 더 지속성이 있는 구조이며 더욱이 '다른 여건이 같다' 면 구조는 직선이 직선으로 계속해서 이어질 그와 같은 방향으로 나타날 것이다"(Koffka, 1935, 153). 좋은 연속성은 연결점들이나 선들이 직선들, 혹은 부드럽게 휘는 선들로 끝날 때 그것들은 함께 속하는 것과 가장 순조롭게 진행되는 궤도를 따르는 것으로 보인다는 것을 의미한다. 연속성이 있는 곳에서 학습은 보다 용이하게 진행된다. 교육의 영역에서 이 법칙은 학습자들은 교육과정이나 학습 상황이 차분하고도 일관되게 진행될 때 더 잘 이해하고 기억하게 될 것이라는 점을 강조한다. 이 법칙은 또한 사람들에 대한 이해를 같은 방식으로 체계화하는 경향이 우리에게 있음을 시사한다. 그 과정 초기에 학생이 주의 깊게 관찰한 것은 그 마지막까지 논리적으로 일관되게 지속될 것이다. 만일 학생의 시작이 빈약하다면 그 끝도 빈약할 것이라는 것을 미루어 짐작할 수 있다.

CHARLES NICHOLS

참고문헌 | K. Kaffka(1935), *Principles of Gestalt Psychology.*

죄(Sin). 죄에 대한 연구가 분명히 필요한 이유는 바로 이 주제의 심각성 때문이다. 죄의 파괴적인 힘은 창조주 하나님의 정반대를 대표한다. 죄는 인류를 포함한 피조 세계 전체에 영향을 미친다. 죄의 영향을 철회하는 하나님의 구속사적 주도권만이 죄의 침입성의 결과들을 무효화시키고 제거할 수 있다.

웨인 그루뎀(Wayne Grudem, 1994)은 죄를 행동, 태도 내지는 성향에서 하나님의 도덕률에 순종하지 못하는 것이라고 정의한다. 그러한 정의가 성경적, 역사적 기준을 종합하지만 다른 견해들은 사람들에게 직간접적으로 영향을 미치기 때문에 우리는 그러한 견해들을 비판적으로 조사해야 한다. 예를 들어 키에르케고르의 실존주의는 개인적인 책임보다 더 많은 긴장, 염려 내지는 희생이 따르는 죄에 대한 관점을 제공한다. 다른 정의들은 죄가 바람직한 인지 적응으로 해결될 수 있는 단순한 환상이라고 제안한다. 마르크스의 사회 분석을 이용해 민족 신학자들은 체계적인 불의와 억압을 가져오는 사회적인 상태라는 측면에서 죄를 포괄적으로 정의했다. 그러한 악의 구조와 상태의 제거는 인류를 죄의 권세로부터 해방시키며 죄와 그 영향력을 제거하는 것이다. 고대와 현대의 죄에 대한 이중적인 견해들은 죄를 일종의 비도덕적인 하찮은 일로 전락시켜 버린다. 이러한 관점을 다양한 아시아 종교들과 뉴에이지 분파들에서 볼 수 있다. 고대 근동의 종교들은 항상 현존하며 경쟁하는 선과 악의 신들간에 싸움이 있게 했으며, 이 싸움은 인간에게 죄를 짓게 만든다. 어떤 현대 신학들은 "신"을 진화하는 존재로 본다. 그러한 물리학과 동양 신비주의의 혼합은 과정신학의 죄에 대한 견해에서도 나타난다.

복음주의 기독교 내에서의 다양한 전통들은 죄의 다른 측면에 대해 다르게 강조한다. 그것은 죄를 도덕법의 파기로 보는 것부터 시작해서 죄를 언약 관계의 파기로 보는 것까지 다양하다. 성경적인 믿음은 법의 합법적인 요구를 충족시켜야 한다는 것을 인식하면서 죄의 법적인 영역을 인정해야 한다. 또한 성경적인 믿음은 죄가 하나님과 인류의 개인적인 관계를 파괴하고, 그 결과 부채를 지불해야 할 뿐만 아니라 창조주와의 화목이 이루어져야 하는 상황을 만드는 것으로 보아야 한다.

1. 원죄. 원죄는 어디에 있으며 무엇인가? 그러한 복잡한 질문에 신학적으로 답하기 위해서는 다양한 자료들을 고려해야 한다. 원죄에 대한 유대인들의 생각은 여러 가지 주제를 포함할 것이다. (1) 선과 악의 투쟁(창 6:5; 8:21), (2) 인류를 감독하는 임무를 가진 천사들이 여자와 죄를 범했다(창 6:1-4). (3) 최초의 인간의 죄의 유전에 대한 기독교적인 생각과 유사한 원죄에 대한 생각들.

자연 및 유전적인 전가 이론은 영적 특징들과 마찬가지로 부패한 특징들 또한 전이될 수 있다고 주장한다. 그러나 그러한 이론들은 결코 죄책감을 논하지 않을 뿐만 아니라 그리스도가 어떻게 죄로부터 자유로운 인성을 가질 수 있었는지를 전혀 설명해 주지 않는다.

간접적인 전가 이론은 하나님께서 아담의 자손들에게 죄의 책임을 물었다고 주장한다. 그들이 실제 개인적으로 죄를 짓기 이전에 하나님께서는 그러한 부패한 본성을 소유하고 있다는 사실로 인해 유죄로 판단하신다.

현실주의 이론은 모든 인간들의 본질이 개인적으로 아담의 영향 아래 있으며 우리 모두가 실제적으로 함께 그의 죄에 가담했다고 주장한다. 이것과 밀접하게 관련된 견해는 원죄 이론으로서, 아담이 범죄했을 때 그는 대표자의 의미에서 인류의 대표였기 때문에 사람들에게 부패와 죄책감이 임했다라고 주장한다. 이 이론은 일반적으로 아담에게 유전된 죄(부패)와 전가된 죄(유죄)를 구분한다. 유죄 상태의 모든 사람들은 지옥으로 갈 수밖에 없지만 사람들은 죄를 유전 받지 않았기 때문에 그들이 실제적으로 죄를 범하기 전까지는 죄가 없는 것이다.

다양한 이론들에도 불구하고 창세기 3장은 에덴 동산에서의 아담과 이브의 타락이 역사적인 사건이요 반드시 "원죄"에 대한 모든 논의에 있어서 중심된 부분이 되어야 한다는 사실을 분명히 하고 있다. 이러한 성경적인 설명은 하나님께서 죄를 만드신 분이 아니라는 것을 분명히 보여준다. 죄는 하나님께서 주신 특정한 방향에 대해 인류가 불순종한 것에 포함되어 있다. 아담과 이브는 자신들의 반항적인 행위의 심각성을 즉각 인식하게 되었고, 그 결과 아담과 이브의 자손인 인류에게 죽음의 형벌이 부가되었다(창 4-6).

2. 죄의 범위. 죄는 실제적이고 개인적이다. 죄는 고립된 행위일 뿐만 아니라 그것은 또한 인간 존재 안에 있는 실체이다. 죄의 본성으로 인해 사람들은 죄악된 행위를 하게 되며 죄의 보편성은 성경 전체에 증명되어 있다. 시편은 죄의 보편성(14:3; 143:2)에 대한 구약성경의 이해를 증거한다. 바울은 로마서 1장에서 3장에 걸친 자신의 법률적인 논쟁에서 궁극적으로 모든 사람이 죄를 범했다는 사실을 분명

하게 하고 있다(롬 3:23). 요한의 서신 또한 인간이 죄의 효과를 피했다고 믿음으로써 스스로를 속일 수 없음을 분명히 하고 있다(요일 1:8-10).

죄가 미치는 영향의 범위에는 존재론적인 실체의 의미도 포함된다(엡 2:3). 신약성경은 여러 곳에서 죄성의 범위에 대해 언급하고 있다. "육체"는 파괴적인 욕구의 자리로 여겨진다(엡 2:3; 벧전 4:2). 마음 또한 그릇된 욕구들의 원천이 될 수 있다(롬 1:24). 정신 또한 죄의 영향으로 악해질 수 있다(엡 4:17; 딤전 6:5). 사람 속에 죄가 살기 때문에 엄청난 경건치 못한 욕구들이 일어나게 할 수 있다(롬 1:24; 7:8; 딛 2:12). 죄는 자라서 한 사람을 종으로 만들어 버리는 암과 같다. 바울은 하나님을 고의로 거절하는 것에서 분명하게 표현되는 존재론적 죄의 파괴에 완전히 복종하게 되는 인간 타락을 묘사하고 있다(롬 1:18-32).

죄의 범위는 반드시 개인의 죄에서 기인하는 분명하고 비극적인 파괴 그 이상으로 고려되어야 한다. 성경은 체계적인 방편들을 통해 표현되는 죄(악)를 분명히 비난했다. 구약성경의 선지자들은 술 취함과 구조적인 악을 동일한 예언에서 비난했다(사 5:8-11, 22-23). 사회 구조를 통해 표현되는 죄에 대한 하나님의 불쾌함은 아모스 5장 10-15절에서 분명히 볼 수 있다. 하나님께서는 악한 개인들과 자기 자신들의 죄스러운 이익을 위해서 그들이 사용하는 법에 대해 강력하게 비난하신다(시 94:20-23).

제도화된 죄 또한 아주 미묘할 수 있기 때문에 개인들은 일어나고 있는 일에 대해서 전혀 깨닫지 못하고 자신도 모르게 암적인 영향의 일부분이 되는 경우가 있다. 아모스 4장 1-2절은 자신들의 위치를 어떻게 얻어서 유지하고 있는지에 대해 전혀 알지 못하고 자신들의 편함을 즐긴 사회의 엘리트들에 대해 언급하고 있다. 이 그룹은 가난에 시달린 사람들과 거의 접촉을 하지 않을 수도 있었지만 하나님께서는 분명히 그들의 입장을 하나님의 거룩한 성품에 대한 모욕으로 여기시고 그들을 동일하게 판단하신다.

현대 기독교는 제도적인 악을 무시하고 개인의 죄에 초점을 맞추거나 그 반대로 하는 경향을 보이고 있다. 성경은 사회적 악 뿐만 아니라 개인적으로 표현된 우상숭배에 대해 모두 염려하고 있으며, 이것은 이스라엘과 유다가 개인적인 불순종 뿐만 아니라 제도적인 불의로 인해 형벌을 받은 예에서 잘 나타난다.

3. 죄의 영향. 죄의 범위는 죄가 사람들에게 미칠 영향을 드러내기 시작한다. 죄의 결과는 항상 파괴적이다. 부패는 "완전 부패"라는 용어가 그 넓이를 정의하고 있는 것처럼 죄의 효과에 대한 논의와 일반적으로 관련된 단어이다. 완전 부패는 인간에게 덕의 요소들이 전혀 없다는 것을 뜻하지는 않는다. 복음서 기자들은 사람들이 본성적으로 유쾌한 자질들을 가질 수 있다고 기록하고 있다(막 10:21; 마 23:23). 그러나 완전 부패는 모든 인간은 율법이 요구하는 하나님에 대한 사랑이 결여되어 있으며, 단순히 개인이 정한 규칙에 따라 자연스럽게 삶을 살아가기를 선호한다는 것을 뜻한다(딤후 3:2-4; 엡 2:1-8).

대부분의 사람들이 인식하지 못하는 것은 죄가 하나님에게도 영향을 미친다는 사실이다. 성경은 하나님이 죄를 미워하시고(시 11:5), 죄인들을 인내하시고(출 34:6), 그리스도 안에서 죄를 궁극적으로 치유하기를 원하신다는 것을 언급하고 있다(막 10:45). 죄의 효과는 사회 제도들이 죄에 의해 변질됨에 따라 사회 구조들에서도 분명히 드러난다. 이것은 사회적으로(약 2:9), 경제적으로(약 5:1-4) 그리고 육체적으로도(약 5:14) 나타난다. 자연계는 죄의 효과로 인해 고통 받게 되는데, 이것은 병들어 가는 건강과 오염된 환경에서 볼 수 있다. 죄의 효과의 복잡성은 인류에게서 폭넓게 볼 수 있다. 죄는 실제적으로 일시적인 행복을 줄 수 있지만(시 10:1-11) 궁극적으로 이 죄는 삶의 깊은 허무로(전 1:2) 이어지는 자기 기만(사 5:20)을 야기한다. 죄는 사람이 사악한 반항에 의존하도록 요구하며 이것은 하나님의 진노로 이어지는 하나님에 대한 도전(고전 10:9) 내지는 하나님에 대한 적대감의 형태를 취할 수 있다. 그러므로 사망은 죄의 마지막 결과이다. 육체적인 죽음은 죄에 대한 형벌이다(마 10:28). 영적인 죽음은 영혼이 하나님에게서 단절되는 궁극적인 경험이다(엡 2:1-6; 요일 5:12). 그러한 하나님의 죄에 대한 커다란 형벌은 우선적으로 하나님의 의가 그것을 요구하기 때문이다. 십자가는 하나님이 죄를 벌하시는 이유를 분명하게 보여주고 있다. 죄를 벌하지 않는 것은 의롭지 않은 하나님과 우주에 그 어떤 궁극적인 정의가 없음을 드러내는 것이다. 죄에 대해 형벌이 주어지는 사실은 모든 것에 대해 의로우시고 신실하신 하나님을 나타내 주며 우주에서 정의가 실현되고 있음을 보여준다.

BYRON D. KLAUS

참고문헌 | L. Berkhof(1949), *Systematic Theology*; D. Bloesch(1982), *Essentials of Evangelical Theology*; M. Erickson(1984) *Christian Theology*; W. Grudem(1994), *Systematic Theology*; S. Horton(1994), *Systematic Theology: Pentecostal Perspectives*; C. Ryrie(1989), *Basic Theology*; H. Theissen(1949), *Lectures in Systematic Theology*; J. R. Williams(1988), *Renewal Theology: God, The World and Redemption*.

주요 교단(Mainline Denominations).

리처드 허치슨 2세(Richard Hutcheson Jr., 1981)에 따르면 이 용어는 최근 들어 광범위하게 사용되었다. 이것은 교단이라는 말이 너무나도 한정적이어서 다소 중앙적이거나 미국 개신교 역사의 주류와 동일시된다는 것을 암시한다. 이 용어가 오늘날 사용될 때, 이것은 문화에 대한 신학적 입장에서 선교와 복음 전파에 대한 헌신에 이르기까지 많은 함축적인 의미를 지니게 된다. 허치슨은 주요 교단에 대한 정의를 다음과 같이 내리는데, 이것은 이 주제에 대한 개요를 제시해 줄 수 있을 것이다. "많은 회중들을 가지고 있는 큰 역사적 교단들은 대단한 다양성을 가지고 있으나, 지도력과 공식적인 입장은 일반적으로 자유주의적이고 에큐메니칼한 경향이며 사회적으로는 기독교 쪽에 관심을 둔다"(39).

주요 교단들은 흔히 크거나 두드러진 교단들로 보인다. 예를 들어, 이것들은 미국침례교협회(the American Baptist Convention), 그리스도의 교회(그리스도의 제자들)(the Church of Christ〈Disciples of Christ〉), (미)영국성공회(the Episcopal Church〈USA〉), 미국복음주의루터교회(the Evangelical Lutheran Church of America), 미국장로교회(the United Presbyterian Church, U.S.A.), 미국개혁교회(the Reformed Chrch of America), 연합그리스도의 교회(the United Church of Christ) 그리고 감리교회(the Methodist Church) 등을 포함할 수 있을 것이다. 그러나 전통적인 주류 교단들의 특성과 맞지 않는 일부 큰 교단들이 있다는 것도 주지해야만 한다. 예를 들어, 미국남침례교협회(the Southern Baptist Convention)는 미국에서 가장 큰 개신교교단이다. 그런데 이 교단은 대부분의 관측자들이나 자신들조차도 주요 교단으로 부르지 않는다. 왜냐하면, 이 교단은 주요 교단이라는 용어가 가지고 있는 함축된 의미를 가지고 있지 않기 때문이다. 이것은 미주리 주의 시노드에 있는 루터교회에게도 똑같이 적용되는 것이다.

주요 교단들은 잘 세워졌다는 의미에서는 큰 교단이지만, 대부분은 계속해서 수적 감소를 경험하고 있다. 이것은 당연히 주요 교단 지도자들의 관심을 불러 모으는 계기가 되었다. 1997년 '크리스챠니티 투데이'의 한 기사에 따르면, 1965-1994년까지 주요 교단들의 성도 수는 약 20%가 감소하였다. 반면 많은 복음주의적이고, 은사주의/오순절 교단들은 수적으로 의미 있는 성장을 경험하였다.

'주요'라는 용어의 사용은 이러한 교단들과 미국 개신교의 역사적 주류를 동일시하는 것처럼 보일 수 있다. 그리고 이것은 주요 교단들이 거의 50%에 육박하던 30년 전만 해도 맞는 말이었다. 1920년대의 근본주의와 현대주의자들의 충돌로써 많은 교단들이 주요 교단들에서 떨어져 나와 극단주의자들과 근본주의자들로 취급되었으며, 이 교단들에 대한 통제권을 가지고 있는 교단들은 자유주의자들로 간주되는 이들에게 남겨졌다. 그런데 이 교단들에 등록된 대다수는 그들의 신앙에서 보수주의로 남아 있다. 신정통주의의 확장은 주요 교단들이 이러한 보수주의 성도들을 가지고 1950년대와 60년대에 미국 개신교의 주류가 되도록 해주었다. 그러나 이 교단들은 계속해서 좌경화되고 있으며, 그들이 중심이라든지 역사적으로 주류라는 주장은 점점 더 유지하기 어렵게 되고 있다.

오늘날 적어도 그들의 지도력이라는 관점에서 주요 교단들은 미국 개신교의 좌익과 관련이 있다. 반면에 그들의 성도들은 개인적으로 복음주의적이거나 좀더 보수적인 경향을 가지고 있다. 이 구성원들 간의 다양성은 교단들이 포괄적이라는 것을 허용하는 반면 큰 긴장의 요인이 되기도 하였다. 예를 들어, 많은 교단들은 모든 성도들의 필요를 채우기 위해 동성애에 대한 입장을 어떻게 취할 것인가에 대해 고군분투하고 있다. 더 보수적인 성도들은 때때로 그들 교단의 공식적 입장에 대해 실망하게 되고, 여러 경우에 교단 내에서는 사회적 문제에 대해 더 보수주의적 입장을 가지는 사람들과 대항하기 위해 더 작은 옹호 그룹들(예를 들어, Good News Methodists〈기쁜소식 감리교〉, United Church People for Biblical Witness〈성경적 증거를 위한 교회 연합 모임〉, Presbyterians United for Biblical Concerns〈성경적 관심을 위한 장로교 연합〉)을 만들기도 한다.

"에큐메니칼 경향"은 현대 주요 교단에 적합한 어구이다. 일련의 그들을 다르게 정의하는 방법은 교회협의회(the National Council of Churches〈NCC〉)나 세계교회협의회(World Council of Churches〈WCC〉)로 부르는 것이다. 많은 주요 교단들이 "연합"이라는 단어를 그들 이름의 한 부분으로 사용한다는 사실은 그들이 과거에는 분열되었으나 지금은 함께 함으로써 그들의 현재 형태가 연합하는 요소들의 결과라는 것을 보여준다.

반면 "사회적으로 관심이 있는" 것은 한때 복음주의 진영보다 더 주요 교단으로서 특징지어졌다. 하지만 이러한 구분이 이제는 더 이상 사실이 아니다. 오히려 그들은 자신들이 관심을 두고 있는 분야가 다르다. 문화 전쟁의 발발은 미국 사회가 나아갈 방향에 대한 서로 다른 관점들을 반영한다. 사실 제임스 데이비슨 헌터(James Davison Hunter, 1991)는 오늘날 미국 사회에서 주요한 분열은 더 이상 다양한 개신교 교단들 사이에서나, 심지어 개신교들, 또는 가톨릭이나 유대교 간에 있는 것이 아니라, 그가 "정통주의자들"(복음주의자들과 전통적 가톨릭 그리고 유대교)이라고 부르는 이들과 "진보주의자들"(미국 주요 교회들 가운데 많지만 전부는 아닌 자유주의 가톨릭과 유대인 그리고 대부분의 세속주의자들에 대해 온건한 이들) 사이에 있다고 주장하였다.

주요 교단들은 지난 해 동안 많은 압박감을 주는 문제들과 직면하고 있다. 그러나 많은 개인 회중들은 여전히 영적으로 활기를 띠고 있다. 복음을 듣고 계속해서 사역을 하는 사람들이 있으며 자신들의 교단 전통 내에는 그들을 새롭게 하고 유지할 수 있는 자원들이 있다. 최근 이 주요 교단들에 비중있게 관련되어 일하고 있는 복음주의자들의 공개 토론에 따르면, "성령은 그 주요 교단들을 떠나지 않았다"고 의견을 모으고 있음을 본다(Campolo, Frey, Hestenes, and Willimon, 1997).

JOHN S. HAMMETT

참고문헌 | T. Campolo, W. C. Frey, R. Hestenes, and W. H. Willimon, *Christianity Today* 41(August 11, 1997): 14-20J. D. Hunter(1991), *Culture Wars: The Struggle to Define America*; R. G. Hutcheson Jr.(1981), *Mainline Churches and the Evangelicals: A Challenging Crisis?*; M. Marty(1981), *The Public Church: Mainline-Evangelical-Catholic*; J. Muldeer and L. Weeks(1996), *Vital Signs: The Promise of Mainstream Protestantism*; R. Wuthnow(1988), *The Restructuring of American Religion*.

주의집중(Attention). 정신을 어떤 목적이나 아이디어에 집중하는 인지적 과정이다. 리벨로(Revello, 1979)가 주의집중의 중요성을 강조하여, 성만찬과 기도와 다른 종교적 활동에 적용했다. 주의집중(attention)은 어떤 목적을 가진 의도(intention)와는 다르다.

교육 목표 분류학(Krathwohl, Bloom, Masia, 1964)에서 감성 국면의 가장 하위 레벨은 수용(receiving)이다. 이 수용은 알아차리는 것을 강조하고 어떤 현상에 가까이 주의를 기울이는 일이다. 교사들은 무엇보다 이 과정을 중요시한다.

세 개의 다른 정의들을 부가해 보면, 예의와 정중함을 보이는 행동, 실제로 마음을 써주는 배려 그리고 군대에서 상부 명령에 대한 규정된 준수 자세이다(Funk & Wagnalls Standard Dictionary International Edition, 1963).

선별적 주의집중이란 다양한 감각들 중 특정한 자극에 중점을 두는 것이다. 학습자가 특정한 분야의 사실을 배우기 위해 내리는 선택이라고도 정의된다. 학습자들이 그 과제에서 진보하게 되면 선별적으로 집중하려는 의식적 노력을 덜 하게 되고 주의를 덜 기울이게 된다. 복합적인 학습 과제를 진행하는 학습자들은 그 모든 분야에 동일한 수준의 주의를 기울이기 어렵다. 그래서 그 과제에 따라 개인차를 가지고 마스터하게 된다. 독서를 할 때, 학습자는 그 의미를 파악하는 데 주의를 기울이게 된다. 제한된 숫자의 어휘들이 선별적 주의를 환기시키는데, 이는 때때로 전체 의미를 파악하는 데 방해가 되기도 한다.

EUGENE S. GIBBS

참고문헌 | *Funk & Wagnalls Standard Dictionary of the English Language, International Edition*(1963); D. R. Krathwohl, B. D. Bloom, and B. B. Masia(1964), *Taxonomy of Educational Objectives, Handbook 2: Affective Domain*; R. J. Rivello(1979), *Encyclopedic Dictionary of Religion*.

참조 | 정의적 영역(AFFECTIVE DOMAIN); 기억화(MEMORIZATION); 기억(MEMORY)

주의집중·결손/과민성 활동장애(Attention-Deficit/Hyperactivity Disorder, ADHD).

주의집중·결손/과민성 활동장애의 본질은 집중력 결핍 또는 과민성 활동—충동성의 지속적인 패턴이 전형적인 발달 단계의 사람들보다 심각하게 자주 일어나는 것이다. 이것은 정신장애 진단 및 통계 편람(*Diagnostic and Statistical Manual of Mental Disorders*), 4th ed(DSM-IV)에 나오는 다섯 표준 중의 한 가지이다.

DSM-IV 는 "집중력 결핍은 학업과 직업, 또는 사회적 상황 안에 나타난다. 이 장애를 가진 개인은 세부적 사항에 주의를 잘 기울이지 못하거나 학업이나 다른 일에 부주의한 실수를 저지르기도 한다. 업무는 대체로 엉망으로 돌아가고 깊은 생각 없이 부주의하게 실행에 옮긴다. 업무에 지속적으로 집중하는 데 실패하고, 일하는 척하기도 하지만 일을 끝맺지 못한다. 이들은 정신을 다른 곳에 둔 듯하고, 듣지 못하는 듯하며, 금방 들은 얘기도 기억하지 못하기도 한다"고 설명한다.

메틸페니데이트(methylphenidate)와 같은 화학 약품으로 알려진 리탈린은 이 장애 아동의 집중력을 증가시킬 수 있다. 리탈린은 아동의 행동을 정상적으로 유지시키는 탁월한 약품으로 알려졌다. 부모나 학교 양호 교사들은 이 약을 먹여서 어린이가 교실에서 기능을 잘 하도록 돕는다. 그러나 리탈린은 부작용이 많은 편이고 남용을 하는 경우도 많다. 걱정스러운 일은 우리가 너무 성급하게 진단을 내리고 어린이에게 약을 먹인다는 것이다. 이 약품 사용에 반대하는 이들은 대체 방안을 세워야 한다고 주장한다.

ADHD와 관련하여 몇몇의 다른 이슈들이 최근에 큰 관심을 끌고 있다. 그 하나는 가족 상황의 특성에 관한 인식을 새롭게 한 것이다. 10년 전에만 해도 ADHD의 속성에 관한 연구가 거의 되지 않았는데, 현재는 수백 개의 연구가 진행되고 있고, "인간 게놈 프로젝트"(Human Genome Project: 1990년 미국 에너지와 국민 건강부〈Department of Energy and the National Institute of Health〉에서 시작된 연구 활동으로 인간 DNA의 30,000개의 유전자 연구를 통해 도덕적, 법적, 사회적 이슈들을 진행하고 있다—역주)를 통해 이 장애를 진행시키는 유전자를 알아내는 데 주력하고 있다. ADHD를 가진 아동의 사촌들이나 주위 친척들을 주의 깊게 관찰해 보면, 이 장애가 일반적인 인구보다 훨씬 널리 파급되었다는 사실을 알 수 있다.

다른 하나의 이슈는 ADHD가 아동기나 청소년기를 지나면서 사라지는 것이 아니라는 점이다. 적어도 삼분의 이(⅔)에 해당하는 경우가 성인이 되서도 이 증상이 나타나 45세의 나이에도 그 증상이 5–10살 때만큼 심각하다. 분명한 사실 하나는 대부분의 ADHD 아동들의 과민성 활동 증상이 나이가 듦에 따라 그 심각성이 경감되는 한편, 심각한 충동성이나 집중력 결핍은 지속될 뿐 아니라 더 나빠지고 정신건강에 손상을 주기도 한다. 대부분의 치료사들은 성인들에게 있는 이 장애를 확인하거나 진단하는 훈련을 받지 못했다. 경우에 따라서는 양극단 장애(bipolar disorder)와 같은 다른 심리적 문제로 오진되기도 하는데, 그 이유는 ADHD를 주로 청소년들의 문제로 간주하기 때문이다. 또 어떤 경우, 치명적인 알코올 중독 증상으로 고통 받는 사람들이 ADHD로 오진되는 일도 있다.

GARY WALLER

참고문헌 | C. Alexander-Roberts(1994), *The ADHD Parenting Handbook: Practical Advice for Parents from Parents*; G. L. Flick(1998), *ADD/ADHD Behavior Change Resource Kit: Ready to Use Strategies & Activities for Helping Children With Attention Deficit Disorder*; L. R. Weathers(1998), *ADHD: A Path to Success: A Revolutionary Theory and New Innovation in Drug Free Therapy*; P. Recer(1998), *The Associated Press*; S. F. Rief(1998), *The ADD/ADHD Checklist*; A. Train(1997), *ADHD: How to Deal With Very Difficult Children*.

주의집중 결손장애(Attention Deficit Disorder, ADD).

유년기에 흔히 보게 되는 신경 행동적 장애이다. 유아기 때부터 학령기까지 또는 성인이 되기까지도 영향을 미치기도 한다. 이 장애는 흔히 ADD 혹은 ADHD(Attention Deficit Hyperactivity Disorder), 또는 복합적으로 ADD/ADHD라고 부른다. ADD는 보다 넓은 장애의 범위를 말하거나 또는 과민한 활동(hyperactivity)이 없는 주의집중 결손장애를 의미한다.

이 장애의 정의와 본질과 원인, 또 이 장애와 다른 학습 및 행동 장애와의 관계성 등은 아직도 연구 중이다. 전체 어린이의 3–5%가 정도의 차이는 있지만 이 장애를 가지고 있다고 한다(Braswell & Bloomquist, 1991).

ADD/ADHD의 원인 또한 아직 알려지지는 않았지만 연구들에 의하면 그 원인은 비정상적인 두뇌 연결 때문으로 보인다고 한다. 유전도 이 장애의 한 요인이다. ADD/ADHD 어린이 중 약 25%가 부모들 역시 동일한 장애를 보인다고 한다. 다른 원인들은 뇌 손상이나 질병 또는 알레르기 때문이기도 하다. 이 장애는 여자보다는 남자 어린이들이 많다고 한다(Martin, 1992).

이 장애의 특성은 매우 다양하다. 일반적으로 ADD/ADHD는 부주의함, 산만함, 충동적(행동 조절이 어려운), 지나친 활동과 각성 등으로 표현된다.

부주의함이란 또래들과 비교했을 때, 한 과제를 완성할 때까지 집중이 떨어지는 것을 말한다. 산만함이란 부주의함 다음으로, 주의집중의 대상의 변화가 잦아 쉽게 산만해지는 경우이다. 숙제를 끝내는 일이나, 집안일 돕기를 오래해야 할 때, 세부적인 지시사항을 따라야 할 때, 백일몽에 잠기거나 교사나 지도자에게 집중하는 일 등이 어려울 때, 이 장애의 증상이 나타난다. 중요한 것과 그렇지 않은 것을 잘 분별하지 못하거나, 여러 사람이나 사실을 동시에 연계하는 일에 어려움을 느낀다. "부모들이 놀라고 좌절하게 되는 일은 ADHD를 가진 어린이들이 상황에 따라서는 주의집중의 능력이 엄청나다는 사실이다. TV 시청이나 전자오락 게임 등이 그 일례다"(G. Martin, 1992, 22). 주의집중의 얼마만큼을 어린이가 의식하고 조절하는지, 얼마만큼을 ADD가 조절하는지를 알아내는것은 어려운 일이다.

충동성이란 행동하기 전에 생각하는 능력의 부재를 일컫는다. 주의집중하는 일에 문제가 있기 때문에 ADD를 가진 사람들은 행동이 가져오는 결과를 잘 인식하지 못한다. 그리하여 부정적 결과를 초래하는 일에도 그 부정적인 행동이 고쳐지지 않고 반복된다. 충동적인 어린이는 껑충 뛰기 전에 좌우를 살펴보지 않으므로 종종 다치고 친구들과 잘 싸우고 규칙을 자주 어긴다. 이런 어린이들은 자주 발생하거나 매우 즐겁지 않으면, 긍정적인 혹은 부정적인 심리 강화(reinforcement)에 잘 반응하지 않는다. 장기적으로 상이나 벌을 주는 일도 한계가 있다.

과민성 활동이나 과민성 각성의 어린이들은 신체 활동이나 감정 조절이 잘되지 않는 증상으로 나타나는데, 안절부절 못하는 것부터 끊임없이 반복되는 움직임 등 다양하다. 교실에 앉아 있는 것을 어려워하고 불면증까지 생기기도 한다. "그러나 과민성 활동은 집중장애의 주요 증상인 반면, ADHD 어린이의 30% 미만에게 이 증상이 나타난다는 사실이 중요하다"(Martin, 1992, 23). 과민성 활동의 증상이 없는 주의집중 결손장애 아동들은 행동적인 문제가 그리 심각하지 않은 편이다. 수줍음을 타거나 자존감이 낮고 소외되기 쉽다. 이러한 아동들은 종종 ADD의 진단에서 제외되기도 한다.

ADD/ADHD를 가진 어린이들의 두 번째 증상은 낮은 자존감, 서투른 친구 관계, 빈약한 학업 성취, 심한 우울 증세 그리고 격한 감정, 무질서, 장래 성취에 대한 희망 감소 그리고 가족 갈등 등이 있다.

이 장애의 진단이 일정한 것은 아니다. 진단 내리기가 쉽지 않은 이유는 개인에 따라 그 유형과 정도, 특징이 다양하기 때문이다. 진단을 내리는 과정에는 부모와 교사의 행동 평가, 부모의 배경에 관한 정보, 의료, 신경학을 포함한 의학적 판단 그리고 객관적인 임상 테스트 등이 포함되어야 한다. 이러한 과정은 최소한 6개월 동안 진행되어야 한다(Assessment of ADD, Vol. I, No. 6, P. 4, "The Child Therapy News"). ADD/ADHD는 영구적인 장애로 간주되기도 한다. ADD/ADHD 어린이의 50-65%가 성인이 되어서도 이 장애의 어려움을 겪는다 (Brief Overview of ADD, Vol. I, No. 6 P. 2, "The Child Therapy News"). 그러나 성인 ADD에 관한 연구는 거의 없다.

ADD/ADHD의 치료 방법은 매우 광범위하다. 가장 많이 쓰이는 약품은 리탈린(Ritalin)이나 페몰린(pemoline)과 같은 신경계 중앙 흥분제(central nervous system stimulants)들이다. 사용법에 따라 부작용이 생기기도 한다. 일부 의사들은 약물을 사용하지 말고 행동수정 기술이나 대체 영양을 권유하기도 하고, 또 어떤 의사들은 진단의 상황과 기준이 아직도 불충분하므로 특별한 치료법을 기술하는 것은 시기 상조라고 말하기도 한다(The Wall Street Journal, 1994).

부모와 기독교교육자들은 ADD/ADHD 어린이들이 교회나 가정에서 잘 자라고 배우도록 도와야 한다. 일반적인 지침을 나열해보면, 짤막하고 분명하게 지도하기, 규칙들과 그 결과들을 자주 알려주기, 단기 목표와 성공의 결과 알려 주기, 긍정적이고 질서 있는 환경 조성해 주기, 일대일이나 소그룹으로 활동하기, 휴식 시간과 다른 활동의 준비 시간 주기, 하나의 큰 과제보다는 여러 개의 작은 과제 내주기, 훈련 지침서 주기, 인내하고 사랑하고 친절하기 등이다. 여러 문서들이나 인터넷을 통해 지속적으로 이 분야에 관한 정보들을 제공해 주어야 한다.

EILEEN STARR

참고문헌 | L. Braswell and M. L. Bloomquist(1991), *Cognitive Behavioral Therapy With ADHD Children*; G. Martin(1992), *Critical Problems in Children and Youth*; idem(1992), *The Hyperactive Child*; H. C. Parker(1992), *Hyperactivity Handbook for Schools*; P. O. Quinn and J. M. Stern(1991), *Putting on the Brakes: Young People's Guide to Understanding Attention Deficit Hyperactivity Disorder*; S. F. Reif(1993), *How to Reach and Teach ADD/ADHD Children*.

주일학교(Sunday School).

주로 어린이들과 청소년들에게 성경을 가르치는 주된 장소로서 2세기 이상을 이런 저런 형태로 북미 전역에서 교회를 섬겨왔던 기관이다. 오늘날 우리가 알고 있는 바와 마찬가지로 주일학교는 1780년에 잉글랜드의 글로스터에서 시작되었다. 로버트 레이크스(Robert Raikes)로 불리는 신문 발행인이 산업혁명에 의해 생겨난 지역 공장에서 6일간을 일하는 글로스터의 아이들을 위한 학교를 주일에 열었다.

주일학교가 처음으로 미국으로 넘어오게 된 것은 유럽과 잉글랜드에서 온 여러 경건한 종교 그룹들을 통해서였다. 그들은 종교 및 교단의 가르침과 교리를 강화시키는 목적으로 식민지에서 주일학교를 시작했다. 또 다른 주일학교 강조의 물결은 부흥사 존 웨슬리와 그의 제자들에 의해 북미에 소개되었다.

더욱 최근에는 주일학교가 지역 교회에서 아동, 청소년 그리고 성인들에게 성경을 가르치는 목적의 교회 기관으로 존재해 왔다. 미국주일학교는 다음과 같은 특징들을 가진다.

1. 주로 자원봉사자들이 감독 및 교수 스탭이다. 지역 교회의 대부분의 주일학교 교사들과 사역자들은 다른 분야의 직업이나 직업적인 관심을 갖고 있는 자원봉사들이며 무보수로 주일에 가르친다.

2. 지역 교회와 엄격히 연결된 기관이다. 주일학교 개념을 처음 소개한 레이크스와 다른 사람들은 지역 교회의 지원이나 관심을 받지 못했다. 그러나 현대로 들어오면서 주일학교는 엄격한 지역 교회 기관이 되었다. 지역 교회는 주일학교를 지원하고 관리하고 재정 및 시설을 제공한다.

3. 어린이들과 청소년들을 가르치는 일에 주된 관심을 가진 기관이다. 많은 교단에서 주일학교는 모든 연령층에게 홍보되고 "요람에서 무덤까지" 모든 사람의 참여를 권한다. 그러나 교육과정 개발, 훈련 지원 그리고 다른 자료들에 대한 대부분의 강조는 어린이들과 청소년들을 가르치는 데 있다.

전통적으로 북미에서는 주일학교가 전형적인 교회에서 오전 예배 전에 적게는 60분 길게는 90분 동안 진행된다. 어린이로서 주일학교에 참석했던 많은 현재의 어른들은 주일 아침 중반에 시작하는 주일학교와 그 후에 전형적으로 점심 식사시간 전에 끝나는 예배로 이어지던 것을 기억하고 있다. 그러한 활동 계획표는 19세기의 주된 시골 농경사회에 잘 부합된다. 그러나 도시와 교회 지역에 있는 교회들은 점차적으로 그러한 계획표가 현대 도시와 교회 지역에 살고 있는 기독교인들의 삶의 양식과 습관에 잘 맞지 않다고 생각하게 되었다. 그리하여 최근에는 많은 교회들이 주일학교를 크게 바꾸었고, 어떤 경우에는 교인들의 필요와 시간에 더 잘 부합되는 다른 프로그램들을 살리고 주일학교는 완전히 포기한다.

주일학교는 미국 기독교인들의 더 높은 출석률을 위해 수많은 모임들과 협회들에 의해 수년간 장려되었다. 다른 더 작은 협회들 내지는 더 지역적인 협회들 가운데서 미국주일학교연합(1824), 국제주일학교연합회(1907) 그리고 전국주일학교연합회(1945)가 주일학교를 장려하고 출석을 권하기 위해서 설립되었다. 이러한 협회들의 많은 부분은 자원봉사자 지도자들과 교사들이 더욱 더 효과적으로 사역할 수 있도록 그들을 훈련시키고 격려하기 위해 매년 총회를 열었다.

주일학교가 더 보편화되자 교육과정에 대한 필요들이 등장했다. 금세기의 초기 몇 년 동안 지도자들은 동일한 주일학교 공과 형태로 주일학교 교육과정의 필요들을 채우고자 노력했다. 그러나 1930년까지 교리와 교단 그리고 행정적인 이유들로 인해 많은 교회들은 다른 형태의 자료들을 택하고 동일한 주일학교 공과를 포기했다. 데이빗 쿡(David C. Cook), 클라렌스 벤슨(Clarence Benson), 빅터 코리(Victor Corey) 그리고 헨리에타 미어스(Henrietta Mears)와 같은 유명한 사람들은 복음주의 교회들과 그들의 주일학교 사역을 위해 초교파적으로 교육과정을 개발하는 데 두각을 나타냈다.

주일학교 역사 속에는 주일학교가 지역 교회에서 다른 기관이나 수단으로 대체될 것 같이 보였던 때들이 있었다. 20세기 말엽이 그러한 때이다. 최근 도시와 교외 지역에 있는 많은 상당한 교회들이 주일학교에서 이루어진 일종의 성경적인 가르침을 대체할 다른 프로그램들과 사역 그리고 방법들을 모색하고 있다. 반면에 다른 도시들에서는 주일학교가 잉글랜드의 글로스터의 뿌리로 돌아가 도심에 있는 혜택 받지 못하고 가난한 아이들을 돕는 기관으로 사용되고 있다. 아마도 로버트 레이크스가 크게 만족할 것이다.

KEN GARLAND

참고문헌 | J. Bayly(1978), *I Love to Tell the Story*; J. E. Reed and R. prevost(1993), *A History of Christian Education*; E. Towns(1988), *154 Steps to Revitalize Your Sunday School*; W. R. Willis(1979), *Two Hundred Years and Still Counting*.

주일학교운동(Sunday School Movement).

주일학교운동의 기원은 1780년 영국의 글로스터 지방에서 신문발행인이었던 로버트 레이크스에 의해서 시작되었다. 레이크스는 잉글랜드와 유럽의 산업혁명이 낳은 공장들의 노동자들이었던 가난에 찌든 가정들과 게으른 아이들에 대해 관심을 가졌다. 자신의 주변에서 그가 보았던 필요들에 대한 그의 응답은 주일학교였다. 이것은 아이들에게 도덕과 예절을 가르칠 뿐만 아니라 그들에게 읽기와 수학을 가르치기 위해 레이크스와 그의 아버지가 개발한 프로그램이었다. 레이크스는 성경을 읽기 학습에 필요한 입문서로 선택했는데, 그 이유는 성경을 읽으면서 그의 학생들이 도덕성에 대해서 많이 배울 것이라고 믿었기 때문이었다(Willis, 1979).

만일 글로스터의 중요한 사회악을 해결하려는 레이크스의 최초의 노력이 지역 교회들의 지원에 의존했다면, 그것은 결코 시작되지 못했을 것이다. 레이크스가 지역 목회자들에게 접근해서 자신의 학교를 위해 그들 교회 시설물들을 사용할 수 있는 허락을 구했을 때, 학생들에 의해 시설물들이 파괴될 것을 두려워한 지역 목회자들은 그의 청을 거절했다. 그의 생각은 교회 지도자들 가운데서 "레이크스의 초라한 학교"로 알려졌다(Bayly, 1978, 10). 게다가 주일학교는 감리교 부흥사 존 웨슬리가 아니었다면 하나의 지역 현상으로 남았을 것이다. 요크셔에 있는 레이크스의 학교들 중의 하나를 방문한 후 웨슬리는 감리교 운동의 일부로 주일학교를 장려할 것을 결심했다.

1785년, 글로스터 근처의 한 마을에서 자란 침례교 사업가 윌리엄 폭스는 런던에 있는 성인들 중에 성경을 읽을 수 있는 사람들의 수가 너무 적어서 걱정했다. 폭스의 염려의 결과로 침례교 지도자들의 조합이 같은 해의 8월에 모였고 영연방의 모든 자치령에 있는 곳에 주일학교를 장려하는 목적을 가지는 첫 주일학교협회를 설립했다(Reed & Prevost, 1993). 1803년, 주일학교조합이 설립되었고 이것은 교안들과 교사 잡지를 출판하는 최초의 기관이 되었다.

북미에서 주일학교 개념은 1780년 훨씬 이전에 식민지에 도착했다. 웨슬리안 부흥에서 나온 주일학교들은 일찍 1737년에 식민지의 여러 지역에서 설립되었다(Savannah, Georgia). 글로스터에서의 레이크스의 실험들과는 달리 이러한 학교들은 확실히 종교적이었고 교단적인 성격을 가졌다. 또한 레이크스의 학교들과는 달리 식민지의 이 학교들은 모든 아이들에게 개방되지 않았고, 이미 교회의 교제에 참석하고 있는 아이들에게만 개방되어 있었다. 그러나 이 학교들은 미국에서의 주일학교운동의 길을 예비하는 역할을 하였다.

1824년, 미국주일학교연합(ASSU)이 대륙의 시골지역과 고립된 지역에서 주일학교들을 설립하려는 노력으로 필라델피아에 생겼다. 첫 미국주일학교연합 학교들은 미시시피 밸리에 설립되었고, 초기의 다양한 의견을 보인 재고 후에 미국주일학교연합은 후에 미국 서부 선교에 중요한 공헌을 하였다.

1832년경에는 미국주일학교연합에 가입된 학교들이 8천 개였고 27개 주에 위치하였다. 1875년경에는 그 수가 36개 주의 6만 5천 개로 늘어났다(Reed & Prevost, 1993). 이러한 학교들은 주요 교육과정으로 성경을 사용하여 읽기를 가르쳤고 교사들은 전적으로 훈련받지 않은 자원봉사자들이라는 특징을 가지고 있었다.

1875년이 지난 후, 몇 년 동안에 주일학교운동을 더 확장시키는 몇 가지 중요한 발달이 있었다. 처음으로 알려진 국제 주일학교 총회가 1875년에 볼티모어에서 열렸고, 1905년경에는 11개가 더 많은 전국 및 국제 총회들이 여러 곳에서 열렸다. 이러한 행사들의 초점은 지역 학교들의 조직과 학생들이 공부할 수 있는 경험을 기반으로 하는 교육과정을 제공하는 것이었다.

이 시기 동안 그 초점이 공립학교들에서 점차적으로 아동들이 받고 있는 읽기와 수학 기술을 가르치는 데서 전도와 봉사로 이동했다. 주일학교는 지역 교회에 있는 새로운 아동들과 가정들을 전도하는 주요 기관이 되었다. 전국적으로 받아들여지는 동일한 주일학교 공과계획안을 만들려는 시도가 커다란 반대에 부딪혔지만 그 프로젝트는 20세기까지 이어졌으며, 1930년경에는 대부분의 교단들이 주일학교용으로 자체적인 교육과정을 만들기 시작했다(Willis, 1979).

1945년, 주일학교연합회는 미국 전역이 주일학교운동에 동참하는 것을 장려하고 격려하기 위해 만들어졌다. 주일학교연합회는 지역과 지방 주일학교 사역자들의 필요들을 채우기 위한 프로그램들을 개발할 수 있는 더욱더 지역적으로 구체화된 협회들이 생기기까지 25년간 존재했다.

오늘날 주일학교운동은 초기 주일학교운동의 외형을 따르고 있다. 문화와 삶의 양식 그리고 기독교인들의 참여 습관들의 변화들은 여러 지역의 교회들로 하여금 이전에 주일학교에 의해서 채워졌던 교회들의 필요들을 더 잘 부합할 수 있는 다른 종류의 사역들을 모색하도록 만들었다. 교회 지도자들은 아직도 교회는 아동들과 청소년들 그리고 성인들에게 성경을 가르쳐야 할 책임을 가진다는 생각을 강하게 믿고 있고, 많은 사람들은 그 과업을 수행할 수 있는 단체들을 찾고 있다.

KEN GARLAND

참고문헌 | J. Bayly(1978), *I Love to Tell the Story*; J. E. Reed and R. Prevost(1993), *A History of Christian Education*; W. R. Willis(1979), *Two Thousand Years and Still Counting*.

주일학교의 역사(History of the Sunday School)

다른 비영리 기관은 주일학교처럼 북미에 그렇게 큰 영향을 끼치지 못했다. 세대들의 삶에 영향을 주어 온 주일학교는 미국의 초기 식민지 시대에 있어 기본적인 대중교육이었다. 오늘날 주일학교가 매주 교회에 참석하는 수많은 사람들의 생활 속에 계속해서 영향력을 미치고 있다.

1. 구약성경의 뿌리(Old Testament Roots). 마치 우리가 그것을 알아왔던 것처럼 주일학교는 그 뿌리를 바로 18세기 후반으로 추적할 수 있다. 분명히 주일학교운동의 선구자로 생각할 수 있는 원형을 보여주는 프로그램이 있었다. 이스라엘이 약속의 땅으로 들어갔을 때 하나님께서는 부모가 그들의 아이들에게 하나님의 율법을 가르치는 책임을 거듭 부여 하셨다(신 6:1-9). 불행하게도 그들의 부모는 종종 그들의 책임을 포기했다. 그래서 이스라엘 국가는 변절되었다(삿 2:10-11).

2. 회당학교(Synagogue Schools). 속박으로부터 벗어난 이스라엘을 따르며, 나라의 정신적 지도자들은 부모가 효과적으로 자신의 아이를 교육시키지 못함을 인식했다. 그래서 그들은 예배당을 공급하기 위한 유대교 회당 학교를 설립했다. 예수님의 시대 이전의 500년 간에 학교체제가 체계적으로 유아에서 5세까지의 아동을 가르치기 위해 설립되었다. 유대교 단체가 10여 개를 넘어섰을 때, 한 교사 지원자가 25명의 아이를 한 반으로 가르쳤다. 그 수가 25명을 초과되었을 때 보조교사가 공급되었다. 명백하게 이것은 주일학교가 아니었다. 그러나 그들은 수백 년 전에 발전된 것과 유사한 교육을 제공했다.

3. 초기 기독교(Early Christian Roots). 그리스도의 부활 뒤에 신약시대 교회의 지도자들은 기독교 정신의 새로운 전환을 교육하는 것에 대해 관심을 두었다. 초기 교회는 오늘날 주일학교와 놀랍도록 유사한 학교를 설립하였다. 그들은 성경의 믿음뿐 아니라 생활의 이러한 원칙을 적용하는 것까지 가르쳤다.

4세기 기독교의 변환기에 계몽가 그레고리(Gregory)는 가르침의 새로운 전환을 위해 아르메니아(Armenia)에 학교를 설립하였다. 콘스탄티노플에 6번째 협의회는 마치 그것들이 큰 도시 안에 있었던 것처럼 학교들을 작은 마을 안에서 기독교를 가르치기 위해 설립할 것을 선포했다.

중세의 황폐한 교육의 전망에 따라 마르틴 루터(Martin Luther)는 종교교육의 중요성을 인식하였다. 루터와 함께 일한 신학 개혁가 필립 멜란히톤(Philip Melanchthon)은 주일학교와 유사한 학교를 설립하여 일주일에 하루는 종교 강의를 듣도록 제한하였다. 학습자의 암송 후에 교사가 주님께 기도하는 예절, 신조 그리고 십계명을 설명하도록 한다(Clyde Manschreck, *Melanchthon: The Quiet Reformer*, 1958, 141).

종교교육을 위한 학교의 개념이 널리 퍼졌다. 개혁가들의 효과적인 인식으로 아이들에게 종교교육을 제공하는 학교를 설립했다. 모라비아교의 지도자인 진젠도르프(Nikolaus von Zinzendorf)는 성경 학습의 목적을 위해 1700년대 중반에 개종자들을 소그룹 혹은 소사회로 조직하였다. 아이를 학습시키는 것은 그룹의 가장 큰 책임이었다.

4. 로버트 레이크스(Robert Raikes)와 오늘날의 주일학교. 우리가 알다시피 주일학교운동은 1780년에 시작되었다. 영국의 글로스터의 로버트 레이크스

(Robert Raikes)는 주일학교의 아버지였음은 의심할 여지가 없다. 주일학교가 동시에 일어났을지라도 경쟁자는 없었다. 레이크스는 종교 지도자는 아니었다. 그리고 그는 형식적 신학교육을 받은 신입 교사를 뽑지 않았다. 사실 주일학교운동의 특징적인 면은 그것은 평신도들에 의해 조직되고 행해진 평신도 운동이 있다는 점이다. 그리고 그것은 역사에서 다른 어떤 평신도 운동보다 평신도들에게 더 큰 영향을 미쳤다.

기자인 레이크스는 낮은 계층의 주거와 생활 상태에 대해 관심이 많았다. 25년 동안 그는 그의 관심을 표명하는 데 투쟁했다. 그는 글로스터의 슬럼가 안에서 일어나는 악덕, 범죄, 비도덕성, 가난은 무지로부터 온 결과라고 추측했다. 그러므로 그는 죄수들과 함께하는 프로그램을 만들어 그들이 석방된 후에 가난과 범죄로부터 벗어날 수 있도록 교육시켰다. 25년의 좌절의 시간이 흐른 후에 그는 이 프로그램이 악덕하게 사용되지는 않았다고 결론지었다.

그는 그 문제를 호소하는 데 너무 많은 시간을 기다렸다. 그는 아이가 논리적인 출발점이라고 결심했다. 그래서 그는 그들을 위해 첫 번째 주일학교를 설립했다. 그의 첫 시도는 학교를 세운 후 수년간에 걸쳐 발전시킨 학교로부터 무언가 다른 초점을 가지게 되었다. 레이크스는 도시의 방앗간과 공장에서 일주일에 6일을 일하는 글로스터의 아이들에 대해 관심을 가지게 되었다. 8살 정도의 어린아이들이 공장에서 일하도록 강요당했다. 공장주들(Factory owners)는 아이들의 작은 손가락이 어른들보다 더 쉽게 핀을 집을 수 있다는 것을 생각해 내었다.

그러나 주일은 달랐다. 휴식의 날로 아이들이 자유로울 수 있는 날이었다. 토요일 밤부터 부모의 지나친 나태와 수면, 음주에 의한 인사불성으로 인해 아이들은 거칠어졌다. "공장 문을 닫는 일요일에는 아이들이 거리로 나가 방황하며 범죄를 저지르며 하루를 보낸다. 영국의 농업 지역에서는 농부가 젊은 범죄자의 강탈로부터 그들의 농작물과 땅을 지키기 위해 일요일에도 특별히 주의하도록 강요받는다" (The History of Education, 1948, 617).

이러한 아이들이 주일학교에 참여해 바른 삶의 도리를 배웠다. 레이크스의 프로그램이 지역 교회의 도구로서 의도되지는 않았다. 오히려 무지가 가장 큰 그들의 책임이라고 결론 내리면서, 그는 무질서가 만연한 사회를 구제하는 데 관심을 두었다. 그래서 레이크스는 아이들이 읽고 쓸 줄 아는 능력과 도덕과 예절에 대해서도 교육시키기를 계획했다. 그가 당시에는 그것을 깨닫지 못했지만 도덕과 예절에 대한 강조는 그의 생각처럼 성경에 의존하는 것이 그의 성공의 비밀이었다.

레이크스는 수티 엘리(Sooty Alley)에 살고 있던 메러디스(Meredith) 부인을 설득시킬 수 있었다. 몇몇 보고서에 따르면 아이들은 방황하고 무질서한 삶을 살았다. 그래서 그들이 도망가지 못하도록 다리를 묶듯 노동시간표를 주일학교에 진행시켰다. 메러디스 여사는 실망하여 스스로 포기하였지만 또 다른 여성 킹 여사는 주일학교를 그녀의 부엌에서 가르치는 것을 동의했다. 이 학교는 점점 더 나아졌으며 거의 2년간 지속되었다.

그의 첫 번째 몇 안 되는 학교 중에서 레이크스는 일요일에 90명의 아이들을 오전 10시부터 정오까지, 그리고 오후 1시부터 5시까지 가르치기 위해서 주마다 4명의 여자를 각각 주급 1실링(약25센트)으로 고용했다. 참석하기 위해서 아이들은 다만 손과 얼굴을 깨끗이하고 머리를 벗어야만 했다(아마도 온 주간에 이런 일은 단 한 번있는 일이었을 것이다). 레이크스가 "가련한 어린 녀석들"로 묘사했던 아이들을 위한 교육과정은 읽기, 쓰기, 도덕, 종교 등이었다. 네명의 여자들이 주급으로 받는 실링은 거의 문제가 되지 않았다.

레이크스는 그의 최초의 성공 후에 주일학교를 계속 조직해 나갔다. 물론 이 과업을 수행함에 있어 모두가 레이크스를 격려한 것은 아니었다. 친구들조차도 그를 "바비 야생 거위(Bobby Wild Goose; Bobby는 Robert의 약칭)와 그의 초라한 부대"라고 조롱하였다. 결과를 확신할 때까지 레이크스는 그의 노력이 현실적으로 공식화되기를 기다렸다. 그가 그의 계획을 알렸을 때 그것은 1783년 11월 3일 글로스터 신문에 간단한 단락 기사거리에 불과했다.

마을의 농부와 다른 주민들은 다른 평일들보다 안식일에 더 많은 재산상의 피해를 입었음에 분개하였다. 이러한 피해의 상당수는 안식일 당일에 아무런 제재없이 마음 내키는대로 행동하는 무법 상태의 청소년들로부터 말미암은 것이다. 이러한 이들을 치료하기 위해 정식으로 자질을 갖춘 사람이 읽지 못하는 이들을 가르치기 위해 고용되었다. 그리고 읽는 것을 배울 수 있는 사람들은 교리문답을 배우며, 이것은 교회에서 행해졌다. 이러한 계획이 적용될 수 있는 교구 내에서, 우리는 아이들의 행동이 대단히 교화된다는 사실을 확신했다.

주일학교는 첫 10년 동안에 많은 변화가 일어났다. 한때 샬럿(Charlotte) 여왕이 주일학교의 신봉자가 되었을 때 그것은 더 많이 보급되고 강의규모가 커졌다. 존 뉴튼(John Newton), 윌리엄 카우퍼(William Cowper), 신학자인 토마스 스콧(Thomas Scott) 등은 레이크스의 프로그램을 지지하였다. 곧 영국의 많은 지방에서도 주일학교를 지지하고 격려하는, 교육을 위한 교사와 교육과정이 인쇄된 사설들이 출판되었다. 이것은 런던 주일학교 연합회가 이끌었다. 또한 존 웨슬리(John Wesley)는 주일학교를 촉진하는 일에 있어 중심 역할을 하였는데, 그는 주일학교 사업을 자신의 부흥운동의 한 부분으로 통합하여서 수행했다. 결과적으로 이는 감리교 성장의 주요요인으로 작용하였다.

1783년의 공표 이후 4년 동안 레이크스는 25만 명의 등록을 선언하였다. 1835년(약 50년 후에)까지 영국에서 주일학교에 150만 명 이상이 참석하고 있었다는 사실이 보고되었다. 이러한 이유로 주일학교는 유일한 교육경험 장소였다. 16만 명을 웃도는 평신도 교사들이 이 아이들을 가르쳤다.

미국 최초의 주일학교 기관은 1790년에 필라델피아에 세워진 '주일'(First Day) 혹은 '안식일 학교'(Sabbath school)였다. 미국주일학교연합(American Sunday School Union)은 주일학교를 미국에 확산시키는 일에 결정적인 역할을 하였다. 심지어 주일학교는 세계전역에 수많은 나라에까지 전파되었다.

역사학자들은 주일학교운동이 영국에서 시작되었던 이유를 최소한 5가지 영역으로 확인하였다.

- 주일학교는 부흥을 일으켰으며 웨슬리(Wesley)와 휫필드(Whitefield)의 부흥을 지원했다. 한 역사학자는 주일학교운동은 영국으로 하여금 프랑스가 겪은 혁명의 공포를 벗어나게 해주었다고 주장했다.
- 사회의 모든 계급을 위한 무료 국립교육의 필요성을 인식하도록 사람들을 자극하였다.
- 중상류 계층을 일깨워 사회에 의미있는 기여를 하고 극적인 사회 개혁을 이루어내야 한다는 책임의식을 갖도록 하였다.
- 평신도가 이해하고 사용할 수 있도록 계획된 훌륭한 종교 서적들을 출판하고 분배하는 일을 자극하였다.
- 아동이 원래의 관심이었을지라도 성인 또한 그들에게 교육이 필요함을 인식하였기 때문에 성인교육의 욕구도 자극하였다.

말할 나위 없이 레이크스는 그의 온 인생을 하나님에게 바쳤다. 그가 1811년에 죽었을 때, 40만 명을 웃도는 사람이 그의 주일학교에 참석하고 있었다. 그의 죽음은 어떠한 왕의 죽음보다 더 큰 슬픔이었다. 그의 장례식에 참석한 아이들은 1실링과 케이크를 받았다. 이는 그가 죽기 전에 아이들을 사랑하고 베풀었던 모습을 끝까지 보여주는 것이었다.

WESLEY R WILLIS

참고문헌 | A. M. Boylan(1988), *Sunday School: The Formation of an American Institution*, 1790; C. B. Eavey(1964), *History of Christian Education*; K. O. Gangel and W. S. Benson(1983), *Christian Education: Its History and Philosophy*; G. E. Knopf(1979), *The World Sunday School Movement*; B. D. Locerbie(1994), *A Passion for Learning: The History of Christian Thought on Education*; J. E. Reed and R. Prevost(1993), *A History of Christian Education*; W. R.

Willis(1979), *Two Hundred Years and Still Counting.*

참조 | 레이크스, 로버트 (RAIKES, ROBERT); 주일학교(SUNDAY SCHOOL)

주일학교연합회(National Sunday School Association).
1945에 조직된 주일학교연합회 (NSSA)는 주일학교의 부흥에 헌신된 각 종파간의 개신교 복음주의 조직이다.

1900년대 초부터 미국에서의 주일학교운동은 급격히 쇠퇴하였다. 쇠퇴의 한 가지 사유는 국제종교교육협의회(International Council of Religious Education)에서 획일적인 시리즈로서 교육과정 자료를 발간하였는데 이것이 자유주의 신학의 영향을 받았기 때문이다. 성경을 전혀 참고하지 않는 자유주의 신학과 사회적인 복음은 보수적인 기독교인들에게 받아들여지지 않았다. 또한 세기가 바뀐 후, 주일학교운동의 지도력은 중요한 평신도 지도자들의 손에서 벗어나 더 자유로운 "전문적인" 교육자들에게 맡겨졌다. 결국 주일학교연합회와 연맹은 더 이상 그들이 과거에 가졌던 것과 같은 지도력과 열정을 주지 못하였다.

복음주의협회(The National Association of Evangelicals, NAE)는 교회의 복음주의 노력을 강화하기 위한 강력한 교육적 요소의 중요성을 깨달았다. 또한 복음주의협회는 쇠퇴의 심각성을 인식하고 신학적으로 받아들일 만한 자원을 만드는 것이 필요하다고 인식하였다. 1944년에 복음주의협회 회장은 이러한 위기 상황에서 무엇을 해야 할지 구상하고자 대표적인 출판사, 편집자 그리고 기독교교육 지도자들의 모임을 오하이오 주 콜롬버스에서 가졌다. 이 모임으로부터 두 개의 위원회가 지정되었다. 한 위원회는 새로운 '통일성경공과개요시리즈'의 개발을 진행하는 것이고, 다른 위원회는 '복음주의 주일학교연합회'를 조직하기 위해서 만들어졌다.

다음 해인 1945년 5월 1일 보수주의 지도자들의 한 그룹이 시카고에서 모였다. 콜롬버스에서 지명된 위원회가 이들을 한자리로 불러 모았다. 그리고 새로운 단일화된 주일학교수업과 주일학교집회를 통해 주일학교부흥에 전력투구하기 위해 협회를 조직하였다.

그들의 첫 주일학교집회는 1946년 10월 2일부터 6일까지 시카고의 무디교회에서 개최되었다. 지도자 위원들이 선출되었고 사무국장이 정하여졌다. 처음부터 이 조직의 목적은 성경교육과 복음주의 강조와 함께 주일학교의 활성화를 가져오기 위함이었다. 그들은 복음주의협회 신앙고백서를 채택하고 1946년 복음주의협회에 가입했다.

전국적으로 쇠퇴해 가는 주일학교 부흥을 위해 전략상 중요한 도전을 책임지던 이 기구는 주일학교의 괄목할 만한 성장에 공헌하였다. 1945년부터 1960년까지 미국 교회 연감보고에 따르면 15년 동안 주일학교 등록 학생 수가 거의 두 배인 사천 백만 명이 넘는 학생이 등록하였다.

전국적인 주일학교집회가 1946년부터 1954년까지 해마다 열렸다. 그리고 1955부터 1968년에 동일한 두 개의 집회가 동부와 서부에서 열렸다. 지방과 지역협회들이 조직되었고 그 중 몇몇 협회들은 전국적 규모만큼 큰 집회를 후원하기도 하였다.

주일학교연합회는 위원회와 청소년 그룹들, 교단 주일학교 담당자들, 연구, 수련회, 출판사들 그리고 전국의 기독교교육 지도자 협의회로 구성되었다. 이 그룹들은 주일학교집회 전에 만나고 강단에서 설교하는 사람들을 위해 자료를 제공하였고 집회에서 많은 강습회를 열었다. 이로써 그룹만의 정체성을 발전시켰고 기독교교육현장과 주일학교운동에 지대한 공헌을 하였다.

1969년까지 주일학교연합회는 주요한 집회 보다는 전국 지도자세미나를 장려하기 시작했다. 조직에서 지도력은 사무국장이었던 라이슬리(Clate Risley) 박사의 뛰어난 지도력 아래 있었을 때만큼 강하지 못하였고 이 세미나의 몇몇은 불완전하게 조직되었고 낮은 출석률로 어려움을 겪었다. 주일학교연합회의 재정은 주로 전국 집회의 수입으로 충당되었다. 그러나 이런 세미나들이 더 이상 개최되지 않자 경제 상태 역시 주일학교연합회의 소멸에 영향을 주었다.

복음주의협회는 이 조직을 계속 유지하려고 노력했지만 결국 해체되었다. 복음주의협회는 1976년에 전국기독교교육협회(National Christian Education Association)를 조직하였고 이 조직은 특별한 세미나를 통해서 주일학교부흥의 과업을 이루려 노력하였다. 이 조직은 교회와 주일학교연합회가 주일학교부흥운동을 시작했을 때 현장 지도자들에게 받았던 열렬한 지지를 받지 못하였다. 그리고 1996년 그 존재는 사라졌다.

주일학교연합회의 초창기 동안 주일학교 출석이 괄목할 만하게 증가한 것 뿐만이 아니라 기독교교육에 기여한 그들의 공헌은 지금까지 계속되고 있다. 200개가 넘는 주일학교집회가 해마다 미국 전역에서 열린다. 주일학교연합회위원들 중 NAPCE(the North American Professor of Christian Education), ACSI(The Association of Christian School International), CCI(Christian Camping International), PACE(the Professional Association of Christian Educators) 등과 같은 몇몇은 지금도 매우 훌륭히 성장한 조직들이다.

DENNIS E. WILLIAMS

참고문헌 | E. A. Sanner and A. F. Harper, eds.(1978), *Exploring Christian Education*; B. L. Shelley(1967), *Evangelicalism in America*.

참조 | 복음주의협회(NATIONAL ASSOCIATION OF EVANGELICALS), 레이크스, 로버트(RAIKES, ROBERT); 주일학교(SUNDAY SCHOOL).

주일학교의 태동(Sunday School, Early Origins).

현대 주일학교운동은 1780년에 그 창시자 로버트 레이크스에 의해 시작된 학교와는 별로 유사한 점이 없다. 그러나 주일학교는 성경을 기초로 한 교육과 제자훈련을 통해 다른 사람들의 필요들을 채우는 데 헌신된 사람들의 창의적인 열정을 계속해서 구체화시켜 주고 있다. 또한 주일학교 역사를 통해서 배우는 교훈들은 성경에 기초한 학습 경험들을 통해 사람들의 필요를 채우는 새로운 접근법들을 기획할 때 우리의 안내자가 될 수 있을 것이다.

레이크스의 첫 주일학교는 오늘날의 전형적인 주일학교반보다는 도심의 청소년 사역과 더 유사했다. 잉글랜드의 글로스터 거리를 방황하던 가난한 어린이들이 늘어나는 문제에 대해 마음의 부담을 가진 레이크스는 수티 앨리(Sooty Alley)에 위치한 메리디스 여사의 부엌에 간단한 학교 모임을 시작했다. 그 당시 사회의 가장 낮은 계층 출신의 6세에서 14세까지의 소년, 소녀들은 주일 오전 10시부터 주일 오후 5시까지 학교 수업을 위해 모였다. 초기 몇 년 동안 교사들은 아이들의 인격을 개혁하고 인생에서 그들의 운명을 개선하기 위해 아이들에게 읽기와 종교를 가르쳤고 하루에 1실링을 받았다. 성경을 교재로 사용한 레이크스의 접근법은 사회적인 필요와 영적인 필요의 통합에 기초한 것이었다. 그의 새로운 주일학교들의 결과는 굉장한 것이었다. 그가 죽은 1811년경에는 무려 40만 명이 넘는 아이들이 영국에서만 주일학교를 참석하고 있었다. 이 주일학교운동은 미국으로 퍼져나갔고 이 운동은 미국 역사상 가장 빠르게 성장한 전도 전략들 중의 하나가 되었다.

한편 초기 주일학교운동의 성공에 기여한 몇 가지 요인들은 다음과 같다. 첫째, 주일학교를 주로 목회자들이 아닌 평신도들이 이끌었다. 사실 잉글랜드와 미국에서 제도화된 교회가 주일학교 설립을 장려하는 데 수년이 걸렸다. 교회들은 이 운동을 설교와 성례를 집행하는 자신들의 사역에 대한 위협으로 보았다. 평신도에 대한 강조는 종교개혁 이후, 사역을 위해 평신도들을 준비시키는 가장 빠르고도 가장 폭넓게 확산된 운동들 중의 하나가 되었다. 둘째, 주일학교운동 성장의 특징은 비분파와 교단 간의 연합이었다. 교단의 교리문답보다는 기본적인 성경 가르침에 초점을 맞춤으로써 주일학교운동은 교단은 다르지만 동일한 마음을 가진 많은 사람들을 연합시킬 수 있었다. 이것은 1800년대 미국에서 일어난 복음전도의 열심에 불을 지폈다. 셋째, 주일학교들은 교육적, 영적 필요들에 부합하기 위해 다양한 사회적 상황들에 적응했다. 오직 가난한 사람들만을 위한 사역으로 영국에서 시작되었지만, 그 목적은 궁극적으로 사회의 모든 수준의 사람들을 포함하면서 미국으로 확장되었다. 강한 성경적 기반을 약화시키지 않으면서 미국에서의 주일학교는 공립교육의 설립 전에 있었던 교육상의 공백을 채우기 위해 교육적 강조점을 확대시켰다. 1859년경에는 주일학교운동이 미국 도서관의 75%를 제공했다. 넷째, 사회의 중요한 기부자들과 지도자들의 지원을 확보함으로써 주일학교운동은 전국적인 인식과 재정적인 지원을 얻을 수가 있었다. 주일학교운동 역사에 있어서 로버트 레이크스, 윌리엄 폭스(William Fox), 존 웨슬리, 디 엘 무디, 윌리엄 하퍼(William R. Harper) 그리고 제이 에드가 후버(J. Edgar Hoover)와 같은 사람들은 주일학교운동이 세인들의 관심을 끌도록 했다.

주일학교운동은 19세기에 걸쳐서 미국에서 계속적으로 확산되었다. 1832년에 미국에는 8,268개의 주일학교가 있었는데, 1875년경에는 그 수가 65,000에 이르렀다. 1889년경에는 천만 명이 주일학교에 등록했다. 그러나 1920년대에 가서는 주일학교의 성장이 줄어들기 시작했다.

이 쇠퇴는 몇 가지의 요인에 기인한다. 그 첫 번째 요인은 자유신학의 영향이었다. 비록 자신의 생애에 주일학교운동과 아무런 관계를 가지지 않았지만 호레이스 부쉬넬(Horace Bushnell, 1802-1876)은 주일학교운동 내에서 새로운 자유주의의 영향을 끼쳤다. 아동들이 회심의 경험 없이 기독교인들로서 자라야 한다는 그의 믿음은 그 당시 주일학교 복음 전도의 초점과는 상반되는 것이었다.

그러나 그의 생각은 20세기의 새로운 종교 지도자들에게서 다시 들려지는 것 같다. 1903년, 종교교육협회의 설립과 함께 자유신학은 주일학교운동의 지도층을 압도했다. 경험이 권위의 기초로서 성경을 대체했고 사회 행사들이 주일학교의 주된 활동이 되어 성경공부를 대체했다. 회심은 성장과 발달의 자연적인 과정으로 대체되었다. 처음에는 이 자유신학을 주장하던 사람들이 지도자들이었지만 오래지 않아 자유신학은 교사들과 학생들에게도 영향을 미쳤다.

주일학교의 쇠퇴를 가져온 두 번째 요인은 예수 그리스도가 아닌 교육이 세상 구원에 필요한 것이라고 믿는 믿음이었다. 존 듀이(John Dewey)의 실용적인 교육 이념에 기초하여 종교교육협회는 진보적인 교육을 주일학교에 통합시키기 시작했다. 이러한 새로운 접근법들과 방법들의 일부는 수업이 더 학생 중심이 되도록 하기 위해 필요했지만 경험에 대한 강조는 곧 교육과정에서 성경에 대한 필요를 제거해 버렸다. 성경은 단지 학생들이 사회에서 살아가는데 도움을 받기 위해 그들에 의해 사용되는 많은 자원 가운데 하나가 되었다. 초자연적인 것들이 세속적인 것들로 대체되었다.

20세기 전반기의 주일학교 쇠퇴의 세 번째 요인은 평신도 리더십에서 교단과 전문인의 리더십으로의 이동이었다. 주일학교의 교육 기준들을 향상시키려는 노력으로 전문적인 종교교육자들이 프로그램과 교육과정에 더 많은 통제력을 가졌다. 즉 자유주의 신학교나 대학원에서 훈련받은 새로운 전문가들은 주일학교 지도력을 평신도들로부터 빼앗아 갔다. 주류 교회들과 복음주의 교회들간의 틈이 더 벌어짐에 따라 교단들은 자체적인 프로그램과 교육과정을 책임졌다. 그리고 주일학교에 대한 소유권이 교회의 의자에 앉아 있는 평신도들로부터 더욱 더 멀어져 갔다.

20세기 전반기 동안, 주류 교단의 주일학교 참석률은 감소했지만 많은 복음주의 주일학교에서는 꾸준한 성장을 경험했다. 자유주의와 신정통주의의 오류의 많은 부분을 피하면서 복음주의 주일학교들은 세상에 나누어주기 위해 자신들의 강한 신학적 유산을 유지했다. 그러나 세상은 신학적 정통 그 이상을 필요로 한다. 오늘날 직면해야 하는 도전은 로버트 레이크스가 직면했던 도전과 유사하다. 즉 여러 문화들 속의 필요들이 다를 수 있지만 기독교교육은 사람들이 하나님의 말씀을 알고, 그 말씀을 자신들이 살아가는 방법에 영향 주는 방식으로 적용하도록 도와줄 수 있는 효과적인 방법들을 고안해야 한다. 성장하기 위해 변화를 시도한 열 개의 주일학교들에 대한 연구에서 엘머 타운즈(Elmer Towns, 1993)는 주일학교들이 그리스도를 위하여 사람들을 전도하기 위해 필요한 모든 것에 적응해야 한다고 언급하고 있다. 이러한 노력은 가장 효과적인 교육 전략들과 하나님의 말씀을 통해 계시된 성령의 초자연적인 능력을 모두 요구할 것이다.

GARY C. NEWTON

참고문헌 | C. B. Eavey(1964), *History of Christian Education*; R. W. Lynn and E. Wright(1980), *The*

Big Little School; J. E. Reed and R. Prevost(1993), *A History of Christian Education*; E. L. Towns(1993), *Ten Sunday Schools That Dared to Change*; W. R. Willis(1979), *200 Years-and Still Counting*.

주중클럽(Weekday Club). 주중의 활동을 위한 프로그램으로 주중의 오후나 저녁 시간에 모이기 때문에 이렇게 명명되었다. 주중 클럽은 주일 오전 이외에도 어린이들과 청소년들을 전도하고 양육할 기회를 제공함으로써 지역 교회의 교육 사역을 보충해 주는 역할을 하며, 종종 이웃이나 지역사회 공동체에 속한 사람들을 사역의 대상으로 한다. 부모들과의 접촉은 어린이들이나 청소년들이 교회에 참여할 수 있는 최우선적인 "통로"가 되곤 한다. 여기에 참가하는 사람들은 마치 클럽의 한 부분이 되는 것처럼 구성원으로서 "참여"하게 된다.

보통 주일학교의 학습보다는 비공식적인 성격을 띠는 이 주중 모임은 교제와 표현, 활동, 성취 등을 강조한다. 이러한 모임들은 종종 참여하는 사람들이 배움에 열심을 내도록 하기 위해 동기를 부여하는 프로그램들을 포함한다. 예를 들면, 계급장이나 보상품 등을 주어 그것들이 모아지면 계급을 승진시켜 주는 방법이다.

많은 교회들이 그들 나름대로의 고유한 프로그램들을 개발하지만, 대부분의 교회들은 하나 혹은 몇 개의 기관들이 만든 자료들로부터 얻어진 교육과정이나 개념들을 이용한다. 그리스도인 봉사대(Christian Service Brigade), 선구자클럽(Pioneer Clubs), 어와나(Awana), 어린이 전도(Child Evangelism), 성경클럽운동(Bible Club Movement) 등이 가장 보편화된 모임들이다. 많은 교회들이 비슷한 목적으로 만들어진 보이 스카우트이나 걸 스카우트와 같은 단체들을 후원하지만 이들은 보통 복음적인 목적을 가지고 있지 않다. 어떤 교단들은 왕의 대사들(Royal Ambassadors), 왕의 경찰대(Royal Rangers), 어린이 선교사 등 그들 나름대로의 교육과정을 제공한다. 대부분의 기관들은 그들의 프로그램을 향상시키기 위해 단체복과 계급장, 상품, 장비 등을 함께 판매한다.

다양한 필요들을 만족시키기 위해 많은 선택 사항들이 만들어지게 되었다. 이들 중 어린아이들을 겨냥한 프로그램이 가장 보편적이다. 대부분의 자료들은 남녀 모두를 위한 것이지만 어떤 자료들은 남자 아이들이나 여자 아이들의 독특한 필요들을 채우기 위해 고안된 것들도 있다. 대부분의 프로그램들이 수공예, 놀이, 성경공부, 이야기, 성구암송, 관심 분야, 기능개발 등을 복합적으로 결합하여 이용한다. 몇몇 소수의 단체들은 매우 특별한 목적을 가지고 있다. 예를 들어, 기독교봉사단으로부터 나온 "나무 등반가"(Tree Climbers)는 6, 7세 된 소년들과 그들의 아버지와의 관계를 형성하기 위한 단체이다.

이러한 주중 클럽 프로그램들은 20세기의 가장 효과적인 복음전도의 도구 중 하나가 되어온 여름 캠프와 밀접한 관련을 맺고 있다. 주중 클럽의 교사들이 캠프를 통한 결신자들을 지역교회의 프로그램에서 양육할 수 있기 때문이다.

작은 교회들이 이러한 클럽의 경험을 제공할 수 있는 효과적인 방법 중 하나는 다른 교회들과 연합하여 지역사회에 긍정적인 공헌을 하며 청소년들과 그들의 가정을 복음화하는 것이다. 최근에 "주중 클럽"의 경험은 어린이들과 청소년의 한계를 벗어났다. 다양한 성인들의 모임, 노인들 그리고 특별한 필요를 느끼는 사람들의 모임이(체중 감량, 중독증에서 벗어나기, 십대의 부모들) 신자들에게는 용기를 북돋우며 불신자들에게는 복음으로 다가가는 데 비슷한 효과를 얻게 되었다. 이러한 여러 종류의 장, 단기간에 걸친 모임으로 사람들을 모으는 데는 다양한 선택사항과 적용이 있다.

주중 클럽은 주중에 대부분 사용하지 않은 교회의 시설들을 이용하는 유익이 있다. 이러한 모임들은 지역사회와 학교의 행사들로 인해 점점 더해져가는 "경쟁"을 직면하고 있으나, 지역교회들이 그 구성원들과 또 잠재적인 미래의 구성원들을 섬길 수 있는 커다란 기회를 제공한다.

RONALD H. RYND AND ELEANOR A. DANIEL

참고문헌 | Awana Clubs International, 1 E. Bode Rd., Streamwood, IL 60103, 1-630-213-2000; Bible Club Movement, Inc, 237 Fairfield Ave., Upper

Darby, PA 19082, 1-610-352-7177; Child Evangelism Fellowship, Box 348, Warrenton, MO 63358, 1-314-456-4321; Christian Service Brigade, Box 150, Wheaton, IL 60189, 1-800-815-5573; Pioneer Clubs, Box 788, Wheaton, IL 6189, 1-630-293-1600.

참조 | 국제어와나클럽(AWANA CLUBS INTERNATIONAL); 어린이사역모델(CHILDREN'S MINISTRY, MODELS OF); 기독교봉사단(CHRISTIAN SERVICE BRIGADE); 파이오니아선교회(PIONEER MINISTRIES)

주지주의(Intellectualism). 주지주의라는 말은 적어도 두 가지 의미로 쓰인다. 첫째, 믿음 있는 삶에서의 지성과 이성의 생명력 있는 역할을 가리킨다. 둘째, 의지와 감정의 역할에 대하여 지성의 역할을 과장하는 태도를 가리키는 부정적인 의미로 쓰인다.

긍정적 의미의 주지주의는 기독교적 믿음이 인간의 지성과 학구적인 노력의 훈련에 제시하는 중요한 자리를 가리킨다. 이 건설적인 역할에서 인간의 지성이나 추리는 역사에서 하나님의 계시의 본질과 의미를 반영한다. 그것은 바라는 것의 실상을 제시함으로 신앙을 지지하거나 확고히 한다. 그것은 다양한 계시의 암시들을 분류하고 계시의 사실들을 인간의 지식에 관한 다른 영역들에 연결시킨다.

함스 할비슨(Hams Harbison, 1956)이 그의 고전적인 책에서 관찰하였듯이 기독교 학자들의 연구는 "스스로 종교적인 전통을 정화하고 그것을 주변 문화에 연결시키며, 과학적인 발견을 도출하기 위함이다. 그러나 그는 학자들도 기독교로 동기화된 힘을 갖지 않는다. 그들은 차라리 운전축을 관리하는 자들이다"라고 덧붙였다(2-3).

올바른 기독교적 주지주의는 인간의 지성과 이성의 중요한 역할 및 그 한계를 인식한다. 성경적 전망에서 인간 지성을 고려하는 두 가지 관찰은 중요하다. 첫째로, 지성은 인간의 유한성에 종속되고 제한을 받는다. 어떤 것들은 단순히 인간 지성에 의한 이해 너머에 있다. 따라서 성경이 하나님의 길을 찾을 수 없고(롬 11:33), 세상이 인간의 지혜로는 하나님을 알지 못한다고 말하는 것은(고전 1:21) 놀랄 일이 아니다. 둘째로, 지성은 또한 인간의 죄가 왜곡하는 압력에 종속된다. 이성은 교만의 죄에 굴복함으로, 교만한 자아의 도구가 될 수 있다.

인간의 지성에 관한 이러한 제한들은 기독교인들로 하여금 목적에 관한 실제에 대한 믿음을 포기하게 하거나 진리에 대한 요구를 버리게 하지는 않는다. 또한 그것은 기독교인들을 비합리주의나 주관주의에 빠지게 하지도 않는다. 중요한 것은 이성을 사용하느냐 하지 않느냐가 아니라 이성을 적절히 사용하느냐 그렇지 않느냐이다.

부정적인 면에서의 주지주의는 자만심과 이성의 부적절한 사용으로 발생한다. 부정적 주지주의에 대한 가장 예리한 비평가인 키에르케고르(Kierkegaard, 1960)는 주지주의를, 하나님과 기독교인의 믿음을 주로 비평적 조사와 토론의 대상으로 전환시키고 하나님과의 친밀한 관계를 거꾸로 매다는, 일종의 하나님으로부터의 이탈의 "이론적 태도"라고 선언했다.

헬무트 틸리케(Helmut Thielicke)는 그의 고전집 『친애하는 신학생 여러분』(*A Little Exercise for Young Theologians*, 1962)에서 이러한 형태의 주지주의의 초기 경고가 사람들의 언어에서 나타난다는 것을 밝혔다. 사람들은 관점을 1인칭에서 3인칭으로 바꾸었다. 또한 사람들은 "자신의 인생을 위한 하나님의 의지"에 대해서는 적게 말하고 "성경적 메시지의 암시"에 대해서는 더 많이 말하며, "자신의 삶 속의 그리스도"에 대해서는 적게 말하며, 기독론에 대해서는 더 많이 말한다. 하나님에 대한 개인적 견해는 하나님에 대해 기술적인 토론방식을 제공한다. 말하고 생각하는 이러한 방식은 쉽게 생활의 방식이 된다.

성경은 정신적 생활로부터 규율을 분리시키지 않는다. 야로슬라브 펠리칸(Jaroslav Pelikan)은 다음과 같이 말하였다. "구약성경의 가르침에 대한 언급이나 신약성경의 규율에 대한 언급에서, 이는 고백과 행위, 신학과 윤리학을 모두 포함한다". "그것들 사이의 구분은 중요하다"(1971, 169). 그러나 분명히 기독교 역사의 초기에 그것들은 별도로 언급되기 시작했다.

신학자들은 "교리의 엄밀함"을 "윤리적 부분"으

로부터 구별하기 시작했다. 둘 다 중요한 것으로 여겨졌으나 교리의 엄밀함이 정통주의를 재는 수단으로서 윤리보다 우위에 자리했다. 진리에 대한 정확한 언명이 진리의 실천을 대신하였다. 세기에 걸쳐 그리스도인들은 신앙과 실천, 교리와 생활을 분리하는 경향이 있어왔다.

계몽기 이래로 "거룩한" 학습과 "세속" 학습을 예리하게 구분하는 학문의 세속화는 이러한 구별을 현대에 새롭고 더욱 강력한 수준으로 끌어올렸다. 현대의 학문은 그 구성원들로 하여금 냉정하게 자신들을 볼 수 있게 하는 것들로부터 후퇴하도록 훈련시키는 그리고 그들의 목표를 잃어버릴까 두려워하는 열정적인 위탁으로부터 그들을 멀리 떼어 놓으려고 훈련시키는 경향이 있어왔다. 이러한 환경에 처한 기독교인들에게 있어서는 쉽게 비학문적이 되는 것에 대한 공포가 불경건하게 되는 것에 대한 공포보다 더 크게 생각되고 마는 것이다. 하나님에 대한 열정이 열정의 서술로 대치되고 마는 것이다.

주지주의의 두 형태 모두 주위에 널리 존재한다. 몇몇 기독교인들은 하나님의 깊이를 헤아리면서 성경적 신비의 단서를 찾기 위해 그들의 지성을 사용한다. 다른 사람들은 하나님 안에서의 삶을 지성주의 자체로, 곧 그들의 하나님에 관한 연구로 대치한다. 차이점은 대부분의 기독교적인 문제들이 그러하듯이 마음가짐에 있다.

HOLLY ALLEN

참고문헌 | E. H. Harbison(1956), *The Christian Scholar in the Age of the Reformation*; A. Holmes(1977), *All Truth is God's Truth*; S. Kierkegaard(1960), *The Diary of Soren kierkegaard*; M. Noll(1993), *The Scandal of the Evangelical Mind*; J. Pelikan(1971), *The Christian Tradition, A History of the Development of Doctrine*, vol. 1; H. Thielicke(1962), *A Little Exercise for Young Theologians*.

준비성의 법칙(Law of Readiness).

만일 한 개인이 배울 준비가 되어 있다면 그 개인은 더 빨리 배울 것이라는 것이 손다이크의 주장이다. 이 법칙에 대한 그의 초기의 생각은 세 부분을 포함했는데, 그것들은 그의 저서 『인간의 본성』(*The Original Nature of Man*) 속에 포함되어 있다. 기본적으로 그 부분들은 다음과 같이 진술된다. 하나의 전도(conduction) 단위가 전도할 준비가 되어 있을 때 전도를 하게 되면 그 전도는 만족을 준다. 반면, 하나의 전도 단위가 전도할 준비가 되어 있을 때 행동하지 않는 것은 불만족을 가져다준다. 그리고 하나의 전도 단위가 전도할 준비가 되어 있지 않았는데도 전도를 하지 않을 수 없게 되면 그 전도는 불만족을 가져다준다. 전도 단위는 신경 단위(신경 단위들)와 신경 세포의 연접부(연접부들) 사이의 특정한 결합(bond) 또는 연계의 질서(establishment)이다. 그러므로 신경계 구조와 같이, 어떤 일정한 상황에서 어느 전도 단위들은 다른 전도 단위들보다 더 작용하기 쉽다. "하나의 전도 단위가 전도할 준비가 되어 있을 때"라는 문구가 행위를 위한 준비성과 관계가 있는 반면, "만족을 줌"과 "불만족을 줌"이라는 말은 회피할 수 없는 행위와 회피의 행위와 관계가 있다. 만일 한 번의 수업이 학생들로 하여금 그 상황을 기대하게 하는 것과 같은 방식으로 행해진다면 그들은 더 잘 배우게 된다. 그러나 만일 학생의 기대가 달성되지 않거나 그들이 학습 상황에 대한 준비가 되어 있지 않으면, 그들은 좌절하고 분노하게 된다.

CHRALES H. NICHOLS

참고문헌 | E. Thorndike(1913), *Educational Psychology*: vol. 2, The Original Nature of Man.

중개인(Broker).

사회사업 용어로 종사자가 개인이나 가족이나 그룹을 도와 규정된 필요를 채워 주는 자원들을 찾아준다. 종사자와 도움이 필요한 사람이 함께 연합하여 실제적인 필요가 무엇인지 결정한다. 브로커로서 종사자는 그 사람을 데리고 실제로 필요를 채워 줄 수 있는 봉사 제공자에게로 간다. 종사자는 어떤 종류의 봉사와 그 봉사를 받기 위한 자격 여건, 봉사가 진행되는 과정 등, 반드시 다른 봉사 제공자들에 대한 정보를 알고 있어야 한다. 기독교 사회사업가들은 교회 내부에서 브로커로서 섬길 수 있다. 그들은 교인들이 어떤 기술을 가지고 있는지, 필요에 따라 그 기술들을 사용할 준비가 되어 있는지, 기술을 가진 사람들과 기술이 필요한 사람들을 연결시켜 줄 방법 등을 결정할 수 있다. 그렇게 하면 개인의 모든 필요들-신체적, 정서적, 영적 필요들을 채워줄 수 있다.

DAVID R. PENLEY

중년기(Middle Adulthood). 중년들을 위해 그리고 그들과 함께 사역하는 일은 성숙한 그리스도인들을 이해력 있는 자원들 및 경험 많은 사례들로써 봉사하도록 만드는 관계적인 사업이다. 기독교교육의 실제에서 많은 예외들이 있으나, 중년들의 학습은 고급단계의 성경이해, 풍부한 영적 분별 및 종으로서의 지도자 개발에 초점을 둔다.

중년 사역에 관한 많은 저술들은 가정의 관계성, 직업 개발, 공동체에의 참여 및 교회에의 참여도 등과 관련된 학자들의 연구와 변화 이론(change theory)의 결론들을 반영하고 있다. 지금은 고전이 되어버린 한 논문에서, 치커링(Chickering)과 하비거스트(Havighurst)는 많은 이러한 넓은 기초를 가진, 때로는 수직적인 그리고 자주 성인생활의 경험에 관련된 일화적인 연구들을 재검토하였다. 그들은 연속적인 나이 구분에서 나타나는 전형적인 발달 과업들을 확정하였다.

삶의 단계 분석은 유형들 – 각 개인이나 전체 교회에서는 존재하지 않는 특성들 – 을 다룬다. 이런 유형들은 중년 기독교교육에서 반드시 제공되어야 할 핵심적인 관심사들, 장애물들 및 기회들을 이해하는 출발점이 된다.

1. 중년 과도기(Midlife Transition). 35세-45세이다. 폭풍우 치는 초기 성년기 이후에는 장애물들로 가득한 거대한 협곡으로 비유될 수 있는, 널리 인정된 중간단계의 기간이 있다. 중년 과도기는 높은 지대(어떤 이에게는 고원, 다른 이에게는 꼭대기)를 향하여 다양한 장애물들을 기어오르는 험난한 등반이다. 이것은 달라진 시간의 관점들, 변경된 직업 계획들, 재정의된 가족 관계들 등에 대하여 성취가 강조되는 시기이다.

중년 과도기의 학습자들은 폭넓은 지식과 역량을 가지고 있다. 이전에 배운 것을 살짝 반복해주는 교육의 실행이 중요하게 된다. 가치와 삶의 선호를 명확하게 해주는 교육 자료들이 핵심적이다. 동료 학생들이나 교육자와 뜻 깊은 주고받음을 원하며, 개인적인 필요들을 채워주는 교육의 기회들을 감사하게 생각한다.

2. 중년기(Middle Adulthood). 45세-57세이다. 중년 변천기를 잘 넘긴 후 많은 성인들은 만족스럽고 창조적인 삶을 즐기게 된다. 그들은 자신에 대해 확신을 가지며, 그들이 무엇을 원하며 무엇을 할 수 있고 할 수 없는지를 안다. 50년 이상의 다양한 변화들을 경험한 후 그들은 전략들을 모방할 수 있는 충분한 기술을 지니고 있다. 그들은 대부분의 상황에서 무엇이 작용하고 작용하지 않을지를 안다. 그러나 이 "지혜"는 오직 그것의 가치만큼 진실된 것이다.

중년기의 관심사들은 직업의 유지, 가족관계의 재안정, 공동체에 의미 있는 기여를 하는 것 및 생물학적 변화에 적응하는 것 등이다.

중년기 학습자들은 교육을 존중하나 더 많은 양의 자기결정을 요구한다. 이전의 지식을 인정하는 것과 새로운 지식과 현재의 경험을 통합하는 것이 매우 중요하다. 교육자는 공유된 통찰을 병합하여야 한다. 교육자와 학습자간의 동료적 관계는 결정적으로 중요하다.

3. 중년 사역의 수준(Levels of Middle Adult Ministry). 중년들은 영적 성장의 다양한 단계에 있으므로 기독교교육자는 반드시 적절한 교육 목표들을 세워야 한다.

세속적인 '공동체'(community)에 속한 개인들은 반드시 기독교인들이나 혹은 하나님이 진지한 믿음의 구도자를 만들어 내는 데 사용하시는 성경 진리들에 안내되어야 한다. 이것은 교회를 회피해 온 중년들을 교정하는 사역이다.

많은 이런 개인들은 '호기심을 가지게'(curious) 된다. 여기서 그들은 메마른 종교를 경험했거나 종파주의나 분열적인 문제들로 옆길로 빗나갔던 중년들과 합류하게 된다. 이런 불신자들은 단순한 복음의 메시지를 들을 필요가 있고, 하나님의 성령이 그들을 참된 믿음으로 이끄심으로써 그들의 특정의 질문들이 대답되어야 할 필요가 있다.

중년들에게 근본적인 기독교교육은 복음 진리에 대해 '확신'(convinced)하고 있으나 예수 그리스도의 주되심에 대해 갈등하고 있는 자들을 강화해 주는 것을 포함한다. 기본적 교육, 깊은 토론, 초기 사역 참여 등으로 특징되는 이 학습 단계는 보통 초기 성인기에 경험된다.

주요한 중년 사역의 초점은 성경의 드러난 진리와 행동에 대한 지침들에 의해 생각과 마음과 삶이 변화되고 있는 '헌신된'(committed) 자들을 위한 지속적인 교육에 있다. 하나님은 모든 신자들이 그리스도인으로서 이 단계의 성숙 수준에 이르기를 기대하신다. 이런 강한 그리스도인들은 노소간에 덜 성숙한 신자들이 개인적 윤리적 성결뿐 아니라 하나님(믿음)과 사람들(사랑)과의 관계에서 말하고 행하는(언어, 행동) 모든 면에서 모범이 된다(딤전 4:12).

중년 사역에서(엡 4:11-12의 성장 전략을 볼 때) 가장 고급 형태는 성령의 은사에 따라 사역에서 지도자가 되기를 열망하는 남녀들을 훈련하는 것이다(딤전 3:1). 영적 성숙의 용어로 하자면 그들은 헌신된 신자들이다. 그러나 이러한 '임명된'(commissioned) 개인들은 그리스도의 몸이 하나되고 안정되도록 촉진시키는 섬김의 지도자들이다.

4. 교훈의 중심성(Centrality of Instruction). 하나님 말씀의 진리에 입각한 높은 수준의 지식과 사고력은 헌신되고 임명된 신자들에 대한 기독교교육 사역의 주요 목표이다. 중년의 그리스도인들은 기초적인 원리들(히 5:12)에 대해 정통한 교사들이 되어야 하며, 충분한 정신적 성숙도에 도달해야 한다. 기독교교육자들은 중년들을 가르쳐 진리를 알게 하고 하나님 말씀에 함축된 행동들을 실천하게 해야 한다. 확신 있고 헌신된 그리스도인에 대한 기독교교육은 선과 악을 구별하는(14절) 지각을 훈련하는 단단한 식물이 되어야 한다.

5. 변화의 필요성(Necessity of Transformation). 중년들의 영적 필요들을 충분히 지원하는 데 요구되는 만큼 사역을 제공하기 위해서는 행동뿐 아니라 지식과 관점들에 관련된 다양한 수준의 교육 결과들이 요구된다. 이 세 요소들 모두를 포괄하는 교육 프로그램만이 도달해야 할 그리스도인의 성숙의 깊이로 충분히 양육할 수 있다. 중년기는 유년기적인 생각과 사고 및 언어의 형태들이 완전히 제거되어야 하는 단계이다(고전 13:11).

여기서는 지능과 감성 그리고 의지를 포함한 포괄적인 인격적 변화가 다루어진다. 따라서 그리스도를 닮아가는 변화(12절)를 지원하기 위해서는 통일된 인식적, 정서적 및 행동적 목표들이 갖추어져야 한다.

온전한 사역의 결과는 하나님과 그의 뜻에 대한 성경적 진리에의 의식적인 동의이다. 이 '믿음'은 '사랑'의 형식으로 나타나는 모든 하나님의 자녀들을 향한 윤리적 행동뿐 아니라 소망이라는 성경적 관점 안에서 자신을 드러낸다(13절).

모든 연령의 신자들은 불가지론, 절망 및 윤리적 기초에 대한 포스트모던적 포기 등으로 특징 지워진 문화 속에서 그리스도인의 삶을 영위해야만 한다. 믿음, 소망 그리고 사랑은 중년들을 위한 효과적인 가르침과 강력한 기독교교육 사역의 견고한 감시자로서 존재한다.

DANIEL C. STEVENS

참고문헌 | L. Aden, D. G. Benner, and J. H. Ellens, eds.(1992), *Christian Perspectives on Human Development*; A. W. Chickering and R. J. Havighurst(1981), *The American College*; K. O. Gangel and J. C. Wilhoit, eds.(1993), *The Christian Educator's Handbook on Adult Education*; R. E. Y. Wickett(1991), *Models of Adult Religious Education*.

중년 위기(Midlife Crisis). 몇 가지 잘 알려진 특성들을 동반하는 삶의 한 변환기이다. 개념과 함께 용어도 새로운 것으로서 사람들이 위기를 발견하든 그렇지 않든 간에 어떤 면에서는 수명의 연장에 따라 초래된 것이다. 셀(Sell)은 위기가 가져올 수 있는 몇 종류의 변화에 대해 말한다. "외향적인 사람들도 내향적이 되기를 원하여 독서, 원예 혹은 회화 등으로 관심을 기울인다. 내향적인 사람들은 자기들의 껍질 밖으로 나오기를 원하여 감정이나 생각들을 더 공개적으로 표현한다. 남자든 여자든 마치 자신이 육체를 가졌다는 것을 갑자기 발견한 듯이 조깅을 하거나 헬스클럽에 가입하게 된다"(Sell, 1991, 123). 그는 또 주장하기를 중년 위기는 바르게 이해한다면 두 가지 기준으로 구분되어야 한다. 첫째는, 정신적 충격이요 둘째는, 가능한 결론에 대한 관심이다. 그 자신의 연구를 통해 레빈슨(Levinson, 1978)은 기록하기를,

> 대부분의 사람들(이 주제에 대해 약 80%)에게 이 기간은 자신과 외부세계 안에서 떠들썩한 싸움을 불러일으킨다. 중년의 변천은 온건한 혹은 심각한 위기의 시기이다. 그들 삶의 모든 측면들에 대해 질문하게 되며, 드러난 많은 것들에 의해 두려움에 빠지게 된다. 그들은 자신과 타인의 비난에 대해 역습하려는 태도로 가득 차 있다. 그들은 이전처럼 계속 진행할 수 없다. 그들은 새로운 길을 선택하거나 혹은 이전의 길은 수정해야 할 시간이 필요하다(42).

중년위기에 대하여 그리스도인들은 하나님의 말씀과 다른 신자들과의 관계성에 초점을 맞추어야 한다. 셀(Sell, 1991)은 몇 가지 원리적 연구의 주제들을 제안한다. 예를 들면, "중년들을 위한 신학적 주제: 고통의 신학, 성숙의 원리, 은혜의 교리, 교회론, 사회론 및 소망의 신학." 그는 말씀에 대한 자신의 짧은 연구에서 결론짓는다. "만약 중년들이 자신이 숲 속에 있음을 발견한다면, 하나님의 말씀은 그 가운데서 길을 보여줄 빛이 될 것이다"(156).

KENNETH O. GANGEL

참고문헌 | J. Eisenson(1991), *Growing Up While Growing Older*; D. J. Levinson(1978), *Seasons of a Man's Life*; K. O. Gangel and J. C. Wilhoit(1993), *The Christian Educator's Handbook on Adult Education*; C. Sell(1991), *Transitions Through Adult Life*; R. E. Y. Wickett(1991), *Models of Adult Religious Education Practice*.

중세교육(Medieval Education).
중세교육은 4세기 말 초대교회 세례준비자 교육의 감소와 함께 시작되어 16세기 종교개혁의 태동과 함께 끝나게 되었다.

1. 세례, 신앙고백 그리고 예배의식(Baptism, Confession, and Worship Rituals). 고전적인 세례준비자 교육의 실행은 얼마간 기독교의 합법화에 따라 유아세례의 출현이 일반화되면서 사라져갔다. 유아세례의 증대는 세례준비자 교육의 감소에 따라 부모와 함께 믿음을 가르칠 책임을 갖게 되는 대부모(代父母)를 위한 필요성을 초래하였다.

부모, 대부모 및 성직자는 보통 교육을 빈약하게 받았기에 형식적인 교육은 어떤 윤리적 가르침과 함께 사도신경, 주기도문 및 십계명에 집중되었다. 주교들이 기독교를 심어주는 책임자였으므로 사제들은 강단에서 사람들을 가르쳤고, 부모들에게는 자녀들을 집에서 교육하도록 촉구하였다. 중세 기간 동안 저술된 교리문답 입문서들은 사제들의 종교교육을 도와주었다. 저자 미상의 11세기 작품인 『해설』(the Elucidarium)은 교회의 교리에 대해 단순하고 체계적인 설명을 제공하고 있다. 장 드 게르송(Jean de Gerson)의 14세기 작품인 『단순한 사람들의 ABC』(ABC des simples gens)는 "단순 한 사람들"(simple folk)을 위해 그 고장의 언어로 시행된 교회의 교육과 실천의 윤곽을 보여주었다.

교회 신앙고백 실천은 기독교 교리 주입을 위한 또 다른 방법이 되었다. 오직 성직자만이 죄를 사 면할 수 있다고 결정되어 있었기 때문에 제4차 라테란 공의회(the Fourth Lateran Council)는 교회회원들에게 매년 신앙고백을 요구하였다. 설교와 함께 사제들은 신앙고백을 듣고, 고행을 처방하고, 개인들에게 그들의 기독교적 책임을 가르치도록 임명되었다.

기독교가 확장되어 나가자 성일, 행렬, 노변제단, 순례 및 성인숭배 등과 같은 경건한 대중적 실천들이 종교적인 문화가 널리 퍼지도록 하는 힘이 되었다. 다른 형태의 종교적 드라마와 함께 행렬과 수난극들은 종교적 교육의 중요한 수단이었다. 북유럽 교회에서는 스테인드글라스에 성경 장면들이 전시되었다. 구약과 그리스도의 생애에 대한 조각들은

로마네스크식 교회들과 고딕 성당들에서 발견할 수 있다. 중세의 시각예술은 기독교 신앙을 이미지를 통해 전달하였고 자주 "가난한 자들의 성경"으로 불려졌다.

2. 수도원제도(Monasticism). 중세기 동안 출현한 수도원들, 금욕주의 학파들 및 기독교적 삶은 문답식 교리교육을 보전하고 발전시키는 데 기여하였다. 수도사들과 성직자들과 함께 수도원들은 귀족 아이들과 가난한 아이들을 교육하였다. 윤리적, 종교적 목적으로 지도된 수도원 교육에는 읽기, 쓰기, 산수, 노래 및 기독교교리의 요소들이 포함되었다.

수도원제도는 동방에서 기원하여 4세기 동안 서방에도 전수되었다. 동방의 수도원 훈련은 금욕적이고 윤리적이었으며, 그 초점이 지능적이기보다는 영적인 것이었다. 서방의 수도원들은 기록된 문자를 강조하였는데, 특히 '문맹'의 위협으로 인해 모든 수도사들이 성경을 읽을 수 있고 연구할 수 있도록 독려하였다. 수도원 학교들은 두 개의 분과로 나뉘었는데, 하나는 수도사가 되려는 사람들을 위한 것이었고 다른 하나는 교육을 마친 후 세속 생활로 되돌아갈 사람들을 위한 것이었다.

성 베네딕트(St. Benedict)는 A. D. 529년 몬테 카시노(Monte Cassino)라는 유명한 수도원을 설립하였는데 이는 서방의 정신에 수도원제도를 적응시킨 것으로 알려져 있다. 가난과 자선 및 순종을 강조한 성 베네딕트의 규칙은 읽기와 아이들 교육을 위한 지침들도 포함하고 있었다. 베네딕트회 수도원은 노동의 가치를 강조하였는데, 그 결과 베네딕트 수도사들은 영적인 지도뿐 아니라 기술과 농업의 교사가 되었다. 성 베네딕트는 이론이나 저술보다는 기독교적 실천을 강조하였다. 6세기에 카시오도루스(Cassiodorus)는 그의 책『제도』(Institutions)에서 최초의 베네딕트회의 학문적인 공헌을 제공하였는데, 거기에는 기독교 신학과 역사 및 자유로운 예술에 대한 연구가 포함되어 있다.

중세에는 종교적인 질서가 일반적이었고 영향을 끼치고 있었다. "정규 교회법들"과 보통 생활을 영위하는 성직자 단체들이 전 유럽에 걸쳐 존재하였고 성직자뿐 아니라 세속 학생들의 교육에도 관련되어 있었다. 비록 13세기의 프란시스코회 수도사들(Franciscans)이나 도미니크회 수도사들(Dominicans)이 교육적인 목표로 설립되지는 않았으나 이 둘은 모두 학교를 지원하고 활용함으로써 학문의 이상을 발전시켰다.

3. 대성당학교와 종교운동(Cathedral Schools and Religious Movements). 각 대성당 소재지와 더 적은 지역에 위치한 대성당학교는 성직자들을 훈련하였지만 지역공동체의 모든 사람들을 위한 교육도 제공하고자 하였다. 기독교 진리들을 가르치는 것과 함께, 교육에는 문법, 수사학, 변증법, 음악, 산술, 기하학 및 천문학 등도 포함되어 있었다. 대성당학교는 예배 장소이면서 젊은이들을 위한 사회적 모임의 장소이기도 하였다. 그 밖의 교회 학교들은 노래학교, 교구학교 및 소예배당 학교 등을 포함하기도 했다.

18세기 말쯤 찰스 대제(Charles the Great)로 알려져 있는 샤를르마뉴(Charlemagne)가 모든 수도원 혹은 주교 관할구에 학교들을 설립하고, 사제들에게 그 지방 고유 언어를 사용하도록 하여 기도와 성경을 보통 사람들이 접근할 수 있도록 공포함으로써 서유럽의 교육 개선에 영향을 끼쳤다. 샤를르마뉴는 요크의 알퀸(Alcuin of York)으로 하여금 왕궁학교를 지도하도록 하였다. 알퀸은 적극적인 동기부여, 복잡 개념의 단순화, 개인적 은사에의 가치부여 및 대화 등을 포함하는 새로운 교육방법론을 채택하였다. 알퀸은 샤를르마뉴와 라바누스 마우루스(Rabanus Maurus, 776-856)와 같은 자기 학생들을 통하여 교육개혁을 촉진하였다.

하나님의 친구들(the Friends of God)과 공동생활형제단(the Brethren of the Common Life) 같은 종교운동들은 마음의 경건한 종교를 촉진시켰고 종교적 교육에 높은 우선순위를 두도록 하였다. 이런 단체들은 보통 사람들의 학교 학생들을 교육하고자 하였고 중세의 교회 중심주의에서 스콜라주의로의 변천에 지속적으로 기여하였다. 마틴 루터(Martin Luther)는 공동생활형제단의 학생이었다.

4. 스콜라주의(Scholasticism). 스콜라철학 운동은 아리스토텔레스의 연역적 변증법과 가톨릭교회의 권위주의적인 신학을 결합하여 기독교 신학과 세

속 철학을 융합하려고 시도하였던 교회 지도자들에 의해 발생하였다. 스콜라철학 운동은 그 시대의 지능적인 관심에 호소하였기 때문에 반대를 참아내야 하였다. 비록 스콜라 철학자들은 일반 사람들의 교육에 대해 관심이 적었지만 스콜라주의는 중세 대학들의 발전에 영향을 주었다.

요한네스 스코투스 에리게나(Johannes Scotus Erigena)(815-877)는 "최초의 스콜라학자"로 여겨진다. 피터 아벨라르(Peter Abelard)(1079-1142)는 『긍정과 부정』(Sic et non)를 저술했는데 이는 교회의 신앙과 교리들에 대한 질문들을 포함하고 있다. 아벨라르는 이성에 의해 확정된 신앙의 문제들만 받아들였고 자기 학생들이 질문과 의심의 과정을 통해 스스로 사고하도록 장려하였다. 주도적인 스콜라 사상가였던 토마스 아퀴나스(Thomas Aquinas)(1225-74)는 변증학 부문의 걸작인 『신학 대전』(Summa Theologica)을 통해 가톨릭교회의 기본적인 교리 체계를 발전시켰다. 아퀴나스가 신앙을 항상 우선시하였지만 그의 인식론은 신앙과 이성을 모두 아우르려고 하였다.

5. 중세대학들(Medieval Universities). 대성당 학교들과 스콜라주의는 12세기에 태동된 중세 대학들의 발전에 공헌하는 요소들이었다. 노트르담의 대성당 학교의 스콜라주의 학자 피터 아벨라르(Peter Abelard)의 일반적인 가르침은 파리대학의 설립을 촉진하였다. 12세기 동안 '대학'(university)이라는 용어는 학생들과 선생들의 조합을 포함하는 학교와 관련된 단체를 나타냈다. 대학들은 장인들, 수도사들, 혹은 대성당의 총회의 모임들이 형성한 단체들의 길드체제를 따라 조직되었다. 중세 대학들은 문화와 교육의 영향력 있는 중심이었으며, 현대적인 대학제도에 틀을 제공하였다.

BEBERLY JOHNSON-MILLER

참고문헌 | P. J. Marique(1924), *History of Christian Education*; H. L. Marrou(1956), *A History of Education in Antiquity*; J. E. Reed and R. Prevost(1993), *A History of Christian Education*.

참조 | 아퀴나스, 토마스 (AQUINAS, THOMAS); 수도원제도 (MONASTICISM); 스콜라철학(SCHOLASTICISM)

중심도시(Inner City). 도시 기독교교육(Urban Christian Education)을 보라.

중심도시 가족(Inner-City Family). 도시 가정 (Urban Family)을 보라.

중심도시 청소년 사역(Inner-City Youth Ministry). 목사는 도시의 중심이나 도심 지역 내에 거주하는 젊은이들을 지도하는 데 노력한다. 도심 내 저소득층의 젊은 목사는 자신이 만들 수 있는 상황이 중요한 생각임을 알고 있다.

저소득층 지역은 나이와 게으름으로 신체적 악화를 겪으며 사회에서도 낮은 경제계층에 종사하는 사람들이 사는 지역으로 정의될 수 있다. 오늘날 젊은이들은 편부모 대가족 때문에 거의 모든 저소득층 지역의 대부분을 차지한다.

저소득층 지역의 빈곤 속에서 성장한 젊은이들은 공통적 행동과 매너를 공유하는 경향이 있다. 이러한 경향에는 가정에서 보내는 시간이 적음, 일상적인 일과에 시간 계획을 잘 세우고 평가하는 일의 결여, 갱, 마약, 불법적인 성관계 등과 같은 반 사회적 활동 그리고 숙명론적인 기대 등을 포함한다. 이방인들은 종종 날이 저문 후에도 거리에서 잘 노는 젊은이들과 아이들을 보고 놀란다. 그들은 거리에서 자신들의 삶을 살아가는 청소년들, 곧 가정에서 일상 가르쳐진 규칙과 가치 대신 불문의 거리의 규범에 따라 살아가는 청소년들을 관찰한다. 대부분의 이러한 행동은 적당한 장난감의 부족과 과밀화된 아파트 그리고 부적당한 성인역할의 본보기의 탓으로 돌려질 수 있다. 아직 확인되어진 바는 아니지만 이러한 요소들은 저소득층이 사는 지역의 사람들에게 거의 희망을 가져다주지 못한다. 이렇게 희망이 없다는 것은 저소득층 지역의 사람들에게 희망과 사랑의 복음의 메시지를 위한 기름진 토양을 형성하는데 도움이 되어왔다.

성직자가 청소년을 지도하는 일은 감정적인 유대

중심화

관계를 떠나서는 불가능하다는 유명한 격언이 있다. 이러한 인간관계는 바로 이 저소득층이 사는 젊은이들에게 가장 중요한 것이다. 숙련된 젊은 성직자들이 말하기를 인간관계를 다지기 위한 가장 효과적인 방법 중 하나는 인간중심의 임무를 통해서라고 하였다. 이런 인간중심의 임무는 젊은이들과의 의미 있는 인간관계를 맺기 전에 세 가지 중요한 점을 숙지하고 이해하여야 한다고 하였다.

1. 첫 번째 숙지할 점. 너의 세계가 아니라 그들의 세계를 알도록 노력해라. 저소득층의 사회에 살고 있는 젊은이들의 문화, 관습, 습관들을 배우기 때문에 젊은 성직자들은 문화 간의 차이와 세대 차이를 좁힐 수 있다.

2. 두 번째 숙지할 점. 네가 필요한 것이 아니라 그들이 필요한 것이 무엇인지 알도록 노력해라. 사춘기에 있는 아이들은 혼란, 이탈, 독립에 있어 혼란한 시기이다. 그들은 사춘기에서 어른으로 가는 혼란한 시기 동안 자신들의 몸에 일어나는 신체적 변화와, 각각의 개인으로서 의미 있는 공헌을 하도록 사회에 압력을 받고, 그들의 관습에 따르도록 하는 억압과 씨름을 한다. 그들의 삶에 있어 바로 이 시기에 그들은 그들이 성공적으로 나아갈 수 있도록 도와주고, 대화를 할 수 있는 긍정적인 기독교의 역할 모델을 환영한다.

3. 세 번째 숙지할 점. 그들의 시작점에서 시작하라. 저소득층이 사는 지역에서는 젊은이들이 빨리 성숙하기를 바란다. 그러나 모든 젊은이들이 그 요구대로 반응하는 것이 아니다. 효과적인 청소년 사역자는 젊은이들 각각의 성숙도에 따라 그들을 지도하는 것에 민감해야 한다.

사람 중심의 사역은 청소년 사역자들로 하여금 젊은이들과 일대일 인간관계를 유지하게 해준다. 이러한 인간관계 유형은 젊은이들을 대하는 성직자의 업무에서 최선이라는 것을 보여준다.

RICK GRAY

참고문헌 | W. S. Benson and M. H. Senter(1987), *The Complete Book of Youth Ministry*; D. Claerbaut(1983), *Urban Ministry*; J. M. Dettoni(1993), *Introduction to Youth Ministry*.

중심화(Centering). 진리를 배우는 정신 과정으로서 어린이에게 고유한 학습법이다. 전형적인 중심화는 어린이가 진리의 한 면만 강조하고 다른 면은 무시하는 것을 가리킨다. 피아제는 전조작기의 어린이들은 주로 한 번에 한 가지만 조작하는 능력이 있다고 한다. 이 발달단계의 어린이들은 여러 가지 사물 중에서 빨간색을 고르거나, 둥근 것을 고르거나, 큰 것을 고를 줄은 알지만, 그들의 지적 수준에서 동시에 빨갛고 둥글고 큰, 세 가지 특성을 가진 사물 하나를 고르는 능력은 없다고 한다. 이 제한된 요인이 어린이의 보존(conserving) 개념을 잘 설명해 준다. 같은 양의 물을 어린이 보는 앞에서 하나는 긴 유리잔에 붓고 하나는 짧고 넓은 유리잔에 부어 긴 잔의 물높이가 올라가면 그 물이 더 많다고 안다. 높이가 긴 것이 중심화된 것이다. 최종선에 먼저 도착한 자동차가 처음부터 출발했는지 중간에 들어갔는지를 막론하고 무조건 가장 빠른 차이다. 즉 속력이 유일한 사실이다. 모세가 "거룩한 땅에 서 있는" 그림을 본 어린이는 불타는 가시떨기보다는 맨발이라는 것에 집중한다. 불타는 가시떨기보다는 맨발이 어린이의 삶의 범주 안에 있기 때문이다. 한 시기에 한 가지 이상의 개념을 다루지 못하는 어린이의 제한적 능력이 교사가 어린이를 훈련시키거나(한 번에 한 발자국) 가르칠 때(한 가지 개념을 확실히 알고 나서 다른 것을 가르친다) 영향을 미친다. 더 중요한 일은, 발달단계에 따라 서서히 중심성을 벗어나는 과정이 어린이가 옳은 것과 그른 것 사이의 복잡성을 이해하기 시작하는 도덕적 합리화에 중요한 역할을 한다.

JULIE GORMAN

중요성(Significance). 의미충족성(Meaningfulness)을 보라.

중학교(Middle School). 초기 청소년기의 학생들을 겨냥한 학교의 교육단계이다. 비록 다른 학년단계의 조합들이 존재하더라도 일반적으로 중학교들은 10세에서 15세 사이의 학생들을 교육한다. 중학교의 개념은 1960년대에 처음 도입되었는데, 초기 청소년기의 도전들에 직면한 학생들에게 발전적으로 응답하고 초등학교에서 고등학교로의 더 나은 변화과정을 만들어내기 위해 시도되었다. 이것은 전통적인 중학교 구조(각 과목마다 다른 교사가 있는 고등학교와 유사한 구조)로부터 초등학교의 양육요소와 고등학교 환경에 공통적인 손쉬운 통제를 결합하는 체제로 달성된다. 이 어린 청소년 단계에 독특한 지능적, 육체적, 윤리적, 정서/심리적 및 사회적 성장의 특성들이 구별된다. 더 소규모로 학습 환경을 만들고, 각 학생들에게 성인 후원자를 제공하며, 가족들 및 지역사회와 협력하는 것 등의 전략들은 긍정적인 학교 환경을 촉진하기 위해서 맞물려져 있다.

JANA SUNDENE

참고문헌 | National Middle School Association(1995), *This We Believe: Developmentally Responsive Middle Schools.*

쯔빙글리, 울리히(Zwingli, Ulrich, 1484-1531).

종교개혁 신학자이다. 스위스의 빌트하우스(Bildhaus)에서 출생한 이 개신교 신학자는 1523년에 자신의 고국에서 종교개혁이 일어나는 데 일익을 감당했다. 마틴 루터와 동시대에 살았던 쯔빙글리는 가톨릭교육을 받았으며 비엔나와 바젤에서 고전들을 공부했다. 바젤에서 그는 토마스 비텐바흐(Thomas Wyttenbach) 밑에서 공부를 했는데, 비텐바흐는 쯔빙글리로 하여금 처음으로 가톨릭교회의 남용들을 직면하게 했다.

신부 서품을 받은 쯔빙글리는 1506년부터 1516년까지 글라루스(Glarus)에서 일하였다. 그곳에 있는 동안 그는 에라스무스의 작품들을 읽었고 교회의 폐해를 반대하는 영향을 더욱더 받게 되었으며 성경을 연구하는 데 전념했다. 자신의 회심은 진리를 알아가는 지식이 증가함에 따라 점차적으로 생겨났다.

1516년부터 1518년까지 자신의 두 번째 사역지인 아인지델른(Einsiedeln)에서 쯔빙글리의 성경과 교부들에 대한 지식은 깊이를 더해 갔다. 그는 공개적으로 면죄부 판매와 다른 교회의 남용들에 대해 공격하기 시작했고 사람들에게 마리아가 아닌 그리스도만 예배하도록 권했다.

다음으로 쯔빙글리는 취리히성당의 청빙을 받아들였으며 죽을 때까지 이 중요한 직임을 수행하였다. 그는 삶과 기독교인의 신앙의 궁극적인 권위로서의 성경을 선포했다. 취리히 시장은 이 주제에 관해 종교개혁의 지지자들과 반대자들 간의 공개 토론을 명하였다. 이 토론을 준비하면서 쯔빙글리는 『67개 조항』(*Sixty-seven Conclusions*)을 펴내었다. 그리고 의회는 종교개혁을 지지하는 결정을 내렸다.

오래지 않아 미사는 사라졌고, 행렬과 성지참배 또한 막을 내렸고, 성직자들은 아내들을 취하게 되었고 성상들은 폐지되었다. 그 대신에 종교개혁의 주제인 이신칭의와 최종 권위로서의 성경이 인정되고 가르쳐졌다.

1526년 취리히 정부는 쯔빙글리의 도움을 받아 종교개혁 그룹들 중의 급진적인 분리주의자들이였던 재세례파들을 핍박하고 억압했다. 그 다음 그들은 가톨릭을 억압하는 작업에 들어갔다. 교황 세력은 1531년에 취리히와 전쟁을 일으킴으로써 보복해 왔다. 1531년 10월 11일 전쟁이 한창인 가운데 쯔빙글리는 잡혀 처형되었다.

SHELLY CUNNINGHAM

참고문헌 | P. Schaff(1953), *The History of the Christian Church.*

지각(Perception).

뇌에 저장되는 인지적 그림이다. 지각들은 구체적 경험이나 문화적 신념 그리고 사회적 영향 등과 같은 요소들의 복잡한 결합의 결과로서 발전한다. 일정기간에 걸쳐 지각은 사람들이 자신들의 경험과 세계를 이해하도록 돕는 정신적인 지도로 발전되며, 궁극적으로 그들의 지각과 조화되는 행동으로 귀착된다. 게다가 뇌는 비연속성을 용인하지 않기 때문에 사람들은 자주 무의식적으로 자신들의 경험을 이미 오래도록 보유해 온 유형들과 일치하는 범주들 속으로 밀어 넣게 된다. 사람들은 대개의 경우 자신의 정신 유형들이 허용하는 것만을 본다. 그러한 지각 및 지각과 연관된 정신적 유형들은 비록 지각이 부정확할 때조차도 그것을 보유한 사람에게는 "유일한 진리"로 다루어진다. 그 결과, 때로는 다양한 의견들에 대한 중요한 갈등들이 생겨날 수 있다. 사람들은 종종 비슷한 유형을 보유한 이들끼리 어울리기 때문에 지각의 상이함을 분별해내고 정보의 부당성을 입증하는 일의 공개적인 노출에 대한 안전한 분위기가 마련되지 않는다면 다른 이들의 지각을 변화시킨다는 것은 매우 어렵다.

JAY DESKO

참고문헌 | E. DeBono(1990), *I Am Right You Are Wrong*; V. Satir and G. Bateson(1975), *The Structure of Magic*.

참조 | 통찰력(INSIGHT); 조하리의 창(JOHARI'S WINDOW); 인생지도(LIFE MAP); 자아개념(SELF-CONCEPT);

지각(Perceptive). 통찰력(Insight)을 보라.

지도력(Leadership). "우리가 지도력의 복잡함을 이해하고자 탐구할 때 지도력에 관한 인기 있는 서적들과 논문들을 읽는 것은 거의 도움이 되지 못하며 오히려 혼란을 가져다 줄 수 있다. 우리에게는 여전히 많은 문제들이 남아 있다"라고 클락 부부(Clark & Clark, 1994)는 쓰고 있다(17). 이 저자들은 이어서 지도력을 "자진해서 공동의 목적들에 지지를 표하고 그것들을 이루기 위해서 함께 일하는 한 사람의 지도자와 수행자들과 관련되어 있는 하나의 그룹이나 조직, 또는 기관에서 발생하는, 다른 사람들이 볼 수 있는 활동들 중의 활동 또는 태도"로 정의한다(19). 비록 이 정의가 너무 편협적으로 보이지만, 그것은 지도자들과 수행자들 사이의 관계와 지도력의 중심적인 주제 – 조직의 목적 – 를 강조한다.

바나(Barna, 1997)는 지도자의 다섯 가지 주요 속성들을 포함하는 정의를 선호한다. 지도자는 (사람들을) 동원하는 사람이다. 지도자의 목표는 사람들에게 영향을 미치는 것이다. 지도자는 목적 지향적인(goal-driven) 사람이다. 지도자는 자신에게 지도력을 바라고 의지하는 사람들과 같은 방향을 가진 사람이다. 그리고 지도자는 기꺼이 따르려고 하는 사람들을 가진 사람이다(23). 이 분야의 대부분의 전문가들은 지도력(leadership)과 관리(management)를 분명하게 구분한다. 전자는 사람들을 다루는 기술(people skills)을 강조하고 후자는 조직을 다루는 기술(organizational skills)을 강조한다.

지도력 분야의 한 탁월한 저자는 지도력을 사중의 균형 잡기 행위(fourfold balancing act)로서 강조한다. 첫째로, 당신은 안내, 격려 그리고 동기부여를 바라고 당신에게 기대를 거는 당신의 조직 안에 있는 관리자들 그리고 노동자들과 능숙하게 관계를 맺을 수 있어야 한다. 둘째로, 당신은 외적인 환경을 충분히 활용할 수 있어야 하고, 당신의 조직의 성공에 영향을 줄 수 있는 위치에 있는 당신의 조직 밖에 있는 사람들과 능숙하게 관계를 맺을 수 있어야 한다. 셋째로, 당신은 생산품 개발과 서비스 업무의 확장, 생산 과정, 품질관리 체제들, 조직 구조들 그리고 정보 조직망들을 포함하여 현재의 당신 조직의 운영의 모든 면들을 구체화하고, 그것들에 영향을 줄 수 있어야 한다. 마지막으로, 당신은 미래를 내다보는 일에 능숙해야 한다 – 즉 앞으로 십년 후 당신의 조직과 결정적으로 밀접한 관계가 있을 것이라고 여겨지는… 정세들을 평가하고 그것들에 대비하는 일에 각별히 능수능란해야 한다(Nanus, 1992, 11-12).

성경은 기독교의 지도력이 세상의 지도력과 달라야 한다고 말한다(눅 24:22). 지도자들은 중요한 많은 일들을 하지만 기독교 지도력의 특징은 언제나 어떤 다른 활동보다 더 중요하다. 지도력은 어떤 일정한 그룹의 사람들이 그리스도를 영화롭게 하기 위해 하나님이 자신들에게 주신 목적들을 성취해 갈 때, 그들을 섬기라는 하나님의 부르심을 받은 자의 영적 은사들의 실천으로 정의될 수 있다.

서술적 형용사들로서 공통으로 등장하는 '교류의'(transactional), '종의' 그리고 '비전적'과 같은 말들이 붙은 리더십 유형에 관한 글들이 많이 나와 있다. 비록 기독교의 지도력이 영적 은사들과 하나님의 부르심에 근거하더라도 우리는 성경과 이 주제에 관한 거의 모든 최근의 세속적인 연구에서 자명한 한 가지 금언 – 지도력은 배움에 근거한 학습된 행동(learned behavior)이다 – 을 부정할 수 없다.

오늘날 우리는 새롭게 출현하고 있는 지도력과 조직 활동의 언어들을 보게 된다. 맹목적 복종이란 말이 사라지고 참여(involvement)라는 말이 등장했다. 관리자나 감독과 같은 직함들은 팀 지도자, 기획 조정자 그리고 촉진자와 같은 말로 대치되고 있다. 후자의 용어들은 통제라는 말보다는 몫을 나누어 실천하는 공유적 접근을 더 많이 내포한다. 지도력에 필수적인 특성들을 다루는 유용한 책들은 자신에 대한 믿음, 그 일에 대한 열정, 사람들에 대한 사랑 그리고 홀로됨을 수용할 수 있는 능력을 그 목록 속에 담고 있다. 이런 특징들을 어디에서 찾을 수 있을까 하고 곰곰이 생각한 헤셀바인(Hesselbein, 1996)은 다음과 같은 흥미진진한 결론을 내린다. "만일 사업이 주주들의 부보다 더 크고 포괄적인 대의(cause)를 만들어 내지 못한다면, 그렇게 될 때까지 그것은 우수한 지도자들을 거의 확보하지 못할 것이다. 우리는 비영리적인 영역에서 그들을 발견하기가 훨씬 더 쉽다. 만일 그것이 사실이라면, 그 영역은 머지않아 사업을 위한 그리고 틀림없이 정치를 위한 훈련장이 될지도 모른다"(9).

최근 문헌을 읽는 그리스도인들은 산업 과학의 일부로서 시행된 수백만 달러의 비용이 드는 연구로부터 이끌어내는 지도력 유형에 관한 연구의 최상의 요소들이 실제로는 성경이 그 주제에 관해 가르치는 것을 탐구해 온 사람들 사이에서 이미 주지의 사실이라는 결론을 내린다는 사실에 흥미 있어야 할 것이다. 신약성경은 개인의 고유한 가치와 인간관계들의 가치를 목적에 대한 수단으로서 뿐만 아니라 그 자체가 하나의 목적으로 그리고 기독교 공동체로서 인정한다. 매우 실제적인 의미에서 교회는 세상에서 가장 사람 중심적인 조직이어야 한다. 실제로, 수직적 관계(신 중심성)를 적절하게 맺는 회중은 대개 그 관계에 근거하여 수평적 관계들(인간 중심성)도 적절하게 수행할 것이다.

오늘날 몇몇 기독교 기관들에서 볼 수 있는 일인 중심의 사역은 누가복음 22장에서 우리 주님이 비난하신 세상의(worldly) 지도력과 대단히 흡사하게 보인다. 만일 우리가 우리의 세대를 힘 있고 효율적으로 섬기려 한다면, 우리는 기독교의 지도력이 이방의 왕들을 닮은 것인 양 가장하는 것을 멈추어야 한다.

성경적인 팀 지도력은 하나님이 지명하신 남자들과 여자들이 하나님의 부르심에 대한 순종의 책임성을 받아들일 때 생긴다. 그들은 성령께서 마음의 부드러움과 손의 기술을 개발하심을 믿으며 준비 기간의 중요성을 인식한다. 그들은 하나님의 뜻에 대한 깊은 확신을 갖고 그들의 지도력의 역할들을 수행하며 그들과 그들을 따르는 사람들이 직면하는 분명한 현대의 주제들을 다룬다. 무엇보다도 그들은 자신들을 따르는 사람들과 권위를 함께 나누며 지도력은 본래 다른 사람들을 위한 사역이라는 것을 지지하는 것은 물론, 그리스도의 몸을 이루는 다른 지체들과 더불어 다른 사람들에게 그리고 교인들 상호간에 본을 보이면서 종들로서 그리고 청지기들로서 지도력을 행사한다(Gangel, 1997, 64).

KENNETH O. GANGEL

참고문헌 | G. Barna(1997), *Leaders on Leadership*; K. E. Clark(1994), *Choosing to Lead*; L. Ford(1991), *Transforming Leadership*; K. O. Gangel(1997), *Team Leadership in Christian Ministry*; F. Hesselbein, M. Goldsmith, and R. Beckhard(1996), *The Leader of the Future*; B. Nanus(1992), *Visionary Leadership*.

참조 | 지도력 개발(LEADERSHIP DEVELOPMENT); 지도력 네트워크(LEADERSHIP NETWORK); 지도력 원리(LEADERSHIP PRINCIPLES); 경영(MANAGEMENT)

지도력 개발(Leadership Development). 지도자들은 공유된 비전을 위해 다른 사람들에게 영향을 준다. 다른 지도자들을 불러 그들을 개발하는 것은 하나님의 주권과 제자도 그리고 영적 은사와 밀접하게 관련되어 있다. 제자도란 한 사람이 그리스도를 따르는 자가 되라고 하는 자신이 받은 부르심을 삶으로 구현하는 방식을 말한다. 제자를 삼는 과정은 한 사람의 지도자가 자신의 영향력의 범위 안에 있는 사람들에게 끼치는 그 혹은 그녀의 영향으로 이해된다. 제자를 삼는 사람은 사람들로 하여금 성경적으로 그리고 개인적으로 예수 그리스도에게 철저하게 헌신하는 단계로 나아가게 하려고 한다. 이 생활방식의 특징은 하나님의 말씀에 순종하는 것과 독특한 기독교적 생활방식을 나타내는 것이다(Gangel, 1985). 예수 그리스도의 성품에 의해 분명하게 특징 지워지는 사람이 되는 것이 지도력 개발의 첫 번째 단계를 구성한다. 왜냐하면 그 누구도 다른 사람들에게 자신이 먼저 행하지 않는 것을 행하라고 가르치거나 자신이 되지 못한 그런 존재가 되라고 가르칠 수 없기 때문이다.

게다가, 지도력 개발은 영적 은사(gifting)를 개발하는 것과 관계가 있다. "하나님의 모든 자비하심으로… 너희 몸을 하나님이 기뻐하시는 거룩한 산제사로 드리라 이는 너희에 드릴 영적 예배니라"(제자도)고 신자들을 권고한 후에, 사도 바울은 "우리에게 주신 은혜대로 받은 은사가 각각 다르니… 믿음의 분수대로"(롬 12:1, 6)라고 선포한다. 영적 은사는, 그것이 가르치는 일이든 돕는 일이든 또는 다스리는 일이든 개발되는 것이며 하나님 나라의 활동을 위해 쓰여야 한다.

지도력 개발은 한 사람이 어디에 있는지를 명확하게 밝히고 그를 또는 그녀를 어디로 인도할 것인지를 확인하며 원하는 목적지에 이르는 데 필요한 성장을 위한 기회들과 자원들을 제공하는 것을 요소로 한다. 헐시(Hersey)와 블랜챠드(Blanchard, 1982)는 지도력 행동에 있어서의 주요한 세 가지 요소를 구별한다. 관계 행동, 과업 행동 그리고 수행자들의 성숙, 발달 주기는 개인이나 그룹을 이전에 도달한 단계를 넘어 이동하게 하는 성장 주기이다. 그 주기의 첫 번째 단계인 높은 과업 – 낮은 관계("말하기") 단계는 특정한 지시를 제공하고 개인의 수행을 빈틈없이 관리하는 것과 관계있다. 두 번째 단계인 높은 과업 – 높은 관계("판매하기") 단계에서 지도자는 자신의 결정을 설명하고 해명의 기회를 제공한다. 세 번째 주기 단계인 높은 관계 – 높은 과업("참여하기") 단계에서 지도자는 생각들을 공유하며 의사결정을 하는 것을 촉진한다. 마지막 네 번째 단계인 낮은 관계-낮은 과업("위임하기") 단계에서 지도자는 결정과 실행에 대한 책임을 위임한다. 수행자들 사이의 성숙은 일을 할 수 있는 능력(필요한 지식과 기술의 소유)과 일을 하려는 자발성(필요한 확신과 결단)과 관계가 있다.

맥스웰(John Maxwell)은 다섯 가지 A(Five A's) 목록을 가지고 시작하라고 제안한다. 요구 '사정' (assessment)(무엇이 필요한가?), 수중에 있는 '자산' (assets)(이미 그 기관 안에 있는 활용가능한 사람들은 누구인가?), 후보자들의 능력(ability)(원하고 있는 사람은 누구인가?) 그리고 후보자들의 '성취도' (accomplishments)(일들을 완수할 사람은 누구인가?). 그밖에 맥스웰은, 자신에게 따라야 할 한 가지 전략을 상기시켜 주는 두문자어(acronym, 각 단어의 맨 앞 철자를 따서 만든 단어를 말함–역주)인 베스트(BEST)를 믿는다. 그들을 믿어라(Believe in them), 그들을 격려하라(Encourage them), 그들과 몫을 함께 나누어라(Share them) 그리고 그들을 신뢰하라(Trust them).

LESLIE A. ANDREWS

참고문헌 | K.O. Gangel(1985), *Church Education Handbook*; P. Hersey and K. Blanchard(1982), *Management of Organizational Behavior: Utilizing Human Resources*; B. P. Powers(1981), *Christian Education Handbook: Resources for Church Leaders*.

지도력 네트워크(Leadership Network).

미국 전역에 걸쳐 큰 교회들(일천 명 교인 이상)의 지도자들을 연결시켜 주려는 노력의 일환으로, 1984년 두 사람의 기업가 부포드(Bob Buford)와 스미스 2세(Fred Smith Jr.)에 의해 창설된 기관이다. 오늘날 그 네트워크는 혁신, 사역의 첨단에 서고자 하는 바람 그리고 기업가적 지도력을 그 특징으로 하고 있는 주류 교회들과 복음주의 교회들 그리고 독립교회들을 포함한다.

지도력 네트워크는 지역 교회 차원에서 삶을 변화시키는 성경적 신앙의 실천과 적용에 초점을 맞춘다. 그것은 평생에 걸쳐 배우는 사람들이 되고자 하는 지도자들과 가장 큰 변화를 일으킬 수 있는 위치에 있는 지도자들을 겨냥한다.

지도력 네트워크의 임무는 21세기 교회의 출현을 촉진하는 것이다. 21세기 교회의 새로운 패러다임은 새로운 유형의 21세기 교회 지도자—성직자와 평신도 모두—를 준비시키는 것을 필요로 할 뿐만 아니라 새로운 도구들과 자원들을 개발하는 것을 필요로 한다고 우리는 믿는다. 이 새로운 패러다임은 신학에 중점을 두는 것이 아니라 오히려 구조와 조직에 초점을 맞추며, 제도에 근거한 교회로부터 선교가 이끌어 가는 교회에로의 전환에 초점을 맞춘다.

우리는 성과를 낳는 혁신을 중시하며 하나님 나라의 관점을 가진 교회 지도자들과 함께 일하는 것을 중시한다. 우리는 다른 사람들의 나무들에 달려 있는 열매를 보는 것을 중시한다. 그리고 끝으로, 우리는 우리의 팀을 위해서 뿐만 아니라 우리가 섬기는 사람들을 위해서 그것을 "바르게"(right) 하는 것을 중시한다(www.leadnet.org).

지도력 네트워크는 그들의 임무를 달성하기 위해 네 가지의 유익한 활동을 전개해 왔다.

1. 주로 초청된 대형 교회의 지도자들을 위한 좌담회 형식으로 이루어지는 학습 행사들. 비정기적인 특별 협의회들, 수뇌부 회담들 그리고 좌담회들은 21세기 교회 주제들을 중심으로 전개된다.

2. 정보 서비스. (당면하고 있는 문제와) 관계가 있는 정보를 수집, 분석하고 배포하는 일은 지도력 네트워크의 주도적인 주요사업이다. 그것들은 그들의 계간 간행물인 "넥스트"(NEXT), 격주지인 "넷팩스"(NetFax), 사보인 "인트로액션"(IntroAction) 그리고 조시-베스(Jossey-Bass) 출판사와 공동으로 발행하는 도서 시리즈 등을 통해 이 과업을 수행한다.

3. 새 발안 배양 센터(Incubation Center for New Initiatives). 지도력 네트워크는 지역 교회를 섬기는 다른 기관들 – 예를 들면, 지역 교회들을 위한 훈련과 개발한 것들(products)을 제공하는 기관인 지도력 훈련 네트웍(Leadership Training Network) – 을 창시하는 것을 도왔다. 교회 챔피언 네트웍(The Church Champions Network)은 제도적 교회들보다는 오히려 지역의 필요들을 채우기 위해 일하는 지도자들을 연결시켜 준다. 교육 교회 네트웍(The Teaching Church Network)은 지역 교회들에 학습 기회들과 멘토링 기회들을 제공한다. 그리고 사회 기업가 네트웍(the Social Entrepreneurs Network)은 사회적 주제들을 제기함으로써 자신들의 공동체들(지역사회들)과 교회들 내에서 차이점을 만들려는 기업의 지도자들, 공동체(지역사회)의 지도자들 그리고 교회의 지도자들을 연결시켜 준다.

4. 혁신과 연구조사(Innovation and Research). 지도력 네트웍에 의해 단독으로, 혹은 다른 기관들과 협력하여 관리되는 지도자 프로젝트들(pilot projects)을 포함한다.

네트워킹이 21세기의 규범적인(defining) 조직 형태라고 확신하고 있는 지도력 네트워크는 세 개의 핵심 그룹으로 구성된 "네트워크들 중의 네트워크"로서 조직되어 있다. 교회 지도자 네트워크(the Church Leader Network)은 "최선의 실천 교회들"의 성공 그 이면에 놓여 있는 원리들을 알기 위해 그 교회들을 감정해 보려는 "혁신적이며 초기의 채택자들"인 지역 교회 지도자들로 구성되어 있다. 그밖에도 그들은 이 원리들을 다른 교회들에 의해 채택될 수 있는 공정들로 전환시키려고 한다. 중재 네트워크(The Interventionist Network)은 지역 교회들을 돕는 사람들을 교육시키고 준비시키려고 한다. 정보 네트워크(The Information Network)은 혁신적인 교회들 안에서 일어나고 있는 미래의 경향들과 미래의 관심사들 그리고 미래의 개념들을 탐구한다. 이 자료는 종합되어진 후에 그들의 정보 서비스를 통해 배포된다.

연락처는 Leadership Network, 2501 Cedar Springs LB-5, Suite 200, Dallas, TX 75201이며, 인터넷 홈페이지는 www.leadnet.org이다.

BRUCE R. MCCRACKEN

지도력 원리(Leadership Principles).

교육목회의 관점에서 볼 때 지도력은 비전과 방향(direction)을 제공할 수 있는 한 사람의 능력과 관계가 있다. 어떤 면에서 지도력은 관리(management)와 관련되어 있긴 하지만, 그러나 그 둘은 전혀 다르다. 지도력은 사역의 목적을 정하는 반면, 관리는 그 사역으로 하여금 그 목적을 달성할 수 있게 한다. 베니스(Warren Bennis, 1989)는 다음과 같이 설명한다. "지도자들은 바른 일을 하는 사람들이지만, 관리자들은 일을 바르게 하는 사람들이다"(18).

기독교 지도자들이 바른 일들을 하기 위해서는 성경적으로 그리고 신학적으로 견실한 토대 위에 그들의 지도력 전략들을 세워야 한다. 비록 성경에 나오는 성공적인 지도자들이 서로 다른 유형의 지도력을 발휘한다 할지라도, 그들은 하나님과 그들이 섬기는 사람들 모두에게 비슷한 섬김(servanthood)의 태도를 지녔다. 마태복음 20장 25-28절에서 예수께서는 이런 지도자의 모습을 설명하신다.

> 이방인의 집권자들이 저희를 임의로 주관하고 그 대인들이 저희에게 권세를 부리는 줄을 너희가 알거니와 너희 중에는 그렇지 아니하니 너희 중에 누구든지 크고자 하는 자는 너희를 섬기는 자가 되고 너희 중에 누구든지 으뜸이 되고자 하는 자는 너희 종이 되어야 하리라 인자가 온 것은 섬김을 받으려 함이 아니라 도리어 섬기려 하고 자기 목숨을 많은 사람의 대속물로 주려 함이니라.

어떤 저자들은(Youssef, 1986)은 '섬김의 지도력'(servant leadership)을 지도력의 한 유형으로 간주하지만, 실제로는 그것을 지도력의 한 '자세'(attitude)로 보는 것이 더 정확하다. 기독교 지도자들은 그들의 특정한 지도력 유형과 상관없이 이 종의 자세를 보여야 한다. 기독교 지도력의 가장 기본적인 원리는 모든 상황 속에서 지도자들은 종의 자세를 보여야 한다는 것이다. 그와 같은 자세는 한 사람의 성품 또는 마음(heart)에 뿌리박고 있다. 사람들은 자신들이 사역을 할 때 다른 사람들을 효과적으로 지도할 수 있기에 앞서 하나님과 다른 사람들을 섬기고자 하는 한결같은 심장(마음)을 가져야 한다.

지도력의 두 번째 성경적 원리는, 사역을 위해 믿는 자들을 준비시키는 자(equipper)로서의 지도자의 기능적 역할과 관련된다(엡 4:11-12). 그와 같은 역할 속에서 기독교 지도자는 교회 안에 있는 사람들이나 사역을 감당하는 사람들이 다른 사람들을 섬기기 위해 그들의 은사들과 능력들을 개발하고 사용하도록 고무시키는 촉매자(catalyst)로 봉사한다. 스티븐스와 콜린스(Stevens & Collins, 1993)는 교회 지도자들은 평신도들의 동력화에 기여하는 환경을 창출할 필요가 있다고 제안한다. 교회나 기관이 건강한 체계가 될 때, 그 회원들은 서로 함께 자라서 그리스도에게까지 이르게 된다(xv). 그러므로 지도자의 주요 역할은 교회 안에서 또는 기관 안에서 건강한 풍토를 조성하는 것과 관련된다.

일반 저자들과 기독교 저자들 모두 효과적인 지도력은 훈련된 내면생활과 견실한 성품 위에 세워진다는 원칙을 지지한다. 코비(Covey)의 『성공하는 사람들의 일곱 가지 습관』(*Seven Habits of Highly Effective People*, 1990) 중의 첫 번째 세 개의 습관은 개인의 내면생활을 다룬다. 첫 번째 습관은 개인의 영향력의 범위 안에서 책임을 맡을 때 순향적(proactive)이 될 지도자의 능력과 관련된다. 두 번째 습관은 원칙에 입각한 개인적인 임무 진술을 분명하게 하고, 그것에 따를 지도자의 능력과 관련된다. 세 번째 습관은 자기 관리를 실천할 지도자의 능력과 관련된다. 맥스웰(Maxwell, 1993)은 정직(integrity)은 지도자의 가장 중요한 요소라고 설명한다(38). 이 원리는 또한 바울이 교회 지도자들이 갖추어야 할 자격조건을 묘사할 때 그에 의해서 강화된다. 그가 언급하는 대부분의 자격조건들은 기술보다는 오히려 성품과 관계있다(딤전 3:1-10; 딛 1:7-9).

정직한 성품의 견실한 토대 위에 기초하고 있다면, 기독교 사역을 수행하는 지도자에게 몇 가지 기술들은 필수적이다. 그 문헌은 효과적인 지도자를 위한 적어도 일곱 가지 기술의 범주를 구별한다. (1) 비전/임무 규정하기, (2) 공감적(empathetic) 듣기, (3) 권한부여하기/권한위임하기, (4) 팀 세우기, (5)

문제해결/갈등해결, (6) 시스템 조사하기, (7) 형식에서의 융통성.

바나(Barna, 1992)는 비전을 "그의 나라를 세우기 위해 하나님이 당신을 통해 성취하기를 원하시는 것에 대한 성찰"로서 정의한다(29). 그는 비전과 임무 사이를 명확하게 구분한다. 비전은 사역의 독특하고 전략적인 특성과 관련된다. 그것은 사역과 관련되어 있는 모든 사람들에게 하나의 초점을 제공할 수 있는 분명하고도 사람의 마음을 끄는 진술 형태로 표현된다. 다른 한편으로, 임무 진술은 그 사역은 무엇에 관한 것인가와 그것은 어떻게 그것의 목적을 달성할 것인가에 관해 일반적이며 철학적인 진술과 관계있다(38). 주인의식(ownership)을 고취시키기 위해서 지도자는 가능한 한 많은 사람들을 비전과 임무진술을 개발하는 일에 참여시킬 필요가 있다. 사람들은 자신들이 도와서 창출한 비전을 따를 때 더 책임적이 되는 경향이 있다.

지도자의 두 번째 기술은 공감적 듣기이다. 본래, 지도자는 지도적이고 목표 지향적이기 때문에 그들이 배워야 하는 가장 중요한 기술들 중의 하나는, 코비(Covey, 1990)가 "우선 (다른 사람들을) 이해하려고 하고 나서 (다른 사람들로부터) 이해를 얻으려고 하는"(237) 능력으로 정의하는 것이다. 만일 지도력이 한 사람의 성품에서 흘러나오는 것이라면, 사람들은 사람과 사람 사이에서 생기는 진정한 공감(empathy)을 통하여 자신들의 성품을 나타내는 지도자를 따르고자 할 것이다. 그와 같은 공감은 다른 사람들의 관점에서 주제들과 관심사들을 보는 것을 필요로 한다. 바울은 빌립보서 2장 3-4절에서 믿는 사람들로 하여금 이 기술을 실천할 것을 권한다. "아무 일에든지 다툼이나 허영으로 하지 말고 오직 겸손한 마음으로 각각 자기보다 남을 낫게 여기고 각각 자기 일을 돌아볼뿐더러 또한 각각 다른 사람들의 일을 돌아보아 나의 기쁨을 충만케 하라." 비록 지도자들이 진정으로 그들의 동료 사역자들을 알게 되는 데는 시간이 걸릴지라도, 시간을 투자하면 자기에게 돌아오는 풍부한 몫 - 충성과 헌신 - 을 거두게 될 것이다. 사람들은 자신들을 돌보는 사람들을 따른다.

효과적인 지도력에 필요한 세 번째 기술은 다른 사람들에게 권한을 부여하고 권한을 위임하는 능력이다. 맥스웰(Maxwell, 1995)은 이 기술을 다른 사람들 안에 임무를 완수하고자 하는 바람과 능력을 심어주고, 그런 다음 "이끌어주고, 가르치고 그리고 준비해 가는 그 사람의 진행과정을 평가하는"(84) 능력으로 정의한다. 이 기술은 에베소서 4장 12절에서 언급된 교회 지도자의 주요 역할들 가운데 하나와 직접적인 관계가 있다. "이는 성도를 온전케 하며 봉사의 일을 하게 하며 그리스도의 몸을 세우려 하심이라." 지도자가 권한의 위임을 다른 사람들에게 원하지 않는 과제를 전가하는 도구로서 사용하고자 하는 경우, 그것은 성경이 말하는 권한의 위임의 목적이 아니다. 권한의 위임은 모든 신자가 각기 독특한 방식으로 그리스도의 몸 안에서 (그것을) 섬기도록 은사를 부여받은 목회자(a minister)라는 성경적 전제에 근거한다. 그러므로 권한의 위임은 다른 사람들이 하나님이 부여해 주신 능력들과 재능들을 사용할 수 있도록 그들에게 권한을 부여하는 것이다. 사역의 책임과 보상 모두를 나누어줌으로 지도자들은 그들의 사람들로 하여금 하나님과 다른 사람들을 섬기는 일에서 오는 만족을 누릴 수 있게 한다.

효과적인 지도의 네 번째 기술은 팀 세우기이다. 이 기술은 다른 사람들로 하여금 응집력 있는 팀으로서 협력하여 함께 사역을 하도록 활력을 불어넣는 한 사람(지도자)의 능력과 관련된다. 드프리(DePree, 1989)는 "가장 효과적인 현대적 경영 과정은 참여 경영"(participatory management)이라고 진술한다(24). 본래 교회는 상호 연결된 한 몸이기 때문에 교회의 지도력의 가장 중요한 기술들 중의 하나는 그 몸으로 하여금 연합을 이룬 하나의 팀으로서 역할을 감당하도록 그 몸을 고무시키는 능력이다. 스티븐스와 콜린스(Stevens and Collins, 1993)는 다음과 같이 설명한다. "성도들을 준비시키는 가장 큰 목표들(challenges) 중의 하나는 상호의 존성-다양성을 지닌 사람들이 서로 협력하는 능력—을 길러줌으로써 교회가 교회로서의 자신을 발견하도록 돕는 것이다"(38).

효과적인 지도력의 다섯 번째 기술은 문제해결과

갈등해결에 관련된다. 사람들이 사역을 그만두는 주요한 이유들 중의 하나는 그들이 대인 갈등과 의견의 차이를 보상적으로(redemptively) 해결할 능력을 결여하고 있기 때문이다. 코비(Covey, 1990)는 이 갈등해결의 능력에 관한 매우 성공적인 사람들의 세 가지 습관을 구분한다. 네 번째 습관 – 상호 이득을 생각하라(Think Win-Win) – 은 다른 사람들의 관점에서 문제를 볼 수 있는 지도자의 능력, 그 문제와 관련된 주요 주제들을 식별할 수 있는 지도자의 능력, 어떤 것이 만족스러운 해결책인지를 결정할 수 있는 지도자의 능력, 만족스러운 해결점에 이르기 위해 모든 가능한 선택들을 분간할 수 있는 지도자의 능력을 다룬다(233). 다섯 번째 습관 – 우선 (다른 사람들을) 이해하고 나서 (다른 사람들로부터) 이해를 얻으려고 하라 – 은 다른 사람들의 관점을 존중할 수 있는 지도자의 능력을 다룬다. 여섯 번째 습관 – 서로 협력하여 상승효과를 내라(synergize) – 은 서로 충분히 만족할 만한 해결을 보기 위해 개인들 사이의 개별적인 상호작용과 역동적인 상호작용 모두를 존중하는 갈등 해결의 과정을 조정(orchestrate) 할 수 있는 지도자의 능력을 다룬다.

여섯 번째 기술은 교회, 또는 기독교 기관을 구성하는 다양한 체계들을 감독할 수 있고 전반적인(overall) 비전과 임무를 수행할 그들의 상호작용을 조정할 수 있는 지도자의 능력과 관련된다. 스티븐스와 콜린스(Stevens & Collins, 1993)는 목회 지도자(pastoral leader)의 "가장 생산적인 지도는 개인들을 배타적으로 다루기보다는 문화와 함께 그리고 교회의 계통구조와 함께 작용하는 것이다"(xviii)라고 설명한다. 이 기술은 전체는 부분들의 합 그 이상이라는 원리에 근거하고 있는 코비(Covey)의 여섯 번째 습관인 시너지(synergy)의 습관과 직접적으로 관련된다. 성공은 대개 특정한 문제들과 주제들 그리고 의제들의 지엽성(provincialism)을 넘어 더 크고, 더 포괄적인 그림을 볼 수 있게 해줄 수 있는 지도자의 능력에 달려 있다. 지도자는 교회나 기관 하에 있는 여러 하부그룹들이 비전을 성취하기 위해 어떻게 함께 조화할 수 있는지에 대한 전략을 세우기 위한 다양한 사람들을 모을 수 있어야 한다.

일곱 번째이자 마지막 지도력 기술은 지도력의 여러 가지 다양한 유형들을 활용할 때 응용할 수 있고 융통적일 수 있는 지도자의 능력과 관련된다. 블랜챠드, 지가미 부부(Blanchard, Zigarmi & Zigarmi, 1985)는 이 기술을 '상황대응 리더십'(situational leadership)이라고 명명한다. 이 기술을 터득하기 위해서 지도자들은 세 가지의 능력을 연습해야 한다. (1) 융통성 – 상황의 요구에 따라 결정되는 지도력의 여러 가지 다양한 유형들을 활용할 수 있는 능력, (2) 진단 – 다양한 사람들의 적성과 헌신의 수준을 평가할 수 있는 능력, (3) 수축성(contracting) – 사람들과 함께 특정한 목적들을 분명하게 한 다음에 자신들의 지도력의 유형을 사람들의 적성과 헌신의 수준에 맞출 수 있는 지도자들의 능력. 이 융통성 있는 지도력 접근은 성경에 나오는 지도자들의 지도력 전략들과 일치하는 것 같다. 예수께서는 다양한 상황 속에 있는 다양한 사람들의 필요들을 충족시키기 위해 끊임없이 자신의 (지도력) 유형을 바꾸셨다(마 23:14-36; 요 13:1-20; 21:15-22). 바울 역시 그가 처해 있던 상황과 그가 함께 일하고 있던 사람들의 발달 단계에 따라 자신의 지도력 유형을 바꿨다(고후 2:5-11; 살전 1:7, 11). 비록 지도력의 유형이 상황에 따라 바뀐다 할지라도, 실제적으로 지도력을 점검하는 기준은 일관된 종의 마음(heart)을 유지할 수 있는 개인의 능력과 관계가 있는 것 같다.

GARY C. NEWTON

참고문헌 | G. Barna(1992), *The Power of Vision*; W. Bennis(1989), *Why Leaders Can't Lead*; K. Blanchard, P. Zigarmi, and D. Zigarmi(1985), *Leadership and the One Minute Manager*; R. C, Covey(1990), *The 7 Habits of Highly Effective People*; M. DePree(1989), *Leadership Is an Art*; J. C. Maxwell(1993), *Developing the Leader Within You*; idem(1995), *Developing the Leaders Around You*; R. P. Stevens and P. Collins(1993), *The Equipping Pastor*; M. Youssef(1986), *The Leadership Style of Jesus*.

지도하기(Direct). 학습활동과 프로그램, 그룹 활동, 또는 일련의 행사들의 과정을 지도하는 것이다. 기독교교육학적으로는 베드로전서 5장 2절에 "너희 중에 있는 하나님의 양 무리를 치되 부득이함으로 하지 말고 오직 하나님의 뜻을 좇아 자원함으로 하며"라는 말씀에 묘사된 기능과 가장 관계가 깊은 것으로 보인다.

지도한다는 것은 지도자들이 행정하고(managing), 일하게 하며(operating), 조종하고(steering), 감독하고(supervising) 또는 사람들에게 맡겨진 책임을 완수할 수 있도록 길을 보여주는(showing) 것이다. 세속 사회에서 지도하는 것은 다스리고(govern), 지배하며(rule), 명령하고(give orders), 또는 그 지도자 휘하에 있는 사람들 위에 권위를 세우는 것으로 정의된다. 그러나 이 견해는 성경 마가복음 19장 42-45절에 기록된 섬기는 지도자의 견해와는 다르다.

지도하기는 다섯 가지 행정 주기(계획하기, 조직하기, 직원 뽑기, 지도하기, 통제하기)의 네 번째 기능이다. 지도하는 기능에 포함되는 작업들은 위임(delegation), 동기부여(motivation), 조정(coordination), 차이점 조절(managing differences), 변화 조절(managing change) 등이다. 위임이란 과제를 책임자들에게 부여해 주고 책임의 체계를 설정해 주는 일이다. 동기부여란 사람들에게 영감을 주고 설득하여 바라는 방향대로 행동하도록 하는 일이다. 조정하기란 다른 부서나 사람들과 의사교환을 하여 효과를 내기 위해 최대의 결합을 추구한다. 서로 다른 것들을 다루어야 할 때 관계자들에게 독립적으로 사고하고 갈등을 해결할 기회를 준다. 변화를 다루는 일은 창의성과 개혁적인 아이디어로 새로운 목표와 과제를 추구하도록 하는 것이다. 요약하면, 지도한다는 일은 목표를 향한 의미 있는 행동을 야기해서 기관의 사명 완수에 공헌하도록 하는 것이다.

수많은 기독교 지도자들이 이와 같은 행정적 기능을 하기란 쉽지 않은데, 그 이유는 종종 제대로 수행하지 못한 사람을 직면하는 능력을 요하기 때문이다. 대부분의 지도자들은 덜 직선적인 방법을 선호한다. 밀러(Miller)는 행정상 지원하는 행동과 지도하는 행동 사이를 비교했다. 지도하는 행동은 사람들로 하여금 무엇을, 언제, 어디에서, 어떻게 해야 하는지 알려주고 나서 그들의 행동과 성취를 감독한다. 지원하는 행동은 관계자들을 들어주고 격려하며 조장해 주고 세워주는 것이다.

교회의 사역자들을 생각할 때, 기독교교육사(Director of Christian Education, DCE) 또는 교육목사(Minister of Christian Education)라고 알려진 역할이 있다. 시온카(Cionca)는 기독교교육사가 "기독교교육 위원회와 협력하여 교육 목적을 수립하고, 교육 프로그램들을 설정하며, 프로그램을 운영할 사람들을 임명하고 훈련시키며, 각 프로그램의 효과를 평가한다"고 설명한다(1986, 63). 로우슨과 천(Lawson and Choun)은 기독교교육 전문가(Christian Education Specialist, CES)의 역할을 "감독, 행정, 통제, 지도력, 관리"라고 해석한다(1992, 43). 이 직임자의 책임이나 명칭이 무엇이 되었든지 그 사람은 교회의 양육과 훈련 분야의 포괄적인 프로그램을 조직하고 주관하는 책임이 있다.

GREGORY C. CARLSON

참고문헌 | J. Cionca(1986), *The Trouble-shooting Guide to Christian Education*; M. Lawson and R. Choun(1992), *Directing Christian Education*; C. Miller(1995), *The Empowered Leader*; O. Tead(1959), *Administration*.

참조 | 행정(ADMINISTRATION); 행정목사(EXECUTIVE PASTOR); 지도력(LEADERSHIP); 라인-스태프 관계(LINE-STAFF RELATIONSHIPS); 경영(MANAGEMENT); 교육목사(MINISTER OF CHRISTIAN EDUCATION); 통제폭(SPAN OF CONTROL); 스탭과 임용(STAFF, STAFFING); 이사(TRUSTEE)

지상명령(Great Commission). 각각의 복음서들과 사도행전에서 우리는 지상명령을 발견한다(마 28:10-20; 막 16:15; 눅 24:25-27; 요 20:21-23; 행 1:7-8). 대부분의 학자들이 이러한 명령들의 각각은 예수님의 부활과 승천 사이에서 40일 동안에 다른 시간에, 다른 강조점을 가지고 말씀하신 것이라

지상명령

고 믿는다. 지상 명령은 본질상 '대강령'(Great Summation)이다. 마태복음에 나타나는 대 위임령은 이사야 49장 6절에 그 근거를 두는데, 거기에서 하나님의 백성은 열방, 곧 이스라엘 밖의 모든 사람들에게 빛이 되기 위하여 부르심을 받았다고 한다. 이 명령의 핵심은 그 진술된 목적, 곧 '모든 족속으로 제자를' 만드는 것이다. 제자를 삼는 것의 목적은 그들의 영원한 운명이 구속주 하나님의 요구와 이유를 말로 표현하는 데 달려있다는 것을 이해하는 사람들이 늘 증가하는 공동체를 세우는 것이다. 이러한 복음화는 처음의 회심 때 뿐 아니라 계획된 긴 기간 동안 성숙해지는 과정을 거치게 된다. 이 진술된 목적의 전략적 대상은 "모든 족속들"이다.

누가복음 24장 45-47절에 나타난 지상명령에 대한 누가의 기록은 예수께서 구약성경에 "기록된" 모든 나라(족속)에게 회개와 용서의 메시지를 간단명료하게 진술하셨다는 사실을 명확하게 한다. 예수께서 대위임령에 대하여 누가복음에 분명히 언급하신 "모든 족속들"의 사용은 창세기 18: 18, 22:18, 26:4, 이사야 2:2, 25:7, 52:10, 56:7과 같은 구절들을 포함한다. 이와같이 예수님의 명령은 구약이 뒷받침하며, 어떤 새로운 지시사항이 아니라 예수 그리스도에 의해 육화된 구속의 하나님에 대한 사명을 강조하기 위해 진술된 명령은 모든 백성들(panta ta ethne)을 위한 것이다.

"모든 나라에 제자를 삼으라"는 것은 단순히 지식의 전달을 넘어서서 가서 가르치는 것을 필요로 한다. 그리스도의 명령은 특별히 그가 명하신 모든 것에 순종하도록 사람들을 가르치라고 하신 것이었다. 여기에 사용된 헬라어 동사는 '마세튜사테'(matheteusate)이다. 이 용어는 회개의 개념과 근원적 회심 그리고 예수 그리스도의 지배에 순종하는데 초점을 맞춘다. 제자란 훗날 사용되기를 바라면서 약간의 지식을 마구잡이로 배우는 단순한 학습자가 아니다. 이 지상명령의 문맥에서 "제자삼다"라는 동사는 회개와 믿음 안에서 예수 그리스도의 주 되심을 분명히 인정하며 삶의 근본적 변화에 초점을 맞추어 계속되는 학습과정에 자신을 복종케 하는 것을 의미한다. 제자들이 일원이 되기 위하여 가르침을 받는

과정은 분명히 그리스도께서 그의 지상사역 기간 동안 제자들을 가르치셨던 것과 같은 방식으로 개종자들을 가르치기 위한 것이었다. 어느 사람이 예수께서 가르치셨던 것을 알지 못하고 가르침을 받은 바 없는 어떤 사람을 예수님을 "주"라 부르도록 인도할 수 있다는 사고는 생각할 수도 없이 왜곡된 것이라 할 수 있을 것이다. 예수님은 사람들에게 근본적인 충성과 끊임없는 복종을 요구하셨기 때문에 신앙의 의무는 제자도의 불변의 필요조건들 중의 하나라는 것을 명백히 하셨다. 예수님은 일반적인 감정의 반응이나 무모한 충성서약을 요구하지 않으셨다. 교사로서 예수님은 자신의 가르침에 대한 이해와 순종을 요구하셨다.

실로 예수님께 훈련받은 12제자는 예수님의 승천 이후에 그들에게 주어진 명령을 수행할 수 있도록 그의 적은 무리를 준비시키는 데 있어 필수적인 숫자였다. 그들은 참으로 역사적 예수님과 연속되는 제자들의 세대를 연결하는 유일한 고리였으며 따라서 예수님과 그의 제자들 사이의 제자화 과정의 구성과 내용은 절대적으로 중요한 것이었다. 이러한 제자들의 임무는 그들이 성령을 통하여 온 세상으로 나아가도록 부여하신 능력을 깨닫고 이 위임된 명령을 위하여 노력하는 것이었다. 덧붙여 그들은 그들 자신의 행동강령을 가르치지 않아야 했으며, 그들이 스승되신 예수님께로부터 말씀과 행동으로 가르침을 받았던 것을 그대로 충성스럽게 가르쳐야 했다.

BYRON D. KLAUS

참고문헌 | L. Coleman(1989), *Why the Church Must Teach*; F. Dubose(1983), *The God Who Send*; D. Fibeck(1994), *Yes, God of the Gentiles, Too*; R. Hedlund(1991), *The Mission of the Church in the World*; J. Piper(1993), *Let the Nations Be Glad*.

참조 | 제자(DISCIPLE); 제자화(DISCIPLING); 초대교회의 교육(EARLY CHURCH EDUCATION); 교육/서신서의 교육(EDUCATION IN THE EPISTLES); 교육/복음서와 사도행전의 교육(EDUCATION IN THE GOSPELS AND ACTS, GOSPEL); 선교(MISSION); 선교교육(MISSIONS EDUCATION).

지연된 만족(Deferred Gratification). 지연된 만족이란 "앞으로의 결과를 위해 즉각적인 만족감을 지연시키고, 지연된 보상을 부과하여 스스로 자초한 욕구불만을 견뎌내는 능력이다"(Mischel, 1974, 249). 보통 미성숙하여 만족을 지연시키지 못하는 일이 종종 반사회적인 행동을 일으키는 동인이 된다.

자기조절(self-control)과 관련된 개념으로, 프로이트가 "자아능력"(ego strength)의 가정으로 초기에 이론화하였고, 내면화된 어버이다운 가치로서 도덕적 행동으로 인도하는 "초자아"(superego)라는 개념으로 발전시켰다. 최근에는 지연된 만족이 주로 행동주의적 사회학습 이론의 견해로서 개인행동의 변화를 위한 기제로서 제안된다. 사회학습이론은 행동의 상황적 그리고 개인적 결정요인들을 가정한다. 즉 보상을 연기시키는 행동의 변화가 다양한 동인의 결과를 낳는다는 것이다.

매슬로우(Maslow, 1970: 미국의 인문주의 심리학자-역주)는 그의 "기본적 욕구"(basic needs)의 단계를 논하면서 만족감이 "성격 형성을 결정하는 일과 개인적 향상과 능력과 건강한 발달을 돕는다"고 했다(1970, 61-62). 매슬로우는(1970) "기본적 요구들"이 방종하게 하는 것이 아니라고 지적했다. "어린이들은 얼마간 엄격하고 견고하고 욕구의 불만족과 훈련과 제한을 경험해야만 한다"(70). 그는 또한 일부 건강한 사람들은 이타적인 목적으로 자원하여 기본적 욕구들의 만족을 지연시킨다고 지적했다.

어린이를 대상으로 한 연구에서(Mischel 등, 1989) 다수의 변수들이 어린이들의 즉각적인 보상을 지연시키는 능력과 자질의 결정요소로 작용한다고 발표했다. 그런 요소들로는 연령과 보상을 기다리는 시간의 길이, 이전의 성공 또는 실패, 보상이 실제로 올 것이라는 어린이의 믿음 등이다. 예를 들면, 어린이들이 나이가 듦에 따라 만족을 지연하는 능력이 증가한다고 한다. 행동모델들을 관찰한 결과 만족을 기다리도록 가르칠 수 있다는 사실도 발견했다. 도덕적 행동과 사례의 모델들에게 언어로 일관적으로 가르친 행동이 그것을 관찰한 어린이들의 행동 지연에 중요한 긍정적 영향을 주었다는 사실을 발견했다. 만족을 지연하는 능력이 뛰어난 어린이들은 또한 학문적 수행과 같은 수완이 비상하고 자기조절에도 훨씬 성공적이라고 설명했다.

펀더와 블럭(Funder, Block, and Block)의 연구는 어린이의 만족감의 지연과 관련된 수많은 긍정적인 결과들을 보고했다 (1983). 일반적으로, 여자 어린이들은 자아 탄성력(ego resiliency, 환경에 반응하는 능력)과 관계있고, 남자 어린이들은 자아 조절과 좀더 강하게 연결되어 있다. 학자들은 이 점을 남녀 어린이들의 서로 다른 사회화 때문이라고 설명한다. 조용하고 평화로운 가정에서 자라 온 만족감을 지연하는 어린이들은 실질성에 초점을 두고 친척들이 그들의 사회화에 중요한 역할을 한다는 사실이 흥미롭다.

보상과 관련하여 신약의 많은 부분에서도 현재의 기쁨과 위로를 미래의 영원한 복을 위해 지연하라고 강조한다. 이와 같은 가르침은 불변하는 믿음, 소망, 자기절제의 가르침과도 관계가 있다. 예수님도 제자들에게 지상의 재물을 쌓는 것에 반대하여 "하늘에 보화를 쌓으라"고 가르칠 때 만족을 지연시키셨다(마 6:19-20). 모세도 장래의 영원한 보상을 바라보고 이 세상에서의 기쁨을 믿음으로 포기한 사람의 실례이다(히 11:25-26). 그런 보상을 기대하는 기초는 하나님에 대한 신뢰와 그분을 찾는 사람에게 복 주심을 믿는 믿음이다(히 11:6).

장래의 보상을 바라보며 즉각적인 만족의 지연을 배우는 것은 그리스도인의 성품계발과 성숙의 가장 중요한 내용이다. 특히 모델을 관찰하는 면에서 사회학습 이론은 만족감 지연 행동을 가르칠 잠재력이 많다. 기독교교육자들은 어린이의 기본적 욕구들을 채워주어 어린이들의 심리적 건강을 제공하는 일에 관심을 기울여야 한다. 어린이가 성장함에 따라, 욕구불만을 다루는 법과 개인의 영적 성숙과 다른 사람을 섬기기 위한 목적으로 자기 부인(self-denial)의 가치를 배워야한다.

RICHARD LEYDA AND CLAIR ALLEN BUDD

참고문헌 | W. Mischel(1974), *Advances in Experimental Social Psychology*, pp. 249-92; W. Mischel, Y. Shoda, and M. L. Rodriguez(1989), *Delay of Grati-*

fication in Children, pp. 933-38; A. Bandura and W. Mischel, *Journal of Personality and Social Psychology* 2(1965): 698-705; R. W. Fairchild(1971), *Research on Religious Development*, pp. 156-210; D. C. Funder, J. H. Block, and J. Block, *Journal of Personality and Social Psychology* 44(1983): 1198-1213; A. H. Maslow(1970), *Motivation and Personality*.

참조 | 매슬로우, 아브라함 해롤드(MASLOW, ABRAHAM HAROLD); 사회인지이론(SOCIAL COGNITIVE THEORY)

지연된 보상/이익(Delayed Rewards/Benefits).
지연된 만족(Deferred Gratification)을 보라.

지원그룹(Support Group).
교회에서 지원그룹이라는 용어는 두 가지로 사용된다. 우선 일반적으로 사용되는 경우이다. 이는 보통의 교인들이 사용한다는 뜻이다. 이러한 의미에서 이 용어는 애정과 관심을 통한 상호 지원, 교제 경험 그리고 각 그룹 구성원에게 격려와 확인을 제공하는 것과 관련이 있다. 이러한 그룹들은 성경 공부와 기도그룹, 교제그룹, 이웃, 셀 아니면 양떼와 같은 다양한 이름을 가진다. 전형적인 활동들로는 개인 간증의 시간, 성경 공부, 기도 그리고 상호지원이 있다. 만일 그룹 서약이 하나의 조항만 있다면, 그 책임의 강도는 약하든지 아니면 중간 정도이다.

또한 지원그룹들은 임상적이고 기술적인 의미로 사용된다. 회복그룹 도서에서 찾을 수 있는 이 그룹들은 학대, 중독, 아니면 어른으로서 인생의 위기를 경험한 개인들에게 서비스를 제공한다. 하나님과 사람들 앞에서의 정직을 강조하는 주제는 어려움을 이겨내는 데 필요한 상호지원과 도움을 위한 기반 역할을 한다. 많은 그룹들이 12단계 접근법 내지는 그것과 유사한 접근법을 사용한다. 효과적인 지원그룹들은 자신들의 기본 원칙을 주의해서 만들고 종료일을 포함시킬 수 있다. 또한 지도자들은 특별한 훈련을 필요로 하고 종종 자기 자신들의 삶에서 어려움을 극복한 사람들 중에서 나오는 경우가 많다.

회복단계에 있는 사람에게 하루하루는 잠재적인 실패와 재발이라는 무기로 가득 차 있다. 회복과 후속관리를 위해 조셉 화이트(Joseph White)는 다음 세 가지 사항을 권한다. 첫째, 각 지원그룹은 격려를 제공해 주는 또래 그룹의 단단한 지원 체계를 통해 지속적인 관리를 제공해야 한다. 둘째, 각 지원그룹은 재발 신호들을 인식해야 한다. 그 예로는 자신에게 부정직할 경우, 상호의존 관계의 재개에 대해 합리화하려고 할 경우, 인생이 완벽하기를 기대할 경우, 불안해하거나 화를 낼 이유가 없을 때 불안해하고 화를 낼 경우, 아니면 어려움에 대해서 더 이상 걱정할 필요가 없다고 하는 경우들이 포함된다. 셋째, 주된 재원이 되는 사람(카운슬러나 멘토)과의 관계를 포함시킨다.

모리스(B. Morris)의 『교회 회복사역 지침서』(*The Complete Handbook for Recovery Ministry in the Church*)는 그리스도 중심적인 지원그룹의 시작, 조직 그리고 유지에 대한 탁월한 설명을 제공해 준다. 전국그리스도인회복협회(the National Association of Christian in Recovery)와 행운의 집(Serendipity House)은 자료를 구할 수 있는 탁월한 곳이다.

일상적인 지원그룹이든지 아니면 임상적인 지원그룹이든지 간에 지원그룹의 중요한 열쇠는 가시적인 인간 공동체의 사랑을 통해 표현되는 하나님의 능력이다. 지원그룹은 희망과 회복을 제공하며 인간을 변화시키시는 하나님의 지속적인 사역의 축소판이며 또한 그 변화를 가져오는 도구이다.

JAMES A. DAVIES

참고문헌 | B. Morris(1993), *The Complete Handbook for Recovery Ministry in the Church*; J. White(1989), *Mutual Aid Groups and the Life Cycle*.

참조 | 권위주의적 접근(AUTHORITARIAN APPROACH); 회복(RECOVERY); 회복사역(RECOVERY MINISTRY)

지혜문학(Wisdom Literature).
교육/시편과 잠언의 교육(Education in the Psalms and Proverbs)을 보라.

직관적 개념화(Intuitive Conceptualizing). 대략 4-7세의 아동이 개념을 형성하는 방식이다. 이 나이의 아동은 연관성을 보기 시작하며, 숫자를 사용하기 시작한다. 그러나 아동은 생각을 논리적으로 설명하기 위한 정신적 능력이 아니라 생각의 직관적 이해를 가진다.

만일 아동이 개념을 설명할 수 있도록 전체적으로 개념을 이해하지 못할지라도, 개념은 기능적일 수 있다. 개념은 행동과 선택을 안내한다. 예를 들면, 아동이 하나님의 뜻인 신학적 개념을 설명할 수 없다. 그러나 만일 개념을 이해할 수 있는 단위에서 설명되거나, 경험된다면 아동은 직관적으로 어느 곳에서든 하나님의 존재를 인식한다. 그것들은 마치 아동이 개념을 설명할 수 있는 것처럼 작용한다.

직관적 개념화의 생각은 아동의 기독교교육자를 위해서는 무한의 중요성을 지니며, 기독교교육자는 다음의 원칙으로 교육시키며, 계획해야 한다. (1) 대부분 아동의 믿음에 대한 반응은 직관적이다. 아동은 보통 성경개념과 공식적 수준의 적용을 숙지하지 못한다. (2) 효과적으로 의사소통하기 위해, 아동의 경험으로 믿음개념을 해석하라. (3) 성경개념의 의사소통은 특별한 상황에서의 교육을 요구한다. (4) 아동은 건설적인 학습자이다. 그들은 자신이 가지고 있는 경험에 대해 생각한다. (5) 아동이 자신의 삶에 의미 있는 사람을 모방함으로써 배운다는 믿음에 대해 이해해라.

이러한 원칙이 준수된다면 직관적으로 개념화하는 아동은 성경개념과 믿음의 반응을 배울 수 있다.

ELEANOR A. DANIEL

참고문헌 | L. O. Richards(1983), *Children's Ministry*; J. Westerhoff(1976), *Will Our Children Have Faith?*

직무설명서(Job Description). 기관 내에서의 책임과 의무를 종합하여 기록한 문서이다. 정의된 직업은 지원자와 고용된 노동자일 수 있다. 직무설명서는 실제적으로 노동자가 하는 것이 아니라 기관이 노동자가 하기를 바라는 것을 개요로 한다. 노동자의 일을 위해 기준을 세우는 것이 직업의 정의이다. 직무설명서는 노동자가 일을 수행하는 방법이 아니라 수행되는 것을 골격으로 한다.

잘 문서화되고 잘 사용된 직무설명서는 어떠한 기관의 기능을 향상시킨다. 직무설명서는 다른 것들로부터 나오는 대립을 최소화할 수 있다. 그것들은 신입생 모집, 훈련과 개인적 가치화를 보조한다. 애매한 의무가 노동자의 노동에 영향을 끼친 이후로, 직무설명서는 임금 노동자이거나 자원자이거나 상관없이 노동자들의 동기에 결정적인 역할을 담당한다.

직업 전문성과 직무설명서 사이에는 분명한 구분이 있다. 직업 전문성은 사람이 일을 함으로 얻을 수 있는 지식, 기술, 능력을 말하는 반면, 직무설명서는 일이 수행되는 것을 세밀화한다. 사실상, 직업 전문성은 종종 직무설명서의 협의안에 포함된다.

직무설명서의 전문 용어와 내용이 광범위하게 다양하더라도 다음의 영역은 전형적으로 숙고될 필요가 있다. 명칭, 목적, 의무와 책임, 내용, 기록보존책임 그리고, 제공되는 훈련 등 설명서가 쓰여진 일시와 추가적인 개정의 일시가 또한 기록되어야 한다. 기관 내 각각의 사무는 직무설명서 안에서 특별한 특이한 명칭이 주어질 필요가 있다. 직무설명서에 진술된 목적은 그 위치를 위한 이성을 설명한다.

직무설명서의 주요 내용은 책임과 의무를 목록화하는 것이다. 실제뿐 아니라 문서에서는 의무, 임무와 책임이라는 용어는 상호 교환적으로 사용된다. 때때로 그 용어들을 구분하기 위해 최소한의 단위로 임무를 정의하고, 여러 임무들로 의무를 정의하며, 마지막으로 최종 책임을 질 사람에게 위임될 작업을 책임감이라 정의한다. 직무설명서 면에서 의무와 책임 영역은 일의 모든 영역에서 드러난다. 정의된 사무의 복잡성에 의존하며, 임무는 때때로 범주화된다. 첫 번째로 목록화된 가장 중요 임무를 가지고, 몇몇 기관들은 의무의 목록을 순위화하는 것이 이점을 가진다는 것을 알수 있다. 직무설명서가 해석되려는 경향이 있는 반면, 모든 직업은 계획되지 않은 활동을 포함하며, 모든 기관은 일이 요구하는 영향의 변화를 경험한다. 그러므로 많은 직무설명서는 예측할 수 없는 책임을 허락하는 '다른' 범주를 포함한다.

직업 면접

때때로 기관 내에서 사무 사이에 구분을 좀더 명확하게 하기 위해서는 직무설명서가 묘사되지 않은 몇몇 임무들을 자세히 기술한 코너를 포함하는 것이 도움이 된다.

몇몇 직무설명서는 일이 수행되는 사회적, 물리적 환경에 대해 세부사항을 통합한다. 또한 시간의 요구 혹은 사무분장 등이 포함될 수 있다.

효과적으로 유지되기 위해 직무설명서는 표준적인 원리에 따라 재검토되고 수정될 수 있다. 직무설명서를 기술하기 위해 준비하는 것은 다양한 자원으로부터 자료 수집을 요구한다. 자료 수집 방법은 질문지, 그룹 면접, 직접 관찰, 전문가 좌담 그리고 문학의 재조명 등이 있다.

많은 교회와 종교기관은 널리 확장되고 있으나, 교회 내에서 고용인을 위한 직무설명서나 자원봉사자를 위한 직무설명서의 가치는 통상적으로 충분히 이해되지 못하고 있다. 교회 자원봉사자들을 위해 잘 문서화되고 재조명된 직무설명서는 지도자가 탈진되는 것을 예방하는 데 돕는다. 왜냐하면 그것은 자원봉사자 자신이 해야 할 일과 봉사 기간을 정확히 알려주기 때문이다.

NANCY L. DEMOTT

참고문헌 | J. Ghorpade(1988), *Job Analysis: A Hand for the Human Resource Direct*; P. C. Grant(1989), *Multiple Use Job Descriptions: A Guide to Analysis, Preparation, and Applications for Human Resources Managers*; M. Wilson(1983), *How to Mobilize Church Volunteers*.

직업 면접(Job Interview).
직무설명서(Job Description)를 보라.

직업으로서의 기독교교육의 역사(History of the Christian Education Profession).
기독교교육은 그리스도의 시대에 확장되어 그 기원을 갖는다. 그러나 분명한 직업으로서 기독교교육은 20세기에 와서 대두되었다.

20세기 초 사반세기 동안의 사건들은 직업의 형성에 영향을 끼쳤다. 사회의 도덕적, 윤리적 문제, 1차 세계대전의 압박, 그리고 늘어나는 사회적 필요에 직면한 국가는 이상적인 민주주의를 실현시킬 수 있는 신속한 해결책을 강조했다. 사회적 필요의 성장, 국가는 이상적 민주주의를 일으키는 데 재빨리 응답하였다. 이러한 국가적 운명을 획득하는 수단은 교육에 대한 현대적 접근을 통해 이루어진다. 이러한 인식은 교육이 모든 사회의 문제에 응답한다는 것이다.

종교 분야에서 주일학교와 새로운 교육과정을 조직할 계획을 세우며, 성경연구에 대한 새로운 접근을 시도하였다. 나이 그룹과 관련된 추가적 욕구가 있었으며, 교회들은 새로운 프로그램을 공급하기 위해 시설을 만들고 혁신하여야만 했다. 사회와 함께 교회는 성직에 대한 새로운 교육적 방식과 사회적 접근을 통해 문제를 해결하는 데 상당히 낙관적이었다. 이러한 환경은 교육사와 교육목회자의 직업적 위치를 만들고 향상시켰다.

초기 지도자들은 목사였으며 담임 목사가 돌볼 수 없는 다양한 기능을 책임지는 부교역자와 연합하여 노력하였다. 주일학교 운동의 영향 때문에 급속도로 지도자들은 세속교육의 배경을 가지고 평신도로서 지도를 받고 일하였으며 급료를 받는 주일학교 감독자와 교육적 일꾼으로서 교회에 봉사하였다.

1920년대 중반까지 새로운 영역이 존재하는 것은 분명하나 분명하지 않은 것은 새로운 일꾼들이 이행해야 할 역할이었다. 초기 직업의 전성기에 따르면 대부분의 사람들은 2차 세계대전을 통한 불황의 사양 길에 접어들면서 교회에서 일하게 되었다. 많은 교회들이 직무를 통합하여 그들이 지불할 수 없는 일꾼들은 해고하였다. 이것은 비서의 일에서부터 청소부의 일에 이르기까지 모든 것을 포함하는 수많은 직업의 통합을 초래하였다. 교육비서의 직위는 일반적인 것이 되었다. 그리고 교육적 직업을 맡는 것은 게시판을 관리하거나 조직된 공급물을 유지하는 것처럼 다른 서비스를 제공하며 사무실 작업을 하는 것으로 기대되었다.

직업의 재관리에 기여하는 또 다른 힘이 있었다. 가장 중요한 것은 교회 지도자들이, 교육관련 종사자들이 사회에서나 교회에서의 모든 문제를 해결할 수

1. 훈련(교육)기회(Training Opportunities). 종교교육자에 대한 초기 직업훈련은 코네티컷에 하트포드 종교교육학교(Hartford School of Religious Pedagogy)의 조직으로 1903년에 시작되었다. 후에 이것은 하트포드 종교교육학교(Hartford School of Religious Education)로 변하였다. 성직자에게 특별하지 않을지라도 뉴욕 소재의 콜롬비아 대학, 시카고 대학, 예일 대학, 보스턴 대학과 같은 유명한 주요 대학들은 1915년까지 종교교육 프로그램을 시작하였다.

복음주의의 핵심적인 발전은 1915년의 남서 침례신학교(Southwestern Baptist Theological Seminary, Ft. Worth, Texas)에서 종교교육과가 설립되었다는 것이다. 그것은 1921년에 종교교육학교가 되었다. 프라이스(J. M. Price)의 지도 하에 이 학교는 종교교육자들을 위한 최고의 배출지가 되었다. 이 학교의 설립 목적은 교회교육 지도자, 초등교육 지도자, 사회와 젊은 층의 감독자, 주일학교 일꾼, 종교교육 교사, 학생 사무관, 유치원 교사를 위한 증가하는 요구 사항을 공급하는 데 있었다.

2. 전문 사역자의 등장(The Profession Takes Hold). 1930년까지 전문사역자는 신학교나 대부분의 종파의 교육출판사에서 실질적인 지지를 받았다. 교육사역자들이 기관 구성자와 프로그램 리더로서, 이러한 지지를 받는 이유는 그들의 기능과 역할에서 분명히 드러났다.

복음주의자들이 점점 도움을 주었지만 성직자와 평신도 사이의 역사적인 구분은 계속하여 전문직을 방해하였다. 일꾼이든 자원봉사자이든 간에 몇몇 학교의 관심은 전통적 주일학교운동의 전통에서 주로 봉사하는 평신도 사역자에게 놓여 있었다. 다른 학교들에 있어서의 강조점은 평신도 리더에 반대하지 않는 반면, 목사가 주된 교사로 가르치는 전통에서 좀더 교회 프로그램을 위한 특별한 지도력을 제공할 평신도를 가르치고 준비시키는 성직자에게 집중되었다.

3. 쇠퇴와 회복(Decline and Recovery). 1930년에서 1945년 사이에 직업은 사양 길에 접어들었다. 직업적 성직자의 적절한 역할은 자기분석(반성)이었다. 예를 들면, 기독교교육자회(Christian Educators Fellowship)에 의해 수행된 역사에서(Furnish, 1976) 이 시기 초기에 주요 종파 대부분에 약 800명의 전문사역자가 있었으며, 그 후 15년 뒤에는 약 1,000명의 전문사역자가 있었다. 그러나 1960년대 중반까지 2차 세계대전을 겪은 교회와 전문사역자들이 약 11,000명으로 회복되었다.

1960년대 중반까지 직업 준비에 있어 많은 대학이 석사 수준의 학위 프로그램을 가지고 괄목할만한 발전을 하였다. 교육자 사이에서 신학적 오리엔테이션에 대한 강한 요구로 인해 학교는 점차적으로 오래된 종교교육 석사학위를 보충하는 차원에서 교육사역의 전문성을 위해 3년 단위의 신학학위를 개발하였다.

현재의 경향은 직업 기대에 기초한 탁월성 교육을 제공하는 것과 신앙발달과 관련된 확대된 연구분야와 종교교육학에서 기독교교육학에로의 학위명칭의 변화의 반영으로 종교교육에 있어 분명한 기독교적 차원을 제시하는 데 초점을 맞추고 있다.

4. 직업 의무의 진전(Evolution of Job Duties). 평신도 사역 전통에서 직업의무는 주일학교를 너머 확장되었으며, 기독교인으로서 목적을 이루도록 잡아주고, 가르치며, 개발하는 모든 프로그램을 조정하는 활동과 결부된다. 성직자 전통에 있어서 의무는 교육 프로그램의 관리, 특별한 연령 그룹에 대한 사역, 또는 교회 행정과 같은 특수한 기능들을 포함하기 위하여 일반적인 목회 지도력의 범위를 넘어 확장되어 왔다.

직업 의무는 평신도 사역 전통에서 목양적 의무와 참모진 의무로 분명히 기술된다. 교육적인 사역자들은 언제나 주일학교와 관련된 프로그램을 위하여 조장하고, 전도하게 하고, 참가시키고, 조직하며 근무하게 하고, 훈련시킴으로써 직접적인 지도력이 제공되기를 기대한다.

의무는 성직자 전통에서 개인적 특성화 영역에 초점을 맞추어 사역하는 데 목양적 사역과 참모진 사역에 공히 좀 더 기능적이다. 교육을 담당하는 사역자들은 보통 전반적인 교육 프로그램 행정에 대한 전문적인 책임에 덧붙여 목회적인 의무의 일정 부분도 책임을 갖는다. 이 전통에서 교육 사역자들은 뒤이어

전교회에 직접적인 지도력을 제공하는 평신도들을 준비시키는 자, 그들에게 능력을 갖추게 하는 자로 기대된다.

이 두 전통은 교회에서 시행하는 비슷한 성경공부, 기독교적인 성장 그리고 연령 그룹별 프로그램 등으로 인해 또한 신학교들이 직업 기능에 기초한 표준화 된 교육과정을 개발해 옴으로 인해 희석되어 왔다. 오늘날 전문직은 기독교교육자들이 교회와 교단의 참모 지위, 가르치고 행정하는 지위, 선교사업, 연관된 무보수의 기독교 기관들에서 일하고 있는 것을 비롯하여 직업적으로 기독교 교수와 양육의 많은 국면들에 참여하고 있는 사람들을 포함한다.

BRUCE P. POWERS

참고문헌 | D. J. Fournish(1976), *DRE/DCE-the History of a Profession*; B. W. Kathan, *Religion Education* vol. 73, no. 5 - S(1978); C. M. Mguire(1960), *J. M. Price: The Portrait of a Pioneer*; H. C. Munro(1930), *The Director of Religious Education*; K. R. Stoltz(1931), *Studies in Religious Education*.

직장사역(Marketplace Ministry).

'직장 사역'이란 용어는 일반적으로 다음의 영상들 중 하나를 떠올리게 한다. 동료를 상담하거나 복음을 개인적으로 전하는 기독교인 피고용자, 불신동료들을 간증을 나누는 식사모임으로 초대하도록 신자들을 격려하는 평신도 사업자협회, 교제와 양육을 위해 정기적으로 만나는 기독교 전문인들의 모임, 구성원들에게 주중 성경공부나 기도를 위한 기회를 제공하는 도시교회, 실업인 신자들을 전문인 선교사로 살도록 훈련하고 도전하는 훈련 프로그램 등이다.

이 모든 것들(상담과 전도, 공부와 기도, 간증과 교제, 제자도와 선교)은 직장인 사역의 효과적인 차원들이다. 그러나 이보다 더 중요한 것이 있다. 참으로 이런 것들은 직장인 사역의 핵심에 있는 것을 놓치게 만든다. 직업은 이런 형태의 사역을 위한 장을 제공하는 것 이상이어야 한다. 그것은 그 자체로서 사역일 수 있다. 그러한 경우일 때 직업의 주변에서 일어나는 이러한 형태의 사역들은 더 많은 신뢰 가능성과 영향력을 지니게 된다. 따라서 직장에서 신자의 첫 번째 책임은 어떤 방식으로 그리고 무엇을 통해서 그들의 직업이 그 자체로서 거룩한 사역이 되는가를 분별하는 것이다.

직장인 사역을 이렇게 이해하는 좋은 사례들에는 헤르만 밀러 가구(Herman Miller Furniture)의 전 최고 경영자였던 막스 드 프리(Max De Pree), 또는 서비스 마스터(Service Master)의 현 최고 경영자인 빌 폴라드(Bill Pollard) 같은 기업인들이 목표와 가치, 구조, 운영 및 정신을 사람과 공동체, 위임, 봉사에 대한 기독교적 안목을 가지고 형성하려고 노력한 일 등이 있다. 또한 기독법률가협회(the Christian Legal Society)나 기독간호사회(the Nurse's Christian Fellowship)같은 직업적인 협회의 활동들이 성경적인 관점에서 직장에서의 자신들의 책임을 심사숙고하고 이런 의미에서 그들의 직업을 신앙에 통합하고자 했던 노력들이 있다.

직장인 사역에 대한 바른 이해는 소명감으로부터 시작된다. 기업 컨설턴트이며 평신도 저술가인 윌리엄 딜(William Diehl, 1987)은 자신의 직장에 대한 소명감을 가진 그리스도인들이 자기 신자 동료들보다 더욱 영적으로 헌신되어 있고, 도덕적으로 책임감 있으며, 재정적으로 너그럽고, 교회에서 활동적이라는 것을 발견하였다. 그러나 이 소명감이 하나님과의 극적인 만남을 통해 오는 것은 드물다. 대부분 이것은 자신의 기본적인 책임을 다하고, 상황에 따라 반응하며, 자기 은사와 타인의 필요를 분별하고, 자신이 하나님이 원하시는 곳에 있다는 내적 확신이 자라갈 때 드러나게 된다.

이러한 소명감과 함께 깊은 통찰력으로 그들의 직업이 하나님께서 이루어가시는 역사와 목적을 형성하는 방식을 관찰한다. 그들은 자신의 직업과 세상에서 하나님의 일(창조, 섭리, 계시, 가르침, 돌보심, 정의로움, 개혁함 등)을 묘사하는 신학적 범주들과의 관련성을 보게 될 것이다(Banks, 1993). 그들은 일하시는 하나님을 묘사하는 데 사용된 인간 직업의 세계로부터 도출된 성경적인 영상들(건축가, 토기장이, 제련자, 농부, 포도 재배자, 의복제조자, 음악가 등)이 자신의 직업에서 반영된 것을 볼 수 있을 것이다

(Banks, 1993).

이런 사람들은 종종 직장인 신자들(요셉으로부터 에스더, 브리스길라와 아굴라까지)에 대한 이야기들을 묵상함으로써 자신의 직업의 신성한 특성을 발견하는 데까지 나아간다. 또한 그들은 의식적으로 그들의 직업을 그리스도에 대한 봉사로서(엡 5:7-9), 성령의 은사와 관련된 것으로서(출 31:1-2), 다른 사람들을 돕도록 사람들을 유능하게 하는 것으로서(행 20:34) 그리고 교회에서 책임을 다하도록 사람들에게 자격을 부여하는 것으로서(딤전 4:7) 보게 될 것이다.

직업이 하나의 사역이 될 수 있고 되어야 한다고 말하는 것은 모든 직업이 균일하게 의미 있고, 성과 있고, 중요하고 혹은 유익하다는 뜻은 아니다. 또 그것은 소명이 될 수 있는 것이 직장과 교회에서 오직 우리 직업뿐이라는 의미도 아니다. 우리는 또한 생각해야 할 우리의 가족과 이웃 그리고 시민적 책임을 가지고 있다. 우리의 소명과 사역에는 우리의 여가활동조차도 포함될 수 있다. 각자에게 특정한 소명에 대한 혼란은 서로 다르며, 동일인에 있어서조차 삶의 단계에 따라 달라질 수 있다. 그러나 직장인 사역을 이해하는 방식을 넓히는 것이 개인 자신이 하는 일에 대한 평가와 그들이 주위의 세상에 미치는 영향력에 참으로 공헌하게 될 것이다. 기독교교육은 직장을 포함한 교회 밖에서 매일의 삶의 다양한 사역을 위해 하나님의 백성을 지도하고 무장시키는 일에 씨 뿌리는 역할을 할 것이다.

ROBERT BANKS

참고문헌 | R. Banks, ed.(1993), *Faith Goes to Work: Reflections from the Marketplace*; W. Diehl(1987), *In Search of Faithfulness: Lessons from the Christian Community*; idem(1991), *The Monday Connection: A Spirituality of Competence, Affirmation, and Support in the Workplace*; D. F. Crabtree(1989), *The Empowering Church: How One Congregation Supports Lay People's Ministries in the World*; J. Haughey(1989), *Converting 9 to 5:A Spirituality of Daily Work*; D. Sherman and W. Hendricks(1990), *Your Work Matters of God*.

진젠도르프, 니콜라스 엘(Zinzendorf, Nicholas L. von, 1700-1760). 진젠도르프 백작은 종교 생활에서 개인의 경건과 감성적인 반응을 강조한 독일의 경건주의 운동의 일원이었다. 그는 비록 정식적으로 신학을 한 번도 공부한 적은 없지만 "루터와 슐라이어마허 사이의 가장 영향력 있는 독일 신학자"로 불려왔다.

1722년 일단의 모라비아인들이 진젠도르프에게 자신의 토지에서 살 수 있는 허락을 요청했다. 그는 그들의 요구사항을 들어주었고, 그 결과 일단의 사람들이 모라비아 국경을 넘어 자신들이 "헤른후트"라고 부르게 된 작은 마을에 정착하게 되었다. 그들의 가르침에 영향을 받은 진젠도르프는 공인의 삶을 접고 모라비아인들과 함께 자신의 시간을 보내었다. 그는 성경 공부를 인도하였고, 그들이 "형제 언약"을 만들 수 있도록 도와주었다. 그 언약은 기독교 행위의 기본적인 신조들을 묘사한 것이었다. 그는 그들이 그 원리들을 준수할 것을 맹세하는 서명을 하도록 요구했다. 이런 헌신을 좇아 모라비아인들은 "모라비안 오순절"이라고 묘사되는 강력한 갱신을 체험했다.

진젠도르프는 어릴 때부터 자신의 좌우명으로 "나에게는 오직 한 가지의 열정이 있다. 그것은 예수, 오직 예수이다"를 택하였다. 그리스도에 대한 열정적인 사랑은 그에게 절제된 기도의 삶과 불신자들에 대한 열정을 갖게 했다. 그는 오직 예수님에 대한 불타는 사랑과 기도의 능력을 갖춘 소수의 기독교인들로써 전 세계를 복음화하려는 결심을 하였다. 그의 지도력은 최초의 조직된 개신교 선교 사역을 시작하는 데 중요한 역할을 하였다.

기독교교육에서 진젠도르프의 공헌은 모라비아인 공동체에서 그가 개발한 교육과정에 기인한다. 그는 종교적인 환경에서 성령의 인도하심을 받는 자율 활동이 최고 형태의 교육이라는 것을 깨닫고 교육의 자유를 믿었다. 교육의 지적인 면에 대한 강조를 지양한 그는 어린이들, 청소년 그리고 성인들에게 감성 교육을 시켰다. 그는 공동체 전체를 몇 그룹으로 나누어서 각 그룹의 독특한 필요들을 확인하려고 했다. 그의 두 교재는 성경과 찬송가였다. 그는 찬송 본문을 뒷받침하는 강해가 기독교 진리를 가르치는 데 최

질문법

상의 방법을 제공한다고 믿었다.

진젠도르프의 종교적인 생각은 슐라이어마허와 요한 웨슬리에게 영향을 미쳤다. 또한 그는 오늘날 현존하는 미국 모라비안 교회로 알려진 기독교 공동체 형성에 도움을 주었다.

NORMA S. HEDIN

참고문헌 | G. W. Forell, trans. and ed.(1973), *Nine Public Lectures on Important Subjects in Religion*; A. Levis(1962), *Zinzendorf the Ecumenical Pioneer*; H. Meyer(1928), *Child Nature and Nurture According to Nicolas Ludwig von Zinzendorf*; J. R. Weinlick(1956), *Count Zinzendorf*.

질문법(Questions). 효과적 교수에 필수적인 기초 교육 방법. 교실에서 질문은 다음을 목적으로 사용된다.

- 학생들에 대한 정보를 획득하기 위해. 이를 위한 질문들은 학생들이 심문을 받는다는 느낌을 갖지 않도록 사려 깊게 사용되어야 한다. 훌륭한 교사는 학생들과의 유대감 형성과 효과적인 학습지도를 위하여 이러한 목적의 질문법을 사용한다.
- 본격적인 지도에 앞서 학생들이 이미 알고 있는 것을 평가해 보기 위해. 이때 사용되는 질문들은 말로 혹은 글로 제시된다. 이 질문법의 의도는 학생들의 대답을 교수안 작성하는 데 사용하는 것이다.
- 학습 지도 후 학생들이 얼마나 배웠는가를 규정하기 위해. 이때 사용되는 질문들은 어떠한 사실적 정보들과 보다 고도의 인지 단계들이 학습되었는지를 확인하는 데 있다.
- 토론을 활성화하기 위해.
- 훈계의 한 방편으로. 교사들은 종종 수업을 듣지 않고 있는 학생들의 주의를 끌고 수업의 집중을 위해 질문들을 던진다.
- 학생들을 스스로의 학습으로 이끌어내기 위해.

이 모든 목표들이 모든 연령 그룹에 적용될 수 있는 것은 아니다. 그러나 좋은 질문은 이들 중 한두 가지의 목표를 위해 모든 나이의 학습자들에게 사용된다.

세 가지 종류의 기초적 질문법이 위에 묘사된 목표들을 위해 사용될 수 있다. 각각의 질문법은 특정한 목적을 성취하기 위해 사용된다. 세 가지 모두 효과적인 성경토의를 개발하는 데 필수적이다.

'정보형 질문'은 단순히 누가, 어디서, 언제, 무엇을과 같은 단어로 시작하는 사실에 대한 질문들이다. 이러한 질문들은 특정한 정보에 대해 묻는다. 이 질문들의 대답은 성경 본문에 있거나 이전 시간의 학습에서 다뤄진 것들이다. 성경 토의 시에 이러한 유형의 질문들이 대개 가장 먼저 사용된다. 이때 정답이 본문 안에 있고 질문들이 본문과 관련되어 있기 때문에 학습자는 그들의 대답에 대해 확신을 갖는다.

'이해형 질문'은 이해와 의미를 시험한다. 이 종류의 질문들은 대개 왜, 어떻게 같은 단어들로 시작된다. 정보형 질문들처럼 이 유형의 질문들도 성경 본문이나 이전 시간의 지도와 관련되어 있지만 단순한 기억을 넘어서 관계, 의미, 해석 등에 대해 학습자에게 묻는다. 이런 질문들은 종종 어떤 성경 토의를 발전시킬 때 사실에 대한 질문들의 후속으로 이용된다. 사실들이 확인된 후에 이해형 질문들은 학습자가 의미를 탐구하고 적합한 해석을 내리도록 돕는다.

'적용형 질문'은 사실에 대한 기억이나 이해를 넘어 정보의 실제적 사용을 묻는다. 이 유형의 질문들은 본문과 관련이 있으면서도 학습자의 생활과도 연관된다. 이러한 질문들은 본문과 삶 사이의 간격에 다리를 놓는다. 적용형 질문들은 일반적인 것일 수도 있고 특수한 것일 수도 있다. 일반 적용형 질문들은 어떻게 어떤 곳의 사람들이 본문의 가르침을 적용할 수 있는지를 묻는다. 특수 적용형 질문들은 학습자로 하여금 성경 본문에 반응하고 개인적 결단을 내리도록 이끈다.

좋은 질문을 개발하고 사용하기 위한 지침은 다음과 같다.

- 수업을 진행하기 전에 질문들을 계획하고 써 놓으라. 정보형 질문들은 상대적으로 작성하기 쉬우나

이해형과 적용형 질문들은 효과적으로 발전시키기 위한 사고를 요구한다. 좋은 정보형 질문들 역시 가장 중요한 정보를 찾아내고 가장 적합한 순서로 질문하기 위한 사고가 요구된다.

- 질문에 대답할 학생들을 무작위로 호명하라. 교사들은 언제나 정답을 말하거나 항상 적극적으로 참여하는 학생들을 지목하기 쉽다. 그러나 훌륭한 질문 기술은 주변부의 학생들이 수업에 적극적으로 참여하도록 도울 것이다.
- 특정한 학생에게 어떤 질문을 던질 때 그 학생의 이름으로 질문을 시작하라.
- 학생들을 당황시키거나 비웃기 위해 질문을 던지지 말라. 학생들의 주의를 환기시키기 위해 질문할 때조차 학생을 반 전체 앞에서 격하시키는 것이 목적이 되어서는 안 된다.
- 질문에 대한 학생들의 답이 일부라도 맞는다면 수용하라. 때로 오직 답의 일부만 정확할 수도 있다. 그런 경우, 맞는 답을 수용하고 수업의 진도를 나가라.
- 학생들이 질문에 대한 답을 하는 경우, 비록 부정확한 답을 제시하였을 때조차도 그들을 지지하라. 학습자에게 언어로 혹은 비언어로 피드백을 제공함으로써 그들에게 지지를 보낼 수 있다.

ELEANOR A. DANIEL

참고문헌 | R. Habermas and K. Issler(1992), *Teaching for Reconciliation*; R. W. Pazmino(1998), *Basics of Teaching for Christians*.

참조 | 소크라테스의 방법(SOCRATIC METHOD)

집사(Deacon). 헬라어군 디아코니아(diakonia), 디아코네오(diakoneo), 디아코노스(diakonos) 등은 "집사"를 뜻하는 현대 영어 디컨(deacon) 의 어원이 되는 말들이다. 헤로도투스(Herodotus)가 최초로 사용한 디아코니아는 개인적인 섬김, 즉 대체로 집안에서 식사 시중드는 일을 의미했다. 디아코노스의 일은 힘들고, 어떤 위엄도 없이 손으로 하는 작업들이었다.

신약성경에서 발견되는 전형적인 디아코니아의 근원은 예수 그리스도의 탄생과 삶과 죽음이다. 예수님의 방법은 사랑으로 다른 사람들을 섬기는 일이었다. 예수께서는 세상에 새로운 삶의 방식으로 성육신하셨는데, 그것은 지배자들의 권력 체계와는 상반되는 방식이었다. 예수님은 섬김을 받으러 오시지 않고 섬기기 위해 오셨다(막 10:45). 그분은 자기중심적이고 계급적인 사회 양상을 대체하는 겸손히 스스로를 내어주는 사랑으로 왕국, 또는 영적 나라를 세우셨다. 예수님의 인격과 사역은, 특권과 명성은 포기하시고 1세기 팔레스타인 땅에서 제자들과 병들고 압박받던 자들을 섬김으로써 하나님의 사랑의 본을 보이셨다. 궁극적인 자기희생으로 예수께서는 다른 사람들을 위해 자기 목숨을 내어놓으셨다. 예수님의 죽음과 부활 이후, 교회는 반문화적인 예수님의 섬기시던 방식대로 고통 받는 종 예수님을 본받았다. 새로 구속받은 섬김의 사회를 통해 디아코니아를 그리스도의 지체 안에서는 종으로서 섬기는 다양한 사역으로 그리고 지체 밖에서는 가난하고 압제받는 사람들을 돕고 정의를 추구하는 일로 실천했다.

첫째, 지역 교회에서는 디아코니아이(diakoniai)라고 불리는 영적 은사들을(고전 12:5) 성령께서 주시면 예수님의 섬김의 방법대로 실행한다. 성령을 통해 모든 사람이 은사를 받아 하나님의 각양 직분을 맡은 청지기가 되며 섬김의 중심은 은사 받은 자의 직임이나 상태가 아니라 온 몸을 세우는 데 둔다. 그러므로 신약의 교회는 진정한 의미의 공동체, 즉 권력이나 계급, 직위가 아니라, 상대방 중심의 희생적인 사랑으로 함께 살기로 다짐하는 사회적 유기체가 된다. 성령께서는 각 사람의 헌신을 통합하여 서로 연합하고 성숙하도록 도우신다. 교회를 움직이는 근본적인 원리로서 디아코니아는 모든 면에 서로 동등하고 호혜적이며 자유와 책임을 지는 공동체를 창조해 낸다. 그와 같은 교회의 모델은 다른 모든 종류의 사회단체가 보편적인 힘으로 운영하는 것과는 달리, 급진적인 인간사회를 만들어 간다.

섬김의 공동체라는 상황 속에서 디아코니아의 사회적 기능이 조직적인 집사회의 형태로 지체 안에 생기게 된다. 섬김의 사회적 기능이 사도들과 전도자들, 선지자들을 포함한 모든 종류의 섬김의 형태로 적용된다. 로마 교회에서는 뵈뵈가 디아코나(diakona)라는 지명을 받았고(롬 16:1), 빌립보에서는 조직된 한 그룹의 청지기들이 집사라고 불렸다. 바울이 디모데에게 편지를 보내면서 집사의 자격에 대해 썼다(딤전 3:8-13). 일부 사람들은 집사를 디아코니아의 은사를 받은 사람으로 여기거나(롬 12:7) 또 다른 사람들은 공식적 직위로 여기기도 한다. 신약시대 가정교회들의 구체적인 체계는, 섬김의 공동체가 서로 사랑으로 세워주고, 서로 지배하려는 양상을 막으려고 노력하는 시대 상황이나 교회의 특성에 따라 다양하다(마 20:25-27). 하나님의 자녀들 가운데 집사들과 평신도 사역자들은 서로를 동등하게 섬겨주어야 한다. 계층의식과 권위주의는 예수님의 섬김과는 상반된다. 서열과 직함과 완고한 구조는 설 자리가 없다. 오히려 지역 교회 안에 집사의 기능을 만드는 것은 겸손하고 희생적이며 다른 사람 중심으로 섬기는 모든 지체의 관계성을 세우려는 생산적인 원리를 강조하기 위함이다. 이것은 하나님의 아들로서의 권세를 버리시고 낮아지셔서 인간 사회에 오신 긍휼하신 종으로서의 패러다임이신 예수님의 모범을 생생히 살리는 일과 같다. 그러므로 영적 은사에 뿌리내린 구체적인 종의 역할은 서로 사랑하는 공동체의 동등성을 손상시키지 않는다.

둘째, 겸손한 종이라는 개념과 동일하게 예수님의 급진적인 새 방법이 가난하고 어려운 사람들을 돌보는 일에 가득 넘친다. 사도행전 6장 1-6절에 예루살렘 교회가 헬라 과부들의 물질적 필요에 당장 민감하게 반응하여 차별을 두지 않고 동등하게 음식을 고루 나누어주는 사역을 조직했다. 이 일은 디아코니아의 일반적인 뜻이 전통적인 헬라 문화의 식탁에서 시중드는 것이라는 사실에 강조되었다. 그러나 예수 그리스도의 지체 가운데서 이 비천한 역할이 변화된다. 종으로서 예수님은 긍휼을 취하셔서 당신의 지위와 권리를 버리셨고(빌 2:2-11), 사회적으로 버림받은 가난한 자, 병들고 장애를 가진 자, 여자들, 소수 인종과 민족들, 노인들의 갈등과 고난을 친히 당하셨다. 이것은 상의하달이나 상급-하급의 서열이 아니라, 단결하여 함께 걸어가고, 통합과 정의를 추구하는 과정에 서로 파트너가 되어 권리를 빼앗긴 사람들과 함께 하여 힘을 부여해 주는 일이다.

세 가지 면에서 디아코니아는 변화시키는 힘이 있다. (1) 사회적인 권력과 특권을 가진 자들을 변화시켜 겸손하고 희생적인 동료로서 가난하고 압제받는 자들과 협력하여 고통을 감내하여 섬기게 한다. (2) 사회의 주변인들을 변화시켜 힘을 키워주고 해방시켜 주며 그들의 마음과 삶을 재활시켜 준다. (3) 빈부와 피부색과 남녀, 건강한 자와 장애자, 노소, 교육받은 사람과 그렇지 못한 사람들 사이를 구분하는 구조적 장애를 파괴하여 세계를 변화시킨다. 예수님의 섬김의 방법은 악과 관계된 모든 형태들-개인적, 사회적, 경제적, 정치적, 환경적-과 대결한다. 고통 받는 종 예수님을 따르는 자들은 그분의 급진적인 삶의 방식을 모방하여 인간사의 일반적인 처리방식인 권력을 거부하고 고발하며, 희생적인 협력을 통해 힘없고 연약한 자들을 포용해야 한다.

VERNON L. BLACKWOOD

참고문헌 | C. Ceccon and K. Paludan, *My Neighbor-Myself: Visions of Diakonia*; J. Collins, *Diakonia: Re-interpreting the Ancient Sources*; T. Halton and J. Williman, eds., *Diakonia: Studies in Honor of Robert T. Meyer*; J. I. McCord and T. H. L. Parker, eds., *Service in Christ*; J. Van Klinken, *Diakonia: Mutual Helping with Justice and Compassion*.

집중(Concentration). 주의집중(Attention)을 보라.

집회/세미나(Convention/Seminar). 협회(Conference)를 보라.

EVANGELICAL DICTIONARY of CHRISTIAN EDUCATION

착한 청소년(Good Boy/Nice Girl). '착한 청소년'이란 개인이 인정받고 받아들여지기 위해 가족이나 그룹의 기준을 따르는 도덕발달의 인습적 단계와 관련되어 있다. 타인을 기쁘게 하고 돕는 것이 중요하게 된다. 좋은 의도의 요인은 숙고의 영향을 받는다.

이 용어는 심리학자 콜버그(Kohlberg)가 묘사한 대로 도덕발달의 단계를 말한다. 그는 업적 중에 일련의 세 단계에서 도덕발달의 단계를 구분하였다. 전인습적 단계에서 개인은 행동에 수반되는 보상과 처벌에 따라 옳고 그름을 정의할 것이다. 이 단계에서 권위자들은 옳다고 여겨지며 복종의 대상이 된다. 두 번째 인습적 단계에서 개인은 자신의 가족의 기준에 가치를 부여하도록 지도받는다. 그리고 그룹의 복지를 위해 행동하여야 한다. 이 수준의 대다수들은 사춘기 청소년이다. 세 번째로 후인습적 단계에서는 가치를 보편적 원칙, 권위의 독립으로 인식한다. 기본적으로 이 세 단계에는 힘이 권리를 만든다는 믿음으로부터 권리는 힘에 있다는 믿음의 변화를 묘사하고 있다. 벌을 피하기 위한 복종은 개인적인 손실이나 이득에 상관없이 윤리에의 복종이 되는 것이다.

콜버그의 주관적 도덕발달 단계를 평가하기 위한 그의 테스트의 하나는 자신의 죽어가는 아내의 생명을 구하기 위해 고액의 약을 불건전한 방법으로 획득하는 한 남자의 이야기이다. 훔치는 동안 인습 이전수준의 전망(관점)은 약국에서 행해진 피해의 양에 초점을 맞췄다. 착한 청소년 단계에서 인습 수준에서 생각하는 사람들은 도적질의 숭고한 동기를 고려하였으며, 그의 이웃과 가족의 여론에 근심하였다.

기독교교육자들은 콜버그의 업적을 인지하고 이해하는 것으로부터 유익을 얻을 수 있음에도 불구하고 그들은 종교와 도덕발달 사이에서 콜버그가 어떠한 연관성도 보지 못했다고 생각하였다. 성령 하나님의 역할을 인식하는 기독교인의 관점에서 이 단계들을 살펴보면서 교육자들은 콜버그의 업적이 단순히 도덕발달을 위한 하나님의 계획이 무엇인지를 관찰하는 것임을 알 수 있다. 잘 살펴보면 콜버그의 발달단계는 유용한 교수지침을 제공한다.

1. 착한 청소년 단계에서 아동은 다른 사람의 입장이 되어 보는 역할극에서 유익을 얻을 수 있다.
2. 규율은 공정하여 학습자는 어떤 규칙이 전체 그룹에 유익이 되는지 이해할 수 있어야 한다.
3. 이 수준의 아동과 청소년들이 권위와 권리 사이의 차이를 이해할 준비가 되어 있기 때문에 성인은 그리스도적 행동의 모델이 되도록 노력해야만 한다.

콜버그의 도덕발달의 과정에 대한 설명은 기독교 교육자들이 성경적 전망에 따라 시험하고 적용할 때 유용한 자료가 될 수 있다.

ROBERT J. CHOUN

참고문헌 | B. Clouse(1993), *Teaching for Moral Growth*, L. Kohlberg(1998), *Essays on Moral Devel-*

opment, vol. 1, *The Philosophy of Moral Development*, B. Munsey(1980), *Moral Development Moral Education*.

> 참조 | 신앙발달(FAITH DEVELOPMENT); 콜버그, 로렌스(KOHLBURG, LAWRENCE); 도덕발달(MORAL DEVELOPMENT)

참회(Penance). 고백(Confession)을 보라.

창의성의 성경적 기초(Creativity, Biblical Foundations of).

우주를 창조하신 하나님이 창의성의 궁극적인 기원이시다. 창조한다는 것은 존재하게 만든다는 뜻이다. 만물을 창조할 수 있는 존재는 주권적이고 전지전능하시다. 오직 하나님만이 가능한 일이다. 그분만이 최후까지 다스리시고 만유에 계시며 모든 것을 아시며 모든 일을 하신다. 그분만이 유일하신 창조주이시다. 창세기 1-2장에 이 사실을 잘 밝혀 놓았다. 하나님께서 자연세계와 인간세계를 만드셨다고 알린다.

창의적이라는 말은 이미 만들어진 것을 가지고 새롭고 색다른 방법으로 사용하는 일이다. 이런 점에서 하나님 또한 창의적인 분이시다. 그분은 물과 땅과 시간을 만드셨고, 또한 그것들을 창의적으로 사용하여 (미국의) 그랜드 캐년(Grand Canyon:미국 서부에 있는 큰 협곡-역주)을 형성하셨다. 그분은 색깔과 공기와 구름과 태양을 만드셨고, 이런 것들을 결합하여 멋진 해질녘의 노을을 형성하셨다. 하나님의 창의성은 그 분의 성품과 항상 조화를 이룬다. 그분은 삼위(Trinity)를 창의적으로 재정비하거나 해체하실 수 없으시다. 그분은 거룩하심을 재규정하실 수 없으시다. 그렇지 않으면 죄인들도 천국에 미끄러져 들어올 수 있기 때문이다. 그러나 하나님의 신성 안에 스스로 부과하신 제한성이 그분의 창의성을 막지는 않는다. 하나님께서 스스로 영광 받으실 방법은 무제한적이다. 그분은 창의성의 기원일 뿐 아니라 또한 창의성의 전형이시다. 그분은 당신이 만드신 모든 것에게 "매우 좋다"라고 코멘트 하셨다(창 1:31). 당신이 창조하신 세상 자체가 좋을 뿐 아니라, 무제한적인 방법으로 당신을 창의적으로 계시하실 수 있기 때문이다.

1. 창의성과 인류. 하나님의 형상대로 창조된 인간은 제한적이기는 하지만 하나님처럼 창의적이다. 창조한다는 것은 존재하게 만든다는 것이다. 그러나 인간은 그것이 불가능하고, 오직 하나님만이 가능한 일이다. 여섯째 날이 마감할 때쯤, 그분은 창조 역사를 마치시고 그분에게 내재하신 탁월한 선하심을 나타내시고는 안식하셨다. 이로써 이 세상에서의 창조를 끝마치셨다. 그러나 하나님은 부재한 하나님이 아니시다. 그분은 창조자로서가 아니라 유지시키는 분으로서 그리고 계속 창조하시는 것이 아니라 창의성을 가진 분으로서 계속하여 동참하신다(행 17:24-28; 골 1:15-17). 그러나 하나님께서 창의적이고 지탱하시는 양식을 취하실 때 인간은 다스리고 순종하는 양식을 취한다.

인간 본연이 창조주가 아닐지라도 여전히 창의적이다. 역사상 가장 창의적인 부부는 아담과 이브였다. 왜냐하면 그들은 모든 일을 처음으로 했기 때문이다. 모든 것이 "출발"(start-up) 자세에 있었고, 이전 경험이라고는 전혀 없었다. 의심의 여지없이 아담과 이브는 하나님께 여쭈어 보았지만, 하나님은 그들이 알고자 하는 모든 것을 가르쳐 주시지는 않으셨다(신 29:29). 아담이 모든 짐승과 새들에게 이름을 지어 줌으로 그의 청지기로서의 창의성을 발휘하기 시작했다. 수많은 크기와 모양과 색깔과 소리들! 의심할 여지없이 아담과 이브 부부는 언제 가지를 쳐주고, 무엇을 먹고, 어디에서 잠자고, 어떤 기구들이 필요한지에 대해 이야기했을 것이다.

2. 창의성과 타락. 아담과 이브는 그들 자신의 길로 행하여, 에덴동산에서의 삶을 창의적으로 즐겼고, 창조주가 만들어주신 규칙들을 지켰다. 그러나 일이 생겼다. 그릇된 생각과 행동으로 도전을 받은 그들은 창조주의 주권적인 의지에 대항해 인간의 의지를 선택했다. 그 타락이 인간 정신에 깊은 영향을 주었다. 우리는 여전히 사고하지만 항상 올바른 생각을 하지는 않는다. 아담은 하나님으로부터 자신을 숨길 수 있으리라고 생각했고, 이브에게 죄를 전가할 수 있으리라고 생각했다. 그의 아들들도 이와 같은 그릇된 생각을 물려받았다. 가인은 형제간의 말다툼을

해결하는 최상의 방법은 살인이라는 결론을 내렸다. 몇 세대 안에 인간 정신이 타락하여 "사람의 죄악이 세상에 관영함과 그 마음의 생각의 모든 계획이 악하여졌다"(창 6:5). 인간은 본성적으로 항상 올바른 사고만 하지는 못한다.

인간에게 창의적 사고가 가능한가? 사단으로 인한 소경됨이 하늘이 어둡다는 뜻인가? 전혀 그렇지 않다. 인간이 올바른 사고를 하지 못한다고 해서 창의적인 사고를 알 수 없다는 것은 아니다. 에베소서 4장 17-19절을 보면, 타락한 자들은 무지하고 무감각한 것으로 묘사되고, 그들 자신은 "모든 더러운 것을 행하도록 방임하였다"고 기록되어 있다. 그들은 전통적 일탈에 만족하지 않고 창의적 방식으로 범죄하여, 그들의 타락한 정신도 악을 만들어 내었다(롬 1:28-30).

이 말은 비기독교인들이 비도덕적인 행동만 한다는 뜻은 아니다. 그들도 죄와 의와 심판을 혁신적으로 대체할 그 무엇을 찾으면서, 확신을 한 발짝 비켜나 창의적인 방법들을 찾으면서 선한 행위를 할 수 있다.

3. 창의성과 그리스도인. 구원받지 못한 사람은 그릇된 사고를 하고 창의적 사고의 잠재력만 가진 경향이 있다. 그렇다고 해서 구원받는 사람은 이제 올바른 사고를 하므로 창의적 사고에 대해 걱정할 필요가 없다는 성급한 결론을 내려서는 안 된다. 올바른 사고가 창의적 사고를 배제하지도 않고 대신하는 것도 아니다. 두 가지 사고 모두 필수이다.

성경은 옳은 것과 창의성을 함께 엮어 놓는다. 예를 들면, 로마서 12장 1-2절에 정신(마음)을 새롭게 하는 일이 필수적이라고 했다. 그러면 우리가 하나님 말씀과 뜻 안에서 올바른 삶을 살 수 있다. 창의성이란 무엇인가? 그것은 "변화를 받으라"는 권유이다. 즉 변하여 새롭고 다른 것이 된다는 아이디어를 전해준다. 이 일은 성령께서 당신의 영원한 진리를 우리의 고유한 성격과 결합하시도록 허용하시는 일이다. 그 결과는 맞춤의(customer-made) 그리스도인이다. 고도의 창의성이다.

바울의 전도 철학은 옳음과 창의성을 결합시킨 것이다. 고린도전서 9장 19-23절에 다섯 번이나 그 목표-사람들을 그리스도께로 인도하는 것을 반복하여 설명한다. 이것은 올바른 목표이며 결코 바뀌지 않는다. 그러나 바울의 방법들은 자주 바뀌는데, 그는 자기의 접근 방식을 사람들의 본성과 필요에 맞추기 때문이다. 바울은 자신의 개혁적인 사역을 "여러 사람에게 내가 여러 모양이 된 것은 아무쪼록 몇몇 사람을 구원코자 함이니"라고 요약한다. 이것이 전도하는 한 가지 이유이고, 그 방법은 다양하다. 사도 바울은 창의적인 섬김에 헌신했다.

고린도전서 10장 31절에 "그런즉 너희가 먹든지 마시든지 무엇을 하든지 다 하나님의 영광을 위하여 하라"고 말씀한다. 이것은 조심스러운 삶, 즉 모든 신자들이 옳은 일을 하기 위해 조심스럽게 행동하라는 부름이다. 또 이것은 창의적인 삶, 즉 모든 그리스도인들이 하나님께 영광 드리는 새롭고도 다른 방법들을 발견하라는 도전이다.

J. GRANT HOWARD

참고문헌 | E. De Bono(1992), *Serious Creativity*; J. G. Howard(1987), *Creativity in Preaching*; L. Ryken(1989), *The Liberated Imagination*; R. Von Oech(1990), *A Wack on the Side of the Head*.

채플린(Chaplain). 안수(Ordination)를 보라.

책임(Accountability). 책임감이 있다는 말은 사람이 그의 행동에 책임을 진다는 뜻이다. 하나님은 책임에 대해 심각하게 말씀하신다: "사람이 무슨 무익한 말을 하든지 심판날에 이에 대해 심문을 받으리니"(마 12:36). 사도 바울 또한 하나님의 심판대에 서서 예수님의 가르침을 기억하게 될 것이라고 확신했다: "이러므로 우리 각인이 자기 일을 하나님께 직고하리라"(롬 14:12).

책임감 있는 사역은 두 가지 일을 의미한다: (1) 사역의 권위를 가지는 것과 (2) 사역의 결과에 대한 책임이다. 모든 권위는 궁극적으로 하나님으로부터 오므로 권위를 행사할 때에는 하나님의 권위를 대행한다는 인식을 동반해야한다. 권위가 없는 곳에 책임이 있을 수 없다.

사람의 행위를 "심문"하는 일은 분명한 업무 소개(job description)와 피드백 절차(feedback mechanism), 그리고 평가 기준(evaluation procedures)을 제시해 주어야만 한다. 업무 소개에는 직책명과 보고 대상자의 이름, 직책에 대한 소개, 구체적인 업무 내용, 그리고 그 직책에 필요한 자질 등을 포함한다. 피드백 절차는 사역 상황을 검토할 상위자와의 회합이나 보고의 과정을 포함시킨다. 평가하는 일은 "이 사람이 주어진 임무에 어떻게 대응하여 처리했는가?" 하는 질문에 대한 대답이며, 최소한 매년 실시해야 한다.

LESLIE A. ANDREWS

책임연령(Age of Accountability). 개인이 스스로 내리는 도덕적 판단의 결과에 대해 이해하게 되는 시점이다. 어린이가 구체적인 정신 조작기를 지나 형식적 사고가 가능해짐에 따라 그가 처한 환경의 근접한 외부에 도덕성이 존재한다는 사실을 이해하기 시작한다. 예를 들면, 걸음마를 배우는 아이들은 부모 말을 듣지 않으면 벌을 받게 된다는 것은 이해하지만, 죄라는 것의 영원한 심각성은 알 길이 없다. 그러나 십대들은 자신의 도덕적 선택이 단순히 즉각적으로 주어지는 상 또는 벌 이상의 결과를 초래한다는 사실을 인식하고 있다.

학자들은 고대 유대인들이 책임감을 갖게 되는 날을 선택했다고 믿는다, 즉 13세가 되는 생일을 바르/바트 미즈바(bar/bat mitzvah: 유대인들이 크게 기념하는 성년식. 'bar mitzvah'는 남자, 'bat mitzvah'는 여자 어린이의 성년을 기념하는 날이다–역주)라고 하여, 성인이 되는 날로 정했다. 구교도 이와 비슷하게 14세 정도, 신앙의 확신이 생기는 나이를 책임지는 연령으로 책정해 놓았다. 대부분의 복음주의자들은, 어린이가 자신이 죄인임을 인정하고 하나님이 요구하시는 회개의 반응을 보일 때가 책임 연령이라고 믿는다.

다수의 그리스도인들은 어린이가 도덕적 선택이라는 이슈를 이해하기 전까지는 하나님 앞에서 무죄하며, 그러므로 자신의 죄에 대한 책임을 영원히 지지 않는다고 믿는다. 최근의 교육 심리학적인 연구들은, 도덕적 판단력이 생기고 발달하는 시기는 개인차가 매우 크고, 또한 문화적인 압력으로 조숙해지는 경향이 있다고 밝힌다.

JERRY CHIP MACGREGOR

참조 | 바르/베트 미즈바(BAR/BAT MITZVAH); 유대교육(JEWISH EDUCATION); 로마가톨릭교육(ROMAN CATHOLIC EDUCATION)

천재아동(Gifted Children). 재능 있는 개인의 연구에 대한 관심은 일반적으로 스탠포드 대학에서 루이스 터먼(Lewis Terman)의 활동으로 시작됐다고 여겨진다. 터먼은 1916년에 아동을 위한 지능 검사에서 광범위하게 사용된 첫 성과인 스탠포드–비네 지능검사(Stanford–Binet Intelligence Scale)를 출간하였다. 지능검사(IQ)의 측정으로 재능을 정의한 초기 이후로 그 용어는 전통적 지성과 학문적 자질 밖의 영역을 포함하기 위해 널리 사용되어 왔다.

연구자들은 다양한 기술적 특성들을 발전시켜 왔다. 재능이 있는 것으로 간주된 유아기 아동은 언어 숙련, 통전적 운동 기술, 읽기, 기억, 자신감, 창조성, 음악성과 같은 분야에서 발전을 도모하고 과시할 수 있어야 한다. 학령기 아동이 보이는 재능의 전형적인 목록은 다음에 따라오는 특징을 포함한다.

재능 있는 개인은 다음과 같다.

1. 호기심이 있다.
2. 흥미를 추구하고 질문을 한다.
3. 환경에 대한 지각을 한다.
4. 자신과 타인을 비판한다.
5. 유머 감각을 개발한다.
6. 다양한 영역에서 지도자이다.
7. 쉽게 일반적인 원칙을 이해한다.
8. 종종 유인물이나 인쇄물보다 매체나 그 밖의 다른 수단을 통해 환경에 반응한다.
9. 다양하게 보이는 생각들 속에서 관계성을 본다.

(Tuttle & Becker, 1983, 13)

일반적으로 또래 그룹의 평균 발달 특징들을 비교하여, 종류와 강도 면에서 특정하게 주목할 만하거나 확실히 달리 뛰어난 특징과 자질의 증거를 보일 때, 아이들을 위한 재능은 선물로 여겨진다.

특징 목록을 살펴볼 때 모든 발달상의 특성들로써 몇 가지 세심한 주의가 고려되어야 한다. 첫째, 목록은 특이한 상황이나 재능의 다른 형태를 지적하지 않는다. 둘째, 만일 아동이 재능이 있다면, 항상 자신의 재능을 나타낼 필요는 없다. 개인 자신의 환경에서 발견되는 것을 포함하여 집, 오락실, 혹은 학습 환경은 재능 있는 아이가 자신의 재능을 표현하기 위한 안전한 분위기를 조성해야 한다. 결국, 대부분의 목록은 문화적 차이점을 고려하지 못하였다.

때로 재능을 드러내는 것이 비정상적인 사람으로 또는 권위에 대한 도전으로 인식될 수도 있다. 자신의 사역지에서 잠재적으로 천재 아동과 함께 일하는 교사는 잘못된 행동과 재능의 표현을 분리시키는 통찰력을 연습해야 한다. 성경 주제들을 토론할 때 천재 아동은 잘못된 대답을 하는 것처럼 보일 수도 있지만 실제로는 다른 각도에서 그 주제를 접근하고 있을 수 있다. 천재 아동은 자칫 지루해질 수 있으므로 좀더 깊이 도전할 필요가 있다. 그들은 종종 자신과 타인을 대단히 비난하며, 자신의 작품에 대해 높은 기대를 나타내기도 한다. 학습 환경에서 재능 있는 개인은 다양한 방법을 통해 무례하게 관점을 드러내기도 한다.

천재 아동은 친구나 교사로부터 거부당하기도 하지만 특별한 애정을 필요로 하지도 않는다. 단지 이해와 포용을 필요로 한다. 그들은 자신이 선택하였거나 축복받았든지 자신의 재능들을 하나님을 섬기는 도구로 드려야 한다.

SHELLY CUNNINGHAM

참고문헌 | F. B. Tuttle and L. A. Becker(1983), *Characteristics and Identification of Gifted Talented Students*.

청교도 교육(Puritan Education).

뉴잉글랜드의 청교도들은 교육을 교회와 가정의 본질적 관심사로 이해했다. 그러나 이들은 그러한 교육이 항상 충족되는 것은 아니며 교회와 정부의 밀접한 관계가 정부가 교육에 관여하도록 만든다는 것을 알았다. 17세기 초반 뉴잉글랜드, 특별히 매사추세츠만 이주지에서는 공공 교육을 위한 다양한 시도들이 있었다. 그러나 1640년대 초반까지는 이러한 시도들이 거의 실패했다.

1642년 5월 주 의회는 교육과 관련된 최초의 식민지 법들 중의 하나인 "매사추세츠 학교 법"을 제정했다. 이 법은 아동기 교육은 부모의 의무라고 선언했다. 법, 종교, 읽기, 직업적 기술들을 충분히 교육시키지 못하는 부모들에게는 벌금이 부과되었다. 지역 대표자들은 각 가정을 방문했고 실제로 많은 부모들에게 벌금을 부과했다. 이로 인해 개인 지도 혹은 견습기간 같은 것이 생겼다. 법의 변화와 법률 집행의 어려움은 일정 방식의 교육을 제공하기 어렵게 했다. 다른 어떤 것보다 이 법이 지역 공동체와 식민지 지도력에 적절한 아동기 교육은 대부분의 가정에서 제공될 수 없다는 것을 증명했다. 이러한 인식에도 불구하고, 공립학교들을 설립하는 것에 대한 관심은 1640년대에 약화된 것으로 나타난다. 주의회는 교육에 대한 더 추가된 법 조항들이 필요하다고 믿게 되었다.

1647년 11월 11일, "오래된 현혹자 사단 법령"(Old Deluder Satan Act)으로 불리는 법이 제정되었는데, 이것은 식민지의 공립교육 확립에 중요한 역할을 했다. 이 새로운 "오래된 현혹자 사단 법령"의 주요 목표는 "사람들을 성경에 대한 지식으로부터 멀어지게 하는 것"이었다는 믿음을 토대로 하고 있다. 그 법은 최소한 50 가정을 보유한 모든 지구(地區)들은 그 지역의 아이들을 위한 한 명의 교사를 채용하고 지원하는 것을 필수적으로 하도록 지정하고 있다. 최소한 100 가정을 보유한 지구는 자녀들이 대학교육을 준비할 수 있도록 돕는 문법학교 설립이 의무화되었다. 각 지역은 부모들이 "학교에 지불할 수 있는 이상의 비용 때문에 압박받지 않도록" 그들이 적절하다고 여기는 방법들로 학교들의 재정을 모금했다. 새로운 법을 지키지 못한 지역들은 그 해에 벌금을 지불했다.

새로운 법률이 제정된 후 10년 동안, 매사추세츠에서 백여 가구를 보유한 여덟 개의 모든 읍들은 문법학교들을 설립했고 더 작은 읍들의 삼분의 일이 자체 학교를 운영했다. 안타깝게도 그 다음 10년 동안 새로운 읍들의 법 이행이 급격히 약화되었다. 이 법의 실제적 영향은 더 넓은 관점에서 고려되어야 한다. 공립학교들은 다른 식민지들이 매사추세츠의 본을 따르면서 뉴잉글랜드 전역에 퍼졌다. 1650년대에는 제도로서의 교육이 미국 전역에 완전히 자리를 잡았다(Cremin, 1970). 이러한 학교들은 그 해당 지구의 권위 아래 유지되었다는 면에서 본다면 모두 공립이었다. 모든 부모들은 자기들의 자녀들을 학교에 보낼 수 있었다. 그러나 드문 경우이지만, 수업료를 지불할 수 없었던 부모들은 그들의 자녀를 다른 곳으로 보내야 했다.

STEVEN WHITE

참고문헌 | L. A. Cremin(1970), *American Education: The Colonial Experience*, 1607-1783.

참조 | 식민지교육(COLONIAL EDUCATION)

청소년과 선교(Youth and Missions). 역사를 통해 교회의 주된 책임은 예수 그리스도의 복음 선포를 통해 잃은 영혼들을 찾고 구하는 것이었다. 이 복음 전도의 명령은 마태복음 28장 18-20절, 누가복음 24장 46-49절, 요한복음 20장 21절 그리고 사도행전 1장 8절에서 찾을 수 있다. 교회의 복음 진보는 청소년들을 포함한 모든 기독교인들의 책임이다.

성경은 하나님이 청소년들을 사용하여 그의 선교를 이루시는 것을 확증시켜 준다. 청소년들이 아무런 사회적인 지위를 가지지 않고 있을 때, 하나님께서는 꿈을 꾸고, 그 꿈으로 인해 노예가 되고, 감옥에 갇히고, 권력을 갖게 되고 하나님의 섭리 하에 하나님의 백성들을 구원하게 되는 17세의 요셉을 세상에 내어놓으셨다. 사무엘은 어린아이였을 때 하나님의 음성을 들었다. 다윗은 어린 소년으로서 골리앗을 무찔렀고, 그 결과 하나님의 백성들의 승리를 이끌었다.

신약성경에서 또한 청소년과 관련된 이야기가 빠지지 않는다. 마리아는 하나님의 아들을 낳았을 때 십대 소녀였다. 예수께서는 12세에 하나님 아버지의 일을 했다.

현대교회의 성장을 볼 때 하나님께서는 청소년들을 사용하셨다. 19세기 말 드와이트 엘 무디(Dwight L. Moody)는 일단의 청소년들에게 선교에 헌신할 것을 도전하였다. 그 결과 학생 자원봉사자 운동(Student Volunteer Movement)은 수천 명의 학생 선교사들을 파송하면서 복음주의 교회가 20세기로 진입하는 것을 이끌었다. 학생 자원봉사자 운동이 성숙해감에 따라 그것은 YMCA와 기독학생회(InterVarsity Christian Fellowship)의 촉매가 되었다.

더 최근에 청소년들의 선교 노력은 땅 끝까지 도달하게 되었다. 예수전도단(Youth with a Mission, YWAM)은 젊은이들을 전 세계로 내보내고 있으며, 오엠선교회(Operation Mobilization, OM)는 로고스와 둘로스호 사역을 통해 모슬렘 세계에 뚫고 들어가는데 청소년들을 사용하였다. 1995년 한국 서울에서 개최된 세계 복음화 지상대회(Global Consultation of World Evangelization, GCOWE)에서 8만 명의 한국 청소년들이 전국 대상의 복음 여행을 위해 파송받았다.

선교학자 폴 보스위크(Paul Borthwick)는 타문화 선교에 참여하는 청소년들이 활기가 넘치는 영성을 개발하고, 지도자들로 성장하고 또한 전도를 위한 비전을 붙잡는 가장 커다란 기회를 가진다고 말했다. 선교 여행을 마치고 돌아올 때 청소년들은 삶에 대한 새로운 시각과 섬김의 도에 대한 더욱 더 깊은 헌신과 변화된 생의 목표들을 가지고 돌아온다.

20세기 전도의 특징은 종종 청소년들에게 복음을 설명한 후 그들로 하여금 기독교인의 일에 동참하게 하는 방법론이었다. 21세기 선교의 도전과 경험은 전도 패러다임을 바꾸어놓을 것이다. 현대 미국 문화에서 선교의 인도주의적인 측면에 관심을 가지는 수많은 비기독교인들이 들어가는 선교팀을 모으는 것은 어려운 일이 아니다. 비기독교 학생들은 굶주린 자들을 먹이고, 집이 없는 사람들을 위해 쉼터를 세우고, 가난한 자들에게 옷을 입히거나 아니면 죄수들을 방문하는 것과 같은 사역에 동참하고 있다. 하나님의 일을 하는 가운데 그들은 이 일이 이루어질 것을 명한 그리스도를 소개받게 된다.

MARK W. CANNISTER

참고문헌 | M. J. Anthony(1994), *The Short-Term Missions Boom*; P. Borthwick(1988), *Youth and Missions: Expanding Your Students' Worldview*; R. Burns and N. Becchetti(1990), *The Complete Student Missions Handbook*.

청소년교육/기독교(Christian Youth Education).
청소년 성경공부(Bible Teaching for Youth)를 보라.

청소년기 발달(Adolescent Development).
청소년기란 유아기와 성인기 사이, 11살-12살부터 20대 중반까지의 성장기간을 이른다. 대개 세 부분으로 나누어 초기(11, 12살-14살), 중기(15살-18살), 그리고 후기(19살-25살)로 부른다. 여섯 가지로 청소년 발달을 다루는데, 신체적, 인지적, 사회적, 정서적, 도덕적, 영적인 면이다. 그러나 각각을 독립적으로 개별화하여 구분하는 것이 아니라, 전인적인 면에서 발달을 보아야 한다. 청소년기는 사춘기가 옴으로부터 시작되는데, 연령이 빨라지고 있는 추세다. 11살이나 10살, 또는 더 빨리 초경을 경험하는 여자아이들도 있다. 불행히도 비신체적인 분야의 발달은 늦어져, 그 결과 신체는 어른 같으면서 인지나 정서, 도덕, 영적 발달이 아직도 어린 경우를 종종 접하게 된다.

사춘기의 시작은 호르몬 분비의 엄청난 변화를 겪으면서 신체뿐 아니라 전체적인 발달 과정에 영향을 미치면서 온다. 사람들과의 관계성, 삶의 의미, 자아개념, 자아용납 등 많은 부분의 변화를 동시적으로 겪게 된다. 청소년기를 스트레스와 폭풍의 시기라고 표현하기도 하는데, 청소년기의 특성상 오래 지속되어 온 방식들과 영원한 결별을 하게 된다. 옛것에 바탕을 두기는 하지만 매우 상이하고 새로운 생존 구조가 형성되며, 그 재구조 과정에 엄청난 암시가 숨어있다. 내적, 외적 세계의 변화 앞에 그들은 어찌할 바를 모른다. 전에는 경험해보지 못한 변화를 겪으면서 이해를 못할 뿐 아니라 자신들의 감정이나 생각, 행동을 설명하지도 못하고, 다른 또래들이나 가족 또한 그들을 이해시키지도 못한다. 중요한 열쇠는 개방적이고 융통성 있는 마음으로 그들을 양육하고 용납하며 격려와 승인을 제공해 주는 것이다.

청소년기 발달에 따라 내적, 외적 세계의 내면적 재구성에 대한 관심이 생기고, 그 결과 새로운 방식을 터득하게 된다. 그러나, 그 방식들은 경험 밖의 것들이므로, 청소년들은 모든 면에 어색하게 행동하게 된다. 여러 면에서 삶을 재구성하는 일에 매우 서투르고, 신체 발달도 자연스럽기보다는 분출하듯이 갑자기 길어진 팔 다리나 다른 부분의 급격한 변화에 어색해 한다. 이와 같이 모든 면에서 변화를 경험하게 되는데, 과도한 양의 새로운 일들 앞에, 그 모든 구조들이 순조롭게 움직이도록 하는 일이 쉽지 않을 뿐 아니라 거의 불가능하다해도 과언이 아니다. 그러므로 어른인 양 행동하다가도 금방 어린아이와 같아지는 청소년들의 전형적인 모습을 자주 보게 된다. 그러나 의지와 관계없이 재구성된 전인적 자아가 어린 시절의 단순함으로 되돌아가기를 마다할 사람이 과연 있을까? 발달은 자연적으로 찾아온다: 소년은 변성기를 맞게 되고, 소녀는 젊은 여인이 되지만 아무도 본인의 의견을 물어보는 법은 없다.

다음은 청소년 발달의 여섯 가지 양상을 중요한 이슈들과 문제점들을 상고해 본다.

1. 신체 발달. 처음에는 급격하게, 그리고는 서서히 전신 발달이 분출되듯 하다가 후기 청소년기 즈음에 발달이 멈춘다. 제일, 제이 성징이 나타나고, 근육과 뼈가 조화롭게 자라지 않아서, 대체로 뼈가 근육보다 먼저 자란다. 그 결과 주로 어린 남학생들에게 문제가 생기기도 한다. 청소년기 초기에는 에너지 분출이 높은 대신 쉽사리 지친다. 남자아이들은 보통 많은 양의 음식을 섭취하지만 영양가보다는 열량이 많은 음식을 섭취하는데, 그 이유는 신생하는 세포들이 엄청난 속도로 자라고 또한 매일 많

은 양의 열량을 소모하기 때문이다. 청소년들은 전율을 가져오는 육체적인 도전을 경험해보고 싶어한다. 발달 전과정을 통해 성장 속도와 진보는 천차만별이어서, 15살 짜리가 22살로 보인다든지 반대로 15살 짜리가 10살 같아 보이는 일이 흔하다. 둘 다 비정상이 아니라 신체 발달의 개인차가 심하다는 뜻이다.

청소년 신체 발달 양상은 많은 문제와 이슈를 가져오는데, 무엇보다 청소년들이 자신과 또래들의 신체 변화에 관심이 많아, 서로를 관찰하고 비교하여 발달이 앞서면 으스대고 뒤처지면 움츠러들기도 한다. 어찌되었든 그들의 주된 관심사는 "나는 정상인가?"이다. 왜 자신이 또래들과 다른지 설명하려고 애쓴다. 미국을 포함한 세계의 많은 청소년들은 자신이 육체적 매력이 있는지 궁금해하고, 자신의 신체를 돌보는 방법, 몸매를 잘 가꾸는 방법 등에 관심을 기울이는데 그 이유는 남들 앞에 매력적이고 환영받기를 바라기 때문이다. 성적 발달에도 관심이 많지만, 불행히도 자료가 많지 않아, 별다를 바 없는 또래들이나 아니면 도덕적인 면에 별로 관심이 없는 대중 매체를 통해서 정보를 얻는다. 부모나 교회도 성교육을 제대로 시켜주지 않는 실정이다.

2. 인지 발달. 청소년들은 추상적 사고와 구체적 사고를 조정하는 정신 구조를 가진다. 추상적인 사고라는 새로 발견한 능력을 자주 사용하여, 가상 상황에 대한 상상으로 육체적으로는 불가능한 일을 정신적으로 경험하는 일들로서 꾸며대기도 한다. 정신적인 자극을 찾고, 유치한 교수법을 지루해하여 칭찬 받지 못할 방법으로 지루함을 달래보기도 한다. 또한 생명에 관한 문제들, 사회 문제와 이슈들에 대한 해답을 요구하며, "왜?" 또는 "왜 안되지?"라고 질문하는데, 그것은 심술을 부리려는 목적이 아니라 그들이 정신력을 새롭게 사용할 수 있기 때문이다.

청소년들은 권위에 순응하는 역설적 태도에서 모든 권위를 부인하는 태도, 그리고 마침내는 다양한 해답의 가능성을 인정하는 상태로 발전해 가는 과정에 자신들을 바쳐서 성숙에 이른다. 그러나 그 헌신은 잠정적인 것이어서, 오늘의 진리가 내일의 진리가 아닐 수도 있다는 것을 알게 된다. 그러므로 그들의 헌신은 재조정된다. 절대적인 것은 상대적 절대이지, 항용 절대가 아니다.

청소년기에 자아가 확립된다. 자신이 누구이고 무엇이 되고 싶은지 분명하게 정의 내리기 시작한다. 지속적으로 자기 주체성 확립과 강화를 위해 격려와 위로를 제공해 주어야 한다. 만약 이 과정을 단축시켜 버리게되면, 주체성에 대한 혼동으로 나중에 좌절을 경험하기도 한다.

청소년들은 심도 깊은 인식론적 질문을 하는데, 이때 해답을 말해주기 보다는, 해답을 스스로 찾도록 도와주어야 한다. 그들은, 단순한 것에서 가장 복잡한 것에 이르기까지, 가장 세속적인 것에서 가장 영적인 것까지, 인생 전반에 관한 질문의 해답을 찾도록 도움을 줄 만한 사람들을 애타게 찾는다. 그들과 함께 있어주고, 확신을 주며, 그들의 구도를 격려하며, 필요할 때 언제든지 도와줄 사람, 어디로, 어떻게 가야할지 말해주기 보다는, 그들의 여정을 함께 나누어 줄만한 어른을 필요로 한다.

3. 사회적 발달. 청소년들은 자신을 남과 나눔으로 우정을 발전시킨다. 우정과 친족 관계를 재정의 내려, 어른들과의 관계는 보다 어른스럽게 이끌어가지만, 또래들 사이에 인정받는 행동, 수용, 편안한 감정을 느끼는 일 등에 관심이 많다. 심각하게 자신을 들어주는 사람들과 대화하기 원하고, 수많은 친구들이 있어도 새로운 친구들을 찾는 경향이 있다. 청소년기 초기에 "함께 어울리는" 또래 집단을 형성하고, 자라감에 따라 평생 지속되는 영원한 우정을 키워간다. 청소년기 전반에 걸쳐 또래 집단이 주된 사회적 지지 기반을 형성한다.

사회성 발달이 관계성에 관한 기본적인 질문들을 야기시킨다. 십대들은 관계성의 의미를, 특히 진실성과 신실함에 대해 알고 싶어하고, 누가 진짜 친구인지, 또 어떻게 우정을 만들어 키워 가는지 알고 싶어하며, 사회적인 클럽보다는 우정에 더 관심을 둔다. 우정이 세상으로부터 피난처가 되기를 소망하고, 자신이 어느 그룹에 속했는지 확인하고 싶어하며, 어떻게 그 그룹에 속할 수 있는지 알고 싶어한다. 동성간의 관계 뿐 아니라 이성과의 관계성을 맺는 일에 관심을 가지며, 다른 사람들이 어떻게 자신을 보는지, 자신의 다른 성격을 보이거나 의복을 입어 봄으로 어떻게 가족이나 친구들이 자신의 다른 모습들을 받아들이는지 알고 싶어한다. 그리고 청소년들은 독립성을 추구하지만, 타자들이 필요하다는 사실도 인식한다. 그들은 어떻게 하면 자신의 정체성을 잃거나 소외되지 않으면서 독립성과 관계성을 적절하게 유지할 수 있는지 궁금해한다.

4. 감정 또는 정서적 발달. 심리학자들은 유아기와 유년기의 거의 모든 감정의 변화들을 관찰해왔다. 그렇기 때문에 청소년기의 정서 변화는 상대적으로 안정된 편이다. 청소년들이 감정을 표출하는 방식이나, 정도 차이, 또는 감정을 조절하는 방식 등이 어린이들이나 성인들과는 다르다. 청소년들은 종종 혼돈하고, 혼란스럽고 극단적이며 모순된 감정들을 폭발하듯이 발산하고는 한다. 그들은 감정의 자극을 원하면서도 많은 경우 조절이 잘되지 않는다. 걱정과 근심, 자기 연민, 분노, 거칠음, 공포, 좌절, 충성심, 불충성함, 사랑, 미움, 우월감, 열등감, 등 정상인이 갖는 모든 감정을 경험하지만, 어른들처럼 그러한 감정들을 어렵사리 통제하지 못하는 것이 특징이다. 삶의 엄청난 변화를 겪는 청소년들에게 이 통제가 결여되었다는 것은 이해할 만한 일이다.

청소년들은 왜 자신들이 설명할 수 없는 감정의 기복을 겪는지 궁금해한다. 그들은 자신들이 실제로 겪는, 그러나 또래 집단 밖에서는 용납 받지 못하는 감정들을 어떻게 표현해야 할지 몰라한다. 왜 동일한 인물이나 물건, 사건에 대해 모순된 감정을 느끼는지 의아해하며, 스스로 감정의 변덕을 알아차리면서도 그것을 통제하지 못하는 것 같다. 통제하고 싶어하지만, 쉽지 않음을 발견한다. 그들은 때때로 하나님도 그들과 같은 감정의 변이성이 있는지 궁금해하며, 인지적인 신앙뿐만 아니라 감정적으로 표현할 수 있는 신앙을 추구한다. 또래들과 안정된 감정이 깃들인 관계를 갖고 싶어하고, 특히 감정을 통제하는 법을 가르쳐줄 만한 어른들을 만나고 싶어한다.

5. 도덕성 발달. 도덕성 발달은 유년기에 벌을 피하고, 상벌을 주관하는 권위에 순응하는 것을 배움으로서 시작된다. 어린이들은 옳은 일을 하는데, 그 자체가 옳기 때문이라기보다는 권위와 힘이 있는 사람이 그렇게 하도록 시키기 때문이다. 이 초기 단계가 지나면 스스로 옳다고 느껴지는 일을 하는 단계로 간다. 스스로 만족하면서도 다른 사람들에게 해가 되지 않으면, 그것이 선이라고 여기게 된다. "느낌이 좋으면 잘못일 리가 없다(If it feels so good, it can't be wrong)"를 관용구로 삼는다. 그 다음 단계에서 도덕적 판단을 내리기 시작하고, 중요한 타자 (significant others)들이 기뻐하는 일들을 실천에 옮긴다. 하루의 일과와 배경에 따라 중요한 타자들이 바뀌는데, 학교에서는 대부분의 또래들과 소수의 교사들이 중요한 타자이고, 집에서는 부모 또는 청소년들이 존경하는 사람들이 이 범주에 속한다. 친척이나, 목사, 청소년 지도자들 또는 특별한 어른 친구들이 중요한 타자의 범위에 더해지기도 한다.

네 번째 단계에서 청소년들은 사회를 중요한 타자의 범주에 포함시키는데, 즉 추상적인 사회가 규칙을 만들어 지키게 한다는 것이다. 만약 사람들이 이 규칙을 지키지 않으면 혼돈이 온다고 믿는다. 그러므로 청소년들은 쉽게 "법과 질서"의 사람들이 되어 그것을 만든 사람들의 권위를 인정하여 지키려고 한다. 때때로 성숙한 청소년들은 보편적 원리인 공평과 의를 추구하는 도덕적 사고력이 발달하는데, 이 단계는 상대적으로 복잡하여, 소수의 성인들이 그 단계에 이른다. 매우 드물지만 최종 단계인 아가페 사랑의 단계에서는 도덕적인 것을 추구하는 겉치레들과 철학적으로 합리화된 도덕 판단들을 버리고, 그 대신 아가페적 도덕성 발달을 위해서는 어떤 상황에서든지 하나님 우리에게 하신 것처럼 아가페를 실천하는 사람이 될 것을 요구한다.

청소년들은 무엇이 옳고 그른지 발견하기 위해 애쓰고, 또 누가, 무엇이 권위를 가지는지도 알고 싶어한다. 인생의 문제들 앞에, 다양하고도 상대적인 도덕적 답변들 사이에서 방황하며, 그러한 도덕적 문제와 이슈를 가지고 혼란해 할 때 그들과 함께 있어 줄 사람을 찾아다니기도 한다. 그들은 진부한 답변을 원하기보다는 스스로 해결할 수 있는 도움을 필요로 한다. 친구를 갖기 원하는데 친구들이 원하는 것을 항상 따라갈 마음도 아니면서, 친구들의 유혹을 견딜만한 도덕적 의지 또한 부족하다. 도덕적으로 수용이 가능한 것과 불가능한 것에 대해, 옳고 그름에 대해 관심을 보이지마는 항상 도덕적으로 옳은 일만을 하는 것도 아니다. 다양한 곳에서 다양한 사람들로부터 도덕적 답변을 찾아다니며, 태초부터 편만한 도덕적 타락이라는 폭풍 속에서 견고한 닻과 같은 존재를 필요로 한다.

6. 신앙 발달. 대부분의 청소년들은 종교적인 존재들이다. 상위의 힘의 존재를 거부하는 일은 거의 없는데, 대부분 그 존재가 하나님이라고 생각한다. 미국에는 하나님의 존재를 거부하는 청소년은 거의 없지만 그러나 다수의 청소년들에게 개인적이고도 절대적인 신앙이 결여되어있다. 다만 부모들로부터 물려받거나 또는 교회로부터 전수 받은 불확실한 믿음을 가지고 있다. 그들의 사고와 친구들 또는 학교에서 스스로 생각해보라고 하면, 교회의 청소년 사역자와 지도자들은 의심할 여지도 없이 교회의 교리를 받아들이도록 강조한다. 장년으로부터 청소년에게 전수되어온 여러 교단의 요리문답이나 새 교인 성경 공부반이 그 대표적인 실례들이다. 청소년들은 자신들의 신앙에 대한 진정한 의미와 설명을 원하고, 누군가 인생의 철학적, 신학적, 사회적 질문들에 대한 답변을 찾는 그들의 여정을 도와주기를 바란다. 청소년들은 그저 일단 믿으면 하나님이 다 알아서 하실 것이라는 대답에 식상해있다. 그들 또한 그들을 향한 하나님의 뜻을 따르기 원하지만 그 방법을 몰라 상실감에 빠지게 되므로, 확실하고 강인한 신앙을 가진 사람들이 지속적으로 이들과 신앙의 얘기를 나누어야 한다.

청소년기 중반기에 이들은 자신의 신앙을 갖기 시작하게 된다. 교회에서 기본적인 것을 배우고, 스스로의 신앙에 대해 명료하게 설명할 수 있게 된다. 이들의 신앙은 종종 조직력이나 일관성, 깊이가 부족하기는 하나, 자신들이 지켜가기를 원하는 자신의 신앙이라 할 수 있다. 청소년기 후반기와 청년기에 이르면서 이들은 자신의 신앙을 성찰해보면서 철학적 깊이를 더해가며, 신앙에 따라 행동하기 시작하게 된다. 그러나, 이러한 청소년들의 신앙 여정을 도와줄 만한 영적으로 성숙한 지도력의 부족으로 교회에서 청소년들이 도움을 받는 경우는 흔치 않은 형편이다. 이들은 주로 대학의 기독교 기관들을 통해 사려깊고 풍부한 성숙한 신앙에 대해 배우게 된다.

신앙 발달 과정에 청소년들은 많은 기본적인 논제들을 접하게 된다. 삼위일체 하나님에 대해, 주일학교나 캠프의 수준을 벗어나, 다정하고 친근하면서도 경외로운 영감을 주는 친숙한 관계성 속에서 발견하기를 원한다. 그들은 메마르고 예측이 가능한 신앙이 아니라, 인지적이고도 정서적인 신앙을 찾는다. 종종 왜 자신들이 성경이나 하나님에 대해 의심하게 되는지 궁금해하면서, 그들의 질문에 대해 경솔하고 손쉬운 대답보다는, 자신들을 얕보거나 흠잡지 않으면서 자신들의 의심을 풀어줄 누군가를 찾는다. 그들은 교회의 조직이 움직이는 방식에 의아해하는데, 대체로 그리스도께 마음이 끌리면서도 전통적인 교회의 조직화된 형식 앞에 거부당하는 경우가 자주 발생한다. 이들은 교회사에 대한 이해와 감사가 부족하여 역사성을 띤 찬송가나, 전통 음악, 의례적인 복장을 차린 공식 예배 등을 좋아하지 않는다. 그러나 이들은 견고한 음식과 함께 따뜻하고 정서적인 환경을 통한 통합성을 원한다. 이들은 잘못인 줄 알면서도 왜 하고 싶지 않은 일을 해야만하고, 해야만 하는 일은 하지 않는지에 대한 문제로 고심한다. 어떻게 하면 성령 안에서 행하면서 육신의 욕망을 제어할 수 있는지, 또한 소위 "훌륭한" 그리스도인들이 왜 그렇게 위선적인지 알고 싶어한다. 궁극적으로 청소년들은 자신들을 통합하여 일관성 있는 전인으로 만들어가며, 또 신앙에 뿌리를 내린, 영속적이고도 자신들을 성숙시킬 세계관과 인생관을 찾고 있다.

청소년들은 인생의 중요한 교차로에 서있다. 남은 생애의 전반에 영향을 미칠 여섯 분야의 인간 발달 과정에 있다. 신체적인 변화를 이해하려 애쓰고, 인지적 자료들을 공부하는데 그러한 공부는 급변하는 세상을 이해하고 적응하도록 도와주기도 하고, 때로는 몇 년 동안 상관없는 일이 되어버리기도 한다. 친구들을 잘 사귀면 서로의 발달을 도와주지만, 함께 타락의 길로 빠지기도 한다. 느끼기는 하지만 이해할 수 없는 온갖 감정들을 통제할 방법을 찾아보면서도 그러한 감정들을 건전한 방식으로 표현하고 싶어한다. 무엇이, 왜, 옳고 그른 것인지, 또 어떻게 정의는 행하고 부정은 피할 수 있는지 알기를 원한다. 그들 스스로의 신앙, 위해서 살아갈 가치가 있는 신앙, 또 위해서 죽을 수 도 있는 그런 신앙을 동경한다.

교회는 청소년들에게 예수 그리스도를 개인의 주인이요 구세주로 알아갈 기회를 제공해주어야 한다. 청소년들은 하나님에 대해 특별히 민감하고 성숙한 이해에 도달해 있지만, 많은 어른들처럼 그렇게 지친 상태는 아니다. 이들은 무조건적인 아가페 사랑, 성육신 하신 분을 구체화하는 사람들의 사랑에 반응할 것이다.

JOHN M. DETTONI

참고문헌 | R. Gemelli, ed. (1996), *Normal Child and Adolescent Development*; M. L. Jaffe(1998), *Adolescent Psychology*; F. P. Rice(1996), *The Adolescent: Development, Relationships and Culture*; N. A. Sprinthall and W. A. Collins(1995), *Adolescent Psychology: A Developmental View*.

참조 | 청소년(중기)사역(MIDDLE ADOLESCENT, YOUTH MINISTRY TO); 청소년사역(YOUTH MINISTRY)

청소년기-초기(Early Adolescence).

청소년 초기의 경험은 엄청난 변화로 특징지어진다. 사춘기가 시작되어 신체적으로, 사회적으로, 정서적으로, 정신적으로 그리고 영적으로 영향을 준다. 11세부터 14세 사이에 이 삶을 변화시키는 시기의 청소년들을 지도하는 일은 부모나 교사나 사역자들에게 큰 도전을 준다.

어린 청소년들이 보이는 광범위한 행동적 변화가 매우 짧은 시기 동안에 일어난다. 아무런 사전 예고 없이 킥킥거리다가도 돌연히 울음을 터뜨리기도 한다. 넘치는 에너지로 순식간에 부딪혀서 혼수상태에 빠지기도 한다. 성숙한 성인처럼 보이는 행동이 순식간에 어린애 같은 짜증으로 변해 버린다. 한 순간 무엇을 하려고 결정했는데 다음 순간 완전히 반대의 일을 하는 것도 아주 흔하게 본다. 청소년 초기의 학생들을 대상으로 사역할 때 기억해야 할 중요한 일은 가장 비정상적인 일이 이 연령그룹에는 정상적이라는 사실이다.

일부 학생들은 이 변화의 시기를 큰 어려움 없이 뚫고 지나가지만 대부분의 학생들은 갈등을 겪고, 중학교 시절의 여러 압박감과 강요들을 극복하기가 거의 불가능하다고 느낀다. 에릭슨(Erik Erikson)의 고전적인 책, 『정체성, 젊음과 위기』(*Identity, Youth and Crisis*, 1968)에서 그는 이 시기에 개인이 자신을 온전히 자신만의 과거와 미래를 가진 개인으로 본다고 설명했다. 이때가 과거를 재고하고 미래를 예상하는 중추적인 시간이다. 학생들은 고유한 정체성을 가지려고 애쓰면서 그들의 개인적인 독특성과 체험의 지속성 그리고 그룹의 이상과의 일치 등을 찾는다.

고유한 정체성을 찾는 동안 유년기를 떠나보내려는 이때는 실패한 시도들로 가득 찬 시기이다. 젊은 청소년들이 이 때 처음으로 가족이나 다른 권위적인 인물들로부터 독립하기 위해 그 유대를 단절해 보려는 시도를 한다. 부모들은 이러한 변화를 잘 이해하지 못하여 자녀들이 원하는 독립성을 주기를 주저하므로 청소년들의 유일하게 정체성과 독립성을 찾으려는 시도가 전면적인 반항으로 나타나게 된다. 청소년 범죄와 가출과 마약 남용, 임신과 자살 등이 이 시기에 드문 일이 아니다. 이와 같은 사항들이 청소년 초기에 엄청나고 독특한 문제들이 일어나는 증거가 되므로 교회에서는 완전한 집중과 노력을 기울여야 한다.

청소년 초기의 학생들을 가르치거나 사역하는 사람들은 그들에게 주어진 고유한 기회를 온전히 이해해야만 한다. 중학생들은 호기심이 매우 강하고 부끄러움이 없이 개방적이다. 그들은 정신력이 급격히 발달함에 따라 배운 것에 대해 많은 의문을 제기한다. 그들이 현실을 새로이 인식하면서 유년기의 우화들은 산산이 무너져버린다. 부모나 교사가 전해주는 진실이 더 이상 질문 없이 무조건 수용되지 않는다. 학생들은 진실을 스스로 이해하기를 원한다.

유년기의 신앙에 대해 의문을 가지는 것은 이 시

기에 정상적이다. 중학생들은 유년기에 받아들였던 믿음과 가치들에 종종 질문을 던지거나 거부하기도 한다. 유년기의 신앙과 가치들이 그들의 새로운 정체성과 상관이 있다는 것을 확신한 후에야 그들 자신의 신앙으로 받아들인다. 이 시기가 의문을 던지는 중요한 시간이라는 사실을 이해하면서 교회는 중학생들의 신앙을 지배하는 질문과 이슈들에 대해 사려 깊고 정직한 대답을 준비해야 한다. 교회에서 고등학교 중퇴자들을 재교육시키려는 노력을 할 때 최소한 한 사람은 이렇게 반응한다. "몇 년 전 내가 그것을 질문할 때 당신은 어디에 있었느냐?"고 말이다.

인생의 매우 혼란한 시기의 와중에 청소년 초기의 학생들은 새로운 아이디어와 기회에 대해 매우 개방적이다. 정체성을 찾는 일 자체가 매우 복잡한 시도와 실패의 과정이기 때문에 학생들은 그들이 되고 싶어하는 사람이나 다른 사람들에게 보이고 싶은 자신의 모습과 일치하는 유형의 사람들의 행동을 모방한다. 그러나 그들이 받는 피드백에 만족하지 않으면 그 행동을 버리고 다른 대안을 찾는다. 이 때문에 중학교는 모험적으로 추구하다가 다음에 거부해 버리는 행동이나 개념이나 신념들도 수용해 준다.

중학생 사역의 전문가인 라이스(Wayne Rice, 1997)는 그와 같은 개방성이 기만의 형태를 띠게 되면 큰 위험에 빠진다고 경고한다. 메디슨 애브뉴(Madison Avenue: 미국 뉴욕시의 광고업 중심지-역주)와 음반 업계, TV 광고계와 마약 매매업 그리고 무언가를 파는 모든 사람들에게 중학생들은 상업상의 주요 대상이다. 그들은 모두 어린 청소년의 마음을 사로잡기 위해 애쓰는데, 이때야말로 복음주의 교회들이 기독교적인 대안을 제시할 적절한 시간이다.

만약 어린이들이 교회 안에서 성장한다면 청소년 초기에 이르면 하나님에 대한 중요한 양의 지식이 축적될 것이다. 그러나 그리스도 안에서 자라고 성숙하게 하는 것은 단순히 지식을 소유하는 것만이 아니라 성경 지식을 사용하는 데서 온다. 중학생들은 수많은 결정들과 헌신을 다짐하지만 오직 소수에게만 그것이 평생 지속된다. 학생들의 결정이 의미 있는 것이 되기 위해서는 그들 자신의 추론과 이해 그리고 제거의 과정을 거친 결과이어야 한다. 최종적으로 청소년 초기의 학생들의 인생에 교사나 목사가 할 수 있는 가장 중요한 역할은 역할 모델(role model)이 되는 것이다.

중학생들에게 역할 모델이 되기 위해서는 계획과 자발성이 필요하다. 교사가 주일학교나 성경공부나 청소년 그룹의 예배 등을 계획할 때, 그들은 스스로에게 "내가 이 수업을 가르치면서 어떻게 내 학생들에게 모델이 되어야 할까?"라는 질문을 던져야 한다. 이것으로 학생들이 모방할 그리스도를 닮는 기준을 제공해 줄 수 있다. 예상치 않은 일이 생길 때 교사와 사역자들은 그리스도와 같은 반응을 준비해야 한다. 긍정적인 그리스도인의 모델을 보여줌으로써 학생들이 그리스도의 본질을 이해하고 자신을 동화하도록 도우며 평생의 신앙 결단을 내리게 할 수도 있다.

이 시기는 복음주의 교회들이 고유한 기회로 받아들여야 할 매우 중요한 때이다. 한 개인의 삶에 그렇게 많은 선택을 하고 변화가 일어나고 삶의 형태가 만들어지는 시기가 이 때밖에 없다. 젊은 정신과 개방적인 마음들은 정직한 답을 요구하는 수많은 질문들을 통해 그리스도 안에서 자기 정체성을 확립해 간다.

MARK W. CANNISTER

참고문헌 | E. Erikson(1968), *Identity, Youth and Crisis*; R. Habermas and K. Issler(1992), *Teaching for Reconciliation: Foundations and Practice of Christian Educational Ministry*; K. Issler and R. Habermas(1994), *How We Learn: A Christian Teacher's Guide to Educational Psychology*; W. Rice(1997), *Junior High Ministry*; J. Wilhoit and L. Ryken(1988), *Effective Bible Teaching*.

청소년기-후기(Late Adolescence).

초기 성인기 바로 전에 오는 생의 통과 시기이다. 북미의 문화에서는 전형적으로 18세에서 21세로 그 범위가 한정되지만, 후기 청소년기에 대해 기술하는 것을 보면 그것은 17세에서 24세까지의 연령 범위를 포함한다.

발달의 관점에서 볼 때, 후기 청소년기는 청소년들이 성인으로서 책임질 준비를 해갈 때 개인적 정체성을 구성하는 모자이크의 마지막 부분들을 제자리에 두는 기회를 제공해 준다. 치커링(Arthur Chickering, 1978)은 자신의 저서 『교육과 정체성』(Education and Identity)에서 이 과도기적 단계에서 일어나는 일곱 가지 성장 궤도를 설명한다. '적성을 성취하기', '감정을 다스리기', '자율적이 되기', '정체성을 확립하기', '자유롭게 대인관계들을 맺기', '목적들을 명확히 하기' 그리고 '통전성(integrity)을 개발하기' 등. 이러한 성장은 결국 정체성, 성적 특질, 가족, 데이트와 결혼, 윤리, 소명, 선교, 청지기직 그리고 인생설계와 같은 주제들에 대한 후기 청소년기의 흥미로 귀결된다.

후기 청소년기 과도기(late adolescent transition)는 또한 영적 형성에 있어서 특별히 중요한 단계이다. 파울러(James Fowler, 1981)는 이러한 변화를 '종합적-인습적'인 청소년 신앙단계에서 '개별적-성찰적'인 성인 단계로의 전환이라 말한다. 또래들의 신앙 맥락(context)에 순응하는 신앙 단계에서 신앙 그 자체 위에 설 수 있는 신앙 단계로의 전이가 이 짧은 생의 기간에 완전하게 성취되지는 않는다. 그러나 후기 청소년기 동안 그 변화가 시작된다.

그러므로 일반적으로 기술할 때, 청소년기의 후반부는 다음과 같은 특징들을 지닌다. 새로운 개념들을 마음속에 품기, 이전에 받아들였던 신념들(믿음들)을 검토하기, 자신의 자아에 관한 새로운 물음들을 탐구하기, 새로운 역할들과 관계들 그리고 기회들을 가지고 시험해보기, 성인 세계에서 한 사람의 개인으로 살아가는 데 필요한 가치들의 기준(baseline)을 확립하기. 따라서 후기 청소년기는 전형적으로 전통적이고 제도적이며 관계적인 규범들에 순응하지 않으려는 경향이 있다.

후기 청소년들의 이런 특징들을 감안할 때, 이 연령 그룹이 기독교교육자에게 가장 매력적인 그룹들 중의 하나라는 것은 그리 놀랄 만한 것이 아니다.

후기 청소년은 다가오는 그의 성인 세계의 시험을 견디게 해줄 영적 이해, 경험들 그리고 적용들에 대한 탐구에 사로잡힌다. 그뿐만 아니라, 후기 청소년은 인습적인 교육의 방법론을 넘어서는 학습 경험들을 찾는다. 그러나 이 중요한 시기에 기독교교육에서의 가장 큰 도전적인 문제는 아마도 이 학습자들 각 개개인 안에 효과적인 기독교적 양육을 통해 발굴될 준비가 되어 있는 풍부한 잠재력이 있다는 사실을 깨닫는 것이다.

영적 성장을 위한 후기 청소년들의 교육은 학습자들이 의미 있는 친교, 주인의식 그리고 제자도와 대면하는 관계적 상황에서 가장 잘 촉진된다. 의미 있는 친교는 후기 청소년이 초기 청소년기 단계들의 특징인 일시적이며 대개 변덕스러운 관계들의 범위를 넘어서는 친밀한 관계들을 구하기에 매우 중요하다. 이 연령 그룹은 상호적인 자기 개방과 공유된 경험들을 통하여 신뢰를 발전시키기를 원한다. 사역에 대해서 갖는 의미심장한 주인의식은 후기 청소년들에게 중요한데, 이는 그들이 공헌할 수 있는 영역들을 찾기 원하며, 그들의 은사들과 재능들이 중요하게 영향을 미치는 방식으로 표현되는 것을 보기를 원하기 때문이다. 마지막으로, 의미 있는 제자도는 청소년들이 목적이 분명하고 의미 있는 곳에 자신들의 영적 삶을 바친다는 것을 말해준다. 후기 청소년들은 종교적 진부함을 참아내지 못한다. 또한 가르침의 내용이 그들의 세계 속에서 일어나고 있는 생에 대한 중요한 물음들에 적합하지 않을 때 만족하지 못한다.

후기 청소년들 사이에서 행해지는 그와 같은 교육 목회의 초점들 중의 하나는 확장되고 있는 그들의 세계를 인정하는 것이다. 많은 청소년들이 생전 처음으로 부모와 가정을 떠나게 된다. 그들은 교육과 소명의 경험들을 통하여 그들 세계의 더 넓은 현실들을 발견해 가고 있다. 후기 청소년들은 또한 개인의 정체성, 안전 그리고 나눔의 더 큰 차원들을 필요로 하는 관계들을 형성하고 있다. 그들은 자신들이 어디에 살 것이고, 무엇을 할 것이며 그리고 어떻게 관계를 형성할 것인가의 문제에 대한 선택의 세계를 탐구하고 있다. 이 확장되고 있는 지평들을 인정하고 그것들에 응답하려면, 융통성 있고 다각적인 관점에서 주제들을 탐구할 수 있고, 이 세상에서 자신의 위치를 발견하려는 연구와 실험을 지속적으로 해 나갈 수 있으며, 초기 성인기에로의 여정을 위한 도전과 지원 모두를 제공할 수 있는 교사들이 필요하다.

역사적으로 볼 때, 지역 교회들은 심혈을 기울여서 후기 청소년들을 위한 교육목회 계획을 세우느라 애써왔다. 그들의 발달단계에 속하는 고유한 문제들에 더하여, 후기 청소년 그룹을 대상으로 효과적인 목회를 수행하려 할 때 부딪치게 될 실제적인 어려움들이 많이 있다. 첫째로, 그들 중 많은 청소년들이 대학에 가기 위해 그들의 고향 공동체들을 떠난다. 거리상의 문제와 전통들과 제도들에 대한 무관심으로 인해, 후기 청소년들은 자신들의 고향 교회들로부터 자신들이 분리되어 있다는 느낌을 갖게 된다. 또한 그들 학교 주변의 새로운 교회에 참여하도록 적절한 동기를 부여받지도 못한다. 매우 분주하고 덜 조직적이며 더 많은 긴장이 있는 대학 생활의 일정도 그 어려움에 한 몫 한다. 동시에, 고향 교회는 한 해의 나머지 기간에는 거의 접하지 못하던 많은 수의 후기 청소년들을 몇 주간에 걸친 학교의 방학 기간에 접하게 된다. 둘째로, 전통적인 학습환경들과 경험들보다는 의도적인 학습환경들과 경험들을 더 많이 필요로 하므로 후기 청소년 교육 목회를 위한 지도자를 찾는 일은 당황케 하는 것일 수도 있다. 그들보다 더 나이 많은 성인들인만큼 순응적이지도 쉽게 만족하지도 않고, 그들보다 나이 어린 십대 초반의 소년 소녀들만큼 단순하지도 쉽게 수용하지도 않는 그 그룹의 필요(욕구)들은 위협적인 것처럼 보일지도 모른다. 셋째로, 교회들은 자신들을 어린이들과 청년들 그리고 가족이 있는 성인에게 맞추는 경향이 있다. 많은 후기 청소년들은, 자신들이 고등부 프로그램을 마치고 나면, 결혼을 하고 자신들의 자녀를 갖기 전까지 교회에는 자신들을 위한 공간이 없다고 분명하게 느낀다. 비록 이것이 의도적인 것이 아니라 할지라도, 그것은 후기 청소년들과 초기 성인들이 공통적으로 공유하는 인식이다.

위에서 언급한 이유들 때문에 선교단체들이 교회보다 후기 청소년들과 접촉하여 그들을 양육하는 일에 더 효과적이었음이 밝혀졌다. 캠퍼스 기관들과 공동체 사역기관들(community ministries)이 대개 이 연령 그룹에 더 매력적이었음이 판명되었다. 융통성, 전통적인 형식의 결여, 후기 청소년기 특유의 경험들을 창출할 수 있는 능력, 보조 지도력(staff leadership)의 역량, 그들의 직접적인 관계적 상황들 안에서의 사역의 실천(presence) 등은 선교단체들이 왜 그렇게 성공적이었는지를 말해주는 많은 이유들 가운데 단지 몇 가지에 불과하다.

후기 청소년들은 교회와 공동체 안에서 빠르게 다가오는 각 세대 바로 그 다음에 오는 지도력의 물결의 정점이다. 이 과도기적 생의 기간 동안에 있게 될, 그들의 영적 성숙은 그들의 개인적인 삶 뿐만 아니라 그 다음에 이어지는 각 세대의 복음 사역을 위해서도 매우 중요하다. 이런 이유로 우리는 청소년 사역(youth ministry)과 성인 사역 사이의 교육 목회의 틈을 메울 방법들을 검토할 지역 회중들과 신앙공동체들을 필요로 한다.

RICHARD R. DUNN

참고문헌 | W. Crain(1992), *Theories of Development: Concepts and Applications*; E. Erikson(1968), *Identity, Youth and Crisis*; J. Fowler(1981), *Stages of Faith*; S. Garber(1996), *The Fabric of Faithfulness*; J. Loevinger(1976), *Ego Development*; S. Patty(1997), *Reaching a Generation for Christ*, pp. 45-86.

청소년 문화(Youth Culture). 독특한 언어와 예술적인 표현들, 행동의 규범, 관계적인 가치들 그리고 해석의 세계관들이 십대들 간의 관계의 특징들이다.

어디에서 등장하든지 청소년 문화는 하부 문화로서 이해되는 것이 올바르다. 예를 들어, 미국의 청소년 문화와 유럽의 청소년 문화는 각각 자신들의 더 넓은 문화 상황들과 관련해서 이해해야 한다. 그러나 청소년 문화 또한 세계 통신기술들의 급속한 진보의 힘을 입어 점차적으로 세계적인 하부문화가 되었다. 그러므로 서반구의 청소년들은 자신들의 더 넓은 문화적인 유산들간의 극적인 차이들에도 불구하고 동반구에 있는 그들의 동년배들과 문화를 공유하고 있다는 사실을 알아가고 있다. 접속 기술과 물품들을 구매하는 소비성 수입(예로 유행을 좇는 의상)과 경험들(예로 음악 콘서트나 영화)로 인해 세계 청소년 문화는 주로 제1세계 현상이라는 것에 유념해야 한다. 그러나 청소년 문화 상품들과 경험들을 목표로 하는 세계 시장 전략들은 심지어 제3세계에 있는 청소년들의 정체성에도 계속해서 영향을 미치고 있다. 그러므로 청소년 문화는 한 국가뿐만 아니라 세계적 현상인 것이다.

청소년 문화는 청소년 정체성 형성의 발달 과정에서 생겨난다. 청소년들이 독립하려고 할 때에 부모에 대한 아이로서의 의존과 독립적인 성인으로서의 절대적인 책임간의 교각을 반드시 세워야 한다. 그러한 관계의 교각은 청소년들의 개인화 과정에 필요한 피드백을 가장 '직접적으로' 제공하는 자원인 동년배들의 세상으로 이루어져 있다. 특별한 동년배 그룹에 속하기 때문에 학교라는 청소년들의 사회에서 자신의 "위치"를 찾는 것이 자신의 정체성을 정의하는 데 중요한 자료가 된다. 청소년 문화는 옷 스타일, 음악 취향, 언어사용(속어) 그리고 행동 유형의 표준을 정해줌으로써 동년배들과 동일시 하는 작업들을 도와준다. 그러므로 청소년 문화는 청소년들이 "나는 누구인가?"라는 질문에 대한 답을 찾는 과정에 필요한 중요한 재원이 되는 것이다.

청소년 문화의 실체는 청소년 지향의 기독교교육 사역들에 필요한 중요한 촉매이다. 청소년들이 그리스도에게 뿌리박은 정체성을 계발하도록 돕는 것의 중요성을 깨달은 교회들과 선교단체들은 청소년 문화와 그 경험들 안에서 청소년들을 전도하고 가르치고자 하고 있다. 그러한 사역들은 청소년들이 직면하는 관계 및 개인 문제들에 적합한 청소년들의 대화, 또래로 이루어진 사회를 찾는 청소년들에게 재미있고 신나는 활동, 아이에서 성인까지의 여정을 통과하는 데 필요한 안내를 제공하는 멘토링 관계들을 제공해 준다. 그러한 사역들을 통한 음악, 토론, 예술적인 표현들 그리고 예배 방식은 기독교 신앙의 차별성을 유지하면서 청소년 문화의 느낌과 모습을 가지고 있다. 그러한 경험이 없는 청소년들은 종종 자신들의 삶의 실체에 그리스도가 상관성을 갖는지 질문하기 시작한다.

존 데토니(John Detonni)는 기독교교육의 실제에서 청소년 문화의 실체와 강력한 영향력을 강조하면서 청소년 사역자들은 반드시 민족사학자의 역할을 해야 한다고 제안한다. 데토니는(1993) 그러한 지도자들의 기능을 묘사(그 형태), 분석(다양한 요소들이 어떻게 작용하는지), 해석(그 의미를 청소년 자신들에게 전달) 그리고 특정 청소년 문화 상황의 독특한 요소들에 대한 예측(무엇이 일어날 것인지)이라고 기술하고 있다. 민족사학자로서 사역자들은 청소년들이 자신들의 청소년 문화 경험 가운데서 하나님과 동년배 그리고 자신들의 세계와 관련해 자신들의 믿음이 어떤 의미를 가지는지를 정확하게 이해하고자 한다. 리처드 던(Richard Dunn, 1977)은 청소년 문화에 대해 올바른 시각을 개발하는 것의 중요성을 보여주며 다음과 같이 주장한다. 청소년들의 시각에서 세상을 이해하는 것은 (1) 성인들이 자신들의 문화 속에서 청소년들에 관해 가지는 세대적인 가정(假定)들의 차이를 좁혀준다. (2) 다른 문화권 속에 있는 청소년에 관해 가지는 문화적인 가정들의 차이를 좁혀준다. (3) 청소년들의 개인적, 영적 발달에 관련한 통전적인 이해를 제공해 준다. (4) 청소년들의 선택과 행동을 설명해 주는 하나의 틀을 제공해 준다. (5) 특정 상황에 대한 프로그램 전략들과 교수 방법들의 적합성을 평가한다. (6) 청소년들에게 개인적으로 가장 의미 있는 방식으로 유익을 얻는 현실적인 "접촉점들"(touch points)을 알려준다.

그러므로 기독교교육자들은 주어진 환경에서 청소년들의 영성을 살찌워주기 위한 더욱 더 효과적인 방법들을 창출하기 위해 특정 청소년 문화 상황을 "해석"(exegete)하고자 한다. 그 과정에 포함되어 있는 것은 성인들이 청소년 문화를 이해하려고 하는 열심 가운데 주어진 자료를 해석하는 데 너무 성급한 결론을 내릴지 모른다는 현실적인 염려가 들어가 있다. 예를 들면, 청소년 문화의 한 부분에 많이 나오는 음악, 속어, 옷 스타일, 신체언어 등을 성인들은 반항의 표로 간주할 수 있다는 것이다. 사실 그 표현들은 성인들에 대한 반항이라기보다는 성인문화로부터 독립을 추구하는 표시일 것이다. 피해야 할 위험은 성인들이 청소년 문화가 끼치는 영향의 중요성을 너무 가볍게 받아들이는 것이다. 그렇게 될 경우 성인들은 청소년 문화의 다양한 요소들 가운데 전달되는 중요한 가치가 담긴 메시지들을 청소년들이 분별하고 반응하는 데 도움을 줄 수 없게 된다. 종종 부정적인 힘을 가진 청소년 문화 속에서 청소년들이 자신들의 영적 여행을 해 나가는 데 도움을 받지 못할 경우 학생들은 성숙한 기독교 성인으로 나아가는 데 필요한 적합한 준비를 하지 못하게 되는 셈이다.

그러므로 동년배 관계들은 청소년이 필요로 하는 유일한 관계들도 아니며 심지어 가장 중요한 관계들도 아니다. 청소년 문화가 청소년들의 태도들과 행동들을 형성하는 힘을 가질 수 있는 것은 청소년이 동년배들을 자신에게 가장 직접적인 영향을 미치는 요소로 본다는 사실 때문이다. 그러나 부모들과 중요한 다른 성인들이 청소년에게 가장 중요한 영향력으로 남아 있다. 만일 부모들과 성인들이 자신의 영향권 속에 있는 청소년들의 삶에서 자신들의 의미 있는 역할들을 포기한다면 그 청소년들은 자신들의 직접적인 청소년 문화 상황 속의 모든 비성경적인 가치들에 대해 훨씬 더 무방비의 상태가 된다. 반대로, 만일 부모들이 양육, 인도, 후원, 기도 그리고 가르침을 제공하고 참된 기독교인인 성숙의 모델이 된다면 청소년들은 동년배들과 그리고 유행들의 압력을 이겨낼 수 있다. 기독교인 청소년들은 동년배들과 중요한 성인들과 안정적이고 의미 있는 상호 관계들을 가질 때 청소년 문화의 부정적인 측면들을 이겨낼 수 있는 저항력을 키우게 된다. 그러므로 청소년 문화에 효과적으로 반응하는 것은 성인들이 그 문화의 중요성을 존중하고, 그 의미를 이해하고, 성경적인 적합한 가르침으로써 그 가치들을 다루고, 매우 중요한 자신의 동년배 사회의 경험들 속에서 청소년들이 자신들의 믿음의 의미를 이해할 수 있도록 돕고자 하는 열정으로 청소년들과 관계를 맺을 것을 요구한다. 이 접근법에서 중요한 것은 청소년 문화의 다양한 표현들에 대해 반응하는 것에 집중하기보다 사역의 에너지를 이런 강력한 힘을 갖고 있는 하부문화 관계의 벽 속에서 살고 있는 개별적인 청소년들에게 반응하는 데 초점을 맞추는 헌신이다.

RICHARD R. DUNN

참고문헌 | R. R. Dunn and M. H. Senter III (1997), *Reaching a Generation for Christ*; J. Dettoni(1993), *Introduction to Youth Ministry*; D. Elkind(1984), *All Grown Up and No Place to Go*; D. J. Hesselgrave and E. Rommen(1989), *Contextualization*; W. Mueller(1994), *Understanding Today's Youth Culture*; Q. Schultze et al.(1991), *Dancing in the Dark*.

청소년사역(Youth Ministry). 청소년 사역은 세상에서 교회의 전략적인 선교의 일환으로는 비교적 새롭게 추가된 부분이다. 가장 순수한 형태의 청소년 사역은 "항상 관계적, 신학적 그리고 행동지향적"이라는 사실을 제안하면서 센터(Senter)는 초기 증거로써 1859년에 시카고에 있는 젊은 소년들을 전도하기 위해 주일학교를 시작한 디엘 무디를 좋은 예로 제시한다(Dunn & Senter, 1997, 107). 또한 센터는 1824년과 1875년 사이에 영국에서 탄생한 주일학교, 기독교청년회(YMCA), 기독교여성청년회(YWCA) 등과 같은 새로운 기관들이 미국에 오게 됨으로써 첫 청소년 사역의 물결이 몰려왔다고 한다. 두 번째 청소년 사역의 물결의 역사는 기독실천회(The Society for Christian Endeavor)의 시작에서 그 기원을 찾을 수 있다. 이 사역의 물결은 교회의 청소년들이 성장할 수 있도록 도움을 주는 활동들을 제공하였다. 현재 청소년 사역의 기초를 닦은 제 3의 물결은 영 라이프(1941), YFC(1945) 그리고 기독운동선수들의 모임(1954)과 같은 선교 복음 단체들에 의해 시작되었으며 이 단체들은 자신들의 전략의 초점을 공립 고등학교에 두었다(108).

청소년 사역자들에게 훈련과 자료들을 제공한다는 분명한 목적을 갖고 존재하는 전문 단체들과 기관들을 볼 때, 현대의 청소년 사역이 나이를 먹어 어른이 되었다는 결론을 내리는 것이 당연할 것이다.

1997년에 주로 청소년 사역 분야의 교수들로 이루어진 청소년 사역 교육자들의 모임에는 70명이 넘는 사람들이 참석하였다. 1968년에 시작된 청소년 전문 사역자들(Youth Specialities)은 전국 청소년 사역자 대회에서 계속해서 참석자 기록을 깨고 있으며, 잡지「그룹」(Group)의 유통과 영향력은 1974년 창간된 이후로 엄청나게 증가하였다. 다양한 교회와 선교 단체들간의 선교지향 협력을 조장하기 위해 존재하는 전국 청소년 사역 연락망은 역사적인 대회(아틀란타 95)를 후원하였다. 매년 모이는 청소년 사역 집행의회로 알려진 모임으로는 잘 알려지지 않았지만 전략적인 노력의 직접적인 결과로 6천명의 참석자들이 이 대회에 모였다.

청소년 사역 분야가 더욱 더 성숙해짐에 따라 청소년 사역을 공식적으로 정의내리게 된 것은 최근이다. 람포트(Lamport)는 다음의 정의를 제시했다. "청소년 사역은 청소년들에게 기독교 신앙의 중심인 하나님의 복음 메시지를 드러내고, 전달하고, 나누는 자연적이면서 동시에 초자연적 방법을 통한 의도적, 결정적 그리고 지속적인 탐구이다. 청소년 사역의 궁극적인 목표는 성령의 능력으로 청소년의 삶의 변화를 모색해 청소년들이 성경에 나타나 있고, 우리 주 예수 그리스도의 인성에 주로 나타난 계시된 하나님의 뜻을 본받을 수 있도록 하는 것이다" (Lamport, 1996, 62). 센터의 청소년 사역의 세 가지 원리를 통합시키는 것이 청소년 사역에 필요한 형식적인 과정을 정의하는 데 도움이 될 수 있을 것이다(Dunn & Senter, 1997). 첫 번째, "청소년 사역은 기독교인 성인이 학생의 세계에 들어가는 마음 편한 방법을 발견할 때 시작된다." 두 번째, "기독교인 성인이 학생과의 접촉을 통해 학생과 예수 그리스도를 통한 하나님과의 관계가 자라가게 될 때 청소년 사역이 생겨난다. 첫 두 원리의 논리적인 연장선상에서 생겨나는 세 번째의 적합한 원리는 "성인-학생 관계가 무너지거나 학생을 더 이상 영적 성숙으로 나아가게 하지 못할 때 청소년 사역은 더 이상 생겨나지 않는다"이다.

청소년 사역 신학은 청소년 사역이 갖는 교회의 다른 사역들과의 유사점과 차이점들을 밝히는 것을 도와준다. 하나님, 죄, 인류, 구원 그리고 성경에 관한 고전적인 교회의 교리들은 청소년 사역에 유용하도록 청소년들이 이해할 수 있는 수준으로 상황화될 필요가 있다. 청소년 사역의 실천신학에 도움이 되는 더욱 더 예리한 신학적인 강조점들도 있다. 이러한 강조점들은 청소년 사역의 경험들 속에서 나오는 것으로서 청소년 사역자들이 직면하고 있는 훨씬 더 긴급하고 절실한 필요들의 일부를 반영해 주고 있다. "청소년 교회"의 개념이 청소년 사역자의 교회론과 어떤 관계를 가지며 또한 그것을 어떻게 설명하는가? 레저, 오락, 물질주의, 성과 경쟁 등에 대한 신학적인 해석을 가능하게 해주는 어떤 종류의 성경적인 도움을 받을 수 있는가? 놀이들은 청소년의 사회심리적인 필요들을 채워줄 수 있지만 분명한 신학적인 성찰을 통해 청소년의 게임들이 더욱 더 유익해질 수 있을까? 청소년 사역 신학은 청소년 사역에 관한 "왜"라는 질문들을 답하는 데 필요한 성경적인 기초를 제공한다. 그 신학의 범위와 방향은 그리스도의 몸과의 관계와 교회에서의 청소년 사역의 독특한 역할을 확인시켜 준다.

청소년 사역의 철학은 반드시 청소년 사역 신학으로 재고되어야 한다. 성경연구만으로 청소년 사역의 실제에 관련된 모든 "왜"라는 질문들을 포괄적으로 답할 수 없다. 예를 들어, 하나님의 형상(imago dei)과 타락에 관련된 신학적인 진리들은 모든 사람들을 사역에 참여하게 하지만, 청소년들에 대한 전문적인 이해는 대부분 진리를 체험함으로써 생겨난다. 청소년들이 믿음 안에서 배우고 자라는 방법, 궁극적인 방향, 단기 목표, 사역 평가 이 모든 것들은 사역 철학에 포함된다.

청소년 사역은 사역 전략들의 철학에 의해 분류될 수 있다. 관계-성육신적 사역의 특징은 하나님의 사랑을 실천하고, 삶을 변화시키는 사랑을 전달할 수 있는 관계의 연결교리를 만들기 위해, 청소년들의 세계로 들어가는 성인들이 중심이 된다는 사실이다. 현재 청소년 사역 기관 중에는 영 라이프가 이러한 철학을 가장 순수하게 표현한 단체들 중의 하나이다. YFC는 복음을 전하는 데 관계의 중요성을 강조하면서 학생이 그리스도의 주장에 대해 결신을 내리는 과정으로 신속히 이끌어간다는 점에서 관계적-대면적이다. 대학생 벤처(대학생 선교회, C.C.C.)는 이러한 시간의 틀을 더욱 더 압축시킨다. 이러한 각각의 기관들은 젊은이들과 접촉하는 최상의 장소는 고등학교라는 사실을 믿는 전도 초점의 사역들에 둔다. 이런 선교 단체들은 최근에 더욱 더 효과적인 전도를 위해 교회 중심의 프로그램에서 사역의 장소를 널리 퍼져 있는 고등학교로 이동하기 원하는 교회들과 협력하기 시작했다. 윌로우크릭교회의 학생선교단(Student Impact)은 이러한 영역에 대한 새로운 시도로서 불신자 청소년들이 사회적으로 안전하게 느낄 수 있는 학교 동아리를 만드는 것을 목표로 한다. 수많은 남침례교 단체들도 동일한 방법을 사용하고 있다. "최우선 순위"(First Priority)라는 단체는 동일 접근법(1984)에 의해 가능해진 청소년이 이끄는 캠퍼스/성경공부 동아리를 통해 기독교 젊은이들이 학교를 중심으로 연합하는 것을 도와준다. 십대 엄마들, 도시의 갱들 그리고 소수민족들을 목표로 하는 전문 사역들은 다양한 청소년 인구에 대한 몇 가지 창의적인 대처방법들이다. 선라이프는 교회를 기초로 하는 청소년 사역자들이 청소년 사역을 위해 지상 대명령의 우선순위들을 성경적인 방법으로 균형을 갖출 수 있도록 돕는 훈련을 제공한다.

지역 교회들 뿐만 아니라 이러한 단체들은 청소년 사역 철학의 공통된 부분들에 그들이 할당하는 가치에 의해 구분된다. 이러한 가치들은 특별한 전략에 관련된 질문들이 탐구될 때 드러날 것이다. 최상의 청소년 전도는 청소년들을 양질의 행사에 초대하는 것인가 아니면 그들의 세계로 들어가는 것인가? 동년배 전도를 위해 학생들을 훈련시킴으로써 인가 아니면 복음을 전할 성인들을 준비시킴으로써 인가? 청소년 사역은 제자훈련으로 이어지는 전도에 초점을 맞추어서 시작해야 하는가 아니면 전도로 이어지는 제자훈련에 초점을 맞추어야 하는가? 형식적인 방법들과 상황들과 반대되는 일상적인 전략들과 상황들의 역할은 무엇인가? 소그룹인가 아니면 대그룹인가? 선교 여행인가 아니면 스키 여행인가? 교회 연합은 전도의 방해인가 아니면 도움인가? 새신자들은 어떻게 교회에 가장 잘 동화되는가? 이러한 질문들은 청소년 사역의 철학이 더욱 더 분명해질 수 있도록 도와주는 몇 가지 질문들이다.

청소년 사역은 지역 상황에서 쉽게 관찰되는 장단점의 예측 가능한 단계들을 통해 종종 발전해 나간다. 청소년 사역에 뛰어드는 대부분의 사람들을 위한 기초적인 기술들은 주로 관계 형성과 관련이 있다. 초보 청소년 사역자들은-아마도 이러한 기술들을 가지고 시작하겠지만-청소년들과의 관계를 먼저 맺는 법, 관계를 만들기 위해 공통된 경험을 사용하는 것, 개인 약속을 위해서 패스트푸드 음식점을 사용하는 방법들을 금방 배운다. 규모가 작거나 중간 정도의 청소년 그룹들에게 이러한 관계 기술들은 기대되는 과업을 달성하는 데 충분할 것이다.

40명 이하의 학생들로 이루어진 그룹 모임은 견고한 관계 조직은 개발했지만 위대하게 "눈에 띄는" 은사들이 없는 사람도 적절히 다룰 수 있을 것이다. 그러나 그룹의 크기와 영향력이 커지면 청소년 사역자는 매주 규모 있는 그룹들을 위해 잘 짜인 사회적으로 용납되는 모임들을 조직하고 실행하는 방법들을 배움으로써 프로그램을 만드는 기술들을 개발할 필요가 있다. 여행과 대형행사들은 참가하는 청소년들의 숫자가 증가하기 때문에 훨씬 더 꼼꼼한 행정적인 준비를 요구한다. 청소년들과 변화된 관계들을 맺는 데 자신들을 투자하는 비전을 가지고 이 과업을 감당하는 청소년 사역자에게 이러한 프로그래밍 단계는 상당한 좌절감을 가져다 줄 수 있다. 대중에게 호감을 주고 그들을 참여시키도록 구상된 몇몇 프로그램들이 그러한 관계와는 아무런 상관이 없다. 이러한 일에 요구되는 기술들은 초기 성공에 적합했던 기술들과는 매우 다르다.

사역을 관계 단계에서 프로그래밍 단계 그 이상으로 성공적으로 이동시켜 나가는 청소년 사역자들은 폭발적인 사역의 영향을 위해 사람들을 동원하고 개발하는 것을 중심으로 하는 중요한 리더십 기술들을 사용하는 법을 배운다. 이러한 기술들에는 비전 제시, 자원봉사자 모집, 검사, 훈련과 감독, 공동체 네트워킹 그리고 학생 지도자 계발 등이 있다.

다음 단계로 나아가는 청소년 사역의 각 단계에는 장점들이 있지만 각 단계의 효율성을 높이는 초점은 각각 다르다. 이러한 다양한 능력들을 계발시키는 데 필요한 사역의 수명과 더불어 이러한 현실은 세 단계들―관계, 프로그램, 사람 계발―의 개별적인 단계가 다음 단계로 나아가고 시간이 흐를수록 청소년 사역들의 일부분이 피라미드 모양으로 감소하는지를 설명하는 데 도움이 된다.

DAVE RAHN

참고문헌 | D. Borgman(1997), *When Kumbaya Is Not Enough: A Practical Theology for Youth Ministry*; B. Boshers(1997), *Student Ministry for the 21st Century*; A. Campolo(1989), *Growing Up in America: A Sociology of Youth Ministry*; M. DeVries(1994), *Family-Based Youth Ministry*; R. R. Dunn and M. H. Senter III, eds.(1997), *Reaching a Generation for Christ*; D. Fields(1998), *Purpose-Driven Youth Ministry*; M. A. Lamport, *Christian Education Journal* 16, no. 3(1996); D. Robbins(1990), *Youth Ministry Nuts and Bolts*; M. Senter III(1992), *The Coming Revolution in Youth Ministry*; D. Veerman(1988), *Youth Evangelism*.

청소년(중기)사역(Middle Adolescent Youth, Ministry to).

심리학자인 고든 홀(Gordon Hall)이 유년기와 성년기 사이의 성장하는 삶의 단계를 정의하고 서술하기 위해 1920년대에 '청소년기'(adolescence)라는 용어를 소개한 이래, 학자들은 청소년기가 시작되며 종료되는 나이가 언제인가에 대해 논쟁해 왔다. 게다가, 많은 연구들에 의해 청소년기 단계 안에서 성장에서의 중요한 차이점들이 밝혀져 왔으며 이에 따라 어떤 이들은 더 엄밀한 정의와 서술을 제시하기도 했다.

오늘날 청소년기를 세 단계로 구분하는 것이 일반적이다. 초기 청소년기는 보통 11세에서 13세 사이로 본다. 중기 청소년기는 14세에서 16세 사이로 보며, 후기 청소년기는 17세 이상 성인기 사이의 학생들로 이루어진다.

중기 청소년기는 보통 한 학생의 삶에서 힘든 시기이다. 성장하는 삶의 과정에서 가장 큰 육체적, 사회적 변화가 일어나는 시기이기 때문이다. 이들은 대부분 육체적으로 급격한 성장이 경험되는데 이는 청년기까지 계속된다. 다른 이들은 2년 동안 성장이 이미 진행되어 그들이 성인기 전체에 걸쳐 보이게 될 신체적 특징이 역력히 드러나기 시작한다.

둘째, 중학교에서 고등학교로의 진학이 대부분인 중기 청소년기 학생들에게 일어나며, 많은 학생들은 이런 변화를 큰 걱정과 때로는 두려움으로 바라본다. 그들은 고등학교를 대학입학이나 취업 이전에 청소년기에서 느끼는 마지막 압박감으로서 바라보게 된다.

청소년 사역에 대한 전통적인 접근법은 교회 청소년 지도자들이 청소년기의 발전단계들 간의 차이점들을 무시하거나 무지하도록 만들 수 있다. 학생들을 중학교와 고등학교로 분류하는 전통적인 방식은 중기 청소년기 학생들 특유의 필요들을 다루는 데 실제적이지 못하게 만들 수 있다.

몇 년 전 대형 교회들이 '9년차들'(The Niners)로 종종 불리는 9학년 학생들을 구분하여 이 문제를 다루려고 시도하였다. 그것은 이런 사역의 지도자들에게 9학년생들의 중요한 문제들을 다룰 수 있도록 해 주었지만, 종종 나머지의 청소년 그룹으로부터는 분리된 느낌을 갖도록 만들어 버렸다.

중기 청소년기 학생들을 위한 사역 계획에는 다음과 같은 성장상의 특성들을 고려해야 한다.

1. 중기 청소년들은 어린 청소년들보다 이성과 성에 대한 이해가 이미 깊어지기 시작했다. 그러나 그들은 그것에 관련된 중요한 인격적이고 윤리적인 문제에 대해서 관심을 기울일 정도로 성숙하지는 못하였다.

2. 그들은 이전보다 더 부모로부터의 자유를 갈망하게 되었다. 그러나 그 갈망은 또한 그들을 두렵게 하고 있다.

3. 그들은 때로는 외로움, 혼란 및 낮은 자존감 등의 강한 감정과 갈등하게 되는데 이런 것이 그들의 초기 청소년기에는 문제가 되지 않았다.

4. 그들은 결혼이나 직업, 대학공부 등의 후기 청소년기

에 부딪치게 될 선택의 문제들에 대해서는 아직 열중하지 않고 있다.
5. 그들은 아직 성인기의 세계에 들어갈 준비가 되지 않았을 뿐 아니라 그 세계에 들어가고자 하는 열망도 없다.

중기 청소년들 사역 계획을 위한 지침이 되는 질문들은 다음과 같다.

1. 이런 중기 청소년기 학생들은 그들의 나이에 특유한 어떤 필요들을 가지고 있으며 이런 필요들은 교회 청소년 사역에서 사용가능한 자원을 통해 어떻게 하면 가장 잘 다루어질 수 있는가?
2. 중기 청소년기 학생들과 관계를 형성하기 위해서는 어떤 접근법이 가장 효과적인가?
3. 중기 청소년기 학생들이 예수 그리스도와 관계를 맺도록 하는 가장 최선의 방법은 무엇인가?

최근 중학교와 고등학교라는 전통적인 분류방식을 붕괴시키지 않고 청소년 사역에 발전적으로 접근할 수 있는 성공적인 청소년 프로그램들이 대형 교회들에서 시도되고 있다. 그러나 이런 특별한 프로그램은 대형 교회에서만 작용될 것이다.

이런 교회들에서 사용된 접근법 중에는 7학년에서 8학년 학생들로 구성된 전통적인 중등부 그룹과 9학년에서 12학년 학생들로 구성된 전통적인 고등부 그룹으로 구분하는 방법이 있다. 그러나 양쪽 모두 학년마다 협력사역자(associate youth director)가 있었다. 이 협력자는 7학년들 혹은 9학년들에게 보충되어 이 학생들이 중등부나 고등부를 졸업하기까지 함께 있게 되어 있다. 이 협력지도자는 책임 맡은 학생들을 알고, 2년(중등부) 또는 4년(고등부) 내내 학생들의 필요를 따라 사역하기 위해서 자원하는 소그룹 리더들로 구성된 팀을 이끌 책임이 있다.

이런 교회들 중 적어도 한 교회에서는, 소그룹 리더들(핵심 리더로 불림)을 8학년에서 9학년으로의 이동(중등부에서 고등부로) 중에도 학생들과 함께

하게 함으로써 학생들이 갖는 걱정과 두려움이 학생들을 잘 알고, 지속적인 관계를 유지해 온 핵심리더에 의해 다루어질 수 있도록 한다. 이 변화의 해에도 이미 리더와 관계가 형성되어 있다는 감정은 고등부로 이동할 때 갖게 될 압박감과 불안을 크게 감소시켜 준다.

청소년 사역에서 청소년들을 나이에 따라 세 개의 범주로 나누는 것은 학생들을 섬기는 방법을 불필요하게 복잡하게 만든다고 믿는 이들도 있다. 이에 대해서는 다음의 정보가 도움이 될 것이다.

인생에서 청소년기에 있는 학생들은 정체성 형성에 중대한 노력을 기울인다. 그들이 말하고 행하는 것이나 성인들이나 동료들, 다른 이들에게 반응하는 방식에서 대부분은 아닐지라도 많은 부분은 "나는 누구인가?"라는 질문에 대답하려는 노력과 관련된다. 중기 청소년들은 정체성을 찾는 과정을 거의 완성하였다. 반면에 후기 청소년들은 그들이 발견한 몇 가지 정체성에 대한 생각들을 실험하느라 바쁘다. 중기 청소년기 동안 사역자들은 그들이 발견한 정체성에 대한 생각들을 정리하고 건강한 모델과 그렇지 못한 것을 구별하도록 도울 수 있는 기회를 가진다.

청소년기는 매우 빠른 속도로 변화가 일어나고 있는 형성의 단계이므로, 보다 엄밀하게 정의된 나이 구분법은 청소년 사역자들에게 적은 규모의 학생 그룹 단위로 매우 특정한 성장상의 문제들에 집중할 수 있도록 도와준다.

중기 청소년기는 매우 큰 개인적 불확정성의 시기이므로, 그것은 또한 매우 높은 인식 부조화(불균형)의 시기이며 또한 불균형적인 학생들이 배우기 위해 준비된 시기이기도 하다. 중기 청소년들에게는, 한 해 전에는 없었고 한 해 후에는 어쩌면 영원히 잃어버리게 될, 놀라운 배움의 순간들이 많이 존재하고 있는 것이다.

KEN GARLAND

참고문헌 | R. R. Dunn and M. H. Senter(1997), *Reaching a Generation for Christ*; L. Parrott(1993), *Helping the Struggling Adolescent*; W. Rice(1990),

Junior High Ministry; D. R. Veerman(1990), *Reaching Kids before High School*.

청소년 사역의 모델(Youth Ministry, Models of).

청소년 사역은 아직도 교회 사역이라는 상황에서 보면 비교적 새로운 개념이다. 미국의 교회들은 2차 세계대전의 종결 후 아동도 아니고 성인도 아닌 학생들을 위한 전문 사역 개발을 시작했다. 청소년을 위한 초기 사역들은 기적의 책 클럽, 영 라이프, YFC 그리고 다른 선교단체 기관들에 의해 이루어졌다. 당시 대부분의 지역 교회들이 청소년 사역은 중요하다고 생각지 않았다는 사실을 유념하는 것이 중요하다.

초기 청소년 사역의 모델들은 지역사회를 통하지 않고 지역 학교 캠퍼스 내지는 청소년 지역사회와 관계된 실제 클럽 활동들을 갖춘 "클럽 모델들"이었다. 클럽 사역 모델은 캠퍼스에 올 수 있는 일종의 반(半)공식적인 이유를 가진 클럽 운영자라고 불리는 사람에 의해 운영되었다. 이 운영자는 캠퍼스의 시간을 이용해 학생들과 관계를 맺고, 그들이 클럽에 참여하도록 초대하였다. 클럽의 정규 구성원들이 된 사람들은 지도자의 위치로 부상했고 친구들 또한 클럽에 오도록 초대할 것을 권유받았다. 클럽 모델은 일반적으로 정기적인 대회의 기능을 가졌는데 다양한 클럽들에 소속된 학생들이 한 자리에 모여 서로를 격려하고 후원했다.

지역 교회들이 청소년 사역을 심각하게 받아들이기 시작했을 때 그들의 대부분의 활동들은 주 단위 가르침(주로 주일학교) 및 주 청소년 그룹 모임(일반적으로 주일 저녁예배 전의 주일 저녁) 중심으로 이루어졌다.

최근 몇 년에 청소년 전문가들은 청소년 사역을 위한 여러 가지의 모델들이 있으며 모델의 선택은 교회와 그 교회의 기독교교육부서의 사명 선언문과 직접적으로 관계가 있다는 생각을 심각하게 받아들이기 시작했다. 마크 센터(Mark Center, 1997)는 이러한 모델 중의 몇 가지를 소개했다.

1. 기독교 학교 모델. 많은 청소년 지도자들은 높은 비율의 학생들이 사립 기독교 중학교 내지는 고등학교를 다니는 학생들로 이루어진 청소년들을 대한다. 그들은 이들 중 많은 학생들이 교회의 청소년 그룹보다 학교와 학교 활동에 더 밀접하게 관계를 맺고 있다는 사실을 발견한다. 그러므로 기독교 학교 모델은 기독교 학교를 하나의 실험실로 사용하여 청소년들을 균형 잡힌 기독교 성인들로 만들도록 고안되었다.

2. 경쟁 모델. 어떤 청소년 지도자들은 자신들의 청소년 사역을 자연스러운 인간의 본능인 경쟁심에 기초하여 세워나간다. 경쟁 모델은 경쟁, 토론, 학습 그리고 신앙과 관련된 문제들을 논하기 위한 팀들을 구성하여 그 팀들 중에서 자연스럽게 생겨나는 리더들을 사용한다.

3. 제자훈련 모델. 많은 청소년 지도자들은 청소년 사역을 성인들이 이끄는 일련의 소그룹 제자훈련, 보살핌 내지는 책임 그룹들에 기초하여 세워 나간다. 제자훈련 모델은 학생들이 불경건한 세상에서 하나님의 사람들이 되도록 훈련시킨다. 초점은 성경 공부, 기도, 성경 암송 그리고 신앙의 변호에 있으며 이 모든 것은 학생들이 상호간에 자신들의 믿음을 나눌 수 있는 보호받는 환경에서 이루어진다.

4. 사역 모델. 청소년 지도자들이 다양한 활동들, 선교 여행 그리고 개인 전도를 중심으로 사역을 세워나가는 것은 흔한 일이다. 이 모델의 목적은 학생 사역의 기술들을 계발하고, 그러한 기술들이 인간의 필요에 조심스럽게 계획된 상황—종종 타문화 환경—에서 사용될 수 있는 환경을 제공하는 것이다. 이 모델에서 성인이 상황을 인도하는 것과 자기 자신들의 능력과 기술에 충분히 만족하지 못하므로 필요를 느끼는 학생들에게 다양한 양육 기능들을 제공하는 것이 중요하다.

5. 안전한 장소 모델. 어떤 청소년 지도자들은 수정된 "지역사회센터"로 묘사될 수 있는 상황에서 청소년 사역을 감당해 나간다. 이 모델에서 지역사회와 그 주변 지역에 있는 학생들의 필요를 충족시키기 위한 활동들과 프로그램들을 계속 실행한다. 안전한 장소 모델은 지역의 아이들을 전도하고 그들과 영적으로 책임을 지는 관계들을 형성하기 원하는 정다운 기독교 성인 지도자들과 연계하여 교회의 시설물들

을 사용한다.

게다가 더피 로빈스(Duffy Robins, 1991)는 오늘날 보편적이라고 하는 청소년 사역의 모델 세 가지(뒤의 6, 7, 8모델)를 더 소개한다.

6. 영웅 모델. 이 모델은 우리가 청소년 프로그램들을 한 중심인물, 즉 청소년들에게 자연스럽게 매력적인 어떤 카리스마가 있는 인물 중심으로 세워나가야 한다는 이론에 기초한다. 이 모델은 이 인물과 학생들이 맺는 관계들을 결과적으로 역할 모델이 그렇게 했고, 또한 그렇게 가르쳤기 때문에 자신들이 선택하는 삶의 원리로 변화될 것이라고 가정한다.

7. 참여 모델. 중심 단어는 '참여'이다. 이 모델을 주창하는 사람들은 인간적으로 행할 수 있는 가능한 한 많은 사역의 방법들을 창출해내는 것을 믿는다. 이러한 참여는 그룹 내에서 있을 수 있고(팀 리더들, 시청각 자료 담당자들, 음악과 예배 인도자들, 환영자들, 기관장들 등), 아니면 전도 지향적인 활동들로서 다른 사람들의 필요를 채워주는 데 동참함으로써 그룹 밖에서 이루어질 수도 있다.

8. 상관성 모델. 이 모델을 주창하는 사람들은 학생들과 상관성을 갖는 것을 믿는다. 극단적인 경우에 성인 지도자들은 이 모델을 사용하여 학생들에게 더 상관성을 갖는다고 믿는 의상, 행동 그리고 말을 한다. 멀게는 1960년대의 경험에 의하면 이러한 성인들의 대부분은 학생들과 상관성을 갖기보다는 어리석은 행위로 보인다. 하지만 학생들이 실제적이고 절실한 필요들에 대해 상관성을 갖는다는 것은 중요하다.

요약해 보면, 이런 유명한 사역의 모델들 뿐만 아니라 더 많은 모델들이 있다. 식견이 있는 청소년 지도자들은 학생들의 필요들, 교회의 사명 선언문과 목적 그리고 청소년 스탭들의 실제적이고 잠정적인 능력들에 기초하여 모델들을 조심스럽게 선택하거나 만들 것이다.

KEN GARLAND

참고문헌 | D. Dunn and M. Senter(1997), *Reaching a Generation for Christ*; D. Robbins(1991), *Youth Ministry That Works*.

청소년 성경공부(Bible Teaching for Youth).

교사는 성경이 청소년들에게 의미가 있다는 사실을 가르치고, 또 그들을 생명 있는 하나님의 말씀으로 변화될 수 있도록 인도할 책임이 있다. 이외의 다른 것들은 학교나 교회에서 흔히 대하는 무관한 정보에 지나지 않는다.

성경이 지루한 정보를 주는 것이 아니라 청소년들을 변화시키도록 가르치기 위해서, 교사는 성경에 대한 높은 견해를 가져야 한다. 단순히 신학적 영감설이 아니라 청소년을 변화시키는 성경의 능력에 대한 헌신으로서(딤후 3:16; 히 4:12; 벧후 1:20을 보라) 성경은 암기하라고 주어진 것이 아니라 우리를 죄로부터 보호하고(시 119:11, 133) 매일의 삶의 지침으로(시 119:105, 130) 주어졌다. 교사들은 어떻게 성령과(요 14:26; 15:26) 선생들을 통해 성경이 청소년들의 개인적 삶과 공동체적 삶에 말씀하시는지 볼 수 있도록 도와야 한다. 교사들은 성경을 제대로 해석하고 청소년을 잘 이해하는 두 가지 책임을 다하여 영감된 말씀을 통해 청소년들의 필요를 채워 주어야 한다.

청소년을 가르치는 원리들은 다음과 같다. 첫째, 교사들은 청소년이 누구인지 잘 알고 이해해야 한다. 이것이 청소년과 성경과 교사들 사이에 공통적 배경을 제공한다. 우리를 만드시고 우리를 아시는 예수님과는 달리(요 2:25), 교사들은 학생들에 대해 자세히 알지 못하므로 질문을 던질 필요가 있다. 그들을 이해하기 위해 샅샅이 살펴야 한다. 청소년을 관찰해 보면 그들이 현재 대하는 필요와 관심과 염려와 문제들이 무엇인지 알게 된다.

둘째, 방법론적으로 주제별 공부이든지 권별 공부이든지 막론하고 교사들은 성경 본문을 청소년에게 하나님의 생각을 가르치는 방향으로 해석해야 한다. 성경의 어떤 부분이 청소년의 필요에 가장 적합한지를 결정하는 것은 교사의 몫이다. 그런 후에 그 본문을 청소년에게 주는 메시지로 해석해야 한다.

셋째, 성경과 청소년에 대한 연구 자료를 사용하여 교사들은 그 본문을 통해 가르치고자 하는 목적을 수립한다. 가르칠 대상을 위한 목표와 학습 결과도 제시한다. 이러한 목표와 결과들은 네 가지 기본적인 질문에 답해준다. (1)청소년들이 알아야 할 것이 무엇인가? (2)청소년들은 무엇을 느끼는가? (3)공부한 뒤에 그들이 행해야 할 일이 무엇인가? (4)그들이 어떤 사람들이 되기를 원하는가?

넷째, 교사들은 위의 네 가지 질문에 대한 대답을 사용하여 학습 계획을 만든다. 청소년에 대한 연구와 성경공부와 설정해 놓은 학습 결과들을 통합하여 학습 계획을 세운다. 의도했던 학습 결과가 실제로 교사들로 하여금 학습을 그 방향대로 이끌어 가게 하고 목표에 도달하게 한다. 성경공부는 청소년의 주의를 집중시키는 서론과 학생들 스스로 성경의 진리를 발견하도록 인도하는 성경공부와 적용과 결론으로 구성된다. 그러므로 의도하는 학습 결과를 위해 교사는 다양한 상호 반응적인 전략과 방법과 자료들을 준비해야 한다. 청소년들이 적극적으로 공부에 참여하여 말씀을 이해하고 말씀을 그들의 삶에 적용함에 따라 변화가 시작될 것이다.

효과적인 가르침에는 교사의 헌신과 시간이 요구된다. 교사들은 강력한 하나님의 말씀을 통해 청소년 세계에 합당한 영원한 진리를 가르쳐서 하나님의 젊은 청년들이 "모든 선한 일을 행함에 온전케"(딤후 3:17)되도록 해야 한다.

교사들은 교수법과 성경해석법, 학생들에 대한 이해와 학습 체계의 구성 등에 관한 이론과 실천 모두를 알고 실천할 실력을 갖추어야 한다.

JOHN M. DETTON

참고문헌 | P. Downs(1994), *Teaching for Spiritual Growth*; M. D. LeFever(1996), *Creative Teaching Methods*; D. Robbins(1990), *The Ministry of Nurture: How to Build Real-Life Faith in Your Kids*; J. W. Wilhoit and J. M. Dettoni, eds.(1995), *Nurture That Is Christian: Developmental Perspectives on Christian Education*.

청소년의 사회화(Socialization of Youth).

청소년 발달의 상황에서 고려되는 사회화 과정은 청소년의 삶에서 공동체의 공통된 경험들을 통하여 개인의 가치, 태도, 믿음 그리고 행동들이 어떻게 형성되는지를 말해 준다. 사회화가 어떤 특정 연령 그룹에 제한된 것은 아니지만 청소년들의 고양된 사회 인식은 사회화를 자신들의 전체 인격 형성 과정에서 특별히 강력한 요인으로 받아들인다.

사회 상황들은 모든 사람에게 영향을 주며 중학교와 고등학교 시절이 이 과정에 많이 기여한다. 각 사람의 개인적 사회발달의 도구들은 청소년 시기에 극적으로 개발된다. 일반적으로 청소년 사역자들은 어떤 특별한 개인의 경험들을 보편적인 것으로 제시할 수 있지만, 그들은 또한 각 청소년이 겪는 특별한 사회화에 대하여 근거 없는 가정들을 가지고 있을 수 있다. 예를 들어, 이러한 경험들이 흔하기는 하지만 모든 사람들이 청소년기에 다 첫 키스를 경험하거나, 다른 사람들로 인해 위협감을 느낀다거나, 아니면 적응하는 데 고심하는 것은 아니다. 현명한 청소년 사역자는 자신이 돌보는 청소년들을 위한 사회화 특징들을 발견하기 위해 민족지학적인 연구자로서 자신이 사역하는 각각의 사회적 상황에 접근할 것이다. 따라서 청소년 사역자가 주 예수 그리스도가 부여하신 변화의 과업을 효과적으로 감당하고자 한다면 그는 영향의 중요한 세력들(예로 사회화)을 이해해야만 한다.

다양한 고등학교 상황에서 일해 본 사람들은 각 학교에는 그 자체만의 문화가 있다는 사실을 주목할 것이다. 표면적으로 도시와 교외 그리고 소도시와 시골간에는 차이가 있다. 또한 인종적인 태도들이 다를 수도 있다. 규범에서 벗어나는 사람들에 대한 묵인의 수준이 다른 것처럼 아이들의 경험의 복잡성은 학교마다 다르다. 어떤 학교들은 열광적으로 연합하는 반면, 다른 학교들은 분열되고, 그곳에는 비슷하지 않은 이익 그룹들이 있다.

사회화가 주로 매우 역동적인 실체이기 때문에 어떤 기독교교육자들은 교회가 이 비형식적인 과정의 형성 능력을 잘 활용해야 한다고 제안했다 (Richards, 1968, Westerhoff, 1976). 이런 교육적인 힘에 대한 인식은 다른 사람들로 하여금 청소년 사역에서 가정들의 역할을 새롭게 평가하게 했다 (DeVries, 1994). 왜 사회화가 기독교교육자들에게 그렇게 중요하며 매력적인가? 그 해답은 기독교교육

목표들의 야심찬 본질을 이해함으로써 시작될 수 있을 것이다.

교회의 사명은 이해를 위해서만 가르치는 것이 아니라 순종을 위해서도 가르치기 때문에 교육적인 경험들이 어떻게 변화를 불러일으키는지를 검토하는 것은 도움이 된다. 학습이 청소년의 현재 상황에 '중요'하고 철저히 '통합'될 때 최고의 효과가 생겨난다. 청소년들은 청소년기에 발달의 전이를 경험하게 된다. 즉 이전에는 부모의 의견에 기초해서 자신의 중요성과 가치를 판단했다. 하지만 이 시기에 청소년들은 자신의 친구들과 또래들의 의견에 기초하여 자신의 중요성과 가치를 판단한다. 청소년기에는 어른들의 기대감이 중요도에서 감소한다는 사실을 안다면 왜 인격 형성으로서의 사회화가 청소년 사역의 성공에서 중요한지를 이해하는 것은 어렵지 않을 것이다. 학습이 개인의 자연스러운 생활 유형과 연결되면 통합은 더 쉬워진다는 것을 이해할 때, 청소년들 가운데서 그리스도인의 인격 형성을 위해 사회화를 이용하는 것에 전략적인 사역의 매력이 있다는 것을 파악하는 것은 쉬운 일일 것이다.

사회화가 청소년을 향한 중심전략이라면 청소년 사역은 어떤 모양일까? 청소년들의 세계로 들어가기 위해서 어른들은 절제된 노력이 필요하다. 이러한 시도는 성경의 진리와 합쳐질 때 사역과 사용하는 교육과정에 도움을 주는 역동적인 상호작용을 가능하게 한다. 이렇게 고양된 인식은 청소년 사역자들로 하여금 청소년들 가운데 의도적으로 믿음을 형성하는 공동체를 만들 수 있도록 도와준다. 청소년 사역은 청소년이 참여하기에 사회적으로 안전하다는 것을 분명히 하기 위해 노력을 기울인다. 따라서 또래 리더십 전략들은 환영을 받으며, 존경과 사랑 그리고 격려의 분위기가 개발된다.

한편, 청소년 사역자는 사회화의 대상들에 대한 이해를 어떻게 증가시키는가? 유용한 2단계 과정은 지역사회에서 청소년의 사회생활과 관련된 사실들을 정함으로써 시작된다. 아이들은 어디에서 노는가? 그들은 언제 그곳에 있는가? 그들은 무엇을 하는가? 누가 누구와 시간을 보내는가? 학교에 있는 이익 그룹들은 누구이며 각 그룹에서 주로 영향력을 미치는 사람들은 누구인가? 이 자료 수집에 대한 각도가 더 넓고 다양하면 다양할수록 청소년의 사회 활동에 대한 더 큰 그림을 정확하게 그릴 확률이 더 높아진다. 두 번째 단계는 모든 정보가 다양한 다른 청소년들에게 어떤 의미가 있는지를 파악하는 것이다. 이 단계의 목표는 지역사회에서 청소년들에게 다양한 사회 활동들이 가지는 의미를 파악하면서 적합한 사회 상황의 사실들을 청소년들의 눈을 통해 보는 것이다. 이것은 청소년들에게 자신들의 세계를 열도록 초대하면서 동시에 올바른 관찰을 기초로 한 질문들을 통해서 이루어질 수 있다. 많은 청소년 사역자들은 이것이 개인 내지는 소그룹과의 만남에서 추구해야 할 커다란 논제라고 생각한다.

결과적으로 청소년들의 사회생활에 대한 이러한 새로운 통찰력은 구체적인 청소년 사역의 사명과 비전 그리고 초점을 통해 반드시 여과되어야 한다. 이것이 이루어질 때 청소년 사역은 지역사회에 있는 사회화의 유형에 영향을 받게 되고 청소년들의 상관성을 증가시킬 수 있는 기회를 갖게 된다. 사회적으로 민감한 청소년 사역은 청소년들의 사회화 과정에 더 큰 역할을 감당하는 것을 즐길 수 있도록 하며 건강한 사역의 성공 사이클을 창출하도록 할 것이다.

DAVE RAHN

참고문헌 | A. Campolo (1989), *Growing Up in America: A Sociology of Youth Ministry*; M. DeVries(1994), *Family-Based Youth Ministry*; R. R. Dunn and M. H. Senter Ⅲ, eds.(1997), *Reaching a Generation for Christ*; L. O. Richards(1988), *Christian Education: Seeking to Become Like Jesus Christ*; J. Westford Ⅲ(1976), *Will Our Children Have Faith?*

청소년의 성(Sexuality, Adolescent). 청소년기는 사춘기가 오면서 시작된다. '사춘기'는 신체에서 생식기능이 발달하는 단계이다. 이런 생리적인 발달은 뇌하수체와 여자에게 있는 난소 그리고 남자의 고환에서 '고나도트로핀스'(gonadotropins)라고 불리는 다양의 성호르몬들을 분비하면서 시작된다. 이러한 호르몬들은 성충동 내지는 욕구를 통제할 뿐만 아니라 건강한 생리 및 성적 성숙에 관련이 있다. 이러한 호르몬들의 활동과 더불어 사회적, 물리적 그리고 영양의 요인들이 사춘기가 오게 하는 데 영향을 미친다. 여자아이들은 주로 이 단계를 빠르면 9세에서 10세에 시작하고 아무리 늦어도 13세에서 14세에 시작하게 된다.

청소년기의 생리적 변화들은 일반적으로 '일차적인 성 특징들' 과 '이차적인 성의 특징들' 로 분류된다. '2차적인 성의 특징들' 이 먼저 발달한다. 이러한 특징들은 청소년들이 성인과 비슷한 모습을 갖게 하며 남자와 여자를 구분하게 한다. 골격과 근육 성장의 증가, 체형의 형성, 음모와 체모의 발모 그리고 음조의 변화 이 모든 것은 이차적인 특징들이다. '일차적인 성의 특징들' 은 이차적인 성의 특징들을 뒤따르고 이러한 변화들은 성기와 생식 기관에서 일어나기 때문에 '일차적' 이라 불린다. 여자들에게 있어서 가슴의 발달, 외음부의 크기의 증가 및 색의 변화 그리고 월경의 시작은 일차적인 성 발달의 특징들이다. 여자들은 '메나키'(menarche)라고 불리는 첫 월경을 경험한다. 남자들은 음낭이 검어지고 정자와 정액을 만들어낸다. 청소년 남자들은 자기도 모르는 잦은 발기와 성의 자극에 대한 민감함의 증가를 경험하고, 몽정 내지는 자위를 통해 사정을 경험한다.

청소년기는 강한 성 충동을 경험한다. 이러한 것은 정상적이며 종종 정욕으로 혼동될 수 있다. 이러한 욕구들은 궁극적으로 배우자 선정으로 이어진다. 서구 문화에서 청소년들은 자신들의 성정체성을 개발하는 일환으로 연애를 한다. 육체적 접촉의 경계선을 정하려는 노력차원에서 성적 행동을 논한다. 키스, 포옹, 애무 그리고 다른 형태의 애정 표시도 용인되는 성적 행위이다. 청소년들은 애무에서 성 관계까지 다른 성행위를 경험할 수 있으며 실제적으로 종종 경험한다. 성적으로 활동적이기를 원하는 청소년들의 능력과 욕구로 인해 동정에 대한 문제는 이 나이 단계에서 기본적인 것이다. 청소년기에는 성 윤리와 가치들을 가르치는 것과 내재화하는 것이 중요하다. 청소년들은 부모와 가족의 모델링, 또래, 대중 매체, 학교 성교육 프로그램 그리고 교회로부터 자신의 성 윤리와 가치들을 정립한다. 과거 몇 십년 간 교회와 가정은 성에 대해 수동적인 입장을 취해왔다. 이러한 침묵은 성에 대한 부정적인 가치를 영구적으로 심어버렸다. 기독교교육자들은 이제 성에 대한 하나님의 계획을 가르치고, 한 때 상실된 청소년의 윤리 개발의 입지를 다시 회복하기 위해 더욱 더 공격적으로 바뀌고 있다.

청소년의 성에는 성정체성 개발이 포함된다. 이것은 남성성 내지는 여성성과 관련하여 한 개인이 받아들이는 개념들, 역할들 그리고 특징들의 형성을 가리킨다. 종종 성 심리 개발이라고 불리는 성정체성 개발은 부모의 영향, 또래의 영향, 종교적인 확신, 중요한 역할 모델들 그리고 대중 매체에 의해서 형성된다. '성정체성' 은 청소년이 개인적으로 남자 내지는 여자로 지각하는 것을 의미한다. 성역할은 청소년이 여러 가지의 사회적 상황에서 남자들과 여자들에 대한 문화적인 기대치를 지각하는 것에 기초하여 받아들이는 행동들이다. 어떤 행동들은 성에 부적절하기 때문에 꺼린다. 또한 청소년들은 남자들이 자신들의 감정을 드러내는 것이나, 여자들이 공격적이고 직접적인 리더십의 자리를 추구하는 것 등과 같은 남성과 여성의 자질들이 혼합될 수 있다는 것을 배운다. 이러한 성의 자질들과 역할들의 혼합은 '양성구유'(androgyny)로 알려져 있다.

청소년들이 흔하게 직면하는 성의 문제들은 신체에 대한 의식, 정상적인 성의 개발 및 욕구, 자위, 연애, 성적 활동에 대한 경계선, 피임약에 대한 지식과 사용, 성병, 십대 임신과 낙태, 성에 대한 경향, 변태적인 성행위, 성학대 및 동정 등을 포함한다.

STEVEN GERALI

참고문헌 │ C. Byer and L. Shainberg(1994), *Dimensions of Human Sexuality*; K. McCoy and C. Wibblelsman(1978), *The Teenage Body Book*; K. Olsen(1984), *Counseling Teenagers: The Complete Gide to Understanding and Helping Adolescents*; R. Rothenberg, ed.(1959), *The New Medical Encyclopedia for Home Use*; G. Zgourides(1996), *Human Sexuality: Contemporary Perspectives*.

청소년의 자살(Suicide, Youth). 자살은 고의적으로 자신의 목숨을 취하는 것이다. 충격적인 수치들은 자살률이 매년 증가하고 있으며 특별히 청소년 가운데 자살이 많다고 알려지고 있다. 자살은 자동차 사고 다음의 주된 사망 원인으로 종종 인용된다. 많은 자동차 사고들이 한 사람에 의한 단독사건이라는 점을 미루어 볼 때 사고를 가장한 부가적인 자살의 가능성도 배제할 수 없다.

자살은 도와달라는 마지막 비명이다. 자살에 대한 이유들은 비논리적으로 보일지 모르지만 그럼에도 불구하고 청소년들에게는 심각한 것들이다. 자살에 대한 이유들로는 주의 끌기, 가까운 사람을 이용하기, 아니면 먼저 죽은 사랑하는 사람과 재결합하기 등이 있다. 다른 이유들로는 극복할 수 없는 것처럼 보이는 문제들로부터의 탈출, 타인들 내지는 자신을 벌하기, 혹은 부담 안 주기 등이 있다. 현대의 극단주의자나 사교그룹들은 자신들의 메시지에 초점을 맞추기 위해 그룹 자살을 해왔다. 자살은 문학과 음악에서 종종 영웅적(마사다에서의 유대인들과 동지들을 위해 스스로를 희생하는 전쟁터의 군인들)이거나 낭만적(로미오와 줄리엣)인 것으로 묘사된다.

한편 기독교교육자들과 부모들은 자살 경향의 신호들에 민감해야 한다. 경고 표시들로는 죽음과 자살에 관한 이야기, 비이성적인 감정의 폭발, 성적 저하, 장기화되는 슬픔 내지는 우울증, 아끼던 물건들을 나누어주는 것, 의사소통의 문제들, 마약과 알코올 남용, 식사 내지는 수면 습관들의 변화, 문제들을 해결하는 대안들의 결여 그리고 희망의 부족 등이 있다. 물론 이것들은 신호들일 뿐이며 청소년이 자살을 막 감행할 것을 뜻하지 않을 수 있다. 그러나 각각의 신호들은 심각하게 받아들여져야 할 것이다.

강의, 대화, 토론 그룹 그리고 매체를 통한 자살 교육은 논리적인 예방의 첫 단계이다. 또한 교육자들과 부모들은 반드시 자살 경향을 보이는 청소년을 보호하는 기본적인 단계를 알아야 한다. (1) 자살 위협들을 심각하게 대하라. (2) 자살과 관련한 느낌들과 생각들에 관해 직접적으로 그 사람과 대화를 가져라. (3) 자살 방법, 수단 그리고 계획 시간을 알아내라. 더 구체적이고 자세할수록 위험은 더 크다. (4) 솔직한 관심을 표하고 희망에 초점을 맞추도록 하라. (5) 자살에 대한 생각들을 행동으로 옮기기 전에 당신이나 다른 지정된 사람에게 연락할 것이라는 구두상의 계약을 하도록 하라. 자살의 위험이 있는 사람들에게는 전문가의 도움을 받을 것을 강력하게 권하는 바이다.

WESLEY BLACK

참고문헌 | B. Blackburn(1982), *What You Should Know about Suicide*; L. Parrot III(1993), *Helping the Struggling Adolescent*.

청소년전도(Evangelism, Youth). 전도란 "복음(good news)의 메시지를 전해주는 것이다." 실제로, 예수님 자신이 보여주셨듯이 전도는 그리스도가 오신다는 복음을 말로 선포하는 일로부터 야구장에서 학생들과 어울리는 일, 맥도널드에서 어린이들과 앉아 대화하는 일, 많은 불량한 행동들과 과음으로부터 자신을 제어하지 못하는 학생을 자신의 집에 머물게 하는 일까지 모든 것을 포함하는 기획이다. 단언하면, 첫 복음에 나오듯이 전도란 하나님의 사랑을 "육신으로" 만들어, 보이지 않는 하나님에 대해 가시적이고 이해할 만한 표현으로 전해주는 사역이다.

청소년 사역에서 전도는 젊은이들을 비인식의 지점에서("왜 사람들이 하나님이나 종교에 대해 큰 문제를 삼는지 모르겠어.") 인식의 지점으로("그래, 하나님이 너에게 중요하다면 좋아. 그런데 나는 아니야."), 관심의 지점으로("이 하나님이라는 분이 진짜 나를 사랑한다고?"), 영접의 이정표로("내가 다 이해하는 것은 아니지만, 그리스도를 내 구주로 영접해야 할 필요가 있다는 것 정도는 이해해.") 진행시키는 여행의 과정과 같다. 그것은 단지 몇 주간 또는 몇 달, 몇 년이 걸리는 여행이다. 존 번연(John Bunyan)의 『천로역정』(*Pilgrim's Progress*)에서 볼 수 있듯이 전도는 함정들과 올가미들과 역행들과 유혹들이 따르는 여행길이지만 하나님의 은혜로 매순간마다 전진해 간다.

이와 같은 여행을 온전히 인식하고 학생들을 이 여행에 초대하여 그 여행을 마치기 위해서는 청소년 사역이라는 문맥에서 전도에 대한 기본 진리를 이해해야 한다. 이 여행을 홀로 떠나는 사람은 거의 없다. 너무 자주 교회가 청소년 전도의 과제를 "양치기 소녀 보 핍"(the Little Bo Peep: 미국의 어린이 동화-역주)식의 접근으로 다가간다. 그들을 혼자 내버려두면, 꼬리를 흔들며 집에 돌아온다. 예수께서 잃은 양을 대하시는 방식은 매우 달랐다(눅 15:4-7). 그분의 모델은 기독교교육이 단정하고 깨끗한 교실에서 일어나는 것이 아님을 상기시킨다. 그것은 분필과 강대상보다는 더러운 샌들과 목자의 지팡이로 특징된다.

진정한 결실을 맺는 전도의 보편적인 특성은 관계성으로 구분된다. 전도는 멀리서 이루어지는 일이 드물다. 우리는 가까워지고 싶지 않은 사람을 포용할 수 없으며 어떤 설득력 있는 제안도 항상 개인적 관계성 속에 있다(요한복음 1장 14절을 보면 문자 그대로 "예수께서는 그들 사이에 거하셨다 또는 그분의 장막을 치셨다"/Jesus tabernacled or pitched his tent among them). 청소년 집회나 음악회나 청소년 운동에서 학생이 단상으로의 초청에 응하여 나왔을 때도 그것은 항상 부분적으로는 늘 그와 함께 하는 사람의 영향력 때문이다(살전 2:8).

복음을 선포하는 일은 우리가 복음 선포를 하기 전에 시작된다. 예수께서 제자들을 부르셔서 사람 낚는 어부가 되라고 하셨다. 초보자 어부라도 물고기가 물 밖으로 나와 선창에 앉아 있는 일이 희귀하다는 사실을 안다. 청소년 전도 사역은 영적 배경을 가지지 않은 청소년들에게 미끼를 물려줄 갈고리를 준비하는 일이 중요하다.

어떤 사람들은 "시간이 없고 필요는 너무 절박해서 청소년 사역으로 재미있는 게임에 허비할 시간이 없다… 성경이 말하는 우리의 의무는 그리스도인을 만드는 것이 아니라 제자를 만드는 일이다"라고 논쟁한다. 맞는 말이다. 시간은 부족하고 필요는 절박하다. 그러나 그들이 먼저 신자가 되기 전에는 제자를 만들 수가 없다. 흙을 갈고, 씨를 뿌리고, 싹이 나도록 기다리고 그리고 어린 싹이 나오면 잘 키우는 등의 고된 일을 먼저 통과하지 않고서는 온전한 열매를 맺는 나무로 키울 수 없다.

복음을 선포하는 일은 복음 선포를 반드시 포함해야 한다. 전도란 단순히 복음에 대해 말하는 것 이상이며 복음을 말하는 것 그 이하도 아니다. 시간적 문제와 민감함과 신빙성도 매우 중요하며 이 여행길에서 우리의 동행자들에게 어디로 그들을 데리고 가고 싶다고 설명해 주는 시점이 있다. 우리는 그들에게 구원의 길을 설명해 주어, 그들 스스로 그 길을 선택하여 가도록 인도해 주어야 한다. 우리가 이것을 선포하기까지는 온전히 복음을 선포했다고 말할 수 없다.

어떤 면에서는 우리 청소년들을 실족시켜 다시는 돌아오지 못하게 할 수도 있다는 두려움이 있다. 절대로 무례하거나 강요해서는 안 된다. 복음을 설명하는 일은 "너에 대한 나의 사랑은 네가 예수님을 사랑하느냐의 여부에 달려있지 않아"라고 말하는 태도, 즉 겸손과 정직의 태도로 이루어져야만 한다. 그러나 여행길의 어디에선가 우리는 반드시 복음의 본질, 즉 죄와 그 결과로서의 죽음과 십자가의 복음, 예수께서 어떻게 우리 죄의 대가를 치르기 위해 죽으셨고, 값없이 거저 주시는 선물을 받아들이는 자들에게 최상의 소식으로 새 삶을 그분과 함께 살도록 우리를 부활시키기 위해 죽은 후에 다시 사셨다는 것을 설명해 주어야만 한다(롬 3:23-26).

전도는 여행의 끝이 아니라 남은 여행의 출발점이다. 땅을 갈고 씨를 뿌리는 준비 없이 추수할 수 없듯이 성장과 접붙이기, 양육과 뿌리의 자람이 없이는 지속적인 결실이 불가능하다. 청소년 전도에 있어 일반적인 실수의 하나는 그것 자체를 목적으로 취급하는 것이다. 그러나 그렇지 않다(골 2:6-7). 우리가 "앞으로 밀어주기"(press onward)보다 "앞으로 나서기"(come forward)를 강조할 때 우리는 학생들의 삶에서 바라시는 보다 심오한 하나님의 사역을 방해하게 되고 이정표가 될 수도 있는 것을 묘비로 만들어 버릴 수도 있다.

DUFFY ROBBINS

참고문헌 | R. Coleman(1972), *The Master Plan of Evangelism*; D. Fields(1998), *Purpose-Driven Youth Ministry*; D. Robbins(1991), *The Ministry of*

Nurture.

청지기도(Stewardship). 자기 자신의 것이 아니라 일정한 기간 동안 자신에게 주어졌다는 것을 인정하는 자세로 자원들을 관리하는 것이다.

청지기에 대한 구약의 개념은 이러한 역할을 위해 아브라함이 고용한 다메섹 엘리에셀의 경우와 마찬가지로 "집을 관리하는" 사람의 개념이었다(창 15:2). 요셉은 보디발 밑에서 이러한 역할을 감당했다. 마찬가지로 이스라엘의 왕들 중에서 청지기들로 고용된 사람들의 수의 예는 굉장히 많다(예를 들면, 겔 27:25; 대하 27:31; 사 22:15).

신약성경에서 청지기는 주인의 업무를 관리하였다. 이는 주인의 신뢰를 받았던 사람으로서 주인과 유사한 기능을 수행했다(마 20:8; 눅 8:3). 이러한 역할 가운데서 청지기의 책임들로는 개인 재정 관리, 전체 가계의 식사 감독, 자녀 양육 감독 등이 포함되었다. 확대된 개념에서 볼 때 보호자와 관리자 또는 지배인의 개념 역시 여기에 포함된다.

신학적으로 말해서 청지기도는 관리를 위해 하나님께서 주신 것들을 감독하는 감독자로서의 기독교인의 책임을 말하는 것이다. 청지기는 자신이 관리하는 것들이 자신에게 속한 것이 아니라 하나님께 속한 것을 인정한다. 그는 단지 집행자로서 지혜롭고 효과적으로 그것들을 분배하는 일을 맡은 것일 뿐이다.

신약성경 독자는 두 가지의 비유에서 청지기도에 대한 하나님의 관점을 대략적으로 보게 된다(눅 12:32-48; 16:1-13). 이러한 비유들은 분명히 하나님께서 자신들의 자녀들이 자신의 자원들을 지혜롭고 성실하게 관리할 것을 기대한다는 사실을 가르치고 있다. 하나님이 공급하신 것들을 낭비하거나 허비하는 자들은 하나님의 노여움을 사게 될 것이다.

비유적인 의미에서 청지기라는 용어는 신약성경에서 교회의 목사, 교사, 장로 그리고 감독을 가리키는 말로 사용되었다(고전 4:1; 딛 1:7; 벧전 4:10).

MICHAEL J. ANTHONY

참고문헌 | F. L. Cross and E. A. Livingstone(1997), *The Oxford Dictionary of the Christian Church*; J. D. Doyglas(1975), *The New Bible Dictionary*; W. Duckat(1971), *Beggar to King*; W. E. Vine(1966), *An Expository Dictionary of New Testament Words*.

초기 아동기(Early Childhood). 초기 아동기는 교육자들이 초등학교 저학년도 포함하기도 하지만 종종 미취학 아동과 동의어로 사용된다. 초기 아동기는 유아기(infancy)와 중기 아동기와 대조되는 면들이 있다.

근대 이전에는 어린 아동들이 일반적으로 유아기와 동일시되었다. 오래 전에는 어린이 학대가 흔한 일이었고, 때로는 성인들이 기록을 없애 버렸지만 타고난 죄 이론으로 그릇되게 정당화되기도 했다. 이와 대조적으로 루소는 어린이의 타고난 기본 성질이 사회적 영향으로 왜곡되었지만, 그에 대한 긍정적 견해를 강조했다. 세 번째 입장은 로크(John Locke)를 포함한 사람들이 어린이는 도덕적 중립적 상태인 "백지 상태"(blank slate)와 같은 본질로서 부모나 사회가 그 성질을 만든다고 강조했다. 성경은 어린이의 자기중심적이고 죄된 본성에 대해 묘사하지만(잠 22:15), 또한 하나님 창조의 아름다움과 (시 139:14) 부모들과 다른 이들이 어린이들에게 기본적인 종교적 가치로 훈련시키는 일의 중요성을 강조한다(신 6:7).

1989년부터 1993년까지의 출생수가 베이비붐 세대가 절정을 이루던 때와 비슷한 숫자로 증가했기 때문에 이 나이에 속하는 많은 어린이 숫자가 다음 세기에 증가할 것으로 보인다. 출생률이 1993년 이후로 매우 높아졌다. 그러나 부모들은 공통적으로 가정에서의 기독교교육의 부적절한 양에 대해 보고하는데, 그 이유는 그들이 어떻게 해야 할지 아이디어가 없기 때문이다. 그러므로 기독교교육자들은 교회에서 이 어린이들을 가르쳐야할 뿐 아니라 부모들을 훈련시켜 어떻게 자녀 교육을 해야 할지 가르쳐야 한다.

초기 아동기는 일부 교회들이 상대적으로 덜 중요한 시기로 간주한다. 골드만(Goldman)의 연구가 잘못 이해되었기 때문이지만 이 주장을 뒷받침하기 위

초기 아동기

해 인용되기도 한다(1964). 골드만은 어린 아동들에게 신학적 내용이 너무 추상적이므로 사용하지 않을 것을 충고하고, 대조적으로 나중의 신학적 교육을 위해 어린이를 준비시키는 데 도움이 될 활동적인 경험학습을 격려하였다.

피아제는 어린 아동들이 직관적 사고를 사용하는 것으로 묘사하였고, 그들이 6-7세가 되어야 구체적 사물과 함께 논리를 사용하는 새로운 개념적 능력이 발달한다고 설명했다. 이 시기에는 많은 어린이들에게 읽기와 산수 능력의 발달 등 중요한 변화가 있다. 하지만 래트클리프(Ratcliff)의 방대한 설문조사 연구에 의하면(1988), 다른 발달 이론들이 의미하는 급격한 변화로 표시되기보다는 사고능력의 대부분의 영역의 변화가 초기 아동기 동안에 증가한다고 지적했다. 이 사실은 피아제 자신도 어린이가 다른 나이에 다양한 영역에서 구체적 조작하는 능력을 개발하는 현상(decalage)을 통해 암시적으로 인정을 했다.

어린 아동들의 직관적 사고의 특성은 논리나 추상성보다는 직관적 사고에 호소하는 기독교교육적 노력의 도움으로 드러난다. 예를 들면, 베리맨(Jerome Berryman)은 어린이들에게 성경의 이야기들을 들려줄 때 움직이는 인물들과 다른 사물을 사용하고 신체적 움직임을 경험하는 교육을 시키라고 격려했다(1991). 또한 어린이에게 이야기에 관한 자료들을 사용하여 그 이야기를 스스로 다시 재연하도록 격려한다.

바버(Barber)는 이와 매우 다른 방법을 주장하였는데(1981) 그는 행동의 영향, 특히 강화를 통해 태도를 배우는 것을 강조했다. 바버는 성경과 기도와 예배와 및 다른 신앙적 실천을 이해하고 긍정적 태도를 함양시키는 방법을 요약했다. 어린이교육에 행동주의적 방식을 보다 많이 적용한 것은 미취학 아동 및 초등학교 저학년 어린이의 도덕발달과 함께 한다(Ward, 1979).

토렌스 부부(Torrance & Torrance)는 그들의 연구를 통해(1988) 기독교교육자들이 어린이들에게 하나님의 무한하심이나 영적 본질 등과 같은 보다 추상적인 개념을 가르치라고 제안한다. 그들은 베리맨처럼 종교적 언어의 직관적 경험을 강조하지는 않았지만 그들도 학습에 구체적 사물을 사용하라고 격려한다.

놀이와 이야기는 어린이교육에 매우 중요한 기독교교육적 자료이다. 이야기를 연기하는 것은 어린이들이 신체적으로 그들의 학습에 참여하는 생생한 도구가 되며 어린이 대상의 기독교교육에서 권장하는 방법 중의 하나이다.

어린이 대상의 기독교교육에서 대두되는 중요한 이슈 하나는 구원의 가능성이다. 이 어린이들이 진정으로 개종할 수 있으며 또한 기독교교육자들이 어린이들에게 헌신하도록 강력하게 호소할 수 있는가? 수많은 그리스도인들이 어린 나이에 그리스도께 헌신했다고 보고하지만 직관적 사고—어린 아동들의 특성으로서—는 구원이라는 추상적 이해와는 다르다. 베리맨의 결론과 같이 어린이들도 하나님과 성경을 체험할 수 있지만 그들의 개념적 이해에는 한계가 있다. 이와 같은 경우, 보다 개념적인 헌신은 나중에 이루어진다고 본다. 그런 가정 하에, 어린 아동들에게 어려운 신학적 이해를 요구하지 않으면서 그리스도를 영접하는 결심을 하도록 격려할 수는 있다. 또한 청소년 사역자들은 흔히 있는 "그리스도께 재헌신"(recommitment to Christ)이 어린 시절의 직관적 결정을 다시 확인하면서, 그때에는 불가능했던 신학적 개념을 이해하고 적용하여 신앙의 경험을 넓혀 가는 기회로 받아들인다.

물리적 조건과 어린이들을 긍정적으로 수용하는 교사들을 포함하는 일반적인 환경은 기독교교육의 주요한 구성요소이다. 어린 학생들은 수업의 내용만큼 의도된 실제 상황 속의 내용도 배운다. 여기에는 비언어적 구성과 또래들과의 상호반응, 교회 안의 모든 사람들과의 관계성도 포함된다. 정서적이고 감정 위주의 기독교교육도 어린이들에게 교재 중심의 수업만큼 중요하다.

교회들은 어린 아동들의 육체적, 성적 학대를 예방하는 교육이 필요하다는 사실을 점점 더 인식하면서 잠정적인 그리고 실제로 소송을 하도록 격려한다. 그 결과, 수많은 기독교교육 프로그램들이 운영에 앞서 자원봉사자들을 주의 깊게 심사하며 엄격한 학대예방 지침을 주고(예: 자원봉사자 모집〈Recruiting Volunteers〉을 보라)(Ratcliff & Neff, 1993) 어린이 학대 방지 세미나에 참석할 것을 요구한다.

어린이들 대상의 수많은 프로그램들과 교육과정안들이 있고 주요 대학들에서 미취학 아동들의 일반적 특성에 관한 연구들이 많이 이루어지고 있지만, 이 어린 아동들의 종교적 경험과 관련된 연구는 매우 미흡하다. 이 어린 아동들이 기독교교육적 상황에서 배운 것을 어떻게 개념화하고, 그들의 종교적 경험들이 어떤 수준으로 그들의 장기적인 영적 발달에 영향을 주는가? 의도되지 않은 기독교교육적 노력에서 어떤 사건들이 일어나며 어떻게 그러한 비계획적인 경험들이 어린이들의 경험과 개념화 과정에 영향을 주는가? 어떤 방법과 교육과정 그리고 교수법이 어린이들의 교육을 극대화할 수 있는가? 이와 같은 중요한 질문들이 앞으로의 연구에 언급되어야 할 것이다.

DONALD E. RATCLIFF

참고문헌 | L. W. Barber(1981), *The Religious Education of Preschool Children*; J. W. Berryman(1991), *Godly Play: A Way of Religious Education*; M. Fay(1993), *Do Children Need Religion?*; D. Ratcliff(1988), *Handbook of Preschool Religious Education*; D. Ratcliff and B. J. Neff(1993), *The Complete Guide to Religious Education Volunteers*; *Recruiting Volunteers*; E. P. and J. P. Torrance(1988), *Handbook of Preschool Religious Education*; T. Ward(1979), *Values Begin at Home*.

초대교회의 교육(Early Church Education).

초대교회의 기독교교육은 주로 신자들의 지역적 집회에서나 일상적인 가정생활을 통한 훈련으로 구성되었다. 초대교회는 그 광범위한 교육의 패러다임에서 가정을 절대적인 교육의 중심으로 여기는 유대인의 종교교육적 모델에 바탕을 두었다. 교회는 종종 가정과 지역의 기도 장소인 회당과 또는 훈련과 가르침의 광장인 시장 주변에서 모임을 가졌다.

초대교회에서는 신자들의 빈번한 만남을 통한 코이노니아(koinonia)를 강조하는 사회화를 강력한 교육 방법으로 여겼다(행 2:37-47; 4:32-37). 이와 같은 모임들은 종종 함께 음식을 나누고 나서 예수 그리스도의 말씀을 가르쳤다. 그리스도의 승천 후 초대교회의 신자들은 사도들이 직접 가르쳤다. 지역적인 모임에서 사도들이 가르친 것을 부모들이 가정에서 자녀들에게 다시 가르치고 본을 보여주었다. 교육의 목표는 복음의 메시지를 순종하는 생활 속에 반영된 건전한 교리를 가르치는 것이었다.

초대교회에서 모든 신자들은 선교사로 간주되었고 불신자들에게 증인이 되라고 격려했다. 이방인이 개종하여 급격한 생활양식의 변화를 보이면 복음 메시지의 자연스러운 개방으로써 증거되었다. 교회가 당하는 핍박이 신앙의 확정과 신자의 교육을 방해하지 못했으며 오히려 많은 경우 핍박으로 교회는 더욱 강성해졌다. 신자들이 함께 모여 서로 돕고 핍박 중에도 가르치면서, 그들이 헤어질 때는 더욱 힘을 얻고 격려 속에 묶인 신앙공동체에 머무르게 되었다. 결과적으로 교회는 계속 확장되었다.

예수 그리스도의 말씀과 삶, 죽음과 부활, 즉 복음이 기독교 신앙의 심장과 같으므로 새신자가 침례를 받고 성만찬에 참여하게 되는 것이 당시 교육의 기본 목적이었다. 선교 사역으로 사도들이 로마제국을 다니기 시작하면서 교육과 설교는 사도들이 훈련시킨 장로들의 몫이 되었다. 주요 교재는 구약성경과 사도들의 순회 중에 쓴 서신들이었으며 그 중 일부는 신약성경에 포함되었다.

현대 기독교교육을 지배하는 교육과 설교의 구분이 그 당시에는 없었다. 신자들의 선교 사역을 묘사하는 데 '가르치기'(teaching)와 '설교하기'(preaching)는 상호 교환적으로 사용되었다. 신약성경에 사용된 헬라어 단어들, 파이듀오(paideuo, 훈련하기), 누쎄테오(noutheteo, 정신 형성하기), 호데게오(hodegeo, 길을 보여주기) 등의 활용을 통해, 교육의 중심이 현대적 설교의 초점인 신앙의 권면 뿐만 아니라 신자들이 그리스도의 삶을 통해 배우는 사고와 태도와 가치와 행동들을 모방하는 것을 포함한다는 것을 알게 된다.

사도들의 가르치고 설교하는 사역과 함께 초대교

회의 위대한 지도자들의 지속된 가르침들도 교육과정의 일부가 되었다. 이와 같은 지도자들은 종종 교부라고 불린다. 이들 중 가장 유명한 교부들로는 로마의 감독이었던 클레멘트(Clement), 안디옥의 감독 이그나티우스(Ignatius), 저스틴(Justin), 이레니우스(Iranaeus), 터툴리안(Tertullian), 알렉산드리아의 클레멘트(Clement of Alexandria), 키 프리안(Cyprian), 아타나시우스(Athanasius), 어거스틴(Augustine) 등이 있다. 이 초대 교부들의 공통적인 사명은 교회의 가르침에 침투해 들어오던 점증하는 교리적 이단들에 대항하여 신앙의 건전한 교리를 방어하는 것이었다. 초대 교부들이 변증하던 많은 이 단들은 이방인 개종자들에 의해 교회 안에 침투해 들어온 이교들의 영향 때문이었다. 그리하여 초대 교부들은 세례 입문자 학교들을 설립하여 구약시대의 핵심인 가정교육을 강조하는 유대인의 신앙 전통을 알지 못하거나 존중하지 않으며 이교도적인 가치와 행동과 생활 스타일을 가진 이방인 개종자들을 교육시켰다. 이와 같은 세례준비자 학교들이 초대교회의 최초의 형식교육 기관으로 건전한 교리를 체계적으로 가르치는 일과 도덕발달에 교육의 초점을 두었다. 교육과정은 "디다케"(Didache)와 "헤르마스의 양치기"(the Shepherd of Hermas) 그리고 교부들의 저술들을 포함했다.

기독교가 전 로마제국으로 전파됨에 따라 초대교회는 어린이교육을 위한 공립 또는 사립교육 기관들과 비교해 볼 때 불평등하다는 사실을 알게 되었다. 부모들은 자녀들에게 유익을 줄 수도 있는 공개 시장에서의 교육을 받는 일에 주저했는데, 그 이유는 그런 교육 기관의 영향으로 그들의 자녀들이 기독교 신앙에서 떠나게 될 것을 우려했기 때문이었다. 주저하면서도 훈련의 필요가 절실했기 때문에 부모들은 터툴리안이 필요악이라고 묘사하던 학교에 자녀들을 보내지 않을 수 없었다. 그러나 율리안(Julian) 시대에 이르러 교회가 로마의 교육 제도를 본질적으로 첨부하여 이교의 교육적 실천을 교회사역에 수용하였기 때문에 이교도의 영향에 대한 염려는 줄어들었다.

MARK E. SIMPSON

참고문헌 | C. V. Anderson(1981), *Introduction to Biblical Christian Education*, pp. 36 - 52; W. Barclay(1959), *Educational Ideals in the Ancient World*;. K. O. Gangel and W. S. Benson(1983), *Christian Education: Its History and Philosophy*; E. L. Hayes(1981), *Introduction to Biblical Christian Education*, pp. 25 - 36; M. J. Taylor, ed.(1960), *Religious Education: A Comprehensive Survey*.

초대교회의 품성 교육(Character Education in the Early Church).

초대교회가 세워진 후 처음 3세기 동안에 어떻게 품성 교육을 했는지를 이해하기 위해서는, "품성"(character)에 대한 참고로서 초대 그리스도인들이 추구했던 도덕적 생활과 사회가 요구했던 윤리적 삶을 돌아보는 일이 중요하다. 그런 윤리적 모범으로서 신약시대 초기에 이미 교회와 신앙공동체가 인식하는 분명한 "기독교" 윤리가 있었다. 그러므로 당면한 문제는, 초대교회가 자극과 도전을 받으며, 그리스도인들의 윤리적 덕목과 성결한 삶의 모범으로서 교육적으로 중요한 의미를 지니는 그 힘과 역동성이 무엇이었는가를 발견하는 일이다.

1. 초대교회의 기독교 윤리와 도덕성. 그리스 철학과는 달리, 1세기의 그리스도인들은 윤리를 독립적인 훈련이나 철학적 과제로서가 아니라 하나님과의 개인적 관계의 일부로 생각했다(Woomer, 1987, 3). 그리스도인들의 품성을 형성시켰던 초대교회 윤리는 적어도 세 가지로 요약할 수 있다, 첫째, 신약시대에는 성령의 임재와 능력에 대한 믿음이 기독교 윤리의 핵심이었다. 그러므로 성령의 능력과 영향 아래 그리스도를 따르는 사람들은 혹독하고 이교도적인 사회정치적 상황 아래서 믿음을 지켜갔다. 둘째, 초대교인들의 도덕 및 윤리에 대한 개념은, 그리스도인들, 또는 "길"(the Way: 예수님을 지칭함—역주)을 따르는 사람들 사이에 널리 확산된 신념으로서 우리가 사는 세상은 매우 낯선 곳으로, 만약 개인이 진정으로 그리스도를 따라간다면 그는 세상으로부터 멀어져서 그리스도의 임박한 재림을 기다리며 살아야 한다고 믿었다. 순교는 흔한 사건이었고, 한때 순교

는 그리스도인의 헌신과 용기를 보여주는 가장 숭고하고 고결한 표현으로 여겨졌다. 셋째, 기독교 윤리에서는 그리스도를 사랑과 겸손과 비이기적인 순종의 모범으로, 모든 신자들이 따라야 할 대상으로 받아들였다. 그래시(Grassi)는 일세기 교회의 기독교 윤리의 근원이 세례 준비자 교육에 있다고 주장한다(1982). 그는 에베소와 골로새 교회에 보내는 세례를 언급하는 바울의 서신들이 "주안에서"(in the Lord) 말하고 행동하는 것의 중요성을 강조한다고 지적한다(127-28). 이러한 훈계와 "주안에서"라는 글귀들이 그리스도인들의 평범한 말과 행동들을 통해 세상에 하나님의 존재를 밝히는 그릇이 되어야함을 강조한다.

2. 일세기 교회에 유행하던 기독교 "교육"의 유형. 초대교회의 초기 교육 사역은 설교를 복음전파의 주요 수단으로 삼았다. 그러나 통상적인 설교와 함께 교사에 해당되는 "디다스칼로스"(didaskalos)라는 특유한 교육수단이 있었다. 쉐릴(Sherill)은 그의 책에서 카리스마적인 은사를 가진 사람들의 순방과 2세기 중반 이후에도 눈에 띄는 그들의 출현을 언급했는데, 그들 중에는 또한 가르치는 사람도 있었다(Sherill, 1944, 144). 사도들이 살아 있던 일세기 교회 시대에 유행하던 일반적인 교육의 형태로 다섯 가지를 들 수 있다. 히브리 성경의 기독교적 해석, 신약에 나오는 복음 또는 "전통"교수, 그리스도인들의 신앙 고백, 예수님의 말씀에 관한 가르침 그리고 삶의 "두 가지 길"(Two Ways)에 관한 가르침 등이다(Sherill, 1944, 144-149). 바울 서신과 초대교회의 300년 역사 동안 "두 가지 길"을 참고하면 그리스도인들의 도덕과 행위에 대해 분명하게 이해할 수 있다. A. D. 120년과 180년 사이에 쓰여진, 초대교회의 지침서와 같은 『디다케』(Didache)는 이 "두 가지 길"을 생명의 길과 사망의 길로 대조하였는데, 이 책은 기독교로 개종한 사람들을 가르치는 교재로 사용되었던 것 같다(Sparks, 1978, 307-19).

3. "품성" 교육에 영향을 준 종교적 철학적 상황. "길"을 따르는 사람들의 수가 증가하고 기독교 공동체가 눈에 띄게 발달함에 따라 초대교회의 윤리 도덕 교육의 형성에 영향을 준 당대의 철학적, 종교적 상황을 이해하는 일이 중요하다. 이비는 교회 조직과 교육 방법을 모색하는 일에 유대의 교육 및 훈련이 중요한 출발점이라고 지적한다(Eavey, 1964, 84). 1세기 유대인의 윤리 교육은 가정에서 부모를 모방하는 일에서 비롯되었다. 따라서 자녀들이 "생명의 길"을 배울 수 있는 살아 있는 모델이 필요했다. 서기관이나 바리새인들이 토라를 가르치던 방식 또한 생명에 이르는 길로 추정되었고, 학생들은 선생들의 행동과 삶을 가까이 접하면서 동질감을 느꼈다. 고전적인 그리스의 교사-학생의 관계 또한 초대교회에 영향을 주었다. 고전적인 헬라 문화권에서 교사와 남학생과의 관계는 가장 친밀하고 고상한 사랑의 유대로 보았다. 이 관계를 통해 학생은 선생님의 뛰어난 이상을 보고 배우고자하는 열망을 갖게 되었다(Grassi, 1982, 10-23).

4. 품성 교육과 가정의 역할. 초대교회가 성장하여감에 따라, 유대인 부모들의 자녀의 영적 발달을 위한 양육법의 긍정적인 영향은 의심할 여지가 없다. 실로 사도 바울 서신의 여러 곳에서 부모들이 주님에 대한 경외와 지식으로 자녀를 양육하는 일의 중요성이 암시되어 있다. 부모와 자녀를 훈계하는 골로새 교회와(3:21, 21) 에베소 교회에(6:4) 보낸 바울의 서신은, 훈육과 신앙 – 하나님과의 관계에 뿌리를 둔 삶의 방식과 윤리를 포용하는 신앙 – 을 전수하는 중심 장소로서 가정을 중요시하는 유대인의 전통을 강하게 보여준다. 쉐릴(1994)은 바울이 에베소서 6장 4절에 사용한 단어 "파이데이아"(paideia, "오직 주의 교양(paideia)과 훈계로 양육하라")는 강력한 교육적 명령으로서 이것은 헬라 사상의 예술적 훈련, 강의, 교육 등을 암시하는 말이라고 지적한다. "파이데이아"라는 개념은 자녀들에게 교육을 통해 모든 이상적인 문화를 가르치라는 것을 시사한다. 쉐릴은 바울이 "파이데이아"라는 단어를 자주 사용함으로 도덕적 행동과 교육 – 그리스도인의 가정에 필수적인 두 가지 역동성 – 의 중요성을 강조했다고 설명한다(158-59). 래이스너(Laistner)는 부모들에게 그리스도인다운 삶의 방식을 자녀들에게 가르치라는 일반적인 권면을 떠나서는 초대교회 300년간 교부들이 도덕 및 종교적 훈련에 대해 직접적으로

초대교회의 품성 교육

쓴 것이 거의 없다고 지적한다(Laistner, 1951, 35). 4세기 후반, 크리소스톰(John Chrysostom)은 "부모의 자녀양육에 대한 자만과 정도에 관하여"(*An Address on Vainglory and the Right Way for Parents to Bring Up Their Children*)라는 논설을 썼다. 이 논문은 잘 알려지지는 않았지만 초대교회 400년 동안 자녀의 기독교 윤리 교육을 위한 부모의 역할을 직접적으로 권면하는 몇 안 되는 문헌 중의 하나이다(Laistner, 1951, 85-122).

5. 초대교회 "품성 훈련"을 위한 조직적 접근. 초대교회 300년간의 품성 교육에 가장 중요한 역할은 세례준비자들을 위한 "학교"들과 세례준비자 교육과정(catecumenate)을 통해서 이루어졌다. 세례준비자 교육과정은 성인 개종자들을 훈련시키는 동시에 기독교 신앙과 삶의 방식에 헌신하도록 하기 위해 고안되었다. "카테큐멘"(catechumen)이라고 불리던 세례준비자들은 세례 받기 전에 훈련받던 사람들이고, "카테케시스"(catechesis)는 훈련에 사용되던 내용을 이르는 말이다. 이비(Eavey)는 "catechumen"의 동사형을 "가르치다" 또는 "귀가 따갑게 일러주다"라는 뜻이라고 설명한다. 세례준비자들을 위한 이런 학교들의 주요 교육 방식은 교리문답, 즉 학습자 또는 세례준비자가 단순히 듣는 것이 아니라 진리를 알게 하기 위한 "원인"(caused)을 찾게 하는 질문 대답식이었다.

처음 200년은 이런 세례준비자 학교들의 세부사항이나 진행절차 등이 잘 알려지지 않았고, 3세기가 되어서야 좀더 잘 알려졌다. 일세기 교리문답학교의 교수 유형을 표현하기가 쉽지는 않지만 두 가지 패턴은 확실했다. 유대 개종자들을 위한 것과 이방인 개종자들을 위한 것 곧 유대인 개종자들은 히브리 성경을 이미 알고 있었으므로 주로 메시아에 관한 성경 학습에 중점을 두었다. 부가적인 "교육과정"은 기독교 복음과 그리스도의 고난과 부활, 그리스도의 말씀에 대한 가르침으로 구성되었다. 쉐릴에 의하면 "길"과 같은 윤리적 학습은 유대 개종자들에게는 가르치지 않았는데, 이는 유대인들은 전통적으로 이미 그러한 주제에 익숙해 있기 때문이었다고 한다. 이방인 개종자들을 위한 교수 유형은 유대 개종자들이 받았던 "교육과정" 외에도 "디다케"나 히브리 성경에 나오는 "길"에 관한 윤리 교육이 있었다(1944, 152).

초대교회의 초기 200년 동안 예배와 회합은 세례준비자 교육 방식과 밀접한 관계에 있었다. 1세기 그리스도인들은 서로 다른 종류의 모임을 가졌다. 말씀을 위한 모임과 식사와 성례를 위한 모임이었다. 2세기가 되기까지 이 두 모임이 하나로 통합되었고, 식사를 위한 모임은 점차 없어졌다. 따라서 예배가 확산되고 발달함에 따라 두 개의 분야가 서로 나뉘어졌다. 교훈적 요소 또는 "미사 카테큐메노룸"(missa catechumenorum)과 성례적 요소 또는 "미사피델리움"(missa fidelium), 즉 오직 세례 받은 사람들만 참여하는 성만찬(Eucharist) 기념이었다. 세례준비자들은 설교에 들어와 듣도록 허용되어, 성경 구절에 토대를 둔 설교와 강연을 듣는 교육적 목적이 있었다.

2세기에는 세례준비자 과정에 적어도 세 가지 종류의 교수법이 있었다. 기본 학습으로 『디다케』(*Didache*)나 이레니우스의 『사도적 설교 실연』(*Demonstration of the Apostolic Preaching*)과 『헤르마스의 목자』(*Shepherd of Hermas*) 등의 지침서를 사용하여 가르쳤다. 두 번째 교수 방법은 상기한 교훈식 학습으로 예배 첫 시간, 즉 "이니사 카테큐메노리움"(in issa catechumenorium)에 이루어졌다. 셋째는 좀더 철저하게 당대의 작가나 신학자들의 작품이나 저작을 읽거나 강의를 통해 이루어졌다.

3세기가 되기까지 교리문답학교들의 교수법 등이 보다 구체적으로 개발되었다. 오리겐은 3세기 세례준비자 교육 과정의 구성을 3단계로 요약했다. 개인들이 각 단계를 지나 기독교 공동체에 더욱 밀접하게 참여하게 되고, 세례를 받음으로써 그 중심에 들어서게 된다. 첫 단계는 예비단계로서 개인의 인격과 직업, 또는 개인적 훈련이 포함되기도 했다. 후보자들이 "청강자"(hearer)의 호칭을 받은 후에 둘째 단계에 들어간다. 이 청강자들은 교회에서 성경 강독이나 설교를 듣고, 기본 교리들을 배웠다. 이 기간 동안 청강자들은 또한 기독교 윤리에 맞는 생활 스타일로 재정비하는 기회를 가졌다. 청강자로서 2-3년 동안 훈련받은 뒤 마지막으로 조회, 또는 "정밀조

857

사"(scrutiny)를 받는데, 이것이 세례준비자들이 세례 받을 준비가 되었는지 알아보는 도덕적 시험의 정수였다.

이 정밀조사에 합격한 후보자들을 "적격자"(competens)라 불렀고 적격자들이 가려진 후에 세례를 위한 최종단계에 들어간다. 이 마지막 셋째 단계에서 후보자들이 매일 강의를 듣고 다양한 의례들을 행하는 등 집중적인 준비를 했다. 이 적격자들은 자신을 헌신하고 윤리도덕적으로 살아야 하는 그리스도인의 삶의 방식을 이해한 뒤에야 세례를 받았다. 215년 경으로 추정하는 히폴리투스의 『사도전승』(*Apostolic Tradition*)의 발췌본을 보면 초대교회 세례준비자 교육과정과 세례준비자가 세례 받기 전에 치는 정밀조사의 중요성을 볼 수 있다. "세례준비자 입문과정을 받는 동안 잘 살았는가? 과부들을 공경해 주었는가? 병든 이들을 심방 했는가? 모든 선한 일을 했는가?"(Mitchel, 1981, 51).

3세기의 세례준비자 교육은 두 가지 주요 문맥에서 행해졌다. 첫째, 예배를 드리는 동안 교육이 계속되었고, 관심을 보이는 구도자들을 선도하고 훈련시키는 일에 "미사 카테큐니에노루니"(*missa catechumenorum*)가 매우 중요한 교육의 역할을 담당했다. 둘째는 예배의 형식을 떠나 개인이나 단체를 대상으로 교육시켰다. 여기에 사용되던 교육 자료로는 초대 교부들의 저술들, 특히 터툴리안의 『회개』(*On Repentance*)와 『세례』(*On Baptism*), 또 『기도』(*On Prayer*)와 키프리안(Cyprian)의 『세 권의 간증』(*Three Books of Testimonies*)』은 성인 개종자들의 교육과 일반 기독교교육의 압축된 개론으로 사용되었다. 오리겐의 『일차 원리』(*First Principles*)도 세례준비자 교육과 교회 전통의 간략한 서술로 사용되었다.

쉐릴은 4세기가 되기까지 세례준비자 교육 과정은 군대식 질서를 따랐고, 그 목적은 점차, 그리스도를 대적하는 사회 현실 안에서도 그리스도께 헌신하고 거룩하고 충성된 삶을 살고자 다짐하는 남녀 모두를 기독교 공동체에 포함시키는 것이 되었다고 지적한다(1944, 187). 현실적으로 세례준비자 교육과정이 남녀 그리스도인들에게 기독교 신앙의 전통과 가르침을 전수하는 핵심적 역할을 했고, 이것을 통해 그리스도인의 인격과 윤리적 순수성이 시험받고 격려받았다. 세례준비자 교육 과정의 절정은 세례의식으로, 군대의 충성 서약과 같은 영적 서약으로서 새 성인 "개종자"가 완전히 그리스도·교회의 동료 "군인"으로 등록되었다. 5세기 중반 경부터 세례준비자 교육과정이 약화되기 시작했다. 교회가 정부와 연합하면서부터 더 이상 적대적인 환경에 둘러싸이지 않고 많은 사람들이 그리스도를 믿는 개인적 확신 이외의 다른 이유로 기독교로 개종하기도 했다. 따라서 초기 4-5백년간 그렇게 강조되던 윤리적이고 군대적인 세례준비자 교육과정을 유지하기가 매우 어렵게 되었다. 이에 따라 유아 세례가 표준이 되기 시작했고, 세례 의식 자체가 세례를 통한 영적 실재의 본질을 대체하여, 세례 전 교육의 필요를 제거해 버리는 성직자 중심의 교리적 이해를 강조하게 되었다(Sherill, 1944, pp. 196-97).

초기 3세기 동안의 기독교 품성 교육은 적대적이고 어려운 사회 상황 속에서 성장하고 확장되어 온 활발한 기독교 운동의 진행 과정이었다. 유대인과 이방인 출신의 성인 개종자들이 그리스도를 따르는 일은 많은 희생을 요구했다. 초대교회의 세례준비자 교육제도는 세례 받을 준비를 하고 마침내 신앙공동체에 온전히 입교하기 원하는 사람들로부터 고도의 헌신과 책임, 윤리적 덕목들을 요구했다. 또한 자라나는 세대들이 그리스도에게 헌신하도록 양육하는 가정의 역할도 초대교회가 히브리 역사 초기부터 강조해 온 유산이었다. 이 두 요인들만이 현대교회가 과장도 상실도 없이 지켜야 할 책임이며, 거룩한 덕과 순수성, 인격의 가장 탁월한 본보기이신 그리스도에 대한 순종을 가르치고, 모든 민족을 제자 삼으라는 도전으로 받아들여야 한다.

THOMAS KEPPELER

참고문헌 | J. Chrysostom(1951), *Christianity and Pagan Culture*; C. B. Eaver(1964), *History of Christian Education*; J. A. Grassi(1982), *Teaching the Way: Jesus, the Early Church and Today*; M. L. Laistner(1951), *Christianity and Pagan Culture in the Later Roman Empire*; L. L. Mitchell(1981), *A Faithful*

Church: Issues in the History of Catechsis; L. J. Sherrill(1944), The Rise of Christian Education: The Teaching of the Lord to the Gentiles by the Twelve Apostles(The Didache) in The Apostolic Fathers, J. Sparks, ed.(1978); J. L. Womer, ed.(1987), Morality and Ethics in Early Christianity.

참조 | 교리문답서(CATECHISM); 새신자과정(CATECHUMENATE)

초등학교(Elementary School). 아동기/중기(Middle Childhood)를 보라.

총체적 학습(Wholistic Learning). 교육의 과정에서 삶의 다양한 분야들의 통합의 중요성을 강조하는 교육철학이다. 홈즈(Holmes)에 의하면 기독교 세계관의 특징은 삶과 사고의 모든 분야를 통전적인 관점에서 보려고 노력하는 통전적 목적에 있다(Pazmino, 1988, 76). 기독교교육자들은 학습자의 기독교적 세계관을 발전시키는 효과적인 도구가 바로 교육의 과정에서 통전적인 학습을 실시하는 것임을 깨달았다. 총체적 학습을 주장하는 교육자들은 다음의 세 가지 관점 중 하나로부터 접근을 시도한다.

첫째로, 총체적 학습은 영적 성숙을 가능케 하는 학습은 인지적 또는 지적일 뿐만 아니라, 감성과 의지를 포함한다는 것을 인정함으로써 학습의 인지적인 면(표현, 암기, 읽기)에 치중하는 전통적인 학습 방법과 대조된다(Down, 1994, 137). 이러한 교육은 이성적, 감성적, 행동적, 또는 사색적, 감각적, 행위적이라고 불린다(Yount, 1996, 253). 효과적인 학습은 학습자로 하여금 이 세 가지 인간의 경험의 영역을 균형 있게 다루도록 함으로써 그들의 성장을 돕는다. 이성적 또는 지적 학습의 접근 방식은 인지 학습이론과 발견학습 이론(Jerome Bruner) 그리고 정보과정 이론에 의존한 것으로 마음을 새롭게 하는 것과 이해를 촉진하는 것을 강조한다. 감성적 접근은 학습자의 태도와 가치관을 강조하는 인문주의적 학습 이론에 의지한 것이다. 학습에의 행동적 접근은 비. 에프. 스키너(B. F. Skinner)의 작용조절 이론과 앨버트 밴두라(Albert Bandura)의 사회적인 학습 이론에 영향을 받은 것으로 배운 것을 실천에 옮기는 것을 강조한다.

총체적인 학습의 두 번째 강조점은 서로 깊이 관련되어 있는 인격 발달의 다섯 가지 요소들을 고려하는 것이다. 육체적(육적 성장), 인지적(사고와 지식), 감성적(느끼는 것과 가치 매기기), 사회적(다른 사람들 그리고 사회와 관계 맺기), 도덕적(옳고 그름을 이해하기). 비록 각각의 영역이 별개의 항목으로 구별될 수 있다. 그러나 인간은 사실상 이 모든 영역들이 통합된 실체이며 각각의 영역은 서로에게 영향을 주고 또한 상호 작용을 한다는 점을 이해해야만 한다. 덕스(Dirks, 1991)는 이러한 영역들은 각각의 발전의 단계에서 영적 성숙을 촉진시킬 수 있는 잠재력을 지닌 특별한 과제와 도전을 준다고 주장했다. 전인(全人)에 대한 강조는 바로 이러한 점을 염두에 둔 것이며 영적 성숙이 이러한 다른 영역들과 어떤 방법으로든지 상호 영향을 미칠 때 일어난다는 것을 인정한다. 테드 워드(Ted Ward)는 인간의 손을 예화로 이러한 원리를 설명한다. 곧 각각의 손가락이 인간의 성격을 드러내는 육체적, 인지적, 감성적, 사회적, 도덕적 영역들을 대표한다. 그리고 손바닥은 인간의 영적 본질 또는 핵심을 상징한다. 인간의 영적 본질이 인간의 '분리된 국면'은 아니지만 각각의 손가락 또는 인간의 인격을 드러내는 영역은 인간의 영적 본질에 영향을 주는 수단이다. 그러므로 기독교교육은 각각의 인격의 영역들이 어떻게 하면 영적 본질과의 상호 작용과 영향을 통해 영적 성숙을 가져올 수 있는지를 고려해야만 한다. 다운스(Downs,1994)는 총체적 존재로서의 인간을 어떻게 섬길 것인가에 대한 그의 논쟁에서 다음과 같이 주장한다. "우리는 인간을 먹이고 옷을 입히고, 그들과 의논하며, 그들을 사랑하고, 그들과 관계하며, 정당하게 그들을 대우한다. 그런데 이 모든 것은 그들을 영적으로 섬기기 위한 수단이다"(74-75). 이러한 내적 상호연관성으로 인해 교육은 필수적으로 인간의 모든 영역을 다루어야만 한다.

총체적 학습에 관한 세 번째 강조점은 총체적 학습의 환경과 관련되어 있다. 아이슬러와 하버마스(Issler & Habermas, 1992)는 총체적 학습을 위한 환경을 창출하기 위해 고려해야할 다섯 가지 사항들을 제안하였다. 물리적 요소, 조직적 요소, 관계적 요소, 문화적 요소, 역사적 요소 등(145). 이 다섯 가지 요소들은 서로 상호 작용을 하면서 더욱 효과적인 학습이 이루어지도록 다리를 놓거나 전달 수단을 형성한다.

JANA SUNDENE

참고문헌 | D. Dirks(1991), *Christian Education: Foundations for the Future*, pp. 137-55; P. Downs(1994), *Teaching for Spiritual Growth*; K. Issler and R. Habermas(1992), *Teaching for Reconciliation: Foundations and Practice of Christian Educational Ministry*; R. Pazmino(1988), *Foundational Issues in Christian Education: An Introduction in Evangelical Perspective*; W. Yount(1996), *Created to Learn*.

최면적 퇴행(Hypnotic Regression).
퇴행(Regression)을 보라.

추론(Reasoning).
계몽운동(Enlightenment)을 보라.

추문(Affair).
간음(Adultery)을 보라.

추상적 사고(Abstract Thinking).
새로운 지식과 기술, 태도 등을 습득하기 위한 중요한 자질 중의 하나로서 정도의 차이는 있으나 모든 개인에게 내재해 있다. 정도의 차이라는 한계는 문화적 배경이나, 공식(형식) 교육을 받은 연한, 개인의 학습 스타일, 심리 타입, 또는 주제와 관련된 분야에 따라, 한 개인이 추상적 사고를 활용하는 데 차이가 있다는 것이다.

유아기에는 추상적인 사고를 하지 못한다. 피아제(Piaget, Jean 〈1896-1980〉: 스위스의 심리학자. 발달 심리학과 인간 지성의 연구에 공헌 함 - 역자 주)의 이론에 의하면, 인지 발달 단계의 제 3기에 해당하는 나이, 7살에서 11살 사이에 상징하는 능력이 집중적으로 발달한다고 한다. 그렇다고 해서 유아기에 추상적 사고 능력이 전혀 없다는 뜻은 아니라, 어린이들의 정신 발달상 추상적 사고와 연합된 학습 활동이 활발해 진다는 뜻이다. 피아제는 이 시기를 '구체적 조작기(Concrete Operation)' 라고 부른다. 이때에 어린이들의 사물의 부류와 그 관계에 대한 논리성을 인식하는 능력이 한층 발달하게 되는데, 이러한 팽창하는 정신적 구조는 커다란 인지적 주차장과 같아서, 각각의 통로와 공간들이 들어찼다가 다시 비워지는 일이 반복된다. 공간 자체는 사라지지 않고 앞으로 있을 학습의 장으로서 확장되어간다. 어린이는 이러한 통로와 공간들을 이용하여 사물의 개념과 이론들을 학습하게 된다. 이 새로운 스타일의 인지적 과정이 모든 귀납적 학습의 토대가 된다. 직접적인 접촉을 통해 주로 학습했던 유아기 때와는 달리, 이제는 이 새로운 정신적 능력을 이용하여 학습 경험을 선택하고 이루어 가는 정신적 부류와 이론들을 쌓아간다.

"정신력을 낭비하지 말라 (A mind is a terrible thing to waste)"는 표현은 이제 추상적 사고 주창자들의 구호가 되었다. 그들에게는 사고력이 가장 귀중한 소유물이다. 추상적 사고 주창자들의 일반적 특성을 연구한 결과들을 보면, 그들은 논리와 개념과 아이디어의 사용에 초점을 두고, 감정 (feeling)에 상반하는 사고 (thinking)를 강조한다. 그들의 주된 관심은, 어떤 독특하고 구체적인 분야를 직관으로 이해하려는 시도에 반대하는 이론을 수립하려는 것이다. 추상적 사고에 집중하는 사람은 예술적 감각보다는 과학적이고 조직적인 문제 해결 방식의 접근을 선호한다. 이러한 방식의 사고를 선호하는 사람들은 추상적 부호 (내용)를 조작하여 체계적으로 분석하고, 한 개념의 정밀하고 정확한 분석과 구조적인 미를 추구한다. 또한 일반적 이론과 그 모범을 계발하는 일을 좋아하는데, 이론의 논리성과 정확성에 중점을 둔다. 그들에게 실용성이란 주된 관심사가 아니며, 사람들이나 감정 등과 같은 면에도 관심을 두지 않는 편이다. 개념과 아이디어, 내용과 정보 중심적이다. 서양 인구의 약 삼분의 일에 해당하는 사람들이 이 추상적 개념화 과정에 편중해 있다.

위트킨 (Witkin)은 추상적 분석 능력을 사용하는 학습 방식을 선호하는 인지 스타일을 장-독립성

(field-independence) 이라고 설명한다. 장-독립성이란 자기절제와 자율성을 강조하는 문화와 연관되어 있다. 반면에 장-의존적인 (field-dependent) 학습자는 환경에 영향을 받는 인지 스타일을 가지는데, 이들은 "타자의 지도를 받는" (other directed) 편향이 있다. 복종과 사회적 견제와 권위 등을 강조하는 문화권에 장-의존적인 학습자들이 많은 편이다. 이러한 교육 구조 안에 있는 성인들에게는 학습의 어려움이 높은 경향이 있다.

데이비드 코브 (David Kolb: 경험적 학습 이론과 학습 스타일 조사표 〈LSI - Learning Style Inventory〉로 알려진 미국의 교육자 - 역자 주)와 버니스 맥카티 (Bernice McCarthy: 4MAT 이라는 학습 스타일을 개발한 미국의 교육자)는 추상적 개념화와 학습 스타일을 통합시키려는 시도를 거듭해왔다. 코브의 "동화자" (assimilator: 코브의 네 가지 학습자 유형의 하나 - 역자 주) 나 맥카티 의 "분석적 학습자" (analytic learner: 맥카티의 네 가지 학습자 유형의 하나 - 역자 주) 들은 추측적 사고를 하는 강한 특성을 가진다. 맥카티는 8단계 학습 스타일을 개발했는데, 그 시스템을 4MAT 이라고 부른다. 이 시스템은 우뇌와 좌뇌의 기능을 학습 스타일과 통합한 이론이다. 분석적 학습자의 우편 ("Right Mode") 방식은 이미지 ("Image") 혹은 학습의 개념에 대한 사고를 시작하는 과정에 해당하고, 좌편 ("Left Mode") 방식은 정의를 내리는 것이다 ("Define"). 즉, 맥카티는 부분적 관찰을 통한 이해와, 새로운 것을 학습함으로 그 이해의 범위를 확장시키는 것을 구분시켜 놓았다.

기독교 교육학적 공헌. 추상적 사고자들이 기독교 교육학에 끼친 공헌은 지대하다. 성경 연구와 교수법, 영적 형성 (spiritual formation) 분야에 특히 큰 기여를 했다.

고대의 추상적 사고자들이 성경을 연구하던 방법인 렉시오 디비나 (Lectio Divina) 에서 좋은 예를 볼 수 있다. 4세기 경 존 케시안 (John Cassian)이 개발한 것으로 제2단계에 해당하는 메디타시오 (meditatio) 에서 본문을 깊이 묵상하게 되어있다. 주어진 질문들을 통해 본문을 심도 있게 보도록 인도하여 넓은 범위 안에서 본문의 중요성을 이해하고, 그 이해를 통해 하나님을 알고 살아갈 방법과 행위도 알게된다고 한다. 일반적으로 개개인에게 이러한 삶의 의문과 해답을 알아갈 능력이 주어졌지마는 추상적 사고자들이 이러한 면에서는 가장 탁월하다.

전통적인 기독교 교육 프로그램은 주로 추상적 사고자들 중심으로 기획되었다. 그들은 의자에 나란히 앉아 많은 양의 정보를 전달해 주는 교사들을 열심히 경청한다. 전략적 기획을 세우는 자들로서, 이들은 전해 받은 정보와 지식들의 가치를 평가하며, 어떤 결론에 도달하기 이전에 전면적인 검토를 행하며 그에 필요한 모든 자료들을 요구한다. 서양의 전통적인 교수 학습 방법이 추상적 사고를 강조했기 때문에 이러한 학습자들이 가장 훌륭하다는 평가를 받아왔다. 이들은 실제적 사실들에 대한 열정과 정답에 대한 경쟁적 욕구가 있으며, 그 결과 학교에서는 최고 점수 (A)를 독차지한다.

이들이 특별히 선호하는 학습 방법들이 있는데, 현명한 교사는 그것들을 알아 교수-학습 과정에 선용한다. 예를 들면, 이들은 명철하고 지혜로운 사람들을 높이 평가하고; 아이디어에 대한 호기심이 강하여 이론들을 관대히 다루고; 준비와 체계가 있는 교사들을 좋아하며; 전체적 개요를 중요시 여기고; 정답과 오답이라는 차원에서 사고하며; 정답임을 논리적으로 증명하기 위해 토의를 거듭하고; 성경을 읽되 개념과 원리에 초점을 두고; 경쟁을 필요로 한다 (르퍼버, Marlene LeFever: 미국의 기독교 교육학자. 『학습 스타일』〈Learning Style〉 의 저자 - 역자 주). 이러한 학습 유형 선호를 잘 이용하면 추상적 사고자들로 하여금 지속적으로 기독교 교육에 정진하도록 고무할 수 있다.

영적 형성을 연구하는 이들도 추상적 사고의 중요성을 인식하고 있다. 영적 형성 방면에 중요한 공헌을 한 코린 웨어 (Corinne Ware)는 그녀의 "영성 수레바퀴 선별기" (Spirituality Wheel Selector)를 통해 4종류의 영성 유형을 구분한다. 첫 번째 유형이 추상적 사고와 연관이 있는데, 종교적 체험을 지적인 면에서 관측하여, 그 체험의 내용을 중요시한다. 또한 사고와 신앙의 체계적인 연합을 강조하는데, 웨어는 이를 '두뇌형 영성' (head-type spirituality)이라고 부른다. 이러한 유형의 영적 특성을 가진 사람들은 교회의 공동 회합이라든가 성경 공부 반, 멋진 설교, 예배 공동체 안에서의 신학적 일신 등을 통한 대화와 토론을 즐긴다. 이러한 유형을 한마디로 "내 교리"(my doctrine)라는 말로 요약할 수 있다.

이 첫 번째 유형의 영적 타입이 전체적으로 끼친 공헌은 매우 귀중하다. 이들은 신학적 성찰과 해석을 발전시켰고, 기독교 교육을 받들어 주었으며, 찬송가의 내용을 검토해 주었다. 두뇌형 영성이 세대를 거듭하여 신앙에 대한 이야기들을 지켜왔고, 종교적 경험들을 해석하고 이해하도록 도왔다. 그러나 이들이 영적 면을 지나치게 지적, 추상적으로만 해석한 결과 때로는 불모의 정통성과 메마른 교리만을 강조하는 결과를 가져오기도 했다. 균형 있는 영적 성숙을 위해서는 감정과 체험적 영성에도 관심을 가져야 할 것이다.

높은 비율의 사람들이 추상적 사고의 유형을 지닌다. 그들의 통찰력과 생산적 활동으로 교회와 기독교 교육, 교수-학습 과정 그리고 영적 형성 면에 지대한 공헌을 하고 있다.

JAMES A. DAVIES

참고문헌 | D. A. Kolb(1984), *Experiential Learning*, B. McCarthy(1987), *The 4MAT System: Teaching to Learning Styles with Right/Left Mode Techniques*; M. LeFever(1995), *Learning Styles*; H. B. Long(1987), *Adult Learning Research and Practice*; C. Ware(1995), *Discover Your Spiritual Type*.

추종자(Follower). 제자(disciple)를 보라

축제를 통한 유대인의 교육(Hebrew Education Through Feasts and Festivals). 축제는 어떤 기간 동안 사회적, 종교적 사건을 축하하는 유대인들의 정기적인 모임이다. 유대인들의 세 가지 주요 연중 축제는 또한 세 가지 순례자를 위한 축제로 알려진(출 23:14-19, 2; 대하 8:12-13) 유월절 축제(출 12:1, 13-16, 34:18-20, 25; 레 23:4-8; 민 28:16-25; 신 16:1-8), 맥추절 축제(출 23:16; 레 23:15-12; 민 23:26-31; 신 16:9-12) 그리고 초막절(수장절) 축제(출 23:16; 레 23:33-41; 민 29:12-38)를 포함한다. 다른 축제는 정월(New Moon) 축제(출 40:2, 17; 민 10:10; 28:1-10; 삼상 20:18; 대하 23:31)와 안식일(출 16:22-30; 20:8-11; 23:12; 31:12-17; 34:21; 35:2-3; 레 23:3; 26:2; 민 28:9-10; 신 5:12-15)이 있다.

기독교처럼 유대교에서도 갱신은 재발견을 통해서 이루어지곤 한다. 다양한 축제를 즐기면서 유대인들은 자연의 창조자이자 지지자로서의 하나님의 능력과 목적, 존재에 대한 새로운 이해를 재발견한다. 이렇듯 유대교의 축제는 전체 구성원들에게 효과적인 교육적 행사이다.

1. 교육적 행사로서의 축제(Feasts and Festivals as Educational Events). 유월절은 특별한 교육적 목적을 갖는다. 그 축제의 풍부한 형상은 역사적 사건에 대해 탐구적인 어린이들이 질문을 하도록 환기시킨다(출 12:25-27, 13:8, 14-16). 피로 물든 문은 죽음의 천사들에게 그들의 집을 "넘어가라"는 기본적인 표호를 생각나게 하였다. 이스라엘의 처음 태어난 남자는 모든 이집트의 처음 태어난 아기가 죽임을 당할 때 하나님이 그들의 그 운명적 죽음으로부터 그들을 떼어놓았기 때문에 살 수 있었고 그들은 거룩하게 구별되어야만 한다(출 13:11-16). 온 가족은 옷을 잘 차려 입고 그 긴박함을 생각하면서 서둘러 식사를 한다. 쓴 나물은 이집트에서의 잔인한 고통을 상기시킨다. 이러한 축제를 통해 유대인들은 하나님의 능력 있는 구원 사역으로서 의미를 갖는 출애굽을 되새기며, 그들의 뿌리에 대해 생각한다(수 5:10:2; 왕하 23:21-23:2; 대하 30:1-5; 13-20; 출 6:19-21).

유월절과 함께 무교절을 지킨다. 이 기간 동안에는 모든 누룩이 금지되고 규례를 깨뜨리는 자들은 출교된다(출 12:1-20; 레 23:4-8; 민 28:16-26; 신 16:1-8). 7일 동안의 축제 기간 동안 집회가 열리고 노동은 허락되지 않는다. 이 기간 동안 구성원들은 누룩이 첨가되지 않은 빵을 먹고 이집트로부터 받은 그들의 고통을 상기한다. 이스트가 첨가되지 않은 빵은 탈출의 밤에 먹었던 고통의 빵이다(신 16:3).

맥추절(Weeks)의 축제는 무교절(Unleavend Bread) 축제 후 50번째 날에 열린다. 그때 집회가 시작되고 노동은 행해지지 않는다. 백성들은 수확의 일정량을 자유롭게 헌납으로써 하나님에게 첫 수확한 밀을 바친다(민 28:26; 신 16:10). 번제와 죄의 심판도 역시 행해진다(레 23:18-20; 민 28:27-30). 백성들은 하나님이 주신 땅에서 하나님의 존재를 다시 한 번 확인한다. 그리고 이 기쁨은 그들의 아이들이나 남종과 여종 뿐만 아니라 외국인과 고아, 과부들과도 공유한다(신 16:11-12). 이 축제는 역시 초실절 또는 오순절로서도 알려져 있다. 하나님께서 기적적인 방법으로 신약교회에 성령을 부어주신 것은 바로 이 축제에서 였다(행 2:1-4).

일곱 번째 달의 15일에 국가적으로 들판에 곡식이 모이는 수장절 또는 초막절의 축제를 축하한다(레 23:33-36; 출 23:16; 신 16:14). 이 7일간의 축제는 노동이 허락되지 않는 거룩한 집회로 진행된다. 남종이나 여종, 외국인, 고아, 미망인을 포함한 사람들이 기쁨으로 축하한다(신 16:14). 이 기간 동안 모든 이스라엘 백성들은 그들의 하나님이 이집트로부터 그들을 이끌었을 때 지은 장막에서 체류했던 그날을 되새기면서 번제물, 곡물 그리고 희생제물을 하나님께 드린다. 그들은 임시로 지은 오두막에서 생활한다(레 23:40, 42-43). 이 축제는 이스라엘의 역사 내내 기념해 왔다(대하 8:12-13; 스 3:4; 느 8:13-18; 요 7:2-3, 37-38).

모세의 법에 따라 이스라엘인들은 월삭 축제 기간 동안 하나님을 송축한다(민 28:11). 일반적인 노동은 금지되고 나팔을 불면서 축하가 진행된다(민 28:11-15; 대하 23:30-31; 대하 2:4; 8:12; 31-3). 월삭 동안의 잘못된 태도는 하나님의 진노를 자초한다(사 1:13-14; 호 2:11; 5:7). 안식일 축제 참가는 하나님이 인간을 구별하심이다. 매 7일째는 안식일로 하나님의 사역을 기억하는 거룩한 날이다(출 20:8-11; 레 23:3; 창 2:2-3). 이스라엘 백성이 아닌 노예와 외국인 심지어는 동물들도 노동을 쉰다. 그리고 이것을 어긴 자는 죽음으로 처벌된다(출 32:14; 35:2; 민 15:32-36).

이스라엘 민족의 역사에 있어 가장 거룩한 날은 대속죄일이었다(출 30:10; 레 16, 23장: 26-32; 25:9; 민 29:7-11). 7월 15일에 이스라엘은 복잡한 희생의식을 통하여 그들의 죄를 용서함 받았다. 대제사장이 의례적인 (죄)씻음과 수소의 희생으로 자신의 죄를 없앤 후에 백성의 죄 용서함을 받기 위해 염소로 희생제사를 드렸다. 마침내, 백성의 죄에 대한 하나님의 용서의 상징으로 또 한마리의 염소가 백성의 죄를 지고 광야로 보내졌다(레 16:20-22; 갈 3:12, 2; 고전 5:21). 이날은 특별한 안식일에 의해 선행된 공식적인 금식의 날이었다.

2. **교육학적인 통찰(Pedagogical Insights).** 유대인들의 축제는 몇 가지 흥미 있는 교육학적인 통찰을 제공한다. 첫째, 학습은 전적으로 경험에 의한 것이었다. 번제, 동물 희생, 추수 제물 그리고 아낌없는 잔치는 시각, 청각, 촉각, 미각, 후각을 온전히 경험하도록 하였다. 그 축제는 종종 일상적인 생활과 노동으로부터의 휴식이 요구되었고 때때로 생활양식(초막절, 수장절)의 급속한 변화를 불러왔다. 둘째, 학습은 지역사회 범주 내에서 발생했다. 유월절은 아이들의 자유 참가를 격려하는 가족들 사이에서 기념되어졌던 것이다. 종종 갖게 되는 다른 축제도 민족전체의 축제로서 백성들이 관계되었다. 셋째, 학습은 백성의 근원과 유지자로서의 하나님에게 초점이 맞추어졌다. 그 위대한 축제는 종종 하나님 안에서 민족이 그 뿌리와 처음으로 되돌아갈 것을 촉구하는 언약 갱신의 기회가 되었다. 물론 하나님의 법을 읽고 가르치는 것은 다른 축제에서도 행하여졌다(신 31:9-13; 느 8장). 마지막으로 특히, 학습은 다양한 필요에 의해 생활 전체에서 이루어졌다. 정결한 의식의 체계를 통하여 사람들은 보잘것없었던 처음(누룩 없는 빵을 먹는 유월절 축제)을 기억하고, 하나님의 끊임없는 은혜와 죄 용서함(속죄의 날) 그리고 규칙적인 거룩한 봉사(안식일, 정월)로 자신들을 거룩하게 했다.

YAU-MAN SLEW

참고문헌 | J. C. Rylaarsdam(1962), *The Interpreter's Dictionary of the Bible*; C. M. Williamson and R. J. Allen(1991), *The Teaching Minister*; D. Ng and V. Thomas(1981), *Children in the Worshiping Community.*

취학전 교육(Preschool Education). 1. 성경적 배경과 역사적 배경.
디모데에게 보내는 편지들 중, 사도 바울은 이 젊은이가 배운 것에 거하도록 격려하면서 "네가 어려서부터 성경을 알았다"고 말한다(딤후 3:15). 그 당시의 많은 아이들처럼, 디모데는 어릴 때부터 종교적 내용들을 집에서 교육받았다. 성경은 부모들이 그들의 아들들과 딸들에게 종교적인 교육을 하도록 명령하고 있다. 신명기 6장 6-7절에서 모세는 부모들이 아침부터 밤까지 모든 경험들과 관련하여 하나님에 관해서 이야기하도록 명령하고 있다. 수세기 동안, 아동기 때의 종교적 가르침은 논쟁적 주제가 되어 왔다.

새로운 세계가 열리면서, 유럽의 교육적 전통들은 미국의 것이 되었다. 특권층 가정들을 제외하고 아이들 교육은 비형식적으로 계획되었다. 중산층 가정들은 교사들을 고용할 수밖에 없었다. 한 교실의 교사(校舍)는 3살부터 18살까지를 포함하기도 했다. 많은 경우, 엄격하게 본다면 교육은 직업적인 것이었다. 취학전 어린이들을 포함한 가난한 가정의 아동들은 일을 하도록 강요받았다. 19세기 미국에서, 5살 혹은 6살의 아이는 공장에서 하루 열여섯 시간 일하는 것이 일반적이었다.

많은 아동들이 일주일에 6일을 일하고 있었기 때문에, 종교적 가르침과 기본적으로 읽고 쓰는 능력을 위한 특별수업들은 일요일에 열렸다. 이 주일학교 개념은 영국에서 시작되었고 성경에 초점을 맞출 수 있었던 미국으로 빠르게 퍼졌다. 세기가 바뀌면서 미국은 공립교육의 체계를 가지게 되었지만, 공식적으로 취학전 아동들을 여기에 포함하지는 않았다.

광범위한 유아살해를 억제하는 데 도움이 된 생명의 거룩함에 대한 인식을 가졌던 초기 교회는 많은 기독교 학교 설립의 책임을 지고 있었다. 미국이 독립하기 전 식민지 상태의 미국에서 노동력은 자신들의 의지와 상관없이 영국에서 보내어진 어린 고아들이 보충했다. 어린 아동들에 대한 청교도적 이해는 그들이 책임질 수 있는 나이가 될 때까지는 사악하고 개심의 능력이 없다는 것이었다. 그때까지 아동들의 종교적 가르침의 범위는 그들의 절망적 상태의 비참함에 초점이 맞추어져 있었다. 낭만주의가 일어나면서 이 문제에 관한 사고의 추는 정반대의 지점을 오갔다. 자연의 일부로서의 아동은 본질적으로 반드시 선해야 했다. 이러한 성선설 관점은 아동기 교육에 주의를 돌리게 했다. 철학자들과 교육자들은 학습의 내용뿐 아니라 과정까지 연구했다. 교육에서는 아이들의 특별한 필요들과 놀이의 중요성이 핵심이 되었다.

첫 번째 유치원은 1837년 독일에서 시작되었다. 유치원의 개념은 독일 이민자들의 자녀들을 가르치기 위한 시립 기관들의 후원으로 미국에 퍼져나갔다. 시대가 바뀌면서 이민자의 물결은 어린 자녀들이 일을 해야만 하거나 부모가 일을 하는 동안 돌봄이 없어 집에 있어야 하는 아동들을 가진 가족들이 미국으로 몰려왔다. 자선 기관들은 이러한 아이들에게 문자교육과 돌봄을 제공하기 위한 유치원을 열었다. 1873년, 유치원들은 공립학교 체제의 일부가 되었다. 1900년대 초반의 아동 노동의 금지와 학교 출석을 필수화한 법령은 학교등록을 격려했다.

초기 아동기 교육은 새로운 입지를 얻게 되었다. 연구자들과 교육자들은 어린 아동들의 특별한 필요를 위한 정리된 내용과 방법들의 교육과정을 향상시켰다. 1930년대에 열린 탁아소들과 보육원들은 유치원에 가기에는 너무 어린 아동들을 보호하고 가르쳤다. 오늘날 많은 교회들은 초등학교를 지원하지 않는 교회들조차도 보육원과 유치원을 제공한다.

2. 취학전 어린이에 대한 이해. 어른의 축소판과는 거리가 먼 취학전 어린이들은 특별한 필요들과 엄청난 잠재력을 가진 개인이다. 초기 아동기 교육을 위해 구조화된 프로그램들은 대부분 3세에 시작되지만 연구에 따르면 연령에 맞는 교육은 유아기부터 절대적으로 중요하다고 보고한다. 하나님과 교회를 향한 평생의 태도는 초기 아동기 시절에 형성된다.

지적인 면에서, 아동들은 문자 그대로 생각하는 존재이다. 추상적 용어들은 쉽게 잘못 이해될 수 있으므로, 교사들은 상징들을 피하고 추상적 개념들을 실제 삶의 경험들과 연결하는 것을 반드시 피해야 한다. 비유와 같은 여러 층의 의미를 가진 가르침들은 한 순간 하나의 개념만 생각할 수 있는 어린 아동들에게는 어렵다. 주일학교와 같이 연속적으로 계획된 프로그램들은 반드시 동일한 주제에 초점을 맞추어야 한다. 많은 취학전의 아동들이 개념 혹은 단어들의 의미를 알지 못한 채 반복할 수 있으므로, 교사들은 이해여부를 확인하는 질문을 반드시 해야 한다. 성인들에게는 지겨울 수 있는 구절, 노래들 그리고 이야기들의 반복은 기억력이 낮은 취학전의 아동들에게 도움이 된다. 어떤 연령의 학습자들과 마찬가지로, 학령전의 아동들은 실습을 통해 가장 잘 배울 수 있다. 그들은 학습 과정에서 반드시 활동적으로 참여해야 한다. 행동 모델들은 이 시기에 아주 중요하다. 교사들은 바른 말하기 습관의 모델까지 된다. 이들은 역사 혹은 지형에 대해 거의 아는 것이 없으므로, 성경의 연대기의 이해를 요구하는 가르침들은 취학전의 아동들에게 너무 어렵다.

감성적인 면에서 취학전의 아동들은 자기중심적이다. 아동들 자신과 자신들의 필요들에 직접적으로 연관이 있는 일들만이 그들에게 중요하다. 취학전 아동들을 위한 교사들이 직면하는 도전들 중의 하나는 아동들의 사회화이다. 취학전 아동들이 다른 이들의 관점이나 복지에 관심을 기울이는 것은 무척 어렵다. 나누는 것이 주요한 주제이다. 초기 아동기의 또 다른 도전은 자기만족이 지체되는 것이다. 독립성의 새로운 감정들은 자기 통제를 요하는 성인들이 가하는 제한들과 부딪히게 된다. 교사들은 행동의 합리적 제한들을 엄격히 세워야 하고 바른 행동들은 특별한 칭찬을 통해 확인해 주고 격려해야 한다. 이 연령대의 아동들에게는 나쁜 행동의 개념 역시 어려운 것이다. 취학전 아동들에게 나쁜 행동은 나쁜 동기들과 연관되지 않고 단지 행동하다가 잡혀서 처벌을 받은 것일 뿐이다. 나이에 따른 도덕성에 따라, 교사들은 아동들이 이 단계에서 옳고 그른 것을 인식하는 도덕적 절대성의 단계까지 올라갈 수 있도록 지도할 수 있다. 절대적 진리들을 행동에까지 적용하는 단계는 아주 적은 수의 성인들만이 도달할 수 있는 경지이다.

유아기와 걸음마 시기의 빠른 심리적 성장은 유치원 시기에 느려진다. 두뇌와 세포들 간의 연결들은 머리가 더 세분화되는 동안 계속 발달한다. 큰 운동 근육 기술들이 아직 다 발달되지 않았음에도 불구하고 근육들은 통제하에 있게 된다. 취학전 아동들은 시각과 눈—손의 조화가 향상된다.

놀이는 순전히 육체적인 것으로 보이지만, 이것은 여러 가지 발달적 필요들을 채운다. 학령 전 아동들은 혼자서 하는 놀이에서 협동적 놀이로 옮겨가면서 의사소통과 사회화 기술들을 발달시킨다. 그들은 문제해결을 연습하고, 창의력을 사용하며 성인 역할을 경험한다. 연극과 같은 놀이를 통해 그들은 다른 사람들의 관점들에서 상황을 볼 수 있게 된다. 놀이는 기본적으로 아동기에 속한 것이다.

성경은 우리 각자가 아이처럼 되어야 천국에 들어갈 수 있다고 말한다. 이것은 분명히 신체적 상태, 정신적 발달, 사회성에 대한 것이 아니라 믿음의 속성과 겸손한 상태를 가리킨다. 어린아이들은 불완전한 교리적 지식을 가질지라도, 이들은 자신보다 다른 사람을 전적으로 의존하는 경험을 할 수 있는 유일한 위치에 있다. 하나님에 대한 아이들의 관점은 인간 모델들을 통해서 형성된다. 하나님의 신적인 속성은 성인에게조차 어려운 개념으로 불가사의한 것이다. 하늘에 계신 하나님이 모든 곳에도 계시다는 하나님의 무소부재는 아동들이 감당해야 하는 또 다른 도전이다. 취학 전 아동들은 기적들과 마술들을 구별하기 어렵다. 이 시대의 아동들은 기도할 때, 또 다른 문제를 직면하게 된다. 이들은 자신들이 원하는 것을 놓고 기도하므로 하나님께서 그들의 필요들을 대신 채워주셨을 때, 이것은 그들을 혼란스럽게 한다. 응답되지 않은 기도처럼 보이는 것은 그들을 막는 장애물이 된다.

3. 학습 환경. 취학전 아동들이 충분한 잠재력 속에서 배우기 위해서는 자극적 환경들이 필요하다. 아동 기준의 장비, 재미있는 활동 센터, 신체적 편안함, 이리저리 움직일 수 있는 공간들은 매우 중요하다. 교육과정은 고유 연령 그룹의 특성들에 맞도록 특별하게 고안되어야 한다. 수업시간의 모든 게임들, 활동들, 노래들 그리고 이야기들은 하나의 주

제에 초점을 맞추고 있어야 한다. 학습목표에 맞추어지지 않은 교육 시간의 어떤 요소도 학습자들을 산만하게 만들 수 있다. 활동들은 학습을 위해 모든 감각들을 다 사용하는 어린 학습자들의 경향을 온전히 활용해야 한다. 아이들이 교회에 대해서 가지게 되는 태도는 교사들에 대한 그들의 태도를 반영하는 것이므로, 교사들은 반드시 따뜻하고, 수용적이어야 한다. 학생/교사 관계는 아주 중요한 요소이므로, 수업은 규모에서 반드시 제한적이어야 한다. 다섯 살 그룹은 대략 여섯 명의 아동에 한 명의 교사가 이상적이다. 배우는 학생들이 어릴수록 보조 교사들은 더욱 필요하다.

수업은 반드시 단순하고 실제적 삶의 적용을 강조해야 한다. 개념들은 합리적 연결들 속에서 가르쳐져야 다음의 수업들이 견고한 기초 위에 세워질 수 있다. 방법들은 학령전 아동들의 능력, 관심, 집중능력에 적합해야 한다. 이야기하기, 드라마, 미술, 블록, 책, 퍼즐, 음악 등은 모두 다 학습 목표를 위해 사용될 수 있고 학습 종류의 범주가 될 수 있다.

4. 결론. 재정과 시설들의 사용에서 주로 방치되고 있는 교회교육의 유치부는 육아실과 함께 가장 중요한 부분이다. 이 시기는 하나님과 교회에 대한 개인의 태도가 발달되는 형성기로 평생 동안 영향을 미치기 때문이다. 방문하는 젊은 가정들은 어린 아동들을 위한 사역을 기초로 그 교회를 판단한다. 좋은 프로그램이 없다면 그들은 다시 방문하지 않을 것이다.

ROBERT J. CHOUN

참고문헌 | R. Beechick(1980), *Teaching Kindergartners*; idem(1979), *Teaching Preschoolers*; L. Brown(1986), *Sunday School Standards*; R. J. Choun and M. S. Lawson(1998), *The Christian Educator's Handbook on Children's Ministry*; W. Haystead (1995), *The Twenty-First Century Sunday School*; K. Klein(1982), *How to Do Bible Learning Activities: Ages 2- 5*; K. D. Osborn(1980), *Early Childhood Education in Historical Perspective*; D. Ratcliff, ed.(1988), *Handbook of Preschool Religious Education*; J. C. Wilhoit and J. M. Dettoni, eds.(1995), *Nurture That Is Christian*; S. C. Wortham(1992), *Childhood 1892-1992*.

측정과 기독교교육(Measurement and Christian Education).

측정은 사람들, 구조물 혹은 대상물을 꼬리표나 등급 혹은 숫자를 사용하여 구분 짓는 것을 가리킨다. 측정에는 종종 시험, 검사, 체계적인 관찰 혹은 면접이 포함된다. 기독교교육에서 측정은 교육 전에 기존의 개인적인 필요나 열망, 교육에 대한 준비상태 그리고 주어진 영역에서 기존의 이해나 기술 수준을 결정하기 위해 사용될 수 있다(Tamminen & Ratcliff, 1992). 기독교교육 활동의 결과들도 또한 측정되며 때로는 학습이 발생했는지 조사하기 위해 결과들을 입학수준의 측정치들과 비교하기도 한다. 측정은 또한 기독교교육의 연구계획에서도 중요한 요소이다. 측정은 개인적인 학습자들과 그룹, 프로그램, 교회 혹은 전체 교단의 평가에서도 사용될 수 있다.

측정은 학습이론의 목표 및 적용과 통전적으로 관련되어 있다. 예를 들어, 어떤 프로그램의 평가가 시작되기 전에 목표와 목적들이 결정되어야 하는데 이는 이것들이 무엇이 측정되어야 하는지를 드러내주기 때문이다. 연구에 따르면 어떤 환경에 관한 암시적 혹은 명시적 이론들이 측정 도구들에 대한 계획에 영향을 미친다. 이론들과 목표들은 주어진 상황 혹은 목적을 위해 무엇이 중요한지 그리고 따라서 무엇이 측정되어야 하는지를 특정화해 준다.

측정에서 두 가지 중요한 개념은 신뢰성과 유효성이다(Starks & Ratcliff, 1988). 그 중 첫 번째는 어떤 도구로 무언가를 측정할 때 사용하는 지속성과 관련된다. 예를 들어, 만약 어떤 개인의 영적 성숙의 측정이 연속되는 3일씩에 근거한다면 각각의 경우에 매우 다른 결과들을 만들어 낼 것이며, 그 방법은 지속적이지 않기 때문에 신뢰할 만한 것으로 여겨질 수 없을 것이다. 그러나 비록 한 시험이 지속적인 결과를 만들어 내어 신뢰할 만하더라도 그것이 목표했던 것을 측정했다고 확신할 수는 없다. 그것은 필연적으로 유효한 것이 아니다. 음악에 대한 태도를 측정하는 어떤 시험이 지속적인 결과들을 도출하여 신뢰할 만하다 해도, 만약 그 측정의 목표가 어떤 사람이 아모스(Amos)에 대한 수업에서 얼마나 잘 배웠는가를 결정하는 것이었다면 그 시험은 그 목표를 평가하는 데 유효하지 않을 것이다.

이미 언급한 대로, 결과들이 필기시험을 통해 형식적으로 결정되든지 혹은 구두 대화나 질의응답을 통해 비형식적으로 결정되든지 간에 기독교교육자들은 그들의 학생들이 목적한 것을 배웠는지 결정하기 위해 측정을 이용할 수 있다(Ferro, 1995). 기대했던 결과들이 발생하지 않았을 때 이는 학생들이 교육 이전에 사전에 필요한 능력을 소유하지 못했었거나, 도구가 충분하거나 적절하지 않았거나, 혹은 질문의 부적절한 어법 같은 측정 도구에 문제가 있었다는 것을 나타낸다(Stych, 1994b).

측정은 또한 교회나 다른 기독교교육의 상황에서 무엇이 일어나야 할 것인가에 영향을 미칠 수 있는 그룹들의 기존 특성들을 결정하는 데도 중요하다. 예를 들어, 영적 은사의 목록들은 개인들이 어떤 기독교 기관에서 가장 잘 수행할 수 있는 역할이나 직분을 안내해 줄 수 있다. 영적 발전의 척도들은 기독교교육 프로그램에서 더 집중할 필요가 있는 약한 부분을 드러내 줄 수 있고 영적 성장의 이론들을 알려줄 수 있다. 교회 출석자들을 조사해 보면 적절하게 채워지고 있지 못한 그들의 선호나 필요들이 드러난다(Engel, 1991). 중요한 것은 신뢰성을 확인해 주는 방식으로 측정도구들이 발전되고 유효하게 되는 것이다(예를 들어, Benson & Clark, 1982를 보라).

DONALD E. RATCLIFF

참고문헌 | H. E. Barnett, *Christian Education Journal* 4(1983): 63-75; J. Benson and F. Clark, *The American Journal of Occupational Therapy* 36(1982): 789-800; J. F. Engel(1991), *Handbook of Youth Ministry*; T. Ferro(1995), *Handbook of Family Religious Education*; D. Sappington and F. Wilson, *Christian Education Journal* 12(1992), 46-68; D. Starks and D. Ratcliff(1988), *Handbook of Preschool Religious Education*; B. E. Stych, *Christian Education Journal* 14(1994a): 9-18; B. E. Stych, *Christian Education Journal* 14(1994b): 36-45; K. Tamminen and D. Ratcliff(1992) *Handbook of Children's Religious Education*.

치유사역(Healing Ministry). 회복사역(Recovery Ministry)을 보라.

친교(Fellowship). 교회를 기술하기 위해 사용될 때 친교는 교회가 무엇을 하는지가 아니라 교회가 무엇인지를 반영하는데, 너무나 자주 교회의 정의로서의 용도를 고려하지 않고 교회의 기초적인 활동의 기술로 등장한다.

그 의미는 요한1서 1장 3절에 가장 잘 나타나 있다. "우리가 보고 들은 바를 너희에게도 전함은 너희로 우리와 사귐이 있게 하려 함이니 우리의 사귐은 아버지와 그 아들 예수 그리스도와 함께 함이라." 따라서 교회는 예수님의 좋은 소식을 다른 사람들에게 알리기 위해 함께 일하는 믿는 자들의 공동체이다.

교육의 기능은 친교의 개념에 필수적이다. 교회 성도들이 교회에 대해 기술한 용어로서 그 단어의 의미를 이해하는 것이 중요하다. 성경공부와 제자훈련 활동에서 친교의 목적은 정의되고 설명되어야 한다. 많은 교회들이 실제 그 능력만큼 효과적이지 못하다. 그 이유는 성도들이 친교의 진정한 본질을 이해하지 못하고 있기 때문이다.

신약성경에서 친교의 개념은 다른 믿는 자들을 돌아보고, 염려하는 중요한 그림을 보여준다. 이러한 개념을 예시해 주는 성경 구절들은 "모든 물건을 통용하고", "저들이 어떻게 서로 사랑하는지 보라", "사랑과 선행으로 서로 격려하며", "서로 마음을 같이 하여", "사랑으로 서로 종노릇하라."

이렇게 묘사된 사람들이 그들 주위의 사람들에게 커다란 영향을 끼쳤다는 것은 이상한 일이 아니다. 그들의 일부분이었던 친교는 다른 사람들을 전도하려는 그들의 노력을 자극했다.

믿는 자들에게 대한 사역의 실천이 그들 공동체에 있는 사람들의 복지로 확대되었음은 분명하다. 그것이 신자들에게 실천되었을 때 사역의 정신이 불신자들에게로 뻗어나가는 것은 쉽다.

아마도 친교의 가장 중요 개념 중의 하나는 하나님과의 교제와 연관되어 있는 것이다. 그리스도를 구세주로 믿는 사람은 다른 신자들뿐 아니라 하나님과 교제관계에 들어간다. 이 관계의 이해는 동료 신자들과 함께 공동체 안에서 고양된다. 하나님에 대해 더 많이 배우는 것이 다른 사람들을 섬기고 교제하는 것을 격려한다. 교제를 통해 하나님을 예배하는 기회가 이러한 경험을 강화한다.

친교에 대한 개념이 신자가 그리스도를 더욱 닮아 가는 데 알아야 할 모든 것들을 뒷받침하고 있다. 교회에서 교육의 강조 중 중요한 초점은 신자들로 하여금 교회 생활에서 교제의 개념을 이해하도록 돕는 것이어야 한다. 교회가 하나님께서 의도하신 모든 것을 할 수 있는 것은 이 개념이 이해되었을 때이다.

WILLIAM G. CALDWELL

참조 | 교회(CHURCH); 공동체/기독교공동체(COMMUNITY, CHRISTIAN); 코이노니아(KOINONIA); 지원그룹(SUPPORT GROUP).

친밀감(Intimacy).

친밀감이라는 용어는 상담에서 광범위하게 사용될지라도 대부분 심리학 사전에서는 거의 발견되지 않는다. 웹스터의 사전에서 그 용어는 친분(acquaintance)과 동의어이다. 또 다른 관련 용어는 친밀(familiarity)과 성의(inwardness)가 있다.

'친밀한'(intimate)이란 용어는 '가장 깊은 곳'을 의미하는 라틴어 인티무스(intimus)로부터 왔다. 친밀감은 서로를 상호 이해하는 데 제안되는 특별한 가까움, 매우 강한 개인적 관계를 말한다. 퍼거슨(Ferguson, 1994)은 친밀감을 창조자와 또한 다른 인간과의 감성적, 영적 연결을 위한 영혼의 말없는 고뇌로 보았다.

차페츠(Chafetz, 1989)는 친교를 서로 간의 기쁨, 관심, 문제를 위한 실제적인 감정이입을 포함하여 각각의 배우자의 삶에 두드러진 주제의 광범위한 의사소통을 개방한다고 묘사하였다. 그는 그것이 깊은 의사소통과 관계를 기반으로 한다고 보았다. 친밀감은 상대방과 감정이입을 표현하고 의사소통을 위한 커플의 능력에 의해 지배되는 관계의 발달이라고 인식하였다.

라만나(Lamanna)와 리트만(Riedmann, 1994)은 친밀감을 개인적 희생에도 불구하고 그 자신 스스로에게 위임하거나 타인과 함께 자기 자신을 공유하기 위한 수용력으로 정의하였다. 그들은 의사소통과 자기발견을 위해 필수적이라고 인식하였다. 그러나 그들은 친밀감의 발달에 중요한 요소로서 신뢰와 이타심을 유도하는 위탁의 관념을 소개한다. 그들의 정의는 또한 친밀감이 직접적으로 타인과 함께 자신의 잠재성을 공유하기 위한 개인적 수용력-능력과 관련된다고 한다.

친밀감의 두 가지 수준에는 성적인 친밀감과 영적인 친밀감이라고 제안하였다. 영적 친밀감은 두 사람이 그들의 마음과 느낌을 공유하는 반면, 성적인 친밀감은 그들의 육체를 공유하는 두 사람을 언급한다. 성적인 친밀감은 두 사람이 신체적 접촉을 통해 보호와 애정을 교환하는 행동으로 서로에게 그들 자신을 주는 것으로써 경험된다.

성적인 친밀감과 영적 친밀감이 모두 친교로 언급될 동안에 그것들은 여전히 그들이 개인적 정체성을 유지하며 동시에 존재할 수 있다. 다른 사람들은 이러한 개념이 친교의 두 가지 실제적 구성 요소임을 제안하였다.

친밀감의 정서적 특징은 개방성, 정직, 상호자기발견, 보호, 따뜻함, 보존, 도움, 상호헌신, 상호적 세심함, 상호적 위탁, 복종하는 자세, 방어자세의 해제, 감정적 교류, 헤어졌을 때 고뇌에 찬 느낌 등을 포함한다.

JAMES A. HEADRICK

참고문헌 | J. Chafetz(1989), *Marital Intimacy and Conflict: The Irony of Spousal Equality in Women: A Feminist Perspective*; D. and T. Ferguson and C. and H. Thutman(1994), *Intimate Encounter*; idem(1994), *The Pursuit of Intimacy*; M. A. Lamanna and A. Riedman(1994), *Marriages and Families: Making Choices and Facing Change*; J. Trent(1996),

Love for All Seasons: Eight Ways to Nurture Intimacy; H. N. Wright(1992), *Holding on to Romance: Keeping Your Marriage Alive and Passionate After the Honeymoon Years are Over.*

침례(Immersion). 세례, 침례(Baptism)를 보라

침례교청년연합(Baptist Young People's Union). 침례교청년연합(BYPU)은 19세기 후반에 시작하여 전 연령에 걸쳐 광범위한 기독교교육 사업을 주도했던 청소년 제자도 운동이었다.

BYPU의 선도자는 1881년에 설립된 "노력하는 그리스도인"(Christian Endeavor)이었다. 이 모임은 젊은이들을 예수님과 교회로 인도하여 신앙에 굳게 세우기 위한 목적으로 설립되었다. 이때, 엡워쓰 연맹(Epworth League), 루터연맹(Luther League), 복음주의연맹(Evangelical League), 나사렛청년연맹(Nazarene Young People's League) 등 몇 개의 청소년 기관이 설립되었다. 1890년 5월에 미국 침례교청년연합(Baptist Young People's Union)이 시카고에 형성되었다.

1895년 조지아 주의 애틀랜타 남침례교총회에 속한 남침례 교인들이 BYPU의 부가기관을 세웠다. 남침례 교단 총회의 여선교부(Women's Missionary Union)와 같이 독립적인 기구이지만, 이 새로운 조직은 교단 총회 특히, 침례교 주일학교위원회(Baptist Sunday School Board)와 밀접한 관계 아래 성장하였다. 침례교회 지도자들은 자신의 젊은이들을 제자화하는 일 뿐만 아니라 청년들이 총회 프로그램과 격리될 잠재적 가능성을 우려했다. 그때 이 연합에 반대하는 사람들도 있었는데 그 이유는 주로 국가적인 조직에서 소외되고 싶지 않거나 어떤 형태의 조직에도 반대하기 때문이었다.

이 기구가 설립되기 이전의 남침례교단 지도자들은 새로운 기구는 반드시 침례교단과 지역 교회의 권위 아래 조직되어야 한다고 강조했다. 처음에는 대학생들이나 17세 이상의 사람들에게만 자격을 주었으나, 얼마 안 되어 어린 청소년들도 가입을 허락했다. 대학생 이상은 BYPU 상급반, 그 아래는 BYPU 하급반이라고 불렀다. 침례교 주일학교에서는 필요한 문서들을 조달해 주도록 되어 있었다. 이것은 남침례 교단 총회 산하 최초의 국가적인 청소년 단체였다. 주제가도 있었고, 구호, 응원가 등도 있었다. 지도자들은 특정한 지역과 주, 또는 국가적 모임들을 후원해 주었다. 1918년에 주일학교 안에 BYPU 부서가 설립되었다.

BYPU는 계속 성장했고 1921년까지 다른 연령 그룹에도 프로그램이 생겨, 9세부터 12세까지는 BYPU 하급반, 13-16세까지는 중급반, 17세 이상은 상급반으로 구분되었다. 곧이어 1925년에는 모든 연령 그룹에 이 프로그램을 시작했다. 1930년에는 성인을 위한 정기 간행물을 발간하기 시작했다. 다음 해 이 연합은 전 연령 그룹을 대표하는 조직이 되었다. 1934년에 그 명칭을 침례교훈련연합(Baptist Training Union)으로 바꾸었고, "검 훈련"(The Sword Drill, 후에 성경훈련〈The Bible Drill〉이라고 불림)과 "스피커즈 토너먼트"(Speaker's Tournament)와 같은 프로그램들이 BYPU을 대표하게 되었다.

1895년 처음 BYPU가 조직되었을 때 약 20,000 회원을 가진 500개의 연합이 있었고, 1916년 남부 지역 BYPU가 4,367개 연합의 총 회원 153,071명을 보고했다. 1927년까지 거의 오천만 명에 이르는 회원으로 성장했다.

BYPU는(미국) 남침례교회의 주일 저녁 프로그램을 성공적으로 발전시켰다. 젊은이들의 참석률이 증가하기 시작했고, 청소년을 위한 주일 저녁 프로그램을 시작, 교회 레크리에이션 프로그램 개발의 초석이 되었다.

테네시 주의 멤피스에서 남부지역 BYPU 총회가 처음으로 1929년 12월 31일부터 1930년 1월 2일 사이에 열렸다. 반 네스(I. J. Van Ness)가 총회의 기초 작업을 시작했는데, 교인 훈련에 그 목표를 두었다. 침례교 주일학교 위원회의 의장이었던 반 네스는 그 주제들이 기도와 성경공부, 교리, 선교에 관련된 내용이었다고 언급했다. 당시 이것은 BYPU에 있어 따라오는 정기적인 일과였다. 이러한 행동지침을 가지고 침례교 청소년들은 정신 구조를 발달시켰다. 이 기구의 두 번째 특성은 그룹 체계였다. 이 연합의 회

침례교청년연합

원들은 다시 몇 개의 그룹으로 나뉘어 돌아가며 저녁 프로그램을 진행했다. 반 네스는 이 그룹 활동을 통해 미래의 지도자를 양성할 수 있다고 판단했다. 혹자는 이 연합이 오직 신자만을 대상으로 조성되었다고 했다. 사실 BYPU의 비신자 회원들은 준회원으로서, 찬양 외의 다른 주간 프로그램에 참석할 수 없었다.

1935년 램딘(J. E. Lambdin)이 『B.A.U 교본』(BAU Manual)을 썼는데, 이 책자가 최초로 성인 훈련의 지침을 가르쳤다. 당시 어떤 교회들은 이미 성인 BYPU라고 부르기 시작했다. 물론 후에 그 이름을 성인 침례교인 연합(Baptist Adult Union)이라고 개칭했다.

침례교회 주일학교 위원회 산하 침례교청년연합의 최초의 의장은 리벨(Landrum Leavell)이었다. 1909년 리벨은 가장 중요한 특성인 매일 성경 읽기 안내를 포함한 조직성경독자코스(Systematic Bible Reader's Course)를 개발했다. 1918년 리벨은 또한 「계간침례교청년연합」(Intermediate Baptist Young People's Union Quarterly)이라는 계간지를 발간하기 시작했다. 리벨은 연합을 대 회합부터 주간 훈련 모임까지 조직화하는 데 공헌했다. 매일 성경 읽기는 이 모임의 핵심이 되었다.

BYPU의 주일 저녁 집회를 어떻게 묘사할 수 있을까? 집회를 진행했던 담당자들과 플레이크(J. E. Flake)나 리벨, 랜드럼(J. E. Landrum) 등이 제작한 매뉴얼이나 훈련 교재 등이 그 중요한 내용들을 조심스럽게 설명해 놓았다. 변형된 경우도 있지만, 주간 집회는 대체로 다섯 분야가 있다. 개회시의 찬양과 기도, 사무적인 일, 회원들이 제시하는 주제로 진행하는 프로그램, 예배 준비를 위한 기도로 마치는 것이다. 때때로 모든 연합원들이 다 함께 모이기도 했다.

"계간지"(quarterlies)라고 불리던 교육과정은 "파트"(parts)라고 부르는 섹션으로 나뉘어 있었다. 주간모임을 하기 전, 조장들은 각 회원들에게 다음 주의 프로그램을 위한 숙제를 내주었다. 5분 동안 주어진 과제에 대한 발표를 하게 되어 있는데, 젊은이들이 조원 앞에 서서 자신의 생각을 발표한다. 많은 침례교인들이 이 BYPU의 신중한 발표의 경험 때문에 공중 앞에서 연설하는 데 자신감을 갖는다. 이런 경험이 이해하는 일과 토론의 능력도 길러 준다.

그러면 BYPU이 공헌한 것은 무엇인가? 첫째, 독특한 남침례교회 청소년 제자도 훈련 운동이었다. 둘째, 청소년들을 위한 잠재된 지도자 훈련의 새로운 방법을 제공했다. 셋째, 제자 훈련의 수단으로서 매일 성경 읽기를 강조했다. 넷째, 교회 레크리에이션의 초석이 되었다. 다섯째, 청소년 사역의 촉매제가 되었다. 여섯째, 성인과 어린이를 포함한 다른 연령 그룹의 제자도 훈련의 개발을 도왔다. 일곱째, 교육과정을 통해 청소년들이 기독교교리와 정책, 교회사 등을 배웠다. 여덟째, 성경공부 책자와 매뉴얼 등을 통해 지도자들에게 도움을 주었고 우수한 그룹의 표준을 제시해 주었다.

JIM WALTER

참고문헌 | R. A. Baker(1966), *The Story of the Sunday School Board*; P. E. Burroughs(1941), *Fifty Fruitful Years*; J. W. Conley(1913), *History of the Baptist Young People's Union of America*; J. Fletcher(1994), *The Southern Baptist Convention: A Sesquicentennial History*; J. White(1921), *Our B.Y.P.U.: Manual for Baptist Young People on Organization, Programs, and Methods*.

EVANGELICAL
DICTIONARY
of CHRISTIAN
EDUCATION

카리스마(Charisma). 카리스마적 지도자의 자질은 현대에 절대적으로 필요하면서도 그것이 무엇인지 제대로 이해되지 않고 있다. 효과적인 지도력의 요소들을 이해하기 위해 오랫동안 군대와 사업, 정치, 사회과학계에서 연구를 거듭해 왔다. 가장 효과적인 지도력은 카리스마적 자질을 갖춘 사람이라는 점에 모두 동의한다. 그러나 카리스마의 개념이나 그 개발에 공헌하는 요인을 정의하는 일에는 대부분의 연구가들이 포괄적인 설명을 하지 못한다. 교회 성장학을 연구하는 사람들 가운데서도 교회 성장과 관련된 특성으로 카리스마의 영향에 대해 토의를 거듭해 왔다. 본질적으로, 카리스마적인 지도자들은 교회를 더 급속히 성장시키는가?

1. 카리스마에 대한 이해. 교과서형의 정의나 간결한 설명을 찾는 사람들에게 카리스마의 개념을 정하는 일은 매우 중요한 도전을 준다. 카리스마는 다른 사람들을 현혹시키는 자질을 가진 사람들의 삶을 볼 때 가장 쉽게 이해된다. 케네디 대통령이나 대처 수상, 히틀러, 마틴 루터 킹 목사, 레이건 대통령 등의 정치 지도자들이 카리스마 리더들로 간주된다. 사업계에는 크라이슬러 자동차 회사의 리 아이아코카, 애플 컴퓨터의 스티븐 잡스(Steven Jobs), AT & T 전화회사의 맥길(Archie McGill) 등이 있다. 스포츠계에는 전 야구 커미셔너였던 유베로쓰(Peter Ueberroth), 미국 시카고 풋볼 팀인 베어즈(Bears)의 코우치 마이크 디크타(Mike Dikta), 전 헤비급 권투의 챔피언 알리(Muhammad Ali)가 주요한 인물들이다. 영화배우로서 카리스마를 가진 사람들로 로버트 레드포드(Robert Redford), 밥 호프(Bob Hope), 죠니 카슨(Johnny Carson) 등이 있다. 종교계에는 빌리 그래함, 짐 베커, 짐 존스 그리고 힐(E. V. Hill) 등이 있다.

성경적으로 카리스마라는 말은 잘 알려진 헬라어 "카"(char)에서 유래했다. 이 단어가 "은혜"(charis), "즐거운"(chairo), "선물"(charis) 그리고 "감사"(eucharistia)라는 말들의 어원이다. 코에닝(Koening)에 의하면, 오늘날 재능 또는 재능 있는 사람이라는 뜻으로 종종 사용되는 단어인 "카리스마적"(charismatic)이라는 말은 성경에는 나오지 않는다고 한다(1978, 14). 그러나 이 단어의 어근 때문에 이 유명한 말이 성경에서 유래되었다고 이해된다.

사회학적으로는 독일의 사회학자 베버(Max Weber, 1968)가 처음 카리스마적 지도력이라는 개념을 개발시켰다. 현재까지 카리스마에 관한 대부분의 연구들이 베버의 개념을 따른다. 베버는 카리스마적 지도자는 사람을 끄는 범상한 잠재력을 가진다고 말했다(1947). "카리스마라는 용어는 평범한 사람들과 다른 개인의 특성으로, 이것으로 인한 어떤 자질을 가지는데, 이 자질은 초자연적, 초인적, 또는 적어도 비상한 힘과 자질을 부여받은 것으로 간주된다"(358-359).

2. 카리스마적 지도력의 이론적 토대. 카리스마적 지도력 계발과 관련된 최초의 이론은 미국 캘리포니아 주의 풀러톤(Fullerton)에 있는 캘리포니아 주립대학(California State University) 교수인 리

기오(Ronald E. Riggio) 박사가 주창한 "사회 기술 모델"(Social Skill Model)이다. 리기오는 그의 저서 『카리스마 지수』(Charisma Quotient)에서 카리스마란 기본적으로 개인의 의사교환 기술에 의해 조절되고 영향 받는 복잡한 사회성의 복합체라고 보았다. 이 다면적 특성을 지닌 카리스마는 두 개의 본질적인 구성요소를 가진다. 첫째 비언어적 의사교환 기술이고, 둘째는 언어적 의사교환 기술이다.

1) 비언어적 의사교환 기술. 다양한 비언어적인 의사교환 수단을 사용하여 카리스마를 가진 사람은 다른 사람들을 자신을 따르도록 이끈다. 이것은 세 가지 방식으로 이루어진다. (1) 감정 표현, (2) 감정 민감성, (3) 감정 조절.

2) 언어적 의사교환 기술. 카리스마에 비언어적 의사교환 기술이 중요한 만큼 카리스마가 있는 사람은 또한 탁월한 언어적 의사교환 기술을 가진다. 그들은 거의 모든 사람들과 대화가 가능하며 방대한 사회적 범위 안에 적응 또한 가능하다. 카리스마적 지도자는 또 다른 세 가지 의사교환 기술을 가진다. (1) 사회적 표현, (2) 사회적 민감성, (3) 사회적 조절.

리기오(1987)는 카리스마 지도력의 이론을 결론 지으면서 "카리스마는 단일한 특성을 가지는 것이 아니라 여섯 개의 기본적인 사회적 기술의 복합이다. 이 기본적인 사회 기술이 함께 모여 카리스마의 잠재력을 결정한다. 그러나 이 기술은 균형을 지켜야만 한다. 만약 어떤 한 기술이 다른 것보다 지나치게 높거나 낮으면 문제가 되어 실제 카리스마적 잠재력을 축소시킨다"고 언급한다(49).

두 번째 카리스마의 이론적 토대는 맥길대학(McGill University)의 조교수로 재직 중인 콩거(Jay Conger) 박사가 개발한 "특성 복합 모델"(Trait Composit Model)에 있다. 조직 개발 분야의 전문가로서 콩거는 "전통적 모델의 지도자들은 기질적으로 위험을 기피하고 참된 인도보다는 행정, 공상보다는 실용을 선호한다. 전통적 감각에서 행정 관리란 합리적이고 현상유지, 확실성, 여론을 강조하는 점에서 카리스마와는 상반적이다"라고 설명한다(1989, 17). 콩거가 강조하는 것은 관찰할 수 있는 행동들이다.

카리스마적 지도자로 콩거가 묘사하는 자질들로는 공상가, 언어적 의사소통의 기술이 있는 사람, 변화시키는 사람, 창의적이고 위험을 무서워하지 않는 사람, 비전통적이고 영감을 주는 사람 등이다. 그는 "이러한 카리스마적 지도자들은 조직을 변화시키는 엄청난 자질이 있다. 관리만 잘한다면 카리스마는 환경 변화를 추구하는 조직에 큰 도움을 줄 수 있다. 왜냐하면 그들은 전략적 비전의 둔감한 표현들에 도전하여 영감적인 힘을 주기 때문이다"고 설명한다(18).

3. 카리스마 지도력의 단계. 콩거의 모델은 단계 이론에 그 카리스마적 지도력의 기원과 발달의 토대를 둔다. 연속적이고 질적으로 서로 다른 특성을 가진 콩거의 단계들은 다음과 같다.

1) 1단계: 감각의 기회와 비전 형성. 배스(Bass)의 연구(1985)와 콩거와 카눙고(Kanungo)의 연구(1988) 그리고 하우스(House), 워이크(Woycke), 포더(Fodor)의 연구(1988)에 의하면 이 단계에 있는 카리스마 지도자들은 두 가지 기술을 가진다고 한다. 이 두 가지 기술을 연합하여 일하게 되면 조직체 안의 그 누구도 따를 수 없는 능력을 발휘한다. 첫 번째 기술은 동료들의 필요에 대한 민감함이다.

2) 2단계: 비전 제시. 둘째 단계에 있는 카리스마 지도자들은 심오한 수사학적 기술로 더 나은 미래를 위한 비전을 또렷하게 제시해 준다. 이들은 무엇보다 비전에 대한 전략적인 감각을 가지고 있다. 그들은 먼저 현재의 상태를 설명하면서 왜 현 상황이 마땅하지 않은지를 설명하면서 비전을 제시한다. 이 때 그들은 다양한 표현과 열정과 진정한 결단을 가지고 활기에 넘치는 몸동작을 섞어 가며 자신들의 생각을 표현한다.

3) 3단계: 비전에 대한 신뢰감 조성. 카리스마적 지도자의 인도를 따르는 사람들이 그 지도자가 제시하는 목표를 가지는 일은 당연하다. 그들은 반드시 같은 비전을 공유해야만 한다. 그 목표와 부합하지 않는 것은 기피한다. 카리스마적 지도자들은 이러한 협동 정신을 위해 그들의 메시지에 신뢰감을 조성해 주어야 한다. 환언하면, 지도자들은 자신의

관심과 흥미보다는 인도를 따르는 사람들의 필요에 더 관심을 두어야 한다는 뜻이다. 콩거는 "비전을 성취하기 위해 위험을 무릅쓰는 만큼 신뢰감의 높이도 올라 간다"고 지적한다(Conger, 1989, 33).

4) 4단계: 비전 성취. 이 최종 단계에서 카리스마적 지도자가 개인적 경험들의 활용과 본보기를 보여주는 일, 비전통적인 책략을 사용하는 것 그리고 비전 성취의 방법으로 다른 사람들에게 능력을 부여해 주는 전략 등이 다른 지도자들과 다른 점이다(Conger, 1989, 35).

이 두 번째 카리스마적 지도력의 이론적 구성으로 카리스마적 지도력의 기원이 단지 한 가지 행동적 특성에 기인하지 않는다는 점을 알게 해준다. 몇 개의 행동 특성들이 연합하여 카리스마라는 개념을 형성하므로 행동군(constellation of behavior)으로 보는 편이 낫다.

4. 지도력의 카리스마 개발. 카리스마적 지도력은 교회에 흥미 있는 역설을 제시한다. 현실적으로는 그들이 교회에 비전과 동기, 열정 등을 제시해 주기 때문에 카리스마적 지도자들 없이는 사역이 불가능하다. 그러나 동시에 그들이 교회에 중대한 도전을 주기도 한다. 자유와 견제의 조심스러운 균형 속에 카리스마적 지도자들을 다루어야 한다.

만약 카리스마가 부여된 자질이라는 이론에 서 있지 않는다면 개인의 지도력 개발이라는 개념은 가능한 이론이다. 카리스마의 오용과 관련된 위험을 인식하면서 카리스마 개발의 긍정적인 측면을 고려하여 개인적 지도력의 카리스마 개발을 위한 몇 가지 제안이 있다.

1) 비전. 개인에게 비전 자체를 훈련시키는 일은 불가능할 수도 있지만, 비전 개발에 공헌할 수 있도록 개인의 사고를 훈련시킬 수는 있다. 비전이 개인의 경험과 인지적 능력 등과 연관되어 있기 때문에, 조직체 내에서 고용인들의 경험의 범위를 넓혀 주고, 문제해결과 브레인스토밍, 목표설정에 창의성 사용 등 보다 창의적인 방법으로 지도력 개발을 격려할 방법들을 모색해야 한다.

2) 의사교환 기술. 의사교환 기술을 향상시킬 수 있는 여러 가지 방법들이 있다. 이야기들이나 은유, 몸짓이나 표정 등의 준 언어를 첨가하는 것보다는 오히려 설득력 개발에 해답이 있다. 크루거(Kruger)는 의사교환 기술 발달에 몇 가지 단계를 제안한다(1970). 목청 사용의 개발(즉 목소리의 크기나 속도, 고저 등의 개발과 같은), 또렷하게 말하는 방법향상(부적절한 화술은 제거하고 명료한 화법을 향상시키기 위한), 몸 동작 개발 – 전달하는 메시지를 눈짓이나 손짓, 표정 등을 잘 사용하여 표현하기 위한 아이디어를 개발하고 조직, 지탱하는 법 개발(아이디어와 사실들을 난잡하지 않게 분명하고도 설득력 있게 표현하기 위한) 등이다(1970, 4-5).

3) 신뢰감 구축 기술. 개인이 받는 신뢰는 세미나를 통해 훈련하기 어려운 무형의 자질에 근거하지만 신뢰감 구축의 어떤 측면은 학습이 가능하기도 하다. 예를 들면, 콩거는 개인이 부하직원들에게 자신감과 동감하는 가치들을 표현하는 방법들을 배울 수 있다고 말한다(1989). 지도자들이 부하직원들의 필요와 가치들을 이해하는 민감한 기술 또한 학습 가능한 영역이고, 보다 풍부한 표현을 통해 어떤 특정한 과제에 책임을 지우는 일도 배울 수 있다(170).

4) 능력을 부여하는 기술. 관리자로서 지도자에게 보상과 확신을 심어 줌으로써 안정감과 자신감을 더해준다. 부하직원들이 자신의 지도자가 상급 관리로부터 인정받는다는 사실을 알게 되면, 그 지도자에 대해 좀더 안정감을 갖는다. 그렇게 되면 부하직원들은 능력을 부여하는 일에 공헌한다. 창의적인 업적을 생산해 내기 위한 보상제도가 한 방법이다. 보다 자발적이고 자치적인 업무 조직도 다른 방법이다. 이러한 방법을 통해 능력을 부여하는 관리자들과 조직적인 지도자들을 키워낸다.

5. 결론. 효과적인 지도력은 어떤 조직체를 위해서도 가장 강력한 자원이다. 불행히도 미국의 회사들에 그런 지도자가 많지 않다. 교회 역시 그런 지도력이 아직 부족한 실정이다. 진정한 카리스마적 지도자를 양성하여 그 지도력을 잘 활용하도록 훈련시키려면 수년이 걸린다는 사실이 우리를 실망시킨다. 이러한 기술이 건전한 방식으로 형성되어 길들여지지 않으면 지도력이 부정적인 방향으로 나아갈 수도 있다. 그 결과는 지도력의 잠재된 가능성을

상실하게 되고 하나님 나라 건설은 후퇴하게 된다.

오늘날 교회의 카리스마적 지도력은 가장 큰 강점이 될 수도 있고, 약점이 될 수도 있다. 카리스마적 지도자는 방향을 잡지 못하는 사람들에게 비전을 심어 줄 수 있고, 또한 그들에게 동기와 열정을 심어 줌으로써 희망과 감정을 상승시킬 수도 있다. 반면에 카리스마적 지도자의 특별한 은사를 스스로 조절하게 하고 그들의 능력을 그리스도의 몸 된 교회에 유익이 되도록 방향을 잡아 주어야 하는 일은 도전이 될 수도 있다. 그러나 교회 건설에 그 카리스마적 능력을 주된 수단으로 의존하는 우를 범해서는 안 된다. 카리스마에 대한 연구를 통해 설득력과 활발한 표현들과 감정이입 이상의 무엇이 그리스도의 몸을 이루는 데 필요하다는 사실이 밝혀졌다.

MICHAEL J. ANTHONY

참고문헌 | D. Abodaher(1982), *Iacocca*; B. Armstrong(1979), *The Electric Church*; B. J. Avolio and B. M. Bass(1985), *Transformational Leadership, Charisma and Beyond*; idem(1985), *Leadership and Performance Beyond Expectations*; C. Camic, *Sociological Inquiry*, 50(1990): 5-23; J. A. Conger(1985), *Charismatic Leadership in Business: An Exploratory Study*; idem(1988), *Charismatic Leadership*; J. A. Conger and R. A. Kanungo, *Academy of Management Review*, 12, no. 4(1987): 637-47; idem(1988), *Charismatic Leadership*; J. A. Conger, R. Kanungo, and Associates, eds.(1988), *Charismatic Leadership: The Elusive Factors in Organization Effectiveness*; J. A. Conger and R. N. Kanungo(1988), *Charismatic Leadership in Organizations: Test of a Behavioral Model*; idem *Academy of Management Review* 13, no. 3.(1988): 471-82; idem(1988), *Charismatic Leadership*; T. E. Dow Jr., *Sociological Quarterly*, 10(1969): 306-18; G. F. Freemesser and H. B. Kaplan, *Journal of Youth and Adolescence* 5, no. 12(1976): 1-9; M. Galanter, *American Journal of Psychiatry* 139, no. 2(1982): 1539-48; R. J. House(1977), *Leadership: The Cutting Edge*; R. J. House, J. Woycke, and E. M. Fodor(1988), *Charismatic Leadership*; M. F. R. Kets de Vries(1988), *Charismatic Leadership*; C. King(1969), *My Life with Martin Luther King, Jr.*; R. Riggio, *Journal of Personality and Social Psychology*(1986).

칸트, 임마누엘(Kant, Immanuel, 1724-1804).

독일의 철학자이다. 가난한 마구(馬具)공의 아들로 태어나 빈곤을 절실히 체험하였다. 굳은 신앙심을 지닌 어머니에게서 엄격한 루터교 교육을 받았다. 그런 엄격함은 사생활에도 영향을 미쳐, 기상과 차 마시는 일, 집필과 강의 그리고 식사와 산책 등도 고정적인 시간에 하게 되었다. 그러나 내면은 정반대로 세계를 변혁시키는 사상들로 가득 차 있었다.

루소(Rousseau)의 『에밀』(*Emile*)에게서 영감을 얻은 칸트는 윤리와 인식론에 지대한 영향을 미쳤다. 그의 책 『순수이성비판』(*Critique of Pure Reason*, 1781)은 이성을 넘은 계몽의 시작을 알렸다. 칸트는 핵심적 도구로서의 지능을 인정했으나 그것의 한계 또한 강조했다. 그는 미숙함에서 벗어나 교회나 성경, 또는 지시하는 정부의 권위에 의존하지 않고 자신을 인식하는 인간이 출현할 것이라 보았다. 그는 인식론을 합리주의 및 경험주의와 결합시켰다.

프랑스 혁명과 미국 독립혁명기에 살았던 칸트는 정부와 권력 그리고 법률에 문제가 있음을 인식하였다. 그의 저서의 핵심 주제는 평화와 자유를 지키는 방법들에 관한 것이었다. 그는 민주주의 운동을 지지하였다. 성인이 된 후에는 예배에 참여하지 않고, 엄격한 종교적 규칙이나 의례들을 혐오하게 되었다. 그는 외견적 보상이라는 고안물로서가 아니라 본연의 목적을 위해 선행(善行)하는 것에 기초한 종교를 선호했다.

8년 동안 김나지움(Gymnasium Fridericianum, 독일의 국립 중고등학교-역주)에서 혹독한 훈련을 받은 그는 학교의 그런 훈련이 지니는 폐해들에 반대하게 되었다. 그는 도덕법과 개인의 존엄성에 기초하여, 일과 훈련이 보다 높은 목표를 위한 수단으로 행해지는 학교 제도의 필요성을 주장했다. 나아가 자율성은 외부의 통제에서 벗어나 학생 자신의 의지를 점진적으로 내면의 통제에 복종케 하는 과정이다. 칸트가 말하는 최선의 도덕성은 보편적 윤리원칙과 지침에 의해 원칙이 세워지고 형성된 것이다. 인간은 자신이 원하는 대로 행동하는 것이 아니라 해야 하는 대로 행동해야 한다.

많은 저서를 남긴 그는 특히 인간의 지식(『순수이성』〈Pure Reason, 1781〉), 윤리(『실천이성』〈Practical Reason, 1788〉), 미학(『판단력』〈Judgement, 1790〉)을 비판한 3대 비판서로 유명하다. 칸트는 16세에 시작하여 평생에 걸쳐 끊임없이 과학 분야와 인식론을 연구하였다. 그의 연역적 개념에 대한 변호는 수학, 물리, 도덕과 모든 일상 경험에 적용되었다. 그가 사용한 연역적 개념에는 시간, 공간, 수 그리고 원인과 효과 등이 있다.

CHERYL L. FAWCETT

참고문헌 | P. G. Downs(1994), *Teaching for Spiritual Growth*; C. J. Friedrich, ed.(1949), *The Philosophy of Kant: Immanuel Kant's Moral and Political Writings*; K. Gangel and W. Benson(1983), *Christian Education: Its History and Philosophy*; I. Kant, *Education*; P. Wolff, ed(1970), *The Essential Kant*.

참조 | 식민지교육(COLONIAL EDUCATION); 인식론(EPISTEMOLOGY); 윤리학(ETHICS); 루소, 장 자크(ROUSSEAU, JEAN-JACQUES)

칼빈, 존(Calvin, John, 1509-1564).

프랑스 노용(Noyon)에서 태어난 칼빈은 개신교의 개혁 신학 체계를 처음으로 구축했다. 그가 초기에 받은 교육은 고전 인문주의와 법과 종교 분야였다. 개혁의 원리를 배우는 동안 칼빈은 가톨릭에서 신교로 개종을 하였고, 박해를 피해 프랑스를 떠나야만 했다. 1538년에는 스트라스버그(Strasbourg)에서, 그 이후에는 제네바에서 칼빈은 목사와 교사들을 가르치는 일에 헌신했다. 그는 기독교교리에 대한 지식이 신앙과 생활의 근본이라 생각하여, 그 지식을 가르치는 교육 사역의 중요성을 인식했다.

1542년 제네바의 지도자들이 칼빈으로 하여금 시법을 개정하도록 허용하여, 사회 및 종교 생활을 조종하는 자치 정부를 수립시켰다. 학교와 가정, 교회와 정부가 하나의 조직체로서 협력하여 사람들에게 경건한 생활 훈련을 시켰다. 교황의 무오성을 거부하면서 칼빈은 그의 교리를 공개하여 학생들에게 토론하게 했다.

칼빈은 어린 시절에 행해지는 종교교육의 중요성을 깨닫고 어린이들을 위한 요리문답(catechism)을 두 번 썼다. 신앙과 십계명, 기도, 하나님 말씀, 성례 등을 가장 강조했다.

교육에 대한 그의 가장 오래된 공헌이라면 제네바 아카데미(Geneva Academy)일 것이다. 이 대학의 목표는 두 가지였다. 즉 신자들에게 교리를 가르치는 일과 사역자와 지도자를 양성하는 일이다. 이 학교는 제네바 출신의 학생들과 해외로부터 온 신학생들을 위해 설립되었다. 수업료는 없었고, 필요한 경비는 장학금을 지급해 주었다.

이 학교는 스팀(Johann Sturm)의 '김나지움'(Gymnasium)의 형식을 따라 지었다. 그것은 두 부분으로 나뉘는데, 하나는 "스콜라 프리바타"(Schola privata)로, 16살 이하의 어린이들을 위한 학교로서 7년 동안의 엄격한 교육과정으로 편성되어 있었다. 저학년(1-5)에서는 프랑스어, 라틴어와 쓰기를 배우고 4학년이 되면 키케로와 초급 헬라어를 배웠다. 고학년들에게는 역사와 문법, 고전 학자들과 논리학을 가르쳤다. "스콜라 퍼블리카"(Schola publica)에 다니는 학생들은 히브리어, 헬라어, 미술, 신학과 교수들의 감독 아래, 그들의 수준에 맞추어 학습했다. 이 스콜라 퍼블리카가 후에 제네바대학으로 알려지게 되었다.

학교의 교사들은 교회 사역자들이 선출, 감독했으며, 도시의 다른 사람들에게는 가르치는 일을 허용하지 않았다. 교사들은 교회의 네 가지 중요한 사역 중 하나로서 존경받았다. 각 교사는 하나님이 임명하신 것으로 간주되었다.

칼빈의 교육철학은 신학에 뿌리를 두었다. 그는 인문주의와 하나님에 대한 진정한 지식은 자연이나 순수 예술 또는 과학이 아니라 오직 성경을 통해서만 발견할 수 있다는 믿음 사이에 아무 모순도 찾을 수 없었다. 사람은 온전히 타락했고 육체적이며 악하다. 이 개혁 신학자에 따르면 인류는 어떤 선한 행위나 사고의 능력이 없다. 칼빈은 오직 영혼만이 구속이 가능하다고 믿었다. 제네바 학교에서는 교사들 사이에 체벌만이 규준이었다. 지옥불은 그들의 훈육보다 훨씬 심하다고 생각했다. 교사들은 하나님을 기쁘시게 해 드리는 가치들 - 술 취하지 않음, 절약, 열심, 책임감 - 을 학생들에게 심어주려 했고, 그리하여 "프로테스탄트 노동 윤리"라는 개념이 대중에게 알려지게 되었다.

『기독교 강요』(Institutes of Christian Religion)는 칼빈의 가장 널리 알려진 저작이다. 칼빈은 설교하듯이 분명하고 직선적으로 썼다. 이 저술의 유명세가 그의 기독교교육자로서의 주목할 만한 역할을 흐릿하게 만드는 경향이 있다.

JAMES A. DAVIES

참고문헌 | W. J. Bouwsma(1988), *John Calvin: A Sixteenth-Century Portrait*; R. W. Henderson(1962), *The Teaching Office in the Reformation Tradition*; T. B. Van Halsema(1959), *This Was John Calvin*.

참조 | 교리문답서(CATECHISM); 기독교 인문주의(CHRISTIAN HUMANISM); 확증(CONFIRMATION); 루터, 마틴(LUTHER, MARTIN); 종교개혁(REFORMATION, THE)

캄폴로, 앤서니(Campolo, Anthony, 1935-).

캄폴로 박사는 국제적으로 알려진 강사요 작가이다. 사회학자이며 그리스도인으로서 캄폴로는 교회 내부와 외부의 문화사회적 상태를 분석하고 진단하는 일을 한다. 그는 복음주의자 및 초교파 모임에서 강의도 하고 법인 단체나 사업상의 회의 등에서 연설하기도 한다. 그는 사회가 그리스도인으로 변화하여 세상에 나가 화해의 일꾼이 되고, 도전을 주는 것을 보고자하는 열정을 가지고 있다.

캄폴로는 이탈리아에서 이민 온 가정에서 태어났다. 그는 펜실베이니아 주의 성 데이비즈(St. Davids)에 있는 이스턴대학(Eastern College) 학부를 졸업하고 템플대학(Temple University)에서 박사 학위를 받았다. 펜실베이니아대학에서 10년 동안 교수로 역임하다가 이스턴대학으로 돌아와 가르치기 시작했다. 이스턴대학의 사회학 교수로 봉직하면서 동 대학의 "도시연구 프로그램"(Urban Studies Program)의 관장을 겸임하고 있다. 그는 또한 웨스트 필라델피아의 갈멜 산 침례교회(Mount Carmel Baptist Church)의 협동목사로 그리고 "미국침례회국제사역"(International Ministries of American Baptist Church)의 임원으로 섬기고 있다.

캄폴로는 도시 빈민을 위한 교회 프로그램 개발에 깊이 관여하고 있다. 그는 도시빈민구제사역을 위해 그가 25년 전 설립한 기관인 "복음주의 교육증진연합회"(Evangelical Association for the Promotion of Education)의 의장을 맡고 있다. 그는 대학생 중심으로 자원봉사자들을 모집하여, 여름 동안 또는 한 학기 동안 교회나 도심지역사회에서 봉사하도록 권장한다. 이 기관을 통해 미국 도심지의 위기에 처한 젊은이들을 돕는 수년간의 사역이 이제는 아이티와 도미니카 공화국과 같은 제 3세계에 다양한 교육과 의료, 경제 개발 프로그램까지 확장되었다.

젊은이들에게 급진적인 그리스도인으로서의 삶을 살라는 그의 특유한 호소로, 캄폴로는 대학 캠퍼스에 강력히 요청한다. 그는 역동적이고 선지자 같은, 품위 있고, 열정적이며 유머가 뛰어난, 논쟁을 일으키는 사람으로 묘사된다. 그는 그리스도인들이 정치적 입장을 띠지 않으면서도 현실적 문제들에 직면해야 할 성경적인 책임이 있다고 믿는다. 캄폴로는 화학전 폐지나 기아에 허덕이는 아프리카를 살리는 일, 사역의 모든 형태와 영역에 여성을 포함시키는 일 등과 같은 이슈들에 맞서기를 두려워하지 않는다. 그는 이 세상을 거룩하게 만드는 일에는 환경 운동이나 인종주의를 종식시키는 운동에 참여하는 일들도 포함해야 한다고 믿는다. 캄폴로에게는 사회적 영향을 주지 못하는 개인적 경건이란 존재하지 않으며, 그리스도인들이 물질주의와 소비주의 문화에 유혹되는 것을 주의하라고 말한다.

캄폴로는 그의 독자와 청중들에게 삶을 움켜쥐고 정열적으로 살라고 도전한다. 그리스도인들은 축제하듯이 구원을 기뻐해야 한다고 말한다. 수년간 캄폴로의 통설은 교대로 질문을 받았고 하자가 없음이 드러났다. 그 자신의 표현으로 캄폴로 본인은 성경에 대한 고상한 견해를 가지고, 사도신경에 요약된 교리를 믿으며, 그리스도와의 개인적 관계를 가진 그리스도인으로서 자신을 복음주의자라고 밝혔다.

캄폴로의 도발적인 견해들이 주간 TV 프로그램과 수많은 기사들, 베스트셀러 작가로서 최소한 25권 이상의 출판된 서적들에 표현되어 왔다. 대표작은 다음과 같다. 『예수는 공화당인가? 민주당인가?』(Is Jesus a Republican or a Democrat?), 『천국 잔치』(The Kingdom of God is a Party), 『그리스도인들의 20가지 뜨거운 감자』(20 Hot Potatoes Christians Are Afraid to Touch), 『7대 죄악』(Seven Deadly Sins), 『누가 가격표를 바꾸었는가?』(Who Switched the Price Tags?), 『오늘은 금요일, 그러나 다가오는 주일』(It's Friday, But Sunday's Comin') 그리고 『위대한 믿음: 세속주의에 대한 반응』(Reasonable Faith: Responding to Secularism) 등.

SHELLY CUNNINGHAM

참조 | 밀레니엄 세대(MILLENNIAL GENERATION); 선교(MISSION); 선교교육(MISSIONS EDUCATION); 단기선교(SHORT-TERM MISSIONS); 도시 기독교교육(URBAN CHRISTIAN EDUCATION); 청소년과 선교(YOUTH AND MISSIONS)

캐나다 기독교교육(Canadian Christian Education).

캐나다는 3천여만 명의 비교적 적은 인구가 넓은 지역에 흩어져 살고, 영어와 불어 두 개의 공식적 언어를 사용하며, 다양성과 지역성이라는 특성을 가진 나라이다. 이러한 특성들은 교회와 기독교교육에도 반영된다.

캐나다에 처음으로 정착한 사람들은 프랑스의 위그노(Huguenots) 사람들이었다. 이 개신교도들은 원래 사업 목적을 위해 핍박을 피해 왔다. 프랑스의 로마가톨릭 교도들도 이주해 와서 이 두 그룹 사이에 긴장감이 증가하게 되었다. 그 결과 1628년 칙령을 내려, 현 퀘벡(Quebec)은 개신교도들이 아무 권리도 행사하지 못하는 로마가톨릭 주가 되었다. 개신교의 목소리가 사실상 사라지고 난 후 퀘벡에는 1935년 스위스 선교사가 와서 청소년 교육을 강조할 때까지 복음적인 교회가 서지 못했다.

캐나다 다른 지역, 특히 메리타임(Maritime) 지방과 온타리오 주에는 개신교가 더 융성한데, 그 이유는 1759년 이 지역에서 영국이 프랑스를 격파했기 때문이다. 퀘벡 주는 언어와 종교적 전통을 고수하면서 교육에도 이를 유지하고, 영어를 사용하는 캐나다 지역은 교회와 교육에 다원주의적 경향과 협력하려는 분위기 가운데서 개신교가 강성해지고 있다. 캐나다에 있는 복음주의 교회들은 다양성을 보다 수용적으로 받아들이고는 있지만, 그 근본이 미국과는 다르다. 캐나다 교계는 본질적으로 다른 것이, 그들은 개인보다는 공동체의 이익을 더 강조한다. 초창기에는 종교가 공적 문제였지만 서서히 개인적인 일이 되었고, 복음주의자들도 교육이나 정치, 도덕적 이슈와 관련된 여론의 광장에 적극적인 참여가 줄어들고 있다. 그러므로 복음주의 교회와 기독교교육계는 더욱 사회 주변을 겉돌기만 하고 대학을 포함한 공교육보다 열등한 것으로 인식된다.

캐나다 교육은 유치원부터 고등학교까지 또는 고등교육에도 국가적인 표준 제도가 없이 지역의 권한 아래 있다. 그러므로 지역적으로 다양한 양상을 보인다. 청소년 교육에 관하여는, 공립학교들과 가톨릭 계통의 학교들은 정부의 보조가 보장되지만, 다른 종교를 가진 학교들은 보조를 거의 받지 못하거나, 아니면 제한적인 보조만 받는다. 뉴펀들랜드(Newfoundland)에는 교단 학교들이 꽤 있었는데, 1997년 모든 학교들이 교단 학교 제도를 폐지해 버렸다. 부모들의 자녀 교육 문제에 관한 우려가 증가되어, 기독교 사립학교 숫자가 늘어나는 추세다. 일부 학교들은 "국제기독교학교연합회"(Association for Christian Schools International, ASCI)나, 개혁파 전통을 가진 "국제기독교학교"

(Christian Schools International, CSI)에 가입해 있다. 또한 더 많은 부모들이 가정 학교(Home schooling)를 운영하고 있다.

캐나다의 중등 과정 이후의 신학교육은 19세기가 되어서야 시작되었다. 이 시기를 복음주의 세기라고도 부르는데, 이 때 교회가 성장하고 신학교들이 신설되었다. 그러나 20세기 초반경, 주요 신학 대학원들이 성경의 정통성을 지키지 못하고 자유주의로 흘러갔다. 예를 들면, 1838년 설립된 노바스코샤(Nova Scotia)의 아카디아대학(Acadia University)도 자유주의로 전환되기 전까지는 캐나다 복음주의 발전에 많은 공헌을 했다(Rawlyk, 1996, 269). 1960년대가 되어서야 아카디아 신학 대학(Acadia Divinity College)이 복음주의자들에 의해 재정비되었고, 오늘까지 신학대학원 수준의 교육을 제공하여 사역과 선교, 교회와 관련된 전문적인 훈련을 하고 있다.

오늘날 캐나다의 복음주의적 교육 기관은, 성경대학이 약 80개, 신학대학원 12개, 인문 학교가 5개 있다(Ryan, 1996, 22). 캐나다 역사를 통해 기독교교육 기관들에서 현재의 복음주의 지도자들을 많이 길러 내었지만, 또한 이 학교들이 영국과 미국의 영향을 많이 받은 것도 사실이다. 다수의 지도자들이 미국이나 영국에서 대학원을 마쳤다. 교회와 학교가 미국적 자료와 영향을 종종 의존한다. 그러나 캐나다 학교들은 자국과 세계의 교회들에 미친 학적 연구와 교육 및 선교에 끼친 공헌으로 국제적으로 인정을 받아왔다.

캐나다에서 18세기 후반에 시작된 성경대학/학원 운동은 개인의 경건 생활과 성경 중심의 교육과정, 선교 그리고 실천신학을 강조한 것으로 국가적으로 그리고 세계적으로 중요한 영향을 주었다. 캐나다 최초의 성경대학은 1894년 설립된 토론토 성경대학으로 틴데일대학(Tyndale College)의 전신이었다. 세계 선교 발전에 공헌한 프레어리 성경학원(Prairie Bible Institute), 캐나다에서 가장 큰 사역자 양성 학교로 유명한 브라이어크레스트 성경대학(Briercrest Bible College) 등이 주목할 만한 학교들이다. 주요한 성경대학이나 학원은 주로 캐나다 서부에, 온타리오와 퀘벡 그리고 뉴 브룬스윅(New Brunswick) 등지에 몰려 있다.

최초의 불어 사용 신학교인 브레성경학원(Institute Biblique Berée)은 1941년에 캐나다 오순절성회(Pentecostal Assemblies of Canada)에 의해 설립되었고, 산하에는 1970년 설립한 신학교 퀘벡 신학 대학(College BIblique Quebec)이 있다. 프랑스계의 지도자 교육과 불어 교육에 관심을 가지고 1973년 침례교파에서는 침례교펠로우쉽(Fellowship Baptist), 침례교회연합회(Association d'Eglises Baptistes) 셈베크(SEMBEQ)에서 시작했다. 이것은 신학연장교육 교육센터 같은 것이었다. 기독교 형제회(Christian Brethren) 또한 퀘벡 주에서 역사가 깊은 최초의 초교파 학교인 베델신학원(Institute Biblique Bethel)을 시작했다(Smith, 1995, 21). 이 학교들의 학생 수는 증가하고는 있지만 비교적 적은 편이다. 오늘날의 프랑스계 교회들의 교육적 접근방법은 매우 전통적이기는 하지만 신학교육의 필요를 채워주는 일은 실패하고 있다는 우려를 듣는다(Smith, 22). 프랑스계 지도자 양성을 위한 신학 고등교육의 우려 중의 하나는 복음주의신학교원(Faculte de Theologie Evangelique, FTE)의 부족으로, 이 문제를 해소하기 위해 노력하고 있다.

다양한 상황 안에서 공통의 관심사를 제기하기 위해 1959년에 "캐나다 성경신학 연합회"(Association of Canadian Bible Colleges)가 설립되었다. 설립 목적은 학교 승인을 위한 것이 아니라, 매년 5월 연례회의를 열어 서로 격려와 교제와 전문적인 발전을 도모하기 위함이었다. 캐나다의 약 50개의 학교들이 이 연합에 가입해 있다.

성경대학의 공인을 위한 기구로는, 처음에는 미국 내의 학교만을 대상으로 하다가 후에 캐나다 학교들까지 포함시킨 "성경대학인가협회"(Accrediting Association of Bible Colleges, AABC)가 있다. 최근에 다수의 캐나다 학교들이 신학대학원 승인과 함께 일반 대학들도 인정 수준을 향상하기 위해 AABC의 인가를 받으려고 추진하고 있다.

캐나다 성경대학 운동은 변화하는 과정에 있다.

많은 학교들이 자료 수집과 학생 모집 등에 어려움을 겪고 있다. 수업료는 점점 비싸지고 파트타임 학생과 연로한 학생수가 점점 증가하고 있다. 지방에 있는 많은 대학들이 더 많은 어려움을 겪는다.

생존 능력의 결핍으로 일부 성경대학들은 폐쇄되기도 했다. 아직 생존하는 학교들도 도시에 기반을 둔 교회 중심의 학교들이거나 특정한 교단에 소속되어 있다. 일부 성경 학교들은 캐나다 원주민들이나 부족들의 지도력 개발을 위해 운영되기도 한다. 많은 수의 성경대학들이 사역의 정의를 목사나 선교사, 평신도 양성으로부터 보다 직업적인 훈련으로 그 범위를 넓혀, 사역과 직접 관련이 없는 마케팅 기술 등을 가르친다. 이러한 상황의 수용여부로 지속되는 갈등 속에도 긍정적인 표시가 있다. 일부 대학과 정부에서 신학교에 대한 관심이 많아지고 사회적으로 무시된 이슈들을 다루기 시작했다. 일부 성경대학들과 신학대학원들이 일반 대학의 승인과 학점 전이 등을 통해 인정되기 시작했다. 다른 학교들도 이전보다 창의적이고 협력적인 방법들을 모색하는 중이다.

성경대학이 직면하는 도전 가운데 하나는 여러 사역 분야에서 학사학위 이상의 학위를 요구하는 것이다. 그리하여 신학대학원 역할의 중요성이 두드러지고 있다. 다수의 신학대학원들은 아카디아 신학 대학이나 위클리프대학, 맥마스터신학교(McMaster Divinity School), 또는 신학 분야의 교원을 가진 다른 대학 등의 일반 대학들과 연계되어 있다. 현 미국과 캐나다의 신학대학원들은 "신학교협회"(Association of the Theological Schools)에 의해 공인을 받는다. 20세기 후반의 30년 동안에 더 많은 복음주의신학원들이 설립되었다. 일부 성경대학들이 필요에 대응하기 위해 대학원 수준의 신학교육프로그램을 시작하면서(브라이어크레스트 성경신학원, 프레이레 대학원, 프로비던스 신학원, 틴데일 신학원과 같은) 이러한 경향은 두드러지기 시작했다. 캐나다 서부의 브리티시콜럼비아대학(University of British Columbia) 캠퍼스 안에 위치한 기독교 대학원인 리전트대학(Regent College)은 사역자 교육뿐 아니라 평신도 훈련으로도 잘 알려진 학교이다. 이 학교에는 북미주에서도 가장 탁월한 교원들이 모여 있다.

캐나다 기독교 고등교육 확장의 다른 일면은 기독교 종합 대학과 인문대학들이다. 예를 들면, 브리티시 콜럼비아 주에 있는 트리니티웨스턴대학(Trinity Western University)은 뛰어난 복음주의 학교로서, 1962년에 2년제 대학으로 설립되었으나 1984년에 "캐나다 일반 및 종합대학협회"(Association of Universities and Colleges of Canada, AUCC)에 의해 종합대학으로 승격되었다. 뉴 브룬스윅(New Brunswick)주의 몽턴(Moncton)에 있는 아틀랜틱 침례대학(Atlantic Baptist University)은 최근에 종합대학 승인을 받았으며, 온타리오 주의 리디머대학(Redeemer College)은 1998년에 이전에는 종합대학에서만 가능했던 프로그램을 제공할 수 있는 특허를 받았다.

캐나다의 기독교교육도 교회가 갖는 어려움과 유사한 도전들에 직면한다. 기독교교육적 상황은 청소년이든지 성인 대상의 교육을 막론하고, 또는 교회나 가정이나 교육 기관을 통해서건 변화의 기간을 겪고 있다. 세속화되어 가는 과정에 있는 캐나다 국민들은 다문화, 다민족, 다언어, 다종교 사회에 살아가지만 분명한 기독교적 세계관을 갖지 못했다. 예를 들면, 지난 10년간 160만 명의 사람들이 캐나다로 이주해 왔고, 그 대부분이 아시아에서 왔다. 토론토에는 190여 개의 민족 그룹들이 정착하여 모여 사는 가장 세계적인 도시로 알려져 있다(Thomas, 1997, 1, 4).

종교적 성향과 기독교적 도덕성을 공적으로 제거하려는 시도 속에 사는 복음주의자들이 직면하는 도전은 어떻게 하면 기독교교육을 합법화시키고, 하나님의 진리보다는 다원주의와 경제적 요인으로 나라가 운영되는 가운데 정통성을 고양하는가 하는 것이다. 국가적으로 성경적 가치들이 서서히 사라져가고 있다. 캐나다의 사회적 성향인 스스로를 과소평가하고 적응을 잘하는 점은 교회와 기독교교육에도 어느 정도 나타난다. 특히 언론과 정치 등 문화의 세속화가 뚜렷해지면서, 진리의 배타성에 거스르는 계획이 사적, 공적 생활에 관련된 신앙에서 언급되어야 한다.

많은 교단과, 교육기관과 선교기관들로 대표되는 "캐나다복음주의협회"(The Evangelical Fellowship of Canada, EFC)가 여론의 토의대상이 되었고, 교육이나 도덕, 가족과 관계된 문제들에 정부나 입법의 중재자적 역할을 해왔다. EFC는 사회적, 정치적 교육적 문제들을 위하여 국가를 향한 복음주의자들의 목소리였을 뿐 아니라 캐나다의 독특성을 드러내기 위해 복음주의자들을 교육시키는 광장이 되어 왔다.

캐나다 7-8%에서 15% 사이에 해당하는 복음주의자들 대상의 조사연구는 기독교교육이 받는 도전들이 우후죽순처럼 나타나고 있다는 것을 보여준다. 1993년에 했던 국가적 조사 연구 결과는 국민의 78%가 스스로 그리스도인이라고 지적한다. 환언하면, 국가적으로는 공적 신앙고백을 수용할 수 없지만 개인적 신앙 고백은 어떻듯 이루어지고 있다는 것이다. 그러나 25%가 못되는 성인들만이 매주 종교적 모임에 참석하고, 15%가 중생의 경험을 했다고 주장한다. 복음주의자들이 주류 교회 교인들보다 교회에서 좀더 능동적인 역할을 하고, 주로 복음주의 교회들이 성장하고 번성한다(Maclean's, 1993). 그러나 이와 관련하여 대부분의 캐나다 교회들은 작은 규모의, 2/3의 교회가 주일 예배에 125명에 못 미치는 출석률을 기록한다. 그 이유 중 하나는 충분한 교육을 위한 자료가 너무 부족하기 때문이다.

최근에 행한 여론조사 결과로는, 20%의 사람들만 규칙적으로 교회에 출석하는 반면(Harvey, 1998, 4), 11%의 캐나다 사람들이 자신을 복음주의자라고 하며, 그 중 5%만이 잘 헌신된 신자들이다(Koop, 1996, 1). 대서양 주변 지역에서 가장 많은 사람들이 성경을 읽고 교회에 출석한다. 가장 큰 복음주의 교단은 캐나다오순절성회(Pentecostal Assemblies of Canada)인데, 어떤 교회들은 다른 민족적 유산을 가진 사람들이 가장 큰 증가를 보인다. 캐나다에서 가장 성장하는 교회는 약 300개의 중국 교회이다. 다른 민족들과 함께 중국인의 신학교 입학률이 증가하고 있으며, 오늘날 교회의 문제는 특히 영어를 모국어로 사용하지 않는 평신도들을 가르치는 일이다.

교회는 사역자뿐 아니라 평신도 교육에도 관심을 기울여야한다. 교회가 종종 성경과 실생활에 관한 기본적인 지식을 제공하지만, 진보된 교육은 교육 기관에 의존한다. 캐나다 사회에 보다 많은 영향을 주기 위해 특별히 일부 도시 교회들은 소그룹 중심의 셀 모델을 유용한다. 이 그룹들은 다양한 형태와 목표를 가지는데, 브리티시 콜롬비아의 애보츠포드(Abbotsford)에 있는 노쓰뷰공동체교회(Northview Community Church)가 좋은 예로서, 크게 성장하는 교회가 근대적인 방법으로 사역과 교육을 진지하게 진행하고 있다. 학습과 성숙을 위한 다양한 프로그램들 외에도 사역의 기회들과 그에 따르는 훈련을 강조한다. 사람들의 신앙과 생활 교육을 위한 주중 클래스도 다양하다. 노쓰뷰교회는 전 캐나다 교회의 지도력 강화를 돕는 세미나 등을 제공해 주는 등 다른 봉사들도 하고 있다.

전국적으로 캐나다 국민들은 가정이나 교회, 교육 기관 등을 통해서 기독교 평생 교육을 위한 창의적이고 대안적인 기회를 제공하려 노력하고 있다. 학습 센터나 세미나, 소그룹 등을 통해 학위를 요구하지 않는 평신도 교육을 진행한다. 일부 학교들은 주말 클래스나 모듈 과정(modular courses), 전통적인 교실이 아닌 원거리 학습과 인터넷 등과 같은 비전통적인 배움의 기회들을 제공해 준다. 세계 경제 체제 속에서 교육적 목적을 위하여 다른 나라의 학교나 교회들과의 협력과 동반도 점차 일어나는 추세다.

캐나다 건국의 기초석 중의 하나는 "저가 바다에서 바다까지와… 다스리리니"(시 72:8)로 쓰여 있는 만큼, 복음주의자들에 있어 교회와 가정과 기관을 통한 기독교교육에 대한 오늘날의 명령은 그리스도의 제자로서 캐나다인의 삶을 변화시키고 국가에 영향을 미치는 방식으로 확실하게 살아감으로 그리스도의 통치하심을 분명하게 드러나게 하라는 것이다.

CHARLOTTE K. BATES

참고문헌 | D. G. Hart and R. A. Mohler Jr., eds.(1996), *Theological Education in the Evangelical Tradition*; B. Harvey, *Christian Week*, August 25, 1998, 1, 4; D. Koop, *Christian Week*, November 19, 1996, 1, 10; *Maclean's*, April 12, 1993, 32-50; G. A. Rawlyk(1996), *Canadian Protestant Theological Education*; B. Ryan, *Faith Today*: 20-26; G. Smith, *Ecumenism* 120(1995): 16-22; T. V. Thomas, *Harvest Partner*(1997): 1, 4.

캠퍼스사역(Campus Ministry). 대학생선교회(Campus Crusade for Christ)를 보라.

캠핑(Camping). 국제기독교캠핑(Christian Camping International)을 보라.

캠핑시설(Camping Facilities). 야외 활동을 계획하는 교회나 선교기관에게 캠프 시설을 소유하고 계발시키고 사용하도록 할 수는 있다. 그러나 미개발지에 투자하거나 보이 스카우트가 사용하던 캠프장을 사기 전에 꼭 고려해야 할 문제들이 있다.

1. 부지 선정. 캠프 프로그램 운영을 위해 대지를 고를 때에는 프로그램과 캠프장이라는 큰 두 개의 영역을 고려해야 한다. 목적과 프로그램 성격이 부지 선택의 결정적인 요인이므로 프로그램에 관한 이슈들이 먼저 고려되어야 한다. 그렇지 않으면, 부지가 프로그램을 결정하게 된다. 프로그램 형태에 관한 질문을 먼저 해야 하는 데―숙박설비가 필요한지 아니면 주간용인지, 소박한 장소인지 아니면 휴양지인지, 중앙시설인지 아닌지 등―부지를 선정하기 전에 이러한 요인들을 먼저 결정하는 일이 적절한 부지선정에 도움이 된다.

프로그램의 형태가 결정되면 부지에 관한 이슈들을 고려해야 한다. 땅의 평수와(일반적으로는 일인당 일 에이커가 필요하다) 부지의 지형학적 특성, 개발의 가능성, 지역 시설 유용의 가능성, 사적인 자유 보장의 가능성 등의 요인들을 점검해 보아야 한다. 또 다른 주요 이슈는 지체장애자들을 위한 시설이다. 부지 자체가 적당한 거리 안에 위치할 뿐 아니라(2-3시간 운전 거리면 적당하다), 잠재적인 건강상의 문제들을 고려하여 30분 거리에 응급 시설이 있는 곳을 찾아야 한다.

2. 부지 개발. 일단 부지가 선정되고 나면, 개발하는 일에 주의를 기울인다. 마스터플랜에 따라 부지 개발을 진행한다. 이것은 잠재적인 원리로서, 미래의 비용이 많이 드는 개축을 피하기 위함이다. 건물뿐 아니라 조직의 철학도 반영해 주는 마스터플랜을 따라야 한다.

마스터플랜을 따르는 일과 함께 모든 기준과 규범을 좇는 운영 또한 잘 되어야 한다. 지역의 시청이나 구청과 같은 정부 기관과 협력하고 규례를 따르며, 미국캠핑협회(American Camping Association)와 국제기독교캠핑(Christian Camping International)등과 같은 자원봉사 단체와도 협력한다.

마지막으로, 캠핑 시설은 창조주와 창조에 대한 감사를 표현해야 한다. 캠핑 시설들을 사용하는 사람들이 창조주를 기억하여 묵상과 예배로 이어지게 하고, 하나님의 창조를 지켜 가고자 하는 마음을 갖도록 해야 한다.

DOUGLAS BARCALOW

참고문헌 | A. and B. Ball(1995), *Basic Camp Management*.

컨퍼런스(Conference). "컨퍼런스"라는 이름으로 교육적인 모임을 갖기 위해서는 두 가지 요인이 필수적이다. (1) 아이디어와 의견과 정보의 교환 (2) 교환을 위한 공통적인 교재와 주제 혹은 문제 등이다. 광범위하고 특정 지역에서 열리는 기독교교육 컨퍼런스의 특성들은 성경 및 선교사 컨퍼런스, 전문인 컨퍼런스, 교단의 연례 컨퍼런스 등이다. 전통적으로 컨퍼런스 형태로 정의되는 이와 같은 간결하고 집중적인 모임들은 (기독교교육에서는 이 형태를 널리 사용해 왔다) 두 가지 새로운 형태로 묘사된다.

첫째, 컨퍼런스는 교사와 학생/부모간의 일대일 만남으로 그 만남의 주제는, 리포트나 프로젝트, 숙제 등에 관한 학생의 개인기록이다. 효과적인 컨퍼런스를 하기 위해서는 그 주제를 중심으로 양방간의 아이디어를 교환해야 한다. 이런 컨퍼런스는 개인적인 피드백과 주제에 관한 양방의 평가를 제공해 준다. 이와 같은 형태는 기독교교육 분야에서 널리 사용되지는 않지만, 몇 가지 중요한 일대일 사역을 위한 렌즈로 사용할 수 있다. 예를 들면, 많은 청소년 사역자들은 제자도 훈련을 강조한다. 청소년 전도사와 한 학생이 컨퍼런스 모임을 갖고 그 한 주간의 삶을 주제로 삼는다면, 그들이 함께 만나는 시간을 어떻게 사용할 것인지에 영향을 줄 것이다.

둘째, 새로운 형태의 컨퍼런스는 기술의 변화로 기인했다. 텔레-컨퍼런스와 비디오 컨퍼런스들이 전통적인 특정지역의 한계를 제거시켰다. 컴퓨터 컨퍼런스 참석자들은 시간이나 공간의 제한 없이 사이버 공간을 통해 만난다. 시공간의 융통성 외에도 컴퓨터 컨퍼런스는 공중 앞에서 말하기를 꺼려하는 사람들에게 심리적 자유를 주는 유익도 있다.

기독교교육에서는 전통적인 컨퍼런스 형태를 널리 이용해 왔다. 시간이 흐르면 이런 새로운 형태의 컨퍼런스가 기독교교육에 중요한 역할을 하게 될 것이다. 교육자들은 이 분야의 연구들에 관심을 기울이고 효과적인 사용법을 배워 교회의 교육 사역에 활용할 준비를 해야 한다.

ROBERT DROVDAHL

참고문헌 | L. and Z. Nadler(1987), *Successful Conferences and Meetings*.

컴퓨터 강화학습(Computer-Enhanced Learning, CEL).
컴퓨터 기술의 사용을 확대하여 교육적 경험을 풍부하게 하는 것이다. 컴퓨터원용교육(CAI)이 학습내용 전달과 평가에 컴퓨터 기술의 구체적 사용을 가리키는 반면, CEL은 학습에 있어 컴퓨터의 일반적 사용에 좀더 광범위한 강조를 둔다. 가정이나 학교, 직장에서의 컴퓨터 기술사용이 증가함으로 CEL은 전통적인 학습법과 가장 최신의 컴퓨터와 정보 기술 지원과 통합을 추구한다. 이와 같은 컴퓨터 강화학습환경은 학생들을 교실의 벽을 뛰어넘어 다음과 같은 학습환경으로 인도해 갈 것이다. (1) 문서 작동기(word processing), 기록 도표(spreadsheet), 발표용 소프트웨어, 또 여러 다른 생산성 지향의 프로그램들, (2) 창의력과 상호 대화와 복합 지성(multiple intelligence)을 도와주는 멀티미디어와 "교육용 오락물"(edutainment) 프로그램들, (3) 프로그램용 용어들과 수학적 적용, (4) 진단 및 문제해결, 논리 및 모의 훈련 프로그램들, (5) CAI를 포함한 구체적 내용의 교육 프로그램들, (6) 산업용 프로그램들 그리고 (7) 인터넷과 전산, 커뮤니케이션 등이다.

컴퓨터 기술을 통해 학습경험을 풍부히 하는 기본 목표 외에도, CEL은 학습자들을 훈련시켜 기술사회에서 효과적으로 상호반응할 수 있는 기술들을 가르치는 기능도 한다. 이를 위한 기술들로는 (1) 기본적인 컴퓨터 다루는 기술과 태도, (2) 인터넷과 다른 온라인을 이용한 연구 기술, (3) 문자언어(written language) 기술, (4) 논리 및 수학 기술 그리고 (5) 협력 강화와 과제중심 학습 등이다.

학교들이 CEL 방법을 수용함에 따라 학생들은 능동학습자로 좀더 자립적이 된다. 교사의 역할 또한 변화하여 학생들이 정보의 발견이 유용하며 사이버 세상의 경험을 실생활로 생각하고 해석하는 일을 돕는 기능을 한다.

ROBERT DEVARGAS

컴퓨터 원용교육(Computer-Assisted Instruction, CAI).
컴퓨터 기술을 일반적으로 사용하여 학습자에게 학습자료를 가르치고 평가하는 것이다. 1950년대 후반에 비롯된 CAI 프로그램의 초기 형태는, 컴퓨터가 전기를 이용해 페이지를 넘기는 것보다 약간 더 발달된 지엽프로그램들의 컴퓨터 버전이었다. 1970년대 말에 이르러 CAI는 반복연습 형태에 음향과 그림을 사용한 프로그램 학습의 건전한 수단으로 발전되었다. 1980년 중반에 이르러 강력한 소형 컴퓨터가 널리 보급됨에 따라 CAI 프로그램들이, 실제 시간 모의실험 프로그램이나 교육용 게임, 문제해결 방식의 적용과 다양한 수준의 인공 지성을 사용한 대화방식 등 보다 복잡한 형태로 발전했다.

CAI 방식의 적용에 있어 가장 중요한 변화는 멀티미디어 기술과, 현재 개인 컴퓨터에 장착된 도식 사용자 인터페이스(graphic user interface, GUI)에 있다. 초기의 CAI는 사용자의 상호반응과 복잡한 지엽적 초안을 허용하기는 했지만, 학습자들은 프로그램 내용과 구조와 발표형식에 제한된 조절 밖에 할 수 없었다. 멀티미디어와 소프트웨어 개발의 대상중심의 접근법(object-oriented approach)이 이제 학습자에게 교육적 적용에 거의 완전한 통제력을 준다. 비조직적인 또는 개방적인 이 신종 소프트웨어로 학습자들이 광범위한 분야의 매체와 의사를 교환하거나 상호반응하는 것이 가능해졌다. 학습자 개인이 어떤 자료를 어떤 방식으로 볼 것인지 결정한다. 또한 학습자에게는 자신의 문제를 정의하거나 분석하는 과정, 창의적인 해결법 등을 선택할 자유가 있다.

ROBERT DEVARGAS

참고문헌 | E. L. Dejnozka and D. E. Kapel(1982), *American Educator's Encyclopedia*; D. M. Rhodes and J. W. Azbell(1985), *Training and Development Journal*.

참조 | 다지형 프로그램(BRANCHING PROGRAMMING); 컴퓨터 강화학습(COMPUTER-ENHANCED LEARNING, CEL)

케리그마신학(Kerygmatic Theology).

케리그마(Kerygma)란 그리스어로 '선언' 또는 '설교'를 말한다. 신약에서 이 말은 선언을 하는 행동 혹은 그 내용으로서, 둘 사이의 구분 없이 사용되었다. 최근 학자들은 초기의 기독교 메시지의 내용을 서술할 때 이 개념을 사용한다. 케리그마를 둘러싼 신학적 논쟁은 역사적 예수와 초대교회에서 선언된 메시지 간의 관계에 집중되어 있다.

'역사적 예수'(Historical Jesus)는 실제로 말하고 행했던 모든 행동을 포함한 시공간의 영역 안에서 살았던 사람으로서의 예수를 지칭한다. 케리그마적 그리스도(Kerygmatic Christ)는 사도들에 의해 전파되고 초대교회가 섬겼던 사람으로서의 예수를 말한다. 케리그마는 사도행전상의 설교나 바울 서신내의 신학적 해석과 같은 예수 그리스도에 관한 교회의 증언들로 이루어져 있다. 케리그마 신학자들은 기독교 신앙과 헌신의 근거가 복음서에 있는 예수의 말, 행동 그리고 경험에 대한 역사적 기록이 아니라 그리스도에 관한 초대교회의 증언에 있다고 주장한다. 그들은 '예수에 관한 역사적 기록은 그에 대한 믿음을 정당화하기에 불충분할 뿐 아니라 부정확하다'고 결론짓는다.

결론은 다음과 같은 질문들에 달렸다. 그리스도에 대한 믿음의 근거로 신뢰할 만한 역사적 자료가 필요한가? 또는 복음의 확실성은 결론으로 하고, 믿음은 그가 지대한 영향력을 미친 그의 초기 제자들의 증언에 의해 정당화될 수 있는가? 그리스도에 대한 초대교회의 증거들은 어느 정도까지 타당하게 실제 일어난 일들에 근거하는가? 기독론의 근저로서 무엇이 더 만족스러운 것인가? 그의 삶과 업적에 대한 성경의 역사적 기록인가? 아니면, 초대교회의 해석과 선언인가? 신약에서의 말들과 사실들은 하나님의 현현(顯現)하심인가? 아니면, 예수 그리스도 안의 하나님의 계시에 대한 인간의 증언들에 불과한 것인가?

1. 역사적 발전(Historical Development). 20세기의 첫 반세기 동안 칼 바르트(Karl Barth), 루돌프 불트만(Rudolf Bultmann) 그리고 에밀 브룬너(Emil Brunner) 등과 같은 학자들은 케리그마 혹은 예수에 관한 교회의 선언에 대한 기독론을 세웠다. 그러나 그리스도에 대해 복음이 주는 정보가 정확한지의 여부는 중요하게 생각지 않았다. 그들은 예수의 영향력에 대한 초대교회의 보고는 확실히 나사렛 예수의 지상 생활과 연결될 수 없다고 결론을 내렸다. 자유주의 신학과 반대로 이 케리그마 신학자들은 예수의 신성을 믿음으로 받아들이는 것을 전제로 했다. 그것이 예수의 삶과 업적에 대한 초대교회의 해석이기 때문이었다. 그들은 믿음을 역사적 증거에 의한 합리적 가능성 위에 두는 대신 그리스도에 대한 사도들의 결론 위에 두었다.

이런 입장을 반대하는 대표적인 신학자는 볼프하르트 판넨베르그(Wolfhart Pannenberg)이다.

그는 신약의 케리그마를 넘어선 역사적 조사가 가능하고 또한 필요하다고 보았다. 예수의 삶에 대한 역사적 사실을 배제하고, 케리그마에만 자신의 믿음의 기반을 놓은 사람은 그 기반의 잘못으로 인해 의심과 두려움에서 벗어날 수 없다고 생각했다. 신약을 다른 과거의 역사적 사건과 인물을 조사하는 방법들을 채용해 동일하게 연구해 본다면, 초대교회가 예수에 대해 믿었던 것이 합리적인 것으로 여겨질 것이다. 신학적 결론은 합리적 증명에 근거하지 않는다거나, 역사적 연구에 의해 확증되지 않는다고 하는 것은 환상이며 지나치게 주관적인 발상이다. 경험적 준거가 없는 케리그마적(Kerygmatic) 그리스도는 막연하고 비실재적이다. 판넨베르그는 그리스도를 믿는 믿음이 이성의 산물이 아니라 여전히 성령의 선물이라 주장했다. 그러나 그는 역사적 계시에 대한 지식이 논리적으로 믿음에 앞선다고 말한다.

2. **복음주의적 종합**(An Evangelical Synthesis). 밀라드 에릭슨(Millard Erickson, 1985)은 판넨베르그(Pannenberg)의 믿음의 실재성에 대한 염려에 공감했다. 그러나 그는 판넨베르그에게 전적으로 동의하진 않았다. 그는 판넨베르그의 기독론이 매우 얻어내기 힘든 객관적 확실성에 대한 역사적 논쟁에 의해 결정되는 것이라 했다. 기독론의 사실들이 역사적 조사에 의해 쉽게 증명될 수 있다면, 예수님의 신성은 정직한 조사자 누구에게든 명백하게 나타나야 한다. 그러나 역사적 증거를 조사한 몇몇 이들은 아직 불신 상태에 머물러 있다. 또한 에릭슨은 믿음을 창출하는 데 성령과 이성의 역할에 대한 판넨베르그의 구분에 의문을 제기한다. 성령이 믿음을 창조하기 위해 역사적 증거들을 필요로 한다면, 그런 믿음의 원료들은 진정 하나님으로부터 오는 수직적인 것인가? 그렇지 않다면 증거에 대한 개인 자신의 주관적 반응인가?

에릭슨은 성경의 계시에 대한 복음주의적 이해에 기초한 대안적 기독론을 제시한다. 그리스도에 대한 헌신의 기반을 교회의 증언(믿음)이나 역사적 확증(이성)에만 두지 않고, 그는 이 두 접근법을 결합한다. 계시는 역사적 사건임과 동시에 그에 대한 초대교회의 해석이기도 하다. 그 둘 모두는 조화롭고 상호보충적으로 하나님이 자신을 나타내시는 방법으로 사용된다.

에릭슨에게 믿음의 출발점은 케리그마이다. 예수님에 대한 교회의 선언은 하나의 가설이 되어 역사적 자료를 조사하고 통합하는 틀을 제공한다. 예수님에 관한 다른 어떤 가설보다 사도들의 해석이 역사적 현상에 대한 이해를 제공해 준다. "케리그마적 그리스도"(Kerygmatic Christ)와 "역사적 예수"(Historical Jesus)는 상호의존적이다. 교회의 증언에 대해 더 많이 알수록 그리스도에 대한 역사적 정보에 대해 더욱 잘 이해할 수 있다. 조사자들을 보다 잘 설득할 수 있는 것은 그에 대한 사실을 발견함으로써 사도들의 해석이 옳다는 것을 나타내는 것이다.

3. **기독교교육과의 연관성**(Implications for Christian Education). 기독론의 정통적인 기반에 관한 논쟁은 기독교교육에서 필수적 요소로서의 문제, 즉 성경적 계시의 문제를 야기한다. 신약이란 단지 그리스도라는 사람의 현시를 신성화하는 사도들의 증언에 불과한 것인가? 또는 영적인 계시는 신약 기록상의 모든 말들과 역사적 정보를 포함하는 것인가?

이에 대한 답은 교육자들이 성경을 가르치는 데 어떤 접근법을 사용하느냐에 달려 있다. 성경 연구의 궁극적 목적은 첫 제자들처럼 예수님을 체험해 보는 것이다. 그러나 교사들은 흔히 그에 대한 성경의 정보를 더 고상하게 보이려 한다. 그리스도에 대한 학생의 관점이 성경자료 내에서의 확신과 목격에 근거하여 세워지지 않으면 그들의 "그리스도"는 영적인 계시가 아닌 인간적인 고안물에 불과할 따름이다. 예수님의 말과 행동에 대한 기록이 믿지 못할 것이라면 무엇 때문에 그에 대한 귀납적 연구를 해야 하는가? 교육자들은 그리스도를 이해하고 그에 대한 의미를 끌어내기에 앞서 그리스도에 대한 구절들에 먼저 의미를 부여해야 한다. 권위의 중심이 하나님의 말씀이 아니면 아무도 진리를 찾을 수 없다.

TERRY POWELL

참고문헌 | M. Erickson(1985), *Christian Theology*; L. Richards and G. Bredfeldt(1998), *Creative Bible Teaching*.

코메니우스, 요한 아모스(Comenius, Johann Amos, 1592-1671).
교육자이며 신학자이다. 모라비아(Moravia, 현 체코 공화국의 일부)에서 태어나 헤르본(Herborn)과 하이델베르그(Heidelberg)에서 교육받은 코메니우스는 지방 교구의 목사였고 보헤미안 형제 교회(Church of the Bohemian Brethren)의 마지막 감독이었다. 30년 전쟁의 혹독함과 그에 수반된 종교 박해 아래 그와 다른 종교인들은 1621년 보헤미아를 떠나 폴란드의 리사(Lissa)로 이주했다. 리사에 사는 동안 코메니우스는 김나지움(gymnasium)에서 가르쳤고, 그의 역작인 『대교수학』(*the Great Didactic*)을 집필, 1632년에 출판했다. 이후에도 끊임없는 종교-정치적 불안정으로 코메니우스는 여러 지방으로 이주해 다녔다. 그런 경험들이 그에게 혁신적인 교육과 성직자로서의 헌신을 위한 장을 마련해 주었다.

지방 교구 목사와 감독으로 알려진 코메니우스는 당대의 교수법에 개혁적인 교육 체계를 발전시킨 사람으로 가장 많이 알려져 있다. 끔직한 피의 희생을 부르는 전쟁에 실망한 코메니우스는 교육을 평화의 매개체로 보았다. 『대교수학』에서 그는 현대 교수법의 기본이 된 방법들을 소개했다. 어린이들을 위한 그림책과 학습언어로서 대화법의 활용 그리고 교육과정에 음악과 미술, 정치, 지리, 과학, 기술 등을 포함시킨 것이 코메니우스의 개혁이었다. 이런 것들이 방법적으로 허약한 교육 체제에 중요한 기여를 했지만, 보다 위대한 공헌은 코메니우스가 학습에 유도한 새로운 철학적 기초였다. 현대 인문학의 선두주자로서 그는 강제 교육에 반대하였고, 삶을 준비시키는 전인교육을 위해 헌신했다. 그와 같은 교육 목적을 위해 과학과 역사 성경 등의 과목을 포함시켰다. 『대교수학』의 부제가 교육의 선구자로서 코메니우스의 열정을 잘 묘사하는 듯하다. "… 남녀 어린이 모두, 한 사람도 예외 없이, 빠르고 재미있게, 온전하게 학문을 배우고, 도덕적 순수성을 지키고, 경건의 연습을 통해 현재와 미래의 삶을 위한 모든 훈련을 받는다."

『대교수학』은 당시 유럽 문화에 일반적인 라틴어로 쓰였다. 그것은 또한 그가 꿈꾸는 학교에서 라틴어를 통달하는 방법을 보여주는 코메니우스의 철학의 중요한 특색이었다. 코메니우스는 당대의 제한적 방법론, 즉 암기와 사전의 도움 없이는 판독되지 않는 고대 사본에 나오는 단어들을 번역하지 않은 채로 연습하는 방법에 반대하였다. 그는 자신의 입문서, 『열려진 언어의 문』(*Janua Linguarum Reserata*), 또는 "언어 개론"(Introduction to Language)을 만들어 빈 공간을 메웠다. 『열려진 언어의 문』과 그보다 더 쉬운 속편 『어학입문 지침』(*Vestibulum*)이 당대에 최고의 서적으로 뽑혔고, 수많은 번역본과 재판이 나와 1800년대 후반까지 교재로 채택되었다.

그러나 코메니우스의 교육 개혁은 제대로 수용되지 못했다. 그의 천년왕국에 대한 믿음과(그는 1682년에 세상의 종말이 온다고 했다) 형제회에 대한 노골적인 차별로 그가 죽을 때까지 좋지 않은 평판을 받았다. 그 때문에 19세기가 될 때까지 그가 이룬 교육적 공헌은 인정받지 못했고, 『대교수학』도 1921년이 되어서야 영어로 번역되었다. 그때, 코메니우스가 제안한 학교 환경의 세부적 사항들, 즉 학급마다 교실을 따로 주는 것, 교사용 책상과 학생용 의자들, 드라마와 웅변을 위한 독립된 공간 만들어주기 등이 인정을 받았다. 코메니우스의 『세계 도해』(*Orbis Sensualium Pictus*)는 그림과 단어를 결합시킨 초등학교 교재의 전신이었다. 루소와 페스탈로치의 수많은 아이디어들이 코메니우스의 저서들을 통해 발견된다.

코메니우스는 유럽대륙을 널리 여행하면서 그의 교육적 견해들을 피력했다. 그는 스웨덴에 초청되어 그 나라의 전체 교육부를 점검 및 개혁해 달라는 부탁도 받았다. 그는 교육을, 한 학생이 그리스도의 형상으로 빚어지는 방법으로 보았다. 그는 그리스도인의 성품 발달을 단순한 지식 전달보다 더 중요하게 만들고자 노력했다. 코메니우스의 저서로 『범지혜의 선구자』(*Pansophiae Prodromus*), 『열려진 언어의 문』, 『세계 도해』 그리고 『대교수학』 (*Didactica Magna*) 등이 있다.

WILLIAM F. FALKNER

코우, 조지(Coe, George A. 1862-1951).

미국의 종교심리학자이다. 그는 로체스터대학(University of Rochester)과 보스턴 신학대학(The Boston University School of Theology), 베를린 대학(University of Berlin)에서 수학했다. 그의 40여 년간의 교직생활은 네 학교에서 이어졌다. 남가주대학(University of Southern California), 노쓰웨스턴 대학(Northwestern University), 유니온 신학교(Union Theological Seminary) 그리고 1927년 은퇴한 콜롬비아 교육대학(Teachers College of Columbia University)이다.

코우는 11권의 책을 저술했고 수백 개의 소논문과 서평을 썼다. 은퇴 이후에도 계속 활동하여, 가장 널리 알려진 두 권의 책, 『종교는 양심을 위해 무엇을 하는가?』(*What Is Religion Doing to Our Conscience?*)와 『기독교교육이란 무엇인가?』(*What Is Christian Education?*)가 은퇴 이후에 출판되었다(1929). 그는 1903년 "종교교육협회"(The Religious Education Association, REA)을 설립했고, 하나님의 존재와 개인의 무한한 가치라는 두 가지 중요한 신학적 토대 위에 기독교교육이론을 설명했다. 코우는 하나님이 계신다는 확신으로부터 인간의 가치가 의미를 가진다고 했다. 그러나 사람마다 서로 다른 종교적 체험을 하므로 코우는 상이한 신학적 견해 사이에 대화와 건설적인 토의를 해야 한다고 제안했다. 그의 온건한 태도로 그는 평생 동안 REA에서 지도력을 견지했고, 1951년 생을 마감하기까지 명예 회장직을 지속했다.

그의 저서 『종교심리학』(*The Psychology of Religion*)에서 코우는 신학과 심리학 사이에 좋은 관계를 세우려고 노력했다. 가장 잘 알려진 책, 『영적 생활』(*The Spiritual Life: Studies in the Science of Religion*, 1901)이 그 둘 사이의 연계성을 실제로 연구한 최초의 사례다. 코우는 이 책에서 27명의 사람들의 개종 경험을 조사했고, 유행하는 심리학 이론으로 그것에 대해 토론했다. 그가 관찰한 바로는, 수동적인 정서와 암시성에 매우 민감한 (그는 이것을 '잠재자아'〈subliminal self〉라고 부른다) 사람들이 주로 극적이고 갑작스러운 개종을 경험한다고 한다. 시간이 지나면서 그의 많은 이론이 실증되었고, 종종 현대 신학자들과 기독교교육자들이 종교적 회심에 있어 사람들에게 동기부여를 하는 것과 조종하는 것 사이의 미세한 차이를 식별함에 있어 도덕적 딜레마를 느낀다.

DAVID GOUGH

참고문헌 | G. A. Coe(1901), *The Spiritual Life: Studies in the Science of Religion*; idem(1929), *What Is Christian Education?*

참조 | 전도(EVANGELISM); 종교심리학(PSYCHOLOGY OF RELIGION); 종교교육협회(RELIGIOUS EDUCATION ASSOCIATION)

코울스, 로버트 마틴(Coles, Robert Martin, 1929-).

어린이 정신질환 의사이다. 기술자의 아들로 보스턴에서 태어나 성장하고, 하버드대학에서 공부했다. 하버드에 다닐 때 코울스는 인간성에 대해 관심이 많은 내과 의사 윌리엄스(William Carlos Williams)의 영향을 많이 받았다. 윌리엄스의 영향으로 코울스는 그와 같이 의학을 공부하기로 결심했다. 코울스는 콜럼비아 의과대학에 등록하여 어린이 정신병학을 전공했고 1954년 의학박사 학위를 받았다.

시카고 대학 병원에서 일 년 동안 인턴 실습을 마친 뒤 코울스는 보스턴으로 돌아와 1950년대 중반까지 수련의로 일했다. 1950년대 후반, 코울스는 최남부 지방으로 내려갔다. 미시시피 주에서 공군 의사로 2년을 보낸 후 코울스는 뉴 올리안즈(New Orleans) 시에서 학교 인종차별 폐지에 대해 연구했다. 이런 주변 상황의 심각성에 대해 코울스는 다음과 같이 썼다. "1학년의 6살 난 흑인 소녀 루비 브리지스(Ruby Bridges)가 프란츠학교(Frantz School)에 들어가려 할 때, 폭도들은 그녀를 몰아내고 있었고, 내가 그곳에서 그녀의 몰리는 모습을 보지 않았다면 나는 지금과는 다른 삶을 살았을 것이다"(1990, xii).

코울스가 어린이 정신질환 의사로 훈련을 받기는 했지만, 이 시기에 윌리엄스로부터 받은 영향이 꽃을 피웠다. 코울스가 그에게 배운 것 한 가지는 환자들의 말에 귀를 기울이고 그들을 문제 대상으로 보지 말고 개인으로 보라는 것이었다.

(흑백) 통합운동을 향한 코울스의 관심이 그로 하여금 주변에 일어난 사건들에 영향을 받은 어린이들에 대한 연구를 하게 했다. 그가 행한 인터뷰와 관찰 기록을 바탕으로 그는 최초의 저서 『위기의 어린이들』(Children of Crisis: A Study of Courage and Fear)을 1964년 출판했다. 이것이 5권 시리즈의 첫 번째 책이었고, 이로 말미암아 코울스가 어린이 연구 분야에 알려지게 되었다. 많은 상장과 보상이 코울스에게 수여되었고, 이 시리즈의 2편과 3편으로 1973년에는 퓰리처상도 받았다.

어린이 연구를 선택하면서 코울스는 애나 프로이트(Anna Freud)와 에릭슨(Erik Erikson)에게 영향 받은 것을 알게 되었다. 그는 자신의 과업을 다정하고 겸손한 방식으로 전문학자들에게 가져갔다. 그가 인터뷰한 어린이들의 말을 주의 깊게 듣고, 그들에게 자신의 이야기를 하도록 인도하면서 코울스는 대부분의 의학 연구가 가지는 냉담함을 피하려 노력했다. 코울스는 분석하기보다는 어린이들의 관찰과 꿈들, 공포들을 함께 이야기했다.

『위기의 어린이들』시리즈와 어린이 정신의학 분야에서 그가 이룬 성과로 코울스는 1981년에 5년의 맥아더(MacArthur) 연구비를 얻어냈다. 그것으로 코울스는 외국의 어린이를 대상으로 하는 그의 연구를 계속할 수 있었다. 그는 남아프리카와 브라질, 북아일랜드, 폴란드, 동남아시아, 니카라구아 그리고 불어를 사용하는 캐나다의 어린이들을 대상으로 인터뷰를 했다. 동시에 애나 프로이트의 제안으로 미국 어린이와의 인터뷰도 다시 검토했다. 그 결과는 삼부작으로 나왔다. 『어린이들의 내면적 삶』(The Inner Lives of Children: The Moral Life of Children, 1986), 『어린이들의 정치적 삶』(The Political Life of Children, 1986), 『어린이들의 영적 삶』(The Spiritual Life of Children, 1990). 코울스는 세 권 모두에 어린이들이 사고하고, 의견을 형성하고, 결론에 도달하는 방식에 대한 통찰을 담았다.

어린이에 관한 그의 역작들과 함께 그는 또한 하버드대학에서 가르치기도 했다. 역시 윌리엄스의 영향으로 코울스의 강의실에는 문학적인 연계성이 강조되었다. 인문학에 대한 강조는 전문적인 연구는 원만해야 하고, 학생들을 인간성과 연결시켜 주어야 한다는 그의 신념을 반영한다.

저자로서 코울스는 많은 공헌을 했다. 어린이 정신병학에 관한 그의 관찰과 통찰력은 이미 알려져 있다. 게다가 그의 연구 방법들은 실상황에 토대를 둔 연구의 탁월한 실례를 제공해 준다. 그의 말하기와 듣기 기술 또한 탁월하다.

또 하나의 중요한 코울스의 기여는 그가 삶의 도덕적, 영적 측면을 특별히 인식하고 강조했다는 점이다. 경제적, 인종적, 정치적 이슈들에 덧붙여 코울스는 인간은 도덕적이고 영적인 차원을 가지고 있음을 분명히 했고, 개인들은 더 분명한 위기를 만날 때 그 힘을 발휘하는 것을 깨닫게 된다는 점을 명백히 밝혔다.

DOUGLAS BARCALOW

참고문헌 | R. M. Coles(1964), *Children of Crisis: A Study of Courage and Fear*; idem(1997), *The Moral Intelligence of Children*; idem(1986), *The Moral Life of Children*; idem(1986), *The Political Life of Children*; idem(1990), *The Spiritual Life of Children*.

참조 | 에릭슨, 에릭 홈버거(ERIKSON, ERIK HOMBURGER); 종교심리학(PSYCHOLOGY OF RELIGION)

코이노니아(Koinonia). 코이노니아라는 용어는 두 가지 큰 의미를 가진다. (1) '관계 혹은 계약을 성립하는 활동에 참가한다'는 의미를 가진다. (2) '상호 친교와 서로의 성장을 위한 공동체로서 함께 모임을 가진다'는 의미이다.

1. 배경. 함께 모인다는 개념(또는 코이노니아)은

코이노니아

고대의 식사 풍습에서 나왔다. 그것은 많은 서양 세계에서는 사라진 이해이다. 그리고 식탁에 함께 모이는 것으로 나타내어지는 친교의 상징성을 중요시했다. 고대 문명에서 누군가와 함께 식사를 같이 하는 것은 명예와 존중의 행동이었다. 이런 활동은 다양한 사회와 종교적인 연합에서 행해졌다. 따라서 이런 활동은 초대교회의 공동 식사의 발전에 공헌했다(Freedman, 1992).

2. 구약과 신약에서의 사용. 구약 이스라엘 사람들의 관점에서는 친교를 개인들 사이에서 일어나는 어떤 것으로 여겼다. 그리스적인 관점에서는 주로 코이노니아를 신에 대한 개인적 관계로 생각했다. 이러한 개인적 관계라는 것은 개개인의 유대인들이 느끼는 하나님과의 떨어져 있는 거리 때문에 구약시대 이스라엘 사람들에게는 이질적인 개념이었다. 구약시대의 의인들은 관계를 갖는 친교라는 것과는 반대로 자기 자신을 하나님과의 의존적인 관계 혹은 그에게 속하여 있는 것으로 여겼다. 스미스(Smith, 1965)는 코이노니아라는 개념이 신약에서 사용된 것과 같은 방식으로는 구약에서나 심지어 그리스적인 생각의 영향을 받은 70인역(Septuagint)에서조차 사용되지 않았다고 확신했다. 구약에서 가장 유사한 상황은 계약을 맺은 사람들이 함께 나누었던 새롭게 맺어진 관계의 완성을 기리는 의식으로서의 식사이다(창 26:26-31). 그렇지만 그들은 믿음의 공동체라는 범위 내에서 서로를 위한 상호적인 관계를 나타내었고, 공동 식사가 종종 이런 표현의 결과로서 있었다.

신앙공동체 안에서 본질적인 공통성을 가지고 있는 신약의 표현은 기본적으로 우리의 예수 그리스도와의 개인적인 관계에 놓여 있다. 이 관계의 기초는 그리스도 그분과 우리와의 도움이 되는 관계의 관점으로부터 그려진다(요일 1:5-10). 기독교로서 우리의 본성은 예수 그리스도의 그것과 같게 되어졌고, 우리가 그와의 교제 그리고 그의 본성 안에 머무는 한 그가 빛 가운데 계시기 때문에 우리는 빛 가운데 행한다(7절). 우리의 본성이 그의 안에 있지 않은 것을 사랑할 때, 우리는 어둠 가운데 행하게 된다(6절). 초대교회에서 코이노니아라는 생각은 예수 그리스도의 본성이 개개인을 함께, 심지어 모든 것을 공동으로 갖는 정도까지 묶어 주는 끈이라는 전제에 기초하고 있다.

'공동으로 갖는다'는 개념은 그것이 우리들이 모이는 유일한 공동의 장소이기 때문에 예수 그리스도를 중심으로 하는 타인의 출입이 없는 믿는 사람들의 공동체에서 가능하다. 이것은 특별히 한 명의 믿는 사람과 다른 사람과의 관계를 말하지 않는다. 이 상호적인 관계는 인간 예수님을 통해서 들어가는 것을 의미한다. 따라서 서로 보답하는 관계를 불러일으키는 것이다. 성령에 의해 묶여진 이러한 관계의 유형은 사도행전 4장 32-37절에 나타난 것의 본질적인 부분이다. 이 관계 속에서 사람들은 개인적인 소유물들을 팔아 믿음의 공동체 안에 나누어 주기 위해서 사도들에게 가져왔다. 우리가 사도행전에 나타난 것으로부터 받는 하나의 이해는 그 안에서 이런 독특한 공동체가 그들의 사랑을 다른 사람들을 위해서 표현하는 방법에 대한 통찰이다. 그것은 주님에 의해서 그들에게 모델이 된 사랑의 연속인 반면(눅 8:1-3; 요 12:4-8; 13:29), 마지막 때의 상징으로 예언적으로 선포된 것의 완성이었다(신 15:4),(Kittel, 1965).

3. 오늘날 기독교교육에서의 사용. 코이노니아의 개념, 혹은 그리스도와 공동의 연합을 통한 참된 교제의 경험은 교회에서의 사회적인 그리고 도덕적 성숙을 강조하면서 믿는 사람들을 사랑으로써 하나로 엮어주는 의무이다(Habermas & Issler, 1992). 하버마스와 아이슬러(Habermas & Issler)는 교회 생활에서 공동체를 증진시키는 실제적이고 비구조적인 활동들을 열거했다. 그것은 기도 동역자와 나누는 것, 다른 사람의 어려움을 지는 것, 은사를 개발하도록 다른 사람을 돕는 것, 함께 먹는 것, 교회 수양회에 참석하는 것, 다른 사람을 위해 중보하는 것, 다른 사람과 기쁨을 누리는 것, 의미 있는 여가 활동에 참석하는 것, 책임지는 동역자를 개발하는 것, 다른 관점을 지닌 사람과 논의의 여지가 있는 문제에 대해 연구하는 것 그리고 어려운 이들에게 봉사를 제공하는 것 등이다.

RONALD W. FREEMAN

참고문헌 | D. N. Freedman(1992), *The Anchor Bible Dictionary*; R. Habermas and K. Issler(1992), *Teaching for Reconciliation, Foundations and Practice of Christian Education Ministry*; G. Kittel(1965), *Theological Dictionary of the New Testament*; W. R. Smith(1965), *Theological Dictionary of the New Testament*.

콜버그, 로렌스(Kohlberg, Lawrence, 1927-1987).

심리학자이며 교육가인 콜버그(Kohlberg)는 도덕발달의 인식론을 통해 철학적 반향과 경험적 심리학적 연구를 이끌었다. 도덕성이 개인의 환경으로부터 파생되어 강화된다는 당시 지배적인 심리분석적, 행동학적 관념에 반대하여 콜버그는 그가 말한 도덕발달의 부적합 요인으로서 사회화 및 다른 영향들을 부정하였다. 대신 그는 인생의 의미와 도덕적 관심사에 대한 개인 내면의 도덕 구조(사고의 방법)가 발달되는 것이라 보았다. 근 30년에 이르는 긴 경험적 연구와 조사자들과의 상호작용을 통해 도덕적 합리화의 발달에 대한 그의 견해가 정제되고 검증되었다.

칸트(Kant)와 볼드윈(Baldwin), 피아제(Piaget)와 듀이(Dewey)의 영향으로 콜버그(Kohlberg)는 "덕이란 무엇인가?" 그리고 "정의란 무엇인가?"의 문제에 관심을 가졌다. 그의 도덕발달 이론은 타인의 권리에 대한 인정뿐 아니라 개인 자신의 권리를 인식하는 것으로 그가 밝힌 정의(正義)에 대한 보편적 도덕성의 원리로서 구성되었다. 후에 콜버그는 '정의는 동정과 돌봄에 대한 관심 또한 포함하는 것'이라 하였다. 도덕발달의 기본적인 유형은(부모와 교사 및 다른 권위에 의존하는) 타율적 도덕 판단의 단계에서 인간 사이의 정의(正義)에 기초하여 도덕적 가정에 대한 책임을 지는 자율적 도덕 단계로 이행한다. 콜버그는 단순히 생물학적으로 성장한 사람들 간의 교류가 발전을 야기하는 것이 아니며, 발전이란 사람의 도덕적 인식역량과 중요 인물들, 생각들, 상황들 간의 상호 작용의 결과물이라 보았다.

콜버그는 피아제(Piaget)의 2단계 도덕 판단 발달모델을 확대하여, 도덕 추론의 질적 구분에 따른 6개의 발달단계를 제시하였다. 각 단계의 순서는 변하지 않으며, 단계를 건너뛸 수는 없다. 발달의 속도는 개인차가 있지만, 발달 정도는 어느 단계에서 멈출 수 있다. 도덕 추론의 높은 단계에선 도덕적 확신과 도덕적 행동이 매우 일치하는 것을 볼 수 있다. 이는 높은 단계에 있는 사람이 낮은 단계의 사람보다 더욱 도덕적 행동을 할 가능성이 높다는 것을 의미한다. 상위 단계는 도덕적 문제들을 해결하기 위한 역량을 갖게 되고, 이상적 정의에 더욱 근접할 수 있다는 점에서 매우 효과적이다. 도덕적 행동을 위해선 단계의 상승이 필수적이지만 도덕적 인식능력의 향상이 도덕적 행동을 설명해 주는 것은 아니다. 오히려 의지나 자아의 힘과 같은 감정적인 과정들이 필요하다.

콜버그는 이런 발달을 촉진시키기 위한 도덕 교육활동에 집중한다. 그는 도덕적 딜레마와 실제 교실에서의 상황들을 가정하여 다룰 때 소크라테스(Socrates)의 문답법을 수정하여 사용하였다. 이런 대화를 통해 학생들 스스로가 자신이 처한 단계에 불만을 갖고 그보다 한 단계 상위의 생각들을 하도록 유도하였다. 콜버그의 교육 접근법은 내면의 사고유형 발전이 핵심적이라는 그의 생각에서 비롯되었으며, 이를 통해 상대주의적 가치해석과 특정 덕성을 주입하는 것에 반발하였다. 그는 특정한 덕을 교류함으로써 도덕적 추론의 기반을 다져나갈 수 있다고 생각했다. 콜버그는 교실에서 역할극이나 다른 사람의 시선으로 사물을 보는 훈련들이 중요함을 강조하였다. 그는 도덕적 환경 또는 그룹내의 제도적 규칙과 구조와 같은 외부요소 또한 중요하다고 보았다. 이런 요소들이 도덕적 판단과 행동 간의 가교역할을 하기 때문이었다. 사실 이와 같은 "숨겨진 교육과정" 자체는 도덕적 판단과 행동을 촉발시키는 도덕발달의 무대가 된다.

콜버그는 종교적 관념이 도덕적 구조에 의지한다는 면에서 도덕적 단계와 종교적 관념 간에 관계가 있다고 보았다. 따라서 도덕적 추론의 발달은 종교적 관념의 발달을 위해 필수적이긴 하나 충분하진 않은데, 이는 도덕적 관념이 다른 동력들을 가지고 있기 때문이다.

그는 마찬가지로 종교적 관념이 도덕적이어야 할 이유를 제시함으로써 도덕적 발달을 지원한다고 보았다. 진정 콜버그는 종교적 믿음이 도덕적 결심의 내용을 제공한다고 믿었다. 그는 종교적 관념의 단계도 도덕적 추론의 단계와 나란하게 진행된다고 보았다. 물론 사랑이 핵심적인 구성요소임에도 불구하고, 종교적 관념의 발달은 합리적 과정이다. 그는 이론을 다듬는 과정에서 "믿음"의 7단계를 가정했으며, 그중 최상위의 종교적 판단은 우주적이고 무한한 주제를 다루는 것이었다.

복음주의적 기독교의 이론적 믿음과 콜버그의 이론 간에는 결정적인 측면에서 잠재적인 갈등이 존재한다. 콜버그는 그가 도덕발달의 기반으로서 "신적 명령"이라고 묘사한 것을 부정한다. 이는 그리스도인들이 신자의 삶과 도덕적 결정에서 성경의 가르침의 권위에 관하여 주장하는 것을 가리킨다. 그의 관심은 성경의 참된 주장에 초점이 맞추어진 것은 아니지만 성경적인 명령들이 보편적이지 않고 도덕적 추론의 성장을 방해하는 경향이 있는 절대원칙을 대표한다는 것에 있었다. 그러나 콜버그(Kohlberg)의 관심은 어떻게 성경을 때때로 가르칠 것인가에 더욱 있었다고 말할 수도 있을 것이다. 가르침이 성경적 교육을 위한 근거와 적용해야 할 도덕적 딜레마에 대한 고려를 포함하고 있을 때 도덕 발달 이론이 신자들의 경험에 적용될 수도 있다고 결론을 내리는 것이 합리적이다.

DENNIS DIRKS

참고문헌 | L. Kohlberg(1969), *Handbook of Socialization Theology and Research*; idem(1981), *Essays on Moral Development*, vol. 1; *The Philosophy of Moral Development: Moral Stages and the Idea of Justice*; idem(1984), *Essay on Moral Development*, vol. 2, *The Psychology of Moral Development: The Nature and Validity of Moral Stages*; L. Kohlberg and D. Candeeidem(1976), *Moral Development and Behavior: Theory, Research, and Social Issues*, L. Kohlberg et al.(1987), *Child Psychology and Childhood Education: A Cognitive-Development View*.

참조 | 기독교교육(CHRISTIAN EDUCATION); 듀이, 존(DEWEY, JOHN); 신앙(FAITH), 신앙발달(FAITH DEVELOPMENT); 파울러, 제임스 3세(FOWLER, JAMES W., III); 길리건, 캐롤(GILLIGAN, CAROL); 도덕발달(MORAL DEVELOPMENT); 도덕적 딜레마(MORAL DILEMMA); 도덕교육(MORAL EDUCATION); 피아제, 장(PIAGET, JEAN); 역할극(ROLE PLAY); 소크라테스의 방법(SOCRATIC METHOD)

콜브, 데이비드(Kolb, David. 1939-).

미국의 교육자이면서 경험적 학습이론과 학습양식 측정 도구(Learning-Style Inventory, LSI)로 가장 잘 알려진 사회심리학자이다. 콜브는 1967년에 하버드대학교에서 사회심리학 박사학위를 받기 전에 동대학교에서 심리학 석사학위와 낙스대학교(Knox College)에서 문학사 학위를 받았다. 1965년부터 1975년까지 그는 매사추세츠공대(Massachusetts Institute of Technology)에서 조직심리학 및 경영을 가르쳤다. 1976년부터 콜브는 케이스 웨스턴 리저브 대학교(Case Western Reserve University)와 웨더헤드 경영학교(Weatherhead School of Management)에서 조직 행동학과를 가르치고 있다.

콜브(Kolb)의 기독교교육에 대한 주요한 공헌은 학습 과정 영역에 있다. 그는 듀이(John Dewey, 철학), 레빈(Kurt Lewin, 사회심리학) 그리고 피아제(Jean Piaget, 발달 심리)의 연구들로부터 많은 영향을 받으면서 자신의 경험적 학습과 과정 이론을 학습 과정의 구조적인 기초라고 기술했다.

콜브는 경험적 학습 과정을 네 가지의 학습방식 – 구체적 경험, 반사적 관찰, 추상적 개념화, 그리고 적극적 실험 – 을 포함하는 네 단계의 과정으로 기술했다. 더 나아가 이 모델은 두 개의 전혀 다른, 교차하는 축으로 구성된다. 하나는 구체적인 경험 혹은 추상적인 개념화를 통한 이해의 선호도이고, 다른 하나는 적극적인 경험 혹은 반사적인 관찰을 통한 지식 변환의 선호도이다.

콜브 모델의 중심 개념은 교육이 경험과 그 경험을 지식으로 바꾸는 변환을 둘 다 필요로 한다는 것이다. 간단한 경험의 인식만으로는 학습에 충분하지 못하고, 이와 유사하게 변환 그 자체가 학습을 대표하지도 않는다. 변환되어지는 무언가가 있어야만 하는 것이다.

콜브는 그의 학습 과정 구조를 두 개의 축을 가진 학습양식의 모델로 좀더 자세하게 만들었다. 학습의 네 가지 기본 유형(적응, 확산, 집중 그리고 동화)이 나타난다. 적응 유형의 사람은 구체적인 경험과 적극적인 참여를 통한 지식으로의 변환을 하는 쪽으로 향한다. 확산 유형의 사람 역시 구체적인 경험을 하는 쪽으로 향하지만, 반사적인 관찰을 통해서 지식으로 변환한다. 집중 유형의 사람은 추상적인 개념화와 적극적인 실험을 주요하게 의존한다. 마지막으로 동화 유형의 사람은 추상적인 개념화와 반사적인 관찰을 하는 쪽으로 향하게 된다.

콜브는 개인의 학습양식을 측정하고 배우는 사람으로서의 강점과 약점을 측정하기 위해서 학습양식 측정도구(LSI)를 만들었다. 학습양식 측정도구(LSI)는 질문지와 네 가지 학습양식이 보이는 도표로써 네 가지 학습양식에서 개인이 주요하게 강조하는 것을 측정한다. 학습양식 측정도구의 목적은 사람들이 학습하고 문제를 해결하는 서로 다른 방법들을 좀더 잘 이해해서 자신들의 학습양식 결과를 이해하도록 돕고, 이러한 학습양식의 차이를 고려한 학습 경험을 만드는 것이다.

콜브는 많은 잡지 논설, 책들의 여러 단원들, 기술적 보고서 그리고 평가 내용의 저자이다. 『실험학습』(Experiential Learning)을 쓴 것 외에 그는 『전문교육의 혁신』(Innovations in Professional Education), 『교수에서 학습까지』(Steps in a Journey from Teaching to Learning, 1995), 『조직적 행동』(Organizational Behavior), 『인간의 조직적 행동에 대한 실험적 접근』(An Experiential Approach to Human Behavior in Organizations, 1995), 『조직적 행동 독본』(The Organizational Behavior Reader, 1995) 등을 공동 집필하였다. 콜브는 경영, 경력 개발, 학습 과정, 경험적 학습 그리고 동기 등의 영역에서 많은 주요한 연구 계획에 주요한 일원이 되어왔다. 마지막으로 그는 경력 개발, 경영 문제, 경영 훈련, 성취동기 그리

고 직원 교육 등의 주제로 많은 일류 회사와 정부 조직들에서 자문으로 활동하고 있다.

HARLEY ATKINSON

참고문헌 | D. Kolb(1984), *Experiential Learning: Experience as the Source of Learning and Development*; idem(1999), *The Learning Style Inventory*.

참조 | 추상적 사고(ABSTRACT THINKING); 동화(ASSIMILATION); 수평적/발산적 사고(CONVERGENT/DIVERGENT THINKING); 듀이, 존 (DEWEY, JOHN); 개인차(INDIVIDUAL DIFFERENCES); 학습양식(LEARNING STYLE); 레빈, 커트(LEWIN, KURT)

퀘이커 교육(Quaker Education). 퀘이커 교파의 창시자인 조지 폭스(George Fox)는 1668년에 영국의 어린 남자아이들과 여자아이들을 위한 학교를 각각 세울 것을 권고하였다. 이 학교들은 두 가지 목적을 갖고 있었는데, 하나는 학생들에게 실제적인 직업훈련을 시킴으로써 세상 속에서 어울려 살 수 있도록 하는 것이고 다른 하나는 학생들이 후일 "친우회"(The Society of Friends)의 종교적 신념에 따른 삶을 살 수 있도록 준비시키는 것이었다. 브린톤(Brinton, 1940)에 따르면 "퀘이커들의 학교는 많은 모순되고 변화무쌍한 기준들을 가지고 있거나 아예 기준 자체가 부재한 세속 사회에 대해 준비시키는 기관이 아니라 친우회라는 특별한 공동체에 어느 정도 구체화되어 있는 구별된 삶의 방식을 위한 기관이었다. 이러한 삶의 방식은 퀘이커 교육의 목표였다"(22). 설립 초창기 이후로 이러한 친우회 학교들의 교육수준은 초등학교에서 대학으로까지 발전했으며 수적으로도 영국과 미국, 전 세계에 걸쳐 성장했다.

퀘이커교가 미국에서 뿌리를 내려감에 따라 그들의 공교육도 점차 자리를 잡아갔다. 이들의 성장은 크게 세 단계로 나눌 수 있는데 오늘날에도 일부 그 자취가 남아 있다. 17-18세기에는 많은 지역사회에 기초수준의 교육과 퀘이커 삶의 방식을 제공하는 초등학교들이 발전하였다. 이러한 초등학교

들은 공립학교가 생겨남에 따라 점차 그 수가 줄어들었다. 다음으로는 초등학교들을 여전히 보유하고 있지만 고등교육을 제공하고 있는 공동교육형의 기숙학교인 아카데미로 성장하였다. 이들 대부분 역시 공립학교가 그들을 대신하게 됨에 따라 문을 닫았다. 19세기 후반에 이르러서 대학들이 생겨났는데 주로 식민지시대에 사제들의 교육을 위해 시작되었다. 이들 대학들은 강력한 종교교육을 유지했던 기숙학교들이었다. 이들 초기 대학들 중 일부는 오늘날 명망 있는 고등교육 기관으로 성장했는데 조지 폭스 대학, 위티어 대학, 존스 홉킨스 대학, 코넬 대학, 브라운 대학 등이 이에 속한다.

친우회가 기독교교육에 공헌한 것들 중에는 미국 초등학교의 토대를 설립한 점, 남북전쟁 이후 노예들에 대한 교육을 제공한 점, 미국내 인디언들을 위한 교육적 기초를 놓은 점 그리고 영국과 미국 모두에서 주일학교운동의 확산을 주도한 점 등이 포함된다.

EITH R. KING

참고문헌 | H. H. Brinton(1940), *Quaker Education: In Theory and Practice*.

퀸틸리안(Quintilian, B. C. 35-B. C. 99).
스페인의 수사학자이다. 칼라구리스(Calagurris)에서 태어났으며, 초등교육을 마친 후 로마에서 수사학에 대한 연구를 시작했다. 유명한 수사학자이자 법정 변호사인 도미티우스 아페르(Domitius Afer)와 저명한 문법학자인 레미우스 팔레몬(Remmius Palaemon) 밑에서 수학했다. 로마에 있는 동안 그는 당시 권력과 영향력의 절정에 있던 세네카에게서도 배웠다. 도미티우스 사후 퀸틸리안은 스페인으로 돌아갔다.

위대한 교사가 몇 안 되던 시절 퀸틸리안은 전 세계에서 가장 뛰어난 교사이자 저술가 중 하나였다. 그가 쓴 『웅변학 강요』(*Institutes of Oratory*)는 훌륭한 웅변가를 개발하기 위한 고대 로마의 교육적 이상을 밝혀주었다. 퀸틸리안은 도덕성이 수사학적 기술과 아울러져야 함을 강조하였다.

68년 황제 갈바(Galba)는 퀸틸리안을 로마로 다시 불러들였다. 그의 후계자 베스파시안(Vespasian)은 퀸틸리안을 헬라 및 로마 수사학 교수로 임명하였다. 그는 티투스(Titus)와 도미티안(Domitian) 치하에서도 계속하여 그 직위를 유지하였다. 부유한 상류층 제자들에게서 받은 선물들로 퀸틸리안은 부유하고 유명해졌다. 그의 제자 중 하나는 플리니(Pliny the Younger)였다.

중년에 이르러 퀸틸리안은 젊은 여성과 결혼하였으며 두 아들을 두었으나 부인과 아들들 모두가 일찍 죽는 슬픔을 겪어야 했다. 약 90년경 그는 교수직에서 은퇴하였다. 이후 퀸틸리안은 황제 도미티안의 조카의 아들들을 가르치도록 임명되었다. 그들의 아버지인 플라비우스 클레멘스는 퀸틸리안이 집정관의 특권을 누리도록 도왔다. 그는 1세기 말 무렵에 사망하였다.

퀸틸리안의 교육 목표는 학생들이 최고의 수사 기술을 발전시키고 그에 부합된 품성을 갖추도록 돕는 것이었다. 『웅변학 강요』에서 그는 키케로의 유효성을 기술하면서 세네카가 발군의 웅변기술을 갖췄으나 도덕적 품성을 결여한 본보기로 들고 있다. 이 책의 12장에서는 로마의 전교육 단계에 있는 학생들의 특징이어야 할 도덕적 성실성의 자질을 자세하게 다루고 있다. 그는 학생들 간의 개인적 차이들을 알고 이용하는 것의 중요성을 강조했다. 또한 그는 전체 징계를 반대하였으며 학생들에 대한 고려와 동기유발을 위한 보상 등을 권장했다.

EDWARD BUCHANAN

참고문헌 | H. E. Butler, *The Institution Oratoria of Quintilian*, 4 vols.

참조 | 개인차(INDIVIDUAL DIFFERENCES); 로마가톨릭 교육(ROMAN CATHOLIC EDUCATION)

키에르케고르(Kierkegaard, SØren, 1813-1855).
키에르케고르는 덴마크의 코펜하겐에서 네 아들 중 막내로 태어났다. 그에게는 세 명의 자매도 있었다. 아버지인 미카엘 패더르센 키에르케고르(Michael Pedersen Kierkegaard)의 영향을 받으면서 자랐다. 미카엘은 젊어서 그 자신의 역경과 가난한 삶을 인해 하나님을 저주하곤 하였다. 그는 용서받지 못할 죄를 스스로 지었다고 확신했다. 자신의 죄악에 대한 응보는 22살 때 죄렌(Søren)의 어머니와 그의 다섯 형제들이 죽는 사건으로 나타났다.

키에르케고르(Kierkegaard)는 우울증과 허약한 몸을 지녔지만 1830년에 코펜하겐 대학에 입학해 신학을 공부하게 되었다. 키에르케고르의 소명은 사람들이 그리스도인이 되도록 돕는 일이었다. 그는 오직 그리스도만이 삶의 표본이 되어야 한다고 믿었다. 그는 자신이 가르침의 초점에 놓이길 원치 않았으므로 간접적인 소통 수단을 사용하였다. 이를 위해 실제적 인물들을 이용한 이야기나 소설을 사용하기도 하였다. 그의 중심 주제는 배워야 할 교리로서가 아닌 삶으로서의 기독교 신앙이었다.

키에르케고르에게 모본이 된 한 위대한 인물로는 구약의 족장 아브라함을 들 수 있다. 아브라함은 독자인 이삭을 하나님께 기꺼이 바치려했다. 이는 비합리적인 "믿음의 도약"을 나타낸다. 키에르케고르에게 믿음의 도약은 결혼을 하지 않는 것이었다.

키에르케고르는 덴마크 국가교회가 세상의 문화로부터 많은 것을 얻되 진정한 성경적 기독교 신앙을 잃는 것을 신랄하게 비판했다. 그는 더 이상 덴마크가 기독교 국가가 아니며, 그리스도인이 되는 것이 단지 좋은 사람으로서 사회 규칙을 준수하는 것으로 의미한다고 잘못 생각하는 덴마크 인들을 비판했다. 진정한 그리스도인이 되는 것은 하나님 존전에서 그리스도를 따르는 것을 추구하는 것이다.

제도적 교회를 비판함과 아울러 키에르케고르는 헤겔(Hegel)의 이상주의 또한 비판하였다. 헤겔의 이상주의는 합리주의의 선도자였다. 키에르케고르는 인간 경험과 합리주의가 영적 문제에서 최종적 권위가 될 수 없다고 하였다. 인간 본성을 근본적으로 선하고 스스로 하나님을 찾아 알 수 있는 것으로 여기는 것은 이교도의 관점이기 때문이었다. 이는 계시를 통하지 않고선 진리와 하나님을 아는 능력이 없는 죄인으로서의 인간을 생각하는 기독교적 관점과 상반된다. 이 계시는 하나님이 예수 그리스도를 통해 인간으로 나타나신 것에서 정점을 이룬다.

키에르케고르는 종종 실존주의의 아버지로 불리기도 한다. 만약 그렇다고 하더라도 이는 부차적인 것이다. 그는 복음이 합리적 증명을 필요로 한다는 의견을 전적으로 부정했다. 그에게 그것들은 그리스도를 믿는 믿음이 교리나 사고체계에 해당한다는 의미의 인상을 주었다. 이것은 사람들이 예수 그리스도를 단순하게 믿는 것을 방해한다. 그는 기독교 신앙의 본보기로 여겨지는 것을 피하기 위해 시의 공무원으로 일했다.

키에르케고르가 생각했던 기독교와 당시대의 문화가 결합될 수 있다는 인식은 당대의 복음주의에 기여했다. 오늘날 미국정신이라 함은 종종 기독교 신앙에 대한 헌신을 의미한다. 키에르케고르는 기독교를 좌우하는 힘으로서의 문화를 반대하고 기독교가 문화에 영향력을 미쳐야 한다고 믿었다.

EUGENE S. GIBBS

참고문헌 | S. Kierkegaard(1957), *Attack upon Christendom*; idem(1946), *Works of Love*.

Evangelical Dictionary *of*
Christian Education

EVANGELICAL DICTIONARY of CHRISTIAN EDUCATION

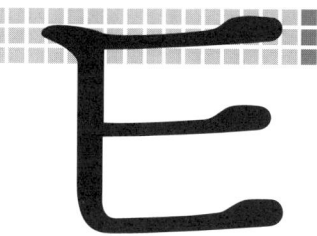

타율적 도덕성(Heteronomous Morality). 타율(他律)의 도덕은 광범위하며 세밀한 정의를 지니고 있다. 광범위하게 볼 때 타율의 도덕은 사회에서 다양한 조직의 수용적인 윤리 행동을 말한다. 이것은 가끔, 사회도덕으로 언급되기도 한다. 사회도덕은 사회에서 도덕과 비도덕적 행동을 확인하는 동시대의 사회적 주제를 말한다. 21세기 북미에서 이러한 주제들은 몇몇 사람들에 의해 규정된 전쟁에 대한 윤리적 저항, 안락사, 형법개정, 복지, 학교에서의 기도, 유전적 복제, 동성애, 대리 출산 등이 있다. 스토트(John R. Stott, 1975)는 이러한 도덕적 토론의 수준을 "거시적인 윤리"라고 묘사했다.

이러한 범위의 정의와 밀접하게 연관된 것이 개인의 도덕성이다. 이것도 개개인을 위한 도덕적, 비도덕적 행동을 정의하며, 범주화하였다. 이것이 소규모의 윤리로 묘사되며, 개인의 도덕성은 그러한 주제 속의 개인에 수용적 윤리행동을 거짓말, 도둑질, 속임수, 살인으로 설명하였다. 도덕적 발달에서 장 피아제(1932)를 시작으로 연구가들은 개인의 도덕적 원인은 타율성과 자율로 정의되는 두 개의 중요한 발달과정을 포함한다고 제안하였다. 그러므로 세밀한 정의에서 타율적 도덕성과 타율성은 동의적 용어라고 말할 수 있다. 이 정의에서 타율적 도덕성은 도덕적 구조가 아동에게 법률 체계를 이해시키기 위해 필요함을 포함한다. 피아제(1932)에 의하면 8세까지 자율에 대한 전환이 시작된다고 한다. 자율적 도덕은 가설적 규칙에 대한 단순한 객관적 집착보다는 능력, 책임, 상호이해, 개인의 동기에 관심이 집중된다.

이러한 점에서 이 용어를 사용할 때, 자율적 도덕성은 사회의 도덕적 기준의 넓은 시각을 제거하며, 피아제의 자율성 발달의 강조는 아동에게 외적으로 부과된 도덕적 기준의 가치를 최소화한다. 이것은 성경에서 하나님께 순종하려고 애쓰는 사람들을 위한 도덕적 기준을 제시하는 것에 반대하는 듯하다. 콜버그의 도덕발달이론은 단계 발달이 개인의 도덕적 사고에서 일어나는 것을 주장하는 반면에 콜버그는 도덕발달이 사회관계의 상황에서 발생한다는 것을 인식한다.

자원(sources)의 다양성은 넓은 의미에서 감각에서 타율적 도덕성을 만드는 데 사용되곤 한다. 종교적 믿음 체계는 타율적 도덕성을 위한 가장 공통적인 자원이다. 세계에서 종교체계의 다양성은 이슬람교, 힌두교, 유교, 물활론이 예가 되는 다양한 문화 안에서 사회적 도덕성에 영향을 미친다. 타율적 세계에서 도덕성의 구조에 기여하는 또 다른 자원은 (1) 공화국과 같은 선출된 대표에 의해 혹은 민주주의에서 시민에 의해 만들어진 결정, (2) 폭력에 의해 강화되며 믿음 체계와 개인에게 집중되는 정치적 힘, (3) 문화적 전통, (4) 인지적 불균형을 포함한 도덕적 원인에 대한 도전을 포함한다.

기독교의 세계관은 다음과 같이 제시된다. (1) 하나님은 거룩한 성경을 통해 남자와 여자에게 그것을 보여주며, 수용할 수 있는 윤리적 행동을 위한 기준을 제시한다. (2) 성경은 개인 혹은 유대-기독교 사회가 인정하는 행동을 위한 신적 윤리적 기준을 제공하는 토대가 된다. 예수님께서 사회에 대해 어떤 가치를 두셨는지는 산상수훈(마 5:1-7:29)에서 간략히 살펴볼 수 있다.

사회가 유대-기독교의 도덕적 구조와 같은 도덕성을 위한 하나님의 원칙을 인식할 때 혹은 이질적인 그룹이 도덕적 지배를 위한 원칙을 세우려고 애쓸 때 도덕률을 강화하는 기관의 권위와 역할에 관련된 주제뿐 아니라 도덕적 자원의 신빙성과 권위에 관한 주제가 세워져야만 한다. 사회 내에서 이러한 기관들은 (1) 가족 단위, (2) 교회 종교그룹, (3) 정부의 모든 수준, (4) 도덕적 가치를 배울 수 있는 교육적 체계이다.

사회 도덕성과 윤리학에 대한 연구는 도덕발달이론과 신앙발달이론을 포함하여 도덕적 원인의 발달 단계이론과 함께 연결된 광범위한 조사뿐 아니라 개인적 도덕성에 대한 세부적 연구를 포함해야 한다.

PATRICK A. BLEWETT

참고문헌 | B. Clouse(1993), *Teaching for Moral Growth*; J. W. Fowler(1981), *Stages of Faith*; K. O. Gangel and J. C. Wilhoit(1994), *The Christian Educator's Handbook on Spiritual Formation*; L. Kohlberg(1963), *Child Psychology: 62nd Yearbook of the National Society for the Study of Education*; J. Piaget(1932), *The Moral Judgment of a Child*; J. R. Stott(1975), *Balanced Christianity*.

탁아보호(Day Care). 어린 아동들을 주간에 돌보아 주는 일에 대해서는 아직도 논의 중이며 감정적으로 얽힌 부분이 있다. 주간에 어린이를 돌보아 주는 일은 주당 한 시간에서 전임(30시간 이상)까지 있고, 장소도 가정집에서부터 전문센터 등 다양하다. 일부 연구가들은 생후 1년 된 아기들을 주중 20시간 이상 어린이 탁아소에 맡기게 되면 아기와 엄마 사이의 유대감에 문제가 생기고, 안정성이나 정서 및 사회성 발육을 저해할 수 있다는 보고를 했다. 그러나 또 다른 연구들은 탁아소 보모들이 돌보는 아이들과 가정에서 자라는 아이들의 정서 상태의 차이점은 "무시해도 좋을 만한 차이"라고 보고했다.

한 연구보고에 의하면, 양질의 프로그램은 어린이의 높은 사회성과 고도의 언어발달, 놀이의 능력, 스스로의 행동을 조절하는 능력, 어른들과 잘 협력하는 능력 그리고 초등학교에서 행동상의 문제를 거의 일으키지 않는 것 등과 밀접한 관계가 있다고 한다.

탁아소의 자질을 살펴보는 일은 매우 중요하다. 프로그램이 잘 되어 있는 탁아소는 어른 대 아기의 비율이 낮고, 이직률이 낮은 잘 훈련된 직원들이 있고, 연령에 적합한 활동들과 잘 돌보아주는 민감한 보모들이 있다. 보모의 자질이 인지 및 정서적 복리 상태를 잘 말해준다.

탁아소들은 정부의 관리 하에 있어야 한다. 가정집 중심의 탁아소 운영 규칙은 지역에 따라 다르다. 부모들은 자녀들이 어떤 종류의 돌봄을 받게 되는지 알아야 한다. 친구나 친척이 돌보게 되면 청결과 영양 상태, 적절한 감독, 학습기회 제공 등의 문제들이 복잡한 양상을 띨 수도 있다.

반드시 부모들은 시설 등을 돌아보고 보모와 자녀 간의 반응을 관찰해 보아야 한다. 보모들은 경험이 풍부하고 영양과 어린이 발달 및 학습의 특성, 장애여부, 위생법, 응급치료, 어린이 질병 등에 대한 지식이 있어야 한다. 어린이의 이름을 불러주고, 평상시의 목소리로 이야기하고, 갈등이 있을 때에도 목소리를 높이지 않고, 신체적 벌을 주지 않으며 조용하게 해결해 주어야 한다. 탁아소나 가정집은 밝고, 자연 조명과 다양한 색깔을 사용하고 공간이 넓어야 한다.

교회들도 사역의 기회로서 탁아소를 운영한다. 그러나 탁아소 운영을 통해 어떻게 교회의 목표를 증진시킬 수 있는지 심각하게 고려해 보고, 주의 깊은 토론과 계획에 따라 진행해야 한다. 교인들은 탁아소를 교회 사역의 일부로 간주하지만, 탁아소가 독립적으로 운영이 될 수도 있다. 위생절차, 방의 크기, 장비활용 등을 포함하는 정부의 규제들은 탁아소로 쓰이는 방들을 교회의 다른 가르치는 사역 부서에서 활용하는 것을 어렵게 할 수도 있다. 종교 교육이 교육과정의 일부가 되면 부모들은 그 교육의 특성을 잘 살펴보아야 한다.

BARBARA WYMAN

탁아소(Day Care Centers). '학령 전 학교' (preschool: 미국의 유치원 이전의 교육 기관-역주)에서는 보다 구체적인 교육 중심의 탁아를 하는 반면 '탁아보호'(day care)라는 용어는 일반적으로 신체적인 양육을 가리킨다. 그러나 이런 구분이 불분명하고 두 가지 형태 모두 총괄하여 탁아의 개념으로 간주된다. 주간 탁아는 현재 방과 후 학교로도 프로그램을 운영하고 있지만, 일반적으로 유치원 입학 전의 어린이를 돌보아주는 것으로 인식된다.

직업을 가진 어머니들은 현대 생활의 일부로 받아들여진다. 전 세계 일백 여 나라들이 이 사실을 인정하여 모성/부성 정책들을 마련하여 임금지불과 임시 휴직을 해준다. 그러나 미국에서는 고용된 상태로 수입을 잃지 않으면서도 휴직할 수 있는 것과 유사한 정책을 마련해 주지 못하고 있다. 결과적으로, 아기가 태어날 때부터 탁아에 관한 문제는 부모의 주요 관심사가 된다.

과거 어느 때보다도 현재 더 많은 어린이들이 탁아소에 맡겨진다. 약 200만 명의 어린이가 자격증이 있는 정규 탁아소에, 수만 명의 어린이가 자격증이 없는 보모에게 맡겨진다. 이같은 현상으로 대부분의 어린이들이 부모가 아닌 다른 사람의 손에서 시간을 보내고 있다는 사실을 알게 된다.

탁아의 형태는 세 가지로 분류된다. 어린이의 집에서 돌보기, 다른 사람의 집에서 돌보기 그리고 탁아소 등이다. 탁아소는 '탁아보호'라는 말 그대로 어린이를 돌보아주는 형태이다. 이와 같은 센터들은 영리 또는 비영리 기관으로 15명 이하에서부터 300명 이상의 다양한 크기가 있다.

탁아소는 여섯 가지 공통적인 형태가 있다. 사립 탁아소는 영리적으로 운영되고 누구에게나 기회를 준다. 상업용 탁아소들도 역시 영리재단으로 운영되는 사업으로 국가별, 지역별, 지부도 있다. 일례로 킨더케어(KinderCare)는 900개 이상의 지부가 있다. 지역 교회 탁아소는 영리적으로 운영되기도 하지만 종종 지역사회에 또는 교회 식구들을 위한 봉사로 운영한다. 회사 탁아소는 주로 법인단체에서 고용인들을 위한 유익을 위해 설립 운영한다. 공립 탁아소는 정부 보조 아래 운영되므로 이용할 수 있는 사람의 숫자가 제한된다. 공립 탁아소는 주로 수입이 적은 가정의 어린이들을 위해 설립된다. 마지막 형태의 탁아소는 양질의 탁아소 운영을 위해 제안된 연구결과를 기준으로 삼는 연구센터 형태이다. 이와 같은 탁아소는 종종 대학에 속해 있어 연구를 위한 환경을 제공해 주기도 한다.

1. 역사적 배경. 탁아보호 운동의 역사적 기원은 생각보다 훨씬 이르다. 1816년 스코틀랜드의 면직공장 공장장 오웬(Robert Owen)이 공장으로 일하러 오기 위해 부모가 집을 떠나면 홀로 남아 있는 어린이들을 고려하여 뉴 라나크 학교(New Lanark School)를 열었다. 유사한 기관들을 보육학교(nursery)라고 불렀는데, 미국에서는 1815년과 1860년 사이에 주간 보육학교들이 설립되었다. 1838년에 해일 여사(Mrs. Joseph Hale)는 보스턴에서 어부들의 자녀를 위한 최초의 주간 보육학교를 열었다.

1930년대 초반에 대학들이 연구를 위한 목적으로 보육학교들을 개발시켰다. 이 학교들은 주로 중산층 또는 고위층 집안의 자녀들로 구성되었다. 대공황 시절에 실직한 교사들과 간호원들에게 직업을 마련해 주기 위해 개발했던 노동 프로젝트 관리국(Work Project Administration)에서 주로 노동자의 자녀들을 돌보았다.

제2차 세계대전 동안 노동자 부모들의 필요에 의해 랜햄 법령(Lanham Act: 미국의 상표 등록에 관한 법. 2000년에 개정되었다-역주)은 공장에서 일하는 어머니들을 위해 연방 기금을 제공, 탁아소들을 개발하도록 했다. 카이저 조선소의 노동자들의 자녀들을 위해 설립한 카이저 어린이 봉사 센터(Kaiser Child Service Centers)가 아마도 가장 훌륭한 예가 될 것이다. 조선소 입구에 위치하고 1년, 365일, 하루 24시간 동안 운영되는 카이저 센터들은 현대 직장 중심의 탁아소 모델로서 종종 인용된다. 전쟁 이후 가정 밖에서의 여성 노동을 제어함에 따라 탁아소의 관심도 축소되었다. 조선소와 공장에서 여성들을 고용하지 않게 되자 많은 탁아소들이 문을 닫았다.

이와 같은 사실은 1970년대에 많은 수의 여성들이 다시 직장을 갖기 시작했을 때 변화되었다. 현재 미취학 자녀를 가진 어머니들의 61%와 초등학생 자녀를 둔 어머니들의 75%가 가정 이외에서 일하고 있다(Goodman, 1997). 한 살 미만의 자녀를 가진 어머니들의 반 이상이 직업을 가지고 있다. 사실, 가장 큰 범주를 차지하는 그룹은 3살 미만의 자녀를 둔 직업여성들이다(Zigler, 1991). 직장 여성의 숫자가 증가하면서 탁아소의 숫자도 증가되어야 할 필요가 있다. 미국에서 5살 미만 어린이의 2/3가 오늘날 어떤 형태이든 탁아소에 맡겨진다(Kaplan, 1998).

2. 발달 상의 결과들. 가장 중요한 것은 탁아소의 장기간 발달 결과이다. 그러나 연구의 부족과 결과의 불연속성 때문에 제한적인 결론만을 내려왔다. 이 분야의 권위자들은 잠정적인 결론만을 제공하므로 보다 많은 연구로 다른 전망들을 제시해 주어야 한다.

연구결과들을 요약하면 일반적으로 수용되는 몇 가지 결론들을 제안해 준다.

1) 가장 중요한 요인은 탁아소의 질적 문제이다. 부정적인 결과들은 열등한 탁아 때문이다. 이 사실은 특히 한 살 또는 그 미만의 신생아들을 전임으로 돌보는 일과 관련되어 있다(Santrock, 1997). 탁아보호를 잘하면 긍정적인 결과들을 낳는다. 최근의 연방정부 연구는 양질의 탁아소에서 자라는 어린이들과 가정에서 자라는 어린이들 사이에 큰 차이가 없다고 발표했다(Kaplan, 1998). 양질의 탁아소에 맡겨진 어린이가 탁아소 생활 때문에 위험에 처했다는 증거는 없다.

2) 혜택을 받지 못하는 어린이들에게 탁아소의 영향은 가장 긍정적이다. 이 어린이들의 탁아소 생활의 결과로 키와 몸무게가 급격히 성장하고 동작 기술이 발달된다.

3) 탁아소에서 자라는 어린이들의 사회성은 증가하지만 그들은 더 공격적인 편이다.

4) 탁아소 생활의 효과는 어린이가 속한 통전적 환경과 어린이의 성격에 달려 있다(Clarke-Stewart, 1993).

3. 탁아보호의 질적 양상. 탁아보호 프로그램의 질을 높이는 요소들은 무엇인가? (미국)전국 어린이교육협회(the National Association for the Education of Young Children, NAEYC)는 양질의 탁아보호를 위해 권위 있는 조언을 해주었다(1986). 아래에 그것을 요약한다.

1) 성인 보모. 전국탁아보호연구(National Day Care Study)가 1970년대 중반 연방 정부에 의해 시작되었고, 질적 양상의 가장 중요한 요소는 교사-보모 대상의 지속적인 훈련이라는 결론을 내렸다. 일반적으로 최고의 탁아소들은 탁아보호에 전문적인 교사들을 고용하지만 이런 전문인들은 모든 탁아소 고용인 중 오직 25%밖에 되지 않는다(Galinsky, 1998). 어린이와 보모의 수적 비율이 잘 맞아야 개인의 필요가 잘 채워진다. (미국)전국어린이교육협회(NAEYC)는 신생아를 위해서는 4 대 1, 2-3세 어린이들은 8 대 1 그리고 4-5세 어린이를 위해서는 10 대 1이 적당하다고 조언한다.

2) 프로그램 활동들과 시설. 환경과 시설을 통해 어린이들이 함께 어울려 노는 것을 발달시켜야 한다. 활동들은 어린이의 관심과 필요에 맞게 조직되

어야 한다. 훈련된 직원들이 연령에 적절한 발달단계를 잘 알고 있어서 활동들은 발달론적으로 적합해야 한다. 나이 어린 아동들의 언어 기술을 발달시키고 세계를 이해할 수 있도록 도와야 한다.

3) 부모와 지역사회와의 관계성. 프로그램이 잘된 탁아소는 전체 가족의 필요를 고려하고 부모들이 적극적으로 탁아소 운영에 관여하도록 격려한다. 탁아소는 지역사회의 자원을 알아서 가족들에게 그 정보들을 알려준다.

4) 관계된 모든 이의 요구들을 만족시키는 능력. 모든 이들 - 어린이, 직원, 부모들 - 의 건강과 안전이 주요 관심사가 되어야 한다. 적절한 공간을 마련해 주기 위해 (미국)국립어린이교육협회(NAEYC)는 한 어린이 당 35제곱 피트의 실내 공간과 75제곱 피트의 실외 놀이 공간을 주어야 한다고 명시하고 있다.

LILLIAN J. BRECKENRIDGE

참고문헌 | National Academy of Early Childhood Programs(1984), *Accreditation Criteria and Procedures*; S. Bredekamp and T. Rosegrant, eds.(1992), *Reaching Potentials: Appropriate Curriculum and Assessment for Young Children*, vol. I; Dorthy M. Steele et al., eds.(1992), *Congregations and Child Care*; A. Clarke-Stewart(1993), *Daycare*; B. Couch(1990), *Church Weekday Early Education Administrative Guide*; M. Freeman(1991), *Partners in Family Child Care, Opportunities for Outreach: A Guide for Religious Congregations*; E. Galinsky and J. David(1988), *The Preschool Years: Family Strategies That Work from Experts and Parents*; E. Goodman(1997, April 11), *Dallas Morning News*, P. A31; M. Kaplan(1998, March 20), *Tulsa World*, A19; J. Santrock(1997), *Life-Span Development*; idem (1987), *Helping Churches Mind the Children: A Guide for Church-Housed Child Care Programs*; idem(1986), *How to Choose a Good Early Childhood Program*; D. Townsend-Butter-worth(1992), *Your Child's First School*; E. Zigler and M. Lang(1991), *Child Care Choices: Balancing the Needs of Children, Family, and Society.*

탁월함(Excellence). 다른 사람들을 능가하거나 더 잘 하는 것이다. 기독교교육과 탁월함에는 두 가지 중요한 관련이 있다.

첫째, 모든 의식 있는 교육자들의 목표는 학생들이 탁월한 기독교적 성품을 갖도록 하는 일이다. 가르침과 지도, 훈계와 다른 모든 기독교교육의 과제들이 그리스도를 닮는 삶이라는 목표를 향해 진행된다.

둘째, 의식 있는 기독교교육자는 그 자신의 교육사역이 탁월한 것이 되도록 노력한다. 자신의 탁월성을 자랑하기 위한 것이 목표가 될 수는 없고, 탁월한 사역을 통해 주님을 위한 효과적인 섬김의 수단이 된다. 성경은 그리스도인들이 무엇을 하든 주님의 영광을 위해 하라고 가르친다. 또한 하나님께서는 당신의 종들의 훌륭한 섬김을 기뻐하신다고 가르친다(눅 19:11-27).

KEN GARLAND

참조 | 완전품질경영(TOTAL QUALITY MANAGEMENT)

탈중심성(Decentration). 어릴 때부터 우리는 우리가 하는 일에 집중하여 그 일에 대가가 되라는 말을 들어왔다. 그러나 고등단계의 학습에서는 동일한 상황을 다각적으로 보는 능력을 개발시킨다. 얀트(William Yount: 미국의 기독교교육학자, 사우스웨스턴 침례신학대학원 교수-역주)는 그의 책, 『창조적 학습』(*Created to Learn*)에서 탈중심성은 상황을 동시에 여러 가지 양상으로 보는 능력이라고 정의한다. "터널 시야"(tunnel vision)로 한 가지에 집중하는 능력을 강조하는 사회에서는 탈중심성이란 큰 도전이 되는 개념이다.

예수께서 사마리아 여인을 만나신 사건을 예로

들어보자(요 4:1-26). 그 여인은 물을 얻기 위해 우물에 왔다. 예수께서 그 여인에게 물 한 잔을 부탁하시면서 그분은 여인이 이해하던 단순한 갈증과 해소보다 더 깊은 개념으로 그것을 보기 시작하셨다. 대화를 하면서 여인은 육체적인 갈증 해소에 집중하지만 예수는 그녀의 영적 갈증과 필요까지 그 범위를 넓히셨다. 예수께서 여인에게 갈증을 해소해 줄 (영적으로) 살아 있는 물에 대해 말씀하실 때(13-14절) 여인은(15절) 그분이 단순히 육신의 갈증을 말씀하지 않는다는 사실을 이해할 수 없었다.

피아제는 어린이가 자기중심성을 벗어나기 시작하고 다양한 상황의 큰 그림을 보기 시작하면서 도덕성 발달이 촉진된다는 신념을 언급했다. 그는 탈중심성이 인간 행동의 변화를 위한 동기를 부여한다고 확신했다.

탈중심성이 동일한 상황을 동시에 다양한 관점으로 볼 수 있는 능력이라면, 몇 살이 되어야 이와 같은 방식으로 사고할 수 있을까? 발달이론에 관한 이 문제가 수년 동안 논쟁의 본질이 되어왔다. 피아제에 의하면 탈중심성과 가역성(reversibility)은 어린이가 6-7세가 되면 발달이 된다고 하며 다른 이론가들은 더 늦은 발달 단계에 탈중심성이 일어난다고 주장한다.

ROBERT J. WHITTET

참고문헌 | R. F. Kitchner(1986), *Piaget's Theory of Knowledge*; W. M. Kurtines and J. L. Gewritz (1995), *Moral Development: An Introduction*; W. R. Yount(1996), *Created to Learn*

태도의 법칙(Law of Set or Attitude).
각 학습자가 학습 상황으로 가져오는 개개인의 학습 차이점들에 대한 손다이크의 견해이다. 그는 이 법칙을 다음과 같이 진술한다.

이것은 모든 외적인 상황에 대한 반응은 그 상황의 특성에 따라 결정될 뿐만 아니라 학습자의 조건에 따라 결정된다는 일반적인 행동 법칙이다. 더욱이 이 법칙은, 만일 학습자가 지니고 있는 어떤 조건들이 그 상황의 일부분으로 여겨진다면 그것에 대한 반응은 그 학습자가 지니고 있는 나머지 조건들에 따라 결정된다는 일반적인 행동 법칙이다. 따라서 이 법칙은 어떤 동인(agent)에 따라 행동함으로써 한 개인 안에서 이루어지는 변화는 그 행위자가 행위를 하고 있을 때의 그 사람의 조건에 따라 결정된다는 일반적인 학습 법칙이다. 그 사람의 조건은 더 영속적, 고정된 태도들과 혹은 더 일시적, 가변적 태도들의 두 극점(極點)에 의해 고려될 것이다(Thorndike, vol. 1〈1913〉, 24).

영속적 태도들은 문화, 유전적 특성들 그리고 신체적 한계들을 포함한다. 일시적 태도들은 피로, 정서 상태, 상실 그리고 만족을 포함한다. 그러므로 학습 상황이 진행될 때 학습자(organism)의 배경과 그의 현재의 물리적 조건에 따라 결정되는 기질, 또는 선적응(preadjustment)이라 불리기도 하는 태도가 학습 상황에 대한 만족 또는 불만족과 성공, 또는 낙담여부를 결정할 것이다.

CHARLES H. NICHOLS

참고문헌 | E. Thorndike(1913), *Educational Psychology*: vol. 1, *The Psychology of Learning*.

태아기 알코올증후군(Fetal Alcohol Syndrome).
태아기 알코올 증후군(FAS)은 태아기의 알코올 노출로 인한 영구적인 뇌의 손상과 관련된 출생 상의 결함이다. 태아기 알코올 증후군을 진단할 때 네 가지 기준이 있다. 그것은 태아기의 알코올 노출, 태아기 또는 출생 후 성장 결핍, 특정한 방식의 얼굴 특징(이러한 증상은 사춘기 중이나 이후에 주로 드러난다) 그리고 중추신경계의 손상인데 이것은 행동 장애로 증명되고 학습장애, 정신지체, 혹은 다른 정신적 결손과 관련되어 있다. 또한 태아기 알코올 증후군은 무수히 많은 신체적 결손의 원인이 될 수 있다. 태아기 알코올 영향 (Fetal Alcohol Effect, FAE)은 FAS와 동일하지만 표면적인 특징이나 성장결핍을 수반하지 않는 장애를 지칭하는 용어이다. 태아기 알코올 영향 (FAE)은 때때로 더욱 파괴적인 것으로 여겨진다. 그 이유는 이들 환자가 신체적으로 장애가 드러나지 않음에도 그들의 행동이 학교나 사회에서 그리고 심지어 법적으로 문제를 일으키게 하기 때문이다.

많은 사람들이 태아기 알코올 증후군 혹은 태아기 알코올 영향이 있는 사람들을 정신지체로 생각하지만, 조사에 의하면 태아기 알코올증후군이 있는 사람의 75%, 태아기 알코올 영향이 있는 사람의 90%가 정상적인 지능지수(IQ)인 것으로 밝혀졌다 (Streissguth, 1997, 103). 이는 처음에는 FAS/E에게 이로운 것으로 여겨졌지만, 그들이 정상적인 지능지수를 가졌다는 사실 때문에, 배운 지식을 사용해 올바른 판단을 내릴 수 있는 지혜는 없다는 것과 도움이 필요하다는 사실이 잊혀졌다. 그들의 행동은 절대 예측할 수 없다.

만약 진단되지 않았다면 태아기 알코올 증후군 또는 태아기 알코올 영향의 증후군을 가진 사람들은 장애를 가진 사람으로 이해되는 대신 반항적이고 비협조적이며 게으르고 멍청하고 이기적인 사람으로 오해를 받는다. 태아기 알코올 증후군이나 태아기 알코올 영향과 관련된 전형적인 행동들은 원인과 결과가 서로 연결되지 않고 경험으로부터 배우기 어렵다. 양심의 가책이 결핍되어 있어 정말로 순수함이 있는 반면, 받아들여질 수 없는 불법적인 동일한 상황들에 반복적으로 연루된다. 이러한 개개인들은 동료들이 주는 영향에 극도로 쉽게 상처를 받고, 쉽게 희생이 된다. 그러나 그들은 또한 속임수를 매우 잘 쓰며 정서적으로 변덕스러울 수 있다. 전형적으로 그들이 매력적이긴 하나 다른 사람들이 그들과 함께 살고, 함께 일하는 것을 좌절시킨다. 몇몇 가정들은 알코올 증후군이나 태아기 알코올 영향을 갖고 있는 자기들의 아이들이 주일학교나 교회의 청년 모임에서 쫓겨났다고 보고했다. 가정들은 이들 아이들을 기르기 위해 몹시 애쓰지만 그들의 지속적인 사랑과 훈련이 왜 효과가 없는지 모른다. 이들 부모 중 다수가 그들 자녀들의 만족할 줄 모르는 욕구를 충족시킬 만한 충분한 시간과 사랑과 관심은 절대로 없다고 느낀다(Waller, 1998, 35-37).

많은 의사들이 여러 가지 이유로 아기 알코올 증후군이나 태아기 알코올 영향 진단하기를 주저한다. 태아기 알코올 증후군이나 태아기 알코올 영향을 갖고 있는 많은 수의 아이들이 주의력 결핍이나 과잉행동 장애로 잘못 진단된다(ADHD 혹은 ADD). 이것은 태아기 알코올 증후군이나 태아기 알코올 영향과 함께 존재할 수 있지만 기본적인 징후나 결핍은 태아기 알코올 증후군이나 태아기 알코올 영향이 배제되거나 확인될 때까지는 해결될 수 없다. 만약 장애가 진단되지 않은 채로 남아 있다면 그들이 안전해지고 자신들의 잠재력에 도달하기에 필요한 치료를 받는 것이 매우 어렵다.

미국과 전 세계에 걸쳐 태아기 알코올 증후군과 태아기 알코올 영향에 대한 관심이 증가하고 있다. 태아기 알코올 증후군과 태아기 알코올 영향을 진단하는 더 좋은 방법이 발견될 것이다. 이러한 장애를 가진 사람들을 더 효과적으로 치료할 수 있는 방법들이 미래에 개발될 것이다.

GARY WALLER AND ANN WALLER

참고문헌 | D. Davis(1994), *Reaching Out to Children with FAS*; A. Streissguth(1997), *Fetal Alcohol Syndrome*; A Streissguth and J. Kanter, eds.(1997), *The Challenge of Fetal Alcohol Syndrome*; A. Waller(1998), *Preacher's magazine* vol. 73, pp. 35-37; A. Waller and J. Devries, eds.(1999), *The Best of FAS Times*.

참조 | 알코올 중독(ALCOHOLISM)

텔레비전과 교육(Television and Teaching). 산업화된 현대 시대는 텔레비전 시청이라는 지속적인 식품에 익숙해지게 되었다. 예를 들면, 미국에서는 2살에서 6살 이전의 미취학 아동들이 평균 하루에 4시간 이상 일주일에 7일 모두 텔레비전 프로그램을 보고 있다. 닐센(Nielsen) 연구는 텔레비전이 전형적인 미국인 가정에서 하루에 거의 8시간씩 시청되고 있다는 것을 보여주고 있다. 텔레비전이 없는 미국 가정은 전체의 약 2%도 되지 않는다. 건전한 대다수의 가정은 적어도 2대 이상을 가지고 있다.

이러한 현상은 일반적으로는 오늘날 사회의 도덕적 그리고 지적 발달과 함께 특별히 교회에 분명한 영향을 미치고 있다. 오늘날 텔레비전 뉴스나 다른 프로그램을(그것이 연령에 적절하든 그렇지 않든) 통해 가정에 있는 텔레비전 화면을 거쳐 실제의 삶에 다가오는 도덕적 딜레마는 대부분 가정들에서 실제적인 문제이다. 지적으로 텔레비전 시청은 지식을 유포하기 위한 놀랄 만한 능력들을 가지고 있다. 그러나 그것은 또한 집중력 기간, 논리적, 연속적 사고 그리고 창조성, 상상력, 문제 해결 능력, 의사소통 그리고 사회적 기술들을 억제할 수도 있음을 보여주었다. 이런 이유로 인해서 심리학자이며 저술가이며 신문 기고가인 로즈몬드(John Rosemond) 같은 전문가들은 취학이전 아동들에게는 텔레비전시청을 전혀 하지 말 것이며, 그 후에도 제한된 텔레비전 시청만을 할 것을 제안한다.

정서적으로 현대 텔레비전 시청의 가장 주목할 만한 영향들 중의 하나는 음악과 강렬한 메시지를 혼합하여 시청자들을 정서적으로 감동시킬 수 있는 능력이다. 방송에 대한 이런 반응은 느낌들이 하나님께로부터 주어진 은사를 구성함에 따라 커다란 영향력으로 사용될 수 있다. 그러나 많은 비평가들이 제안하듯 과도한 사용으로 인해 텔레비전 시청이 이성을 감소시키고 의지를 제한할 때에는 비평적으로 검토되어야만 한다.

그러나 적절하게 적용되기만 한다면 텔레비전은 충실하고 적극적인 교육 충격을 줄 수 있다. "대체 경험"이라는 용어는 시공간상 근접이 불가능할 수밖에 없는 역사적이고 현대적인 상황들을 대면하도록 하는 경험들에 적용되어 왔다. 최근 기독교 비디오 자료들은 질과 다양함에서 진보를 이루었다. 그 결과 성경 만화, 기독교 드라마, 잘 알려진 강사들, 뮤지컬, 콘서트 등과 같은 것들은 크고 작은, 혹은 덜 알려졌거나 잘 알려진 것을 청중들 모두에게 노출시켰다. 이런 것들은 분명히 좋은 경향들이다.

기독교교육자들은 특별히 현재 텔레비전 시청에 사용되고 있는 시간을 고려하면서, 어떻게 교회 회원들로 하여금 가정에서 텔레비전의 적절한 사용에 대해 훈련시킬 것인지를 고민해야 한다. 한편으로는 교회로 하여금 학습에 대하여 흥미로운 기회들을 제공하는 시청각 자료들의 책임감 있는 사용을 통해 청중들과 교실 수업들을 이끌 수 있는 방법들을 찾아야 할 필요가 있다.

MATT FRIEDEMAN

토라(Torah). 히브리 단어로 토라는 주로 "법" "가르침" 혹은 "교훈"으로 번역된다. 이 명사의 본질적인 의미는 그것이 부모가 자녀를 가르치는 것이든 혹은 하나님이 이스라엘 백성을 가르치는 것이든 가르침이라는 데에 있다.

토라는 희생법과 같은 구체적인 문제와 관련된 규정을 포함한 가르침을 가리킬 수 있다. 또한 이것은 쉽게 일련의 법 조항들을 의미하기도 한다.

토라 앞에 정관사가 붙으면 주로 모세오경을 지칭한다. 모세오경(the Pentateuch)은 종종 토라로 정의되어지기도 한다. 그러나 토라가 모세오경 안에 있다는 것이 더 정확한 표현일 것이다. 모세오경 안에서조차 토라는 여러 가지의 의미를 지닌다. 출애굽기 18장 20절에서 토라는 공정한 판단이라는 의미로 쓰인다. 레위기 6장 9절에서는 희생제사와 관련한 구체적인 행동을 의미한다. 출애굽기 12장 4절에서는 법적 체계를 의미한다.

모세가 죽은 후 레위 제사장들은 법의 관리자 역

할을 했다. 그들은 사람들에게 법을 가르치고 지키게 했다. 예레미야 2장 8절에서 그들은 법을 다루는 사람들로 불렸다. 제사장들은 사람들의 예배와 희생제사를 도와야만 했다. 제사장들의 주된 의무는 사람들이 하나님과 올바른 관계를 유지하는 방법을 가르치는 데 있었다.

구약시대에 있어 가정은 아이들을 훈련하는 가장 주된 기관이었다. 가족구조의 가부장적인 특성으로 인해 모든 유대인 가정의 아버지는 토라를 알고, 그것을 아이들에게 가르칠 의무를 지녔다. 토라를 가르침으로써 아버지들은 아이들에게 하나님 명령의 중요성을 강조하고 하나님과 올바른 관계를 갖는 데 본이 되었다.

한편으로 토라는 법적 경전을 의미하면서도 더 많은 의미를 나타낸다. 그것은 하나님과 그의 백성들간의 언약관계에 근간을 이루는 삶의 방식을 나타낸다. 토라는 삶의 안내와 교훈을 포함한다. 광범위한 의미로서 토라는 역사와 시 그리고 예언을 통틀어 주어진 신적교훈을 통틀어 의미한다.

예수님의 시대에는 대부분의 유대인이 토라를 단지 따라야 할 일련의 법칙 정도로만 생각했다. 사실상 미쉬나(Mishina)와 탈무드(Talmud)의 형태로 세밀하고 엄격한 법칙들이 토라에 추가되었다. 미쉬나는 토라에 관한 주석 모음집이었다. 탈무드는 엄격한 랍비법의 모음집이었다. 순전히 율법적으로만 받아들여지게 된 토라는 원래 의도하였던 하나님과의 관계를 여는 역동적인 창을 닫아버리게 되었다.

RONNIE J. JOHNSON

참조 | 교육/모세오경의 교육(EDUCATION IN THE PENTATEUCH); 유대교육(JEWISH EDUCATION); 유대교(JUDAISM)

토론(Debate). 두세 사람이 어떤 신념이나 행위의 토대가 되는 제안을 사람들에게 설득하거나 부결시킬 목적으로 경쟁하는 것이다. 학급에서는 토론을 통해 대화 또는 참여를 권장하는 방식으로 학습을 진행할 수 있다. 토론의 대상이 되는 주제에 상반되는 견해를 발표하는 사람도 동일한 양의 시간을 주어 그 의견을 충분히 피력하도록 한다.

형식적 토론의 이슈는 긍정적인 제안으로 계획한다. 그 주제를 지지하는 개인이나 그룹이 먼저 시작하며 이어 반박하는 입장을 간결하게 펼친다. 반대의견을 발표한 후에 찬성하는 측에서 반대의견에 대해 반박한다. 각 편의 지지와 반박은 정해진 시간 안에 맞춘다.

참석자는 미리 준비된 원고를 가지고 온다. 원고를 준비할 때는 상대편의 토론점도 예상하여 준비한다. 교사는 양편에 동등하게 필요한 자료들을 준비해 준다.

비형식적인 토론에서는 교사가 반복되고 불필요한 토론들을 중단시켜 주고 화자들이 궤도를 벗어나지 않도록 중재하여 준다. 주제 넘는 말로 참견하지 않도록 이끌어 주고 토론에 참여하지 않는 학생들이 화자의 생각의 방향을 잘 따라가도록 도와주며 논쟁의 진행에 따라 개요를 설명해 준다.

이처럼 토론을 잘 사용하면 학습을 극대화할 수 있다. 현명한 교사들은 학급 전체에 다음과 같은 질문을 주어 토론에 참여시킨다. 이 토론거리가 설득력 있고 타당성이 있는가? 그 토론 대상이 학문적 연구를 반영하는가? 아니면 개인적 의견인가? 반대의견이 이슈와 직접적인 관련이 있는가? 양측 의견에서 제외된 부분이 있는가? 그 토론이 당신의 생각에 어떤 영향을 주었는가? 만약 당신이 그 논쟁을 다시 시작한다면 어떤 부분을 달리하겠는가? 그 이유는 무엇인가?

TERRY POWELL

참고문헌 | J. Tomsen, S. Albright, N. Braun, and K. Martin(1997), *The Teaching Professor*.

토론(Discussion). 동사 '토론하다'(discuss)는 '흔들어 나누다'(to shake apart)라는 뜻의 라틴어에서 왔다. 두 사람 또는 그 이상의 사람들이 어떤 이슈나 개념에 대해 토론할 때, 정신적으로 그것을 분리시켜 한 조각씩 검토한다. 교육적 상황에서 토

토론

론이란 주제에 대한 이해를 증진시키고, 결론에 도달시키며, 참석자들에게 실천 방안을 마련해 주기 위해 구두로 하는 상호 의견교환이라고 할 수 있다.

성경공부 그룹에서 토론은 시간을 초월한 하나님의 진리를 함께 찾아가고 그것을 참석자들의 삶에 적용하려고 애쓴다. 성경 토론을 성공적으로 진행하기 위해서는 최소한 여섯 가지 구성요소들을 고려해야 한다.

- 대화를 시작하고 인도할 교사 또는 조장자
- 하나 혹 그 이상의 생각을 자극하는 질문
- 구두 변론을 위한 의미 있고 구체적인 목표
- 둘 또는 그 이상의 토론 참여자
- 권위 있는 자원: 하나님 말씀
- 도움이 되는 학습환경

1. 토론의 가치. 르퍼버(Lefever)는 다음과 같은 토론의 유익함을 열거했다(1985). 학생의 흥미를 자극시킨다. 비판적, 분석적 사고력을 증진시킨다. 학습자가 이전에 학습한 내용을 투명하게 조명하여 복습하도록 돕는다. 그룹의 다른 회원들의 통찰과 경험을 통해 배움의 기회를 제공한다. 학습 내용을 실생활에 적용하도록 격려한다. 토론을 통해 교사들도 그들의 학생들의 학생이 될 수 있는 기회를 준다. 학생들이 어떻게 개념을 잘 이해하는지 확인할 수 있고, 주제에 대한 학생들의 태도를 알게 되며, 다른 속도로 조절해야 할지 결정할 수 있다. 학습자들을 토론에 참여시키는 것은 또한 학습내용을 오래 기억하도록 돕는다.

학습자에게 하나님의 말씀에서 답을 찾을 수 있는 질문들을 주고 그 적용을 생각해 보도록 자극하는 것을 통해 학습자의 공부하는 기술을 강화시켜 준다. 또한 토론 방법은 하나님의 자녀들이 개인적인 필요와 상대방의 의견을 교환함으로써 서로 교제를 증진시켜준다. 대화를 통해 교사/조장자들은 피어나는 지도자들을 발굴해낼 수 있다.

2. 토론 준비. 일부 교사들은 보다 많은 학생들을 토론에 참여시키면 별 준비가 필요치 않다고 단순히 생각한다. 잘 만들어진 학습 계획표는 적어도 세 종류의 질문을 중심으로 구성된다. (1) '관찰'(observation): 교재의 중요한 사실과 패턴을 강조하기 위해, (2) '해석'(interpretation): 본문이 주는 의미를 숙고하기 위해, (3) '적용'(application): 하나님의 진리가 어떻게 우선순위와 결정들과 관계성들과 태도에 영향을 주는지 생각하기 위해 (McKeachie, 1986).

토론을 잘 인도하는 사람은 질문들을 '명확하고'(clarity), '정확하고'(accuracy), '민감하게(sensitivity) 사고를 이끌어(incite thought) 내는 능력'(ability)으로 고안해 낸다. 명확성을 위해서 "이것은 어때"(what about)라는 질문으로 시작하는 것, 대답을 기다리지 않으면서 계속 질문을 던지는 일 그리고 장황한 말은 피해야 한다.

정확성을 위해서는 본문에서 발견되는 지식만을 찾아보고, 더 큰 문맥을 고려하고 중심주제와 연결되는 '상관적인'(relevant) 질문을 던진다. 텍스트 자체보다는 참석자들 자신 안에서 해답을 구하도록 격려하는 질문들을 준다(예: "이 구절이 당신에게 말하는 것이 무엇인가?"〈What does this verse mean to you?〉).

어떤 질문이 개인의 깊숙한 부분을 드러내게 한다든지 또는 본문에서 찾을 수 없는 배경에 관한 질문들은 무감각하다. 단순히 "예" 또는 "아니오"라는 대답만을 유도하는 질문은 피한다.

3. 그룹 회원들에게 반응하기. 질문을 던진 후에 인도자의 행동으로서 그 토론이 성공적인 방향으로 갈 수 있는지 여부가 정해진다. 토론을 잘 이끄는 인도자들은 의미 있는 발견들에 대한 기대감을 표현하고, 학습자의 구체적인 공헌에 대해 칭찬을 아끼지 않음으로써("당신이 성경 본문을 통해 당신의 결론을 지지해 주는 사실을 발견한 것이 참으로 훌륭하다.") 참석자들을 격려한다. 인도자는 학습자가 대답하거나 재인용하기 전에 대답을 구성할 수

있도록 시간을 주고, 그들의 대응을 듣는 동안 눈을 마주본다든지 관심을 보이는 자세 등, 비언어적 의사교환에 민감해야 한다. 또한 학습자들이 그들의 대답을 수정하고, 확대하고, 예를 들 수 있도록 자극한다.

토론은 다양한 형태를 가질 수 있다. 질문-대답, 버즈 그룹(소그룹이 자유롭게 토론하는 방식-역주), 논쟁, 좌담, 인터뷰, 단어 연결, 브레인스토밍 등. 강의가 기본적인 지식을 전달하는 기본 방법인 반면, 토론 방법들은 머릿속의 지식을 응결시키고, 학습자가 그것을 새로운 상황에 작용할 수 있도록 도우며, 문제 해결에 사용할 수 있도록 한다.

TERRY POWELL

참고문헌 | M. Lefever(1985), *Creative Teaching Methods*; W. McKeachie(1986), *Teaching Tips*; T. Powell(1996), *You Can Lead a Bible Discussion Group*; M. Weimer(1993), *Improving Your Classroom Teaching*.

토론방법(Discussion Method).

가장 성경적인 토론 방법은 예수께서 열두 살 때 성전에 삼일 동안 계시면서 보여주셨다(눅 2:46-47). 질문과 대답을 주고받는 것으로 묘사되었지만 선생들과 토론에 참여했던 사람은 바로 그분이셨다.

토론이란 한 사람이 자신의 견해를 다른 사람에게 설득하기 위해 말하는 것 이상이다. 토론에는 모든 사람이 개입하기 때문에 참여한 전 인원이 주제를 더 잘 이해하게 된다. 토론은 공식적 논쟁의 형식을 띠지는 않으나 종종 "논쟁"(debate)으로 지칭되기도 한다. 진정한 토론은 참여하는 각자의 아이디어와 감정들을 이끌어낸다.

토론 시에는 "교사"나 "인도자", "학생" 또는 "학습자"라는 감각을 잃어버린다. "교사"나 "인도자"는 대개 주어진 범위 내에서 토론을 진행시키는 "조장자"(facilitator)의 역할을 한다. 인도자의 역할은 (a) 주제를 소개하고 (b) 토론이 원래 목표에 어긋나는 방향으로 갈 때 전원에게 토론의 목표를 상기시켜 주며 (c) 토론이 침체되면 진행의 개요를 설명해 주고 (d) 참여자들이 발표한 것에 기초하여 앞으로 나아갈 방향을 제시해 준다. 인도자가 모든 "올바른" 대답을 해준다든지 또는 토론 사항을 인도자가 동의하거나 하지 않는다는 기능은 전혀 없다. 위와 같은 사항은 토론이 아닌 다른 형태에서 고려되어야할 것들이다. 토론 방식에서 교사와 학생의 말하는 비율은 1:10 또는 토론의 질에 따라 더 적게(1:20 또는 1:30) 할 수도 있다.

그룹의 인도자가 (a) 동시에 여러 다른 견해들로부터 어떤 이슈를 제기했을 때, (b) 참가자들이 그 지식과 자원을 통해 다른 회원들이 그들의 문제들을 해결한 방법에 기초하여 자신들의 문제도 해결하고자 하는 의도를 보일 때, (c) 토론된 주제에 대해 구체적인 참석자들이 생각하고 느끼는 것에 대해 좀더 정확하게 알고자 할 때 토론 방식을 사용할 수 있다.

토론 방식을 사용하는 비결은 사실적 질문과(요한의… 는 누구였나?), "예", "아니오"의 대답을 유도하는 질문은("너는… 라고 생각하느냐?") 절대 하지 않는다. 최고의 토론 주제는 참가한 사람들의 경험에 한계가 있는 것들이다. 그렇지 않으면 그저 부적절한 지식만을 끄집어내기 되기 쉽다.

토론 방법을 사용하는 일에는 뚜렷한 유익이 몇 가지 있다. (1) 참가자들이 꼭 참가하지 않아도 된다는 사실과 그들이 원하지 않으면 주의집중을 꼭 하지 않아도 된다는 사실을 알기 때문에 신체적으로 보다 편안하다. (2) 그룹 회원들 간에 정서적인 안정감을 주기 때문에 그룹의 친근감(rapport)이 증진된다. (3) 자유로운 토론의 분위기에서 "자기"(self)를 표현하는 일이 사회적 확신을 주게 되고 회원들 간에 서로 도와주면서 "주고 받는"(give and take) 것을 배운다. (4) 토론에 참가하는 사람들은 (적극적이든 아니든) 자신의 아이디어를 다른 사람들이 사용할 때 자아 존중감을 얻는다. 이것은 그들이 정말 "중요한" 이야기를 하고 싶을 때조차도 다른 사람에게 정중하게 다른 사람이 먼저 이야기하도록 허용하게 되어 상호간의 존경심을 키우게 된다. (5) 참가자들은 "새로운" 아이디어들을 알게 되고, 수용적인 태도로 다른 사람들의 그 아이디어에 대한 반응을 알게 된다. 이 일로 참가자 전원이 성취감을 얻는 기회를 준다. (6) 참가자들은 그들의 영성 개발을 다른 사람들이 확인해 주고, 다른 사람들이 어떻게 영적으로 발달하는지 "보기" 때문에 영적으로 성장할 수 있는 기회를 갖는다. (7) 교사/인도자들은 한 주제에 관해 서로 다른 사람들이 어떻게 생각하고 느끼는지 배우게 되므로 장래의 선택과 결정에 도움을 얻는다.

토론 방식은 규모가 크거나 작은 어떤 그룹에서도 사용할 수 있다. 대그룹 상황에서는 참가자의 숫자를 제한하는 일이 한 가지 불리하다. 장점으로는 생각을 자극할 수 있다는 점이다. 소그룹에서 토론 방법을 사용할 때에는 한 두 사람이 토론을 좌우지하고 다른 대부분의 사람들은 말할 기회가 거의 주어지지 않을 경향이 있다. 소그룹의 유익으로는 참가자 전원이 그 기회를 사용하든 하지 않든지 자신을 표현할 기회를 갖는다는 점이다.

토론 방법은 동의-부동의, 브레인스토밍, 돌아가며 대답하기, 논쟁, 팀별 연구발표 듣기, 좌담회 반응 듣기 등의 다른 방법들과 연합하여 사용될 수도 있다. 그러나 토론을 상용하는 것에는 주의를 기울여야 한다. 이 방법이 매우 좋지만 만병통치약은 아니다. 각 학습의 구체적 목표에 따라 다른 방법들과 함께 토론 방법도 사용해야 한다.

ROY F. LYNN

토미즘(Thomism). 토마스 아퀴나스(1225-74)의 사상에 근거한 철학과 신학이다. 아퀴나스는 도미니칸 사제, 신학자 그리고 철학자였다(1225-74). 그의 가장 위대한 저서, 『신학대전』(Summa Theologiae)은 아리스토텔레스의 형이상학에 근거하여 신학과 기독교 철학을 조직적으로 설명한 책이다. 아퀴나스 이전에는 그만한 철학과 신학의 병합도 발견할 수 없다(Gilson, 1956, 7).

토미즘은 유신론적 현실주의로 묘사되어 왔다(Gutek, 1974, 51). 아퀴나스의 사상은 실재를 물질과 영적인 측면으로 보는 두 가지 초점을 가지고 있었다. 아리스토텔레스의 경험적 철학의 영향을 받은 아퀴나스는 자연적 현실주의에 커다란 강조를 두었다. 그러나 그는 본래 신학자였기 때문에 우월성을 초자연적인 실체에 그리고 특별히 하나님의 감동으로 된 진리에 대한 근원으로서의 성경계시에 두었다. 이와 마찬가지로 토마스의 철학은 철학적 요소들을 신학적 합성에 병합시켰는데, 그것은 이성과 믿음의 통합을 제공하기 위한 것이었다. 그렇게 함으로써 아퀴나스는 "신학의 본질을 타락시키지 않은 채, 신학 속으로 철학을 도입하려고 노력했다"(Gilson, 1956, 10).

아퀴나스의 사상은 통합된 철학적 신학을 묘사하였다. 아퀴나스는 자연과 은총, 이성과 믿음, 결정주의와 자유, 영원으로부터 나온 우주의 존재 그리고 그것의 시간 안에서의 시작, 생물학적 형태이자 영으로서의 정신, 감각과 지식을 얻는 데 있어서 신적인 계몽의 역할 사이에 있는 대조점들을 균형 잡으려고 노력했다(Gilby, 1967, 119).

토마스주의의 철학은 여러 세기를 거쳐 수정되어 왔다. 신학자들과 철학자들이 아퀴나스의 사상과 관계를 맺으면서 토미즘에 영향을 행사하였고 그것을 다듬고 예리하게 함으로써 토미즘은 하나의 설득력 있는 철학 체계로서 존속하게 되었다. 그들은 "본질과 실재, 질료와 형상 그리고 실체와 우연" 사이에 있는 차이를 예리하게 하였다(Gilby, 1967, 119). 16세기에서 19세기 스콜라주의 내에서 토마스주의 철학과 신학은 이해를 위한 토대를 제공하는 체계로 존속하였다. 토미즘은 교회에서 운영하는 학교 내에서 신학적 그리고 철학적 노력을 위한 출발점이었다. 결과적으로 1879년 교황 레오 13세는(Leo XIII) 토미즘을 로마가톨릭교회의 신학과 철학으로 천거하였다. 비록 제2회 바티칸 회의에서는 토미즘에 대한 유일한 초점을 누그러뜨렸지만 그것은 여전히 로마가톨릭 신학 내에서 상당한 영향력으로 남아 있다

(Monti, 1990, 656, 657).

토미즘은 이성과 관련한 진리를 설명하는 데 초점을 둔다. 토미즘이라는 개념 안에서는 믿음과 이성은 서로 의미가 대립되지도 않고, 무시되지도 않으면서 서로의 의미를 혼란시키지도 않는다(Gilson, 1956, 23). 이성은 믿음을 정당화시킬 수도 없고 믿음을 이성으로 전환시킬 수도 없다. 믿음은 이성을 그 이상의 어떤 것으로 만들 수 없는데, 그 이유는 그렇게 될 경우 그것은 더 이상 이성으로 존재하지 않기 때문이다. 오히려 믿음과 이성은 그 자체의 독특한 본질을 유지할 때에 서로에게 도움이 된다. 그러므로 믿음과 이성은 진리를 도와 "철학이 그 본질의 합리성을 잃지 않도록 하면서 그 합리성이 더 높은 목적으로 나아가도록 결정적인 역할을 하는 데 동의한다"(Gilson, 1956, 23, 24). 각각의 드러나 있는 것에 초점을 두어 진리가 알려지게 된다. 궁극적으로 아퀴나스에게 인간이성은 하나님을 알고자 할 때 존재하게 되고 만족하게 된다. 이처럼 하나님은 인간이 자신의 이성을 사용하여 하나님의 본질을 탐구하고 하나님의 계시에 관계하도록 우리를 초청하신다(Gilson, 1956, 357).

또한 토미즘은 교육의 목표를 정의하고, 학습자에 대한 이해를 제공했을 뿐만 아니라, 인식론을 제시함으로써 교육의 실제, 그 중에서도 특별히 기독교교육에 영향을 미쳤다. 토미즘은 인간의 온전함을 구하고 영혼과 하나님의 궁극적인 재결합을 추구하는 교육의 목적을 조성한다(Ozmon & Craver, 1990, 45). 인류는 영적일 뿐만 아니라 물질적이기 때문에 공간과 시간 안에 거하는 학습자는 영적, 이성적, 도덕적 그리고 사회적 발달에 공헌하는 학습을 받고자 한다. 인류는 영적이기 때문에 학습자의 우선순위는 영적 개발에 주어져야 한다. 하지만 학습자들은 또한 이성적이기 때문에 합리성의 개발은 자유로운 선택을 행사하는 데 중요한 요인이 된다. 또한 도덕적이고 사회적인 존재로서의 학습자들은 "커뮤니케이션과 공동체 뿐만 아니라 개인적, 사회적 안녕에 기여하는 윤리적, 법적, 정치적 그리고 경제 체제"를 필요로 한다(Gutek, 1974, 54).

토미즘의 인식론은 감각들을 통하여 지식을 획득하는 데 초점을 맞춘다. 감각들은 지식에 필요한 조건이다. 인간들은 감각 자료를 바탕으로 개념화하고, 또한 물질적이고 영적인 실체에 대한 추상적인 성찰을 할 수 있는 추가적인 능력을 가지고 있다. 그러므로 아퀴나스는 인류의 가장 숭고한 활동은 합리성과 "지력과 사고력"이라고 주장했다(Gutek, 1974, 55). 게다가 감각들을 통한 지식은 사람을 하나님께로 인도한다. 믿음만을 통해서가 아니라 인간들이 자신들의 감각들을 통해 물질세계를 경험할 때에 이성을 통해서도 하나님을 알 수 있다(Ozmon & Craver, 1990, 46).

토미즘 내에서 도덕교육에 중요한 것이 바로 합리성과 주지주의에 초점을 맞추는 것이다. 비록 이성이 선을 반드시 진작시키는 것은 아니지만 "오직 지적인 사람들만이 도덕적으로 옳고 그름을 구분할 수 있다"(Gutek, 1974, 58). 인간들이 자유를 행사할 때에 그들은 행동의 대체적인 경로들을 구성하고, 인정하고 그리고 평가할 수 있는 능력을 소유하는 것이다"(Gutek, 1974, 58).

이러한 관점에서 토미즘은 효율적인 교육을 위한 비판적인 사고 능력을 높인다. 이러한 사고는 신학과 자연, 혹은 물질적 이해를 통해 전달되어야만 한다. 이러한 사고는 또한 지적으로 높은 수준에 있어야만 한다. 이것은 기독교교육에서 학습자가 믿음 뿐만 아니라 합리성과 관련된 믿음을 발전시켜 나가야만 한다는 사실을 확실히 암시하고 있다. 기독교인들이 비판적으로 생각하는 것을 배우는 때는 믿음과 이성을 통합시킬 때이다. 기독교인들이 세상에 대한 이해와 성경적, 신학적 관점으로 올바른 지식을 갖출 때 그들은 성경적인 가르침대로 행하고 살아갈 준비가 된다. 그렇게 함으로써, 그들은 진리를 드러내고 진리 안에서 성장하기 위해 세상에 뛰어드는 것이다. 그 진리는 바로 하나님이 이 모든 만물의 창조주가 되며 실존하는 하나님이라는 사실이다.

통계학

ROLAND G. KUHL

참고문헌 | T. Gilby(1967), *The Encyclopedia of Philosophy*, vol. 7, pp. 199-21; E. Gilson(1956), *The Christian Philosophy of St. Thomas Aquinas*; G. L. Gutek(1974), *Philosophical Alternatives in Education*; R. McInerny(1990), *A First Glance at St. Thomas Aquinas*; J. Monti(1990), *Harper's Encyclopedia of Religion Education*, pp. 656-57; H. Ozmon and S. Craver(1990), *Philosophical Foundations of Education*.

참조 | 기독교교육철학(PHILOSOPHY OF CHRISTIAN EDUCATION); 교육철학(PHILOSOPHY OF EDUCATION); 종교철학(PHILOSOPHY OF RELIGION)

통계학(Statistics). 통계학을 아동에 비유하면 그 부모들은 두 개의 매우 다른 가족에게서 유래했다. 즉 모친은 정부의 기록 보관에서 그리고 부친은 개연성의 법칙에서 비롯되었다. 통계학 분야는 숫자들의 질서정연한 분석에 관심을 기울인다.

통계학이라는 용어는 특별히 세 가지 응용을 가리킨다. 첫째, 복수 동사와 같이 사용되었을 때 이 용어는 수적인 자료를 가리킨다(예를 들어, "주일학교 통계에 의하면 성경 공부 참여도가 늘어나고 있다").

두 번째 용도는 표본 묘사이다. 표본은 모그룹이라고 불리는 더 큰 그룹에서 무작위로 뽑은 점수들의 부분집합이다. 모그룹의 평균(모든 수의 평균이며 중심적인 경향에 대한 분석)과 표준 편차(평균에 대한 변화성의 측정)는 모그룹 파라미터라고 불린다. 한 표본의 평균과 표준편차는 표본 통계학이라고 불린다.

단수 동사와 함께 사용되는 통계학의 세 번째 용도는 변수들을 분석하기 위해 사용되는 일련의 수학상의 절차이다. 변수는 수적 가치를 지니는 요인이다. 사람들은 하나의 변수인 자신들의 무게로 묘사될 수 있다. 어떤 특정인은 몸무게가 68킬로그램 나간다. "68"은 이 사람의 "무게"의 가치이다. 통계학은 변수들의 가치들을 수적으로 조작함으로써 그 변수들을 분석한다. 분석의 두 가지 중요한 형태는 "그룹들 간의 차이"와 "변수들 간의 관계들"이다. 이것들은 몇 가지 예를 듦으로써 가장 잘 설명될 수 있다.

한 연구자가 선택된 선교사들의 "종교성" 점수를 미국 평균과 비교한다. 선교사들의 평균 점수를 계산한다. 전국 평균(모그룹 평균 μ-발음은 "뮤")과 선교사 평균 점수의 차이를 선교사들의 수의 변이로 나누면 표준 점수(z)가 계산된다. 1.96보다 더 큰 z 점수는 그 차이가 "유의미하다"는 뜻이다. 즉 우연에서 기대할 수 있는 것보다 더 크다는 뜻이다. 이 연구에서 계산된 z 값은 17 이상이다!

한 연구자가 근심을 줄이는 데 어떤 방법이 더 효과적인지를 파악하기 위해 성경을 기초로 한 상담 방법들과 인문주의적인 상담을 비교하기를 원한다. 두 그룹을 무작위로 선정하고 두 가지의 상담을 받게 한다. 12주가 끝날 때쯤 근심의 수준이 어느 정도 되는지 연구대상들을 측정한다. 두 그룹들의 평균 점수들 간의 차이가 "유의적"인지 아닌지를 결정하기 위해 독립 표본 t-검증을 사용하게 된다.

분산 분석(ANOVA) 절차는 t-검증을 세 개 내지는 네 개의 그룹으로 확대시킨다. 예를 들어, 변수의 N-방향 분석, 공분산 분석, 분산의 다변수 분석 그리고 분산의 반복된 측정 분석과 같은 독립 변수들(연구자가 통제하는 것들로 "요인 설계"를 구성함)과 종속 변수들(연구자가 측정하는 것들로서 "다변수 설계"를 구성한다)을 더함에 따라 절차들의 복잡성은 증가한다.

두 번째 통계 절차의 중요한 유형은 변수들 간의 관계를 측정하는 데 초점을 맞춘다. 한 연구자는 정규적인 성경공부와 고등학교 12학년들의 영적 성숙도 간에 관련이 있는지를 파악하기를 원한다. 그는 각각의 12학년 학생들에 대한 점수를 얻기 위해 영적 성숙도 재고를 사용하고, 52주 중에서 학생이 출석한 "출석 점수"를 얻기 위해 교회 출석부를 확인한다. 피어슨(Pearson)의 R 상관계수를 적용하여 연구자는 R이 +70인 것을 발견한다. 이러한 단일 수는 모든 성숙도와 출석 점수들을 해석했을 때 성경공부와 영적 성숙도 간에는 강한 긍정적인 관계가 있다는 것을 뜻하는 단일 수로 요약된다. 스피어맨(Spearman)의 로(Rho)와 켄달(Kendall)의 타우(Tau)는 두 개의 순서 변수들(계수들) 간의 관계를 계산한다.

어떤 이는 한 변수가 다른 변수를 얼마나 잘 예측하는지를 측정하는 공식을 만들기 위해 선형회귀를 사용할 수 있다. 성경공부 출석과 영적 성숙도간에 강한 긍정적인 관계가 존재하기 때문에 그는 회귀공식을 만들기 위해 선형 회귀를 사용할 수 있고, 출석을 입력하면서 예상 성숙도의 수준을 계산한다.

다중회귀는 선형회귀를 두 가지 내지는 그 이상의 예측변수들로 확대시킨다. 우리 학교 학생들 중의 한 명이 우리 신학교 학생들의 결혼 만족도를 예측하기 위해서 다중 회귀를 계산했다. 그 여학생은 30개가 넘는 변수들을 분석했지만 단 세 개의 변수들만이 유의한 부정적인 요인들로 드러났고, 그 모든 변수들은 시간과 관련되어 있었다. 그 변수들은 "결혼한 달의 수", "아내가 집 밖에서 일하는 시간" 그리고 "학생 남편이 교회에서 사역하는 시간"이었다. 학점, 학위 계획, 학교, 자녀들의 수, 사례비 그리고 다른 변수들은 결혼 만족도의 그림에서 사라졌다("결혼 기간이 더 긴 부부들"은 "신혼 부부들"보다 신학교에 오기 위해 더 많은 것을 포기했기 때문에 적응이 더 힘들었다). 상관과 회귀에 기초한 또 다른 더 발전된 절차들로는 판별분석, 표준판별분석, 경로분석 및 인자분석이 있다.

지면 부족으로 통계학 분야로의 여행을 이렇게 간단히 끝낼 수밖에 없지만 우리는 기독교인들로서 왜 통계학적인 절차들을 사용하는 것을 학습해야 하는가? 세 가지의 이유를 제시하고 싶다. (1) 통계분석의 정확성과 객관성은 사역에서 중요한 문제 해결 기술들을 개발하는 것을 도와주며, 그 결과 그들의 사역을 강화시켜 준다. (2) 1세기의 그리스어와 마찬가지로 통계분석의 언어는 세속 사회의 문을 복음에 열게 한다. 신빙성 있는 과학적인 연구를 할 수 없는 기독교인들은 그들의 기독교 세계관으로 과학 논문들의 영향을 미칠 수 있는 기회를 놓치게 된다. (3) 하나님을 시험관에 넣을 수는 없지만, 교수 상담과 리더십을 포함한 기독교 사역의 많은 영역들은 통계분석을 따르고 그것을 적용시킴으로써 커다란 유익을 얻을 것이다.

RICK YOUNT

참조 | 측정과 기독교교육(MEASUREMENT AND CHRISTIAN EDUCATION)

통신과정(Correspondence Course).
원격교육(Distance Education)을 보라.

통일공과시리즈(Uniform Lesson Series).
통일공과시리즈는 19세기 말 주일학교 교육과정의 내용과 질을 표준화하려던 시도이다. 학습대상에 따라 등급을 달리했던 기존의 주일학교 교육과정 방식과는 달리 통일공과시리즈는 나이에 관계없이 모두 같은 본문의 성경구절을 적용과 연구의 깊이만 달리하여 접근하였다. 초기의 통일공과시리즈는 모든 연령층을 대상으로 구성되었으나, 1924년에는 그 대상이 청소년(중, 고등학생)과 장년 주일학교 부서로 좁혀졌다. 1945년이 되서야 다시 어린이들을 포함한 모든 연령층을 대상으로 하게 되었다. 그 후로부터 주일학교운동 전반에 표준화가 일어나게 되어 각 회중과 분반들 그리고 회중 간의 수준에서 표준화가 일어나게 되었다.

통일공과시리즈는 다음과 같은 단순한 목표를 가지고 있다. (1) 성경의 가장 중요한 부분들에 대한 개관을 제공한다. (2) 윤리적인 차원과 인격 형성에 도움이 되는 구절들에 초점을 맞춘다. 통일공과시리즈는 주석을 달지 않았기 때문에 완벽한 학습계획은 아니었으며, 다음과 같이 비교적 간단하

통일공과시리즈

게 구성되어 있다. (1) 제목 (2) 성경구절들 (3) 학습 대상의 연령에 따른 주제 (4) 암송 구절 (5) 가정에서의 성경 읽기 등.

오늘날에는 교육과정의 표준으로 받아들이고 있지만 당시 통일공과시리즈는 혁신적인 것이었다. 6년을 주기로 구성되었던 통일공과의 교육과정은 각각 13주 내지 15주가 분기별로 나누어졌다. 각각의 학습단원들은 보통 강해식이 아닌 주제별로 구성되었다. 성경의 본문과 구절들은 분기별로 구약과 신약을 번갈아 가며 선택했으나, 때로는 주제에 따라 각 분기를 둘로 나누어 구약과 신약을 번갈아 실었다.

통일공과시리즈는 개신교적이며 복음적인 성격을 지니고 있었고, 주일학교 학습의 중심에 성경이 위치해야 함을 강조하였다. 통일공과시리즈는 그 시작부터 초교파적인 성격을 지니고 있었기에, 교파 간의 신학적인 논쟁을 피하는 기독교교육 교육과정을 만들어야 하는 쉽지 않은 임무를 지니고 있었다. 복음적이고 성경적인 동시에 초교파적인 성격을 지녀야만 하였기에 종종 교육적인 문제이기보다는 정치적인 문제로 인하여 긴장감이 팽배할 때가 많았다. 앞에서 언급했듯이, 이 시리즈는 표준화를 촉진하기 위해 단순하게 구성되었으나, 교파에 따라서 신학적인 색채를 가미하도록 허락하였다.

1. 통일공과시리즈의 전개. 주일학교운동의 확산과 공립학교의 교육과정 표준화는 주일학교의 공과를 표준화하는 움직임을 자극하였다. 이러한 환경 속에서 주일학교의 교육과정을 표준화하는 통일공과시리즈는 지도층의 변화와 함께 지역으로부터 전국으로 그리고 결국에는 국제적인 활동으로 확산되었다.

지역적인 수준에서 1865년에 처음 이 운동을 일으킨 사람은 "시카고 주교 교사 계간지"(*Chicago Sunday School Teacher's Quarterly*)의 창립자인 감리교인 존 빈센트(John H. Vincent)이었다. 주일학교에 훈련된 교사들이 생기게 되자 더 전문적인 교육과정을 개발해야 할 필요를 느끼게 되었다. 그 결과 1866년에 빈센트는 그의 계간지에 그리스도의 삶을 다룬 2년 과정의 학습 시리즈를 발행하게 되었고, 곧 시카고 지역의 많은 주일학교가 이를 수용하게 되었다. 빈센트는 후에 통일공과시리즈의 경쟁 상대였던 베뢰아 성경연구시리즈의 편집장이 되었다.

지역 수준에서의 시도는 결국 1867년 빈센트의 후계자였던 에드워드 에글레스톤(Edward Eggleston)에 의해 전국적으로 확산되게 된다. 에드워드 에글레스톤은 시카고 지역의 주일학교를 벗어나 최초로 전국적인 규모의 공과시리즈를 『미국 주교교사』(*National Sunday School Teacher*)에 게재하였다. 또한 그의 공과시리즈가 전국주일학교협의회의 주목을 끌게 되면서 국제적으로 영역을 넓힐 준비가 갖추어졌다. 주일학교협의회에서의 2년 간의 논쟁 끝에 1872년 침례교 평신도인 제이콥스(B. F. Jacobs)는 인디애나폴리스에서 열렸던 전국주일학교협의회를 설득하여 미국 뿐만이 아닌 전 세계에서 사용될 수 있는 통일공과시리즈를 연구하고 개발할 위원회를 형성하게 되었다. 협의회는 먼저 가능성을 타진하기 위해 평신도와 목회자 10인으로 동등하게 구성된 위원회를 선임하였다.

통일공과시리즈는 각 교단의 대표들로 구성되어 1872년에 처음으로 창설된 같은 위원회에 의해 계속적으로 영위되었다. 위원회의 명칭이 몇 번 바뀌기는 하였으나, 현재의 이름은 미교회협의회통일공과시리즈위원회(the Committee on the Uniform Series of the National Council of the Churches of Christ in the U.S.A.)이다.

2. 통일공과시리즈에 대한 평가. 통일공과시리즈의 형성은 실질적으로 주일학교 교육과정을 향상시켰다. 그러나 그 질적인 면에서 몇 가지 문제가 제기되어 왔다. 첫째, 통일공과시리즈는 주제별 접근과 연속적이지 못한 배열로 인해 성경의 단편적인 지식만을 전달하였다. 비록 신구약의 중요한 본문들을 선택적으로 다루기는 하였으나, 성경 전체의 개관을 제공하지는 못했던 것이다.

둘째, 전술한 바와 같이 통일공과는 그 단순성으로 인해 신학적인 깊이가 결여되었다. 더구나, 신학적으로 중요한 본문들을 고의적으로 회피함으로써 문제는 더욱 심각해졌다. 결과적으로 단순한 내용들에 신학적으로 색깔을 가미하려는 노력조차 교리적인 문제들을 다루지 않은 성경 본문의 선택으로 인해 힘들어지게 되었다.

셋째, 통일공과시리즈의 교육 접근 방식은 배우는 사람을 위주로 하기보다는 내용 자체에 중심을 두었다. 통일공과시리즈의 관심은 주일학교의 학습 내용을 표준화하는 데에만 있었던 것이다. 이러한 결과는 사실상 그 당시로서는 당연한 일이었다. 내용 중심의 교육이 19세기 말의 지배적인 교육 방식이었으며, 학생의 인지발달에 따른 교육 방식은 당시 고려되지 않았기 때문이었다.

넷째, 교수의 모든 표준화 작업이 그렇듯이 이 교육과정도 융통성과 나름대로의 독특한 성격을 잃게 되었다. 기독교교육자들이 통일공과시리즈에 의존함으로써 사실상 교육과정에 대한 교파나 교회의 영향력을 어느 정도 상실했기 때문이다.

JAMES RILEY ESTEP

참고문헌 | C. B. Eavey(1964), *History of Christian Education*; C. M. Layman(1963), *Westminister Dictionary of Christian Education*

참조 | 교육과정(CURRICULUM); 수업계획(LESSON PLAN); 주일학교(SUNDAY SCHOOL)

통전적 교육(Holistic Education).

통전(Holism, 전체론)은 인간을 통일되고 대등한 부분들로 구성된 전체적인 존재로 보며, 이 전체는 부분들의 통합보다 더 크다고 인식하는 개념이다. 여러 부분의 통합으로 보는 것이 아니라 인간은 단지 여러 국면을 지니고 있다는 견해다. 인간은 통전된 전체를 형성하는 육체적, 인지적, 사회적, 감성적, 도덕적, 정신적인 6개의 구분된 국면으로 구성되어 있다. 이것은 구분된 존재로서 확인될지라도 다른 것으로부터 떨어져서 존재할 수 없다는 것을 보여 준다. 한 국면이 그 분야에 얼마나 발전되었는가는 직접적이든 간접적이든 다른 5개의 영역에 영향을 미친다. 우리는 두 개로 분리된 삶을 살지는 않는다. 좀더 높고 더 중요한 것은 덜 중요한 다른 모든 것에 의해 따라간다. 각각은 모든 다른 교리 안에서 발전을 결정하기 위한 핵심적인 정보를 제공하며 도움을 준다. 바울은 고린도전서 12장 12절에서 이렇게 말했다. "많은 부분으로 되어 있을지라도 몸은 하나이다. 그것의 모든 부분이 많을지라도 한 몸을 형성한다." 인간 발전의 각 부분과 영역은 정신적인 전체 안으로 통합될 필요가 있다. 우리는 이 부분들이 어떻게 연결되어 있는지를 누가복음 2장 52절에서 찾아볼 수 있다. "예수는 그 지혜와 그 키가 자라가며 하나님과 사람에게 더 사랑스러워 가시더라". 이러한 영역들은 성숙한 인간, 예수님이 되는 전인에게 통합되었다.

종종 기독교는 영혼을 인생의 다른 영역과 관련이 없는 분리된 전체로 여긴다. 영혼은 전인으로 통합되어질 수 없기 때문에 이것은 두 갈래로 분리된 존재를 이끌었으며, 종종 죄의 문을 열었다. 영혼은 정상적인 삶으로부터 분리되어서 사람들은 실제적으로 모순된 태도의 삶의 형태로, 즉 두 가지 분리된 삶을 살아간다. 그들이 자신의 영적생활 안에서 하는 것은 매일의 삶―사무실, 학교, 레크레이션, 가정―과는 관련이 없다. 식사, 음주, 독서, 텔레비전과 비디오 시청, 자신들의 몸을 돌보는 일, 감정을 느끼는 일, 도덕적 결정을 내리는 일 그리고 도덕적 행동을 취하는 일 등은 그들의 영적인 삶과는 아무런 관계가 없다. 종종 교회의 신념, 태도, 행동의 변화에 대한 교육은 교회의 이러한 시각을 격려한다. 불행히도 이러한 접근은 비전인적 입장이다. 이것은 단지 한 가지의 접근, 즉 인지적 혹은 정신적 접근으로만 인간됨을 설명하려는 대다수에 대해 변화를 촉구한다.

우리가 통전적교육을 말할 때 인생의 모든 것을 전체로 통전시키는 것을 도와주는 교육에 관심을 두어야 한다. 성경은 단정적이며 능동적으로 학습의 전체성에 대해 말한다. 예수님은 이렇게 말씀하신다. "네 마음을 다하고 목숨을 다하고 뜻을 다하고 힘을 다하여 주 너의 하나님을 사랑하라"(막 12:30). 이것이 내포하는 것은 우리의 가치는 영적 존재보다 더 크다는 것이다. 인간으로서 우리는 도덕적이고 사회적인 존재일 뿐만 아니라 신체적이고(강함) 인지적이며(사고) 감성적이고(애정) 영적인 존재이다. 하나님을 위한 사랑은 단지 하나의 영역 안에 포함될 수 없다. 그것은 사람에게 있는 모든 것에 스며든다. 찬송가 작가는 그의 마음이나 심령이 아니라 그의 전체가 외칠 수 있다고 말한다. "여호와 같은 자 누구리요?"(시 35:10) 마음, 뜻, 혼, 영 그리고 육체의 목소리는 하나님을 찬양한다. 잠언은 지혜의 말씀이 사람 안에 있다고 말한다. 이 지혜는 생명이며 인간의 모든 부분인 삶이다(잠 4:20-23). 그러므로 하나님의 말씀은 단순히 사람의 영혼만이 아니라 전인적인 존재를 위한 것이다. 우리는 희생 제물처럼 하나님에게 모든 육신을 바친다고 로마서 12장 1절은 말하고 있다. 바울은 단지 우리 육체에 대해 말하고 있는 것이 아니라 우리의 전체를 말하고 있는 것이다. 이것은 확신하건대 우리를 구성하는 다른 모든 영역을 의미한다. 이 모든 것들은 하나님께서 주신 것이며, 성령에 의해 변화된 것이다. 바울은 데살로니가전서 5장 23절에서 이러한 가르침을 하나님이 기독교인의 죄를 사하실 것이라는 기도로 종합하였다. 바울은 정신 그리고 몸으로 명명되는 것조차 전인(全人)에 관련되어 있다고 역설한다.

바울은 하나님의 온전한 뜻이 그들의 삶에서 입증될 수 있도록 그들의 마음이 "… 새로와짐으로 … 변화를 받아야"한다고 로마서 12:1-2에서 같은 생각을 진술한다. 교육의 목적은 단순히 마음의 양식이 아니라 인간의 변화이다. 기독교 교사는 자신이 변화를 위해서가 아니라 단지 지식만을 가르치며 전수만 하면 된다는 실수를 한다. 성경은 우리에게 단순히 하나님에 대한 지식을 제공하는 것이 아니다. 오히려 성경은 날카로운 검이다. "좌우에 날선 어떤 검보다 예리하여"(히 4:12) 우리의 가장 깊은 곳에 있는 욕구와 생각을 분석한다. 하나님의 말씀에 의한 이러한 역사의 이유는 "… 교훈과 책망과 바르게 함과 의로 교육하기에 유익하도록"(딤후 3:16) 하기 위한 것이다. 환언하면, 성경과 성령에 의해서 인도함을 받는 인간교사는 단지 하나님에 관하여 우리를 가르칠 뿐 아니라, 또한 성경은 행실과 사랑과 믿음과 정절의 영역에 있어 구별된 사람이 되도록 우리를 자극한다(딤전 4:12).

이러한 변화가 발생하기 위해서는 교사는 단지 성경적 지식과 믿음보다 더 많은 것을 전달하는 데 목적을 두어야 한다. 교사들은 그들의 수업에서 학습자들에게 인지적, 감성적, 행동적인 면을 포함하여 이러한 면들이 상호적으로 일어나도록 의도적으로 조직하여 그들이(존재적으로) 변화되어 구별된 사람들이 되도록 해야 한다.

전인에 이르는 길은 전인에 관여하는 것이다. 이러한 관여는 교사가 교수-학습 과정에서 전인을 가르칠 때 일어난다. 전인을 가르치는 것은 교사가 정보 전달자가 아니라는 것을 의미한다. 그들은 단순히 말하지 않는다. 성경만큼이나 훌륭한 말씀 암기를 강요하지도 않는다. 이야기, 암기된 성경, 정보는 변화를 제공하기에는 불충분하다. 단지 인지적인 면만 가르친다면 인간의 나머지 부분은 무시된다 변화는 마음이나 느낌 뿐만 아니라 전인적으로 일어난다. 전인적 변화로 귀결되지 않은 가르침은 불충분한 가르침이다. 이는 진급을 목적으로 교사의 시험을 통과하기 위해 암기된 자료를 요구하는 전통적인 교육보다 나을 것이 없다.

통전적인 가르침은 기독교교육자가 전인에게 도달하기 위해 성령과 더불어 일한다는 것을 의미한다. 교사는 인지적 영역뿐 아니라 인간의 다른 5가지 영역도 가르치는 데 필요한 강의 준비를 해야 한다. 특정한 성경말씀이 자신의 삶에 영향을 미치는 방법을 논하는 것, 성경교육으로 받은 지식에 기초한 생활 안에서 행동의 변화를 위한 약속을 요구하는 것, 서로에게 변화를 주도록 격려하는 것, 애정 어린 반응을 요구하는 것 등이 가르침을 만든다. 통전적 교육은 지식의 전달에서 시작하지만 자신들의 관계된 영역들에서 전인이 변화될 때를 오직 목적한다.

만일 우리가 통전적으로 가르치지 않는다 해도 사람들은 성경을 교양적인 면에서는 잘 교육받을 것이다. 그러나 그들은 매일의 삶을 통합된 삶으로 통전적으로는 살아가지 못하는 미성숙한 기독교인이 될 것이다. 대신에 그들은 거의 복음이 그들의 매일의 삶에 침투되지 못하는 생활로 인해 마치 다른 두 사람처럼 살아간다. 통전적으로 가르침으로 교사는 영적인 영역과 더불어 신체적, 인지적, 사회적, 감성적, 도덕적인 영역에서 전인(몸, 지성, 혼, 영)을 가르친다.

JOHN M. DETTON

통제(Control). 경영일선에서 통제한다는 것은, 이미 이루어 놓은 것에 반하여 지속적으로 기관의 성취도 평가를 실행한다는 것이다. 이 상관적인 표준은 일반적으로 객관적인 성취를 확정하는 체계적인 접근방식이다. 통제는 관례적인 정보와 진행과정을 형식적으로 서로 알려서 기관의 역할과 활동에 패턴을 잡아주도록 한다.

통제하기란 한 기관이나 단체에 속한 사람들에게 권위와 영향력을 행사하는 것을 뜻한다. 통제하는 일은 명령하고, 결정하고, 다스리고, 판단하는 일이다. 그러나 기독교 경영계에서는 섬김이라는 개념이 포함된다. 그것은 성경적 기준에 따라 감독자가 역할을 하며, 그 기준에 따라 평가된다. 또한 겸손을 시사하여 태도와 행동과 환경을 하나님께서 지도, 인도하시도록 한다. 통제한다는 것은 지도자들이 직무수행의 기준을 세우고, 그것을 평가하며, 교정하는 일을 포함한다(Lawson & Choun, 1992).

통제란 전형적인 다섯 가지 경영주기, 즉 계획수립, 조직하기, 관리자 선정, 지도하기 그리고 통제하기 중의 다섯 번째 역할이다. 통제의 기능에 포함되는 일반적 활동들은 보고체제(reporting system) 수립과 직무수행기준 설정, 결과 측정, 오류 바로잡아주기와 포상이 포함된다. 요약하면, 통제하는 것은 함께 수립한 목표들을 향해 진전을 확정하는 일이다.

보고체계를 수립하기 위해서는 어떻게, 언제, 무슨 활동과 기능들이 수행될 것인지 정확하게 결정해야 한다. 비일(Biehl, 1989)은 통제자들이 결정 사안들이나 문제들, 계획과 진행과정 그리고 개인적 이슈들에 관한 질문들에 답해 주어야 한다고 말했다. 규칙적인 보고체계는 의사소통을 원활히 하며 오해와 문제들을 극소화시켜 준다.

직무수행 기준을 설정하는 일은, 중요한 직무들이 잘 수행되었을 때 예상되는 구성상황에 광범위한 참여가 포함된다. 결과를 측정한다는 것은 이러한 기준에서 얼마나 전진했는지 확증하는 일이다. 직무수행기준에 도달할 수 있도록 계획을 조정하는 것이 오류를 바로잡아 주는 일이다. 통제과정에서 포상이란 칭찬과 보상하는 일, 또는 징계를 포함하기도 한다.

의도적인 지도와 합법적인 관심들을 지켜주는 일, 성취한 것을 포상해 주는 일, 기관의 지속적 발전 등을 저해하는 것들을 바로잡아 주는 것 등은 효과적인 통제를 통해 성취된 주요 목표들이다. 몇 개의 부수적인 긍정적 결과들로는 의사전달의 통로들이 강성해지고, 수용할 만한 수준의 성취와 행동들이 규정되며, 직무내용 설명서를 적절히 구성하는 것 등이다. 통제하는 일의 위험으로는 생각 없이 인도를 따르는 것, 감독과 부하직원 사이의 긴장, 정보과잉, 부적절한 행동을 숨기려는 유혹 등과 같은 것들이다. 통제 체계(Control System)가 적절하게 발휘될 때의 결과는 이런 위험보다 비교할 수 없을 만큼 훨씬 가치가 있다.

GREGORY C. CARLSON

참고문헌 | B. Biehl(1989), *Increasing Your Leadership Confidence*; M. Lawson and R. Choun(1992), *Directing Christian Education*.

참조 | 행정(ADMINISTRATION); 라인-스태프 관계(LINE-STAFF RELATIONSHIPS); 경영(MANAGEMENT)

통제폭

통제폭(Span of Control). 한 관리자가 합리적으로 그리고 효과적으로 감독할 수 있는 개인들의 수이다. 수의 크기는 기관과 지도자의 통제 하에 있는 사람들의 관계에 깊은 영향을 미칠 수 있다. 이전의 연구에 의하면 사람들의 수가 증가할수록 구성원들간의 상호적인 관계들 또한 매우 급속한 속도로 증가한다. 이러한 결과는 잘못된 의사소통과 조직의 좌절 수준을 증가시킨다.

한 지도자에게 보고해야 하는 적절한 사람들의 수는 경영 연구자들 간에 상당히 논쟁되어 온 것이다. 경영 연구자들은 이 수가 일반적으로 조직의 고위급에서는 3명에서 8명, 하위급에서는 8명에서 15명임을 발견했다.

이상적인 수는 여러 가지 요인에 의존한다. 가장 중요한 문제는 지도자가 얼마나 많은 시간을 자신의 직원들을 직접 감독하는 데 보낼 수 있는가에 달려 있다. 좁은 폭(소수의 직원들)은 더 가까운 근로관계들, 더 나은 훈련, 더욱 더 분명한 의사소통 그리고 통제 수준의 증가를 허용할 수 있다. 더 넓은 폭(훨씬 더 많은 직원들의 수)은 작업 책임 위임과 조직 내의 훨씬 더 통제된 변화율과 전체 조직에 대한 더 큰 영향력을 가능하게 할 수 있다.

담임 목사들은 급속하게 성장하는 교회에서 자신에게 부과되는 많은 요구들을 균형 있게 처리할 수 가 없다는 것을 발견할 수 있을 것이다. 설교 준비에 요구되는 많은 시간들은 상담, 심방, 스텝들과의 관계, 재정 관리 그리고 수많은 다른 중요한 문제들과 충돌이 될 수 있다. 또한 이러한 요구들은 목회 스트레스의 주된 원인이 될 수 있다. 이러한 스트레스를 줄이기 위해 많은 담임 목사들은 행정 목사라고 알려진 새로운 역할을 만들었는데, 이 목사는 담임 목사의 행정 책임들의 많은 부분을 감당하게 된다. 이 결과 담임목사는 소수의 선정된 개인들만 통제함으로써 자신의 통제의 폭을 줄이고 다른 더 큰 책임들은 이 새로운 행정 목사에게 위임한다.

MICHAEL J. ANTHONY

참고문헌 | B. Bass(1981), *Stogdill's Handbook of Leadership*; H. Koontz and H. Weihrich(1990), *Essentials of Management*.

참조 | 행정(ADMINISTRATION); 지도력(LEADERSHIP); 경영(MANAGEMENT); 조직화(ORGANIZE)

통찰력(Insight). 통찰의 핵심적인 의미는 특정한 지식의 상태에 도달하는 것 그리고 혼란에서부터 이해로 이동하는 것이라는 관념이다(Dominowski and Dallob, 1995). 1920년대와 1930년대에 게쉬탈트 심리학자들(Gestaltists)에 의해 개발된 시각 개념의 연구로부터 통찰의 과학적인 개념의 이해가 시작되었다. 게쉬탈트 심리학자들은 문제해결을 기초로 하여 통찰의 근본적인 관념을 제공하였다. 오늘날 인지주의 심리학자들은 비록 게쉬탈트의 공헌들은 아직 확답이 되지 않은 수많은 의문들을 제기했으나, 이 초기 작업에 대한 공정한 평가는 그것을 실험적인 것이라기 보다는 일화적인 것으로, 직접적인 실험을 허용할 정도로 충분히 구체적이지 않은 것으로 분류한다(Perkins, 1981).

통찰력은 단순 개념이 아닌 복잡한 것이다. 최근의 문헌에서 일반적인 관점 안에서 연구자들은 통찰의 과정 안에서 구성 요소들을 확인할 때 몇 가지의 일치점을 설정하였다. 첫째, 문제 확인 혹은 문제 해결에 곤란이 발생할 경우 준비 기간이 필요하다. 다음으로는 문제 해결을 위한 과도기로서 심사숙고의 기간이 온다. 셋째로는 활동의 특징으로서 갑작스러움 또는 '아하'와 같은 경험으로 기쁨과 같은 긍정적인 감정 혹은 '왜 내가 이전에는 몰랐을까?' 하는 부정적인 감정 등이 온다. 마지막으로 통찰의 경험 또는 계몽의 단계가 온다. 이는 학습자가 통찰을 생산적인 단계로 가기 위해 필수적인 일을 성취하도록 평가나 동화의 단계가 순차적으로 될 수 있도록 이 과정이 촉진되어야 한다. 통찰의 과정은 통찰 각각의 순간에 내부의 구조를 지니고 있다는 것을 가정한다.

그렇다면 이 통찰력은 어디에서 오는 것인가? 이 통찰을 설명하는 데 있어 최근의 전개와 마찬가지로 문학 안에서 두세 개 정도 일치된 접근들이 있다. 이전에 언급되어진 특수과정 관점에서 혹은 위저드 메르린(Wizard Merlin) 관점에서 영감의 격발, 갑작스러운 재구조 등이 해당한다. 반대되는 접근으로 '전혀 새로운 것이 없음의 관점' 혹은 일반적인 관점으로서 통찰을 인간이 배우고 인지하는 데 있어서의 평범한 정신 과정으로 보는 것이다(Perkins, 1981). 세 번째 통찰에 관한 관점으로서 미리 준비된 마음의 관점으로 불리는 것으로, 통찰을 정보의 진행 절차의 과정에 기인하는 것으로 보는 것이다.

현재 통찰력의 본질에 대한 인지적 조사가 의견 일치를 만들기 위해 계속 진행 중이며 갑작스러운, 심사숙고 그리고 동시성 같은 몇몇 요소들에 관한 합의는 평가에서 일치를 발견한다. 현재 조사는 통찰의 개념에 대하여 도전적인 아이디어 논쟁 그리고 통찰의 개념에 관한 뜨거운 토론을 보여주고 있다. 사회적 상황을 인식, 조직관을 연구하며 돈 캠벨의 진화모형을 재구성하는 것은 진행 중인 다른 연구의 가능성의 일부이다. 통찰은 성인을 위한 학습의 일반적인 모드이고 근본적인 배움과 기본적으로 다르다.

JERRY BOWLING

참고문헌 | R. L. Dominowski and P. Dallob(1995), *The Nature of Insight*; D. Perkins(1981), *The Mind's Best Work*.

통치(Govern). 통제(Control), 경영(Management)을 보라.

퇴행(Regression). 집착의 개념과 밀접히 연관된 프로이트 심리요법에서 사용되는 용어로서 삶의 이전 단계에서 경험한 안전감이나 만족을 얻기 위해 이전 단계의 특징을 이루는 행동들로 돌아가는 개인의 방어기제를 묘사한다. 심리요법에서 퇴행은 불안, 갈등, 두려움 내지는 좌절감을 다루는 방법의 하나로 본다. 어린이들은 동생이 태어날 때 관심과 안정감을 갖기 위해 퇴행(예로 엄지손가락을 빤다거나 아기들이 쓰는 말을 사용하는 것)할 수 있다. 또한 퇴행은 성인에게서 나타날 수 있으며 심각한 정신적인 불안으로 인해 야기될 수 있다. 퇴행의 개념은 이전 발달 단계나 수준에서 특징적으로 나타나는 사고 과정이나 행동들로 개인이 되돌아가는 것을 가리키는 몇몇 인간발달 단계 이론들에서도 사용된다(예로 1970년도 페리의 지적, 도덕적 발달 이론, 1982년 에릭슨의 심리 발달 이론 등).

KEVIN E. LAWSON

참고문헌 | E. H. Erikson(1982), *The Life Cycle Completed*; W. G. Perry(1970), *Forms of Intellectual and Ethical Development*.

참조 | 프로이트, 지그문트(FREUD, SIGMUND); 페리, 윌리엄(PERRY, WILLIAM G. JR.); 종교심리학(PSYCHOLOGY OF RELIGION)

투사(Projection). 자신의 생각들과 감정들을 다른 사람에게 돌리는 것을 표현하기 위해 사용되는 용어이다. 개인에 따라 사용되는 정도는 다르지만, 투사는 편집증적 성격들의 주요한 방어기제이다. 이러한 특징은 자신 안에 실제로 존재하는 바람직하지 않는 성격들에 대한 인정을 자아가 피하기 위해서 무의식적으로 취하게 되는 것이다. 예로, 다른 사람들과 잘 지내는 것이 어려운 사람은 결함이 실제로는 자신에게 있음에도 불구하고, 문제의 원인을 다른 사람의 것으로 "투사"하는 일이 빈번하다. 예수 그리스도는 마태복음 7장 1-5절에서 투사의 전형을 보여주신다. 프레드릭 펄의 게쉬탈트 치료법(Frederick Perls' Gestalt Therapy)은 주로 투사의 원리 위에 기초를 두고 있다. 이에 따르면 내담자들은 "그 자리에 없는" 것에 대한 그들의 필요들, 두려움들, 혹은 소망들을 투사함으로써 그들의 사회적 환경을 끌어들이도록 촉진한다.

DAVID GOUGH

팀

팀(Team). 축구팀에서와 같이 같은 편에 있는 사람들을 가리키는 용어로, 비즈니스 그리고 점진적으로는 교회와 관련된 사역에서 사용된다. 이 단어는 또한 행정팀에서와 같이 함께 일을 하기 위하여 조직된 그룹을 묘사하기도 한다. 카첸바흐(Katzenbach)와 스미스(Smith)는 팀을 "그들 스스로 상호적으로 책임을 지는 공동의 목적과 임무 수행의 목적들과 접근 방법에 헌신한, 서로 보완적인 재능을 지닌 소규모 사람들"로서 정의하였다. 팀은 종종 하나의 임무를 완성하고 통찰력을 얻고 교제를 증진시키고, 임무 수행 능력을 강화시키고, 그들의 단체적인 전문 지식들을 나누고, 또는 상승작용을 제공하기 위해 의도적으로 서로 연관을 맺는 사람들의 그룹을 말한다. 하나의 팀은 공동의 목적, 또는 기능을 성취하기 위하여 참여하는 적어도 두 사람 이상의 그룹이다. 팀웍은 종종 팀이라는 단어와 동의어로 보인다. 때때로 참여적인 관리라 불리는 팀 개념은 종종 자기 방향 설정과 교차하는 기능성에 의존한다. 팀은 팀 티칭, 팀 매니지먼트, 팀 형성, 또는 팀 리더십과 같은 개념들을 정의하고 명료히 하기 위해 다른 명사들과 합하여져 사용된다.

1. **팀 티칭.** 팀 티칭은 둘 혹은 그 이상의 개인들이 각각 공헌할 수 있는 학습환경을 창조하기 위하여 서로 학급 자체를 도와줄 때 일컫는 말이다. 팀 교사들은 상승효과를 가져오는 학습을 제공하기 위해 함께 일한다.

2. **팀 매니지먼트.** 휴(Hughes et al., 1991)는 효과적인 팀들의 8가지 유용한 특징들을 나열하였다(366-69). 팀은 다음과 같은 것들을 가지고 있어야 한다.

- 분명한 임무 그리고 높은 업무 수행 기준들을 가지고 있어야 한다.
- 시설들, 기회들, 외부의 자원들 그리고 설비들을 평가해야 한다.
- 임무를 완수하기 위해 필요한 기술적 재능들을 평가한다.
- 필요한 자원들과 재능들을 확보한다.
- 계획을 세운다.
- 조직한다.
- 수준 높은 의사소통을 한다.
- 팀원 간의 갈등을 최소화시킨다.

3. **팀 형성.** 리더나 매니저의 중요한 기능은 팀을 형성하는 것이다. 리스와 브랜트(Reece & Brandt, 1999)는 "리더들을 위한 팀 형성 기술들"로서 숙고(Consideration)와 구조(Structure)를 제안한다(313-16). 숙고 기술은 성취를 인정하는 것, 초기의 그리고 잦은 성공을 제공하는 것, 각 개개의 팀원에 대한 개인적 관심을 갖는 것, 공개된 의사소통의 분위기를 형성하는 것, 개개 팀원의 가치를 발견하는 것 등을 포함한다. 그리고 구조기술은 목적들을 분명하게 정의하는 것, 개인과 팀의 목적을 설정하도록 격려하는 것, 구체적인 피드백을 자주 제공하는 것 그리고 빈약한 임무수행을 처리하는 것을 포함한다.

4. **팀 리더십.** 케네쓰 갱겔(Kenneth Gangel, 1997)은 팀 리더십을 "하나님의 부르심 아래에서 자신의 영적인 은사들을 사용하여 그리스도를 영화롭게 하려는 목적을 위해, 특정 그룹의 사람들이 하나님께서 그들에게 주신 목표들을 성취하도록 섬기는 것"으로 요약하였다(12). 팀 리더십은 상호성, 즉 한 사람이 이끌고 있는 다른 사람들을 위해 서로 팀을 형성하는 것을 포함한다. 팀 리더는 전형적으로 다음과 같은 특징들을 보여줄 것이다.

- 공동의 목적을 향해 체제와 그룹을 분명히 규정하는 것.
- 그룹과 그 그룹 안에 있는 개인들의 필요들을 상호적으로 평가하는 것.
- 목표들을 향해 움직이도록 팀원들을 고무시키는 것.
- 효과와 효율성을 위해 그룹의 노력을 조성하는 것.

- 그룹을 위해 효과를 나타내는 방법들을 발전시키는 것.
- 그룹의 주기적인 생명을 위한 지속적 평가를 격려하는 것.

GREGORY C. CARLSON

참고문헌 | J. R. Katzenbach and D. K. Smith(1993), *The Wisdom of Teams*; K. O. Gangel(1997), *Team Leadership in Christian Ministry*; B. L. Reece and R. Brandt(1999), *Effective Human Relations in Organizations*; P. Drucker(1992), *Harvard Business Review*; R. L. Hughes, R. C. Ginnett, and G. J. Curphy(1999), *Leadership: Enhancing the Lessons of Experience*.

팀 교수(Team Teaching). 둘 혹은 그 이상의 사람들이 수업 시간을 가르치기 위해 함께 일하는 것이다. 이것은 수업시간을 둘 혹은 그 이상의 사람들이 돌아가면서 맡는 것을 말하는 것이 아니다. 그 대신 팀 교수 내지는 둘 혹은 그 이상의 개인들이 팀을 만들어서 구체적인 수업 시간을 계획하고 활성화시키는 것을 말하기도 한다. 팀의 모든 구성원들은 수업과정을 만들고 수업 지도와 관련된 결정을 내리는 데 참여한다. 모든 구성원은 각 수업시간의 일정 부분을 이끄는 데 참여한다.

팀 교수는 특별히 아이들을 가르치는 데 유용한 접근법이다. 둘 혹은 그 이상의 교사들이 교실에서 함께 일한다. 각 수업 시간 동안 각 선생님은 수업의 발전과정 중 어느 부분에 대해 구체적인 책임을 진다. 예를 들어, 2명의 교사들이 12명의 취학 전 아동들의 수업을 함께 인도하고, 각 교사는 학습 활동의 진척을 책임진다. 한 교사는 이야기를 하는 사람이 될 것이고, 반면 다른 한 사람은 음악을 지도할 것이다. 두 교사 모두는 6명의 아이들을 책임지고, 결석자들을 처리하고, 생일을 기억하고, 다른 접촉이 필요로 하는 일들을 할 수 있다. 그룹 활동들과 과제들을 지도하는 데 둘 다 자신들이 책임지고 있는 6명의 아동들을 책임진다.

그러나 팀 교수는 아동들에게만 제한되지 않는다. 어떤 성인반은 팀 교수를 효과적으로 적용하고 있다. 각 팀 구성원은 성경 수업의 어떤 부분의 발표, 촉진 그리고 다양한 교실 책임들을 나누어진다.

팀 교수의 이점은 한 사람 이상이 수업 시간을 준비하는 데 참여한다는 것이다. 이것은 보통 더 큰 창의성, 성경에 대한 더 나은 통찰력 그리고 더 효과적인 수업 발표를 가능하게 해준다. 주된 단점은 수업을 계획하기 위해 팀이 반드시 함께 일해야 한다는 것이다. 그리고 계획을 함께 하기 위한 시간을 내는 데 헌신을 요구한다는 것이다.

ELEANOR A. DANIEL

Evangelical Dictionary *of*
Christian Education

EVANGELICAL
DICTIONARY
of CHRISTIAN
EDUCATION

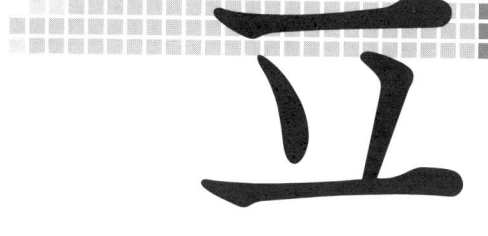

파울러, 제임스 3세(Fowler, James W., III, 1940-). 교육자이자 성직자이다. 파울러는 그의 신앙 성장의 개념화된 정의로 알려져 있다. 그는 믿음을 우주적이고 내재적인 경험으로서 그것에 의해서 의미가 만들어지고 유지된다고 포괄적으로 인식한다. 따라서 그의 관심은 특정한 종교에 있지 않고, 어떤 종교에서든 발생할 수 있는 성장 과정에 있다. 신앙 성장은 종교적인 신앙에 깔려 있는 깊은 정신적인 구조에 연관되어 있다. 파울러는 믿음을 관계적인 것으로 보았다. 그것은 세 가지 즉 상호 간의, 타인과의 그리고 궁극적인 힘과 가치의 중심(기독교 신앙에서는 하나님)과의 신뢰하는 관계와 연관되어 있다. 그것은 신앙과 가치 그리고 의미의 기초로서 작용하는 통합된 중심화의 과정이다. 신앙은 삶에 방향과 일관성을 준다. 신앙을 동사로서 이해하여, 파울러는 그것을 신학적인 명제 이상의 것으로 보았다. 파울러의 관심이 신학적이기보다는 신앙의 인간적인 심리학적인 측면에 있지만 그의 접근은 폴 틸리히(Paul Tillich)와 리처드 니버(H. Richard Niebuhr)의 변화 신학(Transformational Theology)에 의해 신학적으로 뒷받침되어 있다.

심리학적으로 파울러는 피아제(Piaget)와 콜버그(Kohlberg), 에릭슨(Erikson)의 성장이론에 가깝고 인생 전체 기간에 걸친 발달에 대해 제시한다. 파울러는 신앙이 6개의 연속된 발달과정을 거쳐 어떻게 알려지게 되는지 인식론적인 관점들을 개념화한다. 각각의 단계는 믿음의 구조를 대표하며 그것은 신앙에 대한 생각, 신앙의 의미 그리고 세계관 등이 형성되는 방법이다. 각각의 단계에서 가치와 인식의 통합이 있다. 단계들은 연속되어 다르지 않고, 각 연속되는 단계들은 이전의 단계들을 통합하고, 대신에 신앙 능력을 확장시킨다. 발달은 자동적이지 않고 어떠한 단계에 머물 수 있다. 예를 들어, 한 개인이 나이로는 성인에 이르렀지만 신앙의 수준은 유아기나 사춘기에 머물 수도 있다. 단계를 통한 진보는 신체적 발달, 정서적인 발달, 인식의 발달, 사회심리학적 발달 그리고 종교와 문화의 영향 가운데 복잡한 상호작용의 결과로 나온다. 그의 가장 최근의 저술에서 파울러(Fowler)는 신앙의 단계들이 보편적이라고 생각하지 않는다고 했다. 즉 그는 그 단계들이 모든 문화적 상황에 적용할 수 있다고 보지 않는다.

단계간의 이동은 길고 고통스러울 수 있지만 반드시 내용에서 변화를 수반하지는 않는다. 단계의 변화는 파괴적인 경험이나 삶의 의미를 주는 현재의 의미들이 부정확하다는 인식에 의해서 촉진된다.

10년 이상 파울러는 신앙 발달이론을 기독교 신앙에 연관시키고자 일했다. 그는 그의 신앙 발달에 대한 이해의 한계들을 신앙에 있어서 하나님의 주권이 실재한다는 이해 아래에서 인식한다. 그는 교회의 실천 혹은 실천신학에 많은 주의를 기울였고, 목회, 상담, 교회교육 프로그램 그리고 가정 사역 등에 관심을 가졌다. 특별히 파울러는 주어진 성품이 성경적 신앙의 특별한 내용과 양심과 함께 철저하게 융화된다는 복음적인 기독교 신앙과의 조화를 보인다. 구원은 어느 단계에서도 일어날 수 있다. 각각의 연속되는 단계는 하나님을 믿는 신앙에 대한 이해와 헌신 그리고 다른 사람의 필요에 대한 인식에 달려 있다. 다른 한편으로 여러 단계의 발달은 하나님으로부터의 더 큰 분리와 잘못된 형태의 자율을 통해서 계속해서 이기적이 될 수 있다.

성경적인 온전함으로의 성장은 하나님의 은혜와 하나님과의 더 깊은 관계를 위해 마음을 여는 인간의 잠재력의 능동적인 조합에 달려 있다. 단계를 통한 이동은 신자가 점점 더 하나님의 지시에 순종하고 그와 더 가까운 관계를 갖게 되는 과정에 연관되어 있다. 죄를 지으면 자기중심성의 결과로 성장이 막히게 된다. 이것은 그 자체로 다른 사람의 관점을 고려하지 않으며 형식에 기초한 신앙을 붙잡거나 권위 있는 지도자를 따르는 것처럼 보인다. 때때로 파울러(Fowler)는 성경적인 혹은 신학적인 중심 개념을 보존하는 데에 잘못된 방법들로 발달이론과 기독교 신앙을 혼합한다. 중요한 차이가 때때로 신앙 발달이론의 가정과 조화시키기 위해서 지워지고, 차이를 받아들이지 않아서 최소한 현재로서는 해결되지 않는 생생한 긴장이 남아 있다.

DENIS DIRKS

참고문헌 | J. W. Fowler, *Stages of Faith: The Psychology of Human Development and the Quest for Meaning*; idem, *Becoming Adult, Becoming Christian: Adult Development and Christian Faith*; idem, *Christian Perspectives on Faith Development: A Reader*, pp. 370-83; idem, *Christian Education Journal* 13:1(1992): 13-23; idem, *Faithful Change: The Personal and Public Challenges of Postmodern Life*; J. W. Fowler, K. E. Nipkow and F. Schweizer, eds., *Stages of Faith and Religious Development: Implications for Church, Education, and Society*.

참조 | 믿음(BELIEF); 인지발달(COGNITIVE DEVELOPMENT); 에릭슨, 에릭 홈버거(ERIKSON, ERIK HOMBURGER); 신앙(FAITH); 콜버그, 로렌스(KOHLBERG, LAWRENCE); 피아제, 장(PIAGET, JEAN); 삶의 단계/성인기(STAGES OF LIFE/ ADULTHOOD).

파이데이아와 1세기 교육(Paideia and First-Century Education).

파이데이아는 헬라어로서 "아이 양육과 교육의 기술"이라는 문자적인 뜻을 가지고 있다. 에비(Eby)와 애로우드(Arrowood)는 파이데이아를 헬라인들이 교육에 대한 개념을 표현하는 데 사용했던 두 가지 용어들 중의 하나라고 여겼으며, 다른 하나는 아고게(agoge)라고 기술하고 있다. 일반적으로 파이데이아는 인류가 이룩할 수 있는 모든 육체적, 지적 성취의 총합으로 정의될 수 있다. 파이데이아는 마음과 몸의 이상적인 완성을 뜻한다. 이 단어는 아이를 뜻하는 파이스(pais)에서 파생했으며, 아이의 운동 또는 놀이를 뜻하는 파이디아(paidia)와 결합된 것이다. 에비와 애로우드에 의하면 파이데이아는 아이의 "다듬어지지 않은 활동이 기교를 갖춘 아름다운 형태"가 될 수 있도록 인도해 주는 과정이었다(1940). 헬라 교육자들은 파이데이아를 아이의 육체적, 지적 능력들의 조화로운 통합으로 보았으며, 예상되는 결과는 인격의 완성이었다. 인격은 아이의 활동을 엄격히 지도하고, 아이의 감정을 엄하게 통제함으로써 형성되고 완성되었다. 헬라적 사고에서 이러한 인격 형성은 그 아이가 후에 올바른 시민으로서 사회에 참여하는 데 필요한 것이었다. 국가에 대한 봉사가 우선시되었으며, 개인은 자신의 필요들을 국가에 종속시켰다.

후에 아테네의 교사들은 교육과 파이데이아에 조금 더 체계적으로 접근했다. 보웬은 이들 초기 교육자들이 아테네의 젊은 남자들로 하여금 효과적인 시민이 되는 법을 배울 수 있도록 훈련시켜주는 체계를 개발했다고 생각했다(Bowen, 1972). 철학자 플라톤은 파이데이아에 다양한 의미를 부여했으며 그 단어를 아주 지적인 용어로 만들었다. 또한 플라톤은 파이데이아를 지적 성취와 진리 추구의 과정을 기술하는 데 사용했으며 인격과 지성은 적당한 교육을 통해서 형성될 수 있다고 믿었다.

1세기 기독교 시대의 한 익명의 저자가 쓴 "유아 교육"이라는 제목의 글은 이러한 형태의 헬라 교육의 핵심을 보여주고 있다. 이 글은 교육의 목표를 도덕적 탁월성으로 정의하고 있다. 모든 가르침들은 그러한 목적에 부합하도록 행해졌다. 아이의 환경 역시 탁월한 도덕적 자질을 갖춘 곳이어야만 했다. 아버지는 훌륭한 인격의 본보기여야 했고, 어머니는 좋은 가문의 출신이어야만 했다. 그것은 유전을 통해 아이에게 더 나은 도덕적 탁월성의 성취 기회를 제공했다.

유아교육은 출생 때부터 시작되었다. 아이가 모유를 먹고 선한 노예들(파이다고가이, paidagogai)에게 맡겨지는 것은 매우 중요한 일이었다. 아이의 모든 활동은 중용의 삶과 심미안을 개발하는 방향으로 나아갔다. 전통적인 헬라인의 견해에서 지혜와 인격은 훈련과 가르침에서 오는 것으로 생각되었기 때문에 교사를 선정하는 데 각별한 주의를 기울였다. 교사는 훌륭한 인격의 소유자로서 숙련되고 아이들을 잘 다룰 줄 아는 사람이어야 했다. 가르침의 내용은 일반적인 헬라 교육의 유형(엔킬리오스 파이데이아⟨enkylios paideia⟩)을 따랐다. 앞선 글에서 이러한 개념이 사용되었다는 것은 A. D. 1세기경에 이미 파이데이아가 보편적으로 두루 받아들여졌다는 것을 의미한다.

아테네 체제에서 아동교육은 헬라인들처럼 시민으로서의 어떤 역할에 맞춰진 것이 아니라 올바른 사고와 행동을 통해 도덕적인 삶을 개인적으로 계발해 나가는 것이었다.

헬라어 파이데이아는 키케로가 웅변가 교육의 궁극적 결과물 즉 윤리적 인격을 묘사하는 데 사용한 용어 후마니타스(humanitas)와 유사하다. 로마의 웅변가요 교육자였던 퀸틸리안(Quintillian)은 이러한 원리들을 이용해 A. D. 1세기에 로마 교육의 황금기를 도래시켰다. 퀸틸리안의 교육 철학은 웅변가의 교육에 관한 그의 논의인 『웅변술 강요론』(De Institutio Oratoria)에 잘 요약되어 있다. 교육에 대한 퀸틸리안의 생각은 15세기부터 18세기까지의 교육이론에 영향을 미쳤다. 르네상스의 주된 학교는 라틴 문법학교였다.

퀸틸리안은 웅변 교육을 세 단계 즉 초기 교육, 문법 교육 및 수사학 교육으로 나누었다. 아이들이 처음에는 헬라어, 나중에는 라틴어를 배우는 식으로 어릴 때부터 읽는 법을 배워야 했다. 교육은 흥미를 주고 아이에게 격려와 할 수 있다는 마음을 줄 수 있어야 했다. 학업의 주요 과정은 문학과 음악, 천문학과 철학이었다. 웅변가는 많은 사실들을 알아야 할 필요가 있었으므로 퀸틸리안은 암기 활용을 주창했다. 그러나 그 모든 것 이전에 웅변가는 선한 사람이어야 했다. 이들 헬라와 로마 교육자들에게 인격은 바로 한 사람을 측정하는 기준이었다.

IVY BECKWITH

참고문헌 | J. Bowen(1972), *A History of Western Education*, vol. 1; J. Cogan, A. Ellis, and K. Howy (1981), *Introduction to the Foundations of Education*; F. Eby and F. Arrowood(1940), *History and Philosophy of Education: Ancient and Medieval*.

파이오니아선교회(Pioneer Ministries). 파이오니아 클럽은 교회로부터 지원을 받는 나이 2세부터 12학년까지의 소년소녀를 위한 주간 클럽 프로그램이다. 이 조직은 휘튼대학교 기독 예배부서에 의해 1939년 시작했다. 베티 휘테이커 부스로우(Betty Whitaker Bouslough) 외에 여러 다른 학생들은 자신들이 걸즈 길드(Girls Guild)라고 부른 소녀 클럽을 발전시켰다. 그들은 클럽 회원들이 자신들에게 경건한 역할 모델들을 보여줄 수 있는 활동들에 참여하기를 원했고, 회원들이 매일의 일상 활동에서 그리스도를 위해 사는 것을 배우도록 도왔다. 그들은 오늘날까지 파이오니아 클럽의 중심이 되고 있는 "삶의 모든 영역에 그리스도를"이라는 어구를 만들었다.

1941년 이 클럽은 개척과 모험이라는 주제를 가지고 "파이오니아 걸즈"라는 이름으로 바뀌었다. 캠프 체리쓰(Camp Cherith)라고 알려진 캠프 사역 부분은 일리노이스의 볼로에서 3일간의 캠프로 시작되었다. 오늘날 체리쓰 캠프연합회 소속으로 미국에는 스무 개의 캠프와 캐나다에는 여섯 개의 캠프가 있다.

학생들은 대학을 졸업하면서 클럽의 이념을 가슴에 품고 떠났다. 많은 자원봉사자들의 도움으로 "파이오니아 걸즈"는 미국 전역과 캐나다로 퍼져나갔다. 육십 개가 넘는 교단들의 교회들이 아이들의 삶의 모든 영역을 대상으로 한 사역 목표에 감사했다. "파이오니아 걸즈"는 아이들이 주일학교에서 배운 진리들을 모든 상황들에 적용할 수 있는 기회를 줌으로써 주일학교를 보강해 주었다.

1981년 많은 교회들과 교단들의 요청으로써 소년 클럽이 시작되었고, 이 기구는 마침내 파이오니아 클럽으로 발전하였다. 나이에 따라 일곱 개의 그룹으로 분류된 이 클럽은 다음과 같은 목표를 가졌다. (1) 영적 성장과 인격 발달의 통합, (2) 복음과 제자도의 강조, (3) 아동들에게 새로운 기술을 배우고 친구를 사귀고, 즐기고, 기독교 가치를 발전시킬 기회 부여(한국에서는 한일선 선교사 부부가 시작하였고, 파이오니아선교회 출판사를 통해서 『날마다 하나님과 얘기해요』 등 어린 아이들의 기도글 모음집을 발행하고 있다-역주).

1. 파이오니아 클럽의 목표들. (1) 아동들이 하나님과 인격적인 관계로 들어가고 말씀을 알 수 있도록 한다. (2) 아동들이 건강한 관계를 형성하도록 한다. (3) 아동들이 전인적으로 자랄 수 있도록 한다. (4) 성인들이 아동들을 이해하고 아동의 발달을 돕도록 한다.

2. 파이오니아 클럽의 특징들. '모든 삶의 영역에 그리스도를.' 파이오니아 클럽의 프로그램은 그리스도를 중심으로 하며 성경을 기초로 한다. 클럽 활동들을 통해서, 회원들은 그리스도인의 삶의 원리들을 배우는 기회를 가지고, 이러한 원리들을 모든 삶의 상황들에서 실천하며, 그리스도를 닮은 행동의 성인 모델들을 본다.

1) 의미 있는 성경 암기와 성경공부. 이해와 적용은 성경 암기 시간이 하나님과 말씀을 알아가는 시간이 되도록 만드는 필수적인 요소들이다. 성경암기는 단순한 반복적 행동이 아니라 매주 성경공부에서 나온 것이다. 적용은 귀납적 성경공부를 통한 것으로서 클럽회원들은 성경 이야기나 혹은 신앙에 대해 단순하게 듣기보다 스스로 성경을 연구한다. 성경공부 시간은 하나님의 말씀을 어떻게 개인의 삶에 적용할 수 있는지를 발견하는 흥분을 담은 성경탐구 시간으로 불린다. 따라서 적용을 위한 여러 가지 선택들이 주어지고, 회원들은 자신들이 하도록 배운 것을 실행하는 방법들을 스스로 택한다.

2) 참여 학습. 학생들이 스스로 참여할 때 더 많은 것들을 기억할 수 있으므로 성경공부와 활동시간은 적극적 참여를 유도한다.

3) 협력 강조. 이러한 요구들이 모임 계획으로 발전됨에 따라 학생들은 함께 상을 받게 된다. 그들은 다른 사람을 능가하려고 시도하기보다 자기 발전을 중요시하는 기술들을 배우게 된다. 유사하게, 놀이를 할 때도 목표는 재미를 경험하고 일치감을 확립하는 것이다. 지도자들은 우승보다 팀 단결을 강조하는 협력적 게임들을 사용하도록 장려된다.

4) 관계 중심. 하나님이 우리를 상호의존적으로 창조하셨다는 가르침은 아동들이 관계의 필요성을 볼 수 있도록 돕는다. 교육과정 자료들은 가족, 친구들 그리고 다른 성인들을 다루고 있다.

5) 나선형 교육과정. 파이오니아 클럽의 교육과정은 교육과정 전문가들에 의해 만들어져왔다. 동일한 개념들이 각 연령 단계들에서 다루어지지만, 아동들의 신체적, 지적, 감성적, 영적인 수용력에 알맞은 방식으로 되어 있다.

6) 지역 교회를 섬김. 파이오니아 클럽은 교회가 복음화와 양육을 위한 하나님의 주된 방법이라고 믿으므로 어떤 교회라도 이 프로그램을 그들 교회의 상황에 알맞은 형태로 유동성 있게 사용할 수 있도록 장려한다. 파이오니아 클럽은 그리스도 안에서 성도를 성숙시키는 교회의 임무수행을 위해 교회를 준비시키는 프로그램과 자료들을 제공한다.

SARA ANNE ROBERTSON

패널토의(Panel Discussion). 질서 정연한 대화와 청중의 흥미를 잘 조화시킨 대그룹 교수법이다. 패널 환경은 4명에서 8명으로 구성된 한 그룹이 주어진 주제를 논하게 되는 중앙 내지는 청중석보다 높은 자리를 포함하게 된다. 청중은 패널을 정면으로 바라보지만 편자 모양이나 원처럼 패널 둘

레로 앉을 수도 있다. 청중이 50명 혹은 그 이상이 되는 경우에는 청중석보다 높은 무대와 마이크가 도움이 된다.

전문가가 전체모임 시간 동안 준비된 연설을 하는 심포지엄과 달리 패널 토의는 연설, 영상 발표, 또는 시범으로 이루어져 있다. 구성원들은 학식이 있는 외부인들이지만 반드시 전문가이어야 할 필요는 없다. 만일 청중 참여를 희망한다면 패널이 있고 난 후 포럼을 가질 수 있고, 그 시간에 청중들로부터 논평이나 질문들을 받을 수 있다. 자유 토론은 수정된 형태의 패널로서 구성원의 반은 전문가들이고 나머지 반은 청중들로 이루어진다.

일반적으로 사회자가 패널 구성원들을 소개하는 것이 첫 번째 단계이다. 만일 개회사가 있으면 2분에서 3분으로 제한되어야 한다. 다양한 견해들을 질서 정연하게 교환하는 것이 패널 토의의 특징이 되어야 한다. 특별히 기독교교육에서 패널은 논란이 되고 의견이 분분한 문제들을 논의하는 데 유용하다. 주어진 주제를 경험한 패널 구성원들이 참여하므로 패널은 민감한 문제들을 다루는 탁월한 방법이 된다.

패널 토의의 목적은 청중에게 어떤 문제나 주제의 다양한 측면들을 알려주는 것이다. 청중들이 종종 견해를 달리하기 때문에 대체 행동의 장점들과 단점들이 드러나게 된다. 패널 구성원들은 노련한 연설가나 토의 주제에 대해서 권위자들이 아니므로 패널은 해당 주제들을 깊이 있게 다루기를 원할 경우 선호되는 방법이 아니다.

참가자들은 토론을 독점하거나 관계가 없는 안들을 끄집어내려고 할 수 있다. 숙련된 사회자는 대화를 유지하고 토의를 다시 본론으로 되돌려 놓을 것이다. 이처럼 "이리저리 왔다 갔다 하는" 패널토의의 특징이 바로 청중의 흥미를 지속시키고 개인적 생각을 자극시킨다.

DANIEL C. STEVENS

패러다임(Paradigm).

(1) 한계선을 설정하고, (2) 성공하기 위해 그 한계선 안에서 어떻게 행동해야 하는지를 말해 주는 일련의 규칙들이다.

이 용어를 만들어 낸 토마스 쿤은 과학적 과정이라는 측면에서 그 개념을 설명했다(Thomas Kuhn, 1962). 쿤은 "패러다임의 한 의미는 일단의 과학 그룹이 공유하는 모든 약정들을 포함하는 우주적인 것이다. 또 다른 의미는 특별히 중요한 종류의 약정을 구분시키며 그 결과 첫 번째 의미의 하위 범주가 된다"라고 생각했다. 이 관찰을 사용할 때 하나의 우주적인 패러다임은 일반적으로 받아들여지는 근본적인 과학 이론을 구성하는 이론, 법, 규칙, 모델, 개념 그리고 정의들로 이루어져 있다. 그리고 지엽적인 패러다임은 더욱 더 전문화되고 집중화되는 성격을 띠게 된다.

하나의 개념으로서의 교육은 우주적인 성격을 띤다. 교육은 학습 뿐만 아니라 교수(목표, 방법과 평가)행위들에도 집중한다. 조금 더 지엽적인 패러다임은 바로 이 우주적인 패러다임에서 생겨난다. 예를 들어, 누군가가 사람들을 교육시키는 것에 관해 이야기할 때 우주적인 패러다임을 상상하게 된다. 그러나 동일한 인물이 학습자를 기술할 때는 이상주의, 현실주의, 스콜라주의, 행동주의, 인문주의 그리고 인지주의 등의 주요한 역사적 철학적 패러다임들과 같은 조금 더 지엽적인 패러다임이 나타나게 된다.

기독교교육의 실제를 논할 때는 한층 더 전문화

행동	인식
학습은 수동적이다.	학습은 능동적이다.
학생들은 올바르게 답하는 것을 배워야 한다.	학생들은 여러 가지의 가능한 응답 유형들을 살펴보고 그 가운데서 선택한다.
학습은 외적 보상을 요구한다.	학습 그 자체가 보람을 줄 수 있다.
지식이란 결국 기억의 문제이다.	지식은 정보 획득의 문제이다.
이해란 존재하고 있는 유형들을 보는 것이다.	이해는 새로운 유형들을 만들어내는 것이다.
교사들은 학습 과정을 지도해야 한다.	학생들이 본인들의 학습을 지도한다. 적용을 통해 학습자는 문제들 가운데 존재하는 관계들을 보게 된다.

된 패러다임이 등장하게 된다. 이 도표는 현대 기독교교육에서 가장 빈번히 사용되는 두 가지의 패러다임들을 비교하고 있다.

한 가지 문제를 기존의 패러다임 안에서 더 이상 해결할 수 없을 때 새로운 법들과 이론들이 등장해 새로운 패러다임을 이루게 되며, 만일 받아들여지게 되면 이전의 것을 뒤집고 새롭게 자리 잡게 된다. 새로운 패러다임으로 인해 기존의 패러다임을 폐기하는 것은 과학과 정치 기타 등등, 한 공동체의 전체 지적 기반을 변경하는 것이다.

RONALD W. FREEMAN

참고문헌 | J. A. Barker(1992), *Future Edge: Discovering the New Paradigms of Success*; F. Capra(1982), *The Turning Point: Science, Society and the Rising Culture*; P. Hloyningen-Huene(1993), *Reconstructing Scientific Revolutions*; T. Kuhn(1962), *The Structure of Scientific Revolutions*.

페리, 윌리엄(Perry, William G. Jr., 1913-).

발달심리학자이다. 페리는 17세에서 22세에 이르는 대학생들의 사고유형과 도덕발달을 밝혀내고, 그 결과 인지발달은 대학생 시기 이전에 이미 절정에 이른다는 당시의 상식에 도전하였다. 변화하는 사고의 형태들은 정신 "구조들"로서 이를 통해 학생들은 지시, 가치 그리고 책임감 등의 의미를 획득하게 된다. 발달 유형은 더욱 복잡한 단계로의 이행을 허용하는 논리적 순서들을 따른다.

발달은 일련의 아홉 단계 내지는 세 개의 일반적 범주들과 관련돼 있다. 첫째, 대학 신입생들은 '이원성'(이원적 사고)으로 특징지어진다. 이 단계에서 삶은 옳고 그름, 선함과 악함, 우리 대 그들 식의 절대적인 용어들로 이해된다. 모든 문제들에는 올바른 해답들이 존재하며 권위자들은 정답을 알고 있다고 믿는다. 학생들은 당국이 제시하는 정답들이나 선택들, 서약 등을 외우도록 노력하게 되어 있다. 둘째, 사고는 '다양성'에 의해 특징지어진다. 정답이 아직 알려지지 않은 지식분야에서 다양한 의견들과 가치들이 존재하는 것이 적절하다고 학생들은 믿는다. 셋째, 사고형태들은 '헌신'으로 발전하는데 이는 보다 복잡한 사고 과정으로서 학생들은 다른 선택들이 존재함을 충분히 인식하면서도 특정한 가치나 지식들을 지지하기로 선택하게 된다. 이러한 헌신들은 신중한 고찰이 부족했던 이전 단계들과는 달리 반사적 작용에 근거한다. 관점의 다양성에 대한 분명한 이해가 없이는 진정한 헌신에 도달할 수 없다. 확언한 것을 지키려는 책임감은 다른 사람들이 아닌 개인에게 달려 있다.

발달은 동료, 교수진 그리고 학습 내용 사이에 존재하는 다양한 관점들에 노출됨으로써 촉진된다. 그러나 발달은 정상적이고 당연한 것으로 간주되는 성장에 대한 내적 욕구에 반응하여 상당한 양의 에너지를 투자하는 것을 필요로 한다. 그와 동시에, 이전 발달을 손상시키지 않고 보존하려는 반대적인 욕구도 존재한다. 그러나 여전히 대부분의 학생들에게 가장 강한 욕구는 성장을 향한 것이다.

대부분의 학생들은 헌신의 단계까지 발전하지만 어떤 이들은 성장에서 3가지 대안들을 선택하기도 한다. 첫째로, 일시적 관망은 약 1년 정도의 성장 정지를 말한다. 이 대안은 이전 단계의 성장을 강화시키는 것과 관련있거나 혹은 단순히 다음 단계로의 발달에 대한 주저함일 수 있다. 다시금 성장을 계속할 수 있을 것인지 혹은 그 대신 도피의 단계로 나아갈 것인지는 본인의 태도에 달려 있다. 만일 개인적 책임을 인식할 수 있게 된다면 성장이 재개될 가능성이 높다. 반면 학생이 자신 외의 다른 누군가 또는 다른 무언가가 성장을 촉진해 주길 기다린다면 발달의 재개는 기대하기 어려우며, 소외와 회피라는 무책임이 발생하게 된다. 두 번째 성장의 대안은 퇴행으로서 발달의 어느 단계에서나 일어날 수 있다. 학생이 이전 단계로 복귀함으로써 여러 가지 책임의 유기가 발생할 수 있다. 만약 학생이 이원론으로 복귀한다면 그의 이원적 관점은 자신과는 반대되는 의견들을 지닌 "적"을 찾으려는 경향을 보인다. 충성은 어떤 권위에, 혹은 다른 전망들을 거절하는 절대적인 것에 주어질 수 있다. 그렇지 않으면 학생은 권위들에 대한 반대(저항)를 택할 수도 있다. 셋째로, 학생은 다음 두 가지 중 하나의 형태로 도피할 수 있다. (1) 분리 혹은 수동적 표류로서 삶이 "운명"에게 자리를 내준 경우. (2) "캡슐화"(encapsulation)로서 다양한 견해들을 다뤄야 하는 필요에서 생겨난 도피.

페리에 따르면, 간단한 믿음에서 보다 성숙하고 헌신된 신앙으로의 종교적 발달은 회의의 시기를 요구한다. 페리는 부정이 아닌 신앙의 합리성과 유효성을 확립하기 위한 진지한 물음으로서 회의의 필요성을 강조했다.

교육적으로, 페리는 그가 묘사한 도식이 발달을 강제하는 규범으로 취급되어서는 안 된다고 했다. 대신 그는 학생들의 의미 산출 방식에 부합함으로써 교사의 의사전달 능력을 향상시키는 수단으로 자신의 도식을 이해해야 할 필요를 강조했다. 성장을 위한 전략들을 고안하기보다는 다양한 사고에 학생들을 노출시킴으로써 교사들은 발달을 장려하게 된다.

DENNIS DIRKS

참고문헌 | W. G. Perry(1970), *Forms of Intellectual and Ethical Development in the College Years*; idem, *The Counseling Psychologist* 6, no. 4(1977): 51-52; idem(1978), *Encouraging Development in College Students*; idem(1981), *The Modern American College: Responding to the New Realities of Diverse Students and a Changing Society*.

참조 | 비판적 성찰(CRITICAL REFLECTION); 초기 아동기(EARLY ADULTHOOD); 도덕발달(MORAL DEVELOPMENT); 도덕적 딜레마(MORAL DILEMMA)

페스탈로치, 요한 하인리히(Pestalozzi, Johann Heinrich, 1746-1827). 스위스 출신의 교육자이다. 부친이 일찍 사망함에 따라 그와 두 형제들은 어머니 손에서 자랐다. 가정의 궁핍한 경제 사정으로 인해 고독한 유년기를 보냈으며, 이러한 환경은 그를 예민하게 만들었고 훗날 교육학적 견해 형성에 이바지했다. 루소의 『에밀』(*Emile*)에 크게 영향을 받은 페스탈로치는 개인은 근본적으로 감각적 지각을 통해 학습할 수 있다고 확신한 자연주의자였다. 그는 인간이 선천적으로 선하지만 타락한 사회에 의해 악하게 된다고 보았다. 그의 생각과 실천들은 지루한 암기와 무감각한 암송으로 특징지어졌던 기존의 학교교육의 개혁을 이끌어냈다. 빈민들의 곤궁한 처지에 깊은 관심을 지녔던 그는 1773년 스위스 노이호프(Neuhof)에 불우한 어린이들을 위한 학교를 설립했다. 비록 재정적 어려움으로 인해 5년 후 이 학교는 문을 닫아야 했으나 이때의 경험은 페스탈로치의 교육관 형성에 매우 중요한 역할을 했다.

1780년 그가 써낸 『은자의 황혼』(*The Evening Hour of a Hermit*)이라는 격언집은 루소의 영향을 분명하게 드러내며 그의 교육철학의 핵심을 표현하였다. 이듬해 그는 그의 작품 중 가장 널리 읽히게 될 『레오나르와 게르트루데』(*Leonard and Gertrude*)를 집필하기 시작했는데 이 책은 『에밀』과 같은 소설로서 교육학적 유형의 변화가 어떻게 사회적, 도덕적, 정치적 개혁을 이끌어 낼 수 있는지를 예시하려고 했다. 이 작품은 페스탈로치의 안전하고, 사랑이 넘치며, 가정과도 같은 학습환경의 필요성에 대한 강조의 기초가 되었다. 그는 교사가 학습적 지침에만 관심을 가질 것이 아니라 아이의 전인적 발달을 장려하여야 한다고 제안하였다. 자신의 교육적 실험들을 추구하기 위해 가정을 등한시한데서 온 깊은 죄책감과 싸워야 했음에도 불구하고 페스탈로치는 아이들이 그들의 인격과 가치를 최대한으로 발전시키기 위해서 안정된 가정과 지역사회에서 키워져야 할 필요가 있음을 주장하였다.

페스탈로치는 아이들을 교육시키고 교사들을 훈련시키기 위해 부르그돌프(Burgdorf)에 학교를 세웠으며 이베르돈(Yverdon)에 기숙학교를 설립했다. 거기서 그는 점진적이고 점증적으로 학습 과정을 촉진하기 위해 자연적 대상들을 이용하는 그룹 교수법을 발전시키려 애썼다. 그 학교의 환경은 대체로 허용적이었으며 체육과 놀이 활동 그리고 산보 등을 포함했다. 이 학교의 성공으로 유럽 전역으로부터 학생과 방문객들이 줄을 이었다. 이곳에서 큰 영향을 받은 이들 중에는 유치원의 창시자로 유명한 프리드리히 프뢰벨(Friedrich Froebel)과 통각이론을 공식화한 제이 프리드리히 헤르바르트(Johann Friedrich Herbart)가 있는데 이들은 모두 페스탈로치의 개념들에서 많은 것들을 차용하였다.

페스탈로치의 교수원리는 "일반적인" 것과 "특별한" 것 등의 두 가지 범주로 나눌 수 있다. 일반적 방법은 학생들이 안전함을 느낄 수 있도록 교사들이 정서적으로 따스하고 안정적인 환경을 제공하는 것과 연관되어 있다. 이것이 확립되면 특별한 방법이 이용된다. 특별한 교수법은 페스탈로치가 "실물 학습"이라고 명명한 자연적 사물들의 이용을 통한 감각적 학습과 관련되어 있다. 루소처럼 페스탈로치도 학습은 아이들이 친숙함을 느낄 수 있는 감각적 경험들에 근거해야 한다고 주장했다. 학생들이 학습에 진보를 이루어감에 따라 페스탈로치는 좀더 나아가 그의 견해를 요약한 일련의 학습 전략들을 사용하였다. 그는 (1) 추상적 개념을 소개하기 이전에 구체적인 것들로부터 가르치기 시작해야 하며 (2) 멀리 떨어진 원거리의 것을 다루기 전에 학생의 당면 환경에서부터 가르치기 시작해야 하며 (3) 복잡한 것을 하기 이전에 쉬운 문제부터 가르치기 시작해야 하며 (4) 항상 점진적으로, 누적적으로, 천천히 진행돼야 한다고 주장하였다. 페스탈로치는 모든 어린이가 교육받을 동등한 권리가 있으며 교육을 통해 유익을 얻을 수 있는 내재된 능력을 소유하고 있다고 깊이 확신했다.

종래의 전통적 교육형식을 지나치게 말뿐이고 죽어 있는 것으로 공격하면서 아이 안에 내재된 능력들은 자연적 원리들과의 일치 속에서 가장 잘 발달된다고 생각했다. 그러한 교육 유형은 교사들이 이를 적절히 수행해 나갈 수 있게 준비되어 있는 한도 내에서만 성공할 수 있다. 따라서 교사들을 자연적 원리로 훈련시키는 것은 페스탈로치에게 매우 중요했다. 그는 교장이 지역사회에서 가장 중요한 사람들 중 하나여야 한다고 주장했다. 교장은 강력한 정서적, 윤리적 품성을 지닌 사람이어야 하며 사회 모든 계층의 아이들을 사랑할 수 있어야 한다.

비록 자신의 시대에는 잦은 비판을 감수하여야 했으며 혁명적으로 간주되기도 했지만 페스탈로치의 교육 개념은 20세기 유럽과 미국의 진보적 교육학의 발달에 지대한 영향을 끼쳤다. 자연적 원리들과 인간 감정에 대한 그의 강조는 이전 세대의 루소의 생각과 유사했다. 그러나 루소가 학교 개념을 폐기할 것을 주장한 반면 페스탈로치는 그것을 개혁하고자 노력했다. 소외된 사람들의 대변자였던 그가 죽었을 때 그의 무덤은 오로지 거친 돌 한 개와 장미 덤불 하나로만 표시될 뿐이었다. 페스탈로치의 탄생 100주년에 그의 무덤에 세워진 비석에는 "다른 이들에게 모든 것을 주고 자신에게는 아무것도 남기지 않았다"라고 적혀 있다.

DAVID GOUCH

참고문헌 | R. B. Downs(1975), *Heinrich Pestalozzi: Father of Modern Pedagogy*; G. L. Gutek(1968), *Pestalozzi and Education*; K. Silber(1960), *Pestalozzi: The Man and His Work*.

참조 | 헤르바르트, 요한 프리드리히(HERBART, JOHANN FRIEDRICH); 학습이론(LEARNING THEORIES); 대상학습(OBJECT LESSON); 루소, 장 자크(ROUSSEAU, JEAN-JACQUES)

편견(Prejudice). 제한된 회수의 관찰을 토대로 하여 그룹 내의 모든 사람들을 일반화시킨 결과 그룹에 대해서 일관적인 행동을 낳게 되는 판단이다. 이것은 지지받지 못하는 판단을 기초로 하고 감정적으로 부정적인 의미를 담고 있다. 올포트(Allport)는 편견이 과범주화(overcategorization)와 바뀌지 않는 잘못된 개념들을 취하는 상태일 때 발생한다고 말한다. 과범주화는 몇몇 사람의 특징들을 그룹 구성원 전부에게 속한 것이라고 생각한다. 바뀌지 않는 잘못된 개념들은 개인이 반대되는 증거를 가진 후에도 그러한 믿음들을 유지할 때 생긴다. 달리 말하면, 미리 판단하는 것(prejudgment)이 편견이 된다. 편견의 종류로는 민족적, 인종적, 종교적, 사회 계층적, 성별적인 것 등이 있다.

성경은 편견의 여러 가지 예들을 제시한다. 예수님은 "선한 사마리아인"의 강도당한 사람을 그냥 지나친 제사장과 레위인의 이야기를 들려주시면서 민족과 사회 계층에 대한 편견을 예증하셨다(눅 10:29-37). 성령께서는 사도행전 10장에서 이방인에 대한 베드로의 인종적 편견과 민족적 편견을 꾸짖으셨다. 예수님은 간음하다 잡힌 여인을 변호하실 때 그 당시의 성별에 대한 편견을 반대하셨다(요 8:3-11). 사도 바울은 "너희는 그리스도 예수 안에서 하나이다"(갈 3:28)라고 말하면서 교회의 위치와 기독교교육의 임무를 개괄했다. 그리스도 안에서의 하나되는 것은 기독교교육자들의 삶과 교육에서의 편견을 용납하지 않는다.

PHILIP BUSTRUM

참고문헌 | G. Allport, *The Nature of Prejudice*.

편부모(Single-Parenting). 편부모 가정의 형성은 이혼, 배우자의 사망, 이별(군대, 감옥 내지는 학대를 통해서 이루어지는 경우와 그 외 기타)의 충격적인 사건들과 입양을 위해 자신들의 자녀들을 포기하지 않으려는 미혼 십대모(母)들로 인해 생겨난다. 이러한 상황들 속에 있는 아동은 종종 편부모 주로 어머니의 보호 아래에 남게 된다.

자녀를 혼자 키워야 하는 편부모는 규율 유지, 음식, 의복 그리고 쉼터를 제공해야 될 필요가 있지만 낮은 수입, 정서적인 지원과 가정을 유지하는 데 필요한 육체적인 도움의 결여 그리고 제한된 의미의 힘과 통제 등과 같은 여러 가지 문제들에 직면한다.

때때로 편부모들에게는 부재하는 부모와의 관계와 같은 다른 문제들, 때때로 숨겨진 문제들이 있다. 양부모나 동거자가 있을 경우는 또 다른 종류의 문제들이 생겨난다. 이러한 양부모나 동거자에게 있는 자녀들은 경쟁으로 여겨질 수 있다. 이러한 의붓자식들이 야기할 수 있는 다른 문제들은 첫 가정에서 나온 자녀들을 부양하는 데 필요한 재정의 부족이다. 단순히 두 가정을 부양하는 데 필요한 충분한 돈이 없을 수 있다. 그 결과 많은 아버지들은 자신들의 첫 가정을 위한 자녀 양육비를 내지 못하고 있다. 이로 인해 이러한 아버지들은 결례가 되는 "무일푼의 아버지들"이라는 이름을 얻게 되었다. 때때로 두 번째 가정이 있음으로 인해 아버지들은 첫 결혼에서 생겨난 아이들과 연락을 하지 못하는 경우가 있다. 그러한 아이들은 반항적이거나 자신의 아버지들에 대해 분개한다. 이러한 것들은 자녀 양육과 자녀들을 책임지는 부모에게 스트레스를 가져다 줄 수 있는 많은 문제들 중의 일부이다.

종종 원만하게 이루어지지 않은 이혼일 경우 각각의 부모는 자녀들을 이용해 반대 쪽 부모에게 원치 않는 심부름꾼이 되게 하고 더 심한 경우에는 자녀들로 하여금 자신들이 본 것이나 한 것을 보고하면서 그 부모와 가정에 대해 염탐할 것을 요구한다. 이것은 아이에게 커다란 스트레스가 되며 특별히 그 보고가 염탐을 당한 한쪽 부모의 귀에 들어갈 때 "고자질하는 사람"으로 보복을 당할 수 있다.

편부모 가정은 다양한 곳으로부터의 사회적 지원과 참여가 줄어든 것을 느낄 수 있다. 그것은 자기도 모르는 사이에 자녀들에게 영향을 미칠 수 있는데 그 이유는 학교에서 자신들의 또래나 교사들로부터 약간의 차별을 느낄 수 있기 때문이다. 편부모가 경험하는 차별은 지역사회와 동료들 아니면 자녀가 다니는 학교의 부모들과 교사들을 포함한 사회적 상황들에서 생겨날 수 있다.

종종 어린아이들은 편부모가 일할 때 탁아소에 보내지게 된다. 점점 더 많은 편부모들은 자신들이 일할 때 자녀들이 있을 수 있는 탁아소의 서비스를 필요로 하고 있다. 자녀들이 더 이상 탁아소를 필요로 하지 않을 때 그들은 학교에 보내지게 된다. 그리하여 이런 아이들은 부모의 감독이나 보살핌을 받지 못하고 자라게 된다.

편부모의 아이가 그 날 수업을 마쳤는데(아니면 공휴일에) 돌보아주는 사람이 없을 경우 그 아이는 "열쇠 아이"(latchkey child)가 된다. 그것이 뜻하는 것은 그 아이가 목둘레에 목걸이나 끈에 연결된 집 열쇠를 착용하고 있을 수 있다는 것이다. 그 아이는 방과 후 집에 도착했을 때 빈 집에 스스로 문을 열고 들어갈 수 있다. 규칙들이 있을 수도 있고 없을 수도 있다. 그러나 아이들을 감독할 사람이 없기 때문에 무슨 일이든지 일어날 수 있을 뿐만 아니라 실제로 예기치 못한 사건들이 일어난다.

편부모의 삶은 종종 분노와 좌절감, 외로움과 두

려움, 애정의 부족 아니면 원만한 성적인 관계와 성취의 부족으로 가득 차게 된다. 굉장히 많은 일을 하는 부모에게 스트레스가 너무 많이 쌓일 경우, 그 부모는 아이들을 학대할 수 있다. 고통과 좌절감이 가까이 있는 사람들에게, 더욱이 싸울 수 없는 가장 연약한 사람들에게 쏟아 부어지기는 너무나도 쉽다(Gelles, 1995, 449).

타문화 연구에 의하면 편부모 가정은 미국에서만 유일한 것이 아니다. 다른 나라들 또한 편부모들의 문제를 해결하기 위해 씨름하고 있다(Gelles, 1995, 395).

너무나도 많은 낙심시키는 사실들로 인한 황량한 현실에도 불구하고 이러한 상황에 놓이는 사람들을 위한 도움과 구제가 있다. 종종 지역사회의 구제 단체들이 편부모들을 돕는다. 불행하게도 교회는 종종 도움을 제공하는 데 느리다.

일반적으로 주된 도움은 복지의 형태로 제공된다. 대공황이 있었을 때 절망적인 빈곤에 처한 사람들을 기아와 집을 잃어버리는 것으로부터 보호하고 도와주기 위하여 복지 정책이 만들어졌다. 소액의 연금이 도움 없이는 "부유의 땅"에서 살면서 죽을 수 있는 많은 불행한 사람들에게 주어졌다.

복지는 가난한 가정 내지는 "복지 가정들"로 이루어진 하위문화를 만들어냈다. 복지는 수백만의 사람들에게 안전책이 되었지만 수백만보다 더 많은 사람들은 그 복지정책을 공개적으로 악용하였다. 어떤 사람들은 그 정책에 너무나 오래 있어서 복지 가정들의 3대 그리고 4대 자손들이 복지를 삶의 한 방편으로 받아들이고 있다. 아무도 일하지 않지만 돈이 들어온다. 그것은 미국 세금납세자들의 주머니에 뚫린 구멍과 같았고 많은 사람들은 빈곤계층의 옳지 않은 편법에 대해 분개하고 있다. 그것은 또한 국제적인 망신이 되었다.

조치를 취해야 한다. 가족 구조와 가정의 삶에 관한 책들의 많은 부분들이 이 정책을 개혁하는 법을 제시하고 있다. 1997년에 국회는 마침내 복지 혜택을 받고 있는 많은 사람들이 자신들의 "권리"로 기대하게 된 재정적인 후원을 제한하는 복지 개혁법을 통과시켰다. 게다가 어떤 주들은 복지혜택을 받는 사람들에게 직업을 찾을 것을 요구했고 그렇지 않으면 그들의 지원비는 줄어들거나 아예 받지 못하게 하였다. 어떤 사람들은 그것이 일을 할 수 없는 불행한 사람들에게는 굉장한 어려움을 만들었다고 주장한다. 다른 사람들은 그것이 그들로 하여금 직업을 찾게 하고 그 직업과 함께 자존감도 찾게 만듦으로써 공공장소에서 마침내 머리를 들 수 있는 개인들의 구원이 될 것이라고 믿는다.

1990년에 18세 이하의 자녀들을 둔 고용된 편부모들의 비율은 전체 인구의 25%였다(Gelles, 1995, 119). 세계에서 가장 부유한 나라인 미국의 20세기 말 빈곤층의 대다수는 자녀들을 둔 여성들이다. 세 명의 가난한 성인들 중의 두 명은 여성이다. 미국 인구조사국의 통계에 따르면 여성들이 가장인 가정들의 경제적인 수준이 떨어지고 있었는데 그것은 그들이 가장 먼저 빈곤층으로 떨어지기 때문이다(Bender & Leone, 1992, 119).

복지 외에도 다른 도움을 받을 수 있다. 직업 훈련 프로그램들이 있으며 일부는 복지국에서 후원하며 다른 프로그램들은 대학이나 직업 개발국들이 후원한다. 사실 고용된 편부모에게 가장 커다란 필요들 중의 하나는 어린 자녀들을 위한 탁아소이다.

미국 전역의 많은 교회들은 일하는 독신자들의 자녀들을 위해 탁아소를 제공해 왔다. 그러나 더 많은 교회들이 어떻게 이러한 필요를 채울 수 있는지를 파악하기 위해 지역사회에 대한 인구통계학 조사를 할 필요가 있다. 교회들은 여러 가지 이유들로 탁아를 위해 자신들의 문을 여는 것을 꺼리하는 것 같다. 탁아소는 부모들에게 사역을 제공할 수 있고 효과적으로 운영될 경우 운영비도 나오게 된다.

몇몇 지역사회들이 제공하기 시작하고 있는 또 다른 필요는 방과후에 자녀들을 돌봐주는 프로그램이다. 과외, 놀이, 과제 도와주기, 미술과 공작 그리고 음악 수업 등과 같은 활동들을 제공한다. 아이들은 그곳에서 커다란 혜택을 받으며 부모들은 자신들의 육아 의무에 대한 친절한 도움으로 인해 마음을 놓고 고마워한다.

"배우자가 없는 부모들"(Parents without Partners)은 편부모 뿐만 아니라 가족 모임을 위한 사회 활동들을 제공해 주는 기관이다. 교회들 역시 교인들 뿐만 아니라 지역사회의 편부모들을 도울 수 있다.

점차적으로 더 많은 성인들이 이러한 상황에 처하게 됨으로 인해 교회는 편부모 가정들에 대해 더 민감해질 필요가 있다. 그것을 무시하고 이혼한 성인들이 자녀들을 양육하는 문제가 사라질 것이라고 희망하는 것은 현실을 회피하는 것이다. 통계에서도 볼 수 있는 것처럼 문제는 사라지지 않는다. 사실 그 문제는 증가하고 있다. "모녀" 점심이나 "부자" 소풍을 가지는 대신에 교회는 그런 시간을 편부모가 아들 내지는 딸과 참여할 수 있는 시간으로 만들어야 한다.

가족에 대한 연구에 의하면 "가족"에 대한 정의를 재고할 필요가 있다. 이러한 "재고"는 구제 단체들 뿐만 아니라 교회교육 사역에서도 이루어져야 할 것이다. 오늘날 몇몇의 비전통적인 형태의 가족이 있다. 그러한 형태 가운데는 아동을 입양하는 독신 성인들의 경우이다. 또 다른 특별하면서도 비전통적인 가족 형태는 자식의 죽음 내지는 구금 또는 약물 복용, 재정 문제, 또는 자녀를 버림 등과 같은 이유들로 인해 자녀를 키울 수 없게 되어 한 명 내지는 그 이상의 손자손녀를 기르는 독신 조부모의 경우이다.

혼전 출산의 경우가 계속적으로 증가추세이다. 1980년(출생률이 18.4%였음)에서 1990년(출생률이 27%로 증가)간의 10년 기간 동안 그 증가는 28%로 커다란 증가를 보였으며, 미혼 인구의 1/4이 아이를 낳고 있었다. 대부분은 아니더라도 이러한 산모들의 많은 경우는 십대들이며 이들은 혼자서 아이를 키우는 데 어려움을 겪거나 그들의 가족의 도움을 받으면서 아이를 키운다. 그들 중에서 아이의 아버지와 결혼하는 경우는 거의 드물고 그로부터 재정적인 도움을 받는 경우는 더욱 드물다.

탁아소나 방과후 활동은 교회가 편부모에게 제공할 수 있는 가장 유익한 두 가지 사역이다. 교회는 편부모를 사회 활동에 포함시키거나 편부모 가족들을 가족 활동에 포함시킴으로써 편부모 가족 전체를 대상으로 사역할 수 있다. 과거에는 도와주지 않았다가 진심으로 도와주는 데 관심이 있다는 사실을 표명하는 것은 교회에게 힘든 일이 될 수 있다. 참여하는 많은 사람들에게는 커다란 보상이 있다. 편부모들과 그들의 자녀들은 가정 밖에서의 관계들을 개발할 필요가 있지만 그 어느 때보다도 그렇게 할 시간이 없다(Bender & Leone, 1992, 19). 그러나 편부모 가정들은 그것을 더 많이 필요로 한다.

1991년의 독신자들에 대한 전국의 한 조사에 의하면 신생아에서부터 18세까지의 천오백만 명이 넘는 아이들이 편부모 가정에서 살고 있다. 그러나 "이러한 아이들과 부모들의 필요를 고려할 때 주로 유치원 나이 아이들을 목표로 하는 프로그램이나 서비스는 실제적으로 편부모 가정에 있는 아이들의 1/3도 채 못 되는 아이들을 대상으로 하고 있는 것이다." 교회의 교육 사역은 더 나이가 많은 아이들과 부모들에게도 반응해야 한다.

인용된 모든 통계 뒤에는 고통, 좌절, 외로움 그리고 두려움이 있다. 이것은 교회가 예수께서 제자들에게 말씀하신 대로 행할 수 있는 기회를 제공하는 것이다. "벗었을 때에 옷을 입혔고 병들었을 때에 돌아보았고 옥에 갇혔을 때에 와서 보았느니라 이에 의인들이 대답하여 가로되 주여 우리가 어느 때에 주의 주리신 것을 보고 공궤하였으며 목마르신 것을 보고 마시게 하였나이까 어느 때에 나그네 되신 것을 보고 영접하였으며 벗으신 것을 보고 옷 입혔나이까 어느 때에 병드신 것이나 옥에 갇히신 것을 보고 가서 뵈었나이까 하리니 임금이 대답하여 가라사대 내가 진실로 너희에게 이르노니 너희가 여기 내 형제 중에 지극히 작은 자 하나에게 한 것이 곧 내게 한 것이니라 하시고"(마 25:36-40).

미국 교회를 향한 커다란 도전은 이러한 훈계의 내용에 각각 순종하는 것이며 예수님이 원하시는 대로 예수님의 이름으로 행해야 할 것이다. 그것은 우리가 힘들게 살면서 자신들의 자녀들을 혼자 돌보는 편부모들이 그 작은 자들 중의 일부라는 사실을 기억하고, 가장 적은 자들의 필요들을 채워야 함을 뜻할 것이다.

PATRICIA A. CHAPMAN

참고문헌 | G. Barna(1980), *The Frog in the Kettle*; idem(1987), *Single Adults in America*; D. L. Bender and B. Leone(1992), *The Family in America: Opposing Viewpoints*; D. Elkind(1984), *All Grown Up and No Place to Go*; R. J. Gelles(1995), *Contemporary Families: A Sociological View*; D. L. Fagerstrom, ed.(1988), *Singles Ministry Handbook*; J. W. Fowler(1978), *Stages of Faith*; D. C. Kimmel(1980), *Adulthood and Aging*; C. Koons and M. Anthony(1991), *Single Adult Passages*; P. H. Miller(1983), *Theories of Developmental Psychology*; B. Okun(1984), *Working with Adults: Individual, Family, and Career Development*; R. Peterson and A. Palmer(1988), *When It Hurts to Be Single*; K. S. Welsh, ed.(1987), *Successful Single Adult Ministry*.

참조 | 혼합 가정(BLENDED FAMILIES); 맞벌이 부부의 아이들(LATCHKEY CHILDREN)

평등관계(Egalitarian Relationships).

평등주의자란 모든 사람이 동등하다고 보는 사람이다. 넓은 의미로는 남편과 아내의 관계를 언급한다. 기독교교육에서는 일반적으로 이 용어가 교회에서 남자와 여자의 역할, 특히 가르침과 지도력(leadership)에 사용된다. 평등한 관계란 두 사람의 이성이 함께 나란히 후원하는 역할로서 다른 사람들을 가르치고 멘토링을 하는 것이다.

교회에서 여성의 역할이 복음주의적 공동체 안에서 가장 논쟁이 되는 것인데, 그 이유는 성경의 세 구절 때문이다. 고린도전서 11장 2-16절은 바울이 창세기 1-3장에 기록된 창조 질서를 따라 "남자는 여자의 머리"라고 표현한 것인데, 이것은 명백한 명령의 사슬을 따라 하나님에서 시작하여 그 다음에 그리스도, 그 다음에 남자, 그 다음에 여자로 이어간 것이다. 후에 바울은 고린도전서 14장 34-37절에서 고린도교회의 여자들에게 "잠잠하라 저희의 말하는 것을 허락함이 없나니"(34절)라고 언급한다. 그리고 디모데전서 2장 12절에 바울은 디모데에게 "여자의 가르치는 것과 남자를 주관하는 것을 허락지 아니하노니 오직 종용할지니라"고 쓴다.

평등주의를 지지하는 사람들은 위의 구절들을 중요한 문화적 영향의 조명 아래 검증해야 한다고 말한다. 바울 시대에 여성들은 종교교육의 기회를 빼앗겼고, 그리하여 새로운 신앙에 대해 보다 많은 질문들을 가졌을 것이다. 교회에서나 안식일에 여성들은 남자들과 거리가 먼 발코니에 앉았을 것이다. 이것은 산만함을 방지하기 위함이었다. 여성들은 예배 중에 질문이 있으면 남편에게 물어보도록 되어 있었으므로 예배의 흐름을 방해했을 수도 있다. 이와 같은 시나리오가 사실이라면 바울이 그런 혼란을 방지하기 위한 지침을 주었을 가능성이 있다. 근본적으로 바울은 여성들이 집에서 그런 질문을 하여 그에 대한 토론으로 예배의 흐름을 방해하지 않기를 원했을 것이다. 그러므로 여성에 관한 바울의 규칙들은 예배의 지속성을 위해 주었을 것이다. 이와 같은 해석이 각 구절에 일관성을 보인다.

평등주의 입장을 옹호하는 다른 구절들도 성경에서 찾아볼 수 있다. 그들은 구약과 신약에서 여성의 지도자 역할, 특히 가르치는 역할의 예들을 지적한다. 제사장 힐기야가 더 유명한 예레미야나 하박국, 스바냐가 아닌 여자 예언자 훌다를 찾는 이야기는 남성 지배적인 유대 문화에서 여성이 가르치고 선지자적 역할을 하는 충격적인 일례이다(왕하 22:15-19).

평등주의자들의 또 하나의 주장은 영적 은사에 관한 바울의 가르침에 성별 구분이 없다는 점이다. 영적 은사는 각각의 신자에게 성령의 뜻에 따라 주어지고, 인종이나 경제 계층이나 성별과는 상관이 없다(고전 12:11-14, 18; 엡 4:7). 평등주의자들에게는 이것이 매우 중요한 요점이다. 왜냐하면 평등한 관계성은 성별에 관계없이 서로를 지지하고 후원하며 각 그리스도인에게 능력을 주어 각자의 영적 은사를 사용하는 일을 가장 강조한다. 만약 한 사람이 가르치는 은사를 받아 효과적으로 가르친다는 사실을 학생들에 의해 그리고 겸손한 태도로 증명이 된다면 그 주어진 은사를 사용하도록 허락해야 한다. 만약 한 개인이 지도력의 은사가 있다면 그는 지도자가 되도록 허용해야 한다(롬 12:6-8).

기독교교육자의 주요한 책임 중 하나는 사람들이 그들의 영적 은사를 발견하여 그리스도의 몸된 교회를 세우는 일에 사용하도록 준비시키는 일이다 (엡 4:11-12).

이와 같은 원리들을 담임 목사에게 적용하려 할 때 어려움이 있는데, 그 이유는 성경에 교회의 머리로서 남성 위주의 증거들이 분명하기 때문이다. 일반적으로, 교회의 다른 지도자의 직책에(어린이 담당 교역자, 청소년 사역자, 상담자 등) 적용할 때는 그 긴장감이 덜하다. 일부 교회 지도자들은 이 문제를 "목회자"(minister), "목사"(pastor)에서 "관리자"(Director), "지도자"(Leader)로 직명을 개칭함으로써 풀어 보려고 시도한다.

평등한 관계성은 때때로 양편이 지도자로서의 책임을 나누어진다. 이 방식이 기독교교육에서 후원자로서 모범을 보이고, 양성의 고유성을 살리며, 영적 은사들을 효과적으로 사용하는 일 등에 유익을 준다. 평등한 관계성 안에서 사역하기를 선택하는 사람들은 가르치는 일이 보다 민감한 일임을 알게 될 것이고, 그러므로 여성과 남성 모두에게 보다 효과적으로 사역할 수 있다.

JAMES W. MOHLER

참고문헌 | B. Clouse and R. G. Clouse, eds.(1989), *Women in Ministry: Four Views*; D. Elliot and G. Olson, eds.(1995), *Breaking the Gender Barrier in Youth Ministry*; S. J. Grenz(1995), *Women in the Church: A Biblical Theology of Ministry*; H. W. House(1995), *The Role of Women in Ministry Today*; L. E. Maxwell(1995), *Women in Ministry: An Historical & Biblical Look at the Role of Women in Christian Leadership*; R. A. Tucker(1992), *Women in the Maze*.

평등주의(Egalitarian). 교회와 가정과 사회에서 남성과 여성의 적절한 성역할에 대한 어떤 신념을 묘사하는 단어이다. 일반적으로 사역이나 가정에서 남성과 여성의 역할에 대해 계급적 또는 전통적인 입장과 대조적인 견해를 가진다.

양편을 대표하는 학자들이 그들의 견해를 요약하는 성명서들을 만들어냈다. 이러한 문서들이 전반적으로 그 대표적인 입장에 있는 모든 사람들의 의견을 대신해 주지는 않지만 일반적인 차이에 대한 기초적인 이해를 도와준다. 평등주의 입장은 일단의 복음주의자들이 함께 연합하여 만든 기구, '성경적으로 동등한 그리스도인들'(Christians for Biblical Equality)에서 발간한 성명서의 발췌를 아래에 소개한다.

> 성경은 남자와 여자가 온전하고 동등한 파트너로 창조되었다고 가르친다… 신약성경에는 남자뿐 아니라 여자도 선지자, 제사장, 왕으로서 역할을 했다… 교회에서는 남녀 모두의 영적 은사가 인정되었고, 개발되었으며 모든 수준의 섬기고 가르치는 사역에 사용되었다… 기독교인 가정에서는 배우자들이 은사와 전문성과 유효성에 입각하여 지도자로서의 책임을 서로 나누기를 배운다.

평등주의자들이 그들의 입장을 옹호해 주는 성경 본문들을 해석한 것을 다음에 간략히 요약한다. 그들의 성경 주해 전체를 보기 원하면 참조한 도서 목록을 보라.

1. **창세기 1-2장.** 남자와 여자는 하나님의 형상대로 창조되었기 때문에 통일되고 비슷하다. 다른 창조물을 지배하고 다스리는 책임을 함께 진다. 여자는 동등한 파트너로서 아담의 돕는 배필이다.

2. **창세기 3장.** 타락 사건이 하나님의 창조적 질서를 묘사하는 규범은 아니다. 그것은 오히려 타락의 결과의 단순한 기록이며 기술이다. 남성의 지배와 여성의 복종은 죄의 결과이지 하나님께서 계획하신 남자 – 여자의 관계는 아니다.

3. **갈라디아서 3:28.** 구원에 있어 여자는 남자의 공동 상속인이다. 구속은, 성별에 따른 역할 구분이 없는 본연의 동등성으로 인간관계를 회복시키기 위한 하나님의 계획이다.

4. **에베소서 5:23.** 머리에 대한 이해는 케팔(kephal: 머리라는 뜻의 히브리어-역주)을 강 상류

처럼 "생명의 자원"(source of life)이라는 뜻의 고대 헬라어로 번역한 것에 바탕을 둔다. 이 번역은 남자와 여자의 상호의존성과 연합을 강조한다.

5. **에베소서 5:21-33.** 21절에 상호 복종의 원리가 결혼에 적용되었고 22-23절에 설명되었다. 이 본문의 요점은 교회의 질서가 아니라 결혼이다. 바울은 결혼의 모델로서 교회를 사용한 것이지 교회의 모델로서 결혼을 사용한 것이 아니다. 결혼에서 순종이란 남편의 배우자를 향한 자기희생에 아내가 자원하여 순종하는 것을 의미한다.

6. **여성의 가르침에 대한 구절들(고전 11, 14장; 딤전 2:8-15).** 이 구절들은 지역적 신자들을 향한 교훈이지 모든 여성에 대항하는 영구적인 명령이 아니다. 바울이 여성에게 부여한 어떤 종류의 제한들도 교회 안의 구체적인 혼동을 해결하기 위한 문화적, 역사적 필연이었고, 일시적인 제한들이었다.

1) 제자와 사도들. 수많은 여성들이 예수님을 따라 다녔고, 열두 제자와 함께 그분을 섬겼다. 로마서 16장 7절에 유니아스(Junias)는 필경 여성형 이름인 유니아(Junia)로 번역될 수 있다. 그러므로 여성들이 사도로서 섬겼던 사실을 뒷받침해 준다.

2) 집사와 장로들. 디모데전서 3장 11절을 번역할 때 가장 유력한 설명은 여성도 집사의 직을 받았다는 것이다. 성령께서 주시는 영적 은사들에는 성별 구분이 없기 때문에 여성들도 목회와 가르침을 포함하여 하나님께서 어디로 인도하시든 자유롭게 은사를 사용할 수 있다.

SHELLY CUNNINGHAM

참고문헌 | M. J. Anthony, ed.(1990), *Foundations of Ministry*; Christians for Biblical Equality, *Christianity Today* 37; C. S. Cowles, *A Woman's Place?: Leadership in the Church*; R. Hestenes, *Christianity Today*(October 3, 1986): 4-I-10-I; A. Mickelsen, *Women, Authority and the Bible*; A. Spencer, *Beyond the Curse: Women Called to Ministry.*

참조 | 여집사(DEACONESS); 평등관계(EGALITARIAN RELATIONSHIPS); 여권주의(FEMINISM); 여성 목회(WOMEN IN MINISTRY)

평생학습(Lifelong Learning). 삶의 전 기간에 걸쳐 의도적이고 체계적으로 발달하는 동안 정보를 처리하려고 하는 인간의 계속적인 시도들이다.

이 개념에 대한 공식적인 논의는 1930년대에 시작되었다. 인간발달과 문화의 변화에 대한 이해가 증대된 덕택에 교육이론가들은 문화의 변화 속도의 가속화로 인해 정적인 정보를 제공하는 것 이상의 것을 수행하는 교육 방법론이 필요하다는 것을 이해하기 시작했다. 필요한 것이 있었다면, 그것은 학습자들로 하여금 생의 주기 전체에 걸쳐 사회 변화와 문화 변화의 역동적인 풍토 속에서 사고하고 역할을 다하도록 준비시킬 수 있는 전략이었다.

평생학습은 삶의 경험과 필수 불가결하게 관련되어 있다. 학습에의 능동적인 참여자로서 학습자는 그 또는 그녀가 역동적인 성장 과정에 참여할 때 점차로 자발적이 된다.

데이브(Dave, 1973)는 '평생학습'이라는 용어 사용의 다양한 차원들을 명확하게 하는 것을 돕는 평생 교육의 많은 특성들을 설명했다. 평생학습은 다양성(variety), 융통성, 각양각색(diverseness), 적응, 혁신 그리고 계속적인 변화 등이 그 특징이다. 이 특수하게 개인적인 과정의 목적은 삶의 질을 유지하고 향상시키는 것이다. 그것은 가족과 공동체 안에서 발생하는 것과 같은 자발적인 학습을 포함하는 의도적인 교육의 범위를 넘어, 형식적 교육(formal education)과 비형식적 교육(informal education) 그리고 무형식적 교육(nonformal education)의 영역들을 포함한다.

노울스(Knowles, 1972)는 변화하고 있는 문화의 도전들을 충족시키는 데 요구되는 학습의 지속 가능한 습관들을 검토하면서 많은 중요한 학습 능력들을 확인했다. 그것들은 학습에서의 호기심 개발, 탐구를 통해 대답이 가능한 질문들을 공식화할 수 있는 능력, 타당하고 신뢰할 수 있는 정보의 출처들을 확인하고 위치를 결정할 수 있는 능력, 자료들을 분석하고 조직하고 평가할 수 있는 능력 그리고 제기된 물음들에 대한 대답들을 일반화하고 적용하고 전달할 수 있는 능력을 포함한다.

비록 그 개념이 매우 광범위하다 할지라도, 개인은 학습과정을 총망라하는 전체성(wholeness)에 매료되며, 모든 교육을 위한 "조직원리"(an organizing principle)라고 인정한 데이브(Dave, 1973)의 생각에 동의한다.

MARI GONLAG

참고문헌 | R. H. Dave(1973), *Lifelong Education and School Curriculum*; M. S. Knowles(1978), *The Adult Learner: A Neglected Species*.

평신도(Laity). 안수 받지 않은 교회 회원들이다. 대개 사역(목회)이 그 용어의 배경(context)이며 일반적으로 성직자, 또는 교회 전체 가운데 안수 받은 회원들에 대한 반대 개념으로 사용된다. 보통 이 용어는 일련의 특정한 종교적 신앙을 가진 사람들과 그들의 성직자를 구분하는 데 사용된다. 평신도는 또한 특정한 전문 직업인들, 혹은 전문적 훈련을 받은 사람들과 대조되는 일단의 사람들과 관련될 수 있다. 그러므로 우리는 때때로 특정한 목회적, 또는 신학적 훈련을 받지 않은 사람들을 언급할 때 '평신도 목회자'(lay pastor)라는 말을 사용한다. 교회 안의 훈련받지 않은 비전문적 자원자들과 교회 안의 급료를 받는 직원들 사이의 이러한 대조는 대개 정확한 상(picture)을 제공하지 못하기에 적절하지 못하다. 그것은 두말할 필요도 없이 그리스도의 몸을 이루는 지체들(members) 사이를 분열시킨다.

성직자와 "평신도" 사이의 차이가 강조될 때 상당한 논쟁이 벌어진다. 실제로, 자신의 주저인 『평신도 신학』(*A Theology of Laity*, 1958)에서 크래머(Hendrik Kraemer)는 "성직자화된 평신도들"(clergicalized lay people)에 대해 기술한다. 성직자와 평신도 사이를 그와 같이 현격하게 구분하는 것은 교회에 해를 입힌다고 그는 주장한다. "평신도, 그들의 역할, 그들의 책임, 그들의 사역은 성직자의 그것과 마찬가지로 교회의 본질적인 면이다. 그러므로 (우리가 평신도에게 호소할 때) 우리는 원칙적으로 다만 평신도의 본질이 무엇인가에 근거하여, 즉 증언과 봉사를 위해 세상 속으로 보냄 받은 '하나님의 백성'(laos theou)으로서의 그리스도의 교회(Christ's Church)의 본질과 사명에 근거하여 호소해야 한다"(Kraemer, 1958, 167).

평신도는 안수 받지 않았지만, 그럼에도 불구하고 적극적으로 하나님의 백성으로 불리는 그리스도의 몸을 이루는 지체들로 이해하는 것이 가장 바람직하다. 헌트(George Laird Hunt)는 그 성경적 개념을 다음과 같이 기술한다. "하나님의 백성은 그분의 선택과 부르심에 의해 형성된 그분의 소유된 백성이며, 하나님은 자신의 이름과 말씀을 전하게 할 목적으로 선교를 위해 하나의 백성을 선택하신 것이다. 그 용어는 (본래) 이스라엘에게 적용되었으며 그 이후에는 교회 전체에 적용되었다. 그 용어는 오늘날 알려져 있는 바와 같은 성직자와 평신도 사이에 어떠한 구분도 포함하지 않는다"(Culley, 1967, 377).

평신도라는 정확한 용어가 성경에는 나오지 않는다. 그러나 신약에서 라오스(laos)라는 단어 - 신약에서 140번 나오며 이들 중 8번은 복수로 사용된다 - 는 하나님을 알지 못하는 세상 사람들과 하나님의 사람들을 구분하기 위해 사용된 구약의 하나님의 백성 개념에 기초한다. 선교의 본질, 곧 하나님을 세상에 알리는 것은 하나님의 백성됨에 고유한 것이다. 그러므로 이 중요한 이해는 사역의 기능에서 성직자와 평신도 사이의 차이에 관한 우리의 현재의 실천을 바로 잡는다. 하나님께서 명하신 사역(God-ordained ministry)에서 안수를 받지 않은 평신도를 제외시키는 관행은 검토될 필요가 있다.

어떤 사람들은 제사장(priesthood)과 백성 사이의 구약의 구별에 의거하여 구분을 정당화할지도 모른다. 그리고 신약은 지도력에 해당되는 더 높은 기준들에 따라, 지도자와 따르는 자 사이를 구분한다(딤전 5:17-20; 딛 1:5-9을 보라). 사도행전 5장 12-13절은 실제로 사도들에 대한 존중을 나타내는 것 같다. 그러나 대체로 초대교회는 그와 같은 구분을 실천하지 않은 것 같다. '하나님의 백성'(벧전 2:9-10)은 그리스도를 따르는 모든 사람들을 포함시키기 위해서 사용된 용어이다. 그렇지만, 그 용어는 제사장(성직자)과 평신도 사이의 차이를 언급하는 것 같지 않다. 오히려 그것은 하나님의 가족에 속한 사람들과 불신자들의 차이를 언급하는 것 같다. 그러므로 성경에서 그 용어는 개신교의 만인제사장직 개념에 근접한 이해를 나타내는 것일 것이다.

1. 역사적 관점. 신약성경에는 성직자와 평신도 사이에 뚜렷한 구분이 있는 것 같지 않다. 모든 믿는 자들은 한 몸의 지체들이며(롬 12:4-5), 그들은 사역을 위해 은사를 받았다(고전 12, 14장). 그리스도가 성도들을 준비시키기 위해서 그들에게 은사를 주셨지만, 그 강조점은 "온 몸이 각 마디를 통하여 도움을 입음으로 상합하여"(엡 4:11-16)에 있는 것처럼 보인다.

중세기에 일반 회중과 사제 그룹(priesthood)사이의 뚜렷한 구분이 생겨났다. 성직자의 특별한 기능들이 보통 사람들의 격하된(degraded) 사역에 우선하게 되었다. 종교개혁 기간 동안, 신약성경의 개념들이 어느 정도 새로운 활력을 얻었다. 만인제사장직은 하나님의 백성 개념에서 나온 광범위한 참여에로의 열매를 많이 맺는(fruitful) 부름이었다. 간단하게 진술하면, 만인제사장직은 "모든 사람이 하나님과 직접적으로 관계를 맺을 수 있다"(Erickson, 1983, 1085-86)는 것을 의미한다. 18세기와 19세기의 복음주의 운동은 계속해서 그들의 신학을 기초로 하여 평신도 참여를 강조했다. 1800년대 후반의 평신도 선교운동(the Laymen's Missionary Movement)이 한 가지 현저한 예이다. 이와 다르게, 일부 교회들 특히 로마가톨릭교회, 영국 국교회 그리고 다른 주요 교단들은 사역에서의 평신도의 역할을 놓고 싸워왔다.

2. 현대적 관점. 평신도 운동에 대한 기독교교육자의 이해에 관하여 몇 가지 문제들이 여전히 남아 있다. 자유지원제(volunteerism)가 되살아나고 있고, 많은 복음주의 작가들이 이 영역에 관심을 집중하였다. 위에서 언급한 것처럼, 선교 사역에서 평신도에 관한 강조는 이러한 교회의 시도에 새로운 활력을 불어넣었다. 평신도 상담사역은 강한 현상이지만, 이 미숙한 분야를 위한 조직들은 아직 충분하게 확립되지 않았으며 검토되지도 않았다. 여전히 성직자가 대부분의 공동 예배를 계획하고 통제하기 때문에 회중이 예배와 예전(liturgy)을 인도하는 문제에서의 변화는 아주 미미하다. 다른 방법들이 교회의 활동에 중요한 영향을 미쳐왔을 뿐만 아니라 복음증거와 봉사활동(outreach)은 주말 평신도 간증모임(Lay Witness Weekends)과 전도 폭발(Evangelism Explosion)로 더 폭넓게 기초를 쌓았다. 교회의 교수(instruction) 역할은 여전히 매주 가르치는 수많은 충실한 평신도들이 맡고 있다.

성직자의 안수와 단순히 (사역의) 수행자들이 되기보다는 오히려 사역을 위해 준비시키는 자들이 되기 위해 받는 훈련은 미래 복음주의 교회를 위해 도전을 가하는 요소들이다. 불행하게도, 성(gender)과 인종의 포함 문제는 여전히 많은 교회들이 검토하지 않았거나, 심지어 반대해 온 주제들이다. 점점 더 세속화되어 가고 있는 사회에서 교회는 자신이 감당해야 할 사역의 더 많은 부분들을 교회의 울타리 밖에서 보게 될 것이다. 그러므로 평신도를 동원하는 것은 필수 불가결한 것이다. 권위에 대한 전형적인 회의와 평신도 회원의 분주함의 문제는 계속해서 그들 교회의 평신도에게 협력을 요청하고, 그들을 격려하려고 하는 기독교교육자들을 좌절하게 만들 것이다. 협력을 증진시킬 간결하고 의미 있는 구조들이 고안되고 실행될 필요가 있을 것이다. 만일 교회가 신약성경이 본래 의도한 교회가 되고자 한다면, 여전히 평신도들을 사역에 참여하게 하는 창조적인 노력을 필요로 한다. 기독교교육자들이 평신도의 사역에 심혈을 기울이는 것은 당연한 것이다.

GREGORY C. CARLSON

참고문헌 | K. B. Culley(1967), *The Westminster Dictionary of Christian Education*; M. J. Erickson(1983), *Christian Theology*; H. Kraemer(1958), *A Theology of the Laity*; G. Kittel, ed.(1967), *Theological Dictionary of the New Testament*; D. Williams and K. O. Gangel(1983), *Volunteers for Today's Church*.

평신도리더십 신학(Lay Leadership, Theology of).

평신도의 정체성에 대한 단서는 용어 그 자체에서 주어진다. 명사 평신도(laity)는 헬라어 단어 라오스(laos, 백성)에 그 기원을 두고 있다. 엄밀하게 말하면, 평신도(laikos)라는 말은 성경에 없지만 그 의미는 명백하다. 그것은 "하나님의 백성"(laos)이라는 의미와 관계가 있다(Kraemer, 1958). 이스라엘은 스스로를 "라오스 테우"(laos theou, 하나님의 백성)로 이해하였다. 하나님은 이스라엘을 그들 자신들만의 특권을 목적으로 선택하지 않으셨고 그들이 복이 되고 섬기는 백성이 되도록 복을 주셨다. 이런 제사장적 직임 속에서 이스라엘의 모든 사람들은 세상에 대하여 하나님을 대표했고, 세상을 하나님께 대하여 대표하였다. 구약시대에 평신도들은 라오스, 이스라엘에게 속한, 하나님의 소유인 백성들에게 속한 모든 사람들로 구성되었다(Swanson, 1994). 하나님의 백성에 대한 이런 이해는 구약에서 신약으로 전달되었다. 신약에서 라오스는 이스라엘이라는 민족을 일컫지 않고, 오히려 새 이스라엘, 즉 기독교 공동체를 지칭한다. 이제 하나님의 백성에 속하는 구성원의 범위는 새로운 중심, 즉 세상의 주님이시자 구원자이신 예수 그리스도 중심으로부터 도출된다.

구약에서와 마찬가지로 신약에서도 제사장직과 그 책임감들은 전체 라오스에게, 즉 하나님의 모든 백성들에게 주어졌다. 하나님의 백성은 그리스도의 몸, 즉 교회를 형성한다. "그리스도께서 성령을 통해 스스로에게 창조한 몸으로서의 교회의 본질적 측면들은 교회가 선교적이고 사역중심적이라는 것이다"(Kraemer, 1958, 131). 크래머(Kraemer, 1958)에 의하면 교회는 선교의 사명을 가지고 있다기보다는 선교 그 자체이다. 왜냐하면 "교회는 어느 때 어느 곳에서건 전 세계적으로 그리고 지역적으로 교회가 속하고 보내어진 바로 그 세상을 포용한다는 의미에서 선교이다"(132). "교회는 사역이다"라는 표현도 비슷한 설명을 암시한다. "교회는 최고로 필요한 행동(말과 행실로 진리요 생명이요 빛이신 그리스도를 선언하는 것)에 의해 세상 안에서 세상을 향해 사역을 하는 것이다"(137). 하나님의 백성은 선교활동을 하는 것이 아니라 그들 자체가 선교이다. 그들은 사역을 하는 것이 아니라 그들 스스로가 사역이다. 그리스도의 몸의 한 부분으로서 하나님의 백성들은 모두 제사장들과 성도들로 부름 받았다(Swanson, 1994). 홉스(Hobbs, 1990)는 '사역자'에 대한 헬라어는 디아코노스(diakonos)이며 신약성경에서 16번 발견된다. 그 단어는 분리된 기독교인의 그룹을 말하지 않고 그리스도 안에 있는 모든 믿는 이들에 의해 실행되어야 하는 봉사의 형태를 말한다. 모든 기독교인들은 예수 그리스도의 종들로서 사역에 참여해야만 한다"라고 진술했다(57).

1. 상이하고 독특한 기능들. 영(Young, 1998)은 말하기를 만인 제사장론에 대한 잘못된 이해 위에 세워진 몇 가지 생각들이 있다고 한다. 첫째, 모든 사람의 의견은 동등하다. 둘째, 대다수의 의견이 당연히 옳다. 셋째, 교회 안에 있는 모든 사람들은 동일하다. 영은 만인 제사장이 무엇을 의미하는지를 가장 단순한 형태로 덧붙여 말한다. 그것은 믿는 이가 하나의 사명을 위해 하나님에 의해 선택되었고 구속받았음을 의미한다. 하나님의 선택된 제사장들 중 하나라는 사실에 대한 강조는 그 사람의 지위가 아닌 임무에 대한 것이다. 그것은 모든 교회 구성원이 사역을 해야 한다는 것이다. 그러나 그것은 모든 사람이 동일한 사역을 해야 한다는 것을 의미하지 않는다.

예수 그리스도는 교회의 머리이다. 이것은 각 회원이 직접적으로 머리와 연결이 되어야만 한다는 것이다. 회원은 머리로부터 그들의 신호와 전진의 명령을 받는다. 회원은 그들의 기능적인 역할이 종종 그들에게 주어진 영적인 은사들에 의해 정해진다는 것을 발견한다. '몸'이라는 용어는 신약성경에서 교회를 지칭하는 유일한 표현은 아니지만 가장 중요한 것이다. 무어(Moore, 1983)는 로마서 12장 6절, 고린도전서 12장, 또는 에베소서 4장 11절과 같은 구절들이 그리스도의 광범위한 사역이 그 몸의 개개인 회원들에 의해 실행되는 다양한 기능들과 사역들 속에서 계속되고 있다는 것을 분명히 말한다고 제안한다. 사역은 하나임에도 불구하고 사역의 특정한 형태들은 특별한 임무들과 은사들 그리고 기술들을 강조한다. 사역의 직임들에 대한 질서는 이런 다양함에 영향을 미친다. 교회 안에서 누군가의 기능은 그 사람의 영적인 은사들에 의해서 종종 미리 결정된다. 그러나 교회 안에서 특별한 기능들을 발휘하도록 부름 받은 사람들에게는 하나님이 그들에게 다양한 의무들에 대한 적절한 은사들을 주신다.

스타인브론(Steinbron, 1997)은 은사에 대한 수동적인 수혜자가 되는 것으로부터 적극적인 참여자가 되는 것으로 초점을 돌린다. 하나님은 은사들을 수여하시고, 각 사람의 독특한 은사를 결정하신다. 하나님은 또한 사람들이 그것들을 사용하고 발전시키기를 기대하신다. 로마서 12장에 있는 것과 같이 몸을 위해 뭔가를 제공해야 하는 것은 우리의 책임이다. 우리는 시간과 기술들을 몸에 제공할 필요가 있을 것이다. 스타인브론은 이런 개념을 단순한 문장 속에서 이렇게 설명하고 있다. "하나님의 사역과 우리의 노력이 함께 전체를 이룬다. 하나님은 자신이 해야 할 사역을 하고 계신다. 우리가 우리 쪽의 일을 행할 때 그분의 일은 완성된다. 하나님은 우리 각자에게 은사들을 주심으로써 그 과정을 시작하셨다. 우리의 몸을 억제하며 시간을 드리기를 거부하고 필요한 기술들을 발전시키기를 거부하는 것은 하나님이 시작하신 과정을 방해하는 것이다"(44).

2. 평신도 리더십 개념의 역사적 발전. 교회사 전체를 보면 평신도와 성직자의 역할에 대한 수많은 반응들이 발전되어 왔다. 사도시대가 끝날 즈음 만인 제사장의 공동체는 점진적으로 교회의 조직적인 발전에 의해 영향 받았다. "그것은 비구조적이고 성령에 의해 주도되는 공동체 중심적인 신자의 교제로부터 사역을 직임으로 제도화시키고 그 사역을 성직자의 직임으로 축소화시킨 정교한 교회 제도로 바뀌게 되었다"(Crane, 1994).

3. 초대교회. 신약성경에서 평신도라는 널리 알려진 단어에 대한 참고구절을 찾고자 한다면 아마도 그 해답을 찾을 수 없을 것이다. 평신도라는 용어는 신약성경이나 70인역에서도 발견되지 않는다(Crane, 1994). 그 용어는 1세기 마지막에 가서야 발견된다. 그것은 오늘날 평신도와 성직자 사이에 있는 형식적이고 제도화된 장벽으로 끝나게 되었지만 초기에는 분명히 순수하게 여겨졌을 전통으로부터 시작된 것으로 보인다.

로마의 클레멘트가 보낸 첫 번째 서신이 평신도 문제에 관하여 쓰인 중요한 초대교회 문서이다(Eastwood, 1963). 그 편지에서 클레멘트는 상당한 갈등을 겪고 있던 고린도교회의 회중들에게 말하고 있다. 분명히 신실하게 교회를 섬겼으나 잘못된 이유에서 당시에 쫓겨난 지도자들이 있었다. 그 갈등은 너무나 심각해서 그 교회 회중들에게 실망스러운 일이었다. 뿐만 아니라 그것이 공개적으로 알려져서 심지어 불신자들에게도 걸림돌이 되기에 충분한 일이 되었다. 질서를 회복하려는 노력 속에서 클레멘트는 세 가지 비유를 사용하였다. 첫째 비유는 그들을 배치하는 사람들 혹은 그들의 상관들의 권위를 받아들일 필요가 있는 군인들과 군대였다. 둘째는 상호 복종을 행할 필요를 강조하였다. 셋째는 제일 중요한 것으로서 그가 구약성경에 나오는 레위 지파의 성직 계급을 언급한 것이다. 그의 군사적 모델과 병행하면서 클레멘트는 교회 안에 순위를 유지할 필요가 있다고 말했다. 클레멘트에 의해 묘사된 세 가지 레위 지파의 기능들은 특별한 기능들과 사역들과 일정한 한계에 의해 제한을 받는 평신도가 있음을 보여주었다(Crane, 1994). 그러한 세 가지 등급의 권위적 구조는 평신도가 성직자의 권위에 순복해야 하는 중요성을 강조하였다. 클레멘트는 심지어 고라의 반역을 권위에 불순종한 것에 대한 결과를 경고하는 한 예로 사용하였다.

처음으로 종교적인 의미에서 평신도(lay)라는 말을 도입한 것은 클레멘트였다. 헬라어든지 라틴어든지 종교적인 언어로서 그 단어가 현재적인 의미로 사용되기 훨씬 이전이다. 클레멘트 이후 거의 1세기가 지나서 그 단어는 기독교 문헌에 두 번째로 등장했다(Faiver, 1990). 그 단어는 2세기 기독교 저술가였던 순교자 저스틴(Justin Martyr)이나 이레니우스(Irenaeus)의 글에서 등장하지 않는다. 저스틴은 결코 그의 저술에서 그의 권위를 정당화시키는 어떤 제도적인 인증 또는 사역을 주장하지 않았다. '기독교인'이라는 이름은 그에게는 충분한 것이었다. 그 명칭은 어떤 특별한 기능이나 특별한 분리, 책임, 사역을 요구하지 않았다(Faiver, 1990). 보커트(Borchert, 1996)는 다음과 같이 적었다. "교회의 사명 내에서 어떤 기능을 위해 따로 떨어져 있는 직위에 대한 개념이 2세기에서는 교회가 주교와 하나로 동일시됨으로써 지위에 대한 한 표시로써 인식되었다"(555).

3세기의 시작은 믿는 백성들의 역사 속에 하나의 전환점이었다. '평신도'라는 용어가 갑자기 다시 한 번 더 사용되었다. 동시에 '성직자'라는 개념이 형성되었고 좀더 광범위하게 사용되었다. 이때 각 교회는 필수불가분한 것으로 여겨지는 모든 특정한 사역들을 창출해 낼 수 있는 자급자족의 살아있는 생명체였다. 지역 교회의 자치성이라는 원칙에 단 하나의 예외가 있었다. 주교(감독)직의 수임, 즉 각 주교는 세 명의 현존하는 주교에 의해 임명되어야만 했다. 이들은 보통 주변 지역에 있는 주교들이었다. 주교의 임명에 더해서 거의 모든 곳에 있는 기독교 공동체들은 군주적인 한 명의 주교에 의해서 통치를 받았다. 이 군주적인 주교제도가 사도적 계승이라는 원리에 의해 강화되었다. 마지막으로 가장 중요하게도 이때 이후로 기독교회의 지속적인 한 측면으로 여겨 질 수 있는 것이 생겨났는데 그것은 오도(ordo)와 플레브스(plebs) 사이에 있는 분리, 다시 말하면 성직자와 평신도 사이에 있는 분리였다(Faiver, 1990). 파이버는 기독교 공동체 내에서 일어난 이러한 급격한 변화에 대한 분명한 이유를 제시하지 않는다. 그러나 역사 속에서는 사건들이 빠르게 진행되면 변화가 아주 조용히 갑작스럽게 생겨나는 것을 많은 경우에서 볼 수 있다. 『사도전승』(*Apostolic Tradition*)은 성직 임명의 가장

초기 제도들을 내포하고 있는 문서이다. 그 안에서 기술적 용어들이 형성되기 시작하고 있었다. 이 문서에서 성직자와 평신도사역자 사이에 있는 분리가 이미 만들어졌다. 오직 교회의 주교들, 장로들 그리고 집사들이 성직자들이었고, 다른 기능들은 평신도사역으로 여겨졌다고 진술되어 있다(Faiver, 1990).

4. 중세 시대. 중세교회에서 평신도는 성직자에게 공궤하고 그를 보호하는 것을 대체로 만족하였다. 평신도는 성직자가 하지 않았던 것을 했다. 그들은 자신들을 위해 일을 하도록 성직자를 고용하였다. 평신도는 성례전적 예배에 참석하였다. 그러나 교회의 권위자들을 이해하는 데는 상당 기간 동안 실패하였다. 이 기간 동안 평신도는 그들의 주교를 뽑는 데서 중요한 역할을 담당했다. 심지어 평신도는 고해를 주관하기도 했다. 그러나 서서히 그리고 불가피하게 통제권은 평신도에서 성직자에게로 넘어갔다(Yorton, 1970). 보케트는 중세시대에 중재에 의한 은혜의 사제적 체계가 확립됨으로써 평신도가 영혼에 대해 권위를 가지고 있는 사제들이 있는 교회의 순종적이고 온순한 부분이 되어버렸다고 말한다. 성직자의 교육적 기준은 다소 상향되기 시작하였으나 성직자들은 평신도들을 자신들과 완전히 다른 부류로서 여겼다. 평신도는 행정가나 교회법의 판사와 같은 공직을 갖는 것이 실제적으로 금지되어 있었다.

5. 종교개혁 시대. 중세 시대가 점점 진행됨에 따라 평신도 그룹 안에 동요가 생겨났다. 이런 동요는 종교개혁으로 마침내 최정점에 이르렀다. 소명과 신자의 제사장직을 강조하는 종교개혁은 서양 역사에 있어서 전환점으로 드러났다. 종교개혁의 강력한 힘은 평신도들에게 초점이 맞추어져 있었다. 평신도들은 교회의 일들이 또한 그들의 책임들이라고 선언하였고 그들과 성직자들 사이에 있는 날카로운 이분법에 대해 강하게 저항하였다. 종교개혁의 지도자들은 모든 기독교인들이 하나님 앞에서 똑같은 위치를 갖고 있다는 것과 모든 기독교인이 제사장이라는 것, 각 기독교인이 희생의 직임을 가지고 있다는 것 그리고 각 기독교인이 그가 받은

복음을 나누어야 할 책임이 있다는 사실에 근거하여 연합해 있었다(Yorton, 1970).

6. 현대교회. 앵글로색슨 자유교회 전통의 급진적 종교개혁가들은 모든 믿는 이들의 평등함을 강조했고 교회를 성인 신도들의 공동체로서 묘사하려고 노력했다. 자유교회(Free Church)는 민주적인 삶의 양식에 대한 현대 서양 역사에서 선두주자가 되었다. 그리고 존 번연이나 존 밀턴과 같은 평신도 신학자들이 커다란 영향력을 행사하였다. 유럽에서는 새로운 운동에 참여한 대부분의 선교사들이 평신도들로부터 나왔고, 그들의 고국에 있는 교회들에서는 그렇게 할 수 없었음에도 불구하고 선교지에서는 성직자의 역할을 수행하였다. 19세기 YMCA와 세계기독학생연맹(World Student Christian Fellowship)과 같은 학생운동들 또한 평신도가 주도한 결과였다.

2차 세계대전 이후 동서독에서 새로운 평신도 부흥이 복음주의 학원과 일상의 문제를 해결하기 위하여 평신도와 성직자들을 함께 모으는 것을 의도한 교회들의 주도로 시작되었다. 1954년 세계교회협의회(WCC) 또한 "평신도 분과"를 더함으로써 평신도 운동에 힘을 실어 주었다. 20세기에 미국에 있는 교회는 주로 빌딩에 자리를 잡은 하나의 제도로서 성장하고 있다. 성직자들은 점점 더 전문적인 교회의 일꾼이 되어간다. 특별히 교육 사역에서 그러하다. 이런 증가는 특별히 1940년에서 1970년 사이 개신교 교회에서 두드러졌다. 지도력의 이런 증가하는 전문화와 더불어 평신도의 나머지는 권력을 평신도이며 안수 받은 지도자들에 넘겨주는 경향을 가져왔다(Borchert, 1996).

평신도 리더십이 성경적 명령이라는 것은 너무나 분명하다. 성령의 은사들이 평신도들의 참여라는 목적을 위해 주어졌다. 성직자의 목적은 그런 은사들을 적절히 사용함으로써 평신도를 훈련시키고 지역 교회의 상황에서 평신도와의 협력된 노력을 분명히 하는 것이다. 그리스도를 믿는 개개인이 그들의 은사 받은 영역을 확인하고, 그 은사를 사용하는 데 있어 지도를 받고, 그 다음에 성령에 의해 제공된 능력 안에서 그 은사를 사용하기 시작할 때, 오직 그때가 되어서야만 교회는 복음의 메시지를 가지고 세상에 나아가라는 하나님께서 주신 책임을 완수하게 될 것이다.

ESTHER YOU

참고문헌 | I. Askola, *The Ecumenical Review* 45, no. 4(1993): 388-91; D. A. Borchert, *Review and Expositor* 93, no. 4(1996): 555-65; A. Faiver(1990), *The Emergence of the Laity in the Early Church*; J. L. Garlow(1981), *Partners in Ministry*; K. C. Haughk(1985), *The Christian Ministry*, pp. 5-8; H. H. Hobbs,(1990), *You Are Chosen*; W. Jacobsen, *Leadership Journal* 9, no. 3(1988): 44-49; H. Kraemer(1958), *A Theology of the Laity*; B. Larson, *Leadership Journal* 10, 4:28-32; S. J. Menking(1984), *Helping Laity Help Others*; S. C. Neill and H. Weber, eds.(1963), *The Layman in Christian History*; R. A. Olson, *Religious Education* 84, no. 1(1989): 606-19; P. N. Page(1993), *All God's People Are Ministers*; G. Peck and J. S. Hoffman, eds.(1984), *The Laity Ministry*; W. H. Rademacher(1991), *Lay Ministry: A Theological, Spiritual, and Pastoral Handbook*; K. Raiser, *The Ecumenical Review* 45, no. 4(1993): 75-83; A. Rowthorn(1986), *The Liberation of the Laity*; N. Ritchie, *The Ecumenical Review* 45, no. 4(1993): 385-87; M. J. Steinbron(1987), *Can the Pastor Do It Alone?*; idem(1997), *The Lay-Driven Church*; R. P. stevens(1985), *Liberating the Laity*; L. Swanson(1984), *The Lay Ministry*; B. L. Yorton(1970), *The Recovery of the Potential of the Layman in the Church*.

포괄언어(Language, Inclusive). 모든 사람들을 포괄하는 방식으로 언어를 사용하려고 하는 글쓰기와 말하기에 대한 하나의 접근이다. 이것은 전형적으로 성차별(sexism) 문제와 관련이 있으나, 넓은 의미에서는 노인차별(ageism), 인종차별(racism), 민족주의(nationalism) 그리고 고전주의(classicism)를 포함할 수 있다. 포괄 언어(inclusive language)와 동등하게 취급될 수 있는 다른 용어들로는 성에 의한 차별을 하지 않는 언어(nonsexist language), (인종)차별을 하지 않는 언어(nondiscriminatory language), 또는 성차별을 하지 않는 언어(nongendered language)를 들 수 있다.

포괄 언어에 대한 지지는 1970년대 이후로 문체론 교본(stylistic writing manual)에서 공통적인 것이 되어왔다. 변화의 예들은 다음과 같다.

인간(man), 인류(mankind)가	인간(human), 인류(humanity), 인류(humankind)로
의장(chairman)이	의장(chair), 의장(chairperson), 의장(moderator)으로
판매원(salesman)이	판매원(salesperson), 판매 대행인(sales representative)으로
스튜어디스(stewardess)가	승무원(flight attendant)으로
소방대원(fireman)이	소방대원(firefighter)으로

영어에서 성을 구별하는 용어는 3인칭 대명사인 그(he)와 그녀(she)가 있을 뿐이다. 이 대명사들을 가지고 포괄 언어를 사용하려고 할 경우, 글을 쓰는 과정에서 여성 대명사와 남성 대명사를 번갈아 사용하거나 복수로 고쳐 쓰거나, 수동형으로 쓰거나, 또는 대명사를 완전히 고쳐 쓰거나 대명사를 제거하는 방식으로 "그와 그녀"를 사용할 수 있다.

기독교 공동체 안에서 포괄 언어의 문제는 최근에 들어 크게 논의가 되어 온 주제이다. 몇몇 교단들 – 예를 들면, 미국 장로교회, 연합 감리교회 그리고 감독교회 – 은 특별 전문 위원회를 소집했고, 포괄 언어의 사용에 관한 성명서들을 발표했다.

또한 포괄 언어 성구집의 발간(National Counsel of Churches, 1983), 찬송가와 예식서의 개편 그리고 포괄적 성경 번역들을 둘러싸고 거센 논쟁이 벌어졌다. 몇몇 성경 번역들이 원문의 의미에 충실하려는 시도로 포괄적 언어를 사용하기로 결정했다(NRSV, NLT, CEV, NCV, HIVI-영국에서만 활용함).

성경 번역에 관한 논의의 근저에는 다음의 내용이 깔려 있다.

> 성경 번역 이론들로서 형식적 등가(formal equivalence)나 기능적 등가(functional equivalence)는 우리시대를 위한 최고의 번역을 산출하는 문제에 놓여 있다. 때때로 "문자적 번역"이라 불리는 형식적 등가는 원문의 어법, 문법 그리고 구문은 그 결과로 생기는 번역들(the resulting translations)이 이해될 수 있는 한에서(KJV, NASB, and RSV가 그 예들이다) 오래 보유되어야 한다고 믿는다. "역동적 번역"이라 불리기도 하는 기능적 등가는, 본문(the text)은 원문이 고대의 독자에게 끼쳤던 것과 같은 영향을 현대의 독자에게 끼쳐야 한다고 믿는다. 이 접근에 따르면… 중요한 것은 '전체적인 의미'이지 '원문의 용어'들이 아니다(the Good News Bible 그리고 NLT가 그 예들이다; NIV와 NRSV는 문자적일 때도 있고 역동적일 때도 있다). 첫 번째 것은 "축자적"(word-for-word) 번역이며 두 번째 것은 의미적(thought-for-thought) 번역이다(Grant Osborne, *Christianity Today*, October 27, 1997, 33).

포괄 언어를 사용하면, 언어의 용법이 변화된 세상에서 복음전도의 능력을 강하게 할 수 있는 잠재력을 지니게 된다. 하디스티(Nancy Hardesty, 1987)는 다음과 같이 진술한다.

> 그러므로 포괄 언어를 사용하는 것은 단순히 기호나 문자적 세련의 문제 뿐만 아니라 하나님에 대한 충실성의 문제이자 이웃들에 대한 우리들의 도덕적 책임성의 문제이다. 이전 미국 장로교회(PCUS)의 "하나님에 관한 언어"의 보고서가 말해주듯이, "불과 10년 전에 공통적으로 사용되었던

하나님에 관한 언어가 지금은 의사소통에, 공동체에 그리고 신앙 그 자체에 많은 장애물이 되고 있다"(7). 우리가 하나님에 관하여 정확하게 말하고 우리들의 이웃들에게 다정하게 말하려면 포괄 언어의 사용을 필요로 한다(15).

정서적으로, '그리고' 신학적으로 무게가 실려 있는 한 논쟁의 영역은 우리가 하나님에 대해서 사용하는 언어와 관계있다. 전형적으로 하나님에 대해 사용되어온 언어는 일차적으로 남성적 은유들을 포함한다(아버지: 하나님의 아들). 성경에서 하나님은 남성적 이미지와 여성적 이미지 둘 다를 가지고 있으며 하나님은 분명 남성도 여성도 아니다.

모든 정통적인 정의에 따르면, 하나님은 인간의 남성성(masculinity)과 여성성(feminity)을 초월한다. 그러므로 심지어 "아버지"(Father) 같은 핵심적 용어들조차도 하나님을 우리들이 갖고 있는 남성다움의 개념들로 축소시킬 수 없다. 만일 그와 같은 술어에 문제가 있다면, 그것은 하나님의 본성이나 성경의 어휘들에 있는 것이 아니라, 어떤 의미든 우리가 성경적 의도를 넘어서며 하나님을 인간의 범주로 제한하여 우리가 그 어휘들에 부여하는 의미에 있는 것이다. 그에 상응하여, 여성의 특징들을 하나님께 돌리는 은유들은 우리로 하여금 우리를 향한 하나님의 성품과 돌봄의 깊이를 이해하도록 돕는 묘사적 도구들로 인정되어야 한다. 이교의 신들은 남성이거나 여성이었다. 하나님은 그와 같은 범주들보다 더 무한히 광대하시다(Tucker & Liefeld, 1987, 450).

DENISE MUIR KJESBO

참고문헌 | J. S. Hagen, ed.(1990), *Gender Matters*; N. Hardesty(1987), *Inclusive Language in the Church*; R. Tucker and W. Liefeld(1987), *Daughters of the Church*; M. S. Van Leeuwen, ed.(1993), *After Eden: Facing the Challenge of Gender Reconciliation*.

포스트모더니즘(Postmodernism). 포스트모던이라는 이름은 전통적 기준들을 뒤집고 그 결과, 상대주의(도덕적이건 그렇지 않건)를 증진하는 것으로 여겨지는 반면, 포스트모던 사상은 잘 정의된 학설로 간주하기에는 너무나 다양하고 특징이 없다. 이 용어의 표준적인 역사는 근대의 인습들을 깨뜨린 문학과 건축이 포스트모던으로 불리기 시작한 1950년대로 거슬러 올라간다. 1980년대 경에는 이 용어가 미국 철학자 리처드 로티(Richard Rorty) 뿐만 아니라 현대 유럽대륙의 유럽 철학자들 즉 자크 데리다(Jacques Derrida), 미셸 푸코(Michel Foucault), 한스-게오르그 가다머(Hans-Georg Gadamer), 마틴 하이데거(Martin Heidegger), 엠마누엘 레비나스(Emmanuel Levinas) 그리고 장 프랑소와 료타르(Jean-Francois Lyotard) 등과 같은 사람들을 일컫는 데 사용되었다. 놀라운 것은 신학에서 이 용어가 멀게는 감리교 감독 버나드 이딩즈 벨(Bernard Iddings Bell)이 자신의 책『포스트모더니즘』(*Postmodernism*)을 쓴 1928년으로 거슬러 올라간다. 현대신학(혹은 자유주의)은 당시 이미 죽었다고 논하면서 벨은 포스트모던(아니면 해방 후기) 신학에 대한 현재의 시도들을 놀랍게도 예상하면서 신학적 모더니즘 후에 무엇이 생겨날지에 대한 자신의 예견을 구체적으로 설명하고 있다.

광의적인 의미에서 포스트모던 사상가들을 연합시키는 것은 현대적 사고(즉 계몽주의)에 대한 그들의 반응이다. 이 반응은 현대사상의 동시다발적인 지속과 그것들을 의심하는 형태를 취한다. 그리하여 현대 사상가들은 종종 자신들의 사고에 있어서 포스트모던의 요소들을 보이고 포스트모던 사상가들 역시 종종 놀라울 정도로 현대 사상가들처럼 말하기 때문에 포스트모던 철학과 현대 철학 사이에 분명한 선을 긋는 것은 어렵다.

1. 모더니티. 현대 사고의 특징은 세 개의 긴밀하게 연결된 요소들이다. 첫째, 현대 사상가들은 인간들 스스로를 정의내릴 정도로 자유로우며 또한 자유로워야 한다는 것을 가정하면서 개인의 자율을 매우 강조한다. 그 결과 현대 사상은 전통과 권위를

현저하게 격하시킨다. 둘째, 현대 사상은 일반적으로 이성의 힘과 특정 개인의 합리성에 대한 강한 확신을 가지는 경향을 띤다. 셋째, 일반적으로 이성은 순수하고 객관적인 것으로 받아들여진다. 사람들이 항상 객관적으로 판단할 수 없지만 객관적인 이성은 성취할 수 있는 하나의 목표이다.

이러한 모든 측면들이 임마누엘 칸트의 사상에 현저하게 드러난다. "현대의 선언서"라고 불릴 수 있는 수필 『계몽주의는 무엇인가?』(*What is Enlightenment?*)에서 칸트는 우리에게 계몽주의의 표어는 "감히 스스로 생각하라"(sapere aude). 즉 광의적으로 해석하면 "자신을 위해 생각할 수 있는 용감함을 가지고 있는"으로 번역될 수 있을 것이다. 전통의 권위 대신 사람들은 자기 자신들의 합리성을 권위로 내세운다. 비록 칸트가 이성의 한계에 대해서 언급하고 있지만 (심지어 믿음의 자리를 만들기 위해 이성을 제한하기까지 하면서) 그는 여전히 이성을 최고의 기준으로 만들어 놓았다. 그리하여 『이성의 한계 내에서 종교』(*Religion Within the Bounds of Reason Alone*)에서 칸트는 기독교를 단지 도덕적인 주장으로 전락시켜버리는 합리적인 방법으로써 기독교 신앙의 형태를 바꾸어 놓았다. 이성을 객관적인 것으로 간주하는 칸트는 사람들이 객관적이고 편견이 없는 방법으로 철학적이고 종교적인 신앙에 대한 합리적인 결정들을 내릴 수 있다고 가정한다.

칸트는 자신의 기본적인 철학의 방향전환을 코페르니쿠스적 대변혁으로 묘사하지만 그것은 실제적으로 정반대의 효과를 가져 오게 된다. 그 이유는 칸트가 인간의 합리성 즉 인간 주체를 우주의 중심에 놓기 때문이다. 칸트는 정신을 자료를 흡수하는 스펀지로 보는 대신에 『순수이성비판』(*Critique of Pure Reason*)에서 인간 이성을 기본적인 사상과 개념들을 통해 우리의 경험을 조직하는(그 결과 해석하는) 것으로 묘사하고 있다. 자신의 철학을 초월적인 것으로 칭할 때 칸트가 의미하는 것은 두 가지가 있다. 첫째는 경험이라는 것이 존재하기 위해서는 사고에 의한 조직이 필요하다는 것(그 결과 인간의 해석을 지식의 중심으로 만듦)과 둘째는 이러한 지식의 구조가 모든 시대와 공간에 있는 사람들에게 보편적인 것이라는 사실이다. 물론, 우리가 만일 세상을 어떤 특정한 방식으로 해석한다면 우리는 있는 그대로의 세상을 결코 이해하지 못한다. 그렇기 때문에 칸트는 잘 알려진 대로 현상 세계(우리에게 보이는 대로의 세상)와 본체 세계(인간의 해석과는 별도로 본래 그 자체의 세계)와의 차이를 분명하게 구분한다. 사실상 칸트의 강조점은 진리 자체에서 우리가 아는 대로의 진리로 이동하게 된다.

비록 칸트가 정신 구조는 보편적이고 변하지 않는다고 주장했지만 칸트가 생존해 있는 동안 요한 피히테는 세상을 보는 방법은 매우 다를 수 있으며 그 어떠한 한 가지 방식이 옳은 것은 아니라고 주장했다. 그리하여 세상에 대한 우리의 해석은 세상을 세상으로 만드는 것이 되고 이 주제는 절대적으로 중요한 것이 된다. 세상을 보는 방법들은 다양하고도 가변적이라는 주장은 헤겔에 의해 더욱 더 급진적으로 개혁된다. 그는 『정신의 현상학』(*Phenomenology of Spirit*)에서 역사는 다양한 세계관들의 진보이며, 비록 각각의 세계관이 약간의 진리를 드러내 주지만(어떤 것들은 다른 것들보다 더 사실이다) 그 어떤 것도 절대적으로 옳지는 않다. 그리하여 진리는 시각들의 총합이 된다.

2. 포스트모더니티. 선례가 없는 것은 아니지만 거의 틀림없이 최초의 포스트모던이라고 할 수 있는 프리드리히 니체는 『선악의 피안』(*Beyond Good and Evil*)의 서두에서 "진리를 여성으로 가정해 보자. 무엇이라고…"기록하면서 보편적이고 변함없는 진리의 바로 그 개념을 의문시한다. 니체가 성차별주의자로 비난받을 수 있지만 이 진술이 담고 있는 의미는 진리를 알 수 있는 우리의 능력뿐만 아니라 진리의 바로 그 정의 내지는 본질을 생각해볼 때 심오한 것이다. 니체는 철학이 우리에게 진리를 제공한다는 주장은 과장된 것이며 근거가 없는 것이라고 생각했다. 니체는 진리에 대한 인간의 지식은 기껏해야 하나의 "관점"일 뿐이지 "진리"가 아니라고 말했다. 하지만 수많은 관점들 내지는 해석들만 있을 경우 니체는 진리의 개념을 효과적으로 버리고, 진리라는 것은 없다와 같은 것을

주장하는 일관성을 잃어버리는 것은 아닌가? 자신의 초기 철학에서는 극단적인 주장을 하지만 그의 후기 작품들을 보면(예를 들어, 『우상의 황혼』〈Twilight of the Idols〉) 그의 공격은 특별히 관념적인 의미에서의 진리에 대한 것이며, 여기서 진리는 역사와 삶에서 제거된 단순한 본질적 측면에서 정의되는 진리이다. 그 결과 진리는 상황적, 역사적 그리고 경험적이 되는 것이다.

진리와 합리성을 의심하는 것과 관련해서 니체가 얼마나 포스트모던이든지 간에 그는 아마도 자아에 대한 현대적인 견해의 극치라고 할 수 있을 것이다. 니체의 자아에 대한 환희는 부분적으로 기독교의 쇠퇴에 대한 반응으로 볼 수 있다. 한편 『즐거운 지식』(The Gay Science)에서 신의 죽음을 선언함으로써 니체는 자신이 단순히 기독교는 더 이상 실제적인 문화 세력이 아니라는 사실을 언급하고 있는 것으로 보고 있다. 니체가 특별히 『반그리스도』(Antichrist)에서 기독교를 맹렬히 비난했지만 그러한 비난이 얼마만큼 기독교 자체나 실제가 아닌 형태만 고수하는(칸트의 영향을 받은) 약한 기독교에 대한 것인지를 분별하는 것은 항상 쉬운 것이 아니다. 신학적인 자유주의에 대해서는 『반시대적 고찰』(Untimely Meditations)에 나와 있는 데이빗 스트라우스(David Strauss)와 관련된 니체의 수필을 보라. 다른 한편으로 니체는 이러한 쇠퇴를 기독교를 권력에 대한 의지(『짜라투스트라는 이렇게 말했다』〈Thus Spoke Zarathustra〉에서 소개되고 『권력에의 의지』〈The Will to Power〉에서 발전된 개념)를 조장하는 어떤 것으로 대체할 수 있는 기회로 본다. 기독교는 우리 주변에 있는 모든 것을 지배하고자 하는 권력을 갖기 원하는 타고난 욕망을 억누르지만 니체에게 올바른 인간의 번영은 우리가 이러한 의지를 풀어놓을 때 생겨난다. 주인들이나 초인(超人)들은 정확히 자기 자신들의 가치들을 선택하고 그들이 원하는 모든 것들을 사유하는 반면 노예들은 동정심과 겸손과 같은 가치들을 받아들이는 사람들이다. 두목에 대한 니체의 견해는 모든 사회적인 인습들을 업신여기고 그 어느 누구에게도 책임지지 않는 외로운 창조자인 예술적 천재에 대한 낭만적인 개념이다.

비록 마틴 하이데거(Martin Heidegger)가 『존재와 시간』(Being and Time)에서 존재의 의미라는 질문에 초점 맞추었지만 인간에 대한 그의 비상한 묘사는 실제적으로 더 큰 영향력을 가졌다. 하이데거는 이해와 지식에 침투하는 역사적, 문화적 측면들을 강조할 뿐만 아니라 주체/객체와 현실주의/이상주의와 같은 기본적인 철학적인 이원론에 공격을 가했다. 하이데거에게 인간들은 자신들의 주변에 있는 세상과 항상 연결되어 있기에 각자는 다른 사람들을 정의하는 것을 도와주지만 현실주의나 이상주의 그 어떤 것도 그들의 관계를 적절하게 묘사해 주지 못한다. 하이데거는 『형이상학의 존재 신학적인 구조』(The Onto-theological Constitution of Metaphysics)와 같은 자신의 후기 작품들에서 형이상학이 자신이 칭한 존재 신학에 의해 특징지어졌다고 주장하면서 형이상학(존재와 관련된 이론화)이 바로 그 계획을 의심하는 포스트모던으로 이동하는 움직임을 보였다.

비록 하이데거 자신의 종교적인 신념들이 아주 분명하지 않지만 존재 신학화에 대한 그의 평은 도움이 된다. 실제적으로 모든 서구의 형이상학자들은 신을 존재의 사슬 맨 끝에 두면서, 신은 모든 기초가 의존하는 가장 위대한 존재라는 사실을 받아들였다. 이러한 이동이 존경할 만한 것이지만 하이데거에게 문제는 그러한 이동이 결국에는 철학자의 목적에 맞아떨어지는 설명 속으로 신을 집어넣는 꼴이 되고, 그 결과 권력에의 의지라는 궁극적인 표현이 나오게 되었다. 『휴머니즘에 관한 편지』(Letter on Humanism)에서 하이데거는 철학자들이 이성이라고 칭한 것이 결국에는 세상을 통제하고 인간을 높이는 한 가지의 방편이 되어버린다고 주장하면서 형이상학에 대한 자신의 비판을 일반적인 이성으로 확대시켰다. 자아를 자율적이고 전능한 존재로 세우는 대신 하이데거는 타율 내지는 탈중심화된 자아를 제안했다. 철학적으로 해석하는 대신(우리에게 세상을 실제 있는 그대로 준다는 주장) 하이데거는 존재와 진리에 대해서 생각하지만 그것들을 통제하려 하거나 아니면 그것들을 안다고 거짓된 주장을 하지 않는 일종의 시(詩)로 제시했다.

비록 하이데거가 언어에 대한 관심을 가졌지만, 한스 게오르그 가다머와 자크 데리다에게는 이러한 강조점이 핵심적인 사항이 된다. 데리다가 언어의 문제들에 더 초점을 맞추는 반면에 가다머는 이해와 진리의 전망에 대해 낙관적이었다. 개인을 완전한 권위자로 만드는 현대의 이동에 가시적으로 반응하면서 가다머는 『진리와 방법』(Truth and Method)에서 전통과 권위와 편견의 개념들의 부활에 대한 필요를 제시하고 있다. 가다머는 우리가 전통에 의하여 물려받은 판단들과 개념들에 무척 의존하기 때문에 스스로 생각하는 것에 대한 칸트의 이상은 불가능할 뿐만 아니라 바람직하지 못한 것이라고 말했다. 그리하여 자아는 결단코 홀로 서지 못한다. 더하여, 자기 스스로를 권위자로 세울 목적으로 단순히 거부했다기보다는 오히려 권위(성경과 같은)가 분명히 있을 수 있는 것은 정당한 것으로서 인정할 수 있고 또 그래야만 한다. 비록 항상 우리가 가지고 있는 문화의 가정들과 편견들을 기꺼이 조사해야 하지만 가다머는 우리의 사고가 우리 자신들의 역사적, 문화적 범위와 항상 밀접하게 관련되어 있다고 인식하는데, 이것이 뜻하는 것은 이성과 이해는 결단코 순수하지 않다는 것이다. 이해가 항상 상황적이라는 사실은 우리가 결코 저자와 원래의 독자들이 이해한 정확하게 동일한 방식으로 고대의 본문이나 다른 문화의 사상을 이해할 수 없다는 것이다. 왜냐하면 우리의 상황이 그들과 동일하지 않기 때문이다. 그러나 우리는 가다머가 칭하는 범위들의 융합을 통하여 참된 이해를 하기에 충분한 정도로 이해할 수 있다. 가다머는 문화와 전통에 대한 이성의 의존이 반드시 슬퍼해야 할 것은 아니며 그것은 단지 인간의 정신이 움직이는 방법이라고 생각했다.

『말하기와 현상』(Speech and Phenomena)과 『그래머탈로지에 대하여』(Of Grammatology)와 같은 데리다의 초기 작품들은 언어학적인 의미의 관념성과 언어와 사물들 간의 관계에 초점을 맞춘다. 본문이 암시하는 가정들과 가치들을 반영하는 해체로 알려진 매우 조심스러운 독해 방법을 통하여 데리다는 있는 그대로의 사물들에 관한 지식의 이상(ideal)을 의문시하면서 언어에 의한 지식의 숙고는 이러한 이상을 불가능하게 만든다는 사실을 보여주었다. 그리하여 언어는 우리에게 사물을 완전한 그대로(예를 들어 현상 또는 본체)로 제시하는 것이 아니라 단지 그것의 "흔적"(trace)만을 제시하는 것이다. 데리다의 이원적인 대립(예를 들어, 주체/객체, 남성/여성)의 해체와, 언어는 그 자체 이상의 그 어떤 것도 가리키지 않는다는 그의 주장은 몇몇 사람들로 하여금 언어에 대한 그의 이론이 완전히 애매모호하다는 결론을 내리게 만들었다. 그의 추종자들의 일부(종종 해체를 모든 절대적인 것에 반하여 사용하였던 사람들)에 대하여 이러한 비판을 가할 수는 있지만 데리다 자신은 의미가 사물(흔적을 통하여)과 의미자의 상황으로 구성되며, 그 결과 결코 순수하게 한 뜻만을 가지지 않지만, 여전히 의사소통을 가능하게 할 정도로 안정된 의미를 가져다 준다고 주장했던 것으로 보인다. 이러한 의미의 개념을 고려해볼 때 데리다에게 진리에 대한 그 어떠한 지식도 반드시 상황적이고 역사적이어야 한다. 또한 그 의미는 이상적이고 불변하는 진리 자체로서의 개념이 더 이상 주장될 수 없다는 것처럼 보인다.

자신의 추종자들과 비평가들을 놀라게 한 그의 변화와 관련하여 데리다의 후기 철학은 도덕성과 믿음을 의문시하는 쪽으로 전환했다. 비록 그가 초기의 작품은 이런 후기의 성찰들을 위한 길을 예비하는 것이라고 주장했지만 말이다. 『법의 힘: 권위의 신비적인 토대』(Force of Law: The Mystical Foundation of Authority)에서 데리다는 정의는 해체를 넘어선 것일 뿐만 아니라 해체가 모든 결정의 아포리아(aporia: 그리스어로 '통로가 없는 것', '길이 막힌 것'이란 뜻으로 철학적 용어로 사물에 관하여 해결 방도를 찾을 수 없는 난관을 의미한다-역주)를 조명해주기 때문에 (아니면 궁극적인 결정불가능성을 반영하기 때문에) 해체가 정의라고 주장했다. 정의를 실현하고자 하는 모든 인간의 노력은 정의의 이상에 비추어 볼 때 실패할 수밖에 없기 때문에 모든 정의의 사례는 정의 이상을 실증해 주며 동시에 정의의 이상을 부당하게 다루는 결과를 가져온다. 데리다는 신을 이해하기 위해 인간 언어의 능력을 고려함으로써 자신의 책 『말하는 것을 피하는 방법: 부인』(How to Avoid Speaking: Denials)에서 부정적인 신학과 신담(神談, God-talk)의 아포리아를 다룬다. 흔적(어떤 것을 부분적으로 존재하게 만들지만 결코 온전히 존재하게 만들지는 못하는)의 개념을 사용하여 데리다는 신에 관하여 이야기할 때에 작용하는 이상한 논리가 있다고 주장했다. 우리가 신에 대한 어떤 것들을 확증하기 원하면서도, 신과 관련한 모든 진술은 신을 적합하게 묘사하지 못하기 때문에 그러한 확증들을 너무 심각하게 받아들이는 데는 위험이 따른다. 데리다는 이러한 주제들을 『죽음의 선물』(The Gift of Death)에서 계속해서 다루게 되는데, 이 책에서 데리다는 참된 도덕성(데리다는 기독교를 예로 들고 있다)은 타인을 위한 희생을 요구한다고 주장한다. 그리하여 타인을 위한 죽음의 개념이 나오게 된다. 아브라함과 이삭의 이야기를 기초로 들면서 데리다는 규칙이 아닌 사람들에 대한 책임이라는 측면에서 도덕적인 책임을 재구성하고, 참으로 도덕적인 행동은 궁극적으로 스스로를 정당화할 수 없으며 그 결과 다른 사람에게 선물이 된다고 주장한다.

경건한 유대인으로서 엠마누엘 레비나스(Emmanuel Levinas)는 도덕성은 자아를 중심에서 내리고 다른 사람을 우선할 것을 요구한다고 주장하면서 현대 사상에서 자아의 중심성을 반박한다. 다른 사람에 대한 참된 윤리적인 관계는 그 어떤 것도 돌려받을 것으로 기대하지 않기 때문에 비경제적이며 비상호적이다. 『전체성과 무한성』(Totality and Infinity)과 그와의 인터뷰를 담고 있는 책인 『윤리와 무한성』(Ethics and Infinity)에서 레비나스는 현대 사상 뿐만 아니라 전 서구 철학 계획이 스스로를 자기 자신의 개념 체계의 단순한 구성요소들로 만듦으로써 모든 것(그것이 진리이든지, 다른 사람들이든지, 아니면 궁극적 타인 즉 신이든지 간에)을 통제하거나 합하려는 욕구를 들어 내주고 있다고 묘사하고 있다. 하지만 레비나스는 타자가 우리의 통제를 궁극적으로 피하고 타자를 지배하려고 하는 우리의 시도는 불의의 결과를 낳는다고 주장한다. 철학이 전통적으로 형이상학이나 인식론을 근본적인 것으로 본 반면 레비나스는 윤리학이 참으로 제일 철학이라고 생각한다. 그리하여 레비나스에게 이성은 우리 스스로 할 수 있는 어떤 것이 아니라 다른 사람들과 이루는 공동체라는 상황 속에서 생겨난다. 모더니즘에 의한 이성의 객관성에 대한 가정에 대해서 미셸 푸코(Michell Foucault)의 사상은 합리성의 문화적, 일시적 그리고 제도적인 개별성들에 초점을 맞춘다. 푸코는 개념들과 사고방식들이 우리의 관심사와 목적과 긴밀하게 연결되어 있다고 주장하면서(피히테를 생각나게 하는 논제) 특별히 지식이 어떻게 권력과 관계가 있는지(예를 들면, 권력/지식)에 관심을 가졌다. 푸코에게 문제는 지식이 선한 목적과 악한 목적을 위해서 사용될 수 있는 위험한 도구라는 것이다(푸코가 "모든 것은 위험한 것이다"라고 말하는 것처럼). 예를 들어, 사회들은 정상적인 것을 비정상적인 것으로부터 분리시키는 관행들을 제공함으로써 권력을 설정하는데, 그 결과 어떤 특정한 사회를 장려할 수 있다. 푸코는 심지어 우리가 객관적인 표준이라고 생각하는 것들조차도 우연과 특별한 관심사의 결과로 시간이 지남에 따라 발전한다고 주장한다. 그리하여 『사물의 질서』(The Order of Things)와 『지식의 고고학』(The Archeology of Knowledge)에서 묘사되고 예증되어 있는 푸코의 철학하는 방법은 사상과 관행들의 역사를 제공하는 것이다. 푸코를 불편하게 하는 질문은 인간의 지식이 현저하게 진보했다고 말할 수 있는지 없는지가 아니라 그러한 지식추구의 효과가 무엇이었는지에 대한 것이다. 푸코가 모든 것에는 힘의 논리가 작용한다고 가정한 것에 대해서는 올바르게 비난받지만, 그의 철학은 우리에게 지식의 추구가 항상 순수한 동기들에 의해 고무되었던 것은 아니라는 사실을 상기시켜 준다. 푸코가 도덕적이고 인식론적인 상대주의자(그의 개인적인 삶이 얼마나 정도를 벗어났든지 간에)였는지에 대해서는 토론의 여지가 있지만 그의 철학 연구방법이 반드시 그러한 결과로 이어질 필요는 없다.

미국적인 상황에서는 앞에서 다루었던 많은 주

제들을 리처드 로티(Richard Rorty)에게서 찾을 수 있다. 로티는 『철학 그리고 자연의 거울』(Philosophy and the Mirror of Nature)에서 인간의 지식은 자연을 반영할 수 있다는 사실을 공격하고 근본주의(인간지식에 대한 근본을 제공한다는 이상)를 헛된 희망으로 치부해 버린다. 종종 인용되는 로티의 진리에 대한 정의는 "우리의 또래들이 우리가 말하도록 내버려두는 것"이다. 그는 자신을 "순간적으로 유용할 뿐"이라는 실용주의적인 의미 외에 다른 그 어떤 의미에서도 사실이 아니라는 믿음을 알면서도 그러한 믿음을 고수하는 아이러니스트라고 언급한다. 초기 철학에서 로티는 철학적인 논쟁의 개념을 여전히 고수했지만 후기 철학, 예를 들어, 『우연성, 아이러니, 연대성』(Contingency, Irony, and Solidarity)에서 참된 논쟁은 있을 수 없으며 입장들을 매력적인 것처럼 보이게 만드는 단순한 사물들의 "재 기술"(redescriptions)과 시적 은유가 있을 뿐이라고 주장한다. 비록 로티가 일반적으로 또한 적절하게 상대주의자라고 분리되지만 참된 합리성 내지는 상대주의와 같은 그러한 용어들은 궁극적으로 신이 없고 그 어느 것도 신성하지 않은 상황에서는 의미가 없다고 생각한다. 그 이유는 거기에는 그 어떠한 의미 있는 대안('상대적'이라는 용어가 요구하는)도 없기 때문이다. 자아에 대한 로티의 현대적인 견해는 자아를 시화하는 니체의 견해를 받아들인 것인데 낭만적인 의미는 없다. 자아는 결코 스스로가 될 수 없는데 그 이유는 자아는 하나의 역사적이고 문화적인 상황의 영향력에 굉장히 의존하는 우연성들로 이루어진 조직이기 때문이다. 그러나 로티는 우연성에 대한 이러한 인식의 결과가 공동체를 장려하는 연대성의 필요라고 생각한다.

아마도 가장 유명한 기독교 포스트모던 철학자는 포스트모던 통찰력들이 기독교 사상에 어떻게 적용될 수 있는지에 관한 좋은 예를 제공해 주는 장-뤽 마리옹(Jean-Luc Marion)일 것이다. 『존재 없는 신』(God without Being)에서 마리옹은 신에 대한 어떤 종류의 말이 적합한지를 고찰한다. 마리옹은 신이 의식에 완전히 존재할 수 없다는 사실을 고려하면서 신에 대한 지식을 주장할 때 우리는 신에게 개념적인 도식을 부여하는 위험성을 안게 되는데 이러한 도식은 우리의 심상에 신을 만들게 한다. 신은 심지어 존재를 초월한다고 주장하면서 마리옹은 철학자들의 신을 확증하는 것이 아니라 믿음의 신을 확증한다. 그래서 신은 있을 수 있는 가장 위대한 존재로 정의되지 않는다. 우상들은 신이 아닌 우리를 반영하는 우리의 사진들이나 아니면 신의 개념들이며, 성상들은 우리 자신들을 초월하여 신을 가리켜준다. 우리에게 신을 온전하게 제시한다고 주장하는 모든 신에 대한 개념은 마리옹에게 우상숭배와 같다. 왜냐하면 신은 항상 우리의 이해력을 벗어나기 때문이다. 우상들과 대조적으로 성상들은 우리에게 그 어떠한 개념들로 신을 이해할 수 없다는 의미에서 궁극적으로 편만한 신의 흔적을 제공해 준다. 신은 존재하지만 우리가 존재하는 것처럼 존재하지 않는다. 신의 존재는 사랑이며, 존재(ousia)와 빈사(賓辭)의 영역을 초월해 존재한다고 말한다. 실제적으로 마리옹은 나쁜 침묵(모든 사람들이 신은 침묵하고 있다고 말할 때)과 부주의한 잡담 사이의 중도를 지키려고 애쓴다. 현명한 침묵은 말의 한계를 인식하며 정당하게 말할 수 있는 것을 말하려고 힘쓴다. 여기에서 질문은 신에 대해서 무엇을 말하느냐가 아니라 신에 대해서 어떻게 말하느냐에 있다. 가톨릭 성례의 관점에서 글을 쓰는 마리옹은 성체성사를 중심에 놓는다. 즉 우리는 떡을 뗄 때에 그리스도를 만나며, 그곳에서 그리스도는 우리의 주인도 아니고 소유하지도 않는 선물로서 우리에게 임하신다.

3. 결론. 우리는 현대 사상이나 포스트모던 사상을 단순하게 받아들이거나 거부한다는 태도는 경계해야 한다. 한편 현대 사상의 유산이 기독교 신앙에는 긍정적인 점보다 부정적인 점이 더 많았을 것이다. 자신의 신념들을 비판적으로 성찰하는 것에 대한 계몽주의의 강조가 어떤 의미에서는 감탄할 만한 일이지만 자신을 위한 사고의 목표는 종종 하나의 의제와 연결되어 왔다. 가다머가 솔직하게 지적하는 것처럼 계몽주의 비판은 주로 기독교의 종교적인 전통 즉 성경에 대한 것이었다. 게다가 자율

적인 자아에 대한 현대적인 개념이 기술적으로 틀렸을 뿐만 아니라, 개인들이 자신들의 정체성을 공동체의 일원들로 보는 개인에 대한 기독교의 견해와도 일치하지 않는다. 마지막으로, 성경이 비록 인간 합리성의 가치를 하나님의 형상대로 지음 받은 것에 대한 일부분으로 분명히 확증하고 있지만 인간 이성에 대한 현대의 확신은 인간 능력의 한계를 강조하는 성경과는 매우 큰 차이를 보이는 것이다.

또 한편으로, 포스트모던의 반응은 때때로 동일하게 의심해 보아야 할 뿐만 아니라 기독교와 일치하지 않는다. 우리는 니체와 같은 일부 포스트모던 사상가들이 자아에 대한 현대 개념을 절대적인 극단으로 몰아가는 것을 보았다. 게다가 인간 이성의 근대적인 허세에 대한 거부가 때때로 너무 심해 진리를 알 수 있는 가능성을 완전히 제거해 버린다. 그러나 포스트모던 사상이 기독교 신앙을 뒷받침해 주지 않는 요소들을 갖고 있지만 기독교인들에게 중요한 가치를 가지고 있는 다른 사람들도 있다. 특별히 마리옹, 가다머, 레비나스 그리고 데리다(적어도 그의 후기 사상)는 우리에게 많은 것을 제공해 준다. 중심에서 벗어난 자아에 대한 그들의 강조점은 현대 사상의 주체념은 주장에 대한 유익한 개선책이며 교만의 위험에 대한 기독교적인 가르침과 일치하는 부분이다. 심지어 니체와 같은 사상가조차도 기독교에 대해서 그렇게 적대적이었지만 도움이 되는데, 그 이유는 기독교인들의 결점들에 대한 니체의 예리한 비판이 너무나도 사실이기 때문이다. 게다가 이성의 순수한 객관성에 대한 포스트모던적인 부인은 죄가 우리의 마음을 쉽게 가릴 수 있기 때문에 진리를 아는 것이 덕이 있는 사람이 되는 것과 밀접하게 관련이 있다는 기독교적인 생각과 그렇게 거리가 있는 것도 아니다. 포스트모던 사상가들에 의한 이성의 힘과 순수함을 의문시하는 것은 적절하지만 단지 우연성만 존재한다고 결론짓는 극단은 피해야 할 것이다. 모든 인간 이성에는 우연성(아니면 역사성)이 퍼져 있다는 생각과 인간의 이성은 단지 우연적인 것이며 그 어떤 점에서도 보편적으로 유효하지 않다는 생각 사이에는 커다란 차이가 있다. 기독교인들은 진리가 없다거나 우리는 진리를 알 수 있는 능력이 없다고 하는 결론을 내리지 않고서도 합리성의 한계에 대한 포스트모던의 인식(그리고 그러한 인식에 뒤따라야 할 마음의 겸손함)을 기꺼이 지지할 수 있다.

BRUCE E. BENSON

참고문헌 | D. A. Carson(1996), *The Gagging of God*; D. Lyon, *Postmodernism*; J-F. Lyotard(1984), *The Postmodern Condition*; idem(1993), *The Postmodern Explained*; C. Norris(1990), *What's Wrong with Postmodernism?*; R. C. Solomon(1988), *Continental Philosophy Since 1750*.

포커스그룹(Focus Group). 특별한 문제나 관심 분야, 필요 혹은 임무 때문에 모인 사람들의 그룹이다. 주제는 보통 그 모임이 시작하기 이전에 결정되고 모임 외부로 분명하게 정의된 목적이 나타난다. 모임의 회원들이 그 모임의 성격과 성취하고자 하는 필요에 대해 잘 이해하고 있기 때문에 그 모임이 그 목적과 목표에 잘 맞는지를 보다 쉽게 평가할 수 있다.

기독교교육의 환경에서 전도, 제자도, 선교, 성경 공부, 지도력 훈련 그리고 사회 종교적 문제의 고취 등과 같은 관심 분야나 주제들을 강조하는 특화 그룹들이 발달해 왔다. 이러한 그룹들이 공통된 주제나 목적을 중심으로 하기 때문에 보통 모임에 대한 높은 수준의 참여와 헌신이 있다. 일단 모임의 목표와 목적이 성취되면 회원들은 모임을 떠나거나 모임의 목표를 재정립하는 데 자유롭다.

J. GREGORY LAWSON

포커스 온 더 패밀리(Focus on the Family). 1977년에 설립된 비영리적인 복음주의 단체로 가정의 보존에 헌신된 단체이다. 아동 발달에 관한 박사학위를 갖고 90편 이상의 책을 저술한 제임스 돕슨(James Dobson) 박사가 가정 개혁을 시작했는데, 그는 25분짜리 라디오 방송을 십여 개의 방송국에서 방송하고 자녀 훈련에 관한 한 권의 책을 썼다. 오늘날 포커스 온 더 패밀리는 그 사명을 성취하기 위해서 70개 이상의 다른 사역을 통해 다양한 매체를 활용하고 있다.

다섯 개의 지침이 되는 원리가 포커스 온 더 패밀리의 사역을 지도한다. 하나님을 아는 것은 그리스도 안에 있는 구원을 통해서 시작한다. 남성과 여성의 결혼은 평생의 관계로 하나님께서 제정하셨다. 자녀들은 하나님께서 주신 기업이다. 사람의 일생은 가치를 측정할 수 없다. 가정과 교회와 국가는 하나님께서 제정하신 기본적인 기구이고, 각각은 특별한 목적이 있다.

"포커스 온 더 패밀리" 라디오 프로그램은 가장 잘 알려진 기구의 사역 중 하나로 계속된다. 그것은 70개 이상의 국가에서 4,000개 이상의 방송시설을 통해 매일 방송된다. 돕슨 박사의 사회로 이 프로그램들은 많은 중요 가정 문제들을 다룬다. 포커스 온 더 패밀리의 가치 기준들은 "중심이 되어야 할 가정"(Focus on the Family) 잡지와 월간지인 "제임스 돕슨 박사로부터의 가정 뉴스"(Family News from Dr. James Dobson) 등을 통해서 250만 이상의 가정에 전달된다.

다른 포커스 온 더 패밀리의 사역들은 다양한 매체를 통해서 특정한 관심 그룹들과 접촉한다. 이들 중에는 4세에서 8세의 아이들을 위한 잡지 "중심이 되어야 할 가정-어린이편"(Focus on the Family Clubhouse Jr.), 아이들을 위한 라디오 방송과 비디오 시리즈 "맥기와 나, 오디세이의 모험"(McGee and Me! and Adventures in Odyssey) 그리고 십대를 위한 잡지 "일탈"(Breakaway)과 "브리오"(Brio), 사춘기와 청년들을 위한 비디오 시리즈 "성, 거짓… 그리고 벼랑 끝에 선 진리와 삶"(Sex, Lies & … the Truth and Life on the Edge) 그리고 대학생을 위한 인터넷 잡지 "무한경계"(Boundless), 사회적인 이슈에 관한 현재의 정보들을 제공하는 잡지 "시민"(Citizen)과 "시민을 깨우는 경보"(Citizen Issues Alert) 그리고 "홀부모 가정"(Single Parent Family), 군인 라디오 텔레비전 방송, "의학잡지"(Physician) 그리고 "목회자의 일주일"(Pastor's Weekly Briefing) 등이다.

각각의 사역의 중추적인 요소인 교육은 잡지 "초점을 맞추는 교사"(Teachers in Focus)와 인터넷 잡지 "무한경계"(Boundless) 그리고 포커스 온 더 패밀리 학원, 상담 활성화 프로그램 등에서 주로 초점을 맞추고 있다. 포커스 온 더 패밀리 학원은 개인 교습 형태의 대학 학기 과정으로 특별히 기독교적인 바탕에서 현대 문화와의 조화와 실제적인 적용을 통해 가정을 보호하고 지탱하는 교육과 연구에 헌신되어 있다. 상담 활성화 프로그램은 심리학적인 개념과 성경적인 개념을 통합한 기독교 상담가를 길러낸다.

포커스 온 더 패밀리는 돕슨(Dobson) 박사의 지도와 위기담당 센터(Crisis Pregnancy Center)의 지원 하에 전문적인 상담과 전문의료의 연결 그리고 정보와 충고를 위한 모든 질문에 대한 대답을 제공한다.

KAY M. LLOVIO

참고문헌 | *Boundless* Webzine, http://www.boundless.org; J. Dobson(1992), *Dr. Dobson Answers Your Questions* vols. 1 and 2; idem(1977), *The New Dare to Discipline*; Focus on the Family website: http://www.family.org.; *Teachers in Focus* magazine and website: http://www.family.org/forum/teachersmag; R. Zettersten(1992), *Dr. Dobson: Turning Hearts toward Home*.

표적과 기사(Signs and Wonders).

하나님의 성품, 영광 그리고 기적의 능력을 보여주는 활동과 사건 내지는 행동들이다. 성경에 나오는 표적과 기사들은 하나님의 권위의 표시이다. 성경에서 발견할 수 있는 기적들은 항상 특별한 목적을 염두에 두고 일어난다. 존 맥아더(John McArthur)는 기적들이 왜 일어나는지를 이해하는 것을 돕는 기적의 몇 가지 요소들이 있다고 말한다. (1) 기적들은 계시의 새로운 시대를 소개했다. 이것의 예들은 모세와 신약의 사도 시대가 될 것이다. (2) 기적들은 계시의 사자들의 진위를 밝혀주었다. 이것은 엘리야의 삶과 특별히 예수님의 사역에서 찾을 수 있다. (3) 기적들은 새로운 계시를 듣고자 하는 이들의 주의를 요구했다. 다시 말해 모세, 엘리야 그리고 예수님은 이러한 원리의 실례이다.

최근 표적과 기사 운동으로 일컬어져 온 것을 둘러싸고 논쟁이 일어났다. 이 운동을 지지하는 사람들은 기적들이 사도 시대를 마지막으로 끝이 나지 않았고 역사상 계속 존재해 왔다고 주장한다. 그들은 지상 대명령이 신자들의 삶 속에서 사용할 수 있는 능력의 약속을 포함한다고 주장한다. 이러한 약속들은 다음의 성경 구절에서 찾을 수 있다. (1) 마태복음 28장 18절에서는 "하늘과 땅의 모든 권세를 내게 주셨으니"라고 기록하고 있다. (2) 마가복음 16장 17절에서는 "믿는 자들에게는 이런 표적이 따르리니"라고 하고 있다. (3) 사도행전 1장 8절에서는 "오직 성령이 너희에게 임하시면"으로 약속하고 있다.

표적과 기사운동의 지지자들은 기적을 하나님의 나라가 성경과 현대적인 관점에서 임박했다는 증거로 본다. 그들은 기적이 신자들의 일상 활동에 중요한 부분을 차지해야 하며 교회 전도와 사역의 중심이 되어야 할 것을 강조한다. 사람들은 하나님의 능력이 사단의 권세를 이기는 능력 대결로 인해 하나님께로 이끌린다. 또한 그들은 신자들이 기적을 경험하지 못하는 주된 이유는 그들이 그 경험을 열린 마음으로 받아들이지 않기 때문이라고 강조한다.

표적과 기사 운동을 반대하는 기독교인들은 성경 그 어느 곳에도 그리스도인들에게 기적을 찾으라는 명령을 찾을 수 없다고 주장한다. 또한 어떤 경우에는 은사들을 주신 분보다 영적 은사를 더 강조하기도 했다. 기적을 찾는 것에 대한 강조로 인해 어떤 신자들은 기독교인의 훈련과 성령의 열매를 극소화했다. 이 논쟁의 양 진영에 성숙한 기독교인들이 속해 있기에 아마도 이 논쟁은 앞으로 다년간 기독교인들이 다루어야 할 문제가 될 것이다.

J. GREGORY LAWSON

참고문헌 | J. MacArthur(1978), *The Charismatics*; C. Wagner, ed.(1983), *Signs and Wonders Today*.

표준(Criteria). 절대기준평가시험(Criterion-Referenced Tests)을 보라.

표준(Standard). 모델링(Modeling)을 보라.

프라미스 키퍼스(Promise Keepers). 남성들을 향한 기독교 활동이다. 일반적으로 경기장 집회들을 통해서이지만 회의들과 자료들을 통해서도 이 활동은 남성들이 경건한 삶을 살고 하나님, 아내, 가족 그리고 동료들에 대한 헌신으로 일곱 가지 기본적 약속들을 지키도록 격려한다. 이 활동은 그리스도인들이 일곱 개의 약속들을 지키도록 돕는 사람들과의 책임 있는 관계들의 중요성을 믿으며, 모든 종족들과 교단들과 문화들의 연합을 추구하였다.

1990년 콜로라도대학 미식축구팀의 수석 코치였던 빌 맥카트니(Bill McCartney)는 프라미스 키퍼스를 창설했다. 이백만 명 이상이 행사들에 참여해 오며, 이들은 경기장 집회들로 널리 알려졌다. 본부는 콜로라도 주의 덴버에 위치해 있다. 이들의 눈에 띄는 특징은 다양한 인종의 회원들이다. 25퍼센트 이상의 스텝이 소수 민족 배경들을 가지고 있고, 경기장 행사들 역시 다양한 인종의 참석자들은 물론이고 다양한 인종의 연사와 음악가들이 참여한다.

1994년 10월 4일 토요일, 프라미스 키퍼스는 가장 큰 모임 장소 중의 하나였던 워싱턴 시에서 모였다. 수십만의 사람들이 성회(Stand in the Gap: A Sacred Assembly of Men)에 참여했다. 이 날은 개인적 회개와 나라와 가정들을 위한 기도의 날이었다. 이 운동은 그리스도인 남자들의 삶에 관한 서적들, 비디오들, 연설들, 수련회들을 풍성하게 만들어 냈다.

한편, 프라미스 키퍼스를 비난하는 자들은 지속적으로 있어왔다. 어떤 비평가들은 그리스도인 연합이나 다른 극우 종교적 운동, 혹은 정치적 운동과 이 단체를 연관시켜 왔다. 그러나 그들은 어떤 종류의 관련성도 부인해 왔다. 프라미스 키퍼스는 로버트 힉스(Robert Hicks, 1993)의 서적 『남성의 여정』(The Masculine Journey)을 홍보한 적이 있다. 그러나 이 책은 논쟁을 불러일으키게 되었고 그 후 회수되었다. 여성 모임들은 남성 아래 여성을 복종시킨다며 이들을 비난해왔다. 그러나 조직의 지도자들은 지속적으로 그러한 비난은 진실이 아니라고 말해 왔다. 어떤 이들은 집회의 에큐메니칼하고 오순절적인 성격을 불편하게 여기기도 한다.

처음부터 프라미스 키퍼스는 교회 내의 목회자들의 관여와 남성 사역의 발전에 초점을 맞추어 왔다. 그들은 지도자 훈련 수련회들, 서적들, 또한 이러한 목적을 담은 다른 제작물들을 제공하고 있다. 그들의 약속들 중 한 가지는 다음과 같다. "프라미스 키퍼스는 자신이 한 약속들을 지키도록 돕는 형제들이 필요하다는 인식하에 두세 명의 다른 남성들과 긴요한 관계들을 추구하겠다고 맹세한다." 이들은 소그룹이 지지와 격려와 신뢰의 관계 속에서 남성들이 서로의 짐을 지는 기회를 제공한다고 생각한다. "주요 인물"(key man)은 남성 그룹의 사역을 조정하고 프라미스 키퍼스와 교회를 연결하는 역할을 한다. "대사"(ambassador)는 프라미스 키퍼스의 사명과 마음을 자신들의 지역 교회에 전달하고 대표하는 자원봉사자이다.

JIM WALTER

참고문헌 | E. Wagner, *Focusing Your Men's Ministry.*

참조 | 남성사역(MEN'S MINISTRY)

프라이스, 존 밀번(Price, John Milburn, 1884-1975).

프라이스는 켄터키 페어 딜링(Fair Dealing) 근처에서 태어났다. 그는 1899년 8월 11일 금요 부흥회에서 개심했다. 프라이스는 웨스턴 주립 켄터키대학에서 공학사를, 텍사스의 베일러대학에서 문학사를, 브라운대학에서 인문학 석사학위를 그리고 남침례신학대학교에서 신학 석사, 신학 박사, 철학 박사 학위를 취득했다. "1911년 브라운대학을 들어갈 때까지 그는 목회사역을 준비하고 있었지만, 그러나 하나님께서 교육 분야로 프라이스의 재능을 지도하셨다는 자유주의적 사고의 환경이 있었다. 프라이스는 자신이 '브라우닝에서 그날 밤 회당에 갔을 때 설교했던 개혁주의 유대인 랍비 밑에서 히브리어를, 자유주의적 성공회인에게서 헬라어를, 유물론적 진화주의자 아래에서 사회학을 공부했다'는 것을 상기했다. 이러한 경험들은 그가 자유주의적 사고의 죽음과 종교를 인식하도록 만들었다. 자신의 소명에 대한 프라이스의 재고는 그를 종교교육으로 방향을 틀게 했다"(Briggs, 1964).

프라이스는 남침례교의 종교교육 분야의 진정한 개척자였다. 그는 수많은 "최초의" 것들을 만들어낸 경력이 있다. 이러한 것들 중에는 텍사스 포스워스의 서남침례신학대학원의 종교교육 분야에 1915년 소명 훈련들을 위한 최초의 학과를 만든 것이 포함된다. 그의 지도력 아래 다음과 같은 일들이 진행되었다. 그의 학교는 미국에서 최초로 종교교육 학위 수여(1917), 미국에서 최초로 종교교육 전공의 박사학위 수여(1919), 최초로 학위의 필수과정으로 지도감독하의 현장 사역 요구(1920), 최초로 주일학교 지도감독자들 협의회를 개최(1920), 최초로 종교교육 영역에서의 직업상의 협의회를 조정(1921), 최초로 침례신학교에 유치원 실례를 제공(1921), 최초로 침례신대원에서 학위를 따기 위한 학문적 전제 조건들을 요구(1922), 최초로 비대학 졸업생들을 위한 특별 신학교 과정들을 제공(1923), 오직 종교교육만을 가르치기 위한 건물을 미국 내에서 최초로 고안(1950), 최초로 남침례교 내에서 종교교육 대학을 공식적으로 인가(1951), 최초로 나이든 사람들을 위한 학점인정 과정을 남침례교에 제공한 학교(1919), 레크레이션 지도력(1921), 휴가학교와 주간학교(1921), 비서 훈련(1922), 종교 홍보(1922), 수공예 사역(1923), 교회 재정(1923), 침례교 학생 연합 사역(1923), 종교 드라마(1924), 시각자료(1926), 종교 상담(1933) 그리고 교회 도서관 사역(1948) 등.

프라이스는 켄터키와 로드아일랜드에서 목회했으며, 켄터키의 블러드 리버 연합회(Blood River Association)를 섬겼던 남부에선 최초로 봉급을 받고 일한 협회의 일꾼이었다. 그는 학교에서 가르쳤고 인디안 지역에서 교장으로 섬겼다. 1915년, 그는 서남침례신학대학원의 기독교교육 학과장의 자리를 수락했다. 학교를 이끌고 수업을 가르치며, 프라이스는 21년 동안 웹침례교회(Webb Baptist Church)에서 목회했다.

그의 저술에는 다음과 같은 것들이 있다. 『기독교와 사회 문제』(Christianity and Social Problems, 1928), 『그리스도인 삶의 중요한 문제들』(Vital Problems in Christian Living, 1942), 『교사이신 예수』(Jesus the Teacher, 1946), 『인생의 문제들 다루기』(Mastering Life's Problems, 1958), 『그리스도인 성격 형성의 요소들』(Formative Factors in Christian Character, 1959), 『드러난 인생』(The Unfolding Life, 1963) 등. 프라이스는 사십 일 년 동안 섬긴 후 학장으로 1956년 은퇴했다.

RICK YOUNT

참고문헌 | P. Briggs(1964), *A Historical Review of Dr. J. M. Price*.

프락시스(Praxis). 인식방식이다. 이론과 실제를 연결하고 과거, 현재, 미래에 대한 비평적 반영을 수반하는 인식론이다. 프락시스의 번역으로 영어 단어 "실행"(practice)을 사용하는 경우, 프락시스를 이해하는 것이 더 어려워진다.

프락시스는 주로 성인교육법인데, 이것은 학생 편에서의 비평적 사고와 문제 제기가 요구되기 때문이다. 성인교육 영역에서 성인교육의 역할이 무엇이 되어야 하는지(주로 인지 과정인가? 혹은 사회적 혹은 사회변화의 수단인가?)에 대한 논쟁은 계속되고 있다. 후자의 경우, 프락시스는 자유를 위한 역사적 저항의 비평적 점검이다. 이것은 가정(assumption)들의 정체를 밝히고 권력관계들을 분석하는 것을 포함한다. 과거 성인교육은 사회적 평등의 힘이 되어 왔다. 이 논쟁은 일반적으로 복음주의 기독교교육의 토론에는 생겨나지 않았는데 이는 기독교적 적용들은 대체로 개인 혹은 그들의 가족에만 제한되었기 때문이다.

20세기 브라질의 교육자 파울로 프레이레(Paulo Freiré)는 프락시스에의 관심을 기독교적 방법으로 새롭게 했다. 그는 "은행"(banking) 교육개념을 비판했다. 은행개념 속에서 학생들과 교사들은 교육이란 우위에 있는 사람이 하위에 있는 사람에게 지식을 나누어주는 것이라고 생각한다. 프레이레와 연결된 두 가지 다른 용어들은 사회문화적 현실을 정밀히 검토하는 과정인 의식화(conscientization)와 이론과 실제의 양극을 의미하는 프락시스이다. 따라서 교육은 의식변화를 위해 반드시 프락시스와 의식화를 포함해야 한다. 교육적 상황을 강조하는 이유는 무엇인가? 이것은 강압적 사회 구조들이 변하지 않는 상태에서 여성들과 남성들이 교육 과정을 통해서 변형될 수 있다는 환상이다.

프레이레는 교육활동에서의 자유의 실천과 해방을 분명히 강조한다. 그 목적은 개인과 사회의 변형에 있다.

로마 가톨릭 종교교육자 토마스 그룸(Thomas Groome)은 종교교육 과정으로의 프락시스의 최초 주창자이다. 그는 자신의 다섯 가지 활동의 과정인 공유된 프락시스(shared praxis)를 주장한다. 이에 따르면, 종교교육은 우리가 현재와 더불어 살아가고 씨름하면서, 자신 고유의 과거에 대한 책임을 지고, 우리의 미래를 목적을 가지고 창조해 나가는 평생의 여행이다.

그룸에 따르면, 종교교육은 다섯 가지 활동들을 수반한다. 현재 행동 명명, 참가자들의 진술과 비전 나눔, 기독교 공동체의 진술과 비전의 비교 그리고 공동체와 개인의 진술과 비전의 논증적 해석 등. 이 과정에서 그리스도인들은 역동적으로 그들 자신과 교회의 과거, 현재 그리고 미래에 관여한다.

따라서 프락시스의 가치들은 과거와 미래를 연결한 "앎"(knowing)의 성경적 성격을 지탱하고, 교육 과정을 통해서 강력한 윤리적 의견을 만들며 개인과 사회에 집중한다.

이것이 지금까지 우리가 해온 것과 다른 것은 무엇인가? 첫째, 통찰 있는 질문으로 철저하게 조사하도록 한다. 둘째, 수업 참여자들이 그들의 마음과 경험들 속에서 탐색할 수 있도록 이끄는 질문들을 한다. 셋째, 사고와 감정의 양쪽 과정을 모두 포함시킨다.

JIM WALTER

참고문헌 | P. Freiré(1972), *Pedagogy of the Oppressed*; T. H. Groome(1980), *Christian Religious Education: Sharing Our Story and Vision*.

프랑케나, 윌리엄 클라우스(Frankena, William Klaus, 1908-1994).

미국 철학자이다. 그는 많은 사람들에게 철학자들의 철학자로 알려져 있다(Goodpaster, 1976, vii). 칼빈대학, 미시간대학교, 하버드, 캠브리지에서 학위를 얻은 후에 그는 미시간에서 철학과 학과장으로 있었을 뿐 아니라 24년 동안을 교육에 몸을 담았다.

프랑케나(Frankena)는 주로 도덕 철학자와 종교 철학자로 알려져 있다. 그의 초기 저서(1939-50)들은 다양한 윤리적 견해를 가지고 철학자들에게 존경을 나타냈다. 후기의 작품들은 인간의 행동에서 올바른 기초와 특징에 대한 결론을 제공했다. 1969년의 기사인 "또다시 의무와 가치"(Ought and Is Once More)에서 그는 독특한 방법으로 중요 도덕 철학들이 네 가지 진술의 다양한 조합이라고 말했다. (1) 의무와 가치의 판단은 이성적으로 정당화할 수 있고 객관적으로 타당하다. (2) 의무와 가치의 판단은 사실에서부터 논리적으로 추론될 수 없다. (3) 의무와 가치의 판단은 만약 사실로부터 논리적으로 추론될 수 없다면 이성적으로 정당화될 수 없으며 객관적으로 타당할 수 없다. (4) 의무와 가치의 판단은 직관적이며 자기 확신과 자기 정당화이다.

프랑케나(Frankena)의 도덕 철학은 (1)번과 (2)번 진술의 조합이며 성경의 진리를 논리적이고 전제적인 계시의 법칙을 만드는 (1)번과 (3)번의 조합인 보수적인 기독교적 시각과는 먼 것이다. 프랑크나의 의무의 근거는 우리의 인간으로서의 선천적인 기질의 일부에 놓여 있는 도덕적인 시각이다(Goodpaster, 1976, ix).

교육자들은 프랑케나의 개념분석 과정이 일반 교육, 특별히 기독교교육에서 교육의 이론과 실제를 연결하는 데 유용하다는 것을 발견했다. 프랑크나는 교육의 적절한 철학은 최소한 세 가지 부문을 가지고 있다고 제안했다. 사실에 관련된 서술적인 부문과 가치와 관련된 규범적인 부문 그리고 분석과 관련된 분석적인 부문이다.

프랑케나의 분석 모델은 다섯 가지 상자들의 연결이다. 모델의 왼쪽 편(A, C, E 상자)은 교육의 실천(E)에 관한 실제적인 처방의 결론을 내린 규범적인 쪽이다. 모델의 오른쪽 편(B와 D상자)은 교육자가 규범적인 교육 과정을 정당화하도록 호소하는 신앙을 담은 서술적인 쪽이다.

C상자는 교육적인 노력의 산물인 탁월함(능력, 특색 등)을 대표한다. A상자는 이러한 탁월함의 양성을 요구하는 윤리적이고 사회적인 목표를 대표한다. E상자는 분석 모델의 결론이다. 그것은 무엇을 해야 하는지, 어떻게 그 탁월함이 만들어지는지에 관한 실제적인 처방이다. 이러한 윤리적인 목표와 교육적 탁월함 그리고 교수 방법들은 규범적이다. 그들은 교육자가 교육 과정은 이래야 한다고 믿는 것이다.

B상자는 C의 어떤 탁월함이 A의 윤리적 목표를 수행하는 데 필요한지를 보여주는 경험과 다른 믿음, 지식을 대표한다. 이와 유사하게, D상자는 C의 탁월함을 만들어내기 위해 사용되어야 하는 수단들이 무엇인지를 보여주는 심리학, 사회학 그리고 교육학의 사실들을 대표한다.

프랑케나는 더 나아가 규범적인 교육 철학은 두 가지 부분을 갖는다고 결론을 내렸다. "(1)은 비교적 철학적이고 이론적인 논리 흐름으로 A, B, C를 가지고 어떤 탁월함이 교육에 의해 양성되는지를 보여주는 것이다. (2)는 비교적, 경험적 혹은 과학적이고 실제적인 논리 흐름으로 C, D, E를 가지고 언제 어떻게 그들이 계발되는지를 보여주는 것이다. 첫 번째 부분의 결론은 두 번째 부분의 전제가 된다"(Frankena, 1965, 8-9).

프랑케나의 모델은 다른 사람의 교육 사상을 분석하고, 한 개인의 교육 철학을 개발하는 데 적절하다. 그것은 높은 윤리를 가지고 효과적인 방법과 적절한 목표들이 잘 배열된 교육 과정을 세우기 위해서는 교육자가 논리적이고 일관되며 철저해야 한다고 결론을 내렸다.

DANIEL C. STEVENS

참고문헌 | W. K. Frankena(1965), *Philosophy of Education*; K. E. Goodpaster, ed.(1976), *Perspectives on Morality: Essays by William K. Frankena*; R. Habermas and K. Issler(1992), *Teaching for Reconciliation: Foundations and Practice of Christian Educational Ministry*.

프랑크, 어거스트 헤르만(Frank, August Hermann, 1663-1727).

독일의 경건주의자이며 교육개혁가이다. 부유한 경건주의 가정에서 태어나 처음에 고트바(Gotba)의 고등학교를 가기 전까지 가정교사를 통해 교육을 받았다. 14살에 에어푸르트(Erfurt)대학에 등록하였고, 카일(Keil)에서 공부했으며 라이프치히(Leipzig)에서 학위를 받았다. 1689년에 헌신된 경건주의자가 되어 라이프치히(Liepzig)에서 가르치기 위하여 돌아왔다. 그곳을 떠날 것을 강요받자 프랑크는 또 다시 경건주의 학습을 위해 떠나기 전까지 1년 동안 에어푸르트에서 목사로 사역했다.

1961년에 스패너(Spener)의 도움으로 그는 할레(Halle)대학에서 동양 언어학 교수로 무급 강사 자격을 얻게 되었다. 7년 뒤에 그는 신학 학과장이 되었다. 이러한 직책을 가지고 그는 글라우차(Glaucha)에서 목사로 사역했다. 그는 죽을 때까지 할레대학에서 계속 가르쳤다. 프랑크의 교육에서의 목표는 하나님을 경배하는 것이다. 이것은 이론보다는 삶의 변화를 통해 성취될 수 있다. 삶의 변화의 특징들은 적극적인 사랑의 행동과 하나님 나라의 현재성, 죄의 심각성, 하나님의 은혜의 충만함 등을 깨닫는 것이다. 프랑크는 신학이 실천적인 형태로 연결되어야 한다고 주장했다. 성경은 모든 수준의 교육적 노력에서 교육과정의 핵심을 제공했다. 그는 신학교에서 성경 언어 공부를 할 때 설교와 목회 사역의 직접적인 적용을 고려해야 한다는 점을 강조했다.

프랑크의 신학교육에 대한 강조는 교리에서 옳은 행동으로, 신학적 사색에서 헌신적인 정직함으로, 지적인 것에서 경험적인 것으로, 조직신학에서 성경해석으로, 하나님께서 역사 속에서 하셨던 것에서 하나님이 인간에게 오늘 하기를 원하시는 것으로, 하나님께서 시작하시기를 수동적으로 의존하는 것에서 인간의 책임으로 옮겨졌다. 프랑크는 교육이 가정 중심이어야 한다고 믿었다. 교사는 부모를 대신한다. 따라서 교사의 모범은 중요하다. 학급은 작아야 하며, 교사와 학생간의 관계는 사랑이어야 한다. 훈련은 엄격해야 하지만 신체적인 처벌은 자제해야 한다.

프랑크의 업적은 대단하다. 1692년에 가난한 학생들을 위한 학교를 설립했는데 그는 모두가 교육의 기회를 가져야 한다고 믿었다. 1695년에는 고아학교를 세웠다. 1697년에 대학 준비생들을 위해 라틴어 학교를 세웠다. 1705년에는 부자와 귀족들을 대상으로 학교 이사회를 시작했다. 그는 교사 훈련에도 참여했다. 그는 그의 대학 학생들 중에 250명을 위에서 말한 학교에서 가르치도록 모집했다. 그는 기독교문서 출판사를 시작했고, 병원을 제공했으며, 아메리카와 아시아에 설교자와 선교사를 파송했다. 루터와 달리 그는 국가가 이러한 교육 사업을 지원할 것이라고 기대하지 않았다. 이러한 사업들은 교회와 학교와 다른 곳에서의 기부와 헌금으로 지원되었다.

프랑크가 죽을 때 2,200명의 아이들이 그의 학교에서 교육을 받고 있었으며 134명의 고아들이 그의 학교에 있었고, 250명의 대학생들에 더해서 167명의 교사들이 이 사역에 참여했다.

RECHARD ALLISON

참조 | 가정교육(FAMILY LIFE EDUCATION); 모델링(MODELING)

프레이레, 파울로(Freiré, Paulo, 1921-1997).

브라질의 교육자이다. 소년 시절에 그는 부모로부터 읽고 쓰는 것을 배웠다. 그의 어린 시절 동안 그는 단어와 언어의 의미 그리고 그것이 표현하는 세계의 현실에 매료되었다. 그가 8살이 되었을 때 그의 안락한 중산층 생활은 전 세계에 걸친 대공황으로 인해 영원히 끝나버렸다. 가난의 경험은 그의 인생을 영원히 바꾸어 놓았다. 그는 11세의 나이에 가난과 억압을 극복하는 데 자신을 헌신했다. 그는 글을 깨우치는 것이 가난한 사람들에게 진정한 민주주의 정치과정 안에서 그들 자신의 해방에 참여하고, 억압 문화의 속박에서 자신을 자유롭게 할 힘을 준다고 믿었다. 1947년부터 1964년 사이에 (그가 투옥되었고 나중에 정부의 협박으로 망명했을 때) 프레이레는 브라질 북동부에서 정의를 위한 문맹교육에 참여했다. 망명시기에 그는 칠레의 유네스코에서 문맹교육에 관한 일을 했다. 하버드에서 잠시 가르치는 중에 프레이레는 세계교회협의회에서 세계교회들이 교육을 통해 선지자적인 정의에 관한 비전을 좇을 수 있도록 도왔다. 1980년부터 죽을 때까지 프레이레는 수년 동안 다양한 교육 사업을 세우고 협력하는 등 그의 조국 브라질을 위해 일했다.

프레이레의 교육의 출발점은 구체적인 역사적 상황이다. 소규모의 사람들은 그들이 몸담고 있는 사회 현실을 반영하고 함께 작용하는 문화 그룹에서 만난다. 모두가 민주적인 대화를 통해 그들이 살아가는 세상을 읽고 규명하는 데에 능동적으로 참여한다. 생산적인 주제라고 불리는 중심 단어와 문제들은 이 비판적인 대화를 통해 나온다. 사회적인 현실에 대한 비판적인 반성과 행동(또는 실천)은 양심화라고 알려진 참여자들의 깊은 변화를 촉진한다. 이러한 과정에서 지배적이고 억압적인 사회계층의 사고방식이나 양심이 불의와 모순에 대한 인식을 근거로 세상에 대한 그들 자신의 비판적인 양심이나 시각으로 대체된다. 이러한 내적인 변화는 또한 인간화라고 불리는 것이다. 여기서 사람들은 지배 문화와 세계관의 속박에서 자유롭게 된 완전한 살아 있는 인간이 된다. 프레이레에게 있어 교육의 본질은 지배문화의 지식을 변화되지 않는 학생들에게 주입하려고 하는 교육의 은행모델을 대화와 비판적인 실천을 통해서 극복하는 것이다.

교사의 역할은 질문자, 문제 출제자, 실습의 동료로 변화된다. 비판적인 실천으로서 본래의 교육은 세상에 존재하는 사회적 불의의 요소들에 관여하며 억압자와 피억압자 모두의 사회적 변화를 위해 일한다.

프레이레의 교육 경험과 모델은 시종일관 기독교 신앙에 의해 형성되었다. 프레이레의 부모는 그에게 깊은 로마 가톨릭 신앙을 주입했다. 프레이레는 많은 교회가 이제까지 신분문제에서 전통적이고 보수적이라는 것을 깨달았다. 다른 교회들은 현대화 되어가며 개혁주의적 성향을 띠게 되었다. 그러나 오직 선지자적인 교회만이 억압하고 비인간화하는 사회구조를 비판적으로 분석하여 진정한 해방을 추구했다. 탁월한 선지자적인 기독교교육자는 비인간적인 것을 책망하고 모든 사람, 특히 사회적으로 소외된 사람들에게 변화된 하나님의 말씀을 선포함으로써 진리가 육신이 되신 예수 그리스도이시다. 프레이레는 교회가 대중적이고, 거룩한 해방 교육을 통합적으로 실천할 수 있는 사회의 소수의 기관 중 하나라고 믿었다. 이러한 구조에서 라틴 아메리카의 교회공동체와 해방신학의 기초 작업이 가장 잘 이해된다. 기독교인의 풀뿌리 그룹은 본질적으로 예수님의 이름으로 사회와 교회를 변화시키도록 부름 받은 급진적 기독교인들의 문화 모임이다.

VERNON L. BLACKWOOD

참고문헌 | P. Freiré(1973), *Education for Critical Consciousness*; idem(1994), *Pedagogy of Hope*; idem(1970), *Pedagogy of the Oppressed*; idem(1985), *The Politics of Education*; M. Gadotti(1994), *Reading Paulo Freiré: His Life and Work*; D. Schipani(1984), *Conscientization and Creativity: Paulo Freiré and Christian Education*.

참조 | 문화전계(ENCULTURATION); 기독교교육과 민족적 시사성(ETHNIC IMPLICATIONS FOR CHRISTIAN EDUCATION); 도덕발달(MORAL DEVELOPMENT); 로마 가톨릭교육(ROMAN CATHOLIC EDUCATION)

프레임(Frames). 프레임이란 용어는 기독교교육에서 적용할 수 있는 다양한 의미를 갖고 있다. 행동 심리학에서 프레임은 기술을 배울 때의 한 단계를 의미한다. 행동 프로그램의 각 단계의 결과에 대해 즉각적인 반응이 각 학생들에게 주어진다. 만약 학생들이 각 프레임의 임무를 수행하는 데에 성공한다면 그들은 보상을 받고 다음 단계로 이동한다. 만약 학생이 성공하지 못하면 그들은 수정을 받는데 직선 구조의 프로그램에서는 같은 프레임을 한 번 더 하게 되고, 가지형 프로그램에서는 실패한 프레임을 대체하는 다른 형태의 프레임을 수행하게 된다(Yount, 1969). 행동 프로그램은 기독교교육에서 넓은 분야에 적용할 수 있는 것으로 믿어져 왔다(Collins, 1969).

사회학자 어빙 고프만(Erving Goffman, 1974)은 프레임을 다른 방식으로 사용한다. 어빙(Erving)은 상징적 상호작용의 전문가로서의 시각을 가지고 프레임을 사람들이 주어진 상황을 이해하는 일반적인 이해로 본다. 데이비드 엘카인드(David Elkind, 1994)는 프레임 분석이 아이들이 성장하는 전 과정을 이해할 때 중요한 이론적 시각이라고 믿는다. 학습의 어려움은 때때로 교사와 학생이 주어진 사건을 다른 프레임을 가지고 이해할 때 발생한다. 여기에 "프레임 충돌"(frame clash)이 있다. 이것은 다른 문화적 배경이나 혹은 단순히 상황에 대한 다른 시각의 결과일 수 있다. 예를 들어, 교사들의 규칙들과 규칙을 깨는 것을 격려하는 또래문화 간의 차이 등이다. 다른 프레임(시각이나 행동양식)이 기독교교육 환경에도 존재한다(Ratcliff, 1988). 이러한 종류의 프레임은 "못쓰게"(spoiled) 되거나 완성되지 않은 채로 남을 수 있다. 그것들은 또한 습득되며, 사람들은 하나의 교육환경 속에서 프레임에서 다른 프레임으로 급격하게 "바꾸는 것"(switch)을 또한 배운다(Elkind, 1994). 이것은 성인들이 강의에서 소규모의 성경공부 토론으로 이동하는 것과 같다.

그러나 프레임이란 단어의 또 다른 사용은 유치원 아이들의 "놀이 프레임"(play frame)에서이다. 아이들은 정신적으로 주어진 환경을 두 가지 영역으로 바꿀 수 있다. 놀 수 있는 환경과 놀 수 없는 환경이다. 놀이 프레임은 가상의 것을 설정하여 장난감을 사용하며, 함께 노는 아이들의 역할을 정한다. 아이들의 실제 세계의 환경은 놀이 프레임의 외부로 간주된다. 아이들이 나이를 먹으면서 그들은 놀이 프레임을 환경에서 분리시킬 수 있게 되고, 그것을 자세히 설명하며 의도대로 프레임을 변화시킬 수 있다.

놀이 프레임은 아이들이 그 프레임 안에서 자신을 볼 수 있는 유연성 뿐 아니라 놀이 프레임이 "이야기 프레임"(story frame)의 면들, 즉 아이들의 실제 상황과 이야기에서의 사건을 구분하는 것을 습득하는 기초가 된다는 면에서 중요하다(Ratcliff, 1988). 이야기 프레임의 예는 자신의 이야기를 3인칭으로 이야기하는 것, "옛날 옛적에"나 "행복하게 살았대요" 등의 이야기의 전형적인 시작과 결말 등을 포함한다. 이것은 실제 세계와 이야기 사이의 경계 혹은 프레임을 세운다. 이러한 이야기의 내재된 구조는 기독교교육의 중요한 면들이다. 이것은 특별히 이러한 구조가 문화와 소수 문화들 그리고 심지어 개인들 간에 다양하게 전달될 수 있기 때문이다. 성경은 믿음의 중요한 면들을 전달하기 위해서 이야기들을 사용하는데, 학습자들에게 적절한 이야기 프레임은 이야기의 내용을 받아들이는 것을 강화시킬 수 있다.

DONALD E. RATCLIFE

참고문헌 | G. Collins(1969), *Search for Reality: Psychology and the Christian*; D. Elkind(1994), *A Sympathetic Understanding of the Child*; E. Goffman(1974, 1986), *Frame Analysis*; D. Ratcliff(1988), *Handbook of Preschool Religious Education*; idem(1998), "Peer Culture and School Culture Theory: Implications for Educational Ministry with Children," presented at the annual conference of the North American Professors of Christian Education; W. R. Yount(1996), *Created to Learn*.

프로그램(Program). 프로그램은 교회운영의 "내용"(what)과 "방법"(how)이다. 프로그램 계획에 앞서 어떠한 프로그램이 왜 필요한지에 대한 신학적이며 철학적인 이해는 반드시 선행되어야 한다. 이러한 기초적 전제들에서 프로그램의 주요 요소들을 명시한 사역 모델이 발전되어야 한다. 이러한 분석적이고 체계적인 프로그램 계획을 바탕으로 프로그램이 발달한다.

프로그램은 신학과 철학에서 나온 상세하고 계획된 활동들이며 교회가 존재하는 이유의 본보기이다. 프로그램들은 인정된 계획들이 토의되고 승인될 때까지, 또한 교회의 역할에 대한 기본적 규범들이 만들어질 때까지 실행되어서는 안 된다. 그 다음 무엇을 어떻게 할 것인지에 대한 자세한 사항들을 계획하고 진행시켜야 한다.

프로그램의 세부사항들은 다음의 일반적인 질문들에 대한 해결책들을 준다. 프로그램의 대상은 누구인가? 기대하는 결과는 무엇이 언제 시행될 것인가? 얼마나 자주 실행될 것인가? 누가 책임을 맡으며 프로그램의 세부사항이 완수될 수 있는 기한은 언제인가? 비용은 얼마나 들 것인가? 지도자들이 효과적 역할 감당을 위해 개발시켜야 할 점은 무엇인가? 사람 외에 필요한 자원(건물들, 자료들, 장비들 등)은 무엇인가? 누가 이러한 것들을 확보할 것인가? 재정은 어떻게 마련할 것인가? 어떤 자극이 필요한가? 그리고 프로그램이 목적한 결과를 성취한 여부를 알 수 있는 방법은 무엇인가? 등.

프로그램들은 지원하는 기관의 신학적 관점과 철학적 관점을 반영한다. 타당한 사고와 기도의 준비가 없는 프로그램 계획은 실패를 자초한다.

JOHN M. DETTONI

참조 | 시설(FACILITIES); 자원(RESOURCES)

프로이트, 지그문트(Freud, Sigmund, 1856-1939). 정신분석학의 선구자이자 창시자이다. 프로이트는 모라비아(Moravia)의 프리버그(Frieberg)-현재 체코 공화국의 프리보(Pribor)-에서 태어나 그의 인생의 대부분을 비엔나에서 보내고 영국 런던에서 죽었다. 그는 비엔나대학에서 의학을 공부하고 1881년에 졸업했으며, 그때 임상신경학자로 개인 실습에 들어갔다. 1990년대 초반 프로이트는 주로 정신분석 이론에 관심이 있었고 알프레드 아들러(Alfred Adler), 오토 랭크(Otto Rank) 그리고 칼 융(Carl Jung) 등과 함께 매주 토론 모임을 가지고 실습했는데 이것이 비엔나심리학회로 알려졌다. 1910년에 그는 그의 노력을 정신분석학으로 확대하여 비엔나정신분석학협회를 세웠다. 프로이트는 심리학과 교육학에 중요 영향을 주었고 간접적으로 기독교육에도 큰 영향을 주었다. 프로이트 심리학의 주요 기여는 개인의 활동과 인격을 형성하는 내부의 힘을 이해하도록 시도한 것이다(Downs, 1994, 71).

프로이트는 내과의학이 전문이지만 그의 전공분야는 오늘날 정신의학이라고 불린다. 그의 과학적인 관심은 그를 무의식의 감정과 생각에 강조를 두고, 정신문제의 치료에 접근하는 정신분석학의 임상 이론으로 이끌었다. 꿈의 해석과 꿈의 상징들을 이해하는 것은 그의 환자들의 무의식의 사고와 신경증들을 탐구하는 데에 중요한 열쇠였다.

스스로 무신론자임을 고백했지만 프로이트는 종교에 깊은 관심을 보였고, 기독교육에 간접적인 영향을 주었는데 목회에 대한 그의 영향은 훨씬 두드러지는 것이었다. 주목할 만한 영향을 받은 분야 중 하나가 인성 계발의 분야에서 일어났다. 프로이트의 영향은 주로 융(Jung)의 저서를 통해서 이루어졌는데 그의 인격에 대한 도식은 영성을 더 잘 이해하기 위해 기독교 작가들에 의해 차용되었다.

기독교육에 대한 프로이트의 두 번째 간접적인 영향은 인간계발 훈련과정에서 일어났다. 예를 들면, 제임스 로더(James Loder, 1981)는 프로이트 이론을 구조와 변화하는 사건들의 관점에서 재해석했다. 프로이트는 에릭 에릭슨(Eric Erikson)에 중요한 영향을 끼쳤는데 그의 심리학 발달에 관한 이론은 신앙 발달의 유용한 기초로 사용되었다(Fowler, 1981).

프로이트는 인간의 본성의 이해의 선구자이며 심리학 분야의 중요한 기여를 했다. 하지만 그의 정신분석학 이론은 심리학적 사상의 주류로 전적으로 흡수되지 못했다. 더욱이 그의 업적은 일반적으로 보수적인 기독교인들에게 잘 받아들여지지 않고 있다.

더욱이 의학적, 심리학적 업적에 대해서 프로이트는 매우 다작의 작가였다. 63년의 작가로서의 일생동안 600개 이상의 논문과 책을 출간했다. 그의 가장 중요 작품은 『꿈의 해석』(The Interpretation of Dreams, 1900), 『그룹 심리학과 에고 분석』(Group Psychology and the Analysis of the Ego, 1921), 『에고와 이드』(he Ego and the Id, 1923) 그리고 『창조성과 무의식』(On Creativity and the Unconscious, 1925) 등이다.

HARLEY ATKINSON

참고문헌 | P. G. Downs(1994), *Teaching for Spiritual Growth*; E. H. Erikson(1980), *Identity and the Life Cycle*; J. W. Fowler(1981), *Stages of Faith*; E. J. Jones(1964), *The Life and Works of Sigmund Freud*; J. E. Loder(1981), *The Transforming Moment*; P. Vitz(1988), *Sigmund Freud's Christian Unconscious*.

플라톤(Plato, B. C.427?-B. C.346).

그리스 철학자이다. 아테네에서 귀족부모 아래 출생한 그는 기원전 407-399년 동안 소크라테스의 제자로 지냈다. 그의 초기 저작들, 『대화편』(Dialogues)은 다양한 사람들이 나누는 비형식적 대화로 구성되어 드라마적으로 표현된 문학이다. 앞서 소크라테스는 제시된 관점들이 얼마나 부적절한지를 보여주는 주도적 인물이었다.

소크라테스의 사망으로 플라톤은 정치에 환멸을 느끼게 되었다. 전승에 의하면 그 후 이삼 년을 이집트, 키레네, 시실리 그리고 이탈리아의 지역들을 여행하면서 보냈다. 그는 387년 아테네로 돌아왔으며 어느 연무장(演武場)의 정원에 대학을 설립했다. 플라톤은 시라큐스(Syracuse)로의 두 번의 여행을 제외하고는 아카데미에서 가르치며 평생을 보냈다. 아카데미의 목적은 철학자-왕을 만드는 것으로 그는 모든 왕들이 철학자들이어야 한다고 믿었다.

『대화편』은 '국가론'에서 절정을 이룬다. 플라톤에게 이상적 국가는 영혼의 세 부분과 비교된다. 첫째, 경제적 필요를 공급하는 노동자들(workers)이 있다. 다음으로는 정부를 보호하는 보호자들(guardians)이 있다. 셋째, 높은 지식을 가진 통치자들(rulers)이 있다. 각 부분간의 협력이 정의를 만든다. 정부와 의학은 전문가들에게 속한다. 어떤 사람들은 교육을 통해 "선"을 이해할 수 있는 정도까지 향상되고 이로 인해 이들에게 통치의 의지가 아니라 임무가 주어진다.

플라톤에게 형상(forms)은 질료(things)와 구별된다. 감각 인식의 대상들은 실제의 것이 아니다. 사고의 대상, 즉 형상들이 참으로 진실한 것이다. 형상의 이해가 지식이다. 지식은 가르침에서 오기보다 명상(recollection)에서 온다. 우리가 보는 사물들은 우리에게 원형을 상기시킨다. 감각은 지식을 만들어내는 데에는 거의 소용이 없다. 여기에서 인간은 영혼과 육체로 구성된다는 이원론(dualism)이 생겨난다. 영혼은 형상이고 육체는 질료이다. 영혼은 욕망들(appetites), 정신(spirit) 그리고 이성(reason) 등으로 구성된다. 이성은 "인간 속의 신"이므로, 인간은 원형을 숙고할 수 있다. 플라톤은 『티마에우스』(Timaeus)에서 어떻게 세상의 창조자가 육체와 영혼을 가진 세상을 창조했는지 설명한다. 합리성은 세상에 본래적으로 존재하는 것으로서 지금까지 존재해 왔고, 앞으로도 세상 속에 존재할 것이다. 창조자는 선하므로 세상 역시 그의 선함에 동참한다.

플라톤의 대학은 오백 년간 존재했고, 그의 철학은 오늘날까지 지속되고 있다. 필로(Philo), 알렉산드리아의 클레멘트(Clement of Alexandria), 오리겐(Origen), 니사의 그레고리(Gregory of Nyssa) 그리고 어거스틴(Augustine) 등과 같은 많은 사람들이 플라톤의 신학적 이해에 도움을 받았다. 13세기 초 중세 기독교 철학이 플라톤 철학에서 아리스토텔레스 사상으로 대체되기 전까지, 기독교는 그의 사상으로 지배되었다. 르네상스는 플라톤 철학의 부흥을 불러왔다. 오늘날까지 플라톤의 가르침은 이성과 종교의 조화를 이루는 데 활용되고 있다.

RICHARD E. ALLISON

참조 | 아카데미(ACADEMY); 아리스토텔레스(ARISTOTLE); 어거스틴(AUGUSTINE); 교양과목(LIBERAL ARTS); 중세교육(MEDIEVAL EDUCATION); 르네상스교육(RENAISSANCE EDUCATION)

플레이크 공식(Flake's Formula).

현대 주일학교운동의 놀랄 만한 성장이 부분적으로는 소위 플레이크 공식으로 알려져 있는 것에 근거하고 있다. 주일학교 성장을 위한 이것의 조직화된 접근은 아더 플레이크(Arthur Flake)에 의해 개발되었다. 1862년에 텍사스의 라 그레인즈(La Grange)에서 태어난 플레이크(Flake)는 1952년까지 살았다. 31살의 성년의 나이에 회심한 이후에 플레이크는 곧 미시시피의 위노나(Winona)에 있는 그의 침례교 교회에서 평신도로 사역하게 되었다. 플레이크는 미시시피 침례교 청년연합회에서 활동하면서 회장으로 사역했다. 그는 그의 지역 교회에서 주일학교 교장으로 일하면서 주일학교의 기본들을 배웠다. 자신의 경영과 판매 분야의 사업적인 배경을 활용하여 플레이크는 미시시피의 다른 교회들에 모델이 될 만한 주일학교를 발전시켰다.

플레이크가 평신도로서 미시시피에서 주일학교에 성공하자 이것은 궁극적으로 그를 1920년 침례교 주일학교위원회에서 주일학교 행정책임자가 되게 했다. 이러한 전략적인 위치에서 플레이크는 다음의 몇 가지 중요한 기여를 했다. 즉 주일학교를 위한 지침으로서 우수함의 기준(standard of excellence)을 개발했고, 6점 기록제(Six-point Record System)를 완성했다. 또한 직원들과 교사들이 매주 모여야 하는 이유를 강조했으며 교회에서 성경연구를 강화하기 위해 연상법을 활용했다. 그리고 주일학교 부흥 캠페인을 창설했다(Taylor, 1994, 43).

하나님 나라에 대한 플레이크의 가장 큰 공헌은 플레이크 공식(Flake's Formula)이라고 말하는 그의 다섯 단계의 개발을 통해서이다. 그 공식은 다음의 다섯 가지를 포함한다. 당신의 가능성을 알기 혹은 "가능성이 있는 사람들을 발견하기"(discover the prospects), 기구를 확대하기, 사역자를 모아서 훈련하기, 공간을 제공하기, 사람들을 찾아 다니기.

성경공부에 출석해야 할 대다수의 사람들에게까지 도달하려고 시도하지 않는다면 주일학교가 부흥하리라고 생각해서는 안 된다는 강한 믿음이 플레이크에게 있었다. 사람들에게 도달하기 위한 첫 번째 단계는 자신의 가능성을 아는 것이다. 그 과정은 주일학교 등록숫자가 교회 출석교인 수와 일치시키는 것에서 시작한다. 플레이크는 강조하기를 모든 교인들은 주일학교에 참여해야 한다. 이것은 교인 등록과 주일학교 등록을 비교하는 것에서 앞으로의 전도 대상자를 찾을 수 있다는 사실을 의미한다. 교인이면서도 주일학교에 참석하지 않는 이들이 주일학교를 위한 대상 명단에 올라간다(Flake, 1922, 20-21).

전도 대상자들을 발견하기 위해 플레이크가 사용한 또 다른 방법은 종교 인구조사를 하는 것이다. 플레이크(Flake)는 종교 인구조사가 지역사회마다 최소한 매년 이루어져야 한다고 말했다. 그는 더 나아가서 성장하는 지역에서는 인구조사가 최소한 일 년에 두 번이 필요하며, 급격히 변화하는 지역에서는 인구조사가 세 달에 한 번씩 필요하다는 지침을 주었다. 종교 인구조사의 목적은 주일학교를 세우고 궁극적으로 그리스도를 위한 사람들을 얻는 데 정보를 얻는 것이다(Flake, 1922, 21-22).

인구조사를 위해 감독이 세워지면 플레이크는 성공적인 가정 방문 조사를 돕는 다음의 단계들을 제공했다. 첫째로 영역을 정하는 것이 필요하다. 만약 정확한 영역이 결정되지 않으면 과정을 평가하기가 어렵다. 그 과정의 다음 단계는 임무를 할당하는 것을 준비하는 것이다. 임무의 할당을 위한 영역을 준비하기 위해서는 사려 깊은 성직자의 주의가 요구된다. 사역자들이 한두 시간 안에 상세히 조사할 수 있을 만한 구역이나 블록으로 세분화된 지역으로 영역을 나누는 것이 필요할 수 있다. 구역의 숫자는 얼마나 많은 사역자들이 조사에 필요한지를 결정할 것이다. 각 지역을 책임지기 위해서 그

플레이크 공식

지역에 익숙한 능력있는 사람이 선택되어야 한다 (Flake, 1922, 22-23).

다음으로 조사를 위한 사역자들을 모집하는 것이 필요하다. 필요한 수의 사람들을 모집하는 데 도움이 되기 위해 방향을 제시할 수 있는 목표들이 각 연령 그룹에 세워져야 한다. 목사와 주일학교장은 그들의 존경받는 권위를 바탕으로 조사에 대한 참여를 장려할 수 있다. 사역자들에 대한 공적인 요청에 개인적인 모집이 반드시 뒤따라야 한다. 일단 사역자들이 참여를 결정한 뒤에는 그들에게 그 조사를 완수할 충분한 자료를 제공하는 것이 중요하다. 이것은 과제 봉투, 인구조사 카드 그리고 펜 등의 기본적인 자료 등을 포함한다. 플레이크는 인구조사를 완성할 가장 좋은 시간은 주일 오후라고 했다. 그것은 사역자들과 사람들이 보통 편안한 태도로 만날 수 있는 시간이기 때문이라고 제안했다 (Flake, 1922, 23-24).

인구조사를 마친 이후에 정보를 편리하고 사용하기 쉬운 형태로 만드는 것이 필요하다. 인구조사를 통해 얻어낸 전도대상자들은 장차 있을 주일학교 교사나 또래 학급의 방문학습을 위해 나이별로 분류해야 한다. 인구조사 카드는 영구적인 잠재 대상 자료가 될 것이다. 전도 대상자들의 명단을 목사나 주일학교 감독, 부서장이나 교사에게 주어야 한다. 주일학교 교사들이 너무 많은 사람들의 목록에 압도되지 않게 하기 위해서 전도 대상자들을 특정한 주간에 학급 사역자가 방문한다는 이해를 가지고 각 주에 몇 명씩 배당해 줄 필요가 있다. 사역자나 교사들의 주일 정기모임에서 필요 심방에 대한 보고를 받을 때 책임이 맡겨진다(Flake, 1922, 25-27).

플레이크 공식의 다음 단계는 기구를 확대하는 것이다. 플레이크는 주일학교 기구가 확대되지 않으면 인구조사에서 이루어진 모든 사역이 아무 소용이 없게 될 것이라고 믿었다. 그 사람들을 감당하고 가르치고 유지할 만큼 강력한 기구가 없다면 주일학교의 영구적인 성장은 없을 것이다. 이러한 형태의 기구는 헌신된 대형 사역자 그룹을 필요로 한다. 플레이크는 주일학교에 등록한 사람 열 명당 적어도 한 명의 사역자가 있어야 한다고 강조했다.

새로운 주일학교 교사나 사역자를 찾을 수 있는 유일한 길은 교회 성도들 안에서 찾는 것이다. 회중 기도나 개인기도 모두 하나님께 추수할 일꾼을 달라고 기도해야 한다. 계속되는 기도의 노력이 이루어지는 중에 가능성 있는 사역자와 교사들의 명단이 만들어진다. 플레이크는 목사와 주일학교장이 가능성 있는 지도자들의 명단을 만들기 위해서 교회교적부의 이름들 하나하나를 주의 깊게 조사해야 한다고 지적했다. 많은 사람들이 주일학교 사역에 참여하지 않은 이유가 그들이 한 번도 부탁을 받아 본 적이 없기 때문이다. 사역자를 모집할 때, 주일학교장은 가능성 있는 교사에게 그리스도께로 인도되어 성경공부에 참여할 수 있는 사람들의 명단을 보여주어야 한다. 가능성 있는 교사들이 그리스도를 섬겨야 할 책임감을 가지도록 돕는 데에는 인내가 필요할 것이다(Flake, 1922, 28-30).

플레이크 공식의 세 번째 단계는 공간을 제공하는 것이다. 플레이크는 작고 비좁은 시설에서 대규모의 주일학교를 만들 수 없다고 믿었다. 주일학교에 알맞은 공간은 각 학급에 필요적당한 장비를 포함해야 한다. 공간을 제공하는 데는 유연성이 중요한 요소이다. 이것은 기구의 필요에 접근하기 위해서 적응이 이루어져야 하기 때문이다. 예를 들어, 한 성인반이 더 작은 방에서도 그 목적을 잘 수행할 수 있음에도 큰방에서 모임을 가질 수 있다. 만약 현재의 교회 시설이 성장을 감당할 수 없다면 호텔이나 공립학교 건물과 같은 외부 공간을 확보하는 것에 또 다른 가능성을 두어야 한다. 효과와 경제의 관점에서 교회가 건축계획에 참여하여 새로운 건물을 세우는 것이 필요할 수 있다. 플레이크에 따르면 교회는 지상명령을 완수하기 위한 목적으로 자신의 홈베이스를 돌봐야 한다(Flake, 1922, 30-31).

플레이크 공식의 네 번째 단계는 사역자를 모집하고 훈련시키는 것이다. 일단 사역자가 사전에 논의된 대로 모집이 되면 지속적인 훈련을 시키는 것이 핵심이다. 플레이크는 매주 사역자들과 교사들의 모임을 제공하는 것이 필요함을 강조했다. 플레이크에 따르면 사역자들과 교사들의 매주 모임의 네 가지 잘 정의된 목적이 있다. 첫째는 다음 주일을 위한 공과공부를 장려하는 것이다. 매주 사역자 모임에서 공과교수가 논의될 때 교사들이 미리 준비할 수 있으며 자극이 되고, 결과적으로 더 양질의 수업이 준비된다. 다음으로 교사들에게 공과를 가장 잘 가르칠 수 있도록 교육해야 한다. 훈련의 목표는 교사들이 그 공과를 어떻게 가르칠지 실제적인 생각을 가지고 돌아가게 하는 것이다. 세 번째 목적은 주일학교가 당면하고 있는 문제와 이슈들에 대해 짧게 생각해 보는 것이다. 교사들에게 발표하고 질문하고 필요할 때 설명할 수 있는 기회가 주어져야 한다. 마지막으로 매주일 모임에서 교사와 사역자들은 기도에 참여해야 한다. 단지 기도를 통해서만 주일학교에 동참할 수 있는 일부 전도 대상자들이 있다(Flake, 1922, 109-11).

만약 교회가 매주일 교사와 사역자들의 모임을 갖지 않기로 결정한다면, 매달 사역자 회의를 제공해야 한다고 플레이크는 제안한다. 주간 모임이 있는 교회들에게는 특정한 주간 모임 대신에 사역자 월례 회의가 개최될 수 있다. 월례 사역자 회의는 사역자들과 교사들이 보고를 주고받고 정책을 결정하여 주일학교 사역의 계획을 세우는 협력의 장이다. 플레이크는 사역자 월례 회의가 주일학교를 크게 세워주지만 그것이 매주 사역자들과 교사들의 모임을 대체해서는 안 된다고 강조했다(Flake, 1922, 108-20).

플레이크 공식의 마지막 단계는 사람들을 좇는 것이다. 플레이크는 정기적인 심방 프로그램의 부재는 침체로 이어지고, 궁극적으로는 비효과적인 기구를 낳는다. 계획된 심방 프로그램은 전도 대상자들과 결석자들을 모두 포함시켜야 한다. 효과적인 사역을 위해서 매주 혹은 매달 정기적으로 심방하는 날이 미리 계획되어 있어야 한다. 정기적인 심방일은 교회 성장을 위한 기초를 놓는 데 도움이 될 것이다. 만약 사람들이 그들 자신의 사람들을 심방하도록 하게 한다면 심방은 이루어지지 않을 것이다. 플레이크는 개인적인 심방이 새로운 주일학교 학생을 접촉하고, 결석자를 회복하는 데 가장 좋은 접근이라고 지적한다. 심방은 또한 젊은이들을 심방팀의 일원으로 모집할 수 있는 기회를 제공한다. 정기 심방 프로그램의 중요성을 강조하기 위해서 목사는 학생들에게 이것을 자주 언급해야 한다. 목사와 주일학교장과 교사들이 모두 심방에 참여한다면 그것은 성공할 것이다(Flake, 1922, 32-39).

J. GREGRY LAWSON

참고문헌 | A. Flake(1992), *Building a Standard Sunday School*; B. Taylor(1994), *21 Truths, Traditions, and Trends*.

피아제, 장(Piaget, Jean, 1896-1980).

발달심리학과 인지 분야에서 저명한 스위스의 실험가 및 이론가이다. 피아제는 자신의 인지발달 이론과 아동이 학습하는 방식에 대한 연구로 가장 잘 알려져 있다. 그의 학계에서의 전문적인 업적은 막대하며 이론적 기여들은 뛰어난 통찰력을 보이고 있다.

아동기 시절 피아제는 과학과 자연에 깊은 관심을 보였고, 열살 때 그는 집 근처 공원에서 발견한 선천성 색소 결핍증에 걸린 참새에 대해 기술한 자신의 첫 번째 보고서를 발표했다. 청소년기 때 피아제는 대부인 스위스의 학자 사무엘 코넛(Samuel Cornut)에게 소개되었는데, 그는 피아제에게 철학 특히 인식론의 주제들에 대해 관심을 갖도록 유도했다. 피아제는 인식론과 생물학의 양쪽 영역에 대한 관심을 유지했지만 각각의 것들을 그 자체에서만 규정했다. 따라서 과학과 철학의 분야들에 대해서는 그 폭이 좁았고, 그에게 필요했던 것은 이 양면의 통합이었다. 한편, 첫 관심을 생물학에 두었던 그는 노이카텔대학(the University of Neuchatel)의 자연과학부에서 학부를 마쳤고, 1918년 연체동물에 대한 논문으로 동일한 대학에서 박사 학위를 받았다.

1920년 피아제는 파리의 비네연구소에서의 근무제의를 받아들였고, 그곳에서 지능측정 표준도구개발의 임무를 맡게 되었다. 연구과정 중에서 피아제는 동일 연령의 아동들이 종종 동일한 정답들을 찾아내고 다른 연령들의 아동들에게서는 유사

피아제, 장

한 오답들이 있다는 사실을 발견하고, 흥미를 느끼게 되었다. 이것은 아동들이 세상을 생각하고 받아들이는 방식의 변화와 일치한다는 그의 평생의 연구의 기원이 되었다. 이때, 피아제는 생물학과 철학 그리고 심리학 사이의 틈을 연결하는 열쇠를 찾게 되었다. 세 학문의 통합을 통해서 그는 자신이 명명한 유전적 인식론(genetic epistemology) 영역의 개척자가 되었다.

1921년 피아제는 제네바의 장-자크 루소연구소의 연구 책임자로 초청받았다. 그곳에서의 연구로 그는 수많은 논문을 썼고 그의 아동에 대한 첫 번째 책, 『아동의 언어와 사고』(The Language and Thought of the Child, 1926)를 저술했다. 1929년 그는 제네바대학에서 가르치기 시작했고, 그 이후 수십 년 동안 제네바, 로잔, 파리, 노이하텔의 대학들에서 다양한 과목들을 가르쳤다. 1980년 사망 전까지 그는 루소연구소 책임자, 인식론 국제본부 책임자 그리고 후에 유네스코에 합병된 국제교육국 국장 등의 직책을 역임했다.

피아제 이론 체계의 전제는 지능에 영향을 미치는 조직화(organization)와 적응(adaptation)이라는 두 가지 기본기능이었다. 조직화는 과정들을 체계화하고 결합하여 결합된 조직으로 만드는 경향이다. 적응은 환경에 조정하려는 경향으로서 이것은 두 가지 동시에 일어나는 작용, 즉 조정(accommodation)과 동화(assimilation)로 구별된다. 조정은 개인이 자신의 개념들을 수정하고 환경에 대한 자신의 반응들을 바꿀 때 일어난다. 반면, 동화는 감각 자료(오감을 자극함으로써 생기는 경험자료-역주)의 인식이 지적 개념화에 알맞게 바꾸어질 때 일어난다.

균형(equilibration)은 순응과 동화 사이의 평형을 이루려고 하거나 이미 알고 있는 것과 이미 경험하는 것 사이의 조화를 유지하려는 자연스러운 경향이다. 균형이 깨어지거나 자신이 알고 있는 것과 맞지 않는 어떤 것을 경험하게 될 때, 불균형(불안, 불쾌함, 혹은 혼동)이 생겨나게 된다.

인지발달에 대한 피아제의 이론은 지적 성장을 네 단계로 나누고 있다. 감각운동기(sensorimotor. 출생-2세), 전조작기(preoperational. 2-7세), 구체적 조작기(concrete operational. 7-11세), 형식적 조작기(formal operational. 11세 이상) 등. 이 나이들은 대략적인 것으로 문화마다 또한 개인마다 차이가 있다. 피아제는 인간의 사고가 유아기의 본능적인 반사에서부터 청소년기와 성년기의 추상적인 논리적 추론에 이르기까지 진보하는 것으로 가정한다. 발달의 각 단계는 다른 단계들과는 질적으로 구별되는 사고 기능을 나타낸다.

감각운동기 때 아동은 출생으로부터의 본능적 반사작용에서 자신을 환경과 분리하는 능력까지 나간다. 인지능력은 대체로 감각을 통해서 직면하는 즉각적 경험들에 제한된다.

전조작기의 사고는 피아제가 명명한 기호적 기능(semiotic function), 즉 사고적 상징들을 사용할 수 있는 능력에 의해 특징 지워진다. 다시 말하면, 아동은 눈앞에 없는 실제적 대상을 나타내기 위해 "차" 혹은 "집"과 같은 머릿속의 그림을 활용할 수 있다. 추론적 능력은 여전히 제한되어 있음에도 불구하고, 이 능력은 아동들을 현재적 시공간으로부터 어느 정도 자유롭게 한다. 전조작기의 사고는 직관적이고 상상력이 풍부하다. 언어능력의 의미 있는 성장은 이 시기와 관련되어 있다.

구체적 조작기 동안, 아동은 더 복잡한 사고능력을 수행할 수 있는 능력을 발달시킨다. 가역성(reversibility, 머릿속의 순서를 거꾸로 할 수 있는 능력), 보존성(conservation, 대상의 외관이 변화되었음에도 불구하고 다른 본질적 특징들은 동일하게 유지되는 것을 볼 수 있는 능력), 또한 분류력(classification: 수, 크기 혹은 다른 특징들에 의해 순서를 매길 수 있는 능력) 등이 여기에 속한다. 시간과 공간과 연관된 능력 역시 이 시기 동안 증가한다.

세 단계들에서 아동들은 여기와 지금의 물리적 사실들에 인식적으로 묶여 있다. 반면, 형식적 조작기는 개인에게 더 유연한 사고의 능력을 제공한다. 청소년들은 가설적 상황들을 만들어 낼 수 있고, 가능성들을 상상할 수 있으며, 추상적 사고를 하고 개념들을 점검할 수 있게 된다. 추론적 능력은 마침내 성숙하게 된다.

피아제는 심리학자들, 발달 이론가들, 교육자들 그리고 교육과 관련된 사람들에게 종종 인식발달 영역의 가장 중요한 공헌자로 여겨진다. 종교교육자들은 그의 발달이론을 종교교육에 적용해 왔다. 예를 들어, 로날드 골드만(Ronald Goldman)은 피아제의 단계들을 종교적 사고에 적용했고, 종교 이념들을 이해할 수 있는 아동들의 능력에 관해 질문을 던졌다. 제임스 파울러(James Fowler)는 피아제의 인식론적 초점을 자신의 신앙 발달구조에 포함시켰다.

기독교교육자들은 인식발달을 이해함으로써 적어도 세 가지 방식에서 유익을 얻을 수 있다. 첫째, 각 발달 단계에서 사고 과정의 다른 특징들에 대한 인식은 교사들에게 나이에 적합한 학습 경험과 적절한 학습 기술들을 선택하는 통찰력을 제공할 것이다. 둘째, 기독교교육자들은 종교교육은 다양한 발달단계에서의 학습자들의 지적 능력을 고려해야 한다는 중요한 사실을 상기할 수 있게 된다. 교사는 학생의 인지능력을 과대평가하지도 과소평가하지도 말아야한다. 셋째, 교사들은 교육/학습 과정에서 학생들, 특별히 아동들을 효과적으로 끌어들일 수 있게 된다.

피아제가 교육 실행과 기독교교육에 놀라운 영향을 미쳤음에도 불구하고, 그의 이념들은 비난받기도 한다. 그를 반대하는 가장 일반적인 비난들 중에는 그가 어린 아동들의 능력들을 과소평가했다는 것, 낮은 단계들이 부정적 용어들로 묘사되었다는 것, 청소년기의 형식적 조작기 능력들이 과대평가 되었다는 것 그리고 각 단계들은 그가 제시한 것처럼 그렇게 분명하게 구별되지 않는다는 것 등이 있다. 그러한 비난에도 불구하고, 피아제의 인지 발달 이론은 지적 능력과 지능 발달에 대한 설명으로서 높이 평가되고 있다.

피아제는 인지발달분야의 가장 중요한 기여자일 뿐만 아니라 심리학의 넓은 영역에 지그문트 프로이트 다음으로 많은 저작을 기고한 사람이다. 그의 저작들에는 40여권의 책들과 아동 발달에 대한 100여 편이 넘는 논문이 있다. 그의 주요한 서적들은 다음과 같다. 『아동의 세상 개념』(*The Child's Conception of the World*, 1929), 『아동의 도덕 판단』(*The Moral Judgment of the Child*, 1932), 『지능 심리학』(*The Psychology of Intelligence*, 1950), 『아동기의 놀이, 꿈 그리고 모방』(*Play, Dreams and Imitation in Childhood*, 1951), 『아동의 수 개념』(*The Child's Conception of Number*, 1951), 『아동 지능의 기원』(*The Origins of Intelligence in Children*, 1952) 등.

HARLEY ATKINSON

참고문헌 | J. W. Fowler(1981), *Stages of Faith*; H. Ginsburg and S. Opper(1979), *Piaget's Theory of Intellectual Development*; R. Goldman(1968), *Religious Thinking from Childhood to Adolescence*. J. Piaget(1926), *The Language and Thought of the Child*; W. R. Yount(1996), *Created to Learn*.

참조 | 인지학습이론(COGNITIVE LEARNING, THEORIES OF); 파울러, 제임스 3세(FOWLER, JAMES W., Ⅲ)

피터의 원리(Peter Principle).

어떻게 사람들이 더 이상 능력을 발휘할 수 없는 단계에 이를 때까지 점진적으로 진보하는가에 대한 묘사이다. 이러한 현상을 밝히는 과학적 연구는 매우 드물지만 많은 인력자원관리 단체들은 이러한 현상과 그 궁극적 결과들에 대해 언급하고 있다.

피터의 원리를 간단히 가정하여 예를 들면 다음과 같다. 교회에 새로 나온 신자가 주일학교 프로그램에 도움을 주고자 자원봉사를 하게 된다. 주일학교 교장은 그 신자가 아이들을 얼마나 잘 다루는지를 눈여겨보게 된다. 그 결과 그는 한 반을 가르쳐 달라는 부탁을 받는다. 그동안 이 자원봉사자는 여섯 명의 아이들이 예수님과 개인적 관계로 나아오도록 성공적으로 인도하여 그 결과로 학부모들과 아이들 그리고 다른 교사들로부터 칭찬을 듣게 된다. 이러한 계속적인 성공으로 그는 다른 주일학교 교사들을 훈련시키는 일을 맡도록 요구받게 된다. 이 시점까지는 아이들을 돕고, 성경을 가르치며, 다른 이들을 훈련시키고, 개인 전도를 열심히 행하며,

남들을 격려하는 이 모든 일에 그는 "성공"으로 인식되어 왔다. 주일학교 교장이 은퇴하게 되었을 때 그의 자리를 메울 만한 인물로 이 "성공적인" 개인보다 더 나은 이가 어디 있겠는가? 그러나 어떤 단계에서 개인의 성공을 가능하게 했던 기술들과 그 다음 단계에서 성공하기 위해 필요로 하는 능력 사이에 항상 어떠한 상관관계가 존재하는 것은 아니다. 위의 예에서 자원봉사자는 조직이나 행정, 자원봉사자 모집 그리고 전략이나 정책의 개발 등에 필요한 기술이나 열정들을 보여준 적은 없었다. 때로는, 어떤 한 분야나 업무에서 성공적으로 일을 수행해 내는 데 필요한 기술들이나 능력이 다른 분야나 업무에서 발휘되지 않을 수 있다.

JAY DESKO

참조 | 행정(ADMINISTRATION); 지도력(LEADERSHIP); 경영(MANAGEMENT)

핑거 페인팅/지회(指繪)화법(Finger Painting).

종이나 캔버스 또는 다른 표면에 손가락이나 손과 팔의 다른 부분을 사용해서 직접 그림을 그리는 것. 일반적으로 취학 전 혹은 초등학교 저학년 수준의 교육에서 사용되는 자기표현의 방식으로 여겨지나 기독교교육의 어느 단계에서도 활용될 수 있다.

손가락 그림 혹은 학생들이 그린 어떤 그림이라도 주제에 대한 개개인의 이해 수준이나 방식 등을 반영한다. 콜스(Coles, 1990)나 헬러(Heller, 1986)와 같은 연구가들이 하나님에 대한 아동들의 시각과 종교적인 믿음을 그들이 어떤 그림을 어떻게 그렸는지를 주의 깊게 평가함을 통해서 조사한 적이 있다. 손가락 그림에서 신체의 직접적인 참여는 그렇게 하지 않았다면 밖으로 나타나지 않았을 생각과 감정을 비교적 자유롭고도 잠재적으로 정서의 순화(cathartic)를 표현할 수 있게 한다. 이처럼 손가락 그림은 잠재적으로 기독교교육에서 이해와 감정과 폭넓은 생각과 활동들을 평가하는 데에 유용하다. 그것은 또한 즐거운 경험이다.

DONLD E. RATCLIFF

참고문헌 | R. Coles(1990), *The Spiritual Life of Children*; D. Heller(1986), *The Children's God*.

EVANGELICAL
DICTIONARY
of CHRISTIAN
EDUCATION

하위교육과정(Subcurriculum). 교육과정/숨은 교육과정(Curriculum, Hidden)을 보라.

학대(Maltreatment). 성적 학대(Abuse)를 보라.

학부모참여 프로그램(Parent Involvement Program). 부모들을 아이들의 교육에 참여시키기 위한 조직화된 노력이다. 다양한 국립학교들은 물론, 여러 교단이 운영하는 사립학교들도 이제는 각종 형태의 부모 참여 프로그램을 도입하고 있다. 이 제도를 도입한 학교들은 부모의 참여와 아이들의 성공 사이의 교육 과정 속에서의 긍정적 관련성을 인식한다. 부모 참여 프로그램을 통하여 후원의 근간이 교직원을 넘어 부모들을 교육적 동반자로 포함하는 것으로 확대된다. 그리하여 부모는 자녀들이 양질의 교육을 받을 수 있도록, 물질 및 시간과 달란트 등의 자원들을 투자하는 데 적극적 역할을 담당할 수 있다. 더욱이 학생들과 교직원들 그리고 부모들이 교육적 목표를 성취하기 위해 함께 일함으로써 연대의식이 발전되기도 한다.

성경 속에서 부모들은 자녀들의 주된 교육자로 여겨진다. 성경적 모델은 하나님을 경외하는 삶을 자녀에게 가르치고 제시하는 것이 부모의 축복이며 의무임을 증언한다. 구약성경의 기자는 그에 대한 하나님의 지침을 이렇게 표현한다. "네 자녀에게 부지런히 가르치며 집에 앉았을 때에든지 길에 행할 때에든지 누웠을 때에든지 일어날 때에든지 이 말씀을 강론할 것이며… 여호와의 보시기에 정직하고 선량한 일을 행하라 그리하면 네가 복을 얻고…"(신 6:7, 18).

어떤 교회들은 학부모의 참여를 자신들의 기독교교육 과정의 한 부분, 예를 들면, 부모와 자녀가 함께 성취하는 활동들로 통합하여 왔다. 그렇게 함으로써 교회는 부모들이 자녀의 주된 종교교육자로서의 하나님이 주신 역할을 감당할 수 있도록 장려하고 돕는다. 그리스도인 부모는 아이들이 하나님 및 이웃들과 성숙한 관계를 맺을 수 있도록 도와야 한다. 아이들의 삶의 어떠한 영역에서도 부모의 참여 없이 성공하기란 어렵다.

MARTHA S. BERGEN

참고문헌 | W. Mitchell and M. A. Mitchell(1997), *Building Strong Families: How Your Family Can Withstand the Challenges of Today's Culture*; Tampa Catholic High School(1998), *Parent Involvement Program*, http://www.tampacatholic.com/parent.htm.

학생(Pupil). 제자(Disciple)를 보라.

학습내용(Content). 기독교교육자가 관심을 기울이는 중요한 영역은 가르칠 내용을 결정하는 일이다. 가장 단순한 형태의 내용은 무엇을 가르칠 것인가 하는 질문이다. 유사한 질문들로는, 왜 가르치는가? 누가 가르치는가? 어떻게 가르치는가? 등이다.

복음주의자들은, 특히 주일학교운동의 부흥이 기

학습내용

독교교육의 주요 역할이 된 이후로, 매우 단순한 말로 학습 내용에 관한 질문에 다음과 같이 답한다. "물론 우리는 성경을 가르친다." 그러나 교회의 교육과정과 관련, 이 말이 실제로 무엇을 의미하는가? 가정이나 학교나 소그룹이나 설교단에서 우리가 가르칠 수 있는 많은 적절한 것들이 있다는 사실을 안다. 그러나 우리가 가르치지 않으면 안 되는 것들이 있는가? 오늘날, 이 질문에 대한 불확실성이 만연한 가운데도 교리문답서 발전에 관한 조사에서 밝히듯, 기독교 역사상 널리 알려진 합의가 있다.

초대교회 때부터 어떤 것들은 기독교교육의 필수적인 것으로 간주되어 오는 것들이 있다. 으뜸가는 중요성은 복음 그 자체로서, 죄인들을 위한 예수님의 희생적 고통과 죽음, 승리의 부활이라는 복된 소식에 관한 메시지이다(고전 15:1-11). 두 번째로 근본적인 분야는 창조로부터 인간 역사가 완료되기까지 성경의 광범위한 이야기들이다. 이것은 사도행전 7장에 기록된 스데반의 메시지에서 보듯 불신자들을 위한 복음의 틀도 포함해야 한다. 또한 새 신자들에게 성경의 기본진리, 즉 성경의 여러 책들과 각 책의 개요들, 각 책들 간의 관계 등을 가르치도록 되어 있다. 예수께서도 제자들을 가르치실 때, 특히 부활하신 후 제자들과 대화하시면서 그 모델을 보이셨다(눅 24:27, 44-45).

복음의 진리와 성경 이야기의 개요 위에 교육의 토대를 잡으면서 교회사상 대부분의 기독교교육자들은 일반적으로 어린이들과 새신자들에게 세 분야를 첨가하여 가르쳤다. 첫째, "성도에게 단번에 주신 믿음"(유 3절)에 대한 가르침이다. 즉 신자들에게 기독교 신학의 기본, 기독교에서 "믿는" 것을 가르쳤다. 그와 같은 훈련으로 신자들이 자신의 신앙에 감사하게 하고, 자신이 믿는 것을 불신자들에게 설명할 수 있는 능력을 길러 주었다.

둘째, 그리스도인들은 기독교적 방법, 또는 신자들이 어떻게 "행동해야" 하는지를 가르침 받았다. 이것은 생활훈련으로 하나님이 기뻐하시고 받아주시는 길이다. 이것을 강조한 것이 초기 기독교교육용 문서인 디다케(the Didache)에서 찾아볼 수 있는데, 이 문서는 생명의 길과 사망의 길을 대조하여 토론하는 것으로 시작된다. 1세기 교회의 세례입문자들은 세례받기 전에 생명의 길에 복종함을 보여주도록 되어 있다. 이런 훈련을 통해 신자들을 교회 안팎에서 진정한 교제와 섬김의 삶을 살도록 준비시켜 준다.

셋째, 그리스도인들은 예배와 기도를 통해 하나님께 나아가는 방법을 배웠다. 이것은 하나님의 진리에 단순한 지적 승인을 하거나 그분의 명령에 본질적으로 복종을 외면화하는 것이 아님을 확증한다. 대신에, 신자는 주님과 절대적이고 살아 있는 관계를 키워 가야 한다. 이와 같은 교육을 통해 그리스도 안에 사는 신자들의 삶의 경험은 풍부해지고 다른 사람들에게 그 생명을 나누어주는 결심을 굳게 해준다.

5세기 어거스틴의 역작, 『입문서』(Enchiridion)는 "믿음, 소망, 사랑"의 세 개의 신학적 덕목 아래 상기한 세 가지 이슈들을 기독교교육의 본질적 요소로서 다루었다. 종교개혁 당시, 교리문답서를 출판하여 배포하였을 때, 이 세 가지 기본 진리들을 강조하여 사도신경과 십계명, 주기도문을 통해 가르쳤다. 루터도 이 세 가지 진리를 초대교회 때부터 기독교교육의 핵심이라고 확신하여 이 교육을 거부하는 사람들은 "… 그리스도를 부인하는, 비기독교인이다. 그와 같은 사람들은 성례에 참석할 수 없고, 세례 후원자가 될 수 없고, 어떤 그리스도인들의 특권에도 참여할 수 없다"고 말했다(소요리문답의 서문, 1959, *The Book of Concord*, 339).

최근에 많은 복음주의 그리스도인들은 위에 요약한 핵심적인 가르침에서 멀어져 버렸다. 종종 교육은 성경의 특정한 책이나, 시대적 한계를 가진 것으로 여겨지는 주제를 중심으로 이루어진다. 그와 같은 공부도 중요하고 가르쳐야 하지만, 교회가 지속적으로 신앙의 역사적, 성경적 본질을 체계적으로 가르치는 것도 중요한 의무임을 확실히 해야 한다.

어떤 경우든, 복음주의 기독교교육자들은 계속

해서 질문해야 한다. 신자들이 예수 그리스도의 형상을 계속 닮아가도록 하기 위해 무엇을 가르쳐야 하는가?

GARY A. PARRETT

참고문헌 | Augustine(1961), *The Enchiridion on Faith, Hope and Love*; H. Burgess(1966), *Models of Religious Education*; J. M. Lee(1985), *The Content of Religious Instruction*; M. Luther(1529, 1959), *The Book of Concord*.

학습내용의 요소(Content, Elements of). 교육과정에서 다루어야 할 것과 관련되는 교육과정의 계획과 설계에 사용되는 용어이다. 학습내용(content)이란 학습에 무엇을 공부하는가를 말해 준다. 교회 교육과정에서 내용이란, 과목에 해당되는 성경구절이나, 성경주석, 또는 교사용 교육과정 교재의 학습 계획 등이다. 그러나 학습내용이란 교사나 학생용으로 인쇄된 자료 그 이상의 무엇이다. 학습내용은 실제 학습 상황에 사용되는 모든 것이다. 내용에는 학생들에 관해, 질문할 내용들, 예화들, 교사나 학생들이 이야기하는 신앙 이야기 등에 대한 토론이 포함된다. 학습 시간에 따라 잡으러 가는 토끼까지도(chasing rabbit: 학습과는 연관되지 않은 사소한 일화들로 시간을 보낼 때 사용되는 표현-역주) 포함된다. 교육과정 교재는 가르칠 주제를 제공해 주지만 내용이란, 학습 시간에 실제로 공부하는 것이다.

DARYL ELDRIDGE

참고문헌 | H. P. Colson and R. M. Rigdon(1981), *Understanding Your Church's Curriculum*; L. Ford(1991), *A Curriculum Design Manual for Theological Education*.

참조 | 범위(SCOPE)

학습력이 있는 순간들(Teachable Moments). 한 사람이 특별히 학습에 대해 열려 있는 때들이다. 개인이 도전을 받고 환경이 학습을 지원할 때, 필요를 인식할 때, 학생과 교사의 목적들이 서로 일치할 때, 학습력이 있는 순간들이 발생한다. 위기의 때, 상실감이 생겨날 때, 혹은 새로운 기회들이 생겨날 때 "학습력이 있는 순간들"이 발생한다. 개인적인 필요들이 언급되거나 개인적인 가치들이 도전받을 때에도 "학습력이 있는 순간들"은 발생한다. 그 외에도 학습자가 목적들, 우선순위들, 역할들 혹은 책임들의 선택들, 또는 필요한 기술 등에 대한 결정들에 직면할 때, 사람이 현 단계의 위치를 떠나 새로운 단계로 진입함으로써, 자신의 인생주기에서 전이를 경험할 때 "학습력이 있는 순간들"이 발생한다.

학습에 대한 이런 최적의 때들은 한 사람이나 한 그룹을 포함하기도 하며, 형식적이거나 비형식적인 교육을 포함하기도 한다. 종종 그러한 순간들은 문화적으로 관련이 있으며, 성별에 대해 민감하며, 발육상으로 적절한 때이며, 학습자를 격려해서 그 혹은 그녀의 전인격으로 "학습력이 있는 순간들"에 반응하도록 한다.

성령은 이런 "학습력이 있는 순간들"에서 중요한 역할을 하신다. 성령은 성경과 성경적 혹은 신학적인 이해, 찬양과 죄의 자각, 환경들을 통해서 그리고 하나님의 임재를 느끼게 함으로써 역사하신다. 성령은 "학습력이 있는 순간들"을 설계하시고 그 순간들을 놓치지 않고 활용하신다.

JANET L. DALE

참고문헌 | E. H. Erickson(1963), *Childhood and Society*; R. J. Havighurst(1982), *Handbook of Developmental Psychology*, PP. 49-65; D. J. Levinson, C. N. Darrow, E. B. Klein, M. H. Levinson, and B. McKee(1977), *Counseling Adults*, pp.47-59; B. L. Neugarten(1977), *Counseling Adults*, pp. 34-45.

학습분위기(Learning Atmosphere). 학습 환경(Learning Climate)을 보라.

학습불능(Learning Disabilities). 학습장애(Learning Disorders)를 보라.

학습성숙도(Learning Maturation). 학습준비도(Learning Readiness)를 보라.

학습 센터들(Learning Centers). 교사가 자료들과 내용 그리고 경험들을 학습자들이 개인적으로 혹은 소그룹 단위로 학습과업을 추진하는 방식으로 배열하는 하나의 교실편성 방법이다. 이것들은 때때로 학습활동들로 묘사되기도 한다. 비록 학습 센터들(learning centers)이 모든 연령 그룹과 함께 사용될 수 있지만, 일반적으로 교육자들은 그것들이 취학전 학습자들과 초등학교 학습자들에게 가장 적합하다고 생각한다.

하나의 교수 방법으로서 학습 센터들을 이용하는 것은 두 개의 일차적인 가정들에 근거한다. (1) 각 학습자는 고유하며 선호하는 학습양식을 가지고 있다. (2) 학습은 능동적이라는 것이다. 역사적으로 볼 때, 복수 학년(multiple-grade)을 담당하는 교사들이 종종 다른 연령 그룹과 함께 다른 학습 과업을 수행하는 동안, 어린이들이 자신들의 학습을 충실하게 수행해 가도록 하기 위해 그들을 소그룹으로 편성해 왔다는 점에서 학습 센터들이 새로운 것은 아니다. 그러나 심지어 단일 학년 학급에서도 학습자들이 다양하며 그들이 가장 잘 배우는 방식으로 학습 과업들을 착실하게 수행해 나갈 기회들을 필요로 한다는 것을 교사들이 이해하게 된 것은 비교적 새로운 일이다.

학습 센터들은 다양한 결과들을 가르치기 위해 사용될 수 있다. 그것들의 사용은 교사가 부여하는 결과에 대한 우선순위와 교사의 창의성 그리고 어느 정도는 교실에 의해서 제한을 받는다.

학습 센터들은 교실 안에서 융통성을 허용한다. 모든 어린이들이 동시에 같은 것을 할 필요는 없다. 모든 어린이들이 같은 속도로 배우는 것은 아니다. 학습 센터들은 어린이들로 하여금 적어도 그들이 가장 잘 배울 수 있는 방식으로 배우면서 할당된 수업 시간을 보내도록 해준다. 또한 학습 센터들의 사용은 학습자들로 하여금 대개 학습을 위한 동기부여를 증대시키는 요소인 선택들을 할 기회를 준다. 학습 센터들은 학습자들에게 소용이 되는 많은 다양한 활동들을 제공하며, 그것들이 학습을 즐겁게 해준다. 학습 센터들은 또한 관계들의 발전을 위한 구조를 제공한다.

소그룹 경험들과 대그룹 경험들의 조화를 제공하려는 수업에서 학습 센터들을 사용할 때, 이용가능한 충분한 시간이 필요하다. 특히 학습 센터들이 취학전 아동들이나 초등학교 초기의 학습자들을 위해 사용될 때, 그것들은 교실에서 더 많은 지도를 필요로 할 것이다.

학습 센터들을 잘 활용하느냐 그렇지 못하냐의 여부는 주의 깊게 계획을 세우느냐 그렇지 않으냐에 달려 있다. 교사들이 수업을 위해 학습 센터들을 선택할 때, 다음 요소들이 도움이 된다는 것을 알게 될 것이다.

1. 이용가능한 지도력과 하나의 센터를 이끌어 가는 사람들에게 필수적인 기술들.
2. 교수 목표들. 센터는 학습자들이 특정한 목표들을 달성하도록 지도하기 위한 것이어야 한다.
3. 활동들의 유형들에 대한 학습자들의 선호도.
4. 이용가능한 자료들과 비품.
5. 수업이 열리는 공간. 어떤 교사들은 시설을 특별하게 배치하는 것을 필요로 한다.
6. 이용가능한 장비.
7. 수업에서의 (학습) 센터들의 사용 시기. 어떤 학습 활동들은 그것에 우선하는 지식이 획득되었을 때에만 사용될 수 있다. 어떤 학습 활동들은 일차적으로 개념들과 내용을 소개하기 위해 계획된다.

대부분 현재의 교육과정 자료들은 수업(학과)을

전개해 갈 수 있는 어느 정도 가능한 학습 센터들을 제시한다. 그럴 때조차도, 교사는 특정한 학습자들과 수업들을 위한 센터들을 가장 잘 선택하기 위해 상술한 일곱 개의 요소들을 고려해야 한다.

학습 센터들을 사용하려는 교사들은 뛰어난 관찰 기술들을 지녀야 한다. 만일 그들이 센터에서 최대의 학습효과를 이끌어내려 한다면, 학생들이 무엇을 하고 있는지를 주목해야 하며 그들이 무엇을 말하고 있는지를 주의 깊게 들어야 한다. 교사들은 학습 센터들의 사용과 대그룹 경험들의 사용 사이의 적절한 균형을 유지할 필요가 있다. 그들은 또한 학습자들이 사고하고, 학습 센터로부터 최대의 통찰력과 이익을 얻도록 고무시키기 위해 좋은 질문들을 할 필요가 있다.

ELEANOR A. DANIEL

참고문헌 | R. G. Lee(1982), *Learning Centers for Better Christian Education*; R. Isbell(1995), *The Complete Learning Center Book*.

학습양식(Learning Styles). 사람들은 놀라울 정도로 다양한 방법으로 정보를 처리한다. 뇌 연구가 늘어남에 따라, 지능이란 실제로 무엇인가에 대한 우리의 이해와 누가 영리하고 누가 영리하지 않은지를 식별하기 위해서 단 하나의 측정법을 사용하는 것의 한계에 대한 이해가 증대된 것은 그리 놀랄 만한 것이 아니다. 뇌에 대한 연구와 학습에 대한 연구가 함께 작용할 때, 그 결과로서 생기는 이론들을 대개 학습양식들이라 부른다.

한 사람의 학습양식은 그 학습자가 사물을 어떤 방식으로 가장 잘 인식하고, 그런 다음 그(녀)가 본 것을 어떤 방식으로 처리하거나 사용하는지를 포함한다. 각 사람의 개인적 학습양식은 서명(signature)만큼이나 독특하다. 어떤 학습자에게 이해하기 어려운 어떤 것이 있을 때, 만일 그의 또는 그녀의 학습양식이 교실에서 존중을 받는다면 그 학생은 더 빨리 배우고 학습을 더 즐기게 될 것이다.

기독교교육자들이 학생들의 학습양식들에 따라 가르칠 때, 그들은 모든 학생들이 학습에 더 많은 흥미를 느낀다. 또한 사실들을 탐구하고 더 잘 이해하고, 함축적 의미들과 씨름하는 것을 즐기며, 기독교적 상황에서 가장 중요한 것으로 여겨지는, 자신들이 배운 것을 보다 더 자진해서 실천하는 것을 가능하게 한다.

성공적인 교사들은 한 학생에게 좋은 것이 모든 학생에게도 좋은 것이라고 더 이상 믿지 않는다. 학습양식을 알 때 교사들은 유사점을 찾기보다는 오히려 학생의 차이점들을 존중하게 된다. 다양한 교수 방법들을 사용하는 것은 학생들의 다양한 학습양식들이 존중을 받는 하나의 중요한 방법이다. 학습양식 연구는 교사들로 하여금 하나님이 그들에게 가르치도록 - 전통적인 방법으로 배우는 사람들에 불과하지 않은 - 맡겨주신 모든 학생들에게 영향 주는 것을 돕는다.

세 명의 교육자들은 학습 과정에 관해 우리가 알고 있는 것에 (다른 것들을) 의미심장하게 덧붙였다. 던(Rita Dunn, 1992, 1993)은 학습 요소들을 분리시키고, 그것들이 지니는 교실에서의 함의들을 검증하는 일을 선도해 왔다. 가드너(Howard Gardner, 1993)는 자신의 복합지능이론(theory of multiple intelligences)에서 우리가 지능으로 여기는 것의 범위를 넓혔다. 학습양식보다는 오히려 "지능"을 다루는 그의 연구는 교사들이 - 특히 현격하게 다른 방식으로 배우는 학생들 사이에서 - 학습을 촉진시키는 교실 과정들(classroom processes)을 재고할 것을 요구한다. 맥카시(Bernice McCarthy, 1987, 1996)는 아주 다른 방식으로 사고하는 학생들이 동일한 학습 시간 안에 성공적이 되게 할 학습주기를 연구해 왔다.

각 연구자는 학습양식에 지식을 더해 준다. 르퍼버(Marlene LeFever, 1995)는 던(Dunn)과 맥카시(McCarthy)의 연구를 결합시켰다. 또한 기독교교육 지원자들과 교사들 그리고 목회자들이 사용할 수 있도록 그들의 연구를 응용했다.

학습양식

1. 21개의 학습 요소들. 던(Dunn)의 연구는 21개의 학습 요소들을 중심으로 이루어졌다. 모든 학생들이 이 21개의 요소들 모두에 의해 영향을 받는 것은 아니지만, 대부분의 학생들은 여덟 가지에서 열두 가지의 요소들에 의해 영향 받는다. 한 학생에게 중요한 요소들이 학습 상황 속에 있을 때, 그 학생은 성공적으로 학습을 성취할 것이다. 너무 많은 요소들이 부재할 때, 그 학생은 학습을 이루지 못할 것이다.

스물한 가지의 학습 요소들은 다음과 같다.

1) 환경적 자극 요소들
   - 소리
   - 조명
   - 온도
   - 학습 공간 구도

2) 정서적 자극 요소들
   - 동기부여
   - 지속성
   - 책임감
   - 구성(structure)

3) 사회적 자극 요소들
   학생들이 그들의 최선을 다하여 활동을 하는 그룹 배합(groupings)은 다음을 포함한다.
   - 자신
   - 동료
   - 또래
   - 팀
   - 교사
   - 다양한 사람들

4) 생리적 자극 요소들
   - 지각 감각들(학생들이 정보를 받아들이는 통로 역할을 하는 감각들, 대개 청각, 시각 그리고 촉각/근육감각)
   - 수용(intake)
   - 시간
   - 유동성(mobility)

5) 심리적 자극 요소들
   - 전체적(global)/분석적(analytic)
   - 반구의, 절반의(hemispheric)
   - 충동적/성찰적(impulsive/reflective)

이 21개의 요소들은 각각 그 자체로서 하나의 연구 분야이다. 설명을 위해서 우리들은 그 중 하나 – 학습 공간 구도 – 를 검토할 것이다. 어떤 학생들은 책상이나 탁자에서 가장 잘 배우지만 상당히 많은 학생들은 양탄자나 소파에 (공부할 자료들을) 펼쳐 놓고 공부할 수 있게 해줄 때 가장 잘 배운다(격식을 차리지 않는 구도에 대한 필요가 사춘기와 더불어 커진다). 교육자들은 학습 공간들이 전통적으로 어떻게 보여 왔는가의 관점에서보다 그 환경에 있는 사람들이 무엇을 성취할 필요가 있는가의 관점에서 교실 설계(classroom design)를 이해할 필요가 있다.

비형식적 환경을 선호하는 학생들이 비형식적 환경에 있을 때 형식적인 환경에서 있었을 때보다 시험성적이 20퍼센트나 더 높게 나온 사실을 한 교사가 발견했다(Shea, 1983). 더 형식적인 책상-그리고-의자 환경(desk-and-chair setting)을 선호하는 학생들은 비형식적인 환경을 필요로 하는 학생들이 형식적인 환경에 적응할 수 있는 것보다 훨씬 더 쉽게 비형식적인 상황에 적응할 수 있다. 책상에 앉아 있을 때 가장 잘 배우는 소년은 자신의 등을 벽에 대고 무릎을 구부려 책상을 만들 수 있다. 자신의 몸을 쭉 펴 편한 상태로 공부할 때 가장 잘 배우는 소녀는 자신의 전통적인 책상에서 헝겊에 콩자루 의자(beanbag chair)를 사용하는 데 훨씬 더 어려움을 겪는다.

2. 복합지능이론. 가드너(Howard Gardner)의 복합지능이론(MI 이론)은 적어도 일곱 가지의 지능이 있다고 제안한다. 이 지능들 각각은 문제를 해결하거나 그 또는 그녀의 문화에서 높이 평가받는 어

떤 것을 할 학생의 능력과 관련이 있다. 학생들은 일곱 가지 지능 각각 모두에서 다양한 재능들을 지닐 것이며, 실제로 한 두 가지 지능에서 더 뛰어난 능력을 보일 것이다. 만일 그 하나 또는 두 가지 지능이 교실에서 활용되고 지지받는다면 그것은 더할 나위 없이 좋을 것이다. 만일 그렇지 못하다면 그 아동은 열등한 학생, 또는 정신적으로 아주 문제가 있는 학생으로 불릴지도 모른다.

3. 일곱 가지의 지능. '언어적 지능'(linguistic intelligence): 효과적으로 말하거나 쓰는 능력(말에 대한 이해력). '논리적 수학적 지능'(logical mathematical intelligence): 수를 사용하고 올바르게 추론하는 능력(그림들과 이미지들에 대한 이해력). '공간적 지능'(spatial intelligence): 가시공간적(visualspatial) 세계를 정확하게 인지하고 그것에 따라 행하는 능력(예술과 과학 두 영역 모두에서 사용된 그림들과 이미지들에 대한 이해력〈지능지수 검사는 학생들을 이 첫 번째 두 가지의 지능에 근거하여 평가하며, 때때로 세 번째 지능인 공간적 지능에 근거하여 평가한다. 그러나 지능지수 검사가 등급으로 매기지 않는 나머지 것들과 지능에 대한 교사들의 편협적인 생각으로 인해 교육적으로 실제보다 낮게 평가받는 학생들의 수를 고려하라〉). '몸의 근육감각 지능'(bodily kinesthetic intelligence): 생각들과 느낌들을 표현하기 위해 몸 전체를 사용하는 데 있어서의 전문적 기술(학생들이 문제를 해결하기 위해 어떤 것을 이루거나 만들기 위해 사용할 수 있는 몸 전체와 두 손에 대한 이해력). '음악적 지능'(musical intelligence): 음악의 형식들을 이해하고 사용하는 능력(학생들로 하여금 형태들(patterns)을 듣고 그것들을 기억하며, 대개 그것들을 잘 다루도록 해 주는 음조, 리듬 그리고 음색에 대한 이해력). '대인적 지능'(interpersonal intelligence): 다른 사람들의 기분과 동기 부여를 이해하는 능력(사회적 이해에 대한 이해력). '대기(對己)적 지능'(intrapersonal intelligence): 자기를 인식하는 인지능력(자신이 누구이며 자기가 무엇을 하기를 원하는지를 아는 것 등).

교사들이 복합 지능의 개념을 받아들인다면 그들이 가르치는 방법은 변할 것이다. 더 이상 (오직) 하나만의 바른 교수 방법이란 존재하지 않는다. 오히려 어떤 개념이나 기술을 가르치는 방법은 많이 있다.

가드너의 연구에 따르면, 모든 학생들은 모두 일곱 가지의 지능들 중의 적어도 몇 가지 차원을 나타내게 되어 있다. 물론, 어떤 것은 다른 것들보다 훨씬 더 잘 발달할 것이다. 예를 들면, 공간적 지능이 잘 발달된 어린이는 그림, 미술, 사진, 삼차원적 건물 등을 통해 새로운 것들에 관해 배우는 데 우위를 보일 것이다(Armstrong, 1994). 하지만 이 어린이는 몸짓이나 얼굴 표정을 통해 의사소통이 이루어지는 사회적 단서들을 읽어 내지 못하기 때문에 그 또는 그녀는 사회적으로 어려움을 겪을지도 모른다. 교실 교수법들과 자료들은 이 학생이 강점을 보이는 영역에서 출중하게 되는 것을 도울 것이며, 지능이 높은 상태를 보이지 않는 다른 영역들에서 향상되는 것을 도울 것이다.

여러 가지의 지능들을 맞물리게(engage) 할 교수법들이 선택될 필요가 있다. 교육자들은 오랫동안 논리적인 문제들을 풀 수 있는 사람들을 영리하다고 인정해 왔지만, 색상, 선, 모양 그리고 형태에 감각이 있는 사람들은 어떠한가?

뇌가 어떻게 기능하는지를 탐구하고 있는 많은 연구가들의 연구와 마찬가지로, 가드너의 연구는 지능인(intellectual person)에 대한 정의를 넓히고 있다. 더 많은 학생들이 자신들을 능력이 있거나 더 나아가 재능이 있는 존재로 여긴다면 그들은 기꺼이 주님을 위해 더 큰 일들을 시도하려고 할 것이다. 그들의 내면에 있는 "뇌의 판단"(brain police)은 더 이상 다음과 같이 생각하지 않을 것이다. "너는 충분히 영리하지 않아. 너는 실제로 천부적 재능을 받지 않았어. 너에게는 주님을 섬길 만한 충분한 능력이 없어."

어떤 학습양식에서 성공을 거두게 될 때, 다른 교수법들을 새롭게 보는 것이 필요하다. 무언극(mime), 음악, 그림 그리기, 역할극, 모의실험, 지

학습양식

도 그리기, 조각, 드라마, 토의, 영화제작, 화보 쓰기(pictorial writing) 등등, 그 목록은 끝이 없다. 교실 교수법들은 교사의 상상력에 의해 제한을 받는다. 가드너의 연구는 플라톤의 조언을 구체화시킨다. 우격다짐으로나 억지로 배우도록 젊은이들을 가르치지 말고, 각 사람이 지닌 특질의 특별한 성향을 당신이 정확하게 더 잘 발견할 수 있도록 그들의 마음을 즐겁게 함으로써 그들을 배움으로 이끌라.

4. 학습주기. 지금까지 토론된 두 개의 형태들에서 결여된 것이 있다면 그것은 다름 아닌 전문적인 기독교교육 교사들과 자원한 기독교교육 교사들이 하나의 일관되게 진행 중인 방향으로 학습양식 구상들을 실행하는 방식이다. 연구조사 교육자인 맥카시(Bernice McCarthy)는 그 예를 제공해 준다. 학습형태에는 기본적으로 네 가지가 있으며, 어떠한 학생도 단 한 가지 형태로만 배우지 않고 그 또는 그녀는 대개 한 가지 또는 두 가지 형태와 가장 강하게 결부된다고 그녀는 제안한다. 학생이 가장 잘 그리고 가장 손쉽게 배우는 학습 방법이 수업 계획안에 포함되어질 때, 그 학생은 (자신에게) 지능이 있다고 느끼며 자신감을 갖게 된다. 그 수업이 진행되는 동안, 그 또는 그녀는 대개 자유롭게 수업을 이끌어 가는 역할을 하게 된다. 교사의 책임은 수업이 있을 때마다 모든 학생이 빛을 발할 수 있는 기회들을 가질 수 있도록 수업을 조직하는 것이다. 다음의 기본적인 4단계 형태가 교사로 하여금 이 목표를 달성하도록 도울 수 있다.

이 4단계 형태는 반복적으로 되풀이해서 따라갈 수 있는 하나의 학습주기가 된다. 1단계에서 시작하여 4단계로 진행해 가면서, 모든 학생들은 4단계 모두에 참여하게 된다. 각각의 학생들이 서로 다른 수업의 부분들에서 뛰어나게 되는 것은 각각의 단계들이 여러 가지 다른 학습양식을 가지고 학생들을 돋보이게 하기 때문이다.

1단계: 이 단계에서 지도적인 역할을 하는 학생들은 내용을 폭넓게 개관하는 능력에서는 탁월함을 보이지만, 대개 세부적인 것을 보는 능력은 부족하다. 그들은 전체 학급이 공부하게 될 내용의 중요성에 관심을 집중하는 것을 도울 수 있다. 그들은 다음과 같은 질문들에 답한다. "왜 우리는 이것을 공부해야 하는가? 왜 이것이 중요한가?" 이런 학생들은 그들이 알고 있는 사전 지식을 교실로 가져와서 그것을 새로운 학습을 위한 기초로 활용한다.

2단계: 이 단계를 선호하는 학생들은 분석적, 순차적 능력이 탁월한 우수한 학습자들이다. 그들은 전통적으로 그들의 성적표에 대부분 수(A)를 받아 온 학생들이다. 그들은 내용에 대한 질문에 답한다. "우리는 무엇을 알 필요가 있는가?" "성경은 무엇을 말하는가?" 2단계 학습을 즐기는 학생들은 종종 가장 영리한 학생들로 여겨지는데, 왜냐하면 학교는 "무엇"(what)이라는 질문에 대한 답을 중시하고 그것을 테스트하며, 다른 단계들의 질문들에 답하는 데에 뛰어난 학생들을 너무 적게 보상하기 때문이다.

3단계: 이 학생들은 학과의 내용을 시험하는 데 탁월하다. 종종 그들은 그들의 손으로 하는 일에 능숙하며, 대개 그들이 학습 과정의 일부로서 활약할 때 그들은 더 명석하게 보인다. 그들은 다음과 같은 질문에 답한다. "이것은 어떻게 작동하는가?" 그들은 실천적인 관련성을 가지고 있지 않은 학습에는 그 어떤 것에도 관심이 없다.

4단계: 이 학생들은 전통적인 의미에서 창조적이다. 그들은 그들이 배워온 것의 미래적 함의를 이해할 수 있다. 그들은 다음과 같은 질문들에 답한다. "이것은 무엇이 될 수 있는가?" "우리는 어떻게 우리 자신이 지닌 무언가 독특한 것을 우리가 배워왔고 실천해 온 것에 더할 수 있을까?"

네 단계 모두에서 여러 가지의 방법들이 사용될 수 있다. 교사는 가드너의 일곱 가지 지능을 참조하여 음악적 재능 또는 대인 기술들을 장려하는 교수법들을 통합하려고 노력할지도 모른다. 교실 설계에 관한 던의 연구조사는 교사가 주변 상황들이 학습을 방해하기보다 오히려 촉진시키는 환경을 창출하도록 도울 것이다. 던의 연구 조사 가운데 교실

배치, 조명 그리고 하루의 시간과 같은 요소들은 추가적으로 고려해야 할 영역들을 부여한다.

충족한 학습양식에 대한 연구조사를 한다 하더라도, 그것이 교사들의 일을 보다 용이하게 만들지는 않을 것이다―단지 훨씬 더 효과적이게 할 것이다. 그것은 하나님이 이 세대에게 제공해 주신 점점 성장하고 있는 일련의 연구조사이다. 기독교 교사들의 과제는 그것을 사용할 더 나은 방법들을 찾는 것인데, 왜냐하면 그들은 가르침으로써 미래에 영향을 주기 때문이다.

MARLENE LEFEVER

참고문헌 | T. Armstrong(1994), *Multiple Intelligences in the Classroom*; R. Clark. L. Johnson, and A. Sloat, eds.(1991), *Christian Education: Foundations for the Future*; R. Dunn and K. Dunn(1992), *Teaching Elementary Students through Their Individual Learning Styles*; Idem(1993), *Teaching Secondary Students through Their Individual Learning Styles*; H. Gardner(1993), *Multiple Intelligences: Theory and Practice*; M. LeFever(1996), *Creative Teaching Methods: Be an Effective Christian Teacher*; Idem(1995), *Learning Styles: Reaching Everyone God Gave You to Teach*; B. McCarthy (1996), *About Learning*; idem(1987), *The 4MAT System Teaching: Learning Styles with Right/Left Mode Techniques*; M. Scherer, ed.(1997), *Educational Leadership: Teaching for Multiple Intelligences*; Tom Shea(1983), "An Investigation of the Relationship among Preferences for the Learning Style Element of Design, Selected Instruction Environments, and Readers' Achievement with Ninth Grade Students to Improve Administrative Determination Concerning Effective Educational Facilities"(Ph.D. Dissertation, St. John's University).

학습에서의 간섭(Interference in Learning).

이것은 또한 금지 이론(inhibition theory)으로 알려져 있다. 학습의 전이(轉移)에 대한 연구에서 간섭이론은 새로운 학습의 간섭효과 때문에 망각이 일어난다고 강조한다. 예전에 학습된 사실과 유사한 새로운 사실의 학습은 이미 학습된 사실을 약간 망각시키는 결과를 가져온다. (역행간섭 혹은 역행억제) 마찬가지로 이미 학습된 사실의 기억은 새로운 학습을, 유사한 자료를 좀더 어렵게 만든다. (순행간섭 혹은 순행억제) 순행간섭과 역행간섭은 정보나 임무의 두 가지 양상이 간섭의 잠재성을 지닐 때, 즉 그것들이 억제를 일으킬 만큼 충분히 유사할 때 단지 적용된다. 간섭은 학생들이 목록과 특별한 사실들을 기억하기 위해 요구되는 상황에서 가장 자주 목격된다.

예를 들면, 구원의 서정(칭의, 중생, 양자삼음, 성화)에 발생하는 것들의 목록을 암기한 한 학생은 성령의 사역(확신, 새롭게 함, 내주, 세례, 인치심, 충만함)의 목록을 암기하는 것이 어렵다는 것을 나중에 알게 될 수도 있다. 왜냐하면 이 둘은 비슷하게 보이기 때문이다. 이것은 역행간섭의 예이다. 또 다른 한편으로, 성령의 사역의 목록을 기억한 이후에 두 개의 목록을 혼동하기 때문에, 학생은 구원의 서정에서 발생하는 것들의 학습된 목록을 재확인하는 것에 대한 어려움을 발견한다. 이것은 순행간섭의 예가 된다.

학생들이 학습전이의 간섭을 최소화하기 위한 6-7개의 실제적 제안들이 있다. 첫 번째 단계는 특별한 학습상황에서 현상이 문제가 될 수 있다는 것을 인지하는 것이며, 간섭을 최소화하는 특별한 단계를 갖는 것이다. 특별한 단계는 유사한 학습과제의 두 가지 형태 사이에 차이를 강조하는 것이다.

차이점이 무엇인지에 집중함으로써, 전체적으로 전망해서 유사성을 보는 것은 좀더 쉬울 것이다. 두 번째 제안은 우선적으로 자료를 계속 공부하는 것이다. 학습의 정도가 커짐에 따라 학습된 과제의 기억도 커지게 된다. 셋째, 만일 간섭을 낳는 것으로 알려진 두 가지 과제가 다른 교실과 같은 다른 환경

학습이론

에서 학습된다면, 간섭은 환경적 혹은 전후 관계적 실마리에 의해서 줄어들게 될 것이다. 역행억제를 피하기 위한 추가적 제안은 잠자리에 들기 전에 적절하게 공부하는 것이다. 학습 후의 수면은 과제의 역행간섭으로부터 추가적 자극을 위한 기회를 금지한다.

교사는 기대하는 것을 깨닫게 함으로써 순행억제를 최소화하려는 학습자를 보조할 수 있다. 만일 학생이 두 번째 과제의 학습이 이전에 학습한 어떤 특별한 학습자료로 방해될 것이라는 말을 듣게 된다면, 그들은 역행억제를 최소화하기 위해 위에서 언급한 적극적인 단계들을 따를 수 있다.

DALE L. MORT

참고문헌 | H. C. Ellis(1972), *Fundamentals of Human Learning and Cognition*.

학습이론(Learning Theories). 사람들이 새로운 정보를 받아들이고 이해하며 기억 속에 간직하는 방식에 관한 다양한 이론들이다. 비록 현대 심리학에 많은 빚을 지고 있기 하지만, 사람들이 어떻게 하면 가장 잘 배우는가에 역점을 두어 다루는 이론들은 기독교교육만큼 오래 되었다. "교사"(The Teacher, A. D. 389)란 제목의 설교에서, 어거스틴(Augustine)은 학습자의 본질을 강조했다. 페스탈로치(J. Pestalozzi, 18세기) 뿐만 아니라 코메니우스(J. A. Comenius, 17세기)도 그의 저작들과 그의 교본인 『세계 도해』(*Orbis Pictus*)를 통해 지식과 개인의 감각 경험(sense experience)을 결부시키고자 하는 학습자의 필요를 진지하게 받아들이는 가르침의 형태들을 강조했다. 역사적으로 볼 때 로크(Locke)와 칸트(Kant, 18세기)와 같은 철학자들은 우리의 지식 중 어느 정도가 전적으로 외적인 경험적 자료에 의해 결정되는지, 또는 우리들의 학습은 우리 자신들의 내적인 전제조건에 의해 얼마나 영향을 받는지의 문제로 고심했다. 심리학 분야로서

의 학습이론은 19세기 말과 20세기 초에 에빙하우스(H. Ebbinghaus)와 손다이크(E. Thorndike)와 같은 선구자들의 연구와 더불어 그리고 스탠포드-비네(Stanford-Binet)의 개인 지능지수 검사의 개발과 더불어 나왔다. 스키너(B. S. Skinner), 피아제(J. Piaget), 브루너(J. Brunner), 밴두라(A. Bandura), 에릭슨(E. Erikson), 벨렌스키(M. Belensky) 그리고 비고츠키(Vygotsky) 등과 같은 다른 이론가들은 그 후로 학습의 복합성이 어떻게 진지하게 탐구되어 왔는지를 확실하게 보여준다.

학습이론들은 우리가 어떻게 개인적이며, 객관적인 지식을 수용하며, 그것을 기억 속에 간직하는지에 관한 수많은 중요한 물음들을 제기하려고 한다. 그 중심적 주제들은 종종 다음과 같은 물음들을 포함한다. 우리가 우리의 오감을 통하여 정보를 수용할 때 우리는 어떻게 정보의 여러 가지 유형들을 수용하고, 어떻게 그것들 사이를 구별할 수 있을까? 어떤 조건들(내적 조건들과 외적 조건들 모두)이 우리들의 배움의 능력과 욕구를 강화시켜주는가? 우리는 어떻게 이전의 정보와 함께 새로운 정보를 처리하며, 어떻게 그것을 우리들의 삶에 통합시킬 수 있는가? 정보가 필요하게 될 때 우리는 어떻게 그것을 검색해서 활용할 수 있을까?

각각의 물음은 학습이론들이 지각(sensory perception), 연상, 정보 처리, 기억 그리고 동기부여에 대한 연구들을 통해 역점을 두어 다루려고 하는 몇몇 주요한 주제들을 나타낸다.

1. 큰 전통군들(families). 특정한 학습이론들은 사람들의 본질과 주변 환경의 중요성에 관한 비슷한 가정들을 공유하는 일반적인 범주들 또는 "군들"(families)로 나누어지는 경향이 있다. 가장 큰 군들은 우리가 행동하는 방식을 형성하는 데 환경의 영향(행동 학습)이든 우리가 수용하는 정보를 거르고 조직하는 우리들 각자의 개인적인 능력(주로 인지 학습)이든 어느 하나를 강조하는 양극단 사이의 한 연속체 사이에 위치한다. 많은 이론들은 사회

(일정한 공동체들이든 아니면 특정한 사람들이든)가 개개인의 개인적인 능력들과 상호작용하면서(in dialogue with) 개인에게 영향을 미친다는 것을 인정하면서 이 두 강조점들을 결합시킨다. 이 이론들은 분류상 대개 사회적, 또는 관계적 학습이론 속에 포함된다.

2. 행동학습. 행동학습이론들은 어떻게 외부의 자극(S)이 살아 있는 유기체 안에서 반사적 반응(R)을 일으킬 수 있는지를 중요시한다. 따라서 인간을 포함하여 살아 있는 유기체들은 일정한 자극들과 유사한 반응들의 한 형태(S-R)를 연결 지어 생각하도록 조건화될 수 있다. 자극-반응(S-R) 조건화는 고전적 조건화(classical conditioning), 조작적 조건화(operant conditioning) 그리고 강화 이론(enforcement theory)을 포함하여 다양한 형태로 묘사되어진다. 이 이론들의 주된 가정은 개인이 연상에 의해 예측할 수 있는 방식으로 반응/행동하는 것을 통해 "학습하는" 단계까지 궁극적으로 외부의 힘들이 조작될 수 있다는 것이다. 파블로프(I. Pavlov), 스키너(B. F. Skinner) 그리고 왓슨(J. Watson)과 같은 심리학자들은 이 접근을 지지해 왔다. 스키너는 시행착오적 학습 – 학습자가 일으키는 (자극들에 대한) 일정한 반응들을 강화해 준 예정표에 따른 연습(훈련)을 통해 점차로 결정되는 학습 – 이라 불리는 하나의 접근을 주창했다. 동기부여(자극)는 창조적으로 학습자를 보상(적극적 강화)하거나 의도적으로 학습에 대한 모든 장애를 제거하는 것(소극적 강화)으로 한정되었다. 강화의 한 형태로서의 개인적 체벌은 금지되었다.

행동 이론들은 대개 기독교적 인간학에 모순되는 견해인 인간을 상당히 수동적, 또는 대립적으로 보는 경향이 있다. 극단적인 행동주의는 그리스도인이 인간을 향한 하나님의 끝없는 사랑에 근거하고 있는 개인들의 가치를 높게 평가하는 것을 부정한다. 이런 한계점을 지니고 있음에도 불구하고, 이 이론들은 기독교교육이 고려해야 하는 몇 가지 중요한 면들을 제공해 준다. 행동주의적 모델들은 기독교적 삶에 대한 우리들의 이해와 실천을 형성해 주는 예배나 양식화된(patterned) 기도와 같은 행위들의 힘을 진지하게 받아들인다. 교사들은 학습에 대한 환경적 장애물들을 제거할 필요가 있다는 것(소극적 강화)과 교사들이 학생들을 칭찬할 필요가 있다는 것(적극적 강화)을 인정하는 것은 행동학습에서 얻은 양식 있는 통찰력이다. 행동수정(behavior modification)은 결코 조작하는 것이 아니라 사람들로 하여금 훨씬 더 건전한 새로운 행위 방식으로 "행하도록" 도움으로써 더 낡고 파괴적인 행동들을 그만두게 하는 것을 도울 것이다.

3. 인지학습. 인지학습이론들은 머릿속에 정보를 선택적으로 받아들이고 체계화하는 개인의 능력을 강조하는 경향이 있다. 인지이론들은 정보가 어떻게 처리되고 저장되는지에 대한 이론가의 생각에 따라 차이가 있다. 학습에 대한 동기부여는 외적인 요인들에 의해서 결정되기보다는, 새로운 정보를 이해할 때 생기는 개인적인 호기심과 즐거움(또는 좌절)을 통해 결정된다. 감정은 학습 과정을 촉진하거나 방해하는 하나의 개인적인 특성으로 간주된다.

가장 탁월한 인지이론인 정보처리(information processing)는 컴퓨터나 거대한 서류정리 시스템과 같은 방식으로 마음을 다룬다. 감각 정보는 다른 유사한 저장된 정보 단위들의 인지적인 관련 방식에 따라 분류, 처리되고, 저장되며 검색된다. 새로운 정보는 그것이 적절한 정신 구조를 통해 학습자가 이미 알고 있는 이전의 정보와 "연결"되도록(또는 인지적으로 결합되도록) 적절하게 조직될 때 학습이 가장 잘 일어난다. 가니에(R. M. Gagne)와 같은 이론가들은 지도된 학습을 돕는 포괄적인 서론적 개요, 공백을 채우는 지도, 또는 간단한 두운법과 같은 고등 조직 요소들(organizers)을 강조한다.

다른 학습이론인 게쉬탈트(Gestalt, "형태" 또는 "모양"이란 의미의 독일어) 이론은 학습자가 겉보기에는 본질적으로 다른 사고의 단위들에 근거하여 새로운 더 큰 형태를 만들어 낼 때 다른 관련 방식이 출현한다고 가정한다. 이론가들은 사람들에게 정보를 귀납적으로 얻으라고, 즉 더 큰 개념들을 규정하기 위해 보다 더 작은 개념들(ideas)을 한데 모으라고 조언한다. 학습자들은 또한 다른 개념들이 하나의 중심적인 주제를 주변으로 하여 출현하게 할 하나의 방책으로서 탐구나 문제 해결을 사용할지도 모른다. 또 다른 방책인 발견 학습은 문제해결과 비슷하며, 새로운 지식은 탐구와 분석을 통해 발견되거나 한 걸음 더 나아가 창출될 수 있다고 가정한다.

탁월한 이론가인 피아제(Jean Piaget)는 인지학습과 인성 발달을 연결 짓는다. 피아제는 새로운 정보가 더 오래된 유사한 사고 형태들 속에 저장되거나('동화') 새로운 자료에 적응하기 위해 새로운 사고 구조들을 필요로 하게 될 것이다('조정')라는 데 주목한다. 새로운 정보를 동화시키거나 조정하는 학습자들의 능력은 대개 그들의 연령 단계와 성숙 단계와 관계가 있다(Gallagher & Reid, 1981). 피아제와 키건(R. Keagan)과 같은 이론가들은 인간의 사고능력과 학습능력을 인간발달의 기본적인 형태로 간주한다. 자료를 수용하고 새로운 정신구조를 창출하는 학습자의 능력은 성숙의 지표가 된다.

인지학습을 다룰 때, 기독교교육자들은 무엇보다도 먼저 (죄와 인간의 유한성으로 인한) 인간의 한계성과 (하나님의 형상에 따라 지음 받은 것과 하나님의 은혜와 영향력을 입고 있는 현재의 삶에 기초한) 인간의 가능성에 대한 그들의 이해 사이의 균형을 유지해야 한다. 인지 이론가들은 기독교적 믿음(belief)과 분별에 도움이 된다. 성경에서 온 자료들이든, 또는 기독교 사상과 실천의 다른 출처들로부터 온 자료들이든, 자료들은 기독교 제자도를 불어넣고(inform) 풍부하게 하기 위해서 분석되고, 조직되며, 저장되어 사용될 수 있다. 정보 처리는 확신들, 신념들, 또는 교리들로 알려진 사고의 구조들을 발전시키는 하나의 방법을 제공한다. 이 교리들은 사람들이 하나님을 더 잘 그리고 더 일관되게 이해할 수 있도록 하나님의 포괄적이고 복합적인 계시를 간결한 형태들로 제시할 수 있다. 한 가지 유의할 점이 있다면, 이런 공식화들이 인간의 노력에 의해 창출되고, 따라서 한계성을 지니기 때문에 그것들이 하나님의 계시를 완전히 대신할 수 없다는 것이다. 하지만 분석적 기술들은 현재의 신념들(beliefs)과 형성적 실천들(practices)을 분석하고 그러한 교리들과 실천들이 복음의 목적들과 일치하고 있는지를 확인하기 위해서 그것들을 성경, 기독교 역사 그리고 현대의 경험과 비교하는 데 도움이 된다.

4. 사회학습. 세 번째의 큰 학습이론군은 사회학습, 또는 관계 학습이다. 이 접근의 주요 가정은, 사람들은 사고와 감정의 표현들이 다른 사람들의 명시적인 행동들을 관찰하고 모방하며 반복하면서 공동체 안에서 배운다는 것이다. 밴듀라(A. Bandura)에 의해 주창된 이 이론은 외부에서 영향을 미치는 요인들(특히 역할 모델들로서의 사람들)과 내면의 사고 과정들, 두 가지 모두를 존중하기 때문에 종종 행동학습과 인지학습 사이를 중재하는 것으로 여겨진다. 사람들은 개인적인 선호도에 근거하여 행동들을 이해하고 그것들을 모방하기를 좋아하지만, 그들의 한계점들은 역할 모델과의 개인적인 상호작용 속에서, 또는 공동체 안에서의 공적인 상호작용 속에서 강화된다. 가르침은 모방학습(modeling)의 한 형태로서 강조되며, 거기에서 공동체 안에 있는 전인(the whole person), 또는 공동체 안에서의 그룹적 행위는 학습의 한 원천(source)으로 간주된다.

일반적으로 볼 때, 이 접근은 학습자와 더 광범위한 사회 구조들 사이의 관계를 인정한다. 에릭슨(E. Erikson)은 정서 학습이 더 광범위한 문화와 관련하여 발생한다고 강조했다. 내적인 스트레스들("위기들")로부터 정서적으로 배우고 그것들을 대처하는 우리들의 능력은 대개 사회 제도들(부모, 학교, 교회, 일, 결혼 등)을 통하여 중재된다. 비고츠키(L. Vygotsky)와 프레이레(P. Freire) 역시 언어 습득을 포함하여 인지 과정과 행동 과정은 사회관계들과 문화적 영향력으로부터 분리될 수 없다는 것을 주의 깊게 관찰해 왔다.

제자도의 일반적 범주로서의 그리스도인 형성은 많은 행동들이 개인 관계들 또는 그룹 관계들을 통하여 가르쳐지거나 고쳐질 수 있다는 것을 인정한다. 비록 형성이 위에서 개략적으로 서술한 행동학습이론 그리고 인지학습이론과 결합되어 있다 할지라도, 그것은 사람들이 기독교적 행동이라고 여기는 것의 하나의 큰 부분 속으로 형성되어져 간다는 것을 인정한다. 영성과 예배에 관한 개인적인 가정들 뿐만 아니라 종교적인 경험에 대한 응답들은 종종 중요한 역할 모델들과 더 광범위한 공동체들에 의해 깊게 영향을 받는다. 기독교교육자들은 제자도를 위한 교회 안에서의 모든 활동들을 진지하게 받아들이고 활용해야 한다. 기독교교육자들은 또한 복음과 일치하지 않거나 더욱이 복음에 모순되는 형성은 그 어떤 것이라도 그것이 지니는 위험성을 인식해야 한다. 참된 형성의 구체화(the shaping process of authentic formation)는 학습자들이 기독교의 메시지와 일치되는 방식으로 새로운 상황들에 잠잠히 반응하는 것을 도울 수 있다.

5. 대안적 접근. 더 큰 학습군들 너머에는 학습이론에 의해 촉진된 다른 특별한 고려사항도 있다. 학습이론들은 개인적인 학습 선호도 또는 유형들에 관한 커다란 일련의 문헌에 활력을 제공해 준다. 이 학습 방식들은 다른 감각들(시각, 청각, 근육 감각, 또는 직관력까지도)을 통하든, 우리가 수용하기를 원하는 정보의 양들이 어느 정도이든, 그것들을 큰 단위별(blocks)로 또는 보다 작은 단위들(units)로 수용하는 방식을 통하든 자료를 수용하는 방법에서 우리들의 선호도에 근거할 것이다. 다른 학습 방식들은 자료를 처리하는 데 한 번에 많은 선택들을 상상적으로 고려하든지, 특별한 자료들을 분석하든지, 아니면 직접적인 적용을 하려고 하든지 우리들의 선호도에 초점을 맞추는 경향이 있다(Kolb, 1984). 각각의 이런 학습 선호도, 또는 학습양식들과 관련하여 이론가들은 사람들이 가장 잘 배우는 배움의 방식에서 다양한 차이점들을 인정한다.

또한 학습이론가들은 학습에 대한 어떤 접근들이 어떤 이유로 어떤 특정한 문화들에 의해 강조되는지를 탐구한다. 이런 문화들은 사람들이 참된 지식으로 높이 평가하고(지식 사회학) 타당한 "앎의 방식들" 또는 학습의 방식들로 높이 평가하는 것에 영향을 준다. 다른 학습이론들은 더 객관적이고 과학적인 입장을 지지해 온 반면, 벨렌키(M. Belenky et al, 1986)와 같은 이론가들에 의해 지지되는 여성 심리학은 대개 여성들은 관계에 근거하고 있는 학습을 중시하며 사람들과 그들이 연구하고 있는 주제와 "이어주는" 것을 돕는 학습을 존중하는 것에 주목한다. 이론가들은 지식을 점진적이지만 끊임없는 정보의 축적으로 간주하는 문화들이 있는 반면, 학습을 갈등에 의하여 평가하거나(Pazmiño, 1997, 192-94) 통찰력과 상상력의 갑작스런 도약을 통하여 평가하는(Loder, 1989) 문화들도 있다는 것에 주목해 왔다. 가드너(H. Gardner, 1983)는 사람들이 언어적 재능, 음악적 재능, 공간적 재능, 분석적 재능, 몸-근육 감각적 재능 또는 대인적 재능을 어떻게 사용하는가에 근거하여 한 가지 이상의 지능유형을 가지고 있을 것이라고 가정한다. 브루너(J. Bruner)와 다른 이론가들(Eisner, 1985)은 사람들이 자료를 이해하고 조직하는 방식(정적, 개별적인 서술 형태로든, 유동적, 상황적 이야기 형태로든지 간에) 역시 학습에 영향을 준다는 것에 주목해 왔다. 각각의 이 대안적 접근들은 일반적으로 받아들여지고 있는 현재의 학습이론 뒤에 있는 복잡성을 설명해 준다.

6. 신학적 숙고. 기독교교육자들은 다양한 학습이론들이 지니고 있는 진가를 충분히 인식할 수 있지만 우리가 주목해온 것처럼 각 학습이론군은 명백한 한계점들을 지니고 있다. 그러므로 교육자들은 그것들을 평가하고 사용할 때 주의해야 한다. 기독교적 관점에서 분별하지 않는다면 각 이론의 이면에 놓여 있는 어떤 가정들은 실제로 복음에 해가 될지도 모른다. 학습자에 대한 균형 잡힌 견해와 하나님의 계시에 대한 복합적인 이해를 견지하는 것

이 중요하다. 흔히 학습의 과정에서 성령의 역할은 거의 무시된다. 성령이 학습 과정과 아무런 관계가 없다고 생각한다면 문제가 생긴다. 결과적으로 다른 학습양식들에 주의를 기울이거나 긍정적인 학습환경을 조성하는 것은 부적절한 것으로 여겨진다. 스펙트럼의 다른 쪽 끝에서는 만일 성령의 역할이 전체 학습 과정에서 진지하게 받아들여지지 않는다면 성령은 오직 다른 모든 학습 전략들을 사용해본 후에만(야구 경기가 끝나갈 무렵 투입되는 구원 투수와 아주 흡사하게) 고려하게 될 것이다. 성령을 이해하는 더 좋은 방법은 성령이 다양한 학습 접근들에 참여하고, 그것들을 통하여 일하시는 것을 보는 것이다. 그러면 학습은 은혜의 수단, 즉 현존하는 인간의 조직들과 실천들을 통하여 성령이 진실되게 은혜를 전하는 방식이 된다. 궁극적으로 다양한 학습이론들은 (인간을 포함하여) 하나님의 창조가 복합적이라는 것과 하나님의 진리에 접근하는 방법들이 다양하다는 것을 나타내 준다. 이러한 이론들에 조심스럽게 주의를 기울인다면, 기독교교육자들은 하나님의 나라를 위해 더 많은 사람들에게 영향을 미칠 수 있는 그들의 교수 방법들을 넓혀 가고 현재의 신앙인들의 신앙을 깊게 하는 데 도움을 받을 것이다.

DEAN BLEVINS

참고문헌 | M. F. Belenky, B. M. Clinchy, N. R. Goldberger, and J. M. Tarule(1986), *Women's Way of Knowing: The Development of Self, Voice and Mind*; E. Eisner, ed.(1985), *Learning and Teaching the Ways of Knowing*; J. M. Gallagher and D. K. Reid(1981), *The Learning Theory of Piaget and Inbelder*; H. Gardner(1983), *Frames of Mind: The Theory of Multiple Intelligences*; D. Kolb(1984), *Experiential Learning :Experience as the Source of Learning and Development*; J. E. Loder(1989), *The Transforming Moment*, 2nd. ed.; R. W. Pazmino(1997), *Foundational Issues in Christian Education*, 2nd ed.

학습자 해석/이해(Exegeting the Learner).

학습자를 올바로 이해하는 일은 성경을 적절히 해석하는 일만큼이나 중요하다. 교사들은 자신이 바라는 것을 성경이 말하는가 하는 것을 찾는 것이 아니라 성경이 무엇을 말하는지 알아야만 한다. 이와 같이 교사들은 그들의 수업으로부터 학습자의 필요가 무엇인지 알아야 한다. 교사들은 본문을 읽을 때처럼 주의 깊게 학습자들을 읽어서 가르친다. 왜냐하면 그들이 가르치는 것은 학습자의 삶의 상황과는 동떨어진 성경 본문만을 가르치는 것이 아니라 학습자를 가르치기 때문이다. 그러므로 본문과 학습자 모두를 주의 깊게 연구하는 것은 효과적인 가르침의 필수요건이다.

학습자들을 해석하는 일에는 다섯 가지 영역이 있다. 첫째, 학습자의 발달 단계/수준을 결정하는 '발달 해석'(developmental exegesis)이다. 여섯 개의 발달 영역으로 신체, 인지, 사회성, 정서(감성/심리), 도덕성 그리고 영성/신앙이다. 발달 단계들은 학습자의 단계에 맞는 적절한 본문내용과 접근법, 전략, 방법, 자료들을 사용하라고 강력하게 제안한다. 발달 해석은 의심의 여지없이 학습자를 이해하는 데 가장 중요하다. 만약 이 분야가 무시되면 학습이 비효과적이 되고 만다. 어린이를 작은 어른으로 취급해서는 안 된다. 청소년을 거의 어른처럼 취급해서도 안 된다. 어른을 어린이처럼 다루어서도 안 된다. 각 연령그룹은 분명한 발달적 특징이 있으므로 각 단계에 따른 필요도 다르다. 발달 단계에 대한 이론은 어린이, 청소년, 성인 발달의 다양한 교재에 설명되어 있다.

'가치와 믿음 해석'(values and beliefs exegesis)은 학습자가 신봉하는 사회적, 문화적, 도덕적 가치들을 발견하는 일이다. 학습자가 무엇을 믿고 가치를 어디에 둔다고 말하는가? 그들의 문화적 규범은 무엇인가? 이것은 또한 이와 같은 신앙/가치들과 규범의 중요성을 가늠한다. 이 영역에서는 삶과 도덕성, 하나님, 사회, 물질적 소유, 돈 버는 것의 가치, 가족, 직업, 교회의 중요성, 영적 신앙, 예배에 임하는 태도, 사역, 성 관념, 마약, 주류, 지도력, 그룹의 정체성 등 수많은 개인적이고 공적인, 기독교적이고 세속적인 가치들에 관한 신념과 견해들을 포함한다.

'실천/행동 해석'(practice/action exegesis)은 학습자들이 지지하는 것만이 아니라 그들이 실제로 무엇을 행하는지 조사한다. 이는 학생들이 지지하는 신념/가치와 실생활 사이의 일치성의 수준을 가늠하기 위함이다. 교사들은 반드시 학습자들이 실제로 고백하는 대로 사는지, 어느 정도 그들이 문화적 가치들과 타협하는지 알아야 한다. 교사들은 학습자들이 단지 명료하게 기독교적인 대답을 할 수 있기 때문에 그들의 일상의 삶에서도 또한 그렇게 살 것이라고 추측해서는 안 된다. 이와 같은 사실들을 알게되면 교사들이 학습자들이 영적 가치들과 신앙에 일치하는 행동을 하도록 초점을 둘 수가 있다.

'지리적/지형적 해석'(geographical/topographical exegesis)은 사람들이 실제로 어디에 사는지 알려준다. 도시 또는 지방 출신인가? 북부, 동부, 서부, 남부 출신인가? 대평원에 사는가? 아니면 바닷가에 사는가? 또는 대호수나 작은 연못가에, 큰 강가에, 애팔래치아(Appalachia)의 골짜기에, 로키 산맥 근처에, 동부의 해변 등지에 사는가? 실제적인 출신 지역을 통해 교사들은 학습자가 삶을 보는 견해를 이해할 수 있다. 다양한 지역에 흩어져 사는 사람들은 서로 다른 가치와 관점과 실천방식을 가질 수 있다.

'인구통계학적 해석'(demographic exegesis)은 다양한 정부의 보고에 의해(국가, 시, 도, 읍 등) 가능한 인구통계학적 자료들을 검토한다. 이러한 많은 자료들로 학습자들에게 자기에 대해 이야기해 보라고 할 수 있다. 사회경제적인 면, 교육 정도, 직업, 언어사용, 다른 문화에 접해본 경험, 다른 지역이나 나라들을 여행한 경험의 여부, 혼인여부, 자녀 수, 이혼, 재혼, 상처, 주택의 소유/전세, 다양한 대중매체를(케이블, TV, 인터넷, 영화, 잡지, 신문, 도서 등) 사용할 수 있는지의 여부 등. 지역적 특성에 따라 단정할 수 있는 태도나 가치, 신념, 실천방식이 있으므로 교사가 학습자에게 의미 있는 학습을 준비하는 데 도움이 된다.

이와 같은 요인들을 인식하고 있으면 교사들이 학습자에게 적합한 수업을 어떻게 준비해야 할지 도움이 된다. 목표는 학습자의 필요에 중점을 두는 것이다. 일단 타당성 있는 학습자 해석이 완성되면 교사들은 성경 본문을 보고 어떤 내용이 특정한 학습자를 연결시켜 줄 것인지 결정한다. 이것은 학습자들이 이해하지 못하거나 무관한 것들을 가르치는 일을 막아준다. 또한 학습자의 필요를 정확하게 지적해 주어 학습을 통해 의도된 결과들을 달성할 수 있는 유익한 정보들을 제공해 준다. 본문의 적절한 해석 없이는 교사가 잘못 해석하기 쉽고 성경을 가르치는 데 큰 오류를 범할 수도 있다. 학습자의 적절한 해석 없이는 교사들이 오인된 필요를 채우는 수업을 하게 되고, 성경 저자들이 구체적인 사람들을 대상으로 성령의 감동으로 의도된 구체적인 필요들을 보여주는 전체 신약성경의 주제와는 동떨어진 수업을 진행할 수도 있다. 오늘날의 교사들은 이와 같은 일에 주의를 기울여야 한다.

JOHN M. DETTONI

참고문헌 | J. Fowler(1981), *Stages of Faith: The Psychology of Human Development and the Quest for Meaning*; K. Issler and R. Habermas(1994), *How We Learn: A Christian Teacher's Guide to Educational Psychology*; W. Yount(1996), *Created to Learn: A Christian Teacher's Introduction to Educational Psychology*.

학습장애(Learning Disorders).

'학습장애'(learning disorders) 또는 '학습불능'(learning disabilities)이라는 용어는 구어나 문어를 이해하거

나 사용하는 것과 관련된 기본적인 심리학적 과정들 가운데 하나, 또는 그 이상의 과정에서 역기능이 있을 때 사용된다. 장애는 듣기, 생각하기, 말하기, 읽기, 쓰기, 단어의 철자쓰기 또는 셈하는 것을 잘 하지 못하는 형태로 나타나기도 한다. 학습불능을 가진 어린이들은 지능지수를 측정해 보면 평균, 혹은 평균 이상의 지능을 가지고 있을지도 모른다. 비록 신체적으로는 건강하고, 전체적으로 볼 때 좋은 학습 잠재력을 소유하고 있다 할지라도 이 어린이들은 그들의 정상적인 학습 과정을 방해하는 한 가지 문제 때문에 교육 영역에서 낙제할지도 모른다. 학습장애들은 정의하기가 어렵기 때문에 그것들은 대개 학습장애가 아닌 것들에 의해 식별된다. 예를 들면, 주변 환경적, 문화적, 혹은 경제적으로 혜택 받지 못하는 상황에 놓여 있는 아동이 자동적으로 학습장애를 가진 것으로 분류되지는 않는다. 시각장애나 청각장애, 또는 운동장애나 정신지체 혹은 정서 문제를 가진 어린이도 마찬가지로 자동적으로 학습장애를 가진 것으로 분류되지 않는다.

학습불능의 가장 공통적인 형태들은 읽기 곤란증(reading disabilities)이다. '실독증'(dyslexia)이라 불리는 읽기장애를 가진 어린이들은 언어장애를 가지고 있으며 따라서 특별한 읽기장애를 가지고 있다. 실독증은 세 가지의 하부 그룹으로 범주화된다. 시각장애(dyseidectic), 발성장애(dysphonetic) 그리고 혼합형(mixed). 시각장애를 가진 어린이들은 각 단어를 소리 내어 말해야 하기 때문에 매우 천천히 읽는다. 그들은 시각에 의해 인지된 단어들의 입력내용은 확인할 수 없다. 발성장애를 가진 어린이들은 상징들과 소리들을 결부시키지 못하며 철자를 이상하게 쓰는 잘못을 저지른다. 비록 이 어린이들이 그들의 학년 수준에서 읽는다 할지라도 여전히 철자를 쓰는 능력이 뒤떨어진다. 여러 종류의 읽기장애(실독증)를 혼합적으로 가지고 있는 어린이들은 가장 심한 읽기/철자쓰기 문제들을 가지고 있다.

자신들의 생각을 글로 표현하는 데 어려움을 갖고 있는 어린이들은 '문자장애'(dysgraphia)라 불리는 학습장애를 가지고 있다. 읽기 어려운 필체와 펜을 잡거나 줄을 따라 글을 쓰는 데 어려움을 느낀다면, 그것은 문자장애를 갖고 있는지도 모른다. '계산장애'(dyscalculia)는 간단한 산수의 기능들을 이해할 수 있는 능력이 없는 것을 말한다. 이 어린이들은 모양의 차이를 알아차릴 수 없으며 수학적 상징들을 구별하지 못하는 경향이 있다. 읽기, 쓰기 그리고 산수와 같은 몇몇 영역들에서의 장애는 일반적 학습장애(global learning disabilities)로 분류된다.

이런 어린이들이 학교에서 (그런 장애들을) 성공적으로 극복하는 것을 돕기 위해서 초기에 진단을 하는 것이 중요하다. 그러나 어린이들을 너무 일찍 그런 식으로 분류하는 것은 역효과를 낳을지도 모른다. 예를 들면, 세 살 때 원을 그리는 것과 같은 시각적-지각적 기술들과 관련된 문제들과 여섯 살 때 신발 끈을 묶는 것과 같은 개념적-운동적 과제들과 관련된 문제들은 학습장애보다는 오히려 발달 지연을 나타내는 것일지 모른다. 활동과다(hyperactivity), 충동적 성향(impulsiveness) 그리고 손재주가 없는 것(clumsiness)은 학습장애를 나타내는 것일지 모른다. 연방정부의 규정들은 학구들(school districts)이 특정한 교육 활동을 필요로 하는 것으로 인정될지도 모르는 모든 어린이들의 능력을 평가할 것을 요구한다. 비록 지능지수 검사가 가난한 학생들과 소수 민족 학생들에게 문화적으로 편견을 가진 평가 도구로 인식될지라도, 그것은 대개 학습장애들을 측정하는 가늠자 역할을 한다. 지능 지수와 학업 성취도 사이에 불일치가 있다면 학습장애의 징후일지도 모른다.

일련의 공식적인 검사와 학업 성취도에 대한 평가를 통하여 학습장애를 가진 것으로 진단을 받은 세 살부터 스물한 살에 이르는 어린이들은 1975 장애 아동들을 위한 교육령(the 1975 Education for All Handicapped Children Act)-1991년에 장애 아동교육령(the Individuals with Disabilities Education Act)으로 개명되었음-하에서 보호받는다. 장애 아동교육령(IDEA)은 장애를 가진 어린이들을 장애를 갖고 있지 않은 그들의 또래들과 나란히 한 교실에서 교육을 받게 함으로써 장애를 지닌 어린이들의 교육 권리를 보호한다. 게다가 학교들은 수송, 정신 건강 서비스 그리고 물리 치료와 같은 특정한 서비스를 제공해야 한다. 장래성이 있는 교육 실천들과 자료들 그리고 과학기술을 사용하는 특수 교육 프로그램들은 또한 법에 의해 권한을 부여받는다. 일단 한 어린이가 학습장애아로 평가를 받고 확인이 된다면, 그 프로그램은 그 어린이의 개인적인 필요에 맞게 맞추어져야 하며, 그것은 직업 상담(career counseling) 뿐만 아니라 직업훈련을 포함해야 한다.

학교들은 다음의 절차를 통해 위의 사항들을 수행한다. 평가 후 삼십 일 이내에 개인 교육 프로그램(Individual Education Program)이라 불리는 교육 프로그램 모임이 열린다. 장애아동교육령(IDEA)은 부모나 보호자가 개인교육 프로그램(IEP) 모임에 참여할 것을 요구함으로써 어린이들과 부모들 그리고 보호자들에게 공립학교가 제공해야 하는 특수 교육 활동을 선택할 수 있는 그들의 권리를 보호하는 하나의 체계를 제공한다. 부모나 대리 부모 외에, 그 팀은 그 아동의 담임교사나 그 학교 담당 심리학자나 치료 전문가, 특수 교육 자격증이 있는 지구 대표자 그리고 그 아동-타당한 경우에-으로 구성된다. 이 팀은 3년에 한 번씩 그 어린이에 대해 평가하면서 해마다 업데이트될 수 있는 그 아동의 교육 프로그램을 고안한다. 부모들이 개인 교육 프로그램(IEP)의 평가의 결과에 동의하지 않는 경우, 그들에게는 청원할 수 있는 권리가 있다.

비율적으로 볼 때, 그들이 지니고 있는 장애의 정도에 따라 학습장애들을 가진 어린이들 중에 소수는 성인이 되어서도 그 장애를 계속 지닐지도 모른다. 그러나 대부분의 많은 사람들이 대학을 마치고 성공적인 직업 활동을 향유할 수 있다.

LAVERNE A. TOLBERT

참고문헌 | Alliance for Children's Rights, *Special Education Handbook*; M. L. Batshaw and Y. M. Perret(1992), *Children with Disabilities*.

학습주기(Learning Cycle). 콜브, 데이비드(Kolb, David)를 보라.

학습준비도(Learning Readiness).

기독교 교사의 주요 관심사가 학습자와 관련되어 있으므로 (학습자의) 영적 필요들을 충족시키기 위해 각각의 수업을 계획하고 가르친다는 점을 인정한다면, 준비도(readiness)는 가장 중요하게 고려해야 할 점이다. 효과적인 교수와 학습은 아동, 청소년 그리고 성인의 준비 단계에 맞게 조정되어야 할 것이다. 사도 바울은 고린도교회 교인들에게 이렇게 쓰고 있다. "내가 너희를 젖으로 먹이고 밥으로 아니하였노니 이는 너희가 감당치 못하였음이거니와 지금도 못하리라"(고전 3:2). 능력, 열정, 교사-학생 관계 그리고 학생들에 대한 기대 등과 같은 교사의 준비 요소 등과 함께 학습자의 준비도를 분명하게 이해하는 것은 교육의 근본 원리이다.

1. **철학적 그리고 신학적.** 기독교적 관점에서 인간의 본성 – 존재론적이고 행동적인 – 을 분명하게 이해하는 것은 기본이다. 행동적으로 "모든 사람이 죄를 범하였으매 하나님의 영광에 이르지 못하였다"(롬 3:2). 존재론적으로 모든 인간은 "하나님의 형상"을 입고 있는데, 여기에서 "하나님의 형상"이란 말은 우리들의 영적 본성과 영원한 본성을 포함할 뿐만 아니라 배우려는 자발성 또는 비자발성을 포함하여 행동에 대한 우리들의 의지적인 선택의 자유를 포함한다.

2. **교육 심리학.**
1) 학습이론들. 인간 본성의 개념과 관련하여, 이론가는 인간들은 본래적으로 선한지, 악한지, 또는 중립적인지를 묻는다. 그리고 그들의 환경과 관련

하여, 그들은 능동적인지, 수동적인지, 상호적인지, 또는 반동적인지를 묻는다. 기독교 교사들에게 이 물음은 '학습자는 결국 (하나님의 뜻에 비추어서 자가 자신을) 내성(內省)할 수 있는 능력을 충분하게 발달시키고 난 후에 학습환경과 관련하여 확실하게 행동하기로 결심할 뿐만 아니라 이것들(능동적, 수동적, 상호적, 또는 반동적-역주) 중의 어느 한쪽이 되기를 선택할 것인가?' 하는 것이다.

2) 학습 단계들. 교육자들은 일반적으로 세 개의 학습 영역들 - 인지적 영역, 정서적 영역 그리고 심리 역동적 영역, 또는 더 쉽게 말하자면, 머리-사고(지식과 이해), 심장-감성(통찰력과 결정) 그리고 손-행위 또는 발-걷기(삶과 권한 부여) - 을 인정한다. 이 세 개의 영역들 속에 있는 여섯 개의 학습 단계들을 검토할 때, 그것들이 어떻게 상호적으로 뿐만 아니라 순차적으로 서로에게 의존하는지에 주목하라. 여섯 번째 단계 - 권한 부여 - 는 골로새서 1장 11절에 진술되어 있는 바와 같이 하나님의 행동하심(God's doing)이다(이 단계들 각각은 9-11절에 주어져 있거나 암시되어 있다).

3) 발달심리학. 아동 발달 단계들은 피아제(Piaget)에 의해 제시되었다. 타고난 반사 도식으로서의 감각운동기(0-2세), 직관적 사고(2-4세 그리고 4-7세)에 의해 수반되는 전개념적 사고를 하는 전조작기(2-7세), 하부단계들로서 구체적 조작기(7-10세)와 형식적 조작기(11-16세)를 포함하는 조작기(7-16세). 후반의 연령들(조작적 사고기를 의미함-역주)은 반성적 사고, 이론화 그리고 가설 설정의 문제를 다룰 수 있다. 피아제의 단계들을 이해하는 것과 관련하여 중요한 것은, 두 사람의 학습자들이 서로 같지 않다는 것을 교사들이 깨닫는 것이다.

4) 발달 생리학(Developmental Physiology). 뇌 검사 기술 덕택으로 심리 언어학자들(psycholinguists)은 유아가 언어에 의한 의사소통을 인지하게 되는 초기 단계들이 언제인지를 결정할 수 있게 되었다. 주의 부족, 기억력 부족 그리고 운동 근육 부족과 같은 발달 장애들은 또한 뇌의 발달의 결함과 결부되어 있다. 신경정신과 의사들(neuropsychiatrists)은 생화학과 영상 장치들(imaging devices)의 도움을 받아 정신 활동(spiritual activity)을 분석하려고 하며 마음(mind)과 영혼(soul) 사이의 차이점을 찾아내기 위한 인문주의적 접근을 시도한다.

GEORGE W. PATTERSON

참고문헌 | R. L. Hotz(1998), *Of Neurons and Spirituality*; J. Piaget(1952), *The Origins of Intelligence in Children*; B. Patterson(1980), *The Growing Christian Teacher*.

참조 | 청소년기 발달(ADOLESCENT DEVELOPMENT); 성인 발달(ADULT DEVELOPMENT); 인문주의/고전적 인문주의(HUMANISM CLASSICAL); 학습이론(LEARNING THEORIES).

학습환경(Learning Climate). 교육 경험의 공간적, 물리적 그리고 심리 사회적 상황이다. 이 여러 가지 조건들이 결합하여 교육 경험을 강화하거나 산만하게 한다. 교사들과 학습자들은 모두 학습 환경에 기여한다. 교사의 목표는 학습 환경이 특정한 학습 목표들을 달성하는 데 최상으로 효과적이 되도록 고안하는 것이다. 학습 환경은 전통적인 교실 환경이나 비전통적인 교육 상황, 또는 교육 경험을 지도할 게임 같은(gamelike) 경험들을 제공하는 모의실험(simulation)에서 구체화된다.

공간 설계(spatial planning)는 가구의 관리와 배열 그리고 건물의 사용을 포함한다. 탁자들과 의자들 그리고 책상들의 배열 상태가 가르침의 실천과 전략을 지원하거나 방해할 수도 있다. 예를 들면, 좌석이 고정되어 있는 강당은 소규모의 그룹 토론을 허용할 여지가 거의 없다. 또한 가구 배열은 교실에서 통행의 형태에 기여하며 사회적 상호작용에 영향을 준다. 줄지어 있는 책상들은 학습자들 사이에 자유로운 이동을 방해하는 반면에, 탁자를 네 개씩 그룹 짓는 것은 소그룹의 상호작용을 촉진한다. 좌석 배열 밀집도 또한 사생활 의식과 대그룹의 응집의식에 영향을 준다.

학습 환경에 공헌하는 다른 물리적 요소들은 조명 - 자연 조명과 인공조명 모두 - 을 포함한다. 음향효과도 학습자들이 자진하여 교사와 다른 학습자들에게 귀를 기울일 것인지 아닌지에 영향을 주며, 그것은 주의를 분산시키는 소리의 영향을 제어한다. 더위와 추위도 주의력에 기여한다.

현대 건축가들은 교육 환경에서의 공간적 필요를 알고 있으며, 이런 필요조건들을 유념하면서 교육 시설을 설계한다. 전통적인 교실 환경으로부터의 첫 번째 주요한 이탈은 1970년대 초반의 열린 공간 학교 개념(open space school concept)이었다. 그 계획안들은 아주 다양했지만, 대부분 교실과 교실 사이에 벽이 전혀 없었다는 것과 학습자들이 상호 작용할 수 있는 커다란 공동의 영역이 있는 것이 그 특징이었다.

학습 환경은 물리적인 유용성과 배치에 의해 영향 받는다. 학습자의 행동은 교육 자료들이 보이는 곳에 있을 때, 학습자들이 닿을 수 있을 때, 말끔하게 배열되어 있을 때 그리고 실제적인 조건 안에 있을 때 긍정적으로 영향 받을 수 있다. 학습자의 호기심은 정보 이용이 용이하고 정보에 대한 접근이 학습 목표에서 주의를 딴 데로 돌리게 하지 않을 때 끌리게 된다. 예를 들면, 만일 어떤 과제가 컴퓨터 사용을 필요로 하지만, 아무것도 사용할 수 없거나 만일 교사가 자물쇠를 채워 그것의 사용을 통제한다면 학습자들은 그들이 컴퓨터를 사용하기 위해 기다리는 동안 주의가 분산될 것이다. 대안들과 당장 사용이 가능한 다양한 교육 경험들에 대한 접근 방법을 제공하는 학습 센터들이 지금 많은 교회와 공공의 교실 안에서 활용되고 있다.

학습 환경의 심리 사회적 상황은 교사와 학습자 모두를 포함한다. 학습 환경에 기여하는 태도들과 기대들은 문화, 사회적 역동성, 가족 상황들, 심리적 적응, 건강, 말, 신체적 특성 그리고 많은 다른 사항들에 의해 영향 받는다. 교사들은 심리 사회적 상황에 대한 그들 자신의 기여도와 심리 사회적 상황에 대한 각 학습자의 기여도 모두를 알아야 한다. 학습 환경에서 발언된 말들은 학습에 크게 영향을 준다. 교육 과제들에 대한 칭찬과 비평은 학습자의 자아개념(self-concept)과 학습의 일반적 환경을 형성한다.

사회과학과 신학이 학습 환경 조성에 기여하려 할 때 종종 긴장이 존재한다. 사회과학은 학습 환경을 조성할 수 있는 귀중한 요인들을 제공하는 일에 도움이 될 수 있다. 신학은 또한 성령이 교사로서 일할 수 있는 환경을 마련하는 것을 도움으로써 학습 환경에 기여한다.

기독교교육자들은 학습 환경이 의도에 의해서건, 아니면 우연에 의해서건 조성되게 되어 있다는 것을 깨달아야 한다. 다양한 학습 환경들을 마련하고 확인하며 채택하는 역량은 좋은 교육자임을 나타내 주는 표시이다. 채택된 학습 목표들과 방법들에 따라 다양한 학습 환경들을 바꾸고, 그 다양한 학습 환경에서 일하는 능력이 다양한 학습자들의 교육적 필요들을 충족시킬 수 있는 포괄적인 교육 계획을 가능하게 한다.

JAMES R. MOORE

참고문헌 | C. E. Loughlin and J. H. Suina(1982), *The Learning Environment: An Instructional Strategy*; G. F. McVey(1985), *The International Encyclopedia of Education: Research and Studies*, 5:2953-61; H. C. Waxman, *Journal of Classroom Interaction* 26, no. 2(1991): 1-4; C. S. Weinstein, *Review of Educational Research* 49, no. 4(1997): 577-610; C. S. Weinstein and T. G. David(1987), *Spaces for Children: The Built Environment and Child Development*.

참조 | 교실 배치(CLASSROOM SETTING); 분위기/교실 분위기(CLIMATE, CLASSROOM); 분위기/소그룹 분위기(CLIMATE, SMALL GROUP)

학습형태(Learning Pattern). 학습양식(Learning Styles)을 보라.

한계(Boundaries). 경계를 제한해 주는 기준들이다. 예를 들면, 우리는 울타리를 쳐서 자기 소유의 시작과 끝이 어디임을 규정한다. 한계란 또한 개인의 정체성과 개인행동의 범위와 제한성, 타인과 대비하여 자신의 삶의 책임선이라고도 규정된다. 한계들은 개인의 지적, 관계적, 정서적, 신체적, 영적 건강을 지켜주는 역할을 한다. 한계들은 규칙이나 조직의 정책들, 요구와 희망사항, 개인적 목표 등의 형태를 가진다.

관계적 한계들은 관계성을 규정해 주고 건강한 방식으로 그 관계가 성숙하도록 돕는다. 부모들은 적절한 언어를 사용하도록 규칙들을 만들어 실천해 보임으로써 자녀들과 관계의 한계를 정한다. 이러한 일은 그 관계성의 존경과 돌봄, 가치의 수준을 정해 준다. 신체적 한계는 적절한 신체 접촉들이나 이성 간의 상담 관계의 배경을 정하기도 한다. 지적 한계란 사람의 정신을 훈련하는 일이다. 교육 목표를 정한다든지 부정적 사고를 스스로 제어하는 일 등이다. 정서적 한계는 개인이 감정을 적절하게 지키고 표현하는 것과 타인의 부정적이거나 교묘한 술수에 넘어가 감정에 휘말리지 않는 것 등을 포함한다. 영적 한계는 하나님을 아는 지식의 성숙과 예배, 봉사와 교제, 전도를 통해 하나님과의 건강한 관계를 유지하는 중요한 훈련이다.

종종 사역 자체가 개인이 건전한 한계를 정하는 것을 방해한다. 다수의 사람들은 한계를 정하는 일이 타인을 배려하지 않는 것인 양 느끼기도 한다. 사역자를 향한 만족할 줄 모르는 "지속적인 필요의 요구"가 교인들로 하여금 하나님보다는 사역자를 더 의존하게 만들기도 한다. 한계들은 개인 생활에서 지켜야 할 책임의 한계를 위해서도 필요하다. 책임을 맡은 사역자들과 봉사자들이 (때때로 다른 사람들의 문제들을 뒤집어쓰기도 하는) 도움이 되기보다는 방해가 될 때도 있다. 한계는 사람들로 하여금 사역자들보다는 하나님을 더욱 신뢰하도록 돕는다. 그렇다면 사역에 한계를 정하는 일은 무엇인가? 간단히는 어떤 시간대에는 전화를 받지 않는다든지, 핸드폰이나 호출기 번호를 함부로 교인들에게 나누어 주지 않는다든지 또는 휴식을 갖는 일 등이고, 조금 더 구체적으로는 개인이 하루 또는 일주일에 사역자에게 전화하는 횟수를 정해 준다든지, 듣고 싶은 정보의 양을 제한한다든지, 또는 위기가 왔을 때 사역자만이 유일한 도움을 주는 것이 아니라는 인식을 시키는 일 등이다.

STEVEN GERALI

참고문헌 | H. Cloud and J. Townsend(1992), *Boundaries*.

한국 기독교교육(Korean Christian Education). 한국에서는 로마가톨릭의 선교가 개신교 전래 100년 전부터 시작되었지만 개신교 선교사들이 처음으로 한국에 들어온 때는 1884년이었다. 원래 개신교 전도는 허락되지 않았지만 서구식 학교와 의료 시설은 설립할 수 있었다. 이것은 사전전도(preevangelism)로 여겨질 수 있을 것이다. 알렌(H. W. Allen) 박사는 의료 선교사로서 첫 번째 기독교 병원이며 연세 의과대학의 전신인 광혜원을 세웠다. 아펜젤러(H. G. Appenzeller) 목사는 1885년에 배재 학당을 세웠다. 1886년 스크랜톤(W. B. Scranton) 여사는 첫 번째 여자 기독교 학교인 이화 학당을 설립했다. 1887년 언더우드(H. G. Underwood) 목사는 연희 전문학교를 설립했다. 대략 30개의 기독교 학교가 1885년과 1909년 사이에 설립되었다(손인수, 1987). 그 해는 일제 강점기 전 해로서 한국 기독교의 핍박 시대를 알리게 되었다. 의미심장하게도 한국 기독교의 역사는 기독교교육과 함께 시작했다. 첫 번째로 다섯 개의 주일학교가 평양에서 시작한 1887년부터 1990년까지 한국 교회학교는 네 시대로 나누어질 수 있다. 주일학교의 시작(1887-1922), 주일학교의 성장(1922-1945), 교회교육의 회복(1945-1960년) 그리고 교회교육의 전문화(1960년-90년, 김희자, 1989).

1. 주일학교의 시작(1887-1922). 1887년 평양에서 다섯 개의 주일학교가 시작된 후에 많은 주일학교들이 서울과 그 밖의 다른 도시들에서 설립되었다. 한국 선교회들은 장년교육에 집중한 반면, 어린이교육은 장년 성경학교와 함께 등장했다. 선교사들이 한국에 들어와 사역하기도 전에 성경은 로스(Ross) 목사와 맥킨타이어(MacIntyre) 여사 그리고 만주에서 처음으로 세례 받은 한국인들의 도움으로 한국어로 번역되었다. 1882년에 누가복음이 번역되었고, 1887년에 전체 신약성경이 번역되었다. 한국어 성경은 장년과 어린이 모두를 위한 교회교육에서 주요한 교육과정이었다. 성경을 배우려는 열망은 한국 교회에서 널리 전파되어졌다. 교회가 설립되는 곳에서는 어디나 새로운 기독교인들을 위한 성경학교가 개설되었다.

1905년 선교 연합회 혹은 개신교 복음주의 선교 총회가 선교사들의 협력 그리고 주일학교 교육 과정 출판을 위해 조직되었다. 그들은 미국판 통일 주일학교 공과를 한국어로 번역했다. 1911년 다섯 명의 한국 기독교교육자들이 이 협회에 동참했다. 1913년 세계주일학교연합회 총무인 하인즈(H. J. Heinz)는 14,700명이 모였던 한국 주일학교 회의에 참석했다(김양선, 1971). 1915년에는 농촌 지역으로의 많은 주일학교 확장이 있었다. 1919년 3.1운동은 수백만의 한국인들이 자유를 위한 비폭력 시위를 위해 거리로 나가도록 했다. 그렇지만 그 운동은 빠르게 진압되었다. 다음 해에 일본은 다른 민족주의자들의 집회를 억누르면서, 한국에서 그들의 통제를 강화했다. 그 결과 사람들은 교육을 통해서 그들이 일본의 통치로부터 자유를 얻을 수 있을지도 모른다는 희망을 가지고 점점 더 교회로 갔다.

따라서 주일학교는 한국에서 중요한 역할을 수행했다. 당시 10,000개가 넘는 주일학교가 있었다. 1922년 조선 주일학교가 한국 주일학교의 총괄하는 기관으로서 한국 교회교육자들에 의해 조직되어졌다.

2. 주일학교의 성장(1922-1945). 1922년에 최초의 방학 성경학교가 여름방학 동안 열렸다. 마펫 부인이 방학 성경학교를 조직했는데 그것이 급속히 성장했다. 1930년에 36,239명의 어린이들이 방학 성경학교에 있었고 이것이 1934년에 128,926명으로 증가했다. 1925년에는 5,601개의 주일학교가 있었고 107,350명의 어린이들이 출석했다. 그들 중 약 20퍼센트의 어린이들은 불신가정 출신이고 그들 중 약 10퍼센트는 회심하여 기독교인 장년으로 성장했다. 주일학교는 한국교회에서 강력한 전도 수단이었음이 증명되었다.

1930년에 프란시스 킨슬러(Francis Kinsler)가 가난한 어린이를 위해 자선 학교인 어린이 성경 클럽을 세웠다. 그는 하루에 세 시간씩, 일주일에 5일을 한국어, 수학, 지리, 자연 과학 그리고 기독교인의 생활 과목을 가르쳤다. 실제로 60퍼센트 이상의 학생들이 기독교인이 되었다. 1937년에 조선주일학교연합회가 일본에 의해 폐지되었다. 그들은 조선인들이 일본의 신인 신도(Shinto)에 참배하도록 강요했다. 한국인들은 강제로 그들의 이름을 일본식으로 바꾸었고, 학교와 교회에서 한국어를 사용하는 것이 금지되었다. 많은 기독교 학교들이 문을 닫았다.

한편 미국에서 만든 주일학교 교육과정은 윤리적, 문화적, 정치적 그리고 사상적인 정체성의 문제로 충분한 것은 못 되었다. 하지만 그들은 그 당시 한국인의 관심과 필요를 채워주었다. 한국인들은 일본에 의한 비인간적인 육체적, 정신적, 영적 고통에 분노했다. 이러한 절망과 감정적, 신체적, 영적 고갈로 인해 한국인들은 힘과 삶의 고통스런 문제에 대한 해답 그리고 일본으로부터 독립하는 소망을 찾기 위해 필사적으로 기독교 신앙으로 돌아갔다. 그 당시의 커다란 필요가 주일학교와 교회의 급격한 성장에 기여했다.

3. 교회교육의 회복(1945-1960). 1945년 8월 15일에 한국은 일본으로부터 주권을 회복했다. 1948년에 이전의 폐지된 조선 주일학교 연합이 한국 기독교교육협회라는 새로운 이름으로 재조직되었는데 그것은 주일학교의 범위를 넘어 교회교육의 성장을 격려하는 것이었다. 의식 있는 교회와 교단 지도자들에 의해서 교회교육을 개발하고 확장하려는 커다란 노력이 있었다. 하지만 1950년에 한국 전쟁이 발발하고 많은 교회 건물들이 완전히 파괴되었다. 415,004명의 사상자를 포함하여 1,312,836명의 한국군 사상자가 있었고 공산군 사상자는 2백만으로 추정된다(Encarta, 1997, 98). 거의 모든 마을이 심각한 피해를 입었으며 전후의 공포에서 벗어나지 못했다. 한국 전쟁 이후에 사람들은 그들의 삶과 교회를 재건하기 위해 열심히 일했다. 주요 교단들은 전쟁으로부터의 모든 상처를 제거하기 위해 커다란 노력을 기울였다. 그들은 기독교교육을 통해 사람들을 전도하기 위해 힘썼다. 교회의 기독교교육 담당자 양성이 강조되었다. 교회 학교를 평신도가 담당했던 상황 속에서 발생된 교회교육의 절박한 필요성으로 인해 전문 사역자가 생겨났다. 기독교교육을 공부하기 위해 미국으로 갔던 최초의 한국 학자들이 석사 혹은 박사의 학위를 가지고 돌아와 그들 교회의 제자들을 훈련할 준비를 했다.

4. 기독교교육의 전문화(1960-1990년대). 1960년대 무렵, 교육 전도사라는 이름이 실제로 기독교교육 전문가들에 의해 사용되었다. 그들 중 일부는 한국 신학교 출신이었다. 그들 교회들은 종종 장학금을 지급했다. 이러한 독특한 역할이 교회교육의 성장에 기여한 것이 사실이지만 그들의 역할이 일시적이고 단기적이라는 이유 때문에 교회교육이 지속적이지 못한 문제들이 발생했다. 일부는 그들이 목사가 되기 전에 시간제로 기독교교육을 위해 일했다. 그 당시 한국인들이 겪었던 정치적 고통과 어려움으로 인해 매우 많은 수의 사람들이 삶의 의미를 찾기 위해 교회를 찾았다.

1980년대부터 한국은 경제적으로 풍요해졌다. 많은 교회 지도자들이 한국 교회에 부흥을 가져오기 위해 교육 사역의 필요에 대해 진지하게 생각하게 되었다. 많은 돈이 교육 자재와 새로운 교육 과정 개발과 전자 매체에 투자되었는데, 이것은 교실과 교회 예배실에 큰 변화였다.

교회교육의 전문화를 위해 최초로 숭실대학교에 기독교교육학과가 설립되었고, 계속해서 신학교들과 기독교 대학에 이 학과가 설립되었다. 이것은 기독교교육 전공을 대학교와 대학원 과정에 시작하는 것이었다. 1961년에 교회교육협의회가 시작되었다. 현재 백 명의 기독교교육학자들의 연합으로 발전했다. 수백 권의 책들이 한국 학자들에 의해 출판되었다. 책들이 또한 평신도들과 기독교교육 전공 학생들에게 번역되고 소개되었다. 「교사의 벗」(*Friends of the Teacher*), 「기독교교육」(*Christian Education*), 「새 가족」(*New Family*), 「교육교회」(*Educational Church*), 「기독교와 교육」(*Christianity and Education*) 등 많은 월간지들이 출간되었으며 많은 교회 학교 교사들과 학생들 그리고 성직자들이 구독했다. 의식 있는 교회와 교단의 지도자들이 많은 교사 훈련 교육 프로그램을 개발했다. 많은 교단 혹은 초교파 출판사들이 기독교 신앙을 현대의 필요와 사람들의 관심에 맞춰 적절하게 전달하기 위해 교육과정을 재조직하여 출판해 오고 있다.

처음 개신교 선교사가 한국에 들어와서 기독교교육을 시작한지 114년이 지났다. 21세기에 한국 기독교교육은 전문성과 영성의 통합에 대해 진지하게 생각해야 한다. 교회교육은 교회 부흥의 수단으로서 평신도와 교육 전도사에 의해 이루어져 왔다. 그러나 담임 목회자들은 교회교육을 진지하게 생각하지 않았다. 교회는 백여 년 동안 목회사역과 교육사역으로 분리되어 왔다. 미래의 한국 교회는 단순히 설교하는 교회보다는 교육하는 교회로의 새로운 체계로 전환되어야 한다.

HEEJA KIM

참고문헌 | A. D. Clark(1973), *The History of the Church in Korea*; W. S. Jung(1991), *The Task and Methods of Modern Christian Education*; H. J. Kim, *Presbyterian Theological Quarterly* 56, no. 2(1989); Y. S. Kim(1971), *Research on History of Korean Christianity: Microsoft Encarta 98 Encyclopedia*(1997); S. H. Moffett(1962), *The Christians in Korea*; In-Tak Oh, ed.(1994), *The History of Church Education*; I. S. Son(1987), *The History of Korean Education II*.

함축성의 법칙(Law of Pragnanz).

이 법칙은 개인과 환경 사이의 형태의 지각작용을 강조하는 형태 심리학의 핵심이다. 이 법칙은 다음과 같이 명확하게 서술될 수 있다. "심리학적 구조는 언제나 우세한 조건들이 허용하는 만큼 좋은(good) 것이다"(Koffka, 1935, 110). 좋은(good)이라는 용어의 뜻을 특별히 밝히지는 않았지만 그것은 도덕적 선(goodness)과는 아무 관계가 없다. 그것은 단순한, 간결한, 대칭적인 또는 잘 조화된 과 같은 특성들을 넌지시 언급하는 것 같다. 하나의 유기체는 이 함축성(pragnanz)을 바라므로 심리적 구성을 "좋게"(good) 만드는 수단으로서 규칙성(regularity), 지속성(consistency) 그리고 일관성(uniformity)을 사용할 것이다. 이를테면, 한 사람이 처음으로 지각의 장(field)을 경험할 때 혼란을 겪게 되지만 그것은 그 사람이 예견할 수 있는 방식으로 질서를 부여할 개념들을 낳는다. 그 예견할 수 있는 방식은 다섯 개의 다른 법칙들을 포함한다. 유사(similarity)의 법칙, 폐쇄(closure)의 법칙, 좋은 연속(good continuance)의 법칙, 근접(proximity)의 법칙 그리고 회원(귀속관계) 특성(membership character)의 법칙이 그것들이며, 각 법칙은 각각 서로 독자적인 것이다. 모든 개인은 안정 또는 평형을 원하며, 불균형을 제공하는 상황과 직면할 때 그들은 그 상황에 질서를 부여하려고 노력할 것이다. 개인이 활동을 해야 하는 상황들(환경)이 어떤 특정한 순간에 심리적으로 좋은 것(good)을 결정할 것이다. 그러므로 "좋은" 반응이 나오게 되며, 따라서 그것은 게쉬탈트(gestalt), 형태 또는 통전성의 개념화를 인정한다.

CHARLES H. NICHOLS

참고문헌 | K. Kaffka(1935), *Principles of Gestalt Psychology*.

합동적(Congruent).
수렴적/발산적 사고(Convergent/Divergent Thinking)를 보라.

합리화(Rationalization).
진짜 이유를 제시하는 대신 안전하지만 그릇된 설명을 함으로써 잘못된 행동 내지는 태도를 정당화하려는 시도이다. 합리화는 방어기제의 한 형태를 묘사하는 심리학 용어이다. 합리화는 사람들이 당황스럽거나 어려운 상황들에 대처하도록 도우며, 실패자로 보이는 것을 피하거나 혹은 스스로를 더 좋게 보이게 하려는 것을 도와준다. 예를 들어, 데이브는 주일학교가 시작되기 한 시간 전에 주일학교 부장 선생에게 전화를 해 아파서 오늘 수업을 가르칠 수 없다고 말한다. 사실 그는 그 전날 밤 늦게 자서 아침에 일어나니 극도로 피로하였다. 합리화의 징후들에는 사실이 아닌 행동 내지는 태도들에 대한 변명이나 이유들을 찾아내는 것과 그러한 이유들에 대해 누군가가 도전할 때 드러내는 짜증이나 화, 논리의 결여를 인식하지 못하는 무능력 그리고 종종 그러한 거짓 이야기를 스스로 믿는 기만에 빠지는 것 등이 있다.

LIN JOHNSON

합법적 해제(Legal Dissolution).
이혼(Divorce)을 보라.

해로운(Malign). 성적 학대(Abuse)를 보라.

해방신학(Liberation Theology). 사회주의적 가정들에 근거하여 주로 경제적 부정의와 사회적 억압에 관여하는 일련의 신학들을 일컫는 포괄적인 용어이다. 일반적으로 라틴 아메리카의 로마가톨릭교와 연결되어 있는 해방신학은 일차적으로 복음주의에 중심이 되는 죄로부터의 개인적인 구속을 강조하는 대신에, 제도화된 성격의 경제적, 정치적 그리고 사회적 속박으로부터의 사람들의 해방을 강조한다. 구원의 관점에서 볼 때, 해방신학은 자유를 강조하는 경향이 있는데, 그 자유는 그리스도를 믿는 믿음에 의해서 주어지는 자유가 아니라, 정치화된 하나님의 나라에 대한 해방신학적 설명에 따라 개인들과 사회들의 재건을 위해 일함으로써 얻어지는 자유를 의미한다. (해방신학의) 많은 부분은 해방신학자들의 마르크스주의 사상과 "체계적인 폭력 수단"의 선택으로 이루어졌다.

간략하게나마 세 명의 주요 주창자들을 조사해 봄으로써 우리는 이 신학 운동을 좀더 명확하게 이해하게 될 것이다.

1. 구스타보 구띠에레즈(Gustovo Gutierrez, 1928-). 구띠에레즈는 뛰어난 남미 해방신학자이며 그의 책 『해방신학』(*A Theology of Liberation: Perspectives*)은 종종 해방신학적 관점을 이해하는 데서 기본적인 교재로 여겨진다. 1960년대에 자신의 신학 – 상당 부분이 프랑스의 리용대학교(the University of Lyons)에서 형성되었던 신학 – 이 페루의 리마(Lima)에서 사는 압제당하는 교구민들에 부적절하다는 것을 깨닫고 나서, 구띠에레즈는 새로운 사상 체계를 형성하기 시작했다. 자본주의가 소수의 사람들에게 진보와 부를 가져다주었지만, 다수의 사람들에게는 가난을 가져다주었다고 믿으면서 구띠에레즈는 성경신학에서 결국에는 개인의 가난으로부터의 해방, 즉 사회주의가 된다고 그가 말했던 "해방의 프락시스에 대한 비판적 성찰"(critical reflection on liberating praxis)에로 자신의 신학을 바꾸었다. 구띠에레즈는 교구 성직자이자 유명한 저자, 교수 그리고 순회 강연자이지만 리마(Lima)의 한 빈민 지역에서 살고 있다. 그곳에 있는 그의 숙소는 간소하다. 그가 "역사의 밑바닥에서"(from the underside of history) 살고 저술하며 가르쳤음을 볼 때 가난한 자들에 대한 그의 관심은 분명 거짓이 아니다.

구띠에레즈는 마르크스주의와 기독교를 혼합하려고 한다. 실제로 그는 마르크스주의자들이 정치적이고 현세적인 해방을 위해 일하는 한에서 전 세계가 종말론적 구원을 경험하게 될 것이라고 제안하는 것 같다. 구띠에레즈에게 이 모든 것이 성경해석학으로부터 나오는 것인가 아닌가의 문제는 대개 별로 중요한 것 같지 않다. 실제로, 그는 라틴 아메리카에 존재하는 상황들에 따라 반응하고 교회의 선교를 필수적인 정치적 혁명과 동일시하면서 자신의 결론을 내려왔다. 본질적으로, 그 가톨릭 성직자(구띠에레즈를 말함-역주)는 근시안적이며 당파적인 목적들에 맞도록 복음을 변형시켜왔다. 즉 그는 마르크스주의적 혁명의 입장에 서서 하나님의 말씀을 해석했다.

구띠에레즈의 사상을 교정하는 데 없어서는 안 될 필수적인 교정 요소들로 다음과 같은 것들이 포함된다. 성경으로 하여금 최종적이며 규정적인 말을 하게 하는 해석학, 어느 패러다임-마르크스주의적 패러다임 또는 자본주의적 패러다임-이 지배하든지 여기 이 땅 위에 천국(heaven)을 만들 수 없다는 강조, 죄와 악 그리고 구원은 체제들이나 제도들과 관계가 있는 것이 아니라 근본적으로 사람들과 관계가 있다는 인정, 바른 실천(orthodox, 바른 행위)은 바른 교리(orthodoxy, 의심할 여지없이, 바른 행위를 성격 짓는 바른 믿음)를 희생하면서까지 높게 받들어지지 않아야 한다는 것 그리고 "보편주의"(universalism)는 성경적으로 책임적인 신학적 구조에서 볼 때 잘못된 요소라는 것이다.

2. 레오나르도 보프(Leonardo Boff, 1938-). 브라질의 프란시스코 수도회의 일원이었던 보프는

평신도로서의 신분을 더 좋아하여 사제직을 사임했다. 그는 해방신학이 정의에 대한 성경적 관점과 거대한 일반 민중의 가난과 주변화(marginalization)에 대한 윤리적 분개로부터 생겨난다고 본다. 많은 유명 저서들을 저술한 그는 해방신학자들 가운데 가장 많은 책을 썼으며, 브라질의 중요한 신학 학술지인 "브라질 개혁교회"(Revista Eclesiastica Brasiliera)의 편집자이기도 하다. 그는 포르투갈 언어를 사용하는 세계에서 가장 탁월하고 재능 있는 신학자라는 소리를 듣고 있지만, 로마가톨릭교회의 권위에 도전한다는 이유로 바티칸에 의해 두 번이나 "말하는 것을 금지 당했다."

보프는 기독교가 바로잡아야 하는 독단(dogma)이 지니고 있는 주요 문제들을 인식하면서, 마르크스주의에 대해 비판적인 태도를 취해 온 해방주의(liberationism)를 동조하는 몇몇 사람들 중의 한 사람이다. 설사 그렇다 하더라도, 근본적으로 마르크스주의의 기본 신조들을 수용하는 그의 신학은 의심할 여지없이 마르크스주의적 특색을 지니고 있다.

그는 해방주의 입장에서 기독론을 다루고 있는 선도적인 신학자들 중의 한 사람으로 가장 잘 알려져 있다(『해방자 예수』〈Jesus Christ Liberator, 1972〉를 참조하라). 보프의 이해에서 볼 때, 예수님은 미래적 함의와 현재적 함의 두 가지 모두를 지니고 있는 하나님의 나라의 도래를 알리기 위해 이 땅에 왔다. 그리스도가 하나님의 나라를 알릴 때 그것은 권리를 박탈당한 사람들을 억압하는 권력에 대항하라는 부름이다.

보프는 또한 이스라엘의 노예 생활로부터의 탈출을 해방신학을 위한 패러다임으로서 전개한 것으로 잘 알려졌다. 그는 억압받는 자들의 편에 서서 이 세상의 바로들(Pharaohs)과 대항하여 싸우셨던 바로 그 하나님이 오늘날 억압받는 자들에게도 여전히 도움의 손길을 보내신다고 믿는다.

보프는 또한 지역의 문제들과 다양한 곤경들에 대한 가능한 해결책을 토론하기 위해 한 주일에 한 번 정도 모이는 "기초 공동체들"(base communities)-(15명에서 30명의) 그리스도인들로 구성된 소그룹-에 관해 열정적으로 글을 쓴다. 성경 연구와 찬양 그리고 서로를 위한 도고(intercession)는 그와 같은 모임들의 전형적인 구성요소들이며, 만일 성직자가 있다면 성찬식이 거행된다. 이 공동체들의 의도는 교회와 겨루려는 것이 아니라, 더 친밀하고 능동적인 교회됨의 방식으로 섬기려는 것이다. 브라질에만 대략 약 8만 개의 기초 공동체들이 존재하며, 라틴 아메리카 전역에 약 10만 개의 기초공동체들이 존재한다. 대개 여성들은 이 환경에서 교회가 그 밖의 다른 곳에서 빈번하게 자신들을 지배해 왔다고 주장하면서, 이 그룹들의 주동자들과 전수자들이 되는 경향이 있다.

이 공동체들 앞에 붙여 사용되는 "기초"(base)라는 말은 그 단위들을 이루는 구성원들로부터 기인한다. 이 공동체들은 거의가 그들의 현장(locale)을 구성하는 "기초적인 사람들"(또는 가난한 사람들)로 이루어진다. 오늘날의 교회가 가난한 사람들의 신앙으로부터 생겨나는 것과 같이, 보프는 전 세계적으로 진행되는 생명력 있는(vital) "교회발생"(ecclesiogenesis)을 본다. 자신이 생각하기에 "사람들의 삶 속에서 몸을 입는(incarnate) 새로운 사역들과 새로운 유형의 종교적 삶"이 생겨날 때 상대적으로 덜 중요해야 하는 성직 계급제의 권위주의(hierarchical authoritarianism)와 성직주의(clericalism)에 대한 그의 비판적인 견해 때문에 기초 공동체들은 보프를 자극한다.

보프의 성경 사용은 복음주의와 다르며 구띠에레즈와도 다르다. 보프는 기독교 신앙의 과제를 성경해석에서 찾기보다 오히려 삶 그 자체에 대한 해석에서 찾는다. 따라서 성경은 신화들(보프는 그것들을 종교적 가르침들(precepts)을 연결 짓는 가장 좋은 방법으로 받아들인다)로 가득하며, 그것은 종교인들의 추론과 신학화의 결과이다. 그러므로 기독교 신앙은 구체적인 적용을 지시하는 것이 아니라 일반적인 태도 방식을 지시한다.

최근 보프의 관심은 마리아는 성령의 위격적 화육(hypostatic incarnation)이었다는 해방적 사고와 추론을 위한 모델로서 사회적 삼위일체론(social trinitarianism)을 사용하는 것에 집중한다.

3. 후안 루이스 세군도(Juan Luis Segundo, 1925-). 우루과이 출신의 예수회의 일원인 세군도는 기독교교리의 광범위한 범위를 두루 다루려고 하는 신학자로 잘 알려져 있다. 그가 다루는 내용들 가운데 많은 부분은 해방신학들이 최근에 다룬 것들보다 앞서서 다루어진 것들이다. 이와 같이 세군도는 자체의 관점들을 나타낼 수 있는 조직신학을 가지고 있지 않은 신학적 전망을 넘어 자신의 작업을 수행해왔다.

세군도의 도발적인 저술 방식은 종교와 삶을, 초월적인 것과 자연적인 것을, 교회와 세상(the secular)을 단결된 전체로 결합시킨다. 라틴 아메리카 해방신학의 많은 형태들에 대해 말할 때, 세군도는 현대의 구조 안에서 하나님의 나라를 건설하는 남자들과 여자들을 개인적 원리 뿐만 아니라 정치적 원리에 입각하여 고찰한다.

세군도는 자신의 "해석학적 순환"(hermeneutical cycle)원리로 가장 잘 알려져 있는데, 그것은 대체로 전통적인 접근과 대조를 이룬다. 전통적으로 진리와 실천(praxis)에 대한 접근은 성경적으로 그리고 신학적으로 시작하여 해석과 세계관을 세우는 단계로 진행해 가며, 계속해서 적용의 단계로 나아간다. 그 출발점은 현실 그 자체 또는 사물이 처해 있는 상황이라고 세군도는 말한다. 그리고 이것으로부터 사회학과 경제학의 도구들을 활용하는 과정인 비판적 성찰, 즉 행위 내용(what is to be done)의 단계로 나아간다. 세 번째 단계는 행위에로의 결단 혹은 진리를 적용하는 단계로 나아가기 전에 하나님의 말씀과 씨름하는 단계이다.

해방신학을 정확하게 정의하기 어려운 이유는 세군도의 해석학에 대한 공공연한 표명 때문이다. 해방신학자들은 만일 한 사람의 신학이 객관적인 것을 성취하지 못한다면, 그 신학은 바뀌어야 한다고 제안하는 것 같다. 그러므로 해방신학은 끊임없이 변화하는 동력(dynamic)이다.

제 3세계 해방신학이나 라틴 아메리카의 해방신학은 제 1세계에서 많은 다른 형태들을 발생시켰다. 아프리카의 흑인 해방신학은 남아프리카에서 발견될 수 있고, 흑인 해방신학이 미국에서 콘(James Cone)에 의해 넓게 퍼졌다. 페미니스트 해방신학이 비슷한 신학적 가르침들을 여성들이 받는 억압에 적용했고, 동성연애자 그룹들이 비슷한 관점에서 정보를 수집하기 시작했다. 그리고 다른 부류의 사람들이 희생당하는 가난한 사람들에 대해 설명할 목적으로 라틴 아메리카 해방주의를 "도입하고자" 노력해 왔다.

해방신학은 희생당했다고 느끼는 사람들, 자신들의 구원의 필요를 충족시켜주는 세계관을 찾는 사람들, 현대 사회의 중요한 주제들과 긍휼히 여기는 신앙의 책임성을 논하는 더 통합된 신앙을 바라는 사람들 그리고 "해방"을 성경 구성의 중심적인 개념적 틀로 보는 사람들의 관심을 끈다. 아울러 복음주의적 행동과 사회적 행동의 관심사를 효과적으로 결합시키기를 바라는 사람들과 사회 조직과 경제 조직의 한 체계로서의 자본주의에 대한 비판적 분석의 필요성을 인정하는 사람들의 관심을 끈다.

MATT FRIEDEMAN

참고문헌 | L. Boff(1981/1985), *Church, Charism and Power: Liberation Theology and the Institutional Church*; G. Gutierrez(1971/1988), *A Theology of Liberation*; J. L. Segundo(1968/1972), *A Theology for Artisans of a New Humanity*; R. C. Hundley(1987), *Radical Liberation Theology: An Evangelical Response*.

해외신학교육(Overseas Theological Education).

북미 이외의 형식적 그리고 비형식적 신학교육을 말한다. 신학교육은 교회 지도자들을 양성하기 위한 의도적이고 체계적 감독을 하는 교육이다. 이러한 점에서 신학교육은 현재도 그러하고 항상 그러했듯이 교회의 핵심적 과제가 되어왔다. 신약시대의 사도 시대와 사도 이후 시대의 교리중심의 학교로부터 중세 말 가톨릭학교, 금세기의 세계 곳곳에 흩어져 있는 성경학교에 이르기까지 신학교육은 모든 시대와 문화 속에서 교회 생활의 심장부에 해당한다.

유럽에서는 11세기와 12세기의 가톨릭학교가 지역 감독(bishop)의 역량과 관리 아래 지역 교육을 맡아 감당할 사제를 키워내는 센터를 설립하였다. 가톨릭학교의 교육과정이 확장되고 기관이 성장함에 따라 최소의 현대식 대학이 등장했다. 볼로냐(Bologna)대학은 11세기 말에, 파리대학은 약 1150년에 처음으로 대학의 모체로 설립되었다. 그러나 교육과정이 활발하게 진행되었음에도 불구하고 신학적 연구와 목회자 훈련은 오랫동안 뚜렷한 자리를 잡지 못하였다.

오늘날, 유럽지역에 있는 교회에서 목사 안수를 받으려면 대학의 신학 학위를 취득해야만 한다. 그러나 유럽대학 산하 신학대학은 과도하게 성경과 삶이 자유주의적 경향으로 흘러가고 있는 추세이다. 대학 체계와 병행하여 복음주의적 기독교인들은 교구민을 위한 교육과 사역현장에서 필요한 비안수직 직분을 담당케 하고자 성경학교를 설립하였다. 대다수의 성경학교는 뛰어난 성경 훈련과정과 공동체 사역에 필요한 삶을 형성하는 과정을 함께 결합하였다. 일반적으로 교육적 지명도는 떨어지지만, 영국에 있는 몇몇 성경대학은 정부가 공인하는 국내 학술 연합회에서 수여하는 상을 받기도 했다. 게다가 최근에는 지역 대학 연맹으로부터 상을 수여받기도 하였다. 유럽 성경학교와 대학의 효율성은 두 가지 면에서 두드러진다. 먼저는 졸업한 후 교회의 영적 삶으로 보여주는 것과 이들을 통해 교회가 지속적으로 세계 복음화에 기여하는 것을 통해서이다.

신학적 교육의 주된 관심사는 서방세계 이외의 지역에서도 교회가 확장되는 것이다. 16세기 로마 가톨릭 선교사들은 새 대륙을 정복하는 정복자들을 따라다니면서 원주민 사제를 키우기 위해서 유럽을 모델로 한 대학을 설립하였다. 초기 장로교 선교사들은 초심자를 택하여 그들을 복음주의자로 훈련시켰다. 19세기와 20세기를 보면 다른 선교사들이 세람포르의 캐리(Carey)를 시작으로 서방 국가 이외의 지역에 수많은 성경학교를 설립하였다. 문화적으로 알맞은 교육적 프로그램을 세우기 위한 기술이 부족했기 때문에 자연히 장로교 선교사들은 현지에 대한 적용을 최소화하고 오히려 가톨릭교회의 초기 때처럼 자신들이 이미 받은 유럽과 서방 학교체제를 되풀이할 뿐이었다.

이러한 신학적 교육을 갱신하기 위해서 해외 현지 상황 중심의 양육으로 방향이 맞추어 졌다. 제일 잘 알려진 신학교 갱신 운동으로 '신학연장교육'(TEE: Theological education by extension)이 있다. '신학 연장교육'은 전형적 방법으로 독학을 위한 자료와 동료 간에 협력 학습으로써 현지 사역실정에 맞게 교회 지도자들이 신학교육을 할 수 있도록 하고 있다. 이 신학교육은 서방 신학교육의 비효율적인 면의 실패를 거울삼아 과테말라에서 1960년대 초에 생성되었다. '신학 연장교육' 프로그램은 라틴 아메리카, 아프리카, 아시아 그리고 구소련으로 급속도로 퍼져나갔다. 그러나 북미, 서부유럽과 동북 아시아(예, 한국, 일본, 태국)에서는 여전히 형식적 교육 전통이 강하게 남아 있어 '신학 연장교육'의 여지가 없다.

1990년대에 걸쳐 해외 교회의 선교 비전에 대한 관심은 선교사 훈련 과정이 필요하다는 인식을 증가시켰다. 북미교회에서는 선교사 훈련이 성경학교와 신학교에서 부차적인 것으로 다루었지만 아프리카, 아시아, 라틴 아메리카의 선교사 대표와 교회는 국내 성경학교와 병행하여 선교사 훈련센터를 개설할 정도로 중요시하였다. 선교사의 영적인 삶, 복음 신학, 다문화 삶과 사역의 원리 등도 중요하게 다루지만 다수의 선교사 훈련센터에서는 성경과 교리에 대한 가르침을 마련하고 있다. 세계복음주의협회(WEF) 선교부에서는 이 운동이 확산되도록 네트워크와 훈련을 마련하고 있다.

북미와 마찬가지로 해외신학교육기관들에서도 조직이 확고해짐에 따라 인지도와 승인을 추구한다. 정부의 승인에서부터 배제된 지역인 경우 신학교 교육자 간에 인정제를 마련하고 있다. 70대초에는 신학교육 자금(TEF)이 해외신학교들에 대하여 세계교회협회(WCC)에 가입하여 학문적 준거틀을 마련하기 위한 지역연합회 구성을 촉구하였다.

해외복음주의교회 산하에 국내와 지역의 신학교육 연합회가 설립되었고 그 기능을 강화하였다. 필리핀 성경신학연합회 중에서 처음에 설립된 것 중 하나는 1968년에 세워졌다. 1977년에 세워진 아시아신학협의회(ATA)와 아프리카신학교육인증협회(ACTEA)는 최초의 복음주의 해외신학교 지역연합회였다.

1980년에 복음주의 교육자들은 '복음주의 신학교육을 위한 자격인증 국제협회'(ICCA)를 만들어 세계복음주의친선신학협회의 일환으로 설립되었다. 이 협회는 1996년에 '복음주의 신학교육국제협회'(ICETE)로 개칭되었고 지역인증위원회를 통해서 복음주의 신학교육자들을 위해 네트웍, 협력, 봉사를 한다. 아시아신학협의회(ATA)와 아프리카신학교육인증협회(ACTEA)를 합하여 현재 국제복음주의 신학교육협회(ICETE)의 위원은 '카리브 복음주의 신학협회'(CETA), '유럽 복음주의인증협회'(EEAA), '남태평양 성경대학위원회'(SPABC) 그리고 남미의 '복음주의신학교육협회'(AETAL) 등을 포함한다. '성경대학협의회'(AABC)는 국제복음주의 신학교육협회로서 유일하게 북미에 있는 협회이다. 1996년에 세워진 '세계신학교육기관협회협의회'(WOCATI)는 '세계교회협의회'(WCC)와 연합된 학교들과 유사한 목적을 추구한다.

ROBERT W. FERRIS

참고문헌 | *Evangelical Review of Theology* 19, no. 3(1995); R. W. Ferris, ed.(1995), *Establishing Ministry Training: A Manual for Programme Developers*; D. G. Hart and R. A. Mohler Jr., eds.(1996), *Theological Education in the Evangelical Tradition*; C. Lienemann-Perrin(1981), *Training for a Relevant Ministry: A Study of the Contribution of the Theological Education Fund*; R. V. J. Windsor(1995), *World Directory of Mission Training Programs*.

참조 | 성경대학운동(BIBLE COLLEGE MOVEMENT); 성경연장교육(BIBLE EDUCATION BY EXTENSION); 신학연장교육(THEOLOGICAL EDUCATION BY EXTENSION)

핸드릭스, 하워드(Hendricks, Howard, 1924-).

달라스 신학교의 기독교 리더십 센터 회장이다. 부모가 이미 별거한 상태였던 불행한 가정에서 태어난 핸드릭스(Hendricks)는 부모를 다 보게 된 유일한 시간이 이혼 법정에서 증인으로 선정되어졌던 18년 후의 일이었다고 회상한다. 초기의 이런 어려움은 신학교에서 위원회가 가족의 결속을 강화시키려는 동기 중의 하나가 되었다. 그는 휘튼 대학에서 문학사와 명예 신학박사 학위를 받았고, 달라스 신학교에서 신학석사(Th.M) 학위를 받았다. 게다가 1950년부터 1952년까지 포트 워스(Fort Worth)에 있는 칼빈장로교회에서 목회를 하면서 그는 또한 달라스에 있는 남부 성경 훈련학교와 포트 워스 성경학교에서 제자들을 가르쳤고, 1951년에는 달라스 신학교에서 실천신학으로 제자들을 가르치게 되었다. 1958년에는 달라스 신학교 기독교교육과의 설립 학과장이 되었고 현재는 기독교육 교수직(Distinguished Professor of Christian Education)을 가지고 있다.

그의 이사회 회원은 멀트노마 성경학교(Multnoma School of the Bible), 목회 탐구(Search Mimistries), 네비게이토 선교회(the Navigators), 성경을 따르는 사람들(Walk Thru the Bible), 프라미스 키퍼스(Promise Keepers) 등을 포함한다. 그는 또한 『사랑으로 말하라』(*Say It with Love*), 『우

리 집은 천국』(Heaven Help the Home), 『삶을 변화시키는 가르침』(Teaching to Change Lives)을 포함한 다수의 책들을 집필하였다. 1995년에는 아들 윌리엄과 함께『철이 철을 날카롭게 하는 것 같이』(As Irons Sharpens Iron)을 집필하였다. 1997년에는 역경, 가족, 정직, 지도력 그리고 인내와 같은 폭넓고 다양한 주제에 관하여 2000번 이상을 인용한 모음집인『가치와 미덕』(Values and Virtues)을 저술했다. 그는 존경받는 기독교 지도자들의 에세이 모음집인『고결한 삶』(A Life of Integrity)의 편집장으로 근무했다.

아마도 세계 각처 집회와 회의에서 그의 총회 연설 때문에 가장 잘 알려진 그는 미국인 교육의 대부로서 명부에 등재되었고, 『디시젼』(Decision), 『무디』(Moody) 그리고 「크리스채너티 투데이」(Christianity Today)와 같은 간행물에 많은 지면을 할애하여 장식되었다. 그는 라디오 프로그램인 "아름다운 가정생활"(Art of family Living)에서 만나볼 수 있다. 그와 달라스에서 살고 있는 아내 제인은 네 자녀의 부모가 되었고, 여섯 손녀의 조부모가 되었다.

헨드릭스(Hendricks)는 기독교교육에 관한 교사와 부모 훈련 수업에서 뿐만 아니라 회의에서 종종 발표자가 되었고 설교와 성경 지도 목사를 해달라는 요청을 수 없이 받았다. 그는 70여 개국이 넘는 곳에서 봉사해 왔으며, 1976년부터 1984년까지 달라스 카우보이의 목사로서 봉사해 왔다.

헨드릭스(Hendricks)는 20세기에 실질적으로 그를 알고 있는 모든 사람에게 성경적인 기독교 신앙 그리고 특별히 기독교교육의 가장 확실한 대변인 중의 한 사람으로서 여겨진다. 그는 현대의 수십 명의 기독교 지도자들을 지도해 왔으며, 그 중에는 현재 달라스 신학교의 학장인 찰스 스윈돌(Charles Swindoll)도 있다. 이에 대하여 스윈돌(Swindoll)은 이렇게 말한다. "나는 35년 이상을 헨드릭스(Hendricks)와 교제했으며, 그를 사랑했고 존경했다. 그는 수많은 사람들의 삶에 영향을 끼쳤다. 실제로 오직 그만이 사람들을 일생 동안 돋보이게 하고 두드러지게 하는 멘토링의 비밀을 알고 있었다. 그는 교육개혁가의 열정에 감동을 받았으며, 학교 교육에 대한 그의 접근은 다분히 페스탈로치의 영향을 받았다."

KENNETH O. GANGEL

행동수정(Behavior Modification). 정밀성 학습이나 상품 강화(token reinforcement) 유용과 같은 행동수정 프로그램은 매우 복잡하지만, 말로 하는 칭찬이나 징벌을 통한 강화와 같은 것은 비교적 간단하다. 그러나 잘 계획하지 않으면 일관성 없이 사용되기 쉽다.

다음은 행동수정의 전형적인 과정을 보여준다.

1. 행동 목표 설정. 수정해야 할 행동을 구체화한다. 교사는 관찰하고 측정할 수 있어야 한다.

2. 기준선 확보. 수정 프로그램을 시작하기 전에 학습자의 행동에 관한 정확한 기록들을 고찰한다. 도표나 그래프 등을 사용하여 기준선 확보 과정과 수정 프로그램을 마칠 때까지 바람직한 행동으로 진행되는 상황을 기록한다. 이 과정에서 교사의 성격적 행동도 드러난다.

3. 진행 절차 선택. 교사는 정확하고 신중하게 학생의 바람직한 행동에 자신이 선택한 강화를 적용한다. 학생은 강화를 받는 기준을 분명하게 이해해야 한다. 학생이 진전을 보이면 프로그램 보완이 가능하다.

4. 필요하다면 다른 것도 분석, 시도한다. 프로그램 자체도 평가하여 필요한 부분을 고칠 수 있다. 계획된 방향대로 행동이 수정된다면 지속적으로 유지하도록 돕는다. 만약 그 프로그램의 결과가 실패에 가깝다면 좀더 특수한 절차를 시도해 볼 수도 있다(Presbie & Brown, 1987).

가니에(R. M. Gagne)이라는 학자가 교육에 행동수정의 흥미 있는 적용을 개발했다(1970). 그는 누적 학습(cumulative learning)의 모델을 개발시켰는데, 고도의 기술은 낮은 단계의 기초 위에 세워진다고 했다. 단순한 것에서 복잡한 것으로 상향하여 움직인다는 것이다.

가니에의 모델은 여덟 개의 학습양식을 가진다. 첫째는 신호 학습(signal learning)이다. 이것은 고전적 조절과 직결된다. 신호에 반응하는 것은 동물이나 인간의 작은 부분에서 관찰되는 반사성 행동이다. 둘째 유형은 자극-반응(S-R) 학습이다. 주요한 것은 특정한 자극에 대한 정확한 근육 반응은 다른 자극의 반응과 구분된다는 점이다. 이것은 연합 학습과 유사하다. 셋째와 넷째 학습양식은 모터 사슬(motor chain)과 언어 사슬(verbal chain)이다. 여러 개의 각각의 모터나 언어 반응이 함께 섞이거나 고리처럼 묶어서 보다 복잡한 기술로 발전한다. 알파벳 학습이나 어휘 학습 등이 이 유형에 속한다. 다섯째 유형은 구분 학습(discrimination learning)이다. 단순 구분학습이 둘째 유형과 흡사하다면, 구분학습은 몇 개의 자극-반응 차별이 이미 발생했다는 전제하에 이루어진다. 학생은 몇 개의 섞여 있는 고리들을 구분하고, 그것들의 다양한 특성들을 연합하는 것을 배운다. 여섯째 유형은 개념학습(concept learning)이다. 이 유형은 서로 다른 다양한 자극들에 공통적인 반응을 보이는 능력이 요구된다. 일곱째 유형은 규칙학습(rule learning)이다. 가니에에게 규칙이란 둘 또는 그 이상의 개념의 사슬과 같다. 한 가지 규칙을 배우면 문제 해결에 적용할 수 있다고 전제한다. 마지막, 최고의 학습양식은 문제 해결(problem solving)이다. 학습자는 문제 해결을 통해 독자적으로 새로운 아이디어를 보장할 수 있게 된다. 문제 해결의 단계들은 문제 정의, 가설 설정, 최종 가설 입증, 해결 성취 등이다(Klausmeier, 1975).

EUGENE S. GIBBS

참고문헌 | R. M. Gagne(1970), *The Conditions of Learning*; H. J. Klausmeier(1975), *Learning and Human Abilities*; R. J. Presbie and P. L. Brown(1987), *Educational Psychology for Tomorrow's Teachers*.

참조 | 식별(DISCRIMINATION); 자극·반응 결합(S-R BONDS)

행동주의이론(Behaviorism, Theories of).

행동주의는 학습 구성 철학에 기초한 접근 방식의 개발자, 왓슨의 뒤를 이은 스키너와 가장 관계가 깊은 이론이다. 외부적 변화, '행동'(behavior)이란 학습의 정의이고 학문의 적절한 분야라 할 수 있다.

거의 대부분의 행동주의적 교육은 다음의 다섯 가지 기초 요인들을 가진다. (1) 교육적 수행에 있어 '현재 행동'(present behavior)의 강조 (2) 정확한 평가와 목표 수립 강조 (3) 실험적 연구를 통한 프로그램 기획 (4) 진행과정과 프로그램의 구체성 (5) 규칙적인 프로그램 효율성 평가(Marher & Forman, 1987).

1. 현재 행동. 행동주의자들은 학생의 현재 학문적 행동과 행위 단계를 매우 주의 깊게 살핀다. 그들은 측정할 만한 도구를 통해 기능 면에서 학생의 수준을 정의하는 것으로 시작한다. 즉 학업의 정확성이나, 주어진 시간 안에 한 행동이 반복되는 횟수 등을 측정한다. 그들의 신념은 모든 학습이 행동의 변화를 가져온다는 것이다.

2. 평가와 목표 설정. 근거가 확실하고(측정해야 할 것을 측정하는 것) 믿을 만한(매번 지속적인 결과를 보여주는 것) 행동 목표들은 학습자가 학습 지침을 따라 잘 수행하는 것을 가리킨다. 행동 목표들은 학습 목적과 수행 기준으로 사용된다.

3. 실험적 연구를 통한 프로그램 기획. 교육 기획은 실습실에서 행해지는 실험적 연구에 기초를 둔다. 기획들은 반드시 기초와 응용 연구에서 그 효율성이 판명된 원리에서 비롯된 경험에 근거를 두어야 한다.

4. 구체성. 행동 변화를 강조하는 어떤 프로그램이든지 매우 신중한 기술(description)이 요구된다.

학습 목적과 목표들을 설정하고 연구들을 분석한 후에야 교육과정을 만들 수 있다. 보상과 소요 시간, 수행 방법 등을 포함한 프로그램의 모든 구성요소들을 정확하게 기술해야 한다.

5. 평가. 기획된 교육과정들은 반드시 지속적으로 평가해야 한다. 이 과정은 학습 목표들과 직접 관련되어 있다. 평가 결과들을 프로그램의 향상과 성공의 정도를 결정하는 일에 사용한다.

6. 행동주의와 교육. 행동주의를 교육적으로 적용하는 데에는 학습의 세 가지 원리들이 사용된다. 고전적, 또는 반응적 조건화(classical or respondent conditioning), 조작적 조건화(operant conditioning), 관찰 학습(observational learning, "사회적 학습이론"이라고도 함).

1) **고전적 조건화.** 본질적으로 고전적 조건화란 강화를 통해 개인의 행동에 영향을 주는 과정이다. 중립적인 자극과 특정한 반응을 이끌어내는 자극을 함께 짝을 이루어 조절한다. 이 경우 "무조건 자극"(unconditioned stimulus)이란 처음부터 반응을 일으키는 자극을 일컬으며, "무조건 반응"(unconditioned response)은 무조건적 자극에 반응하는 것을 말한다. "조건 자극"(conditioned stimulus)이란 조절하기 이전에는 중립적인 자극이지만, 무조건 자극과 짝을 이룬 후 의도된 반응을 이끌어내는 것이다. 조건적 자극에 반응하는 학습된 반응을 "조건 반응"(conditioned response)이라고 한다. 어떤 행동이 특정한 자극과 연합하여 자극에 맞는 유사한 행동을 보여주려는 경향을 "자극 일반화"(stimulus generalization)라고 부른다. 학습자들이 자극/반응 연합을 특정한 경우나 또는 제한된 범위에만 적용하려는 것은 "자극 차별"(stimulus discrimination)이라고 한다. 학습된 반응이 미약해지거나 소멸되어 버리는 것은 "종식"(extinction)이라고 한다(Kaplan, 1990).

2) **조작적 조건화.** 교사들은 일반적으로 고전적 조건화에 별 관심을 두지 않는다. 학습자의 자발적인 행동은 조작적 조건화를 통해 더 잘 이해된다.

행동이란 그 행동을 일으키는 사건의 빈도에 따라 영향을 받는다. 만약 한 사건이 바람직한 행동을 증가시킨다면, 그 행동은 강화되었다고 말한다. 조작적 조건화는 행동의 결과들을 통제함으로 이루어진다. 만약 한 행동이 유쾌하거나 바람직한 결과들을 낳는다면, 그 행동의 빈도수가 증가하게 되고 불쾌하고 바람직하지 못한 결과들을 낳게 되면 그 행동의 빈도수가 줄게 된다. 그러나 복잡한 교실 안에서 어떤 실제적인 강화들이 특정한 행동을 하게 하는지 측정하기가 쉽지 않다. 교사의 칭찬이나 과제보다 동급생들의 감정적 반응들이 더 큰 영향력을 미칠 수도 있다. 일반화와 차별화 또한 자발적 반응의 중요한 개념이다.

강화는 다음의 세 가지 유형 중 한 가지 유형으로 적용된다. "연속 강화"(continuous reinforcement)는 각 바람직한 행동을 계획적으로 강화하는 것이다. "부분 강화"(partial reinforcement)는 바람직한 행동이 일어난 이후에만 강화하는 것이고, "고정 비율 강화"(fixed ratio reinforcement)란 바람직한 행동이 일정한 횟수 이상 나타난 이후에야 강화하는 것이다. "변동 비율 강화"(variable ratio reinforcement)란 부분 강화 계획인데 바람직한 행동이 강화를 받는 횟수가 다양하다. "고정 간격 강화"(fixed interval reinforcement)는 부분 강화로써 고정된 기간을 두고 강화를 주는 것이고, "변동 간격 강화"(variable interval reinforcement) 역시 부분 강화로서 강화 기간이 다양하다.

3) **관찰 학습.** 사회적 학습이론(social learning theory)이라고도 불리는 관찰 학습은 다른 사람들을 관찰함으로써 학습할 수 있다는 입장이다. 다른 사람이 수행하는 특정한 행동을 보면서 배운다는 것이다. 관찰당하는 사람을 "모델"이라 한다. 학습자는 이 모델을 관찰하고, 그의 행동을 기억하고 시간이 좀 지난 후에 그 행동을 모방할 수도 있다. 이것을 모방 행동이라 부른다.

밴두라는 모델-모방 학습에 인지적 요소를 첨가했다(1986). 그는 네 단계 과정을 강조하는데, 주의

집중(attention)이 첫 단계이다. 이것은 단순히 학습자가 모델에 주의를 기울이는 것이다. 주의집중에 초점을 맞추기 위해 모델 또는 교사는 자극을 사용할 수도 있다. 다음 단계는 기억(retention)으로 학습자가 모델의 행동을 기억하도록 하는 것이다. 셋째 단계는 활동 재생(motor reproduction)으로 학습자가 모델을 통해 관찰한 행동을 선택하고 재생하거나 모방한다. 만약 학습자가 관찰한 행동이 부정적이거나 부도덕한 것이라면 모방을 금지시켜야 한다. 넷째 단계는 동기 유발(motivational processes)로써 학습자가 행동을 모방한 이후 그것을 강화시켜 주는 것이다. 그럼으로써 학습자가 모방한 행동의 결과가 어떠한지 인식하게 되고 또 동기를 유발하는 역할도 하게 된다. 그 행동의 결과를 기억하여 앞으로 자신을 위해 그 행동을 사용할 수 있게 된다. 스스로 성공을 가늠하는 자아 효능성(self-efficacy)과 자발성 확립에 있어 관찰 학습 과정은 중요하다(Kaplan, 1990).

EUGENE S. GIBBS

참고문헌 | A. Bandura(1986), *Social Foundations of Thought and Action: A Social Cognitive Theory*; P. S. Kaplan(1990), *Educational Psychology for Tomorrow's Teacher*; C. A. Maher and S. G. Forman, eds.(1987), *A Behavioral Approach to Education of Children and Youth*; H. W. Reese and L. Lipsitt(1970), *Experimental Child Psychology*.

참조 | 고전적 조건형성(CLASSICAL CONDITIONING); 관찰학습(OBSERVATIONAL LEARNING); 스키너, 버러스 프레드릭(SKINNER, BURRHUS FREDERIC); 자극 반응 결합(S-R BONDS)

행정(Administration). 사업 관리, 사람들 감독, 정책 보완 등. 행정은 정책을 창출하기보다는 실행한다는 면에서 지도력과 다르다. 이 단어는 사실상 배의 항해사를 뜻하는 그리스어 쿠버네시스(kubernesis)에서 나왔다. 조직의 행정가는 배가 침몰할 위험이 있는 파도나 반대로 너무 얕은 곳을 주의하며 곤경의 바다를 헤쳐 나가는 사람이다.

1. 행정의 은사. 고린도전서 12장 28절에 따르면 사도 바울은 다음과 같이 말한다. "하나님이 교회 중에 몇을 세우셨으니… 다스리는 사람이라." 그래서 주님은 몇몇 사람들에게 다른 사람들을 다스릴 수 있는 특별한 능력을 주셨다. 행정의 은사를 가진 사람은 단순히 목표를 이루어내는 교묘한 재주를 가진 사람이 아니다. 오히려 그는 성령의 인도하심을 따라 교회의 활동들을 효과적으로 조정하는 사람이다. 교회에서 행정의 역할을 "너무 제한적이거나", "너무 세속적인 사업과 같은" 것으로 거부하는 사람들은 하나님의 영원하신 목적을 잘못 이해하는 것이다. 행정은 세상을 그리스도께로 돌려드리는 교회의 목적을 이룰 수 있도록 교회를 도와주는 것이다.

2. 성경에 나타난 행정의 예들. 모세가 이스라엘 국가의 행정적인 문제를 직면하게 될 때, 그의 장인은 하위조직 단계에서 문제를 해결하고 결정을 내릴 수 있도록 하는 행정 구조를 제안하였다(출 18장). 그렇게 함으로써 모세 자신은 이스라엘의 좀더 중차대한 문제들만을 다룰 수 있도록 하는 효과적인 조직체계를 창출해 낼 수 있게 되었다. 느헤미야는 예루살렘 성벽을 쌓기 위해 조정을 필요로 했다. 그는 일을 계획하고, 그것을 성취가능한 단위로 조직하고, 각 필요한 곳마다 가족단위로 사람을 세우고, 일의 진행을 지시하고, 건설과정 뿐만 아니라 일하는 사람들의 신변보호까지도 통제하였다(느 3-4장).

또한 신약에서는 예수께서 소수의 특별히 헌신된 제자들을 훈련시키는 일과 그들이 자신들에게 맡겨진 사명들을 잘 감당할 수 있도록 명확한 지시를 주는 행정의 중요성을 이해하고 계셨다(마 28:19-20; 요 14-17장; 빌 1:4-8). 이와 유사하게 사도 바울은 그가 방문하는 각 성에 새로운 교회들을 세우고, 각 교회의 지도자들을 훈련하였고, 그들과 지속적으로 연락을 하면서 그들이 전체적인 계획을 따르는 것을 확신하도록 하였다. 행정은 초대 교회에서 일반적인 것이었다. 그리고 행정가들은 조직하고, 사람을 모으고, 지도력을 발휘하고, 사람을 파견하고, 책임을 분산하는 수고를 감당하였고, 복음의 진보를 확신하였다.

JERRY CHIP MACGREGOR

참조 | 지도력(LEADERSHIP); 경영(MANAGEMENT); 조직(ORGANIZATION); 영적 은사(SPIRITUAL GIFTS)

행정목사(Executive Pastor). 1980년대에 많은 사역자가 있는 대형교회가 생겨나면서 지역 교회의 복잡한 행정적 필요들을 조정해 주는 목회 사역자가 필요했다. 그리하여 "행정목사"라는 직위를 만들어 직원과 재정과 시설을 포함하여 교회 행정적 모든 사항들을 조정하도록 했다. 행정목사는 비전을 제시하는 지도자라기보다는 담임목사나 교회 위원회가 세운 비전을 실행하는 일에 은사를 받은 행정가로 주로 알려져 있다.

행정목사는 위원회와 직원 간에 조정하는 일로 섬긴다. 사역으로는 일반적으로 새 직원 임용을 감독하고, 적절한 기술을 보급해 주며, 직원 개발을 보장하는 일 등을 포함하는 사무 행정이다. 교회가 복잡한 고용법과 건축 지침들을 배우면서, 정책과 진행 또한 행정목사에게 일임하게 된다. 많은 교회들이 행정목사들을 통해 협력 사역을 조장하고, 예산을 수립 경영하고, 재정적 책임을 보장하기 위해 평신도 위원회와 밀접하게 관계하며, 장래의 직원과 시설상의 필요를 위한 종합 계획도 수립한다. 그 역할은 교회가 마케팅이나 통신 등 이전에는 경시했던 일들에 중점을 두면서 계속 확장이 되고, 또한 규모가 작은 교회들도 전문적인 행정 직원의 필요성을 수용하면서 행정목사의 역할이 확장되고 있다.

JERRY CHIP MACGREGOR

참조 | 목회자(CLERGY); 목회자(MINISTER); 담임목사(SENIOR PASTOR); 통제폭(SPAN OF CONTROL); 팀(TEAM)

허위진술(Misrepresentation). 왜곡(Distortion)을 보라.

헤르바르트, 요한 프리드리히(Herbart, Johann Friedrich, 1776-1841). 독일의 교육철학자다. 1802년에 그는 괴팅겐에서 학위를 받았다. 그는 거기서 7년 동안 공부했다. 후에 24년 동안 쾨니스베르그(Königsberg)에서 임마누엘 칸트의 자리를 이어받아 유지했다. 헤르바르트는 교사교육 프로그램과 미국과 유럽에서 학교교육을 위한 패턴이 된 학교를 만들었다. 그는 그곳에서 일생을 마감했다. 그리고 나서 그는 괴팅겐(Gottingen)에 돌아왔는데 거기서 죽을 때까지 가르쳤다. 그의 생애 초기, 스위스에서 가르치는 동안 헤르바르트(Herbart)는 부르그도르프(Burgdorf)에 있는 페스탈로치(Pestalozzi)의 학교에 찾아 갔다. 그는 교육개혁가의 열정에 영향을 받았으며, 학교교육에 대한 그의 접근은 페스탈로치의 저작을 인식하고 있음을 보여준다. 몇몇은 헤르바르트가 페스탈로치와는 다른 교육철학자가 되었다고 주장해왔다. 페스탈로치의 교육학은 여러 면에서 독특한 반면에 헤르바르트의 교육학은 세련되어 있다.

헤르바르트는 교육목적을 분명히 하고자 했으며, 개인차와 학적 능력에 조화를 이루는 목적을 세우고자 했다. 이 개인적 관심은 교육의 유일한 목적은 도덕적 품성의 개발이라고 하는 헤르바르트의 신념(칸트와 요한 고트리브 피히테와는 다른)에 일치한다. 그의 교육학적 모토는 "어떻게 사람이 도덕적으로 교육될 수 있는가?"였다. 수정된 정신적 현실주의의 형식을 취함으로 헤르바르트는 지식의 전달을 숙고하는 것 만큼 감정과 행함의 관계적 훈련에 큰 의미를 부여했다.

헤르바르트에게 있어 좋은 것에 대한 지식, 그것을 행하는 사이에 강한 교육적 연결이 있다. 그러나 그는 단순한 교수(지성의 개발에 의한 도덕성에서의 간접적 영향) 혹은 부자연스런 교육(의지의 훈련에 의한 도덕성에서의 직접적 영향)을 향한 추세의 흔들림을 거절하였다. 헤르바르트의 저작물들은 잘 개발된, 교육의 인지적, 정서적 그리고 정신운동

헤르바르트, 요한 프리드리히

영역의 지성, 감성, 의지의 인성요소들을 병행시키는 실험적이고 심리학적인 개념화를 제시하였다. 헤르바르트는 이것을 통일된 도덕교육의 가르침으로 특성화하였다.

헤르바르트는 교사가 학생의 행동을 결정하는 전통적 교육을 반대했다. 이상주의를 거부하면서 그는 나중에 존 스튜어트 밀(John Stuart Mill)의 철학으로 특징지어진 연합설을 채택하였다. 헤르바르트는 지속적으로 서로 상호작용하는, 변화하는 산물로서의 그리고 (구체적인 경험과 연관된 개념적 사건인) "제시"(설명, presentation)의 동화로서의 지성(지식과 이해)을 담고 있는 교육에 대한 철학적 접근을 개발했다. 그의 경험에서 새로운 제시의 지적인 영향은 학생들의 현재 가지고 있는 일련의 축적된 개념들로 인해서 작용되지만 결정적이지는 않다. 새로운 관념들은 이전에 숙달한 자료(내용)를 딛고 일어난다.

이러한 역동적인 전개구조는 도덕발달의 순서상의 단계로 강조되는 교육모델을 형성하였다. 헤르바르트는 명료화, 연합, 체계화 방법으로 구성된 4단계 교육 접근 방식을 제안했다. 19세기 후반에 일어난 헤르바르트 교육운동은 준비, 제시, 연합, 일반화, 적용의 5단계 접근 방식을 선호하였다. 후에 인기있는 교육과정 개요를 형성하는 덕과 품성의 "반복적 교육" 방식은 종종 부적절하게 훈련된 교사에게 채택되었다.

1895년 초에 미국교육자들은 전국 헤르바르트 과학적 교육연구협회(National Herbart Society for the Scientific Study of Education)를 설립했다. 그러나 이 조직은 비헤르바르트 교육체계를 선호하는 전국 과학적 교육연구협회(National Society for the Scientific Study of Education)로 발전되었다. 헤르바르트의 영향(분명 존 스튜어트 밀을 통하여 그러나 급진적으로 단순화 됨)은 존 듀이(Dewey, 전국협회위원회 위원)의 학생중심의 진보주의에서 찾아볼 수 있다. 그러나 듀이는 아동발달의 성격과 관련된 헤르바르트의 교육이론의 국면들을 공격하였다.

헤르바르트는 제도화된 독일 기독교의 맥락에서 가르쳤고, 아동교육에 있어 종교적 영향을 위한 자리를 인식했다. 그는 가정과 교회에서 관계적인 지도를 떠난 형식적인 신학교육을 회피하려는 종교교사들을 격려했다. 인문주의적이고 자연주의적인 전망은 헤르바르트의 철학과 방법론에서 일반적인 현상으로 나타난다. 그러나 반종교적인 용어의 사용을 자제했기 때문에 유럽과 미국의 기독교교육에 중도적인 영향을 끼쳤다. 1860년초에 페스탈로치, 프리드리히 프뢰벨(Friedrich Froebel) 그리고 헤르바르트의 방법론과 이론들에 의해 영향을 받은 정규학교(후에 사범대학) 학생들은 주일학교 운동에 심리학적 방법을 도입했다. 종교교육자들은 도덕발달과 덕성훈련에 대한 헤르바르트의 강조(그 자신의 도덕적 개념은 그리스도를 닮아가는 것보다 개인적인 도덕적 자유였지만)에 대한 매력에 끌렸다.

현대 기독교교육과 종교교육에 일치하는 헤르바르트의 개념들은 다양하다.

- 교육의 목적은 내용의 단순한 전달보다는 특징의 개발이다.
- 덕성의 내용은 관계교육의 비평적인 요소이다.
- 개인적 판단력은 학생이 고상한 인간으로 발달하기 위한 학생의 능력에 있어 절대적인 요인이다.
- 특성교육은 교실상황에서보다 자연적인 환경에서 가장 잘 수행된다.
- 체계적인 교육은 생활과 관련된 품성교육과 양립할 수 있다.

헤르바르트는 적절한 교육이론은 목적, 의도하는 결과, 교육의 수단에 대한 포괄적인 분석을 포함해야 한다고 주장했다. 이것이 현대교육자들이 윌리엄 프랭케나(William Frankena)의 분석교육철학에서 발견하고 인식해 온 균형이다.

DANIEL C. STEVENS

참고문헌 | H. B. Dunkel(1969), *Herbart and*

Education; idem(1970), *Herbart and Herbartianism, An Education Ghost Story.*

참조 | 인지발달(COGNITIVE DEVELOPMENT); 도덕교육(MORAL EDUCATION); 페스탈로치, 요한 하인리히(PESTALOZZI, JOHANN HEINRICH); 주일학교운동(SUNDAY SCHOOL MOVEMENT)

현상학(Phenomenology).

현상학이라는 용어 자체는 1765년까지 거슬러 올라가지만 철학적 운동으로서의 현상학은, 자신들을 현상학자들로 묘사했던 일단의 철학자들 중 가장 널리 알려진 에드문트 후설(Edmund Husserl, 1859-1938)에게서 그 뿌리를 찾을 수 있다. 후설의 첫 번째 주요 철학저서인 『논리 연구』(*Logical Investigations*, 1900-1901)는 실제로서의 현상학적 방법을 가장 잘 설명해 주고 있으며 그의 후기 저작들인 『현상학의 이념』(*The Idea of Phenomenology*, 1907)과 『엄밀한 학문으로서의 철학』(*Philosophy as Rigorous Science*, 1910)은 자신의 현상학적 철학을 명료화하려는 시도였다. 자신이 철학적 추측으로 여겼던 것들에 대해 염증을 느낀 후설은 사물 그 자체로의 회귀를 부르짖었으며, 철학자들이 관련된 현상들에 먼저 초점을 맞춘 후, 그 이후에 비로소 가설을 정립하도록 새로운 철학적 출발을 주창했다.

후설은 자신이 자연적 견해(이 속에서 형이상학적 요소들이 특별한 검증 없이 가정됨)라고 불렀던 관점에 의해 작용하는 자연 과학과는 대조적으로, 철학은 모든 가정들을 버리고 의식의 기본적 정보들로 돌아감으로써 진정으로 엄격한 의미의 과학이 되어야 한다는 획기적인 주장을 펼쳤다. 현상들이 의식에 직접적으로 유효한 원초적 직관의 단계에 이르기 위해, 후설은 실체에 대한 모든 형이상학적 가정들을 일괄하는 현상학적 축소와 모든 개별적 특수성들을 본질적인 특징들로 축소시키는 주관적 직관상의 축소를 주장한다. 요컨대 후설은 공평한 과학적 객관성이라는 현대적 이상을 그 극단까지 추구하는 것이다. 비록 후설의 초기 견해들은 실재론이나 이상론 어디에서도 확실한 입장 표명을 하지 않았지만 1913년에 출간된 『이념들 I』(*Ideas I*, 1913)을 통해 그는 확연하게 이상론으로 움직였으며 이후 평생 동안 이상주의자로 남았다. 그의 말년에 나타난 중요한 사고의 변화는 점차로 그의 관심이 이동하였다는 점인데, 『유럽 학문의 위기』(*The Crisis of European Sciences*, 1934)와 같은 저서에서 이를 찾아볼 수 있다. 즉 인식론적 정당화에 대한 관심으로부터 '생활 세계'(Lebenswelt)라고 그가 명명한 것인데 일상적 인간 존재의 문화적, 역사적 생활 세계로 그의 관심이 변화하였다. 후설의 모든 개념들 중 '생활 세계' 개념은 교육의 현상학에 가장 지대한 영향을 미쳤다.

후설은 자신의 조수였던 하이데거(Martin Heidegger, 1889-1976)가 그의 연구를 계승하기를 바랐으나 하이데거의 인간 실존의 역사성과 상황성에 대한 과도한 강조는 둘 사이의 불화의 주요 원인이 되었다. 과학적 객관성이라는 목표를 지녔던 후설의 현상학적 방법들은 본질적이고 보편적인 것들에 대한 선호 속에서 모든 개별적 특성들을 축소화하였다. 그러나 하이데거는 인간 지식이 전적으로 역사적이고 문화적이며 특정한 언어적 표현들에 제한되어 있다고 주장하였기 때문에 객관성이라는 목표는 가능하지도 않고 바람직하지도 않다고 여겼다. 하이데거는 후설의 현상학적 방법론을 해석학적 현상학으로 대체하였다. 이는 현상으로 돌아가고자 하는 현상학적 과제를 확언하는 동시에 우리의 현상에 대한 이해가 언제나 역사적으로, 문화적으로 조건 지어져 있음을 인정한 것이다. 더욱이, 후설의 현상학은 사물이 무엇인지에 대한 형이상학적 질문들을 일괄되게 고안하였다. 반면, 하이데거의 모든 철학은 궁극적으로 존재에 대한 질문들과 관련되어 있다. 하이데거는 『존재와 시간』(*Being and Time*, 1927)에서 '존재'(Dasein)라고 명명한 인간을 집중 조명함으로써 존재의 의미를 규명하고자 시도하였다. 이후의 저작들에서 하이데거는 계속하여 과학적 분석에서 시적인 존재에 대한 사고로 관심을 이동하였다. 비록 그가 실존주의자라는 꼬리표를 노골적으로 거부하였음에도 불구하고 그의 사고의 실존주의적 측면들은 매우 다양한 분야에 큰 영향을 미쳤다.

공인된 실존주의자들인 장 폴 사르트르(Jean-Paul Sartre, 1905-1980)와 모리스 메를로-퐁티(Maurice Merleau-Ponty, 1908-1961)는 모두 후설과 하이데거에게서 많은 영향을 받았고, 1950년대와 60년대에 두루 읽혀졌다. 하지만 그들은 동시대 인물이었던 두 현상학자, 한스-게오르그 가다머(Gadamer, Hans-Georg, 1900년-)와 쟈크 데리다(Jacques Derrida, 1930-)의 명성에 가려져 왔다. 후설과 하이데거와 함께 수학했던 가다머는 특별히 하이데거의 해석학적 견해에서 영향 받았다. 따라서 해석학에 대한 금세기 최고의 저작인 가다머의 『진리와 방법』(Truth and Method, 1960)은 이해의 현상학이라고 할 수 있다. 지평의 융합이라는 은유를 통해 가다머는 역사적, 문화적 거리에도 불구하고 진정한 이해가 생겨날 수 있다고 주장한다. 가다머보다는 덜 낙관적인 데리다는 언어와 개념들의 한계에 집중하는 경향이 있다. 『담화와 현상』(Speech and Phenomena, 1967)에서 데리다는 언어가 적어도 원칙적으로는 사고를 적절하게 표현할 수 있다는 후설의 가정을 반박하였다. 데리다는 명시되어 있지 않은 형이상학적 약정들을 드러내는 것을 추구하는 철학 및 문학 교재 분석법인 해체를 통해 가장 잘 알려져 있는데 이것이 그가 후설에게서 빌려온 개념이다.

BRUCE E. BENSON

참고문헌 | C. Macann(1993), *Four Phenomenological Philosophers*; J. Weinsheimer(1985), *Gadamer's Hermeneutics*; J. Caputo, ed.(1997), *Deconstruction in a Nutshell*.

현장견학기행(Field Trip). 학생들이 교실의 제한된 환경 안에서 경험할 수 없는 어떤 것을 보거나 경험하기 위해 교실 밖으로 나가서 교과의 관점들을 배우는 기회이다. 교육에서 현장 견학 기행의 중요성을 주장했던 교육이론가이자 실천가인 요한 페스탈로치(Johann Pestalozzi, 1746-1827)는 교육과정이 "감각 중심"의 활동들 즉 감각을 자극하는 직접적인 경험들을 중심으로 조직되어야 한다고 믿었다. 그는 이러한 형태의 경험들이 긍정적인 견해와 행동, 의무들 그리고 심지어 선행을 결정하는 데 엄청난 효과가 있다고 주장했다. 비종교적인 교육과 기독교교육 모두 그의 생각에 영향을 받았다 (Gangel & Benson, 1983). 기독교교육에서 현장견학 기행은 일반적으로 학생들이 예배나 다른 종교, 공동체의 관심들, 교회 역사의 문제들, 혹은 성경적인 자료들을 주일학교 교실이나 교회 환경 밖에서 배울 수 있도록 장려하는 기회로서 사용된다. 이러한 "현장 훈련"(handson experiences)의 경험들은 학급의 학생들이 기독교에 대해서 보다 총괄적이고 입체적으로 배울 수 있게 해준다. 다른 사역 방식이나 다른 주일학교 교사들의 활동 등을 관찰하기 위한 방문은 지도자들에게 훈련을 강화하는 현장견학 기행으로 사용될 수 있다. 현장견학 기행은 시간과 여행하는 거리에 따라 다양할 수 있다. 주일학교 초등부가 예배의 상징들에 대해 배우기 위해 성지를 방문하는 것과 같이 교회의 한 부서가 다른 곳을 찾아가는 짧은 여행이 될 수도 있고, 장년 주일학교에서 성경의 지리에 대해 공부하기 위해 이스라엘을 방문하는 것과 같이 다른 지역으로의 먼 여행일 수도 있다. 현장견학 기행이 가장 효과적이기 위해서는 주의 깊게 연구되고 계획되어야 하며 분명한 학습 목표를 가져야 한다. 그것은 그룹 경험의 보고와 학습한 것에 대한 토의가 가능해야 한다.

JANA SUNDENE

참고문헌 | K. Gangel and W. Benson(1983),

Christian Education: Its History and Philosophy.

참조 | 경험학습(EXPERIENTIAL LEARNING); 관찰학습(OBSERVATIONAL LEARNING); 페스탈로치, 요한 하인리히(PESTALOZZI, JOHANN HEINRICH).

협동학습(Cooperative Learning).

어린이들을 가르치는 교사들이나 박사과정 세미나를 인도하는 교수진들에게 잘 알려진 비밀 하나는, 학습자들이 서로 관계가 좋으면 매우 능동적인 학습으로 인도할 수 있다는 사실이다. 일반적으로 많은 형식교육 상황의 교육적 진행과정에서는 이 사실을 교수 학습의 효과를 위한 것으로 인정하기보다는 오히려 부인하는 편이다.

그 대신, 학습자들은 학습 경험의 중심에서 자신을 소외시킴으로 더욱 "자기 의존"(self-reliant)적이 된다. "여러분, 자신이 해야 할 일을 하시오!… 다른 사람의 리포트를 보지 마십시오! 찰리야, 너 그것밖에 못해!" 이 말 저변에 있는 가정은 경쟁을 통해 동기를 부여하고, 동기는 다른 사람보다 뛰어나고 싶다는 욕구로 채워진다. 시험 점수나 프로젝트 리포트, 그림 한 장조차도 학습의 본질이 된다. 성적이 경험이나 노력보다, 또는 사고하고 믿으며 투자도 하는 사람의 성품보다 더 중요해진다. 성적이란 적지만 과잉된 힘을 가진 청중, 즉 교사가 학생이 수행한 학습에 대한 평가를 보여준다. 한 사람이(당신을 염두에 둔, 그 자신의 평가) 개인의 프로젝트의 가치에 대한 언급이 궁극적으로 학습자의 가치를 결정한다. 학교들 - 학교모델 위에 수립된 다른 형식적 교육도 포함하여 - 이 기계화되고, 소원해지고, 위협적이며 종종 지루해지고 있다는 염려가 생긴다. 왜 기독교교육이 그와 같은 형식을 모방하여 하나님의 특별하신 창조의 품위를 떨어뜨리는가?

협동 학습의 핵심은 학습자 그룹(종종 학습 공동체라고 불리는)에 속한 각 사람의 가치에 대한 신뢰에 뿌리를 둔다. 이와 같은 신뢰를 통해 교사는 명령하는 사람이라기보다는 친구이며 함께 나누는 사람이 되게 해준다. 아랫사람을 향해 말하는 자세가 상징적으로, 실지로 눈높이 대화로 바뀌고, 학습자 개인의 가치를 높여준다. 이보다 더한 것은 개인에 대한 관심과 함께 상호반응의 가치와 공유하는 책임감이 발달하게 된다. 이와 같은 학습환경에서는 경쟁이 협동보다 덜 중요하다. 사람들은 그들 자신의 노력이나 결과보다는 서로에게서 그리고 협력하는 과정 자체로부터 만족감을 찾게 된다. 학습활동들은 그룹중심의 프로젝트에 중점을 두고, 시간적 투자는 길지만 더 적어지고, 평가가 학습의 부분이 되며, 평가를 통해 학습자들이 보다 더 성취되고, 놀이가 평가와 목표수립에 중요한 역할을 한다.

지난 20년 동안 공립학교들과 고등교육에서 협동 학습이 보다 널리 도입되어왔다. "차별교육철폐"(mainstreaming) 운동(한 학습 그룹에 능력과 기술이 서로 아주 많이 다른 학생들을 포함하는 것)에서 나온 통찰을 가르치는 일에 부분적으로 도입하면서 협동 학습이 교사와 학습자가 서로를 돕는 바람직한 방법으로 인식되었다.

TED W. WARD

참고문헌 | M. Greene(1995), *Releasing the Imagination*; T. R. Hawkins(1997), *The Learning Congregation-A New Vision of Leadership*; W. F. Hill with J. Rabow, M. A. Charness, J. Kipperman, and S. Radcliffe-Vasile(1994), *Learning Through Discussion*; D. W. Johnson, R. T. Johnson, and E. J. Holubec(1988), *Cooperation in the Classroom*; D. W. Johnson and R. T. Johnson(1987), *Learning Together and Alone*; S. Kagan(1989), *Cooperative Learning Resources for Teachers*; C. Meyers(1986), *Teaching Students to Think Critically*; F. M. Newman and J. Thompson(1987), *Effects of Cooperative Learning on Achievement in Secondary Schools: A Summary of the Research*; S. Papert(1980), *Mindstorms: Children, Computers and*

Powerful Ideas; S. Sharanm and C. Shachar(1988), *Language and Learning in the Cooperative Classroom*; R. E. Slavin, *Education Leadership*, 45, 3 : 7-13; idem(1978), *Using Student Team Learning*; G. H. Wood(1992), *Schools That Work*.

협력학습(Collaborative Learning).

비슷한 경험과 훈련, 교육을 받은 사람들이 공동의 목표를 위해 협력할 때 발생하는 학습이다. 성경적으로 이 협력학습에 가장 가까운 예는 예수님의 승천 후에 있었던 다락방(Upper Room) 모임이다. 제자들 모두가 비슷한 경험(그들 중 열두 사람만이 예수님과 함께 더 집중적인 시간을 보냈다)과 동일한 목적을 가지고 있었다. 그들은 "아버지의 약속하신 것을"(행 1:4) 기다리라는 예수님의 마지막 명령을 지키고자 했다. 그들은 다락방으로 가서 "기다렸고", "전혀 기도에 힘썼다"(행 1:14). 그들은 협력했다. 그 협력(같은 목적으로 함께 일함)의 결과 각자 성령을 받았다.

아마 가장 분명한 협력 학습의 살아 있는 예는 새들이 보여주는 것과 같다. 새들이 따뜻한 또는 서늘한 기후로 이동해갈 때에 서로 협력한다. 공동의 목표를 위해 유사한 경험과 본능을 이끌어낸다. 그 결과 단시일에 그리고 모두 함께 이동해 간다. 만약 그런 이동을 개별적으로 한다면 많은 새들이 실제로 그 이동을 마치지 못하고, 무능한 새들은 훨씬 오래 걸릴 것이다. 이것이 협력 학습의 최고 장점이다. 함께 하는 자들이 돌아가며 인도하고, 그 나머지는 돌아가며 지도자를 자극한다. 그 결과 모든 참석자들이 더 잘, 더 빨리 배운다.

협력학습을 가장 잘 표현해 주는 성경 구절은 잠언 27장 17절, "철이 철을 날카롭게 하는 것 같이 사람이 그 친구의 얼굴을 빛나게 하느니라"이다. 한 조각의 철이 다른 철 조각의 거친 부분을 부드럽게 만들 때 둘 다 날카로워지는데, 그 이유는 함께 활동하기 때문이다. 협력학습도 마찬가지이다. 유사한 경험과 훈련을 받은 두 세 사람이 서로 돕는다면 모두 예수님을 닮아갈 수 있다. 목표는 덜 높아 보이고, 상부상조하여 원래 의도를 더 잘 이해하게 된다.

관련된 분야의 사람들이 서로에 대해 위협을 느끼거나 열등감으로 고통 받고 있다면 협력 학습은 별 효과가 없다. 한 가지 강점을 가진 사람들이 다른 강점을 가진 사람들에게 도움을 줄 때 가장 효과적이므로, 각각의 강점들이 같아야 할 필요는 없다. 한 사람은 의학박사일 수 있고 다른 한 사람은 변호사로서 의료 윤리라는 과제를 다룰 수 있다.

ROY F. LYNN

형식교육(Formal Education).

계획되고 의도된 학습경험을 통해서 기술과 지식, 태도와 가치를 습득하는 것에 초점을 맞추는 교육의 접근 방법이다. 더 많은 비형식 교육방식들이 환경과 경험에 학생들이 상호 작용하는 것을 강조하는 반면에 형식 교육은 교실 수업, 학습계획, 교사주도의 방법론, 필수 교과목 등에 의해 특징 지워진다. 제한된 학습을 완성하는 것으로 이끌기 때문에 교육과정을 계획하는 경향이 있다. 요구되는 교과와 과정이 입체적이기보다는 직선적이다.

종종 목표, 목적, 학습 지표 등으로 알려진 학습 결과는 형식 교육에서 교육과정을 계획하는 중요 요소들이다. 교사나 조교들은 어떤 제한된 시간에 학생들이 배울 수 있을만한 내용들을 설정한다. 그 제한된 시간은 한 과나 한 강좌, 한 단원, 또는 학위의 한 기간이 될 수도 있다. 주제나 과정, 내용 혹은 계약은 학생들의 필요와 목적에 따라 교육 의제를 좌우한다.

형식 교육의 내용은 종종 필수 과정에 추가되는 과목들로 구성된다. 학생들은 학습상황에 삶의 경험이나 자신이 읽은 내용 혹은 조사한 것들을 가져올 수 있는 반면, 주제는 학생이 결정하기보다는 교사가 지정해 준다. 학생의 개인적인 필요나 우선순위, 삶의 경험 그리고 목표는 이러한 교육방식의 방향을 결정해 주기보다는 보강해 준다.

대다수의 형식 교육은 교실에서 정해진 시간 안에 매체나 책, 비디오, 강의, 연설자 그리고 시청각 자료에 의해 전달된다. 교실이 주요 형식 교육의 환경을 제공하는 반면에 이것은 야외 여행이나 조교 활동, 실습 그리고 다른 실제적이고 실험적인 형태의 학습을 하지는 않는다.

형식 교육은 학급 혹은 모임 중심일 수도 있고, 개별화된 강의일 수도 있다. 교회나 공동체에서 형식 교육은 정해진 학습 주제가 있고 세미나와 의도된 주제를 바탕으로 하는 일대일 나눔으로 구성된 주일학교와 성경공부의 형태와 아주 흡사해 보인다.

기독교 초,중등학교와 교구학교, 고등교육 학원, 성경학교, 기독교 대학들 그리고 신학교들이 특별히 기독교교육에 연관될 때 형식 교육의 범주에 들어간다. 누군가 교회에 기초한 종교교육과 학교에 기초한 연구의 차이점을 기술하려고 시도했던 적이 있다. 예를 들면, 종교교육이란 용어와 기독교교육이란 용어의 구분이다. 그러나 어느 경우도 학교에 기반을 둔 형식 교육에 가깝다.

WESLEY BLACK

형식적 조작사고(Formal Operational Thought).

아이들은 어른들처럼 사고하지 않는다. 어린이가 성숙할 때 그들의 인식 능력은 수많은 다른 과정을 겪는다. 이들 단계는 양적, 질적 변화 모두를 포함한다. 인식 구조의 발달 전문가인 장 피아제(Jean Piaget, 1896-1980)에 따르면 형식적 조작기 단계는 사고의 마지막 단계이며 대략 11세에 나타나기 시작한다.

형식적 조작사고는 참여자에게 새로운 전망을 연다. 완전한 성인의 사고력이 시작하는 것이 가능하게 된다. 청년이 생각하고 연결하고 많은 다양한 사람들의 시각을 종합함으로써 논리적(logically)으로 사고하기 시작한다. 이러한 단계에서 정신 활동들은 구체적인 경험에 제한되지 않고 개념이나 명제(ideas and propositions)에 대해서도 이루어질 수 있다. 형식적으로 조작하는 사람은 추상적(abstract)이고, 가설 수준(hypothetical)의 현실에 아무런 기초가 없는 과정이나 사건에 대해서도 논리적으로 사고할 수 있다. 많은 연구가들이 전제적이고 연역적인 논리의 사용이 사춘기 시절에 형식적 조작사고의 단계로 뛰어넘었는지를 결정하는 가장 확실한 방법이라고 제안한다.

형식적 조작으로 사고하는 것은 간단하게 세 가지 용어로 설명할 수 있는데, 논리적이고 조직적이고 추상적이다. 그러한 사람은 "사고에 관해 생각"(think about thinking)할 수 있으며, 유형의 사물이나 사건뿐 아니라 사상에 대해서도 복잡한 정신 작용을 수행할 수 있다.

형식적 조작사고의 능력과 그것의 수행의 차이에서 구분이 생긴다. 비록 사춘기 청년과 성인들이 복잡한 사고 수준을 수행할 수 있는 잠재력이 있지만 그들 모두가 하는 것은 아니다. 이러한 무능력은 개인적인 성숙도와 경험, 혹은 환경적인 요구 등 다양한 이유 때문이다.

개인적인 능력과 도움(assistance)을 받아 수행하는 능력의 차이는 비고츠키(Vygotsky, 1986)에 의해 근접한 발달 영역(ZPD, Zone of Proximal Development)이라고 불렸다. 타프(Tharp)와 갈리모어(Gallimore, 1988)는 우리에게 건강한 교육이 근접한 발달 영역(ZPD, Zone of Proximal Development)을 통해 학생들이 실천하도록 돕는 것임을 상기시켜 주었다.

기독교교육자는 형식적 조작사고와 그것의 변형을 연구함으로써 많은 가치를 발견할 수 있다. 사람들이 성경적인 세계관과 신관을 가질 수 있도록 돕는 일은 복잡한 사고(思考)과제이다. 교사는 조직화된 경험과 질문 전략을 통해 그러한 계발을 장려할 수 있는데 이는 적절한 정보를 조직적으로 묶어주거나 검색하는 데 기여하기 때문이다.

JAMES A. DAVIES

참고문헌 | K. Issler and R Habermas(1994), *How We Learn*; D. F. Shaffer(1994), *Developmental*

Psychology; C. Smokehouse(1998), *Joining Children on the Spiritual Journey.*

형이상학(Metaphysics). 철학에서 큰 세 가지 분류영역 중의 하나이다. 다른 분류영역에는 지식의 본질과 유효성을 연구하는 인식론 및 "무엇이 가치 있는 것인가?"라는 질문에 대답하는 가치론이 있다. 형이상학의 목적은 존재하는 모든 것의 본질과 구조를 규정하는 것이다. 전통적인 정의에 따르면, 형이상학은 사물이 어떠한가를 말하기 위해 실재의 본질을 정밀하게 조사한다. 자연적인 현상을 연구하는 과학과 달리, 형이상학은 자연세계 배후의 궁극적 실재에 대해 질문을 던진다. 그것은 비물질적인 세계의 실재의 본질에 관심이 있다. 형이상학은 (1) 무엇이 참으로 존재하는가 또는 사물의 참된 본질은 무엇인가 (2) 어떤 의미에서 개별적인 학문분야에서는 그렇지 않지만, 근본적이고 포괄적인 것에 대한 관심 (3) 지능적으로 확고부동하고, 그 결과 유일한 확실성을 지닌 결론에 도달하기를 요구한다.

형이상학이 탐구하는 질문들은 네 개의 하위영역으로 정리된다. 첫째는 우주와 그 목적성의 기원, 본질 및 발전에 관한 이론을 다루는 우주론적 질문이다. 여기에는 "우주는 어떻게 기원해서 발전되었나?", "우주가 움직여 가는 목적이란 존재하는가?"와 같은 질문들이 포함된다. 또한 여기에는 공간과 시간의 본질에 대한 질문들이 포함된다. 두 번째는 하나님의 본질과 존재에 관한 신학적인 질문들이다. 이런 질문에는 "하나님은 한 분인가? 혹은 한 분 이상인가?", "하나님의 속성은 무엇인가?", "다른 천상의 존재들이 존재하는가? 그렇다면 그들의 본질은 무엇인가?" 등이 포함된다.

형이상학적 질문의 세 번째 하위영역은 인간학적인 것이다. 이는 인간존재의 본질에 관한 질문이다. 이런 질문들에는 "자유의지의 본질은 무엇인가?", "인간존재는 어느 범위까지 참으로 자유로운가?", "정신과 육체의 연관성은 어떠한가?", "정신은 육체보다 더 근본적인 것인가?", "인간은 선하게 태어나는가? 아니면 악하거나 중립적으로 태어나는가?" 등이 포함된다. 마지막으로, 형이상학에는 존재론적 질문들이 포함된다. 이는 존재의 본질 즉 존재한다는 것의 의미는 무엇인가와 관련된다. 이런 질문에는 "실재라는 것은 단지 자연적 영역에만 존재하는가?", "그것은 자연적인 것과 초자연적인 것 양자로 구성되는가?", "실재는 질서정연하고 고정되어 있는가? 아니면 변화가 주요한 특징인가?" 등이 포함된다.

형이상학적 질문들은 기독교교육자들의 교육의 실제에 직접적인 관련성을 가진다. 각 기독교교육자의 정신형태 안에는 그 교육의 실제에서 은연중에 표현되는 형이상학적 신념들이 존재한다. 더구나, 교육의 실제 자체는 이러한 많은 질문들에 대한 특별한 대답들을 반영하고 있다. 기독교교육자에게 주어지는 비판적인 도전은 (1) 이러한 문제들에 관해 존재할지 모르는 성경적 진리의 왜곡이 어디에 있는지 살펴보기 위해서 자기 자신의 형이상학적 신념들이 무엇인지 주의 깊게 검토해야 한다는 것, (2) 이러한 형이상학적 질문들에 대한 성경적 대답과 일치하도록 교육의 실제를 신중하게 선택해야 한다는 것이다. 예를 들면, 기독교교육자들은 자연적이고 초자연적인 실재를 모두 신봉한다. 그러나 역사적으로 볼 때 기독교교육의 실제에서 초자연적인 성령을 체험하는 것보다는 성경 지식을 배우기 위한 지능적인 과정에 더 큰 강조점을 두는 경향이 있어 왔다는 점이다.

MERIYN J. MACLEOD

참고문헌 | W. Hasker(1983), *Metaphysics: Constructing a World View*; G. R. Knight(1989), *Philosophy and Education: An Introduction in Christian Perspective*; T. V. Morris(1991), *Our Idea of God: An Introduction to Philosophical Theology.*

형태심리학(Gestalt Psychology). 게쉬탈트라는 단어는 형태나 배치를 의미하는 독일 단어에서 왔다. 형태심리학 이론은 사람들이 배우는 방식과 자작을 주관하는 방식을 연구하는 데 독특한 기여를 한다. 그리고 새로운 통찰력은 개방성을 창조한다. 게다가 형태심리학은 개인적인 부분보다 좀 더 큰 단위로 다른 지각을 주관하는 데 기초하는 이론이다. 이러한 방식으로 형태주의 이론은 잠재적으로 인간에게 새로운 통찰력을 가져다 줄 수 있다.

형태주의자들은 지각을 주관하는 5개의 주요 법칙을 개발하였다. 이 법칙은 가장 기본적인 법칙이다. 이러한 최고의 법칙은 좁은 형태에의 평범함, 단순함 그리고 안정성을 사용하는 지각을 조직하기 위해 인간의 경향성을 확인한다. 사람이 전형적으로 형태에 도달하는 방식을 설명하는 특이한 법칙은 다음과 같다. (a) 유사(similarity)의 법칙 – 유사한 범주 안에서 지각을 조직 (b) 근접(proximity)의 법칙 – 배치, 장소, 기간 등과 같은 것에 의해 촉진될 수 있는 부문의 동일함에 따라 지각의 결합 (c) 폐쇄(closure)의 법칙 – 만족을 얻는 방식과 같은 연속물, 불완전한 이해, 생각 안에서 닫히는 것을 발견하는 행위 (d) 좋은 연속(good continuation)의 법칙 – 새로운 정보의 소개가 새로운 지각을 창조할 때까지 같은 양식으로 연속되는 학습자에 의한 조직(Koffka, 1935).

형태심리학에서 학습은 목표의 치환으로 표현되는 문제해결 방법을 습득하는 데 도움이 된다. 형태심리학에서 학습의 실제는 사람의 모든 면, 즉 인지적, 정의적, 영적 영역을 포함하는 목표를 가지고 있다. 학습의 형태적 접근에서는 하나의 결론을 도출하는 데 논리적이며, 하나의 지각 구조를 가지고 있지 않다. 사람들은 자신의 결론을 이끌기 위해 참가자를 자극하는 과정을 발견한다.

게쉬탈트(Gestalt)의 등장을 보여주는 짧은 역사는 정보가 될 만하다. 1890년에 기독교인이며, 19세기 오스트리아 철학자인 에렌펠스(von Ehrenfels)는 게쉬탈트(Gestalt)라는 단어를 영어에 소개했다. 에렌펠스(Ehrenfels)의 연구는 전체는 부분들의 합의 훨씬 이상임을 인식시키는 데 실패한 당시 유행했던 전통적인 원자이론과 상당히 달랐다. 그의 결론은 게쉬탈트(Gestalt) 이론의 전례를 확립해 줄만한 신선한 것이었다.

20세기의 1/4분기에 형태심리학은 구조주의, 기능주의, 행동주의의 사회심리학으로서 미국에 도전했다. 이 시기에 특히 "낡은 체계를 무너뜨리고 새롭게 기초로부터 형성하기"를 주장한 형태주의 운동에서는 오래된 이론들과 주장들을 추가하거나 재건하는 것을 반대하였다(Helson, 1917, 345).

결과적으로 이의제기의 심리학으로 여겨졌던 형태주의 이론은 1920–1930년대 동안 절정을 맞이했다. 비록 거절되거나 불투명한 생각이라고 여겨질지라도 형태심리학은 인간의 지각에 대한 지식을 명료화하기를 주장하였다. 칼 던커(Karl Duncker)와 그밖에 몇몇이 이 이론을 가지고 실질적으로 그 세대를 매료시키기 위해 고군분투하였다. 1950년대 개척된 형태심리학이 형성된 이후 많은 표현법이 발견됐다. 베르트하이머(Max Wertheimer), 코프카(Kurt Koffka), 콜러(Wolfgang Kohler)에 의해 미국에 소개됨에 따라 형태심리학은 시각적 인식의 많은 부문에서 확고하게 됐다(Perls, Hefferline, & Goodman, 1951). 이 과학자 트리오의 원전은 심리학 역사에 큰 족적을 남겼다.

세심한 천재였던 베르트하이머는 주로 형태심리학의 창설자로서 알려져 있다(Koffka, 1935). 그는 결코 체계적인 논리로 글을 쓰지 않았더라도 그 분야에 가장 나이 많은 학자이다. 그는 창시자이며, 리더였고 다른 두 명(Kohler와 Koffka)이 그의 탁월함을 드러내 주었다.

세 명 중에서 가장 어리며 가장 잘 알려진 볼프강 콜러(Wolfgang Kohler)는 바로 형태심리학의 복음 전도사로 여겨질 수 있었다. 콜러(Kohler)의 가장 유명한 작품인 『원숭이의 지적 능력』(The Mentality of Apes)은 "전면적으로 통찰 학습 개념을 시행착오설의 대체론으로 가져왔다"(Hilgard and Bower, 1966, 229). 그의 모델은 오늘날까지도 상당히 영향력 있는 것으로 남아 있다.

코프카(Koffka)의 저서는 그가 전체 형태심리학 운동을 체계화시킨 사람임을 확실시한다. 그의 저서 『형태심리학 이론』(Principle of Gestalt Psychology)(1935)은 형태심리학의 유일하게 조직적인 집대성작으로 형태심리학의 중심에 있는 학습과 기억의 주제를 토론한다. 세상은 형태심리학을 창설하고 영감을 준 세 명의 사상가들에게서 큰 감사의 빚을 지고 있다.

JERRY BOWLING

참고문헌 | E. G. Boring(1950), *A History of Experimental Psychology*; H. Helson, *The American of Journal of Psychology* 28(1917), 538-66; E. R. Hilgard and G. H. Bower(1996), *Theories of Learning*; K. Koffka(1935), *Principles of Gestalt Psychology*; Fredrick S. Perls, R. F. Hefferline and P. Goodman(1951), *Gestalt Therapy: Excitement and Growth in the Human Personality*.

참조 | 장 이론(FIELD THEORY); 레빈, 커트(LEVIN, KURT)

호손 효과(Hawthorne Effect).
대상자들이 그들이 특별한 관심을 받고 있다는 자각 또는 연구원들의 가설에 대한 그들의 지식, 실험 참가에 대한 그들의 자각에 기초한 연구에서 그 대상자들의 행동에 나타난 변화를 관찰하여 얻은 이론이다. 이 현상은 1927년에 일리노이스 시세로(Cicero)에 있는 웨스턴 전기 회사의 호손공장에서 공장 전직원의 단조로운 근무 환경 하에서 연구된 생산성으로부터 발견되었다. 엘톤 마요(Elton Mayo)와 그의 연구팀들은 더 좋은 조명상태나 많은 양의 휴식 시간과 같은 개선된 환경에서 뿐만 아니라 흐릿한 조명상태나 감소된 휴식 시간과 같은 낙후된 환경에서도 생산성이 증가한다는 사실에 놀라워했다. 연구원들은 조작된 실험적 요인이 아니라 그들이 연구 대상으로서 관찰되고 있다는 사실이 기대했던 효과를 대상자들로부터 유발할 수 있다고 결론지었다.

어떤 실험에서 호손효과가 알려진 대상자들이 받는 관심과 지각의 증가가 생산성 증가에 기여한다는 결과가 나왔다. 이러한 결과가 발생할 땐 언제든지 그 실험이 표면적인 유효성이 위태로워질 수 있다. 그 이유는 그 대상자들의 행동이 상황의 조작에서가 아니라 그 조사연구에 참여하고 있다는 그들의 인식에 의해 영향을 받기 때문이다.

DAVID GOUGH

참고문헌 | F. S. Roethlisberger & W. J. Dikson(1939), *Management and the Worker*.

호온, 헤르만 하렐(Horne, Herman Harrell, 1874-1946).
호온은 1874년에 북 캐롤라이나의 클레이톤(Clayton)에서 태어났다. 그의 초기 교육은 지역공립학교와 윈스톤살렘의 데이비스 군사학교(Davis Military Academy)에서 이루어졌다. 그는 북 캐롤라이나 대학에서 문학사와 문학 석사 학위를 1895년에 수여받았다. 하바드에서 그는 졸업작품을 계속하여 1897년에 이학석사를 1899년에 박사 학위를 받았다. 그는 또한, 베를린 대학에서 연구 활동을 하였다.

그의 첫 번째 교수활동은 북캐롤라이나 대학에서 프랑스어 교수로 시작되었다. 그의 다음 임용은 다트마우스(Dartmouth) 대학에서였는데 거기서 철학을 가르쳤으며, 교수직을 얻었다. 1909년에 뉴욕대학의 교육학 학부에서 철학 교수가 되었다. 1922년에 그 교육학 학부는 교육대학으로 개명되었다. 호온은 교육철학과 교육 역사학 분야의 교수와 학과장을 역임하였으며, 또한 종교교육 학과를 설립하였다. 그는 1946년에 죽었다.

호온은 교육 철학과 심리학, 교육학, 종교교육 분야의 다작의 작가로 활동하였다. 그의 철학은 영혼의 불멸과 각각의 개인이 노력해야만 하는 모델(본보기)의 구체화로서 그리스도의 이상에 대한 확고한 믿음으로부터 유래하였다.

그는 26권의 저서과 수많은 논문을 남겼다. 그는 1923년에 라디오로 교실강좌를 시작한 미국의 첫 교수였다. 그의 활동적인 경력으로 인해, 호온은 네 개의 영광스런 학위를 받았으며, 미과학진흥협회와 교육진흥회의 회원이 되었다.

듀이(John Dewey)가 모닝사이드하이츠(Morningside Heights)에 있는 콜롬비아 대학에서 실용주의 교육철학을 강의할 동안, 호온은 같은 도시에 있는 워싱턴 스퀘어(Washington Square)에서 가르치고 있었다. 호온은 듀이에게 의미 있는 이상주의의 대안을 제공하였다. 결코 듀이에게 그의 반대를 신랄하게 표현하지는 않았지만, 호온은 그리스도에게 헌신적인 구조로 반응하였다. 호온은 교육의 목적이 사람이 하나님의 형상으로 창조된 대로 사람으로 하여금 그 덕성을 이끌어 주는 것이라고 믿었다. 듀이는 과학적 방법에 초점을 두었으며 호온은 내용, 특히 도덕적이고 기독교적인 내용이 학생들에게 전달될 필요가 있음을 믿었다. 듀이가 하나님을 부인하는 반면, 호온(Horne)은 하나님이 최고의 교육자이심을 믿었다.

호온의 주된 교수방법은 소크라테스적인 방법이었다. 그는 교사가 교과와 학생을 모두 잘 알아야 한다고 믿었다. 교사는 학생에게 배우고자 하는 열망을 일깨워야 하며 학생에게 진정한 친구가 되어야만 한다.

EDWARD A. BUCHANAN

참고문헌 | H. H. Horne(1910), *Idealism in Education*.

참조 | 듀이, 존(DEWEY, JOHN); 이상주의(IDEALISM); 상호작용의 학습(INTERACTIVE LEARNING); 소크라테스의 방법(SOCRATIC METHOD)

혼전성관계(Premarital Sex). 금욕(Abstinence)을 보라.

혼합 가정(Blended Families). 많은 그리스도인들과 교회들이 핵가족 제도 - 일하는 남편과 가사를 돌보는 아내 그리고 자녀들 - 를 성경적이고 정상적인 모델로 생각해왔다. 이것은 실제로 19세기 빅토리아 식의 중류가정의 전형적인 모습이었다. 성경적 가치와 상반되는 것은 아니지만, 이 모델만이 성경적인 가족 형태라고 말할 수는 없다. 1974년에 이미 미국은 삼분의 일에 해당하는 가정만이 전통적인 핵가족이라는 통계가 있었기 때문에 핵가족을 표준으로 삼는 것은 무리가 있다(Keller, 1974). 교회는 실제로 사역하는 가정의 성격을 고려해야 한다.

"혼합 가정"(blended family)은 또한 두 핵(binuclear), 융합된(merged), 재건된(rebuilt), 연합된(combined), 재구성된(reconstituted) 가정으로 불리는데, 한쪽 부모나 또는 둘 다 전에 이혼했던 경험이 있는 사람들로 구성된다(Duvall & Miller, 1985). 대다수의 미국인들이 혼합 가정을 경험하는 수가 급격히 증가하고 있다. 널리 유행하는 이혼과 재혼의 부산물인 혼합 가정은 다음과 같은 특성이 있다. (1) 자녀들은 한쪽 부모가 재혼하여 계부 또는 계모와 함께 산다. (2) 전혼에서 출생한 자녀들은 재혼한 다른 부모와 계부모를 방문한다. (3) 결혼하지 않은 채 동거하는 사람들은 적어도 한쪽의 자녀와 같이 살든지 방문을 받는다. (4) 재혼한 부부는 각각 전 부 또는 전 처의 자녀들을 데리고 온다. (5) 자녀를 데리고 재혼한 부부들은 또한 재혼한 부부 사이의 자녀도 갖는다(Knox & Schacht, 1991).

혼합 가정은 다른 문제들과 함께 구조적 어려움과 여자/남자의 역할, 스트레스, 긴장감, 늘어가는 갈등을 직면한다. 혼합 가정의 대부분의 구성원들은 이전에 있던 관계의 상실을 경험한다. 자녀들은 한쪽 부모를 잃고, 어른들은 다른 배우자의 상실로 슬퍼한다. 권력투쟁이 깊어져 가고 해결은 더 어려워진다. 자녀들과 어른들 모두 가까운 새로운 관계를 만들어야 한다. 계부모의 역할은 제대로 정의되어 있지도 않고 풀어가기도 매우 어려운 과제이다.

혼합 가정

자녀들은 함께 사는 쪽의 부모와 대부분의 시간을 보낼지라도 스스로는 두 가정에 속해 있다고 본다. 어린이들은 "여분의" 조부모들의 존재를 잘 이해하지 못하고, 이 조부모들도 낯선 아이들과 함께 지내기가 쉽지 않다.

종종 혼합 가정의 여성들이 실망하는 일이 있다. 여성들은 온전한 사랑과 행복을 기대하는 반면, 그들이 실제로 받는 것은 스트레스와 적개심, 의붓자식과의 갈등 등을 겪는다. 계부들도 자기 자식들과 "갑자기" 생긴 새로운 자식들과의 사이에 죄책감과 혼란을 경험한다. 자기 자녀들에게 "위대한 아빠"가 되려고 노력하는 동안 아내는 무시당하는 느낌을 받기도 한다. 이리저리 흩어져 있는 많은 다른 가족들로 인해 가정에서 계부모로서의 역할은 점차 줄어든다. 전 배우자와 자녀양육을 함께 하는 일도 잠재적인 스트레스가 된다.

혼합 가정의 부모가 하나로 단결된 가정을 만들어가기는 쉽지 않다. 혼합 가정의 대부분의 식구들은 적어도 한 가족 모델인 핵가족을 이루든지, 또는 많은 어린이들이 홀아버지나 홀어머니 밑에 자라기도 한다. 하나됨과 공통의 목표를 갖는 생물학적 가정들은 수많은 체험 속에 서서히 성숙해 간다. 혼합 가정이 비현실적으로 짧은 시간 안에 동일한 결과를 기대할 수도 있다. 또한 양쪽의 서로 다른 가치관들이 가족의 단결을 파괴할 수 있다. 한 가정이 진정한 가족으로 "느껴지면", 2-7년 정도의 시간이 걸린다.

"혼합 가정의 부모와 자녀 사이에 생물학적 유대가 형성되려면 강한 감정적 유대감이 동반되어야 한다. 한 부모와 계부모 간에 감정적 유대가 확립되지 않으면 친자식과 의붓자식 간에도 부정적 감정과 갈등을 초래하게 된다"(Knox & Schacht, 1991, 543). "재혼하는 순간부터 데리고 들어온 자식과 그 부모 사이의 감정적 유대가 약해지기 시작한다"(544). 배우자끼리도 이러한 유대감을 다른 관점으로 볼 수 있다. 어떤 사람들은 자기 자식들과의 유대감이나 관심을 양육의 표현이라 생각하지만, 다른 이들은 관계에서 제외되었다고 느낄 수도 있다.

두 개의 서로 다른 생활 방식이 혼합되면 모든 식구들이 갈등을 겪고, 편애나 반쪽만의 충성심, 훈계나 금전문제 등이 하나가 되기 위해 노력하는 일은 스트레스가 된다. 갈등으로서 이 모든 문제들이 혼합 가정에서는 더 심화되는 듯하다.

혼합 가정의 유대가 강화되는 증거로는 가족 간의 역할이 향상되고, 전 배우자와의 갈등이 줄어들고, 자녀들에게 다양한 역할을 해주며, 핵가족보다 더 융통성이 생기고, 형제자매와 친족이 많아지고, 부모가 행복한 결혼생활을 하는 것 등이다(Strong & DeVault, 1989).

역사적으로 교회는 신자들의 이혼과 재혼을 성경적 가치에서 떨어지는 것으로 간주해왔다. 그러나 혼합 가정이 미국 사회의 표준이 되다 보니, 교회에서는 그것을 오명으로 낙인찍기보다는 보강시키는 것을 추구해왔다. 이런 노력은 특히 어린이들에게 중요하다. 재산과 양육비, 자녀보호와 방문 등의 문제들이 예리한 갈등과 비난의 초점이 되어 왔고, 모든 식구들에게 고통을 주고 함께 사는 부모 역할을 저해시킨다. 이혼 치유와 상담은 상황을 이해하고 실패감과 분노를 가라앉히는 데 도움이 된다. 상담은 또한 새로운 가정을 형성하는 과정에 어린이들이 자기 비난을 하지 않도록 도울 수 있다.

혼합 가정의 구성원들이 스트레스와 관련된 문제들을 스스로 조절할 수 없을 정도가 되기 전에 도움을 주어야 한다. 이혼 후의 슬픔을 가라앉히도록 교육적 또는 예방적 방법으로 접근해야 한다. 상담자들이 도울 수 있는 일들은 다음과 같다. 자녀 양육의 필요와 부모로서의 권리를 알도록 돕는 것, 문제해결법과 협상의 기술을 가르치는 것, 대안이 될 만한 역할들, 규칙들, 의식들에 대해 의논하는 것, 계부모로서 관계를 증진시키는 행동들을 알려 주는 것, 어른의 권위를 견고히 해주는 일 등이다.

EUGENE S. GIBBS

참고문헌 | E. M. Duvall and B. C. Miller(1985),

Marriage and Family Development; S. Keller(1974), *The Family: Its Structure and Functions*; D. Knox and C. Schacht(1991), *Choices in Relationships: An Introduction to Marriage and the Family*; B. Strong and C. DeVault(1989), *The Marriage and Family Experience*.

홀아비/과부(Widowers/Widows). 네 명 중 세 명의 성인들이 홀아비(과부)가 되는 경험을 한다. 75세경이 되면 다섯 명 중 네 명의 여자들이 과부가 된다. 여자들은 그들의 긴 수명과 남자들이 나이가 어린 여자들과 재혼하려는 경향 때문에 과부가 되기 더욱 쉽다. 기독교교육자들이 과부들에 대한 성경적 관점을 알고 있을 때 유가족들의 필요에 올바로 대처할 수 있을 것이다.

1. 성경의 관련 구절들. 구약성경 전체를 통하여 하나님은 이스라엘이 과부들을 돌아볼 것을 명령했으며(출 22:22; 신 24:17; 26:12) 과부들을 억압할 때 심판하실 것을 경고했다(렘 7:6; 슥 7:8-14). 신약에서 예수님은 과부들에 대해 특별히 민감히 반응하셨다(눅 7:11-15; 24:1-4). 초대교회는 과부들을 돌보았으며(행 6), 또한 교회를 섬기는 과부들의 조직이 있음을 볼 수 있다(딤전 5:3-16). 야고보는(1:27) "참된" 종교란 과부들과 고아들을 돌보는 것임을 보여줌으로써 스스로를 방어할 능력이 없는 자들에 대한 하나님의 관심을 잘 반영해 준다. 과부들의 법적인 그리고 사회적인 위치가 오늘날 서구 문화에서처럼 불확실하지는 않지만, 이러한 성경적 관점들은 여전히 우리에게 가르쳐주는 바가 있다.

2. 과부로 살기와 사별에 대한 연구. 배우자의 죽음은 한 개인이 직면하는 가장 큰 정신적인 중압감을 야기하는 사건이다. 특별히 배우자가 죽은 처음 일 년 동안은 건강을 잃을 위험이 높고, 우울증에 걸리기 쉽다(Stroebe & Stroebe, 1987). 과부의 사망률 또한 높다. 정신적 중압감은 재정상의 안전이 위협을 받고, 가정에서 아이들에 대한 책임을 도맡아야 할 경우 더욱 커진다.

배우자의 사망 후 정상적인 삶을 되찾는 시간은 평균적으로 2년 정도이나(Stroebe & Hansson, 1993) 슬픔과 상실의 감정은 그 후에도 수년간 더 계속될 수 있음에 주의해야 한다. 슬픔의 단계들에는 비슷한 점들이 많지만 사람들에 따라 약간의 차이가 있기도 하다. 젊은 과부들은 초기에 아주 심한 슬픔의 증세를 보이고, 나이가 들은 미망인들은 상실의 아픔을 회복하는 데 더 많은 시간이 필요하다(Sanders, 1981). 젊은 과부들은 젊은 홀아비들보다 배우자의 죽음에 더욱 강한 반응을 보이나, 2년 내지 4년이 지나면 결혼한 또래의 여성들과 비슷한 수준의 조절 단계로 회복된다. 홀아비들은 과부들보다 재혼하기가 쉽다.

배우자를 여읜 사람들을 위한 공적인 또는 사적인 종교적 활동들이 가치가 있음을 입증해 주는 증거들이 몇몇 있다. 한 연구에 의하면, 애도의식이나 강한 종교적 신념은 배우자의 죽음 후에 오는 신체적, 사회심리적 기능 장애의 발발 가능성을 저하시키는 것으로 나타났다. 매번 예배에 참석하는 것은 60세에서 89세 사이에 있는 과부들이 긍정적인 정서 수준에 있다는 사실은 가장 확실한 증거이다(McGloshen & O'Bryant).

3. 슬픔에 대한 임무. 스티븐 슈처(Stephen Shuchter, 1988)는 과부가 경험할 수 있는 다양한 차원의 슬픔의 양상을 보여주는 슬픔에 대한 임무들을 기술했다. 이러한 임무들은 과부들을 후원하고 도움을 주기 원하는 교육자들에게 좋은 지침이 될 것이다.

첫째, 과부는 반드시 슬픔과 상실의 감정을 다루어야 하며 그것들이 발견될 때마다 어떻게 대처해야 할지 그 방법을 찾아야 한다. 둘째, 건강과 그 밖의 다른 중요한 기능들이 반드시 잘 관리되어야만 한다. 셋째, 고인이 된 배우자와의 새로운 관계를 정립해야만 한다. 넷째, 과부는 반드시 바뀐 관계들에 적응해야 한다. 다섯째, 회복된 자아의식과 안정된 세계관이 형성되어야 한다.

4. 교육적 전략들과 프로그램. 교회의 공동체 안에서 과부들은 종종 "보이지 않는" 무리의 사람들이기 때문에 모든 회중에게 과부(홀아비)의 필요와 이들에 대한 성경의 명령을 교육시키는 것이 매우 중요하다. 다른 사람들과 관계를 맺는 기회들이 많을수록 과부(홀아비)들이 경험할 수 있는 사회적 격리를 감소시킬 수 있다. 아마도 가장 도움이 되고 많은 사람들에게 수용되는 과부들을 위한 프로그램은 과부가 미망인에게 주는 프로그램으로서 (Silverman, 1986) 이미 얼마간 과부로서 지내온 사람이 새로이 과부가 된 사람을 돕게 하는 것이다. 어떤 과부들(홀아비들)은 서로를 지원하는 그룹에서 그들의 도움을 찾는다. 교회들과 공동체는 유가족들의 실질적인 필요들을 고려해야만 하는데 단지 첫 몇 주 동안만을 그렇게 하는 것이 아니라 재정적인 부담과 가정 그리고 특별히 젊은 과부들에게는 자녀들을 부양하는 압박이 더해 갈수록 오랜 시간에 걸쳐 도움을 주어야 한다. 나이가 많은 과부들을 위해서는 그들이 섬길 수 있는 기회를 제공함으로써 인간관계를 형성하도록 도울 뿐 아니라 자존감을 갖도록 해준다.

FAYE CHECHOWICH

참고문헌 | D. A. Lund, M. S. Caserta, and M. F. Dimond, *The Gerontologist* 26, no. 3(1986); 314-20; T. McGloshen and O' Bryant, *Psychology of Women Quarterly* 12 no. 4(1988): 365-73; C. Sanders. *Omega* 11, no. 3(1981): 217-32; S. Shuchter(1988), *Dimensions of Grief Adjusting to the Death of a Spouse*; P. Silverman(1986), *Widow to Widow*; M. Stroebe, W. Stroebe. and R. Hansson(1993), *Handbook of Bereavement: Theory, Research and Intervention*; W. and M. Stroebe(1987), *Bereavement and Health: The Psychological and Physical Consequence of Partner Loss.*

홈 스쿨 운동(Home School Movement). 양쪽 부모나 한쪽 부모에 의해 집에서 우선적으로 행해진 아동의 교육은 지난 10년 이상 증가해왔다. 학교, 학교의 선택 프로그램, 보증인이 허가하는 것처럼 교구학교, 공립학교, 사립학교의 이 대안은 중요한 부모의 의견을 제공한다. 홈 스쿨(가정학교)은 더 어린 아동과 함께 실시된다. 학생이 커갈수록 학업 수준이 현재 가정에 있는 자원이나 능력 이상을 요구하게 되므로 때때로 공식적인 학교로 이동한다. 1990년대 말 미국에서는 홈 스쿨에 포함된 학생이 150만 명에 달한다고 추정하였다.

1. 홈 스쿨의 동기(Reasons for Home Schooling). 사람들은 다양한 이유로 홈 스쿨을 다음과 같이 선택한다. (1) 가족친밀감 유지, 추가의 긴밀한 유대와 양육시간의 허락 (2) 개인주의화된 학습의 제공과 영재, 장애인 또는 감성적으로 도전받는 아동의 특별한 지도 편달 (3) 공립학교에 연관된 술, 마약, 부정적 경쟁심, 섹스 그리고 폭력 등으로부터 안전을 제공 (4) 특별한 교수법적인, 철학적인, 정치적인, 종교적인 시각의 만족스런 표현.

홈 스쿨은 재정적인 이유와 지리 환경에 의해 다른 대안들보다 우선 선택되나 공립학교 대안에 대한 부모의 의견들은 낮은 학문 기준과 빈약한 가르침에 대해 관심을 표명한다. 또 다른 이들은 국립학교를 정치적으로 억압된 협의 사항을 지닌 제한된 환경으로 본다. 기독교인 부모들을 위한 큰 고려사항은 종교적 이슈가 한 학교의 교육 과정 속에서 어떻게 다루어지는가 하는 것이다. 그들은 학습과 생활의 중요한 기초적 가치들이 사라지고 있다고 느낀다. 몇몇 기독교적 신념들은 공개적으로 무시되며 반기독교적인 전제들로 대체되었다. 홈스쿨은 부모들이 학습프로그램 전반에 걸쳐 아이에게 독특한 기독교적 세계관을 불어넣을 수 있는 기회를 제공한다. 홈스쿨에 반대하는 몇몇 사람들은 이 부모들을 보수주의자, 분리주의자, 그리고 인종차별주의자라고 비난한다.

2. 홈 스쿨에 대한 성경의 기초(Biblical Basis of Home Schooling). 아동을 교육시키는 데 있어 부모

의 책임은 구약성경 시대로 거슬러 올라갈 수 있다(신 6:7을 보라). 잠언은 아들에 대한 아버지의 가르침의 예가 들어 있다(잠 1:8-9). 기독교 사회의 대부분이 자신의 아이를 양육하는 데 있어 부모의 역할을 수행하는 수단으로서 홈 스쿨을 선택한다(엡 6:4을 보라). 이러한 교육적 선택권을 선택하는 부모는 특별한 동기, 인내, 자질을 요구한다. 홈 스쿨은 한쪽 부모가 집에 남기를 요구한 이후로 많은 세월 동안 경제적 어려움을 겪었다.

3. 홈 스쿨의 역사적 발전 (Historical Development). 미국에서 홈 스쿨은 식민지 시대에서 뿌리를 찾는다. 식민지인들은 자신의 아이를 집에서 교육하였다. 1840년대 동안 매사추세츠에서는 부모를 위해 그들의 아이를 가르치는 데 필요한 정책을 세웠다. 결과적으로 몇 지역사회는 이러한 요구에 부합되는 마을학교를 주관하였다. 후에 학교를 위임받은 식민지는 모든 지역에 학교를 세웠다. 1800년대 동안 미국시민을 위한 공동의 생각은 발전되었으며 참가는 강제적이 되었다. 이러한 것을 요구하는 국립학교에 반대하는 사람들은 가끔 가정교육을 선택한다.

조지 워싱턴(George Washington), 아브라함 링컨(Abraham Lincoln), 부커 워싱턴(Booker Washington), 토마스 에디슨(Thomas Edison), 플로렌스 나이팅게일(Florence Nightingale)을 포함한 많은 유명한 미국인들이 홈 스쿨 교육을 경험했다.

1993년 이후로 50개의 주는 홈 스쿨을 허락했으며, 대부분 홈 스쿨 협회를 가지고 있다. 몇몇 주는 홈 스쿨의 기준을 두었으며, 매년 시험을 요구한다. 대부분의 주들은 부모들에 대한 어떤 교수 자격 조건을 달지는 않는다.

4. 홈 스쿨의 비평(Critique of Home Schooling). 홈 스쿨의 비평가들은 전통적 학교에서 배우지 않는 학생은 사회적으로 발전하지 못한다고 주장한다. 그들은 가정교육을 받는 학생의 제한된 생활은 미래에 타인과 성공적으로 상호 작용할 수 있는 능력(함양)에 부정적인 영향을 미칠 것이라고 믿는다.

홈 스쿨 지지자들은 풍부한 사회화는 다른 방법을 통해서 획득할 수 있다고 지적한다. 학생들은 다른 홈 스쿨 학생들과 협력적으로 상호 작용한다. 그들은 다른 아동과 함께 댄스, 음악, 스포츠 활동을 한다. 4-H, YMCA, 캠프 등의 다양한 활동이 수많은 관계의 기회를 제공한다. 학습계획 제공단체는 다양한 연령대의 사람을 학생으로 받는다. 고령의 직장인 학생은 작업공간의 사회적 요구에 친숙해진다. 많은 홈 스쿨 학생들이 지방교회의 생활에 적극적으로 참여한다. 최근 조사는 대부분의 홈 스쿨 학생들은 사회적으로 전통적인 학교교육생과 비슷하다는 것을 보여준다.

또한 홈 스쿨에 반대하는 사람들은 훈련되지 않은 부모가 직업적인 교사만큼 잘 가르칠 수 없다고 주장한다. 홈 스쿨을 옹호하는 자들은 개별화된 교육의 가치에 강조를 두고 있으며, 홈 스쿨 학생이 부모의 교육배경이나 자격에 상관없이 공립학교생보다 학문적으로 동등하거나 더 잘 준비되어 있음을 보여주는 연구에 초점을 두고 있다.

5. 홈 스쿨을 위한 이용 자원(Resources Available). 방대한 양의 교육적 교육과정과 자원이 홈 스쿨 시장을 위해 생겼다. 부모들은 때때로 자원을 공유하고, 책임있는 가르침을 위해 홈 스쿨 협회를 운영한다. 몇몇 지역사회에서는 국립학교는 홈 스쿨 학생에게 어떤 자료와 설비를 이용하도록 제공하고 있다. 더 많은 지원과 관련정보는 증가하는 웹사이트와 홈 스쿨기관을 통해 이용하는 것이 가능하다. 중요 자원을 제공하는 두 개의 국가기관은 홈 스쿨 법적 변호 협회와 국가 홈 스쿨 연구기관이다. 또한 인터넷의 조사는 홈 스쿨 부모를 위한 수많은 자원을 공급해 줄 것이다.

ROGER WHITE

참고문헌 | S. Card and M. card(1997), *The Homeschool Journey*; L. Dobson, ed.(1998), *The Homeschooling book of Answers: The 88 Most*

확대가족

Important Questions Answered by Homeshooling's Most Respected Voices; M. P. Farris(1997), *The Future of Homeschooling: A New Direction for Christian Home Education*; C. J. Klicka and C. Klicka(1994), *The Right Choice: The Incredible Failure of Public Education and the Rising Hope of Home Schooling*; B. D. Ray(1997), *Strength of Achievement, Family Characteristics, and Longitudinal Traits*, J. W. Whitehead and A. I. Crow(1994), *Home Education: Rights and Reasons*.

확대가족(Extended Family). 핵가족의(아내와 남편과 미혼자녀로 구성된 가족) 범위를 넘어서 혈연이나 혼인 관계로 이어진 사람들이다. 확대가족에는 조부모 세대의 친족들과 이모나 삼촌과 같은 핵가족 세대의 친족들 그리고 배우자의 자녀들이나 손자 등의 현세대들이 포함된다. 문화나 인종, 사회 규범에 따라 확대가족이 핵가족 단위에 끼치는 영향력이 매우 다양하다. 어떤 문화에서 고도로 통합된 확대가족제도가 있어 정서적 유대감, 지리적 근접함, 상호의존적 경제성 등을 포함하는 친밀함을 다양한 면에서 경험한다. 주어진 문화 안에서도 각 가족 단위가, 그 그룹 일원들의 기대와 참여 정도를 스스로 규정하기도 한다.

전통적인 확대가족의 의미는 아니지만 그리스도인들도 하나님의 가족이라는 점에서 같은 패러다임을 공유한다. 확대가족의 구조 안에서 인간이 가장 완전하고 온전하게 발달한다. 각자의 고유함을 격려하고 지지하는 그리스도의 지체들을 포용하는 (지역적으로나 우주적으로) 확대가족은 건강과 복지를 위해 하나님께서 주신 선물이다.

JUDY TENELSHOF

확신(Confidence). 믿음(Belief)을 보라.

확증(Confirmation, 入敎). 기독교의 입교식(천주교의 견진성사의 뜻으로 사용됨-역주). 교회사를 통해 여러 시대에서, 신앙의 확증은 성령의 은사와 관련하여, 최초의 성례에 참여하고 교인으로 등록되며, 부모가 세운 세례의 서약을 완수하는 일이다.

"확증"이라는 용어는 A. D. 439년에 사용되었다. 그것은 세례 받은 이후에 곧 하는 의식으로서 감독(주교)이 안수하고 기름 부어 행한다. 이 의식은 중세기까지 서서히 확산되었고, 세례 이후 이 확증 의식을 하기까지 기다리는 시간이 점점 길어져 몇 년이 걸리기까지 했다. 서기 1000년이 되어 이 확증 의식(견진 성사)은 세례와는 개별적으로 그 자체가 성례로 거행되었다. 이 일은 큰 논쟁거리가 되어 교회사를 통해 중세기의 학구적 신학자들로부터 현대의 지역교회 목사들에 이르기까지 의문을 받아왔다. 성경적으로 우리는 세례를 주라는 명령을 받았지만 확증하라는 명령은 발견할 수 없다. 현재는 일반적으로 은혜 안에 성숙하고 신앙 안에 견고해져 가는 기회로 이해되기는 하지만, 확증이란 여전히 신학적으로는 세례와 연관되고 성령 안에 뿌리를 둔다.

확증은 많은 개신교 교단에서 최근에 변화를 거듭했다. 1970년대가 되어, 미복음주의 루터교회(the Evangelical Lutheran Church in America), 연합감리교회(the United Methodist Church), 장로교회(the Presbyterian Church), 그리스도 연합교회(the United Church of Christ), 성공회교회(the Episcopal Church), 캐나다 연합교회(the United Church of Canada) 등에서 핵심이 되는 그 이름을 "세례의 확약"(affirmation of baptism) 이라고 개칭했다(Browning and Reed, 1995, 20). 이러한 칭호는 성례인 세례의식과 확증의 의례 사이의 신학적이고 역사적인 연결의 관념을 지지한다.

1990년대에 다수의 교단들이 이 확증의례(입교)를 재점검했는데, 그 이유는 많은 학생들이 입교식 바로 후에 교회를 떠나버렸기 때문이다. 입교식을 위한 학습내용과 교수법이 주입식으로부터 벗어나 교회 안에서 성숙하고, 그리스도인다운 행동과 삶의 양식을 이해하는 것으로 바뀌었다. 이제 확증은 종종 그리스도와 평생의 관계성을 향한 첫발을 내딛는 일로 간주된다. 그것은 영적 성숙을 위한 기회로서 신앙의 여행길을 떠나는 일이다. 가정의 역할이 재천명되어야 한다. 성경 시대와 종교개혁 시대에 부모들은 자녀를 가르치라는 명령을 받았다. 최근의 기독교교육 실천에서 교회가 교사의 역할을 주로 담당하고 있다. 효과적인 확증을 위한 사역을 위해서는 가정이 신앙 전수의 역할을 해야 한다. 평신도들 역시 멘토로서 입교를 앞둔 사람들의 믿음의 길에 동반한다. 수많은 교인들이 입교를 전체적인 교육과 예배 생활에 통합시킨다. 확증은 계속해서 젊은 사람들을 믿음의 길로 인도하여 그리스도의 교회에 헌신하도록 도와 줄 것이다.

SUSAN L. HOUGLUM

참고문헌 | R. Browning and R. A. Reed(1995), *Models of Confirmation and Baptismal Affirmation*.

참조 | 교리문답서(CATECHISM); 가정교육(FAMILY LIFE EDUCATION); 중세교육(MEDIEVAL EDUCATION)

환경(Environment).

교육적 연구조사가 학습에 미치는 환경적 요인들의 효과에 대해 분명하게 언급하지만, 기독교교육자들은 이 요인에 대해 의견이 분분하다. 버지스(Burgess)는 20세기 종교교육학의 네 가지 모델들이 학습환경에 대해 서로 다른 의견을 제시한다고 지적한다(1966).

'고전적 자유주의'(classical liberal) 종교교육의 주창자들은 통전적인 사회 환경의 영향을 인식하면서도 환경적 요인을 계획적으로 체계화하는 것은 도외시한다. '주요'(mainline) 모델에서는 교회 생활과 교제를 기독교적 양육의 장으로서 필수적인 환경으로 여긴다. 기독교 공동체(가정을 포함하여)가 하나님의 영이 일하시는 환경을 제공해야 할 책임을 진다. 가톨릭교회와 대부분의 개신교회를 대표하는 '복음주의적/선포적(evangelical/ kerygmatic) 모델'은 일반적으로 행동을 내면의 지성 또는 영적 요인으로 묘사하면서, 가르침의 유용한 구성요인으로서 환경을 대체로 무시한다. '사회과학(social science) 모델'은 환경을 교육적 행위의 주요하고 다면적인 요소로 간주한다. 종교교육자는 학습환경을 조성하여 학습자와 예수 그리스도의 만남을 조정해야 한다.

대부분의 기독교교육자들은 학습의 성공 여부가 종종 주요한 환경적 요인들을 인식하고 사용하는 교사의 결정에 달려있다는 사실에 동의한다.

1. 문화적 환경. 학습자들은 그들의 문화로부터 언어와 사회 행동뿐 아니라 정부와 권위를 대하는 태도와 종교, 인종과 계층 등을 흡수한다. 북미주와 같은 다문화적(multicultural) 환경에서 학습자들은 하나 이상의 문화를 가질 수 있으므로 교육자들은 일상적으로 학습자에게 영향을 주는 특수한 문화적 환경에 대한 정보들을 지속적으로 배워야 한다.

2. 가정환경. 보다 넓은 환경에서 문화적, 경제적, 사회적 요인들은 가정에 의해 중재되는 경향이 있다. 고등학교를 졸업하기 전까지 어린이들은 깨어 있는 시간의 13%만 학교에서 시간을 보낸다. 앞에서 말한 바와 같이 부모들의 사회경제적 상태가 아니라 가정에서 무엇을 '하는가'가 중요하다. 가정환경을 통해 배운 가치들이 학습자가 하나님에 대해 배우는 내용과 과정에 영향을 미친다.

3. 교회 환경. 교회의 통전적 사역의 상대적인 온화함과 건강과 효율성이 제자들을 소생시키거나 소멸시키는 환경을 만들어 준다. 건강한 교회는 명백한 의사교환과 개방된 정책을 통해 신뢰하고 돌아보고 존중하는 분위기를 창조한다. 교회가 관심을 두는 양육의 환경은 교육과정과 기구들과 직원들과 시설이 잘 정비되고 유지될 때 확증된다. 개개인의 이름을 기억하고 얼굴을 알아보고 성격을 인정해 주고 정서적 필요가 충족될 때 개인적인 관심도 전달된다. 교실이나 청소년 그룹에서 가르치는 것을 초월하여 교회 환경이 학습자에게 그리스도인으로서 자신의 이미지를 가질 수 있도록 해준다.

섬기는 리더십(servant-leadership)체계는 신자들이 "거룩한 제사장직"의 은사를 받은 사람이라고 가르치지만, 권위주의적인 체계는 신자들이 명령의 사슬 안에서 종속적이고 수동적인 무리라고 가르친다.

4. 그룹 환경. 학습 그룹의 본질과 크기가 참석자들의 참여여부를 결정짓는다. 교사의 몸짓 언어와 그룹회원들과의 상호 반응과 그리고 모든 환경적 요인들이 적용 등을 통하여 전달되는 온화하고 정서적인 환경이 그룹과 주제를 향한 긍정적인 태도를 이끌어낸다. 효과적인 협동 활동들을 통해 그룹 내부의 관계성을 강화시킨다. 그룹의 크기가 상호 반응의 질과 양에 영향을 준다. 큰 그룹에서는 보다 적극적인 회원들이 주장하고 다른 회원들은 소극적이 된다. 어린이들에게 학급의 크기는 매우 중요하다. 큰 그룹의 미취학 아동들은 더 공격적인 행동과 높은 욕구불만을 보인다. 그룹의 크기와 역동성에 주의를 기울임으로서 지도자들은 그리스도인 양육의 필수인 유대감과 공동체와 일치감을 창조해낼 수 있다.

5. 물리적 환경. 학습이 일어나는 직접적인 환경이 학습 자체에 강력한 영향을 미친다. 미적 환경과 신체적인 편안함과 풍부한 자극들이 학습자들의 태도와 행동에 영향을 준다. 색감과 조명도 반응을 조절한다. 밝게 칠한 방보다는 어두운 방에서 사람들은 더 빨리 움직인다. 지저분한 방에서 나온 사람들은 정신적으로 더 부정적이고, 아름다운 방에서 나온 사람들은 보다 긍정적이다. 온도와 음향과 공간 등의 편안한 요소들이 학습 참여를 유도한다. 낮은 온도는 학생들의 학습 수행을 더디게 하고, 너무 편안한 좌석과 산소 부족은 학습자들을 "도중하차" 시킨다. 갈라지는 음성은 어린이보다 어른들을 산만하게 만들지만 지루하고 음색이 높은 소리는 어른보다 어린이들이 싫어한다. 공간적 거리는 언어적 의사교환과 관계있다. 교사와 학습자 사이에 거리가 멀면 멀수록 교사들이 더 많이 말하고, 학습자들은 수동적이 된다. 학습자들이 작은 원을 그려 앉거나 서로 마주보고 앉으면 더 많이 서로 반응한다. 가구와 기구들과 매체 등 자극을 주는 요인들이 환경을 풍부하게 하고 학습경험을 고양시킨다. 유아반 아동들의 "우리 집 코너"는 그들의 학습을 실연하도록 격려한다. 포스터와 지도, 모델과 다른 매체들을 통해 유년부 어린이들에게 성경 이야기를 눈으로 보는 듯한 효과를 준다. 견학을 통해 개념과 가치들을 구체화하고 심오하게 한다.

어느 날 동산에 모인 대중들에게 환경적 효과를 주기 위해 예수께서는 작은 배에 올라 거리를 두시고 자신의 목소리를 높이셨다. 제자들과 보낸 마지막 날 저녁에 예수님은 다락방에서 자리를 친근하게 배열하여 저녁식사를 준비하셨다. 이후, 예수께서는 제자들과의 관계를 치유하시고 강화시키기 위해 그들의 작업장에 찾아가시어 해변에서 아침식사를 준비하셨다. 그때 예수께서는 직접적 가르침은 거의 하지 않으셨다. 예수님이 세심하게 배려하신 환경이 말보다 더 많은 것을 가르치셨다.

BARBARA WILKERSON

참고문헌 | C. A. Bowers and D. J. Flinders(1990), *Responsive Teaching: An Ecological Approach to Classroom Patterns of Language, Culture, and Thought*; H. W. Burgess(1996), *Models of Religious Education: Theory and Practice in Historical and Contemporary Perspective*; J. Elias(1982), *The Foundations and Practice of Adult Religious Education*; T. Kellaghan, K. Sloane, B. Alvarez, and B. S. Bloom(1993), *The Home Environment and School Learning*; J. M. Lee(1973), *The Flow of Religious Instruction*.

환상(Fantasy). 상상력(Imagination)을 보라.

회개(Repentance). 이전 행동에 대한 의식적 거부와 새로운 양식을 따르려는 소망이다. 에스겔 선지자는 바벨론으로 끌려간 포로들에게 다음과 같은 하나님의 메시지를 선포했다. "나 주 여호와가 말하노라 이스라엘 족속아 내가 너희 각 사람의 행한 대로 국문할지라 너희는 돌이켜 회개하고 모든 죄에서 떠날지어다 그리한즉 죄악이 너희를 패망케 아니하리라 너희는 범한 모든 죄악을 버리고 마음과 영을 새롭게 할지어다"(겔 18:30-31).

성경은 하나님의 심판에 직면한 인간들이 뉘우친 많은 사건들을 기록하는 한편, 하나님 자신이 행동을 후회하신 순간들 역시 기록하고 있다. 그러한 경우들에서 회개의 개념은 인간의 겸손과 죄의 요소를 포함하지 않는다. 하나님께서 후회하시는 경우, 이것은 하나님께서 자비의 행동을 거두시도록 만드는 인간의 약함에 대한 유감일 뿐이다. 사울 왕이 하나님께서 아말렉의 양과 소들을 전부 멸하라는 명령을 행하지 않았을 때, 하나님께서는 사울에게서 다윗으로 돌아서시며 "내가 사울을 세워 왕 삼은 것을 후회하노라"고 말씀하셨다(삼상 15:11). 회개에 대한 많은 성경 구절들은 하나님께서 어떻게 반응하셨는지에 대한 정보를 담고 있다. 요엘서는 이스라엘을 황폐케 한 메뚜기 떼 재앙을 묘사하고 있다. 이스라엘 백성들이 그들의 우상숭배행위를 회개했을 때, 하나님은 메뚜기 떼를 없애셨고 상한 농작물을 회복시켜 주셨다. "여호와의 말씀에 '이제라도', '너희는 금식하며 울며 애통하고 마음을 다하여 내게로 돌아오라'"고 하셨다(욜 2:12).

세례요한은 회개를 선포했다. "회개하라 천국이 가까왔느니라"(마 3:2). 요한에게 온 사람들은 그들의 죄를 고백한 후 요단강에서 세례를 받았다. 예수님은 세례를 받으신 후, 갈릴리로 가서서 요한이 선포했던 그 메시지를 계속 선포하셨다. "회개하고 복음을 믿으라"(막 1:15).

부활 후, 예수께서는 제자들에게 나타나셔서 자신에 관한 예언들을 설명하셨다. "그의 이름으로 죄 사함을 얻게 하는 회개가 예루살렘으로부터 시작하여 모든 족속에게 전파될 것이다"(눅 24:47). 사도행전은 베드로가 오순절 날 청중들에게 "회개하여 각각 예수 그리스도의 이름으로 세례를 받고 죄 사함을 얻으라"고 역설하는 것을 기록하고 있다(행 2:38).

바울은 고린도교회에 보낸 편지에서 단순한 후회와 구원에 이르는 회개의 차이를 쓰고 있다. "하나님의 뜻대로 하는 근심은 후회할 것이 없는 구원에 이르게 하는 회개를 이루는 것이요 세상의 근심은 사망을 이루는 것이니라"(고후 7:10). 요엘 선지자는 하나님께서는 통회함 없는 얕은 후회 가운데 있는 사람을 간파하신다고 경고했다. "옷을 찢지 말고 마음을 찢어라"(욜 2:13-14).

진정한 회개는 하나님의 흔들림 없는 관점과 이해를 통해 죄를 보면서 하나님의 심판을 마땅한 것으로 여긴다. 예레미야는 에브라임의 탄식을 묘사했다. "내가 돌이킴을 받은 후에 뉘우쳤고, 내가 교훈을 받은 후에 내 볼기를 쳤사오니 이는 어렸을 때의 치욕을 진고로 부끄럽고 욕됨이니이다"(렘 31:19). 회개의 깊이는 행동에서 변화의 결과가 나타나는 것으로 가장 잘 측정될 수 있다. 예수께서는 바리새인들과 사두개인들에게 "회개에 합당한 열매를 맺으라"고 촉구하셨다(마 3:8).

회개는 구원에 이르게 하는 예수 그리스도 안에서의 믿음을 반드시 포함해야 한다. 사도행전은 바울이 에베소서의 장로들에게 한 말을 기록하고 있다. "유대인과 헬라인들에게 하나님께 대한 회개와 우리 주 예수 그리스도께 대한 믿음을 증거한 것이라"(행 20:21). 회개는 결과에 대한 단순한 두려움으로 시작될 수 있다. 하지만 이것은 죄에 대해서 반드시 인정해야 하고, 용서의 필요를 보아야 하고, 희생이 용서를 가능하게 만들었다는 것을 이해해야 한다.

성경은 후회하는 마음에 대한 용서의 약속들로 가득 차 있다. 탕자의 비유가 그 한 예이다. 잃었던 아들이 돌아온 것을 기뻐하는 것은 예수님의 "죄인 하나가 회개하면 하늘에서는 회개할 것 없는 의인 아흔아홉을 인하여 기뻐하는 것보다 더하리라"는 말씀에 반영되고 있다(눅 15:7). 밧세바와의 간음에 대해 책망을 받은 후 지은 시편 51편에서, 다윗은

회당

"하나님이여 상하고 통회하는 마음을 주께서 멸시치 아니하시리이다"(17절)라고 고백하고 있다. 성전을 봉헌하면서 다윗의 아들 솔로몬은 하나님께 이스라엘의 죄에 대한 용서를 구했다. 솔로몬 왕은 이러한 대답을 들었다. "내 이름으로 일컫는 내 백성이 그 악한 길에서 떠나 스스로 겸비하고 기도하여 내 얼굴을 구하면 내가 하늘에서 듣고 그 죄를 사하고 그 땅을 고칠지라"(대하 7:14).

ROBERT J. CHOUN

참고문헌 | E. F. Harrison, ed.(1960), *Baker's Dictionary of Theology*; A Richardson, ed.(1969), *A Dictionary of Christian Theology*; C. Ryrie(1986), *Basic Theology*; D. L. Smith(1994), *With Willful Intent-A Theology of Sin*.

회당(Synagogue). 교회(Church), 축제를 통한 유대인의 교육(Hebrew Education Through Feasts and Festivals), 유대교육(Jewish Education)을 보라.

회당학교(Synagogue Schools). B. C. 538년, 포로생활에서 돌아온 직후 유대인들은 자신들의 문화와 종교적 유산을 유지하는 것에 대한 중요성을 인식했다. 자신들의 나라에서 멀리 떨어져서 자신들이 익숙한 방식으로 예배할 수 없었던 이스라엘 지도자들은 강력한 교육적인 체계가 없이 이스라엘 국가가 살아남을 수 있을 것인지에 대해 염려했다. 그 결과, 어린 유대 아동 세대를 교육시키는 방법을 발견하였다. 이러한 새로운 접근법은 유대인들의 생존을 가능하게 하였다.

회당 체제가 벌써 예배와 교육의 장소로 성공적으로 기능하고 있었기 때문에, 유대 지도자들은 이 시설물을 아동들을 위한 교육 체계를 계발하는 기초로 사용할 것을 결정했다. 모세의 율법책들을 교육과정의 기초로 사용하면서 소년들은 율법의 많은 내용들을 암기해야만 했다. 교육 내용으로는 수학과 작문이 포함되었다. 처음에는 자율적이었지만 성전시대 말에 대제사장 조슈아 벤 가말라(Joshua ben Gamala)의 명령에 따라서 A. D. 64년에는 필수가 되었다. 즉 유대 가족 열 가구가 있는 모든 공동체는 자신들의 자녀들을 위해 그러한 학교를 유지해야만 했으며, 학교교육은 일반적으로 6살 때부터 시작되었다.

B. C. 4세기에 아람어가 유대인들의 구어가 되었고, 그 결과 히브리어는 주로 문어가 되었다. 회당학교의 임무는 소년들에게 히브리어로 교육을 시켜서 율법을 읽고 연구할 수 있게 만드는 것이었다. 11세가 되면 이러한 어린 소년들은 구두로 된 율법인 미쉬나(Mishnah)를 연구할 수 있는 능력을 가질 것으로 기대되었다. 이것은 농법, 결혼과 이혼, 유대 절기와 축제와 관련된 법 그리고 형법과 민법들을 포함했다. 학업에서 출중한 아동들은 율법 선생이나 랍비가 되기 위한 준비를 할 수 있도록 16세에 랍비 학교에 보내졌다.

정확하게 말하면, 포로생활 이후 유대국가의 생존을 가능하게 한 것은 많은 부분에 있어 유대학교의 성공 때문이라고 할 수 있다. 기독교인들은 아동들에게 성경을 가르치는 것의 중요성과 가치에 대해서 유대인들로부터 많이 배울 수 있다. 유대 학교에서는 성경 암기가 교육과정의 주된 내용이었다. 유대 사회에 공헌하는 구성원이 되는 것이 모든 학교의 숨겨진 의제였다. 오늘날의 교회 지도자들은 주일학교를 우리의 종교 유산을 유지시키는 중요한 구성요소로서 보아야 할 것이다.

MICHAEL J. ANTHONY

참고문헌 | C. B. Eavey(1973), *History of Christian Education*; K. O. Gangel and W. S Benson(1983), *Christian Education: Its History and Philosophy*; J. E. Reed and R. Prevost(1993), *A History of Christian Education*.

회복(Recovery). 질병, 중독, 불행, 또는 도둑으로 인해 잃어버린 어떤 것을 되찾는 것이다. 교육적인 측면에서 이것은 회복, 교정, 화목 그리고 적응과 가장 밀접한 관련을 맺는다. 회복은 "감기가 다 나았다"(건강 회복)에서와 같이 일상적인 상태로 돌아가는 것을 가리킨다. 또는 "저는 알코올 중독에서 회복하고 있어요"와 같이 중독에서 회복되는 것을 가리킬 수 있다.

회복의 적합성과 완전성에 관한 질문들은 거의 항상 신자의 성공적인 훈련과 관계되어 있다. 그 사람이 자신이 한 때 빠져 있었던 비정상적인 상태 - 죄, 정신병, 부적응, 신경증, 아니면 육체적 질병 - 를 "극복"했는가? 이러한 질문들은 성경적 안내를 필요로 한다.

1. 성경적 개념들. "형제들아 사람이 만일 무슨 범죄한 일이 드러나거든 신령한 너희는 온유한 심령으로 그러한 자를 바로잡고 네 자신을 돌아보아 너도 시험을 받을까 두려워하라"(갈 6:1). 회복은 하나님과의 삶에 연결시키고, 그것을 위해 고치고 준비시키며 훈련시키는 것을 가리키는 성경적 개념이다. "회복은 우리 모두가 동일시할 수 있는 것이다. 우리는 아플 때 건강을 회복하기 원한다. 실망에 빠졌을 때 기쁨을 회복하기를 원한다. 그러나 예수님의 재림만이 모든 것을 회복하고 하나님께서 모든 피조물을 향해 계획하셨던 조화를 가져올 것이다"(Richards, 1985, 527). 바울이 고린도 교인들에게 잘못하고 있는 교인을 회복시키라고 권면했을 때, 그는 고린도후서 2장 6-8절에서 다음과 같이 말하고 있다. "이러한 사람이 많은 사람에게서 벌 받은 것이 족하도다. 그런즉 너희는 차라리 저를 용서하고 위로할 것이니 저가 너무 많은 근심에 잠길까 두려워하노라 그러므로 너희를 권하노니 사랑을 저희에게 나타내라"(Peterson, 1995, 374).

화목 또한 회복의 개념과 연결될 수 있다. 성경에서 사람은 하나님과 화목할 수 있고(고후 5:18, 20; 롬 5:10), 또한 다른 사람들과 화평해질 수 있다(마 5:9). "화목은 차이들을 해결하고 조화를 회복시키는 것 둘 다를 포함한다. 기본적으로 이 용어는 우정관계를 다시 맺는 것이다"(Habermas & Issler, 1992, 35).

2. 심리학적 개념. 카운슬링에서 회복의 개념은 한 사람이 나아지거나 일상 상태로 돌아갈 것이라는 기대감 속에 감추어져 있다. 치료 전문가들로서 상담가들은 "회복 비율"을 묘사한다. "한 해 내지는 다른 기간 동안에 퇴원한 환자들의 수 대 전체 환자 수의 비율"(Goldenson, 1984, 625). 상담가들이 기능의 회복을 논할 때 그들은 "일상 수준의 실행 능력"으로 돌아가는 것이라고 말한다(Harred & Lamb, 1983, 521). 교육자들은 성경적 개념과 심리학적 개념을 섞어 사용하는 것으로 보인다.

GREGORY C. CARLSON

참고문헌 | R. M. Goldenson, ed.(1984), *Longman Dictionary of Psychology and Psychiatry*; R. Harre and R. Lamb, eds.(1983), *The Encyclopedic Dictionary of Psychology*; R. Habermas and K. Issler(1992), *Teaching for Reconciliation*; E. H. Peterson(1995), *The Message*; L. O. Richards(1985), *Expository Dictionary of Bible Words*.

회복사역(Recovery Ministry). 사람들이 정서적, 관계적 및 영적 건강을 위해 긍정적이면서도 삶을 변화시키는 일련의 과정들을 밟을 수 있도록 도와주는 것을 목적으로 하는 기독교 공동체내의 운동이다. 이 운동은 가장 최근의 심리학적 기술들을 독특한 기독교 접근법에 통합시키는 것으로서 사람들에게, 부정적인 심리적 영향을 줄 뿐만 아니라 하나님과의 관계를 방해하는 인간 상호간의 문제들과 관계의 문제들을 해결할 수 있도록 도와준다.

회복 사역은 20세기 이전에 교회에서 행해진 전인적 제자훈련 및 목양과 같은 유형으로 돌아가는 것을 뜻한다. 20세기는 교회사에서 그 이전의 다른 시기들과 달리 기독교 공동체내에서 정서적 건강과 영성간의 분열이 일어난 시기였다. 이 분열은 종종 근대 심리학의 아버지라고 하는 지그문트 프로이트(Sigmund Freud)에게로 거슬러 올라간다. 프로이트는 기독교를 포함한 조직화된 종교에 대해서 적대감을 가진 것으로 간주된다. 그는 종교가 신을 부모로 하여 그 부모에게 의존하는 아이로 남으려고 하는 정신적인 노력이라고 정의했다. 이러한 이해는 근대 심리학과 소위 종교적인 문제들 간의 거리를 더욱 넓혀놓았다(Propst, 1987, 21).

운동으로서의 회복 사역은 사람들이 건강하게 삶을 살아갈 수 있도록 도와주는 다른 심리학적 기술들을 사용하는 수많은 프로그램들을 특징으로 한다. 회복 사역이 사용하는 심리학적 기술들의 한 예는 많이 알려진 인식 행동 요법의 사용이다. 이러한 심리학적 기술의 기본적 교리는 사람들이 의식적으로나 무의식적으로 생각하고, 믿고 그리고 자기 자신들에게 말하는 것이 삶에 관한 자신들의 개인적인 행동과 감정에 영향을 미친다는 것이다. 이러한 접근법은 공포, 걱정 그리고 부정적인 사고에 의한 약간의 우울증과 같은 특정적이고 분명하고 정의된 문제들을 해결하는 데 가장 효과적이다(Vitz, 1992, 102).

많이 알려진 또 다른 회복 사역은 그룹 요법의 사용이다. 과거 알콜중독방지회(Alcoholic Anonymous)와 연관되었던 12단계를 기독교화한 것으로서 그러한 그룹들을 위한 모델이다. 기독교 공동체는 사람들이 약물의 오용과 식이요법 장애, 성 중독 그리고 학대 관계 등과 같은 행동 유형들을 극복하도록 도와주는 데 이 방법을 사용해 왔다. 이러한 그룹들의 기본적인 교리는 이러한 중독이 초기 유아 시절의 경험에 그 기원을 두고 있는 병이라는 것이다. 두 번째 차원은 참가자들이 변화에 인지적으로 헌신하는 것과 함께 자기 자신을 도덕적으로 재고 목록을 보듯이 점검하는 것이다. 마지막으로 사람들은 자신들의 결심을 지킬 수 있도록 그 그룹에 속한 다른 사람들의 도움을 받는다(Morgan, 1993, 14).

마지막으로 중요한 회복 사역의 예는 역기능 가족 체계를 다루는 것이다. 가족 체계 이론에 의하면 부정적인 행동 및 관계 유형은 한 세대에서 다음 세대로 전수된다. 회복 사역은 가족들이 이러한 부정적인 유형들을 극복하고 그러한 유형들을 성경적인 가족 관계의 유형으로 대체하는 것을 목적으로 한다(Carder, 1991, 18).

기독교 공동체를 위한 회복 사역은 매우 유익하지만 몇 가지 유의해야 할 점들이 있다. 첫 번째로 주의해야 할 것은 자신의 과거를 지속적으로 살피는 것과 그것에 관해서 이야기하는 것이 새로운 문제들과 새로운 유형의 정신병리학을 낳을 수 있다는 것을 인식하는 것이다. 두 번째로 주의해야 할 것은 사람들로 하여금 지속적으로 자기 자신들을 과거의 희생물로 보도록 권하는 것은 가해자에 대해 극심한 분개심과 미움을 가지게 할 뿐만 아니라 자기 연민 내지 심한 경우에는 심한 도덕적 우월감에 빠지게 할 수 있다는 점이다(Vitz, 1992, 108). 성경은 교정법을 제시해 주는데, 그것은 사람들로 하여금 다른 사람들이 자신들에게 죄를 지었다는 사실 뿐만 아니라 본인들도 자기 자신들에 대하여, 다른 사람들에 대하여 그리고 하나님에 대해 죄를 지은 죄인이라는 사실을 인식하도록 권고하는 방법이다. 이러한 성경적인 교정안은 회복 사역을 받고 있는 사람들이 자신들의 과거의 상처를 인정할 뿐만 아니라 현재와 미래의 변화에 대해 책임을 감당하도록 해준다.

DAVID BRISBEN

참고문헌 | D. Carder, E. Henslin, J. Townsend, H. Cloud, and A. Brawand(1991), *Secrets of Your Family Tree: Healing for Adult Children of Dysfunctional Families*; D. Morgan(1993), *Life in Process: Moving Beyond the Things That Hinder, Moving toward the Things That Help*; R. L. Propst(1987), *Psychotherapy in a Religious Framework: Spirituality in the Emotional Healing Process*; P. C. Vitz(1992), *No God but God: Breaking with the Idols of Our Age*.

회상(Recollection).

기억화(Memorization)를

보라.

회원특성의 법칙(Law of Membership Character-ter). 이 법칙은 전체를 구성하는 하나의 부분이 특성을 결정하지 않는다는 것을 말해 준다. 하나의 부분은 그것이 생기는 정황으로부터 그 특성을 얻는다. 부분들은 전체로부터 자신들의 의의를 얻으므로 개개의 개념들은 오직 형태(gestalt) 혹은 전체(total field)에 비추어 이해할 때만 바르게 이해된다. 전체는 구조주의가 강조하는 것처럼 자신의 의의를 부분들로부터 얻지 않는다. 따라서 경험들은 그것들을 이해하기 위해 작은 부분들로 분해될 수 없는데, 전체는 단순히 그것을 구성하는 부분들의 합이 아니기 때문이다. 전체는 그 이상이다 (그것은 그 자체이다). "일련의 자극들은 단 하나의 자극들의 효과들로부터는 얻을 수 없는 효과들을 낳는다. 오직 광범위한 전체들에서만 관찰할 수 있는 이 효과들은 전적으로 객관적인 조건들(objective conditions), 즉 자극들 사이의 특정한 기하학상의 관계들에 의존 한다"(Asch, 1968, 160). 만약 코끼리(전체를 의미함-역주)를 이해하지 못한다면 몸통, 머리, 몸 그리고 꼬리(부분들을 의미함-역주)는 (서로) 아무 관계가 없다. 마찬가지로 학생들은 다양한 강의들, 또는 수업들이 다른 강의들, 또는 수업들과 어떤 관계가 있는지 알아야 한다. 이 법칙은 또한 교사들과 수업과 관계가 있다. 전체 수업 인구는 그것을 구성하는 개인들 그 이상이다. 그래서 교사는 학생들 개개인을 보기 전에 학급 분위기를 이해할 필요가 있다.

CHARLES H. NICHOLS

참고문헌 | S. E. Asch(1968), *International Encyclopedia of the Social Sciences*.

회중(Congregation). 교회(Church)를 보라.

효과의 법칙(Law of Effect). 하나의 반응에 대한 결과들은 자극과 반응 사이의 관계를 강화하거나 약화시킨다는 손다이크(Thorndike)의 주장이다. 이것은 또한 "만족-고통 원리"(pleasure-pain principle)로 알려져 있다. 따라서 만일 하나의 반응이 만족스런 결과를 동반한다면 그 관계는 강화되지만, 만일 그것이 불쾌한 결과를 동반하게 된다면 그 관계는 약화될 것이다. "다른 조건이 같다면, 자극(S)과 반응(R) 사이에 이루어지는 결합과 상황의 만족할 만한 상태를 동반하거나 수반하는 결합에는 사람이 그 결합의 강도를 강화시키는 방식으로 반응한다. 마찬가지로, 다른 조건이 같다면, 하나의 결합에 대해 상황의 불만족스런 상태가 그 결합을 동반하거나 수반할 때 사람은 그 결합의 강도를 약화시키는 방식으로 반응한다"라고 손다이크는 말한다. 효과 법칙은 결합의 강도의 결정자로서의 사용의 빈도 이론(the theory of frequency of occupancy)과는 다른 문제이다. 몇 년 후에 손다이크는 이 법칙에 "효과의 확장"(spread of effect) 개념을 첨가한다. 강화는 강화된 반응의 개연성을 높여줄 뿐만 아니라 인접한 반응들의 개연성을 높여준다. 보상은 학습행동을 강화시킨다고 강조한 이 법칙은 스키너의 강화 이론보다 앞선다.

CHARLES H. NICHOLS

참고문헌 | E. Thorndike(1911), *Animal Intelligence*.

효과적(Effective). 효과는 일을 바로 할 수 있는 능력이라는 뜻의 효율(efficiency)과는 대조적으로, 옳은 일을 추구하여 얻은 결과이다. 드러커(Drucker)에 따르면 다섯 가지에 통달하면 효과적이 된다고 한다. (1) 시간이 어디로 흐르는지 아는 일, (2) 작업보다 결과에 초점 두기, (3) 장점들 위에 세우기, (4) 우수한 수행으로 탁월한 결과를 낳을 수 있는 소수의 주요 영역에 집중하기, (5) 건전한 결정 내리기 등.

맥스웰(John Maxwell)은 효과를 자기훈련이라는 점에서 "참으로 원하지는 않은 일을 해서 정말 원하는 일을 성취하는 것이다. 이 과제를 성공적으로 수행한다면, 훈련은 지금하고 싶은 일을 하여 정말 원하는 것을 성취하는 선택이 되는 것"이라고 묘사했다(1993, 161).

효과의 이해에 덧붙여 극기로서의 효과는 다른 사람들을 통해 목적을 이루는 것이라고 이해할 수 있다. 헐시와 블랜챠드(Hersey & Blanchard, 1982)가 설명한 "효과적 주기"(effective cycle)란 상급자의 높은 기대와 하급자들의 진정한 확신이 결합하여 높은 성취를 이루는 것이라고 말한다. 사람들을 지도하는 효과적인 스타일은 인도받는 사람들의 성숙도에 따라 관계적 행동과 과제적 행동의 통합을 추구한다.

LESLIE A. ANDREWS

효과적인 부모 훈련(Parent Effectiveness Training).

토마스 고든(Thomas Gordon)이 1970년대 초에 자신의 책『효과적인 부모 훈련』(*Parent Effectiveness Training*)이라는 책을 통해 대중화시킨 양육 기술 향상 프로그램이다. 고든의 전제는 부모들이 자신들의 자녀들을 가장 효과적으로 양육하기 위해서는 도움이 필요하다는 것이다. 1962년 자신이 살고 있던 캘리포니아 파사데나 지역사회에서 고든은 하나의 교육 과정을 만든 후 자녀 문제를 갖고 있던 몇몇 부모들을 초대했다. 약 8년 후 18개 주의 200개 지역사회들이 이 효과적인 부모 훈련(PET프로그램)을 사용하게 되었다. 훈련 프로그램은 자녀 문제를 갖고 있는 부모들에게 뿐만 아니라 모든 부모들에게서 인기를 얻었다. 부부들이 그들의 자녀를 갖기 전에 참여하기도 했다.

효과적인 부모 훈련은 "부모들과 그들의 자녀들이 상호 간의 사랑과 존중에 기초한 따뜻하고 친밀한 관계를 계발할 수 있다"라고 가정한다. 효과적인 부모 훈련은 부모들로 하여금 자신들의 자녀들이 문제 해결책에 대한 책임을 감당하도록 격려하게끔 도와주는 동시에 효과적인 의사소통과 갈등 해결 기술들과 같은 것들에 초점을 맞춘다.

고든에 의하면 부모들은 다음의 세 그룹 중 하나에 속한다. (1) "승리자들" – 그들의 자녀들에 대해 권위를 가지고 있는 사람들, (2) "실패자들" – 그들의 자녀들에게 지나친 자유를 주는 사람들 그리고 (3) "동요자들" – 위에 기술한 두 가지 사이에서 왔다 갔다 하는 사람들. 고든은 대다수의 부모들이 이 범주에 포함된다고 말한다. 그러나 효과적인 부모 훈련은 대안을 제시한다. 효과적인 부모 훈련의 "핵심"은 상호 간에 받아들일 수 있는 해결책을 통하여 부모나 자녀 양쪽이 다 승자이게끔 하는, "어느 누구도 실패자가 아닌" 갈등 해결법에 기초하고 있다.

오늘날 많은 교회들도 효과적인 양육 방법을 갖추기 위한 부모 훈련 프로그램들을 제공한다. 몇몇 교회들은 다른 교회들보다 그 노력에 있어 보다 신중하고 조직적이다. 그러한 노력들은 정기 간행물의 제공에서부터 전문가들의 전문 지식 – 십대의 마약 문제를 다루는 등 – 을 이용한 훨씬 더 발전된 형태의 프로그램들, 세미나 그리고 워크숍 등에 이르기까지 다양하다. 또한 간행물들은 자녀들의 발달 단계별 특징들에 관해 부모들의 인식을 높여주는 것들이다. 부모들에게 훈련을 제공하거나 그러한 훈련을 계획하고 있는 교회들은 모든 가족 유형들 – 편부모가족, 복합가족 – 과 필요한 경우에는 문제 가정의 상황들을 고려하고 그들의 필요를 채워주어야 한다. 추천을 필요로 하는 경우도 있다. 심지어 젊은 신혼부부들도 훈련 대상으로 고려되어야 하는 데, 그 이유는 그들 역시 다양한 유형의 부모가 될 것이기 때문이다.

시편기자는 부모됨이 하나님께서 인간에게 주신 가장 위대한 특권들 중의 하나라는 것을 깨닫고 다음과 같이 선포했다, "자식은 여호와의 주신 기업이요 태의 열매는 그의 상급이로다"(시 127:3). 기독교인들은 부모가 된다는 것이 쉬운 일이 아니지만, 인생의 가장 보람 있고 중요한 기회들 중의 하나라는 것을 인식하고 있다. 이러한 이유들로 인해 교회의 기독교교육 프로그램은 어느 정도의 양육 훈련을 수반한다.

MARTHA S. BERGEN

참고문헌 | K. O. Gangel and J. C. Wilhoit, eds.(1996), *The Christian Educator's Handbook on Family Life Education: A Complete Resource on Family Life Education in the Local Church*; T. Gordon(1970), *Parent Effectiveness Training*.

효율적(Efficient). 효율(efficiency)이란 옳은 일을 한다는 뜻의 효과(effectiveness)와는 대조적으로 어떤 일을 올바로 하는 것이다. 옳은 일이 무엇인지 일단 밝혀지고 나면 지도자는 최소한의 노력의 대가로 결과의 산출에 집중한다.

지도자는 목표("옳은 일")를 성취하기 위한 '계획'을 세우는 데 필요한 인적자원과 훈련, 자원(예, 교육과정), 예산, 시간표, 지속적 후원, 피드백 기술 등을 포함한다. 계획수립에는 무계획이나 제한된 계획으로, 또는 서둘러 일을 끝내려는 성급함 때문에 생기는 비용의 낭비를 최소화하기 위해 시간과 에너지를 들여 헌신하는 일이 수반된다.

효율적이지만 효과적이지 않을 가능성도 있다. 효율과 효과는 균형이 필요하다. 하나님께서 무엇을 교회가 수행하기 원하시는지 아는 일과(옳은 일), 모든 자원들, 인력과 물질의 현명한 청지기도를 연합하면 교회와 그 사역의 잠재력을 극대화할 수 있다. "우리가 계획에 실패하면 실패를 계획하는 것이다"라는 금언이 기대하는 목표 도달과 하나님께서 주신 모든 자원을 극대화하는(효율) 일의 진리를 말해 준다.

LESLIE A. ANDREWS

참고문헌 | P. F. Drucker(1996), *The Effective Executive*; P. Hersey and K. Blanchard(1982), *Management of Organizational Behavior: Utilizing Human Resources*; J. C. Maxwell(1993), *Developing the Leader Within You*.

후기성인사역(Late Adulthood Ministry). 연령(chronological age)은 노인의 시기를 정하는 하나의 방법이다. 어떤 저술가들과 기관들은 50세를 하나의 출발점으로 삼는다. 또 어떤 저술가들과 기관들은 60세 또는 더 공통적으로 받아들여지는 퇴임시기인 65세를 그 규정 연령으로 여기기도 한다. 실제로는, 보다 더 실질적인 기준점으로 한 사람이 퇴임에 들어가는 시기인 50세에서 70세가 아마 그 진입점일 것이다. 그러고 보면 노년이란 실제로는 관점의 문제이다. 다섯 살 먹은 어린이의 눈에는 스무 살 먹은 사람이 늙은 사람으로 보인다.

한 가지 분명한 사실은 의약 발달과 영양섭취의 향상으로 사람들은 더 오래 그리고 더 생산적으로 살고 있다는 것이다. 2000년을 기준으로 볼 때, 미국의 65세 이상의 인구는 지속적으로 증가하여 5명 중 거의 한 명이 65세, 혹은 그 이상인 상황에까지 이르렀다. 동시에 75세 이상의 그룹은 그 인구의 7퍼센트에 육박하고 있다. 평균 수명의 증가와 더불어 노인들은 더 활동적이고, 더 독립적이며, 장수와 연결되어 있는 더 많은 경비를 충당하기 위해서 더 오래 일하고 있다. 현재 큰 사업인 은퇴의 집들(retirement homes)과 은퇴 촌락들(retirement villages)은 한 때 가족과 교회가 제공했던 서비스들 중 상당 부분을 제공하면서, 보다 더 안전지향적이며 생명보호지향적이 되고 있다.

조금 더 나이가 든 노인들(older adults)은 하나님의 눈으로 볼 때 소중한 사람들이다. 젊음을 찬양하는 시대에 교회가 모든 연령을 포함하는 균형 잡힌 사역관을 갖는 것은 중요하다. 성경은 노인들(senior adults)의 가치를 강조한다. "백발은 영화의 면류관이라 의로운 길에서 얻으리라"(잠 16:31). "너는 센 머리 앞에 일어서고 노인의 얼굴을 공경하며 네 하나님을 경외하라 나는 여호와니라"(레 19:32). "너는 너의 하나님 여호와의 명한 대로 네 부모를 공경하라 그리하면 너의 하나님 여호와가 네게 준 땅에서 네가 생명이 길고 복을 누리리라"(신 5:16). "늙어도 결실하며 진액이 풍족하고 빛이 청청하며"(시 92:14). "젊은 자들아 이와 같이 장로들에게 순복하고 다 서로 겸손으로 허리를 동이라 하나님이 교만한 자를 대적하시되 겸손한 자들에게는 은혜를 주시느니라"(벧전 5:5).

성경에 기록된 최초의 교육경험은 성인의 경험(adult experience)이었다. 하나님은 교사이셨고, 아담과 하와는 그분의 학생들이었다. 자신의 무죄한 창조물과 더불어 그 완전하신 교사(the perfect Teacher)께서는 대대에 걸쳐 이르게 될 모든 지식을 위한 기초를 만드셨다. 그것은 광범위한 내용을 담고 있으면서 하나님에 의해 인도되는 과정인 인격적 관계에 근거한 독특한 시작이었다.

신약성경이 기독교교육에 대해 묘사하는 것을 보면, 인간 교사와 구속함을 받은 백성들을 모든 진리 가운데로 인도해 가시는 한 분의 완전하신 교사(a perfect Teacher)이신 성령(요 16:31)과 더불어, 신약성경 속에도 비슷한 요소들이 자리한다. 교회의 교육 목회의 기본적인 초점은 그리스도를 닮아 가는 성숙한 신앙인들을 하나님께로 향하게 하는 것이다(엡 4:11-16). 성숙은 평생의 과정이며, 사람마다 그리스도께 나아가는 연령 단계가 다르고 성숙의 정도도 다양하다. 그러므로 교회는 지역 공동체(the local fellowship)를 구성하는 중요한 지체들인 모든 연령들을 포함하는 잘 계획되고 효과적인 교육 프로그램을 갖는 것이 중요하다.

노인들에게 관심을 갖고 있는 교회나 기독교 기관은 높은 사역 기준을 정한다. 노인들을 사랑하고, 존중하고, 존경하는 것은 기독교 신앙의 약속이자 영속적인 가치이다. 성경은 안내의 권위서(the guiding authority)이다. 예루살렘에서 시작되어 (행 1:1-7) 수세기에 이르는 동안, 교회는 필요가 있는 곳에 음식, 의복, 의료 지원 그리고 영적 지원을 제공하는 돌봄 사역에서 선도적인 역할을 감당해 왔다. 교회와 선교단체의 사역이 계속적으로 노인들의 실제적인 필요들을 충족시키는 일은 중요하다. 이것은 노인들이 곤경에 빠지지 않고, 적극적으로 교회생활과 교회의 사역에 참여할 수 있도록 도울 수 있는 물리 시설들을 구비하는 것을 포함한다. 힘이 드는 계단, 불빛이 약한 통로, 미끄러운 바닥, 이용하기 힘든 화장실 시설, 또는 음향 문제들과 같은 것들은 사역 환경을 안전하고 편안하게 만들기 위해 제기될 필요가 있는 문제들이다. 많은 노인들이 시력 감퇴로 밤에 다니는 것에 점점 더 어려움을 겪기 때문에 시간표를 만드는 것 또한 중요한 문제이다.

강단에서부터 교실에 이르기까지 교회 사역의 내용이 재검토될 필요가 있다. 가정사역을 중요하게 강조하는 것과 연관하여 배우자의 사망으로 인해 홀로 된 노인들은 신중하게 짠 계획들이라 할지라도 자신들을 포함시키지 않는다면 소외되었다는 느낌을 가질 수도 있다. 노인들의 필요들과 초점이 언제나 초기 성인들과 중기 성인들의 필요들과 일치하는 것은 아니다. 사회적, 정치적 관심사들이 종종 (노인들에게는 의미있는 관심사인) 지도력 역할들의 상실, 이용가능한 시간의 증가, 건강 문제나 금전 문제 그리고 죽음의 현실을 예기하는 것과 같은 개인적으로 중요하고 생존과 관련된 관심사들을 뒷자리로 내몬다. 노인들에게 목적과 가치에 대해 자극을 받고 확신을 갖는 문제는 많은 다른 문제들보다 더 중요하다.

20세기 후반의 50년 동안에 성인 사역(특별히, 교회 사역)에 중요한 변화가 일어났다. 오늘날 삶이 해석되고 이해되는 가치들과 규범들의 범례(패러다임) 또는 기준(grid)은 현저하게 다르다. 옛 범례는 퇴임을 휴식기간으로, 자원봉사를 자기희생으로, 예배를 지적이며 방관적인 것으로, 시설물들을 간단한 강당과 교실 구조로 그리고 교사들을 명제적 지식의 분배자로 묘사했다. 오늘날의 범례는 퇴임을 배우고, 봉사하고, 일하고, 놀이를 하는 기간으로, 자원봉사를 능력을 극대화하는 것으로, 예배를 참여적이며 경험적인 것으로, 시설물들을 다용도로 쓰이는 것으로 그리고 교사들을 촉진자들로 표명한다. 이런 변화의 한가운데에서 중기 성인들과 노인들(후기 성인들)의 입장들은 범위와 방식이 크게 다를 것이다. 교회나 성인사역 기관이 이러한 차이점들을 인정하고, 사랑으로 그리고 민감성 있게 그 격차들을 메우려고 노력하는 것은 중요하다.

노인들을 대상으로 사역하고 그들을 가르칠 때 다음의 사항들을 고려해야 한다.

1. 노인들에 대한 사역을 당신의 교회나 기관을 위한 핵심 가치로 정하라. 하나님의 뜻을 따라 노년의 성도들은 큰 보상이자 자원이라는 사실에 주목하고, 그것을 당신의 임무/비전/가치 진술의 한 부분으로 삼아라.

2. 당신의 사역에 참여하고 있는 노인들을 위해 기도하라. 그들은 대개 기도 용사들로 여겨지지만, 그들 또한 기도의 지원을 필요로 한다. 그들에게 협력을 요청하고, 그들로 하여금 기도의 사역에 참여케 하라.

3. 당신의 분야와 사역에서 노인들을 위한 현재의 필요들과 그들에게 소용이 되는 자원들을 확인하라. 그 문제를 조사할 연구 그룹들을 세워라. 시설물들과 프로그램들을 검토하고, 자원들을 필요들에 맞추기 위한 계획을 세워라.

4. 그 결과들을 연구하여 개선(점)을 권유할 수 있는 초점 그룹을 만들어 노인사역을 위한 기관의 범례를 재검토하라. 복음전도, 교수, 예배, 친교 그리고 봉사 프로그램들에 사용된 방법들과 자료들을 상세히 조사하라.

5. 노인 사역에 도움이 되는 차원 높고도 직접적인 지도력을 제공하라. 노인들이 은퇴 시간을 더 효율적으로 사용하고, 그들이 배운 생의 교훈들을 더 폭넓게 나누며, 하나님이 그들에게 주신 그들의 자원들을 더 생산적으로 사용하도록 그들을 고무하라.

GILBERT A. PETERSON

참고문헌 | W. and C. Arn(1993), *Catch the Age Wave*; B. E. Brown, *Christian Education Journal* 4, no. 1(1983): 18-25; W. M. Clements(1989), *Ministry with the Aging*; W. C. Graendorf, *Christian Education Journal* 4. no. 1(1983): 38-43; R. M. Gray and D. O. Moberg(1977), *The Church and the Older Person*; M. D. Hiett and E. Whitworth, *Christian Education Journal* 4, no. 2(1983): 13-23; R. J. Johnson, *Christian Education Journal* 4, no. 16(1983): 26-45; J. W. McCant, *Christian Education Journal* 4, no. 1(1983): 26-37; D. O. Moberg, *Journal of Christian Education* 3, no.1(1982):51-64; T. B. Robb(1991), *Growing Up: Pastoral Nurture for the Later Years*; J. J. Seeber(1990), *Spiritual Maturity in the Later Years*.

후천성면역결핍증(HIV). 에이즈(AIDS, Acquired Immunodeficiency Syndrome)를 보라.

훈육과 가정교육(Discipline, Family). 부모들이 자녀들 내면의 인간 정신을 양육하고 지도하여 성경적 표준과 사회적 규준에 맞추어 살도록 인도하는 적극적인 대책이다. 중요한 것은 훈육은 그 목적과 강조, 태도와 결과가 처벌(punishment)과 다르다는 점이다. 자녀를 처벌하는 것은 과거의 비행에 대해 자녀가 죄책감과 공포를 갖게 하도록 부모가 혹독함과 실망감으로 형벌을 부과하는 것이다. 반면에 훈육은 사랑과 보살핌의 마음으로 교정하고 훈련하며, 자녀가 앞으로 올바른 행동을 하도록 하는 것에 초점을 두기 때문에 궁극적으로 자녀가 부모의 사랑 안에서 안정감을 갖게 된다.

부모들이 자신의 좌절감의 정도를 알고 훈육의 책임을 함께 나눌 때 훈육의 목적을 달성할 수 있다. 부모는 미리 또는 자녀가 위반을 하자마자 한계를 정해 놓을 필요가 있다. 실제로 훈육이 필요할 때는 자녀의 감정을 알아주어야 하며 한계를 다시 알려주고, 수용할 만한 대안도 지적해 주어야 한다.

훈육(discipline)의 어원은 제자(disciple)로서 자녀는 부모를 주교사(master teacher)로 따라가는 제자임을 지적해 준다. 결과적으로 훈육할 때 부모는 불확실하거나 공격적인 언사를 사용하는 대신에 단호하게 시행해야 한다. 단호한 방식의 의사교환으로써 부모의 느낌을 알리고, 자녀에게 분명하고 단호하며 명료한 방식으로 어떤 행동을 해야 할지 말해 주어야 한다. 부모들은 갈등을 필연적인 것으로 받아들이되, 자녀를 불공평하게 다루는 것은 과감히 피해야 한다. 분노는 조절해야 할 뿐 아니라 분노의 자리를 만들어 주어서도 안 된다. 자녀는 부모의 요구에 다 동의할 필요는 없지만 규칙을 따라야 한다(Osborne, 1989).

이와 같은 종류의 훈육은 모든 그리스도인들이 히브리서 12장에 따라 수용해야 하는 훈련이다. 이 본문에는 사랑이 훈육의 토대로서 우리가 하나님의 아들이며 하나님의 가족에 속하여 그분의 거룩함을 함께 나눈다는 것을 증명해 준다. 또한 우리가 모든 권위를 존중하고 의의 열매를 맺을 수 있도록 도와준다. 훈육을 받는 순간은 즐거운 일이 아니지만 훈육을 통해 내적 힘이 길러지고 가정의 평화가 이루어진다.

JUDY TENELSHOF

참고문헌 | D. B. Guernsey(1982), *A New Design for Family Ministry*; P. Osborne(1989), *Parenting for the 90's*.

훈육과 교실(Discipline in the Classroom).

기독교적 훈육의 목적은 어린이를 도와 그리스도를 닮아 지혜가 자라가고 하나님과 사람 앞에 은혜롭게(관계를 잘함) 자라도록 하는 것이다(눅 2:52). 바울은 갈라디아서 5장 22-23절에서 어린이가 그리스도의 장성한 분량까지 자라도록 도울 가치들을 열거한다. 그리스도인의 훈육은 단순히 어린이가 자신의 행동을 조절하도록 돕는 일 뿐만 아니라 어린이의 성품을 계발하도록 돕는 일이다. '훈육'(discipline)이라는 말은 'disciple'이라는 말에서 왔는데, '배우다'(to learn)라는 뜻이다. 훈육은 어린이를 가르치고 양육하여 긍정적인 반응을 추구한다. 히브리서 12장 6절에 "주께서 그 사랑하는 자를 징계하시고"라고 한 것처럼 그리스도인의 훈육은 사랑에서 비롯된다.

어린이와 관련된 사회 및 도덕 철학은 적절한 훈육을 구성하는 현대적 신념에 대해 강한 영향을 주는 경향이 있다. 철학이 변함에 따라 훈육을 보는 관점도 달라졌다. 반응의 범위는 지극히 관용적인 훈육방법부터 심하고 혹독하며, 학대의 정도까지 있어 종종 반사회적인 행동과 훈육과정을 파괴해버리는 결과를 낳기도 한다. 어린이가 솔선수범하고 책임감을 발달시키게 하기보다는 부적절한 훈육방식으로 낮은 자존감과 징계하는 사람을 향한 공포 또는 증오심을 품게 하는 일도 있다.

많은 이론들이 적절한 훈육방법들을 제안한다. 프로이트식의 심리학자들과 그들의 인성발달에 대한 이해가 그 하나이다. 이 이론은 개인의 요구를 만족시켜 주는 일이 행복과 정신건강의 근원이라는 이론에 근거한다. 프리버그(Shelma Frieberg)나 안나 프로이트(Anna Freud)와 같은 저술가들은 심리 분석적 방법을 훈육에 적용하여 어린이는 사랑이나 분노, 공포 등의 외부적 자극에 반응하고, 그것을 내면적으로 조절하는 동안 서서히 그들 자신의 바람직한 행동들을 취하기 시작한다고 설명한다. 처벌이나 폭행, 박탈의 방법을 사용하는 것보다는 사랑으로 이유를 설명해 주는 것이 어린이의 도덕성 발달 촉진에 훨씬 효과적이라고 한다.

훈육의 다양한 측면에 관한 다른 하나의 강력한 이론은 발달론자들로부터 나온다. 피아제가 그 대표적 학자로서 그의 인지 및 도덕발달 이론에 관한 연구는 옳은 것이 무엇인지를 알면 선을 선택한다는 점을 강조한다. 그러나 어린이들은 사회적 관습과 같이 이미 주어진 것을 현재의 인지발달 수준에 맞도록 바꾸어버린다. 결과적으로 어린이들이 생각하는 도덕적 이슈들은 그들의 인지발달 단계가 바뀜에 따라 변화된다. 콜버그도 이와 같은 변화하는 구조를 수용하여 도덕발달 단계를 만들었다. 발달유형 중심의 징계 이론들은 어린이가 이해할 수 있는 효과적인 방법으로써 도덕 및 인지발달 수준에 맞추어야 함을 강조한다.

이성적-감성적(rational-emotive) 훈육은 엘리스(Albert Ellis)의 이론에 기초하여 사고와 감정과 행동에 서로 의존적이라는 점을 강조한다. 그는 내담자들의 적절한 감정을 장려하기 위해 이성적으로 사고하는 기술을 가르쳤다. 그러므로 어린이 훈육은 어린이를 도와 내적 조절과 자발성, 인내, 불확실성의 수용 그리고 융통성 등을 갖추도록 하는 일이다. 어른들은 간단하고 구체적인 규칙들을 만들어주어 어린이가 바람직한 행동과 그렇지 못한 행동을 이해할 수 있도록 설명해 주어야 한다. 어린이는 규칙이 무엇이지, 왜 규칙이 있어야 하는지, 규칙을 어기면 어떤 결과가 오는지 등을 반드시 이해해야 한다. 또한 규칙은 지켜야 한다는 것을 알아야 한다. 이런 식으로 어린이는 스스로 훈련하는 법을 배운다.

이와 같은 이론들이 『훈육의 심리학』(The Psychology of Discipline)이라는 책에 잘 설명되어 있다. 다른 모델로는 캔터(Lee Canter)가 개발한 단호한 훈육이 있는데, 전직 초등학교 교사이며 아동 지도 전문가인 그의 모델은 단순하다. 만약 어린이가 규칙을 잘 지키고 학습 진행을 방해하지 않으면 상을 준다. 만약 그렇지 않으면 벌을 받는다. 환언하면, 교사가 권위와 힘을 가지고 규칙을 만들고, 그것을 설명하며, 지키도록 명하고, 상벌을 주관하는 것이다. 처벌법으로는 규칙을 어긴 어린이의 이름을 칠판에 적어놓고, 규칙을 어길 때마다 그 이름 옆에 표시를 한다. 표시 하나마다 15분간 방과 후에 남아 공부한다. 보상으로는 '구슬'(marbles)을 모아 지정된 숫자의 구슬을 모으면 파티를 열어준다. 물론 이 방법은 이 모든 과정에 어린이를 개입시키지 않고 모든 어린이를 위한 어떤 행동기준이 없다는 것이 단점이다. 이 방법은 주로 초등학생들에게만 유효하다.

현실치료접근법(reality therapy approach)을 개발한 글래서(William Glasser)는 정신과 의사이며 저술가이다. 그의 목표는 자기이해와 자발성을 키워주고, 선택의 힘을 알게 하며, 현재 행동의 원인으로 과거를 비난하거나 변명하지 않는 것 등이다. 글래서의 모델은 어린이에게 희망이 있다는 사실을 이해시키고, 그 희망을 성취하는 일을 방해하는 것이 무엇인지 이해시키며 희망을 성취할 계획과 그 실천을 위한 행동을 조절하도록 도와준다. 모델의 중요하고도 어려운 점은 학생들에게 변화의 가능성을 이해시키고 그들이 최대의 관심대상이라는 점을 이해시키는 일이다.

임상심리학자 고든(Thomas Gordon)의 효과적인 교사훈련은 교실에서 일어나는 문제들을 쌍방간에 만족스러운 방법으로 해결하기 위해 협력한다. 가장 중요한 것 중 하나는 '너'(You)로 시작되는 메시지보다는("너는 나를 화나게 만든다") '나'(I)로 시작되는 메시지를("나는 화가 난다") 사용하는 것이다.

알슐러(Alfred Alschuler)의 사회성 독해훈련(social literacy training) 모델은 교사나 학생의 개인적 면이 아니라 구조적 면에서 먼저 문제행동의 원인들을 찾는다. 이 모델은 학급운영을 서로 비난하기보다는 교사와 학생 간에 토론을 통해 규칙과 역할과 목표 등을 정하는 연합적 기획으로 본다.

한 가지 다른 인기 있는 훈육 모델은 돕슨(James Dobson)의 '용기 내어 징계하다'(dare to discipline)이다. 그는 분명하게 정의된 규칙과 한계들을 실천하기 위해 권위의 필요성을 설명한다. 돕슨은 정중함, 예의, 도덕, 시민정신, 권위에의 존중 등을 가르쳐야 한다고 강조한다. 그는 체벌도 금하지 않는다.

오스트리아 출신의 드라이커스(Rudolf Dreikurs)는 그의 이론의 근거를 아들러(Alfred Adler)에게 둔다. 드라이커스의 모델에서 그는 자연적 그리고 논리적 결과에 대한 자신의 신념을 요약해 놓았다. 또한 어린이 비행의 원인들도 설명한다. 이 모델과 돕슨의 모델은 메이저(Robert L. Major)가 그의 책에 상세히 설명해 놓았다.

DORIS BORCHERT

참고문헌 | D. Dorr, M. Zax, and J. W. Bonner III, eds.(1983), *The Psychology of Discipline*; R. L, Major(1990), *Discipline: The Most Important Subject We Teach*; K. Walsh(1991), *Discipline for Character Development: A Guide for Teachers and Parents*.

흄, 데이비드(Hume, David, 1711-1776).

데이비드 흄은 당시대에 가장 뛰어난 철학적 지성 중 한 명으로 계몽기의 핵심인물로 손꼽히는 잘 알려진 18세기의 영국의 경험론자이다. 그의 영향력은 여전히 현대의 경험주의, 실용주의 그리고 철학적 회의론에서 보인다. 흄의 논의에 있어 유신론적 신념에 반대되는 주장들이 드러나는데, 특히 기적이나 우주의 자연주의적 이해와 대조하여 일어나는 사건들에 대해 믿을 수 없다는 입장을 드러낸다.

스코틀랜드의 에딘버러에서 태어난 그는 그곳의 대학에서 공부했으며, 후에는 사서와 군대보좌관 그리고 외교관으로 활동하였다. 그의 십대 시절, 그는 1739년에 출간된 그의 저서 『인간 본성에 관한 논문』(*A Treatise of Human Nature*)에서 완전한 철학 체계를 완성하는 것이 무엇인지에 관하여 깊이 생각하고 집필하였다. 그의 첫 작품이 거의 무시되었을 때, 그는 사람들이 그의 첫 작품의 상당 부분을 좀더 이해하도록 돕기 위해 『인간 이해에 대한 질문』(*An Inquiry Concerning Human Understanding*)을 저술하였다. 전통적 유신론에 반대하는 그의 주장 중 몇몇은 사후에 출간된 『자연 종교에 대한 대화』(*Dialogues Concerning Natural Religion*)에 포함되었다.

그의 철학적 사상의 중요성은 그의 죽음 후에서야 알려졌다. 당대에는 역사적 저술로 더 잘 알려졌다.

흄은 인간 본성에 대한 과학적 연구에 뉴턴(Newton)의 방법을 적용하였다. 영국의 경험주의자 로크(Locke)와 버클리(Berkeley)를 따르며, 그는 이성주의자들의 연역적 이성을 반대했으며, 대신 획득한 지식에서 경험의 역할을 강조하였다. 경험주의자들은 지성이 감각적 경험을 통하여 전달되는 것 외의 외부 세계에서는 아무 것도 알 수 없다고 주장한다. 그런데 흄의 인식론은 또한 모든 추론과 지식의 한계를 보여주기 위해 의식적으로 회의론을 함유하였다. 흄이 주장한 바는 회의론이 만일 경험론적 방법이 궁극적인 결론에 도달될지에 대한 의문으로서의 유일한 대안이라는 것이다. 사람들은 자신 밖에 존재하는 모든 것을 증명할 수 없으며 계속되는 자신의 존재에 단지 의문을 제기할 수 있다. 놀랍게도, 그는 모든 과학적 연구의 중요 기초, 원인의 전통적인 관점에 대항하여 회의론을 주창하였다.

흄은 유신론적 신앙을 미신의 산물로 보았다. 그에게 있어 도덕성은 근본적으로 절대성이 없는 자연주의적인 것이었다. 그는 기적에 동의하지 않았는데 그것은 기적이 일어날 수 없다는 근거에서가 아니고 그 기적의 발생이 과학적으로 증명될 수 없다는 근거에서 그리하였다. 기적을 부인하기 위해 과학적 법칙을 이용한 것은 그의 사상의 불일치들의 한 예에 불과하다. 왜냐하면 그는 어디에서나 그러한 자연의 법칙의 근거를 반대해서 논쟁해왔기 때문이다.

논리적으로 추정해 볼때, 흄의 논쟁은 논리를 무시하며 자기파괴적인 것으로 나타난다. 예를 들면, 그가 주장한 철학적 회의론은 자신을 포함하여 모든 이성적 사고의 가능성을 손상시킨다. 아마도 흄이 현대 사고에 끼친 가장 강력한 영향은 누구도 감각 세계를 넘어선 것에 관해서는 의미있는 어떤 것을 말할 수 없다는 그의 진의에서 기인한다고 보인다. 이처럼 흄은 초자연적이고 영적인 실재에 대해 질문하는 불가지론과 물질주의적 신념 체계에 광범위한 영향을 주었다.

RICHARD LEYDA

참고문헌 | C. Brown(1968), *Philosophy and the Christian Faith*; D. Hume(1888), *A Treaties of Human Nature*; idem(1748), *An Inquiry Concerning Human Understanding*; idem(1779), *Dialogues Concerning Natural Religion*.

흑인신학과 기독교교육(Black Theology and Christian Education).

흑인신학이란 미국과 남아프리카 흑인들의 체험에서 나온 신학이다. 백인들의 인종차별에 의한 억압이 흑인신학이라고 알려진 신학 운동을 일으킨 배경이 되었다. 어떤 점에서 흑인신학은 "흑인도 인간임을 확증하는 새로운 상징을 찾는 신학이다. 억압자들에 의해 억눌리는 자들이 그 억압에서 해방되기 위한 신학이다"(B. Moore, ix. 1973). 해방을 추구한다는 것은 미국과 남아프리카의 흑인신학에 왜 정치와 문화와 신학이 함께 공존하는지 알게 해준다.

1960년대 미국의 시민 권리와 흑인 운동이 흑인신학에 정치문화적 요인들을 제공했는데, 이는 1966년 설립된 "전국흑인교인위원회"(National Committee of Negro Churchmen, NCNC)가 잘 천명했다. 그러므로 흑인신학 사상 최초로 출판된 책을 『흑인신학과 블랙파워』(*Black Theology and Black Power*)라고 한 것은 놀랄 일이 아니다. 이 책은 제임스 콘(James H. Cone)이 저작하여 1969년에 출판했다. 콘은 흑인신학의 주요 주창자였다. 흑인신학이 시작된 시기가 명확함에도 불구하고 그 주제의 일부를 남북전쟁 이전시대의 교회 상황에 되돌아가 추적해보는 것이 가능하다.

남아프리카 흑인신학의 시작은 미국과 비슷하다. "아프리카전국회의"(Africa National Congress, ANC)와 비코(Steve Bico)가 인도하던 "흑인 의식운동"(Black Consciousness Movement)으로 상징되는 남아프리카 시민 불복종 운동이 흑인신학에 기동력을 주었다. 남아프리카 사람들은 미국 흑인들로부터 많은 교훈을 배웠다. 매나스 부들레지(Manas Buthelezi)는 남아프리카 흑인신학의 아버지로 불린다. 그에게 기본적인 문제는 "만약 복음이 의미 있는 것이라면… '하나님이 왜 나를 흑인으로 지으셨나?' 라는 질문에 대답해 주어야 한다" 라고 했다(Hopkins 1989, 29).

"하나님이 왜 나를 흑인으로 지으셨나?" 라는 의문은 한때 현실적이고도 고통스러운 질문이었다. 아프리카에 또는 도처에 흩어져 있는 흑인들이 던지는 이 질문은 흑인 그리스도인들에게 특히 더 중요하다. 왜냐하면 이것은 전 아프리카 흑인들에게 신학적 연계를 주기 때문이다.

흑인신학과 아프리카 신학은 동의어가 아니다. 아프리카 신학은 정치적 해방이나 백인 우월주의에 덜 영향을 받았다. 그보다는 문화적, 종교적 자유에 더 관심을 보이는 아프리카 신학은 흑인의 존재에 대한 의문에 해답을 찾으려는 데서 비롯되었다.

흑인신학은 단순하지도 정적이지도 않다. 흑인신학이 발생할 초창기부터 기독교 신앙을 향한 흑인들의 여정은 현실적인 변화들을 다루어야 했다. 최근의 변화가 흑인신학이 대면하는 작금의 주제를 형성해 왔다. 예를 들면, 남아프리카는 인종차별정책 이후 아프리카 대륙의 다른 나라들보다 더 많은 신학적 토의를 거듭해 왔다. 이와 관련, 국가 건설과 화해(일부 아프리카 신학자들이 화해의 신학이라고 부르는)는 남아프리카와 사하라 사막 이남 지역의 국가들을 연결시키는 신학적 주제가 되었다.

미국에서는 다문화주의와 아프리카 중심주의가 1980년대와 1990년대의 주요 관심사였다. 이로 인해 성경에 나오는 흑인들에 대한 연구와 성경해석, 흑인교회 등에 관심이 집중되었다. 펠더(Cain Hope Felder)의 『성경의 난제: 인종, 지위 그리고 가정』(Troubling Biblical Waters: Race, Class and Family, 1988)과 맥크레이(Walter A. McCray)의 『성경에 나타난 흑인: 흑인과 아프리카인들의 성경적 정체성 발견』(The Black Presence in the Bible: Discovering the Black and African Identity of Biblical Persons and Nations, 1990)등이 대표적인 예들이다. 학자들은 성경해석상 흑인들의 관점에서 논하는 반면, 흑인 교인들은 성경 속의 흑인들에 대해 더 큰 관심을 가진다. 둘 다 흑인신학과 기독교교육의 연관성을 지적해 준다.

맥크레이에 의하면 흑인신학자들의 의도는 그 주제에 대한 개요를 제공해 줌으로써 기독교교육자들, 특히 흑인 교육자들에게 교육의 토대를 다져 주는 일이다(McCray 1990, 135). 흑인신학자들이 추구하는 목표 중 하나는 아프리카 중심과 그리스도 중심의 기독교교육을 증진하는 일이다. 그러나 아프리카 중심의 기독교교육은 논쟁을 일으켜 왔다. 일부에서는 아프리카 중심과 그리스도 중심이 동시에 가능한지 의아해한다(Wright & Birchett 1995, 10). 하지만 아프리카 중심주의가 다른 인종 그룹이나 민족들이 그들의 문제를 성경적으로 접근하려는 것을 제한하지 않는다면, 아프리카 중심 기독교교육은 흑인들에게 필요하다.

흑인신학은 기독교교육자들에게 성경해석을 재검토하라고 도전한다. 이것은 특정한 저자들의 극단적인 주장에 동의하지 않더라도 가능하다. 예를 들면, 맥크레이가 암시한 바와 같이 뚜렷한 근거 없이는 어떤 성경 인물도 흑인임을 가정할 필요는 없다는 것이다(McCray 1990, 18). 또한 성경이 특별히 강조하지도 않는데 인종이나 피부색을 언급할 이유가 없다. 그러나 "내가 비록 검으나 아름다우니"(아 1:5-6)와 같은 구절을 번역하거나 전통적으로 해석할 때에는 그런 도전이 가능하다. 인종 문제는 성경의 핵심도 아니며, 그렇다고 전혀 도외시할 수도 없다.

흑인들의 종교적 체험을 심각하게 살펴보면, 흑인신학이 교육과정에 학과 간의 독특하고 고유한 기회를 제공하는 것을 알 수 있다(Ziengler 1970, 176). 흑인의 종교 체험이 교리를 실천하는 것이므로 행동의 신학을 증진하는 적절한 교육과정 개발이 필요하다. 전 세계의 서로 다른 인종으로 구성된 교회들도 올바른 행동과 올바른 교리를 위한 신학교육이 필요하다.

흑인신학이 궁극적으로 추구하는 것은 흑인들의 질문에 대답해 주는 일이다. 평범한 흑인 그리스도인들에게 항상 만족스러운 해답은 아닐지라도, 흑인신학은 흑인에게만 제한되지 않는 교육적 역할을 해왔다.

SAMUEL M. LINGE AND TITE TIENOU

참고문헌 | D. N. Hopkins(1989), *Black Theology USA and South Africa: Politics, Culture and Liberation*; W. A. McCray(1990), *The Black Presence in the Bible: Discovering the Black and African Identity of Biblical Persons and Nations*; B. Moore, ed.(1973), *The Challenge of Black Theology in South Africa*; J. A. Wright and C. Birchett(1995), *Africans Who Shaped Our Faith*; J. H. Ziengler, *Theological Education* 6(1970): 173-231.

참조 | 문화접변(ACCULTURATION); 자유주의 신학(LIBERATION THEOLOGY); 다문화주의(MULTICULTURALISM)

EVANGELICAL DICTIONARY of CHRISTIAN EDUCATION

부록 (제목 찾기)

ㄱ

가르침의 은사 (Teaching, Gift of) 21
가정교육 (Family Life Education) 22
가정교회 (House Church) 24
가정단체 (Home Fellowships) 25
가정도덕 (Family Morality) 25
가정성경공부 (Home Bible Studies) 26
가정성경공부/모임 (Home Bible Studies/Groups) 26
가정예배 (Home Church) 27
가정예배 (Worship, Family) 27
가족캠프 (Family Camp)/수련회(Retreat) 28
가치관/가치관 중심의 교육(Values/Values-Based Education) 28
가치교육 (Values Education) 30
가치명료화 (Values Clarification) 31
가치론 (Axiology) 32
가톨릭교육협회 (National Catholic Educational Ass.ociation) 33
각인 (Imprinting) 34
간섭이론 (Interference Theory) 35
간음(Adultery) 35
감각기관(Sensory Registers) 36
감각형식(Modality) 36
감정이입(Empathy) 36
강림절(Advent) 37
강습회(Workshop) 37
강의(Lecture) 38
강화계획(Reinforcement Scheduling) 39
개벌린, 프랭크 엘리(Gaebelein, Frank Ely, 1899-1983) 41
개인주의와 그룹(Individualism and Groups) 41
개인차(Individual Differences) 42
개조주의(Reconstructionism) 42
갱(Gangs) 45
건설적 학습활동(Constructive Activities) 45
결합적 신앙(Conjunctive Faith) 46
경건의 시간(Quiet Time) 46
경영(Management) 47
경영에 관한 성경적 기초(Management, Biblical Basis of) 48
경험과 신학(Experience and Theology) 50

부록 : ㄱ

경험주의 신학과 기독교교육(Empirical Theology and Christian Education) 53
경험학습(Experiential Learning) 54
계몽운동(Enlightenment) 55
계시(Revelation) 56
계약(Contract) 56
계약학습(Contract Learning) 58
계층화(Stratification) 58
계획과 계획세우기(Plan, Planning) 59
고대의 초석(Ancient Foundations) 60
고독(Solitude) 62
고백(Confession) 63
고전적 조건형성(Classical Conditioning) 63
곡해(Perversion) 64
공동생활형제단(Brethren of the Common Life) 64
공동체/기독교공동체(Community, Christian) 66
공립교육(Public Education) 67
공유관리(Shared Governance) 67
과잉일반화(Overgeneralization) 67
과정(Course) 68
과정관찰자(Process Observer) 68
과정신학(Process Theology) 69
관계전도(Relational Evangelism) 71
관찰실(Fishbowl) 71
관찰학습(Observational Learning) 72
교단(Denomination) 72
교도소 사역(Prison Ministry) 72
교리문답서(Catechism) 73
교수계획(Teaching Plan) 75
교수방법(Teaching Methods) 75
교수도구(Teaching Tool) 75
교수도구들(Teaching Tools) 75
교수-학습과정(Teaching-Learning-Process) 75
교수-학습내용 윤곽제시도구(Advanced Organizer) 78
교실배치(Classroom Setting) 79
교양과목(Liberal Arts) 79
교육과정(Curriculum) 81
교육과정/숨은 교육과정(Curriculum, Hidden) 82
교육/군주국과 선지자들의 교육(Education in the Monarchy and the Prophets) 83
교육/모세오경의 교육(Education in the Pentateuch) 84
교육목사(Minister of Christian Education) 85
교육/복음서와 사도행전의 교육(Education in the Gospels and Acts) 87
교육부장(Superintendent) 89
교육/서신서의 교육(Education in the Epistles) 89
교육 분석철학(Analytic Philosophy of Education) 92
교육/시편과 잠언의 교육(Education in the Psalms and Proverbs) 92
교육자로서의 교사(Teacher as Educator) 94
교육자로서의 랍비(Rabbi as Educator) 96
교육자로서의 성직자(Clergy as Educators) 98
교육철학(Philosophy of Education) 99
교육철학의 성경적 기초(Biblical Foundations for a Philosophy of Teaching) 101
교육학(Pedagogy) 103
교회(Church) 104
교회도서관(Church Library) 105
교회론(Doctrine of the Church) 106

교회법(Constitution, Church) 107
교회사역네트워크(Church Ministry Convention Network, CMCN) 107
교회성장(Church Growth) 108
교회임원(Church Officer) 110
교회자료(Church Resource) 110
교회협의회(National Council of Churches, NCC) 110
교회확장(Church Expansion) 111
구도자 예배(Seeker Services) 111
구성주의(Constructivism) 112
구세군(Salvation Army) 112
구원(Salvation) 113
구조(Structure) 117
구체적(Concrete) 117
구체적 사고와 추상적 사고(Concrete Thinking versus Abstract Thinking) 117
구체적 조작기 사고(Concrete Operational Thinking) 119
국제기독교캠핑(Christian Camping International, CCI) 120
국제기독교학교연합회(Association of Christian Schools International) 121
국제십대선교회(Youth for Christ International) 122
국제어와나클럽(Awana Clubs International) 123
국제청장년면려회(Christian Endeavor International) 125
권위적 접근(Authoritative Approach) 126
권위주의적 접근(Authoritarian Approach) 126
귀납적 성경연구(Inductive Bible Study) 126
귀납적 학습(Inductive Learning) 128

규범화(Norming) 128
균일성(Uniformity) 129
균형(Balance) 129
균형(Equilibrium) 129
그룸, 토마스(Groome, Thomas H, 1945-) 130
계약(그룹 내)(Contracting in Groups) 131
그룹단계(Group Stages) 131
그룹결속력(Cohesion in Groups) 132
그룹역학(Group Dynamics) 133
그룹화와 등급화(Grouping and Grading) 134
그리스도인 양육(Christian Nurture) 135
그리스도인 형성(Christian Formation) 137
그리스 교육(Greek Education) 138
극단주의자(Extremist) 140
극화(Dramatization) 140
극화하다(Dramatize) 141
근본주의(Fundamentalism) 141
근접성(Proximity) 144
근접의 법칙(Law of Proximity) 144
글없는 책(Wordless Book) 144
금욕(Abstinence) 145
기능장애(Dysfunctional) 145
기도(Prayer) 146
기도문(Devotional Literature) 147
기도에 관한 가르침(Prayer, Teaching of) 147
기독교(Christianity) 149
기독교교리협회(Confraternity of Christian Doctrine) 150
기독교교육(Christian Education) 152
기독교교육과 가치체계(Christian Education and Values Systems) 154

기독교교육과 민족적 시사성(Ethnic Implications for Christian Education) 154
기독교교육사(Director of Christian Education, DCE) 156
기독교교육의 성경적 기초(Biblical Foundations of Christian Education) 157
기독교교육자(Christian Educator) 161
기독교교육전문가협회(Professional Association of Christian Educators. PACE) 161
기독교교육철학(Philosophy Of Christian Education) 162
기독교봉사단(Christian Service Brigade, CSB) 164
기독교상담(Christian Counseling) 165
기독교의 고등교육(Higher Education, Christian) 167
기독교 세계관(Christian Worldview) 168
기독교 인문주의(Christian Humanism) 169
기독학생회(InterVarsity Christian Fellowship) 170
기술인류학(Descriptive Anthropology) 172
기억(Memory) 172
기억신호(Memory Cues) 173
기억장치들(Mnemonic Devices) 173
기억화(Memorization) 174
기적(Miracles) 175
기호해석/기호화하기(Decoding/Encoding) 175
길리건, 캐롤(Gilligan, Carol 1936-) 175
꿈(Dream) 176

나선형(Spiraling) 177
낙태(Abortion) 177
남녀차이(Gender Differences) 178
남성사역(Men's Ministry) 178
낭만주의(Romanticism) 180
내러티브신학(Narrative Theology) 182
내적 보상(Intrinsic Rewards) 182
네비게이토선교회(Navigators) 182
노년(Elderly) 184
노령/은퇴(Aged/Retired) 185
노울스, 말콤(Knowles, Malcolm S, 1914-) 185
노이가르텐(Neugarten, Bernice L., 1916-) 187
노인학(Gerontology) 188
노화, 연령층 차별(Aging, Ageism) 188
논의(Argument) 189
논쟁(Controversy) 189
놀이와 아동교육(Play, Role in Childhood Education) 189
능동학습(Active Learning) 191
능력부여(Empowerment) 192
능력부여하기(Empowering) 192
능력중심교육(Competency-Based Education) 194

다문화주의(Multiculturalism) 197
다식증(Bulimia) 198

다중지능 (Multiple Intelligences) 198
다지형 프로그램 (Branching Programming) 200
단과대학 (College) 201
단기선교 (Short-Term Missions) 201
단서 (Cues) 202
단일화 (Unification) 202
담임목사 (Senior Pastor) 202
대각성 (Great Awakenings) 204
대륙의 교육철학 (Continental Philosophy of Education) 205
대리인 (Agent) 206
대상학습(Object Lesson) 206
대학(University) 207
대학생선교회(Campus Crusade for Christ) 209
대화 (Conversation) 210
대화식 교수법(Dialogue Approach to Teaching) 211
덕목(Virtue) 212
덩어리 만들기(Chunking) 212
도덕 (Morality) 213
도덕교육(Moral Education) 213
도덕발달(Moral Development) 215
도덕성(Common Morality) 220
도덕적 딜레마(Moral Dilemma) 220
도덕적 딜레마와 기독교교육(Moral Dilemmas, Use in Ministry) 221
도덕적 추론(Moral Reasoning, Theory of) 221
도빈스(Dobbins, Gaines Stanley, 1886-1978) 223
도서관/자료 센터(Library/Resource Center) 224
도시 기독교교육(Urban Christian Education) 225
도시 가정(Urban Family) 226
독단적 접근법(Dogmatic Approach) 227

독립(Independence) 227
독신자들(Single Adults) 227
독재적(Dictatorial) 230
독창성(Originality) 230
동거(Cohabitation) 230
동기부여/외적요인(Extrinsic Motivation) 232
동방정교교육(Orthodox Christian Education) 233
동성애(Homosexuality) 234
동성애자(Sodomite) 235
동의(Agreement) 235
동정심(Compassion) 235
동질성(Homogeneity) 235
동참(Participation) 236
동화(Assimilation) 236
듀이, 존(Dewey, John, 1859-1952) 236
드라마 교수법(Drama as a Teaching Method) 239
디다케(Didache) 239
디아코니아(Diakonia) 240
또래사역(Peer Ministry) 241
또래집단압력(Peer Pressure) 242

라이시엄(Lyceum) 245
라인과 스태프 도표(Line and Staff Chart) 246
라인-스태프 관계(Line-Staff Relationships) 246
레빈, 커트(Lewin, Kurt, 1890-1947) 246
레빈슨, 다니엘 제이콥(Levinson, Daniel Jacob, 1920-1994) 247

부록 : ㅁ

레이크스, 로버트(Raikes, Robert) 248
레크리에이션(Recreational) 249
레크레이션과 기독교교육(Recreation in Christian Education) 249
로더, 제임스 에드윈(Loder, James Edwin, 1931-2001) 250
로마 가톨릭교육(Roman Catholic Education) 251
로마의 교육(Roman Education) 253
로쉬 하샤나(Rosh Hashanah) 255
로저스, 칼(Rogers, Carl, 1902-1987) 256
로크, 존(Locke, John, 1632-1704) 257
루소, 장-자크(Rousseau, Jean-Jacques, 1712-1778) 259
루이스, C. S.(Lewis, Clive Staples, 1898-1963) 260
루터, 마틴(Luther, Martin, 1483-1546) 262
르네상스교육(Renaissance Education) 264
르바, 로이스 E(LeBar, Lois E., 1907-) 265
리더십과 상황(Situational Leadership) 266
리, 제임스 마이클(Lee, James Michael, 1931-) 267
리처즈, 로렌스(Richards, Lawrence O, 1931-) 268
리틀, 사라 파멜라(Little, Sara Pamela, 1919-) 269
린데만, 에두아드 C(Lindeman, Eduard C., 1885-1953) 270

마귀(Demons, 악마 또는 귀신) 273
마리땡, 자크(Maritain, Jacques, 1882-1973) 274
마법(Witchcraft) 275
마약(Drug) 275
만들기(Crafts) 276
만인제사장(Priesthood of Believers) 276
만, 호레이스(Mann, Horace, 1796-1859) 281
맞벌이 부부의 아이들(Latchkey Children) 282
매가피 독본(McGuffey Readers) 283
매슬로우, 아브라함 해롤드(Maslow, Abraham Harold, 1908-1970) 283
매체(Media) 284
메타메시지(Metamessage) 285
메타인식(Metacognition) 285
멘토링(Mentoring) 286
멘토링과 가정(Mentoring in the Family) 288
멜란히톤, 필립(Melanchthon, Philip, 1497-1560) 290
명상(Contemplation) 291
모델링(Modeling) 292
모라비안교육(Moravian Education) 293
모의실험(Simulation) 294
모임(Meeting) 295
모집(Recruitment) 295
목사/목회자(Minister) 296
목사(Pastor) 297
목적(Goal) 297
목적을 따르는 경영(Management by Objectives) 298
목표(Objective) 298
목표(Target) 299
목회상담(Pastoral Counseling) 299

목회철학(Philosophy of Ministry) 299
몬테소리, 마리아(Montessori, Maria, 1870-1952) 301
몸 언어(Body Language) 302
무디, 드와이트(Moody, Dwight L) 303
무신론(Atheism) 304
무신론자(Godless) 304
무형식적 교육(Nonformal Education) 304
묵상(Meditation) 305
문명화(Civilization) 306
문제해결(Problem Solving) 306
문화(Culture) 307
문화전계(Enculturation, 文化傳繼) 308
문화접변(Acculturation, 文化接變) 309
미국주일학교연합회(American Sunday School Union) 310
미국흑인의 유산(Afro-American Heritage) 312
미어스, 헨리에타 코넬리아(Mears, Henrietta Cornelia, 1890-1963) 312
미전도인(Hidden Peoples) 313
민족성과 소그룹(Ethnicity and Small Groups) 314
민족지학(Ethnography, 民族誌學) 315
민주적 접근방식(Democratic Approach to Groups) 316
믿음(Belief) 316
밀러, 랜돌프 크럼프(Miller, Randolph Crump, 1910-) 317
밀레니엄 세대(Millennial Generation) 318

바/벧 미즈바 (Bar/Bat Mitzvah) 321
바울신학(Pauline Theology) 322
바울의 가르침(Teachings of Paul) 322
반역(Rebellion) 325
반응(Feedback) 325
반응-자극 결합(R-S Bonds) 325
반향기억 (Echoic Memory) 326
발견교수법(Discovery Teaching) 326
발견학습(Discovery Learning) 327
발달과업(Developmental Tasks) 328
발달교수법(Developmental Teaching) 328
발달단계(Developmental Stage) 330
방법론, 교수와 연구(Methodology, <Teaching and Research>) 330
방임적 지도력(Laissez-Faire Leadership) 332
방종(Self-Indulgence) 333
밴두라, 앨버트(Bandura, Albert, 1925-) 333
버스터 세대(Buster Generation) 334
벌과 순종(Punishment and Obedience) 335
범위(Scope) 336
법(Law) 337
법과 질서(Law and Order) 337
베이비붐 세대(Baby Boom Generation) 337
벤슨, 클레런스 허버트(Benson, Clarence Herbert, 1879-1954) 338
벨라, 로버트(Bellah, Robert N. 1927-) 339
보상(Expiation) 339
보상(Rewards) 339
보이스, 메리(Boys, Mary, 1947-) 340
보존(Preservation) 341
보존성(Conservation) 341
보편법칙영역(Nomothetic Dimension) 342
보편적 윤리의 원칙(Universal Ethnical Principle) 342

복구(Restoration) 342
복음(Gospel) 342
복음전도와 사역(Ministry-Based Evangelism) 343
복음주의(Evangelicalism) 344
복음주의협회(National Association of Evangelicals, NAE) 348
복음주의훈련연합(Evangelical Training Association, ETA) 349
복제(Replication) 350
본능(Instinct) 351
본질주의(Essentialism) 351
본회퍼, 디트리히(Bonhoeffer, Dietrich, 1906-1945) 352
봉사 프로젝트(Service Project) 353
부머즈(Boomers) 354
부모교육(Parent Education) 354
부목사(Assistant Pastor) 354
부목사(Associate Pastor) 354
부쉬넬, 호레이스(Bushnell, Horace, 1802-1876) 354
부적응(Maladaptation) 356
부호화(Encoding) 357
부흥(Revival) 357
분류(Classification) 359
분리(Separation) 359
분석 심리학(Analytic Psychology) 359
분위기/교실 분위기(Climate, Classroom) 359
분위기/소그룹 분위기(Climate, Small Group) 359
분파(Sect) 360
불가지론(Agnostic) 360
불교(Buddhism) 360
불균형(Disequilibrium) 360
불균형(Imbalance) 361
브루너, 제롬(Bruner, Jerome, 1915-) 361
브룩필드, 스티븐(Brookfield, Steven, 1948-) 362

블룸, 앨런(Bloom, Allan, 1930-1992) 363
비또리노 다 펠트레(Vittorino da Feltre, 1378-1446) 364
비애(Sorrow) 365
비언어적 언어(Nonverbal Language) 365
비언어적 의사소통(Nonverbal Communication) 365
비에스 폴(Vieth, Paul H, 1895-1978) 365
비영리조직(Nonprofit Organizations) 366
비유(Parable) 367
비전(Vision) 368
비판적 성찰(Critical Reflection) 368
비평(Critique) 369
비행청소년(Juvenile Delinquency) 369
비형식적 교육(Informal Education) 371
빈둥지(Empty Nest) 372
빌더세대(Builder Generation) 372

사도들의 교육(Apostolic Teaching) 375
사랑(Love) 375
사랑과 소속감(Love and Belonging) 376
사례관리(Case Management) 377
사례대변인(Case Advocate) 377
사례방법(Case Method) 377
사례연구(Case Study) 378
사립종교학교(Private Religious Schools) 380
사립학교/기독교(Private Christian Schools) 381
사역(Ministry) 383
사역과 탈진(Burnout, Ministerial) 386
사원(Temple) 387
사회(Society) 387
사회복음(Social Gospel) 387

사회심리학(Social Psychology) 388
사회인지이론(Social Cognitive Theory) 388
사회진화론(Social Darwinism) 389
삶의 단계/성인기(Stages of Life/Adulthood) 390
삽화적 기억(Episodic Memory) 391
상담(Counseling) 391
상담/권면적 상담(Nouthetic Counseling) 393
상담자(Counselor) 393
상대주의, 종교와 기독교교육(Relativism, Religion and Christian Education) 393
상상력(Imagination) 395
상징주의(Symbolism) 396
상향운동(Upward Bound) 397
상호작용의 학습(Interactive Learning) 397
상황 고/저 의존집단(High/Low Context Groups) 398
상황/교육과 사역의 상황(Context in Teaching and Ministry) 399
새신자과정(Catechumenate) 400
생명윤리(Bioethics) 401
생명의 말씀 공동체(Word of Life Fellowship) 403
생활양식(Lifestyle) 404
선견(Foresight) 405
선교(Mission) 405
선교교육(Missions Education) 406
선교방법(Missions, Methods of) 408
선라이프(Sonlife Ministries) 410
선 시티(Son City) 411
선지자적 가르침(Prophetic Teachings) 412
선택(Choices) 412
선형 계획법(Linear Programming) 412
설교(Preaching) 412
설교(Sermon) 413
설명식 교수법(Expository Teaching) 413
섬기는 지도자(Servant Leader) 414
섭식장애(Eating Disorders) 416

성경공회(Bible Societies) 417
성경교리(Biblical Doctrine) 418
성경교육(Bible Teaching) 418
성경대학운동(Bible College Movement) 420
성경번역(Bible Translations) 421
성경신학(Biblical Theology) 423
성경암송(Scripture Memory) 424
성경연구방법(Bible Study Methods) 425
성경연장교육(Biblical Education by Extension) 426
성경연합(Bible Associations) 427
성경의 무오성(Inerrancy of Scripture) 427
성경일과(日課) 교육과정(Lectionary curriculum) 429
성경적 상담(Biblically Based Counseling) 429
성경/진리와 권위로서 성경(Scripture as Truth and Authority) 431
성경학원(Bible Institutes) 434
성경해석학 및 주석과 교육(Hermeneutics and Exegesis in Teaching) 434
성교육(Sex Education) 438
성령(Holy Spirit) 440
성례전(Sacrament) 443
성만찬(Eucharist) 443
성사들(Sacraments) 443
성서대학인가협회(Accrediting Association of Bible College) 443
성숙(Maturation) 444
성역할(Gender Roles) 444
성인교육(Andragogy) 445
성인 기독교교육(Adult Christian Education) 446
성인 기독교교육 모델(Adult Models of Christian Education) 449
성인반(Adult Class) 450
성인발달(Adult Development) 451

부록 : ㅅ

성인발달의 표지사건(Marker Events in Adult Development) 456
성인부(Adult Division) 456
성인 성경공부(Bible Teaching for Adults) 457
성인위원회(Adult Committee) 458
성인인생주기(Adult Life Cycle) 458
성적 학대(Abuse) 459
성전염성질환(Sexually Transmitted Disease) 460
성정체성(Gender Identity) 460
성직자(Clergy) 4560
성찬식(Communion) 461
성찰(Reflection) 462
세계교회협의회(World Council of Churches) 463
세계기독교교육협의회(World Council of Christian Education) 464
세대 간의 충돌(Generational Impact) 466
세대 간 접근/학습에서(Intergenerational Approach to Learning) 468
세대 간 학습(Intergenerational Learning) 469
세례, 침례(Baptism) 470
세미나(Seminar) 471
세칙, 내규(Bylaws) 472
셀 교회(Cell Church) 472
셀 그룹(Cell Groups) 473
소그룹(Small Groups) 473
소그룹에서의 상호의존성(Interdependence in Small Groups) 475
소그룹 일탈 구성원(Small Group Deviant) 475
소그룹/청소년(Small Group, Youth) 476
소급 억제(Retroactive Inhibition) 476
소크라테스의 방법(Socratic Method) 477
소형교회 사역(Small Church Ministry) 478
속죄(Atonement) 479

손다이크, 에드워드(Thorndike, Edward, 1874-1949) 481
수단(Instrumental)/상대주의자(Relativist) 483
수도원제도(Monasticism) 483
수련회(Retreats) 485
수렴적/발산적 사고(Convergent/Divergent Thinking) 485
수업계획(Lesson Plan) 486
수익자(Beneficiary) 487
수퍼비전(Supervision) 487
수평적 사고(Lateral Thinking) 487
순결서약운동(True Love Waits) 488
순종(Submission) 489
술 취함(Drunkenness) 490
스마트, 제임스(Smart, James D., 1906-1982) 490
스미스, 셸톤(Smith, Shelton H., 1893-1987) 490
스콜라철학(Scholasticism) 491
스키너, 버러스 프레드릭(Skinner, Burrhus Frederic, 1904-1990) 492
스키마(Schema) 494
스탭과 임용(Staff, Staffing) 494
스토리텔링(Storytelling) 495
스토리텔링/아동(Storytelling, Children's) 496
스펄전, 찰스 하돈(Spurgeon, Charles Hadon, 1834-1892) 497
슬픔(Grief) 501
시각적 방법(Visual Methods) 502
시각자료(Visual Aid) 503
시너지(Synergy) 503
시설(Facility) 503
시퀀스(Sequence, 계열화) 503
식민지교육(Colonial Education) 504
식별(Discernment) 505
식별(Discrimination) 505
신경성 식욕부진증(Anorexia) 505

신생아(Neonates) 506
신앙(Faith) 506
신앙고백(Confession of Faith) 509
신앙공동체(Faith Community) 509
신앙과 학문의 통합(Integration of Faith and Science) 509
신앙발달(Faith Development) 510
신정통주의(Neoorthodoxy) 513
신탤리티(Syntality) 515
신 토마스아퀴나스주의(Neo-Thomism) 515
신학과 교육(Theology and Education) 516
신학과 교육철학의 통합(Integration of Theology and Educational Philosophy) 520
신학교(Seminary) 522
신학교육(Theological Education) 522
신학교육의 갱신(Renewal of Theological Education) 525
신학연장교육(Theological Education by Extension) 527
신학자로서의 교육자(Educator as Theologian) 529
실례(Illustration, 實例) 531
실례제시(Demonstration) 531
실습(Practicum) 531
실존주의와 교육(Existentialism and Education) 532
실험주의/실용주의/진보주의 교육(Experimentalism/Pragmatism/Progressive Education) 534
심리학(Psychology) 538
심포지움(Symposium) 538
십대사역(Youth Ministry) 538
십대 성경공부(Bible Teaching for Youth) 538
십대와 선교(Youth and Missions) 538
십대의 사회화(Socialization of Youth) 538
십대의 성(Sexuality, Adolescent) 538

십대의 자살(Suicide, Youth) 538
십대 전도(Evangelism, Youth) 538
십대초기(Early Adolescence) 538
12단계 그룹(Twelve-Step Group) 538
12단계 프로그램(Twelve-Step Program) 538

아가페(Agape) 541
아동기/중기(Middle Childhood) 541
아동기/후기(Late Childhood) 543
아동 돌보기(Child Care) 544
아동 돌보기 센터(Child Care Centers) 544
아동발달(Child Development) 545
아동의 사회화(Socialization of the Child) 549
아동의 성(Sexuality, Child) 550
아동의 소그룹(Children's Small Groups) 551
아들러, 모티머(Adler, Mortimer J. 1902-) 551
아리스토텔레스(Aristotle, 384-322 B.C.) 552
아빌라의 테레사(Teresa of Avila, 1515-1582) 553
아시아 신학(Asian Theology) 554
아웃리치그룹(Outreach Group) 557
아이스너, 엘리엇(Eisner, Elliott, 1933-) 557
아카데미(Academy) 558
아퀴나스, 토마스(Aquinas, Thomas, 1225-1274) 559
악(Evil) 561
안내(Guidance) 561
안내하다(Guide) 561
안락사(Euthanasia) 561

부록 : ㅇ

안수(Ordination) 562
안정성(Stability) 563
알렉산드리아 교리문답학교(Catechetical School of Alexandria) 563
알코올 중독(Alcoholism) 564
알코올 중독자의 성인자녀(Adult Children of Alcoholics) 565
암송 유지(Maintenance Rehearsal) 566
암시(Hints) 566
애정(Affection) 566
앨퀸(Alcuin, 735-804) 567
야외사역(Outdoor Ministries) 567
야외시설(Camping Facilities) 570
야외활동(Outdoor Activities) 570
양심(Conscience) 570
양육관리(Foster Care) 570
양육모델(Parenting Models) 570
어거스틴(Augustine, 354-430) 573
어린이 교회(Children's Church) 574
어린이 기독교교육(Childhood Christian Education) 575
어린이 사역 모델(Children's Ministry Models) 578
어린이 선교(Missions and Children) 580
어린이 설교(Children's Sermon) 581
어린이 설교(Sermon, Children's) 581
어린이 성경공부(Bible Teaching for Children) 582
어린이 성경교육(Teaching Scripture to Children) 583
어린이 전도(Evangelism, Child) 585
어린이 전도협회(Child Evangelism Fellowship) 586
억압(Repression) 587
에드워즈, 조나단(Edwards, Jonathan, 1703-1758) 588
에라스무스, 데시데리우스(Erasmus, Desiderius, 1469-1536) 589
에로스(Eros) 589
에릭슨, 에릭 홈버거(Erikson, Erik Homburger, 1902-1994) 590
에이즈(AIDS, Acquired Immunodeficiency Syndrome) 592
에지, 파인들리(Edge, Findley, 1916-) 594
에큐메니칼 교육(Ecumenical Education) 594
에프워스 연맹(Epworth League) 595
엥겔척도(Engel Scale) 596
여권주의(Feminism) 597
여름성경학교(Vacation Bible School, VBS) 599
여성과 목사안수(Women, Ordination of) 600
여성목회(Women in Ministry) 601
여성의 사역(Women's Ministry) 604
여성의 지도자 역할(Women, Leadership Role of) 605
여집사(Deaconess) 607
역사적 예수탐구(Quest for the Historical Jesus) 608
역할(Role) 611
역할극(Role Play) 612
역할극/연극(Acting/Playing) 612
역할전도(Role Reversal) 612
역할혼동(Role Confusion) 613
연구과정(Course of Study) 614
연구과제(Project) 614
연구기법(Research Techniques) 614
연속강화(Continuous Reinforcement) 614
연습의 법칙(Law of Exercise) 615
연역적 학습(Deductive Learning) 615
연장교육(Continuing Education) 616
연합/결합 이론(Association/Connectionist Theory) 617
열두 제자의 교육(Education of the Twelve) 618
열린 교실(Open Classroom) 622
영(Sprit) 622
영 라이프(Young Life) 622

영성(Spirituality) 624
영적 분별/분별가(Spiritual Direction/Director) 626
영적 성숙(Spiritual Maturity) 628
영적 수양회(Spiritual Retreat) 630
영적 은사(Spiritual Gifts) 630
영적인 몸(Spiritual Body) 632
영적 전쟁(Spiritual Warfare) 632
영적 훈련(Spiritual Disciplines) 634
예배(Worship) 635
예배와 어린이(Worship and Children) 636
예배와 청소년(Worship, Youth) 638
예배의식(Worship Service) 639
예산(Budget) 641
예수 그리스도(Jesus Christ) 642
예수 그리스도의 교육(Teachings of Jesus Christ) 645
예수 그리스도의 부활(Resurrection of Jesus Christ) 648
예수전도단(Youth with a Mission) 650
예수회와 반종교개혁(Jesuits and the Counter Reformation) 651
예외적인 사람들(Exceptional Persons) 654
예전(Liturgy) 656
오순절(Pentecost) 657
오슈벨, 데이비드(Ausubel, David P. 1918-) 657
오용(Misuse) 658
오인(Misconception) 658
오져, 에프 케이(Oser, Fritz K., 1937-) 658
Y2K 세대(Y2K Generation) 659
완전품질경영(Total Quality Management) 659
완전학습(Mastery Learning) 660
왓슨, 존 비(Watson, John B., 1878-1958) 661
왜곡(Distortion) 662
외로운(Solitary) 663
외로움(Loneliness) 663
욕구의 위계(Hierarchy of Needs) 664

욕구이론-매슬로우(Needs, Maslow's Theory of) 666
욤 키푸르(Yom Kippur) 668
우울(Melancholy) 668
우울증(Depression) 668
우정전도(Friendship Evangelism) 670
운동감각의 학습자(Kinesthetic Learners) 670
원격교육(Distance Education) 672
원형(Prototype) 672
월터 연맹(Walther League<루터교>) 672
웨슬리, 존(Wesley, John, 1703-1791) 674
위임(Commission) 675
위코프, 드비트 캠벨(Wyckoff, Dewitte Campbell, 1918-) 675
위클리프(Wycliffe) 676
윌로우크릭협회(Willow Creek Association) 676
유교(Confucianism) 677
유기체(Organism) 677
유대교(Judaism) 677
유대교육(Jewish Education) 678
유별(Categorization) 681
유쓰 스페셜티스(Youth Specialties<YS>) 681
유아(Infancy)/걸음마기 유아(Toddler) 682
유아기(Infancy) 682
유아실(Nursery) 684
유전자공학(Genetic Engineering) 685
윤리학(Ethics) 685
융, 칼 구스타프(Jung, Carl Gustav, 1875-1961) 687
융판 그림(Flannelgraph) 687
은유(Metaphor) 688
음악(Music) 688
의도적 처리과정(Intentional Processes) 689
의미충족성(Meaningfulness) 690
의사결정(Decision Making) 691
의사소통 스타일(Communication, Style of)

부록 : ㅈ

692
의사소통 이론(Communication Theory) 692
이교(Cult) 693
이교와 청소년(Cults and Youth) 695
이그나티우스(Ignatius of Loyola) 695
이사(Trustee) 696
이사회(Board of Directors) 697
이상주의(Idealism) 697
이야기(Story) 698
이종(Heterogeneity) 698
이주가정(Immigrant Family) 699
이종적 특질(Heterogeneous Quality) 699
이혼(Divorce) 699
이혼과 어린이의 현실(Divorce, Children of) 701
인간발달(Human Development) 703
인문주의/고전적 인문주의(Humanism, Classical) 703
인문주의/기독교 인문주의(Humanism, Christian) 704
인생지도(Life Map) 710
인식론(Epistemology) 711
인종차별주의(Racism) 711
인지발달(Cognitive Development) 713
인지장이론(Cognitive Field Theory) 714
인지적 부조화(Cognitive Dissonance) 716
인지진행과정(Cognitive Processing) 716
인지학습이론(Cognitive Learning, Theories of) 716
인출(Retreival) 719
인카운터 그룹(Encounter Groups) 719
일반교육(General Education) 720
일반화(Generalization) 720
일부일처제(Monogamy) 720
일지기록(Journal Writing) 721
임신중절 합법화 지지(Prochoice) 722
입력(Input) 722

ㅈ

자극-반응결합(S-R Bonds) 725
자기중심(Self-Centered) 725
자기평가(Self-Evaluation) 725
자기통치(Self-Governing) 725
자력구제(Self-Help) 725
자문(Self-Questioning) 725
자문단(Advisory Board) 726
자민족중심주의(Ethnocentricity) 726
자아개념(Self-Concept) 727
자아개방(Self-Disclosure) 728
자아실현(Self-Actualization) 730
자아중심성(Egocentrism) 731
자원(Resources) 731
자원봉사자(Volunteer) 732
자유방임적 접근(Laissez-Faire Approach) 733
자유주의(Liberalism) 733
자유주의 신학(Liberal Theology) 734
자유지원제(Volunteerism) 736
자율성(Autonomy) 736
잠재의식(Subconscious) 737
장로(Elder) 737
장로(Presbyter) 737
장이론(Field Theory) 737
재구성가정(Reconstituted Family) 738
재능인(Gifted) 739
재능인(Talented) 739
재분배(Redistribution) 739
재정계획(Financial Plan) 739
재혼가정(Stepfamilies) 739
저항(Protest) 739
전도(Evangelism) 739
전략(Strategy) 741
전략입안(Strategic Planning) 741
전이(Transfer) 742

부록 : ㅈ

전제자료(Premising Data) 742
전진 억제(Proactive Inhibition) 743
전환적 사고(Transductive Reasoning) 743
절대기준평가시험(Criterion-Referenced Tests) 743
접근(Contiguity) 744
정보처리과정(Information Processing) 744
정서장애아(Emotionally Disturbed Child) 745
정신분석학자(Psychoanalyst) 745
정신분열증(Schizophrenia) 745
정신운동영역(Psychomotor Domain) 745
정의(Justice) 747
정의적 영역(Affective Domain) 747
정책(Policy) 750
정체성 산만(Identity Diffusion) 750
정체성 성취(Identity Achievement) 750
정체성 유예(Identity Moratorium) 751
정체성 유질(Identity Foreclosure) 751
정체성 지위(Identity Status) 751
제사장(Priest) 752
제임스, 윌리엄(James, William, 1842-1910) 752
제자(Disciple) 754
제자화(Discipling) 755
제자훈련(Disciple Training) 756
제칠일안식교와 교육(Seventh-Day Adventist Education) 756
조작적 사고(Operational Thinking) 758
조작적 조건형성(Operant Conditioning,操作的 條件形成) 758
조직(Organization) 759
조직원리(Organizing Principle) 760
조직표(Organizational Chart) 760
조직화(Organize) 762
조하리의 창(Johari Window) 762
족장의(Patriarchal) 763
족장제 가족(Patriarchal Family) 763
존엄사(Mercy Killing) 764
종(Servant) 764
종교개혁(Protestant Reformation) 765
종교개혁(Reformation, The) 765
종교교육교수 및 연구자협회(Association of Professors and Researchers in Religious Education, APRRE) 768
종교교육의 국제협의회(International Council on Religious Education) 768
종교교육협회(Religious Education Association.REA) 769
종교사회학(Sociology of Religion) 771
종교심리학(Psychology of Religion) 772
종교철학(Philosophy of Religion) 773
종교출판사(Religious Publishing Companies) 775
종말론(Eschatology) 777
종속관계(Codependency) 779
좋은 연속성의 법칙(Law of Good Continuation) 780
죄(Sin) 780
주요교단(Mainline Denominations) 783
주의집중(Attention) 784
주의집중·결손/과민성 활동 장애(Attention-Deficit/Hyperactivity Disorder, ADHD) 785
주의집중 결손장애(Attention Deficit Disorder, ADD) 786
주일학교(Sunday School) 787
주일학교운동(Sunday School Movement) 788
주일학교의 역사(History of the Sunday School) 790
주일학교연합회(National Sunday School Association) 793
주일학교의 태동(Sunday School, Early Origins) 794
주중클럽(Weekday Club) 796
주지주의(Intellectualism) 797
준비성의 법칙(Law of Readiness) 798

부록 : ㅊ

중개인(Broker) 798
중년기(Middle Adulthood) 799
중년 위기(Midlife Crisis) 800
중세교육(Medieval Education) 801
중심도시(Inner City) 803
중심도시 가족(Inner-City Family) 803
중심도시 청소년 사역(Inner-City Youth Ministry) 803
중심화(Centering) 804
중요성(Significance) 804
중학교(Middle School) 804
쯔빙글리, 울리히(Zwingli, Ulrich, 1484-1531) 805
지각(Perception) 805
지각(Perceptive) 806
지도력(Leadership) 806
지도력개발(Leadership Development) 807
지도력 네트워크(Leadership Network) 808
지도력 원리(Leadership Principles) 810
지도하기(Direct) 813
지상명령(Great Commission) 813
지연된 만족(Deferred Gratification) 815
지연된 보상/이익(Delayed Rewards/Benefits) 816
지원그룹(Support Group) 816
지혜문학(Wisdom Literature) 816
직관적 개념화(Intuitive Conceptualizing) 817
직무설명서(Job Description) 817
직업 면접(Job Interview) 818
직업으로서의 기독교교육의 역사(History of the Christian Education Profession) 818
직장사역(Marketplace Ministry) 820
진젠도르프, 니콜라스 엘(Zinzendorf, Nicholas L. von, 1700-1760) 821
질문법(Questions) 822
집사(Deacon) 823
집중(Concentration) 824
집회/세미나(Convention/Seminar) 824

착한 청소년(Good Boy/Nice Girl) 825
참회(Penance) 826
창의성의 성경적 기초(Creativity, Biblical Foundations of) 826
채플린(Chaplain) 827
책임(Accountability) 827
책임연령(Age of Accountability) 828
천재아동(Gifted Children) 828
청교도 교육(Puritan Education) 829
청소년과 선교(Youth and Missions) 830
청소년교육/기독교(Christian Youth Education) 831
청소년기 발달(Adolescent Development) 831
청소년기-초기(Early Adolescence) 835
청소년기-후기(Late Adolescence) 836
청소년 문화(Youth Culture) 838
청소년사역(Youth Ministry) 840
청소년(중기)사역(Middle Adolescent Youth, Ministry to) 843
청소년 사역의 모델(Youth Ministry, Models of) 845
청소년 성경공부(Bible Teaching for Youth) 846
청소년의 사회화(Socialization of Youth) 847
청소년의 성(Sexuality, Adolescent) 848
청소년의 자살(Suicide, Youth) 849
청소년전도(Evangelism, Youth) 850
청지기도(Stewardship) 852
초기 아동기(Early Childhood) 852
초대교회의 교육(Early Church Education) 854
초대교회의 품성 교육(Character Education in the Early Church) 855
초등학교(Elementary School) 859

총체적 학습(Wholistic Learning) 859
최면적 퇴행(Hypnotic Regression) 860
추론(Reasoning) 860
추문(Affair) 860
추상적 사고(Abstract Thinking) 860
추종자(Follower) 862
축제를 통한 유대인의 교육(Hebrew Education Through Feasts and Festivals) 862
취학전 교육(Preschool Education) 864
측정과 기독교교육(Measurement and Christian Education) 866
치유사역(Healing Ministry) 867
친교(Fellowship) 867
친밀감(Intimacy) 868
침례(Immersion) 869
침례교청년연합(Baptist Young People's Union) 869

컴퓨터 원용교육(Computer-Assisted Instruction, CAI) 882
케리그마신학(Kerygmatic Theology) 883
코메니우스, 요한 아모스(Comenius, Johann Amos, 1592-1671) 885
코우, 조지(Coe, George A. 1862-1951) 886
코울스, 로버트 마틴(Coles, Robert Martin, 1929-) 886
코이노니아(Koinonia) 887
콜버그, 로렌스(Kohlberg, Lawrence, 1927-1987) 889
콜브, 데이비드(Kolb, David. 1939-) 890
퀘이커 교육(Quaker Education) 891
퀸틸리안(Quintilian, B. C. 35-B. C. 99) 892
키에르케고르(Kierkegaard, Søren, 1813-1855) 892

ㅋ

카리스마(Charisma) 871
칸트, 임마누엘(Kant, Immanuel, 1724-1804) 877
칼빈, 존(Calvin, John, 1509-1564) 875
캄폴로, 앤서니(Campolo, Anthony, 1935-) 876
캐나다 기독교교육(Canadian Christian Education) 877
캠퍼스사역(Campus Ministry) 881
캠핑(Camping) 881
캠핑시설(Camping Facilities) 881
컨퍼런스(Conference) 881
컴퓨터 강화학습(Computer-Enhanced Learning, CEL) 882

ㅌ

타율적 도덕성(Heteronomous Morality) 895
탁아보호(Day Care) 896
탁아소(Day Care Centers) 897
탁월함(Excellence) 899
탈중심성(Decentration) 899
태도의 법칙(Law of Set or Attitude) 900
태아기 알코올증후군(Fetal Alcohol Syndrome) 900
텔레비전과 교육(Television and Teaching) 902
토라(Torah) 902
토론(Debate) 903
토론(Discussion) 903
토론방법(Discussion Method) 905
토미즘(Thomism) 906

통계학(Statistics) 908
통신과정(Correspondence Course) 909
통일공과시리즈(Uniform Lesson Series) 909
통전적 교육(Holistic Education) 911
통제(Control) 913
통제폭(Span of Control) 914
통찰력(Insight) 914
통치(Govern) 915
퇴행(Regression) 915
투사(Projection) 915
팀(Team) 916
팀 교수(Team Teaching) 917

ㅍ

파울러, 제임스 3세(Fowler, James W., III, 1940-) 919
파이데이아와 1세기 교육(Paideia and First-Century Education) 920
파이오니아선교회(Pioneer Ministries) 921
패널토의(Penel Discussion) 922
패러다임(Paradigm) 923
페리, 윌리엄(Perry, William G. Jr., 1913-) 924
페스탈로치, 요한 하인리히(Pestalozzi, Johann Heinrich, 1746-1827) 925
편견(Prejudice) 926
편부모(Single-Parenting) 927
평등관계(Egalitarian Relationships) 930
평등주의(Egalitarian) 931
평생학습(Lifelong Learning) 932
평신도(Laity) 933
평신도리더십 신학(Lay Leadership, Theology of) 935
포괄언어(Language, Inclusive) 938

포스트모더니즘(Postmodernism) 940
포커스그룹(Focus Group) 946
포커스 온 더 패밀리(Focus on the Family) 946
표적과 기사(Signs and Wonders) 947
표준(Criteria) 948
표준(Standard) 948
프라미스 키퍼스(Promise Keepers) 948
프라이스, 존 밀번(Price, John Milburn, 1884-1975) 949
프락시스(Praxis) 950
프랑케나, 윌리엄 클라우스(Frankena, William Klaus, 1908-1994) 951
프랑크, 어거스트 헤르만(Frank, August Hermann, 1663-1727) 952
프레이레, 파울로(Freiré Paulo, 1921-1997) 952
프레임(Frames) 954
프로그램(Program) 955
프로이트, 지그문트(Freud, Sigmund, 1856-1939) 955
플라톤(Plato, B.C. 427 ? - B.C. 346) 956
플레이크 공식(Flake's Formula) 957
피아제, 장(Piaget, Jean, 1896-1980) 959
피터의 원리(Peter Principle) 961
핑거 페인팅/지회(指繪)화법(Finger Painting) 962

ㅎ

하위교육과정(Subcurriculum) 963
학대(Maltreatment) 963
학부모참여 프로그램(Parent Involvement Program) 963
학생(Pupil) 963

학습내용(Content) 963
학습내용의 요소(Content, Elements of) 965
학습력이 있는 순간들(Teachable Moments) 965
학습분위기(Learning Atmosphere) 965
학습불능(Learning Disabilities) 966
학습성숙도(Learning Maturation) 966
학습 센터들(Learning Centers) 966
학습양식(Learning Styles) 967
학습에서의 간섭(Interference in Learning) 971
학습이론(Learning Theories) 972
학습자 해석/이해(Exegeting the Learner) 976
학습장애(Learning Disorders) 977
학습주기(Learning Cycle) 979
학습준비도(Learning Readiness) 979
학습환경(Learning Climate) 980
학습형태(Learning Pattern) 982
한계(Boundaries) 982
한국 기독교교육(Korean Christian Education) 982
함축성의 법칙(Law of Pragnanz) 985
합동적(Congruent) 985
합리화(Rationalization) 985
합법적 해제(Legal Dissolution) 985
해로운(Malign) 986
해방신학(Liberation Theology) 986
해외신학교육(Overseas Theological Education) 988
핸드릭스, 하워드(Hendricks, Howard, 1924-) 990
행동수정(Behavior Modification) 991
행동주의이론(Behaviorism, Theories of) 992
행정(Administration) 994
행정목사(Executive Pastor) 995
허위진술(Misrepresentation) 995
헤르바르트, 요한 프리드리히(Herbart, Johann Friedrich, 1776-1841) 995
현상학(Phenomenology) 997
현장견학기행(Field Trip) 998
협동학습(Cooperative Learning) 999
협력학습(Collaborative Learning) 1000
형식교육(Formal Education) 1000
형식적 조작사고(Formal Operational Thought) 1001
형이상학(Metaphysics) 1002
형태심리학(Gestalt Psychology) 1003
호손 효과(Hawthorne Effect) 1004
호온, 헤르만 하렐(Horne, Herman Harrell, 1874-1946) 1004
혼전성관계(Premarital Sex) 1005
혼합 가정(Blended Families) 1005
홀아비/과부(Widowers/Widows) 1007
홈 스쿨 운동(Home School Movement) 1008
확대가족(Extended Family) 1010
확신(Confidence) 1010
확증(Confirmation) 1010
환경(Environment) 1011
환상(Fantasy) 1012
회개(Repentance) 1012
회당(Synagogue) 1014
회당학교(Synagogue Schools) 1014
회복(Recovery) 1014
회복사역(Recovery Ministry) 1015
회상(Recollection) 1016
회원특성의 법칙(Law of Membership Character) 1017
회중(Congregation) 1017
효과의 법칙(Law of Effect) 1017
효과적(Effective) 1017
효과적인 부모 훈련(Parent Effectiveness Training) 1018
효율적(Efficient) 1019
후기성인사역(Late Adulthood Ministry) 1019
후천성면역결핍증(HIV) 1021

부록 : ㅎ

훈육과 가정교육(Discipline, Family) 1021
훈육과 교실(Discipline in the Classroom) 1022
흄, 데이비드(Hume, David, 1711-1776) 1024
흑인신학과 기독교교육(Black Theology and Christian Education) 1025